W9-CND-734

**NOTICE:** Return or renew all Library Materials! The *Minimum* Fee for each Lost Book is $50.00.

The person charging this material is responsible for its return to the library from which it was withdrawn on or before the **Latest Date** stamped below.

**Theft, mutilation, and underlining of books are reasons for disciplinary action and may result in dismissal from the University.**
**To renew call Telephone Center, 333-8400**

UNIVERSITY OF ILLINOIS LIBRARY AT URBANA-CHAMPAIGN

JUN 07 1992
OCT 14 2001
~~August~~ April 10th
JUL 13 1992
NOV 07 1994
DEC 02 1994
JUL 07 1996
APR 12 1997
OCT 10 1997
MAR 22 2001
AUG 31 2001

L161—O-1096

*NOTICE:* **Return or renew all Library Materials! The *Minimum* Fee for each Lost Book is $50.00.**

The person charging this material is responsible for its return to the library from which it was withdrawn on or before the **Latest Date** stamped below.

**Theft, mutilation, and underlining of books are reasons for disciplinary action and may result in dismissal from the University.**
**To renew call Telephone Center, 333-8400**

UNIVERSITY OF ILLINOIS LIBRARY AT URBANA-CHAMPAIGN

DEC 16 2002

JUL 22 2005

L161—O-1096

# RUSSIAN-ENGLISH DICTIONARY

# РУССКО-АНГЛИЙСКИЙ СЛОВАРЬ

Составили:
О. С. АХМАНОВА, З. С. ВЫГОДСКАЯ, Т. П. ГОРБУНОВА,
Н. Ф. РОТШТЕЙН, проф. А. И. СМИРНИЦКИЙ, проф. А. М. ТАУБЕ

Под общим руководством
проф. А. И. СМИРНИЦКОГО

**Издание шестое,**
**стереотипное**
**под ред. О. С. АХМАНОВОЙ**

**около 50 000 слов**

New York
E. P. DUTTON & CO., INC.

# RUSSIAN-ENGLISH DICTIONARY


Compiled by

O. S. AKHMANOVA, Z. S. VIGODSKAYA, T. P. GORBUNOVA,
N. F. ROTHSTEIN, Professor A. I. SMIRNITSKY, Professor A. M. TAUBE

under the general direction of

Professor A. I. Smirnitsky


**Sixth Edition**
revised and enlarged
under the editorship of O. S. AKHMANOVA

50,000 words


New York

E. P. DUTTON & CO., INC.

*First published in the United States, 1959,*
*by E. P. Dutton & Co., Inc.*
*All rights reserved. Printed in the U.S.A.*

No part of this book may be reproduced in any form without permission in writing from the publishers, except by a reviewer who wishes to quote brief passages in connection with a review written for inclusion in a magazine or newspaper or broadcast.

*Library of Congress Catalog Card Number: 58-5989*

491.7
Sm 4r
1959
cop. 7

7200-15

SPEC. LANG. LIB.

## ПРЕДИСЛОВИЕ

Настоящее издание Русско-английского словаря выходит в свет через три с лишним года после смерти проф. А. И. Смирницкого, который создал положенную в основу этого словаря лексикографическую систему, повседневно руководил работой авторского коллектива и сам написал большое число наиболее сложных статей. Поэтому в предисловии к этому изданию представляется необходимым подвести итог той большой творческой работе, которая была вложена в словарь А. И. Смирницким, и затем указать, в каком направлении шла дальнейшая работа над словарем после его смерти.

Продолжая традиции советской лексикографии (Д. Н. Ушаков, Л. В. Щерба, В. В. Виноградов), А. И. Смирницкий углублял и развивал научные принципы построения словаря,— в частности русско-английского словаря. Успехи, достигнутые им в этой области, в большой степени определялись тем, что непосредственной работе А. И. Смирницкого над русско-английским словарем предшествовали многие годы научной работы в области сопоставления систем русского и английского языков. Эта работа нашла отражение в его известных учебниках русского языка для англичан и в его многочисленных лекционных и практических курсах.

Так же, как и его предшественники, А. И. Смирницкий смотрел на составление словаря как на серьезный научный труд. Он считал, что составление двуязычного словаря требует систематического сопоставительного исследования обоих языков, так как только таким путем можно, с одной стороны, определить и выделить те моменты, которые сближают обе сопоставляемые системы, а с другой,— и в этом основная задача — определить и научно охарактеризовать то, что их различает и, поэтому, представляет особые трудности при переводе.

Значение систематического сопоставительного исследования двух языков для лексикографии можно показать на следующих примерах. Как известно, различие между языками отнюдь не ограничивается отдельными словами, их индивидуальной спецификой. В лексике каждого языка могут быть выделены определенные классы, или группы, или типы слов, представляющие собой лексические категории, не только более мелкие, но и гораздо менее изученные и определенные, чем части речи.

К таким лексическим категориям относятся, например, отглагольные существительные, приставочные глаголы, отыменные прилагательные и т. д., которые дают нередко очень сложную картину при сопоставлении их в разных языках; поэтому разработке способов их единообразного лексикографического оформления должно обязательно предшествовать их сопоставительное изучение по существу. Такое же изучение должно предшествовать лексикографической обработке в двуязычном словаре, например, разных типов местоимений, союзов и предлогов в их соотношении с наречиями и т. д. (Более конкретно о выполненной А. И. Смирницким работе можно судить по его предисловию к первому изданию настоящего словаря (стр. 9—12), по написанной им и подвергшейся лишь незначительным изменениям (о которых см. ниже) статье «Структура словаря» (стр. 13—18) и по его приложениям к словарю (стр. 910—951).

Для каждой из выделенных лексических категорий А. И. Смирницким была разработана единая система лексикографического оформления, причем всегда предусматривалось не только то общее, что присуще всем словам данной категории, но и возможность индивидуальных особенностей и отклонений, отличающих то или другое слово или слова от остальных слов данной категории. Таким образом, общая система, общее правило оформления, предлагаемые для той или другой лексической категории слов, не только не приводили к затушевыванию индивидуальных особенностей отдельных слов, но, напротив, давали тот общий фон, на котором особенности выступают наиболее рельефно.

Следуя традиции русской лексикографии в области семантического анализа слова, А. И. Смирницкий уделял большое внимание разграничению полисемии и омонимии свободных и фразеологически связанных значений, а также значений и употреблений слова. Он разработал четкую систему разграничения полисемии и омонимии в области приставочных глаголов и не только подверг глубокому анализу семантическое строение предлогов и союзов русского языка, но и реализовал результаты этого исследования в написанных им статьях словаря. Совершенно оригинальной является также предложенная им трактовка в словаре грамматической омонимии, реализованная, в частности, в лексикографическом оформлении таких пар, как краткое прилагательное и наречие и др.

Много нового внес А. И. Смирницкий также в область собственно лексикографии. Так, им была введена оригинальная система обозначения произношения английских слов (как известно, прежде вообще не делалось попыток обозначения произношения английских слов в русско-английском словаре). Далее им была предложена детально разработанная система обозначения особенностей сочетания переводимых слов; при этом А. И. Смирницкий исходил из того положения, что для правильного перевода необходимо не только найти соответствующие слова, но и знать способы их связи, их соединения друг с другом.

Детальная грамматическая характеристика слов в словаре должна, по мысли А. И. Смирницкого, выступать в роли необходимой подготовки, или «предварительной обработки» слова, облегчающей реальное использование его в речи. А. И. Смирницкий неукоснительно стремился возможно более последовательно указывать в словаре, какие способы соединения слов применяются в русском языке для обозначения тех или иных отношений и какими способами те же отношения обозначаются в английском языке при употреблении слов, являющихся переводом данных русских слов.

Добиваясь подлинно научной, основанной на принципах марксистского языкознания трактовки разнообразных вопросов, А. И. Смирницкий всячески стремился расширить общелингвистический кругозор пользующегося словарем. Он решительно восставал против делячеcкого подхода к лексикографии: словарь ни в коем случае не должен, по его мнению, снижаться до уровня наименее подготовленного читателя, а должен наоборот поднимать его до своего уровня. Научная лексикография, основанная на положениях марксистской науки о языке,— это один из основных каналов распространения лингвистической культуры, т. к. словарь — это самое массовое лингвистическое пособие.

* * *

При подготовке настоящего издания словаря внимание авторского коллектива было прежде всего направлено, с одной стороны, на то, чтобы по возможности отразить изменения, происходящие в словарном составе русского и английского языков, а с другой — детальнее разработать и уточнить семантические разветвления слов основного словарного фонда, уже прежде включенных в словарь,— в частности, тех, которые вошли в новые выражения и фразеологические единицы.

Особое внимание при этом было обращено на пополнение фразеологии словаря новыми выражениями, имеющими актуальное общественно-политическое значение. В частности, в третье издание словаря была включена часть материала, предложенного авторам старшим преподавателем Ярославского педагогического института А. И. Розенманом, в течение ряда лет собиравшим актуальную русскую фразеологию с английскими переводами из текущей периодической и художественной литературы.

Следует заметить, что в этом издании, как и в предыдущих, в словарь включались только те слова и выражения, которые могут быть отнесены к общенародному языку (жаргонные слова и выражения включались в словарь в минимальном количестве и только в том случае, если они уже проникли в литературу и общенародное употребление и выходят, таким образом, за пределы собственно жаргонов). Такие слова обязательно сопровождаются специальными пометами, поясняющими их специфический характер, их особую стилистическую окраску, которой они выделяются на фоне общенародного языка.

Лексикографическая система, разработанная А. И. Смирницким и проверенная в двух предыдущих изданиях настоящего словаря, не подверглась в настоящем издании никаким изменениям по существу. Это не значит, конечно, что при подготовке данного издания авторы не уделяли внимания лексикографической стороне. Напротив, в процессе работы не только выявилась необходимость более последовательного проведения принятых общих принципов и конкретных приемов, но и возникла необходимость дополнительного выяснения и уточнения некоторых вопросов. К моментам, потребовавшим более последовательной трактовки в соответствии с требованиями данной лексикографической системы, относятся: унифицирование лексикографического оформления некоторых категорий слов, таких, как например, порядковые числительные, отдельные типы сложных слов и т. п.; уточнение соотносительной грамматической характеристики русских и английских слов и выражений; устранение, насколько возможно, еще встречающихся в словаре случаев, когда в качестве переводов-синонимов даются слова и выражения, являющиеся *переводами* не данного заголовочного слова, а других, синонимичных ему слов (см. Предисловие к 1-му изданию, пункт 12); более последовательное, чем в предыдущих изданиях, выделение в виде отдельных заголовочных слов-омонимов разных глаголов, связанных частично омонимией видовых форм и т. п.

К вопросам, потребовавшим дополнительного выяснения и уточнения относятся:

1. вопрос о фразеологии. Согласно принятой в словаре системе, фразеология в гнезде размещается не в алфавитном, а в систематическом порядке, т. е. лексикографически четко разграничиваются: а) иллюстративная фразеология; б) словосочетания, в которых данное слово переводится особо, т. е. не так, как вне этих сочетаний (без превращения, однако, этого сочетания в сложное наименование или фразеологическую единицу) и в) фразеологи-

ческие единицы, относимые за ромб (◇). Однако вопрос о фразеологии не ограничивается определением правил расположения словосочетаний в пределах данной словарной статьи, а требует также единообразного выбора заголовочного слова. Для наиболее распространенных типов словосочетания этот вопрос решается так: в случае словосочетания прилагательное + существительное и глагол + дополнение перевод, как правило, дается под прилагательным и глаголом. Перевод дается также под вторым словом, т. е. под определяемым существительным или существительным, выступающим в функции прямого дополнения, лишь в тех случаях, когда это необходимо для более детальной семантической разработки этих существительных;

2. вопрос о некоторых типах производных слов. В качестве примера можно указать отглагольные существительные на **-ание, -ение** (ср. пункт 5 «Структуры словаря»). (Касаясь этого типа производных слов, нельзя не заметить, что в русском языке они могут соотноситься не только с основными глаголами, но и с глаголами на -ся).

Много внимания было уделено при подготовке настоящего издания вопросу о полной лексической омонимии, вопросу о стилистической дифференциации слов, о свободных и фразеологически связанных значениях слова и др. Однако общее направление работы во всех этих сложнейших областях лексикологии и лексикографии не может быть с достаточной полнотой охарактеризовано в словарном предисловии. Для этого необходимо обратиться к специальным работам. (См., в частности, О. С. Ахманова, «Очерки по общей и русской лексикологии», Учпедгиз. М., 1957).

Как указано в предисловии к 1-му изданию настоящего словаря (пункт 12), переводы должны как можно точнее соответствовать переводимым словам. Поэтому, теоретически рассуждая, к каждому отдельному значению переводимого слова должен был бы даваться только один перевод. Однако во многих случаях подыскать один вполне эквивалентный перевод бывает настолько трудно, что приходится давать несколько слов-синонимов. Все же такие синонимы приводятся только в том случае, если они выступают именно как переводы данного заголовочного слова, а не как представители соответствующих синонимических рядов. Отступления от этого принципа могут оправдываться только трудностью четкого разграничения этих двух категорий, т. е. синонимических переводов заголовочного слова и синонимов к тому или другому из слов-переводов, не являющихся эквивалентами заголовочного слова.

Подготовляя словарь к третьему изданию, авторы и редакция отнеслись с должным вниманием ко всем замечаниям, имевшимся в рецензиях на словарь. Большинство этих замечаний касалось переводов отдельных терминов и фразеологических единиц. Все правильные замечания были с благодарностью приняты во внимание, и соответствующие исправления и уточнения были внесены в новое издание.

Авторы считают своим долгом выразить благодарность магистру наук Оксфордского университета М.К.К. Уилеру, проработавшему предыдущее издание словаря и приславшему ценные замечания, которые помогли улучшить переводы.

*О. Ахманова.*

## ЛЕКСИКОГРАФИЧЕСКИЕ ИСТОЧНИКИ

Толковый словарь русского языка, под ред. проф. Д. Н. Ушакова, Гос. из-во иностранных и национальных словарей. Москва, 1935.

Словарь русского языка, составил С. И. Ожегов, под общей ред. академика С. П. Обнорского, Гос. из-во иностранных и национальных словарей. Москва, 1955.

Русско-французский словарь, под ред. акад. Л. В. Щербы, Гос. из-во иностранных и национальных словарей. Москва, 1956.

А. Александров, Русско-английский словарь. Москва, 1927.

Англо-русский словарь, составил В. К. Мюллер, Гос. из-во иностранных и национальных словарей. Москва, 1955.

Англо-русский политехнический словарь, под ред. проф. Л. Д. Белькинда, Гостехиздат. Москва, 1946.

Англо-русский сельскохозяйственный словарь, составили Б. Н. Усовский и Н. В. Геминова, Государственное издательство технико-теоретической литературы. Москва, 1951.

James A. H. Murray, Henry Bradley, W. A. Craigie, C. T. Onions. The Oxford English Dictionary, vols. I—XII with Supplement and Bibliography. Oxford, 1933.

The Shorter Oxford English Dictionary, vols. I—II, 3d ed. Oxford, 1955.

Webster's New International Dictionary of the English Language, 2nd ed. Springfield Mass., 1948.

Henry Cecil Wyld. The Universal Dictionary of the English Language. London, 1936.

The Concise Oxford Dictionary of Current English, Revised by H. W. Fowler, Oxford, 1954.

Chambers's Twentieth Century Dictionary. Edited by William Geddie, M.A., B.Sc. London, 1954.

Daniel Jones. An English Pronouncing Dictionary, 7th ed. New York and London, 1945.

## ПРЕДИСЛОВИЕ К ПЕРВОМУ ИЗДАНИЮ

1. Настоящий Русско-английский словарь в основном является двуязычным переводным словарем обычного типа, но вместе с тем он отличается от других аналогичных словарей некоторыми особенностями, которые могут как учитываться, так и не учитываться при пользовании им, — в зависимости от той цели, какую ставит перед собой обращающийся к словарю, и от того, насколько он знает русский язык, с одной стороны, и английский — с другой. Таким образом, тот, кто желает лишь найти в словаре английские эквиваленты тех или других русских слов и выражений, может пользоваться данным словарем, как и всяким другим подобным, ознакомившись лишь с соответствующими указаниями и не принимая во внимание различных дополнительных данных, сопровождающих как русские слова и выражения, так и их английские переводы.

2. К числу особенностей данного словаря относится прежде всего то, что в нем в большей мере, чем это обычно делается в подобных словарях, уделено внимание фонетическому и грамматическому аспектам слова.

3. Произношение русских слов большей частью достаточно ясно из их орфографии, если указано место ударения. В связи с этим в наших словарях последнего времени общепринятые написания русских слов обычно снабжаются знаком ударения, если слово имеет более одного слога, хотя в русском правописании знак ударения употребляется лишь в особых редких случаях. Данный словарь следует этой, уже достаточно установившейся, традиции: место ударения в русских словах в нем отмечается подобным же образом.

В тех немногих случаях, когда орфография русского слова, даже если место ударения известно, не дает правильного представления о произношении, последнее обозначается особо, в квадратных скобках [ ], причем, в целях сокращения места, обозначается произношение лишь той части слова, в которой имеется отклонение от общих правил чтения; например: [-вó-] после слова **сегóдня** показывает, что оно произносится **севóдня.**

4. Английская орфография, как известно, менее ясно отражает произношение, чем русская, однако, знание места ударения очень существенно помогает правильному чтению английских слов. Поэтому и английские слова, подобно русским, даются в словаре со знаками ударения, хотя в английской орфографии эти знаки и не применяются, так же как они обычно не применяются и в русской. При этом нужно заметить, что в английских словах отмечаются и *второстепенные* ударения, например: **órganìze, cóncentràte.** Это придает написаниям английских слов несколько необычный вид, но поскольку знаки ударения применяются в словарях в русских словах (а также и в немецких), постольку написание английских слов со знаками ударения является по существу лишь новым применением уже достаточно распространенного принципа.

Хотя английская орфография и очень непоследовательна, тем не менее известные правила чтения букв и буквенных сочетаний в английских словах могут быть установлены. Всякий, хоть немного знающий английский язык, прочтет слово **brake** как брэйк, даже если это слово ему неизвестно. Поэтому, если место ударения определено, нет надобности давать особо обозначение произношения (фонетическую транскрипцию) каждого английского слова: можно обозначать произношение только в тех случаях, где чтение не соответствует общим правилам. Таких случаев обычно для английского языка окажется несравнимо большее число, чем для русского.

Вместе с этим, «правила» чтения английских написаний недостаточно четко отграничиваются от «исключений». Поэтому необходимо особо тщательное и точное, хотя бы и более или менее условное, определение этих правил. Такое определение дается в соответствующем приложении к словарю (см. стр. 910); и в тех случаях, когда чтение следует данным правилам, произношение особо не обозначается. В тех же случаях, когда имеется какое-либо отступление от правил, произношение изображается посредством фонетической транскрипции, как это принято в англо-русских словарях, но нередко в сокращенном виде, т. е. путем транскрибирования только той части слова, в чтении которой имеется несовпадение с правилами. Особо трактуются лишь некоторые наиболее употребительные слова, список которых приводится в приложении: к этим словам транскрипция вообще не применяется, даже если их чтение расходится с принятыми правилами, так как каждому, кто будет пользоваться этим словарем, произношение этих слов должно быть известно или, по меньшей мере, должно стать известным.

Таким образом, в словаре дается возможность определить произношение каждого английского слова, встречающегося в нем, — либо непосредственно по приведенной транскрипции, либо с помощью правил чтения, данных в приложении, либо тем и другим путем в их соединении друг с другом. Полная транскрипция всех английских слов, приводимых в русско-английском (не англо-русском!) словаре, технически невозможна, так как она слишком увеличила бы объем такого словаря. Поэтому русско-английские словари обычно даются вообще без всякого обозначения произношения английских слов, и, найдя в таком словаре английский перевод русского слова, приходится для выяснения его произношения обращаться к англо-русскому словарю. Конечно, система правил чтения и частичной транскрипции, принятая в настоящем словаре, является значительно более сложной, чем система сплошного обозначения произношения посредством фонетической транскрипции, но все же представляется более целесообразным дать хотя бы такую сложную систему, чем не давать вообще никаких сведений относительно произношения английских переводов русских слов. При этом нужно заметить также, что ознакомление с правилами чтения, приведенными в словаре, полезно само по себе: эти правила могут быть применены в большом числе случаев при чтении английского текста без словаря, так как очень многие незнакомые английские слова, понятные из контекста или вследствие их «интернационального» характера, могут быть верно прочтены с помощью этих правил; далее, зная эти правила, можно в большинстве случаев фиксировать для себя произношение английских слов, не записывая их транскрипцию, а только отмечая в них ударения. Кроме того, нужно заметить также, что многие из этих правил практически знакомы каждому, более или менее знающему английский язык, почему при пользовании словарем большею частью не будет надобности усваивать заново все приводимые в нем правила чтения или постоянно обращаться за справкой к их списку.

5. В словаре трактуются преимущественно слова, а не отдельные их формы. Поэтому каждая форма грамматически изменяемого слова, если она не выделяется особо как именно данная его форма, является, так сказать, представителем всего слова в целом, всей совокупности грамматических его форм. Так, например, форма именит. падежа единств. числа **ло́шадь** представляет собой все это слово в целом, со всеми его грамматическими формами: **ло́шадь, ло́шади, ло́шадью, лошаде́й** и т. д.; равным образом и английское **horse** (лошадь) обычно выступает как представитель всей совокупности грамматических форм этого слова: **horse, horse's, horses, horses'.** Обычно, переводимое русское слово и английское слово, являющееся его переводом, даются, по возможности, в формах, соответствующих друг другу настолько, насколько вообще между формами русского и английского языков могут быть установлены некоторые общие соответствия. Более частные, специальные соотношения между русскими и английскими формами, разумеется, не могут быть отражены в словаре: они могут быть определены только на основе знания грамматики. Таким образом, хотя в словаре и учитываются, по возможности, соответствия между русскими и английскими грамматическими формами, причем при переводе известных фразеологических сочетаний принимаются во внимание и отдельные частные соответствия, — тем не менее не следует всегда пользоваться только тем грамматическим оформлением слова, какое дано ему в словаре, но нужно применять и свои знания грамматики и в известных случаях вносить в предлагаемый перевод некоторые грамматические изменения. Это касается, в частности, переводов целых фраз или словосочетаний, где данный в переводе порядок слов или употребленное в нем время глагола нередко может оказаться непригодным для определенного контекста.

6. Особо нужно заметить, что в словаре совершенный и несовершенный виды русских глаголов в очень многих случаях рассматриваются как *формы одного и того же слова-глагола*, а *не* как разные глаголы, почему формы разных видов в очень большом числе случаев и переводятся вместе — независимо от того, различаются ли эти виды в английском переводе или нет.

Если формы разных русских глагольных видов могут или даже, в определенных случаях, должны быть переведены различными английскими глаголами, то это отмечается особо. При этом обычно бывает такое соотношение между различными видами русского глагола и различными английскими словами-переводами: в известных случаях формы обоих видов переводятся одними и теми же словами, тогда как в других случаях формы несовершенного вида имеют свои особые переводы, не относящиеся к формам совершенного вида; последние же не имеют таких переводов, которые никогда не относились бы к несовершенному виду. При таком соотношении перевод форм совершенного вида не представляет затруднений; при переводе же несовершенного вида следует сделать выбор между теми английскими глаголами, которыми переводятся оба вида, и теми, которые применимы для перевода только несовершенного вида (они даются после пометы *несов. тж.*, т. е. «*несовершенный* вид переводится *также* следующими словами».) Ср. «Структура словаря», п. 6.

7. Обычно глаголы, имеющие формы как совершенного, так и несовершенного вида, приводятся под формой инфинитива *несовершенного* вида, но после этой формы дается и форма инфинитива совершенного вида. Только те глаголы, которые очень редко употребляются в несовершенном виде, и, разумеется, те, у которых вообще нет этого вида, даются лишь в форме совершенного вида. Такие глаголы помечаются сокращением *сов.*, тогда как глаголы, данные в форме несовершенного вида, а также и приводимые в формах обоих

видов, особо не отмечаются (в последнем случае самый порядок форм показывает, какая из них является формой несовершенного и какая совершенного вида; ср. выше).

8. Русские глагольные формы, обозначающие неопределенно направленное движение, т. е. движение в различных направлениях, туда и сюда (например, **бéгать, летáть**), и обозначающие то же движение, как происходящее в определенном направлении **(бежáть, летéть),** рассматриваются в словаре как формы одного и того же слова-глагола **(бéгать — бежáть, летáть — летéть)** и приводятся вместе — под инфинитивом, имеющим первый оттенок значения (т. е., например, под **бéгать, летáть**).

Однако инфинитивы, обозначающие определенно направленное движение (отмечаемые пометой *опред.*), помещаются в словаре и отдельно, со ссылкой при них на соответствующие инфинитивы со значением неопределенно направленного движения; а если они имеют специальные значения и особые переводы, то такие переводы, ради практического удобства, даются тут же.

9. Английские глаголы (так же, как и русские) обычно приводятся в форме инфинитива, но без частицы **to,** так как эта частица отнюдь не является постоянной принадлежностью инфинитива (ср. he may go «он может идти»). Равным образом, поэтому, и в грамматическом справочнике, прилагаемом к словарю (ср. п. 10), английские инфинитивы большею частью даются без **to.** Но, разумеется, в тех словосочетаниях, в которых необходимо употребление инфинитива с **to,** эта частица не опускается (например: он хочет пойти — he wants to go). Особенно важно обратить внимание на то, что условное обозначение (+ *inf.*) показывает, что предшествующее английское слово (или словосочетание) требует инфинитива без **to;** если же данное слово (или словосочетание) требует употребления инфинитива с **to,** то это указывается условным обозначением (+ to *inf.*); например: must (+ *inf.*); ought (+ to *inf.*).

10. Так как очень многие английские слова имеют по нескольку различных грамматических форм, между тем как в словаре они обычно даются лишь в одной их форме (ср. п. 5), то необходимым приложением к словарю является справочник по образованию форм изменяемых английских слов. Во многих словарях такой справочник сводится к «списку неправильных глаголов», в котором приводятся основные их формы.

К данному словарю прилагается более полный справочник такого рода: в нем даются и общие правила образования форм различных слов (существительных, прилагательных, глаголов) с соответствующими примерами и список слов, имеющих какие-либо особенности в своих грамматических изменениях, причем в этот список включаются не только неправильные глаголы в их основных формах, но и существительные, имеющие необычные формы множественного числа, и прилагательные и наречия, образующие степени сравнения не по общим правилам. Кроме того, разумеется, в справочнике приводятся и формы местоимений, хотя некоторые местоимения и в самом словаре даются во всех своих формах. Формы множественного числа существительных, заимствованные из других языков (греческого, латинского и пр.), в справочнике не приводятся, но указываются в самом словаре. Все слова, формы которых даются в списке слов с особым грамматическим изменением, отмечены в словаре звездочкой (*).

11. Для правильного перевода текста важно не только найти соответствующие слова, но и должным образом связать их между собой. Поэтому в словаре много внимания уделено тому, как данные слова следует сочетать с другими. Конечно, в основном правила построения словосочетаний относятся к грамматике, но некоторые явления этой области одновременно относятся и к словарю, так как они известным образом характеризуют отдельные слова и нередко бывают связаны с различными их значениями.

Поэтому в словаре регулярно отмечаются различные особенности отдельных слов, относящиеся к тому, каким способом эти слова сочетаются с другими. Так, при русских предлогах указываются падежи, с которыми они употребляются, при глаголах указываются падежи и предлоги и т. п. При этом особое внимание уделялось тому, чтобы между такими сведениями относительно русских и английских слов устанавливалось строгое соответствие, т. е. чтобы было совершенно ясно, какие средства связи в одном языке соответствуют данным средствам связи в другом.

12. Относительно самих переводов слов нужно заметить следующее. В словаре даются по возможности точные переводы, соответствующие переводимым словам не только по общему значению, но и по стилистическому характеру и по эмоциональному тону. Поэтому, например, при глаголе **вúдеть** дается перевод see, тогда как такое слово как behold, имеющее иную эмоционально-стилистическую окраску, в качестве перевода русского слова **вúдеть** не приводится. В связи с этим нередко дается только один перевод — для одного значения русского слова, — а если приводится несколько переводов-синонимов, то число их все же большею частью бывает очень ограничено. Если желательно найти другие, близкие по значению слова, то следует отыскать какие-либо синонимы данного *русского* слова и посмотреть, какие английские слова даны там. Так, например, если желательно узнать, какие английские слова близки по значению к английскому see и тем самым более или менее приближаются по значению и к русскому **вúдеть,** следует посмотреть такие русские слова, как **зреть, лицезрéть.**

Различные значения русских слов и различные случаи их употребления по возможности четко отграничиваются друг от друга и определяются краткими пометами в скобках.

В особо сложных случаях даются примеры, иллюстрирующие значение или употребление данного слова.

13. Много внимания уделено таким распространенным в литературном языке фразеологическим сочетаниям, в которых данное слово переводится особо, не так, как в других случаях. Но стилистически сильно окрашенной идиоматике, поговоркам, пословицам и т. п. в словаре отведено очень ограниченное место.

14. Как можно видеть из всего сказанного, данный словарь во многом следует тем принципам, на которых построен Русско-французский словарь под редакцией Л. В. Щербы, но наряду с этим в нем есть и дополнения к этой системе и некоторые другие отличительные особенности, важнейшие из которых были отмечены выше.

Введение в словарь различных дополнительных сведений (фонетических и грамматических) значительно осложнило работу по его составлению, вследствие чего в нем, несомненно, не удалось избежать ряда погрешностей относительно принятой системы. Авторы и редакция будут очень благодарны за все замечания и предложения.

В заключение необходимо отметить ту огромную, тщательно и вдумчиво проведенную работу над данным словарем, которую выполнили редакторы Издательства З. С. Выгодская и Н. П. Григорьева. Авторы и редакция пользуются случаем выразить им свою искреннюю благодарность за все, сделанное ими на различных этапах подготовки словаря к выходу в свет.

С тем же чувством благодарности авторы и редакция словаря отмечают плодотворное участие в работе над ним А. В. Литвиновой, любезно согласившейся прочесть его в гранках и предложившей множество удачных новых переводов.

*А. Смирницкий.*

## СТРУКТУРА СЛОВАРЯ

1. Русские слова, перевод которых дается в словаре, напечатаны *жирным* шрифтом и расположены в строго *алфавитном* порядке. При многих словах даются и переводятся также те или иные словосочетания. Последние приводятся под соответствующими словами не в алфавитном, а в *систематическом* порядке (см. п. 16).

При этом то слово, которое напечатано жирным шрифтом в начале данной словарной статьи, заменяется в словосочетаниях *тильдой* (~), если оно употреблено в *неизмененной* форме; исключение составляют короткие слова, например, предлоги, которые повторяются в словосочетаниях, поскольку в этом случае употребление тильды не дало бы существенной экономии места (ср. п. 2).

2. Русские слова, имеющие в начале общую часть, нередко объединяются в одно гнездо, в котором общая часть данных слов приводится только один раз — в первом слове гнезда, где она отделяется *параллельками* (||); в прочих же словах того же гнезда она заменяется *тильдой* (~). Например:

**у́ли||ца и ~чный = у́лица и у́личный.**

Заменяемая тильдой общая часть слов данного гнезда может равняться и всему первому слову этого гнезда; например:

**писа́тель и ~ница = писа́тель и писа́тельница.**

Каждое новое слово, приводимое внутри гнезда сокращенно, с тильдой, дается жирным шрифтом, и алфавитный порядок соблюдается и в отношении таких слов.

Тильдой заменяется также неизменная часть начального слова данной словарной статьи (совпадающая со всем этим словом или отделенная в нем параллельками), когда в словосочетаниях это слово приводится в *измененной* форме; например:

~а́я (в статье на слово **больш||о́й**) = больша́я. (Ср. п. 1).

3. Русские омонимы даются раздельно и отмечаются *римскими* цифрами; например:

**уж** I *м.* (*змея*)...
**уж** II *частица*...

4. Помимо целых слов, в словаре даются и переводятся на соответствующем месте по алфавиту некоторые приставки и составные части сложных слов.

Поэтому, в случае ненахождения в словаре какого-либо русского слова с приставкой (в особенности это относится к глаголам с наиболее употребительными приставками) или сложного слова, следует посмотреть, не приведена ли в нем данная приставка или часть сложного слова отдельно, и, если такая приставка или часть сложного слова имеется, использовать приведенные при ней указания, сочетая их с переводом остальной части данного приставочного или сложного слова. Так, например, не найдя в словаре глагола **додиктова́ть,** следует отыскать приставку **до-,** выбрать из указанных при ней способов ее передачи тот, который подходит к данному случаю, и применить его в сочетании с переводом глагола **диктова́ть.**

5. В словаре не приводятся:

а) существительные, образованные посредством суффикса **-ание** (например, **броса́ние**) от глаголов на **-ать** (ср. **броса́ть**) и посредством суффикса **-ение** (например, **пиле́ние**) от глаголов на **-ить** (ср. **пили́ть**), если в английском языке им соответствуют только отглагольные существительные на -ing (например, throwing, sawing — от глаголов throw «бросать», saw «пилить»),— за исключением наиболее употребительных. При этом, если кроме отглагольного существительного на -ing, отглагольное существительное на **-ание, -ение** переводится еще и другими словами, то эти слова, естественно, приводятся в словаре с указанием на возможность перевода данных *русских* слов существительными на -ing, образованными от соответствующих глаголов. (О пояснении различий значения в этих случаях см. п. 14).

б) существительные, образованные от прилагательных присоединением суффикса **-ость** к неизмененной основе (например, **зеленова́тость** от **зеленова́тый**), если в английском этим существительным соответствуют только образованные с суффиксом -ness (например, greenishness от greenish «зеленоватый»),— за исключением наиболее употребительных;

в) **наречия**, правильно образованные от прилагательных посредством суффиксов **-о** (например, **сме́ло**), **-е (кра́йне)**, **-и (практи́чески)**, если в английском им соответствуют только наречия на -ly (например, boldly, extremely, practically); также наречия с суффиксом **-и** или **-ому, -ему** и приставкой **по- (по-ли́сьи, по-осо́бенному)**, кроме наиболее употребительных;

г) так называемые превосходные степени на **-ейший**, в том числе и с приставкой **наи- (наиполе́знейший)**, — за исключением самых употребительных,— если они переводятся правильно образованными превосходными степенями;

д) правильно образованные сравнительные степени на **-ее, -ей**, если в английском соответствующие формы также образованы правильно;

е) сравнительные степени (в том числе и неправильные) с приставкой **по- (посмеле́е, поре́зче)**, за исключением самых употребительных.

Для перевода слов и форм указанных категорий следует отыскать в словаре соответствующие глаголы (в случае «а»), прилагательные (в случаях «б» — «г»), или прилагательные и наречия (в случаях «д» — «е») и от данных при них английских слов-переводов образовать по общим правилам искомые слова или формы. Слова же с приставкой **по-** (в случаях «в» и «е») следует заменить подходящими синонимическими выражениями — и затем переводить уже эти последние; так, например, **по-ли́сьи** можно заменить через выражение **как лиса́** и перевести соответственно like a fox; **посмеле́е** — через **немно́го смеле́е** a little bolder.

6. Русские глаголы, имеющие несовершенный и совершенный виды, приводятся под формой *несовершенного* вида, после которой дается форма совершенного вида — обычным (не жирным) шрифтом; например:

**объясня́ть,** объясни́ть.

Английский перевод в таких случаях, если при нем не указывается вид соответствующего русского глагола, относится к формам обоих видов. Если же перед переводом имеется помета *тк. несов.* или *тк. сов.*, то он относится, соответственно, либо *только к несовершенному*, либо *только к совершенному* виду. Пометой *несов. тж.* (т. е. *несовершенный* вид переводится *также*) вводится такой перевод, который относится только к формам *несовершенного* вида и притом именно в тех случаях, когда этими формами обозначается действие, *не* достигающее результата. Если же в переводимой фразе глагол, хотя он и употреблен в форме несовершенного вида, все же обозначает *достижение* результата действия, то следует выбрать подходящий *общий* перевод, относящийся к *обоим* видам данного глагола. Например, если фраза «он всегда добивался успеха» значит «ему всегда *удавалось* добиться успеха», то нужно выбрать такой перевод глагола **добива́ться** — доби́ться, который относится к обоим его видам; но в том случае, когда такая фраза означает примерно то же, что «он *стремился* добиться успеха (но *без*результатно!)», то нужно выбрать соответствующий перевод, данный после пометы *несов. тж.*

7. Русские глагольные формы, обозначающие определенно направленное движение,— такие, как **бежа́ть, вести́** — даются с пометой *опред.* под формами, обозначающими соответствующее неопределенно направленное движение, как **бе́гать, носи́ть,** например:

**носи́ть,** *опред.* нести́, *сов.* понести́.

При этом, если перевод относится и к тем, и к другим формам, то это особо не отмечается; если же он относится *только* к одной из этих категорий, то это указывается, соответственно, пометами *тк. неопред.* и *тк. опред.* (ср. также Предисловие к первому изданию, п. 8).

8. Слова (или их части), являющиеся факультативными, необязательными в данном выражении, даются в *круглых скобках* ( ) *прямым* шрифтом — в отличие от пояснений и специальных помет (ср. п. 11); например:

all (the) day=all the day *или* all day;
gýps(um) = gýpsum *или* gyps.

Если и русское выражение, и его английский перевод содержат слово или слова в скобках, то содержание скобок в английском переводе соответствует тому, что заключено в скобки в данном русском выражении; например:

от трёх до пяти́ (часо́в) from three to five (o'clóck): здесь английское o'clóck соответствует русскому слову в скобках (часо́в) См. также п. 21.

9. Английские слова, данные *курсивом* и вместе с тем входящие в состав самого перевода (т. е. *не* грамматические определения и т. п.), могут заменяться другими — соответственно контексту.

Так, например, если определенный артикль *the* дан в переводе курсивом, то это значит, что он, в зависимости от контекста, может быть заменен неопределенным артиклем (a, an), местоимением и т. п. В частности, местоименные формы *one* и *one's*, если они даны *курсивом*, обычно должны заменяться соответствующими формами того существительного или тем местоимением, которого требует контекст.

В тех случаях, однако, когда замена какого-либо слова другим точно определяется самым *составом предложения*, данное слово особо *не* выделяется. Так, местоименные формы one's, oneself, its, itself (при глаголах в инфинитиве) даются обычным шрифтом, если их замена соответствующими другими местоимениями строго определяется *подлежащим* предложения; ср. грамматическое приложение, примеч. к табл. 7, стр. 925.

10. Разные переводы одного и того же русского слова разделяются *запятой*, если передаваемые ими оттенки значения не поддаются разъяснению. В этих случаях особое внимание следует обращать на *словосочетания* (см. ниже, п. 16). Но как правило, т. е. тогда, когда такое разъяснение возможно, оно дается курсивом в скобках перед каждым английским переводом, выделяя тот оттенок значения *русского* слова, которому соответствует данный английский перевод. В отдельных случаях несущественные различия между синонимами отмечаются точкой с запятой. Иногда точка с запятой ставится из технических соображений, например, в таком случае, как **грубия́н** rude fellow; churl, boor точка с запятой отделяет перевод словосочетанием от перевода словом.

11. Различные значения одного и того же русского слова выделяются жирными *арабскими* цифрами с точкой (**1.**, **2.** и т. д.), после которых так или иначе указывается, какое значение имеется в виду в каждом отдельном случае (как было сказано в предыдущем параграфе). Подобными же пояснениями дифференцируются и различные случаи употребления слова в том же самом значении, если эти случаи различаются в английском переводе. И наоборот, разные значения русского слова, если различия между ними не отражаются в переводе, могут не разделяться (т. е. не выделяться цифрами или объединяться под одной цифрой). Если при этом важно обратить внимание на *объединение разных значений*, то в скобках *курсивом* дается помета (*в разн. знач.*). Различные значения и употребления русского слова дифференцируются либо краткими их пояснениями (*курсивом* в скобках), либо указанием на область применения слова (*мед*ицина, *тех*ника, *воен*ное дело и т. п.) или на стиль речи (*разг*оворный, *поэт*ический), либо определенными *грамматическими* данными (*как сущ*ествительное, во *мн*ожественном числе, в *сов*ершенном виде, с *тв*орительным падежом, с предлогом **на**+*пр*едложный падеж, *без доп*олнения); ср. список сокращений, стр. 19.

12. Специальные пометы (стилистические и грамматические определения и т. п.), данные *до* перевода, относятся к *русскому* слову или выражению. При этом перевод дается по возможности такой, который по своему характеру (по стилю, по грамматической форме и т. п.) соответствует предшествующим пометам, и в случае такого соответствия он особыми пометами не сопровождается. Если же такого соответствия нет, то *после* перевода дается необходимая помета, указывающая на ту или иную особенность английского слова или выражения; например, если английское прилагательное, в отличие от русского, может быть употреблено только предикативно, оно сопровождается пометой *predic.* Ср. также:

> **черни́ла** *мн.* ink *sg.*: здесь помета *sg.* (т. е. *singular*, *ед*инственное число) обращает внимание на то, что английское ink имеет форму единственного числа, тогда как переводимое русское слово — форму множественного.

Следует, однако, заметить, что совершенно очевидные особенности английских выражений специально не отмечаются; так, например, перевод русского прилагательного английским предложным оборотом (of + существительное и т. п.) не сопровождается какой-либо особой пометой.

13. Если английское слово является членом омонимической группы, то оно сопровождается указанием на то, какой из омонимов имеется в виду в данном случае, например:

> **весна́** spring (*season*).

14. Если различные переводы русского отглагольного существительного даны без дифференцирующих пояснений (ср. п. 11), но со *ссылкой* на соответствующий глагол, то это значит, что различия в значении и употреблении данных английских слов-переводов существительного определяются различиями между теми английскими глаголами, которыми переводится указанный русский глагол; поэтому пояснения к его переводам относятся и к переводам данного отглагольного существительного; например:

> **шипе́ние** hissing; sizzling; spúttering; spitting (*ср.* шипе́ть) = **шипе́ние** (*о змее*) hissing; (*о масле*) sizzling; (*о сырых дровах*) spúttering; (*о кошке*) spitting, так как приведенные в скобках пояснения даны при глаголах hiss, sizzle, spútter и spit, которыми переводится глагол **шипе́ть.**

15. Перевод прилагательных в тех их значениях, которые они имеют при субстантивизации, дается после пометы *как сущ.* (т. е. *как существительное*) при соответствующих прилагательных, если они не стали совершенно самостоятельными существительными. Например, перевод прилагательного **больно́й**, данный после пометы *как сущ.*, относится к тем случаям употребления этого слова, когда оно означает «больной человек» и т. п.

Если же субстантивированное прилагательное стало полностью самостоятельным существительным, как, например, **больно́й** в значении «пациент» или **мастерска́я** (в значении предприятия, помещения), то оно дается как отдельное слово-существительное с пометой *скл. как прил.* (т. е. *склоняемое как прилагательное*).

16. Перевод отдельных слов или особых выражений иногда сопровождается примерами таких словосочетаний, в которых данные слова или выражения переводятся именно так, как они переведены отдельно. Такие иллюстративные словосочетания отделяются от предшествующего перевода *двоеточием* (:). Значительно чаще, однако, даются не иллюстративные словосочетания, а такие, в которых те или иные слова переводятся особо, не так, как вне этих словосочетаний. Такие словосочетания отделяются от предшествующего перевода *точкой с запятой* (;), а если они следуют за переводом иллюстративных словосочетаний, то *точкой с запятой и тире* (; —).

17. Если данное русское слово, вообще или в каком-либо из его значений, переводится на английский язык только в составе определенного словосочетания, то после этого слова или после соответствующей арабской цифры (ср. п. 11) ставится *двоеточие* (:), а далее следует то словосочетание, которое переводится на английский язык.

18. В известных случаях русские слова, данные в словаре, сопровождаются не переводом, а пометой, указывающей на их отношение к другим словам. При этом:

а) помета *уменьш. от* (т. е. *уменьшительное от* такого-то слова) означает, что слово, за которым она следует, может переводиться так же, как то слово, которое дано после пометы, но только с прилагательными little или small; например:

> **иго́лочка** *уменьш. от* игла́ = little needle или small needle *и пр.*, так как слово **игла́** имеет перевод needle *и пр.*

При этом нужно заметить, что little придает выражению более эмоциональный характер, чем small. Если же передача оттенка уменьшительности вообще несущественна, то прибавлять эти прилагательные не следует;

б) помета *прил. к* (т. е. *прилагательное к* такому-то существительному) означает, что данное прилагательное переводится так же, как существительное, следующее за пометой, причем соответствующее английское существительное может быть либо превращено в прилагательное и употреблено атрибутивно без какого-либо изменения, либо взято в форме притяжательного падежа (с окончанием -'s ), или в сочетании с предлогом of; например:

> **ле́тний** *прил. к* ле́то = súmmer (*attr.*), súmmer's, *of the* súmmer, так как слово **ле́то** переводится словом summer;

при этом следует заметить, что притяжательный падеж или сочетание с предлогом of обычно может применяться тогда, когда русское прилагательное может быть заменено родительным падежом;

в) помета *страд. к* (т. е. в значении *страдательного залога к* такому-то глаголу) означает, что данный глагол с окончанием **-ся** или **-сь** переводится так же, как глагол без **-ся (-сь),** указанный после этой пометы, но формами страдательного залога; например:

> **писа́ться** *страд. к* писа́ть = be wrítten *и т. д.*; так как **писа́ть** переводится через write *и т. д.*, а страд. залог (*passive*) от write есть be wrítten;

г) помета *как сов. к* (т. е. *как совершенный вид к* такому-то глаголу) означает, что предшествующий ей глагол в известных случаях имеет значение совершенного вида того глагола, который указан после этой пометы, и переводится так же, как этот последний; например:

> **закрича́ть** *сов.* **1.** (*начать кричать*) begin* to cry *и т. д.*; **2.** *как сов. к* крича́ть; следовательно во 2-м своем значении глагол **закрича́ть** должен переводиться просто как cry и т. д., т. е. так же, как глагол **крича́ть.**

19. Произношение обозначается только в тех случаях, когда данное слово читается не по общим правилам. Обозначение произношения приводится в *квадратных* скобках [ ] *после* того слова, к которому оно относится, или, если это слово входит в состав словосочетания, после всего словосочетания, причем слова, произношение которых не обозначается, заменяются в квадратных скобках *отточием* (...); например:

> live be¦yónd one's means [lɪv...].

Во многих случаях обозначается произношение только *части* слова (той, в чтении которой имеется отклонение от общих правил). Прочие части слова в таких случаях заменяются в квадратных скобках *дефисом* (черточкой: -); например:

> **сего́дня** [-во́-];
> knówledge ['nɔ-].

Обозначение произношения русских слов не требует особых разъяснений; оно дается лишь в очень редких случаях, так как большей частью указание места ударения достаточно для правильного чтения русского слова.

Обозначение произношения английских слов подробно объяснено в приложении «О чтении (произношении) английских слов», стр. 910.

20. Важнейшие грамматические сведения о слове даются в виде:

а) грамматических определений слова (*су*ществительное, *предик*ативное слово-полуглагол, *нареч*ие, существительное *ж*енского рода и т. п.) или его формы (*мн*ожественное число, *ж*енский род прилагательного, *сов*ершенный вид);

б) указаний относительно способов сочетания данного слова с другими словами (сведения об управлении слова); см. п. 21.

Те слова, форма которых и принадлежность к той или иной части речи достаточно ясны, грамматическими определениями обычно не сопровождаются (ср. пп. 6, 7, 12).

21. Сведения об управлении слова (о характерных для него способах его сочетания с другими словами) приводятся в *круглых* скобках *после* данного слова (и после обозначения его произношения, ср. п. 19) или *после* соответствующей арабской цифры, если данное управление слова связано с определенным его значением (ср. п. 11).

После русского слова приводится в круглых скобках тот *предлог*, а иногда союз, которого требует данное слово, или указывается та *форма*, которую имеет управляемое (зависящее) слово, в частности — требуемый падеж существительного или местоимения; например:

**зави́сеть** (от);
**руководи́ть** (*тв.*) = **руководи́ть,** сочетается с *творительным* падежом.
**для** *предл.* (*рд.*) = **для** *предлог,* требующий *родительного* падежа.

При предлоге, данном в скобках, падеж указывается лишь в тех случаях, когда этот предлог вообще может употребляться с разными падежами; например:

**смотре́ть,** посмотре́ть (на *вн.*): здесь сокращение *вн.* показывает, что предлог **на** (который вообще может употребляться и с предложным падежом) в данном случае требует *винительного* падежа.

После английского слова указываются в круглых скобках те способы его сочетания с другими словами, которые соответствуют показателям управления, приведенным при русском слове; например:

**зави́сеть** (от) depénd (on): русскому предлогу **от** при данном глаголе соответствует английский on.

При этом сокращение (*d.*), т. е. *direct object* (прямое дополнение), обозначает употребление существительного в общем падеже или местоимения в объектном (me, а не I; him, а не he и т. п.; см. грамматическое приложение, стр. 925) без предлога; сокращение же (*i.*), т. е. *indirect object* (косвенное дополнение), обозначает употребление тех же форм (общего или объектного падежа) без предлога в положении *перед* прямым дополнением; например, в предложении give him the letter (дайте ему письмо) слово him является косвенным дополнением (*i.*), так как оно стоит (без предлога) перед прямым дополнением (*d.*) — the letter. Нужно заметить, однако, что при прямом дополнении it косвенное дополнение ставится после прямого; так, во фразе give it him (дайте его ему) косвенным дополнением (*i.*) является him,— так же, как в предыдущем примере. Косвенное дополнение (*i.*) может заменяться предложным сочетанием «to + существительное или местоимение», которое, как и всякое *предложное* дополнение, обычно ставится *после* прямого; так, give him the letter может быть заменено через give the letter to him (дайте письмо ему).

Если имеется более одного показателя управления, то такие показатели при английском слове даются в том *порядке*, в каком приведены *соответствующие* им показатели при переводимом русском слове. Этот порядок может не совпадать с тем, который применяется в связной английской речи, а именно, как было отмечено выше:

*i.* + *d.* + *предложн. доп.* (за исключением случая с *d.* = it).

Поэтому при переводе следует руководствоваться указанными общими правилами порядка слов, а не тем порядком, в котором даны показатели управления, так как их порядок служит *только* для определения *соответствия* между ними и показателями при русском слове; например:

**заменя́ть,** замени́ть (*вн. тв.*) súbstitùte (for *d.*), replácе (*d.* by); здесь порядок показателей (*d.* by) при replace и (for *d.*) при substitute указывает на то, что *винительный* падеж при данном русском глаголе передается через прямое дополнение (*d.*) при глаголе replace, но через дополнение с предлогом for при глаголе substitute, а *творительный* падеж — через дополнение с предлогом by в первом случае и через прямое дополнение (*d.*) — во втором. Порядок «replace + *d.* (прям. доп.) + by (предложн. доп.)» является нормальным, но порядок «substitute + for (предложн. доп.) + *d.* (прям. доп.)» *невозможен*; он должен быть *заменен* в связной речи тем порядком, который удовлетворяет *общим правилам*: substitute + *d.* (прям. доп.) + for (предложн. доп.).

22. Если слово, у п р а в л е н и е которого указывается (ср. п. 21), входит в состав с л о в о с о ч е т а н и я, то скобки с указанием управления помещаются *после всего словосочетания* — также и в том случае, когда в связной речи управляемое слово ставится внутри словосочетания; например:

send back (*d.*) = send + *d.* (прямое дополнение) + back.

В тех случаях, однако, когда в данное словосочетание входят *два глагола*, соответствующие указания даются *после того глагола*, к которому они относятся; например:

**втя́гивать... 2.** (*вн.* в *вн.*; *вовлекать*)... indúce (*d.*) to pàrticipàte (in).

23. При всех русских именах существительных, а также при субстантивированных именах прилагательных дается указание на род курсивными буквами с точкой: *м.* — мужской род; *ж.* — женский род; *с.* — средний род.

24. У с л о в н ы е з н а к и:

|| (параллельки) отделяют в первом слове гнезда начальную часть слова, заменяемую в последующих словах того же гнезда тильдой (см. п. 2).

~ (тильда) заменяет первое слово гнезда, а также общую часть русских слов, объединенных в одно гнездо. В первом слове гнезда эта общая часть отделяется параллельками (||); если же первое слово гнезда не разделено параллельками, то это значит, что общая часть слов данного гнезда совпадает с его первым словом (см. п. 2).

* (звездочка) показывает, что английское слово, после которого она стоит, изменяется не по общему правилу. Формы таких слов приведены в грамматическом приложении в особом списке (стр. 936 и сл.). Однако глаголы be, have, do, shall, can *и др.*, формы которых приведены в особой таблице (№ 10, стр. 928), приводятся без звездочки.

◇ (ромб) означает, что словосочетания, следующие за ним, представляют собой фразеологические единицы: «слитные словосочетания», особые составные термины, идиоматические выражения и т. п. Так, например, если словосочетание **бе́лый гриб** помещено за ромбом, то это значит, что имеется в виду особый род грибов, а не просто гриб белого цвета.

/ (косая черта) означает «или» и показывает, что любое из слов, между которыми поставлен этот знак, может быть употреблено в данном сочетании; например:

big / great toe = big toe *или* great toe (два возможных перевода словосочетания «большой палец ноги»).

rèvolútionary-minded / rèvolútionary-dispósed man*, writer = rèvolútionary-minded man* *или* rèvolútionary-dispósed man*, rèvolútionary-minded writer *или* rèvolútionary-dispósed writer.

(вертикальная пунктирная черта) разделяет в английских словах их составные части — там, где такое разделение помогает правильному их чтению (см. приложение «О чтении (произношении) английских слов», стр. 912). Кроме того, этой чертой отделяется та часть сложного слова, к которой относится звездочка (*), т. е. которая приводится в списке слов, изменяющихся не по общим правилам; например:

cóach¦man*: -man в этом слове изменяется так же, как отдельное слово man, приведенное в списке.

= (знак равенства) между двумя русскими словами означает, что первое из них переводится так же, как второе.

≅ (знак приблизительного равенства) предупреждает, что следующий за ним перевод лишь приблизительно соответствует русскому выражению, стоящему перед этим знаком.

+ (плюс) значит «в сочетании с»; например + *inf.* (т. е. *infinitive*) значит «в сочетании с инфинитивом».

( ) (круглые скобки) заключают в себе пояснения относительно з н а ч е н и я или у п о т р е б л е н и я (даются *курсивом*, см. п. 11), сведения об у п р а в л е н и и слова (см. п. 21), а также слова́ или части слов ф а к у л ь т а т и в н ы е, являющиеся необязательными в данном выражении (даются обычным, прямым шрифтом, см. п. 8).

[ ] (квадратные скобки) заключают в себе обозначение п р о и з н о ш е н и я (см. п. 19, а также приложение «О чтении (произношении) английских слов», стр. 910).

Относительно особых случаев употребления з н а к о́ в п р е п и н а н и я см. пп. 10, 16, 17; относительно отточия (...) при обозначении произношения см. п. 19 и приложение «О чтении (произношении) английских слов», стр. 910.

Относительно употребления ц и ф р см. пп. 3 и 11.

### Отдельным приложением даны:

Список географических названий.
О чтении (произношении) английских слов, проф. А. И. Смирницкий.
Краткие сведения по английской грамматике, проф. А. И. Смирницкий.
The Russian Sound-System and the Russian Alphabet by A. I. Smirnitsky, prof.
Notes on Russian Grammar by A. I. Smirnitsky, prof.

## УСЛОВНЫЕ СОКРАЩЕНИЯ

### *Русские*

*ав.* авиация
*авт.* автомобильное дело
*ак.* акустика
*амер.* американизм; американский
*анат.* анатомия
*англ.* английский
*антроп.* антропология
*арх.* архитектура
*археол.* археология
*астр.* астрономия
*бакт.* бактериология
*без доп.* без дополнения
*безл.* безличная форма
*библ.* библейское выражение
*биол.* биология
*бот.* ботаника
*бран.* бранное слово
*бух.* бухгалтерия
*б. ч.* большей частью
*вводн. сл.* вводное слово
*вет.* ветеринария
*вн.* винительный падеж
*воен.* военное дело
*возвр.* возвратный залог
*вопрос.* вопросительный
*г.* город
*геогр.* география
*геод.* геодезия
*геол.* геология
*геом.* геометрия
*гл.* глагол
*гл. обр.* главным образом
*горн.* горное дело
*грам.* грамматика; грамматический термин
*груб.* грубое выражение
*дип.* дипломатия
*дт.* дательный падеж
*ед.* единственное число
*ж.* женский род
*ж.-д.* железнодорожное дело
*жив.* живопись
*зоол.* зоология
*идиом.* идиоматическое выражение
*им.* именительный падеж
*ирон.* ироническое выражение
*иск.* искусство
*ист.* исторический
*ист. лит.* история литературы
*ист. театр.* история театрального искусства
*канц.* канцелярское выражение
*карт.* карточная игра
*кин.* кинематография
*косв. пад.* косвенный падеж
*кул.* кулинария
*л.* лицо
*-л.* либо
*ласк.* ласкательная форма
*лес.* лесное дело
*лингв.* лингвистика
*лит.* литература
*личн.* личный
*м.* мужской род
*мат.* математика
*мед.* медицина
*межд.* междометие
*мест.* местоимение
*метал.* металлургия
*метеор.* метеорология
*мин.* минералогия
*миф.* мифология
*мн.* множественное число
*мор.* морское дело
*муз.* музыка
*напр.* например
*нареч.* наречие
*научн.* употребляется только как научный термин
*неизм.* неизменяемое
*неодобр.* неодобрительно
*неол.* неологизм
*неопред.* неопределенно направленное движение
*несов.* несовершенный вид
*об.* обыкновенно
*общ.* общий
*о-в(а)* остров(а)
*оз.* озеро
*ок.* около
*опред.* определенно направленное движение
*опт.* оптика
*особ.* особенно
*относит.* относительный
*отриц.* отрицательный
*офиц.* официальный
*охот.* охота
*палеонт.* палеонтология
*перен.* переносное значение
*пов.* повелительное наклонение
*п-ов* полуостров
*погов.* поговорка
*полигр.* полиграфия
*полит.* политика
*посл.* пословица
*поэт.* поэтическое выражение
*пр.* предложный падеж

*превосх.* превосходная степень
*предик.* предикативное употребление
*предл.* предлог
*презр.* презрительно
*преим.* преимущественно
*пренебр.* пренебрежительно
*прибл.* приблизительное значение
*прил.* имя прилагательное
*притяж.* притяжательное местоимение
*прич.* причастие
*прям.* в прямом смысле
*психол.* психология
*р.* река
*рад.* радиотехника
*разг.* разговорное слово, выражение
*разн. знач.* разные значения
*рд.* родительный падеж
*рел.* религия
*рыб.* рыболовство
*с.* средний род
*скл.* склоняется
*см.* смотри
*собир.* собирательно
*сов.* совершенный вид
*сокр.* сокращение, сокращенно
*спорт.* физкультура и спорт
*ср.* сравни
*сравн. ст.* сравнительная степень
*стр.* строительное дело
*страд.* страдательный залог
*сущ.* имя существительное
*с.-х.* сельское хозяйство
*тв.* творительный падеж
*театр.* театральное выражение
*текст.* текстильное дело
*тех.* техника
*т ж.* также
*тк.* только
*топ.* топография
*торг.* торговый термин
*уменьш.* уменьшительная форма
*уст.* устаревшее слово или выражение
*фарм.* фармакология
*физ.* физика
*физиол.* физиология
*филос.* философия
*фин.* финансы
*фольк.* фольклор
*фон.* фонетика
*фот.* фотография
*фр.* французский
*хим.* химия
*хир.* хирургия
*церк.* церковное выражение
*числит.* имя числительное
*шахм.* шахматы
*школ.* школьное выражение
*шутл.* шутливо
*эк.* экономика
*эл.* электротехника
*этн.* этнография
*юр.* юридическое выражение

### *Английские*

*adj.* adjective имя прилагательное
*adv.* adverb наречие
*attr.* attributive атрибутивное употребление (в качестве прилагательного)
*compar.* comparative degree сравнительная степень
*conj.* conjunction союз
*d.* direct object прямое дополнение
*f.* feminine женский род
*ger.* gerund герундий
*i.* indirect object косвенное дополнение
*imper.* imperative повелительное наклонение
*impers.* impersonal безличное, -ный
*indef.* indefinite неопределенный
*indic.* indicative изъявительное наклонение
*inf.* infinitive инфинитив («неопределенное наклонение»)
*m.* masculine мужской род
*n.* neuter средний род
*obj.* objective case косвенный падеж
*pass.* passive страдательный залог
*perf.* perfect перфект
*pl.* plural множественное число
*poss.* possessive case притяжательный падеж *или* possessive pronoun притяжательное местоимение
*predic.* predicative предикативное употребление
*prep.* preposition предлог
*pres.* present настоящее время
*pron.* pronoun местоимение
*sg.* singular единственное число
*subst.* substantive существительное
*superl.* superlative degree превосходная степень
*v.* verb глагол

# PREFACE

This edition of the Russian-English dictionary appears more than three years after the death of Professor Smirnitsky, who evolved the original plan and method of the dictionary, directed the work of the authors and himself wrote the greater part of the more complex articles. It therefore seems appropriate to include in this preface an appreciation of his valuable contribution to this dictionary as well as a brief summary of what has been done since his death.

Following the principles of the USSR School of lexicographers (D. N. Ushakov, L. V. Shcherba, V. V. Vinogradov), Professor Smirnitsky gave much time and attention to the elaboration of scientific methods in lexicography, particularly bilingual Russian-English lexicography; his success in this field was largely due to the fact that, prior to actual work on the dictionary, he spent many years scientifically comparing the systems of the two languages. (For an idea of the scope of this branch of Professor Smirnitsky's activities the reader is referred to his textbooks of Russian for English-speaking people, and other manuals.)

Systematic and detailed comparative study of two languages enables the lexicographer to decide what parts of their vocabularies diverge and thus require special attention in translation. It also shows that the divergencies are not confined to separate words, their individual and specific lexical characteristics. In the vocabularies of all languages there exist certain types or classes of words, certain lexical *categories* (for instance verbal nouns, verbs with aspective prefixes, abstract nouns formed from adjectival stems, various types of pronouns, prepositions, conjunctions and the like). For each of such lexical categories Smirnitsky elaborated a uniform and consistent lexicographic method, which was so devised as to provide not only for uniformity and consistency, but also, if need be, to provide a convenient way of bringing out the specific and individual in each representative of the category in question. Thus, as Smirnitsky has shown in his preface to the first edition, general lexicographic patterns form a background against which the individual characteristics may be brought out in sharper relief.

In keeping with the general principles of Soviet lexicography Professor Smirnitsky also attached great importance to the distinction between polysemy and homonymy, between the "syntactical" or "free" meanings of words and their "phraseological" or "bound" meanings, the variety of meanings as opposed to variety of uses, etc. He elaborated a precise and consistent system for the delimitation of polysemy and homonymy in verbs with aspective prefixes; his profound scientific investigation into the semantic structure of Russian prepositions and conjunctions is embodied in the respective articles of the dictionary. Mention should also be made of his independent approach to grammatical homonymy, displayed, among other instances, in the lexicographical treatment of such pairs as the "short" form of the adjective and the adverb in **-o**.

Smirnitsky made many useful innovations in the field of lexicography proper. He devised an original pronunciation system for *English* words (no attempt to indicate the pronunciation of English words in a Russian-English dictionary had previously been made).

He also elaborated a consistent method of indicating the right treatment of words as used in speech, his first principle being that to ensure correct translation of a word a dictionary should not only supply its correct lexical equivalent but should also make clear its grammatical and idiomatic usage. In this way the words are, as it were, "prefabricated" for right treatment in actual speech.

When Professor Smirnitsky insisted on *scientific* methods in lexicography, based on Marxist linguistics, one of his major aims was to broaden the user's linguistic outlook. He was an irreconcilable opponent of the purely pragmatic approach; it was his firm conviction that far from lowering its standards to the level of the less educated reader, a dictionary should raise him to the level of scientific lexicography, which is one of the main channels of linguistic culture.

* * *

In preparing this edition of the dictionary the authors' main attention has been focussed on keeping track as far as possible of recent changes in the vocabularies of the two languages, and on working out in greater detail the meanings of the words already included in the dictionary, especially the new expressions and idioms connected with them. Particular importance has been attached to the inclusion of expressions pertaining to social and political life; in this respect the authors wish to acknowledge the use that has been made of part of the materials submitted to them by a senior lecturer of the Yaroslavl Pedagogical Institute, A. I. Rosenman.

The dictionary's lexicographical system, which was elaborated by Professor Smirnitsky, and which has stood the test of two editions, has not been altered in the present edition. This does not mean, of course, that questions of method were completely disregarded. In the process of work the authors found wide scope for improvement in applying the original principles more consistently.

The treatment of different verbs with homonymous aspect-forms has also been more consistent than in previous editions.

Among other improvements may be mentioned a more consistent and uniform treatment of certain types of words (such as ordinal numbers, various kinds of compounds, etc.); more consistent and detailed indication of the grammatical characteristics of words and expressions; more judicious discrimination between synonymous translations and words having a general bearing on the subject but not usable as translation-equivalents of the word in question (cf. Preface to the first edition § 12).

In some cases the principles and methods themselves had to be clarified. Phraseology in a wide sense was a case in point. According to the original method, the arrangement of phrases within the articles is not alphabetical, but *systematic*, *i. e.* phrases are arranged accordingly as they fall into the following three groups: a) illustrative phrases, *i. e.* phrases introduced to illustrate the use of the words given as general translation-equivalents; b) phrases in which the word in question requires a specific translation and cannot be rendered by the word or words given as its "general" or "free" equivalents; and c) idiomatic expressions, which come after a "rhombus" (◇).

That does not, however, exhaust the problem of phraseology. There remains the task of choosing the vocable, the right article for each expression.

The commoner types of phrases of the adjective + noun and verb + object types are now normally listed under the appropriate adjectives and verbs respectively; they are also entered under the nouns if this is essential for a more complete translation of the latter. But in a very large number of cases the choice of the vocable remains more or less arbitrary.

Certain modifications had also to be introduced in the treatment of compounds (*i. e.* verbal nouns in **-ание, -ение**), as well as in some other cases.

Very much time and attention was given to problems of complete lexical homonymy, stylistic differentiation, "free" and "phraseologically-bound" meanings, etc. (For a treatment of more general problems of this kind see, inter alia, O. S. Akhmanova, "Ocherky po obshchey i russkoy leksikologii", Moscow 1957).

In the Preface to the first edition (§ 12) it is claimed that the translations should correspond to the original words as closely as possible. Hence, in theory **only one** equivalent should be offered for each meaning of the vocable. In practice, however, this is very often not feasible. Hence an unavoidable accumulation of synonyms, for which it has not always been possible to find adequate qualifications and illustrations that would show the reader how far they are co-extensive with the original word, or to provide the abundance of contexts required to ensure correct choice and usage in all cases.

In preparing the third edition the authors and the editors have given due attention to all the additions and corrections suggested by readers and reviewers, most of which concerned the translation of certain terms and phrases. Many of these were gratefully accepted.

The authors would like to express their especial thanks to Mr. M. C. C. Wheeler M. A., of Oxford University, who while working through the previous edition of the dictionary sent us valuable material that has helped us to improve our translations.

*O. Akhmanova.*

## PREFACE TO THE FIRST EDITION

§ 1. This Russian-English dictionary is basically a bilingual dictionary of the usual type. It differs, however, from other dictionaries of its kind on account of certain peculiarities that may or may not be taken into consideration, according to the aim of the person referring to the dictionary, and his knowledge of either the Russian language, on the one hand, or English, on the other. The reader who wishes to find in the dictionary only the English equivalent of this or that Russian word may treat this dictionary as he would treat any other similar dictionary, paying attention only to the directions that are of use to him and ignoring the various additional information that accompanies both Russian words and expressions and their English translations.

§ 2. Chief among the peculiar features of the present work is the fact that more attention than usual has been paid to the phonetic and grammatical aspects of words.

§ 3. For the most part, provided the stress is indicated, the pronunciation of Russian words is sufficiently clear from their spelling*. Thus, in the majority of modern Soviet dictionaries the standard Russian spelling, where the word has more than two syllables, is supplemented with a stress accent, although such accents are employed in Russian orthography only in very rare cases. In similarly indicating the stress of Russian words the present work follows a tradition that is already sufficiently well established.

In the few cases where the spelling of the Russian word, even when the stress is indicated, fails to give a correct impression of the pronunciation, special indications as to pronunciation are provided in square brackets; in order to save space, however, only the pronunciation of the part of the word that does not conform to the general rule is indicated. For example, [-вó-] after the word **сегóдня** shows that it is pronounced севóдня (sevódnya).

§ 4. As we know, English orthography reflects pronunciation less clearly than Russian; nevertheless, knowledge of the correct stress of an English word is of material assistance to the correct reading of it. English words, therefore, like the Russian, are given with accents, although such signs are not normally employed in either English or Russian orthography. Moreover, it should be noted that some English words in the dictionary are also marked with *secondary* accents (weak stress): *e. g.* **órganìze, cóncentràte.** This gives the spelling of such words a rather unusual appearance, but since stress accents are used in various dictionaries for Russian words (and for German words, too), the writing of English words with stress accents is, in fact, merely a fresh application of a sufficiently widely adopted principle.

Although English orthography is extremely inconsistent, certain rules for the pronunciation of letters and combinations of letters in English words can be established. A person with even the smallest knowledge of English can read the word "brake" correctly, even if he does not know the word. There is no need, therefore, to indicate specially (by means of phonetic transcription) the pronunciation of every English word. Pronunciation need be indicated only in cases where the reading does not correspond to the general rules. The number of such cases, however, is usually found to be incomparably larger in English than in Russian.

Nevertheless, the "rules" of English pronunciation are not sufficiently clearly delimited from the "exceptions". It has been considered essential to make the definition of these rules, even if more or less arbitrary, as clear and exact as possible. Such a definition is given in the corresponding appendix to the dictionary (see p. 910); in cases where pronunciation follows the stated rules no special indication is supplied. In those cases, however, where there is any deviation from the rules, the pronunciation is shown by means of phonetic transcription in the accepted manner of English-Russian dictionaries, but quite frequently in abbreviated form, that is by transcribing only the part of the word where the rules of pronunciation do not apply. Special treatment is reserved only for certain of the most commonly used words, a list of which is supplied in the appendix. With these words no further transcription is given even if their pronunciation differs from the accepted rule, on the assumption that they will be known to most people who use the dictionary or can be looked up in the appendix.

In this way the reader has the opportunity of determining the pronunciation of every English word he finds in the dictionary by direct reference to the transcription, by applying

* See appendix on Russian pronunciation, p. 940.

the rules of pronunciation, or by a combination of both methods. The full transcription of all the English words in a Russian-English (not an English-Russian!) dictionary is technically impossible without making the dictionary too large. Russian-English dictionaries are usually compiled without any indication as to the pronunciation of English words; when one has found the translation of the Russian word in such a dictionary, one is then obliged to refer to an English-Russian dictionary to discover how to pronounce it. Naturally the system of giving rules of pronunciation and partial transcription employed in this work is distinctly more complicated than that of giving the full phonetic transcription of every word, yet it would appear to be more expedient to use even such a complicated system than not to supply any information at all concerning the pronunciation of the English renderings of Russian words. It should also be noted that an acquaintance with the rules of pronunciation included in the dictionary is useful in itself. These rules may be applied in a great number of cases when reading an English text without the aid of a dictionary, since very many unfamiliar English words which are nevertheless understandable from the context or by virtue of their "international" character, can with the help of these rules be read correctly; furthermore, knowing these rules, one may in the majority of cases memorize the pronunciation of English words by merely marking the accent without noting the transcription. In addition, it should also be observed that many of these rules are in practice familiar to anyone with some knowledge of English; for this reason it will not generally be necessary to relearn all the rules of pronunciation that are given, or to be constantly referring to them for information.

§ 5. For the most part the dictionary deals with words, and not their different forms. Every form of an inflected word is therefore, so to speak, a representative of the word as a whole, in all its grammatical forms or inflections. Thus, for example, the nominative singular form of the word **ло́шадь** (horse) represents the word as a whole, with all its grammatical forms: **ло́шадь, ло́шади, ло́шадью, лошаде́й** and so on. Similarly, the English **horse** usually stands as representative of all its grammatical forms (inflections): **horse, horse's, horses, horses'.** As far as the differences of form between the Russian and English languages allow, the translated Russian word and the English word that translates it are usually given in the forms that correspond to each other. The more specific correlations between Russian and English forms naturally cannot be reflected in the dictionary and can be successfully handled only by those with a sound knowledge of grammar. Consequently, although, as far as possible, the correlations between Russian and English grammatical forms are taken into account (particularly as far as idiomatic expressions are concerned), no translator should rely exclusively on the grammatical information given with a particular word but should make such changes in it as his own knowledge of grammar and syntax suggests to him. This applies particularly to renderings of complete phrases or word-combinations, in which the word-order or the tense may not infrequently turn out to be unsuitable for the given context.

§ 6. It is particularly necessary to point out that the perfective and imperfective aspects of Russian verbs are in very many cases regarded as *forms of one and the same verb*, and *not* as different verbs; for this reason, in a great number of cases the various aspects of the same verb are translated in the same article irrespective of whether these aspects have different translations in English or not.

If the forms of various Russian verb aspects may be translated, or if, as in certain cases, they must be translated, by different English verbs, this is specially indicated. Moreover, the relationship between the different aspects of the Russian verb and the different English words used to translate them is usually as follows. In certain cases both aspect forms are translated by the same words, while in a number of other cases the imperfective aspect forms have their own special renderings that do not apply to the perfective aspect; the latter, however, have no renderings which could never be used to translate the imperfective aspect. In such correlations the rendering of the form of the perfective aspect presents no difficulty; in translating the imperfective aspect, however, one must make a choice between those English verbs that render both aspects and those that can be used for rendering only the imperfective aspect (these are given after the indication *несов. тж.*, i. e. imperfective aspect translatable also by the following words. Cf. Struktura Slovarya § 6).

§ 7. Usually the verbs that have both perfective and imperfective aspects are given in the form of the infinitive of the *imperfective* aspect, but after this form the infinitive of the perfective aspect is also given. Only those verbs that are very rarely used in the imperfective aspect, and those, of course, that do not possess such an aspect, are given in the perfective aspect alone. Such verbs are marked by the abbreviation *сов.* (i. e., perfective aspect), while verbs given in the form of the imperfective aspect, as well as those given in both aspects, are not specially differentiated, since in the latter case the aspects can easily be distinguished by the order in which they appear. (Cf. above).

§ 8. The Russian verb forms indicating indefinitely directed motion, i. e. motion in various directions (e. g. **бе́гать, лета́ть**), and those that indicate the same motion in a definite direction **(бежа́ть, лете́ть)** are regarded in the dictionary as forms of the same verbs **(бе́гать — бежа́ть, лета́ть — лете́ть)**, and are given together, under the infinitive supplying the first shade of meaning (i. e. under **бе́гать** and **лета́ть**).

Infinitives indicating definitely directed motion (noted with the abbreviation *опред.*) are, however, also given in the dictionary separately and with a reference to the corresponding infinitives indicating the same motion in an indefinite direction; if they have special meanings and require specific renderings, such renderings are for the sake of convenience given together with the infinitives in question.

§ 9. English verbs, like the Russian, are usually given in their infinitive form, but without the particle "to", since the particle is by no means a permanent accessory of the infinitive (cf. he may go он может идти). For the same reason the infinitive is given without "to" in the summary of English grammar appended to the dictionary (see § 10). But, of course, in those cases in which the use of the infinitive with the particle "to" is obligatory, the particle is not omitted (for example: he wants to go он хочет пойти). It should be particularly noted that the indication (+ *inf.*) shows that the preceding English word or phrase requires the use of the infinitive without "to"; if, however, the word or phrase in question requires the use of the infinitive with "to", this is marked (+to *inf.*). For example: must (+*inf.*); ought (+to *inf.*).

§ 10. Since very many English words possess several grammatical forms, although they are usually given in the dictionary in only one form (cf. § 5), it has been considered essential to supply the dictionary with a summary of instructions regarding the formation of inflected English words. In many dictionaries such summaries are confined to a "list of irregular verbs" giving the basic forms of such verbs.

This dictionary is supplemented with a fuller summary of that kind. The present summary gives both the general rules concerning the inflection of various words (nouns, adjectives, verbs) with corresponding examples, and also a list of words that have any peculiarities in their grammatical inflections, including not only irregular verbs in their basic forms, but also nouns with unusual plural forms, as well as adjectives and adverbs forming degrees of comparison at variance with the general rules. The forms of pronouns are, of course, also given in the summary, although certain pronouns appear in the dictionary itself in all their forms. The plural forms of nouns borrowed from other languages (Greek, Latin, etc.) are not shown in the reference section, but are indicated in the dictionary itself. All words in the list having unusual grammatical inflections are marked in the dictionary with an asterisk (*).

§ 11. In order to translate a text correctly, besides finding the necessary words, one must also be able to combine them in a suitable manner. Much attention has, therefore, been paid to the way words are combined. Basically, of course, the rules governing constructions belong to grammar, but certain phenomena of this kind are at the same time lexicological in character, since in a way they characterize individual words and are not infrequently connected with polysemy.

The various peculiarities of individual words relating to the way these words are combined with others are therefore regularly noted in the dictionary. The cases used with Russian prepositions are indicated, as are the cases and prepositions required by Russian verbs, and so on. The compilers of the dictionary have taken special care to maintain strict correspondence between the grammatical information given for Russian words and that given for English words, in order to make it quite clear what syntactical devices in the one language correspond to the syntactical devices of the other.

§ 12. As regards the actual renderings of words, attention must be drawn to the following. The dictionary offers renderings that are as far as possible exact and correspond to the words they translate not only in general meaning, but also stylistically and in their emotional connotation (affectively). Thus, for example, under the word **ви́деть** we find the translation "see", whereas a word like "behold" which has a different stylistic and emotional connotation, is not given as a translation of the Russian word **ви́деть.** Consequently it is not uncommon to find a single rendering for each meaning of the Russian word, and even where additional synonymous translations are added, their number is usually very limited. Other words close in meaning to the suggested English rendering may be found by referring to the synonyms of the Russian word in question. For example, if one wishes to know what English words are semantically connected with the English "see", and consequently approximate in meaning to the Russian **ви́деть,** one should look up such Russian words as **зреть** and **лицезре́ть.**

The different meanings of Russian words and their different usage have as far as possible been clearly differentiated and are defined by brief notations in brackets. Examples illustrating the meaning or usage of the word in question have been supplied in particularly complex instances.

§ 13. Much attention has been paid to the idiomatic expressions commonly found in the literary language, where a particular word is translated in a special way, differing from the normal rendering. But stylistically highly coloured idioms, sayings, and proverbs, have been given only a restricted place in the dictionary.

§ 14. From what has been said it will be appreciated that the present work follows to a considerable extent the principles governing the structure of the Russian-French dictionary edited by L. V. Shcherba; at the same time it contains additions to that system and certain other distinguishing features, the most important of which have been mentioned above.

The introduction into the dictionary of various additional information (phonetic and grammatical) has to a large degree complicated the work of the compilers; consequently, it has undoubtedly been impossible to avoid a number of departures from the accepted system. The compilers and editors of the dictionary will be deeply grateful for any comments and suggestions they may receive.

In conclusion, I must draw attention to the immense ammount of painstaking and thoughtful work that has been devoted to this dictionary on the part of the Publishing House editors Z. S. Vigodskaya and N. P. Grigorieva. The compilers and editors take this opportunity of expressing their sincere gratitude for everything they have done at various stages in preparing the dictionary for publication.

With the same feeling of gratitude the compilers and editors of the dictionary wish to acknowledge the fruitful participation of I. W. Litvinova, who kindly consented to read the proofs and suggested a large number of very suitable renderings.

*A. Smirnitsky.*

## THE USE OF THE DICTIONARY

It has not been considered necessary to translate into English the exhaustive account of the structure of the dictionary given on pages 13—18, which is mainly of interest to the Russian-speaking student. Since the dictionary itself, however, has been designed to cater for English people as well as Russians, a few remarks in English about the arrangement of the dictionary may be found useful.

With the possible exception of the accents indicating English stress (cf. Preface to the first edition § 3) all instructions concerning English pronunciation will naturally be ignored by the person whose native language is English. It is hoped, however, that the summary of the rules of Russian pronunciation (p. p. 940—942) included in the present edition will in combination with the indications of Russian stress provide him with a satisfactory guide to the pronunciation of the Russian words in the dictionary.

A summary of Russian grammar has also been given in English to supplement the information on the use of cases and prepositions already supplied in the body of the dictionary. The Russian abbreviations used to denote the cases required by Russian verbs, and the gender of Russian nouns, as well as other general abbreviations (e. g. *ист.*— historical, *разг.*— colloquial), will be found fully translated into English in the table on page 29.

The dictionary does not include derivatives, if they follow a clear and productive pattern. Thus, as a rule, verbal nouns formed with **-ание** (e. g. броса́ние) and with **-ение** (e. g. дробле́ние) are not given in the dictionary if they can be rendered properly by the -ing forms of the corresponding English verbs. When other translations are needed (cf. образова́ние), this is shown in full. Similarly the comparative and superlative forms of adjectives, and also regular adverbial forms, are not given, with the exception of commonly met forms (e. g. полу́чше), or those which offer some specific difficulty of translation. For information on the handling of adverbial forms in **-и, -ому** and **-ему** (e. g. по-ли́сьи, по-осо́бенному) reference should be made to the articles **по-** I, II, III.

Unlike most Russian and many Russian-English dictionaries, the present work gives the perfective and imperfective aspects of Russian verbs together in the same article, and also in alphabetical order. Thus the English student confronted with a perfective form such as загну́ть will have no difficulty in tracing the imperfective загиба́ть. Since the meaning of the verb is usually given under the *imperfective* aspect (if the meaning is given with the perfective aspect, the verb is marked *сов.* i. e. perfective), he will easily be able to tell which aspect of the verb he is dealing with (cf. покупа́ть, купи́ть).

Further references concerning the translation of the imperfective aspect (e. g. *несов. тж.*) may be ignored by the reader with a sound knowledge of English since he will usually be able to select the best rendering from among the renderings offered, by considering the context.

Mention should also be made of the treatment of the basic Russian verbs of motion (нести́, бежа́ть *etc.*). These are given not only in perfective and imperfective form, but also with the corresponding forms that express directed motion, shown by the Russian abbreviation *опред.* For example, носи́ть, *опред.* нести́, *сов.* понести́.

Each of these verb forms is dealt with separately in articles treating extensively of their meaning and usage.

The present edition strives to give as wide a selection of renderings as possible without sacrificing the principle of accuracy, the sign ≅ that brands the approximate translation being used only in cases of extreme necessity. The rendering that is considered nearest to the basic meaning of the Russian word is given first; where synonymous renderings are offered they are divided by commas.

As the English user of the dictionary will readily appreciate, a semi-colon division indicates a distinct shade of difference in the meaning or usage of the rendering that follows it. For the benefit of the Russian reader these differences, wherever it has been possible to do so briefly, have been defined in Russian, and these definitions appear italicized in round brackets, before the English word or phrase in question. For example: **подходи́ть** (*быть к лицу*) **suit, become.** Though of no direct use to the English reader as such, these definitions (in some cases synonyms of the Russian) may well prove useful to him when referring to the dictionary for information on the nature of a Russian word he wishes to use in translating English into Russian; alternatively they may be regarded as signposts to other parts of the dictionary where further, more approximate renderings of the Russian word in question may be found.

English words that are placed in brackets but **not** italicized may be omitted from a rendering without appreciably changing the sense, *e. g.* all day (long). A stroke (/) between two words shows them to be of equal value for expressing the sense of the Russian. Apart from the references explained above, other reference marks employed in the body of the dictionary, such as the italicizing of articles, may be taken as addressed purely to the reader whose native language is Russian.

*R. C. Daglish.*

## LIST OF ABBREVIATIONS

### *Russian*

*ав.* aeronautics
*авт.* motor transport
*ак.* acoustics
*амер.* American
*анат.* anatomy
*англ.* English
*антроп.* anthropology
*арх.* architecture
*археол.* archaeology
*астр.* astronomy
*бакт.* bacteriology
*без доп.* without object
*безл.* impersonal form
*библ.* biblical
*биол.* biology
*бот.* botany
*бран.* abusive
*бух.* book-keeping
*б. ч.* in most cases
*вводн. сл.* parenthesis
*вет.* veterinary
*вн.* accusative (case)
*воен.* military
*возвр.* reflexive voice
*вопрос.* interrogative
*г.* town, city
*геогр.* geography
*геод.* geodesy
*геол.* geology
*геом.* geometry
*гл.* verb
*гл. обр.* mainly
*горн.* mining
*грам.* grammar, grammatical term
*груб.* vulgar
*дип.* diplomacy
*дт.* dative (case)
*ед.* singular
*ж.* feminine
*ж.-д.* railway
*жив.* painting
*зоол.* zoology
*идиом.* idiomatic
*им.* nominative (case)
*ирон.* ironic
*иск.* art
*ист.* historical
*ист. лит.* history of literature
*ист. театр.* history of theatrical art
*канц.* office term
*карт.* card game
*кин.* cinema
*косв. пад.* oblique case
*кул.* cooking
*л.* person
*-л.* either
*ласк.* affectionate form
*лес.* forestry
*лингв.* linguistics
*лит.* literature
*личн.* personal
*м.* masculine
*мат.* mathematics
*мед.* medicine
*межд.* interjection
*мест.* pronoun
*метал.* metallurgy
*метеор.* meteorology
*мин.* mineralogy
*миф.* mythology
*мн.* plural
*мор.* nautical
*муз.* music
*напр.* for example
*нареч.* adverb
*научн.* strictly scientific
*неизм.* invariable
*неодобр.* disapproving
*неол.* neologism
*неопред.* indirect motion
*несов.* imperfective aspect
*об.* usually
*общ.* general
*о-в(а)* island, islands
*оз.* lake
*ок.* approximately, near
*опред.* definitely directed motion
*опт.* optics
*особ.* especially
*относит.* relative
*отриц.* negative
*офиц.* official
*охот.* hunting
*палеонт.* palaeontology
*перен.* figurative
*пов.* imperative
*п-ов* peninsula
*погов.* saying, adage
*полигр.* printing
*полит.* politics
*посл.* proverb
*поэт.* poetic
*пр.* prepositional case
*превосх.* superlative degree
*предик.* predicative use
*предл.* preposition
*презр.* contemptuous

*преим.* largely
*пренебр.* disdainful
*прибл.* approximate meaning
*прил.* adjective
*притяж.* possessive pronoun
*прич.* participle
*прям.* in the direct sense
*психол.* psychology
*р.* river
*рад.* radio
*разг.* colloquial
*разн. знач.* various senses
*рд.* genitive (case)
*рел.* religion
*рыб.* fishing
*с.* neuter
*скл.* declinable
*см.* see
*собир.* collectively
*сов.* perfective aspect
*сокр.* abbreviation, abbreviated
*спорт.* sport
*ср.* compare
*сравн. ст.* comparative degree
*стр.* building
*страд.* passive
*сущ.* noun
*с.-х.* agriculture
*тв.* instrumental (case)
*театр.* theatrical
*текст.* textile industry
*тех.* technical
*тж.* also
*тк.* only
*топ.* topography
*торг.* commerce
*уменьш.* diminutive form
*уст.* obsolete
*фарм.* pharmacology
*физ.* physics
*физиол.* physiology
*филос.* philosophy
*фин.* finance
*фольк.* folk-lore
*фон.* phonetics
*фот.* photography
*фр.* French
*хим.* chemistry
*хир.* surgery
*церк.* ecclesiastical
*числит.* numeral
*шахм.* chess
*школ.* school slang
*шутл.* jocular
*эк.* economics
*эл.* electrical engineering
*этн.* ethnography
*юр.* law

### *English*

*adj.* adjective
*adv.* adverb
*attr.* attributive
*compar.* comparative degree
*conj.* conjunction
*d.* direct object
*f.* feminine
*ger.* gerund
*i.* indirect object
*imper.* imperative
*impers.* impersonal
*indef.* indefinite
*indic.* indicative
*inf.* infinitive
*m.* masculine
*n.* neuter
*obj.* objective case
*pass.* passive
*perf.* perfect
*pl.* plural
*poss.* possessive case
*predic.* predicative
*prep.* preposition
*pres.* present
*pron.* pronoun
*sg.* singular
*subst.* substantive
*superl.* superlative degree
*v.* verb

---

## РУССКИЙ АЛФАВИТ

| | | | | | |
|---|---|---|---|---|---|
| А а | Б б | В в | Г г | Д д | Е е |
| Ж ж | З з | И и | Й й | К к | Л л |
| М м | Н н | О о | П п | Р р | С с |
| Т т | У у | Ф ф | Х х | Ц ц | Ч ч |
| Ш ш | Щ щ | ъ | ы | ь | Э э |
| | | Ю ю | Я я | | |

# A

**а** I *союз* **1.** (*тогда как*) while; (*без противоположения*) and; (*но*) but: роди́тели ушли́, а де́ти оста́лись до́ма the párents went out while the children remáined at home; вот перó, а вот бума́га here is a pen, and here is a sheet of páper; — не..., а... not..., but...: не он, а его́ помо́щник not he, but his assistant; — а не... (and) not: э́то его́ кни́га, а не ва́ша it is his book (and) not yours; э́то его́ друг, а э́то его́ сестра́ this is his friend and that is his sister [...frend...]; **2.** (*после предложений с уступительными союзами*) yet *или не переводится*: хотя́ она́ и утвержда́ет э́то, а он сомнева́ется she affírms it, yet he doubts it [...dauts...]; хотя́ ему́ и о́чень ве́село, а на́до уходи́ть àlthóugh he is enjóying hìm¦sélf very much, he must go [ɔːl'ðou...]; **3.** (*однако, тем не менее*) and: по́езд ухо́дит че́рез полчаса́, а ты ещё не гото́в the train leaves in half an hour, and you are not réady yet [...hɑːf...auə... 'redɪ...]; **4.** (*если*) if: а не понима́ешь, так и не говори́ if you don't ùnderstánd, don't talk; ◇ а и́менно náme¦ly; viz (*сокр. от* videlicet [vɪ'diːliːset] *читается* náme¦ly); а (не) то (or) else; óther¦wìse: спеши́, а (не) то опозда́ешь húrry, (or) else you will be late; húrry, óther¦wìse you will be late; а так как now as, but as: а так как он не пришёл... now / but as he did not come...

**а** II *частица* (*в начале предложения*) *об. не переводится*; (*в начале нового вопроса*) and: отку́да вы э́то зна́ете? А мне това́рищ сказа́л! how do you know [...nou]? A cómrade told me; а вам како́е де́ло? what búsiness is it of yours? [...'bɪzn-...]; э́то Ивано́в. А кто э́то? this is Ivanóv. And who is that?; ◇ а ну́ тебя́, надое́л! oh, bóther you, I'm sick of you!

**а** III *частица* (*при переспросе*) what?; eh? [eɪ].

**а** IV *межд.* **1.** (*удивление, боль, ужас*) ah; oh [ou]; **2.** (*решимость с оттенком досады*) oh well; а, всё равно́, будь, что бу́дет oh well, it's all the same, come what may.

**а-** (*приставка в иностр. словах, придающая отрицательное значение*) a-; non-: асимметри́ческий àsymmétric(al); амора́льный amóral, nòn-móral.

**абажу́р** *м.* lámpshàde, shade.

**абба́т** *м.* ábbot; (*французский*) abbé ['æbeɪ]. **~ство** *с.* ábbey.

**аббревиату́ра** *ж.* abbrèviátion.

**аберра́ция** *ж.* àberrátion.

**абза́ц** *м.* **1.** (*отступ в начале строки*) indèntátion, indéntion; де́лать ~ indént; с (но́вого) ~а new páragràph; нача́ть с но́вого ~а begin* a new line / páragràph; **2.** (*часть текста*) páragràph.

**абисси́н||ец** *м.*, **~ка** *ж.*, **~ский** Àbyssínian.

**аболицион||и́зм** *м.* àbolítionism. **~и́ст** *м.* àbolítionist.

**абонеме́нт** *м.* (на *вн.*) subscríption (to, for); (*многоразовый билет в театр*) séason tícket [-z°n...] (*тж. на футбол и т. п.*); ◇ сверх ~а éxtra. **~ный** subscríption (*attr.*).

**абоне́нт** *м.*, **~ка** *ж.* subscríber; (*телефона*) télephòne subscríber.

**абони́ровать** *несов. и сов.* (*вн.*) subscríbe (for); (*о месте в театре и т. п. тж.*) en¦gáge (*d.*), buy* / get* a séason tícket [baɪ... -z°n...] (for). **~ся** *несов. и сов.* **1.** (на *вн.*) subscríbe (for); (*на место в театре и т. п. тж.*) en¦gáge (*d.*), buy* / get* a séason tícket [baɪ... -z°n...] (for); **2.** *страд. к* абони́ровать.

**аборда́ж** *м. мор.* bóarding; брать на ~ (*вн.*) board (*d.*). **~ный** *прил. к* аборда́ж; ~ный крюк grápnel.

**абориге́н** *м.* àboríginal (*pl.* -nès [-niːz]).

**або́рт** *м.* abórtion, miscárriage [-rɪdʒ]; сде́лать себе́ ~ have an abórtion. **~и́вный** abórtive.

**абрази́вный** abrádant, abrásive; ~ материа́л abrádant, abrásive.

**абра́зия** *ж. геол., мед.* abrásion.

**абракада́бра** *ж.* àbracadábra [-'dæ-].

**абрико́с** *м.* **1.** (*плод*) ápricòt ['eɪ-]; **2.** (*дерево*) ápricòt(-tree) ['eɪ-]. **~ный, ~овый** *прил. к* абрико́с.

**а́брис** *м.* cóntour [-tuə], óutlìne.

**абсе́нт** [-сэ́-] *м.* (*ликёр*) ábsinth.

**абсенте́изм** [-сэнтэ-] *м.* àbsentée¦ism.

**абси́да** *ж. арх., астр.* apse.

**абсолю́т** *м. филос.* the ábsolùte.

**абсолют||и́зм** *м.* ábsolùtism. **~и́ст** *м.* ábsolùtist. **~и́стский** ábsolùtist.

**абсолю́тн||ый** ábsolùte; (*совершенный, полный тж.*) pérfect, útter; ~ нуль *физ.* ábsolùte zérò; ~ слух pérfect ear; ~ая мона́рхия ábsolùte mónarchy [...-kɪ]; ~ое большинство́ ábsolùte majórity; ~ое повинове́ние implícit obédience; ~ое неве́жество pérfect / sheer / útter ígnorance; э́то ~о невозмо́жно it is a sheer impòssibílity.

**абсорби́ровать** *несов. и сов.* (*вн.*) absórb (*d.*).

**абсо́рбция** *ж.* absórption.

**абстраги́ровать** *несов. и сов.* (*вн.*) àbstráct (*d.*).

**абстра́ктный** ábstràct.

**абстра́кция** *ж.* àbstráction.

**абсу́рд** *м.* absúrdity; довести́ до ~а (*вн.*) cárry to an absúrdity (*d.*). **~ность** *ж.* absúrdity; (*нелепость*) inéptitùde. **~ный** absúrd; (*нелепый*) inépt, prepósterous.

**абсце́сс** *м. мед.* ábscess.

**абсци́сса** *ж. мат.* ábsciss, àbscíssa (*pl.* -sas, -sae).

**абули́я** *ж. мед.* abúlia.

**абха́з||ец** *м.*, **~ка** *ж.*, **~ский** Abkházian; ~ский язы́к Abkházian, the Abkházian lánguage.

**аванга́рд** *м. воен.* advánce-guàrd, advánced guard, van; (*перен.*)ván¦guàrd, van. **~ный** ván¦guàrd (*attr.*); ~ная роль léading role [...roul]; ~ный бой advánce(d)-guàrd áction.

**аванпо́рт** *м.* óuter hárbour.

**аванпо́ст** *м. уст.* óutpòst [-poust].

**ава́нс** *м.* advánce; (*в счёт платежа*) páyment on accóunt; ◇ де́лать ~ы (*дт.*) make* advánces / óver¦tures (to).

**аванси́ровать** *несов. и сов.* (*вн.*) advánce móney [...'mʌ-] (to); ~ предприя́тие *и т. п.* advánce móney to *an* énterprìse, *etc.*

**ава́нсовый** *прил. к* ава́нс.

**ава́нсом** *нареч.* in advánce; плати́ть ~ advánce, pay* on accóunt; получи́ть ~ recéive on accóunt [-'siːv...].

**авансце́на** *ж.* proscénium (*pl.* -ia).

**аванта́жн||ый** *уст.* fine; быть ~ым look very fine, look one's best, show* to advántage [ʃou...].

**авантю́р||а** *ж.* advénture, vénture; (*неблаговидное дело*) shády énterprìse; вое́нная ~ mílitary advénture; пуска́ться в ~ы ≅ launch out on a life of advéntures, seek* advéntures. **~и́зм** *м.* advénturism. **~и́ст** *м.* advénturer. **~исти́ческий** advénturist. **~и́стка** *ж.* advénturess. **~ный** advénturous, vénture¦some; ~ный рома́н advénture stóry.

**ава́рец** *м.* Àvárs [ɑː'vɑːz].

**авари́йн||ость** *ж.* áccident rate, bréak-down rate ['breɪk-...], áccident risk; борьба́ с ~остью cómbating of áccidents, lówering the áccident rate ['lou-...]. **~ый 1.** (*для ликвидации аварии*) repáir (*attr.*); wrécking *амер.*; ~ый ремо́нт emérgency repáirs *pl.*; **2.** (*запасный, на случай аварии*) emérgency (*attr.*); ◇ ~ая поса́дка crash lánding.

**ава́р||ия** *ж.* **1.** (*крушение*) wreck; *ав.* crash; (*несчастный случай*) áccident; mís¦hàp (*тж. перен.*); (*повреждение*) dámage; (*о порче машины*) bréak-down ['breɪk-];~ су́дна shíp¦wrèck; морска́я ~ áccident at sea; потерпе́ть ~ию meet* with an áccident, meet* with a mís¦hàp; (*о самолёте тж.*) crash; (*потерпеть крушение*) be wrecked; (*быть повреждённым*) be dámaged; **2.** (*убытки, причинённые аварией судна*) áverage.

**ава́р||ка** *ж. к* ава́рец. **~ский** Avárian; ~ский язы́к Àvár [ɑː-], the Avárian lánguage.

**авгу́р** *м. ист.* (*тж. перен.*) áugur, divíner, sóothsayer.

**а́вгуст** *м.* Áugust; в ~е э́того го́да in Áugust; в ~е про́шлого го́да last Áugust; в ~е бу́дущего го́да next Áugust. **~овский** *прил. к* а́вгуст; **~овский** день Áugust day, day in Áugust.

**авиа-** (*в сложн.*) air(-).

**авиа||ба́за** *ж.* áir-bàse [-s]. **~бо́мба** *ж.* áircràft bomb. **~констру́ктор** *м.* áircràft desígner [...-'zaɪnə]. **~ли́ния** *ж.* áir-lìne, áir-route [-ruːt], áirway. **~мая́к** *м.* air béacon.

**авиа||модели́ст** *м.* flýing-mòdel constrúctor [...-mɔ-...]. **~моде́ль** *ж.* flýing módel [...'mɔ-].

**авиа||но́сец** *м.* áircràft cárrier. **~отря́д** *м.* squádron ['skwɔ-]. **~по́чта** *ж.* air mail. **~разве́дка** *ж.* air recónnaissance [...-nɪs-]. **~съёмка** *ж.* áerial súrvey ['ɛə-...], áerial mápping.

**авиа́тор** *м.* áir¦man*, áviàtor, pílot; же́нщина-~ áir¦wòman* [-wu-], wóman* pílot ['wu-...].

**авиа||торпе́да** *ж.* áerial tòrpédò ['ɛə-...]. **~тра́нспорт** *м.* air tránspòrt. **~тра́сса** *ж.* áir-route [-ruːt].

**авиацио́нн||ый** àviátion (*attr.*), áircràft (*attr.*); ~ая промы́шленность áircràft índustry; ~ заво́д áircràft fáctory / works; ~ мото́р, дви́гатель áircràft éngine [...'endʒ-]; ~ склад áircràft dépot [...'depou]; ~ая шко́ла flýing school.

**авиа́ция** *ж.* àviátion; *собир. тж.* áircràft; гражда́нская ~ cívil àviátion; тра́нспортная ~ tránspòrt áircràft; сельскохозя́йственная ~ àgricúltural àviátion; бомбардиро́вочная ~ bómbing áircràft; bombárdment àviátion *амер.*; войскова́я ~ ármy-cò-òperátion áircràft; истреби́тельная ~ fíghting áircràft; pursúit àviátion [-'sjuːt...] *амер.*; разве́дывательная ~ recónnaissance áircràft [-nɪs-...]; recónnaissance àviátion *амер.*; штурмова́я ~ lów-flýing attáck áircràft ['lou-...]; attáck àviátion *амер.*

**авиача́сть** *ж.* áir-ùnit.

**авие́тка** *ж.* báby plane, àviétte.

**ави́зо** *с. нескл.* **1.** *бух.* létter of advíce; **2.** *мор.* avísò [-zou], advíce boat.

**авитамино́з** *м. мед.* avitaminósis [əvaɪ-].

**аво́сь** *вводн. сл. разг.* perháps, may be; ◇ на ~ on the óff-chánce.

**авра́л** *м. мор.* clear lówer decks èvolútion [...'louə...]; all hands' job (*тж. перен.*).

**авра́льный** emérgency (*attr.*).

**Авро́ра** *ж. миф.* Auróra.

**авро́ра** *ж. поэт.* auróra, dawn.

**австрал||и́ец** *м.*, **~и́йка** *ж.*, **~и́йский** Austrálian.

**австр||и́ец** *м.*, **~и́йка** *ж.*, **~и́йский** Áustrian.

**автарки́я** *ж. эк.* áutarchy [-kɪ].

**автоба́за** *ж.* mótor dépot [...'depou].

**автобиографи́ч||еский** áutobiográphic(al). **~ность** *ж.* áutobiográphical cháracter [...'kæ-].

**автобиогра́фия** *ж.* autobiógraphy.

**автоблокиро́вка** *ж. ж.-д.* automátic block sýstem.

**авто́бус** *м.* bus, mótor ómnibus, mótor bus; áutobus *амер.* **~ный** *прил. к* авто́бус.

**автогара́ж** *м.* gárage, mótor-gàrage.

**автоге́нн||ый** *тех.* autógenous; ~ая сва́рка autógenous wélding; ~ая ре́зка autógenous cútting.

**авто́граф** *м.* áutogràph.

**автодрези́на** *ж. ж.-д.* mótor-tròlley; (*для осмотра линии*) mótor-line-inspéction-tròlley.

**автожи́р** *м. ав.* áutò¦gýrò.

**автозаво́д** *м.* mótor / áutomobile works [...-biːl...], mótor / áutomobile plant [...-ɑːnt].

**автозапра́вщик** *м.* ré¦fúelling lórry.
**автокла́в** *м.* *тех.* áutò¦clàve.
**автоколо́нна** *ж.* mótor tránspòrt cólumn.
**автократи́ческий** autocrátic.
**автокра́тия** *ж.* autócracy.
**автомагистра́ль** *ж.* mótor road / híghway.
**автома́т** *м.* **1.** automátic machíne [...-'ʃiːn]; (*действующий при опускании монеты*) (pénny-in-the-)slót-machíne [-'ʃiːn]; (*перен.*: *о человеке*) autómaton; биле́тный ~ automátic tícket machíne; **2.** *воен.* súb-machíne gun [-'ʃiːn...]; machíne cárbìne *амер.*; tómmy gun *разг.*
**автоматиза́ция** *ж.* automátion.
**автоматизи́рованный** *прич. и прил.* autómatìzed.
**автоматизи́ровать** *несов. и сов.* (*вн.*) autómatìze (*d.*).
**автомат||и́зм** *м.* autómatism. **~и́ческий** **1.** automátic, sélf-ácting; ~и́ческая телефо́нная ста́нция automátic télephòne exchánge [...-eɪndʒ]; **2.** (*машинальный*) mechánical [-'k-], automátic; ◇ ~и́ческая ру́чка fóuntain-pèn.
**автома́тчик** *м.* *воен.* súb-machíne gúnner [-'ʃiːn...].
**автомаши́на** *ж.* mótor véhicle [...'viːɪkl]; (*грузовик*) (mòtor-)lórry; truck *амер.*
**автомобилестрое́ние** *с.* mótor-càr constrúction.
**автомобил||и́зм** *м.* mótor¦ing. **~и́ст** *м.*, **~и́стка** *ж.* mótor¦ist.
**автомоби́л||ь** *м.* (mótor-)càr; áutocàr, áutomobìle [-biːl] (*амер.*; *в Англии редко*); авари́йный ~ bréakdown lórry ['breɪk-...], sérvice truck; tróuble car [trʌbl...] *разг.*; грузово́й ~ (mòtor-)lórry; truck *амер.*; закры́тый ~ salóon car, límousìne [-muːziːn]; легково́й ~ pássenger car [-ndʒə...]; санита́рный ~ ámbulance car; е́хать на ~е mótor, go* by (mótor-)càr; управля́ть ~ем drive* a (mótor-)càr.
**автомоби́льн||ый** mótor(-càr) (*attr.*); ~ заво́д mótor / áutomobìle works [...-biːl...], mótor / áutomobìle plant [...-ɑːnt]; ~ спорт mótor¦ing; ~ тра́нспорт mótor tránspòrt; ~ая промы́шленность mótor-càr índustry; ~ая ши́на áutomobìle tire (*тж.* tyre); ~ гудо́к mótor-hòrn.
**автоно́м||ия** *ж.* autónomy; sélf-góvernment [-'gʌ-]. **~ный** autónomous; ~ная респу́блика autónomous repúblic [...-'pʌ-]; ~ная о́бласть autónomous région.
**автопило́т** *м.* automátic / róbot pílot.
**автопо́илка** *ж.* *с.-х.* automátic drínking bowl.
**автоплу́г** *м.* *с.-х.* mótor plough.
**автопокры́шка** *ж.* tíre-còver [-kʌ-].
**автопортре́т** *м.* sélf-pórtrait [-rɪt].
**автопробе́г** *м.* mótor run.
**а́втор** *м.* áuthor; (*о женщине*) áuthoress; (*литературного произведения тж.*) wríter; (*музыкального произведения*) compóser; (*перен.*) begétter [-'ge-]; ~ предложе́ния, резолю́ции móver ['muː-].
**авторизо́ванный** *прич. и прил.* áuthorìzed.
**авторизова́ть** *несов. и сов.* (*вн.*) áuthorìze (*d.*).
**авторита́рный** authóritàtive.
**авторите́т** *м.* authórity; по́льзоваться ~ом (у) have authórity (óver, with), cárry authórity (with), have prèstíge [...-'tiːʒ] (with); завоева́ть ~ gain / win* authórity / prèstíge; э́то снiска́ло емý огро́мный ~ this earned / won him imménse prèstíge [...əːnd...]; непререка́емый ~ indisputable / in¦contéstable authórity. **~ный** authóritàtive; (*знающий*) cómpetent.
**авторо́та** *ж.* *воен.* mechánical / mótor tránspòrt cómpany [-'kæ-...'kʌm-].
**а́втор||ский** *прил. к* а́втор; ~ гонора́р áuthor's emóluments *pl.*; (*с тиража*) róyalties *pl.*; ~ское пра́во cópyright; ~ские права́ зая́влены all rights resérved [...-'z-]; наруше́ние ~ского пра́ва píracy ['paɪə-]. **~ство** *с.* áuthorship.
**автору́чка** *ж.* fóuntain pen.
**автоса́ни** *мн.* mótor-sleigh *sg.*
**автостра́да** *ж.* mótor híghway; sùperhíghway *амер.*
**автосце́пка** *ж.* *ж.-д.* automátic cóupling [...'kʌ-].
**автоти́пия** *ж.* *полигр.* áutotỳpe.
**автотра́кторный** mótor and tráctor (*attr.*).
**автотра́нспорт** *м.* mótor tránspòrt.
**автохто́ны** *мн.* (*ед.* автохто́н *м.*) autóchthons.
**автоцисте́рна** *ж.* tánk-lòrry, tánk-trùck.
**ага́** *межд.* *разг.* àhá [ɑː'hɑː].
**ага́ва** *ж.* *бот.* agáve [-vɪ].
**ага́т** *м.* *мин.* ágate. **~овый** ágate (*attr.*).
**аггломер||а́т** *м.* *мин.* agglómerate; (*перен.*) agglòmerátion. **~а́ция** *ж.* agglòmerátion.
**агглютин||ати́вный** *лингв.* agglútinative. **~а́ция** *ж.* *мед.*, *лингв.* agglùtinátion. **~и́рующий** = агглютинати́вный.
**аге́нт** *м.* **1.** ágent; (*комиссионер*) fáctor; **2.** *физ.*, *хим.* ágent.
**аге́нтство** *с.* ágency ['eɪ-]; телегра́фное ~ news / télegràph ágency [njuːz...]; торго́вое ~ ágency.
**агенту́р||а** *ж.* **1.** (*разведывательная служба*) sécret sérvice; занима́ться ~ой be an ágent; **2.** *собир.* ágents *pl.*; вра́жеская ~ énemy / hóstile ágents *pl.* **~ный** sécret-sérvice (*attr.*).
**агит||а́тор** *м.* pròpagándist, ágitàtor; (*агитирующий за кандидата*) cánvasser. **~а́торский** *прил. к* агита́тор. **~ацио́нный** àgitátional; pròpagánda (*attr.*). **~а́ция** *ж.* àgitátion, pròpagánda; предвы́борная ~а́ция eléction campáign [...-'peɪn].
**агитбрига́да** *ж.* team of ágitàtors / cánvassers (*ср.* агита́тор); pròpagánda team; (*на выборах тж.*) elèctionéering brigáde.
**агити́ровать,** сагити́ровать **1.** *тк. несов.* (за, про́тив) campáign [-'peɪn] (for, agáinst), ágitàte (for, agáinst), keep* up an àgitátion (for, agáinst), cárry on pròpagánda (for, agáinst); **2.** (*вн.*) *разг.* (*воздействовать на кого-л.*) persuáde [-'sweɪd] (*d.*); *сов. тж.* gain / win* óver (*d.*).
**аги́тка** *ж.* *разг.* píece of pròpagánda; (*агитационная пьеса*) pròpagánda play, àgitátional play; (*книга*) pròpagánda book, àgitátional book.
**агитколлекти́в** *м.* team of ágitàtors.
**агитма́ссовый** máss-àgitátion (*attr.*), máss-pròpagánda (*attr.*).
**агитпу́нкт** *м.* pròpagánda státion, àgitátion céntre; (*в предвыборной кампании*) cánvassing / campáigning céntre [...-'peɪnɪŋ...].
**а́гнец** *м.* lamb.

**агностици́зм** *м. филос.* agnósticism.

**агони́(зи́)ровать** ágonìze, be in ágony.

**аго́н||ия** *ж.* ágony; предсме́ртная ~ ágony / throes of death [...deθ]; быть в ~ии be in ágony.

**агра́р||ий** *м.* (*землевладелец*) lánded proprìetor, lándowner [-ou-]; (*член партии аграриев*) agrárian. **~ный** agrárian; ~ная рефо́рма agrárian refórm; ~ный кри́зис agrárian crísis.

**агрега́т** *м.* **1.** ággregate, àggregátion; **2.** *тех.* únit, assémbly.

**агрема́н** *м. дип.* agrément (*фр.*) [ɑgreɪ'mɑːŋ].

**агресси́вн||ый** aggréssive; ~ые пла́ны aggréssive desígns [...'zaınz].

**агре́сс||ия** *ж.* aggréssion. **~ор** *м.* aggréssor.

**агрикульту́р||а** *ж* ágricùlture. **~ный** agricúltural. ágricùlture (*attr.*).

**агробиологи́ческ||ий** ágrobiológical; ~ая нау́ка ágrobiólogy, àgricúltural biólogy, ágrobiológical science.

**агробиоло́гия** *ж.* àgricúltural biólogy, ágrobiólogy.

**агрометеороло́гия** *ж.* àgricúltural mèteoróĺogy.

**агроми́нимум** *м.* mínimum of àgricúltural knówledge [..'nɔ-].

**агроно́м** *м.* àgricúlturist, agrónomist. **~и́ческий** àgricúltural, àgronómical; ~и́ческий пункт àgricúltural / àgronómical státion. **~ия** *ж.* ágricùlture, agrónomy.

**агро||по́мощь** *ж.* àgricúltural aid. **~пропага́нда** *ж* àgricúltural impróve¦ment pròpagánda [...'pruːv-...]. **~пу́нкт** *м.* àgricúltural státion.

**агроте́хн||ик** *м.* àgricúltural tèchnícian, àgrotèchnícian. **~ика** *ж.* àgrotéchnics. **~и́ческий** àgrotéchnical.

**агрохи́мия** *ж.* àgricúltural chémistry [...'ke-].

**ад** *м.* hell; *лит.* Hádès [-iːz], the Únderwòrld

**ада́жио** *с. нескл., нареч. муз.* adágio.

**адамси́т** *м. хим.* ádamsìte [-zaıt].

**адапта́ция** *ж.* àdaptátion.

**ада́птер** [-тэр] *м.* adápter.

**адапти́ровать** *несов. и сов.* (*вн.*) adápt (*d.*).

**адвербиа́льный** *лингв.* advérbial.

**адвока́т** *м.* ádvocàte (*тж. перен.*); (*выступающий в суде*) bárrister; (*поверенный*) solícitor; láwyer *амер.*; лиша́ть зва́ния ~а (*вн.*) disbár (*d.*); стать ~ом be called to the bar

**адвокату́р||а** *ж.* **1.** (*профессия*) légal proféssion; the bar; занима́ться ~ой attènd the bar, be a práctising bárrister [...sıŋ...]; **2.** *собир.* the bar.

**адеква́тный** [-дэ-] ádequate.

**адено́иды** [-дэ-] *мн. мед.* ádenoids.

**адено́ма** [-дэ-] *ж. мед.* àdenóma (*pl.* -mata [-mətə], -mas [-məz]).

**аде́пт** [-э́-] *м.* adhérent; (*последователь*) fóllower.

**аджа́р||ец** *м.*, **~ка** *ж.*, **~ский** Adjár.

**администрати́вно-управле́нческий:** ~ аппара́т administrative and mánage¦ment pèrsonnél.

**администрати́вн||ый** administrative; в ~ом поря́дке administrative¦ly, by administrative órder.

**администр||а́тор** *м.* administràtor; *театр.* búsiness mánager ['bızn-...]. **~а́ция** *ж.* administrátion; (*гостиницы, театра*) mánage¦ment. **~и́рование** *с.* administrátion; го́лое ~и́рование administrátion by mere injúnction. **~и́ровать** administer.

**адмира́л** *м.* ádmiral; ~ фло́та Ádmiral of the Fleet.

**адмиралте́йство** *с.* The Ádmiralty.

**адмира́льск||ий** *прил. к* адмира́л; ~ чин, ~ое зва́ние ádmiralty, flag appóintment / rank; ~ кора́бль flágship, ádmiral.

**адопта́ция** *ж.* adóption.

**адренали́н** *м.* adrénalin.

**а́дрес** *м.* (*в разн. знач.*) addréss; доста́вить письмо́ по ~у delíver *a* létter at the right addréss [-'lı-...]; доста́вить письмо́ по ~у X delíver *a* létter to the addréss of X; ◇ по чьему́-л. ~у abóut smb., concérning smb.; по его́ ~у abóut him; угро́зы по ~у кого́-л. threats diréctéd agáinst smb. [θrets...]; не по ~у to the wrong quárter / pérson / place; ва́ше замеча́ние сде́лано не по ~у your remárk does not applý. **~а́нт** *м.* sénder, addrésser. **~а́т** *м.* àddrèssée; в слу́чае ненахожде́ния ~а́та if úndelívered [...-'lı-]; за ненахожде́нием ~а́та (*помета на письмах*) ≅ not known [...noun]. **~ный** addréss (*attr.*); ~ный стол addréss bùréau [...-'rou]; ~ная кни́га diréctory.

**адресова́ть** *несов. и сов.* (*вн. дт., куда-л.*) addréss (*d.* to), diréct (*d.* to). **~ся** *несов. и сов.* **1.** (к; в *вн.*) addréss òne¦sélf (to); **2.** *страд. к* адресова́ть.

**а́дск||и** *нареч. разг.* inférnally, féarfully. **~ий** héllish; (*перен. тж.*) inférnal, féarful; ~ая ску́ка inférnal bore; ◇ ~ая маши́на inférnal machine [...-'ʃiːn].

**адсо́рбция** *ж. хим.* àdsórption.

**адъю́нкт** *м.* **1.** póst-gráduate in a military cóllege; **2.** *уст.* júnior scientific assistant.

**адъюта́нт** *м.* áide-de-cámp ['eıddə'kɑːŋ] (*pl.* áides-de-cámp); aide *амер.*; ста́рший ~ ádjutant.

**а́жио** *с. нескл. торг.* ágiò.

**ажиота́ж** *м.* stóck-jòbbing, ágiotage ['ædʒətıdʒ], rush; (*перен.*) stir, hùllabalóo.

**ажита́ц||ия** *ж. разг.* àgitátion; быть в ~ии be ágitated / excíted, be in a flúrry.

**ажу́р** I *нареч. бух.* up to date.

**ажу́р** II *м.* (*ажурная работа*) ópen-wòrk. **~ный** ópen wòrk(ed); (*перен.. тонко исполненный*) délicate; ~ная рабо́та ópen-wòrk; (*об архитектурном орнаменте*) trácery [-eıs-]; ~ная стро́чка hémstitch.

**аз** *м.* **1.** ahz (*Slavic name of the letter A*); **2.** *мн. разг.* ABC ['eı'biː'siː] *sg.*; élements, rúdiments; начина́ть с ~о́в begin* at the begínning; ◇ он ни ~а́ не зна́ет *разг.* he does not know a thing [...nou...].

**аза́лия** *ж. бот.* azálea [-ljə].

**аза́рт** *м.* (*запальчивость*) heat; (*возбуждение*) excíte¦ment; (*увлечение*) árdour, pássion; ◇ в ~е in one's excíte¦ment; войти́ в ~ become* excíted, grow* héated [-ou..], let* òne¦sélf go. **~но** *нареч.* récklessly; (*запальчиво*) héatedly, excíted¦ly; игра́ть ~но play récklessly; ~но спóрить árgue héatedly / excited|ly. **~ный** réckless; (*запальчивый*) excitable, hót-témpered; (*склонный к риску*) vénture|some; ~ная игрá game of chance / házard [..'hæ-]; gámbling game *разг.*

**áзбука** *ж.* **1.** (*алфавит*) álphabet; ABC ['eɪ'bi:'si:] *разг.* (*рд.*; *перен.*) the ABC (of); слоговáя ~ sýllabary; **2.** (*букварь*) ABC-book ['eɪ'bi:'si:-]; ◇ ~ Мóрзе Morse álphabet / code.

**áзбучн||ый:** ~ая и́стина trúism.

**азербайджáн||ец** *м.*, **~ка** *ж.* Àzèrbaijánian [ɑ:zə:baɪ'dʒɑ:nɪən]. **~ский** Àzèrbaiján [ɑ:zə:baɪ'dʒɑ:n].

**азиáтский** Ásian ['eɪʃən]; Àsiátic [eɪʃɪ'ætɪk] *уст.*

**áзимут** *м.* ázimuth.

**азóт** *м. хим.* nitrogen ['naɪ-]; зáкись ~а nítrous óxìde; óкись ~а nítric óxìde ['naɪ-...].

**азотистоки́слый** *хим.* nítrìte ['naɪ-]; ~ нáтрий sódium nítrìte; ~ кáлий potássium nítrìte.

**азóтистый** *хим.* nítrous.

**азотновáт||истый** *хим.* hỳpo|nítrous. **~ый** *хим.* hỳpo|nítric [-'naɪ-].

**азотноки́слый** *хим.* nítràte ['naɪ-]; ~ нáтрий sódium nítràte; ~ кáлий potássium nítràte.

**азóтн||ый** *хим.* nítric ['naɪ-]; ~ая кислотá nítric ácid.

**азы́** *мн. см.* аз 2.

**áист** *м.* stork.

**ай** *межд.* **1.** (*выражает боль, испуг*) oh! [ou]; **2.** (*выражает упрёк*) tùt-tút!; ◇ ай да молодéц! there's a fine féllow for you!, there's a good man / lad for you!

**айвá** *ж. тк. ед.* (*дерево и плод*) quince.

**айдá** *межд. разг.* come on!

**áйсберг** *м.* íce|bèrg.

**академи́зм** *м.* acádemism.

**акадéм||ик** *м.* acàdemícian. **~и́ческий** àcadémic.

**акадéмия** *ж.* acádemy; Акадéмия наýк Acádemy of Sciences; Акадéмия худóжеств Acádemy of Arts; Воéнная ~ Military Cóllege; Воéнно-воздýшная ~ Air Force Cóllege; Воéнно-медици́нская ~ Ármy Médical Cóllege; Воéнно-морскáя ~ Nával Cóllege; Акадéмия сельскохозя́йственных наýк Acádemy of Àgricúltural Sciences.

**акáнт** *м. бот.*, *арх.* acánthus (*pl.* -es, -thi).

**акáция** *ж.* acácia.

**аквамари́н** *м. мин.* àquamaríne [-i:n].

**аквамари́новый** àquamaríne [-i:n].

**акварели́ст** *м.*, **~ка** *ж.* wáter-còlour páinter ['wɔ:təkʌ-...], páinter in wáter-còlours.

**акварéль** *ж.* wáter-còlour ['wɔ:təkʌ-]; *собир.* wáter-còlours *pl.* **~ный:** ~ный портрéт pórtrait in wáter-còlours [-rɪt... 'wɔ:təkʌ-]; ~ная крáска wáter-còlour.

**аквáриум** *м.* aquárium (*pl.* -iums, -ia); (*резервуар тж.*) tank.

**аквати́нта** *ж. полигр.* áquatint.

**акведýк** *м.* áqueduct.

**акклиматизáция** *ж.* acclimatìzátion [-aɪmətaɪ-].

**акклиматизи́ровать** *несов. и сов.* (*вн.*) acclímatìze [-aɪm-] (*d.*). **~ся** *несов. и сов.* **1.** acclímatìze òne|sélf [-aɪm-...]; **2.** *страд. к* акклиматизи́ровать.

**аккомодáция** *ж.* accòmmodátion (adjústment); ~ глáза accòmmodátion of the eye [...aɪ].

**аккомпан||емéнт** *м.* (к) accómpaniment [ə'kʌ-] (to); петь под ~ (*рд.*) sing* to the accómpaniment (of). **~иáтор** *м.* accómpanist [ə'kʌ-]. **~и́ровать** (*дт.* на *пр.*) accómpany [ə'kʌ-] (*d.* on).

**аккóрд** *м.* chord [k-]; заключи́тельный ~ finále [-ɑ:lɪ].

**аккордеóн** *м.* accórdion.

**аккóрдн||ый:** ~ая плáта páyment by the piece [...pi:s]; ~ая рабóта piece-wòrk ['pi:s-].

**аккредити́в** *м. фин.* létter of crédit.

**аккредитовáть** *несов. и сов.* (*вн.*) *дип.*, *фин.* accrédit (*d.*).

**аккумул||и́ровать** *несов. и сов.* (*вн.*) accúmulàte (*d.*). **~я́тор** *м.* accúmulàtor. **~я́торный:** ~я́торная батарéя stórage báttery. **~я́ция** *ж.* accùmulátion.

**аккурáтн||ость** *ж.* **1.** (*точность*) áccuracy; (*о времени прихода и т. п.*) pùnctuálity; **2.** (*тщательность*) cáre|fulness; **3.** (*опрятность*) néatness, tídiness ['taɪ-]; **4.** (*исполнительность*) scrúpulous|ness, cònsciéntious|ness [kɔnʃɪ-]. **~ый 1.** régular; (*точный*) áccurate; (*приходящий вовремя*) púnctual; ~ый человéк órderly pérson; **2.** (*тщательный*) cáre|ful; **3.** (*опрятный*) neat, tidy; **4.** (*исполнительный*) cònsciéntious [kɔnʃɪ-], páinstàking [-nz-].

**акр** *м.* acre.

**акробáт** *м.* ácrobàt. **~ика** *ж.* àcrobátics. **~и́ческий** àcrobátic. **~ка** *ж. к* акробáт.

**акрóполь** *м.* acrópolis.

**акрости́х** *м. лит.* acróstic.

**аксельбáнты** *мн.* (*ед.* аксельбáнт *м.*) aiguilléttes [-gwɪ-], áglèts ['æg-], áiglèts ['æg-].

**аксессуáр** *м.* **1.** àccéssory; **2.** *театр.* próperty.

**аксиóма** *ж.* áxiom; э́то ~ (*самоочевидно*) that is sélf-évident / àxiomátic.

**акт** *м.* **1.** (*действие, поступок*) act; **2.** *театр.* act; **3.** *юр.* deed; обвини́тельный ~ (bill of) indíctment [...-'daɪt-]; **4.** (*документ*) státe|ment: состáвить ~ draw* up a státe|ment (of the case) [...-s]; (*о неисправности чего-л.*) draw* up a repórt; **5.** *уст.* (*в учебном заведении*) spéech-day; comménce|ment *амер.*

**актёр** *м.* áctor; (*исполнитель тж.*) pláyer; коми́ческий ~ cómic áctor; трагúческий ~ trágic áctor, tragédian; ~ на выходных ролях, ~ на мáленьких ролях ùtility, ùtility-man* **~ский** *прил. к* актёр.

**акти́в** I *м. собир.* the most áctive mémbers *pl.*, парти́йный ~ the most áctive mémbers of *the* Párty organizátion [...-naɪ-] *pl.*

**акти́в** II *м. фин.* ássèts *pl.*; ~ и пасси́в ássets and liabílities; записáть в ~ (*вн.*) énter on the crédit side (of *an* accóunt) (*d.*); в ~е (*прям. и перен.*) on the crédit side.

**активизáция** *ж.* máking more áctive, stírring up.

**активизи́ровать** *несов. и сов.* (*вн.*) make* more áctive (*d.*), stir up (*d.*), stir to àctívity (*d.*); ~ мáссы stir the másses to gréater àctívity [...'greɪtə...]; ~ рабóту líven / brisk up the work. **~ся** *несов. и сов.* líven up.

**активи́рованный** *прич. и прил. хим.* áctivàted; ~ у́голь áctivàted cárbon.

**активи́ровать** (*вн.*) *хим.* áctivàte (*d.*).

**активи́ст** *м.* áctive wórker (in públic and sócial affáirs) [...'pʌb-...], áctivist.

**акти́вн||о** *нареч.* áctive¦ly; ~ учáствовать (в *пр.*) take* an áctive part (in). **~ость** *ж.* àctívity; полити́ческая ~ость масс polítical àctívity of the másses. **~ый** áctive; ~ая оборóна *воен.* áctive / aggréssive defénce; ~ый балáнс fávour¦able bálance; ◇ ~ое избирáтельное прáво súffrage, the vote.

**акти́ний** *м. хим.* actínium.

**акти́ния** *ж. зоол.* actínia (*pl.* -ae, -as), sea anémone [...-nɪ].

**áктов||ый 1.:** ~ая бумáга stamped páper; **2.:** ~ зал assémbly hall; (*в школе*) school hall.

**актри́са** *ж.* áctress; коми́ческая ~ cómic áctress; траги́ческая ~ trágic áctress, tragèdiénne [trəʒiːdɪ'en]; ~ на выходны́х ролях, ~ на мáленьких ролях ùtílity, ùtílity áctress.

**актуáльн||ость** *ж.* **1.** àctuálity; **2.** (*насущность*) úrgency; (*злободневность*) tòpicálity. **~ый 1.** (*существующий в действительности*) áctual; ~ые услóвия présent-day condítions ['prez-...]; **2.** (*насущный*) úrgent; (*своевременный*) tíme¦ly; ~ая проблéма préssing / úrgent próblem [...'prɔ-], próblem of to¦dáy.

**аку́ла** *ж.* shark; (*некрупная*) dóg-fish.

**аку́ст||ика** *ж.* acóustics [ə'kuːs-]. **~и́ческий** acóustic [ə'kuːs-].

**акушёр** *м.* àccouchéur [ækuː'ʃəː], òbstetrícian.

**акушéр||ка** *ж.* míd¦wife*. **~ский** òbstétric(al); ~ские ку́рсы òbstétrics / mídwifery clásses [...-wɪf°rɪ...]. **~ство** *с.* mídwifery [-wɪf°rɪ], òbstétrics.

**акцéнт** *м.* áccent; говори́ть с ~ом speak* with an áccent; ◇ сдéлать ~ (на *пр.*) àccéntuàte (*d.*), stress (*d.*), ùnderlíne (*d.*). **~и́ровать** *несов. и сов.* (*вн.*) àccént (*d.*), àccéntuàte (*d.*).

**акцéпт** *м. фин.* accéptance. **~áнт** *м. фин.* accéptor.

**акцептовáть** *несов. и сов.* (*вн.*) *фин.* accépt (*d.*).

**акци́з** *м.* èxcíse, èxcíse-dúty; взимáть ~ èxcíse; сбóрщик ~а èxcíse¦man*; подлежáщий обложéнию ~ом èxcísable [-z-]. **~ный** *прил. к* акци́з; ~ный сбор èxcíse.

**акционéр** *м.* sháre¦hòlder, stóckhòlder. **~ный** jóint-stòck (*attr.*); ~ный капитáл jóint-stòck cápital, share cápital; ~ное óбщество jóint-stòck cómpany [...'kʌ-].

**áкц||ия** I *ж. эк.* share; ~ на предъяви́теля órdinary share; именнáя ~ pérsonal share, inscríbed stock; привилегиро́ванная ~ preférred share; ~ии поднимáются shares go up; ~ии пáдают shares go down, shares give way; спекуля́ция ~иями stóck-jòbbing.

**áкция** II *ж.* (*действие*) áction.

**акы́н** *м.* akýn (*Kazakh or Kirghiz folk poet and singer*).

**албáн||ец** *м.*, **~ка** *ж.*, **~ский** Àlbánian; ~ский язы́к Àlbánian, the Àlbánian lánguage.

**áлгебра** *ж.* álgebra. **~и́ческий** àlgebrá¦ic (-al).

**алебáрда** *ж.* hálberd.

**алебáстр** *м.* álabàster. **~овый** *прил. к* алебáстр.

**александри́йский** Àlexándrine; (*относящийся к городу Александрии*) Àlexándrian; ◇ ~ стих Àlexándrine (verse); ~ лист sénna.

**алéть 1.** (*становиться алым*) rédden; (*о лице*) flush; (*о закате*) glow [-ou]; **2.** (*виднеться*) show* red [ʃou...].

**алжи́р||ец** *м.*, **~ка** *ж.*, **~ский** Àlgérian.

**áлиби** *с. нескл. юр.* álibì; установи́ть чьё-л. ~ estáblish smb.'s álibì.

**ализари́н** *м. хим.* alízarin. **~овый** *прил. к* ализари́н.

**алимéнты** *мн.* álimony *sg.*

**алкалóид** *м. хим.* álkaloid ['ælk-].

**алкáть** (*рд.*) crave (for), húnger (for).

**алкоголи́зм** *м.* dìpsománia, álcohòlism.

**алкогóлик** *м.* dipsómániàc; (*пьяница*) drúnkard.

**алкогóль** *м.* **1.** *хим.* álcohòl; **2.** (*спиртные напитки*) spírit(s) (*pl.*). **~ный** àlcohólic, spírituous; ~ный напи́ток strong drink; spírits *pl.*

**аллáх** *м.* Állah.

**аллегори́ческий** àllegóric(al).

**аллегóрия** *ж.* állegory.

**аллéгро** *с. нескл., нареч. муз.* allégrò [ə'leɪ-].

**аллéя** *ж.* ávenue; (*дорожка в парке*) path*, lane; (*просека*) vísta.

**аллигáтор** *м. зоол.* álligàtor.

**аллитерáция** *ж. лит.* allìterátion.

**алло́** *межд.* húlló!; héllò! *амер.*

**аллопáт** *м.* állopàth, allópathist. **~и́ческий** àllopáthic. **~ия** *ж.* allópathy.

**аллювиáльный** *геол.* allúvial.

**аллю́вий** *м. геол.* allúvion, allúvium.

**аллю́р** *м.* pace, gait; бéшеным ~ом at bréaknèck speed [...'breɪk-...].

**алмáз** *м.* **1.** díamond; **2.** (*для резки стекла*) glázier's díamond. **~ный** *прил. к* алмáз **1.**

**алóэ** *с. нескл.* **1.** *бот.* álòe; **2.** *мед.* álòes *pl.*

**алтáйский** Àltái [æl'teɪ] (*attr.*), Àltáic [æl'teɪɪk], Àltáian [æl'teɪən].

**алтáрь** *м.* **1.** áltar ['ɔː-]; **2.** (*часть церкви*) apse; ◇ возложи́ть, принести́ что-л. на ~ чегó-л. sácrifice smth. to smth.

**алфави́т** *м.* álphabet; по ~у in àlphabétical órder, àlphabétically. **~ный** àlphabétical; ~ный указáтель àlphabétical índèx.

**алхи́м||ик** *м.* álchemist [-k-]. **~ия** *ж.* álchemy [-k-].

**áлчн||ость** *ж.* (к) avídity (of, for), gréediness (of, for); (*к деньгам*) cupídity. **~ый** grásping; (к, до) ávid (of, for), gréedy (of, for).

**áлчущий 1.** *прич. см.* алкáть; **2.** *прил.* (*рд.*) húngry (for), cráving (for, áfter).

**áлый** red, scárlet, vermílion.

**алычá** *ж. тк. ед.* (*дерево и плод*) àlychá [-ɑː] (*kind of damson*).

**альбатро́с** *м. зоол.* álbatròss.

**альбин||и́зм** *м. мед.* álbinism. **~óс** *м. мед.* àlbinò [-'biː-] (*pl.* -òs [-ouz]).

**альбóм** *м.* álbum; ~ для рису́нков skétch-book; ~ для мáрок stamp álbum.

**альбуми́н** *м. биол., хим.* álbumen. **~ный** *биол., хим.* àlbúminous.

**альвеóл||а** *ж. анат.* álveolus (*pl.* -li). **~я́рный** *лингв.* álveolar.

**альдеги́д** *м. хим.* áldehỳde ['æl-].
**алько́в** *м.* álcòve.
**альмана́х** *м.* **1.** (*литературный сборник*) ànthólogy, literary miscéllany; **2.** *уст.* álmanàc ['ɔːl-].
**альпага́, альпака́** *с. нескл. зоол., текст.* àlpáca [-'pæ-].
**альпа́ри** *с. нескл., нареч.* at par.
**альпи́йск||ий** Álpìne; ~ие луга́ Álpìne grásslands / méadows [...'med-].
**альпин||и́зм** *м.* mountain¦éering. **~и́ст** *м.*, **~и́стка** *ж.* mountain¦éer, móuntain-clìmber [-klaımə]; (*в Альпах*) Álpinist. **~и́стский:** ~и́стский ла́герь mountain¦éering camp.
**альт** *м. муз.* **1.** (*инструмент*) vióla; **2.** (*голос*) áltò ['æl-].
**альтера́ц||ия** *ж. муз.* chánges in the válue of notes ['tʃeı-...] *pl.*; зна́ки ~ии àccidéntals.
**альтернати́ва** *ж.* àltérnative.
**альтерна́ция** *ж. лингв.* àltèrnátion.
**альтиме́тр** *м. ав.* àltímeter [æl-].
**альти́ст** *м.* vióla pláyer.
**альто́вый** *прил. к* альт.
**альтру||и́зм** *м.* áltruism ['æl-], únsélfishness. **~и́ст** *м.* áltruist ['æl-]. **~исти́ческий** àltruístic [æl-], únsélfish.
**а́льф||а** *ж.* álpha; ◇ ~ и оме́га Álpha and Ómega; от ~ы до оме́ги from A to Z.
**а́льфа-лучи́** *мн. физ.* álpha rays.
**а́льфа-части́цы** *мн. физ.* álpha párticles.
**алюми́ниевый** *прил. к* алюми́ний.
**алюми́ний** *м.* àlumínium; alúminum *амер.*
**аляпова́т||ый** coarse, rough [rʌf], tínkerly; ~ая карти́на daub.
**амазо́нка** *ж.* **1.** *миф.* Ámazon; **2.** (*всадница*) hórse¦wòman* [-wu-]; **3.** (*платье*) ríding-hàbit.
**амальга́м||а** *ж. хим.* amálgam; (*перен.*) amàlgamátion. **~и́ровать** *несов. и сов.* (*вн.*) amálgamàte (*d.*).
**амба́р** *м.* barn, gránary; (*для хранения товаров*) wáre¦house* [-s], stóre¦house* [-s]; скла́дывать в ~ (*вн.*) store in gránary (*d.*).
**амби́ц||ия** *ж.* (*самолюбие*) sélf-lóve [-'lʌv], pride; (*спесь*) árrogance; челове́к с ~ией árrogant man*; ◇ вломи́ться в ~ию take* offénce / úmbrage.
**а́мбра** *ж.* **1.** ámbergris; **2.** (*аромат*) frágrance ['freı-], pérfùme.
**амбразу́ра** *ж.* embrásure [-'breı-]; *воен. тж.* gún-pòrt.
**амбро́зия** *ж. тк. ед.* àmbrósia [-z-].
**амбулато́р||ия** *ж.* dispénsary; óut-pàtient clínic / depártment. **~ный** *прил. к* амбулато́рия; ~ный больно́й óut-pàtient; ~ный приём dispénsary recéption hours [...auəz] *pl.*
**амёба** *ж. зоол.* amóeba [ə'miː-] (*pl.* -as, -ae).
**америка́н||ец** *м.* Américan; настоя́щий ~ *разг.* a real Yánkee [...rıəl -kı]; a régular Yank *амер.* **~и́зм** *м.* Américanism. **~ка** *ж.* Américan (wóman*) [...'wu-]. **~ский** Américan; ◇ ~ский замо́к Yale lock.
**амети́ст** *м.* ámethyst. **~овый** àmethýstine; (*сделанный из аметиста, с аметистом*) ámethyst (*attr.*).
**аминокислота́** *ж. хим.* amínò ácid [ə'miː-...].
**ами́нь** *межд.* àmén [ɑː-].
**аммиа́||к** *м. хим.* ammónia, ammónium hýdràte [...'haı-]. **~чный** *хим.* ammóniàc.
**аммона́л** *м.* ámmonal.
**аммо́ний** *м. хим.* ammónium; хло́ристый ~ ammónium chlóride, ammónium salt.
**амністи́ровать** *несов. и сов.* (*вн.*) ámnèsty (*d.*).
**амни́ст||ия** *ж.* ámnèsty; free párdon; объяви́ть ~ию annóunce / grant an ámnèsty [...-ɑːnt...]; о́бщая ~ géneral ámnèsty / párdon.
**амора́льн||ость** *ж.* amòrálity; (*безнравственность*) immorálity. **~ый** nòn-móral [-ɔr-], amóral [-ɔr-]; (*безнравственный*) immóral.
**амортиз||а́тор** *м. тех.* shóck-absòrber. **~ацио́нный 1.** *эк., юр.* amòrtizátion (*attr.*); ~ацио́нный капита́л sínking-fùnd; **2.** *тех.* shóck-absòrber (*attr.*). **~а́ция** *ж.* **1.** *фин., юр.* amòrtizátion; **2.** (*изнашивание имущества*) wear and tear [wɛə...tɛə], deprèciátion; **3.** *тех.* spríng¦ing. **~и́ровать** *несов. и сов.* (*вн.*) amórtìze (*d.*).
**амо́рфный** amórphous.
**ампе́р** *м. физ.* ámpère ['æmpɛə]. **~ме́тр** *м. физ.* ámpèremèter [-pɛə-], ámmèter. **~ча́с** *м. физ.* ámpère hour ['æmpɛə auə].
**ампи́р** *м. иск.* Émpìre style. **~ный** *иск.* Émpire-stýle (*attr.*).
**амплиту́да** *ж.* ámplitùde.
**амплифика́ция** *ж.* àmplificátion.
**амплуа́** *с. нескл. театр.* line of búsiness [...'bızn-], line; (*тж. перен.*: *роль*) role [roul]; (*круг занятий*) òccupátion; актёр на ра́зные ~ vérsatile áctor; ~ пе́рвого любо́вника, резонёра *the* role / part of the jeune premier, of the móralìzer [...ʒəːnprə'mjɛə...]; како́е ~ э́того актёра? what kind of parts does that áctor play?
**а́мпула** *ж.* ámpùle.
**ампут||а́ция** *ж.* àmputátion. **~и́ровать** *несов. и сов.* (*вн.*) ámputàte (*d.*).
**амуле́т** *м.* ámulet, charm.
**амуни́ция** *ж. тк. ед. собир. воен.* accóutrements [ə'kuːtə-] *pl.*
**аму́р** *м.* **1.** *миф.* Cúpid; **2.** *мн. разг.* love affáirs [lʌv...]. **~ный** *разг.* love [lʌv] (*attr.*).
**амфи́бия** *ж.* àmphíbian.
**амфибра́хий** *м. лит.* ámphibràch [-k].
**амфитеа́тр** *м.* ámphitheatre [-θıə-]; *театр.* circle, ámphitheatre; pàrtérre [-'tɛə] *амер.*
**а́мфора** *ж.* ámphora.
**анабио́з** *м. биол.* ànabiósis.
**аноболи́зм** *м.* anábolism.
**анакреонти́ческий** *лит.* anàcreóntic.
**ана́лиз** *м.* análysis (*pl.* -sès [-siːz]); ~ кро́ви blood exàminátion / test [blʌd...]; сде́лать ~ кро́ви на маляри́ю ánalỳse the blood for malária; не поддаю́щийся ~у ún¦ánalỳsable [-z-]. **~и́ровать,** проанализи́ровать (*вн.*) ánalỳse (*d.*).
**анали́т||ик** *м.* ánalyst. **~ика** *ж. разг.* (*аналитическая геометрия*) ànalýtic geómetry. **~и́ческий** ànalýtic(al).
**аналоги́ч||еский** ànalógic(al). **~ный** análogous; быть ~ным (*дт.*) be análogous (to), have análogy (to, with).
**анало́г||ия** *ж.* análogy; по ~ии (с *тв.*) by análogy (with), áfter the análogy (of); проводи́ть ~ию (с *тв.*) draw* an análogy (to, with).

**аналóй** *м. церк.* léctern.

**анáмнез** [-нэз] *м. мед.* anámnesis.

**ананáс** *м.* **1.** (*плод*) píne-àpple: **2.** (*растение*) anánas [ə'nɑː-]. **~ный** píne-àpple (*attr.*); ~ная теплúца pínery ['paɪ-].

**анáпест** *м. лит.* ánapaest.

**анарх||úзм** *м.* ánarchism [-k-]. **~úст** *м.*, **~úстка** *ж.* ánarchist [-k-]. **~úческий** ànárchic(al) [-k-].

**анáрхия** *ж.* ánarchy [-kɪ]; ~ производства ánarchy in prodúction.

**анáрхо-синдикал||úзм** *м.* anárcho-sýndicalism [-kə-]. **~úст** *м.* anárcho-sýndicalist [-kə-].

**анáтом** *м.* anátomist. **~úрование** *с.* anátomy, disséction. **~úровать** *несов. и сов.* (*вн.*) anátomize (*d.*), disséct (*d.*). **~úческий** ànatómical.

**анатóмия** *ж.* anátomy; ~ человéка húman anátomy; ~ живóтных ánimal anátomy; ~ растéний plant anátomy [-ɑːnt...].

**анáфем||а** *ж. церк.* anáthema; предáть ~е (*вн.*) anáthematize (*d.*); read* / pronóunce an anáthema (agáinst).

**анáфора** *ж. лит.* anáphora.

**анахорéт** *м. уст.* ánchorite ['æŋk-], ánchorèt ['æŋk-].

**анахрон||úзм** *м.* anáchronism. **~úческий** anàchronístic.

**ангаж||емéнт** *м. уст.* en¦gáge¦ment. **~úровать** *несов и сов.* (*вн.*) *уст.* en¦gáge (*d.*).

**ангáр** *м. ав.* hángàr, shed.

**áнге||л** *м.* ángel ['eɪndʒ°l]; ◇ день ~ла náme-day; поздравлять когó-л. с днём ~ла con¦grátulàte smb. on *his* náme-day. **~лóчек** *м.* chérub ['tʃe-]. **~льский** àngélic [æn'dʒ-].

**ангидрúд** *м. хим.* ànhýdride [-'haɪ-].

**ангúна** *ж. мед.* quinsy [-zɪ], tònsillítis.

**англúйск||ий** Énglish ['ɪ-]; ~ язык Énglish, the Énglish lánguage; ◇ ~ая соль Épsom salts *pl.*; ~ая болéзнь ríckets; ~ая булáвка sáfe¦ty pin.

**англикáнск||ий** Ánglican; ~ая цéрковь Ánglican Church, Church of Éngland [...'ɪ-].

**англúст** *м.* Ánglist, spécialist in Énglish philólogy ['spe-... 'ɪ-...], Énglish philólogist. **~ика** *ж.* Énglish philólogy ['ɪ-...].

**англицúзм** *м. лингв.* Ánglicism.

**англичáн||ин** *м.* Énglish¦man* ['ɪ-]; *мн. собир.* the Énglish [...'ɪ-]; (*о населении Великобритании тж.*) the Brítish. **~ка** *ж.* Énglish¦wòman* ['ɪ- -wu-].

**áнгло-американский** Ánglò-Américan.

**англомáн** *м.* Ánglò¦mániàc. **~ия** *ж.* Ánglò¦mánia.

**англосáкс** *м.* Ánglò-Sáxon.

**англосаксóнский** Ánglò-Sáxon.

**англо¦фúл** *м.* Ánglò¦phìle. **~фóб** *м.* Ánglò¦phòbe.

**ангóрск||ий** Àngóra (*attr.*); ~ая кóшка Àngóra / Pérsian cat [...-ʃən...]; ~ая козá Àngóra goat.

**андáнте** [-тэ] *с. нескл., нареч. муз.* àndánte [-tɪ].

**аневрúзм** *м. мед.* áneurism, áneurysm.

**анекдóт** *м.* (*смешной рассказ*) joke, fúnny stóry; (*смешное происшествие*) fúnny thing. **~úческий** fàntástic. **~úчный** = анекдотúческий; это ~úчно it sounds / seems fàntástic.

**анемúч||еский, ~ный** anáemic.

**анемúя** *ж. мед.* anáemia.

**анемó||граф** *м.* anémogràph. **~метр** *м.* ànemómeter, wínd-gauge ['wɪndgeɪdʒ].

**анемóн** *м. бот.* anémone [-nɪ].

**анерóид** *м.* áneroid.

**анестезúр||овать** [-нэстэ-] *несов. и сов.* (*вн.*) *мед.* ànáesthetìze (*d.*). **~ующий** [-нэстэ-] **1.** *прич. см.* анестезúровать; **2.** *прил.* ànaesthétic; ~ующее срéдство ànaesthétic.

**анестезúя** [-нэстэ-] *ж.* ànaesthésia [-z-].

**анилúн** *м. хим.* ániline. **~овый** *прил. к* анилúн; ~овая крáска ániline dye.

**анималúст** *м.* (*живописец*) ánimal páinter; (*скульптор*) ánimal scúlptor.

**анимúзм** *м.* ánimism.

**анúс** *м. тк. ед.* **1.** ánise [-ɪs]; **2.** (*сорт яблок*) ánise apples *pl.* **~овка** *ж.* **1.** = анúс 2; **2.** (*водка*) ànisétte [-'zet]. **~овый** ánise [-ɪs] (*attr.*); (*относящийся к семени*) ániseed (*attr.*).

**áнкер** *м. тех.* **1.** (*железная скрепа*) ánchor ['æŋkə]; **2.** (*в часах*) crutch. **~ный** *прил. к* áнкер; ~ный болт ánchor bolt ['æŋkə...], rág-bòlt; ~ный кол ánchoring pícket ['æŋkə-...], ánchor post [...poust]; ~ные часы léver watch *sg.*

**анкéт||а** *ж.* form, quèstionnáire [ke-]; заполнить ~у fill in *a* form / quèstionnáire, compléte *a* form. **~ный** *прил. к* анкéта; ~ные дáнные bìográphical partículars.

**аннáлы** *мн.* ánnals, récòrds ['re-].

**аннексúровать** [анэ-] *несов. и сов.* (*вн.*) annéx (*d.*).

**аннéксия** *ж.* [анэ́-] ànnèxátion.

**аннот||áция** *ж.* ànnotátion. **~úровать** *несов. и сов.* (*вн*) ánnotàte (*d.*).

**аннулúрование** *с.* annúlment; (*о долге, постановлении*) càncèllátion; (*отмена*) àbrogátion, àbolítion; (*о мандате и т. п.*) nùllificátion.

**аннулúровать** *несов. и сов.* (*вн.*) annúl (*d.*); (*о долге, постановлении*) cáncel (*d.*); (*отменить*) ábrogàte (*d.*), rescínd [-'sɪ-] (*d.*), repéal (*d.*), revóke (*d.*), abólish (*d.*); (*о мандате и т. п.*) núllifỳ (*d.*); ~ договóр annúl *a* tréaty; scrap *a* tréaty *разг.*; ~ долг write* off *a* debt [...det].

**анóд** *м. физ.* ánòde. **~ный** *физ.* anódic; ánòde (*attr.*).

**аномá||лия** *ж.* anómaly. **~льный** anómalous; (*неправильный*) irrégular.

**анонúм** *м.* **1.** (*автор*) anónymous áuthor; **2.** (*сочинение*) anónymous work; (*письмо*) anónymous létter. **~ный** anónymous.

**анóнс** *м.* (*объявление*) annóunce¦ment, nótice ['nou-]; (*афиша*) bill, póster ['pou-]. **~úровать** *несов. и сов.* (*вн.*) annóunce (*d.*).

**анормáльный** àbnórmal.

**анóфелес** *м. зоол.* anóphelès [-liːz].

**ансáмбль** *м.* ensémble [ɑːn'sɑːmbl]; (*певцов, танцоров и т. п. тж.*) cómpany ['kʌ-]; ~ пéсни и пляски Song and Dance Cómpany.

**антагон||úзм** *м.* àntágonism. **~úст** *м.* àntágonist. **~истúческий** àntàgonístic; ~истúческие клáссы àntàgonístic / oppósing clás¦es.

**Антáнта** *ж. ист.* the Enténte [ɑːn'tɑːnt]; Мáлая ~ the Little Enténte.

**Антáрктика** *ж.* the Àntárctic, the àntárctic régions *pl.*

**антарктúческий** àntárctic.

**антéнна** [-тэ́-] *ж.* **1.** *рад.* áerial ['ɛə-], ànténna (*pl.* -ae); рáмочная ~ loop áerial; **2.** *зоол.* ànténna (*pl.* -ae).

**анти-** (*в сложн.*) anti-.

**антибиóтики** *мн. мед.* àntibìótics.

**антивúрус** *м. мед.* àntivírus.

**антивоéнный** ánti-wàr.

**антигигиенúческий** únhýgien¦ic [-haɪ'dʒiː-], insánitary.

**антигосудáрственн||ый** ánti-Státe; ~ая дéятельность ánti-Státe àctívities *pl.*

**антидемократúческий** ánti-dèmocrátic.

**антиимпериалистúческий** ánti-impérialist.

**антиистор||úзм** *м.* únhistóricalness. **~úческий** únhistórical.

**антиквáр** *м.* àntiquárian, ántiquary. **~ный** àntiquárian; ~ный магазúн cùriósity shop.

**антилóпа** *ж.* ántelòpe.

**антимарксúстский** ánti-Márxist.

**антимилитар||úзм** *м.* ánti-militarism. **~úст** *м.* ánti-militarist. **~истúческий** ánti-militarist.

**антинарóдный** ánti-nátional [-'næ-], ánti-pópular.

**антинаýчный** ánti-scientífic.

**антинационáльный** ánti-nátional [-'næ-].

**антинóмия** *ж. филос.* àntínomy.

**антиобщéственный** ánti-sócial.

**антипартúйный** ánti-Párty (*attr.*).

**антипассáт** *м. метеор.* ánti-tràde (wind) [...wɪ-].

**антипатúчный** àntipathétic.

**антипáт||ия** *ж.* (к) àntipathy (to), avérsion (for, to), dislíke (for, to); питáть ~ию feel* an avérsion (for); почýвствовать ~ию take* a dislíke (to, for).

**антипирúн** *м. фарм.* àntipýrine [-'paɪə-].

**антипóд** *м.* ántipòde (*pl.* -dès [-diːz]).

**антирабóч||ий** ánti-wórking-clàss, ánti-lábour; ~ее законодáтельство ánti-wórking-clàss / ánti-lábour lègislátion.

**антирелигиóзный** ánti-relígious.

**антисанитáрный** insánitary.

**антисемúт** *м.* ánti-Sémìte. **~úзм** *м.* ánti-Sémitism. **~ский** ánti-Semític.

**антисéпт||ика** [-сэ́-] *ж. мед.* **1.** *собир.* (*обеззараживающие средства*) àntiséptics *pl.*; **2.** (*обеззараживание ран*) àntisépsis. **~úческий** [-сэ-] *мед.* àntiséptic.

**антисовéтский** ánti-Sóvièt.

**антисоциáльный** ánti-sócial.

**антитé||за** [-тэ́-] *ж. филос., лит.* àntíthesis (*pl.* -sès [-siːz]). **~зис** [-тэ́-] *м. филос.* àntíthesis (*pl.* -sès [-siːz]). **~тúческий** [-тэ-] àntithétic.

**антитоксúн** *м. мед.* ántitóxin.

**антифашúст** *м.*, **~ский** ánti-fáscist [-'fæʃ-].

**антифрúз** *м. ав.* ántifréeze súbstance.

**антúхрист** *м. рел.* ántichrist [-aɪst].

**антихудóжественный** inàrtístic.

**антициклóн** *м. метеор.* ánticýclòne [-'saɪ-].

**антúчн||ость** *ж.* àntíquity. **~ый** àntíque [-iːk]; ~ый мир àntíquity; ~ый стиль the àntíque.

**антологúческий** àntholόgical.

**антолóгия** ànthólogy.

**антóним** *м. лингв.* ántonym. **~úчный** *лингв.* antónymous.

**антóнов:** ~ огóнь *уст.* gángrène.

**антóновка** *ж. тк. ед.* (*сорт яблок*) antónovka apples *pl.* (*kind of tart winter apples*).

**антрáкт** *м.* **1.** ínterval; **2.** *муз.* entr'acte ['ɔntrækt], interlùde.

**антрацéн** *м. хим.* ántracène.

**антрацúт** *м.* ánthracite. **~ный, ~овый** ànthracític, ànthracítous; ~овая печь ánthracite stove.

**антрашá** *с. нескл.* entrechát [ɑːŋtrə'ʃɑː]; выдéлывать ~ *разг.* cut* cápers.

**антрекóт** *м.* entrecôte (*фр.*) [ɑːntrə'kout], steak [steɪk].

**антрепренёр** *м.* mánager, èntrepreneúr [ɔntrəprə'nəː].

**антрепрúз||а** *ж.* prívate theátrical énterprise ['praɪ- θɪ'æ-...], theátrical concérn; держáть ~у run* a théatre [...'θɪə-].

**антресóли** *мн.* mézzanìne [-niːn] *sg.*; (*верхний полуэтаж*) áttic stórey *sg.*

**антропóид** *м.* ánthropoid.

**антропó||лог** *м.* ànthropólogist. **~логúческий** ànthròpo¦lógical. **~лóгия** *ж* ànthropólogy.

**антропо||метрúческий** ànthròpo¦métric. **~мéтрия** *ж.* ànthropómetry.

**антропо||морфúзм** *м.* ànthròpo¦mórphism. **~морфúческий** ànthròpo¦mórphic. **~мóрфный** ànthròpo¦mórphous.

**антропо||фáг** *м.* àntropóphagus (*pl.* -gì), cánnibal. **~фáгия** *ж.* ànthropóphagy.

**антурáж** *м. уст.* environ¦ment, entourágе [ɔŋtu'rɑːʒ]; (*среда*) milieu [miː'ljəː]; surróundings *pl.*; (*окружающие*) assóciates *pl.*, connéctions *pl.*

**анфáс** *нареч.* full face; снúться ~ have a fúll-fáce phóto¦gràph táken, be táken full face.

**анфилáда** *ж.* suite (of rooms) [swiːt...].

**анчáр** *м. бот.* úpas-tree, ántiar.

**анчóус** *м.* ànchóvy.

**аншлáг** *м.* the "sold out" nótice [...'nou-]; пьéса идёт с ~ом the house* is sold out every night (for the play) [...haus...].

**áншпуг** *м. мор.* hándspike.

**анютин:** ~ы глáзки *мн.* pánsy [-zɪ] *sg.*

**аóрта** *ж. анат.* aórta.

**апартáмент** *м. об. мн.* apártment; (*квартира*) apártments *pl.*

**апатúт** *м. мин.* ápatite. **~овый** *прил. к* апатúт.

**апатúчн||ость** *ж.* ápathy. **~ый** àpathétic.

**апáтия** *ж.* ápathy.

**апелл||úровать** *несов. и сов.* (к) appéal (to). **~янт** *м.* appéllant. **~яциóнный** appéllate; ~яциóнный суд Court of Appéal [kɔːt...]. **~яция** *ж.* appéal; подавáть ~яцию на решéние судá appéal agáinst the court's decísion [... kɔːts...]; отклонúть ~яцию dismiss *an* appéal.

**апельсúн** *м.* **1.** (*плод*) órange; **2.** (*дерево*) órange-tree. **~ный, ~овый 1.** *прил. к* апельсúн; ~овые цветы́ órange-blóssom *sg.*; ~овая плантáция órangery; **2.** (*о цвете*) órange-(-cólour) [-kʌ-] (*attr.*).

**аплод||úровать** (*дт.*) appláud (*d.*), cheer (*d.*); бýрно ~ accláim; appláud / cheer to the échò [...'ekou]. **~исме́нты** *мн.* appláuse *sg.*, clápping *sg.*; cheers; гро́мкие, продолжи́тельные ~исме́нты loud and prolónged appláuse *sg.*; бу́рные ~исме́нты storm of appláuse *sg.*; loud cheers *разг.*

**апло́мб** *м.* assúrance [ə'ʃuə-], sélf-cónfidence, àplómb [æp'lɔːŋ]; держа́ться, говори́ть с ~ом be sélf-cónfident, be (very) sure of òne¦sélf [...ʃuə...], be sélf-assúred [...-ə'ʃuəd]; у него́ не хвата́ет ~а he wants cónfidence, he is not sufficiently sélf-cónfident.

**апог||е́й** *м. астр.* ápogee; (*перен.*) clímax, cùlminátion, ácme [-ɪ]; ~ сла́вы height / súmmit of glóry [haɪt...]; его́ тала́нт дости́г своего́ ~е́я his tálent is at its zénith [...'tæ-...].

**апока́лип||сис** *м.* Apócalypse; the Rèvelátion. **~си́ческий, ~ти́ческий** apòcalýptic(al).

**апо́криф** *м.* apócrypha *pl.* **~и́ческий, ~и́чный** apócryphal.

**аполити́чн||ость** *ж.* indifference to pólitics. **~ый** indifferent to pólitics.

**апологе́т** *м.* apólogist.

**аполо́гия** *ж.* apólogy (*vindication*).

**апоплекси́ческий** *мед.* àpopléctic; ~ уда́р àpopléctic stroke / fit, séizure ['siːʒə].

**апопле́ксия** *ж. мед.* ápoplèxy.

**апо́рт** *м. тк. ед.* (*сорт я́блок*) Opórto apples *pl.*

**апостерио́р||и** [-тэ-] *нареч. филос.* á pòstèriórì. **~ный** *филос.* á pòstèriórì.

**апо́стол** *м. рел.* **1.** apóstle (*тж. перен.*); **2.** (*книга*) Books of the Apóstles *pl.*, Acts of the Apóstles *pl.*

**апо́стольский** *рел.* àpostólic.

**апостро́ф** *м.* apóstrophe [-fɪ].

**апофео́з** *м.* apòtheósis.

**аппара́т** *м.* **1.** àpparátus; фотографи́ческий ~ cámera; светосигна́льный ~ *воен.* signal lamp; **2.** (*дыха́тельный, зри́тельный и т. п.*) órgans *pl.*; **3.** (*штат*) staff; ◇ госуда́рственный ~ State machinery [...-'ʃiː-], machinery of the State.

**аппарату́ра** *ж. тк. ед. собир.* àpparátus.

**аппе́ндикс** *м.* **1.** *анат.* appéndix (*pl.* -ixes, -icès [-ɪsiːz]); **2.** *тех.* neck.

**аппендици́т** *м. мед.* appéndicítis.

**апперцеп||ти́вный, ~цио́нный** *филос.* àppercéptive.

**апперце́пция** *ж. филос.* àppercéption.

**аппети́т** *м.* áppetìte; (к чему́-л.) rélish (for smth.); дразни́ть чей-л. ~ make* smb.'s mouth wáter [...'wɔː-]; ◇ ~ прихо́дит во вре́мя еды́ the áppetìte comes with éating; прия́тного ~а! bon appétit! (*фр.*) [bɔŋ ape'tɪ], I hope you enjóy your bréakfast, dínner, *etc.* [...'brek-...]. **~ный** áppetìzing, témpting.

**аппликату́ра** *ж. муз.* fíngering.

**аппликáция** *ж.* **1.** (*спо́соб отде́лки*) appliqué (*фр.*) work [æ'pliːkeɪ...]; **2.** (*отде́лка*) appliqué.

**аппрет||и́ровать** *несов. и сов.* (*вн.*) *тех.* dress (*d.*). **~у́ра** *ж. тех.* dréssing. **~у́рщик** *м.* drésser.

**апре́л||ь** *м.* Ápril ['eɪ-]; в ~е э́того го́да in Ápril; в ~е про́шлого го́да last Ápril; в ~е бу́дущего го́да next Ápril; ◇ Пе́рвое Апре́ля («*обма́нный день*») All Fools' Day, Ápril Fool's Day.

**апре́льский** *прил. к* апре́ль; ~ день Ápril day ['eɪ-...], day in Ápril.

**априо́р||и** *нареч. филос.* á prìórì. **~ный** *филос.* á prìórì.

**аппроб||а́ция** *ж.* àpprobátion, appróval [-uːv-]. **~и́ровать** *несов. и сов.* (*вн.*) ápprobàte (*d.*), appróve [-uːv] (of).

**апте́||ка** *ж.* chémist's (shop) ['ke-...]; drúg-stòre *амер.* **~карский** phàrmacéutical; ~карский магази́н chémist's shop, drúg-stòre. **~карь** *м. уст.* chémist ['k-]; drúggist. **~чка** *ж.* (*я́щик с лека́рствами*) médicine chest; (*пе́рвой по́мощи*) first-aid óutfit.

**ар** *м.* (*100 м²*) are [ɑː] (*100 sq. m.*).

**ара́б** *м.* Árab ['æ-], Arábian.

**арабе́ска** *ж.* àrabésque.

**араби́ст** *м.* Árabist, spécialist in Árabic philólogy ['spe-...], Árabic philólogist.

**ара́б||ка** *ж. к* ара́б. **~ский** Arábian, Árabic; ~ский язы́к Árabic; the Árabic lánguage; ◇ ~ская ци́фра Árabic númeral / fígure.

**арави́йский** Arábian, of Arábia.

**аракче́евщина** *ж. ист.* Arakchéyev règíme [...reɪ'ʒiːm].

**аранжи́р||овать** *несов. и сов.* (*вн.*) *муз.* arránge [-eɪndʒ] (*d.*). **~о́вка** *ж. муз.* (для) arránge¦ment [-eɪndʒ-] (for).

**ара́п** *м.* **1.** *уст.* bláckamoor; **2.** *разг.* knave; ◇ на ~а by blúffing.

**ара́пник** *м.* húnting-whip, húnting-cròp.

**арauка́рия** *ж. бот.* àraucária.

**ара́хис** *м.* gróund-nùt, péanùt.

**арба́** *ж.* áraba (*kind of bullock cart*).

**арбале́т** *м.* árbalèst.

**арби́тр** *м.* árbiter, árbitràtor.

**арбитра́ж** *м.* àrbitrátion; переда́ть вопро́с на ~ submit *the* quéstion to àrbitrátion [...-stʃ-...]. **~ный** *прил. к* арбитра́ж; ~ный суд court of àrbitrátion [kɔːt...], àrbitrátion tribúnal.

**арбу́з** *м.* wáter-mélon ['wɔːtə'me-].

**аргенти́н||ец** *м.*, **~ка** *ж.* Àrgentínean [-ɪən]. **~ский** Árgentìne.

**арго́** *с. нескл. лингв.* slang; воровско́е ~ thieves' cant / Látin [θiː-...].

**арго́н** *м. хим.* árgòn.

**аргона́вт** *м. миф.* Árgonaut.

**арготи́||зм** *м. лингв.* slang / cant expréssion. **~ческий** *лингв.* slang (*attr.*).

**аргуме́нт** *м.* árgument; ве́ский ~ télling / wéighty / fórcible árgument. **~а́ция** *ж.* àrgumèntátion, árgument.

**аргументи́рова||ть** *несов. и сов.* (*вн.*) árgue (*d.*); э́то ну́жно отде́льно ~ it must be árgued séparate¦ly; хорошо́ ~нная речь wéll-réasoned speech [-z-...].

**А́ргус** *м. миф.* Árgus; бди́тельный как ~ Árgus-éyed [-'aɪd].

**аре́н||а** *ж.* aréna; цирковáя ~ círcus ring; ~ де́ятельности field / sphere of áction [fiːld...]; междунаро́дная ~ internátional scene [-'næ-...]; мировáя ~ world aréna / scene; на мирово́й ~е in the world aréna; вы́йти на ~у междунаро́дной жи́зни énter the internátional scene.

**аре́нд||а** *ж.* **1.** (*наём*) lease [-s]; взять в ~у (*вн.*) lease [-s] (*d.*), take* on lease (*d.*); rent (*d.*); сдать в ~у (*вн.*) lease (*d.*), grant on lease [-ɑːnt...] (*d.*); rent (*d.*); **2.** (*пла́та*) rent;

взять слишком высокую ~у (за *вн.*) óver¦-rént (*d.*). **~áтор** *м.* léase¦hòlder [-s-], lèssée, ténant ['te-]. **~ный** *прил. к* арéнда; ~ный договóр lease [-s]; (*о квартире и т. п.*) ténancy agréement; ~ная плáта rent, réntal; освобождённый от ~ной плáты rént-frée; ~ное прáво ténant right ['te-...].

**арендóванный** *прич. и прил.* leased [-st], rénted.

**арендовáть** *несов. и сов.* (*вн.*) lease [-s] (*d.*), have on lease (*d.*), hold* on lease (*d.*), rent (*d.*).

**ареóметр** *м. физ.* àreómeter.

**ареопáг** *м. ист.* Àreópagus.

**арéст** *м.* **1.** arrést; взять под ~ (*вн.*) arrést (*d.*), put* únder arrést (*d.*), take* into cústody (*d.*); находиться под ~ом be únder arrést; **2.** (*об имуществе и т. п.*) attáchment, sèquestrátion [si:-], séizure ['si:ʒə]; снять ~ (с *рд.*) reléase [-s] (*d.*); наложить ~ (на *вн.*) attách (*d.*), sèquéstràte [si:-] (*d.*), seize [si:z] (*d.*).

**арестáнт** *м. уст.* prísoner [-ɪz-]. **~ский** *прил. к* арестáнт; ~ская рóта *уст.* cónvict lábour gang.

**арестóванный 1.** *прич. см.* арестóвывать; **2.** *м. как сущ.* prísoner [-ɪz-].

**арестовáть** *сов. см.* арестóвывать.

**арестóвывать,** арестовáть (*вн.*) arrést (*d.*).

**арú||ец** *м.*, **~йка** *ж.*, **~йский** Áryan ['ɛə-].

**ариóзо** *с. нескл. муз.* àriósò [ɑ:rɪ'ouzou].

**аристокрáт** *м.* áristocràt. **~úзм** *м.* àristócratism. **~úческий** àristocrátic; *ирон.* grand. **~ия** *ж.* àristócracy; (*высшее дворянство*) nobílity; финáнсовая ~ия plùtócracy. **~ка** *ж. к* аристокрáт.

**аритм||úчный** únrhýthmical; *мед.* arrhýthmic. **~úя** *ж. мед.* arrhýthmia.

**арифмéт||ика** *ж.* aríthmetic. **~úческий** àrithmétical; ~úческая задáча sum.

**арифмó||граф** *м.* aríthmogràph. **~метр** *м.* àrithmómeter.

**áрия** *ж. муз.* ária ['ɑ:-], air.

**áрка** *ж.* arch.

**аркáда** *ж. арх.* àrcáde.

**аркáн** *м.* lássò [*тж.* læ'su:]; ловить ~ом (*вн.*) lássò (*d.*).

**Áрктика** *ж.* the Árctic; the árctic régions *pl.*

**арктúческий** árctic.

**арлекúн** *м.* hárlequin. **~áда** *ж.* hàrlequinàde.

**армáда** *ж.* àrmáda [-'mɑ:-]; ◇ непобедимая ~ the Invíncible Àrmáda.

**арматýр||а** *ж. тк. ед. собир. тех.* steel fráme¦wòrk; (*приборы*) fíttings *pl.* **~щик** *м.* constrúction¦al ènginéer [...endʒ-], steel eréctor; spíder¦man* *разг.*

**армéйский** *прил. к* áрмия.

**армúров||анный** *прич. и прил. стр.* rè¦infórced; ~ бетóн rè¦infórced cóncrète. **~ать** (*вн.*) *стр.* rè¦infórce (*d.*).

**áрмия** *ж.* **1.** ármy; fórces *pl.*; Совéтская Áрмия the Sóvièt Ármy; Крáсная Áрмия *ист.* the Red Ármy; дéйствующая ~ Ármy in the Field [...fi:-]; Field Fórces *pl. амер.*; регулярная ~ régular / stánding ármy; **2.** (*множество*) ármy, host of; многомиллиóнная ~ (*рд.*) millions-stròng ármy (of).

**армя́к** *м. уст.* àrmiák [-jɑ:k] (*peasant's cloth coat*).

**армянúн** *м.* Àrménian.

**армя́н||ка** *ж.*, **~ский** Àrménian; ~ский язы́к Àrménian, the Àrménian lánguage.

**арнаýтка** *ж. тк. ед. с.-х.* arnàútka [-nɑ:'u:t-] (*kind of wheat*).

**аромáт** *м.* aróma, frágrance ['freɪ-], pérfùme; (*перен.: своеобразие, отпечаток*) aróma, ímprèss; придавáть ~ чемý-л. lend* a pérfùme to smth.; тóнкий ~ délicate aróma; ~ (от) кýшаний ódour / smell of (the) food. **~úческий, ~úчный** àromátic, scénted. **~ный** àromátic, frágrant; (*о вине и т. п.*) flávour¦ed; (*о воздухе*) bálmy ['bɑ:-].

**áрочный** arched, váulted; ~ мост arched bridge.

**арсенáл** *м.* ársenal; (*склад оружия*) ármoury; (*перен.: большое количество чего-л., запас*) a store (of); stores (of) *pl.*

**арт-** (*в сложн.*) *воен.* àrtíllery (*attr.*); órdnance (*attr.*): артогóнь àrtíllery fire; артсклáд órdnance dépot [...'depou].

**артáчиться,** заартáчиться *разг.* jib, kick; balk; (*о лошади*) jib, be réstive; пóлно тебé ~ we have had enóugh of your óbstinacy [...ɪ'nʌf...].

**артезиáнский:** ~ колóдец àrtésian well [-zɪən...].

**артéль** *ж.* àrtél (*association for common work*); сельскохозя́йственная ~ àgricúltural àrtél, kòlkhóz, colléctive farm; промысловáя ~ small prodúcers' àrtél. **~ный** *прил. к* артéль. **~щик** *м.* mémber of *an* àrtél.

**артериáльный** *анат.* àrtérial.

**артериосклерóз** *м. мед.* àrtèriosclerósis.

**артéрия** *ж. анат.* (*тж. перен.*) ártery; сóнная ~ carótid (ártery); вóдная ~ wáter¦way ['wɔ:-].

**артикул||úровать** *лингв.* àrtículàte. **~я́ция** *ж. лингв.* àrtìculátion.

**артиллерúйск||ий** *прил. к* артиллéрия; ~ склад órdnance dépot [...'depou]; ~ая подготóвка àrtíllery prèparátion, prepáratory bòmbárdment; ~ое орýдие piece of órdnance [pi:s...], gun; ~ие орýдия órdnance *sg.*

**артиллерúст** *м.* àrtíllery¦man*, gúnner.

**артиллéрия** *ж.* àrtíllery; ~ кóнной тя́ги hórse-drawn àrtíllery; ~ механúческой тя́ги méchanìzed àrtíllery [-kə-...]; самохóдная ~ sélf-propélled àrtíllery; трáкторная ~ tráctor-drawn àrtíllery; берéговáя ~ coast àrtíllery; гóрная ~ móuntain àrtíllery; полевáя ~ field àrtíllery [fi:-...]; дальнобóйная ~ lóng-rànge àrtíllery / órdnance [-reɪ-...]; зенúтная ~ ánti-áircràft àrtíllery; лёгкая ~ light àrtíllery; тяжёлая ~ héavy àrtíllery ['hevɪ...]; противотáнковая ~ ánti-tànk àrtíllery; среднекалúберная ~ médium àrtíllery.

**артúст** *м.* ártist; (*актёр*) áctor; ~ дрáмы áctor; ~ балéта bállet-dáncer ['bæleɪ-]; ~ кинó film / screen áctor; заслýженный ~ Hónoured ártist ['ɔnəd...]; нарóдный ~ СССР Péople's ártist of the USSR [pi:-...]; óперный ~ ópera síng¦er.

**артистúческая** *ж. скл. как прил.* (*фойе*) gréen-room; (*уборная*) dréssing-room; (*при концертном зале*) ártists' room.

**артистúческий** àrtístic.

**арти́стка** *ж.* àrtiste [-'ti:-]; (*актриса*) áctress; ~ дра́мы áctress *и т. д.* (*ср.* арти́ст).

**артишо́к** *м. бот.* ártichòke.

**артри́т** *м. мед.* àrthrítis.

**а́рф||а** *ж.* harp. **~и́ст** *м.*, **~и́стка** *ж.* hárpist, hárp-player.

**арха||и́зм** *м.* árchàism [-k-]. **~и́ческий, ~и́чный** àrchá́ic [-'k-].

**арха́нгел** *м* árchàngel [-keɪndʒ-].

**архео́||лог** *м.* àrchaeólogist [ɑ:kɪ-]. **~логи́ческий** àrchaeológical [ɑ:kɪ-]. **~ло́гия** *ж.* àrchaeólogy [ɑ:kɪ-].

**архи-** (*в сложн.*) arch-: архилгу́н árch-líar.

**архи́в** *м.* árchives ['ɑ:k-] *pl.*; госуда́рственный ~ State Árchives *pl.*; (*в Англии*) Récord Óffice ['re-...]; ◇ сдать в ~ (*вн.*) *разг.* shelve (*d.*), give* up as a bad job (*d.*). **~а́риус** *м.* árchivist ['ɑ:kɪ-]. **~ный** *прил. к* архи́в.

**архиепи́скоп** *м. церк.* àrch-bíshop.

**архиере́й** *м. церк.* bíshop.

**архипела́г** *м. геогр.* àrchipélagò [ɑ:k-].

**архитекто́н||ика** *ж.* àrchitèctónics [ɑ:kɪ-]. **~и́ческий** àrchitèctónic(al) [ɑ:kɪ-].

**архите́кт||ор** *м.* árchitèct ['ɑ:k-]. **~у́ра** *ж.* árchitècture ['ɑ:kɪ-]. **~у́рный** àrchitéctural [ɑ:kɪ-].

**арши́н** *м. уст.* àrshín (=*28 inches*); ◇ как бу́дто ~ проглоти́л *разг.* ≅ as stiff as a póker; ме́рить други́х, всех, всё на свой ~ ≅ méasure others' corn by one's own búshel ['me-... oun 'buʃ°l].

**-арши́нный** (*в сложн. словах, не приведённых особо*) -àrshín; of... àrshíns; *напр.* трёхарши́нный thrée-àrshín; of three àrshíns.

**ары́к** *м.* àrýk, ìrrigátion ditch.

**арьерга́рд** *м. воен.* réar-guàrd. **~ный** *прил. к* арьерга́рд.

**ас** *м.* ace (*airman*).

**асбе́ст** *м.* àsbéstòs [æz'b-]. **~овый** àsbéstòs [æz'b-] (*attr.*), àsbéstine [æz'b-].

**асе́пт||ика** [-сэ́-] *ж. мед.* àsépsis. **~и́ческий** [-сэ-] *мед.* àséptic.

**асимметри́ч||еский, ~ный** àsymmétric(al).

**асимметри́я** *ж.* àsýmmetry.

**аскари́да** *ж. зоол., мед.* áscarid; áscaris (*pl.* àscáridès [-i:z]).

**аске́т** *м.* ascétic. **~и́зм** *м.* ascéticism. **~и́ческий** ascétic.

**аскорби́нов||ый:** ~ая кислота́ *хим.* ascórbic ácid.

**аспе́кт** *м.* áspèct.

**а́спид** I *м. зоол.* asp; (*перен.*) víper.

**а́спид** II *м. мин.* slate. **~ный** *прил. к* а́спид II; ~ная доска́ slate.

**аспира́нт** *м.*, **~ка** *ж.* póst-gráduate (stúdent) ['pou-...]. **~у́ра** *ж.* **1.** póst-gráduate stúdentship ['pou-...], reséarch stúdentship [-'sə:tʃ...]; póst-gráduate course [...kɔ:s]; оста́вить кого́-л. в ~у́ре grant / óffer smb. a reséarch, *или* a póst-gráduate, stúdentship; **2.** *собир. разг.* póst-gráduate stúdents *pl.*, reséarch stúdents *pl.*

**аспири́н** *м. фарм.* áspirin; приня́ть две табле́тки ~а take* two áspirins, *или* two áspirin táblets [...'tæ-].

**ассамбле́я** *ж.* assémbly; Генера́льная Ассамбле́я Организа́ции Объединённых На́ций the Géneral Assémbly of the Ùnited Nátions Òrganizátion [...-naɪ-].

**ассениз||а́тор** *м.* níght-man*. **~ацио́нный** níght-wòrk (*attr.*), night-; ~ацио́нный обо́з sánitary brigáde. **~а́ция** *ж.* níght-wòrk.

**ассигна́ция** *ж. уст.* (*денежный знак*) cúrrency bill.

**ассигнова́н||ие** *с.* **1.** àssignátion, appròpriátion, àllocátion, assígnment [ə'saɪn-]; **2.** (*сумма*) grant [-ɑ:nt]; ~ия на культу́рные ну́жды àllocátions for cúltural sérvices.

**ассигнова́ть** *несов. и сов.* (*вн.* на *вн.*) assígn [ə'saɪn] (*d.* to, for); (*вн. дт.*) állocàte (*d.* to), appròpriàte (*d.* to); (*вн.* на *вн.*) *разг.* (*намечать израсходовать*) éar-màrk (*d.* for).

**ассигно́вка** *ж.* = ассигнова́ние 1.

**ассимили́ровать** *несов. и сов.* (*вн.*) assímilàte (*d.*). **~ся** *несов. и сов* (*дт.*, с *тв.*) assímilàte (to, with).

**ассимиля́ц||ия** *ж.* assìmilátion; спосо́бный к ~ии assímilàtive.

**ассири́||ец** *м.*, **~йка** *ж.*, **~йский** Assýrian.

**ассисте́нт** *м.*, **~ка** *ж.* **1.** assístant; ~ на экза́менах assístant exáminer; **2.** (*преподаватель высшего учебного заведения*) lécturer.

**ассисти́ровать** (*дт.*) assíst (*d.*).

**ассона́нс** *м.* ássonance.

**ассортиме́нт** *м.* (*подбор*) assórtment; (*комплект*) set; (большо́й) ~ това́ров (big) variety / range of goods [...reɪ-...].

**ассоциа́ц||ия** *ж.* (*в разн. знач.*) assòciátion; по ~ии by assòciátion of ìdéas [...aɪ'dɪəz].

**ассоции́ровать** *несов. и сов.* (*вн.* с *тв.*) assóciàte (*d.* with). **~ся** *несов. и сов.* (с *тв.*) assóciàte (with).

**астен||и́ческий** [-тэ-] *мед.* àsthénic. **~и́я** [-тэ-] *ж. мед.* àsthénia.

**астеро́ид** [-тэ-] *м. астр.* ásteroid.

**астигмат||и́зм** *м. мед.* àstígmatism. **~и́ческий** *мед.* àstigmátic.

**а́стм||а** *ж. мед.* ásthma ['æsmə]; бронхиа́льная ~ brónchial ásthma [-ŋk-...]; серде́чная ~ cárdiàc ásthma. **~а́тик** *м.*, **~ати́ческий** *мед.* àsthmátic [æs'mæ-].

**а́стра** *ж.* áster.

**астра́льный** ástral.

**астро́||лог** *м.* astróloger. **~ло́гия** *ж.* astrólogy.

**астроля́бия** *ж.* ástrolàbe.

**астрона́втика** *ж.* àstronáutics.

**астроно́м** *м.* astrónomer. **~и́ческий** àstronómic(al). **~ия** *ж.* astrónomy.

**астрофи́зика** *ж.* ástrò-phýsics [-zɪ-].

**асфа́льт** *м.* ásphàlt [-fælt], míneral pitch. **~и́ровать** *несов. и сов.* (*сов. тж.* заасфальти́ровать) (*вн.*) ásphàlt [-fælt] (*d.*), lay* with ásphàlt (*d.*). **~овый** *прил. к* асфа́льт.

**асфи́ксия** *ж. мед.* àsphýxia.

**атав||и́зм** *м. биол.* átavism. **~исти́ческий** àtavístic.

**ата́к||а** *ж.* attáck; (*пехотная*) assáult; возду́шная ~ air attáck; кавале́рийская ~ cávalry charge; пойти́, бро́ситься в ~у advánce / rush to the attáck; (*о конном строе чаще*) charge; фронта́льная ~ fróntal attáck ['frʌ-...]; штыкова́я ~ báyonet attáck / charge, assáult with the báyonet.

**атакова́ть** *несов. и сов.* (*вн.*) attáck (*d.*); (*о кавалерии*) charge (*d.*); (*о пехоте*) assáult (*d.*); ~ во фланг, с фла́нга take* in flank (*d.*); ~ с ты́ла take* in the rear (*d.*).

**атаку́ющий** 1. *прич. см.* атакова́ть; 2. *м. как сущ.* attácker.

**атама́н** *м.* 1. *ист.* átaman (*Cossack chieftain*); 2. (*предводитель разбойничьей шайки*) chieftain [ˈʧiːftən], (róbber) chief [...ʧiːf].

**ате||и́зм** *м.* átheism [ˈeɪθɪ-]. **~и́ст** *м.* átheist [ˈeɪθɪ-]. **~исти́ческий** àtheístic [eɪθɪˈɪ-].

**ателье́** [-тэ-] *с. нескл.* 1. (*художника, фотографа и т. п.*) stúdiò; 2. (*швейная мастерская*) dréssmàking and táiloring estáblishment; ◇ ~ мод fáshion átelier / house* [...ˈætəlɪeɪ haus].

**атеросклеро́з** *м. мед.* àtherosclerósis.

**а́тлас** *м.* átlas [ˈæ-].

**атла́с** *м.* sátin. **~истый** sátiny. **~ный** *прил. к* атла́с.

**атле́т** *м.* áthlète; *разг.* (*сильный человек*) Hércules [-liːz]. **~ика** *ж.* àthlétics *pl.*; лёгкая ~ика track and field àthlétics [...fiːld...] *pl.*; тяжёлая ~ика héavy àthlétics [ˈhe-...] *pl.* **~и́ческий** àthlétic.

**атмосфе́р||а** *ж.* (*в разн. знач.*) átmosphère. **~и́ческий, ~ный** àtmosphéric; ~ные оса́дки àtmosphéric precipitátion *sg.*; (*дождь*) ráinfàll *sg.*

**ато́лл** *м.* atóll.

**а́том** *м.* átom [ˈæ-]. **~исти́ческий** atòmístic.

**а́томник** *м.* atómic scientist.

**а́томность** *ж.* àtomícity.

**а́томн||ый** atómic; ~ вес atómic weight; ~ая бо́мба átom bomb [ˈæ-...], Á-bòmb [ˈeɪ-]; ~ая война́ atómic war; ~ взрыв atómic explósion; ~ая эне́ргия atómic énergy; ~ое ору́жие atómic wéapon [...ˈwep-]; ~ котёл, реа́ктор atómic pile, rè|áctor; ~ая фи́зика núclear phýsics [...-zɪ-]; ~ая электроста́нция atómic eléctric pówer státion.

**-а́томный** (*в сложн. словах, не приведённых особо*) -átom [-ˈæ-] (*attr.*).

**а́томщик** *м. разг. презр.* átom-mònger [ˈæ--mʌ-], átom-bòmb mániàc [ˈæ-...].

**атон||и́ческий** *мед.* àtónic. **~и́я** *ж. мед.* átony.

**атрибу́т** *м. филос., грам.* áttribùte. **~и́вный** *грам.* attríbutive.

**атропи́н** *м. фарм.* átropine [-piːn].

**атроф||и́рованный** átrophied. **~и́роваться** *несов. и сов.* átrophy. **~и́я** *ж.* átrophy.

**атташе́** *м. нескл.* attaché (*фр.*) [əˈtæʃeɪ].

**аттест||а́т** *м.* 1. (*свидетельство*) certíficate; ~ зре́лости schóol-leaving certíficate; 2. (*служебный*) tèstimónial; (*рекомендация*) rècommèndátion. **~ацио́нный:** ~ацио́нное свиде́тельство tèstimónial; ~ацио́нная коми́ссия cértifỳing commíssion. **~а́ция** *ж.* 1. cèrtificátion; 2. (*рекомендация*) rècommèndátion.

**аттестова́ть** *несов. и сов.* rècomménd (*d.*).

**атти́ческ||ий** Áttic; ◇ ~ая соль Áttic salt.

**аттракцио́н** *ж.* attráction; (*в парке*) síde-show [-ʃou]; гла́вный ~ (*в цирке и т. п.*) star turn.

**ату́** *межд. охот.* tálly-hó!, hallóo!; ~ его́! tálly-hó!, sick him!

**ау́** *межд.* hallóo!, hi!

**аудие́нц||ия** *ж.* áudience; дать ~ию (*дт.*) give* / grant an áudience [...-ɑːnt...] (to); получи́ть ~ию (у) have an áudience (with).

**аудито́рия** *ж.* 1. (*помещение*) lécture-hàll, lécture-room; 2. *собир.* (*слушатели*) áudience.

**ау́кать,** ау́кнуть hallóo. **~ся,** ау́кнуться hallóo to each other; ◇ как ау́кнется, так и откли́кнется *посл.* ≅ the échò respónds to the call [...-k-...].

**ау́кнуть(ся)** *сов. см.* ау́кать(ся).

**аукцио́н** *м.* áuction; продава́ть с ~а (*вн.*) sell* by áuction (*d.*). **~ный** áuction (*attr.*); ~ный зал áuction / sale room. **~щик** *м.* àuctioneer; молото́к ~щика àuctioneer's hámmer; gável [ˈgæ-] *амер.*

**ау́л** *м.* àúl [ɑːˈuːl] (*village in the Caucasus and Central Asia*).

**аутенти́ч||еский, ~ный** [-тэ-] authéntic.

**аутодафе́** [-фэ́] *с. нескл. ист.* auto-da-fé (*португальск.*) [ˈɔːtoudɑːˈfeɪ].

**афга́н||ец** *м.*, **~ка** *ж.*, **~ский** Áfghàn [ˈæfgæn]; ~ский язы́к Áfghàn, the Áfghàn lánguage.

**афе́р||а** *ж. разг.* shády trànsáction [...-z-]; зло́стная ~ fraud, swíndle; пусти́ться в ~ы en|gáge in a swíndle. **~и́ст** *м. разг.* swíndler, chèvalíer of índustry.

**афи́н||ский, ~янин** *м.*, **~янка** *ж.* Athénian.

**афи́ш||а** *ж.* bill, plácàrd [ˈplæ-], póster [ˈpou-]; театра́льная ~ pláybìll. **~и́ровать** *несов. и сов.* (*вн.*) paráde (*d.*).

**афори́||зм** *м.* áphorism. **~сти́ческий** àphorístic.

**африка́н||ец** *м.*, **~ка** *ж.*, **~ский** Áfrican.

**а́фт||а** *ж.*, **~ы** *мн. мед.* áphtha (*pl.* -ae); thrush.

**аффе́кт** *м.* fit of pássion; *психол., мед.* témporary insánity.

**аффект||а́ция** *ж.* àffèctátion. **~и́рованный** afféctеd, preténtious; ~и́рованные мане́ры afféctеd mánners.

**а́ффикс** *м. лингв.* áffix.

**ах** *межд.* ah!, oh! [ou].

**а́х||ать,** а́хнуть *разг.* (*от удивления*) excláim, gasp; (*с сожалением*) sigh; он так и ~нул he símply ópen|ed his mouth; ~нуть от удивле́ния gasp with surpríse; ◇ он и ~нуть не успе́л ≅ befóre he knew where he was, befóre he could say knife.

**ахилле́сов** *прил.:* ~а пята́ heel of Achíllès [...əˈkɪliːz]; ~о сухожи́лие *анат.* téndon of Achíllès.

**ахин||е́я** *ж. разг.* rot, nónsense, rúbbish; нести́ ~е́ю talk through one's hat.

**а́хнуть** *сов.* 1. *см.* а́хать; 2. *разг.* (*ударить*) bang.

**ахромат||и́зм** *м. физ.* achrómatism [-ˈrou-]. **~и́ческий** àchromátic.

**ахтерште́вень** *м. мор.* stérnpòst [-poust].

**ахти́** *межд. разг.* = ах; ◇ не ~ как (*не особенно*) not partícularly; (*плоховато*) not partícularly well; не ~ како́й not very wónderful [...ˈwʌ-].

**ацетиле́н** *м. хим.* acétylène. **~овый** *прил. к* ацетиле́н.

**ацето́н** *м. хим.* ácetòne.

**ашу́г** *м.* ashúg [-uːg] (*Caucasian folk poet and singer*).

**аэра́||рий** *м.* aerárium. **~ция** *ж.* àerátion [eɪə-].

**аэро́бный** aeróbic [ɛə-].

**аэровокза́л** *м.* áirpòrt búilding [...'bɪl-].
**аэро||дина́мика** *ж.* áerò¦dynámics ['ɛərou-daɪ-]. **~дро́м** *м.* áirfield [-fiː-], áerodròme ['ɛərə-]; áirdròme *амер.* **~клу́б** *м.* flýing club. **~ла́к** *м.* dope.
**аэроли́т** *м.* áerolìte ['ɛə-], áerolith ['ɛə-].
**аэроло́гия** *ж.* aerólogy [ɛə-].
**аэро́||метр** *м.* aerómeter [ɛə-]. **~механи́ка** *ж.* áeromechánics ['ɛəromɪ'k-]. **~навига́ция** *ж.* áeronàvigátion ['ɛərə-], air nàvigátion.
**аэрона́вт** *м.* áeronaut ['ɛərə-]. **~ика** *ж.* aeronáutics [ɛərə-].
**аэропла́н** *м.* áeroplàne ['ɛərə-], áircràft; áirplàne *амер.*
**аэро||по́рт** *м.* áirpòrt. **~по́чта** *ж.* air mail. **~са́ни** *мн.* áerò-sleigh ['ɛə-] *sg.* **~се́в** *м.* áerial sówing ['ɛə-'sou-].
**аэроста́т** *м.* ballóon; ~ загражде́ния bárràge ballóon [-ɑːʒ...]. **~ика** *ж.* áerostàtics ['ɛəro-].
**аэрофото||аппара́т** *м.* áerial cámera ['ɛə-...]. **~гра́фия** *ж.* aerophotógraphy [ɛə-]. **~сни́мок** *м.* áerial phóto¦gràph ['ɛə-...]. **~съёмка** *ж.* áerial / air photógraphy ['ɛə-...].

# Б

**б** *частица см.* бы.
**ба** *межд.* (*удивление*) oh [ou]; (*при появлении кого-л., чего-л.*) húlló!
**ба́ба** I *ж.* **1.** *уст.* (péasant) wóman* ['pez- 'wu-]; **2.** *пренебр.* wóman*; (*перен.: о мужчине*) milksòp, mólly-còddle, old wóman*; **3.** *обл.* (*жена*) wife*, old wóman*; ◇ бой-~ *разг.* ènergétic wóman*, résolùte wóman*; ка́менная ~ stone ímage; сне́жная ~ snow man* [snou...].
**ба́ба** II *ж. тех.* (*копровая*) ram (of a píle--drìver).
**ба́ба** III *ж. кул.* bábà ['bɑːbɑː] (*tall cylindrical cake*); ро́мовая ~ rum bábà / cake.
**ба́ба-яга́** *ж.* Bábà-Yágà ['bɑːbɑː'jɑːgɑː] (*a witch in Russian folk tales*).
**баббит** *м. тех.* bábbit. **~овый** *прил. к* баббит.
**бабёнка** *ж. пренебр., шутл.* little wóman* [...'wu-], wench.
**ба́б||ий** *разг.* wómen's ['wɪ-]; ◇ **~ьи** ска́зки old wives' tales; **~ье** ле́то ≅ Índian súmmer (*strictly, summery days in early autumn*).
**ба́бка** I *ж. разг.* **1.** old wóman* [...'wu-], crone; **2.** (*бабушка*) grándmòther [-mʌ-]; ◇ повива́льная ~ mid¦wife*.
**ба́бк||а** II *ж.* **1.** (*надкопытный сустав*) pástèrn; **2.** *тех.* mándrel; **3.** (*игральная кость*) knúckle¦bòne; игра́ть в **~и** play knúckle¦bònes.
**ба́бник** *м. разг.* ládies' man*, philánderer, gallánt.
**ба́бочка** *ж.* bútterflỳ; ночна́я ~ moth, ówlet moth.
**ба́бушка** *ж.* grándmòther [-mʌ-]; grándmammà [-mɑː], grándmà [-mɑː], gránny *ласк.*
**бава́р||ец** *м.*, **~ка** *ж.*, **~ский** Bavárian.
**бага́ж** *м.* lúggage; bággage (*гл. обр. амер.*); ручно́й ~ hand / pérsonal / small lúggage; сдава́ть (ве́щи) в ~ régister one's lúggage, have one's lúggage régistered; отпра́вить что-л. **~о́м** send* smth. as héavy lúggage [...'he-...]; ◇ у́мственный ~ store of knówledge [...'nɔ-], èrudítion, méntal óutfit. **~ник** *м.* lúggage / bággage cárrier; (*у автомобиля*) lúggage / bággage compártment; boot. **~ный** *прил. к* бага́ж; **~ный** ваго́н lúggage van; bággage car *амер.*
**ба́гер** *м. тех.* bágger.
**баге́т** *м.* bàguétte [-'get], fíllet.
**баго́р** *м.* hook; (*морской*) bóat-hook; (*рыболовный*) gaff.
**ба́гр||енье** *с.* gáffing. **~ить** (*вн.*) gaff (*d.*); spear (*d.*).
**багрове́ть,** побагрове́ть grow* / turn red / crímson / purple [-ou... -z-...], rédden; (*о лице тж.*) flush; ~ от гне́ва flush with ánger, turn purple with rage.
**багро́вый** crímson [-z-]; (*с фиолетовым оттенком*) purple.
**багря́н||ец** *м.* crímson [-z-]; purple. **~ый** *поэт.* crímson [-z-]; (*с фиолетовым оттенком*) purple.
**багу́льник** *м. бот.* lédum; marsh tea.
**бадья́** *ж.* tub; рудоподъёмная ~ tub.
**ба́з||а** *ж.* (*в разн. знач.*) base [-s]; (*гл. обр. отвлеч.*) básis (*pl.* -sès [-iːz]); вое́нная ~ military base; сырьева́я ~ source of raw matérials [sɔːs...], ráw-matérial base; кормова́я ~ fórage resérve [...-'zəːv]; энергети́ческая ~ (eléctric) pówer base; материа́льная ~ matérial resóurces [...-'sɔːs-] *pl.*; экономи́ческая ~ èconómic básis [iːk-...]; подводи́ть **~у** под(о) что-л. give* good grounds for smth., substántiàte smth.; подводи́ть нау́чную **~у** под(о) что-л. addúce / fúrnish scientífic proof in suppórt of smth.
**база́льт** *м.* básàlt. **~овый** basáltic.
**база́р** *м.* márket; (*на Востоке; тж. благотворительный и т. п.*) bazáar [-ɑː]; (*перен.*) *разг.* béar-gàrden ['bɛə-], row [rou]; весе́нний кни́жный ~ spring book sale / fair; устро́ить ~ (*перен.*) make* / crèáte an úp¦roar; ◇ пти́чий ~ séashòre cólony of birds. **~ный** *прил. к* база́р.
**базе́дов** [-зэ́-]: **~а** боле́знь (èxophtálmic) goitre.
**бази́ровать** (*вн.* на *пр.*) base [beɪs] (*d.* on, up¦ón), found (*d.* on, up¦ón), ground (*d.* on, up¦ón). **~ся 1.** (на *пр.*) rest (on, up¦ón); (*о теории и т. п.*) be based / fóunded / gróunded [...beɪst...] (on, up¦ón); **2.** (на *вн.*) *воен.* be based (on, up¦ón).
**ба́зис** *м.* básis (*pl.* -sès [-siːz]), base [-s]; экономи́ческий ~ èconómic básis [iːk-...]; ~ и надстро́йка básis and súperstrùcture. **~ный** *прил. к* ба́зис; явле́ние **~ного** поря́дка phenómenon relàting to the básis.
**бай** *м. ист.* bai [baɪ] (*rich landowner in Central Asia*).
**бай-ба́й** býe-býe(s).

**байба́к** *м.* 1. *зоол.* steppe mármot; 2. *разг.* (*лентяй*) lázy¦bònes; (*неповоротливый человек*) slúggard.

**байда́р||ка** *ж.* káyàk, canóe [-'nu:]. **~очный** káyàk (*attr.*), canóe [-'nu:] (*attr.*); ~очная гре́бля (káyàk-)páddling, (canóe-)páddling.

**ба́йк||а** *ж.* flànnelétte, swánskìn. **~овый** *прил. к* ба́йка; ~овое одея́ло (*шерстяное*) wóollen blánket ['wu-...]; (*бумажное*) cótton / flànnelétte blánket.

**байрон||и́зм** *м. лит.* Býron¦ism. **~и́ческий** *лит.* Byrónic [baɪ-].

**бак** I *м.* 1. tank; (*для кипячения белья*) clóthes-boiler ['klou-]; 2. *мор.* (*посуда*) méss-dìsh; 3. *мор.* (*группа матросов, получающих пищу совместно*) (séa¦men's) mess.

**бак** II *м. мор.* (*передняя часть верхней палубы корабля*) fórecastle ['fouks°l], fóre¦dèck.

**бакала́вр** *м.* báchelor (*holder of a degree*); сте́пень ~а báchelor's degrée; bàccaláureate [-rɪɪt].

**бакале́й||ный** grócery [-ou-] (*attr.*); ~ная ла́вка grócery. **~щик** *м.* grócer.

**бакале́я** *ж. собир.* grócery [-ou-]; gróceries [-ou-] *pl.*

**ба́кан** *м.* = ба́кен.

**бака́ут** *м.* lígnum vítae [...'vaɪti:], guaiácum [gwaɪ-]. **~овый** *прил. к* бака́ут; ~овое де́рево = бака́ут.

**ба́кен** *м.* buoy [bɔɪ].

**бакенба́рды** *мн.* (*ед.* бакенба́рда *ж.*) whískers, síde¦whiskers.

**ба́кенщик** *м.* buoy kéeper [bɔɪ...].

**ба́ки** *мн. разг.* = бакенба́рды.

**бакла́га** *ж.* flask, cànteen.

**баклажа́н** *м.* égg-plànt [-ɑ:nt].

**бакла́н** *м. зоол.* córmorant.

**баклу́ш||а** *ж. тех.* chip; ◇ бить ~и *разг.* ≅ twíddle one's thumbs; frítter a¦wáy, *или* waste, one's time [...weɪ-...].

**бактер||иа́льный, бактери́йный** bàctérial; ~иа́льные удобре́ния bàctérial fértilìzers.

**бактерио́||лог** *м.* bàctèriólogist. **~логи́ческий** bàctèriológical; germ (*attr.*); ~логи́ческая война́ germ / bàctèriológical wárfàre. **~ло́гия** *ж.* bàctèriólogy. **~фа́г** *м.* bàctèriophàge.

**бакте́рия** *ж.* bàctérium (*pl.* -ia).

**бал** *м.* ball; (*более скромный*) dance, dáncing párty; ~-маскара́д màsqueráde [-kə-]; костюмиро́ванный ~ fáncy-drèss ball.

**балабо́лка** *м. и ж. разг.* chátterbòx.

**балага́н** *м.* 1. (*деревянная постройка*) booth [-ð]; (*для представления*) shów-booth ['ʃoubu:ð]; 2. (*зрелище*) show [ʃou]; (*перен.*) farce, tòmfóolery, prepósterous piece of bùffóonery [...pi:s...].

**балага́н||ить** *разг.* play the bùffóon. **~ный** fárcical; ~ный шут bùffóon. **~щик** *м.* shów¦man* ['ʃou-].

**балагу́р** *м. разг.* jóker, jéster.

**балагу́р||ить** *разг.* joke, jest. **~ство** *с. разг.* bùffóonery, fóolery.

**балала́йка** *ж.* bàlaláika [-aɪkə] (*stringed musical instrument*).

**баламу́тить,** взбаламу́тить (*вн.*) *разг.* tróuble [trʌ-] (*d.*), ágitàte (*d.*).

**бала́нс** I *м. эк.* bálance; подводи́ть ~ bálance *the* accóunts; подвести́ ~ strike* *a* bálance.

**бала́нс** II *м. лес.* púlpwood [-wud], páper wood [...wud].

**баланси́р** *м.* 1. *тех.* (*рычаг*) beam; 2. (*в часах*) bálance-wheel.

**баланси́ровать,** сбаланси́ровать 1. *тк. несов.* (*сохранять равновесие*) bálance, keep* one's bálance, bálance òne¦sélf; 2. (*вн.*) *бух.* bálance (*d.*).

**бала́нсовый** I *прил. к* бала́нс I; ~ отчёт bálance-sheet.

**бала́нсов||ый** II *прил. к* бала́нс II; ~ая древеси́на púlpwood [-wud].

**балахо́н** *м.* loose óver¦àll [-s...].

**балбе́с** *м. разг.* bóoby.

**балда́** 1. *ж. горн.* (*молот*) héavy hámmer ['he-...]; 2. *м. и ж. разг.* blóckhead [-hed], dúnderhead [-hed].

**балдахи́н** *м.* cánopy.

**балери́на** *ж.* bállet-dàncer [-leɪdɑ:-], bàllerína [-'ri:-]; bállet-gìrl [-leɪgə:l] (*об. пренебр.*).

**бале́т** *м.* bállet [-leɪ].

**балетме́йстер** *м.* bállet-màster [-leɪ-], chòreógrapher [k-].

**бале́тный** bállet [-leɪ] (*attr.*); ballétic *неол.*

**балетома́н** *м.* bállet lóver [-leɪ 'lʌ-]; bállet fan *разг.*

**бали́стика** *ж.* = балли́стика.

**ба́лка** I *ж.* (*брус*) beam, gírder ['g-]; а́нкерная ~ tíe-beam; двутавро́вая ~ Í-beam ['aɪ-]; попере́чная ~ tránsvèrse [-nz-], cróss-beam; решётчатая ~ láttice beam / gírder.

**ба́лка** II *ж.* (*овраг*) gorge, ravíne [-i:n], gúlly.

**балка́нский** Bálkan.

**балко́н** *м.* bálcony.

**балл** *м.* 1. númber; ве́тер в 6 *и т. п.* ~ов wind force 6, *etc.* [wɪ-...]; 2. (*школьная отметка*) mark; 3. *спорт.* point.

**балла́да** *ж.* 1. bállad; 2. *муз.* bàlláde [-ɑ:d]; ◇ францу́зская ~ bàlláde [-ɑ:d].

**балла́ст** *м.* bállast; (*перен.*) lúmber, wórthless stuff. **~иро́вка** *ж.* bállasting. **~ный** *прил. к* балла́ст.

**ба́ллер** *м. мор.*: ~ руля́ rúdder-head [-hed]; ~ шпиля bárrel of the cápstan.

**балли́ст||ика** *ж.* ballístics. **~и́ческий** ballístic.

**балло́н** *м.* ballóon (*vessel*); ~ с кислоро́дом óxygen cýlinder; га́зовый ~ gás-bàg.

**баллоти́ровать** (*вн.*) vote (for), bállot (for). **~ся** 1. (*в вн.*) be a cándidàte (for), stand* (for); run* (for) *разг.*; 2. *страд.* (*быть поставленным на голосование*) be put to the vote.

**баллотиро́вка** *ж.* 1. vote, bállot, poll; (*в англ. парламенте*) divísion; 2. (*действие*) vóting, bálloting, pólling.

**бало́ванный** *прич. и прил.* spoilt (*by indulgence*).

**балова́ть** (*вн.*) 1. spoil* (*d.*); (*ласкать*) pet (*d.*); (*потворствовать*) indúlge (*d.*), húmour (*d.*); (*изнеживать*) pámper (*d.*); 2. (*доставлять удовольствие*) give* a treat (*i.*). **~ся** *разг.* 1. (*шалить*) play pranks, frólic; не балу́йся don't be náughty / mís¦chievous; 2. (*тв.*; *позволять себе что-л.*) indúlge (in), treat òne¦sélf (to).

**ба́лов¦ень** *м.* **1.** pet; быть о́бщим ~нем be the géneral fávour¦ite; **2.** = баловни́к; ◇ ~ судьбы́ minion of fórtune [...-tʃən].

**баловн¦|к** *м.*, **~ца** *ж.* mís¦chievous / náughty child*; *шутл.* rogue [roug], scamp.

**баловство́** *с.* **1.** pétting, spóiling, óver-indúlgence; **2.** (*шалость, озорство*) mís¦chievous¦ness, náughtiness.

**балти́ец** *м.* sáilor of the Báltic Fleet.

**балти́йский** Báltic; ~ флот the Báltic Fleet.

**балы́к** *м.* balýk (*cured fillet of sturgeon, etc.*).

**бальза́м** *м* bálsam ['bɔːl-]; (*перен. гл. обр.*) balm [bɑːm].

**бальзами́р||овать,** набальзами́ровать (*вн.*) embálm [-ɑːm] (*d.*). **~ование** *с.*, **~о́вка** *ж.* embálming [-ɑːm-].

**бальзами́ческий** bàlsámic [bɔːl-].

**бальнео́||лог** *м.* bàlneólogist. **~логи́ческий** bàlneológical. **~ло́гия** *ж.* bàlneólogy.

**ба́льн||ый** *прил. к* бал; ~ое пла́тье báll-drèss.

**балюстра́да** *ж. арх.* bàlustráde; (*лестницы*) bánisters *pl.*

**баля́сина** *ж. стр.* báluster.

**баля́сы** *мн.*: точи́ть ~ *разг.* talk / chátter nónsense.

**бамбу́к** *м.* bàmbóo. **~овый** *прил. к* бамбу́к.

**бана́льн||ость** *ж.* **1.** *тк. ед.* bànálity, tríte¦ness; **2.** (*избитая мысль и т. п.*) cómmonplàce, plátitùde. **~ый** cómmonplàce, háckneyed [-nɪd], trite; *реже* banál [-ɑːl].

**бана́н** *м.* (*дерево и плод*) banána [-'nɑː-].

**ба́нда** *ж.* band, gang.

**банда́ж** *м.* **1.** (abdóminal) belt; гры́жевый ~ truss; **2.** *тех.* tire. **~и́ст** *м.* bándage-màker.

**бандеро́ль** *ж.* **1.** (*обёртка*) (póstal) wrápper ['pou-...]; **2.** (*почтовое отправление*) printed mátter; посла́ть ~ю (*вн.*) send* as printed mátter (*d.*), send* by bóok-pòst [...-poust] (*d.*) (*в отличие от* párcel-pòst *посылкой*).

**банди́т** *м.* thug [θʌg], cút-throat (*тж. перен.*); (*разбойник*) bándit, brígand ['brɪ-]. **~и́зм** *м.* gáng¦sterism, thúggery ['θʌg-]. **~ский** múrderous, brútal; gáng¦ster (*attr.*); ~ская ша́йка gang of thugs / cút-throats; róbber band / gang; ~ское нападе́ние gáng¦ster / cút-throat attáck.

**банду́р||а** *ж. муз.* bàndóre. **~и́ст** *м.* bàndóre pláyer.

**банк** *м.* **1.** bank; Госуда́рственный ~ the State Bank; акционе́рный ~ jóint-stòck bank; класть де́ньги в ~ depósit móney at *a* bank [-z- 'mʌ-...]; быть клие́нтом ~а be a client of *a* bank, bank (with); **2.** *карт.*: держа́ть ~ be bánker, keep* the bank; сорва́ть ~ break* the bank [breɪk...]; мета́ть ~ keep* the bank; **3.** (*карточная игра*) fárò.

**ба́нк||а** I *ж.* **1.** jar, pot; (*жестянка*) tin; ~ для варе́нья jam jar, jám-pòt; апте́чная ~ gállipòt; **2.** *мед.* cúpping-glàss; поста́вить ~и (*дт.*) applý cúpping-glàsses (to).

**ба́нка** II *ж. мор.* (*отмель*) (sánd)bànk, shoal.

**ба́нка** III *ж.* (*скамья для гребца*) thwart.

**банке́т** *м.* bánquet, dínner.

**банки́р** *м.* bánker. **~ский** (*относящийся к банкиру*) bánker's; (*относящийся к банку*) bánking (*attr.*); ~ский дом bánking-hóuse* [-s]; ~ская конто́ра bank.

**банкно́т** *м.*, **~а** *ж.* bánk-nòte.

**ба́нк||овский, ~овый** *прил. к* банк 1; ~овое де́ло bánking; ~овская счётная кни́жка páss-book, bánk-book; ~овый аккредити́в círcular note; ~овый капита́л bánk(ing) cápital; ◇ ~овый биле́т bánk-nòte.

**банкомёт** *м.* bánker (*in card games*).

**банкро́т** *м.* bánkrùpt; объявля́ть ~ом (*вн.*) decláre bánkrùpt (*d.*).

**банкро́титься,** обанкро́титься become* bánkrùpt / insólvent; *сов. тж* go* / be / get* broke *разг.*; (*перен. тж.*) go to smash; collápse, be played out. **~ство** *с.* bánkrùptcy (*тж. перен.*); insólvency.

**ба́нник** *м. воен.* cléaning rod.

**ба́нный** *прил. к* ба́ня.

**бант** *м.* bow [bou]; завя́зывать ~ом (*вн.*) tie in a bow (*d.*).

**ба́нщ||ик** *м.*, **~ица** *ж.* báth-house atténdant [-s...].

**ба́н||я** *ж.* Rússian baths [-ʃən -ðz] *pl.*; (*здание*) báth-house* [-s]; (*перен.*: *о духоте*) hót¦house* [-s]; по́сле ~и áfter one's bath; у вас здесь ~ it's like a hót¦house* here, it's stífling here; водяна́я ~ *хим* wáter bath* ['wɔː-...]; ◇ зада́ть ему́, ей *и т. д.* ~ю give* it him, her, *etc.*, hot; крова́вая ~ cárnage, mássacre.

**баоба́б** *м. бот.* báobàb; плоды́ ~а mónkey-bread ['mʌŋkɪbred] *sg.*

**бар** I *м.* (*ресторан*) bar; refréshment room.

**бар** II *м. физ.* bar.

**бар** III *м. мор.* (*отмель*) bar.

**бараба́н** *м.* **1.** drum; бить в ~ drum, beat* the drum; **2.** *тех.* drum; (*в часах и т. п.*) bárrel.

**бараба́нить** drum, beat* the drum; (*перен.*) drum; (*о дожде*) pátter; (*пальцами*) tattóo, beat* the dévil's tattóo; (*быстро говорить*) gabble; ~ на роя́ле *разг.* bang / thump on the piánò [...'pjæ-].

**бараба́нн||ый** *прил. к* бараба́н; ~ бой beat of the drum; ◇ ~ая перепо́нка éar-drùm; týmpanum (*pl.* -nums, -na), tympánic mémbrane *научн.*

**бараба́нщик** *м.* drúmmer.

**бара́к** *м.* (témporary) wóoden bárracks [...'wu-...] *pl.*; *воен.* hut.

**бара́н** *м.* ram; (*кастрированный*) wéther; (*как название породы*) sheep*; ста́до ~ов flock of sheep. **~ий 1.** (*относящийся к барану*) sheep's; **2.** (*о мехе*) shéepskin (*attr.*); ~ья ша́пка shéepskin cap; ~ий полушу́бок hálf léngth shéepskin coat ['hɑːf-...]; **3.** (*о мясе*) mútton (*attr.*); ~ья котле́та mútton chop; ◇ согну́ть кого́-л. в ~ий рог ≅ make* smb. knuckle únder / down.

**бара́нина** *ж.* mútton; молода́я ~ lamb.

**бара́нка** *ж.* **1.** baránka (*ring-shaped roll*); **2.** *разг.* (*руль автомобиля*) stéering-wheel.

**барахло́** *с. тк. ед. собир. разг.* **1.** (*пожитки*) goods and cháttels [gudz...] *pl.*, (*ста-*

*рые вещи*) old clothes [...klou-] *pl.*; **2.** (*хлам*) trash.

**бара́хтаться** flóunder; (*валяться*) roll, wállow.

**бара́чн||ый** *прил. к* бара́к; ~ая постро́йка hútment; ~ого ти́па light-constrùction (*attr.*).

**бара́шек** I *м.* **1.** lamb; **2.** (*мех*) lámbskin.

**бара́шек** II *м. тех.* thúmb-screw.

**бара́шки** I *мн. см.* бара́шек I 1.

**бара́шки** II *мн. см.* бара́шек II.

**бара́шк||и** III *мн.* **1.** (*облака*) fléecy clouds; не́бо, покры́тое ~ами máckerel sky; **2.** (*на воде*) white hórses, white-càps.

**бара́шковый** lámbskin (*attr.*).

**барбари́с** *м. тк. ед.* **1.** *собир.* bárberries *pl.*; **2.** (*об отдельной ягоде*) bárber(r)y; **3.** (*куст*) bárber(r)y.

**барви́нок** *м. бот.* périwinkle.

**бард** *м. поэт.* bard.

**бард||а́** *ж.* grains *pl.* (*distillery refuse*); отка́рмливаемый ~о́й distillery-fèd.

**барелье́ф** *м.* bás-relief ['bɑːrɪliːf].

**ба́ржа** *ж.* barge.

**ба́риев||ый** *хим.* báric; ~ая ка́ша *мед.* bárium meal.

**ба́рий** *м. хим.* bárium.

**ба́рин** *м. уст.* bárin ['bɑː-] (*in pre-revolutionary Russia a man belonging to the upper strata of society*); géntle¦man*; (*помещик*) lándowner [-ou-], lord of the mánor [...'mæ-]; (*хозяин*) máster; (*в обращении*) your hónour [...'ɔnə], sir; (*перен.*) *презр.* lord; grand géntle¦man*; ◇ жить ~ом live like a lord [lɪv...].

**бари́т** *м. мин.* barýtès [-iːz]; héavy spar ['he-...].

**барито́н** *м.* báritòne, bárytòne.

**ба́рич** *м. уст.* (*сын барина*) bárin's son ['bɑː- sʌn] *и т. д.* (*ср.* ба́рин); (*молодой барин*) young bárin [jʌŋ...] *и т. д.*; (*перен.*) *презр.* óver-dainty géntle¦man*, fine géntle¦man*.

**барк** *м. мор.* bark.

**ба́рка** *ж.* wóoden barge ['wu-...].

**баркаро́ла** *ж. муз.* bàrcaròle.

**барка́с** *м.* (*в военно-морском флоте*) launch; (*в парусном флоте*) long boat.

**баро́граф** *м. метеор.* recórding barómeter; *ав.* bárogràph.

**бароќамера** *ж. ав.* áltitùde chámber ['æ-'tʃeɪ-].

**баро́кко** *с. нескл.* baróque; в сти́ле ~ in baróque.

**баро́метр** *м.* barómeter. ~**и́ческий** bàrométric(al).

**баро́н** *м.* báron ['bæ-]. ~**е́сса** *ж.* bároness. ~**ский** barónial; ~ское поме́стье bárony.

**бароско́п** *м. метеор.* bároscòpe.

**ба́рочник** *м.* bàrgée.

**баррика́да** *ж.* bàrricáde.

**баррикад||и́ровать,** забаррикади́ровать (*вн.*) bàrricáde (*d.*).

**баррика́дный** bàrricáde (*attr.*): ~ный бой bàrricáde fighting.

**барс** I *м. зоол.* ounce, snow léopard [snou 'lep-].

**барс** II *м. ав.* pórpoising [-pəs-].

**ба́рск||ий** lórdly, grand; ~ дом mánor-house* ['mæ- -s]; ~ие зама́шки háughty mánners; high-and-mighty mánners; ◇ жить на ~ую но́гу live in grand style [lɪv...]; дом был поста́влен на ~ую но́гу the house* was run in grand style [...-s...].

**ба́рство** *с.* **1.** *разг.* (*о привычках*) grándness; (*об обращении тж.*) lórdliness, háughtiness; high-and-mighty mánners *pl.*; **2.** *собир.* nobility.

**барсу́к** *м. зоол.* bádger.

**барха́н** *м.* bàrkhán [-'kɑːn], sánd-hill.

**ба́рхат** *м.* vélvet; бума́жный ~ vèlvetéen. ~**и́стый** vélvety. ~**ка** *ж.* vélvet ribbon. ~**ный** *прил. к* ба́рхат; (*перен.*) vélvety.

**ба́рхатцы** *мн. бот.* (French) márigòld *sg.*

**бархо́тка** *ж. разг.* = ба́рхатка.

**барч||о́нок** *м.*, ~**у́к** *м. уст.* (*сын барина*) bárin's son ['bɑː- sʌn] *и т. д.* (*ср.* ба́рин); (*сын хозяина*) young máster [jʌŋ...]; *презр.* young swell, lórdling.

**ба́рщин||а** *ж. тк. ед. ист.* corvée (*фр.*) ['kɔːveɪ]. ~**ный** corvée (*фр.*) ['kɔːveɪ] (*attr.*).

**ба́рыня** *ж. уст.* bárin's wife* ['bɑː-...]; (*дама*) lády; (*помещица*) lándowner's wife* [-ou-...], lády of the mánor [...'mæ-]; (*хозяйка*) místress; (*в обращении*) mádam ['mæ-]; (*перен.*) *презр.* (grand) lády, fine lády.

**бары́ш** *м.* prófit, gain; получи́ть (сто́лько-то) чи́стого ~а́ clear (so much), net (so much). ~**ник** *м.* **1.** pròfitéer; **2.** (*торговец лошадьми*) hórse¦dealer, hórse¦jòbber.

**бары́шни||чать** pròfitéer, job; (чем-л.) spéculàte (in smth.). ~**чество** *с.* **1.** pròfitéering; **2.** (*торговля лошадьми*) hórse¦dealing.

**ба́рышня** *ж. уст.* (*дочь барина*) bárin's dáughter ['bɑː-...] *и т. д.* (*ср.* ба́рин); (*девушка*) girl [g-], young lády [jʌŋ...]; (*в обращении*) miss.

**барье́р** *м.* (*прям. и перен.*) bárrier; (*перен. тж.*) bar; (*на скачках*) húrdle; взять ~ clear *a* húrdle; устрани́ть ~ы (*перен.*) elíminate / remóve bárriers [...-'muːv...].

**бас** *м.* bass [beɪs]. ~**и́стый** bass [beɪs], deep (sóunding).

**баси́ть** speak* in a deep voice.

**баск** *м.* Basque.

**баскетбо́л** *м. спорт.* básket-bàll. ~**и́ст** *м.*, ~**и́стка** *ж.* básket-ball-pláyer.

**баскетбо́льный** *прил. к* баскетбо́л.

**ба́скский** Basque; ~ язы́к Basque, the Basque lánguage.

**басма́ч** *м.* basmátch (*member of a counter-revolutionary robber band in Central Asia during the Civil War*).

**баснопи́сец** *м.* fábulist, fábler.

**басносло́вн||ый** **1.** (*легендарный*) légendary; **2.** *разг.* (*неимоверный*) fábulous, in¦crédible; по ~ой цене́ at a fábulous price.

**ба́сня** *ж.* fable; (*перен. тж.*) cóck-and-búll stóry [-'bul...].

**басо́вый** bass [beɪs].

**басо́н** *м.* braid, gallóon, lace.

**бассе́йн** *м.* **1.** pond, òrnaméntal wáter [...'wɔː-]; ~ для пла́вания swímming-bàth*, swímming-pool; (*откры́тый*) ópen-air swímming-bath* / swimming pool; **2.:** ~ реки́ ríver básin ['rɪ- 'beɪs-]; **3.:** каменноуго́льный ~ coal básin, cóal-field [-fiːld].

**ба́ста** *межд. разг.* stop, that'll do, that's enough [...ɪ'nʌf].

**бастио́н** *м. воен. уст.* bástion.

**бастова́ть** strike*, go* on strike, come* / walk out; (*принимать участие в забастовке*) be on strike, be out.

**басту́ющ||ий 1.** *прич. см.* бастова́ть; ~ие рабо́чие men on strike, stríkers; **2.** *м. как сущ.* stríker.

**батали́ст** *м. жив.* báttle-painter.

**бата́лия** *ж. уст.* battle.

**бата́льн||ый** *прил. к* бата́лия; ~ая карти́на báttle-piece [-pi:s], báttle-painting.

**батальо́н** *м.* battálion [-'tæ-]; стрелко́вый ~ infantry battálion; ~ свя́зи signal battálion; сапёрный ~ field ènginéer battálion [fi:ld endʒ-...]. **~ный** *прил. к* батальо́н; ~ный команди́р battálion commánder [-'tæ- -ɑ:n-].

**батаре́ец** *м. воен. разг.* gúnner.

**батаре́йка** *ж. эл.* (eléctric) báttery.

**батаре́я** *ж.* (*в разн. знач.*) báttery; ~ парово́го отопле́ния rádiàtor; ~ сухи́х элеме́нтов dry báttery.

**ба́тенька** *м. разг.* (*в обращении*) old féllow, old man, old chap.

**бати́ст** *м.* cámbric ['keɪm-], lawn. **~овый** *прил. к* бати́ст.

**бато́н** *м.* (*хлеб*) long loaf*.

**батра́||к** *м.* farm lábour|er, fárm-hànd; hired man* *амер.* **~цкий** farm lábour|er's, fárm-hànd's.

**батра́чество** *с.* **1.** *собир.* (farm) lábour|ers *pl. и т. д.* (*ср.* батра́к), àgricúltural pròletáriat [...prou-]; **2.** (*занятие*) wórking as, *или* bé|ing, a farm lábour|er.

**батра́ч||ить** work as a (farm) lábour|er. **~ка** *ж.* fárm-hànd, farm girl [...g-].

**ба́тюшк||а** *м.* **1.** *уст.* (*отец*) fáther ['fɑ:-]; **2.** *уст.* (*в обращении*) my dear féllow; **3.** *разг.* (*священник*) párson; fáther (*тк. в обращении*); ◇ ~и (мой)! good grácious!

**бау́л** *м.* pòrtmánteau [-tou].

**бахва́л** *м. разг.* brággart, bóaster. **~иться** (*тв.*) *разг* brag (of).

**бахва́льство** *с. разг.* brágging, bóasting.

**бахром||а́** *ж. тк. ед.* fringe; украша́ть ~о́й (*вн.*) fringe (*d.*).

**бахро́мчатый** fringed.

**бахча́** *ж.* mélonfield ['melənfi:ld].

**бахчево́дство** *с.* mélon-growing ['melən-grou-], mélon cùltivátion ['me-].

**бахчев||о́й** mélon ['me-] (*attr.*); ~ы́е культу́ры mélons.

**бац** bang!; он его́ ~ по голове́ *разг.* he gave him a crack on the head [...hed].

**баци́лла** *ж.* bacillus (*pl.* -li).

**ба́шен||ка** *ж.* túrret. **~ный** *прил. к* ба́шня; ~ные часы́ tówer clock *sg.*

**башка́** *ж. тк. ед. шутл., разг.* noddle, pate.

**башки́р** *м.*, **~ка** *ж.*, **~ский** Báshkir; ~ский язы́к Báshkir, the Báshkir lánguage.

**башлы́к** *м.* bàshlýk, hood [hud].

**башма́к** *м.* **1.** shoe [ʃu:]; (*выше щиколотки*) boot; деревя́нный ~ clog; **2.** *тех.* shoe; ◇ быть под ~о́м у кого́-л. be únder smb.'s thumb; (*у жены тж.*) be hénpècked.

**башма́чн||ик** *м. уст.* shóe-màker ['ʃu:-]. **~ый** *прил. к* башма́к.

**ба́шня** *ж.* tówer; оруди́йная ~ túrret.

**башта́н** *м.* mélonfield ['melənfi:-].

**ба́ю-ба́юшки-баю́** húshabỳ, lúllabỳ.

**баю́кать** (*вн.*) lull to sleep (*d.*); (*пением тж.*) sing* to sleep (*d.*); (*укачивая тж.*) rock to sleep (*d.*).

**баяде́р(к)а** [-дэ́-] *ж.* bayadère (*фр.*) [bɑ:jə'dɛə].

**working** **бая́н** *м.* **1.** (*муз. инструмент*) accórdion; **2.** *ист.* (*певец*) (áncient Slav) bard ['eɪ-...]. **~и́ст** *м.* accórdionist.

**бде́ние** *с.* vígil; ночно́е ~ night watch.

**бди́тельн||ость** *ж.* vígilance, wátchfulness; повыша́ть ~ in|créase / héighten / redóuble one's vígilance [-i:s 'haɪ- -'dʌ-...]; осла́бить ~ reláx one's vígilance, be off one's guard; проявля́ть ~ éxercise / displáy vígilance. **~ый** vígilant, wátchful.

**бег** *м.* run, rúnning; *спорт.* race; ~ на коро́ткие диста́нции sprint; на ~у́ while rúnning; ~ на ме́сте rúnning on the spot; (*перен.: отсутствие движения вперёд*) márking time.

**бега́** *мн.* (*состязание*) the ráces (*of hárnessed horses*); ◇ быть в ~х *разг.* be on the run; *уст.* (*скрываться*) be in híding, be óutlawed.

**бе́га||ть**, *опред.* бежа́ть, *сов.* побежа́ть **1.** (*в разн. знач.*) run*; *неопред.* (*туда-сюда*) run* abóut; ~ вза́пуски *разг.* chase each other [-s...]; бежа́ть бего́м húrry; fly* *разг.*; бежа́ть со всех ног, бежа́ть сломя́ го́лову run* at bréaknèck pace [...'breɪk-...], run* for one's, *или* dear, life; run* as fast as one's legs will cárry one, run* at top speed, tear* alóng [tɛə...]; ~ ры́сью trot; ~ за кем-л. (*прям. и перен.*) run* áfter smb.; **2.** *тк. неопред.* (*о глазах*) be shífty; глаза́ его́ так и ~ют he has réstless eyes [...aɪz]; (*о хитром взгляде*) he has shífty eyes, his eyes are shífty; **3.** *тк. несов. см.* бежа́ть II 3; **4.** *тк. опред. и сов. см.* бежа́ть I.

**бегемо́т** *м.* hìppopótamus (*pl.* -ses, -mi).

**беглец** *м.* fúgitive, rún|a|way; (*из заключения*) príson-breaker [-ɪz- -eɪkə].

**бе́гл||о** *нареч.* **1.** (*легко*) flúently; ~ чита́ть read* flúently; ~ игра́ть (на роя́ле *и т. п.*) play (the piánò, *etc.*) with facílity [...'pjæ-...]; **2.** (*поверхностно*) sùperfícially, cúrsorily; ~ просмотре́ть кни́гу glance óver / through *a* book; ~ ознако́миться с материа́лом glance óver the matérial, take* a look at the matérial. **~ость** *ж.* (*о чтении, речи и т. п.*) flúency; (*пальцев*) dextérity, velócity; (*ср. тж.* бе́глый).

**бе́гл||ый 1.** (*лёгкий, свободный*) flúent; **2.** (*поверхностный*) sùperfícial; (*о чтении, осмотре тж.*) cúrsory; ~ обзо́р brief súrvey [bri:f...]; ~ое ознакомле́ние (с *тв.*) cúrsory acquáintance (with); **3.** *фон.* (*о звуке*) ùnstáble; **4.** *тж. как сущ.* (*убежавший*) fúgitive, rún|a|way; ◇ ~ взгляд (pássing) glance; броса́ть ~ взгляд (на *вн.*) glance (at), cast* / dart / shoot* a glance (at), fling* one's eyes [...aɪz] (at, óver); ~ое замеча́ние brief / pássing remárk; ~ ого́нь gún-fire; vólley fire *амер.*

**бегов||о́й** race (*attr.*), rácing; ~ ипподро́м ráce|course [-kɔ:s]; ~а́я ло́шадь ráce|hòrse, rácer; ~а́я доро́жка ráce|course; cínder-track, rúnning-tràck, rácing-pàth*; ~ы́е дро́жки rácing súlky *sg.*; ~ы́е коньки́ rácing skates.

**бего́м** *нареч.* rúnning; *воен.* at the double

[...dʌbl], dóuble-quick ['dʌbl-]; бежáть ~ húrry, fly*.

**бегóния** *ж. бот.* begónia.

**беготн||я́** *ж. разг.* rúnning abóut; весь день в ~é on the run all day.

**бéгство** *с.* flight; (*из заключения*) escápe; *воен.* rout; паническое ~ stàmpéde, pánic flight; обращáть в ~ (*вн.*) put* to flight (*d.*); обращáться в ~ take* to flight; спасáться ~м escápe, run* a¦wáy; (*от властей*) abscónd.

**бегу́н** *м.* (*тж. тех.*) rúnner; (мéльничные) ~ы́ rúnners.

**бегунки́** *мн.* **1.** (*беговые дрожки или санки*) súlky *sg.*; **2.** *см.* бегунóк.

**бегунóк** *м. тех.* rúnner.

**бед||á** *ж.* misfórtune [-ʧən], trouble [trʌ-]; быть ~é! look out for trouble!, there's trouble ahéad [...ə'hed]; (прóсто) ~! it's a bad job!; ~ (не) в том, что the trouble is (not) that; в чём ~? where's the harm?; в тóм-то и ~ that's just the trouble; в ~é in trouble; попáсть в ~у́ get* into trouble; come* to grief [...-iːf] *идиом.*; ~ мне с ним *разг.* ≅ he is giving me a great deal of trouble [...greɪt...]; ◇ на ~у́ ùnfórtunate¦ly [-ʧən-]; как на ~у́ as ill luck would have it; накликать ~у́ court disáster [kɔːt -'zɑː-]; что за ~? what does it mátter?; не ~ it does¦n't mátter; пришлá ~, отворя́й ворота́ *посл.* misfórtunes never come singly; ≅ it never rains but it pours [...pɔːz]; семь бед — оди́н отвéт *посл.* ≅ as well be hang¦ed for a sheep as for a lamb; in for a pénny, in for a pound; ~ коль пироги́ начнёт печи́ сапóжник ≅ let the cóbbler stick to his last.

**бедлáм** *м.* (*беспорядок*) bédlam ['be-].

**беднéть,** обеднéть become* / grow* poor [...grou...].

**бéдн||ость** *ж.* **1.** (*скудость*) póorness, póverty; ~ пóчвы póorness / póverty of the soil; ~ воображéния póverty of *one's* imàginátion; 2. (*нужда*) póverty, índigence, pénury; жить в ~ости live in póverty [lɪv...]. **~отá** *ж. собир.* the poor *pl.*; деревéнская ~отá the poor péasants [...'pez-] *pl.*; the village poor *pl.*; городскáя ~отá the úrban poor *pl.* **~ый** (*в разн. знач.*) poor; (*по замыслу, содержанию и т. п. тж.*) jejúne, meagre.

**бедн||я́га** *м. разг.* poor féllow / boy / thing; (*о взрослом мужчине тж.*) poor dévil. **~я́жка** *разг.* **1.** *м.* = бедня́га; **2.** *ж.* poor thing; (*о девушке или девочке тж.*) poor girl [...g-]; (*о взрослой женщине тж.*) poor wóman* [...'wu-].

**бедня́||к** *м.* **1.** poor man*; **2.** (*о крестьянине*) poor péasant [...'pez-]. **~цкий** *прил. к* бедня́к 2; ~цко-середня́цкий poor and middle péasant [... pez-] (*attr.*).

**бедóвый** *разг.* (*о ребёнке*) mis¦chievous; (*шустрый*) sharp; ~ человéк dáre-dèvil.

**бедоку́рить,** набедоку́рить cause trouble [...trʌ-], play hávoc [...'hæ-].

**бéдренн||ый** *анат.* fémoral; ~ая кость thígh-bòne, fémur.

**бедрó** *с.* **1.** (*от таза до колена*) thigh; (*наружная сторона таза и верхней части ноги у человека*) hip; **2.** (*часть туши*) leg, round.

**бéдственн||ый** calámitous, disástrous [-'zɑː-]; ~ое положéние grievous / disástrous sìtuátion ['griː-...], distréss; он в ~ом положéнии he is in great distréss [...greɪt...].

**бéдствие** *с.* calámity, disáster [-'zɑː-]; стихи́йное ~ nátural calámity.

**бéдствовать** live in póverty [lɪv...].

**бедуи́н** *м.* bèdouin [bedu'iːn].

**беж** *прил. неизм.* beige [-ʒ], fawn.

**бежáть** I, побежáть **1.** (*в разн. знач.*) *см.* бéгать 1; (*спешить*) húrry; (*течь*) run*; (*о времени*) fly*; **2.** (*при кипении*) boil óver.

**бежáть** II *несов. и сов.* **1.** (*спасаться*) escápe; ~ из тюрьмы́ break* out of prison [-eɪk... -ɪz-], escápe from prison; **2.** (*обращаться в бегство*) take* to flight; *тк. несов.* (*отступать*) flee*; **3.** (от *или, уст., рд. без предл.*; *удаляться, избегать*) avóid (*d.*), shun (*d.*); flee* (from) *поэт.*

**бéжен||ец** *м.*, **~ка** *ж.* rèfugée.

**без,** безо *предл.* (*рд.*) without; (*за вычетом*) minus; не ~ интерéса not without interest, of some interest; ~ исключéния without excéption; ~ сомнéния without / be¦yónd doubt [...daut]; ~ глу́постей! no nónsense now!; ~ однóй мину́ты, двух, трёх (мину́т) час, два, три *и т. д.* one minute [...-ɪt], two, three (minutes) to one, two, three, *etc.*; ~ чéтверти час, два *и т. д.* a quárter to one, two, *etc.*; год ~ трёх дней three days short of a year; ~ вас (*в ваше отсутствие*) in your ábsence.

**безавари́йн||ый** without (an) áccident, having had no áccident; áccident-frée; ~ая рабóта механи́змов rúnning / wórk(ing) of méchanisms without a bréak-down [...'mek-... 'breɪk-].

**безалáберн||о** *нареч.* in a disórderly mánner, cáre¦lessly; жить ~ live an irrégular life [lɪv...]. **~ость** *ж.* disórder. **~ый** disórderly; (*беспорядочный*) cáre¦less, négligent.

**безалкогóльный** nòn-àlcohólic; ~ напи́ток nòn-àlcohólic / témperance drink; soft drink *разг.*

**безапелляциóнный** perémptory, càtegórical; (*о приговоре и т. п.*) allówing of no appéal.

**безбéдн||о** *нареч.* cómfortably ['kʌ-]; жить ~ live (fáirly) cómfortably [lɪv...], be fáirly wéll-to-dó. **~ый** cómfortable ['kʌ-], fáirly wéll-to-dó.

**безбилéтный** tícketless; ~ пассажи́р stów¦-a¦way ['stou-]; (*в поезде. тж.*) bilker *разг.*

**безбóж||ие** *с.* átheism ['eɪθɪɪzm], gód¦lessness. **~ник** *м.* átheist ['eɪθɪɪst]. **~ный** gód¦less; (*перен.*) scándalous, sháme¦less; ~ная клеветá ínfamous / vile slánder [...-ɑːn-]; ~ный враль sháme¦less / ùnmítigàted liar; ~ные цéны outrágeous prices.

**безболéзненный** páinless; (*перен. тж.*) smooth [-ð].

**безборóдый** béardless.

**безбоя́зненный** féarless, intrépid; ùnflínching.

**безбрáч||ие** *с.* **1.** célibacy; сторóнник ~ия cèlibatárian, ádvocate of célibacy; **2.** *биол.* ágamy. **~ный** **1.** célibate; **2.** *биол.* ágamous.

**безбрéжный** bóundless.

**безбрóвый** éye¦browless ['aɪ-].

**безвéрие** *с.* ùnbelief [-'liːf].

**безвéстн||ость** [-сн-] *ж.* obscúrity; жить в ~ости live in obscúrity [lɪv...]. **~ый** [-сн-] obscúre; (*неизвестный*) ún¦knówn [-oun].

**безве́тр||енный** windless ['wɪ-]. **~ие** *с.* calm [kɑːm].

**безви́нный** innocent, guiltless.

**безвку́с||ие** *с.*, **~ица** *ж.* lack / want of taste [...teɪ-], bad taste; что за ~ица!, какая ~ица! what bad taste! **~ный 1.** táste¦less ['teɪ-]; **2.** (*невкусный, пресный*) insípid.

**безвла́стие** *с.* ánarchy [-kɪ].

**безво́дн||ый 1.** wáterless ['wɔː-]; (*сухой*) árid; ~ая пусты́ня árid désert [...'dez-]; **2.** *хим.* ànhýdrous.

**безво́дье** *с.* lack of wáter [...'wɔː-]; (*сухость*) arídity.

**безвозвра́тн||о** *нареч.*: ушло́ ~ has gone never to retúrn [...gɔn...]. **~ый** irretríevable [-riːv-], irrévocable; ~ая ссу́да free grant [...-ɑːnt].

**безвозду́шн||ый** áirless; ~ое простра́нство *физ.* vácuum (*pl.* -ms, -cua).

**безвозме́здн||о** *нареч.* (*даром*) grátis, free of charge; (*без компенсации*) without indémnity / còmpènsátion; переда́ть что-л. ~ в со́бственность кому́-л. trànsfér smth. without còmpènsátion to smb., hand óver smth. without còmpènsátion to smb. **~ый** gratúitous; (*о труде*) únpáid; ~ая услу́га deed of gift [...g-].

**безво́лие** *с.* weak will.

**безволо́сый** háirless.

**безво́льный** wéak-willed, spíne¦less, báck-bòne¦less.

**безвре́дн||ый** hármless, innócuous; ~ое лека́рство innócuous médicine.

**безвре́менн||о** *нареч.*: он ~ сконча́лся he died, *или* passed a¦wáy, prèmatúre¦ly; ~ сконча́вшийся prèmatúre¦ly decéased [...-'siːst]. **~ый** ùntíme¦ly, prèmatúre.

**безвре́менье** *с.* **1.** (*тяжёлое время*) hard times *pl.*; **2.** (*эпоха общественного застоя*) périod of sócial stàgnátion.

**безвы́ездн||о** *нареч.* without quítting *the place*, without a break [...-eɪk]. **~ый** ún¦interrúpted.

**безвы́ходно** I *прил. кратк. см.* безвы́ходный.

**безвы́ходно** II *нареч.* (*не покидая дома*) without gó¦ing out.

**безвы́ходн||ый** (*безнадёжный*) hópe¦less, désperate; ~ое положе́ние hópe¦less / désperate situátion.

**безгла́зый** éye¦less ['aɪ-]; (*не имеющий одного глаза*) óne-éyed [-'aɪd], single-éyed [-'aɪd].

**безгла́сный 1.** (*молчаливый*) mute, sílent; (*не смеющий высказаться*) dumb; **2.** *лингв.* mute.

**безголо́вый** héadless ['hed-]; (*перен.*: *глупый*) *разг.* bráinless; (*рассеянный*) scátter-bráined, háre-bráined.

**безголо́сый** vóice¦less; э́тот певе́ц ~ this síng¦er has no voice at all; (*о потерявшем голос*) this síng¦er has lost his voice.

**безгра́мотн||о** *нареч.* (*с ошибками*) ún¦grammátically, with gross òrthográphic / spélling mistákes [...grous...]; он ~ пи́шет (*об орфографии*) his spélling is bad; (*о языке*) he writes ún¦grammátically, he makes bad grammátical blúnders. **~ость** *ж.* illíteracy; (*невежественность*) ígnorance; полити́ческая ~ость polítical illíteracy / ígnorance. **~ый 1.** (*содержащий ошибки*) ún¦grammátical, full of gross òrthográphic / spélling mistákes [...grous...]; (*перен.*) búngling, in¦cómpetent; **2.** (*неграмотный*) illíterate.

**безграни́чно** I *прил. кратк. см.* безграни́чный.

**безграни́чн||о** II *нареч.* ínfinite¦ly. **~ый** ínfinite, bóundless.

**безгре́шный** sín¦less.

**безда́рно** I *прил. кратк. см.* безда́рный.

**безда́рн||о** II *нареч.* without any show of tálent [...ʃou... 'tæ-]. **~ость** *ж.* **1.** (*отсутствие таланта*) want / lack of tálent [...'tæ-]; (*посредственность*) mèdiócrity; **2.** (*человек, лишённый таланта*) wrétched / wórthless writer, páinter, *etc.*; (*тупица*) dúllard. **~ый** dull, úntalented [-'tæ-], ún¦gifted [-'gɪ-]; (*о художественном произведении*) vápid, feeble; ~ая попы́тка inépt / fátuous / búngling éffort.

**безде́йствие** *с.* ináction, inàctívity; (*пассивность*) inértia, inértness.

**безде́йств||овать** be ináctive, do nothing; (*о машине, приборе и т. п.*) be idle, be ináctive; (*из-за неисправности*) not work; маши́на ~ует the machíne is idle [...-'ʃiːn...], the machíne is not in áction; the machíne is not wórking / rúnning. **~ующий 1.** *прич. см.* безде́йствовать; **2.** *прил.* ináctive, inóperative.

**безде́л||ица** *ж.*, **~ка** *ж.* trifle, bàgatélle.

**безделу́шка** *ж.* trínket; (*для украшения комнаты*) knick-knàck.

**безде́ль||е** *с.* ídle¦ness. **~ник** *м.* **1.** ídler, lóafer; (*лентяй*) lázy¦bònes; **2.** *бран.* góod-for--nòthing, né'er-do-wèll ['nɛə-]. **~ничать** idle, loaf.

**безде́нежн||ый** ìmpecúnious; ~ые расчёты *бух.* cléaring òperátions.

**безде́нежье** *с.* shórtage / lack of móney [...'mʌ-], impecùniósity.

**безде́тн||ость** *ж.* chíld¦lessness. **~ый** chíld¦less.

**бездефици́тный** entáiling no déficit, sélf--suppórting.

**безде́ятельн||ость** *ж.* ìnactívity, inértia. **~ый** ináctive.

**бе́здна** *ж.* **1.** abýss, chasm [k-]; **2.** (*рд.*) *разг.* (*множество*) a huge númber (of), a heap (of); ~ дел a thóusand and one things to see to [...'θauz-...]; ~ неприя́тностей a world of trouble [...trʌbl].

**бездо́ждье** *с.* ábsence of ráinfàll, dry wéather [...'we-], drought [draut].

**бездоказа́тельный** únsubstántiàted.

**бездо́мный** hóme¦less; (*особ. о животном*) stray.

**бездо́нн||ый** bóttomless; (*перен.*) ùnfáthomable [-ð-], fáthomless [-ð-]; ~ая про́пасть fáthomless pit.

**бездоро́жье** *с.* **1.** (*недостаток проезжих дорог*) lack of (good) roads; **2.** (*распутица*) bad roads *pl.*, impàssabílity of roads.

**бездохо́дный** *эк.* ùnprófitable, prófitless.

**безду́мн||ость** thóughtlessness, insóuciance [ɪn'suːsɪəns]. **~ый** thóughtless, insóuciant [ɪn'suːsɪənt].

**безду́ш||ие** *с.* cállous¦ness, héartlessness ['hɑːt-]. **~ный 1.** (*бессердечный*) cállous, héartless ['hɑːt-]; **2.** (*лишённый живой идеи*) sóul¦less ['sou-]; (*без живого отношения тж.*) cóld-héarted [-'hɑːt-].

**безды́мный** smóke¦less.
**бездыха́нный** life¦less.
**безжа́лостный** pitiless, mérciless; (*жестокий*) rúthless ['ruː-].
**безжи́зненн||ость** *ж.* life¦lessness, féeble¦ness, insipídity; (*ср.* безжи́зненный). **~ый** (*в разн. знач.*) life¦less, feeble; (*о стиле*) insipid; (*о глазах*) lácklùstre; ~ый ландша́фт dull lándscàpe.
**беззабо́тн||о** *нареч.* light-héartedly [-'hɑːt-], cáre¦lessly. **~ость** *ж.* light-héartedness [-'hɑːt-], cáre¦lessness; (*о жизни*) serénity, trànquíllity. **~ый** light-héarted [-'hɑːt-], cáre¦less; (*о жизни*) cáre-frée, úntróubled [-'trʌ-]; ~ая жизнь úntróubled life; (*ср.* безмяте́жный, беспе́чный).
**беззаве́тн||о** *нареч.* sélflessly, whóle-héartedly ['houl'hɑːt-]; ~ пре́данный útterly devóted, devóted heart and soul [...hɑːt...]. **~ый** sélfless, whóle-héarted ['houl'hɑːt-]; ~ая пре́данность útter / sélfless devótion.
**беззако́н||ие** *с.* **1.** (*отсутствие законности*) láwlessness; **2.** (*беззаконный поступок*) láwless áction. **~ничать** *разг.* trànsgréss / infrínge / break* the law [...breɪk...]. **~ный** láwless.
**беззасте́нчив||ость** *ж.* sháme¦lessness, ímpudence. **~ый** sháme¦less, ímpudent; (*о человеке тж.*) ùnblúshing; ~ый лгун brázen-fàced / ùnblúshing liar; ~ая ложь brázen / ímpudent lie.
**беззащи́тн||ость** *ж.* defénce¦lessness. **~ый** defénce¦less, únprotécted.
**беззвёздный** stárless.
**беззву́чный** sóundless; (*тихий*) sílent; (*бесшумный*) nóise¦less; ~ смех nóise¦less láughter [...'lɑːf-].
**безземе́ль||е** *с.* lack of (árable) land. **~ный** lándless; ~ный крестья́нин lándless péasant [...'pez-]; Иоа́нн Безземе́льный *ист.* John Láckland [dʒɔn...].
**беззло́б||ие** *с.* kínd¦liness, good náture [...'neɪ-], àmiabílity. **~ный** kínd¦ly, ámiable; (*о человеке тж.*) góod-nátured [-'neɪ-]; ~ная насме́шка bánter, ráillery.
**беззу́б||ый** tóothless; *зоол.* è¦déntàte; (*перен.*: *бессильный*) ímpotent; ~ая кри́тика feeble / insípid críticism.
**безлепестко́вый** *бот.* àpétalous.
**безле́сн||ый** wóodless ['wu-], tréeless; ~ая равни́на tréeless plain.
**безле́сье** *с.* lack of fórests [...'fɔ-].
**безлист||венный, ~ный** léafless.
**безли́ч||ие** *с.*, **~ность** *ж.* lack of pèrsonálity, lack of individuálity. **~ный 1.** (*о людях*) without a distínctive pèrsonálity, without ìndividuálity; **2.** *грам.* impérsonal.
**безлоша́дный** hórse¦less.
**безлу́нный** móonless.
**безлю́дный** ún¦inhábited; (*малонаселённый*) spárse¦ly / thínly pópulàted; (*малопосещаемый*) lóne¦ly, sólitary, únfrequénted.
**безлю́дье** *с.* **1.** (*отсутствие людей*) ábsence of húman bé¦ings, *или* of people [...piː-]; desértedness [-z-]; **2.** (*недостаток нужных людей*) lack / defíciency / want of the right people.
**безма́ла** *нареч. уст.* = без ма́ла, без ма́лого *см.* ма́лый I 2.
**безме́н** *м.* stéel¦yàrd; (*пружинный*) spríng-bàlance.
**безме́рный** bóundless, ínfinite.
**безмо́зглый** *бран.* bráinless.
**безмо́лв||ие** *с.* sílence ['saɪ-]; (*внезапная тишина*) hush. **~ный** spéechless, sílent, mute.
**безмо́лвствовать** [-лст-] be / keep* sílent.
**безмото́рный** *ав.* éngine¦less ['endʒ-]; ~ самолёт glíder; ~ полёт glide, vólpláne.
**безмяте́жн||о** *нареч.* seréne¦ly, quíetly; спать ~ sleep* péace¦fully. **~ость** *ж.* serénity, trànquíllity. **~ый** seréne, tránquil; ~ый сон úntróubled sleep [-'trʌb-...].
**безнадёжн||ость** *ж.* hópe¦lessness; (*отчаяние*) despáir. **~ый** hópe¦less; ~ый больно́й hópe¦less case [...-s], dýing man*; больно́й безнадёжен the pátient's condítion is hópe¦less; до́ктор призна́л его́ ~ым *разг.* the dóctor has given him up.
**безнадзо́рн||ость** *ж.* neglect; де́тская ~ child neglect. **~ый** ún¦cáred-fòr, neglécted.
**безнака́занн||о** *нареч.* with impúnity; им всё прохо́дит ~ they do whàt¦éver they like with pérfect impúnity. **~ость** *ж.* impúnity. **~ый** únpúnished [-'pʌ-]; оста́ться ~ым go* únpúnished.
**безнали́чн||ый:** ~ расчёт *бух.* cléaring; по ~ому расчёту by written órder.
**безнача́лие** *с.* ánarchy [-kɪ].
**безно́гий 1.** lég¦less; (*не имеющий одной ноги*) óne-légged; **2.** *зоол.* ápòd ['æ-].
**безно́сый** nóse¦less; (*без носика*) spóutless; ~ ча́йник spóutless téa-pòt.
**безнра́вственн||ость** *ж.* **1.** ìmmorálity; **2.** (*распущенность*) dissolùte¦ness. **~ый 1.** immóral [-'mɔ-]; **2.** (*распущенный*) díssolùte.
**безо** *предл. см.* без.
**безоби́дн||о** *нареч.* ìnofféns ive¦ly; ~ пошути́ть make* a hármless / ínnocent joke. **~ый** ìnofféns ive; (*безвредный*) hármless.
**безо́блачн||ость** *ж.* clóudlessness; (*перен.*) serénity. **~ый** clóudless; (*перен.*) ún¦clóuded, seréne; ~ое сча́стье ún¦clóuded háppiness.
**безобра́з||ие** *с.* **1.** *тк. ед.* úgliness ['ʌ-]; (*уродство*) defórmity; **2.** (*беспорядок, бесчинство*) óutràge; disgráce¦ful things *pl.*; там творя́тся ~ия disgráce¦ful / shócking things are gó¦ing on there; с таки́ми ~иями на́до поко́нчить these disgráce¦ful / scándalous práctices must be put an end, *или* a stop, to; these disgráce¦ful / scándalous práctices must be stopped; ◇ что за ~! it's disgráce¦ful / scándalous!; э́то про́сто ~ it's simply a disgráce / scándal.
**безобра́зить** (*вн.*; *искажать*) disfígure (*d.*), mar the appéarance (of).
**безобра́зни||к** *м. разг.* hóoligan; (*озорник*) scamp. **~ца** *ж. разг.* virágo; (*о ребёнке*) bad girl.
**безобра́зничать** *разг.* beháve, *или* go* on, *или* cárry on, outrágeous¦ly / disgráce¦fully, beháve like a hóoligan.
**безо́бразный** lácking in ímagery, féature¦less (*of style*).
**безобра́зный 1.** (*о внешности*) úgly ['ʌ-]; (*отвратительный*) hídeous ['hɪ-]; (*уродливый*) defórmed; **2.** (*возмутительный*) disgráce¦ful, scándalous, outrágeous, shócking.

UNIVERSITY OF

**безоговóрочн||о** *нареч.* ún¦resérvedly [-'zə:v-], without resérve [...-'zə:v], ún¦condítion¦ally; ~ повиновáться obéy implícitly. **~ый** ún¦resérved[-'zə:vd], ún¦quálified, ún¦condítional; ~ая капитуляция ún¦condítional surrénder.

**безопáсно I** 1. *прил. кратк. см.* безопáсный; 2. *предик. безл.* it is safe.

**безопáсно II** *нареч.* sáfe¦ly.

**безопáсн||ость** *ж.* sáfe¦ty; (*общественная*) secúrity; в ~ости in sáfe¦ty, out of dánger [...'deɪn-], out of harm's way; госудáрственная ~ State secúrity; систéма коллектúвной ~ости colléctive secúrity sýstem, sýstem of colléctive secúrity; охрáна госудáрственной ~ости defénce / sáfe¦guàrding of State secúrity; тéхника ~ости indústrial sáfe¦ty méasures / provísions [...'meʒ-...] *pl.*, sáfe¦ty arránge¦ments *pl.*; Совéт Безопáсности Secúrity Cóuncil. **~ый** 1. safe; ~ое мéсто safe place; 2. *тех.* sáfe¦ty (*attr.*); (*для неумелого обращения*) fóolproof; ~ая брúтва sáfe¦ty rázor.

**безорýжный** ún¦ármed; (*перен.*: *беззащитный*) defénce¦less.

**безосновáтельный** gróundless.

**безостанóвочный** úncéasing [-'si:s-], céase¦less ['si:s-]; (*о поезде и т. п.*) nón-stóp.

**безотвéтн||ость** *ж.* méekness, míld¦ness. **~ый** meek, mild; (*безгласный*) dumb.

**безотвéтственн||о** *нареч.* irrespónsibly; поступáть ~ act irrespónsibly; play fast and loose [...-s] *идиом.* **~ость** *ж.* írrespònsibílity. **~ый** irrespónsible.

**безотговóрочн||о, ~ый** = беспрекослóвно, беспрекослóвный.

**безоткáзн||о** *нареч.* smóothly [-ð-], without a hitch. **~ый** fáultless, ùnfáiling; (*надёжный*) reliable.

**безотлагáтельн||о** *нареч.* without deláy. **~ый** préssing, úrgent.

**безотлýчн||о** *нареч.* without àbsénting òne¦sélf for an ínstant, without gó¦ing a¦wáy for an ínstant; он ~ находúлся при больнóм he never left the pátient's bédside. **~ый** ever présent [...-ez-]; (*непрерывный*) ún¦interrúpted, contínuous.

**безотносúтельн||о** *нареч.* irrélative; ~ к чемý-л. irrespéctive of smth. **~ый** irrélative, irrespéctive.

**безотрáдн||ость** *ж.* chéerlessness. **~ый** chéerless, dísmal [-z-], dréary; ~ый пейзáж dréary lándscàpe; ~ые перспектúвы black óutlook *sg.*, glóomy próspèct(s).

**безотчётн||ость** *ж.* 1. (*отсутствие контроля*) ábsence of contról [...-oul]; 2. (*бессознательность*) ún¦accòuntabílity. **~ый** 1. (*бесконтрольный*) ún¦contrólled [-ould]; 2. (*бессознательный*) ún¦accóuntable; (*инстинктивный*) instínctive, ùn¦cónscious [-ʃəs].

**безошúбочн||ость** *ж.* fáultlessness; (*правильность*) corréctness; (*точность*) exáctitùde. **~ый** ún¦érring, fáultless; (*правильный*) corréct; (*точный*) exáct.

**безрабóт||ица** *ж.* ún¦emplóyment. **~ные** *мн. скл. как прил.* the ún¦emplóyed. **~ный** *прил., тж. как сущ.* ún¦emplóyed; jób¦less *амер.*; быть ~ным be ún¦emplóyed, be out of work; пóлностью ~ный tótal¦ly ún¦emplóyed; частúчно ~ный pártially ún¦emplóyed.

**безрáдостный** jóyless.

**безраздéльн||о** *нареч.* 1. úndivíded¦ly, compléte¦ly; 2. (*беззаветно*) whóle-héartedly ['houl'hɑ:t-]; ~ господствовать éxercise compléte sway, *или* úndivíded rule; have compléte domínion. **~ый** 1. (*не разделённый*) úndivíded; 2. (*беззаветный*) whóle-héarted ['houl'hɑ:t-].

**безразлúчие** *с.* indífference; (*бесстрастие*) nónchalance [-ʃ-].

**безразлúчно I** 1. *прил. кратк. см.* безразлúчный; 2. *предик. безл.* it does not mátter, that is all the same; ~ кто, кудá *и т. п.* no mátter who, where, *etc.*; мне ~ it is all the same to me, it makes no dífference to me.

**безразлúчн||о II** *нареч.* with indífference; относúться (совершéнно) ~ (к) be (pérfectly) indífferent (to). **~ый** indífferent; (*бесстрастный*) nónchalant [-ʃ-].

**безрассýдно I** *прил. кратк. см.* безрассýдный.

**безрассýдно II** *нареч.* rásh¦ly, récklessly.

**безрассýд||ный** rash, réckless; (*неблагоразумный*) imprúdent; (*смелый до глупости*) fóolhàrdy; это ~но that is fóolhàrdy, that is mere fóolhàrdiness; that is imprúdent. **~ство** *с.* ráshness, récklessness; imprúdence; fóolhàrdiness; (*ср.* безрассýдный); бы́ло бы ~ством (предположúть *и т. п.*) it would be fólly (to suppóse, *etc.*).

**безрезультáтн||о** *нареч.* without resúlt [...-'zʌ-], in vain, to no púrpose [...-s]. **~ость** *ж.* fùtílity; (*неуспех*) únsuccéss, fáilure. **~ый** fútile, inefféctual; (*безуспешный*) únsuccéssful; (*тщетный*) vain.

**безрéльсовый** ráil¦less.

**безрессóрный** spríng¦less, únsprúng.

**безрóг||ий** hórnless; ~ое живóтное póllard; ~ вол póll-bùllock [-bu-]; ~ая корóва póll-cow.

**безрóдный** without kith or kin.

**безрóпотн||о** *нареч.* without a múrmur. **~ость** *ж.* rèsignátion [-z-], méekness. **~ый** ún¦múrmuring, ún¦compláining; (*покорный*) resígned [-'zaɪnd], submíssive, meek.

**безрýдный** *горн.* bárren.

**безрукáвка** *ж.* (*куртка, кофта*) sléeve¦less jácket, sléeve¦less blouse.

**безрýкий** ármless; (*не имеющий одной руки*) óne-ármed; (*перен.*) áwkward, clúmsy [-zɪ].

**безры́бье** *с.*: на ~ и рак ры́ба *посл.* ≃ among the blind the óne-éyed is king [...-'aɪd...].

**безубы́точный** without loss.

**безудáрный** *лингв.* ún¦accénted, únstréssed.

**безýдержн||о** *нареч.* without restráint, ún¦restráinedly; (*бурно*) impétuous¦ly. **~ый** ún¦restráined; (*несдерживаемый*) únchécked; (*бурный*) impétuous.

**безýдержу** = без ýдержу *см.* ýдерж.

**безукорúзненн||ость** *ж.* irreproachabílity. **~ый** irrepróachable, ùn¦impéachable, ún¦excéptionable; *ирон.* immáculate; ~ое поведéние ùn¦impéachable cónduct.

**безýмец** *м.* mád¦man*.

**безýм||ие** *с.* 1. (*безрассудство*) fólly; любúть до ~ия love to distráction [lʌv...]; 2. *уст.* (*сумасшествие*) mádness, insánity; вы меня доведёте до ~ия you will drive me crázy. **~но** *нареч.* mád¦ly; (*крайне*) térribly, dréadfully ['dred-]; он ~но лю́бит сы́на he loves his son mád¦ly [...lʌvz... sʌn...]; я ~но устáл I am térribly tired. **~ный 1.** (*безрассудный*) réckless; ~ный постýпок mad / sénse¦less act, an act of fólly / mádness; **2.** *разг.* (*ужасный*) térrible, dréadful ['dred-]; **3.** *уст.* (*сумасшедший*) mad, insáne; ~ные глазá wíld-looking eyes [...aɪz], wild eyes; ◇ ~ный день distrácting day; ~ные цéны extrávagant prices.

**безýмолку** = без ýмолку *см.* ýмолк.

**безумóлчный** *поэт.* únceasing [-'si:s-], néver-céasing [-'si:s-].

**безýмство** *с.* mádness. **~вать** beháve like a mád¦man*; (*неистовствовать*) rave, be in a fúry.

**безупрéчн||ость** *ж.* írreproachability, bláme¦lessness. **~ый** ìrrepróachable, bláme¦less; (*о репутации тж.*) únstáined, stáinless; ~ая рабóта, слýжба ìrrepróachable / ún¦excéption¦able / fáultless work, sérvice.

**безуслóвн||о 1.** *нареч.* (*несомненно*) ùndóubtedly [-'daut-]; (*абсолютно*) ábsolùte¦ly; **2.** *вводн. сл.* (*конечно*) there is no doubt that [...daut...], of course [...kɔ:s], ùndóubtedly; (*ответ*) cértainly, assúredly [ə'ʃuə-]; ~ он знáет об э́том there is no doubt that he knows abóut it [...nouz...], he cértainly knows abóut it. **~ый 1.** (*абсолютный*) ábsolùte; ~ое доказáтельство ábsolùte proof, pósitive proof [-z-...]; **2.** (*несомненный*) ùndóubted [-'daut-], ìndispútable; (*безоговорочный*) ún¦conditional; (*совершенный*) complète; ◇ ~ый рефлéкс ún¦conditioned réflèx.

**безуспéшно** I **1.** *прил. кратк. см.* безуспéшный; **2.** *предик. безл.* of no efféct, without succéss.

**безуспéшн||о** II *нареч.* únsuccéssfully, without succéss. **~ый** únsuccéssful, ún¦aváiling, ìnefféctive.

**безýстали** = без ýстали *см.* ýсталь.

**безустáнный** ìndefátigable, ùnwéarying; (*непрестанный*) ún¦remítting.

**безýсый** without a moustáche [...məs'tɑ:ʃ], moustáche¦less [məs'tɑ:ʃ-]; *разг. пренебр.* cállow, green; ~ мальчи́шка béardless boy; (*перен.*) gréenhòrn.

**безутéшный** ìn¦consólable.

**безýхий** éarless; (*не имеющий одного уха*) óne-éared.

**безучáст||ие** *с.* indifference, ápathy. **~но** *нареч.* with indifference, àpathétically. **~ность** *ж.* = безучáстие. **~ный** (*о взгляде, виде и т. п.*) àpathétic; (к *чему-л.*) indifferent (to).

**безыдéйн||ость** *ж.* ábsence / lack / want of príncìples and ìdéals [...aɪ'dɪə-], ùnpríncipled cháracter and lack of ìdéals [...'kæ-...]. **~ый** devóid of príncìples and ìdéals [...aɪ'dɪə-], lácking both príncìples and ìdéals [...bouθ...], having no príncìples or idéals, lácking móral fibre [...'mɔ-...].

**безызвéстн||ость** [-сн-] *ж.* obscúrity. **~ый** [-сн-] obscúre.

**безым||ённый, ~я́нный** náme¦less; (*анонимный*) anónymous; ◇ ~я́нный пáлец fourth finger [fɔ:θ...]; (*на левой руке тж.*) ring-fìnger.

**безынициати́вный** without initiative, pássive, inért.

**безыскýсственный** únsophísticàted, ún¦affécted, simple.

**безысхóдный** éndless; (*непоправимый*) irréparable; (*безутешный*) ìn¦consólable.

**бейдеви́нд** *м. мор.* by the wind [...wɪ-]; идти́ (в) ~ sail by the wind; в крутóй ~ clóse-háuled [-s-].

**бейсбóл** *м. спорт.* báse-bàll [-s-].

**бекáр** *м. муз.* nátural; до-~, ре-~ *и т. д.* C nátural, D nátural, *etc.* [si:..., di:...].

**бекáс** *м. зоол.* snipe; охóта на ~ов sníping. **~и́нник** *м. охот.* small shot. **~и́ный** *прил. к* бекáс.

**бекóн** *м.* bácon.

**белен||á** *ж. бот.* hénbàne; ◇ что ты, ~ы́ объéлся? *разг.* ≅ are you off your head? [...hed], are you crázy?

**белéние** *с. текст.* bléaching.

**белёный** *текст.* bleached.

**белесовáтый, белёсый** whitish ['waɪ-].

**белé||ть,** побелéть **1.** (*становиться белым*) becòme* white, whíten; **2.** *тк. несов.* (*виднеться*) show* white [ʃou...]; подснéжники ~ют в травé the snów¦dròps show white in the grass ['snou-...], the white snów¦dròps show in the grass. **~ться** = белéть 2

**бéли** *мн. мед.* leucorrhóea [lju:kə'rɪ:ə] *sg.*; the whites.

**белибердá** *ж. тк. ед. разг.* bálderdàsh, rúbbish, nónsense; какáя ~! what rúbbish!

**белизнá** *ж.* white¦ness.

**бели́ла** *мн.* **1.** (*краска*) whiting *sg.*; свинцóвые ~ white lead [...led] *sg.*; cérùse ['sɪəru:s] *sg.*; ци́нковые ~ zink white *sg.*; **2.** (*косметические*) cérùse.

**бели́ль||ня** *ж.* bléaching works, bléachery. **~щик** *м.* bléacher.

**бели́ть** I, побели́ть (*вн.*) whíten (*d.*); (*помещение и т. п.*) white¦wàsh (*d.*).

**бели́ть** II, отбели́ть *текст.* bleach (*d.*).

**бели́ться,** набели́ться whíten one's face (with cérùse) [...'sɪəru:s].

**бéличий** *прил. к* бéлка; ~ мех squírrel (*fur*).

**бéлка** *ж.* (*животное и мех*) squírrel.

**белк||ови́на** *ж. хим.* àlbúmèn. **~óвый** *биол., хим.* àlbúminous; ~óвое веществó àlbúmèn; ~óвое перерождéние àlbúminous diséase [...-'zi:z].

**белладóнна** *ж. тк. ед.* bèlladónna; (*растение тж.*) déadly níghtshàde ['ded-...].

**беллетри́ст** *м.* fíction wríter; (*романист*) nóvelist. **~ика** *ж.* fíction. **~и́ческий** *прил. к* беллетри́стика.

**белобры́сый** tów-haired ['tou-].

**беловáтый** whítish ['waɪ-].

**беловóй** clean, fair.

**беловолóсый** whíte-haired.

**белогвардéец** *м.* white guard.

**белогвардéйский** *прил. к* белогвардéец.

**белоголóвый** white-headed [-he-].

**белóк** *м.* **1.** (*глáза*) white (of the eye) [...aɪ]; (*яйцá*) white (of an egg), égg-whìte; **2.** *биол., хим.* àlbúmèn; **3.** *хим.* prótèin [-ti:n].

**белокали́льный** *тех.* ìn¦càndéscent.

**белокрóвие** *с. мед.* leucháemia [-'k-].

**белокýр||ый** blond, fair, fáir-haired; ~ая жéнщина blonde (wóman*) [...'wu-].

**белоли́цый** white-fàced.

**белору́с** *м.*, **~ка** *ж.*, **~ский** Byèlorússian [-ʃən]; ~ский язы́к Byèlorússian, the Byèlorússian lánguage.

**белору́чка** *м. и ж. разг.* (*о мужчине*) fine géntle|man*; (*о женщине*) fine lády.

**белоры́бица** *ж.* white sálmon [...'sæm-].

**белосне́жный** snówy ['snouɪ], snów-whìte ['snou-].

**белоте́лый** whíte-skìnned, fáir-skìnned.

**белошве́й||ка** *ж.* séamstress ['sem-], néedle|wòman* [-wu-]. **~ный** linen ['lɪ-]; ~ная мастерска́я línen wórkshòp; ~ная рабо́та plain néedle|wòrk.

**белу́г||а** *ж.* belúga, white stúrgeon; ◇ реве́ть ~ой *разг.* ≅ howl frénziedly.

**белу́ха** *ж.* belúga, white whale.

**бе́л||ый** (*в разн. знач.*) white; ~ хлеб white bread [...bred]; ~ое вино́ white wine; ◇ ~ гриб (édible) bolétus (*kind of mushroom*); ~ у́голь white coal; ~ая берёза white / sílver birch; ~ медве́дь Pólar bear [...bɛə]; ~ая горя́чка delírium trémens (*сокр.* D. T.); ~ая кость ≅ blue blood [...blʌd]; ~ые стихи́ blank verse *sg.*; на ~ом све́те in the wide world; средь ~а дня in broad dáylight [...-ɔ:d...]; ~ые пя́тна на ка́рте blank spáces on *the* map; э́то ши́то ~ыми ни́тками *разг.* that is very thin, that is éasily seen through [...-z-...]; чёрным по ~ому in black and white; Бе́лый дом the White House [...-s].

**бельги́||ец** *м.*, **~йка** *ж.*, **~йский** Bélgian.

**бель||ё** *с. тк. ед.* línen ['lɪ-]; (*для или из стирки*) wáshing; ни́жнее ~ únderclòthes [-klou-] *pl.*, úndercloìthing [-klou-], únderwear [-wɛə]; посте́льное ~ béd-clòthes [-klou-] *pl.*; столо́вое ~ táble-lìnen [-lɪ-]. **~ево́й** *прил. к* бельё; ~ево́й магази́н línen-dràpery shop ['lɪ- -dreɪ-...]; ~евы́е тка́ни matérials / fábrics for hóuse|hòld línen and únderwear [...haus-'lɪn-...-wɛə].

**бельмо́** *с.* wáll-eye [-aɪ]; ◇ как ~ на глазу́ *разг.* ≅ an éye|sòre [...'aɪ-].

**бельэта́ж** *м.* **1.** first floor [...flɔ:]; **2.** *театр.* dress circle.

**беля́к** *м.* (*заяц*) white hare.

**бемо́ль** *м. муз.* flat; до-~, ре-~ *и т. д.* C flat, D flat, *etc.* [si:..., di:...].

**бенга́л||ец** *м.*, **~ка** *ж.* Bèngáli [-ɔ:lɪ], Bèngalése; *мн. собир.* the Bèngalése.

**бенга́льский** Bèngál [-ɔ:l], Bèngalése; ~ язы́к Bèngáli [-ɔ:lɪ]; ~ тигр Bèngál tiger [...-gə]; ◇ ~ ого́нь Bèngál light.

**бенефи́||с** *м. театр.* bénefit perfórmance. **~циа́нт** *м. театр.* bènefíciary.

**бензи́н** *м.* bènzíne [-'zi:n]; (*для автомобиля*) pétrol ['pe-]; gásoline [-i:n], gas *амер.* **~овый** *прил. к* бензи́н.

**бензино||ме́р** *м.* pétrol gauge ['pe- geɪdʒ]. **~прово́д** *м.* pétrol pipe ['pe-...]. **~храни́лище** *с.* pétrol tank ['pe-...].

**бензоба́к** *м.* pétrol tank ['pe-...]; gásoline tank [-i:n...] *амер.*

**бензозапра́вочн||ый:** ~ая коло́нка = бензоколо́нка.

**бензоколо́нка** *ж.* pétrol pump ['pe-...].

**бензо́л** *м. хим.* bènzéne, bénzòl.

**бенуа́р** *м. театр.* the bóxes *pl.*

**бергамо́т** *м.* (*сорт груши*) bérgamòt (*kind of pear*).

**берда́нка** *ж.* (*винтовка*) Bérdan rifle.

**бёрдо** *с. текст.* reed (*in loom*).

**бе́рег** *м.* (*канала, реки, озера*) bank; (*моря, озера*) shore; (*береговая линия*) (séa-) cóast; (*пляж*) beach; ~ мо́ря séashòre; на ~у́ реки́, о́зера (*о доме и т. п.*) on the ríverside [...'rɪ-], on the láke|sìde; скали́стый морско́й ~ cliffs *pl.*; затопля́емый прили́вом ~ fóre|shòre; пое́хать на ~ мо́ря go* to the séaside; наскочи́ть на ~, вы́броситься на ~ run* agróund; ground; сойти́ на ~ go* ashóre; дости́чь ~а reach land; к ~у shóre|ward, lándward, towards the shore; на ~у́ ashóre, on shore.

**берегов||о́й** wáterside ['wɔ:-] (*attr.*); (*при море*) coast (*attr.*); cóastal; (*при реке*) ríverside ['rɪ-] (*attr.*); (*при озере*) láke|sìde (*attr.*); ~ ве́тер óff-shòre wind [...wɪ-], lánd-wìnd [-wɪ-], lánd-breeze; ~ жи́тель (*у реки*) ríverside résident [...-z-]; (*у моря*) máritime dwéller; ~а́я ли́ния coast / shore line; ~о́е судохо́дство cóasting.

**береди́ть,** разбереди́ть (*вн.*) *разг.* írritàte (*d.*); ~ ста́рые ра́ны ré-ópen old wounds / sores [...wu:-...].

**бережли́в||ость** *ж.* thrift, èconomy [i:-]. **~ый** thrífty, èconómical [i:-].

**бе́режн||о** *нареч.* with care; (*осторожно*) cáutious|ly. **~ость** *ж.* care; (*осторожность*) cáution; (*заботливость*) solicitùde. **~ый** cáre|ful; (*осторожный*) cáutious; ~ое отноше́ние (к) care (of); (*к человеку*) regárd (for), consìderátion (for).

**берёза** *ж.* birch.

**березня́к** *м. тк. ед.* birch wood [...wud].

**берёзовик** *м.* (*гриб*) brown múshroom.

**берёзов||ый** *прил. к* берёза; ~ сок birch sap / wine; ~ая ро́ща birch grove; ◇ ~ая ка́ша *разг.* the birch, a whípping, Bírching Lane.

**бере́йтор** *м.* ríding-màster.

**бере́мен||еть** be prégnant. **~ная** prégnant; ~ная же́нщина expéctant móther [...'mʌ-]; она́ ~на she is prégnant, she is gó|ing to have a báby, she is expécting a báby. **~ность** *ж.* prégnancy; она́ на тре́тьем ме́сяце ~ности she is in her third month (of prégnancy) [...mʌ-...]; she is three months gone [...gɔn] *разг.*

**берёст||а̀** *ж. тк. ед.* birch bark. **~овый, берестяно́й** *прил. к* берёста.

**бере́т** *м.* béret ['berɪt].

**бере́||чь,** сбере́чь **1.** (*вн.*; *хранить*) take* care (of); (*щадить*) spare (*d.*); ~ своё здоро́вье take* care of one's health [...he-]; ~ свои́ си́лы spare one's strength; ~ своё вре́мя make* the most of one's time; ~ та́йну keep* *a* sécret; ~ про себя́ keep* to òne|sélf; ~ сокро́вища свое́й национа́льной культу́ры chérish / tréasure one's nátional cúlture ['tʃe- 'treʒə... 'næ-...], chérish the tréasures of one's nátional cúlture; **2.** (*вн.* от; *предохранять*) protéct (*d.* agáinst). **~чься 1.** (*быть осторожным*) be cáre|ful; **2.** (*рд.*; *остерегаться*) be|wáre (of) (*не спрягается*; *употр. обычно в повелительном накл.*); be on one's guard (agáinst); be cáre|ful, *или* take care, not to (+*inf.*); ~ги́(те)сь! mind!, cáre|ful!, look out!; ~ги́(те)сь соба́ки! be|wáre of the dog!; **3.** *страд. к* бере́чь.

**бери́лл** *м. мин.* béryl ['be-].

**бери́ллий** *м. хим.* berýllium, glucínium.

**берклеа́нство** *с.* Bèrkeléianism [bɑː'kliːə-nɪzm].

**бе́ркут** *м. зоол.* gólden eagle.

**берли́нск||ий** Bèrlin (*attr.*); ◇ ~ая лазу́рь Prússian blue [-ʃən...].

**берло́га** *ж.* den, lair.

**бертоле́тов:** ~а соль potássium chlórate.

**берцо́в||ый** *анат.* tibial; большáя ~ая кость shin-bòne; tíbia (*pl.* -iae) *научн.*; мáлая ~ая кость fíbula (*pl.* -ae, -as).

**бес** *м.* démon; ◇ рассыпáться мéлким ~ом пéред кем-л. *разг.* ≅ fawn up¦ón smb.

**бесе́д||а** *ж.* **1.** (*разговор*) cònversátion, talk; дру́жеская ~ friendly chat ['fren-...]; задушéвная ~ héart-to-héart talk ['hɑːt-...]; **2.** (*лекция с обменом мнений*) debáte, discússion; (*по радио*) talk (on); провести́ ~у give* a talk, hold* / lead* a discússion; **3.** (*интервью*) interview [-vjuː].

**бесе́дка** *ж.* súmmer-house* [-s]; (*украшенная растениями*) árbour, pérgola.

**бесе́довать** (с *тв.*) talk (to, with).

**бесёнок** *м.* imp.

**беси́ть**, взбеси́ть (*вн.*) enráge (*d.*), infúriàte (*d.*), mádden (*d.*), drive* wild (*d*); **~ся**, взбеси́ться (*о животном*) go* mad, become* rábid; (*перен.: о человеке*) rage, be frántic / fúrious; *сов. тж.* get* / fly* into a rage, get* fúrious.

**бескла́ссов||ый** clássless; ~ое óбщество clássless society.

**бескозы́рка** *ж.* péakless cap; матрóсская ~ sáilor's hat.

**бесконе́чн||о** *нареч.* ínfinite¦ly; (*безгранично*) extréme¦ly; (*без конца*) éndlessly, without end; ~ мáлый *мат.* infinitésimal; ~ мáлая величинá *мат.* ìnfinitésimal (quántity). **~ость** *ж.* éndlessness; infínity (*тж. мат.*); (*о времени*) etérnity; ◇ до ~ости for ever and ever; ad ìnfinitum. **~ый** éndless, ínfinite; (*слишком длинный*) intérminable; (*вечный*) etérnal; (*не прекращающийся*) èver¦lásting, perpétual; ~ый ряд *мат.* ínfinite séries [...-iːz]; ~ая дробь *мат.* recúrring décimal; ~ое мировóе пространство ínfinite space, the ínfinite; ~ый винт *тех.* éndless screw, worm; ~ые жáлобы perpétual / éndless / ùncéasing / intérminable compláints [...-sɪŋ...].

**бесконтро́льн||о** *нареч.* ún¦contrólledly [-oul-], without any contról [...-oul]. **~ость** *ж.* ábsence of contról [...-oul], ún¦contrólledness [-oul]. **~ый** ún¦contrólled [-ould], únchécked.

**беско́рмица** *ж. с.-х.* dearth of fódder [dəːθ...].

**бескоро́вный** having no cow; cáttle¦less.

**бескоры́ст||ие** *с.*, **~ность** [-сн-] *ж.* disinterestedness; (*альтруизм*) únsélfishness. **~ный** [-сн-] disinterested; (*альтруистичный*) únsélfish; ~ная пóмощь disinterested aid / assistance.

**беско́стный** bóne¦less.

**бескра́йн||ий, ~ый** bóundless.

**бескри́зисный** crísis-free; without crísès [...-siːz].

**бескро́вный** **1.** blóodless ['blʌd-]; (*бледный*) pale, pállid; (*малокровный*) anáemic; **2.** (*без кровопролития*) blóodless.

**бескры́лый** wíng¦less; ápterous *научн.* (*перен.*) ún¦inspíred, bárren.

**бескульту́рье** *с.* lack / want of cúlture.

**бесновáтый** ráging, ráving, frénzied.

**бесновáться** rage, rave (like one posséssed) [...-'zest].

**бесо́вский** dévilish.

**беспа́лубный** *мор.* úndécked.

**беспа́лый** fínger¦less; (*не имеющий пальцев ноги*) tóe¦less.

**беспа́мят||ность** *ж.* forgétfulness [-'g-], bad / poor mémory. **~ный** forgétful [-'g-]. **~ство** *с.* ùn¦cónscious¦ness [-nʃəs-]; (*исступление*) frénzy; лежáть в ~стве lie* ùn¦cónscious [...-nʃəs]; быть в ~стве (от) (*вне себя*) be beside òne¦sélf (with); впасть в ~ство lose* cónscious¦ness [luːz -nʃəs-].

**беспардо́нный** *разг.* impudent.

**беспарти́йн||ый** **1.** *прил.* nón-Párty (*attr.*); ~ большеви́к nón-Párty Bólshevik; **2.** *как сущ. м.* nón-Párty man*; *ж.* nón-Párty wóman* [...'wu-]; *мн.* nón-Párty people [...piː-].

**беспа́спортный** having no pásspòrt.

**беспате́нтный** ún¦lícensed [-'laɪ-].

**беспере́бойн||о** *нареч.* without ìnterrúption; (*регулярно*) régularly. **~ость** *ж.* còntinúity. **~ый** ún¦ìnterrúpted; (*регулярный*) régular; ~ое снабжéние ún¦ìnterrúpted / cónstant / régular / sỳstemátic supplý.

**беспереса́дочн||ый** through; ~ое сообщéние through connéction.

**бесперспекти́вн||ость** *ж.* lack / ábsence of any próspèct; (*безнадёжность*) hópe¦lessness. **~ый** having no próspècts, with no próspèct; (*безнадёжный*) hópe¦less; (*мрачный*) glóomy, dark.

**беспе́чн||о** *нареч.* cáre¦lessly, light-héartedly [-'hɑːt-], with compléte ún¦concérn. **~ость** *ж.* cáre¦lessness, ún¦concérn. **~ый** háppy-gò--lùcky, cáre¦less, light-héarted [-'hɑːt-], dévil--may-cáre; (*о жизни и т. п.*) úntróubled [-'trʌ-], cáre-free.

**беспи́сьменный** having no wrítten lánguage, without a wrítten lánguage, ígnorant of létters.

**беспла́нов||ость** *ж.* ábsence of plan, ábsence of plánning, plán¦lessness. **~ый** plán¦less.

**беспла́тн||о** *нареч.* free of charge, grátis. **~ый** free (of charge); (*о квартире и т. п.*) rént-free; ~ый билéт free / còmpliméntary ticket, free pass.

**бесплацка́ртный** **1.** (*о вагоне*) without resérved seats [...-'z-...], with ún¦resérved seats only [...-'z-...]; **2.** (*о пассажире*) having no, *или* without a, resérvéd seat.

**беспло́дие** *с.* bárrenness, stèrílity.

**беспло́дно** I *прил. кратк. см.* беспло́дный.

**беспло́дно** II *нареч.* (*безуспешно*) in vain, váinly, ún¦aváiling¦ly.

**беспло́дность** *ж.* futílity, frúitlessness ['fruːt-].

**беспло́дн||ый** bárren, stérile; (*перен.*) frúitless ['fruːt-], vain, ún¦aváiling; ~ая пóчва, землá bárren soil; ~ые попы́тки abórtive attémpts; ~ая диску́ссия stérile / fútile discússion.

**беспло́тный** ìn¦còrpóreal [-rɪəl].

**бесповоро́тный** irrévocable.

**бесподо́бно** I **1.** *прил. кратк. см.* бесподо́бный; **2.** *предик. безл.* it is éxcellent; ~! éxcellent!, spléndid!, cápital!

**бесподо́бн||о** II *нареч. разг.* (*превосходно*) éxcellently, spléndidly. **~ый** *разг.* (*превосходный*) mátchless, péerless; (*несравненный*) in¦cómparable.

**беспозвоно́чн||ые** *мн. скл. как прил. зоол.* invértebrate. **~ый** *зоол.* invértebrate; ~ое живо́тное invértebrate, invértebrate ánimal.

**беспоко́||ить** (*вн.*) **1.** (*волновать*) wórry ['wʌ-] (*d.*), disquíet (*d.*), pertúrb (*d.*); make* ánxious / ún¦éasy [...-zɪ] (*d.*); **2.** (*мешать*) distúrb (*d.*); (*утруждать*) trouble [trʌ-] (*d.*); (*причинять неудобство*) in¦convénience (*d.*), cause in¦convénience (to), put* to in¦convénience (*d.*); bóther (*d.*) *разг.* **~иться 1.** (о *пр.*; *волноваться*) wórry ['wʌ-] (abóut), be ánxious / ún¦éasy [...-zɪ] (abóut); он ~ится, что они́ не приду́т he is afráid they will not come; **2.** (*утруждать себя*) trouble [trʌ-]; bóther *разг.*; не ~йтесь don't trouble / bóther.

**беспоко́йно** I *прил. кратк. см.* беспоко́йный.

**беспоко́йн||о** II *нареч.* ún¦éasily [-zɪ-]. **~ый 1.** (*тревожный*) ún¦éasy [-zɪ]; ~ый взгляд troubled look [trʌ-...]; ~ое мо́ре chóppy / ágitàted sea; **2.** (*причиняющий беспокойство*) distúrbing; (*подвижный*) réstless; ~ый ребёнок fídgety / réstless child*; fídget.

**беспоко́йств||о** *с.* **1.** (*озабоченность*) ànxíety [-ŋ'z-], concérn, ún¦éasiness [-zɪ-]; (*волнение*) nérvous¦ness, àgitátion; **2.** (*нарушение покоя*) trouble [trʌ-]; прости́те за ~ (I am) sórry to trouble you, (I am) sórry for the trouble I am giving you; причиня́ть ~ (*дт.*) trouble (*d.*), give* trouble (*i.*); (*причинять неудобство*) cause in¦convénience (to), put* to in¦convénience (*d.*); (*волновать*) cause ànxíety / concérn (to); никако́го ~а! no trouble at all!

**бесполе́зно** I **1.** *прил. кратк. см.* бесполе́зный; **2.** *предик. безл.* it is úse¦less [...-s-], it is no good, it is of no use [...-s]; ~ разгова́ривать it is úse¦less to talk, it is of no use to talk; it is no use tálking, it is no good tálking *разг.*

**бесполе́зн||о** II *нареч.* úse¦lessly [-s-]. **~ость** *ж.* úse¦lessness [-s-]. **~ый** úse¦less [-s-], ún¦aváiling; ~ое начина́ние vain ùndertáking; ~ые уси́лия un¦aváiling / vain éfforts; все его́ уси́лия бы́ли ~ы all his éfforts were to no púrpose [...-s], all his lábour was in vain, all his éfforts were wásted [...'weɪ-]; ~ая тра́та вре́мени, де́нег *и т. п.* waste of time, móney, *etc.* [...'mʌ-].

**беспо́л||ый** séxless; agámic, ágamous *научн.*; ~ое размноже́ние *биол.* aséxual rè¦prodúction.

**беспо́мощн||ость** *ж.* **1.** hélplessness; **2.** (*бессилие*) féeble¦ness. **~ый 1.** helpless; (*покинутый*) forlórn; **2.** (*бессильный, бездарный*) feeble, ímpotent, èfféte.

**беспоро́чный** (*безукоризненный*) bláme¦less, fáultless; (*незапятнанный*) únblémished, spót¦less.

**беспоря́дки** *мн.* (*волнения*) distúrbance(s).

**беспоря́д||ок** *м.* disórder; (*расстройство*) confúsion; приводи́ть в ~ (*вн.*) put* into disórder (*d.*), disarránge [-eɪndʒ] (*d.*); (*о комнате, столе, волосах тж.*) make* ùntídy (*d.*); *воен.* throw* into confúsion [-ou...] (*d.*); в ~ке in disórder, ùntídy; (*в спешке, суматохе*) hélter-skélter; отступа́ть в ~ке retréat in confúsion / disórder; в большо́м ~ке (*о комнате, квартире*) úpside-dówn; in a mess *разг.*; ◇ худо́жественный ~ àrtístic confúsion.

**беспоря́дочн||о** *нареч.* in confúsion, in disórder; híggledy píggledy *разг.* **~ость** *ж.* **1.** disórderliness; ùntídiness [-'taɪ-], slóvenliness ['slʌ-]; irrègulárity; (*ср.* беспоря́дочный); **2.** (*о поведении*) ìmpropríety. **~ый 1.** disórderly, confúsed; (*неряшливый*) ùntídy, slóvenly ['slʌ-]; (*нерегулярный*) irrégular; **2.** (*о поведении*) imprόper [-'prɔ-].

**беспоса́дочный:** ~ перелёт *ав.* nón-stóp flight.

**беспо́чвенн||ость** *ж.* gróundlessness. **~ый** gróundless, únfóunded, únsubstántiàted.

**беспо́шлинн||о** *нареч.* free of dúty, dúty-frée. **~ый** dúty-frée; ~ая торго́вля free trade.

**беспоща́дн||ость** *ж.* mércilessness, rúthlessness ['ruː-]; с ~остью without mércy. **~ый** mérciless, rúthless ['ruː-], reléntless, ùnmérciful; (*ср.* безжа́лостный).

**беспра́в||ие** *с.* **1.** (*беззаконие*) láwlessness, illegálity; **2.** (*отсутствие прав*) lack of rights, ábsence of cívil rights. **~ный** without any rights; (*о человеке тж.*) depríved of cívil rights; ~ное положе́ние condítion / posítion without any rights [...-'zɪ-...]; ímpotence agáinst árbitrary rule.

**беспреде́льный** ínfinite, bóundless.

**беспредме́тн||ость** *ж.* (*бессодержательность*) póintlessness; (*бесцельность*) áimlessness. **~ый** (*бессодержательный*) póintless; (*бесцельный*) áimless, púrpose¦less [-s-].

**беспрекосло́вн||о** *нареч.* implícitly, ùn¦quéstioning¦ly [-stʃə-], without demúr. **~ый** ábsolùte, implícit, ùn¦quéstioning [-stʃə-].

**беспрепя́тственн||о** *нареч.* without dífficulty, without híndrance, without obstrúction, fréely; ~ прони́кнуть в дом make* one's way into *the* house* ún¦impéded / únhíndered, *или* without híndrance [...haus...]. **~ый** free.

**беспреры́вн||о** *нареч.* contínuous¦ly, ún¦ìnterrúptedly, without a break [...-eɪk]; on end; ~ в тече́ние ча́са for an hour without a break [...auə...], for an hour without pause, a whole hour [...houl...]; ~ в тече́ние трёх дней, неде́ль, ме́сяцев for three days, weeks, months on end [...mʌ-...], for three days, weeks, months rúnning. **~ый** contínuous, ún¦interrúpted; ~ый дождь incéssant rain(s) (*pl.*).

**беспреста́нн||о** *нареч.* contínually, incéssantly; ~ повторя́ть одно́ и то же repéat the same thing óver and óver agáin. **~ый** contínual, incéssant.

**беспрецеде́нтный** ùnprécedented, ùnpáralleled.

**беспри́быльн||ость** *ж.* ún¦remúneràtive¦ness, ùnprófitable¦ness. **~ый** ún¦remúneràtive, ùnprófitable, prófitless.

**бесприда́нница** *ж.* dówerless / pórtionless girl [...g-].

**беспризо́рн||ик** *м.* hóme¦less child*, waif; *мн. тж.* waifs and strays. **~ость** *ж.* **1.** (*заброшенность*) neglect; **2.** (*детей*) child hóme¦lessness. **~ый 1.** *прил.* (*бездомный*) hóme¦less;

(*заброшенный*) negléctеd; 2. *м. как сущ.* = беспризóрник.

**беспримéрный** ùn¦exámpled [-ɑːm-], ùnpáralleled.

**беспри́месный** ún¦allóyed, pure.

**беспринци́пн||ость** *ж.* ùnscrúpulous¦ness. **~ый** ùnprincipled, ùnscrúpulous; ~ый человéк ùnprincipled man*, man* of no scruples, man* without principles.

**беспристрáст||ие** *с.* impàrtiálity. **~но** *нареч.* impártially, without bias. **~ный** impártial, únbías(s)ed.

**беспричи́нн||о** *нареч.* without cause, without mótive, without réason [...-z-]. **~ый** cáuse¦-less, gróundless, mótive¦less.

**беспрію́тный** hóme¦less, shélterless.

**беспробýдн||о** *нареч.* without wáking; (*тяжело*) héavily ['he-]. **~ый 1.** (*о сне*) deep, héavy ['he-]; спать ~ым сном be in a deep / héavy sleep; (*о мёртвом*) sleep* the etérnal sleep; **2.** (*о пьянстве*) ùnbrídled, ún¦restráined.

**беспрóволочный** wire¦less; ~ телегрáф wire¦less telégraphy, wire¦less.

**беспрóигрышн||ый** safe, sure [ʃuə]; ~ое дéло sure búsiness [...'bɪzn-]; ~ая лотерéя áll-prize lóttery; ~ вы́пуск зáйма rè¦páyable loan.

**беспросвéтн||ый** útterly dark; black; (*перен.*) (*мрачный*) chéerless, glóomy; (*безнадёжный*) hópe¦less; ~ая тьма dense / thick dárkness; ~ая нуждá hópe¦less pénury.

**беспрóсыпу** = без прóсыпу *см.* прóсып.

**беспроцéнтный** béaring no interest ['bɛə-...].

**беспýт||ный** díssipàted, díssolùte; (*развратный*) licéntious [laɪ-]. **~ство** *с.* dìssipátion; (*разврат*) debáuchery, líbertinage.

**бессвя́зн||ость** *ж.* ìn¦còhérence [-kou'hɪə-]. **~ый** ìn¦còhérent [-kou-]; (*ср.* непослéдовательный).

**бессемéйный** without a fámily.

**бессеменодóльный** *бот.* àcòtylédonous [-'liː-].

**бессемéров||ание** *с. тех.* Béssemer prócèss. **~ский** *тех.* Béssemer; ~ское произвóдство стáли Béssemer prócèss of steel prodúction / mànufácture.

**бессемя́нный** *бот.* séedless.

**бессердéч||ие** *с.*, **~ность** *ж.* héartlessness ['hɑːt-], hárd-héartedness [-'hɑːt-], cállous¦ness. **~ный** héartless ['hɑːt-], hárd-héarted [-'hɑːt-], cállous, ùnféeling.

**бесси́лие** *с.* wéakness, féeble¦ness; (*о больном*) debílity; (*перен.*) ímpotence; больнóй жáловался на пóлное ~ the pátient compláined of a tótal loss of strength; половóе ~ *мед.* ímpotence.

**бесси́льный** weak, feeble; (*перен.*) pówerless; (*беспомощный*) hélpless; (*о злобе и т. п.*) ímpotent.

**бессистéмн||ость** *ж.* ún¦sỳstemátic / únmethódical cháracter [...'kæ-]; want / lack of sýstem / méthod. **~ый** únsystemátic, únmethódical.

**бесслáв||ие** *с.* ínfamy, ígnominy. **~ный** ìgnomínious, in¦glórious.

**бесслéдн||о** *нареч.* without léaving a trace. **~ый** tráce¦less, without a trace.

**бессловéсный 1.** dumb; 2. (*неразговорчивый*) sílent; (*перен.: безропотный*) meek, húmble, lówly ['lou-].

**бессмéнн||о** *нареч.* at a stretch, contínuous¦ly; on end; ~ прослужи́ть дéсять лет в однóм учреждéнии work in one place for ten years rúnning, work in one place for ten years at a stretch, work contínuous¦ly in one place for ten years. **~ый** pérmanent; (*постоянный*) contínuous.

**бессмéртие** *с.* ìmmòrtálity.

**бессмéртник** *м. бот.* ìmmòrtélle.

**бессмéртный** immórtal; (*о славе и т. п.*) ùndýing, ùnfáding; ~ пóдвиг immórtal feat.

**бессмы́сленно** I **1.** *прил. кратк. см.* бессмы́сленный; **2.** *предик. безл.* there is no sense / point: ~ идти́ тудá there is no sense / point in gó¦ng there.

**бессмы́сленн||о** II *нареч.* **1.** (*бесполезно, неразумно*) sénse¦lessly; **2.** (*глупо*) fóolishly; ~ улыбнýться smile ináne¦ly. **~ость** *ж.* sénse¦lessness; fóolishness; inánity, vácancy ['veɪ-]; (*ср.* бессмы́сленный). **~ый 1.** (*бесполезный, неразумный*) sénse¦less; (*о злобе и т. п.*) insénsate; ~ый постýпок sénse¦less áction; **2.** (*лишённый смысла*) méaning¦less, únméaning; ~ый взгляд vácant / vácuous stare; **3.** (*глупый*) fóolish, ináne, sílly; э́то ~о (*глупо*) it is sílly, it is fóolish.

**бессмы́слица** *ж.* nónsense; (*бессмысленный поступок*) absúrdity.

**бесснéжный** snówless [-ou-].

**бессóвестно** [-сн-] I **1.** *прил. кратк. см.* бессóвестный; **2.** *предик. безл.* it is ùnscrúpulous.

**бессóвестн||о** [-сн-] II *нареч.* ùnscrúpulous¦-ly, without scruple. **~ость** [-сн-] *ж.* **1.** ùnscrúpulous¦ness; (*нечестность*) dìshónesty [dɪs'ɔ-]; **2.** (*бесстыдство*) sháme¦lessness; (*наглость*) ímpudence. **~ый** [-сн-]**1.** ùnscrúpulous; (*нечестный*) dishónest [dɪs'ɔ-]; **2.** (*бесстыдный*) sháme¦less; (*наглый*) ímpudent, báre¦-fàced, brázen(-fàced).

**бессодержáтельн||ость** *ж.* émptiness; insipídity, vapídity, dúllness. **~ый** émpty; (*неинтересный*) insípid, vápid, dull; ~ая болтовня́ émpty talk; gas *разг.*; он совершéнно ~ый человéк he has ábsolùte¦ly nothing in him.

**бессознáтельн||о** *нареч.* ún¦cónscious¦ly [-nʃəs-], instínctive¦ly. **~ость** *ж.* ún¦cónscious¦-ness [-nʃəs-]. **~ый 1.** ún¦cónscious [-nʃəs]; быть в ~ом состоя́нии be ún¦cónscious; **2.** (*непреднамеренный*) ún¦inténtional.

**бессóнн||ица** *ж.* insómnia, sléeplessness. **~ый** sléepless.

**бесспóрно** I **1.** *прил. кратк. см.* бесспóрный; **2.** *предик. безл.* there is no doubt [...daut].

**бесспóрн||о** II **1.** *нареч.* indispútably, ùn¦-quéstion¦ably [-stʃən-], ùndóubtedly [-'daut-]; **2.** *вводн. сл.* to be sure [...ʃuə], assúredly [ə'ʃuər-], be¦yónd quéstion [...-stʃən]. **~ый** indispútable, ùn¦quéstion¦able [-stʃən-], ùndeníable; (*очевидный*) sélf-évident.

**бесср́ебреник** *м.* disínterested pérson; он ~ móney is nóthing to him ['mʌ-...].

**бесср́очн||ый** térmless; (*постоянный*) pérmanent; ~ óтпуск indéfinite leave; ~ пáспорт pérmanent pàssport; ~ая ссýда pérmanent loan; ~ая ссы́лка éxile for life, life¦lòng éxile.

**бесстрáст||ие** *с.* impassívity. **~ный** impássive, pássion¦less.

**бесстра́ш||ие** *с.* féarlessness, intrepídity. **~ный** féarless, intrépid.

**бессты́д||ник** *м.* shámeǀless man* / féllow; (*о мальчике*) shámeǀless boy. **~ница** *ж.* shámeǀless wóman* [...'wu-], shámeǀless créature, bold hússy; (*о девочке*) shámeǀless girl [...g-]. **~ный** shámeǀless; (*наглый*) báreǀfàced, brázen(-fàced). **~ство** *с.* shámeǀlessness; (*наглость*) ímpudence; у него́ хвати́ло **~ства** (+ *инф.*) he had the ímpudence, *или* the front [...frʌ-] (+ to *inf.*); he had the cheek (+ to *inf.*) *разг.*

**бессты́жий** *разг.* shámeǀless, ímpudent.

**бессчётный** [-щё-] innúmerable, cóuntless.

**беста́ктн||ость** *ж.* **1.** táctlessness; **2.** (*бестактный поступок*) táctless blúnder, piece of táctlessness [pi:s...]. **~ый** táctless; (*неуместный тж.*) clúmsy [-zɪ], impróper [-'prɔ-]; **~ый** посту́пок táctless blúnder.

**бестала́нн||ый 1.** feeble, wrétched, úntálented; (*заурядный*) médiòcre; ~ поэ́т feeble / wrétched / úntálented póet; pòetáster; **2.** (*несчастный*) lúckless, íll-stárred; **~ая** голо́вушка poor dévil.

**бестеле́сный** ìmmatérial, ìnǀcòrpóreal [-ɪəl].

**бе́стия** *ж. бран.* knave, rogue [roug]; ◇ то́нкая ~ sly cústomer, ártful dódger, deep one; продувна́я ~ knówing féllow ['nou-...], a knówing card, a deep one.

**бестолко́в||ость** *ж.* **1.** (*непонятливость*) múddle-headedness [-hed-], dull ùnderstánding, stupídity; **2.** (*несвязность*) ìnǀcòhérence [-kou'hɪə-], confúsion. **~щина** *ж. разг.* confúsion, muddle. **~ый 1.** (*непонятливый*) múddle-headed [-hed-], stúpid; **~ый** челове́к blóckhead [-hed], dúnderhead [-hed]; **2.** (*несвязный*) confúsed, ìnǀcòhérent [-kou-]; (*непонятный*) únǀintélligible.

**бе́столочь** *ж. разг.* **1.** = бестолко́вщина; **2.** (*бестолковый человек*) múddle-head [-hed]; *собир.* a lot of blóckheads [...-hedz].

**бестре́петный** *поэт.* intrépid, dáuntless.

**бесфо́рменный** fórmless, shápeǀless.

**бесхара́ктерн||ость** *ж.* wéakness of will, spíneǀlessness, féebleǀness. **~ый** wéak-willed, spíneǀless, feeble; он **~ый** челове́к he has no will of his own [...oun], he has no báckbòne.

**бесхво́стый** táilǀless; ecáudate *научн.*

**бесхи́тростный** [-сн-] ártless, únsophísticàted; (*простодушный*) simple, ingénuous [ɪn'dʒe-].

**бесхо́зн||ый** únǀówned [-'ou-], ównerless ['ou-]; **~ая** земля́ no man's land; **~ое** иму́щество próperty in abéyance.

**бесхозя́йный** *уст.* = бесхо́зный.

**бесхозя́йственн||ость** *ж.* thríftlessness, bad mánageǀment, mismánageǀment; (*нерадение*) négligence. **~ый** thríftless; **~ый** челове́к bad* mánager; **~ое** веде́ние дел mismánageǀment; **~ое** отноше́ние к обору́дованию *и т. п.* cáreǀless and wásteǀful way of hándling equípment, *etc.* [...'weɪst-...].

**бесхребе́тный** spíneǀless; (*беспринципный*) ùnprínciplèd.

**бесцве́тн||ость** *ж.* cólourǀlessness ['kʌ-]; (*перен. тж.*) ìnsipídity, flátness, támeǀness. **~ый** cólourǀless ['kʌ-]; (*перен. тж.*) insípid, flat, tame; (*скучный, однообразный*) drab; (*о лице, внешности*) wan [wɔn]; **~ая** речь tame / cólourǀless speech.

**бесце́льн||ость** *ж.* áimlessness; (*бесполезность*) ídleǀness; ~ спо́ра ídleǀness of *the* árgument. **~ый** áimless; (*бесполезный*) idle, póintless; э́то **~о** it would serve no púrpose [...-s], it would be póintless / fútile.

**бесце́нн||ость** *ж.* **1.** (*большая ценность*) príceǀlessness; **2.** *уст.* (*малоценность*) válueǀlessness. **~ый 1.** (*очень дорогой*) príceǀless, inváluable; (*любимый*) belóved [-'lʌ-]; **2.** *уст.* (*малоценный*) válueǀless, wórthless.

**бесце́нок** *м.*: за ~ for next to nothing, for a (mere) trifle; for a song *идиом. разг.*

**бесцеремо́нн||ость** *ж.* úncèremóniousǀness; (*развязность*) familiárity; (*наглость*) ímpudence. **~ый** úncèremónious, óff-hánd(ed); (*невежливый*) ùnmánnerly; (*наглый*) ímpudent; **~ое** обраще́ние с кем-л. hígh-hánded tréatment of smb.; **~ое** обраще́ние с фа́ктами árbitrary tréatment of facts; э́то **~о** that is too free and éasy [...'i:zɪ], that is úncèremónious, that is táking líberties; (*развязно*) that is too familiar.

**бесчелове́чн||ость** *ж.* ìnǀhumánity, brùtálity. **~ый** inǀhúman, brútal.

**бесче́ст||ить,** обесче́стить (*вн.*) disgráce (*d.*), bring* dishónour [...dɪs'ɔ-] (on), be a disgráce (to); (*женщину тж.*) dishónour (*d.*). **~ность** [-сн-] *ж.* dishónourǀableǀness [dɪs'ɔ-]. **~ный** [-сн-] dishónourǀable [dɪs'ɔ-].

**бесче́стье** *с.* disgráce, dishónour [dɪs'ɔ-].

**бесчи́н||ный** *уст.* outrágeous, scándalous. **~ство** *с.* excéss, óutràge. **~ствовать** commít excésses / óutràges.

**бесчи́сленн||ость** *ж.* innùmerabílity, númberlessness. **~ый** cóuntless, innúmerable, númberless; **~ое** коли́чество раз times out of númber; **~ое** мно́жество ínfinite númber; cóuntless númbers *pl.*

**бесчу́вственн||ость** [-у́с-] *ж.* **1.** insènsibílity; **2.** (*жестокость*) cállousǀness, hárd-héartedness [-'hɑ:t-]. **~ый** [-у́с-] **1.** insénsible; находи́ться в **~ом** состоя́нии be ùnǀcónscious [...-nʃəs]; **2.** (*жестокий*) ùnféeling, cállous, hárd-héarted [-'hɑ:t-], héartless ['hɑ:t-].

**бесчу́вств||ие** [-у́с-] *с.* **1.** loss of cónsciousǀness [...-nʃəs-]; до **~ия** till one lóses cónsciousǀness [...'lu:z-...]; в **~ии** ùnǀcónscious [-nʃəs]; пья́ный до **~ия** dead drunk [ded...]; **2.** (*жестокость*) cállousǀness, héart-héartedness [-'hɑ:t-], héartlessness ['hɑ:t-].

**бесшаба́шн||ость** *ж. разг.* récklessness. **~ый** *разг.* réckless, dáre-dèvil; **~ый** челове́к dáre-dèvil.

**бесшу́мный** nóiseǀless.

**бето́н** *м.* cóncrete [-nk-]; укла́дывать ~ pour cóncrète [pɔ:...]. **~и́ровать,** забетони́ровать (*вн.*) cóncrète [-nk-] (*d.*). **~ный** cóncrete [-nk-].

**бетономеша́лка** *ж. тех.* cóncrète mixer [-nk-...].

**бето́нщик** *м.* cóncrèter [-nk-].

**беч||ева́** *ж.* tów(ing)-line ['tou-], tów(ing)-ròpe ['tou-]; тяну́ть **~ево́й** (*вн.*) tow [tou] (*d.*). **~ёвка** *ж.* string, twine; (*для зашивания пакетов*) páck-thread [-θred]. **~ево́й 1.** *прил.* к бечева́; **~ева́я** тя́га tówing ['tou-]; **2.** *ж. как сущ.* tów-path* ['tou-].

**бе́шен||ство** *с.* **1.** (*болезнь*) hýdro¦phóbia; (*тк. о животных*) rábiès [-ıi:z]; **2.** (*неистовство*) fúry, rage; довести́ до ~ства (*вн.*) enráge (*d.*), make* fúrious (*d.*), drive* wild (*d.*), drive* to a frénzy (*d.*); доведённый до ~ства enráged; в ~стве in a frénzy. **~ый 1.** rábid, mad; ~ая соба́ка mad dog; rábid dog *мед.*; **2.** (*неистовый*) fúrious; ~ый хара́ктер víolent / ùn¦góvernable cháracter [...-'gʌ- 'k-]; ~ая не́нависть rábid hate; ~ые уси́лия frántic / frénzied éfforts; ◇ ~ая ско́рость fúrious / bréaknèck speed [...'breık-...]; ~ая си́ла stupéndous strength; ~ые де́ньги éasy móney ['i:zı 'mʌ-] *sg.*; (*большие*) fàntástic sum *sg.*; ~ая цена́ *разг.* exórbitant / extrávagant price; ~ая го́нка вооруже́ний frénzied arms drive / race.

**бешме́т** *м.* béshmet (*quilted jacket*).

**библе́йский** bíblical, scríptural.

**библио́граф** *м.* bìblíògrapher. **~и́ческий** bibliográphic(al).

**библиогра́фия** *ж.* bìbliógraphy.

**библиома́н** *м.* bìbliomániàc.

**библиоте́к||а** *ж.* líbrary ['laı-]; (*с выдачей книг на дом*) lénding líbrary; (*без выдачи на дом*) réference líbrary; ~-чита́льня réading-room, réading-hàll. **~арь** *м.* lìbrárian [laı-].

**библиотекове́дение** *с.* líbrary science ['laı-...].

**библиоте́чный** *прил. к* библиоте́ка.

**библио||фи́л** *м.* bíbliophìl(e). **~фи́льский** bìbliophílic.

**би́блия** *ж. рел.* the Bíble; (*экземпляр библии*) bíble.

**бива́||к** *м.* bívouàc [-vuæk]; стоя́ть ~ком, стоя́ть на ~ках bívouàc. **~чный** bívouàcking [-vuæk-]; bívouàc [-vuæk] (*attr.*).

**би́вень** *м.* tusk.

**бивуа́к** *м. уст.* = бива́к.

**бидо́н** *м.* can; ~ для молока́ mílk-càn; (*большой — для перевозки молока и т. п.*) mílk-chùrn.

**бие́ние** *с.* (*сердца, пульса*) béating; (*сильное*) thróbbing; (*пульсация*) pùlsátion; ◇ ~ жи́зни the pulse / pùlsátion of life.

**биза́нь** *ж. мор.* dríver; (*у барка, шлюпки*) mízzen, mízzensail; ~-ма́чта mízzen-màst.

**бизо́н** *м. зоол.* bíson.

**бикарбона́т** *м. хим.* bì¦cárbonate.

**биквадра́т** *м. мат.* bì¦quádrate. **~ный** *мат.* bì¦quàdrátic.

**бикфо́рдов:** ~ шнур *тех.* sáfe¦ty fuse, Bíckford fuse.

**билабиа́льный** *лингв.* bì¦lábial.

**биле́т** *м.* **1.** tícket; железнодоро́жный, трамва́йный ~ ráilway, tram tícket; ~ в оди́н коне́ц single tícket; ~ туда́ и обра́тно retúrn tícket; входно́й ~ tícket of admíttance, éntrance tícket / card; пригласи́тельный ~ ìnvitátion card; экзаменацио́нный ~ exàminátion páper; все ~ы про́даны all seats are sold; (*как объявление*) all seats sold; **2.** (*как удостоверение*) card; парти́йный ~ Párty card; профсою́зный ~ tráde-ùnion card; ◇ креди́тный ~ bánk-nòte.

**билетёр** *м.*, **~ша** *ж. разг.* tícket colléctor, tícket contróller [...-rou-].

**биле́тн||ый** *прил. к* биле́т; ~ая ка́сса bóoking-òffice; (*театральная и т. п.*) bóx-òffice.

**биллио́н** *м.* (1.000.000.000) mílliard; bíllion *амер.*

**билль** *м.* bill.

**би́ло** *с. тех.* béater.

**билья́рд** *м.* bílliards; па́ртия на ~е game of bílliards. **~ный** *прил. к* билья́рд.

**биметалли́||зм** *м. эк.* bì¦métallism. **~ческий** *эк.* bì¦metállic; ~ческая де́нежная систе́ма bì¦metállic mónetary sýstem [...'mʌ-...].

**бино́кль** *м.* bìnócular(s) [baı-] (*pl.*), pair of glásses; полево́й ~ fíeld-glàss(es) ['fi:-] (*pl.*); театра́льный ~ ópera-glàss(es) (*pl.*).

**бинокуля́рн||ый** bìnócular [baı-]; ~ое зре́ние bìnócular vísion.

**бино́м** *м. мат.* bì¦nómial; ~ Нью́тона Bì¦nómial théorèm [...'θıə-].

**бинт** *м.* bándage. **~ова́ть,** забинтова́ть (*вн.*) bándage (*d.*).

**биогене́||зис** [-нэ́-] *м.* bìogénesis. **~ти́ческий** bìogenétic(al).

**био́||граф** *м.* bìógrapher. **~графи́ческий** bìográphic(al). **~гра́фия** *ж.* bìógraphy.

**био́||лог** *м.* bìólogist. **~логи́ческий** bìológical. **~ло́гия** *ж.* bìólogy.

**биомеха́ника** *ж.* bìomechánics [-'k-].

**биоста́нция** *ж.* (биологи́ческая ста́нция) bìológical státion.

**био||фи́зик** *м.* bìophýsicist [-z-]. **~фи́зика** *ж.* bìophýsics [-z-]. **~физи́ческий** bìophýsical [-z-].

**био||хи́мик** bìochémist [-'k-]. **~хими́ческий** bìochémical [-'k-]. **~хи́мия** *ж.* bìochémistry [-'k-].

**бипла́н** *м.* bí¦plàne.

**биполя́рн||ость** *ж. физ.* bì¦polárity. **~ый** bì¦pólar.

**би́ржа** *ж.* **1.** exchánge [-'ʧeı-]; ~ труда́ lábour exchánge; това́рная ~ commódity exchánge; чёрная ~ illégal cúrrency-exchánge [...-'ʧeı-]; **2.** *уст.*: изво́зчичья ~ cáb-stànd.

**биржев||и́к** *м.* mérchant on Change [...ʧeı-], stóck-jòbber. **~о́й** *прил. к* би́ржа 1; ~о́й ма́клер stóck-bròker; ~а́я сде́лка trànsáction on the exchánge [-'zæ-...-'ʧeı-]; ~а́я игра́ stóck-jòbbing.

**би́рка** *ж.* tálly (*notched stick*).

**бирма́н||ец** *м.*, **~ка** *ж.* Bùrmése, Búrman; *мн. собир.* the Bùrmése. **~ский** Bùrmése, Búrman; ~ский язы́к Bùrmése, the Bùrmése lánguage.

**бирюз||а́** *ж.* túrquoise [-kwa:z, -kɔız]. **~о́вый** *прил. к* бирюза́.

**бирю́к** *м.* moróse / crábbed féllow [mə'rous...]; смотре́ть ~о́м look moróse / súllen/súrly.

**бирю́льки** *мн.* (*ед.* бирю́лька *ж.*) spíllikins; игра́ в ~ spíllikins *pl.*, game of spíllikins; игра́ть в ~ play spíllikins; (*перен.*) waste one's time on trífles [weıst...], trífle a¦wáy one's time.

**бис** *межд.* encóre [ɔŋ-]; исполня́ть на ~ = биси́ровать.

**би́сер** *м. тк. ед. собир.* (glass) beads *pl.*; ◇ мета́ть ~ пе́ред сви́ньями cast* pearls befóre swine [...pə:-...]. **~ина** *ж.*, **~инка** *ж.* bead. **~ный** *прил. к* би́сер; (*перен.. очень мелкий*): ~ный по́черк mìnúte hánd-writing [maı-...].

**бисирова||ть** *несов. и сов.* (*вн.*; *повторять*) repéat (*d.*); (*без доп.*; *исполнять один раз сверх программы — об игре*) play an encóre [...ɔŋ-]; (*то же — о пении*) sing* an encóre; скрипач ~л четыре раза the violinist played four encóres [...fɔ:...].

**бисквит** *м.* 1. (*печенье*) spónge-cáke [-ʌndʒ-]; 2. (*неглазированный фарфор*) biscuit [-kɪt] (*unglazed porcelain*). **~ный** sponge [-ʌndʒ] (*attr.*); ~ный рулет Swiss roll.

**биссектриса** *ж. мат.* bi¦séctor.

**бисульфат** *м. хим.* bi¦súlphate.

**бита** *ж. спорт.* bat.

**битва** *ж.* battle; (под *тв.*, при, у) battle (of).

**битком** *нареч.*: ~ набитый packed, chóck-full, crám-full, full to òver¦flówing [...-'flou-]; там народу ~ набито the place is crammed, it is crám-full of people there [...pi:-...].

**биток** *м. кул.* round rissòle [...'ri:-].

**битум** *м.* bitúmen. **~инозный** bitúminous.

**бит||ый** 1. *прич. см.* бить 1, 2, 3, 4; 2. *прил.*: ~ая птица (dressed) póultry ['pou-]; ◇ ~ час a whole hour [...houl auə], a good hour.

**бить** I, побить 1. (*вн.*; *в разн. знач.*, *тж. перен.*) beat* (*d.*); ~ кнутом whip (*d.*); ~ врага его же оружием baffle /foil/ confúte *an* oppónent with his own wéapon [...oun 'we-]; make* *an* oppónent's wéapon recóil agáinst him; 2. *тк. несов.* (по *дт.*; *ударять*) hit* (*d.*); (*перен.*: *бороться*) fight* (*d.*, agáinst), struggle (agáinst, with); ~ по лицу (*о ветвях и т. п.*) strike* in the face; ~ по недостаткам struggle with defécts, wage war on defécts; ~ в цель hit* the mark; 3. *тк. несов.* (*вн.*; *убивать*) kill (*d.*); *охот. тж.* shoot* (*d.*); (*о скоте тж.*) sláughter (*d.*); ~ рыбу острогой spear fish (with a gig) [...g-]; ~ гарпуном harpóon (*d.*); ~ на лету shoot* on the wing (*d.*); 4. *тк. несов.* (*вн.*; *о посуде и т. п.*) break* [-eɪk] (*d.*); 5. *тк. несов.* (*о воде и т. п.*) gush out; (*о роднике*) gush out, well up; ~ струёй spurt, spirt; ~ ключом gush out, well up; (*перен.*) be in full swing; жизнь, энергия в нём бьёт ключом he is òver¦flówing, *или* búbbling / brímming óver, with vitálity, énergy [...-ouɪŋ... vaɪ-...]; 6. *тк. несов.* (*о ружье и т. п.*) shoot*; (*на расстояние*) have a range [...reɪ-]; ◇ ~ в ладоши clap one's hands; ~ карту cóver *a* card ['kʌ-...]; бьющий через край exúberant; ~ масло churn bútter; ~ на эффект strive* áfter effect; ~ по карману кого-л. cost* *one* a prétty pénny [...'prɪ-...]; ~ по чьему-л. самолюбию mórtifỳ smb., wound smb.'s pride / vánity / sélf-estéem [wu:-...]; его бьёт лихорадка he is shívering with féver [...'ʃɪ-...]; ~ задом (*о лошади*) kick; ~ хвостом lash / swish *the* tail.

**бить** II, пробить (*давать сигнал*) sound; (*о часах*) strike*; ~ в набат, ~ тревогу give* / sound the alárm, sound / ring* the tócsin; (*перен.*) raise an alárm; ~ отбой (*тж. перен.*) beat* a retréat.

**биться** 1. (с *тв.*) fight* (with); 2. (о *вн.*) knock (agáinst), hit* (agáinst), strike* (*d.*); bátter (*d.*); 3. (*о сердце, пульсе*) beat*; сердце сильно бьётся *the* heart is thróbbing / thúmping / béating [...hɑ:t...]; 4. (над) struggle (with); он бьётся над этой задачей he is strúggling with this próblem [...'prɔ-], he is rácking his brains óver this próblem; как он ни бился how¦éver much he tried; 5. *страд. к* бить I 3; ◇ ~ головой об стену ≅ be up agáinst a blank wall; ~ как рыба об лёд ≅ struggle désperate¦ly to make both ends meet [...bouθ...]; ~ об заклад bet, wáger.

**битюг** *м.* bitiúg (*a Russian breed of cart-horse*).

**бифштекс** [-тэ-] *м. кул.* (béef)steak [-eɪk].

**бицепс** *м. анат.* bicèps.

**бич** *м.* whip, lash; (*перен.*) scourge [-ə:dʒ]; ~ общества sócial scourge / évil [...'i:v-].

**бичева** *ж.* = бечева.

**бичев||ание** *с.* flàgellátion, càstigátion. **~ать** (*вн.*) flágellàte (*d.*), scourge [-ə:dʒ] (*d.*), lash (*d.*); (*перен. тж.*) cástigàte (*d.*); ~ать пороки cástigàte / stígmatize vice.

**бичёвка** *ж.* = бечёвка.

**бишь** *частица разг.* now; как ~ его зовут? what is his name, now?; то ~ that is to say.

**благ||о** I *с.* bléssing, boon; (*счастье*) good; желаю вам всех благ I wish you every háppiness; ~а жизни the good things of life, créature cómforts [...'kʌ-]; производство материальных благ prodúction of matérial wealth [...we-]; земные ~а éarthly bléssings ['ə:-...]; общее ~ cómmon / géneral weal; cómmon good; на ~, для ~а (*рд.*) for the wélfàre (of); для ~а человечества for the wélfàre, *или* the good, of mànkínd; ◇ всех благ! *разг.* (*до свидания*) all the best!, so long!; ни за какие ~а (в мире) not for the world; счесть за ~ consíder / deem it right [-'sɪ-...].

**благо** II *союз разг.* since; sée¦ing / consídering that; пользуйтесь случаем, ~ вы здесь use the òpportúnity since you are here.

**благоверн||ая** *ж. скл. как прил. шутл.* bétter half [...hɑ:f]; (*о жене другого*) good lády. **~ый** *м. скл. как прил. шутл.* lord and máster.

**благовест** *м. тк. ед.* (ríng¦ing of) the church bells. **~ить** 1. ring* for church; 2. (о *пр.*) *разг.* (*разносить новости*) públish ['pʌ-] (*d.*), spread* [-ed] (*d.*), noise abróad [...-ɔ:d] (*d.*).

**благовещение** *с. церк.* Lády Day, Annùnciátion.

**благовидн||ый** séemly; ◇ ~ предлог pláusible excúse / prétèxt [-z- -s...], spécious excúse / prétèxt; под ~ым предлогом on *a* pláusible excúse / prétèxt.

**благовол||ение** *с.* góod¦will, kínd¦ness; пользоваться чьим-л. ~ением be in smb.'s good gráces / books, stand* high in smb.'s fávour, be in high fávour with smb. **~ить** 1. (к) regárd with fávour (*d.*), have a kind féeling (for); 2. *тк. пов.* (+ *инф.*) have the kínd¦ness (+ to *inf.*), kínd¦ly (*imper.*): ~ите ответить have the kínd¦ness to ánswer [...'ɑ:nsə], kínd¦ly ánswer.

**благовон||ие** *с.* 1. *уст.* frágrancy ['freɪ-], aróma, pérfùme; наполнить ~ием (*вн.*) perfúme (*d.*); 2. *мн.* íncènse *sg.* **~ный** frágrant, perfúmed, àromátic.

**благовоспитанн||о** *нареч.* políte¦ly, cóurteous¦ly ['kə:t-]; он ведёт себя ~ he has good* mánners. **~ость** *ж.* good bréeding. **~ый** wéll-bréd.

**благогов||е́йный** rèveréntial. **~е́ние** *с.* (пе́ред) (*смешанное со страхом*) awe (of); (*с покорностью*) réverence (for, befóre); (*с любовью*) vènerátion (for).

**благогове́ть** (пе́ред) revére (*d.*), hold* in réverence (*d.*), regárd with réverence (*d.*), vénerate (*d.*).

**благодар||и́ть,** поблагодари́ть (*вн.*) thank (*d.*); ~ю вас thank you.

**благода́р||ность** *ж.* **1.** grátitùde; **2.** (*выражение благодарности*) thanks *pl.*; не сто́ит ~ности don't méntion it, not at all; рассыпа́ться в ~ностях thank effúsive¦ly, pour out one's thanks [pɔː...]. **~ный** gráte¦ful, thánkful; ◇ ~ный труд grátifỳing lábour; wórth-while lábour *разг.*; я вам о́чень ~ен thank you very much (indéed), I am very much oblíged to you; much oblíged *разг.*

**благода́рственн||ый** *уст.* of thanks; thánks¦-giving; ~ое письмо́ létter of thanks; ~ моле́бен *a* thánks¦giving (sérvice).

**благодаря́** *предл.* (*дт.*) thanks to; (*вследствие*) ówing to ['ou-...]; ~ тому́, что thanks to the fact that.

**благод||а́тный** bèneficial; (*изобильный*) abúndant; ~ край rich land. **~а́ть** *ж. разг.* páradise [-s]; тут ~а́ть it's a páradise here, it's héavenly here [...'he-...].

**благоде́нств||ие** *с. уст.* pròspérity. **~ова́ть** *уст.* prósper, flóurish ['flʌ-]; be in clóver *разг.*

**благоде́тель** *м.* bénefàctor. **~ница** *ж.* bénefàctress. **~ный** bèneficial, benéficent. **~ствовать** (*дт.*) be a bénefàctor (to).

**благодея́ние** *с.* (*доброе дело*) good deed; (*одолжение*) boon.

**благоду́шествовать** *разг.* péace¦fully enjóy òne¦sélf.

**благоду́ш||ие** *с.* complácency [-'pleɪ-]; (*спокойствие*) plàcídity; (*доброта, мягкость*) mild¦ness of témper, good húmour; самодово́льное ~ smug complácency; впада́ть в ~ be lulled into complácency. **~ный** complácent; (*спокойный*) plácid; (*добродушный*) góod-húmour¦ed, kínd¦ly; ~ное настрое́ние benígn / complácent mood [-'naɪn...], good húmour.

**благожела́тельн||о** *нареч.* with kínd¦ness; (*благосклонно*) fávour¦ably; относи́ться ~ (к) be kínd¦ly / fávour¦ably dispósed (towards). **~ость** *ж.* kínd¦ness, benévolence, góod¦will. **~ый** kínd(¦ly); wéll-dispósed, benévolent, kínd¦ly dispósed; ~ый приём kind / fríendly wélcome / recéption [...'frend-...]; ~ое отноше́ние (к) góod¦will (to, towards); ~ая реце́нзия fávour¦able revíew [...-'vjuː].

**благозву́ч||ие** *с.*, **~ность** *ж.* hármony; (*в сочетании слов*) éuphony. **~ный** harmónious; (*о голосе*) melódious; (*о сочетании слов*) euphónious, euphónic.

**благ||о́й** I good; ~а́я мысль háppy thought; ~о́е наме́рение good inténtion.

**благ||о́й** II: крича́ть, ора́ть ~и́м ма́том *разг.* shout, yell at the top of one's voice; yell blue múrder.

**благоле́пие** *с. уст.* spléndour, grándeur.

**благонадёжн||ость** *ж.* **1.** trústwòrthiness [-ðɪ-]; **2.** *уст.* lóyalty. **~ый** **1.** trústwòrthy [-ðɪ]; **2.** *уст.* lóyal.

**благонаме́ренн||ость** *ж. уст.* lóyalty. **~ый** *уст.* lóyal.

**благонра́в||ие** *с. уст.* good cónduct, good behávìour. **~ный** *уст.* wéll-beháved.

**благообра́з||ие** *с.* cómeliness ['kʌml-]. **~ный** cómely ['kʌmlɪ], hándsome [-ns-], fine-lóoking; ~ный вид fine appéarance.

**благополу́ч||ие** *с.* pròspérity, wéll-bé¦ing; материа́льное ~ matérial wélfàre. **~но** *нареч.* all right, well; (*счастливо*) háppily: всё обстои́т ~но évery¦thing is all right, all is well; всё ко́нчилось ~но évery¦thing énded well / háppily; — они́ при́были ~но they arríved safe¦ly. **~ный** háppy, sàtisfáctory; (*о прибытии кого-л., чего-л.*) safe; пожела́ть кому́-л. ~ного пути́ wish smb. a good jóurney [...'dʒəː-], wish smb. bon voyage [...bɔːŋ-wɑː'jɑːʒ].

**благоприобре́тенный** acquíred.

**благопристо́йн||ость** *ж. уст.* décency ['diː-], decórum, séemliness. **~ый** *уст.* décent, décorous, séemly.

**благоприя́тн||ый** **1.** fávour¦able, propítious, auspícious; ~ ве́тер, ~ая пого́да fávour¦able / propítious wind, wéather [...wɪ-'we-]; ~ моме́нт òpportúnity; ~ые усло́вия fávour¦able / auspícious condítions; **2.** (*одобрительный, хороший*) fávour¦able; ~ отве́т fávour¦able replý; ~ые ве́сти good* news *sg.*

**благоприя́тств||овать** (*дт.*) fávour (*d.*), be fávour¦able (to); обстано́вка ему́ ~овала the situátion fávour¦ed him, the situátion was fávour¦able to him; обстоя́тельства ~уют círcumstances are fávour¦able.

**благоприя́тствуем||ый:** наибо́лее ~ая держа́ва most fávour¦ed nátion.

**благоразу́м||ие** *с.* sense, wísdom [-z-]; (*осторожность*) prúdence. **~ный** réasonable [-z-], sénsible; (*рассудительный*) judícious, wise; (*осторожный*) prúdent; э́то ~но that is sénsible; that is prúdent.

**благоро́д||ный** noble; ~ посту́пок noble áctions *pl.*; ◇ ~ газ rare gas; ~ные мета́ллы the noble / précious métals [...'pre- 'me-]. **~ство** *с.* nobílity, nóble¦ness.

**благоскло́нн||о** *нареч.* with fávour, fávour¦-ably; слу́шать ~ (*вн.*) hear* fávour¦ably (*d.*), lísten fávour¦ably ['lɪsᵊn...] (to), in¦clíne one's ear (to). **~ость** *ж.* benévolence, fávour, góod¦will; проявля́ть к кому́-л. ~ость regárd smb. with fávour, fávour smb.; заслужи́ть чью-л. ~ость win* smb.'s fávour, earn smb.'s góod¦will [əːn...]; по́льзоваться чьей-л. ~остью be in smb.'s good gráces / books, stand* high in smb.'s fávour, be in high fávour with smb. **~ый** fávour¦able.

**благослов||е́ние** *с.* bléssing(s) (*pl.*), bènedíction; ◇ с его́, её *и т. д.* ~е́ния *шутл.* with his, her, *etc.*, bléssing. **~е́нный** *поэт.* blessed. **~и́ть** *сов. см.* благословля́ть.

**благословля́ть,** благослови́ть (*вн.*) **1.** bless (*d.*); **2.** *разг.* (*давать согласие*) give* one's bléssing (to); ◇ ~ судьбу́ thank one's stars.

**благосостоя́ние** *с.* wélfàre, wéll-bé¦ing, pròspérity; подня́ть, повы́сить ~ impróve the wéll-bé¦ing [-uːv...].

**благотвори́тель** *м. уст.* philánthropist; *разг.* chárity-mónger [-'mʌ-]. **~ность** *ж.*

chárity, philánthropy. ~ный cháritable, philanthrópic; ~ный спектáкль chárity perfórmance; с ~ной цéлью for a cháritable púrpose / óbject [...-s...].

**благотвóрно** I *прил. кратк. см.* благотвóрный.

**благотвóрн||о** II *нареч.* bèneficially; дéйствовать ~ have a whóle¦some effect [... houl-...]. **~ость** *ж.* whóle¦some¦ness ['houl-], sàlutáriness; (*о климате и т. п.*) salúbrity. **~ый** bènefícial, sálutary, whóle¦some ['houl-].

**благоустрóенный** cómfortable ['kʌ-], well órganized; ~ гóрод wéll-búilt módern town (with all aménities) [-'bılt 'mɔ-... ə'mi:-]; ~ дом wéll-búilt house* (with all aménities) [...haus...].

**благоустрóйство** *с.* òrganizátion of públic sérvices and aménities [-naı-...'pʌb-...ə'mi:-].

**благоухáн||ие** *с.* frágrance ['freı-], pérfúme, sweet smell. **~ный** frágrant, perfúmed, àromátic, swéet-smélling.

**благоухá||ть** be frágrant, smell sweet. **~ющий** = благоухáнный.

**благочести́вый** pious, devóut.

**благочéстие** *с.* piety.

**блажéн||ный** **1.** (*счастливый*) blissful, bè¦atific; ~ное состоя́ние (state of) bliss; в ~ном состоя́нии in a state of bliss; **2.** (*юродивый*) simple; (*глупый*) silly; ◇ ~ной пáмяти of blessed mémory. **~ство** *с.* bliss, bè¦átitùde, felícity; на верхý ~ства in pérfect bliss, in the séventh héaven [...'se- 'he-].

**блажéнствовать** be in bliss, be in a state of felicity, be blissfully háppy.

**блаж||и́ть** *разг.* be wáywàrd, be caprícious. **~нóй** *разг.* wáyward, caprícious, fréakish.

**блажь** *ж. разг.* crótchet, whim, whímsy [-zı]; на негó нашлá ~ he has been seized / táken by a súdden whim [...si:zd...].

**бланк** *м.* form; заполня́ть ~ fill in, *или* compléte, *a* form. **~овый:** ~овая нáдпись endórse¦ment.

**бланши́ровать** (*вн.*) *тех.* blanch [-ɑ:-] (*d.*).

**блат** *м.* **1.** (*воровской язык*) thieves' cant [θi:-...], thieves' Látin; **2.** *разг.* protéction, pull [pul]; a friend at court [fre-...kɔ:t]; по ~у by báckstáir(s) ínfluence; у негó есть ~ (в *пр.*) he has a pull (in), he has a friend at court. **~нóй** *разг.* thieves' [θi:-].

**бледнéть,** побледнéть **1.** turn / grow* pale [...-ou...]; ~ от стрáха blanch with térror [-ɑ:ntʃ...]; **2.** (пéред) pale (befóre), pale (by the side of).

**блéдно-голубóй** pale / light blue.

**бледноли́цый** **1.** *прил.* pale; **2.** *м. как сущ.* pále-fàce.

**блéдн||ость** *ж.* pállor, pále¦ness; (*перен.*) ìnsipídity, cólour¦lessness ['kʌ-]. **~ый** pale, pállid; (*от утомления*) wan [wɔn]; (*перен.*) insípid, cólour¦less ['kʌ-]; ~ый как полотнó white as a sheet, pale as a ghost [...gou-]; ~ая нéмочь *мед.* chlorósis, gréensìckness.

**блёк||лый** fáded; ~лая мéдная рудá *мин.* tètrahédrite. **~нуть,** поблёкнуть fade; (*о растениях тж.*) wither; (*тускнеть*) grow* dim [-ou...].

**бленнорéя** *ж. мед.* blènnorrhóea [-'ri:ə].

**блеск** *м.* **1.** (*прям. и перен.*) lustre, brílliance, brílliancy; (*перен.: пышность*) màgnificence, górgeous¦ness; ~ сóлнца brílliance / bríghtness of the sun; ~ стáли glítter of steel; придавáть ~ (*дт.; перен.*) add lustre (to), shed* lustre (on); ~ остроýмия brílliancy of wit, spárkling wit; ~ слáвы lustre of fame; ~ наря́да màgnificence of dress; показнóй ~ tínsel (*show*); во всём ~е in all one's glóry; **2.** *мин.:* желéзный ~ háematìte; свинцóвый ~ galéna.

**блеснá** *ж. рыб.* spóon-bait.

**блеснý||ть** *сов.* (*прям. и перен.*) flash; (*тв.; тк. перен.*) make* a brilliant displáy (of): ~ла мóлния líghtning flashed; у меня́ ~ла мысль an idéa flashed acróss my mind [...aı'dıə...]; ~ красноречием make* a brilliant displáy of éloquence; — у меня́ ~ла надéжда I was inspíred with hope, I saw a ray of hope; он лю́бит ~ свои́м умóм he likes to make a show of his wit [...ʃou...].

**блест||éть** (*прям. и перен.*) shine*; (*о металле и т. п.*) glítter; (*искриться*) sparkle; глазá ~я́т гнéвом eyes sparkle with ánger [aız...]; он не блéщет умóм his intélligence does not strike you, he is no génius; он ничéм не блéщет he does not shine in ány¦thing; он блéщет остроýмием he is full of wit, his wit sparkles, he sparkles with wit.

**блёстк||и** *мн.* (*ед.* блёстка *ж.*) **1.** sparkles, spárklets; (*перен.: остроумия и т. п.*) fláshes; **2.** (*украшение*) spangles; усéянный ~ами spangled.

**блестя́щ||е** *нареч.* brílliantly; не ~ not too good, só-sò; делá идýт ~ things are gó¦ing fine. **~ий** **1.** *прич.* (*тж. как прил.*) *см.* блестéть; **2.** *прил.* (*прям. и перен.*) brílliant; ~ая побéда sígnal / brílliant / spléndid / màgnífìcent víctory.

**блеф** *м.* bluff.

**блéяние** *с.* bléat(ing).

**блéять** bleat.

**ближáйш||ий** (*превосх. ст. прил.*) néarest; (*непосредственно следующий*) next; (*непосредственный*) immédiate; ~ друг néarest, *или* most íntimate, friend [...fre-]; ~ая задáча immédiate task; ~ пóвод immédiate cause; ~ рóдственник néarest relátion, néxt-of-kín; ~ сосéд néxt-door néighbour [-dɔ:...]; в ~ем бýдущем in the near fúture; в ~ие дни within the next few days; ~ее учáстие pérsonal pàrticipátion; при ~ем рассмотрéнии on clóser exàminátion [...-sə...].

**бли́же** I *сравн. ст. прил. см.* бли́зкий.

**бли́же** II (*сравн. ст. от нареч.* бли́зко) néarer; (*о людях*) clóser [-sə], more íntimate; он с ним ~ знакóм he knows him bétter [...nouz...], he is more íntimate with him.

**бли́жний** I *прил.* near; (*тк. о месте*) néighbour¦ing.

**бли́жний** II *м. скл. как прил.* néighbour (*fellow man*).

**близ** *предл.* (*рд.*) near, close to [-s...]; ~ бéрега near the coast.

**бли́зиться** draw* near, appróach.

**бли́зк||ий** **1.** (*недалёкий*) near; (*об опасности, беде и т. п.*) ímminent; на ~ом расстоя́нии at a short dístance, a short way off; (*стрелять, фотографировать*) at short range [...reı-]; **2.** (к; *сходный*) like; símilar (to); (*о переводе*) close [-s] (to); (*о копии и т. п.*) fáithful; ~ по дýху человéк con¦génial soul [...soul], kindred spirit; **3.** (*об отношениях*) intimate, close, near: ~ ро́дственник near relátion; быть ~им с кем-л. be intimate with smb.; быть ~им кому́-л. be dear to smb.; быть ~им се́рдцу be near *smb.'s* heart [...hɑːt]; быть в ~их отноше́ниях с кем-л. be on terms of intimacy, *или* be intimate, with smb.; ~ к полити́ческим круга́м clóse¦ly connécted with political circles [-slɪ...]; **4.** *мн. как сущ.* (*родственники*) *one's* people / relátions [...piː-...]; near ones; (*друзья*) friends [fre-].

**бли́зко** I **1.** *прил. кратк. см.* бли́зкий; **2.** *предик. безл.* it is not far; до го́рода ~ it is not far to the town; ему́ ~ ходи́ть, е́здить *и т. п.* he has not far to go, *etc.*

**бли́зко** II *нареч.* near, close [-s]; (*перен. тж.*) néarly; жить ~ live near [lɪv...], live close by, live hard by; ~ каса́ться (*рд.*) concérn néarly (*d.*); совсе́м ~ round the córner, (near / close) at hand; ~ познако́миться (с *тв.*) become* clóse¦ly acquáinted [...-slɪ...] (with); ~ сойти́сь (с *тв.*) become* very intimate (with); ~ от (кого́-л., чего́-л.) near (smb., smth.), close to (smb., smth.); принима́ть ~ к се́рдцу (*вн.*) take* to heart [...'hɑːt] (*d.*).

**близлежа́щий** [блись-] néighbour¦ing, néar-by.

**Близнецы́** *мн. астр.* Gémini.

**близнец||ы́** *мн.* (*ед.* близне́ц *м.*) twins; бра́тья, сёстры ~ twin bróthers, sisters [...'brʌ-...]; тро́е, че́тверо ~о́в triplets, quádruplets ['trɪ-...].

**близору́к||ий** shórt-sighted, néar-sighted; myópic *мед.*; ◇ ~ая поли́тика shórt-sighted pólicy. **~ость** *ж.* short / near sight; myópia *мед.*; (*перен.*) shórt-síghtedness, lack of fóre¦-sight.

**бли́зост||ь** *ж.* **1.** (*о расстоянии; тж. перен.*) néarness, clóse¦ness [-s-], pròxímity; (*тж. родства*) propínquity; ~ к исто́чникам сырья́ pròxímity to the sóurces of raw matérials [...'sɔːsɪz...]; в непосре́дственной ~и (к) in immédiate pròxímity (to); **2.** (*об отношениях*) intimacy.

**блик** *м.* speck / patch of light; (*в живописи*) high light; со́лнечный ~ patch of sún¦-light.

**блин** *м.* pán¦càke; ◇ пе́рвый ~ ко́мом you must spoil befóre you spin.

**блинд||а́ж** *м. воен.* shélter, dúg-out. **~и́ровать** *несов. и сов.* (*вн.*) *воен.* blind (*d.*).

**бли́нчатый** *прил. к* блин; ~ пиро́г pán¦-càke pie; ◇ ~ лёд pán¦càke ice.

**бли́нчик** *м.* (small) pán¦càke; fritter.

**блиста́тельн||ый** brilliant, resplèndent, spléndid ~ успе́х brilliant succéss; ~ая побе́да glórious / spléndid víctory.

**блиста́ть** **1.** (*выделяться красотой, нарядами и т. п.*) shine*, be conspícuous; ~ красото́й и мо́лодостью be rádiant with youth and béauty [... juː θ... 'bjuː-]; **2.** *уст.* = блесте́ть.

**блок** I *м. полит.* bloc; ~ коммуни́стов и беспарти́йных the bloc of Cómmunists and nón-Párty people [...piː-]; вое́нный ~ war bloc.

**блок** II *м. тех.* púlley ['pu-], (púlley-) blòck.

**блока́д||а** *ж. тк. ед.* blòckáde; объявля́ть ~у decláre a blòckáde; снима́ть ~у raise the blòckáde; прорыва́ть ~у run* the blòckáde; континента́льная ~ *ист.* the Còntinéntal sýstem.

**блок-аппара́т** *м. ж.-д.* sígnal-bòx.

**блокга́уз** *м. воен.* blóck¦house* [-s].

**блоки́ровать** *несов. и сов.* (*вн.*) *воен.* blòckáde (*d.*). **~ся** *несов. и сов.* **1.** (с *тв.*) *полит.* form a bloc (with), form an alliance (with); **2.** *страд. к* блоки́ровать.

**блокиро́вка** *ж. ж.-д.* block sýstem.

**блокиро́вочн||ый** block (*attr.*); ~ая систе́ма block sýstem.

**блокно́т** *м.* nóte-book; (*с почтовой бумагой*) wríting-pàd.

**блок||по́ст** *м. ж.-д.* blóck¦house* [-s], block státion. **~-уча́сток** *м.* block séction.

**блонди́н** *м.* man* with blond / fair hair, fair / fáir-háired man*; он ~ he is fair. **~ка** *ж.* blonde; она́ ~ка she is fair, she is a blonde.

**блоха́** *ж.* flea.

**блоши́ный** *прил. к* блоха́; ~ уку́с fléa-bite.

**блуд** *м. уст.* léchery, fòrn¦cátion. **~ли́вость** *ж.* lascívious¦ness. **~ли́вый** lascívious. **~ни́ца** *ж. уст.* fórnicàtress, fórnicàtrix [-keɪ-].

**блу́дный:** ~ сын pródigal son [...sʌn].

**блужда́||ние** *с.* róaming, wándering; ~ по у́лицам strólling abóut the streets. **~ть** roam, wánder; (*скитаться тж.*) rove; (*бродить по лесу и т. п.*) rámble; (*о глазах*) rove; (*о мыслях*) wánder; ~ть по све́ту rove / roam abóut the world. **~ющий** *прич. и прил.* wándering, róaming *и т. д.* (*см.* блужда́ть); ~ющий взгляд wándering / róving look; ~ющие звёзды *уст.* cómets ['kɔ-]; ◇ ~ющая по́чка flóating kídney; ~ющий нерв vágus (nerve), pneumogástric (nerve); ~ющий огонёк will-o'-the-wìsp, ígnis fátùus.

**блу́з||а** *ж.*, **~ка** *ж.* blouse.

**блю́дечко** *с.* sáucer; (*для варенья*) jam plate.

**блю́д||о** *с.* **1.** (*посуда*) dish; **2.** (*кушанье*) dish; (*часть обеда, ужина и т. п.*) course [kɔːs]: его́ люби́мое ~ his fávour¦ite dish; обе́д из трёх блюд thrée-cóurse dínner [-kɔːs...], dínner of three cóurses.

**блюдоли́з** *м. разг.* tóady, líckspittle.

**блю́дце** *с.* sáucer.

**блю́минг** *м. тех.* blóoming (mill).

**блюсти́,** соблюсти́ (*вн.*) guard (*d.*); ~ зако́ны obsérve the laws [-'zəːv...], abide by the laws; ~ интере́сы watch óver the interests; ~ поря́док keep* órder. **~тель** *м.* obsérver [-'zəː-]; ◇ ~тель поря́дка *ирон.* ≅ limb of the law.

**бля́ха** *ж.* plate (*with inscription*); (*с обозначением номера*) númber.

**боа́** *нескл.* **1.** *м. зоол.* bóa ['bouə]; **2.** *с.* (*шарф*) bóa.

**боб** *м.* bean; ◇ оста́ться на ~а́х *разг.* get* nothing for one's trouble [...trʌ-].

**бобёр** *м.* béaver (*fur of beaver*).

**боби́на** *ж. тех.* bóbbin.

**бобко́в||ый** bay (*attr.*); ~ое ма́сло báy-oil.

**бобо́в||ый** **1.** *прил. к* боб; ~ стручо́к béan-pòd; **2.** *мн. как сущ. бот.* legúminous plants [...-ɑːn-]; pulse *sg.*

**бобр** *м.* béaver.

**бо́брик** *м. текст.* cástor.

**бóбриком** *нареч.*: вóлосы ~ short brúshed-‑ùp hair *sg.*, French crop *sg.*

**бобрóв||ый** *прил. к* бобёр *и* бобр; ~ мех béaver (*fur*); ~ая плотúна béaver dam; ~ая струя́ *мед.* cástor.

**бобы́л||ь** *м.* **1.** *уст.* (*одинокий, безземельный крестьянин*) poor lándless péasant [...'pez-]; **2.** (*бессемейный человек*) lóne¦ly / sólitary man*; (*холостяк*) (old) báchelor; жить ~ём live a lóne¦ly life* [lɪv...].

**бобы́шка** *ж. тех.* boss.

**бог** *м.* God; (*языческий, тж. идол, кумир*) god; ◇ ~ егó знáет! góod¦ness knows! [...nouz], God knows!; слáва ~у! *разг.* thank God!, thank góod¦ness!; не дай ~ God forbíd; рáди ~а for góod¦ness' sake, for God's sake; ей-~у! réally! ['rɪə-], réally and trúly!; как ~ нá душу полóжит ány¦how, hígledy-pígledy; ~ с ним, с ней *и т. д.* let it pass, forgét abóut him, her, *etc.* [...-'get...].

**богадéльня** *ж. уст.* álms¦house* ['ɑːmz-haus].

**богатéть,** разбогатéть grow* rich [-ou...].

**богáтств||о** *с.* **1.** ríches *pl.*, wealth [we-]; естéственные ~а nátural resóurces [...-'sɔː-]; духóвные ~а spíritual wealth *sg.*; ~ крáсок wealth of cólour [...'kʌ-]; **2.** (*великолепие*) ríchness, resplénدence, górgeous¦ness.

**богáт||ый** **1.** *прил.* (*в разн. знач.*) rich; (*о человеке, государстве и т. п. тж.*) wéalthy ['we-]; ~ чем-л. rich in smth.; ~ая земля́, жáтва, растúтельность rich soil, hárvest, vège-tátion; ~ое убрáнство rich / spléndid / górgeous òrnamèntátion; ~ урожáй búmper crop / hár-vest; ~ óпыт abúndant / great / wide expé-rience [...greɪt...]; **2.** *как сущ. м.* rich man*; *мн. собир.* the rich; ◇ чем ~ы, тем и рáды you are wélcome to all we have.

**богаты́рск||ий** Hèrcúle¦an, àthlétic; ~ гóлос stèntórian voice; ~ рост gíant státure; ~ое здорóвье íron cònstitútion ['aɪən...], robúst health [...he-]; ~ сон sound sleep; ~ое сло-жéние pówerful physíque [...-'ziːk], Hèrcúle¦an /àthlétic build [...bɪ-]; (рýсский) ~ э́пос *ист. лит.* (Rússian) heró¦ic épòs [-ʃən...'e-].

**богаты́рь** *м.* **1.** (*эпический*) (épic) hérò; **2.** (*силач*) Hérculès [-iːz], áthlète.

**богáч** *м.* rich man*; *мн. собир.* the rich, the wéalthy [...'we-].

**богáче** (*сравн. ст. от прил.* богáтый) rícher.

**богдыхáн** *м. ист.* Chinése Émperor ['ʧaɪ-...].

**богéм||а** *ж.* Bòhémia [bou-]; литератýрная ~ líterary Bòhémia; представúтель ~ы Bò-hémian [bou-].

**богúня** *ж.* góddess.

**богобóрец** *м.* theómachist [-k-].

**богобоя́зненный** Gód-fearing.

**богоискáтель** *м.* "Gód-seeker"; séeker áfter truth in relígion [...-uːθ...].

**богомáз** *м. разг.* icon-dauber.

**богомóлец** *м.* (*паломник*) pílgrim.

**богомóлье** *с.* pílgrimage.

**богомóльный** devóut.

**богоотстýпн||ик** *м. церк.* apóstate. **~ичество** *с. церк.* apóstasy.

**богорóдица** *ж. рел.* the Vírgin, Our Lády.

**богослóв** *м.* theológian, divíne. **~ие** *с.* theólogy, divínity. **~ский** theológical.

**богослужéние** *с.* divíne sérvice, públic wórship ['pʌ-...].

**боготворúть** (*вн.*) ídol¦ize (*d.*), wórship (*d.*).

**богохýль||ный** blásphemous. **~ство** *с.* blásphemy. **~ствовать** blàsphéme.

**богоявлéние** *с. церк.* Epíphany, Twélfth-‑day.

**бодáть** (*вн.*) butt (*d.*). **~ся** **1.** butt; **2.** (*бодать друг друга*) butt each other.

**бодлúв||ый** that butts, apt to butt; э́та ко-рóва ~а this cow butts, this cow is apt to butt.

**бодр||úть** (*вн.*) stímulàte (*d.*), invígoràte (*d.*); вóздух ~úт the air is brácing. **~úться** try to keep up one's spírits.

**бóдр||о** *нареч.* chéerfully; (*с живостью*) brískly; он ещё ~ вы́глядит (*о старике*) he is still hale. **~ость** *ж.* chéerfulness; (*мужество*) cóurage ['kʌ-]; ~ость дýха spírits *pl.*, cóurage; придавáть ~ости комý-л. inspírit smb., héarten smb. ['hɑː-...], put* heart into smb. [...hɑːt...].

**бóдрствовать** (*не спать*) be a¦wáke; (*намеренно не спать*) keep* a¦wáke, keep* vígil.

**бóдр||ый** chéerful; (*живой*) brisk; ~ дýхом of good* cheer; он всегдá бодр he is álways bright and chéerful [...'ɔːlwəz...]; в ~ом на-строéнии in good* spírits, chéerful; ~ старúк hale old man*; старúк óчень бодр the old man* is hale and héarty [...'hɑː-]. **~я́щий** **1.** *прич. см.* бодрúть; **2.** *прил.* brácing.

**боевúк** *м.* (*фильм*) hit; ~ сезóна the hit of the séason [...-zᵒn].

**боев||óй** **1.** báttle (*attr.*), fíghting; ~ само-лёт báttle plane, fíghting machíne [...-'ʃiːn]; ~ корáбль fíghting / cómbatant ship; ~ па-трóн live cártridge, báll-càrtridge; ~ поря́док báttle fòrmátion; ~óе положéние (*об орудии*) fíring órder; ~áя заслýга sérvice in báttle; ~áя мощь fíghting strength; в ~óй готóвно-сти in fíghting trim, réady for áction ['re-...], on a war fóoting [...'fut-]; (*о корабле*) cleared for áction; в ~ы́х услóвиях in field condítions [...fiːld...]; ~áя пружúна (*в оружии*) máinsprìng; **2.** (*воинственный*) béllicòse [-s]; (*воинствующий*) mílitant; ~ дух fíghting spírit; **3.** (*очень важный, неотложный*) úrgent: ~áя задáча úrgent task; ◇ ~ пáрень *разг.* gó-ahead féllow [-hed...]; detérmined féllow.

**боезапáс** *м. мор.* àmmunítion.

**боеприпáсы** *мн. воен.* àmmunítion *sg.*

**боеспосóбн||ость** *ж.* fíghting effíciency / abílity / capácity. **~ый** effícient; ~ые войскá effícient troops.

**боéц** *м.* **1.** (*воин*) fíghting-man*, fíghter, wárrior; (*рядовой*) man*; бойцы́ N-ского пол-кá the men of the N régiment; **2.** *уст.* (*участник состязания*) fíghter; кулáчный ~ púgil-ist, fíghter; петýх-~ gáme-còck.

**божбá** *ж.* swéaring [-ɛə-].

**бóже** *межд.* (*выражение удивления*) good God, good Lord, góod¦ness; (*досады и т. п.*) oh, Lord [ou...]; (*ужаса и т. п.*) (my) God; (*восхищения*) Lord; ~ мой! my God!, good grácious!, góod¦ness me!

**божéственный** divíne.

**божествó** *с.* déity ['diːɪ-]; (*кумир*) ídol.

**бóж||ий** God's; ~ья корóвка *зоол.* lády--bird; (*перен.*) meek / lámb¦like créature; ◇ я́сно как ~ день it is as clear as day / nóon-day.

**божи́ться,** побожи́ться swear* [-ɛə].

**божóк** *м.* **1.** (*небольшой идол*) (small) idol / image; **2.** (*любимец*) idol; tin god *разг.*

**бо||й** I *м.* (*сражение*) battle, fight, áction, cómbat; (*борьба*) struggle; бли́жний ~ ín--fighting; close cómbat [-s...]; дать ~ give* battle; возду́шный ~ air fight; реши́тельный ~ decisive battle; наступáтельный ~ offénsive battle / áction; оборони́тельный ~ defénsive battle / áction; ~и́ fighting *sg.*; ~и́ мéстного значéния lócal fighting, lócal en¦gáge¦ments; ожесточённые ~и́ fúrious / violent fighting; тяжёлые ~и́ héavy fighting ['hevɪ...]; кру́пные ~и́ májor en¦gáge¦ments; в ~ю́ in áction, in battle; ◇ взять с ~я take* by force; взять без ~я take* without striking a blow [...-ou]; ~ быкóв búllfight ['bu-]; петуши́ный ~ cóck--fight(ing); кулáчный ~ fisticúffs *pl.*

**бо||й** II *м. тк. ед.* (*разбивание, тж. битая посуда и т. п.*) bréakage ['breɪ-]; ◇ бить когó-л. смéртным ~ем thrash smb. within an inch of *his* life.

**бо||й** III *м. тк. ед.*: ~ часóв striking of *a* clock; часы́ с ~ем striking clock *sg.*; э́ти часы́ с ~ем this clock strikes the hours [...auəz]; барабáнный ~ beat of (the) drum, drúmbeat.

**бóйк||ий** **1.** smart; (*разбитной*) sharp; (*дерзкий*) pert, fórward; (*находчивый*) réady ['re-]; ~ ум réady wit; ~ое перó réady pen; ~ язы́к glib tongue [...tʌŋ]; ~ая речь glib speech; glib words *pl.*; **2.** (*людный*) búsy ['bɪzɪ], ánimàted; ~ая у́лица búsy street, thóroughfàre [...'θʌrə-]; ~ая торгóвля brisk trade. **~о** *нареч.* smártly; ~о говори́ть speak* glib¦ly; ~о говори́ть по-францу́зски, по-англи́йски *и т. п.* speak* French, Énglish, *etc.*, flúently [...'ɪŋg-...]; ~о отвечáть на вопрóсы ánswer quéstions smártly ['ɑːnsə -stʃ-...]. **~ость** *ж.* smártness; (*языка*) glibness, flúency; (*пера*) facility, réadiness ['re-]; (*характера*) alértness, briskness, pértness.

**бойкóт** *м.* bóycott; объяви́ть кому́-л. ~ set* up a bóycott agáinst smb. **~и́ровать** *несов. и сов.* (*вн.*) bóycott (*d.*).

**бойни́ца** *ж.* lóop-hòle.

**бóйня** *ж.* **1.** sláughter-house* [-s]; shambles *sg. и pl.*; ábattòir [-twɑː]; **2.** (*побоище*) cárnage, mássacre, sláughter, bútchery ['bu-].

**бойскáут** *м.* (boy) scout.

**бок** *м.* (*в разн. знач.*) side; по ~áм on each side; ◇ ~ ó ~ side by side, shóulder to shóulder ['ʃou-...], cheek by jowl; пó ~у *разг.* aside; пó ~у весь э́тот вздор! leave off this nónsense!; пóд ~ом hard by, quite near; с ~у нá ~ from side to side; взять когó-л. за ~á put* the screw on smb.; схвати́ться за ~á (от смéха) split* one's sides (with láughter) [...'lɑːf-].

**бокáл** *м.* glass, góblet ['gɔ-]; ◇ поднимáть ~ (за *вн.*) raise one's glass (to).

**боков||óй** *прил. к* бок; láteral *научн.*; ~áя кáчка *мор.* rólling; ◇ ~áя ли́ния (*о родстве*) colláteral line; branch [-ɑːn-]; (отправля́ться, идти́) на ~у́ю *разг.* go* to bed, turn in.

**бóком** *нареч.* side¦ways; проти́снуться ~ в дверь edge òne¦sélf through the dóor(way) [...'dɔː-].

**бокс** *м. спорт.* bóxing; (*как специальность тж.*) púgilism. **~ёр** *м.* bóxer, púgilist. **~ёрский** *прил. к* боксёр. **~и́ровать** *спорт.* box.

**бокси́т** *м. мин.* báuxìte.

**болвáн** *м.* **1.** *разг.* (*дурак*) blóckhead [-hed], dúnderhead [-hed], dolt; **2.** *карт.* dúmmy.

**болвáнка** *ж. тех.* pig; желéзо в ~х píg--ìron [-aɪən].

**болгáр||ин** *м.*, **~ка** *ж.*, **~ский** Bùlgárian; ~ский язы́к Bùlgárian, the Bùlgárian lánguage.

**болев||óй** páinful; ~óе ощущéние (sènsátion of) pain.

**бóлее** *нареч.* (*тж. для образования сравн. степени*) more (*об. тк. с двух- и многосложн. прил. и нареч.*): ~ полéзный more úse¦ful [...-s-]; ◇ (всё) ~ и ~ more and more; шум всё ~ и ~ уси́ливался the noise grew lóuder and lóuder; ~ всегó most of all; ~ и́ли мéнее more or less; тем ~ all the more; тем ~, что espécially as [-'pe-...], the more so, as; ~ тогó and what is more; ~ чем more than; не ~ и не мéнее, как néither more nor less than ['naɪ-...], no less than; (*ср.* бóльше).

**болéзненн||о** *нареч.* páinfully; (*перен.*) bád¦ly*, òver¦sénsitive¦ly. **~ость** *ж.* **1.** (*слабость здоровья*) sickliness; (*перен.*: *уклонение от нормы*) mórbidness; ~ость воображéния mórbidness / mòrbídity of *the* imàginátion; **2.** (*ощущение боли*) páinfulness. **~ый** **1.** (*слабый здоровьем*) áiling, sickly; (*нездоровый*) únhéalthy [-'he-]; (*ненормальный*) mórbid; ~ые явлéния únhéalthy sýmptoms, sýmptoms of diséase [...-'ziːz]; ~ый вид sickly look; у негó ~ый вид he looks ill / séedy; ~ый румя́нец únhéalthy flush; ~ое любопы́тство mórbid cùriósity; **2.** (*причиняющий боль*) páinful.

**болезнетвóрный** pàthogénic.

**болéзнь** *ж.* illness; (*определённая*) diséase [-'ziːz]; (*нездоровье*) áilment, málady; зарáзная ~ inféctious / contágious diséase; хрони́ческая ~ chrónic diséase; тяжёлая ~ sérious / páinful illness; ◇ морскáя ~ séasickness; ~ рóста grówing-pains [-ou-] *pl.*

**болéльщик** *м. спорт. разг.* fan (*enthusiast*).

**бóлен** *прил. кратк. см.* больнóй 1.

**бол||éть** I (*тв.*; *быть больным*) be ill (with); be down (with) *разг.*; (*часто, постоянно и т. п. быть больным*) be áiling; он ~éет воспалéнием лёгких he is ill with pneumónia [...n-], he is down with pneumónia; он ~éет с дéтства he has been áiling since child¦hood [...-hud]; он всегдá ~éет he is álways áiling [...'ɔːlwəz...]; ◇ ~ душóй (о *пр.*) grieve [-iːv] (abóut, for, óver); (*о чём-л. тж.*) grieve (at); (*беспокоиться*) be ánxious / wórried [...'wʌ-] (abóut).

**бол||éть** II (*о теле, части тела, органе и т. п.*) ache [eɪk], hurt*; (*чувствовать боль где-л.*) have a pain; (*о жгучей боли*) smart; что у вас ~и́т? where have you a pain?; у негó ногá ~и́т his foot* hurts [...fut...], he has a pain in his foot*; у негó ~и́т головá his head aches [...hed...]; he has a héadàche [...'hedeɪk]; у негó ~и́т гóрло he has a sore throat; у негó ~я́т глазá his eyes ache [...aɪz...]; глазá ~я́т от ды́ма the smoke makes *one's* eyes smart; ◇ душá ~и́т у негó (о *пр.*) his heart bleeds [...hɑːt...] (for, óver, abóut), he grieves [...-iːvz] (óver, at).

**болеутоля́ющ||ий** sóothing, sédative; ànàlgétic [-'dʒiː-], ánodỳne *мед.*; ~ее срéдство sóothing / sédative drug; ànàlgétic, ánodỳne *мед.*

**боли́д** *м. астр.* fíre-bàll; *реже* bólìde ['bou-].

**болóнка** *ж.* Bòlognése [boulo'njiːz] (*toy dog*).

**болóт||истый** bóggy, márshy, swámpy; ~истая мéстность márshland, fen; ~истая пóчва swámpy soil. **~ный** marsh (*attr.*); ~ный газ marsh gas; méthàne *научн.*; ~ная водá stágnant wáter [...'wɔː-].

**болóто** *с.* bog, moráss, swamp, marsh; (*перен.*) mire, slough; торфянóе ~ péat-bòg.

**болт** *м. тех.* bolt; нарезнóй ~ scréw-bòlt; скрепля́ть ~áми (*вн.*) bolt (*d.*).

**болтáнка** *ж. ав. разг.* rough air [rʌf...], búmpy air.

**болтáть** I, сболтáть **1.** (*вн.*; *перемешивать*) stir (*d.*); **2.** *тк. несов.* (*тв.*; *качать*) dangle (*d.*); ~ ногáми dangle one's legs.

**болтá||ть** II *разг.* (*говорить — быстро, несерьёзно*) chátter, jábber; (*бестолково, невнятно*) babble; twaddle; ~ вздор talk rúbbish; drível ['drɪ-]; ~ глу́пости talk nónsense; ~ по-англи́йски, по-францу́зски *и т. п.* talk Énglish, French, *etc.*, flúently / fréely [...'ɪŋg-...]; что он там ~ет? what is he drívelling / tálking abóut?; ~ языкóм wag one's tongue [wæg... tʌŋ]; clack, blab.

**болтáться** *разг.* **1.** (*висеть*) dangle; (*об одежде и т. п.*) hang* lóose¦ly [...-s-]; ~ в седлé jolt in the saddle; **2.** (*слоняться*) hang* abóut, lounge (abóut), loaf (abóut).

**болтли́в||ость** *ж.* garrúlity, tálkative¦ness; ìndiscrétion [-re-]; (*ср.* болтли́вый). **~ый** (*говорливый*) gárrulous, tálkative; (*не умеющий хранить тайну*) ìndiscréet; blábbing *разг.*

**болтовня́** *ж.* chátter; jábber; (*пустословие*) twaddle; (*выдумка, сплетня*) títtle-tàttle; (*с прил.*: пустáя, ску́чная *и т. п.* idle, dull, *etc.*) talk; э́то тóлько ~ it's nothing but talk, that's all talk.

**болту́н** I *м. разг.* **1.** (*пустослов*) tálker, chátterer, gás-bàg, windbàg ['wɪ-]; (*гл. обр. о ребёнке*) chátterbòx; **2.** (*сплетник*) góssip, táttler.

**болту́н** II *м. разг.* (*яйцо*) áddle-ègg.

**болту́нья** I *ж. к* болту́н I.

**болту́нья** II *ж.* (*яичница*) scrambled eggs *pl.*

**болту́шка** I, II *ж.* = болту́нья I, II.

**болту́шка** III *ж.* (*пойло*) mash.

**боль** *ж.* pain; (*внезапная резкая*) pang; (*колотьё*) stab; ~ в бокý stitch; головнáя ~ héadàche ['hedeɪk]; зубнáя ~ tóothàche [-eɪk]; душéвная ~ méntal súffering; испы́тывать ~ feel* / have a pain; причиня́ть ~ (*дт.*) hurt* (*d.*); ◇ с ~ю в душé with a héavy heart [...'hevɪ hɑːt].

**больнáя** *ж. скл. как прил.* (*пациентка*) pátient; (*ср.* больнóй II; *ср. тж.* больнóй I 2).

**больни́||ца** *ж.* hóspital; ложи́ться в ~цу go* to hóspital; лежáть в ~це be in hóspital; выпи́сывать из ~цы (*вн.*) dis¦chárge from hóspital (*d.*). **~чный** *прил. к* больни́ца; ~чный листóк médical certíficate.

**бóльно** I *предик. безл.* it is páinful; емý ~ it hurts him, he is in pain; дéлать ~ (*дт.*) hurt* (*d.*); глазáм ~ *the* eyes ache [...aɪz eɪk]; *the* eyes hurt *разг.*; ~! it hurts!; емý ~ слы́шать таки́е словá he is pained to hear such words, it hurts / grieves him to hear such words [...-iːvz...]; емý ~, что it grieves him that, he is sórry that...; емý ~ за неё he is grieved for her, *или* for her sake.

**бóльно** II *нареч.* bád¦ly; (*сильно*) hard; ~ укопóться prick òne¦sélf bád¦ly; ~ ушиби́ться hurt* òne¦sélf bád¦ly, be bád¦ly hurt; ~ удáрить (*вн.*) hit* hard (*d.*), give* a páinful / násty blow [...-ou] (*i.*); ~ оби́деть (*вн.*) hurt* / offénd déeply (*d.*).

**бóльно** III *нареч. разг.* (*очень*) extréme¦ly, jólly, térribly; (*слишком*) a bit too; он ~ хитёр he is a bit too cúnning.

**больн||óй** I **1.** *прил.* (*о человеке, животном*) sick; (*об органе*) diséased [-'ziː-]; (*о повреждённой части тела*; *тж. перен.*) sore; (*перен.*) mórbid; ~ мáльчик sick boy; ~óе сéрдце diséased heart [...hɑːt]; bad heart *разг.*; ~ глаз sore eye [...aɪ]; ~ зуб, пáлец bad tooth*, fínger; психи́чески ~ méntally diséased / derànged [...-'reɪ-]; он (тяжелó) бóлен he is (sérious¦ly) ill; ~óе воображéние mórbid imàginátion; **2.** *как сущ. м.* sick man*, ínvalìd [-iːd]; *ж.* sick wóman* [...'wu-], ínvalìd; ◇ ~ вопрóс sore súbject; (*животрепещущий*) búrning quéstion [...-stʃ-]; ~óе мéсто (*прям. и перен.*) ténder / sore place / spot; вали́ть с ~óй головы́ на здорóвую ≅ lay* one's own fault at smb. else's door [...oun...dɔː], blame smb. else for one's own fault.

**больнóй** II *м. скл. как прил.* (*пациент*) pátient; амбулатóрный ~ óut-pàtient; стационáрный ~ ín-pàtient, hóspital pátient; туберкулёзный ~ tùbércular pátient; (*лёгочный*) consúmptive (pátient); хрони́ческий ~ chrónic ínvalìd [...-iːd]; ◇ тяжёлый ~ sérious case [...-s]; он тяжёлый ~ he is sérious¦ly ill, his case is sérious.

**большáк** *м.* (*дорога*) high road.

**бóльше** I *прил.* (*сравн. ст. от* большóй) bígger, lárger; (*гл. обр. об отвлеч. понятиях*) gréater ['greɪ-].

**бóльше** II *нареч.* **1.** (*сравн. ст. от* мнóго) more; как мóжно ~ (*с сущ. в ед. ч.*) as much as póssible; (*с сущ. во мн. ч.*) as many as póssible; мнóго ~ (*с сущ. в ед. ч.*) much more; (*с сущ. во мн. ч.*) many more; немнóго ~ a little more; чем ~..., тем ~... the more... the more...; **2.:** ~ не no more; not... any more / lóng¦er: он там ~ не живёт he lives there no more, *или* no lóng¦er [...lɪvz...], he does not live there any more;— ~ он тудá не пойдёт he will not go there any more, *или* agáin, he will go there no more; ◇ емý э́то ~ нрáвится he likes this bétter; ~ тогó and what is more; ~ не бу́ду! I won't do it agáin! [...wount...]; чтоб э́того ~ нé было don't let it háppen agáin; чтóбы не сказáть ~ to say the least (of it).

**большев||и́зм** *м.* Bólshevism. **~и́к** *м.* Bólshevik. **~и́стский** Bólshevist, Bólshevik.

~истское руково́дство Bólshevist léadership; ~истская зака́лка Bólshevist hárdiness.

**большеголо́вый** lárge-héaded [-'he-]; macrocéphalous *научн.*

**бо́льш||ий** gréater [-eɪtə]; ~ая часть (*рд.*) the gréater / most part (of); (*с сущ. во мн. ч. тж.*) most (of); ◇ ~ей ча́стью, по ~ей ча́сти for the most part, móst¦ly; са́мое ~ее (*не более*) at most, at the út¦mòst.

**большинств||о́** *с.* majórity; (*о людях тж.*) most people [...piː-]; ~ голосо́в majórity of votes, a majórity vote; просто́е ~ голосо́в simple majórity; абсолю́тное ~ ábsolùte majórity; значи́тельное ~ large majórity; огро́мное ~ vast majórity; ~ в две тре́ти twó-thirds' majórity; ~о́м голосо́в by a majórity vote; подавля́ющее ~ òver¦whélming majórity; незначи́тельное ~ nárrow / bare / scant / slight majórity; в ~е́ слу́чаев in most cáses [...-s-], in the majórity of cáses; ~ его́ друзе́й most of his friends [...fre-], the majórity of his friends.

**больш||о́й** 1. big; (*о неодушевл. предметах тж.*) large; ~ ма́льчик big boy; ~ зал big / large hall; ~ промежу́ток wide ínterval; ~о́е знако́мство númerous acquáintance; ~о́е число́ great / large númber [-eɪt...]; 2. (*значительный; выдающийся*) great; ~а́я ра́зница great dífference; 3. (*важный*) impórtant; 4. *разг.* (*взрослый*) grówn-úp [-oun-]; ◇ ~ па́лец (пра́вой, ле́вой) руки́ (right, left) thumb; ~ па́лец (пра́вой, ле́вой) ноги́ (right, left) big toe; Большо́й теа́тр Bolshói Théatre [...'θɪə-]; ~а́я бу́ква cápital létter; ~а́я доро́га high road, híghway.

**большу́щий** *разг.* treméndous.

**боля́чка** *ж.* sore; (*перен.*) deféct, weak spot.

**бо́мб||а** *ж.* bomb; ◇ влета́ть ~ой burst* in.

**бомбарди́р** *м.* bòmbardíer [-'dɪə]; *ав.* bómb-aimer, air bómb¦er.

**бомбардирова́ние** *с. ав.* bómb¦ing, áerial bòmbárdment ['ɛə-...].

**бомбардир||ова́ть** (*вн.*; *прям. и перен.*) bòmbárd (*d.*); (*с самолёта*) bomb (*d.*). **~о́вка** *ж.* bòmbárdment. **~о́вочный** bómb¦ing. **~о́вщик** *м.* bómb¦er.

**бомбёжка** *ж. разг.* bómb¦ing.

**бомби́ть** (*вн.*) *разг.* bomb (*d.*).

**бомбо||держа́тель** *м.* bómb-càrrier. **~мёт** *м.* bómb-thrower [-ouə]. **~мета́ние** *с.* bómb¦ing; ~мета́ние с пики́рования díve-bòmb¦ing.

**бомбонье́рка** *ж.* bonbonnière (*фр.*) [bɔːŋ-bɔː'njɛə].

**бомбосбра́сыватель** *м. воен. ав.* bómb-release slip / gear [-'liːs...g-].

**бомбоубе́жище** *с.* áir-raid shélter, bómb-proof shélter, bomb shélter.

**бом-брам-сте́ньга** *ж. мор.* róyal mast.

**бо́на** *ж. фин.* 1. cheque [tʃek], órder; 2. *мн.* (*бумажные деньги*) páper-mòney [-mʌ-] *sg.*

**бонда́р||ный** cóoper's; ~ про́мысел cóoperage. ~ня *ж.* cóoperage.

**бо́ндарь** *м.* cóoper.

**бо́нна** *ж. уст.* núrsery-góverness [-'gʌ-].

**бор** I *м.* (*лес*) pine fórest [...'fɔ-]; ◇ с ~у да с со́сенки, с ~у по со́сенке ≅ chósen háp¦házard [...-'hæz-], chósen at rándom.

**бор** II *м. хим.* bóròn.

**бо́ргес** *м. полигр.* bourgeóis [bəː'dʒɔɪs].

**бордо́** 1. *с. нескл.* (*вино*) cláret [-æ-]; 2. *прил. неизм.* (*цвет*) wíne-còlour¦ed [-kʌ-], cláret (-còlour¦ed) [-æ- -kʌ-].

**бордю́р** *м.* bórder.

**боре́ц** *м.* 1. (за *вн.*) chámpion (of), fíghter (for); борцы́ за мир fíghters for peace, peace suppórters, chámpions of peace; 2. *спорт.* wréstler.

**боржо́м** *м.* Bòrzhóm wáter [-rʒ- 'wɔː-].

**борза́я** *ж. скл. как прил. охот.* gréyhound; (*о русской породе*) bórzoi, Rússian wólfhound [-ʃən 'wulf-].

**борзопи́сец** *м. ирон.* pén-púsher [-'pu-].

**бо́рзый:** ~ конь swift steed, fléet-fóoted steed [-'fu-...].

**бормаши́на** *ж.* (déntist's) drill.

**бормота́ние** *с.* mútter(ing), mumble, múmbling.

**бормота́ть,** пробормота́ть (*вн. или без доп.*) (*говорить про себя*) mútter (*d.*); (*невнятно говорить*) mumble (*d.*).

**бо́рн||ый** *хим.* borácic, bóric; ~ вазели́н borácic / bóric váselìne [...-zɪliːn]; ~ая кислота́ bóric / borácic ácid.

**бо́ров** I *м.* hog.

**бо́ров** II *м.* (*часть дымохода*) hòrizóntal flue.

**борода́** *ж.* 1. beard; 2. (*у птиц*) wattle.

**борода́в||ка** *ж.* wart. **~чатый** wárty.

**борода́тый** béarded.

**борода́ч** *м.* 1. béarded man*; (*старик*) gréybeard; 2. *бот.* beard grass; 3. *зоол.* béarded vúlture.

**боро́дка** I *ж.* (*борода*) small beard, tuft.

**боро́дка** II *ж.* (*ключа*) (kéy-)bit ['kiː-].

**борозда́** *ж.* fúrrow; *анат.* físsure.

**борозд||и́ть,** избороздить (*вн.*) fúrrow (*d.*); морщи́ны изборозди́ли его́ лицо́ his face is fúrrowed with wrinkles; корабли́ ~я́т моря́ ships are plóughing the seas.

**боро́здка** *ж.* fúrrow; (*желобок*) groove.

**борон||а́** *ж.* hárrow; цепна́я ~ cháin-hárrow. **~и́ть** = боронова́ть. **~ова́ние** *с.* hárrowing. **~ова́ть** (*вн.*) hárrow (*d.*).

**боро́ться** 1. (с *тв.*, про́тив; за *вн.*) fight* (*d. или* with, agáinst; for), struggle (with, agáinst; for); (*состязаться, оспаривать*) contend (with, agáinst; for); strive* (with, agáinst; for) *книжн.*; (с *тв.*, про́тив) cómbat (*d.*); battle (with, agáinst) *книжн.*; ~ за мир fight* for peace; 2. *спорт.* wrestle; ◇ ~ с сами́м собо́й wrestle with òne¦sélf.

**борт** *м.* 1. (*судна*) side; пра́вый ~ stárboard side ['stɑːbəd...]; ле́вый ~ port side; вдоль ~а alóng¦síde; ~ о ~ alóng¦side (of each other); вы́бросить за́ ~ (*вн.*) heave* óver¦-board (*d.*); (*перен. тж.*) throw* óver¦board [θrou...] (*d.*); быть вы́брошенным за́ ~ (*перен.*) go* by the board, be thrown by the board [...θroun...]; взять на́ ~ (*вн.*) take* on board (*d.*); к ~у alóng¦side; на ~у́ on board; на ~у́ корабля́ on board (the) ship; на ~у́ самолёта on board the plane; за ~ом óver¦-board; челове́к за ~ом man* óver¦board; 2. (*одежды*) cóat-breast [-est]; (*лацкан*) lapél; 3. (*бильярда*) cúshion ['ku-].

**бортмеха́ник** *м. ав.* air mechánic [...-'kæ-].

**бортов||óй** *прил. к* борт; ~áя кáчка *мор.* rólling.

**бортпроводнú||к** *м.* stéward. **~ца** *ж.* stéwardess.

**борщ** *м.* borshch (*beetroot and cabbage soup*).

**борьбá** *ж.* **1.** struggle, fight; ~ с кем-л. fight / struggle agáinst smb.; ~ с пожáрами fíre-fighting; (*профилактические мероприятия*) fíre-prevéntion; ~ с вредúтелями сéльского хозя́йства pest contról [...-oul], cómbating àgricúltural pests; ~ за мир, демокрáтию и социалúзм fight for peace, demócracy and sócialism; клáссовая ~ class struggle; ~ за кáчество drive / fight for high quálity; ~ за эконóмию èсónomy càmpáign / drive [i:-'peın...]; ~ за овладéние тéхникой fight / struggle to máster tèchníque [...-i:k]; ~ за существовáние struggle for exístence; ~ не на живóт, а на смерть a life and death struggle [...deθ...]; ~ противополóжностей *филос.* struggle / cónflict of ópposites [...-z-]; **2.** *спорт.* wréstling; францу́зская ~ *уст.* Gréco-Róman wréstling; вóльная ~ frée-stỳle wréstling.

**босикóм** *нареч.* báre¦foot [-fut].

**босó||й** (*о человеке*) báre¦fóoted [-'fu-]; (*о ногах*) bare; на босу́ нóгу on bare feet, on *one's* bare feet; он надéл башмакú на босу́ нóгу he put on his shoes straight on his bare feet. **~нóгий** báre¦fóoted [-'fu-].

**босонóжка** I *ж.* (*о танцовщице*) báre-légged dáncer.

**босонóжка** II *ж. см.* босонóжки.

**босонóжки** *мн.* (*ед.* босонóжка *ж.*) (*обувь*) sándal shoes [...ʃu:z].

**бося́к** *м.* vágabond.

**бот** *м. уст.* boat.

**ботанизúровать** (*вн.*) bótanize (*d.*).

**ботáн||ик** *м.* bótanist. **~ика** *ж.* bótany. **~úческий** botánical; ~úческий сад botánical gárdens *pl.*

**ботвá** *ж. тк. ед.* tops *pl.*; (*свёклы*) beet tops *pl.*

**ботвúнья** *ж.* botvínnia [-i:njə] (*cold fish-and-vegetable soup*).

**ботвоудаля́ющ||ий:** ~ая машúна plánt-tòp remóving machíne [-ɑ:nt- -'mu:v- -'ʃi:n].

**бóтик** I *м.* (*судно*) jólly boat, yawl.

**бóтик** II *м. см.* бóтики.

**бóтики** *мн.* (*ед.* бóтик *м.*) high óver¦shòes [...-ʃu:z]; (*резиновые*) high galóshes.

**ботúнки** *мн.* (*ед.* ботúнок *м.*) boots; high shoes [...ʃu:z] *амер.*; (*женские, на тёплой подкладке*) bóotees.

**ботфóрты** *мн.* (*ед.* ботфóрт *м.*) jack boots, Wéllingtons, Wéllington boots.

**бóты** *мн.* high óver¦shòes [...-ʃu:z]; (*резиновые*) high galóshes.

**бóцман** *м. мор.* bóatswain ['bousn]; (*на большом корабле*) bóatswain's mate.

**бочáр** *м.* cóoper. **~ный** *прил. к* бочáр; ~ное ремеслó cóoperage.

**бóчк||а** *ж.* **1.** bárrel, cask; (*тк. для вина*) tun; винó из ~и wine from the wood [...wud]; **2.** *ав.* roll; ◊ дéньги на ~у cash down!; пороховáя ~ (*перен.*) pówder keg.

**бочкóм** *нареч.* síde¦ways, síde¦wise; пробирáться ~ sidle.

**бочóк** *м.* (*часть туши*) flank.

**бочóнок** *м.* keg, small bárrel / cask.

**боязлúв||ость** *ж.* timídity, tímorous¦ness. **~ый** tímid, tímorous.

**бóязно** *разг.*: мне, ему́ *и т. д.* ~ I am, he is, *etc.*, fríghtened; мне, ему́ *и т. д.* ~ оставáться одномý I am, he is, *etc.*, fríghtened to remáin alóne.

**боя́зн||ь** *ж.* dread [-ed], fear; испы́тывать ~ чегó-л., пéред чем-л. have a dread of smth.; из ~и for fear of / that / lest; out of fear; из ~и, что он заболéет for fear of his fálling ill, for fear that / lest he might fall ill.

**боя́р||ин** *м. ист.* boyár(d). **~ский** *ист.* boyár(d) (*attr.*), boyár(d)'s. **~ство** *с. собир. ист.* the boyár(d)s *pl.* **~ыня** *ж. ист.* boyárynia (*boyar(d)'s wife*).

**боя́рышник** *м. бот.* **1.** (*дерево*) háwthòrn; **2.** (*ягода*) haw.

**боя́рышня** *ж. ист.* boyáryshnia (*boyar(d)'s unmarried daughter*).

**боя́ться** (*рд.*) be afráid (of); (*сильно*) dread [-ed] (*d.*); (*опасаться*) fear (*d.*); он боúтся зарáзы he is afráid of inféction; вам нéчего ~ you have nothing to be afráid of, you need not be afráid; ~ за когó-л. fear for smb.; бою́сь, что он (не) придёт I am afráid, *или* I fear, (that) he will (not) come; бою́сь, как бы он не пришёл I fear (that) he may come; не ~ трýдностей not be afráid of dífficulties, not be dáunted / intímidàted by dífficulties; ◊ бою́сь сказáть I cánnòt say for sure [...ʃuə]; не бóйся, не бóйтесь *разг.* don't wórry [...'wʌ-].

**брав||áда** *ж.* bravádò [-'vɑ:-]. **~úровать** (*тв.*; *рисоваться, щеголять*) flaunt (*d.*), paráde (*d.*), show* off [ʃou...] (*d.*); (*опасностью и т. п.*) defý (*d.*), set* at defíance / naught (*d.*), snap one's fíngers (at).

**брáв||о** *межд.* brávò [-ɑ:-]. **~у́рный** *муз.* bravúra [-'vu:-].

**брáвый** gállant; (*лихой*) dáshing.

**брáга** *ж.* hóme-brewed beer.

**брáжничать** caróuse, révеl ['re-], drink*.

**бразды́:** ~ правлéния the reins of góvernment [...'gʌ-].

**бразúл||ец** *м.*, **~ьский, ~ья́нка** *ж.* Brazílian.

**брак** I *м.* márriage [-rɪʤ]; (*как институт*) mátrimony, wéd¦lòck; ~ по любвú lóve-màtch ['lʌv-]; ~ по расчёту márriage of convénience; нерáвный ~ mísallíance; mésalliance (*фр.*) [me'zælıəns]; вступúть в ~ (с кем-л.) márry (smb.); состоя́ть в ~е be márried; рождённый в ~е born in wéd¦lòck; рождённый вне ~а born out of wéd¦lòck; свидéтельство о ~е certíficate of márriage; márriage lines *pl.*

**брак** II *м.* (*испорченная продукция*) spóilage, waste [weı-]; (*бракованное изделие*) wáster ['weı-]; rejécts *pl.*; (*дефект продукции*) deféct.

**бракерáж** *м.* sórting.

**бракóв||анный** deféctive, spoilt; (*о лошади*) cast. **~áть,** забраковáть (*вн.*) rejéct / condémn as deféctive (*d.*); (*перен.*: *отвергать*) rejéct (*d.*). **~ка** *ж.* rejéction of spóilage, *или* deféctive árticles, sórting out of árticles. **~щик** *м.*, **~щица** *ж.* sórter (of mànufáctured árticles), inspéctor, exáminer.

**бракоде́л** *м. разг.* bad wórk¦man*, bódger.
**браконье́р** *м.* póacher. **~ство** *с.* póaching; занима́ться ~ством poach.
**бракоразво́дный** divórce (*attr.*); ~ проце́сс divórce suit / case [...sju:t -s].
**бракосочета́ние** *с.* márriage [-rɪdʒ]; (*церемония*) wédding; núptials *pl. книжн.*
**брамани́зм** *м.* bráhmanism.
**брами́н** *м.* Bráhmin.
**брам-ре́й** *м. мор.* tòpgállant yard.
**бра́мсель** *м. мор.* tòpgállant sail.
**брам-сте́ньга** *ж. мор.* tòpgállant (mast).
**брандва́хта** *ж. мор.* guárd-ship.
**бра́ндер** *м. мор.* fíre-ship.
**брандмайо́р** *м.* head of the fíre-brigàdes (of *a* town) [hed...].
**брандма́уер** *м. стр.* fíre-proof wall.
**брандме́йстер** *м.* chief of *a* fíre-brigàde [tʃi:f...].
**брандспо́йт** *м.* **1.** (*насос*) fíre-èngine [-endʒ-], fíre-pùmp; **2.** (*наконечник*) nozzle.
**брани́ть** (*вн.*) scold (*d.*); (*выговаривать кому-л.*) repróve [-u:v] (*d.*), rebúke (*d.*); (*ругать*) abúse (*d.*); rail (agáinst), invéigh (agáinst); call names (*i.*) *разг.* **~ся 1.** (с *тв.*; *ссориться*) quárrel (with); (*бранить друг друга*) abúse one another, abúse each other; **2.** (*ругаться*) swear* [swɛə].
**бра́нн||ый** I (*ругательный*) abúsive; ~ое сло́во oath*; swéar-wòrd ['swɛə-] *разг.*; ~ое выраже́ние èxplétive.
**бра́нный** II *поэт.*, *уст.* (*воинский*) mártial.
**бранчли́вый** *разг.* quárrel¦some.
**брань** I *ж.* (*ругательство*) swéaring ['swɛə-], bad lánguage; abúse [-s]; ◇ ~ на ворот́у не ви́снет *погов.* ≅ abúse does¦n't stick.
**бран||ь** II *ж. поэт.*, *уст.*: по́ле ~и field of battle [fi:-...].
**брас** *м. мор.* brace.
**брасле́т** *м.*, **~ка** *ж.* bráce¦let, bangle.
**брасова́ть** *мор.* brace, haul in the bráces.
**брасс** *м. спорт.* breast stroke [-est...].
**брат** *м.* **1.** bróther ['brʌ-]; двою́родный ~ (first) cóusin [...'kʌz°n]; трою́родный, четверою́родный ~ sécond, third cóusin ['se-...]; сво́дный ~ stép-bròther [-brʌ-]; **2.** (*в обращении*) old man* / chap; my boy; ◇ наш ~ *разг.* we; ваш ~ *разг.* you, your kind; на ~а *разг.* a head [...hed], per head; ~ милосе́рдия male nurse.
**брата́ние** *с.* fràternizátion [-naɪ-].
**брата́ться**, побрата́ться (с *тв.*) fráternize (with).
**бра́т||ец** *м.* **1.** bróther ['brʌ-]; **2.** (*в обращении*) old man* / chap; my boy. **~и́шка** *м. разг.* **1.** (*о ребёнке*) little bróther [...'brʌ-]; **2.** = брат 2.
**бра́тия** *ж. собир.* fratérnity; пи́шущая ~ writing fratérnity.
**брато́к** *м. разг.* = брат 2.
**брато||уби́йственный** frátricidal; ~уби́йственная война́ frátricidal war. **~уби́йство** *с.* frátricide. **~уби́йца** *м.* frátricide.
**бра́тски** *нареч.* fratérnally, as / like a bróther [...'brʌ-], like bróthers; ~ пожа́ть ру́ку кому́-л. press smb.'s hand afféctionate¦ly.
**бра́т||ский** brótherly ['brʌ-], fratérnal; ~ская любо́вь brótherly love [...lʌv]; в ~ском едине́нии in fratérnal únion; ◇ ~ская респу́блика síster repúblic [...-'pʌb-]; ~ские коммунисти́ческие па́ртии fratérnal Cómmunist Párties; ~ наро́д fratérnal / brótherly people [...pi:-]; ~ские стра́ны síster nátions. **~ство** *с.* **1.** brótherhood ['brʌðəhud], fratérnity; **2.** (*община*) fratérnity.
**брать,** взять **1.** (*вн.*; *в разн. знач.*) take* (*d.*); (*об ответственности, расходах и т. п.*) shóulder ['ʃou-] (*d.*); ~ взаймы́ bórrow (*d.*); ~ биле́ты в теа́тр take* / book tíckets for the théatre [...'θɪə-], book seats at the théatre; ~ под аре́ст arrést (*d.*), put* únder arrést (*d.*); ~ в плен take* prísoner [...-z-] (*d.*); ~ поруче́ние ùndertáke* *a* commíssion; ~ кого́-л. на попече́ние take* charge of smb.; э́то берёт у него́ мно́го вре́мени it takes him a lot of time; **2.** (*вн.*; *нанимать*) hire (*d.*), take* (*d.*); **3.** (*тв.*; *достигать умом, способностями и т. п.*) succéed by dint (of), succéed by the aid (of); он берёт умо́м he succéeds by dint of his wits; ◇ ~ барье́р clear *a* húrdle; ~ нача́ло (в *пр.*) oríginàte (in, from); ~ на учёт (*вн.*) régister (*d.*); ~ верх (над) take* / gain the úpper hand (óver), preváil (óver); ~ сло́во (*для выступления*) take* the floor [...flɔ:]; ~ сло́во с кого́-л. make* smb. prómise [...-mɪs]; ~ приме́р с кого́-л. fóllow smb.'s exámple [...-ɑ:m-]; ~ себя́ в ру́ки pull òne¦sélf togéther [pul... -'ge-], contról òne¦sélf [-oul...]; ~ в свои́ ру́ки (*вн.*) take* in hand (*d.*), take* into one's own hands [...oun...] (*d.*); ~ ли́шнее charge too much; ~ на себя́ сме́лость (+ *инф.*) take* the líberty (of *ger.*); make* bold (+ to *inf.*); ~ кого́-л. по́д руку take* smb.'s arm, slip one's arm through smb.'s; ~ за́ сердце touch déeply [tʌtʃ...]; нож, коса́ *и т. п.* не берёт the knife*, the scythe, *etc.*, does¦n't / cánnòt / wouldn't cut [...saɪð...]; ~ своё (*сказываться*) tell*; ста́рость берёт своё old age tells; страх его́ не берёт he feels no fear; его́ берёт отча́яние he is seized / òver¦cóme with despáir [...si:zd...]; взять напра́во, нале́во turn to the right, left; ~ кого́-л. в свиде́тели call smb. to wítness; ~ на пору́ки (*вн.*) bail (*d.*), go* bail (for); ~ но́ту (*голосом*) sing* *a* note; (*на музык. инструменте*) play *a* note; ~ в ско́бки (*вн.*) brácket (*d.*); ~ курс (на *вн.*) head [hed] (for), make* (for); (*перен.*) settle (on), detérmine (on).
**бра́ться,** взя́ться **1.** (за *вн.* или + *инф.*; *брать на себя*) ùndertáke* (*d.* или + to *inf.*); он взя́лся за э́ту рабо́ту he ùndertóok to do the work; **2.** (за *вн.*; *приступать, начинать*) begín* (+ to *inf.* или *ger.*), start (*ger.*), take* up (*d.*); ~ за чте́ние begín* to read; begín* / start réading; он и не бра́лся за кни́гу he never stárted on the book; ~ за перо́, за кисть (*перен.*) take* up the pen, the brush; взя́ться за рабо́ту set* abóut the work, applý òne¦sélf to the work; взя́ться за разреше́ние пробле́мы tackle *a* próblem [...'prɔ-]; **3.** (за *вн.*; *руками*) touch [tʌtʃ] (*d.*); (*хвататься*) seize [si:z] (*d.*); ~ за́ руки join hands; ◇ ~ за ум *разг.* come* to one's sénses, becóme* / grow* réasonable [...-ou 'ri:z-]; ~ за кого́-л. *разг.* take* smb. in hand; от-

**ку́да э́то берётся?** where does all this come from?, what is the source of all this? [...sɔːs...]; **отку́да ни возьми́сь** *разг.* súddenly there appéars / appéared; **отку́да что берётся!** who would ever have expécted it, who would have thought it?

**бра́унинг** *м.* Brówning (*automatic pistol*).

**брахицефа́л** *м. антроп.* bráchycèphal [-kɪ-] (*pl.* -li, -lès [-liːz]).

**брахмани́зм** *м.* = брамани́зм.

**бра́чн||ый** márriage [-rɪdʒ] (*attr.*), cónjugal; ~ контра́кт márriage-cóntràct; ~ сою́з cónjugal únion; ~ое свиде́тельство certíficate of márriage; márriage lines *pl.*; ~ое сожи́тельство còhàbitátion [kou-]; ~ наря́д *зоол.* bréeding-drèss; ~ое опере́ние *зоол.* núptial plúmage.

**бра́шпиль** *м. мор.* windlàss ['wɪ-].

**бреве́нчатый** tímbered; ~ дом lóg¦house* [-s].

**бревно́** *с.* log; (*перен.*) log of wood [...wud].

**бред** *м.* delírium; (*перен.*) gíbberish ['gɪ-]; ~ сумасше́дшего rávings of a mád¦man* *pl.*; быть в ~у́ be delírious; начался́ ~ delírium has set in.

**бре́день** *м.* drág-nèt.

**бре́д||ить** be delírious, rave; (*тв.*: *перен.*) be mad (on); (чем-л. *тж.*) rave (abóut smth., of smth.); (кем-л. *тж.*) be infátuàted (with smb.); он ~ит теа́тром he raves abóut / of the théatre [...'θɪətə]. **~ни** *мн.* chiméra [kɪ'mɪə-] *sg.*, rávings; (*вздор*) nónsense *sg.* **~ово́й** delírious; (*перен.*) wild.

**бре́зг||ать,** побре́згать (*тв.*) **1.** be squéamish (abóut); он ~ает пить из чужо́го стака́на he is squéamish abóut drínking out of smb. élse's glass, it disgústs him to drink out of smb. élse's glass; **2.** (*гнуша́ться* — *об. с отриц.*) disdáin (*d.*), shrink* (from); он не ~ает никаки́ми сре́дствами he does not scruple / disdáin to use any means; he is not squéamish / fàstídious abóut any means he úses. **~ли́во** *нареч.* with disgúst / distáste [...-'teɪ-]. **~ли́вость** *ж.* fàstídious¦ness, squéamishness; (*отвраще́ние*) disgúst. **~ли́вый** (*о челове́ке*) fàstídious, squéamish, fínical; ~ли́вое чу́вство féeling of disgúst.

**брезе́нт** *м.* tàr¦páulin. **~овый** *прил. к* брезе́нт; ~овое пальто́ tàr¦páulin (coat).

**бре́зжить, ~ся** [-е́жьжи-] (*рассвета́ть*) dawn; (*мерца́ть, ту́скло свети́ть*) glímmer; у́тро чуть бре́зжится day is just begínning to break [...-eɪk], it is just begínning to dawn.

**брейд-вы́мпел** *м. мор.* broad pénnant [-ɔːd...].

**брело́к** *м.* péndant, trínket; (*на цепо́чке часо́в*) seal.

**бре́мсберг** *м. горн.* in¦clíned plane.

**бре́м||я** *с.* **1.** búrden, load; (*тя́жесть*) weight; ~ забо́т load of cares; тяжёлое ~ héavy búrden ['he-...]; возложи́ть тяжёлое ~ на кого́-л. lay* / put* / place a héavy búrden on smb.; ~ лет the weight of years; **2.**: разреши́ться от ~ени *уст.* be delívered of a child.

**бре́нн||ость** *ж. уст.* périshable náture [...'neɪ-]; fráilty (*ср.* бре́нный). **~ый** *уст.* (*тле́нный*) périshable; (*преходя́щий*) tránsitory; (*непро́чный*) frail; ◇ ~ые оста́нки mórtal remáins.

**бренча́ть** *разг.* **1.** (*тв.*) jíngle (*d.*); (*моне́тами*) chink (*d.*); **2.** (на *пр.*: *неиску́сно игра́ть на чём-л.*) strum (*d.*); ~ на роя́ле strum the piánò, *или* on the piánò [...'pjæ-...].

**брести́** make* one's way; (*с трудо́м*) toil / drag òne¦sélf alóng; (*заду́мчиво*) stroll / go* pénsive¦ly alóng.

**брете́лька** *ж.* shóulder-stràp ['ʃou-] (*of underclothing*).

**бретёр** *м. уст.* rábid dúellist.

**брех||а́ть,** брехну́ть *разг.* **1.** (*ла́ять*) yelp, bark; **2.** (*лгать*) lie, tell* lies. **~ну́ть** *сов. см.* бреха́ть. **~ня́** *ж. разг.* lies *pl.* **~у́н** *м. разг.* líar.

**брешь** *ж.* breach, gap; (*перен.*) flaw; пробива́ть ~ (в чём-л.) breach (smth.), make* a breach (in smth.).

**бре́ющ||ий 1.** *прич. см.* брить; **2.** *прил.*: ~ полёт lów-lèvel flight ['loule-...], flight at zérò áltitùde [...'æl-]; hédge-hòpping *разг.*; ата́ка на ~ем полёте low flýing attáck [lou...].

**бриг** *м. мор.* brig.

**брига́д||а** *ж.* **1.** brigáde, team; ~ рабо́чих brigáde / team of wórkers; **2.** *воен.* brigáde; *мор.* sùbdivísion; та́нковая ~ tank / ármoured brigáde; **3.** *ж.-д.* crew; поездна́я ~ train crew. **~и́р** *м.* **1.** (*ста́рший рабо́чий в брига́де*) brigáde-léader, téam-léader; **2.** *воен. уст.* brigadíer [-'dɪə]. **~ный** *прил. к* брига́да; ~ный генера́л *уст.* brìgadíer-géneral [-'dɪə-].

**бри́джи** *мн.* bréeches ['brɪ-].

**бриз** *м. мор.* breeze; берегово́й ~ land breeze.

**briза́нтн||ый** *воен.* high explósive; brìsánt [briː'zɑːŋ]; ~ая грана́та tíme(-fúsed) shell; ~ое взры́вчатое вещество́ high explósive.

**брике́т** *м.* briquétte. **~и́рование** *с.* briquétting; ~и́рование у́гля briquétting of cóal-dùst; ~и́рование руд briquétting of ores.

**бриллиа́нт** *м.*, **брилья́нт** *м.* díamond, bríllіant. **~овый** *прил. к* бриллиа́нт.

**бристо́льский:** ~ карто́н Brístol board.

**брита́н||ец** *м.* **1.** *ист.* Bríton ['brɪ-]; **2.** (*англича́нин*) Énglish¦man* ['ɪŋg-], Bríton; Brítisher *амер.* **~ский** Brítish.

**бри́тв||а** *ж.* rázor; безопа́сная ~ sáfe¦ty rázor. **~енный** sháving; ~енный прибо́р sháving-sèt; ~енные принадле́жности sháving things.

**бри́тый** (cléan-)sháven.

**бри||ть,** побри́ть (*вн.*) shave* (*d.*). **~тьё** *с.* shave, sháving; ~тьё и стри́жка shave and háircùt. **~ться,** побри́ться (*самому́*) shave*; (*у парикма́хера*) shave*, have a shave.

**бри́чка** *ж.* brítzka [-ɪts-]; (*пово́зка*) trap.

**бро́вка** *ж. спорт.* edge, bórder.

**бров||ь** *ж.* éye¦brow ['aɪ-]; brow (*то́лько в не́которых выраже́ниях*); ~и дуго́й arched éye¦brows; нави́сшие ~и óver¦háng¦ing / beetle / béetling brows; с нави́сшими ~я́ми béetle-brówed; подня́ть ~и raise one's éye¦brows; хму́рить ~и frown, knit* one's brows; ◇ он и ~ью не повёл he did not turn a hair; не в ~, а в глаз *погов.* ≅ wéll-áimed; попада́ть не в ~, а в глаз hit* the (right) nail on the head [...hed], hit* the mark.

**брод** *м.* ford; ◇ не зна́я ~у, не су́йся в во́ду *посл.* ≅ look befóre you leap.

**бродило** *с.* férmènt.

**бродильный** fèrménting, fèrméntative; ~ процесс fèrméntative prócèss; ~ чан fèrménting vat; ~ фермент fèrménting-ágent.

**бродить** I wánder, roam, rove; (*только пешком*) ramble; ~ по улицам wánder abóut the streets; (*прогуливаясь*) stroll abóut the streets; ~ по улицам в поисках работы wánder abóut the streets in search of work [...sə:tʃ...]; ◇ улыбка бродила по его лицу a smile hóvered óver his face [...'hɔ-...].

**бродить** II (*о вине, пиве*) fèrmént.

**бродяга** *м.* tramp, vágrant; hóbò *амер.*

**бродяжнич||ать** be on the tramp. **~ество** *с.* vágabòndage, vágrancy ['veɪ-].

**бродяч||ий** vágrant, itinerant; (*непоседливый*) rést¦less; ~ музыкант strólling mùsícian [...-'zɪ-], vágrant mùsícian; ~ие племена nómad tribes ['nɔ-...]; ~ая собака stray dog; ◇ ~ сюжет mígratory súbject ['maɪ-...]; ~ образ жизни nómad / mígratory life.

**брожение** *с. хим.* fèrmèntátion; (*перен.; действие*) fèrmèntátion; (*состояние*) férmènt; (*недовольство*) discontént; вызывать ~ (в *пр.*) *хим.* fermént (*d.*); (*перен.*) give* rise to fèrmèntátion (in).

**бром** *м. хим.* brómìne ['broumi:n]; (*лекарство*) brómide ['brou-].

**бромат** *м. хим.* brómàte ['brou-].

**бромистоводородный** *хим.* hỳdro¦brómic.

**бромист||ый** *хим.* brómide ['brou-]; ~ натрий, калий *и т. п.* sódium, potássium, *etc.*, brómìde; ~ое серебро sílver brómìde.

**бронеавтомобиль** *м.* ármour¦ed car.

**бронебашня** *ж.* ármour¦ed túrret.

**бронебойн||ный** ármour-piercing [-'pɪə-]; ~ снаряд ármour-piercing shell. **~щик** *м.* ànti-tánk rífle¦man*.

**броневик** *м.* ármour¦ed car.

**бронев||ой** ármour¦ed, íron¦clàd ['aɪən-]; ~ автомобиль = бронеавтомобиль; ~ая палуба *мор.* ármour¦ed deck; protéctive deck *амер.*; ~ая плита ármour plate; ~ пояс *мор.* ármour belt.

**бронемашина** *ж.* ármour¦ed car.

**броненосец** *м.* **1.** *мор. уст.* báttle¦shìp, íron¦clàd ['aɪən-]; **2.** *зоол.* àrmadíllò.

**броненосный** ármour¦ed, íron¦clàd ['aɪən-].

**бронепоезд** *м.* ármour¦ed train.

**бронесилы** *мн.* ármour¦ed fórces.

**бронетанковый** ármour¦ed.

**бронетранспортёр** *м.* ármour¦ed cárrier.

**бронза** *ж.* **1.** bronze; **2.** *собир.* (*художественные изделия из бронзы*) brónzes *pl.*

**бронзир||ованный** *прич. и прил.* bronzed. **~овать** *несов. и сов.* (*вн.*) bronze (*d.*). **~овка** *ж.* brónzing.

**бронзов||ый** **1.** *прил. к* бронза; **2.** (*о цвете*) bronzed, tanned; ◇ ~ век the Bronze Age; ~ая болезнь Áddison's diséase [...dɪ'zi:z].

**бронированный** *прич. см.* бронировать; ◇ ~ кулак mailed fist.

**бронировать,** забронировать (*вн.*; *закреплять за кем-л.*) resérve [-'zə:v] (*d.*); ~ место resérve *a* seat / place; ~ кредиты assúre crédits [ə'ʃuə...].

**бронировать** *несов. и сов.* (*вн.*; *покрывать бронёй*) ármour (*d.*).

**бронхи** *мн.* (*ед.* бронх *м.*) *анат.* brónchial tubes [-ŋk-...]; brónchì [-ŋkaɪ] *научн.* **~альный** brónchial [-ŋk-].

**бронхит** *мед.* brònchítis [-ŋ'k-].

**брон||я** (*на материалы и т. п.*) resérved quóta [-'zə:vd...]; (*на место в поезде и т. п.*) resérved place / seat, ráilway wárrant; получить билет по ~е get* a resérved tícket; ~ на комнату, квартиру wárrant secúring reténtion of *a* room, flat.

**броня** *ж.* (*защитная обшивка*) ármour; палубная ~ *мор.* deck ármour.

**брос||ать,** бросить (*вн.*) **1.** (*кидать*) throw* [-ou] (*d.*); (*швырять*) hurl (*d.*), chuck (*d.*), fling* (*d.*); (*небрежно*) throw* abóut (*d.*); (*перен.*) cast* (*d.*), dart (*d.*), fling* (*d.*), hurl (*d.*); ~ камни throw* / hurl / fling* stones; ~ взгляд (на *вн.*) cast* a glance (at); (*о быстром взгляде*) dart / shoot* a glance (at); fling* one's eyes [...aɪz] (at, óver); ~ якорь cast* / drop ánchor [...'æŋkə]; ~ обвинение hurl an àccùsátion [...-'zeɪ-]; ~ реплику fling* a remárk; бросить в тюрьму fling* / throw* / cast* into prison / gaol [...'prɪz°n dʒeɪl] (*d.*); **2.** (*срочно направлять*): ~ войска (*куда-л.*) send* troops (*to a place*); ~ войска на неприятеля fling* one's troops on the énemy; **3.** (*оставлять*) abándon (*d.*), forsáke* (*d.*), relínquish (*d.*); ~ оружие lay* down (one's) arms; ~ семью desért one's fámily [-'zə:t...]; **4.** (*вн.*, + *инф.*; *переставать*) give* up (*d.*, + *ger.*), leave* off (*d.*, + *ger.*); ~ курить give* up, *или* leave* off, smóking; ~ музыку give* up músic [...-z-]; бросить учёбу drop, *или* give* up, one's stúdies [...'stʌ-]; chuck one's stúdies *разг.*; **5.** *безл.*: его ~ает то в жар, то в холод he keeps on gó¦ing hot and cold; ◇ ~ тень (на *вн.*) cast* / throw* a shádow [...'ʃæ-] (on); (*перен.*: *опорочивать*) cast* aspérsions (on); брось! stop it!, don't! **~аться,** броситься **1.** (к; в *вн.*, на *вн.*) throw* òne¦sélf [-ou...] (on, up¦ón); (*устремляться*) rush (to); ~аться кому-л. в объятия throw* òne¦sélf, *или* fall*, into smb.'s arms; ~аться на шею кому-л. fall*, *или* throw* òne¦sélf, on smb.'s neck, throw* one's arms round smb.'s neck; ~аться в воду plunge into the wáter [...'wɔ:-]; ~аться вплавь jump into the wáter and start swímming; ~аться на помощь rush to help; ~аться на помощь кому-л. rush to the help / aid of smb.; ~аться бежать take* to one's heels; ~аться на колени fall* on one's knees; ~аться в атаку advánce / rush to the attáck; (*о конном строе*) charge; собака бросилась на него the dog rushed at, *или* fell up¦ón, him; ~аться на еду *разг.* fall* on, *или* pounce up¦ón, *the* food; **2.** *тк. несов.* (*п.з.*; *бросать друг в друга*) throw* at each other; **3.** *тк. несов.* (*тв.*; *пренебрегать*) disdáin (*d.*); ◇ ~аться в глаза be stríking; его бледность ~алась в глаза his pállor was stríking; ~аться кому-л. в глаза strike* smb.; (*быть особенно заметным*) stare smb. in the face, arrést smb.'s atténtion; (*быть очевидным*) be évident to smb.; кровь бросилась ему в лицо the blood rushed to his face [...-ʌd...].

**бросить** *сов. см.* бросать. **~ся** *сов. см.* бросаться 1.

**бро́ский** *разг.* (*кричащий*) gárish, loud; (*яркий*) bright.

**броско́м** *нареч.* with a throw [...-ou], with a rush.

**бро́совый** wórthless; ~ э́кспорт *эк.* dúmping.

**бросо́к** *м.* **1.** throw [-ou]; **2.** (*быстрое передвижение*) rush; **3.** *спорт.* sprint; сде́лать ~ put* on a spurt.

**бро́шенный 1.** *прич. см.* броса́ть; **2.** *прил.* (*покинутый*) abándoned, desérted [-'zɜː-].

**бро́шка** *ж.*, **брошь** *ж.* brooch [-outʃ].

**брошю́ра** *ж.* bóoklet, pámphlet.

**брошюр||ова́льный** *полигр.* stítching. **~о́ванный** *прич. см.* брошюрова́ть.

**брошюр||ова́ть,** сброшюрова́ть (*вн.*) *полигр.* stitch (*d.*). **~о́вка** *ж. полигр.* stítching. **~о́вочный:** ~о́вочный цех bóok-stitching shop. **~о́вщик** *м.*, **~о́вщица** *ж.* stítcher.

**брудерша́фт** [-дэ-] *м.*: вы́пить (на) ~ pledge fratérnity.

**брус** *м.* **1.** squared beam, squared tímber; **2.** *мн.*: паралле́льные ~ья *спорт.* párallèl bars.

**бруско́в||ый** bar (*attr.*); ~ое желе́зо bár-iron [-'aɪən].

**брусни́||ка** *ж. тк. ед.* **1.** *собир.* red bílberries *pl.*, cówberries *pl.*; **2.** (*об отдельной ягоде*) red bílberry, cówberry, móuntain cránberry; **3.** (*куст*) red bílberry. **~чный** *прил.* к брусни́ка.

**брусо́к** *м.* bar; точи́льный ~ whétstòne; ~ мы́ла bar of soap.

**бру́ствер** *м. воен.* párapet; (*у насыпного окопа*) bréastwòrk ['bre-].

**бру́тто** *в знач. неизм. прил. торг.* gross [-ous]; вес ~ gross weight.

**бруцеллёз** *м. мед.* brùcellósis.

**брыже́йка** *ж. анат.* mésentèry [-terɪ].

**бры́з||гать,** бры́знуть **1.** (*тв.* на *вн.*; *о жидкостях*) splash (*d.* on); (*о грязи*) spátter (*d.* on); (*вн. тв.*; *окроплять*) sprinkle (*d.* with); ~ водо́й (на *вн.*) splash wáter [...'wɔː-] (on); ~ слюно́й spútter, splútter; ~нул дождь it begán to spit with rain; **2.** *тк. сов.* (*забить струёй*) spurt out; кровь ~нула из ра́ны blood spúrted from, *или* gushed out of, the wound [-ʌd...wuːnd]; ◇ ~нули и́скры sparks flew. **~гаться 1.** splash; ~гаться духа́ми *разг.* spray òne¦sélf with scent; **2.** (*брызгать друг в друга*) splash each other.

**бры́зги** *мн.* (*жидкости*) spray *sg.*; (*расплавленного металла*) sparks; ~ грязи, кро́ви spláshes of mud, blood [...-ʌd]; ~ дождя́ fine drops of rain.

**бры́знуть** *сов. см.* бры́згать.

**брык||а́ть,** брыкну́ть (*вн.*) kick (*d.*). **~а́ться,** брыкну́ться (*прям. и перен.*) kick. **~ну́ть(ся)** *сов. см.* брыка́ть(ся).

**бры́нза** *ж.* brýnza (*sheep's milk cheese*).

**брысь** *межд.* shoo (*to a cat*).

**брюз||га́** *м. и ж.* grúmbler. **~гли́вый** grúmbling, péevish, quérulous; grúmpy *разг.* **~жа́ние** [-южжя́-] *с.* grúmbling. **~жа́ть** [-южжя́-] grumble, be péevish.

**брю́ква** *ж.* swede.

**брю́ки** *мн.* tróusers; pants *амер.*; (*для верховой езды*) bréeches ['brɪ-]; (*короткие и широкие*) plús-fóurs [-'fɔːz]; knickerbòckers *амер.*

**брюне́т** *м.* dárk(-haired) man*. **~ка** *ж.* brunétte, dárk(-haired) wóman* [...'wu-].

**брю́ссельск||ий** Brússels; ◇ ~ая капу́ста Brússels sprouts *pl.*

**брю́хо** *с. разг.* bélly; (*большой живот*) paunch, còrporátion; наполня́ть ~ fill one's bélly.

**брюхоно́гие** *мн. скл. как прил. зоол.* gásteropòds.

**брюши́н||а** *ж. анат.* pèritonéum [-iːəm]; воспале́ние ~ы pèritonítis. **~ный** *анат.* pèritonéal [-ɪəl].

**брюш||ко́** *с.* **1.** *зоол.* bélly, ábdomèn; **2.** *разг.* little còrporátion; slight paunch. **~но́й** àbdóminal; ~но́й тиф týphoid / èntéric féver ['taɪ-...]; týphoid; ~на́я по́лость àbdóminal cávity.

**бря́к||ать,** бря́кнуть *разг.* **1.** (*вн.*; *бросать*) bang / dash down (*d.*); drop, *или* let* fall, with a bang / crash (*d.*); (*швырять*) fling* (*d.*), hurl (*d.*); **2.** (*тв.*; *ударять, звякать*) clátter (*d.*); **3.** (*неосторожно сказать*) blurt out (*d.*). **~аться,** бря́кнуться fall* down héavily [...'he-]. **~нуть(ся)** *сов. см.* бря́кать(ся).

**бряца́ние** *с.* clang; (*менее звучное*) clank; ~ шпор the clank of spurs; ~ ору́жием sábre-ràttling.

**бряца́ть** clang; clank; (*ср.* бряца́ние); ~ по стру́нам thrum the strings; ~ ору́жием rattle the sabre.

**бу́бен** *м.* tàmbourine [-'riːn].

**бубенц||ы́** *мн.* (*ед.* бубене́ц *м.*) bells; колпа́к с ~а́ми cap and bells, fool's cap.

**бубе́нчик** *м.* bell, cýmbal.

**бу́блик** *м.* bóublik ['buː-] (*thick ring-shaped roll*).

**бубни́ть** *разг.* growl, grumble; (*бормотать*) mútter.

**бубно́вый** *карт.* of díamonds; ~ туз the ace of díamonds.

**бу́бны I** *мн. см.* бу́бен.

**бу́б||ны II** *мн.* (*ед.* бу́бна *ж.*) *карт.* díamonds; ходи́ть с ~ён lead* díamonds.

**бубо́н** *м. мед.* búbò. **~ный** *мед.* bùbónic; ~ная чума́ bùbónic plague [...pleɪg].

**бу́гель** *м. тех.* stirrup; *эл.* bów-collèctor ['bou-].

**бугор** *м.* híllock, knoll, mound. **~о́к** *м.* **1.** knob, protúberance; **2.** *анат.* próminence, protúberance; **3.** *мед.* túbercle; туберкулёзные ~ки́ tùbércular túmours. **~ча́тка** *ж. мед.* *уст.* tubèrculósis. **~чатый 1.** (*покрытый бугорками*) knóbby; **2.** *анат., мед.* tubérculous; **3.** *бот.* túberous.

**бугри́стый** ún¦éven, hílly.

**будд||и́зм** *м.* Búddhism ['bu-]. **~и́ст** *м.* Búddhist ['bu-].

**бу́дет I** *3 л. ед. буд. вр. см.* быть; ◇ ~ ему́ за э́то! he'll catch it!

**бу́дет II** *предик. безл. разг.* (*достаточно*) that'll do, that's enóugh [...ɪ'nʌf]; ~ тебе́ пла́кать stop crý¦ing, don't cry any more; ~ с вас э́того? will that do?

**буди́льник** *м.* alárm clock.

**буди́ровать 1.** *уст.* sulk; **2.** (*вн.*) *разг.* (*возбуждать*) incíte (*d.*).

**буди́ть,** разбуди́ть (*вн.*) wake* (*d.*), a¦wáke(n) (*d.*); (*перен.*) a¦wáken (*d.*), aróuse (*d.*); (*возбуждать*) stir up (*d.*); его́ бу́дят в семь часо́в he is waked / a:wáked / a:wákened / called at séven o'clóck [...'se-...]; they wake / a:wáke(n) / call him at séven; разбуди́те меня́ ра́но call me éarly [...'ɜː-]; ~ воспомина́ния evóke mémories.

**бу́дка** *ж.* box, cábin; (*ларёк*) stall; карау́льная ~ séntry-bòx; соба́чья ~ kénnel; суфлёрская ~ prómpt-bòx; железнодоро́жная ~ pláte:layer's cábin; телефо́нная ~ télephòne box, públic cáll-bòx ['pʌb-...]; télephòne booth [...-ð] *амер.*

**бу́дн||и** *мн.* wéek-day(s); (*перен.*) prose *sg.*, prosá:ic side [-'zeɪ-...] *sg.*; (*беспросветная жизнь*) húmdrùm life / existence *sg.*; сего́дня у нас ~ to:dáy is a wéek-day; по ~ям on wéek-days; трудовы́е ~ évery:dáy wórking life *sg.* **~ий** évery:dáy; ~ий день wéek-day.

**бу́дничн||ый** évery:dáy; (*перен.*) húmdrùm, dull, prosá:ic [-'zeɪ-]; ~ день wéek-day; ~ое пла́тье évery:dáy dress; ~ая жизнь húmdrùm life. **~ость** *ж.* dúllness.

**будора́жить,** взбудора́жить (*вн.*) *разг.* ágitàte (*d.*); (*беспокоить*) distúrb (*d.*); (*возбуждать*) excíte (*d.*).

**бу́дочник** *м. уст.* police:man* on dúty [-ɪs-...].

**бу́дто 1.** *союз* (*словно, как если бы*) as if, as though [...ðou]; у вас тако́й вид, ~ вы не по́няли you look as if, *или* as though, you did not ùnderstánd; **2.** *союз* (*что — с неуверенностью*) *вместе с глаголом передаётся через* it seems that, appárent:ly, *тж. глаголом* profess: говоря́т, ~ он уе́хал it seems that he has gone a:wáy [...gɔn...], he has gone a:wáy it seems, *или* appárent:ly; он расска́зывает, ~ он получи́л пе́рвую пре́мию he proféssès to have recéived the first prize [...'siː-...]; **3.** *частица* (*разве?*) réally? ['rɪə-]; уж ~ вы так непогреши́мы? are you réally so infállible?; ◇ ~ бы (*якобы*) allégedly [ə'le-], osténsibly; (*предположительно*) suppósed:ly.

**бу́ду** *1 л. ед. буд. вр. см.* быть.

**будуа́р** *м. уст.* bóudoir ['buːdwɑː].

**бу́дущ||ее** *с. скл. как прил.* the fúture; в ~ем in the fúture; (*впредь*) in fúture, for the fúture; споко́йно смотре́ть в ~ face the fúture, *или* look ahéad, cálmly / tránquilly / cónfidently [...ə'hed 'kɑːm-...]; ~ пока́жет time, *или* the fúture, will show [...ʃou]. **~ий** fúture; to be, to come (*после сущ.*); (*следующий*) next; в ~ем году́ next year; на ~ей неде́ле next week; в ~ий раз next time; ~ее поколе́ние the next gènerátion; ~ие поколе́ния fúture gènerátions, gènerátions to come; ~ий учи́тель téacher to be; ~ее вре́мя *грам.* the fúture (tense). **~ность** *ж.* fúture.

**будь,** ~те *пов. см.* быть.

**буёк** *м. мор.* dám-buoy [-bɔɪ].

**бу́ер** *м.* ice-boat.

**буера́к** *м.* gúlly.

**бужени́на** *ж.* pork.

**буза́** I *ж.* (*напиток*) bóza, bóuza ['buː-] (*millet beverage*).

**буз||а́** II *ж. тк. ед. разг.* row; подня́ть ~у́ make*, *или* kick up, a row.

**бузина́** *ж. тк. ед.* élder; (*заросль бузины*) élder grove, élder thícket.

**буз||и́ть** *разг.* make*, *или* kick up, a row. **~отёр** *м. разг.* rówdy.

**буй** *м. мор.* buoy [bɔɪ].

**бу́йвол** *м.* búffalò. **~овый** *прил. к* бу́йвол; ~овая ко́жа buff.

**бу́йный** víolent, túrbulent, wild; (*тк. о страстях*) ùn:góvernable [-'gʌ-]; (*о веселье*) ùp:róarious; ~ сумасше́дший víolent / ráving lúnatic.

**бу́йство** *с.* víolent úp:roar. **~вать** beháve víolently.

**бук** *м. бот.* beech.

**бу́к||а** *м. и ж. разг.* bógy (man*) [-gɪ...], búgbear [-bɛə]; (*перен.*) súrly / únsóciable man* / féllow; súrly / únsóciable wóman* [...'wu-]; ◇ смотре́ть ~ой ≅ look súrly / moróse / crústy [...-s...].

**бука́шка** *ж.* (small) ínsèct.

**бу́кв||а** *ж.* létter; прописна́я ~ cápital létter; строчна́я ~ small létter; нача́льная ~ inítial / first létter; ◇ мёртвая ~ dead létter [ded...]; ~ зако́на the létter of the law; соблюда́ть ~у зако́на cárry out the létter of the law; ~ в ~у létter for létter.

**буквали́зм** *м.* óver-líteral réndering, líteralism.

**буква́льн||о** *нареч.* líterally; (*дословно*) word for word. **~ый** líteral; (*дословный*) word for word; в ~ом смы́сле сло́ва líterally; ~ое значе́ние líteral méaning / sense; вот его́ ~ый отве́т this is his ánswer word for word [...'ɑːnsə...].

**буква́рь** *м.* ABC book ['eɪ'biː'siː...].

**бу́квенный** in létters.

**буквое́д** *м. ирон.* pédant ['pe-]; drý:as:dùst *разг.* **~ство** *с. ирон.* pédantry.

**буке́т** *м.* **1.** (*цветов*) bunch of flówers; bóuquet ['buːkeɪ], nóse:gay; **2.** (*аромат — о вине и т. п.*) bóuquet.

**букини́ст** *м.* sécond-hànd bóoksèller ['se-...]. **~и́ческий:** ~и́ческий магази́н sécond-hànd bóokshòp / bóoksèller's ['se-...].

**бу́кли** *мн.* (*ед.* бу́кля *ж.*) *уст.* curls.

**бу́ков||ый** *прил. к* бук; (*сделанный из бука*) béechen; ~ оре́шек béechmàst, béechnùt; ~ое ма́сло béechnùt oil.

**буко́л||ика** *ж. лит.* bùcólics *pl.* **~и́ческий** *лит.* bùcólic, pástoral.

**букс** *м. бот.* box.

**бу́кса** *ж. ж.-д.* áxle-bòx.

**букси́р** *м.* **1.** (*судно*) tug, túgboat, tów-boat ['tou-]; **2.** (*канат*) tów(ing)-line ['tou-], tów(ing)-ròpe ['tou-]; (*перен.*) tówage ['tou-]; ба́ржа идёт на ~е the barge is bé:ing towed [...toud]; тяну́ть на ~е (*вн.*) tow [tou] (*d.*); (*перен. тж.*) have in tow (*d.*); взять на ~ (*вн.*; *прям. и перен.*) take* in tow (*d.*). **~ный** tów(ing) ['tou-]; ~ный парохо́д steam tug.

**букси́ровать** (*вн.*) tow [tou] (*d.*), tug (*d.*); have in tow (*d.*).

**буксиро́вка** *ж.* tówage ['tou-], tówing ['tou-].

**буксова́||ние** *с.* skídding. **~ть** skid.

**булава́** *ж.* mace.

**була́в||ка** *ж.* pin; ~ для га́лстука tíe-pìn, scárf-pìn; ◇ англи́йская ~ sáfe:ty pin; де́ньги на ~ки pín-mòney [-mʌ-] *sg.* **~очный** *прил. к* була́вка; ~очный уко́л pín-prìck.

**була́ный** dun, light bay, créam-còlour¦ed [-kʌ-].

**була́т** *м. ист.* (*сталь для клинков*) dámask steel ['dæ-...]; (*перен.*: *меч*) sword [sɔːd]. **~ный** *прил. к* була́т.

**бу́линь** *м. мор.* bówline ['bou-].

**бу́лка** *ж.* roll; сдо́бная ~ bun.

**бу́лла** *ж.* bull [bul] (*edict*).

**бу́лочка** *ж. уменьш. от* бу́лка.

**бу́лочн||ая** *ж. скл. как прил.* báker's; ~-конди́терская báker's and conféctioner's. **~ик** *м.* báker. **~ый:** ~ые изде́лия ≅ rolls and buns.

**булты́х** *межд.* plop; он ~ в во́ду! he fell plop into the wáter [...'wɔː-]. **~а́ться,** бултыхну́ться *разг.* (*падать в воду*) fall* plop into the wáter [...'wɔː-]; (*бросаться в воду*) plunge / plop into the wáter. **~ну́ться** *сов. см.* бултыха́ться.

**булы́жн||ик** *м.* cóbble(-stòne). **~ый** *прил. к* булы́жник; ~ая мостова́я cobbles *pl.*, cóbble-stòne páve¦ment / road.

**бульва́р** *м.* ávenue, bóulevard ['buːlvɑː]. **~ный** *прил. к* бульва́р; ◇ ~ный рома́н ≅ cheap nóvel [...'nɔ-]; pénny dréadful [...'dre-] *разг.*; ~ная газе́та rag (*newspaper*); ~ная пре́сса gútter press.

**бульдо́г** *м.* búlldòg ['bu-].

**бульдо́зер** *м.* búlldòzer ['bu-]. **~и́ст** *м.* búlldòzer óperàtor ['bu-...].

**бу́лька||нье** *с.* gurgle. **~ть** gurgle.

**бульо́н** *м.* broth; кре́пкий (говя́жий) ~ béef-tea; кури́ный ~ chícken-bròth.

**бум** *м разг.* sènsátion, rácket; (*на бирже*) boom; промы́шленный ~ indústrial boom.

**бума́г||а** I *ж.* **1.** *тк. ед.* (*в разн. знач.*) páper; ~ в лине́йку ruled páper; ~ в клётку squared páper; газе́тная ~ néws-print [-z-]; заверну́ть в газе́тную ~у (*вн.*) wrap up in *a* néwspàper (*d.*); почто́вая ~ létter-pàper, nóte-pàper; цветна́я ~ cólour¦ed páper ['kʌ-...]; изложи́ть на ~е (*вн.*) commít to páper (*d.*); **2.** *мн.* (*ценные*) secúrities; **3.** (*документ*) páper, dócument; ◇ оста́ться на ~е remáin on páper.

**бума́г||а** II *ж.* (*хлопчатая*) cótton; шерсть с ~ой wool and cótton [wul...]; ~ для што́пки dárning cótton.

**бумагодержа́тель** I *м.* (*владелец ценных бумаг*) hólder of secúrities, bóndhòlder.

**бумагодержа́тель** II *м. канц.* páper--clip.

**бумагомара́тель** *м. разг.* scríbbler.

**бумагопряд||е́ние** *с.* cótton-spìnning. **~и́льный:** ~и́льная маши́на cótton-spinning machíne [...-'ʃiːn]; ~и́льная фа́брика cótton mill. **~и́льня** *ж.* cótton mill.

**бума́жка** *ж.* **1.** piece of páper [piːs...]; bit of páper (*тж. пренебр.*); ~ от конфе́т sweet wrápper; **2.** *разг.* (*бумажные деньги*) note; пятирублёвая ~ fíve-rouble note [-ruː-...]; **3.** *разг., пренебр.* (*канцелярская*) páper.

**бума́жник** I *м.* (*работающий в бумажной промышленности*) páper-màker.

**бума́жник** II *м.* (*для денег*) wállet ['wɔ-], pócket-book.

**бума́жн||ый** I *прил. к* бума́га I 1; ~ая фа́брика páper-mill; ~ые де́ньги páper móney [...'mʌ-] *sg.*; ◇ ~ая волоки́та red tape; ~ое руково́дство páper / nóminal léader¦ship / guídance [...'gaɪ-].

**бума́жн||ый** II *прил. к* бума́га II; ~ая мате́рия cótton; ~ая ткань cótton fábric; ~ая пря́жа cótton yarn.

**бумажо́нка** *ж.* (*прям. и перен.*) bit of páper.

**бумазе́я** *ж.* fústian.

**бумера́нг** *м.* bóomeràng.

**бунд** *м. ист.* Bund [bu-]. **~овец** *м. ист.* Búndist ['bu-].

**бу́нкер** *м.* búnker.

**бункерова́ть** *несов. и сов.* (*вн.*) búnker (*d.*). **~ся** coal.

**бункеро́вка** *ж.* cóaling.

**бунт** I *м.* ríot; (*гл. обр. военный*) mútiny.

**бунт** II *м.* (*кипа и т. п.*) bale, pácket, bundle.

**бунта́р||ский** mútinous, rebéllious, sedítious. **~ство** *с.* rebéllious¦ness; (*подстрекательство к бунту*) sedítion.

**бунта́рь** *м.* rébel ['re-], insúrgent; mùtinéer; ríoter; (*ср.* бунт).

**бунтов||а́ть,** взбунтова́ть, взбунтова́ться **1.** *при сов.* взбунтова́ться rebél, revólt (*тж. перен.*); rise* in rebéllion, rise* in revólt; (*о войсках*; *тж. перен.*) mútiny; **2.** *при сов.* взбунтова́ть (*вн.*) incíte to rebéllion, *или* to revólt (*d.*). **~а́ться,** взбунтова́ться *разг.* = бунтова́ть 1. **~ско́й** mútinous, rebéllious. **~щи́к** *м.* rébel ['re-], insúrgent; mùtinéer, ríoter; (*ср.* бунт).

**бур** I *м. тех.* áuger [-g-].

**бур** II *м.* (*народность*) Bóer [buə].

**бура́** *ж. хим.* bóràx.

**бура́в** *м. тех.* pérforàtor, gímlet ['gɪ-]; (*большой*) áuger [-g-]. **~ить** (*вн.*) *тех.* bore (*d.*), drill (*d.*), pérforàte (*d.*). **~чик** *м. тех.* gímlet ['gɪ-].

**бура́к** *м.* (*свёкла*) béetroot.

**бура́н** *м.* snów-stòrm (*in the steppes*) ['snou-].

**бурбо́н** *м. уст.* (*грубый человек*) churl.

**бургоми́стр** *м.* búrgomàster.

**бурда́** *ж. тк. ед. разг.* wísh-wàsh.

**бурдю́к** *м.* wine¦skìn.

**буреве́стник** [-сн-] *м.* stórm(y) pétrel [...'pe-].

**бурело́м** *м.* wind-fàll¦en wood ['wɪ- wud].

**буре́ние** *с. горн.* bóring, drílling; ~ сква́жины (*нефтяной*) sínking / drílling of *a* well; уда́рное ~ pèrcússion drílling; о́пытное ~ test bóring.

**буре́ть,** побуре́ть grow* brown [grou...].

**буржуа́** *м. нескл.* bóurgeois ['buəʒwɑː].

**буржуази́я** *ж.* bourgeoisíe [buəʒwɑː'ziː]; кру́пная ~ úpper / big bourgeoisíe; ме́лкая ~ pétty bourgeoisíe; сре́дняя ~ míddle bourgeoisíe; монополисти́ческая ~ monópoly bourgeoisíe; monópoly cápitalists *pl.*

**буржуа́зно-демократи́ческ||ий** bóurgeois--dèmocrátic ['buəʒwɑː-]; ~ая револю́ция bóurgeois-dèmocrátic rèvolútion.

**буржуа́зный** bóurgeois ['buəʒwɑː].

**буржу́й** *м. разг.* bóurgeois ['buəʒwɑː].

**бури́ль||ный** bóring. **~щик** *м.* bórer, dríller.

**бурими́** [-мэ́] *с. нескл.* bouts rimés (*фр.*) ['buːriː'meɪ].

**бури́ть** (*вн.*) bore (*d.*); (*о колодце*) sink* (*d.*), drill (*d.*).

**бу́рка** *ж.* felt cloak.
**бу́рки** I *мн.* *см.* бу́рка.
**бу́рки** II *мн.* felt boots.
**бу́ркнуть** *сов.* (*вн.*) *разг.* growl out (*d.*).
**бурла́||к** *м.* barge háuler. **~цкий** *прил.* *к* бурла́к. **~чить** haul / tow bárges [...tou...].
**бурли́вый** séething, túrbulent.
**бурли́ть** seethe.
**бу́рн||ый** **1.** stórmy; (*о море тж.*) rough [rʌf], héavy ['he-]; **2.** (*стремительный*) impétuous; (*быстрый*) rápid; ~ поры́в ве́тра víolent gust of wind [...wɪ-]; ~ рост промы́шленности rápid growth of índustry [...-ouθ...]; **3.** (*неистовый*) stórmy, víolent; (*о страсти*) wild; ~ разгово́р stórmy ínterview [...-vjuː]; ~ые аплодисме́нты storm of appláuse *sg.*; loud cheers.
**буров||о́й** bóring; ~а́я вы́шка dérrick; ~а́я маши́на bóring machíne [...-'ʃiːn]; ~а́я сква́жина bore, bóre-hòle, bóring, well.
**бу́рс||а** *ж.* *ист.* séminary. **~а́к** *м.* *ист.* séminarist.
**бу́рский** *прил.* *к* бур II.
**буру́н** *м.* *мор.* bréaker [-eɪkə]; (*под носом корабля*) bów-wàve; *мн.* *тж.* surf *sg.*
**бурча́ние** *с.* *разг.* **1.** múttering; (*бормотание*) múmbling; (*ворчание*) grúmbling; **2.** (*в животе*) rúmbling; cóllywòbbles *pl.*
**бурча́ть,** пробурча́ть *разг.* **1.** mútter; (*бормотать*) mumble; (*ворчать*) grumble; ~ себе́ под нос mútter únder / belów one's breath [...-'lou...-eθ]; **2.** *тк.* *несов.* (*в животе*) rumble (*in intestines*); (*в котле и т. п.*) bubble.
**бу́р||ый** brown; ~ медве́дь brown bear [...bɛə]; ~ая лиси́ца red fox; ◇ ~ у́голь brown coal.
**бурья́н** *м.* *тк.* *ед.* (tall) weeds *pl.*
**бу́ря** *ж.* storm; (*очень сильная; гл. обр. поэт.*) témpest; (*на море*) gale; сне́жная ~ snów-stòrm ['snou-]; магни́тная ~ *физ.* màgnétic storm; ~ пронесла́сь, минова́ла (*перен.*) the storm has blown óver [...bloun...]; ◇ ~ восто́ргов storm of cheers; ~ в стака́не воды́ storm in a téa-cùp; «~ и на́тиск» *ист.* *лит.* "storm and stress"; «Sturm und Drang» *нем.*
**буря́т** *м.*, **~ка** *ж.*, **~ский** Buryát [bu'rjɑːt].
**бу́син||а** *ж.*, **~ка** *ж.* bead.
**буссо́ль** *ж.* *геод.* sùrvéying cómpass [...'kʌ-]; *воен.* diréctor; áiming circle *амер.*
**бу́сы** *мн.* beads.
**бут** *м.* *тк.* *ед.* *тех.* áshlar, rubble, quárry-stòne.
**бута́н** *м.* *хим.* bútàne.
**бутафо́р** *м.* *театр.* próperty-man*. **~ия** *ж.* *тк.* *ед.* *театр.* própertіes *pl.*; props *pl.* *разг.*; (*в витрине и т. п.*) dúmmies *pl.* (*in shop window*); (*перен.*) wíndow-drèssing, mere show [...ʃou]; э́то всё одна́ ~ия it is nóthing but wíndow-drèssing, it's all show. **~ский** *прил.* *к* бутафо́рия.
**бутербро́д** *м.* (*хлеб с маслом*) slice of bread and bútter [...-ed...]; (*с закуской*) sándwich ['sænwɪdʒ]; ~ с ветчино́й ham sándwich.
**бути́л** *м.* *хим.* bútyl. **~е́н** *м.* *хим.* bútylène.
**бутири́н** *м.* *хим.* bútyrine.
**бути́ть,** забути́ть (*вн.*) fill with rubble (*d.*), make* an áshlar foundátion (for).
**буто́н** *м.* bud.
**бутонье́рка** *ж.* hólder (for a búttonhòle flówer); (*цветок в петлице*) búttonhòle.
**бу́тсы** *мн.* *спорт.* fóotbàll boots ['fut-...].
**буту́з** *м.* *разг.* kiddy; chúbby líttle féllow.
**буты́л||ка** *ж.* bottle. **~очка** *ж.* small bottle; (*пузырёк*) vial, phíal. **~очный** *прил.* *к* буты́лка; ~очного цве́та bóttle-green.
**буты́ль** *ж.* large bottle; (*оплетённая*) cárboy, démijòhn [-dʒɔn].
**бу́фер** *м.* *ж.-д.* (*тж.* *перен.*) búffer. **~ный** *прил.* *к* бу́фер; ~ное госуда́рство búffer State.
**буфе́т** *м.* **1.** (*мебель*) sídeboard; **2.** (*ресторан*) refréshment room, búffet ['bufeɪ]; (*в учреждении, учебном заведении*) cantéen; (*стойка*) (refréshment / snack) bar. **~ная** *ж.* *скл.* *как* *прил.* pántry. **~ный** *прил.* *к* буфе́т. **~чик** *м.* bárman*; bártènder *амер.* **~чица** *ж.* bármaid.
**буфф** *прил.* *нескл.* *театр.* búffo ['buː-].
**буффо́н** *м.* bùffóon. **~а́да** *ж.* bùffóonery.
**буха́нка** *ж.* loaf*.
**буха́р||ец** *м.*, **~ка** *ж.*, **~ский** Bokháran [-'kɑː-].
**бу́хать,** бу́хнуть *разг.* **1.** (*тв.; ударять*) thump (*d.*); **2.** (*без доп.; об орудиях*) thúnder; **3.** (*вн.; неуместно говорить*) blurt out (*d.*). **~ся,** бу́хнуться *разг.* (*падать*) fall* héavily [...'he-]; (*кидаться*) throw* òneséIf [-ou...].
**бухга́лт||ер** *м.* bóok-keeper, accóuntant; гла́вный ~ accóuntant géneral. **~е́рия** *ж.* **1.** bóok-keeping; **2.** (*помещение*) accóunts depártment; (*в небольших учреждениях*) cóunting-house* [-s].
**бухга́лтерск||ий** bóok-keeping (*attr.*), accóunt (*attr.*); ~ая задо́лженность órdinary debts [...dets] *pl.*; ~ая кни́га accóunt book.
**бу́хнуть** I *сов.* *см.* бу́хать.
**бу́хнуть** II, разбу́хнуть swell*.
**бу́хнуться** *сов.* *см.* бу́хаться.
**бу́хта** I *ж.* (*залив*) bay (*in coast*).
**бу́хта** II *ж.* (*троса*) coil (*of rope*).
**бу́хточка** *ж.* cove, creek, ínlet ['ɪn-].
**бу́хты-бара́хты** *разг.*: с ~ (*необдуманно*) óff-hánd; (*внезапно*) súddenly; (*ни с того, ни с сего*) without rhyme or réason [...-z°n].
**бу́цы** *мн.* = бу́тсы.
**бу́ч||а** *ж.* *тк.* *ед.* *разг.* row; подня́ть ~у make*, *или* kick up, a row.
**бу́ч||ение** *с.* *тех.* lýing. **~ить,** вы́бучить (*вн.*) *тех.* wash in lye (*d.*).
**бушева́ть** **1.** rage; **2.** *разг.* (*сердиться*) rage, storm; (*буйствовать*) crèáte / make* an úproar.
**бу́шель** *м.* búshel ['bu-].
**бушла́т** *м.* péa-jàcket.
**бушпри́т** *м.* *мор.* bówsprit ['bou-].
**буя́н** *м.* rówdy, rúffian; (*забияка*) bráwler. **~ить,** набуя́нить make* a row, *или* an úproar; brawl.
**бы,** б *частица* (*употребляется для образования сослагательного наклонения*): она́ писа́ла бы ему́ ча́сто, е́сли бы не была́ так занята́ she would write to him óften if she were not so búsy [...'ɔːf(t)°n... 'bɪzɪ]; он **бы хоте́л, что́бы вы пришли́ ко мне he would**

like you to come and see me; кто бы э́то мог быть? who could that be?; — кто бы ни, что бы ни, когда́ бы ни *и т. п.* whò¦éver, whàt¦éver, whèn¦éver, *etc.* (+ *indic.*): кто бы ни пришёл whò¦éver comes; что бы из э́того ни вы́шло whàt¦éver comes of it; что бы ни случи́лось whàt¦éver háppens; когда́ бы он ни пришёл whèn¦éver he comes; ◇ без како́го бы то ни́ было труда́ without any trouble whàt¦éver / whàt¦so¦éver [...trʌbl...]; как бы то ни́ было, он сде́лал больши́е успе́хи how¦éver that may be, *или* be that as it may, he has made good* prógrèss.

**быва́ло** *вводн. сл. переводится выражением* used [juːst] + to *inf. или выражением* would + *inf.*: он ~ ча́сто е́здил в дере́вню he óften used to go to the cóuntry [...'ɔːf(t)°n... 'kʌ-], he would óften go to the cóuntry; ◇ как ни в чём не ~ as though nothing were the mátter [...ðou...]; он хо́дит себе́, как ни в чём не ~ he goes abóut quite ún¦concérned.

**быва́лый** *разг.* **1.** wórldly-wise; **2.** (*о́пытный*) expérienced; ~ солда́т véteran.

**быв||а́ть 1.** (*быть, находи́ться*) be; (*быть иногда́*) be sóme¦tìmes: ве́чером он всегда́ ~а́ет до́ма he is álways at home in the évenings [...'ɔːlwəz...'iːvn-]; он ~а́ет о́чень груб he is very rude sóme¦tìmes; **2.** (у кого́-л.; *посеща́ть*) go* to see (smb.), vísit [-z-] (smb.); ~ где-л. go* to a place; он у них ре́дко ~а́ет he séldom vísits them, he séldom goes to see them; он ча́сто ~а́ет в теа́тре he óften goes to the théatre [...'ɔːf(t)°n...'θɪə-]; **3.** (*случа́ться*) háppen, occúr; таки́х веще́й со мной никогда́ не ~а́ло such things never háppened to me befóre; ~а́ет, что it háppens that; как э́то ча́сто ~а́ет в таки́х дела́х as so óften is the case in such mátters [...keɪs...], as it óften háppens in such mátters; **4.** (*происходи́ть*) be held, take* place; заседа́ния ~а́ют раз в ме́сяц méetings are held, *или* take place, once a month [...mʌ-]; ◇ сне́га как не ~а́ло not a trace of the snow remáined [...snou...].

**бы́вш||ий 1.** *прич. см.* быть; ~ одно́ вре́мя мини́стром, заве́дующим *и т. п.* óne-tìme mínister, mánager, *etc.*; **2.** *прил.* fórmer, late; quóndam; (*о ком-л., утра́тившем официа́льное положе́ние тж.*) ex-; ~ заве́дующий fórmer / late mánager, èx-mánager; ~ президе́нт èx-président [-z-]; его́ ~ая кварти́ра his fórmer lódgings *pl.*; го́род Улья́новск, ~ Симби́рск Uliánovsk, fórmerly Simbírsk; ◇ ~ие лю́ди ci-devánts [-'vã-]; háve-beens *разг.*

**бык** I *м.* bull [bul]; (*кастри́рованный*) ox*; рабо́чий ~ draught ox* [-ɑːft...]; бой ~о́в búllfight ['bul-]; ◇ здоро́в как ~ ≅ as strong as a horse.

**бык** II *м.* (*мо́ста*) pier [pɪə] (*of bridge*).

**были́на** *ж. лит.* bylína [bɪ'liːnə] (*Russian epic*).

**были́нка** *ж.* blade of grass.

**были́нный** épic; ~ э́пос Rússian épos [-ʃən 'e-].

**бы́ло** I *3 л. ед. прош. вр. см.* быть.

**бы́ло** II *части́ца разг.* néarly; (*вот-вот*) on the point of (+ *ger.*); он ~ стал засыпа́ть he had néarly fáll¦en asléep, he was on the point of fálling asléep, he was just gó¦ing to fall asléep; он ~ во́все не хоте́л приезжа́ть he was on the point of not coming at all; чуть ~ не (very) néarly; on the point of; он чуть ~ не забы́л he very néarly forgót; его́ чуть ~ не уби́ло he was néarly killed; он чуть ~ не ушёл he was just abóut to leave, he was on the point of gó¦ing.

**был||о́е** *с. скл. как прил.* the past. **~о́й** fórmer, past, bý¦gòne [-gɔn]; в ~ы́е времена́ in bý¦gòne days, in days of old.

**быль** *ж.* **1.** fact; **2.** (*расска́з*) true stóry.

**быльё** *с.*: ~м поросло́ long forgótten, búried in oblívion ['be-...].

**быстрина́** *ж.* rápid(s) (*pl.*).

**бы́стро** *нареч.* fast, quickly, rápidly, with speed; он ~ сообража́ет he is quick-wítted; he is as sharp as a needle *идиом.*

**быстро||гла́зый** shárp-éyed [-'aɪd], quick-éyed [-'aɪd]. **~кры́лый** swift-winged. **~но́гий** swift-fóoted [-'fu-], nímble(-fóoted) [-'fu-].

**быстроре́жущий** (*о ста́ли*) hígh-spéed (*attr.*).

**быстрот||а́** *ж.* quíckness, rapídity; (*ско́рость*) speed; ~ соображе́ния quíckness of ùnderstánding; с ~о́й мо́лнии at líghtning speed; с тако́й ~о́й at such speed, so rápidly, at so swift a pace.

**быстро||те́чный** fléeting, tránsient [-zɪ-]. **~хо́дный** hígh-spéed, fast.

**бы́стр||ый** quick (*тж. прово́рный*); rápid; (*тк. о движе́нии*) fast; (*неме́дленный*) prompt; ~ на что-л. *разг.* cléver at smth. ['kle-...]; ~ое тече́ние rápid / swift cúrrent; ~ая рысь fast trot; ~ое реше́ние prompt / spéedy decísion; ~ая сме́на впечатле́ний rápid succéssion of impréssions.

**быт** *м. тк. ед.* (*укла́д жи́зни*) mode of life; (*повседне́вная жизнь*) life, dáily round; но́вый ~ new life, new mode of life, new conditions of life; сце́ны из вое́нного ~а scenes from mílitary life; дома́шний ~ fámily life; в ~у́ in prívate life [...'praɪ-...].

**бытие́** *с.* bé¦ing, exístence; (*реа́льность*) éntity, reálity [rɪ'æ-]; ~ определя́ет созна́ние (sócial) bé¦ing detérmines (one's) cónscious¦ness [...-nʃəs-]; ◇ кни́га Бытия́ *библ.* Génesis.

**бы́тность** *ж.*: в ~ when; (*во вре́мя чьего-л. пребыва́ния*) dúring smb.'s stay; в ~ мою́ студе́нтом in my stúdent days; в ~ его́ там dúring his stay / sójourn there [...-dʒəːn...].

**бытова́ть** exíst, occúr.

**бытов||о́й** *прил. к* быт; (*о маши́нах и т. п.*) doméstic; ~ы́е усло́вия conditions of life; ~ укла́д mórals and mánners ['mɔ-...] *pl.*; ~о́е явле́ние évery¦dáy occúrrence; ~ы́е ну́жды évery¦dáy necéssities (of life); ~о́е обслу́живание évery¦dáy repáirs and other sérvices *pl.*; ~а́я дра́ма dráma of évery¦dáy life ['drɑː-...]; ~а́я пье́са play of mánners; ~ рома́н nóvel of évery¦dáy life ['nɔ-...]; ~а́я жи́вопись genre páinting [ʒɑːŋr...]; ~ жанр genre art.

**бытописа́тель** *м.* pòrtráyer of mórals and mánners [...'mɔ-...].

**быть** (*в разн. знач.*; *тж. как свя́зка*) be. он был здесь he was here; он был рабо́чим he was a wórker; — у него́, у них *и т. д.* есть he has, they have, *etc.*; у него́ вчера́ бы́ло мно́го рабо́ты he had a great deal of work to do yésterday [...greɪt...-dɪ]; был си́льный ветер there was a strong wind [...wɪ-]; ~ вынужденным (+ *инф.*) be oblíged (+ to *inf.*), have (+ to *inf.*): он вынужден был пойти he was oblíged to go, he had to go; — ~ знакомым (с кем-л.) know* [nou] (smb.), be acquáinted (with smb.); (с чем-л.) have a knówledge [...'nɔ-] (of smth.); ~ в пальто wear* *a* coat [wɛə...], have *a* coat on; ~ в отсутствии be ábsent / a¦wáy; ~ при чём-л. (*присутствовать*) be présent at / dúring smth. [...'prez-...]; ~ не при чём have nothing to do (with): он тут не при чём he has nothing to do with it; — будь он проклят damn / curse him; не будь его, её *и т. д.* but for him, her, *etc.*, had it not been for him, her, *etc.*; ~ обязанным кому-л. be indébted to smb. [...-'detɪd...], be oblíged to smb.; ~ свидетелем чего-л. witness smth., be a witness of smth.; ◇ ~ в состоянии (+ *инф.*) be able (+ to *inf.*): он не был в состоянии пойти he was not able, *или* he was ún¦áble, to go; — ~ впору (*дт.*) fit (*d.*); (*перен.*) be fit (for); ~ начеку be on the alért; как ~? what shall we do?, what is to be done?; может ~ perháps, máybè; ~ чему-л. smth. is sure to háppen [...ʃuə...]; ~ буре there'll be a storm, there's sure to be a storm; ~ беде there'll be trouble [...trʌ-]; была не была! here goes!; ~ по-твоему let it be as you wish; будь, что будет come what may; будь то though it were [ðou...]; будьте добры (+ *пов.*) please (+ *imper.*); (+ *инф.*) would you be so kind (+ as to *inf.*); будьте добры, позвоните, *или* позвонить, ему завтра please ring him up to¦mórrow, would you be so kind as to ring him up to¦mórrow?; так и ~ all right, very well, right you are, so be it.

**бытьё** *с. тк. ед.* life.

**быч||ачий, бычий** *прил. к* бык I; ~ язык ox tongue [...tʌŋ]; ~ачье мясо beef; ~ачья жёлчь óx-gàll; ~ачья порода ox spécies [...-ʃiːz].

**бычок** I *м.* búll-càlf* ['bulkɑːf].

**бычок** II *м.* (*рыба*) búllhead ['bulhed], míller's thumb.

**бьеф** *м.*: верхний ~ head race [hed...], head wáter [...'wɔː-]; нижний ~ táil-wàter [-wɔː-].

**бювар** *м.* blótting-pàd.

**бювет** *м.* púmp-room.

**бюджет** *м.* búdget; предусматривать что-л. в ~е búdget for smth.; проект ~а búdget éstimates *pl.*; доходная часть ~а révenue; расходная часть ~а expénditure; исполнение ~а в... году fináncial resúlts for the year... [...-'zʌ-...] *pl.* **~ный** búdgetary; ~ная статья ítem in the búdget; ~ный год físcal / búdget year.

**бюллетен||ь** *м.* **1.** búlletin ['bu-]; ~ о состоянии здоровья médical búlletin; **2.** (*избирательный*) bállot-pàper; **3.** (*отчёт съезда и т. п.*) repórt; **4.** (*больничный лист*) médical certíficate; он на ~е *разг.* he is on síck--léave.

**бюргер** *м.* búrgher.

**бюретка** *ж. хим.* burétte, drópping glass.

**бюро** *с. нескл.* **1.** (*учреждение*) buréau [-'rou]; (*контора*) óffice; справочное ~ in¦quíry óffice; ~ повреждений (*телефона*) téléphòne repáirs sérvice; ~ находок lost próperty óffice; похоронное ~ úndertàker's óffice; **2.**: организационное ~ òrganizátion buréau [-naɪ-...]; **3.** (*мебель*) buréau, secretáire [sekrə-'tɛə], wríting-dèsk.

**бюрократ** *м.* búreaucràt [-ro-], réd-tápist; (*педант*) pédant ['pe-]. **~изм** *м.* bùréaucratism [-'rɔ-], red tape. **~ический** bùreaucrátic [-ro-]. **~ия** *ж.* bùréaucracy [-'rɔ-].

**бюст** *м.* bust. **~гальтер** *м.* bust bódice; brassière (*фр.*) ['brɑːsɪɛə].

**бязь** *ж. текст.* coarse cálicò.

# В

**в, во** *предл.* **1.** (*пр.—где?; вн.—куда?*) in; (*пр.; при обозначении небольших населённых пунктов, учреждений, заведений и т. п.*) at; (*вн.; внутрь; тж. перен.*) into; (*вн.; при обозначении стран, населённых пунктов, учреждений и т. п.*) to; (*вн.; при названии места назначения*) for: в ящике in *the* box; в саду in *the* gárden; в Москве in Móscow; в Европе in Éurope; в армии in the ármy; положить в ящик put* in *the* box; в Клину at Klin; в театре at the théatre [...'θɪə-]; в школе at school; вложить в ящик put* into *the* box; войти в сад go* into *the* gárden; вступать в разговор énter into *a* cònversátion; ехать в Европу, в Москву go* to Éurope, to Móscow; идти в театр go* to the théatre; ходить в школу go* to school; обращаться в милицию applý to the milítia [...-ʃə]; уезжать в Европу, в Москву leave* for Éurope, for Móscow; — входить в зал énter *the* hall; приезжать в Москву, в Клин arríve in Móscow, at Klin; вступать в исполнение обязанностей énter up¦ón *one's* dúties; вступать в партию join *the* párty; **2.** (*пр., вн.; при обозначении одежды, оболочки, формы и т. п.*) in: одетый в чёрное dressed in black; завёрнутый в бумагу wrapped in páper; в этой форме in this form; в первом лице *грам.* in the first pérson; в хорошем настроении in good húmour; **3.** (*пр.; при обозначении качества, характера, состава и т. п.*) in; комната в беспорядке the room is in disórder; вся тетрадь в кляксах the éxercise--book has blots all óver it; у него всё лицо в веснушках his face is cóvered with freckles [...'kʌ-...]; в духе времени in the spírit of the times; в пяти действиях in five acts; **4.** (*пр.; при обозначении расстояния* от) at a dístance of... (from) *или не переводится*: в трёх километрах от Москвы (at a distance of) three kilomètres from Móscow; **5.** (*пр.; при обозначении года, месяца*) in; (*вн.; при названиях дней*) on; *но при словах* этот this, тот that, прошлый last, будущий next *не переводится*; (*вн.; при обозначении часа, момента*) at: в 1944 году in 1944; в январе in Jánuary; в четвéрг on Thúrsday [...'θə:zdɪ]; в три часá at three o'clóck; в э́том годý this year; в тот день that day; в прóшлую суббóту last Sáturday [...-dɪ]; — в трéтьем часý *и т. п.* betwéen two and three, *etc.*; **6.** (*вн.*; *в течение*) in, within: он сдéлает э́то в три дня he will do it in three days, *или* within three days; **7.** (*вн.*; *при обозначении единицы времени*) *не переводится*: двáжды в год twice a year; три рáза в день three times a day; **8.** (*вн.*; *при обозначении размера, цены и т. п.*) *не переводится*: длинóй в пять мéтров five metres long; местá в три рубля́ thrée-rouble seats [-ru:-...], seats at three roubles [...ru:-]; **9.** (*вн.*; *со словом* раз — *при сравнении, причём сравн. степень передаётся через* as *с положит. степенью*) *не переводится*: в три рáза тóлще three times as thick; в три рáза бóльше (*о количестве*) three times as much, as many (*ср.* мнóго); (*о размере*) three times the size; — в два рáза мéньше half [hɑ:f]; (*о размере*) half the size; в полторá рáза бóльше half as much, *или* as many, as big, agáin [hɑ:f...]; **10.** (*вн.*; *при выражении изменения*) into, to (*в зависимости от глагола*): превращáть(ся) во что-л. turn into smth.; (*перен.*) turn to smth.; change into / to smth. [ʧeɪ-...]; превратúть в развáлины (*вн.*) redúce to rúins (*d.*); разрывáть в кускú (*вн.*) tear* to pieces / bits [tɛə...'pi:-...] (*d.*); **11.** (*вн. мн.* = *им.*; *при обозначении должности, профессии и т. п.*) *об. не переводится*: быть и́збранным в секретарú be elécted sécretary; он был посвящён в ры́цари he was knighted; ◇ в слýчае éсли if; in case [...-s]; в слýчае (*рд.*) in case (of); в том числé in¦clúding: в том числé и он in¦clúding him; — он весь в отцá he is the (very) image of his fáther [...'fɑ:-]; he is a chip of the old block *разг.*; в концé концóв *см.* конéц; игрáть во что-л. *см.* игрáть; *тж. и др. особые случаи, не приведённые здесь, см. под теми словами, с которыми предл.* в *образует тесные сочетания.*

**ва-бáнк** *нареч.*: игрáть, идтú, стáвить ~ stake évery¦thing; (*перен.*) stake one's all.

**вáб||ик** *м. охот.* lure, decóy. **~ить** (*вн.*) *охот.* lure (*d.*), decóy (*d.*).

**вавилóнск||ий** Bàbylónian; ◇ ~ое столпотворéние bábel; ~ая бáшня the tówer of Bábel.

**вáга** *ж.* **1.** (*весы*) wéighing-machìne [-'ʃi:n]; **2.** (*в экипаже*) splínter-bàr; (*подвижная*) swíngle¦tree; **3.** (*рычаг*) léver.

**вагóн** *м.* (*ж.-д. пассажирский*) cárriage [-rɪdʒ], coach; (*трамвайный, тж. амер. ж.-д. пассажирский и товарный*) car; мя́гкий ~ sóft-séated / ùp¦hólstered cárriage [...-'hou-...]; жёсткий ~ hárd-séated / ún¦ùp¦hólstered cárriage [...-'hou-...]; спáльный ~ sléeping-càr; sléeper *разг.*; междунарóдный ~ *уст.* Ìnternátional Sléeping Car [-'næ-...]; ~ для куря́щих smóking-cárriage [-rɪdʒ], smóker; ~ для некуря́щих nón-smóker; багáжный ~ lúggage van; bággage car *амер.*; товáрный ~ goods van; (*открытый*) goods truck; freight car *амер.*; почтóвый ~ mail van; mail car *амер.*; ~-цистéрна tánk-càr; ~-ресторáн díning-càr, réstaurant-càr [-rɔ:ŋ-]; ~-платфóрма flat wágon; flát-càr, plátfòrm-càr *амер.*; трамвáйный ~ trám-càr; stréet-càr, trólley *амер.*; дéтский ~ children's cárriage (on train).

**вагонéтка** *ж.* trólley, truck.

**вагóнный** *прил. к* вагóн.

**-вагóнный** (*в сложн. словах, не приведённых особо*) of... cars, -càrriage [-rɪdʒ] (*attr.*), -van (*attr.*); *напр.* десятивагóнный of ten cars; tén-càrriage [-rɪdʒ] (*attr.*).

**вагоновожáтый** *м. скл. как прил.* trám-driver.

**вагоноопрокúдыватель** *м.* ráilway truck típper; car dúmper *амер.*

**вагоноремóнтный:** ~ завóд ráilway-cárriage repáir works [-rɪdʒ...].

**вагонострóительный:** ~ завóд cárriage-búilding works [-rɪdʒ'bɪ-...]; cár-búilding plant [-'bɪl- -ɑ:nt] *амер.*

**вагрáнка** *ж. тех.* cúpola, cúpola fúrnace.

**важнéйш||ий** **1.** *превосх. ст. см.* вáжный 1; **2.** (*главный*) májor, páramount; ~ая проблéма májor próblem [...'prɔ-].

**вáжничанье** *с.* airs and gráces *pl.*

**вáжничать** **1.** put* on airs, give* òne¦sélf airs; mount the high horse *идиом.*; **2.** (чем-л.) *разг.* plume / pride òne¦sélf (on smth.), pique òne¦sélf [pi:k...] (on, up¦ón smth.).

**вáжно** I **1.** *прил. кратк. см.* вáжный; **2.** *предик. безл.* it / that is impórtant; (+ *инф.*) it is impórtant (+ to *inf.*): óчень ~ знать, в котóром часý он ушёл it is very impórtant to know at what hour / time he left [...nou...auə...].

**вáжно** II *нареч.* with an air of impórtance, with a cònsequéntial air; (*горделиво*) grándly.

**вáжн||ость** *ж.* **1.** impórtance; (*значение*) signíficance; большóй ~ости of great móment / impórtance [...-eɪt...]; **2.** (*важный вид*) impórtance, pòmpósity; напускáть на себя́ ~ put* on airs, try to look impórtant; ◇ не великá ~ *разг.* it does not mátter in the least, it is of no cónsequence, it does¦n't mátter all that much; э́ка ~ *разг.* what does it mátter? **~ый** **1.** impórtant; (*значительный*) signíficant; **2.** (*горделивый*) grand, pómpous; ◇ ~ая ши́шка *разг.* bígwig, big pot; big shot *амер.*

**вáза** *ж.* (*высокая*) vase [vɑ:z]; (*в форме чаши*) bowl [boul]; ~ для цветóв flówer bowl, flówer vase; ~ для фрýктов fruit bowl [fru:t...].

**вазелúн** *м.* váseline [-zɪli:n]. **~овый** *прил. к* вазелúн; ~овое мáсло *мед.* líquid páraffin.

**вакáн||сия** *ж.* vácancy ['veɪ-]. **~тный** vácant.

**вакáции** *мн.* (*ед.* вакáция *ж.*) *уст.* vacátion *sg.*

**вáкс||а** *ж.* (shoe) pólish [ʃu:...], bláćking. **~ить,** навáксить (*вн.*) pólish (*d.*), black (*d.*).

**вáкуум** *м. физ., тех.* vácùum ['veɪ-] (*pl.* -cua, -ums). **~-насóс** *м.* vácùum pump.

**Вакх** *м. миф.* Bácchus [-k-].

**вакх||анáлия** *ж.* **1.** *чаще мн. ист.* bàcchanália [-k-]; **2.** (*оргия*) órgy, bácchanal [-k-]; (*перен.*) confúsion. **~áнка** *ж.* Bacchánte [-'kæntɪ], máenàd. **~úческий** bácchanal [-k-].

**вакцúн||а** *ж. мед.* váccine [-si:n]. **~áция** *ж. мед.* vàccinátion.

**вал** I **1.** (*волна*) bíllow, róller; огневóй ~ *воен.* (créeping) bárràge [...-rɑ:ʒ], bárràge fire; **2.** (*насыпь*) bank; *воен.* rámpàrt; *геол.* swell;

◇ девя́тый ~ the tenth wave, highest wave.

**вал** II *м. тех.* shaft; приводно́й ~ driving shaft.

**вала́ндаться** *разг.* **1.** hang* abóut, lóiter, dawdle; **2.** (с *тв.*) mess abóut (with).

**вале́жник** *м. тк. ед. собир.* windfall|en trees, bránches, *etc.* ['wɪ-... 'brɑː-] *pl.*

**валёк** *м.* **1.** (*бельевой*) báttle|dòre; **2.** (*весла*) loom; **3.** (*экипажа*) swingle|tree; **4.** *полигр.* róller.

**ва́ленки** *мн.* (*ед.* ва́ленок *м.*) válenki ['vɑː-] (*kind of felt boots*).

**вале́нтность** *ж. хим.* válency ['veɪ-].

**-вале́нтный** (*в сложн. словах, не приведённых особо*) -valent; *напр.* трёхвале́нтный trívàlent ['traɪveɪ-].

**ва́леный** = ва́ляный.

**валерья́н||а** *ж.*, **~овый** valérian; ~овые ка́пли tincture of valérian *sg.*

**вале́т** *м. карт.* knave, Jack.

**ва́лик** *м.* **1.** *тех.* róller, cýlinder; (*фонографический*) cýlinder; (*пишущей машины*) pláten [-æ-]; ходово́й ~ féed-spìndle, féed-shàft; **2.** (*диванный*) bólster ['bou-].

**вал||и́ть** I, повали́ть **1.** (*вн.*) bring* down (*d.*), throw* down [-ou...] (*d.*), òver|thrów* [-ou] (*d.*); **2.** (*без доп.*) (*о снеге*) fall* héavily [...'he-], fall* in thick flakes; **3.**: дым ~и́т из трубы́ clouds of smoke are póuring out of the chímney [...'pɔː-...]; **4.** (*без доп.*) *разг.* (*двигаться массой*) flock, throng; вало́м ~ flock, throng; come* in flocks; наро́д ~и́т то́лпами the people come in flocks / crowds [...piː-...].

**вали́ть** II, свали́ть (*вн.*) bring* down (*d.*); (*о деревьях*) fell (*d.*); (*свергать*) òver|thrów* [-ou] (*d.*); ◇ ~ вину́ на кого́-л. lay* / put* the blame on smb.

**вали́ть** III, свали́ть (*вн.*) heap up (*d.*), pile up (*d.*); ◇ ~ всё в одну́ ку́чу *разг.* lump évery|thing togéther [...'ge-].

**вали́ться**, повали́ться fall*; ◇ у него́ всё из рук ва́лится (*от неловкости*) his fingers are all thumbs; he is very áwkward / clúmsy [...-zɪ]; (*от бессилия, нежелания что-л. сделать*) he has not the heart to do ány|thing [...hɑːt...]; ~ с ног *разг.* be fálling off one's feet.

**ва́лк||ий** unstéady [-te-]; (*о корабле*) crank, sháky; ◇ ни ша́тко ни ~о *погов.* ≅ míddling, só-sò.

**ва́лкость** *ж.* (*о судне*) cránkness.

**валов||о́й** *эк.* gross [-ous]; ~ дохо́д gross révenue; ~а́я проду́кция gross óutpùt [...-put]; ~ сбор зерна́ gross yield of grain [...jiːld...].

**валто́рна** *ж. муз.* French horn.

**валу́н** *м.* bóulder ['bou-].

**ва́льдшнеп** *м. зоол.* wóodcòck ['wu-].

**вальпу́ргиев**: ~а ночь *лит.* Wàlpúrgis night [-'puəg-...].

**вальс** *м.* waltz [-s]. **~и́ровать** waltz [-s].

**вальц||ова́ть** (*вн.*) *тех.* roll (*d.*). **~о́вка** *ж. тех.* rólling. **~о́вщик** *м. тех.* róller. **~о́вый** *тех.* rólling; ~о́вая ме́льница róll-ing-mìll.

**валю́т||а** *ж.* **1.** cúrrency; иностра́нная ~ fóreign cúrrency ['fɔrɪn...]; золота́я ~ gold cúrrency; **2.** (*стоимость векселей, ценных бумаг*) válue. **~ный** cúrrency (*attr.*); ~ный курс rate of exchánge [...-eɪndʒ], exchánge; ~ная опера́ция cúrrency trànsáction [...-z-]; ~ный дефици́т fóreign exchánge déficit ['fɔrɪn...].

**валя́ль||ный**: ~ное произво́дство félting, fúlling ['fu-]; ~ная маши́на félting machíne [...-'ʃiːn]. **~ня** *ж.* fúlling-mill ['fu-]. **~щик** *м.* félter, fúller ['fu-].

**валя́ние** *с.* (*сукна*) mílling (*cloth, etc., by fulling*).

**ва́лян||ый** felt; ~ые сапоги́ felt boots.

**валя́ть** I (*вн.*) *разг.* drag alóng (*d.*); ~ по́ полу drag alóng the floor [...flɔː] (*d.*).

**валя́ть** II, свалять (*вн.*; *о валенках и т. п.*) felt (*d.*), full [ful] (*d.*); ~ шля́пы make* felt hats; ◇ ~ дурака́ play the fool; валя́й(те)! *разг.* go on!, go ahéad! [...ə'hed].

**валя́ться** *разг.* **1.** (*о вещах*) lie* abóut, be scáttered abóut; (*об одной вещи*) lie*; **2.** (*о человеке*) lie*; (*бездельничать*) loll; **3.** (*кататься*) roll; ~ в грязи́ wállow in the mud / mire; ◇ ~ в нога́х у кого́-л. pròstráte òne|sélf befóre smb., fall* down at smb.'s feet.

**вам** *дт. см.* вы.

**ва́ми** *тв. см.* вы.

**вампи́р** *м.* (*в разн. знач.*) vámpìre.

**вана́дий** *м. хим.* vanádium.

**ванда́л** *м. ист.* (*тж. перен.*) Vándal. **~и́зм** *м.* vándalism.

**ванили́н** *м.* vanìllin(e).

**вани́ль** *ж.* vanílla. **~ный** *прил. к* вани́ль; ~ный порошо́к vanílla pówder.

**ва́нн||а** *ж.* (*в разн. знач.*) bath*; со́лнечная ~ sún-bàth*; возду́шная ~ áir-bàth*; приня́ть ~у have / take* a bath; зака́лочная ~ *тех.* quénching bath*. **~ая** *ж. скл. как прил.* báth-room. **~очка** *ж. уменьш. от* ва́нна; де́тская ~очка báby's bath*; глазна́я ~очка éye-bàth* ['aɪ-].

**ва́нты** *мн. мор.* shrouds.

**ва́нька-вста́нька** *м.* (*игрушка*) vánka-vstánka (*doll with weight attached to base causing it always to recover its standing position*).

**вапориза́||тор** *м. тех.* vápòrìzer ['veɪ-]. **~ция** *ж. тех.* vàpòrìzátion [veɪpəraɪ-].

**вар** *м.* (*смола*) pitch; (*сапожный*) cóbbler's wax [...wæks].

**ва́рвар** *м.* bàrbárian. **~и́зм** *м. лингв.* bárbarism. **~ский** bàrbárian; (*перен.*) bárbarous. **~ство** *с.* bárbarism; (*жестокость*) bàrbárity; (*по отношению к культурным ценностям*) vándalism.

**ва́рево** *с. тк. ед. разг.* soup [suːp], broth.

**ва́режка** *ж.* mítten.

**варене́ц** *м.* varenéts (*boiled fermented milk*).

**варе́ние** *с.* = ва́рка.

**варе́ник** *м.* varénik (*curd or fruit dumpling*).

**варён||ый** boiled; ~ая говя́дина boiled beef.

**варе́нье** *с.* jam.

**вариа́нт** *м.* vérsion; (*текста тж.*) réading, váriant.

**вариацио́нн||ый** vàriátion (*attr.*); ~ое исчисле́ние *мат.* cálculus of vàriátions.

**вариа́ция** *ж.* vàriátion; те́ма с ~ми *муз.* theme and vàriátions.

**вари́ть**, свари́ть (*вн.*) **1.** (*отваривать*) boil (*d.*); (*стряпать, готовить*) cook (*d.*): ~ о́вощи boil végetables; ~ кáшу, суп cook pórridge, soup [...su:p]; ~ обéд cook / make* *the* dínner;— ~ глинтвéйн mull wine; ~ пи́во brew beer; ~ варéнье make* jam; **2.** (*о желудке*) digést (*d.*); **3.** (*о стали, стекле*) found (*d.*). **~ся,** свари́ться **1.** be bóiling; **2.** *страд. к* вари́ть; ◇ ~ся в сóбственном сокý *разг.* stew in one's own juice [...oun dʒu:s].

**вáрка** *ж.* cóoking; ~ варéнья jám-màking.

**вáрница** *ж.* (*солеварня*) sáltwòrks.

**варьетé** [-тэ́] *с. нескл.* variety show [...ʃou]; теáтр-~ variety théatre [...'θɪə-].

**варьи́ровать** (*вн.*) váry (*d.*), módifỳ (*d.*).

**варя́||г** *м.*, **~жский** Varángian.

**вас** *рд., вн., пр. см.* вы.

**василёк** *м.* córnflower.

**васили́ск** *м. зоол., миф.* básilisk [-zɪ-].

**васильќовый** *прил. к* василёк; (*о цвете*) córnflower blue.

**вассáл** *м.* vással, liege¦man* ['li:-].

**вассáльн||ый** *прил. к* вассáл; ~ая зави́симость vássalage.

**вáт||а** *ж.* (*для подкладки*) wádding; (*медицинская*) cótton wool [...wul]; пальтó на ~е wádded coat.

**ватáга** *ж.* band, crowd.

**ватерли́ния** *ж. мор.* wáter-lìne ['wɔ:-]; грузовáя ~ load wáter-lìne, lóadlìne.

**ватерпáс** *м. тех.* wáter lével ['wɔ:- 'le-].

**ватерполи́ст** *м.* wáter-pólò pláyer ['wɔ:-...].

**вати́н** *м.* fléecy stóckinèt, sheet wádding.

**вáтка** *ж.* little piece, *или* small wad, of cótton wool [...pi:s... wul].

**вáтман** *м.* (*бумага*) Whátmàn (páper).

**вáтник** *м. разг.* quilted jácket.

**вáтн||ый** **1.** *прил. к* вáта; **2.** (*на вате*) wádded, quilted; ~ое пальтó wádded coat; ~ое одея́ло quilt.

**ватрýшка** *ж.* curd tart, chéese-càke.

**ватт** *м. эл.* watt. **~мéтр** *м.* wáttmèter. **~-чáс** *м. эл.* wátt-hour [-auə].

**вáф||ельница** *ж.* wáfer-íron(s) [-'aɪən(z)] (*pl.*). **~ельный** wáfer (*attr.*). **~ля** *ж.* wáfer.

**вахлáк** *м. разг.* lout.

**вáхмистр** *м. уст.* cávalry sérgeant májor [...'sɑ:-...].

**вáхт||а** *ж. мор.* watch; стоя́ть на ~е keep* watch, be on watch; ◇ ~ ми́ра Peace shift (*shift or job done in the name of world peace*). **~енный** *мор.* **1.** *прил.* watch (*attr.*); ~енный команди́р ófficer of the watch; ófficer of the deck *амер.*; ~енный журнáл lóg(-book); **2.** *м. как сущ.* méssenger (of the watch) [-ndʒə...].

**вáхтер** *м.* jánitor, pórter.

**ваш** **1.** *мест.* (*при сущ.*) your; (*без сущ.*) yours: э́то ~а кни́га this is your book; э́та кни́га ~а this book is yours; моя́ кни́га здесь, а ~а там my book is here and yours is there; э́то ~ друг? is he a friend of yours? [...frend...]; по ~ему мнéнию in your opínion; **2.** *мн. в знач. сущ.* your people [...pi:-]; ◇ ~его мне не нýжно I do not want ány¦thing of yours; я рабóтаю бóльше ~его I work more than you; э́то ~е дéло that is your own búsiness [...oun 'bɪzn-].

**вáшгерд** *м. горн.* buddle; (*для промывки золота*) gold wásher.

**ва́я||ние** *с.* scúlpture. **~тель** *м.* scúlptor.

**вая́ть,** изваять (*вн.*) scúlpture (*d.*); (*из камня, дерева, кости*) chísel ['tʃɪz°l] (*d.*), carve (*d.*); (*из глины*) módel ['mɔ-] (*d.*); (*из бронзы*) cast* (*d.*).

**вбегáть,** вбежáть come* rúnning; (*стремительно*) come* rúshing; (в *вн.*) run* (into), come* rúshing (into).

**вбежáть** *сов. см.* вбегáть.

**вбивáть,** вбить (*вн.*) drive* in (*d.*), hámmer in (*d.*); вбить клин (*прям. и перен.*) drive* a wedge; (*перен. тж.*) thrust* a wedge; ◇ ~ комý-л. в гóлову *разг.* hámmer into smb.'s head [...hed] (*d.*); вбить себé в гóлову get* / take* into one's head (*d.*).

**вбирáть,** вобрáть (*вн.*) absórb (*d.*); (*жидкость тж.*) drink* in (*d.*), suck in (*d.*); (*воздух*) inhále (*d.*). **~ся,** вобрáться **1.** soak (in, up); **2.** *страд. к* вбирáть.

**вбить** *сов. см.* вбивáть.

**вблизи́** *нареч.* close by [-s...], near by; ~ от not far from; дом нахóдится гдé-то ~ the house* is sóme¦whère near here [...haus...]; ~ от гóрода not far from the town, near the town; рассмáтривать ~ exámine clóse¦ly [...-s-].

**вбок** *нареч.* side¦ways.

**вброд** *нареч.*: переходи́ть ~ (*вн.*) wade (*d.*), ford (*d.*).

**ввáливать,** ввали́ть (*вн.* в *вн.*) throw* [-ou] (*d.* in, into). **~ся,** ввали́ться **1.** (*стать впалым*) become* hóllow / súnken; **2.** (в *вн.*) *разг.* (*падать*) tumble (in, into); **3.** (в *вн.*) *разг.* (*входить*) burst* (in, into).

**ввали́ть(ся)** *сов. см.* ввáливать(ся).

**введéние** *с.* introdúction; (*предисловие тж.*) préface.

**ввезти́** *сов. см.* ввози́ть.

**ввек** *нареч. разг.* never; ~ э́того не забýду I shall never forgét it [...-'g-...], I shall not forgét it as long as I live [...lɪv].

**ввергáть,** ввéргнуть (*вн.* в *вн.*) fling* (*d.* into); (*перен.*) plunge (*d.* into); ~ в отчáяние redúce to despáir (*d.*); ввéргнуть в войнý plunge into war (*d.*).

**ввéргнуть** *сов. см.* ввергáть.

**ввéрить(ся)** *сов. см.* вверя́ть(ся).

**ввернýть** *сов. см.* ввёртывать.

**ввёртывать,** ввернýть (*вн.*) **1.** screw in / into (*d.*); ~ лáмпочку screw in *an* eléctric bulb; **2.** *разг.* (*слово, замечание*) put* in (*d.*).

**вверх** *нареч.* up, úpwards [-dz]; ~ по рекé, течéнию úp-stréam, up the ríver [...'rɪ-]; ~ по лéстнице úpstáirs; подня́ть ~ (*вн.*) lift up (*d.*); поднимáться ~ go* up, mount; поднимáться ~ по (*дт.*) go* (up), mount (*d.*); смотрéть ~ look úp(wards); ◇ ~ дном úpsìde-dówn, tópsytúrvy; ~ ногáми head óver heels ['hed...].

**вверхý** *нареч.* above, óver¦head [-'hed]; ~ страни́цы at the top of the page.

**вверя́ть,** ввéрить (*дт. вн.*) (en)trúst (*d.* with); ввéрить тáйну комý-л. trust smb. with *a* sécret, confíde *a* sécret to smb. **~ся,** ввéриться **1.** (*дт.*) trust (in); **2.** *страд. к* вверя́ть.

**ввести́** *сов. см.* вводи́ть.

**ввидý** *предл.* (*рд.*) in view [...vju:] (of); ~ тогó, что as; in view of the fact that; *юр.* whère¦ás; ~ тогó, что он здесь as he is here, in view of the fact that he is here.

**ввинти́ть** *сов. см.* вви́нчивать.

**ввинчивать,** ввинтить (*вн.* в *вн.*) screw (*d.* into).

**ввод** *м.* **1.** *тех.* léad-in; ~ кабеля léad-in of *a* cable; ~ в эксплуатацию, ~ в действие (*рд.*) putting into òperátion (*d.*), commissioning (of); **2.:** ~ в бой en¦gáge¦ment / commitment to áction.

**вводить,** ввести (*вн.*; *в разн. знач.*) introdúce (*d.*); ~ войска в город bring* troops into *a* town; ~ судно в гавань bring* *a* ship to hárbour; ~ в док *мор.* dock (*d.*); ~ моду introdúce *a* fáshion; ~ в моду bring* into fáshion (*d.*); ~ в употребление introdúce into práctice (*d.*); ◇ ~ кого-л. в расходы put* smb. to expénse; ~ кого-л. в заблуждение lead* smb. astráy, lead* smb. into érror, misléad* smb.; ~ противника в заблуждение misléad* / decéive / mýstifỳ the énemy [...-'si:v...]; ~ в бой en¦gáge / commít to áction; ~ кого-л. в курс чего-л. acquáint smb. with the facts of smth.; ~ закон в действие ímplement *a* law, put* *a* law in force, cárry *a* law into effect; ~ кого-л. во владение put* smb. in posséssion [...-'ze-]; ~ в действие, эксплуатацию commíssion (*d.*), put* into commíssion / òperátion (*d.*).

**вводн||ый** introdúctory; ~ое слово *грам.* paréntthesis (*pl.* -sès [-si:z]); pàrenthétic word; ~ое предложение *грам.* paréntthesis; pàrenthétic clause.

**ввоз** *м. тк. ед.* **1.** ímpòrt, ìmpòrtátion; **2.** (*совокупность ввозимых товаров*) ímpòrt(s) (*pl.*). **~ить,** ввезти (*вн.*) impórt (*d.*). **~ный** *эк.* impórted; ~ная пошлина ímpòrt dúty; ~ные контингенты quóta of ímpòrts.

**вволю** *нареч. разг.* to one's heart's contént [...hɑ:ts...]; (*в изобилии*) in plénty; наесться, напиться ~ eat*, drink* one's fill.

**ввосьмер||о** *нареч.* eight times; ~ больше eight times as much; ~ меньше one eighth. **~ом** *нареч.* eight (togéther) [...-'ge-]; мы, они *и т. д.* ~ом eight of us, of them, *etc.*, (togéther).

**ввысь** *нареч.* up, úpwards [-dz].

**ввязать(ся)** *сов. см.* ввязывать(ся).

**ввязывать,** ввязать (*вн.*) knit* in (*d.*); (*перен.: впутывать*) *разг.* mix up (*d.*), invólve (*d.*). **~ся,** ввязаться **1.** *разг.* meddle; ~ся в неприятную историю get* mixed up, *или* invólved, in an ùnpléasant búsiness [...-lez-'bɪzn-]; ~ся в бой become* en¦gáged; **2.** *страд. к* ввязывать.

**вгибать,** вогнуть (*вн.*) curve / bend* inwards [...-dz] (*d.*). **~ся,** вогнуться curve / bend* inwards [...-dz].

**вглубь** *нареч.* (*далеко вниз*) deep down; (*далеко внутрь*) deep into, deep into the depths / heart [...hɑ:t]; ~ лесов into the depths / heart of the fórests [...'fɔ-]; проникать ~ чего-л. pénetràte deep into smth.; ~ страны in¦land.

**вглядеться** *сов. см.* вглядываться.

**вглядываться,** вглядеться (в *вн.*) look inténtly / nárrowly / clóse¦ly [...-s-] (at), peer (at, into), obsérve nárrowly / clóse¦ly [-'zə:v...] (*d.*); ~ в темноту peer into the dárkness.

**вгонять,** вогнать (*вн.*) *разг.* drive* in (*d.*); (*вн.* в *вн.*) drive* (*d.* into); (*перен.: приводить в какое-л. состояние*) drive* (*d.* into, to); ~ гвоздь в стену drive* *a* nail into *a* wall; ◇ ~ кого-л. в краску make* smb. blush; ~ кого-л. в пот make* smb. go / turn hot and cold; ~ в гроб drive* / send* to the grave (*d.*), be the death [...deθ] (of).

**вдаваться,** вдаться (в *вн.*) jut out (into); ~ клином wedge it¦sélf in; мыс вдаётся в море the héadland juts out into the sea [...'hed-...]; море вдаётся глубоко в сушу the sea cuts / runs deep in¦land; ◇ ~ в крайности run* to extrémes; ~ в подробности go* into détail(s) [...'di:-]; ~ в тонкости súbtilize ['sʌtɪ-], split* hairs.

**вдавить(ся)** *сов. см.* вдавливать(ся).

**вдавливать,** вдавить (*вн.*) press in (*d.*). **~ся,** вдавиться **1.** press in; **2.** *страд. к* вдавливать.

**вдалбливать,** вдолбить (что-л. кому-л.) *разг.* ram (smth. into smb.), drum (smth. into smb.), din (smth. into smb.).

**вдалеке, вдали** *нареч.* in the distance, far off; ~ от чего-л. far from smth., a long way from smth.; ~ от кого-л. a¦wáy from smb., far from smb.; держаться ~ keep* a¦wáy; (*перен.*) keep* one's dístance, hold* alóof; исчезать вдали vánish into space.

**вдаль** *нареч.* far; глядеть ~ look into the dístance.

**вдаться** *сов. см.* вдаваться.

**вдвигать,** вдвинуть (*вн.* в *вн.*) move [mu:v] (*d.* in, into), push [puʃ] (*d.* in, into). **~ся,** вдвинуться **1.** go* in; **2.** *страд. к* вдвигать.

**вдвинуть(ся)** *сов. см.* вдвигать(ся).

**вдвое** *нареч.* double [dʌ-], twice; ~ больше (*с сущ. в ед. ч.*) twice as much; (*с сущ. во мн. ч.*) twice as many; ~ меньше half [hɑ:f]; ~ лучше twice as good; ~ дороже double the price; ~ старше double the age; сложить ~ (*вн.*) fold in two (*d.*); увеличить ~ (*вн.*) double (*d.*).

**вдвоём** *нареч.* two (togéther) [...-'ge-]; они, мы *и т. д.* ~ the two of them, of us, *etc.*, (togéther); давайте поговорим ~ let the two of us, *или* let us two, have a talk.

**вдвойне** *нареч.* double [dʌ-], dóubly ['dʌ-]; (*перен.: особенно*) partícularly, espécially [-'pe-]; взять верёвку ~ take* a double thíckness of rope; заплатить ~ pay* double; он ~ рад he is partícularly / espécially glad.

**вдевать,** вдеть (*вн.* в *вн.*) pass (*d.* through); ~ нитку в иголку thread *a* needle [θred...]; ~ ногу в стремя set* / put* one's foot* in the stírrup [...fut... 'stɪ-].

**вдевятер||о** *нареч.* nine times; ~ больше (*с сущ. в ед. ч.*) nine times as much; (*с сущ. во мн. ч.*) nine times as many; ~ меньше òne-nínth [-'naɪnθ]. **~ом** *нареч.* nine (togéther) [...-'ge-]; они, мы *и т. д.* ~ом nine of them, of us, *etc.* (togéther).

**вделать** *сов. см.* вделывать.

**вделывать,** вделать (*вн.* в *вн.*) fit (*d.* in, into), fix (*d.* in, into); (*о драгоценном камне*) set* (*d.* in, into).

**вдёр||гивать,** вдёрнуть (*вн.* в *вн.*) pass (*d.* through); ~ нитку в иголку thread *a* needle [θred...]. **~нуть** *сов. см.* вдёргивать.

**вдесятер||о** *нареч.* ten times; ~ больше (*с сущ. в ед. ч.*) ten times as much; (*с сущ. во мн. ч.*) ten times as many; ~ меньше one-

-ténth. ~óм·*нареч.* ten (togéther) [...-'ɡe-]; они́, мы *и т. д.* ~óм ten of them, of us, *etc.* (togéther).

**вдеть** *сов. см.* вдева́ть.

**вдоба́вок** *нареч. разг.* in addítion, to boot; (*сверх всего*) on top of évery¦thing, as well.

**вдова́** *ж.* wídow ['wɪ-]; ◇ соло́менная ~ *разг.* grass wídow.

**вдов||е́ть** be wídowed; (*о женщине тж.*) be a wídow [...'wɪ-]; (*о мужчине тж.*) be a wídower. **~е́ц** *м.* wídower; ◇ соло́менный ~е́ц *разг.* grass wídower.

**вдо́в||ий** *прил. к* вдова́; ~ья часть насле́дства *юр.* dówer, jóinture.

**вдо́воль** *нареч.* **1.** (*в изобилии*) in plénty, in abúndance; **2.** (*до полного удовлетворения*) to one's heart's contént [...hɑːts...]; ~ нае́сться, напи́ться eat*, drink* one's fill.

**вдовство́** *с.* (*о женщине*) wídowhood ['wɪdouhud]; (*о мужчине*) wídowerhood [-hud].

**вдо́вый** wídowed.

**вдого́нку** *нареч. разг.* áfter, in pursúit of [...-'sjuːt...]; пусти́ться за кем-л. ~ rush / dash áfter smb., *или* in pursúit of smb.; посла́ть письмо́ ~ send* on *a* létter; кри́кнуть кому́-л. ~ call áfter smb.

**вдолби́ть** *сов. см.* вда́лбливать.

**вдоль** **1.** *предл.* (*рд.*) alóng: ~ бе́рега, ~ побере́жья (*о морском*) alóng the coast; (*о речном*) alóng the bank; **2.** *нареч.* léngth¦ways, léngth¦wise; ◇ ~ и поперёк (*во всех направлениях*) far and wide; (*во всех подробностях*) thóroughly ['θʌrə-], minúte¦ly [maɪ-]; знать что-л. ~ и поперёк know* smth. thóroughly / minúte¦ly [nou...], know* smth. ínside out.

**вдох** *м.* inhalátion, breath [breθ]; сде́лать глубо́кий ~ take* / draw* a deep breath.

**вдохнов||е́ние** *с.* inspirátion. **~е́нно** *нареч.* inspíred¦ly, with inspirátion. **~е́нный** inspíred. **~и́тель** *м.* inspírer. **~и́ть(ся)** *сов. см.* вдохновля́ть(ся).

**вдохновля́ть,** вдохнови́ть (*вн.*) inspíre (*d.*). **~ся,** вдохнови́ться **1.** be / feel* inspíred; вдохнови́ться чем-л. be inspíred by smth., deríve inspirátion from; **2.** *страд. к* вдохновля́ть.

**вдохну́ть** *сов. см.* вдыха́ть.

**вдре́безги** *нареч.* into smitheréens [...-ð-]; разбива́ть ~ (*вн.*) smash (into / to smitheréens) (*d.*); shátter (*d.*) (*гл. обр. перен.*); ◇ ~ пья́ный *разг.* dead drunk [ded...].

**вдруг** *нареч.* **1.** (*внезапно*) súddenly, all of a súdden; **2.** (*что если*) suppóse, what if; а ~ он не придёт? suppóse, *или* what if, he does¦n't come?; ◇ все ~ *разг.* (*все вместе*) all togéther [...-'ge-], all at once [...wʌns].

**вдрызг** *нареч. разг.*: ~ пья́ный dead drunk [ded...].

**вдува́ние** *с.* **1.** insufflátion; **2.** *мед.* (àrtifícial) pneumothórax [njuː-].

**вдува́ть,** вду́нуть, вдуть (*вн.* в *вн.*) blow* [blou] (*d.* into).

**вду́маться** *сов. см.* вду́мываться.

**вду́мчив||ость** *ж.* thóughtfulness. **~ый** thóughtful.

**вду́мываться,** вду́маться (в *вн.*; *обдумывать*) consíder [-'sɪ-] (*d.*), think* óver (*d.*); (*размышлять*) pónder (óver).

**вду́нуть** *сов. см.* вдува́ть.

**вдуть** *сов. см.* вдува́ть.

**вдыха́||ние** *с.* inhalátion. **~тельный** respíratory [-'paɪə-].

**вдыха́ть,** вдохну́ть **1.** (*вн.*) inhále (*d.*), breathe in (*d.*); ~ све́жий во́здух inhále, *или* breathe in, the fresh air; **2.** *тк. сов.* (что-л. в кого́-л.) breathe (smth. into smb.); (*внушать*) instíl (smth. into smb.); (*вдохновлять*) inspíre (smb. with smth.); вдохну́ть в кого́-л. му́жество inspíre smb. with cóurage [...'kʌ-]; (*внушить мужество*) instíl cóurage into smb.; вдохну́ть жизнь в кого́-л. breathe new life into smb.

**вегетариа́н||ец** *м.*, **~ский** vègetárian; ~ский стол vègetárian diet. **~ство** *с.* vègetárianism.

**вегетати́вн||ый** *биол.* végetàtive; ~ая не́рвная систе́ма végetàtive nérvous sýstem.

**вегетацио́нный** *бот.* végetal; ~ пери́од végetàtive séason [...-z°n].

**вегета́ция** *ж. бот.* vègetátion.

**ве́дать** **1.** (*вн.*) *уст.* (*знать*) know* [nou] (*d.*); **2.** (*тв.*; *заведовать*) mánage (*d.*), be in charge (of).

**ве́дени||е** *с.* authórity; быть, находи́ться в ~и (*рд.*) be únder the authórity (of); *юр.* be únder the jùrisdíction (of); э́то в его́ ~и this is within his próvince.

**веде́ние** condúcting; ~ бухга́лтерских книг bóok-keeping; ~ заседа́ния presíding óver *a* méeting [-'zaɪ-...]; ~ де́ла trànsáction / mánage¦ment of *an* affáir [-'z-...]; ~ суде́бного де́ла cónduct of *a* case / suit, *или* of judícial procéedings [...-s sjuːt...]; ~ хозя́йства (*домашнего*) hóuse¦keeping [-s-]; ~ огня́ *воен.* fíring; (*ср. тж. глагол* вести́).

**ведёрный** **1.** *прил. к* ведро́; **2.** (*вместимостью в одно ведро*) hólding one páilful.

**ве́дом||о:** с (без) моего́ ~а with (without) my knówledge [...'nɔ-]; (*о согласии*) with (without) my consént / leave.

**ве́домость** *ж.* **1.** list, régister; **2.** *мн.* (*как название газеты*) récòrd ['re-] *sg.*, gazétte *sg.*

**ве́дом||ственный** dèpartméntal [diː-]; (*перен.*) nárrow, bùreaucrátic [-ro-]. **~ство** *с.* depártment.

**ведо́м||ый** **1.** *прич. и прил.* dríven ['drɪ-]; **2.** *м. как сущ. ав.* suppórting áircràft; (*о пилоте*) sécond ['se-]; вы́лететь с двумя́ ~ыми take* off with two suppórting áircràft, *или* with two pártners.

**ведро́** *с.* **1.** búcket, pail; по́лное ~ (чего́-л.) a páilful (of); **2.** (*мера жидкостей*) twénty-one pints [...paɪ-] *pl.*

**вёдро** *разг.* fine wéather [...'we-].

**веду́щ||ий** **1.** *прич. см.* вести́; **2.** *прил.* chief [-iːf], léading; ~ие о́трасли промы́шленности key índustries [kiː...]; ~ее нача́ло fùndaméntal príncìple; ~ее звено́ léading squad; **3.** *тех.*: ~ее колесо́ dríving-wheel; **4.** *м. как сущ. ав.* léading plane, léader.

**ведь** *союз* **1.** («*дело в том, что*») *может быть передано выражениями* you see, you know [...nou]; *при других союзах обычно не переводится*: он лежи́т, ~ он на про́шлой неде́ле заболе́л he is in bed, he fell ill last week, you know; ~ он знато́к he is an éxpèrt, you see, *или* you know; но ~ э́то всем извéстно but évery¦òne knows it; (а) ~ он вам говори́л but he told you; да ~ э́то он! why, it's he!; why, it's him! *разг.*; **2.** (*не правда ли?*) *передаётся вопросами* is it not?, will you not? *и т. п.*; *при отрицании* is it?, will you? *и т. п.*: ~ э́то пра́вда? it is the truth, is it not? (is¦n't it? *разг.*) [...tru:θ...]; ~ э́то непра́вда? it is not true, is it?; ~ он пойдёт he will go, will he not? (won't he? *разг.*) [...wount...]; ~ он не ребёнок he is not a child*, is he?

**ве́дьма** *ж. фольк.* witch; (*перен.*: *о злой женщине*) viràgò, víxen, términagant; (*о безобразной женщине*) hag; ста́рая ~ old hag.

**ве́ер** *м.* **1.** fan; обма́хиваться ~ом fan òne¦sélf; **2.** *воен.* sheaf of fire; lines of fire *pl.*

**веерообра́зный** fán-shàped; ~ свод *арх.* fan trácery [...'treɪ-].

**ве́жливо** I **1.** *прил. кратк. см.* ве́жливый; **2.** *предик. безл.* it is polite / cóurteous / cívil [...'kə:-...].

**ве́жлив||о** II *нареч.* polite¦ly, cóurteous¦ly ['kə:-]. **~ость** *ж.* polite¦ness, cóurtesy ['kə:-], civílity. **~ый** polite, cóurteous ['kə:-], cívil.

**везде́** *нареч.* évery¦whère; ~, где уго́дно ány¦whère; ◇ ~ и всю́ду high and low [...lou].

**вездесу́щий** ómniprésent [-ez-], ùbíquitous.

**вездехо́д** *м.* cróss-cóuntry véhicle [-'kʌ-'vi:ɪkl]. **~ный** cróss-cóuntry [-'kʌ-].

**везти́** I, повезти́ (*вн.*; *в разн. знач.*) *см.* вози́ть.

**вез||ти́** II, повезти́ *безл.*: ему́, им *и т. д.* ~ёт (*вообще*) he is, they are, *etc.*, lúcky; (*в данное время*) he is, they are, *etc.*, in luck; ему́, им *и т. д.* не ~ёт he has, they have, *etc.*, no luck.

**век** *м.* **1.** (*столетие*) céntury; **2.** (*эпоха*) age; **3.** *тк. ед. разг.* (*жизнь*) life¦time; на моём ~у́ in my day / life¦time; он мно́го повида́л на своём ~у́ he has seen much in his day / life¦time; дожива́ть свой ~ be líving the rest of one's days [...'lɪv-...], spend* the rest of one's life; отжи́ть свой ~ (*о людях*) have had one's day; (*об обычаях, вещах*) go* out of fáshion / use [...-s]; на наш ~ хва́тит it will last our time; **4.** *как нареч. разг.* for áges: мы с тобо́й ~ не вида́лись, не встреча́лись we have not seen, met each other for áges; ◇ бро́нзовый ~ the Bronze Age; желе́зный ~ the Íron Age [...'aɪən...]; ка́менный ~ the Stone Age; сре́дние ~а́ the Middle Áges; в кои-то ~и *разг.* once in a blue moon [wʌns...]; во ~и ~о́в for all time; на ~и ве́чные for ever; ~ живи́ — ~ учи́сь *посл.* live and learn [lɪv... lə:n].

**ве́ко** *с.* éye¦lid ['aɪ-].

**векове́чный** *уст.* èver¦lásting, etérnal.

**веков||о́й** sécular (*lasting for ages*); (*очень давний*) áge-lòng, áncient ['eɪn-]; áge-òld, céntùries-òld; ~ дуб vénerable / sécular oak; ~ы́е ча́яния áge-òld àspirátions.

**векселе||да́тель** *м.* dráwer (of *a* bill). **~держа́тель** *м.* drawée. **~получа́тель** *м.* indòrsée.

**ве́ксел||ь** *м.* (*простой*) note of hand, prómissory note; (*переводной*) bill (of exchánge) [...-eɪndʒ], draft; учи́тывать ~ discóunt *a* bill; уплати́ть по ~ю pay* / meet* *a* bill; опротестова́ть ~ protést *a* bill.

**ве́ксельный** *прил. к* ве́ксель; ~ креди́т páper-crédit; ~ курс rate of exchánge [...-eɪndʒ].

**ве́ктор** *м. мат.* véctor. **~ный** *мат.* vectórial.

**веле́нев||ый**: ~ая бума́га véllum (páper).

**веле́ни||е** *с. поэт.* commánd [-ɑ:nd]; ~ до́лга call of dúty; сле́довать ~ю до́лга obéy the call of dúty.

**велеречи́вый** *уст.* pómpous, bòmbástic.

**вел||е́ть** *несов. и сов.* (*дт.* + *инф.*) órder (*d.* + to *inf.*), tell* (*d.* + to *inf.*): он ~е́л ему́ сде́лать э́то he órdered / told him to do this; де́лайте, как вам ве́лено do as you are told; ◇ ему́ не ~я́т кури́ть he is not allówed to smoke; со́весть мне не ~и́т my cónscience does not permít / allów me [...-ʃəns...].

**вели́к** I *прил. кратк. см.* вели́кий.

**вели́к** II *предик.* too big: сапоги́ ему́ ~и́ the boots are too big for him; ◇ от ма́ла до ~а young and old [jʌŋ...].

**велика́н** *м.* giant.

**вели́к||ий** great [greɪt]; (*при собственных именах*) the Great; Вели́кая Октя́брьская социалисти́ческая револю́ция The Great Octóber Sócialist Rèvolútion; ~ие держа́вы the Great Pówers; Пётр Вели́кий Péter the Great; ◇ ~ие ми́ра сего́ the míghty / exálted of the earth [...ə:θ].

**великова́тый** *разг.* ráther too big / large ['rɑ:-...]; bíggish.

**великовóзрастный** óver¦grówn [-oun].

**великодержа́вный** gréat-pówer [-eɪt-] (*attr.*); ~ шовини́зм maniacal gréat-pówer cháuvinism [...'ʃou-].

**великоду́ш||ие** *с.* gènerósity, màgnanímity. **~ничать**, свеликоду́шничать play at bé¦ing génerous.

**великоду́шно** I **1.** *прил. кратк. см.* великоду́шный; **2.** *предик. безл.* it is génerous.

**великоду́шн||о** II *нареч.* màgnánimous¦ly, génerous¦ly. **~ый** màgnánimous, génerous.

**великоле́пие** *с.* spléndour, màgníficence.

**великоле́пно** I **1.** *прил. кратк. см.* великоле́пный; **2.** *предик. безл.* it is spléndid; ~! spléndid!, fírst-ráte!

**великоле́пн||о** II *нареч.* spléndidly; он э́то ~ зна́ет he knows it pérfectly well [...nouz...]. **~ый 1.** spléndid, màgníficent; (*пышный*) górgeous; **2.** (*отличный*) éxcellent, spléndid, fine.

**великому́ченик** *м. церк.* mártyr.

**великору́с** *м.*, **~ский** *ист.* Great Rússian [-eɪt -ʃən].

**великосве́тск||ий** *уст.* society (*attr.*), fáshionable; ~ая жизнь high life.

**велича́в||ость** *ж.* státe¦liness, májesty. **~ый** státe¦ly, majéstic.

**велича́йш||ий** the gréatest [...'greɪ-], sùpréme; де́ло ~ей ва́жности mátter of the gréatest, *или* of sùpréme / páramount, impórtance.

**велича́ть** (*вн.*) **1.** *уст.* (*называть*) call (*d.*), name (*d.*); **2.** (*чествовать*) hónour with rites and songs ['ɔnə...] (*d.*).

**вели́чественн||ость** *ж.* májesty, grándeur, sublímity. **~ый** majéstic, grand, sublíme.

**вели́чество** *с.* májesty.

**вели́ч||ие** *с.* grándeur, sublímity; испо́лненный ~ия majéstic; ма́ния ~ия mégalò¦mánia.

**величина́** *ж.* **1.** size; **2.** *мат.* quántity, mágnitùde; (*значение*) válue; постоя́нная ~

cónstant; неизвéстная ~ ún¦knówn quántity [-'noun...]; бесконéчно мáлая ~ ìnfinitésimal (quántity); **3.** (*о значительном человеке*) great fígure [-eɪt...]; литератýрная ~ éminent wríter / áuthor; ◇ ничтóжная ~ négligible quántity.

**велогóнка** *ж.* cycle race.

**велодрóм** *м.* cycle track.

**велосипéд** *м.* bícycle ['baɪ-]; cycle, bike *разг.*; (*трёхколёсный*) trícycle ['traɪ-]; éхать на ~е cycle, bícycle. **~и́ст** *м.* cýclist ['saɪ-]. **~ный** *прил. к* велосипéд; ~ный спорт cycle rácing; ~ная ездá cýcling.

**вельбóт** *м. мор.* whále-boat.

**вельвéт** *м. текст.* vèlvetéen. **~овый** *прил. к* вельвéт.

**вельмóж||а** *м. уст.* noble, mágnàte; *ирон.* great man* [-eɪt...], impórtant pérsonage. **~ный** *уст.* noble; *ирон.* grand.

**веля́рный** *лингв.* vélar.

**вéна** *ж. анат.* vein; воспалéние вен phlebítis; расширéние вен váricòse veins [-kous...] *pl.*

**венгéрец** *м. уст. см.* венгр.

**венгéрка** I *ж.* Hùngárian (wóman*) [...'wu-].

**венгéрка** II *ж.* (*танец*) Hùngárian dance.

**венгéрский** Hùngárian; ~ язы́к Hùngárian, the Hùngárian lánguage.

**венгр** *м.* Hùngárian.

**вендéтта** [-дэ́-] *ж.* vèndétta.

**Венéра** *ж.* Vénus.

**венéрик** *м. мед. разг.* venéreal pátient [-rɪəl...].

**венéрин:** ~ волосóк *бот.* máidenhair.

**венер||и́ческий** *мед.* venéreal [-rɪəl]; ~и́ческая болéзнь venéreal diséase [...-'zi:z]. **~óлог** *м.* venèreólogist. **~олóгия** *ж. мед.* venèreólogy.

**вéнец** *м.* Vìennése.

**венéц** *м.* **1.** (*корона*) crown; **2.** *поэт.* (*венок*) wreath*; **3.** *метеор.* coróna; **4.** (*в срубе*) row of logs [rou...]; ◇ вести́ под ~ (*вн.*) lead* to the áltar (*d.*); конéц — дéлу ~ *погов.* ≅ all's well that ends well.

**венециáн||ец** *м.*, **~ка** *ж.*, **~ский** Venétian; ◇ ~ское окнó Venétian wíndow.

**венéчный** *анат.* corónal; ~ шов corónal súture.

**вéнзель** *м.* mónogràm.

**вéник** *м.* bésom [-z-].

**вéнка** *ж.* Vìennése.

**венóзный** *физиол.* vénous.

**венóк** *м.* gárland; wreath* (*тж. надгробный*).

**вéнский** Vìennése; ◇ ~ стул bént-wood chair [-wud...].

**вентили́ровать,** провентили́ровать (*вн.*) véntilàte (*d.*).

**вéнтиль** *м. тех.* valve.

**вентиля́тор** *м.* véntilàtor; (*с вращающимися крыльями*) fan.

**вентиляциóнн||ый** *прил. к* вентиля́ция; *тж.* vent (*attr.*); ~ая установка vèntilátion instáll¦átion.

**вентиля́ция** *ж.* vèntilátion.

**венценóсец** *м.* mónarch ['mɔnək], sóvereign [-vrɪn], crowned head [...hed].

**венчáльный** wédding (*attr.*); ~ наря́д wédding-drèss.

**венчáние** I *с.* (relígious) wédding / márriage céremony [...-rɪdʒ...].

**венчáние** II *с.* (*на царство*) còronátion.

**венчáть** I *несов. и сов.* (*вн.*) **1.** (*на царство*) crown (*d.*); ~ лаврóвым венкóм crown with láurels [...'lɔ-] (*d.*); **2.** (*находиться наверху*) crown (*d.*).

**венчáть** II, повенчáть (*вн.*; *женить*) márry (*d.*).

**венчáться** I *несов. и сов.* **1.** (*на царство*) be crowned; **2.** *страд. к* венчáть I.

**венчáться** II, повенчáться **1.** be márried (*in church*); *сов. тж.* get* márried (*in church*); **2.** *страд. к* венчáть II.

**вéнчик** *м.* **1.** háló, nímbus (*pl.* -bì, -buses [-bəsɪz]); **2.** *бот.* coróllа.

**венчико||ви́дный, ~обрáзный** coròlláceous [-'leɪʃəs], coróllifòrm.

**вепрь** *м.* wild boar.

**вéр||а** *ж.* **1.** faith, belíef [-i:f]; христиáнская ~ Chrístian faith; **2.** (*доверие*) trust, faith; твёрдая ~ (в *вн.*) firm belíef (in); ~ в самогó себя́ faith in òne¦sélf, (sélf)cónfidence; слепáя ~ blind / implícit faith; приня́ть на ~у (*вн.*) take* on trust (*d.*); ◇ служи́ть комý-л. ~ой и прáвдой serve smb. fáithfully / lóyally, *или* with fidélity.

**верáнда** *ж.* verándah.

**вéрба** *ж.* wíllow; (*ветка*) wíllow-brànch [-ɑ:ntʃ].

**вербáльн||ый** vérbal; ~ая нóта *дип.* vérbal note.

**вербéна** *ж. бот.* vèrbéna.

**верблю́||д** *м.* cámel ['kæ-]; одногóрбый ~ óne-húmped / Arábian cámel; двугóрбый ~ twó-húmped / Báctrian cámel. **~жий** *прил. к* верблю́д; ~жья шерсть cámel's hair ['kæ-...]; ~жье сукнó cámel's-hair cloth.

**вéрбн||ый** wíllow (*attr.*); ~ое воскресéнье *церк.* Palm Súnday [-ɑ:m -dɪ].

**верб||овáть,** завербовáть (*вн.*) recrúit [-u:t] (*d.*); (*перен.*) win* óver to one's side (*d.*). **~óвка** recrúiting [-u:t-], recrúitment [-u:t-]; ~óвка рабóчих recrúitment of lábour / wórkers. **~óвщик** *м.* recrúiter [-u:tə], recrúiting ágent [-u:t-...].

**вéрбов||ый** (*состоящий из верб*) wíllow (*attr.*); (*сделанный из вербы*) ósier [-ʒə]; ~ая рóща wíllow grove / plàntátion.

**верди́кт** *м. юр.* vérdict.

**верёв||ка** *ж.* (*толстая*) rope; (*менее толстая*) cord; (*тонкая*) string; ~ для белья́ clóthes-lìne ['klou-]; свя́зывать ~кой (*вн.*) rope (*d.*), cord (*d.*), tie up (*d.*) (*with a rope, cord, etc.*); повéсить бельё на ~ку hang* (up) clothes on the line [...klou-...]; ◇ ~ки вить из когó-л. turn / twist smb. round one's líttle fínger. **~очка** *ж. уменьш. от* верёвка. **~очный** *прил. к* верёвка; ~очная лéстница rópe-làdder; ~очная сýмка string bag.

**верени́ца** *ж.* file, row [rou], line; ~ автомоби́лей, экипáжей *и т. п.* string / train of cars, cárriages, *etc.* [...-rɪdʒ-]; ~ мы́слей succéssion of idéas [...aɪ'dɪəz], train of thóught(s).

**вéреск** *м. бот.* héather ['he-]; мéстность, порóсшая ~ом heath. **~овые** *мн. скл. как прил. бот.* èricáceae.

**веретенó** *с.* spíndle; ~ я́коря ánchor shaft ['æŋkə...]. **~обрáзный** spíndle-shàped.

**верещáть** *разг.* chirp; (*визгливо*) squeal.

**верзи́ла** *м. и ж. разг.* (*о мужчине*) lánky féllow; (*о женщине*) lánky wóman* [...'wu-].

**вери́ги** *мн.* (*ед.* вери́га *ж.*) *уст.* chains (*worn by ascetics as an act of penance*).

**вери́тельн||ый:** ~ые грáмоты *дип.* credéntials.

**вéрить,** повéрить **1.** (*дт. и без доп.*) belíeve [-i:v] (*d.*); (*доверять*) trust (*d.*): я э́тому, емý *и т. д.* не вéрю I do not (don't *разг.*) belíeve it, him, *etc.*; я емý не вéрю I do not trust him; хоти́те вéрьте, хоти́те нет *разг.* belíeve it or not; — слéпо ~ комý-л. put* ábsolùte trust in smb., have implícit faith in smb.; swear* by smb. [swɛə...] *разг.*; **2.** (в *вн.*) belíeve (in). **~ся** *безл.*: мне не вéрится, вéрится с трудóм I can scárce¦ly / hárdly belíeve [...'skɛəs-... -i:v], I find it hard to believe.

**вермишéль** *ж. тк. ед.* vèrmicélli.

**вернéе 1.** *сравн. ст. см. прил.* вéрный *и нареч.* вéрно; **2.** *вводн. сл.* (*точнее*) or ráther [...'rɑ:-].

**вернисáж** *м. иск.* várnishing-day.

**вéрно I 1.** *прил. кратк. см.* вéрный; **2.** *предик. безл.* it is true; совершéнно ~ quite right, quite so, quite true; ~! that's right!

**вéрно II 1.** *нареч.* (*правильно*) right, corréctly; ~ говори́ть be right; ~ скопи́ровать cópy exáctly / fáithfully ['kɔ-...]; ~ петь sing* true; **2.** *нареч.* (*преданно*) fáithfully, lóyally; **3.** *вводн. сл. разг.* (*вероятно*) I suppóse, próbably, most líke¦ly: он, ~, не придёт he is próbably not coming; he is not coming, I suppóse; most líke¦ly he will not come.

**вернопóдданнический** *уст.* lóyal.

**вернопóдданный** *м. скл. как прил. уст.* lóyal súbject.

**вéрност||ь** *ж.* **1.** (*преданность*) fáithfulness, lóyalty, fidélity; ~ при́нципам adhérence / allégiance to principles [-'hɪə-...]; **2.** (*правильность*) corréctness; (*истинность*) truth [-u:θ]; для бóльшей ~и as an additional precáution; to make assúrance double / dóubly sure [...ə'ʃuə- dʌ- 'dʌ- ʃuə].

**вернýть** *сов.* (*вн.*) **1.** (*отдать обратно*) retúrn (*d.*), give* back (*d.*); (*не по праву взятое*) make* rèstitútion (of); ~ зрéние комý-л. restóre smb.'s sight; **2.** (*получить обратно*) recóver [-'kʌ-] (*d.*), get* back (*d.*); (*чьё-л. расположение и т. п.*) win* back (*d.*); ~ свои́ издéржки recóver one's óutlay; ~ здорóвье recóver one's health [...he-]; **3.** (*заставить кого-л. вернуться*) make* retúrn (*d.*), bring* back (*d.*). **~ся** *сов.* retúrn; ~ся назáд come* back; ~ся домóй come* home; я хочý, чтóбы он вернýлся I want him back agáin, I want him to come back; ~ся к вопрóсу retúrn / revért to *the* quéstion [...-stʃ-]; ~ся к влáсти retúrn to pówer.

**вéрн||ый 1.** (*правильный*) corréct, (the) right; (*истинный*) true; у вас ~ые часы́? is your watch (clock *стенные*) right?; **2.** (*дт.*; *преданный*) fáithful (to), lóyal (to), true (to); ~ своемý слóву as good as one's word; быть ~ым себé be true to òne¦sélf; ~ свои́м убеждéниям true to one's convíctions / príncíples; ~ сою́зник staunch álly; **3.** (*надёжный*) relíable, sure [ʃuə]; ~ истóчник relíable source [...sɔ:s]; ~ зáработок assúred éarnings [ə'ʃuəd 'ə:n-] *pl.*; ~ инсти́нкт ún¦érring ínstinct; ~ое срéдство infállible / ùnfáiling rémedy; **4.** (*несомненный*) cértain; ~ая смерть cértain death [...deθ]; ~ при́знак sure sign [...saɪn]; ◇ с пóдлинным ~о cértified true cópy [...'kɔ-]; что ~о, то ~о there's no gainsáying / denýing that, no doubt abóut that [...daut...].

**вéрование** *с.* belíef [-'li:f]; *мн. тж.* relígion *sg.*, relígious belíefs [...-'li:fs]; creed *sg.*

**вéровать** (в *вн.*) belíeve [-i:v] (in).

**вероисповéдан||ие** *с.* (*чьё-л.*) relígion; (*разновидность религии*) denòminátion; свобóда ~ия relígious líberty.

**верол**ó**м||ный** perfídious, tréacherous ['tre-]. **~ство** *с.* pérfidy, tréachery ['tre-].

**верон**á**л** *м. фарм.* véronal.

**верон**и́**ка** *ж. бот.* verónica.

**вероотстýпни||к** *м. уст.* apóstate. **~чество** *с. уст.* apóstasy.

**веротерпи́м||ость** *ж.* tòlerátion, tólerance. **~ый** tólerant.

**вероучéние** *с.* dógma (*pl.* -as, -ata).

**вероя́т||ие** *с.* líke¦lihood [-hud], pròbabílity. **~но 1.** *прил. кратк. см.* вероя́тный; **2.** *вводн. сл.* próbably, very líke¦ly; *переводится тж. личн. формами* must + *inf.*; он, ~но, здесь he must be here; вы, ~но, знáли егó you must have known him [...noun...]. **~ность** *ж.* pròbabílity; по всей ~ности in all pròbabílity, most próbably / líke¦ly, in all líke¦lihood; ~ность попадáния *воен.* pròbabílity of hítting; теóрия ~ности théory of pròbabílity / chánces ['θɪə-...]; *мат.* cálculus of pròbabílity. **~ный** próbable, líke¦ly.

**версáльский** Versáilles [vɛə'saɪlz] (*attr.*); Версáльский договóр tréaty of Versáilles, Versáilles tréaty.

**вéрсия** *ж.* vérsion.

**верст||á** *ж. уст.* verst (3500 feet); ◇ егó за ~ý ви́дно you can see him a mile off.

**верстáк** *м.* jóiner's bench.

**верст||áльщик** *м. полигр.* impóser, máker-ùp. **~áтка** *ж. полигр.* compósing-stick. **~áть,** сверстáть (*вн.*) *полигр.* impóse (*d.*), make* up (*d.*).

**вёрстка** *ж. полигр.* **1.** ìmposítion [-'zɪ-]; **2.** (*свёрстанный набор*) form.

**-вёрстный** (*в сложн. словах, не приведённых особо*) -vèrst (*attr.*); of... versts: пятивёрстный fíve-vèrst, of five versts.

**верстовóй:** ~ столб ≅ míle¦stòne.

**вéртел** *м.* spit (*for roasting*).

**вертéп** *м.* den (*of thieves, etc.*).

**вертéть** (*вн.*) twirl (*d.*), turn round and round (*d.*); ~ в рукáх (*рассеянно, лениво и т. п.*) twist abóut (*d.*), twíddle (*d.*); ~ кем-л. *разг.* turn / twist smb. round one's (little) finger. **~ся 1.** (*вращаться*) turn (round), revólve (round); (*быстро*) spin*; ~ся вокрýг чегó-л. centre aróund smth.; **2.** *разг.* (*ёрзать*) fídget, move [mu:v]; **3.** (*изворачиваться*) dodge, prevárìcàte; **4.** (*о разговоре и т. п.*) run* (on); разговóр вéртится óколо одногó предмéта the cònversátion runs / turns on the same súbject; ◇ ~ся в головé run* in one's head [...hed]; ~ся на кóнчике языкá be on the tip of one's tongue [...tʌŋ]; ~ся под ногáми be in the way; ~ся пéред глазáми péster smb. with one's présence [...-z-]; не вертись пéред глазáми stop péstering me!

**вертикáл** *м. астр.* vértical.

**вертикáль** *ж.* vértical line; (*на шахматной доске*) file; (*в кроссворде*) down. **~ность** *ж.* vèrticálity, pérpendiculárity. **~ный** vértical.

**вёрткий** *разг.* nimble, spry.

**вертлю́г** *м.* **1.** *анат.* head of the fémur [hed...]; **2.** *тех.* swível [-ıv-]; **3.** *воен.* pívot brácket ['pı-...], pívot yoke.

**вертля́в||ость** *ж. разг.* fídgetiness. **~ый** *разг.* **1.** (*подвижной*) fídgety, òver¦vivácious; **2.** (*легкомысленный*) frívolous.

**вертолёт** *м. ав.* hélicòpter.

**вертопрáх** *м. разг.* giddy head / pate ['gı- hed...], émpty-head, féather¦brain ['fe-].

**вертýшка** *ж.* **1.** (*дверь*) revólving-door [-dɔ:]; **2.** (*рыболовная*) trólling-reel; **3.** (*этажерка, витрина*) revólving stand; **4.** *тех.* rotátor; **5.** *разг.* (*о женщине*) flirt, còquétte [kou'ket].

**вéрующий** **1.** *прич. см.* вéровать; **2.** *мн. как сущ.* belíevers [-'li:v-]; (*правоверные*) the fáithful.

**верфь** *ж.* ship¦yàrd; yard *сокр.*; dóck¦yàrd (*гл. обр. воен.*).

**верх** *м.* **1.** (*верхняя часть*) top, head [hed]; (*верхний этаж*) úpper stórey; (*экипажа*) bónnet, hood [hud]; ~ горы́ top of the móuntain; идти́, éхать *и т. п.* вéрхом take* the úpper path* / road; **2.** (*высшая ступень, вершина*) height [haıt], súmmit; ~ блажéнства height of bliss; **3.** (*наружная сторона пальто и т. п.*) cóver ['kʌ-], óutside, top; (*лицевая сторона материи*) right side; ◇ одержáть, взять ~ (над) gain the úpper hand (óver), preváil (óver); его́ мнéние взя́ло ~ his opínion preváiled.

**верх||и́** *мн.* **1.** (*общества*) the úpper ten thóusand [...-z-], úpper stráta; **2.** (*какой-л. организации*) léadership *sg.*; **3.** *муз.* high notes; ◇ нахватáться ~óв get* a súrface / sùperfícial knówledge [...'nɔ-]; get* a smáttering (of); скользи́ть по ~áм touch líghtly on the súrface [tʌtʃ...].

**вéрхн||ий** úpper; ~ я́щик top drawer [...drɔ:]; ~ее течéние Во́лги the Úpper Vólga; ~ее плáтье óutdoor / street clothes [-dɔ:... klou-] *pl*; ~ реги́стр *муз.* híghest régister; ~яя палáта *полит.* Úpper Chámber [...'tʃeı-]; (*в англ. парламенте*) House of Lords [-s...].

**верховéнство** *с. уст.* commánd [-ɑ:nd], léadership.

**верхóвн||ый** sùpréme; Верхóвный Главнокомáндующий Sùpréme Commánder-in-Chíef [...-ɑ:n- -'tʃi:f]; ~ое комáндование high commánd [...-ɑ:nd]; ~ая власть sùpréme / sóvereign pówer [...-vrın...], sóvereignty [-vrıntı]; Верхóвный Совéт СССР Sùpréme Sóvièt of the USSR; Верхóвный Суд Sùpréme Court [...kɔ:t].

**верховóд** *м. разг.* ríngleader. **~ить** *разг.* lord it, rule the roast, boss the show [...ʃou].

**верхов||óй** I **1.** *прил.*: ~áя ездá ríding; ~áя лóшадь sáddle-hòrse; **2.** *м. как сущ.* ríder; (*посыльный*) dispátch ríder.

**верховóй** II (*расположенный в верхнем течении*) úp-ríver [-'rı-].

**верхóвье** *с.* úpper réaches *pl.*; ríverhead ['rıvəhed]; ~ Вóлги úpper réaches of the Vólga, the Úpper Vólga.

**верхогля́д** *м. разг.* sùperfícial / shállow pérson; smátterer. **~ство** *с. разг.* sùperfíciálity.

**верхолáз** *м.* steel eréctor; spíder¦man* *разг.*; (*производящий ремонт шпилей*) stéeple¦jàck.

**вéрхом** I (*по верхней части*) *см.* верх 1.

**вéрхом** II *нареч. разг.*: насы́пать *и т. п.* ~ (*вн.*) fill to òver¦flówing [...-'flou-] (*d.*), heap (*d.*).

**верхóм** *нареч.* astríde (of); (*на лошади*) on hórse¦bàck; éздить ~ ride* (on hórse¦bàck).

**верхýшка** *ж.* **1.** (*верхняя часть*) top; ápèx (*pl.* -xes, ápicès ['eıpısi:z]); (*горы́ тж.*) súmmit; ~ лёгкого *анат.* ápèx of *a* lung; **2.** *разг.* (*организации*) léadership; léaders *pl.*; прáвящая ~ rúling clique [...kli:k].

**вéрша** *ж. рыб.* físhing-básket, creel.

**верши́на** *ж.* **1.** top; (*горы́ тж.*) súmmit, crest, peak; (*перен.*) ácme [-ı], height [haıt], súmmit; ~ слáвы súmmit of glóry / fame; **2.** *мат.* (*треугольника*) ápèx (*pl.* -xes, ápicès ['eıpısi:z]); (*угла*) vértèx.

**верши́тель** *м.*: ~ сýдеб rúler of (the) déstinies.

**верши́ть** (*тв.*) mánage (*d.*), contról [-oul] (*d.*), diréct (*d.*); ~ сýдьбами rule / sway the déstinies; ~ делáми *разг.* mánage / contról / diréct affáirs; ~ всéми делáми be in contról of évery¦thing, boss the show [...ʃou].

**вершóк** *м. уст.* vershók ($1^3/_4$ *inches*); (*перен.*) inch.

**вес** *м.* weight; (*перен.*) weight, ínfluence, authórity; áтомный ~ atómic weight; молекуля́рный ~ molécular weight; удéльный ~ specífic weight / grávity; (*перен.*) posítion [-'zı-]; десяти́чный ~ décimal sýstem of weights; аптéкарский ~ apóthecaries' weight; на ~, ~ом by weight, wéighing; ~ом в два килогрáмма wéighing two kílogràmmes [...-græmz]; изли́шек ~а óver¦wéight; прибáвить, убáвить в ~е put* on, lose* weight [...lu:z...]; имéть бóльшóй ~ (*перен.*: *о человеке*) be híghly ìnfluéntial; (*о мнении и т. п.*) cárry weight; ~ перá *спорт.* féather-weight ['fe-]; ◇ на ~ý hánging, suspénded, bálanced; держáть на ~ý hold* suspénded; держáться на ~ý be bálanced; на ~ зóлота worth its weight in gold.

**весели́ть** (*вн.*) cheer (*d.*), gládden (*d.*); (*забавлять*) amúse (*d.*), dìvért (*d.*). **~ся** enjóy òne¦sélf, make* mérry, have a good / jólly time.

**вéсело** I **1.** *прил. кратк. см.* весёлый; **2.** *предик. безл.*: мне ~ I'm enjóying mỳ¦sélf; мне ~ смотрéть на э́тих детéй it makes me glad to look at these children; тебé ~, а мне грýстно you are gay while I am sad.

**вéсело** II *нареч.* mérrily, gáily; ~ провести́ врéмя have a good / jólly time.

**весёл||ость** *ж.* gáiety; (*об. о характере*) jòviálity, líve¦liness, hilárity. **~ый** mérry, gay, líve¦ly; jólly *разг.*; (*бодрый, жизнерадостный*) chéerful; (*о человеке тж*) jóvial, chéery; ~ая жизнь jóyous / gay life; ~ый пáрень chéerful / jóvial féllow; ~ая дéвочка jólly little girl [...g-]; ~ое лицó mérry / líve¦ly face; ~ая комéдия líve¦ly / amúsing / gay cómedy; ~ое настроéние mérry mood; high spírits *pl.*: у негó ~ое настроéние he is in a mérry mood, he is in high spírits.

**весéль||е** *с.* mérriment, mirth, hilárity, gáiety; (*развлечения*) mérry-màking; шýмное ~ révelry; révels ['re-] *pl.* **~чáк** *м. разг.* jóvial / chéery / mérry féllow.

**веселя́щий:** ~ газ *хим.* láughing-gás ['lɑːf-].

**весéнн||ий** *прил. к* веснá; ~ее врéмя spríng-tìme; ~ сев spring sówing [...'sou-].

**вéсить** weigh.

**вéск||ий** wéighty; ~ое слóво wéighty útterance; ~ факт impréssive / moméntous fact; ~ дóвод télling / fórcible árgument.

**веслó** *с.* oar; (*парное*) scull; (*гребок*) paddle.

**веснá** *ж.* spring (*season*), spríng-time; spríng-tìde *поэт.*

**весновспáшка** *ж. с.-х.* spring plóughing.

**весн||óй, ~óю** *нареч.* in spring.

**веснýш||ки** *мн.* (*ед.* веснýшка *ж.*) freckles. **~чатый** *разг.* freckled.

**весов||óй 1.** *прил. к* вес *и* весы́; **2.** (*продаваемый на вес*) sold by weight. **~щи́к** *м.* wéigher.

**весóм||ость** *ж. физ.* pònderabílity. **~ый** pónderable.

**вест** *м. мор.* **1.** (*направление*) west; **2.** (*ветер*) west (wind) [...wɪ-].

**вестáлка** *ж.* véstal, véstal vírgin.

**вести́**, повести́ **1.** (*в разн. знач.*) *см.* води́ть 1; **2.** (*вн.*; *руководить*) condúct (*d.*), diréct (*d.*); ~ кружóк condúct / run* *a* círcle; ~ собрáние presíde óver *a* méeting [-'z-...]; ~ (чьё-л.) хозя́йство keep* house (for smb.) [...-s...], mánage (smb.'s) hóuse¦hòld [...-s-]; **3.** *тк. несов* (к; *куда-л.*; *о дороге, тропе и т. п.*) lead* (to); (*о двери*) ópen (on), lead* (to); кудá ведёт э́та дорóга? where does this road lead to?; ◇ ~ бой fight* an áction / battle, be en¦gáged in battle; ~ огóнь (по *дт.*) fire (on); (*снарядами тж.*) shell (*d.*); ~ борьбý (с *тв.*) cómbat (*d.*), struggle (agáinst, with), cárry on a struggle (agáinst, with); ~ наýчную рабóту do scientífic work, be en¦gáged in scientífic work; ~ войнý wage war, fight* a war; ~ пропагáнду cárry on pròpagánda; ~ перепи́ску (с *тв.*) còrrespónd (with), be in còrrespóndence (with); ~ кампáнию cárry on a càmpáign [...-eɪn]; ~ разговóр have / hold* a cònversátion; talk; ~ переговóры (с *тв.*) negótiàte (with), cárry on negòtiátions (with); ~ расскáз tell* *a* stóry; ~ прáвильный óбраз жи́зни lead* a régular life, live régularly [lɪv...]; ~ процéсс (с *тв.*) cárry on a láwsùit [...-sjuːt] (agáinst), be at law (with); ~ счёт, ~ кни́ги keep* accóunt(s); ~ себя́ condúct òne¦sélf, beháve; ~ себя́ дýрно (*гл. обр. о ребёнке*) mìsbeháve; ~ себя́ хорошó (*гл. обр. о ребёнке*) beháve (òne¦sélf); ~ своё начáло от чегó-л. take* rise in smth., have órigin from / in smth., oríginàte from / in smth.; ~ своё начáло от когó-л. oríginàte with / from smb.

**вестибю́ль** *м.* éntrance-hàll, lóbby.

**вести́сь 1.** *разг.*: ведётся обы́чай it is the cústom; э́тот обы́чай ведётся издрéвле this cústom has come down, *или* dates, from áncient times [...'eɪnʃ°nt...]; летосчислéние ведётся time is réckoned; **2.** *страд. к* вести́ 2.

**вéстник** *м.* hérald ['he-].

**вестовóй** I *м. скл. как прил. мор. уст.* ófficer's atténdant.

**вестовóй** II *прил. уст.* sígnal (*attr.*).

**вéсточк||а** *ж. уменьш. от* весть I; пришли́те мне ~у drop me a line, *или* a few lines; дáйте о себé ~у let me hear from you.

**вест||ь** I *ж.* news, piece of news [piːs...]; ~ об э́том разнеслáсь (по *дт.*) news / word of this has spread [...-ed...] (through¦óut); пропáсть бéз ~и be missing.

**весть** II *разг.*: бог ~ góod¦ness knows [...nouz]; не ~ что góod¦ness / héaven knows what [...'he-...].

**вес||ы́** *мн.* bálance *sg.*; scales; (*для больших тяжестей*) wéighing-machíne [-'ʃiːn] *sg.*; пружи́нные ~ spríng-bálance *sg.*; тóчные ~ precísion bálance *sg.*; десяти́чные ~ décimal bálance *sg.*; проби́рные ~ assáy bálance *sg.*; мостовы́е ~ wéigh-brìdge *sg.*; ◇ брóсить на чáшу ~óв (*вн.*) throw* into the scale [-ou...] (*d.*).

**весь**, вся, всё, все *мест.* **1.** all, the whole of [...houl...]; ~ день all day long, the whole of the day; вся Москвá all Móscow, the whole of Móscow; по всемý гóроду all óver the town; ~ гря́зный dírty all óver; ~ мóкрый wet through; ~ в снегý cóvered with snow ['kʌ-... snou]; **2.** *с. как сущ.* évery¦thing; all (*гл. обр. во фразеол. единицах и в более торжественном тоне*: всё хорошó, что хорошó кончáется all's well that ends well; он сказáл ей всё he told her all); **3.** *мн. как сущ.* everybody, évery¦òne; ◇ ~ в отцá the (very) image of his father [...'fɑː-]; во всю мочь with (all one's) might and main; во ~ гóлос at the top of one's voice; от всегó сéрдца with all one's heart [...hɑːt], with one's whole heart; при всём том (*кроме того*) mòre¦óver; (*несмотря на то*) for all that; всегó хорóшего! góod-býe!; всё и вся évery¦thing without excéption, the whole lot, all the lot.

**весьмá** *нареч.* híghly, gréatly ['greɪ-]; ~ удовлетвори́тельно highly sàtisfáctory.

**ветви́ст||ый** bránchy ['brɑː-]; ~ая пшени́ца branched wheat [brɑː-...].

**ветви́ться** branch out [brɑː-...], rámifỳ.

**ветвь** *ж.* branch [brɑː-], bough; (*перен.*) branch.

**вéт||ер** *м.* wind [wɪ-]; (*лёгкий*) breeze; встрéчный ~ head / cóntrary wind [hed...]; штормовóй ~ gale, storm wind; попýтный ~ fair wind, táil-wind [-wɪ-]; боковóй ~ láteral wind, cróss wind [-wɪ-]; крéпкий ~ *мор.* high wind, half a gale [hɑːf...]; óчень крéпкий ~ *мор.* fresh gale; свéжий ~ fresh wind; *мор.* fresh breeze; си́льный ~ strong wind; слáбый ~ géntle breeze; ти́хий ~ *мор.* líght-air; ~ с бéрега óff-shòre wind; ~ поднялся, стих the wind has rísen, has fáll¦en [...'rɪz°n...]; прóтив ~ра agáinst the wind; in the wind's eye [...aɪ] *идиом.*, in the teeth of the wind *идиом.*; по ~ру befóre / down the wind; за ~ром *мор.* a-lée; под ~ром *мор.* to léeward ['ljuːəd]; (*защищённый от ветра чем-л.*) únder the lee of; ◇ бросáть словá на ~ talk / speak* at rándom, *или* ídly; держáть нос по ~ру trim one's sails to the wind; подби́тый ~ром *разг.* (*легкомысленный*) émpty-

-héaded [-'hed-], frívolous; (*без подкладки, холодный*) light, flímsy [-zɪ]; у негó ~ в головé he is a gíddy-pàte / féather-brain [...'gɪ- 'fe-]; ищи́ ~ра в пóле *разг.* ≅ go on a wild-góose chase [...-s ʧeɪs]; кто сéет ~, пожнёт бýрю sow* the wind and reap the whírlwìnd [sou...-wɪnd]; знать, кудá ~ дýет. see*, *или* find* out, which way the wind blows [...blouz].

**ветерáн** *м.* véteran.

**ветеринáр** *м.* véterinary (súrgeon); vet *сокр. разг.* **~ия** *ж.* véterinary science / médicine. **~ный** véterinary; ~ный пункт véterinary státion; ~ный институ́т véterinary ínstitùte.

**ветерóк** *м.* (light) breeze.

**вéтка** *ж.* (*в разн. знач.*) branch [brɑ:-]; (*тк. о растениях — мелкая*) twig; железнодорóжная ~ bránch-line ['brɑ:-].

**ветлá** *ж. бот.* white willow, Húnting¦don willow.

**вéто** *с. нескл.* vétò; наложи́ть ~ (на *вн.*) vétò (*d.*), put* a vétò (upón).

**вéточка** *ж.* twig, sprig, shoot.

**вéтошь** *ж. тк. ед.* rags *pl.*, old clothes [...-oudz] *pl.*

**вéтреник** *м. разг.* frívolous / flíghty créature.

**вéтреница** I *ж. к* вéтреник.

**вéтреница** II *ж. бот.* anémone [-nɪ].

**вéтрено** I *предик. безл.* it is wíndy.

**вéтрен||о** II *нареч.* (*легкомысленно*) frívolous¦ly. **~ость** *ж.* (*легкомыслие*) frivólity; (*непостоянство*) flíghtiness. **~ый** **1.** wíndy; **2.** (*легкомысленный*) frívolous, gíddy ['gɪ-], émpty-héaded [-'hed-]; (*необдуманный, беспечный*) thóughtless; (*непостоянный*) flíghty.

**ветри́ло** *с. поэт.* sail.

**ветрогóн** *м.*= вéтреник.

**ветродви́гатель** *м.* wind túrbine [wɪ-...].

**ветро||мéр** *м. физ.* ànemómeter. **~указáтель** *м. ав.* wínd-sòck ['wɪ-], wind cone [wɪ-...]. **~улови́тель** *м. ав.* scoop.

**ветря́к** *м.* **1.** *тех.* wind túrbine [wɪ-...]; **2.** *разг.* (*ветряная мельница*) wíndmill.

**ветрян||óй** wind [wɪ-] (*attr.*); ~áя мéльница wíndmill.

**вéтрян||ый:** ~ая óспа chícken-pòx.

**вéтх||ий** decrépit; (*о здании*) rámshàckle, túmble¦down, dilápidàted; ~ое плáтье thréadbàre clothes ['θred- klou-] *pl.*; ◇ Вéтхий завéт the Old Téstament.

**ветхозавéтный** Old Téstament (*attr.*); (*перен.*) ántiquàted.

**вéтхост||ь** *ж.* decrépitùde; dilàpidátion; (*ср.* вéтхий); приходи́ть в ~ fall* into decáy; разрушáться от ~и crúmble a¦wáy with age.

**ветчинá** *ж.* ham.

**ветшáть,** обветшáть fall* into decáy; (*о здании тж.*) become* dilápidàted.

**вéх||а** *ж.* stake; lándmàrk (*тж. перен.*); пограни́чная ~ bóundary-màrk; *мор.* spár-buoy [-bɔɪ]; стáвить ~и set* up lándmàrks; ◇ смени́ть ~и éxecùte a polítical vóltè-fàce [...'vɔltɪfɑ:s].

**вéче** *с. ист.* vétche (*popular assembly in ancient Russia*). **~вóй** *прил. к* вéче.

**вéчер** *м.* **1.** évening ['i:vn-]; под ~, к ~у towards évening; по ~áм in the évenings, every évening; **2.** (*собрание*) párty, soirée (*фр.*) ['swɑ:reɪ]; литератýрный ~ líterary évening, líterary soirée; шкóльный ~ school párty; студéнческий ~ stúdent's párty; танцевáльный ~ dance, dáncing-pàrty; музыкáльный ~ músical évening [-z-...]; ~ пáмяти memórial méeting; ~ пáмяти Пýшкина Púshkin memórial méeting ['pu-...].

**вечер||éть** *безл.*: ~éет the day draws to a close, night is fálling; ~éло night was fálling.

**вечери́нка** *ж.* évening-pàrty ['i:vn-].

**вечеркóм** *нареч. разг.* in the évening [...'i:vn-].

**вечéрн||ий** *прил. к* вéчер 1; ~яя заря́ évening-glów ['i:vnɪŋ'glou], súnsèt; ~яя газéта évening páper ['i:v-...]; ~ие кýрсы évening / night clásses.

**вечéрня** *ж. церк.* véspers *pl.*

**вéчером** *нареч.* in the évening [...'i:vn-]; пóздно ~ late in the évening; сегóдня ~ this évening, to¦níght; вчерá ~ last évening / night, yésterday évening [-dɪ...].

**вéчеря** *ж. рел.*: тáйная ~ the Last Súpper.

**вéчно** *нареч.* **1.** álways ['ɔ:lwəz], etérnally, for ever; **2.** *разг.* (*постоянно*) perpétually, èver¦lásting¦ly.

**вечнозелёный** éver¦green.

**вéчность** *ж.* etérnity; ◇ кáнуть в ~ fall* / sink* into oblívion; я егó не ви́дел цéлую ~ *разг.* I have¦n't seen him for áges, it is áges since I saw him.

**вéчн||ый** etérnal, èver¦lásting; (*непрерывный*) perpétual; ~ое движéние perpétual mótion; в ~ое пóльзование for use in pèrpetúity [...-s...], in perpétual ténure; на ~ые временá *разг.* for ever; ~ая кáторга pénal sérvitùde for life; ◇ ~ое перó fóuntain-pèn.

**вéшалка** *ж.* **1.** peg, rack, stand; (*в передней*) háll-stànd; **2.** (*на платье*) tab, háng¦er.

**вéшать** I, повéсить (*вн.*) **1.** hang* (up) (*d.*); ~ что-л. на верёвку, стéну *и т. д.* hang* smth. on / up¦ón the line, the wall, *etc.*; **2.** (*казнить*) hang (*d.*): егó за э́то повéсят he will hang for it, he will be hanged for it; he will swing for it *разг.*; ◇ ~ гóлову hang* one's head [...hed], become* / be dejécted / despóndent.

**вéшать** II, свéшать (*вн.*) weigh (*d.*); (*отпускать покупателю*) weigh out (*d.*).

**вéшаться,** повéситься **1.** (*совершать самоубийство*) hang òne¦sélf; **2.** *страд. к* вéшать I 1; ◇ ~ комý-л. на шéю *разг.* run* áfter smb.

**вéшн||ий** *поэт.* spring (*attr.*), vérnal; **~ие** вóды spring / vérnal floods [...flʌ-].

**вещáние** *с. рад.* bróadcàsting ['brɔ:d-].

**вещáть** **1.** (*вн.*) *уст.* (*прорицать*) próphesỳ (*d.*); **2.** *разг.* (*говорить авторитетно*) lay* down the law.

**вещев||óй:** ~ мешóк knápsàck, kít-bàg; ~óе довóльствие *воен.* clóthing [-ou-]; ~ склад wáre¦house* [-s].

**вещéственн||ый** matérial; ~ое доказáтельство matérial évidence.

**веществó** *с.* mátter, súbstance; белкóвое ~ àlbúmèn; боевóе отравля́ющее ~ wár-gàs; взры́вчатое ~ explósive.

**вéщий** *поэт.* prophétic.

**вещи́ца** *ж.* little thing; (*безделушка*) knick-knàck.

**ве́щн||ый:** ~ое пра́во *юр.* law of estáte.

**вещ||ь** *ж.* **1.** thing; вот э́то ~! *разг.* that's sóme¦thing like!; **2.** *мн.* (*имущество*) things, belóng¦ings; (*платье*) clothes [-ou-]; тёплые ~и warm things / clothes; со всéми ~áми with one's lúggage; with bag and bággage *идиом. разг.*; домáшние ~и hóuse¦hòld things [-s-...]; **3.** (*о пьесе, книге и т. п.*) work; э́то хорóшая ~ this is a good* work, play, book, piece of wríting [...pi:s...]; я ви́дел лу́чшие ~и э́того драмату́рга, худóжника I have seen the best works, plays, pictures of this pláywright, ártist; ◇ ~ ~и рознь *разг.* not évery¦thing is alike, things differ; ~ в себé *филос.* thing in it¦sé¦f.

**вéя||лка** *ж. с.-х.* winnowing-machíne [-'ʃi:n], winnowing fan. **~льщик** *м.* winnower.

**вéяние** I *с. с.-х.* winnowing.

**вéян||ие** II *с.* **1.** (*ветра*) bréathing, blówing ['blou-]; **2.** (*направление*) trend, téndency; нóвые ~ия new trends / idéas [...aı'dıəz]; ~ врéмени spírit of the times.

**вéять** I (*вн.*) *с.-х.* winnow (*d.*), fan (*d.*).

**вéять** II **1.** (*о ветре*) blow* [-ou]; **2.** (*реять, развеваться — о знамёнах и т. п.*) wave, flútter, fly*; ◇ вéет веснóй it smells of spring, spring is in the air.

**вживáться,** вжи́ться (в *вн.*) get* used [...ju:st] (to), accústom òne¦sélf (to).

**вжи́ться** *сов. см.* вживáться.

**взад** *нареч.*: ~ и вперёд up and down, to and fro, back and forth, báckwards and fórwards [-dz...-dz]; ходи́ть ~ и вперёд по кóмнате walk up and down the room, pace the room to and fro, *или* back and forth; ◇ ни ~ ни вперёд *разг,* néither báckwards nor fórwards ['naı-...].

**взаи́мн||о** *нареч.* mútually, recíprocally; ~ просты́е чи́сла *мат.* recíprocals. **~ость** *ж.* mùtuálity, rèciprócity; отвечáть комý-л. ~остью recíprocàte smb.'s féelings / love / afféction [...lʌv...]; добиться чьей-л. ~ости gain / win* smb.'s love; люби́ть когó-л. без ~ости love smb. without requítal. **~ый** mútual, recíprocal; ~ая зави́симость interdepéndence; ~ая пóмощь mútual aid / help; ~ое уважéние mútual respéct; ~ое довéрие mútual cónfidence; ~ая вы́года mútual bénefit / advántage; ~ый глагóл *грам.* recíprocal verb; ~ый залóг *грам.* recíprocal voice.

**взаимовы́годн||ый** mútually bènefícial; ~ые свя́зи mútually bènefícial relátions.

**взаимодéйств||ие** *с.* **1.** interáction, recíprocal áction; rèciprócity; **2.** *воен.* cò-òperátion; тéсное ~ close cò-òperátion [-s...]. **~овать** interáct, act recíprocally; *воен.* cò-óperàte.

**взаимозави́симость** *ж.* interdepéndency.

**взаимозаменя́ем||ость** *ж. тех.* interchànge¦abílity [-ʧeı-]. **~ый** interchánge¦able [-'ʧeı-].

**взаимо||обуслóвленность** *ж. филос.* interconditionálity. **~отношéние** *с.* **1.** interrelátion, mútual relátion; **2.** *мн.* (*людей, стран и т. п.*) relátions. **~пóмощь** *ж.* mútual aid; кáсса ~пóмощи mútual insúrance / bénefit fund [...-'ʃuə-...], mútual aid fund; договóр о ~пóмощи mútual assístance pact / tréaty. **~понимáние** *с.* mútual ùnderstánding. **~свя́зь** *ж.* **1.** intercommùnicátion; **2.** *филос.* còrrelátion, ìnterdepéndence.

**взаймы́** *нареч.*: взять, получи́ть ~ (*вн.*) bórrow (*d.*); дать ~ (*дт. вн.*) lend* (*i. d.*).

**взамéн** *предл.* (*рд.*) instéad of [-ed...]; (*в обмен*) in retúrn for, in exchánge for [...-'ʧeı-...].

**взаперти́** *нареч.* **1.** locked up, únder lock and key [...ki:]; сидéть ~ be locked up; **2.** *разг.* (*в уединении*) in seclúsion; жить ~ live in seclúsion [lıv...].

**взáпуски** *нареч. разг.*: бéгать ~ chase each other [-s...].

**взбаламу́||тить** *сов. см.* баламу́тить. **~ченный** *прич. и прил.* ágitàted; ~ченное мóре túrbulent sea.

**взбáлмошный** *разг.* únbálanced, extrávagant; (*с причудами*) whímsical [-z-], crótchety.

**взбáлтывание** *с.* sháking.

**взбáлтывать,** взболтáть (*вн.*) shake* up (*d.*); пéред употреблéнием ~ (*этикетка*) shake the bottle.

**взбегáть,** взбежáть run* up; ~ нá гору run* up *a* hill; ~ по лéстнице run* úpstáirs.

**взбежáть** *сов. см.* взбегáть.

**взбелени́ться** *сов. разг.* get* into a white heat; get* mad *амер.*

**взбеси́ть(ся)** *сов. см.* беси́ть(ся).

**взбешённый** fúrious, infúriàted.

**взбивáть,** взбить (*вн.*) **1.** (*о подушках и т. п.*) shake* up (*d.*); (*о волосах*) fluff up (*d.*); **2.** (*пенить*) beat* up (*d.*), whip (*d.*), whisk (*d.*).

**взбирáться,** взобрáться (на *вн.*) climb [klaım] (*d.*), climb up (*d.*), clámber (*d.*), clámber up (*d.*); ~ нá гору climb up *a* hill, climb to the top of *a* hill.

**взби́т||ый:** ~ые сли́вки whipped cream *sg.*; ~ые (в густу́ю пéну) белки́ (stiffly) frothed, *или* béaten up, whites of eggs.

**взбить** *сов. см.* взбивáть.

**взболтáть** *сов. см.* взбáлтывать.

**взбрести́** *сов.*: ~ в гóлову, ~ на ум *разг.* come* into *one's* head [...hed].

**взброс** *м. геол.* úpthrúst, úpcàst.

**взбры́згивать,** взбры́знуть (*вн.*) sprinkle (*d.*).

**взбры́знуть** *сов. см.* взбры́згивать.

**взбудорáженный** *прич. и прил. разг.* ágitàted, distúrbed, wórked-úp, wróught-úp.

**взбудорáж||ивать,** взбудорáжить (*вн.*) ágitàte (*d.*), distúrb (*d.*), work up (*d.*). **~ить** *сов. см.* будорáжить *и* взбудорáживать.

**взбунтовáть** *сов. см.* бунтовáть 2. **~ся** *сов. см.* бунтовáть 1 *и* бунтовáться.

**взбухáть,** взбу́хнуть swell*, swell* out.

**взбу́хнуть** *сов. см.* взбухáть.

**взбу́чк||а** *ж. разг.* híding, thráshing; (*выговор*) dréssing-dówn; (*ребёнку, близкому человеку*) scólding; дать комý-л. хорóшую ~у give* smb. a dréssing-dówn, blow* smb. up [blou...], give* smb. what for; give* smb. a good scólding.

**взвáливать,** взвали́ть (*вн.* на *вн.*) hoist (*d.* on, to); ~ нá спину heave* up and lay* óver *the* back (*d.*); ~ на плéчи shóulder ['ʃou-] (*d.*); ~ всю винý на когó-л. lay* / put* all the blame on smb.; ~ всю рабóту на когó-л. load smb. with all the work.

**взвали́ть** *сов. см.* взвáливать.

**взвéсить** *сов. см.* взвéшивать. **~ся** *сов. см.* взвéшиваться.

**взвести́** *сов. см.* взводи́ть.

**взвéшенн||ый** **1.** *прич. см.* взвéшивать; **2.** *прил. хим.* suspénded; ~ое состоя́ние suspénsion.

**взвéшивать,** взвéсить (*вн.*; *прям. и перен.*) weigh (*d.*); ~ все (дóводы) за и прóтив weigh the pros and cons. **~ся,** взвéситься **1.** weigh òne¦sélf; **2.** *страд. к* взвéшивать.

**взвивáть,** взвить (*вн.*) raise (*d.*). **~ся,** взви́ться (*о птице*) fly* up, soar; (*о лошади*) rear; (*о занавесе, флагах*) go* up, be raised.

**взви́д||еть** *сов.*: он свéта не ~ел *разг.* évery¦thing went dark befóre him.

**взви́згивать,** взви́згнуть scream, screech; (*о собаке*) yelp.

**взви́згнуть** *сов. см.* взви́згивать.

**взвинти́ть** *сов. см.* взви́нчивать.

**взви́нчённый** **1.** *прич. см.* взви́нчивать; **2.** *прил.* híghly-strùng, strúng-ùp, excíted, wróught-úp.

**взви́нчивание** *с.*: ~ цен price inflátion, inflátion of prices.

**взви́нчивать,** взвинти́ть (*вн.*) excíte (*d.*), work up (*d.*); ~ себя́ work òne¦sélf up, excíte òne¦sélf; ◇ ~ цéны infláte prices.

**взви́ть(ся)** *сов. см.* взвивáть(ся).

**взвод** I *м. воен.* platóon; (*в англ. артиллерии, инженерных войсках и войсках связи*) séction; (*в англ. кавалерии и танковых войсках*) troop.

**взвод** II *м.* (*в оружии*) (cócking) recéss; notch; боевóй ~ full bent, sear notch [sɪə...]; на боевóм ~е cocked; курóк на боевóм ~е the cock is at full bent, the gun is cocked; предохрани́тельный ~ sáfe¦ty recéss / notch; на предохрани́тельном ~е at sáfe¦ty; ◇ быть на ~е *разг.* be in one's cups, have a drop in one's eye [...aɪ].

**взводи́ть,** взвести́ **1.** (*о курке, ударнике*) cock (*d.*); **2.** (*вн. на вн.*) impúte (*d.* to), saddle (*d.* up¦ón); ~ обвинéние на когó-л. impúte the fault to smb., lay* to the charge of smb.; lay* the fault at smb.'s door [...dɔː] *идиом.*

**взвóдный** *прил. к* взвод I.

**взволнóванн||о** *нареч.* with emótion, with àgitátion; говори́ть ~ speak* in an ágitàted tone, *или* in ágitàted tones, speak* with emótion (in one's voice), speak* with deep féeling. **~ый** ágitàted; (*обеспокоенный*) ùn¦éasy [-zɪ], ánxious; (*о море*) ruffled; ~ый вид troubled / pertúrbed look [trʌb-...].

**взволновáть** *сов. см.* волновáть. **~ся** *сов. см.* волновáться 1, 2.

**взвыть** *сов.* howl, set* up a howl.

**взгляд** *м.* **1.** look; (*пристальный*) gaze, stare; fixed / intént look; (*быстрый*) glance; (*настойчивый и враждебный*) glare; ~ укрáдкой cóvert glance ['kʌ-...]; брóсить ~ (на *вн.*) glance (at), cast* a glance / look (at); (*быстрый*) dart / shoot* a glance (at), fling* one's eyes [...aɪz] (at, óver); напрáвить ~ (на *вн.*) diréct one's eyes (to), turn one's eyes (on); перевести́ ~ (на *вн.*) shift one's gaze (to); приковáть ~ (к) fix one's eyes (on); ~ы всех бы́ли прикóваны к э́тому необычáйному зрéлищу évery¦òne was stáring at this extraórdinary sight [...ɪks'trɔːdnrɪ...]; **2.** (*точка зрения*) view [vjuː]; (*мнение*) opínion; на мой ~ in my opínion; ◇ на пéрвый ~ on the face of it; емý на пéрвый ~ лет 30 to look at him he might be thírty; с пéрвого ~а at first sight, príma fácie [-mə'feɪʃɪiː].

**взгля́||дывать,** взгляну́ть (на *вн.*) look (at), give* a glance / look (*i.*), cast* a glance, *или* one's eyes [...aɪz] (at, on). **~нýть** *сов. см.* взгля́дывать.

**взгóрье** *с.* hill.

**взгре||ть** *сов.* (*вн.*) *разг.* (*побить*) thrash (*d.*); (*выругать*) give* it hot (*i.*); егó ~ли за э́то they gave it him hot.

**взгромождáть,** взгромозди́ть (*вн.*) *разг.* pile up (*d.*). **~ся,** взгромозди́ться *разг.* **1.** clámber up; **2.** *страд. к* взгромождáть.

**взгромозди́ть(ся)** *сов. см.* взгромождáть(ся).

**взгрустнý||ться** [-сн-] *сов. безл.* (*дт.*): емý, им *и т. д.* ~лось he feels, they feel, *etc.*, depréssed / mélancholy [...-k-].

**вздвáивание** *с.*: ~ рядóв *воен.* fórming fours [...fɔːz].

**вздвáивать,** вздвóить: ~ ряды́ *воен.* form fours [...fɔːz].

**вздвóить** *сов. см.* вздвáивать.

**вздёр||гивать,** вздёрнуть (*вн.*) **1.** (*поднимать*) hitch up (*d.*), jerk up (*d.*); **2.** *разг.* (*вешать когó-л.*) hang (*d.*), string* up (*d.*). **~нутый:** ~нутый нос snúb-nòse, túrned-ùp nose; со ~нутым нóсом snúb-nòsed. **~нуть** *сов. см.* вздёргивать.

**вздор** *м.* nónsense, rúbbish; (*неправда*) stuff and nónsense; вся́кий ~ all sorts of nónsense *pl.*; молóть, городи́ть ~ *разг.* talk nónsense.

**вздóр||ить,** повздóрить *разг.* squabble; *сов. тж.* (с *тв.* из-за) have a quárrel (with smb. óver); (*спорить*) have an árgument (with smb. abóut). **~ный** **1.** absúrd, fóolish; **2.** (*о человеке*) quárrel¦some, càntánkerous; (*глупый*) fóolish.

**вздорожá||ние** *с.* rise in the price. **~ть** *сов. см.* дорожáть.

**вздох** *м.* deep breath [...breθ]; (*как выражение чувства*) sigh; ◇ испусти́ть послéдний ~ breathe one's last.

**вздохнýть** *сов.* **1.** *см.* вздыхáть 1; **2.** *разг.* (*отдохнуть*) take* breath [...breθ]; ◇ ~ свобóдно (*успокоиться*) breathe agáin, breathe fréely, take* a long breath.

**вздрáгивание** *с.* **1.** (*от неожиданности*) start, stárting; (*от боли*) flínching, wíncing; **2.** (*дрожь*) quiver ['kwɪ-], quívering.

**вздрáгивать,** вздрóгнуть **1.** (*от неожиданности*) start; (*от боли*) flinch, wince; **2.** *тк. несов.* (*дрожать*) quiver ['kwɪ-].

**вздремнýть** *сов. разг.* take* a nap.

**вздрóгнуть** *сов. см.* вздрáгивать 1.

**вздувáть,** вздуть (*вн.*; *о ценах*) run* up (*d.*), infláte (*d.*). **~ся,** вздýться **1.** swell*; **2.** *страд. к* вздувáть.

**вздýма||ть** *сов.* (+ *инф.*) take* it into one's head [...hed] (+ to *inf.*); что вы ~ли уходи́ть? what made you go?; ◇ не ~й(те) (+ *инф.*) don't take it into your head (+ to *inf.*), mind you don't (+*inf.*). **~ться** *сов. безл.* (*дт.*): емý, ей *и т. д.* ~лось he, she, *etc.*, took it into his, her, *etc.*, head[...hed]; ◇ как ~ется at one's own sweet will [...oun...].

**вздýтие** *с.* **1.** *мед.* swélling; ~ живота́ flátulence; hoove *вет.*; **2.**: ~ цен inflátion of prices.

**вздуть** I *сов. см.* вздува́ть.

**вздуть** II *сов.* (*вн.*) *разг.* (*отколотить*) lick (*d.*), thrash (*d.*), give* a híding / drúbbing (to).

**вздýться** *сов. см.* вздува́ться.

**вздыбиться** *сов. см.* вздыбливаться.

**вздыбливаться,** вздыбиться rear, ramp.

**вздыма́ть** (*вн.*) raise (*d.*). **~ся** rise*, heave*.

**вздыха́ть,** вздохнýть **1.** breathe; (*как выраже́ние чувства*) sigh; *сов. тж.* heave* a sigh; глубокó вздохнýть give* a deep sigh; **2.** *тк. несов.* (о, по *пр.*) sigh (for), pine (áfter, for), yearn [jɜːn] (for); **3.** *тк. несов.* (о, по *пр.*) *разг.* (*быть влюблённым*) be sweet on (*d.*).

**взима́ние** *с.* lévy ['le-], colléction.

**взима́ть** (*вн.*) lévy ['le-] (*d.*), colléct (*d.*); (*особ. о налогах*) raise (*d.*); ~ дань lévy a tríbùte.

**взира́ть** (на *вн.*) *уст.* look (at), gaze (at).

**взла́мывать,** взлома́ть (*вн.*) break* up [-eɪk...] (*d.*); (*о двери, шкафе и т. п.*) break* ópen (*d.*), force (*d.*), burst* (*d.*); *воен.* break* through (*d.*); ~ замóк break* / force *a* lock.

**взлеза́ть,** взлезть (на *вн.*) *разг.* climb up [klaɪm...] (*d.*).

**взлезть** *сов. см.* взлеза́ть.

**взлелéять** *сов.* (*вн.*) chérish (*d.*), fóster (*d.*).

**взлёт** *м.* flight; úpward flight; *ав.* táke-óff; ~ с воды́ wáter táke-óff ['wɔː-...]; ◇ ~ фантáзии flight of fáncy.

**взлета́ть,** взлетéть fly* up; (*о птице тж.*) take* wing, flush; (*о самолёте*) take* off; ◇ взлетéть на вóздух (*взорваться*) blow* up [blou...].

**взлетéть** *сов. см.* взлета́ть.

**взлётн||ый** *прил. к* взлёт; ~ая полосá *ав.* táke-óff strip; ~ая дорóжка rúnway.

**взлом** *м.* bréaking in / ópen [-eɪk-...] (*ср.* взла́мывать); крáжа со ~ом búrglary. **~áть** *сов. см.* взла́мывать. **~щик** *м.* hóuse¦breaker [-sbreɪ-], búrglar.

**взлохма́||тить** *сов. см.* взлохма́чивать. **~ченный** *прич. и прил.* tousled [-z-], ruffled; *прил. тж.* dishévelled; (*о человеке тк.*) dishévelled. **~чивать,** взлохма́тить (*вн.*) tousle [-zl] (*d.*), ruffle (*d.*).

**взмах** *м.* (*крыльев*) stroke, flap; (*руки́*) wave, móve¦ment ['muːv-]; (*косы́*) sweep; (*пловца, весла*) stroke; одни́м ~ом at one stroke. **~ивать,** взмахнýть (*тв.*; *крыльями*) flap (*d.*); (*рукой, платкóм и т. п.*) wave (*d.*). **~нýть** *сов. см.* взма́хивать.

**взмёт** *м. с.-х.* first plóughing.

**взметнýть** *сов.*: ~ крыльями flap its wings; ~ рукáми fling* up one's hands. **~ся** *сов. разг.* shoot* up.

**взмоли́ться** *сов.* (о *пр.*) beg (for), implóre (for); ~ о пощáде beg / ask for mércy, cry quárter, ask for quárter.

**взмóрье** *с.* **1.** (*море у берега*) cóastal wáters [...'wɔː-] *pl.*; **2.** (*побережье*) (sea) coast, (séa-)shòre; (*пляж*) beach; (*как место отдыха*) séaside; дáча на ~ séaside cóttage.

**взмости́ться** *сов.* (на *вн.*) *разг.* perch (on).

**взмыва́ть,** взмыть rócket, soar up / úpwards [...-dz].

**взмы́ленный** (*о лошади*) fóamy, láthery [-ð-].

**взмыть** *сов. см.* взмыва́ть.

**взнос** *м.* páyment; (*членский и т. п.*) fee, due; очереднóй ~ (*при уплате по частям*) instálment [-ɔːl-]; вступи́тельный ~ éntrance fee; профсоюзный ~ tráde-ùnion dues *pl.*; члéнский ~ mémbership dues *pl.*

**взнузда́ть** *сов. см.* взнýздывать.

**взнýздывать,** взнузда́ть (*вн.*) bridle (*d.*).

**взобра́ться** *сов. см.* взбира́ться.

**взойти́** *сов. см.* всходи́ть *и* восходи́ть 1.

**взор** *м.* look; (*пристальный*) gaze; потýпить ~ drop one's eyes [...aɪz], cast* down one's eyes; устреми́ть ~ (на *вн.*) fix one's eyes (on), gaze (at, on); обрати́ть на себя́ все ~ы attráct all eyes; впери́ть ~ (в *вн.*) stare (at), fix one's gaze (on).

**взорва́ть** *сов. см.* взрыва́ть I. **~ся** *сов. см.* взрыва́ться I.

**взрасти́ть** *сов. см.* взра́щивать.

**взра́щивать,** взрасти́ть (*вн.*) *уст.* **1.** (*о растении*) grow* [grou] (*d.*), cúltivàte (*d.*); **2.** (*воспитывать*) bring* up (*d.*), núrture (*d.*).

**взревéть** *сов.* roar; útter a roar.

**взрóсл||ый** **1.** *прил.* ádùlt ['æ-]; ~ человéк grown man* [-oun...], grown-úp; ~ сын, ~ая дочь grown-úp son, dáughter [...sʌn...]; **2.** *м. как сущ.* ádùlt; grówn-ùp *разг.*

**взрыв** *м.* explósion; (*перен.*) óutbùrst, burst; произвести́ ~, вызыва́ть ~ set* off an explósion; произвести́ взрыв áтомной, водорóдной бóмбы explóde *an* átom, hýdrogen bomb [...'æ-'haɪ-...]; ~ аплодисмéнтов burst of appláuse; ~ смéха óutbùrst / peal of láughter [...'lɑːf-]; ~ гнéва óutbreak / burst of ánger [-breɪk...].

**взрыва́тель** *м. воен.* détonàting fuse.

**взрыва́ть** I, взорва́ть (*вн.*) **1.** (*разрушать взрывом*) blow* up [blou...] (*d.*); (*динамитом*) dýnamite ['daɪ-] (*d.*); (*скалу и т. п.*) blast (*d.*); ~ заря́д set* off a charge; **2.** *тк. сов.* (*возмутить кого-л.*) exásperàte (*d.*), make* smb.'s blood boil [...blʌd...]; егó взорвáло he boiled with rage, he explóded.

**взрыва́ть** II, взрыть (*вн.*) plough up (*d.*).

**взрыва́ться** I, взорва́ться **1.** burst*; blow* up [blou...]; (*о заряде*) explóde, burst*; (*о газе и т. п.*) explóde; котёл взорвáлся the bóiler burst; корáбль взорвáлся the ship blew up; **2.** *страд. к* взрыва́ть I.

**взрыва́ться** II *страд. к* взрыва́ть II.

**взрывн||óй** (*в разн. знач.*) explósive; ~áя волнá blast; ~ые рабóты blásting *sg.*, blásting òperátions; ~ые соглáсные *лингв.* (ex)plósive / stop cónsonants.

**взрывча́тка** *ж. разг.* dèmolítion explósive(s) (*pl.*), blásting chárge(s) (*pl.*).

**взры́вчат||ый** explósive; ~ое веществó explósive.

**взрыть** *сов. см.* взрыва́ть II.

**взрыхлéние** *с.* lóosen¦ing.

**взрых||ли́ть** *сов. см.* взрыхля́ть. **~ля́ть,** взрыхли́ть (*вн.*) lóosen (*d.*).

**взъеда́ться,** взъе́сться (на *вн.*) *разг.* pitch (into), fall* (on).

**взъезжа́ть,** въе́хать mount (*d.*), drive up (*d.*), ascénd (*d.*); ~ на́ гору ascénd *a* hill / móuntain, ride* up *a* hill / móuntain.

**взъерепе́ниться** *сов. разг.* fly* out, bristle up, get* on one's hind legs.

**взъеро́ш||енный** 1. *прич. см.* взъеро́шивать; 2. *прил.* dishévelled. **~ивать,** взъеро́шить (*вн.*) tousle [-zl] (*d.*), ruffle (*d.*), rumple (*d.*). **~иваться,** взъеро́шиться ruffle / rumple one's hair; (*стать взъерошенным*) become* dishévelled. **~ить** *сов.* 1. *см.* взъеро́шивать; 2. *как сов. к* еро́шить. **~иться** *сов. см.* взъеро́шиваться.

**взъе́сться** *сов. см.* взъеда́ться.

**взъе́хать** *сов. см.* взъезжа́ть.

**взыва́ть,** воззва́ть (к кому́-л. о чём-л.) appéal (to smb. for smth.); ~ о по́мощи call for help; ~ о справедли́вости demánd jústice [-ɑːnd...].

**взыгра́ть** (*о море и т. п.*) begin* to seethe.

**взыска́н||ие** *с.* 1. (*наказание*) pénalty, púnishment [ˈpʌ-]; наложи́ть ~ (на *вн.*) inflíct / impóse *a* pénalty (on), inflíct *a* púnishment (on, upón); подве́ргнуться ~ию incúr *a* pénalty; 2. *юр.* recóvery [-ˈkʌ-], exáction; пода́ть к ~ию на кого́-л. procéed agáinst smb. (for the recóvery of smth.).

**взыска́тельн||ость** *ж.* (*требовательность*) exáctingness; (*строгость*) sevérity, strictness. **~ый** (*требовательный*) exácting; (*строгий*) sevére, strict; быть ~ым к себе́ set* òneséIf high stándards.

**взыска́ть** *сов. см.* взы́скивать.

**взы́скивать,** взыска́ть 1. (*вн.* с *рд.*) exáct (*d.* from, of); (*получать*) recóver [-ˈkʌ-] (*d.* from); ~ долг recóver a debt [...det]; 2. (с *рд.* за *вн.*) make* (*d.*) ánswer [...ˈɑːnsə] (for); ◇ не взыщи́(те)! *разг.* ≅ (please) excúse / forgíve* me [...-gɪv...].

**взя́тие** *с.* táking; ~ кре́пости cápture / séizure of *a* fórtress [...ˈsiːʒə...]; ~ кого́-л. в плен táking smb. prisoner [...-z-], cápture of smb.

**взя́тк||а** *ж.* 1. (*подкуп*) bribe; graft *амер.*; pálm-oil [ˈpɑː-] *разг.*; (*за молчание*) húsh-mòney [-mʌ-]; дать кому́-л. ~у bribe smb.; grease smb.'s palm [...pɑːm] *разг.*; брать ~и take* / accépt bribes; 2. *карт.* trick; ◇ с него́ ~и гла́дки you can't expéct ánything from him [...kɑːnt...].

**взя́точни||к** *м.* bríbe-tàker; gráfter *амер.* **~чество** *с.* bribery [-aɪ-].

**взя́ть(ся)** *сов. см.* бра́ть(ся).

**виаду́к** *м.* víadùct.

**вибра́||тор** *м. физ.* vibrátor [vaɪ-]. **~ция** *ж.* vibrátion [vaɪ-].

**вибрио́н** *м. бакт.* víbriò.

**вибри́р||овать** vibráte [vaɪ-]. **~ующий** vibráting [vaɪ-]; ~ующий го́лос quívering / vibráting / trémulous voice.

**вивисе́кция** *ж. анат.* viviséction.

**виг** *м. ист.* whig.

**вигва́м** *м.* wígwàm.

**виго́нь** *ж.* 1. *зоол.* vicúgna [-uːnjə], vicúña [-ˈkuːnjə]; 2. *текст.* vicúgna / vicúña wool [...wul].

**вид** I *м.* 1. (*в разн. знач.*) air, appéarance, look, áspèct; (*подобие*) sémblance; ко́мната име́ет опря́тный ~ the room looks tídy; его́ ~ был неприя́тен he had a disagréeable appéarance [...-ˈgrɪə-...], there was a disagréeable air abóut him; у него́ незави́симый ~ he has an indepéndent air, he looks indepéndent; дом име́л таи́нственный ~ there was an air of mýstery abóut the house* [...-s]; он прида́л э́тому ~ шу́тки he gave it the sémblance of a joke; у него́ плохо́й ~ he doesn't look well; име́ть ~ кого́-л., чего́-л. look like smb., smth., have the appéarance of smb., smth.; have the air of smb., smth. (*тк. о человеке*); принима́ть ~ assúme, *или* put* on, *или* affèct, an air; принима́ть серьёзный, торже́ственный *и т. п.* ~ assúme a grave, a sólemn, *etc.*, air; ему́ на ~ лет 50 he looks abóut fífty; по ~у by appéarance; by looks (*тк. о человеке*); с ~у in appéarance, in looks; 2. (*форма*) form, shape; 3. (*состояние*) condition; в хоро́шем ~е in good* condition / fettle; in a good* state; 4. (*пейзаж, перспектива и т. п.*) view [vjuː]; ~ на́ море view of the sea; ~ спе́реди front view [frʌnt...]; ~ сбо́ку side view; о́бщий ~ géneral view; откры́тка с ~ом picture póstcàrd [...ˈpou-]; 5. *мн.* (*предположения*) views, próspècts; (*намерения*) inténtion *sg.*; ~ы на урожа́й próspècts for the hárvest; ~ы на бу́дущее próspècts of, *или* views for, the fúture; 6. (*поле зрения*) sight; скры́ться и́з ~у pass out of sight, disappéar; потеря́ть и́з ~у (*вн.*) lose* sight [luːz...] (of); на ~у́ у кого́-л. in sight of smb.; быть на ~у́ be in the públic eye [...ˈpʌ- aɪ]; при ~е (*рд.*) at (the) sight (of); ◇ ~ на жи́тельство rèsidéntial / résidence pérmit [-z- -z-...]; (*удостоверение личности*) idéntity card [aɪ-...]; в ~ах чего́-л. with a view to smth., with the aim of smth.; име́ть в ~у́ (*вн.*) (*подразумевать*) mean* (*d.*); (*не забывать*) bear* in mind [bɛə...] (*d.*); (*иметь намерение*) inténd (*d.*), mean* (+ to *inf.*); име́йте в ~у́, что mind, *или* don't forgét, that [...-ˈget...]; для ~а *разг.* for form's sake, for the sake of appéarances; име́ть ~ы (на *вн.*) réckon (on); вида́вший ~ы wórldly-wise; челове́к, вида́вший ~ы old hand; ни под каки́м ~ом on no accóunt, by no means; под ~ом (*рд.*) únder / in the guise (of), únder the preténce (of); де́лать ~ (что) preténd (+ to *inf.*), affèct (+ to *inf.*), feign [feɪn] (that); поста́вить на ~ кому́-л. что-л. repróve smb. for smth. [-ruːv...]; упусти́ть и́з ~у, из ~а (*вн.*) lose* sight (of), not bear* in mind (*d.*), forgét* (*d.*), not take* into accóunt / considerátion (*d.*); не пода́ть ~у make* no sign [...saɪn], remáin impertúrbable / impássive.

**вид** II *м.* 1. (*род, сорт*) kind, sort; 2. *биол.* spéciès [-ʃiːz] *sg. и pl.*

**вид** III *м. грам., лингв.* áspèct; соверше́нный, несоверше́нный ~ pérfective, impérfective áspèct.

**ви́данн||ый:** ~ое ли э́то де́ло?, где э́то ви́дано? have you ever heard of such a thing? [...hɜːd...], have you ever seen ánything like it?; ≅ who ever heard of such a thing?

**вида́ть** *разг.* 1. (*вн.*) see* (*d.*); я не вида́л его́ со вчера́шнего дня I haven't seen him since yésterday [...-dɪ]; 2.: вида́л(и)? what do you think of that, now?; ◇ ничего́ не ~ one can see nothing; его́ не ~ he is not to be seen.

**видáться,** повидáться *разг.* (с *тв.*) see* (*d.*); (*без доп.*) see* each other.

**вѝдение** *с.* vísion, sight.

**видéние** *с.* àpparítion, vísion, phántom.

**вѝдеть,** увѝдеть (*вн.*; *в разн. знач.*) see* (*d.*); вѝдите вы там чтó-нибудь? *об.* can you see ány¦thing there?; ~ мéльком catch* a glimpse (of); ~ сон dream*, have a dream; ~ во сне (что-л., что) dream* (of, that); (я) рад вас ~ (I am) glad to see you; как тóлько я егó увѝдел as soon as I saw him, the móment I set eyes on him [...aɪz...]; ~ когó-л. насквóзь see* through smb.; э́то нáдо ~! it's worth sée¦ing!; вѝдишь ли, вѝдите ли *вводн. сл.* (don't) you see. **~ся,** увѝдеться **1.** see* each other; мы рéдко вѝдимся (друг с дрýгом) we séldom see each other, we don't see much of each other; **2.** *тк. несов.* (*представляться*): емý вѝдится he sees.

**вѝдимо** *вводн. сл.* appárent¦ly, séeming¦ly; *переводится тж. личными формами гл.* to seem + *inf.*; он, ~, был зáнят appárent¦ly he was en¦gáged; он, ~, бóлен he seems to be ill.

**вѝдимо-невѝдимо** *нареч.* (*рд.*) *разг.* múltitùdes (of), huge númbers (of).

**вѝдим||ость** *ж.* **1.** (*различаемость*) visibílity [-z-]; пóле ~ости field of vísion [fiː-...]; быть в пóле ~ости (*рд.*) be in / within the field of vísion (of), be in / within sight (of); **2.** *разг.* (*что-л. кажущееся*) óutward show [...ʃou]; sémblance. **~ый 1.** *прич. см.* вѝдеть; **2.** *прил.* (*доступный зрению*) vísible [-z-]; **3.** *прил.* (*очевидный*) óbvious, appárent; без ~ой причѝны without appárent cause; **4.** *прил. разг.* (*кажущийся*) séeming, appárent.

**видне́||ться:** ~ется, ~лся *и т. д.* can, could be seen: вдалѝ ~лся лес a fórest could be seen in the dístance [...'fɔ-...].

**вѝдно 1.** *вводн. сл.* (*повидимому*) évidently, óbvious¦ly, appárent¦ly; (*вероятно*) próbably; как ~ àppárent¦ly, évidently; **2.** *предик. безл.* one can see; (*перен.*) it is óbvious / évident / clear: несмотря́ на сýмерки бы́ло ещё хорошó ~ àlthóugh it was twilight one could see quite well [ɔːl'ðou... 'twaɪ-...]; пóезда ещё не ~ the train is not yet in sight; концá ещё не ~ the end is nó¦whère in sight, the end is not yet in sight; всем бы́ло ~, что... it was óbvious / clear to évery¦òne that...; как ~ (из) as is óbvious / évident / clear (from); как ~ из скáзанного as the státe¦ment indicàtes; по всемý ~, что... évery¦thing points to the fact that...; ◇ онó и ~ that's óbvious.

**вѝдн||ый 1.** vísible [-z-]; (*заметный*) conspícuous; опубликовáть на ~ом мéсте (*вн.*) displáy próminently (*d.*); splash (*d.*) *разг.*; **2.** (*выдающийся*) éminent, distínguished, nótable, próminent; **3.** *разг.* (*статный*) pórtly, hándsome [-ns-], fine; ~ мужчѝна fine fígure of a man.

**видов||óй** I *прил. к* вид II 2; ~óе разлѝчие dífference of form, specífic dífference.

**видовóй** II *прил. к* вид I 4; ~ фильм lándscàpe film, trável-film ['træ-]; ~ объектѝв *фот.* lándscàpe lens [...-nz].

**видовóй** III *прил. к* вид III.

**видоизмен||éние** *с.* **1.** (*действие*) mòdificátion, àlterátion; **2.** (*разновидность*) mòdificátion, váriant. **~ѝть(ся)** *сов. см.* видоизменя́ть(ся). **~я́емость** *ж.* chánge¦ability [ʧeɪ-], vàriabílity, mùtabílity.

**видоизменя́ть,** видоизменѝть (*вн.*) módifỳ (*d.*), álter (*d.*), ré¦fáshion (*d.*). **~ся,** видоизменѝться **1.** álter; ùndergó* a mòdificátion; **2.** *страд. к* видоизменя́ть.

**видоискáтель** *м. фот.* viéw-fìnder ['vjuː-].

**видообразовáние** *с. биол.* fòrmátion of spéciès [...-ʃiːz].

**вѝза** *ж.* vísa ['viːzə].

**визавѝ 1.** *нареч.* ópposite [-z-], fácing (each other); онѝ сидéли ~ they sat ópposite, they sat fácing each other; **2.** *м. и ж. нескл.* vis-à-vis (*фр.*) ['viːzɑːviː], the pérson fácing *one*.

**визант||ѝец** *м.*, **~ѝйский** *ист.* Byzántìne; ~ѝйский стиль Byzántìne style.

**визг** *м.* squeal, screech; ~ пилы́ whíning of *a* saw; ~ собáки yelp of *a* dog.

**визглѝв||о** *нареч.* shrílly. **~ость** *ж.* shríllness. **~ый** shrill.

**визжáть** [-ижьжя́-] squeal, screech; (*о ребёнке*) squall; (*о пиле и т. п.*) whine; (*о собаке*) yelp; пронзѝтельно ~ screech, útter shrill screams.

**визѝга** *ж. тк. ед.* vizíga [vɪ'ziːgə] (*dried spinal chord of cartilaginous fish*).

**визѝр** *м.* **1.** (*для прицела*) sight; síghting device; (аэро)навигациóнный ~ drift sight; **2.** *фот.* viéw-fìnder ['vjuː-].

**визѝрова||ть** I *несов. и сов.* (*сов. тж.* завизѝровать) (*вн.*) visé (*фр.*) ['viːzeɪ] (*d.*), vísa ['viːzə] (*d.*); пáспорт ~н the pássport has been viséd (*или* visé'd) / vísa'd.

**визѝровать** II *несов. и сов.* (*вн.*; *при наводке*) sight (at).

**визѝрь** *м.* vizíer [-'zɪə]; ◇ Велѝкий ~ Grand Vizíer.

**визѝт** *м.* vísit [-z-]; (*короткий*) call; сдéлать ~ комý-л., прийтѝ с ~ом к комý-л. pay* smb. a vísit / call; отдáть ~ комý-л. retúrn smb.'s vísit; ~ вéжливости cóurtesy vísit / call ['kəː-...]; ответный ~ retúrn vísit / call; ~ воéнных кораблéй nával vísit; прибы́ть с (двухнедéльным) ~ом come* on, *или* arríve for, a (fórtnight's) vísit.

**визитёр** *м. уст.* vísitor [-z-], cáller; (*ср.* визѝт).

**визѝт||ка** *ж.* mórning coat. **~ный** vísiting [-z-]; ~ная кáрточка vísiting-càrd [-z-].

**вѝка** *ж. бот.* vetch.

**вѝкинг** *м. ист.* víking.

**викóнт** *м.* víscount ['vaɪkaunt].

**викторѝна** *ж.* quiz (*game*).

**виктóрия** *ж.* **1.** (*сорт садовой земляники*) pine stráwberries *pl.*; **2.:** ~ рéгия *бот.* victória régia.

**вѝлка** *ж.* **1.** fork; **2.** *тех.*: электрѝческая, штéпсельная ~ eléctric plug; **3.** *воен.* (*при пристрелке*) brácket.

**вилкообрáзный** forked.

**вѝлла** *ж.* vílla.

**вѝллис** *м.* (*автомашина*) jeep, lándròver.

**вилóк** *м.* (*капусты*) head of cábbage [hed...].

**вилообрáзный** forked, bifùrcàte ['baɪ-].

**вѝл||ы** *мн.* pítchfòrk *sg.*; ◇ э́то ещё ~ами по водé пѝсано *погов.* ≅ it is none so sure [...nʌn...ʃuə], it is still quite in the air.

**вильнýть** *сов. см.* виля́ть 1.

**виля́ние** *с.* wágging ['wæ-]; (*перен.*) prevàricátion, shúffling, equìvocátion; (*увёртки*) súbterfùges *pl.*

**виля́ть,** вильну́ть **1.** (*тв.*; *хвостом*) wag [wæg] (*d.*); **2.** *тк. несов.* (*лукавить*) preváricàte, shuffle, equívocàte.

**вин||а́** *ж.* fault, guilt; по ~е́ кого́-л. through smb.'s fault; э́то не по его́ ~е́ it is through no fault of his, he is not to blame for it; поста́вить кому́-л. в ~у́ (*вн.*) repróach smb. (with), accúse smb. (of), blame smb. (for); искупи́ть ~у́ redéem one's fault; свали́ть ~у́ на кого́-л. lay* / put* the blame on smb., lay* the guilt at the door of smb. [...dɔː...]; признава́ть свою́ ~у́ admít / acknówledge one's guilt [...ək'nɔ-...]; *юр.* plead guilty; отрица́ть свою́ ~у́ dený one's guilt; *юр.* plead not guilty; взять на себя́ ~у́ take* the blame up¦ón òne¦sélf, shóulder the blame ['ʃou-...]; ва́ша ~ you are to blame, it is (it's *разг.*) your fault.

**винегре́т** *м.* Rússian sálad [-ʃən 'sæ-]; (*перен.*) médley ['me-], míshmàsh.

**вини́тельный:** ~ паде́ж *грам.* accúsative (case) [-z- -s].

**вини́ть** (*вн.*) blame (*d.*). **~ся,** повини́ться (в *пр.*) *разг.* conféss (*d.*, to *ger.*).

**ви́нкель** *м. тех.* set square.

**виннока́менн||ый:** ~ая кислота́ tàrtáric ácid.

**ви́нн||ый** *прил. к* вино́; (*о запахе, вкусе и т. п.*) winy, vínous; ~ спирт *хим.* spírit(s) of wine (*pl.*); ~ое броже́ние vínous fèrmèntátion; ◇ ~ ка́мень cream of tártar; (*на зубах*) tártar, scale; ~ая я́года fig.

**вино́** *с.* wine; хле́бное ~ vódka.

**винова́т||ый** (*в разн. знач.*) guilty; ~ взгляд guilty look; (*извиняющийся*) apòlogétic look; с ~ым ви́дом guiltily; быть ~ым в чём-л. be guilty of smth.; быть ~ым пе́ред кем-л. be guilty towards smb.; он круго́м винова́т *разг.* he alóne is to blame, it is all / entíre¦ly his fault; я, он винова́т it is my, his fault; I am, he is to blame; он в э́том винова́т he is to blame for this; он не винова́т it is not his fault, he is not to blame; чем он винова́т? what has he done wrong?, what is his fault?, how is he to blame?; ◇ винова́т! sórry!, I'm sórry!; excúse me (*тж. вводн. сл.*); без вины́ ~ guilty though guiltless [...ðouː...].

**вино́вн||ик** *м.* cúlprit; ~ преступле́ния pérpetràtor / commítter of a crime; ◇ ~ торжества́ hérò of the fèstívities. **~ость** *ж.* guilt, cùlpabílity. **~ый** (в *пр.*) guilty (of); суд призна́л его́ ~ым the court brought in, *или* passed, a vérdict of guilty [...kɔːt...]; обвиня́емый призна́л, не призна́л себя́ ~ым deféndant pléaded guilty, not guilty.

**виногра́д** *м. тк. ед.* **1.** (*плоды*) grapes *pl.*; муска́тный ~ mùscatél grapes; сбор ~а grápe-gàther¦ing; (*время сбора*) víntage; **2.** (*растение*) vine; разведе́ние ~а víticùlture, víne-growing [-grou-]; ◇ зе́лен ~! sour grapes!, the grapes are sour. **~арство** *с.* víticùlture, víne-growing [-grou-]. **~арь** *м.* vìticúlturist, víne-grower [-grouə]. **~ина** *ж. разг.* grape. **~ник** *м.* vineyard ['vɪnjəd]. **~ный** *прил. к* виногра́д; ~ная лоза́ vine; ~ное су́сло must; ~ный сезо́н (*время сбора*) víntage; (*на курорте*) grape séason [...-z-]; ~ное вино́ wine.

**виноде́л** *м.* wíne-màker. **~ие** *с.* wíne-màking.

**виноде́льческий** wíne-màking (*attr.*).

**виноку́р** *м.* distíller. **~е́ние** *с.* dìstillátion. **~енный** distílling; ~енный заво́д distíllery.

**виноторго́в||ец** *м.* wíne-mèrchant, víntner. **~ля** *ж.* wine trade; (*магазин*) wíne-shòp; wíne-stòre *амер.*

**винт** I *м.* **1.** screw; устано́вочный ~ adjústing / set screw [ə'dʒʌ-...]; упо́рный ~ stop screw; подъёмный ~ jack screw; **2.** (*лопастный*) screw, screw propéller; возду́шный ~ áirscrew, propéller; гребно́й ~ screw propéller.

**винт** II *м. тк. ед.* (*карт. игра*) vint (*card game*).

**ви́нтик** *м. уменьш. от* винт I; ◇ у него́ ~а не хвата́ет *разг.* he has a screw loose [...-s].

**винти́ть** (*вн.*) *разг.* screw up (*d.*).

**винтова́льн||ый:** ~ая доска́ *тех.* screw plate.

**винто́вка** *ж.* rifle.

**винтов||о́й** **1.** screw (*attr.*); **2.** (*винтообразный*) spíral; ~а́я переда́ча *тех.* hélical gear [...gɪə]; ~а́я наре́зка (screw) thread [...-ed]; ~а́я пружи́на spíral spring; (*в часовом механизме*) háirsprìng; ~а́я ли́ния spíral; ~а́я ле́стница wínding / spíral stáircàse [...-s]; **3.:** ~ парохо́д screw stéamer.

**винто́вочный** *прил. к* винто́вка.

**винто́м** *нареч.* spíral¦ly.

**винтообра́зный** spíral; hélical.

**винторе́зн||ый** *тех.* scréw-cùtting; ~ стано́к, ~ая маши́на scréw-cùtting lathe / machíne [...leɪð -'ʃiːn], scréw-cùtter.

**винье́тка** *ж.* vignétte [-'njet].

**вио́ла** *ж.* viol.

**виолончели́ст** *м.*, **~ка** *ж.* vìoloncéllist [-'ʧe-]; céllist ['ʧe-] *разг.*

**виолонче́ль** *ж.* vìoloncéllò [-'ʧe-]; céllò ['ʧe-] *разг.*

**вира́ж** I *м.* (*поворот*) turn, curve.

**вира́ж** II *м. фот.* inténsifier; ~-фикса́ж tóne-fíxing bath.

**вири́ровать** *несов. и сов.* (*вн.*) *фот.* inténsifỳ (*d.*).

**виртуа́льн||ый** vírtual; ~ая ско́рость vírtual velócity.

**виртуо́з** *м.* vìrtuósò [-z-]. **~ность** *ж.* vìrtuósity. **~ный** másterly.

**вируле́нтн||ость** *ж. мед.* vírulence. **~ый** *мед.* vírulent.

**ви́рус** *м. мед.* vírus. **~ный** *мед.* víròse ['vaɪrous], vírous.

**ви́рши** *мн.* **1.** *лит.* (syllábic) vérses; **2.** *разг.* (*плохие стихи*) dóggerel *sg.*

**ви́се||лица** *ж.* gállows, gíbbet. **~льник** *м.* **1.** (*повешенный*) hanged man*; **2.** *разг.* (*достойный виселицы*) gállows-bìrd.

**висе́ть** **1.** hang*; (*быть подвешенным*) be suspénded; **2.** (над; *нависать*) hang* óver (*d.*), óver¦háng* (*d.*); ◇ ~ в во́здухе be in the air; ~ на воло́ске hang* by a thread [...θred].

**ви́ски** *м. и с. нескл.* whisky.

**виско́за** *ж.* **1.** *тех.* víscòse [-s]; **2.** (*искусственный шёлк*) ráyon.

**вислоу́хий** lóp-eared.

**ви́смут** *м. хим.* bismuth [-z-].

**ви́снуть** 1. (на *пр.*) hang* (on); (*перен.*: *льнуть к кому-л.*) *разг.* cling* (to); 2. (*свисать*) droop; ◇ ~ у кого́-л. на ше́е *разг.* hang* on smb.'s neck.

**висо́к** *м.* temple (*part of head*).

**високо́сный:** ~ год léap-year.

**висо́чн||ый** *анат.* témporal; ~ая кость témporal (bone).

**вист** *м.* (*карточная игра*) whist.

**вислю́лька** *ж. разг.* péndant.

**вися́ч||ий** háng¦ing, péndent; ~ замо́к pád¦lòck; ~ мост suspénsion bridge; ~ая ла́мпа háng¦ing / suspénsion lamp.

**витал||и́зм** *м. биол.* vítalism ['vaɪ-]; идеалисти́ческая тео́рия ~и́зма ìdealístic théory of vítalism [aɪdɪə- 'θɪə-...]. ~**и́ст** *м.* vítalist ['vaɪ-]. ~**исти́ческий** vìtalístic ['vaɪ-].

**витами́н** *м. биол.* vítamin. ~**ный,** ~**о́зный** *прил. к* витами́н.

**вита́ть** soar; (*о мыслях*) wánder; ◇ ~ в облака́х *разг.* be up in the clouds, go* wóolgàther¦ing [...'wul-].

**витиева́то** I *прил. кратк. см.* витиева́тый.

**витиева́т||о** II *нареч.* in a flórid / flówery style; сли́шком ~ in too flórid / flówery a style. ~**ость** *ж.* flóridity, flóweriness, òrnáte¦ness. ~**ый** flórid, flówery, òrnáte.

**вити́я** *м. уст.* órator.

**вит||о́й** twisted; ~а́я коло́нна twisted cólumn; ~а́я ле́стница winding / spíral stáircàse [...-s].

**вито́к** *м.* spire.

**витра́ж** *м.* stáined-glàss pánel [...'pæ-].

**витри́на** *ж.* 1. (*магазина*) (shop) window; 2. (*ящик под стеклом*) shów-càse ['ʃoukeɪs], gláss-càse [-s].

**вить,** свить (*вн.*) 1. twist (*d.*); 2. (*плести*) weave* (*d.*); ~ вено́к weave* a gárland; ◇ ~ гнездо́ build* a nest [bɪld...]; ~ верёвки из кого́-л. *разг.* ≅ twist smb. round one's little finger. ~**ся** 1. (*о волосах*) curl; (*лежать волнами*) wave; 2. (вокру́г, по; *о растениях*) twine (abóut, round); 3. (*о птице, пчеле и т. п.*) hóver ['hɔ-]; 4. (*о пыли и т. п.*) éddy, whirl; 5. (*о реке, дороге*) meánder [mɪ'æn-]; 6. (*о змее*) twist, writhe [raɪð]; 7. *страд. к* вить.

**ви́тязь** *м. поэт.* chámpion, hérò.

**вихля́ть** *разг.* reel. ~**ся** *разг.* be loose [...-s], dangle.

**вих||о́р** *м. разг.* tuft; (*на лбу*) fóre¦lòck; во́лосы у него́ торча́т ~ра́ми he has shággy hair, he has bristling hair; отодра́ть кого́-л. за ~ры́ pull smb.'s hair [pul...]. ~**ра́стый** shággy; (*о человеке*) móp-headed [-hed-], shóck-headed [-hed-].

**вихрев||о́й** *физ.* vórtical; ~о́е движе́ние vórtical móve¦ment [...'muː-].

**ви́хрем** *нареч.* like the wind [...wɪ-].

**вихр||ь** *м.* whírlwind [-wɪnd]; (*перен. тж.*) vórtèx (*pl.* -xes, -ticès [-siːz]); сне́жный ~ snówstòrm ['snou-], blízzard; в ~е собы́тий in the vórtèx of evénts.

**вице-** (*в сложн.*) vice-.

**вице||-адмира́л** *м.* více-ádmiral. ~**-ко́нсул** *м.* více-cónsul. ~**-коро́ль** *м.* více¦ròy. ~**-президе́нт** *м.* více-président [-z-].

**ви́шенник** *м.* chérry grove.

**вишнёв||ка** *ж.* chérry liquéur / brándy [...lɪ'kjuə...]. ~**ый** 1. *прил. к* ви́шня; ~ый цвет (*цветы*) chérry blóssom; ~ый сад chérry órchard; ~ая нали́вка = вишнёвка; ~ое варе́нье chérry jam; 2. (*о цвете*) chérry; chérry-còlour¦ed [-kʌ-] (*attr.*).

**ви́шня** *ж.* 1. *тк. ед. собир.* chérries *pl.*; 2. (*об отдельной ягоде*) chérry; 3. (*дерево*) chérry(-tree).

**вишь** (*сокр.* ви́дишь) *разг.*: ~, он како́й! so that is what he is like!; ~, что вы́думал! what next will he take into his head? [...hed]; ~, как разоде́лся! has¦n't he got him¦sélf up?

**вка́лывать,** вколо́ть (*вн.* в *вн.*) stick* (*d.* in, into).

**вка́пывать,** вкопа́ть (*вн.*) dig* in / into (*d.*), plant [-ɑː-] (*d.*).

**вкати́ть(ся)** *сов. см.* вка́тывать(ся).

**вка́тывать,** вкати́ть (*вн.*) roll in (*d.*); (*на колёсах*) wheel in (*d.*); (*вн.* в *вн.*; на *вн. и т. п.*) roll (*d.* into; up, on, *etc.*); wheel (*d.* into; up, on, *etc.*). ~**ся,** вкати́ться 1. roll in; (*перен.*: *вбегать*) *разг.* run* in; 2. *страд. к* вка́тывать.

**вклад** *м.* (*в банк и т. п.*) depósit [-z-]; (*для оборота*) invéstment; (*перен.*) còntribútion; бессро́чный ~ cúrrent accóunt; сро́чный ~ depósit accóunt; вы́нуть ~ with¦dráw* a depósit; сде́лать ~ depósit móney, *etc.* [...'mʌ-]; сде́лать це́нный ~ в нау́ку make* a váluable còntribútion to science.

**вкла́д||ка** *ж. полигр.* sùppleméntary sheet. ~**но́й** 1. *прил. к* вклад; 2. *полигр.* sùppleméntary; ~но́й лист loose leaf* / sheet [-s...].

**вкла́дчик** *м.* depósitor [-z-]; ме́лкий ~ small depósitor.

**вкла́дывать,** вложи́ть (*вн.*) 1. put* in (*d.*); (*вн.* в *вн.*) insért (*d.* in, into); ~ в но́жны sheathe (*d.*); ~ в конве́рт en¦clóse in an énvelòpe (*d.*); ~ мно́го сил, эне́ргии put* much éffort, énergy (in), expénd much éffort, énergy (on), devóte / applý much éffort, énergy (to); 2. *эк.* (*о деньгах*) invést (*d.*); ◇ вложи́ть кому́-л. в уста́ put* into smb.'s mouth (*d.*); ~ всю ду́шу во что-л. put* one's whole soul into smth. [...houl soul...].

**вкле́ивать,** вкле́ить (*вн.*) paste in [peɪst...] (*d.*).

**вкле́ить** *сов. см.* вкле́ивать.

**вкле́йка** *ж.* 1. (*действие*) pásting-in ['peɪst-]; 2. (*что-л. вклеенное*) insèt.

**вкли́н||ивать,** вклини́ть (*вн.*) wedge in (*d.*); (*перен.*) *разг.* put* in (*d.*). ~**иваться,** вклини́ться (в *вн.*) wedge òne¦sélf (in); (ме́жду) be wedged in (betwéen); ~и́ться в оборо́ну проти́вника drive* a wedge into the énemy's defénces. ~**и́ть(ся)** *сов. см.* вкли́нивать(ся).

**включа́ть,** включи́ть 1. (*вн.* в *вн.*) in¦clúde (*d.* in); (*в списки и т. п.*) inscríbe (*d.* in, on), insért (*d.* in); 2. (*вн.*; *охватывать*) in¦clúde (*d.*), embráce (*d.*); 3. (*вн.*) *тех.* (*о механизме*) en¦gáge (*d.*); (*о токе*) switch on (*d.*); (*пускать в ход*) start (*d.*); ~ ток, ра́дио switch on the cúrrent, the rádiò; ~ газ turn on the gas; ~ сцепле́ние throw* in the clutch.

**включ||а́ться,** включи́ться 1. (в *вн.*) join (in), take* part (in); ~и́ться в борьбу́ за мир join in the fight for peace; 2. *страд. к* включа́ть. **~а́я** *в знач. предл.* in¦clúding; in¦clúded (*после сущ.*); ~а́я всех, ~а́я всё all told.

**включ||е́ние** *с.* **1.** in¦clúsion; (*в списки и т. п.*) insértion; со ~е́нием (*рд.*) in¦clúding (*d.*); with the in¦clúsion (of); **2.** *тех.* (*механизма и т. п.*) en¦gáging; (*тока*) switching on; (*газа*) túrning on. **~и́тельно** *нареч.* in¦clúsive; с 15-го по 25-е ~и́тельно from the 15th to the 25th in¦clúsive.

**включи́ть(ся)** *сов. см.* включа́ть(ся).

**вкола́чивание** *с.* driving in, hámmering in.

**вкола́чивать,** вколоти́ть (*вн.*) drive* in (*d.*), hámmer in (*d.*).

**вколоти́ть** *сов. см.* вкола́чивать.

**вколо́ть** *сов. см.* вка́лывать.

**вконе́ц** *нареч. разг.* compléte¦ly, ábsolùte¦ly.

**вко́панный** *прич. см.* вка́пывать; ◇ как ~ róoted to the ground / spot; (*от ужаса и т. п.*) pétrified, trànsfíxed; он останови́лся как ~ he stopped dead [...ded].

**вкопа́ть** *сов. см.* вка́пывать.

**вкорени́ть(ся)** *сов. см.* вкореня́ть(ся).

**вкореня́ть,** вкорени́ть (*вн.*) root in (*d.*), ín¦cùlcàte (*d.*). **~ся,** вкорени́ться **1.** take* root, become* róoted; **2.** *страд. к* вкореня́ть.

**вкось** *нареч.* oblique¦ly [-'li:-].

**ВКП(б)** (Всесою́зная Коммунисти́ческая па́ртия [большевико́в]) *ист.* C.P.S.U. (B.) (Cómmunist Párty of the Sóvièt Únion [Ból-sheviks]).

**вкра́дчиво** I *прил. кратк. см.* вкра́дчивый.

**вкра́дчив||о** II *нареч.* insínuàting¦ly, in¦grátiàting¦ly. **~ость** *ж.* (*о голосе*) in¦grátiàting / insínuative tones *pl.*; (*о манере*) in¦grátiàting / insínuative / insínuàting mánner. **~ый** insínuàting, in¦grátiàting.

**вкра́||дываться,** вкра́сться (*незаметно проникать*) steal* in / into, creep* in / into, slip in / into; ~лась опеча́тка a mísprint has stólen in, *или* has slipped in; ◇ вкра́сться в дове́рие к кому́-л. insínuàte / worm òne¦sélf into smb.'s cónfidence.

**вкра́пить** *сов. см.* вкра́пливать.

**вкрапле́ние** *с. геол.* dissèminátion, ìmprègnátion.

**вкра́пливать,** вкра́пить (*вн.*) sprinkle (with); (*перен.*) interspérse (with).

**вкра́сться** *сов. см.* вкра́дываться.

**вкра́тце** *нареч.* briefly [-i:f-], in brief [...-i:f], in short.

**вкривь** *нареч. разг.* wrong; (*искажённо, превратно тж.*) pervérse¦ly; ◇ ~ и вкось at rándom, without discérnment.

**вкруту́ю** *нареч.*: яйцо́ ~ hárd-bóiled egg; свари́ть яйцо́ ~ boil *an* egg hard.

**вку́пе** *нареч.* (с *тв.*) *уст.* togéther [-'ge-] (with); ◇ ~ и влю́бе in (pérfect) únison / cóncòrd.

**вкус** *м.* **1.** (*в разн. знач.*) taste [teɪst]; про́бовать на ~ (*вн.*) taste (*d.*); быть го́рьким, сла́дким *и т. п.* на ~ taste bítter, sweet, *etc.*, have a bítter, sweet, *etc.*, taste; челове́к со ~ом a man* of taste; э́то де́ло ~а that is a mátter of taste; у него́ плохо́й ~ he shows bad* taste [...ʃouz...]; одева́ться со ~ом dress táste¦fully [...'teɪ-]; приобрести́ ~ к чему́-л. acquíre / devélop a taste for smth. [...-'ve-...]; э́то (не) по моему́ ~у that is (not) to my taste; прийти́сь по ~у кому́-л. be to smb.'s taste, suit smb.'s taste [sju:t...]; **2.** (*стиль, манера*) mánner, style; ◇ войти́ во ~ чего́-л. begin* to enjóy / rélish smth.; на ~ и цвет това́рищей нет *посл.* ≅ tastes díffer; у вся́кого свой ~ every man* to his taste.

**вкуси́ть** *сов. см.* вкуша́ть.

**вку́сно** I *прил. кратк. см.* вку́сный.

**вку́сн||о** II *нареч.*: ~ пригото́вить обе́д cook / prepáre an áppetìzing / tásty / nice dínner [...'teɪ-...]; ~ есть eat* well. **~ый** (very) good*, delícious; nice *разг.*; tásty ['teɪ-], pálatable, sávoury ['seɪvə-] (*об. не о сладком*); пиро́г (о́чень) ~ый the pie is / tastes delícious [...teɪ-...], the pie is very good* / nice; ~ое блю́до tásty / sávoury / pálatable dish; nice dish *разг.*; ~ая пи́ща áppetìzing / delícious / nice food.

**вкусов||о́й** **1.** gústatory; ~о́е ощуще́ние gústatory sense; **2.** (*придающий вкус*) flávour¦ing; ~ы́е вещества́ flávour¦ing súbstances.

**вкуша́ть,** вкуси́ть (*рд., вн.*) pàrtáke* (of); (*перен. тж.*) taste [teɪ-] (*d.*, of).

**вла́га** *ж.* móisture [-stʃə].

**влага́лище** *с. анат., бот.* vagína (*pl.* -ae, -as).

**владе́||лец** *м.*, **~лица** *ж.* ówner ['ou-], propríetor, hólder. **~ние** *с.* **1.** (*обладание*) ównership ['ou-], propríetorship, posséssion [-'ze-]; вступи́ть во ~ние чем-л. take* / as-súme posséssion of smth.; находи́ться в чьём-л. ~нии be in the posséssion of smb.; **2.** (*собственность*) próperty; (*земельное*) domáin, estáte; **3.** *мн.* posséssions. **~тельный** sóvereign ['sɔvrɪn].

**владе́||ть** (*тв.*) **1.** (*иметь*) own [oun] (*d.*), have (*d.*), posséss [-'zes] (*d.*); (*перен.*) posséss (*d.*), be máster (of); ~ чьим-л. внима́нием posséss / hold* smb.'s atténtion; ~ аудито́рией hold* one's áudience; ~ свое́й те́мой be máster of one's súbject; ~ сердца́ми, ума́ми *и т. п.* reign óver the hearts, minds, *etc.* [reɪn... hɑ:ts...]; **2.** (*уметь, мочь пользоваться*) be able to use (*d.*); (*оружием*) wield [wi:-] (*d.*); он не ~ет, сно́ва ~ет нога́ми he has lost, recóvered, the use of his legs [...-'kʌ-... ju:s...]; ~ иностра́нным языко́м speak* / know* a fóreign lánguage [...nou ...'fɔrɪn...]; ◇ ~ перо́м wield a skílful pen; ~ собо́й contról / góvern òne¦sélf [-oul 'gʌ-...], be sélf-contróled [...-ould]; не ~ собо́й have no contról óver òne¦sélf.

**влады́ка** *м.* lord, rúler, sóvereign ['sɔvrɪn].

**влады́чество** *с.* domínion [-ɪnjən], émpire, sway. **~вать** (над) rule (óver), sway (*d.*), éxercise domínion / sóvereignty [...'sɔvrɪntɪ] (óver).

**влады́чица** *ж.* sóvereign ['sɔvrɪn], místress.

**влажне́ть** become* húmid.

**вла́жн||ость** *ж.* humídity, móisture [-stʃə]; (*сырость*) dámpness. **~ый** húmid, moist; damp; (*мокрый*) wet; ~ый кли́мат damp clímate [...'klaɪ-]; ~ый во́здух moist / húmid air; ~ый ве́тер wet wind [...wɪ-].

**вла́мываться,** вломи́ться (в *вн.*) break* [-eɪk] (into); (*перен.*) burst* (into); ~ в дом break* into *a* house* [...-s]; ~ в ко́мнату burst* into *the* room; ◇ вломи́ться в амби́цию take* offénce / úmbrage, get* híghly offénded.

**вла́ствовать** (над) rule (óver), sway (*d.*), wield pówer [wiːld...] (óver).

**властели́н** *м.* lord, rúler, máster, sóvereign [ˈsɔvrɪn].

**власти́тель** *м.* = властели́н; ~ дум rúler of men's minds. **~ница** *ж.* místress, sóvereign [ˈsɔvrɪn].

**вла́ст||ность** *ж.* impérious¦ness. **~ный** impérious, commánding [-ɑːn-], authóritàtive; (*деспотический*) másterful; ~ный взгляд impérious look; ~ный челове́к másterful man*; ~ный тон perémptory tone, high tone; ◇ он в э́том не ~ен he has not the pówer to do it, it does not lie, *или* it is not, in his pówer to do it.

**власто||люби́вый** pówer-lòving [-lʌ-], àmbítious; (*стремящийся к власти*) aspíring to pówer. **~лю́бие** *с.* love of pówer [lʌv...], àmbítion; cráving / àspirátion for pówer.

**вла́ст||ь** *ж.* (*в разн. знач.*) pówer, authórity; (*владычество*) rule; госуда́рственная ~ State pówer, State authórity; Сове́тская ~ Sóvièt pówer, Sóvièt Góvernment [...ˈgʌ-], Sóvièt règime [...reɪˈʒiːm]; исполни́тельная ~ exécutive pówer, exécutive; законода́тельная ~ législàtive pówer; верхо́вная ~ sùpréme / sóvereign pówer [...ˈsɔvrɪn...], sóvereignty [-rɪntɪ]; ме́стная ~, ~ на места́х lócal authórities *pl.*; быть, находи́ться, стоя́ть у ~и hold* pówer, be in pówer; прийти́ к ~и, дости́гнуть ~и come* into / to pówer; захвати́ть ~ seize pówer [siːz...]; взять ~ assúme pówer; держа́ться у ~и remáin in pówer; прихо́д к ~и ádvent / àccéssion to pówer; под ~ью кого́-л. únder the domínion of smb. [...-ɪnjən...]; подчиня́ться ~и кого́-л. be súbject to smb.; име́ть ~ над кем-л. have pówer óver smb.; со́бственной ~ью on one's own authórity [...oun...]; превыше́ние ~и excéeding *one's* commíssion; ◇ во ~и кого́-л. at the mércy of smb.; под ~ью чего́-л. ruled / swayed by smth.; во ~и предрассу́дков rídden by préjudices; ~ над сами́м собо́ю contról óver òne¦sélf [-oul...]; ва́ша ~ *разг.* please your¦sélf; не в мое́й, твое́й *и т. д.* ~и be¦yónd my, your, *etc.*, contról / pówer; out of my, your, *etc.*, pówer; ~и предержа́щие *уст.*, *ирон.* the pówers that be.

**власяни́ца** *ж.* *уст.* háir-shirt.

**влачи́ть** (*вн.*) *уст.* drag (*d.*); ◇ ~ жа́лкое существова́ние drag out a míserable exístence [...-z-...].

**вле́во** *нареч.* to the left.

**влеза́ть,** влезть **1.** get* in, climb in [klaɪm...]; (в *вн.*) get* (into), climb (into); ~ в окно́ climb in, *или* get* in, through the wíndow; **2.** (на *вн.*) climb (*d.*); ~ на де́рево climb (up) *a* tree; **3.** (в *вн.*) *разг.* (*умещаться*) go* in; ◇ ~ в долги́ get* into debt [...det].

**влезть** *сов. см.* влеза́ть.

**влепи́ть** *сов. см.* влепля́ть.

**влепля́ть,** влепи́ть (*вн.*) *разг.*: влепи́ть пу́лю put* a búllet [...ˈbu-]; влепи́ть кому́-л. пощёчину give* smb. a slap / smack on the face, give* smb. a box on the ear.

**влет||а́ть,** влете́ть **1.** fly* in; (в *вн.*) fly* (into); (*перен.*: *вбегать*) *разг.* dash (into); ~ в окно́ fly* in through the wíndow; **2.** *безл.* *разг.*: ему́ ~е́ло he got it hot; бою́сь, ~и́т мне (от) I'm afráid I'll catch it (from); ◇ влете́ть в исто́рию *разг.* get* into a mess, land in a mess.

**влете́ть** *сов. см.* влета́ть.

**влече́н||ие** *с.* (к) bent (for), ìn¦clinátion (for); (*тяготение*) attráction (to); сле́довать своему́ ~ию fóllow one's bent / in¦clinátion; име́ть ~ к чему́-л., к кому́-л. be / feel* drawn to smth., smb.

**влечь** (*вн.*) draw* (*d.*); (*перен.*: *привлекать*) attráct (*d.*); ◇ ~ за собо́й invólve (*d.*), entáil (*d.*).

**влива́ние** *с. мед.* infúsion; де́лать внутриве́нное ~ admínister ìntravénous¦ly, admínister by the ìntravénous route [...ruːt].

**влива́ть,** влить (*вн.*) **1.** pour in [pɔː...] (*d.*); (*вн.* в *вн.*) pour (*d.* into); (*перен.*) bring* in (*d.*); ~ по ка́пле instíl(l), *или* put* in, by drops (*d.*), put* in drop by drop (*d.*); ~ му́жество, реши́мость *и т. п.* give* / instíl(l) cóurage, rèsolútion, *etc.* [...ˈkʌ- -z-]; **2.** *мед.* infúse (*d.*). **~ся,** вли́ться **1.** (в *вн.*) flow [flou] (into); (*перен.*: *в какую-л. организацию и т. п.*) join the ranks (of); **2.** *страд.* к влива́ть.

**влипа́ть,** вли́пнуть: вли́пнуть в исто́рию *разг.* get* into a prétty mess [...ˈprɪ-...].

**вли́пнуть** *сов. см.* влипа́ть.

**вли́ть(ся)** *сов. см.* влива́ть(ся).

**влия́||ние** *с.* **1.** ínfluence; (*об общественных явлениях*) ímpàct; **2.** (*авторитет, власть*) authórity, ascéndancy; по́льзоваться ~нием have great ínfluence [...-eɪt...], be ìnfluéntial; находи́ться под ~нием (*рд.*) be únder the ínfluence / ascéndancy (of); поддава́ться чьему́-л. ~нию come* / fall* únder smb.'s ínfluence, submít to the ínfluence of smb.; ока́зывать ~ (на *вн.*) ínfluence (*d.*), exért ínfluence (up¦ón, óver, on), have ínfluence (on); подчиня́ть своему́ ~нию (*вн.*) subjéct to one's ínfluence (*d.*); сфе́ра ~ния sphere of ínfluence. **~тельный** ìnfluéntial.

**влия́ть,** повлия́ть (на *вн.*) ínfluence (*d.*), have an ínfluence (on, up¦ón); (*действовать*) afféct (*d.*).

**ВЛКСМ** (Всесою́зный Ле́нинский Коммунисти́ческий Сою́з Молодёжи) L.Y.C.L.S.U. (Léninist Young Cómmunist League of the Sóvièt Únion [...jʌŋ...]).

**влож||е́ние** *с.* **1.** en¦clósure [-ˈklou-]; письмо́ со ~е́нием létter with en¦clósure; **2.** *эк.* invéstment; капита́льные ~е́ния cápital invéstments. **~и́ть** *сов. см.* вкла́дывать.

**вломи́ться** *сов. см.* вла́мываться.

**вло́паться** *сов. разг.* **1.** (*без доп.*; *попасть впросак*) put* one's foot in it [...fut...]; **2.** (в *вн.*) plump (into), flop (into).

**влюби́ть(ся)** *сов. см.* влюбля́ть(ся).

**влюблённ||о** *нареч.* lóving¦ly [ˈlʌ-], ámorous¦ly; ~ смотре́ть на кого́-л. eye smb. ámorous¦ly [aɪ...], look with eyes full of love at smb. [...lʌv...]. **~ость** *ж.* ámorous¦ness, love [lʌv]. **~ый 1.** *прил.* (в *вн.*; *о человеке*) in love [...lʌv] (with), enámoured (of); ~ый мужчи́на man* in love; быть ~ым be in love (with); ~ая па́ра lóving couple [ˈlʌ- kʌpl], pair of lóvers / swéet¦hearts [...'lʌ- -hɑːts]; **2.** *прил.* (*о взгляде и т. п.*) ámorous, ténder; **3.** *м. как сущ.* lóver.

**влюбля́ть,** влюби́ть (*вн.* в *вн.*) make* (*d.*) fall in love [...lʌv] (with). **~ся,** влюби́ться (в *вн.*) fall* in love [...lʌv] (with), lose* one's heart [luːz... hɑːt] (to).

**влю́бчив||ость** *ж. разг.* ámorous¦ness. **~ый** ámorous, of ámorous dìsposítion [...-'zɪ-].

**вма́з||ать** *сов. см.* вма́зывать. **~ка** *ж.* púttying, ceménting; fíxing; (*ср.* вма́зывать). **~ывать,** вма́зать (*вн.*) (*о стекле*) pútty in (*d.*); (*о кирпиче*) cemént / mórtar in (*d.*); (*укреплять*) fix in (*d.*).

**вмени́ть** *сов. см.* вменя́ть.

**вменя́ем||ость** *ж. юр.* respònsibílity. **~ый** respónsible; of sound mind; sane; во ~ом состоя́нии respónsible; of sound mind.

**вменя́ть,** вмени́ть (*вн. дт.*) impúte (*d.* to), lay* to the charge (*d.* of); ~ что-л. в вину́ кому́-л. charge smb. with smth.; ~ что-л. в заслу́гу кому́-л. regárd smth. as a mérit on smb.'s part; ~ что-л. в обя́занность кому́-л. impóse up¦ón smb. the dúty of doing smth., make* it smb.'s dúty to do smth.

**вме́ру** = в ме́ру *см.* ме́ра.

**вме́сте** *нареч.* togéther [-'ge-]; ~ с togéther with; (*о тесной связи*) coupled with [kʌ-...]; ◇ ~ с тем at the same time; всё ~ взя́тое évery¦thing táken togéther.

**вмести́лище** *с.* recéptacle.

**вмести́мость** *ж.* capácity; (*о судне*) tónnage ['tʌn-].

**вмести́тельн||ость** *ж.* capácious¦ness; (*помещения*) róominess, spácious¦ness. **~ый** capácious; (*о помещении*) róomy, spácious.

**вмести́ть(ся)** *сов. см.* вмеща́ть(ся).

**вме́сто** *предл.* (*рд.*) instéad of [-ed...], in place of; ~ моего́ бра́та instéad of my bróther [...'brʌ-], in my bróther's place; ~ того́ что́бы (+ *инф.*) instéad of (+ *ger.*).

**вмета́ть** *сов. см.* вмётывать.

**вмётывать,** вмета́ть (*вн.*) tack in (*d.*).

**вмеш||а́тельство** *с.* ìnterférence [-'fɪə-]; (*тж. политическое*) ìntervéntion; (*тк. нежелательное*) méddling; хирурги́ческое ~ súrgical ìntervéntion. **~а́ть(ся)** *сов. см.* вме́шивать(ся).

**вме́шивать,** вмеша́ть (*вн.* в *вн.*) mix in (*d.*); (*перен.: впутывать*) mix up (*d.* in), ímplicàte (*d.* in). **~ся,** вмеша́ться (в *вн.*) ìnterfére (in); ìntervéne (in); (*в разговор*) cut* in; (*о нежелательном вмешательстве*) meddle (with); (*для пресечения нежелательных последствий*) step in; ~ся в чужи́е дела́ meddle with / in other people's búsiness [...piː- 'bɪzn-]; не вме́шивайтесь в чужи́е дела́ mind your own búsiness [...oun...]; ~ся в разгово́р ìntervéne in the cònversátion, break* into the cònversátion [-eɪk...]; суд вмеша́лся the court ìntervéned [...kɔːt...], the law stepped in; ~ся во вну́тренние дела́ други́х стран ìnterfére in the doméstic affáirs of other cóuntries [...'kʌ-].

**вмеща́||ть,** вмести́ть (*вн.*) **1.** (*заключать в себе*) contáin (*d.*); **2.** (*иметь ёмкость*) hold* (*d.*), contáin (*d.*); (*о жилом помещении, транспорте и т. п.*) accómmodàte (*d.*); (*о зрительном зале и т. п.*) seat (*d.*). **~ться,** вмести́ться go* in; *тж. переводится выражением* there is room for; в кувши́н ~ется три ли́тра three litres go in the jug [...liː-...], the jug holds three litres; в шкаф ~ется пятьдеся́т книг there is room for fífty books in the bóokcàse [...-s].

**вмиг** *нареч.* in an ínstant, in a móment, in a flash; in a twínkling, in no time *разг.*

**вмя́тина** *ж.* dent.

**внаём, внаймы́** *нареч.*: брать ~ (*вн.*) hire (*d.*); (*о квартире и т. п.*) rent (*d.*); отдава́ть ~ (*вн.*) hire out (*d.*); (*о квартире и т. п.*) let* (*d.*), rent (*d.*); ◇ сдаётся ~ to let; э́та да́ча сдаётся ~ this cóuntry-house* is to let [...'kʌ- -s...].

**внаки́дку** *нареч. разг.*: наде́ть пальто́ ~ throw* one's coat óver one's shóulders [θrou... 'ʃou-].

**внакла́де** *нареч. разг.*: оста́ться ~ be the lóser [...'luːzə], lose* [luːz]; не оста́ться ~ от чего́-л. be none the worse for smth. [...nʌn...].

**внакла́дку** *нареч.*: пить чай ~ *разг.* ≅ take* súgar in one's tea [...'ʃu-...].

**внача́ле** *нареч.* at first, in the beginning.

**вне** *предл.* (*рд.*) óutside; ~ го́рода óutside the town; ~ о́череди out of (one's) turn, withóut wáiting for one's turn; ~ ко́нкурса hors concours [hɔː'kɔŋkɔːs]; ~ пла́на óver and above the plan; ~ вся́ких пра́вил without regárd for any rules; ~ подозре́ния above suspícion; ~ опа́сности out of dánger [...'deɪndʒə], safe; ~ сомне́ния be¦yónd / without doubt [...daut]; ◇ объявля́ть ~ зако́на (*вн.*) óutlaw (*d.*), proscríbe (*d.*); челове́к ~ зако́на óutlaw; ~ себя́ beside òne¦sélf; ~ себя́ от ра́дости beside òne¦sélf with joy, òver¦jóyed, trànspórted with joy; ~ себя́ от гне́ва beside òne¦sélf with rage, bóiling óver with rage; ~ вре́мени и простра́нства regárdless of time and space; ún¦réal [-'rɪəl].

**внебра́чн||ый** **1.** (*о ребёнке*) nátural; **2.:** ~ая связь liáison [liː'eɪzɔːŋ].

**вневре́менный** time¦less.

**внедре́ние** *с.* **1.** ìn¦cùlcátion, instillátion; ~ передовы́х ме́тодов труда́ ìntrodúction of advánced méthods of work; ~ но́вой те́хники ìntrodúction of new tèchníques [...-'niːks]; **2.** *геол.* ìntrúsion.

**внедри́ть(ся)** *сов. см.* внедря́ть(ся).

**внедря́ть,** внедри́ть (*вн.* в *вн.*) ín¦cùlcàte (*d.* up¦ón); (*прививать*) instíl(l) (*d.* into). **~ся,** внедри́ться **1.** strike* / take* root; **2.** *страд. к* внедря́ть.

**внеевропе́йск||ий** nón-Europé¦an; ~ие стра́ны nón-Europé¦an cóuntries [...'kʌ-].

**внеза́пно** I *прил. кратк. см.* внеза́пный.

**внеза́пн||о** II *нареч.* súddenly, all of a súdden; ~ замолча́ть stop short. **~ость** *ж.* súdden¦ness; *воен.* surpríse. **~ый** súdden; *воен.* surpríse (*attr.*).

**внекла́ссн||ый** in óut-of-schóol hours [...auəz]; home (*attr.*); ~ое чте́ние réading in óut-of-schóol hours, home réading.

**внекла́ссовый** nón-clàss.

**внема́точн||ый:** ~ая бере́менность *мед.* éxtra-úterine prégnancy.

**внеочередн||о́й** **1.** (*сверх очереди*) extraórdinary [ɪks'trɔːdnrɪ], spécial ['spe-]; ~а́я се́ссия spécial séssion; **2.** (*вне очереди*) out of turn, out of órder; ~ вопрóс quéstion put out of órder [-stʃ-...].

**внепартúйный** nón-Párty; óutsíde the Párty.

**внеплáновый** not províded for by the plan (*predic.*); (*добавочный*) extraórdinary [ɪks'trɔ:dnrɪ]; ~ рост продýкции ín¦crease of óutpùt óver and above, *или* be¦yónd, the provísions of the plan [-i:s... -put...].

**внесéние** *с.* **1.** (*внутрь чего-л.*) bríng¦ing in, cárrying in; **2.** (*денег*) páyment; (*в сберкассу и т. п.*) depósit [-z-], páying in; **3.** (*включение*) éntering, éntry; ~ в спúсок éntry into the list, in¦clúsion in the list; ~ в протокóл éntering / éntry in the mínutes [...'mɪnɪts]; **4.** (*о предложении*) móving ['mu:v-]; (*о законопроекте*) ìntrodúction; ~ на рассмотрéние submítting to (smb.'s inspéction); **5.** *с.-х.*: ~ удобрéний applý¦ing fértilizers.

**внеслужéбн||ый** óut-of-òffice; ~ые часы́ óut-of-òffice hours [...auəz].

**внесмéтный** extraórdinary [ɪks'trɔ:dnrɪ].

**внестú** *сов. см.* вносúть.

**внесудéбный** *юр.* éxtrajudícial.

**внешкóльн||ик** *м.* éxtra-scholástic / nòn-scholástic ádùlt èducátionalist [...'æ-...]. **~ый** éxtra-scholástic, nòn-scholástic; ~ое образовáние éxtra-scholástic / nòn-scholástic ádùlt èducátion [...'æ-...]; ~ая рабóта с детьмú óut-of-schóol work amongst children.

**внéшне** *нареч.* óutwardly, in óutward appéarance.

**внешнеполитúческ||ий** fóreign pólicy ['fɔrɪn...] (*attr.*), of fóreign pólicy; ~ие вопрóсы quéstions of fóreign pólicy.

**внéшн||ий 1.** óutward, èxtérnal, óuter; ~ вид óutward appéarance; ~ ýгол èxtérnal angle; ~яя часть óutsíde; ~ее схóдство óutward / sùperfícial / fórmal resémblance [...-z-]; ~яя средá *биол.* envíron¦ment; ~ рейд óuter hárbour; **2.** (*поверхностный*) sùperfícial; súrface (*attr.*); ~ лоск súrface pólish, gloss; ~ осмóтр sùperfícial exàminátion; **3.** (*иностранный*) fóreign ['fɔrɪn]; ~яя полúтика fóreign pólicy; ~ ры́нок fóreign márket; ~яя торгóвля fóreign trade; ~ие сношéния fóreign relátions; ◇ ~ мир óutsíde / óuter world.

**внéшност||ь** *ж.* appéarance; èxtérior (*тж. наружная сторона*); судúть по ~и judge by appéarances.

**внештáтный** not on the staff; sùpernúmerary; он ~ сотрýдник he is an assistant not on the staff.

**вниз** *нареч.* down, dównwards [-dz]; глядéть ~ look dówn(wards); спускáться ~ go* down, descénd; ~ по лéстнице dównstáirs; ~ головóю head first / fóre¦mòst [hed...]; ~ по течéнию down stream; плыть ~ по течéнию go* / float down stream, go* with the stream / cúrrent; ~ по Вóлге down the Vólga.

**внизý 1.** *нареч.* belów [-'lou]; (*в нижнем этаже*) dównstáirs; **2.** *предл.* (*рд.*) at the foot of [...fut...], at the bóttom of.

**вникá||ть,** вни́кнуть (в *вн.*) try to grasp / ùnderstánd (*d.*), go* deep (into); необходúмо вни́кнуть в э́то дéло the mátter must be thóroughly invéstigàted / exámined / scrútinìzed [...'θʌrəlɪ...], the mátter must be gone into [...gɔn...]; не ~я в сýщность дéла without in¦quíring / gó¦ing into the heart of the mátter [...hɑ:t...], without gó¦ing to the root of the mátter.

**вни́кнуть** *сов. см.* вникáть.

**внимáн||ие** *с.* **1.** atténtion; nótice ['nou-], note; обращáть, обратúть ~ (на) pay* atténtion (to), take* nótice (of); (*замечать*) nótice (*d.*); take* heed (of), give* / pay* heed (to) (*особ. в отриц.*: take* no heed *и т. п.*); обращáть чьё-л. ~ на что-л. call / draw* / diréct smb.'s atténtion to smth.; сосредотóчивать ~ на чём-л. cóncèntràte / fix / fócus one's atténtion on smth.; привлекáть чьё-л. ~ attráct / arrést / draw* smb.'s atténtion; прикóвывать чьё-л. ~ en¦gróss / rivet / arrést / compél smb.'s atténtion [-'grous 'rɪ-...]; оставля́ть без ~ия (*вн.*) set* asíde (*d.*), dísregárd (*d.*); достóйный ~ия worth nótice, wórthy of note [-ðɪ...], desérving atténtion / consìderátion [-'zə:-...]; он весь ~ he is all ears / atténtion; не обращáйте ~ия do not (don't *разг.*) take any nótice; never mind *разг.*; быть в цéнтре ~ия (*рд.*) be the fócus of atténtion (of), be úpper¦mòst in the mind(s) (of), be of sùpréme / páramount / pre-éminent concérn (to); уделя́ть большóе ~ (*дт.*) give* much atténtion (*i.*); в газéтах мнóго ~ия уделя́ется (*дт.*) much próminence is given by the néwspàpers (to); **2.** (к; *предупредительное отношение*) kínd¦ness (to), consìderátion (for); оказáть комý-л. ~ do smb. a cóurtesy [...'kə:tɪsɪ], show* smb. atténtion [ʃou...]; пóльзоваться ~ием be the óbject of atténtion / consìderátion; ◇ ~! atténtion!; (*берегись*) look out!; принимáть во ~ (*вн.*) take* into accóunt / consìderátion (*d.*); принимáя во ~ (*вн.*, что) **consídering** (*d.*, that), táking into accóunt / **consìderátion** (*d.*, that), in view [...vju:] (of); **приня́в** всё во ~ all things consídered.

**внимáтельно** I *прил. кратк. см.* внимáтельный.

**внимáтельн||о** II *нареч.* **1.** atténtive¦ly; (*тщательно*) cáre¦fully; (*сосредоточенно*) inténtly; прочтúте э́то ~ read it through cáre¦fully; ~ следúть за чем-л. watch smth. clóse¦ly [...-s-]; **2.**: ~ относúться к комý-л. show* consìderátion for smb. [ʃou...], be consíderate towards smb. **~ость** *ж.* **1.** atténtive¦ness; **2.** (к; *любезность*) cóurtesy ['kə:tɪsɪ] (towards), consìderátion (for), thóughtfulness (for), kínd¦ness (to). **~ый 1.** atténtive; (*тщательный*) cáre¦ful; (*сосредоточенный*) intént; **2.** (к; *по отношению к*) considerate (towards), thóughtful (for), oblíging (towards), kind (to).

**внимáть,** внять (*дт.*) *поэт., уст.* listen ['lɪsᵊn] (to), hark (to); *сов. тж.* heed (*d.*); он внял моéй прóсьбе he héeded my requést.

**вничью́** *нареч.*: окóнчиться ~ be drawn, end in a draw; сыгрáть ~ draw*.

**вновь** *нареч.* **1.** (*опять*) anéw, agáin, once agáin [wʌns...]; (*ещё раз*) once more; **2.** (*недавно*) néwly, récent¦ly; ~ прибы́вший (*прил.*) néwly arríved; (*сущ.*) new cómer [...'kʌ-], new arrival; ~ назнáченный néwly-appóinted.

**вносúть,** внестú (*вн.*) **1.** bring* in (*d.*), cárry in (*d.*); **2.** (*о деньгах*) pay* in (*d.*); **3.** (*причинять, вызывать*) bring* in / about (*d.*), introdúce (*d.*); внести́ оживле́ние, весе́лье brighten up; ~ беспоря́док cause, *или* bring* abóut, disórder; **4.** (*включать, вписывать*) ìntrodúce (*d.*), énter (*d.*); ~ измене́ния (в *вн.*) make* àlteráŧions / chánges [...'tʃeɪ-] (in); ~ попра́вки (в *вн.*) insért / ìntrodúce améndments (into); ~ в спи́сок énter in the list (*d.*); ~ в протоко́л énter in the mínutes [...'mɪnɪts] (*d.*); **5.** (*представлять, предлагать собранию*) move [mu:v] (*d.*), bring* in (*d.*), bring* / put* fórward (*d.*); ~ предложе́ние make* *a* suggéstion [...-'dʒestʃən], put* fórward *a* propósal [...-zəl]; (*в парламенте и т. п.*) ìntrodúce / table *a* mótion; ~ предложе́ние на рассмотре́ние (*рд.*) submít *a* propósal (to), place *a* propósal (befóre); ~ це́нное предложе́ние make* a váluable suggéstion; ~ предложе́ние (о том, что́бы) move (that); ~ законопрое́кт ìntrodúce *a* bill; **6.** *с.-х.*: ~ удобре́ния applý fértilizers.

**внук** *м.* **1.** grándsòn [-sʌn], gránd¦child*; **2.** *мн.* (*потомки*) (our) children, (our) chíldren's chíldren, (our) descéndants.

**вну́тренне** *нареч.* ínwardly.

**вну́тренн||ий** **1.** inside, intérior, ínner, intérnal; (*перен.*) inward, ínner; (*присущий*) inhérent, intrínsic; ~яя дверь ínner door [...dɔ:]; ~ие боле́зни intérnal diséases [...-'zi:z-]; для ~его употребле́ния (*о лекарстве*) for intérnal use [...-s]; ~ мир ínward / ínner life; ~ие причи́ны intrínsic cáuses; ~ смысл inhérent / intrínsic méaning; ~ие зако́ны разви́тия inhérent laws of devélopment; ~ распоря́док routíne [ru:'ti:n]; пра́вила ~его распоря́дка (в учрежде́нии, на фа́брике *и т. п.*) óffice, fáctory, *etc.*, règulátions; ~ие раздо́ры intérnal díscòrd *sg.*; **2.** (*в пределах одного государства*) home, ín¦land; ~яя поли́тика home / intérnal pólicy; ~яя торго́вля home / ín¦land trade; ~ ры́нок home márket; ~ие во́ды ín¦land wáters [...'wɔ:-]; ~ие дела́ home affáirs; э́то ~ее де́ло страны́ it is a mátter of doméstic concérn, it is a doméstic affáir; ~ие и вне́шние враги́ intérnal and extérnal énemies; ◇ ~ие ресу́рсы intérnal resóurces [...-ɔ:s-].

**вну́тренно** = вну́тренне.

**вну́тренности** *мн. анат.* intérnal órgans; ínside *sg. разг.*; (*кишки*) éntrails, intéstines; víscera *анат.*

**вну́тренность** *ж.* intérior.

**внутри́** **1.** *нареч.* ínside; **2.** *предл.* (*рд.*) ínside, within; находя́щийся ~ страны́ ín¦land; ~ госуда́рства within the State.

**внутриа́томн||ый** ìntra-atómic; ~ая эне́ргия ìntra-atómic énergy.

**внутриве́нный** ìntravénous.

**внутривидово́й** intraspecífic.

**внутризаво́дск||ий, ~о́й** (ínside) fáctory (*attr.*); ~ тра́нспорт (ínside) fáctory tránspòrt.

**внутрипарти́йн||ый** ínner-Párty; ~ая демокра́тия ínner-Párty demócracy; ~ая дискýссия ínner-Párty discússion, discússion within the Párty.

**внутриполити́ческ||ий** of home pólicy; ~ие вопро́сы quéstions of home pólicy [-stʃ-...]; ~ое положе́ние intérnal polítical situátion.

**внутрисою́зный** ínner-únion.

**внутрия́дерный** intranúclear.

**внутрь** **1.** *нареч.* in, ínside; он вошёл ~ he went in; приня́ть лека́рство ~ take* *a* médicine; **2.** *предл.* (*рд.*) in(to), ínside; ~ страны́ ín¦land.

**внуча́т||а** *мн.* grándchildren. **~ный, ~ый:** ~ный, ~ый племя́нник gránd-nèphew [-vju:].

**вну́чек** *м. уменьш. от* внук 1.

**вну́чка** *ж.* gránd-daughter, gránd¦child*.

**внуша́емость** *ж.* suggèstibílity [-dʒe-].

**внуш||а́ть,** внуши́ть (*вн. дт.*) **1.** suggést [-'dʒe-] (*d. i.*), inspíre (with *d.*), fill (with *d.*); ~ уваже́ние commánd respéct [-ɑ:nd...]; ~ мысль suggést a thought; ~ опасе́ния (кому́-л.) fill* (smb.) with mis¦gívings / àpprehénsion; **2.** (*убеждать*) bring* home (*d.* to); (*наставлять*) instíl(l) (*d.* into), impréss (*d.* on). **~е́ние** *с.* **1.** suggéstion [-'dʒestʃ-]; (*гипноз*) hypnósis; лечи́ть ~е́нием (*вн.*) treat by suggéstion / hýpnotism (*d.*); **2.** (*выговор*) repróof, réprimànd [-mɑ:-]; сде́лать кому́-л. ~е́ние réprimànd smb. [-mɑ:-...]. **~и́тельный** impósing; (*производящий впечатление*) impréssive.

**внуши́ть** *сов. см.* внуша́ть.

**вня́тно** I *прил. кратк. см.* вня́тный.

**вня́тн||о** II *нареч.* dístinctly. **~ость** *ж.* dístinctness. **~ый** dístinct.

**внять** *сов. см.* внима́ть.

**во** = в; ◇ во цве́те лет in the prime of life, in one's prime; во всеуслы́шание públicly ['pʌ-], in évery¦one's héaring; во всеору́жии (*рд.*) fúlly armed ['fu-...] (with), fúlly posséssed [...-'zest] (of), in full posséssion [...-'ze-] (of); во что бы то ни ста́ло at any price, at all costs; во главе́ (*рд.*) at the head [...hed] (of); во и́мя (*рд.*) in the name (of).

**во́бла** *ж.* vóbla, Cáspian roach.

**вобра́ть(ся)** *сов. см.* вбира́ть(ся).

**вове́к, вове́ки** *нареч. уст.* never.

**вовлека́ть,** вовле́чь (*вн.* в *вн.*) **1.** draw* (*d.* in, into); **2.** (*впутывать*) invólve (*d.* in); (*склонять к участию в чём-л. плохом*) invéigle [-'vi:gl] (*d.* into). **~ся,** вовле́чься (в *вн.*) be drawn (into).

**вовлече́ние** *с.* dráwing in.

**вовле́чь(ся)** *сов. см.* вовлека́ть(ся).

**вовне́** *нареч.* óutside.

**вовну́трь** *разг.* = внутрь.

**во́время** *нареч.* in time; (*кстати*) òpportùne¦ly; ~ ска́занное сло́во a word in séason [...-z°n]; не ~ inópportùne¦ly, out of time, at the wrong time.

**во́все** *нареч. разг.* (*без отриц.*) quite; (*с отриц.*) not... at all; я ~ э́того не сказа́л I did not say that at all, I never said that [...sed...]; ~ нет not at all, not in the least.

**вовсю́** *нареч. разг.* to the út¦mòst extént, with might and main; бежа́ть ~ run* at top speed, run* as fast as one's legs will cárry one.

**во-вторы́х** *вводн. сл.* in the sécond place [...'se-...]; (*при перечислении тж.*) sécondly.

**вогна́ть** *сов. см.* вгоня́ть.

**во́гнут||ость** *ж.* còn¦cávity. **~ый** cón¦cáve.

**вогну́ть(ся)** *сов. см.* вгиба́ть(ся).

**вод||а́** *ж.* (*в разн. знач.*) wáter ['wɔ:-]; дождева́я ~ ráin-wàter [-wɔ:-]; морска́я ~ séa-wàter [-wɔ:-]; пре́сная ~ fresh / sweet wáter; минера́льная ~ míneral wáter; тяжёлая ~ *хим.* héavy wáter ['he-...]; е́хать ~о́ю trável by wáter ['træ-...]; ◇ выводи́ть на чи́стую во́ду (*вн.*) expóse (*d.*), únmásk (*d.*), show* up [ʃou...] (*d.*); как с гу́ся ~ ≅ like wáter off a duck's back; ~о́й не разольёшь *разг.* ≅ thick as thieves [...θi:vz]; толо́чь во́ду в сту́пе ≅ beat* the air, mill the wind [...wɪnd]; как в во́ду опу́щенный dejécted, dówncást; как две ка́пли ~ы́ (похо́жи) ≅ as like as two peas; и концы́ в во́ду *разг.* and none will be the wíser [...nʌn...]; мно́го ~ы́ утекло́ much wáter has flowed únder the brídge(s) [...floud...]; он ~ы́ не замути́т ≅ he looks as if bútter would not melt in his mouth; чи́стой ~ы́ (*о драгоценном камне*) of the first water; молчи́т, сло́вно ~ы́ в рот набра́л *разг.* *he* does not say a word, *he* is silent as the grave.

**водвор||е́ние** *с.* séttle¦ment; estáblishment; (*ср.* водворя́ть). **~и́ть(ся)** *сов. см.* водворя́ть(ся).

**водворя́ть,** водвори́ть (*вн.*) **1.** instáll (*d.*); (*поселять*) settle (*d.*); ~ что-л. на ме́сто put* smth. back in its place; **2.** (*устанавливать*) estáblish (*d.*). **~ся,** водвори́ться **1.** (*поселяться*) settle; **2.** *страд. к* водворя́ть.

**водеви́ль** *м.* váudeville ['vou-], cómic sketch (with songs).

**води́тель** *м.* (*транспорта*) driver; ~ авто́буса bús-driver; ~ такси́ táxi-driver.

**води́тельство** *с.* léadership; под ~м па́ртии únder the léadership of the Párty.

**води́ть,** *опред.* вести́, *сов.* повести́ **1.** (*вн.*) lead* (*d.*); condúct (*d.*) *книжн.*; ~ по́езд drive* *a* train; ~ кора́бль návigàte / steer *a* ship; ~ самолёт pilot *a* plane; **2.** (*тв.* по *дт.*) pass (*d.* óver); **3.** *см.* вести́; ◇ ~ глаза́ми let* one's eyes rove [...aɪz...]; ~ дру́жбу с кем-л. be friends with smb. [...fre-...]; ~ за́ нос (*вн.*) make* a fool (of), fool (*d.*); ~ знако́мство (с *тв.*) keep* up an acquáintance (with).

**води́ться 1.** (с *тв.*) *разг.* assóciàte (with), consórt (with); (*о детях*) play (with); я с тобо́й не вожу́сь I'm not pláying with you; **2.** (*без доп.*; *иметься, встречаться где-л.*) be found, be: в реке́ во́дится ры́ба there is fish in the river [...'rɪ-], fish is found in the river; ◇ как во́дится as úsual [...-ʒuəl]; так у нас во́дится it is our cústom, it is the cústom here; э́то за ним во́дится such things occúr / háppen to him.

**во́дк||а** *ж.* vódka; ца́рская ~ *хим.* áqua-règia; ◇ дать на ~у (*дт.*) *уст.* give* a tip (*i.*).

**во́дник** *м.* wáter-tránspòrt wórker ['wɔ:-...]; сою́з ~ов wáter-tránspòrt wórkers' únion.

**во́дн||ый 1.** *прил. к* вода́; ~ое простра́нство expánse of wáter [...'wɔ:-]; ~ тра́нспорт wáter tránspòrt; ~ые пути́ wáter-ways ['wɔ:-]; ~ спорт aquátics *pl.*, aquátic sports *pl.*; ~ая ста́нция aquátic sports státion; ~ое по́ло wáter póló; **2.** *хим.* áqueous; ~ раство́р áqueous solútion.

**водобоя́знь** *ж. мед.* hýdro¦phóbia; (*у собак*) rábiès [-bi:z].

**водовмести́лище** *с.* réservoir ['rezəvwɑ:].

**водово́з** *м.* wáter-càrrier ['wɔ:-]. **~ный:** ~ная бо́чка wáter-càrrier's bárrel ['wɔ:-...].

**водоворо́т** *м.* whirlpool; (*небольшой*) éddy; (*перен.*) vórtèx (*pl.* -xes, -ticès [-tɪsi:z]), whirl, máelstròm ['meɪlstroum].

**водоём** *м.* réservoir ['rezəvwɑ:].

**водоизмеще́ние** *с. мор.* displáce¦ment; су́дно ~м 5000 тонн ship of 5000 tons displáce¦ment [...tʌnz...].

**водока́чка** *ж.* púmp-house* [-s].

**водола́з** *м.* **1.** díver; **2.** (*собака*) Newfóundland. **~ный** díving; ~ный ко́локол díving-bèll; ~ный костю́м díving-drèss; ~ный шлем díver's hélmet.

**Водоле́й** *м.* (*созвездие*) Aquárius, Wáter--càrrier ['wɔ:-].

**водолече́||бница** *ж.* hýdro¦páthic (estáblishment). **~ние** *с.* hỳdrópathy [haɪ-], wáter--cùre ['wɔ:-].

**водоме́р** *м. тех.* wáter-mèter ['wɔ:-]. **~ный** *тех.*: ~ный кран gáuge-còck ['geɪ-]; ~ное стекло́ gáuge-glàss ['geɪ-]; ~ная тру́бка gáuge--tùbe ['geɪ-].

**водонапо́рн||ый:** ~ая ба́шня wáter-tower ['wɔ:-].

**водонепроница́ем||ость** *ж.* wátertightness ['wɔ:-], impèrmeabílity to wáter [-mɪə-... 'wɔ:-]. **~ый** wátertìght ['wɔ:-]; (*непромокаемый*) wáterproof ['wɔ:-]; ~ая перебо́рка *мор.* wátertìght búlkhead [...-hed]; ~ый грунт impérmeable súbsoil [-mɪə-...].

**водоно́с** *м.* wáter-càrrier ['wɔ:-]. **~ный** *геол.* wáter-béaring ['wɔ:tə'bɛə-].

**водоотво́д** *м.* óver¦flow(-pìpe) [-ou-]. **~ный** dráinage (*attr.*), óver¦flow [-ou] (*attr.*).

**водоотли́вный** dis¦chárge (*attr.*).

**водопа́д** *м.* wáterfàll ['wɔ:-]; falls *pl.*, cátaràct; (*небольшой*) càscáde.

**водопла́вающ||ий:** ~ие пти́цы wáterfowl ['wɔ:-].

**водоподъёмн||ый:** ~ая маши́на wáter--raising éngine ['wɔ:- 'endʒ-].

**водопо́й** *м.* **1.** wátering ['wɔ:-]; **2.** (*место*) wátering-plàce ['wɔ:-]; (*для скота тж.*) pond; (*для лошадей тж.*) hórse-pònd.

**водопрово́д** *м.* wáter-pipe ['wɔ:-], wáter--lìne ['wɔ:-], wáter-pìping ['wɔ:-]; (*магистраль*) wáter-main; (*водоснабжение*) wáter-supplỳ ['wɔ:-]; городско́й ~ úrban wáter-supplỳ; дом с ~ом house* with rúnning wáter [-s... 'wɔ:-]. **~ный:** ~ная сеть wáter-supplỳ ['wɔ:-]; ~ная ста́нция wáterwòrks ['wɔ:-]; ~ная труба́ wáter-pìpe ['wɔ:-]; ~ная магистра́ль wáter-main ['wɔ:-]. **~чик** *м.* plúmb¦er.

**водопроница́емый** pérmeable to wáter [-mɪə- ...'wɔ:-] (*predic.*).

**водоразбо́рный:** ~ кран hýdrant.

**водоразде́л** *м. геогр.* wátershèd ['wɔ:-].

**водораспредели́тель** *м.* wáter-distributor ['wɔ:-].

**водоре́з** *м. мор.* cútwàter [-wɔ:-].

**водоро́д** *м. хим.* hýdrogen ['haɪ-]. **~ный** *хим.* hỳdrógenous [haɪ-]; hýdrogen ['haɪ-] (*attr.*); ~ная бо́мба hýdrogen bomb, H-bomb ['eɪtʃ-].

**во́доросль** *ж.* wáter-plànt ['wɔ:- -ɑ:-]; морска́я ~ séaweed; álga (*pl.* -ae) *научн.*

**водосли́в** *м. тех.* spill¦way. **~ный:** ~ная плоти́на óver¦flow weir [...wɪə].

**водоснабже́ние** *с.* wáter-supplỳ ['wɔ:-]; ~ и канализа́ция wáter-supplỳ and séwerage.

**водо||спу́ск** *м. тех.* flóodgàte ['flʌd-]. **~сто́к** *м.* drain; (*на улице*) gútter. **~сто́чный** *прил. к* водосто́к; ~сто́чный жёлоб gútter; ~сто́чная труба́ dráin(-pìpe); ~сто́чная кана́ва drain, gúlly, gútter.

**водотру́бный:** ~ котёл *тех.* wáter-tùbe bóiler ['wɔː-...].

**водоупо́рный** *тех.* wáterproof ['wɔː-].

**водохрани́лище** *с.* résevoir ['rezəvwɑː], stórage lake.

**водочерпа́||лка** *ж. тех.* wáter-èngine ['wɔːtərendʒ-]. **~тельный** *тех.* wáter-lifting ['wɔː-].

**во́дочный** *прил. к* во́дка; ~ заво́д vódka distíllery.

**водру||жа́ть,** водрузи́ть (*вн.*) eréct (*d.*); (*о флаге, знамени*) hoist (*d.*). **~зи́ть** *сов. см.* водружа́ть.

**во́д||ы** *мн.* **1.** (*водные пространства и пр.*) wáters ['wɔː-]; территориа́льные ~ tèrritórial wáters; **2.** (*минеральные*) (míneral) wáters, mèdícinal wáters; (*курорт*) wátering-plàce ['wɔː-] *sg.*, spa [-ɑː] *sg.*; лечи́ться на ~ах take* the wáters [...'wɔː-].

**водяни́стый** (*прям. и перен.*) wátery ['wɔː-]; (*слишком разбавленный водою; тж. перен.*) wáshy; wíshy-wàshy *разг.*; ~ виногра́д wátery grapes *pl.*; ~ стиль wátery / insípid style.

**водя́нка** *ж. мед.* drópsy.

**водян||о́й 1.** *прил. к* вода́; (*о растениях, животных, птицах*) wáter ['wɔː-] (*attr.*); (*о растениях и животных тж.*) aquátic; ~óе расте́ние wáter-plànt ['wɔː- -plɑː-], aquátic plant [...plɑː-]; ~а́я пти́ца wáter-bìrd ['wɔː-]; *собир. и мн. тж.* wáter¦fowl ['wɔː-]; ~а́я ме́льница wáter-mìll ['wɔː-]; ~а́я турби́на wáter-tùrbine ['wɔː-]; **2.** *м. как сущ. фольк.* wáter-sprìte ['wɔː-]; ◇ ~ знак wáter-màrk ['wɔː-]; ~óе отопле́ние hót-wàter héating [-wɔː-...]; ~ газ wáter-gás ['wɔː-].

**воева́ть** (с *тв.*) **1.** be at war (with), fight* (*d. или* agáinst, with), wage war (agáinst), make* war (up¦ón); **2.** *разг.* (*ссориться*) quárrel (with), war (with).

**воево́да** *м. ист.* vóivòde (*commander of an army, governor of a province in ancient Russia*).

**воеди́но** *нареч.* togéther [-'ge-]; собра́ть ~ (*вн.*) colléct / bring* togéther (*d.*).

**военача́льник** *м.* mílitary léader.

**военизи||а́ция** *ж.* mìlitarizátion [-raɪ-]. **~и́рованный** *прич. и прил.* mílitarìzed; *прил. тж.* pàra-mílitary [pæ-]. **~и́ровать** *несов. и сов.* (*вн.*) mílitarìze (*d.*).

**военко́м** *м.* (вое́нный комисса́р) mílitary còmmissár.

**военкома́т** *м.* (вое́нный комиссариа́т) mílitary règistrátion and enlístment óffice.

**вое́нно||-возду́шный:** ~-возду́шные си́лы Air Fórce(s). **~-морско́й** nával; ~-морско́й флот Návy.

**военнообя́занный** *м. скл. как прил.* resérvist [-'zɜː-].

**военнопле́нный** *м. скл. как прил.* príson-er of war [-z-...].

**вое́нно-полев||о́й:** ~ суд (drúm-head) court mártial [-hed kɔːt...]; быть пре́данным ~о́му суду́ be cóurt-mártialled [...'kɔːt-].

**вое́нно-полити́ческий** Ármy polítical.

**вое́нно-революцио́нный:** ~ комите́т rèvolútionary mílitary commíttee [...-tɪ].

**военнослу́жащий** *м. скл. как прил.* sérvice¦man*, sóldier [-dʒə].

**вое́нно-уче́бн||ый** mílitary tráining (*attr.*); ~ое заведе́ние mílitary school; sérvice school *амер.*

**вое́нно-экономи́ческий** (*о сырье, ресурсах*) stratégic [-'tiː-], of stratégic signíficance / válue; ~ потенциа́л war èconomy poténtial [...iː-...], stratégic poténtial.

**вое́нн||ый I** *прил. к* война́; (*тж. гл. обр. о сухопутной армии*) mílitary; ~ая нау́ка science of war, mílitary science; ~ое иску́сство art of war; ~ коммуни́зм *ист.* war cómmunism; ~ое вре́мя wár-tìme; ~ые де́йствия mílitary òperátions; hòstílities; ~ комиссариа́т *см.* военкома́т; ~ое министе́рство War Óffice (*в Англии*); War Depártment (*в США*); ~ мини́стр War Mínister; Sécretary of State for War (*в Англии*); Sécretary of War (*в США*); ~ кора́бль wárshìp, mán-of-wár (*pl.* mén-); ~ая акаде́мия Mílitary Cóllege; ~ая промы́шленность war índustry; ~ая слу́жба mílitary sérvice; ~ атташе́ mílitary attaché (*фр.*) [...ə'tæʃeɪ]; ~ая доро́га mílitary road; ~ о́круг mílitary dístrict; Commánd [-ɑːnd] (*в Англии*); ~ суд court mártial [kɔːt...]; ~ое положе́ние mártial law; ~ое обуче́ние mílitary tráining; ~ заво́д munítion fáctory; ~ престу́пник war críminal; ~ая аванто́ра mílitary advénture.

**вое́нный II** *м. скл. как прил.* sóldier [-dʒə], sérvice¦man*; он ~ he is a sóldier / sérvice¦man*, he is in the ármy.

**военру́к** *м.* (вое́нный руководи́тель) mílitary instrúctor.

**вое́нщина** *ж. тк. ед. собир. пренебр.* sóldiery [-dʒə-]; mílitarists *pl.*, mílitary clíque [...-iːk].

**вожа́к** *м.* **1.** (*руководитель*) léader; **2.** (*проводник*) guide, léader; ~ у слепо́го blind man's guide; ~ медве́дя béar-leader ['bɛə-]; **3.** (*о животном в стаде*) léader (*in herd*).

**вожа́тый** *м. скл. как прил.* **1.** (*пионеротряда*) Young Pìonéer léader [jʌŋ...]; **2.** (*трамвая*) trám-drìver; **3.** (*проводник*) guide.

**вожделе́н||ие** *с.* (*страстное желание*) lóng¦ing; (*плотское*) lust, con¦cúpiscence. **~ный** *поэт.* desíred [-'z-], lónged-fòr.

**вожде́ние** *с.* (*о поездах, автомашинах*) dríving; (*о кораблях*) nàvigátion, stéering; (*о самолётах*) flýing, pílot¦ing.

**вождь** *м.* léader; (*предводитель войска*) cáptain; (*предводитель племени*) chief [tʃiːf].

**во́жжи** [-жьжи] *мн.* (*ед.* вожжа́ *ж.*) (*прям. и перен.*) reins; ríbbons *разг.*; отпусти́ть ~ give* a horse the rein / reins; (*перен.*) slácken the reins.

**воз** *м.* **1.** cart; ~ с се́ном háy-càrt; ~ с дрова́ми cart lóaded with wood [wud]; **2.** (*рд.*; *как мера*) cárt-load (of), cártful (of); (*перен.*: *множество*) *разг.* heap (of); купи́ть ~ дров buy* a cártload of wood; ◇ что с ~а упа́ло, то пропа́ло *посл.* ≅ it is no use crýing óver spilt milk [...juːs...].

**возбран||я́ть** (*дт. вн.*) *уст.* prohíbit (*d.* from *ger*). **~я́ться** *чаще безл.* be prohíbited; э́то не ~я́ется this is permítted, this is not prohíbited.

**возбуди́||мость** *ж.* excitability [-saɪ-]. **~мый** excitable. **~тель** *м.* **1.** ágent; *физиол.* stimulus (*pl.* -li); ~тель болéзни páthogène, pàthogénic órganism; **2.** *тех.* exciter.

**возбуди́ть(ся)** *сов. см.* возбуждáть(ся).

**возбужд||áть,** возбуди́ть **1.** (*вн.*; *в разн. знач.*) excite (*d.*); (*вызывать*) rouse (*d.*), aróuse (*d.*), stir (*d.*); ~ аппети́т provóke / stimulàte / shárpen / whet the áppetìte; ~ жáжду (у) make* thírsty (*d.*); ~ чьё-л. удивлéние surprise / astónish smb.; ~ любопы́тство excite / stir / provóke cùriósity; ~ негодовáние rouse / excite ìndignátion; ~ надéжды на что-л. raise hopes of smth.; ~ подозрéния aróuse suspícion; ~ в ком-л. страсть inspire smb. with pássion; ~ себя́ чем-л. stimulàte òne¦sélf with smth.; **2.** (*вн.* прóтив; *восстанавливать*) stir up (*d.* agáinst), ínstigàte (*d.* agáinst), incite (*d.* agáinst); **3.** (*вн.*; *предлагать на обсуждение*) raise (*d.*); ~ вопрóс raise *a* quéstion [...-stʃ-]; ~ дéло, процéсс прóтив когó-л. take* / ínstitùte procéedings agáinst smb.; bring* an áction agáinst smb.; ~ иск прóтив когó-л. bring* a suit agáinst smb. [...sjuːt...]; ~ ходáтайство о чём-л. presént / submít *a* petition, *или an* àpplicátion, for smth. [-'ze-...], petition for smth. **~áться,** возбуди́ться **1.** become* excíted; **2.** *страд. к* возбуждáть. **~áющий 1.** *прич. см.* возбуждáть; **2.** *прил.* stímulant; ~áющее срéдство *мед.* stímulant.

**возбуждéн||ие** *с.* **1.** (*действие*) èxcitátion; ~ дéятельности сéрдца stìmulátion of the áction of the heart [...hɑːt]; **2.** (*приподнятое настроение*) excíte¦ment; (*волнение*) àgitátion; быть в (си́льном) ~ии, испы́тывать ~ be (extréme¦ly / gréatly) excíted [...'greɪt-...].

**возбуждённый** *прич. и прил.* excíted; ~ вид excíted face / look.

**возведéние** *с.* **1.** (*здания*) eréction; **2.** *мат.*: ~ во вторýю, трéтью *и т. д.* стéпень ráising to the sécond, third, *etc.*, pówer [...'se-...].

**возвели́чивать,** возвели́чить (*вн.*) extól (*d.*), exált (*d.*).

**возвели́чить** *сов. см.* возвели́чивать.

**возвести́** *сов. см.* возводи́ть.

**возвести́ть** *сов. см.* возвещáть.

**возвещáть,** возвести́ть (*вн.*) annóunce (*d.*), procláim (*d.*), hérald ['he-] (*d.*); ~ начáло нóвой э́ры úsher in, *или* hérald / annóunce, a new éra.

**возводи́ть,** возвести́ **1.** (*вн.*; *строить*) erect (*d.*), raise (*d.*); **2.** (*вн.* в *вн.*; *в сан*) élevàte (*d.* to), raise (*d.* to); ~ на престóл enthróne (*d.*); **3.** *мат.*: ~ во вторýю, трéтью *и т. д.* стéпень raise to the sécond, third, *etc.*, pówer [...'se-...]; **4.** (*вн.*) *уст.* (*поднимать глаза, руки*) raise (*d.*), lift up (*d.*); **5.** (*вн.* к; *устанавливать происхождение*) derive (*d.* from), trace (*d.* to); ◇ ~ что-л. в при́нцип make* smth. a principle, raise smth. to the lével of principle [...'le-...]; ~ клеветý на когó-л. cast* aspérsions on smb.; ~ обвинéние на когó-л. в чём-л. accúse smb. of smth., charge smb. with smth.

**возврáт** *м.* retúrn; (*о деньгах*) rè¦páyment; (*об имуществе*) rèstitútion; (*о расходах*) rè¦imbúrse¦ment; ~ болéзни relápse. **~и́ть(ся)** *сов. см.* возвращáть(ся). **~ный 1.** *мед.* recúrrent; ~ный тиф relápsing féver; **2.** *грам.* refléxive; ~ный глагóл refléxive verb; ~ное местоимéние refléxive pró¦noun; **3.** *эк.*: ~ная пóшлина dráwbàck (*duty*).

**возвращ||áть,** возврати́ть (*вн.*) retúrn (*d.*), give* back (*d.*), restóre (*d.*); (*о письме, посылке и т. п.*) send* back (*d.*); (*о деньгах*) rè¦páy* (*d.*), pay* back (*d.*); (*о расходах*) rè¦imbúrse (*d.*), rè¦fúnd (*d.*). **~áться,** возврати́ться **1.** retúrn; (*куда-л.*) go* back; (*откуда-л.*) come* / be back; (к; *к чему-л. прежнему*) revért (to); (*мысленно*; *в разговоре*) recúr (to); ~áться домóй go* home, retúrn home; ~áться к стáрым привы́чкам revért / retúrn to one's old hábits; ~áться к тéме revért / recúr / retúrn to the súbject; **2.** (*возобновляться, восстанавливаться*) be restóred, retúrn, come* back; **3.** *страд. к* возвращáть. **~éние** *с.* retúrn; (*неоднократное*) recúrrence; ~éние домóй, на рóдину hóme-còming, retúrn home.

**возвы́сить** *сов. см.* возвышáть. **~ся** *сов. см.* возвышáться 1.

**возвыш||áть,** возвы́сить (*вн.*) raise (*d.*); ◇ ~ гóлос raise one's voice. **~áться,** возвы́ситься **1.** rise*; **2.** *тк. несов.* (над; *высоко подниматься над чем-л.*) rise* / tówer (above), dóminàte (*d.*); (*перен.*) sùrpáss (*d.*), tówer (above); **3.** *страд. к* возвышáть. **~éние** *с.* **1.** (*действие*) rise; **2.** (*место*) éminence; (*в зале*) dáis ['deɪɪs]; (*холм и т. п.*) rising ground; стоя́ть на ~éнии stand* on *an* éminence, *или* on rising ground; (*о помосте*) stand* on *a* dáis; **3.** *воен.* èlevátion.

**возвы́шенн||ость** *ж.* **1.** (*гора*) height [haɪt]; Валдáйская ~ Váldai Hills ['vɑːldaɪ...] *pl.*; **2.** *тк. ед.* (*мыслей, чувств*) lóftiness. **~ый** high, élevàted; lófty *книжн.*; (*перен.*) lófty, exálted, élevàted.

**возглáвить** *сов. см.* возглавля́ть 1.

**возглавля́ть,** возглáвить (*вн.*) **1.** (*становиться во главе*) place òne¦sélf at the head [...hed] (of); возглáвить движéние за мир be in the fóre¦frònt of the Peace móve¦ment [...frʌnt...'muːv-]; **2.** *тк. несов.* (*быть во главе*) head (*d.*), be at the head (of); делегáцию возглавля́ет такóй-то the dèlegátion is led / héaded by só-and-sò [...'hed-...]; ~ предприя́тие be at the head of *the* énterprise. **~ся** (*тв.*) be únder the diréction (of); (*об экспедиции и т. п.*) be héaded [...'hed-] (by); (*о войсках*) be led (by).

**вóзглас** *м.* èxclamátion, cry; ~ы с мест cries from the áudience. **~и́ть** *сов. см.* возглашáть.

**возглашáть,** возгласи́ть (*вн.*) procláim (*d.*).

**возгóн||ка** *ж. хим.* sùblimátion. **~я́ть** (*вн.*) *хим.* súblimàte (*d.*).

**возгорáемость** *ж.* inflàmmabílity.

**возгор||áться,** возгорéться **1.** (*разгораться*) flare up; из и́скры ~и́тся плáмя the spark will kindle a flame; **2.** (*тв.*) be inflámed (with); ~ любóвью be smitten with love [...lʌv].

**возгорди́ться** *сов.* (*тв.*) become* proud (of); (*стать кичливым*) (begin* to) plume òne¦sélf (on), get* concéited [-'siː-] (abóut); get* a swelled head [...hed] (óver) *разг.*

**возгоре́ться** *сов. см.* возгора́ться.

**воздава́ть,** возда́ть (*вн., тв.*) rénder (*d.*); ~ по́чести (*дт.*) rénder hómage (to); ~ кому́-л. по заслу́гам requíte smb. accórding to his desérts [...-'zə:-]; ~ добро́м за зло rénder good for évil.

**возда́ть** *сов. см.* воздава́ть.

**воздая́ние** *с. уст.* requítal, récompènse; (*возмездие*) rètribútion.

**воздвига́ть,** воздви́гнуть (*вн.*) raise (*d.*), eréct (*d.*); ~ па́мятник raise / eréct *a* mónument. **~ся,** воздви́гнуться **1.** aríse*; **2.** *страд. к* воздвига́ть.

**воздви́гнуть(ся)** *сов. см.* воздвига́ть(ся).

**воздви́жение** *с.* (*церк. праздник*) Hóly Cross day.

**воздева́ть,** возде́ть (*вн.*) *поэт., уст.* ùp¦líft (*d.*).

**возде́йств||ие** *с.* (на *вн.*) ínfluence (up¦ón, on, óver); мора́льное ~ ascéndancy / ínfluence (óver); физи́ческое ~ còércion, force; ока́зывать ~ (на *вн.*) ínfluence (*d.*), have an ínfluence (up¦ón). **~овать** *несов. и сов.* (на *вн.*) ínfluence (*d.*), exért ínfluence (up¦ón), bring* ínfluence to bear [...bɛə] (up¦ón); ~овать си́лой use force.

**возде́лать** *сов. см.* возде́лывать.

**возде́лывать,** возде́лать (*вн.*) till (*d.*); ~ зе́млю till / cúltivàte the land.

**воздержа́в||шийся 1.** *прич. см.* возде́рживаться; **2.** *м. как сущ.*: ~шихся не́ было there were no àbsténtions, no one abstáined from vóting; при пяти́ ~шихся with five àbsténtions.

**воздержа́ние** *с.* **1.** (от) àbsténtion (from); **2.** (*умеренность*) àbstémious¦ness, témperance; **3.** (*половое*) cóntinence.

**возде́рж||(ан)ность** *ж.* ábstinence; (*умеренность*) àbstémious¦ness, témperance. **~(ан)ный** ábstinent; (*умеренный*) àbstémious, témperate; (*тк. в еде*) frúgal. **~а́ться** *сов. см.* возде́рживаться.

**возде́рж||иваться,** воздержа́ться (от) abstáin (from), refráin (from); (*отказываться*) declíne (+ to *inf.*), fòrbéar* [-'bɛə] (from, + *ger.*); ~ от голосова́ния abstáin from vóting; ~ от еды́ abstáin from food / éating; он не мог ~а́ться от замеча́ния he could not refráin from máking a remárk; he could not fòrbéar from máking, *или* fòrbéar máking, a remárk; he could not help máking a remárk *разг.*

**возде́ть** *сов. см.* воздева́ть.

**во́здух** *м.* air; подыша́ть све́жим ~ом take* / get* / catch* / have a breath of fresh air [...breθ...]; ◇ на (откры́том) ~е in the ópen (air), out of doors [...dɔ:z]; вы́йти на ~ go* out of doors, go* into the fresh air; носи́ться в ~е be in the air; необходи́м как ~ nécessary as the breath of *one's* nóstrils, *или* of life.

**воздуходу́в||ка** *ж. тех.* blást-èngine [-endʒ-], blówer [-ouə]. **~ный** *тех.* blast (*attr.*).

**воздухоме́р** *м. физ.* aërómeter [ɛə'rɔ-].

**воздухонагнета́тельный:** ~ насо́с *тех.* blást-machíne [-'ʃi:n].

**воздухопла́ва||ние** *с.* aeronáutics [ɛərə-], aerostátics [ɛəro-], aerostátion [ɛəro-]. **~тель** *м.* ballóonist. **~тельный** aeronáutic [ɛərə-], aerostátic [ɛəro-]; *воен.* ballóon (*attr.*).

**возду́шн||ость** *ж.* (*лёгкость*) áiriness, líghtness. **~ый 1.** air (*attr.*), áerial ['ɛə-]; ~ое сообще́ние air sérvice, áerial commùnicátion; прямо́е ~ое сообще́ние diréct air sérvice; ~ая желе́зная доро́га élevàted ráilway / ráilroad; ~ая ли́ния áir-lìne; ~ая по́чта air mail; ~ый шар ballóon; ~ый винт áirscrew, propéller; ~ая я́ма *ав.* áir-pòcket; ~ый флот air fleet; air force; ~ое простра́нство (*страны*) air space; ~ый пара́д air displáy; ~ая ата́ка air attáck; ~ая война́ air / áerial wárfàre, war in air; ~ый кана́л air duct / cónduit [...-dɪt]; ~ый насо́с áir-pùmp; ~ая прово́дка *эл.* óver¦héad wires [-'hed...] *pl.*; **2.** (*лёгкий*) áiry, light; ◇ ~ый пиро́г meríngue [-'ræŋ]; посла́ть ~ый поцелу́й кому́-л. kiss one's hand to smb.; посыла́ть ~ые поцелу́и blow* kisses [-ou...]; ~ые за́мки castles in the air.

**воззва́ние** *с.* appéal; (*провозглашение*) pròclamátion; Стокго́льмское ~ the Stóckhòlm Appéal [...-houm...]; ~ о запреще́нии а́томного ору́жия the Appéal to ban atómic wéapons [...'we-].

**воззва́ть** *сов. см.* взыва́ть.

**воззре́ние** *с.* **1.** view [vju:]; **2.** *мн.* views, ìdéas [aɪ'dɪəz], opínions; áttitùde *sg.*

**воззри́ться** *сов.* (на *вн.*) *разг.* stare (at).

**вози́ть,** *опред.* везти́, *сов.* повезти́ (*вн.*) **1.** convéy (*d.*), cárry (*d.*), take* (*d.*); (*в телеге*) cart (*d.*); (*кого-л. в экипаже и т. п.*) drive* (*d.*); (*привозить*) bring* (*d.*); **2.** (*тянуть — о лошади и т. п.*) draw* (*d.*).

**вози́ться 1.** (*без доп.*; *шуметь — о детях*) romp; **2.** (*копошиться*): в углу́ кто́-то во́зится smb. is búsy, *или* búsying hìm¦sélf, óver there in the córner [...'bɪzɪ...]; **3.** (с *тв.*) *разг.* (*заниматься*) spend* much time (óver) mess abóut (with) *пренебр.*; (*о причиняющем хлопоты, затруднения*) have trouble [...trʌ-] (with), bóther (with), have bóther (with); что ты там так до́лго во́зишься? what are you bóther¦ing / méssing abóut with so long?; он опя́ть во́зится со свое́й маши́ной he is agáin having trouble, *или* póttering, with his car; она́ во́зится на ку́хне she is póttering abóut in the kitchen.

**во́зк||а** *ж. разг.* cárriage [-rɪdʒ]; ~ на теле́ге cártage, cárting; дров оста́лось на три ~и three cártloads of wood are left [...wud...].

**возлага́ть,** возложи́ть (*вн.* на *вн.*) lay* (*d.* on), place (*d.* on); (*перен.*) charge (with *d.*), entrúst (with *d.*); ~ вено́к на моги́лу lay* a wreath* on *a* grave; ~ поруче́ние на кого́-л. entrúst smb. with *a* task; ~ наде́жды (на *вн.*) set* / pin one's hopes (on), repóse / place one's hopes (in); ~ отве́тственность на кого́-л. за что-л. make* smb. respónsible for smth.; ~ (всю) вину́ на кого́-л. lay* / put* the (whole) blame on smb. [...houl...], lay*/put* all the blame on smb.; ~ кома́ндование на кого́-л. give* smb. the commánd [...-ɑ:nd].

**во́зле** *нареч. и предл.* (*рд.*) by, near; ~ него́ by / near him; by his side, beside him.

**возлежа́ть,** возле́чь recline.

**возле́чь** *сов. см.* возлежа́ть.

**возлия́ние** *с.* libátion.

**возложи́ть** *сов. см.* возлага́ть.

**возлюбленная** *ж. скл. как прил.* swéet¦heart [-hɑːt], belóved [-'lʌvɪd]; *one's* love [...lʌv], lády-lòve [-lʌv] *шутл.*

**возлюбленный** I *прил.* belóved [-'lʌvɪd], dárling.

**возлюбленный** II *м. скл. как прил.* swéet¦heart [-hɑːt], belóved [-'lʌvɪd]; *one's* love [...lʌv] *шутл.*

**возмéздие** *с.* rètribútion, requítal; (*кара*) púnishment ['pʌ-]; заслу́женное ~ deśerved / condígn púnishment [-'zəːvd -'daɪn...]; получи́ть ~ be requíted / púnished [...'pʌ-].

**возмести́ть** *сов. см.* возмеща́ть.

**возмечта́ть** *сов.*: ~ о себе́ *разг.* concéive a high opínion of òne¦sélf [-'siːv...].

**возмещ||а́ть,** возмести́ть (что-л. кому́-л.) cómpènsàte (for smth. to smb.), make* up (for smth. to smb.); возмести́ть кому́-л. расхо́ды rè¦fúnd / rè¦imbúrse smb., rè¦imbúrse smb. his expénditure. **~éние** *с.* **1.** (*действие*) còmpènsátion; (*тк. о расходах*) rè¦imbúrse¦-ment, indèmnificátion; **2.** (*сумма*) còmpènsátion; (*тк. о расходах*) indémnity; (*по суду*) dámages *pl.*

**возмóжно** I **1.** *прил. кратк. см.* возмóжный; **2.** *предик. безл.* it is póssible, it may be, it is not ùn¦líke¦ly; éсли ~ if póssible; óчень ~ quite póssible, very líke¦ly; óчень ~, что it may well be that, it is very líke¦ly that, it is quite póssible that; ско́лько ~ (*с сущ. в ед. ч.*) as much as póssible; (*с сущ. во мн. ч.*) as many as póssible; наско́лько ~ as far as póssible.

**возмóжно** II **1.** *нареч.* (*при сравн. ст.*) as... as póssible; ~ скорée as soon as póssible; ~ быстрée as quick as póssible; ~ лу́чше as well as póssible; ~ лу́чший the best póssible; **2.** *как ввод. сл.* póssibly, perháps.

**возмóжн||ость** *ж.* **1.** pòssibílity; **2.** (*удобный случай*) òpportúnity, chance; дава́ть, предоставля́ть кому́-л. ~ give* smb. a chance, give* / affórd smb. an òpportúnity; предоста́вить кому́-л. широ́кую ~ províde smb. with ample òpportúnity; когда́ предста́вится ~ when an òpportúnity óffers / occúrs, *или* presénts ìt¦sélf [...-'zents...]; **3.** *мн.* means, resóurces [-'sɔːsɪz]; материа́льные ~ости means; произво́дственные ~ости prodúction potèntiálities; ~ости, зало́женные (в *пр.*) potèntiálities inhérent / látent (in), potèntiálities (of); ◇ по (мéре) ~ости as far as póssible; при пéрвой ~ости as soon as póssible; at one's éarliest convénience [...'əː-...], at the first òpportúnity. **~ый 1.** *прил.* póssible, féasible [-z-]; **2.** *с. как сущ.*: сдéлать всё ~ое do one's út¦mòst, do all in one's pówer, do one's (lével) best [...'le-...].

**возмужа́л||ость** *ж.* matúrity; (*тк. о мужчине*) viríllity. **~ый** grówn-úp [-oun-], matúre; (*тк. о мужчине*) viríle, mán¦ly; вы́глядеть ~ым have a viríle look.

**возмужа́ть** *сов.* **1.** (*стать взрослым*) grow* up [-ou...]; be grown up [...-oun...]; come* to man's estáte *поэт.*; **2.** (*окрепнуть*) gain in strength, grow* stróng(¦er).

**возмути́тельно** I **1.** *прил. кратк. см.* возмути́тельный; **2.** *предик. безл.* it is a scándal, it is scándalous; ~! disgústing!, disgráce¦-ful!, shócking!

**возмути́тельн||о** II *нареч.* scándalous¦ly, outrágeous¦ly. **~ый** scándalous, revólting, outrágeous, disgráce¦ful, shócking.

**возмути́ть(ся)** *сов. см.* возмуща́ть(ся).

**возмуща́ть,** возмути́ть (*вн.*) **1.** (*приводить в негодование*) revólt (*d.*), fill with ìndignátion (*d.*), rouse the ìndignátion (of), make* indígnant (*d.*); си́льно ~ когó-л. make* smb.'s blood boil [...blʌd...], exásperàte smb.; **2.** *уст.* (*побуждать к мятежу*) stir up (*d.*); **3.** *поэт.* (*выводить из состояния покоя*) trouble [trʌ-] (*d.*), distúrb (*d.*), pertúrb (*d.*). **~ся,** возмути́ться **1.** (чем-л., кем-л.) be indígnant (at smth., with smb.), be filled with ìndignátion (at smth., smb.), be exásperàted (by smth., smb.); (*сильно негодовать*) be óutràged; **2.** (прóтив) *уст.* (*восставать*) rebél (agáinst).

**возмущ||éние** *с.* **1.** (*негодование*) ìndignátion; (*от оскорбления, обиды*) resèntment [-'z-]; **2.** *уст.* (*восстание*) rebéllion, ìnsurréction; **3.** *астр.* pèrtùrbátion. **~ённый 1.** *прич. см.* возмуща́ть; **2.** *прил.* (*тв.*) indígnant (at).

**вознагради́ть** *сов. см.* вознагражда́ть.

**вознагражд||а́ть,** вознагради́ть (*вн.* за *вн.*) rewárd (*d.* for), récompènse (*d.* for); (*возмещать*) make* up (to smb. for); cómpènsàte (*d.* for). **~éние** *с.* rewárd, récompènse; (*оплата*) remùnerátion; (*гонорар*) fee; (*компенсация*) còmpènsátion; за (небольшóе) ~éние for a (small) consìderátion.

**вознегодова́ть** *сов.* be filled with ìndignátion; (на что-л., когó-л.) be indígnant (at smth., with smb.).

**возненави́деть** *сов.* (*вн.*) begin* to hate (*d.*), concéive a hátred [-iːv...] (for), come* to hate (*d.*).

**вознесéние** *с.* (*церк. праздник*) Ascénsion (Day).

**вознести́(сь)** *сов. см.* возноси́ть(ся).

**возник||а́ть,** возни́кнуть aríse*, spring* up; crop up *разг.*; (*появляться*) appéar; у негó возни́кла мысль it has occúrred to him; у негó возни́кло чу́вство he had a féeling; нóвые города́ ~а́ют по всей странé new towns are spríng¦ing up, *или* coming into bé¦ing, all óver the cóuntry [...'kʌ-]. **~новéние** *с.* órigin, beginning, rise; задóлго до егó ~новéния (*о городе и т. п.*) long befóre it came into bé¦-ing / exístence.

**возни́кнуть** *сов. см.* возника́ть.

**возни́ца** *м.* dríver; (*кучер*) cóach¦man*.

**возноси́ть,** вознести́ (*вн.*) *поэт.* raise (*d.*), lift up (*d.*). **~ся,** вознести́сь **1.** *поэт.* (*подниматься*) rise*; (*возвышаться*) tówer; **2.** *разг.* (*становиться высокомерным*) become* concéited [...-'siː-], become* stúck-úp.

**возня́** *ж.* **1.** fuss, bustle; (*шум*) noise, rácket, row; мыши́ная ~ (*перен.*) pétty intrígues [...-iːgz] *pl.*; **2.** (*хлопоты*) bóther, trouble [trʌ-].

**возобнов||и́ть(ся)** *сов. см.* возобновля́ть(ся). **~лéние** *с.* renéw¦al; (*после перерыва*) resúmption [-'zʌ-], ré¦comménce¦ment; (*пьесы*) revíval.

**возобновля́ть,** возобнови́ть (*вн.*) renéw (*d.*); (*после перерыва*) resúme [-'z-] (*d.*), ré¦comménce (*d.*); (*о пьесе*) revíve (*d.*): ~ абонемéнт, договóр renéw *a* subscríption, *an* agréement; ~ заня́тия resúme / ré¦comménce léssons; ~ дипломати́ческие отноше́ния resúme dìplomátic relátions; ~ перегово́ры ré-ópen / resúme negòtiátions / talks / discússions [...-gou-...]. **~ся,** возобнови́ться **1.** ré-comménce; **2.** *страд. к* возобновля́ть.

**возо́к** *м.* closed sleigh.

**возомни́ть** *сов.*: ~ о себе́ become* concéited [...-'si:-].

**возраж||а́ть,** возрази́ть **1.** (про́тив) objéct (to), raise an objéction (to, agáinst), take* excéption (to); про́тив э́того не́чего бы́ло возрази́ть nothing could be said agáinst that [...sed...]; не ~а́ю I don't mind, I have no objéction; вы не ~а́ете? you have no objéction?, you don't mind?; ему́ все единоду́шно ~а́ли all with one accórd oppósed him; **2.** (*отвечать*) retúrn, rejóin; (*резко*) retórt. **~е́ние** *с.* objéction; (*резкий ответ*) retórt; без ~е́ний! don't árgue!; ~е́ний нет there is no òpposítion [...-'zɪ-], no one is agáinst.

**возрази́ть** *сов. см.* возража́ть.

**во́зраст** *м.* age; одного́ ~а of the same age; преде́льный ~ age límit; шко́льный ~ school age; в ~е... лет of / at the age of...; aged...: в ~е 15 лет at the age of 15, aged 15; ◇ вы́йти из ~а (для чего́-л.) be too old (for smth.), pass the age límit; (*для военной службы и т. п.*) be above age; вы́йти из шко́льного ~а be no lóng:er of school age.

**возраст||а́ние** *с.* growth [-ouθ], ín:crease [-s]; (*особ. о звуках*) augmèntátion. **~а́ть,** возрасти́ grow* [-ou], in:créase [-s]; (*особ. о звуках*) augmént. **~а́ющий 1.** *прич. см.* возраста́ть; **2.** *прил.*: ~а́ющая ско́рость *физ.* àccéleràted velócity; ~а́ющая прогре́ссия *мат.* in:créasing progréssion [-s-...].

**возрасти́** *сов. см.* возраста́ть.

**возрастно́й** *прил. к* во́зраст; ~ ценз age quàlificátion.

**возроди́ть(ся)** *сов. см.* возрожда́ть(ся).

**возрожда́ть,** возроди́ть (*вн.*) **1.** (*восстанавливать*) revíve (*d.*); ~ к жи́зни restóre to life (*d.*); **2.** (*внушать энергию*) regéneràte (*d.*), breathe new life (into), revítalize [-'vaɪ-] (*d.*). **~ся,** возроди́ться **1.** revíve; **2.** (*почувствовать прилив энергии и т. п.*) retúrn to life, be restóred to life; **3.** *страд. к* возрожда́ть.

**Возрожде́ни||е** *с. ист.* Renáissance, Renáscence; эпо́ха ~я Renáissance, Renáscence.

**возрожде́ние** *с.* revíval, rè:bírth, renáscence; ~ к жи́зни rè:bírth; ~ промы́шленности rè:bírth / revíval of índustry.

**во́зчик** *м.* cárter, dráy:man*.

**возыме́ть** *сов.* (*вн.*) concéive [-i:v] (*d.*), form (*d.*); ~ жела́ние feel* a wish; ~ наме́рение form the inténtion; ◇ ~ де́йствие have / prodúce an efféct; ~ си́лу come* into force.

**во́ин** *м.* fíghting man*; sóldier [-dʒə]; wárrior *поэт.* **~ский** mílitary; (*подобающий военному*) mártial; ~ская часть mílitary únit; ~ский по́езд mílitary / troop train; ~ский дух mártial spírit; ~ская до́блесть mílitary válour [...'væ-]; ~ские по́чести mílitary hónours [...'ɔ-]; ~ская обя́занность mílitary sérvice; ~ская пови́нность conscríption, compúlsory mílitary sérvice.

**во́инственно** I *прил. кратк. см.* во́инственный.

**во́инственн||о** II *нареч.*: вы́глядеть ~ look béllicòse [...-s]; быть ~ настро́енным be béllicòse. **~ость** *ж.* bèllicósity, wárlike cháracter [...'k-]. **~ый** mártial; wárlike, béllicòse [-s] (*тж. перен.*); **~ый** вид, тон wárlike / béllicòse air, tone.

**во́инство** *с. тк. ед. собир. уст.* ármy, host [hou-].

**во́инствующий** mílitant.

**вои́стину** *нареч. уст.* vérily, in truth [...tru:θ].

**вои́тель** *м. поэт.* wárrior.

**вой** *м. тк. ед.* howl, hówling; (*о плаче*) wail; ~ ве́тра wail / wáiling of the wind [...wɪ-]; подня́ть ~ set* up a howl / wail.

**во́йло||к** *м.* thick felt. **~чный** felt (*attr.*).

**войн||а́** *ж.* war; (*ведение войны*) wárfàre; гражда́нская ~ cívil war; партиза́нская ~ pàrtisán / guer(r)ílla wárfàre [-'z- gə-...]; Вели́кая Оте́чественная ~ the Great Pàtriótic war [...-eɪt...]; справедли́вая ~ just war; мирова́я ~ world war; империалисти́ческая ~ impérialist war; морска́я ~ nával wárfàre, sea war; хими́ческая ~ chémical / gas wárfàre ['ke-...]; возду́шная ~, ~ в во́здухе air / áerial wárfàre [...'ɛər-...], war in the air; холо́дная ~ cold war; начала́сь ~ war broke out; объяви́ть ~у́ (*дт.*) decláre war (on); вести́ ~у́ wage war, fight* a war; находи́ться в состоя́нии ~ы́ (с *тв.*) be at war (with); на ~е́ in the war.

**войска́** *мн.* troops; fórce(s); сухопу́тные ~ land fórces; ~ прикры́тия cóvering force ['kʌ-...] *sg.*; бронета́нковые ~ ármour:ed troops / fórces; ~ свя́зи sígnal troops; commùnicátion troops *амер.*; инжене́рные ~ èngìnéers [endʒ-]; наёмные ~ mércenary ármy *sg.*, mércenaries.

**во́йско** *с.* ármy; fórces *pl.* **~во́й** ármy (*attr.*), mílitary.

**войти́** *сов. см.* входи́ть.

**вока́була** *ж.* **1.** *лингв.* vócable; **2.** *мн. уст.* vocábulary *sg.*

**вокализа́ция** *ж. лингв., муз.* vòcalìzátion [voukəlaɪ-].

**вокали́зм** *м. лингв.* vócal:ism.

**вокали́зы** *мн. муз.* éxercìse in vòcalìzátion [...voukəlaɪ-] *sg.*

**вокали́ст** *м. муз.* vócalist ['vou-].

**вока́льн||ый** vócal; ~ая му́зыка vócal músic [...-z-].

**вокза́л** *м.* (ráilway) státion; речно́й ~ ríver:side státion ['rɪ-...].

**вокза́льный** *прил. к* вокза́л.

**вокру́г** *нареч. и предл.* (*рд.*) round, aróund; ~ све́та round the world; ◇ верте́ться, ходи́ть ~ да о́коло *разг.* ≅ beat* about the bush [...buʃ].

**ВОКС** *м.* (Всесою́зное о́бщество культу́рной свя́зи с заграни́цей) The U.S.S.R. Society for Cúltural Relátions with Fóreign Cóuntries [...'fɔrɪn 'kʌ-].

**вол** *м.* ox*, búllock ['bu-].

**вола́н** *м.* **1.** (*оборка*) flounce; **2.** (*для игры*) shúttle:còck; игра́ в ~ báttle:dòre and shúttle:còck.

**волды́рь** *м.* (*пузырь*) blíster; (*шишка*) bump.

**волево́й 1.** vòlítional [vou-]; ~ и́мпульс vòlítional ímpulse; **2.** (*решительный*) stróng-willed, résolùte [-z-], detérmined.

**волеизъявле́ние** *с.* will; (*о желании*) desíre [-'z-].

**волейбо́л** *м. спорт.* vólley-bàll. **~и́ст** *м.* vólley-bàller, vólley-bàll pláyer.

**волейбо́льный** *прил. к* волейбо́л.

**во́лей-нево́лей** *нареч. разг.* wílly-nílly.

**волжа́н||ин** *м.*, **~ка** *ж.* nátive of the Vólga région.

**во́лжский** Vólga (*attr.*), of the Vólga.

**волк** *м.* wolf* [wulf]; ◇ ~ в ове́чьей шку́ре wolf in sheep's clóthing [...-ou-]; морско́й ~ *разг.* old salt, séa-dòg; ~ом смотре́ть scowl, lour.

**волк-маши́на** *ж. текст.* wíllow.

**волкода́в** *м.* wólf-hound ['wu-].

**волна́** *ж.* (*в разн. знач.*) wave; (*разбивающаяся у берега*) bréaker [-eɪkə]; больша́я ~ héavy wave ['he-...]; bíllow *поэт.*; взрывна́я ~ blast; электромагни́тные во́лны eléctromàgnétic waves; расту́щая ~ недово́льства rísing tide of díscontént.

**волне́н||ие** *с.* **1.** àgitátion; (*душевное*) emótion; (*нервное состояние*) nérvous¦ness; (*сильная тревога*) alárm; в ~ии ágitàted, excíted; **2.** (*на воде*) chóppiness, róughness ['rʌf-]; на́ мо́ре, на о́зере ~ the sea, the lake is tróubled / rough / chóppy [...trʌ- rʌf...]; **3.** *мн.* (*беспорядки*) ríot *sg.*, distúrbance *sg.*

**волни́ст||ый** wávy; (*о металле*) córrugàted; ~ые во́лосы wávy hair *sg.*

**волнова́ть,** взволнова́ть (*вн.*) **1.** ágitàte (*d.*), tróuble [trʌ-] (*d.*); (*возбуждать*) excíte (*d.*); (*умы*) stir (*d.*); (*беспокоить*) distúrb (*d.*), wórry ['wʌ-] (*d.*); (*тревожить*) alárm (*d.*); (*расстраивать*) ùpsét* (*d.*); волну́емый воспомина́ниями ágitàted by mémories; **2.** (*о поверхности чего-л.*) rúffle (*d.*). **~ся,** взволнова́ться **1.** be ágitàted, be in àgitátion; (*быть расстроенным*) be ùpsét; (*беспокоиться*) be distúrbed, be wórried [...'wʌ-], be ùn¦éasy [...-zɪ]; (*тревожиться*) be alármed; (*нервничать*) be nérvous; get* / be excíted; ~ся из-за чего́-л. wórry abóut smth. ['wʌ-...], fret òne¦sélf abóut smth.; **2.** (*о воде*) be chóppy / ágitàted; (*слегка*) rípple; (*о море*) be rough [...rʌf]; (*вздыматься*) rise* in waves, surge, bíllow; **3.** *тк. несов. уст.* (*о народных волнениях*) be in a state of férmènt.

**волнов||о́й** *физ.* wave (*attr.*); (*идущий волнами*) úndulàtory [-leɪ-]; ~а́я тео́рия wave théory [...'θɪə-]; ~о́е движе́ние úndulàtory / úndulàting móve¦ment [...'muːv-].

**волно||ло́м** *м.* bréakwàter [-eɪkwɔː-]. **~ме́р** *м. тех.* wáve-mèter.

**волнообра́зн||ый** úndulàting, úndulàtory [-leɪ-], wávy; ~ая пове́рхность úndulàting / wávy súrface; ~ая обмо́тка *эл.* wave wínding.

**волноре́з** *м.* bréakwàter [-eɪkwɔː-].

**волноуловитель** *м. рад.* wave detéctor.

**волну́ющ||ий** (*тревожный*) pertúrbing, distúrbing; (*нервирующий*) nérve-ràcking; (*возбуждающий*) excíting, stírring; (*полный очарования*) thrílling; ~ го́лос thrílling voice; ~ие собы́тия stírring evénts; ~ая речь móving speech ['muːv-...]; ~ая пье́са stírring / thrílling play.

**воло́в||ий** *прил. к* вол; ~ья шку́ра óx-hìde.

**во́лок** *м.* pórtage (*carrying place between two navigable waters*).

**волоки́та I** *ж.* (*канцелярская*) red tape; procràstinátion.

**волоки́та II** *м. разг.* (*ухаживатель*) ládies' man*, gallánt; ста́рый ~ old spark.

**волоки́тчик** *м. разг.* réd-tápist [-'teɪ-], réd-tápe mérchant, procrástinàtor.

**волокни́ст||ый** fíbrous; ~ лён fíbrous flax; ~ое мя́со stríng¦y meat.

**волокно́** *с.* fíbre, fílament; иску́сственное ~ àrtifícial fíbre.

**во́локом** *нареч.*: тащи́ть ~ (*вн.*) *разг.* drag (*d.*); переправля́ть ~ (*вн.*) pórtage (*d.*).

**волонтёр** *м.* vòluntéer.

**волоо́кий** óx-eyed [-aɪd].

**Волопа́с** *м.* (*созвездие*) Bòótès [-tiːz].

**во́лос** *м.* hair; ко́нский ~ hórse-hair; све́тлые ~ы fair hair *sg.*; седы́е ~ы grey hair *sg.*; ◇ ~ы стано́вятся ды́бом one's hair stands on end; э́то притя́нуто за́ ~ы it is fár-fétched; красне́ть до корне́й воло́с blush to the roots of one's hair; ни на́ ~ not a grain; рвать на себе́ ~ы tear* one's hair [tɛə...]. **~а́тик** *м. зоол.* háir-wòrm. **~а́тый** háiry; hírsùte *научн.*; (*косматый*) shággy. **~и́стый** *мин.* fíbrous. **~но́й** *физ.* capíllary; ~ны́е сосу́ды *анат.* capíllaries. **~ность** *ж. физ.* càpillárity.

**волос||о́к** *м.* **1.** *уменьш. от* во́лос; **2.** (*в часах*) háir-sprìng; (*в электрической лампочке*) fílament; (*в оптическом приборе*) hair; ◇ быть на ~ от чего́-л. be withín a háirbreadth of smth. [...-bre-...]; висе́ть, держа́ться на ~ке́ hang* by a thread [...θred]; не тро́нуть ~ка́ у кого́-л. not touch a hair of smb.'s head [...tʌtʃ... hed].

**волостно́й** *прил. к* во́лость.

**во́лость** *ж. ист.* vólost (*small rural district*).

**волосяно́й** *прил. к* во́лос; ~ покро́в (*головы*) scalp; ~ матра́ц hórse-hair máttress.

**волоч||е́ние** *с.* (*о проволоке*) wíre-dràwing. **~и́льный** *тех.* wíre-dràwing (*attr.*); ~и́льная маши́на dráwing-machíne [-'ʃiːn]; ~и́льная доска́ *тех.* dráw-plàte. **~и́льщик** *м.* wíre-dràwer. **~и́ть** (*вн.*) **1.** drag (*d.*) ~и́ть подо́л drággle one's skirts; ~и́ть но́ги (*при ходьбе*) shúffle one's feet; е́ле но́ги ~и́ть *разг.* be hárdly able to drag one's legs alóng; **2.** *тех.* draw* (*d.*). **~и́ться 1.** drag, trail, be drágged, be tráiled; **2.** (*за тв.*) *разг.* (*ухаживать*) dángle (áfter), run* (áfter).

**волхвы́** *мн. библ.* Mági.

**волча́нка** *ж. мед.* lúpus.

**волча́та** *мн. см.* волчо́нок.

**во́лч||ий** *прил. к* волк; lúpìne *книжн.*; ~ья шу́ба wólfskìn coat ['wu-...]; ~ья пасть *мед.* cleft pálate; ~ья я́года *бот.* spúrge-laurel [-lɔ-]; ~ья я́ма *воен.* wólf-hòle ['wu-]; ◇ ~ аппети́т *разг.* vorácious áppetìte; получи́ть ~ па́спорт *разг.* get* on the black list, be bláckllsted.

**волчи́ха** *ж.*, **волчи́ца** *ж.* shé-wólf* [-'wu-].

**волч||о́к** *м.* (*игрушка*) top; верте́ться ~ко́м spin* round and round, spin* like a top.

**волчо́нок** *м.* wólf-cùb ['wu-].

**волшéб||ник** *м.* magician, sórcerer, wizard ['wɪ-]. **~ница** *ж.* enchántress [-ɑːn-], sórceress. **~ный** mágic; (*чарующий*) be¦witching, enchánting [-ɑːn-]; ~ные звýки mágic / be¦witching sounds; ~ная красотá enchánting béauty [...'bjuː-]; ◇ ~ное цáрство Fáiryland, enchánted king¦dom [-ɑːn...]; ~ный фонáрь mágic lántern. **~ствó** *с.* mágic, sórcery; (*очарование*) mágic, enchántment [-ɑːn-]; по ~ствý by mágic.

**волы́н||ка** *ж.* **1.** (*музык. инструмент*) bágpipes *pl.*; **2.** *тк. ед. разг.* (*медлительность, затягивание дела*) dáwdling, deláy, dilatoriness; тянýть ~ку dawdle; drag out, be dilatory. **~щик** *м.* **1.** (*музыкант*) píper; **2.** *разг.* dáwdler.

**вольгóтн||о** *нареч. разг.* in fréedom. **~ый** *разг.* free, of fréedom.

**вольéр** *м.*, **~а** *ж.* ópen-air cage.

**вóльн||ая** *ж. скл. как прил. ист.* létter of enfránchise¦ment; давáть комý-л. ~ую give* smb. his fréedom.

**вóльница** *ж. тк. ед. собир. ист.* frée¦men *pl.*; (*о войске*) fréebooters *pl.*

**вóльничать** (с *тв.*) take* líberties (with).

**вóльно** *нареч.* **1.** (*свободно*) fréely; ~ или невóльно vóluntarily or not; **2.** *воен.*, *спорт.* at ease; ~! (*команда*) stand éasy! [...'iːzɪ].

**вольнó** *предик. разг.*: ~ тебé it's of your own chóosing [...oun...], you your¦sélf chose.

**вольнодýм||ец** *м. уст.* frée-thínker. **~ный** *уст.* frée-thínking. **~ство** *с. уст.* frée-thínking.

**вольнолюби́вый** *уст.* fréedom-lòving [-lʌ-].

**вольномы́слие** *с. уст.* frée-thìnking, free thought.

**вольно||наёмный** civílian. **~определяю́щийся** *м. скл. как прил. ист.* (*в армию*) vòluntéer.

**вольноотпýщенн||ик** *м. ист.* (*о рабе*) emáncipàted slave; fréed¦màn*; (*о крепостном*) emáncipàted serf. **~ица** *ж. ист.* fréed¦wòman* [-wu-]. **~ый** *ист.* **1.** *прил.* freed, emáncipàted; **2.** *м. как сущ.* = вольноотпýщенник.

**вольно||практикýющий:** ~ врач prívate pràctítioner ['praɪ-...]. **~слýшатель** *м.* ún¦attáched / extérnal stúdent.

**вóльн||ость** *ж.* **1.** liberty, fréedom; поэти́ческая ~ pòétic lícence [...'laɪ-]; **2.** (*излишняя непринуждённость*) liberty, famìliárity; ~ в обращéнии úndúe famìliárity; позволя́ть себé ~ости take* líberties; **3.** *ист.* fréedom. **~ый** **1.** free; **2.** (*не стеснённый законами и т. п.*) ún¦restrícted; ~ая продáжа ún¦restrícted sale; по ~ой ценé at an agréed price; **3.** (*излишне непринуждённый*) free, famíliar, ímpudent; ~ое поведéние ímpudent behâviour; ◇ ~ый гóрод free cíty [...'sɪ-]; ~ая гáвань free port; ~ый перевóд free trànslátion [...-ɑːn-]; ~ые упражнéния free éxercises / gymnástics, free càlisthénics; на ~ом вóздухе in the ópen (air); ~ая пти́ца *разг.* one's own máster [...oun...].

**вольт** I *м. физ.* volt.

**вольт** II *м. спорт.* vólte ['vɔltɪ].

**вольт||áж** *м. физ.* vóltage. **~áметр** *м. физ.* vòltámeter [vɔ-].

**вольтерья́н||ец** [-тэ-] *м. ист.* Vòltáirian [vɔ-]. **~ство** [-тэ-] *с. ист.* Vòltáirianism [vɔ-].

**вольтиж||ёр** *м. спорт.* equéstrian váulter. **~и́ровать** *спорт.* vault (on hórse¦bàck). **~иро́вка** *ж. спорт.* equéstrian váulting.

**вольтмéтр** *м. физ.* vóltmèter ['vɔ-].

**вольфрáм** *м.* (*металл*) túngsten [-ŋs-]; (*руда*) wólfram ['wu-]. **~овый** túngsten [-ŋs-] (*attr.*); ~овая лáмпочка túngsten lamp; ~овая рудá wólfram ['wu-].

**волюнтари́зм** *м. филос.* vóluntarism.

**волю́та** *ж. арх.* volúte.

**вóл||я** *ж.* **1.** (*в разн. знач.*) will; свобóдная ~ free will; си́льная ~ strong will; имéть си́лу ~и сдéлать что-л. have the will-power, *или* the strength of will / mind, to do smth.; лю́ди дóброй ~и people of good will [piː-...]; э́то в вáшей ~е it is in your pówer; по дóброй ~е vóluntarily, of one's own free will [...oun...], of one's own accórd; по своéй ~е of one's own free will; не по своéй ~е agáinst one's will; поми́мо егó ~и in spite of him¦sélf; **2.** (*свобода*) líberty; он на ~е he is at líberty, he is free; отпускáть на ~ю (*вн.*) set* at líberty (*d.*), líberàte (*d.*); **3.** (*отмена крепостного права*) Emàncipátion; ◇ ~ вáша *разг.* as you please, as you like; давáть ~ю чемý-л. (*чувствам и т. п.*) give* vent to smth.; не давáть ~и своемý чýвству keep* / hold* one's féeling(s) in check, curb one's féeling(s); давáть ~ю воображéнию give* rein to one's imàginátion; давáть ~ю рукáм *разг.* be réady with one's hands / fists [...'re-...]; ~ею сýдеб as fate (has) willed it; на ~ю (*на свежий воздух*) into the fresh air, into the ópen.

**вон** I *нареч.* (*прочь*) out; вы́йти ~ go* out; вы́гнать ~ (*вн.*) drive* out (*d.*), turn out (*d.*); ~! a¦wáy!, get a¦wáy!; ~ отсю́да!, пошёл ~! get out (of here)!, clear out!; ~ егó! out with him!; ◇ из рук ~ плóхо wrétchedly; из ря́да ~ выходя́щий óutstànding, ùn¦úsual [-ʒu-], out of the cómmon (run); э́то у меня́ (совсéм) из умá ~ *разг.* it quite escáped me, I had clean forgótten it.

**вон** II *частица* (*там*) there, óver there; ~ он идёт there he is; ◇ ~ он какóй! so that's the sort of féllow he is, is he?; ~ онó что! *разг.* so that's it!

**вонз||áть,** вонзи́ть (*вн.*) stick* (*d.*); (*о кинжале и т. п.*) thrust* (*d.*), plunge (*d.*). **~áться,** вонзи́ться **1.** pierce [pɪəs], go* into; **2.** *страд. к* вонзáть. **~и́ть(ся)** *сов. см.* вонзáть(ся).

**вон||ь** *ж. разг.* stink, stench. **~ю́чий** *разг.* stínking, fétid, pútrid. **~ю́чка** *ж. зоол.* skunk. **~я́ть** (*тв.*) *разг.* stink* (of); (*без доп. тж.*) have a foul / fétid / pútrid smell.

**воображáем||ый** imáginary; ~ая ли́ния *мат.* imáginary line.

**воображ||áть,** вообрази́ть (*вн.*) imágine (*d.*), fáncy (*d.*); вообрази́ть себé что-л. imágine smth., take* smth. into one's head [...hed], fáncy smth.; ◇ вообрази́те! fáncy!; ~ о себé *разг.* think* too much of òne¦sélf; think* no small beer of òne¦sélf *идиом.*; ~áю! *разг.* I can just imágine. **~áться,** вообрази́ться **1.** seem; **2.** *страд. к* воображáть. **~éние** *с.* imàginátion; спосóбность ~éния imáginative¦ness имéть (большýю) сúлу ~éния be (highly) ìmáginative, have a great pówer of imàginátion [...greɪt...]; в ~éнии in imàginátion, in fáncy, in the mind's eye [...aɪ]; живóе ~éние líve¦ly imàginátion.

**воображ||úмый** imáginable. **~úть(ся)** *сов. см.* воображáть(ся).

**вообщé** *нареч.* **1.** (*в общем*) in géneral, génerally (spéaking); (*в целом*) àltogéther [-'ge-], on the whole [...h-], up¦ón the whole; **2.** (*всегда*) álways ['ɔːlwəz]; он ~ такóй he is álways like that; **3.** (*совсем — при* не, éсли) at all: он ~ не придёт he won't come at all [...wount...]; ◇ ~ говорý (*в общем*) génerally spéaking; (*собственно говоря*) as a mátter of fact.

**воодушевúть(ся)** *сов. см.* воодушевлять (-ся).

**воодушевл||éние** *с.* **1.** (*действие*) inspíriting, róusing; **2.** (*увлечение*) árdour, enthúsiàsm [-zɪ-], férvour; (*вдохновение*) inspirátion. **~ённый 1.** *прич. см.* воодушевлять; **2.** *прил.* enthùsiástic [-zɪ-], férvent; (*вдохновенный*) inspíred.

**воодушевлять,** воодушевúть (*вн.*) inspíre (*d.*); (*побуждать к деятельности*) inspírit (*d.*); (*увлекать*) inspíre / fill with enthúsiàsm [...-zɪ-] (*d.*). **~ся,** воодушевúться be ánimàted, be inspíred, be filled with enthúsiàsm [...-zɪ-].

**вооруж||áть,** вооружúть **1.** (*вн. тв.*; *прям. и перен.*) arm (*d.* with); (*перен. тж.*) make* máster (*d.* of), put* in posséssion [...-'ze-] (*d.* of); вооружúть когó-л. знáниями arm / equíp smb. with knówledge [...'nɔ-]; вооружúть когó-л. необходúмыми свéдениями instrúct smb., supplý smb. with ìnformátion; ~ённый тéхникой armed with téchnical means / applíances; **2.** (*вн.* прóтив; *восстанавливать*) ínstigàte (*d.* agáinst). **~áться,** вооружúться **1.** arm; (*перен.*) arm / províde / fúrnish òne¦sélf; ~úться терпéнием arm òne¦sélf with pátience, be pátient, have pátience; вооружúться знáниями arm / equíp òne¦sélf with knówledge / ìnformátion [...'nɔ-...]; **2.** *страд. к* вооружáть. **~éние** *с.* **1.** (*действие*) ármament; **2.** (*оружие*) ármament; arms *pl.*; (*военного корабля*) ármament; состоять на ~éнии (*рд.*) be adópted (by, in); имéть на ~éнии (*вн.*) be armed (with); **3.** (*приспособления, принадлежности*) equípment; réquisites [-zɪts] *pl.*; пáрусное ~éние *мор.* (sáiling) rig. **~ённый 1.** *прич. см.* вооружáть; **2.** *прил.* armed; (*тв.*; *перен.*) posséssed [-'ze-] (of), in posséssion [...-'ze-] (of), armed (with); ~ённые сúлы armed fórces; ~ённое восстáние armed revólt / rísing / ìnsurréction; rísing in arms; ~ённое столкновéние armed cónflict; (*стычка*) pássage of arms; ◇ ~ённый до зубóв armed to the teeth. **~úть(ся)** *сов. см.* вооружáть(ся).

**вoóчию** *нареч.* with one's own eyes [...oun aɪz]; ~ убедúться в чём-л. see* smth. with one's own eyes, see* smth. for òne¦sélf.

**во-пéрвых** *вводн. сл.* first of all, in the first place, for one thing; fírst¦ly (*тк. при перечислении*).

**вопúть** *разг.* (*кричать*) howl; (*плакать*) wail.

**вопиющ||ий** scándalous, crýing; ~ая несправедлúвость crýing injústice; ~ факт scándalous thing / mátter; ~ее безобрáзие crýing shame; ~ее противорéчие flágrant / gláring còntradíction; ◇ глас ~его в пустынé the voice in the wílderness.

**воплотúть(ся)** *сов. см.* воплощáть(ся).

**воплощ||áть,** воплотúть (*вн.*) ín¦càrnàte (*d.*), embódy [-'bɔ-] (*d.*); (*олицетворять*) pèrsónifỳ (*d.*); ~ в себé be the ìn¦càrnátion (of), be the pèrsònificátion / embódiment (of), pèrsónifỳ (*d.*); ~ в жизнь réalìze ['rɪə-] (*d.*), embódy (*d.*), convért into a fact (*d.*). **~áться,** воплотúться be ín¦càrnàted / embódied [...-'bɔ-]; (*олицетворяться*) be pèrsónified. **~éние** *с.* ìn¦càrnátion, embódiment; (*олицетворение*) pèrsònificátion; (*осуществление*) realìzátion [rɪəlaɪ-]; он ~éние скýпости he is méanness pèrsónified / ìn¦cárnate; он ~éние здорóвья he is the pícture of health [...helθ]. **~ённый 1.** *прич. см.* воплощáть; **2.** *прил.* ìn¦cárnate; (*олицетворённый*) pèrsónified (*после сущ.*); он ~ённое благорóдство he is the soul of hónour [...soul... 'ɔnə].

**вопль** *м.* (*крик*) howl, (loud) cry; (*плач*) wail.

**вопрекú** *предл.* (*дт.*) in spite of; despíte; (*несмотря*) nòt¦with¦stánding; (*против*) agáinst; (*наперекор*) in defíance of, regárdless of, in the teeth of, cóntrary to; ~ всем прáвилам regárdless of the rules, in the teeth of every rule; ~ чьемý-л. желáнию nòt¦with¦stánding / despíte / agáinst smb.'s desíre [...-'zaɪə]; ~ дáнному слóву in spite of one's prómise [...-ɪs]; ~ чьемý-л. совéту agáinst, *или* regárdless of, smb.'s advíce.

**вопрóс** *м.* (*в разн. знач.*) quéstion [-stʃ-]; (*дело тж.*) mátter; (*предмет спора, обсуждения*) íssue; задáть ~ ask / put* a quéstion; спóрный ~ moot point, vexed quéstion; ~ не в э́том that is not the quéstion; что за ~! what a quéstion!, of course! [...kɔːs]; ~ состоúт в том, что the quéstion / próblem is [...'prɔ-...]; весь ~ в том, чтóбы (+ *инф.*) the whole point is [...houl...] (+ to *inf.*); остáться под ~ом remáin úndecíded; постáвить под ~ (*вн.*) quéstion (*d.*), call in quéstion (*d.*); э́то ещё ~, согласúтся ли он it remáins to be seen whéther he will agrée; поднять ~ raise *a* quéstion; изучúть ~ stúdy *the* quéstion ['stʌ-...], go* into *the* quéstion; ~ врéмени quéstion of time; ~ чéсти point of hónour [...'ɔnə]; ~ жúзни и смéрти a mátter of life and death [...deθ]; э́то совсéм другóй ~ that is quite anóther, *или* a dífferent, mátter / quéstion; ~ы, стоящие в порядке дня (points on the) agénda.

**вопросúтельн||ый** ìnterrógative; (*о взгляде, тоне и т. п.*) ìn¦quíring, quéstioning [-stʃ-]; of ìn¦quíry; ~ знак quéstion-màrk [-stʃ-], note / mark of ìntèrrogátion; ~ое предложéние *грам.* quéstion [-stʃ-].

**вопросúть** *сов. см.* вопрошáть.

**вопрóсник** *м.* quèstionnáire [kestɪə'nɛə].

**вопрошáть,** вопросúть (*вн.*) *уст.* ìn¦quíre (of), quéstion [-stʃ-] (*d.*).

**вор** *м.* thief* [θiːf]; (*мелкий*) pílferer; кармáнный ~ píckpòcket; магазúнный ~ shóplifter; держúте ~а! stop thief*!; ◇ на ~е шáпка горúт *погов.* ≅ an ùn¦éasy cónscience betráys ìt¦sélf [-'iːzɪ -ʃəns...]; the cap fits.

**во́рвань** *ж.* tráin-oil, blúbber-oil.

**ворва́ться** *сов. см.* врыва́ться II.

**вори́шка** *м. разг.* pílferer, pétty thief* [...θi:f]; (*малолетний вор*) young thief* [jʌŋ...].

**воркова́||нье** *с.* cóo¦ing. **~ть** coo; (*перен.*) bill and coo.

**воркотня́** *ж. разг.* grúmbling, gróusing [-s-].

**вороб||е́й** *м.* spárrow; ◇ ста́рого ~ья́ на мяки́не не проведёшь *погов.* an old bird is not caught with chaff; стре́ляный ~ *разг.* old bird, dówny bird, old stáger.

**воробьи́н||ый** *прил. к* воробе́й; pásserine *книжн.*; ◇ ~ая ночь súmmer night; (*с зарницами*) thúndery súmmer night.

**воро́в||анный** stólen. **~а́тый** *разг.* thíevish ['θi:-].

**ворова́ть** (*вн.*) steal* (*d.*); (*о мелкой краже*) pílfer (*d.*); filch (*d.*), pinch (*d.*) *разг.*; ~ что-л. у кого́-л. steal* / filch smth. from smb.

**воро́в||ка** *ж.* thief* [θi:f]. **~ски́** *нареч.* thíevishly ['θi:v-], in an únderhànd way. **~ско́й** *прил. к* вор; (*свойственный вору*) thíevish ['θi:v-]; ~ско́й жарго́н thieves' cant / Látin [θi:-...]; ~ско́й прито́н den of thieves; ~ски́е приёмы thíevish méthods. **~ство́** *с.* stéaling, thíeving ['θi:-]; (*мелкое*) pílfering; fílching, pínching *разг.*; занима́ться ~ство́м be a thief* [...θi:f]; ◇ литерату́рное ~ство́ plágiarism.

**ворожба́** *ж. тк. ед. уст.* fórtune-tèlling [-ʧən-].

**ворож||ея́** *ж. уст.* fórtune-tèller [-ʧən-]. **~и́ть**, поворожи́ть *уст.* tell* fórtunes [...-ʧənz]; ~и́ть кому́-л. tell* smb.'s fórtune.

**во́рон** *м.* ráven; ◇ ~ ~у глаз не вы́клюет *посл.* ≅ dog does not eat dog.

**воро́на** *ж.* crow [-ou]; (*перен.*: *ротозей*) bóoby; ◇ ~ в павли́ньих пе́рьях ≅ daw in péacòck's féathers [...'fe-]; воро́н счита́ть *разг.* gape; бе́лая ~ rára ávis; пу́ганая ~ куста́ бои́тся ≅ a burnt child dreads a fire [...dredz...].

**воронён||ый** blued; ~ая сталь blue(d) steel, búrnished steel.

**воро́ний** *прил. к* воро́на; córvine *книжн.*

**ворони́ть** (*вн.*) *тех.* blue (*d.*), búrnish (*d.*).

**воро́нка** *ж.* **1.** (*для наливания*) fúnnel; **2.** (*яма*) cráter; (*от снаряда*) shéll-hòle; ми́нная ~ míne-cràter.

**воронкообра́зный** fúnnel-shàped.

**во́ронов:** цве́та ~а крыла́ ≅ jét-bláck; ráven (*attr.*).

**ворон||о́й** black: ~а́я ло́шадь black horse; ◇ прокати́ть на ~ы́х (*вн.*) *разг. уст.* (*забаллотировать*) bláckbàll (*d.*).

**воронье́** *с. тк. ед. собир.* cárrion-crόws [-ouz] *pl.*

**во́рот** I *м.* (*одежды*) cóllar; схвати́ть за ~ (*вн.*) seize by the cóllar [si:z...] (*d.*), cóllar (*d.*).

**во́рот** II *м. тех.* windlass ['wınd-].

**воро́та** *мн.* gate *sg.*, gates; (*в футболе*) goal *sg.*; (*в крокете*) hoop *sg.*; шлю́зные ~ lóck-gàte *sg.*; триумфа́льные ~ triúmphal arch *sg.*; стоя́ть в ~х stand* in the gáte¦way; пройти́ ми́мо воро́т (*о мяче*) miss the goal; ◇ пришла́ беда́, отворя́й ворота́ *погов.* ≅ troubles / misfórtunes never come síngly [trʌ- -ʧənz...], it never rains but it pours [...pɔ:z].

**вороти́ла** *м. разг.* big pot, bígwìg, boss.

**вороти́ть** I *сов. разг.* = верну́ть 3; сде́ланного не воро́тишь what's done can't be ún¦dóne [...kɑ:nt...].

**вороти́ть** II *разг.* **1.** (*вн.*): ~ нос (от) turn up one's nose (at); его́ воро́тит от э́того it makes him sick to look at this; **2.** (*распоряжаться*) = воро́чать 2.

**вороти́||ться** *сов. разг.* retúrn; он уже́ ~лся he is back.

**воротни́к** *м.* cóllar; стоя́чий ~ high cóllar.

**воротничо́к** *м.* cóllar; крахма́льный ~ stiff cóllar; мя́гкий ~ soft cóllar.

**воро́тн||ый:** ~ая ве́на *анат.* pórtal vein.

**во́рох** *м.* pile; heap (*тж. перен.*); ~ бума́г pile / heap of pápers; ~ новосте́й heaps / lots of news *pl.*; ~ ра́зных дел a heap of things to do; heaps / lots of things to do *pl.*

**воро́чать** *разг.* **1.** (*вн.*) move [mu:v] (*d.*), shift (*d.*); (*перевёртывать*) turn (*d.*); **2.** (*тв.*; *распоряжаться*) have contról [...-oul] (of); boss (*d.*), be boss (of); всем ~ be the boss; boss the show [...ʃou] *разг.*; ◇ ~ глаза́ми roll one's eyes [...aız]. **~ся** *разг.* **1.** turn; (*с боку на бок*) toss and turn; (*пошевеливаться*) move [mu:v]; **2.** *страд. к* воро́чать 1.

**вороши́ть** (*вн.*) *разг.* stir (*d.*); ~ се́но turn the hay. **~ся** *разг.* move abóut [mu:v...].

**ворс** *м. тк. ед.* (*сукна*) nap; (*бархата, ковра*) pile; по ~у with the nap / pile; про́тив ~а against the nap / pile. **~и́льный:** ~и́льная ши́шка *текст.* téasel [-z°l]. **~и́льщик** *м.* téaseler [-z-]. **~и́нка** *ж.* **1.** hair; **2.** *физиол., бот.* fibre. **~и́стый** **1.** fléecy; **2.** *бот.* lánate.

**ворс||и́ть** = ворсова́ть. **~ова́льный:** ~ова́льная маши́на friezing machíne ['fri:z- -'ʃi:n]. **~ова́ние** *с. текст.* téaseling [-z-], téasing.

**ворсова́ть** (*вн.*) *текст.* tease (*d.*).

**ворч||а́ние** *с.* **1.** grúmbling; **2.** (*собаки*) grówling. **~а́ть** (на *вн.*) **1.** grumble (at); ~а́ть себе́ под нос mútter, growl; **2.** (*о собаке*) growl (at).

**ворчли́в||о** *нареч.* péevishly, quérulous¦ly. **~ость** *ж.* péevishness, quérulous¦ness. **~ый** grúmbling, péevish, quérulous; (*брюзгливый*) grúmpy *разг.*

**ворчу́н** *м.*, **ворчу́нья** *ж.* grúmbler.

**восвоя́си** *нареч. разг.*: отпра́виться ~ go* home, go* back where one came from.

**восемнадцати-** (*в сложн. словах, не приведённых особо*) of éightéen, *или* éightéen- — *соотв. тому, как даётся перевод второй части слова*; *напр.* восемнадцатидне́вный of éightéen days, éightéen-day (*attr.*) (*ср.* -дне́вный: of... days, -day *attr.*); восемнадцатиме́стный with berths, seats for 18; (*о самолёте, автомашине и т. п.*) éightéen-séater (*attr.*); (*ср.* -ме́стный).

**восемнадцатиле́тний** **1.** (*о сроке*) of éightéen years; éightéen-year (*attr.*); **2.** (*о возрасте*) of éightéen; éightéen-year-óld; ~ ю́ноша a youth of éightéen [...ju:θ...], éightéen-year-óld youth.

**восемна́дцат||ый** éightéenth; ~ое апре́ля *и т. п.* the éightéenth of Ápril, *etc.* [...'eɪ-]; Ápril, *etc.*, the éightéenth; страни́ца, глава́ ~ая page, chápter éightéen; ~ но́мер númber éightéen; ему́ (пошёл) ~ год he is in his éightéenth year; одна́ ~ая one éightéenth.

**восемна́дцать** *числит.* éightéen; ~ раз ~ éightéen times éightéen; éightéen éightéens.

**во́семь** *числит.* eight.

**во́семь||десят** *числит.* éighty; ~ оди́н *и т. д.* éighty-òne, *etc.*; ~ пе́рвый *и т. д.* éighty-fírst, *etc.*; лет ~ (*о времени*) abóut éighty years; (*о возрасте*) abóut éighty; лет ~ тому́ наза́д abóut éighty years agó; ему́ лет ~ he is / looks abóut éighty; ему́ о́коло восьми́десяти he is abóut éighty; ему́ под ~ he is néarly éighty, ему́ (перевали́ло) за ~ he is óver éighty, he is in his éighties; челове́к лет восьми́десяти a man* of / abóut éighty; в восьми́десяти киломе́трах (от) éighty kilomètres (from). **~со́т** *числит.* eight húndred.

**во́семью** *нареч.* eight times; ~ во́семь eight times eight.

**воск** *м.* wax [wæ-], bées¦wàx [-zwæ-]; натира́ть ~ом (*вн.*) wax (*d.*); ◇ го́рный ~ míneral wax; ozócerite [o'zɔkərɪt] *научн.*

**воскли́кнуть** *сов. см.* восклица́ть.

**восклица́||ние** *с.* èxclamátion. **~тельный** èxclámatory; ~тельный знак èxclamátion mark; note / mark of èxclamátion.

**восклица́ть,** воскли́кнуть excláim, cry.

**воско́вка** *ж.* wáx-pàper ['wæ-].

**воско́в||о́й** *прил. к* воск; (*перен.*) wáxen ['wæ-]; ~а́я свеча́ wax candle [wæ-...]; ~óе лицо́ wáxen compléxion; ◇ ~óе де́рево wáx-mỳrtle ['wæ-].

**воскрес||а́ть,** воскре́снуть rise* agáin, rise* from the dead [...ded]; (*перен.*) revíve; ~ в па́мяти come* back, recúr to *one's* mémory. **~е́ние** *с. рел.* rèsurréction [-zə-]; (*перен.*) revíval.

**воскресе́нь||е** *с.* (*день*) Súnday [-dɪ]; по ~ям on Súndays, every Súnday.

**воскреси́ть** *сов. см.* воскреша́ть.

**воскре́снуть** *сов. см.* воскреса́ть.

**воскре́сный** *прил. к* воскресе́нье; ~ день Súnday [-dɪ].

**воскре||ша́ть,** воскреси́ть (*вн.*; *возвращать к жизни*) raise from the dead [...ded] (*d.*); rèsurréct [-z-] (*d.*); (*перен.*) revíve (*d.*), resúscitàte (*d.*); (*оживлять*) reánimàte (*d.*); (*в памяти*) recáll (*d.*); ~си́ть наде́жду у кого́-л., в ком-л. make* smb. hópe¦ful agáin, give* smb. new hope; ~ про́шлое в па́мяти cónjure up the past ['kʌn-...]. **~ше́ние** *с.* rèsurréction [-zə-]; (*перен.*) revíval.

**воскури́ть** *сов. см.* воскуря́ть.

**воскуря́ть,** воскури́ть: ~ фимиа́м кому́-л. beláud smb., sing* smb.'s práises, praise smb. to the skies.

**воспале́ние** *с.* inflammátion; ~ лёгких pneumónia [nju:'mounjə], inflammátion of the lungs; ~ брюши́ны pèritonítis; ро́жистое ~ èrysípelas; ~ по́чек nèphrítis; ~ кишо́к ènterítis; ~ по́чечных лоха́нок pỳelítis.

**воспал||ённый** inflámed. **~и́тельный** inflámmatory; ~и́тельный проце́сс inflámmatory prócèss, inflammátion. **~и́ть(ся)** *сов. см.* воспаля́ть(ся). **~я́ть,** воспали́ть (*вн.*) infláme (*d.*). **~я́ться,** воспали́ться become* inflámed; (*тв.*; *перен.*) be inflámed (with, by), swell* (with).

**воспева́ть,** воспе́ть (*вн.*) sing* (*d.*, of), glórifỳ ['glɔ:-] (*d.*), célebràte (*d.*).

**воспе́ть** *сов. см.* воспева́ть.

**воспита́ни||е** *с.* **1.** èducátion; (*ребёнка тж.*) úpbrìng¦ing; (*подготовка*) tráining; ~ масс èducátion of the másses; физи́ческое ~ phýsical tráining [-zɪ-...]; **2.** (*воспитанность*) bréeding, good bréeding.

**воспи́танн||ик** *м.*, **~ица** *ж.* **1.** púpil; *мн. тж.* boys, girls [g-]; alúmnì *амер.*; ~ де́тского до́ма ínmàte of *a* Children's Home; он ~ де́тского до́ма (*бывший*) he was brought up in *a* Children's Home; **2.** (*приёмыш*) ward. **~ость** *ж.* bréeding, good bréeding. **~ый** **1.** *прич. см.* воспи́тывать; **2.** *прил.* (*вежливый*) wéll-bréd, cóurteous ['kə:tɪəs]; ду́рно ~ый íll-bréd, rude.

**воспита́тель** *м.* éducàtor; (*педагог*) máster; (*в частном доме*) tútor; его́ воспита́телем был ста́рший брат he was brought up by his élder bróther [...'brʌ-]; он хоро́ший ~ he is a good* éducàtor. **~ница** *ж.* (*педагог*) téacher, místress; (*в частном доме*) góverness ['gʌ-]. **~ный** èducátional, éducàtive; ◇ ~ный дом *уст.* fóundling hóspital. **~ский** *прил. к* воспита́тель.

**воспита́ть(ся)** *сов. см.* воспи́тывать(ся).

**воспи́тывать,** воспита́ть **1.** (*вн.*) bring* up (*d.*), rear (*d.*); (*давать образование*) éducàte (*d.*); ~ ребёнка в уваже́нии к труду́ bring* up *a* child* to respéct work, *или* to hold work in respéct; **2.** (кого́-л. из кого́-л.) train (smb. to be smb.), éducàte (smb. to be smb.); **3.** (*вн.*; *прививать, внушать*) fóster (*d.*), cúltivàte (*d.*); ~ в ребёнке любо́вь к ро́дине bring* up *a* child* to love its cóuntry [...lʌv... 'kʌ-]. **~ся,** воспита́ться be brought up.

**воспламен||е́ние** *с.* ignítion. **~и́ть(ся)** *сов. см.* воспламеня́ть(ся). **~я́емость** *ж.* inflàmmabílity. **~я́емый** inflámmable.

**воспламеня́ть,** воспламени́ть (*вн.*) set* on fire (*d.*), ignite (*d.*); (*перен.*) fire (*d.*), infláme (*d.*). **~ся,** воспламени́ться take* / catch* fire; ignite; (*вспыхивать*) blaze up; (*перен.*) take* fire, become* inflámed.

**воспо́лнить** *сов. см.* восполня́ть.

**восполня́ть,** воспо́лнить (*вн.*) fill up (*d.*), supplý (*d.*); воспо́лнить пробе́л make* up a defíciency, meet* a lack, fill a want.

**воспо́льзоваться** *сов.* (*тв.*) aváil òne¦sélf (of), prófit (by), take* advántage [...-'vɑ:-] (of); (*присвоить*) appróprìàte (*d.*); ~ слу́чаем (+ *инф.*) take* occásion (+ to *inf.*); take* / seize the òpportúnity [...si:z...] (+ to *inf.*, of *ger.*), aváil òne¦sélf of the òpportúnity (+ to *inf.*, of *ger.*); ~ свои́м зако́нным пра́вом aváil òne¦sélf of one's láwful rights, use / éxercìse one's láwful rights.

**воспомина́ние** *с.* **1.** rècolléction, mémory, rèminíscence; **2.** *мн. лит.* mémoirs [-mwɑ:z], rèminíscences; ◇ оста́лось одно́ ~ *разг.* ≅ not a trace is left.

**воспрепя́тствовать** *сов.* (кому́-л. в чём-л.) prevént (smb. from *ger.*); (чему́-л.) prevént (smth.), hínder ['hɪ-] (smth.).

**воспрет||и́тельный** *уст.* prohibitive. **~и́ть** *сов. см.* воспреща́ть.

**воспре||ща́ть,** воспрети́ть (*вн.*) prohíbit (*d.*): ~ кому́-л. де́лать что-л. prohíbit smb. from doing smth.; — вход ~щён no admíttance. **~ща́ться** be prohíbited; кури́ть ~ща́ется no smóking. **~ще́ние** *с.* pròhibítion [proui-].

**восприе́мни||к** *м. церк.* gódfàther [-fɑː-]. **~ца** *ж. церк.* gódmòther [-mʌ-].

**восприи́мчив||ость** *ж.* recèptívity; suscèptibílity; (*ср.* восприи́мчивый). **~ый 1.** (*об уме*) recéptive; ~ый ребёнок intélligent child*; **2.** (*подверженный влияниям*) suscéptible; ~ый к боле́зням suscéptible to diséase [...-'z-].

**воспринима́емый** percéptible, àpprehénsible.

**воспринима́ть,** восприня́ть (*вн.*) percéive [-'siːv] (*d.*), àpprehénd (*d.*); (*постигать*) grasp (*d.*), take* in (*d.*); (*вн.* как; *понимать*) take* (*d.* as, for), intérpret (*d.* as); непра́вильно ~ что-л. mìsàpprehénd smth., mìsintérpret smth.; э́то реше́ние бы́ло воспри́нято с удовлетворе́нием this decísion was wélcomed.

**воспри||ня́ть** *сов. см.* воспринима́ть. **~я́тие** *с.* percéption.

**воспроиз||веде́ние** *с.* rè¦prodúction. **~вести́(сь)** *сов. см.* воспроизводи́ть(ся). **~води́тельный** rè¦prodúctive.

**воспроизводи́ть,** воспроизвести́ (*вн.*) **1.** rè¦prodúce (*d.*); **2.** (*в памяти*) recáll (*d.*), call to mind (*d.*); **3.** (*повторять*) repéat (*d.*); **4.** (*воссоздавать*) réndеr (*d.*); **5.** (*перепечатывать*) ré¦print (*d.*). **~ся,** воспроизвести́сь **1.** be rè¦prodúced; (*возникать вновь*) repéat, recúr; **2.** (*в памяти*) recúr (to *one's* mind), come* back (to *one's* mémory, to smb.); **3.** *страд. к* воспроизводи́ть.

**воспроизво́дство** *с. эк.* rè¦prodúction; расши́ренное ~ rè¦prodúction on an enlárged / expánded scale.

**воспроти́виться** *сов. см.* проти́виться.

**воспря́нуть** *сов.* cheer up, líven up; ◇ ~ ду́хом take* heart [...hɑːt], héarten up ['hɑː-...]; ~ от сна rise* from one's slúmbers.

**воспыла́ть** *сов.* (*тв.*) be inflámed (with), blaze up (with); ~ гне́вом be inflámed / afíre / ablázе with ánger; ~ негодова́нием be fired with ìndignátion; ~ любо́вью (к) become* enámour¦ed (of); be smítten with love [...lʌv] (for) *разг.*

**восседа́ть** sit* (in state, sólemn¦ly).

**воссе́сть** *сов.*: ~ на престо́л *уст.* mount the throne.

**воссоедин||е́ние** *с.* ré¦únion, ré¦ùnificátion. **~ённый** *прич. и прил.* ré¦úníted. **~и́ть(ся)** *сов. см.* воссоединя́ть(ся).

**воссоединя́ть,** воссоедини́ть (*вн.* с *тв.*) ré¦ùníte (*d.* with). **~ся,** воссоедини́ться **1.** (с *тв.*) ré¦ùníte (with); **2.** *страд. к* воссоединя́ть.

**воссозд||ава́ть,** воссозда́ть (*вн.*) ré-crèáte (*d.*); (*восстанавливать*) ré¦cónstitùte (*d.*), ré¦constrúct (*d.*), renéw (*d.*); ~а́ть в па́мяти recáll (*d.*), ré¦cónstitùte / renéw in the mind (*d.*), call up (*d.*). **~ава́ться,** воссозда́ться **1.** be ré-crèáted / ré¦constrúcted; repéat; **2.** *страд. к* воссоздава́ть. **~а́ние** *с.* ré-crèátion; ré¦cònstitútion, ré¦constrúction; renéw¦al; (*ср.* воссоздава́ть). **~а́ть(ся)** *сов. см.* воссоздава́ть(ся).

**восстава́ть,** восста́ть (про́тив) **1.** rise* (agáinst, on); (*поднимать восстание тж.*) rise* in rebéllion (agáinst); ~ с ору́жием в рука́х rise* in arms (agáinst); **2.** (*противиться*) be up in arms (agáinst).

**восста́вить** *сов.* (*вн.*): ~ перпендикуля́р (к) *мат.* raise a pèrpendícular (to).

**восстана́вливать,** восстанови́ть **1.** (*вн.*; *в разн. знач.*) restóre (*d.*), ré-estáblish (*d.*), rèhabílitàte [riːə-] (*d.*); (*возобновлять*) renéw (*d.*); ~ чьё-л. здоро́вье recóver / restóre smb. to health [...he-]; ~ (своё) здоро́вье recóver one's health [-'kʌ-...]; ~ положе́ние *воен.* restóre / retríeve the sìtuátion [...-iːv...]; **2.** (кого́-л. в чём-л.) ré¦instáte (smb. in smth.); ~ кого́-л. в права́х restóre smb. to his rights, rèhabílitàte smb.; **3.** (*вн.*; *припоминать*) call to mind (*d.*), recáll (*d.*), rècolléct (*d.*); **4.** (кого́-л. про́тив) set* (smb. agáinst); ~ кого́-л. про́тив себя́ turn smb. agáinst òne¦sélf, àntágonìze smb.; **5.** (*вн.*) *хим.* redúce (*d.*). **~ся,** восстанови́ться **1.** rèhabílitàte òne¦sélf [riːə-...]; **2.** (*о здоровье*) be restóred; **3.** *страд. к* восстана́вливать.

**восста́ние** *с.* (ùp)rísing, revólt, ìnsurréction; вооружённое ~ armed revólt / rísing / ìnsurréction; rísing in arms; наро́дное ~ pópular ùprísing.

**восстанов||и́тельный** rèstorátion (*attr.*); ~ пери́од périod of ré¦constrúction, périod of réhabìlitátion [...'riːəbɪlɪ-]. **~и́ть(ся)** *сов. см.* восстана́вливать(ся). **~ле́ние** *с.* **1.** rèstorátion; renéw¦al; (*ср.* восстана́вливать 1); ~ле́ние промы́шленности ré¦constrúction / rèstorátion / réhabìlitátion of índustry [...'riːə-...]; ~ле́ние здоро́вья recóvery of one's health [-kʌ-... helθ]; ~ле́ние в па́мяти rècolléction; **2.** (*кого-л. в чём-л.*) ré¦instáte¦ment (in); ~ле́ние в права́х rèstorátion to one's rights, réhabìlitátion; **3.** *хим.* redúction. **~ля́ть** = восстана́вливать.

**восста́ть** *сов. см.* восстава́ть.

**восто́к** *м.* **1.** east; на ~, к ~у (от) to the east (of), éast(wards) [-dz] (of); *мор. тж.* to the éastward (of); на ~е in the east; идти́, е́хать на ~ go* east; **2.** (В.) the East; the Órient (*гл. обр. поэт.*); Бли́жний Восто́к the Near East; Сре́дний Восто́к the Middle East; Да́льний Восто́к the Far East.

**востокове́д** *м.* òriéntalist. **~ение** *с.* òriéntal stúdies [...'stʌ-] *pl.*, òriéntalism. **~ный, ~ческий** òriéntal; (*об институте и т. п. тж.*) of òriéntal stúdies [...'stʌ-].

**восто́рг** *м.* delíght, enthúsiàsm [-zɪ-], ráptùre, écstasy; (*увлечение*) tránspòrts *pl. разг.*; быть в ~е (от) be delíghted (with), be enthùsiástic [...-zɪ-] (óver, abóut), be enráptured (with); быть вне себя́ от ~а (от) be in ráptures / écstasies / tránspòrts (óver); be besíde òne¦sélf with delíght; приводи́ть в ~ (*вн.*) delíght (*d.*), enrápture (*d.*), entránce (*d.*); приходи́ть в ~ (от) be delíghted (with), be enthùsiástic (óver, abóut); be enráptured (with), be enchánted [...-ɑːn-] (with); go* into ráptures / écstasies (óver) *разг.*; не проявля́ть большо́го ~а по по́воду чего́-л. not be partícularly enthùsiástic abóut smth. **~а́ть** (*вн.*) delíght (*d.*), enrápture (*d.*), rávish (*d.*), entránce (*d.*). **~а́ться** (*тв.*) be delíghted (with), be enthùsiástic [...-zɪ-] (óver, abóut), be enráptured (with); go* into, *или* be in, ráptures / écstasies (óver) *разг.*

**восто́рженн||о** *нареч.* enthùsiástically [-zɪ-], ráptorous¦ly; говори́ть ~ о ком-л. speak* enthùsiástically abóut smb.; go* into ráptures abóut smb. *разг.* **~ость** *ж.* enthúsiàsm [-zɪ-]; (*экзальтация*) èxàltátion. **~ый** enthùsiástic [-zɪ-], ráptorous; (*склонный к экзальтации*) óver-férvid, wild¦ly enthùsiástic; rhàpsódical; ~ый челове́к enthúsiàst [-zɪ-]; ~ая деви́ца rhàpsódical girl [...g-]; ~ая голова́ wild¦ly enthùsiástic pérson, óver¦enthùsiástic / exálted mind [-zɪ-...]; ~ый о́тзыв enthùsiástic review [...-'vjuː]; ~ая речь enthùsiástic speech; rhápsody *разг.*; оказа́ть ~ый приём (*дт.*) give* an enthùsiástic wélcome (*i.*), wélcome enthùsiástically [...-zɪ-] (*d.*).

**восторжествова́ть** *сов.* (над) tríumph (óver).

**восто́чник** *м. разг.* òriéntalist.

**восто́чн||ый** east, éastern*; (*о культуре и т. п.*) òriéntal; (*о направлении, ветре тж.*) éasterly; ~ ве́тер east / éasterly wind [...wɪnd]; ~ая грани́ца éastern fróntier [...'frʌn-]; ~ая часть го́рода east end, éast(ern) part of a town; в ~ом направле́нии éastwards [-dz]; in an éasterly diréction; ~ая Евро́па Éastern Éurope; ◇ Восто́чная це́рковь the Éastern Church.

**востре́бова||ние** *с.* cláiming; ◇ до ~ния poste réstànte ['poust'restɑːnt]; géneral délivery *амер.*; посла́ть письмо́ до ~ния send* a létter to be called for at the post óffice [...poust...], send* a létter poste réstànte. **~ть** *сов.* (*вн.*) claim (*d.*).

**востро́** *нареч.*: держа́ть у́хо ~ *разг.* ≅ be on the alért, be on one's guard; keep* one's wéather eye ópen [...'we- aɪ...] *идиом.*

**восхвал||е́ние** *с.* práising, laudátion, éulogy. **~и́ть** *сов. см.* восхваля́ть.

**восхваля́ть,** восхвали́ть (*вн.*) éulogize (*d.*), beláud (*d.*), extól (*d.*).

**восхит||и́тельный** delíghtful, rávishing; (*прелестный*) éxquisite [-zɪt]; héavenly ['he-] *разг.*; (*о вкусе, запахе*) delícious. **~и́ть(ся)** *сов. см.* восхища́ть(ся).

**восхищ||а́ть,** восхити́ть (*вн.*) enrápture (*d.*), cárry a¦wáy (*d.*), delíght (*d.*); (*более сильно*) rávish (*d.*). **~а́ться,** восхити́ться (*тв.*) admíre (*d.*), be cárried a¦wáy (by), be delíghted (with). **~е́ние** *с.* àdmirátion, delíght; быть в ~е́нии = восхища́ться. **~ённый** *прич. и прил.* enráptured, cárried a¦wáy; *прил. тж.* rapt *книжн.*

**восхо́д** *м.* rísing; ~ со́лнца sún¦rise.

**восхо||ди́ть,** взойти́ **1.** *поэт.* = всходи́ть 1, 2; **2.** *тк. несов.* (*к источнику*) go* back (to); (*к эпохе и т. п.*): э́то восхо́дит к XV ве́ку it goes back, *или* it can be traced back, to the fiftéenth céntury. **~дя́щий** ascénding; по ~дя́щей ли́нии in the line of ascént; ◇ ~дя́щая звезда́ rísing star. **~жде́ние** *с.* (на *вн.*) ascént (of).

**восше́ствие** *с.*: ~ на престо́л accéssion to the throne.

**восьма́я 1.** *прил. см.* восьмо́й; **2.** *ж. как сущ.* (*дробь*) eighth [-tθ]; *муз.* quáver.

**восьмёрка** *ж.* **1.** *разг.* (*цифра*) an eight; **2.** (*фигура*) (fígure of) eight; **3.** *карт.* the eight: ~ черве́й, пик *и т. п.* the eight of hearts, spades, *etc.* [...hɑːts...]; **4.** (*лодка*) eight (*boat*).

**во́сьмеро** *числит.* eight; для всех восьмеры́х for all eight; нас ~ there are eight of us.

**восьми-** (*в сложн. словах, не приведённых особо*) of eight, *или* éight- — *соотв. тому, как даётся перевод второй части слова*; *напр.* восьмидне́вный of eight days, éight-day (*attr.*) (*ср.*-дне́вный: of... days, -day *attr.*); восьмиме́стный with berths, seats for 8; (*о самолёте, автомашине и т. п.*) éight-séater (*attr.*) (*ср.* -ме́стный).

**восьмивесе́льный** éight-oared.

**восьмигра́нн||ик** *м.* óctahédron [-'he-]. **~ый** óctahédral [-'he-].

**восьмидесяти-** (*в сложн. словах, не приведённых особо*) of éighty, *или* éighty- — *соотв. тому, как даётся перевод второй части слова*; *напр.* восьмидесятидне́вный of éighty days, éighty-day (*attr.*) (*ср.* -дне́вный: of... days, -day *attr.*); восьмидесятиме́стный with berths, seats for 80; (*об автобусе и т. п.*) éighty-séater (*attr.*) (*ср.* -ме́стный).

**восьмидесятиле́тний 1.** (*о сроке*) of éighty years; éighty-year (*attr.*); **2.** (*о возрасте*) of éighty; éighty-year-óld; ~ мужчи́на man* of éighty; éighty-year-óld man*.

**восьмидеся́т||ый** éightieth; страни́ца ~ая page éighty; ~ но́мер númber éighty; ему́ (пошёл) ~ год he is in his éightieth year; ~ые го́ды (*столетия*) the éighties; в нача́ле ~ых годо́в in the éarly éighties [...'əː-...]; в конце́ ~ых годо́в in the late éighties; одна́ ~ая óne-éightieth.

**восьмикра́тный** éightfòld; *реже* óctuple.

**восьмиле́т||ие** *с.* **1.** (*годовщина*) eighth ànnivérsary [-tθ...]; **2.** (*срок в 8 лет*) eight years *pl.* **~ний 1.** (*о сроке*) of eight years; éight-year (*attr.*); **2.** (*о возрасте*) of eight (years); éight-year-óld; ~ний ма́льчик boy of eight; éight-year-óld boy.

**восьмино́г** *м. зоол.* óctopus.

**восьмисотле́тие** *с.* éight-húndredth ànnivérsary.

**восьмисо́т||ый** éight-húndredth; страни́ца ~ая page eight húndred; ~ но́мер númber eight húndred; ~ая годовщи́на éight-húndredth ànnivérsary; ~ год the year eight húndred.

**восьми||сти́шие** *с. лит.* óctave, òctét. **~сто́пный** *лит.* éight-foot [-fut] (*attr.*); ~сто́пный ямб ìámbic òctámeter. **~стру́нный** éight-stringed, óctachòrd [-kɔːd].

**восьмиуго́льн||ик** *м. мат.* óctagon. **~ый** òctágonal.

**восьмичасово́й 1.** (*о продолжительности*) of eight hours [...auəz]; éight-hour [-auə] (*attr.*); ~ рабо́чий день éight-hour wórking-day; **2.**: ~ по́езд the eight o'clóck train; the eight o'clóck *разг.*

**восьм||о́й** eighth [-tθ]; ~о́е января́, февраля́ *и т. п.* the eighth of Jánuary, Fébruary, *etc.*; Jánuary, Fébruary, *etc.*, the eighth; страни́ца, глава́ ~а́я page, chápter eight; ~ но́мер númber eight; ему́ (пошёл) ~ год he is in his eighth year; ему ~ деся́ток пошёл he is past séventy; уже́ ~ час it is past séven [...'se-]; в ~о́м часу́ past / áfter séven; полови́на

~óго half past séven [hɑːf...]; три чéтверти ~óго a quárter to eight; однá ~áя one eighth. **~ýшка** *ж.* **1.** (*вес*) hálf-a-quárter ['hɑːf-]; **2.** (*формат*) òctávo (*сокр.* 8-vo).

**вот** *частица* **1.** (*там*) there; (*здесь*) here; ~ хорóший примéр here is a good* exámple [...-'zɑː-]; ~ и я here I am; ~ он бежи́т there he is rúnning; **2.** (*с сущ.*; *в восклицаниях*) there is, *или* there's, a... (*часто с* for you! *в конце*); ~ невéжда! there's an ignorámus (for you)!; **3.** (*в сочетании с мест. и нареч.*): ~ что this / that is what; ~ где this / that is where; ~ чей this / that is whose; ◇ ~ и всё and that's all; ~ не ду́мал, что... well, I never thought that...; ~ так тáк!, ~ тебе (и) нá! *разг.* well!; well, to be sure! [...ʃuə]; well, I never!; ~ тебé и... there's / here's your...; ~ тебé, ~ тебé! take that, and that!; ~ ещё! indéed!; well, I like that!; what next!; ~ как!, ~ что! réally? ['rɪə-]; indéed?; is that so?; that's it, is it?; you don't say (so)!; ~ тáк! (*одобрение*) that's the way, that's right; ~ так (*при сущ.*) *пренебр.* there is a nice... for you!; (+ *личн. форма глаг.*) that's a nice way (of *ger.*) ~ так кни́га! there is a nice book for you!; ~ так сказáл! that's a nice way of tálking, that's a nice thing to say; — ~ так истóрия! this is a nice búsiness / mess! [...'bɪzn-...]; this is a fine fix! *разг.*; there's, *или* here's, a prétty kettle of fish! [...'prɪ-...] *идиом.*; ~ э́то да! *разг.* now, that's sóme¦-thing like!

**вот-вóт** **1.** *нареч.* (+ *буд. вр.*) on the point (of *ger.*), just abóut (+ to *inf.*): он ~ уйдёт he is on the point of gó¦ing, he is just abóut to go; **2.** *частица*: ~! that's it!

**воти́ровать** *несов. и сов.* (*вн.*) vote (*d.*).

**воткáть** *сов.* (*вн.*) interwéave* (*d.*).

**воткну́ть** *сов. см.* втыкáть.

**вóтум** *м. тк. ед.* vote; ~ довéрия vote of cónfidence; ~ недовéрия vote of nó-cónfidence, vote of cénsure.

**вóтчин||а** *ж. ист.* àncéstral lands *pl.*, pátrimony, (pàtrimónial) estáte; смотрéть на что-л. как на свою́ ~у look up¦ón smth. as one's own prívate domáin [...oun 'praɪ-...]. **~ик** *м. ист.* great lándowner [greɪt -ounə]. **~ый** *ист.* pàtrimónial.

**вотщé** *нареч. уст., поэт.* in vain.

**воцар||éние** *с.* accéssion (to the throne). **~и́ться** *сов. см.* воцаря́ться.

**воцар||я́ться,** воцари́ться **1.** ascénd the throne; **2.** (*наступать*) set* in, be estáblished; ~и́лась тишинá sílence fell ['saɪ-...].

**вошь** *ж.* louse* [-s].

**вощ||áнка** *ж.* (*бумага*) wáx-páper ['wæks-]. **~ёный** waxed [wækst]. **~и́на** *ж.* **1.** *собир.* (*пустые соты*) émpty hóneycòmb [...'hʌnɪkoum]; **2.** (*воск*) ún¦refíned béeswax [...-zwæ-]. **~и́ть** (*вн.*) wax [wæks] (*d.*), pólish with wax (*d.*).

**вою́ющ||ий** **1.** *прич. см.* воевáть; **2.** *прил.* belligerent; ~ая держáва belligerent pówer; ~ие стóроны belligerents.

**вояка** *м. ирон.* wárrior; (*задира*) fighting--còck, fire-eater; cock spárrow (*гл. обр. о мальчике*).

**впад||áть,** впасть **1.** *тк. несов.* (в *вн.*; *о реке*) fall* (into), dis¦chárge (into); **2.** (в *вн.*; *в какое-л. состояние*) fall* (into), lapse (into), sink* (into); ~ в заду́мчивость fall* into a réverie; ~ в отчáяние give* way, *или* give* òne¦sélf up, to despáir; ~ в сомнéние begin* to have / èntertáin / hárbour doubts [...dauts]; **3.** (*без доп.*; *вваливаться — о щеках, глазах*) sink* in, become* hóllow / súnken; **4.** *тк. несов.* (в *вн.*; *принимать оттенок*) verge on (*d.*), bórder up¦ón (*d.*); ◇ впасть в неми́лость fall* into disgráce; ~ в дéтство be in one's sécond child¦hood [...'se- -hud], be in one's dótage [...'dou-], become* a dótard. **~éние** *с.* (*место слияния двух рек*) cónfluence; (*устье*) mouth*.

**впáдина** *ж.* hóllow, cávity; (*о местности тж.*) depréssion; глазнáя ~ éye-sòcket ['aɪ-].

**впáивать,** впая́ть (*вн.*) sólder in ['sɔ-...] (*d.*).

**впáйка** *ж.* **1.** (*действие*) sóldering (in) ['sɔ-...]; **2.** (*впаянная часть*) sóldered-in part ['sɔ-...].

**впáлый** hóllow, súnken.

**впасть** *сов. см.* впадáть 2, 3.

**впая́ть** *сов. см.* впáивать.

**впервы́е** *нареч.* for the first time; first; ~ в жи́зни for the first time in *one's* life.

**вперевáлку** *нареч.*: ходи́ть ~ waddle.

**вперегóнки** *нареч.*: бéгать ~ race.

**вперёд** *нареч.* **1.** fórward; идти́ ~, продвигáться ~ advánce; идти́ пря́мо ~ go* straight on; **2.** *разг.* (*впредь*) in the fúture, hénce¦fórward, hénce¦forth; ◇ ни взад ни ~ *разг.* néither báckwards nor fórwards ['naɪ--dz... -dz]; часы́ (иду́т) ~ the clock, the watch is fast; плати́ть ~ pay* in advánce, pay* befóre¦hànd; дать нéсколько очкóв ~ give* odds / points.

**впереди́** **1.** *нареч.* in front [...-ʌnt]; befóre (*тж. перен.*); идти́ ~ go* in advánce; быть ~ be in advánce; (*в каком-л. деле*) take* the lead; у негó ещё цéлая жизнь ~ his whole life is befóre him, *или* ahéad of him [...houl... ə'hed...]; у меня́ мнóго врéмени ~ I have plénty of time (befóre me); **2.** *предл.* (*рд.*) in front of; befóre; идти́ ~ всех go* in advánce of all, go* ahéad of all.

**вперемéжку** *нареч.* àltérnate¦ly; ~ с крáсными иду́т си́ние пóлосы red and blue stripes run àltérnate¦ly, red stripes áltèrnàte with blue ones.

**вперемéшку** *нареч.* péll-méll.

**впери́ть** *сов. см.* вперя́ть.

**вперя́ть,** впери́ть (*вн.* в *вн.*) fix (*d.* on); впери́ть взор, взгляд в когó-л. fix one's gaze on smb., stare at smb.

**впечатл||éние** *с.* impréssion; (*воздействие, влияние*) influence, efféct; произвести́ ~ (на когó-л.) make* / prodúce an impréssion (on, up¦ón), impréss (*d.*); have an efféct (on). **~и́тельность** *ж.* imprèssionabílity, sénsitive¦ness. **~и́тельный** impréssionable, sénsitive. **~я́ть** impréss.

**впивáть** (*вн.*) absórb (*d.*), imbíbe (*d.*).

**впивáться,** впи́ться (в *вн.*) **1.** (*вонзаться*) stick* (into), pierce [pɪəs] (*d.*); (*о пиявке*) bite* (into); (*вонзать жало*) drive* its sting (into); (*о змее*) dig* its fangs (into); ~ зубáми dig* one's teeth (into); ~ когтя́ми dig* its claws (into); **2.** (*взором, взглядом, глазами*) fix one's eyes [...aɪz] (on), fix with one's eyes (*d.*), fásten one's eyes ['fɑːs°n...] (up¦ón); glue one's eyes (to) *разг.*

**вписанный** 1. *прич. см.* вписывать; 2. *прил. мат.* inscribed.

**вписáть(ся)** *сов. см.* вписывать(ся).

**впи́ска** *ж. разг.* éntry, insértion.

**впи́сывать,** вписáть (*вн.*) 1. (*в список*) énter (*d.*); (*приписывать*) insért (*d.*); 2. *мат.* inscribe (*d.*); ◇ вписáть я́ркую страни́цу (в *вн.*) add a vivid page (to); вписáть слáвную страни́цу в истóрию add a glórious page to history. **~ся,** вписáться 1. (в *вн.*) join (*d.*); 2. *страд. к* вписывать.

**впитáть(ся)** *сов. см.* впи́тывать(ся).

**впи́тыва||ние** *с.* absórption. **~ть,** впитáть (*вн.*) absórb (*d.*), drink* in (*d.*); (*перен.*) imbíbe (*d.*), take* in (*d.*). **~ться,** впитáться (в *вн.*) soak (into), be absórbed (by).

**впи́ться** *сов. см.* впивáться.

**впи́хивать,** впихну́ть (*вн.*) *разг.* shove in [ʃʌv...] (*d.*), push in [puʃ...] (*d.*); (*вн.* в *вн.*) shove (*d.* into), push (*d.* into); (*втискивать*) stuff (*d.* into), cram (*d.* into).

**впихну́ть** *сов. см.* впи́хивать.

**вплáвить** *сов. см.* вплавля́ть.

**вплавля́ть,** вплáвить (*вн.*) fuse in (*d.*); (*вн.* в *вн.*) fuse (*d.* into).

**вплавь** *нареч.*: брóситься ~ jump into the wáter and start swimming [...'wɔː-...]; переправиться чéрез рéку ~ swim* acróss the river [...'rɪ-].

**вплести́** *сов. см.* вплетáть.

**вплетáть,** вплести́ (*вн.* в *вн.*) intertwíne (with *d.*), interláce (with *d.*); (*гл. обр. в волосы*) plait [plæt] (*d.* into); (*перен.*; *в речь и т. п.*) intersperse (with *d.*).

**вплотну́ю** *нареч.* close [-s]; (*перен.*) in real éarnest [...rɪəl 'əː-]; ~ оди́н к другóму close to each other; приня́ться за что-л. ~ begin* to do smth. in real éarnest.

**вплоть** *частица*: ~ до (right) up to; ~ до сáмого утрá, вéчера (right) up to the mórning, the évening [...'iːv-]; ~ до мельчáйших подрóбностей down to the small¦est détails [...'diː-].

**вплывáть,** вплыть (*о человеке и животном*) swim* in; (*о лодке*) float in; (*ср. тж.* плáвать *и* плыть).

**вплыть** *сов. см.* вплывáть.

**вповáлку** *нареч. разг.* side by side, in a row [...rou].

**вполгóлоса** *нареч.* in an úndertòne, in a low voice [...lou...]; únder one's breath [...breθ]; петь ~ hum.

**вползáть,** вползти́ (в *вн.*; на *вн.*) crawl (in, into; on, up).

**вползти́** *сов. см.* вползáть.

**вполнé** *нареч.* quite, fúlly ['fu-]; ~ успокóенный fúlly rè¦assúred [...-'ʃuəd]; э́то егó ~ успокóило it rè¦assúred him entíre¦ly; ~ образóванный wéll-éducàted; ~ достáточно quite enóugh [...ɪ'nʌf]; не ~ not quite; ~ заслужи́ть (*вн.*) be well wórthy [...-ðɪ] (of); (*о похвале и т. п. тж.*) fúlly desérve [...-'zəːv] (*d.*); (*о порицании и т. п. тж.*) ríchly desérve (*d.*).

**вполоборóта** *нареч.* hálf-túrned ['hɑːf-].

**вполови́ну** *нареч. разг.* half [hɑːf]; ~ мéньше less by half.

**впопáд** *нареч. разг.* áprоpos ['æprəpou], to the point / púrpose [...-s].

**впопыхáх** *нареч. разг.* (*наскоро*) in a húrry, hástily ['heɪ-], húrry-scúrry; (*в спешке*) in one's haste / flúrry [...heɪ-...]; дéлать что-л. ~ do smth. hástily / húrry-scúrry; ~ он не замéтил, что in his haste / flúrry he never nóticed that [...'nou-...].

**впóру** *нареч. разг.* (*об одежде, обуви и т. п.*): быть, прийти́сь ~ fit; быть ~ (*дт.*) fit (*d.*); (*перен.*) be fit (for).

**впорхну́ть** *сов.* flit in; (в *вн.*) flit (into).

**впослéдствии** *нареч.* áfterwards [-dz], láter, láter on, súbsequently.

**впотьмáх** *нареч. разг.* in the dark; броди́ть ~ (*перен.*) be in the dark.

**впрáвду** *нареч. разг.* réally ['rɪə-], réally and trúly.

**впрáве:** быть ~ (+ *инф.*) have *a* right (+ to *inf.*).

**впрáв||ить(ся)** *сов. см.* вправля́ть(ся). **~ка** *ж. хир.* sétting, redúction.

**вправля́ть,** впрáвить (*вн.*) *хир.* set* (*d.*), redúce (*d.*). **~ся,** впрáвиться 1. set*; 2. *страд. к* вправля́ть.

**впрáво** *нареч.* (от) to the right (of); находи́ться ~ от чегó-л. be on / to the right of smth.

**впрах** = в прах *см.* прах.

**впредь** *нареч.* hénce¦fórth, hénce¦fórward, in fúture, for the fúture; (*в будущем*) in the fúture; ~ до pénding, until; ~ до егó приéзда pénding / until his arríval, until he comes.

**впридáчу** = в придáчу *см.* придáча.

**вприку́ску** *нареч.*: пить чай ~ drink* únswéetened tea while súcking small bits of súgar [...'ʃu-].

**вприпры́жку** *нареч.* skípping, hópping; бежáть ~ skip alóng, run* skípping(¦ly) alóng.

**вприся́дку** *нареч.*: плясáть ~ ≅ dance squátting.

**впрóголодь** *нареч.* hálf-stárving ['hɑːf-]; жить ~ live in want [lɪv...]; есть, питáться ~ únderféed*, be hálf-stárving.

**впрок** *нареч.* 1.: заготовля́ть ~ (*вн.*) lay* in (*d.*), store (*d.*); (*о продуктах*) presérve [-'zəːv] (*d.*); 2.: идти́ ~ (*дт.*) prófit (*d.*), be of prófit / bénefit (to); do smb. good; емý всё ~ (идёт) he prófits by ány¦thing and évery¦thing; all is grist that comes to his mill *идиом.*

**впросáк** *нареч.*: попáсть ~ *разг.* (*сделать неловкость*) put* one's foot in it [...fut...]; (*быть обманутым*) be táken in, be trapped.

**впросóнках** *нареч. разг.* ≅ (bé¦ing) still half asléep [...hɑːf...], (bé¦ing) ónly half a¦wáke.

**впрóчем** *союз* how¦éver, though [ðou] (*обычно в конце фразы*); (*с отрицанием*) not that; (*тем не менее*) nèver¦the¦léss; ~ он тудá не пойдёт he won't go there, though [...wount...]; он не мóжет пойти́, так как он простýжен, ~ емý и не óчень хотéлось he can't go becáuse he has got a cold, not that he wánted to go partícularly [...kɑːnt ... bɪ'kɔz...].

**впры́гивать,** впры́гнуть (в *вн.*; на *вн.*) jump (into; on).

**впры́гнуть** *сов. см.* впры́гивать.

**впрыск** *м.* (*горючего*) sólid injéction (*of fuel*).

**впры́скив||ание** *с.* injéction; подкóжное ~ hỳpodérmic injéction [haɪ-...]. **~ать,** впры́снуть (*вн.*) injéct (*d.*).

**впры́снуть** *сов. см.* впры́скивать.

**впрягáть,** впрячь (*вн.* в *вн.*) hárness (*d.* to), put* (*d.* to). **~ся,** впря́чься **1.** hárness òne¦sélf; **2.** *страд. к* впрягáть.

**впрямь** *вводн. сл. разг.* réally [ˈrɪə-], indéed; to be sure [...ʃuə].

**впря́чь(ся)** *сов. см.* впрягáть(ся).

**впуск** *м.* admíttance, admíssion. **~áть,** впусти́ть (*вн.*) let* in (*d.*), admít (*d.*); не ~áйте егó keep him out, don't let him in. **~нóй** *тех.* éntrance (*attr.*); (*о клапане, трубе и т. п.*) ín¦let (*attr.*), admíssion (*attr.*).

**впусти́ть** *сов. см.* впускáть.

**впусту́ю** *нареч. разг.* for nóthing, to no púrpose [...-s].

**впу́тать(ся)** *сов. см.* впу́тывать(ся).

**впу́тывать,** впу́тать (*вн.*) twist in (*d.*); (*перен.*) *разг.* invólve (*d.*), ímplicàte (*d.*), entángle (*d.*). **~ся,** впу́таться **1.** (в *вн.*) *разг.* be / get* mixed up (in); (*вмешиваться*) méddle (in); **2.** *страд. к* впу́тывать.

**впя́теро** *нареч.* five times; ~ бóльше (*с сущ. в ед. ч.*) five times as much; (*с сущ. во мн. ч.*) five times as mány; ~ мéньше one fifth; увели́чить ~ (*вн.*) múltiplỳ by five (*d.*); quíntuple (*d.*) *книжн.*; умéньши́ть ~ (*вн.*) take* a fifth (part) (of); ~ бóльшая су́мма five times the sum, a sum five times as great [...greɪt]; ~ мéньшая су́мма a fifth of the sum.

**впятерóм** *нареч.* five (togéther) [...-ˈge-]; они́ рабóтали, гуля́ли *и т. п.* ~ the five of them wórked, went out, *etc.*, togéther.

**в-пя́тых** *вводн. сл.* fífthly, in the fifth place.

**вра||г** *м.* énemy; foe *поэт.*; (*перен.*: *противник чего-л.*) oppónent (of smth.); злéйший ~ worst / bítterest énemy. **~ждá** *ж.* énmity, hòstílity, ànimósity; питáть ~жду́ к кому́-л. feel* ànimósity towards / agáinst smb.

**враждéбно** I *прил. кратк. см.* враждéбный.

**враждéбн||о** II *нареч.* hóstile¦ly, with énmity, with ànimósity. **~ость** *ж.* hòstílity, ànimósity. **~ый** hóstile, inímical.

**враждовáть** (с *тв.*, мéжду собóй) quárrel (with, with each óther), be at war / lóggerheads [...-hedz] (with, with each óther).

**врáж||еский, ~ий** *прил. к* враг; *тж.* hóstile.

**вразби́вку** *нареч.* at rándom, at háp¦házard [...-ˈhæz-].

**вразбрóд** *нареч.* séparate¦ly; (*не дружно*) disúnited¦ly, in disúnity; дéйствовать ~ act withóut cò-òrdinátion, not act in cóncert.

**вразвáлку** *нареч.*: ходи́ть ~ wáddle.

**вразнóс** *нареч.*: торговáть ~ péddle, hawk.

**вразрéз** *нареч.*: идти́ ~ с чем-л. (*не соглашаться*) be agáinst smth., oppóse smth.; (*противоречить чему-л.*) be cóntrary to smth., be in cónflict with smth., conflíct with smth.; ~ с вáшим мнéнием cóntrary to your opínion.

**вразря́дку** *нареч. полигр.*: набирáть ~ (*вн.*) space (*d.*).

**вразуми́тельный** intélligible, perspícuous; (*убедительный*) persuásive [-ˈsweɪ-].

**вразуми́ть** *сов. см.* вразумля́ть.

**вразумля́ть,** вразуми́ть (*вн.*) make* (*d.*) ùnderstánd; (*убеждать*) convínce (*d.*); (*наставлять*) make* (*d.*) lísten to réason [...ˈlɪs°n... -z°n], bring* to one's sénses (*d.*); егó ничéм не вразуми́шь he won't lísten to réason [...wount...], you can't make him lísten to réason [...kɑːnt...].

**врáки** *мн. разг.* (*вздор*) nónsense *sg.*, rúbbish *sg.*; idle talk *sg.*; (*ложь*) fibs, lies; ~! bosh!, húmbùg!

**вра||ль** *м. разг.* fíbber. **~ньё** *с. разг.* lies *pl.*; fíbbing; (*вздор*) nónsense, rot; сплошнóе ~ньё a pack of lies.

**врасплóх** *нареч.* ún¦a¦wáres, by surpríse; застáть, засти́гнуть ~ (*вн.*) take* ún¦a¦wáres (*d.*), surpríse (*d.*), catch* nápping (*d.*), take* by surpríse (*d.*).

**врассыпну́ю** *нареч.* in all diréctions; hélter-skélter; бежáть ~ scátter in all diréctions.

**врастáние** *с.* grówing in [-ou-...]; (в *вн.*) grówing (into); (*перен.*) róoting (into).

**врастáть,** врасти́ grow* in [-ou...]; (в *вн.*) grow* (into).

**врасти́** *сов. см.* врастáть.

**врастя́жку** *нареч. разг.* at full length; лежáть ~ lie* at full length, lie* stretched out.

**вратá** *мн. уст., поэт.* = ворóта.

**вратáрь** *м. спорт.* góalkeeper.

**врать,** соврáть *разг.* lie*, tell* lies; (*пустословить*) talk nónsense; ◇ врёшь! ≅ it's a lie!, stuff and nónsense!

**врач** *м.* physícian [-ˈzɪ-]; dóctor *разг.*; жéнщина-~ wóman* dóctor [ˈwu-...]; ~ по всем болéзням *разг.* géneral pràctítioner; воéнный ~ médical ófficer; ármy súrgeon *амер.*; ветерина́рный ~ véterinary (súrgeon); зубнóй ~ déntist; позвáть ~á call the dóctor.

**врачéбн||ый** médical; ~ обхóд rounds *pl.*; дéлать ~ обхóд make* / go* one's rounds; ~ осмóтр médical inspéction / exàminátion; ~ая пóмощь médical assístance; ~ая прáктика médical práctice; у негó 10 лет ~ой прáктики he has been práctising (médicine) for ten years [...-sɪŋ...].

**врачев||áние** *с. уст.* dóctoring. **~áть** (*вн.*) *уст.* dóctor (*d.*).

**вращáтельн||ый** ròtátory [rouˈteɪ-], rótary [ˈrou-]; ~ое движéние ròtátory móve¦ment [...ˈmuːv-].

**вращáть** (*вн.*) revólve (*d.*), ròtáte [rou-] (*d.*), turn (*d.*); ◇ ~ глазáми roll one's eyes [...aɪz]. **~ся 1.** revólve, ròtáte [rou-], turn; ~ся вокру́г своéй óси revólve on its áxis; **2.** *страд. к* вращáть; ◇ ~ся в кругу́, в óбществе когó-л. move in smb.'s círcle [muːv...], frequént the society of smb.; míngle / assóciàte / mix / consórt with smb.

**вращéние** *с.* ròtátion [rou-]; rèvolútion; *тех.* gỳrátion [dʒaɪ-]; ~ колесá ròtátion of a wheel; ~ земли́ вокру́г сóлнца the earth's rèvolútion round the sun [...əːθs...].

**вред** *м.* harm, hurt, ínjury; (*ущерб*) dámage; причини́ть ~ (*дт.*) harm (*d.*), do harm (to), ínjure (*d.*); dámage (*d.*); во ~ (*дт.*) hármful (to), dèletérious (to), injúrious (to); служи́ть во ~ (*дт.*) harm (*d.*), dámage (*d.*); дéлаться во ~ (*дт.*) be done to the détriment (of); без ~á (для) withóut détriment (to).

**вредитель**, *м.* **1.** *с.-х.* pest; *мн. собир.* vérmin *sg.*; **2.** *полит.* wrécker, sàbotéur [-'tə:]. **~ский** *прил. к* вредитель 2. **~ство** *с.* wrécking, sábotàge [-tɑ:ʒ]; (*поступок*) act of sábotàge.

**вредить,** повредить (*дт.*) ínjure (*d.*), harm (*d.*), hurt* (*d.*), be injúrious (to); (*причинять ущерб*) dámage (*d.*); ~ здорóвью be injúrious to health [...he-]; ~ интерéсам когó-л. dámage / préjudice the interests of smb.; это вам не повредит it will do you no harm, it won't hurt you [...wount...].

**вредно** I **1.** *прил. кратк. см.* вредный; **2.** *предик. безл.* it is bad* / hármful / injúrious; емý ~ курить it is bad* for him to smoke, smóking is bad* for him; ~ для здорóвья it is bad* for the health [...helθ].

**вредн||о** II *нареч.*: ~ влиять, дéйствовать на что-л., отражáться на чём-л. have an injúrious / hármful / bad* effect on smth., be injúrious to smth., be bad* for smth. **~ость** *ж.* hármfulness; (*вредные условия работы*) ùnhéalthy conditions of work [-'hel-...] *pl.* **~ый** hármful, bad*, injúrious, dèletérious; (*для здоровья тж.*) ùnhéalthy [-'hel-]; ~ый газ nóxious gas; ~ое лекáрство hármful / injúrious médicine; ~ая привычка bad* hábit; ~ое произвóдство ùnhéalthy trade; ~ое учéние pèrnícious dóctrine.

**врезать** *сов. см.* врезáть.

**врезать,** врéзать (*вн.*) cut* in (*d.*); (*вставлять*) fit in (*d.*); (*вн. в вн.*) cut* (*d.* into); fit (*d.* into).

**врезаться** *сов. см.* врезáться.

**врезаться,** врéзаться (в *вн.*) **1.** cut* (into); (*без доп.*; *друг в друга*: *при столкновении — о поездах и т. п.*) be téléscòped; (*врываться*) force one's way (into); врéзаться в зéмлю (*о самолёте*) crash to the ground; ~ в толпý run* into the crowd; **2.** (*запечатлеваться*) be en¦gráved (on); **3.** *тк. сов. разг.* (*влюбиться*) be smitten (with), fall* mád¦ly in love [...lʌv] (with).

**времена** *мн. см.* врéмя.

**временами** *нареч. разг.* at times, (every) now and then, now and agáin, from time to time.

**временно** *нареч.* témporarily, provisionally; ~ исполня́ющий обя́занности (секретаря́ *и т. п.*) ácting (sécretary, *etc.*).

**временной** *научн.* témporal.

**временн||ый** témporary; (*о мероприятиях и т. п.*) provisional; (*о должностных лицах*) ácting; ~ая мéра stóp-gàp méasure [...'me-]; ◇ Врéменное правительство Provísional Góvernment [...'gʌ-]; ~ комитéт interim committee [...-tɪ].

**временщик** *м. ист.* fávourite.

**врем||я** *с.* **1.** (*в разн. знач.*) time; во вся́кое ~ at any time; мнóго ~ени a long time / while; (*для чего-л.*) much, *или* plénty of, time; на ~ for a time, for a while; до сегó ~ени hither¦tó; до тогó ~ени till then, up to that time; с тогó ~ени since then; со ~ени since; к томý ~ени by that time; скóлько ~ени? *разг.* what is the time?; в 10 ч. 30 м. по москóвскому ~ени at 10.30 Móscow time; у меня́ нет ~ени I have no time; имéть мáло ~ени be pressed for time; за отсýтствием ~ени for lack of time; **2.** (*эпоха*) time; times *pl.*; во все ~енá at all times; в нáше ~ in our time, nów¦a¦days; в э́то, то ~ at that time; за ~ совéтской влáсти in Sóvièt times; э́то былá большáя áрмия дáже для тогó ~ени (по томý ~ени) it was a large ármy éven for those times / days; **3.**: ~ гóда séason [-z°n]; четы́ре ~ени гóда the four séasons [...fɔ:...]; ~ жáтвы hárvest(-tìme); **4.**: вечéрнее ~ évening ['i:vn-]; ýтреннее ~ mórning, fóre¦noon; ночнóе ~ níght-tìme; послеобéденное ~ áfternóon; **5.** *грам.* tense; ◇ ~ от ~ени, от ~ени до ~ени, по ~енáм at times, from time to time, (every) now and then, now and agáin; ~ тéрпит there is no húrry, there's plénty of time; ~ не ждёт time présses, there is no time to be lost; ~ не позволя́ет time forbíds, there is no time; ~ покáжет time will show [...ʃou]; свобóдное ~ spare time; в свобóдное ~ at léisure [...'le-], in one's spare time; всё ~ álways ['ɔ:lwəz]; the whole time [...houl...] *разг.*; однó ~ at one time; в то ~, как while; (*при противопоставлении*) whère¦ás; в то сáмое ~, как just as; в послéднее ~ láte¦ly, récent¦ly, látterly, of late; for some time past; в настоя́щее ~ at présent [...-ez-], to¦dáy; во ~ (*в течение*) dúring; в своё ~ (*когда-то*) at one time; in its, my, his, *etc.*, time; (*своевременно*) in due course [...kɔ:s]; всемý своё ~ there is a time for évery¦thing, évery¦thing is good in its séason; на пéрвое ~ for a start, at first; во ~ óно of yore; тепéрь (не) ~ (+ *инф.*) now is (not) the time (+ to *inf.*); сáмое ~ я́блокам apples are in séason; не ~ я́блокам apples are out of séason; до поры́ до ~ени for the time bé¦ing; с течéнием ~ени in time, evéntually; с незапáмятного ~ени, с незапáмятных ~ён from time immemórial, time out of mind; со ~енем in due course; тем ~енем méanwhile.

**времяисчисление** *с.* cálendar.

**времяпрепровождение** *с.* pástime ['pɑ:-].

**вровень** *нареч.* (с *тв.*) flush (with), lével ['le-] (with); ~ с края́ми up to the brim, brim-full.

**вроде** *предл.* (*рд.*) like, not ún¦like; (*как-то, как например*) such as; нéчто ~ *разг.* a kind of, a sort of.

**врождённ||ость** *ж.* innáte¦ness. **~ый** innáte, inbórn, nátive; (*об органических недостатках и т. п.*) còn¦génital; ~ые спосóбности nátural / innáte / inhérent abílities.

**врозницу** = в рóзницу *см.* рóзница.

**врозь** *нареч.* séparate¦ly, apárt.

**вруб||ать,** врубить (*вн.*) cut* in (*d.*); (*вн. в вн.*) cut* (*d.* into). **~аться,** врубиться **1.** (в *вн.*) cut* one's way (into); ~иться в ряды́ протúвника ≅ break* into the ranks of the énemy [breɪk...]; **2.** *страд. к* врубáть. **~ить(ся)** *сов. см.* врубáть(ся).

**врубов||ый:** ~ая машúна *горн.* cóal-cùtter.

**врукопашную** *нареч.* hand to hand; схватúться ~ come* to grips.

**врун** *м.*, **врунья** *ж. разг.* liar.

**вруч||ать,** вручить (*вн. дт.*) hand (óver) (*d.* to), deliver [-'lɪ-] (*d.* to); (*торжественно*) presént [-'ze-] (*d.* to); (*перен.*) entrúst (*d.* to); ~ гвардéйское знáмя presént the Guards' cólours [...'kʌ-] (to); ~ комý-л. óрден invést

/ presént smb. with *an* órder; ~ судéбную повéстку (*дт.*) serve *a* subpóena [...-'pi:nə] (on). **~éние** *с.* (*рд. дт.*) hánding (*d.* to), delívery (of to), sérving (*d.* to); (*ордена*) invéstiture (with, of), prèsèntátion [-zen-] (with, of). **~и́ть** *сов. см.* вручáть.

**вручну́ю** *нареч.* by hand.

**врывáть,** врыть (*вн.*) dig* in (*d.*); (*вн.* в *вн.*) dig* (*d.* into).

**врывáться** I, вры́ться **1.** (в *вн.*) dig* òne¦sélf (into); **2.** *страд. к* врывáть.

**врывáться** II, ворвáться (в *вн.*) burst* (into): ~ к комý-л. в кóмнату burst* into smb.'s room.

**врыть** *сов. см.* врывáть. **~ся** *сов. см.* врывáться I.

**вряд** *нареч.*: ~ ли *разг.* scárce¦ly [-ɛəs-], hárdly (*в середине предлож.*); I doubt whéther [...daut...], it is dóubtful whéther [...'daut-...] (*в начале предлож.*); (*как ответ*) I doubt it, (it is) not like¦ly; scárce¦ly, hárdly; ~ ли он ужé придёт I doubt whéther he will come now, he will scárce¦ly / hárdly come now.

**всади́ть** *сов. см.* всáживать.

**всáдни||к** *м.* rider, hórse¦man*. **~ца** *ж.* hórse¦wòman* [-wu-].

**всáживать,** всади́ть (*вн.* в *вн.*) *разг.* **1.** stick* (*d.* into), thrust* (*d.* into); (*глубоко*) plunge (*d.* into); всади́ть нож в спи́ну комý-л. stab smb. in the back; всади́ть комý-л. пýлю в лоб send* a búllet through smb.'s head [...'bu-... hed], blow* out smb.'s brains [blou...]; **2.** (*о деньгах, средствах*) lay* out (*d.* in).

**всáсывание** *с.* súction; (*поглощение*) absórption.

**всáсыв||ать,** всосáть (*вн.*) suck in (*d.*); (*впитывать*) soak up / in (*d.*); (*поглощать*) absórb (*d.*); ◇ всосáть с молокóм мáтери imbíbe with one's móther's milk [...'mʌ-...] (*d.*). **~аться,** всосáться **1.** (в *вн.*; *впитываться*) soak (in), be absórbed (into, in); **2.** *страд. к* всáсывать. **~ающий 1.** *прич. см.* всáсывать; **2.** *прил.* súction (*attr.*), súcking; ~ающий клáпан *тех.* súction-vàlve.

**все** *мн. см.* весь.

**всё** I *мест. с. см.* весь.

**всё** II *нареч.* **1.** (*всегда*) álways ['ɔ:lwəz]; (*всё время*) all the time, the whole time [...houl...]; **2.** (*до сих пор*) still; ~ ещё still; **3.** *разг.* (*только*) ónly, all; ~ из-за вас all becáuse of you [...bɪ'kɔz...]; **4.** *тж.* ~ же (*однако*) all the same; (*тем не менее*) nèver¦the¦léss; **5.** (*перед сравн. ст.*) *не переводится*: он игрáет ~ лýчше и лýчше he plays bétter and bétter; ~ дáльше и дáльше fúrther and fúrther [-ð-...]; ~ лéгче и лéгче more and more éasy [...'i:zɪ], éasier and éasier ['i:z-...]; ~ бóлее и бóлее more and more; ~ бóльшая дóля чегó-л. an éver-grówing / éver-in¦créasing share of smth. [-'grou- -sɪŋ...].

**всевé||дение** *с.* òmniscience. **~дущий** òmníscient; ~дущий человéк *ирон.* knów-áll ['nou-].

**всеви́дящий** áll-sée¦ing.

**всевозмóжн||ый** all sorts / kinds of, of every sort and kind, every póssible; ~ые срéдства every / all póssible means, every / all means póssible; ~ые товáры, ~ товáр goods of every description [gudz...], goods of every sort and kind; лéнты ~ых цветóв ríbbons of every cólour [...'kʌ-].

**всевóлновый:** ~ приёмник *рад.* áll-wáves recéiver [...-'si:-].

**всевы́шний** *м. скл. как прил.* the Most High.

**всегдá** *нареч.* álways ['ɔ:lwəz]; как ~ as ever, as álways. **~шний** úsual [-ʒuəl], cústomary; (*о личных качествах*) wónted ['wou-]; ~шняя манéра wónted mánner.

**всегó** I [-вó] *рд. ед. см.* весь.

**всегó** II [-вó] *нареч.* **1.** (*итого*) in all, sum tótal, all togéther [...-'ge-]; **2.** (*лишь*) ónly; ◇ ~-нáвсего *разг.* (*в сумме*) in all; (*лишь*) ónly; ~-то ónly, no more than; тóлько и ~ and that is all.

**всезнáйка** *м. и ж. разг.* knów-áll ['nou-].

**всезнáющий** áll-knówing [-'nou-], òmníscient.

**всекитáйский** Áll-Chína.

**вселéние** *с.* (в *вн.*) estáblishment (in), instàllátion (in); *тж. переводится посредством гл.* instáll, lodge, move in [mu:v...]; ~ нóвых жильцóв в кварти́ру производи́лось лéтом the new ténants were lodged / installed in the flat in súmmer [...'te-...], the new ténants moved into the flat in súmmer.

**вселéн||ная** *ж. скл. как прил.* úniverse. **~ский** òecuménical [i:kju:'me-]; ~ский собóр *ист.* òecuménical cóuncil.

**всели́ть(ся)** *сов. см.* вселя́ть(ся).

**всел||я́ть,** всели́ть **1.** (*вн.* в *вн.*; *поселять*) lodge (*d.* in), instáll (*d.* in), estáblish (*d.* in); ~ жильцóв put* ténants in [...'te-...]; ~ к себé жильцá take* in a lódger; их ~и́ли в нóвый дом they have been moved into a new house* [...mu:vd...-s]; **2.** (в когó-л. что-л.; *внушать*) inspíre (smb. with smth.), inspíre (into smb. smth.), imbúe (smb. with smth.), instíl(l) (into smb. smth.); ~ в когó-л. надéжду raise hopes in smb.'s breast [...brest]; ~и́ть страх в когó-л. drive* fear into smb. **~я́ться,** всели́ться (в *вн.*) **1.** move [mu:v] (into), take* up one's abóde (in), instáll òne¦sélf (in); **2.** (*входить, внедряться*) take* root (in), become* implánted [...-ɑ:n-] (in); **3.** *страд. к* вселя́ть.

**всемéрно** *нареч.* in every póssible way, in every way póssible; ~ поощря́ть (*вн.*) give* the út¦mòst en¦cóurage¦ment [...-'kʌ-] (*i.*), en¦cóurage in every póssible way [-'kʌ-...] (*d.*).

**всемéрн||ый** (of) every kind; all and every; ~ое содéйствие every kind of assístance, all póssible / concéivable assístance [...-'si:-...].

**всéмеро** *нареч.* séven times ['se-...]; sévenfòld ['se-]; ~ мéньше (*рд.*) a séventh [...'se-] (of); ~ бóльше (*с сущ. в ед. ч.*) séven times as much; (*с сущ. во мн. ч.*) séven times as many; увели́чить ~ (*вн.*) múltiplỳ by séven (*d.*).

**всемерóм** *нареч.* séven (togéther) ['se- -'ge-]; они́ рабóтали, гуля́ли *и т. п.* ~ the séven of them worked, went out, *etc.*, togéther.

**всеми́рно-истори́ческ||ий** of wórld-wide / world históric(al) impórtance / signíficance; ~ая роль históric(al) role of wórld-wide signíficance [...roul...]; ~ая побéда épòch-màking víctory [-ɔk-...], a víctory of wórld-wide históric(al) significance; ~ого значе́ния of wórld--wìde históric(al) significance.

**всеми́рн||ый** world (*attr.*); (*о славе, известности и т. п.*) wórld-wide, ùnivérsal; ~ конгре́сс world cóngrèss; Всеми́рный Конгре́сс сторо́нников ми́ра *the* World Cóngrèss of the Defénders of Peace; Всеми́рный Сове́т Ми́ра the World Peace Cóuncil; ~ая исто́рия world history, history of the world; Всеми́рная федера́ция демократи́ческой молодёжи the World Fèderátion of Dèmocrátic Youth [...ju:θ]; Всеми́рная федера́ция профсою́зов the World Fèderátion of Trade Unions (*сокр.* W.F.T.U.).

**всемогу́щ||ество** *с.* òmnípotence. ~ий òmnípotent, áll-pówerful; (*о боге*) Àlmighty [ɔ:l-].

**всенаро́дн||ый** nátional ['næ-]; ~ая пе́репись géneral cénsus; ~ое торжество́ nátion--wìde tríumph; (*празднество*) nátion-wìde cèlebrátion; ~ое де́ло the cómmon cause of the nátion.

**всено́щная** *ж. скл. как прил. церк.* véspers and mátins *pl.*

**всео́бщ||ий** ùnivérsal, géneral; ~ее избира́тельное пра́во ùnivérsal súffrage; ~ая пе́репись населе́ния géneral cénsus (of the pòpulátion); ~ая забасто́вка géneral strike; ~ее употребле́ние cómmon / géneral use [...ju:s]; ~ее одобре́ние, ~ая ра́дость *и т. п.* géneral / ùnivérsal appróval, joy, *etc.* [...ə'pru:v°l...].

**всеобъе́млющий** ùnivérsal, còmprehénsive, áll-embrácing.

**всеору́жи||е** *с.*: во ~и (*рд.*) fúlly armed ['fu-...] (with), fúlly posséssed [...-'zest] (of), in full posséssion [...-'ze-] (of); во ~и зна́ний armed / equípped with full knówledge [...'nɔ-].

**всепобежда́ющий** áll-cónquering, áll-tríumphant.

**всепоглоща́ющий** áll-absórbing.

**всепожира́ющий** áll-devóuring.

**всепроща́ющий** áll-forgíving [-'gɪ-].

**всердца́х** = в сердца́х *см.* се́рдце.

**всеросси́йский** Áll-Rússian [-ʃən].

**всерьёз** *нареч.* sérious¦ly, in éarnest [...'ə:n-]; принима́ть ~ (*вн.*) take* sérious¦ly (*d.*); вы э́то ~? are you sérious?, are you in éarnest?, do you mean it?

**всеси́льный** òmnípotent, áll-pówerful.

**всеславя́нский** Áll-Sláv.

**всесою́зный** Áll-Únion; Всесою́зная Коммунисти́ческая па́ртия (большевико́в) *ист.* the Cómmunist Párty of the Sóvièt Únion (Bólsheviks); Всесою́зный Ле́нинский Коммунисти́ческий Сою́з Молодёжи Léninist Young Cómmunist League of the Sóvièt Únion [...jʌŋ...li:g...]; ~ съезд Áll-Únion Cóngrèss.

**всесторо́нн||е** *нареч.* còmprehénsive¦ly, thóroughly ['θʌrə-], clóse¦ly [-s-], in détail [...'di:-]. ~ий còmprehénsive, thórough ['θʌrə], close [-s], détailed ['di:-], áll-róund; ~ее образова́ние, разви́тие *и т. п.* áll-róund èducátion, devélopment, *etc.*

**всё-таки** *нареч. и союз* for all that, still, nèver¦the¦léss, all the same, how¦éver.

**всеуслы́шание** *с.*: во ~ públicly ['pʌ-], for all to hear, in évery¦òne's héaring.

**всеце́ло** *нареч.* entíre¦ly, whólly ['hou-]; (*исключительно*) exclúsive¦ly.

**всея́дн||ый** òmnívorous; ~ое живо́тное *зоол.* òmnívorous ánimal; òmnívore (*pl.* -ra).

**вси́лу** = в си́лу *см.* си́ла 5.

**вска́кивать,** вскочи́ть **1.** (на *вн.*; в *вн.*) jump (on; into); **2.** (*быстро вставать*) jump up, leap* up; ~ с посте́ли jump out of bed; ~ на́ ноги jump up, jump to one's feet; **3.** *разг.* (*о шишке и т. п.*) swell* (up), come* up.

**вска́пывать,** вскопа́ть (*вн.*) dig* (*d.*).

**вскара́бкаться** *сов. см.* вскара́бкиваться.

**вскара́бкиваться,** вскара́бкаться (на *вн.*) *разг.* scramble (up, up¦ón), clámber (up, up¦ón).

**вска́рмливание** *с.* réaring; иску́сственное ~ àrtifícial féeding.

**вска́рмливать,** вскорми́ть (*вн.*) rear (*d.*); ~ гру́дью nurse (*d.*).

**вскачь** *нареч.* at a gállop, full gállop.

**вски́дывать,** вски́нуть (*вн.*) throw* up [-ou...] (*d.*); ~ на плёчи shóulder ['ʃou-] (*d.*); ~ ружьё shóulder arms; ~ го́лову jerk up, *или* toss, one's head [...hed].

**вски́нуть** *сов. см.* вски́дывать.

**вскип||а́ние** *с.* bóiling up. ~а́ть, вскипе́ть boil up; *тк. сов.* (*перен.*) *разг.* fly* into a rage.

**вскипе́ть** *сов. см.* вскипа́ть.

**вскипяти́ть(ся)** *сов. см.* кипяти́ть(ся).

**вскла́дчину** = в скла́дчину *см.* скла́дчина.

**всклоко́ч||енный** *прич. и прил. разг.* tóusled [-z-]; *прил. тж.* dishévelled. ~ивать, всклоко́чить (*вн.*) *разг.* tousle [-zl] (*d.*). ~ить *сов. см.* всклоко́чивать.

**всколыхну́ть** *сов.* (*вн.*) stir (*d.*); (*качнуть*) rock (*d.*); (*перен.*) stir up (*d.*). ~ся *сов. разг.* stir; (*закачаться*) rock; (*перен.*) become* ágitàted.

**вскользь** *нареч.* cásually [-ʒu-]; упомяну́ть что-л. ~ make* cásual méntion of smth. [...ʒu-...], méntion smth. cásually, *или* in pássing; сказа́ть что-л. ~ make* a cásual remárk.

**вскопа́ть** *сов. см.* вска́пывать.

**вско́ре** *нареч.* soon (áfter), shórtly áfter.

**вскорми́ть** *сов. см.* вска́рмливать.

**вскочи́ть** *сов. см.* вска́кивать.

**вскри́к||ивать,** вскри́кнуть útter a scream, útter a shriek [...-i:k]; *несов. тж.* scream / shriek (agáin and agáin); ~нуть не свои́м го́лосом give* / útter a frénzied scream / shriek. ~нуть *сов. см.* вскри́кивать.

**вскрича́ть** *сов.* excláim, cry.

**вскружи́ть** *сов.*: ~ го́лову кому́-л. turn smb.'s head [...hed].

**вскрыва́ть,** вскрыть (*вн.*) **1.** (*распечатывать*) ópen (*d.*), únséal (*d.*); ~ конве́рт, письмо́ ópen *an* énvelòpe, *a* létter; **2.** (*обнаруживать*) revéal (*d.*), bring* to light (*d.*), disclóse (*d.*); вскрыть (серьёзные) недоста́тки expóse, *или* lay* bare, (sérious) shórt¦còmings; **3.** (*анатомировать*) disséct (*d.*); *мед., юр.* make* a póst-mórtèm (exàminátion) [...'pou-...] (of); **4.** (*о нарыве*) lance (*d.*), cut* (*d.*), ópen (*d.*). ~ся, вскры́ться **1.** (*обнаруживаться*) come* to light, be revéaled, be disclósed; **2.** (*о нарыве и т. п.*) burst*, break* [-eɪk]; **3.**: река́ вскры́лась the ice in the river has bróken up [...'rɪ-...]; **4.** *страд. к* вскрыва́ть.

**вскры́тие** *с.* **1.** (*пакета и т. п.*) ópen¦ing, únséaling; **2.** (*выявление, обнаружение*) rèvelátion, disclósure [-'klou-]; **3.** (*анатомическое*) disséction; *мед., юр.* póst-mórtèm (exàminátion) ['pou-...]; **4.** (*о нарыве*) láncing, cútting; 5.: ~ реки́ bréak-úp of the ice in *a* river ['breɪk-...'rɪ-].

**вскры́ть(ся)** *сов. см.* вскрыва́ть(ся).

**вспасть** *нареч. разг.* to one's heart's contént [...hɑːts...].

**вслед** 1. *нареч.*: посла́ть ~ send* on; ~ за (*тв.*) áfter, fóllowing; идти́ ~ за кем-л. fóllow smb.; 2. *предл.* (*дт.*): смотре́ть ~ кому́-л. fóllow smb. with one's eyes [...aɪz]; ~ ему́ раздали́сь кри́ки shouts fóllowed him.

**всле́дствие** *предл.* (*рд.*) ówing to ['ou-...], on accóunt of, in cónsequence of.

**вслепу́ю** *нареч.* blínd¦ly.

**вслух** *нареч.* alóud.

**вслу́шаться** *сов. см.* вслу́шиваться.

**вслу́шиваться,** вслу́шаться (в *вн.*) lísten atténtive¦ly ['lɪs°n...] (to), lend* an atténtive ear (to); не ~ take* no heed (of), give* no heed (to).

**всма́триваться,** всмотре́ться (в *вн.*) scrútinize (*d.*), take* a good look (at); при́стально ~ peer (at), obsérve clóse¦ly [-'zəːv -s-] (*d.*).

**всмотре́ться** *сов. см.* всма́триваться.

**всмя́тку** *нареч.*: яйцо́ ~ sóft-bóiled / líghtly-bóiled egg; свари́ть яйцо́ ~ boil *an* egg líghtly.

**всо́вывать,** всу́нуть (*вн.* в *вн.*) put* (*d.* into, in), stick* (*d.* in); shove [ʃʌv] (*d.* into, in) *разг.*; (*незаметно*) slip (*d.* into, in).

**всоса́ть(ся)** *сов. см.* вса́сывать(ся).

**вспа́ивать,** вспои́ть (*вн.*) rear (*d.*), bring* up (*d.*).

**вспа́рывать,** вспоро́ть (*вн.*) *разг.* rip up (*d.*), ópen (*d.*); ~ живо́т кому́-л. dìsembówel smb.

**вспаха́ть** *сов. см.* вспа́хивать.

**вспа́||хивать,** вспаха́ть (*вн.*) plough (*d.*), till (*d.*). **~шка** *ж.* plóughing, tíllage.

**вспе́нивать,** вспе́нить (*вн.*) make* foam / froth [...frɔːθ] (*d.*); (*о пиве и т. п. тж.*) froth up (*d.*); ~ мы́ло make* soap láther; ~ коня́ make* *one's* horse láther. **~ся,** вспе́ниться 1. foam, froth [frɔːθ]; (*о мыле*) láther; (*о лошади*) láther, become* cóvered with láther [...'kʌ-...]; 2. *страд. к* вспе́нивать.

**вспе́нить(ся)** *сов. см.* вспе́нивать(ся).

**всплакну́ть** *сов.* (о *пр.*) *разг.* shed* a few tears (óver), have a little cry (óver).

**всплеск** *м.* splash.

**всплёскивать,** всплесну́ть splash; ◇ всплесну́ть рука́ми ≅ clasp one's hands, throw* up one's hands [θrou...], lift one's hands; он в у́жасе всплесну́л рука́ми he clasped his hands in dismáy.

**всплесну́ть** *сов. см.* всплёскивать.

**всплыва́ть,** всплыть come* to the súrface; (*о подводной лодке*) súrface; (*перен.*: *обнаруживаться*) come* to light, revéal it¦sélf; (*о вопросе и т. п.*) aríse*; crop up.

**всплыть** *сов. см.* всплыва́ть.

**вспои́ть** *сов. см.* вспа́ивать.

**вспола́скивать,** всполосну́ть (*вн.*) *разг.* rinse out (*d.*).

**всполосну́ть** *сов. см.* вспола́скивать.

**всполоши́ть** *сов.* (*вн.*) *разг.* rouse (*d.*), raise (*d.*); (*встревожить*) stártle (*d.*). **~ся** *сов. разг.* be thrown into a flútter [...-oun...]; (*встревожиться*) be stártled, take* alárm.

**вспомин||а́ть,** вспо́мнить (*вн.*, о *пр.*) remémber (*d.*), rècolléct (*d.*), recáll (*d.*), think* of (*d.*); вспо́мните хороше́нько try and remémber; не могу́ вспо́мнить назва́ния I can't think of the name [...kɑːnt...]. **~а́ться,** вспо́мниться 1. *чаще безл.*: ему́, им *и т. д.* ~а́ется he remémbers, they, *etc.*, remémber; he calls, they, *etc.*, call to mind; he recálls, they, *etc.*, recáll; 2. *страд. к* вспомина́ть.

**вспо́мнить(ся)** *сов. см.* вспомина́ть(ся).

**вспомога́тельный** auxíliary; (*дополнительный*) subsídiary; ~ отря́д auxíliary detáchment; ~ глаго́л *грам.* auxíliary (verb).

**вспомоществова́ние** *с. уст.* relíef [-iːf], aid, assístance.

**вспоро́ть** *сов. см.* вспа́рывать.

**вспорхну́ть** *сов.* take* wing.

**вспоте́ть** *сов. см.* поте́ть I 1.

**вспры́гивать,** вспры́гнуть (на *вн.*) jump up (on).

**вспры́гнуть** *сов. см.* вспры́гивать.

**вспры́скивание** *с.* 1. sprínkling; 2. *мед.* = впры́скивание.

**вспры́с||кивать,** вспры́снуть 1. (*вн. тв.*) sprínkle (*d.* with); (*смачивать*) damp (*d.* with), móisten [-s°n] (*d.* with); 2. (*вн. дт.*) *мед.* = впры́скивать; 3. (*вн.*) *разг.* (*отмечать выпивкой*) have a drink in hónour, *или* in cèlebrátion [...'ɔnə...] (of); вспры́снуть сде́лку wet *a* bárgain. **~нуть** *сов. см.* вспры́скивать.

**вспу́гивать,** вспугну́ть (*вн.*) fríghten a¦wáy (*d.*), scare a¦wáy (*d.*).

**вспугну́ть** *сов. см.* вспу́гивать.

**вспуха́ть,** вспу́хнуть swell*, become* swóllen [...-ou-].

**вспу́хнуть** *сов. см.* вспуха́ть.

**вспу́чи||вать,** вспу́чить (*вн.*) distend (*d.*): у него́ живо́т ~ло his bélly is swóllen [...-ou-], his àbdómen is disténded. **~ваться,** вспу́читься 1. disténd; 2. *страд. к* вспу́чивать.

**вспу́чить(ся)** *сов. см.* вспу́чивать(ся).

**вспыли́ть** *сов.* fire / flare / blaze up.

**вспы́льчив||ость** *ж.* quick / hot témper. **~ый** hót-témpered, quíck-témpered, hásty ['heɪ-]; péppery *разг.*; ~ый хара́ктер hot témper; ~ый челове́к hót-témpered pérson; spítfire *разг.*

**вспы́х||ивать,** вспы́хнуть 1. (*воспламеняться*) blaze up, take* fire; (*о пожаре*) break* out [breɪk...]; (*о пламени*) blaze up; (*об огнях*) flash (out); (*перен.*) break* out; 2. (*краснеть*) blush, flush. **~нуть** *сов. см.* вспы́хивать.

**вспы́шка** *ж.* flash; (*перен.*) óutbreak [-eɪk]; (*гл. обр. о страстях*) óutbùrst; ~ гне́ва fit of ánger.

**вспять** *нареч.* báckwards [-dz]; возврати́ться ~ retúrn.

**встава́ние** *с.* rísing; почти́ть па́мять кого́-л. ~м stand* (up) in hónour of smb.'s mémory [...'ɔnə...].

**встава́ть,** встать 1. (*в разн. знач.*) get* up, ríse*; (*подняться с постели тж.*) be up; (*на ноги*) stand* up; ~ на что-л. get* (up) on smth.; ~ из-за стола́ get* up, *или* ríse*, from table; встать! stand up!; пора́ ~ it is time to get up; он уже́ встал he is up; он ещё не встава́л he is not up yet; он сего́дня ра́но встал he was up éarly this mórning [...'əː-...]; он уже́ встаёт (*о больном*) he is beginning to get up; больно́му нельзя́ ~ the pátient must remáin in bed, *или* must keep his bed, *или* must not get up; встать на́ ноги (*перен.*) become* indepéndent; встать на путь (*рд.*) choose* / fóllow the road (of); 2. (*о небесных светилах*) rise*; 3. (в *вн.*; *умещаться*) go* (into), fit (into); стол вста́нет в э́тот у́гол the table will go into this córner; 4. (*подниматься на защиту чего-л.*) rise*, rise* up; встать гру́дью за что-л. defénd / chámpion smth. with all one's might; stand* up stáunchly for smth.; 5. (*возникать*) aríse*; встал вопро́с the quéstion aróse [...-stʃ-...].

**вста́вить** *сов. см.* вставля́ть.

**вста́вка** *ж.* 1. (*действие*) fíxing; (*в раму*) fráming; (*в оправу*) móunting; (*в текст*) insértion; 2. (*у женского платья*) insèt; (*манишка*) front [-ʌ-].

**вставл||я́ть,** вста́вить (*вн.* в *вн.*) put* (*d.* into, in); (*вделывать*) fix (*d.* into, in); (*в текст*) insért (*d.* into), introdúce (*d.* into); ~ карти́ну в ра́му frame *a* picture; ~ ка́мень в опра́ву mount *a* gem; ~ шпо́ны *полигр.* lead [led]; ~ себе́ зу́бы have a set of teeth, *или* a dénture, made; ~ слове́чко put* in a word. **~но́й:** ~ны́е ра́мы double window-fràmes [dʌbl...]; ~ны́е зу́бы àrtifícial / false teeth [...fɔːls...]; (*челюсти*) déntures.

**вста́вочка** *ж.* 1. *уменьш. от* вста́вка 2; 2. (*ручка*) pén-hòlder.

**встарь** *нареч.* in ólden times, fórmerly, in the ólden days, of old.

**встать** *сов. см.* встава́ть.

**встрево́жить** *сов. см.* трево́жить II. **~ся** *сов. см.* трево́житься II.

**встрёпанный** dishévelled; ◇ вскочи́л как ~ jumped up wide a:wáke; jumped up as brisk as a bee *идиом.*

**встрепену́ться** *сов.* 1. rouse òne:sélf; (*о птице*) shake* its wings; (*вздрогнуть*) start; 2. (*о сердце*) begin* to throb.

**встрёпк||а** *ж. разг.* 1. (*головомойка*) scólding; зада́ть ~у кому́-л. give* smb. a good scólding; 2. (*душевное потрясение*) shock.

**встре́тить(ся)** *сов. см.* встреча́ть(ся).

**встре́ч||а** *ж.* 1. méeting; (*приём*) recéption; ра́достная, дру́жественная ~ wélcome; при ~е с кем-л. on méeting smb.; собрало́сь мно́го наро́ду для ~и э́того това́рища many people were there to meet that cómrade [...piːpl...]; устро́ить раду́шную ~у (*дт.*) give* a héarty wélcome [...'hɑː-...] (*i.*); ~ с избира́телями méeting with one's constítuents; 2. *спорт.* match; состоя́лись ~и ме́жду mátches were played betwéen; ◇ ~ Но́вого го́да Néw-Year's Eve párty.

**встреча́ть,** встре́тить (*вн.*) 1. (*в разн. знач.*) meet* (*d.*); (*перен. тж.*) meet* (with); ~ ла́сковое отноше́ние meet* with kínd:ness; встре́тить тёплый, холо́дный приём get* a warm, cool wélcome; ~ восто́рженный приём be given an enthùsiástic recéption [...-zɪ-...], recéive an enthùsiástic wélcome [-'siːv...]; ~ отка́з meet* with denial; 2. (*принимать*) recéive (*d.*), greet (*d.*); хо́лодно ~ кого́-л. recéive smb. cóld:ly, give* smb. a cold recéption; ~ кого́-л. насме́шками meet* / recéive / greet smb. with jeers; ~ госте́й wélcome one's guests; ~ с удовлетворе́нием wélcome (*d.*); ◇ ~ в штыки́ give* a hóstile recéption (to); ~ Но́вый год célebràte the New Year. **~ся,** встре́титься 1. (с *тв.*) meet* (*d.*, with); (*случайно*) come* acróss (*d.*); (*на поединке и т. п.*; *тж. перен.*) en:cóunter (*d.*); их взо́ры встре́тились their eyes met [...aɪz...]; ~ся с затрудне́ниями meet* with difficulties, en:cóunter difficulties; 2. (с *тв.*; *видеться*) see* (*d.*); ре́дко, ча́сто ~ся с кем-л. see* little, much of smb.; 3. (*бывать, попадаться*) be found, be met with; э́ти расте́ния встреча́ются на ю́ге these plants are found, *или* are met with, in the south [...plɑːnts...]; 4. *страд. к* встреча́ть.

**встре́чн||ый** 1. *прил.*: ~ ве́тер head / cóntrary wind [hed...wɪ-]; ~ по́езд train coming from the ópposite diréction [...-zɪt...]; ~ план cóunter-plàn; ~ые перево́зки cróss-háuls; ~ иск cóunter-claim; ~ бой en:cóunter battle; méeting en:gáge:ment *амер.*; 2. *м. как сущ.*: пе́рвый ~ *разг.* the first cómer [...'kʌ-], the first man one meets; (ка́ждый) ~ и попере́чный *разг.* anybody and everybody; Tom, Dick and Hárry *идиом.*

**встря́ск||а** *ж. разг.* 1. sháking; (*перен.*: *потрясение*) shock; 2. (*выговор*) scólding, wigging; зада́ть ~у кому́-л. give* smb. a good scólding.

**встря́хивать,** встряхну́ть (*вн.*) shake* (*d.*); (*перен.*) shake* up (*d.*). **~ся,** встряхну́ться 1. shake* òne:sélf; 2. *тк. сов.* (*ободриться, оживиться*) rouse òne:sélf, cheer up; (*развлечься*) have a change [...tʃeɪ-]; 3. *страд. к* встря́хивать.

**встряхну́ть(ся)** *сов. см.* встря́хивать(ся).

**вступа́ть,** вступи́ть (в *вн.*) 1. énter (*d.*); (*о войсках*) march (in, into); 2. (*поступать*) join (*d.*); ~ в чле́ны (*рд.*) become* a mémber (of), join (*d.*); ~ в па́ртию join *the* párty; 3. (*начинать*) énter (into), start (*d.*): ~ в спор с кем-л. énter into an árgument with smb., start an árgument with smb.; ~ в разгово́р с кем-л. énter into cònversátion with smb.; ~ в перегово́ры énter up:ón negòtiátions; ~ в бой join battle; ◇ ~ в де́йствие come* into òperátion; ~ в си́лу come* into force / efféct; ~ во владе́ние (*тв.*) take* / assúme posséssion [...-'ze-] (of); ~ в брак с кем-л. márry smb.; ~ в до́лжность assúme / take* óffice, take* up one's post [...pou-], énter up:ón one's dúties; ~ на престо́л ascénd the throne; ~ в сою́з (с *тв.*) allý òne:sélf (with), énter into, *или* form, an allíance (with); ~ в свои́ права́ come* into one's own [...oun]; (*перен.*) assért òne:sélf; ~ на путь (*рд.*) embárk on, *или* take*, the path (of).

**вступа́ться,** вступи́ться (за *вн.*) stand* up (for); ~ за кого́-л. stand* up for smb., take* smb.'s part; stick* up for smb. *разг.*

**вступи́тельн||ый** éntrance (*attr.*); (*о статье и т. п.*) introdúctory: ~ экза́мен éntrance exàminátion; ~ взнос éntrance fee; ~ая статья́ introdúctory árticle; — ~ое сло́во ópen:ing addréss; ~ая речь ópen:ing addréss/ speech.

**вступи́ть** *сов. см.* вступа́ть.

**вступи́ться** *сов. см.* вступа́ться.

**вступле́н||ие** *с.* 1. (в *вн.*) éntry (into); 2. (в *вн.*; *в организацию и т. п.*) éntry (into), jóining (*d.*); в год его́ ~ия в па́ртию (in) the year of his éntry into the párty, (in) the year when he joined the párty; **3.** (*введение в книге и т. п.*) introdúction; (*в музыке тж.*) prélùde [-ju:d]; (*в речи*) prè¦ámble; ópen¦ing / introdúctory remárks *pl.*; оркестро́вое ~ introdúction; ◇ ~ на престо́л àccéssion to the throne; ~ в до́лжность assúmption of *an* óffice.

**всу́е** *нареч. уст.* in vain.

**всу́нуть** *сов. см.* всо́вывать.

**всухомя́тку** *нареч. разг.*: пита́ться ~ live on cold food / víctuals [lɪv... ˈvɪtl°z].

**всуча́ть,** всучи́ть (что-л. кому́-л.) *разг.* foist / palm smth. off on smb. [...pɑ:m...], put* off (smth. up¦ón smb.).

**всучи́ть** *сов. см.* всуча́ть.

**всхли́п||нуть** *сов. см.* всхли́пывать. **~ывание** *с.* sóbbing; (*звуки*) sobs *pl.*

**всхли́пывать,** всхли́пнуть sob.

**всходи́ть,** взойти́ **1.** (на *вн.*) mount (*d.*), ascénd (*d.*, to); ~ на трибу́ну mount the plátfòrm; ~ на́ гору climb *a* móuntain [klaɪm...]; ~ на верши́ну ascénd to the súmmit; **2.** (*о небесных светилах*) rise*; **3.** (*о семенах*) spring*, sprout; **4.** (*о тесте и т. п.*) rise*.

**всхо́||ды** *мн.* (corn) shoots. **~жесть** *ж. с.-х.* gèrminátion, gérminàting abílity / capácity. **~жий** *с.-х.* gérminàting.

**всы́пать** *сов. см.* всыпа́ть.

**всыпа́ть,** всы́пать **1.** (*вн.* в *вн.*) pour [pɔ:] (*d.* into); **2.** (кому́-л.) *разг.* (*колотить*) thrash (smb.), give* smb. a thráshing; (*ругать*) give* smb. a good ráting.

**всю** *ж. вн. см.* весь.

**всю́ду** *нареч.* évery¦whère.

**вся** *ж. см.* весь.

**вся́к||ий 1.** *прил.* (*любой*) any; (*каждый*) every; во ~ое вре́мя at any time; ~ раз every time, each time; без ~ой жа́лости mércilessly, rúthlessly [ˈru:-], without any píty [...ˈpɪ-]; без ~ого сомне́ния be¦yónd any doubt [...daut]; **2.** *прил.* (*разный*) all sorts of; **3.** *м. как сущ.* (*любой человек*) ány¦òne; (*каждый человек*) évery¦òne; **4.** *с. как сущ.* ány¦thing; ~ое быва́ет ány¦thing is póssible; ◇ во ~ом слу́чае in any case [...-s], ány¦how, ány¦way, at any rate; на ~ слу́чай to make sure [...ʃuə]; (*как бы чего не вышло*) to be on the safe side: на ~ слу́чай я его́ спрошу́ I'll ask him just to make sure; возьми́ зо́нтик на ~ слу́чай take an umbrélla to be on the safe side.

**вся́||чески** *нареч. разг.* in every way póssible, in every póssible way; ~ стара́ться (+*инф.*) try one's best (+to *inf.*), do all one can (+to *inf.*), be at great pains [...-eɪt...] (+to *inf.*). **~ческий** *разг.* all kinds of; ~ческими спо́собами in every way póssible, in every póssible way. **~чина** *ж.*: вся́кая ~чина *разг.* all sorts of things / stuff *pl.*

**вта́йне** *нареч.* in sécret; sécret¦ly; смея́ться ~ laugh in one's sleeve [lɑ:f...] *идиом.*

**вта́лкивать,** втолкну́ть (*вн.* в *вн.*) push [puʃ] (*d.* into); shove [ʃʌv] (*d.* into) *разг.*; (*тк. о людях*) hustle (*d.* into).

**вта́птывать,** втопта́ть (*вн.* в *вн.*) trample down (*d.* in); ◇ ~ в грязь (*вн.*) defáme (*d.*), fling* dirt / mud (at), vílifỳ (*d.*).

**вта́скивать,** втащи́ть (*вн.* в *вн.*) drag (*d.* in, into); (*вн.* на *вн.*) drag (*d.* up, on).

**втача́ть** *сов. см.* вта́чивать.

**вта́чивать,** втача́ть (*вн.* в *вн.*) stitch (*d.* in, into).

**втащи́ть** *сов. см.* вта́скивать. **~ся** *сов.* (в *вн.*) *разг.* drag òne¦sélf (in, into).

**втека́ть,** втечь (в *вн.*) flow [-ou] (into), dis¦chárge (into).

**втёмную** *нареч. разг.* blind¦ly, without due considerátion.

**втемя́ши||ться** *сов.* (*дт.*) *разг.*: ~лось ему́, ей *и т. д.* в го́лову, что он, она́ *и т. д.* he, she, *etc.*, has got / táken it into his, her, *etc.*, head that he, she, *etc.*, is... [...hed...].

**втере́ть(ся)** *сов. см.* втира́ть(ся).

**втечь** *сов. см.* втека́ть.

**втира́ние** *с.* **1.** (*действие*) rúbbing in; **2.** (*лекарство*) èmbrocátion, líniment.

**втира́ть,** втере́ть (*вн.*) rub (*d.*); (*вн.* в *вн.*) rub (*d.* in, into); ◇ ~ очки́ кому́-л. *разг.* húmbùg smb., throw* dust in smb.'s eyes [-ou... aɪz]. **~ся,** втере́ться **1.** (*прям. и перен.*) insínuàte òne¦sélf; ~ся в толпу́ worm one's way in / among the crowd; втере́ться в компа́нию worm òne¦sélf in smb.'s cómpany [...ˈkʌm-]; **2.** *страд. к* втира́ть; ◇ ~ся в дове́рие к кому́-л. *разг.* worm òne¦sélf into smb.'s cónfidence, in¦grátiàte òne¦sélf with smb.

**вти́скивать,** вти́снуть (*вн.* в *вн.*) squeeze (*d.* in, into), cram (*d.* in, into). **~ся,** вти́снуться **1.** (в *вн*) squeeze (in, into), squeeze òne¦sélf (in, into); **2.** *страд. к* вти́скивать.

**вти́снуть(ся)** *сов. см.* вти́скивать(ся).

**втихомо́лку** *нареч. разг.* on the quíet, on the sly.

**втолкну́ть** *сов. см.* вта́лкивать.

**втолкова́ть** *сов. см.* втолко́вывать.

**втолко́вывать,** втолкова́ть: ~ что-л. кому́-л. make* smb. ùnderstánd smth.; din / ram smth. into smb. *разг.*; *несов. тж.* try to make smb. ùnderstánd smth.

**втопта́ть** *сов. см.* вта́птывать.

**вто́ра** *ж. муз.* sécond [ˈse-]; (*вторая скрипка*) sécond violín.

**вторга́ться,** вто́ргнуться (в *вн.*; *в страну*) inváde (*d.*); (*в чужие владения, права и т. п.*) en¦cróach (up¦ón), break* [-eɪk] (in, into), intrúde (into); (*перен.*: *вмешиваться*) intrúde (up¦ón), meddle (in).

**вто́ргнуться** *сов. см.* вторга́ться.

**вторже́ние** *с.* (в *вн.*; *в страну*) invásion (of), in¦cúrsion (into); (*в чужие владения и т. п.*) en¦cróachment (up¦ón), intrúsion (into); (*перен.*) intrúsion (up¦ón).

**вто́рить 1.** (*дт.*; *прям. и перен.*) échò [-k-] (*d.*); **2.** (*без доп.*) *муз.* take* the sécond part [...ˈse-...].

**втори́чн||о** *нареч.* a sécond time [...ˈse-...], for the sécond time. **~ый 1.** (*второй*) sécond [ˈse-]; **2.** (*второстепенный*) sécondary; **3.**: ~ая форма́ция *геол.* sécondary fòrmátion; ~ая ткань *бот.* sécondary tíssue; ~ый спирт *хим.* sécondary álcohòl.

**вто́рник** *м.* Túesday [ˈtju:zdɪ]; по ~ам on Túesdays, every Túesday.

**второго́дник** *м.* púpil remáining for the sécond year in the same class [...ˈsek-...], púpil fáiling to get his remóve [...-ˈmu:v].

**вторóе 1.** *с. скл. как прил.* (*второе блюдо*) sécond course ['se- kɔːs]; что на ~? what is the sécond course?; **2.** *вводн. сл. разг.* (*во-вторых*) sécondly.

**втор||óй 1.** sécond ['se-]; ~óе мáя, июня *и т. п.* the sécond of May, June, *etc.*, May, June, *etc.*, the sécond; страница, главá ~áя page, chápter two; ~ нóмер númber two; емý (пошёл) ~ год he is in his sécond year; ужé ~ час (it is) past one; во ~óм часý past / áfter one; половина ~óго half past one [hɑːf...]; три чéтверти ~óго a quárter to two; однá ~áя (*половина*) a half*; ~ гóлос sécond part; ~áя скрипка sécond vìolín; (*перен.*) sécond fiddle; занять ~óе мéсто *спорт.* be the rúnner-ùp; **2.** (*последний из двух названных*) the látter; ◇ из ~ы́х рук (*купить*) sécond-hànd ['se-]; (*узнать и т. п.*) at sécond hand.

**второклáссн||ик** *м.* class II boy, sécond class boy ['se-...]. **~ица** *ж.* class II girl [...g-], sécond class girl ['se-...].

**второклáссный** sécond-cláss ['se-]; (*посредственный*) sécond-ràte ['se-].

**второкýрсн||ик** *м.*, **~ица** *ж.* sécond-year stúdent ['se-...].

**второпя́х** *нареч.* hástily. ['heɪ-], in haste [...heɪ-], húrriedly; (*во время спешки*) in one's húrry.

**второ||разря́дный** sécond-ráte ['se-]. **~сóртный** sécond-quálity ['se-], sécond-gráde ['se-]; (*посредственный*) inférior, sécond-ráte ['se-], of inférior quálity.

**второстепéнный** sécondary; (*менее существенный; посредственный*) minor; (*побочный*) àccéssory; ~ поэ́т minor póet; ~ вопрóс minor quéstion [...-stʃ-], a quéstion of minor impórtance.

**втрави́ть** *сов. см.* втрáвливать.

**втрáвливать,** втрави́ть (*вн.* в *вн.*) draw* (*d.* into), invólve (*d.* in).

**в-трéтьих** *вводн. сл.* thirdly, in the third place.

**втри́дорога** *нареч. разг.*: драть ~ charge an exórbitant price; купи́ть что-л. ~ buy* smth. at an exórbitant price [baɪ...]; pay* through the nose for smth. *идиом.*

**втрóе** *нареч.* three times; увели́чить ~ (*вн.*) triple [trɪ-] (*d.*); умéньши́ть ~ (*вн.*) take* a third (of); сложи́ть ~ (*вн.*) fold in three (*d.*); ~ мéньше (*рд.*) a third (of); ~ бóльше (*с сущ. в ед. ч.*) three times as much; (*с сущ. во мн. ч.*) three times as many; взять чегó-л. ~ бóльше take* triple the quántity / amóunt of smth.

**втроём** *нареч.* three (togéther) [...-'ge-]; они́ рабóтали, гуля́ли *и т. п.* ~ the three of them worked, went out, *etc.*, togéther.

**втройнé** *нареч.* three times as much.

**втуз** *м.* (вы́сшее техни́ческое учéбное заведéние) téchnical cóllege / ínstitùte.

**втýлка** *ж.* **1.** (*колеса и т. п.*) bush [buʃ], búshing ['bu-]; **2.** (*пробка, затычка*) plug.

**втýне** *нареч. уст.* in vain.

**втыкáть,** воткнýть (*вн.* в *вн.*) run* (*d.* in, into), stick* (*d.* in, into); (*с большим усилием*) drive* (*d.* in, into); ~ кол в зéмлю drive* *a* stake into the ground.

**втя́гивать,** втянýть **1.** (*вн.* в, на *вн.*) pull [pul] (*d.* in, into, on, up), draw* (*d.* in, into, on, up); **2.** (*вн.* в *вн.*; *вовлекать*) draw* (*d.* into), indúce (*d.*) to pàrticipàte (in); (*впутывать*) invólve (*d.* in); **3.** (*вн.*; *вбирать*): ~ вóздух draw* / breathe in the air; ~ жи́дкость suck up, *или* absórb, *a* líquid; ◇ втянýть кóгти draw* in *its* claws. **~ся,** втянýться **1.** (в *вн.*; *привыкать*) get* used / accústomed [...juːst...] (to); (*увлекаться*) become* keen (on); **2.** *страд. к* втя́гивать.

**втяжнóй** *тех.* súction (*attr.*).

**втянýть(ся)** *сов. см.* втя́гивать(ся).

**вуáль** *ж.* **1.** veil; **2.** *фот.* haze.

**вуз** *м.* (вы́сшее учéбное заведéние) higher èducátional ìnstitútion; ùnivérsity.

**вýзовец** *м. разг.* stúdent.

**Вулкáн** *м. миф.* Vúlcan.

**вулкáн** *м.* vòlcánò; дéйствующий ~ áctive vòlcánò; потýхший ~ extinct vòlcánò.

**вулканиз||áция** *ж. тех.* vùlcanìzátion [-naɪ-]. **~и́ровать** *несов. и сов.* (*вн.*) *тех.* vúlcanize (*d.*).

**вулкани́ческий** vòlcánic.

**вульгаризáтор** *м.* vúlgarizer. **~ский** *прил. к* вульгаризáтор.

**вульгар||изáция** *ж.* vùlgarìzátion [-raɪ-]. **~изи́ровать** *несов. и сов.* (*вн.*) vúlgarìze (*d.*). **~и́зм** *м. лингв.* vúlgarism.

**вульгáрн||ость** *ж.* vùlgárity. **~ый** vúlgar; ~ая латы́нь low / vúlgar Látin [lou...].

**вундерки́нд** *м.* ínfant pródigy.

**вход** *м.* éntrance, éntry; ~ воспрещён no admíttance; глáвный ~ main éntrance.

**вход||и́ть,** войти́ **1.** (*вступать*) énter; (*из данного места внутрь*) go* in; (*извне в данное место*) come* in; (в *вн.*) énter (*d.*); go* (into); come* (into): он вошёл he éntered; he went in; he came in; войдём(те)! (*туда*) let us go in!; войди́те! (*ответ на стук в дверь*) come in!; ~ в зал énter *the* hall; go* into *the* hall; come* into *the* hall; — вхóдит Ивано́в (*сценическая ремарка*) énter Ivanóv; ~ в порт (*о судне*) sail / steam into *the* port, énter *the* hárbour; **2.** (в *вн.*; *умещаться*) go* (into); э́то éле вхóдит it will hárdly go in, it is a tight fit; **3.** (в *вн.*; *в состав*) be a mémber (of); (*принимать участие*) take* part (in); **4.** (в *вн.*; *вникать*) énter (into), go* (into); ~ в чьи-л. интерéсы énter into smb.'s ínterests; ◇ ~ в состáв (*рд.*) form / be (a) part (of); ~ в счёт count; ~ в числó (*рд.*) be réckoned (amóng, with); ~ в соглашéние (с *тв.*) énter upón an agréement (with); ~ в контáкт (с *тв.*) come* into cóntàct (with); ~ в си́лу, ~ в дéйствие come* into force / efféct; ~ в сношéния (с *тв.*) énter into relátions (with); ~ в долги́ get* / run* into debt [...det]; ~ в летá get* on (in years); ~ в мóду come* into fáshion, become* fáshionable; ~ в обихóд, ~ в быт become* úsual [...-ʒu-], become* the cústom; ~ в привы́чку become* a hábit, grow* into a hábit [grou...]; ~ во вкус чегó-л. begin* to enjóy / rélish smth.; ~ в роль (begin* to) feel at home in one's role [...roul], énter into one's role; ~ в чьё-л. положéние put* òneself in smb.'s place, sýmpathìze with smb.; ~ в довéрие к комý-л. win* smb.'s cónfidence; ~ в поговóрку become* provérbial; войти́ в истóрию go* down in history; ~ в рассмотрéние чегó-л. exámine smth.; ~ с предложéнием put* fórward, *или* submit, a propósal [...-z°l]; (*на собрании и т. п.*) bring* in a mótion; э́то не вхóдит в расчёт that is not táken into accóunt. **~нóй** éntrance (*attr.*); ~нóй билéт éntrance ticket / card, ticket of admíttance; ~нóе отвéрстие ín¦let; ~нáя плáта éntrance fee. **~я́щая** *ж. скл. как прил. канц.* in¦cóming páper; журнáл ~я́щих и исходя́щих còrrespóndence book. **~я́щий 1.** *прич. см.* входи́ть; **2.** *прил.* in¦còming.

**вхождéние** *с.* éntry.

**вхóж||ий** *разг.*: быть ~им (к; в *вн.*) be recéived [...-'si:-] (at), be admitted (to).

**вхолостýю** *нареч. тех.*: рабóтать ~ run* free / idle, idle.

**вцепи́ться** *сов. см.* вцепля́ться.

**вцепля́ться,** вцепи́ться (в *вн.*) seize [si:z] (*d.*), lay* hold (of), grasp (*d.*), cling* (to); вцепи́ться комý-л. в вóлосы *разг.* seize smb. by the hair.

**ВЦСПС** *м.* (Всесою́зный Центрáльный Совéт Профессионáльных Сою́зов) the Áll--Únion Céntral Cóuncil of Trade Únions.

**вчерá** *нареч.* yésterday [-dı]; ~ ýтром, днём yésterday mórning, áfternóon; ~ вéчером last évening / night [...'i:v-...], yésterday évening; ~ нóчью last night. **~шний** yésterday's [-dız]; весь ~шний день the whole of yésterday [...houl...]; ~шний концéрт yésterday's cóncert; ◇ искáть ~шнего дня *разг.*≅ run*, *или* go* on, a wild-goose chase [...-s -s].

**вчернé** *нареч.* in the rough [...rʌf]; речь готóва ~ the rough draft of the speech is réady [...'re-].

**вчéтверо** *нареч.* four times [fɔ:...]; увели́чить ~ (*вн.*) quádruple (*d.*), múltiplý by four (*d.*); умéньши́ть ~ (*вн.*) quárter (*d.*), take* a quárter (of); ~ бóльше (*с сущ. в ед. ч.*) four times as much; (*с сущ. во мн. ч.*) four times as many; ~ мéньше one quárter; сложи́ть ~ (*вн.*) fold in four (*d.*); брать ~ бóльше take* four times as much.

**вчетверóм** *нареч.* four (togéther) [fɔ: -'ge-]; они́ рабóтали, гуля́ли *и т. п.* ~ the four of them worked, went out, *etc.*, togéther.

**в-четвёртых** *вводн. сл.* fóurthly ['fɔ:-], in the fourth place [...fɔ:θ...].

**вчини́ть** *сов. см.* вчиня́ть.

**вчиня́ть,** вчини́ть: ~ иск *юр. уст.* bring* an áction.

**вчистýю** *нареч. разг. уст.* final¦ly; вы́йти ~ (*с военной службы*) retire, get* one's final dis¦chárge.

**вчитáться** *сов. см.* вчи́тываться.

**вчи́тываться,** вчитáться (в *вн.*) read* cáre¦fully (*d.*); *несов. тж.* try and grasp the méaning (of).

**вчýже** *нареч.*: емý ~ жаль их *и т. д.*, он ~ жалéет их *и т. д.* stránger though he is, *или* though he is ónly a stránger, he píties them, *etc.* [-eındʒə ðou...'pı-...].

**вшéстеро** *нареч.* six times, síxfòld; увели́чить ~ (*вн.*) múltiplý by six (*d.*); умéньши́ть ~ (*вн.*) take* a sixth (of); ~ бóльше (*с сущ. в ед. ч.*) six times as much; (*с сущ. во мн. ч.*) six times as many; ~ мéньше one sixth.

**вшестерóм** *нареч.* six (togéther) [...-'ge-]; они́ рабóтали, гуля́ли *и т. п.* ~ the six of them worked, went out, *etc.*, togéther.

**вшивáть,** вшить (*вн.* в *вн.*) sew* [sou] (*d.* in).

**вши́веть,** обовши́веть become* lóusy [...-zı].

**вшивнóй** séwn-in ['soun-].

**вши́в||ость** *ж.* lóusiness [-zı-]; pedìculósis *научн.* **~ый** lóusy [-zı].

**вширь** *нареч.* in breadth [...bredθ]; раздáться ~ grow* stout [grou...]; разрастáться ~ bróaden [-ɔ:d-], widen.

**вшить** *сов. см.* вшивáть.

**въедáться,** въéсться (в *вн.*) eat* (into).

**въезд** *м.* éntrance, éntry; при ~е в гóрод at the éntrance to the city [...'sı-]; прáво ~а right of éntry. **~нóй** éntrance (*attr.*); ~нáя ви́за éntrance visa [...'vi:zə]; ~ные ворóта gates.

**въезжáть,** въéхать **1.** (в *вн.*) énter (*d.*); (*в экипаже*) drive* (into); **2.** (на *вн.*) (*подниматься*) go* up (*d.*); (*в экипаже*) drive* up (*d.*); **3.** (в *вн.*; *поселяться*) move [mu:v] (in, into).

**въéсться** *сов. см.* въедáться.

**въéхать** *сов. см.* въезжáть.

**въявь** *нареч. уст.* (*на самом деле*) in reálity [rı'æ-]; ви́деть ~ see* with one's own eyes [...oun aız].

**вы,** *рд.*, *вн.*, *пр.* вас, *дт.* вам, *тв.* **вáми,** *мест.* you; благодарю́ вас thank you; что с вáми? what is the mátter with you?; э́то вáми напи́сано? did you write this?; у вас (*в вашей комнате, квартире и т. п.*) in your room, flat, *etc.*

**выбáлтывать,** вы́болтать (*вн.*) *разг.* let* out (*d.*), blab out (*d.*); вы́болтать секрéт let* / blurt out a sécret; let* the cat out of the bag *идиом.*

**выбегáть,** вы́бежать run* out; ~ на ýлицу run* out into the street.

**вы́бежать** *сов. см.* выбегáть.

**вы́белить** *сов.* (*вн.*) whiten (*d.*), bleach (*d.*).

**выбивáть,** вы́бить (*вн.*) **1.** knock out (*d.*); (*мяч ногой*) kick out (*d.*); ~ из седлá únséat (*d.*); ~ проти́вника dislódge the énemy; ~ пыль из чегó-л. beat* the dust out of smth.; ~ ковёр beat* a cárpet; **2.** (*штамповать*) stamp (*d.*); ~ клеймó (на *пр.*) mark (*d.*); ◇ ~ из колéй únséttle (*d.*); вы́бить дурь из головы́ *разг.* knock the nónsense out of smb. **~ся,** вы́биться **1.** get* out; у неё, у негó *и т. д.* вóлосы вы́бились из-под шля́пы her, his, *etc.*, hair came out from únder her, his, *etc.*, hat; **2.** *страд.* к выбивáть; ◇ ~ся из сил strain òne¦sélf to the út¦mòst, exháust òne¦sélf; вы́биться из сил be / become* exháusted; вы́биться из колéй be (complète¦ly) únséttled; вы́биться в лю́ди *разг.* make* one's way in the world, get* on in the world; вы́биться на дорóгу find* the right path.

**выбирáть,** вы́брать (*вн.*) **1.** choose* (*d.*); (*отбирать*) seléct (*d.*), pick out (*d.*); ~ момéнт (для) choose* the right time (for), time (*d.*); **2.** (*голосованием*) eléct (*d.*); **3.** (*о патенте и т. п.*) take* out (*d.*); **4.** *разг.* (*брать до последнего*) take* évery¦thing out; **5.** *мор.* (*тянуть*) haul (*d.*), haul in (*d.*), pull [pul] (*d.*).

**выбирáться** I, вы́браться **1.** get* out; ~ на дорóгу get* on the right road; ~ из затруднéний get* out of *a* difficulty; 2. *разг.* (*переезжать из квартиры*) move [mu:v]; 3. *разг.* (*к кому-л., куда-л.*) mánage to get / go out.

**выбирáться** II *страд. к* выбирáть.

**вы́бить(ся)** *сов. см.* выбивáть(ся).

**вы́боина** *ж.* dint, dent; (*на дороге*) pót-hòle.

**вы́болтать** *сов. см.* выбáлтывать.

**вы́бор** *м.* choice; (*отбор*) seléction; *офиц.* (*тж. право выбора*) óption; (*из двух возможных тж.*) àltérnative; останови́ть свой ~ (на *пр.*) choose* (*d.*), fix (up¦ón); полагáться на чей-л. ~ leave* smth., *или* it, to smb.'s choice; ваш ~ хорóш, плох you have made a good*, a bad* choice, you have chósen well*, ill*; по сóбственному ~у of one's own choice / chóosing [...oun...]; он мóжет взять любу́ю кни́гу по сóбственному ~у he may take any book of his own choice / chóosing; у негó нет ~а he has no choice / óption, he has no (other) àltérnative; большóй ~ товáров large seléction of goods, great choice of goods [greɪt...]; ◇ на ~ at choice.

**вы́борк||а** *ж.* 1. (*действие*) seléction, excérption; 2. (*выбранное*) éxtràct, excérpt; дéлать ~и make* éxtràcts / excérpts.

**вы́борн||ость** *ж.* elèctívity. **~ый** 1. *прил.* eléctive; (*относящийся к выборам*) eléctoral, vóting; ~ая дóлжность eléctive óffice; 2. *м. как сущ.* délegate.

**вы́борочн||ый** seléctive; ~ая провéрка spot check; ~ое орошéние seléctive / sample ìrrigátion.

**вы́борщик** *м.* eléctor.

**вы́бор||ы** *мн.* eléction *sg.*, eléctions; ~ в Совéт eléctions to the Sóvièt; ~ в парлáмент Pàrliaméntary eléctions; всеóбщие ~ géneral eléction; всеóбщие, прямы́е, рáвные ~ при тáйном голосовáнии ùnivérsal, diréct, and équal eléctions by sécret bállot [...'i:k-...]; дополни́тельные ~ bý-eléction *sg.*; сегóдня вся странá учáствовала в ~ах the entíre cóuntry went to the polls to¦dáy [...'kʌ-...].

**вы́бранить** *сов.* (*вн.*) give* a (good) ráting (*i.*).

**выбрáсыватель** *м.* (*в оружии*) extráctor.

**выбрáсывать,** вы́бросить (*вн.*) 1. throw* out [-ou...] (*d.*); ~ на бéрег (*о море, волнах и т. п.*) cast* a¦shóre (*d.*); ~ в окнó throw* out of the window (*d.*); ~ зá борт heave* óver¦board (*d.*); throw* óver¦board (*d.*) (*тж. перен.*); 2. (*выпускать, исключать*) rejéct (*d.*), discárd (*d.*); ◇ ~ товáр на ры́нок throw* goods on the márket; ~ зря waste [weɪ-] (*d.*); ~ когó-л. на у́лицу throw* smb. into the street; вы́бросить из головы́ put* out of one's head [...hed] (*d.*), dismiss (*d.*), get* rid (of). **~ся,** вы́броситься 1. throw* òne¦sélf out [-ou...]; ~ся с парашю́том bale out; ~ся на мель run* a¦gróund; 2. *страд. к* выбрáсывать.

**вы́брать** *сов. см.* выбирáть.

**вы́браться** *сов. см.* выбирáться I.

**выбривáть,** вы́брить (*вн.*) shave* (*d.*).

**вы́бритый** sháven; глáдко ~ cléan-sháven.

**вы́брить** *сов. см.* выбривáть.

**вы́бросить(ся)** *сов. см.* выбрáсывать(ся).

**вы́бучить** *сов. см.* бу́чить.

**выбывáть,** вы́быть (из) leave* (*d.*), quit (*d.*); адресáт вы́был the àddrèssée has left; ~ из стрóя quit the ranks; *воен. тж.* become* a cásualty [...-ʒju-]; ~ из игры́ be out.

**вы́бытие** *с.*: за ~м из гóрода, из дóма in view of *one's* depárture from the town, from home [...vju:...], in view of *one's* change of abóde [...tʃeɪ-...]; за ~м из спи́сков in view of the remóval of *one's* name from the list [...-'mu:-...].

**вы́быть** *сов. см.* выбывáть.

**вывáливать,** вы́валить (*вн.*) thrów* out [-ou...] (*d.*). **~ся,** вы́валиться fall* out; (*тк. о человеке*) tumble out.

**вы́валить(ся)** *сов. см.* вывáливать(ся).

**вы́валять** *сов.* (*вн.*): ~ в грязи́, в снегу́ *и т. п.* drag in / through the mud, the snow, *etc.* [...snou] (*d.*). **~ся** *сов.*: ~ся в грязи́, в снегу́ *и т. п.* be cóvered with mud, snow, *etc.* [...'kʌ-... snou]; он вы́валяется в грязи́, в снегу́ he will get all cóvered with mud, snow, *etc.*; (*ср.* валя́ться).

**вывáривать,** вы́варить (*вн.*) 1. boil (*d.*); *разг.* (*чрезмерно*) boil to death [...deθ] (*d.*), boil to rags (*d.*); ~ кóсти boil down bones; 2. (*извлекать*) extráct by bóiling (*d.*); ~ соль obtáin salt by evàporátion.

**вы́варить** *сов. см.* вывáривать.

**вы́вар||ка** *ж.* extráction; (*соли и т. п.*) evàporátion. **~ки** *мн.* resíduum [-'zɪ-] *sg.* **~очный:** ~очная соль salt obtáined by evàporátion.

**вы́ведать** *сов. см.* вывéдывать.

**вывéдывать,** вы́ведать (*вн.*) find* out (*d.*), worm (*d.*); *несов. тж.* try to find out (*d.*); ~ чьи-л. намéрения find* out smb.'s inténtions; вы́ведать секрéт у когó-л. worm *a* sécret out of smb.

**вы́везти** *сов. см.* вывози́ть.

**вы́вер||ить** *сов. см.* выверя́ть. **~ка** *ж.* adjústment [ə'dʒʌ-]; (*часов*) règulátion.

**вы́вернуть(ся)** *сов. см.* вывёртывать(ся).

**вы́верт** *м. разг.* (*причуда*) vagáry, èccèntrícity; человéк с ~ом eccéntric; говори́ть с ~ами talk eccéntrically.

**вывёртывать,** вы́вернуть (*вн.*) 1. (*вывинчивать*) únscréw (*d.*); 2. *разг.* (*руку, ногу и т. п.*) twist (*d.*), wrench (*d.*); 3. (*наизнанку*) turn (inside) out (*d.*). **~ся,** вы́вернуться 1. (*вывинчиваться*) come* únscréwed; 2. *разг.* (*выскальзывать*) slip out; 3. *разг.* (*из затруднительного положения*) wriggle / get* out of *a* difficulty / fix, find* a way out, mánage to escápe scót-frée.

**выверя́ть,** вы́верить (*вн.*) adjúst [ə'dʒʌ-] (*d.*); (*о часах*) régulàte (*d.*).

**вы́весить** I, II *сов. см.* вывéшивать I, II.

**вы́вес||ка** I *ж.* sign [saɪn], sígnboard ['saɪn-]; (*перен.*) mask; живопи́сец ~ок sígn-painter ['saɪn-]; под ~кой (*рд.*; *перен.*) únder the mask (of).

**вы́веска** II *ж.* (*о весе*) wéighing.

**вы́вести(сь)** *сов. см.* выводи́ть(ся).

**вы́ветренный** *геол.* wéathered ['weð-], eróded.

**вывéтривание** *с.* 1. áiring; ~ дурнóго зáпаха dríving / létting out the bad smell; 2. *геол.* wéathering ['weð-]; (*разрушение*) decáy.

**выве́тривать,** вы́ветрить (*вн.*) drive* (out) (*d.*), let* out (*d.*); (*проветривать*) air (*d.*), véntilàte (*d.*); (*перен.*) drive* a¦wáy (*d.*); (*из памяти*) effáce (*d.*); ~ дурно́й за́пах из ко́мнаты drive* / let* the bad smell out of the room. **~ся,** вы́ветриться **1.** *геол.* wéather ['weð-], be wéathered [...'weð-]; (*перен.*) dìsappéar; ~ся из па́мяти be effáced from the mémory; 2. *страд. к* выве́тривать.

**вы́ветрить(ся)** *сов. см.* выве́тривать(ся).

**выве́шивать** I, вы́весить (*вн.*) hang* out (*d.*); (*об объявлении и т. п.*) post up [pou-...] (*d.*), put* up (*d.*).

**выве́шивать** II, вы́весить (*вн.*; *определять вес*) weigh (*d.*).

**вы́винтить(ся)** *сов. см.* выви́нчивать(ся).

**выви́нчивать,** вы́винтить (*вн.*) únscréw (*d.*); ~ винт lóosen *a* screw. **~ся,** вы́винтиться **1.** come* únscréwed; 2. *страд. к* выви́нчивать.

**вы́вих** *м.* dìslocátion; (*место вывиха*) dìslocated part; (*перен.*) *разг.* kink. **~нутый** dìslocated. **~нуть** *сов.* (*вн.*) dìslocàte (*d.*), put* out (of joint) (*d.*); ~нуть но́гу sprain one's foot* [...fut].

**вы́вод** *м.* **1.** (*удаление*) with¦dráwal; **2.** (*заключение*) con¦clúsion, inference; dedúction *книжн.*; сде́лать ~ **draw*** a con¦clúsion; con¦clúde, infér; мо́жно сде́лать то́лько оди́н ~ ónly one thing can be inférred / dedúced, one can draw ónly one con¦clúsion; прийти́ к ~у come* to, *или* arrive at, *a* con¦clúsion; ло́жный ~ false con¦clúsion [fɔːls...]; непра́вильный ~ wrong con¦clúsion; поспе́шный ~ hásty con¦clúsion ['heɪ-...]; поспеши́ть с ~ом jump to *a* con¦clúsion.

**выводи́ть,** вы́вести (*вн.*) **1.** (*откуда-л.*) take* out (*d.*); (*уводить*) lead* out (*d.*); (*помогать кому-л. выйти*) help out (*d.*); (*заставлять кого-л. выйти*) make* (*d.*) go out, turn out (*d.*); (*о войсках*) with¦dráw* (*d.*), call a¦wáy (*d.*); **2.** (*устранять*) move [muːv] (*d.*); (*о пятнах*) remóve [-'muːv] (*d.*), take* out (*d.*); **3.** (*уничтожать*) éxtirpàte (*d.*), destróy (*d.*); (*паразитов*) èxtérminàte (*d.*); **4.** (*делать вывод*) con¦clúde (*d.*), infér (*d.*); ~ сле́дствие draw* *a* con¦clúsion; ~ фо́рмулу dedúce *a* fórmula; из э́того он вы́вел, что he con¦clúded from this that; **5.** (*выращивать*) grow* [-ou] (*d.*), raise (*d.*); (*высиживать*; *о наседке*) hatch (*d.*); ~ лу́чшие поро́ды скота́ raise the best strains of cattle; **6.** (*изображать*) depict (*d.*), pòrtráy (*d.*); ◇ ~ бу́квы trace out each létter páinstàking¦ly [...-z-]; ~ из затрудне́ния, из затрудни́тельного положе́ния help out of *a* difficulty (*d.*); ~ из заблужде́ния úndecéive [-iːv] (*d.*); ~ кого́-л. из себя́ put* smb. beside him¦sélf, drive* smb. out of his wits; ~ из равнове́сия distúrb the èquilíbrium [...iː-] (of); (*перен.*) dìscompóse (*d.*); ~ кого́-л. из терпе́ния try smb.'s pátience; вы́вести кого́-л. из терпе́ния exásperàte smb.; ~ из стро́я disáble (*d.*), put* out of áction (*d.*); ~ на чи́стую во́ду expóse (*d.*), unmásk (*d.*), show* up [ʃou...] (*d.*). **~ся,** вы́вестись **1.** (*исчезать*; *о животных и т. п.*) become* extinct; **2.** (*выходить из употребления*) go* out of use [...-s], fall* into disúse [...-s]; **3.** (*о птенцах*) hatch; **4.** (*о пятнах*) come* out; **5.** *страд. к* выводи́ть.

**выводн||о́й 1.** *тех.* dis¦chárge (*attr.*), vent (*attr.*); ~а́я труба́ vent pipe; **2.** *анат.* èxcrétory [-iːt-].

**вы́водок** *м.* brood; hatch (*тк. о птицах*).

**вы́воз** *м.* **1.** táking out, remóval [-'muː-]; **2.** *эк.* éxpòrt.

**вывози́ть,** вы́везти (*вн.*) **1.** take* out (*d.*); (*о мусоре и т. п.*) remóve [-'muːv] (*d.*); ~ дете́й за́ город send* / take* the children off to the country [...'kʌ-]; **2.** *эк.* (*за границу*) èxpórt (*d.*); **3.** (*привозить с собой*) bring* back (*d.*); **4.** *разг.* (*выручать*) save (*d.*), réscue (*d.*).

**вы́возиться** *сов. разг.* (*в пыли, в грязи*) cóver òne¦sélf (with dust, dirt, mud) ['kʌ-...], dírty òne¦sélf.

**вывози́ться 1.** be expórted; **2.** *страд. к* вывози́ть.

**вы́возка** *ж.* táking out; (*на телеге*) cárting out; ~ нечисто́т cárting out the níghtsoil / séw¦age.

**вывозн||о́й** *эк.* éxpòrt (*attr.*); ~а́я по́шлина éxpòrt dúties *pl.*

**выволакивать,** вы́волочить, вы́волочь (*вн.*) *разг.* drag out (*d.*).

**вы́волочить, вы́волочь** *сов. см.* вывола́кивать.

**вывора́чивать** *разг.* = вывёртывать. **~ся** *разг.* = вывёртываться.

**вы́воротить** *сов. см.* вывора́чивать.

**вы́гадать** *сов. см.* выга́дывать.

**выга́дывать,** вы́гадать (*вн.*; *получать выгоду*) gain (*d.*); (*сберегать*) èсónomize [iː-] (*d.*), save (*d.*); он на э́том не вы́гадал he gained nothing by it.

**вы́гиб** *м.* curve, cúrvature. **~а́ть,** вы́гнуть (*вн.*) bend* (*d.*); ~а́ть спи́ну (*о животных*) arch *its* back. **~а́ться,** вы́гнуться **1.** bend*; 2. *страд. к* выгиба́ть.

**вы́гладить** *сов.* (*вн.*) iron ['aɪən] (*d.*), press (*d.*).

**вы́глаженный** *прич. и прил.* ironed ['aɪənd], pressed.

**вы́глядеть** I *сов.* (*вн.*) *разг.* (*высмотреть*) find* (*d.*), discóver [-'kʌ-] (*d.*); (*о разведчике и т. п.*) spy out (*d.*).

**вы́гляд||еть** II (*иметь вид*) look; ~ но́вым, молоды́м *и т. п.* look new, young, *etc.* [...jʌŋ]; ~ хорошо́, пло́хо look well*, bad*; он пло́хо ~ит he looks bad* / ill* / únwéll, he does not look well.

**выгля́дывать,** вы́глянуть **1.** look out; ~ из окна́ look out of the window; **2.** (*показываться*) peep out, emérge; ~ из-за чего́-л. peep out through smth., emérge from behínd smth.

**вы́глянуть** *сов. см.* выгля́дывать.

**вы́гнать** *сов. см.* выгоня́ть.

**вы́гну||тый** *прич. и прил.* curved. **~ть(ся)** *сов. см.* выгиба́ть(ся).

**вы́говаривать,** вы́говорить **1.** (*вн.*; *произносить*) articulàte (*d.*), pronóunce (*d.*); (*высказывать*) útter (*d.*); **2.** *тк. несов.* (*дт.*; *делать замечание*) rebúke (*d.*), réprimànd [-ɑːnd] (*d.*), lécture (*d.*); **3.** (*вн.*; *обеспечивать, условливаться*) resérve for / to òne¦sélf [-'zəːv...] (*d.*), stipulàte (*d.*, for).

**вы́говор** *м.* **1.** (*произношение*) pronùnciátion; у него́ хоро́ший, плохо́й англи́йский

~ he pronóunces Énglish well*, bád¦ly [...'ɪŋ-...], his Énglish pronùnciátion is good*, bad*; **2.** (*порицание*) repróof; dréssing-down, wígging, tálking-tò *разг.*; (*ребёнку, близкому*) scólding; *офиц.*, *воен.* réprimànd [-ɑ:nd]; стро́гий ~ с предупрежде́нием sevére réprimànd and wárning; де́лать ~ (*дт.*) rebúke (*d.*), réprimànd (*d.*). **~ить** *сов. см.* выгова́ривать 1,3.

**вы́говориться** *сов. разг.* say* one's say.

**вы́год||а** *ж.* advántage [-ɑ:n-], bénefit; (*прибыль*) gain, prófit; (*интерес*) interest; извле́чь ~у (из) bénefit (by), deríve bénefit (from); э́то даёт мно́го вы́год it has many advántages; it pays *разг.*; к о́бщей ~е for the públic interest [...'pʌ-...]; в э́том нет никако́й ~ы nothing is gained by it.

**вы́годно** I **1.** *прил. кратк. см.* вы́годный; **2.** *предик. безл.* (+ *инф.*) it is àdvantágeous (+ to *inf.*), it is prófitable (+ to *inf.*); it pays (+ to *inf.*) *разг.*

**вы́годн||о** II *нареч.* àdvantágeous¦ly. **~ость** *ж.* advántage [-ɑ:n-]; advántages *pl.*, àdvantágeous¦ness. **~ый** àdvantágeous; (*прибыльный*) prófitable; (*хорошо оплачиваемый*) remúnerative; ~ое де́ло páying búsiness [...'bɪzn-]; представля́ть в ~ом све́те (*вн.*) show* to the best advántage [ʃou... -ɑ:n-] (*d.*), place in a good light (*d.*).

**вы́гон** *м.* (*общественный*) cómmon pásture.

**вы́гонка** *ж. тех.* dìstillátion.

**выгоня́ть,** вы́гнать (*вн.*) **1.** drive* out (*d.*); ~ из до́му turn out of the house* [...-s] (*d.*); ~ кого́-л. с рабо́ты *разг.* give* smb. the sack, sack smb., fire smb.; ~ из шко́лы *разг.* expél from school (*d.*); ~ ста́до в по́ле send* the cattle to grass; **2.** *тех.* (*добывать перегонкой*) distíl (*d.*).

**выгора́живать,** вы́городить (*вн.*) fence off (*d.*); (*перен.*; кого́-л.) *разг.* screen (smb.), shield [ʃi:ld] (smb.).

**выгора́ть** I, вы́гореть **1.** burn* down, burn* a¦wáy; ~ дотла́ be redúced to áshes; **2.** (*выцветать*) fade (in the sun).

**выгора́ть** II, вы́гореть *разг.* (*удаваться*) turn out well, be a succéss, succéed; де́ло не вы́горело the affáir did not come off, the affáir miscárried / failed.

**вы́гореть** I, II *сов. см.* выгора́ть I, II.

**вы́городить** *сов. см.* выгора́живать.

**вы́гравировать** *сов. см.* гравирова́ть.

**выгреба́ть** I, вы́грести (*вн.*; *золу и т. п.*) rake out (*d.*); (*яму*) clean out (*d.*), émpty (*d.*); (*нечистоты*) remóve [-'mu:v] (*d.*).

**выгреба́ть** II, вы́грести (*о гребцах*) row [rou]; ~ про́тив ве́тра row / pull agáinst the wind [...pul... wɪ-]; ~ про́тив тече́ния row / pull agáinst the cúrrent.

**выгребн||о́й:** ~а́я я́ма césspool.

**вы́грести** I, II *сов. см.* выгреба́ть I, II.

**выгружа́ть,** вы́грузить (*вн.*) ún¦lóad (*d.*), ún¦láde (*d.*); (*с корабля тж.*) únship (*d.*), disembárk (*d.*); (*из эшелонов*) dè¦tráin (*d.*). **~ся,** вы́грузиться **1.** disembárk; (*из эшелонов*) dè¦tráin; **2.** *страд. к* выгружа́ть.

**вы́грузить(ся)** *сов. см.* выгружа́ть(ся).

**вы́груз||ка** *ж.* ún¦lóading; (*с корабля*) únshipping, dìsèmbàrkátion; (*из эшелонов*) dè¦tráining. **~чик** *м.* ún¦lóader.

**выгрыза́ть,** вы́грызть (*вн.*) gnaw out (*d.*).

**вы́грызть** *сов. см.* выгрыза́ть.

**выдав||а́ть,** вы́дать **1.** (*вн.*) hand (*d.*), give* (*d.*); (*распределять*) distríbute (*d.*); ~ довольствие íssue supplíes; ~ кому́-л. удостовере́ние, распи́ску *и т. п.* give* smb. a certíficate, recéipt, *etc.* [...-i:t]; ~ паёк serve out *a* rátion [...'ræ-]; ~ ве́ксель draw* a bill; ~ за́работную пла́ту pay* wáges, pay* *a* sálary; **2.** (*вн.*; *преступника*) delíver up [-'lɪ-...] (*d.*), give* up (*d.*); (*иностранному государству*) éxtradite (*d.*); **3.** (*вн.*; *предавать, обнаруживать*) give* a¦wáy (*d.*), betráy (*d.*); его́ улы́бка вы́дала его́ his smile betráyed him; он вы́дал своё прису́тствие he betráyed his présence [...-z-]; вы́дать себя́ give* òne¦sélf a¦wáy; **4.** (*вн.* за *вн.*) make* (*d.*) pass (for), set* up (*d.* for); ~ себя́ за кого́-л. give* òne¦sélf out to be smb., preténd to be smb., pose as smb.; ~ что-л. за своё claim smth. as one's own [...oun]; ◇ ~ за́муж кого́-л. за кого́-л. márry smb. to smb., give* smb. in márriage to smb. [...-rɪdʒ...]. **~а́ться,** вы́даться **1.** (*выступать*) protrúde; jut out; **2.** (*тв.*; *выделяться чем-л.*) be conspícuous (for), be remárkable (for), be distínguished (by); ~а́ться среди́ други́х stand* out among others; **3.** (*случаться, наступать*) presént it¦sélf [-'ze-...], occúr, háppen to be; когда́ ~а́лся слу́чай when an òpportúnity presénted it¦sélf, *или* occúrred; when there háppened to be an òpportúnity; у меня́, у него́ *и т. д.* вы́далось не́сколько часо́в свобо́дного вре́мени I, he, *etc.*, háppened to have a few hours' léisure [...auəz 'leʒə]; вы́дался хоро́ший денёк it was a fine day; **4.** *страд. к* выдава́ть.

**вы́давить** *сов. см.* выда́вливать.

**выда́вливать,** вы́давить (*вн.*) **1.** (*выжимать*) squeeze out (*d.*); (*перен.*) force (*d.*); вы́давить улы́бку, смех force a smile, a laugh [...lɑ:f]; вы́давить слезу́ squeeze out a tear; вы́давить из себя́ сло́во constráin / force òne¦sélf to speak; из него́ ни сло́ва не вы́давишь you cánnòt get a word out of him; **2.** (*выламывать*) break* [breɪk] (*d.*); вы́давить (око́нное) стекло́ break* in *a* window.

**выда́ивать,** вы́доить (*вн.*; *корову и т. п.*) milk dry (*d.*).

**выда́лбливать,** вы́долбить (*вн.*) **1.** hóllow out (*d.*); **2.** *разг.* (*выучивать*) learn* by heart [lə:n...hɑ:t] (*d.*); (*ср. тж.* долби́ть).

**вы́данье** *с.*: на ~ *разг. уст.* márriage¦able [-rɪdʒ-] (*перед сущ.*).

**вы́дать(ся)** *сов. см.* выдава́ть(ся).

**вы́дача** *ж.* **1.** delívery; (*раздача*) distribútion, íssue; (*пайка и т. п.*) sérving out; (*выплата*) páyment; **2.** (*преступника*) èxtradítion.

**выдаю́щ||ийся** **1.** *прич. см.* выдава́ться; **2.** *прил.* próminent, sálient, protrúding; **3.** *прил.* (*замечательный*) remárkable, nótable, distínguished; (*поразительный*) stríking; (*тк. о человеке*) éminent; ~аяся побе́да sígnal / nótable víctory.

**выдвига́ть,** вы́двинуть (*вн.*) **1.** pull out [pul...] (*d.*), move out [mu:v...] (*d.*); ~ я́щик ópen *a* drawer [...drɔ:]; **2.** (*предлагать, приводить и т. п.*) advánce (*d.*), put* / bring* fórward (*d.*); ~ теóрию suggést a théory

[-'dʒe-...'θɪə-]; ~ доказа́тельство, аргуме́нт addúce *a* proof, *an* árgument; ~ усло́вия lay* down condítions; ~ вопро́с raise *a* quéstion [...-stʃ-]; ~ на пе́рвый план put* in the fóre¦frònt [...-frʌnt] (*d*.); вы́двинуть на пере́дний план push into the fóre¦ground [puʃ...] (*d*.); ~ обвине́ние (про́тив) bring* an àccusátion, *или* prefér a charge [...-'zeɪ-...] (agáinst); **3.** (*предлагать к избранию и т. п.*) nómináte (*d*.); ~ на до́лжность nóminàte to *an* óffice (*d*.); ~ чью-л. кандидату́ру nóminàte smb. for eléction, put* fórward smb.'s cándidature, propóse smb. as a cándidate; **4.** (*на более ответственную работу*) promóte (*d*.); ~ из свое́й среды́ prodúce from *their* ranks; **5.** *воен.* push fórward / out [puʃ...] (*d*.). **~ся,** вы́двинуться **1.** (*вперёд*) move (fórward) [mu:v...]; **2.** *тк. несов.* (*о ящике и т. п.*) slide* in and out, move in and out; **3.** (*достигать более высокого положения*) rise*; rise* from the ranks; (*добиться выдвижения*) work one's way up; (*выделяться*) be distínguished; вы́двинуться на пере́дний план come* to the fore, advánce to the fóre¦frònt [...-frʌnt]; **4.** *страд. к* выдвига́ть.

**выдвиж||е́нец** *м.* promóted wórker. **~е́ние** *с.* advánce¦ment; (*по работе*) promótion. **~е́нка** *ж. к* выдвиже́нец.

**выдвижно́й** slíding; *тех.* tèlescópic.

**вы́двинуть** *сов. см.* выдвига́ть. **~ся** *сов. см.* выдвига́ться 1, 3.

**вы́дворить** *сов. см.* выдворя́ть.

**выдворя́ть,** вы́дворить (*вн.*) turn out (*d*.).

**вы́деланный** *прич. и прил.* (*о коже, о мехе*) dressed; (*о коже тж.*) cúrried.

**вы́делать** *сов. см.* выде́лывать 1, 2.

**выделе́ние** *с.* **1.** appórtionment; **2.** *хим.* ìsolátion [aɪsə-]; **3.** *чаще мн. физиол.* secrétion (*pl.* -ns, -ta); (*об отработанном веществе*) èxcrétion (*pl.* -ta); (*о гное*) dis¦chárge; гно́йное ~ pus; mátter *разг.*

**выдели́тельн||ый** *физиол.* secrétory [-ri:-]; èxcrétory [-ri:-] (*ср.* выделе́ние); ~ые о́рганы órgans of secrétion, secrétory órgans; órgans of èxcrétion, èxcrétory órgans.

**вы́делить(ся)** *сов. см.* выделя́ть(ся).

**вы́делка** *ж.* **1.** (*производство*) mànufácture; ~ ко́жи dréssing, cúrrying; **2.** (*качество*) make.

**выде́лыва||ть,** вы́делать (*вн.*) **1.** (*вырабатывать*) mànufácture (*d*.), make* (*d*.); **2.** (*о коже*) dress (*d*.), cúrry (*d*.); **3.** *тк. несов. разг.* be up to: что он там ~ет? what is he up to there?

**выделя́ть,** вы́делить (*вн.*) **1.** (*отбирать*) pick out (*d*.), choose* (*d*.), single out (*d*.); (*предназначать*) allót (*d*.); (*намечать*) éar-màrk (*d*.); **2.** *воен.* (*об отряде и т. п.*) detách (*d*.); (*об охране и т. п.*) find* (*d*.), províde (*d*.); **3.** (*об имуществе*) appórtion (*d*.); **4.** (*отличать*) mark out (*d*.); (*отмечать заслуги и т. п.*) distínguish (*d*.); **5.** *полигр.*: ~ курси́вом print in itálics (*d*.), itálicìze (*d*.); **6.** *физиол.* secréte (*d*.); (*тк. об отработанном веществе*) èxcréte (*d*.); (*о гное*) dis¦chárge (*d*.); **7.** (*о жидкости*) exúde (*d*.); **8.** *хим.* edúce (*d*.), ísolàte ['aɪsə-] (*d*.). **~ся,** вы́делиться **1.** (*тв.*; *отличаться*) be distínguished (by), be nótable (for); stand* out (for); ~ся на фо́не (*рд.*) stand* out agáinst a báckground (of); **2.** (*об имущественных отношениях*) recéive one's pórtion and séparàte [-i:v...]; **3.** (*о жидкости*) ooze out, exúde; **4.** *страд. к* выделя́ть.

**выдёргивать,** вы́дернуть (*вн.*) pull out [pul...] (*d*.); ~ зуб pull out *a* tooth*.

**вы́держанн||ость** *ж.* **1.** (*характера*) fírmness, stéadfastness ['sted-]; (*стойкость*) stáunchness; (*самообладание*) sélf-contról [-oul], sélf-commánd [-ɑ:nd]; **2.** (*стройность, последовательность*) consístency. **~ый 1.** (*умеющий владеть собой*) sélf-posséssed [-'zest], sélf-restráined; он о́чень ~ый челове́к he posséssès great sélf-commánd [...-'zegreɪt -ɑ:nd], he has great commánd óver hìm¦sélf [...-ɑ:nd...]; **2.** (*твёрдый, стойкий*) staunch, stéadfast ['sted-]; **3.** (*стройный, последовательный*) consístent; ~ый стиль sustáined / dígnified style; **4.** (*о продуктах*): ~ый сыр ripe cheese; ~ый таба́к séasoned / ripe tobáccò [-z°nd...]; ~ое вино́ old / matúred wine; ~ое де́рево séasoned wood [...wud].

**вы́держать** *сов. см.* выде́рживать.

**выде́рживать,** вы́держать **1.** (*вн.*; *прям. и перен.*) bear* [bɛə] (*d*.), sustáin (*d*.), stand* (*d*.); (*перен. тж.*) endúre (*d*.); вы́держать экза́мен pass an exàminátion; ~ испыта́ние stand* the test; ~ оса́ду stand* the siege [...si:dʒ]; вы́держать пы́тку endúre tórture; он не мог э́того бо́льше вы́держать he could not bear / stand it any lóng¦er; его́ не́рвы не вы́держали his nerve failed him; ~ бу́рю wéather a storm ['we-...]; **2.** (*без доп.*: *сдерживаться*) contáin òne¦sélf; он не вы́держал и рассме́ялся he could not contáin him¦sélf (any lóng¦er) and burst out láughing [...'lɑ:f-], he could not refráin from láughing; он не вы́держал и запла́кал he broke down and cried; **3.** (*вн.*; *о товарах*) keep* to matúre (*d*.); (*о дереве*) séason [-z°n] (*d*.); ◇ вы́держать не́сколько изда́ний run* ìnto séveral editions; ~ под аре́стом (*вн.*) keep* in cústody (*d*.); вы́держать роль keep* up one's role [...roul]; вы́держать хара́ктер be / stand* firm, be stéadfast [...'sted-]; (*быть верным себе*) be true to òne¦sélf; не вы́держать хара́ктера give* way; не ~ кри́тики be benéath críticism, be no good at all; not hold* wáter [...'wɔ:-] *идиом.*

**вы́держка** I *ж.* **1.** (*самообладание*) sélf-contról [-roul], sélf-mástery, sélf-restráint; (*стойкость*) tenácity; (*выносливость*) stáying pówer, endúrance; **2.** *фот.* expósure [-'pouʒə].

**вы́держк||а** II *ж.* (*цитата*) éxtràct, éxcèrpt, quòtátion [kwou-]; привести́ ~у (из) quote an éxtràct (from), quote (from); ◇ на ~у at rándom.

**вы́дернуть** *сов. см.* выдёргивать.

**выдира́ть,** вы́драть (*вн.*) tear* out [tɛə...] (*d*.).

**вы́доить** *сов. см.* выда́ивать.

**вы́долбить** *сов. см.* выда́лбливать.

**вы́дох** *м.* èxpirátion. **~нуть(ся)** *сов. см.* выдыха́ть(ся).

**вы́дохшийся** *прич. см.* выдыха́ться.

**вы́дра** *ж.* (*животное и мех*) ótter.

**вы́драть** I *сов. см.* выдира́ть.

**вы́драть** II *сов. см.* драть 4.

**вы́дрессировать** *сов. см.* дрессирова́ть.

**вы́дубить** *сов. см.* дуби́ть.

**выдув||а́льщик** *м.* gláss-blower [-blouə]. **~а́ть,** вы́дуть (*вн.*) **1.** blow* out [-ou...] (*d.*); всё тепло́ вы́дуло all the warmth has escáped; **2.** *тех.* blow* (*d.*).

**вы́дув||ка** *ж. тех.* blówing ['blou-]. **~но́й** (*о стекле*) blown [bloun].

**вы́дум||анный** *прич. и прил.* máde-úp, con¦cócted, fábricàted, invénted; ~анная исто́рия máde-úp stóry, fàbricátion. **~ать** *сов. см.* выду́мывать. **~ка** *ж.* **1.** (*изобретение*) device, gádget; **2.** *разг.* (*изобретательность*) invéntion; **3.** *разг.* (*вымысел*) invéntion, fiction; (*сказка*) fable; fib *разг.*

**вы́думщик** *м. разг.* invéntor; (*лгун*) liar.

**выдумыв||ать,** вы́думать (*вн.*) **1.** invént (*d.*); **2.** (*сочинять*) make* up (*d.*), con¦cóct (*d.*), fábricàte (*d.*); ◇ не ~ай (*не противоречь*) don't còntradíct, do as you are told; он по́роха не вы́думает *разг.* ≅ he did not invént gúnpowder, he will never set the Thames on fire [...temz...].

**вы́дуть** *сов. см.* выдува́ть.

**вы́дых** *м.*, **~а́ние** *с.* = вы́дох. **~а́тельный** expíratory [-aɪə-].

**выдыха́ть,** вы́дохнуть (*вн.*) breathe out (*d.*). **~ся,** вы́дохнуться **1.** (*терять запах*) lose* its smell [luːz...]; (*терять аромат*) lose* its frágrance [...'freɪg-]; (*о вине*) become* flat; (*перен.*) be played out, be used up; (*о сильном чувстве*) spend* it¦sélf; (*об атаке и т. п.*) come* to nothing, fizzle out; be a wásh-out, péter out *разг.*; э́тот писа́тель давно́ уже́ вы́дохся that writer exháusted, *или* used up, his tálent long agó [...'tæ-...]; **2.** *страд. к* выдыха́ть.

**выеда́ть,** вы́есть (*вн.*; *о едких веществах*) corróde (*d.*), eat* a¦wáy (*d.*).

**вы́еденн||ый** *прич. см.* выеда́ть; ◇ не сто́ит ~ого яйца́ *погов.* ≅ it's not worth a fárthing [...-ðɪŋ].

**вы́езд** *м.* **1.** depárture; ~ суда́ *юр.* visit of a court [-z-...kɔːt]; **2.** (*место, через которое выезжают*) éxit, égrèss; ~ из го́рода town gates *pl.*; **3.** (*экипаж с лошадьми*) túrn-óut, équipage. **~ить** *сов. см.* выезжа́ть II. **~ка** *ж.* (*лошадей*) bréaking-in ['breɪ-]. **~но́й:** ~на́я се́ссия суда́ assizes *pl.*; ~но́й спекта́кль guest perfórmance; ~но́й лаке́й *уст.* fóot¦man* ['fut-].

**выезжа́ть** I, вы́ехать (из) **1.** leave* (*d.*); ~ из го́рода leave* the town; ~ на да́чу, в дере́вню go* to the cóuntry [...'kʌ-], go* out of town; ~ из воро́т go* / come* out of the gates; ~ верхо́м ride* out; ~ в экипа́же drive* out; ~ за грани́цу go* abróad [...-ɔːd]; ~ в свет *уст.* go* out; **2.** (*переезжать на другую квартиру*) move [muːv] (from); они́ вы́ехали из кварти́ры вчера́ they moved yésterday [...-dɪ]; ◇ ~ на ком-л. make* use of smb. [...juːs...], explóit smb.; ~ на чём-л. turn smth. to accóunt, prófit by smth., make* cápital of smth.

**выезжа́ть** II, вы́ездить (*вн.*; *о лошади*) break* (*a* horse) [breɪk...], train (hórses).

**вы́емка** *ж.* **1.** (*действие*) táking out; (*изъятие*) séizure ['siːʒə]; (*писем из почтового ящика*) colléction; **2.** *горн.* èxcavátion; **3.** (*углубление*) hóllow, groove, cávity; (*в земле тж.*) èxcavátion; *ж.-д.* cútting; (*на колонне и т. п.*) flute.

**вы́есть** *сов. см.* выеда́ть.

**вы́ехать** *сов. см.* выезжа́ть I.

**вы́жать** *сов. см.* выжима́ть.

**вы́ждать** *сов. см.* выжида́ть.

**вы́жечь** *сов. см.* выжига́ть.

**вы́жженн||ый** *прич. и прил.* burnt, scorched; ~ая земля́ scorched earth [...əːθ].

**выжива́ть,** вы́жить **1.** (*оставаться в живых*) survíve; (*после болезни*) live [lɪv]; больно́й не вы́живет the pátient will not live; the pátient will not pull through [...pul...] *разг.*; ~ по́сле чего́-л. survíve smth.; **2.** (*вн.*) *разг.* (*выгонять*) drive* out (*d.*), make* *the* place too hot to hold (*d.*); (*отделываться*) get* rid (of); ◇ вы́жить из ума́ *разг.* become* a dótard, be in one's sécond child¦hood [...'se- -hud], take* leave of one's sénses.

**вы́жига** *м. и ж. разг.* cúnning rogue [...roug].

**выжига́ние** *с.* **1.** búrning out; (*на поверхности*) séaring; ~ по де́реву póker-wòrk; **2.** *мед.* cauterizátion [-raɪ-], cáutery.

**выжига́ть,** вы́жечь (*вн.*) **1.** burn* out (*d.*); (*истреблять огнём*) burn* down (*d.*); (*о солнце и т. п.*) scorch (*d.*); ~ по де́реву do póker-wòrk; ~ клеймо́ (на *пр.*) brand (*d.*); **2.** *мед.* cáuterìze (*d.*).

**выжида́||ние** *с.* wáiting, témporìzing. **~тельный** wáiting, témporìzing, expéctant; ~тельная поли́тика témporìzing pólicy; pólicy of wáit-and-see *разг.*; занима́ть ~тельную пози́цию témporìze, bide* one's time, mark time.

**выжида́ть,** вы́ждать (*рд.*) wait (for); (*без доп. тж.*) bide* one's time; ~ удо́бного слу́чая wait for an òpportúnity.

**выжима́ние** *с.* **1.** préssing, squéezing; (*белья*) wring¦ing; **2.** *спорт.* préssing éxercìses *pl.*

**выжима́ть,** вы́жать (*вн.*) **1.** squeeze out (*d.*), press out (*d.*); (*о белье и т. п.*) wring* (*d.*); ~ сок из лимо́на squeeze the juice out of a lémon [...dʒuːs... 'le-]; ~ со́ки из кого́-л. *разг.* sweat smb. [swet...], drive* smb. hard; **2.** *спорт.* press (*d.*).

**вы́жимка** *ж.* squéezing, préssing; (*белья*) wring¦ing.

**вы́жимки** *мн.* (*винограда*) husks of grapes, pressed skins; (*фруктов*) marc *sg.*; (*жмыхи*) óil-càke *sg.*; (*льняные*) línseed-càke *sg.*

**вы́жить** *сов. см.* выжива́ть.

**вы́звать(ся)** *сов. см.* вызыва́ть(ся).

**вы́звезди||ть** *безл.*: ~ло the sky is stúdded with stars.

**вы́зволить** *сов: см.* вызволя́ть.

**вызволя́ть,** вы́зволить (*вн.*) *разг.* help / get* out (*d.*), réscue (*d.*); (*освобождать*) líberàte (*d.*); ~ кого́-л. из беды́ help / get* smb. out of trouble [...trʌ-].

**выздора́влива||ть,** вы́здороветь get* bétter, recóver [-'kʌ-], cònvalésce, be cònvaléscent; он ~ет he is cònvaléscent / impróving [...-uːv-], he is getting bétter; он уже́ вы́здоровел he is quite recóvered now, he is well now; он никогда́ не вы́здоровеет he will never get bétter, he will never grow well [...-ou...]; ~ по́сле гри́ппа *и т. п.* get* óver 'flu, *etc.* [...flu:], recóver from 'flu, *etc.* ~**ющий 1.** *прич. см.* выздоравливать; **2.** *м. как сущ.* cònvaléscent.

**выздоров||еть** *сов. см.* выздоравливать. ~**ление** *с.* recóvery [-'kʌ-].

**вызов** *м.* **1.** call; ~ по телефону téle-phòne call; **2.** (*на состязание, дуэль; тж. перен.*) chállenge (to); ~ на соцсоревнование chállenge to sócialist èmulátion; бросить ~ (*дт.*) defý (*d.*), bid* defíance (to), set* at defíance (*d.*), chállenge (*d.*); throw* down the gáuntlet [-ou...] *идиом.*; принять ~ accépt *a* chállenge; take* up the gáuntlet *идиом.*; **3.** (*требование явиться*) súmmons; (*в суд тж.*) subpóena [-'pi:nə].

**вызоло||тить** *сов.* (*вн.*) gild* [gɪ-] (*d.*). ~**ченный** *прич. и прил.* gilt [gɪ-].

**вызревать,** вызреть ripen, grow* ripe [-ou...].

**вызреть** *сов. см.* вызревать.

**вызубривать,** вызубрить (*вн.*) *разг.* con (*d.*), learn* by heart [lə:n... hɑ:t] (*d.*).

**вызубрить** *сов. см.* вызубривать.

**вызывать,** вызвать (*вн.*) **1.** call (*d.*), send* (for); ~ из комнаты call out of the room (*d.*); ~ по телефону call up on the phone (*d.*), ring* up (*d.*); ~ врача call the dóctor, send* for the dóctor; ~ актёра call *an* áctor befóre the cúrtain; ~ скрипача, певца (на бис) encóre *a* víolinist, *a* piánist [ɔŋ'kɔ:...'pjæ-]; ~ автора call for the áuthor; ~ к доске (*ученика*) call out (*d.*), call to the bláckboard (*d.*); **2.** (*на бой, состязание*) chállenge (*d.*); ~ на соцсоревнование chállenge to sócialist èmulátion (*d.*); ~ на дуэль chállenge to a dúel (*d.*), call out (*d.*); **3.** (*приказывать явиться*) súmmon (*d.*); ~ в суд cite (*d.*), súmmon(s) (*d.*), subpóena [-'pi:nə] (*d.*); **4.** (*возбуждать*) provóke (*d.*), call forth (*d.*), give* rise (to); (*о сильных чувствах*) stir up (*d.*), excíte (*d.*), rouse (*d.*), aróuse (*d.*); ~ аппетит tempt / provóke / rouse / excíte the áppetìte; ~ воспоминание у кого-л. (о *пр.*) remínd smb. (of); ~ гнев, любопытство provóke / excíte, *или* stir up, ánger, cùriósity; ~ рвоту, кровотечение, насморк *и т. п.* cause vómiting, bléeding, a cold in the head, *etc.* [...hed]; ~ огонь противника draw* the énemy's fire; ~ слёзы у кого-л. draw* tears from smb., move smb. to tears [mu:v...]; ~ подозрение aróuse suspícion; ~ сомнения give* rise to doubt [...daut]; вызванный необходимостью necéssitàted; вызванный обстановкой en¦géndered / occásioned by the sìtuátion; ~ злобу aróuse the fúry; ~ зависть aróuse / excíte énvy; ~ возмущение aróuse / excíte / provóke indignátion; ~ тревогу cause alárm; cause, *или* give* rise to, ànxíety [...-ŋ'z-]; не ~ восторга evóke / aróuse no enthúsiàsm [...-zɪ-]; ◇ ~ на откровенность draw* out (*d.*); вызвать к жизни call into bé¦ing (*d.*). ~**ся,** вызваться **1.** (+ *инф.*; *предлагать свои услуги*) vòluntéer (+ to *inf.*), óffer (+ to *inf.*): он вызвался пойти he vòluntéered to go, he óffered to go; — он первый вызвался he was the first to vòluntéer; **2.** *страд. к* вызывать.

**вызывающий 1.** *прич. см.* вызывать; **2.** *прил.* defíant; (*наглый*) provócative; (*угрожающий*) aggréssive.

**выиграть** *сов. см.* выигрывать.

**выигрывать,** выиграть (*вн.*; *в разн. знач.*) win* (*d.*), gain (*d.*); выиграть в лотерее, в карты win* in *a* lóttery, at cards; выиграть три рубля у кого-л. win* three roubles of smb. [...ru:-...]; выиграть дело *юр.* win* one's case [...keɪs], gain *a* suit [...sju:t]; выиграть бой, сражение win* *a* battle; ~ партию win* *a* game; выиграть у своего противника beat* one's oppónent; ~ легко (*в состязании*) win* éasily [...-zɪ-]; win* hands down *разг.*; выиграть на чём-л. prófit / gain by smth.; от этого он только выиграет he will ónly gain / bénefit by it; выиграть время, день *и т. п.* gain time, a day, *etc.*; стараться выиграть время play for time, témporìze.

**выигрыш** *м.* **1.** (*в лотерее, займе и т. п.*) prize; (*выигранные деньги*) winnings *pl.*; главный ~ first prize; **2.** (*выгода*) gain; небольшой ~ slight gain; быть в ~е be the winner, be the gáiner. ~**ный 1.** winning; lóttery (*attr.*); ~ный ход winning move [...mu:v]; ~ный заём lóttery-loan; ~ный билет lóttery ticket; **2.** (*выгодный*) àdvantágeous; ~ная пьеса (*музыкальная*) efféctive piece [...pi:s]; ~ная роль strong / efféctive role / part [...roul...].

**выискать** *сов. см.* выискивать.

**выиск||аться** *сов. разг.*: вот умник ~ался! there's a cléver chap! [...'kle-...].

**выискивать,** выискать (*вн.*) discóver [-'kʌ-] (*d.*), find* out (*d.*), hunt out (*d.*), hunt up (*d.*); *несов. тж.* try to discóver, try to find out, *etc.*; ~ удобный случай watch for an òpportúnity.

**выйти** *сов. см.* выходить 1, 2, 3, 4, 5, 6, 7.

**выказать** *сов. см.* выказывать.

**выказывать,** выказать (*вн.*) mánifèst (*d.*); (*проявлять*) displáy (*d.*); ~ мужество displáy cóurage [...'kʌ-]; ~ радость mánifèst / betráy joy.

**выкалывать,** выколоть (*вн.*) prick out (*d.*); выколоть глаза кому-л. put* out smb.'s eyes [...aɪz].

**выкапывать,** выкопать (*вн.*) **1.** (*о яме*) dig* (*d.*); **2.** (*откапывать*) dig* up (*d.*), dig* out (*d.*); (*о трупе*) exhúme (*d.*); (*перен.*) *разг.* ún¦éarth [-'ə:θ] (*d.*).

**выкарабкаться** *сов. см.* выкарабкиваться.

**выкарабкиваться,** выкарабкаться *разг.* scramble out; (*перен.*) get* out, éxtricàte òne¦sélf; (*из болезни*) pull through [pul...], get* óver it.

**выкармливать,** выкормить (*вн.*) bring* up (*d.*), rear (*d.*); ~ грудью nurse (*d.*).

**выкатать** *сов.* (*вн.*; *о белье*) mangle (*d.*).

**выкатить(ся)** *сов. см.* выкатывать(ся).

**выкатывать,** выкатить (*вн.*) roll (*d.*); (*о кресле и т. п.*) wheel out (*d.*); ◇ ~ глаза *разг.* ópen one's eyes wide [...aɪz...], stare. ~**ся,** выкатиться **1.** roll; **2.** *страд. к* выкатывать.

**выкачать** *сов. см.* выкачивать.

**выкачивать,** выкачать (*вн.*) pump out (*d.*); (*перен.*) extórt (*d.*), wring* (*d.*); ~ деньги из кого-л. *разг.* fleece smb.

**выкашивать,** выкосить (*вн.*) mow* [mou] (*d.*).

**выкашливать,** выкашлять (*вн.*) *разг.* cough-up (*d.*), èxpéctoràte (*d.*), hawk up (*d.*). ~**ся,** выкашляться hawk.

**вы́кашлять(ся)** *сов. см.* выка́шливать(ся).

**выки́дывать,** вы́кинуть **1.** (*вн.*) throw* out [θrou...] (*d.*); (*отбрасывать*) discárd (*d.*); (*увольнять*) *разг.* chuck out (*d.*); ~ что-л. в окно́ throw* smth. out of the window; **2.** (*без доп.*) *мед.* have a miscárriage [...-rɪdʒ], miscárry; (*о животном тж.*) slip; ◇ вы́кинуть флаг hoist *a* flag; вы́кинуть что-л. из головы́ *разг.* put* smth. out of one's head [...hed], dismiss smth., get* rid of smth.; вы́кинуть шту́ку, но́мер, фо́кус do a queer / odd / fúnny thing, play a (fine) trick.

**вы́кидыш** *м.* **1.** (*естественный*) miscárriage [-rɪdʒ]; (*искусственный*) abórtion; **2.** (*плод*) fóetus [ˈfiːtəs].

**вы́кинуть** *сов. см.* выки́дывать.

**выкипа́ть,** вы́кипеть boil a¦wáy.

**вы́кипеть** *сов. см.* выкипа́ть.

**вы́кипятить** *сов.* (*вн.*) *разг.* boil (out) (*d.*).

**вы́кладк||а** *ж.* **1.** (*товара и т. п.*) láying-out, spréading-out [-red-]; **2.** *мн. мат.* càlculátion *sg.*, còmputátion *sg.*; статисти́ческие ~и statístical càlculátions, statístics; **3.** *воен.* (sóldier's) pack [-ldʒəz...], (sóldier's) kit; в по́лной ~е in full márching órder.

**выкла́дывать,** вы́ложить **1.** (*вн.*) lay* out (*d.*), spread* out [-ed...] (*d.*); (*перен.*) *разг.* ùnbósom òne¦sélf [-ˈbuz-...] (of), tell* (*d.*); **2.** (*вн. тв.*; *обкладывать и т. п.*) lay* (*d.* with), revét (*d.* with); ~ дёрном turf (*d.*); ~ пли́тами flag (*d.*); ~ кирпичо́м brick (*d.*); ~ ка́мнем face with másonry [...ˈmeɪ-] (*d.*); ~ моза́икой *и т. п.* in¦láy* with mosáic, *etc.* [...-ˈzeɪɪk] (*d.*).

**вы́клевать** *сов. см.* выклёвывать.

**выклёвывать,** вы́клевать (*вн.*) **1.** (*вырывать клювом*) peck out (*d.*); **2.** (*склевать всё*) peck up (*d.*).

**выклика́ть,** вы́кликнуть (*вн.*) call out (*d.*); *несов. тж.* call the names (of); ~ по спи́ску call the roll.

**вы́кликнуть** *сов. см.* выклика́ть.

**выключа́тель** *м. эл.* switch.

**выключ||а́ть,** вы́ключить (*вн.*) **1.** (*о газе и т. п.*) turn off (*d.*); (*об электричестве тж.*) switch off (*d.*); (*прекращать пользование газом, телефоном и т. п.*) cut* off (*d.*); ~ ток switch off the cúrrent; ~ мото́р shut* off the éngine [...ˈendʒ-]; **2.** *полигр.*: ~ строку́ jústifỳ *a* line. **~е́ние** *с.* **1.** *тех.* túrning-òff; cútting-òff; shútting-òff; (*ср.* выключа́ть 1); **2.** *эл.* cóntact bréaking [...ˈbreɪk-], switching-òff.

**вы́ключить** *сов. см.* выключа́ть.

**выкля́нчивать,** вы́клянчить (что-л. у кого́-л.) *разг.* obtáin / get* by incéssant bégging (smth. out of smb.), cadge (smth. of smb.); *несов. тж.* péster (smb. for smth.), plague [pleɪg] (smb. for smth.).

**вы́клянчить** *сов. см.* выкля́нчивать.

**вы́ковать** *сов. см.* выко́вывать.

**выко́вывать,** вы́ковать (*вн.*) forge (*d.*), hámmer (*d.*); (*перен.*) fáshion (*d.*), shape (*d.*), mould [mou-] (*d.*); (*создавать*) crèáte (*d.*).

**выковы́ривать,** вы́ковырять (*вн.*) pick out (*d.*), pluck out (*d.*); *несов. тж.* try to pick / pluck out (*d.*).

**вы́ковырять** *сов. см.* выковы́ривать.

**выкола́чивать,** вы́колотить (*вн.*) **1.** knock out (*d.*), beat* out (*d.*); ~ пыль из чего́-л. beat* the dust out of smth.; ~ ме́бель, ковры́ *и т. п.* beat* the fúrniture, cárpets, *etc.*; ~ пальто́ *и т. п.* beat* *a* coat, *etc.*; ~ тру́бку knock out *a* pipe; **2.** *разг.* (*получать насильно*) extórt (*d.*), force out (*d.*).

**вы́колоситься** *сов. см.* колоси́ться.

**вы́колотить** *сов. см.* выкола́чивать.

**вы́колоть** *сов. см.* выка́лывать.

**вы́копать** *сов. см.* выка́пывать.

**вы́кормить** *сов. см.* выка́рмливать.

**вы́корчевать** *сов. см.* выкорчёвывать.

**выкорчёвывать,** вы́корчевать (*вн.*) **1.** (*очищать от пней*) stub (*d.*), grub (*d.*); **2.** (*о пнях*) stub / grub up (*d.*); (*перен.*) root out (*d.*), éxtìrpàte (*d.*).

**вы́косить** *сов. см.* выка́шивать.

**выкра́дывать,** вы́красть (*вн.*) steal* (*d.*).

**выкра́ивать,** вы́кроить (*вн.*) cut* out (*d.*); (*перен.*) make* (*d.*) do; ~ де́ньги на что-л. make* the móney do for smth. [...ˈmʌ-...], find* the móney for smth.; ~ вре́мя make* / find* time.

**вы́красить** *сов. см.* выкра́шивать.

**вы́красть** *сов. см.* выкра́дывать.

**выкра́шивать,** вы́красить (*вн.*) paint (*d.*); (*о материи, волосах*) dye (*d.*); вы́красить что-л. голубо́й кра́ской paint smth. blue; вы́красить что-л. в голубо́й цвет paint / dye smth. blue.

**вы́крик** *м.* cry, shout; (*грубый*) yell.

**выкри́кивать,** вы́крикнуть (*вн.*) **1.** scream out (*d.*); (*грубо*) yell (*d.*); **2.** (*вызывать*) call out (*d.*).

**вы́крикнуть** *сов. см.* выкри́кивать.

**вы́кристаллизоваться** *сов.* crýstallìze.

**вы́кроить** *сов. см.* выкра́ивать.

**вы́кройк||а** *ж.* páttern; снять ~у cut* out a páttern.

**выкрута́с||ы** *мн. разг.* turns and twists; (*в стиле, в музыке*) preténtious florídity and extrávagance [...-vɪ-] *sg.*; (*в почерке*) flóurishes [ˈflʌ-]; (*перен.*) èxtràvagánza, vagáries, freaks; челове́к с ~ами an affécted / preténtious pérson.

**вы́крутить(ся)** *сов. см.* выкру́чивать(ся).

**выкру́чивать,** вы́крутить (*вн.*) *разг.* únscréw (*d.*). **~ся,** вы́крутиться **1.** *разг.* come* únscréwed; (*перен.*) éxtricàte / clear òne¦sélf; ~ся из чего́-л. get* out of smth.; ~ся из беды́ get* out of *a* scrape; **2.** *страд. к* выкру́чивать.

**вы́куп** *м.* **1.** (*действие*) redémption, redéeming; (*пленного*) ránsom; **2.** (*плата*) ránsom; тре́бовать ~а за кого́-л. hold* smb. to ránsom.

**вы́купать** *сов. см.* купа́ть.

**выкупа́ть,** вы́купить (*вн.*) redéem (*d.*); (*о пленном*) ránsom (*d.*).

**вы́купаться** *сов. см.* купа́ться.

**вы́купить** *сов. см.* выкупа́ть.

**выкупн||о́й** *прил. к* вы́куп; ~ы́е платежи́ redémption móney [...ˈmʌ-] *sg.*; ~о́е пра́во right of redémption.

**выку́ривать** I, вы́курить (*вн.*; *о папиросе и т. п.*) smoke (*d.*).

**выку́ривать** II, вы́курить (*вн.*; *выгонять дымом*) smoke out (*d.*); (*перен.*, *выпроваживать*) *разг.* get* rid (of); вы́курить лиси́цу из норы́ smoke *a* fox from, *или* out of, its hole.

**выку́ривать** III, вы́курить (*вн.*; *о спирте*) distil (*d.*).

**вы́курить** I, II, III *сов. см.* выку́ривать I, II, III.

**выла́вливать,** вы́ловить (*вн.*) catch* (*d.*); (*извлекать*) get* out (*d.*), fish out (*d.*).

**вы́лазк||а** *ж.* **1.** *воен.* sálly, sórtie [-tiː]; (*перен.*) attáck, ónslaught; сде́лать ~у sálly, make* a sórtie; **2.** (*прогулка*) ramble, excúrsion; де́лать лы́жную ~у go* on a skíing excúrsion [...ˈʃiːɪŋ...].

**вы́лакать** *сов.* (*вн.*) lap up (*d.*).

**выла́мывать,** вы́ломать (*вн.*) break* in / out [breɪk...] (*d.*); ~ дверь break* ópen / down a door [...dɔː].

**вы́лежать** *сов. разг.* (*о больном*) be / remáin in bed; ~ неде́лю, в тече́ние неде́ли be in bed for a week. **~ся** *сов.* **1.** (*в постели*) have a compléte rest in bed; **2.** (*дозреть*) rípen; (*о табаке и т. п.*) matúre.

**вылеза́ть,** вы́лезть **1.** come* out, climb out [klaɪm...]; (*выкарабкиваться*) scramble out; (*ползком*) crawl out; **2.** *разг.* (*выходить из трамвая и т. п.*) get* out; **3.** (*о волосах*) fall* out, come* out; мех вылеза́ет the fur is wéaring [...ˈwɛə-].

**вы́лезть** *сов. см.* вылеза́ть.

**вы́лепить** *сов. см.* лепи́ть 1.

**вы́лет** *м.* (*птицы*) flight; (*самолёта*) táke-óff; боево́й ~ òperátional flight; (*об одном самолёте тж.*) sórtie [-tiː]; че́рез два часа́ по́сле ~а из Москвы́ two hours áfter táking off from Móscow [...auəz...].

**вылета́ть,** вы́лететь **1.** (*о птице, бабочке и т. п.*) fly* out; (*о самолёте*) take* off; (*перен.*: *стремительно выходить, выезжать*) dash out, dart out; (*о человеке тж.*) rush out; **2.** *разг.* (*быть выгнанным с работы и т. п.*) be fired / sacked, be given the sack; ◇ вы́лететь в трубу́ *разг.* go* bánkrùpt, go* smash, smash; у него́ э́то вы́летело из головы́ he has clean forgótten it.

**вы́лететь** *сов. см.* вылета́ть.

**выле́чивать,** вы́лечить (*вн.*) cure (*d.*); ~ кого́-л. от чего́-л. cure smb. of smth. **~ся,** вы́лечиться **1.** (от) be cured (of), recóver [-ˈkʌ-] (from); **2.** *страд. к* выле́чивать.

**вы́лечить(ся)** *сов. см.* выле́чивать(ся).

**вылива́ть,** вы́лить (*вн.*) **1.** (*воду и т. п.*) pour out [pɔː...] (*d.*); (*ведро и т. п.*) émpty (*d.*); **2.** (*отливать из металла, воска*) cast* (*d.*), mould [mou-] (*d.*); (*из металла тж.*) found (*d.*). **~ся,** вы́литься **1.** run* out; pour out [pɔː...] (*тж. перен.*); ~ся че́рез край òver¦flów [-ou]; **2.** (во что-л.; *кончаться чем-л.*) take* the form / shape (of smth.); во что вы́льется всё э́то? how will it all end?, how will it shape?; **3.** *страд. к* вылива́ть.

**вы́лизать** *сов. см.* вылизывать.

**вылизывать,** вы́лизать (*вн.*) lick (*d.*); (*начисто*) lick clean (*d.*).

**вы́линять** *сов.* **1.** (*поблёкнуть*) fade; **2.** (*о животных, птицах*) moult [mou-]; (*тк. о животных*) shed* its hair.

**вы́лит||ый** **1.** *прич. см.* вылива́ть; **2.** *прил.*: ~ оте́ц, ~ая мать *и т. п.* the very pícture / ímage of one's fáther, móther, *etc.* [...ˈfɑː-ˈmʌ-]; он ~ оте́ц he is the ímage of his fáther; he is a chip of the old block *идиом.*

**вы́лить(ся)** *сов. см.* вылива́ть(ся).

**вы́ловить** *сов. см.* выла́вливать.

**вы́ложить** *сов. см.* выкла́дывать.

**вы́ломать** *сов. см.* выла́мывать.

**вы́лощ||енный** **1.** *прич. см.* вы́лощить; **2.** *прил.* glóssy, pólished; (*перен.*) fóppish, dándy¦ish; ~ молодо́й челове́к fop, dándy. **~ить** *сов.* (*вн.*; *прям. и перен.*) *разг.* pólish (*d.*).

**вы́лудить** *сов. см.* вылу́живать.

**вылу́живать,** вы́лудить (*вн.*) tin (*d.*).

**вы́лупиться** *сов. см.* вылупля́ться.

**вылупля́ться,** вы́лупиться (*о птенцах*) hatch.

**вылу́щивать,** вы́лущить (*вн.*) husk (*d.*); (*о горохе*) shell (*d.*).

**вы́лущить** *сов. см.* вылу́щивать.

**вы́мазать(ся)** *сов. см.* выма́зывать(ся).

**выма́зывать,** вы́мазать (*вн. тв.*) smear (*d.* with); (*пачкать*) besméar (*d.* with), dírty (*d.* with); ~ дёгтем tar (*d.*); вы́мазать па́льцы в черни́лах make* one's fíngers ínky. **~ся,** вы́мазаться make* òne¦sélf dírty, besméar / dírty òne¦sélf; вы́мазаться в черни́лах get* ínky all óver, get* cóvered with ink [...ˈkʌ-...].

**выма́ливать,** вы́молить (*вн.*) beg (for), implóre (+ to *inf.*); *сов. тж.* get* / obtáin (by one's entréaties / práyers) (*d.*); он вы́молил себе́ проще́ние he begged succéssfully for párdon; his entréaties for párdon were not in vain.

**выма́нивать,** вы́манить **1.** (*вн.* из; *заставлять выйти*) entíce (*d.* from), lure (*d.* from, out of); **2.** (что-л. у кого́-л.; *получать лестью, хитростью*) coax (smth. out of smb.), wheedle (smth. out of smb.); (у кого́-л. что-л.) (*обманом*) wheedle (smb. out of smth.); (*о деньгах*) fool / swindle (smb. out of smth.); у него́ вы́манили все де́ньги he was swindled out of all his móney [...ˈmʌ-]; у него́ вы́манили обеща́ние he was fooled into prómising [...-s-], a prómise was wheedled out of him.

**вы́манить** *сов. см.* выма́нивать.

**вы́марать(ся)** *сов. см.* выма́рывать(ся).

**выма́рывать,** вы́марать (*вн.*) *разг.* **1.** (*пачкать*) dírty (*d.*), soil (*d.*), besméar (*d.*); (*ср. тж.* выма́зывать); **2.** (*зачёркивать*) strike* out (*d.*), cross out (*d.*). **~ся,** вы́мараться *разг.* **1.** get* dírty, dírty òne¦sélf; **2.** *страд. к* выма́рывать.

**выма́тывать,** вы́мотать (*вн.*) *разг.* (*изнурять*) drain (*d.*), exháust (*d.*); ~ все си́лы у кого́-л. drain smb. of all his strength, exháust all smb.'s strength; ◇ ~ всю ду́шу кому́-л. wear* smb. out [wɛə...], tire smb. to death [...deθ]; (*надоедать*) exásperàte smb. **~ся,** вы́мотаться *разг.* be done up, be worn out.

**выма́чивать,** вы́мочить (*вн.*) **1.** soak (*d.*), steep (*d.*); (*о льне и т. п.*) ret (*d.*); **2.** (*промачивать*) drench (*d.*), soak (*d.*); вы́мочить до ни́тки drench / soak to the skin (*d.*).

**выме́нивать,** вы́менять (*вн.* на *вн.*) bárter (*d.* for), exchánge [-ˈtʃeɪ-] (*d.* for); swop (*d.* for) *разг.*

**вы́менять** *сов. см.* выме́нивать.

**вы́мереть** *сов. см.* вымира́ть.

**вымерза́ть,** вы́мерзнуть be destróyed by frost.

**вы́мерзнуть** *сов. см.* вымерза́ть.

**вы́мерить** *сов. см.* вымеря́ть.

**вы́мерш||ий** extínct; ~ие живо́тные extínct ánimals.

**вымеря́ть,** вы́мерить (*вн.*) méasure ['me-] (*d.*).

**вы́месить** *сов. см.* выме́шивать.

**вы́мести(сь)** *сов. см.* вымета́ть(ся).

**вы́местить** *сов. см.* вымеща́ть.

**вы́метать** *сов. см.* вымётывать.

**вымета́ть,** вы́мести (*вн.*; *о комнате, улице и т. п.*) sweep* (*d.*); (*о соре и т. п.*) sweep* up (*d.*). **~ся,** вы́местись **1.** *разг.* clear out; **2.** *страд. к* вымета́ть.

**вымётывать,** вы́метать (*вн.*) edge (*d.*), búttonhòle (*d.*); ~ пе́тли work / make* búttonhòles.

**выме́шивать,** вы́месить (*вн.*; *о тесте*) knead (*d.*).

**вымеща́ть,** вы́местить: ~ зло́бу, доса́ду *и т. п.* на ком-л. vent / wreak one's ánger, vèxátion, *etc.*, on smb.

**вымира́ние** *с.* dýing out, extínction.

**вымира́ть,** вы́мереть **1.** die out, become* extínct; **2.** (*пустеть*) become* désolate / émpty / dè¦pópulàted.

**вымога́тель** *м.* extórtioner; (*шантажист*) bláckmailer. **~ский** *прил. к* вымога́тель; *тж.* extórtionate. **~ство** *с.* extórtion; (*шантаж*) bláckmail.

**вымога́ть** (*вн.* у) extórt (*d.* from), wring* (*d.* from, *d.* out of); ~ де́ньги, обеща́ние у кого́-л. extórt móney, a prómise from smb. [...'mʌnɪ... -s...].

**вымока́ть,** вы́мокнуть **1.** soak, be steeped; (*о льне и т. п.*) be rétted; **2.** (*промокать*) be drenched / soaked, be wet through; вы́мокнуть до ни́тки *разг.* be drenched / soaked to the skin, not have a dry thread on one [...θred...].

**вы́мокнуть** *сов. см.* вымока́ть.

**вымола́чивать,** вы́молотить (*вн.*) *с.-х.* thresh (*d.*); ~ пшени́цу thresh (all) the wheat.

**вы́молвить** *сов.* (*вн.*) say* (*d.*); (*выговорить*) útter (*d.*); не ~ ни сло́ва not útter a word, not ópen one's mouth.

**вы́молить** *сов. см.* выма́ливать.

**вы́молот** *м. с.-х.* (*обмолоченное зерно*) threshed corn; (*количество обмолоченного зерна*) tótal yield of threshed corn [...jiːld...].

**вы́молотить** *сов. см.* вымола́чивать.

**вымора́живание** *с.* fréezing.

**вымора́живать,** вы́морозить (*вн.*) **1.** freeze* out (*d.*); **2.** *разг.* (*о помещении и т. п.*) freeze* (*d.*).

**вы́морить** *сов.* (*вн.*) èxtérminàte (*d.*).

**вы́морозить** *сов. см.* вымора́живать.

**вы́морочн||ый** *юр.* es¦chéated; ~ое иму́щество es¦chéat.

**вы́мостить** *сов.* (*вн.*) pave (*d.*).

**вы́мотать(ся)** *сов. см.* выма́тывать(ся).

**вы́мочить** *сов. см.* выма́чивать.

**вы́мпел** *м.* **1.** *мор.* péndant, pénnant; **2.** *ав.* (*с донесением*) dropped méssage bag.

**вы́мученный** **1.** *прич. см.* выму́чивать; **2.** *прил.* extórted, forced; (*о стиле*) lábour¦ed, forced, pónderous; у него́ ~ стиль his style is lábour¦ed; his style smells of the lamp *идиом.*

**выму́чивать,** вы́мучить *разг.* **1.** (*вн.* у) extórt (*d.* from), force (*d.* out of); **2.** (*вн.*; *из себя*) squeeze out (*d.*); вы́мучить из себя́ мысль squeeze out an idéa [...aɪ'dɪə].

**вы́мучить** *сов. см.* выму́чивать.

**вы́муштровать** *сов. см.* муштрова́ть.

**вымыва́ть,** вы́мыть (*вн.*) **1.** wash (*d.*); **2.** (*делать вымоину*) hóllow out (*d.*); (*размывать*) wash a¦wáy (*d.*). **~ся,** вы́мыться wash, wash òne¦sélf.

**вымы́ливать,** вы́мылить use up (the soap).

**вы́мылить** *сов. см.* вымы́ливать.

**вы́мысел** *м.* (*выдумка*) invéntion, fíction; *поэт.* imàginátion, fáncy; (*ложь*) fálse¦hood ['fɔːlshud], lie, fàbricátion; сплошно́й ~ pure invéntion.

**вы́мыслить** *сов. см.* вымышля́ть.

**вы́мыть(ся)** *сов. см.* вымыва́ть(ся) *и* мыть (-ся).

**вымышл||енный** (*выдуманный*) invénted; (*фиктивный*) imáginary, fictítious; назва́ться ~енным и́менем take* an assúmed name. **~я́ть,** вы́мыслить (*вн.*) invént (*d.*).

**вы́мя** *с.* údder.

**вына́шивать,** вы́носить (*вн.*; *ребёнка*) bear* [bɛə] (*d.*); (*перен.*; *о мысли, проекте*) matúre (*d.*), núrture (*d.*).

**вы́нести(сь)** *сов. см.* выноси́ть(ся).

**вынима́ть,** вы́нуть (*вн.*) take* out (*d.*); (*вытаскивать*) pull out [pul...] (*d.*); (*извлекать*) extráct (*d.*); (*деньги из сберкассы и т. п.*) draw* (*d.*); ◇ вынь да поло́жь *разг.* ≅ you, he, *etc.*, must have it there and then. **~ся,** вы́нуться **1.** come* out; **2.** *страд. к* вынима́ть.

**вы́нос** *м.* (*покойника*) cárrying-out, béaring--out ['bɛə-]; ◇ на ~ *уст.* for consúmption off the prémises [...-sɪz].

**вы́носить** *сов. см.* вына́шивать.

**выноси́ть,** вы́нести **1.** (*вн.*) cárry out (*d.*), take* out (*d.*); (*убирать*) take* a¦wáy (*d.*); ~ на у́лицу take* into the street (*d.*); ~ на ры́нок bring* to márket (*d.*); ~ в мо́ре cárry out to sea (*d.*); ~ на бе́рег wash ashóre (*d.*); **2.** (*вн.*; *терпеть*) stand* (*d.*), endúre (*d.*), bear* [bɛə] (*d.*); ~ боль stand* pain; я его́ не выношу́ I can't stand him [...kɑːnt...]; я не выношу́ э́того шу́ма I can't bear this noise; **3.** (*вн.* на *вн.*; *предлагать на обсуждение собрания и т. п.*) submít (*d.* to); **4.** (*вн.*; *принимать, объявлять*): ~ пригово́р (*дт.*) pass séntence (on), séntence (*d.*); ~ резолю́цию pass a rèsolútion [...-zə-]; ~ реше́ние decíde (*d.*); (*судебное*) give* / pronóunce júdge¦ment [...'dʒʌdʒ-]; **5.** (*вн.*; *из текста*): ~ на поля́ (*книги*) make* a márginal note; ~ под строку́ make* a fóotnòte [...'fut-]; ◇ ~ впечатле́ние recéive / get* an impréssion [-'siːv...]; ~ прия́тное, тяжёлое *и т. п.* впечатле́ние be pléasantly, páinfully, *etc.*, impréssed [...'plez-...]; ~ убежде́ние в чём-л. be convínced of smth.; ~ сор из избы́ ≅ foul one's nest; не ~ со́ра из избы́ *погов.* ≅ not wash one's dírty línen in públic [...'lɪnɪn... 'pʌ-]. **~ся,** вы́нестись **1.** dart out, fly* out; **2.** *страд. к* выноси́ть.

**вы́носка** *ж.* **1.** (*действие*) remóval [-'muːv°l], táking-out, cárrying-out; **2.** (*примечание*) note; (*под строкой*) fóotnòte ['fut-]; (*на полях*) márginal note.

**выно́слив||ость** *ж.* endúrance; (*тж. о растениях*) hárdiness; (*стойкость*) stáying pówer; (*моральная*) fórtitùde. **~ый** of great endúrance [...-ɛrt...], hárdy; он óчень вынóслив he is cápable of great endúrance; he is a great stáyer *разг.*

**вы́ношенный** **1.** *прич. см.* вынáшивать; **2.** *прил.* matúre; **3.** *прил.* (*стáрый, истёртый*) wórn-out ['wɔː-], thréadbàre ['θred-].

**вы́нудить** *сов. см.* вынуждáть.

**вынуждáть,** вы́нудить (*вн.*) force (*d.*), compél (*d.*), oblíge (*d.*), make* (*d.*); ~ соглáсие, признáние *и т. п.* compél assént, admíssion, *etc.*; ~ соглáсие у когó-л. force assént out of smb., force / compél / oblíge smb. to assént, make* smb. assént; wring* consént from, *или* out of, smb.; он вы́нужден пойти́, сдéлать *и т. п.* he is oblíged / forced / compélled to go, to do, *etc.*

**вы́нужденн||ый** **1.** *прич. см.* вынуждáть; **2.** *прил.* forced; ~ая посáдка *ав.* forced / emérgency lánding.

**вы́нуть(ся)** *сов. см.* вынимáть(ся).

**вы́нырнуть** *сов.* come* to the súrface, emérge; (*перен.*) turn up.

**вы́нюхать** *сов. см.* вынюхивать.

**вынюхивать,** вы́нюхать (*вн.*) *разг.* (*разузнавáть*) nose out (*d.*), smell* out (*d.*).

**вынянчивать,** вы́нянчить (*вн.*) *разг.* bring* up (*d.*), nurse (*d.*).

**вы́нянчить** *сов. см.* вынянчивать.

**вы́пад** *м.* **1.** *спорт.* lunge, thrust; дéлать ~ lunge; **2.** (прóтив; *враждéбное выступлéние*) attáck (on, up¦ón).

**выпад||áть,** вы́пасть **1.** (*пáдать*) fall* out; (*выскáльзывать*) slip out; вы́пасть из рук drop out of one's hands; **2.** (*о волосáх и т. п.*) come* out; **3.** (*об осáдках*) fall*; мнóго дождя́, снéга вы́пало there has been a héavy fall of rain, of snow [...'hevɪ...snou]; в э́том годý вы́пало мнóго дождя́ the ráinfàll has been héavy this year; **4.** (*случáться*) occúr; **5.** (*доставáться*) fall*; емý вы́пал жрéбий the lot fell up¦ón him; емý вы́пала честь the hónour fell on / to him [...'ɔnə...], he had the hónour; емý вы́пало счáстье it was his fórtune [...-tʃən]; ~ на дóлю комý-л. fall* to smb.'s lot. **~éние** *с.* fall; (*о волосáх, зубáх*) fálling out; (*тк. о волосáх*) shédding; ~éние прямóй кишки́ *мед.* prólàpsus of the réctum ['prou-...]; ~éние мáтки *мед.* prólàpsus of the úterus.

**выпáивать,** вы́поить: ~ молокóм (*вн.*) feed* on milk (*d.*).

**выпáливать,** вы́палить *разг.* **1.** (*без доп.*) shoot*, fire; вы́палить из ружья́ fire a gun; **2.** (*вн.*; *сказáть*) blurt out (*d.*).

**вы́палить** *сов. см.* выпáливать.

**выпáлывать,** вы́полоть (*вн.*) **1.** (*о грядке и т. п.*) weed (*d.*); **2.** (*о сорнóй травé и т. п.*) weed out (*d.*), pull up [pul...] (*d.*).

**выпáривание** *с. хим.* evàporátion.

**выпáривать,** вы́парить (*вн.*) **1.** *хим.* eváporàte (*d.*); **2.** *разг.* (*чи́стить, дезинфици́ровать пáрами*) steam (*d.*).

**вы́парить** *сов. см.* выпáривать.

**выпáрывать,** вы́пороть (*вн.*) *разг.* rip out (*d.*).

**вы́пас** *м.* pásture.

**вы́пасть** *сов. см.* выпадáть.

**вы́пачкать** *сов.* (*вн.*) *разг.* soil (*d.*), dirty (*d.*); (*сдéлать пятнó*) stain (*d.*); ~ крáской get* paint (on), stain with paint (*d.*); ~ пáльцы черни́лами make* one's fíngers ínky. **~ся** *сов. разг.* make* òne¦sélf dírty; ~ся мéлом, грязью *и т. п.* get* chalk, mud, *etc.*, on òne¦sélf, make* òne¦sélf all chálky, múddy, *etc.*; ~ся черни́лами make* òne¦sélf ínky all óver.

**выпекáть,** вы́печь (*вн.*) bake (*d.*). **~ся, вы́печься** **1.** be done, be réady [...'re-], be baked; **2.** *страд. к* выпекáть.

**вы́переть** *сов. см.* выпирáть.

**вы́пестовать** *сов.* (*вн.*) fóster (*d.*), chérish (*d.*), núrture (*d.*).

**вы́печка** *ж.* **1.** (*дéйствие*) báking; **2.** (*коли́чество вы́печенного*) batch.

**вы́печь(ся)** *сов. см.* выпекáть(ся).

**выпивá||ть,** вы́пить **1.** (*вн.*) drink* (*d.*); вы́пить зáлпом toss off (*d.*), drink* off (*d.*); ~ всё, ~ до дна drain (*d.*); вы́пить чáшку чáя, кóфе *и т. п.* have / take* a cup of tea, cóffee, *etc.* [...-fɪ]; вы́пить воды́ drink* some wáter [...'wɔː-], have a drink of wáter; он вы́пил (ли́шнее) *разг.* he has had a drop (too much), he is the worse for líquor [...-kə]; **2.** *тк. несов. разг.*: он ~ет (*о спиртных напи́тках*) he drinks; he likes his drop *идиом.*

**вы́пивка** *ж. разг.* **1.** (*попóйка*) drínking-bout, carόuse; **2.** (*спиртные напи́тки*) drinks *pl.*

**выпи́ливать,** вы́пилить (*вн.*) saw* (*d.*), cut* out (*d.*); (*вы́делывать что-л.*) make* (*d.*); ~ украшéние, рáмку *и т. п.* лóбзиком make* a frétwòrk órnament, a frétwòrk frame, *etc.*

**вы́пилить** *сов. см.* выпи́ливать.

**выпирáть,** вы́переть *разг.* **1.** (*без доп.*; *выдавáться вперёд*) bulge out, protrúde, stick* out; (*перен.*) be too próminent / óbvious; **2.** (*вн.*; *выта́лкивать*) push out [puʃ...] (*d.*); **3.** (*вн.*; *выгоня́ть*) chuck / turn out (*d.*).

**вы́писать(ся)** *сов. см.* выпи́сывать(ся).

**вы́писк||а** *ж.* **1.** (*спи́сывание, вы́борка*) extráction; cópying; wríting out; (*ср.* выпи́сывать 1); **2.** (*извлечéние из книг, докумéнтов*) éxtràct, éxcèrpt; ~ из протокóла éxtràct from the mínutes [...'mɪnɪts]; **3.** (*о товáрах*) órdering; (*о периоди́ческих издáниях*) subscríption; ~ газéт, журнáлов subscríption to the néwspàpers, màgazínes [...-'ziː-]; **4.** (*из больни́цы и т. п.*) dis¦chárge; больнóй назнáчен к ~е the pátient is to be dis¦chárged.

**выпи́сывать,** вы́писать (*вн.*) **1.** (*дéлать вы́борку*) extráct (*d.*); (*спи́сывать*) cópy out ['kɔ-...] (*d.*); **2.** (*тщáтельно*) write* out (*d.*), trace out (*d.*); **3.** (*о кни́ге, товáре*) órder (*d.*); (*о периоди́ческих издáниях*) subscríbe (to); **4.** (*вызывáть письмóм*) send* (for), write* (for); **5.** (*исключáть*) strike* off the list (*d.*); ~ из больни́цы dis¦chárge from hóspital (*d.*). **~ся,** вы́писаться **1.**: ~ся из дому strike* one's name off the list of ténants [...'te-]; ~ся из больни́цы be dis¦chárged from hóspital; он ужé вы́писался из больни́цы he is out of hóspital; **2.** *страд. к* выпи́сывать.

**вы́пить** *сов. см.* выпивáть 1 *и* пить.

**выпи́хивать,** вы́пихнуть (*вн.*) *разг.* push out [puʃ...] (*d.*), bundle out (*d.*), shove out [ʃʌv...] (*d.*).

**вы́пихнуть** *сов. см.* выпи́хивать.

**вы́плав||ить** *сов. см.* выплавля́ть. **~ка** *ж.* **1.** smélting; **2.** (*вы́плавленный метáлл*) smélted métal [...'me-], smelt.

**выплавля́ть,** вы́плавить (*вн.*) smelt (*d.*).

**вы́плакать** *сов.* (*вн.*) **1.** sob out (*d.*); ~ го́ре sob out one's grief [...gri:f]; **2.** *разг.* (*выпросить*) obtáin by wéeping (*d.*), get* by dint of one's tears (*d.*); ◇ ~ глаза́ cry one's eyes out [...aɪz...]. **~ся** *сов.* have a good cry.

**вы́плат||а** *ж.* páyment; ~ до́лга páyment / lìquidátion of *a* debt [...det]; ~ в рассро́чку páyment by instálments [...-tɔ:l-]. **~ить** *сов. см.* выпла́чивать.

**выпла́чивать,** вы́платить (*вн.*) pay* (*d.*); (*полностью*) pay* off (*d.*), pay* in full (*d.*); вы́платить долг pay* off, *или* líquidàte, *a* debt [...det], acquít òne¦sélf of *a* debt; ~ в рассро́чку pay* by instálments [...-tɔ:l-] (*d.*).

**выплёвывать,** вы́плюнуть (*вн.*) spit* out (*d.*).

**выплёскивать,** вы́плеснуть (*вн.*) splash out (*d.*). **~ся,** вы́плеснуться **1.** splash out; **2.** *страд. к* выплёскивать.

**вы́плеснуть(ся)** *сов. см.* выплёскивать(ся).

**вы́плести** *сов. см.* выплета́ть.

**выплета́ть,** вы́плести (*вн.*; *изготовлять плетением*) weave* (*d.*).

**выплыва́ть,** вы́плыть **1.** swim* out; (*всплывать*; *тж. перен.*) come* to the súrface, emérge; ~ в откры́тое мо́ре swim* out to sea; она́ вы́плыла из ко́мнаты she sailed out of the room; луна́ вы́плыла из-за туч the moon emérged from, *или* appéared from behínd, the clouds; **2.** *разг.* (*неожиданно появляться — о вопросе и т. п.*) crop up; сно́ва ~ be back agáin in one's old place.

**вы́плыть** *сов. см.* выплыва́ть.

**вы́плюнуть** *сов. см.* выплёвывать.

**вы́поить** *сов. см.* выпа́ивать.

**выпола́скивать,** вы́полоскать (*вн.*) rinse (*d.*), rinse out (*d.*); вы́полоскать рот rinse one's mouth*; вы́полоскать го́рло gargle.

**выполза́ть,** вы́ползти creep* out, crawl out; (*перен.*: *выходить с трудом*) *разг.* drag òne¦sélf out.

**вы́ползти** *сов. см.* выполза́ть.

**выполн||е́ние** *с.* ìmplemèntátion, fulfílment [ful-], cárrying-out; (*осуществление*) accómplishment, reàlìzátion [rɪəlaɪ-]; (*об обязанностях, долге*) dis¦chárge, perfórmance, èxecútion; ~ пла́на fulfílment of *a* plan. **~и́мый** éxecùtable, accómplishable; (*возможный*) féasible [-zɪbl], práctìcable; ~и́мое зада́ние féasible task.

**вы́полнить** *сов. см.* выполня́ть.

**выполня́ть,** вы́полнить (*вн.*) ímplemènt (*d.*), fulfíl [ful-] (*d.*), cárry out (*d.*), éxecùte (*d.*); (*осуществлять*) accómplish (*d.*), cárry into efféct (*d.*), réalìze [ˈrɪə-] (*d.*); ~ план fulfíl *the* plan; ~ план досро́чно compléte *the* plan ahéad of schédùle [...əˈhed...ˈʃe-]; ~ свой обя́занности dis¦chárge one's dúties, perfórm one's fúnctions; ~ долг do / dis¦chárge one's dúty; ~ чьи-л. жела́ния fulfíl, *или* cárry out, smb.'s wíshes; ~ свой обяза́тельства meet* one's en¦gáge¦ments; ~ догово́р obsérve / ímplemènt *a* tréaty [-ˈzə:v...]; ~ приказа́ние obéy / éxecùte / fulfíl, *или* cárry out, *an* órder; ~ гимнасти́ческие упражне́ния perfórm gymnástic éxercìses.

**вы́полоскать** *сов. см.* выпола́скивать.

**вы́полоть** *сов. см.* выпа́лывать.

**вы́пороть** I *сов. см.* выпа́рывать.

**вы́пороть** II *сов. см.* поро́ть I.

**вы́порхнуть** *сов.* flútter / flit out.

**вы́потрошить** *сов. см.* потроши́ть.

**вы́прав||ить(ся)** *сов. см.* выправля́ть(ся). **~ка** *ж.* (*осанка*) cárriage [-rɪdʒ], béaring [ˈbɛə-]; вое́нная ~ка mílitary béaring.

**выправля́ть,** вы́править (*вн.*) **1.** (*выпрямлять*) stráighten (*d.*); **2.** (*исправлять*) corréct (*d.*); **3.** *разг. уст.* (*доставать, получать паспорт, билет и т. п.*) get* (*d.*), obtáin (*d.*). **~ся,** вы́правиться **1.** become* straight, stráighten òne¦sélf; **2.** (*исправляться*) impróve [-ru:v]; **3.** *страд. к* выправля́ть.

**выпра́стывать,** вы́простать (*вн.*) **1.** (*высвобождать*) get* out (*d.*); вы́простать ру́ки get* / work one's hands free; **2.** *разг.* (*опоражнивать*) émpty (*d.*).

**выпра́шивать,** вы́просить (что-л. у кого́-л.) get* (smth. out of smb.), get* (smb.) to give one (smth.); *несов. тж.* ask (smb. for smth., smth. of smb.), solícit (smb. for smth., smth. of smb.), try to get (smth. out of smb.), beg (for smth. of smb.).

**выprováживать,** вы́проводить (*вн.*) *разг.* send* pácking (*d.*), send* abóut one's búsiness [...ˈbɪzn-] (*d.*).

**вы́проводить** *сов. см.* выпрова́живать.

**вы́просить** *сов. см.* выпра́шивать.

**вы́простать** *сов. см.* выпра́стывать.

**выпры́гивать,** вы́прыгнуть jump out, leap* out; ~ из окна́ jump out of the wíndow; ~ из-за де́рева spring* out from behínd *the* tree.

**вы́прыгнуть** *сов. см.* выпры́гивать.

**выпряга́ть,** вы́прячь (*вн.*) únhárness (*d.*).

**выпрями́тель** *м. эл.* réctifìer.

**вы́прям||ить(ся)** *сов. см.* выпрямля́ть(ся). **~ле́ние** *с.* **1.** stráightening; **2.** *эл.* rèctificátion.

**выпрямля́ть,** вы́прямить (*вн.*) **1.** stráighten (*d.*); **2.** *эл.* réctifỳ (the cúrrent). **~ся,** вы́прямиться **1.** stráighten ìt¦sélf, become* straight; (*о человеке*) stand* eréct, draw* òne¦sélf up; **2.** *страд. к* выпрямля́ть.

**вы́прячь** *сов. см.* выпряга́ть.

**вы́пукло** I *прил. кратк. см.* вы́пуклый.

**вы́пукло** II *нареч.* in relíef [...-ˈli:f]; (*перен. тж.*) vívidly, gráphically.

**вы́пукло-во́гнутый** *физ.* cònvéxò-cón¦cáve.

**вы́пукл||ость** *ж.* **1.** sálience, protúberance, próminence; (*о буквах*) embóssment; ~ земли́ búlging of the earth [...ə:θ]; **2.** *тех.* cònvéxity; **3.** (*рельефность*) relíef [-ˈli:f]; (*перен. тж.*) vívidness. **~ый 1.** sálient, protúberant, próminent; búlging *разг.*; (*отчётливый*) distínct; (*о буквах*) embóssed; ~ые глаза́ próminent / búlging eyes [...aɪz]; **2.** *тех.* cónvéx; ~ое стекло́ cónvéx glass; **3.** (*рельефный*) in relíef [...-ˈli:f]; (*перен. тж.*) gráphic, vívid.

**вы́пуск** *м.* **1.** (*действие*; *о деньгах, акциях и т. п.*) íssue; (*о товарах с завода*) óutpùt [-put]; (*пара и т. п.*) dis¦chárge, emíssion; ~ това́ров на ры́нок pútting goods on the márket [...gudz...]; ~ студе́нтов gràduátion; ~ шко́льников gránting of schóol-léaving certífìcates [-ɑ:n-...]; ~ за́йма íssue of *a* loan; **2.** (*группа учащихся, окончивших одновременно*; *о студентах*) gráduates *pl.*; (*о школьниках*) púpils fínishing school, *или* recéiving schóol-léaving certífìcates [...-ˈsi:v-...]; ~ в э́том году́ бу́дет большо́й there will be a large númber of gráduates this year; **3.** (*сокращение, пропуск*) cut, omíssion; **4.** (*литерат. произведения*) part, instálment [-tɔ:l-], númber.

**выпуск||áть,** вы́пустить (*вн.*) **1.** let* out (*d.*); ~ вóду *и т. п.* из чегó-л. let* the wáter, *etc.*, out of smth. [...'wɔ:-...], émpty smth. of (the) wáter, *etc.*; ~ дым (папирóсы) èx¦hále smoke; ~ вóздух let* the air out, exháust the air; ~ из рук let* go (*d.*), lose* / leave* hold [lu:z...] (of), let* slip out of one's hands (*d.*); ~ торпéду *мор.* fire / launch *a* tòrpédò; ~ пулемётную óчередь fire a burst; **2.** (*освобождать*) reléase [-s] (*d.*), set* free (*d.*), set* at liberty (*d.*); **3.** (*о займе и т. п.*) íssue (*d.*); **4.** (*давать продукцию*) turn out (*d.*); (*в продажу*) put* on the márket (*d.*); **5.** (*пропускать часть*) omít (*d.*), cut* out (*d.*); **6.** (*давать квалификацию*) turn out (*d.*); (*из вуза и т. п. тж.*) gráduàte (*d.*); ~ тóкарей, офицéров *и т. п.* turn out túrners, ófficers, *etc.*; ~ инженéров, врачéй *и т. п.* turn out, *или* gráduàte, ènginéers, dóctors, *etc.* [...endʒ-...]; ~ ученикóв grant schóol-léaving certíficates to púpils [-ɑ:-...]; **7.** (*издавать*) públish ['pʌ-] (*d.*), íssue (*d.*); вы́пустить специáльный нóмер (*о газете*) íssue / públish a spécial edítion [...'spe-...]; (*о журнале*) íssue / públish a spécial númber; ~ кинокартíну (*на экран*) reléase *a* film; **8.** (*делать длиннее, шире*) let* out (*d.*); ◇ ~ кóгти show* its claws [ʃou...]. **~ни́к** *м.* (*о студенте*) gráduàting stúdent, stúdent in his fínal year; (*о школьнике*) púpil léaving school, hólder of schoól-léaving certíficate; ténth-clàss púpil (*in USSR*). **~нóй:** ~нóй экзáмен fínal; fínals *pl.*; (*школьный тж.*) schóol-léaving exàminátion; ~нóй класс ≅ top class; ~нóй клáпан *тех.* escápe / exháust valve; ~нóй кран *тех.* dis¦chárge cock; ~нáя трубá *тех.* exháust / dis¦chárge pipe; ~нáя ценá *эк.* márket price.

**вы́пустить** *сов. см.* выпускáть.

**вы́путаться** *сов. см.* выпу́тываться.

**выпу́тываться,** вы́путаться disentángle / disen¦gáge / éxtricàte òne¦sélf; (*из беды*) pull through [pul...].

**вы́пученн||ый:** ~ые глазá protrúding eyes [...aɪz]; с ~ыми глазáми *разг.* with búlging eyes, góggle-eyed [-aɪd].

**выпу́чивать,** вы́пучить: вы́пучить глазá *разг.* ópen one's eyes wide [...aɪz...], stare; goggle; что ты вы́пучил глазá? what are you stáring at?

**вы́пучить** *сов. см.* выпу́чивать.

**вы́пушка** *ж.* édging, píping, braid.

**вы́пытать** *сов. см.* выпы́тывать.

**выпы́тывать,** вы́пытать (что-л. у когó-л.) elícit (smth. from smb.); (*путём принуждения*) extórt (smth. from smb.), force smb. to tell smth.; *несов. тж.* try to make smb. tell smth., try to get (smth. out of smb.).

**выпь** *ж. зоол.* bíttèrn.

**вы́пялить** *сов.* (*вн.*) *разг.*: ~ глазá stare; goggle.

**вы́пятить(ся)** *сов. см.* выпя́чивать(ся).

**вы́пяченный** **1.** *прич. см.* выпя́чивать; **2.** *прил.* protrúding; ~ живóт protrúding bélly.

**выпя́чивать,** вы́пятить (*вн.*) stick* out (*d.*), thrust* out (*d.*); (*перен.*) óver-émphasìze (*d.*), óver-stréss (*d.*). **~ся,** вы́пятиться **1.** bulge out, stick* out, protrúde; **2.** *страд. к* выпя́чивать.

**выраба́тывать,** вы́работать (*вн.*) **1.** (*производить*) mànufácture (*d.*), prodúce (*d.*), make* (*d.*); ~ электроэнéргию génerate elèctrícity; **2.** (*составлять, создавать*) work out (*d.*); (*о плане, программе и т. п.*) draw* up (*d.*), eláboràte (*d.*); **3.** (*воспитывать*) form (*d.*); вы́работать в себé си́лу вóли cúltivàte a strong will; **4.** *разг.* (*зарабатывать*) make* (*d.*), earn [ə:n] (*d.*); **5.** *горн.* work out (*d.*), exháust (*d.*).

**вы́работать** *сов. см.* выраба́тывать.

**вы́работк||а** *ж.* **1.** (*производство*) mànufácture, máking; **2.** (*составление*) elàborátion, wórking-out, dráwing-ùp; **3.** (*продукция*) óutpùt [-put]; **4.** *разг.* (*качество продукции*) make; хорóшей ~и of good* make; wéll-máde; **5.** *чаще мн. горн.* èxcavátion, mine wórking.

**выра́внивание** *с.* **1.** smóothing, lévelling; **2.** *воен.* alígnment [ə'laɪn-], èqualizátion [i:kwəlaɪ-]; *переводится также формой на* -ing *от соответствующих глаголов — см.* выра́внивать(ся).

**выра́внивать,** вы́ровнять (*вн.*) **1.** (*делать ровным*) (make*) éven (*d.*); (*делать гладким*) (make*) smooth [...-ð] (*d.*), smooth out / down (*d.*); (*по отвесу*) (make*) lével [...'le-] (*d.*); ~ дорóгу lével *a* road; ~ шаг régulàte one's pace; **2.** (*по прямой линии*) align [ə'laɪn] (*d.*), range / put* in line [reɪ-...] (*d.*); ~ ряды́ dress the ranks; **3.** (*уравнивать*) équalìze ['i:-] (*d.*). **~ся,** вы́ровняться **1.** (*в одну линию*) cóver off ['kʌ-...]; (*перен.*: *избавляться от недостатков*) impróve [-ru:v]; (*становиться более спокойным*) become* more équable; (*в занятиях*) catch* up; **2.** *страд. к* выра́внивать.

**выраж||áть,** вы́разить (*вн.*) expréss (*d.*); (*передавать*) convéy (*d.*); (*общее мнение и т. п.*) voice (*d.*), give* voice (to); ~ словáми put* into words (*d.*); ~ благодáрность (*дт.*) expréss one's thanks (to); ~ собóю expréss (*d.*); ~ вóтум довéрия прави́тельству pass a vote of cónfidence in the góvernment [...'gʌ-], give* the góvernment a vote of cónfidence; ~ беспокóйство expréss one's ànxíety / concérn [...æŋ'z-...]. **~áться,** вы́разиться **1.** (*высказываться*) expréss òne¦sélf; **2.** (*проявляться*) mánifèst it¦sélf, be expréssed / evínced / mánifèsted; расхóды вы́разились в сýмме... the expénses amóunted to..., the expénses came to..., the expénses tótalled...; **3.** *разг.* (*ругаться*) swear* [swɛə], use bad / strong lánguage; **4.** *страд. к* выражáть; ◇ мя́гко ~áясь *разг.* to put it mild¦ly / móderate¦ly; to say the least of it. **~éние** *с.* (*в разн. знач.*) expréssion; ~éние лицá expréssion, look; алгебраи́ческое ~éние àlgebráical expréssion [-reɪɪ-...]; идиомати́ческое ~éние ìdiomátic expréssion, ídiom; он не нашёл слов для ~éния своегó востóрга words could not expréss his delíght, he could find no words to expréss his delíght.

**вы́раженный** *прич. и прил.* **1.** expréssed; **2.** (*заметный*) pronóunced, marked; я́рко, рéзко ~ stróng¦ly pronóunced; слáбо ~ féebly marked.

**вырази́тель** *м.*: ~ мнéния spókes¦man*, móuthpiece [-pi:s].

**вырази́тельн||ость** *ж.* expréssive¦ness; (*многозначительность*) significance. **~ый** expréssive; (*многозначительный*) significant; ~ое чте́ние èlocútion.

**вы́разить(ся)** *сов. см.* выража́ть(ся).

**выраста́ть,** вы́расти **1.** (*в разн. знач.*) grow* [-ou]; (*о ребёнке*) grow* up; (из *одежды и т. п.*) grow* (out of); (*усиливаться, увеличиваться тж.*) in¦créase [-s]; ~ на 20% in¦créase twénty per cent; **2.** (в *вн.*; *становиться кем-л.*) grow* (into), devélop [-'ve-] (into); **3.** (*появляться*) aríse*, appéar; здесь вы́рос но́вый го́род a new town has sprung up here; ◇ вы́расти в чьих-л. глаза́х rise* in smb.'s èstimátion.

**вы́расти** *сов. см.* выраста́ть.

**вы́растить** *сов. см.* выра́щивать.

**выра́щивать,** вы́растить (*вн.*; *о детях*) rear (*d.*), bring* up (*d.*); (*о животных*) rear (*d.*), raise (*d.*), breed* (*d.*); (*о растениях*) grow* [-ou] (*d.*), raise (*d.*), cúltivàte (*d.*); (*о кадрах и т. п.*) train (*d.*), prepáre (*d.*), form (*d.*).

**вы́рвать** I *сов. см.* вырыва́ть I.

**вы́рвать** II *сов. см.* рвать II.

**вы́рваться** *сов. см.* вырыва́ться I.

**вы́рез** *м.* **1.** cut; **2.** (*платья*) low neck [lou...]; пла́тье с больши́м ~ом décolleté dress (*фр.*) [deɪ'kɔlteɪ...], lów-nécked dress ['lou-...].

**вы́резать** *сов. см.* выреза́ть.

**выреза́ть,** вы́резать (*вн.*) **1.** cut* out (*d.*); *хир. тж.* èxcíse (*d.*); **2.** (*гравировать*) en¦gráve (*d.*), carve (*d.*), cut* out (*d.*); **3.** (*убивать*) sláughter (*d.*), mássacre (*d.*), bútcher ['bú-] (*d.*).

**вы́резк||а** *ж.* **1.** (*действие*) cútting out; en¦gráving, cárving; (*ср.* выреза́ть); **2.** (*газетная*) cútting, clípping; ~и из газе́т, журна́лов *и т. п.* préss-cùttings; **3.** (*сорт мяса*) fíllet, sírloin; ténderloin *амер.*

**вырезно́й** carved.

**выре́зыв||ание** *с.* cútting out; en¦gráving, cárving; *хир.* èxcísion, àblátion; (*ср.* выреза́ть). **~ать** = выреза́ть.

**вы́рисовать(ся)** *сов. см.* вырисо́вывать(ся).

**вырисо́выва||ть,** вы́рисовать (*вн.*) draw* (in all its détails) [...'diː-] (*d.*), draw* cáre¦fully (*d.*). **~ться,** вы́рисоваться **1.** (*показываться*) be vísible [...-z-], appéar; (*неясно*) loom; (на *пр.*; *отчётливо, на фоне*) stand* out (agáinst), stand* out in relíef [...-'liːf] (agáinst); на горизо́нте ~лась го́рная цепь a móuntain chain was vísible on the horízon, *или* stood out agáinst the horízon [...stud...]; вдали́ на́чал ~ться кора́бль a ship loomed in the dístance; **2.** *страд. к* вырисо́вывать.

**вы́ровнять(ся)** *сов. см.* выра́внивать(ся).

**вы́родиться** *сов. см.* вырожда́ться.

**вы́родок** *м.* degénerate; он ~ в на́шей семье́ he is the black sheep of our fámily.

**вырожд||а́ться,** вы́родиться **1.** degénerate; **2.** (в *вн.*) *разг.* degénerate (into). **~а́ющийся** *прич. и прил.* degénerating; *прил. тж.* degénerative. **~е́ние** *с.* degènerátion, degéneracy. **~е́нческий** degénerative.

**вы́ронить** *сов.* (*вн.*) drop (*d.*), let* fall (*d.*); ~ что-л. из рук drop smth., drop smth. out of one's hands.

**выруба́ть,** вы́рубить (*вн.*) **1.** (*о лесе, деревьях и т. п.*) cut* down (*d.*), hew out (*d.*); (*тк. о деревьях*) fell (*d.*); **2.** (*о части чего-л.*) cut* out (*d.*); **3.** (*о дыре, окне и т. п.*) make* (*d.*).

**вы́рубить** *сов. см.* выруба́ть.

**вы́рубка** *ж.* **1.** (*действие*) cútting down; (*тк. о деревьях*) félling; **2.** (*вырубленное место*) glade, cleared space; **3.** *горн.* cútting out, héwing out.

**вы́ругать** *сов. см.* руга́ть. **~ся** *сов. см.* руга́ться 1.

**выру́ливать,** вы́рулить *ав.* táxi.

**вы́рулить** *сов. см.* выру́ливать.

**выруча́ть,** вы́ручить **1.** (кого́-л.; *приходить на помощь*) réscue (smb.), come* to smb.'s help / aid / assístance; ~ кого́-л. из беды́ help smb. out of trouble [...trʌ-], hold* out a hélping hand to smb.; help a lame dog óver a stile *идиом.*; ~ из пле́на delíver / reléase from càptívity [-'lɪ- -'liːs...]; **2.** (что-л.; *о деньгах и т. п.*) make* (smth.), gain (smth.); (*получать прибыль*) net (smth.), clear (smth.); вы́ручить затра́ченное recóver one's expénses [-'kʌ-...].

**вы́руч||ить** *сов. см.* выруча́ть. **~ка** *ж. разг.* **1.** gain; (*от торговли*) recéipts [-'siːts] *pl.*; (*заработок*) éarnings ['əːn-] *pl.*; дневна́я ~ка dáily recéipts; (*за данный день*) the day's recéipts; **2.** (*помощь*) réscue, assístance, aid; приходи́ть на ~ку (*дт.*) come* to the réscue / assístance / aid (of).

**вырыва́ть** I, вы́рвать **1.** (*вн.*) pull out [pul...] (*d.*), tear* out [tɛə...] (*d.*); (*о растении*) pull up (*d.*); ~ страни́цу из кни́ги tear* a page out of *a* book; ~ что-л. у кого́-л. из рук snatch smth. out of smb.'s hands, *или* from smb.'s hands; ~ с ко́рнем tear* up by the roots (*d.*), ùp¦róot (*d.*); (*перен. тж.*) erádicàte (*d.*), éxtirpàte (*d.*), root out (*d.*); ~ зуб pull out, *или* extráct, *a* tooth*; вы́рвать себе́ зуб (*у врача*) have *a* tooth* out; **2.** (*вн.* у *рд.*) *разг.* (*добиваться*) extórt (*d.* from), wring* (*d.* from), wrest (*d.* from); ~ согла́сие у кого́-л. wring* consént from, *или* out of, smb., wrest consént from smb.; ~ призна́ние у кого́-л. wring* *a* conféssion from, *или* out of, smb.; get* / force smb. to conféss; ~ инициати́ву (у) wrest the inítiative (from).

**вырыва́ть** II, вы́рыть (*вн.*) **1.** (*о яме и т. п.*) dig* (*d.*); **2.** (*извлекать*; *прям. и перен.*) dig* up (*d.*), ún¦éarth [-'əːθ] (*d.*); (*о трупе*) èx¦húme (*d.*).

**вырыва́ться** I, вы́рваться (из, от) **1.** tear* òne¦sélf a¦wáy [tɛə...] (from); (*высвобождаться*) break* a¦wáy [-eɪk...] (from), escápe (*d.*); *несов. тж.* strúggle to break loose [...-s]; (*устремляться наружу*) shoot* up; ~ из чьих-л. объя́тий tear* òne¦sélf from smb.'s arms; **2.** (*о стоне и т. п.*) escápe (*d.*), burst* (from); сло́во вы́рвалось у него́ a word escáped his lips, a word escáped him; из его́ груди́ вы́рвался стон a groan escáped him; **3.** *страд. к* вырыва́ть I.

**вырыва́ться** II *страд. к* вырыва́ть II.

**вы́рыть** *сов. см.* вырыва́ть II.

**вы́рядить** *сов.* (*вн.*) *разг.* dress up (*d.*). **~ся** *сов. разг.* dress up, dress òne¦sélf up.

**вы́садить(ся)** *сов. см.* выса́живать(ся).

**вы́садка** *ж.* **1.** (*на берег*) dè¦bàrkátion, dìsèmbàrkátion; ~ деса́нта lánding (of troops); **2.** (*растения*) trànsplánting [-'plɑː-].

**выса́живать,** вы́садить (*вн.*) **1.** set* down (*d.*); (*на берег*) put* ashóre (*d.*), dísembárk (*d.*), land (*d.*); ~ деса́нт land troops, make* a lánding; ~ кого́-л. из трамва́я make* smb. get out of, *или* get* off, *a* tram; ~ кого́-л. с су́дна, парохо́да put* smb. ashóre; **2.** (*о растении*) trànsplánt [-ɑːnt] (*d.*); **3.** *разг.* (*выбивать стекло*) smash (*d.*); (*дверь*) break* in / ópen [-eɪk...] (*d.*). **~ся,** вы́садиться **1.** (*из трамвая, поезда*) alíght (from), get* (off *или* out of); (*с судна*) land, dísembárk; ~ся из по́езда *воен.* dè¦tráin; ~ся с автомаши́н *воен.* debús, detrúck; ~ся с самолётов *воен.* depláne; **2.** *страд. к* выса́живать.

**выса́сывать,** вы́сосать (*вн.*) suck out (*d.*); вы́сосать всё из чего́-л. suck smth. dry; ◇ вы́сосать все со́ки из кого́-л. exháust smb., wear* smb. out [wɛə...]; ~ из па́льца *разг.* invént (*d.*), fábricàte (*d.*); всё э́то из па́льца вы́сосано the whole thing is nothing but a con¦cóction / fàbricátion [...houl...].

**высве́рливать,** вы́сверлить (*вн.*) drill (*d.*), bore (*d.*).

**вы́сверлить** *сов. см.* высве́рливать.

**вы́сви||стать, ~стеть** *сов. см.* высви́стывать.

**высви́стывать,** вы́свистать, вы́свистеть (*вн.*) whistle (*d.*).

**вы́свободить(ся)** *сов. см.* высвобожда́ть(ся).

**высвобожда́ть,** вы́свободить (*вн.*) **1.** free (*d.*); (*выпускать*) let* out (*d.*); (*запутавшееся*) dísen¦gáge (*d.*), dísentángle (*d.*); **2.** (*для использования*) reléase [-s] (*d.*); ~ сре́дства, материа́льные ресу́рсы *и т. п.* reléase funds, matérial resóurces, *etc.* [...-'sɔːs-]. **~ся,** вы́свободиться **1.** free òne¦sélf, dísen¦gáge òne¦sélf; (*выпутываться*) dísentángle òne¦sélf; ~ся из чьих-л. объя́тий reléase òne¦sélf from smb.'s embráce [-s...]; **2.** *страд. к* высвобожда́ть.

**вы́сев** *м. с.-х.* sówing ['sou-]; но́рмы ~а stándard quántity of seed per héctàre [...-tɑː] *sg.*

**высева́ть,** вы́сеять (*вн.*) sow* [sou] (*d.*).

**вы́севки** *мн.* **1.** síftings; (*отруби*) bran *sg.*; **2.** *горн.* dross *sg.*, fines.

**высе́ивать** = высева́ть.

**высека́ть,** вы́сечь (*вн.*) **1.** carve (*d.*); (*вырубать*) hew (*d.*); **2.** (*о скульптуре*) scúlpture (*d.*), cut* (*d.*); ◇ ~ ого́нь strike* fire (from a flint).

**выселе́ние** *с.* evíction; (*изгнание*) expúlsion.

**вы́селить(ся)** *сов. см.* выселя́ть(ся).

**вы́селки** *мн.* (*ед.* вы́селок *м.*) new víllage *sg.*, séttle¦ment *sg.*

**выселя́ть,** вы́селить (*вн.*) **1.** evíct (*d.*); **2.** (*переводить из одного местожительства в другое*) move (from) [muːv...] (*d.*). **~ся,** вы́селиться **1.** move [muːv]: вы́селиться в но́вый дом move to a new house* [...-s]; **2.** *страд. к* выселя́ть.

**вы́сечка** *ж.* cárving; (*вырубка*) héwing.

**вы́сечь** I *сов. см.* высека́ть.

**вы́сечь** II *сов. см.* сечь 1.

**вы́сеять** *сов. см.* высева́ть.

**вы́сидеть** *сов. см.* выси́живать.

**выси́живание** *с.* hátching, in¦cubátion, bróoding; (*ср.* выси́живать).

**выси́живать,** вы́сидеть **1.** remáin, stay; вы́сидеть три дня до́ма remáin at home for three days; вы́сидеть до конца́ представле́ния, ле́кции *и т. п.* sit* out *a* perfórmance, *a* lécture, *etc.*; **2.** (*вн.*; *о птицах*) hatch (*d.*); ín¦cubàte (*d.*) *научн.*; *несов. тж.* (*без доп.*) brood.

**вы́ситься** (над) rise* (above), tówer (above).

**выска́бливание** *с.* scráping.

**выска́бливать,** вы́скоблить (*вн.*) scrape (*d.*); вы́скоблить сло́во eráse, *или* scrape out, *a* word.

**вы́сказать(ся)** *сов. см.* выска́зывать(ся).

**выска́зывание** *с.* **1.** expréssion, útterance; **2.** (*высказанное суждение*) státe¦ment, díctum (*pl.* -s, -ta); (*мнение*) opínion, view [vjuː].

**выска́зывать,** вы́сказать (*вн.*) state (*d.*), say* (*d.*), tell* (*d.*); (*выражать*) expréss (*d.*); ~ что-л. в лицо́ кому́-л. tell* smth. to smb.'s face; give* smb. a piece of one's mind [...piːs...] *идиом.*; ~ мне́ние expréss / útter an opínion; ~ своё мне́ние (о *пр.*) give* one's view [...vjuː] (on); ~ предположе́ние suggést [-'dʒe-]; он вы́сказал предположе́ние, что he suggésted that, his théory was that [...'θɪə-...]; он ему́ всё вы́сказал he told him évery¦thing. **~ся,** вы́сказаться **1.** speak*; (о *пр.*; *высказывать мнение*) speak* (abóut), expréss one's opínion (abóut), have / say* one's say (abóut); ~ся по вопро́су (о *пр.*) speak* on the quéstion [...-stʃ-] (of); он уже́ вы́сказался he has had / said his say [...sed...]; **2.** (за *вн.*, про́тив) decláre (for, agáinst); (*за предложение и т. п. тж.*) suppórt (*d.*); (*против предложения и т. п. тж.*) oppóse (*d.*); **3.** *страд. к* выска́зывать.

**выска́кивать,** вы́скочить **1.** (*выпрыгивать*) jump out, leap* out; (*появляться неожиданно*) spring* out, dart out; ~ в коридо́р dart out into the córridòr; ~ из двере́й rush out of the door [...dɔː]; ~ на мель (*о корабле*) run* agróund; ~ отку́да-то (*перен.*) spring* from sóme¦whère; ~ с замеча́нием *разг.* come* out, *или* break* in, with *a* remárk [...breɪk...]; **2.** *разг.* (*выпадать*) fall* out.

**выска́льзывать,** вы́скользнуть slip (out).

**вы́скоблить** *сов. см.* выска́бливать.

**выскольза́ть** = выска́льзывать.

**вы́скользнуть** *сов. см.* выска́льзывать.

**вы́скочить** *сов. см.* выска́кивать.

**вы́скочка** *м. и ж. разг.* úpstàrt, párvenù.

**выскреба́ть,** вы́скрести (*вн.*) **1.** scrape off (*d.*), scrape / scratch out (*d.*); **2.** (*выгребать*) rake out (*d.*).

**вы́скрести** *сов. см.* выскреба́ть.

**вы́слать** *сов. см.* высыла́ть.

**вы́следить** *сов. см.* высле́живать.

**высле́живать,** вы́следить (*вн.*) trace (*d.*), track (*d.*); (*следить — о сыщике*) shádow ['ʃæ-] (*d.*); (*о самолёте*) spot (*d.*); *несов. тж.* be on the track (of), watch (*d.*).

**вы́слуг||а** *ж.*: за ~у лет ≅ for prolónged mèritórious sérvice; вы́плата за ~у лет lóng-sérvice bónus.

**выслу́живать,** вы́служить **1.**: ~ пе́нсию quálifỳ for a pénsion; **2.** *тк. сов. разг.*: вы́служить 20, 30 лет have a récord of twénty, thírty years' sérvice [...'re-...]. **~ся,** вы́служиться **1.** (пе́ред) *разг.*: cúrry fávour (with), tóady (to); **2.** *страд. к* выслу́живать.

**вы́служить(ся)** *сов. см.* выслу́живать(ся).

**вы́слушать** *сов. см.* выслу́шивать.

**выслу́шивание** *с. мед.* auscultátion.

**выслу́шивать,** вы́слушать (*вн.*) **1.** listen ['lɪsᵊn] (to), hear* out (*d.*); **2.** *мед.* sound (*d.*).

**высма́тривать,** вы́смотреть (*вн.*) **1.** (*приискивать*) look out (for); **2.** (*тайно наблюдая*) spy out (*d.*).

**высме́ивать,** вы́смеять (*вн.*) ridicùle (*d.*), make* fun (of); (*издеваться*) deride (*d.*); scoff (at).

**вы́смеять** *сов. см.* высме́ивать.

**вы́смолить** *сов.* (*вн.*) tar (*d.*).

**вы́сморкать(ся)** *сов. см.* сморка́ть(ся).

**вы́смотреть** *сов. см.* высма́тривать.

**высо́вывать,** вы́сунуть (*вн.*) put* out (*d.*), thrust* out (*d.*); ~ язы́к put* out one's tongue [...tʌŋ]. **~ся,** вы́сунуться **1.** lean* out; (*показываться*) show* òne¦sélf [ʃou...]; **2.** *страд. к* высо́вывать.

**высо́к||ий 1.** (*в разн. знач.*) high; (*о человеке, животном*) tall; (*о горе́, доме тж.*) lófty; ~ая вода́ high tide, high wáter [...'wɔ:-]; ~ая ме́стность (*горная*) híghland district; híghlands *pl.*; ~ая температу́ра high témperature; ~ое давле́ние, напряже́ние high préssure, ténsion; ~ая та́лия short waist; **2.** (*возвышенный, значительный*) high, lófty, élevàted; ~ стиль lófty / élevàted style; ~ие це́ли high / lófty / exálted aims; ~ая иде́йность high-príncipled cháracter [...'kæ-]; **3.** (*о голосе, звуке*) high, high-pítched; ~ая но́та high note; ◇ Высо́кие Догова́ривающиеся Сто́роны the High Contrácting Párties; быть ~ого мне́ния (о *пр.*) think* híghly (of), have a high opínion (of); в ~ой сте́пени híghly.

**высо́ко́** I **1.** *прил. кратк. см.* высо́кий; **2.** *предик. безл.* it is high; мне ~ (+ *инф.*) it is too high for me (+ to *inf.*).

**высо́ко́** II *нареч.* high; ~ подня́ть зна́мя (чего́-л.) raise alóft the stándard (of smth.).

**высоково́льтн||ый** *эл.* hígh-vòltage (*attr.*); ли́ния ~ой переда́чи hígh-vòltage line.

**высокого́рный** Álpìne.

**высокодохо́дный** híghly remúnerative, prófitable.

**высокоиде́йн||ый:** ~ое худо́жественное произведе́ние high-príncipled work of art.

**высокока́чественный** hígh-quàlity (*attr.*); of high quálity.

**высококвалифици́рованн||ый** híghly skilled; ~ые специали́сты híghly trained spécialists [...'spe-].

**высококульту́рный** híghly cúltured.

**высокоме́р||ие** *с.* háughtiness, árrogance, sùpercílious¦ness. **~ный** háughty, árrogant, sùpercílious; (*самонадеянный*) òver¦wéening; high and míghty *разг.*

**высокообразо́ванный** híghly éducàted.

**высокоопла́чиваемый** híghly paid.

**высокопа́рно** I *прил. кратк. см.* высокопа́рный.

**высокопа́рн||о** II *нареч.* grandíloquently, bòmbástically, in a hígh-flown mánner [...-floun...]; говори́ть ~ use hígh-flown / bòmbástic / pómpous lánguage. **~ость** *ж.* grandíloquence, tùrgídity, pòmpósity. **~ый** grandíloquent, bòmbástic, túrgid; (*напыщенный*) hígh-flown [-floun]; high-falútin(g) *разг.*; ~ый стиль stílted / inflàted style.

**высокопоста́вленн||ый** high, hígh-rànking, of high stánding; ~ое лицо́ hígh-rànking pérson; V. I. P. ['vi:'aɪ'pi:] (*сокр. от* Very Impórtant Pérsonage) *разг.*

**высокопро́бный** hígh-stándard (*attr.*); of a high stándard; stérling (*тж. перен.*).

**высокопродукти́вный** híghly prodúctive; ~ скот híghly prodúctive cáttle.

**высокопроизводи́тельн||ый** híghly prodúctive; ~ые ме́тоды труда́ híghly prodúctive méthods of work; ~ое обору́дование hígh-efficiency equípment.

**высокора́звит||ый** híghly devéloped; ~ая те́хника híghly devéloped tèchníques / téchnics [...-'ni:ks...] *pl.*

**высокорента́бельн||ый** híghly remúnerative; ~ое хозя́йство híghly remúnerative èconomy [...i:-].

**высокосо́ртный** hígh-gràde (*attr.*); of sùpérior quálity.

**высокотова́рный** *эк.* híghly márketable, prodúcing a high márketable súrplus.

**высокоурожа́йный:** ~ сорт пшени́цы hígh-yíelding varíety of wheat [-'ji:-...].

**высокохудо́жественн||ый** híghly artístic; ~ое литерату́рное произведе́ние híghly artístic líterary work.

**высокочувстви́тельный** híghly / extréme¦ly sénsitive.

**высокоширо́тн||ый** of / in the high látitùdes; ~ая экспеди́ция èxpedítion into the high látitùdes.

**вы́сосать** *сов. см.* выса́сывать.

**высот||а́** *ж.* **1.** height [haɪt]; (*над земной поверхностью тж.*) áltitùde ['æl-]; (*о звуке и т. п.*) pitch; (*перен.*) lóftiness, èlevátion; ~ над у́ровнем мо́ря height above sea lével [...'le-], áltitùde; на ~е́ в 100 ме́тров at a height, *или* an áltitùde, of one húndred métres; лета́ть на небольшо́й ~е́ fly* at a low áltitùde [...lou...]; ~ разры́ва *воен.* height of burst; **2.** (*возвышенность*) éminence, rídge, hill; го́рные высо́ты móuntain heights; **3.** *мат.*, *астр.* áltitùde; ◇ быть, оказа́ться на ~е́ чего́-л. be équal to smth. [...'i:kwəl...], rise*, *или* be équal, to the occásion; быть на ~е́ положе́ния rise* to the occásion; не на ~е́ ún¦équal to the occásion [-'i:kwəl...], fálling short of the occásion; на до́лжной ~е́ up to the mark.

**высо́тный 1.** hígh-áltitùde [-'æl-] (*attr.*); **2.** (*о здании*) tall, mány-stòreyed [-rɪd]; ~ дом tall house* [...-s].

**высотоме́р** *м.* **1.** *ав.* àltímeter [æl-]; **2.** *воен.* héight-finder ['haɪt-].

**вы́сох||нуть** *сов. см.* высыха́ть. **~ший** *прич. и прил.* dríed-ùp; *прил. тж.* dry; (*тощий, сморщенный*) shrívelled; (*о человеке тж.*) wízened [wɪznd].

**высоча́йший 1.** *превосх. ст. см.* высо́кий; **2.** *ист.* (*царский, императорский*) róyal, impérial.

**высо́чество** *с.* (*титул принца, великого князя*): ва́ше ~ Your Híghness.

**вы́спаться** *сов. см.* высыпа́ться II.

**выспра́шивать,** вы́спросить (у кого́-л. что-л.) quéstion [-stʃ-] (smb. abóut / on smth.); pump (smb. abóut smth.) *разг.*; *несов. тж.* try to find out (smth.).

**вы́спренний** lófty, hígh-flown [-floun]; (*высокопарный*) bòmbástic, grandíloquent; hígh-falútin(g) *разг.*

**вы́спросить** *сов. см.* выспра́шивать.

**вы́ставить** *сов. см.* выставля́ть. ~**ся** *сов. см.* выставля́ться 2.

**вы́ставк||а** *ж.* **1.** èxhibítion [eksɪ-], show [ʃou]; ~ карти́н art èxhibítion; сельскохозя́йственная ~ àgricúltural èxhibítion; ~ лошаде́й, соба́к horse, dog show; ~ цвето́в flówer-show [-ʃou]; пойти́ на ~у go* to the èxhibítion; **2.** (*в магазине*) èxposítion [-'zɪ-], displáy, shów-window ['ʃou-], (shop) window.

**выставля́ть,** вы́ставить (*вн.*) **1.** (*вперёд*) advánce (*d.*), push fórward [puʃ...] (*d.*), put* in front [...-ʌnt] (*d.*); (*наружу*) put* out (*d.*); ~ но́гу advánce one's foot* [...fut]; thrust* / stick* out one's foot* *разг.*; ~ что-л. на середи́ну чего́-л. move smth. out into the middle of smth. [mu:v...]; ~ на во́здух, на свет expóse to the air, to the light (*d.*); **2.**: ~ чью-л. кандидату́ру propóse, *или* put* fórward, smb.'s cándidature, propóse smb. as a cándidate, nóminàte smb.; ~ свою́ кандидату́ру come* fórward as a cándidate, stand* / run* (for); **3.** (*напоказ, на выставку*) exhíbit (*d.*); (*о товарах*) displáy (*d.*), set* out (*d.*), show* [ʃou] (*d.*); (*перен.*) flaunt (*d.*), show* off (*d.*); ~ себя́ show* off; ~ себя́ кем-л. *разг.* pose as, set* up for; ~ напока́з свои́ зна́ния *и т. п.* paráde one's knówledge, *etc.* [...'nɔlɪʤ], make* a paráde of one's knówledge, *etc.*; **4.** (*вн. тв.*; *представлять*) rèpresént [-'ze-] (*d.* to be, *d.* as), make* smb. out (*d.*); ~ кого́-л. в хоро́шем, плохо́м све́те rèpresént smb. in a fávour¦able, únfávour¦able light; ~ кого́-л. дурако́м *и т. п.* make* smb. out a fool, *etc.*; ~ кого́-л. в смешно́м ви́де make* a láughing-stòck of smb. [...'lɑ:f-...], expóse smb. to rídicùle; **5.** (*о соображениях, доводах и т. п.*) lay* down (*d.*), addúce (*d.*); ~ тре́бования lay* down one's demánds [...-ɑ:n-]; ~ аргуме́нты addúce árguments; **6.** *разг.* (*прогонять*) turn out (*d.*), chuck out (*d.*); вы́ставить кого́-л. со слу́жбы fire / sack smb., give* smb. the sack; **7.**: ~ о́кна, ра́мы remóve the sécond wíndow-fràmes [-'mu:v... 'se-...]. ~**ся,** вы́ставиться **1.** *тк. несов.* (*помещать свои работы на выставке*) exhíbit; **2.** *разг.* (*намеренно показывать свои достоинства*) show* off [ʃou...]; **3.** *страд. к* выставля́ть.

**вы́ставочный** *прил. к* вы́ставка; ~ павильо́н pavílion [-ljən]; ~ комите́т èxhibítion commíttee [eksɪ- -tɪ].

**выста́ивать,** вы́стоять **1.** stand*; (*уцелеть*) remáin stánding; **2.** *об. сов.* (про́тив; *устоять*) hold* out (agáinst), with¦stánd* (*d.*); (*мужественно*) stand* up (to); они́ вы́стояли под огнём неприя́теля they held out agáinst the fire of the énemy, they stood up to the fire of the énemy [...stud...]; дом до́лго не вы́стоит the house* will not remáin stánding much lónger [...-s...]. ~**ся,** вы́стояться **1.** (*приобретать крепость, вкус от времени*) matúre; **2.** (*отдыхать — о лошади*) rest.

**вы́стегать** *сов. см.* стега́ть I.

**выстила́ть,** вы́стлать (*вн.*) cóver ['kʌ-] (*d.*); (*с внутренней стороны*) line (*d.*); (*мостить*) pave (*d.*).

**вы́стирать** *сов. см.* стира́ть II.

**вы́стлать** *сов. см.* выстила́ть.

**вы́стоять(ся)** *сов. см.* выста́ивать(ся).

**вы́страдать** *сов.* (*вн.*) **1.** súffer (*d.*), endúre (*d.*); **2.** (*достигнуть страданиями*) gain / achíeve through much súffering [...-i:v...] (*d.*).

**выстра́ивание** *с.*: ~ рядо́в *воен.* fórming two deep.

**выстра́ивать,** вы́строить (*вн.*; *в ряды*) draw* up (*d.*), márshal (*d.*); *воен.* form (*d.*), paráde (*d.*); (*расставлять*) set* out (*d.*), line up (*d.*). ~**ся,** вы́строиться **1.** (*становиться в ряды*) draw* up, form; (*в линию*) line up; вы́строиться вдоль у́лиц line the streets; **2.** *страд. к* выстра́ивать.

**вы́стрел** *м.* shot; (*звук*) repórt; произвести́ ~ fire a shot; пу́шечный ~ gúnshòt; разда́лся ~ a shot / repórt was heard [...hə:d]; ◇ на ~ (от) within gúnshòt (of). ~**ить** *сов.* **1.** *см.* стреля́ть 1; **2.** (в *вн.*) have / take* a shot (at), fire (a shot) (at); ~ить из ружья́ let* off *a* gun.

**выстрига́ть,** вы́стричь (*вн.*) cut* off (*d.*); (*о шерсти*) shear* (*d.*).

**вы́стричь** *сов. см.* выстрига́ть.

**вы́строгать** *сов.* (*вн.*) plane (*d.*).

**вы́строить** I *сов. см.* выстра́ивать.

**вы́строить** II *сов.* (*вн.*; *о домах и т. п.*) build* [bɪld] (*d.*).

**вы́строиться** *сов. см.* выстра́иваться.

**вы́строчить** *сов.* (*вн.*) hémstìtch (*d.*).

**вы́студить** *сов. см.* выстýживать.

**выстýживать,** вы́студить (*вн.*) chill (*d.*), cool (*d.*).

**вы́стукать** *сов. см.* выстýкивать.

**выстýкив||ание** *с. мед.* pèrcússion, tápping. ~**ать,** вы́стукать (*вн.*) **1.** *мед.* tap (*d.*); **2.** *разг.* (*о ритме и т. п.*) tap out (*d.*).

**вы́ступ** *м.* **1.** protúberance, projéction; (*горы́ тж.*) jut; (*бе́рега тж.*) próminence; ~ фро́нта *воен.* sálient [-ljənt]; **2.** *тех.* lug.

**выступа́ть,** вы́ступить **1.** come* fórward, advánce; ~ из берего́в òver¦flów its banks [-ou...]; **2.** *воен.* set* out; **3.** (*публично*) appéar; (*об актёре, музыканте и т. п.*) perfórm; ~ на сце́не appéar on the stage; act, play; ~ на собра́нии speak* at *a* méeting; addréss *a* méeting (*более официально*); ~ за предложе́ние *и т. п.* sécond *a* propósal, *etc.* ['se-...-zəl], speak* in suppórt of *a* propósal, *etc.*, come* out in fávour of *a* propósal, *etc.*; ~ про́тив предложе́ния *и т. п.* oppóse *a* propósal, *etc.*, rise* in òpposítion to *a* propósal, *etc.* [...'zɪ-...]; ~ про́тив чего́-л. come* out agáinst smth.; ~ с проте́стом (про́тив) protést (agáinst), make* a prótèst (agáinst); (*в печати*) write* in prótèst; ~ с ре́чью speak*, make* a speech; вы́ступить с призы́вом (к) appéal (to); ~ в печа́ти write* (for the press); вы́ступить еди́ным фро́нтом (за, про́тив) come* out in a ùníted front [...frʌnt] (for, agáinst), form a ùníted front (for, agáinst); ~ в ро́ли кого́-л. take* the part of smb.; (*перен.*) appéar in the role of smb., play the role of smb.; ~ в защи́ту кого́-л. take* the part of smb., take* up the cause of smb., stand* up for smb.; ~ в защи́ту чего́-л. ádvocàte smth.; ~ защи́тником (*рд.*) come* fórward in defénce (of); (*без доп. — на суде*) appéar for the defénce; ~ инициа́тором be the inítiàtor; ~ впервы́е make* one's début (*фр.*) [...'deɪbuː]; ~ по рáдио bróadcàst [-ɔːd-]; (*с речью*) bróadcàst a speech, speak* óver the rádiò; (*с докладом*) give* a wire¦less / rádiò lécture; (*играть*) play óver the wire¦less / rádiò; (*петь*) sing* óver the wire¦less / rádiò; ~ по телевúдению télevìse; ~ от úмени когó-л. speak* in the name of smb., speak* on beháIf of smb. [...-'hɑːf...]; **4.** (*проступать*): пот вы́ступил на лбу the sweat stood out on *one's* fórehead [...swet stud...'fɔrɪd]; плéсень вы́ступила mould (has) formed [mou-...]; сыпь вы́ступила (на чём-л.) a rash broke out (on smth., all óver smth.); слёзы вы́ступили на глазáх the tears stárted to *one's* eyes [...aɪz]; **5.** *тк. несов.* (*выдаваться*) projéct, jut out, run* out; stick* out *разг.*; (*сверху*) óver¦háng*; **6.** *тк. несов.* (*ходить медленно, чинно*) walk with méasured steps [...'meʒ-...]; (*ходить с важным видом*) strut.

**вы́ступить** *сов. см.* выступáть 1, 2, 3, 4.

**выступлéние** *с.* **1.** (*публичное; на сцене*) perfórmance; (*заявление*) státe¦ment; (*речь*) speech; (пéред; *обращение*) addréss (to); пéрвое ~ first perfórmance, début (*фр.*) ['deɪbuː]; (*о речи тж.*) máiden speech; ~ в печáти árticle; революциóнное ~ масс rèvolútionary áction of the másses; **2.** (*отправление*) depárture; *переводится тж. формой на* -ing *от соответствующих глаголов — см.* выступáть.

**вы́сунуть(ся)** *сов. см.* высóвывать(ся).

**высýшивание** *с.* drýing.

**высýшивать,** вы́сушить (*вн.*) **1.** dry (*d.*); **2.** *разг.* (*истощать*) emáciàte (*d.*), waste [weɪ-] (*d.*); **3.** *разг.* (*делать неотзывчивым, бессердечным*) hárden (*d.*), cáse-hàrden [-s-] (*d.*), make* cállous (*d.*).

**вы́сушить** *сов. см.* высýшивать *и* сушúть. **~ся** *сов. см.* сушúться.

**вы́считать** *сов. см.* высчúтывать.

**высчúтывать,** вы́считать (*вн.*) cálculàte (*d.*).

**вы́сш||ий** **1.** (*более высокий*) hígher; (*по положению, качеству*) sùpérior; **2.** (*самый высокий*) híghest; ~ее кáчество híghest quálity; (*о товарах*) sùpérior quálity; **3.** (*верховный*) sùpréme; ~ая инстáнция the híghest authórity; *юр.* court of last resórt [kɔːt...'zɔːt]; ~ие óрганы управлéния sùpréme órgans of góvernment [...'gʌv-]; **4.:** ~ее образовáние hígher / ùnivérsity èducátion; ~ее учéбное заведéние hígher èducátional estáblishment; ùnivérsity; ~ее техни́ческое учéбное заведéние téchnical cóllege, téchnical institùte; ~ая шкóла ùnivérsity; ◇ ~ая математика hígher màthemátics; ~ая тóчка ácme ['ækmɪ]; в ~ей стéпени híghly, extréme¦ly; ~ая мéра наказáния cápital púnishment [...'pʌ-]; ~ее óбщество *уст.* fáshionable society / world, high life.

**высылáть,** вы́слать (*вн.*) **1.** (*посылать*) send* (*d.*); **2.** (*административно*) bánish (*d.*), éxile (*d.*); (*из страны*) depórt (*d.*), expél (*d.*), trànspórt (*d.*); **3.** *воен.* send* out (*d.*), push out [puʃ...] (*d.*).

**вы́сылк||а** *ж.* **1.** (*посылка*) dispátch, sénding; *в большинстве случаев переводится глаголом* send*; чéрез мéсяц пóсле ~и пакéта a month áfter the párcel was sent [...mʌnθ...]; **2.** (*административная*) bánishment, éxile; (*из страны*) dèpòrtátion [diː-], expúlsion, trànspòrtátion.

**вы́сыпать** *сов. см.* высыпáть.

**высыпáть,** вы́сыпать **1.** (*вн.*) émpty (*d.*), pour out [pɔː...] (*d.*); (*нечаянно*) spill* (*d.*); **2.** (*о сыпи*) break* out [-eɪk...]; вы́сыпало на лицé a rash has brόken out on *one's* face; **3.** *разг.* (*о толпе*) pour out; вы́сыпать на ýлицу pour out into the street, throng the street.

**вы́сыпаться** *сов. см.* высыпáться I.

**высыпáться** I, вы́сыпаться **1.** pour out [pɔː...]; (*выпадать*) spill* out; **2.** *страд. к* высыпáть 1.

**высыпáться** II, вы́спаться have a good sleep; он сегóдня не вы́спался he didn't have enóugh sleep last night [...ɪ'nʌf...].

**высыхáть,** вы́сохнуть **1.** dry; (*о реке и т. п.*) dry up; **2.** (*увядать*) wíther; (*перен.; о человеке*) *разг.* waste a¦wáy [weɪ-...].

**высь** *ж.* height [haɪt]; (*перен.*) the realms of fáncy [...relmz...] *pl.*; заóблачная ~ the clouds *pl.*

**вытáлкивать,** вы́толкать, вы́толкнуть (*вн.*) **1.** (*выгонять*) chuck out (*d.*); ~ в шéю *разг.* throw* out [θrou...] (*d.*), chuck out (*d.*); **2.** *при сов.* вы́толкнуть (*выбрасывать что-л.*) push (out) [puʃ...] (*d.*).

**вытанцóвыва||ться** (*об. с отриц.*) *разг.* succéed, come* off; дéло не ~ется *the* affáir is not cóming off; (*ничего не выйдет*) nóthing will come of it.

**вытáпливать** I, вы́топить (*вн.*; *о печи*) heat (*d.*).

**вытáпливать** II, вы́топить (*вн.*; *о сале*) melt* (*d.*); (*о масле*) clárifỳ (*d.*).

**вытáптывать,** вы́топтать (*вн.*) trample down (*d.*).

**вы́таращить** *сов. см.* тарáщить.

**вытáскивать,** вы́тащить (*вн.*) **1.** take* out (*d.*); (*выволакивать*) drag out (*d.*), pull out [pul...] (*d.*); (*о пуле, занозе и т. п.*) extráct (*d.*); (*из воды*) fish out (*d.*); **2.** (*красть*) steal* (*d.*); pinch (*d.*) *разг.*; вы́тащить что-л. у когó-л. steal* smth. from smb.; **3.:** вы́тащить когó-л. на концéрт, прогуля́ться *и т. п. разг.* make* smb. go to *a* cóncert, go for a walk, *etc.*, drag smb. out to *a* cóncert, out for a walk, *etc.*; ◇ ~ когó-л. из беды́ *разг.* help smb. out of trouble [...trʌ-].

**вытáчивать,** вы́точить (*вн.*; *на токарном станке*) turn (*d.*).

**вы́тачка** *ж.* tuck.

**вы́тащить** *сов. см.* вытáскивать.

**вы́твердить** *сов.* (*вн.*) *разг.* learn* by heart / rote [lɜːn... hɑːt...] (*d.*).

**вытвор||я́ть** (*вн.*) *разг.* be up (to), do (*d.*); ~ глýпости fool, do fóolish things, be up to all sorts of nónsense; что он ~я́ет? what is he up to?, what sort of fóolish pranks is he up to?

**вытекá||ть,** вы́течь **1.** flow out [-ou...], escápe, run* out; (*капля за каплей*) drip out; **2.** *тк. несов.* (*брать начало — о реке и т. п.*) have its source [...sɔːs]; **3.** *тк. несов.* (*являться следствием*) resúlt [-'zʌ-], fóllow, ensúe; (из) aríse (from); отсю́да ~ет, что (hence) it fóllows that; it fóllows (from this) that; со всéми ~ющими отсю́да послéдствиями with all ensúing cónsequences; ◇ глаз вы́тек the eye came out [...aı...].

**вы́тереть(ся)** *сов. см.* вытира́ть(ся).

**вы́терпе||ть** *сов.* (*вн.*) ùndergó* (*d.*), bear* [bεə] (*d.*), súffer (*d.*), endúre (*d.*); он éле ~л э́то he could hárdly bear it.

**вы́тертый** 1. *прич. см.* вытира́ть; 2. *прил.* (*об одежде*) thréadbàre ['θred-].

**вы́тесать** *сов. см.* вытёсывать.

**вытесне́ние** *с.* 1. óusting; (*замена собою тж.*) supplánting [-ɑːn-]; (*из какой-л. сферы деятельности тж.*) exclúsion; 2. *физ.* displáce¦ment.

**вы́теснить** *сов. см.* вытесня́ть.

**вытесня́ть,** вы́теснить (*вн.*) 1. force out (*d.*), ejéct (*d.*); oust (*d.*) (*из какой-л. сферы деятельности тж.*) exclúde (*d.*); (*заменять собою тж.*) supplánt [-ɑːnt] (*d.*); *воен.* dislódge (*d.*); 2. *физ.* displáce (*d.*).

**вытёсывать,** вы́тесать (*вн.*) cut* (out) (*d.*), hew (out) (*d.*); (*делать гладким*) trim (*d.*).

**вы́течь** *сов. см.* вытека́ть 1.

**вытира́ть,** вы́тереть (*вн.*) 1. wipe (*d.*); (*досуха*) dry (*d.*), wipe dry (*d.*); ~ посу́ду wipe up the cróckery; ~ но́ги wipe one's feet; ~ лоб wipe one's fórehead [...'fɔrıd], mop one's brow; ~ пыль dust; 2. *разг.* (*изнашивать*) wear* thréadbàre / out [wεə 'θred-...] (*d.*). **~ся,** вы́тереться 1. wipe / dry òne¦sélf; 2. *разг.* (*изнашиваться*) become* thréadbàre [...'θred-]; 3. *страд. к* вытира́ть.

**вы́тиснить** *сов. см.* вытисня́ть.

**вытисня́ть,** вы́тиснить (*вн.*) stamp (*d.*), imprínt (*d.*), impréss (*d.*).

**вы́ткать** *сов.* (*вн.*) weave* (*d.*).

**вы́толкать** *сов. см.* выта́лкивать 1.

**вы́толкнуть** *сов. см.* выта́лкивать.

**вы́топить** I, II *сов. см.* выта́пливать I, II.

**вы́топтать** *сов. см.* выта́птывать.

**вы́торговать** *сов. см.* выторго́вывать.

**выторго́вывать,** вы́торговать (*вн.*) 1. *разг.* (*о цене*) bárgain / haggle abóut a redúction, *или* an abáte¦ment (of); (*перен.*) mánage to get (*d.*); *несов. тж.* try to get (*d.*); (*получать уступку*) get* a redúction, *или* an abáte¦ment; вы́торговать пять, де́сять рубле́й get* a redúction of five, ten roubles [...ruː-]; 2. (*зарабатывать торговлей*) make* (*d.*), net (*d.*), clear (*d.*).

**вы́точ||енный** *прич. и прил.* turned; ◇ сло́вно ~ (*о чертах лица*) chiselled [-z°ld]; (*о формах тела*) pérfectly-fòrmed. **~ить** *сов. см.* выта́чивать.

**вы́травить** *сов.* 1. *см.* вытравля́ть; 2. *как сов. к* трави́ть IV.

**вытравля́ть,** вы́травить (*вн.*) 1. (*истреблять*) èxtérminàte (*d.*); 2. (*о надписи и т. п.*) etch (*d.*); (*о пятнах*) remóve [-'muːv] (*d.*), take* out (*d.*) (*stains*); 3. (*производить потраву*) trample down (*d.*).

**вы́требовать** *сов.* (*вн.*) 1. súmmon (*d.*), send* (for); ~ кого́-л. в суд пове́сткой súmmons smb.; 2. (*получить по требованию*) demánd and obtáin [-ɑːnd...] (*d.*).

**вытрезви́тель** *м.* sóber¦ing státion.

**вы́трезвить(ся)** *сов. см.* вытрезвля́ть(ся).

**вытрезвл||е́ние** *с.* sóber¦ing. **~я́ть,** вы́трезвить (*вн.*) sóber (*d.*). **~я́ться,** вы́трезвиться 1. become* sóber; 2. *страд. к* вытрезвля́ть.

**вытряса́ть,** вы́трясти (*вн.*) shake* out (*d.*); ~ ковёр shake* out *a* cárpet.

**вы́трясти** *сов. см.* вытряса́ть.

**вытря́хивать,** вы́тряхнуть (*вн.*) shake* out (*d.*); (*ронять*) drop (*d.*).

**вы́тряхнуть** *сов. см.* вытря́хивать.

**вы́турить** *сов.* (*вн.*) *разг.* turn / drive* out (*d.*).

**выть** howl; (*перен. тж.*) wail; ве́тер во́ет the wind wails / howls [...wınd...].

**вытьё** *с. разг.* hówl(ing); (*перен. тж.*) wáil(ing).

**вытя́гивать,** вы́тянуть 1. (*вн.*) draw* out (*d.*); (*извлекать*) extráct (*d.*); дым вы́тянуло the smoke has escáped; 2. (*вн.*; *растягивать*) stretch (*d.*), pull out [pul...] (*d.*); ~ рези́нку stretch *an* elástic; ~ про́волоку stretch *a* wire; ~ ше́ю stretch out, *или* crane, one's neck; 3. (*вн.*; *о руках, ногах*) stretch (*d.*); 4. (*без доп.*) *разг.* (*выдерживать*) hold* out; он до́лго не вы́тянет he won't stand it long [...wount...]; ◇ ~ жи́лы у кого́-л. wear* smb. out [wεə...]. **~ся,** вы́тянуться 1. (*растягиваться*) stretch; рези́нка вы́тянулась the elástic has stretched; 2. (*ложиться*) stretch òne¦sélf; лежа́ть вы́тянувшись lie* stretched; 3. *разг.* (*вырастать*) shoot* up, grow* [-ou]; 4. (*выпрямляться*) stand* eréct; ~ся в стру́нку stand* at atténtion; 5. *страд. к* вытя́гивать; ◇ лицо́ у него́ вы́тянулось he pulled a long face [...pu-...]; his face fell.

**вытя́ж||ка** *ж.* 1. (*действие*) dráwing out; (*газа и т. п.*) escápe; 2. *хим.* éxtràct; (*процесс*) extráction. **~но́й:** ~но́й шкаф hood [hud]; ~но́й пла́стырь dráwing pláster; ~на́я труба́ véntilàting pipe.

**вы́тянуть(ся)** *сов. см.* вытя́гивать(ся).

**вы́удить** *сов. см.* выу́живать.

**выу́живать,** вы́удить (*вн.*) catch* (*d.*); (*тж. перен.: о новостях, секретах и т. п.*) *разг.* fish out (*d.*); ~ у кого́-л. де́ньги get* móney out of smb. [...'mʌnı...]; (*обманом*) swindle móney out of smb.; вы́удить у кого́-л. секре́т pump a sécret out of smb.

**вы́утюжить** *сов. см.* утю́жить.

**вы́ученик** *м.* (*ученик*) púpil; (*последователь*) disciple, fóllower; он ~ тако́го-то he was trained by só-and-sò, he was só-and-sò's púpil.

**выу́чивать,** вы́учить 1. (*вн.*) learn* [lɜːn] (*d.*); ~ наизу́сть learn* by heart [...hɑːt] (*d.*); 2. (*кого́-л. чему́-л., кого́-л. + инф.*) teach* (smb. smth., smth. to smb., smb. + to *inf.*); (*ремеслу и т. п.*) train (smb. + to *inf.*, smb. in *ger.*); вы́учить ребёнка чита́ть teach* *a* child* to read; вы́учить ученико́в англи́йскому языку́ teach* one's púpils Énglish [...'ıŋ-], teach* Énglish to one's púpils. **~ся,** вы́учиться 1. learn* [lɜːn]; вы́учиться чита́ть learn* to read; вы́учиться англи́йскому языку́ learn* Énglish [...'ıŋ-], learn* to speak Énglish; 2. *страд. к* выу́чивать.

**вы́уч||ить(ся)** *сов. см.* выу́чивать(ся). **~ка** *ж.* (*действие*) téaching, tráining, schóoling; (*школа*) school; боева́я ~ка battle tráining; профессиона́льная ~ка proféssional tráining; э́то тре́бует специа́льной ~ки it requires spécial tráining [...'spe-...]; отдáть когó-л. на ~ку (*дт.*) appréntice smb. (to); он прошёл хорóшую ~ку he has been / gone through a good* / sound school [...gɔn...], he has been thóroughly / well schooled [...'θʌrəlɪ...], he has had a good* tráining.

**выхáживать,** вы́ходить (*вн.*) **1.** nurse (*d.*); *сов. тж.* pull through [pul...] (*d.*); вы́ходить больнóго nurse the pátient / invalid back to health [...-iːd...he-]; **2.** (*выращивать, воспитывать*) rear (*d.*), grow* [-ou] (*d.*); (*тк. о человеке*) bring* up (*d.*).

**вы́хватить** *сов. см.* выхвáтывать.

**выхвáтывать,** вы́хватить (*вн.*) snatch out (*d.*); ~ что-л. из рук у когó-л. snatch smth. out of smb.'s hands; ~ цитáту quote at rándom.

**вы́хваченный** *прич. см.* выхвáтывать; ◇ вы́хвачен из жи́зни (*о литерат. образе и т. п.*) true to life, the very image of life, pòrtráyed to the life.

**вы́хлоп** *м. тех.* exháust. **~ной** *тех.* exháust (*attr.*).

**вы́хлопотать** *сов.* (*вн.*) obtáin / get* (áfter much trouble) [...trʌbl] (*d.*).

**вы́ход** *м.* **1.** (*в разн. знач.*) gó¦ing out; *во многих случаях переводится глаголом* go* out; при ~е (из) on léaving (*d.*), on gó¦ing out (of), on coming out (of); ~ из гóрода depárture from *a* town; ~ в отстáвку rèsignátion [-zɪg-]; ~ из организáции secéssion from, *или* léaving, *an* òrganizátion [...-naɪ-]; ~ из войны́ with¦dráwal from *a* war; ~ из бóя *воен.* dìsen¦gáge¦ment; ~ на рабóту appéarance at work; ждать чьегó-л. ~а wait for smb. to come out; э́то егó пéрвый ~ со врéмени болéзни it is the first time he has been out since his íllness; сегóдняшний ~ меня́ утоми́л my gó¦ing out to¦dáy tired me; **2.** (*место выхода*) óutlèt; way out; éxit (*гл. обр. в зале*); street door [...dɔː] (*в доме*); (*перен.*) way out; ~ шáхты *горн.* mouth*; ~ пластá *геол.* óutcròp, expósure [-'pou-]; ~ из положéния way out of *a* sìtuátion; другóго ~а нет (*перен.*) there is no other way out, there is no àltérnative; э́то еди́нственный ~ (*перен.*) it is the ónly thing to be done; **3.** (*об издании и т. п.*) appéarance, pùblicátion [pʌ-]; пóсле ~а кни́ги áfter *the* book had appéared; **4.** *эк.* (*о продукции*) yield [jiːld], óutpùt [-put]; ~ с гектáра yield per héctàre [...-tɑː]; **5.** *театр.* éntrance; ◇ дать ~ чемý-л. (*какому-л. чувству*) give* vent to smth.; знать все ходы́ и ~ы be pérfectly at home, know* all the ins and outs [nou...].

**вы́ходец** *м.*: ~ из крестья́нской среды́ péasant by birth ['pez-...]; он ~ из Китáя he is Chinése by birth [...'tʃaɪ-...], he comes from China, he is of Chinése extráction; ◇ ~ с тогó свéта àppariítion, ghost [gou-].

**вы́ходить** *сов. см.* выхáживать.

**выходи́ть,** вы́йти **1.** (*в разн. знач.*) go* out; (*из вагона и т. п.*) alight, get* out; ~ и́з дому go* out (of the house) [...-s], leave* the house; ~ на ýлицу go* into the street; go* out of doors [...dɔːz] (*особ. погулять*); он вы́шел вчерá в пéрвый раз (*о выздоравливающем*) he went out of doors yésterday for the first time [...-dɪ...]; ~ на рабóту come* to work; ~ в мóре put* to sea, put* out; ~ из берегóв òver¦flów *the* banks [-ou...]; ~ на грани́цу, на рубéж, в райóн *воен.* reach the fróntier, the line, the área [...'frʌntjə... 'ɛərɪə]; ~ с боя́ми fight* one's way; ~ из бóя break* off the fight, dìsen¦gáge, come* out of áction; ~ на вы́зовы *театр.* take* one's cúrtain call; **2.** (*появляться, быть изданным*) appéar, be out, be públished [...'pʌ-]; (*о приказе и т. п.*) be issued; ~ в свет appéar, be out, be públished; кни́га вы́йдет на бýдущей недéле the book will be out, *или* will be on sale, next week; **3.** (*израсходоваться; кончаться*) run* out; (*тк. о сроке*) be up; у негó вы́шли все дéньги (all) his móney has run out [...'mʌnɪ...], he has run out of (all his) móney, he has spent all his móney; у негó вы́шла вся бумáга his páper has run out, he has run out of, *или* has used up, all his páper; срок выхóдит time is rúnning out; срок ужé вы́шел time is up; **4.** (*получаться в результате*) come*, make*, be; из э́того ничегó не вы́йдет nothing will come of it, it will come to nothing; вы́шло совсéм не так it turned out quite different; вы́шло, что it turned out that, it appéared that; отсю́да и вы́шли все неприя́тности this was the órigin / cause of all the ùnpléasantness [...-'plez-]; у негó вы́шли неприя́тности he had some trouble [...trʌ-]; из негó вы́йдет хорóший инженéр he will make / be a good* èngineér [...endʒ-]; егó доклáд вы́шел óчень интерéсным his lécture was, *или* proved, extréme¦ly interesting [...pruːvd...]; всё вы́шло хорошó évery¦thing has turned out well*, *или* all right; э́то плóхо вы́шло it has turned out bád¦ly*; задáча не вы́шла the sum has not come out; **5.** (из; *получаться*): из э́той матéрии вы́шло óчень краси́вое плáтье that matérial made a very prétty frock [...'prɪ-...]; **6.** (*быть родом, происходить*) be by órigin; он вы́шел из крестья́н, из рабóчих he is a péasant, a wórker by órigin [...'pez-...]; он вы́шел из нарóда he is (a man*) of the people [...piː-]; **7.** (из; *выбывать из состава*) leave* (*d.*), drop out (of); ~ из сою́за leave* the únion, drop out of the únion, cease to be a mémber of the únion [-s...]; ~ из войны́ drop out of the war; **8.** *тк. несов.* (на *вн.*; *быть обращённым в какую-л. сторону*) look (on, towards), face (*d.*), front [-ʌ-] (*d.*); (*тк. об окнах*) ópen (on), give* (on); кóмната выхóдит óкнами на ýлицу the room òver¦lóoks the street; кóмната выхóдит óкнами на юг the room looks south; окнó выхóдит в сад the window ópens on the gárden; ◇ вы́йти в лю́ди make* one's way (in life); ~ в отстáвку resign [-'zaɪn], retire; ~ в тирáж (*об облигации и т. п.*) be drawn; (*перен.*) have served one's time; take* a back númber *разг.*; ~ зáмуж (за *вн.*) márry (*d.*); ~ за предéлы (*рд.*) óver¦stép the limits (of), excéed the bounds (of); ~ из вóзраста be too old, pass the age limit, be above age; у негó э́то из головы́ не выходи́ло he could not get it out of his head [...hed]; ~ из мóды go* out of fáshion; ~ из употреблéния, из обихóда be no lóng¦er in use [...juːs], fall* into disúse [...-s], go* out of use; ~ из положéния find* a way out; ~ из себя́ lose* one's témper [lu:z...], fly* into a rage; ~ из терпе́ния lose* pátience; ~ нару́жу be revéaled, come* to light; выхо́дит (что) it seems (that), it appéars (that), it fóllows (that); выхо́дит, он был непра́в it seems he was wrong, he seems to have been wrong; само́ собо́й вы́шло it came abóut of it¦sélf; он ро́стом не вы́шел *разг.* he is ány¦thing but tall, he is short.

**вы́ходк||а** *ж.* trick; (*неожиданная, причудливая*) freak, èscapáde; (*шаловливая*) prank; зла́я ~ про́тив кого́-л. a scúrvy trick on smb.; ребя́ческие ~и child¦ish tricks.

**выходн||о́й:** ~а́я дверь street door [...dɔ:]; ~ день rést-day, day of rest, day off; быть ~ы́м *разг.* have one's day off, be free; ~о́е посо́бие dis¦chárge pay; ~а́я роль sùpernúmerary part; ~ лист *полигр.* title-pàge; ~ы́е све́дения *полигр.* ímprint *sg.*; partículars as to place and date of pùblicátion, *etc.* [...pʌ-].

**выхола́щивать,** вы́холостить (*вн.*) **1.** càstráte (*d.*), emásculàte (*d.*); (*гл. обр. о лошадях*) geld [ge-] (*d.*); **2.** (*идею, содержание*) make* vápid / insípid (*d.*), emásculàte (*d.*).

**вы́холенн||ый** wéll-gróomed, well cáred-fòr; cáre¦fully ténded; ~ая борода́ wéll-képt beard; ~ое те́ло sleek, *или* well cáred-fòr, bódy [...'bɔ-].

**вы́холо||стить** *сов.* **1.** *см.* выхола́щивать; **2.** *как сов. к* холости́ть. **~щенный** *прич. и прил.* càstráted; emásculàted (*тж. перен.*); (*гл. обр. о лошадях*) gélded ['ge-]; ~щенная ло́шадь (*мерин*) gélding ['ge-]; ~щенные мы́сли vain / émpty idéas [...aɪ'dɪəz].

**вы́хухоль** *м.* **1.** (*животное*) désman; **2.** (*мех*) músquàsh.

**вы́царапать** *сов. см.* выцара́пывать.

**выцара́пывать,** вы́царапать **1.** (*вн.*; *выдирать*) scratch out (*d.*); вы́царапать друг дру́гу глаза́ scratch each other's eyes out [...aɪz...]; **2.** (*вн.*; *надпись, изображение*) scratch (*d.*); **3.** (что-л. у кого́-л.) *разг.* (*добывать с трудом*) get* (smth. out of smb.), extráct (smth. from smb.).

**вы́цве||сти** *сов. см.* выцвета́ть. **~та́ние** *с.* fáding, discòlorátion [-kʌ-].

**выцвета́ть,** вы́цвести fade.

**вычёркивать,** вы́черкнуть (*вн.*) cross out (*d.*), strike* out (*d.*); (*о части текста*) cut* out (*d.*), èxpúnge (*d.*); ~ кого́-л. из спи́ска strike* smb., *или* smb.'s name, off the list; ◇ ~ из жи́зни strike* out of one's life (*d.*); ~ из па́мяти raze from one's mémory (*d.*), effáce from one's mind (*d.*).

**вы́черкнуть** *сов. см.* вычёркивать.

**вы́черпать** *сов. см.* выче́рпывать.

**выче́рпывать,** вы́черпать (*вн.*; *источник, водоём*) exháust (*d.*); (*содержимое*) scoop out (*d.*), take* out (*d.*); (*воду из лодки*) bale / bail out (*d.*).

**вы́чер||тить** *сов. см.* выче́рчивать. **~ченный** *прич. и прил.* drawn, traced; *прил. тж.* fíne¦ly delíneàted; ~ченные бро́ви péncilled éye¦brows [...'aɪ-].

**выче́рчивать,** вы́чертить (*вн.*) draw* (*d.*), trace (*d.*).

**вы́чес||ать** *сов. см.* вычёсывать. **~ки** *мн.* cómbings ['koum-].

**вы́честь** *сов. см.* вычита́ть.

**вычёсывать,** вы́чесать (*вн.*) comb out [koum...] (*d.*).

**вы́чет** *м.* dedúction; за ~ом (*рд.*) less (*d.*), mínus (*d.*), dedúcting (*d.*), allówing (for), with the dedúction (of).

**вычисле́ние** *с.* càlculátion.

**вычисли́тельн||ый:** электро́нные ~ые маши́ны èlèctrónic compúting machínes [...-'ʃi:nz], èlèctrónic compúters.

**вы́числить** *сов. см.* вычисля́ть.

**вычисля́ть,** вы́числить (*вн.*) cálculàte (*d.*), compúte (*d.*).

**вы́чистить** *сов. см.* вычища́ть.

**вычита́||емое** *с. скл. как прил. мат.* súbtrahènd. **~ние** *с. мат.* subtráction; произвести́ ~ние subtráct.

**вычита́ть,** вы́честь (*вн.*) **1.** (*удерживать*) dedúct (*d.*), keep* back (*d.*); ~ три проце́нта dedúct three per cent; **2.** *мат.* subtráct (*d.*).

**вы́читать** *сов. см.* вычи́тывать.

**вычи́тывать,** вы́читать (*вн.*) **1.** (*узнавать читая*) find* (in *a* book, *etc.*) (*d.*); **2.** (*о рукописи*) read* (*d.*).

**вычища́ть,** вы́чистить **1.** (*вн.*) clean (*d.*); вы́чистить щёткой brush (*d.*); **2.** (*вн.* из; *исключать из организации*) expél (*d.* from); purge (*d.* out of, from), comb [koum] (*d.* out).

**вы́чурно** I *прил. кратк. см.* вы́чурный.

**вы́чурн||о** II *нареч.* preténtious¦ly, àrtifícially; (*необычно*) in a bìzárre mánner [...bɪ'zɑ:...]. **~ость** *ж.* fáncifulness, preténtious¦ness, mánnerism, àrtificiálity; (*необычность*) bìzàrrerie [bi:zɑ:rə'ri:]. **~ый** fánciful, preténtious, mánnered, affécted, àrtifícial; (*необычный*) bizárre [bɪ'zɑ:].

**выша́гивать** pace, méasure by pácing ['me-...].

**вышвы́ривать,** вы́швырнуть (*вн.*) *разг.* fling* out (*d.*), hurl out (*d.*); (*перен.: выгонять*) chuck out (*d.*).

**вы́швырнуть** *сов. см.* вышвы́ривать.

**вы́ше** I *сравн. ст. прил. см.* высо́кий.

**вы́ше** II **1.** *сравн. ст. нареч. см.* высо́ко́ II; **2.** *нареч. и предл.* (*сверх*) above, óver; be¦yónd; ~ нуля́ above zérò; э́то ~ моего́ понима́ния it pásses my còmprehénsion, it is be¦yónd me; ~ мои́х сил be¦yónd my pówer / strength; терпе́ть э́то ~ мои́х сил it is more than I can stand, it is be¦yónd endúrance; быть ~ чего́-л. (*перен.*) rise* above smth., be sùpérior to smth.; **3.** *нареч.* (*раньше*) above; смотри́ ~ see above; как ска́зано ~ as státed above.

**вышеизло́женный** fòre¦gó¦ing, abóve-státed.

**вышена́званный** afóre-nàmed, afóre¦said [-sed], abóve-námed.

**вышеозна́ченный** afóre¦said [-sed], abóve-méntioned.

**вышеприведённый** afóre-cìted, cíted above.

**вышеска́занный** afóre¦said [-sed].

**вышестоя́щий** hígher.

**вышеука́занный** fòre¦gó¦ing, above, afóre¦said [-sed].

**вышеупомя́нутый** afóre-méntioned, afóre¦said [-sed], abóve-méntioned.

**вышиба́ть,** вы́шибить (*вн.*) *разг.* **1.** knock out (*d.*); (*о двери и т. п.*) break* in [breɪk...] (*d.*); ~ что-л. из рук кого́-л. knock smth. out of smb.'s hands; **2.** (*выгонять*) chuck out (*d.*), kick out (*d.*); ~ кого́-л. со слу́жбы drive* / chuck / kick smb. out of his job, fire / sack smb.

**вы́шибить** *сов. см.* вышиба́ть.

**вышива́||льщица** *ж.* embróideress. **~ние** *с.* embróidery, fáncy-wòrk, fine néedle-wòrk.

**вышива́ть,** вы́шить (*вн.*) embróider (*d.*); ~ шёлком embróider in silk.

**вы́шивка** *ж.* embróidery.

**вышин||а́** height [haɪt]; ~о́й в 100 ме́тров a húndred metres high, *или* in height; в ~е́ on high, alóft.

**вы́шить** *сов. см.* вышива́ть.

**вы́шка** *ж.* tówer; сторожева́я ~ wátch-tower; суде́йская ~ *спорт.* rèferées' tówer; бурова́я ~ *горн.* dérrick; парашю́тная ~ párachùte tówer [-ʃuːt...]; ~ высоково́льтной переда́чи high-vóltage trànsmission tówer.

**вы́школить** *сов.* (*вн.*) *разг.* school (*d.*), discipline (*d.*).

**вы́шлифовать** *сов.* (*вн.*) pólish (*d.*).

**вы́шмыгнуть** *сов. разг.* slip out.

**выштукату́ривать,** вы́штукатурить (*вн.*) pláster (*d.*), stúccò (*d.*).

**вы́штукатурить** *сов. см.* выштукату́ривать.

**вы́шутить** *сов. см.* вышу́чивать.

**вышу́чивать,** вы́шутить (*вн.*) make* fun (of), rídicùle (*d.*); (*о человеке тж.*) poke fun (at).

**выщела́чивание** *с. хим.* lixìviátion, léaching.

**выщела́чивать,** вы́щелочить (*вн.*) *хим.* lixíviàte (*d.*), leach (*d.*).

**вы́щелочить** *сов. см.* выщела́чивать.

**вы́щипать** *сов. см.* выщи́пывать.

**выщи́пывать,** вы́щипать (*вн.*) pull out [pul...] (*d.*); ~ пе́рья у пти́цы pluck *a* fowl.

**вы́яв||ить(ся)** *сов. см.* выявля́ть(ся). **~ле́ние** *с.* expósure [-'pou-].

**выявля́ть,** вы́явить (*вн.*) **1.** expóse (*d.*), únmásk (*d.*), show* up [ʃou...] (*d.*); **2.** (*обнаруживать, показывать*) revéal (*d.*), bring* to light (*d.*); ~ себя́ revéal òne¦sélf; **3.** (*предавать гласности*) bring* out (*d.*), make* known [...noun] (*d.*); вы́явить факт elícit *a* fact. **~ся,** вы́явиться **1.** come* to light, stand* expósed, be revéaled, mánifèst it¦sélf; **2.** *страд. к* выявля́ть.

**выясне́ние** *с.* elùcidátion, cléaring up; *переводится тж. формой на* -ing *от соответствующих глаголов — см.* выясня́ть(ся).

**вы́яснить(ся)** *сов. см.* выясня́ть(ся).

**выясня́ть,** вы́яснить (*вн.*) elúcidàte (*d.*), clear up (*d.*); (*устанавливать*) àscertáin (*d.*), find* out (*d.*); ~ вопро́с elúcidàte *a* quéstion [...-stʃ-], clear up *a* quéstion. **~ся,** вы́ясниться **1.** turn out; как вы́яснилось as it turned out, *или* proved [...pruːvd]; **2.** *страд. к* выясня́ть.

**вью́га** *ж.* snów-stòrm ['snou-]; (*пурга*) blízzard [-zəd].

**вью́жн||ый:** ~ ве́тер blízzard, snów-stòrm ['snou-]; ~ая ночь a night of blizzards / snów-stòrms.

**вьюк** *м.* pack; *воен. тж.* páck-load.

**вьюн** *м.* (*рыба*) loach; (*перен.*) ≅ a bit of quícksilver.

**вьюно́к** *м. бот.* (*сорный*) bind¦weed; (*декоративный*) convólvulus.

**вью́ч||ить** (*вн.* на *вн.*) pack (*d.* on). **~ный** *прил. к* вьюк; ~ное живо́тное pack ánimal, beast of búrden; ~ное седло́ páck-sàddle.

**вью́шка** *ж.* dámper (*in flue*).

**вью́щ||ийся** **1.** *прич. см.* ви́ться; **2.** *прил.*: ~иеся во́лосы cúrly hair *sg.*; (*очень мелко*) frízzy hair *sg. разг.*; ~ееся расте́ние clímber ['klaɪmə].

**вя́жущ||ий** **1.** *прич. см.* вяза́ть; **2.** *прил.* astríngent [-ndʒ-]; ~ее веществó astríngent.

**вяз** *м.* elm.

**вяза́ль||ный** (*для вязания спицами*) knítting; (*для вязания крючком*) cróchet ['krouʃɪ] (*attr.*); ~ная спи́ца knítting needle; ~ крючо́к cróchet hook; ~ная маши́на knítting machíne [...-'ʃiːn]. **~щик** *м.* **1.** (*снопов*) tíer, bínder; **2.** (*трикотажа*) knítter.

**вяза́ние** *с.* **1.** (*спицами*) knítting; (*крючком*) cróchеting ['krouʃɪɪŋ]; **2.** (*о снопах*) týing, bínding.

**вяза́нка** *ж.*: ~ дров bundle of wood [...wud]; ~ хво́роста fággot; ~ се́на truss / bundle of hay.

**вя́заный** (*спицами*) knítted; (*крючком*) cróchеted ['krouʃɪd].

**вяза́нье** *с.* knítting; cróchet(-wòrk) ['krouʃɪ-].

**вяза́ть,** связа́ть **1.** (*вн.*) bind* (*d.*), tie up (*d.*); ~ снопы́ bind* sheaves; **2.** (*вн.*; *о чулках и т. п.— спицами*) knit* (*d.*); (*крючком*) cróchet ['krouʃɪ] (*d.*); **3.** *тк. несов.* (*без доп.*; *быть вязким*) be astríngent [...-ndʒ-]; вя́жет во рту *the* mouth feels constrícted / drawn.

**вяза́ться** **1.** (*соответствовать*) tálly, accórd, square; э́то пло́хо вя́жется (с *тв.*) it does not accórd / square / tálly (with), it is not in accórdance (with), it conflícts (with); **2.** *страд. к* вяза́ть 1, 2; ◇ де́ло не вя́жется *разг.* things are, *или* the búsiness is, not máking héadway [...'bɪzn-... 'hed-], things are not gó¦ing well.

**вязи́га** *ж.* = визи́га.

**вя́зка** *ж.* **1.** bínding, týing; **2.** (*о чулках и т. п.— спицами*) knítting; (*крючком*) cróchеting ['krouʃɪɪŋ].

**вя́зк||ий** **1.** glútinous, víscid, víscous; (*о дне реки, озера и т. п.*) míry, óozy; (*о почве*) bóggy, márshy, swámpy ['swɔ-]; **2.** *тех.* tough [tʌf], tenácious. **~ость** *ж.* **1.** viscídity, viscósity; míriness ['maɪə-], óoziness; bógginess, márshiness, swámpiness ['swɔ-]; (*ср.* вя́зкий); **2.** *тех.* tóughness ['tʌf-], tenácity.

**вя́знуть** stick*; ~ в грязи́ stick* / sink* in the mud; ~ в зуба́х stick* to one's teeth.

**вязь** *ж. лингв.* lígature.

**вя́лен||ие** *с.* drýing, drý-cùring; (*о мясе*) jérking. **~ый** dried; ~ая треска́ dried cod, stóckfish.

**вя́л||ить,** провя́лить (*вн.*) dry (*d.*), drý-cùre (*d.*); (*о мясе*) jerk (*d.*); ~енный на со́лнце sún-dried.

**вя́ло** I *прил. кратк. см.* **вя́лый.**

**вя́л||о** II *нареч.* límply, slúggishly, inértly; ~ рабо́тать work without spírit. **~ость** *ж.* **1.** (*о мышцах, коже и т. п.*) flábbiness; ~ость кише́чника slúggishness of the bówels; **2.** (*отсутствие бодрости*) lánguor [-ŋgə], inértia, slúggishness, límpness; **~ость в рабо́-**

те sláckness in work. ~ый 1. (*о коже, теле и т. п.*) flábby, fláccid; ~ый кишéчник slúggish bówels *pl.*; 2. (*лишённый живости, бодрости*) lánguid, slúggish, limp, slack, inért, dull, nérve¦less; (*о торговле*) slack, stágnant; ~ое настроéние slack / lánguid / dull mood; у негó ~ое настроéние he feels slack; ~ая рабóта slack work.

**вя́нуть,** завя́нуть fade, droop, wither; ◇ у́ши вя́нут (от) *разг.* ≅ it makes one sick to hear (*d.*).

**вя́щ||ий** *уст.* gréater [-eɪtə]; к егó, её *и т. д.* ~ему удовóльствию *и т. п.* to cap / compléte / crown his, her, *etc.*, joy, *etc.*; для ~ей предосторóжности to make assúrance dóubly / double sure [...ə'ʃuə- 'dʌ- dʌ- ʃuə], as an éxtra precáution; для ~ей убеди́тельности чегó-л. to make smth. more convincing.

# Г

**га** *с. нескл. сокр. см.* гектáр.

**габарди́н** *м. текст.* gáberdìne [-di:n].

**габари́т** *м.* gàbàrit [gɑ:bɑ:'ri:]; size *разг.*

**гав:** ~, ~! bów-wów!

**гавáнский** Havána [-'væ-] (*attr.*).

**гáвань** *ж.* hárbour; háven *поэт.*; входи́ть в ~ énter *a* hárbour.

**гавóт** *м. муз.* gavótte [gə'vɔt].

**гáга** *ж. зоол.* éider ['aɪ-].

**гагáр||а** *ж. зоол.* loon. **~ка** *ж. зоол.* auk.

**гагáчий** *прил. к* гáга; ~ пух éider-down ['aɪ-].

**гад** *м. зоол.* réptìle; (*перен.*) *разг.* foul / vile créature, skunk.

**гадáлка** *ж.* fórtune-tèller [-tʃən-].

**гадá||ние** *с.* 1. (*предсказывание*) fórtune-tèlling [-tʃən-]; (*по руке*) pálmistry ['pɑ:m-], chíromàncy ['kaɪərо-]; (*на картах*) cártomàncy; 2. (*догадка*) guéss(ing), guéss-wòrk. **~тельный** (*предположительный*) pròblemátic, conjéctural, hỳpo¦thétical; (*сомнительный*) dóubtful ['daut-]; э́то ~тельно it is dóubtful, it is all guéss-wòrk, it is mere hỳpóthesis [...haɪ-].

**гадáть,** погадáть 1. (*предсказывать*) tell* fórtunes [...-tʃənz], tell* smb.'s fórtune; ~ на кáртах tell* fórtunes, *или one's* fórtune, by cards; 2. *тк. несов.* (о *пр.*; *предполагать*) guess (at), sùrmíse (*d.*), conjécture (*d.*); ◇ ~ на кофéйной гу́ще ≅ read* the téa-leaves, make* wild guésses.

**гáдина** *ж. разг.* lóath¦some / foul / vile créature, réptìle, cur.

**гáдить,** нагáдить *разг.* 1. (на *вн.*, *пр.*; в *пр.*; *пачкать*) foul (*d.*), make* foul / dirty (*d.*); 2. (*без доп.*; *вредить*) make* mís¦chief; (*дт.*) play dirty / scúrvy tricks (on).

**гáдкий** násty; (*о погоде тж.*) foul, bad*; (*о ребёнке*) náughty, bad*; (*о поступке об.*) vile; ~ человéк bad* / wicked man*; ◇ ~ утёнок úgly dúckling ['ʌg-...].

**гадли́во** I *прил. кратк. см.* гадли́вый.

**гадли́в||о** II *нареч.* with lóathing / disgúst. **~ость** *ж.* lóathing. **~ый** disgústed; ~ое чу́вство lóathing, disgúst; э́то вызывáет ~ое чу́вство it excítes *one's* disgúst, it disgústs *one*, it fills *one* with disgúst / lóathing.

**гáдость** *ж. разг.* 1. (*дрянь*) muck; abóminable / éxecrable stuff; (*грязь*) filth; 2. (*о поступке*) vile act, dirty trick; сдéлать ~ do a vile thing; сдéлать ~ комý-л. play a scúrvy / dirty trick on smb.

**гадю́ка** *ж.* (*змея*) ádder; víper (*тж. перен.*).

**гáер** *м. уст.* bùffóon. **~ство** *с. презр.* bùffóonery, tòmfóolery.

**гáерствовать** *презр.* play the fool.

**гáечный:** ~ ключ *тех.* spánner, wrench.

**газ** I *м.* 1. gas; 2. *мн.* (*в кишечнике*) gas *sg.*, wind [wɪnd] *sg.*; скоплéние ~ов flátulence, wind.

**газ** II *м.* (*ткань*) gauze, góssamer.

**газгóльдер** *м. см.* газохрани́лище.

**газéль** *ж. зоол.* gazélle.

**газéт||а** *ж.* néwspàper; páper *разг.*; (*ежедневная*) dáily páper; dáily *разг.*; вечéрняя ~ évening páper ['i:vn-...]; ◇ стеннáя ~ wall néwspàper; живáя ~ scénic néwspàper ['si:-...]; ходя́чая ~ *разг.* líving / wálking néwspàper ['lɪ-...], néwsmònger [-zmʌ-]. **~ный** *прил. к* газéта; ~ный стиль journalése [dʒə:-]; ~ная замéтка páragràph; ~ный ларёк, киóск néws-stànd [-zst-]; ~ный рабóтник jóurnalist ['dʒə:-]; ~ная кампáния press càmpáign [...-'peɪn]; ~ная бумáга néws-prìnt [-z-]. **~чик** *м.* 1. (*продавец газет*) néws¦man* [-z-]; (*мальчик*) néwsboy [-z-]; 2. *разг.* (*сотрудник газеты*) jóurnalist ['dʒə:-], préss¦man*.

**гази́рованн||ый** áeràted ['eɪə-]; ~ая водá sóda wáter [...'wɔ:-], áeràted wáter.

**гази́ровать** *несов. и сов.* (*вн.*) áeràte ['eɪə-] (*d.*).

**газификáция** *ж.* gàsificátion.

**газобаллóн** *м.* gas cýlinder / bottle.

**гáзов||ый** I *прил. к* газ I; ~ завóд gás-wòrks; ~ рожóк gás-bùrner; (*стенной*) gás-bràcket; ~ счётчик gás-mèter; ~ая колóнка géyser ['gi:-]; ~ая плитá gás-stòve; ~ое освещéние gás(lìght); ~ое отоплéние gás-heating.

**гáзовый** II *прил. к* газ II.

**газогенерáтор** *м. тех.* gas géneràtor / prodúcer.

**газокали́льн||ый** *тех.*: ~ая лáмпа ìn¦càndéscent gás-làmp; ~ свет, ~ое освещéние ìn¦càndéscent gás-lìght.

**газоли́н** *м. тех.* gásolène, gásoline [-i:n].

**газомéр** *м. тех.* gás-mèter.

**газомёт** *м. воен.* gas projéctor.

**газомотóр** *м. тех.* gás-èngine [-ndʒ-].

**газóн** *м.* lawn; по ~ам ходи́ть воспрещáется ≅ keep* off the grass.

**газо||непроницáемый** (*о ткани, оболочке и т. п.*) gás-proof; (*о соединении, затворе*) gás-tìght. **~нóсный** gàsogénic; ~нóсный пласт gás-bearing / gáseous strátum / seam / bed [-bɛə- 'geɪzɪəs...].

**газообмéн** *м. тк. ед.* ìnterchánge of gás¦es [-'tʃeɪ-...].

**газообрáзный** *физ.* gáseous [-z-], gásifòrm.

**газообразова́ние** *с. хим.* (*превращение в газ*) gàsificátion; (*добывание, выработка газа*) gás-gènerátion.

**газоочисти́тель** *м.* gás-wàsher, scrúbber.

**газопрово́д** *м.* gás-main. **~ный** *прил. к* газопрово́д; ~ная труба́ gás-pìpe.

**газопроница́емость** *ж.* gás-pènetrabílity.

**газоубе́жище** *с.* gás-proof shélter.

**газохрани́лище** *с.* gás-hòlder; (*для распределения газа*) gàsómeter.

**гайдро́п** *м.* guide-ròpe, drág-ròpe.

**га́йка** *ж.* (scréw-) nùt, (fémàle) screw ['fi:-...].

**гаймори́т** *м. мед.* àntrítis.

**га́йморов:** ~а по́лость *анат.* ántrum of Híghmòre.

**гак** *м. мор.* (*крюк*) hook.

**гала́** *прил. неизм. театр.* gála ['gɑ:-]; ~-представле́ние, спекта́кль-~ gála perfórmance / show [...ʃou].

**гала́ктика** *ж. астр.* Gálaxy.

**галали́т** *м. тех.* gálalith.

**галантере́йность** *ж. уст. разг.* civílities *pl.*, oblíging¦ness, ùrbánity.

**галантере́йн||ый** 1. *прил. к* галантере́я; ~ магази́н fáncy-goods store, háberdàsher's (shop); ~ това́р, ~ые това́ры háberdàshery; 2. *уст. разг.* (*галантный*) córtly ['kɔ:-], cívil, oblíging, ùrbáne.

**галантере́я** *ж. тк. ед.* háberdàshery.

**гала́нтн||ость** *ж.* gállantry (*towards women*). ~ый gállant [*тж.* gə'lænt] (*towards women*).

**галдёж** *м. тк. ед. разг.* húbbùb, din, row; (*ср.* гвалт).

**галде́ть** *разг.* make* a húbbùb / din.

**галени́т** *м. мин.* galéna.

**гале́р||а** *ж. ист.* gálley; ссыла́ть на ~ы (*вн.*) send* / condémn to the gálleys (*d.*).

**галере́я** *ж.* (*в разн. знач.*) gállery; карти́нная ~ picture-gàllery; ми́нная ~ *воен.* (mine) túnnel.

**галёрка** *ж. тк. ед. разг.* 1. gállery; 2. (*публика*) the gods *pl.*

**гале́та** *ж.* (ship's) biscuit [-kɪt]; hard tack *разг.*

**галиматья́** *ж. тк. ед. разг.* bálderdàsh; jumble of nónsense; э́то сплошна́я ~ it is sheer nónsense.

**галифе́** [-фэ́] *с. нескл.* ríding-breeches [-brɪ-].

**га́лка** *ж.* jáckdaw, daw.

**галл** *м.* Gaul.

**га́ллий** *м. хим.* gállium.

**галлици́зм** *м. лингв.* Gállicism.

**галло́н** *м.* gállon.

**га́лльский** Gállic.

**галлюцина́ция** *ж.* hallùcinátion.

**галлюцини́ровать** súffer from hallùcinátions.

**галоге́н** *м. хим.* hálògèn.

**гало́ид** *м. хим.* háloid.

**гало́п** *м. тк. ед.* 1. gállop; 2. (*танец*) gálop ['gæ-]. **~и́ровать** gállop. **~ом** *нареч.* at a gállop; скака́ть ~ом gállop.

**га́лочий** *прил. к* га́лка.

**гало́ш||а** *ж.* galósh, golósh; *мн. тж.* rúbbers; ◇ сесть в ~у *разг.* get* into a mess / fix.

**галс** *м. мор.* tack; пра́вый ~ stárboard tack [-əd...]; ле́вый ~ port tack; перемени́ть ~ tack; пра́вым (ле́вым) ~ом on the stárboard (port) tack.

**га́лстук** *м.* tie, nécktìe; повяза́ть ~ tie one's tie; попра́вить ~ stráighten one's tie, put* one's tie straight; пионе́рский ~ Young Pìonéer's red tie [jʌŋ...].

**галу́н** *м.* gallóon; (*золотой*) gold lace; (*серебряный*) sílver lace; обшива́ть ~о́м (*вн.*) lace (*d.*).

**галу́шка** *ж. кул.* dúmpling.

**галчо́нок** *м.* young jáckdaw [jʌŋ...], young daw.

**гальваниза́ция** *ж. физ.* gàlvanìzátion [-naɪ-].

**гальван||изи́ровать** *несов. и сов.* (*вн.*) *физ.* gálvanìze (*d.*). **~и́зм** *м. физ.* gálvanism; **~и́ческий** *физ.* gàlvánic; ~и́ческая батаре́я, ~и́ческий элеме́нт gàlvánic pile.

**гальва́но** *с. нескл. полигр.* eléctrotỳpe.

**гальвано́||метр** *м. физ.* gàlvanómeter. **~пла́стика** *ж. тех.* gálvanoplàsty, eléctrotỳpy. **~ско́п** *м. физ.* gálvanoscòpe. **~терапи́я** *ж. мед.* gálvanothèrapéutics. **~те́хника** *ж.* gálvanotéchnics.

**га́льк||а** *ж. тк. ед.* pebbles *pl.*; shíngle; покры́тый ~ой pébbly, shíngly.

**гам** *м. тк. ед. разг.* din, rácket, úp¦roar, húbbùb; (*ср.* галдёж, гвалт).

**гамадри́л** *м. зоол.* hàmadrýad (*baboon*).

**гама́к** *м.* hámmock.

**гама́ша** *ж.* gáiter.

**гамби́т** *м. шахм.* gámbit.

**га́мм||а** I *ж. муз.* scale; (*перен.*) gámut ['gæ-], range [reɪ-]; игра́ть ~ы play / práctise scales [...-s...]; ~ до мажо́р scale of C májor, C májor scale; це́лая ~ ощуще́ний the whole range / gámut of emótions [...houl...].

**га́мма** II *ж.* (*греч. буква*) gámma; ~-лучи́ *физ.* gámma-rays; γ-rays.

**га́нглий** *м. анат.* gánglion.

**гангре́н||а** *ж. мед.* gángrène, mòrtificátion. **~о́зный** gángrènous; ~о́зный проце́сс mòrtificátion.

**га́нгстер** *м. презр.* gángster.

**гaнте́ли** [-тэ́-] *мн. спорт.* dúmb-bèlls.

**гара́ж** *м.* gárage [*тж.* gə'rɑ:ʒ].

**гара́нт** *м.* guàrantée, guàrantór. **~и́йный** guàrantée (*attr.*); ~и́йный догово́р guàrantée agréement.

**гаранти́ровать** *несов. и сов.* 1. (*вн.*) guàrantée (*d.*), vouch (for); 2. (*вн.* от; *предохранять*) guàrantée (*d.* agáinst), secúre (*d.* agáinst).

**гара́нт||ия** *ж.* guàrantée; (от) guàrantée (agáinst); в э́том ~ на́шего успе́ха this is the pledge / guàrantée / tóken of our succéss; у него́ нет никаки́х ~ий, что he has no guàrantée that; с ~ией guàrantéed; с ~ией на шесть *и т. п.* ме́сяцев with a six, *etc.*, months' guàrantée [...mʌ-...]; догово́р соде́ржит доста́точные ~ии the tréaty contáins ádequate sáfe¦guàrds.

**гардемари́н** *м. мор. ист.* nával cadét.

**гардеро́б** *м.* 1. (*помещение*) clóak-room; 2. (*шкаф*) wárdròbe; 3. *тк. ед.* (*платье*) clothes [-ou-] *pl.*, wárdròbe. **~ная** *ж. скл. как прил.* = гардеро́б 1. **~щик** *м.*, **~щица** *ж.* clóak-room atténdant.

**гарди́на** *ж.* cúrtain.
**гаре́м** *м.* hárèm.
**га́рк||ать,** га́ркнуть *разг.* shout; ~нуть на кого́-л. bark at smb. **~нуть** *сов. см.* га́ркать.
**гармониза́ция** *ж. муз.* hàrmonizátion [-naɪ-].
**гармонизи́ровать** *несов. и сов.* (*вн.*) *муз.* hármonize (*d.*).
**гармо́ник||а** *ж.* **1.** (*муз. инструмент*) accórdion, còncertína [-'ti:nə]; **2.** (*ряд складок*) pleats *pl.*; сложи́ть ~ой (*вн.*) pleat (*d.*).
**гармони́ровать** (с *тв.*) hármonize (with), be in kéeping (with); go* (with), tone (with) (*гл. обр. о красках*).
**гармони́ст** I *м.* (*о композиторе*) hármonist.
**гармони́ст** II *м.* (*играющий на гармонике*) accórdion / còncertína pláyer [...-'ti:nə...].
**гармони́ч||еский 1:** (*гармоничный*) hàrmónious; **2.** *муз., мат.* hàrmónic. **~ный** hàrmónious.
**гармо́ния** I *ж.* hármony; (*согласованность тж.*) cóncòrd.
**гармо́ния** II *ж. разг.* = гармо́ника 1.
**гармо́нь** *ж. разг.* = гармо́ника 1.
**гарнизо́н** *м.* gárrison; ста́вить ~ом (*вн.*) gárrison (*d.*). **~ный** *прил. к* гарнизо́н; ~ная слу́жба gárrison dúty.
**гарни́р** *м. кул.* gárnish; (*из овощей*) végetables *pl.*; с ~ом (из чего́-л.) gárnished (with smth.).
**гарниту́р** *м.* (*комплект*) set; (*мебели*) suite [swi:t].
**гарниту́ра** *ж. полигр.* set.
**га́рн||ый:** ~ое ма́сло lamp oil.
**га́рпия** *ж.* **1.** *миф.* Hárpy; **2.** *зоол.* hárpy eagle.
**гарпу́н** *м.* hàrpóon; бить ~о́м (*вн.*) hàrpóon (*d.*).
**гарт** *м. полигр.* týpe-mètal [-me-].
**га́рус** *м.* wórsted (yarn) ['wus-....]; вы́шивка ~ом wórsted-wòrk ['wus-].
**гарцева́ть** cáracòle, prance.
**гарь** *ж.*: па́хнет ~ю there is a smell of búrning.
**гаси́ть,** погаси́ть (*вн.*) **1.** put* out (*d.*), extínguish (*d.*); ~ ого́нь put* out, *или* extínguish, *a* fire; ~ свечу́ put* out *a* candle, blow* out *a* candle [-ou...]; ~ газ turn off the gas; ~ электри́чество turn / switch off, *или* put* out, the light; **2.** (*погашать*) cáncel (*d.*); ~ долг líquidàte, *или* pay* off, *a* debt [...det]; ◇ ~ и́звесть slake lime.
**га́снуть** go* out; (*об огне тж.*) die out; (*переставать светить*) become* dim; (*перен.*) sink*; (*иссякать*) declíne; он га́снет не по дням, а по часа́м ≅ he is sínking hóurly [...'auə-].
**гастри́||т** *м. мед.* gàstrítis. **~ческий** *мед.* gástric.
**гастролёр** *м.*, **~ша** *ж.* guest ártist / áctor, ártist / áctor on tour [...tuə]; (*перен.*) *разг.* chánce-còmer [-kʌ-].
**гастроли́ровать** (*выступать*) perfórm / play on tour [...tuə]; (*быть на гастролях*) tour [tuə]; (*перен.*) *разг.* call in from time to time.
**гастро́ль** *ж.* tour [tuə]; выезжа́ть на гастро́ли go* on tour; take* the road *амер.* **~ный:** ~ная пое́здка tour [tuə]; ~ный спекта́кль guest perfórmance.
**гастроно́м** *м.* épicùre; *реже* gástronòme, gàstrónomer. **~и́ческий** gàstronómical; ~и́ческие това́ры gróceries and provísions ['grou-...]; dèlicatéssen *амер.*; ~и́ческий магази́н grócery and provísion shop; (*о крупном тж.*) food store; dèlicatéssen *pl. амер.*
**гастроно́мия** *ж.* **1.** (*изощрённый вкус в еде*) épicùrism, gàstrónomy; **2.** (*пищевые продукты*) gróceries and provísions ['grou-...] *pl.*
**гать** *ж.* (*бревенчатая*) córduroy (road), lóg-pàth*; (*хворостяная*) brúshwood-road [-wud-].
**га́уби||ца** *ж. воен.* hówitzer [-tsə]. **~чный** *прил. к* га́убица.
**гауптва́хта** *ж. воен.* guárd-room, guárd-house* [-s].
**гаш||е́ние** *с.* (*огня и т. п.*) extínguishing; ◇ ~ и́звести sláking of lime. **~ёный:** ~ёная и́звесть slaked lime.
**гаши́ш** *м.* háshish.
**гвалт** *м. тк. ед. разг.* úp¦roar, húbbùb, row; (*ср.* галдёж).
**гвард||е́ец** *м.* guárds¦man*. **~е́йский** *прил. к* гва́рдия.
**гва́рди||я** *м. тк. ед.* Guards *pl.*; ста́рая ~ (*перен.*) old guard; ~и майо́р Guards májor.
**гво́здик** *м.* tack.
**гвозди́ка** I *ж. бот.* pink; *собир.* pinks *pl.*; (*крупная садовая*) càrnátion; *собир.* càrnátions *pl.*; (*турецкая*) swéet-wílliam.
**гвозди́ка** II *ж. тк. ед.* (*пряность*) clove.
**гвозди́льный:** ~ заво́д náilery.
**гвозди́чн||ый** clove (*attr.*); ~ое ма́сло oil of cloves; ~ое де́рево clove, clove tree.
**гвозд||ь** *м.* nail; (*маленький с широкой шляпкой*) tack; (*для украшения*) stud; (*деревянный*) peg; прибива́ть ~я́ми (*вн.*) nail up (*d.*); ◇ ~ сезо́на the hit of the séason [...-z°n]; и никаки́х ~е́й *разг.* ≅ and that's all there is to it, and that's all.
**где** *нареч.* where; ~ бы ни whèr¦éver [wεər-]: ~ бы он ни рабо́тал, везде́ им бы́ли дово́льны whèr¦éver he worked he álways gave sàtisfáction [...'ɔ:lwəz...]; ◇ ~ бы то ни́ бы́ло no mátter where; чем ~ бы то ни́ бы́ло than ány¦where else; ~ мо́жно, а ~ нельзя́ in one place it is permítted, in another it is not; different pláces have dífferent rules; ~ (уж) ему́ поня́ть! *разг.* how can he ùnderstánd?, it is not for him to ùnderstánd, that is be¦yónd him.
**где́||-либо, ~-нибудь, ~-то** *нареч.* sóme¦where; (*в вопросит. предложении*) ány¦where: не вида́ли вы ~-нибудь мое́й кни́ги? have you seen my book ány¦where?
**Ге́ба** *ж. миф.* Hébè.
**гегелья́н||ец** *м.* Hegélian [-'gi:-]. **~ство** *с.* Hegélianism [-'gi:-].
**гегемо́н** *м.* predóminant / hègemónic pówer / force [...hi:g-...]. **~ия** *ж.* hègémony [hi:'g-]; ~ия пролетариа́та в революцио́нном движе́нии the hègémony of the pròlètáriat in the rèvolútionary móve¦ment [...prou-... 'mu:v-].
**ге́джра** *ж.* hégira.
**гедони́зм** *м. филос.* hédon¦ism.
**гее́нна** *ж. рел.* Gehénna [g-].
**гей** *межд.* hi!

**ге́йзер** *м.* géyser [*тж.* 'gi:-].
**ге́йша** *ж.* géisha ['g-].
**гекато́мба** *ж.* hécatòmb [-toum].
**гекза́метр** *м. лит.* hèxámeter.
**гекса́эдр** *м. мат.* héxahédron [-'hed-].
**гекта́р** *м.* héctàre [-tɑ:].
**гектова́тт** *м. эл.* héctowàtt.
**гекто́граф** *м.* héctogràph.
**гектографи́||ровать** (*вн.*) héctogràph (*d.*). **~ческий** hèctográphic.
**гекто||ли́тр** *м.* héctolitre [-li:-]. **~ме́тр** *м.* héctomètre.
**ге́лий** *м. хим.* hélium.
**гелиогравю́ра** *полигр.* hélio:gravúre.
**гелио́граф** *м. астр., воен.* hélio:gràph.
**гелиотро́п** *м. бот., мин.* héliotròpe ['heljə-].
**гелиоцентри́||зм** *м. астр.* hèlio:céntricism. **~ческий** *астр.* hèlio:céntric.
**гельминтоло́гия** *ж.* hèlminthólogy.
**ге́мма** *ж.* gem; (*с выпуклой резьбой*) cámeò; (*с врезанным орнаментом или надписью*) intágliò [-'tɑ:l-].
**гемоглоби́н** *м. физиол.* haemoglóbin [-lou-].
**геморроида́льн||ый** *мед.* háemorrhoidal ['he-]; **~ая** ши́шка pile.
**геморро́й** *м. мед.* piles *pl.*, háemorrhoids ['he-] *pl.* **~ный** háemorrhoidal ['he-].
**гемофили́я** *ж. мед.* háemophilia.
**ген** *м. биол.* gene.
**генеалоги́ческ||ий** gènealógical [-nɪə-]; **~ая** табли́ца gènealógical table, pédigree; **~ое** де́рево gènealógical tree, fámily-tree.
**генеало́гия** *ж.* gèneálogy [-nɪ'æ-].
**ге́незис** [-нэ-] *м.* génesis, órigin; (*об идее, философии и т. п.*) originátion.
**генера́л** *м.* géneral; (*перед фамилией*) Géneral; ~ а́рмии Géneral of the Ármy.
**генера́л-губерна́тор** *м. ист.* góvernor-géneral ['gʌv-].
**генерали́ссимус** *м.* gèneralíssimò.
**генералите́т** *м. собир.* the génerals *pl.*, the géneral ófficers *pl.*
**генера́л-лейтена́нт** *м.* lieuténant-géneral [lef'te-]; (*перед фамилией*) Lieuténant-Géneral.
**генера́л-майо́р** *м.* májor-géneral; (*перед фамилией*) Májor-Géneral.
**генера́л-полко́вник** *м.* cólonel-géneral ['kə:n°l-]; (*перед фамилией*) Cólonel-Géneral.
**генера́льн||ый** (*в разн. знач.*) géneral; **~ая** ли́ния па́ртии géneral Párty line, básic Párty line ['beɪ-...]; ~ ко́нсул cónsul géneral; Генера́льная Ассамбле́я Организа́ции Объединённых На́ций the Géneral Assémbly of the Ùnited Nátions Òrganìzátion [...-naɪ-]; ~ штаб Géneral Staff; **~ое** сраже́ние decísive battle; **~ая** репети́ция dress rehéarsal [...-'hə:-]; **~ые** шта́ты *ист.* Státes-Géneral *sg.*
**генера́льский** géneral's; ~ чин géneralship.
**генера́тор** *м. тех.* géneràtor; ~ га́за gas géneràtor / prodúcer; ~ то́ка dýnamò ['daɪ-]; ~ переме́нного то́ка áltèrnàtor; ~ постоя́нного то́ка diréct-cúrrent géneràtor; ~ колеба́ний óscillàtor.
**генера́торный** *прил. к* генера́тор.
**гене́т||ика** [-нэ́-] *ж. биол.* genétics *pl.* **~и́ческий** [-нэ-] genétic.
**гениа́льн||ость** *ж.* (*о человеке*) génius; (*о творении и т. п.*) gréatness ['greɪ-]. **~ый** (*о человеке*) of génius; (*о творении и т. п.— великий*) great [greɪt]; (*блестящий*) brilliant: **~ый** компози́тор, писа́тель *и т. п.* compóser, wríter, *etc.*, of génius; **~ое** изобрете́ние, откры́тие *и т. п.* great invéntion, discóvery, *etc.* [...-'kʌ-]; **~ый** план, за́мысел *и т. п.* brilliant plan, prójèct, *etc.* [...'prɔ-];— **~ый** челове́к génius, man* of génius; э́то **~ое** творе́ние this is the work of a génius; **~ая** иде́я *разг.* stroke of génius, brilliant idéa [...aɪ'dɪə].
**ге́ний** *м.* (*в разн. знач.*) génius (*pl.* géniuses; *миф. pl.* génii); до́брый ~ good génius; злой ~ évil génius ['i:-...].
**ге́нри** *м. нескл. эл.* hénry ['he-].
**генсове́т** *м.* (генера́льный сове́т конгре́сса тред-юнио́нов — в А́нглии) The Géneral Cóuncil of the Trade(s) Únion Cóngrèss.
**геншта́б** *м.* (генера́льный штаб) *см.* генера́льный. **~и́ст** *м.* Géneral Staff ófficer.
**гео́граф** *м.* **1.** geógrapher; **2.** *школ. разг.* (*преподаватель географии*) geógraphy téacher. **~и́ческий** geográphic(al); **~и́ческая** ка́рта map; **~и́ческое** положе́ние geográphical situátion / locátion; **~и́ческое** назва́ние pláce-nàme; **~и́ческая** среда́ geográphical envíron:ment.
**геогра́фия** *ж.* geógraphy.
**геодези́ческий** [-дэ-] gèodésic, gèodétic.
**геоде́зия** [-дэ́-] *ж.* gèódesy.
**гео́лог** *м.* geólogist.
**геологи́ческий** geológical.
**геоло́гия** *ж.* geólogy.
**геологоразве́дочный** geológical súrvey (*attr.*), geológical prospécting.
**геометри́ческий** geométric(al).
**геоме́трия** *ж.* geómetry.
**геополи́тика** *ж.* gèopólitics.
**георги́н** *м.*, **~а** *ж.* dáhlia ['deɪl-].
**геофи́з||ика** *ж.* gèophýsics [-z-]. **~и́ческий** gèophýsical [-z-].
**геоцентр||и́зм** *м. астр.* gèocéntricism. **~и́ческий** *астр.* gèocéntric.
**гера́льд||ика** *ж.* héraldry. **~и́ческий** hèráldic [-'ræ-].
**гера́нь** *ж.* geránium.
**герб** *м.* arms *pl.*, coat of arms; àrmórial béarings [...'bɛə-] *pl.*; госуда́рственный ~ State Émblem, Nátional Émblem ['næ-...].
**гербаризи́ровать** hérborize.
**герба́рий** *м.* hèrbárium.
**ге́рбов||ый** hèráldic [-'ræ-]; (*с гербом*) béaring *a* coat of arms ['bɛə-...]; ◇ ~ сбор stámp-dùty; **~ая** бума́га stamped páper; **~ая** ма́рка stamp.
**геркуле́с** I *м.* (*сильный человек*) Hércùlès [-i:z].
**геркуле́с** II *м. тк. ед.* (*крупа*) rolled oats *pl.*, pórridge oats *pl.*
**геркуле́совский** Hèrculéan [-i:ən].
**герма́нец** *м.* **1.** *ист.* Téuton; **2.** *разг.* (*немец*) Gérman.
**германи́зм** *м. лингв.* Gérmanism.
**герма́ний** *м. хим.* gèrmánium.
**германи́ст** *м.* Gérmanist, spécialist in Gérman philólogy ['spe-...], Gèrmánic philólogist. **~ика** *ж.* Gèrmánic philólogy.

**германск||ий** 1. *ист.*, *этн.*, *лингв.* Gèrmánic; ~ие языки́ Gèrmánic / Teutónic lánguages; 2. (*немецкий*) Gérman.

**гермафроди́т** *м.* hèrmáphrodite. **~и́зм** *м.* hèrmáphroditism [-daɪ-].

**герметическ||и** *нареч.* hèrmétically; ~ закры́тый hèrmétically sealed. **~ий** hèrmétic; ~ая каби́на *ав.* préssurized / sealed cábin.

**герои́зм** *м.* héròˌism ['he-]; трудово́й ~ lábour héròˌism.

**геро́ика** *ж.* heróˌic emótions *pl.*, heróˌic spírit; (*стиль*) heróˌic style; ~ коммунисти́ческого строи́тельства heróˌic spírit of Cómmunist constrúction.

**герои́||ня** *ж.* héròˌine ['he-]. **~ческий** heróˌic; ~ческая эпо́ха heróˌic age.

**геро́й** *м.* hérò; ◇ Геро́й Сове́тского Сою́за Hérò of the Sóvièt Únion; Геро́й Социалисти́ческого Труда́ Hérò of Sócialist Lábour. **~ский** heróˌic; ~ский по́двиг heróˌic éxploit. **~ство** *с.* 1. héròˌism ['he-]; проявля́ть ~ство displáy héròˌism; 2. (*геройский поступок*) act of héròˌism.

**геро́льд** *м.* *ист.* hérald ['he-].

**герунди́в** *м.* *грам.* gerúndive.

**геру́ндий** *м.* *грам.* gérund ['dʒe-].

**герц** *м.* *эл.* cycle per sécond [...'se-].

**ге́рцог** *м.* duke. **~и́ня** *ж.* dúchess. **~ский** dúcal. **~ство** *с.* dúkeˌdom; (*о государстве тж.*) dúchy.

**гетероге́нн||ость** [-тэ-] *ж.* hèterogenéity [-'niːɪ-]. **~ый** [-тэ-] héterogéneous.

**гетероно́м||ия** [-тэ-] *ж.* *филос.* hèterónomy. **~ный** *филос.* hèterónomous.

**ге́тман** *м.* *ист.* hétman. **~ский** *ист.* hétman's, of *the* hétman. **~ство** *с.* *ист.* hétmanàte, hétmanship; в ~ство (*рд.*) dúring the hétmanship (of).

**ге́тры** *мн.* gáiters; (*только мужские короткие*) spats.

**ге́тто** *с.* *нескл.* ghéttò.

**гиаци́нт** *м.* 1. (*цветок*) hýacinth; 2. (*драгоценный камень*) jácinth.

**гиббо́н** *м.* *зоол.* gibbon ['g-].

**гибелли́н** *м.* *ист.* Ghibelline.

**ги́бел||ь** I *ж.* *тк.* *ед.* death [deθ]; (*уничтожение*) destrúction; (*корабля, экспедиции и т. п.*) loss; (*тк. корабля*) wreck; (*государства*) fall, dównfàll; (*перен.*) rúin; э́то поведёт к его́ ~и that will rúin him, that will lead to his pèrdítion; ~ всех наде́жд the rúin of all *one's* hopes.

**ги́бель** II *ж.* (*рд.*) *разг.* (*множество*) óceans ['ouʃ°nz] (of) *pl.*; (*о насекомых и т. п.*) swarms *pl.*

**ги́бельн||ый** disástrous [-'zɑː-], destrúctive; (*пагубный*) rúinous, pèrnícious; (*роковой*) fátal; ~ые после́дствия disástrous / rúinous resúlts [...-'zʌ-]; ~ая поли́тика rúinous / disástrous pólicy; ~ што́рм destrúctive / disástrous storm.

**ги́бк||ий** fléxible (*тж. перен.*); (*о теле*) lithe [laɪð], líssom; supple (*тж. перен.*); (*уступчивый*) pliable, pliant; (*об уме*) vérsatìle. **~ость** *ж.* flèxibílity; súppleˌness; pliabílity, pliancy; vèrsatílity; (*ср.* ги́бкий); он прояви́л большу́ю ~ость в э́том де́ле he displáyed great resóurceˌfulness in this mátter [...greɪt -'sɔːs-...].

**ги́бл||ый** *разг.*: ~ое де́ло bad job, lost hope; ~ое ме́сто gód-forsàken place, wrétched hole.

**ги́бнуть** pérish; (*о людях тж.*) lose* one's life*.

**гибри́д** *м.* hýbrid ['haɪ-]. **~иза́ция** *ж.* hỳbridizátion [haɪbrɪdaɪ-].

**гига́нт** *м.* gíant; заво́д-~ gíant fáctory; совхо́з-~ gíant State farm, gíant sóvkhòz. **~ский** gìgántˌic; (*перен.*) tìtánˌic; ~скими шага́ми with rápid strídes; идти́ вперёд, дви́гаться ~скими шага́ми progréss at a great rate [...greɪt...], make* rápid prógrèss; ~ские шаги́ *спорт.* gíant('s) stride *sg.*

**гигие́н||а** *ж.* hýgiene [-dʒiːn]. **~и́ческий, ~и́чный** hỳgíenic [-'dʒiː-]; (*о мерах и т. п.*) sánitary.

**гигро́||граф** *м.* *метеор.* hýgroˌgràph. **~метр** *м.* *физ.* hỳgrómeter [haɪ-].

**гигроско́п** *м.* *физ.* hýgroˌscòpe. **~и́ческий** hỳgroˌscópic; ~и́ческая ва́та hỳgroˌscópic / absórbent cótton wool [...wul].

**гид** *м.* guide.

**ги́дра** *ж.* *зоол.*, *миф.* hýdra.

**гидра́вл||ика** *ж.* hỳdráulˌics. **~и́ческий** hỳdráulˌic; ~и́ческий пресс hỳdráulˌic press; ~и́ческий дви́гатель hỳdráulˌic éngine [...'endʒ-].

**гидра́т** *м.* *хим.* hýdràte ['haɪ-].

**гидро||авиа́ция** *ж.* hýdro-àviátion. **~аэродро́м** *м.* sea áerodròme [...'ɛərə-], séadròme.

**гидробиоло́гия** *ж.* hỳdroˌbìólogy.

**гидро́граф** I *м.* (*специалист*) hỳdrógrapher [haɪ-].

**гидро́граф** II *м.* (*прибор*) hýdroˌgràph.

**гидрогра́фия** *ж.* hỳdrógraphy [haɪ-].

**гидродина́мика** *ж.* *физ.* hýdroˌdỳnámics [-daɪ-].

**гидро́лиз** *м.* *хим.* hỳdrólysis [haɪ-] (*pl.* -sès [-siːz]).

**гидро́||лог** *м.* hỳdrólogist [haɪ-]. **~логи́ческий** hỳdroˌlógic(al). **~ло́гия** *ж.* hỳdrólogy [haɪ-].

**гидро́||метр** *м.* hỳdrómeter [haɪ-]. **~метри́ческий** hýdroˌmétric. **~ме́трия** *ж.* hỳdrómetry [haɪ-].

**гидропа́т** *м.* hỳdrópathist [haɪ-]. **~и́ческий** hỳdroˌpáthic(al). **~ия** *ж.* hỳdrópathy [haɪ-].

**гидро||пла́н** *м.* *ав.* hýdroˌplàne. **~самолёт** *м.* hỳdroˌáeroplàne [-'ɛəro-], séaplàne; ◇ ло́дочный ~самолёт flýing boat; поплавко́вый ~самолёт flóatplàne.

**гидроста́нция** *ж.* hýdro-eléctric pówer station.

**гидроста́||тика** *ж.* *физ.* hýdroˌstátics. **~ти́ческий** *физ.* hýdroˌstátic.

**гидросульфи́т** *м.* *хим.* hýdroˌsúlphìte.

**гидротерапи́я** *ж.* *мед.* hỳdrópathy [haɪ-].

**гидроте́хн||ик** *м.* hýdròˌtèchnícian. **~ика** *ж.* hỳdráulˌic ènginéering [...endʒ-]. **~и́ческий** hýdròˌtéchnical.

**гидротурби́на** *ж.* hýdrò-túrbine, wáter-túrbine ['wɔː-], hỳdráulˌic túrbine.

**гидроу́зел** *м.* hýdrò-eléctric (géneràting) station /scheme.

**гидроустано́вка** *ж.* hýdrò-eléctric pówer plant [...-ɑːnt].

**гидрофо́н** *м.* *мор.* hýdroˌphòne.

**гидроцентра́ль** *ж.* hýdrò-eléctric plant [...-ɑːnt].

**гидроэлектри́ческ||ий** hýdrò-eléctric; ~ая ста́нция hýdrò-eléctric pówer státion.

**гие́на** *ж. зоол.* hỳéna.

**ги́канье** *с. разг.* whóoping ['hu:p-].

**ги́к||ать,** ги́кнуть *разг.* whoop [hu:p]. **~нуть** *сов. см.* ги́кать.

**ги́льд||ия** *ж. ист.* guild [gɪ-]; пе́рвой ~ии of the first guild.

**ги́льза** *ж.* **1.** (*патронная*) cártridge-càse [-s]; **2.** (*папиросная*) cigarétte-wràpper; **3.** (*в пиротехнике*) tube, case [-s]; **4.** *тех.* búshing ['bu-], bush sleeve [buʃ...].

**гильоти́н||а** *ж.* guillotíne [-i:n]. **~и́ровать** *несов. и сов.* (*вн.*) guillotíne [-i:n] (*d.*).

**гимн** *м.* hymn; госуда́рственный ~ nátional ánthem ['næ-...].

**гимнази́||ст** *м.* sécondary-schóolboy, hígh-schóolboy. **~стка** *ж.* sécondary-schóolgìrl [-g-], hígh-schóolgìrl [-g-]. **~ческий 1.** *прил. к* гимна́зия; **2.** *разг.* schóolboy (*attr.*), schóolgìrl [-g-] (*attr.*).

**гимна́зия** *ж.* sécondary school, high school; класси́ческая ~ clássic school; же́нская ~ girls' school [g-...].

**гимна́ст** *м.* gýmnàst.

**гимнастёрка** *ж.* field shirt [fi:-...].

**гимна́ст||ика** *ж. тк. ед.* gymnástics *pl.*; (*школьная тж.*) drill. **~и́ческий** gymnástic; ~и́ческий зал gymnásium [-z-] (*pl.* -siums, -sia); gym *разг.*; ~и́ческие упражне́ния gymnástics, gymnástic éxercìses; (*гл. обр. групповые*) drill *sg.*

**гинеко́||лог** *м.* gỳnaecólogist [-nɪ-]. **~логи́ческий** gỳnaecològical [-nɪ-]; ~логи́ческие боле́зни wómen's diséases ['wɪmɪnz -'zi:-]. **~ло́гия** *ж.* gỳnaecólogy [-nɪ-].

**гине́я** *ж.* (*монета*) guinea ['gɪnɪ].

**гипе́рбол||а** *ж.* **1.** *мат.* hỳpér¦bola; **2.** *лит.* hỳpér¦bole [-lɪ]. **~и́ческий 1.** *мат.* hỳper¦bólic; **2.** *лит.* hỳper¦bólical. **~и́чный** hỳper¦bólical. **~о́ид** *м. мат.* hỳpér¦boloid.

**гиперемия** *ж. мед.* hỳper¦áemia.

**гипертони́я** *ж. мед.* hỳper¦tónia, high blood préssure [...blʌd...].

**гипертрофи́рованный** *мед., биол.* hỳper¦tróphic, hỳpér¦trophied.

**гипертрофи́я** *ж. мед., биол.* hỳpér¦trophy.

**гипно́з** *м.* (*состояние*) hypnósis [-'nou-], mésmerism ['mezm-]; (*сила внушения*) hýpnotism, mésmerism; быть под ~ом be in a state of hýpnotism, be in a hypnótic state, be mésmerìzed [...-zm-]; быть под ~ом кого́-л. be mágnetìzed / fáscinàted by smb.; лечи́ть ~ом (*вн.*) treat by hýpnotism / mésmerism (*d.*).

**гипнотизёр** *м.* hýpnotìzer, mésmerist [-zm-].

**гипнот||изи́ровать,** загипнотизи́ровать (*вн.*) hýpnotìze (*d.*), mésmerìze [-zm-] (*d.*). **~и́зм** *м.* hýpnotism, mésmerism ['mezm-]. **~и́ческий** hypnótic, mèsméric [-z'm-]; ~и́ческий сеа́нс séance of hýpnotism / mésmerism ['seɪɑ:ns...'mezm-].

**гипосульфи́т** *м. хим.* hỳpo¦súlphite; *фот.* hýpò.

**гипо́тез||а** *ж.* hỳpóthesis [haɪ-] (*pl.* -sés [-i:z]); стро́ить ~ы frame / form hỳpóthesès; hỳpóthesìze [haɪ-]; рабо́чая ~ wórking hỳpóthesis.

**гипотену́за** *ж. мат.* hỳpótenùse [haɪ-].

**гипотети́ч||еский, ~ный** hỳpo¦thétic(al).

**гиппопота́м** *м. зоол.* hìppopótamus (*pl.* -uses, -mi).

**гипс** *м.* **1.** *тк. ед. мин.* gýps(um); **2.** *тк. ед.* (*употр. в скульптуре, хирургии*) pláster (of Páris); наложи́ть ~ на ру́ку put* the arm in pláster, *или* in a pláster cast; в ~е *мед.* in a pláster cast; **3.** (*скульптура*) pláster-càst.

**гипсова́ть,** загипсова́ть (*вн.*; *в разн. знач.*) pláster (*d.*); (*о почве тж.*) gýpsum (*d.*).

**ги́псов||ый 1.** *мин.* gýpseous; **2.** (*из гипса*) pláster (*attr.*); ~ сле́пок pláster-càst; ~ая повя́зка *мед.* pláster-of-Páris bándage.

**гипсо́||метр** *м. геод.* hypsómeter. **~метри́ческий** *геод.* hỳpsométric. **~ме́трия** *ж.* hypsómetry.

**гипю́р** *м.* guipúre.

**гиреви́к** *м. спорт.* wéight-lìfter.

**гирля́нда** *ж.* gárland; украша́ть ~ми (*вн.*) deck / décoràte with gárlands (*d.*), gárland (*d.*).

**гироко́мпас** *м.* gýro¦còmpass [-kʌ-].

**гироско́п** *м. тех.* gýro¦scòpe. **~и́ческий** gỳro¦scópic.

**ги́ря** *ж.* (*для весов, часов*) weight; (*для гимнастики*) dúmb-bèll; часы́ с ~ми clock worked by weights *sg.*

**гисто́||лог** *м.* histólogist. **~ло́гия** *ж.* histólogy.

**гита́р||а** *ж.* guitár. **~и́ст** *м.* guitár¦ist.

**ги́тлеров||ец** *м.*, **~ский** Hítlerìte.

**ги́тов** *м. мор.* brail; брать на ~ы (*вн.*) brail (*d.*).

**ги́чка** *ж. мор., спорт.* gig [g-].

**глав||а́ I 1.** *м. и ж.* (*руководитель*) head [hed]; chief [tʃi:f] (*гл. обр. разг.*); ~ прави́тельства head of the Góvernment [...'gʌ-]; ~ семьи́ head of the fámily; **2.** *ж. поэт.* = голова́ I; **3.** *ж.* (*купол*) cúpola; ◇ быть, стоя́ть во ~е́ (*рд.*) be at the head (of); ста́вить во ~у́ угла́ (*вн.*) ≅ regárd as of páramount impórtance (*d.*).

**глава́ II** *ж.* (*раздел*) chápter.

**глава́рь** *м.* léader; (*зачинщик*) ríng¦leader.

**главе́нство** *с.* suprémacy, dòminátion. **~вать** (в *пр.*, над *тв.*) predóminàte (óver), dóminàte (*d.*).

**главк** *м.* (гла́вное управле́ние) céntral board.

**гла́вное 1.** *см.* гла́вный; **2.** *как вводн. сл. разг.* chíefly ['tʃi:-]; (*прежде всего*) above all; the chief / main thing is [...tʃi:f...] (*в начале предложения*).

**главнокома́ндование** *с.*: Верхо́вное Главнокома́ндование Géneral Héadquárters [...'hed-], High Commánd [...-ɑ:nd].

**главнокома́ндующий** *м.* Commánder-in-Chief[-ɑ:n- -'tʃi:f]; Верхо́вный Главнокома́ндующий Sùpréme Commánder-in-Chief.

**гла́вн||ый 1.** *прил.* main, chief [tʃi:f]; (*основной*) príncipal; (*старший*) head [hed] (*attr.*); ~ го́род (*области и т. п.*) chief town; (*столица*) cápital; ~ая у́лица main street; (*в небольшом городе*) high street; ~ое управле́ние céntral board / adminìstrátion; ~ врач head physícian [...-'zɪ-]; *воен.* chief médical ófficer; ~ инжене́р chief èngineér [...endʒ-], èngineér-in-chief [endʒ- -'tʃi:f]; ~ бухга́лтер accóuntant géneral, chief accóuntant; ~ая кни́га *бух.* lédger; ~ая кварти́ра *воен.* géneral héadquárters [...'hed-] *pl.*; ~ удáр *воен.* main blow / attáck / thrust [...-ou...]; ~ые сúлы *воен.* main bódy [...'bɔ-] *sg.*; **2.** *с. как сущ.* the chief / main thing; и сáмое ~ое and above all; ◇ ~ым óбразом chiefly ['ʧi:-], máinly, príncipally.

**-глáвый** (*в сложн. словах, не приведённых особо*) -héaded [-'hed-]; *напр.* трёхглáвый thrée-héaded.

**глагóл** *м.* **1.** *грам.* verb; **2.** *уст., поэт.* word.

**глагóл||ица** *ж. тк. ед. лингв.* Glàgolític álphabet. **~úческий** *лингв.* Glàgolític.

**глагóльный** *грам.* vérbal.

**гладиáтор** *м. ист.* gládiàtor ['glæ-].

**гладúльн||ый** íroning ['aɪən-]; ~ая доскá íroning-board ['aɪən-].

**глáдить,** поглáдить (*вн.*) **1.** (*бельё*) íron ['aɪən] (*d.*), press (*d.*); **2.** (*ласкать*) stroke (*d.*); ◇ ~ по шéрсти flátter, grátifỳ; ~ прóтив шéрсти stroke the wrong way; ~ по голóвке *разг.* ≅ pat on the back.

**глáдк||ий** **1.** (*в разн. знач.*) smooth [-ð]; (*о волосах, коже тж.*) sleek; *разг.* (*холеный, сытый*) sleek; ~ая дорóга éven road; **2.** (*о материи: без узора*) plain, únfígured; **3.** (*о речи, стиле и т. п.*) fácile, flúent.

**глáдко** I *прил. кратк. см.* глáдкий.

**глáдко** II *нареч.* (*в разн. знач.*) smóothly [-ð-]; ~ вы́бритый cléan-sháven; он ~ пúшет he writes smóothly; идтú ~ procéed / run* smóothly; не всё шлó ~ it was not all plain sáiling; всё прошлó ~ éveryǀthing went off swimmingǀly / smóothly, *или* without a hitch.

**гладкоствóльный** = гладкостéнный.

**гладкостéнный** (*об оружии*) smóoth-bòre [-ð-] (*attr.*).

**глáдкость** *ж.* (*в разн. знач.*) smóothness [-ð-]; (*волóс, кожи тж.*) sléekness; ~ стúля flúency of style.

**гладь** *ж.* **1.** (*поверхность воды*) glássy / mírror-like súrface; **2.** (*вышивка*) sátin-stitch; вышивáть ~ю embróider in sátin-stitch; ◇ тишь да ~ *разг.* peace and hármony.

**глáженье** *с.* íroning ['aɪən-].

**глаз** *м.* eye [aɪ]; ◇ плохúе ~á weak eyes; weak sight *sg.*; пóртить себé ~á spoil* one's eyes, rúin one's éyeǀsight [...'aɪ-]; óстрый ~ keen / sharp eye; вéрный ~ good / true eye; в ~á (*сказать и т. п.*) to *one's* face; бросáться в ~á be stríking, strike* *one's* eye, stare *one* in the face, arrést atténtion; (*дт.*; *быть очевидным*) be évident (to); смеяться комý-л. в ~á laugh in smb.'s face [lɑ:f...]; смотрéть в ~á комý-л. look smb. in the face; смотрéть опáсности, смéрти в ~á look dánger, death in the face [...'deɪn- deθ...]; смотрéть во все ~á *разг.* be all eyes; у негó ~á на лоб лéзут his eyes stárted out of his head [...hed]; в ~áх когó-л. in smb.'s eyes, in smb.'s opínion; для отвóда глаз *разг.* as a blind; за ~á *разг.* (*в отсутствие кого-л.*) behínd *smb.'s* back; (*с избытком*) ámple, in plénty; за ~á хвáтит there is more than enóugh [...ɪ'nʌf]; закрывáть ~á на что-л. blink / wink at smth., shut* one's eyes to smth.; идтú кудá ~á глядя́т fóllow one's nose; я ~áм не вéрю I can't believe my eyes [...kɑ:nt -i:v...]; на ~ by eye; (*на чей-л. взгляд*) in smb.'s eyes, in smb.'s èstimátion; на ~áх (у) когó-л., на чьих-л. ~áх in sight of smb.; befóre smb.'s eyes (*тж. перен.*); он вы́рос у неё на ~áх she saw him grow up [...grou...], she was a wítness of his growth [...-ouθ]; he shot up befóre her eyes *идиом.*; не в бровь, а в ~ *погов.* ≅ wéll-áimed; попадáть не в бровь, а в ~ hit* the (right) nail on the head [...hed], hit* the mark, score a búll's-eye [...'bulzaɪ]; не спускáть глаз с когó-л. (*любоваться*) not take* one's eyes off smb., keep* one's eyes glued on smb.; (*не выпускать из виду*) not lose* sight of smb. [...lu:z...]; тут нýжен ~ one must keep an eye on this; не смыкáя глаз without clósing one's eyes, without getting a wink of sleep; открывáть комý-л. ~á на что-л. ópen smb.'s eyes to smth.; рáди прекрáсных глаз *разг.* for love [...lʌv], for the, *или* pour les, beaux yeux [...puəle bo'zjə:]; с глаз долóй — из сéрдца вон *погов.* out of sight, out of mind; с глаз моúх долóй! *разг.* out of my sight!; с ~у нá ~ tête-à-tête (*фр.*) ['teɪtɑ:'teɪt]; cònfidéntially; (темнó) хоть ~ вы́коли *разг.* it is pitch-dárk; у стрáха ~á великú ≅ fear hath a húndred eyes.

**глазáстый** *разг.* bíg-éyed [-'aɪd], óx-éyed [-'aɪd]; (*с глазами на выкате*) góggle-éyed [-'aɪd]; (*перен.: зоркий*) shárp-éyed [-'aɪd].

**глазéт** *м.* silk brocáde.

**глазéть,** поглазéть (на *вн.*) *разг.* stare (at), gape (at).

**глазирóванн||ый** glazed; glacé (*фр.*) [glɑ:'seɪ]; cándied; iced; (*о бумаге тж.*) glóssy; ~ые фрýкты cándied / glacé fruit [...fru:t] *sg.*; (*ср.* глазировáть).

**глазировáть** *несов. и сов.* (*вн.*; *о посуде, бумаге*) glaze (*d.*); (*о фруктах*) cándy (*d.*); (*о торте и т. п.*) ice (*d.*).

**глазирóвка** *ж.* glázing; cándying; ícing; (*ср.* глазировáть).

**глáзки** *мн. уменьш.-ласк. от* глазá *см.* глаз; ◇ анютины ~ pánsy [-zɪ] *sg.*; дéлать ~ комý-л. make* eyes at smb. [...aɪz...], cast* / make* sheep's eyes at smb.

**глазкú** *мн. см.* глазóк 2, 3.

**глазн||úк** *м. разг.* (*врач*) óculist, éye-dòctor ['aɪ-]. **~úца** *ж. анат.* éye-sòcket ['aɪ-]. **~óй** *прил. к* глаз; ~óй нерв óptic nerve; ~óй врач óculist, éye-spècialist ['aɪspe-]; ~áя болéзнь diséase of the eye [-'zi:z...aɪ]; ~óе я́блоко *анат.* éyeǀbàll ['aɪ-]; ~áя впáдина éye-sòcket ['aɪ-[; ~áя лечéбница éye-hòspital ['aɪ-]; ~áя вáнночка éye-bàth* ['aɪ-].

**глаз||óк** *м.* **1.** (*мн.* глáзки) *уменьш. от* глаз; **2.** (*мн.* глазкú) *бот., арх., тех.* eye [aɪ]; **3.** (*мн.* глазкú) (*окошечко камеры*) péep-hòle; ◇ однúм ~óм *разг.* with half an eye [...hɑ:f...]; на ~ *разг.* by eye.

**глазомéр** *м.* èstimátion by sight; хорóший ~ corréct / fáultless eye [...aɪ]; плохóй ~ fáulty eye.

**глазýнья** *ж.* (*яичница*) fried eggs *pl.*

**глазýрь** *ж.* **1.** (*для фруктов*) sýrup ['sɪ-]; (*для торта и т. п.*) ícing; торт с ~ю iced cake; **2.** (*на посуде*) glaze.

**-глáзый** (*в сложн. словах, не приведённых особо*) -eyed [-aɪd]; *напр.* быстроглáзый shárp-éyed, quíck-éyed.

**глáнда** *ж. анат.* tónsil.

**глас** *м. поэт.* voice; ◇ ~ вопиющего в пустыне the voice (of one crýing) in the wílderness.

**глас||и́ть** (*вн. и без доп.; говорить*) say* (*d.*); (*о документе и т. п.*) run*; (*о законе и т. п.*) read*; докумéнт ~и́т (слéдующее) the páper runs as fóllows; послóвица ~и́т the próverb says [...'prɔ- sez].

**глáсно** I *прил. кратк. см.* глáсный II.

**глáсн||о** II *нареч.* públicly ['pʌ-], ópen¦ly. **~ость** *ж.* pùblícity [pʌ-]; предáть ~ости (*вн.*) give* pùblícity (to), make* públic / known [...'pʌ- noun] (*d.*), públish ['pʌ-] (*d.*).

**глáсный** I *лингв.* **1.** *прил.* vówel; ~ звук vówel sound, vówel; **2.** *м. как сущ.* vówel.

**глáсный** II (*открытый, публичный*) públic ['pʌ-], ópen; ~ суд públic / ópen tríal.

**глáсный** III *м. скл. как прил. ист.* mémber of the city dúma [...'sɪ- 'duː-], tówn-councillor.

**глáуберов:** ~а соль *тк. ед.* Gláuber's salts ['gloubəz...] *pl.*; *хим.* sódium súlphàte.

**глаукóма** *ж. мед.* glaucóma.

**глашáтай** *м. ист.* town / públic críer [...'pʌ-...], hérald ['he-]; (*перен.*) hérald, méssenger [-ndʒə].

**глéтчер** *м.* glácier ['glæsɪə].

**гли́н||а** *ж.* clay; бéлая ~, фарфóровая ~ káolin, china / pórcelain clay [...-sl-...]; жи́рная ~ pótter's clay; кирпи́чная ~ brick earth [...əːθ]; огнеупóрная ~ fire-clay; мáзать ~ой (*вн.*) clay (*d.*). **~истый** cláy¦ey; àrgilláceous [-ʃəs] *научн.*; ~истая пóчва (*жирная*) loam; ~истый слáнец shale.

**глинобúтный** clay (*attr.*); pisé-wàlled (*фр.*) ['piːzeɪ-]; ~ дом múd-house*.

**глинозём** *м. с.-х.* alúmina [ə'ljuː-].

**глинтвéйн** *м.* mulled wine.

**гли́нян||ый** clay (*attr.*); (*о посуде*) éarthenwàre ['əːθ-] (*attr.*); ~ая посýда éarthenwàre cróckery; ~ые издéлия póttery *sg.*, éarthenwàre *sg.*

**гли́пт||ика** *ж. тк. ед. иск.* glýptics *pl.* **~отéка** *ж. иск.* glỳptothéca.

**глиссáндо** *с. нескл. муз.* glissándò [-ɑːn-].

**гли́ссер** *м.* (*судно*) glíder, hýdro¦plàne.

**глист** *м.* worm; hélminth *научн.*; лéнточный ~ tápe-wòrm; крýглый ~ róund-wòrm, àscárid (*pl.* -dès [-diːz]).

**глистогóнн||ый** vérmifùge (*attr.*); ~ое срéдство vérmifùge; (*в виде порошка*) wórm-powder.

**глицери́н** *м.* glýcerine [-iːn]. **~овый** *прил. к* глицери́н.

**глици́ния** *ж. бот.* wistária.

**глóбус** *м.* globe; ~ земнóго шáра terréstrial globe; ~ небéсной сфéры celéstial globe.

**глодáть** (*вн.; прям. и перен.*) gnaw (*d.*).

**глóсс||а** *ж. лингв., юр.* gloss. **~áрий** *м. лингв., юр.* glóssary.

**глотá||ние** *с.* swállowing; dè¦glùtítion *научн.* **~тельный** swállowing; ~тельное движéние swállowing móve¦ment [...'muːv-], gulp.

**глотáть** (*вн.*) swállow (*d.*); (*быстро*) bolt (*d.*); (*жадно, торопясь*) gulp down (*d.*); (*жадно и шумно*) gobble (*d.*); (*перен.: читать много и без разбору*) *разг.* devóur (*d.*); (*поглощать*) swállow up (*d.*); ◇ ~ слёзы gulp / choke down one's tears / sobs; ~ словá mumble.

**глóт||ка** *ж.* **1.** *анат.* gúllet; **2.** *разг.* (*горло*) throat; ◇ во всю ~ку *разг.* at the top of one's voice; заткнýть ~ку комý-л. shut* smb. up; заткни́ ~ку! shut up!; hold your jaw!; драть ~ку *разг.* (*орать*) yell, bawl.

**глотнýть** *сов.* (*вн., рд.*) take* a sip (of).

**глот||óк** *м.* drink, móuthful; (*маленький*) sip; (*большой*) gulp; он попроси́л ~ воды́ he asked for a drink / móuthful / sip of wáter [...'wɔː-]; он вы́пил тóлько оди́н ~ he ónly had one sip; пить мéдленными ~кáми sip slówly [...-ou-]; одни́м ~кóм at a draught [...drɑːft], at one gulp; сдéлать ~ take* a sip / móuthful.

**глóхнуть** I, оглóхнуть become* / grow* deaf [...grou def].

**глóхнуть** II, заглóхнуть **1.** (*о звуке*) die a¦wáy, abáte, subsíde; **2.** (*о саде*) grow* wild [-ou...], turn into a wílderness, run* / go* to seed; (*приходить в запустение*) decáy, grow* life¦less.

**глýбже** *сравн. ст. прил. см.* глубóкий *и нареч. см.* глубокó II.

**глубин||á** *ж.* **1.** depth; (*перен.: чувства, переживания тж.*) inténsity; (*мысли, ума и т. п. тж.*) profúndity; на ~é десяти́ мéтров at a depth of ten metres; пять мéтров в ~ý five metres deep; измеря́ть ~ý (*рд.*) sound (*d.*), sound the depth (of), plumb (*d.*); fáthom [-ð-] (*d.*) (*тж. перен.*); ~ чýвства inténsity / depth of féeling; **2.** (*леса, страны и т. п.*) heart [hɑːt]; (*зала и т. п.*) intérior; ◇ в ~é векóв in áncient days [...'eɪnʃ-...], in remóte áges; в ~é души́ at heart, in one's heart of hearts; до ~ы́ души́ to the bóttom of one's heart; из ~ы́ души́ from one's heart, from the bóttom of one's soul [...soul]; от ~ы́ души́ with all one's heart, with one's whole heart [...houl...].

**глуби́нн||ый** **1.** deep; (*на глубине реки, озера и т. п.*) déep-wáter [-'wɔː-] (*attr.*); (*на глубине моря*) déep-séa (*attr.*); ~ая бóмба *мор.* dépth-chàrge; **2.** *геол.* abýssal, hýpo¦gène; **3.** (*отдалённый от центра или дорог*) remóte, óut-of-the-wáy.

**глубóк||ий** (*в разн. знач.*) deep; (*перен. тж.*) profóund; ~ая тарéлка sóup-plàte ['suːp-]; ~ая печáть *полигр.* deep print; ~ая печáль deep sórrow; ~ сон deep sleep; ~ая тишинá profóund / pérfect silence [...'saɪ-]; ~ое знáние (*рд.*) deep / profóund / thórough knówledge [...'θʌrə 'nɔ-] (of); ~ое невéжество profóund / crass ígnorance; имéть ~ие кóрни be déeply róoted; ~ой óсенью in the late áutumn; былá ~ая зимá it was míd-winter; занимáться до ~ой нóчи work far / deep into the night, work till late at night; burn* the mídnight oil *идиом.*; ~ой нóчью at the dead of night [...ded...], in the small hours [...auəz]; ~ стари́к an áged man*, a very old man*; ~ая стáрость extréme old age; прожи́ть до ~ой стáрости live to a great / vénerable age [lɪv... greɪt...], live to be very old; ~ая дрéвность hóary àntíquity.

**глубокó** I **1.** *прил. кратк. см.* глубóкий; **2.** *предик. безл.* it is deep; здесь ~ it is deep here.

**глубоко́** II *нареч.* deep; (*перен.*) déeply, profóundly; ~ вкорени́вшийся déep-róoted, invéterate; ~ сиде́ть в воде́ (*о судне*) be deep in the wáter [...'wɔː-], draw* much wáter.

**глубоково́дный** déep-wáter [-'wɔː-] (*attr.*); (*о живущих в море*) déep-séa (*attr.*).

**глубокомы́сл||енно** *нареч.* thóughtfully, with a thóughtful air; *ирон.* with a wise air, lóoking (very) wise. **~енный** profóund; (*серьёзный*) sérious, grave; *ирон.* wise. **~ие** *с.* profúndity, ínsight; (*значительность мыслей*) depth of thought.

**глубокоуважа́емый** (*как обращение*) ≅ dear.

**глубь** *ж. тк. ед. см.* глубина́; морска́я ~ *поэт.* the deep.

**глум||и́ться,** поглуми́ться (над) mock (*d.*), jeer (at), scoff (at), gibe (at). **~ле́ние** *с.* (над) móckery (of), jéering (at), scóffing (at), gíbing (at). **~ли́вый** mócking, jéering, scóffing, gíbing; ~ли́вый челове́к mócker, scóffer.

**глупе́ть,** поглупе́ть become* / grow* stúpid / fóolish [...grou...].

**глупе́ц** *м.* fool, blóckhead [-hed], dolt.

**глупи́ть** *разг.* make* a fool of òne¦sélf, be fóolish / sílly; не глупи́ don't be fóolish.

**глу́по** I **1.** *прил. кратк. см.* глу́пый; **2.** *предик. безл.* it is fóolish, it is stúpid, it is sílly.

**глу́по** II *нареч.* fóolishly, stúpidly.

**глупова́тый** sílly, dóltish; ~ вид sílly / ináne look; он глупова́т he is ráther stúpid / sílly [...'rɑː-...].

**глу́пост||ь** *ж.* **1.** fóolishness, fólly, stùpídity; **2.** (*глупый поступок*) fóolish / stúpid thing; fólly; (*глупое поведение*) fóolishness, nónsense, fólly; вы сде́лали большу́ю ~ you have done a very fóolish thing; бро́сьте э́ти ~и stop this nónsense / fóolishness; **3.** (*бессмыслица*) nónsense, rúbbish; он таки́х ~ей не чита́ет he never reads such rúbbish; болта́ть ~и talk nónsense; ~и! nónsense!, stuff and nónsense!, rúbbish!

**глу́п||ый** fóolish, stúpid, sílly; (*о выражении лица, улыбке*) ináne; ребёнок ещё глуп the child* is young and sílly still [...jʌŋ...]; ◇ он глуп как про́бка *разг.* ≅ he is a blóckhead / dolt / númskùll, *или* an ass [...-hed...]; игра́ть ~ую роль play a fóolish part.

**глупы́ш** I *м. разг.* sílly (féllow); (*в обращении к ребёнку*) little sílly, sílly little thing.

**глупы́ш** II *м.* (*птица*) fúlmar ['ful-].

**глуха́рь** *м.* (*птица*) càpercáilye [-'keɪljɪ], wóod-grouse ['wud- -s].

**глухова́тый** **1.** (*о человеке*) ráther deaf ['rɑː- def], hard of héaring; **2.** (*о голосе*) (ráther) muffled.

**глух||о́й** **1.** *прил.* (*прям. и перен.*) deaf [def]; совсе́м ~ stóne-déaf [-'def]; он соверше́нно глух he is stóne-déaf; он глух к его́ про́сьбам he is deaf to his entréaties, he turns a deaf ear to his entréaties; ~а́я ночь still night; **2.** (*о голосе, звуке*) tóne¦less; ~ гул hóllow rumble; ~ согла́сный *лингв.* vóice¦less / breath cónsonant [...breθ...], surd; **3.** (*отдалённый*) óut-of-the-wáy, remóte; (*заброшенный*) gód-forsàken; (*безлюдный*) lóne¦ly, sólitary; в ~ прови́нции in the remótest depths of the próvinces, in an óut-of-the-wáy córner of the próvinces; ~ переу́лок bý-street, báckway; **4.** (*заросший*) óver¦grówn [-oun], wild; ~ лес dense fórest [...'fɔ-]; **5.** (*о сезоне и т. п.*) dead [ded]; **6.** (*о двери, окне и т. п.*) blind; ~а́я стена́ blank wall; **7.** (*смутный*) suppréssed, obscúre; ~а́я молва́ vague rúmours [veɪg...] *pl.*; ~о́е недово́льство smóuldering dìscontént ['smou-...], an únder-cùrrent of dìssàtisfáction; **8.** *как сущ. м.* deaf man*; (*о мальчике*) deaf boy; *ж.* deaf wóman* [...'wu-]; (*о девочке*) deaf girl [...g-]; *мн. собир.* the deaf.

**глухонем||о́й** **1.** *прил.* déaf-and-dúmb ['defən-]; **2.** *м. как сущ.* deaf mute [def...]; а́збука ~ы́х déaf-and-dúmb álphabet.

**глухота́** *ж.* déafness ['def-].

**глуши́тель** *м. тех.* sílencer ['saɪ-], múffler.

**глуши́ть,** оглуши́ть (*вн.*) **1.** stun (*d.*); ~ ры́бу stun fish (with explósives); **2.** *тк. несов.* (*не давать расти*) choke (*d.*); (*перен.: подавлять*) stifle (*d.*); **3.** *тк. несов.*: ~ мото́р throttle down the éngine [...'endʒ-]; ~ радиопереда́чи jam bróadcàsts [...'brɔːd-].

**глушь** *ж. тк. ед.* **1.** (*о лесе*) báckwoods [-wudz] *pl.*; **2.** (*об отдалённом месте*) remóte córner.

**глы́ба** *ж.* block; ~ земли́ clod; ~ льда block of ice; ка́менная ~ bóulder ['bou-]; ~ у́гля́ lump of coal.

**глюко́за** *ж. хим.* glúcòse [-s], déxtròse [-s], grápe-sùgar [-ʃu-].

**гляд||е́ть,** погляде́ть **1.** (на *вн.*) look (at); (*пристально*) peer (at), fásten one's eyes / gaze ['fɑːs°n ...aɪz...] (up¦ón); ~ широко́ раскры́тыми глаза́ми stare with wíde-òpen eyes (at), stare wíde-éyed [...-'aɪd] (at); **2.** *тк. несов.* (из-за, из-под; *виднеться*) show* [ʃou] (from behínd, from únder); **3.** *тк. несов.* (на *вн.*; *быть обращённым в какую-л. сторону*) face (*d.*), look (on); (*об окнах*) give* (on); (*об орудиях и т. п.*) point (to); **4.** *тк. несов.* (*тв.*) *разг.* (*иметь вид*) look (*d.*), look like (*d.*); **5.** (за *тв.*) *разг.* (*присматривать*) look (áfter), see* (to); ~ за ребёнком look áfter *a* child*; ~ за чем-л. see* to smth., attend to smth.; ◇ не́чего на него́ ~ *разг.* don't take any nótice of him [...'nou-...], there's no need to take any nótice of him; ни на что не гля́дя ùnmínd¦ful of ány¦thing, héedless of évery¦thing; ~ в о́ба be on the qui vive [...kiː'viːv], be on the alért, keep* one's eyes ópen, be on one's guard; ~ сквозь па́льцы (на *вн.*) ≅ shut* one's eyes (to), wink (at), blink (at), turn a blind eye (to); того́ (и) ~и́ *разг.* I'm afráid; (*должно быть*) it looks as though [...ðou]; (*с минуты на минуту*) at any móment; того́ и ~и́ пойдёт дождь I'm afráid it is gó¦ing to rain, it looks like rain, it looks as though it were gó¦ing to rain (at any móment).

**гляде́ться,** погляде́ться (в *вн.*) look at òne¦sélf (in); ~ в зе́ркало look at òne¦sélf in the mírror.

**гля́нец** *м. тк. ед.* (*на дереве, коже*) pólish; (*на бумаге, металле, материи*) gloss, lustre.

**гля́нуть** *сов.* (на *вн.*) cast* a look (at), throw* a glance / look [θrou...] (at).

**глянцеви́т||ый** glóssy, lústrous; ~ая бума́га glóssy páper.

**гля́нцевый** glóssy.

**гм** *межд.* h'm, ahem [m'mm, ə'hem].

**гнать** (*вн.*) **1.** drive* (*d.*); (*прогонять*) turn out (*d.*); ~ ста́до drive* a herd; ~ и́з дому turn out of the house* [...-s] (*d.*); ~ на у́лицу drive* / turn out of doors [...dɔːz] (*d.*); гони́те его́! turn him out!; **2.** *разг.* (*торопить*) urge (*d.*), urge on (*d.*), drive* on (*d.*); ~ ло́шадь ride* *a* horse hard; **3.** (*преследовать зверя*) pursúe (*d.*), chase [-s] (*d.*), hunt (*d.*); (*перен.*) pérsecùte (*d.*); **4.** (*спирт и т. п.*) distíl (*d.*). **~ся 1.** (за *тв.*) pursúe (*d.*); (*перен.*) seek* (*d.*), seek* (áfter), strive* (for); ~ся за неприя́телем pursúe the énemy; ~ся по пята́м pursúe clóse¦ly [...-s-] (*d.*), be at / up¦ón the heels (of); ~ся за сла́вой seek* fame, be in pursúit of fame [...pə'sjuːt...]; **2.** *страд. к* гнать.

**гнев** *м.* ánger; ire, wrath [rɔːθ] *поэт.*; в припа́дке ~а in a fit of ánger; in one's témper; не по́мнить себя́ в ~е be beside òne¦sélf with rage.

**гне́ваться,** разгне́ваться (на *вн.*) *уст.* be ángry (with).

**гневи́ть,** прогневи́ть (*вн.*) *уст.* ánger (*d.*), make* ángry (*d.*).

**гне́вно** I *прил. кратк. см.* гне́вный.

**гне́вн||о** II *нареч.* ángrily; wráthfully ['rɔːθ-] *поэт.* **~ый** ángry, ìráte [aɪ-]; wráthful ['rɔːθ-] *поэт.*

**гнедо́й 1.** *прил.* bay; **2.** *м. как сущ.* (*гнедая лошадь*) bay (horse).

**гнезди́ться** nest; (*о птице тж.*) make* / build* its nest [...bɪld...]; (*о хищной птице тж.*) build* its áerie [...'ɛərɪ]; (*перен.*: *находиться*) have its seat; (*ютиться*) nestle.

**гнездо́** *с.* **1.** (*в разн. знач.*) nest; (*хищных птиц тж.*) áerie ['ɛərɪ]; (*насекомых, очаг инфекции*) nídus (*pl.* -dì, -duses); **2.** *тех.* sócket; **3.** *лингв.* fámily. **~ва́ние** *с. зоол.* nésting, nìdificátion; пора́ ~ва́ния nésting séason [...-z°n]. **~во́й:** ~во́й посе́в *с.-х.* clúster sówing [...'sou-].

**гнёздышко** *с. уменьш. от* гнездо́ 1; тёплое, ую́тное ~ (*перен.*) snug / cósy home [...-zɪ...].

**гнейс** *м. геол.* gneiss [naɪs].

**гне||сти́** (*вн.*) oppréss (*d.*); его́ ~тёт тоска́ he is sick at heart [...hɑːt], he feels depréssed, he is héavy-héarted [...'hevɪ'hɑːt-]; его́ ~ту́т тяжёлые мы́сли sombre / héavy thoughts oppréss him [...'hevɪ...]; его́ ~тёт предчу́вствие a féeling of àpprehénsion opprésses him.

**гнёт** *м. тк. ед.* **1.** (*пресс*) press; (*перен.*) weight; **2.** (*угнетение*) oppréssion; (*иго*) yoke.

**гнету́щ||ий** oppréssive; ~ая тоска́ ánguish.

**гни́да** *ж.* nit.

**гни||е́ние** *с.* rótting; (*гл. обр. омертвелого вещества*) dè¦còmposítion [-'zɪ-], pùtrefáction; (*перен.*) decáy, corrúption. **~ло́й 1.** rótten; (*гл. обр. об омертвелом веществе*) pútrid, dè¦compósed; (*о воде*) foul; (*о зубах*) decáyed; cárious *научн.*; (*перен.*) rótten, corrúpt; **2.** (*о погоде*) wet, múggy.

**гнилокро́вие** *с. мед.* sèpticáemia.

**гни́лостн||ость** *ж.* pùtrefáctive¦ness, pùtréscence; pùtrídity; (*ср.* гни́лостный). **~ый** (*вызывающий гниение*) pùtrefáctive, pùtrefácient; (*производимый гниением*) pútrid.

**гни́л||ость** *ж.* **1.** pùtrídity; róttenness (*тж. перен.*); **2.** (*о погоде*) dámpness, múgginess. **~у́шка** *ж.* piece of rótten wood [piːs... wud]; rótten stump (*тж. о зубе*).

**гниль** *ж. тк. ед.* **1.** rótten stuff, rot; **2.** (*плесень*) mould [mould]; в по́гребе завела́сь ~ the céllar has become móuldy [...'mou-].

**гнильё** *с. собир. см.* гниль 1.

**гнить,** сгнить (*прям. и перен.*) rot; (*гл. обр. об омертвелом веществе*) pútrefỳ, dè¦compóse; (*о зубах*) decáy; become* cárious *научн.*; (*о воде*) become* stágnant / foul; ~ на корню́ rot on the stalk.

**гное||ви́дный** *мед.* púrifòrm. **~кро́вие** *с. мед.* pyáemia [paɪ'iː-].

**гное́||ние** *с.*, **~тече́ние** *с. мед.* sùppurátion.

**гнои́ть,** сгнои́ть (*вн.*) rot (*d.*), let* rot (*d.*); ~ наво́з fermént manúre; ~ в тюрьме́ leave* to rot in gaol [...dʒeɪl] (*d.*). **~ся** súppuràte; (*о ране*) féster; (*сочиться гноем*) dis¦chárge pus; dis¦chárge mátter *разг.*

**гно́й** *м. тк. ед.* pus; mátter *разг.* **~ни́к** *м.* (*язва*) úlcer; (*нарыв*) ábscess; (*перен.*) hótbèd. **~ный** púrulent; ~ная ра́на féstering / súppuràtive wound [...wuːnd]; ~ное воспале́ние súppuràtive ìnflammátion.

**гном** *м. миф.* (*тж. перен.*) gnome (*dwarf*).

**гно́м||а** *ж. лит.* gnome (*aphorism*). **~и́ческий** *лит.* gnómic ['nou-].

**гно́мон** *м.* gnómon.

**гносеол||оги́ческий** *филос.* gnòsiológical. **~о́гия** *ж. филос.* gnòsiólogy.

**гно́ст||ик** *м.* gnóstic. **~ици́зм** *м. филос.* gnósticism.

**гну** *с. нескл. зоол.* gnu.

**гнуса́вить** speak* / talk through the / one's nose.

**гнуса́во** I *прил. кратк. см.* гнуса́вый.

**гнус||а́во** II *нареч.* násal¦ly [-z-], with a násal twang [...-z°l twæŋ], through the nose. **~а́вость** *ж.* nàsálity [neɪ'z-]. **~а́вый, ~ли́вый** násal [-z-], snúffling; ~а́вый го́лос násal voice / twang [...twæŋ].

**гну́сн||ость** *ж.* **1.** ínfamy, víle¦ness; **2.** (*о поступке*) ínfamous / foul / vile act; act of ínfamy; сде́лать ~ do an ínfamous / foul / vile thing. **~ый** ínfamous, foul, vile; (*о человеке*) víllainous [-lə-], scóundrelly; ~ая клевета́ malícious / wícked cálumny; a vile piece of slánder [...piːs... -ɑːn-].

**гну́т||ый** curved; ~ая ме́бель bént-wood fúrniture [-wud...].

**гнуть,** согну́ть **1.** (*вн.*) bend* (*d.*); (*наклонять*) bow (*d.*); **2.** *тк. несов.* (к чему́-л. *или без доп.*) *разг.* (*клонить*) drive* (at), aim (at); я ви́жу, куда́ он гнёт I see what he is dríving at; ◇ ~ свою́ ли́нию have it one's own way [...oun...], shape one's own course [...kɔːs]; ~ спи́ну, ше́ю пе́ред кем-л. cringe to smb., kówtów to smb. **~ся,** согну́ться bend*; (*о человеке тж.*) stoop; дере́вья гну́тся от ве́тра trees bend únder the wind [...wɪnd], trees are bowed down by the wind.

**гнуша́ться,** погнуша́ться **1.** (*рд.*; *чуждаться*) shun (*d.*); (*тв.*; *пренебрегать*) disdáin (*d.*); **2.** (+ *инф.*; *брезгать*) have an avérsion / repúgnance (to), loathe (*d.*).

**гобеле́н** *м.* (Góbelin) tápestry ['goub°lɪn...].

**гобои́ст** *м.* óbòe / háutboy pláyer [...'oub-...], óbòist.

**гобо́й** *м.* óbòe, háutboy ['oub-].

**гова́ривать:** он, они́ *и т. д.* гова́ривали ча́сто he, they, *etc.*, often used to say [...'of(t)°n juːst...].

**гове́ть** *рел.* fast and atténd divíne sérvice befóre conféssion and Commúnion; *разг.* (*воздерживаться от пищи*) fast.

**го́вор** *м.* **1.** *тк. ед.* sound of tálking, sound of vóices; ти́хий ~ low múrmur (of vóices) [lou...]; ~ волн *поэт.* múrmur of the waves; **2.** *лингв.* dialèct; **3.** (*произношение*) pronùnciátion, áccent. **~и́льня** *ж. разг.* tálking-shòp.

**говор||и́ть,** сказа́ть, поговори́ть **1.** *при сов.* сказа́ть (*вн. дт.*) say* (*d.* to); (*сообщать*) tell* (abóut *d.*); он ~и́т, что he says that [...sez...]; он ~и́т, что заболе́л he says (that) he is ill; он сказа́л: «я бо́лен» he said: "I am ill" [...sed...]; ~ пра́вду tell* / speak* the truth [...-uːθ]; ~ непра́вду tell* a lie; tell* lies; ~я́т тебе́! do you hear?; ~ю́ тебе́ ру́сским языко́м I'm télling you in plain Rússian [...-ʃən], I'm télling you in plain words; сказа́ть своё мне́ние (о *пр.*) give* one's opínion (of); ничего́ не сказа́ть (на *вн.*) make* no commént (on); но, мо́гут (нам) сказа́ть but it may be urged; нам ~я́т we are told; **2.** *при сов.* поговори́ть (с *тв.* о *пр.*) speak* (with, to — abóut, of); talk (to, with — abóut, of); ~ о дела́х *разг.* discúss búsiness mátters [...'bɪzn-...], talk óver búsiness mátters; **3.** *тк. несов.* (*без доп.*) speak*, talk; (о *пр.*; *перен.*) indicàte (*d.*), point (to); (*свидетельствовать*) betóken (*d.*); (кому́-л.) mean* (to smb.); ребёнок ещё не ~и́т the child* does not speak / talk yet; ~ по-англи́йски speak* Énglish [...'ɪŋg-]; (*разговаривать*) talk Énglish; ~ пе́ред аудито́рией speak* to an áudience; они́ не ~я́т друг с дру́гом с про́шлого го́да they have not been on spéaking terms since last year; ~и́т Москва́ *рад.* this is Móscow cálling; ~ (не) в по́льзу (*рд.*) (not) speak* well (for), (not) do smb. crédit, (not) be to smb.'s crédit; э́тот посту́пок ~и́т о его́ отва́ге that act betókens / procláims his cóurage [...'kʌ-]; всё ~и́т о том, что évery:thing índicàtes that, évery:thing points to the fact that; э́то ему́ ма́ло ~и́т it means very little* to him; ◇ ~я́т (*ходят слухи*) it is said, they say; ~я́т, что он уе́хал he is said to be a:wáy, *или* to have left; мне ~и́ли, что I have been told that; ~ де́ло *разг.* talk sense, talk sérious:ly; вообще́ ~я́ génerally spéaking; ина́че ~я́ in other words; не ~я́ ни сло́ва without (sáying) a word; не ~я́ худо́го сло́ва without any wárning; не ~я́ уже́ о to say nothing of, not to méntion; открове́нно ~я́ fránkly spéaking, to be cándid; по пра́вде ~я́ to tell the truth; со́бственно ~я́ strictly / próperly spéaking; as a mátter of fact; хорошо́, ду́рно ~ о ком-л. speak* well, ill / bád:ly of smb.; не́чего и ~ it goes without sáying, (it is) néedless to say; что и ~ *разг.* it is true, it cánnòt be denied; что ни ~и́! say what you like; э́то ~и́т само́ за себя́ it tells its own tale [...oun...], it speaks for it:sélf. **~и́ться:** как ~и́тся as the sáying is / goes.

**говорли́в||ость** *ж.* tálkative:ness, gàrrúlity, loquácity. **~ый** tálkative, gárrulous, loquácious; *поэт.* (*о волне и т. п.*) múrmuring.

**говор||у́н** *м.*, **~у́нья** *ж. разг.* tálker; (*о ребёнке, женщине тж.*) chátterbòx.

**говя́||дина** *ж.* beef. **~жий** *прил. к* говя́дина; ~жье са́ло beef fat; (*почечное*) beef súet [...'sjuɪt].

**го́гол||ь** *м.* (*птица*) gólden-eye [-aɪ]; ◇ ходи́ть ~ем *разг.* strut.

**го́голь-мо́голь** *м. тк. ед.* gógol-mógol, béaten-ùp egg and súgar [...'ʃu-].

**го́гот** *м.*, **~а́нье** *с. тк. ед.* **1.** (*крик гусей*) cackle; **2.** *разг.* (*громкий смех*) loud láughter [...'lɑːf-]; roars of láughter *pl.*

**гогота́ть 1.** (*о гусях*) cackle; **2.** *разг.* (*громко смеяться*) roar with láughter [...'lɑːf-].

**год** *м.* year; ему́ пошёл деся́тый ~ he is in his tenth year; ему́ 32 ~а he is thirty-two (years old); он зараба́тывает 10 000 рубле́й в ~ he earns ten thóusand roubles a year, *или* per ánnum [...əːnz...-zənd ruː-...]; в бу́дущем ~у́ next year; в про́шлом ~у́ last year; три ~а тому́ наза́д three years agó; че́рез три ~а in three years' time; (*спустя три года*) three years láter; (*с сегодняшнего дня*) three years hence; де́тские ~ы child:hood [-hud] *sg.*, the days of one's child:hood; в ста́рые ~ы in the ólden days, in bý:gòne days [...-gɔn...]; они́ не вида́лись ~ы they have not seen each other for years, it is years since they last met; шестидеся́тые, восьмидеся́тые *и т. п.* ~ы the síxties, the éighties, *etc.*; лю́ди шестидеся́тых ~о́в the people of the síxties [...piː-...]; 1917 ~ nine:téen húndred and séventéen; nine:téen séventéen *разг.*; астрономи́ческий ~ àstronómic year; гражда́нский ~ légal / cívil year; со́лнечный ~ *астр.* sólar year; теку́щий ~ cúrrent year; учёбный ~ àcadémic year; (*в школе*) school year; бюдже́тный ~ búdget year; отчётный ~ físcal year; хозя́йственный ~ èconómic year [iːk-...]; урожа́йный ~ good* year for the crops, prodúctive year, búmper crop year; неурожа́йный ~ year of bad* hárvest, year of dearth [...dəːθ]; ◇ кру́глый ~ the whole year round [...h-...], all the year round; Но́вый ~ New Year; (*день*) Néw-Year's Day; встреча́ть Но́вый ~ meet* the New Year, célebràte Néw-Year's Eve; встре́ча Но́вого ~а Néw-Year's Eve Párty; с Но́вым ~ом! (a) háppy New Year!; из ~а в ~ year in, year out; year áfter year; в мои́ ~ы at my age; в ~а́х élderly; getting on (in years); не по ~а́м (*о развитии и т. п.*) be:yónd one's years; быть у́мным не по ~а́м have an old head on young shóulders [...hed...jʌŋ 'ʃou-], be wise be:yónd one's years; бе́з ~у неде́ля *разг.* ónly a few days.

**года́ми** *нареч.* (*по целым годам*) for years, for years on end.

**го́ден** *предик. см.* го́дный.

**годи́на** *ж.* **1.** time; ~ бе́дствий calámitous time; тяжёлая ~ hard times *pl.*; **2.** *поэт.*, *уст.* year.

**год||и́ться** (на *вн.*) be fit (for), serve (*d.*), do (for); (*о человеке тж.*) be fítted / súited [...'sjuː-] (for); (кому́-л.; *быть полезным*) be of use [...juːs] (to); (*быть впору*) fit (*d.*); он не ~и́тся в учи́теля he is not súited / fítted for a téacher, he is not fit / súited to be a téacher; э́та бума́га ему́ ~и́тся this páper will serve him, *или* will do for him; э́та бума́га ~и́тся то́лько на обёртку this páper is ónly fit for a wrápper, *или* will ónly do for a wrápper; э́та бума́га (никуда́) не ~и́тся this páper will not do (at all), this páper is no good (at all); э́ти боти́нки ему́ (не) ~я́тся these boots (do not) fit him; ◇ не ~и́тся (+ *инф.*) it does not do (+ to *inf.*), one ought not (+ to *inf.*); так поступа́ть не ~и́тся that is not the way to beháve / act.

**годи́чн||ый 1.** a year's, twelve months' [...mʌ-]; of a year; (*рассчитанный на год*) for a year; ~ срок a year, a twélve¦mònth [...-mʌ-]; **2.** (*бывающий раз в году*) ánnual, yéarly; ~ые ко́льца *бот.* rings (of *a* tree).

**го́дн||ость** *ж.* fítness, sùitabílity [sju:t-]; (*билета и т. п.*) valídity. **~ый** (к, для) fit (for), fit (+ to *inf.*); (*о билете, документе и т. п.*) good (for), válid (for); ~ый к вое́нной слу́жбе fit for mílitary sérvice; ~ый для питья́ drínkable, fit to drink; биле́т го́ден на два дня the tícket is válid / good for two days; ~ый на всё good for éveryǀthing; (*о человеке*) able to do éveryǀthing; ни к чему́ не ~ый good for nóthing; ни к чему́ не ~ый челове́к a góod-for-nòthing, a né'er-do-wèll [...'nɛədu:wel]; су́дно, ~ое к пла́ванию séawòrthy ship [-ðɪ...].

**годова́лый** yéar-òld; ~ ребёнок a yéar-òld báby / child*; ~ жеребёнок, телёнок *и т. п.* yéarling.

**годово́й** ánnual, yéarly; ~ отчёт ánnual repórt; ~ дохо́д ánnual in¦come; (*государственный*) ánnual révenue.

**годовщи́на** *ж.* ànnivérsary.

**гозна́к** *м.* (Госуда́рственное управле́ние по вы́пуску де́нежных зна́ков) Góznak (State Admìnistrátion for the Íssue of Bánk-Nòtes).

**гол** *м. спорт.* goal; заби́ть ~ score a goal.

**гола́вль** *м. зоол.* chub.

**голго́фа** *ж. библ.* Cálvary.

**голена́стые** *мн. скл. как прил. зоол.* wáders; gràllatóres *научн.*

**голена́стый** *разг.* lóng-lègged.

**голени́ще** *с.* top (of *a* boot).

**го́лень** *ж.* shin, shank.

**голе́ц** *м.* (*рыба из семейства карповых*) loach.

**голла́ндец** *м.* Dútch¦man*; *мн. собир.* the Dutch.

**голла́ндка** I *ж.* Dútch¦wòman* [-wu-].

**голла́ндка** II *ж. разг.* = голла́ндская печь *см.* голла́ндский.

**голла́ндск||ий** Dutch; ~ язы́к Dutch, the Dutch lánguage; ~ое иску́сство Dutch art; ◇ ~ая печь tiled stove; ~ое полотно́ Hólland (*línen*); ~ сыр Dutch cheese; ~ая черепи́ца pántile.

**голов||á** I *ж.* (*в разн. знач.*) head [hed] (*в знач. единицы счёта скота pl.* head); (*перен.: ум*) mind; (*мозг*) brains *pl.*; у меня́ э́того да́же и в ~е́ не́ было it had not éven éntered my head, it was not éven in my mind, it never crossed my mind; мне пришла́ в го́лову мысль a thought has occúrred to me, *или* has struck me, *или* has come into my mind, *или* has crossed my mind; с непокры́той ~о́й báre-héaded [-'hed-]; сто голо́в скота́ a húndred head of cattle; ◇ челове́к с ~о́й a man* with brains, a man* of sense; вот э́то ~! he has a (great) brain [...-eɪt...]; име́ть свою́ го́лову на плеча́х be able to think for òne¦sélf; тупа́я ~ dull / slow brain [...slou...], dull / slow wits *pl.*; пуста́я ~ émpty pate; сме́лая ~ bold spírit; горя́чая ~ hóthead [-hed]; у́мная ~ cléver brain ['kle-...], wise head; све́тлая ~ lúcid mind, bright íntellèct, bright spírit; ~ са́хару súgar-loaf* ['ʃu-]; го́лову дава́ть на отсече́ние *разг.* stake one's head / life; wáger / lay* one's life; го́лову пове́сить hang* one's head, becóme* / be dejécted / despóndent; ~о́й руча́ться за кого́-л. ánswer / vouch for smb. as for òne¦sélf ['ɑ:nsə...], ánswer for smb. with one's life; быть ~о́й вы́ше кого́-л. be far sùpérior to smb., stand* head and shóulders above smb. [...'ʃou-...]; вали́ть с больно́й ~ы́ на здоро́вую lay* the blame on smb. else, put* smth. on to smb. else, lay* one's own fault at smb. else's door [...oun...dɔ:]; вбить в го́лову кому́-л. (*вн.*) *разг.* hámmer into smb.'s head (*d.*); вбить себе́ в го́лову (*вн.*) get* / take* into one's head (*d.*); в ~а́х at the head of the bed; с ~ы́ до ног from head to foot [...fut], from top to toe; вооружённый с ~ы́ до ног armed to the teeth; в пе́рвую го́лову first of all; вы́дать ~о́й кого́-л. betráy smb.; вы́дать себя́ ~о́й give* òne¦sélf a¦wáy; вы́кинуть из ~ы́ (*вн.*) *разг.* put* out of one's head (*d.*), dismíss (*d.*), get* rid (of); забра́ть себе́ в го́лову (*вн.*) take* into one's head (*d.*); лома́ть себе́ го́лову (над) púzzle (óver), rack / cúdgel one's brains (óver); намы́лить кому́-л. го́лову *разг.* give* smb. a good scólding; haul smb. óver the coals *идиом.*; на свою́ го́лову to one's own misfórtune / dìsadvántage [...-ʧən -ɑ:n-]; очертя́ го́лову héadlòng ['hed-], ráshly; подня́ть го́лову hold* up one's head; поплати́ться ~о́й lose* one's life* [lu:z...]; потеря́ть го́лову lose* one's head / wits; ударя́ть в го́лову rush to the head; (*о вине и т. п.*) go* to, *или* get* into, one's head; окуну́ться, уйти́ с ~о́й во что-л. becóme* útterly absórbed / en¦gróssed in smth. [...-'grou-...]; у меня́ ~ идёт кру́гом *разг.* my head is in a whirl; у него́ кру́жится ~ he is / feels gíddy [...'gɪ-]; (от; *перен.*) he is dízzy (with); у него́ э́то из ~ы́ вон *разг.* he clean forgót it, it quite escáped him; он схвати́лся за́ голову he clútched at his head, he grasped his head; че́рез го́лову кого́-л. óver smb.'s head.

**голова́** II *м.* (*руководитель*) chief [ʧi:f], máster; городско́й ~ *ист.* mayor [mɛə]; ◇ сам себе́ ~ one's own máster [...oun...].

**голова́стик** *м. зоол.* tádpòle.

**голове́шка** *ж. разг.* (smóuldering) brand ['smou-...].

**головизна** *ж. тк. ед.* jowl (*head of fish*).

**голо́в||ка** *ж.* **1.** *уменьш. от* голова́ I; **2.** *разг.* (*руководящие лица*) léadership; heads [hedz] *pl.*; **3.** (*винта, гвоздя, булавки*) head [hed]; була́вочная ~ pínhead [-hed]; **3.** *мн.* (*передняя часть сапог*) vamp *sg.*; ◇ ~ лу́ка an ónion [...'ʌ-]; ~ сыра a cheese;

~ чеснокá a head of gárlic. **~нóй 1.** head [hed] (*attr.*); (*относящийся к головному мозгу*) èncèphálic; ~нóй мозг brain; cérebrum (*pl.* -bra) *научн.*; ~нóй гóлос héad-voice ['hed-]; ~нáя боль héadàche ['hedeɪk]; ~нóй убóр héad-drèss, hat; héad-gear ['hedgɪə] *шутл.*; **2.** (*передний*) léading; ~нóй батальóн léading battálion [...-'tæ-]; ~нóй отря́д ván-guàrd; ~нóй дозóр advánced point.

**головня́** I *ж.* (*обгорелое бревно, полено*) charred log.

**головня́** II *ж. тк. ед. с.-х.* (*болезнь хлебных злаков*) smut (*plant disease*); (*на пшенице тж.*) brand.

**головокруже́ние** *с.* giddiness ['gɪ-], dízziness; чу́вствовать ~ feel* giddy [...'gɪ-]; он чу́вствует ~ he feels giddy, his head is swimming [...hed...]; ◇ ~ от успéхов dízziness with succéss.

**головокружи́тельн||ый** gíddy ['gɪ-], dízzy; ~ая высотá gíddy / dízzy height [...haɪt]; ~ая быстротá terrífic speed; ~ успéх dízzy / gíddy succéss.

**головолóм||ка** *ж. разг.* puzzle, conúndrum. **~ный** púzzling; ~ная задáча púzzler, héad-àche ['hedeɪk].

**головомóйк||а** *ж. разг.* dréssing down, wígging; задáть комý-л. ~у give* smb. a dréssing down, *или* a wígging.

**головонóгие** *мн. скл. как прил. зоол.* cèphalópoda.

**головоре́з** *м. разг.* **1.** (*разбойник*) cút-throat; (*хулиган*) rúffian; **2.** (*шалун*) scápe-gráce; (*сорвиголова*) dáre-dèvil.

**головотя́п** *м. разг.* stúpid búngler, múddler. **~ство** *с. разг.* stúpid búngling.

**голóвушка** *ж.* **1.** *ласк. от* головá I; **2.** *разг.* (*о человеке*): бýйная ~ mádcàp; удалáя ~ bold spírit; ◇ пропáла моя́ ~ I'm lost, I'm done for, it's all up with me now; бéдная моя́ ~ poor me.

**-голóвый** = -глáвый.

**гóлод** *м.* **1.** húnger; (*длительный*) stàrvátion; чу́вствовать ~ feel* / be húngry; утоли́ть ~ sátisfỳ / appéase one's húnger; умирáть с ~у die of stàrvátion / húnger, starve to death [...deθ]; мори́ть ~ом (*вн.*) starve (*d.*), starve to death (*d.*); **2.** (*народное бедствие*) fámine; **3.** (*недостаток*) dearth [dəːθ], fámine; кни́жный ~ dearth of books; дéнежный ~ móney fámine ['mʌ-...]. **~áние** *с.* stàrvátion; (*воздержание от пищи*) fást(ing).

**голод||áть 1.** starve, fámish; (*воздерживаться от пищи*) fast, go* without food; **2.** (*объявлять голодовку*) go* on húnger-strike. **~áющий 1.** *прич. см.* голодáть; **2.** *прил.* stárving, húngry, fámished; **3.** *как сущ. м.* stárving man*; (*объявивший голодовку*) húnger-striker; *мн.* stárving people [...piː-]; (*о населении*) stárving pòpulátion *sg.*, fámine-stricken pòpulátion *sg.*

**голóдн||ый 1.** *прил.* húngry; быть ~ым be húngry; ~ как собáка *разг.* fámished, stárving, rávenous; húngry as a húnter; **2.** (*вызванный голодом*) fámine (*attr.*); ~ бунт revólt of the húngry, stárvelings' revólt; ~ тиф tý́phus ['taɪ-]; fámine féver; ~ая смерть stàrvátion; умерéть ~ой смéртью starve to death [...deθ], die of stàrvátion / húnger; **3.** (*неурожайный, скудный*) fámine (*attr.*), stàrvátion (*attr.*); ~ край bárren région; ~ год year of fámine / scárcity [...'skεə-]; ~ обéд poor / scánty dínner; ~ паёк húnger rátions [...'ræ-] *pl.*; **4.** *м. как сущ.* húngry man*.

**голодóвк||а** *ж.* (*в тюрьме*) húnger-strike; объявля́ть ~у go* on húnger-strike; объяви́вший ~у húnger-striker.

**гололе́дица** *ж. тк. ед.* íce-còvered / íce-crùsted ground [-kʌ-...]; на ýлице, тротуáре ~ the streets, pávements are cóvered / slíppery with ice [...'kʌ-...]; the streets, pávements are like glass *разг.*

**голонóгие** *мн. скл. как прил. зоол.* núdipèda.

**голонóгий** *разг.* báre-légged.

**гóлос** *м.* **1.** voice; во весь ~ at the top of one's voice; надорвáть ~ strain one's voice; подня́ть ~ raise one's voice; раздаю́тся ~á в защи́ту (*рд.*) vóices are heard in defénce [...həːd...] (of); у негó большóй ~ (*о певце*) he has a strong voice; **2.** *муз.* part; пéсня для двух ~óв twó-pàrt song; **3.** *полит.* vote; прáво ~а súffrage, the vote; решáющий ~ decíding vote, cásting-vóte; большинствóм ~óв by a majórity of votes; подáть, отдáть ~ (за *вн.*) vote (for), give* one's vote (to, for); собрáть стóлько-то ~óв colléct / poll so many votes; ~á за и прóтив the ayes and the noes [...aɪz...]; победи́ть числóм ~óв (*вн.*) out-vóte (*d.*); ~á раздели́лись пóровну the votes were équally divíded; ◇ быть в ~е be in voice; в оди́н ~ with one voice, ùnánimously, with one accórd; подня́ть ~ в защи́ту чегó-л. raise one's voice in defénce of smth.; подня́ть ~ протéста make* / raise a prótèst; говори́ть, петь с чужóго ~а repéat slávishly [...'sleɪ-]. **~и́стый** lóud-voiced; (*горластый*) vocíferous; ~и́стый соловéй fúll-throated / rích-voiced níghtingàle.

**голоси́ть** *разг.* wail, lamént; ~ по ком-л. wail óver smb., lamént smb.

**голослóвно** I *прил. кратк. см.* голослóвный.

**голослóвн||о** II *нареч.* without addúcing any proof **~ость** *ж.* próoflessness; únsubstántiàted náture [...'neɪ-]. **~ый** únsubstántiàted, próofless; быть ~ым make* únsubstántiàted státements, not fúrnish / addúce any proofs.

**голосовáни||е** *с.* vóting; (*во время выборов*) poll; откры́тое ~ vóting by a show of hands [...ʃou...]; тáйное ~ bállot; постáвить на ~ (*вн.*) put* to the vote (*d.*); провести́ ~ take* a vote; результáты ~я resúlts of the vóting [-'zʌ-...], vote; (*в англ. парламенте*) divísion fígures; каби́на для ~я pólling-booth [-ð].

**голосовáть** *несов. и сов.* **1.** (за *вн.*) vote (for); ~ поднятием руки́ vote by a show of hands [...ʃou...]; ~ вставáнием vote by rísing to one's feet; **2.** (*вн.*) put* to the vote (*d.*), vote on (*d.*).

**голосов||óй** vócal; ~áя щель *анат.* glóttis; ~ы́е свя́зки *анат.* vócal chords [...k-].

**голубе||грáмма** *ж. воен.* pígeon(-càrried) méssage. **~стáнция** *ж.* pígeon loft.

**голубé||ть 1.** (*казаться голубым*) show* blue [ʃou...]; вдали́ ~ли гóры the móuntains showed blue in the dístance, blue móuntains loomed in the dístance; 2. (*становиться голубым*) turn blue.

**голубе́ц** *м. кул.* goloubéts [golu:'bets], stuffed cábbage-rôll.

**голубизна́** *ж.* blue, ázure ['æʒə].

**голуби́н||ый** 1. *прил. к* го́лубь; ~ая по́чта, ~ая связь pígeon-pòst [-poust]; ~ое гнездо́ pígeon-hòle; 2. (*кроткий*) dóve-like ['dʌv-]; dove [dʌv] (*attr.*).

**голу́бить** (*вн.*) *поэт.* take* ténder care (of); (*ласкать*) fondle (*d.*), caréss (*d.*).

**голу́бк||а** *ж.* 1. (fémàle) pígeon ['fi:-...]; dove [dʌv] *поэт.*; 2. *ласк.* (my) dear, (my) dárling. ~**и́** *мн.* túrtle-dòves [-dʌvz].

**голубо||ва́тый** blúish. ~**гла́зый** blúe-eyed [-aɪd].

**голубо́й** blue, light / pale blue, ský-blúe; (*о небе, тж. поэт.*) ázure ['æʒə]; ◇ ~ песе́ц blue fox.

**голубо́к** I *м. уменьш. от* го́лубь.

**голубо́к** II *м. бот.* cólumbìne.

**голу́б||ушка** *ж. разг.* my dear. ~**чик** *м. разг.* my dear féllow, my friend [...frend]; (*ирон. обращение к молодому человеку*) my lad.

**го́луб||ь** *м.* pígeon; dove [dʌv] *поэт.*; ~ ми́ра the dove of peace; почто́вый ~ hóming pígeon, cárrier-pígeon; ~ свя́зи *воен.* cárrier--pígeon, méssenger-pígeon [-ndʒə-]. ~**я́тник** *м.* 1. (*любитель голубей*) pígeon-fáncier; 2. *зоол.* pígeon-hawk. ~**я́тня** *ж.* dóve-còt(e) ['dʌv-], pígeon-house* [-s].

**го́л||ый** 1. (*обнажённый*) náked; (*ничем не покрытый*) bare; (*лишённый растительности*) bald; ~ое те́ло náked bódy [...'bɔ-]; ~ые дере́вья bare / náked trees; ~ая голова́ (*лысая*) bald head [...hed]; (*непокрытая*) bare head; ~ые но́ги bare legs; (*ступни*) bare feet; с ~ыми нога́ми báre-légged; (*о ступнях*) báre¦fóoted [-'fut-]; станови́ться ~ыми нога́ми stand* báre¦fóot; спать на ~ом полу́ sleep* on the bare floor [...flɔ:], sleep* on the bare boards; 2. *разг.* (*без примеси*) bare, náked; (*о спиртных напитках*) neat; ◇ ~ые фа́кты bare / náked facts; ~ая и́стина the náked truth [...-u:θ]; ~ыми рука́ми with bare hands.

**голытьба́** *ж. тк. ед. собир. уст.* (*беднота*) the poor *pl.*; (*оборванцы*) the rágged *pl.*

**голы́ш** *м.* 1. *разг.* (*о ребёнке*) náked child*, náked boy; (*о кукле*) náked báby doll; 2. (*камень*) pebble. ~**о́м** *нареч. разг.* stark náked.

**голь** *ж. тк. ед. собир.* (*беднота*) the poor *pl.*; (*нищие*) béggars *pl.*; ~ на вы́думки хитра́ *посл.* ≅ necéssity is the móther of invéntion [...'mʌ-...].

**гольф** *м. спорт.* golf; игра́ть в ~ play golf, golf.

**гомеопа́т** *м.* hòmoeópathist [houmɪ'ɔ-]. ~**и́ческий** hòmoeopáthic [houmɪo-]. ~**ия** *ж.* hòmoeópathy [houmɪ'ɔ-].

**гомери́ческий** Homéric; ~ смех Homéric láughter [...'lɑ:f-].

**гоме́ровский** Homéric.

**гоминда́н** *м. полит.* Kúòmintáng ['ku:ou-]. ~**овец** *м.* mémber of the Kúòmintáng [...'ku:ou-].

**гомоге́нный** *биол.* hòmogéneous.

**го́мон** *м.* húbbùb.

**гомосексу||али́зм** *м.* hómò¦sèxuálity. ~**али́ст** *м.* hómò¦séxualist. ~**а́льный** hómò¦séxual.

**гонг** *м.* gong; уда́рить в ~ strike* *a* gong.

**гондо́ла** *ж.* 1. (*лодка*) góndola; 2. (*аэростата*) (ballóon-)càr, (ballóon-)bàsket; (*дирижабля*) góndola, car, nàcélle [nɑ:'sel].

**гондолье́р** *м.* gòndolíer [-'lɪə].

**гоне́ни||е** *с.* pèrsecútion; подверга́ться ~ю be pérsecùted; (*за участие в забастовке и т. п.*) be víctimìzed.

**гоне́ц** *м. уст.* (*курьер*) méssenger [-ndʒə]; (*перен.: вестник*) hérald ['he-].

**гони́мый** 1. *прич. см.* гнать; 2. *прил.* pérsecùted.

**гонио́метр** *м. физ.* gòniómeter [gou-].

**гони́тель** *м.* pérsecùtor, oppréssor.

**го́нк||а** *ж.* 1. *тк. ед. разг.* (*спешка*) haste [heɪst], húrry; (*беспорядочная*) húrry-scúrry; ~ вооруже́ний arms / ármaments race / drive; 2. *тк. ед.* (*сплав по реке*) ráfting; 3. *мн. спорт.* race *sg.*; автомоби́льные, велосипе́дные ~и mótor, cycle race; гребны́е ~и boat race; па́русные ~и regátta *sg.*; ◇ зада́ть ~у кому́-л. *разг.* give* smb. a good tálking-tò.

**гоноко́кк** *м. бакт.* gònocóccus (*pl.* gònocócci).

**го́нор** *м. разг.* árrogance; он с больши́м ~ом he is very árrogant, he is on his high horse.

**гонора́р** *м.* fee; а́вторский ~ áuthor's emóluments *pl.*; (*с тиража*) róyalties *pl.*

**гоноре́я** *ж. мед.* gònorrhóea [-'ri:ə].

**го́ночн||ый** rácing; ~ автомоби́ль rácing car, rácer; ~ая я́хта rácing yacht [...jɔt], rácer.

**гонт** *м. тк. ед. собир. тех.* shingles *pl.* (*for roofing*); кры́тый ~ом shingle-roofed. ~**ово́й** *прил. к* гонт.

**гонча́р** *м.* pótter. ~**ный** pótter's; ~ное произво́дство póttery; ~ное иску́сство cerámics; ~ный круг pótter's wheel; ~ные изде́лия póttery *sg.*, éarthenwàre ['ə:θ-] *sg.*

**го́нчая** *ж. скл. как прил.* hound; (*на лисицу*) fóxhound; (*на зайца*) beagle.

**го́нщик** *м.* 1. *спорт.* rácer; автомобили́ст ~ rácing mótorist [...'mou-]; 2. (*сплавщик*) ráfter.

**гоня́ть** (*вн.*) 1. drive* (*d.*); (*прогонять*) drive* a¦wáy (*d.*); ~ с ме́ста на ме́сто drive* from one place to another, *или* from place to place; drive* from píllar to post [...pou-] *идиом.*; ~ ло́шадь на ко́рде lunge *a* horse; 2. *разг.* (*посылать кого-л.*) make* (*d.*) run érrands, send* on érrands (*d.*); ~ кого́-л. за че́м-л. make* smb. run for smth.; ◇ ~ ло́дыря *разг.* idle, loaf. ~**ся** (за *тв.*; *преследовать*) chase [-s] (*d.*), pursúe (*d.*); (*на охоте*) hunt (*d.*); (*перен.*) *разг.* pursúe (áfter), hunt / seek* (áfter); ~ся за по́честями seek* áfter hónours [...'ɔnəz].

**гопа́к** *м.* hopák (*Ukrainian folk dance*).

**гор||а́** *ж.* 1. móuntain; (*невысокая*) hill; (*для катания на санках*) tobóggan-shoot, tobóggan-slide; америка́нские го́ры (*для катания в вагонетках по рельсам*) swítchbàck *sg.*; ката́ться с ~ы́ tobóggan; идти́ в го́ру go* úp¦hill; (*перен.*) rise* / go* up in the world; do well; идти́ по́д ~у go* dównhíll; 2. *разг.*

(*куча*) pile; heap (*тж. множество*); ◇ надеяться на когó-л. как на кáменную гóру ≅ put* implícit faith in smb., place implícit confidence in smb.; не за ~áми not far distant, at hand; пир ~óй súmptuous feast; стоя́ть ~óй (за *вн.*) *разг.* defénd with might and main (*d.*), stand* through thick and thin (by); сули́ть золоты́е гóры (*дт.*) prómise wónders [-s 'wʌ-] (*i.*), prómise the earth [...ə:θ] (*i.*); ~ с плеч (свали́лась) a load has been táken off one's mind.

**гора́зд** *предик.* (на *вн.*) *разг.* cléver ['kle-] (at), good (at); кто во что ~ each does what he can; он на всё ~ he can do ány¦thing; he's a Jack of all trades *идиом.*

**гора́здо** *нареч.* much, far; ~ лу́чше much / far bétter, bétter by far.

**горб** *м.* hump; ◇ свои́м ~óм *разг.* ≅ by dint of one's own hard toil [...oun...]. **~а́тый** húmpbàcked, húnchbàcked; (*сильно сгорбленный*) bent; ~а́тый нос áquilìne / hooked nose; ~а́тый мост arched bridge; ◇ ~а́того моги́ла испра́вит *погов.* ≅ he will die as he lived [...lɪvd]; ≅ can the léopard change his spots? [...'lepəd ʧeɪ-...]. **~и́нка** *ж.*: нос с ~и́нкой áquilìne nose, Róman nose.

**гóрбить,** сгóрбить (*вн.*) arch (*d.*), hunch (*d.*); ~ спи́ну hunch one's back. **~ся,** сгóрбиться stoop; *сов. тж.* becóme* bent.

**горбонóсый** hóok-nósed.

**горб||у́н** *м.*, **~у́нья** *ж.* húmpbàck, húnchbàck.

**горбу́ша** *ж.* (*рыба*) húmpbàck, húmpbàcked sálmon [...'sæmən].

**горбу́шка** *ж.* crust (*end of loaf*).

**горбы́ль** *м. тех.* slab.

**гордели́во** I *прил. кратк. см.* горделивый.

**горделив||о** II *нареч.* háughtily, próudly. **~ость** *ж.* háughtiness, pride; (*величавость*) májesty. **~ый** háughty, proud; (*величавый*) majéstic.

**горде́ц** *м.* proud man*.

**гóрдиев:** ~ у́зел Górdian knot.

**горди́ться 1.** (*тв.*) be proud (of), take* pride (in); (*кичиться*) pride òne¦sélf (up¦ón); закóнно ~ чем-л. take* a legítimate pride (in); **2.** (*без доп.*; *держать себя горделиво*) put* on háughty airs, look háughty; mount / ride* the high horse *идиом.*

**гóрдо** I *прил. кратк. см.* гóрдый.

**гóрд||о** II *нареч.* próudly. **~ость** *ж.* pride. **~ый 1.** proud; **2.** (*величавый*) majéstic. **~ы́ня** *ж.* pride, árrogance. **~я́чка** *ж. разг.* proud wóman* [...'wu-].

**гóр||е** *с.* grief [gri:f], sórrow; (*несчастье*) misfórtune [-ʧən]; обезу́меть от ~я be distráught with grief; к моему́ ~ю, на моё ~ ùnfórtunate¦ly for me [-ʧnɪ-...], to my grief; сде́лать что-л. на своё ~ do smth. to one's misfórtune, do smth. ùnfórtunate¦ly / ùn¦lúckily for one; причиня́ть кому́-л. ~ grieve smb. [-i:v...]; ◇ ~ в том, что the trouble is that [...trʌ-...]; ему́ и ~я мáло nothing tóuches him [...'tʌ-...], he does¦n't care a hang; с ~я of grief, with grief; он с ~я зáпил he drowns his grief in drink; уби́тый ~ем bróken-héarted [-'hɑ:t-]; ~ мне! woe is me!; ~ мне с тобóй *разг.* ≅ what a trouble you are; слезáми ~ю не помóжешь *посл.* ≅ it's no use crýing óver spilt milk [...ju:s...].

**гóре-** (*в сложн. словах*) sórry; ~-поэ́т sórry póet, pòetáster; ~-руководи́тель góod-for-nòthing diréctor, apólogy for a diréctor.

**горева́ть** (о *пр.*) grieve [gri:v] (for); (*оплакивать*) mourn [mɔ:n] (óver, for).

**горе́лка** *ж.* búrner; (*у газовой плиты*) gás-stòve búrner.

**горе́лки** *мн.* (*игра*) catch *sg.*; игрáть в ~ play catch.

**горе́л||ый** burnt, scorched; пáхнет **~ым** there is a smell of búrning.

**горелье́ф** *м. иск.* high relíef [...-'li:f], áltò-relíevò ['æltourɪ'li:vou].

**горемы́||ка** *м. и ж. разг.* poor / ùnfórtunate créature [...-ʧnɪt...], poor dévil. **~чный** míserable [-z-], wrétched, háp¦less.

**горе́ние** *с.* búrning; (*сгорание*) combústion [-sʧən]; (*перен.*) enthúsiàsm [-zɪ-]; ~ дуги́ *эл.* árc¦ing.

**гóрест||и** *мн.* misfórtunes [-ʧənz], sórrows; trials and tribulátions; пережи́ть мнóго **~ей** have / know* much sórrow (in one's life).

**гóрестно** I *прил. кратк. см.* гóрестный.

**гóрестн||о** II *нареч.* sórrowfully, sád¦ly. **~ый** sórrowful, sad; (*достойный жалости*) pítiful; (*выражающий скорбь*) móurnful ['mɔ:-].

**гор||е́ть 1.** burn*; дом ~и́т the house* is on fire [...-s...]; **2.** (*блестеть*) shine*; (*о глазах*) spárkle; ◇ рабóта ~и́т в его́ рукáх the work melts in his hands; дéло ~и́т things are gó¦ing swímming¦ly; things are gó¦ing without a hitch; ~ в жару́ be féver¦ish; ~ желáнием (+ *инф.*) burn* with the desíre [...-'zaɪə] (+ to *inf.*), burn* (+ to *inf.*), be éager [...'i:gə] (+ to *inf.*); земля́ ~и́т у негó под ногáми the place is getting too hot for him.

**гóрец** *м.* mountainéer; (*шотландский*) Híghlander.

**гóречь** *ж.* (*горький вкус*) bítter taste [...teɪ-]; (*что-л. горькое*) bítter stuff; (*перен.*) bítterness.

**гóржа** *ж. воен., тех.* gorge.

**горже́тка** *ж. разг.* bóa ['bouə], nécklet.

**горизóнт** *м.* **1.** horízon (*тж. перен.*); ský¦line; и́стинный ~ *астр.* true / celéstial / rátional horízon [...'ræ-...]; ви́димый ~ appárent / sénsible / vísible horízon [ə'pæ-... 'vɪz-...]; **2.** (*уровень*) lével ['le-]; ~ воды́ wáter-lèvel ['wɔ:təle-].

**горизонтáль** *ж.* hòrizóntal, hòrizóntal line; (*на карте*) cóntour line [-tuə...]; по горизонтáли (*в кроссворде*) acróss. **~ность** *ж.* hòrizontálity. **~ный** hòrizóntal; ~ная ли́ния hòrizóntal (line).

**гори́лла** *ж. зоол.* gorílla.

**горисполкóм** *м.* (городскóй исполни́тельный комите́т) city / town exécutive commíttee ['sɪ-...-tɪ].

**гори́стый** móuntain¦ous; (*холмистый*) hilly.

**горихвóстка** *ж. зоол.* rédstàrt.

**горицве́т** *м. бот.* lýchnis.

**гóрка** *ж.* **1.** hill; (*холмик*) híllock; **2.** (*шкафчик*) cábinet; **3.** *ав.* vértical climb [...klaɪm].

**гóркнуть,** прогóркнуть turn / becóme* bítter; (*о жирах*) turn / becóme* ráncid.

**горко́м** (городско́й комите́т) cíty / town committee ['sɪ-... -tɪ].

**горла́||н** *м. разг.* báwler. **~нить** *разг.* bawl, yell. **~стый** *разг.* nóisy [-zɪ], vocíferous, báwling.

**го́рли||нка** *ж.*, **~ца** *ж.* túrtle-dòve [-dʌv].

**го́рл||о** *с.* throat; дыха́тельное ~ *анат.* wíndpipe ['wɪ-]; боле́зни ~а diséases of the throat [-'zi:-...]; в ~е пересо́хло *one's* throat is dry / parched; ◇ схвати́ть за ~ (*вн.*) seize / take* by the throat [si:z...] (*d.*); драть ~ *разг.* bawl, yell; крича́ть во всё ~ *разг.* shout / yell at the top of one's voice; по ~ up to the neck; *разг.* (*много*) more than enóugh [...ɪ'nʌf], enóugh and to spare; быть сы́тым по ~ *разг.* be full up; приста́ть с ножо́м к ~у к кому́-л. *разг.* péster smb., wórry the life out of smb. ['wʌ-...]; стать поперёк ~а кому́-л. *разг.* make* smb. sick; слова́ застря́ли в ~е *разг.* the words stuck in *one's* throat; промочи́ть ~ *разг.* have a drink. **~ово́й** *прил. к* го́рло; ~ово́й го́лос gúttural voice; ~ова́я чахо́тка tubèrculósis of the throat; làryngéal phthísis [-n'dʒi:əl 'θaɪ-] *научн.*

**го́рлышко** *с.* **1.** *уменьш. от* го́рло; **2.** (*бутылки*) neck; (*сосуда*) mouth*.

**гормо́н** *м. физиол.* hórmòne.

**горн I** *м. тех.* fúrnace, hearth [hɑ:θ]; кузне́чный ~ forge, fórging fúrnace; кри́чный ~ refínery fire [-'faɪ-...], blóomery.

**горн II** *м. воен., муз.* búgle.

**го́рний** *поэт., уст.* celéstial, èmpýréan [-paɪ'rɪən]; (*возвышенный*) lófty, élevàted.

**горни́ло** *с. поэт.* hearth [hɑ:θ]; (*перен.*) crúcible.

**горни́ст** *м. воен.* búgler.

**го́рница** *ж. уст.* room, chámber ['tʃeɪ-].

**го́рничная** *ж. скл. как прил.* hóuse maid [-s-]; (*камеристка*) lády's maid; (*в гостинице и т. п.*) chámbermaid ['tʃeɪ-]; (*на пароходе*) stéwardess.

**горнозаво́д||ский** míning and mètallúrgical; ~ская промы́шленность míning and mètallúrgical índustry. **~чик** *м. уст.* ówner of a mètallúrgical works ['ounə...].

**горнопромы́шленный** míning (*attr.*).

**горнорабо́чий** *м.* míner.

**горнору́дный** míning.

**горноста́евый** *прил. к* горноста́й; ~ мех érmine.

**горноста́й** *м.* **1.** (*в зимней шкурке*) érmine; (*в летней*) stoat; **2.** (*мех*) érmine.

**го́рн||ый** **1.** *прил. к* гора́ 1; ~ая цепь móuntain chain, chain / range of móuntains [...reɪ-...]; ~ая боле́знь móuntain síckness; ~ прохо́д móuntain-pàss; ~ое уще́лье móuntain gorge, défile ['di:-]; **2.** (*гористый*) móuntainous; ~ая страна́ móuntainous cóuntry [...'kʌ-]; (*местность*) híghlands *pl.*; **3.** (*относящийся к разработке недр*) míning; ~ая промы́шленность míning índustry; ~ институ́т Ínstitùte / Cóllege of Mines; ~ое де́ло míning; ~ инжене́р míning èngineer [...endʒ-]; **4.** (*минеральный*) rock (*attr.*); ~ хруста́ль rock crýstal; ~ая поро́да rock; ~ лён *мин.* àsbéstòs [æz-]; ◇ ~ое со́лнце àrtifícial sún light. **~як** *м.* (*рабочий*) míner; (*горный инженер*) míning èngineer [...endʒ-]; (*студент*) míning stúdent. **~я́цкий** míning, míners'.

**го́род** *м.* **1.** town; cíty ['sɪ-] (*англ. тк. об очень крупном городе*; *амер. о всяком городе*); столи́чный ~ cápital (cíty); провинциа́льный ~ províncial town; гла́вный ~ chief town [tʃi:f...]; ~ и дере́вня tówn and cóuntry [...'kʌ-]; вы́ехать за́ ~ go* out of town, go* to the cóuntry; жить за́ ~ом live out of town [lɪv...]; пойти́ в ~ go* to town; **2.** *спорт.* home; ◇ зелёный ~ gárden súbùrb.

**го́род-геро́й** *м.* héro-town, héro-cíty [-sɪ-].

**городи́ть** (*вн.*) *разг.*: ~ вздор ≅ talk nónsense; огоро́д ~ ≅ make* a fuss; не́чего бы́ло огоро́д ~ there was no need to make all that fuss.

**городи́шко** *с.* gód-forsàken líttle town.

**городи́ще** *с. археол.* site of áncient town [...'eɪnʃ°nt...].

**городки́** *мн. спорт.* gòrodkí [-'kɪ] (*kind of skittles*).

**городни́чий** *м. скл. как прил. ист.* góvernor (of *a* town) ['gʌ-...].

**городово́й** *м. скл. как прил. ист.* políce-man* [-'li:s-].

**городо́к** *м.* **1.** *уменьш. от* го́род 1; **2.** small town; вое́нный ~ cantónment [-'tu:n-].

**го́род-са́д** *м.* gárden-cíty [-'sɪ-].

**городск||о́й** *прил. к* го́род 1; *тж.* úrban; (*муниципальный*) mùnícipal; ~ жи́тель tówn-dwéller, cíty-dwéller ['sɪ-]; tówns man*(*pl. собир.* tównspèople [-zpi:-], tównsfòlk [-z-]); ~о́е населе́ние úrban pòpulátion; ~ сове́т Town Sóvièt; ~ голова́ *ист.* máyor [mɛə]; ~а́я ду́ма *ист.* mùnícipal dúma [...'du:-], town cóuncil; (*о здании*) town hall; ~о́е управле́ние mùnicipálity, town cóuncil, úrban cóuncil.

**горожа́н||е** *мн. собир.* tównspèople [-zpi:pl], tównsfòlk [-z-]. **~ин** *м.* tówns man*, tówn-dwéller, cíty-dwéller ['sɪ-]. **~ка** *ж.* tówn-dwéller, cíty-dwéller ['sɪ-].

**горообразова́ние** *с. геол.* òrogénèsis.

**горо́ско́п** *м.* hóroscòpe; соста́вить ~ cast* a hóroscòpe.

**горо́х** *м.* **1.** *тк. ед.* (*растение*) pea; стручо́к ~а pea pod; **2.** *собир.* peas *pl.*; лущёный ~ split peas; кру́пный ~ márrowfàt; ◇ как об стену ~ *разг.* ≅ (like bé ing) up agáinst a blank wall; при царе́ Горо́хе ≅ in the year dot. **~овый** *прил. к* горо́х; ~овый цвет pea cólour [...'kʌ-]; ~овый кисе́ль pea jélly; ~овый суп péa-sóup [-'su:p]; ~овое пюре́ péase-púdding [-'pu-]; ◇ чу́чело ~овое scáre crow [-ou]; шут ~овый ≅ clown, bùffóon, tómfóol.

**горо́||шек** *м.* **1.**: души́стый ~ *бот.* sweet pea(s) (*pl.*); зелёный ~ green peas *pl.*; **2.** (*крапинки*) spots *pl.*; в ~ (*о материи*) spótted. **~шина** *ж.*, **~шинка** *ж.* pea.

**горсове́т** *м.* (городско́й сове́т) Town Sóvièt.

**го́рсточка** *ж.* small hándful.

**горсть** *ж.* **1.** (*руки*) hóllow of the hand; держа́ть ру́ку ~ю make* a cup of one's hand; **2.** (*содержимое*; *прям. и перен.*) hándful.

**горта́нный** **1.** *лингв.* gúttural; **2.** *анат.* làryngéal [-n'dʒi:əl].

**горта́н||ь** *ж. анат.* lárynx; ◇ у него́ язы́к прили́п к ~и he was struck dumb.

**гортéнзия** *ж. бот.* hýdrángea [haɪ'dreɪndʒə].

**горчи́ть** taste bitter [teɪst...], have a bitter taste; (*о жирах*) have a ráncid taste.

**горчи́ца** *ж.* mústard.

**горчи́чн||ик** [-шн-] *м.* mústard pláster; стáвить ~ (на *вн.*) put* *a* mústard pláster (on), applý *a* mústard pláster (to). **~ица** [-шн-] *ж.* mustard-pòt. **~ый** [-шн-] mústard (*attr.*); ~ое зернó mústard seed; ~ый газ mústard gas; ~ое мáсло mústard-óil.

**горшéчн||ик** *м.* pótter. **~ый** póttery (*attr.*); ~ый прóмысел póttery; ~ый товáр póttery, éarthenwàre ['ə:θ-]; ~ая глúна pótter's clay.

**горшóк** *м.* (éarthenwàre) pot ['ə:θ-...]; цветóчный ~ flówer-pòt; ночнóй ~ (chámber-) -pòt ['tʃeɪ-].

**гóрьк||ая** *ж. скл. как прил. тк. ед.*: англи́йская ~ Énglish bitters ['ɪŋ-...] *pl.*; рýсская ~ Rússian bitters [-ʃən...] *pl.*; ◇ пить ~ую drink* hard.

**гóрьк||ий** (*прям. и перен.*) bitter; (*об участи и т. п.*) míserable [-z-]; ~ая дóля hard / cruel lot; ~ как полы́нь bitter as wórmwood [...-wud]; ~ая и́стина bitter / ùnpálatable truth [...-u:θ]; ~ие слёзы bitter tears; ◇ ~ пья́ница hópe|less / confírmed / invéterate drúnkard.

**гóрько** I **1.** *прил. кратк. см.* гóрький; **2.** *предик. безл.*: мне ~ слы́шать таки́е словá it pains / distrésses me to hear such words, I am pained / distréssed to hear such words; емý стáло óчень ~ he was sick at heart [...hɑ:t], he felt very bitter.

**гóрько** II *нареч.* bitterly; ~ плáкать cry bitterly, shed* bitter tears.

**горьковáтый** bitterish, ráther bitter ['rɑ:-...].

**горю́ч||ее** *с. скл. как прил. тех.* fúel (oil) ['fju-...]. **~есть** *ж.* combùstibility; (*воспламеняемость*) inflàmmabílity. **~ий** combústible; (*воспламеняющийся*) inflámmable; ~ий материáл combústibles *pl.*; (*топливо*) fúel ['fju-]; ~ая смесь *тех.* gas míxture; ◇ ~ие слёзы *разг.* scálding tears.

**горя́чечн||ый**: ~ бред delírium; ~ая рубáшка strait wáistcoat / jácket.

**горя́ч||ий** **1.** hot; (*перен.*) árdent, férvent, férvid; (*пылкий*) pássionate, fíery; (*о приёме, встрече и т. п.*) héarty ['hɑ:tɪ], córdial; ~ истóчник hot springs *pl.*; ~ая обрабóтка (*металла*) heat tréatment; óчень ~ (*о пище*) píping hot; ~ее желáние árdent / férvent wish; ~ая любóвь árdent / pássionate love [...lʌv]; ~ее сочýвствие warm / héartfèlt sýmpathy [...'hɑ:t-...]; ~ óтклик warm / córdial / héarty respónse; **2.** (*вспыльчивый; страстный*) hót-témpered; (*о лошади*) fíery, méttle|-some; ~ спор héated árgument, héated / hot discússion; ~ая головá hóthead [-hed]; ~ие рéчи fíery / impássioned / árdent spéeches; **3.** (*о времени*) búsy ['bɪzɪ]; ◇ ~ след hot scent, fresh track; по ~им следáм (*рд.*) hot on the heels (of), close in the tracks [-s...] (of); (*перен.: не теряя времени*) fórth|with, withóut deláy.

**горячи́тельн||ый** *уст.*: ~ые напи́тки intóxicàting / strong drinks.

**горячи́ть,** разгорячи́ть (*вн.*) excíte (*d.*). **~ся,** разгорячи́ться get* excíted; (*раздражаться*) get* ángry, get* into a témper / pássion.

**горя́ч||ка** *ж.* **1.** féver; бéлая ~ delírium trémèns (*сокр.* D. T.); роди́льная ~ pùérperal féver; **2.** *разг.* (*спешка*) féver|ish haste [...heɪst]; порóть ~ку húrry-scúrry, do smth. húrry-scúrry; не нáдо порóть ~ку there's no need for such húrry-scúrry. **~ность** *ж* **1.** (*увлечение*) árdour, fèrvour; (*пылкость*) warmth; **2.** (*вспыльчивость*) hástiness ['heɪ-].

**горячó** I **1.** *прил. кратк. см.* горя́чий; **2.** *предик. безл.*: мне, емý *и т. д.* ~ it is too hot for me, him, *etc.*

**горячó** II *нареч.* hót|ly, with heat; wármly, with warmth; ~ люби́ть (*вн.*) love déarly [lʌv...] (*d.*); ~ люби́мый belóved [-'lʌvd]; ~ сочýвствовать (*дт.*) sýmpathize déeply (with); ~ спóрить árgue hót|ly, árgue with heat; ~ поздравля́ть (*вн.*) con|grátulàte héartily [...'hɑ:t-] (*d.*); ~ говори́ть speak* with warmth / férvour; ~ взя́ться за что-л. set* to work on smth. with a will, *или* with árdour / zeal; set* abóut doing smth. with a will, *или* with árdour / zeal / spírit.

**гос-** *сокр.* госудáрственный.

**госаппарáт** *м.* (госудáрственный аппарáт) State machínery [...-'ʃi:-], machínery of State.

**госбáнк** *м.* (Госудáрственный банк) the State Bank.

**госбюджéт** *м.* (госудáрственный бюджéт) the State búdget.

**госпитализáция** *ж.* hòspitàlizátion.

**гóспит||аль** *м.* (mílitary) hóspital; полевóй ~ field hóspital [fi:ld...], ámbulance; móbìle hóspital ['mou-...]. **~áльный** *прил. к* гóспиталь.

**госплáн** *м.* (Госудáрственный плáновый комитéт СССР) Gòsplán (State Plánning Commíttee of the USSR [...-tɪ...]).

**господá** *мн.* **1.** géntle|men; (*мужчины и женщины*) ládies and géntle|men; э́ти ~ (*презрительно*) these géntry; **2.** (*при фамилии*) Messrs. ['mesəz]; **3.** (*хозяева*) the másters.

**гóсподи** *межд. разг.* good héavens [...'he-], good grácious, góodness ['gud-]; не дай ~! God forbíd!

**господи́н** *м.* **1.** géntle|man*; **2.** (*при фамилии*) Mr. ['mɪstə]; (*в официальной речи — о русских, французах и др.*) Monsieur [mə'sjə:] (*сокр.* M.); (*об итальянцах*) Sígnòr ['si:njɔ:]; (*о немцах*) Herr [hɛə]; ~ президéнт Mr. Président [...-zɪ-]; **3.** (*хозяин*) the máster; сам себé ~ one's own máster [...oun...]; ◇ ~ положéния máster of the situátion; ~ своегó слóва man* of one's word.

**госпóдский** **1.** *прил. к* господи́н 3 *и* господá 3; **2.** (*помещичий*) manórial; ~ дом mánor-house* ['mæ- -s].

**госпóдство** *с.* **1.** suprémacy; (*политическое тж.*) rule sway; ~ (над) dòminátion / domínion / ascéndency (óver); мировóе ~ world suprémacy; ~ в вóздухе suprémacy in the air; **2.** (*преобладание*) prévalence, predóminance.

**госпóдств||овать** **1.** (над) rule (*d.*, óver), have domínion (óver); sway (*d.*) *поэт.*; **2.** (*без доп.*; *преобладать*) preváil, predóminàte; **3.** (над; *возвышаться*) commánd [-ɑ:nd] (*d.*), dóminàte (*d.*), rise* (abóve), tówer (abóve). **~ующий** **1.** (*властвующий*) rúling; ~ующий класс rúling class; **2.** (*преобладающий*) preváiling, prévalent, predóminant.

**госпóдь** *м. тк. ед.* God, the Lord; ◇ ~ егó знáет! who knows! [...nouz], góodness knows! [ˈgud-...]; ~ с тобóй! God bless you!; (*в восклицаниях удивления, негодования*) bless you, no!; bless your heart, no! [...hɑːt...], nothing of the sort!; ~ с ним let's forgét him [...-ˈget...].

**госпожá** *ж.* **1.** lády; *ирон.* dame; **2.** (*при фамилии*) Mrs. [ˈmɪsɪz]; (*в официальной речи и часто в разговоре — о русских, француженках и др.*) Mádame (*сокр.* Mme.), Màdemoisélle [mædəmˈzel] (*сокр.* Mlle.); (*об итальянках*) Signóra, Sìgnorína [-njoˈriː-]; (*о немках*) Frau [-au], Fräulein [-oɪlaɪn]; **3.** (*хозяйка*) místress.

**госстрáх** *м.* (государственное страховáние) State / Nátional Insúrance [...ˈnæ- -ˈʃuə-].

**гостеприим||ный** hóspitable. **~ство** *с.* hòspitálity.

**гостúная** *ж. скл. как прил.* **1.** dráwing-room; (*более скромная*) sitting-room; (*парадная*) recéption-room; **2.** (*комплект мебели*) dráwing-room suite [...swiːt].

**гостúнец** *м. разг.* présent [-ez-]; *мн.* (*сласти*) sweets.

**гостúниц||а** *ж.* hòtél; (*постоялый двор*) inn; содержáтель ~ы hòtél-propríetor, hòtél-keeper; (*постоялого двора*) innkeeper.

**гостúный:** ~ двор *ист.* Gostiny Dvor; ≅ àrcáde(s) (*pl.*), row(s) of shops [rou(z)...] (*pl.*).

**гостúть** (у) stay (with), be on a vísit [...-z-] (to).

**гост||ь** *м.*, **~ья** *ж.* vísitor [-z-], guest; почётный ~ guest of hónour [...ˈɔnə]; идтú в ~и (к) vísit [-z-] (*d.*), pay* a vísit (*i.*), go* on a vísit (to); быть в ~ях (у) be on a vísit (to); принимáть ~éй recéive vísitors / guests [-ˈsiːv...]; ◇ в ~ях хорошó, а дóма лýчше *посл.* ≅ there's no place like home; east or west, home is best.

**госудáрственн||ость** *ж.* State sýstem, State òrganìzátion [...-naɪ-]. **~ый** *прил. к* госудáрство; ~ый строй regíme [reɪˈʒiːm], polítical sýstem; ~ая власть State pówer, State authórity; ~ое прáво públic law [ˈpʌ-...]; ~ое устрóйство State òrganìzátion [...-naɪ-], pólity; ~ая границá fróntier [ˈfrʌ-]; ~ый долг nátional debt [ˈnæ- det]; ~ый язык offícial lánguage; ~ый переворóт coup d'état (*фр.*) [ˈkuːdeɪˈtɑː]; ~ый человéк, дéятель státes¦man*; ~ый ум státes¦manship, státe¦cràft; ~ая тáйна State sécret; ~ая слýжба State / públic sérvice; (*в Англии*) Cívil Sérvice; ~ый слýжащий State èmployée; (*в Англии*) Cívil Sérvant; ~ая казнá fisc; ~ая измéна high tréason [...-z°n]; ~ой вáжности. of nátional impórtance.

**госудáрств||о** *с.* State; Совéтское ~ Sóvièt State; ~а — учáстники (*организации, конференции и т. п.*) Mémber States, Mémbers.

**госудáрыня** *ж. ист.* sóvereign [-rɪn]; (*в обращении*) Your Májesty, Mádam [ˈmæ-]; ◇ мúлостивая ~ (*в обращении*) mádam; (*в письме*) Mádam; (*менее официально*) Dear Mádam.

**госудáрь** *м. ист.* sóvereign [-rɪn]; (*в обращении*) Your Májesty; Sire *уст.*; ◇ мúлостивый ~ (*в обращении*) sir; (*в письме*) Sir; (*менее официально*) Dear Sir.

**гот** *м. ист.* Goth.

**гóт||ика** *ж.* Góthic. **~úческий** Góthic; ~úческий стиль Góthic style; ~úческий шрифт Góthic (type), bláck-lètter; ~úческая архитектýра Góthic, Góthic árchitècture [...-kɪ-].

**готовáльня** *ж.* case of dráwing instruments [-s...].

**готóвить,** приготóвить **1.** (*вн.*) prepáre°(*d.*), make* réady [...ˈredɪ] (*d.*); (*вн. к дт.*) prepáre (*d.* for); (*обучать тж.*) train (*d.* for); ~ урóк do one's hóme¦wòrk; ~ когó-л. к экзáмену coach smb. for *an* exàminátion; ~ в лётчики train (*d.*) to be an áir¦man*; ~ кнúгу к печáти prepáre *a* book, *или* make* *a* book réady, for the press; **2.** (*вн. или без доп.*; *стряпать*) cook (*d.*); (*вн.*) make* (*d.*); **3.** (*вн.*; *припасать*) lay* in (*d.*), províde òne¦sélf (with); **4.** (что-л. комý-л.; *замышлять*) have in store (smth. for smb.), prepáre (smth. for smb.); ~ комý-л. сюрпрúз have a surpríse in store for smb. **~ся,** приготóвиться **1.** (к; + *инф.*) prepáre (for; + to *inf.*), get* / make* réady [...ˈre-] (for; + to *inf.*); ~ся к зачёту по геогрáфии get* / read* up one's geógraphy; **2.** *тк. несов.* (*без доп.*; *надвигаться*) be ahéad [...əˈhed], be abóut to take place; (*об опасности и т. п.*) be ímminent, be thréatening [...ˈθre-]; **3.** *страд. к* готóвить.

**готóвност||ь** *ж.* **1.** réadiness [ˈredɪ-]; (*подготовленность*) prepáred¦ness; в боевóй ~и in fíghting trim, réady for áction [ˈre-...]; (*о корабле*) cleared for áction; в пóлной ~и pérfectly réady; провéрить ~ чегó-л. к чемý-л. àscertáin how far smth. is réady for smth.; **2.** (*желание сделать что-л.*) wílling¦ness; изъявúть пóлную ~ сдéлать что-л. expréss one's pérfect wílling¦ness, *или* expréss one's compléte réadiness, to do smth.

**готóв||ый** **1.** (к) réady [ˈredɪ] (for); (*подготовленный*) prepáred (for); обéд готóв dínner is réady; **2.** (на *вн.*; + *инф.*; *согласный*) wílling (+ to *inf.*), réady (for; + to *inf.*), prepáred (for; + to *inf.*); ~ на вся́кие жéртвы, на вся́кий риск réady / prepáred to make any sácrifice, to take any risk; он готóв на всё he is wílling / réady / prepáred to do ány¦thing; **3.** (*сделанный, законченный*) fínished; (*о платье*) réady-máde [ˈre-]; ~ые издéлия fínished árticles; ◇ ~ к услýгам (*заключительная формула письма*) ≅ yours fáithfully; всегдá готóв! (*возглас пионеров*) ever réady!; Готóв к трудý и оборóне Réady for Lábour and Defénce; (жить) на всём ~ом (be províded) with board and lódging, board and lódging found, all found.

**гóтский** *ист.* Góthic; ~ язык Góthic, the Góthic lánguage.

**готтентóт** *м.* Hóttentòt.

**гофрирóванн||ый** crimped; (*гл. обр. об отделке платья*) góffered [ˈgou-]; ~ воротнúк góffered cóllar; ~ое желéзо córrugàted íron [...ˈaɪən].

**гофрировáть** *несов. и сов.* (*вн.*) crimp (*d.*); (*о ткани*) góffer [ˈgou-] (*d.*); (*о железе*) córrugàte (*d.*); (*наносить рельефный рисунок*) embóss (*d.*).

**гофриро́вка** *ж. тк. ед.* góffers ['gou-] *pl.*

**граб** *м. бот.* hórnbeam.

**грабёж** *м.* róbbery; (*мародёрство*) píllage, plúnder(ing).

**граби́тель** *м.* róbber; (*взломщик*) búrglar. **~ский** *прил. к* граби́тель; *тж.* prédatory; (*о ценах*) extórtionate, exórbitant; **~ские** во́йны prédatory wars. **~ство** *с.* = грабёж.

**гра́бить,** огра́бить **1.** (*вн.*) rob (*d.*); (*о завоёванном городе*) sack (*d.*); **2.** *тк. несов.* (*без доп.: заниматься грабежом, мародёрствовать*) píllage, plúnder, loot.

**гра́бли** *мн.* rake *sg.*; ко́нные ~ hórse-ràke *sg.*

**грабшти́хель** *м. тех.* en:gráving tool, gráver.

**гравёр** *м.* en:gráver; (*офортист*) étcher; ~ по де́реву wóod-cùtter ['wud-], wóod-en:gráver ['wud-]; ~ по ка́мню lápidary; ~ по ста́ли stéel-cùtter. **~ный** en:gráver's, en:gráving; ~ное иску́сство en:gráving.

**гра́в||ий** *м.* grável ['græ-]; посыпа́ть ~ием (*вн.*) grável (*d.*).

**гравирова́льн||ый** en:gráver's; ~ инструме́нт búrin, gráver; ~ая доска́ (*стальная*) steel plate; (*медная*) cópper plate; ~ая игла́ (*для офорта*) étching needle.

**гравир||ова́ть,** вы́гравировать (*вн.*) en:gráve (*d.*); (*вытравлять*) etch (*d.*); ~ по де́реву, на ме́ди cut* / en:gráve on / in / up:ón wood, cópper [...wud...]. **~о́вка** *ж.* en:gráving. **~о́вщик** *м. разг.* = гравёр.

**гравита́ция** *ж. физ.* gràvitátion.

**гравю́ра** *ж.* en:gráving, print; (*офорт*) étching; цветна́я ~ cólour:ed print ['kʌ-...]; ~ на де́реве wóodcùt ['wud-]; ~ на ме́ди cópper-plàte en:gráving; ~ на ста́ли stéel-en:gráving.

**град I** *м.* hail; (*перен. тж.*) rain, shówer; (*поток вопросов, насмешек и т. п. тж.*) vólley; ~ идёт it is háiling, it hails; ~ пуль hail of búllets [...'bu-]; засыпа́ть ~ом вопро́сов (*вн.*) délùge / òver:whélm with quéstions [...-stʃ-] (*d.*).

**град II** *м. поэт., уст.* = го́род 1.

**града́ция** *ж.* gradátion.

**градие́нт** *м. физ.* grádient.

**гра́дина** *ж. разг.* háil-stòne.

**гради́р||ня** *ж. тех.* **1.** (*приспособление*) sáltpan; **2.** (*здание*) sált-wòrks. **~ование** *с.* evàporátion of salt.

**гради́ровать** (*соль*) grádùate (salt), evápo-ràte salt.

**градоби́тие** *с.* dámage done by hail.

**градов||о́й** hail (*attr.*); ~а́я ту́ча háilcloud.

**гра́дом** *нареч.* thick and fast; сы́паться ~ rain down; уда́ры сы́пались ~ blows fell thick and fast [blouz...]; с него́ пот ка́тится ~ *разг.* the sweat / pèrspirátion is póuring down his face [...swet... 'pɔ:-...], he is swéating at every pore [...'swe-...]; слёзы (ка́тятся) ~ tears are rólling down *one's* cheeks.

**градонача́ль||ник** *м. ист.* góvernor of *a* town ['gʌ-...]. **~ство** *с. ист.* town, bórough ['bʌrə].

**градострои́тельство** *с.* tówn-building [-'bɪld-].

**градуи́ровать** *несов. и сов.* (*вн.*) grádùàte (*d.*).

**гра́дус** *м.* degrée; у́гол в 60 ~ов angle of síxty degrées, *или* of 60°; сего́дня 5, 10 *и т. п.* ~ов моро́за the thermómeter régisters five, ten, *etc.*, degrées of frost to:dáy; it is five, ten, *etc.*, degrées belów zérò to:dáy [...-'lou...]; сего́дня 5, 10 *и т. п.* ~ов тепла́ the témperature, *или* it, is five, ten, *etc.*, degrées above zérò to:dáy; сего́дня 20, 30 *и т. п.* ~ов в тени́ it is twénty, thirty, *etc.*, degrées in the shade to:dáy; ско́лько ~ов сего́дня? what is the témperature to:dáy?; подня́ться, упа́сть на ско́лько-то ~ов rise*, fall* so many degrées; ◇ в после́днем ~е (*о больном*) in the last stage; под ~ом *разг.* screwed, típsy. **~ник** *м. разг.* thermómeter.

**гражд||ани́н** *м.*, **~а́нка** *ж.* cítizen; ~ Сове́тского Сою́за Sóvièt cítizen, cítizen of the Sóvièt Únion.

**гражда́нск||ий** cívil; (*подобающий гражданину*) cívic; (*штатский*) cìvílian; ~ долг cívic dúty; ~ое пра́во cívil law; ~ие права́ cívil / cívic rights; ~ое му́жество cívic cóurage [...'kʌ-]; ~ая война́ cívil war; ~ ко́декс cívil code; ~ брак cívil márriage [...-rɪdʒ]; ~ая панихи́да cívil fúneral rites *pl.*; ~ иск *юр.* cívil suit [...sju:t]; предъяви́ть ~ иск (к) bring* *a* suit, *или an* áction (agáinst); ~ исте́ц *юр.* cívil prósecùtor; ~ое пла́тье cìvílian clothes [...klou-] *pl.*; cívvies *pl. разг.*; (*о военных тж.*) múfti, plain clothes *pl.*

**гражда́нств||о** *с.* cítizenship; права́ ~а cívic rights; получи́ть права́ ~а be gránted cívic rights [...-ɑ:n-...], be admítted to the cítizenship; (*перен.*) be génerally / ùnivérsally accépted, recéive géneral / ùnivérsal règognítion [-'si:v...]; приня́ть сове́тское ~ become* a Sóvièt cítizen, be náturalìzed a Sóvièt cítizen, be gránted Sóvièt cítizenship.

**грамм** *м.* gramme [græm], gram.

**грамма́тика** *ж.* grámmar.

**граммати́ческ||ий** grammátical; ~ строй языка́ grammátical strúcture of *a* lánguage; ~ая оши́бка grammátical mistáke / érror; он де́лает мно́го ~их оши́бок his grámmar is bad; he mákes plénty of, *или* mány, grammátical mistákes / érrors; ~ие пра́вила grammátical rules; де́лать ~ разбо́р (*рд., по членам предложения*) ánalỳse (*d.*); (*по частям речи*) parse [pɑ:z] (*d.*).

**грамм||-а́том** *м. физ.* gramme átom [græm 'æ-]. **~-моле́кула** *ж. физ.* gramme mólecùle [græm...].

**-граммо́вый** (*в сложн. словах, не приведённых особо*) of... grammes [...græmz]; -gramme [-græm] (*attr.*); *напр.* двухграммо́вый of two grammes; twó-gràmme [-græm] (*attr.*).

**граммофо́н** *м.* grámophòne. **~ный** grámophòne (*attr.*); ~ная пласти́нка grámophòne récòrd [...'re-].

**гра́мот||а** *ж.* **1.** *тк. ед.* réading and wríting; учи́ться ~е learn* to read and write [lə:n...]; учи́ться ~е и счёту learn* réading, wríting and aríthmetic, learn* the three R's; не знать ~ы be ún:áble to read and write; полити́ческая ~ rúdiments of polítical knówledge [...'nɔ-] *pl.*; **2.** (*офиц. документ*) deed; вери́тельные ~ы *дип.* credéntials; ратифика-цио́нная ~ *дип.* ínstrument of ràtificátion;

охра́нная ~ chárter of immúnity; жа́лованная ~ létters pátent; chárter; почётная ~ diplóma; похва́льная ~ (school) certíficate of good work and cónduct; ◇ фи́лькина ~ *разг.* ≅ úse¦less scrap of páper [-s-...]. ~**éй** *м.* **1.** *разг.* (*грамотный человек*) man* who can read and write; **2.** (*образованный человек*) schólar ['skɔ-].

**гра́мотно** I *прил. кратк. см.* гра́мотный.

**гра́мотно** II *нареч.* corréctly; (*грамматически правильно*) grammátically; (*умело*) cómpetently.

**гра́мот||ность** *ж.* (*умение читать и писать*) líteracy; (*о написанном*) grammátical corréctness; (*умелость*) cómpetence; (*работы*) skílfulness; полити́ческая ~ polítical líteracy. ~**ный** líterate; (*написанный без ошибок*) grammátical; (*умелый*) cómpetent; (*о работе и т. п.*) shówing sufficient èrudítion ['ʃou-...]; э́то вполне́ ~ная рабо́та this work, páper, *etc.*, shows / mánifèsts sufficient èrudítion; рису́нок ~ен the dráwing is cómpetent, *или* not únskilful.

**гран** *м.* grain (*unit of weight*).

**грана́т** *м.* **1.** (*дерево и плод*) póme¦grànate ['pɔmg-]; **2.** *мин.* gárnet.

**грана́та** *ж. воен.* hígh-explósive shell; (*ручная, ружейная*) grenáde; противота́нковая ~ ánti-tànk bomb.

**грана́тник** *м. бот.* póme¦grànate tree ['pɔmg-...], póme¦grànate.

**грана́тов¦ый** **1.** *бот.* póme¦grànate ['pɔmg-] (*attr.*); ~ое де́рево póme¦grànate; **2.** *мин.* gárnet (*attr.*); (*о цвете тж.*) chérry-cólour¦ed [-'kʌ-].

**гранатомёт** *м. воен.* grenáde dis¦chárger cup. ~**чик** *м.* bómb¦er, grènadíer.

**гранд** *м.* (*испанский дворянин*) gràndée.

**грандио́зн||ость** *ж.* míghtiness, gràndiósity, grándeur [-dʒə]; (*огромность*) imménsity, vástness. ~**ый** míghty, grándiòse [-s], grand; (*огромный*) imménse, vast; ~ые пла́ны fár-reaching plans.

**гране́ние** *с.* cútting; ~ алма́зов díamond cútting.

**гранён||ый** cut; (*о драгоценном камне*) fáceted; ~ое стекло́ cut glass; ~ графи́н cút-glàss decánter; ~ая рю́мка cút-glàss wíne-glàss; ~ стака́н thick glass túmbler.

**грани́ль||ный** lápidary; ~ная фа́брика lápidary works. ~**щик** *м.* lápidary; (*алмазов*) díamond-cútter.

**грани́т** *м.* gránite. ~**ный** (*из гранита*) gránite (*attr.*); gránític *научн.*

**грани́ть** (*вн.*) cut* (*d.*); (*драгоценный камень тж.*) fácet ['fæ-] (*d.*).

**грани́||ца** *ж.* **1.** bóundary, bórder; (*государственная*) frόntier ['frʌ-]; (*крайние пункты*) bounds *pl.*, cónfines *pl.*; ~ ве́чного сне́га *геогр.* snów-lìne ['snou-]; за ~цей, за ~цу abróad [-ɔːd]; из-за ~цы from abróad; **2.** (*предел*) límit; перейти́ все ~цы, вы́йти из грани́ц óver¦stép the límits, pass all bounds; э́то перехо́дит все ~цы that is too much; it's the límit *разг.*; не знать грани́ц know* no bounds [nou...]; не ви́дно грани́ц (*дт.*) there seems to be no límit (to).

**грани́ч||ить** (с *тв.*) bórder (up¦ón), be còntérminous (with), be contíguous (to); (*перен.*) bórder (on, up¦ón), verge (on); э́то ~ит с сумасше́ствием it bórders / vérges on mádness.

**гра́нка** *ж. полигр.* **1.** (*корректура*) proof, gálley-proof, slip; **2.** (*набор*) gálley.

**гранули́ровать** *несов. и сов.* (*вн.*) *тех.* gránulàte (*d.*). ~**ся** *несов. и сов. тех., мед.* gránulàte.

**грануляцио́нный** *тех.* grànulátion (*attr.*).

**грануля́ция** *ж. тех.* grànulátion.

**гран||ь** *ж.* **1.** (*граница*) bórder, verge, brink; быть на ~и безу́мия be on the verge of mádness; провести́ ~ (ме́жду) draw* a distínction (betwéen); **2.** (*плоскость*) side; (*драгоценного камня*) fácet ['fæ-]; **3.** (*линейки, нареза в оружии и т. п.*) edge.

**грасси́ровать** roll one's «r's» (in the French mánner).

**грат** *м. тех.* burr.

**граф** *м.* count; (*в Англии*) earl [əːl].

**графа́** *ж.* cólumn ['kɔ-].

**гра́фик** *м.* graph, díagràm; (*расписание*) tíme-tàble, schédùle ['ʃe-]; то́чно по ~у in schédùle time, accórding to schédùle.

**гра́фик||а** *ж. иск.* dráwing; вы́ставка ~и èxhibítion of dráwings [eksɪ-...].

**графи́н** *м.* (*для воды*) wáter-bòttle ['wɔː-], caráfe [-ɑːf]; (*для вина и т. п.*) decánter. ~**чик** *м.* small decánter; (*для уксуса и т. п.*) crúet [-uɪt].

**графи́ня** *ж.* cóuntess.

**графи́т** *м.* **1.** *мин.* gráphite, plùmbágò, black lead [...led]; **2.** (*в карандаше*) lead. ~**овый** gráphite; (*содержащий графит*) gràphític.

**графи́ть** (*вн.*) rule (*d.*) (*make lines*).

**графи́ческий** gráphic.

**графлёный** ruled.

**графоло́гия** *ж.* gràphólogy.

**графома́н** *м. мед.* gràphomániàc. ~**ия** *ж. мед.* gràphománia.

**гра́ф||ский** *прил. к* граф. ~**ство** *с.* (*административно-территориальная единица в Англии*) cóunty, shire; центра́льные ~ства the Mídlands [...'mɪ-].

**грацио́зно** I *прил. кратк. см.* грацио́зный.

**грацио́зн||о** II *нареч.* gráce¦fully. ~**ый** gráce¦ful.

**гра́ция** *ж.* **1.** grace; **2.** *миф.* Grace.

**грач** *м.* rook. ~**и́ный** *прил. к* грач. ~**о́нок** *м.* young rook [jʌŋ...].

**гребён||ка** *ж.* **1.** comb [koum]; стричь под ~ку crop one's hair; **2.** *тех.* (*зубчатая рейка*) rack; ◇ стричь всех под одну́ ~ку (try to) make évery¦òne alíke, impóse a dead lével on évery¦òne [...ded 'levᵒl...], (try to) make évery¦òne fit into the same páttern.

**гребе́нчатый** *бот., зоол.* péctinate.

**гре́бень** *м.* **1.** comb [koum]; (*частый*) tóoth-còmb [-koum]; **2.** (*у птицы*) comb, crest; петуши́ный ~ cock's comb; **3.** (*волны, горы*) crest; **4.** *тех.* comb; *текст.* card; (*для льна, пеньки и т. п.*) hackle, hátchel.

**гребе́ц** *м.* rówer ['rouə], óars¦man*; хоро́ший *и т. п.* ~ good*, *etc.*, oar; он хоро́ший ~ he pulls a good oar [...pu-...].

**гребешо́к** *м.* **1.** = гребёнка 1, гре́бень 1; **2.** (*у птицы*) = гре́бень 2.

**гре́бля** *ж.* rówing ['rou-].

**гребн||óй** rówing ['rou-] (*attr.*); ~ спорт rówing; ~áя лóдка rów(ing)-boat ['rou-]; ~ винт screw propéller, propéller screw; ~ вал propéller shaft; ~óе колесó páddle-wheel.

**грегориáнский** Grègórian; ~ календáрь Grègórian cálendar.

**грёза** *ж.* dream, dáy-dream, fáncy; (*видение*) vision; мир грёз dréam-lànd, the realm of fáncy [...re-...].

**грéзи||ть** (*о пр. и без доп.*) dream* (of); ~ наявý dáy-dream*, be lost in réverie. **~ться,** пригрéзиться: емý, ей *и т. д.* (при-) грéзилось, что he, she, *etc.*, dreamt that [...dre-...]; емý, ей *и т. д.* ~тся, что he, she, *etc.*, dreams that.

**грéйфер** *м. тех.* grab.

**грек** *м.* Greek.

**грéлка** *ж.* hót-wàter bottle [-wɔ:-...].

**грем||éть** thúnder; (*о колоколах*) peal; (*посудой*) clátter; (*о чём-л. металлическом*) clank, jingle; (*перен.*) resóund [-'zau-], ring* out; гром ~и́т it thúnders, it is thúndering; пýшки ~я́т *the* guns thúnder / roar; вы́стрелы ~я́т shots ring out; ~ чем-л. make* a noise / din with smth.; ~ цепя́ми clank one's chains; ~ ключáми jingle one's keys [...ki:z].

**гремýч||ий** thúndering, róaring; ~ газ *хим.* fire-dàmp, détonàting gas ['di:-...]; ~ая змея́ *зоол.* ráttle-snàke; ~ая ртуть *хим.* fúlminàte of mércury; ~ стýдень *хим.* blásting-gèlatine [-'ti:n].

**грéна** *ж. собир. зоол.* graine; sílkwòrm eggs *pl.*

**гренадéр** *м.* grènadíer [-'dɪə]. **~ский** *прил. к* гренадéр; ~ский полк Grènadíer régiment; Grènadíers *pl.*

**гренки́** *мн.* (*ед.* гренóк *м.*) *кул.* toast *sg.*, síppet *sg.*

**грести́** I (*веслом*) row [rou]; pull [pul] (*с обстоятельственными словами*); (*короткими вёслами*) scull; (*гребком*) paddle.

**грести́** II (*вн.*; *сено*) rake (*d.*).

**греть 1.** (*без доп.: излучать тепло*) give* out warmth: пéчка плóхо грéет the stove gives out very little warmth; в мáрте сóлнце ужé грéет in March the sun's rays are àlréady warm [...ɔ:l're-...], it is àlréady warm in the sun in March; **2.** (*вн.*) warm (*d.*), heat (*d.*); (*подогревать, согревать*) warm up (*d.*), heat up (*d.*); (*о тёплой одежде, обуви*) keep* warm (*d.*): ~ суп warm up the soup [...su:p]; егó шýба хорошó грéет his fur coat keeps him warm; ~ рýки warm one's hands. **~ся 1.** warm òne:sélf; ~ся на сóлнце bask in the sun, sun òne:sélf; **2.** *страд. к* греть 2.

**грех** *м.* **1.** sin; совершúть ~ (пéред) sin (agáinst); **2.** *предик. разг.*: ~ трáтить стóлько бумáги it is a sin to waste all that páper [...wei-...]; не ~ и отдохнýть there is no harm / sin in táking a rest; ◇ ~ сказáть it would be ún:júst to say; есть такóй ~ I own it [...oun...]; мой ~ it is my fault; с ~óм пополáм: он э́то сдéлал с ~óм пополáм he just mánaged to do it; он с ~óм пополáм сдал экзáмены he just mánaged to pass the exàminátions; приня́ть на себя́ ~ take* the blame up:ón òne:sélf; нéчего ~á тайть it must be owned / conféssed; (*в обращении*) you must own / conféss. **~óвный** sínful.

**греховóдн||ик** *м.*, **~ица** *ж. разг.* sínner; (*шалун*) young sínner [jʌŋ...].

**грехопадéние** *с. библ.* the Fall; (*перен.*) fall.

**грéцкий:** ~ орéх wálnut.

**грéча** *ж.* = гречúха.

**гречáнка** *ж.* Greek wóman* [...'wu-].

**грéческий** Greek; (*об архитектуре, прическе*) Grécian; ~ язы́к Greek, the Greek lánguage.

**гречúха** *ж.* búckwheat.

**грéчнев||ый** búckwheat (*attr.*); ~ая кáша búckwheat pórridge; ~ая крупá búckwheat.

**грешúть** sin; ~ прóтив чегó-л. sin agáinst smth., trànsgréss / víolàte the laws of smth.; ~ прóтив и́стины sin agáinst the truth [...-u:θ], víolàte the truth; (*о высказывании, формулировке и т. п.*) be a vìolátion of the truth.

**грéшн||ик** *м.*, **~ица** *ж.* sínner.

**грешнó 1.** *прил. кратк. см.* грéшный; **2.** *предик. безл.* (+ *инф.*) it is a sin (+ to *inf.*).

**грéш||ный** sínful; (*о мыслях и т. п.*) guílty, cúlpable; быть ~ным в чём-л. be guilty of smth.; ◇ ~ человéк *вводн. сл. разг.* sínner that I am; ~ным дéлом *вводн. сл. разг.* I am sórry to say; much as I regrét it. **~óк** *м. разг.* fault, pèccadíllò; за ним вóдится э́тот ~óк that is his besétting sin.

**гриб** *м.* fúngus (*pl.* fúngi); (*съедобный*) múshroom; (*несъедобный*) tóadstool. **~кóвый** fúngoid, fúngous. **~ни́ца** *ж. бот.* mỳcélium [maɪ-], (múshroom) spawn. **~нóй** *прил. к* гриб; ~нóй суп, пирóг múshroom soup, pie [...su:p...]. **~óк** *м.* **1.** *уменьш. от* гриб; **2.** *бакт.* fúngus (*pl.* fúngi); кефи́рные ~ки́ kéfir-grains.

**гри́ва** *ж.* mane; (*часть шеи с гривой*) crest.

**гри́венник** *м. разг.* tén-cópèck bit, tén-cópèck piece [...pi:s].

**грим** *м.* (*гримировка*) (stage) máke-úp; (*краски*) gréase-paint [-s-].

**гримáс||а** *ж.* grimáce; дéлать ~ы make* / pull fáces [...pul...]; сдéлать ~у grimáce, make* a grimáce, pull a wry face. **~ник** *м.*, **~ница** *ж. разг.* clown, grimácier, grimácer.

**гримáсничать** make* / pull fáces [...pul...]; (*жеманничать*) look còquéttish [...kou-].

**гримёр** *м.* máker-úp; *театр. тж.* máke-úp man*. **~ша** *ж.* máker-úp.

**гримир||овáть,** загримировáть (*вн.*) make* up (*d.*); загримировáть когó-л. кем-л. make* smb. up as smb. **~овáться,** загримировáться (кем-л., под когó-л.) make* òne:sélf up (as smb.). **~óвка** *ж.* máke-úp.

**Гри́нвич** *м.*: 15 ч. 30 м. по ~у three thírty (3.30) p. m. Gréenwich mean time [...'grɪnɪdʒ...].

**грипп** *м.* ìnfluénza, grippe; flu *разг.*; он бóлен ~ом he has ìnfluénza, he has the flu. **~óзный** ìnfluénzal; ~óзное воспалéние лёгких ìnfluénzal pneumónia [...nju:-]; ~óзное заболевáние case of ìnfluénza [-s...].

**Гриф** *м. миф.* gríffin, grýphon ['graɪ-].

**гриф** I *м. зоол.* gríffon(-vùlture).

**гриф** II *м. муз.* fínger-board, neck.

**гриф** III *м.* (*штемпель с изображением подписи*) sígnature stamp.

**гри́фель** *м.* sláte-péncil. **~ный** slate (*attr.*); ~ная доскá slate.

**грифо́н** *м.* **1.** *арх.*, *миф.* griffin, grýphon ['graɪ-]; **2.** (*порода собак*) griffon.

**гроб** *м.* cóffin; *поэт.* (*могила*) grave; идти́ за ~ом кого́-л. fóllow smb.'s cóffin; ◇ вогна́ть кого́-л. в ~ *разг.* send* smb. to *the* grave, be the death of smb. [...deθ...]; до ~а (*помнить, быть верным и т. п.*) ≅ as long as one lives [...lɪvz], till death. **~ни́ца** *ж.* tomb [tuːm], sépulchre [-pᵊlkə]. **~ово́й:** ~ово́й го́лос sepúlchral voice [-krᵊl...]; ~ово́е молча́ние, ~ова́я тишина́ déath-lìke sílence ['deθ- 'saɪ-]; до ~ово́й доски́ till death [...deθ], till one's dýing day. **~овщи́к** *м.* cóffin-máker.

**гробокопа́тель** *м.* ≅ drý¦as¦dùst àrchaeólogist [...-kɪ'ɔ-].

**грог** *м. тк. ед.* grog.

**гроза́** *ж.* **1.** (thúnder)stòrm; **2.** (*о человеке*) térror.

**гроздь** *ж.* clúster; ~ виногра́да bunch of grapes; расти́ гро́здьями clúster.

**гроз||и́ть** (*дт. тв.*; + *инф.*) thréaten ['θre-] (*d.* with; + to *inf.*): он ~и́л ему́ револьве́ром he thréatened him with *a* revólver; он ~и́т уби́ть его́ he thréatens to kill him; ему́ ~и́т опа́сность dánger thréatens him ['deɪndʒə...], he is in dánger; дом ~и́т паде́нием the house* thréatens to collápse [...haus...]; ◇ ~ па́льцем (*дт.*) shake* one's fínger (at), wag one's fínger [wæg...] (at); ~ кулако́м (*дт.*) shake* one's fist (at). **~и́ться** (+ *инф.*) *разг.* thréaten ['θre-] (+ to *inf.*): он ~и́тся уйти́ he thréatens to leave.

**гро́зно** I *прил. кратк. см.* гро́зный.

**гро́зн||о** II *нареч.* thréatening¦ly ['θre-], ménacing¦ly; (*сурово*) stérnly. **~ый** (*внушающий ужас, страх*) térrible, fórmidable, redóubtable [-'daut-]; (*угрожающий*) ménacing, thréatening ['θre-]; (*суровый*) stern; (*свирепый*) ferócious; ~ый взгляд ménacing look; ~ый враг fórmidable énemy; ~ая опа́сность térrible dánger [...'deɪndʒə]; ◇ Ива́н Гро́зный Iván the Térrible [-ɑːn...].

**грозов||о́й** *прил. к* гроза́ 1; ~а́я ту́ча stórm-cloud, thúndercloud.

**гром** *м.* (*прям. и перен.*) thúnder; ~ греми́т it thúnders, it is thúndering; ~ аплодисме́нтов thúnder of appláuse; ◇ его́ уби́ло ~ом he has been struck by líghtning; как ~ом поражённый thúnderstrùck; (как) ~ среди́ я́сного не́ба (like) a bolt from the blue; мета́ть ~ы и мо́лнии rage, storm.

**грома́д||а** *ж.*, **~ина** *ж. разг.* huge thing, enórmous thing; ~ горы́, зда́ния the great / enórmous bulk of *a* móuntain, *a* búilding [...greɪt...'bɪl-].

**грома́дн||ый** huge, enórmous, imménse; (*грандиозный*) colóssal; (*обширный*) vast; ~ая зада́ча colóssal task; ~ое удово́льствие imménse / extréme pléasure [...'ple-]; ~ая ра́зница huge dífference.

**громи́ла** *м.* **1.** *уст.* (*вор*) búrglar; **2.** (*погромщик*) thug, rúffian.

**громи́ть,** разгроми́ть (*вн.*) **1.** raid (*d.*), sack (*d.*); (*о магазинах и т. п.*) loot (*d.*); (*разрушать*) smash up (*d.*); *сов. тж.* deféat (*d.*), annihilàte [ə'naɪl-] (*d.*); (*перен.*) invéigh (agáinst), fúlminàte (agáinst); **2.** (*врага*) rout (*d.*), smash (*d.*); (*с воздуха тж.*) pound (*d.*).

**гро́мк||ий** **1.** loud; (*перен.*: *известный*) fámous, célebràted; ~ое и́мя great / fámous name [greɪt...]; ~ая сла́ва great fame; ~ое де́ло célebràted case [...-s]; **2.** (*напыщенный*) bòmbástic, hígh-flown [-oun]; ~ие слова́ fine words; hígh-flown talk *sg.*; без ~их слов without a fuss; ~ие ре́чи resóunding spéeches [-'z-...]; под ~им назва́нием únder the hígh-sóunding títle.

**гро́мко** I *прил. кратк. см.* гро́мкий.

**гро́мко** II *нареч.* lóud(ly); (*вслух*) alóud; ~ сме́яться laugh loud [lɑːf...], shout with láughter [...'lɑːftə]; ~ пла́кать cry / weep* nóisily [...-zɪ-].

**громкоговори́тель** *м. рад.* loud spéaker.

**громове́ржец** *м. миф.*, *поэт.* the Thúnderer.

**гром||ово́й** thúnder (*attr.*); (*перен.*) thúnderous; (*сокрушительный*) crúshing; ~овы́е раска́ты peals of thúnder; rólling of the thúnder *sg.*; ~ го́лос thúnderous / stèntórian voice.

**громогла́сно** I *прил. кратк. см.* громогла́сный.

**громогла́сн||о** II *нареч.* (*громко*) lóud(ly); (*открыто*) ópen¦ly, públicly ['pʌ-]. **~ый** (*громкий*) loud; (*открытый*; *о замечании и т. п.*) ópen, públic ['pʌ-].

**громозди́ть** (*вн.*; *прям. и перен.*) pile up (*d.*), heap up (*d.*); ~ одну́ вещь на другу́ю pile one thing on another. **~ся** (на *вн.*) get* up (on).

**громо́здкий** búlky, cúmber¦some, cúmbrous, ùnwíeldy [-'wiːl-].

**громоотво́д** *м.* líghtning-condúctor, líghtning rod.

**громоподо́бный** thúnderous, thúndering.

**гро́мче** *сравн. ст. прил. см.* гро́мкий и *нареч. см.* гро́мко II.

**громыха́ние** *с.* rumble, rúmbling.

**громыха́||ть** rumble; (*о телеге и т. п.*) lúmber; теле́га, ~я, прое́хала ми́мо до́ма, по у́лице the cart rumbled / lúmbered past the house*, down the street [...haus...].

**гросс** *м. торг.* gross [-ous].

**гроссбу́х** *м. бух.* lédger.

**гроссме́йстер** *м.* **1.** *ист.* Grand Máster; **2.** *шахм.* grand (chéss-)máster.

**грот** I *м.* (*пещера*) gróttò.

**грот** II *м. мор.* máinsail.

**гроте́ск** *м.* grotésque; стиль ~ grotésque style. **~ный** grotésque.

**грот-ма́чта** *ж. мор.* máinmàst.

**гро́хнуть** *сов.* (*вн.*) *разг.* (*уронить*) drop with a crash / bang (*d.*); (*бросить*) bang down (*d.*). **~ся** *сов. разг.* fall* down with a crash, crash down; ~ся с ле́стницы fall* dównstáirs; (*с шумом*) crash dównstáirs.

**гро́хот** I *м. тк. ед.* crash, din; (*пушек и т. п.*) thúnder, roar; (*барабана*) roll; (*мелких падающих вещей, напр., кусков угля*) rattle.

**гро́хот** II *м.* (*решето*) riddle, screen, sífter.

**грохота́нье** *с.* crásh(ing); (*грома*) rólling; (*отдалённое*) rumble, rúmbling.

**грохота́ть** **1.** crash; (*о громе тж.*) roll, peal; (*об отдалённом громе*) rumble; (*о машинах, пушках*) roar; (*о пушках тж.*) thúnder; **2.** *разг.* (*громко смеяться*) roar.

**грохоти́ть,** прогрохоти́ть (*вн.*) *тех.* riddle (*d.*), sift (*d.*); (*более крупные куски*) screen (*d.*).

**грош** *м.* half a cópèck coin [hɑːf...]; (*перен.*) pénny, fárthing [-ð-]; ◇ быть без ~á be pénniless, be without a pénny, not have a pénny to one's name; не имéть ни на ~ чегó-л. *разг.* not have a grain / spark of smth.; э́тому ~ ценá, э́то ~á мéдного, лóманого не стóит *разг.* it is not worth a brass fárthing, *или* a pénny; ни в ~ не стáвить (*вн.*) *разг.* not care / give* a pin (for), not care a brass fárthing (for), make* no accóunt (of); купи́ть что-л. за ~и́ buy* smth. for a song, *или* for next to nothing [baɪ...]. **~óвый** *разг.* **1.** cheap; **2.** (*мелочной*) páltry, pétty.

**грубéть,** огрубéть cóarsen.

**груби́ть,** нагруби́ть (*дт.*) be rude (to).

**грубия́н** *м. разг.* rude féllow; churl, boor. **~ить,** нагрубия́нить (*дт.*) *разг.* be rude (to). **~ка** *ж. разг.* rude wóman* [...'wu-]; (*о девочке, девушке*) rude girl [...g-].

**гру́бо** I *прил. кратк. см.* гру́бый.

**гру́бо** II *нареч.* **1.** róughly ['rʌf-], cóarse¦ly; (*невежливо*) rúde¦ly; **2.** (*неискусно*) crúde¦ly; ◇ ~ говоря́ róughly spéaking.

**грубовáтый** ráther / sóme¦whàt rough, *или* coarse, *или* rude ['rɑː-...rʌf...]; (*ср.* гру́бый).

**гру́бост||ь** *ж.* **1.** róughness ['rʌf-], cóarse¦ness; (*невежливость*) rúde¦ness; наговори́ть комý-л. ~ей be rude to smb.; какáя ~! how rude!; **2.** (*неискусность*) crúdity, crúde¦ness.

**грубошёрстный** (*о сукне и т. п.*) coarse; (*о костюме и т. п.*) of coarse cloth.

**гру́б||ый 1.** (*в разн. знач.*) rough [rʌf], coarse; (*невежливый*) rude; (*вульгарный*) gross [-ous]; ~ вкус coarse taste [...teɪ-]; ~ гóлос harsh / rough / gruff voice; ~ая кóжа coarse / rough skin; ~ая matéрия coarse matérial; ~ая оши́бка flágrant érror, (gross) blúnder; ~ая пи́ща coarse / rude fare; ~ые рýки hórny / hárdened hands; ~ое слóво rude word; (*неприличное*) coarse word; ~ая лесть gross / fúlsome fláttery [...'ful-...]; ~ое замечáние coarse / rude remárk; ~ое нарушéние прав, закóна *и т. п.* gross / flágrant viòlátion of rights, the law, *etc.*; ~ое вмешáтельство gross interférence [...-'fɪə-]; ~ая си́ла brute force; ~ые черты́ лицá rúgged féatures; (*отталкивающие*) coarse féatures; э́то óчень ~о с вáшей стороны́ it is very rude of you; **2.** (*неискусный*) crude; ~ая рабóта crude wórkmanship; **3.** (*приблизительный*) rough; ~ подсчёт rough éstimate; в ~ых чертáх in broad óutline [...brɔːd...].

**грýда** *ж.* heap, pile; ~ развáлин heap of rúins; лежáть ~ми be heaped / piled up.

**грудáстый** *разг.* big-bósomed [-'buz-].

**груд||и́на** *ж. анат.* bréast-bòne ['bre-]; stérnum (*pl.* -na) *научн.* **~и́нка** *ж.* brisket; копчёная ~и́нка bácon.

**грудни́ца** *ж. мед.* màstítis.

**грудн||óй** *прил. к* грудь 1; péctoral *научн.*; ~ гóлос chest voice; ~áя клéтка *анат.* thóràx; ~áя кость = груди́на; ~áя жáба *мед.* àngína péctoris [æn'dʒ-...]; ~ы́е мы́шцы péctoral muscles [...mʌslz]; ~ ребёнок báby, infant in arms.

**грудобрю́шн||ый** *анат.*: ~ая преграда diaphràgm [-æm].

**груд||ь** *ж.* **1.** breast [bre-]; (*грудная клетка*) chest; (*бюст*) bósom ['buz-], bust; слáбая ~ weak chest; широ́кая ~ broad chest [brɔːd...]; боль в ~и́ pain in the chest; прижáть когó-л. к своéй ~и́ strain smb. to one's breast; плáкать на ~и́ у когó-л. weep* on smb.'s breast; таи́ть что-л. в ~и́ keep* smth. sécret; дать ~ ребёнку give* *a* báby the breast; корми́ть ~ью (*вн.*) nurse (*d.*); отня́ть от ~и́ (*вн.*) wean (*d.*); **2.** *тк. ед. разг.* (*у рубашки*) front [frʌ-], shírt-frònt [-frʌ-]; рубáшка с крахмáльной ~ью shirt with starched front; boiled shirt *амер.*; ◇ стоя́ть ~ью (за *вн.*) stand* up stáunchly (for), defénd / chámpion with might and main (*d.*).

**гружёный** lóaded; láden (*гл. обр. мор.*).

**груз** *м.* **1.** (*кладь*) load; (*железнодорожный*) goods [gudz] *pl.*; (*морской*) freight, cárgò, láding; скоропóртящийся ~ périshables *pl.*; движéние ~ов goods tráffic, freight tráffic; **2.** *тк. ед.* (*тяжесть*) weight; (*ноша*) búrden; (*перен.: бремя*) búrden, weight.

**груздь** *м.* milk-agàric.

**грузи́ло** *с. рыб.* plúmmet.

**грузи́н** *м.*, **~ка** *ж.* Geórgian ['dʒɔː-]. **~ский** Geórgian ['dʒɔː-]; ~ский язы́к Geórgian, the Geórgian lánguage.

**грузи́ть,** погрузи́ть (*вн.* на *вн.*) load (*d.* on); (*людей — на судно*) embárk (*d.*); (*в поезд*) entráin (*d.*); (*на самолёт*) empláne (*d.*); ~ товáр на сýдно ship, load / put* cárgò on board ship, *или* a¦bóard; ~ товáр в вагóны load goods on trucks [...gudz...]. **~ся,** погрузи́ться **1.** (*о войсках и т. п. — на судно*) embárk; (*в вагоны*) entráin; (*на грузовики*) embús; entrúck *амер.*; (*на самолёт*) empláne; ~ся углём coal; **2.** *страд. к* грузи́ть.

**грýзно** I *прил. кратк. см.* грýзный.

**грýзн||о** II *нареч.* héavily ['he-]. **~ость** *ж.* héaviness ['he-]; ùnwíeldiness [-'wiːl-]; córpulence; (*ср.* грýзный). **~ый** (*тяжёлый*) héavy ['he-]; (*большой*) mássive; (*громоздкий*) búlky, cúmber¦some, cúmbrous, ùnwíeldy [-'wiː-]; (*толстый*) stout, córpulent; ~ая фигýра héavy / córpulent figure.

**грузови́к** *м.* (mótor) lórry; truck *амер.*

**грузовладéлец** *м.* ówner of goods ['ou-... gudz].

**грузов||óй** cárgò (*attr.*); cárgò-cárrying; ~ парохóд cárgò stéamer, fréighter; ~óе движéние goods tráffic [gudz...]; *мор.* shípping.

**грузооборóт** *м.* goods / freight túrnòver [gudz...]; ~ речнóго, морскóго трáнспорта ríver-bòrne, séa-bòrne freight túrnòver; ~ железнодорóжного трáнспорта rail freight túrnòver.

**грузоотправи́тель** *м.* consígnor [-'saɪnə], shípper.

**грузоподъёмн||ость** *ж.* (*вагона и т. п.*) cárrying capácity; (*судна*) fréight-càrrying capácity, tónnage ['tʌ-]; (*подъёмного механизма*) hóisting capácity. **~ый:** ~ый кран crane.

**грузополучáтель** *м.* cònsignée [-saɪ'niː].

**грузопотóк** *м.* goods tráffic [gudz...]; мóщность ~ов на рáзных торгóвых путя́х the vólume / amóunt of goods tráffic on the várious trade routes [...ruːts].

**грýзчик** *м.* lóader; (*портовой*) stévedòre ['stiːvɪdɔː]; lóng¦shòre¦man* *амер.*

**грунт** *м.* **1.** (*почва*) soil; (*твёрдое дно*) ground, bóttom; выса́живать в ~ (*вн.*) bed out (*d.*); вы́садка в ~ bédding-out; **2.** *жив.* ground, priming.

**грунт||ова́ть** (*вн.*) ground (*d.*); *жив.* prime (*d.*). **~о́вка** *ж. жив.* priming, prime cóating. **~ово́й:** ~овы́е во́ды súbsoil wáters [...'wɔː-]; ~ова́я доро́га earth, *или* nátural soil, road [əːθ...]; dirt road *амер.*

**гру́ппа** *ж.* (*в разн. знач.*) group [gruːp]; (*о людях или предметах, находящихся рядом тж.*) clúster; (*о деревьях, кустах тж.*) clump; ~ островóв, зри́телей clúster of islands, of spèctátors [...'aɪl-...]; ~ кро́ви *биол.* blood group [-ʌd...].

**группир||ова́ть,** сгруппирова́ть (*вн.*) group [gruːp] (*d.*); (*классифицировать*) clássifỳ (*d.*). **~ова́ться,** сгруппирова́ться **1.** group [gruːp]; **2.** *страд. к* группирова́ть. **~о́вка** *ж.* **1.** (*действие*) gróuping ['gruː-]; (*классификация*) clàssificátion; **2.** (*группа; тж. воен.*) group [gruːp], alígnment [ə'laɪn-]; (*тк. воен.*) force; gróuping *амер.*; за́мкнутая вое́нная ~о́вка restrícted / closed military alígnment.

**группов||о́й** group [gruːp] (*attr.*); ~а́я фотогра́фия group phóto:gràph; ~ы́е заня́тия group stúdy [...'stʌ-] *sg.*, group léssons; ~ы́е интере́сы interests of a nárrow group / set, clíquish interests ['kliːk-...]. **~щи́на** *ж.* clánnishness, clíquishness ['kliːk-].

**грусти́ть** be sad, be mélancholy [...-k-]; (*о пр.*) long (for), yearn [jəːn] (for); (*о прошедшем*) mourn [mɔːn] (*d.*, for), lamént (*d.*).

**гру́стно** I **1.** *прил. кратк. см.* гру́стный; **2.** *предик. безл.* it is sad; ему́ ~ he feels sad, he is sad; ему́ ~, что he is sórry that; ему́ ~ (+ *инф.*) it makes him sad (+ to *inf.*), it grieves him [...-iːvz...] (+ to *inf.*); ему́ ~ слы́шать э́то he is sórry, *или* it grieves him, to hear it.

**гру́стн||о** II *нареч.* sád:ly, sórrowfully. **~ый** mélancholy [-k-], sad; у него́ ~ое настрое́ние he is in a mélancholy mood, he is in low spírits [...lou...].

**грусть** *ж.* mélancholy [-k-], sádness.

**гру́ш||а** *ж.* **1.** (*плод*) pear [pɛə]; **2.** (*дерево*) péar-tree ['pɛə-]. **~еви́дный** péar-shàped ['pɛə-]; pýrifòrm *научн.* **~евый** *прил. к* гру́ша; ~евый сад pear órchard [pɛə...]; ~евое де́рево péar-tree ['pɛə-]; ~евый компо́т stewed pears [...pɛəz] *pl.* **~о́вка** *ж. тк. ед.* (*наливка*) pear liquéur [pɛə -'kjuə].

**гры́ж||а** *ж. мед.* rúpture; hérnia *научн.*; быть больны́м ~ей be rúptured. **~евый** hérnial; ~евый банда́ж truss.

**грызн||я́** *ж. тк. ед.* (*о собаках и т. п.*) fight; (*перен.: ссора*) squabble, bickering; затея́ть ~ю́ start a fight; start a squabble, start bickering.

**грызть** (*вн.*) gnaw (*d.*); (*маленькими кусочками*) nibble (*d.*); (*перен.: изводить*) nag (*d.*, at); ~ оре́хи eat* nuts; ~ се́мечки eat* / nibble súnflower seeds; ~ сухари́ eat* / nibble rusks; ~ кость (*о животном*) gnaw *a* bone; (*о человеке*) pick *a* bone; ~ но́гти bite* one's nails. **~ся** (*о собаках*) fight*; (*перен.: ссориться*) wrangle, squabble, bicker.

**грызу́н** *м. зоол.* ródent.

**гряда́** *ж.* **1.** (*садовая*) bed (*in garden*); **2.** (*гор*) ridge (*range*); **3.** (*облаков*) bank (*of cloud*).

**грядёт** *3 л. ед. наст. вр. уст.* is coming, is appróaching, is dráwing near.

**гря́диль** *м. с.-х.* plóugh-beam.

**гря́дк||а** *ж. уменьш. от* гряда́ 1; копа́ть ~и dig* beds. **~овый** *прил. к* гря́дка; ~овая культу́ра cùltivátion in beds.

**гряду́щ||ее** *с. скл. как прил. тк. ед.* the fúture. **~ий** appróaching, coming; ~ие дни the days to come; ~ие поколе́ния succéeding gènerátions, gènerátions to come; ◇ на сон ~ий *разг.* just, *или* the last thing, befóre gó:ing to bed, at bédtime; он расска́зывал им ска́зки на сон ~ий he used to tell them fáiry tales at bédtime [...juːst...].

**грязев||о́й** mud (*attr.*); ~а́я ва́нна múd-báth*; ~ вулка́н mud vòlcáno.

**грязеле||че́бница** *ж.* múd-báths [-'bɑːðz] *pl.* **~че́ние** *с.* mud cure.

**грязеочисти́тель** *м. тех.* múd-scràper.

**гря́з||и** *мн. мед.* mud *sg.*; (*грязевые ванны*) múd-báths [-'bɑːdz]; принима́ть ~, лечи́ться ~ями take* / ùndergó* a mud cure.

**грязни́ть,** загрязни́ть (*вн.*) soil (*d.*), dirty (*d.*), make* dirty (*d.*); (*перен.*) súlly (*d.*), tárnish (*d.*). **~ся,** загрязни́ться become* dirty / soiled.

**гря́зно** I **1.** *прил. кратк. см.* гря́зный; **2.** *предик. безл.* it is dirty; на у́лице ~ it is múddy óutside, the streets are múddy.

**гря́зно** II *нареч.* dirtily; (*неопрятно*) ùntídily [-'taɪ-]; он ~ пи́шет (*об ученике*) his writing, *или* written work, is slóvenly [...'slʌ-].

**грязнова́тый** ráther dirty ['rɑː-...]; (*об улице*) ráther múddy; ~ цвет лица́ díngy compléxion.

**грязну́||ля** *м. и ж.*, **~ха** *м. и ж. разг.* dirty créature; (*о мужчине тж.*) dirty féllow; (*о женщине тж.*) slut.

**гря́зн||ый** dirty; (*отвратительный*) filthy; (*об улице, дороге и т. п.*) múddy, miry; ~ое лицо́, ~ые ру́ки dirty / grímy face, hands; ~ая рабо́та slóvenly / ùntídy work ['slʌ-...]; ~ое бельё (*для стирки*) wáshing; ◇ ~ое де́ло únsávoury / dirty búsiness [-'seɪ-... 'bɪzn-]; ~ая война́ dirty war; ~ое ведро́ slóp-pail; gárbage pail *амер.*

**грязь** *ж. тк. ед.* **1.** dirt; filth (*тж. перен.*); (*моральное разложение*) corrúption; въе́вшаяся ~ grime; **2.** (*слякоть*) mud; жи́дкая ~ slush; бры́зги гря́зи spláshes of mud; непроля́зная ~ impássable / thick mud / mire; забры́згать ~ю (*вн.*) splash with mud (*d.*), bespátter (*d.*); ◇ меси́ть ~ *разг.* wade through mud, walk in the mud; втопта́ть в ~ (*вн.*), смеша́ть с ~ю (*вн.*) defáme (*d.*), bespátter (*d.*), vilifỳ (*d.*); не уда́рить лицо́м в ~ not disgráce one:sélf, not be found wánting.

**гря́ну||ть** *сов.* burst* out, burst* forth; (*перен.: разразиться*) break* out [breɪk...], burst* out, burst* forth; гром ~л there was a clap / crash of thúnder; ~л вы́стрел a shot rang out.

**гуа́но** *с. неск. с.-х.* guánò ['gwɑː-].

**гуа́шь** *ж. тк. ед. жив.* gouáche [gu'ɑːʃ].

**губа́** I *ж.* lip; ве́рхняя ~ úpper lip; ни́жняя ~ lówer lip ['louə...]; за́ячья ~ *мед.* háre:lip; гу́бы ба́нтиком a mouth like a Cúpid's bow [...bou]; сложи́ть гу́бы ба́нтиком purse up one's lips affectedly; наду́ть гу́бы pout (one's lips); кусать губы bite* one's lips; ◇ по ~м помазать (*дт.*) *разг.* cajóle (*d.*); у него губа не дура *погов.* ≅ he knows what's good for him [...nouz...], he knows which side his bread is búttered [...bred...].

**губа́** II *ж. геогр.* in¦let.

**губа́стый** *разг.* thick-lipped.

**губерна́тор** *м.* góvernor ['gʌ-]. **~ский** góvernor's ['gʌ-], of *a* góvernor [...'gʌ-]; ◇ положение хуже ~ского (it is) a tight place / córner. **~ство** *с.* góvernorship ['gʌ-].

**губе́рн||ия** *ж. ист.* próvince. **~ский** *прил. к* губерния.

**губи́тель** *м.*, **~ница** *ж.* úndóer [-'duːə], rúiner, destróyer. **~ность** *ж.* báne¦fulness, pèrnicious¦ness. **~ный** báne¦ful, pèrnicious, rúinous, disástrous [-'zɑː-]; (*разрушительный*) destrúctive; ~ный огонь *воен.* wither¦ing fire; климат оказался для него ~ным the climate proved fátal to him [...'klaɪ- pruːvd...].

**губи́ть,** погубить (*вн.*) rúin (*d.*); (*о человеке тж.*) be the ún¦dó¦ing (of); (*разрушать*) destróy (*d.*); (*портить*) spoil* (*d.*).

**гу́бк||а** I *ж.* (*для мытья*) sponge [-ʌ-]; мыть ~ой (*вн.*) sponge (*d.*).

**гу́бка** II *ж. уменьш. от* губа I.

**губко́м** *м.* (губернский комитет) *ист.* provincial committee [...-tɪ].

**губн||о́й** 1. *анат., лингв.* lábial; ~ согласный lábial; 2. (*предназначенный для губ*) lip (*attr.*); ~ая помада lip-stick.

**губоцве́тные** *мн. скл. как прил. бот.* làbiátae.

**губошлёп** *м. разг.* lout, lúbber.

**гу́бчат||ый** spóngy [-ʌndʒɪ]; ~ая платина *тех.* spóngy plátinum.

**гуверн||а́нтка** *ж.* góverness ['gʌ-]. **~ёр** *м.* tútor.

**гугено́т** *м. ист.* Húguenòt.

**гугу́:** ни ~ *разг.* (*молчать!*) mum's the word, don't let it go any fárther [...-ðə], keep it únder your hat; он сидел и ни ~ he sat mum.

**гуде́ние** *с.* búzz(ing); (*звуки тж.*) drone; (*о гудке*) hóoting; (*об автомобильном гудке*) honk; ~ мотора drone of *the* éngine [...'endʒ-].

**гуд||е́ть** buzz; (*о более низком звуке*) drone; (*о гудке*) hoot; (*об автомобильном гудке*) honk; фабричные гудки ~ят *the* (fáctory) whistles are hóoting / shrieking [...'ʃriː-]; ◇ у него в ушах ~ит there is a búzzing in his ears. **~о́к** *м.* 1. (*свисток*) hóoter; (*фабричный*) (fáctory) whistle; (*автомобильный*) (mótor-càr) horn; 2. (*звук*) hóoting; (*более слабый*) toot; (*автомобиля*) honk; тревожный ~ок alárm whistle; по ~ку at the sound of the whistle, when the whistle blows [...blouz].

**гудро́н** *м. тех.* tar. **~и́ровать** *несов. и сов.* (*вн.*) *тех.* tar (*d.*).

**гуж** *м.* tug; ◇ взялся за ~, не говори, что не дюж *посл.* ≅ you can't back out once you've begún [...kɑːnt...wʌns...]; do what you set out to do. **~ево́й** cart (*attr.*); ~евой транспорт cártage, cárting. **~о́м** *нареч.* by cártage, by cart tránspòrt; возить ~ом cart.

**гул** *м.* rumble, boom, rúmbling; (*голосов*) hum, buzz; (*машин*) din; (*ветра*) róaring.

**гу́лкий** 1. (*с сильным резонансом*) hóllow, résonant ['rez-]; 2. (*громкий*) resóunding [-'zau-]; ~ звук bóoming (sound).

**гу́льден** *м.* (*монета*) gúlden ['guː-]; (*голландский*) guilder.

**гуля́ка** *м. разг.* réveller; (*бездельник*) ídler.

**гуля́нье** *с.* 1. wálking, táking a walk; 2. (*празднество*) óutdoor fête [-dɔː feɪt].

**гуля́||ть** 1. (*совершать прогулку*) go* for a walk, take* a walk / stroll; (*проводить время на воздухе*) be out of doors [...dɔːz], be in the fresh air; он ~ет в парке he is táking / having a walk in the park; 2. *разг.* (*быть свободным от работы*) not be wórking; 3. *разг.* (*веселиться*) make* mérry, have a good time; (*кутить*) caróuse, have a spree.

**гуля́ш** *м. кул.* góulàsh ['guː-].

**гуля́щий** *разг.* 1. idle; 2. (*о женщине: распутная*) loose [-s].

**гуман||и́зм** *м.* húmanism. **~и́ст** *м.* húmanist.

**гуманита́рн||ый** humànitárian; ~ые науки the hùmánities; (*в англ. университетах тж.*) arts.

**гума́нно** I *прил. кратк. см.* гуманный.

**гума́нн||о** II *нареч.* hùmáne¦ly, with hùmánity. **~ость** *ж.* hùmánity, hùmáne¦ness. **~ый** hùmáne.

**гуммиара́бик** *м.* gum arábic.

**гумно́** *с.* (*ток*) thréshing-floor [-flɔː].

**гу́мус** *м. с.-х.* húmus.

**гунн** *м. ист.* (*тж. перен.*) Hun.

**гу́рия** *ж. миф.* hóuri ['huə-].

**гурма́н** *м.* épicùre, góurmand ['guə-]. **~ство** *с.* épicùrism, gourmandise [guəmən'diːz].

**гурт** *м.* drove, herd; (*овец*) flock. **~овщи́к** *м.* hérds¦man*; (*погонщик*) dróver.

**гурто́м** *нареч.* 1. whóle¦sàle ['h-]; 2. *разг.* (*всей компанией*) in a bódy [...'bɔ-].

**гурьб||а́** *ж. тк. ед.* crowd, throng; ~ детей bévy of children ['be-...]. **~о́й** *нареч.* in a crowd; войти ~ой come* tróoping in.

**гуса́к** *м.* gánder.

**гуса́р** *м. воен.* hussár [hu'zɑː]. **~ский** *прил. к* гусар.

**гу́сени||ца** *ж.* 1. *зоол.* cáterpillar; 2. *тех.* (cáterpillar) track. **~чный** 1. *прил. к* гусеница 1; 2. *тех.* cáterpìllar (*attr.*), tráck-laying, fúll-tráck ['ful-] (*attr.*); ~чный трактор cáterpìllar tráctor, cráwler tráctor.

**гус||ёнок** *м.* gósling [-z-]. **~и́ный** goose [-s] (*attr.*); ~иная трава *бот.* góose-gràss [-s-]; ~иное перо góose-quill [-s-]; ◇ ~иная кожа góose-flèsh [-s-], góose-skìn [-s-]; ~иные лапки (*морщинки у глаз*) *разг.* crow's feet [-ouz...].

**гуси́т** *м. ист.* Hússìte.

**гу́сл||и** *мн. муз.* psáltery ['sɔːl-] *sg.* **~я́р** *м.* pláyer on the psáltery [...'sɔːl-], psáltery pláyer.

**густе́||ть** thícken, get* / become* thick; туман ~ет the fog is thíckening, the fog is gétting dénser.

**гу́сто** I *прил. кратк. см.* густой.

**гу́сто** II *нареч.* thíckly, dénse¦ly; ~ замесить (*вн.*) work into a stiff míxture (*d.*); ~ замесить тесто make* a stiff dough [...dou].

**густоволо́сый** thick-háired, búshy ['bu-]; (*косматый*) shággy.

**густ||о́й** 1. thick; (*плотный*) dense; ~ лес dense / thick fórest [...'fɔ-]; ~ая толпа dense crowd; ~ая трава thick grass; ~ое население dense pòpulátion; ~ые брови thick /

búshy éye:brows [...'bu- 'aɪ-]; ~ы́е во́лосы thick hair *sg.*; ~ы́е облака́ dense / héavy / thick clouds [...'he-...]; ~ дым dense smoke; ~ы́е сли́вки thick cream *sg.*; **2.** (*о голосе, цвете*) rich, deep.

**густоли́ственный** léafy.

**густота́** *ж.* **1.** thíckness, dénsity; **2.** (*голоса, цвета*) ríchness, déepness.

**гусы́ня** *ж.* goose* [-s].

**гус||ь** *м.* goose* [-s]; ◇ как с ~я вода́ *погов.* ≅ like wáter off a duck's back [...'wɔː-...]; хоро́ш ~! a fine / nice féllow!

**гусько́м** *нареч.* in single / Índian file.

**гуся́т||ина** *ж.* góose(-flèsh) [-s-]. **~ник** *м.* (*помещение для гусей*) góosery, góose-pèn [-s-].

**гутали́н** *м.* shoe pólish [ʃuː...], boot cream.

**гуттапе́рч||а** *ж.* gútta-pércha. **~евый** *прил.* к гуттапе́рча.

**гуцу́л** *м.*, **~ка** *ж.* Guzúl [guː'zuːl].

**гуцу́льский** Guzúl [guː'zuːl] (*attr.*).

**гу́щ||а** *ж. тк. ед.* **1.** (*осадок*) sédiment; (*кофейная*) grounds *pl.*; (*пивная*) lees *pl.*; (*в супе*) the thíckness; **2.** (*ле́са*) thícket; (*перен.*) thick; в ~е ле́са in the thick / depths / heart of the fórest [...hɑːt...'fɔ-]; в са́мую ~у масс in the very midst of the másses.

**гу́ще** *сравн. ст. прил. см.* густо́й *и нареч. см.* гу́сто II.

**гюйс** *м. мор.* jack.

**гяу́р** *м.* giáour ['dʒauə].

# Д

**да** I **1.** *утверждение* (*в ответе*) yes; (*как подтверждение отрицания*) no (= *нет*): бы́ли ли вы там? — Да. Were you there? — Yes (,I was); сего́дня воскресе́нье? — Да. Is it Súnday to:dáy? [...-dɪ...] — Yes; ведь вы не́ были там? — Да, не был (= нет, не был) You were not there? — No, I was not; **2.** (*вопросительно, как выражение удивления*) is that so?, réally? ['rɪə-], indéed?; fáncy (that); вы зна́ете, он жени́лся? — Да? А я и не знал. You know he has got márried? — Has he?, *или* Réally / Indéed?, I didn't know [...nou].

**да** II *частица* (*усилительная*) but, oh but [ou...]: да ты гото́в? oh, but you are réady, are:n't you? [...'redɪ...]; да не мо́жет быть?, да ну? you don't say so!; is that so?; fáncy (that)!; да ну его́! oh, bóther him!; э́то что́-нибудь да зна́чит that means / signifies sóme:thing; (*это неспроста*) there is sóme:thing behind that; что́-нибудь да оста́лось же now, sóme:thing must súre:ly have been left [...'ʃuə-...], súre:ly sóme:thing was left.

**да** III *частица* (*модальная: пусть*) *передаётся через сослагательное наклонение или* let + *inf*, may + *inf*; да здра́вствует... long live... [...lɪv]; да здра́вствует Сове́тский Сою́з! long live the Sóvièt Únion!; да живёт он мно́гие го́ды! may he live a long life!

**да** IV *союз разг.* **1.** (*соединительный*) and; (*присоединительный*) and (besídes): он да я he and I; — да ещё and what is more; шёл он оди́н, да ещё в темноте́ he was wálking alóne and, what is more, in the dark, *или* and in the dark too, *или* and, mòre:-óver, in the dark; **2.** (*противительный*) but: он охо́тно сде́лал бы э́то, да у него́ нет вре́мени he would glád:ly do it, but he has no time.

**дабы́** *союз уст.* in órder (+ to *inf.*), in órder that (+ *личн. формы глагола* may): ~ преуспе́ть in órder to succéed, in órder that he, *etc.*, may succéed.

**дава́й, дава́йте** *частица* (*модальная*; + *инф.*) let us (let's *разг.*) (+ *inf.*): ~ чита́ть, писа́ть *и т. п.* let us read, write, *etc.*; — ~, я тебе́ помогу́ come (on), I'll help you.

**дава́ть,** дать **1.** (*вн. дт.*) give* (*d.* to, *d. i.*); ~ лека́рство (*дт.*) give* / adminíster a médicine (*i.*); ~ взаймы́ (*дт. вн.*) lend* (*i. d.*); ~ бал give* *a* ball; ~ обе́д, у́жин give* *a* dínner, *a* súpper; ~ конце́рт give* *a* cóncert; ~ уро́к give* *a* lésson; ~ телегра́мму (*дт.*) send* *a* télegràm (to); send* *a* wire (to) *разг.*; wire (*d.*) *разг.*; (*по кабелю*) send* *a* cable (to), cable (*d.*); **2.** (*дт.* + *инф.*; *позволять*) let* (*d.* + *inf.*), allów (*d.* + to *inf.*); ему́ не да́ли говори́ть they did not (didn't *разг.*) let him speak; ~ поня́ть give* (*i.*) to ùnderstánd; да́йте мне поду́мать let me think; ~ себя́ успоко́ить allów òne:sélf to be rè:as-súred / quíeted [...-ə'ʃuəd...]; ~ укрепи́ться (*дт.*) allów (*d.*) to gain a firm hold; ◇ ~ подза-ты́льник кому́-л. box smb.'s ears, give* smb. a box on the ear(s); ~ кому́-л. сло́во (*на собрании*) give* smb. the floor [...flɔː]; ~ сло́во (*обещать*) give* / pledge one's word; ~ кля́тву make* / take* / swear* an oath* [...swɛə...]; ~ обе́т чего́-л. vow smth.; ~ своё согла́сие (на *вн.*) give* one's consént (to); ~ показа́ния téstifỳ, depóse; (*дт.*) give* évidence (to); ~ доро́гу (*дт.*) make* way (for); ~ ме́сто (*дт.*) make* room (for); ~ пра́во (*дт.*) give* *the* right (*i.*); *офиц.* grant / accórd *the* right [grɑːnt...] (*i.*); кто дал вам пра́во (+ *инф.*)? who gave you the right (+ to *inf.*)?; ~ амни́стию grant an ámnesty; ~ звоно́к ring* (the bell); ~ залп fire *a* vólley; ~ отбо́й (*по телефону*) ring* off; ~ сраже́ние (*дт.*) give* battle (*i.*); (*перен. тж.*) méasure swords ['meʒə sɔː-] (with); ~ отпо́р (*дт.*) repúlse (*d.*), rebúff (*d.*); не ~ поко́я (*дт.*) give* no rest (*i.*), never leave* in peace (*d.*); ~ оса́док leave* *a* sédiment; ~ течь spring* *a* leak; ~ тре́щину crack, split*; ~ припло́д breed*; ~ большо́й припло́д be prolífic; ~ нача́ло чему́-л. give* rise to smth.; ~ во́лю чему́-л. give* vent to smth.; ~ во́лю воображе́нию give* rein to one's imàginátion; не ~ во́ли чему́-л. représs smth., contról smth. [-oul...]; ~ ход кому́-л. *разг.* help smb. on; ~ ход де́лу set* *an* affáir gó:ing; (*судебному*) prós-ecùte; не ~ хо́да де́лу shelve *an* affáir; ему́ не даю́т хо́да they won't give him a chance [...wount...]; ~ основáние (*дт.*+ *инф.*) give* ground (*i.*+ to *inf.*); ~ пóвод (*дт.*+ *инф.*) give* occásion (*i.*+ to *inf.*); give* cause (for + to *inf.*); ~ си́лы (*дт.*) give* strength (*i.*, to), invígoràte (*d.*); ~ перевéс (*дт.*) give* the prepónderance (to), turn the bálance in fávour (of); ~ себé труд (+ *инф.*) take* the trouble [...trʌ-] (of *ger.*,+ to *inf.*); не ~ в оби́ду (*вн.*) stand* up (for); не ~ себя́ в оби́ду be able to stand up for òne¦sélf; емý нельзя́ дать бóльше 10 лет he does not look more than ten years old; ни дать ни взять exáctly the same, as like as two peas. **~ся, дáться 1.** (*легко усваиваться*) come* éasy [...'iːzɪ]; англи́йский язы́к даётся емý легкó English comes éasy to him ['ɪŋg-...]; не ~ся комý-л. (*не усваиваться*) not come éasy to smb.; **2.** *страд. к* давáть; ◇ ~ся в рýки комý-л. yield to smb. [jiː-...], let* òne¦sélf be caught by smb.; не ~ся комý-л. (*увёртываться*) eváde smb., dodge smb.

**дáвеча** *нареч. разг.* láte¦ly, récent¦ly.

**дави́||ло** *с.* weight (*contrivance*). **~льный:** ~льный пресс wíne¦prèss. **~льня** *ж.* wíne¦prèss. **~льщик** *м.* présser, tréader [-edə].

**дави́ть 1.** (на *вн.*) weigh (on), lie* héavy [...'he-] (on): снег дáвит на кры́шу the snow weighs, *или* lies héavy, on the roof [...snou...]; **2.** (*вн.*; · *раздавливать*) crush (*d.*); **3.** (*вн.*; *мять, выжимать*) press (*d.*), squeeze (*d.*); ~ я́годы press the juice out of bérries [...dʒuːs...]; ~ лимóн squeeze *a* lémon [...'le-]. **~ся,** подави́ться **1.** (*тв.*) choke (with); **2.** *тк. несов.* (*тв.*; *глотать с трудом*) choke down (*d.*); **3.** *страд. к* дави́ть 2, 3; ◇ ~ся от кáшля choke / súffocàte with cóughing [...'kɔf-]; он дáвится от кáшля his cough is chóking / súffocàting him [...kɔf...], he is súffocàted by his cough, he has a súffocàting cough; ~ся от смéха choke with láughter [...'lɑːf-].

**дáвка** *ж. тк. ед.* crush.

**давлéние** *с.* préssure; высóкое, ни́зкое ~ high, low préssure [...lou...]; кровянóе ~ *мед.* blood préssure [blʌd...]; под ~м чегó-л. únder préssure of smth.; под ~м обстоя́тельств by / through stress of círcumstances; ~ в однý атмосфéру a préssure of one átmosphère; окáзывать ~ (на *вн.*) put* préssure (up¦ón), bring* préssure to bear [...bɛə] (up¦ón), exért préssure (on).

**давнéнько** *нареч. разг.* for quite a (long) while.

**дáвн||ий** old, áncient ['eɪ-]; (*уже не существующий*) bý¦gòne [-gɔn]; (*существующий издавна*) lóng-stànding, of long stánding; ~ие собы́тия áncient / bý¦gòne evénts; ~ друг an old friend [...fre-]; ~яя дрýжба a lóng-stànding, *или* an old, friendship [...'fre-], a friendship of long stánding; с ~их пор long, for a long time; он живёт здесь с ~их пор he has been living here for a long time [...'lɪv-...]; he has been líving here for áges *разг.* **~и́шний** *разг.*= дáвний.

**давнó** *нареч.* **1.** (*много времени тому назад*) long agó; **2.** (*в течение долгого времени*) for a long time; я ~ егó не ви́дел I have¦n't seen him for a long time; ~ порá (+ *инф.*) it's high time (+ to *inf.*).

**давнопрошéдш||ий** remóte; ~ие временá remóte times; ~ее (врéмя) *грам.* plúpérfect (tense); past pérfect (tense).

**дáвност||ь** *ж.* **1.** (*отдалённость*) remóte¦ness; (*древность*) àntíquity: ~ собы́тий remóte¦ness of evénts; ~ э́того оbýчая the àntíquity of this cústom; — э́то дéло имéет большýю ~ this is a mátter of long stánding; **2.** *юр.* prescríption; десятилéтняя ~ ten years' prescríption; прáво ~и prescríptive right.

**давны́м-давнó** *нареч.* very long agó; long long agó; áges agó *разг.*

**дагестáн||ец** *м.*, **~ка** *ж.*, **~ский** Dàg(h)èstán [dɑːge'stɑːn].

**дáже** *частица* éven; он ~ предстáвить себé не мог, что э́то так he could¦n't éven imágine that it was so; пришли́ все, ~ дéти éνery¦òne came, éven the children; éсли ~ éven if; он ~ смути́лся he looked quite confúsed.

**дактили́ческий** *лит.* dàctýlic; ~ размéр dàctýlic metre.

**дактилоскопи́ческий** dàctyloscópic; ~ óттиск dàctyloscópic print.

**дактилоскóпия** *ж.* dàctylóscopy.

**дáктиль** *м. лит.* dáctyl.

**далáй-лáма** *м.* Dálai-Láma [-laɪ'lɑː-].

**дáлее** *нареч.* **1.** fúrther [-ðə]; (*о времени*) láter; не ~ как, не ~ чем по fúrther / fárther than [...'fɑːðə...]; (*о времени*) no láter than; **2.** (*затем*) fúrthèr, then; ◇ и так ~ and so on, and so forth, etc. [et 'setrə].

**далёк||ий 1.** (*находящийся на большом расстоянии*; *тж. о времени*) dístant, remóte; *реже* far*, fár-a¦way; ~ие стрáны dístant lands; ~ое бýдущее, прóшлое remóte / dístant fúture, past; не в óчень ~ом бýдущем in the not too dístant fúture; **2.** (*о путешествии*) long, dístant; ~ путь (*окольный*) a long way round, a róundabout way; **3.** (*чуждый*): они́ ~ие друг дрýгу лю́ди they have líttle in cómmon; далёк от чегó-л., как нéбо от земли́ as far remóved as héaven from earth [...-'muː- ...'he-... əːθ]; так далеки́ друг от дрýга, как нéбо от земли́ as far apárt as héaven and earth; ◇ он далёк от подозрéний he is far from suspécting ány¦thing; ~ от и́стины, цéли *и т. п.* wide of the truth, mark, *etc.* [...-uːθ...]; он не óчень ~ человéк he is not very cléver [...'kle-].

**далекó** I **1.** *прил. кратк. см.* далёкий; **2.** *предик. безл.* it is far; it is a long way; тудá далекó (идти́) it is a long way (to go) there, it is far a¦wáy; до э́того ещё ~ it is still a long way off; емý, им *и т. д.* ~ до совершéнства he is, they are, *etc.*, far from bé¦ing pérfect; емý ~ до неё he is much inférior to her.

**далекó** II *нареч.* far* off; (от) far* (from); a great dístance a¦wáy [...greɪt...] (from); ~ позади́ far* behínd; ◇ ~ за (*много больше чем*) far more than; ~ зá пóлночь far* / deep into the night, long áfter mídnight; (сли́шком) ~ заходи́ть go* too far; ~ не *разг.* far from bé¦ing, a long way from: он ~ не дурáк he is far from bé¦ing a fool; ~ ещё не изжи́т still far from bé¦ing elímìnated; — он ~ пойдёт he will go far; ~ идýщие цéли fár-réaching aims.

**даль** *ж.* **1.** *тк. ед. разг.*: э́то така́я ~ it is such a long way off; от до́ма до ста́нции така́я ~! it is such a distance, *или* a long way, from our house* to the státion [...haus...]; **2.** *поэт.* (*видимое вдалеке пространство*) dístance.

**дальневи́дение** *с.* télevìsion.

**дальневосто́чный** Fár-Éastern.

**дальне́йш||ий** fúrther [-ðə]; (*последующий*) súbsequent; ~ее разви́тие súbsequent devélopment; в свое́й ~ей рабо́те in one's súbsequent work; ◇ в ~ем láter on; (*впоследствии*) súbsequently; (*в будущем*) in fúture, hénce:fórth, hénce:fórward; (*ниже в тексте*) belów [-ou].

**да́льн||ий** **1.** (*далёкий, отдалённый*) distánt, remóte; (*о пути и т. п.*) long; ~ райо́н remóte dístrict; ~ путь long / dístant jóurney [...'dʒə:-]; (*морем*) long / dístant vóyage; ~ее расстоя́ние long / great dístance [...greɪt...]; ~его де́йствия lóng-ránge [-'reɪndʒ]; авиа́ция ~его де́йствия lóng-ránge áircràft; по́езд ~его сле́дования lóng-dístance train; **2.** (*о родстве*) dístant; ~ ро́дственник dístant rélative; ◇ Да́льний Восто́к the Far East; без ~их слов without more / fúrther adó [...-ðə(r) ə'du:]; (*немедленно*) without deláy.

**дальнобо́йн||ость** *ж.* range [reɪ-]. **~ый** lóng-ránge [-'reɪ-] (*attr.*).

**дальнови́дн||ость** *ж.* fóre:sight, préscience. **~ый** fár-síghted, fár-sée:ing, préscient.

**дальнозо́рк||ий** lóng-síghted, fár-síghted. **~ость** *ж.* long sight; ста́рческая ~ость *мед.* prèsbyópia [-z-].

**дальноме́р** *м.* ránge-fìnder ['reɪ-]. **~щик** *м.* ránge-tàker ['reɪ-].

**да́льность** *ж.* dístance; (*действия, стрельбы*) range [reɪ-]; ~ расстоя́ния (long) dístance; значи́тельная ~ расстоя́ния considerable dístance; за ~ю расстоя́ния ówing to, *или* on accóunt of, the dístance ['ouɪŋ...]; ~ полёта (*самолёта, снаряда и т. д.*) range.

**дальтони́зм** *м. мед.* cólour-blìndness ['kʌ-]; dáltonism.

**дальто́ник** *м.* cólour-blind pérson ['kʌ-...]; dàltónian; он ~ he is cólour-blind.

**да́льше** I *сравн. ст. прил. см.* далёкий.

**да́льше** II *нареч.* **1.** (*сравн. ст. от* далеко́) fárther [-ðə]; смотре́ть ~ (*прям. и перен.*) look fárther ahéad [...ə'hed]; **2.** (*затем*) fúrther [-ðə], then; что же ~? what next?; а ~ что бы́ло? what háppened next / then?; что бу́дет ~? what is gó:ing to háppen?; **3.** (*долее*): нельзя́ э́то ~ так оста́вить you cánnòt leave it like that any lóng:er; ◇ ~! (*продолжайте!*) go on!; пиши́те, чита́йте *и т. п.* ~ go on wríting, réading, *etc.*; расска́зывайте ~ go on with your stóry / accóunt; ти́ше е́дешь, ~ бу́дешь *посл.* ≅ more haste less speed [...heɪst...].

**да́ма** *ж.* **1.** lády; ~ се́рдца *шутл.* ládylòve; **2.** (*в танцах*) pártner; **3.** *карт.* queen; ~ черве́й, ~ пик *и т. п.* the queen of hearts, spades, *etc.* [...hɑ:ts...].

**дама́сск||ий** Dámask ['dæ-]; ~ая сталь Dámask steel.

**да́мба** *ж.* (*водохранилища*) dam; (*предохранение от затопления*) dike, dyke.

**да́мк||а** *ж.* (*в шашках*) king; проводи́ть в ~и (*вн.*) crown (*d.*); проходи́ть в ~и be crowned.

**да́мский** *прил. к* да́ма 1; ~ портно́й ládies' táilor.

**да́нн||ик** *м.*, **~ица** *ж.* tríbùtary.

**да́нн||ые** *мн. скл. как прил.* **1.** (*сведения*) dáta, facts; ìnformátion *sg.*; цифровы́е ~ fígures; полу́ченные ~ fíndings; приводи́ть ~ cite dáta; для э́того есть все ~ we have all the dáta to go up:ón; по всем ~ым accórding to all aváilable dáta / ìnformátion; по ~ым отчёта accórding to the dáta presénted in the repórt [...-'ze-...], accórding to the facts of the repórt; по бо́лее по́лным ~ым accórding to fúller ìnformátion [...'fulə...]; **2.** (*задатки*) esséntial quálities; mákings; у него́ есть все ~ стать хоро́шим писа́телем he has all the mákings of a good wríter; **3.** (*основания*) grounds; нет никаки́х ~ых предполага́ть there are no grounds to suppóse.

**да́нн||ый** **1.** *прич. см.* дава́ть 1; **2.** *прил.* gíven; (*этот, настоящий*) présent [-ez-]; в ~ моме́нт at the gíven / présent móment, at présent, at the móment; в ~ом слу́чае in the présent case [...-s]; ~ая величина́ *мат.* dátum (*pl.* -ta).

**данти́ст** *м.*, **~ка** *ж.* déntist.

**дань** *ж.* tríbùte, còntribútion; облага́ть ~ю (*вн.*) lay* únder tríbùte / còntribútion (*d.*); (отдава́ть) ~ уваже́ния кому́-л. pay* / do hómage to smb., pay* a tríbùte of respéct to smb.; отда́ть ~ вре́мени appréciàte the time / age, take* cógnizance of the time / age.

**дар** *м.* **1.** (*подарок*) gift [g-]; (*субсидия, дотация и т. п.*) donátion; *юр.* grant [-ɑ:nt]; принести́ что-л. в ~ make* a gift of smth., presént smth. [-'ze-...]; **2.** (*рд.*; *способность*) gift (of); ~ сло́ва gift of éloquence; gift of the gab *разг.*; ~ ре́чи gift of speech; ◇ ~ы́ дана́йцев Greek gift *sg.*

**дарвин||и́зм** *м.* Dárwinism. **~и́ст** *м.* Dàrwínian.

**дарён||ый** gift [gɪ-] (*attr.*); recéived as a gift [-'si:vd...]; ~ая вещь gift, présent [-ez-]; ◇ ~ому коню́ в зу́бы не смо́трят *посл.* one shouldn't look a gift horse in the mouth.

**дари́тель** *м.*, **~ница** *ж.* dónòr, gràntór [-ɑ:n-].

**дари́ть**, подари́ть (*вн. дт.*) give* (*d. i.*); make* a présent [...-ez-] (of *i.*); (*жаловать*) grant [-ɑ:nt] (*d.* to); (*преподносить*) presént [-'z-] (with *d.*); ~ кого́-л. улы́бкой fávour smb. with a smile, bestów a smile on smb. [-ou...].

**дармое́д** *м.*, **~ка** *ж. разг.* párasìte, spónger ['spʌn-], drone. **~ство** *с. разг.* párasìtism [-saɪ-], spónging ['spʌn-].

**дарова́ние** *с.* gift [g-], tálent ['tæ-].

**дарова́ть** *несов. и сов.* (*вн. дт.*) grant [-ɑ:nt] (*d.* to); ~ проще́ние кому́-л. grant smb. one's párdon; ~ кому́-л. свобо́ду, жизнь grant smb. *his* líberty, life.

**дарови́т||ость** *ж.* gíftedness ['gɪ-]. **~ый** gífted ['gɪ-], tálented ['tæ-].

**дарово́й** *разг.* free (of charge), gratúitous.

**даровщи́нк||а**: на ~у *разг.* for nóthing.

**да́ром** *нареч.* **1.** (*бесплатно*) for nothing, grátis, free (of charge); рабо́тать ~ work for nothing, *или* without remùnerátion; **2.** (*очень дёшево*) for next to nothing; for a trifle, for a song; **3.** (*бесполезно*) in vain, to no púrpose [...-s]; э́то не прошло́ ~ it was not in vain, it had its effect; ~ тра́тить что-л. waste smth. [weɪ-...]; весь день ~ пропа́л (у меня́, у него́) the whole day has been wásted [...houl...], I have, he has wásted *a* day; его́ уси́лия не пропа́ли ~ his éfforts were not in vain, *или* were not wásted; ◇ ~ что *разг.* though [ðou], àlthóugh [ɔːl'ðou]; э́то ему́ ~ не пройдёт he'll pay for it; э́то так ~ не пройдёт the mátter will not rest there; э́тот уро́к не прошёл для них ~ the lésson was not lost up¦ón them; э́то ему́ не ~ доста́лось he did not get it without much trouble [...trʌ-], it cost him sóme¦thing; он э́того и ~ не возьмёт he would not have it as a gift [...g-]; ~ хлеб есть ≅ not be worth one's salt.

**да́рственн||ый:** ~ая за́пись *юр.* séttle¦-ment, deed.

**да́т||а** *ж.* date; поста́вить ~у (на *пр.*) date (*d.*).

**да́тельный:** ~ паде́ж *грам.* dátive (case) [...-s].

**дати́ров||анный** *прич. и прил.* dáted. **~ать** *несов. и сов.* (*вн.*) date (*d.*).

**да́тский** Dánish ['deɪ-]; ~ язы́к Dánish, the Dánish lánguage.

**датча́н||ин** *м.*, **~ка** *ж.* Dane.

**да́ть(ся)** *сов. см.* дава́ть(ся).

**да́ча** I *ж.* **1.** (*предоставление*) giving; ~ взаймы́ lénding; ~ показа́ний giving évidence, téstifỳing, dèposítion [-'zɪ-]; **2.** (*порция*) pórtion, allówance.

**да́ч||а** II *ж.* (*загородный дом*) cóttage (in the cóuntry) [...'kʌ-], cóuntry-cóttage ['kʌ-]; (*летняя тж.*) súmmer cóttage; снима́ть ~у rent a súmmer cóttage; жить на ~е live in the cóuntry [lɪv...]; е́хать на ~у go* to the cóuntry.

**да́ча** III *ж.* (*тж.* лесна́я ~) wóodland ['wud-], wood plot [wud...], wood lot *амер.*

**дачевладе́л||ец** *м.*, **~ица** *ж.* ówner of a cóuntry-cóttage ['ou-... 'kʌ-], ówner of a súmmer cóttage; (*ср.* да́ча II).

**да́чни||к** *м.*, **~ца** *ж.* súmmer résident (in the cóuntry) [...-z-... 'kʌ-].

**да́чный** *прил. к* да́ча II; ~ по́езд subúrban / lócal train; ~ сезо́н súmmer séason [...-z-].

**два** *числит.* two; в ~ ра́за бо́льше (*с сущ. в ед. ч.*) twice as much; (*с сущ. во мн. ч.*) twice as many; double the amóunt / númber [dʌ-...]; в ~ ра́за ме́ньше (*с сущ. в ед. ч.*) half as much [hɑːf...]; (*с сущ. во мн. ч.*) half as many; half the amóunt / númber; ка́ждые ~ дня every other day; ~-три дня a couple of days [...kʌ-...]; ◇ в двух слова́х briefly [-iːf-], in a word; в двух шага́х a few steps a¦wáy; near by; в ~ счёта *разг.* at one / a stroke, in a trice, in a jiffy; ни ~ ни полтора́ *разг.* ≅ néither fish, nor fowl ['naɪ-...].

**двадцати-** (*в сложн. словах, не приведённых особо*) of twénty, *или* twénty- — *соотв. тому, как даётся перевод второй части слова*; *напр.* двадцатидне́вный of twénty days, twénty-day (*attr.*) (*ср.* -дне́вный: of... days, -day *attr.*); двадцатиме́стный with berths, seats for 20; (*о самолёте и т. п.*) twénty-séater (*attr.*) (*ср.* -ме́стный).

**двадцатигра́нник** *м.* ìcosahédron['aɪ- -'he-].

**двадцатиле́т||ие** *с.* **1.** (*годовщина*) twéntieth ànnivérsary; (*день рождения*) twéntieth bírthday; **2.** (*срок в 20 лет*) twénty years *pl.* **~ний 1.** (*о сроке*) of twénty years; twénty--year (*attr.*); vicénnial *книжн.*; ~ний юбиле́й twéntieth ànnivérsary; **2.** (*о возрасте*) of twénty; twénty-year-óld; ~ний ю́ноша a young man* of twénty [...jʌŋ...].

**двадцатипятиле́тие** *с.* **1.** (*годовщина*) twénty-fìfth ànnivérsary; (*день рождения*) twénty-fìfth bírthday; **2.** (*срок в 25 лет*) twénty five years *pl.*

**двадца́т||ый** twéntieth; ~ое ма́я, ию́ня *и т. п.* the twéntieth of May, June, *etc.*; May, June, *etc.*, the twéntieth; страни́ца, глава́ ~ая page, chápter twénty; ~ но́мер númber twénty; ему́ (пошёл) ~ год he is in his twéntieth year; ~ые го́ды (*столетия*) the twénties; в нача́ле ~ых годо́в in the éarly twénties [...'əːlɪ...]; в конце́ ~ых годо́в in the late twénties; одна́ ~ая óne-twéntieth.

**два́дцат||ь** *числит.* twénty; ~ оди́н *и т. д.* twénty-òne, *etc.*; ~ пе́рвый *и т. д.* twénty-fírst, *etc.*; лет ~ (*о времени*) abóut twénty years; (*о возрасте*) abóut twénty; лет ~ тому́ наза́д abóut twénty years agó; ему́ лет ~ he is / looks abóut twénty; ему́ о́коло ~и́ he is abóut twénty; челове́к лет ~и́ a man* of / abóut twénty; в ~и́ киломе́трах (от) twénty kílomètres (from).

**два́жды** *нареч.* twice; ~ два — четы́ре twice two is four [...fɔː]; он ~ Геро́й Сове́тского Сою́за he has had the title of Héro of the Sóvièt Únion conférred on him twice; ◇ я́сно как ~ два четы́ре ≅ as plain as a pike¦stàff.

**две** *ж. к* два.

**двенадцати-** (*в сложн. словах, не приведённых особо*) of twelve, *или* twelve- — *соотв. тому, как даётся перевод второй части слова*; *напр.* двенадцатидне́вный of twelve days, twélve-day (*attr.*) (*ср.* -дне́вный: of ...days, -day *attr.*); двенадцатиме́стный with berths, seats for 12; (*о самолёте, автомашине и т. п.*) twélve-séater (*attr.*) (*ср.* -ме́стный).

**двенадцатиле́тний 1.** (*о сроке*) of twelve years; twélve-year (*attr.*); duodecénnial *книжн.*; **2.** (*о возрасте*) of twelve; twélve-year-óld; ~ ма́льчик a boy of twelve, a twélve-year--óld boy.

**двенадцатипе́рстн||ый:** ~ая кишка́ *анат.* dùodénum; я́зва ~ой кишки́ dùodénal úlcer.

**двенадцатисло́жный** dòdecasyllábic [dou-]; ~ стих *лит.* dòdecasýllable [dou-].

**двенадцатичасово́й 1.** (*о продолжительности*) of twelve hours [...auəz]; twélve-hour [-auə] (*attr.*); **2.:** ~ по́езд the twelve o'clóck train; the twelve o'clóck *разг.*

**двена́дцат||ый** twelfth; ~ое ма́я, ию́ня *и т. п.* the twelfth of May, June, *etc.*; May, June, *etc.*, the twelfth; страни́ца, глава́ ~ая page, chápter twelve; ~ но́мер númber twelve; ему́ (пошёл) ~ год he is in his twelfth year;

уже́ ~ час it is past eléven [...ɪ'le-]; в ~ом часу́ áfter eléven; полови́на ~ого half past eléven [hɑːf...]; три че́тверти ~ого a quárter to twelve; одна́ ~ая óne-twélfth.

**двена́дцать** *числит.* twelve; ~ раз ~ twelve times twelve; twelve twelves.

**дверн||о́й** *прил. к* дверь; ~ замо́к dóor-lòck ['dɔː-]; ~ ключ (door) key [dɔː kiː]; ~а́я ра́ма dóor-càse ['dɔːkeɪs], dóor-fràme ['dɔː-]; ~ проём dóorway ['dɔː-]; ~а́я ру́чка dóor-hàndle ['dɔː-]; (*круглая*) dóor-knòb ['dɔː-].

**две́рца** *ж.* door [dɔː]; ~ экипа́жа, ваго́на cárriage door [-rɪdʒ...].

**двер||ь** *ж.* door [dɔː]; входна́я ~ éntrance; (*с улицы*) front door [-ʌnt...]; в ~я́х (*в проходе*) in the dóorway [...'dɔː-]; ◇ поли́тика откры́тых ~е́й ópen-door pólicy [-dɔː...]; при закры́тых ~я́х behind closed doors [...dɔːz]; in prívate [...'praɪ-]; де́ло слу́шалось при закры́тых ~я́х the case was heard / tried behind closed doors [...-s...hɜːd...], the case was heard / tried in cámera.

**двéсти** *числит.* two húndred.

**дви́гатель** *м.* mótor, éngine ['endʒ-]; (*перен.*) mótive pówer / force; ~ вну́треннего сгора́ния intérnal-combústion éngine [-stʃ-...]; нефтяно́й ~ oil éngine. **~ный** impéllent, mótive; ~ный нерв *анат.* mótor (nerve).

**дви́гать,** дви́нуть (*вн.*) move [muːv] (*d.*); (*приводить в движение*) set* in mótion (*d.*), set* gó¦ing (*d.*); (*вперёд*) advánce (*d.*), promóte (*d.*); ~ руко́й, ного́й move one's hand, leg; ~ нау́ку advánce / fúrther science [...-ðə...]; ~ де́ло вперёд push things on [puʃ...]; press on, *или* advánce, *an* affáir. **~ся,** дви́нуться **1.** move [muːv]; (*вперёд*) advánce; ~ся толпо́й flock, move in a crowd; не ~ся not budge; он не дви́нулся с ме́ста he did not budge; ~ся в путь set* out; **2.** *страд. к* дви́гать.

**движе́ни||е** *с.* **1.** mótion, móve¦ment ['muː-]; ~ вперёд fórward móve¦ment; пла́вное ~ smooth mótion [-ð...]; поры́вистые ~я jérky móve¦ments; поступа́тельное ~ fórward mótion, ònward móve¦ment; возвра́тно-поступа́тельное ~ altérnative mótion; приводи́ть в ~ (*вн.*) set* / put* in mótion (*d.*), set* gó¦ing (*d.*); приходи́ть в ~ begin* to move [...muːv]; (*о механизме*) come* into òperátion / play; (*перен.*: *активизироваться*) be stírring to áction; бы́стрым ~ем руки́ with a swift gésture; он ве́чно в ~и he is álways on the move [...'ɔːlwəz... muːv]; вам ну́жно побо́льше ~я you ought to take more éxercise; без ~я (*неподвижный*) mótion¦less; **2.** (*общественное*) móve¦ment; профессиона́льное ~ tráde-ùnion móve¦ment; рабо́чее ~ wórking-clàss móve¦ment; революцио́нное ~ rèvolútionary móve¦ment; ~ за мир, ~ в защи́ту ми́ра Peace móve¦ment; **3.** (*езда, ходьба в разных направлениях*) tráffic; железнодоро́жное ~ ráilway tráffic, train sérvice; пассажи́рское ~ pássenger tráffic [-ndʒə...]; у́личное ~ street tráffic; трамва́йное ~ tram sérvice; ~ приостано́влено the tráffic has been suspénded; подде́рживать регуля́рное ~ (ме́жду) maintáin régular sérvice (betwéen).

**дви́жимость** *ж. тк. ед. юр.* móvables ['muː-] *pl.*, pérsonal próperty, móvable próperty ['muː-...].

**дви́жим||ый** **1.** *прич.*: ~ чу́вством сострада́ния *и т. п.* prómpted / áctuàted / impélled by a féeling of compássion, *etc.*; **2.** *прил.* móvable ['muː-]; ~ое иму́щество móvable / pérsonal próperty.

**дви́житель** *м. тех.* propélling ágent.

**дви́жущи||й** **1.** *прич. см.* дви́гать; **2.** *прил.*: ~е си́лы mótive pówer *sg.*, mótive fórces.

**дви́нуть(ся)** *сов. см.* дви́гать(ся).

**дво́||е** *числит.* two; их ~ there are two of them; ◇ на свои́х (на) ~и́х *разг. шутл.* (*пешком*) on Shanks's mare.

**двое||бра́чие** *с.* bígamy. **~вла́стие** *с.* dúal pówer. **~ду́шие** *с.* dùplícity, dóuble-déaling ['dʌ-]. **~ду́шный** dóuble-fàced ['dʌ-]. **~же́нец** *м.* bígamist. **~жёнство** *с.* bígamy.

**двоето́чие** *с. грам.* cólon.

**двои́ться** *безл.*: у него́, у них *и т. д.* двои́тся в глаза́х he sees, they see, *etc.*, double [...dʌ-].

**дво́йк||а** *ж.* **1.** *разг.* (*цифра*) two; **2.** (*отметка*) "poor", two; он получи́л ~у по исто́рии he got a "poor" for history, he got two for history; **3.** *карт.* two, deuce; ~ черве́й, пик *и т. п.* the two of hearts, spades, *etc.* [...hɑːts...]; **4.** (*лодка*) páir-oar boat, pair.

**двойни́к** *м.* (кого́-л.) (smb.'s) double [...dʌ-].

**двойн||о́й** double [dʌ-]; twó¦fòld *книжн.*; ~о́е значе́ние double méaning; мате́рия ~ ширины́ dóuble-width matérial ['dʌ-...]; ~ подборо́док double chin; ~ы́е ра́мы double window-fràme *sg.*; ~а́я бухгалте́рия *фин.* bóok-keeping by double éntry; (*перен.*) dóuble-déaling ['dʌ-]; вести́ ~у́ю игру́ play a double game.

**дво́йня** *ж.* twins *pl.*

**дво́йственн||ость** *ж.* **1.** dùálity; **2.** (*двуличность*) dùplícity. **~ый** **1.** dúal; ~ое число́ *грам.* dúal númber; **2.** (*двуличный*) dóuble-fàced ['dʌ-]; ~ая поли́тика dóuble-fàced pólicy.

**двор** *м.* **1.** court [kɔːt], yard, cóurt¦yárd ['kɔːt-]; кры́тый ~ cóvered court / cóurt¦yárd ['kʌv-...]; проходно́й ~ commúnicàting court / cóurt¦yárd; **2.** (*крестьянское хозяйство*) (péasant) hóuse¦hòld ['pez- -s-], fármstead [-sted]; **3.** (*царский*) court; при ~е́ at court; ◇ на ~е́ (*вне дома*) out of doors [...dɔːz], óutsíde; на ~е́ моро́з it is fréezing out of doors; весна́, зима́ *и т. п.* на ~е́ spring, winter, *etc.*, has come; ни кола́ ни ~а́ *погов.* ≅ néither house* nor home ['naɪðə haus...]; не ко ~у́ ill súited [...'sjuː-]; моне́тный ~ mint (*place*); постоя́лый ~ inn; пти́чий ~ póultry-yàrd ['pou- ]; ско́тный ~ fárm¦yárd; скотоприго́нный ~ stóck¦yárd.

**дворе́ц** *м.* pálace; Дворе́ц труда́ Pálace of Lábour; Дворе́ц Сове́тов Pálace of Sóvièts; Дворе́ц пионе́ров Young Pionéer Pálace [jʌŋ...]; Дворе́ц культу́ры Pálace of Cúlture.

**дворе́цкий** *м. скл. как прил.* bútler ['bʌ-].

**дво́рник** *м.* yárd-keeper.

**дво́рницкая** *ж. скл. как прил.* yárd-keeper's lodge.

**дво́рничиха** *ж. разг.* (*жена дворника*) yárd-keeper's wife*; (*женщина-дворник*) yárd-keeper.

**дво́рня** *ж. тк. ед. собир. ист.* doméstics *pl.*, ménials *pl.*

**дворня́||га** *ж.*, **~жка** *ж.* móngrel ['mʌ-].

**дворо́в||ый 1.** *прил. к* двор 1; ~ая собáка wátch-dòg; ~ые пострóйки óutbùildings [-bɪ-], óut¦houses; **2.** *прил. ист.*: ~ые лю́ди mánor serfs ['mæ-...]; **3.** *м. как сущ. ист.* ménial; mánor serf.

**дворцо́вый** *прил. к* дворéц; ◇ ~ переворóт pálace rèvolútion.

**дворяни́н** *м.* noble, nóble¦man*; (*принадлежащий к среднему, мелкому дворянству*) one belóng¦ing to the géntry, mémber of the géntry: он ~ he is a noble; (*о принадлежащем к среднему, мелкому дворянству*) he belóngs to the géntry.

**дворя́н||ка** *ж.* géntle¦wòman* [-wu-]. **~ский** *прил. к* дворя́нство; *тж.* nobíliary; ~скопомéщичий of the lánded nobílity; ~ские помéстья manórial estátes; ~ское звáние nobíliary rank. **~ство** *с.* **1.** nobílity; возводи́ть в ~ство (*вн.*) ennóble (*d.*); **2.** *собир.* (*высшее*) nobílity; nobles *pl.*; (*среднее и мелкое*) géntry.

**двою́родн||ый:** ~ брат, ~ая сестрá (first) cóusin [...'kʌz°n]; ~ дя́дя, ~ая тётка (first) cóusin once remóved [...-'mu:vd].

**двоя́к||ий** double [dʌ-]; ~ого рóда of two kinds.

**двоя́ко** *нареч.* in two ways.

**двояко||во́гнутый** *физ.* còn¦cávò-cón¦càve. **~выпуклый** *физ.* cònvéxo-cónvèx.

**дву-** (*в сложн. словах*) = двух-.

**двубо́ртный** dóuble-bréasted ['dʌbl'bre-]; ~ пиджáк dóuble-bréasted jácket.

**двувале́нтный** *хим.* bi¦válent, dí¦vàlent.

**двугла́вый** twó-héaded [-'hed-]; ~ орёл *ист.* dóuble-héaded eagle ['dʌbl'hed-...].

**двугла́сный** *м. скл. как прил. лингв.* díphthòng.

**двуго́рбый** twó-húmped; ~ верблю́д Báctrian cámel [...'kæ-].

**двугра́нный** dihédral [daɪ'he-]; twó-sìded.

**двугри́венный** *м. скл. как прил. разг.* twénty-cópèck coin.

**двудо́льный** *бот.* dicòtylédonous [daɪkɔtɪ'li:-].

**двудо́мн||ый** *бот.* díclinous, dióecious [daɪ'i:-]; ~ое растéние dióecious plant [...-ɑ:nt].

**двужи́льный:** я не ~ *разг.* I'm not a cárt-hòrse.

**двузна́чный** twó-dígit.

**двуко́лка** *ж.* (twó-whéeled) cart.

**двуко́нный** twó-hórse (*attr.*); for a pair of hórses; ~ плуг twó-hórse plough.

**двукра́тн||ый** twó¦fòld, double [dʌ-]; (*повтóрный*) rè¦iteràted; в ~ом размéре double.

**двукры́лые** *мн. скл. как прил. зоол.* díptera.

**двукры́лый** *зоол.*, *бот.* dípterous.

**двули́кий** twó-fáced, bi¦fácial; (*перен.*) dóuble-fàced ['dʌ-]; ◇ ~ Я́нус twó-fáced Jánus.

**двули́ч||ие** *с.* dóuble-fàced¦ness ['dʌ-], dùplícity. **~ный** dóuble-fàced ['dʌ-].

**двуно́г||ий** twó-légged; bípèd, bipèd¦al *научн.*; ~ое живóтное bípèd.

**двуо́кись** *ж. хим.* dióxide.

**двупо́лый** bi¦séxual.

**двупо́лье** *с. с.-х.* twó-field ròtátion of crops [-fi:-rou-...].

**двуро́гий** twó-hòrned.

**двуру́чн||ый** twó-hànded; ~ая пилá twó-hànded saw.

**двуру́шн||ик** *м.* dóuble-déaler ['dʌ-]. **~ичать** be a dóuble-déaler [...'dʌ-], play double [...dʌ-]. **~ичество** *с.* dóuble-déaling ['dʌ-].

**двусве́тный** with two tiers of windows [...tɪəz...].

**двуска́тн||ый** with two slóping súrfaces; ~ая кры́ша gable roof, span roof.

**двусло́жн||ый** *лингв.* disyllábic; ~ое слóво disyllábic word, disýllable; ~ая стопá (*в стихосложении*) disýllable.

**двусме́нн||ый** twó-shìft (*attr.*); ~ая рабóта twó-shift work.

**двусмы́сленн||ость** *ж.* **1.** àmbigúity [-'gju-]; **2.** (*двусмысленное выражение*) àmbíguous expréssion; (*скабрёзность*) double entendre [du:bl ɑ:ŋ'tɑ:ŋdr]. **~ый** àmbíguous, equívocal; (*скабрёзный*) indécent, suggéstive [sə'dʒe-]; risqué (*фр.*) [rɪs'keɪ].

**двуспа́льн||ый:** ~ая кровáть double bed [dʌ-...].

**двуство́лка** *ж. разг.* dóuble-bárrel ['dʌ-], dóuble-bárrelled gun ['dʌ-...].

**двуство́льный** dóuble-bárrelled ['dʌ-].

**двуство́рчатый 1.** (*о двери*) fólding; **2.** *зоол.* bi¦vàlve.

**двусти́шие** *с. лит.* dístich [-k], cóuplet ['kʌ-].

**двусто́пный** *лит.* of two feet; ~ ямб íambic dímetre.

**двусторо́нн||ий 1.** dóuble-sìded ['dʌ-]; ~яя матéрия dóuble-sìded matérial; ~ее воспалéние лёгких double pneumónia [dʌ- nju:-]; **2.** (*обоюдный*) bi¦láteral, twó-wáy; ~ее соглашéние bi¦láteral agréement; ~ обмéн twó-wáy exchánge [...-'tʃeɪ-].

**двутавро́в||ый:** ~ая бáлка Ī-beam ['aɪ-].

**двууглеки́слый** *хим.* bi¦cárbonate.

**двуутро́бка** *ж. зоол.* màrsúpial.

**двух-** (*в сложн. словах, не приведённых особо*) of two, *или* twó- — *соотв. тому, как даётся перевод второй части слова; напр.* двухднéвный of two days, twó-day (*attr.*) (*ср.* -днéвный: of... days, -day *attr.*); двухмéстный with berths, seats for 2; (*о самолёте, автомашине и т. п.*) twó-séater (*attr.*) (*ср.* -мéстный).

**двухвёрстка** *ж.* (*карта*) two versts to one inch map, 1/2 inch to one verst map.

**двухвесе́льн||ый** páir-oar; ~ая лóдка páir-oar (boat).

**двухвинтово́й** twin-screw (*attr.*).

**двухгоди́чный** of two years; twó-year (*attr.*); bi¦énnial *книжн.*; ~ курс twó-year course [...kɔ:s].

**двухгодова́лый** twó-year (*attr.*); twó-year-óld.

**двухколе́йн||ый** dóuble-line ['dʌ-] (*attr.*), dóuble-tràck ['dʌ-] (*attr.*); ~ая желéзная дорóга dóuble-tràck ráilway.

**двухколёсный** twó-whéeled.

**двухлеме́шный:** ~ плуг twó-share plough.

**двухле́тний 1.** (*о сроке*) of two years; twó-year (*attr.*); bi¦énnial *книжн.*; **2.** (*о возрасте*) of two; twó-year-óld, ~ ребёнок a child* of two; twó-year-óld child*; **3.** *бот.* bi¦énnial.

**двухма́чтов||ый** two-màsted; ~ое су́дно two-màster.

**двухме́стн||ый** two-séater (*attr.*); ~ автомоби́ль, самолёт *и т. п.* two-séater; ~ая каю́та two-bèrthed / dóuble-bérthed cábin [...'dʌ-...], cábin for two; ~ое купе́ double (sléeping) compártment [dʌ-...].

**двухме́сячный** **1.** (*о сроке*) two-mònth [-mʌ-] (*attr.*); of two months [...mʌ-]; ~ о́тпуск two-mònth hóliday [...-dɪ]; **2.** (*о возрасте*) two-mònths-óld [-mʌ-]; ~ ребёнок two-mònths-óld báby.

**двухмото́рный** twin-éngined [-ndʒ-], two-éngined [-ndʒ-].

**двухнеде́льный** **1.** (*о сроке*) of two weeks; two-wéek (*attr.*); (*каждые две недели*) fórtnìghtly; ~ о́тпуск a fórtnìght's hóliday [...-dɪ]; ~ журна́л fórtnìghtly (màgazíne / jóurnal / pèriódical) [...-'zi:n 'dʒə:-...]; **2.** (*о возрасте*) two-weeks-óld.

**двухо́сный** bì¦áxial.

**двухпала́тн||ый** *полит.* two-chàmber [-tʃeɪ-] (*attr.*); ~ая систе́ма two-chàmber sýstem; ~ парла́мент párliament of two hóuses / chámbers [-ləm-... 'tʃeɪm-].

**двухпа́лубный** *мор.* dóuble-décked ['dʌ-].

**двухсотле́т||ие** *с.* bì¦cènténary [-'ti:-]. **~ний** bì¦cènténnial [-njəl], bì¦cènténary [-'ti:-].

**двухсо́т||ый** two-húndredth; страни́ца ~ая page two húndred; ~ но́мер númber two húndred; ~ая годовщи́на two-húndredth ànnivérsary; ~ год the year two húndred.

**двухта́ктный** **1.** *муз.* in double méasure [...dʌ- 'me-]; **2.** *тех.* two-cýcle (*attr.*).

**двухто́мник** *м. разг.* two-vòlume edítion.

**двухфа́зный** *эл.* two-phàse (*attr.*).

**двухцве́тный** two-cólour¦ed [-'kʌ-], of two cólours [...'kʌ-]; two-cólour [-'kʌ-] (*attr.*); dì¦chròmátic [-ou-] *научн.*

**двухчасово́й** **1.** (*о продолжительности*) of two hours [...auəz]; two-hour [-auə] (*attr.*); **2.**: ~ по́езд the two o'clóck train; the two o'clóck *разг.*

**двухэта́жный** two-stóreyed [-rɪd].

**двучле́н** *м.*, **~ный** *мат.* bì¦nómial.

**двуязы́ч||ие** *с. лингв.* bì¦língualism. **~ный** *лингв.* bì¦língual; ~ный слова́рь bì¦língual díctionary.

**дебаркаде́р** [дэб- -дэ́р] *м.* **1.** (*пристань*) lánding; **2.** *уст.* (*ж.-д. платформа*) (ráilway) plátfòrm.

**дебати́ровать** (*вн.*, о *пр.*) debáte (*d.*), discúss (*d.*).

**деба́ты** *мн.* debáte *sg.*

**дебе́лый** *разг.* plump; (*тк. о женщине*) búxom.

**де́бет** [дэ́-] *м. бух.* débit. **~ова́ть** [дэ-] *несов. и сов.* (*вн.*) *бух.* débit (*d.*).

**деби́т** [дэ-] *м.* (*воды, газа и т. п.*) débit.

**дебито́р** [дэ-] *м. бух.* débtor ['detə].

**деблоки́ровать** [дэ-] *несов. и сов.* (*вн.*) raise the blòckáde (of); relíeve [-'li:v] (*d.*).

**дебо́ш** *м. разг.* úp¦roar, row; пья́ный ~ drúnken brawl. **~и́р** *м.* rówdy. **~и́рить** kick up a row / shíndy, make* an úp¦roar, make* a víolent úp¦roar.

**де́бр||и** *мн.* **1.** thíckets, dense fórest [...'fɔ-] *sg.*; (*перен.*) maze *sg.*, lábyrinth *sg.*; непроходи́мые ~ impénetrable thíckets; jungle *sg.*; запу́таться в ~ях чего́-л. be lost in the lábyrinth of smth.; **2.** (*глухое место*) the wilds; gód-forsàken hole *sg.*

**дебю́т** *м.* **1.** début (*фр.*) ['deɪbu:]; **2.** *шахм.* (chess) ópen¦ing. **~а́нт** *м.* débutant (*фр.*) [deɪbju:'tɑ:ŋ]. **~а́нтка** *ж.* débutante (*фр.*) [deɪbju:'tɑ:nt].

**дебюти́ровать** *несов. и сов.* make* one's début (*фр.*) [...'deɪbu:].

**де́ва** *ж. поэт.* vírgin, maid; ◇ ста́рая ~ *разг.* old maid, spínster.

**девальва́ция** [дэ-] *ж. эк.* devàluátion, deprèciátion.

**дева́||ть**, деть (*вн.*) put* (*d.*), do (with); куда́ он ~л мою́ кни́гу? where did he put my book?; what has he done with my book?; он не зна́ет, куда́ ~ свой де́ньги, вре́мя, эне́ргию he does¦n't know what to do with his móney, time, énergy [...nou... 'mʌnɪ...]; ~ не́куда (*рд.*) *разг.* there is a plénty (of).

**дева́||ться**, де́ться get* to; (*исчезать*) dìsappéar; куда́ ~лся мой каранда́ш? where has my péncil got to?, where has my péncil dìsappéared / vánished?; куда́ он де́лся? (*что с ним сталось*) what has become of him?; он не зна́ет, куда́ ~ от комаро́в he does¦n't know how to escápe from the mosquítòes [...nou... -'ki:-]; ей не́куда ~ she has nó¦whère to go; куда́ он тепе́рь де́нется? where is he to go now?; он не знал, куда́ ~ от ску́ки he didn't know what to do with hìm¦sélf for bóre¦dom / ennúi [...ɑ:'nwi:].

**де́верь** *м.* bróther-in-law [-ʌð-] (*pl.* bróthers-) (*husband's brother*).

**девиа́ция** [дэ-] *ж.* dèviátion [di:-].

**деви́з** *м.* móttò.

**деви́ца** *ж.* (*девушка*) girl [g-]; (*незамужняя женщина*) únmárried wóman* [...'wu-]; (*старая дева*) spínster.

**деви́че||ский** = деви́чий. **~ство** *с.* gírlhood ['gə:lhud].

**де́ви́чий** gírlish ['g-]; máidenly *поэт.*, *шутл.*; деви́чий стыд máidenly módesty; деви́чья фами́лия máiden name.

**де́вичья** *ж. скл. как прил. уст.* maids' room.

**де́вка** *ж. груб.* **1.** wench, girl [g-]; **2.** (*проститутка*) tart, strúmpet.

**дево́н** [дэ-] *м. геол.* Dèvónian.

**де́вочка** *ж.* girl [g-]; (*маленькая*) little girl; gírlie ['g-], kíddy *ласк.*

**де́вственн||ица** *ж.* vírgin. **~ость** *ж.* vìrgínity.

**де́вственн||ый** (*прям. и перен.*) vírgin; ~ая по́чва vírgin soil; ~ лес vírgin fórest [...'fɔ-]; ~ая плева́ *анат.* hýmèn.

**де́вушка** *ж.* girl [g-]; lass *поэт.*; (*ср.* деви́ца).

**девчо́нка** *ж. разг.* girl [g-]; *пренебр. тж.* thing, kid.

**девяно́ст||о** *числит.* níne¦ty; ~ оди́н *и т. д.* níne¦ty-òne, *etc.*; ~ пе́рвый *и т. д.* níne¦ty-fìrst, *etc.*; лет ~ (*о времени*) abóut níne¦ty years; (*о возрасте*) abóut níne¦ty; лет ~ тому́ наза́д abóut níne¦ty years agó; ему́ лет ~ he is / looks abóut níne¦ty; ему́ о́коло ~а he is abóut níne¦ty; ему́ под ~ he is néarly níne¦ty; ему́ (перевали́ло) за ~ he is óver níne¦ty, he is in his níne¦ties; челове́к лет

~а a man* of / abóut nine¦ty; в ~а киломéтрах (от) nine¦ty kilomètres (from).

**девяносто-** (*в сложн. словах, не приведённых особо*) of nine¦ty, *или* nine¦ty- — *соотв. тому, как даётся перевод второй части слова; напр.* девяностоднéвный of nine¦ty days, nine¦ty-day (*attr.*) (*ср.* -днéвный of... days, -day *attr.*); девяностомéстный with berths, seats for 90; (*об автобусе и т. п.*) nine¦ty-séater (*attr.*) (*ср.* -мéстный).

**девяностолéтний 1.** (*о сроке*) of nine¦ty years; nine¦ty-year (*attr.*); **2.** (*о возрасте*) nine¦ty-year-óld; of nine¦ty; ~ старик nine¦ty--year-óld man*.

**девянóст||ый** nine¦tieth; страница ~ая page nine¦ty; ~ нóмер númber nine¦ty; емý (пошёл) ~ год he is in his nine¦tieth year; ~ые гóды (*столетия*) the nine¦ties; в начáле ~ых годóв in the éarly nine¦ties [...'ɜːlɪ...]; в концé ~ых годóв in the late nine¦ties.

**дéвятер||о** *числит.* nine; для всех ~ых for all nine; их ~ there are nine of them.

**девяти-** (*в сложн. словах, не приведённых особо*) of nine, *или* nine- — *соотв. тому, как даётся перевод второй части слова; напр.* девятиднéвный of nine days, nine-day (*attr.*) (*ср.* -днéвный: of... days, -day *attr.*); девятимéстный with berths, seats for 9; (*о самолёте, автомашине и т. п.*) nine-séater (*attr.*) (*ср.* -мéстный).

**девятикрáтный** nine¦fòld; nónù¦ple *книжн.*

**девятилéт||ие** *с.* **1.** (*годовщина*) ninth ànnivérsary [naɪ-...]; **2.** (*срок в 9 лет*) nine years *pl.* **~ний 1.** (*о сроке*) of nine years; nine-year (*attr.*); **2.** (*о возрасте*) of nine; nine-year-óld; ~ний ребёнок a child* of nine; nine-year-óld child*.

**девятисóт||ый** nine-húndredth; страница ~ая page nine húndred; ~ нóмер númber nine húndred; ~ая годовщина nine-húndredth ànnivérsary; ~ год the year nine húndred.

**девятичасовóй 1.** (*о продолжительности*) of nine hours [...auəz]; nine-hour [-auə] (*attr.*); **2.:** ~ пóезд the nine o'clóck train; the nine o'clóck *разг.*

**девятка** *ж.* **1.** *разг.* (*цифра*) nine; **2.** *карт.* nine; ~ червéй, пик *и т. п.* the nine of hearts, spades, *etc.* [...hɑːts...].

**девятнадцати-** (*в сложн. словах, не приведённых особо*) of nine¦téen, *или* nine¦téen- — *соотв. тому, как даётся перевод второй части слова; напр.* девятнадцатиднéвный of nine¦téen days, nine¦téen-day (*attr.*) (*ср.* -днéвный: of... days, -day *attr.*); девятнадцатимéстный with berths, seats for 19; (*о самолёте, автомашине и т. п.*) nine¦téen--séater (*attr.*) (*ср.* -мéстный).

**девятнадцатилéтний 1.** (*о сроке*) of nine¦téen years; nine¦téen-year (*attr.*); **2.** (*о возрасте*) of nine¦téen, nine¦téen-year-óld; ~ юноша a boy / lad / youth of nine¦téen [...juːθ...].

**девятнáдцат||ый** nine¦téenth; ~ое мáя, июня *и т. п.* the nine¦téenth of May, June, *etc.*; May, June, *etc.*, the nine¦téenth; страница, главá ~ая page, chápter nine¦téen; ~ нóмер númber nine¦téen; емý (пошёл) ~ год he is in his nine¦téenth year; однá ~ая one nine¦téenth.

**девятнáдцать** *числит.* nine¦téen; ~ раз ~ nine¦téen times nine¦téen; nine¦téen nine¦téens.

**девят||ый** ninth [naɪ-]; ~ое мáя, июня *и т. п.* the ninth of May, June, *etc.*; May, June, *etc.*, the ninth; страница, главá ~ая page, chápter nine; ~ нóмер númber nine; емý (пошёл) ~ год he is in his ninth year; емý ~ десяток пошёл he is past éighty; ужé ~ час it is past eight; в ~ом часý past / áfter eight; половина ~ого half past eight [hɑːf...]; три чéтверти ~ого a quárter to nine; однá ~ая one ninth; ◇ ~ вал the tenth wave.

**дéвять** *числит.* nine. **~сóт** *числит.* nine húndred.

**дéвятью** *нареч.* nine times; ~ дéвять nine times nine; nine nines.

**дегазáтор** *м.* dé¦contáminàtor.

**дегазациóнн||ый** degássing; ~ая установка degássing únit.

**дегаз||áция** *ж.* degássing, dé¦contàminátion. **~ировать** *несов. и сов.* (*вн.*) degás (*d.*), dé¦contáminàte (*d.*).

**дегенер||áт** *м.* degénerate. **~ативный** degénerate. **~áция** *ж.* degènerátion. **~ировать** *несов. и сов.* degénerаte.

**дёг||оть** *м.* tar; мáзать ~тем (*вн.*) tar (*d.*); древéсный ~ wóod-tàr ['wud-]; каменноугóльный ~ cóal-tàr; ◇ лóжка ~тя в бóчке мёда ≅ a fly in the óintment.

**деград||áция** [дэ-] *ж.* dègradátion. **~ировать** [дэ-] *несов. и сов.* degráde.

**дегтярн||ый** *прил. к* дёготь; ~ое мыло cóal-tàr soap.

**дегустá||тор** [дэ-] *м.* táster ['teɪ-]. **~ция** [дэ-] *ж.* tásting ['teɪ-]; ~ция винá wine-tàsting.

**дегустировать** [дэ-] *несов. и сов.* (*вн.*) taste [teɪst] (*d.*).

**дед** *м.* **1.** grándfàther [-fɑː-]; (*старик*) old man*; **2.** *мн.* (*предки*) fóre¦fàthers [-fɑː-]; ◇ дед-морóз Grándfàther Frost; (*рождественский*) Sánta Claus [...-z], Fáther Christmas [...-sm-]. **~овский 1.** *прил. к* дед 1; в ~овские временá in the days of our grándfàthers [...-fɑː-]; **2.** (*старомодный*) ántiquàted.

**дедуктивный** [дэ-] dedúctive.

**дедукция** [дэ-] *ж.* dedúction.

**дéдушка** *м. разг.* = дед 1; *тж.* grándàd, gránd-dàd; grándpa(pà) [-ɑː].

**деепричáстие** *с. грам.* vérbal ádvèrb.

**дееспосóбный 1.** cápable of fúnctioning, able to fúnction; **2.** *юр.* cápable.

**дежýрить 1.** (*быть дежурным*) be on dúty; **2.** (*неотлучно находиться*) watch; ~ у постéли больнóго watch by *the* pátient's bédside, be in cónstant atténdance at *the* pátient's bédside.

**дежýрн||ый 1.** *прил.* on dúty; ~ врач dóctor on dúty; **2.** *м. как сущ.* man* on dúty; (*офицер*) ófficer of the day; (*школьник*) mónitor; ~ по стáнции assistant státion-màster; он сегóдня ~ по кýхне *и т. п.* he is on dúty in the kitchen, *etc.*, to¦dáy; ◇ ~ое блюдо stánding dish, plat du jour [plɑːdjuː'ʒuːə]; ~ магазин shop with exténded búsiness hours [...'bɪzn- auəz].

**дежýрство** *с.* **1.** dúty; сегóдня егó ~ he is on dúty to¦dáy; это случилось в егó ~ this háppened while he was on dúty; расписáние дежýрств rótа; *воен.* róster ['rou-]; 2. (*у больного*) wátch(ing); ночнóе ~ níght-wátch, níght-dúty; ночнóе, дневнóе ~ (*медицинской сестры*) night, day núrsing.

**дезавуи́ровать** [дэ-] *несов. и сов.* (*вн.*) disavów (*d.*), repúdiàte (*d.*).

**дезактивáция** *ж.* dé:contàminátion.

**дезерти́р** *м.* desérter [-'z-].

**дезерти́р||овать** *несов. и сов.* desért [-'z-]. **~ство** *с.* desértion [-'z-].

**дезинфекциóнн||ый** *прил. к* дезинфéкция; ~ая кáмера dìsinféction chámber [...'tʃeɪ-].

**дезинфéкция** *ж.* dìsinféction.

**дезинфици́р||овать** *несов. и сов.* (*вн.*) dìsinféct (*d.*). **~ующий** 1. *прич. см.* дезинфици́ровать; 2. *прил.* dìsinféctant; ~ующее срéдство disinféctant.

**дезинформáция** [дэ-] *ж.* misìnformátion.

**дезинформи́ровать** [дэ-] (*вн.*) mísinfórm (*d.*).

**дезорганизá||тор** *м.* disórganìzer. **~торский** disórganìzing. **~ция** *ж.* disòrganìzátion [-naɪ-].

**дезорганизóв||анный** *прич. и прил.* disórganìzed. **~áть** *несов. и сов.* (*вн.*) disórganìze (*d.*).

**дезориент||áция** *ж.* 1. (*действие*) disòrièntátion; 2. (*состояние*) bewílderment, confúsion. **~и́ровать** *несов. и сов.* (*вн.*) disóriènt (*d.*), confúse (*d.*); (*перен. тж.*) make* *one* lose, *или* cause *one* to lose, *one's* béarings [...lu:z...'bɛər-].

**деи́зм** [дэ-] *м. филос.* dé:ism.

**деисти́ческий** [дэ-] *филос.* dèístic.

**дéйственн||ость** *ж.* effèctive:ness; (*о лекарстве и т. п.*) éfficacy; (*активность*) àctívity; (*о мероприятии и т. п.*) efféctualness. **~ый** efféctive; (*о лекарстве и т. п.*) èfficácious; (*активный*) áctive; (*о мероприятии и т. п.*) efféctive, efféctual.

**дéйстви||е** *с.* 1. áction, òperátion; (*влияние*) efféct; приводи́ть в ~ (*вн.*) put* in áction (*d.*); set* gó:ing (*d.*); вводи́ть закóн в ~ ímplemènt *a* law, put* *a* law in force, cárry *a* law into efféct; под ~ем (чегó-л.) únder the áction (of smth.); не подвергáться ~ю кислóт *и т. п.* remáin ún:affécted by ácids, *etc.*; воéнные ~я military òperátions; hòstílities; окáзывать ~ (на *вн.*) have an efféct (on, up:ón); (*без доп.*) take* efféct; мéсто ~я scene of áction; ~ происхóдит в Москвé *и т. п.* the scene is laid in Móscow, *etc.*, the áction takes place in Móscow, *etc.*; 2. *мн.* (*деятельность*) àctívity *sg.*, àctívities; (*поведение*) cóndùct *sg.*; сознáтельные ~я cónscious àctívity [-nʃəs...]; 3. (*часть драматического произведения*) act; пьéса в трёх ~ях play in three acts; 4. *мат.* òperátion; четы́ре ~я арифмéтики the four rules of àríthmetic [...fɔ:...]; ◇ свобóда ~й a free hand; предостáвить комý-л. пóлную свобóду ~й give* smb. a free hand, give* smb. carte blanche [...'kɑ:t 'blɑ:nʃ].

**действи́тельн||о** 1. *нареч.* réally ['rɪə-]; как бýдто он мóжет ~ чтó-то сдéлать as if he could réally do sóme:thing; 2. *как вводн. сл.* indéed, réally; ~, э́то оши́бка indéed, *или* to tell the truth, it is a mistáke [...tru:θ...]. **~ость** *ж.* 1. reálity [rɪ'æ-]; совремéнная ~ость présent-day reálity / life ['prez-...]; преврати́ть возмóжность в ~ость turn pòssibílity into reálity; стать ~остью be trànslátеd into life [...ɑ:ns-...], become* a reálity; 2. (*сила действия*) valídity; ~ость докумéнта valídity of *a* dócument; ◇ в ~ости in reálity, in fact. **~ый** 1. áctual, real [rɪəl], true; 2. (*дающий результат*) efféctive; (*о мероприятии*) efféctual; (*о лекарстве и т. п.*) èfficácious; 3. (*имеющий силу*) válid; билéт действи́телен на трóе сýток the tícket is válid for three days; арéндный договóр действи́телен на два гóда the lease runs for two years [...li:s...]; признáть ~ым *юр.* decláre válid; 4.: ~ый залóг *грам.* áctive voice; ◇ ~ый член Акадéмии наýк Mémber of the Acádemy of Scíence; ~ая слýжба *воен.* áctive sérvice.

**дéйств||овать,** подéйствовать 1. *тк. несов.* act; óperàte (*тж. воен.*); (*о механизме*) fúnction; (*работать*) work; (*о машине*) run*; как ~ дáльше? what is to be done next?; они́ ~овали не дрýжно their áction was not cò:órdinàted, they did not act / work in cóncert; телефóн не ~ует the télephòne is out of órder, *или* is not wórking; у негó не ~ует прáвая рукá he has lost the use of his right arm [...ju:s...]; желýдок, кишéчник ~ует the bówels are ópen; ~ не спешá take* one's time; 2. (на *вн.*; *давать результат, влиять*) have an efféct (up:ón), act (on); ~ на нéрвы комý-л. get* on smb.'s nerves; ~ успокои́тельно have a sóothing efféct; лекáрство ужé ~ует the médicine is óperàting, *или* is táking efféct; лекáрство хорошó ~ует the médicine is very èfficácious.

**дéйствующ||ий** 1. *прич. см.* дéйствовать; 2. *прил.*: ~ закóн law in force; ~ая модéль (*машины и т. п.*) wórking módel [...'mɔ-]; ~ее лицó *театр., лит.* cháracter ['k-]; ~ие ли́ца *театр.* drámatis pèrsónae [...pə:'souni:], cháracters in the play; ◇ ~ая áрмия Ármy in the Field [...fi:-]; Field Fórces *pl. амер.*

**дéка** [дэ-] *ж. муз.* sóunding board.

**декабри́ст** *м. ист.* Decémbrist.

**декáбр||ь** *м.* Decémber; в ~é э́того гóда in Decémber; в ~é прóшлого гóда last Decémber; в ~é бýдущего гóда next Decémber.

**декáбрьский** *прил. к* декáбрь; ~ день Decémber day, day in Decémber.

**декáда** *ж.* (*10 дней*) tén-day périod; ~ Узбéкской, Таджи́кской *и т. п.* литератýры и искýсства Uzbék, Tàjík, *etc.*, Tén-day Líterature and Art Féstival [...tɑ:-...].

**декадéнт** *м.*, **~ка** *ж.*, **~ский** décadent. **~ство** *с.* décadence.

**декáдный** *прил. к* декáда.

**декали́тр** [дэ-] *м.* décalitre [-li:-].

**декалькомáния** [дэ-] *ж.* 1. tránsfer (*of design*); 2. (*рисунок*) tránsfer.

**декамéтр** [дэ-] *м.* décamètre.

**декáн** *м.* dean (*president of a faculty*). **~áт** *м.* dean's óffice.

**декати́ровать** *несов. и сов.* (*вн.*) *текст.* sponge [spʌ-] (*woollen cloth with steam*) (*d.*).

**декáэдр** [дэ-] *м. мат.* dècahédron [-ed-].

**деквалификáция** [дэ-] *ж.* disquàlificátion.

**дéкель** *м. полигр.* týmpan.

**декламá||тор** *м.* recíter. **~торский** recíter's, of recíting; declámatory (*об. ирон.*); ~торское искýсство the recíter's art, the art of recíting;

~торский приём declámatory device. **~цио́нный** of reciting; declámatory (*об. ирон.*); ~цио́нное иску́сство the art of reciting. **~ция** *ж.* rècitátion; dèclamátion (*об. ирон.*).

**декламúровать,** продекламúровать (*вн.*) recite (*d.*); decláim (*d.*) (*об. ирон.*).

**декларати́вн||ый** declárative; ~ое заявле́ние declárative annóunce:ment / pronóunce:ment; заяви́ть в ~ой фо́рме annóunce / procláim in declárative form.

**деклара́ция** *ж.* dèclarátion.

**деклари́ровать** *несов. и сов.* (*вн.*) procláim (*d.*), decláre (*d.*).

**деклассúрова||нный** déclassé (*фр.*) [de-'klæseɪ]; ~ элеме́нт déclassé / declássed élement. **~ться** become* declássed.

**декольте́** [дэ- -тэ́] *с. нескл.* (*тж. в знач. неизм. прил.*) décolleté (*фр.*) [deɪ'kɔlteɪ]; пла́тье ~ lów-nécked dress ['lou-...], décolleté dress.

**декольтиро́ванный** [дэ-] lów-nécked ['lou-]; décolleté (*фр.*) [deɪ'kɔlteɪ].

**декорати́вн||ый** décorative, òrnaméntal; ~ое иску́сство décorative art; ~ое расте́ние òrnaméntal plant [...-ɑ:nt].

**декора́||тор** *м.* scéne-páinter. **~ция** *ж.* scénery ['si:-] (*in theatre*).

**декори́ровать** *несов. и сов.* (*вн.*) décoràte (*d.*), órnamènt (*d.*).

**деко́рум** [дэ-] *м.* decórum.

**декре́т** *м.* decrée, édict ['i:-]; ~ о ми́ре *ист.* the Decrée on Peace; ~ о земле́ *ист.* the Decrée on Land. **~и́ровать** *несов. и сов.* (*вн.*) decrée (*d.*). **~ный** *прил. к* декре́т; ◇ ~ный о́тпуск matérnity leave.

**де́ланн||ость** *ж.* àrtificiálity, ùnnáturalness; àffèctátion. **~ый** (*искусственный*) àrtifícial; (*притворный*) símulàted, feigned [feɪnd]; afféctеd; ~ая улы́бка forced / strained smile.

**де́лать,** сде́лать (*вн.*) **1.** (*изготовлять, производить, совершать*) make* (*d.*); (*выполнять, поступать*) do (*d.*): ~ шля́пы, бума́гу make* hats, páper; ~ докла́д, сообще́ние make* *a* repórt; ~ кого́-л. секретарём make* smb. sécretary; ~ кого́-л. счастли́вым make* smb. háppy; ~ уси́лие, попы́тку make* an éffort, an attémpt; ~ оши́бку make* *a* mistáke; ~ свою́ рабо́ту do one's work; ~ у́треннюю гимна́стику do one's mórning éxercises; ~ кому́-л. одолже́ние do smb. a fávour, *или* a good turn; ничего́ не ~ do nothing; знать, что ~ know* what to do [nou...]; он хорошо́ сде́лал (что) he did well (+ to *inf.*); — ~ визи́т (*дт.*) pay* a vísit / call [...-z-...] (*i.*, to); ~ предложе́ние (*дт.*) make* *an* óffer (*i.*, to); (*о браке*) propóse (to); ~ комплиме́нт (*дт.*) make* / pay* *a* cómpliment (*i.*, to); ~ вы́говор (*дт.*) rebúke (*d.*), réprimànd [-mɑ:-] (*d.*); ~ вы́вод draw* *a* con:clúsion; ~ объявле́ние annóunce; (*о продаже товара*) put* up *an* advértise:ment [...-s-]; ~ сто́йку *охот.* set*; **2.** (*проходить и т. п. определённое расстояние*) do; (*о судне*) make*: по́езд де́лает 70 *км* в час the train does 70 *km* an hour [...auə]; ◇ ~ не́чего, что́ ~ *как вводн. сл.* it can't be helped [...kɑ:nt...]; (*при прош. вр.*) it couldn't be helped; что мне ~? what am I to do?; от не́чего ~ to while a:wáy the time; ~ вид (что) preténd (+ to *inf.*), afféct (+ to *inf.*), make* a show [...ʃou] (of), feign [feɪn] (that); э́то де́лает ему́ честь that does him crédit; ~ по-сво́ему have one's own way [...oun...], do as one pléases / chóoses.

**де́латься,** сде́латься **1.** (*становиться*) becóme*, get*, grow* [-ou]; де́лается хо́лодно it is getting cold; де́лается темно́ it is getting / grówing dark; ему́ от э́того не де́лается ху́же he is none the worse for it [...nʌn...]; **2.** (*происходить, совершаться*) háppen; там де́лаются стра́нные ве́щи strange things háppen there [-eɪ-...]; что с ним сде́лалось? what has háppened to him?, what is the mátter with him?; что там де́лается? what is gó:ing on there?; **3.** *страд. к* де́лать.

**делега́т** *м.*, **~ка** *ж.* délegate.

**делега́тск||ий** *прил. к* делега́т; ~ биле́т délegate's card; ~ое собра́ние délegates' méeting, méeting of délegates.

**делега́ция** *ж.* dèlegátion.

**делеги́ров||ание** *с.* dèlegátion. **~ать** *несов. и сов.* (*вн.*) délegàte (*d.*).

**делёж** *м.* sháring, divísion; (*недвижимости*) pàrtítion; (*распределение*) distribútion; ~ иму́щества ме́жду совладе́льцами pàrtítion of próperty betwéen joint ówners [...'ou-]. **~ка** *ж. разг.* sháring, déaling (out).

**деле́н||ие** *с.* **1.** (*в разн. знач.*) divísion; ~ кле́ток *биол.* céll-divísion, físsion; **2.** (*на шкале*) point; термо́метр подня́лся на 6 ~ий the thermómèter went up six points.

**деле́ц** *м.* smart déaler.

**деликате́с** [-тэ́с] *м.* délicacy; *мн.* délicacies; dèlicatéssen *амер.*

**делика́тничать** (с *тв.*) *разг.* handle / treat too géntly (*d.*).

**делика́тн||ость** *ж.* délicacy, tact. **~ый** (*в разн. знач.*) délicate; (*тактичный тж.*) consíderate, táctful; *разг.* (*затруднительный тж.*) tícklish.

**дели́м||ое** *с. скл. как прил. мат.* dividènd. **~ость** *ж.* divìsibílity [-z-]. **~ый** divísible [-z-].

**дели́тель** *м. мат.* divísor [-z-]; о́бщий наибо́льший ~ the gréatest cómmon méasure [...'greɪ-... 'me-] (*сокр.* G. C. M.).

**дели́ть** I, раздели́ть (*вн.*) divíde (*d.*; ме́жду *тв.* amóng; ме́жду *двумя*, на *двух* betwéen); ~ на ча́сти, гру́ппы *и т. п.* divíde into parts, groups, *etc.* [...gru:-]; ~ на число́ divíde by *a* númber: раздели́ть два́дцать на́ пять divíde twénty by five; — ~ попола́м (*вн.*) halve [hɑ:v] (*d.*); (*без доп.*) take* half each [...hɑ:f...]; go* halves *разг.*; (*тк. в денежных делах*) go* fífty-fífty *разг.*; ~ с кем-л. share with smb. (*d.*); он дели́л с ним, ни́ми *и т. д.* го́ре, ра́дость *и т. п.* he shared his, their, *etc.*, grief, joy, *etc.* [...gri:f...]; ~ по́ровну (*вн.*) divíde into équal parts (*d.*); (*с кем-л.*) divíde, *или* share out, équal:ly (*d.*); share and share alíke (*d.*).

**дели́ть** II, подели́ть (*вн.* ме́жду *тв.*) divíde (*d.* amóng; ме́жду *двумя* betwéen).

**дели́ться** I, раздели́ться **1.** (на *вн.*; *в разн. знач.*) divíde (into; *о числах тж.* by): река́ де́лится на два рукава́ the ríver divídes into two arms [...'rɪ-...]; пять не де́лится на́ три five will not divíde into / by three; шесть де́лится на́ два six is divísible by two [...-'vɪz-...]; **2.** *страд. к* дели́ть I.

**дели́ться** II, подели́ться **1.** (чем-л. с кем-л.) share (smth. with smb.); (*сообщать*) tell* (smb. smth.), commúnicàte (smth. to smb.), impárt (smth. to smb.); (*о секрете, переживании и т. п.*) confíde (smth. to smb.); ~ впечатле́ниями (с *тв.*) compáre notes (with), share (one's) impréssions (with); ему́ не́ с кем подели́ться he has no one to confíde in; ~ о́пытом (с *тв.*) share one's expériences (with); **2.** *страд. к* дели́ть II.

**дели́шки** *мн. разг.* affáirs, déalings; тёмные ~ shády affáirs; ◇ как ~? how goes it?

**де́л||о** *с.* **1.** affáir, búsiness ['bɪzn-]; (*занятие*) pursúit [-'sjuːt]; ли́чное, ча́стное ~ prívate affáir ['praɪ-...]; э́то моё, его́ *и т. д.* ~ that is my, his, *etc.*, búsiness / affáir; э́то не моё, его́ *и т. д.* ~ that is no búsiness / concérn of mine, his, *etc.*; that is none of my, his, *etc.*, búsiness [...nʌn...]; не его́ ~ (+ *инф.*) he has no búsiness (+ to *inf.*), it is not, *или* none of, his business (+ to *inf.*); э́то на́ше вну́треннее ~ it's our own doméstic concérn [...oun...]; вме́шиваться не в своё ~ interfére in other people's affáirs [...piː-...]; не вме́шивайтесь не в своё ~ mind your own búsiness; приводи́ть свои́ ~а́ в поря́док put* one's affáirs in órder; говори́ть по ~у speak* on búsiness; без ~а не входи́ть no admíssion excépt on búsiness; приходи́ть по ~у come* on búsiness; у меня́ к нему́ ~ I have some búsiness with him; он за́нят ~ом he is búsy [...'bɪzɪ]; обще́ственные ~а́ públic affáirs ['pʌ-...]; у него́ мно́го дел he has many things to do; доводи́ть ~ (до) take* / bring* mátters (to); бра́ться сра́зу за де́сять дел tackle a dózen jobs at once [...'dʌz-...wʌns]; have many irons in the fire [...'aɪənz...] *идиом.*; знать своё ~ know* one's job [nou...]; **2.** *тк. ед.* (*цель, интересы и т. п.*) cause; пра́вое ~ just cause; благоро́дное ~ good / noble cause; вели́кое ~ great cause [greɪt...], feat; ~ ми́ра the cause of peace; для ~а револю́ции for the cause of the rèvolútion; **3.** (*деяние*) deed, act; (*создание*) work; до́брое ~ good deed; здоро́вье — вели́кое ~ health is a great thing [he-...]; вы сде́лали большо́е ~ you have achieved a great feat [...-iːvd...]; э́то ~ его́ жи́зни it is his lífe-wòrk; **4.** (*событие, происшествие*) affáir, búsiness; э́то ~ давно́ забы́то this affáir has been forgótten long agó; зага́дочное ~ strange búsiness [-eɪ-...]; **5.** *об. мн.* (*положение, обстоятельства*) things; ~а́ поправля́ются things are impróving [...-ruːv-], things are on the mend; попра́вить свои́ ~а́ impróve the state of one's affáirs [-ruːv...]; как его́ ~а́? how is he getting on?; ~ поверну́лось таки́м о́бразом mátters took such a turn; положе́ние дел state of affáirs; как обстои́т ~ с э́тим? what abóut this búsiness?; ~ обстои́т так the sìtuátion is this; **6.** (*вопрос, предмет чего-л.*) mátter; ~ привы́чки, вку́са mátter of hábit, taste [...teɪ-]; совсе́м друго́е ~ quite another mátter; в чём ~? what is the mátter?; ~ не в э́том that's not the point; ~ ниско́лько не меня́ется от того́, что the sìtuátion is in no way áltered by the fact that; е́сли бы ~ обстоя́ло ина́че if things were dífferent; **7.** *об. тк. ед.* (*специальность*): го́рное ~ *и т. п. см. под соотв. прилагательными*; **8.** *уст.* (*предприятие*) búsiness: э́то дохо́дное ~ this búsiness pays well; **9.** *юр.* (*судебное*) case; вести́ ~ plead *a* case; возбуди́ть ~ про́тив кого́-л. bring* an áction agáinst smb., take* / institùte procéedings agáinst smb.; изложи́ть своё ~ state one's case; **10.** *канц.* file, dóssier ['dɔsɪeɪ]; ли́чное ~ pérsonal récòrd(s) (*pl.*), pérsonal file; подши́ть, приложи́ть к ~у (*вн.*) file (*d.*); ◇ на (са́мом) ~е as a mátter of fact, in fact, in reálity [...rɪ'æ-]; на са́мом же ~е... but the fact is...; в са́мом ~е *как вводн. сл.* réally ['rɪə-], indéed; now that *one* comes to think of it; то ли ~ *разг.* (*гораздо лучше*) how much bétter; what a dífference; то и ~ (*часто*) every now and then; (*беспрестанно*) contínually, incéssantly; пе́рвым ~ом in the first instance, first of all; ме́жду ~ом at odd móments; ~ за (*тв.*) the mátter depénds (on); ~ в том, что the fact / thing is that; в то́м-то и ~, что the whole point is that [...houl...]; ~ вот в чём the point is this; како́е ~ (*дт.*)?, что за ~ (*дт.*)? what is it (to)?, what does it mátter (to)?; како́е ему́ ~ (до)! what does he care (for, abóut)!; ему́ *и т. д.* нет ~а до э́того he, *etc.*, does not care; испыта́ть на ~е (*вн.*) test in práctice (*d.*); употреби́ть в ~ (*вн.*) make* use [...juːs] (of); име́ть ~ (с *тв.*) have to do (with), deal* (with), have déalings (with); говори́ть ~ talk sense, talk sénsibly; таки́е-то ~а́! *разг.* so that's how things are!; that is the way it is!; ~ в шля́пе *разг.* it's in the bag; вот э́то ~! (*правильно*) good!, now you're tálking!; за чем ~ ста́ло? what stops you from doing it, *или* góing on with it?; what is the hitch? *разг.*; не в э́том ~! that is not the quéstion / point [...-stʃ-...]; сде́лать своё ~ have done one's part; э́то его́ рук ~ this is his hándiwòrk; когда́ ~ дойдёт до меня́, тебя́ *и т. д.* when it is my, your, *etc.*, turn; и на слова́х и на ~е in word and deed; на слова́х..., на ~е же... in words..., but áctually...; osténsibly..., but in reálity...; у него́ *и т. д.* (есть) ~ до вас, *или* к вам he, *etc.*, has to speak to you; ему́ попа́ло за ~ he desérved what he got [...-'zəːvd...].

**делови́т||ость** *ж.* (búsiness-like) effíciency ['bɪzn-...]; он отлича́ется ~остью he is very effícient, he is very búsiness-like. **~ый** effícient, búsiness-like ['bɪzn-].

**делов||о́й** **1.** búsiness ['bɪzn-] (*attr.*); ~ челове́к búsiness man*; ~ы́е круги́ búsiness circles; ~о́е сотру́дничество búsiness-like cò-òperátion ['bɪzn-...]; ~а́я пое́здка búsiness trip; ~а́я бума́га official páper; ~ разгово́р talk on búsiness mátters; **2.** (*энергичный, точный*) búsiness-like; ~ подхо́д búsiness-like/ wórkmanlike appróach.

**делопроиз||води́тель** *м.* clerk [-ɑːk]. **~во́дство** *с.* clérical work; (*переписка*) búsiness còrrespóndence ['bɪzn-...].

**де́льн||о** *нареч.* **1.** effíciently, in búsiness-like fáshion [...'bɪzn-...]; **2.** *разг.* (*умно, со смыслом*) sénsibly; говори́ть ~ talk sense, talk sénsibly; (*ср.* де́льный). **~ый** **1.** (*энергичный, точный*) effícient, búsiness-like ['bɪzn-]; **2.** (*серьёзный*) sénsible; ~ый разгово́р sérious talk / cònversátion.

**де́льта** [дэ́-] *ж.* délta.

**дельфи́н** *м. зоол.* dólphin.

**деля́нка** *ж. лес.* allótment; plot / lot (of land).

**деля́че||ский:** ~ подхóд, ~ское отношéние nárrow-minded áttitùde, ùtilitárian áttitùde. **~ство** *с.* = деля́ческий подхóд, деля́ческое отношéние *см.* деля́ческий.

**демагóг** *м.* démagògue [-ɔg]. **~и́ческий** dèmagógic [-gɪk]. **~ия** *ж.* démagògy [-gɔgɪ].

**демаркациóнн||ый:** ~ая ли́ния line of dèmàrcátion [...diː-].

**демарка́ция** *ж.* dèmàrcátion [diː-].

**дема́рш** [дэ-] *м.* démarche (*фр.*) ['deɪmɑːʃ].

**демаски́ровать** [дэ-] *несов. и сов.* (*вн.*) *воен.* decámouflàge [-muflɑːʒ] (*d.*).

**демилитариз||а́ция** [дэ-] *ж.* dé¦militarizátion. **~и́ровать** [дэ-] *несов. и сов.* (*вн.*) dé¦militarize (*d.*).

**демисезóнн||ый:** ~ое пальтó spring / áutumn coat.

**демиу́рг** [дэ-] *м.* démiùrge ['diː-].

**демобилизациóнный** *прил. к* демобилиза́ция.

**демобилиз||а́ция** *ж.* dé¦mòbilizátion [-moubɪlaɪ-], reléase [-s]; óбщая ~ géneral reléase. **~óванный** 1. *прич. см.* демобилизовáть; 2. *м. как сущ.* éx-sérvice¦man*; dèmobée *разг.* **~ова́ть** *несов. и сов.* (*вн.*) dè¦móbilize [-'mou-] (*d.*); demób (*d.*) *разг.* **~ова́ться** *несов. и сов.* get* / be dè¦móbilized [...-'mou-].

**демогра́фия** [дэ-] *ж.* dèmógraphy [diː-].

**демокра́т** *м.* démocràt. **~иза́ция** *ж.* demòcratizátion [-taɪ-]. **~изи́ровать** *несов. и сов.* (*вн.*) demócratize (*d.*). **~и́зм** *м.* demócratism. **~и́ческий** dèmocrátic; ~и́ческий централи́зм dèmocrátic céntralism; ~и́ческие свобóды dèmocrátic liberties. **~ия** *ж.* demócracy; социалисти́ческая ~ия Sócialist demócracy; стрáны нарóдной ~ии the People's Demócracies [...piː-...].

**дéмон** *м.* démon. **~и́ческий** dèmónic [diː-], dèmoniacal [diː-].

**демонстра́нт** *м.*, **~ка** *ж.* démonstràtor, márcher.

**демонстрати́вный** demónstrative, òstentátious.

**демонстрациóнный:** ~ зал hall.

**демонстр||а́ция** *ж.* (*в разн. знач.*) dèmonstrátion; первомáйская ~ Máy-day dèmonstrátion; ~ фи́льма film-show [-ʃou], shówing of a film ['ʃou-...]. **~и́ровать** *несов. и сов.* (*вн.*; *в разн. знач.*) démonstràte (*d.*); (*о фильме тж.*) show* [ʃou] (*d.*).

**демонта́ж** [дэ-] *м.* dismántling.

**демонти́ровать** [дэ-] (*вн.*) dismántle (*d.*).

**деморализа́ция** [дэ-] *ж.* demòralizátion [-laɪ-].

**деморализова́ть** [дэ-] *несов. и сов.* (*вн.*) demóralize (*d.*).

**дéмпинг** [дэ́-] *м. эк.* dúmping.

**денатура́т** *м.* méthylàted spirit(s) (*pl.*).

**денацифика́ция** [дэ-] *ж. полит.* denàzificátion [-nɑːz-].

**дендри́т** [дэ-] *м. анат., мин.* déndrìte.

**дендролóгия** [дэ-] *ж. бот.* dèndrólogy.

**дéнежн||ый** móney ['mʌnɪ] (*attr.*), mónetary ['mʌ-], pecúniary: ~ое обращéние móney circulátion; ~ перевóд móney órder; ~ ры́нок móney-màrket ['mʌnɪ-]; в ~ом выражéнии in terms of móney; ~ая едини́ца mónetary únit; ~ая пóмощь pecúniary aid; ~ые затруднéния pecúniary embárrassment *sg.*; — ~ая реформа cúrrency refórm; ~ я́щик stróng-bòx; ~ штраф fine; ~ые срéдства means; ◇ ~ человéк *разг.* man* of means, móneyed man* ['mʌnɪd...].

**денёк** *м. уменьш. от* день.

**денни́ца** *ж. поэт.* **1.** (*заря*) dawn, dáybreak [-eɪk]; **2.** (*звезда*) mórning-stàr.

**дéнно** *нареч.*: ~ и нóщно *разг.* day and night.

**денонси́ровать** [дэ-] *несов. и сов.* (*вн.*) denóunce (*d.*).

**денти́н** [дэ-] *м. анат.* déntìne [-iːn].

**денщи́к** *м.* bát¦man*; striker *амер.*

**день** *м.* (*в разн. знач.*) day; (*после полудня*) áfternóon; в 2 часá дня at 2 o'clóck in the áfternóon; рабóчий ~ wórking day; восьмичасовóй *и т. п.* рабóчий ~ éight-hour, *etc.*, (wórking) day [-auə...]; сократи́ть рабóчий ~ shórten wórking hours [...auəz]; ~ óтдыха, выходнóй ~ rést-day, day of rest; day off; ~ рождéния birthday; ~ Пари́жской Коммýны ànnivérsary of the Páris Cómmùne; Междунарóдный жéнский ~ Internátional Wóman's Day [-'næ-'wu-...]; ~ Побéды Víctory day; цéлый ~ the whole day [...h-...], all the day; на слéдующий, другóй ~ next day; на другóй ~ пóсле the day áfter / fóllowing; на другóй же ~ пóсле the very next day áfter; за ~ (до) a day (befóre); (*накануне*) on the eve (of); с пéрвых же дней from the very first days; (*с начала*) from the very óutsèt; в пéрвые же дни (*рд.*) in the very first days (of); ◇ чéрез ~ every other day; изо дня́ в ~ day by day, day áfter day, from day to day, every day; ~ ото дня́ with every (pássing) day; средь бéла дня in broad dáylight [...brɔːd...]; на днях (*о прошлом*) the other day, a day or two agó; (*о будущем*) one of these days, in a day or two; дóбрый ~! (*утром*) good mórning!; (*после полудня*) good áfternóon!; в оди́н прекрáсный ~ one fine day; ~-деньскóй *разг.* all day long; the live¦lòng day [...'lɪv-...]; в бы́лые дни in days of old; in fórmer / bý¦gòne / ólden days [...-gɔn...]; со дня нá ~ from day to day, dáily, every day; (*в ближайшее время*) any day; егó днём с огнём не найдёшь he is nó¦whère to be seen / found, there's not a trace of him ány¦whère; ~ откры́тых дверéй (*в учебном заведении*) ópen day.

**дéньг||и** *мн.* móney ['mʌ-] *sg.*; бумáжные ~ páper-mòney [-mʌ-] *sg.*; нали́чные ~ réady móney ['re-...] *sg.*; cash *sg.*; мéлкие ~ (small) change [...tʃeɪ-] *sg.*; э́то стóит больши́х дéнег it costs much, *или* a lot of, móney; коли́чество дéнег в обращéнии amóunt of cúrrency in circulátion; коли́чество дéнег у населéния amóunt of cúrrency in the hands of the pòpulátion; ◇ ни за каки́е ~ not for ány¦thing; при ~áх in funds, in cash; не при ~áх hard up, out of cash.

**департáмент** *м.* depártment.

**депéша** *ж.* dispátch.

**депó** *с. нескл.* dépòt ['depou]; пожáрное ~ fire státion; паровóзное ~ róund¦house* [-haus].

**депози́т** *м. фин.* depósit [-z-]; вноси́ть в ~ = депони́ровать.

**депози́тор** *м. фин.* depósitor [-z-].

**деполяриза́ция** *ж. физ.* dé¦pòlarìzátion [-poulərai-].

**депони́ровать** *несов. и сов.* (*вн.* в *вн.*) *фин., эк.* depósit [-z-] (*d.* with).

**депресси́вн||ый** [дэ-] depréssed, depréssing; ~ое состоя́ние depréssion; ~ пери́од *эк.* périod of depréssion.

**депре́сс||ия** [дэ-] *ж.* (*в разн. знач.*) depréssion; (*экономическая тж.*) slump, declíne; находи́ться в состоя́нии ~ии (*о промышленности*) slump; (*о человеке*) be in low spírits [...lou...], be out of spírits, be depréssed.

**депута́т** *м.* députy; ~ Верхо́вного Сове́та députy of the Supréme Sóvièt; пала́та ~ов Chámber of Députies ['tʃeı-...]. **~ский** *прил. к* депута́т.

**депута́ция** *ж.* dèputátion.

**де́рби** [дэ́-] *с. нескл. спорт.* Dérby ['dɑː-].

**де́рвиш** [дэ́-] *м.* dérvish.

**дёрга||ть,** дёрнуть **1.** (*вн.* за *вн.*) pull [pul] (*d.* by), tug (*d.* by); ~ кого́-л. за рука́в pull smb.'s sleeve; **2.** *тк. несов.* (*вн.*) *разг.* pull out (*d.*); ~ зуб (*у врача*) have *a* tooth* (pulled) out; **3.** *тк. несов.* (*вн.*) *разг.* (*беспокоить*) wórry ['wʌ-] (*d.*), hárass ['hæ-] (*d.*); pull abóut (*d.*); **4.** *тк. несов. безл. разг.*: его́ всего́ ~ет his whole bódy twítches [...houl'bɔ-...]; у меня́ ~ет па́лец my fínger throbs; I have twínges / shóoting-pains in my fínger; ◇ ло́шади дёрнули the hórses gave a jerk; и дёрнуло меня́ пойти́! *разг.* what (on earth) posséssed me to, *или* made me, go there! [...ɜːθ-'ze-...]. **~ться,** дёрнуться **1.** twitch; **2.** *страд. к* дёргать 1, 2.

**дерга́ч** *м.* (*птица*) crake, córncràke, lánd-tail.

**дёргающ||ий 1.** *прич. см.* дёргать 1, 2, 3; **2.** *прил.*: ~ая боль shóoting / thróbbing pain; láncinàting pain *мед.*

**деревене́ть,** одеревене́ть *разг.* becóme* stiff / numb; stiffen.

**деревéн||ский** rúral; víllage (*attr.*); cóuntry ['kʌ-] (*attr.*); ~ пролетариа́т rúral pròlètáriat [...prou-]; ~ская беднота́ the víllage poor; ~ жи́тель cóuntry¦man* ['kʌ-] (*pl.* cóuntryfòlk ['kʌ-], cóuntrypeople ['kʌ- -piː-]), víllager. **~щина** *м. и ж. разг.* (cóuntry) búmpkin ['kʌ-...].

**дере́вн||я** *ж.* (*селение*) víllage; (*в противоположность городу*) cóuntry ['kʌ-], cóuntry-side ['kʌ-]; жить в ~е live in the cóuntry [lıv...]; е́хать в ~ю go* to the cóuntry; го́род и ~ town and cóuntry.

**де́рево** *с.* **1.** (*растение*) tree; хво́йное ~ cónifer ['kou-]; ли́ственное ~ fóliage tree; **2.** (*материал*) wood [wud]; кра́сное ~ mahógany; чёрное ~ ébony; ◇ за дере́вьями ле́са не ви́дно one cánnòt see the wood for the trees.

**деревообдéлочн||ик** *м.* jóiner, wóodwòrker ['wud-]. **~ый** wóodwòrking ['wud-]; ~ая промы́шленность wóodwòrking índustry.

**деревообраба́тывающ||ий** wóodwòrking ['wud-]; ~ая промы́шленность wóodwòrking índustry.

**деревору́бка** *ж.* (trée-)félling machíne [...-'ʃiːn].

**деревýшка** *ж. разг.* hámlet ['hæ-], small víllage.

**дéревце** *с.*, **деревцó** *с.* sápling ['sæ-].

**деревяни́стый 1.** *бот.* lígneous; **2.** *разг.* wóody ['wu-].

**деревя́нн||ый** wóoden ['wu-]; lígneous *научн.*; ◇ ~ое ма́сло lámp-oil, inférior ólive oil [...'ɔl-...].

**деревя́шка** *ж.* **1.** piece of wood [piːs... wud]; **2.** *разг.* (*деревянная нога*) stump, wóoden leg ['wud°n...].

**держа́ва** *ж.* **1.** state (*об.* State); (*мн. или с прил.*) pówer; мирова́я ~ world pówer; вели́кие держа́вы the Great Pówers [...-eıt...]; **2.** *ист.* (*эмблема*) globe, orb.

**держа́тель** *м.* hólder; ~ це́нных бума́г hólder of secúrities; (*акционер*) sháre¦hòlder.

**держа́ть** (*вн.*; *в разн. знач.*) hold* (*d.*); (*содержать, хранить*) keep* (*d.*); ~ кого́-л. за́ руку hold* smb. by the hand; ~ в руке́ hold* in one's hand (*d.*); ~ в гото́вности hold* in réadiness [...'re-] (*d.*); ~ в та́йне keep* a sécret (*d.*); ~ де́ньги в сберега́тельной ка́ссе keep* one's móney in the sávings bank [...'mʌ-...]; ~ ла́вку, пчёл, дома́шнюю пти́цу *и т. п.* keep* a shop, bees, póultry, *etc.* [...'pou-]; держи́те во́ра! ≅ stop thief! [...θiːf]; ◇ ~ кого́-л. в рука́х hold* / have smb. (well) in hand, have smb. únder one's thumb; ~ в подчине́нии hold* in subjéction / submíssion (*d.*); keep* down (*d.*) *разг.*; ~ пари́ bet; ~ речь speak*; make* a speech; ~ сове́т (с *тв.*) take* cóunsel (with); ~ себя́ behа́ve; ~ сло́во keep* one's word; be as good as one's word *идиом.*; ~ чью-л. сто́рону side with smb.; ~ экза́мен go* in for *an* exàminátion, take* *an* exàminátion; ~ путь (к; на, в *вн.*) head [hed] (for), make* (for); ~ курс (на *вн.*) head (for); (*перен.*) pursúe a course [...kɔːs] (of); так ~! *мор.* stéady! ['ste-]; ~ язы́к за зуба́ми hold* one's tóngue [...tʌŋ]; ~ напра́во, нале́во keep* to the right, to the left; ~ корректу́ру read* *the* proofs; ~ в па́мяти have / keep* in one's mémory (*d.*); ~ банк be bánker, keep* the bank.

**держа́ться 1.** (за *вн.*) hold* (on); ~ рука́ми за кого́-л., что-л. hold* smb., smth., hold* on to smb., smth.; **2.** (*рд.*; *придерживаться, примыкать*) adhére (to), hold* (by, to); stick* (to) *разг.*; ~ того́ взгля́да, что hold* that, be of the opínion that; ~ пре́жнего мне́ния adhére / hold* / stick* to one's fórmer opínion; ~ како́го-л. пра́вила make* it one's rule; ~ те́мы keep* to the súbject; stick* to the súbject *разг.*; **3.** (*без доп.*; *вести себя*) behа́ve, condúct òne¦sélf; **4.** (на *пр.*) be held up (by), be suppórted (by); пу́говица де́ржится на ни́точке the bútton is háng¦ing by *a* thread [...-ed]; **5.** (*без доп.*; *не сдаваться*) hold* out, stand* firm; (*о людях тж.*) hold* one's ground; держи́сь! (*не сдавайся*) stéady! ['ste-], stand firm!; (*цепляйся крепко*) hold tight!; **6.** (*крепиться*) restráin òne¦sélf, bear* up [bɛə...]; **7.** (*сохраняться*) last: тако́е положе́ние не мо́жет до́лго ~ this state of affáirs cánnòt last long; ◇ ~ бе́рега keep* close to the shore [...klous...]; *мор.* hug the shore; ~ вме́сте keep* / hold* / cling* togéther [...'ge-]; ~ в стороне́ stand* aside / off;

*перен.*) keep* / hold* / stand* alóof; ~ на ногáх keep* on one's legs; éле ~ на ногáх be on one's last legs, be réady to drop [...'re-...]; ~ прямо hold* òne¦sélf eréct; ~ зубáми за что-л. *разг.* hold* on to smth. with the skin of one's teeth.

**дерзáние** *с.* dáring.

**дерзáть,** дерзнýть dare*.

**дерзúть,** надерзúть (*дт.*) be ímpudent / impértinent / ínsolent (to); (*об. о детях, подростках*) cheek (*d.*), sauce (*d.*) *разг.*

**дéрзк||ий 1.** ímpudent, impértinent, ínsolent; (*об. о детях, подростках*) chéeky, sáucy *разг.*; ~ая девчóнка minx, hússy; **2.** (*смелый*) dáring, bold, audácious.

**дерзновéн||ие** *с.* dáring. **~ный** dáring.

**дерзнýть** *сов. см.* дерзáть.

**дéрзост||ь** *ж.* **1.** ímpudence, impértinence, ínsolence; cheek, sauce *разг.*; (*грубость*) rúde¦ness: говорúть ~и be ímpudent / impértinent / ínsolent; (*грубить*) be rude; он имéл ~ (+ *инф.*) he had the ímpudence / cheek (+ to *inf.*); **2.** (*смелость*) dáring, bóldness, audácity.

**деривáция** [дэ-] *ж.* **1.** *воен.* drift; **2.** *лингв.* dèrivátion.

**дерматúн** *м.* leatherétte [leð-].

**дерматó||лог** [дэ-] *м.* dèrmatólogist. **~лóгия** [дэ-] *ж.* dèrmatólogy.

**дёрн** *м. тк. ед.* turf; (*вырезанный пласт*) sod; обклáдывать клýмбу ~ом edge *a* flówer-bèd with turf, make* a turf édging round *a* flówer-bèd.

**дернóвый** *прил. к* дёрн.

**дёрнуть** *сов. см.* дёргать 1. **~ся** *сов. см.* дёргаться.

**дерюга** *ж.* sáckclòth, sácking.

**десáнт** *м.* **1.** lánding; посáдочный ~ áirbòrne lánding; **2.** (*войскá*) lánding párty / force; тáнковый ~ tánk-bòrne ínfantry. **~ный** lánding (*attr.*); ~ная бáржа lánding barge; ~ный трáнспорт lánding ship; ~ные судá lánding craft *sg.*; ~ная операция lánding òperátion.

**дёсенный** *анат.* gingíval [-n'dʒ-].

**десéрт** *м.* dessért [-'zə:t]. **~ный** dessért [-'zə:t] (*attr.*); ~ная лóжка dessért-spoon [-'zə:t-]; ~ное винó sweet wine.

**дéскать** *вводн. сл. разг. переводится личн. формами глагола* say: он, ~, не знал he says he didn't know [...sez ...nou]; ты, ~, сам виновáт they say it's your own fault [...oun...].

**деснá** *ж.* gum (*in mouth*).

**деснúца** *ж. поэт.* (right) hand.

**дéспот** *м.* déspòt. **~úзм** *м.* déspotism. **~úческий, ~úчный** dèspótic. **~úя** *ж.* déspotism.

**десть** *ж.* quire (*of paper*).

**дéсятеро** *числит.* ten; для всех десятерых for all ten; их ~ there are ten of them.

**десяти-** (*в сложн. словах, не приведённых особо*) of ten, *или* tén- — *соотв. тому, как даётся перевод второй части слова; напр.* десятиднéвный of ten days, tén-day (*attr.*) (*ср.* -днéвный: of... days, -day *attr.*); десятимéстный with berths, seats for 10; (*о самолёте, автомашине и т. п.*) tén-séater (*attr.*) (*ср.* -мéстный).

**десятибóрье** *с. спорт.* decáthlòn.

**десятигрáнн||ик** *м. геом.* dècahédron [-ed-]. **~ый** *геом.* dècahédral [-ed-].

**десятиднéвка** *ж.* ten days *pl.*; période of ten days.

**десятиклáссн||ик** *м.* class X boy, tenth class boy; tenth grade púpil *амер.* **~ица** *ж.* class X girl [...gə:l], tenth class girl.

**десятикрáтный** ténfòld.

**десятилéт||ие** *с.* **1.** (*годовщина*) tenth ànnivérsary; (*день рождения*) tenth bírthday; **2.** (*срок в 10 лет*) décade; ten years *pl.* **~ка** *ж.* (*школа*) (ten-year) sécondary school. **~ний 1.** (*о сроке*) of ten years; tén-year (*attr.*); decénnial *книжн.*; ~няя дáвность ten years' prescríption; **2.** (*о возрасте*) of ten; tén-year-óld; ~ний мáльчик a boy of ten; a tén-year-óld boy.

**десятúна** I *ж. уст.* dèssiatína [-'ti:-] (*measure of land = 2.7 acres*).

**десятúна** II *ж. тк. ед.* (*налог*) tithe [taɪð].

**десятирублёвка** *ж. разг.* tén-rouble note [-ru:-...].

**десятислóжный** décasyllábic; ~ стих *лит.* décasýllable.

**десятиугóльн||ик** *м. геом.* décagon. **~ый** *геом.* dècágonal.

**десятичасовóй 1.** (*о продолжительности*) of ten hours [...auəz]; tén-hour [-auə] (*attr.*); **2.:** ~ пóезд the ten o'clóck train; the ten o'clóck *разг.*

**десятúчн||ый** décimal; ~ая дробь décimal (fráction); ~ая систéма счислéния décimal nùmerátion; ~ая систéма мер décimal sýstem (of méasures) [...'me-].

**десятка** *ж.* **1.** *разг.* (*цифра*) ten; **2.** *карт.* ten; ~ червéй, пик *и т. п.* the ten of hearts, spades, *etc.* [...hɑ:ts...]; **3.** *разг.* (*десятирублёвка*) tén-rouble note [-ru:-...].

**десятник** *м.* fóre¦man*.

**десят||ок** *м.* ten; *мн.* (*перен.: множество тж.*) dózens ['dʌ-], scores; ~ки тысяч рублéй, лет tens of thóusands of roubles, years [...-z-...ru:-...]; ~ки листóвок, пúсем dózens of léaflets, létters; ~ки читáтелей, рабóчих scores of réaders, wórkers; ◇ емý пошёл четвёртый, пятый *и т. д.* ~ he is past thírty, fórty, *etc.*; он нерóбкого ~ка he is no cóward / cráven. **~ый** tenth; ~ое мáя, июня *и т. п.* the tenth of May, June, *etc.*; May, June, *etc.*, the tenth; страницa, главá ~ая page, chápter ten; ~ый нóмер númber ten; емý (пошёл) ~ый год he is in his tenth year; ужé ~ый час it is past nine; в ~ом часý past / áfter nine; половúна ~ого half past nine [hɑ:f...]; три чéтверти ~ого a quárter to ten; однá ~ая one tenth; ◇ расскáзывать из пятого в ~ое (*вн.*) ≅ tell* in snátches (*d.*).

**дéсят||ь** *числит.* ten; лет ~ (*о времени*) abóut ten years; (*о возрасте*) abóut ten; лет ~ томý назáд abóut ten years agó; емý лет ~ he is / looks abóut ten; емý óколо ~ú he is abóut ten; мáльчик лет ~ú a boy of / abóut ten; в ~ú киломéтрах (от) ten kílomètres (from).

**дéсятью** *нареч.* ten times; ~ дéсять ten times ten; ten tens.

**детализáц||ия** *ж.* détailing ['di:-]; проéкт нуждáется в ~ии the prójеct wants détailing.

**детализи́ровать** *несов. и сов.* (*вн.*) détail ['di:-] (*d.*).

**дета́л||ь** *ж.* détail ['di:-]; ~и маши́н machíne compónents / parts [-'ʃi:n...]; вдава́ться в ~и go* into détail(s).

**дета́льно** I *прил. кратк. см.* дета́льный.

**дета́льн||о** II *нареч.* in détail [...'di:-], minúteˈly [maɪ-]. **~ый** détailed ['di:-], minúte [maɪ-].

**детвора́** *ж. собир. разг.* kiddies *pl.*

**детдо́м** *м.* (де́тский дом) chíldren's home.

**детекти́вный** [дэтэ-] detéctive; ~ рома́н detéctive stóry.

**дете́ктор** [дэтэ́-] *м. рад.* detéctor, spark índicàtor. **~ный** [дэтэ́-] *прил. к* дете́ктор; ~ный приёмник crýstal recéiver [...-'si:-].

**детёныш** *м.* young one [jʌŋ...]; *мн. собир.* the young; ~ медве́дя, во́лка, ти́гра béar-cùb ['bɛə-], wólf-cùb ['wulf-], tíger-cùb [-gə-]; ~ кита́, слона́, тюле́ня whále-càlf* [-ɑ:f], élephant-càlf* [-ɑ:f], bábу élephant, séal-càlf* [-ɑ:f].

**детермин||и́зм** [дэтэ-] *м. филос.* detérminism. **~и́ст** [дэтэ-] *м.* detérminist.

**де́ти** *мн.* (*ед.* дитя́ *с.*) chíldren; kids *разг.*; (*младенцы*) bábies.

**дети́на** *м. разг.* húsky / héfty / stálwart lad, *или* young féllow [...jʌŋ...].

**дети́шки** *мн. разг.* kiddies, little ones.

**де́тище** *с.* child*, óffsprìng; (*перен.*) work, crèátion.

**детона́тор** *м. тех.* détonàtor.

**детон||а́ция** *ж. тех., хим.* dètònátion [-tou-]. **~и́ровать** 1. *тех., хим.* détonàte; 2. *муз.* be out of tune.

**детоpо́дн||ый** génital; ~ые о́рганы génitals.

**детороже́ние** *с.* chíld-bearing [-bɛə-].

**детоуби́й||ство** *с.* infánticide. **~ца** *м. и ж.* infánticide.

**детплоща́дка** *ж.* (де́тская площа́дка) ópen-air kíndergàrten [...'kɪ-].

**детса́д** *м.* (де́тский сад) kíndergàrten ['kɪ-], núrsery school.

**де́тская** *ж. скл. как прил.* núrsery.

**де́тск||ий** child's, chíldren's; (*свойственный ребёнку*) chíldˈish; (*свойственный грудному ребёнку*) ínfantìle; (*перен.*; *о взрослом*) chíldˈish, púerile; (*невинный*) chíldˈlike; ~ труд child lábour; ~ие учрежде́ния chíldren's institútions; ~ дом chíldren's home; ~ сад kíndergàrten, núrsery school; ~ая площа́дка ópen-air kíndergàrten; ~ ваго́н chíldren's cárriage [...-rɪdʒ]; ~ая ко́мната (*на вокзалах и т. п.*) móther-and-child room; ~ие пе́сенки núrsery rhymes; ~ фильм chíldren's film; ~ие и́гры chíldren's games; ~ие го́ды chíldˈhood [-hud] *sg.*; ~ая боле́знь chíldren's diséase [...dɪ'z-]; ~ая сме́ртность ínfantìle mòrtálity; ~ая игра́ (*перен.*: *пустяковое дело*) child's play; ~ое ме́сто *анат.* placénta, áfterbìrth.

**де́тств||о** *с.* chíldˈhood [-hud]; с ~а from chíldˈhood; друг ~а friend of *one's* chíldˈhood [fre-...], pláyfèllow; ◇ впада́ть в ~ be in one's sécond chíldˈhood [...'se-...], be in one's dótage [...'dou-], becóme* a dótard.

**де́ть(ся)** *сов. см.* дева́ть(ся).

**де-фа́кто** [дэ-] *нареч.* de fáctò.

**дефе́кт** *м.* deféct, blémish. **~и́вный** deféctive. **~ный** impérfect, fáulty.

**дефектоскопи́я** *ж.* fault detéction.

**дефиле́** [дэ-] *с. нескл. воен.* déˈfìle.

**дефили́ровать,** продефили́ровать [дэ-] (de)fíle.

**дефини́ция** [дэ-] *ж.* dèfinítion.

**дефи́с** *м.* hýphen ['haɪ-].

**дефици́т** *м.* 1. *эк.* déficit; 2. (*нехватка*) defíciency. **~ный** 1. (*дающий дефицит*) lósing ['lu:z-]; 2. (*о товарах*) scarce [skɛəs]; crítical *амер.*; ~ные това́ры commódities in short supplý; scarce goods [...gudz]; crítical commódities *амер.*

**дефля́ция** [дэ-] *ж. эк.* dèˈflátion.

**деформ||а́ция** [дэ-] *ж.* dèˈfòrmátion. **~и́ровать** [дэ-] *несов. и сов.* (*вн.*) defórm (*d.*). **~и́роваться** [дэ-] 1. *несов. и сов.* change in form / shape [ʧeɪ-...]; becóme* defórmed; 2. *страд. к* деформи́ровать.

**децентрализа́ция** [дэ-] *ж.* dèˈcèntralìzátion [-laɪ-].

**деци||гра́мм** [дэ-] *м.* décigràm(me). **~ли́тр** [дэ-] *м.* décilitre [-li:-]. **~ме́тр** [дэ-] *м.* décimètre.

**дешеве́ть,** подешеве́ть fall* in price, chéapen.

**дешеви́зна** *ж.* (*рд.*) chéapness (of); low príces [lou...] (for) *pl.*

**дешёв||ка** *ж. разг.* 1. (*низкая цена*) low price [lou...]; купи́ть по ~ке (*вн.*) buy* on the cheap [baɪ...] (*d.*); 2. (*дешёвая распродажа*) cheap sale.

**деше́вле** I *сравн. ст. прил. см.* дешёвый; ◇ ~ па́реной ре́пы *разг.* ≅ dirt-chéap.

**деше́вле** II *сравн. ст. нареч. см.* дёшево.

**дёшево** I *прил. кратк. см.* дешёвый.

**дёшево** II *нареч.* (*прям. и перен.*) cheap, chéaply; ~ отде́латься get* off cheap; ~ остри́ть make* cheap jokes; э́то ~ сто́ит it is worth líttle; ◇ ~ и серди́то cheap but good, a good bárgain.

**дешёв||ый** (*прям. и перен.*) cheap; (*о ценах*) low [lou]; ~ая рабо́чая си́ла cheap lábour pówer; ~ успе́х cheap succéss; по ~ой цене́ at a low price, cheap.

**дешифр||и́ровать** [дэ-] *несов. и сов.* (*вн.*) decípher [-'saɪ-] (*d.*). **~о́вка** *ж.* decíphering [-'saɪ-]; decípherment [-'saɪ-].

**де-ю́ре** [дэюрэ] *нареч.* de júre [...-rɪ].

**дея́ние** *с.* deed, act.

**де́ятел||ь** *м.* ⁝ госуда́рственный ~ státesˈman*; обще́ственный ~ públic man* / fígure ['pʌ-...]; полити́ческий ~ polítical fígure; революцио́нный ~ rèvolútionary; ~ нау́ки scíentist, man* of scíence; ~и культу́ры cúltural wórkers; заслу́женный ~ hónourˈed wórker ['ɔn-...]; заслу́женный ~ нау́ки Hónourˈed Scíentist; заслу́женный ~ иску́сств Hónourˈed Art Wórker.

**де́ятельн||ость** *ж.* 1. àctívities *pl.*, àctívity, work; революцио́нная ~ rèvolútionary àctívities; практи́ческая ~ práctical àctívities; созна́тельная ~ люде́й the cónscious àctívity of men [...-ʃəs...]; обще́ственная ~ públic / sócial work ['pʌ-...]; 2. (*занятие*) òccupátion; писа́тельская ~ the proféssion / vocátion of a wríter, work / òccupátion as a wríter; áuthorship; враче́бная ~ the proféssion of a physícian [...-'zɪ-]. ~ый áctive, ènergétic; принимáть ~ое учáстие (в *пр.*) take* an áctive part (in).

**джаз** *м.* jazz band.

**джéмпер** *м.* júmper; (*мужской тж.*) púll-òver ['pul-].

**джентльмéн** *м.* géntle¦man*.

**джигúт** *м.* Djigit [-'gɪt] (*skilful horseman*). **~óвка** *ж.* fáncy / trick ríding.

**джóуль** *м. эл.* joule.

**джýнгли** *мн.* jungle *sg.*

**джут** *м.* jute.

**дзот** *м.* (дéрево-землянóе оборонúтельное сооружéние) *воен.* blóck¦house* [-s], búnker, log empláce¦ment, log píll-bòx.

**дзот** *м.* = дзос.

**диабáз** *м. геол.* díabàse [-s].

**диабéт** *м. мед.* dìabétès [-i:z]. **~ик** *м. мед.* dìabétic [-'bi:-].

**диáгноз** *м.* dìagnósis (*pl.* -ósès [-i:z]); стáвить ~ (*дт.*) díagnòse (*d.*).

**диагнóст** *м.* diagnòstícian. **~ика** *ж. мед.* diagnóstics *pl.* **~úческий** *мед.* dìagnóstic.

**диагонáл||ь** *ж.* **1.** (*линия*) dìágonal; расположúть по ~и (*вн.*) place oblíque¦ly [...-'li:-] (*d.*); **2.** *текст.* dìágonal.

**диагонáльный** dìágonal.

**диагрáмма** *ж.* graph, díagràm.

**диадéма** [-дэ́-] *ж.* díadèm.

**диакритúческий:** ~ знак *лингв.* dìacrítical mark / sign [...saɪn], dìacrític.

**диалéкт** *м. лингв.* díalèct; говорящий на ~е díalèct spéaker. **~áльный** *лингв.* díalèct (*attr.*), dìaléctal. **~úзм** *м. лингв.* dìaléctícism.

**диалéктик** *м. филос.* dìalèctícian.

**диалéктика** *ж.* dìaléctics; ~ развúтия dìaléctics of devélopment; ~ прирóды dìaléctics of náture [...'neɪ-].

**диалектúческий** I *филос.* dìaléctical; ~ материалúзм dìaléctical matérialism; ~ мéтод dìaléctical méthod.

**диалектúческий** II *лингв.* = диалектáльный.

**диалéктный** *лингв.* díalèct (*attr.*), dìaléctal.

**диалектóлог** *м. лингв.* dìalèctólogist.

**диалектолóгия** *ж. лингв.* dìalèctólogy.

**диалóг** *м.* díalògue [-lɔg]; вестú ~ cárry on *a* díalògue. **~úческий** dìalógic.

**диамáт** *м.* = диалектúческий материалúзм *см.* диалектúческий I.

**диáметр** *м. мат.* dìámeter; ~ отвéрстия, трубы́ bore. **~áльно** *нареч.*: ~áльно протúвополóжный dìamétrically ópposite [...-z-]. **~áльный** dìamétrical.

**диапазóн** *м.* range [reɪ-], cómpass ['kʌ-]; dìapáson *научн.*; (*перен.*) scope; гóлос большóго ~а voice of great range / cómpass [...greɪt...].

**диапозитúв** *м. фот.* (lántern-)slide.

**диатермúя** [-тэр-] *ж. мед.* díathèrmy.

**диатонúческ||ий** *муз.* dìatónic; ~ая гáмма dìatónic scale.

**диафрáгма** *ж.* **1.** *анат.* díaphràgm [-æm]; **2.** *опт.* stop; *фот.* áperture.

**дивáн** I *м.* sófa; (*с подушками и валиками*) óttoman; (*тк. для сидения*) sèttée.

**дивáн** II *м.* (*государственный совет в старой Турции*) diván.

**дивергéнция** *ж.* divérgence [daɪ-].

**диверсáнт** *м.* sàbotéur [-'tə:], wrécker.

**диверсиóнный** *прил. к* дивéрсия; ~ акт act of sábotàge [...-tɑ:ʒ].

**дивéрсия** *ж.* **1.** *воен.* dìvérsion [daɪ-]; **2.** (*вредительский акт*) sábotàge [-tɑ:ʒ], sùbvérsive àctívity.

**дивертисмéнт** *м.* variety èntertáinment.

**дивидéнд** *м. эк.* dívidènd.

**дивизиóн** *м.* **1.** *воен.*: артиллерúйский ~ báttery; àrtíllery battálion [...-'tæljən] *амер.*; **2.** *мор.* (*соединение кораблей*) flotílla; squádron *амер.*; (*часть команды*) divísion. **~ный** divísional.

**дивúзия** *ж. воен.* divísion.

**дивúться** (*дт.*) márvel (at).

**дúвно** I *прил. кратк. см.* **дúвный.**

**дúвн||о** II *нареч.* márvellous¦ly, wónderfully ['wʌ-]; мы ~ провелú врéмя we had a márvellous time. **~ый** márvellous, wónderful ['wʌ-], glórious; *разг.* (*о вкусе, запахе и т. п.*) delíghtful, delícious; ~ый гóлос márvellous voice; ~ая мелóдия lóve¦ly tune ['lʌ-...].

**дúв||о** *с. тк. ед. разг.* wónder ['wʌ-], márvel; ◊ что за ~! (*странно*) (how) strange / fúnny! [...streɪ-...]; (*нет ничего удивительного*) there's nóthing surprísing abóut that; не ~ no wónder; э́то не ~ it is no wónder, it is not surprísing; ~у давáться wónder, márvel; на ~ márvellous¦ly, spléndidly.

**дигитáлис** *м. бот., фарм.* dìgitális.

**дидáкт||ика** *ж.* didáctics. **~úческий** didáctic.

**диéз** [-иэ́-] *м. муз.* sharp; до-~, ре-~ *и т. д.* C sharp, D sharp, *etc.* [si:... di:...].

**диéт||а** [-иэ́-] *ж.* díet; держáть на ~е (*вн.*) díet (*d.*); посадúть на ~у (*вн.*) *разг.* prescríbe a díet (for); посадúть на (стрóгую) ~у (*вн.*) put* on a (rígorous) díet (*d.*); соблюдáть (стрóгую) ~у keep* to a (rígorous) díet. **~éтика** [-этэ́-] *ж.* dìetétics. **~úческий** [-эт-] dìetétic, díetary; ~úческий стол ínvalid díetary / cóokery [-i:d...].

**дúзель** *м. тех.* Diesel éngine ['di:z- 'endʒ-]. **~ный** diesel ['di:z-]; ~ный трáктор diesel tráctor.

**дизентéрия** *ж. мед.* dýsentery.

**дикáрка** *ж.* sávage; (*перен.*) shy wóman* [...'wu-]; shy girl [...g-].

**дикáрь** *м.* sávage; (*перен.*) shy féllow; shy boy.

**дúк||ий** **1.** *прил:* wild; (*нецивилизованный, варварский*) sávage; (*застенчивый*) shy; (*необщительный*) ùnsóciable; (*странный*) strange [-eɪndʒ], queer; (*крайне нелепый*) prepósterous, outrágeous; ~ая мéстность wílderness; ~ виногрáд wild grapes *pl.*; ~ая слúва *и т. п.* wild plum, *etc.*; ~ая я́блоня cráb(-tree); ~ое я́блоко cráb(-àpple); ~ая ýтка wild duck; (*гл. обр. о селезне*) mállard; ~ произвóл sávage déspotism; какúе ~ие взгля́ды! what fàntástic / outrágeous ìdéas! [...aɪ'dɪəz]; **2.** *м. как сущ.* = дикáрь; ◊ ~ое мя́со proud flesh.

**дикобрáз** *м. зоол.* pórcupìne.

**дикóвин||(к)а** *ж. разг.* wónder ['wʌ-]; ◊ э́то емý, ей *и т. д.* не в ~(к)у he, she, *etc.*, finds nóthing wónderful / remárkable / ún¦úsual abóut that [...'wʌ-... -'ju:ʒ-...]. **~ный** strange [-eɪndʒ], wónderful ['wʌ-], remárkable, ún¦úsual [-'ju:ʒ-], out of the way.

**дикорасту́щий** wild.
**ди́кость** *ж.* 1. wild¦ness, sávagery; shýness, ùnsóciable¦ness; (*ср.* ди́кий); 2. *разг.* (*вздор*) absúrdity; э́то соверше́нная ~ it is simply prepósterous.
**дикта́нт** *м.* dictátion.
**дикта́т** *м.* dictàtes *pl.*; bidding; поли́тика ~а pólicy of dìctátion.
**дикта́тор** *м.* dictátor. **~ский** dìctatórial.
**диктату́ра** *ж.* dictátor¦ship; ~ пролетариа́та dictátor¦ship of the pròlètáriat [...prou-].
**диктова́ть,** продиктова́ть (*вн.* *дт.*; *в разн. знач.*) dictáte (*d.* to, *d. i.*); ~ свою́ во́лю dictáte one's will.
**дикто́вк||а** *ж.* dictátion; писа́ть под чью-л. ~у write* to smb.'s dictátion; под ~у кого́-л. (*перен.*) at smb.'s bidding, by smb.'s órder.
**ди́ктор** *м.* annóuncer.
**ди́кция** *ж.* àrticulátion, enùnciátion; хоро́шая ~ clear / good* àrticulátion; плоха́я ~ poor / bad* àrticulátion.
**диле́мма** *ж.* dilémma; вот в чём ~ *разг.* that is the quéstion / dilémma [...-stʃən...]; пе́ред ним стои́т ~ he is confrónted / faced with *the* dilémma [...-'frʌ-...].
**дилета́нт** *м.* ámateur [-tə:], dìlettánte [-tɪ] (*pl.* -tì [-ti:]); dábbler *разг.*; ~ в му́зыке ámateur musícian [...-'zɪ-]; músical dìlettánte [-z-...]. **~ский** àmatéurish [-'tə:-]. **~ство** *с.* àmatéurishness [-'tə:-], dìlettántism.
**дилижа́нс** *м.* (stáge-)coach; почто́вый ~ máil-coach.
**дилювиа́льный** *геол.* dìlúvial [daɪ-]; ~ пери́од dìlúvial épòch / périod [...-k...].
**дилю́вий** *м.* *геол.* dìlúvium [daɪ-].
**ди́на** *ж.* *физ.* dyne.
**динами́зм** *м.* dýnamism ['daɪ-].
**дина́мика** *ж.* dỳnámics [daɪ-].
**динами́т** *м.* dýnamite ['daɪ-]. **~ный** *прил. к* динами́т. **~чик** *м.* dýnamìter ['daɪ-].
**динами́ч||еский, ~ный** dỳnámic [daɪ-].
**дина́мо** *с. нескл.* *тех.* dýnamò ['daɪ-]. **~-маши́на** *ж.* dýnamò ['daɪ-].
**династи́ческий** dynástic.
**дина́стия** *ж.* dýnasty, house* [-s].
**ди́нго** *м. нескл.* *зоол.* díngò.
**диноза́вр** *м.* dínosaur ['daɪ-].
**дио́птр** *м.* *физ.* sight-vàne, síghting hole. **~ика** *ж.* dìóptrics.
**диоптри́я** *ж.* *опт.* dìóptric.
**диплоко́кк** *м.* *бот.* dìplocóccus (*pl.* -cocci).
**дипло́м** *м.* diplóma; (*университетский тж.*) degrée.
**диплома́т** *м.* díplomàt; diplómatist [-lou-] (*тж. перен.*). **~и́ческий** dìplomátic; ~и́ческие отноше́ния dìplomátic relátions; ~и́ческий ко́рпус dìplomátic corps [...kɔ:]; ~и́ческая по́чта dìplomátic mail; ~и́ческий курье́р dìplomátic cóurier / méssenger [...'ku- -ndʒə]; (*в Англии*) Queen's méssenger. **~и́чный** dìplomátic. **~ия** *ж.* diplómacy [-lou-].
**дипломи́рованный** diplóma¦'d.
**дипло́мн||ый** *прил. к* дипло́м; ~ая рабо́та diplóma / gràduátion thésis, diplóma páper / work; ~ прое́кт gràduátion / diplóma design [...-'zaɪn].
**дипло́т** *м.* *мор.* deep sea lead [...led].
**директи́в||а** *ж.* instrúctions *pl.*, diréctives *pl.*, diréctions *pl.*; *воен.* instrúction. **~ный** diréctive, diréctory; ~ные указа́ния instrúctions, diréctives, diréctions.
**дире́ктор** *м.* diréctor, mánager; (*школы*) head [hed], príncipal; (*о мужчине тж.*) head máster; (*о женщине тж.*) head místress. **~а́т** *м.* diréctorate, board.
**директо́рия** *ж.* *ист.* Diréctory.
**дире́кторский** *прил. к* дире́ктор; *тж.* mànagérial.
**директри́са** I *ж.* *уст.* (*начальница женск. учебного заведения*) head místress [hed...].
**директри́са** II *ж.* *геом.* diréctrix (*pl.* -rices).
**дире́кция** *ж.* board (of diréctors), mánage¦ment.
**дирижаблестрое́ние** *с.* áirship-bùilding [-bɪ-].
**дирижа́бль** *м.* dírigible (ballóon), áirship.
**дирижёр** *м.* condúctor; (*духового оркестра*) bánd-màster. **~ский:** ~ская па́лочка (condúctor's) báton [...'bæ-].
**дирижи́ровать** (*тв.*) condúct (*d.*).
**дисгармони́ровать** *несов. и сов.* (с *тв.*) clash (with), jar (with), be out of tune / kéeping (with).
**дисгармо́ния** *ж.* dis¦hármony, discórdance.
**диск** *м.* disk, disc; (*пулемёта*) (cártridge-) drùm; мета́тельный ~ díscus (*pl.* -ci); мета́ние ~а díscus-thròwing [-ou-]; ~ номеронабира́теля (*телефона-автомата*) dial; ~ луны́ the moon's disk.
**ди́скант** *м.* treble [-e-]. **~о́вый** treble [-e-]; ~о́вый го́лос tréble voice.
**дисквалифика́ция** *ж.* disquàlificátion.
**дисквалифици́ровать** *несов. и сов.* (*вн.*) disquálifỳ (*d.*). **~ся** *несов. и сов.* get* disquálified.
**дискобо́л** *м.* discóbolus (*pl.* -li).
**диско́нт** *м.* *фин.* discóunt.
**дисконти́ровать** *несов. и сов.* (*вн.*) *фин.* discóunt (*d.*).
**дискредита́ция** *ж.* discrédit.
**дискредити́ровать** *несов. и сов.* (*вн.*) discrédit (*d.*).
**дискримина́ция** *ж.* discrìminátion.
**дискримини́ровать** *несов. и сов.* (*вн.*) discríminàte (*d.*).
**дискуссио́нн||ый** debátable; ~ вопро́с debátable quéstion / próblem [...-stʃ- 'prɔ-]; статья́ печа́тается в ~ом поря́дке the árticle is ópen to discússion.
**дискусси́ровать** *несов. и сов.* = дискути́ровать.
**диску́сси||я** *ж.* discússion, debáte; вопро́с ста́вится в поря́дке ~и the quéstion is ópen to discússion [...-stʃ-...].
**дискути́ровать** *несов. и сов.* (*вн.*, о *пр.*) discúss (*d.*), debáte (*d.*).
**дислока́ция** *ж.* 1. *воен.* (péace-tìme) dìstribútion of troops; 2. *геол.* displáce¦ment (of stráta), dìslocátion; 3. *мед.* dìslocátion.
**диспансе́р** [-сэ́р] *м.* dispénsary (*for the prevention and treatment of disease*), health centre [he-...]. **~иза́ция** [-сэр-] *ж.* dispénsary sýstem (*for the prevention and treatment of disease*).
**диспепси́я** *ж.* *мед.* dyspépsia.
**диспе́рсия** *ж.* *физ.* dispérsion.
**диспе́тчер** *м.* contróller [-oul-] (*of movement of transport, etc.*).

**диспе́тчерская** *ж. скл. как прил.* contról-ler's óffice [-oul-...]; *ав.* contról tówer [-oul...].
**диспози́ция** *ж. воен.* dìsposítion [-'zɪ-].
**диспропо́рция** *ж.* dísproportion, lack of bálance (betwéen).
**ди́спут** *м.* públic debáte ['pʌ-...]; вести́ ~ debáte.
**диссерта́ци||я** *ж.* thésis (*pl.* thésès [-si:z]), dìssertátion; защища́ть ~ю maintáin *a* thésis.
**диссиде́нт** *м. ист.* díssident.
**диссимиля́ция** *ж.* dìssimilátion.
**диссона́нс** *м.* díssonance, díscòrd.
**диссони́ровать** *муз.* discórd.
**диссоциа́ция** *ж.* dissòciátion.
**диссоции́ровать** *несов. и сов.* (*вн.*) dis-sóciàte (*d.*).
**дистанцио́нный** *прил. к* диста́нция; ~ взрыва́тель *воен.* tíme-fùse.
**диста́нц||ия** *ж.* 1. dístance; на большо́й, ма́лой ~ии at a great, small dístance [...greɪt...]; 2. *воен.* range [reɪ-]; 3. *ж.-д.* ráilway divísion.
**дистилиро́ванн||ый** *прич. и прил.* distíl-led; ~ая вода́ distílled wáter [...'wɔ:-].
**дистилли́ровать** *несов. и сов.* (*вн.*) dis-tíl (*d.*).
**дистилля́ция** *ж.* dìstillátion.
**дистрофи́я** *ж. мед.* dystróphia [-ou-].
**дисципли́н||а** *ж.* 1. *тк. ед.* díscipline; па́р-ти́йная ~ párty díscipline; трудова́я ~ lábour díscipline; шко́льная ~ school díscipline; твёр-дая ~ strict / firm díscipline; устана́вливать ~у estáblish díscipline; ~ огня́ *воен.* fire dís-cipline; 2. (*отрасль науки*) branch of science [-ɑ:ntʃ...].
**дисциплина́рн||ый** dísciplinary; ~ое взы-ска́ние dísciplinary púnishment [...'pʌ-].
**дисциплини́рованность** *ж.* díscipline.
**дисциплини́ровать** *несов. и сов.* (*вн.*) dís-cipline (*d.*).
**дитя́** *с.* child*; (*о младенце*) báby; ◇ ~ приро́ды child* of náture [...'neɪ-].
**дифира́мб** *м.* díthyràmb; (*перен.*) díthy-ràmbs *pl.*, éulogy, laudátion; ◇ петь ~ы (*дт.*) sing* the práises (of), beláud (*d.*), extól (to the skies) (*d.*), éulogìze (*d.*).
**дифосге́н** *м. хим.* dìphósgène [daɪ-].
**дифтери́йный** = дифтери́тный.
**дифтери́т** *м.* diphthéria. ~**ный** diphthéria (*attr.*); diphtherític.
**дифтери́я** *ж.* = дифтери́т.
**дифто́нг** *м. лингв.* díphthòng.
**диффама́ция** *ж.* libel, dèfamátion.
**диффере́нт** *м. мор.* trim dífference; ~ на корму́, на нос trim by the stern, bow.
**дифференци||а́л** *м.* 1. *мат.* dìfferéntial; 2. *тех.* dìfferéntial gear [...gɪə]. ~**а́льный** dìfferéntial; ~а́льное исчисле́ние *мат.* dìffer-éntial cálculus; ~а́льный тари́ф dìfferéntial dúties *pl.*; ~а́льная ре́нта *эк.* dìfferéntial rent.
**дифференциа́ция** *ж.* dìfferèntiátion.
**дифференци́рование** *с. мат.* dìfferèntiá-tion.
**дифференци́ровать** *несов. и сов.* (*вн.*) dìf-feréntiàte (*d.*). ~**ся** *несов. и сов.* dìfferéntiàte.
**диффу́зия** *ж. физ.* diffúsion.
**дича́ть,** одича́ть (*о растениях*) run* wild; (*о животных*) become* / grow* wild [...grou...]; (*перен.*; *о людях*) become* / grow* ùnsócia-ble, (begin* to) shun society.
**дичи́ться** *разг.* 1. (*быть робким*) be shy; 2. (*рд.*; *избегать*) shun (*d.*).
**дичо́к** *м. бот.* wílding.
**дичь** *ж. тк. ед.* 1. *собир.* (*животные и птицы*) game; (*тк. о птицах*) gáme¦bìrd, wild¦fowl; пушно́й зверь и ~ fur and féather [...'fe-]; 2. (*глушь*) wílderness; 3. *разг.* (*вздор*) nónsense, rúbbish, rot; ◇ поро́ть ~ *разг.* talk nónsense / rúbbish; talk through one's hat *идиом.*
**диэле́ктрик** *м. физ.* dìeléctric, nòn-condúc-tor.
**длин||а́** *ж. тк. ед.* length; в ~у́ léngthwise, lóng¦wise; во всю ~у́ at full length; (*рд.*) the full length (of); all alóng (smth.); растяну́ться во всю ~у́ méasure one's length ['me-...]; ~о́й в 2, 3, 4 *и т. д.* ме́тра, фу́та *и т. п.*, 2, 3, 4 *и т. д.* ме́тра, фу́та *и т. п.* в ~у́ two, three, four, *etc.*, metres, feet, *etc.*, long [...fɔ:...]; ме́ры ~ы́ méasures of length, long méasures; наибо́льшая ~ óver¦àll length; ~ волны́ *рад.* wáve-lèngth.
**длинно||волокни́стый** *с.-х.* lóng-stàple (*attr.*). ~**воло́сый** lóng-haired. ~**но́гий** lóng--lègged. ~**но́сый** lóng-nòsed.
**длинно́т||ы** *мн.* prolíxities, tédious pás-sages; longuéurs [lɔŋ'gə:z]; рома́н с ~ами nóv-el with tédious pássages ['nɔ-...]; lóng-wìnded / prólix nóvel [-wɪn- 'prou-...].
**длинношёрст(н)ый** lóng-haired.
**дли́нн||ый** long; (*о докладе и т. п.*) léngthy; ◇ у него́ ~ язы́к he has a long tongue [...tʌŋ]; гна́ться за ~ым рублём be ónly out for móney [...'mʌ-].
**дли́тельн||ость** *ж.* durátion. ~**ый** long, protrácted, prolónged; (*о болезни и т. п.*) língering; в тече́ние ~ого вре́мени, ~ое вре́мя óver a long périod of time; ~ое хра-не́ние (*овощей и т. п.*) lóng-tèrm prèservá-tion [...-zə-]; ~ые ста́чки protrácted strikes.
**дли́ться** last.
**для** *предл.* (*рд.*) 1. (*в разн. знач.*) for: ин-струме́нт ~ ре́зки instrument for cútting; он э́то сде́лает ~ неё he will do it for her; э́та кни́га необходи́ма ~ его́ рабо́ты this book is esséntial for his work; ~ него́ необы́чно приходи́ть так по́здно it is ùn¦úsual for him to come so late [...-'ju:ʒ-...]; о́чень жа́рко ~ Москвы́ it is very hot for Móscow;— ~ него́ характе́рно it is chàracterístic of him [...k-...]; типи́чно ~ них it is týpical of them; 2. (*по отношению к*) to: э́то бы́ло жесто́ким уда́-ром ~ него́ it was a cruel blow to him [...kruəl blou...]; э́то ничто́ ~ него́ it is nothing to him; непроница́емый ~ воды́ impérvious / impér-meable to wáter [...-mɪə-... 'wɔ:-]; 3. (*перед существит., обозначающими действие: с целью*) *об. передаётся через* to + *inf.*, *за-меняющий соотв. существительное*: он при-е́хал сюда́ ~ изуче́ния языка́ he came here to stúdy the lánguage [...'stʌdɪ...]; 4. *разг.*, *уст.* (*по случаю*) on the occásion of, for: ~ 1-го Ма́я on the occásion of Máy-day, for Máy-day; ◇ ~ того́, что́бы *см.* что́бы; не́ ~ чего (+ *инф.*) *см.* не́чего 2; *тж. и др. осо-бые случаи см. под теми словами, с которы-ми предл.* для *образует тесные сочета-ния.*
**дне** I *пр. см.* день.

**дне** II *пр. см.* дно.

**днева́||лить** *воен.* be on dúty. **\~льный** *м. скл. как прил. воен.* man* on dúty.

**днева́ть:** он там днюет и ночу́ет *разг.* he spends all his time there, he is álways there [...'ɔːlwəz...], he is there day and night.

**днёвка** *ж.* day's rest.

**дневни́к** *м.* diary; (*для записей ежедневных событий*) jóurnal ['dʒəː-]; вести́ \~ keep* *a* diary.

**дневн||о́й** day (*attr.*); dáily; \~ за́работок dáily éarnings [...'əː-] *pl.*; \~а́я сме́на day shift; \~ свет dáylight; (*искусственный тж.*) fluoréscent líghting; в \~о́е вре́мя dúring dáylight hours [...auəz]; \~ спекта́кль matinée (*фр.*) ['mætɪneɪ].

**-дне́вный** (*в сложн. словах, не приведённых особо*) of... days, -day (*attr.*); *напр.* двадцатидне́вный of twénty days; twénty-day (*attr.*).

**дней** *рд. мн. см.* день.

**днём** I *нареч.* in the dáy-time, by day; (*после полудня*) in the áfternóon; сего́дня \~ this áfternóon; за́втра \~ to¦mórrow áfternóon; вчера́ \~ yésterday áfternóon [-dɪ...].

**днём** II *тв. см.* день.

**дни** *мн. см.* день.

**дни́ще** *с.* bóttom (of ship, bárrel); (*судна тж.*) bilge.

**дн||о** *с.* bóttom; (*моря тж.*) ground; на \~е at the bóttom; доста́ть до \~а touch bóttom [tʌtʃ...]; идти́ ко \~у go* to the bóttom, sink*; пуска́ть ко \~у (*вн.*) send* to the bóttom (*d.*), sink* (*d.*); ◇ пить до \~а drain; (*перен.*) drink* to the dregs; вверх \~ом úpside-dówn, tópsytúrvy; золото́е \~ *разг.* góld-mine; ни \~а ему́ ни покры́шки *разг.* bad luck to him.

**дноуглуби́тель** *м. тех.* drédger.

**дню** *дт. см.* день.

**дня** *рд. см.* день.

**до** I *с. нескл. муз.* C [siː]; do; до-дие́з C sharp.

**до** II *предл.* (*рд.*) **1.** (*при обозначении достигаемого предела, степени, расстояния, промежутка во времени, какого-л. ряда*) to (*тж.* down to, up to; *ср.* вплоть); (*при обозначении конечного пункта движения*) as far as; (*крайнего предела во времени*) till; until (*об. в начале предложения*): до конца́ to the end; до после́дней ка́пли to the last drop; до кра́йности to excéss; до изве́стной сте́пени to a cértain extént / degrée; до ста́нции далеко́ it is far, *или* a long way, to the státion; от го́рода до ста́нции from the town to the státion; от трёх (часо́в) до пяти́ from three to five (o'clóck); чи́сла от одного́ до десяти́ númbers (from) one to ten; от пяти́ до десяти́ дней, ме́тров, книг from five to ten days, metres, books; е́хать до Москвы́ go* as far as Móscow; добежа́ть до ста́нции run* as far as, *или* to, the státion; ждать до ве́чера, до десяти́ (часо́в) wait till the évening, till ten (o'clóck) [...'iːvn-...]; — до на́ших дней to our time, to this day; **2.** (*меньше*) únder; (*не больше*: *о возрасте, величине и т. п.*) up to, not óver, not... óver; (*о количестве, сумме тж.*) no more than, not... more than: де́ти до шести́ лет children únder six (years); ве́сом до трёх килогра́ммов (*включительно*) wéighing up to, *или* not óver, three kilogràm(me)s; тра́тить до десяти́ рубле́й spend* up to, *или* not óver, *или* no more than, ten roubles [...ruː-]; он мо́жет тра́тить до десяти́ рубле́й he can spend up to ten roubles, he cánnòt spend óver, *или* more than, ten roubles; роди́тели, име́ющие до пяти́ челове́к дете́й párents having up to, *или* no more than, five children; **3.** (*приблизительно*) abóut; some *pron.*: у него́ до ты́сячи книг he has abóut a thóusand books [...-z-...]; нас бы́ло до 60 челове́к we were some sixty in all; **4.** (*раньше*) befóre: до войны́ befóre the war; ◇ до свида́ния góod-bу́е; до сих пор (*о месте*) up to here; (*о времени*) up to now, till now; híther¦tó; до сих пор (ещё, всё ещё; *при наст. вр.*) still: он до сих пор (ещё, всё ещё) пи́шет he is still wríting; — до тех пор till then; до тех пор, пока́ *см.* пока́ II 2; до тех пор, как, *или* до того́, как (*обо всём данном времени*) till, until (*ср. выше* 1); (*о каком-л. моменте раньше чем*) befóre: жди́те до тех пор, пока́ он не придёт wait till he comes; они́ бу́дут гото́вы до того́, как он придёт they will be réady befóre he comes [...'re-...]; — до того́, что (*так долго, что*) till; (*до такой степени, что*) so... that: он крича́л до того́, что охри́п he shóuted till he grew hoarse, he shóuted hìm¦sélf hoarse; он был до того́ слаб, что не мог дви́гаться he was so weak that he could not move [...muːv]; — до чего́ *разг.* (*как*) how; (*какой*) what: до чего́ жа́рко! how hot it is!; до чего́ э́то интере́сная кни́га! what an ínteresting book this is!; — до чего́ жаль! it's such a píty! [...'pɪ-]; у него́ *и т. д.* (есть) де́ло до вас, ему́ *и т. д.* нет де́ла до э́того, де́ло до *см.* де́ло; ему́ *и т. д.* не до *см.* не; что ему́ *и т. д.* до, что до *см.* что I; *тж. и др. особые случаи, не приведённые здесь, см. под теми словами, с которыми предл.* до *образует тесные сочетания.*

**до-** *глагольная приставка*; *если обозначает доведение действия до конца, то об. передаётся через формы глагола* finish (+ *ger.*): дочита́ть кни́гу finish réading *the* book; *если подчёркивает доведение действия до предела, обозначенного существит. с предл.* до, *то об. не переводится*: дочита́ть до середи́ны read* to the middle; добежа́ть до ста́нции run* to, *или* as far as, the státion; (*ср.* до II 1).

**доба́вить** *сов. см.* добавля́ть.

**доба́в||ка** *ж. разг.* addítion; (*довесок*) máke¦weight. **\~ле́ние** *с.* addítion; (*к сочинению*) appéndix (*pl.* -icès [-ɪsiːz]), addéndum (*pl.* -da); (*к документу*) rider; в \~ле́ние (к) in addítion (to).

**добавля́ть,** доба́вить (*вн.* к) add (*d.* to).

**доба́вочный** addítional, sùppleméntary; (*второстепенный*) àccéssory.

**добег||а́ть,** добежа́ть run* so far; \~ (до) run* (to; as far as; *ср.* до II 1); (*достигать*) reach (*d.*); ми́гом \~у́ I'll get there in no time; он не смог добежа́ть he could not run so far.

**добе́гаться** *сов.* (до) run* (till one *is*): \~ до уста́лости run* till one is tired; ◇ (вот) добе́гался! now you have, he has, *etc.*, done it!

**добежа́ть** *сов. см.* добега́ть.

**добела́** *нареч.* **1.:** раскалённый ~ (*о металле*) white-hót; **2.** (*до белизны, чисто*) till *smth.* is white, till *smth.* is spót¦lessly clean.

**добива́ть,** доби́ть (*вн.*) finish (off) (*d.*), kill (*d.*); deal* the fínal blow [...blou] (*i.*).

**добива́ться,** доби́ться **1.** (*рд.*) obtáin (*d.*); (*достигать*) achíeve [-i:v] (*d.*); (*обеспечивать*) secúre (*d.*); *несов. тж.* try to get / obtáin / achíeve / secúre (*d.*), strive* (for, + to *inf.*); seek* áfter (*d.*); make* éfforts to attáin (*d.*); насто́йчиво ~ (*рд.*) press (for); доби́ться ми́ра achíeve / secúre peace; доби́ться реши́тельной побе́ды achíeve a decísive víctory; ~ соглаше́ния (с *тв.*) seek* agréement (with); доби́ться дове́рия, подде́ржки, свои́х прав win* *the* cónfidence, suppórt, one's rights; мно́гого мо́жно доби́ться a great deal can be gained [...greit...]; доби́ться успе́ха achíeve (a) succéss; ~ бо́лее высо́кой производи́тельности strive* for hígher pròdùctívity; они́ доби́лись зажи́точной и культу́рной жи́зни they secúred for thèm¦sélves a prósperous and cúltured life; ~ невозмо́жного strive* for the impóssible; try to square the círcle *идиом.*; ~ того́, что́бы стать... strive* to become...; доби́ться своего́ gain one's end / óbject; **2.** (кого́-л.) *разг.* (*стараться увидеть*) try to see (smb.), try to get at (smb.).

**добира́ться,** добра́ться get* *to the place*, reach *the place*; (до) get* (to), reach (*d.*); ~ до́ дому get* / reach home; он не добра́лся до го́рода he didn't get as far as the town, he didn't reach the town; ◇ добра́ться до и́стины find* / sift out the truth [...tru:θ]; он доберётся до тебя́! he'll show you what's what! [...ʃou...], he'll give you whát-fòr!

**доби́ть** *сов. см.* добива́ть.

**доби́ться** *сов. см.* добива́ться.

**до́блестн||ый** válorous, váliant ['væljənt], heró¦ic; ~ые войска́ váliant troops; ~ труд váliant lábour.

**до́блест||ь** *ж.* válour ['væ-], prówess; де́ло ~и mátter of válour.

**добра́сывать,** добро́сить (*вн.*) throw* so far [-ou...] (*d.*); (*вн.* до) throw* (*d.* as far as); throw* (*d.* to); он не смог добро́сить мяч he could not throw the ball so far.

**добра́ться** *сов. см.* добира́ться.

**добрести́** *сов.* reach *the place* (on foot) [...fut]; limp *to the place*; (до) reach (on foot) (*d.*); ~ до́ дому reach home, get* home on foot, limp home.

**добре́ть** I, подобре́ть become* kínder.

**добре́ть** II, раздобре́ть *разг.* become* córpulent, put* on flesh.

**добрива́ть,** добри́ть (*вн.*) fínish sháving (*d.*).

**добри́ть** *сов. см.* добрива́ть. **~ся** *сов.* fínish sháving (òne¦sélf).

**добр||о́** I *с. тк. ед.* **1.** (*что-л. хорошее, полезное*) good; он жела́ет вам ~а́ he wishes you well; де́лать ~ кому́-л. be good to smb.; он сде́лал ей мно́го ~а́ he was very good to her; из э́того ~а́ не вы́йдет no good will come of it; **2.** (*имущество*) próperty; *ирон.* trash; тако́го ~а́ мне и да́ром не ну́жно I wouldn't take such trash as a gift [...g-]; ◇ э́то не к ~у́ *разг.* it is a bad sign / ómèn [...sain...]; от ~а́ ~а́ не и́щут *посл.* ≅ let well alóne; нет ху́да без ~а́ *посл.* ≅ every cloud has a sílver líning; помина́ть кого́-л. ~о́м *разг.* (*вспоминать*) think* kínd¦ly of smb.; (*отзываться*) speak* well of smb.

**добро́** II: ~ пожа́ловать! wélcome!

**добро́** III *союз*: ~ бы one could ùnderstánd if, there would be some excúse if [...-s...].

**доброво́лец** *м.* vòluntéer; пойти́ доброво́льцем vòluntéer.

**доброво́льно** I *прил. кратк. см.* доброво́льный.

**доброво́льн||о** II *нареч.* vóluntarily, of one's own accórd [...oun...], of one's own free will. **~ость** *ж.* vóluntariness. **~ый** vóluntary, frée-will; ~ое о́бщество vóluntary socíety; на (стро́го) ~ых нача́лах on (stríctly) vóluntary lines, on a (stríctly) vóluntary básis [...'bei-].

**доброво́льческий** vóluntary; vòluntéer (*attr.*).

**доброде́тель** *ж.* vírtue. **~ный** vírtuous.

**доброду́ш||ие** *с.* good náture [...'nei-]. **~ный** góod-nátured [-'nei-].

**доброжела́тель** *м.*, **~ница** *ж.* wéll-wísher. **~ный** benévolent; (*о человеке тж.*) wéll-wíshing.

**доброжела́тельство** *с.* benévolence, kínd¦ness, góodwill ['gud-].

**доброка́чественн||ость** *ж.* high quálity. **~ый 1.** of high / good* quálity; **2.** *мед.* benígn [-ain], nòn-malígnant.

**добро́м** *нареч. разг.* of one's own free will [...oun...]; он ~ про́сит тебя́ do it befóre he gets ángry.

**добронра́вный** wéll-beháved, órderly.

**добропоря́дочный** *уст.* respéctable, hónest ['ɔ-].

**добросерде́ч||ие** *с.*, **~ность** *ж.* kind-héartedness [-'hɑ:t-]. **~ный** kind-héarted [-'hɑ:t-].

**добро́сить** *сов. см.* добра́сывать.

**добросо́вестн||ость** *ж.* hónesty ['ɔ-], cònsciéntious¦ness [kɔnʃi-]. **~ый** hónest ['ɔ-], cònsciéntious [kɔnʃi-]; ~ый рабо́тник hónest wórker.

**добрососе́дск||ий** néighbour¦ly; ~ие отноше́ния néighbour¦ly relátions; góod-néighbour¦liness *sg.*, góod-néighbour relátions.

**доброта́** *ж.* kínd¦ness, góod¦ness.

**добро́тн||ость** *ж.* (high) quálity; ~ сукна́ (high) quálity, *или* dùrabílity, of the cloth. **~ый** of high / good* quálity; dúrable; ~ые тка́ни good* / stúrdy fábrics.

**до́бр||ый** kind, good*; он был так добр, что... he was so kind as to...; ~ ма́лый décent féllow; ~ые лю́ди some nice / kind people [...pi:-]; ◇ ~ день! (*утром*) good mórning!; (*после полудня*) good áfternóon!; всего́ ~ого góod-býe!; в ~ час! good luck!; ~ая во́ля good will; по ~ой во́ле vóluntarily, of one's own accórd [...oun...], of one's own free will; лю́ди ~ой во́ли people of good will [pi:-...]; прояви́ть ~ую во́лю show* one's good will [ʃou...]; ~ое и́мя good name; ~ая полови́на fúlly / quite half ['fuli...hɑ:f], a good half; ~ые пожела́ния good wishes; быть в ~ом здра́вии be in good health [...he-], be quite well; ~ое ста́рое вре́мя the good old times *pl.*; бу́дьте ~ы (+ *пов.*) please (+ *imper.*); (+ *инф.*) would you be so kind as (+ to *inf.*); чего́ ~ого may... for all I know [...nou]: он чего́ ~ого опозда́ет he may be late for all I know.

**добря́к** *м. разг.* good soul [...soul].

**добуди́ться** *сов.* (*рд.*) *разг.* succéed in wáking up, *или* róusing (*d.*), mánage to wake up, *или* rouse (*d.*).

**добыва́ние** *с.* **1.** getting, procúring; ~ средств к жи́зни getting / éarning / procúring one's living / live¦lihood [...'ə:n-... 'lɪv- -hud]; **2.** (*извлечение из земли*) extráction; *горн.* mining.

**добыва́||ть,** добы́ть (*вн.*) **1.** get* (*d.*), obtáin (*d.*), procúre (*d.*); ~ сре́дства к существова́нию get* / earn a living / live¦lihood [...ə:n...'lɪv- -hud]; **2.** (*из земли*) extráct (*d.*); (*о минералах, угле*) mine (*d.*). **~ющий 1.** *прич. см.* добыва́ть; **2.** *прил.*: ~ющая промы́шленность extráctive industry.

**добы́ть** *сов. см.* добыва́ть.

**добы́ч||а** *ж.* **1.** (*действие*) extráction; **2.** (*добытое*) óutpùt [-put]; ~ у́гля́, руды́ coal, ore óutpùt; **3.** (*захваченное*) bóoty, loot; (*захваченное грабежом тж.*) plúnder; (*на войне*) spoils *pl.*, loot; (*хищника; тж. перен.*) prey; (*охотника*) bag; (*рыболова*) catch; стать ~ей (*рд.*) fall* a prey (to).

**дова́ривать,** довари́ть (*вн.*) cook (a little) lónger (*d.*); (*до готовности*) do to a turn (*d.*); (*кончать варить*) fínish cóoking (*d.*); мя́со на́до ещё довари́ть the meat must be cooked a little lónger, the meat must go on cóoking. **~ся,** довари́ться be done to a turn, be well done; мя́со ещё не довари́лось the meat is not réady yet [...'redɪ...].

**довари́ть(ся)** *сов. см.* дова́ривать(ся).

**довезти́** *сов. см.* довози́ть.

**дове́ренн||ость** *ж.* wárrant; pówer of attórney [...ə'tə:nɪ] *юр.*; по ~ости (*получать, действовать и т. д.*) by wárrant, by pówer of attórney; вы́дать кому́-л. ~ give* pówer of attórney to smb. **~ый 1.** *прич. см.* доверя́ть 1; **2.** *прил.*: ~ое лицо́ cònfidéntial pérson / ágent; **3.** *м. как сущ.* próxy, ágent.

**дове́ри||е** *с.* faith, cónfidence; пита́ть ~ (к) have faith / cónfidence (in); по́льзоваться чьим-л. ~ем enjóy smb.'s cónfidence; заслу́живающий ~я trústwòrthy [-ðɪ]; злоупотребля́ть чьим-л. ~ем abúse smb.'s cónfidence; злоупотребле́ние ~ем breach of trust / cónfidence; не заслу́живать ~я desérve no crédit [-'zə:v...]; он не заслу́живает ~я he is not to be trústed; втере́ться в чьё-л. ~ worm òne¦sélf into smb.'s cónfidence; поста́вить вопро́с о ~и call for a vote of cónfidence; вы́разить ~ прави́тельству give* the góvernment a vote of cónfidence [...'gʌ-...].

**довери́тель** *м.*, **~ница** *ж.* principal (*in relation to agent, etc.*). **~ный 1.** *прил. к* дове́ренность *и* дове́рие; **2.** (*секретный*) cònfidéntial.

**дове́рить** *сов. см.* доверя́ть 1. **~ся** *сов. см.* доверя́ться.

**до́верху** *нареч.* up to the top; (*о сосуде*) to the brim; по́лный ~ full to the brim, brim-fúll.

**дове́рчив||ость** *ж.* trústfulness; (*легковерность*) credúlity. **~ый** trústful, trústing, únsuspécting; (*легковерный*) crédulous.

**доверша́ть,** доверши́ть (*вн.*) compléte (*d.*), crown (*d.*).

**доверше́ние** *с.* complétion; в ~ побе́ды to compléte the víctory; ◇ в ~ всего́ to crown / cap all.

**доверши́ть** *сов. см.* доверша́ть.

**доверя́ть,** дове́рить **1.** (*вн. дт.*) entrúst (*d.* to); (*поручать*) commít (*d.* to); ~ свои́ та́йны кому́-л. take* smb. into one's cónfidence; **2.** *тк. несов.* (кому́-л.) trust (smb.), confíde (in smb.); (чему́-л.) give* crédence (to smth.); не ~ кому́-л. distrúst smb.; не ~ чему́-л. give* no crédence to smth. **~ся,** дове́риться **1.** (*дт.*) trust (*d.*); confíde (in); **2.** *страд. к* доверя́ть 1.

**дове́сить** *сов. см.* дове́шивать.

**дове́сок** *м.* máke¦weight.

**довести́** *сов. см.* доводи́ть. **~сь** *сов. см.* доводи́ться 1.

**дове́шивать,** дове́сить (*вн.*) make* up the weight (of).

**довинти́ть** *сов. см.* дови́нчивать.

**дови́нчивать,** довинти́ть (*вн.*) screw up (*d.*).

**довле́ть** (над) preváil (óver).

**до́вод** *м.* réason [-z°n], árgument; ~ы за и про́тив the pros and cons; приводи́ть ~ы в по́льзу, про́тив чего́-л. advánce / addúce / give* réasons / árguments for, agáinst smth.; неопровержи́мый ~ irréfragable / irréfutable árgument; разу́мный ~ sénsible árgument.

**доводи́ть,** довести́ (*вн.*) lead* there (*d.*); (*вн.* до) lead* (*d.* as far as, *d.* to); (*провожать*) accómpany [ə'kʌ-] (*d.*); (*перен.*: до *какого-л. состояния*) redúce (*d.* to), drive* (*d.* into *или без предлога*); ~ кого́-л. до изнеможе́ния tire smb. out; ~ что-л. до конца́ cárry smth. through; (*завершать*) compléte smth., put* a fínish to smth.; ~ до отча́яния drive* to despáir (*d.*); ~ до соверше́нства bring* to perféction (*d.*); ~ кого́-л. до слёз make* smb. cry, drive* smb. to tears; ~ кого́-л. до беды́ lead* smb. to trouble [...trʌbl]; ~ кого́-л. до сумасше́ствия drive* / send* smb. mad; ~ до абсу́рда cárry to an absúrdity (*d.*); ~ что-л. до све́дения кого́-л. bring* smth. to smb.'s nótice [...'nou-], infórm smb. of smth.; довожу́ до ва́шего све́дения I have to, *или* I must, infórm you; I beg to infórm (you); ~ что-л. до чьего́-л. созна́ния bring* smth. home to smb. **~ся,** довести́сь **1.** *безл.* (+ *инф.*) *разг.* have occásion (+ to *inf.*): ему́, им *и т. д.* довело́сь там быть he, they, *etc.*, had occásion to be there; **2.** *тк. несов.* (*кому-л. кем-л.*) be: он мне дово́дится дя́дей, бра́том *и т. п.* he is my uncle, bróther, *etc.* [...'brʌ-]; **3.** *страд. к* доводи́ть.

**довое́нный** pré-wár; ~ у́ровень pré-wár lével [...'le-].

**довози́ть,** довезти́ (*вн.*; *доставлять*) take* there (*d.*); (*вн.* до) take* (*d.* to); cárry (*d.* as far as, *d.* to); bring* (*d.* to, *d.* as far as); ~ сюда́ bring* here (*d.*).

**дово́льно** I *предик. безл.* it is enóugh [...ɪ'nʌf]; (*как восклицание*) enóugh; ~! stop it!, that's enóugh!, that will do!; с него́ э́того ~ he has had enóugh of it; ~ шали́ть! stop bé¦ing náughty!, stop your náughtiness!; ~ спóрить! stop, *или* leave off, árguing!, that's enóugh árguing; ~ занимáться leave off wórking; ~ валя́ть дуракá! stop pláying the fool!

**довóльно** II *нареч.* **1.** (*достаточно*) enóugh [ɪ'nʌf]; он ~ натерпéлся от неё he has stood enóugh of her [... stud...]; **2.** (*с прил. и нареч.*) ráther ['rɑ:-], fáirly; prétty ['prɪ-] *разг.*; enóugh (*после прил. или нареч.*): э́то ~ хорошó it is ráther / prétty good.

**довóльн||о** III *нареч.* (*с удовлетворением, удовольствием*) conténtedly, with a sátisfied / grátified air. **~ый 1.** (*тв.*) (*испытывающий удовлетворение*) sátisfied (with), contént (with); (*испытывающий удовольствие*) pleased (with); ~ый собóй sélf-sátisfied, sélf-complácent; smug *разг.*; **2.:** ~ое лицó pleased face; ~ый вид, ~ое выражéние (лицá) sátisfied / grátified / conténted look / air / expréssion.

**довóльствие** *с. тк. ед. воен.* allówance(s) (*pl.*); вещевóе ~ clóthing [-ouð-]; дéнежное ~ móney allówance(s) ['mʌ-...].

**довóльств||о** *с.* **1.** conténtment, sàtisfáction; **2.** (*зажиточность*) pròspérity; жить в ~е live in éasy círcumstances [lɪv...'i:zɪ...].

**довóльствовать** (*вн.*) *воен.* supplý (*d.*).

**довóльствоваться,** удовóльствоваться **1.** (*тв.*) be contént / sátisfied (with), contént òne¦sélf (with); **2.** *тк. несов. воен.* (*получать довольствие*) draw* allówances / supplíes.

**довыбирáть,** довы́брать (*вн.*) eléct sùppleméntarily (*d.*).

**довы́боры** *мн.* bý-elèction *sg.*

**довы́брать** *сов. см.* довыбирáть.

**дог** *м.* Great Dane [-eɪt...].

**догадáться** *сов. см.* догáдываться.

**догáдк||а** *ж.* guess, conjécture, súrmìse; э́то тóлько ~и it is mere guéss-wòrk; ◇ теря́ться в ~ах be lost in conjéctures.

**догáдлив||ость** *ж.* quick / keen wits *pl.*, quíckness of àpprehénsion; (*проницательность*) shréwdness, pènetrátion, acúmèn. **~ый** quick-wítted, kéen-wítted, quick of àpprehénsion; (*проницательный*) shrewd, pénetràting; ~ый ребёнок bright child*.

**догáдываться,** догадáться (о *пр.*) guess (*d.*); *несов. тж.* (*предполагать*) suspéct (*d.*), sùrmíse (*d.*), conjécture (*d.*).

**доглáдить** *сов. см.* доглáживать.

**доглáживать,** доглáдить (*вн.*) **1.** íron ['aɪən] (*d.*); ей остáлось доглáдить две рубáшки she has two more shirts to íron; **2.** (*кончать гладить*) fínish íroning [...'aɪən-] (*d.*).

**доглядéть** *сов.* (*вн.* до) *разг.* watch / see* (*d.* to); ~ до концá watch / see* to the end (*d.*).

**дóгма** *ж.* dógma (*pl.* -ta), ténèt. **~ти́зм** *м.* dógmatism. **~ти́ческий** dògmátic.

**догнáть** *сов. см.* догоня́ть.

**догнивáть,** догни́ть rot.

**догни́ть** *сов. см.* догнивáть.

**договáрив||ать,** договори́ть (*вн.*; *о речи, фразе и т. п.*) fínish (*d.*); (*без доп.*) fínish spéaking; он чегó-то не ~ает he keeps smth. back; ◇ ~ай! (*будь откровенным*) speak out!, out with it! **~аться,** договори́ться **1.** (до): договори́ться до абсýрда, до нелéпости come* to, *или* reach, the point of úttering an absúrdity; договори́ться до хрипоты́ talk òne¦sélf hoarse; **2.** (о *пр.*) arránge mátters [-eɪndʒ...] (abóut), make* arránge¦ments [...-eɪndʒ-] (abóut, for), arránge (abóut, for); **3.** *тк. несов.* (о *пр.*; *вести переговоры*) negótiàte (abóut), treat (for); **4.** *тк. сов.* (о *пр.*; *прийти к соглашению*) come* to an agréement / ùnderstánding (abóut); договори́лись? *разг.* agréed?, can we consíder it arránged? [...-'sɪ-...]; ◇ Высóкие Договáривающиеся Стóроны the High Contrácting Párties.

**договóр** *м.* agréement, cóntràct; *полит. тж.* tréaty, pact; ми́рный ~ peace tréaty; ~ о ненападéнии nón-aggréssion pact; ~ о взаи́мной пóмощи mútual assístance pact; ~ о соцсоревновáнии sócialist èmulátion agréement; коллекти́вный ~ colléctive agréement; арéндный ~ lease [-s]; торгóвый ~ trade / commércial agréement; заключáть, подпи́сывать ~ (с *тв.*) con¦clúde, sign *a* tréaty [...saɪn...] (with); по ~у únder *the* tréaty.

**договорённость** *ж.* ùnderstánding, arránge¦ment [-eɪndʒ-].

**договори́ть** *сов. см.* договáривать.

**договори́ться** *сов. см.* договáриваться 1, 2, 4.

**договóрн||ый** contráctual; *полит.* tréaty (*attr.*), of *a* pact; (*обусловленный договором*) stípulàted, agréed; на ~ых начáлах on a contráctual básis, based on a cóntràct [-st...]; ~ое обязáтельство cóntràct.

**доголá** *нареч.* (stark) náked; раздевáть ~ (*вн.*) strip náked (*d.*); раздевáться ~ strip.

**догоня́ть,** догнáть (*вн.*) catch* up (with); òver¦táke* (*d.*) (*тж. перен.*); (*об уходящем, убегающем*) come* up (with); (*на море*) òver¦hául (*d.*); (*убегающего*) run* down (*d.*); *несов. тж.* be / run* áfter (*d.*); догнáть свой полк join one's régiment; ◇ догнáть и перегнáть òver¦táke* and sùrpáss (*d.*).

**догор||áть,** догорéть burn* down; *тк. несов.* burn* low [...lou]; свечá ~éла the cándle has burnt down.

**догорéть** *сов. см.* догорáть.

**догребáть** I, догрести́ row there [rou...]; (*гребком*) paddle there; (*сюда*) row here; (*гребком*) paddle here, paddle (as far as); ~ до бéрега row / paddle ashóre; ~ до сýдна row / paddle to *a* ship.

**догребáть** II, догрести́ (*вн.*; *граблями*) fínish ráking (*d.*).

**догрести́** I, II *сов. см.* догребáть I, II.

**догружáть,** догрузи́ть (*вн.*) fínish lóading (*d.*); (*полностью*) load full (*d.*); (*дополнительно*) load addítionally (*d.*), add to the load (*d.*).

**догрузи́ть** *сов. см.* догружáть.

**додавáть,** додáть (*вн.*) give*, *или* make* up, the rest (of); зáвтра он додáст остальнóе he will give you, *или* let you have, the rest / remáinder tomórrow; он додáст вам дéсять рублéй he will give you the remáining ten roubles [...ru:-].

**додáть** *сов. см.* додавáть.

**додекáэдр** [-дэ-] *м. геом.* dódecahédron ['dou- -'he-].

**додéлать** *сов. см.* додéлывать.

**додéлывать,** додéлать (*вн.*) fínish (*d.*), compléte (*d.*).

**доду́маться** *сов. см.* доду́мываться.

**доду́мываться,** доду́маться (до) light (up:ón), hit* (up:ón); доду́маться до мы́сли light / hit* up:ón *an* idéa [...aɪ'dɪə].

**доеда́ть,** дое́сть (*вн.*) eat* (*d.*); finish éating (*d.*), eat* up (*d.*).

**доезж||а́ть,** дое́хать reach *the place*, arríve *at the place*; (до) reach (*d.*), arríve (at); он не дое́хал до го́рода he did not get as far as the town, he did not reach the town; он не дое́хал до го́рода двух киломе́тров he was within two kilomètres of the town; киломе́тра два не ~а́я до го́рода at abóut two kilomètres' dístance from the town; ~ до ме́ста назначе́ния reach, *или* arríve at, one's dèstinátion; arríve; дое́хали наконе́ц! we, *etc.*, have arríved at last!; он дое́дет туда́ в полчаса́ he'll get there in half an hour [...hɑːf ...auə]; как вы дое́хали? did you have a good jóurney? [...'dʒəː-].

**дое́ние** *с.* milking.

**дое́сть** *сов. см.* доеда́ть.

**дое́хать** *сов. см.* доезжа́ть.

**дож** *м. ист.* doge.

**дожа́ривать,** дожа́рить (*вн.*) fry / roast (a little lónger) (*d.*); (*до готовности*) fry / roast to a turn (*d.*); (*кончать жарить*) fínish frýing / róasting (*d.*); (*ср.* жа́рить). **~ся,** дожа́риться **1.** fry / roast to a turn, be well done; (*ср.* жа́риться); **2.** *страд. к* дожа́ривать.

**дожа́рить(ся)** *сов. см.* дожа́ривать(ся).

**дожа́ть** *сов. см.* дожина́ть.

**дожд||а́ться** *сов.* **1.:** он ~а́лся, наконе́ц, письма́ he recéived *a* létter at last [...-'siː-...]; наконе́ц мы ~а́лись его́ прихо́да at last he came; ~ пока́... wait till...; **2.** *разг.* (*дойти до того, что*) end (by *ger.*); он ~а́лся того́, что его́ уво́лили he has énded by bé:ing sacked; ◇ ждём не ~ёмся *разг.* we are wáiting impátiently.

**дождева́льн||ый:** ~ая устано́вка *с.-х.* wáter-sprinkler['wɔː-].

**дождева́ние** *с. с.-х.* òver:héad ìrrigátion [-'hed...].

**дождеви́к** *м.* **1.** (*гриб*) púff-bàll; **2.** *разг.* (*плащ*) ráincoat.

**дождев||о́й** *прил. к* дождь; plúvial *научн.*; ~а́я вода́ ráin-wàter [-wɔː-]; ~ зо́нт(ик) ùmbrélla; ~ червь éarthwòrm ['əːθ-]; ~о́е пла́тье *мор.* óilskins *pl.*

**дождеме́р** *м.* ráin-gauge [-geɪdʒ].

**дождли́вый** ráiny, wet.

**дожд||ь** *м.* rain; ~ идёт it is ráining, it rains; проливно́й ~ dównpour [-pɔː], póuring / dríving / pélting rain ['pɔː-...]; грозовы́е ~и́ thúnderstòrms; ме́лкий ~, моровя́щий ~ drízzling rain, drízzle; времена́ми ~ (*в сводке погоды*) occásional shówers; идёт проливно́й ~ it is póuring, it pours [...pɔːz]; идёт ме́лкий ~ it is drízzling, it drízzles; на ~е́, под ~ём in the rain; на ~ into the rain; ◇ ~ льёт как из ведра́ it is póuring (with rain), the rain is cóming down in tórrents / sheets; it is ráining cats and dogs *идиом. разг.*

**дожив||а́ть,** дожи́ть **1.** (*оставаться в живых*) live so long [lɪv...]; (до) live (till); е́сли я ~у́ if I live so long; он не ~ёт he won't live so long [...wount...]; он не ~ёт до весны́ he won't live till spring; he won't see the spring; ~ свой век be líving the rest of one's days [...'lɪv-...]; spend* the rest of one's life*; дожи́ть до глубо́кой ста́рости reach a great age [...greɪt...]; дожи́ть до седы́х воло́с grow* old and grey [-ou...]; **2.** (до; *пребывать*) stay (till); ~ где-л. до о́сени, декабря́ *и т. п.* stay sóme:whère till the áutumn, Decémber, *etc.*; **3.** (*вн.*) *разг.* stay (the rest of): ~ ле́то, год *и т. п.* где-л. stay the rest of the súmmer, year, *etc.*, sóme:whère; ◇ до чего́ он до́жил! what has he come to!

**дожида́ться** (*рд.*) *разг.* wait (for), awáit (*d.*).

**дожина́ть,** дожа́ть (*вн.*) fínish réaping (*d.*).

**дожи́ть** *сов. см.* дожива́ть.

**до́з||а** *ж.* dose [-s]; (*о жидком лекарстве тж.*) draught [drɑːft]; сли́шком больша́я ~ óver:dòse [-s]; сли́шком ма́лая ~ únderdòse [-s]; дава́ть сли́шком большу́ю, ма́лую ~у (*дт.*) óver:dòse [-s] (*d.*), únderdòse [-s] (*d.*); смерте́льная ~ fátal dose.

**дозва́ться** *сов.* (*вн.*) ≅ get* an ánswer [...'ɑːnsə] (from); я не мог никого́ ~ I couldn't get an ánswer, I called and called but got no ánswer.

**дозво́ленный** **1.** *прич. см.* дозволя́ть; **2.** *прил.* permítted; (*законом*) légal.

**дозво́лить** *сов. см.* дозволя́ть.

**дозволя́ть,** дозво́лить (*вн. дт.*) *уст.* permít (*d.* to); (*дт.*+ *инф.*) allów (*d.*+ to *inf.*), give* leave (*i.*+ to *inf.*); áuthorize (*d.*+ to *inf.*) *книжн.*

**дозвони́ться** *сов. разг.* ring* till one gets an ánswer [...'ɑːnsə]; ~ до кого́-л., к кому́-л. по телефо́ну get* smb. on the télephòne; он не мог к вам ~ (*у двери*) nó:body ánswered the door when he rang [...dɔː...]; (*по телефону*) he rang you up but there was no ánswer; не уйду́, пока́ не дозвоню́сь I shan't go till sóme:body ánswers [...ʃɑːnt...].

**дози́ровать** *несов. и сов.* (*вн.*) dose out [-s...] (*d.*).

**дозиро́вка** *ж.* dósage.

**дознава́ться,** дозна́ться (о *пр.*) find* out (*d.*); (*удостоверяться*) àscertáin (*d.*); *несов. тж.* (*стараться узнать*) in:quíre (abóut).

**дозна́ние** *с. юр.* in:quíry; (*в случае внезапной смерти*) ín:quèst; производи́ть ~ ínstitùte / prósecùte *an* in:quíry; hold* *an* ín:quèst.

**дозна́ться** *сов. см.* дознава́ться.

**дозо́р** *м.* patról [-oul], round; в ~е on patról; головно́й ~ *воен.* advánced point; ночно́й ~ night watch. **~ный** **1.** *прил. к* дозо́р; ~ное су́дно patról véssel [-oul...]; **2.** *м. как сущ.* scout.

**дозрева́ние** *с.* rípen:ing.

**дозрева́ть,** дозре́ть rípen; *сов. тж.* be ripe.

**дозре́ть** *сов. см.* дозрева́ть.

**доигра́ть** *сов. см.* дои́грывать. **~ся** *сов.* (до) *разг.* play (until); ◇ вот и доигра́лся ≅ now he's, *или* you've, done it!, he's, *или* you've, caught it at last!

**дои́грывать,** доигра́ть (*вн.*) finish (*d.*); (*без доп.*) fínish pláying.

**доимпериалисти́ческий** pré-impérialist.

**доиска́ться** *сов. см.* дои́скиваться.

**дойскиваться,** доискáться (*рд.*) find* out (*d.*), discóver [-'kʌ-] (*d.*); *несов. тж.* seek* (*d.*), in¦quíre (into), try to find out (*d.*).

**доисторúческий** prè¦históric.

**доúть,** подоúть (*вн.*) milk (*d.*). ~**ся 1.** (*давать молоко*) give* milk; корóва хорошó дóится the cow gives plénty of milk, the cow is a good* mílker; **2.** *страд. к* доúть.

**дóйка** *ж.* mílking.

**дóйн||ый** milch; ~ая корóва (*прям. и перен.*) milch cow.

**дойтú** *сов. см.* доходúть.

**док** *м.* dock; стáвить сýдно в ~ dock *a* ship; стоя́ть в ~е (*о судне*) lie* up.

**доказáтельный** demónstrative, con¦clúsive.

**доказáтельств||о** *с.* **1.** proof, évidence; (*довод*) árgument; вещéственное ~ matérial évidence; в ~ (*рд.*) in wítness (of); ещё однó я́ркое ~ (*рд.*) another stríking dèmonstrátion (of); another éloquent téstimony (to); приводúть ~а addúce / fúrnish évidence, give* / show* proofs [...ʃou...]; **2.** *мат.* dèmonstrátion.

**доказáть** *сов. см.* докáзывать.

**доказýемый** démonstrable.

**докáз||ывать,** доказáть (*вн.*) prove [pruːv] (*d.*); (*наглядно*) démonstràte (*d.*); *несов. тж.* árgue (*d.*); наýчно ~ prove scientífically (*d.*); онú ~ывали, что they árgued that; э́то ~ывает егó винý this proves his fault; считáть ~анным (*вн.*) take* for gránted [...'grɑː-] (*d.*); что и трéбовалось доказáть which was to be proved; *мат. употр. сокр. лат. выражение* Q. E. D

**докáлывать,** доколóть (*вн.*; *о дровах и т. п.*) **1.** fínish chópping (*d.*); **2.** (*дополнительно*) chop (some) more (*d.*).

**докáнчивать,** докóнчить (*вн.*) fínish (*d.*).

**докапиталистúческий** pré-cápitalist.

**докáпывать,** докопáть (*вн.*) fínish dígging (*d.*). ~**ся,** докопáться (до) dig* (to); (*перен.*) *разг.* find* out (*d.*), discóver [-'kʌ-] (*d.*); hunt out (*d.*); *сов. тж.* arríve (at); *несов. тж.* try to find out, *или* discóver (*d.*); докопáться до сýти дéла get* at the heart of the mátter [...hɑːt...], get* at the roots of things.

**докáрмливать,** докормúть (*вн.*) fínish féeding (*d.*).

**докатúться** *сов. см.* докáтываться.

**докáтываться,** докатúться (до) roll (to), go* rólling (to); ◇ вот до чегó он докатúлся! *разг.* that's what he has come to!

**докáшивать,** докосúть (*вн.*) fínish mówing [...'mou-] (*d.*).

**дóкер** *м.* dócker.

**докúдывать,** докúнуть (*вн.*) throw* so far [-ou...] (*d.*); (до) throw* (*d.* to, *d.* as far as); он не смог докúнуть мяч he was ún¦áble to throw the ball so far.

**докúнуть** *сов. см.* докúдывать.

**доклáд** *м.* **1.** lécture; отчётный ~ repórt; наýчный ~ (о *пр.*) addréss (on), lécture (on); (*письменный*) páper (on); состоúтся ~ *a* lécture, *или an* addréss, will be delívered, *a* páper will be read [...red]; ~ на съéзде addréss to the Cóngrèss; прéния по ~у discússion on *the* repórt; он сдéлает ~ (о *пр.*) he will give a talk (on), he will addréss the méeting (on); **2.** (*сообщение руководителю*) repórt; ◇ без ~а не входúть no admíttance without prévious annóunce¦ment. ~**нóй:** ~ная запúска mèmorándum (*pl.*-da), repórt. ~**чик** *м.*, ~**чица** *ж.* spéaker; (*лектор*) lécturer.

**доклáдывать** I, доложúть **1.** (*вн.*, о *пр.*; *делать отчётный доклад*) repórt (on), make* a repórt (on); **2.** (о *пр.*; *о посетителе*) annóunce (*d.*).

**доклáдывать** II, доложúть (*вн.*, *рд.* к; *добавлять*) add (*d.* to).

**доклáссов||ый** pré-cláss; ~ое óбщество pré-cláss society.

**доклéивать,** доклéить (*вн.*) fínish glúe¦ing (*d.*); (*мучным клеем*) fínish pásting [...'peɪ-] (*d.*).

**доклéить** *сов. см.* доклéивать.

**доковыля́ть** *сов. разг.* (тудá, сюдá *и т. п.*) limp (there, here, *etc.*); (до) limp (to, as far as).

**докóле** *нареч. уст.* (*до каких пор*) how long; (*до тех пор пока*) until.

**доколóть** *сов. см.* докáлывать.

**докон||áть** *сов.* (*вн.*) *разг.* be the end (of); fínish (*d.*); (*прикончить*) deal* the fínal blow [...blou] (to); (*погубить*) rúin (*d.*), destróy (*d.*); э́то егó ~áло that (just) fínished him.

**докóнчить** *сов. см.* докáнчивать.

**докопáть(ся)** *сов. см.* докáпывать(ся).

**докормúть** *сов. см.* докáрмливать.

**докосúть** *сов. см.* докáшивать.

**докрáсить** *сов. см.* докрáшивать.

**дóкраснá** *нареч.* **1.:** раскалённый ~ (*о металле*) réd-hót; **2.** (*до красноты*) till *smth.* is red.

**докрáшивать,** докрáсить (*вн.*) paint (*d.*); dye (*d.*); (*без доп.*) fínish páinting, dýe¦ing *и т. д.* (*см.* крáсить).

**докрич||áться** *сов. разг.* **1.** shout till one is heard [...həːd]; он éле ~áлся их he thought they would never hear his shóuting; наконéц я егó ~áлся at last he heard my shouts / shóuting [...həːd...]; **2.** (до *чего-л.*): ~ до хрипоты́ shout till one grows hoarse [...grouz...], shout òne¦sélf hoarse.

**дóктор** *м.* **1.** (*степень*) dóctor (*сокр.* Dr); **2.** (*врач*) dóctor.

**доктора́льный:** ~ тон didáctic tone, tone of a méntor.

**дóктор||ский** *прил. к* дóктор; ~ская диссертáция thésis for a Dóctor's degrée, *или* the degrée of Dóctor; ~ская стéпень dóctor's degrée, dóctorate. ~**ша** *ж. разг.* **1.** dóctor's wife*; **2.** (*женщина-врач*) wóman-dóctor ['wu-].

**доктрúна** *ж.* dóctrine, téaching, ténèt.

**доктринёр** *м.* dòctrináire. ~**ский** *прил. к* доктринёр. ~**ство** *с.* dòctrináirism, dòctrináire áttitùde.

**докумéнт** *м.* dócument; (*на передачу чего-л.*) deed; *юр.* ínstrument; предъявля́ть ~ы show* one's pápers / dócuments [ʃou...]; оправдáтельный ~ vóucher. ~**áльный** dòcuméntary; ~áльный фильм dòcuméntary. ~**áция** *ж.* dòcumèntátion; техни́ческая ~áция téchnical dócuments *pl.*, téchnical dòcumèntátion.

**документúровать** *несов. и сов.* (*вн.*) dócumènt (*d.*).

**докупáть** I, докупúть (*вн.* к) buy* in addítion [baɪ...] (*d.* to); докупúть метр матéрии buy* another metre of matérial; докупúть два ме́тра buy* two more metres, buy* two metres in addition.

**докупа́ть** II *сов.* (*вн.*) fínish báthing [...'beɪ-] (*d.*); (до) *разг.* bathe [beɪð] (*d.* till one + *ли́чная фо́рма*); ~ до просту́ды bathe till *one* cátches cold. **~ся** *сов.* **1.** (*ко́нчить купа́ться*) fínish báthing [...'beɪ-]; **2.** (до *чего-л.*) *разг.* bathe [beɪð] (till one + *ли́чный оборо́т*); ~ся до просту́ды bathe till one cátches cold.

**докупи́ть** *сов. см.* докупа́ть I.

**доку́ривать,** докури́ть (*вн.*; *о папиро́се, сига́ре и т. п.*) fínish (*d.*); (*без доп.*) fínish smóking.

**докури́ть** *сов. см.* доку́ривать.

**докуча́ть** (*дт. тв.*) bóther (*d.* with), péster (*d.* with), plague [pleɪg] (*d.* with); (*про́сьбами тж.*) impórtùne (*d.* with).

**доку́чливость** *ж.* tire¦some¦ness; (*назо́йливость*) impòrtúnity.

**доку́ч||ливый, ~ный** tíre¦some, annóying; (*назо́йливый*) impórtunate.

**дол** *м. поэт.* dale; за гора́ми и ~а́ми óver the hills and far a¦wáy; по гора́м и ~а́м up hill and down dale.

**долбёжный:** ~ стано́к *тех.* mórtising machíne [-sɪŋ -'ʃi:n].

**долби́ть** (*вн.*) **1.** hóllow (*d.*); (*долото́м*) gouge (*d.*), chisel [-ɪz-] (*d.*); (*о пти́це*) peck (*d.*); **2.** *разг.* (*зубри́ть*) learn* by heart / rote [...hɑ:t...] (*d.*); ~ уро́к(и) swot up one's hóme¦-wòrk *школ.*; **3.** *разг.* (*повторя́ть*) repéat óver and óver agáin (*d.*).

**долг** *м.* **1.** (*взя́тое взаймы́, одо́лженное*) debt [det]; плати́ть ~ (*дт.*) pay* *a* debt (*i.*); в ~ on crédit / trust; брать в ~ (*вн.*) bórrow (*d.*); дава́ть в ~ (*вн.*) lend* (*d.*); де́лать ~и́ contráct / in¦cúr debts; не де́лать ~о́в pay* one's way; влеза́ть в ~и́ get* / run* into debt; проща́ть ~ remít *a* debt; (кому́-л.) acquít smb. of *a* debt; **2.** (*обя́занность*) dúty; во́инский ~ sóldier's dúty ['souldʒəz...]; по ~у слу́жбы in the perfórmance of one's offícial dúty; ◇ ~ че́сти debt of hónour [...'ɔnə]; быть в ~у́ (у *рд.*) owe [ou] (*i.*), be indébted [...'detɪd] (to); он у него́ в ~у́ he is in his debt, he is únder an òbligátion to him, he is behólden to him; быть в большо́м ~у́ пе́ред кем-л. stand* héavily in smb.'s debt [...'hev-...]; оста́ться в ~у́ пе́ред кем-л. be indébted to smb.; не оста́ться в ~у́ not leave *smth.* ún¦ánswered [...'ɑ:nsəd]; в ~у́ как в шелку́ óver head and ears in debt [...hed...]; по́ уши в ~а́х up to one's neck in debt; отда́ть ~ приро́де pay* the debt of náture [...'neɪ-]; отда́ть после́дний ~ (*дт.*) pay* the last hónours [...'ɔnəz] (to); пе́рвым ~ом the first thing to do; ~ платежо́м кра́сен *посл.* ≅ one good turn desérves another [...'zə:-...].

**до́лг||ий** long; ~ путь long way; **~ое** вре́мя спустя́ long áfter; на ~ие го́ды, века́ for years, cénturies to come; ~ гла́сный *лингв.* long vówel; ◇ откла́дывать в ~ я́щик (*вн.*) shelve (*d.*), put* off (*d.*).

**до́лго** *нареч.* (for) a long time; ◇ ~ ли до беды́ áccidents éasily háppen [...'i:z-...].

**долгове́чн||ость** *ж.* lòngévity [-n'dʒ-]; (*про́чность*) dùrability. **~ый** lóng-lived [-'lɪ-]; (*про́чный*) lásting, dúrable.

**долгов||о́й** *прил. к* долг 1; ~о́е обяза́тельство prómissory note.

**долговре́менн||ый** of long dùrátion, lásting; *воен.* pérmanent; ~ое укрепле́ние pérmanent work.

**долговя́зый** léggy, lánky.

**долгожда́нный** lóng-a¦wáited.

**долгоигра́ющ||ий:** ~ая пласти́нка lóng-playing récòrd [...'re-].

**долголе́т||ие** *с.* lòngévity [-n'dʒ-]. **~ний** of many years, of many years' stánding; ~няя дру́жба lóng-stànding fríendship [...'frend-].

**долгоно́сик** *м. зоол.* wéevil.

**долгопо́лый** lóng-skìrted.

**долгосро́чный** lóng-térm (*attr.*); (*о вéкселе*) lóng-dàted.

**долгота́** *ж.* **1.** (*продолжи́тельность*; *тж. лингв.*) length; **2.** *геогр.* lóngitùde [-ndʒ-].

**долготерпе́ние** *с.* lóng-súffering.

**до́лее** *нареч.* lónger.

**долеза́ть,** доле́зть climb so far [klaɪm...]; (до) climb (to, as far as); он не смог доле́зть he could not climb so far; (*вверх*) he could not climb so high.

**доле́зть** *сов. см.* долеза́ть.

**долета́ть,** долете́ть fly* so far; (до) fly* (to, as far as); (до; *о бро́шенном предме́те, снаря́де и т. п.*; *тж. перен.*) reach (*d.*); не долете́ть (*до це́ли*) fall* short (of); до нас долете́ли кри́ки the sound of shóuting reached us, *или* our ears; пти́ца не смогла́ долете́ть the bird could not fly so far.

**долете́ть** *сов. см.* долета́ть.

**доле́чивать,** долечи́ть (*вн.*) compléte / fínish the cure (of); (*о ра́не и т. п.*) heal (*d.*). **~ся,** долечи́ться compléte one's cure.

**долечи́ть(ся)** *сов. см.* доле́чивать(ся).

**должа́ть,** задолжа́ть **1.** (у) bórrow (from); **2.** *тк. сов.* (*без доп.*) be in debt [...det]; run* into debt; (кому́-л. что-л.) owe [ou] (smb. smth.).

**до́лжен** *предик.* **1.** (*вн. дт.*) owe [ou] (*d.* to, *d. i.*): он ~ ему́ де́сять рубле́й he owes him ten roubles [...ru:-]; **2.** (+ *инф.*; *обя́зан*) must (+ *inf.*); have (+ to *inf.*): он ~ написа́ть ему́ he must write to him, he has to write to him; **3.** (*предназна́чен*) be (*в ли́чн. фо́рмах*) (+ to *inf.*): э́тот парк ~ был быть украше́нием го́рода this park was to have been an órnament to the town; **4.** *с.* (+ *инф.*) be bound (*в ли́чн. фо́рмах*) (+ to *inf.*): э́то и должно́ бы́ло случи́ться this was bound to háppen; **5.** (+ *инф.*) ought (+ to *inf.*), should (+ *inf.*); он ~ быть здесь в 2 часа́ he should be here at two o'clóck, he is due here at two o'clóck; он ~ быть ей благода́рен he ought to be gráte¦ful to her, he owes her grátitùde; э́то должно́ быть сде́лано осторо́жно it needs to be done with care; it must / should be done with care; ◇ должно́ быть (*вероя́тно*) próbably; (*о проше́дш. де́йствии тж.*) must (+ *перфе́ктн. инф. соотв. глаго́ла*): он, должно́ быть, там he is próbably there; вы, должно́ быть, зна́ете you próbably know [...nou]; он, должно́ быть, уе́хал he must have gone [...gɔn]; вы, должно́ быть, слы́шали об э́том you must have heard of it [...hə:d...]; должно́ быть, он не придёт he is próbably not coming, I suppóse he is¦n't coming.

**должни́к** *м.* débtor ['detə]; несостоя́тельный ~ insólvent.

**должностн||о́й** offícial; ~óе лицó offícial, fúnctionary; ~óе преступлéние málféasanse [-z-].

**дóлжност||ь** *ж.* post [poust]; job *разг.*; занимáть ~ hold* / fill *a* post, fill *a* position [...-'zı-]; исполня́ть ~ (*рд.*) act / work (as); освобождáть когó-л. от ~и relíeve smb. of his post [-'li:v...], dismíss smb.

**дóлжн||ый 1.** *прил.* due, próper [-ɔ-]; слýшать с ~ым внимáнием lísten with due atténtion ['lıs°n...]; на ~ой высотé up to the mark; ~ым óбразом próperly; заня́ть ~ое мéсто take* one's / a próper place; **2.** *с. как сущ.* due; воздавáть ~ое (*дт.*) do jústice (*i.*).

**долива́ть,** доли́ть **1.** (*рд., вн.; о жидкости*) add (*d.*), pour some more [pɔ:...] (*d.*); доли́ть воды́ в молокó add wáter to the milk [...'wɔ:-...]; доли́ть ещё воды́ add some more wáter; **2.** (*вн.; дополна*) fill (*d.*); (*до половины*) fill half full [...hɑ:f...] (*d.*).

**доли́на** *ж.* válley; vale, dale *поэт.*

**доли́ть** *сов. см.* долива́ть.

**дóллар** *м.* dóllar.

**доложи́ть** I, II *сов. см.* доклáдывать I, II.

**долóй** *нареч.* down with; a¦wáy with; ~ фаши́зм! down with fáscism! [...-ʃısm].

**доломи́т** *м. геол.* dólomìte.

**долотó** *с.* chísel [-ız-]; (*полукруглое*) gouge; ~ бýра bit.

**дóлька** *ж. разг.* lóbùle; (*чеснока*) clove; апельси́нная ~ órange séction.

**дольмéн** *м. археол.* dólmèn.

**-дóльный** (*в сложн. словах, не приведённых особо*) of ... lobes, -lòbe (*attr.*); *напр.* двадцатидóльный of twénty lobes, twénty-lòbe (*attr.*).

**дóльше** *сравн. ст. прил. см.* дóлгий *и нареч. см.* дóлго.

**дóл||я** I *ж.* **1.** (*часть*) part, pórtion; (*при дележе*) share; (*количество*) quóta; приходи́ться на ~ю fall* to *the* share; **2.** *анат., бот.* lobe; ◇ в э́том есть ~ и́стины there is sóme¦thing, *или* some truth, in it [...tru:θ...]; в э́том нет и ~и и́стины there is not a párticle of truth in it; войти́ в ~ю с кем-л. go* shares with smb.; кни́га в четвёртую, восьмýю ~ю листá quártò, òctávò; льви́ная ~ the lion's share; в какýю-то ~ю секýнды in a fráction of a sécond [...'se-].

**дóл||я** II *ж. тк. ед.* (*судьба*) fate, lot; вы́пасть комý-л. на ~ю fall* to smb.'s lot.

**дом** *м.* **1.** house* [-s]; жилóй ~ dwélling-house* [-s]; **2.** (*домашний очаг*) home; вы́гнать и́з ~у turn out of house and home; **3.** (*хозяйство*) house*, hóuse¦hòld [-s-]; онá ведёт весь ~ she runs the house; онá хлопóчет по ~у she is (búsy) doing the hóuse¦-wòrk [...'bızı...]; she is búsy with her chores *разг.*; **4.** (*учреждение*): ~ óтдыха hóliday home [-dı...]; дéтский ~ children's home; торгóвый ~ firm; ~ культýры pálace of cúlture; ~ учи́теля téacher's club; исправи́тельный ~ refórmatory; сумасшéдший ~ lúnatic asýlum; mád¦house* [-s] *разг.*; ~ для престарéлых old people's home [...pi:-...]; **5.** (*род, династия*): ~ Ромáновых, Тюдóров the House of Románovs, Túdors; ◇ вне ~а out of doors [...dɔ:z]; на ~ý at home; давáть урóки на ~ý give* prívate léssons [...'praı-...]; be a prívate téacher; к ~у hóme(wards) [-dz]; рабóта на ~ý work to be done at home, óutside work; жить своúм ~ом keep* one's own hóuse¦hòld [...oun -s-]; тосковáть по ~у be hóme¦sìck.

**дóма** *нареч.* at home; егó нет ~ he is not at home, he is out; он ~ he is at home, he is in; быть как ~ feel* at home; бýдьте как ~ make your¦sélf at home; ◇ у негó не все ~ *разг.* he has a screw loose [...-s], he is not all there.

**домáлывать,** домолóть (*вн.*) fínish grínding (*d.*).

**домаркси́стский** pré-Márxist.

**домáшн||ий 1.** (*в разн. знач.*) house [-s] (*attr.*), home (*attr.*), doméstic; ~ее хозя́йство hóuse¦keeping [-s-]; ~яя хозя́йка hóuse¦wìfe* [-s-]; ~яя рабóтница (doméstic) sérvant; help; ~яя пти́ца *собир.* póultry ['pou-]; ~ее живóтное doméstic ánimal; ~ обéд home dínner; ~ие расхóды hóuse¦hòld expénses [-s-...]; ~ее плáтье house dress; **2.** (*самодельный*) hóme-máde; (*домотканый*) hóme¦spùn; **3.** *мн. как сущ.* my, your, *etc.*, people [...pi:-]; все (мои́) ~ие all my people, everybody at home *sg.*, the whole fámily [...houl...] *sg.*; ◇ под ~им арéстом únder house arrést, únder dòmicíliary arrést; по ~им обстоя́тельствам for doméstic réasons [...-z-].

**дóменн||ый** *прил. к* дóмна; ~ая **печь** blást-fùrnace.

**дóменщик** *м.* blást-fùrnace wórker.

**домеси́ть** *сов. см.* домéшивать II.

**домести́** *сов. см.* дометáть.

**дометáть,** домести́ (*вн.*) fínish swéeping (*d.*).

**домешáть** *сов. см.* домéшивать I.

**домéшивать** I, домешáть (*вн.*) fínish míxing (*d.*).

**домéшивать** II, домеси́ть (*вн.*) fínish knéading (*d.*); (*о глине*) fínish púddling (*d.*).

**дóмик** *м. уменьш. от* дом; ◇ кáрточный ~ (*прям. и перен.*) house* of cards [-s...].

**доминáнта** *ж.* **1.** *муз.* dóminant; **2.** (*доминирующая идея*) dóminant / dóminàting ìdéa [...aı'dıə].

**доминиóн** *м.* domínion.

**домини́ровать** preváil, predóminàte; (над) commánd [-ɑ:nd] (*d.*), dóminàte (*d.*).

**домини́рующий** *прич. и прил.* dóminàting.

**доминó** *с. нескл.* **1.** (*игра*) dóminòes *pl.*; **2.** (*костюм*) dóminò.

**домкрáт** *м. тех.* jack.

**дóмна** *ж. тех.* blást-fùrnace.

**домови́т||ый** thrífty; (*о женщине*) hóuse¦-wífe¦ly [-s-]; ~ая хозя́йка good* / thrífty hóuse¦wife* [...-s-].

**домовладéл||ец** *м.* propríetor of *a* house* [...-s]; hóuse¦owner ['hausou-]; (*по отношению к квартиронанимателю*) lándlòrd. **~ица** *ж.* hóuse¦owner ['hausou-]; (*по отношению к квартиронанимателю*) lándlàdy.

**домовóдство** *с.* doméstic scíence.

**домовóй** *м. скл. как прил. фольк.* brównie.

**домóв||ый** *прил. к* дом 1; ~ая контóра hóuse-mánager's óffice [-s-...]; ~ трест hóusing trust; ~ая кни́га hóuse-règister [-s-].

**домога́||тельство** *с.* solicitátion, impòrtúnity. **~ться** (*рд.*) solícit (*d.*); **~ться** чьей-л. любви́ woo smb.

**домо́й** *нареч.* home; ему́ пора́ ~ it's time for him to go home; он уже́ пришёл ~ he has come home.

**домола́чивать,** домолоти́ть (*вн.*) fínish thréshing (*d.*).

**домолоти́ть** *сов. см.* домола́чивать.

**домоло́ть** *сов. см.* дома́лывать.

**домонополисти́ческий** prè-monòpolístic; ~ капитали́зм prè-monòpolístic cápitalism.

**доморо́щенный** *разг.* hálf-báked ['hɑːf-].

**домосе́д** *м.*, **~ка** *ж.* stáy-at-hòme.

**домостро||е́ние** *с.*, **~и́тельство** *с.* hóuse-búilding ['haus'bɪl-]. **~и́тельный** hóuse-búilding ['haus'bɪl-] (*attr.*).

**домотка́ный** hóme¦spùn.

**домоуправле́ние** *с.* house mánage¦ment [-s...]; (*контора*) hóuse-mànager's óffice [-s-...].

**домохоз||я́ин** *м.* hóuse¦owner ['hausou-], hóuse¦hòlder [-s-]. **~я́йка** *ж.* hóuse¦wife* [-s-].

**домоча́дцы** *мн.* hóuse¦hòld [-s-] *sg.*

**домрабо́тница** *ж.* (doméstic) sérvant; help.

**домча́ть** *сов.* (*вн.*) *разг.* bring* quickly, *или* in no time (*d.*). **~ся** *сов.* reach *a place* (quickly / spéedily); (*на лошадях*) reach *a place* at a gállop; (до) reach quickly / spéedily (*d.*); (*на лошадях*) reach at a gállop (*d.*).

**домыва́ть,** домы́ть (*вн.*) fínish wáshing (*d.*).

**до́мысел** *м.* conjécture; (*выдумка*) fántasy.

**домы́ть** *сов. см.* домыва́ть.

**донага́** *нареч.* = догола́.

**дона́шивать,** донос́ить (*вн.*) wear* out [wɛə...] (*d.*); *несов. тж.* wear* (*d.*); ◇ доноси́ть ребёнка (*о беременной*) ≅ be delivered at the nátural time. **~ся 1.** get* / be worn out [...wɔːn...]; **2.** *страд. к* дона́шивать.

**Донба́сс** *м.* (Доне́цкий у́гольный бассе́йн) Dònbás, Dónèts Básin [-ts 'beɪ-], Dónèts cóal-field(s) [...-fiː-] (*pl.*).

**доне́льзя** *нареч. разг.* (*с прил.*) as... as can be: он уста́л, го́лоден ~ he is as tired, húngry as can be.

**донесе́ние** *с.* repórt, méssage; *воен. об.* dispátch.

**донести́** I *сов.* **1.** (*вн.* до) cárry (*d.* to, *d.* as far as), bring* (*d.* to); **2.** (*вн.*; *быть в силах нести*) be able to cárry as far as *the place* (*d.*).

**донести́** II *сов. см.* доноси́ть II.

**донести́сь** *сов. см.* доноси́ться I.

**доне́цк||ий** Dónèts (*attr.*); **~ие** шахтёры Dónèts-Básin coal miners [-ts- -'beɪ-...].

**донжуа́н** *м.* Don Júan, philánderer. **~ство** *с.* philándering.

**до́низу** *нареч.* to the bóttom; све́рху ~ from top to bóttom.

**донима́ть,** доня́ть (*вн.*) wéary out (*d.*); (*просьбами и т. п.*) wéary to death [...deθ] (*d.*), wéary out of all pátience (*d.*), exásperàte (*d.*).

**донкихо́тство** *с.* quíxotism, quíxotry.

**до́нн||ый** ground (*attr.*); **~ая** ми́на *мор.* ground mine; ~ взрыва́тель *воен.* base fuse [-s...].

**до́нор** *м.* dónòr (*of blood*). **~ский** *прил.* *к* до́нор.

**доно́с** *м.* (на *вн.*) denùnciátion (of), ìnformátion (agáinst).

**доноси́ть** I *сов. см.* дона́шивать.

**доноси́ть** II, донести́ **1.** (*дт.* о *пр.*; *делать донесение*) repórt (to on, to *d.*), infórm (*d.* of); **2.** (на *вн. дт.*; *делать донос*) infórm (on / agáinst *d.*), denóunce (*d.* to).

**доноси́ться** I, донести́сь reach *one's* ears, be heard [...hɜːd], come*; зву́ки доноси́лись из сосе́дней ко́мнаты sounds were heard from the next room.

**доноси́ться** II *страд. к* доноси́ть II.

**доно́счи||к** *м.*, **~ца** *ж.* infórmer; sneak *школ.*

**донско́й** Don (*attr.*); ~ каза́к Don Cóssàck.

**доны́не** *нареч. уст.* híther¦tó.

**доня́ть** *сов. см.* донима́ть.

**доокт́ябрьский** prè-Óctóber.

**допека́ть,** допе́чь (*вн.*) **1.** (*о хлебе и т. п.*) bake till *it* is réady [...'re-] (*d.*), bake to a turn (*d.*); bake just right (*d.*) *разг.*; (*кончать печь*) fínish báking (*d.*); **2.** *разг.* (*донимать*) wear* out [wɛə...] (*d.*), wéary to death [...deθ] (*d.*), make* sick to death (*d.*); (*приставать*) impórtùne (*d.*), plague [pleɪg] (*d.*), wórry ['wʌ-] (*d.*). **~ся,** допе́чься be baked through, be baked to a turn, be well baked; be baked just right *разг.*

**допетро́вский** befóre Péter I, prè-Pétrine [-'piː-]; ~ пери́од périod befóre Péter I, prè-Pétrine périod.

**допе́чь(ся)** *сов. см.* допека́ть(ся).

**допива́ть,** допи́ть (*вн.*) drink* (up) (*d.*); (*о стакане, чашке и т. п.*) fínish (*d.*).

**дописа́ть** *сов. см.* допи́сывать.

**допи́сывать,** дописа́ть (*вн.*; *о письме, статье и т. п.*) fínish (*d.*); (*вн.* до) write* (*d.* to); (*без доп.*) fínish wríting; (*см. тж.* писа́ть).

**допи́ть** *сов. см.* допива́ть.

**допла́т||а** *ж. разг.* additional páyment; *ж.-д.* excéss fare; письмо́ с **~ой** únder-stámped létter.

**доплати́ть** *сов. см.* допла́чивать.

**допла́чивать,** доплати́ть (*вн.*) pay* the remáinder / rest (of); доплати́ть де́сять рубле́й pay* the remáining ten roubles [...ruː-]; (*вн.* к) pay* in addítion (*d.* to).

**доплести́сь** *сов. см.* доплета́ться.

**доплета́ться,** доплести́сь (до) *разг.* drag òne¦sélf (to).

**доплыва́ть,** доплы́ть (*вплавь*) swim* so far; (*на пароходе, корабле и т. п.*) sail so far; (*о предметах*) float so far; (до) swim* (to, *или* as far as); (*на пароходе, корабле и т. п.*) sail (to, as far as); (*о предметах*) float (to, as far as); он не смог доплы́ть he could not swim so far.

**доплы́ть** *сов. см.* доплыва́ть.

**допо́длинн||о** *нареч.* for cértain, for / to a cértainty. **~ый** authéntic.

**доползти́,** доползти́ crawl / creep* so far; (до) crawl / creep* (to, as far as).

**доползти́** *сов. см.* дополза́ть.

**дополне́ние** *с.* **1.** addítion; (*приложение*) súpplement; в ~ in addítion; **2.** *грам.* óbject; прямо́е ~ diréct óbject; ко́свенное ~ indiréct óbject.

**дополни́тельн||о** *нареч.* in addition. **~ый 1.** sùppleméntary; (*добавочный*) additional, éxtra; (*вспомогательный*) subsidiary; (*дополняющий*) còmpleméntary; ~ая подпи́ска sùppleméntary subscription; ~ые цвета́ *физ.* còmpleméntary cólours [...'kʌ-]; ~ый у́гол *геом.* súpplement; **2.** *грам.*: ~ое прида́точное предложе́ние óbject clause.

**допо́лнить** *сов. см.* дополня́ть.

**дополня́ть,** допо́лнить (*вн. тв.*) súpplemènt (*d.* with); (*о рассказе и т. п. тж.*) ámplifỳ (*d.* with); он допо́лнил свой расска́з но́выми подро́бностями he súpplemènted his stóry with new détails [...'di:-], he ádded new détails to his stóry; ◇ ~ друг дру́га súpplemènt each other, be mútually còmpleméntary.

**дополуч||а́ть,** дополучи́ть (*вн.*) recéive in addition [-'si:v...] (*d.*); (*остающуюся часть*) recéive the remáinder; он ~и́л 20 рубле́й he recéived 20 roubles in addítion [...ru:-...], he recéived another 20 roubles; he recéived the remáining 20 roubles.

**дополучи́ть** *сов. см.* дополуча́ть.

**допото́пный** ántedilúvian.

**допра́шивать,** допроси́ть (*вн.*) quéstion [-stʃ-] (*d.*), intérrogàte (*d.*), exámine (*d.*).

**допризы́вн||ик** *м.* youth of prè-military age [ju:θ...]. **~ый:** ~ая подгото́вка prè-conscription tráining.

**допро́с** *м.* exàminátion, quéstioning [-stʃ-], intèrrogátion; (*обвиняемого об.*) interrógatory; перекрёстный ~ cróss-exàminátion; подверга́ть ~у (*вн.*) exámine (*d.*), quéstion [-stʃ-] (*d.*), intérrogàte (*d.*); подверга́ть перекрёстному ~у (*вн.*) subjéct to cróss-exàminátion (*d.*), cróss-exámine (*d.*).

**допроси́ть** *сов. см.* допра́шивать.

**допроси́ться** *сов.* (*рд.* у) get* (*d.* from); (*рд.*+*инф.*) make* (*d.*+*inf.*); у него́ ничего́ не допро́сишься you / one can't get ány thing out of him [...kɑ:nt...]; его́ не допро́сишься закры́ть дверь you can't get him shut the door [...dɔ:].

**допры́гивать,** допры́гнуть jump so far; он не смо́жет допры́гнуть he cánnòt jump so far; (*вверх*) he cánnòt jump so high; (до) jump (to, as far as).

**допры́гнуть** *сов. см.* допры́гивать.

**до́пуск** *м.* **1.** (*впуск*) admíttance; **2.** *тех.* admíttance, tólerance.

**допуска́||ть,** допусти́ть **1.** (кого́-л. до, к) admít (smb. to); его́ не допусти́ли к экза́менам he was not allówed to take *the* exàminátions; **2.** (*вн.*; *позволять*) permít (*d.*), allów (*d.*); (*терпеть*) tóleràte (*d.*); не ~ bar (from); э́того нельзя́ ~ it cánnòt be allówed / tólerated; **3.** (*вн.*; *считать возможным*) assúme (*d.*); он не ~ет э́той мы́сли he regárds it as in conceivable / ùnthínkable [...-'si:v-...], he thinks it impóssible; допу́стим let us assúme; ◇ допусти́ть оши́бку commít an érror.

**допусти́мый 1.** permíssible; **2.** (*возможный*) póssible.

**допусти́ть** *сов. см.* допуска́ть.

**допуще́ние** *с.* assúmption.

**допыта́ться** *сов. см.* допы́тываться.

**допы́тыва||ться,** допыта́ться (*рд.*) *разг.* find* out (*d.*), elícit (*d.*); *несов. тж.* try to find out (*d.*), try to elícit (*d.*); ~ пра́вды elícit the truth [...-u:θ]; он ~ется, где вы he tries to find out where you are, he tries to elícit your whére abóuts.

**допьяна́** *нареч. разг.*: напи́ться ~ get* dead drunk [...ded...]; напои́ть ~ (*вн.*) make* dead drunk (*d.*).

**дораба́тывать,** дорабо́тать (*вн.*) fínish off (*d.*), compléte (*d.*); (*разрабатывать детально*) eláboràte (*d.*). **~ся,** дорабо́таться **1.** (до) *разг.* work (till one *is*): дорабо́таться до изнеможе́ния work till one is útterly exháusted, work till one breaks down [...breɪks...]; **2.** *страд.* к дораба́тывать.

**дорабо́тать(ся)** *сов. см.* дораба́тывать(ся).

**дораста́ть,** дорасти́ **1.** grow* [-ou]; **2.** (до, чтобы+*инф.*) *разг.* (*о возрасте*) be old enóugh [...-ʌf] (for,+to *inf.*); не дорасти́ not be old enóugh, be too young [...jʌŋ]; он ещё не доро́с, что́бы ходи́ть в кино́ he is too young to go to the cínema.

**дорасти́** *сов. см.* дораста́ть.

**дорва́ться** *сов.* (до) *разг.* fall* gréedily (up on).

**дореволюцио́нный** pré-rèvolútionary.

**доре́зать** *сов.* (*вн.*) **1.** fínish cútting (*d.*); **2.** (*дополнительно*) cut* some more (*d.*); **3.** (*до конца*) cut* up (*d.*); (*убить*) kill (*d.*), fínish (off) (*d.*).

**дорефо́рменный** prè-refórm (*attr.*).

**дорисова́ть** *сов. см.* дорисо́вывать.

**дорисо́вывать,** дорисова́ть (*вн.*) draw* (*d.*), fínish (*d.*), compléte (*d.*); (*без доп.*) fínish dráwing; дорисова́ть карти́ну (*перен.*) compléte the pícture, fill in the détails [...'di:-].

**дори́ческий** Dóric.

**доро́г||а** *ж.* **1.** road; (*путь следования*) way; больша́я ~ híghway, high road; желе́зная ~ ráilway; ráilroad *амер.*; желе́зная ~ ме́стного значе́ния lócal line; е́хать по желе́зной ~е go* by rail / train; шоссе́йная ~ main road; просёлочная ~ cóuntry road ['kʌ-...], cóuntry-tràck ['kʌ-]; сверну́ть с ~и leave* *the* road; не сто́йте на ~е get out of the way; показа́ть кому́-л. ~у (*куда-л.*) show* smb. the way [ʃou...] (*to a place*); по ~е (в *вн.*, на *вн.*) on the way (to); по ~е домо́й on the way home; дава́ть, уступа́ть кому́-л. ~у let* smb. pass; (*перен.*) make* way for smb.; **2.** (*путешествие*) jóurney ['dʒə:-]; да́льняя ~ long jóurney; отправля́ться в ~у set* out, start on one's jóurney; на ~у (*перед отправлением*) befóre the jóurney; в ~у, на ~у for the jóurney; с ~и áfter the jóurney; в ~е on the jóurney; он про́был в ~е три дня the jóurney took him three days; ◇ мне с ва́ми по ~е we go the same way; мне с ва́ми не по ~е we go in dífferent diréctions; (*перен.*) our paths divérge [...daɪ-], we part cómpany [...'kʌ-]; пробива́ть себе́ ~у force one's way through; (*перен.*) make* one's way in life; проложи́ть ~у (*дт.*) clear the way (for); прегради́ть ~у (*дт.*) bar the way (to); вы́йти на ~у get* on well, make* / find* one's way; перебежа́ть ~у кому́-л. steal* a march on smb.; snatch *smth.* from únder smb.'s nose, put* smb.'s nose out of joint; стать кому́-л. попере́к ~и be / stand* in smb.'s way; вы́вести кого́-л. на широ́кую ~у set* smb. on his feet; (*рд.*) help smb. on to the high road (of); пойти́ прямо́й ~ой take* the high road, be on the híghway; пойти́ по но́вой ~е advánce alóng the new road; он стои́т на хоро́шей ~е his fúture is assúred / secúred [...ə'ʃuəd...]; идти́ свое́й ~ой go* one's own way [...oun...]; одна́ ~ остаётся мне, ему́ *и т. д.* there is ónly one way (out) for me, him, *etc.*; there is ónly one thing I, he, *etc.*, can do; туда́ ему́ и ~! *разг.* it serves him right!; ска́тертью ~(а) good ríddance; то́рная ~ the béaten track.

**до́рого** I *прил. кратк. см.* дорого́й.

**до́рого** II *нареч.* dear; (*перен.*) déarly; э́то ~ сто́ит it costs dear; ~ заплати́ть (за *вн.*) (*перен.*) pay* déarly (for).

**дороговизна** *ж.* déarness, expénsive¦ness; high prices *pl.*

**доро́гой** *нареч.* on the way.

**дорого́й** 1. *прил.* (*в разн. знач.*) dear; (*дорогостоящий*) expénsive; (*ценный*; *тж. перен.*) cóst¦ly; по ~ цене́ at a high price; э́то ему́ до́рого it is dear to him; она́ ему́ дорога́ she is dear to him; ваш сове́т ему́ до́рог he válues / appréciàtes your advice (híghly); ~ друг! (my) dear friend! [...fre-]; то, что им доро́же всего́ what they hold déarest of all; 2. *м. как сущ.* dárling, dear, déarest.

**дорогосто́ящий** expénsive.

**доро́дн||ость** *ж.* pórtliness. **~ый** pórtly.

**дорож||а́ть,** вздорожа́ть rise* in price; жизнь ~а́ет the cost of líving is rísing [...'lɪv-...].

**доро́же** *сравн. ст. см. прил.* дорого́й *и нареч.* до́рого II.

**дорожи́ть** (*тв.*) 1. (*ценить*) válue (*d.*); 2. (*беречь*) take* care (of).

**дорожи́ться** *разг.* ask too high a price, óver¦chárge.

**доро́жка** *ж.* 1. (*тропинка*) path*, walk; 2. (*коврик*) strip of cárpet; (*на лестнице*) stáir-càrpet; (*на стол*) rúnner.

**доро́жник** *м.* róad-bùilder [-bɪ-].

**доро́жно-строи́тельный** róad-bùilding [-bɪ-] (*attr.*).

**доро́жный** 1. *прил. к* доро́га 1; 2. (*служащий для путешествия*) trávelling; ~ костю́м trávelling dress.

**доруба́ть,** дорубить (*вн.*) 1. (*о деревьях, лесе*) fínish cútting (*d.*); (*о мясе и т. п.*) fínish chópping (*d.*); 2. (*дополнительно*) chop / cut* some more (*d.*).

**доруби́ть** *сов. см.* доруба́ть.

**дорыва́ть,** доры́ть (*вн.*) fínish dígging (*d.*).

**доры́ть** *сов. см.* дорыва́ть.

**дос** *м.* (долговре́менное оборони́тельное сооруже́ние) *воен.* píll-bòx.

**ДОСААФ** *м.* (Доброво́льное о́бщество соде́йствия а́рмии, авиа́ции и фло́ту) Vóluntary Society for Assisting Army, Air Force and Návy.

**доса́д||а** *ж.* vèxátion, annóyance; (*разочарование*) disappóintment; кака́я ~! how véxing / annóying / provóking!, what a núisance! [...'njuːs-]; (*как жаль*) what a píty! [...'pɪ-]; с ~ы in one's vèxátion / annóyance; with vèxátion (*в конце предложения*).

**досади́ть** *сов. см.* досажда́ть.

**доса́дливый** of annóyance / vèxátion; ~ жест mótion of annóyance / vèxátion.

**доса́дно** 1. *прил. кратк. см.* доса́дный; 2. *предик. безл.* it is véxing / annóying; it is a núisance [...'njuːs-] *разг.*; (*жалко*) it is a píty [...'pɪ-]; ему́ ~ he is vexed / annóyed.

**доса́дн||ый** annóying, vèxátious; (*вызывающий разочарование*) dìsappóinting; ◇ ~ая опеча́тка an ùnfórtunate mísprint [...-ʧən-...].

**доса́довать** (на кого́-л.) be vexed / annóyed (by smb.); (на что-л.) bemóan (smth.), bewáil (smth.).

**досажда́ть,** досади́ть (*дт.*) vex (*d.*), annóy (*d.*).

**досиде́ть** *сов. см.* доси́живать.

**доси́живать,** досиде́ть (до) stay (till); (*не ложиться спать*) sit* up (till); ~ до конца́ чего́-л. sit* out smth.

**доск||а́** *ж.* 1. board; (*более толстая*) plank; кла́ссная ~ bláckboard; гри́фельная ~ slate; ша́хматная ~ chéss-board; ~ для объявле́ний advértise¦ment board [-s-...], nótice board ['nou-...]; 2. (*медная, мраморная*) slab; ◇ кра́сная ~, ~ почёта board of hónour [...'ɔnə]; выве́шивать на до́ску почёта (*вн.*) put* up on the board of hónour (*d.*); чёрная ~ the list of shírkers; до гробово́й ~и́ till death [...deθ]; от ~и́ до ~и́ from cóver to cóver [...'kʌ-...]; ста́вить на одну́ до́ску (*вн.* с *тв.*) put* on the same lével [...'le-] (*d.* with).

**доска́зать** *сов. см.* доска́зывать.

**доска́зывать,** доска́за́ть (*вн.*; *о рассказе, сказке и т. п.*) fínish (*d.*); (*вн.* до) tell (*d.* to); вы чего́-то не досказа́ли мне you have not told me all, you have kept sóme¦thing back.

**доскака́ть** *сов.* hop so far, reach hópping; (до) hop (to, as far as); (*верхом*) gállop (to, as far as), reach at a gállop (*d.*); он не смог ~ he could not hop so far; он доска́чет туда́ в 10 мину́т he can gállop there in ten mínutes [...-nɪts], it will take him ten mínutes to gállop there, ten mínutes' gállop will take him there.

**доскона́льн||о** *нареч.* thóroughly ['θʌrəlɪ]. **~ый** *разг.* thórough ['θʌrə].

**досла́ть** *сов. см.* досыла́ть.

**досле́дов||ание** *с. юр.* sùppleméntary exàminátion / in¦quíry; напра́вить де́ло на ~ remít a case for fúrther exàminátion / in¦quíry [...keɪs...-ðə...]. **~ать** *несов. и сов.* (*вн.*) compléte the exàminátion (of), compléte the in¦quíry (into).

**досло́вн||о** *нареч.* word for word, líterally, verbátim [-'beɪ-]. **~ый** word for word, líteral: ~ый перево́д word for word, *или* líteral, trànslátion [...-ɑːn-].

**дослу́живать,** дослужи́ть (до) work (to, till); ему́ оста́лось дослужи́ть пять лет (до пе́нсии) he has to work anóther five years (befóre he gets his pénsion). **~ся,** дослужи́ться (до *рд.*) rise* (to *the rank of*); дослужи́ться до пе́нсии quálifỳ for a pénsion.

**дослужи́ть(ся)** *сов. см.* дослу́живать(ся).

**дослу́шать** *сов. см.* дослу́шивать.

**дослу́шивать,** дослу́шать (*вн.*) lísten to the end ['lɪsᵒn...] (to); ~ что-л. до полови́ны lísten to the first half of smth. [...hɑːf...]; ~ что-л. до конца́ lísten to smth. to the end, sit* out smth.

**досма́тривать,** досмотре́ть (*вн.* до; *о книге, журнале и т. п.*) look through (*d.* to, till); (*о пьесе, фильме и т. п.*) watch (*d.* as far as); ~ до конца́ (*о книге, журнале и т. п.*) look right through (*d.*); (*о пьесе, фильме и т. п.*) watch / see* to the end (*d.*), sit* out (*d.*).

**досмо́тр** *м.* exàminátion; тамо́женный ~ cústoms exàminátion.

**досмотре́ть** *сов. см.* досма́тривать.

**досо́хнуть** *сов. см.* досыха́ть.

**досоциалисти́ческ||ий** pré-sócialist; ~ие форма́ции pré-sócialist fòrmátions.

**доспа́ть** *сов. см.* досыпа́ть II.

**доспева́ть,** доспе́ть *разг.* rípen; *сов. тж.* be ripe.

**доспе́ть** *сов. см.* доспева́ть.

**доспе́хи** *мн. ист.* ármour *sg.*

**досро́чн||о** *нареч.* befóre the appóinted time; (*о выполнении плана и т. п.*) ahéad of time / schédùle [ə'hed...'ʃe-]. **~ый** (*о платеже и т. п.*) àntícipàtory [-peɪ-]; ~ый вы́пуск проду́кции óutpùt of prodúction ahéad of time / schédùle [-put ...'ʃe-]; ~ое выполне́ние fulfílment ahéad of time / schédùle [ful-...].

**достава́ть,** доста́ть **1.** (до) reach (*d.*); (*касаться*) touch [tʌtʃ] (*d.*); ~ до чего́-л. руко́й touch smth. (with one's hand); **2.** (*вн.*; *брать*) take* (*d.*), get* (*d.*); ~ кни́гу с по́лки, из шка́фа take*/get* *the* book from the shelf*, out of the bóok-càse [...-s]; **3.** (*вн.*; *добывать*) get* (*d.*); (*получать*) obtáin (*d.*); **4.** (*рд.*) *безл.* suffíce (*d.*); ему́ доста́нет сил his strength will suffíce him, he will have suffícient strength. **~ся,** доста́ться (*дт.*) **1.** (*выпадать на долю*) fall* to *one's* lot; э́то доста́лось ему́ it fell to his lot; ему́, им *и т. д.* доста́лось (*при выигрыше*) he, they, *etc.*, won [...wʌn]; (*при разделе и т. п.*) he, they, *etc.*, recéived [...'si:vd]; (*по наследству*) he, they, *etc.*, inhérited; **2.** *безл. разг.* (*о наказании*): ему́, им *и т. д.* доста́лось he, they, *etc.*, caught / got it; ему́, им *и т. д.* доста́нется he'll, they'll, *etc.*, catch it; (*о неприятностях, испытаниях*) he, they, *etc.*, had sóme¦thing, *или* a lot, to bear / endúre [...bɛə...].

**доста́в||ить** *сов. см.* доставля́ть. **~ка** *ж.* delívery; ~ка на дом delívery to *the* client's / cústomer's addréss; с ~кой на дом home delívery.

**доставля́||ть,** доста́вить **1.** (*вн. дт.*) supplý (with *d.*), fúrnish (with *d.*); (*о письмах, газетах и т. п.*) delíver [-'lɪ-] (*d.* to, *d. i.*); моло́чная ежедне́вно ~ет мне литр молока́ the dáiry supplíes me with a litre of milk every day [...'li:-...], the dáiry sends me up a litre of milk dáily, *или* évery day; **2.** (*вн.*; *препровождать*) convéy (*d.*); ~ кого́-л. домо́й get* / take* / convéy smb. home; **3.** (*вн. дт.*; *причинять*) cause (*d. i.*), give* (*d. i.*): ~ беспоко́йство give* / cause trouble [...trʌ-] (*i.*); **4.** (*вн. дт.*; *предоставлять*) give* (*d. i.*); (*о случае и т. п.*) affórd (*d. i.*); ~ удово́льствие give* / affórd pléasure [...'ple-] (*i.*).

**доста́т||ок** *м.* **1.** *тк. ед.*: жить в ~ке be in éasy / good* círcumstances [...'i:zɪ...], be well*/cómfortably off, be wéll-to-dó; име́ть сре́дний ~ be fáirly well off; **2.** *мн.* (*имущество, доходы*) ín¦come *sg.*

**доста́точно** I **1.** *прил. кратк. см.* доста́точный 1; **2.** *предик. безл.* it is enóugh [...ɪ'nʌf]; ~ бы́ло им поссо́риться, что́бы a quárrel suffíced, *или* was enóugh / suffícient, to; вполне́ ~ quite enóugh; бо́лее чем ~ enóugh and to spare; э́того ~ that will do; ~ сказа́ть suffíce it to say; у него́, у них *и т. д.* ~ сил, средств he has, they have, *etc.*, enóugh / suffícient strength, means; ~! (that's) enóugh!

**доста́точн||о** II *нареч.* (*перед прил. и после гл.*) suffíciently; (*после прил. и гл.*) enóugh [ɪ'nʌf]; ~ горя́чий suffíciently hot, hot enóugh; он ~ рабо́тал he worked enóugh / suffíciently. **~ый 1.** suffícient; (*после сущ. и перед. сущ. во мн. ч.*) enóugh; ~ые основа́ния, сре́дства suffícient grounds, means; ~ое доказа́тельство suffícient proof, proof enóugh; **2.** *разг.* (*живущий в достатке*) wéll-to-dó.

**доста́ть(ся)** *сов. см.* достава́ть(ся).

**достига́ть,** дости́чь, дости́гнуть (*рд.*) **1.** reach (*d.*); проду́кция дости́гла наивы́сшего у́ровня óutpùt reached its peak [-put...]; у́тром он дости́г верши́ны (горы́) he reached the súmmit in the mórning; ~ бе́рега reach land; **2.** (*добиваться*) attáin (*d.*), achíeve [-i:v] (*d.*); ~ свое́й це́ли achíeve / gain / attáin one's óbject / end, secúre one's óbject; ~ успе́ха achíeve / attáin succéss; успока́иваться на дости́гнутом rest on one's láurels [...'lɔ-].

**дости́гнуть** *сов. см.* достига́ть.

**достиже́ни||е** *с.* achíeve¦ment [-i:v-], attáinment; (*улучшение*) prógrèss; *мн.* (*достигнутые успехи*) succésses achíeved [...-i:vd]; ~я нау́ки и те́хники achíeve¦ments of scíence and èngineéring [...endʒ-]; вы́сшее ~ ácme [-ɪ]; hígh-wáter mark [-'wɔ:-...] *идиом.*; ◇ по ~и on réaching; ~ вы́сшей то́чки cùlminátion; *переводится также формой на* -ing *от соответствующих глаголов — см.* достига́ть.

**достижи́мый** réachable, àccéssible; (*перен.*) achíevable [-i:v-], attáinable; (*ср.* достига́ть).

**дости́чь** *сов. см.* достига́ть.

**достове́рн||о** *нареч.* for cértain, for sure [...ʃuə]; ~ знать что-л. know* smth. for cértain / sure [nou...], know* smth. pósitive¦ly [...-zɪ-], know* smth. be¦yónd all doubt [...daut]. **~ость** *ж.* trústwòrthiness [-ðɪ-]; (*истинность*) truth [-u:θ]; (*о документе, рукописи и т. п.*) authènticity. **~ый** trústwòrthy [-ðɪ]; (*о документе, рукописи и т. п.*) authéntic; из ~ых исто́чников from relíable sóurces [...'sɔ:s-].

**досто́инств||о** *с.* **1.** *тк. ед.* dígnity; э́то ни́же его́ ~а it is benéath his dígnity; с ~ом with dígnity; чу́вство со́бственного ~а sélf-respéct; próper pride ['prɔ-...]; **2.** (*хорошее качество*) quálity, mérit, vírtue; ~а и недоста́тки mérits and dè¦mérits; **3.** (*стоимость, ценность денежного знака*) válue; моне́та 10-рублёвого ~а, *или* ~ом в 10 рубле́й coin of the válue of 10 roubles [...ru:-]; моне́та ма́лого ~а coin of small denòminátion; ◇ оцени́ть по ~у (*вн.*) éstimàte at *one's* true worth (*d.*); (*о человеке тж.*) size up (*d.*) *разг.*

**досто́йно** I *прил. кратк. см.* досто́йный.

**досто́йно** II *нареч.* súitably ['sju:-], befítting¦ly, in appróprìate / ádequate / próper mánner [...'prɔ-...].

**досто́йн||ый 1.** (*рд.*) deserving [-'zə:-] (*d.*), wórthy [-ðɪ] (of), worth (*d.*); ~ внима́ния desérving atténtion / consìderátion, wórthy of note, worth nótice [...'nou-]; ~ похвалы́ práise¦wòrthy [-ðɪ]; быть ~ым (*рд.*) desérve [-'zə:v] (*d.*), mérit (*d.*); be wórthy (of); ~ лу́чшего примене́ния wórthy of a bétter cause; **2.** (*справедливый*) mérited, desérved; (*соответствующий*) fítting, ádequate; (*о наказании тж.*) condígn [-'daɪn]; **3.** (*почтенный*) wórthy: ~ челове́к wórthy man*.

**достопа́мятный** mémorable.

**достопочте́нный** réverend.

**достопримеча́тельн||ость** *ж.* sights *pl.*; осма́тривать ~ости (*рд.*) see* the sights (of); go* síghtsee¦ing; do the sights *разг.*; (*города*) do *the* town *разг.*; знако́мить кого́-л. с ~остями го́рода *и т. п.* show* smb. the sights of *the* town, *etc.* [ʃou...], show* smb. aróund *the* town, *etc.* ~**ый** nótable, remárkable.

**достоя́ние** *с. тк. ед.* próperty; наро́дное ~ nátional próperty ['næ-...]; ~ масс the próperty of the másses.

**достра́ивать,** достро́ить (*вн.*) fínish búilding [...'bɪ-] (*d.*), compléte (*d.*).

**достро́ить** *сов. см.* достра́ивать.

**достро́йка** *ж.* complétion.

**до́ступ** *м.* áccèss; пра́во свобо́дного ~а free áccèss; име́ть ~ (к) have áccèss (to).

**досту́пн||ость** *ж.* **1.** àccèssibílity; (*для пользования, посещения*) availabílity; (*для понимания*) simplícity; **2.** (*о человеке*) appròachabílity, àffabílity, àccèssibílity; **3.** (*о ценах*) móderate¦ness. ~**ый 1.** àccéssible, éasy of áccèss ['i:zɪ...]; (*для пользования, посещения*) aváilable; ópen, within the reach; (*для понимания*) símple, éasily ùnderstóod ['i:z- -'stud], pópular; сде́лать ~ым (*вн. дт.*) make* àccéssible (*d.* to), throw* ópen [-ou...] (*d.* to); э́та кни́га досту́пна да́же для неподгото́вленного чита́теля this book is intélligible éven to the nón-spécialist [...-'spe-]; **2.** (*о человеке*) appróachable, áffable, àccéssible; **3.** (*умеренный*) móderate; ~ые це́ны réasonable / móderate prices [-z-...].

**достуча́ться** *сов. разг.* (до *кого-л.*, к *кому-л.*) knock till one is heard [...hə:d]; ~ у две́ри knock at *the* door till it is ópen¦ed [...dɔ:...]; он не мог ~ he was ún¦áble to make hìm¦sélf heard.

**досу́г** *м.* léisure ['le-], spare time; часы́ ~а léisure hours [...auəz]; свой ~ он посвяща́ет чте́нию he spends all his spare time in réading; на ~е at léisure, in one's spare time.

**досу́ж||ий** *разг.* idle; ~ие то́лки góssip *sg.*, idle talk *sg.*

**до́суха** *нареч.* dry: вытира́ть ~ (*вн.*) wipe dry (*d.*).

**досчита́ть** *сов. см.* досчи́тывать.

**досчи́тывать,** досчита́ть (*вн.*) fínish cóunting (*d.*); (до *чего-л.*) count (to).

**досыла́ть,** досла́ть (*вн.*; *остальное*) send* the remáinder; (*посылать дополнительно*) send* on (*d.*); он досла́л 20 рубле́й he sent on (another) twénty roubles [...ru:-].

**досы́пать** *сов. см.* досыпа́ть I.

**досыпа́ть** I, досы́пать **1.** (*рд., вн.*; *дополнительно*) add / pour some more [...pɔ:...] (*d.*); **2.** (*вн.*; *дополна*) fill (*d.*).

**досыпа́ть** II, доспа́ть sleep*.

**до́сыта** *нареч. разг.* to one's heart's contént [...hɑ:-...]; нае́сться ~ be sátisfied, eat* one's fill.

**досыха́ть,** досо́хнуть dry up.

**досю́да** *нареч. разг.* up to here, as far as this.

**досяга́ем||ость** *ж.* reach, attainabílity; *воен.* range [reɪ-]; в преде́лах ~ости within reach; вне преде́лов ~ости out of reach. ~**ый** àccéssible, appróachable; (*перен.*) attáinable, achíevable [ə'tʃi:-].

**дот** *м.* = дос.

**дота́ция** *ж.* grant [-ɑ:-], (State) súbsidy.

**дотащи́ть** *сов.* (*вн.*) *разг.* (*доволочить*) drag (*d.*); (*донести*) cárry (*d.*); (*вн.* до) drag (*d.* to, *d.* as far as), cárry (*d.* to, *d.* as far as). ~**ся** *сов.* (до) *разг.* drag òne¦sélf (to); ~ся до́ дому drag òne¦sélf home.

**дотла́** *нареч.* útterly, compléte¦ly; сгора́ть ~ burn* to áshes; сжечь ~ (*вн.*) redúce to áshes (*d.*).

**дото́ле** *нареч. уст.* hither¦tó.

**дото́шн||ый** *разг.* háir-splitting; metículous *книжн.*; быть ~ым delve into every détail [...'di:-]; он ~ челове́к he delves into every détail.

**дотра́гиваться,** дотро́нуться (до) touch [tʌtʃ] (*d.*).

**дотро́нуться** *сов. см.* дотра́гиваться.

**доту́да** *нареч. разг.* up to there, up to that place.

**дотя́гивать,** дотяну́ть **1.** (*вн.*) draw* so far (*d.*); (*с усилием*) drag so far (*d.*); (*вверх*) haul up so far (*d.*); (*вн.* до) draw* (*d.* up to, *d.* as far as); (*с усилием*) drag (*d.* to, *d.* as far as); (*вверх*) haul (*d.* up to, *d.* as far as); **2.** (до) *разг.* (*доживать*) live [lɪv] (till); он не дотя́нет до утра́ he will not live out the night; he will not last till mórning; **3.** (до) *разг.* (*выдерживать*) hold* out (till); он дотя́нет до конца́ ме́сяца he will be able to hold out till the end of the month [...mʌ-]; ◇ дотяну́ть что-л. до того́, что keep* putting smth. off till. ~**ся,** дотяну́ться (до) reach (*d.*).

**дотяну́ть(ся)** *сов. см.* дотя́гивать(ся).

**доу́чивать,** доучи́ть **1.** (что-л.) fínish léarning [...'lə:n-] (smth.); **2.** (кого́-л.) fínish téaching (smb.). ~**ся,** доучи́ться **1.** (*кончать учиться*) fínish stúdying / léarning [...'stʌ- 'lə:n-]; он доучи́лся до 10 класса he left school áfter the ninth class [...naɪ-...]; он доучи́лся до четвёртого ку́рса he left the ùnivérsity / ínstitùte áfter his third year; **2.** (*совершенствовать знания*) perféct one's knówledge [...'nɔ-]; (*завершать образование*) compléte one's èducátion.

**доучи́ть(ся)** *сов. см.* доу́чивать(ся).

**доха́** *ж.* (Sibérian) fúr-coat [saɪ-...].

**до́хлый 1.** (*о животном*) dead [ded]; **2.** *разг.* (*хилый — о человеке*) síckly.

**дохля́тина** *ж. тк. ед. разг.* cárrion.

**до́хнуть** (*о животных*) die, fall*.

**дохну́ть** *сов.* breathe; ◇ не сметь ~ *разг.* be afráid to breathe.

**дохо́д** *м.* in:come; (*прибыль*) prófit, retúrn; recéipts [-'si:ts] *pl.*; чи́стый ~ net prófit; приноси́ть ~ bring* in an in:come; годово́й ~ ánnual in:come; (*государственный*) ánnual révenue; национа́льный ~ nátional in:come ['næ-...]; валово́й ~ gross prófit / recéipts [grous...]; нетрудово́й ~ ún:éarned in:come [-'ə:nd...]; торго́вые ~ы trade prófits / retúrns.

**доходи́ть,** дойти́ **1.** (до) reach (on foot) [...fut] (*d.*); не доходя́ (до) (just) befóre one comes (to), befóre one réaches (*d.*); письмо́ до него́ не дошло́ the létter did not reach him; ~ до кого́-л. (*становиться известным*) reach smb.'s ears; **2.** (до) *разг.* (*производить впечатление*) touch [tʌtʃ] (*d.*), move [mu:v] (*d.*); игра́ не дохо́дит до зри́теля the ácting does not touch / move the áudience; **3.** (*без доп.*) *разг.* (*довариваться, допекаться*) be done; (*дозревать*) ripen; **4.** (до; *достигать какого-л. предела*) reach (*d.*), amóunt (to);~ до колосса́льных разме́ров reach colóssal diménsions; расхо́ды дохо́дят до 5000 рубле́й the expénses amóunt to, *или* tótal, five thóusand roubles [...-z- ru:-]; ~ до неле́пости fall* / run* into absúrdity; ~ до бе́шенства fly* into a rage; ~ до слёз, дра́ки end in tears, in a fight; ◇ ~ свои́м умо́м think* out for òne:sélf; ру́ки до э́того не дохо́дят I have, he has, *etc.*, no time for it, *или* to do it; де́ло дошло́ (до) it came (to).

**дохо́дн||ость** *ж.* prófitable:ness, remúnerative:ness [-'mju:-]; (*количество доходов*) in:come. **~ый** prófitable, páying, lúcrative, remúnerative [-'mju:-]; ~ые статьи́ révenues.

**дохо́дчив||ость** *ж.* clárity. **~ый** intélligible, éasy to ùnderstánd ['i:zı...].

**доцвести́** *сов. см.* доцвета́ть.

**доцвета́ть,** доцвести́ cease flówering [-s...]; (*увядать*) fade, wither.

**доце́нт** *м.* réader (*in university*).

**доче́рн||ий** dáughter (*attr.*); (*подобающий дочери*) fílial; ~яя компа́ния *эк.* dáughter / branch cómpany [...brɑ:- 'kʌ-]; ~яя кле́тка *биол.* dáughter cell.

**дочерти́ть** *сов. см.* доче́рчивать.

**доче́рчивать,** дочерти́ть (*вн.*; *о карте, чертеже и т. п.*) finish (*d.*), compléte (*d.*); (*без доп.*) finish dráwing.

**до́чиста** *нареч.* (*до полной чистоты*) till *smth.* is spéckless, till *smth.* is spéckless-ly / pérfectly clean; (*перен.*) compléte:ly; обокра́сть ~ (*вн.*) clean out (*d.*); съесть всё ~ eat* up évery:thing, scrape one's plate.

**дочи́стить** *сов.* (*вн.*) **1.** finish cléaning (*d.*) *и т. д.* (*см.* чи́стить); **2.** (до *чего-л.*) clean (*d.*) *и т. д.* (*см.* чи́стить); ~ до бле́ска pólish / búrnish till *smth.* glitters.

**дочита́ть(ся)** *сов. см.* дочи́тывать(ся).

**дочи́тывать,** дочита́ть **1.** (*вн.* до) read* (*d.* to, *d.* as far as); дочита́ть до середи́ны read* half *the book* [...hɑ:f...], read* to the middle (*d.*); дочита́ть до конца́ read* to the end (*d.*), finish (*d.*); **2.** (*без доп.*; *кончать читать*) finish réading. **~ся,** дочита́ться **1.** (*до чего-л.*): ~ся до головно́й бо́ли read* till one's head begins to ache [...hed... eık]; ~ся до хрипоты́ read* till one grows hoarse [...grouz...], read* òne:sélf hoarse; **2.** *страд. к* дочи́тывать.

**до́чка** *ж. разг.* = дочь.

**дочу́рка** *ж. разг.* little dáughter / girl [...gə:l]; (*в обращении тж.*) gírlie ['gə:-].

**дочь** *ж.* dáughter.

**дошива́ть,** доши́ть (*вн.*; *о платье и т. п.*) finish (*d.*); (*без доп.*; *кончать шить*) finish (séwing) [...'sou-].

**доши́ть** *сов. см.* дошива́ть.

**дошко́льн||ик** *м.* child* únder school age; он ~ he is únder school age. **~ица** *ж.* girl únder school age [g-...]; она́ ~ица she is únder school age. **~ый** pré-schóol; ~ое воспита́ние pré-schóol èducátion.

**доща́тый** (made) of planks / boards.

**доще́чка** *ж.* (*деревянная*) small plank / board; (*металлическая*) plate; (*на двери*) dóor-plàte ['dɔ:-], náme-plàte.

**доя́рка** *ж.* mílkmaid; зна́тная ~ nóted mílk-maid.

**дра́га** *ж. тех.* drag; *мор.* dredge.

**драгома́н** *м.* drágoman (*pl.* -mans, -men).

**драгоце́нн||ость** *ж.* **1.** jéwel; (*о драгоценном камне тж.*) gem; précious stone ['pre-...]; (*сокровище*) tréasure ['tre-]; э́то ~ this is a tréasure, this is príce:less; **2.** *мн.* jéwelry *sg.*; фальши́вые ~ости false / paste jéwelry [fɔ:ls peı-...]. **~ый** précious ['pre-]; ~ый ка́мень gem; précious stone, jéwel; (*резной*) intáglìò [-ɑ:l-].

**драгу́н** *м. ист.* dragóon. **~ский** *ист.* dragóon (*attr.*); ~ский полк dragóon régiment.

**драже́** *с. нескл.* líqueur-bónbòns [-kjuə-] *pl.*, sýrup-filled bónbòns *pl.*

**дразни́ть** (*вн.*) **1.** tease (*d.*); **2.** (*возбуждать*) excíte (*d.*).

**дра́к||а** *ж.* fight; (*общая*) scuffle; доходи́ть до ~и come* to blows [...-ouz].

**драко́н** *м.* drágon [-æ-].

**драко́новск||ий:** ~ие зако́ны harsh / Dràcónic laws.

**дра́ма** *ж.* dráma ['drɑ:-].

**драма||ти́зм** *м. театр.* dramátic efféct; dramátic quálities *pl.*; (*перен.*) dramátic náture [...'neı-]; ténsity; пье́са, обстано́вка полна́ ~ти́зма the play, the situátion is híghly dramátic; ~ положе́ния the ténse:ness of the situátion. **~ти́ческий** dramátic; ~ти́ческий кружо́к dramátic círcle. **~ти́чный** dramátic.

**драмату́рг** *м.* pláywright, drámatist.

**драматурги́я** *ж.* **1.** (*теория*) dramátic còmposítion [...-'zı-]; **2.** *собир.* the dráma [...'drɑ:-]; гре́ческая ~ the Greek dráma; ~ Шекспи́ра Shàke:spéarian dráma.

**драмкружо́к** *м.* (драмати́ческий кружо́к) dramátic círcle.

**дра́нка** *ж.* (*штукатурная*) lath*; (*кровельная*) shíngle.

**дра́ный** torn; (*ободранный*) rágged [-gıd].

**дрань** *ж.* = дра́нка.

**драп** *м.* thick cloth.

**драпирова́ть** (*вн.*) drape (*d.*). **~ся 1.** drape òne:sélf; **2.** *страд. к* драпирова́ть.

**драпиро́в||ка** *ж.* drápery ['dreı-]; háng:ings *pl.* **~щик** *м.* ùp:hólsterer [-'hou-].

**дра́пов||ый** *прил. к* драп; ~ое пальто́ (thick) cloth óver:coat.

**драпри́** *с. нескл.* drápery ['dreı-]; cúrtains *pl.*, háng:ings *pl.*

**дра́тва** *ж. тк. ед.* wáx-ènd ['wæ-].

**драть,** вы́драть *разг.* **1.** *тк. несов.* (*вн.*; *рвать*) tear* [tɛə] (*d.*); **2.** *тк. несов.* (*вн.*; *отрывать*) strip off (*d.*); ~ лы́ко bark lime-trees; **3.** *тк. несов.* (*с рд.*; *назначать высокие цены*) fleece (*d.*); **4.** (*вн.*; *сечь*) flog (*d.*), thrash (*d.*); *сов. тж.* give* a flógging (*i.*); ~ кого́-л. за́ уши, во́лосы pull smb.'s ears, hair [pul...]; **5.** *тк. несов.* írritàte; э́то дерёт го́рло it írritàtes the throat; ◇ ~ шку́ру flay (*d.*); он дерёт с живо́го и мёртвого he flays the dead and the líving [...ded... 'lɪv-]; ~ го́рло bawl; чёрт его́ дери́! damn him!

**дра́ться** I, подра́ться **1.** (*с тв.*) fight* (*d.*, with); на у́лице деру́тся there is a fight / scuffle in the street; ~ на кула́чках box, spar; он всегда́ дерётся he is álways béating sóme¦body [...'ɔːlwəz...], he is álways knócking sóme¦body abóut; ~ на дуэ́ли fight* a dúel, dúel; ~ с кем-л. на дуэ́ли fight a dúel with smb.; **2.** *тк. несов.* (*за вн.*) fight* (for).

**дра́ться** II, разодра́ться *разг.* (*рваться*) tear* [tɛə].

**дра́хма** *ж.* **1.** (*греческая монета*) dráchm(a) (*pl.* -mas, -mae); **2.** (*единица веса*) drachm [-æm], dram.

**драчли́в¦ость** *ж. разг.* pùgnácity. **~ый** pùgnácious.

**драчу́н** *м.* pùgnácious féllow / boy; он ~ he is given to fíghting, he likes fíghting; он большо́й ~ he is álways réady to fight [...'ɔːlwəz 're-...], he is álways réady for a fight; э́то тако́й ~! he is álways spóiling for a fight.

**драчу́нья** *ж.* pùgnácious girl [...g-] (*ср.* драчу́н).

**дребеде́нь** *ж. разг.* trash, rúbbish; сплошна́я ~ ábsolùte trash.

**дребезжа́ние** *с.* rattle; (*звяканье*) jingle.

**дребезжа́ть** rattle; (*звякать*) jingle

**древеси́на** *ж.* wood [wud].

**древе́сница** *ж.* (*лягушка*) trée-fròg.

**древе́сн¦ый** *прил. к* де́рево; *тж.* àrbóreal [-rɪəl], àrbóreous *научн.*; ~ у́голь chárcoal; ~ спирт wood álcohòl [wud...]; ~ая ма́сса wóod-pùlp ['wud-]; ~ые насажде́ния plàntátions of trees; ~ пито́мник núrsery fórest [...'fɔ-]; àrborétum (*pl.* -ta) *научн.*; ~ая лягу́шка trée-fròg.

**дре́вко** *с.* (*флага*) pole, staff; (*копья и т. п.*) shaft; ~ зна́мени, фла́га flágstàff; ~ пи́ки píke¦stàff.

**древнеангли́йский** old Énglish [...'ɪŋ-]; ~ язы́к the old Énglish lánguage.

**древнегре́ческий** áncient Greek ['eɪ-...]; ~ язы́к Greek, the Greek lánguage.

**древнееврей́ский** Hébrew, Hèbrá¦ic [hiː-]; ~ язы́к Hébrew.

**древнеру́сский** old Rússian [...-ʃən]; ~ язы́к the old Rússian lánguage.

**дре́вн¦ие** *мн. скл. как прил.* the áncients [...'eɪ-]. **~ий** **1.** áncient ['eɪ-]; (*античный*) àntíque [-'tiːk]; ~яя исто́рия áncient hístory; ~ие языки́ clássic lánguages; **2.** *разг.* (*очень старый*) very old; ~ий стари́к a very old man*.

**дре́вност¦ь** *ж.* **1.** àntíquity; в ~и in áncient times [...'eɪn-...]; **2.** *мн. археол.* àntíquities.

**дре́во** *с. поэт.* tree; ~ позна́ния добра́ и зла *библ.* the tree of knówledge [...'nɔ-].

**древови́дный** tréelike; àrboréscent *научн.*; ~ па́поротник trée-fèrn.

**древонасажде́ние** *с.* plánting of trees [-ɑːn-...].

**древото́чец** *м. зоол.* (wóod-) bòrer ['wud-], wóod-frètter ['wud-]; (*корабельный*) tèrédò.

**дредно́ут** *м. мор.* dréadnought [-ed-].

**дрези́на** *ж.* trólley.

**дрейф** *м. мор.* drift; (*снос ветром*) léeway; ложи́ться в ~ heave* to; лежа́ть в ~е lie* to.

**дрейф¦ова́ть** *несов. и сов. мор.* drift. **~у́ющий** *прич.* (*тж. как прил.*) *см.* дрейфова́ть; нау́чная ~у́ющая ста́нция drifting scientífic / reséarch státion [...-'səːtʃ...].

**дрек** *м. мор.* boat ánchor [...'æŋkə].

**дрема́** *ж.*, **дрёма** *ж. поэт. уст.* = дремо́та.

**дрема́¦ть** **1.** doze; slúmber (*чаще поэт.*; *тж. перен.*); (*клевать носом*) nod; **2.** *разг.* (*медлить*) dawdle, dálly; ◇ враг не ~л the énemy was not asléep.

**дремо́т¦а** *ж.* drówsiness [-zɪ-], sómnolence. **~ный** drówsy [-zɪ], sómnolent; ~ное состоя́ние drówsiness [-zɪ-], sómnolence.

**дрему́чий** dense, thick.

**дрена́ж** *м.* dráinage. **~ный** *прил. к* дрена́ж; ~ная труба́ dráin (-pìpe).

**дрени́ровать** *несов. и сов.* (*вн.*) *тех.* drain (*d.*).

**дрессиро́ванный** **1.** *прич. см.* дрессирова́ть; **2.** *прил.* (*о живо́тных*) perfórming.

**дрессирова́ть,** вы́дрессировать (*вн.*) train (*d.*); (*перен.*) school (*d.*).

**дрессиро́в¦ка** *ж.* tráining. **~щик** *м.*, **~щица** *ж.* tráiner; ~щик соба́к *и т. п.* dog, *etc.*, tráiner.

**дриа́да** *ж. миф.* drýad.

**дроби́лка** *ж. тех.* crúsher.

**дроби́льн¦ый** *тех.* crúshing; ~ая маши́на crúsher.

**дроби́нка** *ж.* péllet, (grain of) small shot.

**дроби́ть,** раздроби́ть (*вн.*) crush (*d.*); (*на осколки*) splínter (*d.*); (*перен.*) divíde up (*d.*), split* up (*d.*); (*на вн.*) divíde / split* up (into); ему́ раздроби́ло ру́ку his arm was crushed. **~ся,** раздроби́ться **1.** break* in [breɪk...], crumble (into); (*о волнах*) break* (agáinst); (*перен.*) divíde (into), split* (into); **2.** *страд. к* дроби́ть.

**дро́бн¦ый** fráctional; ~ое число́ fráctional númber.

**дробови́к** *м. разг.* fówling-piece [-piːs].

**дробь** *ж.* **1.** *мат.* fráction; десяти́чная ~ décimal (fráction); пра́вильная, непра́вильная ~ próper, impróper fráction ['prɔ- -'prɔ-...]; непреры́вная ~ contínued fráction; проста́я ~ vúlgar fráction; **2.** (*охотничья*) (small) shot; ◇ бараба́нная ~ roll of *a* drum.

**дрова́** *мн.* fíre¦wood [-wud] *sg.*

**дро́вни** *мн.* sled *sg.*, drag *sg.*

**дровозаготóвка** *ж.* fíre¦wood-cútting [-wud-].

**дровоко́л** *м.* wóodchòpper ['wud-].

**дровосе́к** *м.* wóod-cùtter ['wud-].

**дровяно́й** *прил. к* дрова́; ~ склад wóod-yàrd ['wud-]; ~ сара́й wóod-shèd ['wud-].

**дро́ги** *мн.* (*похоронные*) hearse [həːs] *sg.*

**дро́гнуть** I, продро́гнуть (*зябнуть*) shíver [ˈʃɪ-]; *сов. тж.* be chílled; он продро́г до мо́зга косте́й he is chílled to the márrow / bone.

**дро́гну||ть** II *сов.* shake*; (*о голосе, звуке тж.*) quáver; (*о мускуле*) move [muːv]; (*перен.*; *о людях*) wáver, fálter, flinch; войска́ ~ли the troops wáver¦ed; его́ рука́ не ~ла his hand did not fálter; у него́ рука́ не дро́гнет сде́лать э́то he will not hésitàte / scruple to do it [...-zɪ-...].

**дрожа́ние** *с.* vibrátion [vaɪ-].

**дрожа́||ть** **1.** shíver [ˈʃɪ-], tremble; (*мелкой дрожью*; *тж. о губах*) quíver [-ɪ-]; (*трястись*) shake*; (*о голосе, звуке*) tremble, shake*; ~ от хо́лода tremble / shíver with cold [...ˈʃɪ-...]; ~ от ра́дости (*о голосе*) thrill with joy; ~ от стра́ха tremble / shake* with fear; (*о голосе*) quáver; ~ всем те́лом tremble / shake* all óver; он дрожи́т при одно́й мы́сли об э́том he shúdders at the mere thought of it; **2.** (за *вн.*) tremble (for); **3.** (над) tremble (óver), grudge (*d.*); он дрожи́т над ка́ждой копе́йкой he grúdges every có́pèck he spends. **~щий** **1.** *прич. см.* дрожа́ть; **2.** *прил.* (от) trémbling (with); (*от холода тж.*) shívering [ˈʃɪ-] (with); **3.** (*о звуке*) trémulous.

**дро́жж¦и** [-жьжи] *мн.* yeast *sg.*; ста́вить на ~а́х (*вн.*) make* with yeast (*d.*); те́сто на ~а́х yeast dough [...dou], báker's dough; пивны́е ~ bréwer's yeast.

**дро́жки** *мн.* dróshky *sg.*

**дрожь** *ж.* trémbling, shívering [ˈʃɪ-]; (*мелкая*) quívering; (*в голосе*) trémor [ˈtre-]; (*от страха*) quáver; не́рвная ~ thrill, nérvous trémor; лихора́дочная ~ chill, shíver [ˈʃɪ-]; его́ броса́ет в ~ при (одно́й) мы́сли об э́том he shúdders at the (mere) thought of it; (*ср.* дрожа́ть).

**дрозд** *м.* thrush; чёрный ~ bláckbìrd.

**дрок** *м. бот.* genísta.

**дромаде́р** [-дэр] *м. зоол.* drómedary [ˈdrʌ-].

**дро́ссель** *м. тех.* throttle.

**дро́тик** *м.* dart, jávelin.

**дрофа́** *ж.*, **дрохва́** *ж. зоол.* bústard.

**друг** I *м.* friend [fre-]; бли́зкий ~ íntimate / close friend [...-ous...]; закады́чный ~ bósom-friend [ˈbuzəmfre-]; chum *разг.*, pal *разг.*; э́то его́ закады́чный ~ this is his bósom-friend; he is hánd-in-glóve with him [...-ˈglʌv...] *идиом.*; ~ де́тства friend of *one's* child¦hood [...-hud], pláyfèllow; ~ до́ма friend of the fámily; стари́нный ~ very old friend.

**друг** II *м.*: ~ ~а each other, one another; ~ про́тив ~а, ~ на ~а agáinst each other; обосо́бленные ~ от ~а séparate; ~ за ~ом one áfter another; (*гуськом*) in single / Índian file; ~ про́тив ~а (*напротив*) face to face; vis-à-vis (*фр.*) [ˈviːzɑːviː]; ópposite each other [-zɪt...]; ~ с ~ом with each other.

**друг||о́й** **1.** other; (*ещё один*) another; (*не такой, отличающийся*) dífferent; да́йте ~ каранда́ш (*второй из двух*) give me the other péncil; (*какой-нибудь*) give me another péncil; и тот и ~ both [bouθ]; ни тот ни ~ néither [ˈnaɪ-]; никто́ ~ nó¦body else; none else / other [nʌn...]; кто́-то ~ sóme¦body else; лу́чше, чем кто-л. ~ bétter than anybody else; оди́н за ~и́м one áfter another; на ~ день the next day; в ~ день, в ~о́е вре́мя (приходи́ть, поговори́ть *и т. п.*) (come*, discúss sóme¦thing, *etc.*) another day, another time; в ~ раз another time; в ~и́х отноше́ниях (*с др. точки зрения*) in other respécts; ~и́ми слова́ми in other words; с ~ стороны́ on the other hand; в ~о́м ме́сте élse¦whére, sóme¦whère else; э́то ~о́е де́ло that is another mátter, that is quite dífferent; он мне каза́лся ~и́м he looked dífferent to me; свобо́ден от всех ~и́х заня́тий, кро́ме free from all òccupátion excépt; **2.** *с. как сущ.* another thing, sóme¦thing else; **3.** *мн. как сущ.* others; (*остальные*) the rest; он никогда́ не забо́тится о ~и́х he never thinks of others, *или* of other people [...piː-].

**дру́ж||ба** *ж.* fríendship [ˈfre-]; ámity *книжн.*; быть в ~бе с кем-л. be friends with smb. [...fre-...]; те́сная ~ close / íntimate fríendship [-s...]; ◇ не в слу́жбу, а в ~бу *погов.* ≅ for fríendship's sake; ~ ~бо́й, а слу́жба слу́жбой ≅ don't let fríendship ìnterfére with work / búsiness [...ˈbɪz-].

**дружелю́б||ие** *с.* fríendliness [ˈfre-], àmicabílity. **~ный** fríendly [ˈfre-], ámicable.

**дру́жеск||ий** fríendly [ˈfre-]; ~ая услу́га fríendly sérvice; good turn *разг.*; ~ визи́т góod¦will vísit [...-z-]; быть на ~ой ноге́ (с *тв.*) be on fríendly terms (with).

**дру́жественн||ый** fríendly [ˈfre-], ámicable; ~ая держа́ва fríendly nátion / pówer; ~ые кла́ссы fríendly clásses.

**дружи́н||а** *ж.* **1.**: боева́я ~ *ист.* detáchment of armed wórkers; пожа́рная ~ vóluntary fíre-brigàde; боевы́е ~ы fíghting squads; **2.** *ист.* (prínce's) bódy-guàrd [...ˈbɔ-]; (*войско*) troops *pl.*

**дружи́нник** *м.* **1.** (*член боевой дружины*) cómbatant; **2.** *ист.* bódy-guàrd [ˈbɔ-]; (*воин*) mán*-at-árms.

**дружи́ть** (с *тв.*) be friends [...fre-] (with), be on fríendly terms [...ˈfre-...] (with).

**дружи́ще** *с. разг.* old chap, old féllow.

**дру́жн||о** *нареч.* **1.** in a fríendly mánner [...ˈfre-...], in fríendly fáshion, ámicably; жить ~ live in peace and fríendship [lɪv... ˈfre-], live in hármony, live in cóncòrd; get* on well *разг.*; hit* it off *идиом. разг.*; ~ бесе́довать have a fríendly talk / cònversátion, talk / convérse ámicably, *или* in fríendly fáshion; **2.** (*одновременно*) sìmultáneous¦ly; (*вместе*) togéther [-ˈge-]; (*быстро*) rápidly, spéedily; они́ все ~ взяли́сь за де́ло they all set to work togéther; раз, два, ~! one, two, three!; *мор.* yo-heave-hó!, yohó!, heave ho! **~ый** **1.** fríendly [ˈfre-], ámicable; быть ~ым (с *тв.*) be friends [...fre-] (with), be on fríendly terms (with); ~ая семья́ ùnited fámily; **2.** (*единодушный*) unánimous, hàrmónious; ~ый смех burst of láughter [...ˈlɑːf-]; ~ые аплодисме́нты burst of appláuse *sg.*; разда́лся ~ый смех there was a burst of láughter, they all burst out láughing [...ˈlɑːf-]; раздали́сь ~ые аплодисме́нты there was a burst of appláuse; ~ыми уси́лиями by unánimous éfforts; (*обоюдными*) by mútual éfforts; ◇ ~ая весна́ rápid and stéady **spring** [...ˈstedɪ...].

**друид** *м. ист.* Drúid.
**дрыгать** *разг.* jerk.
**дрябл||ость** *ж.* flábbiness. **~ый** flábby; fláccid *книжн.*
**дрязги** *мн.* squabbles; (*неприятности*) pétty troubles [...trʌ-], pétty ùnpléasantnesses [...-'plez-].
**дрянн||ой** *разг.* wrétched, rótten; (*никуда не годный*) góod-for-nòthing, wórthless; **~ая** погóда rótten / béast¦ly wéather [...'we-]; **~** человéк rótter, bad lot.
**дрянь** *ж. разг.* rúbbish, trash; (*о человеке*) rótter; (*мерзкая женщина*) scóundrelly / bláck¦guàrdly wóman* / créature [...'wu-...]; ◇ дéло ~ it is rótten, things are rótten.
**дряхлéть,** одряхлéть grow* decrépit [-ou...].
**дряхл||ость** *ж.* decrépitùde; (*старческая*) senílity. **~ый** decrépit.
**дуали||зм** *м. филос.* dúalism. **~ст** *м.* dúalist. **~стический** *филос.* dùalístic.
**дуб** *м.* (*дерево и материал*) oak; прóбковый ~ córk-oak.
**дубáсить,** отдубáсить *разг.* **1.** (*вн.*) belábour (*d.*); (*палкой*) cúdgel (*d.*); **2.** *тк. несов.* (по *дт.*) bang (on); ~ в дверь hámmer at the door [...dɔː].
**дубиль||ный:** ~ная корá tan; ~ная кислотá tánnic ácid; ~ное веществó tánning mátter, tánnin. **~ня** *ж.* tánnery. **~щик** *м.* tánner.
**дубина** *ж.* **1.** cúdgel; (*с тяжёлым концом*) blúdgeon; (*с утолщённым концом*) club; **2.** *разг.* (*о человеке*) blóckhead [-hed], dúnder¦head [-hed].
**дубинка** *ж.* blúdgeon, cúdgel; (*полицейская*) trúncheon, club, báton ['bæ-].
**дубитель** *м.* tánning mátter, tánnin.
**дубить,** выдубить (*вн.*) tan (*d.*).
**дублéние** *с.* tánning, tánnage.
**дублёр** *м. театр.* únderstùdy [-ʌdɪ]; (*в кинофильме*) dúbbing áctor, áctor dúbbing *a* role.
**дублéт** *м.* dúplicate.
**дубликáт** *м.* dúplicate.
**дублиров||ать** (*вн.*) **1.** (*в разн. знач.*) dúplicàte (*d.*); ~ роль *театр.* únderstùdy *a* part [-ʌdɪ...]; **2.** *кин.* dub; фильм ~ан на рýсский язык the film is dubbed in Rússian [...-ʃən].
**дублирóвка** *ж.* dúbbing-in.
**дубняк** *м.* óak-wood [-wud], óak-fòrest [-'fɔ-].
**дубовáтый** *разг.* (*грубоватый*) coarse; (*глуповатый*) stúpid, wóoden-headed ['wud°n-hed-].
**дубóв||ый** oak (*attr.*); ~ лист óak-leaf*; ~ая рóща óak-gròve; ~ стол oak table.
**дубóк** *м.* óaklet, óakling.
**дубрáва** *ж.* **1.** (*дубовая роща*) óak-gròve; **2.** *поэт.* léafy fórest [...'fɔ-].
**дуг||á** *ж.* **1.** arc; **2.** (*в упряжи*) sháft-bow [-ou]; ◇ брóви ~óй árched éye¦brows [...'aɪ-]; согнýть когó-л. в ~ý bring* smb. únder; Кýрская ~ the Kursk Bulge.
**дугообрáзный** arched, bów-shàped ['bou-].
**дудéть** *разг.* pipe, fife.
**дýдк||а** *ж.* pipe; fife (*особ. воен.*); ◇ плясáть под чью-л. ~у dance to smb.'s tune / píping.
**дýдки** *межд. разг.* not if I know it! [...nou...], not on your life!
**дýжка** *ж.* **1.** *уменьш. от* дугá; **2.** (*в крокете*) hoop; **3.** (*у сосуда*) handle.
**дýло** *с.* muzzle; под ~м револьвéра at pístol point.
**дýльный** *прил. к* дýло.
**дýм||а** I *ж.* **1.** thought; дýмать ~у brood; **2.** *лит.* bállad.
**дýма** II *ж. ист.* dúma ['duː-]; государственная ~ State Dúma; городскáя ~ munícipal dúma, town cóuncil.
**дýма||ть,** подýмать **1.** (о *пр.*) think* (of, abóut); (над; *размышлять*) consíder [-'sɪ-] (*d.*), turn óver in one's mind (*d.*), refléct (up¦ón), think* (óver), pónder (óver); (*без доп.*; *полагать*) think*, belíeve [-'liːv]; он никогдá не ~ет о другúх he never considers, *или* thinks of, other people [...piː-], he never takes other people into consideration; онú всё ещё ~ли, что they still believed that; **2.** (+ *инф.*; *намереваться*) think* (of *ger.*); (*более определённо*) inténd (+ to *inf.*); (*в отрицат. предл. об.*) have the inténtion (of *ger.*); (*надеяться*) hope (+ to *inf.*); он ~ет уезжáть he thinks of gó¦ing a¦wáy, he inténds to go a¦wáy; онú не ~ли о прекращéнии занятий they had no inténtion / thought of términàting their stúdies [...'stʌ-]; it never éntered their minds to términàte their stúdies; онú ~ли воспóльзоваться (*тв.*) they inténded / hoped to take advántage, *или* to aváil thèm¦sélves [...-'vɑːn-...] (of); ◇ недóлго ~я without a moment's thought; мнóго о себé ~ be concéited [...-'siːt-]; think* very well, *или* highly, *или* too much, of òne¦sélf, have a high opínion of òne¦sélf; think* no small beer of òne¦sélf *идиом. разг.*; не ~ю (*едва ли*) I scárce¦ly / hárdly think so [...-εəs-...]; scárce¦ly, hárdly; I doubt it [...daut...]; я ~ю! (*конечно*) I should think so!; и не ~ю (+ *инф.*) I do not dream (of *ger.*), it has¦n't (éven) éntered my head [...hed] (+ to *inf.*); и ~ не смей (+ *инф.*) don't dare (+ to *inf.*); (*без доп.*) don't you dare!; кто бы мог подýмать who would have thought it.
**дýматься** *безл.*: дýмается, что one should think, it appéars; емý, им *и т. д.* дýмается he thinks, they think, *etc.*; it seems to him, them, *etc.*
**дýмка** *ж. разг.* (*подушка*) small píllow.
**дуновéние** *с.* whiff, puff.
**дýнуть** *сов.* blow* [blou].
**дýпель** *м. зоол.* double / great snipe [dʌ-ɛɪt...] (*в собир. знач. употр. sg.*).
**дуплистый** hóllow.
**дуплó** *с.* hóllow; ~ дéрева hóllow of *a* tree; ~ в зýбе hóllow in *a* tooth*.
**дýра** *ж. к* дурáк.
**дурáк** *м.* fool; *бран. тж.* ídiot; ◇ набитый ~, ~ ~óм pérfect / útter fool; оставлять в ~áх когó-л. make* a fool of smb., fool smb., dupe smb.; оставáться в ~áх be made a fool of, be fooled, be duped; ~áм закóн не пúсан *погов.* ≅ fools rush in where ángels fear to tread [...'eɪn-... tred]; нашёл ~á! not líke¦ly, no fear!
**дуралéй** *м. разг.* bóoby, ass, níncompoop [-n-], nítwit.
**дуралюмúний** *м.* = дюралюмúний.

**дурацк||ий** *разг.* stúpid, ìdiótic; ~ колпа́к fool's cap; ~ое положе́ние ìdiótic sìtuátion.

**дура́чество** *с. разг.* tòmfóolery, fóoling, buffóonery.

**дура́ч||ить,** одура́чить (*вн.*) *разг.* fool (*d.*), dupe (*d.*), make* a fool (of). **~иться** *разг.* fool (abóut), play the fool. **~о́к** *м. разг.* **1.** *уменьш. от* дура́к; *тж.* little fool / goose* [...-s]; **2.** (*умственно дефективный*) ídiot, ímbecìle, nátural.

**дура́шливый** *разг.* fóolish; (*шаловливый*) pláyful, frólic¦some.

**ду́рень** *м. разг.* símpleton, noodle.

**дури́ть** *разг.* **1.** (*баловаться*) frólic; (*делать нелепости*) make* a fool of òne¦sélf; **2.** (*упрямиться — о лошади*) jib.

**дурма́н** *м.* **1.** *бот.* stramónium, thórnàpple; **2.** *разг.* nàrcótic, dope; как в ~е like a man in a trance.

**дурма́нить,** одурма́нить (*вн.*) stúpefỳ (*d.*); dope (*d.*) *разг.*; (*опьянять*) intóxicàte (*d.*).

**дурне́ть,** подурне́ть lose* one's good looks [luːz...], grow* pláiner [grou...].

**ду́рно** I **1.** *прил. кратк. см.* дурно́й; **2.** *предик. безл.*: мне, ему́ *и т. д.* ~ I feel, he feels, *etc.*, bad*; (*в полуобморочном состоянии*) I feel, he feels, *etc.*, faint / queer.

**ду́рно** II *нареч.* bád¦ly*, bad*, ill*; ~ обраща́ться (с *тв.*) treat bád¦ly* (*d.*), ill-tréat (*d.*); ill-úse (*d.*); ~ говори́ть (о *пр.*) speak* ill (of); ~ воспи́танный ill-bréd; ~ вести́ себя́ behave bádly*, mìsbeháve, not beháve próperly; ~ па́хнуть smell bad*; чу́вствовать себя́ ~ feel* bad* / faint / queer.

**дурн||о́й 1.** bad*; ~а́я пого́да bad* wéather [...'we-]; ~ вкус bad* taste [...teɪ-]; ~ за́пах bad* smell; ~ы́е ве́сти bad* news [...-z] *sg.*; ~ при́знак bad* sign [...saɪn]; ~о́е предзнаменова́ние évil ómèn ['iː-...]; **2.** (*безнравственный, предосудительный*) bad*, évil; ~о́е поведе́ние bad* beháviour, mìsbeháviour; ~ челове́к wícked man*; ~ посту́пок évil deed; ~ы́е мы́сли évil thoughts; ~а́я сла́ва ill fame, dìsrepúte; **3.** (*некрасивый*) úgly ['ʌ-]; он ду́рен собо́ю he is úgly; ◇ ~ глаз the évil eye [...aɪ]; ~ приме́р зарази́телен a bad exámple is cátching / inféctious [...-'zɑːm-...].

**дурнот||а́** *ж.* (*обморочное состояние*) fáintness; (*тошнота*) náusea [-sɪə]; чу́вствовать ~у́ feel* faint; (*о тошноте*) feel* sick.

**дурну́шка** *ж. разг.* plain girl / wóman* [...gəːl 'wu-]; (*о девочке*) plain little thing.

**ду́рочка** *ж. разг.* **1.** *уменьш. от* ду́ра; *тж.* little fool / goose* [...-s]; **2.** (*умственно дефективная*) ídiot, ímbecìle, nátural.

**дуршла́г** *м.* cólander ['kʌ-]; (*шумовка*) skímmer.

**дурь** *ж. разг.* nónsense, fólly; вы́кинь ~ из головы́ put that nónsense out of your head [...hed]; на него́ ~ нашла́ he has gone crázy [...gɔn...]; he has gone off his head.

**ду́ты||й 1.** *прич. см.* дуть; **2.** *прил.* (*полый*) hóllow; **3.** *прил.* (*преувеличенный*) exággeràted; ~е це́ны infláted príces; fáncy príces *разг.*

**дуть,** поду́ть blow* [blou]; ве́тер ду́ет the wind blows [...wɪ-...]; здесь ду́ет there is a draught here [...drɑːft...].

**дутьё** *с. тех.* blówing [-ou-].

**ду́ться,** надуться *разг.* sulk, be súlky, be in the sulks; (на *вн.*) be súlky (with), be in the sulks (with); она́ ду́ется на него́ she is súlky with him, she is in a huff with him.

**дуумвира́т** *м. ист.* dùúmvirate.

**дух** *м.* **1.** *филос.* spírit; **2.** (*моральное состояние*) spírit, cóurage ['kʌ-], heart [hɑːt]; па́дать ~ом lose* cóurage [luːz...], lose* heart, be despóndent; упа́док ~а low spírits [lou...] *pl.*; despóndency; упа́вший ~ом dispírited, despóndent; собра́ться с ~ом take* heart, pluck up cóurage / heart / spírit; pluck up one's spírits; поднима́ть ~ (*рд.*) stiffen the spírit (of), infúse cóurage [...'kʌ-] (into); прису́тствие ~а présence of mind [-z-...]; у него́ ~у не хвата́ет (+ *инф.*) he has¦n't the heart / cóurage (+ to *inf.*); **3.** (*отличительные особенности, характер*) spírit; в ~е маркси́зма-ленини́зма in the spírit of Márxism-Léninism; продолжа́йте в том же ~е contínue in the same spírit, contínue on the same lines; ~ зако́на spírit of the law; ~ вре́мени the spírit of the age / times; **4.** (*дыхание*) breath [breθ]; переводи́ть ~ take* breath; одни́м ~ом at one go, at a stretch; у него́ ~ захва́тывает it takes his breath a¦wáy; **5.** (*призрак*) spectre, ghost [gou-]; ◇ во весь ~, что есть ~у at full speed, impétuous¦ly; злой ~ évil spírit ['iːv°l...]; быть в ~е be in good / high spírits; быть не в ~е be out of spírits, be out of húmour; расположе́ние ~а mood, húmour; о нём ни слу́ху ни ~у nothing is heard of him [...həːd...]; что́бы ~у твоего́ здесь не́ было! *разг.* never set foot here any more! [...fut...]; что́-то в э́том ~е sóme¦thing of this sort; sóme¦thing like it; не в моём ~е it is not to my taste [...teɪ-].

**духа́н** *м.* dukhán (*Caucásian* *avern*).

**духи́** *мн.* pérfùme *sg.*, scent *sg.*

**ду́хов:** ~ день *церк.* Whit Mónday [...'mʌndɪ].

**духове́нство** *с. собир.* clérgy, príesthood ['priːsthud]; бе́лое, чёрное ~ the sécular, régular clérgy.

**духо́вка** *ж.* óven ['ʌv°n].

**духовни́к** *м. церк.* conféssor.

**духо́вн||ый 1.** spíritual; ~ая жизнь spíritual life; **2.** (*церковный*) ecclèsiástical [-iːz-]; ~ая му́зыка sácred músic [...-z-]; ~ое лицо́ ecclèsiástic [-iːz-]; ~ сан hóly órders *pl.*; ◇ ~ое завеща́ние *уст.* (last) will, téstament; ~ое о́ко mind's eye [...aɪ].

**духово́й** I: ~ инструме́нт wínd-ìnstrument ['wɪ-]; ~ орке́стр brass band.

**духов||о́й** II: ~а́я печь óven ['ʌv°n].

**духота́** *ж.* clóse¦ness [-s-], stúffy air; (*жара*) oppréssive heat.

**душ** *м.* shówer-bàth*; *мед.* douche [duːʃ]; принима́ть ~ take* / have a shówer-bàth*.

**душ||а́** *ж.* **1.** soul [soul]; **2.** *уст.*: по пять рубле́й с ~и́ five roubles per head [...ruː-...hed]; на ду́шу (населе́ния) per head, per cápita; ни живо́й ~и́, ни ~и́ not a (líving) soul [...'lɪv-...]; в семье́ пять душ there are five in the fámily; ◇ ~ моя́! my dear!; ~ в ду́шу in hármony / cóncòrd; у него́ ~ не лежи́т (к) he has a dìstáste [...-'teɪ-] (for); у него́ ~

не на мéсте he is ùn¦éasy / ánxious [...-'i:zɪ... ]; ~й не чáять (в *пр.*) dote (up¦ón); быть ~óй (*рд.*) be the (life and) soul (of); ~ óбщества the life of the párty; в глубинé ~й at heart [...hɑ:t], in one's heart of hearts; в ~é (*про себя*) at heart, in one's heart (of hearts); (*по природе*) by náture [...'neɪ-], innáte¦ly; вклáдывать дýшу (в *вн.*) put* one's soul (into); всей ~óй with all one's heart and soul; до глубины́ ~й to the bóttom of one's heart; залéзть в дýшу комý-л. *разг.* ≅ worm òne¦sélf into smb.'s cónfidence; игрáть, говори́ть с ~óй play, speak* with féeling; рабóтать с ~óй put* one's heart into one's work; криви́ть ~óй act agáinst one's cónscience [...-ʃəns]; не имéть грошá за ~óй ≅ not have a pénny to one's name; ни ~óй ни тéлом in no respéct, in no wise, nó¦wise; от (всей) ~й from the bóttom of one's heart; with all one's heart; всéми си́лами ~й with every fibre of one's bé¦ing, with all one's heart; отвести́ дýшу ùnbúrden one's heart; емý, им *и т. д.* э́то по ~é (*нравится*) he likes, they like, *etc.*, it; по ~áм (*искренно*) cándidly; говори́ть по ~áм с кем-л. have a héart-to-héart talk with smb. [...'hɑ:t-...]; скóлько ~é угóдно to òne's heart's contént; есть, пить скóлько ~é угóдно eat*, drink* one's fill; стоя́ть над ~óй когó-л. péster / hárass / plague smb. [...'hæ- pleɪg...]; у негó ~ в пя́тки ушлá ≅ his heart sank into his boots; he has his heart in his mouth; в чём тóлько ~ дéржится ≅ *he* is so thin and feeble.

**душевáя** *ж. скл. как прил.* shówer-bàths [-ðz] *pl.*

**душевнобольн||óй 1.** *прил.* insáne; **2.** *м. как сущ.* lúnatic; (*о пациенте*) méntal case [...-s]; больни́ца для ~ы́х lúnatic asýlum.

**душéвн||ый 1.** *прил. к* душá 1; ~ое состоя́ние emótional state; ~ое спокóйствие peace of mind; **2.** (*сердечный, искренний*) sincére, héartfèlt ['hɑ:t-], córdial; **3.** (*психический*) méntal; ~ая болéзнь méntal diséase / disórder [...-'zi:z...]; ~ое расстрóйство méntal derànge¦ment [...-'reɪndʒ-].

**душевóй** I *прил. к* душ.

**душев||óй** II *уст.* per head [...hed] (*после сущ.*): ~óе потреблéние consúmption per head.

**душегрéйка** *ж.* lined / pádded jácket.

**душегýб** *м. разг.* múrderer.

**душегýбка** *ж.* **1.** (*лодка*) canóe [-'nu:]; **2.** (*фашистский автомобиль для умерщвления людей газом*) móbile gás-chàmber ['mou--tʃeɪ-], múrder-bùs.

**дýшенька** *ж. разг.* my dear, swéet¦heart [-hɑ:t], dárling.

**душеприкáзчик** *м. юр. уст.* exécutor (of smb.'s will).

**душераздирáющий** héart-rènding ['hɑ:t-], hárrowing.

**дýшечка** *ж.* = дýшенька.

**души́стый** frágrant, swéet-scénted; ◇ ~ горóшек swéet-pea.

**души́ть** I, задуши́ть (*вн.*) **1.** (*убивать*) súffocàte (*d.*), stifle (*d.*), smóther [-ʌ-] (*d.*); (*за горло тж.*) strangle (*d.*), throttle (*d.*); **2.** (*угнетать*) oppréss (*d.*); (*подавлять*) stifle (*d.*), représs (*d.*), suppréss (*d.*); **3.** *тк. несов.* (*о кашле и т. п.*; *тж. перен.*) choke (*d.*), súffocàte (*d.*); его́ дýшит кáшель his cough is chóking / súffocàting him [...kɔf...], he is súffocàted by his cough, he has a súffocàting cough; злóба *и т. п.* дýшит его́ he is chóking / súffocàting with ánger, *etc.*; **4.** *безл.*: его́ дýшит he cánnòt breathe; ◇ ~ когó-л. в объя́тиях strain smb. to one's heart [...hɑ:t].

**души́ть** II, надуши́ть (*вн.*; *духами*) scent (*d.*), perfúme (*d.*).

**души́ться** I *страд. к* души́ть I.

**души́ться** II, надуши́ться (*духами*) scent òne¦sélf, perfúme òne¦sélf; (*постоянно*) use scent.

**дýшка** *м. и ж. разг.* (*приятный человек*) dear, love [lʌv], duck; (*о мужчине тж.*) nice féllow; (*о женщине тж.*) nice wóman* / girl [...'wu- g-]; он такóй ~ he is such a dear / dárling, he is such a duck; онá такáя ~ she is such a dear / dárling, she is such a duck.

**дýшн||о 1.** *прил. кратк. см.* дýшный; **2.** *предик. безл.*: в кóмнате ~ it is stifling / stúffy in the room; в кóмнатах ~ it is stífling indoors [...-dɔ:z]; емý ~ he is súffocàting. ~ый close [-s], stúffy; ~ый день súltry day, swéltering¦ly hot day.

**душ||óк** *м. тк. ед. разг.* músty smell; (*перен.*) sávour, smack; мя́со, ры́ба с ~кóм slightly táinted meat, fish; э́то мя́со, э́та ры́ба с ~кóм the meat, the fish has gone off, *или* is a bit off [...gɔn...]; дичь с ~кóм high game.

**душóнка** *ж. разг. пренебр.*: дряннáя, гáдкая ~ mean soul [...soul].

**дуэ́л||ь** *ж.* dúel; вызывáть на ~ (*вн.*) chállenge to a dúel (*d.*), call out (*d.*); дрáться на ~и fight* a dúel, dúel; уби́ть когó-л. на ~и kill smb. in a dúel.

**дуэ́т** *м.* duét.

**ды́ба** *ж. ист.* rack.

**ды́бом** *нареч.*: у негó вóлосы встáли ~ his hair stood on end [...stud...].

**дыбы́:** станови́ться на ~ rear, prance; (*перен.*) kick, bristle up.

**ды́лда** *м. и ж. разг.* great húlking féllow, girl [greɪt...gə:l].

**дым** *м.* smoke; пускáть ~ puff smoke; ◇ нет ~а без огня́ there's no smoke without fire.

**дыми́ть,** надыми́ть smoke, fill with smoke. ~ся smoke; (*выделять испарения, туман*) steam.

**ды́мк||а** *ж.* haze; подёрнутый ~ой házy, misty; ~ тумáна haze.

**ды́мный** smóky.

**дымов||óй** *прил. к* дым; ~áя завéса smóke--screen; ~áя трубá chímney; (*пароходная, паровозная*) fúnnel, smóke-stàck; ~ снаря́д smoke shell.

**дымогáрн||ый:** ~ая трубá *тех.* flue (pipe), fíre-tùbe.

**дымóк** *м.* puff of smoke.

**дымообразовáние** *с.* smoke gènerátion.

**дымохóд** *м.* flue.

**ды́мчатый** smóke-còlour¦ed [-kʌ-], smóky.

**ды́ня** *ж.* mélon ['me-], músk-mélon [-'me-].

**дыр||á** *ж.* **1.** hole; заткнýть ~ý (*прям. и перен.*) stop *a* gap / hole; **2.** (*глухое место*) óut-of-the-wáy / gód-forsàken hole.

**ды́рка** *ж.* = дырá 1.

**дыря́вить** (*вн.*) *разг.* make* holes, *или* a hole (in).

**дыря́вый** full of holes, hóley.

**дыха́ние** *с.* bréathing, rèspirátion; ◇ затаи́в ~ with báted breath [...breθ].

**дыха́тельн||ый** respíratory; ~ое го́рло *анат.* wíndpìpe ['wɪ-].

**дыша́ть** (*тв.*) breathe (*d.*), respíre (*d.*); тяжело́ ~ pant; (*запыхаться*) puff, blow* [-ou], puff and blow*; (*задыхаться*) gasp; ~ с при́свистом wheeze; ◇ ~ ме́стью breathe véngeance [...-ndʒəns]; е́ле ~ be at one's last gasp.

**ды́шло** *с.* pole, beam; (*паровозное*) connécting rod.

**дья́вол** *м.* dévil; (*как выражение досады и т. п.*) damn!, confóund it!; ◇ како́го ~а?, на кой ~? *разг.* why the dévil?, why the hell?

**дьяволёнок** *м.* imp.

**дья́вольск||и** *нареч.* dévilishly; (*очень тж.*) áwfully, féarfully, confóundedly; он ~ уста́л he is déad-béat [...'ded-]. **~ий** dévilish; (*страшный, трудный тж.*) áwful, féarful; ~ая рабо́та áwful work; ~ая пого́да béast|ly / dréadful / shócking wéather [...'dre-...'we-].

**дьяк** *м.* *уст.* official, clerk [-ɑːk].

**дья́кон** *м.* *церк.* déacon.

**дьячо́к** *м.* séxton.

**дю́жий** *разг.* stálwart, héfty; ~ дети́на héfty féllow.

**дю́жина** *ж.* dózen ['dʌ-]; ◇ чёртова ~ báker's dózen.

**дю́жинный** cómmon, órdinary.

**дюйм** *м.* inch.

**дюймо́вый** one inch (*attr.*); (*в дюйм толщиной*) one inch thick; (*длиной*) one inch long; (*шириной*) one inch broad / wide [...-ɔːd...].

**-дюймо́вый** (*в сложн. словах, не приведённых особо*) of... ínches; -ìnch (*attr.*); *напр.* двадцатидюймо́вый of twénty ínches; twénty-ìnch (*attr.*).

**дю́на** *ж.* dune.

**дюра́ль** *м.* = дюралюми́ний.

**дюралюми́ний** *м.* dùralumínium; dùrálumin *амер.*

**дюше́с** *м.* dùchésse pear [djuː'ʃes pɛə].

**дя́денька** *м.* *разг.* uncle.

**дя́дька** *м.* **1.** *пренебр. шутл.* uncle; **2.** *уст.* (*слуга, приставленный к мальчику*) únder-tùtor (and atténdant); (*в учебном заведении*) úsher.

**дя́дюшка** *м.* uncle; ◇ америка́нский ~ rich uncle in América.

**дя́дя** *м.* uncle.

**дя́тел** *м.* wóodpècker ['wud-].

# Е

**ева́нгелие** *с.* góspel.

**евангел||и́ст** *м.* **1.** evángelist [-ndʒ-]; **2.** (*член общины*) èvàngélic(al) [iːvæn'dʒ-]. **~и́ческий** èvàngélical [iːvæn'dʒ-].

**ева́нгельский** èvàngélic(al) [iːvæn'dʒ-], góspel (*attr.*).

**евге́ника** *ж.* eugénics *pl.*

**евкали́пт** *м.*, **евкали́птовый** = эвкали́пт, эвкали́птовый.

**е́внух** *м.* éunuch [-k].

**евре́й** *м.* Jew; *древн. ист.* Hébrew. **~ка** *ж.* Jéwish wóman* [...'wu-]; Jéwess; *древн. ист.* Hébrew wóman*. **~ский** Jéwish; (*древнееврейский*) Hébrew, Hèbrá|ic [hiː-]; ~ский язы́к (*новый*) Jéwish; (*древний*) Hébrew. **~ство** *с.* *собир.* the Jews *pl.*, Jéwry.

**европе́ец** *м.* Europé|an.

**европеиза́ция** *ж.* Europè|anizátion.

**европеизи́ровать** *несов. и сов.* (*вн.*) Europé|anìze (*d.*).

**европе́йск||ий** Europé|an; ~ие наро́ды Europé|an nátions; он по́льзуется ~ой изве́стностью he has a Europé|an rèputátion; ~ая цивилиза́ция Wéstern cìvilizátion [...-laɪ-].

**евста́хиев:** ~а труба́ *анат.* Eustáchian tube [-eɪk-...].

**е́герский** *прил. к* е́герь; ~ полк (régiment of) chàsséurs [...ʃæ'səːz].

**е́герь** *м.* húnts|man*; *воен.* chàsséur [ʃæ'səː].

**еги́петский** Egýptian; ◇ ~ труд *разг.* corvée (*фр.*) [kɔː'veɪ], úp|hill work, tough job [tʌf...].

**египто́л||ог** *м.* Ègyptólogist [iː-]. **~о́гия** *ж.* Ègyptólogy [iː-].

**египтя́н||ин** *м.*, **~ка** *ж.* Egýptian.

**его́** I *рд. и вн. см.* он, оно́.

**его́** II *мест. притяж.* his; its, of it; (*ср.* он, оно́).

**егоза́** *м. и ж.* *разг.* fídget.

**егози́ть** *разг.* **1.** fídget; **2.** (пе́ред) make* up (to), fawn (up|ón).

**ед||а́** *ж.* *тк. ед.* **1.** (*пища*) food; **2.** (*трапеза*) meal; во вре́мя ~ы́ while éating, dúring *a* meal; пе́ред ~о́й befóre food, befóre *a* meal; по́сле ~ы́ áfter food, áfter *a* meal; за ~о́й dúring *a* meal.

**едва́** *нареч.* **1.** (*с трудом*) hárdly, ónly just: он ~ по́днял э́то he could hárdly lift it; — он ~ спа́сся he had a nárrow escápe; (от чего́-л.) he ónly just escáped (*d.*, + *ger.*); он ~ удержа́лся от слёз he restráined his tears with dífficulty; **2.** (*чуть*) hárdly, scárce|ly [-ɛəs-]: он ~ взгляну́л на неё, улыбну́лся ей he hárdly / scárce|ly gave her a look, a smile; **3.** (*лишь только*) just, báre|ly: он тогда́ ~ начина́л говори́ть по-англи́йски he was just beginning to speak Énglish [...'ɪŋg-], he had báre|ly begún to speak Énglish; — ~... как scárce|ly... when, no sóoner... than: ~ он уе́хал, как he had scárce|ly gone a|wáy when [...gɔn...], no sóoner had he gone a|wáy than; ◇ ~-~ hárdly: он ~-~ дви́гался he hárdly moved [...muː-], he could hárdly move; — ~ не néarly: он ~ не упа́л he néarly fell; — ~ ли hárdly, scárce|ly: ~ ли он здесь he can hárdly be here; — ~ ли не álmòst ['ɔːlmoust]: он счита́ется ~ ли не лу́чшим арти́стом he is consídered álmòst the best áctor.

**еди́м** *1 л. мн. наст. вр. см.* есть I.

**единéн||ие** *с.* únity; в тéсном ~ии (с *тв.*) in close únity [...-s...] (with).

**единúц||а** *ж.* 1. (*в разн. знач.*) únit: дéнежная ~ mónetary únit ['mʌ-...]; ~ измерéния únit (of méasure) [...'meʒə]; 2. (*цифра*) one; *мат.* únity; 3. (*плохая отметка*) bad mark; он получúл ~у по истóрии he got a bad mark for history; 4. (*отдельное лицо*) individual; *мн.* (*немногие*) few pérsons / people [...pi:-]; (тóлько) ~ы ónly a few; тóлько ~ы дýмают так ónly a few pérsons / people think so, few pérsons / people think so.

**единúчн||ый** 1. (*единственный, один*) single: ~ слýчай, факт single ínstance, fact; 2. (*отдельный*) sólitary, ísolàted ['aɪs-]; ~ые слýчаи, фáкты ísolàted / rare ínstances, facts; ~ые слýчаи заболевáния rare / ísolàted cáses of diséase [...'keɪs-... -'zi:z]; 3. (*индивидуальный*) individual.

**единобóжие** *с.* mónothèism.

**единобóрство** *с.* single cómbat.

**единобрáч||ие** *с.* monógamy. **~ный** 1. monógamous; 2. *бот.* monóecious [-'ni:-], monécious.

**единовéр||ец** *м.* 1. (*лицо одной веры с кем-л.*) có-religionist; 2. (*член секты*) dissénter (from the Órthodòx church). **~ие** *с.* (*секта*) dissénting sect, sect dissénting from the Órthodòx church. **~ческий** *прил. к* единовéрец.

**единовлáст||ие** *с.* autócracy, ábsolùte rule. **~ный** autocrátic; ~ный правúтель ábsolùte rúler.

**единоврéменн||о** *нареч.* 1. once ónly [wʌns...], on one occásion ónly; 2. = одноврéменно. **~ый** 1. (*производимый один раз*) gránted / given / paid on one occásion ónly, *или* ónly once [-ɑ:nt-... wʌns]; ~ое пособие extraórdinary grant / allówance [ɪks'trɔ:dnrɪ -ɑ:nt...]; 2. = одноврéменный.

**единоглáс||ие** *с.* ùnanímity; прúнцип ~ия príncipl̀e of ùnanímity. **~но** *нареч.*: прúнято ~но adópted / cárried ùnánimous-ly. **~ный** ùnánimous.

**единодýш||ие** *с.* ùnanímity. **~но** *нареч.* ùnánimous-ly; with one voice / accórd / consént, by cómmon consént, as one man. **~ный** ùnánimous.

**единокрóвн||ый** cònsànguíneous, àgnátic; ~ брат hálf-bròther ['hɑ:fbrʌ-]; ~ая сестрá hálf-sìster ['hɑ:f-].

**единолúчн||ик** *м.* individual péasant[...'pez-]. **~ый** individual; (*личный*) pérsonal; ~ое (крестья́нское) хозя́йство individual péasant farm [...'pez-...].

**единомы́слие** *с.* ìdéntity / hármony / confórmity of ìdéas / opínions [aɪ-...aɪ'dɪəz...].

**единомы́шленник** *м.* 1. like-minded pérson, pérson of like mind, pérson hólding the same views [...vju:z], pérson having ìdéntical ìdéas / opinions [...aɪ- aɪ'dɪəz...]; он наш ~ he holds the same views as we, he is at one with us, he shares our ìdéas / opinions; 2. (*сообщник*) conféderate, accómplice.

**единоначáлие** *с.* óne-mán mánage-ment.

**единообрáз||ие** *с.* ùnifórmity. **~ный** úniform.

**единоплемéнник** *м.* (*принадлежащий к тому же племени*) féllow tríbes-man*; (*принадлежащий к той же народности*) féllow-cóuntry-man* [-'kʌ-].

**единорóг** *м.* 1. *миф.* únicòrn; 2. *зоол.* únicòrn-fish.

**единоутрóбн||ый** úterine; ~ брат hálf-bròther ['hɑ:fbrʌ-]; ~ая сестрá hálf-sister ['hɑ:f-].

**едúнственн||о** *нареч.* ónly; (*исключительно*) sóle-ly; ~ возмóжный спóсоб the ónly póssible way; ~ о чём говоря́т the ónly thing people are tálking abóut [...pi:-...]; ~, что он не лю́бит the ónly thing (that) he dislíkes. **~ый** ónly, sole; ~ый ребёнок, сын *и т. п.* ónly child, son, *etc.* [...sʌn]; ~ая причúна sole réason [...-z°n]; одúн ~ый ónly one; ~ый спóсоб сдéлать э́то the ónly way to do this; с ~ой цéлью with the sole púrpose / aim [...-s...]; ~ая его́ надéжда his one and ónly hope, his sole hope; ~ый в своём рóде ùnique [-i:k]; the ónly one of its kind; ~ое чиcлó *грам.* singular (númber).

**едúнство** *с.* únity; ~ теóрии и прáктики únity of théory and práctice [...'θɪə-...]; ~ противополóжностей únity of ópposites [...-zɪ-]; ~ пáртии únity of the párty; морáльно-политúческое ~ совéтского нарóда móral and polítical únity of the Sóvièt people ['mɔ-...pi:-]; ~ взгля́дов únity of opínion; ùnanímity / únity of views [...vju:z]; ~ интерéсов commúnity of ínterests; ~ цéли ìdéntity / únity of púrpose [aɪ-...-s]; подорвáть ~ (*рд.*) disrúpt the únity (of); ~ мéста, врéмени и дéйствия (*в классической трагедии*) the únities of place, time and áction *pl.*, the dramátic únities *pl.*

**едúн||ый** 1. (*один*) ùnited; (*общий*) cómmon; (*неделимый*) ìndivísible [-ɪz-]; ~ое цéлое a single whole [...houl], an éntity; ~ и неделúмый one and ìndivísible; ~ национáльный язы́к single nátional lánguage [...'næ-...]; ~ фронт ùnited front [...-ʌ-]; ~ план cómmon plan; ~ая вóля a single will, cómmon will; ~ мировóй ры́нок single world márket; 2. = едúнственный; там не́ было ни ~ой душú not a soul was there [...soul...]; все до ~ого (человéка) to a man; ◇ всё ~о *разг.* it is all one.

**едúте** *2 л. мн. наст. вр. см.* есть I.

**éдк||ий** (*в разн. знач.*) cáustic; (*о дыме, парах, запахе*) púngent [-ndʒ-], ácrid; ~ое веществó cáustic; ~ натр *хим.* cáustic sóda; ~ое кáли *хим.* cáustic pótàsh [...'pɔ-]; ~ая ирóния biting írony [...'aɪə-]; ~ая усмéшка sneer; ~ое замечáние cáustic / cútting remárk. **~ость** *ж.* caustícity; (*перен.*: *едкое замечание*) sárcàsm; cáustic / cútting remárk; говорúть ~ости make* cútting remárks.

**едóк** *м.* 1.: плохóй ~ poor éater; 2. (*лицо, член семьи*) mouth*, mouth* to feed, head [hed]; у негó в семьé пять ~óв he has five mouths to feed; на ~á per head.

**едя́т** *3 л. мн. наст. вр. см.* есть I.

**её** I *рд. и вн. см.* онá.

**её** II *мест. притяж.* (*при сущ.*) her; (*без сущ.*) hers; its; of it; (*ср.* онá).

**ёж** *м.* hédge-hòg; морскóй ёж séa-ùrchin; èchínus [ek-] (*pl.* -ni) *научн.*; ◇ прóволочный ёж góose-berry [-s-].

**ежевúка** *ж. тк. ед.* 1. *собир.* bláckberries *pl.*; 2. (*об отдельной ягоде*) bláckberry;

3. (*кустарник*) bramble, bláckberry bush [...buʃ].

**ежегóдник** *м.* ánnual, yéar-book.

**ежегóдн||о** *нареч.* yéarly, every year, ánnually. ~**ый** yéarly, ánnual.

**ежеднéвн||о** *нареч.* dáily, every day. ~**ый** dáily; (*будничный*) évery:dáy; ~ая газéта dáily (páper); ~ая лихорáдка quòtídian féver / águe.

**éжели** *уст. разг.* = éсли.

**ежемéсячник** *м.* mónthly (màgazíne) ['mʌ--'zi:n].

**ежемéсячн||о** *нареч.* mónthly ['mʌ-], every month [...mʌ-]. ~**ый** mónthly ['mʌ-].

**ежеминýтн||о** *нареч.* (at) every mínute [...-nɪt], (at) every ínstant; (*непрерывно*) contínually, incéssantly. ~**ый** contínual, incéssant.

**еженедéльник** *м.* wéekly, wéekly màgazíne [...-'zi:n].

**еженедéльн||о** *нареч.* wéekly, every week. ~**ый** wéekly; ~ый журнáл wéekly, wéekly màgazíne [...-'zi:n].

**ежесýточн||о** *нареч.* every day. ~**ый** évery:dáy.

**ежечáсн||о** *нареч.* hóurly ['auə-], every hour [...auə]. ~**ый** hóurly ['auə-].

**ёжиться** (*от холода*) huddle òne:sélf up; (*перен.: стесняться, быть в нерешительности*) hésitàte [-z-], hum and haw.

**ежóв||ый** *прил. к* ёж; ◇ держáть когó-л. в ~ых рукавúцах ≅ rule smb. with a rod of iron [...'aɪən]; ride* róughshòd óver smb. [...'rʌf-...].

**езд||á** *ж.* **1.** ride, ríding; (*в экипаже, автомобиле*) drive, dríving; в трёх часáх ~ы́ (от) three hours' jóurney [...auəz 'dʒə:-] (from); ~ в пóезде train trável [...'træ-]; во врéмя ~ы́ on the way; дóлгая ~ утомúтельна long jóurneys are tíring / tíre:some; **2.** (*уличное движение*) tráffic.

**éздить,** *опред.* éхать, *сов.* поéхать go*; ride*; (*в экипаже, автомобиле тж.*) drive*; (*путешествовать*) trável ['træ-]; (*об. по суше*) jóurney ['dʒə:-]; (*морем тж.*) go* by sea, vóyage; ~ верхóм ride*; go* on hórse:bàck; ~ на велосипéде cycle; ~ на пóезде, ~ пóездом go* / trável by train; ~ на трамвáе, автóбусе go* by tram, bus; ~ на таксú go* by, *или* in a, táxi; вы éздите верхóм, на велосипéде? do / can you ride, cycle?; ~ в командирóвку make* a búsiness trip [...'bɪzn-...]; ~ за гранúцу go* abróad [...-ɔ:d].

**ездов||óй 1.** *прил. к* ездá 1; ~áя собáка dráught-dòg [-ɑ:ft-]; **2.** *м. как сущ. воен.* dríver.

**ездóк** *м.* ríder; (*всадник тж.*) hórse:man*; (*на велосипеде*) cýclist ['saɪ-]; плохóй ~ poor ríder; ◇ он тудá бóльше не ~ he is not gó:ing there agáin; он сюдá бóльше не ~ he is not cóming here agáin.

**éзженый** [éжьже-] (*о дороге*) ≅ frequénted.

**ей** *дт. см.* онá.

**ей-бóгу** *межд. разг.* réally! ['rɪə-], réally and trúly; ~ не знáю I don't know, réally [...nou...]; I swear I don't know [...swɛə...].

**ей-éй, éй-же-éй** *межд. разг.* = ей-бóгу.

**ёкать,** ёкнуть *разг.* miss a beat; go* pít--a-pát; у меня, у негó *и т. д.* сéрдце ёкнуло my, his, *etc.*, heart missed a beat [...hɑ:t...].

**ёкнуть** *сов. см.* ёкать.

**ел** *ед. м. прош. вр. см.* есть I.

**éле** *нареч.* **1.** (*с трудом*) hárdly; ónly just; он ~ двúгался he could hárdly move [...mu:v]; он ~ пóднял это he could hárdly lift it; он ~ спáсся he had a nárrow escápe; (от *чего-л.*) he ónly just escáped (+ *ger.*); он ~ нóги унёс he had a close shave [...-s...]; he had a nárrow / háirbreadth escápe [...-bre-...]; **2.** (*лишь только*) hárdly, scárce:ly [-ɛəs-], báre:ly; он ~ успéл кóнчить, сказáть *и т. п.*, как hárdly / scárce:ly had he fínished, fínished spéaking, *etc.*, when; he had hárdly / scárce:ly / báre:ly fínished, fínished spéaking, *etc.*, when; no sóoner had he fínished, spóken, *etc.*, than; он ~ успéл потушúть плáмя he ónly just had time to put out the fire; ◇ ~ живóй more dead than alíve [...ded...].

**éле-éле** *нареч.* hárdly; он плёлся ~ he plódded alóng at a snail's pace.

**елéй** *м. церк.* (hóly) oil; (*перен.*) balm [bɑ:m]. ~**ность** *ж.* únction. ~**ный** (*приторный, ханжеский*) únctuous; (*о выражении лица тж.*) fáwning; ~ный гóлос únctuous / óily voice; ~ные словá únctuous / óily / sóapy words.

**ёлк||а** *ж.* fír(-tree), spruce; новогóдняя ~ Néw-Year's tree; рождéственская ~ Chríst-mas-tree [-smɪ-]; ◇ быть на ~е be at *a* Néw-Year's párty.

**елóв||ый** fir (*attr.*), spruce (*attr.*); ~ая шúшка fír-còne, sprúce-còne; ~ лес fír-wood [-wud]; ~ые дровá fír-lògs.

**ёлоч||ка** *ж.* **1.** *уменьш. от* ёлка; **2.** (*узор*) hérring-bòne. ~**ный** *прил. к* ёлка; ~ные украшéния Néw-Year's tree dècorátions (*ср.* ёлка).

**ель** *ж.* fír(-tree), sprúce(-fìr); (*древесина*) white spruce; (*для изготовления досок*) deal; (*торговое название*) whíte:wood [-wud].

**éльник** *м.* **1.** (*поросль*) fír-gròve, sprúce--gròve; **2.** (*ветки*) fir / spruce bránches [...'brɑ:-] *pl.*

**ем** *1 л. ед. наст. вр. см.* есть I.

**ёмк||ий** capácious. ~**ость** *ж.* capácity; (*выраженная в какой-л. единице*) cúbic cóntènt; мéры ~ости méasures of capácity ['me-...]; ~ость рынка *эк.* márket capácity.

**емý** *дт. см.* он, онó.

**енóт** *м.* **1.** (*животное*) rac(c)óon; coon *амер.*; **2.** (*мех*) rac(c)óon (fur). ~**овый** *прил. к* енóт.

**епáрхия** *ж. церк.* díocese [-s]; (*в восточной церкви*) éparchy [-kɪ].

**епúскоп** *м. церк.* bíshop. ~**áльный** *церк.* epìscopálian. ~**ский** *церк.* epíscopal. ~**ство** *с. церк.* **1.** *собир.* epíscopacy; **2.** (*сан*) bíshopric, epíscopate.

**ералáш** *м.* **1.** *разг.* médley ['me-], jumble, hótchpòtch; у негó ~ в головé his head is in a muddle [...hed...]; **2.** (*игра*) yèraláśh [-'lɑ:ʃ] (*card game*).

**ерепéниться** *разг.* bristle up; kick, get* on one's hind legs.

**éресь** *ж* héresy; ◇ нестú, городúть ~ *разг.* talk nónsense / rúbbish / rot.

**еретú||к** *м.* héretic. ~**ческий** herétical.

**ёрзать** *разг.* fídget.

**ермóлка** *ж.* skúll-càp.

**ерóшить** (*вн.*) *разг.* rumple (*d.*), ruffle (*d.*). ~**ся** *разг.* bristle, stick* up.

**ерунд||á** *ж. тк. ед. разг.* **1.** nónsense, rot, rúbbish; э́то ~! that's nónsense!; ~! stuff and nónsense!, fíddle¦sticks!; говори́ть ~ý talk nónsense; **2.** (*пустяк*) trifle, small / trifling mátter, nothing; научи́ться плáвать — сýщая ~ léarning to swim is child's play ['lə:n-...].

**ерунди́ть** *разг.* (*делать глупости*) play the fool; (*болтать вздор*) talk nónsense / rot, drivel ['drɪ-]; брось ~! stop tálking rot!

**ерундóвый** *разг.* **1.** (*глупый*) fóolish, nònsénsical; **2.** (*пустяковый*) trifling.

**ёрш** *м.* **1.** (*рыба*) ruff; **2.** (*щётка*) lámp-chimney brush; (*проволочный*) wire brush.

**ерши́ться** *разг.* fire up, flare up, get* into a témper.

**есаýл** *м. ист.* esaúl, Cóssack cáptain.

**éсли** *союз* if: ~ он бýдет свобóден, он сдéлает э́то if he is free he will do it; ~ учéсть, что if it is remémbered that; ~ бы он знал, он не пошёл бы if he had known, he would not have gone [...noun...gɔn]; ~ бы не if it were not for; were it not for: ~ бы не онá, он никогдá э́того не сдéлал бы if it were not for her, *или* were it not for her, he would never have done it; ~ бы не дождь, он пошёл бы гуля́ть if it were not ráining he would go for a walk; — ~ тóлько províded: ~ тóлько он придёт provided he comes; — ~ не un¦léss: ~ не хóчешь, не ходи́ don't go un¦léss you want to; if you don't want to go, you needn't; — о, ~ (*с сослагат. накл. в самост. предл.*) (oh) if ónly [ou...]: о, ~ бы он пришёл! (oh) if ónly he would come; — ~ (+ *инф.*) if (*с личными формами глагола*): ~ пойти́ тудá, то if I, you, *etc.*, go there then; — в слýчае, ~ in case [...-s]: в слýчае, ~ онá не придёт in case she does¦n't come; — ~ и éven if: ~ он и был там, я егó не ви́дел éven if he was there I did not see him; — что ~? what if?: что, ~ он узнáет об э́том? what if he finds out abóut it?; — (а) что, ~ (*с сослагат. накл.*) what abóut (+ *ger.*), how abóut (+ *ger.*): (а) что, ~ бы вы зашли́ к немý? what / how abóut your gó¦ing to see him?, what if you went to see him?; ◇ ~ бы да кабы́ *разг.* ≅ if ifs and ans were pots and pans.

**ест** *3 л. ед. наст. вр. см.* есть I.

**естéственн||ик** *м.*, ~**ица** *ж.* scientist; (*преподаватель*) science téacher; (*студент*) science stúdent.

**естéственно** I **1.** *прил. кратк. см.* естéственный; **2.** *предик. безл.* it is nátural.

**естéственно** II **1.** *нареч.* náturally; **2.** *как вводн. сл.* náturally, of course [...kɔ:s]; совершéнно ~ náturally enóugh [...ɪ'nʌf].

**естéственн||ый** (*в разн. знач.*) nátural; ~ым óбразом náturally; ~ ход вещéй nátural course of things [...kɔ:s...]; ~ые богáтства nátural resóurces [...-'sɔ:-]; ~ отбóр *биол.* nátural seléction; ◇ ~ая истóрия (*естествознание*) nátural history; ~ые наýки nátural sciences.

**естествó** *с.* náture ['neɪ-], súbstance.

**естество||вéд** *м.* **1.** scientist; (*натуралист*) náturalist; **2.** *разг.* (*преподаватель естествоведения*) science téacher. ~**вéдение** *с.* science; (*изучение явлений природы*) náture stúdy ['neɪ- 'stʌ-]. ~**знáние** *с.* **1.** (*естественные науки*) (nátural) science; (*естественная история*) nátural history; **2.** (*предмет преподавания*) science; (*изучение явлений природы*) náture stúdy ['neɪ-'stʌ-]. ~**испытáтель** *м.* náturalist.

**есть** I, съесть (*вн.*) **1.** eat* (*d.*); **2.** *тк. несов.* (*о дыме и т. п.*) make* smart (*d.*): дым ест глазá smoke makes *one's* eyes smart [...aɪz...]; **3.** *тк. несов.* (*разрушать химически*) eat* a¦wáy (*d.*), corróde (*d.*).

**есть** II *наст. вр. см.* быть.

**есть** III *межд.* all right; О. К. ['ou'keɪ] *амер. разг.*; *мор.* áy(e)-áy(e) ['aɪ-]; ~, товáрищ генерáл! yes, *или* very good, cómrade Géneral!

**ефрéйтор** *м. воен.* lánce-córporal; private 1st class ['praɪ-...] *амер.*

**éхать** *см.* éздить.

**ехи́дна** *ж. зоол.* èchídna [e'kɪ-] (*pl.* -nae [-ni:]); (*перен.*) víper, snake, vénomous créature.

**ехи́дничать**, съехи́дничать *разг.* speak* malícious¦ly, make* malícious / spíte¦ful / vénomous remárks, be malícious / spíte¦ful.

**ехи́дный** *разг.* malícious, spíte¦ful; (*о замечании и т. п.*) vénomous; (*коварный*) insídious.

**ехи́дство** *с. разг.* málice, spite, malévolence; (*коварство*) insídious¦ness.

**ешь** *2 л. ед. наст. вр. см.* есть I.

**ещё** *нареч.* **1.** (*по-прежнему, до сих пор*) still; (*при отрицании*) yet: ли́стья ~ зелёные the leaves are still green; он ~ не устáл he is not tired yet; ты прочёл э́ту кни́гу? — Нет ~ have you read this book? — Not yet [...red...]; он ~ успéет на пóезд he still has time to catch the train; — всё ~ still: всё ~ идёт дождь it is still ráining; — покá ~ for the présent [...-ez-]: он покá ~ остáнется здесь he'll stay here for the présent; **2.** (*так давно, как*) as far back as, as long agó as; (*только; так недавно, как*) ónly: ~ в 1920 годý as far back, *или* as long agó, as 1920; ~ (тóлько) вчерá ónly yésterday [...-dɪ]; **3.** (*дополнительно, больше*) some more; (*при сравн. ст.*) still: дай мне ~ дéнег give me some more móney [...'mʌ-]; онá стáла ~ краси́вее she has become éven more béautiful [...'bju:t-]; ~ раз once agáin [wʌns...], once more; ~ бóльше still more; ~ и ~ agáin and agáin; more and more (*перед сущ.*); ~ стóлько же (*с сущ. в ед. ч.*) as much agáin; (*с сущ. во мн. ч.*) as many agáin; ~ оди́н another, one more (*перед сущ.*); (*местоим. тж.*) another one; ~ два, три *и т. д.* two, three, *etc.*, more; another two, three, *etc.*; э́то ~ ничегó! that's nothing!; да ~ *разг.* in addítion, as well; он неспосóбен, да ~ лени́в he is stúpid and in addítion he is lázy, he is stúpid and lázy into the bárgain; ◇ ~ бы! I should think so!, of course! [...kɔ:s]; вот ~! what next!; indéed!, well, I like that!; чегó хны́чешь? а ~ большóй мáльчик! what are you whining for? — a big boy too!

**éю** *тв. см.* онá.

# Ж

**ж** *см.* же I, II.

**жа́ба** I *ж. зоол.* toad.

**жа́ба** II *ж. мед.* quinsy [-zɪ]; tònsil(l)ítis; грудна́я ~ àngína péctoris [æn'dʒ-...].

**жа́берный** bránchiàte [-k-].

**жабо́** *с. нескл.* jábòt ['ʒæbou].

**жа́бры** *мн.* gills [g-]; bránchia(e) [-k-] *научн.*; ◇ взять кого́-л. за ~ *разг.* take* smb. by the small hairs.

**жаве́ль** *м.* Javél wáter [...'wɔ:-].

**жа́воронок** *м.* (ský:)làrk; лесно́й ~ wood lark [wud...]; хохла́тый ~ crésted lark.

**жа́дничать** *разг.* be gréedy.

**жа́дн||о** *нареч.* gréedily; ávidly; ~ есть (*вн.*) eat* gréedily (*d.*), gobble (*d.*); guzzle (*d.*) *груб.*; ~ глота́ть, пить (*вн.*) gulp (*d.*); ~ слу́шать be all ears. **~ость** *ж.* gréed(iness), avídity; (*алчность*) cóvetous:ness ['kʌ-]. **~ый** gréedy, ávid; (*алчный*) cóvetous ['kʌ-]; смотре́ть ~ыми глаза́ми на кого́-л. devóur smb. with one's eyes [...aɪz].

**жа́жд||а** *ж.* (*прям. и перен.*) thirst; (*непреодолимое стремление*) cráving; томи́ться ~ой pine / pant for a drink, be parched with thirst; возбужда́ть ~у (у) make* thírsty (*d.*); утоля́ть ~у slake / quench one's thirst; ~ зна́ний thirst for knówledge [...'nɔ-]; ~ приключе́ний thirst for advénture; ~ кро́ви blood lust [blʌd...].

**жа́ждать** (*рд.*; *прям. и перен.*) thirst (for, áfter); (*испытывать непреодолимое стремление*) crave (for), húnger (for); ~ ми́ра thirst / yearn for peace [...jə:n...].

**жа́ждущий** 1. *прич. см.* жа́ждать; 2. *прил.* (*рд.*) thírsty (for).

**жаке́т** *м.*, **~ка** *ж.* jácket.

**жале́ть,** пожале́ть **1.** (*вн.*) feel* sórry (for), píty ['pɪ-] (*d.*); **2.** (*о пр.*, что) be sórry (for, that); (*раскаиваться*) regrét (that): он пожале́л, что она́ не пришла́ he was sórry (that) she did not come; он жале́л, что не сказа́л ей об э́том he was sórry, *или* he regrétted, (that) he had not méntioned it to her; — вы пожале́ете об э́том you will be sórry for it; **3.** (*вн.*; *беречь, щадить*) spare (*d.*); (*скупиться*) grudge (*d.*); не ~ сил spare no éfforts / pains; не пожале́ть сил и средств spare néither strength nor resóurces [...'naɪ-... -'sɔ:s-].

**жа́лить,** ужа́лить (*вн.*) sting* (*d.*); (*о змее*) bite* (*d.*).

**жа́лк||ий** **1.** (*возбуждающий сострадание*) pítiful, pítiable; ~ая улы́бка pítiful smile; ~ое зре́лище pítiful / sórry sight; представля́ть собо́й ~ое зре́лище presént a sórry spéctacle [-'zent...]; **2.** (*ничтожный*) poor, wrétched; ~ая оде́жда wrétched / shábby clothes [...-ouðz] *pl.*; ~ая лачу́га wrétched hóvel [...'hɔ-]; име́ть ~ вид be a sórry sight; cut* a poor fígure; ~ие гроши́ trífling sum *sg.*; (*о вознаграждении и т. п.*) píttance *sg.*; ~ая роль poor / wrétched part; **3.** (*презренный*) míserable [-z-]; ~ трус míserable / ábjèct cóward.

**жа́лко** I **1.** *прил. кратк. см.* жа́лкий; **2.** *предик. безл.* = **жаль.**

**жа́лко** II *нареч.* pítifully; ~ улыбну́ться smile pítifully; ~ вы́глядеть cut* a poor fígure.

**жа́ло** *с.* sting.

**жа́лоб||а** *ж.* compláint; подава́ть ~у (*дт.* на *вн.*) make* a compláint (to abóut), lodge a compláint (with abóut); ◇ бюро́ жа́лоб compláints óffice. **~ный** sórrowful, móurnful ['mɔ:-]; (*о песне*) pláintive, dólorous, dóle:ful; ~ный го́лос sad / pláintive voice; ◇ ~ная кни́га book of compláints. **~щик** *м.*, **~щица** *ж. юр.* prósecùtor, pláintiff.

**жа́лованн||ый** *прич. см.* жа́ловать 1; ◇ ~ая гра́мота létters pátent, chárter.

**жа́лованье** *с. уст.* sálary.

**жа́ловать,** пожа́ловать *уст.* **1.** (кого́-л. чем-л., кому́-л. что-л.) grant [-ɑ:nt] (smb. smth., smth. to smb.), bestów [-ou] (smth. on smb.); ~ ти́тул confér *a* title (on smb.); **2.** *тк. несов.* (*вн.*; *любить*) like (*d.*), fávour (*d.*), be grácious (to); про́сим нас люби́ть и ~ we beg you to be kind and grácious to us; **3.** (к; *посещать*) vísit [-z-] (*d.*); пожа́ловать в го́сти (к) come* to see (*d.*); добро́ пожа́ловать! wélcome!

**жа́ловаться,** пожа́ловаться (*дт.* на *вн.*) compláin (to of), make* compláints (to agáinst); ~ на головну́ю боль compláin of a héadàche [...'hedeɪk]; на что вы жа́луетесь? what do you compláin of?; what is your gríevance? [...'gri:-]; ~ в суд go* to law.

**жа́лост||ливый** pítiful, compássionate. **~ный** *разг.* = жа́лобный.

**жа́лост||ь** *ж.* píty ['pɪ-]; из ~и (к) out of píty (for); кака́я ~! what a píty!

**жаль** *предик. безл.* **1.** (кого́-л.) *переводится личн. формами* píty ['pɪ-] (smb.), be sórry (for smb.): ему́ ~ его́ he píties him, he is sórry for him; — ему́ до слёз ~ её the sight of her brings the tears to his eyes [...aɪz]; **2.** (+ *инф.*): мне ~ смотре́ть на него́ it grieves me to look at him [...-i:vz...]; **3.** (чего́-л.) *переводится глаголом* grudge (smth.): ему́ ~ куска́ хле́ба he grúdges a bit of bread [...bred]; — для вас ему́ ничего́ не ~ there is nothing he would not part with for your sake; **4.** (что, е́сли; *прискорбно*) it is a píty (that, if); ему́ ~, что he is sórry that; как ~! what a píty!; о́чень ~ it's a great píty [...greɪt...].

**жанда́рм** *м.* géndàrme ['ʒɑ:-]. **~е́рия** *ж. собир.* gèndármery [ʒɑ:-]. **~ский** *прил. к* жанда́рм.

**жанр** *м.* **1.** genre [ʒɑ:ŋr]; **2.** *жив.* génre-páinting ['ʒɑ:ŋr-]. **~и́ст** *м. жив.* páinter of genre [...ʒɑ:ŋr], génre-páinter ['ʒɑ:ŋr-]. **~овый** *прил. к* жанр; ~овая жи́вопись génre-painting ['ʒɑ:ŋr-].

**жар** *м.* **1.** (*прям. и перен.*) heat; (*перен. тж.*) árdour; говори́ть с ~ом speak* with heat / árdour / ànimátion; с ~ом приня́ться за что-л. set* to work to do smth. with árdour, *или* with a will; **2.** (*лихорадка*) féver; у него́ ~ *разг.* he has a high témperature; **3.** (*горячие угли*) émbers *pl.*; выгреба́ть ~ из пе́чи take* the émbers out of *the* stove; ◇ как ~

горе́ть glitter like gold; броса́ть в ~ throw* into a féver [θrou...]; чужи́ми рука́ми ~ загреба́ть ≅ make* a cát's-paw of other people [...pi:pl]; зада́ть кому́-л. ~у give* it hot to smb.

**жара́** *ж.* heat.

**жарго́н** *м.* járgon, slang; (*определённой социальной группы*) cant; говори́ть на ~е cant; speak* slang; усло́вный ~ pátter; воровско́й ~ thieves' cant / Látin [θi:vz...]. **~ный** slángy [-ŋɪ].

**жа́реное** *с.* = жарко́е.

**жа́реный** (*на сковороде*) fried; (*на рашпере*) grilled; (*на огне, в духовке*) róast(ed); (*на огне тж.*) broiled.

**жа́ренье** *с.* frýing, grilling *и т. д.* (*см.* жа́рить).

**жа́рить,** изжа́рить (*вн.*; *на сковороде*) fry (*d.*); (*на огне, в духовке*) roast (*d.*); (*на огне тж.*) broil (*d.*); (*на рашпере*) grill (*d.*); (*с шипением*) frizzle (*d.*); ~ ко́фе roast cóffee [...-fɪ]; ◇ со́лнце жа́рит the sun burns / scórches. **~ся,** изжа́риться **1.** fry, roast, broil *и т. д.* (*см.* жа́рить); ~ся на со́лнце *разг.* bask in the sun; **2.** *страд. к* жа́рить.

**жа́рк||ий** hot; (*перен. тж.*) árdent; ~ кли́мат hot / tórrid climate [...'klaɪ-]; ~ по́яс *геогр.* tórrid zone; ~ие стра́ны trópical cóuntries [...'kʌ-]; ~ бой hot / hard fight; ~ спор héated / hot discússion; ~ по́лдень súltry noon.

**жа́рко** I **1.** *прил. кратк. см.* жа́ркий; **2.** *предик. безл.* it is hot; мне, тебе́ *и т. д.* ~ I am, you are, *etc.*, hot.

**жа́рко** II *нареч.* hót¦ly.

**жарко́е** *с. скл. как прил.* roast (meat); на ~ сего́дня дичь there is game for dinner to¦dáy.

**жаро́вня** *ж.* brázier.

**жаропонижа́ющее** *с. скл. как прил. мед.* fébrifûge.

**жаропонижа́ющ||ий** fébrifûgal; ~ее сре́дство fébrifûge.

**жар-пти́ца** *ж. фольк.* Fíre¦bird.

**жасми́н** *м.* jásmin(e), jèssamin(e). **~ный, ~овый** *прил. к* жасми́н.

**жа́тв||а** *ж.* (*прям. и перен.*) réaping; (*хлеб, урожай; тж. перен.*) hárvest; вре́мя ~ы hárvest(-tìme); ~ созре́ла the hárvest is ripe. **~енный** réaping; ~енная маши́на hárvester, réaping / hárvesting machíne [...-'ʃi:n].

**жать** I **1.** (*вн.*; *давить*) press (*d.*), squeeze (*d.*); ~ ру́ку squeeze *smb.'s* hand; **2.** (*об обуви*) pinch, hurt*; (*об одежде*) be (too) tight.

**жать** II, сжать (*вн.*; *о ржи и т. п.*) reap (*d.*); (*серпом*) cut* (*d.*), crop (*d.*).

**жа́ться 1.** (к) press close [...-s] (to), draw* clóser [...-sə] (to); ~ друг к дру́гу stand*, sit* close to one another; ~ в у́гол skulk in a córner; ~ в нереши́тельности hésitàte [-z-]; ~ от хо́лода huddle up with cold; **2.** *разг.* (*скупиться*) stint, be stingy.

**жбан** *м.* can; hooped wóoden jug [...'wud-...].

**жва́чк||а** *ж.* **1.** (*действие*) chéwing, rùminátion; **2.** (*пережёвываемая пища*) cud, chew; жева́ть ~у chew the cud; rúminàte; (*перен.*) repéat with tíre¦some monótony.

**жва́чн||ые** *мн. скл. как прил. зоол.* rúminants. **~ый** *зоол.* rúminant; **~ое** живо́тное rúminant (ánimal).

**жгут** *м.* (tight) plait [...plæt].

**жгу́ч||ий** búrning; (*о боли и т. п.*) smárting; ~ие слёзы scálding tears; ~ее со́лнце báking sun; ◇ ~ взгляд fiery / glówing glance [...-ou-...]; ~ие вопро́сы vítal quéstions [...-stʃ-], quéstions of vítal impórtance; она́ ~ая брюне́тка she has jét-bláck hair (and eyes) [...aɪz].

**ждать** (*рд.*, *вн.*) wait (for); (*ожидать*) expéct (*d.*), a¦wáit (*d.*); сиде́ть и ~ sit* and wait; cool one's heels *идиом. разг.*; вре́мя не ждёт time présses, there's no time to be lost; он заста́вил её ~ he made her wait, he has kept her wáiting; не заставля́йте его́ ~ don't keep him wáiting; он ждёт от них по́мощи, подде́ржки he looks to them for help, suppórt; ◇ он ждёт не дождётся *разг.* he is wáiting impátiently; he is on ténterhooks *идиом.*; кто зна́ет, что его́ ждёт впереди́ who knows what the fúture may hold in store for him [...nouz...].

**же** I, ж *союз* **1.** (*при противоположении*) and; as for; (*в смысле «но»*) but: он остаётся, она́ же уезжа́ет he will stay here and she will go; he will stay here, as for her, she will go; е́сли же вы не хоти́те but if you'd ráther not [...'rɑ:-...]; — и́ли же or else; **2.** (*в смысле «ведь»*): почему́ вы ему́ не ве́рите? Он же до́ктор. Why don't you trust him? Áfter all, he's a dóctor.

**же** II, ж *усилительная частица*: когда́ же вы бу́дете гото́вы? whèn¦éver will you be réady? [...'re-]; пойдём же! come alóng!; говори́те же! are¦n't you gó¦ing to speak?; мы поéдем сего́дня же we start to¦dáy, without fail; что же мне де́лать? what on earth shall I do? [...ə:θ...].

**же** III *частица* (*означает тождество*): тот же, тако́й же the same; так же in the same way; тогда́ же at the same time; там же, здесь же in the same place.

**жева́ние** *с.* màsticátion; (*о жвачных*) rùminátion.

**жёваный** *разг.* (*измятый*) crumpled.

**жева́тельн||ый** másticàtory [-keɪ-]; mándu-catory *анат.*; ~ таба́к chéwing-tobáccò; ~ая рези́нка chéwing-gùm.

**жева́ть** (*вн.*) chew (*d.*), másticàte (*d.*); (*о жвачных тж.*) rúminàte (*d.*);~ жва́чку chew the cud; rúminàte; (*перен.*) repéat with tíre¦some monótony; ~ таба́к chew (a quid of) tobáccò.

**жезл** *м.* rod; (*маршальский*) báton ['bæ-]; (*епископский*) crózier [-ʒə]; (*железнодорожный*) staff; *уст.* (*эмблема власти*) wárder.

**жела́ни||е** *с.* (*рд.*) **1.** wish (for), desíre [-'z-] (for); (*сильное*) lóng¦ing (for), húnger (for); (*нетерпеливое*) itch (for); по ва́шему ~ю at your wish, in accórdance with your desíre; по моему́ со́бственному ~ю at my own will / pléasure [...oun ...'ple-]; горе́ть ~ем (+ *инф.*) burn* with the desíre (+ to *inf.*), burn* (+ to *inf.*), be éager [...'i:gə] (+ to *inf.*); возыме́ть ~ concéive a wish [-'si:v...]; про́тив ~я agáinst *one's* will; удовлетворя́ть ~я кого́-л. meet* smb.'s wishes; при всём ~и with the best will in the world; он бу́дет счита́ться с ва́шими ~ями he will consúlt your wishes; они́ вы́разили ~ рабо́-

тать там they vòluntéered, *или* expréssed a wish, to work there; **2.** (*вожделение*) lust (for).

**жела́нный** desíred [-'z-], long wished for.

**жела́тельн||о 1.** *прил. кратк. см.* жела́тельный; **2.** *предик. безл.* it is desírable / advísable [...-'z- -z-]; ~ бы́ло бы пойти́ it might be as well to go. **~ый** desírable [-'z-]; ~ое наклоне́ние *грам.* óptative (mood).

**желати́н** *м.* gèlatin(e) [-iːn]. **~овый** gelátinous.

**жела́||ть,** пожела́ть **1.** (*рд.*) wish (*d.*), desíre [-'z-] (*d.*); (*чужого*) cóvet ['kʌ-] (*d.*); ~ что́бы он, она́ *и т. д.* пришёл, пришла́ *и т. п.* wish him, her, *etc.*, to come, *etc.*; си́льно ~ чего́-л. long / cráve for smth.; ничего́ так не ~, как wish / like nothing bétter than; он не о́чень ~ет э́того he is not very keen on it; **2.** (кому́-л. чего́-л.) wish (smb. smth.); ~ добра́ кому́-л. wish smb. well; он ~ет вам сча́стья he wishes you joy; ~ю вам успе́ха! I wish you every succéss!; good luck to you! *разг.*; ~ю вам вся́ких благ *разг.* I wish you every háppiness; она́ никому́ не ~ет зла she wishes nó:body ill; э́то оставля́ет ~ лу́чшего it leaves much to be desíred; ~ невозмо́жного desíre the impóssible; cry for the moon *идиом.*

**жела́ющи||й 1.** *прич. см.* жела́ть; **2.** *м. как сущ.* one who wishes; *мн.* those who wish; ◇ для всех ~х for all cómers [...'kʌ-].

**желва́к** *м. разг.* túmour.

**желе́** *с. нескл.* jélly.

**железа́** *ж. анат.* gland; поджелу́дочная ~ páncreas [-rɪəs]; миндалеви́дные же́лезы tónsils; же́лезы вну́тренней секре́ции éndocrine glands.

**железистый** I *анат.* glándular, glándulous.

**желе́зистый** II *хим.* fèrríferous; *геол.* fèrrúginous; (*о воде*) chalýbeate [kə'lɪbɪɪt]; ~ препара́т íron prèparátion ['aɪən...].

**желе́зка** *ж. разг.* piece of íron [piːs ...'aɪən].

**желёзка** *ж. анат.* glándùle.

**железнодоро́жн||ик** *м.* ráilway:man*; ráilroad:man*, ráilroader *амер.* **~ый** ráilway (*attr.*); ráilroad (*attr.*) *амер.*; ~ый путь (ráilway) track; ~ая ве́тка branch line [-ɑː-...]; ~ая сеть ráilway sýstem; ~ое движе́ние ráilway tráffic, train sérvice; ~ое полотно́ pérmanent way; ~ый у́зел (ráilway) júnction; ~ый подвижно́й соста́в (ráilway) rólling-stòck; ~ое строи́тельство ráilway constrúction.

**желе́зн||ый 1.** *прил. к* желе́зо; *хим.* férreous, férrous; ~ая руда́ íron-stòne ['aɪən-], íron-òre ['aɪən-]; ~ блеск *мин.* háematite ['he-]; ~ купоро́с cópperas, green vítriol; ~ това́р írónmòngery ['aɪənmʌŋg-], hárdwàre; ~ лом scráp-ìron [-aɪən]; ◇ ~ая доро́га ráilway; ráilroad *амер.*; по ~ой доро́ге by rail / train; ~ век the Íron Age [...'aɪən...]; ~ая во́ля íron will; ~ая дисципли́на íron díscipline; ~ за́навес the íron cúrtain.

**железня́к** *м. мин.* íronclay ['aɪən-], íron-stòne ['aɪən-]; бу́рый ~ bog íron-òre [...'aɪən-], brown háematite [...'he-]; кра́сный ~ háematìte.

**желе́зо** *с.* íron ['aɪən]; ~ в болва́нках píg-ìron [-aɪən]; ◇ куй ~, пока́ горячо́ *посл.* strike while the íron is hot.

**железобето́н** *м.* rè:infórced cóncrète, férro-cóncrète. **~ный** *прил. к* железобето́н; ~ные сооруже́ния rè:infórced cóncrète constrúction *sg.*; ~ные изде́лия férro-cóncrète items; сбо́рные ~ные констру́кции, дета́ли *и т. п.* pré-fábricàted férro-cóncrète strúctures, parts, *etc.*; заво́д ~ных констру́кций férro-cóncrète strúctures and parts prodúction plant [...-ɑːnt].

**железоде́лательн||ый:** ~ заво́д íron-wòrks ['aɪən-]; ~ая промы́шленность íron métallùrgy ['aɪən...].

**железоплави́льный:** ~ заво́д íron fóundry ['aɪən...].

**железопрока́тный:** ~ заво́д rólling works, rólling mill.

**жёлоб** *м.* gútter, trough [trɔf]; *тех.* chute [ʃuːt].

**желобо́к** *м.* groove, flute, ríffle.

**желт||е́ть,** пожелте́ть **1.** (*становиться жёлтым*) turn yéllow; **2.** *тк. несов.* (*видне́ться*) show* yéllow [ʃou...]. **~изна́** *ж.* yéllowness. **~ова́тый** yéllowish, yéllowy; (*о цвете лица*) sállow.

**желто́к** *м.* yolk (of egg).

**желторо́тый** (*о птенце*) yéllow-beaked; (*перен.*) inexpérienced; ~ юне́ц gréenhòrn.

**желтофио́ль** *ж. бот.* wállflower.

**желту́||ха** *ж. мед.* (yéllow) jáundice, ícterus. **~шный** ictéric.

**жёлт||ый** yéllow; (*в геральдике*) or; ◇ ~ая вода́ (*болезнь глаз*) glaucóma; ~ая лихора́дка yéllow féver; ~ая пре́сса yéllow press.

**желудёвый:** ~ ко́фе ácòrn cóffee [...-fɪ].

**желу́д||ок** *м.* stómach [-ʌmək]; несваре́ние ~ка indigéstion [-stʃ-]; расстро́йство ~ка ìndigéstion, diarrhóea [-'riːə].**~очек** *м. анат.* véntricle. **~очный** stómachal ['stʌmək-], stomáchic [-k-]; ~очное заболева́ние gástric diséase [...-'ziːz]; ~очный сок *физиол.* gástric juice [...dʒuːs].

**жёлудь** *м.* ácòrn.

**жёлчн||ость** *ж.* jáundice, bílious:ness. **~ый** (àtra)bílious; (*перен.*) bítter; ~ый ка́мень *мед.* gáll-stòne; ~ый пузы́рь *анат.* gáll-blàdder; ~ый челове́к àcrimónious man*; **~ый** темпера́мент bílious cònstitútion.

**жёлч||ь** *ж.* bile (*тж. перен.*); gall; излива́ть ~ *разг.* give* vent to one's bile; разли́тие ~и *мед.* jáundice.

**жема́н||иться** *разг.* mince. **~ница** *ж. разг.* affécted créature. **~ничать** *разг.* be affécted. **~ный** míncing, fínical, fínicking. **~ство** *с.* míncing mánners *pl.*, fìnicálity; (*манерность*) airs and gráces *pl.*

**же́мчуг** *м. собир.* pearl(s) [pəːl(z)] (*pl.*); ме́лкий ~ séed-pearls [-pəːlz] *pl.*; иска́тель ~а péarl-dìver ['pəːl-]; лове́ц ~а péarl-físher ['pəːl-]; лови́ть ~ fish for pearls, pearl; ло́вля ~а péarl-físhery ['pəːl-].

**жемчу́ж||ина** *ж.* pearl [pəːl]. **~ница** *ж.* **1.** *зоол.* péarl-oyster ['pəːl-]; **2.** *вет.* pearl diséase [pəːl -'ziːz]. **~ный** pearl [pəːl] (*attr.*); ~ное ожере́лье pearl nécklace; ~ная ра́ковина péarl-shèll ['pəːl-]; (*живая*) péarl-oyster ['pəːl-]; ~ные бели́ла (*косметическое средство*) pearl white *sg.*

**жена́** *ж.* wife*.

**жена́тый** márried.

**женить** *несов. и сов.* (*вн.*) márry off (*d.*); (*вн.* на *пр.*) márry (*d.* to); wed (*d.* to) *поэт.*
**женитьба** *ж.* márriage [-rɪdʒ].
**жениться** *несов. и сов.* márry; (на ком-л.) márry (smb.), get* márried (to smb.); удачно ~ make* a good* match.
**жених** *м.* fiancé (*фр.*) [fiː'ɑːŋseɪ], betróthed.
**женолюбивый:** он ~ человек he is a ládies' man*.
**женоненавистник** [-сн-] *м.* wóman-hàter ['wu-], misógynist [maɪ-].
**женоподобный** efféminate.
**женск||ий 1.** fémàle ['fiː-]; (*свойственный женщине*) wómanlike ['wu-], wómanly ['wu-], féminine; ~ труд fémàle lábour; ~ая школа girls' school [g-...]; **2.** *грам.* féminine; ~ род féminine génder; ◇ ~ая рифма double / fémàle / féminine rhyme [dʌbl...]; ~ое царство pétticoat góvernment / rule [...'gʌ-...]; ~ие болезни wómen's diséases ['wɪm- -'ziːz-]; по-~и in a féminine way; она рассуждает чисто по-~и she réasons in a púre|ly féminine way, *или* like a wóman [...'riːz-... 'wu-].
**женственн||ость** *ж.* fèmininity, wómanhood ['wu- -hud]. **~ый** féminine, wóman|like ['wu-], wómanly ['wu-].
**женщина** *ж.* **1.** wóman* ['wu-]; умная ~ cléver wóman* ['kle-...]; замужняя ~ márried wóman*; молодая ~ young wóman* [jʌŋ...]; сварливая ~ shrew; ~-врач wóman dóctor; **2.** *мн. собир.* wómen ['wɪ-]; (*в семье*) wómanfòlk ['wu-] *sg.*, wómankìnd ['wu-] *sg.*
**женьшень** *м. бот.* ginsèng.
**жердь** *ж.* perch, pole; худой как ~ as thin as a lath.
**жерёбая:** ~ кобыла mare in foal.
**жереб||ёнок** *м.* foal. **~ец** *м.* stállion; (*до 4-х лет*) colt. **~иться,** ожеребиться foal.
**жеребьёвка** *ж.* sòrtítion.
**жерло** *с.* **1.** (*пушки*) muzzle; **2.** (*вулкана*) cráter; **3.** *тех.* órifice.
**жёрнов** *м.* millstòne; верхний ~ úpper millstòne; нижний ~ néther millstòne.
**жертв||а** *ж.* **1.** (*в разн. знач.*) sácrifice; (*о приношении*) óffering; приносить в ~у (*вн.*) sácrifice (*d.*); приносить ~у (*дт.*) make* a sácrifice (to); большие ~ы great sácrifices [greɪt...]; ценой больших жертв at the cost of héavy sácrifice [...'hevɪ...]; **2.** (*о пострадавшем*) víctim; делать своей ~ой (*вн.*) make* a víctim (of); стать ~ой (*рд.*) fall* a prey (to); пасть ~ой (*рд.*) fall* a víctim (to).
**жертвенн||ик** *м.* crédence (áltar) ['kriː-...]. **~ый** sàcrifícial.
**жертвователь** *м.* dónòr.
**жертвовать,** пожертвовать **1.** (*дт. вн.*; *даровать*) endów (*d.* with), make* a donátion (to of); **2.** (*тв.* для) give* (up) (*d.* to, *d. i.*), sácrifice (*d.* to), óffer (*d.* to), óffer up (*d.* to); ~ собой sácrifice òne|sélf; ~ жизнью lay* down one's life*.
**жертвоприношение** *с.* óffering, sácrifice.
**жест** *м.* gésture; красивый ~ (*перен.*) fine gésture; beau geste [bjuː'dʒ est].
**жестикул||ировать** gèsticulàte; saw* the air *идиом. разг.* **~яция** *ж.* gèsticulátion.
**жёстк||ий** (*в разн. знач.*) hard; (*негнущийся*) rígid, stiff; (*перен.*; *об условиях и т. п.*) rígid, strict; ~ая вода hard wáter [...'wɔː-]; ~ое мясо tough meat [tʌf...]; ~ие волосы coarse / wíry hair *sg.*; ~ вагон hárd-séated / ún|ùp|hólstered cárriage [...-rɪdʒ]; ~ие черты лица harsh féatures; ~ие меры strict / strong méasures [...'meʒ-]; ~ курс tough pólicy; ~ая политика tough pólicy.
**жёстко I 1.** *прил. кратк. см.* жёсткий; **2.** *предик. безл.* it is hard; ◇ мягко стелет, да ~ спать *погов.* ≅ hóney is sweet, but the bee stings ['hʌ-...], hóney tongue, heart of gall [...tʌŋ hɑːt...].
**жёстко II** *нареч.* hard.
**жесткокрыл||ые** *мн. скл. как прил. зоол.* còleóptera. **~ый** *зоол.* còleópterous.
**жесток||ий** cruel [kruəl]; (*грубый*) brútal; (*перен.*; *о морозе и т. п.*) sevére; (*о преследовании, сопротивлении*) sávage; ~ие страдания cruel súffering *sg.*; ~ая боль sevére pain; ~ая необходимость cruel necéssity; ~ие бои hard fíghting *sg.*; ~ая эксплуатация brútal èxploitátion.
**жестокосерд||ие** *с.* hárd-héartedness [-'hɑː-], crúelty ['kruə-]. **~ный** hárd-héarted [-'hɑː-], cruel [kruəl].
**жестокость** *ж.* crúelty ['kruə-]; (*грубая*) brùtálity, sevérity; sávage|ness; (*ср.* жестокий); иметь ~ сказать be cruel enóugh to say [...kruəl ɪ'nʌf...].
**жесть** *ж.* tin(-pláte).
**жестяник** *м.* tín|man*, tínsmith, whíte|smith.
**жестянка** *ж.* tin (*box*).
**жестян||ой** *прил. к* жесть; ~ая посуда tínwàre.
**жетон** *м.* **1.** cóunter; **2.** (*брелок*) médal ['me-].
**жечь,** сжечь **1.** (*вн.*) burn* (down, up) (*d.*); (*об огне тж.*) consúme (*d.*); он сжёг бумагу he burnt (up) *the* páper; огонь сжёг бумагу the fire consúmed *the* páper; **2.** *тк. несов.* burn* (*d.*); (*о крапиве и т. п.*) sting* (*d.*). **~ся** burn*; (*о крапиве*) sting*.
**жжение** *с.* búrning.
**жжёнка** *ж.* hot punch.
**жжёный** burnt; ~ кофе róasted cóffee [...-fɪ].
**живительн||ый** life-gìving, vívifỳing; (*о воздухе*) crisp, brácing; (*возбуждающий*) ánimàting; ~ая сила life-gìving force.
**живность** *ж. собир. разг.* póultry ['pou-].
**живо I** *прил. кратк. см.* живой.
**жив||о II** *нареч.* **1.** vívidly; (*разительно*) stríking|ly; (*остро*) kéenly; ~ ощущать что-л. sense / percéive / feel* smth. kéenly [...-'siːv...]; **2.** (*оживлённо*) with ànimátion; **3.** *разг.* (*быстро*) quick(ly), prómptly; ~!, ~ей! make haste! [...heɪ-]; be quick!
**живодёр** *м.* fláyer; (*перен. тж.*) fléecer. **~ня** *ж.* fláying-house* [-s]. **~ство** *с.* fláying; (*перен.*) fléecing.
**жив||ой 1.** (*в разн. знач.*) living ['lɪv-], live (*attr.*), alíve (*predic.*); пока жив буду as long as I live[...lɪv]; вечно ~ éver-líving [-'lɪv-]; всё ~ое every living thing, all flesh, man and beast; жив и здоров safe and sound; ~ язык living lánguage; ~ые цветы nátural flówers; ~ая изгородь hedge row [...rou], quícksèt / green hedge; ~ая природа ánimate náture [...'neɪ-]; **2.** (*подвижный*) líve|ly; ~ ребёнок

líve¦ly child*; ~ ум líve¦ly wit / mind; ~óe воображéние líve¦ly imàginátion; 3. (*активный, деятельный*) líve¦ly, ánimàted; brisk; (*оживлённый*) vivácious; проявлять ~ интерéс к чемý-л. take* / show* / betráy a keen / líve¦ly interest in smth. [...ʃou...]; с ~ым интерéсом with a keen / líve¦ly interest; принимáть ~óе учáстие в чём-л. take* an áctive part in smth.; ~ óтклик réady respónse [ˈredɪ...]; ~óе дéло live work; 4. (*выразительный — о стиле, языке и т. п.*) líve¦ly; ~óе изображéние líve¦ly descríption; ~ые крáски vívid / life¦like cólours [...ˈkʌ-]; ~ые глазá bright / spárkling eyes [...aɪz]; ◇ остáться в ~ых survíve, escápe with one's life; come* through *разг.*; ни жив ни мёртв *разг.* (*от страха и т. п.*) more dead than alíve [...ded...]; как ~ to the life, true to life; ни (однóй) ~ душú not a líving soul [...soul]; задевáть за ~óе (*вн.*) cut* / sting* to the quick (*d.*); на ~ýю нúтку *разг.* hástily [ˈheɪ-], ány¦-how; шить на ~ýю нúтку baste [beɪst], tack; ~ инвентáрь líve-stòck; ~ уголóк (*в школе и т. п.*) pets' córner; ~áя водá (*в сказках*) wáter of life [ˈwɔː-...]; не остáвить ~óго мéста (на ком-л.) beat* smb. to pulp.

**живопúсец** *м.* páinter; ~ вывесок sígn-painter [ˈsaɪn-].

**живопúсн||ость** *ж.* pìcturésque¦ness. **~ый** 1. (*относящийся к живописи*) pictórial; 2. (*красивый*) pìcturésque.

**жúвопись** *ж.* páinting; ~ мáсляными крáсками páinting in oil; акварéльная ~ páinting in wáter-còlours [...ˈwɔːtəkʌ-]; фрéсковая ~ fréscò; батáльная ~ báttle-painting.

**живородя́щ||ие** *мн. скл. как прил. зоол.* vìvipáridae. **~ий** *зоол.* vivíparous.

**живоры́бный:** ~ садóк stew, físh-pònd.

**жúвость** *ж.* líve¦liness, vivácity, ànimátion; (*оживлённость тж.*) spríghtliness; (*изображения*) verve [vɛəv]; ~ умá quick-wítted-ness.

**живóт** I *м.* (*часть тела*) stómach [-ʌmək], bélly; àbdómèn *анат.*; у негó болúт ~ he has a stómach-àche [...ˈstʌməkeɪk].

**живóт** II *м. уст.* life; ◇ не на ~, а на смерть ≅ to the death [...deθ].

**животвóрный** life-gìving, vívifỳing, resúscitàting.

**живóтик** *м. разг.* paunch; (*детское*) túmmy; ◇ ~и надорвáть от смéха ≅ split* one's sides with láughter [...ˈlɑːf-].

**животновóд** *м.* cáttle-brèeder. **~ство** *с.* (líve-)stòck-ráising, cáttle-brèeding, cáttle-réaring; продýкты ~ства ánimal pródùce *sg.* **~ческий** cáttle-brèeding (*attr.*), stóck-ráising (*attr.*); ~ческий совхóз cáttle-brèeding sòvkhóz, cáttle-brèeding State farm; ~ческие фéрмы líve-stòck farms.

**живóтн||ое** *с. скл. как прил.* ánimal; (*перен.*) brute; вьючное ~ pack ánimal, beast of búrden; хúщное ~ beast of prey; всеяднóе ~ òmnívorous ánimal; òmnívore (*pl.* -ra); плотоя́дное ~ cárnivòre (*pl.* -ra); травоя́дное ~ hèrbívorous ánimal; hèrbivore (*pl.* -ra); двунóгое ~ bípèd; четвероногое ~ fóur-fóoted / fóur-légged ánimal [ˈfɔːˈfut- ˈfɔː-...]; quádrupèd *научн.*; копытное ~ hoofed / úngulàte ánimal; úngulàte; млекопитáющее ~ mámmal; позвонóчное ~ vértebrate; беспозвонóчное ~ invértebrate; сýмчатое ~ màrsúpial. **~ый** 1. *прил. к* живóтное; ~ое цáрство the ánimal king¦dom; ~ый организм ánimal órganism; 2. (*органический*) òrgánic; 3. (*грубый, низменный*) béstial, brútal, brute; ~ая я́рость béstial / brútal rage / fúry; ~ый страх ánimal / blind / bódily fear.

**животрепéщущ||ий** búrning, of vítal impórtance; (*злободневный*) áctual; ~ая нóвость thrílling / stírring / excíting news [...-z]; ~ вопрóс quéstion of vítal impórtance [-stʃ-...].

**живýч||есть** *ж.* vitálity [vaɪ-], tenácity (of life). **~ий** of great vitálity [...-eɪt vaɪ-], tenácious (of life); ◇ живýч как кóшка *разг.* he has nine lives like a cat.

**живýщ||ий** 1. *прич. см.* жить; 2. *с. как сущ.*: всё ~ее every líving thing [...ˈlɪv-...], all flesh.

**жúвчик** *м.* 1. *разг.* (*о подвижном человеке*) líve¦ly créature; 2. *биол.* spèrmatozóòn (*pl.* -zóa).

**живьём** *нареч. разг.* alíve.

**жúдк||ий** 1. líquid; (*текучий*) flúid; (*водянистый*) wátery [ˈwɔː-]; (*о каше, сливках и т. п.*) thin; ~ое молокó wátery milk; ~ вóздух *физ.* líquid air; ~ое мыло líquid soap; ~ое тóпливо oil fúel [...ˈfjuəl]; 2. (*редкий*) thin, scánty; ~ие вóлосы thin / scánty / sparse hair *sg.*; ~ая бородá scánty beard; 3. (*слабый — о чае и т. п.*) weak.

**жидковáтый** thínnish, wátery [ˈwɔː-].

**жúдкост||ь** *ж.* líquid; flúid; мéры ~ей líquid méasures [...ˈmeʒ-].

**жúжа** *ж.* wash; навóзная ~ dúngwàsh, dung wáter [...ˈwɔː-].

**жúжица** *ж. уменьш. от* жúжа.

**жизнедéятельн||ость** *ж.* vítal àctívity. **~ый** áctive.

**жúзненн||ость** *ж.* vìtálity [vaɪ-], vítal pówer. **~ый** vítal; ~ый вопрóс vítal quéstion [...-stʃ-]; a quéstion of vítal impórtance; ~ые интерéсы fùndaméntal / vítal interests; ~ый ýровень stándard of life; ~ые цéнтры страны vítal centres of *the* cóuntry [...ˈkʌ-]; ~ые сúлы vìtálity [vaɪ-] *sg.*, pówer *sg.*; sap *sg. разг.*; ~ый путь life*; ~ый óпыт life expérience.

**жизнеописáние** *с.* biógraphy.

**жизнерáдостн||ость** *ж.* chéerfulness, joy of líving [...ˈlɪv-], buóyancy [ˈbɔɪ-]; ánimal spírits *pl. разг.* **~ый** chéerful, jóyous, buóyant [ˈbɔɪ-]; búbbling with life.

**жизнеспосóбн||ость** *ж.* viability, vítal capácity. **~ый** víable, posséssing vítal capácity [-ˈze-...].

**жизнеутверждáющ||ий** life-assérting, vítal, òptimístic; ~ая сúла life-assérting / vítal force.

**жизн||ь** *ж.* life*; óбраз ~и way / mode of life / líving [...ˈlɪv-]; умéренный óбраз ~и plain líving; вступáть в ~ start out in life; зажúточная ~ pròspérity; борьбá за ~ strúggle for life; лишúть себя́ ~и take* one's own life, commít súicide; на всю ~ for life; никогдá в ~и never in one's life, never in one's born days; проводúть в ~ (*вн.*) put* into práctice (*d.*); (*о реформах, преобразованиях и т. п.*) cárry out (*d.*); зарабáтывать на ~ earn / make* one's líving [əːn...]; срéдства к ~и means of subsístence, líve¦lihood [-hud]; при ~и dúring / in one's life-time; ◇ ~ бьёт ключо́м life is in full swing; в нём ~ бьёт ключо́м he is brimming óver with life; би́ться не на ~, а на смерть fight* to the death [...deθ], fight* to the fínish; вопро́с ~и и сме́рти a mátter of life and death; брать всё от ~и enjóy life to the full.

**жиклёр** *м. тех.* (cárburèttor) jet.

**жи́ла** *ж.* **1.** (*сухожилие*) téndon, sínew ['sɪ-]; **2.** (*кровеносный сосуд*) vein; **3.** *горн.* vein; ру́дная ~ lode.

**жиле́т** *м.*, **~ка** *ж.* wáistcoat, vest. **~ный** *прил. к* жиле́т; ~ный карма́н wáistcoat pócket.

**жиле́ц** *м.* ténant ['te-]; lódger; ◇ он не ~ на бе́лом све́те *разг.* he is not long for this world.

**жи́лист||ый** sínewy, stríngy [-ŋɪ]; (*перен.*: *выносливый*) wíry; ~ые ру́ки sínewy / knótty hands.

**жили́ца** *ж.* (fémàle) ténant ['fi:- 'te-]; (fémàle) lódger.

**жили́ще** *с.* dwélling; (líving) quárters ['lɪ-...] *pl.*, abóde.

**жили́щно-бытов||о́й:** ~ы́е усло́вия líving condítions ['lɪ-...].

**жили́щно-коммуна́льн||ый:** ~ое хозя́йство hóusing and commúnal sérvices *pl.*

**жили́щн||ый** hóusing; ~ое строи́тельство hóusing constrúction, hóusing; ~ые усло́вия hóusing / líving condítions [...'lɪv-...].

**жи́л||ка** *ж.* (*в разн. знач.*) vein; *бот.* fibre, nerve; с ~ками (*о листе*) nérvàte; среди́нная ~ (*листа*) (mid-)rìb; расположе́ние ~ок (*в листе*) nèrvátion; ◇ юмористи́ческая ~ vein of húmour.

**жилкова́ние** *с. бот.* nèrvátion, vènátion [vi:-].

**жил||о́й** dwélling (*attr.*); (*годный для жилья*) hábitable; ~ дом dwélling house* [...-s]; apártment house*; block of flats; (*в котором можно жить*) hábitable house*; ~а́я ко́мната (*обитаемая*) inhábited room; (*в которой можно жить*) hábitable room; ~а́я пло́щадь dwélling space; flóor-spàce ['flɔ:-]; ~о́е помеще́ние place fit to live in [...lɪv...], (in)hábitable prémises [...-s-]; ~ы́е кварта́лы rèsidéntial dístricts [rez-...]; (*в противоположность фабричным*) rèsidéntial séction *sg.*

**жиль||ё** *с.* dwélling; hàbitátion; (*местожительство*) dómicìle; (*в чужом доме*) lódging; в по́исках ~я́ in search of lódging [...sə:tʃ...]; неприго́дный для ~я́ únfít for húman hàbitátion.

**жим** *м. спорт.* press.

**жи́молость** *ж. бот.* hóney¦sùckle ['hʌ-].

**жир** *м.* fat; (*топлёное сало*) grease [-s]; живо́тный ~ ánimal fat; говя́жий, бара́ний по́чечный ~ súet ['sjuɪt]; расти́тельный ~ végetable oil; кито́вый ~ blúbber, sperm oil; ры́бий ~ cód-liver oil [-lɪ-...].

**жира́ф** *м. зоол.* giráffe [-ɑ:f].

**жире́ть,** разжире́ть grow* fat / plump [-ou...]; (*о скоте*) fátten.

**жи́рно** I *прил. кратк. см.* жи́рный.

**жи́рн||о** II *нареч.* fát¦ly, gréasily [-zɪ-]; ~ нама́зать чем-л. spread* smth. thick [-ed...]; ~ есть eat* rich food; ◇ (не сли́шком ли) ~ бу́дет! *разг.* it will be too much!; that's too much! **~ый** **1.** fat; (*о птице*) plump; (*о кушанье*) rich; **2.** (*сальный*) gréasy [-zɪ]; ~ое пятно́ grease spot [-s...]; ◇ ~ая земля́ fat land / soil; ~ый шрифт thick / bold type; bóldfàce *амер.*; ~ый о́ттиск *полигр.* rich ímprint.

**жи́ро** *с. нескл. фин.* endórse¦ment.

**жиров||и́к** *м.* **1.** *мед.* fátty túmour, lipóma; **2.** *мин.* stéatìte ['stɪə-], sóap-stòne. **~о́й** fátty; ~а́я ткань *мед.* ádipòse tíssue [-s...]; ~ы́е вещества́ ádipòse mátter *sg.*; ~о́е перерожде́ние *мед.* fátty / làrdáceous degènerátion [...-ʃəs...]; ~о́е яйцо́ *зоол.* wínd-ègg ['wɪnd-].

**жиронди́ст** *м. ист.* Giróndist.

**жироприка́з** *м. фин.* endórse¦ment, (bánking) órder.

**жироско́п** *м. физ.* gýroscòpe.

**жите́йск||ий** évery¦dáy, wórldly; ~ая му́дрость wórldly wísdom [...'wɪz-]; ◇ де́ло ~ое *разг.* ≅ there is nothing out of the cómmon in it.

**жи́тель** *м.*, **~ница** *ж.* inhábitant, résident [-z-], dwéller; городско́й ~ tówns¦man*; tówn-dwèller; *мн. собир.* tównsfòlk [-z-], tównspèople [-zpi:-]; се́льский ~ cóuntry¦man* ['kʌ-], víllager; *мн. собир.* cóuntryfòlk ['kʌ-], cóuntrypèople ['kʌ- -pi:-]; коренно́й ~ nátive, índigène; ~ Восто́ка inhábitant of the East; Òriéntal; ~ Кра́йнего Се́вера inhábitant of the far North, hỳperbòréan [haɪ- -'ri:ən]. **~ство** *с.* résidence [-zɪ-]; (*временное*) stay, sójourn [-dʒə:n]; ме́сто ~ства place of résidence; dómicìle; (*адрес*) addréss; перемени́ть ~ство change one's résidence [tʃeɪ-...]; име́ть постоя́нное ~ство где-л. be dómiciled in; ◇ вид на ~ство résidence pérmit.

**жи́тница** *ж.* gránary.

**жи́то** *с.* corn (*not ground*); (*пшеница*) spring-wheat; (*рожь*) spring-rýe; (*ячмень*) spring-bàrley.

**жить** live [lɪv]; ~ на свои́ сре́дства suppórt òne¦sélf; ~ на сре́дства кого́-л. live on smb.; ~ скро́мно live in a small way; ~ зажи́точно live in éasy círcumstances [...'i:zɪ...], live a wéll-to-dó life; ~ в нищете́ live in pénury; just keep* bódy and soul togéther [...'bɔ- ...soul -'ge-] *идиом.*; ему́ не́чем ~ he has nothing to live up¦ón; ~ одино́ко live a sólitary life; ~ иллю́зиями live in a fool's páradise [...-s], dream* one's life a¦wáy; ~ по́лной жи́знью live a full life*; ~ счастли́вой жи́знью live a háppy life*; ◇ здоро́во живёшь without rhyme or réason [...-z°n], for no réason at all; жил-бы́л (once up¦ón a time) there was / lived.

**жить||ё** *с.* life; (*существование*) exístence; ◇ ~я́ нет *разг.* life is made impóssible; ~я́ мне нет от него́ I get no peace with him aróund.

**житьё-бытьё** *с. разг.* life.

**жи́ться** *безл.*: ему́ живётся непло́хо he is quite wéll off; как вам живётся? how's life?, how is life tréating you?

**жмём, жмёт(е), жмёшь** *наст. вр. см.* жать I.

**жму́рить:** ~ глаза́ = жму́риться. **~ся** screw up one's eyes [...aɪz].

**жму́рки** *мн.* (*игра*) blind man's buff *sg.*
**жму(т)** *наст. вр. см.* жать I.
**жмыхи́** *мн. с.-х.* óilcàke *sg.*; (*хлопкового семени*) cótton-càke *sg.*
**жне́йка** *ж. с.-х.* réaper, réaping / hárvesting machíne [...-'ʃiːn].
**жнём, жнёт(е)** *наст. вр. см.* жать II.
**жнец** *м.* réaper.
**жнёшь** *наст. вр. см.* жать II.
**жнея́** *ж.* **1.** = жни́ца; **2.** = жа́твенная маши́на *см.* жа́твенный.
**жни́во** *с.* = жнивьё.
**жнивьё** *с.* stubble.
**жни́ца** *ж.* réaper, hárvester.
**жну(т)** *наст. вр. см.* жать II.
**жоке́й** *м. спорт.* jóckey.
**жо́лоб** *м.* = жёлоб.
**жо́лудь** *м.* = жёлудь.
**жонглёр** *м.* júggler. **~ство** *с.* júgglery, sléight-of-hànd ['slaɪt -].
**жонгли́ровать** juggle.
**жо́рнов** *м.* = жёрнов.
**жрать,** сожра́ть (*вн.*) *груб.* gorge (*d.*), guzzle (*d.*).
**жре́бий** *м.* lot; (*перен. тж.*) fate, déstiny; броса́ть ~ throw* / cast* lots [-ou...]; тяну́ть ~ draw* lots; ~ пал на него́ the lot fell up¦ón him; ◇ ~ бро́шен the die is thrown / cast.
**жрец** *м. ист.* priest [-iːst]; ◇ ~ нау́ки priest of science.
**жре́ческий** priestly [-iːst-].
**жри́ца** *ж. ист.* príestess [-iːst-].
**жу́желица** *ж. зоол.* cárabus.
**жужжа́ние** *с.* [-жьжя́-] hum (*тж. о прялке*); buzz, drone.
**жужжа́ть** [-жьжя́-] hum; buzz, drone; (*ср.* жужжа́ние).
**жуи́р** *м.* good féllow, man* who enjóys life.
**жук** *м.* beetle; навóзный ~ dúng-beetle; ма́йский ~ Máy-bùg, cóckchàfer; ~-носоро́г únicòrn beetle.
**жу́лик** *м.* rogue [roug], swíndler; (*в игре*) cheat; (*в карт. игре*) shárper. **~ова́тый** *разг.* róguish ['rou-].
**жу́льничать** swindle; (*в игре*) cheat.
**жу́льниче||ский** fráudulent. **~ство** *с.* róguery ['rou-], swindle; sharp práctice.
**жу́пел** *м.* búgaboo, búgbear [-bɛə].
**журавли́н||ый** *прил. к* жура́вль 1; ◇ ~ые но́ги spindle shanks, spindle legs.
**жура́вл||ь** *м.* **1.** (*птица*) crane; **2.** (*у колодца*) (well) sweep, shàdóof [ʃæ-]; ◇ не сули́ ~я́ в не́бе, а дай сини́цу в ру́ки *посл.* ≅ a bird in the hand is worth two in the bush [...buʃ].
**жури́ть** (*вн.*) *разг.* repróve [-uːv] (*d.*), rebúke (*d.*).
**журна́л** *м.* **1.** (*периодическое издание*) pèriódical, màgazíne [-'ziːn], jóurnal ['dʒəː-]; ежеме́сячный ~ mónthly (màgazíne) ['mʌ-...]; двухнеде́льный ~ fórtnightly; еженеде́льный ~ wéekly, wéekly màgazíne; но́мер ~а íssue, númber; **2.** (*книга для записи*) jóurnal, díary, régister; кла́ссный ~ class régister; заноси́ть в ~ (*вн.*) régister (*d.*); ~ боевы́х де́йствий *воен.* war díary; ~ заседа́ний mínutes [-nɪts] *pl.*, mínute-book [-ɪt-]; ва́хтенный ~ *мор.* lóg(-book).
**журнали́ст** *м.* jóurnalist ['dʒəː-]. **~ика** *ж.* jóurnalism ['dʒəː-].
**журна́льный** journalístic [dʒəː-].
**журча́ние** *с.* purl, babble, múrmur.
**журча́ть** purl, babble, múrmur.
**жу́ткий** térrible; (*таинственный*) ùn¦cánny; (*зловещий*) sínister.
**жу́тко** *предик. безл.*: ему́ ~ he feels áwe-strùck, he is térrified.
**жуть** *ж.* hórror; его́ ~ берёт *разг.* he feels áwe-strùck, he is térrified.
**жучо́к** *м. уменьш. от* жук; древе́сный ~ wóod-en¦gràver ['wud-] (*insect*).
**жюри́** *с. нескл.* júdges *pl.*; *спорт.* úmpire; ~ на вы́ставке карти́н háng¦ing commíttee [...-tɪ]; член ~ judge; (*на выставке картин тж.*) mémber of the háng¦ing commíttee; быть в соста́ве ~ be one of the júdges.

# З

**за** I *предл.* **1.** (*тв.* — *где?*, *вн.* — *куда?*; *позади*) behínd; (*через*) óver; (*по ту сторону, дальше*; *тж. перен.*) be¦yónd, the other side of; (*за пределами, вне*) óutsíde, óutsíde the gate: за шка́фом, за шкаф behínd *the* wárdròbe; за реко́й, за́ реку óver *the* ríver [...'rɪ-], be¦yónd *the* ríver; за воро́тами, за воро́та be¦yónd, *или* the other side of, *the* gate; óutsíde the gate; за преде́лами, за преде́лы (*рд.*) be¦yónd (the límits (of); — за бо́ртом, за́ борт óver¦board; за угло́м, за́ угол round the córner; завёртывать за́ угол turn *a* córner; **2.** (*тв.* — *где?*, *вн.* — *куда?*; *около, у*) at: си́дя за пи́сьменным столо́м sítting at *the* wríting-tàble; садя́сь за пи́сьменный стол sítting down at *the* wríting-tàble; (*ср.* стол); **3.** (*тв.*; *во время, занимаясь данным предметом*) at; (*в процессе*: *при существительных, обозначающих действие*) in *или не переводится, причём существит. передаётся через pres. part.*: за уро́ком at *the* lésson; за обе́дом at dínner; за ша́хматами at chess; проводи́ть ве́чер за чте́нием, за игро́й spend* *the* évening in réading, in play [...'iːvn-...], spend* the évening réading, pláying; застава́ть кого́-л. за чте́нием find* smb. réading; **4.** (*тв.*; *вслед, следуя, преследуя*) áfter: день за днём day áfter day; бежа́ть, гна́ться за кем-л. run* áfter smb.; — сле́довать за кем-л., за чем-л. fóllow smb., smth.; охо́титься за волка́ми, за за́йцами *и т. п.* hunt wolves, hares, *etc.* [...wu-...]; охо́титься за кем-л., за чем-л. (*перен.*) hunt for / áfter smb., for / áfter smth.; дверь затвори́лась за ним the door closed on / behínd him [...dɔː...]; **5.** (*тв.*; *чтобы достать, принести и т. п.*) for *или инфинитив соотв. глагола* (get*, fetch, buy* [baɪ] *и т. п.*) *без предл.*: посыла́ть за врачо́м send* for *the* dóctor; е́здить за биле́тами go* to get tíckets; — сходи́ть, съе́здить за кем-л., за чем-л. (go* and) fetch / bring* smb., smth.; **6.** (*тв.*; *по причине*) becáuse of [-'kɔz...]; за недоста́тком (*рд.*), за неиме́нием (*рд.*) for want (of); за отсу́тствием (*рд.*) in the ábsence (of); за мо́лодостью лет on the grounds of youth [...juːθ]; за ста́ростью лет on accóunt of advánced / old age; **7.** (*вн.*; *ради, в пользу*) for: боро́ться за свобо́ду fight* for fréedom; голосова́ть за кого́-л. vote for smb.; быть за что-л. be for smth.; за мир, за демокра́тию, за социали́зм! for peace, for demócracy, for sócialism!; **8.** (*вн.*; *при выражении радостной эмоции*) for (smb.'s sake); (*при выражении страха, опасения*) for: ра́доваться за кого́-л. be glad for smb.'s sake; он сча́стлив за неё he is háppy for her (sake); беспоко́иться за кого́-л. be ánxious for smb.; **9.** (*вн.*; *при выражении возмездия, награды, компенсации, платы, цены*) for: нака́занный за что-л. púnished for smth. ['pʌ-...]; награждённый за что-л. rewárded for smth. (*ср.* награжда́ть); благодари́ть кого́-л. за что-л. thank smb. for smth.; получа́ть что-л. за что-л. recéive / take* smth. for smth. [-'siːv...]; пла́та за что-л. pay for smth.; за де́сять рубле́й for ten roubles [...ruː-]; **10.** (*вн.*; *вместо*) for; (*столько же как*) enóugh for [ɪ'nʌf...]; (*в качестве*) as: распи́сываться за кого́-л. sign for smb. [saɪn...]; рабо́тать за трои́х work enóugh for three, do the work of three; рабо́тать за гла́вного инжене́ра work as chief èngineér [...tʃiːf endʒ-]; — за N... (*подпись*) N per pròcuratiónèm... [...-ʃɪ'oun-] (*об. сокр.* p. proc., p. pro, p. p.): за дире́ктора А. Ивано́в Diréctor p. proc. A. Ivánóv [...-vɑː-]; **11.** (*вн.*; *при обозначении истекшего времени*) for; (*в течение*) dúring; (*в, в пределах*) in, within: за после́дние де́сять лет for the last ten years; за пять дней, кото́рые он провёл там dúring the five days he spent there; э́то мо́жно сде́лать за час it may be done in an hour, *или* within an hour [...auə...]; **12.** (*вн.*; *раньше на*) *не переводится*: за неде́лю до пра́здников a week befóre the hólidays [...-dɪz]; за ме́сяц до э́того a month befóre [...mʌ-...]; **13.** (*вн.*; *на расстоянии*) at a dístance of *или не переводится*: за два́дцать киломе́тров от Москвы́ (at a dístance of) twénty kilomètres from Móscow; **14.** (*вн.*; *при обозначении части предмета, через которую он подвергается действию*) by: брать, вести́ кого́-л. за́ руку take*, lead* smb. by the hand; — дёргать, тяну́ть кого́-л. за́ волосы pull smb.'s hair [pul...]; ◇ за́ городом, за́ город out of town; за рубежо́м (*за границей*) abróad [-ɔːd]; быть (за́мужем) за кем-л. *разг.* be márried to smb.; за ним *и т. д.* (долг кому́-л.) he, *etc.*, owes (smb.) [...ouz...]: за ним де́сять рубле́й he owes *smb.* ten roubles; — за ним *и т. д.* о́чередь (+*инф.*) *см.* о́чередь; за и про́тив for and agáinst, pro and con; *как сущ. мн.* pros and cons [-ouz...]: есть мно́го за и про́тив there are many pros and cons; — ему́, им *и т. д.* за́ сорок, за пятьдеся́т *и т. д.* (лет) he is, they are, *etc.*, óver / past fórty, fífty, *etc.*; за́ полночь past mídnight; отвеча́ть, руча́ться за кого́-л., за что-л., бра́ться, принима́ться за что-л., хвата́ться, держа́ться за кого́-л., за что-л. *см. соотв. глаголы*; *тж. и др. особые случаи, не приведённые здесь, см. под теми словами, с которыми предл.* за *образует тесные сочетания.*

**за** II *частица*: что за *см.* что I 6.

**за-** I *глагольная приставка, употребляется в разн. знач.*; *в знач. начала действия обычно переводится формами глагола* begin* (+to *inf.*): они́ заспо́рили (*начали спорить*) they begán to árgue, *но часто* за- *выражает только сов. вид и тогда обычно не переводится*: он закрича́л (*крикнул*) he shóuted, *или* gave a shout *и т. д.*; *в таком случае* закрича́ть = крича́ть shout *и т. д.*

**за-** II *приставка в географич. названиях* Trans- [-z- *перед гласн. или звонк. согласн.*]: закаспи́йский Tránscáspian; забайка́льский Tránsbaikál [-zbaɪ'kɑːl].

**заале́ть** *сов.* **1.** (*о лице, щеках*) flush crímson [...-z-]; (*о небе*) begin* to glow [...glou]; **2.** *как сов. к* але́ть.

**зааплоди́ровать** *сов.* start clápping, break* out into appláuse [breɪk...].

**заарендова́ть** *сов. см.* заарендо́вывать.

**заарендо́вывать,** заарендова́ть (*вн.*) rent (*d.*), lease [-s] (*d.*).

**зааpта́читься** *сов. см.* арта́читься.

**заасфальти́ровать** (*вн.*) ásphàlt [-fælt] (*d.*); lay* with ásphàlt (*d.*).

**заатланти́ческий** tránsatlántic [-z-].

**заба́ва** *ж.* **1.** (*развлечение*) amúse¦ment; (*потеха*) fun; **2.** (*несерьёзное занятие*) pástìme, sport; де́тская ~ child's play.

**забавля́ть** (*вн.*) amúse (*d.*). **~ся** amúse òne¦sélf; (*веселиться*) make* mérry.

**заба́вни||к** *м.* mérry-màker; fúnny / mérry / jólly féllow / chap. **~ца** *ж.* fúnny / mérry / jólly girl [...g-].

**заба́вно** I **1.** *прил. кратк. см.* заба́вный; **2.** *предик. безл.* it is fun; ~! how fúnny!; what fun!; ему́ ~ he finds it fúnny / amúsing, he likes it.

**заба́вно** II *нареч.* amúsing¦ly, in an amúsing way.

**заба́вный** amúsing; (*смешной*) fúnny; ~ слу́чай fúnny íncident; он ужа́сно ~! *разг.* he is áwfully fúnny, he is símply príce¦less.

**забаллоти́ровать** *сов.* (*вн.*) bláckbàll (*d.*).

**забараба́ни||ть** *сов.* (*начать бить в барабан*) begin* to drum; (*перен.*) begin* to pátter: дождь ~л по стеклу́, по кры́ше the rain begán to pátter on the window-pàne, on the roof.

**забаррикади́ровать** *сов. см.* баррикади́ровать.

**забастова́ть** *сов.* strike*, go* on strike; come* out *идиом. разг.*; (*ср. тж.* бастова́ть).

**забасто́в||ка** *ж.* strike; полити́ческая ~ polítical strike; о́бщая полити́ческая ~ géneral polítical strike; экономи́ческая ~ èconómic strike [iː-...]; италья́нская ~ sít-down strike; всео́бщая ~ géneral strike; кратковре́менная ~ shórt-térm / líghtning strike; о́бщая ~ проте́ста géneral prótest strike; ~ солидáрности sýmpathétic strike; объявить ~ку = забастовáть; подавить ~ку suppréss the strike. **~очный** *прил. к* забастóвка; ~очный комитéт strike committee [...-tɪ]; ~очный пикéт (strike) pickets *pl.*; ~очная борьбá, ~очное движéние strike móve¦ment [...'mu:-]. **~щик** *м.*, **~щица** *ж.* striker.

**забвéни||е** *с.* oblívion; предáть ~ю (*вн.*) búry in oblívion ['be-...] (*d.*); искáть ~я seek* oblívion, seek* to forgét [...-'g-].

**забéг** *м. спорт.* heat, round.

**забéгать** *сов.* begin* to bustle; (*о глазах, взгляде*) begin* to shift from side to side, become* shifty.

**забегáть,** забежáть **1.** (к комý-л.) call (on smb.), drop in (at smb.'s *place*); (*ср. тж.* заглядывать 2 *и* заходить 1); **2.** (*убегать далеко*) run* (*far away*); reach (*a place*) by rúnning; ◇ ~ вперёд run* a few steps fórward, run* ahéad [...ə'hed]; (*преждевременно делать что-л.*) fòre¦stáll evénts; put* the cart befóre the horse *идиом.*; ~ вперёд в расскáзе fòre¦stáll the end of one's stóry.

**забéгаться** *сов.* be off one's feet.

**забежáть** *сов. см.* забегáть.

**забелить** *сов. разг.*: ~ суп молокóм put* milk into *one's* soup [...su:p], add milk to *the* soup.

**заберéменеть** *сов.* **1.** be / become* prégnant; **2.** *как сов. к* берéменеть.

**забеспокóиться** *сов.* **1.** (*начать беспокоиться*) begin* to wórry [...'wʌ-], begin* to feel ánxious / ùn¦éasy [...-zɪ]; **2.** *как сов. к* беспокóиться.

**забетонировать** *сов. см.* бетонировать.

**забивáть,** забить **1.** (*вн.*) drive* in (*d.*); (*молотком*) hámmer in (*d.*); (*о сваях и т. п.*) ram in (*d.*); **2.** (*вн. тв.*; *заполнять*) choke up (*d.* with), fill chóck-fúll (*d.* with); (*закрывать проход и т. п.*) obstrúct (*d.* with), jam (*d.* with); **3.** (*вн. тв.*; *заделывать*) stop up (*d.* with); ~ óкна дóсками board up the windows; **4.** (*вн.*) *разг.* (*превосходить*) out¦dó (*d.*); **5.** (*вн.*) *спорт.* drive* in (*d.*); score (*d.*): ~ мяч drive* in *a* ball; ~ гол score *a* goal; ◇ ~ гóлову комý-л. put* wrong / fóolish nótions into smb.'s head [...hed]; (чем-л.) stuff smb.'s head (with smth.).

**забивáться,** забиться **1.** hide*; ~ в ýгол hide* in *a* córner; **2.** (чем-л.; *засоряться*) become* obstrúcted (with smth.); **3.** *страд. к* забивáть.

**забинтовáть** *сов. см.* забинтóвывать *и* бинтовáть.

**забинтóвывать,** забинтовáть (*вн.*) bándage (*d.*).

**забирáть,** забрáть (*вн.*) **1.** (*брать*) take* a¦wáy (*d.*), take* to òne¦sélf (*d.*); colléct (*d.*); (*овладевать*) cápture (*d.*); take* posséssion [...'ze-] (of); **2.** *разг.* (*о чувствах и т. п.*) come* óver (*d.*); **3.** (*ушивать, убавлять*) take* in (*d.*); ~ шов take* in a seam; ◇ егó забрáло за живóе he was touched to the quick [...tʌ-...]; ~ себé в гóлову take* *it* into one's head [...hed]; ~ в рýки take* in hand (*d.*); ~ в свои рýки cóncèntràte in one's hands (*d.*).

**забирáться,** забрáться **1.** (на *вн.*; *залезать куда-л.*) perch (on, up¦ón), climb [klaɪm] (*d.*, on), get* (on, up¦ón); (*достигать*) reach (*d.*); **2.** (в *вн.*; *проникать*) pénetràte (into), get* (into); **3.** *страд. к* забирáть.

**забитый** **1.** *прич. см.* забивáть; **2.** *прил.* oppréssed, dówntròdden.

**забить** I *сов. см.* забивáть.

**забить** II *сов.* (*начать бить*) begin* to beat; забил фонтáн нéфти an oil gúsher was struck; нефть забила из сквáжины oil gushed out.

**забиться** I *сов. см.* забивáться.

**забиться** II *сов.* (*начать биться*) begin* to beat; у негó забилось сéрдце his heart begán to beat / thump / throb [...hɑ:t...].

**забияка** *м. и ж. разг.* squábbler; (*о мужчине тж.*) búlly ['bu-].

**заблаговрéменн||о** *нареч.* in advánce, éarly ['ə:-], in good time; ahéad of time [ə'hed...] *амер.* **~ый** done in good time, éarly ['ə:-].

**заблагорассýди||ться** *сов. безл. переводится личными формами от* like, deem it nécessary; он дéлает, что емý ~тся he does what he likes/chóoses; емý не ~лось ей отвéтить he did not deem it nécessary to ánswer her [...'ɑ:nsə...].

**заблестé||ть** *сов.* **1.** (*стать блестящим*) become* shíny; **2.** *как сов. к* блестéть; её глазá ~ли her eyes shone / sparkled [...aɪz ʃɔn...].

**заблéять** *сов.* **1.** (*начать блеять*) begin* to bleat; **2.** *как сов. к* блéять.

**заблудиться** *сов.* lose* one's way [lu:z...], get* lost; ◇ ~ в трёх сóснах *разг.* lose* one's way in broad dáylight [...brɔ:d...].

**заблýдш||ий** stray; (*перен.*) gone astráy [gɔn...] (*после сущ.*), lost; ◇ ~ая овцá stray / lost sheep*.

**заблужд||áться** err, be mistáken. **~éние** *с.* érror, delúsion; быть в ~éнии be únder a delúsion, be in érror; вводить в ~éние (*вн.*) lead* into érror (*d.*), delúde (*d.*); (*тж. воен.*) misléad* (*d.*); вывести из ~éния (*вн.*) úndecéive [-'si:v] (*d.*).

**забодáть** *сов.* (*вн.*) gore (*d.*).

**забóй** *м. горн.* face; (*угольный*) cóal-fàce. **~щик** *м.* (cóal-)hewer, gétter ['ge-].

**заболáчивание** *с.* bógging up.

**заболáчивать,** заболóтить (*вн.*) bog up (*d.*). **~ся,** заболóтиться become* bogged up.

**заболевá||емость** *ж.* mòrbídity; (*относительное количество заболеваний*) sick rate; (*распространённость болезни*) prévalence (*of disease*); ~ скарлатиной умéньшилась the númber of scárlet féver cáses, *или* of cáses of scárlet féver, has dè¦créased [...-sɪz...-st]. **~ние** *с.* diséase [-'zi:z].

**заболевáть,** заболéть (*тв.*) fall* ill (with), be táken ill (with).

**заболéть** I *сов. см.* заболевáть.

**заболé||ть** II *сов.* (*начать болеть*; *о каком-л. органе*) begin* to ache [...eɪk], ache; у негó ~ло... he has... ache; у негó ~ла головá he has a héadàche [...'hedeɪk]; у негó ~ло гóрло he has a sore throat.

**зáболонь** *ж.* àlbúrnum, sáp-wood [-wud].

**заболóтить(ся)** *сов. см.* заболáчивать(ся).

**заболóченный** mársh-rídden.

**заболтáться** *сов.* (с *тв.*) *разг.* forgét* òne¦sélf, *или* the time, in chátting [-'get...] (with); ~ до утрá talk all night long.

**забóр** *м.* fence.

**забóристый** *разг.* rácy; (*острый*) púngent [-ndʒ-].

**забóрный** **1.** *прил. к* забóр; **2.** (*неприличный, грубый*) indécent, coarse.

**заборонить** *сов.* (*вн.*) *с.-х.* hárrow (*d.*).

**забóт||а** *ж.* (о *пр.*) **1.** (*беспокойство*) ànxíety [æŋ'z-] (for); **2.** (*хлопоты*) trouble [trʌ-] (abóut); (*попечение*) care (of, for); ~ о человéке care of people [...pi:-]; care for people's / públic wélfàre [...'pʌ-...]; ~ы о бýдущем care for the fúture; ~ о дéтях care / concérn for children; быть окружённым ~ой be given every suppórt / en¦cóurage¦ment [...-'kʌ-]; э́то явля́ется нáшей глáвной ~ой it is our spécial concérn [...'spe-...]; ◇ без забóт cáre¦free; емý ~ы мáло *разг.* what does he care?; нé было ~ы! there was trouble to spare without this!

**забóт||ить** (когó-л.) cause ànxíety [...æŋ'z-] (to smb.), wórry ['wʌ-] (smb.); э́то егó óчень ~ит he is very much wórried abóut it; э́то егó мáло ~ит he does not care. **~иться,** позабóтиться (о *пр.*) (*окружать заботой*) look áfter (*d.*), take* care (of); (*беспокоиться*) trouble [trʌ-] (abóut); ~иться о своём здорóвье look áfter one's health [...he-]; они́ должны́ позабóтиться о том, чтóбы they must see to it that.

**забóтлив||ость** *ж.* thóughtfulness, care, solícitùde. **~ый** thóughtful, cáre¦ful, solícitous.

**забраковáть** *сов. см.* браковáть.

**забрáло** *с. ист.* vísor [-zə]; ◇ с откры́тым ~м ópen¦ly, fránkly, bóld¦ly.

**забрáсывать** I, забросáть (*вн. тв.*) **1.** (*бросать много, со всех сторон*) bespátter (*d.* with); (*перен.*) shówer (up¦ón *d.*); арти́стов забросáли цветáми the áctors were smóthered with flówers [...'smʌð-...]; забросáть когó-л. камня́ми (*прям. и перен.*) throw* / hurl / cast* stones at smb. [θrou...], stone smb.; ~ когó-л. грязью (*прям. и перен.*) fling* / throw* mud at smb.; drag smb. through the mire; забросáть подáрками (*вн.*) shówer with présents [...-ez-] (*d.*); забросáть когó-л. вопрóсами ply smb. with quéstions [...-stʃ-], fire quéstions at smb.; **2.** (*заполнять*) fill (*d.* with), fill up (*d.* with); (*сверху*) cóver ['kʌ-] (*d.* with); (*ср. тж.* заки́дывать).

**забрáсывать** II, забрóсить (*вн.*) **1.** (*бросать далеко*) throw* / cast* / hurl far a¦wáy [θrou...] (*d.*); ~ мяч throw* *a* ball; судьбá забрóсила егó на сéвер fate has brought him to the north; **2.** *тк. сов.* (*затерять*) mislày* (*d.*); **3.** (*оставлять без внимания*) neglect (*d.*), abándon (*d.*); (*переставать заниматься чем-л.*) give* up (*d.*); он забрóсил свои заня́тия he has given up his stúdies [...'stʌ-]; **4.** (*дт. вн.*) *разг.* supplý (*d.* with); **5.** (*вн.*; *завозить куда-л.*) take* / bring* (*to place*) (*d.*).

**забрáть** *сов. см.* забирáть.

**забрáться** *сов. см.* забирáться.

**забрéдить** *сов.* become* delírious.

**забрéзжи||ть** [-ёжьжи-] *сов.* appéar, begin* to gleam; ~л огонёк *a* light begán to gleam; чуть ~л свет... at the first gleam of dáylight...; ~ло *безл.* it is just beginning to get light.

**забрести́** *сов. разг.* **1.** (*сбившись с пути*) stray, wánder; **2.** (*зайти мимоходом*) drop in.

**забри́ть** *сов. уст. разг.*: ~ когó-л., ~ лоб комý-л. recrúit smb. [-u:t...].

**заброни́ровать** *сов. см.* брони́ровать.

**забрóс** *м.*: быть в ~е *разг.* be negléсted.

**забросáть** *сов. см.* забрáсывать I.

**забрóсить** *сов. см.* забрáсывать II.

**забрóшенн||ость** *ж.* abándonment, desértion [-'zə:-]. **~ый 1.** *прич. см.* забрáсывать II; **2.** *прил.* dérelict, negléсted; (*необитаемый*) desérted [-'zə:-]; ~ый сад negléсted / wéed-grówn / óver¦grówn gárden [...-'groun...]; ~ый дом desérted house* [...-s]; ~ый ребёнок negléсted child*; ~ое мéсто désolate spot.

**забры́зганный 1.** *прич. см.* забры́згивать; **2.** *прил.* (*грязью*) bedrábbled.

**забры́згать** *сов. см.* забры́згивать.

**забры́згивать,** забры́згать (*вн. тв.*) splash (*d.* with); bespátter (*d.* with); забры́згать грязью splash / bespátter with mud (*d.*).

**забубённ||ый:** ~ая голóвушка *разг.* ùn¦rúly / dissolùte féllow.

**забулды́га** *м. разг.* dèbauchée.

**забути́ть** *сов. см.* бути́ть.

**забушевáть** *сов.* **1.** (*начать бушевать*) begin* to rage; **2.** *как сов. к* бушевáть.

**забуя́нить** *сов.* **1.** (*начать буянить*) become* ùn¦rúly / ríotous, get* out of hand; **2.** *как сов. к* буя́нить.

**забывáть,** забы́ть (*вн.*) **1.** forgét* [-'g-] (*d.*); (*пренебрегать*) negléсt (*d.*); он совершéнно забы́л (об э́том) he forgót all abóut it, it went clean out of his mind; и дýмать забýдь! *разг.* put / get it out of your head! [...hed]; ~ оби́ду forgíve* *an* injury [-'gɪv...]; forgíve* and forgét*; **2.** (*оставлять*) leave* behínd (*d.*); ◇ себя́ не ~ take* care of one's own prófit [...oun...], look áfter one's own ínterest(s); take* care of númber one *разг.*; что он там забы́л? *разг.* what búsiness has he there? [...'bɪzn-...]. **~ся,** забы́ться **1.** (*задремать*) doze, drop off; (*терять сознание*) lose* cónscious¦ness [lu:z -nʃəs-], become* ùn¦cónscious [...-nʃəs]; **2.** (*замечтаться*) be lost in réverie; **3.** (*переходить границы дозволенного*) forgét* òne¦sélf; **4.:** он хóчет забы́ться he seeks oblívion; он дéлает э́то, чтóбы забы́ться he does it to forgét his troubles [...trʌ-], he seeks oblívion; **5.** *страд. к* забывáть; э́то не скóро забýдется this won't be éasily forgótten [...wount... 'i:z-...].

**забы́вчив||ость** *ж.* forgétfulness [-'g-], oblívious¦ness; (*рассеянность*) ábsent-mínded¦ness. **~ый** forgétful [-'g-]; (*рассеянный*) ábsent-minded.

**забы́т||ый 1.** *прич. см.* забывáть; **2.** *прил.* lost; (*заброшенный*) forgótten; ~ые вéщи lost próperty *sg.*, lost things.

**забы́ть** *сов. см.* забывáть.

**забытьё** *с.* (*потеря сознания*) ùn¦cónscious¦ness [-nʃəs-], oblívion; (*дремота*) drówsiness [-z-]; впасть в ~ (*потерять сознание*) lose* cónscious¦ness [lu:z -nʃəs-], lapse into oblívion; (*задремать*) fall* into a doze.

**забы́ться** *сов. см.* забывáться.

**зав** = заве́дующий.

**зава́л** *м.* **1.** obstrúction; **2.** *мед.* cònstipátion; **3.** *воен.* sláshing.

**зава́л||ивать,** завали́ть **1.** (*вн. тв.*) heap up (*d.* with); (*заполнять*) fill up (*d.* with); (*загромождать*) block up (*d.* with); (*перен.: переполнять*) *разг.* fill crám-fúll (*d.* with); **2.** (*вн.*; *засыпать*) búry ['be-] (*d.*); **3.** (*вн. тв.*; *переобременять*) óver¦lóad (*d.* with); ~ зака́зами óver¦lóad with órders; он ~ен рабо́той he is up to the eyes in work [...aɪz...]; **4.** (*вн.*) *разг.* (*опрокидывать*) tumble (*d.*). **~иваться,** завали́ться **1.** (*падать*) fall*; (*затеряться*) be misláid; кни́га ~и́лась за дива́н the book has fáll¦en / slipped behínd the sófa; **2.** *разг.* (*укладываться*) lie* down; ~иваться спать tumble into bed; **3.** (*опрокидываться*) tumble down; **4.** *страд. к* зава́ливать.

**зава́линка** *ж.* zaválinka (*small mound of earth along the outer walls of a peasant's house*).

**завали́ть(ся)** *сов. см.* зава́ливать(ся).

**за́вал||ь** *ж. тк. ед. разг.* old rúbbish; (*о товаре*) old mérchandise; flý-blown stock [-oun...] *идиом.* **~я́ться** *сов. разг.* **1.** (*о документе и т. п.*) not be dúly atténded to, be shelved, be òver¦lóoked; **2.** (*остаться непроданным*) be still on hand; find* no márket. **~я́щий** *разг.* wórthless.

**зава́р||ивать,** завари́ть (*вн.*) **1.** (*чай, кофе*) make* (*d.*), brew (*d.*); **2.** (*обдавать кипятком*) pour bóiling wáter [pɔː... 'wɔː-] (óver); scald (*d.*); **3.** *разг.* (*начинать*) start (*d.*); ◇ ~и́ть ка́шу *см.* ка́ша. **~иваться,** завари́ться: чай ~и́лся tea is réady [...'re-]; неприя́тное де́ло ~и́лось there is trouble bréwing [...trʌbl...].

**завари́ть(ся)** *сов. см.* зава́ривать(ся).

**зава́рк||а** *ж.*: ча́ю оста́лось на одну́ ~у there is just enóugh tea left for one pot [...ɪ'nʌf...].

**заведе́ние** *с.* ìnstitútion, estáblishment; уче́бное ~ èducátional ìnstitútion; пра́чечное ~ láundry; пите́йное ~ *уст.* públic house* ['pʌ- -s].

**заве́дование** *с.* mánage¦ment, sùperinténdence.

**заве́довать** (*тв.*) mánage (*d.*), be (at) the head [...hed] (of), head (*d.*).

**заве́дом||о** *нареч.* wítting¦ly, delíberate¦ly; сде́лать что-л., ~ зна́я, что do smth. bé¦ing fúlly a¦wáre of the fact that [...'fu-...]; дава́ть ~ ло́жные показа́ния pérjure òne¦sélf; wítting¦ly / delíberate¦ly give* false évidence [...fɔːls...]. **~ый** *разг.* notórious.

**заве́дующий** *м. скл. как прил.* mánager; (*начальник*) chief [-iːf], head [hed]; ~ снабже́нием supplíes mánager, mánager of supplíes; ~ канцеля́рией héad-clèrk ['hedklɑːk]; exécutive *амер.*; ~ магази́ном shop mánager; ~ уче́бной ча́стью diréctor of stúdies [...'stʌ-]; ~ шко́лой héad-màster ['hed-]; príncipal *амер.*; ~ хозя́йством assístant mánager (in charge of the prémises, *etc.*) [...-sɪz].

**заве́дывание** *с.* = заве́дование.

**заве́дывать** = заве́довать.

**завезти́** *сов. см.* завози́ть.

**завербова́ть** *сов. см.* вербова́ть.

**завере́ние** *с.* **1.** (*уверение*) pósitive státe¦ment [-z-...], assértion; (*заявление*) pròtèstátion [prou-]; **2.** (*подписи и т. п.*) wítnessing.

**завери́тель** *м.*, **~ница** *ж.* wítness, téstifier.

**заве́рить** *сов. см.* заверя́ть.

**заверну́ть(ся)** *сов. см.* завёртывать(ся).

**заверте́ть** *сов.* **1.** (*вн.*; *начать вертеть*) begin* to twirl / whirl (*d.*); **2.** *как сов. к* верте́ть; **3.**: ~ кого́-л. (*перен.*) *разг.* turn smb.'s head [...hed]. **~ся** *сов.* **1.** (*начать вертеться*) begin* to turn, begin* to spin round; **2.** *как сов. к* верте́ться; **3.** *разг.* lose* one's head [luːz... hed].

**завёртывать,** заверну́ть **1.** (*вн.*; *в бумагу и т. п.*) wrap up (*d.*); **2.** (*без доп.*; *сворачивать в сторону*) turn; заверну́ть за́ угол turn the córner; **3.** (*без доп.*) *разг.* (*заходить, заезжать куда-л.*) drop in (*at a place*), call (*at a place*); **4.** (*вн.*; *о винте, гайке и т. п.*) screw up (*d.*); ~ кран turn off the tap; **5.** (*вн.*; *загибать, приподнимать: о подоле, о рукавах*) tuck up (*d.*); (*о рукавах тж.*) roll up (*d.*). **~ся,** заверну́ться **1.** (*закутываться*) cóver / wrap / muffle òne¦sélf up ['kʌ-...]; **2.** (*загибаться*) turn up, fold up; **3.** *страд. к* завёртывать 1, 4, 5.

**заверш||а́ть,** заверши́ть (*вн.*) compléte (*d.*); (*вн. тв.*) con¦clúde (*d.* with), crown (*d.* with); не был ~ён was not compléted. **~а́ться,** заверши́ться be compléted / con¦clúded, come* to an end. **~а́ющий** **1.** *прич. см.* заверша́ть; **2.** *прил.* con¦clúding, fínal, clósing. **~е́ние** *с.* complétion; (*конец*) end; ◇ в ~е́ние in con¦clúsion.

**заверши́ть(ся)** *сов. см.* заверша́ть(ся).

**заверя́ть,** заве́рить (*вн.*) **1.** (*уверять*) assúre [ə'ʃuə] (*d.*); **2.** (*удостоверять подпись и т. п.*) wítness (*d.*), cértifỳ (*d.*); ~ ко́пию attést *a* cópy [...'kɔ-].

**заве́с||а** *ж.* cúrtain; (*перен.*) veil, screen; дымова́я ~ smóke-screen; приподня́ть ~у lift the veil.

**заве́сить** *сов. см.* заве́шивать.

**завести́** I, II, III *сов. см.* заводи́ть I, II, III.

**завести́сь** I, II *сов. см.* заводи́ться I, II.

**заве́т** *м.* précèpt; behést; ~ы Ле́нина Lénin's légacy; по ~ам Ле́нина in accórdance with Lénin's behésts. **~ный** **1.** (*о желании, мечте*) chérished; (*о разговоре*) íntimate; **2.** (*скрываемый, известный немногим*) hídden; **3.** *уст.* (*завещанный*) sácred.

**заве́шивать,** заве́сить (*вн.*) cúrtain off (*d.*); ~ о́кна cúrtain the wíndows; ~ портре́т cóver / veil *a* pórtrait ['kʌ-... -rɪt].

**завеща́ни||е** *с.* (last) will; téstament; сде́лать ~ make* one's will; умере́ть без ~я die intéstate.

**завеща́тель** *м.* tèstátor. **~ница** *ж.* tèstátrix. **~ный** tèstaméntary; ~ное распоряже́ние, усло́вие tèstaméntary disposítion [...-'zɪ-].

**завеща́ть** *несов.* и *сов.* (*вн. дт.*) bequéath [-ð] (*d.* to); leave* by will / téstament (*d.* to); (*о недвижимом имуществе*) devíse (*d.* to).

**завзя́тый** *разг.* invéterate/confírmed ; ~ охо́тник invéterate húnter; ~ игро́к, кури́льщик invéterate confírmed gámbler, smóker.

**завива́ть,** зави́ть (*вн.*; *волнами*) wave (*d.*); (*локонами*) curl (*d.*); (*мелко*) frizzle (*d.*). **~ся,** зави́ться **1.** (*делать завивку*) wave / curl / frizzle one's hair (*ср.* завива́ть); (*у парикмахера*; *волнами*) have one's hair waved; (*кудрями*) have one's hair curled; **2.** (*виться*) curl, wave.

**зави́вк||а** *ж.* **1.** (*действие*; *волнами*) wáving; (*кудрями*) cúrling; де́лать ~у (*волнами*) have one's hair waved; (*кудрями*) have one's hair curled; **2.** (*причёска*) (háir-)wàve; ◇ шестиме́сячная ~ pérmanent wave; горя́чая ~ Márcèl wave; холо́дная ~ wáter wave ['wɔː-...]; де́лать холо́дную ~у set* one's hair.

**зави́деть** *сов.* (*вн.*) *разг.* catch* sight (of).

**зави́дно 1.** *прил. кратк. см.* зави́дный; **2.** *предик. безл. переводится личными формами от* be / feel* énvious, énvy: ему́ ~ he is / feels énvious, he énvies; — ему́ ~ смотре́ть на неё he feels énvious when he looks at her.

**зави́дный** énviable.

**зави́довать,** позави́довать (*дт.*) énvy (*d.*); ◇ не зави́дую ему́, ей *и т. д.* ≅ I wouldn't be in his, her, *etc.*, place.

**завиду́щ||ий:** глаза́ ~ие *разг.* cóvetous eyes ['kʌ- aɪz].

**завизжа́ть** [-ижьжя́-] *сов.* **1.** (*начать визжать*) begin* to squeal, set* up a squeal; **2.** *как сов. к* визжа́ть.

**завизи́ровать** *сов.* (*вн.*) visé (*фр.*) ['viːzeɪ] (*d.*), visa ['viːzə] (*d.*).

**завиля́ть** *сов.* **1.** (*начать вилять*) begin* to wag [...wæg]; (*перен.*) *разг.* begin* to dodge / preváricàte; **2.** *как сов. к* виля́ть.

**завинти́ть(ся)** *сов. см.* зави́нчивать(ся).

**зави́нчивать,** завинти́ть (*вн.*) screw up (*d.*). **~ся,** завинти́ться **1.** screw up; **2.** *страд. к* зави́нчивать.

**завира́ться,** завра́ться *разг.* **1.** talk through one's hat; (*говорить чепуху*) talk at rándom; **2.** *тк. сов.* (*стать вруном*) become* an invéterate liar.

**зави́с||еть** (от) depénd (on); э́то бу́дет ~ от обстоя́тельств it will depénd (on the círcumstances); наско́лько (э́то) от меня́ ~ит as far as it depénds on me; мы сде́лали всё, что от нас ~ело we did all that lay in our pówer; э́то ~ит от него́ it lies with him.

**зави́сим||ость** *ж.* depéndence; васса́льная ~ *ист.* vássalage; крепостна́я ~ *ист.* sérfdom, bóndage; быть в ~ости от кого́-л. depénd on smb.; ◇ в ~ости (от) depénding (on), súbject (to); (*согласно*) accórding (to). **~ый** (от) depéndent (on); ~ое положе́ние (state of) depéndence; колониа́льные и ~ые стра́ны colónial and depéndent cóuntries [...'kʌ-].

**зави́стливо** I *прил. кратк. см.* зави́стливый.

**зави́стливо** II *нареч.* with énvy, énvious¦ly; смотре́ть на что-л. ~ look énvious¦ly at smth., eye smth. énvious¦ly [aɪ...].

**зави́ст||ливый** énvious. **~ник** *м.*, **~ница** *ж.* énvier, énvious pérson.

**за́вист||ь** *ж.* énvy; возбужда́ть ~ в ком-л. excite / rouse énvy in smb.; ◇ ло́паться от ~и *разг.* be búrsting with énvy.

**завито́й** (*волнами*) waved; (*локонами*) curled; (*мелко*) frizzled, crimped.

**завит||о́к** *м.* **1.** (*локон*) lock, curl; **2.** (*почерка*) flóurish ['flʌ-]; **3.** (*у растений*) téndril; **4.** *арх.* volúte, scroll. **~у́шка** *ж.* = завито́к 1, 2.

**зави́ть(ся)** *сов. см.* завива́ть(ся).

**завихре́ние** *с. тех.* túrbulence.

**завко́м** *м.* = заводско́й комите́т *см.* заводско́й.

**завладева́ть,** завладе́ть (*тв.*) take* posséssion [...-'ze-] (of); (*захватывать*) seize [siːz] (*d.*); *воен.* cápture (*d.*); ~ умáми rule the minds; ~ внима́нием grip the atténtion.

**завладе́ть** *сов. см.* завладева́ть.

**завлека́тельный** *разг.* entícing.

**завлека́ть,** завле́чь (*вн.*) entíce (*d.*), lure a¦wáy (*d.*); (*соблазнять*) sedúce (*d.*).

**завле́чь** *сов. см.* завлека́ть.

**заво́д** I *м.* works; fáctory, mill; plant [-ɑː-]; фа́брики **и** ~ы mills and fáctories, fáctories and plants; автомоби́льный ~ mótor / áutomobile works [...-biːl...]; mótor / áutomobile plant; виноку́ренный ~ distíllery; вое́нный ~ mùnítion fáctory; га́зовый ~ gás-wòrks; железоде́лательный ~ íron-wòrks ['aɪən-]; кирпи́чный ~ brick-field [-fiː-]; коже́венный ~ tánnery; ко́нный ~ stúd(-fàrm); лесопи́льный ~ sáw-mill; машинострои́тельный ~ machíne-bùilding plant [-'ʃiːnbɪl-...]; металлурги́ческий ~ mètallúrgical works; мылова́ренный ~ sóap-wòrks; нефтеперего́нный ~ oil refínery [...-'faɪ-]; пивова́ренный ~ bréwery; порохово́й ~ gúnpowder works, pówder-mill; самолётострои́тельный ~ áeroplàne fáctory ['ɛə-...]; са́харный ~ súgar refínery ['ʃu-...]; стеко́льный ~ gláss-wòrks, gláss-(mànu)fáctory; фарфо́ровый ~ pórcelain / cerámic works [-slɪn...]; чугуноплави́льный ~ íron-foundry ['aɪən-]; лите́йный ~ fóundry; хими́ческий ~ chémical fáctory ['ke-...], chémical plant.

**заво́д** II *м. тк. ед.* **1.** (*у часов*) wínding méchanism [...-kə-]; **2.** (*заводка*) wínding up.

**заво́д** III *м.*: у нас э́того и в ~е нет *разг.* we have never had it here; it has never been the cústom here.

**заводи́ть** I, завести́ (кого́-л. *куда-л.*; *приводить*) bring* / lead* (smb. *to a place*) (and leave* there); (*уводить*) take* / lead* (smb. *to a place*); ~ кого́-л. в тупи́к (*перен.*) lead* smb. up a blind álley.

**заводи́ть** II, завести́ (*вн.*) **1.** (*приобретать*) acquíre (*d.*); (*покупать*) buy* [baɪ] (*d.*); ~ привы́чку (+ *инф.*) acquíre a hábit (of *ger.*), fall* / get* into the hábit (of *ger.*); **2.** (*вводить, устанавливать*) estáblish (*d.*); ~ поря́док ìntrodúce / estáblish a rule; **3.:** ~ семью́, хозя́йство acquíre a home and fámily; settle down (in life); ~ де́ло *разг.* (*коммерческое*) start a búsiness [...'bɪzn-], set* up in búsiness; ◇ ~ знако́мство (с *тв.*) set* / strike* up an acquáintance (with); ~ разгово́р start a cònversátion; ~ ссо́ру start / raise a quárrel.

**заводи́ть** III, завести́ (*вн.*; *приводить в движение, пускать в ход*) wind* up (*d.*); **~ граммофо́н put*** on *the* **grámophòne; ~**

будильник set* *the* alárum / alárm-clòck; ~ мотóр start *the* éngine [...'endʒ-].

**заводи́ться** I, завести́сь **1.**: у негó завели́сь дéньги he has got móney (to spend) [...'mʌ-...]; в кýхне завели́сь таракáны there are cóckroaches in the kítchen; **2.** (*устанавливаться*) be estáblished, be set up; завели́сь нóвые порядки new rules have been estáblished / ìntrodúced.

**заводи́ться** II, завести́сь (*о механизме, о часах*) be wound up; be set; (*о моторе*) be stárted.

**завóдка** *ж.* winding up; (*о моторе*) stárting.

**заводн||óй** clóck-wòrk (*attr.*); mechánical [-'kæ-]; ~áя рукоя́тка *авт.* stárting crank.

**заводоуправлéние** *с.* fáctory / works mánage¦ment.

**завóд||ский, ~скóй** *прил.* к завóд I; ~скóй (профсою́зный) комитéт fáctory (tráde-ùnion) commíttee [...-tɪ]; ◇ ~ская лóшадь stúd-hòrse. **~чик** *м.* fáctory-owner [-ou-], míll-owner [-ou-].

**зáводь** *ж.* creek, báck-wàter [-wɔ:-]; ти́хая ~ (*перен.*) péace¦ful báck-wàter.

**завоевá||ние** *с.* cónquèst; (*перен.*: *достижение*) achíeve¦ment [-i:v-]; ~ния achíeve¦ments, gains; ~ полити́ческой влáсти cónquèst of polítical pówer; вели́кие ~ния социали́зма the great achíeve¦ments / gains of Sócialism [...greɪt...]. **~тель** *м.* cónqueror [-kərə]. **~тельный** aggréssive.

**завоевáть** *сов. см.* завоёвывать.

**завоёвывать,** завоевáть (*вн.*) cónquer [-kə] (*d.*); (*перен.*: *добиваться*) win* (*d.*); (*заслуживать*) earn [ə:n] (*d.*); *несов. тж.* try to get; завоевáть пéрвое мéсто (в *пр.*) *спорт.* win* / cápture first place (in); завоевáть чьё-л. довéрие win* smb.'s cónfidence; завоевáть положéние win* one's way; завоевáть свобóду win* / gain one's fréedom; завоёванный с больши́м трудóм hárd-wòn [-wʌn].

**завóз** *м.* delívery; ~ я́коря *мор.* láying out of an ánchor [...'æŋkə].

**завози́ть,** завезти́ (*вн.* к комý-л., *вн. куда-л.*) leave* (*d.* with smb., *d.* at *a place*); (*о товарах*: *привозить, доставлять*) supplý (with *d.*); delíver [-'lɪ-] (*d.* to); ~ я́корь *мор.* lay* out an ánchor [...'æŋkə].

**завози́ться** I *сов.* **1.** (*начать возиться*) begin* to romp abóut; **2.** *как сов.* к вози́ться.

**завози́ться** II *страд.* к завози́ть.

**заволáкивать,** заволóчь (*вн.*) cloud (*d.*); нéбо заволокло́ облакáми, облакá заволокли́ нéбо the sky is clóuded. **~ся,** заволóчься be / become* clóuded; ~ся слезáми be clóuded with tears.

**завóлжский** sítuàted *or* líving on the left bank of the Vólga [...'lɪv-...]; ~ жи́тель inhábitant of the left bank of the Vólga.

**заволновáться** *сов.* become* ágitàted, get* roused, begin* to fret.

**заволóчь(ся)** *сов. см.* заволáкивать(ся).

**завопи́ть** *сов.* **1.** (*начать вопить*) begin* to yell; **2.** *как сов.* к вопи́ть.

**заворáживать,** заворожи́ть (*вн.*) cast* a spell (óver); (*перен.*) charm (*d.*), bewítch (*d.*).

**заворáчивать** I = завёртывать.

**заворáчивать** II, заворoти́ть **1.** turn; **2.** (*вн.*; *загибать*) turn up (*d.*); (*о подоле, рукавах*) tuck up (*d.*); (*о рукавах тж.*) roll up (*d.*).

**заворáчиваться,** заворoти́ться *разг.* turn up.

**заворковáть** *сов.* **1.** (*начать ворковать*) begin* to coo; **2.** *как сов.* к ворковáть.

**заворожи́ть** *сов. см.* заворáживать.

**зáворот** *м. мед.*: ~ кишóк vólvulus; twísted bówels *pl. разг.*

**заворoти́ть** *сов. см.* заворáчивать II. **~ся** *сов. см.* заворáчиваться.

**заворóчаться** *сов.* (begin* to) turn; (*в постели*) (begin* to) toss (*in bed*).

**заврáться** *сов. см.* завирáться.

**завсегдáтай** *м. разг.* habitué (*фр.*) [hə'bɪtjueɪ]; háunter.

**зáвтра** *нареч.* to¦mórrow; ~ днём to¦mórrow áfternóon; ~ вéчером to¦mórrow night; ~ ýтром to¦mórrow mórning; до ~ till to¦mórrow; (*при расставании*) see you to¦mórrow; на ~ for to¦mórrow; ◇ не ны́нче-~ *разг.* any day now.

**зáвтрак** *м.* (*натощак*) bréakfast ['brek-]; (*среди дня*) lunch; (*официальный*) lúncheon; на ~ for bréakfast; for lunch; ◇ корми́ть когó-л. ~ами *разг.* ≅ feed* smb. with hopes.

**зáвтракать,** позáвтракать (*натощак*) (have) bréakfast [...'brek-]; (*среди дня*) (have) lunch.

**зáвтрашн||ий** *прил.* к зáвтра; ~ день to¦mórrow; (*перен.*: *будущее*) the fúture; с ~его дня from to¦mórrow, beginning with to¦mórrow; беспокóиться о зáвтрашнем дне wórry abóut the mórrow ['wʌ-...].

**завуали́ровать** *сов.* (*вн.*) veil (*d.*), draw* a veil (óver).

**завши́веть** *сов.* become* / be lóusy [...-zɪ].

**завыв||áние** *с.* hówling. **~áть** howl.

**завы́сить** *сов. см.* завышáть.

**завы́ть** **1.** *сов.* (*начать выть*) begin* to howl, raise a howl; **2.** *как сов.* к выть.

**завыш||áть,** завы́сить (*вн.*) óver¦státe (*d.*); ~ расхóды (*в смете и т. п.*) óver¦éstimàte expénditure. **~éние** *с.* óver¦státing; ~éние задáний óver¦státing of (the) work quóta; ~éние норм óver¦státing of (the) norms.

**завы́шенн||ый** *прич. и прил.* óver¦státed; ~ые нóрмы excéssive quótas / rates.

**завязáть** I *сов. см.* завя́зывать.

**завязáть** II, завя́знуть stick*, sink*; завя́знуть в грязи́ stick* in the mud; ◇ завя́знуть в долгáх be óver head and ears in debt [...hed ...det].

**завязáться** *сов. см.* завя́зываться.

**завя́зка** *ж.* **1.** (*то, чем завязывают*) string, lace; **2.** (*о пьесе, романе*) plot.

**завя́знуть** *сов. см.* завязáть II.

**завя́зывать,** завязáть (*вн.*) **1.** tie up (*d.*); (*узлом*) knot (*d.*); ~ ýзел tie / make* a knot; ~ в ýзел tie in a bundle (*d.*); ~ пакéт tie up *a* párcel; ~ глазá комý-л. blind¦fòld smb.; ~ гóлову платкóм tie *a* kérchief round *one's* head [...hed]; ~ боти́нки do up *one's* shoes [...ʃu:z]; ~ гáлстук tie *one's* (néck-)tie; **2.** (*начинать*) start (*d.*), set* up (*d.*); завязáть разговóр start a cònversátion; ~ знакóмство set* / strike* up an acquáintance; ~ отношéния énter into relátions. **~ся,** завязáться **1.** be / get* tied up, be / get* made into a knot; 2. (*начинаться*) set* in, begin*, start; завязáлся разговóр a cònversátion begán; завязáлась оживлённая перепи́ска (мéжду) a live¦ly còrrespóndence sprang up (betwéen); 3. (*о плоде*) set*.

**зáвязь** *ж. бот.* óvary ['ouv-].

**завя́лить** *сов.* (*вн.*) dry (*d.*), drý-cûre (*d.*).

**завя́нуть** *сов. см.* вя́нуть.

**загадáть** *сов. см.* загáдывать.

**загáдить** *сов. см.* загáживать.

**загáдка** *ж.* riddle; enígma *книжн.*; (*тайна*) mýstery; говори́ть ~ми talk / speak* in riddles.

**загáдочн||ость** *ж.* mystérious¦ness. **~ый** mystérious; ènigmátic *книжн.*; ~ое явлéние ún¦expláined phenómenon; mystérious háppening / thing; ~ое исчезновéние mystérious disappéarance; ◇ ~ая картúнка puzzle pícture.

**загáд||ывать,** загадáть 1. (*вн.*) set* (*d.*), óffer (*d.*); ~ загáдки ask riddles; 2. (*вн.*; *задумывать*) think* (of); ~áйте числó think of a númber; 3. (*замышлять что-л. сделать*) make* plans; ~ вперёд fòre¦stáll evénts, guess at the fúture.

**загáживать,** загáдить (*вн.*) *разг.* dírty (*d.*); (*о помещении*) make* a pígstỳ (of); (*о реке и т. п.*) pollúte (*d.*).

**загалдéть** *сов.* 1. (*начать галдеть*) begin* to talk nóisily [...zɪ-]; 2. *как сов. к* галдéть.

**загáр** *м.* súnbùrn, (sún-)tàn.

**загаси́ть** *сов.* (*вн.*) *разг.* put* out (*d.*).

**загвóздка** *ж. разг.* dífficulty, impédiment; так вот в чём ~! ≅ there's the rub!, so that's the dífficulty / tróuble! [...trʌbl]; but here's the rub / snag!; so that's where the shoe pínches! [...ʃuː...] *идиом.*

**заги́б** *м.* 1. bend; 2. *разг.* (*преувеличение*) exàggerátion [-dʒə-].

**загибáть,** загнýть (*вн.*) 1. (*вверх*) turn up (*d.*); (*вниз*) turn down (*d.*); (*сгибать*) bend* (*d.*); ~ пáлец bend* *a* fínger; ~ страни́цу turn down, *или* éarmàrk, *a* page; 2. *разг.* (*преувеличивать*) exággeràte [-dʒ-] (*d.*); ◇ загнýть крéпкое словцó *разг.* use strong lánguage; загнýть цéну ask / charge an exórbitant price; ну и вопрóс он загнýл! *разг.* now, what a quéstion! [...-stʃən]. **~ся,** загнýться 1. (*вверх*) turn up; (*вниз*) turn down; 2. *страд. к* загибáть.

**загипнотизи́ровать** *сов. см.* гипнотизи́ровать.

**загипсовáть** *сов. см.* гипсовáть.

**заглáв||ие** *с.* títle, héading ['hed-]; под ~ием héaded ['hed-], únder the títle / héading. **~ный** *прил. к* заглáвие; ~ный лист títle-leaf*, títle-pàge; ◇ ~ная бýква cápital létter.

**заглáдить** *сов. см.* заглáживать.

**заглáживать,** заглáдить (*вн.*) smooth óver / down [-ð...] (*d.*); (*утюгом*) íron down ['aɪən...] (*d.*); (*о складках*) press (*d.*); (*перен.*) make* aménds (for), make* up (for); (*искупать*) éxpiàte (*d.*); ~ винý redréss *a* wrong.

**заглáзно** *нареч. разг.* in *smb.'s* ábsence; (*не видя*) without sée¦ing.

**заглóхнуть** *сов. см.* глóхнуть II.

**заглушáть,** заглуши́ть (*вн.*) 1. (*о звуке*) múffle (*d.*), déaden ['de-] (*d.*); (*более громкими звуками*) drown (*d.*); 2. (*смягчать*; *о боли и т. п.*) allévìàte (*d.*), soothe (*d.*); 3. (*о растениях*) grow* óver [grou...] (*d.*); 4. (*подавлять*) suppréss (*d.*), stífle (*d.*), smóther ['smʌ-] (*d.*).

**заглуши́ть** *сов.* 1. *см.* заглушáть; 2. *как сов. к* глуши́ть 2, 3.

**заглядé||нье** *с. разг.* lóve¦ly sight ['lʌv-...]; feast for the eyes [...aɪz] *идиом.*; э́то прóсто ~! is¦n't this lóve¦ly? **~ться** *сов. см.* загля́дываться.

**загля́дыв||ать,** заглянýть 1. peep in; (*бросать взгляд*) glance; ~ комý-л. в лицó, в глазá peer / peep / look in smb.'s face, eyes [...aɪz]; ~ в словáрь consúlt *a* díctionary; он не ~ал в кни́гу he has¦n't ópen¦ed *a* book; 2. (*заходить* к комý-л.) drop in (at smb.'s *place*); call (on smb.); ◇ ~ вперёд àntícipàte. **~аться,** заглядéться (на *вн.*) stare (at), be lost in còntèmplátion (of); (*любоваться*) admíre (*d.*), be lost in àdmirátion (of), stare in wónderment [...'wʌ-] (at).

**заглянýть** *сов. см.* загля́дывать.

**загнáиваться,** загнои́ться féster.

**зáгнанный** 1. *прич. см.* загоня́ть; 2. *прил.* (*обессиленный*) tired out, complḗte¦ly exháusted; (*о лошади*) wínded ['wɪn-], óver¦dríven [-'drɪ-], òver¦rídden; (*забитый, запуганный*) màltréated, dówntròdden; ◇ как ~ зверь like a beast at bay.

**загнáть** *сов. см.* загоня́ть.

**загнивáние** *с.* rótting; *мед.* sùppurátion; (*перен.*) decáy.

**загнивáть,** загни́ть (*прям. и перен.*) rot, decáy.

**загни́ть** *сов. см.* загнивáть.

**загнои́ться** *сов. см.* загнáиваться.

**загнýть(ся)** *сов. см.* загибáть(ся).

**заговáривать,** заговори́ть 1. (с кем-л.) speak* (to smb.), addréss (smb.), accóst (smb.); 2. (когó-л.) *разг.* (*утомлять разговором*) talk (smb.'s) head off [...hed...]; 3. (*вн.*) *разг.* (*заколдовывать*) cast* a spell (óver); (*о боли*) charm a¦wáy (*d.*); ◇ ~ зýбы (комý-л.) *разг.* ≅ fool smb. by fine words.

**заговáрива||ться,** заговори́ться 1. *разг.* talk nónsense, talk at rándom; 2. *тк. несов.* (*путаться в речи*) wánder; ◇ говори́, да не ~йся! mind what you say! (*см. тж.* заговори́ться 2).

**зáговор** *м.* 1. plot, conspíracy; вступи́ть в ~ join in a conspíracy; устрáивать ~, быть в ~е conspíre, plot; hatch *a* plot *идиом.*; раскрывáть ~ discóver *a* plot [-'kʌ-...]; ùnvéil *a* conspíracy *книжн.*; 2. (*заклинание*) charm, éxorcism.

**заговор||и́ть** *сов.* 1. *см.* заговáривать; 2. (*начать говорить*) begin* to speak; 3. *как сов. к* говори́ть; ◇ пýшки ~и́ли the guns begán to speak; вы ~и́ли бы другóе! you would sing another tune!; он с вáми ещё не так ~и́т he'll show you another side of his tongue [...ʃou... tʌŋ]. **~и́ться** *сов.* 1. *см.* заговáриваться 1; 2. (с *тв.*) have a long talk (with); (*увлечься разговором*) forgét* the time in cònversátion [-'get...] (with).

**заговóрщи||к** *м.* conspírator. **~ца** *ж.* conspíratress. **~цкий** mystérious.

**загоготáть** *сов.* 1. (*начать гоготать*; *о гусях*) begin* to gaggle / cackle; *разг.* (*о людях — громко смеяться*) begin* to laugh ùp¦róarious¦ly / nóisily [...lɑ:f... -zɪ-]; 2. *как сов. к* гоготáть.

**зáгодя** *нареч. разг.* in good time.

**заголи́ть** *сов. см.* заголять.

**заголóвок** *м.* 1. = заглáвие; 2. (*газетный*) héad-line ['hed-].

**заголоси́ть** *сов.* 1. (*начать голосить*) begin* to wail; 2. *как сов. к* голоси́ть.

**заголя́ть,** заголи́ть (*вн.*) bare (*d.*).

**загóн** *м.* 1. (*для крупного скота*) en¦clósure [-'klou-]; (*небольшой*) pen; (*для овец*) shéep-fòld; 2. (*действие*) dríving, fórcing (into, únder); ◇ быть в ~е be kept in the báckground.

**загóнщик** *м. охот.* béater.

**загоня́ть,** загнáть (*вн.*) 1. drive* in (*d.*); (в, под *вн.*) drive* (*d.* into, únder); ~ скот в загóн pen cattle; ~ мяч в ворóта *спорт.* kick / score a goal; 2. (*утомлять*) tire out (*d.*); exháust (*d.*); (*о лошади*) óver¦drive* (*d.*); (*о верховой лошади*) òver¦ride* (*d.*); *сов. тж.* ride* to death [...deθ] (*d.*); 3. *охот.* bring* to bay (*d.*); 4. *разг.* (*вбивать*) drive* home / in (*d.*).

**загорáживать,** загороди́ть (*вн.*) 1. (*обносить оградой*) en¦clóse (*d.*); shut* in (*d.*); fence in (*d.*); 2. (*преграждать*) bar (*d.*), block up (*d.*), obstrúct (*d.*); (*умышленно*) bàrricáde (*d.*); ~ комý-л. дорóгу stand* in smb.'s way, block smb.'s way; ~ комý-л. свет stand* in smb.'s light. **~ся,** загороди́ться fence / bar òne¦sélf in; ~ся ши́рмой screen òne¦sélf off; ~ся рукóй от сóлнца screen òne¦sélf from the sun with one's palm [...pɑ:m].

**загорáть,** загорéть become* tanned / súnbùrnt / brown; *несов. тж.* bake in the sun, tan.

**загор||áться,** загорéться 1. (*начинать гореть*) catch* fire; (*тв.*; *перен.*; *желанием и т. п.*) burn* (with); лес ~éлся the fórest is on fire [...'fɔr-...]; егó глазá ~éлись his eyes lit up [...aɪz...]; 2. (*начинаться*) break* out [breɪk...]; ~éлся спор a discússion broke out; ◇ емý ~éлось сдéлать э́то he was all for doing it there and then, he was éager to do it [...'i:gə...].

**загорди́ться** *сов. разг.* become* / grow* proud [...grou...]; turn up, *или* cock, one's nose.

**загорéлый** súnbùrnt, tanned; (*сильно*) brown, bronzed.

**загорéть(ся)** *сов. см.* загорáть(ся).

**загороди́ть(ся)** *сов. см.* загорáживать(ся).

**загорóдка** *ж.* fence, en¦clósure [-'klou-].

**зáгородн||ый** óut-of-tówn (*attr.*), cóuntry ['kʌ-] (*attr.*); ~ дом cóuntry-hóuse* ['kʌ- -s]; ~ая прогýлка (*пешком*) cóuntry walk; (*экскурсия*) trip in(to) the cóuntry.

**загости́ться** *сов.* (у когó-л.) stay too long (at smb.'s *place*), protráct a visit [...-ɪz-] (to smb.'s *place*); (*пробыть в гостях дольше, чем приятно хозяевам*) outstáy *one's* wélcome.

**заготáвливать,** заготóвить (*вн.*) 1. (*о хлебе, лесе и т. п.*) lay* in (*d.*), store up (*d.*); stock (*d.*); 2. (*приготовлять*) prepáre (*d.*).

**заготови́тель** *м.* góvernment pùrvéyor ['gʌ-...], official in charge of pùrvéyances. **~ный** *прил. к* заготóвка 1, 2; ~ный пункт stóring place; ~ный аппарáт official bódy in charge of (State) púrchases [...'bɔ-... -sɪz]; official bódy in charge of pùrvéyances; ~ная ценá *эк.* fixed price (*paid by the State for State purchases*), procúre¦ment price.

**заготóвить** *сов. см.* заготáвливать.

**заготóвка** *ж.* 1. State púrchases [...-sɪz] *pl.*, pùrvéyance; procúre¦ment; ~ хлéба State grain púrchase; 2. (*запасание*) láying-in; ~ кормóв láying-in of fódder; 3. (*для обуви*) úpper.

**заготовля́ть** = заготáвливать.

**заградительный** bárrage (*attr.*); *мор.* míne-laying; ~ огóнь *воен.* defénsive fire; ~ отря́д *ист.* ánti-pròfitéer detáchment.

**загради́ть** *сов. см.* заграждáть.

**загражд||áть,** загради́ть (*вн.*) block (*d.*), bar (*d.*), obstrúct (*d.*); (*забором*) fence in (*d.*), en¦clóse (*d.*). **~éние** *с.* bárràge[-ɑ:ʒ], obstrúction; инженéрное ~éние *воен.* àrtifícial óbstacle; прóволочное ~éние wire óbstacle / entángle¦ment; ми́нное ~éние míne-field [-fi:-]; аэростáт ~éния bárràge ballóon.

**заграни́ца** *ж. разг.* fóreign cóuntries ['fɔrɪn 'kʌ-] *pl.*

**заграни́чный** fóreign ['fɔrɪn]; ~ фильм fóreign film; ~ пáспорт pásspòrt (for trávelling abróad) [...-ɔ:d].

**загребáть,** загрести́ (*вн.*) rake up (*d.*); (*перен.*) gáther in (*d.*), accúmulàte (*d.*); ◇ ~ бáрыши́ gáther in prófits; ~ дéньги rake in móney [...'mʌ-], make* (a lot of) móney; ~ жар (*в топках*) bank (up) the fire.

**загребн||óй** 1. *прил.*: ~óе веслó stroke oar; 2. *м. как сущ.* (*гребец*) stroke (oar).

**загремéть** *сов.* 1. (*начать греметь*) begin* to thúnder; 2. *как сов. к* гремéть; 3. *разг.* (*шумно упасть*) crash down, come* down with a crash.

**загрести́** *сов. см.* загребáть.

**загри́вок** *м.* 1. (*у лошади*) withers *pl.*; 2. *разг.* (*затылок у человека*) nape, back of the neck.

**загримировáть(ся)** *сов. см.* гримировáть(ся).

**загрóбн||ый** be¦yónd the grave; ~ая жизнь, ~ мир the fúture life, the next world, the life / world to come.

**загроможд||áть,** загромозди́ть (*вн.*) en¦cúmber (*d.*), block up (*d.*), jam (*d.*); (*перен.*: *перегружать подробностями и т. п.*) óver¦lóad (*d.*). **~éние** *с.* blócking up; (*перен.*) óver¦lóading.

**загромозди́ть** *сов. см.* загромождáть.

**загрохотáть** *сов.* 1. (*начать грохотать*) begin* to rattle / rumble; (*о громе*) begin* to thúnder; 2. *как сов. к* грохотáть.

**загрубé||лый** cóarsened, cállous; ~лые рýки cállous / cóarsened / tóil-wòrn hands [...-wɔ:n...]. **~ние** *с.* cóarsening; *мед.* càllósity.

**загрубéть** *сов.* cóarsen, become* cóarsened.

**загру||жáть,** загрузи́ть (*вн.*) 1. load (*d.*); 2. *тех.* feed* (*d.*); 3.: ~ когó-л. (*рабóтой*) give* smb. a fúll-time job; он óчень ~жён (*рабóтой*) he is up to his neck in work, he is swamped with work; загрузи́ть на пóлную мóщность (*вн.*) keep* rúnning at full capácity (*d.*).

**загрузи́ть** *сов. см.* загружáть.

**загру́зка** *ж.* **1.** charge, load; **2.** (*загруженность работой*) job, (amóunt of) work.

**загрунтова́ть** *сов. см.* загрунто́вывать.

**загрунто́вывать,** загрунтова́ть (*вн.*) ground (*d.*), prime (*d.*).

**загрусти́ть** *сов.* become* / grow* sad [...grou...].

**загрыза́ть,** загры́зть (*вн.*) bite* to death [...deθ] (*d.*); (*разрывать на части*) tear* (to pieces) [tɛə...'pi:-] (*d.*); (*перен.*) wórry to death ['wʌ-...] (*d.*); wórry the life out (of); тоска́ его́ загры́зла he is éaten up with mélancholy / mísery [...-nk- -z-], he is a prey to mélancholy, he is héart-sòre [...'hɑ:t-]; со́весть его́ загры́зла *разг.* ≅ he is full of remórse, he is cónscience-strícken [...-ʃəns-].

**загры́зть** *сов. см.* загрыза́ть.

**загрязн||е́ние** *с.* (*о помещении и т. п.*) sóiling, máking dírty / ùntídy; (*о воде и т. п.*) pollútion; *хим.* contàminátion. **~и́ть** *сов. см.* загрязня́ть *и* грязни́ть 1. **~и́ться** *сов. см.* загрязня́ться *и* грязни́ться.

**загрязня́ть,** загрязни́ть (*вн.*) soil (*d.*), make* dírty (*d.*); (*о воде и т. п.*) pollúte (*d.*). **~ся,** загрязни́ться **1.** make* òne¦sélf dírty, become* dírty; **2.** *страд. к* загрязня́ть.

**загс** *м.* (отде́л за́писи а́ктов гражда́нского состоя́ния) régistry óffice; cívil règistrár's óffice *офиц.*

**загуби́ть** *сов.* (*вн.*) **1.** rúin (*d.*); **2.** *разг.* (*потратить напрасно*) waste [weɪ-] (*d.*).

**загуде́ть** *сов.* **1.** (*начать гудеть*) begin* to drone / hoot; **2.** *как сов. к* гуде́ть.

**загуля́ть** *сов. разг.* go* on the spree; (*запить*) start drinking.

**загусте́ть** *сов.* get* thick.

**зад** *м.* **1.** (*задняя часть чего-л.*) hind(er) part, back; **2.** (*седалище*) seat, pòstérior; (*у животных*) hind quárters *pl.*; (*у лошади*) croup [-u:p]; бить ~ом (*о лошади*) kick; ◇ поверну́ться к кому́-л. ~ом *разг.* turn one's back on smb.

**зада́бривать,** задо́брить (*вн.*) cajóle (*d.*); (*уговаривать*) coax (*d.*); placáte (*d.*) *амер.*; *сов. тж.* gain smb.'s fávour.

**задава́ть,** зада́ть (*вн. дт.*) give* (*d.* to, *d. i.*), set* (*d.* to, *d. i.*); ~ уро́к кому́-л. set* smb. a (home) task; что тебе́ за́дано на за́втра? what are your tasks / jobs for to¦mórrow?, what tasks have you got for to¦mórrow?; ~ зада́чу, рабо́ту кому́-л. set* *a* task to smb., set* smb. *a* task; ~ зага́дку кому́-л. set* smb. a riddle; ~ кому́-л. вопро́с ask smb. a quéstion [...-stʃən], put* a quéstion to smb.; ~ корм, овёс (*дт.*) give* fódder, oats (to); ◇ зада́ть стра́ху (*дт.*) fríghten (*d.*); cow (*d.*) *книжн.*; ~ тон set* the tone, set* the fáshion; зада́ть тя́гу take* to one's heels; я тебе́ зада́м! *разг.* I'll give you whát-fór!, I'll pay you!

**задава́ться** I, зада́ться **1.:** ~ мы́слью, це́лью (+ *инф.*) make* up one's mind (+ to *inf.*); он зада́лся це́лью изучи́ть англи́йский язы́к he has made up his mind to máster Énglish [...'ɪŋ-]; **2.** (*случаться*): ну и денёк сего́дня зада́лся! ≅ we have not had a day like this for a long time!; **3.** *страд. к* задава́ть.

**задава́ться** II *разг.* (*важничать*) give* òne¦sélf airs, assúme airs, put* on airs.

**задави́ть** *сов.* (*вн.*) crush (*d.*); (*об экипаже*) run* óver (*d.*), knock down (*d.*).

**зада́ни||е** *с.* (*в разн. знач.*) task, job; пла́новое произво́дственное ~ work quóta; пла́новое ~ (*по промышленности и т. п.*) tárget [-gɪt], plan; вы́полнить ~ fulfíl *a* task [ful-...]; вы́полнить произво́дственное ~ turn out a húndred per cent of one's work quóta; дать ~ set* *a* task; по ~ю кого́-л. on the instrúctions of smb.

**зада́ривать,** задари́ть (*вн.*) load with présents / gifts [...'prez- g-] (*d.*).

**задари́ть** *сов. см.* зада́ривать.

**зада́ром** *разг.* = да́ром.

**зада́тки** *мн.* (*склонности*) ìn¦clinátions; dìsposítion [-'zɪ-] *sg.*; дурны́е ~ bad* ínstincts / ìn¦clinátions; хоро́шие ~ good* ínstincts / ìn¦clinátions.

**зада́ток** *м.* advánce, depósit [-z-]; éarnest (móney) ['ə:- 'mʌ-].

**зада́ть** *сов. см.* задава́ть. **~ся** *сов. см.* задава́ться I.

**зада́ч||а** *ж.* **1.** próblem ['prɔ-]; (*арифметическая*) sum; реши́ть ~у solve *a* próblem; (*арифметическую*) do *a* sum; ~ на сложе́ние, вычита́ние, деле́ние, умноже́ние addítion, subtráction, divísion, mùltiplicátion sum; такти́ческая ~ (*учебная*) táctical scheme; **2.** (*цель*) task, óbject, aim; *воен.* task; míssion *амер.*; основна́я, гла́вная ~ the main, chief task [...tʃi:f...]; очередна́я ~ immédiate task; поста́вить ~у (пе́ред) put* a task (befóre); (по-)ста́вить пе́ред собо́й, себе́ ~у (+ *инф.*) set* òne¦sélf the task (of *ger.*); ùndertáke* (+ to *inf.*); ùndertáke* the task (of *ger.*); це́ли и ~и aims and púrposes [...-sɪz]. **~ник** *м.* (*арифметический*) (book of) próblems in aríthmetic.

**задви́гать** *сов.* begin* to move / shift [...mu:v...].

**задвига́ть,** задви́нуть **1.** (*вн.* в *вн.*) push [puʃ] (*d.* into); (*вн.* под *вн.*) push (*d.* únder); (*вн.* за *вн.*) push (*d.* behínd); **2.** (*вн.*; *закрывать*) shut* (*d.*); (*засовом и т. п.*) bolt (*d.*), bar (*d.*); ~ я́щик slide *a* drawer [...drɔ:], push *a* drawer back.

**задви́гаться** *сов.* begin* to move [...mu:v].

**задвига́ться,** задви́нуться **1.** shut*, close, slide; **2.** *тк. несов.* (*быть подвижным*) be dráwable, be slídable, be móvable [...'mu:v-]; **3.** *страд. к* задвига́ть.

**задви́ж||ка** *ж.* bolt; (*дверная*) dóor-bòlt ['dɔ:-]; (*оконная*) wíndow-bòlt; (*печная*) dámper; *тех.* slíde-vàlve. **~но́й** slíding, slídable.

**задви́нуть** *сов. см.* задвига́ть. **~ся** *сов. см.* задвига́ться 1.

**задво́рк||и** *мн.* báck¦yàrd *sg.*; (*перен.*) óut-of-the-wáy place *sg.*; на ~ах *разг.* ≅ in the báckground.

**задева́ть** I, заде́ть (*вн.*) touch [tʌtʃ] (*d.*); (*касаться поверхности*) brush (agáinst); (*зацепляться*) be caught (in); (*ударяться*) knock (agáinst); (*перен.*) *разг.* affect (*d.*); ~ кого́-л. offénd smb., hurt* smb.; ~ чьё-л. самолю́бие offénd / wound smb.'s sélf-estéem [...wu:nd...]; прое́хать *и т. п.* не заде́в clear (*d.*); ◇ ~ кого́-л. за живо́е cut* / sting* smb. to the quick, touch smb. on the raw.

**задева́ть** II *сов.* (*вн.*; *затерять*) misláy* (*d.*).

**заде́лать** *сов. см.* заде́лывать.

**заде́латься** I, II *сов. см.* заде́лываться I, II.

**заде́лка** *ж.* doing up, clósing up, stópping; (*ср.* заде́лывать).

**заде́лывать,** заде́лать (*вн.*) do up (*d.*); (*закрывать*) close up (*d.*); ~ дверь wall up *a* dóorway [...'dɔː-]; ~ течь *мор.* stop a leak.

**заде́лываться** I, заде́латься be / become* closed up; (*ср.* заде́лывать).

**заде́лываться** II, заде́латься *разг.* (*стать, сделаться*) make* òne¦sélf, *или* turn (by sélf-séeking, by irrégular promótion, *etc.*); он заде́лался врачо́м he made hìm¦sélf, *или* turned, dóctor.

**задёргать** I *сов.* (*вн.*; *начать дёргать*) begin* to pull [...pul] (*d.*).

**задёргать** II *сов.* (*вн.*; *замучить*) wórry ['wʌ-] (*d.*), pull and push [pul...puʃ] (*d.*); nag (persístently) (at).

**задёргивать,** задёрнуть (*вн.*; *о занавеске и т. п.*) draw* (*d.*), pull [pul] (*d.*), shut* (*d.*). **~ся,** задёрнуться **1.** be drawn, be pulled [...pu-], be shut; занаве́ска задёрнулась *the* cúrtain was drawn / pulled; **2.** *страд. к* задёргивать.

**задеревене́л||ый** numbed, hárdened, stiff; **~**ая рука́ stiff / numb hand.

**задеревене́||ть** *сов. разг.* become* numb / hard / stiff; у меня́ ру́ки ~ли от хо́лода my hands have become stiff / numb with cold.

**задержа́ние** *с.* **1.** deténtion; (*арест*) arrést; **2.**: ~ мочи́ *мед.* reténtion of the úrine.

**задержа́ть(ся)** *сов. см.* заде́рживать(ся).

**заде́рж||ивать,** задержа́ть (*вн.*) **1.** (*не пускать*) detáin (*d.*), deláy (*d.*), keep* (off) (*d.*); его́ ~а́ли he was deláyed; ~а́ть проти́вника fight* a deláying áction; ~ наступле́ние stem the advánce; **2.** (*арестовывать*) arrést (*d.*); **3.** (*приостанавливать, оттягивать*) deláy (*d.*); (*запаздывать*) be behínd¦hànd (with); **4.** (*замедлять*) retárd (*d.*), deláy (*d.*); (*мешать*) hámper (*d.*); ~ упла́ту keep* / hold* back the páyment, with¦hóld* páyment; ~ дыха́ние hold* one's breath [...-eθ]; ~ разви́тие hámper the devélopment. **~иваться,** задержа́ться **1.** (*где-л.*) stay too long; (на *пр.*) línger (on, óver); **2.** *страд. к* заде́рживать. **~ка** *ж.* deláy; без (изли́шней) ~ки without (úndúe) deláy, on the spot; on the nail *разг.*

**задёрнуть(ся)** *сов. см.* задёргивать(ся).

**заде́тый** *прич. см.* задева́ть I; *мед.* afféctеd: у него́ заде́ты лёгкие his lungs are afféctеd.

**заде́ть** *сов. см.* задева́ть I.

**зади́ра** *м. и ж. разг.* tease, búlly ['bu-].

**задира́ть,** задра́ть (*вн.*) *разг.* **1.** lift up (*d.*); (*о платье и т. п.*) pull up [pul...] (*d.*); ~ го́лову throw* back one's head [-ou... hed]; crane one's neck; **2.** (*ноготь и т. п.*) break* [-eɪk] (*d.*), split* (*d.*); **3.** *тк. несов.* (кого́-л.; *дразнить*) búlly ['bu-] (*d.*); héctor (*d.*); ◇ ~ нос turn up, *или* cock, one's nose; put* on airs. **~ся,** задра́ться **1.** *разг.* (*о платье и т. п.*) ride* up (*of clothing*); **2.** (*о ногте*) break* [-eɪk], split*; **3.** *страд. к* задира́ть.

**задне||нёбный** *лингв.* vélar. **~язы́чный** *лингв.* vélar, back.

**за́дн||ий** back; hínder*; (*о конечностях*) hind; (*тех., воен. тж.*) rear*; ~ее крыльцо́ back porch / éntrance; ~ие но́ги hind legs; ~ее колесо́ rear wheel; ~ план báckground; на ~ем пла́не in the báckground; отодви́нуть на ~ план (*вн.*) push into the báckground [puʃ...] (*d.*); ~ ход *тех.* báckward móve¦ment [...'muːv-], revérse; дать ~ ход go* into revérse; back (*a* car); **~**яя часть back part, hínder part; ~ прохо́д *анат.* ánus; ◇ ~яя мысль ùltérior mótive, sécret púrpose [...-s]; ~им умо́м кре́пок *разг.* slow on the úptàke [slou...]; быть без ~их ног *разг.* be déad-béat [...'ded-], be fálling off one's feet; поме́тить ~им число́м (*вн.*) ántedàte (*d.*); ходи́ть на ~их ла́пках пе́ред кем-л. *разг.* ≅ dance atténdance up¦ón smb.

**за́дник** *м.* **1.** (*обуви*) cóunter; **2.** *театр.* back drop.

**задо́брить** *сов. см.* зада́бривать.

**задо́к** *м.* (*экипажа*) back.

**задо́лго** *нареч.* long befóre; (*заранее*) long in advánce.

**задолжа́ть** *сов. см.* должа́ть.

**задо́лженность** *ж.* debts [dets] *pl.*; (*обязательства*) liabílities *pl.*; (*по налогам, взносам и т. п.*) arréars *pl.*; погаша́ть ~ pay* / clear off one's debts / lìabílities.

**за́дом** *нареч.* (к) with one's back (to); (*о движении*) báckward(s) [-dz]; идти́ ~ back, move / go* báckwards [muːv...]; ~ наперёд back to front [...frʌnt].

**задо́р** *м.* (*пыл*) férvour; ю́ношеский ~ yóuthful énergy / enthúsiàsm / éagerness ['juː-... -zɪ- -gə-].

**задо́ринк||а** *ж.*: ни сучка́ ни ~и, без сучка́, без ~и ≅ without a hitch.

**задо́рный** provócative; (*бойкий*) pérky, full of life, full of mirth.

**задохну́ться** *сов. см.* задыха́ться.

**задразни́ть** *сов.* (кого́-л.) wórry / hárass / annóy (smb.) by téasing ['wʌ- 'hæ-...].

**задра́ивать,** задра́ить (*вн.*) *мор.* bátten down (*d.*).

**задра́ить** *сов. см.* задра́ивать.

**задрапирова́ть(ся)** *сов. см.* задрапиро́вывать(ся).

**задрапиро́вывать,** задрапирова́ть (*вн. тв.*) drape (*d.* with); (*занавешивать*) cúrtain off (*d.* with); hide* behínd dráperies / háng¦ings [...'dreɪ-...] (*d.*). **~ся,** задрапирова́ться **1.** (чем-л., во что-л.) drape òne¦sélf (with smth.); wrap òne¦sélf up (in smth.); **2.** *страд. к* задрапиро́вывать.

**задра́ть** I *сов.* (*вн.*) kill (*d.*); волк задра́л овцу́ *the* wolf* killed *a* sheep* [...wulf...].

**задра́ть** II *сов. см.* задира́ть 1, 2. **~ся** *сов. см.* задира́ться.

**задребезжа́ть** [-ежьжя́-] *сов.* **1.** (*начать дребезжать*) begin* to rattle, begin* to clink, begin* to jar; **2.** *как сов. к* дребезжа́ть.

**задрема́ть** *сов.* doze off, get* drówsy [...-zɪ], fall* into a light slúmber.

**задрожа́ть** *сов.* **1.** (*начать дрожать*) begin* to tremble; (*от холода*) begin* to shíver [...'ʃɪ-]; **2.** *как сов. к* дрожа́ть.

**задры́гать** *сов.* **1.** *разг.* (*начать дрыгать*) begin* to jerk, begin* to twitch; **2.** *как сов. к* дры́гать.

**задува́ть** I, заду́ть (*вн.*; *гасить*) blow* out [-ou...] (*d.*).

**задува́ть** II (*куда-л.*; *о ветре*) blow* in(to) [-ou...].

**задува́ть** III, заду́ть *тех.*: заду́ть до́мну blow* in *a* blást-fùrnace [-ou...].

**заду́манный** *прич. см.* заду́мывать; хорошо́ ~ wéll-plánned; wéll-concéived [-'si:-]; широко́ ~ concéived / planned on a wide scale [-'si:-...]; давно́ ~ lóng-premédìtàted.

**заду́мать(ся)** *сов. см.* заду́мывать(ся).

**заду́мчив||ость** *ж.* réverie, pénsive¦ness. **~ый** thóughtful, pénsive; (*склонный к мечтательности*) given to réverie; (*грустный*) sunk in a brown stúdy [...'stʌ-].

**заду́м||ывать,** заду́мать **1.** (*вн.*) plan (*d.*); concéive [-'si:v] (*d.*); (+*инф.*; *иметь намерение сделать*) inténd (+to *inf.*); have the inténtion (+to *inf.*, of *ger.*); **2.:** заду́мать како́е-л. число́ *разг.* think* of a númber. **~ываться,** заду́маться fáll* to thinking, be / become* thóughtful; (*впадать в задумчивость*) be lost / sunk in thoughts / réverie; (*размышлять* над чем-л.) méditàte (on, up¦ón smth.); pónder (óver smth.); глубоко́ ~аться be plunged in a deep réverie; ◇ не ~ываясь without a móment's hèsitátion [...-zɪ-]; тут понево́ле ~аешься ≅ you can't do it óff¦hánd [...kɑ:nt...]; о чём ~ался? what are you thinking of?; a pénny for your thoughts *идиом.*

**заду́ть** I, II *сов. см.* задува́ть I, III.

**заду́ть** III *сов.* (*начать дуть*) begin* to blow [...blou].

**задуше́вн||ость** *ж.* sincérity. **~ый** sincére; ~ый друг bósom friend ['buz- fre-]; ~ый го́лос gentle voice; ~ый разгово́р, ~ая бесе́да héart-to-héart talk ['hɑ:t-...].

**задуши́ть** *сов. см.* души́ть I 1, 2.

**зады́** I *мн. см.* зад.

**зады́** II *мн.* = задво́рки.

**зады́** III *мн.*: повторя́ть ~ *разг.* repéat the élements.

**задыми́ть** I *сов.* **1.** (*начать дымить*) begin* to (emít) smoke; **2.** *как сов. к* дыми́ть.

**задыми́ть** II *сов.* (*вн.*) *разг.* (*прокоптить*) smoke (*d.*), fill with smoke (*d.*), blácken (with smoke) (*d.*).

**задыми́ть** III *сов. см.* задымля́ть.

**задыми́ться** I *сов.* **1.** (*начать дымиться*) begin* to smoke; **2.** *как сов. к* дыми́ться.

**задыми́ться** II *сов.* (*покрыться копотью*) be bláckened with smoke, be cóvered with soot [...'kʌ-...].

**задымле́ние** *с. воен.* scréening with smoke; smóke-screens *pl.*

**задымля́ть,** задыми́ть (*вн.*) *воен.* screen with smoke (*d.*), place a smóke-screen (on).

**задыха́ться,** задохну́ться (*прям. и перен.*) choke, súffocàte; (от; *тяжело дышать*) pant (with); (*перен.*) be strangled (by); (*без доп.*) gasp (for breath) [...-eθ]; ~ от жары́ stifle / súffocàte with the heat; ~ от гне́ва choke with ánger; задыха́ясь bréathlessly [-eθ-].

**задыша́ть** *сов.* (*начать дышать*) begin* to breathe.

**заеда́ние** *с. тех.* jámming.

**заеда́ть** I, зае́сть (чем-л. что-л.; *закусывать*) eat* / take* (smth. áfter smth.); (кого́-л.; *перен.*) oppréss (smb.), wórry ['wʌ-] (smb.), wear* out [wɛə...] (smb.); его́ тоска́ зае́ла he is éating his heart out [...ha:t...], he feels sick at heart; его́ среда́ зае́ла he is a prey to his surróundings.

**заеда́ть** II, зае́сть *тех.*, *мор.* jam: трос зае́ло the rope has jammed.

**зае́зд** *м.* **1.:** с ~ом куда́-л. cálling at, stópping at; **2.** *спорт.* round, heat.

**зае́здить** *сов.* (*вн.*; *изнурить*) wear* out [wɛə...] (*d.*), work too hard (*d.*), turn into a drudge (*d.*); ~ ло́шадь rúin, *или* wear* out, *a* horse.

**заезжа́ть** [-ежьжя́-], зае́хать **1.** (к кому́-л., *куда-л.*) call on the way (on smb., at *a place*); vísit [-zɪt] (smb., *a place*); stay (with smb., at *a place*); **2.** (в *вн.*; *попадать*) get* (in, into); (*достигать*) reach (*d.*); зае́хать сли́шком далеко́ go* too far; **3.** (за кем-л.) fetch (smb.).

**зае́зженный** [-е́жьже-] **1.** (*банальный*) háckneyed [-nɪd]; (*о цитате и т. п.*) trite; **2.** (*замученный*) worn out [wɔ:n...], hard run.

**зае́зж||ий** [-е́жьжий] *разг.*: **~ая тру́ппа** tóuring cómpany ['tuə-'kʌ-]; ~ челове́к stranger [-eɪn-]; **~ двор** inn.

**заём** *м.* loan; госуда́рственный ~ State loan; госуда́рственный ~ **разви́тия наро́дного** хозя́йства State Èconómic Devélopment Loan [...i:k-...]; вы́игрышный ~ lóttery-loan; беспроце́нтный ~ ínterest-free loan, loan without ínterest; беспро́игрышный ~ rè¦páyable loan; вне́шний ~ fóreign loan ['fɔrɪn...]; вну́тренний ~ intérnal loan; сде́лать ~ raise a loan; выпуска́ть ~ íssue *a* loan; размеща́ть ~ distríbùte / float *a* loan. **~ный:** ~ное письмо́ *юр.* acknówledge¦ment of debt [-'nɔ-...det]. **~щик** *м.*, **~щица** *ж. юр.* bórrower, débtor ['detə].

**заёрзать** *сов.* (*начать ёрзать*) begin* to fídget.

**зае́сть** I, II *сов. см.* заеда́ть I, II.

**зае́сться** *сов. разг.* be spoiled (with good food).

**зае́хать** *сов. см.* заезжа́ть.

**зажа́ривать,** зажа́рить (*вн.*; *на сковороде*) fry (*d.*); (*на огне или в духовке*) roast (*d.*), broil (*d.*); (*на рашпере*) grill (*d.*). **~ся,** зажа́риться **1.** be réady fried / grilled *и т. д.* [...'re-...] (*см.* зажа́ривать); **2.** *страд. к* зажа́ривать.

**зажа́рить(ся)** *сов. см.* зажа́ривать(ся).

**зажа́ть** *сов. см.* зажима́ть.

**зажда́ться** *сов.* be tired of wáiting, be worn out with wáiting [...wɔ:n...].

**заже́чь(ся)** *сов. см.* зажига́ть(ся).

**зажива́ть,** зажи́ть heal; (*о ране тж.*) close; (*затянуться кожей*) skin óver.

**зажива́ться,** зажи́ться *разг.* **1.** (*где-л.*) óver¦stáy *one's* wélcome, protráct one's stay (*at a place*); **2.:** стари́к зажи́лся, стару́ха зажила́сь it's time the old man*, the old wóman* died / went [...'wu-...]; the old man*, the old wóman* is outstáying his, her time.

**зажив||и́ть** *сов. см.* заживля́ть. **~ле́ние** *с.* héaling.

**заживля́ть,** заживи́ть (*вн.*) heal (*d.*). **~ся** **1.** heal; (*затягиваться кожей*) skin óver; **2.** *страд. к* заживля́ть.

**за́живо** *нареч.* alíve; ~ погребённый búried alive ['be-...].

**зажига́лка** *ж.* **1.** cigarétte líghter; **2.** *разг.* (*зажигательная бомба*) incéndiary (bomb).

**зажигáтельн||ый** used for kíndling, used for sétting fire; *воен.* (*о бомбе, пуле, снаряде*) incéndiary; (*перен.*) fíery; ~ая речь fíery speech.

**зажигáть,** зажéчь (*вн.*) set* fire (to), set* / put* on fire (*d.*); (*о свете*) light* (*d.*); (*разжигать*; *тж. перен.*) kindle (*d.*); ~ спи́чку strike* a match; ~ электри́чество put* / turn / switch on the light; зажéчь страсть kindle a pássion; зажéчь когó-л. энтузиáзмом stir up smb.'s enthúsiàsm [...-zɪ-]. ~**ся,** зажéчься 1. light* up; take* / catch* fire; (*перен.*) flame up; 2. *страд. к* зажигáть.

**зажи́ливать,** зажи́лить (*вн.*) *разг.* pinch (*d.*), sneak (*d.*).

**зажи́лить** *сов. см.* зажи́ливать.

**зажи́м** *м.* 1. *тех.* clamp, clutch; 2. (*стеснение, подавление*) suppréssion.

**зажимáть,** зажáть (*вн.*; *затыкать*) stop up (*d.*); (*стискивать*) clutch (*d.*), squeeze (*d.*); (*перен.*) keep* down (*d.*), suppréss (*d.*); ~ в рукé grip (*d.*), close one's hand (óver); ~ нос hold* one's nose; ~ инициати́ву keep* down *the* iníti̇ative; ~ кри́тику suppréss *the* críticizm; ~ рот комý-л. *разг.* stop smb.'s mouth*.

**зажимнóй** *тех.* clamp (*attr.*), clámping (*attr.*); ~ винт clámping screw.

**зажи́точн||ость** *ж.* pròspérity. ~**ый** wéll-to--dó, prósperous.

**зажи́ть** I *сов. см.* заживáть.

**зажи́ть** II *сов.* (*начать жить*) begin* to live [...lɪv]; ~ по-нóвому, ~ нóвой жи́знью begin* a new life; turn óver a new leaf *идиом.*; ~ трудовóй жи́знью begin* to earn one's own líving [...ə:n...oun 'lɪ-]; ~ семéйной жи́знью settle down (to fámily life).

**зажи́ться** *сов. см.* заживáться.

**зажмýривать,** зажмýрить: ~ глазá = зажмýриваться. ~**ся,** зажмýриться screw up one's eyes [...aɪz], close one's eyes tight; (*на мгновение*) blink.

**зажмýрить(ся)** *сов. см.* зажмýривать(ся).

**зажужжáть** [-ужьжя́-] *сов.* 1. (*начать жужжать*) begin* to buzz / drone; 2. *как сов. к* жужжáть.

**зазвáть** *сов. см.* зазывáть.

**зазвенéть** *сов.* 1. (*начать звенеть*) begin* to ring / jingle; (*о звонке*) ring* out; 2. *как сов. к* звенéть.

**зазвони́ть** *сов.* 1. (*начать звонить*) begin* to ring; 2. *как сов. к* звони́ть.

**зазвучáть** *сов.* 1. (*начать звучать*) begin* to sound, begin* to resóund [...-'z-]; 2. *как сов. к* звучáть.

**заздрáвный:** ~ тост toast to *smb.'s* health [...he-], stánding toast; ~ кýбок (tóast-) cùp.

**зазевáться** *сов.* (на *вн.*) gape (at), stand* gáping (at).

**зазеленé||ть** *сов.* turn green; дерéвья ~ли *the* trees broke into young leaf [...jʌŋ...].

**заземл||éние** *с. тех.* 1. (*действие*) éarth(-ing) ['ə:θ-], gróund(ing); 2. (*приспособление*) earth / ground connéction [ə:θ...]; earth. ~**и́ть** *сов. см.* заземля́ть.

**заземля́ть,** заземли́ть (*вн.*) *тех.* earth [ə:θ] (*d.*), ground (*d.*).

**зазимовáть** *сов.* winter; remáin / stay for the winter.

**зазнавáться,** зазнáться get* puffed up give* òne¦sélf airs; think* no small beer of òne¦sélf *идиом.*

**зазнáйство** *с.* concéit [-'si:t].

**зазнáться** *сов. см.* зазнавáться.

**зазнóба** *ж. разг.* lády-lòve [-lʌv], swéet¦-heart [-hɑ:t].

**зазóр** *м. тех.* cléarance.

**зазóрн||ый** *разг.* dis¦hónour¦able [-s'ɔnə-], sháme¦ful; в э́том нет ничегó ~ого there is nothing to be ashámed of in that.

**зазрéн||ие** *с.*: без ~ия сóвести without a twinge of cónscience [...-ʃəns], remórse¦less-ly.

**зазýбренный** I 1. *прич. см.* зазýбривать I; 2. *прил. зоол., бот.* sérrate, sèrráted.

**зазýбренный** II *прич. см.* зазýбривать II.

**зазýбривать** I, зазýбрить (*вн.*) jag (*d.*), notch (*d.*).

**зазýбривать** II, зазубри́ть (*вн.*; *заучивать зубрёжкой*) learn* by rote [lə:n...] (*d.*), con (*d.*).

**зазýбриваться** I, зазýбриться be / become* jagged / notched.

**зазýбриваться** II *страд. к* зазýбривать II.

**зазýбрина** *ж.* notch, jag.

**зазýбрить** *сов. см.* зазýбривать I.

**зазубри́ть** *сов. см.* зазýбривать II.

**зазýбриться** *сов. см.* зазýбриваться I.

**зазубри́ться** *сов.* cram too hard.

**зазывáть,** зазвáть (*вн.*) call in (*d.*); (*настойчиво*) press (*d.*) to come in.

**заи́гранный** *прич. см.* заи́грывать II.

**заигрá||ть** I *сов.* 1. (*начать играть*) begin* to play (*on a musical instrument*); (*внезапно, шумно*) strike* up a tune; мýзыка ~ла músic was heard [-zɪk... hə:d]; 2. (*заискриться, засверкать*) begin* to sparkle.

**заигрáть** II *сов. см.* заи́грывать II.

**заигрáться** *сов. см.* заи́грываться.

**заи́грывание** *с.* advánces *pl.*

**заи́грывать** I (с *тв.*) 1. (*флиртовать*) flirt (with); 2. (*заискивать*) make* advánces (to).

**заи́грывать** II, заигрáть (*вн.*) 1. (*истрепать*; *о картах и т. п.*) spoil*, *или* use up, *или* wear* out, by pláying [...wɛə...] (*d.*); 2. (*опошлять, делать избитым*; *о пьесе и т. п.*) make* trite / háckneyed by stáging too óften [...-nɪd ...'ɔ:f(t)°n] (*d.*). ~**ся,** заигрáться play too long; (*увлечься игрой*) forgét* òne¦sélf, *или* the time, in pláying [-'get...]; заигрáться до утрá spend* the night pláying; заигрáться до полýночи play till mídnight.

**заи́к||а** *м. и ж.* stútterer, stámmerer. ~**áние** *с.* stútter(ing), stámmer(ing).

**заик||áться,** заикнýться 1. *об. тк. несов.* stútter; (*бормотать*) stámmer; 2. (*нерешительно говорить*) hésitàte in spéaking [-zɪ-...]; 3. (о *пр.*; *упоминать*) (just) méntion (*d.*), touch [tʌtʃ] (up¦ón); он об э́том и не ~нýлся he never (so much as) méntioned it. ~**нýться** *сов. см.* заикáться 2, 3.

**заимодáвец** *м.* créditor, lénder.

**заимообрáзн||о** *нареч.* on crédit, as a loan; брать ~ (*вн.*) bórrow (*d.*). ~**ый** táken on crédit, bórrowed.

**заи́мствован||ие** *с.* adóption, bórrowing. ~**ный:** ~ное слóво lóan-wòrd.

**заи́мствовать,** позаи́мствовать (*вн.*) adópt (*d.*), bórrow (*d.*).

**заи́ндеве||лый** cóvered with hóar-fròst ['kʌ-...]. **~ть** *сов. см.* и́ндеветь.

**заинтересо́ванн||ость** *ж.* (в *пр.*) pérsonal ínterest (in); материа́льная ~ matérial incéntive. **~ый** 1. *прич. см.* заинтересова́ть; 2. *прил.* (в *пр.*) ínterested (in); concérned (with); ~ая сторона́ ínterested párty, párty concérned; ~ое лицо́ pérson concérned.

**заинтересова́ть** *сов.* (*вн.*) cause (*d.*) to take ínterest, excíte *the* cùriósity (of). **~ся** *сов.* 1. (*тв.*) become* / grow* ínterested [...grou...] (in); take* an ínterest (in); 2. *как сов. к* интересова́ться.

**заинтригова́ть** *сов. см.* интригова́ть II.

**заи́скивание** *с.* in¦grátiàting òne¦sélf [-ʃıeı-...]; (*лесть*) fláttery.

**заи́скива||ть** (пе́ред) fawn (up¦ón), court [kɔ:t] (*d.*), make* up (to), cúrry fávour (with). **~ющий** 1. *прич. см.* заи́скивать; 2. *прил.* (*о тоне, взгляде*) in¦grátiàting [-ʃıeı-].

**заи́скриться** *сов.* 1. (*начать искриться*) begin* to spárkle; 2. *как сов. к* и́скриться.

**за́ймище** *с.* flóod-lànds [-ʌd-] *pl.*

**займодержа́тель** *м.* lóan-hòlder.

**зайти́** *сов. см.* заходи́ть.

**за́йч||ик** *м.* 1. *уменьш. от* за́яц 1; 2. *разг.* (*световой*) refléction of a súnbeam (pláying on *the* wall, *etc.*); пуска́ть ~иков catch* súnbeams in *a* mírror. **~и́ха** *ж.* dóe-hàre. **~о́нок** *м.* young hare [jʌŋ...], léveret.

**закабал||е́ние** *с.* ensláve¦ment. **~и́ть(ся)** *сов. см.* закабаля́ть(ся).

**закабаля́ть,** закабали́ть (*вн.*) ensláve (*d.*). **~ся,** закабали́ться 1. tie òne¦sélf down; 2. *страд. к* закабаля́ть.

**закавка́зский** Trànscaucásian [-nz- -zı-].

**закады́чный** *разг.*: ~ друг bósom-friend ['buzəmfre-].

**зака́з** *м.* órder; на ~ to órder; (*о платье, обуви*) to méasure [...'me-].

**заказа́ть** *сов. см.* зака́зывать.

**заказн||о́й** 1. (*сделанный на заказ*) made to órder; (*о платье, обуви*) made to méasure [...'meʒə]; 2.: ~о́е письмо́ régistered létter; посыла́ть письмо́ ~ы́м régister *a* létter.

**зака́з||чик** *м.*, **~чица** *ж.* cústomer, clíent.

**зака́зывать,** заказа́ть 1. (*вн.*; *делать заказ*) órder (*d.*); 2. (*дт. вн.*, *дт.* + *инф.*) *уст.* (*запрещать*) forbíd* (*i. d.*, *i.* + to *inf.*).

**зака́л** *м.* témper; (*перен.*) cast, stamp; челове́к ста́рого ~а man* of the old stock; лю́ди одного́ ~а people of the same cast / stamp [pi:pl...]; дава́ть ~ (*дт.*) hárden (*d.*); хлеб с ~ом sláck-bàked bread [...bred]. **~ённый** *прич. и прил.* (*прям. и перен.*) hárdened; (*о стали тж.*) chilled, témpered; ~ённый в боя́х used to war, wár-hárdened, báttle-hárdened. **~ивать(ся)** = закаля́ть(ся).

**закали́ть(ся)** *сов. см.* закаля́ть(ся).

**зака́лк||а** *ж.* hárdening, chílling; (*о человеке тж.*) hárdiness; иде́йная ~ ideológical tráining [aıdıə-...]; дава́ть ~у (*дт.*; *о человеке*) hárden (*d.*), tóughen ['tʌf°n] (*d.*), steel (*d.*).

**зака́лывать,** заколо́ть (*вн.*) 1. (*пронзать оружием*) stab (*d.*); (*убивать*) kill (*d.*); ~ свинью́ sláughter / kill *a* pig; 2. (*скреплять*) pin (up) (*d.*); ~ га́лстук pin one's nécktie. **~ся,** заколо́ться 1. kill òne¦sélf (with a síde-àrm), stab òne¦sélf to death [...deθ]; 2. *страд. к* зака́лывать.

**закаля́ть,** закали́ть (*вн.*; *прям. и перен.*) témper (*d.*), steel (*d.*); ~ во́лю stréngthen / témper one's will. **~ся,** закали́ться 1. become* témpered; 2. *страд. к* закаля́ть.

**зака́нчивать,** зако́нчить (*вн.*) fínish (*d.*), end (*d.*); (*об учёбе, работе и т. п.*) compléte (*d.*); ~ речь *и т. п.* (чем-л.) con¦clúde *a* speech, *etc.* (with smth.); зако́нчить диску́ссию (чем-л.) wind* up *a* discússion (with). **~ся,** зако́нчиться 1. (чем-л.) end (in / with smth.); (*без доп.*; *кончаться*) come* to an end; close; 2. *страд. к* зака́нчивать.

**зака́п||ать** I *сов.* (*начать капать*) begin* to drip; дождь ~ал drops of rain begán to fall, it stárted spítting.

**зака́п||ать** II *сов.* (*вн.*) (be)spót (*d.*); она́ ~ала себе́ пла́тье she has spótted her dress.

**закапри́зничать** *сов.* 1. (*начать капризничать*) become* / get* caprícious; (*о детях*) get* náughty; 2. *как сов. к* капри́зничать.

**зака́пчивать,** закопти́ть (*вн.*) 1. (*покрывать копотью*) bláсken with smoke (*d.*), smoke (*d.*); 2. (*приготавливать копчением*) smoke (*d.*); закопти́ть о́корок smoke *a* ham. **~ся,** закопти́ться be / become* cóvered with soot [...'kʌ-...]; (*почернеть*) be bláckened with smoke.

**зака́пывать,** закопа́ть (*вн.*) 1. (*прятать в земле*) búry ['be-] (*d.*); 2. (*заполнять землёй*) fill up (*d.*); ~ я́му fill up *a* hole. **~ся,** закопа́ться 1. búry òne¦sélf ['be-...]; 2. *воен.* dig* in; 3. *страд. к* зака́пывать.

**зака́ркать** *сов.* 1. (*начать каркать*) begin* to caw; 2. *как сов. к* ка́ркать.

**зака́рмливать,** закорми́ть (*вн.*) óver¦féed* (*d.*).

**закаспи́йский** Tránscáspian [-nz-].

**зака́т** *м.* (*солнца*) súnset; (*перен.*) declíne; на ~е жи́зни at the ebb of life, in the declíne of life.

**заката́ть** *сов. см.* зака́тывать I.

**закати́ть** *сов. см.* зака́тывать II.

**закати́ться** *сов. см.* зака́тываться II.

**зака́тывать** I, заката́ть (*вн.* в *вн.*) roll up (*d.* in).

**зака́т||ывать** II, закати́ть (*вн.* под *вн.*) roll (*d.* únder); (*вн.* за *вн.*) roll (*d.* behínd); ◇ ~ глаза́ show* the whítes of one's eyes [ʃou...aız]; ~ сце́ну make* a scene; ~ исте́рику go* off into hystérics; ~и́ть кому́-л. пощёчину give* smb. a slap in the face.

**зака́тываться** I *страд. к* зака́тывать I.

**зака́тываться** II, закати́ться 1. (*о солнце*) set*; 2. (под *вн.*; *о мяче и т. п.*) roll (únder); (за *вн.*) roll (behínd); ◇ ~ сме́хом go* off into fits of láughter [...'lɑ:f-]; ~ пла́чем (*о ребёнке*) go* off into a fit of crýing.

**закача́ть** I *сов.* 1. (*вн.*; *начать качать*) begin* to swing / rock / sway (*d.*); 2. *как сов. к* кача́ть.

**закача́||ть** II *сов.* 1. (*вн.*; *убаюкать*) rock to sleep (*d.*); 2. *безл.*: его́ ~ло he feels (séa)sick.

**закача́ться** *сов.* 1. (*начать качаться*) begin* to swing / rock / sway; 2. *как сов. к* кача́ться.

**зака́шлять** *сов.* (*начать кашлять*) begin* to cough [...kɔf]. **~ся** *сов.* have a fit of cóughing [...'kɔf-].

**зака́яться** *сов.* forswéar* [-'swɛə], swear* to abstáin [swɛə...], swear* to give up.

**заква́кать** *сов.* **1.** (*начать квакать*) begin* to croak; **2.** *как сов. к* ква́кать.

**заква́с||ить** *сов. см.* заква́шивать. **~ка** *ж.* férmènt; (*для теста*) léaven ['le-]; (*перен.*) *разг.* mettle; в нём видна́ хоро́шая ~ка you can see he comes of good stock.

**заква́шивать,** заква́сить (*вн.*) fèrmént (*d.*); (*о тесте*) léaven ['le-] (*d.*).

**закива́ть** *сов.* **1.** (*начать кивать*) begin* to nod (one's head) [...hed]; **2.** *как сов. к* кива́ть.

**закида́ть** *сов. см.* заки́дывать I.

**заки́дывать** I, закида́ть (*вн. тв.*) **1.** (*бросать много, со всех сторон*) bespátter (*d.* with); (*перен.*) shówer (up¦ón *d.*); ~ вопро́сами ply with quéstions [...-stʃənz] (*d.*); **2.** (*заполнять*) fill (*d.* with), fill up (*d.* with); (*сверху*) cóver ['kʌ-] (*d.* with); ~ я́му песко́м fill (up), *или* cóver, *a* hole with sand; (*ср. тж.* забра́сывать I).

**заки́дывать** II, заки́нуть (*вн.*) **1.** (*кидать далеко*) = забра́сывать II 1; **2.:** ~ наза́д го́лову toss / throw* / tilt back one's head [...θrou...hed]; ~ но́гу на́ ногу cross one's legs; ◇ ~ у́дочку cast* a hook; заки́нуть слове́чко за кого́-л. put* in a word for smb.; ~ слове́чко о чём-л. hint smth., suggést smth. [-'dʒest...]. **~ся,** заки́нуться **1.** (*назад*) fall* back; **2.** (*о лошади*) jib, shy; **3.** *страд. к* заки́дывать II.

**заки́нуть** *сов. см.* заки́дывать II. **~ся** *сов. см.* заки́дываться.

**закип||а́ть,** закипе́ть **1.** begin* to boil, be on the boil; símmer; (*пузырьками*) bubble; (*перен.*) be in full swing; рабо́та ~е́ла the work was in full swing.

**закипе́ть** *сов. см.* закипа́ть.

**закиса́ть,** заки́снуть sour, turn sour; (*перен.*) grow* rústy / pássive / indifferent [-ou...].

**заки́снуть** *сов. см.* закиса́ть.

**за́кись** *ж. хим.* pròtóxide [prou-]; ~ желе́за férrous óxide; ~ азо́та nítrous óxide.

**закла́д** *м.* **1.** (*действие*) páwning; (*о недвижимости*) mórtgaging ['mɔːg-]; его́ ве́щи в ~е he has pawned his things; **2.** (*предмет*) pledge, pawn; **3.** *уст.* (*пари*) stake, wáger, bet; ◇ би́ться об ~ bet, wáger.

**закла́дка** I *ж.* (*о фундаменте и т. п.*) láying; ~ зда́ния *и т. п.* (*церемония*) stóne-laying céremony, foundátion-stòne céremony.

**закла́дка** II *ж.* (*в книге*) bóokmàrk.

**закладна́я** *ж. скл. как прил. юр.* mórtgage ['mɔːg-]; hýpothec ['haɪ-].

**закла́дчи||к** *м.,* **~ца** *ж. юр.* mòrtgagór [mɔːgə'dʒɔː].

**закла́дывание** I *с.* = закла́дка I.

**закла́дывание** II *с.* **1.** putting, láying; **2.** (*отдача в залог*) páwning; (*о недвижимости*) mórtgaging ['mɔːg-].

**закла́дывать** I, заложи́ть (*вн.*) **1.** (*класть, засовывать*) put* (*d.*), lay* (*d.*); заложи́ть ру́ки в карма́ны put* one's hands in one's póckets; ~ ру́ки за́ спину cross one's hands behínd; **2.** (*о фундаменте и т. п.*) lay* (*d.*); (*о парниках и т. п.*) instáll (*d.*); был зало́жен пе́рвый дом the foundátion of the first house* was laid [...-s...]; **3.** (*терять*) misláy* (*d.*); **4.** *разг.* (*загромождать*) pile (*d.*), heap (*d.*); ~ стол кни́гами pile the table with books; **5.** (*отдавать в залог*) pawn (*d.*); (*о недвижимости*) mórtgage ['mɔːg-] (*d.*), hỳpóthecàte [haɪ-] (*d.*); **6.** *безл.*: мне, ему́ *и т. д.* заложи́ло у́ши, нос *разг.* my, his, *etc.*, ears are, nose is, stuffed; мне заложи́ло грудь my chest feels stuffed up; ◇ ~ страни́цу put* a mark at *a* page, mark *a* page.

**закла́дывать** II, заложи́ть (*лошадей*) hárness hórses; заложи́ть каре́ту, экипа́ж hárness hórses to a cárriage [...-rɪdʒ].

**закла́ние** *с.* ìmmolátion; ◇ идти́ как а́гнец на ~ go* like a lamb to the sláughter.

**заклева́ть** I *сов. см.* заклёвывать.

**заклева́ть** II *сов.* (*начать клевать; о птице*) begin* to peck; (*о рыбе*) begin* to bite.

**заклёвывать,** заклева́ть (*вн.; о птицах*) peck (*d.*); (*перен.*) *разг.* fall* (up¦ón); заклева́ть на́смерть peck to death [...deθ] (*d.*).

**закле́||ивать,** закле́ить (*вн.*) glue up (*d.*), stick* up (*d.*); ~ окно́ seal up *a* window; ~ ще́ли stop up the chinks; ~ конве́рт seal (up) *an* énvelòpe. **~иваться,** закле́иться **1.** stick*; конве́рт не ~ивается the énvelòpe will not stick; **2.** *страд. к* закле́ивать.

**закле́ить(ся)** *сов. см.* закле́ивать(ся).

**заклеймённый** *прич. и прил.* (*прям. и перен.*) bránded.

**заклейми́ть** *сов. см.* клейми́ть.

**заклепа́ть** *сов. см.* заклёпывать.

**заклёп||ка** *ж. тех.* rívet ['rɪ-], clínch(er). **~ник** *м.,* **~очник** *м. тех.* ríveting hámmer.

**заклёпывание** *с. тех.* ríveting, clínching.

**заклёпывать,** заклепа́ть (*вн.*) rívet ['rɪ-] (*d.*), clinch (*d.*).

**заклина́||ние** *с.* ìnvocátion, ìn¦càntátion, éxòrcism. **~тель** *м.*: ~тель змей snáke-chàrmer.

**заклина́ть** (*вн.*) **1.** (*умолять*) adjúre [ə'dʒuə] (*d.*), conjúre (*d.*); **2.** (*вызывать*) cónjure ['kʌndʒə] (*d.*), invóke (*d.*); (*заколдовывать*) charm (*d.*).

**закли́нивать,** заклини́ть (*вн.*) wedge (*d.*), fásten with a wedge ['fɑːsᵊn...] (*d.*). **~ся,** заклини́ться **1.** jam, be / become* wedged; **2.** *страд. к* закли́нивать.

**заклини́ть(ся)** *сов. см.* закли́нивать(ся).

**заклокота́ть** *сов.* **1.** (*начать клокотать*) begin* to bubble up, begin* to boil; **2.** *как сов. к* клокота́ть.

**заключ||а́ть** I, заключи́ть **1.** (*без доп.; делать вывод*) con¦clúde, infér; из ва́ших слов я ~а́ю from what you say I can con¦clúde, *или* I gáther; из чего́ вы ~а́ете? how do you know? [...nou], what makes you think?; **2.** (*вн.; заканчивать, завершать*) close (*d.*); (*вн. тв.*) wind* up (*d.* with); ~ речь close *a* speech; ~ речь призы́вом wind* up one's speech with *an* appéal; **3.** (*вн.; о контракте, союзе и т. п.*) con¦clúde (*d.*), contráct (*d.*), make* (*d.*); ~ догово́р (с *тв.*) con¦clúde *a* tréaty (with); ~ сою́з (с *тв.*) énter into, *или* con¦clúde, *an* alliance (with); ~ заём contráct *a* loan; ~ сде́лку strike* / contráct *a* bárgain; ~ мир con¦clúde peace; ~ брак contráct márriage [...-rɪdʒ]; ~ пари́ bet*, make* *a* bet; wáger; **4.** *тк. несов.* (*вн.*): ~ в себе́ contáin (*d.*); ◇ ~ в объя́тия (*вн.*) take* / clasp / fold in one's arms (*d.*); embráce (*d.*); ~ в ско́бки (*вн.*) brácket (*d.*), put* / en¦clóse in bráckets (*d.*).

**заключа́ть** II, заключи́ть (*вн.*; *лишать свободы*): ~ кого́-л. в тюрьму́ impríson smb. [-ɪz-...]; commít smb. to, *или* put* smb. into, príson [...-ɪz-]; ~ кого́-л. под стра́жу take* smb. into cústody.

**заключ||а́ться** I **1.** (в *пр.*; *состоять в чём-л.*) consíst (in); ва́ша зада́ча ~а́ется в сле́дующем your task consísts in the fóllowing; де́ло ~а́ется в том, что the thing is that; тру́дность ~а́ется в том, что the dífficulty lies in the fact that; **2.** (*находиться*) be; be contáined; **3.** *страд.* *к* заключа́ть I.

**заключа́ться** II *страд.* *к* заключа́ть II.

**заключе́ни||е** I *с.* **1.** (*вывод*) con¦clúsion, ínference; (*комиссии, суда и т. п.*) fínd¦ings *pl.*; ~ коми́ссии rèsolútion of *the* commíttee [-zə-...-tɪ]; переда́ть на ~ *юр.* submít for decísion / con¦clúsion; вы́вести ~ infér; дать ~ draw* *a* decísion / con¦clúsion; con¦clúde, decíde; прийти́ к ~ю come* to *the* con¦clúsion; **2.** (*договора и т. п.*) con¦clúsion; ~ ми́ра con¦clúsion of peace; ◇ в ~ in con¦clúsion.

**заключе́ни||е** II *с.* (*лишение свободы*) confíne¦ment, deténtion; (*тюремное*) imprísonment [-ɪz-]; ~ под стра́жу commítment; одино́чное ~ sólitary confíne¦ment; предвари́тельное ~ imprísonment pénding tríal; находи́ться в предвари́тельном ~и be in príson a¦wáiting/pénding tríal [...-ɪz-...]; пожи́зненное ~ imprísonment for life; приговори́ть к трём года́м ~я (*вн.*) séntence to three years' imprísonment (*d.*).

**заключённый** I *прич.* *см.* заключа́ть I.

**заключённый** II **1.** *прич.* *см.* заключа́ть II; **2.** *м.* *как сущ.* prísoner [-ɪz-], cónvict; полити́ческий ~ polítical prísoner; пожи́зненный ~ pérson únder life séntence; lífer *разг.*

**заключи́тельн||ый** fínal, clósing, con¦clúsive; ~ое сло́во con¦clúding remárks *pl.*; ~ое заседа́ние fínal sítting; ~ аккóрд finále [-'nɑːlɪ]; ~ая сце́на *театр.* fínal / clósing scene; (*перен.*) dróp-scène.

**заключи́ть** I, II *сов.* *см.* заключа́ть I 1, 2, 3 *и* II.

**закля́т||ие** *с.* **1.** = заклина́ние; **2.** (*клятва, зарок*) oath*, pledge. **~ый:** ~ый враг sworn énemy [swɔːn...].

**зако́ванный** *прич.* *см.* зако́вывать; ~ в броню́ ármour-clàd; ~ в ла́ты mailed.

**закова́ть** *сов.* *см.* зако́вывать.

**зако́вывать,** закова́ть (*вн.*) chain (*d.*), put* into chains (*d.*); ~ в кандалы́ shackle (*d.*), put* into írons [...'aɪənz] (*d.*).

**заковыля́ть** *сов.* **1.** (*начать ковылять*) begín* to hobble; **2.** *как сов.* *к* ковыля́ть.

**заковы́ристый** *разг.* íntricate.

**закола́чивать,** заколоти́ть (*вн.*) **1.** (*досками*) board up (*d.*); (*гвоздями*) nail (*d.*), fásten with nails [-s°n...] (*d.*); **2.** (*вбивать*) drive* in (*d.*); ~ гвоздь drive* in *a* nail.

**заколдо́ванный** **1.** *прич.* *см.* заколдо́вывать; **2.** *прил.* bewítched, spéll-bound; ◇ ~ круг vícious círcle.

**заколдова́ть** *сов.* *см.* заколдо́вывать.

**заколдо́вывать,** заколдова́ть (*вн.*) enchánt [-ɑːnt] (*d.*), bewítch (*d.*); (*зачаровывать*) charm (*d.*), lay* / put* a spell (up¦ón).

**заколеба́ться** *сов.* **1.** (*начать колебаться*) begín* to hésitàte [...-zɪ-], become* únstéady [...-tedɪ], wáver; (*ср.* колеба́ться); **2.** *как сов.* *к* колеба́ться.

**заколоси́ться** *сов.* come* into ear.

**заколоти́ть** I *сов.* *см.* закола́чивать.

**заколоти́||ть** II *сов.* (*начать колотить*) begín* to beat, strike *и т. д.* (*см.* колоти́ть); в дверь ~ли there was a sharp knócking at the door [...dɔː].

**заколоти́||ться** *сов.* (*начать колотиться*) begín* to beat, strike *и т. д.* (*см.* колоти́ться); у него́ се́рдце ~лось his heart begán to thump [...hɑːt...].

**заколо́ть** I *сов.* *см.* зака́лывать.

**заколо́||ть** II *сов.* *безл.*: у него́ ~ло в боку́ he has a stitch in his side.

**заколо́ться** *сов.* *см.* зака́лываться.

**заколых||а́ться** *сов.* **1.** (*начать колыхаться*) begín* to wave / flútter; **2.** *как сов.* *к* колыха́ться; в во́здухе ~а́лись знамёна bánners waved / flúttered in the air.

**зако́н** *м.* law; *юр.* act, státùte; избира́тельный ~ eléction law; по ~у accórding to the law; объяви́ть вне ~а (*вн.*) óutlaw (*d.*), proscríbe (*d.*); вопреки́ ~у agáinst, *или* in spite of, the law; ún¦láwfully; и́менем ~а in the name of the law; статья́ ~а árticle of law; свод ~ов code; státùte book; ~ приро́ды law of náture [...'neɪ-]; ~ы обще́ственного разви́тия the laws of sócial devélopment; изда́ть, обнаро́довать ~ prómulgàte / íssue *a* law; ~ о защи́те ми́ра Peace Defénce Law; ~ы об охо́те gáme-laws; нару́шить ~ break* the law [breɪk...]; соблюда́ть ~ы obsérve laws [-'zəːv...], keep* withín the law; её сло́во, жела́ние, мне́ние для него́ ~ her word, wish, opínion is law with him. **~ник** *м.* *разг.* (*юрист*) láwyer.

**зако́нно** I **1.** *прил.* *кратк.* *см.* зако́нный; **2.** *предик.* *безл.* it is right, it is láwful.

**зако́нно** II *нареч.* láwfully, légal¦ly.

**зако́нн||ость** *ж.* láwfulness, legálity; революцио́нная ~ rèvolútionary law; соблюда́ть социалисти́ческую ~ obsérve Sócialist law [-'zəːv...]. **~ый** légal; legítimate; (*перен.*: *справедливый*) láwful; ~ая си́ла valídity; име́ющий ~ую си́лу válid; ~ые притяза́ния wéll-gróunded claims; ~ое жела́ние legítimate desíre [...-'zaɪə]; на ~ом основа́нии on légal grounds; ~ый владе́лец ríghtful ówner [...'ou-].

**законове́д** *м.* láwyer, júrist. **~ение** *с.* júrisprùdence.

**законода́тель** *м.* législàtor, láw-giver [-gɪ-]; láw-màker. **~ница** *ж.* législàtress. **~ный** législàtive; ~ная власть législàtive pówer. **~ство** *с.* *юр.* lègislátion; **~ство** о труде́ lábour laws *pl.*

**закономе́рно** I **1.** *прил.* *кратк.* *см.* закономе́рный; **2.** *предик.* *безл.* it is in órder.

**закономе́рн||о** II *нареч.* náturally, régularly. **~ость** *ж.* confórmity with a law, règulárity. **~ый** nátural, régular; láw-gòverned [-gʌ-]; ~ое явле́ние nátural phenómenon (*pl.* -ena); ~ое разви́тие nátural devélopment, devélopment in confórmity with nátural laws.

**законопа́тить** *сов. см.* законопа́чивать.

**законопа́чивать,** законопа́тить (*вн.*) caulk up (*d.*).

**законоположе́ние** *с.* státùte.

**законопрое́кт** *м.* bill; draft law; обсуди́ть ~ debáte *a* bill; отклони́ть ~ rejéct *a* bill; приня́ть ~ appróve / pass *a* bill [-ru:v...].

**законсерви́ровать** *сов.* (*вн.*) presérve [-'zə:v] (*d.*); tin (*d.*); can (*d.*); bottle(*d.*); pot(*d.*); (*ср.* консерви́ровать).

**законспири́ровать** *сов.* (*вн.*) make* sécret / clàndéstine (*d.*); keep* dark (*d.*) *разг.*

**законтрактова́ть(ся)** *сов. см.* законтракто́вывать(ся).

**законтракто́вывать,** законтрактова́ть (*вн.*) énter into a cóntràct (for), make* a cóntràct (for). **~ся,** законтрактова́ться sign a cóntràct [saɪn...], work by cóntràct.

**зако́нченн||ость** *ж.* (*отделка*) fínish, gloss; (*полнота*) compléte|ness. **~ый 1.** *прич. см.* зака́нчивать; **2.** *прил.* fínished, compléte; ~ый о́браз fínished / compléte ìdéa / ímage [...aɪ'dɪə...].

**зако́нчить(ся)** *сов. см.* зака́нчивать(ся).

**закопа́ть(ся)** *сов. см.* зака́пывать(ся).

**закопоши́ться** *сов.* **1.** (*начать копошиться*) begin* to swarm, stir *и т. д.* (*см.* копоши́ться); **2.** *как сов. к* копоши́ться.

**закопте́лый** smóky, sóoty; (*грязный*) smútty.

**закопте́ть** *сов. разг.* be / become* cóvered with soot [...'kʌ-...].

**закопти́ть(ся)** *сов. см.* зака́пчивать(ся).

**закопчённый 1.** *прич. см.* зака́пчивать; **2.** *прил.* = закопте́лый.

**закорене́лый** invéterate; (*о привычке*) in|gráined; déep-róoted; ~ престу́пник invéterate críminal.

**закорене́ть** *сов.* become* steeped / soaked: он закорене́л в предрассу́дках he has become steeped / soaked in préjudice.

**закорми́ть** *сов. см.* зака́рмливать.

**закорю́чка** *ж. разг.* (*завитушка*) flóurish ['flʌ-]; (*перен.: затруднение*) rub, hitch.

**закосне́л||ость** *ж.* óbduracy, impénitence. **~ый** óbdurate, impénitent; (в *пр.*) sunk (in), búried ['be-] (in); ~ое неве́жество rank ígnorance; ~ый злоде́й hárdened wretch.

**закосне́ть** *сов. см.* косне́ть.

**закостене́лый** numbed, stiff.

**закостене́ть** *сов.* **1.** be / become* numbed; **2.** (от *ужаса, страха и т. п.*) be / become* stiff (with).

**закоу́л||ок** *м.* **1.** back street; **2.** (*уголок*) seclúded córner; nook; ◇ знать все ~ки know* all the ins and outs [nou...].

**закочене́лый** numb / stiff with cold.

**закочене́||ть** *сов.* **1.** become* numb / stiff with cold; у него́ ру́ки ~ли his hands are stiff with cold; **2.** *как сов. к* кочене́ть.

**закра́||дываться,** закра́сться steal* in, slink* in, creep* in; ~лось сомне́ние, подозре́ние doubts, a suspícion crept in [dauts...].

**закра́ина** *ж. тех.* flange.

**закра́сить** *сов. см.* закра́шивать.

**закрасне́ть** *сов.* = закрасне́ться **1. ~ся** *сов.* **1.** show* red [ʃou...]; **2.** (*смутиться*) blush, flush (red).

**закра́сться** *сов. см.* закра́дываться.

**закра́шивать,** закра́сить (*вн.*) paint (óver).

**закрепи́тель** *м. фот.* fíxing ágent.

**закрепи́тельный:** ~ тало́н vóucher.

**закреп||и́ть(ся)** *сов. см.* закрепля́ть(ся). **~ле́ние** *с.* **1.** (*прикрепление*) fástening [-s°n-], attáching; **2.** (*обеспечение*) appóinting; **3.** *мед.* stópping of dìarrhóea [...-'rɪə]; **4.** *фот.* fíxing; **5.** *воен.* (*тж. перен.*; *об успехе*) consòlidátion.

**закреп||ля́ть,** закрепи́ть **1.** (*вн.*) fásten [-s°n] (*d.*), secúre (*d.*); (*о песках и т. п.*) ánchor ['æŋkə] (*d.*); *мор.* make* fast (*d.*), reeve (*d.*); (*перен.*) consólidàte (*d.*); ~ верёвку fásten *a* string; ~ гвоздём fásten with *a* nail (*d.*); ~ успе́х(и) confírm / consólidàte the succéss / achíeve|ment(s) [...-i:v-]; ~и́ть завоева́ния револю́ции consólidàte the cónquèsts of rèvolútion; ~ пози́ции consólidàte the posítions [...-'zɪ-]; э́тот догово́р ~и́л дру́жбу ме́жду на́шими стра́нами this tréaty has sealed the fríendship betwéen our cóuntries [...'fre-... 'kʌ-]; **2.** (*вн.* за *тв.*; *предназначать*) allót (*d.* to), appóint (*d.* to); ~ дом за учрежде́нием appóint / assígn / allót prémises to *an* institútion [...ə'saɪn... -sɪz...]; ~ за собо́й ме́сто secúre *a* place; **3.** (*вн.*) *фот.* fix (*d.*); **4.** *безл. мед.*: его́ ~и́ло he has cònstipátion. **~ля́ться,** закрепи́ться **1.** (на *пр.*) consólidàte one's hold (on); ~ля́ться на пози́ции *воен.* consólidàte *a* posítion [...-'zɪ-]; **2.** *страд. к* закрепля́ть. **~ля́ющий 1.** *прич. см.* закрепля́ть; **2.** *прил.*: ~ля́ющее сре́дство ópiate.

**закрепости́ть(ся)** *сов. см.* закрепоща́ть(-ся).

**закрепощ||а́ть,** закрепости́ть (*вн.*) enslávе (*d.*). **~а́ться,** закрепости́ться be / become* ensláved. **~е́ние** *с.* **1.** (*действие*) ensláving, túrning into a serf; **2.** (*состояние*) sérfdom, sérfhood [-hud].

**закрича́ть** *сов.* **1.** (*начать кричать*) begin* to cry, raise a cry, give* a shout, shout *и т. д.* (*см.* крича́ть); ~ на кого́-л. (begin* to) shout at smb.; **2.** *как сов. к* крича́ть.

**закро́й||ный** for cútting clothes, *etc.* [...-ouðz]. **~щик** *м.*, **~щица** *ж.* cútter.

**за́кром** *м. с.-х.* córn-bìn; ◇ мно́го хле́ба в ~а́х the gránaries are full.

**закругл||е́ние** *с.* **1.** (*действие*) róunding, cúrving; **2.** (*линия*) curve; cúrvature. **~лённый** *прич. и прил.* róunded; ◇ ~лённая фра́за wéll-róunded períod. **~ли́ть(ся)** *сов. см.* закругля́ть(ся).

**закругля́ть,** закругли́ть (*вн.*) round (off) (*d.*), make* round (*d.*); ◇ ~ фра́зу round off *a* séntence. **~ся,** закругли́ться **1.** curve, round, be róunding; **2.** *страд. к* закругля́ть.

**закружи́ть** *сов.* **1.** (*вн.*; *начать кружить*) begin* to turn (*d.*); (*стремительно*) send* whírling (*d.*); **2.** *как сов. к* кружи́ть. **~ся** *сов.* **1.** (*начать кружиться*) begin* to whirl / spin; **2.** *как сов. к* кружи́ться; **3.** *разг.* (*устать от хлопот и т. п.*) be run off one's feet, be in a whirl; ~ся с хозяйством be in a muddle with the house:wòrk, *или* with house:hòld affáirs [...'haus-... 'haus-...].

**закрути́ть** I *сов. см.* закру́чивать.

**закрути́ть** II *сов.* (*начать крутить*) begin* to turn *и т. д.* (*см.* крути́ть).

**закрути́ться** I *сов. см.* закру́чиваться.

**закрути́ться** II *сов.* (*начать крутиться*) begin* to turn *и т. д.* (*см.* крути́ться).

**закру́||чивать,** закрути́ть (*вн.*) **1.** twirl (*d.*), twist (*d.*); (*вокруг*) wind* round (*d.*); ~ кому́-л. ру́ки за́ спину twist smb.'s arms behind *his* back; ~ во́жжи на́ руки wind* the reins round one's hands; ~ усы́ turn up one's moustáche [...məs'tɑːʃ], twirl / twist one's moustáche; ве́тер ~ти́л пыль the wind is whirling the dust [...wɪ-...]; **2.** (*завёртывать: о кране и т. п.*) turn tight (*d.*); (*о гайке и т. п.*) turn fast (*d.*). **~чиваться,** закрути́ться **1.** (*о нитке и т. п.*) twist, become* twisted; **2.** *страд. к* закру́чивать.

**закручи́ниться** *сов.* **1.** grow* sad / sórrow:ful [-ou...]; **2.** *как сов. к* кручи́ниться.

**закрыва́ть,** закры́ть (*вн.*) **1.** shut* (*d.*), close (*d.*); (*о воде, газе и т. п.*) shut* off (*d.*); (*перен.: заканчивать, прекращать*) close (*d.*); ~ трубу́ close the flue; ~ на ключ lock (*d.*); ~ собра́ние close, *или* break* up, *the* méeting [...breɪk...]; ~ пре́ния close, *или* break* off, *the* debáte; **2.** (*покрывать*) cóver (up) ['kʌ-...] (*d.*); ~ лицо́ рука́ми cóver one's face with one's hands; búry one's face in one's hands ['be-...]; ~ кры́шкой put* the lid on; ту́чи закры́ли не́бо ráin-clouds cóvered the sky; **3.** (*ликвидировать, запрещать*) shut* down (*d.*), close down (*d.*); (*о газете, журнале*) suppréss (*d.*); ~ предприя́тия, уче́бные заведе́ния *и т. п.* shut* / close down *the* énterprises, schools, *etc.*; ~ грани́цу close the fróntier [...'frʌ-]; ◇ ~ глаза́ на что-л. òver:lóok smth., shut* one's eyes to smth. [...aɪz...]; wink at smth.; закры́ть глаза́ (*умереть*) pass a:wáy, breathe one's last; (*умершему*) atténd smb. on his déath-bèd [...'deθ-]; ~ рот кому́-л. stop smb.'s mouth; ~ две́ри до́ма для кого́-л. shut* the doors of one's house agáinst smb. [...dɔːz...haus...]; ~ ско́бки close the bráckets; ~ счёт close *the* accóunt. **~ся,** закры́ться **1.** close, shut*, be closed, be shut; дверь закры́лась the door (was) shut [...dɔː...]; его́ глаза́ закры́лись his eyes (were) shut [...aɪz...]; за́навес закры́лся the cúrtain was pulled / drawn [...puld...], the cúrtain dropped / fell; кры́шка закры́лась the lid fell, the lid came down; **2.** (*покрываться*) cóver òne:sélf up ['kʌ-...]; ~ся от дождя́ protéct òne:sélf from the rain; **3.** (*переставать действовать, существовать и т. п.*) be closed (down), be óver; вы́ставка закры́лась the èxhibítion (was) closed [...eksɪ-...]; сезо́н закры́лся the séason was óver [...-z°n...]; **4.** *страд. к* закрыва́ть.

**закры́т||ие** *с.* **1.** clósing, shútting; (*окончание*) close; ~ сезо́на end / close of the séason [...-z°n]; ~ вы́ставки clósing of *an* èxhibítion [...eksɪ-]; вре́мя ~ия (*магазинов и т. п.*) clósing-time; **2.** *воен.* (*укрытие*) cóver ['kʌ-]. **~ый 1.** *прич. см.* закрыва́ть; **2.** *прил.* (*недоступный для посторонних*) closed; ~ое заседа́ние closed méeting (*for members only*); prívate / sécret séssion ['praɪ-...]; *юр.* méeting in cámera; провести́ ~ое заседа́ние meet* in closed / prívate séssion; ~ое парти́йное собра́ние closed Párty méeting; ~ый спекта́кль closed / prívate perfórmance; ◇ ~ое уче́бное заведе́ние bóarding-school; при ~ых дверя́х behínd closed doors [...dɔːz]; in prívate; ~ое мо́ре ín:land sea; ~ое письмо́ létter (*as opposed to a postcard*); ~ое пла́тье hígh-nécked dress; в ~ом помеще́нии índoors [-ɔːz]; с ~ыми глаза́ми ≅ blínd:ly; héadlòng ['hed-].

**закры́ть(ся)** *сов. см.* закрыва́ть(ся).

**закряхте́ть** *сов.* **1.** (*начать кряхтеть*) begin* to groan; **2.** *как сов. к* кряхте́ть.

**закуда́хтать** *сов.* **1.** (*начать кудахтать*) begin* to cluck; **2.** *как сов. к* куда́хтать.

**закули́сн||ый** (táking place, *или* occúrring) behínd the scenes; ~ые перегово́ры sécret negòtiátions; ~ая сде́лка báck-stàge deal; ~ая сторона́ hídden círcumstances *pl.*, hídden áspèct of *a* quéstion [...-stʃ-].

**закупа́ть,** закупи́ть (*вн.*) **1.** (*скупать*) buy* in [baɪ...] (*d.*), lay* in a stock (of); **2.** (*делать покупки*) buy* in (*d.*), púrchase [-s] (*d.*).

**закупи́ть** *сов. см.* закупа́ть.

**заку́пк||а** *ж.* púrchase [-s]; де́лать ~и lay* in supplíes; опто́вые ~и whóle:sàle púrchases ['houl-...].

**заку́пор||ивать,** заку́порить (*вн.*) stop up (*d.*); (*пробкой*) cork up (*d.*); (*перен.*) shut* up (*d.*). **~ить** *сов. см.* заку́поривать. **~ка** *ж.* **1.** córking; **2.** *мед.* émbolism, thròmbósis.

**заку́почн||ый** *прил. к* заку́пка; ~ая цена́ *эк.* púrchase price [-s...].

**заку́ривать,** закури́ть (*вн.*) light* a cìgarétte, pipe, *etc.* **~ся,** закури́ться (*о папиросе и т. п.*) take* fire, become* lighted.

**закури́ть** I *сов. см.* заку́ривать.

**закури́ть** II *сов.* **1.** (*начать курить*) begin* to smoke; **2.** *как сов. к* кури́ть 1, 2.

**закури́ться** I *сов. см.* заку́риваться.

**закури́ться** II *сов.* **1.** (*начать куриться*) begin* to emít smoke; **2.** *как сов. к* кури́ться.

**закуса́ть** *сов.* (*вн.*) *разг.* bite* / sting* all óver (*d.*).

**закуси́ть** I, II *сов. см.* заку́сывать I, II.

**заку́ск||а** *ж.* hors d'oeuvre [ɔː'dəːvr], snack; refréshments *pl.*; холо́дная ~ cold dish / plate; лёгкая ~ light repást; snack; ◇ на ~у (*перен.*) for a títbit.

**заку́сочная** *ж. скл. как прил.* snáck-bàr.

**заку́сывать** I, закуси́ть (*прикусывать*): ~ язы́к, гу́бы *разг.* bite* one's tongue, lips [...tʌŋ...]; ~ удила́ (*о лошади; тж. перен.*) take* the bit betwéen *the* teeth; (*тк. перен.*) get* out of contról [...-oul].

**заку́сывать** II, закуси́ть (*без доп.*) have a snack; ~ ры́бой have a bit of fish; ~ во́дку *и т. п.* ры́бой, колбасо́й *и т. п.* take* some fish, sáusage, *etc.*, with one's vódka, *etc.* [...'sɔs-...]; ~ на́скоро snatch a hásty meal [...'heɪ-...].

**заку́тать(ся)** *сов. см.* заку́тывать(ся).

**закути́ть** *сов.* **1.** (*начать кутить*) begin* to caróuse, begin* to lead a díssipàted life; go* on the spree; **2.** *как сов. к* кути́ть.

**заку́тывать,** заку́тать (*вн.*) múffle (*d.*), wrap up (*d.*); (*одеялом*) tuck up (in bed) (*d.*). **~ся,** заку́таться múffle / wrap òne:sélf up.

**зал** *м.*, **за́ла** *ж.* hall; (*во дворце*) présence-chàmber [-znstʃeɪ-]; (*в частном доме*) recéption-room; ~ ожида́ния wáiting-room; ~ заседа́ний суда́ cóurt-room ['kɔːt-]; гимнасти́ческий ~ gymnásium [-z-] (*pl.* -siums, -sia); танцева́льный ~ dáncing-hàll; báll-room; зри́тельный ~ hall, auditórium; чита́льный ~ réading-hàll, réading-room; по́лный ~ (*о театре и т. п.*) packed áudience.

**зала́д||ить** *сов. разг.* (+ *инф.*) take* (to *ger.*); он ~ил ходи́ть в кино́ he has táken to gó̤ing to the móvies [...'muː-]; ◇ ~ одно́ и то же harp on one string.

**зала́мывать,** заломи́ть (*вн.*) *разг.*: ~ це́ну ask / demánd an exórbitant price [...-ɑːnd...]; ~ ша́пку cock one's hat; ~ ру́ки (*в горе и т. п.*) wring* one's hands.

**залата́ть** *сов. см.* лата́ть.

**зала́ять** *сов.* **1.** (*начать лаять*) begin* to bark; give* tongue [...tʌŋ] *идиом.*; **2.** *как сов. к* ла́ять.

**залега́ние** *с. геол.* bédding; (*пласт*) bed, seam.

**залега́ть** *геол.* lie*; bed; be depósited [...-z-].

**заледене́||лый** cóvered with ice ['kʌ-...]. **~ть** *сов.* freeze*.

**залежа́вшийся, залежа́лый** stale; ~ това́р old stock.

**залежа́ться** *сов. см.* залёживаться.

**залёживаться,** залежа́ться **1.** lie* a long time; **2.** (*о товаре*) find* no márket; **3.** (*портиться*) become* stale.

**за́лежн||ый:** ~ые зе́мли lóng-fállow / dis¦-úsed lands [...-'juːst...].

**за́лежь** *ж.* **1.** *геол.* depósit [-z-], bed; ~ у́гля cóal-bèd, cóal-field [-fiːld]; ~ то́рфа péat-bèd, péat-field [-fiːld]; **2.** *тк. ед. разг.* (*о товарах*) stale goods [...gudz] *pl.*; **3.** *с.-х.* (*о земле*) long fállow.

**залеза́ть,** залéзть **1.** (на *вн.*; *взбираться*) climb (up) [klaɪm...] (on, *d.*); ~ на де́рево climb *a* tree; **2.** (в *вн.*; *прокрадываться*) steal* (into); (*проникать*) get* (into), pénetràte (into); ~ в ко́мнату creep* / steal* into *a* room; ◇ ~ кому́-л. в карма́н pick smb.'s pócket; залéзть в долги́ get* / run* into debt [...det].

**залéзть** *сов. см.* залеза́ть.

**залени́ться** *сов. разг.* grow* lázy [-ou...].

**залепета́ть** *сов.* **1.** (*начать лепетать*) begin* to babble / prattle; **2.** *как сов. к* лепета́ть.

**залепи́ть** *сов. см.* залепля́ть.

**залеп||ля́ть,** залепи́ть (*вн.*) **1.** close up (*d.*); **2.** (*заклеивать*) glue up (*d.*), paste up / óver [peɪ-...] (*d.*); ◇ ~и́ть кому́-л. пощёчину *груб.* slap smb. in the face.

**залет||а́ть** I, залетéть **1.** (в *вн.*) fly* (in, into); му́ха ~éла в ко́мнату a fly flew into *the* room; **2.** (за *вн.*) fly* (behind, be¦yónd); самолёт ~éл за поля́рный круг the áirplàne crossed the pólar circle; **3.** *ав.* (*куда-л.*) land (*somewhere*) on the way, stop (*somewhere*) on the way; они́ ~éли в Москву́ за горю́чим on their way they lánded / stopped in Móscow to refúel [...-'fju-].

**залета́ть** II *сов.* (*начать летать*) begin* to fly.

**залетéть** *сов. см.* залета́ть I.

**залéчивать,** залечи́ть (*вн.*) heal (*d.*), cure (*d.*); ~ ра́ны (*прям. и перен.*) heal the wounds [...wuːndz]; залечи́ть ра́ны, нанесённые войно́й heal the wounds of war, repáir the rávages of war. **~ся,** залечи́ться (*о ране*) heal.

**залечи́ть** *сов.* **1.** *см.* залéчивать; **2.** (*вн.*) *разг.*: ~ до́ смерти dóctor to death [...deθ] (*d.*), kill by too much dóctoring (*d.*). **~ся** *сов. см.* залéчиваться.

**залéчь** *сов.* **1.** (*лечь надолго*) lie* (down); ~ спать go* off to bed; **2.** (*притаиться*) lie* in híding; **3.** *воен.* drop flat.

**зали́в** *м.* bay; (*с узким входом*) gulf; (*небольшой*) cove; (*мелкий*) creek.

**залива́ть,** зали́ть **1.** (*вн.*; *затоплять, заполнять*) flood [flʌd] (*d.*), ínùndàte (*d.*), òver¦-flów [-ou] (*d.*); быть за́литым (*тв.*) run* (with); ~ асфа́льтом lay* / spread* ásphàlt [...spred -ælt] (óver); ~ ту́шью ink in (*d.*); ~ кра́ской give* a wash of paint (*i.*); ~ свéтом flood with light (*d.*); за́литый со́лнцем sún-filled, bathed in súnshine [beɪðd...]; **2.** (*вн. тв.*; *обливать*) pour [pɔː] (óver *d.*), spill (on *d.*); зали́ть ска́терть, стол черни́лами, вино́м spill ink, wine on the táble¦clòth, table; **3.** (*вн.*; *тушить*) extínguish (with wáter) [...'wɔː-] (*d.*); ~ пожа́р put* out *a* fire; ◇ ~ гало́ши mend galóshes; ~ го́ре вино́м drown one's sórrows in wine.

**залива́ться** I, зали́ться **1.** (в *вн.*; *о воде и т. п.*) pour [pɔː] (into); **2.** *страд. к* залива́ть.

**залива́ться** II, зали́ться (*тв.*): ~ смéхом laugh mérrily / buóyantly [lɑːf...'bɔɪ-]; ~ пéсней sing* mérrily / buóyantly; ~ слеза́ми be drowned in tears, dissólve in tears [-'z-...]; ~ ла́ем bark at the top of its voice.

**зали́вка** *ж.*: ~ гало́ш ménding of galóshes; ~ асфа́льтом (*рд.*) láying / spréading ásphàlt [...-ed- -ælt] (óver); ~ ту́шью ínking in; ~ кра́ской gíving a wash of paint.

**заливн||о́й** **1.**: ~ луг wáter-meadow ['wɔːtəme-], flood plain [-ʌd...]; **2.** *кул.* jéllied; in áspic; ~а́я осетри́на jéllied stúrgeon.

**зализа́ть** *сов. см.* зали́зывать.

**зали́зывать,** зализа́ть (*вн.*) lick (clean) (*d.*); (*перен.*; *о волосах*) sleek (down) (*d.*); ~ ра́ны lick *the* wounds [...wuː-].

**зали́ть** *сов. см.* залива́ть.

**зали́ться** I, II *сов. см.* залива́ться I, II.

**залихва́тск||ий** *разг.* dévil-may-cáre; ~ая пéсня róllicking song.

**зало́г** I *м.* **1.** (*действие*) = закла́д 1; **2.** (*предмет*) guàrantée, depósit [-z-]; pledge (*тж. перен.*); (*денежный*) secúrity; cáution (móney) [...'mʌ-]; в ~ (чегó-л.) in secúrity (for); отдава́ть в ~ (*вн.*) pawn (*d.*); (*о недвижимости*) mórtgage ['mɔːg-] (*d.*); оставля́ть в ~ (*вн.*) leave* as a depósit (*d.*); под ~ (*рд.*) on the secúrity (of); выкупа́ть из ~а (*о недвижимости*) pay* off a mórtgage; (*вн.*; *о предмете*) redéem (*d.*); ◇ ~ успéха pledge / éarnest of succéss [...'əːn-...]; ~ дру́жбы tóken of fríendship [...'fren-].

**зало́г** II *м. грам.* voice; действи́тельный ~ áctive voice; страда́тельный ~ pássive (voice); срéдний ~ médium (voice).

**зало́гов||ый** I *прил. к* зало́г I; ~ое свиде́тельство páwnbròker's / mórtgage certíficate [...'mɔːg-...]; ~ая квита́нция depósit / páwnbròker's recéipt [-zɪt... -'siːt].

**зало́говый** II *прил. к* зало́г II.

**залогода́тель** *м.* depósitor [-zɪ-].

**залогодержа́тель** *м.* pawnée; (*на недвижимость*) mòrtgagée [mɔːg-].

**заложи́ть** I, II *сов. см.* закла́дывать I, II.

**зало́жни||к** *м.*, **~ца** *ж.* hóstage.

**заломи́ть** *сов. см.* зала́мывать.

**залосни́ться** *сов. разг.* grow* / become* shíny (with nap worn off) [grou... wɔːn...].

**залп** *м.* vólley; *мор.* sálvò; пу́шечный ~ gun vólley; *мор.* gun sálvò; дать ~ fire a vólley; *мор.* fire a sálvò; стреля́ть ~ами fire (in) vólleys; *мор.* fire (in) sálvòes.

**за́лпом** *нареч.* (*без передышки*): выпива́ть ~ (*вн.*) drink* off at one draught / gulp [... -ɑːft ...] (*d.*); произноси́ть ~ (*вн.*) rattle off (*d.*).

**залуча́ть,** залучи́ть (*вн.*) *разг.* entíce (*d.*), lure (*d.*); (*обманом*) decóy (*d.*); ~ кого́-л. к себе́ (в го́сти) get* smb. to come to one's place.

**залучи́ть** *сов. см.* залуча́ть.

**залюбова́ться** *сов.* (*тв.*) admíre (*d.*), lose* òne¦sélf in àdmirátion [luːz...] (of); regárd with àdmirátion (*d.*).

**зама́зать(ся)** *сов. см.* зама́зывать(ся).

**зама́зка** *ж.* **1.** (*вещество*) pútty; **2.** (*действие*) púttying up.

**зама́зывать,** зама́зать (*вн.*) **1.** (*покрывать краской*) paint óver (*d.*); (*зачёркивать*) effáce (*d.*); (*перен.*) slur óver (*d.*); ~ недоста́тки рабо́ты slur óver the deféсts of the work; **2.** (*залеплять*) pútty (*d.*); ~ о́кна на́ зиму seal (up), *или* pútty, the windows for the wínter; **3.** *разг.* (*пачкать*) daub óver (*d.*), besméar (*d.*), soil (*d.*). **~ся,** зама́заться **1.** *разг.* (*пачкаться*) get* soiled, get* dirty; **2.** *страд. к* зама́зывать.

**зама́лчивание** *с.* ignóring, húshing up.

**зама́лчивать,** замолча́ть (*вн.*) ignóre (*d.*), hush up (*d.*), keep* sílent (abóut); húgger-mùgger (*d.*) *разг.*

**зама́нивать,** замани́ть (*вн.*) entíce (*d.*), lure (*d.*); (*привлекать*) attráct (*d.*); (*обманом*) decóy (*d.*); замани́ть в заса́ду decóy into an ámbush (*d.*); замани́ть в западню́, в лову́шку, в се́ти (*вн.*) (en)tráp (*d.*), (en)snáre (*d.*).

**замани́ть** *сов. см.* зама́нивать.

**зама́нчив||ость** *ж.* allúre¦ments *pl.* **~ый** témpting, allúring.

**замар||а́ть** *сов.* **1.** *см.* мара́ть 1; **2.** (*вн.*; *зачеркнуть*) blot out (*d.*), effáce (*d.*). **~а́ться** *сов. см.* мара́ться. **~а́шка** *м. и ж. разг.* slóven [-ʌ-].

**замаринова́ть** *сов.* (*вн.*) píckle (*d.*).

**замаскиро́ванный** **1.** *прич. см.* замаскиро́вывать; **2.** *прил.* dis¦guísed.

**замаскирова́ть(ся)** *сов. см.* замаскиро́вывать(ся) *и* маскирова́ть(ся).

**замаскиро́вывать,** замаскирова́ть (*вн.*) **1.** mask (*d.*), dis¦guíse (*d.*); (*о чувствах тж.*) concéal (*d.*), hide* (*d.*); **2.** *воен.* cámouflàge [-uflɑːʒ] (*d.*). **~ся,** замаскирова́ться **1.** (*тв.*) dis¦guíse òne¦sélf (as); **2.** (*без доп.*) *воен.* cámouflàge [-uflɑːʒ].

**зама́сливать,** зама́слить (*вн.*) make* óily (*d.*), make* gréasy [...-zɪ] (*d.*), grease (*d.*); (*перен.*) bútter up (*d.*). **~ся,** зама́слиться **1.** (*об одежде и т. п.*) become* soiled, become* gréasy / óily [...-zɪ...]; **2.** *тк. сов.*: его́ глаза́ зама́слились his eyes glístened [...aɪz...].

**зама́слить(ся)** *сов. см.* зама́сливать(ся).

**зама́тывать,** замота́ть **1.** (*вн.*; *свёртывать*) roll up (*d.*), fold up (*d.*); **2.** (*вн. тв.*; *обматывать*) twist (round *d.*), wind* (round *d.*); **3.** (*вн.*) *разг.* (*утомлять*) tire out (*d.*). **~ся,** замота́ться **1.** (*обматываться*) wind* round; **2.** *разг.* (*утомляться*) be óver¦wórked, be rushed, be fagged out.

**замаха́ть** *сов.* begin* to wave, flap *и т. д.* (*см.* маха́ть).

**зама́х||иваться,** замахну́ться (на кого́-л. чем-л.) thréaten ['θre-] (smb. with smth.), raise (thréatening¦ly) [...'θre-] (smth. at smb.); **~ну́ться** руко́й на кого́-л. raise / lift up one's hand agáinst smb.; **~ну́ться** па́лкой на кого́-л. flóurish one's stick at smb. ['flʌ-...], brándish a stick at smb.

**замахну́ться** *сов. см.* зама́хиваться.

**зама́чивать,** замочи́ть (*вн.*) **1.** (*слегка*) wet (*d.*); замочи́ть но́ги wet one's feet; **2.** (*погружать в воду*) soak (*d.*); ~ бельё soak the wáshing; ~ лён, коноплю́ ret flax, hemp; ~ со́лод líquor malt.

**зама́шки** *мн. разг.* way *sg.*, ways, mánners.

**зама́щивать,** замости́ть (*вн.*) pave (*d.*).

**зама́яться** *сов.* be exháusted, be tired out.

**замая́ч||ить** *сов.* loom; вдали́ ~или огни́ lights gleamed in the dístance.

**замедле́ни||е** *с.* **1.** (*хода*) slówing down [-ou-...], dècèlerátion [diː-]; *муз.* rìtàrdándò, retárding; (*задержка*) deláy; без ~я without deláy, immédiate¦ly, at once [...wʌns], right a¦wáy *разг.*

**заме́дленн||ый** **1.** *прич. см.* замедля́ть; **2.** *прил.* slow [-ou]; бо́мба ~ого де́йствия deláyed-àction bomb, tíme-bòmb.

**замедли́тель** *м. тех.* deláy élement; (*пороховой*) deláy train.

**заме́длить(ся)** *сов. см.* замедля́ть(ся).

**замедля́ть,** заме́длить (*вн.*) slow down [slou...] (*d.*); (*задерживать*) retárd (*d.*), deláy (*d.*); *тех.* dècélerate [diː-] (*d.*); ~ те́мпы sláсken the pace; прошу́ не заме́длить отве́том please ánswer by retúrn post, *или* immédiate¦ly, *или* without deláy [...'ɑːnsə...]; заме́длить ход slow down; redúce speed; заме́длить шаги́ slow down the pace; walk slówer [...'slouə]; он не заме́длил яви́ться he was not long in coming; они́ не заме́длили воспо́льзоваться э́тим they have not been slow in táking advántage of it [...-'vɑː-...]. **~ся,** заме́длиться **1.** slow down [slou...], sláсken; become* slówer [...'slouə]; его́ речь заме́длилась his words came slówer; движе́ние колеса́ заме́длилось the speed of the wheel sláсkened / fell; **2.** *страд. к* замедля́ть.

**замелька́ть** *сов.* flash, gleam, appéar.

**заме́н||а** *ж.* **1.** (*действие*) sùbstitútion, replác¦ment; ~ потеря́нной кни́ги но́вой the replác¦ment of *a* lost book by *a* new one; sùbstitútion of *a* new book for *a* lost one; ~ сме́ртной ка́зни тюре́мным заключе́нием còmmutátion of death séntence to príson confine¦ment [...deθ... 'prɪz°n...]; **2.** (*то, что заменяет*) súbstitùte; (*что-л. равноценное*) equívalent; служи́ть ~ой (*рд.*, *дт.*) be a súbstitùte (for), take* the place (of). **~и́мый** replácе¦able.

**замени́тель** *м.* súbstitùte.

**замени́ть** *сов. см.* заменя́ть.

**замен||я́ть,** замени́ть **1.** (*вн. тв.*) súbstitùte (for *d.*), replácе (*d.* by); ~и́ть мета́лл де́ревом súbstitùte wood for métal [...wud... 'me-], use wood instéad of métal [...-'sted...]; ниче́м нельзя́ замени́ть (*вн.*) there is no súbstitùte (for); **2.** (*вн.*; *занимать место*) take* the place (of); она́ ~и́ла ребёнку мать she was a móther to the child* [...'mʌ-...]; не́кому его́ ~и́ть there is no one to take his place, *или* to replácе him.

**замере́ть** *сов. см.* замира́ть.

**замерз||а́ние** *с.* fréezing; то́чка ~а́ния fréezing-point; на то́чке ~а́ния at fréezing-point; (*перен.*) at a stándstill.

**замерза́ть,** замёрзнуть freeze; be frózen; (*умирать от мороза*) freeze to death [...deθ], die of cold; цветы́ замёрзли the flówers are fróstbitten, *или* nipped by the cold; река́ замёрзла the ríver is / has frózen up [...'rɪ-...].

**замёрзнуть** *сов. см.* замерза́ть.

**за́мертво** *нареч.* in a dead faint [...ded...].

**замеси́ть** *сов. см.* замéшивать II.

**замести́** *сов. см.* замета́ть I.

**замести́тел||ь** *м.* députy; ~ дире́ктора (*должность*) députy / assístant diréctor; (*исполняющий обязанности директора*) ácting diréctor; ~ нача́льника députy / assístant chief [...tʃi:f]; ~ председа́теля více-présidеnt [-ezɪ-], více-cháir¦man*; быть ~ем (*рд.*) be the députy (of); be / stand* próxy (for).

**замести́тельство** *с.* députìzing.

**замести́ть** *сов. см.* замеща́ть 2.

**замета́ть** I, замести́ (*вн.*) **1.** (*подметать*) sweep* (up) (*d.*); **2.** *безл.* (*покрывать снегом, песком*) cóver ['kʌ-] (*d.*); доро́гу замело́ сне́гом the road is blocked with snow [...snou]; ◇ ~ следы́ cóver up *the* tráces.

**замета́ть** II *сов. см.* замётывать.

**замета́ться** *сов.* begin* to rush abóut; (*в постели*) begin* to toss.

**заме́т||ить** *сов. см.* замеча́ть. **~ка** *ж.* **1.** (*в печати*) páragràph, nótice ['nou-]; **2.** (*запись*) note; путевы́е ~ки itínerary / trável notes / skétches [...'træ-...]; ~ки на поля́х márginal notes; де́лать ~ки (*записывать*) take* notes; **3.** (*на чём-л.*) mark; ◇ брать на ~ку *разг.* note.

**заме́тно** I **1.** *прил. кратк. см.* заме́тный; **2.** *предик. безл.* it is nótice¦able / seen [...'nou-...], one can see.

**заме́тн||о** II *нареч.* nótice¦ably ['nou-]; (*ощутимо*) appréciably; он ~ постаре́л he looks much ólder than (he did) befóre. **~ый** **1.** (*видимый*) nótice¦able ['nou-]; vísible [-z-]; (*ощутимый*) appréciable; ~ая ра́зница marked dífference; ~ое улучше́ние marked impróve¦ment [...-ru:v-]; **2.** (*выдающийся*) óutstànding.

**замётывать,** замета́ть (*вн.*) baste [beɪst] (*d.*); sew* up [sou...] (*d.*).

**замеча́ние** *с.* **1.** remárk, òbservátion [-z-]; **2.** (*упрёк*) repróof; tálking to *разг.*; сде́лать ~ (*дт.*) rebúke (*d.*), repróve [-u:v] (*d.*).

**замеча́тельно** I **1.** *прил. кратк. см.* замеча́тельный; **2.** *предик. безл.* it is remárkable; (*удивительно*) it is wónderful [...'wʌ-].

**замеча́тельн||о** II *нареч.* remárkably; (*удивительно*) wónderfully ['wʌ-]; (*необыкновенно*) out of the cómmon. **~ый** remárkable; (*прекрасный*) spléndid; (*удивительный*) wónderful ['wʌ-]; (*выдающийся*) óutstànding.

**замеча́ть,** заме́тить **1.** (*вн.*) nótice ['nou-] (*d.*), obsérve [-'zə:v] (*d.*); *сов. тж.* sight (*d.*), get* sight (of); **2.** (*вн.*; *брать на заметку*) note (*d.*); **3.** (*вн.*; *обращать внимание*) take* nótice (of), mark (*d.*); не ~ pay* no heed (to), take* no nótice (of), be oblívious (of); **4.** (*без доп.*; *вставлять в разговор замечание*) obsérve, remárk.

**замечта́ться** *сов.* give* òne¦sélf up to dreams, lose* òne¦sélf in dreams [lu:z...], be dáy-dreaming, be lost / sunk in réverie.

**замеша́тельство** *с.* confúsion, embárrassment; вноси́ть ~ в ряды́ проти́вника disórganize the ranks of the énemy, throw* the ranks of the énemy into confúsion / dìsarráy [-ou...]; привести́ в ~ (*вн.*) put* out of cóuntenance (*d.*); throw* into confúsion (*d.*); прийти́ в ~ be embárrassed / confúsed.

**замеша́ть** *сов. см.* замéшивать I. **~ся** *сов. см.* замéшиваться.

**заме́ш||ивать** I, замеша́ть (кого́-л. во что-л.) invólve (smb. in smth.), mix up (smb. in smth.); (*запутывать*) entángle (smb. in smth.); быть ~анным (*в преступлении и т. п.*) be implicàted (in).

**заме́шивать** II, замеси́ть (*вн.*) mix (*d.*); ~ те́сто knead dough [...dou], knead paste [...peɪst].

**заме́шиваться** I, замеша́ться **1.** (в *вн.*; *в толпу и т. п.*) mix (with); **2.** *страд. к* заме́шивать I.

**заме́шиваться** II *страд. к* заме́шивать II.

**заме́шка||ться** *сов. разг.* lóiter, línger; (*опоздать*) be late; он ~лся у свои́х прия́телей he has been língering at his friends' [...frendz].

**замещ||а́ть,** замести́ть **1.** *тк. несов.* (кого́-л.; *заменять*) act (for smb.); députize (for smb.); replácе (smb.); **2.** (*вн. тв.*) súbstitùte (for *d.*). **~е́ние** *с.* (*замена*; *тж. хим.*) sùbstitútion; для ~е́ния до́лжности to fill the óffice.

**замига́ть** *сов.* (*начать мигать*) begin* to blink; (*мерцать*) begin* to twínkle.

**зами́нк||а** *ж.* hitch; без ~и without a hitch; есть кака́я-то ~ smth. has gone wrong [...gɔn...]; говори́ть с ~ой hésitàte in spéaking [-zɪ-...], stútter.

**замира́ние** *с.* dýing down; ~ се́рдца héart-sìnking ['hɑ:t-]; с ~м се́рдца with a sínking / pálpitàting heart [...hɑ:t].

**замира́ть,** замере́ть stand* (stóck-)still; (*о сердце*) sink*; stop béating; (*о звуке*) die a¦wáy, die down; он за́мер от у́жаса he stood stóck-still with térror [...stud...]; у него́ се́рдце за́мерло his heart sank [...hɑ:t...]; жизнь в го́роде замерла́ life in the cíty came to a stándstill [...'sɪtɪ...].

**за́мкнут||о** *нареч.*: жить ~ lead* a seclúded life; держа́ться ~ be resérved [...-'zə:vd]; keep* òne¦sélf to òne¦sélf. **~ость** *ж.* (*неразговорчивость*) réticence; (*скрытность*) resérve

[-'zə:v]. ~ый 1. *прич. см.* замыкáть 1; 2. *прил.* resérved [-'zə:vd]; búttoned up *разг.*; ~ый харáктер resérved dìsposítion [...-'zɪ-]; ~ый круг exclúsive círcle; вести́ ~ый óбраз жи́зни lead* a seclúded life; ~ая кривáя *мат.* closed curve.

**замкну́ть(ся)** *сов. см.* замыкáть(ся).

**замкóвый** *прил. к* замóк.

**замоги́льный** (*о голосе*) sepúlchral, hóllow.

**зáм||ок** *м.* castle; ◇ воздýшные ~ки castles in the air.

**зам||óк** *м.* 1. lock; вися́чий ~ pád¦lòck; под ~кóм, на ~кé únder lock and key [...ki:]; заперéть на ~ (*вн.*) lock (up) (*d.*); 2. *арх.* (*о своде*) kéy(stòne) ['ki:-]; ◇ за семью ~кáми ≅ únder séven seals [...'se-...]; well hídden.

**замóлвить** *сов.*: ~ словéчко за когó-л. *разг.* put* in a word for smb., say* / drop a good / kind word for smb.

**замолкáть,** замóлкнуть, замолчáть becóme* / fall* sílent, lapse into sílence [...'saɪ-]; cease / stop spéaking, sing¦ing, *etc.* [si:s...]; разговóр замóлк the cònversátion ceased; егó гóлос замóлк his voice broke off.

**замóлкнуть** *сов. см.* замолкáть.

**замолчáть** I *сов. см.* замолкáть.

**замолчáть** II *сов. см.* замáлчивать.

**заморáживание** *с.* fréezing; còn¦gelátion; ◇ ~ зáработной плáты wáge-fréeze, the fréezing of wáges.

**заморáживать,** заморóзить (*вн.*) 1. freeze* (*d.*); заморóзить шампáнское ice the chàmpágne [...ʃæm'peɪn]; 2. *разг.* (*анестезировать*) anáesthetìze (*d.*).

**заморгáть** *сов.* 1. (*начать моргать*) begin* to blink; 2. *как сов. к* моргáть.

**заморённ||ый** *прич. и прил. разг.* emáciàted; ~ вид únderféd appéarance, emáciàted look; ~ая лóшадь óver¦driven horse [-'drɪ-...].

**замори́ть** *сов.* (*вн.*) *разг.* (*работой*) óver¦wórk (*d.*); (*не кормить досыта*) únderféed* (*d.*); ~ гóлодом starve (*d.*); ~ лóшадь fóunder *a* horse, òver¦ríde* / óver¦drive* *a* horse; ◇ ~ червячкá *разг.* take* a bite, stay one's húnger.

**заморó||женный** *прич. и прил.* frózen; ~женное мя́со refrígeràted / frózen meat. ~зить *сов. см.* заморáживать.

**зáморозки** *мн.* frosts; осéнние ~ the first áutumn frosts; весéнние ~ late frosts; ночны́е ~ night frosts; ~ на пóчве ground frosts.

**замороси́ть** *сов.* 1. (*начать моросить*) begin* to drizzle; 2. *как сов. к* мороси́ть.

**замóрск||ий** 1. *уст.* óver¦séas; 2. *разг.* (*внешний*) outlándish, fóreign ['fɔrɪn]; ~ая торгóвля óver¦séas trade.

**замóрыш** *м.* stárve¦ling; púny créature.

**замости́ть** *сов. см.* замáщивать.

**замотáть** I *сов. см.* замáтывать.

**замотáть** II *сов.* (*тв.*; *начать мотать*) shake* (*d.*), begin* to shake (*d.*); ~ головóй (begin* to) shake one's head [...hed]; ~ хвостóм (begin* to) wag its tail [...wæg...].

**замотáться** *сов. см.* замáтываться.

**замочи́ть** *сов. см.* замáчивать.

**замóчн||ый** *прил. к* замóк 1; ~ая сквáжина kéyhòle ['ki:-].

**зáмуж** *нареч.*: вы́йти ~ за когó-л. márry smb.; вы́дать когó-л. ~ márry smb. off; вы́дать когó-л. ~ за когó-л. márry smb. to smb., give* smb. in márriage to smb. [...-rɪdʒ...]. ~ем *нареч.*: быть ~ем за кем-л. be márried to smb.

**замýжество** *с.* 1. (*период замужества*) márried life; 2. (*выход замуж*) márriage [-rɪdʒ].

**замýжняя** márried; ~ жéнщина márried wóman* [...'wu-].

**замурлы́кать** *сов.* 1. (*начать мурлыкать*) begin* to purr; (*напевать*) begin* to hum (sóftly) to òne¦sélf; 2. *как сов. к* мурлы́кать.

**замуровáть** *сов. см.* замурóвывать.

**замурóвывать,** замуровáть (*вн.*) brick up (*d.*); (*перен.*: *заключать в тюрьму*) immúre (*d.*).

**замусóленный** 1. *прич. см.* замусóливать; 2. *прил.* (*затасканный*) bedrággled; (*о книге*) wéll-thúmbed, wéll-fíngered.

**замусóли||вать,** замусóлить (*вн.*) *разг.* (*о книге, скатерти*) fínger (*d.*); (*затаскивать*) bedrággle (*d.*). ~ть *сов. см.* замусóливать.

**замути́ть** *сов. см.* мути́ть 1. ~ся *сов. см.* мути́ться 1.

**замухры́шка** *м. и ж. разг.* púny, slóven ['slʌ-], síckly-looking créature.

**замýчить** (*вн.*) tórture (*d.*), tòrmént (*d.*); (*утомлять*) fag (*d.*), tire out (*d.*), wear* out [wɛə...] (*d.*); (*разговорами и т. п.*) bore (*d.*), annóy (*d.*); ~ дó смерти tórture to death [...deθ] (*d.*). ~ся *сов.* be fágged, be worn out.

**зáмш||а** *ж.* chámois (léather) ['ʃæmɪ ('leðə)], shámmy; suède (*фр.*) [sweɪd]. ~евый *прил. к* зáмша; ~евые перчáтки suède gloves (*фр.*) [sweɪd glʌvz].

**замшéлый** móss-grown [-oun], móss-còvered [-kʌ-].

**замывáть,** замы́ть (*вн.*) wash off / a¦wáy (*d.*).

**замыкáние** *с. эл.* clósing the cúrrent / círcuit [...-kɪt]; корóткое ~ short círcuit.

**замыкáть,** замкнýть (*вн.*) 1. lock (*d.*); close (*d.*); ~ цепь *эл.* close the círcuit [...-kɪt]; (*перен.*) be the last link in *a* chain; 2.: ~ шéствие, колóнну bring* up the rear. ~ся, замкнýться lock, be locked, be closed; (*перен.*; *о человеке*) becóme* / be resérved [...-'zə:vd], becóme* / be súllen; ~ся в себé, ~ся в свою скорлупý shrink* into òne¦sélf; shut* òne¦sélf up in one's own shell [...oun...] *идиом.*

**зáмысел** *м.* 1. (*намерение*) prójèct ['prɔ-], plan, inténtion; престýпный ~ críminal desígn [...-'zaɪn]; 2. (*художественного произведения*) scheme, concéption; áвторский ~ ártist's inténtion.

**замы́слить** *сов. см.* замышля́ть.

**замысловáт||ость** *ж.* íntricacy. ~ый íntricate, cómplicàted.

**замы́ть** *сов. см.* замывáть.

**замычáть** *сов.* 1. (*начать мычать*) begin* to low [...lou]; 2. *как сов. к* мычáть.

**замышл||я́ть,** замы́слить (*вн.*) plan (*d.*); (*намереваться*) inténd (*d.*), cóntemplàte (*d.*); что вы ~я́ете? what are you up to?, what are you plótting?

**замя́ть** *сов.* (*вн.*) hush up (*d.*), suppréss (*d.*); ~ разговóр change the súbject of *the* cònversátion [tʃeɪ-...]; ~ дéло hush up *an* affáir.

**замя́ться** *сов. разг.* fálter; becóme* confúsed, stop short.

**замяу́кать** *сов.* **1.** (*начать мяукать*) begin* to mew; **2.** *как сов. к* мяу́кать.

**за́навес** *м.* cúrtain; *театр.* (*опускающийся тж.*) dróp-cùrtain; подня́ть ~ raise the cúrtain; ring* up the cúrtain *идиом.*; опусти́ть ~ drop the cúrtain; ring* down the cúrtain *идиом.*; ~ па́дает the cúrtain drops / falls; ~ раздви́нулся the cúrtains were pulled / drawn aside [...pu-...], the cúrtain párted.

**занаве́с||ить** *сов. см.* занаве́шивать. **~ка** *ж.* cúrtain; задёрнуть ~ку draw* the cúrtain.

**занаве́шивать,** занаве́сить (*вн.*) cúrtain (*d.*); ~ окно́ cúrtain *the* window, pull down the cúrtains, *или* the blinds [pul...].

**зана́шивать,** заноси́ть (*вн.*; *об одежде*) wear* too long [wεə...] (*d.*), wear* without chánging [...-eındʒ-] (*d.*).

**занемо́чь** *сов.* fall* ill, be táken ill.

**занесе́ние** *с.* (*в протокол, список*) recórding, éntering.

**занести́** *сов. см.* заноси́ть I.

**занести́сь** *сов. см.* заноси́ться I.

**заниж||а́ть,** зани́зить (*вн.*) únder¦státe (*d.*), únder¦éstimàte (*d.*), put* too low [...lou] (*d.*). **~е́ние** *с.* únder¦státing; ~е́ние норм únder¦státing of (the) norms.

**зани́женн||ый** *прич. и прил.* únder¦státed; ~ые но́рмы únder¦státed norms.

**зани́зить** *сов. см.* занижа́ть.

**занима́тельный** èntertáining, dìvért¦ing.

**занима́ть** I, заня́ть (*вн.*; *брать взаймы*) bórrow (*d.*).

**заним||а́ть** II, заня́ть (*вн.*) **1.** (*в разн. знач.*) óccupỳ (*d.*), take* up (*d.*); ~ до́лжность hold* / fill *a* post [...pou-]; ~ мно́го ме́ста óccupỳ, *или* take* (up), much room; ~ кварти́ру óccupỳ *a* flat, *или an* apártment; ~ города́ óccupỳ / cápture towns; **2.** (*закреплять за собой места и т. п.*) en¦gáge (*d.*), keep* (*d.*), secúre (*d.*); **3.** (*интересовать*) interest (*d.*); (*развлекать*) èntertáin (*d.*); его́ ~а́ет вопро́с he is prèóccupied with *the* quéstion [...-stʃ-]; he wónders whéther [...'wʌ-...] *разг.*; ◇ ~ положе́ние óccupỳ *a* post, fill *a* post; ~ пе́рвое ме́сто take* the first place; ~ чьё-л. ме́сто take* smb.'s place, supplánt smb. [-ɑːnt...], sùpersède smb.

**занима́ться** I, заня́ться (*тв.*) **1.** be óccupìed (with), be en¦gáged (in); en¦gáge (in); (*с увлечением*) indúlge (in); (*посвящать себя*) devóte òne¦sélf (to); (*интересоваться*) concérn òne¦sélf (with); ~ поли́тикой be en¦gáged in, *или* go* in for, pólitics; ~ хозя́йством be óccupìed with *one's* hóuse¦hòld [...-s-]; work in the house [...-s]; заче́м ~ э́тим? why en¦gáge in this?; ~ туале́том make* / do one's tóilet; она́ мно́го занима́ется свои́м туале́том she spends a lot of time on her tóilet; ~ спо́ртом go* in for sport(s); indúlge in sport *книжн.*; заня́ться чте́нием búsy òne¦sélf with réading ['bızı...]; ~ вопро́сом exámine, *или* take* up, *a* quéstion [...-stʃ-]; ~ медици́ной stúdy médicine ['stʌ-...]; ~ с покупа́телем atténd to *a* cústomer; **2.** *тк. несов.* (*учиться*) stúdy (*d.*); ◇ ~ собо́й devóte much atténtion to one's pérson.

**заним||а́ться** II, заня́ться (*загораться*) catch* fire; сосе́дний дом заня́лся the house* next door (has) caught fire [...haus...dɔː...]; ~а́ется заря́ day is bréaking [...'breık-]; ◇ у меня́ дух, дыха́ние ~а́ется it takes my breath a¦wáy [...breθ...].

**за́ново** *нареч.* (*вновь*) anéw; стро́ить всё ~ build* up évery¦thing anéw [bıld...]; ré¦búild* from bóttom up [-'bıld...] (*d.*) *идиом. разг.*

**зано́з||а** *ж.* splinter; (*перен.*; *о человеке*) *разг.* squábbler. **~истый** *разг.* méddle¦some, quárrel¦some.

**заноз||и́ть** *сов.* (*вн.*) get* a splinter (in): он ~и́л себе́ ру́ку, но́гу he has got a splinter in his hand, foot* [...fut].

**зано́с** I *м.* (*о колёсах*) skídding.

**зано́с** II *м.* (*снежный*) snów-drìft ['snou-].

**заноси́ть** I, занести́ **1.** (*вн.*) drop in (on one's way) (*d.*); (*приносить*) bring* (*d.*); ~ зара́зу bring* the inféction; **2.** (*вн.*; *записывать*) put* down (*d.*), note down (*d.*); (*в список, протокол*) énter (in); **3.** *безл.*: всю доро́гу занесло́ сне́гом the road is snów-bound [...'snou-]; **4.** (*поднимать*): ~ но́гу, ру́ку raise one's foot*, hand [...fut...]; **5.** *безл.*: маши́ну зано́сит the car is skídding / swérving; ◇ каки́м ве́тром вас сюда́ занесло́? what (wind) brings you here? [...wı-...].

**заноси́ть** II *сов. см.* зана́шивать.

**заноси́ться** I, занести́сь *разг.* put* on airs; be cárried off / a¦wáy, *или* too far.

**заноси́ться** II *страд. к* заноси́ть I.

**зано́сный** fóreign ['fɔrın], álien.

**зано́счив||ость** *ж.* árrogance, ínsolence, presúmption [-'zʌ-]. **~ый** árrogant, ínsolent, presúmptuous [-'zʌ-]; (*высокомерный*) òver¦béaring [-'bεə-].

**заночева́ть** *сов.* stay the night, spend* the night.

**зано́шенный** *прич. и прил.* worn [wɔːn]; soiled by wear [...wεə].

**занумерова́ть** *сов. см.* занумеро́вывать.

**занумеро́вывать,** занумерова́ть (*вн.*) númber (*d.*).

**заня́т||ие** I *м.* **1.** òccupátion; (*труд, работа*) emplóyment, pursúit [-'sjuːt], work, búsiness ['bız-]; часы́ ~ий (*в учреждении*) óffice hours [...auəz]; род ~ий line of búsiness, kind of work; **2.** *об. мн.* stúdies ['stʌ-]; léssons; часы́ ~ий (*в школе*) school hours.

**заня́тие** II *м.* (*захват*) séizure ['siːʒə].

**заня́тный** *разг.* amúsing, èntertáining.

**занято́й** búsy ['bızı].

**за́нятость** *ж.* **1.** bé¦ing búsy [...'bızı]; **2.** *эк.* emplóyment; по́лная ~ full emplóyment.

**за́нятый** I *прич. см.* занима́ть I.

**за́нят||ый** II *прич.* (*тж. как прил.*) *см.* занима́ть II; я о́чень за́нят I am very búsy [...'bızı]; ме́сто ~о the place is táken / en¦gáged / óccupied; ~о! (*ответ телефонной станции*) the line is búsy; на заво́де ~а́ ты́сяча рабо́чих a thóusand wórkers work, *или* are emplóyed, at this fáctory [...θauz-...]; ~о в се́льском хозя́йстве, в промы́шленности... en¦gáged in ágricùlture, in índustry...

**заня́ть** I, II *сов. см.* занима́ть I, II.

**заня́ться** I *сов.* **1.** (*тв.*; *начать заниматься*) set* (to), búsy òne¦sélf ['bızı...] (with); **2.** *см.* занима́ться I 1.

**заня́ться** II *сов. см.* занима́ться II.

**заоблачный** *поэт.* be¦yónd the clouds; (*перен.*) trànscèndéntal.

**заодно** *нареч.* **1.** in cóncert, at one; действовать ~ (с *тв.*) act in cóncert (with), act togéther [...-'ge-] (with); play the same hand *идиом. разг.*; быть ~ с кем-л. be at one with smb.; **2.** (*одновременно, попутно*) at the same time; сделать что-л. ~ do smth. at the same time, do smth. while one is abóut it.

**заозёрный** be¦yónd, *или* on the other side of, the lake(s).

**заокеанский** tránsòceánic [-nzouʃɪ-]; (*американский*) tránsatlántic [-z-].

**заорать** *сов.* **1.** (*начать орать*) begin* to bawl / yell; béllow out / forth; **2.** *как сов. к* орать; ~ на кого-л. bawl / shout at smb.

**заострённ||ость** *ж.* póintedness, shárpness; (*перен.*) acúte¦ness; политическая ~ political acúte¦ness. **~ый** póinted, sharp.

**заострить(ся)** *сов. см.* заострять(ся).

**заостр||ять,** заострить (*вн.*) shárpen (*d.*); (*перен.*) stress (*d.*), émphasìze (*d.*): ~ить карандаш shárpen *a* péncil; ~ противоречия stress the còntradíctions; ~ить вопрос émphasìze *a* quéstion [...-stʃ-]; — ~ить внимание (на *пр.*) diréct one's atténtion (to), stímulàte an ínterest (in); ~ить образ (*литер. произведения и т. п.*) give* force / clárity to *a* chár-acter [...'kæ-]. **~яться,** заостриться become* póinted, become* sharp; (*перен.*) become* sharp / gláring.

**заохать** *сов.* **1.** (*начать охать*) begin* to groan; **2.** *как сов. к* охать.

**заочн||ик** *м.* extérnal stúdent, còrrespóndence-course stúdent [-kɔ:s...]. **~о** *нареч.* **1.** without sée¦ing; **2.** *юр.* by defáult; приговорить кого-л. ~о séntence smb. in *his* ábsence; **3.** (*об обучении*) by còrrespóndence. **~ый 1.** *юр.*: ~ый приговор júdge¦ment by defáult; **2.**: ~ое обучение tùítion by còrrespóndence; ~ые курсы éxtra-múral cóurses [...'kɔ:s-]; (*по почте*) còrrespóndence cóurses, póstal cóurses ['pou-...].

**запад** *м.* **1.** west; на ~, к ~у (от) to the west (of), wést(wards) [-dz] (of); *мор. тж.* to the wéstward (of); на ~е in the west; идти, ехать на ~ go* west; **2.** (З.) the West; the Óccident (*гл. обр. поэт.*).

**западать** *сов.* begin* to fall.

**запад||ать,** запасть fall* back / behínd; (*перен.*: *запечатлеваться*) sink* déeply; клавиш ~ает the key does not rise [...ki:...]; слова его запали мне в душу his words were imprínted in my mind.

**запад||ник** *м. ист.* wésternìzer. **~ничество** *с. ист.* òccidéntophilism.

**западноевропейский** Wést-Européan [-'pɪən].

**западн||ый** west, wéstern*; (*о направлении, ветре*) west, wésterly; (*о культуре и т. п.*) òccidéntal; ~ая граница wéstern fróntier [...'frʌn-]; в ~ом направлении wéstwards [-dz]; ~ая Европа Wéstern Éurope; ~ые державы the Wéstern Pówers; ◇ ~ая церковь Látin / Róman Church.

**западн||я** *ж.* (*прям. и перен.*) trap, snare, pítfàll; поставить кому-л. ~ю set* smb. a trap; попасть в ~ю be caught in *a* trap; заманить в ~ю (*вн.*) (en)snáre (*d.*).

**запаздыв||ание** *с.* **1.** deláy, bé¦ing late (in doing smth.); **2.** *тех.* lag. **~ать,** запоздать **1.** be late; (*о строительстве и т. п.*) be behínd schédùle [...'ʃe-]; ~ать с уплатой deláy páyment, be late in páying; слишком запоздавший long óver¦dúe; **2.** *тк. несов. тех.* lag.

**запаивать,** запаять (*вн.*) sólder [-ɔl-] (*d.*).

**запайка** *ж.* sóldering [-ɔl-].

**запаковать** *сов. см.* запаковывать.

**запаковывать,** запаковать (*вн.*) pack (up) (*d.*), wrap up (*d.*), do up (*d.*).

**запакостить** *сов.* (*вн.*) *разг.* foul (*d.*), make* foul / fílthy (*d.*), dírty (*d.*).

**запал** I *м.* (*у животных*) the heaves *pl.*, bróken wind [...wɪ-]; лошадь с ~ом *a* bróken-wínded horse [...-'wɪ-...].

**запал** II *м. тех.* fuse, prímer.

**запалить** *сов.* (*вн.*) *разг.* (*зажечь*) set* fire (to), kíndle (*d.*).

**запальн||ый** *прил. к* запал II; ~ая свеча spárk-plùg.

**запальчив||о** *нареч.* pássionate¦ly, in an óutbùrst. **~ость** *ж.* quick témper, véhemence ['vi:ɪ-]. **~ый** quicktémpered, véhement ['vi:ɪ-].

**запамятова||ть** *сов.* (*вн.*) *уст.* forgét* [-'g-] (*d.*); он совсем ~л это it has gone clean out of his head / mind [...gɔn... hed...].

**запанибрата** *нареч. разг.*: быть ~ с кем-л. be háil-fèllow-wéll-mét with smb., hóbnòb with smb.

**запаривать,** запарить (*вн.*) steam (*d.*), stew (*d.*). **~ся,** запариться *разг.* be in a stew, be off one's feet.

**запарить(ся)** *сов. см.* запаривать(ся).

**запарывать,** запороть (*вн.*) flog to death [...deθ] (*d.*).

**запас** *м.* **1.** stock, supplý; (*резерв*) resérve [-'zə:v]; ~ товаров stóck-in-tráde; богатые ~ы угля rich resérves of coal; в ~е in store; ~ знаний stock / fund of knówledge [...'nɔ-], èrudítion; ~ слов stock of words, vocábulary; ~ боеприпасов àmmunítion resérve; ~ безопасности, прочности *тех.* márgin of sáfe¦ty; sáfe¦ty fáctor; неприкосновенный ~ emérgency store; (*индивидуальный — о продовольствии*) emérgency / resérve rátion [...'ræ-]; оставлять большой ~ leave* ample resérves; истощить ~ (*рд.*) exháust / drain *the* supplý (of); у него истощился, вышел ~ (*рд.*) he ran out (of); отложить про ~ (*вн.*) lay* asíde (*d.*), lay* by / apárt (*d.*); **2.** (*в шве одежды*) double seams [dʌ-...], spare cloth; выпустить ~ let* out; (*на подоле и т. п.*) let* out the hem; **3.** *воен.* (*личного состава*) resérve; быть в ~е be in the resérve; выйти в ~ be, *или* have been, trànsférred to the resérve.

**запасать,** запасти (*вн.*) stock (*d.*), store (*d.*), lay* in a stock (of). **~ся,** запастись (*тв.*) províde òne¦sélf (with); lay* in (*d.*), lay* in a supplý (of); ~ся дровами lay* in (fíre¦)wood for the winter [...-wud...]; ~ся терпением be pátient, have pátience; arm òne¦sélf with pátience.

**запаслив||ость** *ж.* thríftiness. **~ый** thrífty; (*предусмотрительный*) próvident.

**запасн||óй 1.** *прил.* spare; (*резервный*) resérve [-'zə:v] (*attr.*); ~ выход emérgency éxit; ~ путь síding, síde-tràck; ~ые части spare parts, spares; ~ батальóн dépòt battálion ['depou -'tæljən]; ~ якорь *мор.* sheet ánchor [...'æŋkə], spare bówer ánchor; **2.** *м. как сущ. воен.* resérvist [-'zə:-].

**запáсный** = запаснóй 1.

**запасти́(сь)** *сов. см.* запасáть(ся).

**запáсть** *сов. см.* западáть.

**зáпах** *м.* smell; ódour; (*приятный*) scent; слышать, чýвствовать, чýять ~ (*рд.*) feel*, catch, percéive *the* smell [...-'si:v...] (of), smell* (*d.*).

**запахáть** *сов. см.* запáхивать I.

**запáхивать** I, запахáть (*вн.*) plough; запахáть пóле plough seed into *a* field [...fi:ld].

**запáхивать** II, запахнýть (*вн.*) wrap / draw* tíghter / clóser [...-sə] (*d.*); close (*d.*).

**запáхиваться,** запахнýться (в *вн.*) wrap òne¦sélf tíghter (in).

**запáх||нуть** *сов.* (*начать пахнуть*) begin* to smell; (*издавать запах*) emít a smell; чём-то ~ло there was / came a smell of smth.

**запахнýть** *сов. см.* запáхивать II.

**запахнýться** *сов. см.* запáхиваться.

**запáчкать** *сов. см.* пáчкать 1. **~ся** *сов. см.* пáчкаться.

**запáшка** *ж. с.-х.* tíllage.

**запаять** *сов. см.* запáивать.

**запевáла** *м.* léader (of *a* choir) [...kwaɪə], diréсting / first sing¦er.

**запевáть** (*быть запевалой*) set* / give* the tune, lead* the sing¦ing / choir [...kwaɪə].

**запекáнка** *ж.* **1.** (*кушанье*) baked púdding [...'pu-]; картóфельная ~ (с мясом) shépherd's pie [-pədz...]; **2.** (*наливка*) spiced brándy.

**запекáть,** запéчь (*вн.* в *вн.*) bake (*d.* in). **~ся,** запéчься **1.** bake; **2.** (*о крови*) clot, coágulàte; **3.** *страд. к* запекáть.

**запéкш||ийся:** ~иеся гýбы parched lips; ~аяся кровь clótted blood [...-ʌd], gore.

**запеленáть** *сов.* (*вн.*) swaddle (*d.*).

**запéниться** *сов.* begin* to foam, begin* to froth; (*в результате брожения или кипения*) mantle; винó запéнилось в бокáле the glass was fóaming.

**заперéть** *сов. см.* запирáть.

**заперéться** I, II *сов. см.* запирáться I, II.

**заперши́||ть** *сов. безл.*: у негó ~ло в гóрле he has a tíckling in his throat.

**запéть** *сов.* **1.** (*начать петь*) begin* to sing; ~ пéсню break* into a song [-eɪk...]; **2.** *как сов. к* петь; ◇ ~ другóе sing* anóther song / tune, change one's tune [tʃeɪ-...].

**запечáтать** *сов. см.* запечáтывать.

**запечатлевáть,** запечатлéть (*вн.*) imprínt (*d.*), impréss (*d.*), en¦gráve (*d.*); (*воплощать*) give* a mémorable descríption (of); это запечатлéлось в егó пáмяти it is imprínted / stamped up¦ón his mémory. **~ся,** запечатлéться (в *пр.*) imprínt / stamp / impréss it¦sélf (up¦ón); ~ся у когó-л. в пáмяти be stamped / en¦gráved up¦ón smb.'s mémory.

**запечатлéть(ся)** *сов. см.* запечатлевáть(ся).

**запечáтывать,** запечáтать (*вн.*) seal up (*d.*).

**запéчь(ся)** *сов. см.* запекáть(ся).

**запивáть** I, запи́ть (*вн. тв.*) wash down (*d.* with), take* (some wáter, *etc.*) [...'wɔ:-] (áfter).

**запивáть** II, запи́ть (*без доп.*; *пить запоем*) take* to drínking; have a fit / bout of hard drínking.

**запинáться,** запнýться hésitàte [-z-], stámmer, fálter; *сов. тж.* stop short; запнýться на слóве jib at *a* word.

**запи́нк||а** *ж.*: без ~и smóothly [-ð-]; swímming¦ly; (*бегло*) flúently.

**запирáтельство** *с.* deníal, dìsavówal.

**запирáть,** заперéть (*вн.*) **1.** lock (*d.*); ~ на засóв bolt / bar (*d.*); ~ на крючóк hook (*d.*); **2.** (*кого-л.*) lock in (*d.*); (*лишив выхода*) lock up (*d.*), shut* up (*d.*); **3.** (*преграждать доступ*) bar (*d.*), block up (*d.*).

**запирáться** I, заперéться **1.** lock òne¦sélf up; **2.** *страд. к* запирáть.

**запирáться** II, заперéться (в *пр.*; *не сознаваться*) dený (*d.*), refúse to speak (abóut).

**записáть(ся)** *сов. см.* запи́сывать(ся).

**запи́с||ка** *ж.* note; деловáя ~ mèmorándum (*pl.* -da); докладнáя ~ repórt; любóвная ~ bíllet-dóux ['bɪleɪ'du:], lóve-lètter ['lʌv-]. **~ки** *мн.* **1.** notes, mémoirs ['memwɑ:z]; путевые ~ки itínerary *sg.*; itínerary notes; **2.** (*название научных журналов*) trànsáctions [-z-].

**записн||óй** I: ~áя кни́жка nóte-book.

**записнóй** II *разг.* (*рьяный*) régular; invéterate; (*первоклассный*) fírst-ráte; ~ игрóк invéterate pláyer; (*азартный*) gámbler.

**запи́сывать,** записáть (*вн.*) write* down (*d.*), put* down (*d.*), take* down (*d.*), note (*d.*); (*поспешно*) jot down (*d.*); (*в протокол и т. п.*) recórd (*d.*); (*в бух. книгу и т. п.*) énter (*d.*); ~ лéкцию make* / take* notes at *a* lécture; ~ на чей-л. счёт put* down to smb.'s accóunt (*d.*); ~ в расхóд, прихóд énter as expénditure, ín¦come (*d.*); ~ в протокóл put* down, *или* régister, in the mínutes [...-nɪts] (*d.*); ~ на плёнку, пласти́нку recórd (*d.*). **~ся,** записáться **1.** régister / énter one's name; ~ся в кружóк join *a* círcle; ~ся к врачý make* an appóintment with *the* dóctor; ~ся в библиотéку subscríbe to *a* líbrary [...'laɪ-]; **2.** *страд. к* запи́сывать.

**зáпись** *ж.* **1.** (*действие*) wríting down; (*на билеты и т. п.*) bóoking; ~ на приём máking a list of appóintments; ~ на плёнку tápe-recòrding; **2.** (*заметки*) récòrd ['re-]; éntry (*тж. бух.*); сдéлать ~ в кни́ге óтзывов cóntribùte to *the* vísitors' book [...-z-...].

**запи́ть** I, II *сов. см.* запивáть I, II.

**запихáть** *сов. см.* запи́хивать.

**запи́хивать,** запихáть, запихнýть (*вн.* в *вн.*) *разг.* push [puʃ] (*d.* in, into), cram (*d.* in, into).

**запихнýть** *сов. см.* запи́хивать.

**запищáть** *сов.* **1.** (*начать пищать*) begin* to squeak; **2.** *как сов. к* пищáть.

**заплáканн||ый** téar-stained; ~ые глазá eyes red with wéeping [aɪz...].

**заплáкать** *сов.* **1.** (*начать плакать*) begin* to cry; **2.** *как сов. к* плáкать.

**заплани́ровать** *сов.* (*вн.*) plan (*d.*).

**заплáт||а** *ж.* patch; наложи́ть ~у (на *вн.*) patch (*d.*); весь в ~ах pátches all óver, all patched.

**заплати́ть** *сов.* (*вн.*) pay* (*d.*); (чем-л. за что-л.; *перен.*) pay* (smth. for smth.), give* (smth. for smth.); (кому́-л. чем-л.; *отплатить*) rè¦páy* (smb. with smth.); ~ по счёту settle *the* accóunt; ~ дорого́й ценой (за *вн.*) pay* a héavy price [...'hevı...] (for).

**заплёванный 1.** *прич. см.* заплёвывать; **2.** *прил.* bespáttered; cóvered with spittle ['kʌ-...]; (*перен.*) foul, dirty.

**заплева́ть** *сов. см.* заплёвывать.

**заплёвывать,** заплева́ть (*вн.*) spit* (at).

**запле́сневелый** móuldy ['mou-], mildewed.

**запле́сневеть** *сов. см.* пле́сневеть.

**заплести́** *сов. см.* заплета́ть.

**заплет||а́ть,** заплести́ (*вн.*) braid (*d.*), plait [plæt] (*d.*); ~ ко́су plait / braid one's hair, do up one's hair in a plait. **~а́ться 1.:** у него́ язы́к ~а́ется he speaks thickly, he mumbles; у него́ но́ги ~а́ются he stumbles at every step; **2.** *страд. к* заплета́ть.

**запле́чн||ый:** ~ мешо́к knáp-sàck; ~ ма́стер, ~ых дел ма́стер *ист.* tórturer.

**запле́чье** *с.* shóulder-blàde ['ʃou-].

**запломбирова́ть** *сов. см.* запломбиро́вывать *и* пломбирова́ть.

**запломбиро́вывать,** запломбирова́ть (*вн.*) **1.** (*о зубе*) stop (*d.*), fill (*d.*); **2.** (*запечатывать*) seal (*d.*); (*ср. тж.* пломбирова́ть).

**заплута́ться** *сов. разг.* lose* one's way [lu:z...].

**заплы́в** *м. спорт.* heat, round.

**запл||ыва́ть,** заплы́ть **1.** (*куда-л.*; *о пловце*) swim* in; (*о судне*) sail in; (*о пароходе*) steam / come* in; (*о вещи*) float in; ~ далеко́ swim* very far; **2.** (*жиром*; *о человеке*) grow* very fat [grou...]; у него́ ~ы́ли глаза́ his éye¦lids are swóllen [...'aı-... -ou-]; ~ы́вшие жи́ром глаза́ blóated eyes [...aız].

**заплы́ть** *сов. см.* заплыва́ть.

**заплясáть** *сов.* begin* to dance.

**запну́ться** *сов. см.* запина́ться.

**запове́дн||ик** *м.* presérve [-'zə:v]; rèservátion [-z-], resérve [-'zə:v]; лесно́й ~ fórest resérve ['fɔ-...]. **~ый** forbidden; ~ый лес fórest resérve ['fɔ- -'zə:v].

**за́поведь** *ж.* **1.** *рел.* commándment [-ɑ:n-]; **2.** (*наставление*) précèpt.

**заподлицо́** *нареч. тех.* flush (with).

**заподо́зр||ить** *сов.* (*вн.* в *пр.*) suspéct (*d.* of); его́ ~или во лжи he was suspécted of lýing.

**запо́ем** *нареч.*: пить ~ drink* deep, have a drinking bout; рабо́тать ~ work by fits; чита́ть ~ read* ávidly.

**запозда́||лый** beláted, deláyed, tárdy; (*о развитии*) báckward; ~ платёж deláyed páyment; ~лое разви́тие báckwardness. **~ние** *с.* bé¦ing late, bé¦ing behind time.

**запозда́ть** *сов. см.* запа́здывать 1.

**запо́||й** *м.* hard drinking; fit / bout of hard drinking, drinking-bout; страда́ть ~ем get* fits of hard drinking.

**запо́лзать** *сов.* (*начать ползать*) begin* to crawl.

**заполза́ть,** заползти́ crawl, creep*; (в *вн.*) creep* (into); (под *вн.*) creep* (únder).

**заползти́** *сов. см.* заполза́ть.

**запо́лнить(ся)** *сов. см.* заполня́ть(ся).

**заполня́ть,** запо́лнить (*вн.*) fill (*d.*); (*о помещениях, улицах*) pack (*d.*); ~ анке́ту fill in *a* form / quèstionnáire [...ke-]; ~ вре́мя óccupỳ the time; ~ недоста́ток (*рд.*) make* up for the lack (of); ~ пробе́л fill *a* gap. **~ся,** запо́лниться fill up, be filled up.

**заполони́ть** I, II *сов. см.* заполоня́ть I, II.

**заполоня́ть** I, заполони́ть (*вн.*; *завладевать*) cáptivàte (*d.*), cápture (*d.*).

**заполоня́ть** II, заполони́ть (*вн.*) *разг.* (*заполнять*) congést (*d.*).

**заполучи́ть** *сов.* (*вн.*) secúre for òne¦sélf (*d.*), get* to òne sélf (*d.*).

**запомина́ть,** запо́мнить (*вн.*) mémorìze (*d.*); (*помнить*) remémber (*d.*), keep* in mind (*d.*). **~ся,** запо́мниться **1.** be retáined in smb.'s mémory; stick* in smb.'s mémory *разг.*; ему́ запо́мнился э́тот стих he still remémbers that verse; that verse is stuck in his mémory *разг.*; **2.** *страд. к* запомина́ть.

**запо́мнить(ся)** *сов. см.* запомина́ть(ся).

**за́понка** *ж.* (*для манжеты*) cúff-lìnk; (*для воротника*) stud, cóllar-bùtton.

**запо́р** I *м.* bolt; (*замок*) lock; на ~е únder lock and key [...ki:]; дверь на ~е the door is locked / bólted [...dɔ:...].

**запо́р** II *м. мед.* cònstipátion; страда́ть ~ом súffer from cònstipátion.

**запоро́жец** *м. ист.* Dnieper Cóssàck ['dni:-...].

**запоро́ть** *сов. см.* запа́рывать.

**запороши́ть** *сов.* (*вн. тв.*) pówder (*d.* with), dust (*d.* with).

**запотева́ть,** запоте́ть become* / get* / grow* misted [...grou...].

**запоте́лый** (*о стекле*) misted.

**запоте́ть** *сов. см.* запотева́ть *и* поте́ть II.

**заправи́ла** *м. разг.* boss, ríng¦leader.

**запра́в||ить** *сов. см.* заправля́ть I. **~иться** *сов. см.* заправля́ться. **~ка** *ж.* **1.** *кул.* séasoning [-z-]; **2.:** ~ка горю́чим *тех.* refúelling [-'fjuə-].

**заправля́ть** I, запра́вить (*вн.*) **1.** (*о кушанье*) set* (*d.*), séason [-z-] (*d.*); ~ муко́й put* / mix flour (into); **2.** (*о лампе и т. п.*) trim (*d.*); ~ горю́чим refúel [-'fjuəl] (*d.*), fill up *the* tank; take* in gas *амер.*; **3.** (*засовывать*) tuck in (*d.*).

**заправля́ть** II (*тв.*) *разг.* (*верховодить*) boss (*d.*); ~ всем, ~ дела́ми boss the show [...ʃou].

**заправля́ться,** запра́виться **1.:** ~ горю́чим refúel [-'fjuəl]; **2.** *разг.* refrésh òne¦sélf; **3.** *страд. к* заправля́ть I.

**запра́вочн||ый:** ~ая ста́нция, ~ пункт filling station.

**запра́вский** *разг.* true, real [rıəl]; régular.

**запра́шивать,** запроси́ть **1.** (о *пр.*) in¦quíre (abóut, áfter); (кого́-л.) in¦quíre (of smb.); ~ в пи́сьменной фо́рме write* for ìnformátion; **2.** (*о цене*) óver¦chárge; запроси́ть сли́шком высо́кую це́ну ask an exórbitant price.

**запре́т** *м.* interdiction; наложи́ть ~ (на *вн.*) put* / impóse a ban (on); put* a vétò (up¦ón), vétò (*d.*); под ~ом prohíbited, interdícted, únder a ban. **~и́тельный** prohíbitive; ~и́тельный зако́н prohíbitory law; ~и́тельный тари́ф *эк.* prohíbitive tax. **~и́ть** *сов. см.* запреща́ть. **~ный** forbidden; ~ная зо́на restrícted área [...'εərıə]; ◇ ~ный плод forbidden fruit [...fru:t].

**запрещ||а́ть,** запрети́ть (*вн.*) forbíd* (*d.*); interdíct (*d.*); *офиц.* prohíbit (*d.*); (*налагать запрещение на что-л.*) ban (*d.*); ~ газе́ту suppréss *a* páper; им ~ён въезд (в *вн.*) they are barred from éntry (into). ~**áться** be prohibited, not be allówed. ~**éние** *с.* pròhibítion [proui-]; (*на имущество*) distráint; (*на торговлю*) embárgò; судéбное ~éние injúnction; наложи́ть ~éние на иму́щество *юр.* put* an arrést on *the* próperty, distráin *a* próperty; снять ~éние remóve *a* ban [-'mu:v...]; *юр.* with¦dráw* *the* arrést; ~éние áтомного ору́жия pròhibítion of atómic wéapons [...'we-], ban on atómic wéapons.

**заприме́тить** *сов.* (*вн.*) *разг.* spot (*d.*), nótice ['nou-] (*d.*).

**заприхо́довать** *сов.* (*вн.*) *бух.* débit (*d.*).

**запродава́ть,** запрода́ть (*вн.*) agrée to sell (*d.*); sell* in advánce (*d.*); (*заключать предварительное условие о продаже*) con¦clúde a preliminary bárgain (on), con¦clúde a fórward cóntràct (on).

**запрода́¦¦жа** *ж.* (*ещё не готового продукта*) fórward cóntràct, conditional / provisional sale. ~**ть** *сов. см.* запродава́ть.

**запроекти́ровать** *сов. см.* проекти́ровать 1.

**запроки́дывать,** запроки́нуть (*вн.*) throw* back [θrou...] (*d.*); ~ го́лову toss / throw* back one's head [...hed]. ~**ся,** запроки́нуться 1. fall* back; 2. *страд. к* запроки́дывать.

**запроки́нуть(ся)** *сов. см.* запроки́дывать (-ся).

**запропасти́¦¦ться** *сов. разг.* get* lost; куда́ ~лась моя́ кни́га? where has my book got to?; куда́ ты ~лся? where on earth have you been? [...ə:θ...].

**запро́с** *м.* 1. (*вопрос*) in¦quíry; сде́лать ~ make* an in¦quíry, in¦quíre; 2. *тк. ед.* (*о цене*) óver¦chárging; це́ны без ~а fixed prices; (*как объявление*) no redúction!, no bárgain¦ing! ~**и́ть** *сов. см.* запра́шивать.

**за́просто** *нареч. разг.* without céremony.

**запро́сы** I *мн.* needs, requíre¦ments; духо́вные ~ spiritual ínterests.

**запро́сы** II *мн. см.* запро́с 1.

**запротестова́ть** *сов.* (про́тив) protést (agáinst), raise a prótèst (agáinst).

**запротоколи́ровать** *сов.* (*вн.*) énter in the récòrd [...'re-] (*d.*); ~ пре́ния note down the procéedings.

**запру́д¦¦а** *ж.* 1. (*плотина*) dam; (*об. у мельницы*) weir [wɪə]; 2. (*запруженный водоём*) mill-pònd. ~**и́ть** *сов. см.* запру́живать.

**запру́живать,** запруди́ть (*вн.*) dam (*d.*), dike (*d.*).

**запры́гать** *сов.* 1. (*начать прыгать*) begín* to jump; *разг.* (*о сердце*) begin* to thump; 2. *как сов. к* пры́гать.

**запряга́ть,** запря́чь (*вн.* в *вн.*; *прям. и перен.*) hárness (*d.*), put* (*d.* to), set* (*d.* to); ~ воло́в yoke óxen. ~**ся,** запря́чься 1. *разг.* (*в работу и т. п.*) settle down (to), buckle (to); 2. *страд. к* запряга́ть.

**запря́жка** *ж.* 1. (*действие*) hárnessing; 2. (*лошади*) team; (*упряжь*) hárness.

**запря́тать(ся)** *сов. см.* запря́тывать(ся).

**запря́тывать,** запря́тать (*вн.*) hide* (*d.*), concéal (*d.*). ~**ся,** запря́таться 1. hide* òne¦sélf; 2. *страд. к* запря́тывать.

**запря́чь(ся)** *сов. см.* запряга́ть(ся).

**запу́ганный** *прич. и прил.* (*тв.*) intímidàted (by), cowed (by).

**запуга́ть** *сов. см.* запу́гивать.

**запу́г¦¦ивать,** запуга́ть (*вн.*) intímidàte (*d.*), cow (*d.*); нас не ~а́ешь we can't be búllied [...ka:nt... 'bu-].

**запуска́ть** I, запусти́ть *разг.* 1. (*тв.* в *вн.*; *сильно бросать*) fling* (*d.* at), shy (*d.* at); ~ ка́мнем в окно́ throw* / shy a stone at a window-pàne [-ou...]; 2. (*вн.*; *засовывать*) thrust* (*d.*); ~ ру́ку в чей-л. карма́н dip one's hand into smb.'s pócket; 3. (*вн.*; *о воздушных шарах, ракетах и т. п.*) launch (*d.*); 4. (*о моторе*) start (*d.*).

**запуска́ть** II, запусти́ть (*вн.*; *переставать заботиться*) negléct (*d.*); ~ хозя́йство negléct one's hóuse¦hòld dúties [...'haus-...].

**запусте́¦¦лый** désolate; (*запущенный*) negléctеd. ~**ние** *с.* dèsolátion.

**запусти́ть** I, II *сов. см.* запуска́ть I, II.

**запу́танн¦¦ость** *ж.* confúsion. ~**ый** 1. *прич. см.* запу́тывать; 2. *прил.* tangled; (*перен. тж.*) íntricate, invólved; ~ый вопро́с knótty / íntricate quéstion [...-stʃ-]; ~ый расска́з íntricate stóry; ~ая ситуа́ция difficult posítion [...-'zɪ-], imbróglìò [ɪm'broulɪou].

**запу́тать(ся)** *сов. см.* запу́тывать(ся).

**запу́т¦¦ывать,** запу́тать (*вн.*) tangle (*d.*); (*перен.*) muddle up (*d.*), confúse (*d.*); ~ать де́ло embróil *a* búsiness [...'bɪzn-], make* a muddle of *a* búsiness, get* *an* affáir into a muddle. ~**ываться,** запу́таться 1. entángle òne¦sélf; бечёвка ~алась the string has got tangled; ~аться в долга́х be óver head and ears in debt [...hed ...det]; 2. *страд. к* запу́тывать.

**запуха́ть,** запу́хнуть *разг.* be swóllen [...-ou-] (óver); у него́ глаза́ запу́хли his eyes are swóllen [...aɪz...], his eyes are puffed up.

**запу́хнуть** *сов. см.* запуха́ть.

**запу́щенн¦¦ость** *ж.* negléct, dèsolátion. ~**ый** *прич. и прил.* neglécted; ~ый сад neglécted / wéed-grówn / óver¦grówn gárden [...'groun...]; ~ая боле́знь neglécted íllness; в ~ом состоя́нии in a state of negléct / dèsolátion.

**запыла́¦¦ть** *сов.* blaze up, flare up, break* / burst* into flame [breɪk...]; вся дере́вня ~ла all the village was in flames.

**запыли́ть** *сов.* (*вн.*) cóver with dust ['kʌ-...] (*d.*), make* dústy (*d.*). ~**ся** *сов.* become* dústy, be cóvered with dust [...'kʌ-...].

**запыха́ться** *сов. разг.* be short / out of breath [...breθ]; puff and pant *разг.*; запыха́вшись bréathlessly ['breθ-], out of breath.

**запья́нствовать** *сов.* have a fit of hard drinking (*ср. тж.* запива́ть II *и* загуля́ть).

**запя́стье** *с.* 1. *анат.* wrist; 2. (*украшение*) bráce¦let; (*без замочка*) bangle.

**запята́я** *ж. скл. как прил.* cómma.

**запятна́ть** *сов.* (*вн.*) spot (*d.*), stain (*d.*); (*перен.*) cast* a stain (on), soil (*d.*), súlly (*d.*), taint (*d.*); ~ своё и́мя soil one's name, cast* a stain on one's name.

**зараба́тывать,** зарабо́тать (*вн.*) earn [ə:n] (*d.*); ~ сре́дства к существова́нию make* / earn one's living / live¦lihood [...'lɪv- 'laɪvlɪhud]; ~ мно́го де́нег make* much móney [...'mʌ-]. ~**ся,** зарабо́таться 1. forgét* òne¦sélf in wórking [-'get...], work too long / late; зарабо́таться до́ ночи go* on wórking till níghtfàll;

burn* the midnight oil *идиом.*; **2.** (*переутомляться*) óver¦wórk òne¦sélf; **3.** *страд.* *к* зарабáтывать.

**зарабóтать** I *сов. см.* зарабáтывать.

**зарабóтать** II *сов.* **1.** (*начать работать*) begin* to work, start wórking; (*о машине*) start; **2.** *как сов. к* рабóтать.

**зарабóтаться** *сов. см.* зарабáтываться.

**зáработн||ый:** ~ая плáта (*рабочих*) wáges *pl.*; (*служащих*) pay, sálary; повышéние ~ой плáты wage in¦crease [...-s], higher wáges; реáльная ~ая плáта real wáges [rɪəl...]; номинáльная ~ая плáта nóminal wáges.

**зáработ||ок** *м.* éarnings ['ə:-] *pl.*; лёгкий ~ éasy móney ['i:zɪ 'mʌ-]; уходи́ть на ~ки *уст.* go* a¦wáy in search of a líving [...sə:tʃ... 'lɪ-].

**зарáвнивать,** заровня́ть (*вн.*) lével ['le-] (*d.*), éven up (*d.*); ~ я́му éven, *или* fill up, *a* hole.

**зараж||áть,** зарази́ть (*вн.*) inféct (*d.*); (*отравляющими веществами*) contáminàte (*d.*); ~ вóду póison / pollúte wáter [-z°n... 'wɔ:-]. **~áться,** зарази́ться **1.** (*тв.*) catch* (*d.*); be inféctéd (by; *тж. перен.*); ~áться от когó-л. take* / get* the inféction from smb.; зарази́ться грúппом catch* the flu / grippe; зарази́ться всеóбщей рáдостью be inféctéd by the cómmon joy (aróund one); **2.** *страд. к* заражáть. **~éние** *с.* inféction; ~éние крóви blood póisoning [blʌd -z-]; toxáemia *научн.*; ~éние мéстности *воен.* contàminátion of the ground.

**зарáз** *нареч.* *разг.* (*за один присест*) at one sítting; (*одним ударом*) at one stroke.

**зарáза** *ж.* inféction, contágion.

**зарази́тельн||ость** *ж.* inféctious¦ness. **~ый** inféctious; cátching *разг.*; ~ый смех inféctious láughter [...'lɑ:f-].

**зарази́ть(ся)** *сов. см.* заражáть(ся).

**зарáзн||ый** inféctious, contágious; ~ барáк contágious ward, ìsolátion ward [aɪ-...]; ~ больнóй contágious pátient; ~ые болéзни inféctious / contágious / commúnicable diséases [...-'zi:-].

**зарáнее** *нареч.* befóre¦hánd; (*своевременно*) in good time; ~ обдýманный preméditàted; заплати́ть ~ pay* in advánce; рáдоваться ~ (чемý-л.) look fórward (to smth.); позабóтиться о чём-л. ~ think* of smth. befóre¦hánd.

**зарапортовáться** *сов.* *разг.* let* one's tongue run a¦wáy with one [...tʌŋ...]; (*говорить глупости*) talk nónsense.

**зарастáть,** зарасти́ **1.** (*тв.*; *травой и т. п.*) be óver¦grówn [...-oun] (with); **2.** (*о ране*) heal; (*затягиваться кожей*) skin óver.

**зарасти́** *сов. см.* зарастáть.

**зарвáвшийся** **1.** *прич. см.* зарывáться II; **2.** *прил.* presúmptuous [-'zʌ-], high-hánded.

**зарвáться** *сов. см.* зарывáться II.

**зардéться** *сов.* rédden; (*от смущения*) blush.

**заревéть** *сов.* **1.** (*начать реветь*) begin* to roar / low [...lou]; **2.** *как сов. к* ревéть.

**зáрево** *с.* glow [-ou]; ~ пожáра glow of *a* fire.

**зарегистри́ровать** *сов.* (*вн.*) régister (*d.*). **~ся** *сов.* **1.** (*отметиться в каком-л. списке*) régister òne¦sélf; **2.** (*оформить брак*) régister one's márriage [...-rɪdʒ].

**зарéз** *м.* *разг.*: э́то ~ для меня́ ≅ it will be the end of me; до ~у désperate¦ly; емý нýжно э́то до ~у he is désperate¦ly in need of it, he is in désperate need of it; емý нужны́ дéньги до ~у he needs móney désperate¦ly [...'mʌ-...].

**зарéзать** *сов. см.* рéзать 4.

**зарéзаться** *сов.* cut* one's throat.

**зарекáться,** зарéчься (от) *разг.* renóunce (*d.*); (+ *инф.*) prómise not [-s...] (+ to *inf.*).

**зарекомендовáть** *сов.*: ~ себя́ с хорóшей, плохóй стороны́ presént òne¦sélf in a good*, bad* light [-'z-...]; ~ себя́ хорóшим рабóтником prove òne¦sélf to be a good* wórker [pru:v...].

**зарéчный** be¦yónd, *или* on the other side of, the river [...'rɪ-].

**зарéчье** *с.* part of town, *etc.*, on the other side of the river [...'rɪ-].

**зарéчься** *сов. см.* зарекáться.

**заржáв||еть** *сов.* get* / become* rústy. **~ленный** rústy.

**заржáть** *сов.* **1.** (*начать ржать*) begin* to neigh; **2.** *как сов. к* ржать.

**зарис||овáть** *сов. см.* зарисóвывать. **~óвка** *ж.* **1.** (*действие*) skétching; **2.** (*рисунок*) sketch.

**зарисóвывать,** зарисовáть (*вн.*) sketch (*d.*).

**зáриться,** позáриться (на *вн.*) *разг.* cóvet ['kʌ-] (*d.*), have one's eye [...aɪ] (on), hánker (áfter).

**зарни́ца** *ж.* súmmer lightning.

**заровня́ть** *сов. см.* зарáвнивать.

**зароди́ть(ся)** *сов. см.* зарождáть(ся).

**зарóдыш** *м.* émbryò, germ; *зоол.* fóetus ['fi:-]; в ~е in émbryò; in (its) incípiency; подави́ть в ~е (*вн.*) nip in the bud (*d.*); увúдеть что-л. в ~е percéive smth. in its incípiency [-'si:v...].

**зарóдышев||ый** èmbryónic; ~ое состоя́ние èmbryónic / rùdiméntary stage.

**зарожд||áть,** зароди́ть (*вн.*) en¦génder (*d.*). **~áться,** зароди́ться be concéived [...-'si:vd]; (*перен.*) aríse*, be born; у негó зароди́лось сомнéние a doubt aróse in his mind [...daut...], he begán to feel dóubtful [...'daut-]. **~éние** *с.* concéption; (*перен.*) órigin, concéption.

**зарóк** *м.* vow, pledge, sólemn prómise [...-s]; он дал ~ не пить he has táken the pledge, *или* he has sólemn¦ly sworn, not to drink [...swɔ:n...]; взять ~ с когó-л. make* smb. give a sólemn prómise.

**зарокотáть** *сов.* **1.** (*начать рокотать*) begin* to rumble, resóund [...-'zaund]; **2.** *как сов. к* рокотáть.

**зарони́ть** *сов.* (*вн.*) drop (*d.*); ~ и́скру drop a spark; (*перен.*) excíte (*d.*); ~ сомнéние give* rise to a doubt [...daut], aróuse a doubt.

**зáросль** *ж.* brúshwood [-wud], únder¦growth [-grouθ], thícket.

**зарплáта** *ж.* = зáработная плáта *см.* **зáработный.**

**заруб||áть** I, заруби́ть (*вн.*; *делать зарубку*) notch (*d.*), make* an incísion (on); ◇ ~и́ э́то себé на носý ≅ put that in your pipe and smoke it.

**зарубáть** II, заруби́ть (*вн.*; *убивать*) slash / sabre to death [...deθ] (*d.*); (*топором*) kill with an axe (*d.*).

**зарубе́жный** fóreign ['fɔrın], be¦yónd the bórder / fróntier [...'frʌ-].

**заруби́ть** I, II *сов. см.* зарубáть I, II.

**зару́бка** *ж.* notch.

**зарубцевáться** *сов. см.* зарубцóвываться.

**зарубцóвываться,** зарубцевáться cícatrìze.

**заругáть** *сов. разг.* (*вн.*) scold (*d.*); abúse (*d.*).

**зарумя́ниваться,** зарумя́ниться **1.** blush, crímson [-z°n]; **2.** (*поджариваться*) brown; bake brown.

**зарумя́ниться** *сов. см.* зарумя́ниваться.

**заруч||áться,** заручи́ться (*тв.*) secúre (*d.*); ~ поддéржкой enlíst the suppórt. **~и́ться** *сов. см.* заручáться.

**зару́чка** *ж. разг.* pull [pul], protéction.

**зарывáть,** зары́ть (*вн.*) búry ['be-] (*d.*); ◇ ~ тaлáнт в зéмлю búry / waste one's tálent [...weı-... 'tæ-]; ≅ hide* one's light únder a búshel [...'bu-] *идиом.*

**зарывáться** I, зары́ться búry òne¦sélf ['be-...]; *воен.* dig in.

**зарывáться** II, зарвáться *разг.* go* too far, go* to extrémes, òver¦dó things.

**зарыдáть** *сов.* **1.** (*начать рыдать*) begin* to sob; **2.** *как сов. к* рыдáть.

**зары́ть** *сов. см.* зарывáть. **~ся** *сов. см.* зарывáться I.

**зарычáть** *сов.* **1.** (*начать рычать*) begin* to roar / growl; **2.** *как сов. к* рычáть.

**зар||я́** *ж.* **1.** (*утренняя*) dáybreak [-eık], dawn; (*вечерняя*) évening-glow ['iːvnıŋglou]; súnsèt; на ~é at dáybreak, at dawn; ~ занимáется day is bréaking [...'breı-]; **2.** *воен.* retréat; **3.** (*начало, зарождение*) óutsèt, start; на ~é егó нóвой жи́зни at the very óutsèt of his new life; ◇ от ~и́ до ~и́ from night to mórning, all night long; (*с утренней до вечерней*) from mórning to night, all the líve¦lòng day [...'lıv-...].

**зарябить** *сов. см.* рябить 2.

**заря́д** *м.* charge; (*перен.*) fund, supplý; электри́ческий ~ eléctric charge; ~ энéргии supplý of énergy.

**заряди́ть** I *сов. см.* заряжáть.

**заряд||и́ть** II *сов. разг.* persíst in doing smth.; с утрá ~и́л дождь it has been ráining incéssantly since the mórning; ◇ ну, ~и́л! well, at it agáin!

**заря́д||ка** *ж.* **1.** (*оружия*) chárging, lóading; **2.** (*электрической батареи*) chárging; **3.** *спорт.* éxercìses *pl.*; gymnástics *pl.*; (*коллективная*) drill; дéлать ~ку do one's mórning éxercìses; ◇ он получи́л ~ку на цéлый день he felt braced up for the rest of the day. **~ный:** ~ный я́щик àmmunítion-wágon [-'wæ-]; cáisson *амер.*

**заряжáние** *с.* lóading; ~ с ду́ла múzzle lóading; ~ с казённой чáсти breech lóading.

**заряжáть,** заряди́ть (*вн.*) **1.** (*об оружии*) load (*d.*), charge (*d.*); **2.** (*об электрической батарее*) charge (*d.*).

**заряжáющий** **1.** *прич. см.* заряжáть; **2.** *м. как сущ. воен.* lóader.

**засáд||а** *ж.* ámbùsh [-uʃ]; быть в ~е lie* in ámbùsh; lie* in wait; устрóить ~у make* / lay* an ámbùsh.

**засади́ть** I, II *сов. см.* засáживать I, II.

**засáживать** I, засади́ть (*вн. тв.*; *растениями и т. п.*) plant [-ɑːnt] (*d.* with).

**засáживать** II, засади́ть *разг.* **1.** (*вн.* в *вн.*; *всаживать*) drive* (*d.* into); **2.** (*вн.* в *вн.*; *заключать*) shut* (*d.* in); засади́ть в тюрьму́ put* in prison [...-ız-] (*d.*), lock up (*d.*); **3.** (*вн.* за *вн.*) set* (*d.* to); ~ за рабóту set* to work (*d.*).

**засáливать** I, засáлить (*вн.*) soil (*d.*), make* gréasy [...-zı] (*d.*).

**засáливать** II, засоли́ть (*вн.*) salt (*d.*), pickle (*d.*); (*о мясе*) corn (*d.*).

**засáлить** *сов. см.* засáливать I.

**засáсывать,** засосáть (*вн.*; *поглощать*) suck in (*d.*), en¦gúlf (*d.*); (*перен.*) swállow up (*d.*); болóто засосáло лошадéй the hórses were sucked into the bog; егó засосáла мещáнская средá he has been dragged down by his philistine environ¦ment.

**засáхар||енный** *прич. и прил.* cándied; ~енные фру́кты crýstallìzed / cándied fruits [...fruːts]. **~иваться,** засáхариться becóme* súgared [...'ʃu-].

**засáхариться** *сов. см.* засáхариваться.

**засверкáть** *сов.* **1.** (*начать сверкать*) begin* to spárkle; **2.** *как сов. к* сверкáть.

**засвети́ть** *сов.* (*вн.*) **1.** (*о свече и т. п.*) light* (*d.*); **2.:** ~ плёнку *фот.* spoil *a* film (by inadvértent expósure) [...-'pouʒə]. **~ся** *сов.* light* up.

**зáсветло** *нареч. разг.* befóre níghtfàll.

**засвидéтельствовать** *сов.* (*вн.*) wítness (*d.*), téstifỳ (*d.*); ~ факт cértifỳ *a* fact; ◇ ~ почтéние presént one's respécts [-'z-...].

**засвистáть, засвистéть** *сов.* **1.** (*начать свистеть*) begin* to whistle; **2.** *как сов. к* свистéть.

**засéв** *м.* **1.** (*действие*) sówing ['sou-]; **2.** (*то, что посеяно*) seed, séed-còrn; **3.** (*засеянная площадь*) sown área [soun 'ɛərıə].

**засевáть,** засéять (*вн. тв.*) sow* [sou] (*d.* with); ~ под яровы́е, ози́мые sow* to spring, winter crops (*d.*).

**заседáние** *с.* sítting; (*собрание*) méeting; (*совещание*) cónference; (*суда*) séssion; откры́ть ~ ópen *the* méeting; закры́ть ~ close, *или* break* up, *the* méeting [...breık...]; собрáться на специáльное ~ meet* in spécial séssion [...'spe-...].

**заседáтель** *м.* asséssor; нарóдный ~ péople's asséssor [piː-...]; прися́жный ~ *уст.* júry¦man*, júror.

**заседáтельск||ий:** ~ая суетня́ spéechifỳing.

**заседáть** sit*; meet*; take* part in *a* cónference *и т. д.* (*см.* заседáние).

**засéивать** = засевáть.

**засéка** *ж.* abátis [ə'bætı] (*pl.* -tis [-tız]).

**засекáть,** засéчь (*вн.*) **1.** (*до смерти*) flog to death [...deθ] (*d.*); **2.** (*делать засечку*) notch (*d.*); **3.** (*определять засечками*) detérmine by intersection (*d.*); (*точку и т. п. на местности*) locáte (*d.*); ~ врéмя note the time. **~ся,** засéчься **1.** (*о лошади*) òver¦réach, cut*, hitch; **2.** *страд. к* засекáть.

**засекрé||тить** *сов. см.* засекрéчивать. **~ченный** **1.** *прич. см.* засекрéчивать; **2.** *прил.* sécret, secúrity-restrícted; húsh-húsh *разг.*

**засекре́чивать,** засекре́тить (*вн.*) **1.** make* sécret (*d.*), restríct (*d.*); hush up (*d.*) *разг.*; **2.** (*о челове́ке*) admít to séçret work (*d.*).

**засел||е́ние** *с.* péopling ['pi:-]; séttle¦ment. **~ённый** *прич. см.* заселя́ть; гу́сто, ре́дко ~ённый dénse¦ly, spárse¦ly pópulàted. **~и́ть** *сов. см.* заселя́ть.

**засел||я́ть,** засели́ть (*вн.*) pópulàte (*d.*), settle (*d.*); ~ены́ со́тни но́вых кварти́р húndreds of new homes have been ténanted [...'te-].

**засемени́ть** *сов.* **1.** (*нача́ть семени́ть*) begin* to mince; **2.** *как сов. к* семени́ть.

**засеребри́ться** *сов.* **1.** (*нача́ть серебри́ться*) begin* to look sílvery, begin* to glítter / spárkle like sílver; **2.** *как сов. к* серебри́ться.

**засе́сть** *сов.* **1.** (за *вн.*) sit* down (to), set* (to); ~ за рабо́ту set* to work, sit* down to work; **2.** (в *пр.*; *застря́ть*) stick* (in), stick* fast (in); пу́ля засе́ла у него́ в боку́ *a* búllet lodged in his side [...'bu-...]; **3.** (*где-л.*) sit* firm, settle; *воен.* estáblish òne¦sélf (fírmly), enscónce òne¦sélf; ~ до́ма *разг.* stay in, not leave* one's house* [...-s]; ~ в заса́де lie* in ámbùsh [...-buʃ].

**засе́чка** *ж.* **1.** notch, cut, mark; **2.** (*де́йствие*) intersécton; ~ направле́ния getting a fix; ~ вре́мени tíming; звукова́я ~ sound ránging [...-eɪn-].

**засе́чь(ся)** *сов. см.* засека́ть(ся).

**засе́ять** *сов. см.* засева́ть.

**засиде́ть** *сов. см.* заси́живать.

**засиде́ться** *сов. см.* заси́живаться.

**заси́женный:** ~ му́хами flý-blown [-bloun].

**заси́живать,** засиде́ть (*вн.*; *о му́хах*) taint (*d.*), spot (*d.*).

**заси́живаться,** засиде́ться sit* / stay too long; ~ до по́здней но́чи (*не ложи́ться спать*) sit* up very late; (*не уходи́ть*) stay very late.

**заси́лье** *с.* dóminance.

**засине́ть(ся)** *сов.* loom blue, show* blue [ʃou...], appéar blue (in the dístance).

**заси́нивать,** засини́ть (*вн.*) óver¦blúe (*d.*).

**засини́ть** *сов. см.* заси́нивать.

**засия́ть** *сов.* **1.** (*нача́ть сия́ть*) begin* to shine; **2.** *как сов. к* сия́ть.

**заскака́ть** *сов.* **1.** (*нача́ть скака́ть*) begin* to jump, leap, *etc.*; (*о ло́шади*) break* into a gállop [-eɪk...]; **2.** *как сов. к* скака́ть.

**заска́кивать,** заскочи́ть **1.** (за *вн.*) jump (behínd), spring* (behínd); (на *вн.*) jump (on), spring* (on); **2.** *разг.* (*заходи́ть на мину́тку*) drop in (*at a place*).

**заскирдо́ванн||ый** *прич. см.* скирдова́ть; ~ое се́но stacked hay, hay in ricks / stacks.

**заскирдова́ть** *сов. см.* скирдова́ть.

**заско́к** *м. разг.* **1.** thrust fórward; **2.** (*затме́ние ума́*) kink, bráin-stòrm.

**заскору́з||лый** **1.** hárdened; ~лые ру́ки tóil-hárdened / hórny hands; **2.** (*огрубе́лый, чёрствый*) ùnféeling; **3.** (*отста́лый*) báckward. **~нуть** *сов.* **1.** become* hárdened; **2.** (*законсне́ть*) stágnàte.

**заскочи́ть** *сов. см.* заска́кивать.

**заскрежета́ть** *сов.* **1.** (*нача́ть скрежета́ть*) begin* to gnash / grind (one's teeth); **2.** *как сов. к* скрежета́ть.

**заскрести́** *сов.* **1.** (*нача́ть скрести́*) begin* to scratch; **2.** *как сов. к* скрести́. **~сь** *сов.* **1.** (*нача́ть скрести́сь*) begin* to scratch; мышь заскребла́сь *a* mouse* begán to scratch [...-s...]; **2.** *как сов. к* скрести́сь.

**заскрипе́ть** *сов.* **1.** (*нача́ть скрипе́ть*) begin* to creak; **2.** *как сов. к* скрипе́ть.

**заскули́ть** *сов.* **1.** (*нача́ть скули́ть*) begin* to whine / whímper; **2.** *как сов. к* скули́ть.

**заскуча́ть** *сов.* feel* míserable [...-z-], have a fit of the blues, be blue.

**засла́ть** *сов. см.* засыла́ть.

**заследи́ть** *сов.* (*вн.*) *разг.* leave* wet tráces (on); soil / dírty (with one's feet) (*d.*).

**заслези́ться** *сов.* **1.** (*нача́ть слези́ться*) begin* to wáter [...'wɔ:-]; **2.** *как сов. к* слези́ться.

**засло́н** *м. воен.* cóvering detáchment ['kʌ-...].

**заслони́ть(ся)** *сов. см.* заслоня́ть(ся).

**засло́нка** *ж.* **1.** óven-door ['ʌvᵊndɔ:]; **2.** (*регуля́тор тя́ги*) dámper.

**заслон||я́ть,** заслони́ть (*вн.*) cóver ['kʌ-] (*d.*), hide* (*d.*); (*защища́ть*) screen (*d.*), shield [ʃi:-] (*d.*); (*перен.*) òver¦shádow [-'ʃæ-] (*d.*); take* the place (of), push into the báckground [puʃ...] (*d.*); ~и́ть свет кому́-л. stand* in smb.'s light. **~я́ться,** заслони́ться **1.** (*тв.* от *рд.*) shield òne¦sélf [ʃi:-...] (with agáinst), screen òne¦sélf (with from); **2.** *страд. к* заслоня́ть.

**заслу́г||а** *ж.* mérit, desért [-'zə:t]; име́ть больши́е ~и пе́ред страно́й have done great sérvices to one's cóuntry [...greɪt...'kʌ-]; вели́ки их ~и пе́ред ро́диной they have perfórmed great sérvices for the móther¦lànd [...'mʌ-]; за выдаю́щиеся ~и for outstánding públic sérvice [...'pʌ-...]; кому́-л. по ~ам accórding to smb.'s desérts; он получи́л по ~ам he got his desérts; ста́вить кому́-л. в ~у (*вн.*) put* down to smb.'s crédit (*d.*); ста́вить себе́ что-л. в ~у think* híghly of one's own áctions [...oun...].

**заслу́женн||о** *нареч.* desérvedly [-'zə:-]; он ~ получи́л награ́ду he was rewárded accórding to his desérts [...-'zə:-]. **~ый** **1.** *прич.* (*тж. как прил.*) *см.* заслу́живать; ~ое порица́ние mérited cénsure; ~ый упрёк wéll-desérved repróach [-'zə:vd...]; **2.** *прил.* (*о зва́нии*) hónoured ['ɔnəd]; ~ый де́ятель нау́ки Hónoured Scíentist; ~ый де́ятель иску́сств Hónoured Art Wórker; ~ый ма́стер спо́рта Hónoured Máster of Sports.

**заслу́ж||ивать,** заслужи́ть (*вн.*) desérve [-'zə:v] (*d.*); (*быть досто́йным*) mérit (*d.*), be wórthy [...-ðɪ] (of); ~и́ть чьё-л. дове́рие earn smb.'s cónfidence [ə:n...]; ~ дове́рия be trústwòrthy / relíable [...-ðɪ...]; как вы того́ ~ива́ете accórding to your desérts [...-'zə:ts]. **~и́ть** *сов. см.* заслу́живать.

**заслу́шать(ся)** *сов. см.* заслу́шивать(ся).

**заслу́шивать,** заслу́шать (*вн.*) hear* (*d.*); ~ отчёт hear* *the* accóunt. **~ся,** заслу́шаться (*рд.*) **1.** lísten with delíght [-sᵊn...] (to), delíght in lístening [...-sᵊn-] (to); **2.** *страд. к* заслу́шивать.

**заслы́шать** *сов.* (*вн.*) hear* (*d.*).

**заслюни́ть** *сов.* (*вн.*) *разг.* slóbber óver.

**заслюня́вить** *сов.* = заслюни́ть.

**засма́тривать** (в *вн.*) *разг.* look (into), peep (into).

**засма́триваться,** засмотре́ться (на *вн.*) be lost in còntèmplátion (of).

**засмея́ть** *сов.* (*вн.*) *разг.* rídicùle (*d.*).

**засмея́ться** *сов.* **1.** (*начать смеяться*) begin* to laugh [...lɑːf]; **2.** *как сов. к* смея́ться.

**засмоли́ть** *сов.* (*вн.*) pitch (*d.*), tar (*d.*).

**засмотре́ться** *сов. см.* засма́триваться.

**заснежённ||ый** snowed up [-oud...], cóvered with deep snow ['kʌ-...-ou]; ~ая степь snów-còvered steppe ['snoukʌ- step].

**засну́ть** *сов. см.* засыпа́ть II.

**засня́ть** *сов.* (*вн.*) phóto¦gràph (*d.*); ~ фильм prodúce *a* film; shoot* *a* film *разг.*

**засо́в** *м.* bolt; bar; задви́нуть дверь ~ом, на ~ bolt / bar *a* door [...dɔː].

**засо́вывать,** засу́нуть (*вн.*) push in [puʃ...] (*d.*), shove in [ʃʌv...] (*d.*), thrust* in (*d.*); засу́нув ру́ки в карма́ны with hands thrust into one's póckets.

**засо́л** *м.* sálting, píckling; све́жего ~а fréshly sálted / pickled.

**засо́ленн||ый:** ~ые по́чвы sálty soils, sált-ridden lands.

**засоли́ть** *сов. см.* заса́ливать II.

**засопе́ть** *сов.* **1.** (*начать сопеть*) begin* to sniff / snuffle; (*во сне*) breathe héavily [...'he-]; **2.** *как сов. к* сопе́ть.

**засоре́ние** *с.* obstrúction, chóking up; ~ желу́дка *мед.* cònstipátion.

**засори́ть(ся)** *сов. см.* засоря́ть(ся).

**засоря́ть,** засори́ть (*вн.*) **1.** lítter (*d.*); **2.** (*забивать, закупоривать*) obstrúct / stop (the pássage in a chánnel, tube, *etc.*); **3.:** ~ желу́док cónstipàte the bówels; have cònstipátion; (*о пище*) give* / cause cònstipátion; ~ речь, язы́к (*тв.*) clútter up speech, lánguage (with). **~ся,** засори́ться **1.** be / become* líttered; **2.** (*забиваться, закупориваться*) be / become* obstrúcted; **3.:** у меня́, у него́ *и т. д.* засори́лся желу́док I have, he has, *etc.*, cònstipátion; **4.** *страд. к* засоря́ть.

**засоса́ть** *сов.* **1.** *см.* заса́сывать; **2.** (*начать сосать*) begin* to suck.

**засо́х||нуть** *сов. см.* засыха́ть. **~ший** dry; (*о листьях тж.*) dead [ded], wíther¦ed.

**засочи́ться** *сов.* begin* to ooze.

**за́спанный** sléepy; у него́ ~ вид he looks sléepy.

**заспа́ть** *сов. см.* засыпа́ть I.

**заспа́ться** *сов.* óver¦sléep (òne¦sélf).

**заспеши́ть** *сов.* (begin* to) bustle.

**заспиртова́ть** *сов. см.* заспирто́вывать.

**заспирто́вывать,** заспиртова́ть (*вн.*) álcohòlize (*d.*), presérve in álcohòl [-'zəːv...] (*d.*).

**заспо́рить** *сов.* (о *пр.*) begin* to árgue (abóut).

**заста́ва** *ж.* **1.** gate; gates *pl.*; **2.** *воен.* (*сторожевая*) píquet [-kɪt]; suppórt *амер.*; (*походная*) point; suppórt *амер.*; погранúчная ~ fróntier post ['frʌ- poust].

**застава́ть,** заста́ть (*вн.*) find* (*d.*); ~ до́ма find* in, *или* at home (*d.*); не ~ до́ма find* out (*d.*); ~ кого́-л. на ме́сте преступле́ния catch* smb. réd-hánded, catch* smb. in the act.

**заста́вить** I, II *сов. см.* заставля́ть I, II.

**заста́вка** *ж.* (*в книге, рукописи*) héad-piece ['hedpiːs].

**заставля́ть** I, заста́вить (*вн.* + *инф.*; *принуждать*) force (*d.* + to *inf.*), compél (*d.*+ to *inf.*); make* (*d.* + *inf.*); заста́вить замолча́ть redúce to sílence [...'saɪ-] (*d.*), sílence (*d.*); заста́вить заду́маться set* thínking (*d.*); ничто́ не заста́вит его́ сде́лать э́то nothing will indúce him to do it; он заста́вил нас ждать he made us wait; он заста́вил нас ждать два часа́ he has kept us wáiting for two hours [...auəz]; ~ себя́ сде́лать bring* òne¦sélf to do; он не заста́вил проси́ть себя́ ≅ he was wílling enóugh [...ɪ'nʌf].

**заставля́ть** II, заста́вить (*вн.*) **1.** (*загромождать*) cram (*d.*), fill (*d.*); **2.** (*загораживать*) block up (*d.*), obstrúct (*d.*).

**заста́иваться,** застоя́ться **1.** stand* too long; конь застоя́лся the horse has become réstive; **2.** (*портиться*) be / become* stale; вода́ застоя́лась the wáter is no lóng er fresh [...'wɔː-...].

**застаре́лый** invéterate; (*о болезни*) negléct-ed, chrónic.

**заста́ть** *сов. см.* застава́ть.

**застёгивать,** застегну́ть (*вн.*) do up (*d.*); (*пуговицу*) bútton up (*d.*), (*крючками*) hook up (*d.*); (*пряжкой*) clasp (*d.*), buckle (*d.*). **~ся,** застегну́ться **1.** bútton òne¦sélf up; застегну́ться на одну́, две *и т. д.* пу́говицы bútton up one, two, *etc.*, búttons; **2.** *страд. к* застёгивать.

**застегну́ть(ся)** *сов. см.* застёгивать(ся).

**застёжка** *ж.* fásten¦ing [-s°n-]; (*пряжка*) clasp, buckle, hasp.

**застекли́ть** *сов. см.* застекля́ть.

**застекля́ть,** застекли́ть (*вн.*) glaze (*d.*).

**засте́нок** *м.* tórture-chàmber [-tʃeɪ-].

**засте́нчив||ость** *ж.* shýness; báshfulness. **~ый** shy; báshful.

**заст||ига́ть,** засти́гнуть, засти́чь (*вн.*) catch* (*d.*); ~игнуть враспло́х surpríse (*d.*), take* ún¦a¦wáres (*d.*); нас ~и́гла гроза́ we were òver¦-táken / caught by a storm.

**засти́гнуть** *сов. см.* застига́ть.

**застила́ть,** застла́ть (*вн.*) **1.** (*покрывать*) cóver ['kʌ-] (*d.*); ~ ковро́м lay* *a* cárpet (óver), cárpet (*d.*); **2.** (*затуманивать*) cloud (*d.*), screen (*d.*), hide* from view [...vjuː] (*d.*); ~ облака́ми òver¦clóud (*d.*).

**застира́ть** *сов. см.* засти́рывать.

**засти́рывать,** застира́ть (*вн.*) wash off (*d.*).

**за́стить:** ~ кому́-л. свет *разг.* stand* in smb.'s light.

**засти́чь** *сов. см.* застига́ть.

**застла́ть** *сов. см.* застила́ть.

**застогова́ть** *сов.* (*вн.*) *с.-х.* put* in stacks / ricks (*d.*).

**засто́||й** *м.* stàgnátion; (*упадок*) depréssion; ~ промы́шленности ind¦strial stàgnátion; в торго́вле ~ trade is low [...lou], there is a depréssion in trade; ~ кро́ви *мед.* haemostásia; находи́ться в ~е be stágnant, stágnàte. **~йный** stágnant.

**засто́льн||ый:** ~ая бесе́да táble-tàlk; ~ая пе́сня drínking-sòng.

**застона́ть** *сов.* **1.** (*начать стонать*) begin* to moan / groan; **2.** *как сов. к* стона́ть.

**засто́поривать,** засто́порить (*вн.*) stop (*d.*), check (*d.*). **~ся,** засто́пориться **1.** (*о машине и т. п.*) jam; (*перен.*) come* to a stánd-still, be at a stándstill; **2.** *страд. к* засто́поривать.

**застóпорить(ся)** *сов. см.* застóпоривать (-ся).

**застоя́ться** *сов. см.* застáиваться.

**застрáивать,** застрóить (*вн.*; *об участке и т. п.*) build* [bɪld] (on), erect búildings (on *a* site, *etc.*) [...'bɪl-...]. **~ся,** застрóиться **1.** (*об участке*) be built on [...bɪlt...], be óccupied / cóvered with búildings [...'kʌ-...'bɪl-]; **2.** *страд. к* застрáивать.

**застрахóванный** *прич. и прил.* insúred [-'ʃuəd]; (от) insúred (agáinst); (*тк. прил.*; *перен.*) immúne (to, agáinst).

**застраховáть(ся)** *сов. см.* застрахóвывать(ся).

**застрахóвывать,** застраховáть (*вн.* от) insúre [-'ʃuə] (*d.* agáinst). **~ся,** застраховáться **1.** insúre one's life [-'ʃuə...]; **2.** *страд. к* застрахóвывать.

**застращáть** *сов. см.* застрáщивать.

**застрáщива||ние** *разг.* intìmidátion. **~ть,** застращáть (*вн.*) *разг.* intímidàte (*d.*), fríghten (*d.*).

**застревáть,** застря́ть stick*; колесó застря́ло в грязи́ the wheel has got stuck in the mud; ◇ словá застря́ли у негó в гóрле *разг.* the words stuck in his throat.

**застрели́ть** *сов.* (*вн.*) shoot* (down) (*d.*). **~ся** shot* òneˈsélf.

**застрéльщик** *м.* **1.** pìonéer, léader; **~и** социалисти́ческого соревновáния pìonéers of sócialist èmulátion; **2.** *воен. ист.* skírmisher.

**застрóенный** búilt-úp ['bɪlt-].

**застрóить(ся)** *сов. см.* застрáивать(ся).

**застрóй||ка** *ж.* búilding ['bɪl-]; прáво **~ки** right to build [...bɪld]. **~щик** *м.* one who builds a house* on his own [...'bɪl-... -s... oun].

**застрочи́ть** *сов.* **1.** (*начать строчить*) begin* to stitch; (*писать*) begin* to write; **2.** (*о пулемёте*) rattle aˈwáy; start shóoting; **3.** *как сов. к* строчи́ть.

**застря́ть** *сов. см.* застревáть.

**застуди́ть** *сов. см.* застýживать.

**застуди́ться** *сов. разг.* catch* cold.

**застýживать,** застуди́ть (*вн.*) chill (*d.*).

**зáступ** *м.* spade.

**заступ||áться,** заступи́ться (за *вн.*) intercéde (for); (*просить*) plead (for); (*принимать чью-л. сторону*) take* the part (of), stand* up (for); stick* up (for) *разг.* **~и́ться** *сов. см.* заступáться.

**застýпн||ик** *м.* defénder, intercéssor; (*покровитель*) pátron. **~ица** *ж.* pátronˈess. **~ичество** *с.* intercéssion.

**застучáть** *сов.* **1.** (*начать стучать*) begin* to knock, rap, *etc.*; **2.** *как сов. к* стучáть.

**застывáть,** засты́ть, засты́нуть **1.** (*сгущаться от охлаждения*) thicken, conˈgéal; (*оседать*) set*; (*затвердевать*) hárden; желé засты́ло the jélly has set; лáва засты́ла the láva has hárdened [...'lɑ:-...]; **2.** *разг.* (*зябнуть*) be / get* stiff with cold; ◇ засты́ть от удивлéния be stúpefied / páralysed with astónishment; у негó кровь засты́ла от ýжаса his blood curdled with hórror [...blʌd...], he grew cold with térror.

**застыди́ть** *сов.* (*вн.*) *разг.* shame (*d.*), make* ashámed (*d.*). **~ся** *сов. разг.* become* confúsed; (*покраснеть от стыда*) blush with shame.

**засты́нуть** *сов. см.* застывáть.

**засты́ть** *сов. см.* застывáть.

**засуди́ть** *сов.* (*вн.*) *разг.* condémn (*d.*).

**засуети́ться** *сов.* **1.** (*начать суетиться*) begin* to bustle, start fússing; **2.** *как сов. к* суети́ться.

**засýнуть** *сов. см.* засóвывать.

**зáсуха** *ж.* drought [draut].

**засухоустóйчивый** dróught-resistant ['draut-rɪ'z-].

**засýчивать,** засучи́ть (*вн.*; *о рукавах*) roll up (*d.*); приня́ться за дéло, засучи́в рукавá roll up one's sleeves and set* to work.

**засучи́ть** I *сов. см.* засýчивать.

**засучи́ть** II *сов.* (*начать сучить*) begin* to twist / spin.

**засýшивать,** засуши́ть (*вн.*) dry up (*d.*).

**засуши́ть** *сов. см.* засýшивать.

**засýшлив||ый** árid, dróught-afflícted ['draut-]; **~ая** зóна árid / dróughty zone [...'drautɪ...].

**засчитáть** *сов. см.* засчи́тывать.

**засчи́тывать,** засчитáть (*вн.*) inˈclúde (*d.*), take* into considerátion (*d.*).

**засылáть,** заслáть (*вн.*) send* (*d.*); (*не по тому адресу*) dispátch / send* to the wrong addréss (*d.*); ~ шпиóнов smuggle in spies, infíltràte spies.

**засы́пать** *сов. см.* засыпáть III.

**засыпáть** I, заспáть (*вн.*): заспáть младéнца òverˈlie* *a* báby, smóther *a* báby in one's sleep [...'smʌ-...].

**засыпáть** II, заснýть fall* asléep; drop off to sleep *разг.*

**засыпáть** III, засы́пать (*вн. тв.*) **1.** (*о яме и т. п.*) fill up (*d.* with); **2.** (*покрывать*) cóver ['kʌ-] (*d.* with), búry ['be-] (*d.* únder); (*разбрасывать по поверхности*) strew* (on *d.*); дорóжка засы́пана ли́стьями the path* is cóvered / strewn with dead leaves [...ded...]; ◇ ~ когó-л. вопрóсами bòmbárd smb. with quéstions [...-stʃ-], heap quéstions upˈón smb.; ~ когó-л. подáрками load smb. with présents [...-ez-]; ~ овсá, муки́ *и т. п.* (*запасаться*) lay* in a store of oats, flour, *etc.*; ~ овсá лóшади pour some oats into the mánger [pɔ:... 'meɪndʒə].

**засыпáться** I, II *сов. см.* засыпáться I, II.

**засыпáться** I, засы́паться **1.** (в *вн.*) get* (into); песóк засы́пался емý в башмаки́ sand got into his shoes [...ʃu:z], there is sand in his shoes; **2.** (*тв.*) get* cóvered / filled [...'kʌ-...] (with); get* búried [...'be-] (únder); **3.** *страд. к* засыпáть III.

**засыпáться** II, засы́паться *разг.* **1.** (*попадаться*) be caught réd-hánded; (*попадать в беду*) get* into a scrape, come* to grief [...-i:f]; **2.** (*на экзамене*) get* plucked.

**засы́пка** *ж.* **1.** (*ямы*) filling up; **2.** (*зерна*) láying in (a supplý).

**засыхáть,** засóхнуть dry up; (*увядать*) wither.

**затаённ||ый** **1.** *прич. см.* затáивать; **2.** *прил.* sécret; (*приглушённый*) represséd; с **~ым** дыхáнием with báted breath [...breθ]; **~ая** злóба smóuldering ánger ['smou-...].

**затáивать,** затаи́ть (*вн.*) hárbour (*d.*); затаи́ть дыхáние hold* one's breath [...breθ];

затаи́в дыха́ние with báted breath; затаи́ть оби́ду на кого́-л. bear* smb. a grudge [bɛə...]; nurse a grudge agáinst smb.

**затаи́ть** *сов. см.* зата́ивать.

**затанцева́ть** *сов.* (*начать танцевать*) begin* to dance.

**зата́пливать,** затопи́ть (*вн.*; *о печи*) light* the stove, make* / kindle the fire (in *a* stove).

**зата́птывать,** затопта́ть (*вн.*) trample down (*d.*), trample únder foot [...fut] (*d.*).

**затарато́рить** *сов. разг.* **1.** (*начать тараторить*) begin* to jábber; **2.** *как сов. к* тарато́рить.

**зата́сканн||ый** *разг.* **1.** *прич. см.* зата́скивать I; **2.** *прил.* bedrággled; (*изношенный*) thréadbàre ['θred-]; (*перен.*) háckneyed [-nɪd], wéll-wórn [-'wɔːn]; (*банальный*) trite; ~ое выраже́ние trite expréssion.

**затаска́ть** *сов. см.* зата́скивать I.

**зата́скивать** I, затаска́ть (*вн.*) wear* out [wɛə...] (*d.*), soil (*d.*); (*перен.*) make* cómmon / trite / háckneyed [...-nɪd] (*d.*).

**зата́скивать** II, затащи́ть **1.** (кого́-л. куда́-л.) drag (smb. sóme¦whère); затащи́ть кого́-л. к себе́ take* smb. to one's place, get* smb. to come to one's place; **2.** (что-л. куда́-л.) cárry / drag (a¦wáy) (smth. sóme¦whère); leave* smth. in the wrong place.

**зата́чивать,** заточи́ть (*вн.*) shárpen (*d.*).

**затащи́ть** *сов. см.* зата́скивать II.

**затвердева́ть,** затверде́ть hárden, become* hard, be hárdened; (*ср.* застыва́ть).

**затверде́||лость** *ж.* = затверде́ние. **~лый** hárdened. **~ние** *с. мед.* indùrátion, càllósity.

**затверде́ть** *сов. см.* затвердева́ть.

**затверди́ть** *сов.* (*вн.*) *разг.* **1.** (*выучить*) learn* by rote [lɜːn...] (*d.*); **2.**: ~ одно́ и то же harp on one string.

**затво́р** *м.* **1.** (*ружья*) lock; (*винтовки*) bolt; (*орудия*) breech block; (*пулемёта*) bolt, breech block; (*у плотины*) wáter-gàte ['wɔː-], flóod-gàte ['flʌd-]; (*фотоаппарата*) shútter; **2.** (*у дверей*) bolt, bar; **3.** *церк.* seclúsion; он жил в ~е he lived in seclúsion [...lɪ-...]. **~и́ть(ся)** *сов. см.* затворя́ть(ся).

**затво́рни||к** *м.*, **~ца** *ж.* hérmit, reclúse [-s]; жить ~ком live the life of a reclúse [lɪv...]. **~ческий** sólitary, seclúded; ~ческий о́браз жи́зни seclúded life. **~чество** *с.* reclúsion, seclúsion; (*перен.*) sólitary life.

**затворя́ть,** затвори́ть (*вн.*) close (*d.*), shut* (*d.*). **~ся,** затвори́ться **1.** (*о двери и т. п.*) close, shut*; **2.** (*о человеке*) lock / shut* / close òne¦sélf in; *церк.* retíre into seclúsion; **3.** *страд. к* затворя́ть.

**затева́ть,** зате́ять (*вн.*) vénture (*d.*), ùndertáke* (*d.*); зате́ять и́гры órganìze games; зате́ять дра́ку start a brawl. **~ся,** зате́яться be stárted; зате́ялось де́ло a búsiness, *или* an affáir, was stárted [...'bɪzn-...].

**зате́й||ливый** **1.** (*сложный*) íntricate; **2.** (*занимательный*) in¦génious, fánciful. **~ник** *м.*, **~ница** *ж.* **1.** (*массовик*) órganìzer of èntertáinments; **2.** (*шутник*) jóker, húmorist.

**затек||а́ть,** зате́чь **1.** (в *вн.*) flow [flou] (in), pour [pɔː] (into), leak (into); (за *вн.*) pour (behind), leak (behind); **2.** (*неметь*) become* numb; у него́ ~ли́ но́ги, ру́ки his legs, arms have got numb.

**зате́м** *нареч.* **1.** (*после*) then, thére¦up¦ón, up¦ón which; and súbsequently; **2.** *уст.* (*для этого*) for that very réason [...-z-]; ◇ ~ что *уст.* becáuse [-'kɔz], since, as.

**затемне́ние** *с.* dárkening; *воен.* bláck-out; (*перен.*; *о значении, смысле*) obscúring.

**затемни́ть** *сов. см.* затемня́ть.

**за́темно** *нареч. разг.* befóre dawn, befóre dáybreak [...-breɪk].

**затемня́ть,** затемни́ть (*вн.*) dárken (*d.*); *воен.* black out (*d.*); (*перен.*) obscúre (*d.*).

**затени́ть** *сов. см.* затеня́ть.

**затеня́ть,** затени́ть (*вн.*) (òver¦)sháde (*d.*).

**зате́плить** *сов.* (*вн.*) *уст.* light* (*d.*). **~ся** *сов. уст.* begin* to gleam.

**затере́ть** *сов. см.* затира́ть.

**зате́рянный** **1.** *прич. см.* затеря́ть; **2.** *прил.* (*забытый*) forgótten.

**затеря́ть** *сов.* (*вн.*) misláy* (*d.*), lose* [luːz] (*d.*). **~ся** *сов.* be misláid, be lost; (*перен.*) be / become* lost / forgótten.

**затеса́ть** *сов. см.* затёсывать.

**затеса́ться** *сов.* (в, на *вн.*) *разг.* worm òne¦sélf (into), intrúde (on).

**затёсывать,** затеса́ть (*вн.*) róugh-héw ['rʌf-] (*d.*).

**зате́чь** *сов. см.* затека́ть.

**зате́я** *ж.* ùndertáking, énterprise, vénture; (*забавная*) piece of fun [piːs...], fáncy.

**зате́ять(ся)** *сов. см.* затева́ть(ся).

**затира́ть,** затере́ть (*вн.*) **1.** (*замазывать*) rub óver (*d.*); **2.** (*сдавливать*) jam (*d.*); (*перен.*) give* one no chance; су́дно затёрло льда́ми the ship is / was íce-bound; **3.** *разг.* (*пачкать, занашивать*) soil (*d.*), dírty (*d.*).

**зати́скать** *сов.* (*вн.*) *разг.* smóther / stifle with caréсses ['smʌ-...] (*d.*).

**зати́скивать,** зати́снуть (*вн.*; *запихивать*) squeeze in (*d.*). **~ся,** зати́снуться squeeze òne¦sélf in(to).

**зати́снуть(ся)** *сов. см.* зати́скивать(ся).

**затиха́ть,** зати́хнуть calm down [kɑːm...], lull; (*умолкать*) die a¦wáy; (*ослабевать*) fade (a¦wáy).

**зати́хнуть** *сов. см.* затиха́ть.

**зати́шье** *с.* calm [kɑːm]; (*временное*) lull; (*в делах*) slack; ~ пе́ред грозо́й the calm befóre the storm.

**затка́ть** *сов.* (*вн. тв.*) weave* (into *d.*); interwéave* (*d.* with); ~ ска́терть зо́лотом, серебро́м weave* gold, sílver into *the* cloth; за́тканный зо́лотом, серебро́м wóven with gold, sílver; góld-brocáded, sílver-brocáded.

**заткну́ть** *сов. см.* затыка́ть.

**затле́ться** *сов.* begin* to glow [...-ou].

**затмева́ть,** затми́ть (*вн.*) **1.** (*закрывать*) cóver ['kʌ-] (*d.*), dárken (*d.*); òver¦shádow [-'ʃæ-] (*d.*); ту́чи затми́ли не́бо stórm-clouds have cóvered the sky, the sky is óver¦cást; **2.** (*превосходить кого-л.*) eclípse (*d.*), outshíne* (*d.*); затми́ть чью-л. сла́ву eclípse smb.'s fame.

**затм||е́ние** *с. астр.* eclípse; ~ со́лнца sólar eclípse; лу́нное ~ lúnar eclípse; по́лное ~ tótal eclípse; кольцеобра́зное ~ ánnular eclípse; части́чное ~ pártial eclípse; ◇ на него́ ~ нашло́ his mind went blank, he did not know what he was doing, sáying, *etc.* [...nou...]. **~и́ть** *сов. см.* затмева́ть.

**зато́** *союз* (to make up) for it, in retúrn; ~ ме́ньше уста́нете you will make up for it by bé¦ing less tired; ~ полу́чите хоро́шую вещь you'll get sóme¦thing réally good in retúrn [...'rɪə-...].

**затова́ривание** *с.* óver¦stóck; ~ ры́нка glut in the márket.

**затова́ривать,** затова́рить (*вн.*) óver¦stóck with goods [...gudz] (*d.*). **~ся,** затова́риться have an excéss of goods [...gudz], have too many goods on hand.

**затова́рить(ся)** *сов. см.* затова́ривать(ся).

**затолка́ть** *сов.* (*вн.*) jostle (*d.*).

**зато́н** *м.* creek, báck-wàter [-wɔ:-].

**затону́ть** *сов.* sink*.

**зато́пать** *сов.* **1.** (*начать топать*) begin* to stamp one's feet; **2.** *как сов. к* то́пать.

**затопи́ть** I *сов. см.* зата́пливать.

**затопи́ть** II *сов. см.* затопля́ть.

**затопле́н||ие** *с.* flood [flʌd]; райо́н ~ия sùbmérged / flóoded área [...'flʌd- 'ɛərɪə].

**затопля́ть,** затопи́ть (*вн.*) **1.** flood [flʌd] (*d.*), ínundàte (*d.*), òver¦flów [-ou] (*d.*); (*покрывать водой*) sùbmérge (*d.*); **2.:** ~ кора́бль sink* / scuttle *a* ship.

**затопта́ть** *сов. см.* зата́птывать.

**затопта́ться** *сов.*: ~ на ме́сте (begin* to) jib.

**зато́р** I *м.* obstrúction, jam; ~ у́личного движе́ния tráffic-jàm, con¦géstion [-stʃ-]; ледяно́й ~ ice-blòcking.

**зато́р** II *м.* (*в пивоварении и винокурении*) mash.

**затормози́ть** *сов.* (*вн.*) brake (*d.*); (*без доп.*) put* on the brakes; (*о развитии*) slow down [slou...].

**затормоши́ть** *сов.* (*вн.*) **1.** (*начать тормошить*) start bóther¦ing (*d.*); **2.** (*утомить*) bóther to death [...deθ] (*d.*).

**затороп́иться** *сов.* (begin* to) bustle.

**затоскова́ть** *сов.* **1.** (*начать тосковать*) begin* to lánguish; **2.** *как сов. к* тоскова́ть.

**заточ||а́ть,** заточи́ть (*вн.*) *уст.* in¦cárceràte (*d.*); ~и́ть в монасты́рь clóister (*d.*), shut* up in *a* mónastery (*d.*); ~и́ть в тюрьму́ imprìson [-ɪz°n] (*d.*), put* in príson [...-ɪz°n] (*d.*). **~е́ние** *с.* in¦càrcerátion; (*в монастыре*) seclúsion; (*в тюрьме*) imprísonment [-ɪz°n-]; он живёт как в ~е́нии he leads the life of a reclúse / hérmit [...-'klu:s...].

**заточи́ть** I *сов. см.* зата́чивать.

**заточи́ть** II *сов. см.* заточа́ть.

**зато́чка** *ж. тех.* groove.

**затошни́ть** *сов. безл.*: его́ затошни́ло he felt sick.

**затрави́ть** *сов.* (*вн.*) hunt down (*d.*); bring* to bay (*d.*); (*перен.*) pérsecùte (*d.*).

**затра́вка** *ж.* príming.

**затра́гивать,** затро́нуть (*вн.*; *в разн. знач.*) affе́ct (*d.*); у неё затро́нуты лёгкие her lungs are affе́cted; ~ вопро́с broach *a* súbject, touch up¦ón *a* súbject [tʌtʃ...]; ~ чьё-л. самолю́бие offе́nd / wound smb.'s sélf-estéem [...wu:nd...]; ~ больно́е ме́сто touch on the raw, touch on *the* sore spot; ~ чьи-л. интере́сы infrínge up¦ón smb.'s ínterests; (*ср.* задева́ть I).

**затрапе́зный** *разг.* (*о платье*) évery¦dáy, worn on wéek-days / wórk-days [wɔ:n...], wórking; ◇ име́ть ~ вид look shábby.

**затра́т||а** *ж.* expénditure; не щади́ть затра́т spare no expénse; напра́сная ~ waste [weɪst]. **~ить** *сов. см.* затра́чивать.

**затра́чивать,** затра́тить (*вн.*) spend* (*d.*).

**затре́бовать** *сов.* (*вн.*) requést (*d.*), requíre (*d.*); ask (for); (*в письменном виде тж.*) write* (for).

**затрепа́ть** *сов.* (*вн.*) bedrággle (*d.*), wear* out [wɛə...] (*d.*).

**затрепета́ть** *сов.* **1.** (*начать трепетать*) begin* to pálpitàte; **2.** *как сов. к* трепета́ть.

**затреща́ть** *сов.* **1.** (*начать трещать*) begin* to crack(le); **2.** *как сов. к* треща́ть.

**затре́щин||а** *ж. разг.* box on the ear; дать кому́-л. ~у *разг.* box smb.'s ears.

**затро́нуть** *сов. см.* затра́гивать.

**затруби́ть** *сов.* **1.** (*начать трубить*) begin* to trúmpet, sound a trúmpet; **2.** *как сов. к* труби́ть.

**затрудне́н||ие** *с.* difficulty; (*смущение*) embárrassment; быть в ~ии be at a loss; be hard put to it *разг.*; вы́йти из ~ия get* out of *a* difficulty; вы́вести кого́-л. из ~ия help smb. out of *a* difficulty; де́нежное ~ pecúniary embárrassment; fínancial préssure; создава́ть ~ия make* difficulties.

**затрудни́тельн||ость** *ж.* difficulty; straits *pl.* **~ый** difficult, embárrassing; ~ое положе́ние difficulties *pl.*, embárrassing situátion; quàndáry; попа́сть в ~ое положе́ние, оказа́ться в ~ом положе́нии get* into difficulties; find* òne¦sélf in a tight córner *идиом. разг.*; быть, находи́ться в ~ом положе́нии be in great difficulties [...greɪt...]; be in a quàndáry; be in a fix, be in a hole, be in Queer Street *идиом.*; вы́йти из ~ого положе́ния get* out of *a* difficulty.

**затрудни́ть(ся)** *сов. см.* затрудня́ть(ся).

**затрудн||я́ть,** затрудни́ть **1.** (что-л.) hámper (smth.), impéde (smth.); ~и́ть до́ступ куда́-л. make* smth. dífficult of áccèss; **2.** (кого́-л.) give* / cause smb. trouble [...trʌbl]; (*вопросом и т. п.*) embárrass (smb.); э́то вас не ~и́т? won't it be too much trouble for you? [wount...]. **~я́ться,** затрудни́ться (+ *инф.*) find* it difficult / hard (+ to *inf.*), hésitàte [-zɪ-] (+ to *inf.*).

**затрясти́** *сов.* **1.** (*начать трясти*) begin* to shake; **2.** *как сов. к* трясти́. **~сь** *сов.* **1.** (*начать трястись*) begin* to shake / tremble; **2.** *как сов. к* трясти́сь.

**затума́н||ивать,** затума́нить (*вн.*) cloud (*d.*), dim (*d.*); fog (*d.*); (*перен.*) obscúre (*d.*), hide* (*d.*). **~иваться,** затума́ниться grow* clóudy / fóggy [-ou...]; (*перен.*) grow* dim / sad; её глаза́ ~ились слеза́ми her eyes grew dim with tears [...aɪz...].

**затума́нить(ся)** *сов. см.* затума́нивать(ся).

**затупи́ть(ся)** *сов. см.* затупля́ть(ся).

**затупля́ть,** затупи́ть (*вн.*) blunt (*d.*), dull (*d.*). **~ся,** затупи́ться get* / become* blúnt(ed).

**затуха́ние** *с.* attènuátion; *тех.* dámping, fáding.

**затуха́ть,** зату́хнуть go* out slówly [...'slou-], be extínguished; (*о звуке*) die down; *тех.* damp, fade.

**затýхнуть** *сов. см.* затухáть.

**затушевáть** *сов. см.* затушёвывать.

**затушёвывать,** затушевáть (*вн.*) shade (*d.*); (*перен.*) hide* (*d.*), concéal (*d.*).

**затуши́ть** *сов.* (*вн.*) put* out (*d.*), extinguish (*d.*); (*перен.*) suppréss (*d.*).

**зáтхл||ость** *ж.* mústiness. **~ый** músty, móuldy ['mou-]; (*о воздухе*) stúffy, close [-s]; пáхнуть ~ым have a músty / fústy smell.

**затыкáть,** заткнýть **1.** (*вн. тв.*; *об отверстии*) stop up (*d.* with); plug (*d.* with); заткнýть бутылку прóбкой cork (up) *a* bottle; заткнýть рот комý-л. stop smb.'s mouth; (*перен. тж.*) silence smb. ['saɪ-...]; shut* smb. up *разг.*; заткнýть ýши close, *или* stop up, one's ears; **2.** (*вн.*; *засовывать*) stick* (*d.*), thrust* (*d.*); ◇ заткнýть когó-л. за пóяс *разг.* be one too many for smb., out¦dó smb.

**затылo||к** *м.* **1.** back of the head [...hed]; *анат.* óccipùt; **2.** (*часть мясной туши*) neck; ◇ становиться в ~ keep* in file; *воен.* cóver ['kʌ-]. **~чный** *анат.* cérvical, òccípital.

**затыльник** *м.* (*пулемёта*) back plate.

**затычка** *ж. разг.* plug, spígot ['spɪ-]; (*перен.*) stóp-gàp.

**затя́||гивать,** затянýть (*вн.*) **1.** (*узел и т. п.*) tighten (*d.*); **2.** (*покрывать*) cóver ['kʌ-] (*d.*), close (*d.*); рáну ~нýло the wound is beginning to heal [...wu:nd...], the wound has skinned óver; **3.** (*задерживать*) deláy (*d.*), drag out (*d.*); ~ дéло drag out *a* búsiness [...'bɪzn-]; **4.** (*засасывать*) drag in (*d.*), suck in (*d.*); егó ~нýло в болóто he was sucked in by the swamp / bog; ◇ ~ пéсню strike* up *a* song. **~гиваться,** затянýться **1.** (*об узле*) be tightened, jam; ~гиваться в корсéт lace in; **2.** (*о небе*) grow* óver¦cást [grou...]; (*тучами тж.*) be cóvered with clouds [...'kʌ-...]; **3.** (*о ране*) skin óver; **4.** (*задерживаться: о собрании и т. п.*) be deláyed, be dragged out; draw* in length; собрáние ~нýлось до 12 чacóв the méeting lásted till twelve o'clóck; ~нýвшийся prolónged; protrácted; **5.** (*при курении*) inhále (*tobacco-smoke*).

**затя́ж||ка** *ж.* **1.** (*при курении*) ìnhalátion, draw; **2.** (*во времени*) deláy, prò¦lòngátion. **~нóй** slow [-ou]; protrácted; ~нáя болéзнь lingering illness; ~нóй прыжóк deláyed drop; ~нóй выстрел háng¦fire; ~нóй дождь incéssant rain; ~ные бои protrácted fighting *sg.*

**затянýть(ся)** *сов. см.* затя́гивать(ся).

**заýмный** àbstrúse [-s].

**заунывный** móurnful ['mɔ:-], dóle¦ful, dísmal [-z-], pláintive.

**заупокóйн||ый** *церк.* for the repóse of smb.'s soul [...soul]; (*перен.*) móurnful ['mɔ:-], dóle¦ful; ~ая слýжба dead / fúneral sérvice [ded...], réquièm.

**заупря́миться** *сов. см.* упря́миться.

**заурáльский** Tránsúral [-z-].

**заря́дный** órdinary, cómmonplàce; ~ человéк mèdiócrity.

**заусéн||ец** *м.*, **~ица** *ж.* **1.** (*на пальцах*) ágnail; háng¦nail; **2.** (*на металле*) wire-édge.

**заýтреня** *ж. церк.* mátins *pl.*

**заýченный 1.** *прич. см.* заýчивать; **2.** *прил.* (*заранее приготовленный, искусственный*) prepáred, stúdied ['stʌ-].

**заýчивать,** заучи́ть (*вн.*) learn* by heart [lə:n...hɑ:t] (*d.*). **~ся,** заучи́ться *разг.* òver¦stúdy [-'stʌ-], get* bráin-fàg.

**заучи́ть(ся)** *сов. см.* заýчивать(ся).

**заушáтель||ский:** ~ская крúтика malévolent críticism. **~ство** *с.* malévolent críticism.

**заýшница** *ж. мед.* mumps; pàrotítis *научн.*

**зафиксúровать** *сов. см.* фиксúровать.

**зафрахтовáть** *сов. см.* зафрахтóвывать.

**зафрахтóвывать,** зафрахтовáть (*вн.*) *мор.* freight (*d.*), chárter (*d.*).

**захáживать** (к) *разг.* look in (at), drop in (at).

**захандри́ть** *сов. см.* хандри́ть.

**захвáливать,** захвали́ть (*вн.*) súrfeit / óver¦-lóad with práises [-fɪt...] (*d.*).

**захвали́ть** *сов. см.* захвáливать.

**захвáт** *м.* **1.** séizure ['si:ʒə], cápture; ùsùrpátion [-z-]; ~ влáсти séizure of pówer; **2.** *тех.* claw.

**захвáтанный** *прич. и прил.* soiled with fíngers, thumbed.

**захватáть** *сов. см.* захвáтывать I.

**захвати́ть** *сов. см.* захвáтывать II.

**захвáтническ||ий** prédatory; ~ая войнá prédatory war; ~ая поли́тика ànnèxátionist / expánsionist pólicy, pólicy of aggrándize¦-ment.

**захвáтчи||к** *м.*, **~ца** *ж.* aggréssor, ùsúrper [-'z-], inváder.

**захвáтывать** I, захватáть (*вн.*) soil (with one's fíngers) (*d.*), thumb (*d.*).

**захвáт||ывать** II, захвати́ть (*вн.*) **1.** (*брать с собой*) take* (*d.*): он ~и́л с собóй дéньги he took *the* móney with him [...'mʌ-...]; **2.** (*завладевать*) seize [si:z] (*d.*), cápture (*d.*); (*окружать*) round up (*d.*); ~и́ть власть seize pówer; ~и́ть в плен cápture (*d.*); **3.** (*застигать*) catch* (*d.*); по дорóге егó ~и́л дождь on the way he was caught in the rain; **4.** (*увлекать*) thrill (*d.*), cárry a¦wáy (*d.*), hold* *smb.'s* atténtion, charm (*d.*), cáptivàte (*d.*); мýзыка егó ~и́ла he was charmed by the músic [...-zɪk]; ◇ вóвремя ~и́ть болéзнь stop *a* diséase in time [...-'zi:z...]; от э́того у негó дух ~и́ло it took his breath a¦wáy [...breθ...]; ~ врасплóх (*вн.*) surpríse (*d.*); take* ún¦a¦-wáres (*d.*).

**захвáтывающий** keen; (*о книге и т. п.*) grípping, excíting, thrílling.

**захворáть** *сов. разг.* be táken ill.

**захирéть** *сов. см.* хирéть.

**захихи́кать** *сов. разг.* **1.** (*начать хихикать*) start gíggling [...'gɪ-]; **2.** *как сов. к* хихи́кать.

**захламлённый** clúttered up.

**захлебнýться** *сов. см.* захлёбываться.

**захлёбыв||аться,** захлебнýться (*тв.*) choke (with), swállow the wrong way (*d.*); ◇ говори́ть ~аясь speak* bréathlessly [...'breθ-]; ~ от счáстья be trànspórted with joy; наступлéние врагá захлебнýлось the énemy's attáck péter¦ed out, *или* got bogged down.

**захлестнýть** *сов. см.* захлёстывать.

**захлёстывать,** захлестнýть (*вн.*) **1.** (*о волнах*) òver¦flów [-ou] (*d.*); (*перен.*) sweep* óver (*d.*); òver¦whélm (*d.*); **2.** (*о петле, верёвке*) lash round (*d.*); захлестнýть когó-л. пéтлей catch* smb. in a noose [...-s].

**захлóпать** *сов. разг.* **1.** (*начать хлопать*) begin* to clap, start clápping; ~ в ладóши begin* to clap one's hands; **2.** *как сов. к* хлóпать.

**захлóпнуть(ся)** *сов. см.* захлóпывать(ся).

**захлопотáться** *сов. разг.* be run off one's feet (with bústling abóut).

**захлóпывать,** захлóпнуть (*вн.*) (*о двери, крышке*) slam (*d.*); (*запирать*) shut* in (*d.*). **~ся,** захлóпнуться slam to, be slammed, close with a bang; дверь захлóпнулась за ни́ми the door slammed behind them [...dɔː...].

**захны́кать** *сов. разг.* **1.** (*начать хныкать*) begin* to whímper; **2.** *как сов. к* хны́кать.

**захóд** *м.* **1.:** ~ сóлнца súnsèt; **2.** (*куда-л.*) stópping (*at a place*); без ~а without stópping (*at a place*); без ~а в гáвань without putting in, *или* tóuching, at *a* port [...'tʌ-...]; **3.** *ав.* (*тж.* ~ на цель) run (óver the tárget) [...-gɪt].

**заходи́ть,** зайти́ **1.** (к) call (on), drop in (at); ~ в порт (*о судне*) call at *the* port; зайти́ к немý call on him; зайти́ за ним call for him; зайти́ в институ́т call at the institúte; зайти́ мимохóдом drop in on the way, *или* when pássing by; он дóлжен зайти́ в магази́н he must look in at the shop; он зайдёт сегóдня he will call to¦dáy; он зайдёт за тобóй he will fetch you; **2.** (*попасть куда-л.*) get* (*to a place*), come* (*to a place*); find* òne¦sélf (*in a place*): кудá мы зашли́? where have we got to?; он зашёл в незнакóмую часть гóрода he found him¦sélf in a strange part of the city [...streɪ-... 'sɪ-]; **3.** (за *вн.*) go* (behínd), turn (*d.*); ~ зá угол turn *a* córner; **4.** (*без доп.*; *о солнце*) set*; **5.** (*дт.*) *воен.* (*флангом, плечом*) wheel round (*d.*); ~ с флáнга outflánk (*d.*); ~ в тыл take* in the rear (*d.*); **6.** *ав.:* ~ на цель make* one's run óver the tárget [...-gɪt]; ◇ ~ сли́шком далекó go* too far; разговóр зашёл о погóде the cònversátion turned on the wéather [...'we-].

**заходя́щ||ий 1.:** ~ее сóлнце the sétting sun; **2.** *воен.:* ~ фланг márching flank / wing.

**захолу́стный** remóte; óut-of-the-wáy (*attr.*).

**захолу́стье** *с.* gód-forsàken place, óut-of-the-wáy place.

**захотéть(ся)** *сов. см.* хотéть(ся).

**захохотáть** *сов.* **1.** (*начать хохотать*) go* off into a laugh [...lɑːf], burst* out láughing [...'lɑːf-]; **2.** *как сов. к* хохотáть.

**захрапéть** *сов.* **1.** (*начать храпеть*) begin* to snore; **2.** *как сов. к* храпéть.

**захрипéть** *сов.* begin* to wheeze, begin* to speak hóarse¦ly (*ср.* хрипéть).

**захромáть** *сов.* **1.** begin* to limp; **2.** *как сов. к* хромáть.

**захудáлый** poor, shábby.

**зацвести́** *сов. см.* зацветáть.

**зацветáть,** зацвести́ break* out into blóssom [breɪk...]; be in bloom / blóssom.

**зацеловáть** *сов.* (*вн.*) devóur with kísses (*d.*), rain kísses (on), cóver with kísses ['kʌ-...] (*d.*).

**зацепи́ть(ся)** *сов. см.* зацепля́ть(ся).

**зацéпка** *ж. разг.* **1.** catch, peg, hook; **2.** (*протекция*) = зарýчка; **3.** (*помеха*) hitch, catch, snag.

**зацеплéние** *с. тех.* en¦gáge¦ment.

**зацепля́ть,** зацепи́ть **1.** (*вн.*) hook (*d.*); **2.** (за *вн.*) catch* (on); *тех.* en¦gáge (*d.*), gear [gɪə] (*d.*); (*перен.*) *разг.* sting* (*d.*). **~ся,** зацепи́ться (за *вн.*) **1.** catch* (on); **2.** *тк. сов. воен.* gain a tóe¦hòld (on).

**зачарóв||анный 1.** *прич. см.* зачарóвывать; **2.** *прил.* spéllbound; он стоя́л как ~ he stood spéllbound [...stud...]. **~áть** *сов. см.* зачарóвывать.

**зачарóвывать,** зачаровáть (*вн.*) bewítch (*d.*), cáptivàte (*d.*).

**зачаст||и́ть** *сов. разг.* (*+инф.*) take* to (*+ger.*); (*без доп.*) (*ходить куда-л.*) become* a cónstant visitor (*at a place*) [...-zɪ-]; он к нам **~и́л** he has táken to visiting us [...-zɪ-...], he is a cónstant visitor at our house* [...-s]; ◇ дождь **~и́л** it came on to rain hárder, it begán to pelt.

**зачасту́ю** *нареч. разг.* óften ['ɔːf(t)°n], fréquent¦ly.

**зачáтие** *с.* concéption.

**зачáт||ок** *м.* rúdiment, émbryò; (*росток*) sprout; *чаще мн.* (*перен.*) émbryò, source [sɔːs]; (*ср. тж.* зарóдыш). **~очный** rùdiméntary; в ~очном состоя́нии in émbryò; ~очные óрганы rùdiméntary órgans.

**зачáть** *сов.* (*вн.*) *уст.* concéive [-iːv] (*d.*); (*без доп.*) become* prégnant.

**зачáхнуть** *сов. см.* чáхнуть.

**зачéм** *нареч.* what for; (*почему*) why.

**зачéм-то** *нареч.* for some púrpose or other [...-pəs...].

**зачёркивать,** зачеркну́ть (*вн.*) cross out (*d.*), strike* out (*d.*).

**зачеркну́ть** *сов. см.* зачёркивать.

**зачернéть(ся)** *сов.* show* / look black [ʃou...], loom black.

**зачерпну́ть** *сов. см.* зачёрпывать.

**зачéрпывать,** зачерпну́ть (*вн.*) draw* (*d.*); scoop (*d.*); (*ложкой*) spoon up / out (*d.*), ladle out (*d.*).

**зачерствéл||ость** *ж.* stále¦ness; (*перен.*) hárdness, crústedness. **~ый** stale; (*перен.*) hárdened, ùnféeling, crústed.

**зачерствéть** *сов. см.* черствéть I.

**зачесáть** *сов. см.* зачёсывать.

**зачесá||ть(ся)** *сов.* **1.** begin* to scratch òne¦sélf; **2.** (*о части тела*) begin* to itch; у негó ~лся нос his nose begán to itch, his nose ítches.

**зачéсть** *сов. см.* зачи́тывать II.

**зачéсться** *сов. см.* зачи́тываться II.

**зачёсывать,** зачесáть (*вн.*) comb [koum] (*d.*).

**зачёт** *м.* **1.** test, exàminátion; получи́ть ~, сдать ~ pass an exàminátion; постáвить комý-л. ~ (по *дт.*) pass smb. (in); **2.:** в ~ плáты in páyment; э́то не в ~ it does not count; (*о проступке и т. п.*) it can be òver¦lóoked. **~ный** *прил. к* зачёт 1; ~ная кни́жка stúdent's book, resúlt book [-'zʌ-...]; ~ная сéссия exàminátion périod; ~ная стрельбá *воен.* récòrd práctice ['re-...].

**зачи́н** *м. лит.* beginning.

**зачина́тель** *м.* ínitiàtor, pionéer; tráil-blázer *разг.*

**зачи́н||ивать,** зачини́ть (*вн.*) mend (*d.*); (*делать заплаты*) patch (*d.*). **~и́ть** *сов. см.* зачи́нивать.

**зачи́нщик** *м.* ínstigàtor.

**зачисле́ние** *с.*: ~ в штат putting on the staff, in¦clúding in the staff; ~ в а́рмию enrólment [-'roul-], enlisting.

**зачи́слить(ся)** *сов. см.* зачисля́ть(ся).

**зачисля́ть,** зачи́слить (*вн.*) **1.** (*в счёт платы и т. п.*) in¦clúde (*d.*); **2.** (*вносить в список*) énter (*d.*), put* on the list (*d.*); (*в армию и т. п.*) enlíst (*d.*), enról [-oul] (*d.*); ~ в штат take* on the staff (*d.*). **~ся,** зачи́слиться (в *вн.*) join (*d.*); énter (*d.*).

**зачита́ть** *сов. см.* зачи́тывать I. **~ся** *сов. см.* зачи́тываться I.

**зачи́тывать** I, зачита́ть (*вн.*) **1.** (*оглашать*) read* out (*d.*); **2.** *разг.* (*не возвращать книгу*) apprópriàte (a book).

**зачи́тывать** II, заче́сть (*вн.*) **1.** réckon (*d.*); заче́сть 5 рубле́й в упла́ту до́лга count 5 roubles towards the páyment of the debt [...rʌ:-... det], the 5 roubles can come off the amóunt of the debt; **2.** (*ставить зачёт*) pass (*d.*); (*принимать зачёт*) accépt (*d.*); преподава́тель зачёл мою́ рабо́ту the téacher has accépted my páper.

**зачи́тываться** I, зачита́ться (*тв.*) become* en¦gróssed (in réading) [...-'groust...].

**зачи́тываться** II, заче́сться be táken into accóunt.

**зачумлённый** infécted with plague [...pleɪg].

**зашага́ть** *сов.* **1.** begin* to walk *и т. д.* (*см.* шага́ть); **2.** *как сов. к* шага́ть.

**зашата́ться** *сов.* reel, stágger.

**зашвы́ривать,** зашвырну́ть (*вн.*) throw* [θrou] (*d.*), cast* a¦wáy (*d.*).

**зашвырну́ть** *сов. см.* зашвы́ривать.

**зашевели́ть** *сов.* **1.** (*начать шевелить*) begin* to stir / move [...mu:v]; **2.** *как сов. к* шевели́ть. **~ся** *сов.* **1.** (*начать шевелиться*) begin* to stir / budge; **2.** *как сов. к* шевели́ться.

**зашелесте́ть** *сов.* **1.** (*начать шелестеть*) begin* to rustle; **2.** *как сов. к* шелесте́ть.

**зашепта́ть** *сов.* **1.** (*начать шептать*) begin* to whísper; **2.** *как сов. к* шепта́ть. **~ся** *сов.* **1.** (*начать шептаться*) begin* to talk in whíspers; **2.** *как сов. к* шепта́ться.

**зашиб||а́ть,** зашиби́ть *разг.* **1.** (*вн.*; *ударять*) hurt* (*d.*), bruise [-u:z] (*d.*); **2.** *тк. несов.* (*без доп.*; *выпивать*) drink* hard; ◇ ~ де́ньги make* (a lot of) móney [...'mʌ-]. **~и́ть** *сов. см.* зашиба́ть 1.

**зашива́ть,** заши́ть (*вн.*) sew* up [sou...] (*d.*); (*чинить*) mend (*d.*).

**заши́кать** *сов.* **1.** (*начать шикать*) begin* to say hush /'sh; **2.** *как сов. к* ши́кать.

**зашипе́ть** *сов.* **1.** (*начать шипеть*) begin* to hiss; **2.** *как сов. к* шипе́ть.

**заши́ть** *сов. см.* зашива́ть.

**зашифрова́ть** *сов. см.* зашифро́вывать.

**зашифро́вывать,** зашифрова́ть (*вн.*) cípher ['saɪfə] (*d.*), códifỳ (*d.*).

**зашнурова́ть** *сов. см.* зашнуро́вывать.

**зашнуро́вывать,** зашнурова́ть (*вн.*) lace up (*d.*).

**зашпаклева́ть** *сов. см.* зашпаклёвывать.

**зашпаклёвывать,** зашпаклева́ть (*вн.*) pútty (*d.*) (*woodwork, etc., before painting*).

**зашпи́ливать,** зашпи́лить (*вн.*) pin up (*d.*), fásten with *a* pin [-s°n...] (*d.*).

**зашпи́лить** *сов. см.* зашпи́ливать.

**замта́тный:** ~ го́род *уст.* províncial town that has lost its státus as an admínistrative centre; ≅ demóted town.

**заштемпелева́ть** *сов. см.* штемпелева́ть.

**зашто́пать** *сов. см.* што́пать.

**заштрихова́ть** *сов. см.* штрихова́ть.

**заштукату́рить** *сов.* (*вн.*) plaster up (*d.*), coat with plaster (*d.*).

**зашуме́ть** *сов.* **1.** (*начать шуметь*) begin* to make a noise; **2.** *как сов. к* шуме́ть.

**зашурша́ть** *сов. см.* шурша́ть.

**защебета́ть** *сов.* **1.** (*начать щебетать*) begin* to twítter / chirp; **2.** *как сов. к* щебета́ть.

**защекота́ть** *сов.* **1.** (*начать щекотать*) begin* to tickle; **2.** *как сов. к* щекота́ть.

**защёлка** *ж. разг.* (*в двери*) latch; (*в механизме*) catch, pawl, latch.

**защёлкать** *сов.* **1.** (*о соловье*) begin* to warble / jug; **2.** (*пальцами, языком*) begin* to click.

**защёлкивать,** защёлкнуть (*вн.*) close with a snap (*d.*), snap to (*d.*). **~ся,** защёлкнуться close with a snap, snap to.

**защёлкнуть(ся)** *сов. см.* защёлкивать(ся).

**защеми́ть** I *сов. см.* защемля́ть.

**защеми́||ть** II *сов. безл.*: у него́ ~ло се́рдце *разг.* he felt a pang, his heart aches [...hɑ:t eɪks].

**защемля́ть,** защеми́ть (*вн.*) jam (*d.*); pinch (*d.*).

**защи́т||а** *ж.* defénce (*тж. юр. и спорт.*), protéction; (*предохранение*) sáfe¦guàrd; (*прикрытие*) cóver ['kʌ-]; ~ ми́ра и безопа́сности наро́дов the defénce of peace and of the sáfe¦ty of *the* peoples [...pi:-]; свиде́тели ~ы *юр.* witnesses for the defénce; в ~у (*рд.*) in defénce (of); под ~ой (*рд.*) únder the protéction (of); ~ диссерта́ции defénce of *a* thésis (*pl.* -sès [-si:z]).

**защити́тельн||ый:** ~ая речь speech in defénce of smb., speech for the defénce.

**защити́ть(ся)** *сов. см.* защища́ть(ся).

**защи́тн||ик** *м.*, **~ица** *ж.* **1.** defénder; protéctor; *юр.* cóunsel for the defénce; колле́гия ~иков Cóllege of Bárristers; **2.** (*в футболе*) fúll-back ['ful-]. **~ый** protéctive; ~ый цвет khákі ['kɑ:kɪ]; ~ая окра́ска *зоол.* protéctive cólour¦ing [...'kʌ-].

**защища́ть,** защити́ть (*вн.*) **1.** defénd (*d.*); (*ограждать*) protéct (*d.*); ~ честь (*рд.*; *своей страны, школы и т. п.*) ùp¦hóld* the hónour [...'ɔnə] (of); **2.** (*словесно*) speak* in suppórt (of); stand* up (for); *юр.* plead for (*d.*); ~ диссерта́цию defénd / maintáin *a* thésis (*pl.* -sès [-si:z]). **~ся,** защити́ться (*обороняться*) defénd òne¦sélf; (*ограждать себя*) protéct òne¦sélf.

**заяви́ть** *сов. см.* заявля́ть.

**зая́в||ка** *ж.* (на *вн.*) claim (for), demánd [-ɑ:nd] (for); сде́лать ~ку кому́-л. place an órder with smb., make* àpplicátion to smb.; програ́мма по ~кам радиослу́шателей requést prógràm(me) [...'prou-], listeners' choice prógràm(me). ~ле́ние с. státe¦ment, dèclarátion; (*ходатайство*) àpplicátion; сде́лать ~ле́ние make* a státe¦ment; пода́ть ~ле́ние hand in *an* àpplicátion.

**заявля́ть,** заяви́ть (*вн.*) decláre (*d.*); (*объявлять*) annóunce (*d.*); ~ пате́нт (на *вн.*) pátent (*d.*); ~ пра́ва́ (на *вн.*) claim *a* right (to); ~ о жела́нии annóunce *a* desíre [...-'z-].

**зая́длый** *разг.* invéterate.

**за́я||ц** *м.* **1.** hare; **2.** (*безбилетный пассажир*) bilker; (*на пароходе*) stów¦a¦way; е́хать за́йцем stow a¦wáy; ◇ одни́м уда́ром уби́ть двух за́йцев *погов.* ≅ kill two birds with one stone; за двумя́ за́йцами пого́нишься, ни одного́ не пойма́ешь *посл.* ≅ grasp all, lose all [...lu:z...]. **~чий** *прил. к* за́яц 1; ~чья ла́пка hare's foot* [...fut]; ~чья губа́ *мед.* háre¦lip.

**зва́ние** *с.* rank; (*титул*) title, name; почётное ~ hónorary title ['ɔ-...]; ~ Геро́я Социалисти́ческого Труда́ title of a Héro of Sócialist Lábour; ~ заслу́женного арти́ста title of Hónour¦ed Ártist [...'ɔnəd...]; во́инское ~ military rank; учёное ~ àcadémic rank; ~ чемпио́на ми́ра (по *дт.*) world title (in); получи́ть ~ инжене́ра, те́хника *и т. п.* recéive the title of èngineer, tèchnícian, *etc.* [-'si:v... endʒ-...].

**зва́н||ый:** ~ обе́д dínner-pàrty; ~ые го́сти invíted guests; ~ ве́чер évening-pàrty ['i:v-].

**зва́тельный:** ~ паде́ж *грам.* vócative case [...-s].

**звать,** позва́ть (*вн.*) **1.** call (*d.*); (*призвать к*) call up¦ón (*d.* to); ~ на по́мощь cry for help (*d.*); **2.** (*приглашать*) ask (*d.*), invite (*d.*); **3.** *тк. несов.* (*называть*): как вас, его́ *и т. д.* зову́т? what is your, his, *etc.*, name?; его́ зову́т Петро́м his name is Pyotr; ◇ помина́й как зва́ли *погов.* ≅ and that was the last that was ever seen (*of him, them, etc.*). **~ся** be called.

**звезд||а́** *ж.* (*в разн. знач.*) star (*тж. об артисте, артистке и т. п.*); па́дающие звёзды *астр.* shóoting / fálling stars; неподви́жная ~ *астр.* fixed star; пятиконе́чная ~ five-póinted star; ~ пе́рвой величины́ star of the first mágnitùde; о́рденская ~ star (*decoration*); ~ экра́на film-stàr; морска́я ~ *зоол.* stárfish; ◇ ве́рить в свою́ ~у́ believe in one's lúcky star [-'li:v...]; он звёзд с не́ба не хвата́ет *разг.* ≅ he's no génius.

**звёздн||ый** stárr¦y; ~ое не́бо stárr¦y sky; ~ая ночь stárlit night.

**звездообра́зный** stár-shàped.

**звездочёт** *м. уст.* astróloger.

**звёздочка** *ж.* **1.** *уменьш. от* звезда́; **2.** *полигр.* ásterisk.

**звен||е́ть** **1.** ring*; стру́ны ~я́т the strings are twáng¦ing; це́пи ~я́т the chains are jángling / clánking; **2.** (*тв.*; *стаканами*) clink (*d.*); (*монетами, ключами*) jingle (*d.*); ~я́ шпо́рами with clánking spurs; ~я́ цепя́ми with clánking chains; ◇ у него́ ~и́т в уша́х there is a ring¦ing in his ears.

**звено́** *с.* **1.** (*в разн. знач.*) link; (*группа, бригада тж.*) team, group [-u:p]; (*об организации, аппарате*) séction; основно́е ~ main link; пионе́рское ~ group / únit of Young Pìonéers [...jʌŋ...]; **2.** *воен. ав.* flight of three planes, séction; élement *амер.*; **3.** *тех.*: ~ гу́сеницы (*трактора, танка*) track shoe [...ʃu:].

**звеньево́й** **1.** *прил. к* звено́ 1, 2; **2.** *м. как сущ.* field-team léader ['fi:ld-...]; **3.** *м. как сущ.*: ~ пионе́рской организа́ции Young Pìonéer únit léader [jʌŋ...].

**звеёныш** *м.* young beast [jʌŋ...].

**звере́ть,** озвере́ть become* brútalized.

**звери́н||ец** *м.* menágerie [-dʒəri]. **~ый** *прил. к* зверь; *тж.* féral *книжн.*; ~ая шку́ра skin of *a* beast; ~ые следы́ tracks / fóotprints of *a* beast [...'fut-...]; ~ые инсти́нкты sávage instincts.

**зверобо́й** I *м. бот.* St.-Jóhn's-wòrt [snt-'dʒɔnz-].

**зверобо́й** II *м.* (*охотник*) húnter. **~ный:** ~ный про́мысел trápping, húnting; ~ная шху́на trápping schóoner.

**зверово́дство** *с.* fur fárming, fur bréeding.

**зверолов** *м.* trápper.

**звероподо́бный** béast-lìke; béstial.

**зверосовхо́з** *м.* State fur farm.

**зве́р||ски** *нареч.* brútally; béstially; ◇ он ~ го́лоден *разг.* he is rávenous¦ly húngry; он ~ уста́л *разг.* he is dead beat [...ded...]. **~ский** brútal; *ужасающий*) atrócious, sávage. **~ство** *с.* brùtálity; (*жестокость*) atrócity.

**зве́рствовать** beháve with brùtálity; (*совершать зверства*) commít atrócities.

**звер||ь** *м.* (wild) beast; (*перен.*) brute, beast; пушно́й ~ fúr-bearing ánimal [-bɛər-...]; *собир.* fúr-bearing ánimals *pl.*; хи́щный ~ beast of prey; ◇ смотре́ть ~ем ≅ look like an ángry bear [...bɛə].

**зверьё** *с. тк. ед. собир.* wild beasts *pl.*; (*перен.*) beasts *pl.*, brutes *pl.*

**звон** *м.* peal, ríng¦ing, cláng¦ing; (*колокольчиков и т. п.*) tínkling; (*церковный*) chime; похоро́нный ~ (fúneral) knell; ~ шпор clank of spurs; ~ колоко́льчиков tínkling of bells; ~ посу́ды clátter of cróckery; ◇ ~ в уша́х ríng¦ing in *the* ears; слы́шал ~, да не зна́ет, где он *погов.* ≅ he does not know what he is tálking abóut [...nou...]. **~а́рь** *м.* béll--ring¦er.

**звон||и́ть,** позвони́ть ring*; (*о трамвае*) clang; ~ в ко́локол *и т. п.* ring* the bell, *etc.*; ~я́т there's a ring, sóme¦body's ríng¦ing (the bell); ~ кому́-л. по телефо́ну télephòne / phone to smb., ring* smb. up; он ~и́л об э́том *разг.* he phoned abóut it; вы не туда́ ~и́те (*по телефону*) you've got the wrong númber; ◇ ~ во все колокола́ set* all the bells a-ríng¦ing; ≅ spread* the news far and wide [spred...-z...].

**зво́нк||ий** **1.** ríng¦ing, clear; ~ го́лос clear / ríng¦ing voice; ~ смех ríng¦ing láughter [...'lɑ:f-]; ~ поцелу́й smack; loud kiss; **2.** *фон.* voiced; ~ие согла́сные voiced cónsonants; ◇ ~ая моне́та hard cash, spécie [-ʃi:].

**звонко́вый** *прил. к* звоно́к.

**звонни́ца** *ж.* bélfry.

**звоно́к** *м.* (*в разн. знач.*) bell; электри́ческий ~ eléctric bell; дверно́й ~ door bell [dɔ:...]; дать ~ ring*; разда́лся ~ a bell rang, a bell was heard [...hə:d]; ~ по телефо́ну télephòne call.

**звук** *м.* sound; гла́сный ~ vówel; согла́сный ~ cónsonant; не издава́ть ни ~а never útter a sound; чи́стый ~ clear sound; ~ вы́стрела repórt (of *a* shot); ◇ пусто́й ~ (just / mére¦ly) a name. **~ово́й** *прил. к* звук; ~ова́я волна́ *физ.* sound wave; ~ово́й сигна́л sound sígnal; ~ово́й фильм sóund-film; tálkie *разг.*; ~ово́е кино́ tálking pictures *pl.*; tálkies *pl. разг.*; ~ово́й ме́тод (*обучения чтению*) phonétic(al) méthod.

**звукоза́пис||ь** *ж.* sound recórding; аппара́т для ~и recórding machine [...-'ʃi:n], recórder.

**звуко||изоляцио́нный** sóund-proof. **~изоля́ция** *ж.* sóund-proofing.

**звукоме́трия** *ж. воен.* sound ránging [...'reɪndʒ-].

**звуконепроница́емый** sóund-proof.

**звукоопера́тор** *м.* sound prodúcer.

**звукоподража́||ние** *с.* ònomatopóeia [-'pi:ə]. **~тельный** ònomatopóeic [-'pi:ɪk]; ~тельное сло́во ònomatopóeic word.

**звукопрово́д||ность** *ж. физ.* sound còndùctivity. **~ный, ~я́щий** sóund-condúcting.

**звукосочета́ние** *с.* sound còmbinátion.

**звукоула́влива||ние** *с. воен.* sóund-lòcáting [-lou-], sóund-rànging [-reɪndʒ-]. **~тель** *м. воен., ав.* sóund-lòcátor [-lou-], sóund-rànger [-reɪndʒə].

**звуч||а́ние** *с.* sóund(ing), phònátion [fou-]. **~а́ть,** прозвуча́ть sound; ring*; (*отдаваться*) resóund [-'z-]; (*слышаться*) be heard [...hə:d]; в его́ уша́х ещё ~а́ли... his ears were still ring¦ing with...; ◇ его́ слова́ ~а́т и́скренно his words ring true. **~а́щий** *прич. и прил.* sóunding, vìbráting [vaɪ-].

**зву́чн||о** *нареч.* lóudly, sonórous¦ly. **~ость** *ж.* sonórous¦ness, sonórity. **~ый** sonórous; ~ый го́лос resóunding / sonórous / rich voice [-'zaun-...].

**звя́к||ание** *с.* tínkling. **~ать,** звя́кнуть *разг.* tinkle.

**звя́кнуть** *сов. см.* звя́кать.

**зга** *ж.*: ни зги не ви́дно *разг.* it is pitch dark.

**зда́ние** *с.* búilding ['bɪ-], édifice.

**здесь** *нареч.* here; (*надпись на письме*) Lócal; ~ и там here and there; кто ~? who is there?

**зде́шний** of this place, lócal; here (*после сущ.*); ~ жи́тель a résident of this place [...'rez-...], one who lives in these parts [...lɪvz...]; ~ наро́д the people here [...pi:-...]; он не ~ he is a stránger here [...-eɪndʒə...].

**здоро́ваться,** поздоро́ваться (с *тв.*) say* how do you do (to); greet (*d.*), hail (*d.*).

**здорове́нный** *разг.* very strong, big, héavy ['he-], robúst, múscular; ~ па́рень a lústy / stálwart / strápping féllow / chap [...'stɔ:l-...].

**здорове́ть,** поздорове́ть *разг.* become* strong / strónger.

**здо́рово** *нареч. разг.* **1.** (*восклицание*) well done!, fine!; **2.** (*хорошо*) màgníficently; мы ~ порабо́тали we have done good* work.

**здоро́во** I *межд. разг.* (*здравствуй*) húlló!

**здоро́во** II *нареч.* héalthily ['he-], whóle¦some¦ly ['h-], héalthfully ['he-], fine; ◇ ~ живёшь (*ни за что*) for nothing; (*без всякой причины*) without rhyme or réason [...-z°n].

**здоро́в||ый** I **1.** héalthy ['he-]; (*сильный, крепкий*) strong; robúst; (*перен. тж.*) sound; ~ румя́нец héalthy cólour [...'kʌ-]; име́ть ~ вид look strong / héalthy; **2.** (*полезный*) whóle¦some ['h-], héalthy; ~ая пи́ща whóle¦some food; ~ во́здух salúbrious air; ~ кли́мат héalthy climate [...'klaɪ-]; ◇ бу́дьте ~ы! (*при прощании*) góod-býe!; (*при чихании*) bless you!; ~ая атмосфе́ра con¦génial átmosphère; ◇ в ~ом те́ле ~ дух a sound mind in a sound bódy [...'bɔ-]; здоро́в как бык ≅ as strong as a horse.

**здоро́в||ый** II *разг.* (*большой*) strong, sound, lústy, huge; ~ па́рень lústy / stúrdy féllow; ~ моро́з hard / sharp frost; зада́ть ~ую трёпку (*дт.*) give* a sound scólding (*i*).

**здоро́вь||е** *с.* health [he-]; по состоя́нию ~я for réasons of health [...-z°nz...]; ◇ как ва́ше ~? how are you?; пить за ~ кого́-л. drink* smb.'s health; drink* to smb.; на ~ to your heart's contént [...hɑ:ts...]; (*восклицание*) you're wélcome; за ~ (кого́-л.)! to the health (of smb.)!

**здоровя́к** *м. разг.* héalthy / lústy / robúst féllow ['helθɪ...].

**здра́виц||а** *ж.* toast; провозглаша́ть ~у (кому́-л.) propóse the health of smb. [...helθ...], drink* to smb., *или* smb.'s health, toast smb.

**здра́вница** *ж.* health resórt [he- -'z-]; héalth-cèntre ['he-]; sànatórium (*pl.* -ria [-rɪə]).

**здра́во** *нареч.* réasonably [-z-], sóundly, sénsibly; ~ рассужда́ть réason sáne¦ly / sénsibly [-z°n...].

**здравомы́слящий** sóber, sóber-minded; sáne-minded; ~ челове́к sénsible pérson, man* of cómmon sense.

**здравоохране́ни||е** *с.* care of públic health [...'pʌ- helθ]; о́рганы ~я (públic) health sérvices.

**здра́вст||вовать** [-áст-] be well; (*процветать*) prósper, thrive*; да ~вует! long live! [...lɪv]. **~вуй(те)** [-áст-] (*как приветствие*) how do you do; (*утром тж.*) good mórning; (*днем тж.*) good áfternóon, good day; (*вечером тж.*) good évening [...'i:v-]; *поэт.* hail!

**здра́в||ый** sénsible; ~ смысл cómmon sense; быть в ~ом уме́ be in one's right mind, be in one's sénses.

**зе́бра** *ж. зоол.* zébra.

**зе́бу** *м. нескл. зоол.* zébù [-bu:].

**зев** *м. анат.* phárynx; воспале́ние ~а phàryngítis [-n'dʒaɪ-].

**зев||а́ка** *м. и ж. разг.* ídler. **~а́ть,** зевну́ть, прозева́ть **1.** *при сов.* зевну́ть yawn; **2.** *тк. несов. разг.* (*глазеть*) gape (at); **3.** *при сов.* прозева́ть *разг.* (*пропускать*) miss, let* slip; не ~а́й! wake up!, look sharp!; прозева́ть удо́бный слу́чай miss *an* òpportúnity.

**зевну́ть** *сов. см.* зева́ть 1.

**зев||о́к** *м.* yawn; подави́ть ~ stifle *a* yawn. **~о́та** *ж.* yáwning.

**зелене́ть,** позелене́ть **1.** (*становиться зелёным, покрываться травой, листвой*) grow* / turn green [grou...]; **2.** *тк. несов.* (*виднеться*) show* green [ʃou...]. **~ся** = зелене́ть 2.

**зеленн||о́й:** ~а́я ла́вка gréengròcery [-grou-].

**зеленова́тый** gréenish.
**зеленогла́зый** gréen-eyed [-aɪd].
**зеленщи́к** *м.* gréen-gròcer.
**зелён||ый** green; ~ые насажде́ния (plánting of) trees and shrubs [-ɑ:-...]; ~ горо́шек green peas *pl.*; ~ые корма́ green fórage *sg.*; ◇ зе́лен виногра́д! the grapes are sour; ~ юне́ц *разг.* green youth [...ju:θ], gréenhòrn; ~ая у́лица green light; дать ~ую у́лицу give* the green light.
**зе́лень** *ж. тк. ед.* **1.** vérdure [-dʒə]; **2.** *собир.* (*овощи*) greens *pl.*; végetables *pl.*; **3.** (*зелёная краска*) green; (*в геральдике*) vert.
**зе́лье** *с. разг.* pótion; (*яд*) póison [-z°n]; любо́вное ~ *фольк.* philtre, lóve-pòtion ['lʌv-].
**земе́льн||ый** *прил. к* земля́ 2; ~ уча́сток plot of land; ~ наде́л allótment; ~ая со́бственность (próperty in) land; ~ая ре́нта gróund-rènt; ~ отде́л land depártment; ~ая рефо́рма land refórm.
**землеве́дение** *с.* geógraphy.
**землевладе́||лец** *м.* lándowner [-ou-], lándhòlder; ме́лкие ~льцы small hólders. **~льческий** *прил. к* землевладе́лец. **~ние** *с.* lándownership [-ou-]; госуда́рственное ~ние State ównership of land [...'ou-...]; общи́нное ~ние cómmunal ównership of land.
**земледе́л||ец** *м.* fármer, cúltivàtor, àgricúlturist. **~ие** *с.* ágricùlture.
**земледе́льческ||ий** àgricúltural; ~ие ору́дия àgricúltural implements; ~ произво́дственный кооперати́в àgricúltural prodúction cò-óperative.
**землеко́п** *м.* návvy.
**землеме́р** *м.* land sùrvéyor. **~ный** gèodétic; ~ный шест Jácob's staff.
**землепа́ш||ество** *с. уст.* tillage, húsbandry [-z-]. **~ец** *м. уст.* plóugh¦man*, tiller.
**землепо́льзование** *с.* lánd-ténùre.
**землеро́йка** *ж. зоол.* shrew.
**землеро́йн||ый:** ~ая маши́на éxcavàting machine [...-'ʃi:n], mechánical shóvel [-'kæ-'ʃʌ-].
**землесо́с** *м. тех.* súction dredge / drédger.
**землетрясе́н||ие** *с.* éarthquàke ['ə:θ-]; оча́г ~ия séismic fócus / centre.
**землеустро́йство** *с. эк.* òrganizátion of land èxploitátion [-naɪ-...].
**землечерпа́лка** *ж. тех.* drédger, dredge éxcavàtor, stéam-nàvvy.
**земли́стый** éarthy ['ə:-]; ~ цвет лица́ sállow compléxion.
**земл||я́** *ж.* **1.** (*в разн. знач.*) earth [ə:θ]; засыпа́ть ~ёй (*вн.*) cóver up with earth ['kʌ-...] (*d.*), búry ['be-] (*d.*); сравня́ть с ~ёй (*вн.*) raze to the ground (*d.*); ме́жду не́бом и ~ёй (*перен.*) *разг.* betwéen héaven and earth [...'he-...]; упа́сть на зе́млю fall* to the ground; **2.** (*владения, территория*; *тж. суша*) land; (*перен.*) soil; поме́щичья ~ *собир.* lánded estátes *pl.*; переде́л ~и́ ré¦division of land; у него́ мно́го ~и́ he owns much land [...ounz...]; на ру́сской ~е́ on Rússian soil [...-ʃən...]; **3.** (*почва*) soil; ◇ ~ гори́т у него́ под нога́ми the ground is slipping a¦wáy únder his feet.
**земля́к** *м.* (féllow-)cóuntry¦man* [-'kʌ-]; (*по городу*) féllow-tównsman* [-nz-]; (*по деревне*) féllow-villager.
**землян||и́ка** *ж. тк. ед.* **1.** *собир.* (wild) stráwberries *pl.*; садо́вая ~ gárden stráwberries; **2.** (*об отдельной ягоде*) (wild) stráwberry; **3.** (*куст*) (wild) stráwberry. **~и́чный** stráwberry (*attr.*); ~и́чное варе́нье stráwberry jam.
**земля́нка** *ж.* dúg-out, múd-hùt.
**землян||о́й** éarthen ['ə:-]; ~ы́е рабо́ты éarthwòrk ['ə:θ-] *sg.*; ~ оре́х gróund nùt, péanùt; ~а́я гру́ша Jerúsalem ártichòke; ~ червь éarth-wòrm ['ə:θ-].
**земля́чество** *с.* assòciátion of (féllow-) cóuntrymen [...-'kʌ-].
**земля́чка** *ж.* cóuntry-wòman* ['kʌ- -wu-].
**земново́дн||ые** *мн. скл. как прил. зоол.* àmphíbia. **~ый** *зоол.* àmphíbious.
**земн||о́й** éarthly ['ə:-]; terréstrial *научн.*; ~ шар the (terréstrial) globe; ~а́я ось áxis of the equátor; ~а́я кора́ the earth's crust [...ə:θs...].
**зе́мский** *прил. к* зе́мство.
**земснаря́д** *м. тех.* súction dredge / drédger.
**зе́мство** *с. ист.* Zémstvo (*elective district council in pre-revolutionary Russia*).
**зени́т** *м. астр.* zénith; ◇ в ~е сла́вы in the héyday of fame.
**зени́тка** *ж. воен. разг.* áck-áck gun.
**зени́т||ный** **1.** *астр.* zénithal; **2.** *воен.* ánti-áircràft (*attr.*); ~ное ору́дие ánti-áircràft gun; ~ная артилле́рия ánti-áircràft àrtillery. **~чик** *м.* ánti-áircràft gúnner.
**зени́ц||а** *ж. уст., поэт.* púpil (of the eye) [...aɪ]; ◇ бере́чь как ~у о́ка (*вн.*) chérish as the apple of one's eye (*d.*).
**зе́ркало** *с.* lóoking-glàss, glass; mirror (*тж. перен.*); *мед.* spéculum (*pl.* -la [-lə]); ручно́е ~ hand mirror; гла́дкий как ~ smooth as a mirror [-ð...], ún¦rúffled; ◇ криво́е ~ distórting mirror.
**зерка́льн||ый** *прил. к* зе́ркало; (*перен.*) smooth [-ð]; ~ заво́д mirror·fáctory; ~ое стекло́ pláte-glàss; ~ое окно́ pláte-glàss window; ~ шкаф mirror wárdròbe / cúpboard [...'kʌbəd]; ~ое изображе́ние mirror refléction; ~ая пове́рхность smooth / ún¦rúffled súrface; ~ая гладь о́зера the smooth / ún¦rippled súrface of *the* lake; ◇ ~ карп mirror carp.
**зе́ркальце** *с. уменьш. от* зе́ркало.
**зерни́ст||ый** gráiny; gránular; ◇ ~ая икра́ soft cáviàr(e) [...'kævɪɑ:].
**зерно́** *с.* **1.** grain; (*семя*) seed; (*перен.*) core, kérnel; ко́фе в зёрнах cóffee-beans [-fɪ-] *pl.*; разу́мное, основно́е ~ rátional kérnel ['ræ-...]; **2.** *собир.* corn; (*зерновые культуры*) food / bread grains [...bred...] *pl.*, cérea̲ls [-rɪəlz] *pl.*; ◇ жемчу́жное ~ pearl [pə:l]; ~ и́стины grain of truth [...tru:θ].
**зернобобо́в||ый:** ~ые культу́ры legúminous plants [...plɑ:-].
**зернови́дный** gránular.
**зернов||о́й** *прил. к* зерно́ 2; ~ы́е зла́ки, ~ы́е культу́ры food / bread grains [...bred...], céreals [-rɪəlz]; ~о́е хозя́йство grain fárming; ~ комба́йн grain hárvester cómbine.
**зернодроби́льн||ый:** ~ая маши́на *с.-х.* córn-crùsher.
**зерноочисти́тельн||ый:** ~ая маши́на *с.-х.* grain cléaner; winnower, winnowing machine [...-'ʃi:n].

**зернопогру́зчик** *м. с.-х.* mechánical gráin-loader [-ˈkæ-...].

**зернопоста́вки** *мн.* grain supplies / delíveries.

**зерносовхо́з** *м.* State grain farm.

**зерносуши́лка** *ж.* grain drýer.

**зернофура́ж** *м.* céreal / grain fódder [-rɪəl...].

**зернохрани́лище** *с.* gránary.

**зерноя́дный** *зоол.* granívorous.

**зёрнышко** *с. уменьш. от* зерно́ 1.

**зефи́р** *м.* **1.** *поэт.* Zéphyr; **2.** (*ткань*) zéphyr; **3.** (*конфеты*) kind of soufflé swéatmeat [...ˈsuːfleɪ...].

**зигза́г** *м.* zígzàg.

**зигзагообра́зный** zígzàg.

**зи́ждиться** (на *пр.*) be based / fóunded [...-st...] (on).

**зима́** *ж.* winter; сне́жная ~ snówy winter [-oʊɪ...]; суро́вая ~ sevére winter; ~ наступа́ет winter is cóming; ◇ ско́лько лет, ско́лько зим! *разг.* ≅ it's áges since we met.

**зи́мн||ий** *прил. к* зима́; *тж.* wintry; ~яя спя́чка (*живо́тных*) hìbernátion [haɪ-]; ~ие расте́ния winter plants [...-ɑːnts]; ~ие кварти́ры *воен.* winter quárters; ~ спорт winter sports *pl.*; ~ее солнцестоя́ние winter sólstice; ~яя пого́да wintry wéather [...ˈwe-]; ~ день wintry day; ~ее со́лнце wintry sun; ◇ ~ сад winter gárden, consérvatory.

**зим||ова́ть,** прозимова́ть winter, pass / spend* the winter; (*о живо́тных, пти́цах и т. п.*) híbernàte [ˈhaɪ-]; ◇ он узна́ет, где ра́ки ~у́ют ≅ he will get it hot. **~о́вка** *ж.* **1.** wintering, winter stay; (*живо́тных*) hìbernátion [haɪ-]; оста́ться на ~о́вку stay for the winter; **2.** (*жильё*) pólar státion. **~о́вщик** *м.* winterer. **~о́вье** *с.* winter hut / lodge / cábin.

**зимо́й** *нареч.* in winter.

**зиморо́док** *м. зоол.* hálcyon, king¦fisher.

**зимосто́йк||ий** winterhàrdy; winter (*attr.*); that keeps well in winter (*после сущ.*); ~ие культу́ры winter plants [...-ɑː-].

**зимосто́йкость** *ж.* hárdiness, cóld-resistance [-ˈzɪs-].

**зимо́ю** = зимо́й.

**зипу́н** *м.* hóme¦spùn coat.

**зия́ние** *с. лингв.* hiátus.

**зия́||ть** gape, yawn. **~ющий** *прич. и прил.* gáping, yáwning; ~ющая ра́на gáping wound [...wuːnd]; ~ющая бе́здна yáwning abýss.

**зла́к||и** *мн.* (*ед.* злак *м.*) céreals [-rɪəlz]; хле́бные ~ céreals, bread grains [bred...]. **~овый:** ~овые расте́ния céreals [-rɪəlz].

**зла́то** *с. уст., поэт.* gold.

**злато|гла́вый** góld-cùpolaed, góld-dòmed. **~кры́лый** *поэт.* gólden-wing¦ed. **~ку́дрый** *поэт.* gólden-haired. **~тка́ный** góld-brocàded.

**златоцве́т** *м. бот.* ásphodèl, óx-eye [-aɪ].

**зле́йший:** ~ враг worst / bitterest énemy.

**злить** (*вн.*) ánger (*d.*), vex (*d.*); (*дразни́ть*) tease (*d.*); (*раздража́ть*) írritàte (*d.*). **~ся** be írritàted, be in a bad témper; (на *вн.*; *серди́ться*) be ángry (with).

**зло** I *с.* évil [ˈiː-]; (*вред*) harm; его́ ~ берёт he feels annóyed, he feels vexed; со зла with vèxátion, with ánger; жела́ть кому́-л. зла bear* smb. málice [bɛə...]; причиня́ть кому́-л. ~ hurt* / harm / injure smb.; ◇ ко́рень зла root of all évil; из двух зол выбира́ть ме́ньшее choose the léss(er) of two évils.

**зло** II *нареч.* malícious¦ly; ~ подшути́ть над кем-л. play a spite¦ful trick on smb.

**зло́б||а** *ж.* spite; (*гнев*) ánger; по ~е out of málice / spite; ◇ ~ дня the évil of the day [...ˈiːv-...]; на ~у дня concérning the news of the day [...-z...].

**зло́бный** wícked, malícious.

**злободне́вн||ость** *ж.* àctuálity, áctualness. **~ый** on íssues of the day; tópical; (*жгу́чий*) búrning; ~ый вопро́с búrning quéstion [...-stʃ-]; ~ые вопро́сы the búrning tópics of the day.

**зло́бствовать** (на *вн.*) bear* málice [bɛə...] (to).

**злове́щ||ий** óminous, sínister; (*предвеща́ющий несча́стье*) ill-bóding, ill-ómèn¦ed; ~ вид évil / sínister look [ˈiː-...]; ~ая тишина́ óminous sílence [...ˈsaɪ-]; ~ го́лос óminous voice.

**злово́н||ие** *с.* stink, stench. **~ный** fétid, stínking.

**зловре́дный** hármful, nóxious; pèrnícious.

**злоде́й** *м.*, **~ка** *ж.* víllain, míscreant [-rɪənt], scóundrel. **~ский** scóundrelly, ráscally, víllain¦ous. **~ство** *с.* víllain¦y; (*злоде́йский посту́пок*) víllain¦ous act.

**злодея́ние** *с.* crime, évil deed [ˈiː-...].

**злонаме́ренный** ill-méaning, ill-inténtioned.

**злопа́мятный** ráncorous.

**злополу́чный** ill-stárred, ill-fáted.

**злопыха́тель** *м. разг.* malígnant. **~ство** *с.* malígnity.

**злора́д||ный** glóating, full of malícious joy. **~ство** *с.* malícious / malígnant joy.

**злора́дствовать** gloat óver, *или* rejóice at, the misfórtune of others [...-tʃən...].

**злосло́вие** *с.* malígnant góssip, scándal.

**злосло́вить** talk scándal.

**зло́стн||ый** malícious; ~ая клевета́ malícious slánder [...ˈslɑː-]; ◇ ~ое банкро́тство fráudulent bánkruptcy [...-rəpsɪ]; ~ неплате́льщик persístent nón-páyer / defáulter.

**зло́сть** *ж.* málice; ill-náturedness [-ˈneɪ-]; (*я́рость*) fúry; его́ ~ берёт (на *вн.*) *разг.* it makes him wild / fúrious (with).

**злосча́стный** *уст.* ill-stárred, ill-fáted.

**зло́тый** *м. скл. как прил.* (*по́льская моне́та*) zlóty.

**злоумы́шленн||ик** *м.* málefàctor. **~ый** ill-inténtioned.

**злоупотреби́ть** *сов. см.* злоупотребля́ть.

**злоупотребле́ние** *с.* abúse [-s], misúse [-s]; ~ дове́рием breach of trust / cónfidence.

**зложе́лательный** *уст.* malévolent, malígnant, spite¦ful.

**злой** wícked, malícious; vícious; быть злым на кого́-л. be ángry with smb.; со злым у́мыслом with évil / malícious intént [...ˈiː-...]; *юр.* of málice prepénse; ◇ ~ язы́к bitter / vénomous tongue [...tʌŋ]; зла́я во́ля évil will; ~-презло́й ≅ as cross as two sticks.

**злока́чественн||ый** *мед.* malígnant; ~ая о́пухоль malígnant túmour.

**злоключе́ние** *с. разг.* mís¦hàp, misadvénture.

**злоко́зненный** insídious, cráfty, wíly.

**злоупотребля́ть,** злоупотреби́ть (*тв.*) abúse (*d.*); ~ чьим-л. дове́рием abúse smb.'s cónfidence; ~ вла́стью abúse one's pówer; ~ свои́м положе́нием abúse one's position [...-'zı-]; ~ гостеприи́мством tréspass on *smb.'s* hòspitálity.

**злоязы́ч||ие** *с.* slánder [-ɑː-], báckbiting. **~ный** slánderous [-ɑː-].

**злю́||ка, ~чка** *м. и ж. разг.* malícious créature; (*о женщине тж.*) shrew. **~щий** *разг.* fúrious, very ángry.

**змееви́дный** sérpentine; sínuous, wríthing ['raı-].

**змееви́к** *м.* **1.** *тех.* coil (pipe); **2.** *мин.* sérpentine, óphite.

**змеёныш** *м.* young snake [jʌŋ...]; (*перен.*) víper; tréacherous / wícked / báckbiting créature ['tre-...].

**змеи́н||ый** *прил. к* змея́; ~ое жа́ло sting of *a* snake, snake's sting.

**змеи́ться** (*извиваться*) wind*, coil; meánder [mı'æ-]; (*скользить*) glide by; (по *дт.*; *об улыбке*) touch slíghtly [tʌtʃ...] (*d.*), appéar (on).

**змей** *м.* **1.** *миф.* sérpent, drágon [-æ-]; **2.** (*бумажный*) kite; запуска́ть змея́ fly* *a* kite.

**зме́йка** *ж. уменьш. от* змея́.

**зме́йковый:** ~ аэроста́т kite ballóon.

**змея́** *ж.* (*прям. и перен.*) snake; (*о более крупных змеях*) sérpent; гремýчая ~ ráttle-snake; очко́вая ~ cóbra; ◇ ~ подколо́дная *разг.* snake in the grass, víper; отогре́ть змею́ на свое́й груди́ warm / chérish a sérpent / snake in one's bósom [...'buzəm].

**знава́||ть:** ~л, ~ла *и т. д.* used to know [juːst... nou]: она́ ~ла его́ ребёнком she used to know him as a child*.

**знак** *м.* **1.** sign [saın]; (*символ*) tóken, sýmbol; (*след*) mark; ~ ра́венства *мат.* sign of equálity; восклица́тельный ~ *грам.* èxclamátion mark, note / mark of èxclamátion; вопроси́тельный ~ *грам.* quéstion-màrk [-stʃ-], note / mark of intèrrogátion; ~ препина́ния *грам.* pùnctuátion mark; ~и препина́ния *грам.* stops, pùnctuátion marks; **2.** (*предзнаменование*) ómèn; **3.** (*сигнал*) sígnal; дать ~ sígnal, give* *the* sígnal; ◇ де́нежный ~ bánknòte; опознава́тельный ~ lándmàrk; *мор.* béacon; (*на крыльях самолёта*) wing márking; фабри́чный ~ tráde-màrk; ~ отли́чия dècorátion, médal ['me-]; ~ разли́чия (*звания*) badge of rank; (*должности и т. п.*) distínguishing badge; под ~ом (*рд.*) únder the badge (of); в ~ дрýжбы as a tóken of fríendship [...'fre-].

**знако́мить,** познако́мить (*вн.* с *тв.*) acquáint (*d.* with); (*представлять кого-л. кому-л.*) introdúce (*d.* to); ~ кого́-л. с го́родом show* smb. round *the* town. **~ся,** познако́миться **1.** (с кем-л.) meet* (smb.), make* the acquáintance (of smb.), make* smb.'s acquáintance; *сов. тж.* get* to know [...nou] (smb.); **2.** (с *тв.*; *посещать*) vísit [-z-] (*d.*); (*осматривать*) see* (*d.*): ~ся с музе́ями го́рода see* the muséums of *a* city [...-'zı-... 'sı-].

**знако́мств||о** *с.* (*в разн. знач.*) acquáintance; (*круг знакомых тж.*) acquáintances *pl.*; (с *тв.*) familiárity (with); ша́почное ~ bówing / nódding acquáintance; заводи́ть ~ с кем-л. set* up an acquáintance with smb.; подде́рживать ~ с кем-л. keep* up fríendly relátions with smb. [...'fre-...]; по ме́ре ~а с ни́ми, она́... as she came to know them bétter, she... [...nou...].

**знако́м||ый** I *прил.* famíliar; (с *тв.*) acquáinted (with); его́ лицо́ мне ~о his face is famíliar to me.

**знако́мый** II *м. скл. как прил.* acquáintance; (*хороший, близкий*) friend [frend].

**знамена́тел||ь** *м. мат.* denóminàtor; о́бщий ~ cómmon denóminàtor; привести́ к одномý ~ю redúce to the same denóminàtor.

**знамена́тельн||ый** signíficant, pòrténtous; ~ое собы́тие impórtant / pòrténtous evént; pórtènt.

**зна́мение** *с.* sign [saın]; ◇ ~ вре́мени sign of the times.

**знамени́т||ость** *ж.* celébrity. **~ый** fámous, célebràted, illústrious.

**знаменова́ть** (*вн.*) expréss (*d.*), sígnifỳ (*d.*).

**знамено́сец** *м.* stándard-bearer [-bɛə-].

**знамёнщик** *м. воен.* cólour-bearer ['kʌlə-bɛə-]; stándard-bearer [-bɛə-].

**зна́м||я** *с.* bánner; (*полковое*; *в пехоте*) cólours ['kʌ-] *pl.*; cólor ['kʌ-] *амер.*; (*в кавалерии*) stándard; подня́ть ~ raise the bánner; (*перен.*) raise the stándard; под ~енем únder the bánner; с развева́ющимися ~ёнами with flýing bánners / cólours, cólours flýing.

**зна́ни||е** *с.* knówledge ['nɔ-]; *мн. тж.* èrudítion *sg.*, accómplishments; пове́рхностное ~ sùperfícial knówledge, smáttering; со ~ем де́ла with skill, scientífically; приобрести́ ~я acquíre knówledge.

**зна́тный** **1.** (*о выдающихся людях в СССР*) nótable, distínguished; **2.** *уст.* (*принадл. к знати*) noble.

**знато́к** *м.* éxpèrt, cònnoisséur [kɔnı'sɜː]; ~ вое́нного де́ла mílitary éxpèrt; ~ поэ́зии cònnoisséur / judge of póetry; ~ искýсства art cònnoisséur; быть ~о́м своего́ де́ла know* one's trade [nou...]; с ви́дом ~а́ with a knówing air [...'nou-...].

**знать** I *гл.* (*вн.*, о *пр.*) know* [nou] (*d.*); be awáre (of); be acquáinted (with), have a knówledge [...'nɔ-] (of); ~ в лицо́ know* by sight (*d.*); ~ понаслы́шке know* by héarsay (*d.*); не ~ (*рд.*) be ígnorant (of), be únawáre (of); не зна́ющий (*рд.*) ígnorant (of); ◇ дать ~ комý-л. let* smb. know; дать комý-л. ~ о себе́ let* smb. hear from one; дава́ть себя́ ~ make* itsélf felt; он ~ не хо́чет he won't lísten to it [...wount 'lıs°n...]; кто зна́ет? góodness knows; зна́ете ли (*вводн. сл.*) you know; как ~, почём ~? *разг.* who can tell?, how should we know?; ~ толк (в *пр.*) be a good judge (of); have a good eye [...aı] (for); не ~ поко́я know* no rest; ~ ме́ру know* when to stop; ~ себе́ це́ну know* one's own válue [...oun...]; наско́лько я зна́ю as far as I know; for aught I know *книжн.*; не ~, что де́лать be at a loss; be at a loose end [...-s...] *идиом.*; так знай же! let me tell you then!; живи́, поступа́й *и т. п.* как зна́ешь get on as best you can; ~ что к чемý know* what's what.

**знать** II *ж. собир. уст.* àristócracy, nobílity.

**знать** III *вводн. сл. разг.* évidently, it seems.

**зна́ться** (с *тв.*) *разг.* assóciàte (with); он с тобо́й и ~ не хо́чет he will have nothing to do with you.

**зна́ха||рка** *ж.* sórceress, wise wóman* [...'wu-]; (*лекарка*) quack [-æk]. **~рь** *м.* sórcerer, wise man*; (*лекарь*) quack [-æk].

**зна́чащ||ий** significant; ма́ло ~ of little signíficance; ничего́ не ~ méaning:less; (*не имеющий значения*) únimpórtant; ничего́ не ~ие фра́зы méaning:less phráses; ничего́ не ~ее собы́тие únimpórtant evént.

**значе́ни||е** *с.* **1.** (*смысл*) signíficance, méaning, sense; буква́льное ~ líteral méaning / sense; прямо́е ~ diréct sense / méaning; перено́сное ~ fígurative sense / méaning; **2.** (*важность*) impórtance, móment; междунаро́дное ~ ìnternátional signíficance [-'næ-...]; всеми́рное ~ world signíficance; реша́ющее ~ decísive impórtance; име́ть большо́е, ма́лое, осо́бенно ва́жное ~ be of great, little, partícular impórtance [...greɪt...]; ме́стного ~я of lócal impórtance; придава́ть ~ чему́-л. attách impórtance to smth.; э́тим не исче́рпывается ~ да́нного слу́чая this does not exháust the signíficance of this evént; э́то име́ло исключи́тельно ва́жное ~ it was of the út:mòst impórtance; не придава́ть ~я чему́-л. attách no impórtance to smth.; **3.** *мат.* válue.

**зна́чимость** *ж.* signíficance.

**зна́чит** *вводн. сл. разг.* so, then, well then.

**значи́тельн||о** *нареч.* **1.** considerably; **2.** (*выразительно*) signíficantly. **~ость** *ж.* impórtance, signíficance. **~ый 1.** (*о мере, степени, количестве и т. п.*) considerable, sizable; substántial; в ~ой ме́ре, сте́пени to a considerable extént; **2.** (*выразительный*) signíficant; ~ый взгляд signíficant glance; **3.** (*важный*) impórtant.

**зна́ч||ить 1.** mean*, sígnifỳ; что э́то ~ит? what does it mean?; ~ит ли э́то, что? does it mean that?; э́то что́-нибудь да ~ит there is smth. behind that; **2.** (*иметь вес, значение*) mean*.

**зна́читься** be, be méntioned, appéar; ~ в спи́ске be / appéar on the list.

**значо́к** *м.* **1.** (*пометка*) mark; **2.** (*на одежде, знак различия*) badge.

**зна́ющий 1.** *прич. см.* знать I; **2.** *прил.* léarned ['lə:nɪd]; schólarly, érudìte; (*умелый*) skílful.

**зноб||и́ть** *безл.*: его́ ~и́т he feels féver:ish, he shívers [...'ʃɪ-].

**зной** *м.* inténse heat. **~ный** hot, búrning.

**зоб** *м.* **1.** (*у птицы*) crop, craw; **2.** *мед.* goitre, wen. **~а́стый 1.** (*о птице*) with a large crop / craw; **2.** *разг.* (*о человеке*) góitrous.

**зов** *м.* call; прийти́ по пе́рвому ~у come* at the first call; откли́кнуться на ~ respónd to *the* call / súmmons.

**зодиа́к** *м. астр.* Zódiàc; зна́ки ~а signs of the Zódiàc [saɪnz...]. **~а́льный** *астр.* Zódiàc (*attr.*), Zodiacal.

**зо́дч||еский** *прил. к* зо́дчество; *тж.* árchitèctive ['ɑ:k-], àrchitéctural [ɑ:k-]; ~еское иску́сство árchitècture ['ɑ:k-]. **~ество** *с.* árchitècture ['ɑ:k-].

**зо́дчий** *м. скл. как прил.* árchitèct ['ɑ:k-].

**зол||а́** *ж. тк. ед.* áshes *pl.* **~и́стый** áshen, áshy.

**золо́вка** *ж.* síster-in-law (*pl.* sísters-) (*husband's sister*).

**золоти́стый** gólden.

**золоти́ть**, позолоти́ть (*вн.*) gild [g-] (*d.*); ◇ позолоти́ть пилю́лю súgar the pill ['ʃu-...]. **~ся** look / stand* gólden.

**золотни́к** I *м. уст.* zolotník (*about 4,25 gr.*); ◇ мал ~, да до́рог *погов.* ≅ little bódies may have great souls [...'bɔ-... greɪt soulz].

**золотни́к** II *м. тех.* valve, D-vàlve ['di:-]; цилиндри́ческий ~ píston valve.

**зо́лот||о** *с.* gold; (*в геральдике*) or; черво́нное ~ pure gold; то́нкое листово́е ~ gold leaf; листово́е ~ béaten gold; добы́ча ~а góld-mìning; суса́льное ~ tínsel, gold leaf; накладно́е ~ góld-plàte; плати́ть ~ом, в ~е pay* in gold; ◇ на вес ~а worth *its* weight in gold; не всё то ~, что блести́т *посл.* all that glitters is not gold.

**золотоволо́сый** gólden-haired.

**золотоиска́тель** *м.* góld-prospéctor; (*добытчик*) góld-digger.

**золот||о́й** I *прил.* (*в разн. знач.*) gold; gólden (*перен. или поэт.*); (*в геральдике*) or (*attr.*); ~ы́е при́иски góld-field(s) [-fi:-]; ~ запа́с *эк.* gold resérves [...-'zə:vz] *pl.*; ~а́я валю́та gold cúrrency; ~ рубль gold rouble [...ru:-]; ~ы́х дел ма́стер góld-smith; ~ песо́к gold dust; ~о́е руно́ *миф.* the gólden fleece; ◇ ~ век the Gólden Age; ~а́я молодёжь gílded youth ['gɪ- ju:θ]; jeunesse dorée (*фр.*) [ʒə:'nes do'reɪ]; ~ы́е ру́ки cléver fíngers ['kle-...], hands of gold; ~а́я середи́на the gólden mean; the háppy médium; ~о́е дно *разг.* góld-mìne; мой ~! my tréasure / dárling! [...'tre-...]; ~ы́е слова́ words of gold; ≅ truth it:sélf [tru:θ...].

**золото́й** II *м. скл. как прил.* (*монета*) gold coin, dúcat ['dʌ-]; (*в Англии*) sóvereign [-rɪn].

**золотоно́сн||ый** góld-bearing [-bɛə-]; auriferous *научн.*; ~ая жи́ла auriferous vein; ~ райо́н góld-field [-fi:ld].

**золотопромы́шленн||ик** *м.* ówner of góld-mìnes ['ou-...]. **~ость** *ж.* góld-ìndustry. **~ый** *прил. к* золотопромы́шленность.

**золототы́сячник** *м. бот.* céntaury.

**золоту́||ха** *ж.* (*болезнь*) scrófula. **~шный** scrófulous.

**золоч||е́ние** *с.* gílding ['gɪ-]. **~ёный** gílded ['gɪ-], gilt [g-].

**зо́лушка** *ж. фольк.* Cìnderélla.

**зо́льник** *м. тех.* áshpit.

**зо́н||а** *ж.* zone; ~ вое́нных де́йствий zone of mílitary òperátions; сте́рлинговая ~ *эк.* stérling área [...'ɛərɪə]. **~а́льный** zone (*attr.*).

**зонд** *м.* probe.

**зонди́ровать** (*вн.*; *прям. и перен.*) sound (*d.*); *мед.* probe (*d.*); ~ по́чву (*прям. и перен.*) explóre the ground; take* béarings / sóundings [...'bɛə-...], put* out féelers.

**зонт, зо́нт||ик** *м.* ùmbrélla; (*от солнца*) súnshàde pàrasól; (*навес*) áwning. **~ичный** *бот.* úmbellate, ùmbèllíferous.

**зоогеогра́фия** *ж.* zòogeógraphy [zouə-].

**зоо́||лог** *м.* zòólogist [zou'ɔl-]. **~логи́ческий** zòológical [zouə'lɔ-]; ~логи́ческий сад zòológical gárdens *pl.*; zoo *разг.* **~ло́гия** *ж.* zòólogy [zou'ɔl-].

**зооморфи́зм** *м.* zòómorphism [zou'ɔm-].

**зоопа́рк** *м.* zòológical gárdens [zouə'lɔ-...] *pl.*; zoo *разг.*

**зоопсихоло́гия** *ж.* zóòpsỳchólogy ['zouɔsaı'k-].

**зоотéхни||к** *м.* zòotèchnícian [zouə-], lìve-stòck éxpèrt / spécialist [...'spe-]. **~ка** *ж.* zòotéchnics [zouə'tek-].

**зоофи́ты** *мн. зоол.* zóophỳtes ['zouə-].

**зоо||хими́ческий** zòochémical [zouə'ke-]. **~хи́мия** *ж.* zòochémistry [zouə'ke-].

**зо́ркий 1.** shárp-sìghted; **2.** (*бдительный*) vígilant; ~ глаз an alért eye [...aı].

**зо́рк||о** *нареч.* vígilantly, with a vígilant eye [...aı]; ~ следи́ть за чем-л. be on the alért for smth. **~ость** *ж.* vígilance.

**зо́рьк||а** *ж. уменьш. от* заря́ 1; на ~е at dawn, at first light.

**зра́зы** *мн. кул.* zrázy (*meat pies stuffed with rice, buckwheat gruel, mashed potatoes, etc.*).

**зрачо́к** *м.* púpil (of the eye) [...aı].

**зре́лищ||е** *с.* sight, spéctacle; show [ʃou] *разг.*; (*представление*) perfórmance; (*уличное театрализованное*) págeant ['pædʒənt]; представля́ть собо́й жа́лкое ~ presént / look a sórry spéctacle [-'z-...]. **~ный** *прил. к* зре́лище; ~ные предприя́тия pláces of èntertáinment.

**зре́л||ость** *ж.* (*прям. и перен.*) rípe|ness, matúrity; cóming of age; полова́я ~ púberty; ◇ аттеста́т ~ости schóol-leaving certíficate. **~ый** (*прям. и перен.*) ripe, matúre; в ~ом во́зрасте at a matúre age; по ~ом размышле́нии on refléction; on sécond thoughts [...'se-...].

**зре́ни||е** *с.* sight, éye|sight ['aı-]; *мед.* vísion; о́рган ~я órgan of sight; сла́бое ~ weak (éye|)sight; име́ть хоро́шее ~ have good* eyes / éye|sight [...aız...]; ◇ по́ле ~я field of vísion [fi:ld...]; в по́ле ~я within éye|shòt [...'aı-], in sight; вне по́ля ~я out of sight, out of éye|shòt; обма́н ~я óptical illúsion; под угло́м ~я from the stándpoint, from the point of view [...vju:]; то́чка ~я point of view, stándpoint.

**зреть I** rípen.

**зреть II**, узре́ть (*вн.*) **1.** (*видеть*) behóld* (*d.*); **2.** *тк. сов.* (*усмотреть*) percéive [-'si:v] (*d.*); feel* (*d.*).

**зри́тель** *м.*, **~ница** *ж.* spèctátor, ón|lòoker; *мн. собир. тж.* áudience *sg.*; (*в театре тж.*) house [-s] *sg.*; быть зри́телем look on. **~ный 1.** vísual ['vıʒ-], óptic; ~ный нерв *анат.* óptic nerve; ~ная па́мять vísual / eye mémory [...aı...]; **2.:** ~ный зал hall, auditórium.

**зря** *нареч. разг.* to no púrpose [...-s], for nóthing; ◇ он болта́ет ~ he is tálking at rándom; ~ труди́ться, ~ стара́ться ≅ plough the sand; он ~ пришёл сюда́ he has come here on a fool's érrand.

**зря́чий** *м. скл. как прил.* one who can see, one with eyes to see [...aız...]; он ~ he can see.

**зуа́в** *м.* zouáve [zu:'ɑ:v].

**зуб** *м.* tooth*; моло́чный ~ mílk-tooth*; глазно́й ~ (*клык*) éye-tooth* ['aı-], cánìne tooth*; коренно́й ~ mólar; ~ му́дрости wísdom tooth* ['wız-...]; шата́ющийся ~ loose tooth* [-s...]; вставны́е ~ы àrtifícial / false teeth [...fɔ:ls...]; (*челюсти*) déntures; скрежета́ть ~а́ми grind* / gnash / grit one's teeth; ◇ вооружённый до ~о́в armed to the teeth; держа́ть язы́к за ~а́ми *разг.* hold* one's tongue [...tʌŋ]; име́ть ~ про́тив кого́-л., точи́ть ~ы на кого́-л. *разг.* have a grudge agáinst smb., bear* smb. a grudge [bɛə...]; класть ~ы на по́лку *разг. см.* класть; он ни в ~ толкну́ть *разг.* ≅ he does not know a word of it [...nou...]; сквозь ~ы through clenched teeth; у него́ ~ на́ ~ не попада́ет his teeth are cháttering; хоть ви́дит о́ко, да ~ неймёт *погов.* ≅ there's many a slip 'twixt cup and lip; э́то у всех на ~а́х навя́зло éverybody has had more than enóugh of it [...ı'nʌf...], éverybody is sick and tired of it. **~а́стый** *разг.* lárge-tóothed [-θt], with large teeth; (*перен.*) shárp-tòngued [-tʌŋd], quíck-tòngued [-tʌŋd].

**зуба́тка** *ж. тех.* búsh-hàmmer ['buʃ-].

**зубе́ц** *м.* **1.** tooth*; (mill-)còg; ~ ви́лки prong; **2.** (*крепостной стены*) mérlon; (*горы́*) jag.

**зуби́ло** *с. тех.* póint-tool, chísel ['tʃız°l].

**зубн||о́й 1.** déntal; tooth (*attr.*); ~а́я боль tóoth-àche [-eık]; ~ врач déntist; ~ те́хник déntal mechánic [...-'kæ-]; ~ проте́з dénture; (*отдельного зуба*) àrtifícial tooth*; ~а́я щётка tóoth-brùsh; ~ порошо́к tóoth-powder; ~а́я па́ста tóoth-pàste [-peıst]; **2.** *лингв.* déntal; ~ согла́сный déntal cónsonant.

**зубо́вн||ый:** со скре́жетом ~ым grínding one's teeth.

**зубовраче́бный:** ~ кабине́т déntal súrgery.

**зуболече́бн||ица** *ж.* déntal súrgery. **~ый** = зубовраче́бный.

**зубоска́||л** *м. разг.* bánterer, quiz, scóffer. **~лить** *разг.* bánter, quiz, scoff; (над) scoff (at). **~льство** *с. разг.* bántering, quízzing, scóffing.

**зубочи́стка** *ж.* tóothpick.

**зубр** *м. зоол.* áurochs; (*перен.*) *разг.* díe-hàrd.

**зубр||ёжка** *ж. разг.* crámming. **~и́лка** *м. и ж. разг.* crámmer. **~и́ть** (*вн.*) *разг.* cram (*d.*).

**зубча́т||ка** *ж. тех.* ráck-wheel. **~ый** toothed [-θt], cogged; (*зазубренный*) déntal, jágged, indénted; ~ая переда́ча *тех.* tooth géaring [...'gıə-]; ~ая ре́йка rack; ~ая желе́зная доро́га ráck-railway; ~ое колесо́ cóg-wheel; (*малое*) pínion.

**зуд** *м.* (*прям. и перен.*) itch.

**зуд||е́ть** itch; ◇ ру́ки у меня́ ~я́т (+ *инф.*) my hands itch (+ to *inf.*).

**зуди́ть** *разг.* **1.** (кого́-л.) nag (at smb.); **2.** (*вн.*) = зубри́ть.

**зуёк** *м. зоол.* plóver [-ʌvə].

**зулу́с** *м.*, **~ский** Zúlù ['zu:lu:].

**зу́ммер** *м. тех.* búzzer.

**зумпф** *м. горн.* sump, díbhòle.

**зурна́** *ж.* zóurna ['zu:-] (*sort of lute*).

**зы́биться** surge, swell.

**зы́бкий** únstéady [-'ste-], únstáble; (*о мнениях и т. п.*) vácillàting.

**зыбу́ч||ий** únstáble; **~ие** пески́ quícksànds, shifting sands.

**зыбь** *ж.* áfter-tòssing surge; lop; лёгкая ~ ripple(s) (*pl.*); мёртвая ~ *мор.* swell; подёрнуться ~ю ripple.

**зы́чный** loud, stèntórian; ~ го́лос stèntórian voice.

**зюйд** *м. мор.* **1.** (*направление*) south; **2.** (*ветер*) south (wind) [...wɪ-].

**зюйд-ве́ст** *м. мор.* **1.** (*направление*) sóuth-wést; **2.** (*ветер*) sóuthwéster ['sau'we-]. **~ка** *ж.* sóu'wéster ['sau'we-].

**зю́йдовый** *прил. к* зюйд; ~ ве́тер south wind [...wɪ-].

**зюйд-о́ст** *м. мор.* **1.** (*направление*) sóuth-éast; **2.** (*ветер*) sóuthéaster.

**зя́бкий** sénsitive to cold, chilly.

**зя́блев||ый:** **~ая** вспа́шка *с.-х.* áutumn plóughing.

**зя́блик** *м. зоол.* finch.

**зя́бнуть** súffer from cold; shíver ['ʃɪ-], freeze.

**зябь** *ж. тк. ед. с.-х.* áutumn plóugh-lànd, land ploughed in áutumn.

**зять** *м.* (*муж дочери*) són-in-law ['sʌn-] (*pl.* sóns-); (*муж сестры*) bróther-in-law ['brʌ-] (*pl.* bróthers-).

# И

**и** *союз* **1.** (*соединение*) and; (*последовательность*) and then; (*соответствие ожидавшемуся*) and so (+ *подлежащее* + *вспомогат. глагол*): стол и стул *a* táble and *a* chair; они́ стоя́ли и жда́ли they stood and wáited [...stud...]; ...и он уе́хал ... and then he left; он собира́лся уе́хать и уе́хал he thought he would leave and so he did; **2.** (*именно*) that is what, where, who; здесь он и жил it was here that he lived [...lɪvd]; вот об э́том-то он и ду́мает that is what he is thinking of; сюда́ он и приходи́л this is where he used to come to [...ju:st...]; э́того челове́ка они́ и жда́ли that is the man* they have been wáiting for; **3.** (*с сослагательным наклонением*) *не переводится*: он и пошёл бы, да не мо́жет he would like to go but he cánnòt; **4.** (*также*) too; (*при отрицании*) éither ['aɪ-]: и в э́том слу́чае in this case too [...keɪs...]; и не там not there éither; и он не сде́лал э́того he did not do it éither; э́то и для него́ нелегко́ it is not éasy for him éither [...'i:zɪ...]; **5.** (*при перечислении*) and: и мужчи́ны, и же́нщины, и де́ти men, wómen and children [...'wɪm-...]; — и... и... both... and... [bouθ...]: и а́рмия и флот both the ármy and the návy; **6.** (*даже*) éven: он и спаси́бо не сказа́л he did not éven say thank you; ◇ и так да́лее, и про́чее etcétera [ɪt'setrə], and so forth, and so on; и вот and now; и други́е and others.

**ибери́йский** Ìbérian [aɪ-].

**и́бис** *м. зоол.* íbis ['aɪ-].

**и́бо** *союз* for.

**и́ва** *ж.* wíllow; плаку́чая ~ wéeping wíllow; корзи́ночная ~ ósier ['ouʒə].

**ива́н-да-ма́рья** *ж. тк. ед.* ców-wheat.

**ива́н-ча́й** *м. тк. ед.* wíllow-hèrb, róse-bay.

**ивня́к** *м. тк. ед.* ósier-bèd ['ouʒə-]; заро́сший **~о́м** grown / óver-grówn with ósier [groun... 'ouʒə].

**и́вовый** *прил. к* и́ва.

**и́волга** *ж.* óriòle.

**игл||а́** *ж.* needle; (*у животных*) quill, spine; (*у растений*) thorn; (*хвоя*) needle; вяза́льная ~ knítting-needle. **~и́стый** cóvered with needles ['kʌ-...]; ~и́стый скат *зоол.* thórn-bàck.

**иглови́дный** néedle-shàped.

**иглодержа́тель** *м. мед.* néedle-hòlder.

**иглоко́жие** *мн. скл. как прил. зоол.* èchinodérmata [e'kaɪ-].

**иглообра́зный** néedle-shàped.

**игнори́ровать** *несов. и сов.* (*вн.*) ignóre (*d.*); (*пренебрегать*) dísregárd (*d.*).

**и́го** *с. тк. ед.* yoke; освобожда́ть от и́га (*вн.*) ún-yóke (*d.*).

**иго́л||ка** *ж.* needle; ◇ сиде́ть как на **~ках** *разг.* be on pins and needles, be on thorns, be on ténter-hooks. **~очка** *ж. уменьш. от* игла́ *и* иго́лка; ◇ оде́тый с ~очки spick and span; костю́м, пла́тье *и т. п.* с ~очки bránd-néw suit, dress, *etc.* [...sjuːt...].

**иго́льн||ик** *м.* néedle-book, néedle-càse [-s]. **~ый** *прил. к* игла́; ~ое у́шко́ needle's eye [...aɪ].

**иго́льчатый** néedle-shaped.

**иго́рный** pláying, gáming; ~ дом gámbling-house* [-s]; ~ прито́н *разг.* gámbling-dèn; ~ стол gámbling-tàble, gáming-tàble, pláy-tàble.

**игр||а́** *ж.* (*в разн. знач.*) play; (*актёра тж.*) ácting, perfórmance; (*род. игры*) game; аза́ртная ~ game of chance / házard [...'hæ-]; gámbling game *разг.*; за **~о́й** at play; ко́мнатные и́гры (*детские*) índoor games [-dɔ:...]; (*для взрослых*) society games; Олимпи́йские и́гры Olýmpic games; Всеми́рные студе́нческие и́гры world stúdents' games; подвижны́е и́гры óutdoor games [-dɔ:...]; ◇ ~ не сто́ит свеч the game is not worth the candle; риско́ванная ~ rísky gamble; ~ приро́ды freak of náture [...'neɪ-]; ~ слов play on words, pun; ~ воображе́ния freak of the imàginátion; ~ слу́чая freak of chance; биржева́я ~ stóck-jòbbing; вести́ кру́пную **~у́** play for high stakes. **~а́льный** pláying; **~а́льные** ка́рты pláying-càrds; **~а́льные** ко́сти dice.

**игра́||ть**, сыгра́ть **1.** (*в разн. знач.*) play; (*об актёре тж.*) act, perfórm; ~ во что-л. play at smth.; ~ роль play *a* part; ~ Га́млета, Тартю́фа play / act Hámlet, Tartúffe [...'hæ-...]; ~ на роя́ле, скри́пке *и т. п.* play the piánò, the violín, *etc.* [...'pjæ-...]; ~ в четы́ре руки́ play a dúet on the piánò; ~ в ша́хматы, в ка́рты, в те́ннис *и т. п.* play chess, cards, ténnis, *etc.*; ~ без де́нег play without stakes; play for love [...lʌv] *идиом. разг.*; ~ на де́ньги play for móney [...'mʌ-];

~ по большой play for high stakes, play high; ~ честно, нечестно play fair, foul; **2.** *тк. несов.* (*переливаться*) sparkle; (*о румянце*) play; **3.** *тк. несов.* (*тв.*, с *тв.*; *относиться несерьёзно*) toy (with), trifle (with); ◇ ~ кому-л. в руку *или* на руку play into smb.'s hand; ~ с огнём play with fire; ~ словами juggle with words; ~ первую, вторую скрипку play first, sécond fiddle [...'sek-...]; это не ~ет роли it is of no impórtance, it does not sígnifỳ; ~ на понижение (*на бирже*) spéculàte for a fall; bear [bɛə] *разг.*; ~ на повышение (*на бирже*) spéculàte for a rise; bull [bʊl] *разг.*; ~ в либерализм play the líberal. **~ющий 1.** *прич. см.* играть; **2.** *м. как сущ.* pláyer.

**игривый** pláyful; (*кокетливый — о женщине*) skíttish; (*легкомысленный*) light, wánton.

**игрист||ый:** ~ое вино spárkling wine.

**игрок** *м.* pláyer; (*в азартные игры*) gámbler.

**игруш||ечный** *прил. к* игрушка; ~ магазин tóyshòp; ~ечное ружьё tóy-rífle. **~ка** *ж.* toy, pláything; (*перен.*) pawn; ◇ это не ~ки this is not to be trifled with.

**игумен** *м.* Fáther-Sùpérior (of a mónastery) ['fɑː-...-trɪ].

**игуменья** *ж.* Lády-Sùpérior, Móther-Sùpérior (of a núnnery) ['mʌ-...].

**идеал** *м.* ìdéal [aɪ'dɪəl]. **~изация** *ж.* idealìzátion [aɪdɪəlaɪ-]. **~изировать** *несов. и сов.* (*вн.*) ìdéalìze [aɪ'dɪə-] (*d.*).

**идеал||изм** *м.* ìdéalism [aɪ'dɪə-]. **~ист** *м.* ìdéalist [aɪ'dɪə-]. **~истический** ìdéalist [aɪ'dɪə-] (*attr.*).

**идеальн||ость** *ж.* ìdeálity [aɪdɪ'æ-]. **~ый** ìdéal [aɪ'dɪəl]; (*совершенный тж.*) pérfect; ~ый газ *физ.* idéal gas.

**идейно-политический** ìdeológical and polítical.

**идейн||ость** *ж.* móral súbstance / fibre ['mɔ-...]; (*о литературе, искусстве и т. п.*) móral intélligence; (*о литературном произведении*) ideológical / idéa cóntènt [aɪ- aɪ'dɪə...]. **~ый** ideológical [aɪ-]; (*принципиальный*) (high-) príncipled; (*возвышенный*) élevàted, lófty; ~ое руководство ideológical / príncipled léadership; высокий ~ый уровень high / sùpérior ìdeológical lével [...'le-]; ~ый человек high-príncipled man*, man* of príncìple; ~ое содержание ìdéa cóntènt [aɪ'dɪə...], móral súbstance / fibre ['mɔ-...].

**идентифи||кация** [-дэ-] *ж.* ìdèntificátion [aɪ-]. **~цировать** [-дэ-] *несов. и сов.* (*вн.*) idéntifỳ [aɪ-] (*d.*).

**идентичн||ость** [-дэ-] *ж.* ìdéntity [aɪ-]. **~ый** [-дэ-] ìdéntical [aɪ-].

**идеогра||мма** *ж.* ideogràm ['aɪ-]. **~фический** ideográphic(al) [aɪ-].

**идеолог** *м.* ìdeólogist [aɪ-]. **~ический** ideológical [aɪ-]; ~ический фронт ideológical front [...frʌ-].

**идеология** *ж.* ìdeólogy [aɪ-].

**иде||я** *ж.* ìdéa [aɪ'dɪə]; (*понятие*) nótion, cóncèpt; общественные ~и sócial ìdéas; господствующие ~и preváiling ìdéas; бороться за ~ю fight* for *an* idéa; ~ романа the ìdéa, *или* the púrpose, of *a* nóvel [...-s...'nɔ-]; гениальная ~ brílliant ìdéa; подать ~ю suggést (*an* ìdéa) [-'dʒest...]; он первый подал эту ~ю he was the first to suggést the ìdéa; счастливая ~ lúcky / háppy thought; ◇ навязчивая ~ fixed ìdéa, obsèssion; idée fixe (*фр.*) [iːdeɪ'fiːks].

**идиллический** ìdýll¦ic.

**идиллия** *ж.* ídyll.

**идиома** *ж.*, **~тизм** *м.* *лингв.* ídiom.

**идиоматика** *ж.* **1.** ìdiomátics; **2.** *собир.* ìdiomátic expréssions *pl.*

**идиоматический** *лингв.* ìdiomátic.

**идиосинкр||азия** *ж.* *мед.* ìdiosýncrasy. **~атический** *мед.* ìdiosyncrátic.

**идиот** *м.* ídiot, ímbecìle; *разг.* dolt, dunce. **~изм** *м.* ídiocy, ìmbecílity. **~ический, ~ский** ìdiótic, ímbecìle.

**идол** *м.* ídol; ◇ стоять, сидеть ~ом stand*, sit* like a stone ímage.

**идолопоклон||ник** *м.* ìdólater [aɪ-]. **~нический** idólatrous [aɪ-]. **~ничество** *с.*, **~ство** *с.* ìdólatry [aɪ-].

**идти,** пойти **1.** *см.* ходить; **2.** (*отправляться*) start, leave*; поезд идёт в пять the train leaves at five; **3.** *тк. несов.* (*приближаться*) come*: вот он идёт here he comes; поезд идёт the train is cóming; **4.** (*о дыме, паре, воде и т. п.*) come* out: дым идёт из трубы smoke is coming out of *the* chímney; — кровь идёт из раны blood is cóming from the wound [blʌd... wuːnd]; the wound bleeds; **5.** (*пролегать*) go*; (*простираться*) stretch: дорога идёт лесом the road goes through the fórest [...'fɔ-]; далее идут горы fárther on there strétches / exténds a móuntain-rìdge [-ðə...]; лес идёт до реки the fórest goes / strétches as far as the ríver [...'rɪ-]; **6.** (*об осадках*) fall*; *переводится тж. соответствующим глаголом*: снег идёт it is snów¦ing [...'snou-], it snows [...snouz]; дождь идёт it is ráining, it rains; град идёт it is háiling, it hails; **7.** (*происходить*) procéed, go* on: идут переговоры negòtiátions are procéeding, *или* gó¦ing on; — идут занятия clásses are held; идёт бой a battle is bé¦ing fought; идёт подготовка к севу prèparátions for sówing are in prógrèss [...'sou-...]; **8.** (*поступать куда-л.*) énter, become*; ~ в лётчики become* an áir¦man*; ~ на военную службу en¦gáge for mílitary sérvice; **9.** (*находить сбыт*) sell*: товар хорошо идёт these goods sell well; — ~ в продажу go* for sale; **10.** (на *вн.*; *требоваться*) be requíred (for); (*употребляться*) be used (in), go* (into, for); на платье идёт 5 метров материи 5 metres of matérial are requíred for *a* dress, you need 5 metres for *a* dress; тряпьё идёт на изготовление бумаги rags are used in páper-màking; **11.** (*дт.*; *быть к лицу*) suit [sjuːt] (*d.*), become* (*d.*); **12.** (*о спектакле*) be on: эта опера идёт каждый вечер this ópera is on every night; сегодня идёт Гамлет Hámlet is on to¦night ['hæ-...], they are gíving Hámlet to¦night; — пьеса идёт в исполнении лучших артистов the best áctors are táking part in the perfórmance; **13.** (*о времени*) go* by: шли годы years went by; — идёт вторая неделя как it is more than a week since; ему идёт двадцатый год he is in his twéntieth year, he is rising twénty, he is gó¦ing on for twénty; ◇

идёт лёд the ice is bréaking up [...'breɪ-...]; ~ ко дну go* to the bóttom, sink*; ~ к цели go* towards one's aim; ~ вперёд advánce; ~ вперёд к коммунизму forge ahéad to Cómmunism [...ə'hed...]; ~ в сравнение (с *тв.*) be cómparable (with); не ~ в сравнение (с *тв.*) not to be compáred (with); ~ в счёт be táken into accóunt; ~ за кем-л. fóllow smb.; ~ вразбрóд straggle; ~ по чьим-л. стопам fóllow in sóme:body's fóotstèps [...'fut-]; ~ (зá-муж) за когó-л. márry smb.; ~ как по мáслу go* swimming:ly; ~ навстрéчу (*дт.*) go* / come* to meet (*d.*); (*перен.*) meet* hálf-wáy [...'hɑːf-] (*d.*); ~ навстрéчу пожелáниям (*рд.*) meet*, *или* complý with, the desire [...-'zaɪə] (óf); ~ на прибыль (*о воде*) rise*; ~ на убыль begin* to decline; be on the wane *идиом.*; (*о воде*) fall*, recéde, subside, go* down; ~ на посáдку *ав.* come* in to land; ~ на примáнку bite*, rise* to the bait; ~ на риск run* risks, take* chánces; (+ *инф.*) run* the risk (of *ger.*); ~ на устýпки cómpromise; make* concéssions; ~ на всё be réady to do ány:thing [...'redɪ...]; go* to all lengths; ~ óщупью feel* / grope one's way; ~ в атáку go* into the attáck; ~ в бой march into battle; ~ прóтив когó-л. oppóse smb.; ~ прóтив своéй сóвести act agáinst one's cónscience [...-ʃəns]; ~ своим порядком, черелóм take* its nórmal course [...kɔːs]; ~ с червéй *карт.* play hearts [...hɑːts], lead* a heart; речь, вопрóс идёт (о *пр.*) it is a quéstion, mátter [...-stʃ-..] (of); речь идёт о егó жизни или смéрти it is a mátter of life and death for him [...deθ..]; о чём идёт речь? what is the quéstion?; делá идýт хорошó, плóхо affáirs are in a good*, sad state; дéло не пошлó дáльше the mátter did not get be:yónd; зарплáта идёт емý с 1 февраля his wáges run from Feb. 1st; кудá ни шлó! come what may!; идёт! right!, done!; (*ср. тж.* пойти).

**иды** *мн. ист.* ides.

**иезуит** *м.* Jésuit [-z-]. **~ский** *прил. к* иезуит; (*перен.*) Jèsuitical [-z-].

**иéна** *ж.* (*японская денежная единица*) yen (*pl.* yen).

**иерархическ||ий** hierárchical [-kɪk°l]; **~ая** лéстница the scale of ranks.

**иерáрхия** *ж.* hierarchy [-kɪ].

**иерóглиф** *м.* hieroglyph. **~ический** hìeroglýphic.

**иждивéн||ец** *м.* depéndant. **~ие** *с.* máintenance; быть на ~ии у когó-л. be smb.'s depéndant; быть на своём ~ии keep* òne:sélf. **~ка** *ж.* depéndant. **~ческий** *прил. к* иждивéнец; (*перен.*) pàrasitical.

**из,** изо *предл.* (*рд.*) **1.** (*откуда? — в разн. знач.*) from; (*изнутри*) out of: приезжáть из Москвы come* from Móscow; пить из стакáна drink* from *a* glass; узнавáть из газéт learn* from the pápers [lɜːn...]; вынимáть из кармáна take* out of *one's* pócket; — вы́йти из дому go* out, leave* the house [...-s]; из достовéрных источников from reliable sóurces [...'sɔːs-], on good authórity; **2.** (*при обознач. части от целого*) of; (*при числительном тж.*) out of; (*при отрицании*) in: один из егó товáрищей one of his friends [...fre-]; лучший из всех the best of all; один из 100 one (out) of a húndred; ни один из 100 not one in a húndred; **3.** (*о материале*) of; (*при указании конкретного куска, объёма и т. п.*) out of: из чегó он это сдéлал? what did he make it of?; (сдéланный) из стáли (made) of steel; из этого кускá дéрева out of this piece of wood [...piːs ...wud]; ◇ из стрáха for, *или* out of, fear; из нéнависти through hátred; из благодáрности in grátitùde; выходить из себя flare up, be beside òne:sélf; lose* one's témper [luːz...]; изо всех сил with all one's might; *другие особые случаи, не приведённые здесь, см. под теми словами, с которыми предл.* из *образует тесные сочетания.*

**из-,** изо-, ис- *глагольная приставка; часто обозначает израсходование орудия или объекта в процессе действия, напр.* исписáть (*о карандаше, бумаге и т. п.*) use up (by / in writing); изрисовáть (*о карандаше, бумаге и т. п.*) use up (by / in dráwing).

**избá** *ж.* cóttage, hut, péasant house* ['pez- -s].

**избавитель** *м.*, **~ница** *ж.* deliverer, redéemer.

**избáв||ить(ся)** *сов. см.* избавлять(ся). **~лéние** *с.* (от) deliverance (from); *переводится также формой на* -ing *от соответствующих глаголов; см.* избавлять(ся).

**избавлять,** избáвить (*вн.* от) save (*d.* from); (*освобождать*) deliver [-'lɪ-] (*d.* from); ~ от смéрти save from death [...deθ] (*d.*); избáвьте меня от вáших замечáний spare me your remárks; вы егó избáвили от хлопóт you have saved him trouble [...trʌ-]; ◇ избáви бог! God forbid! **~ся,** избáвиться (от) get* rid (of); избáвиться от привычки get* out of *a* hábit.

**избалóв||анный** *прич. и прил.* spoilt. **~áть (-ся)** *сов. см.* избалóвывать(ся).

**избалóвывать,** избаловáть (*вн.*) spoil* (*d.*). **~ся,** избаловáться become* / get* spoilt.

**избáч** *м.* izbách, village librárian [...laɪ-].

**избá-читáльня** *ж.* village réading-room.

**избегáть,** избежáть, избéгнуть (*рд.*) avóid (*d.*, + *ger.*), eváde (*d.*); steer clear (of) *разг.*; *несов. тж.* shun (*d.*); (*спасаться*) escápe (*d.*); ~ встрéчи с кем-л. avóid méeting smb.; избежáть наказáния, штрáфа *и т. п.* escápe / eváde pénalty, *etc.*; ~ повторéния refráin from rèpetition; ~ крáйностей avóid extrémes; steer a middle course [...kɔːs] *идиом.*

**избéгаться** *сов. разг.* (*утомиться*) exháust òne:sélf with rúnning (abóut).

**избéгнуть** *сов. см.* избегáть.

**избеж||áние** *с.*: во ~ чегó-л. (in órder) to avóid smth. **~áть** *сов. см.* избегáть.

**изби||вáть,** избить (*вн.*) beat* ùnmércifully (*d.*). **~éние** *с.* **1.** (*резня*) sláughter, mássacre; ~éние младéнцев *библ.* sláughter of the Ínnocents; **2.** *юр.* assáult and báttery; привлéчь к судý за ~éние prósecùte for assáult and báttery.

**избирáтель** *м.* eléctor; vóter; *мн. собир.* the eléctorate *sg.*; (*одного округа*) constituency *sg.* **~ница** *ж.* (wóman*) vóter ['wu-...]. **~ный** eléctoral; eléction (*attr.*); ~ная систéма eléctoral sýstem; ~ная кампáния eléction càmpáign [...-'peɪn]; ~ный ценз eléctoral quàlificátion; ~ный óкруг, учáсток eléctoral / eléction district / área [...'ɛərɪə], constítuency; ~ный учáсток (*помещение*) pólling place / státion, eléction centre; ~ный бюллетéнь vóting páper; ~ное прáво súffrage; ~ная ýрна bállot-bòx.

**избирáть,** избрáть (*вн. тв.*) choose* (*d.* as, *d.* for); (*о выборном лице*) eléct (*d. d.*).

**избúт||ый 1.** *прич. см.* избивáть; **2.** *прил.* háckneyed [-nɪd], trite; ~ая **фрáза** tag; ~ая úстина trúism.

**избúть** *сов. см.* избивáть.

**избороздúть** *сов. см.* бороздúть.

**избрáн||ие** *с.* eléction. **~ник** *м.*, **~ница** *ж.* eléct; нарóдный ~ник elécted rèpreséntative of the people [...-'ze-... pi:pl]; ◇ ~ник судьбы́ the chósen one [...-z-...].

**úзбранн||ый 1.** *прич. см.* избирáть; **2.** *прил.* (*отобранный, лучший*) seléct(ed); ~ые произведéния seléctеd works; seléction of works *sg.*; **3.** *мн. как сущ.* the eléct.

**избрáть** *сов. см.* избирáть.

**избýшка** *ж. уменьш. от* избá.

**избы́т||ок** *м.* súrplus, redúndancy; (*изобилие*) plénty; в ~ке in plénty; имéть с ~ком have enóugh and to spare [...ɪ'nʌf...]; от ~ка чувств *переводится фразами*: I, he, *etc.*, was so òver:cóme with / by emótion that; my, his, *etc.*, féelings were too strong for me, him, *etc.* (+ to *inf.*); от ~ка чувств он не мог говорúть his féelings were too strong for him to speak. **~очный** súrplus (*attr.*), redúndant.

**изваяó||ние** *с.* scúlpture, carved ímage. **~ть** *сов. см.* ваять.

**извéдать** *сов. см.* извéдывать.

**извéдывать,** извéдать (*вн.*) expérience (*d.*), come* to know [...nou] (*d.*); извéдать счáстье taste háppiness [teɪst...].

**úзверг** *м.* mónster (of crúelty) [...'kruə-].

**извергáть,** извéргнуть (*вн.*) **1.** throw* out [θrou...] (*d.*); disgórge (*d.*); **2.** *физиол.* ejéct (*d.*), èxcréte (*d.*). **~ся,** извéргнуться **1.** (*о вулкане*) erúpt, be in erúption; **2.** *страд. к* извергáть.

**извéргнуть(ся)** *сов. см.* извергáть(ся).

**извержéние** *с.* **1.** erúption; **2.** *физиол.* dis:chárge, ejéction, èxcrétion.

**извéрженн||ый 1.** *прич. см.* извергáть; **2.** *прил. геол.* igneous; ~ая порóда igneous rock.

**извéриться** *сов.* (в *пр.*, в *вн.*) lose* faith [lu:z...] (in); ~ в своúх сúлах, в свой сúлы lose* cónfidence in òne:sélf.

**извернýться** *сов. см.* изворáчиваться.

**извёртываться** = изворáчиваться.

**известú** *сов. см.* изводúть.

**извéсти||е** *с.* **1.** news [-z]; tídings; (*историч. сведения*) informátion; послéдние ~я the (látest) news *sg.*; неожúданное ~ ún:expécted (piece of) news [...pi:s...]; **2.** *мн.* (*периодическое издание*) procéedings, trànsáctions [-'z-].

**известúсь** *сов. см.* изводúться.

**известúть** *сов. см.* извещáть.

**извёстка** *ж.* (slaked) lime.

**известковáние** *с.*: ~ почв chálking of soils.

**известкóв||ый** *прил. к* úзвесть; ~ая водá líme:wàter [-wɔ:-].

**извéст||но 1.** *прил. кратк. см.* извéстный; **2.** *предик. безл.* it is known [...noun]; стáло ~ it becáme known; емý ~, что he knows that [...nouz...], he is a:wáre that; как ~ as is génerally known; наскóлько мне ~ as far as I know; наскóлько мне ~ — нет not that I know of; хорошó ~, что it is notórious that; всем ~, что it is cómmon knówledge that [...'nɔ-...]. **~ность** *ж.* **1.** rèputátion, fame; достáвить ~ность комý-л. bring* fame to smb.; пóльзоваться грóмкой ~ностью be fár-fámed; пóльзующийся мировóй ~ностью wórld-fàmed; **2.**: постáвить когó-л. в ~ность о чём-л. infórm smb. of smth. **~ный 1.** wéll-knówn [-'noun]; (комý-л. как) known [noun] (to smb. as); ~ное положéние the wéll-knówn thésis; ~ный худóжник wéll-knówn páinter; ~ный учёный nóted scíentist; ей он ~ен she knows him [...nouz...]; он ~ен под úменем (*рд.*) he goes by / únder the name (of); ~ный чем-л. nóted for smth.; он ~ен своéй чéстностью he has a name for hónesty [...'ɔ-]; никомý не ~ный known to nó:body; obscúre; **2.** (*неодобрит. о человеке*) notórious: ~ный лгун notórious liar; **3.** (*некоторый*) cértain; ~ным óбразом in a cértain way; в ~ных слýчаях in cértain cáses [...-sɪz]; до ~ного перúода up to a cértain périod; до ~ной стéпени, в ~ной мéре to a cértain extént / degrée.

**известня́к** *м.* líme:stòne.

**úзвест||ь** *ж.* lime; гашёная ~ slaked / slack lime; негашёная ~ quícklime, burnt lime; хлóрная ~ chlóride of lime, bléaching pówder; раствóр ~и mórtar, grout; (*для побелки*) whíte:wàsh; превращáть в ~ (*вн.*) cálcifỳ (*d.*).

**извéчный** áge-lòng.

**извещ||áть,** известúть (*вн.*) infórm (*d.*), nótifỳ ['nou-] (*d.*). **~éние** *с.* nòtificátion [nou-], nótice ['nou-]; (*повестка*) súmmons.

**извúв** *м.* wínding.

**извивáться,** извúться **1.** (*о змее, канате и т. п.*) coil; (*о черве*) wríggle; **2.** *тк. несов.* (*о дороге, реке и т. п.*) twist, wind*; me:ánder; (*перен.: пресмыкаться*) cringe; ~ от бóли writhe with pain [raɪð...].

**извúли||на** *ж.* bend, crook; ~ны мóзга *анат.* cònvolútions (of the brain). **~стый** sínuous, tórtuous; (*о дороге, реке и т. п.*) twísting, wínding; me:ándering *книжн.*

**извин||éние** *с.* apólogy, excúse [-s]; просúть ~éния у когó-л. beg smb.'s párdon, apólogize to smb.; прошý ~éния excúse me, I beg your párdon, I apólogìze; (I am) sórry *разг.* **~úтельный 1.** (*заслуживающий извинения*) párdonable; **2.** (*просящий извинения*) apòlogétic.

**извинúть(ся)** *сов. см.* извиня́ть(ся).

**извин||я́ть,** извинúть (*вн.*) excúse (*d.*), párdon (*d.*); э́то мóжно ~úть one can excúse that; ~úте! excúse me!; (I am) sórry *разг.*; ~úте, что я сдéлал так excúse my háving done so; ◇ ~úте за выражéние *разг.* if you will excúse the expréssion; ну, уж ~úте! Oh no, that won't do! [ou... wount...].

**извин||я́ться,** извинúться (пéред) apólogìze (to); ~я́юсь! *разг.* (I am) sórry!; ~úтесь за меня́ presént my apólogies [-'ze-...] (to). **~я́ющийся 1.** *прич. см.* извиня́ться; **2.** *прил.* apòlogétic.

он говори́л ~я́ющимся то́ном he was apòlogétic.

**изви́ться** *сов. см.* извива́ться 1.

**извлека́ть,** извле́чь (*вн.* из) extráct (*d.* from); (*перен.*) elícit (*d.* from); evóke (*d.* from); ~ ко́рень *мат.* extráct / find* the root; ◇ ~ уро́к (из) learn* a lésson [lə:n...] (from); ~ по́льзу *и т. п.* (из) deríve bénefit, *etc.* (from); ~ огро́мные при́были (из) extráct huge prófits (from); ~ удово́льствие (из) deríve pléasure [...'pleʒə] (from).

**извлече́ние** *с.* (из) **1.** extráction (from); ~ ко́рня *мат.* extráction of root, èvolútion [i:-]; **2.** (*выдержка*) éxtràct (from).

**извле́чь** *сов. см.* извлека́ть.

**извне́** *нареч.* from without.

**изво́д** I *м. разг.* (*трата*) waste [weɪst].

**изво́д** II *м. лингв.* recénsion.

**изводи́ть,** извести́ (*вн.*) **1.** *разг.* (*расходовать*) use up (*d.*); (*о деньгах*) spend* (*d.*); **2.** (*уничтожать, губить*) èxtérminàte (*d.*); **3.** *разг.* (*лишать сил*) exháust (*d.*); (*мучить*) tòrmént (*d.*); (*выводить из себя*) vex (*d.*), exásperàte (*d.*); ~ себя́ рабо́той óver¦wórk òne¦sélf; ~ насме́шками (*вн.*) bait (*d.*). **~ся,** извести́сь (от) **1.** *разг.* (*терзаться*) eat* one's heart out [...hɑ:t...] (with); (*хиреть*) exháust òne¦sélf (with); **2.** *страд. к* изводи́ть.

**изво́з** *м.* cárrier's trade; занима́ться ~ом be a cárrier (by trade). **~ный** *прил. к* изво́з; ~ный про́мысел = изво́з.

**изво́зчик** *м.* **1.** cárrier; (*легковой*) cáb¦man*; cábby *разг.*; (*ломовой*) dráy¦man*, wággoner ['wæ-]; **2.** *разг.* (*экипаж с кучером*) cab; е́хать на ~е drive* / go* in a cab.

**изво́л||ить 1.** (*пов. накл.*) if you please; (*возьмите*) here you are; вы затеря́ли ключ, тепе́рь изво́льте его́ найти́ you have lost the key and now find it, if you please [...ki:...]; изво́льте вы́йти! leave the room, if you please!; **2.** *разг.*: он, она́ *и т. д.* ~ил, ~ила заболе́ть, забы́ть *и т. п.* he, she, *etc.*, went and got ill, forgót all abóut it, *etc.*; **3.** *уст. офиц.* (*в обращении к высокопоставленному лицу*) deign [deɪn], be pleased; как вы ~ите пожива́ть? pray, how are you?

**изворáчиваться,** изверну́ться (*прям. и перен.*) shift, dodge.

**изворо́тлив||ость** *ж.* resóurce¦fulness [-'sɔ:s-]. **~ый** dódgy, resóurce¦ful [-'sɔ:s-], néver at a loss; ~ый челове́к dódger.

**изврати́ть** *сов. см.* извраща́ть.

**извра||ща́ть,** изврати́ть (*вн.*) pervért (*d.*); (*ложно истолковывать*) mísintérpret (*d.*); (*о тексте тж.*) misconstrúe (*d.*); ~ и́стину distórt the truth [...tru:θ]; ~ чьи-л. слова́ pervért / distórt smb.'s words. **~ще́ние** *с.* pervérsion; (*искажение*) distórtion, mísintèrpretátion. **~щённость** *ж.* ùnnátural tastes / inclinátions [... teɪ-...] *pl.* **~щённый** *прич. и прил.* pervérted; *тк. прил.* (*противоестественный*) ùnnátural.

**изга́дить(ся)** *сов. см.* изга́живать(ся).

**изга́живать,** изга́дить (*вн.*) *разг.* befóul (*d.*); (*портить*) spoil* (*d.*). **~ся,** изга́диться *разг.* go* bad.

**изги́б** *м.* bend, curve; (*извив*) wínding.

**изгиба́ть,** изогну́ть (*вн.*) bend* (*d.*), curve (*d.*). **~ся,** изогну́ться bend*, curve.

**изгла́дить(ся)** *сов. см.* изгла́живать(ся).

**изгла́живать,** изгла́дить (*вн.*) effáce (*d.*); ~ из па́мяти blot out of *one's* mémory (*d.*). **~ся,** изгла́диться become* effáced; ~ся из па́мяти be blótted out of *one's* mémory.

**изгна́н||ие** *с.* **1.** bánishment; (*из общества*) expúlsion; (*из страны*) proscríption; (*из отечества*) èxpàtriátion; **2.** (*ссылка*) éxìle; жить в ~ии live in éxìle [lɪv...]. **~ник** *м.*, **~ница** *ж.* éxìle.

**изгна́ть** *сов. см.* изгоня́ть.

**изголо́вье** *с.* head of the bed [hed...]; служи́ть ~м serve for a píllow.

**изголода́ться** *сов.* be fámished, starve; (по *дт.*; *перен.*) yearn [jə:n] (for).

**изгоня́ть,** изгна́ть (*вн.*) **1.** bánish (*d.*); (*из общества*) expél (*d.*); (*выгонять*) drive* out / a¦wáy (*d.*); (*ссылать*) éxìle (*d.*); (*из отечества*) expátriàte (*d.*); **2.** (*искоренять, упразднять*) ban (*d.*).

**и́згородь** *ж.* fence; жива́я ~ hedge(row) [...rou], quícksèt / green hedge.

**изгота́вливать,** изгото́вить (*вн.*) make* (*d.*), mànufácture (*d.*); (*ср.* пригота́вливать).

**изгото́вить** *сов. см.* изгота́вливать.

**изгото́виться** *сов.* get* réady [...'redɪ].

**изгото́вк||а** *ж.*: взять ружьё на ~у hold* one's gun at the réady [...'redɪ].

**изготовле́ние** *с.* máking, mànufácture.

**изготовля́ть** = изгота́вливать.

**изгрыза́ть,** изгры́зть nibble (to crumbs); gnaw (to shreds).

**изгры́зть** *сов. см.* изгрыза́ть.

**издава́ть,** изда́ть (*вн.*) **1.** públish ['pʌ-] (*d.*); **2.** (*о законе и т. п.*) prómulgàte (*d.*), íssue (*d.*); ~ прика́з, ука́з íssue an órder, an édict [...'i:-]; **3.** (*о звуке*) útter (*d.*); **4.** *тк. несов.* (*о запахе*) èx¦hále (*d.*).

**и́здавна** *нареч.* long since; since ólden times *поэт.*

**издалека́** *нареч.* from far a¦wáy, from afár; ◇ нача́ть ~ (*говорить о чём-л.*) begin* from afár, work up to sóme¦thing.

**и́здали** *нареч.* from a dístance.

**изда́ние** *с.* **1.** pùblicátion [pʌ-]; (*о законе*) pròmulgátion; **2.** (*книга, журнал и т. п.*) edítion; дешёвое ~ cheap edítion; роско́шное ~ edítion de luxe (*фр.*) [edɪ'sɪɔŋ də lu:ks].

**изда́тель** *м.*, **~ница** *ж.* públisher ['pʌ-]. **~ский** *прил. к* изда́тель *и* изда́тельство; ~ская фи́рма públishing firm ['pʌ-...]; ~ское де́ло públishing. **~ство** *с.* públishing house* ['pʌ- -s]; Госуда́рственное ~ство State Públishing House*.

**изда́ть** *сов. см.* издава́ть.

**издева́тель||ский** scóffing, mócking; (*оскорбительный*) hùmíliàting. **~ство** *с.* móckery.

**издева́ться** (над) jeer (at), scoff (at), mock (at); (*мучить*) taunt (*d.*).

**издёвк||а** *ж. разг.* gibe, taunt, jeer; с ~ой with a jeer.

**изде́ли||е** *с.* **1.** *тк. ед.* (*изготовление*) make; **2.** (*предмет*) (mànufáctured) árticle; куста́рные ~я hándicràft wares; hánd-máde goods [...gudz]; гли́няные ~я éarthenwàre ['ə:θ-] *sg.*; желе́зные ~я íronmòngery ['aɪən-mʌŋg-] *sg.*, hárdwàre *sg.*, íronwàre ['aɪən-] *sg.*; жестяны́е ~я tínwàre *sg.*; бу́лочные ~я ≅ rolls and buns.

**издёрганн||ый 1.** *прич. см.* издёргивать; **2.** *прил.* run down; hárried, wórried ['wʌ-], hárassed; ~ые нéрвы óver¦stráined nerves.

**издёргать(ся)** *сов. см.* издёргивать(ся).

**издёргивать,** издёргать (*вн.*) *разг.* pull to píeces [pul...'piː-] (*d.*); (*перен.*) wórry ['wʌ-] (*d.*), hárass ['hæ-] (*d.*), óver¦stráin (*d.*). **~ся,** издёргаться *разг.* **1.** óver¦stráin one's nerves; **2.** *страд. к* издёргивать.

**издержáть(ся)** *сов. см.* издéрживать(ся).

**издéрживать,** издержáть (*вн.*) expénd (*d.*), spend* (*d.*). **~ся,** издержáться *разг.* spend* all; он совсéм издержáлся he spent all he had, he spent his last pénny.

**издéржки** *мн.* expénses; судéбные ~ costs; ~ произвóдства the cost of prodúction *sg.*; ~ обращéния distribútion costs, tráding costs.

**издóльщи||к** *м.* métayer (*фр.*) ['meteɪeɪ]. **~на** *ж.* métayage (*фр.*) ['meteɪɑːʒ], the métayage sýstem.

**издóхнуть** *сов. см.* издыхáть.

**издрéвле** *нареч. уст.* of yore, since ólden days (*ср. тж.* íздавна).

**издыхáни||е** *с.*: до послéднего ~я to one's last breath [...breθ]; при послéднем ~и at one's last gasp, dýing.

**издыхáть,** издóхнуть die.

**изжáрить(ся)** *сов. см.* жáрить(ся).

**изжёванный 1.** *прич. см.* изжевáть; (*перен.*) háckneyed [-nɪd]; (*ср. тж.* избúтый 2); **2.** *прил.* (*измятый*) crumpled.

**изжевáть** *сов.* (*вн.*) chew to píeces [...'piːsɪz] (*d.*), chew all óver (*d.*).

**íзжелта-** (*в сложн.*) with a yéllow(ish) tint, tinged with yéllow: ~-крáсный red with a yéllowish tint, red tinged with yéllow.

**изживáть,** изжúть (*вн.*) get* rid (of), òver¦cóme* (grádually) (*d.*); ещё не изжúтый still persísting; изжúть имéющиеся недостáтки get* rid of exísting shórt¦còmings.

**изжúть** *сов. см.* изживáть.

**изжóга** *ж.* héartbùrn ['hɑːt-].

**из-за** *предл.* (*рд.*) **1.** (*откуда?*) from behínd: из-за дóма from behínd the house* [...-s]; — из-за гранúцы from abróad [...-ɔːd]; встать из-за столá get* up, *или* rise*, from table; **2.** (*по причине*) becáuse of [-'kɔz...]; on accóunt of; óver; (*при обозначении качества, действия тж.*) through; из-за негó becáuse of him; из-за бýри becáuse of the storm; из-за лéни through láziness [...'leɪ-]; из-за неосторóжности through cáre¦lessness.

**иззя́б||нуть** *сов. разг.* get* / feel* frózen / chilled to the bone / márrow. **~ший** frózen / chilled to the bone / márrow.

**излагáть,** изложúть (*вн.*) set* forth (*d.*), state (*d.*); (*сообщать*) give* an accóunt (of); (*подробно*) expóund (*d.*); ~ на бумáге state on páper (*d.*).

**изла́мывать,** изломáть (*вн.*) break* [breɪk] (*d.*).

**изленúться** *сов. разг.* grow* (in¦córrigibly) lázy [grou...].

**излёт** *м.*: пýля на ~е spent búllet [...'bu-].

**излечéни||е** *с.* **1.** (*выздоровление*) recóvery [-'kʌ-]; **2.** (*лечение*) cure, médical tréatment; на ~и ùndergó¦ing médical tréatment; находúться на ~и в больнúце be given hóspital tréatment.

**излéч||ивать,** излечúть (*вн.*) cure (*d.*). **~úмый** cúrable. **~úть** *сов. см.* излéчивать.

**изливáть,** излúть (*вн.*) *уст.* pour out [pɔː...] (*d.*); (*перен. тж.*) give* vent (to); ~ дýшу ùnbúrden one's heart [...hɑːt], ùnbósom òne¦sélf [-'buzəm...]. **~ся,** излúться **1.** *уст.* stream; (в *пр.*; *перен.*) find* expréssion (in); **2.** *разг.* (*выражать чувства*) give* vent to one's féelings.

**излúть(ся)** *сов. см.* изливáть(ся).

**излúшек** *м.* **1.** (*избыток*) súrplus; **2.** (*лишнее*) excéss; ~ вéса óver¦wéight.

**излúшество** *с. чаще мн.* óver-indúlgence, excéss. **~вать** be intémperate.

**излúшне** I **1.** *прил. кратк. см.* излúшний; **2.** *предик. безл.* it is ùnnécessary.

**излúшн||е** II *нареч.* (*чересчур*) supérfluous¦ly, ùnnécessarily. **~ий 1.** (*лишний*) supérfluous; (*ненужный*) ùnnécessary; **2.** (*необоснованный*) únwárranted; ~яя довéрчивость únwárranted trústfulness.

**излия́ние** *с.* (*прям. и перен.*) effúsion, óutpouring [-pɔː-].

**изловúть** *сов.* (*вн.*) catch* (*d.*).

**изловчáться,** изловчúться *разг.* contríve, mánage.

**изловчúться** *сов. см.* изловчáться.

**излож||éние** *с.* accóunt; (*сообщение*) státe¦ment; (*школьное*) èxposítion [-'zɪ-]; крáткое ~ súmmary. **~úть** *сов. см.* излагáть.

**излóм** *м.* frácture, break [breɪk].

**излóм||анный 1.** *прич. см.* изла́мывать; **2.** *прил.* bróken; (*перен.*) ùnnátural, affécted. **~áть** *сов. см.* изла́мывать. **~áться** *сов.* **1.** break [breɪk]; **2.** *разг.* (*быть ломакой*) have híghly afféctеd mánners.

**излучáть,** излучúть (*вн.*) (e)rádiàte (*d.*). **~ся,** излучúться émanàte.

**излучéние** *с.* (*действие*) (e)ràdiátion; (*результат*) èmanátion; ионизúрующее ~ íonizing ràdiátion; радиоактúвное ~ rádiò¦áctive èmanátion; жёсткое ~ hard ràdiátion.

**излýчина** *ж.* bend, curve, wínding.

**излучúть(ся)** *сов. см.* излучáть(ся).

**излю́бленный** fávour¦ite, pet.

**измáзать(ся)** *сов. см.* измáзывать(ся).

**измáзывать,** измáзать (*вн.*) *разг.* **1.** smear (*d.*); (*пачкать*) soil (*d.*), dírty (*d.*); **2.** (*употреблять*) use up (*d.*): измáзать всю мазь use up all the óintment. **~ся,** измáзаться soil òne¦sélf, get* dirty / soiled.

**измарáть** (*вн.*) soil (*d.*). **~ся** soil òne¦sélf.

**измáтывать,** измотáть (*вн.*) exháust (*d.*); fag (*d.*); *воен. тж.* wear* out / down [wɛə...] (*d.*); ~ нéрвы (óver)strain *one's* nerves. **~ся,** измотáться be exháusted / done / fagged.

**измáя||ться** *сов. разг.* be exháusted; он совсéм ~лся he is quite exháusted; he feels done for *разг.*

**измельчáние** *с.* grówing / becóming shállow ['grou-...]; (*перен.*) lówering of móral stándards ['lou-...'mɔ-...], degènerátion.

**измельчáть** I, измельчúть (*вн.*) redúce to frágments (*d.*); (*нарезáть*) cut* very small (*d.*); (*толочь*) pound (*d.*).

**измельчáть** II *сов. см.* мельчáть.

**измельчúть** *сов. см.* измельчáть I.

**измéна** *ж.* tréason [-z°n]; (*вероломство*) tréachery ['tre-]; (*неверность*) fáithlessness;

(*предательство*) betráyal; ~ рабо́чему кла́ссу betráyal of the wórking class; госуда́рственная ~, ~ ро́дине high tréason; супру́жеская ~ adúltery.

**измене́ни||е** *с.* change [ʧeɪ-]; (*частичное*) àlterátion; коли́чественные и ка́чественные ~я quántitàtive and quálitàtive chánges; ~ и разви́тие change and devélopment; вноси́ть ~я make* àlterátions / chánges.

**измени́ть** I, II *сов. см.* изменя́ть I, II.

**измени́ться** *сов. см.* изменя́ться.

**изме́нни||к** *м.* tráitor; ~ револю́ции, па́ртии tráitor to the rèvolútion, to the párty. **~ца** *ж.* tráitress. **~ческий** tréacherous ['treʧ-].

**изме́нчив||ость** *ж.* **1.** chànge:abílity [ʧeɪ-]; (*неустойчивость*) únstéadiness [-'sted-]; **2.** *биол.* vàriabílity. **~ый** chánge:able ['ʧeɪ-]; (*неустойчивый*) únstéady [-tedɪ]; (*непостоянный*) fickle; **~ая** пого́да chánge:able wéather [...'weðə].

**изменя́ем||ый** várіable, mútable; **~ые** величи́ны *мат.* váriables.

**изменя́ть** I, измени́ть (*вн.*) change [ʧeɪ-] (*d.*); (*частично*) álter (*d.*); ~ ход собы́тий change the course of evénts [...kɔːs...]; ~ к лу́чшему change for the bétter (*d.*); ~ законопрое́кт amend *a* bill.

**измен||я́ть** II, измени́ть (*дт.*; *предавать*; *тж. перен.*) betráy (*d.*); (*быть неверным*) be false [...fɔːls] (to); (*в супружестве*) be únfáithful (to); па́мять ему́ **~я́ет** his mémory fails him; си́лы ему́ **~я́ют** his strength gives way; сча́стье ему́ **~и́ло** his luck / fórtune has betráyed him [...-ʧən...].

**измен||я́ться,** измени́ться **1.** change [ʧeɪ-]; ~ к лу́чшему, к ху́дшему change for the bétter, for the worse; **~и́ться** в лице́ change cóuntenance; ве́чно **~я́ющийся** ùndergó:ing cónstant change; **2.** *страд. к* изменя́ть I.

**измер||е́ние** *с.* **1.** méasuring ['meʒ-], méasure:ment ['meʒ-]; (*землемерное*) súrvey; (*глубины моря и т. п.*) sóunding, fáthoming [-ð-]; (*температуры*) táking; ~ угло́в angle méasure:ment; **2.** *мат.* diménsion. **~и́мый** méasurable ['meʒ-]. **~и́тель** *м.* **1.** méasuring ínstrument ['meʒ-...], gauge [geɪʤ]; **2.** *эк.* índèx (*pl.* -xes, índicès [-ɪsiːz]). **~и́тельный** méasuring ['meʒ-]; **~и́тельный** прибо́р méasuring ínstrument.

**изме́рить** *сов. см.* измеря́ть.

**измеря́ть,** изме́рить (*вн.*) méasure ['meʒə] (*d.*); ~ глубину́ (*рд.*) *мор.* sound (*d.*), fáthom [-ð-] (*d.*), plumb (*d.*); ~ кому́-л. температу́ру take* smb.'s témperature.

**измождённый** emáciàted.

**измока́ть,** измо́кнуть *разг.* get* wet / drenched / soaked.

**измо́кнуть** *сов. см.* измока́ть.

**измо́р** *м.*: взять кого́-л. **~ом** take* smb. by stàrvátion, starve smb. out; (*перен.*: *заставить что-л. сделать*) wórry smb. into doing *smth.* ['wʌrɪ...].

**и́зморозь** *ж. тк. ед.* (*иней*) hóar-fróst; rime *поэт.*

**и́зморось** *ж. тк. ед.* (*мелкий дождь*) drizzle, drizzling rain; (*мелкий дождь со снегом*) sleet.

**измо́танный** fagged; done up *разг.*

**измота́ть(ся)** *сов. см.* изма́тывать(ся).

**измоча́ливать,** измоча́лить (*вн.*) *разг.* shred* (*d.*); (*перен.*) wórry to death ['wʌrɪ...deθ] (*d.*). **~ся,** измоча́литься *разг.* become* shrédded, be all in shreds; (*перен.*) be all in, be played out.

**измоча́лить(ся)** *сов. см.* измоча́ливать(ся).

**изму́ченный** **1.** *прич. см.* изму́чить; **2.** *прил.* exháusted, worn out [wɔːn...]; у него́ ~ вид he looks run down.

**изму́чить** (*вн.*) tórture (*d.*); (*утомлять*) tire out (*d.*), exháust (*d.*); изму́ченный боле́знью worn out by diséase [wɔːn...-'ziːz]. **~ся** be tired out, be exháusted; (*морально*) be wórried to death [...'wʌ-...deθ].

**измыва́ться** *разг.* = издева́ться.

**измы́згать** *сов. см.* измы́згивать.

**измы́згивать,** измы́згать (*вн.*) *разг.* soil all óver (*d.*); (*о платье*) bedrággle (*d.*).

**измы́ливать,** измы́лить (*вн.*) use up (*d.*).

**измы́лить** *сов. см.* измы́ливать.

**измы́||слить** *сов. см.* измышля́ть. **~шле́ние** *с.* fàbricátion, con:cóction; (*вымысел*) fígment.

**измышля́ть,** измы́слить (*вн.*) contríve (*d.*); (*о лжи, клевете*) fábricàte (*d.*).

**измя́ть** *сов.* (*вн.*) (*о платье и т. п.*) rumple (*d.*); (*о бумаге*) crumple (*d.*). **~ся** get* / become* rumpled / crumpled (*ср.* измя́ть).

**изна́нка** *ж.* the wrong side; ~ жи́зни the séamy side of life.

**изнаси́лова||ние** *с.* rape, violátion. **~ть** *сов. см.* наси́ловать 2.

**изнача́льный** = иско́нный.

**изна́шиваемость** *ж.* amòrtizátion.

**изна́шивание** *с.* wear [wɛə]; ~ обору́дования wear and tear of equípment [...tɛə...].

**изна́шивать,** износи́ть (*вн.*) wear* out [wɛə...] (*d.*). **~ся,** износи́ться wear* out [wɛə...]; (*перен.*) be used up; be played out *разг.*

**изне́женн||ость** *ж.* délicacy; (*о мужчине*) effémіnacy; (*чувствительность*) suscèptibílity. **~ый** **1.** *прич. см.* изне́живать; **2.** *прил.* délicate; (*о мужчине*) efféminate; (*избалованный*) coddled; **~ый** ребёнок coddled / pámpered child*.

**изне́ж||ивать,** изне́жить (*вн.*) rénder délicate (*d.*); (*о мужчине тж.*) rénder efféminate (*d.*); (*баловать*) coddle (*d.*), pámper (*d.*). **~иваться,** изне́житься become* délicate; get* soft *разг.*; (*о мужчине тж.*) become* efféminate. **~ить(ся)** *сов. см.* изне́живать(ся).

**изнемога́||ть,** изнемо́чь (от) be exháusted (with); *сов. тж.* break* down [-eɪk...] (with); он **~ет** от жары́ he is exháusted with the heat; он **~ет** от уста́лости he is dead tired / beat [...ded...]; ~ под тя́жестью be fáinting únder *a* weight.

**изнеможе́ни||е** *с.* exháustion [-sʧən], bréak-down [-eɪk-]; быть в **~и** be útterly exháusted; be all in *разг.*; рабо́тать до **~я** work to exháustion, work till one breaks down [...-eɪks...].

**изнемо́чь** *сов. см.* изнемога́ть.

**изне́рвнича||ться** *сов. разг.* be óver:strúng; он совсе́м **~лся** his nerves have gone to píeces [...gɔn...'piːs-].

**изно́с** *м. разг.* wear [wɛə]; *тех.* wear and tear [...tɛə]; э́тому пальто́ нет **~у** this coat will never wear out, there is no wéaring this coat out [...'wɛə-...]. **~и́ть(ся)** *сов. см.* изна́шивать(ся).

**изно́шенный 1.** *прич. см.* изна́шивать; **2.** *прил.* (*потёртый*) thréadbàre ['θred-], shábby.

**изнур||е́ние** *с.*, **~ённость** *ж.* (phýsical) exháustion [-zɪ- -stʃən]; (*от голода*) ìnanítion; дойти́ до ~е́ния be útterly phýsically exháusted [...-zɪ-...]; be worn out *разг.* **~ённый** phýsically exháusted [-zɪ-...]; jáded, worn out *разг.*; (*жарой*) swéltered; ~ённый го́лодом, хо́лодом *и т. п.* faint with húnger, cold, *etc.*; ~ённый лихора́дкой wásted with féver ['weɪ-...]. **~и́тельный** exháusting; ~и́тельная лихора́дка wásting féver ['weɪ-...]; ~и́тельная жара́ trýing heat, swélter. **~и́ть** *сов. см.* изнуря́ть.

**изнуря́ть,** изнури́ть (*вн.*) wear* out [wɛə...] (*d.*), exháust (*d.*); (*о лихорадке*) waste [weɪst] (*d.*); (*работой*) óver¦wórk (*d.*), óver¦drive* (*d.*).

**изнутри́** *нареч.* from within / inside; дверь заперта́ ~ the door is locked on the inside [...dɔ:...].

**изныва́ть,** изны́ть (от) pine (a¦wáy) (with); ~ от тоски́ по до́му pine for one's home; ~ от жары́ lánguish with the heat; ~ от жа́жды burn* with thirst.

**изны́ть** *сов. см.* изныва́ть.

**изо** *см.* из; изо дня́ в день day by day, day áfter day, from day to day.

**изоба́ра** *ж. метеор.* ísobàr ['aɪ-].

**изоби́ли||е** *с.* abúndance, plénty; profúsion; ~ сырья́ abúndance of raw matérials; го́ды ~я years of plénty; созда́ть ~ проду́ктов пита́ния províde / crèáte an abúndance of fóod-stùffs; в ~и in abúndance; ◇ рог ~я còrnucópia.

**изоби́л||овать** (*тв.*) abóund (in); (*кишеть*) teem (with); се́вер ~ует леса́ми the North abóunds in fórests [...'fɔ-]; река́ ~ует ры́бой the river teems with fish [...'rɪ-...].

**изоби́льный** abúndant, pléntiful, cópious.

**изоблич||а́ть,** изобличи́ть **1.** (*вн.*) expóse (*d.*); (*вн.* в *пр.*; *в преступлении и т. п. тж.*) convíct (*d.* of); prove guilty [pru:v 'gɪltɪ] (*d.* of); ~ кого́-л. во лжи expóse smb. as a líar; ~и́ть врага́ únmásk / expóse the énemy; **2.** *тк. несов.* (в ком-л. кого́-л.) show* (smb.) to be [ʃou...] (smb.); point to (smb.'s) bé¦ing (smb.); betráy (smb. in smb.): всё ~а́ло в нём охо́тника éver¦thing showed him to be a húnter; éver¦thing betráyed the húnter in him, éver¦thing póinted to his bé¦ing a húnter; его́ бесшу́мная похо́дка ~а́ла в нём охо́тника his nóise¦less tread betráyed the húnter in him, *или* betráyed him as a húnter [...tred...]. **~е́ние** *с.* expósure [-'pou-]; convíction. **~и́тель** *м.* accúser. **~и́тельный** accúsing, dámning. **~и́ть** *сов. см.* изоблича́ть 1.

**изображ||а́ть,** изобрази́ть (*вн.*) depíct (*d.*), pícture (*d.*), pòrtráy (*d.*); (*представлять*) rèpresént [-'zent] (*d.*), paint (*d.*); (*выражать*) expréss (*d.*); (*подражать*) ímitàte (*d.*); ◇ ~ из себя́ (*вн.*) fígure (as), make* òne¦sélf out to be (*d.*); он не так глуп как его́ ~а́ют he is not the fool they make him out. **~а́ться,** изобрази́ться **1.** show* [ʃou], appéar; **2.** *страд. к* изобража́ть. **~е́ние** *с.* **1.** (*действие*) rèpresèntátion [-ze-]; **2.** (*образ*) pòrtráyal, pícture, ímage; (*отпечаток*) ímprint; ~е́ние в зе́ркале refléction.

**изобрази́тельн||ый** fígurative; ◇ ~ые иску́сства ímitàtive arts, fine arts.

**изобрази́ть(ся)** *сов. см.* изобража́ть(ся).

**изобрести́** *сов. см.* изобрета́ть.

**изобрета́тель** *м.* invéntor. **~ница** *ж.* invéntress. **~ность** *ж.* invéntive¦ness; ìngenúity; (*находчивость*) resóurce¦fulness [-'sɔ:s-]. **~ный** invéntive; ingénious; (*находчивый*) resóurce¦ful [-'sɔ:s-]. **~ский** *прил. к* изобрета́тель; *тж.* invéntive. **~ство** *с.* invéntion.

**изобрет||а́ть,** изобрести́ (*вн.*) invént (*d.*); (*придумывать*) devíse (*d.*), contríve (*d.*). **~е́ние** *с.* invéntion.

**изо́гнутый** *прич. и прил.* bent, curved.

**изогну́ть(ся)** *сов. см.* изгиба́ть(ся).

**изого́на** *ж. геогр.* ìsogónic line.

**изодра́ть** *сов.* (*вн.*) *разг.* rend* (*d.*), tear* (*in several places, to pieces*) [tɛə...] (*d.*). **~ся** *сов. разг.* be all torn, be in shreds.

**изойти́** *сов. см.* исходи́ть III.

**изоклина** *ж. геогр.* ìsoclínal line.

**изолга́ться** *сов.* become* an invéterate / in¦córrigible / hárdened líar; он изолга́лся до тако́й сте́пени, что he has wrapped hìm¦sélf in lies till.

**изоли́рованн||ый 1.** *прич. см.* изоли́ровать; **2.** *прил.* ísolàted ['aɪ-]; *тех. тж.* ínsulàted; (*отдельный*) séparate; (*единичный*) sólitary; ~ая ко́мната séparate room; ~ слу́чай, факт sólitary evént, case [...-s].

**изоли́р||овать** *несов. и сов.* (*вн.*) ísolàte ['aɪ-] (*d.*); *тех. тж.* ínsulàte (*d.*); *мед. тж.* quárantìne [-ti:n] (*d.*). **~оваться 1.** ísolàte òne¦sélf ['aɪ-...]; **2.** *страд. к* изоли́ровать. **~о́вка** *ж. тех.* ìnsulátion. **~о́вочный, ~ующий** *тех.* ínsulàting.

**изоля́тор** *м.* **1.** *тех.* ínsulàtor; **2.** (*в больнице и т. п.*) ìsolátion ward [aɪ-...].

**изоляцио́нн||ый** *прил. к* изоля́ция; ~ая ле́нта *тех.* ínsulàting tape.

**изоля́ция** *ж.* ìsolátion [aɪ-]; *тех. тж.* ìnsulátion; *мед. тж.* quárantìne [-ti:n].

**изоме́р** *м. хим.* ísomer ['aɪ-]. **~ный** ìsoméric [aɪ-].

**изометри́ческий** ìsométric(al) [aɪ-].

**изомо́рфный** *мин.* ìsomórphous [aɪ-].

**изо́рванный 1.** *прич. см.* изорва́ть; **2.** *прил.* táttered; (*в лохмотьях*) rágged.

**изорва́ть** *сов.* (*вн.*) tear* (to píeces) [tɛə... 'pi:sɪz] (*d.*). **~ся** *сов.* be in tátters, be torn to tátters.

**изоте́ра** [-тэ́-] *ж. геогр.* ìsothéra [aɪz-].

**изоте́рм||а** [-тэ́-] *ж. геогр., физ.* ísothèrm ['aɪ-]. **~и́ческий** [-тэ-] **1.** *физ.* ìsothérmal [aɪ-]; **2.**: ~и́ческий ваго́н refrígeràtor car.

**изото́п** *м.* ísotòpe ['aɪ-]; радиоакти́вные ~ы rádiò¦áctive ísotòpes.

**изохро́нный** ìsóchronous [aɪ-].

**изощре́ние** *с.* refíne¦ment; ~ вку́са refíne¦ment of taste [...teɪst].

**изощр||ённый 1.** *прич. см.* изощря́ть; **2.** *прил.* híghly sénsitive; (*утончённый*) refíned. **~и́ть(ся)** *сов. см.* изощря́ть(ся).

**изощря́ть,** изощри́ть (*вн.*) cúltivàte (*d.*), refíne (*d.*); (*делать совершенным*) make* pérfect (*d.*); ~ ум, па́мять shárpen / cúltivàte the mind, the mémory. **~ся,** изощри́ться (в *пр.*) become* refíned (in); (*изощрять способности*) excél (in); ~ся в остроу́мии shówer wítticisms; (*стараться быть остроумным*) try to be wítty.

**из-под** *предл.* (*рд.*) **1.** (*откуда?*) from únder: из-под стола́ from únder the table; **2.** (*при определении вместилища*) *обычно не переводится, причём определяющее существительное употребляется как 1-я часть сложного слова*: буты́лка из-под вина́ wíne-bòttle; коро́бка из-под конфе́т cándy-bòx; ◇ из-под па́лки *разг.* ≅ únder the lash.

**изразі||е́ц** *м.* tile. **~цо́вый** *прил. к* изразе́ц.

**изра́ильский** Isráeli [ɪz-].

**изра́ненный** *прич. и прил.* cóvered with wounds ['kʌ-...wuː-].

**изра́нить** *сов.* (*вн.*) cóver with wounds ['kʌ-...wuː-] (*d.*).

**израсхо́довать** *сов. см.* расхо́довать.

**израсхо́дов||аться** *сов.* spend* all one's móney [...'mʌ-]; он совсе́м ~ался *разг.* he has spent all he had, he has no móney left.

**и́зредка** *нареч.* now and then; (*время от времени*) from time to time.

**изре́занный** **1.** *прич. см.* изре́зывать; **2.** *прил.* (*о береге*) jagged; (*тв.*) bróken (by).

**изре́зать** *сов. см.* изре́зывать.

**изре́зывать,** изре́зать (*вн.*) cut* up (*d.*).

**изрека́ть,** изре́чь (*вн.*) útter (*d.*), speak* sólemnly (*d.*); *разг.* mouth (*d.*).

**изрече́ние** *с.* ápophthègm ['æpoθ-], díctum (*pl.* dícta), sáying.

**изре́чь** *сов. см.* изрека́ть.

**изрешети́ть(ся)** *сов. см.* изреше́чивать(ся).

**изреше́чивать,** изрешети́ть (*вн.*) pierce with holes [pɪəs...] (*d.*); (*пулями, дробью*) riddle (*d.*). **~ся,** изрешети́ться be all holes; be / become* riddled.

**изрисова́ть** *сов. см.* изрисо́вывать.

**изрисо́вывать,** изрисова́ть (*вн.*) **1.** scribble all óver (*d.*); (*покрывать рисунками*) cóver with dráwings ['kʌ-...] (*d.*); **2.** *разг.* (*использовать карандаш, бумагу и т. п.*) use up (*d.*).

**изруби́ть** *сов.* (*вн.*) **1.** chop (*d.*), chop up (*d.*); (*топором тж.*) hack (*d.*); (*о мясе*) mince (*d.*); **2.** (*убить*) sláughter (*d.*).

**изруга́ть** *сов.* (*вн.*) *разг.* revíle (*d.*) (*ср.* руга́ть).

**изрыва́ть,** изры́ть (*вн.*) dig* up (*d.*).

**изрыг||а́ть,** изрыгну́ть (*вн.*) vómit (*d.*); (*перен.*) belch (*d.*); ~ руга́тельства mouth cúrses. **~ну́ть** *сов. см.* изрыга́ть.

**изры́тый** *прич. см.* изрыва́ть; ◇ ~ о́спой póck-màrked, pitted with smáll-pòx scars.

**изры́ть** *сов. см.* изрыва́ть.

**изря́дн||о** *нареч. разг.* fáirly, prétty well ['prɪ-...]; ~ вы́пить have a good drink. **~ый** *разг.* fáirly good, not so bad; (*о цене, состоянии тж.*) hándsome [-ns-]; ~ое коли́чество a fair amóunt; ~ая су́мма a prétty pénny / sum [...'prɪ-...]; ~ый дура́к a jólly fool; ~ое расстоя́ние a fair dístance.

**изуве́р** *м.* wild fanátic. **~ский** (sávage¦ly) cruel [...kruəl]. **~ство** *с.* wild fanáticism; (*жестокость*) bàrbárity.

**изуве́ч||ивать,** изуве́чить (*вн.*) mútilàte (*d.*); maim (*d.*). **~ить** *сов. см.* изуве́чивать.

**изукра́сить** *сов. см.* изукра́шивать.

**изукра́шивать,** изукра́сить (*вн.*) adórn (lávishly) (*d.*); (*перен.*) *разг.* "adórn" (*d.*); изукра́сить синяка́ми "adórn" with brúises [...'bruːz-] (*d.*).

**изуми́тельно** I *прил. кратк. см.* изуми́тельный.

**изуми́тельн||о** II *нареч.* amázing¦ly, wónderfully ['wʌ-]. **~ый** amázing, wónderful ['wʌ-].

**изум||и́ть(ся)** *сов. см.* изумля́ть(ся). **~ле́ние** *с.* amáze¦ment, wónder ['wʌ-]; (*неприятное*) cònsternátion. **~лённый** *прич. и прил.* amázed; *тк. прил.* (*поражённый*) wónder-strùck ['wʌ-], dùmb¦fóunded.

**изумля́ть,** изуми́ть (*вн.*) amáze (*d.*); (*поражать*) strike* dumb (*d.*). **~ся,** изуми́ться be amázed; (*поражаться*) be wónder-strùck [...'wʌ-], be dùmb¦fóunded.

**изумру́д** *м.* émerald. **~ный** *прил. к* изумру́д.

**изуро́дованный** *прич. и прил.* disfígured; (*о человеке тж.*) mútilàted, maimed.

**изуро́довать** *сов. см.* уро́довать.

**изуч||а́ть,** изучи́ть (*вн.*) **1.** stúdy ['stʌ-] (*d.*); (*овладевать*) máster (*d.*); тща́тельно изучи́ть что-л. make* a cáre¦ful / close stúdy of smth. [...klous...]; изучи́ть возмо́жности explóre the pòssibílities; **2.** *тк. сов.* (*выучить*) learn* [ləːn] (*d.*); (*узнать*) get* to know (very well) [...nou...] (*d.*); он ~и́л его́, её *и т. д.* he has come to know him, her, *etc.*, very well. **~е́ние** *с.* stúdy ['stʌ-]. **~и́ть** *сов. см.* изуча́ть.

**изъеда́ть,** изъе́сть (*вн.*) eat* (*d.*); (*тк. о кислоте, ржавчине*) corróde (*d.*).

**изъе́денный** *прич. и прил.* éaten; (*кислотой и т. п.*) corróded; ~ мо́лью móth-eaten; ~ мыша́ми móuse-eaten [-s-].

**изъе́зд||ить** *сов.* (*вн.*) trável all óver ['træ-...] (*d.*); ~ весь свет *разг.* trável all óver the world, trável the whole world óver [...houl...]. **~женный** rútted.

**изъе́сть** *сов. см.* изъеда́ть.

**изъяви́тельн||ый:** ~ое наклоне́ние *грам.* indícative mood.

**изъяв||и́ть** *сов. см.* изъявля́ть. **~ле́ние** *с.* expréssion; ~ле́ние согла́сия expréssion of assént / appróval [...ə'pruː-]. **~ля́ть,** изъяви́ть (*вн.*) expréss (*d.*); ~ля́ть согла́сие give* one's consént.

**изъязви́ть** *сов. см.* изъязвля́ть.

**изъязв||ле́ние** *с. мед.* ùlcerátion. **~лённый** **1.** *прич. см.* изъязвля́ть; **2.** *прил. мед.* últcered. **~ля́ть,** изъязви́ть (*вн.*) *мед.* úlceràte (*d.*).

**изъя́н** *м.* **1.** flaw, defѐct; с ~ом with a flaw, defѐctive; **2.** *уст.* (*ущерб*) dámage, loss.

**изъясни́ться** *сов. см.* изъясня́ться.

**изъясня́ться,** изъясни́ться expréss òne¦sélf.

**изъя́ти||е** *с.* **1.** with¦dráwal; (*удаление*) remóval [-'muː-]; (*монеты из обращения*) immòbilizátion [-moubɪlaɪ-]; **2.** (*исключение*) excéption; все без ~я all without excéption; в ~ из пра́вил as an excéption to the géneral rules.

**изъя́ть** *сов. см.* изыма́ть.

**изыма́ть,** изъя́ть (*вн.*) with¦dráw* (*d.*); (*удалять*) remóve [-'muːv] (*d.*); (*монету из обращения*) immóbilìze [-'mou-] (*d.*); ~ из употребле́ния with¦dráw* from use [...juːs] (*d.*); ~ из обраще́ния with¦dráw* from cìrculátion (*d.*), immóbilìze (*d.*); ~ в по́льзу госуда́рства cónfiscàte (*d.*); изъя́ть а́томное ору́жие из вооруже́ний госуда́рств elíminàte / remóve / with¦dráw* atómic wéapons from the ármaments of States [...'we-...].

**изыска́ние** *с.* **1.** finding, procúring; **2.** *чаще мн.* invèstigátion, reséarch [-'sə:tʃ]; (*геологическое*) prospécting; ~ тра́ссы *ж.-д.* súrvey.

**изы́сканн||ость** *ж.* refine:ment. **~ый** refined; recherché (*фр.*) [rə'ʃɛəʃeɪ]; ~ые мане́ры cóurtly / refined mánners ['kɔ:-...]; ~ое блю́до dáinty / délicate dish, délicacy.

**изыска́тель** *м.* prospéctor. **~ский** prospécting.

**изыска́ть** *сов. см.* изы́скивать 1.

**изы́скивать,** изыска́ть (*вн.*) **1.** find* (*d.*), procúre (*d.*); *несов. тж.* try to find (*d.*); **2.** *тк. несов.* invéstigàte (*d.*); *геол.* prospéct (for).

**изю́м** *м. тк. ед.* ráisins [-z-] *pl.*; (*без косточек*) sultána [-'tɑ:-]. **~ина** *ж.* ráisin [-z-]. **~инка** *ж. уменьш. от* изю́мина; (*перен.*) zest; ◇ с ~инкой píquant ['pi:kənt]; в ней нет ~инки there is no píquancy / sparkle abóut her [...'pi:kən-...].

**изя́щ||ество** *с.* refine:ment, élegance, grace. **~ный** refined, élegant, gráce:ful; ◇ ~ные иску́сства fine arts; ~ная литерату́ра fiction; bélles-léttres ['bel'letr].

**ика́ть,** икну́ть híccùp, híccough [-kʌp].

**икну́ть** *сов. см.* ика́ть.

**ико́на** *ж.* ícòn, (sácred) ímage.

**иконобо́р||ец** *м. ист.* ìcónoclàst [aɪ-]. **~чество** *с. ист.* ìcónoclàsm [aɪ-].

**иконогра́фия** *ж.* ìcònógraphy [aɪ-].

**иконопи́сец** *м.* ícòn-painter.

**ико́нопись** *ж.* ícòn-painting.

**иконоста́с** *м.* ìconóstasis [aɪk-].

**ико́та** *ж. тк. ед.* híccùp, híccough [-kʌp].

**икр||а́** I *ж. тк. ед.* **1.** (*в рыбе*) (hárd-)ròe; (*после метания*) spawn; мета́ть ~у́ spawn; **2.** (*кушанье*) cáviàr(e) [-ɑ:]; (*грибная, баклажанная и т. п.*) paste [peɪst]; зерни́стая ~ soft cáviàr(e); па́юсная ~ pressed cáviàr(e).

**икра́** II *ж.* (*часть ноги*) calf* [kɑ:f] (*of the leg*).

**икри́||н(к)а** *ж.* róe-còrn. **~стый** (*содержащий много икры*) roed. **~ться** spawn.

**икромета́ние** *с.* spáwning; (*время метания икры*) spáwning time.

**икс-лучи́** *мн. физ. уст.* X-rays ['eks-].

**ил** *м. тк. ед.* silt.

**и́ли** *союз* or; и́ли... и́ли éither... or ['aɪ-...].

**и́листый** cóvered with silt ['kʌ-...]; (*содержащий ил*) contáining silt.

**иллю́з||ия** *ж.* illúsion; стро́ить, создава́ть ~ии crèáte illúsions; прекра́сная ~ lóve:ly phántom ['lʌ-...], béautiful dream ['bju:t-...].

**иллюзо́рный** illúsive, illúsory.

**иллюмина́тор** *м. мор.* scuttle; búll's-eye ['bulzaɪ]; pórt:hòle, síde:light.

**иллюмин||ацио́нный** *прил. к* иллюмина́ция. **~а́ция** *ж.* illùminátion. **~и́ровать** = иллюминова́ть.

**иллюминова́ть** *несов. и сов.* (*вн.*) illúminàte (*d.*).

**иллюстр||ати́вный** illustràtive; ~ материа́л illustrátion(s) (*pl.*). **~а́тор** *м.* illustràtor. **~а́ция** *ж.* (*в разн. знач.*) illustrátion. **~и́рованный** *прич. и прил.* illustràted; ~и́рованный журна́л pictórial, illustràted màgazíne [...-'zi:n].

**иллюстри́ровать** *несов. и сов.* (*сов. тж.* проиллюстри́ровать) (*вн.*; *в разн. знач.*) illustràte (*d.*).

**ило́т** *м. ист.* hélot ['he-].

**ильм** *м. бот.* elm.

**им** I *тв. см.* он.

**им** II *дт. см.* они́.

**имажин||и́зм** *м. лит.* ímagism. **~и́ст** *м. лит.* ímagist.

**има́м** *м.* (*духовное лицо у магометан*) imám [-ɑ:m], imáum [-ɑ:m].

**имби́рный** *прил. к* имби́рь.

**имби́рь** *м.* ginger [-ndʒə].

**име́ние** *с.* estáte, lánded próperty; поме́щичье ~ mánor ['mæ-].

**имени́нн||ик** *м.*, **~ица** *ж.* one whose náme-day it is; сего́дня он ~ it is his náme-day to:dáy; ◇ вы́глядеть ~иком ≅ look bright and háppy. **~ый** *прил. к* имени́ны.

**имени́ны** *мн.* náme-day *sg.*

**имени́тельный:** ~ паде́ж *грам.* nóminative case [...-s].

**имени́тый** *уст.* distínguished, éminent.

**и́менно** *частица* **1.** náme:ly; (*перед перечислением*) to wit; vidélicèt [vɪ'di:lɪset] (*сокр.* viz.); (*то есть*) that is; **2.** (*как раз*) just, exáctly; ~ э́тот слу́чай just that very case [...-s]; ~ потому́ just becáuse [...-'kɔz]; вот ~ э́то он и говори́л just what he was sáying; кто ~? who exáctly?; ско́лько ~? how much exáctly?; ~ э́тим объясня́ется... it is precíse:ly this fact that expláins... [...-'saɪs-...]; ◇ вот ~! exáctly!

**имен||о́й** (*в разн. знач.*) nóminal; ~ чек cheque (páyable to *a* named pérson); ~ы́е а́кции inscríbed stock *sg.*; ~ экземпля́р áutogràphed cópy [...'kɔ-]; ~ спи́сок roll; ~о́е кольцо́ ring en:gráved with the ówner's name [...'ou-...]; ~ы́е часы́ watch inscríbed with the ówner's name *sg.*

**имено́ванн||ый:** ~ое число́ *мат.* cón:crète númber.

**именова́ть,** наименова́ть (*вн.*) name (*d.*). **~ся** (*тв.*) bear* the name [bɛə...] (of), be termed.

**имену́емый** *прич. см.* именова́ть; *тж.* by name.

**име́ть** (*вн.*; *в разн. знач.*) have (*d.*); ◇ ~ в виду́ (*подразумевать*) mean* (*d.*); (*не забывать*) bear* in mind [bɛə...] (*d.*); (+ *инф.*; *иметь намерение*) inténd (+ to *inf.*), mean* (+ to *inf.*); име́йте в виду́, что don't forgét that [...-'g-...]; ~ де́ло с кем-л. have to do with smb., deal* with smb.; have déalings with smb.; ~ ме́сто take* place; ~ возмо́жность (+ *инф.*) be in a posítion [...-'zɪ-] (+ to *inf.*), have a chance (of *ger.*); ~ значе́ние mátter; ~ большо́е значе́ние mátter very much, be of great impórtance [...greɪt...]; ~ значе́ние (для) be impórtant (for); ~ суще́ственное значе́ние (для) be esséntial / fùndaméntal (to); не ~ значе́ния be of no impórtance; ~ бу́дущее, бу́дущность have a fúture (befóre one); ~ вкус (*о пище и т. п.*) have a taste [...teɪst]; (*о человеке*) have taste; ~ за́пах smell*; ~ притяза́ния (на *вн.*) have claim(s) (on); ~ успе́х be a succéss, make* a succéss. **~ся** *переводится действит. формами гл.* have *или оборотами* there is, there are; у них име́ются но́вые кни́ги they have new books; в э́той библиоте́ке име́ются но́вые кни́ги there are new books in this library [...'laɪ-]; ~ся налицо́ be avа́ilable; be on hand; е́сли таковы́е име́ются if such / any are avа́ilable; if such are to be found; if any.

**име́ющийся** avа́ilable.

**и́ми** *тв. см.* они́.

**имит||а́тор** *м.* ímitàtor. **~а́ция** *ж.* (*в разн. знач.*) imitа́tion. **~и́ровать** (*вн.*; *в разн. знач.*) ímitàte (*d.*).

**иммане́нтный** *филос.* ímmanent; inhе́rent.

**иммигр||а́нт** *м.*, **~а́нтка** *ж.* ímmigrant. **~ацио́нный** *прил. к* иммигра́ция; ~ацио́нные зако́ны ìmmigrа́tion laws. **~а́ция** *ж.* ìmmigrа́tion. **~и́ровать** *несов. и сов.* ímmigràte.

**иммо́рте́ль** [-тэ́-] *ж. бот.* ìmmòrtе́lle [-'tel].

**иммуниз||а́ция** *ж. мед.* ìmmùnizа́tion. **~и́ровать** *несов. и сов.* (*вн.*) *мед.*, *юр.* immúnize (*d.*).

**иммуните́т** *м. мед.*, *юр.* immúnity.

**императи́в** *м.* impе́rative; категори́ческий ~ *филос.* càtegо́rical impе́rative. **~ный** impе́rative.

**импера́т||ор** *м.* е́mperor. **~орский** *прил. к* импера́тор; *тж.* impе́rial. **~ри́ца** *ж.* е́mpress.

**империа́л** I *м.* (*монета*) impе́rial.

**империа́л** II *м.* (*места наверху омнибуса, конки и т. п.*) top, оútside, impе́rial.

**империал||и́зм** *м.* impе́rialism. **~и́ст** *м.* impе́rialist. **~исти́ческий, ~и́стский** impе́rialist (*attr.*); ~исти́ческая война́ impе́rialist war; ~исти́ческий ла́герь the impе́rialist camp.

**импе́р||ия** *ж.* е́mpire. **~ский** impе́rial.

**импоза́нтный** impо́sing, imprе́ssive, striking.

**импони́ровать** (кому́-л.) commа́nd (smb.'s) respе́ct [-ɑ:nd...], imprе́ss (smb.).

**и́мпорт** *м.* ímpòrt. **~ёр** *м.* impо́rter.

**импорти́ровать** *несов. и сов.* (*вн.*) impо́rt(*d.*).

**и́мпортн||ый** impо́rted; ímpòrt (*attr.*); ~ые по́шлины ímpòrt dúties.

**импоте́н||т** *м.* ímpotent. **~ция** *ж.* ímpotence.

**импреса́рио** *м. нескл.* ìmprèsа́riò [-'sɑ:-].

**импрессион||и́зм** *м. иск.* imprе́ssionism. **~и́ст** *м. иск.* imprе́ssionist. **~исти́ческий, ~и́стский** *иск.* imprèssionístic.

**импровиза́тор** *м.* ímprovisàtor [-z-]; (*женщина*) ìmprov(v)isàtrі́ce [-vi:zɑ:'tri:tʃə]. **~ский** ìmprovísatory.

**импровиза́ция** *ж.* ìmprovisа́tion [-vaɪ'z-].

**импровизи́рованн||ый** improvìsed, imprо́mptù; èxtе́mpore [-rɪ]; ~ая речь an ímprovised speech.

**импровизи́ровать** (*вн.*) ímprovìse (*d.*), extе́mporize (*d.*).

**и́мпульс** *м.* **1.** ímpùlse; **2.** *рад.* pulse. **~и́вный** impúlsive.

**иму́щественн||ый** *прил. к* иму́щество; ~ ценз prо́perty quàlificа́tion; ~ые отноше́ния prо́perty relа́tions; ~ое положе́ние prо́perty stа́tus.

**иму́ществ||о** *с.* prо́perty; belо́ngings *pl.*; (*о товаре*) stock; *воен.* stores *pl.*, equípment; дви́жимое ~ pе́rsonal / mо́vable prо́perty [...'mu:v-...]; недви́жимое ~ real prо́perty / estа́te [rɪəl...], rе́alty ['rɪəl-]; госуда́рственное ~ State prо́perty; колхо́зное ~ kòlkhо́z prо́perty; ли́чное ~ pе́rsonal prо́perty; о́пись ~а (*за долги*) distrа́int; (*инвентарная опись*) ínventory.

**иму́щ||ий** prо́pertied; (*состоятельный*) well off, wе́althy ['wel-]; ~ие кла́ссы the prо́pertied clа́sses; ◇ власть ~ие the pо́wers that be.

**и́м||я** *с.* **1.** name (*тж. репутация, известность*); дать ~ (*дт.*) name (*d.*); по ~ени by name; по ~ени Пётр Pyotr by name; он изве́стен под ~енем Ивано́ва he goes únder / by the name of Ivànо́v [...-ɑ:-]; **2.** *грам.* noun ~ существи́тельное noun, súbstantive; ~ прилага́тельное а́djective; ◇ запятна́ть своё ~ stain one's good name; челове́к с ~енем wе́ll-knо́wn man* [-'noun...]; ~ени: заво́д ~ени Ки́рова the Kirov works; — во ~ (*рд.*) in the name (of): во ~ ми́ра во всём ми́ре in the name of world peace; — на ~ (*рд.*): письмо́ *и т. п.* на ~ a lе́tter, *etc.*, addrе́ssed (to); купи́ть что-л. на ~ кого́-л. buy* smth. on behа́lf of smb. [bɪ...-'hɑ:f...]; — от ~ени (*рд.*) on behа́lf (of); for: от моего́, твоего́ *и т. п.* ~ени on my, your, *etc.*, behа́lf; расска́з ведётся от ~ени the stо́ry is told by; выступа́ть от ~ени speak* for; — называ́ть ве́щи свои́ми ~ена́ми call things by their prо́per names [...'prɔ-...]; call a spade a spade *идиом.*

**инакомы́слящий** differently minded, of a different trend of thought.

**ина́че** **1.** *нареч.* dífferently, о́therwìse; **2.** *союз* or (else); спеши́те, ~ вы опозда́ете húrry up, or (else) you will be late; ◇ так и́ли ~ in any case [...-s], in any evе́nt; in some way or other; (*и в том и в другом случае*) in е́ither evе́nt [...'aɪ-...]; не ~ как он э́то сказа́л he was the one who said it [...sed...]; не ~ как он э́то сде́лал he must have done it, he was the man* who did it.

**инвали́д** *м.* ínvalid [-li:d]; ~ войны́ wа́r-disа́bled pе́rson; ~ труда́ disа́bled wо́rker. **~ность** *ж.* disа́blement; перейти́ на ~ность be officially ìnvalided [...-'li:-]. **~ный** *прил. к* инвали́д.

**инвентариз||а́ция** *ж.* mа́king ínventory, tа́king stock; провести́ ~а́цию make* ínventory. **~и́ровать, ~ова́ть** *несов. и сов.* (*вн.*) ínventory (*d.*), take* stock (of).

**инвента́рн||ый** *прил. к* инвента́рь; ~ спи́сок, ~ая о́пись ínventory.

**инвента́рь** *м.* **1.** (*оборудование*) stock; живо́й ~ lívе-stо̀ck; мёртвый ~ dead stock [ded...]; торго́вый ~ stо́ck-in-tràde; сельскохозя́йственный ~ àgricúltural ímplements *pl.*; **2.** (*список*) ínventory; соста́вить ~ make* an ínventory; занести́ в ~ (*вн.*) put* down on the ínventory (*d.*).

**инве́рсия** *ж.* (*в разн. знач.*) invе́rsion.

**инверти́ровать** *несов. и сов.* (*вн.*) *тех.* invе́rt (*d.*).

**инвести́ровать** *несов. и сов.* (*вн.*) *эк.* invе́st (*d.*).

**ингаля́||тор** *м. мед.* inhа́ler. **~цио́нный** *прил. к* ингаля́ция. **~ция** *ж. мед.* ìnhalа́tion.

**ингредие́нт** *м.* ingrе́dient.

**и́ндеветь**, заи́ндеветь become* cо́vered with hо́ar-frо́st [...'kʌ-...]; become* hо́ary with frost.

**инде́ец** *м.* (Amе́rican / Red) Índian.

**инде́йка** *ж.* túrkey(-hѐn).

**инде́йский** (Amе́rican / Red) Índian; ◇ ~ пету́х túrkey cock.

**и́ндекс** *м.* indèx (*pl.* -xes; -dicès [-dɪsi:z]); ~ цен price indèx; ~ промы́шленного произво́дства indèx of indústrial prodúction.

**индетермин||и́зм** [-дэтэр-] *м. филос.* indetérminism. **~и́ст** [-дэтэр-] *м.* indetérminist.

**индиа́нка** *ж.* **1.** (*ж. к* инди́ец) Índian (wóman*) [...'wu-]; **2.** (*ж. к* инде́ец) (Américan / Red) Índian (wóman*).

**индиви́д** *м.* individual.

**индивидуализ||а́ция** *ж.* individualizátion [-laɪ-]. **~и́ровать** *несов. и сов.* (*вн.*) indivídualize (*d.*).

**индивидуал||и́зм** *м.* indivídualism. **~и́ст** *м.* indivídualist. **~исти́ческий** individualístic.

**индивидуа́льн||ость** *ж.* (*в разн. знач.*) individuálity. **~ый** (*в разн. знач.*) individual; ~ые осо́бенности pecùliárities; ~ое хозя́йство individual farm / hólding; в ~ом поря́дке individually; ~ый слу́чай individual case [...-s].

**индиви́дуум** *м.* individual.

**инди́го** *с. нескл.* **1.** (*краска*) índigò; **2.** *бот.* índigò plant [...-ɑ:nt].

**инди́ец** *м.* Índian.

**и́ндий** *м. хим.* índium.

**инди́йский** Índian.

**индика́тор** *м. тех., хим.* índicàtor. **~ный** *прил. к* индика́тор; *тж.* índicàted; ~ная мо́щность índicàted hórse-power (*сокр.* I. H. P., i. h. p.); ~ная диагра́мма índicàtor díagràm.

**индифференти́зм** *м.* indifferentism.

**индифферéнтн||ость** *ж.* indifference. **~ый** indifferent.

**индо||герма́нский** Índò-Gèrmánic. **~европе́йский** Índò-Europé|an; ~европе́йские языки́ Índò-Europé|an lánguages.

**индонез||и́ец** *м.*, **~и́йка** *ж.*, **~и́йский** Indonésian [-'ni:ʃən].

**индосс||аме́нт** *м. фин.* endórse|ment, indòrsátion. **~а́нт** *м. фин.* endórser. **~а́т** *м. фин.* èndòrsée. **~и́ровать** (*вн.*) *фин.* endórse (*d.*).

**индуи́зм** *м.* Hínduism.

**индукти́вн||ость** *ж. физ., филос.* indúctance. **~ый** *физ., филос.* indúctive.

**инду́к||тор** *м. физ.* indúctor; *эл.* field mágnet [fi:ld...]. **~торный, ~цио́нный** *прил. к* инду́кция; ~торный вы́зов *тех.* indúction call; ~цио́нная кату́шка indúction coil. **~ция** *ж. физ., филос.* indúction.

**индульге́нция** *ж. ист.* indúlgence.

**инду́с** *м.*, **~ка** *ж.*, **~ский** Híndú [-'du:], Híndóo.

**индустриализ||а́ция** *ж.* indùstrializátion [-laɪ-]. **~и́ровать** *несов. и сов.* (*вн.*) indústrialize (*d.*).

**индустриа́льный** indústrial.

**инду́стрия** *ж. тк. ед.* industry; лёгкая ~ light industry; тяжёлая ~ héavy industry ['hevɪ...].

**индю́||к** *м.* túrkey(-còck). **~шка** *ж.* túrkey (-hèn). **~шо́нок** *м.* túrkey-poult [-pou-].

**и́ней** *м. тк. ед.* hóar-fróst; rime *поэт.*

**ине́ртн||ость** *ж.* inértness; (*перен. тж.*) slúggishness, sloth [slouθ]. **~ый** inért; (*перен. тж.*) slúggish.

**ине́рц||ия** *ж. физ.* inértia (*тж. перен.*); moméntum; по ~ии únder one's own moméntum [...oun...]; (*перен.*) mechánically [-'kæ-], automátically.

**инже́ктор** *м. тех., мед.* injéctor.

**инжене́р** *м.* ènginéer [endʒ-]; ~ путе́й сообще́ния ráilway ènginéer; корабе́льный ~ nával árchitèct [...'ɑ:k-]; гражда́нский ~ cívil ènginéer; ~-меха́ник mechánical ènginéer [-'kæ-...]; ~-эле́ктрик eléctrical ènginéer; ~-строи́тель cívil ènginéer.

**инжене́рно-техни́ческ||ий:** ~ие рабо́тники ènginéers and other téchnical wórkers [endʒ-...]; ènginéering staff [endʒ-...] *sg.*

**инжене́рн||ый** *прил. к* инжене́р; **~ые** войска́ the Ènginéers [...endʒ-]; ènginéer troops / corps [...kɔ:] *амер.*

**инжи́р** *м.* **1.** (*плод*) fig; **2.** (*дерево*) fig (-tree). **~ный** fig (*attr.*).

**инициа́лы** *мн.* initials.

**инициати́в||а** *ж.* initiative; тво́рческая ~ масс the creátive initiative of the másses; по ~е кого́-л. on smb.'s initiative; по со́бственной ~е on one's own initiative [...oun...]; взять ~у в свои́ ру́ки take* the initiative; take* the lead *разг.*; подхвати́ть ~у take* up the initiative; облада́ть ~ой be full of initiative. **~ный** initiative, having / táking the initiative; full of initiative.

**инициа́тор** *м.* initiàtor, pìonéer; (*плана, организации и т. п.*) spónsor; вы́ступить ~ом (в *пр.*) take* the lead (in).

**инкасс||а́тор** *м.* colléctor. **~а́ция** *ж.* colléction. **~и́ровать** *несов. и сов.* (*вн.*) colléct (*d.*).

**инка́ссо** *с. нескл. фин.* en|cáshment.

**инквизи́||тор** *м.* in|quísitor [-z-]. **~то́рский** in|quìsitórial [-z-]. **~цио́нный** *прил. к* инквизи́ция. **~ция** *ж.* the Ìn|quisítion [-'zɪ-].

**инко́гнито** *с. нескл. и нареч.* in|cógnitò.

**инкорпор||а́ция** *ж.* in|còrporátion. **~и́ровать** *несов. и сов.* (*вн.*) in|córporàte (*d.*).

**инкримини́ровать** *несов. и сов.* (*вн. дт.*) in|críminàte (*d.* to), charge (with *d.*).

**инкруст||а́ция** *ж.* in|láid work, ín|láy, ìn|crùstátion. **~и́ровать** *несов. и сов.* (*вн.*) in|láy* (*d.*), en|crúst (*d.*).

**инкуба́тор** *м.* ín|cubàtor.

**инкубацио́нный** *прил. к* инкуба́ция; *тж.* ín|cubàtive; ~ пери́од ìn|cubátion.

**инкуба́ция** *ж.* ìn|cubátion.

**инкуна́булы** *мн.* ìn|cùnábula.

**иннерва́ция** *ж. анат.* ìnnèrvátion.

**инове́р||ец** *м. уст.* héterodòx. **~ческий** *уст.* héterodòx.

**иногда́** *нареч.* sóme|tìmes.

**иногоро́дн||ий** of another town; (*о письме*) not lócal; ~ее письмо́ not a lócal létter, létter to, *или* from, another town.

**инозе́м||ец** *м.*, **~ка** *ж.* fóreigner ['fɔrɪnə]. **~ный** fóreign ['fɔrɪn]; ~ные поработи́тели fóreign oppréssors.

**ин||о́й** **1.** (*не такой*) different; (*не этот*) other; ~ы́ми слова́ми in other words; не кто ~, как, не что ~о́е, как none other than [nʌn...]; э́то ~о́е де́ло this / that is another affáir / mátter; **2.** (*некоторый*) some; ~ы́е здесь, ~ы́е там some here, some there; ◇ ~ раз sóme|tìmes; тот и́ли ~ one or another.

**и́нок** *м.* monk [mʌŋk]. **~иня** *ж.* nun.

**инокул||и́ровать** *несов. и сов.* (*вн.*) *мед.*,

*бот.* inóculàte (*d.*). **~я́ция** *ж. мед.*, *бот.* inòculátion.

**иноплеме́нн||ик** *м.*, **~ица** *ж.* stránger [-eɪndʒə], fóreigner ['fɔrɪnə]. **~ый** strange [-eɪndʒ], fóreign ['fɔrɪn].

**иноро́дный** álien.

**иносказа́||ние** *с.* állegory. **~тельный** àllègórical.

**иностра́н||ец** *м.*, **~ка** *ж.* fóreigner ['fɔrɪnə]. **~ный** fóreign ['fɔrɪn].

**инохо́дец** *м.* pácer, ámbler.

**и́ноходь** *ж. тк. ед.* amble; идти́, бежа́ть ~ю pace, amble.

**иноязы́чн||ый** **1.** (*о населении и т. п.*) spéaking another lánguage; **2.** (*о выражении, обороте*) belóng|ing to another lánguage; ~ое заи́мствование fóreign bórrowing ['fɔrɪn...].

**инсину||а́ция** *ж.* insinuátion. **~и́ровать** *несов. и сов.* insínuàte.

**инсоля́ция** *ж. физ.*, *мед.* ìnsolátion.

**инспекти́ровать** (*вн.*) inspéct (*d.*).

**инспе́ктор** *м.* inspéctor. **~ский** *прил. к* инспе́ктор.

**инспекцио́нн||ый** *прил. к* инспе́кция; ~ая поéздка inspéction tour [...tuə], tour of inspéction.

**инспе́кция** *ж.* inspéction; ~ труда́ lábour inspéction.

**инспир||а́тор** *м.* incíter. **~а́ция** *ж.* inspirátion, ìncitátion [-saɪ-].

**инспири́рованн||ый** *прич. и прил.* incíted, inspíred; ~ая статья́ inspíred árticle.

**инспири́ровать** *несов. и сов.* (*вн.*) incíte (*d.*), inspíre (*d.*).

**инста́нц||ия** *ж.* ínstance; суд пе́рвой ~ии court of first ínstance [kɔːt...]; после́дняя, вы́сшая ~ the híghest ínstance; по ~иям round the depártments.

**инсти́нкт** *м.* ínstinct; ~ самосохране́ния ínstinct of sélf-prèservátion [...-zə-]; по ~у instínctive|ly. **~и́вный** instínctive; ~и́вное движе́ние instínctive móve|ment [...'muːv-].

**институ́т** *м.* **1.** (*учебное или научное заведение*) ínstitùte; **2.** (*общественное установление*) ìnstitútion.

**инструкт||а́ж** *м.* = инструкти́рование. **~и́вный** instrúctional. **~и́рование** *с.* instrúcting. **~и́ровать** *несов. и сов.* (*вн.*) instrúct (*d.*), advíse (*d.*).

**инстру́ктор** *м.* instrúctor. **~ский** *прил. к* инстру́ктор.

**инстру́кци||я** *ж.* diréctions *pl.*, instrúctions *pl.*; по ~и in accórdance with instrúctions.

**инструме́нт** *м.* (*в разн. знач.*) ínstrument; (*гл. обр. о рабочем инструменте*) tool; *собир.* tools *pl.*; (*сельскохозяйственный*) ímplement; хирурги́ческие ~ы súrgical ínstruments; то́чные ~ы precísion ínstruments; музыка́льный ~ músical ínstrument [-zɪ-...].

**инструмента́ль||ный** **1.** *муз.* ìnstruméntal; **2.** *тех.* tóol-màking; used for máking tools; ~ное произво́дство tool prodúction; ~ная сталь tool steel. **~щик** *м.* tóolmàker, ínstrument-màker.

**инструмента́рий** *м.* set of ínstruments/tools.

**инструмент||и́ровать, ~ова́ть** *несов. и сов.* (*вн.*) *муз.* ínstrumènt (*d.*), órchestràte ['ɔːkɪs-] (*d.*). **~о́вка** *ж. муз.* ìnstrumèntátion.

**инсули́н** *м. фарм.* ínsulin.

**инсцени́р||овать** *несов. и сов.* (*вн.*) drámatìze (*d.*), stage (*d.*); (*перен.*: *симулировать*) feign [feɪn] (*d.*); (*о судебном процессе и т. п.*) fake (*d.*). **~о́вка** *ж.* dràmatizátion [-taɪ-]; (*постановка*) stáging; (*перен.*: *симуляция*) preténce, feint; (*судебного процесса и т. п.*) fáking (of a tríal).

**интегр||а́л** *м. мат.* íntegral. **~а́льный** *мат.* íntegral; ~а́льное исчисле́ние íntegral cálculus. **~а́тор** *м.* íntegràtor. **~а́ция** *ж.*, **~и́рование** *с. мат.* ìntegrátion. **~и́ровать** *несов. и сов.* (*вн.*) *мат.* íntegràte (*d.*).

**интелле́кт** *м.* íntellèct.

**интеллектуа́льн||ость** *ж.* íntellèctuálity. **~ый** intelléctual.

**интеллиге́нт** *м.*, **~ка** *ж.* ìntelléctual. **~ность** *ж.* cúlture. **~ный** cúltured, éducàted. **~ский** *неодобр.* wéak-wílled, hésitàting [-z-].

**интеллиге́нция** *ж.* intèlligéntsia; *собир. тж.* ìntelléctuals *pl.*; трудова́я ~ wórking intèlligéntsia; ~ но́вого ти́па intèlligéntsia of a new type.

**интенда́нт** *м.* cómmissary. **~ский** còmmissáriat (*attr.*). **~ство** *с.* còmmissáriat.

**интенси́вн||ость** [-тэ-] *ж.* inténsity. **~ый** [-тэ-] inténsive; ~ый труд inténsive work, high speed work; ~ое хозя́йство inténsive ágricùlture.

**интенсифи||ка́ция** [-тэ-] *ж.* intènsificátion. **~ци́ровать** [-тэ-] *несов. и сов.* (*вн.*) inténsifỳ (*d.*).

**интерва́л** *м.* (*в разн. знач.*) space; ínterval (*тж. муз.*); с ~ами at íntervals.

**интерве́н||т** [-тэ-] *м.* ìntervéntionist. **~ция** [-тэ-] *ж.* ìntervéntion.

**интервью́** [-тэ-] *с. нескл.* ínterview [-vjuː]; дать кому́-л. ~ give* smb. an ínterview. **~е́р** [-тэ-] *м.* ínterviewer [-vjuːə]. **~и́ровать** [-тэ-] *несов. и сов.* (*вн.*) ínterview [-vjuː] (*d.*).

**интере́с** *м.* (*в разн. знач.*) ínterest; духо́вные ~ы spíritual ínterests; бу́дничные ~ы cómmonplàce ínterests; узкопракти́ческие ~ы stríctly-práctical ínterests; представля́ть ~ы (*рд.*) rèpresént the ínterests [-'ze-...] (of); защища́ть ~ы (*рд.*) defénd the ínterests (of); де́ло представля́ет ~ the case is of ínterest [...keɪs...]; возбужда́ть ~ (к) rouse ínterest (for); проявля́ть ~ (к) show* ínterest [ʃou...] (in, for); не проявля́ть ~а (к) refúse to be ínterested (in); э́то в ва́ших ~ах it is to / in your ínterest; it is to your bénefit; како́й ему́ ~? what does he gain by it?; с захва́тывающим ~ом ≅ with bréathless, *или* the kéenest, ínterest [...'breθ-...]; в госуда́рственных ~ах in the ínterests of the State.

**интере́сно** I **1.** *прил. кратк. см.* интере́сный; **2.** *предик. безл.* it is ínteresting; ~ знать, что it would be ínteresting to know what [...nou...], I wónder what [...'wʌ-...]; е́сли вам ~ знать if it is of any ínterest to you.

**интере́сн||о** II *нареч.* ínteresting|ly. **~ый** **1.** ínteresting; **2.** (*красивый*) prè|posséssing [-'zes-]; ~ая вне́шность prè|posséssing appéarance; ~ая же́нщина attráctive wóman* [...'wu-]; ◇ в ~ом положе́нии in the fámily way.

**интересова́ть** (*вн.*) interest (*d.*). **~ся** (*тв.*) be interested (in), care (for).

**интерме́дия** [-тэ-] *ж.* *театр.* interlùde.

**интерна́т** [-тэ-] *м.* school bóarding house* [...-s]; bóarding school.

**Интернациона́л** [-тэ-] I *м.* Internátional [-'næ-].

**Интернациона́л** [-тэ-] II *м.* (*гимн*) the Ìnternátionale [...ıntə'næʃənl].

**интернационал||и́зм** [-тэ-] *м.* ìnternátionalism [-'næ-]; пролета́рский ~ pròletárian ìnternátionalism [prou-...]. **~и́ст** [-тэ-] *м.* ìnternátionalist [-'næ-]. **~исти́ческий** [-тэ-] ìnternátionalist [-'næ-] (*attr.*); ~исти́ческие пози́ции ìnternátionalist stándpoint *sg.*

**интернациона́льный** [-тэ-] ìnternátional [-'næ-].

**интерни́рованн||ый** [-тэ-] **1.** *прич.* *см.* интерни́ровать; **2.** *м.* *как сущ.* ìnternée; ла́герь для ~ых intérnment camp.

**интерни́ровать** [-тэ-] *несов.* *и* *сов.* (*вн.*) intérn (*d.*).

**интерпелл||и́ровать** [-тэ-] *несов.* *и* *сов.* intérpèllàte. **~я́ция** [-тэ-] *ж.* intèrpèllátion.

**интерпол||и́ровать** [-тэ-] *несов.* *и* *сов.* (*вн.*) intérpolàte (*d.*), intércalàte (*d.*). **~я́ция** [-тэ-] *ж.* intèrpolátion, intèrcalátion.

**интерпрет||а́ция** [-тэ-] *ж.* intèrpretátion. **~и́ровать** [-тэ-] *несов.* *и* *сов.* (*вн.*) intérpret (*d.*).

**интерфере́нция** [-тэ-] *ж.* *физ.* ìnterférence [-'fıə-].

**интерье́р** [-тэ-] *м.* *иск.* intérior; intérieur (*фр.*) [ɑːŋter'rjəː].

**инти́мн||ость** *ж.* intimacy. **~ый** intimate.

**интоксика́ция** *ж.* *мед.* intòxicátion.

**интон||а́ция** *ж.* ìntonátion. **~и́ровать** (*вн.*) intóne (*d.*).

**интри́г||а** *ж.* **1.** intrígue [-'triːg] (*тж.* *любо́вная*); вести́ ~у intrígue, cárry on an intrígue; **2.** *лит.* plot. **~а́н** *м.* intrigànt, intríguer [-'triːgə], plótter. **~а́нка** *ж.* ìntrigánte [-'gɑːnt], plótter. **~а́нство** *с.* intríguing [-'triːgıŋ].

**интригова́ть** I intrígue [-'triːg], cárry on an intrígue.

**интригова́ть** II, заинтригова́ть (*вн.*) intrígue [-'triːg] (*d.*), rouse the ínterest / cùriósity (of).

**интроду́кция** *ж.* *муз.* ìntrodúction.

**интроспе́кция** *ж.* ìntrospéction.

**интуитиви́зм** *м.* *филос.* ìntuítionalism.

**интуити́вно** I *прил.* *кратк.* *см.* интуити́вный.

**интуити́вн||о** II *нареч.* intúitive|ly, by ìntuítion. **~ый** intúitive.

**интуи́ц||ия** *ж.* ìntuítion; ínstinct; по ~ии by ìntuítion, intúitive|ly.

**инфантили́зм** *м.*, **инфанти́льность** *ж.* infántilism.

**инфанти́льный** ínfantile.

**инфа́ркт** *м.* *мед.* infárction.

**инфекцио́нн||ый** *мед.* inféctious, contágious; zỳmótic [zaı-] *научн.*; ~ое заболева́ние inféctious diséase [...-'ziːz].

**инфе́кция** *ж.* inféction, contágion.

**инфильтра́||т** *м.*, **~ция** *ж.* *мед.*, *биол.* ìnfiltrátion, infiltràte.

**инфинити́в** *м.* *грам.* infínitive.

**инфля́ция** *ж.* *эк.* inflátion.

**информ||а́тор** *м.* infórmant. **~ацио́нный** *прил.* *к* информа́ция; ~ацио́нное бюро́ informátion bùréau [...-'rou]. **~а́ция** *ж.* ìnformátion.

**информбюро́** *с.* (информацио́нное бюро́) ìnformátion bùréau [...-'rou].

**информи́ровать** *несов.* *и* *сов.* (*сов.* *тж.* проинформи́ровать) (*вн.*) infórm (*d.*).

**инфракра́сный** *физ.* ìnfra-réd.

**инфузо́рия** *ж.* *зоол.* ìnfusórian (*pl.* -ria).

**инциде́нт** *м.* íncident.

**инъе́кц||ия** *ж.* injéction; сде́лать ~ию (*рд.*) make* an injéction (of), injéct (*d.*).

**ио́н** *м.* *физ.* íon. **~иза́ция** *ж.* *физ.*, *мед.* ìonizátion [-naı-].

**иони́||йский, ~ческий** Ìónic, Ìónian.

**ио́нн||ый** *физ.* ìónic; ~ая теóрия ìónic théory [...'θıə-].

**ипоте́||ка** *ж.* *эк.* mórtgage ['mɔːg-]. **~чный** *эк.* hỳpóthecary [haı-].

**ипохо́ндр||ик** *м.* hỳpochóndriàc [haıpə'k-]. **~ия** *ж.* hỳpochóndria [haıpə'k-], mórbid depréssion.

**ипподро́м** *м.* híppodròme.

**ипри́т** *м.* *хим.* mústard gas, ýperite ['iːpəraıt].

**ира́кский** Iráqi [-ɑːkı].

**ира́н||ец** *м.*, **~ка** *ж.*, **~ский** Ìránian [aı-].

**ири́дий** *м.* *хим.* ìrídium [aı-].

**и́рис** *м.* *бот.* íris ['aıə-]; (*фиолетовый*) flag.

**ири́с** *м.* *тк.* *ед.* (*конфеты*) tóffee [-fı].

**ирла́нд||ец** *м.* Írish|man* ['aıə-]. **~ка** *ж.* Írish|wòman* ['aıərıʃwu-]. **~ский** Írish ['aıə-].

**и́род** *м.* *разг.* týrant.

**ирон||изи́ровать** (над) speak* ìrónically [...aıə-] (of). **~и́ческий** ìrónical [aıə-].

**иро́ния** *ж.* írony ['aıərə-]; зла́я ~ **bíting** írony; ◇ ~ судьбы́ írony of fate.

**иррадиа́ция** *ж.* *физ.* irràdiátion.

**иррациона́льн||ый** irrátional; ~ое **число́** *мат.* irrátional (númber), surd (númber); ~ое уравне́ние *мат.* irrátional equátion.

**ирригáтор** *м.* írrigàtor.

**ирригацио́нн||ый** ìrrigátional; ~ая **систе́ма** ìrrigátional sýstem.

**ирригáция** *ж.* ìrrigátion.

**иск** *м.* áction, suit [sjuːt]; гражда́нский ~ cívil áction; иму́щественный ~ real áction [rıəl...]; предъяви́ть ~ кому́-л. sue / prósecùte smb.; bring* in an áction agáinst smb.; встре́чный ~ cóunter claim; ~ за клевету́ líbel áction; ~ за оскорбле́ние де́йствием áction for assáult and báttery.

**искаж||а́ть,** искази́ть (*вн.*) **1.** distórt (*d.*), twist (*d.*); страх искази́л его́ лицо́ his face was distórted with fear; **2.** (*неправильно передавать*) mìsrèpresént [-'zent] (*d.*), distórt (*d.*), pervért (*d.*); (*о музыкальном, литературном произведении*) bútcher ['bu-] (*d.*) *разг.*; ~ чьи-л. слова́ distórt / mìsrèpresént smb.'s words; ~ фа́кты pervért / mìsrèpresént the facts; ~ и́стину distórt the truth [...-uːθ]. **~а́ться,** искази́ться **1.** (*о лице*) get* / be distórted; **2.** *страд.* *к* искажа́ть. **~е́ние** *с.* distórtion, pervérsion; (*о фактах*) mìsrèpresèntátion [-ze-]. **~ённый** *прич.* *и* *прил.* distórted, pervérted; (*о фактах*) mìsrèpresénted [-'ze-]; ~ённое лицó distórted face; лицó, ~ённое бóлью face twisted with pain.

**исказúть(ся)** *сов. см.* искажáть(ся).

**искалéченный** *прич. и прил.* crippled, mútilàted, maimed.

**искалéчить** *сов. см.* калéчить.

**искáлывать,** исколóть (*вн.*) (*булавкой и т. п.*) prick all óver (*d.*); (*кинжалом и т. п.*) stab through and through (*d.*).

**искáние** *с.* (*рд.*) **1.** séarch(ing) ['sə:tʃ-] (for); quest (of) *поэт.*; **2.** *мн.* (*новых путей*) the séeking and stríving (for).

**искáпывать,** ископáть (*вн.*) dig* up (*d.*).

**искáтель** *м.*, **~ница** *ж.* séeker; ~ жéмчуга péarl-dìver ['pə:l-]; ~ приключéний advénturer; ~ница приключéний advénturess.

**искáть 1.** (*вн.*) look (for); search [sə:tʃ] (áfter, for); seek* (áfter) *поэт.*; **2.** (*рд.*; *стараться получить*) seek* (*d.*, for); ~ мéста seek* (for) a sìtuátion; look for a job *разг.*; ~ дом, квартúру look for, *или* be in search of, a house*, an apártment [...haus...]; ~ пóмощи seek* help; ~ совéта seek* advice; ~ слýчая look for an òpportúnity; ~ спасéния (от) seek* salvátion (from); **3.** (с *рд.*) *юр.* claim (dámages, lósses, *etc.*) (from); ◇ ~ глазáми когó-л. try to catch sight of smb.

**исключ||áть,** исключúть (*вн.*) exclúde (*d.*); excépt (*d.*); rule out (*d.*) *разг.*; (*устранять*) elíminàte (*d.*); (*из учебного заведения и т. п.*) expél (*d.*); (*из списка и т. п.*) strike* off (*d.*); ~ зарáнее preclúde (*d.*); возмóжность такóго слýчая ~енá no such case is póssible [...keɪs...]. **~áться 1.:** э́то ~áется this is out of the quéstion [...-stʃ-]; **2.** *страд. к* исключáть. **~áя 1.** *дееприч. см.* исключáть; **2.** *в знач. предл.* (*рд.*) excépting (*d.*); with the excéption (of); bárring (*d.*); ~áя слýчаи, когдá excépt when; не ~áя without / not excépting. **~éние** *с.* **1.** exclúsion; (*из учебного заведения и т. п.*) expúlsion; *мат.* elìminátion; **2.** (*из правил, из нормы*) excéption; ~éние из прáвил an excéption to the rule; за ~éнием (*рд.*) with the excéption (of); в вúде ~éния by way of (an) excéption; без ~éния without excéption.

**исключúтельн||о** *нареч.* **1.** (*крайне, особенно*) excéptionally; **2.** (*лишь, только*) exclúsive¦ly, sóle¦ly. **~ость** *ж.* exclúsive¦ness; discrìminátion; рáсовая ~ость race discrìminátion. **~ый** (*в разн. знач.*) excéptional: ~ый слýчай excéptional case [...-s]; дéло ~ой вáжности a case of excéptional impórtance; картúна ~ой красоты́ a pícture of excéptional béauty [...'bju:-]; ~ый закóн excéptional law; — ~ое прáво pátent right, exclúsive right, monópoly.

**исключúть** *сов. см.* исключáть.

**исковéрканн||ый 1.** *прич. см.* ковéркать; **2.** *прил.* mútilàted, distórted, corrúpted; ~ое слóво corrúpted word.

**исковéркать** *сов. см.* ковéркать.

**исков||óй** *прил. к* иск; ~óе заявлéние *юр.* státe¦ment of claim.

**исколесúть** *сов.* (*вн.*) *разг.* trável all óver ['træ-...] (*d.*).

**исколотúть** *сов.* (*вн.*) *разг.* beat* black and blue (*d.*).

**исколóть** *сов. см.* искáлывать.

**искóмкать** *сов.* (*вн.*) crumple (*d.*).

**искóм||ое** *с. скл. как прил. мат.* ún¦knówn quántity [-'noun...]. **~ый** sought for.

**исконú** *нареч. уст.* from time ìmmemórial.

**искóнный** prìmórdial [praɪ-]; áge-òld; ~ обитáтель indígenous inhábitant.

**ископáем||ое** *с. скл. как прил.* **1.** (*прям. и перен.*) fóssil; **2.** *мн. горн.* mínerals. **~ый** fóssilìzed; ~ая ры́ба fóssil fish; ~ый человéк fóssil man*.

**ископáть** *сов. см.* искáпывать.

**искорен||éние** *с.* eràdicátion. **~úть(ся)** *сов. см.* искоренять(ся).

**искорен||я́ть,** искоренúть (*вн.*) erádicàte (*d.*); ~я́ть зло, недостáтки erádicàte évils, shórt¦còmings [...'i:v-...]. **~я́ться,** искоренúться become* erádicàted.

**úскоса** *нареч.* askánce; aslánt [-ɑ:nt]; посмотрéть на когó-л. ~ look askánce at smb.; взгляд ~ síde¦lòng / slánting glance / look [...'slɑ:-...].

**úскр||а** *ж.* (*в разн. знач.*) spark; послéдняя ~ жúзни the last spark of life; ~ надéжды glímmer of hope; промелькнýть как ~ flash by; ◇ из ~ы возгорúтся плáмя the spark will kíndle a flame; у негó ~ы из глаз посы́пались he saw stars.

**искрéние** *с.* spárking.

**úскренн||е** = úскренно. **~ий** sincére; (*откровенный*) frank, cándid; (*простой, непосредственный*) ùn¦affécted; с ~ими намéрениями in good faith. **~о** *нареч.* sincére¦ly; (*откровенно*) fránkly, cándidly; ~о прéданный вам (*в письмах*) yours trúly, sincére¦ly yours; (*более официально*) yours fáithfully. **~ость** *ж.* sincérity, cándour; со всей ~остью in all sincérity, in good faith.

**искрив||úть(ся)** *сов. см.* искривля́ть(ся). **~лéние** *с.* bend, crook; (*перен.*) distórtion; ~лéние позвонóчника cúrvature of the spine.

**искрив||ля́ть,** искривúть (*вн.*) bend* (*d.*), crook (*d.*); (*перен.*) distórt (*d.*). **~ля́ться,** искривúться **1.:** егó, её *и т. д.* лицó ~úлось he, she, *etc.*, made a wry face; his, her, *etc.*, face was distórted; егó гýбы ~úлись his lips twisted, his lips twitched; **2.** *страд. к* искривля́ть.

**искрúстый** spárkling.

**úскриться** sparkle, scíntillàte.

**úскровец** *м. ист.* Ískra¦ist (*supporter of the "Iskra"*).

**искровóй** spark (*attr.*); ~ промежýток *эл.* spárk-gàp; ~ разря́дник *рад.* spark dis¦chárger.

**искрогасúтель** *м. тех.* spárk-extínguisher, spárk-prevénter.

**искромётный** spárkling, fláshing; ~ взгляд fláshing look.

**искромсáть** *сов. см.* кромсáть.

**искро||удержáтель** *м.*, **~уловúтель** *м. тех.* spárk-arréster, spárk-càtcher.

**искрошúть** *сов.* (*вн.*) crumble (*d.*); break* / smash to smìtheréens [breɪk... -ðə-] (*d.*); (*перен.*) *разг.* cut* to píeces [...'pi:s-] (*d.*). **~ся** *сов.* crumble.

**искупáть** I, искупúть (*вн.*) éxpiàte (*d.*), atóne (for).

**искупáть** II *сов.* (*вн.*) *разг.* give* a bath (*d.*).

**искупáться** I *страд. к* искупáть I.

**искупáться** II *сов. разг.* take* / have a bath.

**искуп||и́тельный** éxpiàtory [-eɪt-]; ~и́тельная жéртва péace-òffering; *рел.* sácrifìce for *one's* sins. **~и́ть** *сов. см.* искупáть I. **~лéние** *с.* èxpiátion, atóne¦ment, redémption.

**и́скус** *м.* trial, test; (*монашеский*) novitiate, probátion; он прошёл тяжёлый ~ he passed through a térrible òrdéal.

**искусáть** *сов.* (*вн.*) bite* (bád¦ly, *или* all óver) (*d.*); (*о насекомых*) sting* (bád¦ly, *или* all óver) (*d.*).

**искуси́тель** *м.* témpter ['temtə]. **~ница** *ж.* témptress ['temt-].

**искуси́ть** *сов. см.* искушáть.

**иску́сник** *м. разг.* past máster, ádèpt ['æ-].

**иску́сн||о** *нареч.* skilfully. **~ый** skilful, cléver ['kle-]; ~ый стрелóк márks¦man*; ~ый врач skilful súrgeon; ~ая рабóта a cléver piece of work [...pi:s...].

**иску́сственно** I *прил. кратк. см.* иску́сственный.

**иску́сственн||о** II *нареч.* àrtificially. **~ость** *ж.* àrtificiálity. **~ый 1.** àrtificial; mán-máde; ~ый шёлк àrtificial silk, ráyon; ~ое орошéние àrtificial irrigátion; ~ое питáние àrtificial féeding / àlimèntátion; (*младенца*) bóttle-feeding; ~ые цветы́ àrtificial flówers; ~ые зу́бы àrtificial / false teeth [...fɔ:ls...]; ~ый каучу́к synthétic rúbber; ~ый бриллиáнт ìmitátion / paste díamond [...peɪst...]; **2.** (*деланный, неискренний*) àrtificial, affécted; ~ая улы́бка àrtificial / forced smile.

**иску́сств||о** *с.* **1.** art; произведéние ~а work of art; занимáться ~ом stúdy art ['stʌ-...]; **2.** (*умение, мастерство*) skill, proficiency, cráftsmanship; с большúм ~ом very skilfully; воéнное ~ art of war; операти́вное ~ *воен.* art of strátegy; càmpáign táctics [-'peɪn...]; ~ управлéния art of góvernment [...'gʌ-]; ◇ из любви́ к ~у ≅ for the pléasure / love of the thing [...'pleʒə lʌv...]; по всем прáвилам ~а accórding to the rules of the craft; in cráftsman's fáshion; scientifically.

**искусство||вéд** *м.* art crític. **~вéдение** *с.* stúdy of art ['stʌ-...]; art críticism. **~вéдческий** *прил. к* искусствовéдение; ~вéдческий факультéт fáculty of the hístory of art.

**искуш||áть,** искуси́ть (*вн.*) tempt [temt] (*d.*); (*соблазнять*) sedúce (*d.*). **~éние** *с.* tèmptátion [tem't-]; (*соблазн*) sedúction; вводи́ть в ~éние (*вн.*) lead* into tèmptátion (*d.*); (*соблазнять*) sedúce (*d.*); поддавáться ~éнию, впадáть в ~éние be témpted [...'temtɪd]; yield to tèmptátion [ji:ld...]. **~ённый** *прич. и прил.* expérienced.

**ислáм** *м.* Íslàm ['ɪz-].

**ислáнд||ец** *м.*, **~ка** *ж.* Íce¦lander. **~ский** Íce¦land (*attr.*), Ìce¦lándic; ~ский язы́к Ìce¦lándic, the Ìce¦lándic lánguage; ~ский мох Íce¦land líchen / moss [...'laɪk-...].

**испáкостить** *сов. см.* пáкостить II.

**испáнец** *м.* Spániard ['spænjəd].

**испáнка** I *ж.* Spániard ['spænjəd], Spánish wóman* [...'wu-].

**испáнка** II *ж.* (*болезнь*) Spánish 'flu.

**испáнский** Spánish; ~ язы́к Spánish, the Spánish lánguage.

**испарéние** *с.* **1.** evàporátion; (*выделение*) èxhalátion; **2.** *мн.* fumes; (*вредные пары*) miásma [-z-].

**испáрина** *ж.* pèrspirátion.

**испар||и́тель** *м. тех.* eváporàtor, váporiżer ['veɪ-]. **~и́ть(ся)** *сов. см.* испаря́ть(ся).

**испаря́ть,** испари́ть (*вн.*) eváporàte (*d.*); (*выделять*) èxhále (*d.*). **~ся,** испари́ться **1.** eváporàte, èxhále; turn into a vápour, váporiże ['veɪ-]; **2.** *разг.* (*исчезать*) dìsappéar, vánish; **3.** *страд. к* испаря́ть.

**испáчкать** *сов. см.* пáчкать 1. **~ся** *сов. см.* пáчкаться.

**испепели́ть** *сов. см.* испепеля́ть.

**испепеля́ть,** испепели́ть (*вн.*) incíneràte (*d.*), redúce to áshes (*d.*).

**испестри́ть** *сов. см.* испестря́ть.

**испестря́ть,** испестри́ть (*вн.*) speckle (*d.*), spot (*d.*), mottle (*d.*); (*расцвечивать*) make* gay / mùlticólour¦ed [...-'kʌ-] (*d.*).

**испечённый** *прич. см.* печь II 1; ◇ вновь ~ *разг.* néw-flédged.

**испéчь** *сов. см.* печь II 1. **~ся** *сов. см.* пéчься I 1.

**испещри́ть** *сов. см.* испещря́ть.

**испещря́ть,** испещри́ть (*вн. тв.*) speckle (*d.* with), mottle (*d.* with).

**исписáть(ся)** *сов. см.* испи́сывать(ся).

**испи́сывать,** исписáть (*вн.*) **1.** (*использовать карандаш, бумагу и т. п.*) use up (*d.*); **2.** (*заполнять, покрывать*) cóver with writing ['kʌ-...] (*d.*). **~ся,** исписáться **1.** (*о карандаше*) be used up by writing; **2.** *разг.* (*о писателе*) write* òne¦sélf out, exháust one's ìnspirátion; **3.** *страд. к* испи́сывать.

**испитóй** *разг.* wásted ['weɪ-], hággard, hóllow-cheeked.

**исповéд||ание** *с.* creed, conféssion (of faith). **~ать** *несов. и сов. разг.* = исповéдовать I. **~аться** *сов. разг.* = исповéдоваться I. **~ник** *м.* **1.** conféssor; **2.** (*кающийся*) pénitent.

**исповéдовать** I *несов. и сов.* (*вн.*) conféss (*d.*); (*перен.: расспрашивать*) draw* out (*d.*).

**исповéдовать** II (*вн.*; *веру*) proféss (*d.*).

**исповéдоваться** I *несов. и сов.* conféss (one's sins); (*перен.: рассказывать, признаваться*) ùnbósom òne¦sélf [-'buzəm...].

**исповéдоваться** II *страд. к* исповéдовать II.

**и́споведь** *ж.* conféssion.

**и́сподволь** *нареч.* little by little, léisure¦ly ['leʒ-], grádually.

**исподлóбья** *нареч.*: смотрéть ~ (на *вн.*) ≅ lour (at), look distrústfully / súllenly (at); взгляд ~ súllen look.

**исподни́зу** *нареч. разг.* from belów.

**испóдний** *разг.* **1.** *прил.* únder; **2.** *с. как сущ.* únderwear [-wɛə].

**исподтишкá** *нареч. разг.* quietly, stéalthily ['stel-], in an únderhand way, on the quiet / sly; смея́ться ~ laugh in one's sleeve [lɑ:f...].

**испокóн** *нареч.*: ~ векóв, ~ вéку from time immemórial, since the beginning of time.

**исполи́н** *м.* giant. **~ский** gigántic [dʒaɪ-].

**исполкóм** *м.* (исполни́тельный комитéт) exécutive committee [...-tɪ].

**исполнéн||ие** *с.* **1.** (*о желании, приказании и т. п.*) fulfilment [ful-]; (*о работе, приказании и т. п.*) èxecútion; (*о долге, обязанностях*) dis¦chárge; провéрка ~ия (рабóты, дáнного распоряжéния *и т. п.*) vèrificátion / contról of èxecútion (of work, of given órders, *etc.*) [...-'troul...]; приступи́ть к ~ию свои́х обя́занностей énter up:ón one's dúties; верну́ться к ~ию свои́х обя́занностей retúrn to one's dúties; при ~ии свои́х обя́занностей when / while on dúty; **2.** (*о пьесе*) perfórmance; (*о музыкальном произведении тж.*) èxecútion; *амер. тж.* rendítion; в ~ии кого́-л. *муз., театр.* perfórmed / played by smb.; (*о певце тж.*) sung by smb.; ◇ приводи́ть в ~ (*вн.*) cárry out (*d.*), éxecùte (*d.*), ímplemènt (*d.*), cárry into efféct (*d.*); приводи́ть пригово́р в ~ éxecùte, *или* cárry out, *a* séntence; во ~ (*рд.*) to éxecùte (*d.*).

**испо́лненный** I *прич. см.* исполня́ть.

**испо́лненный** II *прил.* (*рд.*) full (of); взгляд, ~ печа́ли look full of grief [...gri:f].

**исполни́м||ый** féasible [-z-]; ва́ше жела́ние вполне́ ~о your wish can be éasily gránted [...'i:zɪ- 'grɑ:-].

**исполни́тель** *м.*, **~ница** *ж.* **1.** exécutor; суде́бный ~ báiliff; **2.** (*артист и т. п.*) perfórmer; исполни́тели, соста́в исполни́телей (*данного спектакля*) cast *sg.*

**исполни́тельн||ый** **1.** exécutive; ~ комите́т exécutive commíttee [...-tɪ]; ~ая власть exécutive pówer; ~ые о́рганы exécutive órgans; **2.** (*старательный*) indústrious, páinstàking [-nz-], cáre:ful; ◇ ~ лист writ / act of èxecútion, court órder [kɔ:t...].

**исполни́тельск||ий** *прил. к* исполни́тель 2; ~ое мастерство́ mástery; másterly perfórmance / èxecútion.

**испо́лнить(ся)** *сов. см.* исполня́ть(ся).

**исполн||я́ть,** испо́лнить (*вн.*) **1.** (*выполнять*) cárry out (*d.*), fulfíl [ful-] (*d.*), éxecùte (*d.*); ~ прика́з cárry out, *или* fulfíl / éxecùte, *an* órder, *или a* commánd [...-ɑ:nd]; ~ обя́занности (*рд.*) act (as), fulfíl the dúties (of); ~ жела́ние grant / fulfíl *a* wish [-ɑ:nt...]; ~ рабо́ту do the work; ~ обеща́ние keep* one's prómise / word [...-s...], be as good as one's word; ~ про́сьбу complý with *a* requést; ~ свой долг do one's dúty; **2.** (*об артисте, певце и т. п.*) perfórm (*d.*); ~ роль (*рд.*) act (*d.*), play the role (of), play the part (of); ~ та́нец éxecùte / perfórm a dance. **~я́ться,** испо́лниться **1.** (*осуществляться*) be fulfílled [...ful-]; моё жела́ние испо́лнилось my wish has been fulfílled; **2.** *безл.* (*о годах*): ему́ испо́лнилось 20 лет he is twénty years of age, he was twénty last bírthday; за́втра ему́ испо́лнится 20 лет he will be twénty to:mórrow; испо́лнилось два го́да с тех пор, как он уе́хал two years have passed, *или* have gone by, since he left [...gɔn...], it is two years since he left; **3.** (*рд., тв.*) *уст.* (*наполняться*) fill (with), become* filled (with); моё се́рдце испо́лнилось жа́лостью my heart filled with píty [...hɑ:t... 'pɪ-]; **4.** *страд. к* исполня́ть. **~я́ющий** *прич. см.* исполня́ть; ~я́ющий обя́занности (*сокр.* и. о.) députy (*attr.*), ácting; ~я́ющий обя́занности мини́стра députy mínister; ~я́ющий обя́занности заве́дующего ácting mánager.

**исполосова́ть** *сов.* **1.** (что-л.; *изрезать*) cut* into strips (smth.); **2.** (кого́-л.; *избить*) wale (smb.).

**и́сполу** *нареч.* half and half [hɑ:f...]; аре́нда ~ métayage (*фр.*) ['meteɪɑ:ʒ]; обраба́тывать зе́млю ~ hold* land on métayage sýstem, pay* half of the prodùce (as rent) to the ówner [...'ounə].

**испо́льзование** *с.* ùtilìzátion [-laɪ-], use [ju:s]; *переводится тж. формой на* -ing *соответствующих глаголов — см.* испо́льзовать; ~ а́томной эне́ргии в ми́рных це́лях péace:ful use of atómic énergy.

**испо́льзовать** *несов. и сов.* (*вн.*) útilìze (*d.*), make* (good) use [...ju:s] (of), make* the most (of); (*воспользоваться*) take* advántage [...-'vɑ:n-] (of); turn to accóunt (*d.*); (*в своих интересах*) explóit (*d.*); ~ все сре́дства use every póssible means; ~ специали́стов emplóy, *или* make* use of, spécialists [...'spe-]; максима́льно ~ (маши́ну *и т. п.*) make* the most of (*a* machíne, *etc.*) [...-'ʃi:n]; ~ чей-л. о́пыт draw* on, *или* make* use of, smb.'s expérience; ~ скры́тые резе́рвы bring* into use hidden resérves [...-'zə:vz]; ~ а́томную эне́ргию в ми́рных це́лях make* péace:ful use of atómic énergy, hárness atómic pówer to péace:ful úses; ~ своё служе́бное положе́ние в ли́чных це́лях use / explóit one's position for one's pérsonal bénefit [...-'zɪ-...]; ~ положе́ние explóit the sìtuátion.

**испо́льн||ый:** ~ая систе́ма труда́ métayage (*фр.*) ['meteɪɑ:ʒ].

**испо́ль||щик** *м. ист.* sháre-cròpper; métayer (*фр.*) ['meteɪeɪ]. **~щина** *ж. ист.* métayage (*фр.*) ['meteɪɑ:ʒ].

**испо́ртить(ся)** *сов. см.* по́ртить(ся).

**испо́рченность** *ж.* deprávity, pervérsity.

**испо́рченн||ый** **1.** *прич. см.* по́ртить; **2.** *прил.* spoiled, spoilt; gone bad [gɔn...] *разг.*; (*безнравственный*) depráved; (*о продуктах*) rótten; (*о мясе*) táinted; (*о воздухе*) bad*; ~ ребёнок depráved / vícious child*; ~ хара́ктер pervérse dispositíon [...-'zɪ-]; ~ вкус pervérted taste [...teɪ-]; ~ые зу́бы rótten teeth.

**исправи́мый** remédiable, réctifiable, córrigible.

**исправи́тельный** corréctional, corréctive; ~ дом refórmatory.

**испра́в||ить(ся)** *сов. см.* исправля́ть(ся). **~ле́ние** *с.* **1.** (*действие*) corréction, corrécting; (*починка*) repáiring; ~ле́ние те́кста aménding (of) the text; **2.** (*сделанное*) corréction; (*текста тж.*) améndment; внести́ ~ле́ния в текст aménd the text.

**исправля́ть,** испра́вить (*вн.*) corréct (*d.*); (*чинить*) repáir (*d.*), mend (*d.*); (*в моральном отношении*) refórm (*d.*); (*искупать*) redréss (*d.*), atóne (for), make* aménds (for); ~ оши́бку réctifỳ / corréct *a* mistáke; set* / put* right *a* mistáke; испра́вить положе́ние rémedy / impróve the sìtuátion [...-u:v...]; испра́вленное изда́ние revísed edítion; ◇ ~ до́лжность, обя́занности кого́-л. *уст.* act as smb., fulfíl the dúties of smb. [ful-...]. **~ся,** испра́виться **1.** impróve [-u:v]; (*морально*) refórm; (*начать новую жизнь*) turn óver a new leaf; **2.** *страд. к* исправля́ть.

**испра́вник** *м. ист.* district políce ófficer [...pə'li:s...].

**испра́вн||ость** *ж.* **1.** (*хорошее состояние*) good condítion; в (по́лной) ~ости in (good) repáir, in good wórking órder; **2.** (*исполнительность*) exáctness, pùnctuálity. **~ый** **1.** (*в хорошем состоянии*) in good repáir; **2.** (*ис-*

*полнительный*) cáre¦ful, indústrious, púnctual.

**испражн||éние** *с.* **1.** dèfecátion, evàcuátion (of the bówels); **2.** *мн.* fáecès ['fi:si:z], éxcrements. **~йться** *сов. см.* испражня́ться. **~я́ться,** испражни́ться défecàte, evácuàte (the bówels).

**испра́шивать,** испроси́ть *офиц.* **1.** (*вн.*; *получать по просьбе*) obtáin (by solíciting) (*d.*); **2.** *тк. несов.* (*вн.* у) solícit (for *d.*), beg (for *d.*); ~ что-л. у кого́-л. solícit smb. for smth.

**испро́бовать** *сов.* (*вн.*) **1.** test (*d.*), put* to the test (*d.*); **2.** (*изведать, испытать*) expérience (*d.*).

**испроси́ть** *сов. см.* испра́шивать.

**испу́г** *м.* fright, scare; в ~е in fright; он сде́лал э́то в ~е he did it in his fright; с ~у from fright. **~анный** *прич. и прил.* frightened, scared, startled. **~а́ть(ся)** *сов. см.* пуга́ть(ся).

**испуска́ть,** испусти́ть (*вн.*) emít (*d.*); (*о запахе*) èx¦hále (*d.*); (*о крике и т. п.*) útter (*d.*); ◇ испусти́ть после́дний вздох, испусти́ть дух breathe one's last.

**испусти́ть** *сов. см.* испуска́ть.

**испыта́н||ие** *с.* **1.** test, tríal; (*перен. тж.*) òrdéal; быть на ~ии be on tríal; (*о человеке*) be on probátion; производи́ть ~ (*рд.*) condúct a tríal / test (of), try (*d.*), test (*d.*); пери́од ~ия (*машины и т. п.*) tésting time; ~ я́дерного ору́жия núclear wéapon test [...'wep-...]; подве́ргнуть ~ию (*вн.*) put* on tríal (*d.*), put* to the test (*d.*); вы́держать ~ stand* *the* test, pass múster; э́то бу́дет серьёзным ~ием (для) it will be a sevére test (for); пройти́ тя́жкие ~ия ùndergó* many sevére tríals, ùndergó* a térrible òrdéal; тяжёлые ~ия вое́нных лет the òrdéals of the war years; **2.** (*экзамен*) exàminátion; вступи́тельные ~ия éntrance exàminátions.

**испы́танн||ый** **1.** *прич. см.* испы́тывать; **2.** *прил.* (wéll-)tríed; ~ друг tried friend [...fre-]; ~ в боя́х tried and tésted in battle; ~ое сре́дство tésted expédient; (*о лекарстве*) tried rémedy / médicine.

**испыта́тель** *м.* téster.

**испыта́тельн||ый** test (*attr.*), tríal (*attr.*); ~ая ста́нция expèriméntal státion; ~ стаж, срок term of probátion; ~ срок (*машины и т. п.*) tríal périod; ~ полёт *ав.* tést-flight; ~ пробе́г (*автомобиля*) tríal run.

**испыт||а́ть** *сов. см.* испы́тывать. **~у́емый** **1.** *прил.*: ~у́емый материа́л matérial únder test; **2.** *м. как сущ.* exàminée.

**испыту́ющ||е** *нареч.*: ~ смотре́ть (на *вн.*) scan (*d.*); look séarching¦ly [...'sə:tʃ-] (at); give* a séarching look [...'sə:tʃ-...] (*i.*). **~ий** séarching ['sə:tʃ-]; ~ий взгляд séarching / péering look.

**испы́тывать,** испыта́ть (*вн.*) **1.** (*проверять*) try (*d.*), test (*d.*); put* to the test (*d.*); ~ де́йствие мото́ра test *an* éngine, *или a* mótor [...'endʒ-...]; ~ свои́ си́лы try one's strength; ~ чьё-л. терпе́ние tax / try smb.'s pátience; **2.** (*ощущать*) expérience (*d.*), feel* (*d.*); ~ удово́льствие expérience / feel* pléasure [...'pleʒə].

**иссека́ть,** иссе́чь (*вн.*) **1.** cut* all óver (*d.*); slash to pieces [...'pi:s-] (*d.*); **2.** *уст.* (*из мрамора*) carve (*d.*), chísel ['tʃɪz°l] (*d.*).

**иссече́ние** *с.* cárving.

**иссе́чь** *сов. см.* иссека́ть.

**и́ссиня-** (*в сложн.*) with a blúish tint, tinged with blue; ~-чёрный black with a blúish tint, black tinged with blue; ~-чёрные во́лосы ráven-bláck hair *sg.*

**иссле́дование** *с.* **1.** invèstigátion, reséarch [-'sə:tʃ]; (*анализ*) análysis (*pl.* -sès [-si:z]); (*страны и т. п.*) èxplòrátion; ~ больно́го exàminátion of *a* pátient; ~ кро́ви blood análysis [blʌd...]; нау́чное ~ scientífic reséarch; invèstigátion; ~ А́рктики èxplòrátion of the Árctic Région; **2.** (*работа, сочинение*) páper, éssay.

**иссле́дователь** *м.* invéstigàtor; (*страны*) explórer. **~ский** reséarch [-'sə:tʃ] (*attr.*); ~ская рабо́та reséarch work; ~ский институ́т scientífic reséarch ínstitùte.

**иссле́довать** *несов. и сов.* (*вн.*) invéstigàte (*d.*); (*о стране и т. п.*) explóre (*d.*); (*о больном*) exámine (*d.*); ~ кровь ánalỳse the blood [...blʌd]; ~ вопро́с invéstigàte *a* quéstion [...-stʃ-], in¦quíre into *a* quéstion.

**иссо́х||нуть** *сов. см.* иссыха́ть. **~ший** shrívelled, wither¦ed.

**и́сстари** *нареч.* since ólden days; ~ ведётся it is an old cústom.

**исстрада́ться** *сов.* wear* òne¦sélf out with súffering [wɛə...].

**исступ||ле́ние** *с.* frénzy; прийти́ в ~ be in a frénzy; довести́ до ~ле́ния (*вн.*) drive* to a frénzy (*d.*). **~лённость** *ж.* frénzied state. **~лённый** frénzied; ~лённый восто́рг èstátic rápture.

**иссуша́ть,** иссуши́ть (*вн.*) dry up (*d.*), wither (*d.*); (*перен.*) consúme (*d.*), waste [weist] (*d.*).

**иссуши́ть** *сов. см.* иссуша́ть.

**иссыха́ть,** иссо́хнуть dry up; (*о растениях*) wither; (*перен.*) shrivel (up) [-ɪ-...].

**иссяка́ть,** исся́кнуть run* low / short [...lou...]; (*о влаге, жидкости*) run* dry, dry up.

**исся́кнуть** *сов. см.* иссяка́ть.

**istáпливать** I, истопи́ть (*вн.*; *о печи*) heat (*d.*).

**иста́пливать** II, истопи́ть (*вн.*; *превращать в жидкое состояние*) melt (*d.*).

**иста́птывать,** истопта́ть (*вн.*) **1.** trample (*d.*); **2.** (*об обуви*) wear* out [wɛə...] (*d.*).

**иста́ск||анный** *разг.* **1.** *прич. см.* иста́скивать; **2.** *прил.* = изно́шенный 2; (*перен.*) díssipàted. **~а́ть(ся)** *сов. см.* иста́скивать(ся).

**иста́скивать,** истаска́ть *разг.* wear* out [wɛə...] (*d.*). **~ся,** истаска́ться be worn out [...wɔ:n...]; (*перен.*) be used up, be played out.

**истек||а́ть,** исте́чь **1.** (*о сроке*) elápse, expíre; вре́мя ~а́ет time is rúnning out; вре́мя ~ло́ time is up; срок ве́кселя истёк the draft is due; **2.**: ~ кро́вью bleed* profúse¦ly [...-s-].

**исте́кш||ий** **1.** *прич. см.* истека́ть; **2.** *прил.* past, last; в ~ем году́ dúring the past year; 10-го числа́ ~его ме́сяца on the 10th últ(imò).

**истере́ть** *сов. см.* истира́ть.

**истёрзанный** *прич. и прил.* disfígured, mútilàted; (*перен.*) worn out, tòrménted.

**истерза́ть** *сов.* (*вн.*) wórry to death ['wʌ-...deθ] (*d.*), tòrmént (*d.*); wórry the life out of smb. **~ся** *сов.* be wórried to death [...'wʌ-...deθ].

**исте́р||ика** *ж.* hystérics. **~и́ческий** hystérical; ~и́ческий припа́док hystérical fit. **~и́чка** *ж.* hystérical wóman* [...'wu-]. **~и́чный** hystérical. **~и́я** *ж. мед.* hystéria.

**истёртый** 1. *прич. см.* истира́ть; 2. *прил.* worn [wɔːn], old; (*ср. тж.* изно́шенный).

**исте́ц** *м.* plaintiff; (*в бракоразводном процессе*) petitioner.

**истече́н||ие** *с.* 1. outflow; ~ кро́ви *мед.* háemorrhage ['hem-]; 2. (*о сроке*) èxpirátion [-paɪə-], expíry; по ~ии (*рд.*) áfter the expíry (of).

**исте́чь** *сов. см.* истека́ть.

**и́стин||а** *ж.* (*в разн. знач.*) truth [-uːθ]; объекти́вная ~ objéctive truth; абсолю́тная ~ ábsolùte truth; относи́тельная ~ rélative truth; доби́ться ~ы, обнару́жить ~у arríve at the truth; в э́том есть до́ля ~ы there is a grain of truth in that; э́то ста́рая ~ it is an old truth; соотве́тствовать ~е be in accórdance with the truth; ◇ изби́тая ~ trúism; го́лая ~ náked truth; свята́я ~ God's truth, góspel truth.

**и́стинно** I *прил. кратк. см.* и́стинный.

**и́стинн||о** II 1. *нареч.* trúly; 2. *как вводн. сл.* vérily, réally ['rɪə-]. **~ость** *ж.* truth [-uːθ]. **~ый** véritable, true; ~ый смысл true sense; ~ая пра́вда véritable / sólemn truth [...-uːθ]; ~ый друг true friend [...frend]; ~ое происше́ствие true stóry; ~ое со́лнечное вре́мя *астр.* appárent sólar time; ~ый горизо́нт *геогр.* true / rátional / celéstial horízon [...'ræ-...].

**истира́ть,** истере́ть (*вн.*) 1. (*измельчать*) grate (*d.*); 2. (*использовать*) use up (by rúbbing) (*d.*); ◇ истере́ть в порошо́к redúce to pówder (*d.*).

**истл||ева́ть,** истле́ть 1. rot, decáy, be redúced to dust; 2. (*сгорать*) be redúced to áshes; у́гли в костре́ ~е́ли the émbers of the fire have died a:wáy.

**истле́ть** *сов. см.* истлева́ть.

**и́стовый** *уст.* éarnest ['əːn-], férvent, zéalous ['zel-].

**исто́к** *м.* source [sɔːs].

**истолкова́||ние** *с.* 1. (*действие*) intèrpretátion; còmmèntátion; *переводится тж. формой на* -ing *от соотв. глаголов — см.* истолко́вывать; 2. (*объяснение*) intèrpretátion, cómmentary. **~тель** *м.* intérpreter, cómmèntàtor, expóunder. **~ть** *сов. см.* истолко́вывать.

**истолко́вывать,** истолкова́ть (*вн.*) intérpret (*d.*), construé (*d.*); (*комментировать*) cómmènt (*d.*); неве́рно истолкова́ть misintérpret (*d.*).

**истоло́чь** *сов.* (*вн.*) crush (*d.*); (*в ступке*) pound (*d.*).

**исто́м||а** *ж.* lánguor [-gə]. **~и́ть** *сов.* (*вн.*) exháust (*d.*), wéary (*d.*). **~и́ться** *сов.* (от) be exháusted / faint (with), be wéary (of); ~и́ться в ожида́нии be wéary with wáiting; ~и́ться от жа́жды be faint with thirst. **~лённый** exháusted, worn out [wɔːn...], wéary.

**истопи́ть** I, II *сов. см.* иста́пливать I, II.

**истопни́к** *м.* stóker, fúrnace-man*.

**истопта́ть** *сов. см.* иста́птывать.

**исторга́ть,** исто́ргнуть (*вн.*) 1. (*выбрасывать*) throw* out [θrou...] (*d.*); (*перен.*) expél (*d.*); ~ кого́-л. из о́бщества make* smb. a sócial óutcàst, *или* a páriah; 2. (*вырывать*) extórt (*d.*), force (*d.*); ~ обеща́ние (у) extórt / force / wrench / wrest a prómise [...-s] (from).

**исто́ргнуть** *сов. см.* исторга́ть.

**истори́зм** *м.* históricàl méthod.

**исто́рийка** *ж. разг.* prétty stóry ['prɪ-...], ánecdòte.

**исто́рик** *м.* histórian.

**исто́рико||-литерату́рный** históricàl and líterary, of hístory and líterature. **~-революцио́нный** históríco-rèvolútionary. **~-филологи́ческий** históríco-phìlológical, históricàl and phìlológical. **~-филосо́фский** históríco-phìlosóphical, históricàl and phìlosóphical.

**историо́||граф** *м.* hìstòriógrapher. **~гра́фия** *ж.* hìstòriógraphy.

**истори́ческ||ий** 1. históricàl; ~ материали́зм históricàl matérialism; ~ая нау́ка históricàl science; ~ пери́од, ~ая эпо́ха históricàl périod, épòch [...-k]; ~ рома́н históricàl nóvel [...'nɔ-]; 2. (*исторически важный, знаменательный*) históric; ~ая речь históric speech; ~ая да́та históric day / date; игра́ть ~ую роль play a históric part; зада́ча ~ой ва́жности a hístory-màking task.

**истори́чность** *ж.* hìstorícity, históric cháracter [...'kæ-].

**исто́ри||я** *ж.* 1. hístory; ~ обще́ственного разви́тия hístory of sócial devélopment; собы́тие э́то войдёт в ~ю the evént will go down in hístory; 2. (*повествование*) stóry; 3. (*происшествие*) evént; с ним случи́лась заба́вная ~ a fúnny thing háppened to him; ◇ вот так ~! ≅ there's a prétty kettle of fish! [...'prɪ-...]; ~ ума́лчивает (о *пр.*) nóthing is known [...noun] (of), there is no méntion (of); ве́чная ~! *разг.* there we are at it agáin!

**истоскова́ться** *сов.* (по *дт.*) miss bád:ly (*d.*); be sick (for); ~ по ро́дине pine a:wáy with nòstálgia / hóme-sickness; (*ср.* тоскова́ть).

**источа́ть** (*вн.*) shed* (*d.*); (*об аромате и т. п.*) èx:hále (*d.*).

**источи́ть** *сов.* (*вн.*) 1. redúce by grínding (*d.*), grind* up (*d.*); 2. (*изъесть*) pérforàte (*d.*), pierce [pɪəs] (*d.*), cóver with holes ['kʌ-...] (*d.*).

**исто́чник** *м.* spring (*natural fountain*); (*перен.*) source [sɔːs]; минера́льный ~ míneral spring; ~и сырья́ sóurces of raw matérials; ~ то́ка *эл.* cúrrent source; рабо́та напи́сана по ~ам the work has been compíled from oríginal sóurces.

**исто́шный** *разг.* héart-rènding ['hɑːt-].

**истощ||а́ть,** истощи́ть (*вн.*) exháust (*d.*); wear* out [wɛə...] (*d.*), drain (*d.*); (*ср. тж.* изнуря́ть); ~и́ть запа́сы exháust / drain *the* supplíes; ~и́ть ресу́рсы deplête *the* resóurces [...-'sɔːs-]; ~ по́чву exháust / emáciàte / impóverish the soil; ~и́ть ко́пи exháust, *или* work out, the mines; ~ чьё-л. терпе́ние exháust, *или* wear* out, smb.'s pátience. **~а́ться,** истощи́ться 1. (*ослабевать*) grow* / become* weak [-ou...]; (*худеть*) grow* / become* emáciàted / thin; по́чва ~а́ется при непра́вильном севооборо́те the soil is impóverished if the crops are not ròtáted próperly [...rou-...]; 2. (*о запасе*) run* low [...lou]; у него́ истощи́лся запа́с (*рд.*) he ran out (of); 3. *страд. к* истоща́ть. **~е́ние** *с.* exháustion [-stʃən]; (*о здоровье*) emàciátion [-sɪ-]; ~е́ние средств exháustion of resóurces [...-'sɔːs-]; ~е́ние по́чвы exháustion of the soil; война́ на ~е́ние war of attrítion. **~ённый** 1. *прич. см.* истоща́ть; 2. *прил.* (*ослабевший*) wásted ['weɪ-], emáciàted; (*слабый*) weak. **~йть(ся)** *сов. см.* истощáть(ся).

**истрáтить(ся)** *сов. см.* трáтить(ся).

**истребúтель** *м.* **1.** destróyer; **2.** (*самолёт*) fíghter; pursúit plane [-'sju:t...] *амер.* **~ный** **1.** destrúctive; **2.** *ав.* fíghter (*attr.*); pursúit [-'sju:t] (*attr.*) *амер.*; ~ная авиáция fíghter áircràft.

**истреб||úть** *сов. см.* истреблять. **~лéние** *с.* destrúction, annihilátion [ənaɪə-]; (*искоренение*) extèrminátion.

**истреблять,** истребúть (*вн.*) destróy (*d.*), annihilàte [ə'naɪə-] (*d.*); (*искоренять*) extérminàte (*d.*).

**истрéбовать** *сов.* (*вн.*) demánd and obtáin [-ɑ:nd...] (*d.*).

**истрепáть(ся)** *сов. см.* истрёпывать(ся).

**истрёпывать,** истрепáть (*вн.*) *разг.* (*об одежде*) wear* to rags [wɛə...] (*d.*); (*о книге и т. п.*) fray (*d.*), tear* [tɛə] (*d.*); ◇ истрепáть нéрвы wear* out, *или* rack, one's nerves. **~ся,** истрепáться *разг.* be frayed / torn, be worn out [...wɔ:n...].

**истукáн** *м. уст.* ídol, státue; ◇ стоять как ~ stand* like a stone / gráven ímage.

**йстый** true, thórough ['θʌrə]; ~ охóтник true húnter.

**истыкать** *сов.* (*вн. тв.*) *разг.* stud (*d.* with); pierce all óver [pɪəs...] (*d.*); ~ гвоздями *и т. п.* stud with nails, *etc.* (*d.*).

**истязá||ние** *с.* tórture. **~тель** *м.* tórturer.

**истязáть** (*вн.*) tórture (*d.*), (put* on the) rack (*d.*).

**исхлестáть** *сов.* (*вн.*) *разг.* lash / flog sevére¦ly (*d.*).

**исхлопотáть** *сов.* (*вн.*) obtáin (by solíciting) (*d.*); fix smb. up with smth. *разг.*

**исхóд** *м.* óut¦còme, resúlt [-'zʌlt]; (*конец, завершение*) end; ~ дéла the óut¦còme of the affáir; на ~е дня towards évening [...'i:v-]; быть на ~е be coming to an end, be néaring the end; день на ~е the day is dráwing to its close [...-s].

**исходáтайствовать** *сов.* (*вн.*) obtáin by petítion / solíciting (*d.*), applý for and obtáin (*d.*).

**исходúть** I *сов.* (*вн.*) go* / walk / stroll all óver (*d.*); ~ всё пóле walk all óver the field [...fi:ld].

**исходúть** II (из) **1.** íssue (from), come* (from); (*происходить*) oríginàte (from); **2.** (*основываться*) procéed (from); ~ из предположéния procéed from the assúmption; исходя из этого hence.

**исходúть** III, изойтú: ~ крóвью bleed* to death [...deθ]; ~ слезáми melt into tears, cry one's heart out [...hɑ:t...].

**исхóдн||ый** inítial; ~ое положéние point of depárture; *воен.* inítial posítion [...-'zɪ-], fórming-úp place.

**исходящ||ая** *ж. скл. как прил. канц.* óutgò¦ing páper. **~ий** **1.** *прич. см.* исходúть II, III; **2.** *прил.* óutgò¦ing; ~ий нóмер réference númber.

**исхудá||лый** emáciàted, wásted ['weɪ-]. **~ние** *с.* emàciátion. **~ть** *сов.* become* emáciàted / thin / wásted [...'weɪ-].

**исцарáп||ать** *сов. см.* исцарáпывать. **~ывать,** исцарáпать (*вн.*) scratch bád¦ly (*d.*), cóver with scrátches ['kʌ-...] (*d.*).

**исцел||éние** *с.* héaling, recóvery [-'kʌ-]. **~úтель** *м.* héaler. **~úть(ся)** *сов. см.* исцелять(ся).

**исцелять,** исцелúть (*вн.*) heal (*d.*), cure (*d.*). **~ся,** исцелúться **1.** heal, be healed, recóver [-'kʌ-]; **2.** *страд. к* исцелять.

**исчáдие** *с.*: ~ áда fiend [fi:nd].

**исчáхнуть** *сов. разг.* be worn to a shádow [...wɔ:n...'ʃæ-]; waste a¦wáy [weɪst...].

**исчез||áть,** исчéзнуть disappéar, vánish; ~ из пóля зрéния vánish from sight; этот обычай ~áет the cústom is vánishing; егó застéнчивость постепéнно ~áла he was grádually getting the bétter of his shý¦ness; стенá ~áет под мáссой зéлени the wall is disappéaring / hídden únder the vérdure [...-dʒə]; исчéзнуть с лицá землú disappéar from the face of the earth [...ə:θ]. **~новéние** *с.* disappéarance.

**исчéзнуть** *сов. см.* исчезáть.

**исчéрпать** *сов. см.* исчéрпывать.

**исчéрп||ывать,** исчéрпать (*вн.*) exháust (*d.*); вопрóс ~ан the quéstion is settled [...-stʃ-...]; исчéрпать все дóводы exháust all the árguments; врéмя ~ано time is up.

**исчéрпывающ||ий** exháustive, còmprehénsive; ~ее объяснéние exháustive èxplanátion.

**исчертúть** *сов. см.* исчéрчивать.

**исчéрчивать,** исчертúть (*вн.*) cóver with lines / dráwings ['kʌ-...] (*d.*).

**исчислéние** *с.* càlculátion; *мат.* cálculus.

**исчúсл||ить** *сов. см.* исчислять. **~ять,** исчúслить (*вн.*) cálculàte (*d.*); (*оценивать*) éstimàte (*d.*); ~ять расхóды в сýмме éstimàte expénditure at. **~яться** (в *пр.*) amóunt (to), come* (to); (*о давности*) be réckoned (in); стóимость ~яется в 1000 рублéй the cost amóunts to 1000 roubles [...ru:blz]; убытки ~яются в сýмме 500 рублéй the lósses come to 500 roubles.

**итáк** *союз* thus [ðʌs], so; ~, вопрóс решён so the quéstion is settled [...-stʃ-...].

**итальян||ец** *м.*, **~ка** *ж.*, **~ский** Itálian [ɪ'tæ-]; ~ский язык Itálian, the Itálian lánguage; ◇ ~ская забастóвка stáy-ín strike, sít-down strike.

**и т. д.** (= и так дáлее) and so on, and so forth; etc. (= et cétera).

**итератúвн||ый** [-тэ-] *лингв.* íterative; ~ые глагóлы íterative verbs.

**итóг** *м.* sum, tótal; (*перен.*) resúlt [-'zʌlt]; óбщий ~ grand tótal, sum tótal; чáстный ~ sùbtótal; в ~е обнарýжена ошúбка a mistáke has been discóvered in the tótal [...-'kʌ-...]; подводúть ~ (*дт.*) sum up (*d.*); (*перен.*) review [-'vju:] (*d.*); в ~е as a resúlt; в конéчном ~е in the end.

**итогó** *нареч.* in all, àltogéther [ɔ:ltə'ge-]; (*в таблицах*) tótal.

**итóгов||ый** **1.** tótal; ~ая сýмма the sum tótal; **2.** (*заключающий*) con¦clúding; ~ое занятие con¦clúding séssion.

**и т. п.** (= и томý подóбное) and the like; etc. (= et cétera).

**иттéрбий** *м. хим.* yttérbium.

**иттрий** *м. хим.* ýttrium.

**иýда** *м.* Júdas.

**иудаúзм** *м.* Júdà¦ism.

**иудéй** *м.* Ísraelite ['ɪzrɪə-]. **~ский** Judá¦ic, Ísrae¦litish ['ɪzrɪəlaɪ-].

**иудейство** *с.* = иудаизм.

**их** I *рд., вн. см.* они.

**их** II *мест. притяж.* (*при сущ.*) their; (*без сущ.*) theirs; их книги their books; наша комната меньше, чем их our room is smaller than theirs.

**ихний** *разг.* = их II.

**ихтиозавр** *м. палеонт.* ichthyosaurus.

**ихтиол** *м.* ichtyol.

**ихтиолог** *м.* ichthyologist. **~логический** ichthyological.

**ихтиология** *ж.* ichthyology.

**ишак** *м.* ass, donkey; (*лошак*) hinny.

**ишиас** *м. мед.* sciatica.

**ишь** *межд. разг.* see!; ~ ты! ≅ how d'you like that!

**ищейка** 1. *ж.* tracking dog, bloodhound ['blʌd-], police dog [-'li:s...]; 2. *м. разг.* (*о сыщике*) sleuth.

**ищущий** *прич. см.* искать; ◇ ~ взгляд wistful / anxious look.

**июл||ь** *м.* July; в ~е этого года in July; в ~е прошлого года last July; в ~е будущего года next July.

**июльск||ий** *прил. к* июль; ~ день July day, day in July; ◇ ~ая монархия the July Monarchy [...-kɪ].

**июн||ь** *м.* June; в ~е этого года in June; в ~е прошлого года last June; в ~е будущего года next June.

**июньский** *прил. к* июнь; ~ день June day, day in June.

# Й

**йог** *м.* yogi ['jougɪ].

**йод** *м. хим.* iodine [-di:n]. **~истый** *хим.* iodic; ~истый калий potassium iodide; ~истый натрий sodium iodide. **~ный** *прил. к* йод; ~ный раствор iodine solution [-di:n...].

**йодоформ** *м. фарм.* iodoform.

**йон** *м.* = ион.

**йот** *м. лингв.* letter J.

**йот||а** *ж.* iota; ни на ~у *разг.* not a jot, not a whit.

# К

**к, ко** *предл.* (*дт.*) 1. (*в разн. знач.*) to; (*при подчёркивании направления тж.*) towards: идти к дому go* to the house* [...-s], go* towards the house*; письмо к его другу a letter to his friend [...frend]; прибавить три к пяти add three to five; как три относится к пяти as three is to five; он добр к ней he is kind to her; он нашёл, к своей радости, что he found to his joy that; к общему удивлению to everybody's surprise; — приближаться к кому-л., к чему-л. approach smb., smth.; заходить к кому-л. call on smb.; обращаться к кому-л. address smb.; любовь к детям love of children [lʌv...]; любовь к родине love for one's country [...'kʌ-]; доверие к кому-л. confidence / trust in smb.; 2. (*при указании назначения*) for: к чему он это сказал? what did he say that for?; к чему это? what is that for?; к завтраку, к обеду *и т. п.* for lunch, for dinner, *etc.*; 3. (*при обозначении предельного срока*) by: он кончит к пяти (часам) he will have finished by five (o'clock); к первому января by the first of January; — он придёт к трём (часам) he will come about three (o'clock), he will be there by three (o'clock); 4. (*для указания связи с каким-л. событием*): к 25-летию со дня (*рд.*) commemorating the 25th anniversary (of), in commemoration of the 25th anniversary (of); ◇ к тому же moreover, besides, in addition; это ни к чему it is of no use [...ju:s], it is no good; к лучшему for the better; лицом к лицу face to face; к вашим услугам at your service; к слову (сказать) by the way; *другие особые случаи, не приведённые здесь, см. под теми словами, с которыми предл.* к *образует тесные сочетания.*

**-ка** *частица* 1. (*при повелит. накл.*) just: дайте-ка мне посмотреть just let me see; 2. (*при будущем времени*) what if: куплю-ка я эту книгу what if I buy this book [...baɪ...].

**кабак** *м.* public house* ['pʌ- -s], pot-house* [-s]; pub *разг.*; (*перен.*) pigsty.

**кабала** *ж.* servitude, bondage.

**кабалист||ика** *ж.* cab(b)alism. **~ический** cab(b)alistic.

**кабальн||ый** *прил. к* кабала; ~ договор one-sided agreement, fettering / shackling agreement; ~ая зависимость bondage.

**кабан** I *м.* 1. wild-boar; самка ~а wild-sow; 2. (*самец дом. свиньи*) hog.

**кабан** II *м. тех.* block.

**кабаний** *прил. к* кабан I.

**кабардин||ец** *м.*, **~ка** *ж.* Kabardian, Kabardinian [kɑbɑ:'di:-]. **~ский** Kabardian, Kabardinian [kɑbɑ:'di:-]; ~ский язык Kabardian, the Kabardian language.

**кабаре** [-рэ] *с. нескл.* cabaret ['kæbəreɪ].

**каба||тчик** *м.* publican ['pʌ-], barkeeper, bar-owner [-ou-]. **~цкий** *прил. к* кабак; (*перен.: непристойный, грубый*) indecent, coarse.

**кабачок** I *м.* 1. *уменьш. от* кабак; 2. *разг.* (*ресторанчик*) café (*фр.*) ['kæfeɪ].

**кабачок** II *м.* (*овощ*) vegetable marrow.

**кабель** *м.* cable; подводный ~ submerged cable; телефонный, телеграфный ~ telephone, telegraph cable; воздушный ~ overhead cable [-'hed...]; подземный ~ underground cable. **~ный** *прил. к* кабель.

**ка́бельтов** *м. мор.* **1.** cable; 2. (*мера*) cable('s) length.

**кабеста́н** *м. тех.* cápstan.

**каби́на** *ж.* booth [-ð]; (*для купающихся*) báthing-hùt; (*грузовика*) cab; (*лифта*) car; ~ лётчика cóckpit, cábin.

**кабине́т** *м.* **1.** (*для занятий*) stúdy ['stʌ-]; **2.** (*врачебный*) consúlting-room; (*хирурга*) súrgery; (*зубоврачебный*) déntal súrgery; (*для массажа и т. п.*) (mássàge-)room [-ɑːʒ-]; **3.** *полит.* cábinet. **~ный** *прил. к* кабине́т 1; (*перен.*) ábstràct, únpráctical; ~ный учёный ármchair scientist; ~ная нау́ка bóok-learning [-lǝː-]; ~ный страте́г ármchair strátegist; ◇ ~ный портре́т cábinet phóto¦gràph.

**каби́нка** *ж. уменьш. от* каби́на; *тж.* cab *разг.*

**каблогра́мм||а** *ж.* cáble¦gràm; посыла́ть ~у cable.

**каблу́к** *м.* heel; ◇ быть у кого́-л. под ~о́м *разг.* be únder smb.'s thumb.

**ка́болка** *ж. мор.* rópe-yàrn, cáble-yàrn.

**кабота́ж** *м. мор.* cábotage, cóasting(-tràde). **~ник** *м.* (*судно*) cóaster, cóasting véssel. **~ничать** *мор.* coast, cruise (alóng the coast / shore) [kruːz...]. **~ный** *прил. к* кабота́ж; *тж.* cóastwìse; ~ное пла́вание cóastwise nàvigátion / trade, cóasting; ~ное су́дно = кабота́жник; ~ная торго́вля cóastwise / cóasting trade.

**кабриоле́т** *м.* càbriolét [kæbrɪo'leɪ].

**кабы́** *разг.* = е́сли бы *см.* е́сли; ◇ е́сли бы да ~ ≅ if ifs and ans were pots and pans.

**кавале́р** *м.* **1.** càvalíer; (*в танцах*) pártner; 2. *разг.* (*поклонник*) admírer; bóy-friend [-frend]; 3. (*награждённый орденом*): ~ о́рдена béarer of *the* órder ['bɛǝrǝ...]; ~ не́скольких ордено́в béarer of séveral dècorátions; ~ Золото́й Звезды́ béarer of the Gold Star.

**кавалери́йск||ий** **1.** *прил. к* кавале́рия; ~ие ча́сти cávalry únits; ~ полк cávalry régiment; ~ая ло́шадь tróop-hòrse, tróoper; **2.** *разг.* próper to a cávalry¦man* ['prɔ-...]; ~ая похо́дка the gait of a cávalry¦man, a cávalry¦man's walk.

**кавалери́ст** *м.* cávalry¦man*; (*рядовой тж.*) tróoper.

**кавале́рия** *ж.* cávalry, the Horse; móunted troops *pl.*; лёгкая ~ light horse.

**кавалька́да** *ж.* càvalcáde.

**каварда́к** *м. разг.* mess, muddle; устро́ить ~ make* a mess.

**кавати́на** *ж. муз.* càvatína [-'tiː-].

**ка́верз||а** *ж. разг.* **1.** chicánery [ʃɪ'keɪ-]; **2.** (*злая шалость*) mean trick. **~ник** *м. разг.* intríguer [-'triːgǝ], trickster. **~ный** *разг.* **1.** tricky; ~ный вопро́с púzzling quéstion [...-stʃǝn], póser; 2. (*о человеке*) cáptious.

**каве́рна** *ж. мед.* cávity (in lungs).

**кавка́з||ец** *м.*, **~ский** Caucásian [-'keɪzɪǝn].

**кавы́чк||и** *мн.* invérted cómmas; (*при цитате*) quotátion marks; откры́ть ~ quote; закры́ть ~ ún¦quóte; в ~ах in invérted cómmas; (*перен.*) só-cálled; (*тк. о человеке*) wóuld-bè, sélf-stýled.

**каго́р** *м.* (*вино*) Càhórs wine [kɑː'hɔː...].

**каде́нция** [-дэ́-] *ж. муз., лит.* cádence ['keɪ-].

**каде́т** I *м. ист.* cadét.

**каде́т** II *м. полит.* Cònstitútional-Démocràt.

**каде́тский** I *прил. к* каде́т I; ~ ко́рпус military school.

**каде́тск||ий** II *прил. к* каде́т II; ~ая па́ртия Cònstitútional-Démocràts *pl.*

**кади́||ло** *с. церк.* cénser. **~ть** *церк.* íncènse; (*дт.*; *перен.*) *разг.* flátter (*d.*).

**ка́дка** *ж.* tub.

**ка́дмий** *м. хим.* cádmium.

**кадр** *м. кин.* séquence ['siː-]; (*отдельная фотография*) still.

**кадри́ль** *ж.* (*танец*) quadrille.

**ка́дровый** **1.**: ~ рабо́чий expérienced wórker; régular wórker; **2.** *воен.* régular.

**ка́др||ы** *мн.* pèrsonnél *sg.*; (*военные, партийные тж.*) cadre ['kɑːdǝ] *sg.*; подбо́р ~ов seléction of pèrsonnél; подгото́вка ~ов tráining (of) spécialists [...'spe-]; tráining (of) skilled wórkers; в ~ах *воен.* on the pérmanent (péace-time) estáblishment; отде́л ~ов pèrsonnél / staff depártment.

**каду́шка** *ж. разг.* tub.

**кады́к** *м.* Ádam's apple ['æd-...].

**каём||ка** *ж.*, **~очка** *ж. уменьш. от* кайма́.

**каёмчатый** with a bórder.

**каждодне́вный** dáily, évery¦dáy; diúrnal *книжн.*

**ка́жд||ый** **1.** *прил.* each, every; ~ день every day; ~ые два дня every two days, every other day; на ~ом шагу́ at every step; **2.** *м. как сущ.* évery¦òne; ~ до́лжен знать э́то évery¦òne ought to know that [...nou...]; от ~ого — по его́ спосо́бностям, ~ому — по его́ труду́ from each accórding to his abílity, to each accórding to his work; от ~ого — по его́ спосо́бностям, ~ому — по его́ потре́бностям from each accórding to his abílity, to each accórding to his needs.

**ка́жется** *предик. безл. см.* каза́ться 2, 3.

**ка́жущийся** **1.** *прич. см.* каза́ться 1; **2.** *прил.* séeming; (*видимый*) appárent.

**каза́к** *м.* Cóssàck.

**каза́рм||а** *ж. чаще мн.* bárracks *pl.*; (*перен.*) barn. **~енный** bárrack (*attr.*), bárrack-like.

**каза́ть** *разг.*: не ~ глаз (к) avóid (*d.*), néver come* to see (*d.*).

**каза́ться,** показа́ться **1.** (*дт.*) seem (to), appéar (to); strike* as (*i.*) *разг.*; (*тв.*; *выглядеть*) seem (to be + *прил. или прич.*), look (*d.*); он ка́жется у́мным he seems to be cléver [...'kle-], he seems cléver; он ка́жется ребёнком he looks a child*; вам э́то мо́жет показа́ться стра́нным it may seem strange to you [...streɪ-...], it may strike you as strange; **2.** *безл.*: ка́жется, что it seems that; ему́ ка́жется, что it seems to him that; **3.**: ка́жется, каза́лось *как вводн. сл.*: ка́жется, я не опозда́л I believe I am in time [...-'liːv...]; он, ка́жется, дово́лен he seems to be pleased / sátisfied, it seems he is pleased / sátisfied; всё, каза́лось, шло хорошо́ all seemed to be gó¦ing well; ка́жется, бу́дет дождь it seems that it will rain, it looks like rain; каза́лось бы one would think.

**каза́х** *м.*, **~ский** Kàzákh [kɑː-]; ~ский язы́к Kàzákh, the Kàzákh lánguage.

**каза́||цкий** *прил. к* каза́к; ~цкое седло́ Cóssàck saddle. **~чество** *с. тк. ед. собир.* the Cóssàcks *pl.* **~чий** *прил. к* каза́к. **~чка** *ж.* Cóssàck wóman* [...'wu-].

**казачо́к** *м.* **1.** (*танец*) kasatchók (*a lively Ukrainian dance*); **2.** *уст.* (*слуга*) bóy-sèrvant.

**каза́шка** *ж.* Ķàzákh wóman* [kɑ:-'wu-].

**казеи́н** *м. хим.* cásein [-si:n].

**казема́т** *м.* cáse¦màte [-s-].

**казё́н||ный 1.** físcal; на ~ счёт at públic expénse [...'pʌ-...], at the públic cost; **2.** (*бюрократический*) fórmal, bùreaucrátic [-ro-]; ~ подхо́д fórmal appróach; **3.** (*банальный*) trite, banál [-ɑ:l]; **4.** *воен.*: ~ная часть breech (end). **~щина** *ж. тк. ед. разг.* **1.** (*рутина*) convéntionalism; **2.** (*бюрократизм*) red tape, réd-tápism.

**казино́** *с. нескл.* casínò [-'si:-]; gámbling-house* [-s].

**казна́** *ж. тк. ед.* **1.** *уст.* exchéquer, tréasury ['tre-]; (*перен.*) públic cóffers / purse / chest ['pʌ-...]; госуда́рственная ~ fisc; **2.** *уст.* (*государство как юридическое лицо*) the State; **3.** *уст., поэт.* (*деньги*) móney ['mʌ-]; **4.** *воен.* (*казённая часть*) breech (end). **~че́й** *м.* **1.** tréasurer ['tre-]; **2.** *воен.* páymàster; púrser *мор.* **~че́йский 1.** *прил. к* казначе́й; **2.** *уст. прил. к* казначе́йство. **~че́йство** *с. уст.* Tréasury ['tre-], exchéquer.

**казни́ть** *несов. и сов.* (*вн.*) éxecùte (*d.*), put* to death [...deθ] (*d.*); ~ на электри́ческом сту́ле eléctrocùte (*d.*). **~ся** *разг.* blame òne¦sélf.

**казнокра́д** *м.* embézzler of state / públic próperty [...'pʌ-...]. **~ство** *с.* embézzle¦ment of state / públic próperty [...'pʌ-...].

**казн||ь** *ж.* èxecútion, cápital púnishment [...'pʌ-]; (*перен.*) tórture; сме́ртная ~ cápital púnishment, death pénalty [deθ...]; ~ на электри́ческом сту́ле elèctrocútion; приговори́ть к сме́ртной ~и (*вн.*) séntence to death (*d.*).

**казуи́ст** *м.* cásuist ['kæz-, 'kæʒ-]. **~ика** *ж.* cásuistry ['kæz-, 'kæʒ-]. **~и́ческий** càsuístic (-al) [kæz-, kæʒ-].

**ка́зус** *м.* **1.** *разг.* (*происшествие*) íncident; (*запутанный*) tangle; **2.** *юр.* (*особенный случай*) spécial case ['spe- -s]. **~ный** invólved.

**кайла́** *ж.*, **кайло́** *с.* (míner's) hack.

**кайма́** *ж.* bórder, édging.

**кайнозо́йский** *геол.* cainozó¦ic [kaɪ-].

**как I** *нареч.* **1.** (*каким образом, в какой степени и т. п.*) how: ~ он э́то сде́лал? how did he do it?; ~ вам э́то нра́вится? how do you like it?; ~ же так? how is that?; ~ до́лго? how long?; я не зна́ю, ~ он э́то сде́лал I don't know how he did it [...nou...]; вы не зна́ете, ~ он уста́л you don't know how tired he is; ~ он уста́л! how tired he is!; ~ жа́рко! how hot it is!; — ~ (ва́ши) дела́? how are you getting on?; ~ пожива́ете? how are you?; ~ пройти́ (на, в, к)? can you tell me the way (to)?; ~ вы отно́ситесь (к)? what do you think (of)?; вот ~ э́то на́до де́лать that is the way to do it; ~ вам не сты́дно! you ought to be ashámed (of your¦sélf)!, for shame!; **2.** (*при вопросе о названии, содержании и т. п.*) what: ~ ва́ше и́мя?, ~ вас зову́т? what is your name?; ~ называ́ется э́та кни́га? what is the title of that book?; — ~ вы ду́маете? what do you think?; ~ вы сказа́ли? what did you say?; **3.** (*при выражении возмущения, удивления*) what: ~, он ушёл? what, he has àlréady gone? [...ɔ:l'redɪ gɔn]; **4.**: ~ ни, ~... ни how¦éver; (*с глаголом*) how¦éver hard / much; (*при кратк. прил.*) as (*с инверсией*): ~ ни по́здно how¦éver late it is; ~ ни тру́дно how¦éver dífficult it is; ~ ни стара́йтесь how¦éver hard you may try; ~ он ни умён cléver as he is ['kle-...]; ~ э́то ни жесто́ко cruel as it is [kruəl...]; — ~ он ни стара́лся try as he would; **5.** (*с будущим соверш. при выражении внезапности*) súddenly, all of a súdden: ~ он вско́чит! súddenly, *или* all of a súdden, he jumped up; **6.** (*в относит. предложениях*) = как II 1; ◇ ~ бы не так! not like¦ly!; nothing of the sort!; ~ бы то ни́ было how¦éver that may be, be that as it may; ~ знать *разг.* who knows [...nouz]; ~ сказа́ть how can one say; ~ когда́ it depénds; и ~ ещё! and how!

**как II** *союз* **1.** (*при сравнении; в качестве*) as; (*подобно*) like: он поступи́л, ~ вы сказа́ли he did as you told him; широ́кий ~ мо́ре (as) wide as the sea; Толсто́й ~ писа́тель Tolstóy as a writer; он говори́т по-англи́йски, ~ англича́нин he speaks Énglish like an Énglish¦man* [...'ɪŋ-...'ɪŋ-]; — бу́дьте ~ до́ма make your¦sélf at home; ~ наро́чно as (ill) luck would have it; ~ ви́дно appárent¦ly; **2.** *разг.* (*когда*) when; (*с тех пор как*) since; ~ пойдёшь, зайди́ за мной fetch me when you go there; прошло́ два го́да, ~ мы познако́мились two years have passed since we met; **3.**: по́сле того́ ~ since; в то вре́мя, ~ while; до того́ ~ till, until; тогда́ ~, ме́жду тем ~, в то вре́мя ~ (*при противопоставлении*) whère¦ás, while: прошло́ два го́да по́сле того́, *или* с тех пор, ~ он уе́хал two years have passed since he left; он вошёл в то вре́мя, ~ они́ чита́ли he came in while they were réading; он уе́хал, тогда́ ~, *или* ме́жду тем ~, *или* в то вре́мя ~, она́ оста́лась he went a¦wáy whère¦ás / while she remáined; **4.** (≅ что) *не переводится; придаточное предложение передаётся оборотом с inf.*: он ви́дел, ~ она́ ушла́ he saw her go; **5.** (*с сослагат. накл.*): ~ бы он не опозда́л! I hope he is not late!; бою́сь, ~ бы он не опозда́л I am afráid (that) he may be late; ◇ ~ ..., так и both... and [bouθ...]: ~ а́рмия, так и флот both the ármy and the návy; — ~ наприме́р as for ínstance; ~ раз just, exáctly; ~ раз то the very thing; ~ раз то, что мне ну́жно just what I want, the very thing I want; ~ бу́дто, ~ бы as if, as though [...ðou]: ~ бы в шу́тку as if in jest; э́то бы́ло ~ бы отве́том (*дт.*) it was, as it were, a replý (to), it was a kind of replý (to); — ~ тако́вой as such; ~ то́лько as soon as; the móment; ~ вдруг when all at once [...wʌns]; ~ попа́ло (*небрежно*) ány¦how; (*в беспорядке, панике*) hélter-skélter.

**какаду́** *с. нескл. зоол.* còckatóo.

**кака́о** *с. нескл.* **1.** cócoa; **2.** (*бобы*) cacáò; **3.** (*дерево*) cacáò(-tree). **~вый** *прил. к* кака́о; ~вое ма́сло cacáò-seed oil; ~вые бобы́ cacáò-seeds, cócoa-beans.

**ка́к-либо** *нареч.* sóme¦how.

**ка́к-нибудь** *нареч.* 1. (*тем или иным способом*) sóme¦how; 2. (*небрежно*) ány¦how; 3. (*когда-нибудь в будущем*) some time; зайди́те ко мне ~ drop in to see me some time.

**как-ника́к** *нареч.* áfter all.

**како́в** *мест. тк. им.* what: ~ результа́т? what is the result? [...-'zʌ-]; ~ он собо́й? what does he look like?; тру́дно сказа́ть, ~ы́ бу́дут после́дствия it is difficult to say what the cónsequences will be; ◇ ~! how do you like him!; вот он ~! *разг.* what a chap / féllow!

**какова́** *мест. ж. см.* како́в.

**каково́** I *мест. с. см.* како́в.

**каково́** II *нареч.* how; ◇ ~! how do you like it!; ~ мне э́то слы́шать, ви́деть! how hard (it is) for me to hear, see it!

**каково́й** *мест. уст.* which: ~ до́лжен быть возвращён which must be retúrned.

**как||о́й** *мест.* 1. (*что за*) what; (*при предикативном прилагат.*) how; ~у́ю кни́гу вы чита́ете? what book are you réading?; ~ цвет вы лю́бите? what cólour do you like? [...'kʌ-...]; не зна́ю, ~у́ю кни́гу вам дать I do not know what book I can / could give you [...nou...], I don't know what book to give you; ~а́я пого́да! what wéather (it is)! [...'we-...]; ~а́я хоро́шенькая де́вушка! what a prétty girl! [...'prı- gə:l]; ~а́я э́та де́вушка хоро́шенькая how prétty this girl is; ~ он у́мный! how clévег he is [...'kle-...]; 2. (*который*): (тако́й...) ~ such... as; (тако́й) страх, ~о́го он никогда́ не испы́тывал such fear as he had never felt; (таки́х) книг, ~и́е вам нужны́, у него́ нет he has no such books as you require, he has not got the (kind of) books you require; 3.: ~ ... ни whàt¦éver; ~у́ю кни́гу он ни возьмёт whàt¦éver book he takes; ~у́ю бы кни́гу он ни взял, ~у́ю кни́гу он ни возьмёт whàt¦éver book he takes; ~у́ю кни́гу он ни брал whàt¦éver book he took; — за ~о́е де́ло он ни возьмётся whàt¦éver he ùndertákes to do; 4.: ни... ~о́го *и т. п. см.* ни II 2.

**како́й-либо** *мест.* = како́й-нибудь.

**как||о́й-нибудь** *мест.* 1. some, some kind of; (*в отриц. и условн. обор.*) any; да́йте мне ~у́ю-нибудь кни́гу give me some book or other; 2. (*перед числительными с мн. ч.*) abóut, some; ~и́е-нибудь 20 рубле́й ónly abóut twénty roubles [...ru:-].

**как||о́й-то** *мест.* 1. (*неизвестно какой*) some, a; вас спра́шивает ~ челове́к some one is ásking for you; there is a man* ásking for you; 2. (*похожий на*) a kind of; sóme¦thing like; э́то ~а́я-то ма́ния it is a kind of (a) mánia, it is sóme¦thing like a mánia.

**какофони́ческий** càcóphonous.

**какофо́ния** *ж.* càcóphony.

**ка́к-то** *нареч.* 1. (*каким-то образом*) sóme¦how; он ~ ухитри́лся сде́лать э́то he sóme¦how contrived / mánaged to do it; в э́той ко́мнате ~ темно́ it is dark in this room sóme¦how; 2. (*однажды*) one day; ~ раз once [wʌns]; 3. (*а именно*) that is; 4. (*неопред. предположение*) how; посмотрю́, ~ он вы́йдет из положе́ния how will he get out of it, I wónder? [...'wʌ-]; I wónder how he will get out of it (*без вопрос. знака*).

**ка́ктус** *м. бот.* cáctus. **~овые** *мн. скл. как прил. бот.* càctáceae [-'teısıi:].

**кал** *м. тк. ед.* fáecès ['fi:si:z] *pl.*, éxcrement.

**каламбу́р** *м.* pun. **~ить** pun, quibble. **~ный** quíbbling.

**кала́ндр** *м. тех.* cálender.

**каланча́** *ж.* wátch-tower; (*перен.*) *разг.* máy-pòle; пожа́рная ~ fíre-tower.

**кала́ч** *м.* kalátch (*kind of fancy bread*); ◇ тёртый ~ *разг.* old stáger, slick cústomer; ~о́м его́ сюда́ не зама́нишь *разг.* ≅ you can't bring him here for love or móney [...kɑ:nt...lʌv... 'mʌnı].

**калейдоско́п** *м.* kaléidoscòpe [-'laı-]. **~и́ческий** kaleidoscópic(al) [-laı-].

**кале́ка** *м. и ж.* cripple.

**календа́рный** 1. *прил. к* календа́рь; 2. (*устанавливаемый по календарю*) cálendar; ~ план cálendar plan; ~ ме́сяц cálendar month [...mʌnθ].

**календа́рь** *м.* cálendar.

**кале́нды** *мн. ист.* cálends ['kæ-].

**кале́ни||е** *с. тех.* in¦càndéscence; бе́лое ~ white heat; ◇ довести́ до бе́лого ~я (*вн.*) *разг.* rouse to a fúry (*d.*).

**калён||ый** 1. réd-hót; ~ое желе́зо réd-hót íron [...'aıən]; 2. (*об орехах, каштанах и т. п.*) róasted.

**кале́чить,** искале́чить (*вн.*) mútilàte (*d.*); cripple (*d.*), lame (*d.*), maim (*d.*) (*тж. перен.*).

**кали́бр** *м.* 1. *тех.* gauge [geıdʒ]; 2. (*оружия*) cálibre. **~ова́ть** (*вн.*) *тех.* cálibràte (*d.*).

**ка́лиевый** *хим.* potássium [-sjəm] (*attr.*), potássic.

**ка́лий** *м. хим.* potássium [-sjəm].

**кали́йн||ый** *хим.* potássium [-sjəm] (*attr.*); ~ое удобре́ние pótàsh fértilìzer ['pɔ-...].

**кали́льн||ый** *тех.* heat (*attr.*), héating, in¦càndéscent; ~ая печь héating / cálcìning fúrnace; ~ая се́тка (in¦càndéscent) mantle.

**кали́на** *ж. бот.* guélder rose, snówbàll-tree ['snou-].

**кали́тка** *ж.* wicket(-gàte).

**кали́ть** (*вн.*) 1. *тех.* in¦càndésce (*d.*), heat (*d.*); ~ до́красна́ make* réd-hót (*d.*); ~ добела́ make* white-hót (*d.*); 2. (*об орехах, каштанах*) roast (*d.*).

**кали́ф** *м.* cáliph ['keı-]; ◇ ~ на час *ирон.* ≅ king for a day.

**каллиграфи́ческий** càlligráphic.

**каллигра́фия** *ж.* calligraphy.

**каломе́ль** *ж. фарм.* cálomel.

**калориза́тор** *м. тех.* hót-bùlb.

**калори́йность** *ж. физ.* càlorícity.

**калори́||метр** *м. физ.* càlorímeter. **~ме́трия** *ж. физ.* càlorímetry.

**калори́фер** *м. тех.* áir-stòve.

**кало́рия** *ж. физ.* cálorie; больша́я ~ large cálorie, kílogràm-cálorie; ма́лая ~ small cálorie, grám-cálorie; брита́нская ~ British thérmal únit (*сокр.* B. T. U.).

**кало́ша** *ж.* = гало́ша.

**калы́м** *м. тк. ед. уст.* bríde-mòney [-mʌ-].

**кальвин||и́зм** *м. рел.* cálvinism. **~и́ст** *м. рел.* cálvinist. **~и́стский** *рел.* càlvinístic(al).

**ка́лька** *ж.* 1. (*бумажная*) trácing-pàper; (*полотняная*) trácing-clòth; 2. *лингв.* translátion loan [trɑ:-...].

**калькúровать,** скалькúровать (*вн.*) trace (*d.*), calk (*d.*).

**калькул||úровать,** скалькулúровать (*вн.*) cálculàte (*d.*). **~ятор** *м.* cálculàtor, cóst-clèrk [-klɑːk]. **~яционный** *прил. к* калькуля́ция.

**калькуля́ция** *ж.* càlculátion.

**кальсóны** *мн.* dráwers; pants *разг.*

**кáльц||ий** *м. хим.* cálcium. **~инáция** *ж. хим.* càlcinátion. **~úт** *м.* cálcìte.

**калья́н** *м.* hóokah.

**каля́кать** *разг.* chat, chátter.

**камарúлья** *ж.* càmarílla.

**камáринская** *ж. скл. как прил.* the Kamárinskaya (*a lively Russian folk dance*).

**кáмбала** *ж.* plaice, flóunder.

**кáмбий** *м. бот.* cámbium.

**кáмбуз** *м. мор.* gálley.

**камвóльный** *текст.* wórsted ['wus-].

**камéдь** *ж.* gum.

**каме||лёк** *м.* fíre-plàce; у **~лькá** by the fire¦side.

**камéлия** *ж. бот.* caméllia [-'miː-].

**камен||éть,** окаменéть hárden into stone; pétrifỳ *научн.*; (*перен.*) hárden; *сов. тж.* stand* stóck-stíll. **~úстый** stóny, rócky.

**каменноугóльн||ый** coal (*attr.*); **~ая** промы́шленность cóal-mining índustry; **~ые** кóпи cóal-mines, cóal-pits; cólliery *sg.*; ~ пласт cóal-bèd; ~ дёготь cóal-tàr; ~ бассéйн cóal-bàsin [-beɪsn], cóal-field [-fiː-].

**кáменн||ый** *прил. к* кáмень; (*перен.*: *безжизненный*) life¦less; (*бесчувственный*) hard, immóvable [-'muː-], stóny; **~ые** орýдия stone ímplements; ◇ **~ое** сéрдце stóny heart [...hɑːt], heart of stone; ~ ýголь coal; **~ая** соль róck-sált; ~ век the Stone Age.

**каменобóец** *м.* stóne-crùsher.

**каменолóмня** *ж.* quárry.

**каменотёс** *м.* (stóne-)màson.

**кáменщик** *м.* (stóne-)màson, brícklayer.

**кáм||ень** *м.* store; rock *амер.*; драгоцéнный ~ précious stone ['pre-...], gem, jéwel; (*резной*) intáglio [-ɑːl-]; могúльный ~ gráve¦stòne, tómbstòne ['tuːm-]; точúльный ~ óil-stòne, whétstòne; (*для бритвы*) hone; подвóдный ~ reef, rock; тёсаный ~ áshlar; вúнный ~ tártar; *кул.* cream of tártar; (*на зубах*) tártar, scale; жёлчный ~ *мед.* gáll-stòne; брóсить в когó-л. ~ (*прям. и перен.*) throw* a stone at smb. [-ou...]; ◇ у негó ~ лежúт на сéрдце a weight lies héavy on his heart [...'he- ...hɑːt]; сéрдце как ~ heart of stone / flint; краеугóльный ~ córner-stòne, kéy-stòne ['kiː-], foundátion-stòne; ~ преткновéния stúmbling-blòck, stúmbling stone; прóбный ~ tóuchstòne ['tʌtʃ-]; пáдать **~нем** drop like a stone; **~ня** на **~не** не остáвить (от) raze to the ground (*d.*).

**кáмера** *ж.* **1.** cell, chámber ['tʃeɪ-]; ~ хранéния (багажá) clóak-room, chéck-room; дезинфекциóнная ~ disinféction chámber; тюрéмная ~ cell; ward; одинóчная ~ sólitary (confíne¦ment) cell; óne-mán cell; **2.** (*мяча*) bládder; (*шины*) ínner tube; **3.** *тех.* chámber; фотографúческая ~ cámera.

**камергéр** *м.* géntle¦man* in atténdance / wáiting.

**камердúнер** *м.* válet ['væ-].

**камерúстка** *ж.* lády's maid.

**кáмерн||ый** *муз.* chámber ['tʃeɪ-] (*attr.*); **~ая** мýзыка chámber músic [...-zɪk]; ~ концéрт chámber cóncert.

**камертóн** *м. муз.* túning fork.

**кáмер-юнкер** *м.* (*придворный чин*) géntle¦man* of the Émperor's béd-chàmber [...-tʃeɪ-].

**кáмешек** *м. уменьш. от* кáмень; *тж.* pebble; ◇ бросáть ~ в чей-л. огорóд *разг.* ≅ have a dig at smb.

**камéя** *ж.* cámeò ['kæ-].

**камúн** *м.* fíre-plàce; мéсто у **~а** fíre¦side, chímney-còrner. **~ный** *прил. к* камúн; **~ная** решётка fénder, fíre-guàrd; **~ная** пóлочка mántel¦shèlf*; chímney-piece [-piːs].

**камнедробúлка** *ж.* stóne-breaker [-breɪ-], stóne-crùsher.

**камнелóмка** *ж. бот.* stóne-break [-breɪk], sáxifrage.

**камнерéз** *м.* (*резчик по камню*) stóne-cùtter.

**камнесечéние** *с. мед.* lithótomy.

**кáмора** *ж.* (*орудия*) (pówder-)chàmber [-tʃeɪ-].

**камóрка** *ж.* clóset ['klɔz-].

**кампáни||я** *ж.* **1.** càmpáign [-'peɪn]; (*общественная тж.*) drive; посевнáя ~ sówing càmpáign ['sou-...]; убóрочная ~ hárvesting càmpáign; избирáтельная ~ eléction càmpáign; начáть **~ю** start / ópen a càmpáign, launch a drive; *воен. тж.* take* the field [...fiːld]; проводúть **~ю** condúct, *или* cárry on, a càmpáign / drive; **2.** *мор.* cruise [-uːz], séa-voyage.

**кампéшев||ый:** **~ое** дéрево *бот.* lógwood [-wud], càmpéachy wood [...wud].

**камуфлéт** *м. воен.* càmouflét [kɑːmuː'fle]; (*перен.*) *разг.* a prétty stóry [...'prɪ-...].

**камуфля́ж** *м. воен.* cámouflàge [-muflɑːʒ]; cámouflàge / disrúptive páinting.

**камфарá** *ж. фарм.* cámphor.

**камфáрн||ый** cámphor (*attr.*), càmphóric; **~ое** дéрево cámphor tree; **~ое** мáсло cámphor-oil.

**камфóрка** *ж.* = конфóрка.

**камфóрный** = камфáрный.

**камы́ш** *м.* cane, rush, reed; зарóсший **~óм** rúshy. **~óвый** *прил. к* камы́ш; **~óвое** крéсло cane chair.

**канáва** *ж.* ditch; стóчная ~ gútter.

**канавокопáтель** *м.* ditcher, trench éxcavàtor.

**канáд||ец** *м.*, **~ка** *ж.*, **~ский** Canádian.

**канáл** *м.* **1.** (*искусственный*) canál; (*морской*) chánnel; (*перен.*: *путь, средство*) chánnel; оросúтельный ~ irrigátion canál; **~ы** обращéния *фин.* chánnels of circulátion; **2.** *анат.* duct, canál; мочеиспускáтельный ~ uréthra [-'riː-]; **3.** (*ствола оружия*) bore (*of the barrel*).

**канализациóнн||ый** *прил. к* канализáция; **~ая** трубá séwer(-pipe).

**канализ||áция** *ж.* séwerage; (*о всей сети*) séwerage sýstem. **~úровать** *несов. и сов.* (*вн.*) supplý with séwerage sýstem (*d.*), séwer (*d.*).

**канáльский** *уст. разг.* ráscally ['rɑː-], knávish ['neɪ-].

**канáлья** *м. и ж. уст. разг.* ráscal ['rɑː-].

**канарéечн||ый** canáry: ~ое сéмя canáry-seed; ~ого цвéта canáry-cólour¦ed [-'kʌləd], canáry-yèllow.

**канарéйка** *ж.* canáry (bird).

**канáт** *м.* rope, cable; стальнóй ~ stéel-ròpe; якорный ~ ánchor cable ['æŋkə...]; ходить по ~у walk the tíghtròpe. **~ный** *прил. к* канáт; ~ный завóд rópe-yàrd; ~ная передáча rópe-drìve; ~ная дорóга rópe-way; ~ная желéзная дорóга funícular ráilway; ~ный плясýн rópe-dàncer.

**канатохóдец** *м.* rópe-wàlker.

**канв||á** *ж. тк. ед.* cánvas; (*перен.*) gróund-wòrk; вышивáть по ~é embróider on cánvas; ~ ромáна óutline / design of *a* nóvel [...-'zaɪn... 'nɔ-].

**кандáл||ы** *мн.* shackles, fétters; írons ['aɪənz]; ручны́е ~ hándcùffs, mánacles; заковáть в ~ (*вн.*) put* into írons (*d.*); надéть ручны́е ~ (*дт.*) hándcùff (*d.*), mánacle (*d.*). **~áльный** *прил. к* кандалы́.

**канделя́бр** *м.* càndelábrum [-'lɑ:-] (*pl.* -ra), gírandòle.

**кандидáт** *м.*, **~ка** *ж.* cándidate; (*претендент на должность и т. п.*) ápplicant; ~ в члéны КПСС cándidate-mémber of the Cómmunist Párty of the Sóvièt Únion; ~ в члéны ЦК àltérnate mémber of the Céntral Commíttee [...-tɪ]; ~ в депутáты cándidate, nòmi-nѐe; ~ы блóка коммунистов и беспартийных cándidates of the cómmunist and nón-Párty bloc; выступáть ~ом (от) stand* (for); выдвигáть ~а put* fórward a cándidate, propóse a cándidate; ◇ ~ наýк cándidate of science. **~ский** *прил. к* кандидáт; ~ский стаж term of probátion; ~ский ми́нимум póst-gráduate exàminátions *pl.*; ~ская диссертáция thésis for a cándidate's / máster's degrée.

**кандидатýр||а** *ж.* cándidature; cándidacy *амер.*; выставля́ть чью-л. ~у nóminàte smb. for eléction, put* fórward / up smb.'s cándidature; снять свою́ ~у withdráw* one's cándidature.

**кани́кулы** *мн.* vacátion *sg.*; (*школьные тж.*) hólidays [-dɪz]; recéss *sg. амер.*

**каникуля́рный** *прил. к* кани́кулы.

**канитéлиться,** проканитéлиться *разг.* dáwdle, waste one's time [weɪ-...], mess abóut.

**канитéль** *ж.* (*для вышивания; золотая*) gold thread [...θred]; (*серебряная*) sílver thread; (*перен.*) *разг.* lóng-drawn-óut procéedings *pl.*; разводи́ть ~ = канитéлиться. **~ный** lóng-drawn-óut.

**канифó||лить,** наканифóлить (*вн.*) rósin [-z-] (*d.*). **~ль** *ж.* còlóphony, rósin [-z-].

**каннелю́ра** *ж. арх.* flute.

**каннибáл** *м.* cánnibal. **~и́зм** *м.* cánnibalism.

**канóн** *м.* cánon ['kæ-].

**канонáда** *ж.* càrnonáde.

**канонéрка** *ж. мор.* gún-boat.

**канониз||áция** *ж.* cànonizátion [-naɪ-]. **~и́ровать** *несов. и сов.* (*вн.*) cánonìze (*d.*).

**канони́ческ||ий** canónical; ~ое прáво cánon law ['kæ-...].

**кант** *м.* édging; (*оторочка*) píping; отдéлывать ~ом (*вн.*) edge (*d.*), pipe (*d.*).

**канталýпа** *ж. бот.* cántaloup [-u:p].

**кантáта** *ж. муз.* càntáta [-'tɑ:-].

**кантиáн||ец** *м.*, **~ский** *филос.* Kántian. **~ство** *с. филос.* Kántianism.

**кантилéна** *ж. муз.* càntiléna.

**кантовáть** I (*вн.*) edge (*d.*), mount (*d.*).

**кантовáть** II (*вн.*; *перевёртывать*) turn óver (*d.*); не ~! handle with care!

**кáнтовский** *филос.* Kántian.

**кантóн** *м.* cántòn. **~áльный** cántonal.

**канýн** *м.* eve; ~ Нóвого гóда Néw-Year's eve.

**кáнуть** *сов.*: ~ в вéчность fall* / sink* into oblívion; как в вóду ~ *разг.* ≅ disappéar / vánish without a trace, vánish into thin air.

**канцеляри́ст** *м.* clerk [-ɑ:k].

**канцеля́р||ия** *ж.* óffice. **~ский 1.** *прил. к* канцеля́рия; ~ский стол óffice desk; ~ский пóчерк clérkly hándwriting [-ɑ:klɪ...], round hand; ~ские принадлéжности státionery *sg.*; **2.** (*казённый*) fórmal, dry, bùreaucrátic [-ro-]; ◇ ~ская кры́са *разг.* ≅ óffice drudge. **~щина** *ж. презр.* réd-tápe méthods *pl.*

**кáнцлер** *м.* cháncellor.

**канцóна** *м. муз.* cànzonét.

**каньóн** *м. геогр.* cányon.

**каоли́н** *м. мин.* káolin.

**кáп||ать** drip, dribble, drop; (*падать каплями тж.*) fall* (in drops); (*лить по капле тж.*) pour out drop by drop [pɔ:...]; (*проливать*) spill* (in drops); ◇ над нáми не ~лет *разг.* ≅ we are not in a húrry, we can take our time.

**капéлла** *ж.* **1.** (*хор*) choir ['kwaɪə]; **2.** (*часовня*) chápel ['tʃæ-].

**капéль** *ж.* ≅ drípping snow [...snou], thaw; (*падение капель*) drip of tháwing snow; drípping.

**капельди́нер** *м. театр.* bóx-keeper, úsher.

**кáпельк||а** *ж.* **1.** small drop, dróplet; ~ росы́ déw-dròp; **2.** *тк. ед.* (*чуть-чуть*) a bit, a grain, a little; ни ~и и́стины not a grain of truth [...-u:θ]; имéйте ~у терпéния have a little pátience.

**капельмéйстер** *м.* bándmàster, condúctor. **~ский** *прил. к* капельмéйстер; ~ская пáлочка báton ['bæ-], condúctor's wand.

**кáпельница** *ж.* (médicine) drópper.

**кáпельный** *разг.* tiny, wee.

**кáпер** *м. мор.* privatéer [praɪ-].

**кáперсы** *мн. кул.* cápers.

**капилля́р** *м. физ.* capíllary. **~ность** *ж. физ.* càpillárity. **~ный** *физ.* capíllary: ~ный ана́лиз capíllary análysis; ~ный сосýд capíllary véssel.

**капилля́ры** *мн. анат.* capíllaries, capíllary blood véssels [...blʌd...].

**капитáл** *м.* cápital; промы́шленный ~ indústrial cápital; торгóвый ~ trade cápital; финáнсовый ~ fináncial cápital; оборóтный ~ círculàting cápital, wórking cápital; товáрный ~ commódity cápital; основнóй ~ fixed cápital; постоя́нный ~ cónstant cápital; перемéнный ~ váriable cápital; мёртвый ~ dead stock [ded...]; ún¦emplóyed cápital; ~ и процéнты, ~ с процéнтами príncipal and interest; стрáны ~а cápitalist cóuntries [...'kʌ-]. **~изá-ция** *ж.* capitalizátion [-laɪ-]. **~изи́ровать** *несов. и сов.* (*вн.*) cápitalize (*d.*).

**капитал||и́зм** *м.* cápitalism; промы́шленный ~ indústrial cápitalism; монополисти́ческий ~ monòpolístic cápitalism. **~и́ст** *м.* cápitalist, fináncier.

**капиталисти́ческ||ий** cápitalist (*attr.*), càpitalístic; ~ строй cápitalist sýstem; ~ие стра́ны cápitalist cóuntries [...'kʌ-]; ~ое о́бщество cápitalist society; ~ая систе́ма хозя́йства the cápitalist èconómic sýstem [...iːk-...].

**капитало||вложе́ние** *с.* cápital invéstment. **~держа́тель** *м.* fúnd-hòlder.

**капита́льн||ый** cápital; ~ые вложе́ния cápital invéstments; ~ ремо́нт thórough / cápital repáirs ['θʌrə...] *pl.*; ~ое строи́тельство cápital constrúction; ~ая стена́ main wall; ~ труд fùndaméntal work.

**капита́н** *м.* cáptain; (*в торговом флоте*) máster. **~ский** *прил. к* капита́н; ~ский мо́стик cáptain's bridge.

**капите́ль** *ж.* **1.** *арх.* cápital, cap; **2.** *полигр.* small cápitals *pl.*

**капитул||и́ровать** *несов. и сов.* capítulàte. **~я́нт** *м.* capítulàtor. **~я́нтский** capítulatory. **~я́ция** *ж.* capitulátion; (*сдача города, крепости*) surrénder; безоговоро́чная ~я́ция ún:conditional surrénder.

**капка́н** *м.* (*прям. и перен.*) trap.

**каплу́н** *м.* cápon.

**ка́пл||я** *ж.* **1.** drop; по ~е drop by drop; **2.** *мн. фарм.* drops; **3.** *тк. ед.* (*самое малое количество*) a bit, a grain, a little; ни ~и not a bit, not an ounce; ◇ похо́жи как две ~и воды́ ≅ as like as two peas; ~и в рот не брать never touch wine [...tʌtʃ...]; после́дняя ~ ≅ the drop to fill the cup, the last straw; до ~и to the last drop; би́ться до после́дней ~и кро́ви ≅ fight* to the last; ~ в мо́ре a drop in the ócean, *или* in the búcket [...'ouʃ°n...].

**ка́пнуть** *сов.* drop; let* fall a drop.

**капони́р** *м. воен.* càpon(n)íer.

**ка́пор** *м.* hood [hud].

**капо́т** *м.* **1.** hóuse-coat [-s-]; **2.** *тех., ав.* cówl(ing); (*автомашины*) bónnet.

**капоти́рование** *с. ав.* nóse-óver, nósing óver.

**капра́л** *м. воен. уст.* córporal.

**капри́з** *м.* whim; caprice [-iːs]. **~ница** *ж. разг.* caprícious girl [...gəːl]. **~ничать** be caprícious; (*о ребёнке тж.*) be náughty; (*о неодушевлённых предметах*) *разг.* give* trouble [...trʌ-].

**каприфо́лий** *м. бот.* hóney-sùckle ['hʌ-], wóodbìne ['wud-].

**капро́н** *м.* kápron (*kind of nylon*). **~овый** kápron; ~овые чулки́ kápron stóckings; ~овое волокно́ kápron / synthétic fibre.

**ка́псула** *ж.* cápsùle.

**ка́псюль** *м. воен.* cap, pèrcússion cap, fúlminàte cap; primer (cap) *амер.*; ~-детона́тор détonàting cap ['diː-...]. **~ный** *прил. к* ка́псюль.

**ка́псюля** *ж.* = ка́псула.

**капта́ж** *м.* càptátion.

**каптена́рмус** *м. воен.* quárter-màster-sérgeant [-'sɑː-].

**капу́ст||а** *ж.* cábbage; ки́слая ~ sáuerkraut ['sauəkraut]; цветна́я ~ cáuliflower ['kɔ-]; брю́ссельская ~ Brússels sprouts [-lz...] *pl.*; коча́нная ~ heads of cábbage [hedz...] *pl.* **~ник** *м.* **1.** *с.-х.* cábbage-field [-fiːld]; **2.** *зоол.* cábbage-wòrm. **~ница** *ж. зоол.* cábbage bútterflỳ. **~ный** *прил. к* капу́ста.

**капу́т** *м. нескл.* all up; тут ему́ и ~ *разг.* it is all up with him.

**капуци́н** *м.* Cápuchin.

**капюшо́н** *м.* hood [hud], cowl.

**ка́ра** *ж.* pénalty, púnishment ['pʌ-].

**караби́н** *м.* cár(a)bine. **~е́р** *м. воен.* càr(a)binéer.

**кара́бкаться** *разг.* clámber.

**карава́й** *м.* round loaf*.

**карава́н** *м.* càraván; (*судов тж.*) cónvoy; (*перен.: вереница*) string. **~-сара́й** *м.* càravánserai.

**кара́емый** **1.** *прич. см.* кара́ть; **2.** *прил. юр.* púnishable ['pʌ-].

**караи́м** *м.*, **~ка** *ж.* Káraite.

**каракалпа́к** *м.*, **~ский** Kàràkàlpák [kɑːrɑːkɑːl'pɑːk]; ~ский язы́к Kàràkàlpák, the Kàràkàlpák lánguage.

**каракалпа́чка** *ж.* Kàràkàlpák wóman* [kɑːrɑːkɑːl'pɑːk 'wu-].

**карака́тица** *ж. зоол.* cúttle(:fish); (*перен.*) *разг.* shórt-légged clúmsy wóman* [...zɪ 'wu-], slówcoach ['slou-].

**кара́ковый** dark bay.

**кара́кулевый** àstrakhán (*attr.*).

**кара́кул||и** *мн.* (*ед.* кара́куля *ж.*) *разг.* scrawl *sg.*; писа́ть ~ями scrawl, scribble.

**кара́куль** *м.* àstrakhán.

**каракульча́** *ж.* bróadtail ['brɔːd-].

**карамбо́ль** *м. спорт.* cánnon; сде́лать ~ cánnon, make* a cánnon.

**караме́ль** *ж. собир.* cáramèl. **~ка** *ж.* cáramèl, súgarplùm ['ʃu-].

**каранда́ш** *м.* (lead) péncil [led...]; цветно́й ~ cólour:ed péncil ['kʌ-...]; (*без деревянной оправы*) cráyon; хими́ческий ~ indélible / ink péncil; рисова́ть ~о́м draw* with a péncil; нарисо́ванный ~о́м drawn in péncil, péncilled. **~ный** *прил. к* каранда́ш; ~ный рису́нок péncilling, péncil dráwing.

**каранти́н** *м.* quárantìne [-tiːn]; выде́рживать ~ be in quárantìne; подве́ргнуть ~у (*вн.*) quárantìne (*d.*), put* / place in quárantìne (*d.*); сня́тие ~а *мор.* prátique [-tiːk]. **~ный** *прил. к* каранти́н; ~ное свиде́тельство *мор.* bill of health [...helθ].

**карапу́з** *м. разг.* chúbby little boy / chap.

**кара́сь** *м.* crúcian (carp).

**кара́т** *м.* cárat ['kæ-].

**кара́тель** *м.* chàstíser; (*из состава карательной экспедиции*) head *or* mémber of *a* púnitive èxpedítion [hed...]. **~ный** púnitive: ~ная экспеди́ция púnitive èxpedítion; ~ные ме́ры púnitive méasures [...'meʒ-].

**кара́ть,** покара́ть (*вн.*) púnish ['pʌ-] (*d.*), chàstíse (*d.*), inflíct pénalty (on).

**карау́л** *м.* **1.** guard, watch; почётный ~ guard of hónour [...'ɔnə]; вступа́ть в ~ mount guard; стоя́ть в ~е, нести́ ~ keep* guard, be on guard; стоя́ть в почётном ~е stand* guard in hónour of; сменя́ть ~ relíeve / change *the* guard [-'liːv tʃeɪ-...]; на ~! *воен.* presént arms! [-'zent...]; **2.** *как межд.* (*на помощь!*) help!; крича́ть ~ shout / call for help. **~ить** (*вн.*) **1.** (*охранять*) guard (*d.*), keep* watch (óver); **2.** (*подстерегать*) watch (for), lie* in wait (for). **~ка** *ж. разг.* = карау́льня.

**карау́ль||ный 1.** *прил. к* карау́л 1; ~ная слу́жба guard dúty; ~ная бу́дка séntry-bòx; **2.** *м. как сущ.* (*часовой*) séntry; séntinel *поэт.* **~ня** *ж. уст. разг.* guárd-room, guárd-house* [-s].

**кара́чк||и** *мн. разг.*: на ~, на ~ах on all fours [...fɔːz]; стать на ~ get* on all fours; по́лзать на ~ах crawl on all fours.

**карби́д** *м. хим.* cárbide.

**карбо́л||ка** *ж. тк. ед. разг.* càrbólic ácid. **~овый** càrbólic; ~овая кислота́ càrbólic ácid.

**карбона́рий** *м. ист.* càrbonárist [-'nɑː-].

**карбона́т** *м. хим.* cárbonate.

**карбонизи́ровать** *несов. и сов.* (*вн.*) *тех.* cárbonize (*d.*).

**карбору́нд** *м. хим.* càrborúndum.

**карбу́нкул** *м. мин.*, *мед.* cárbùncle.

**карбюр||а́тор** *м. хим.*, *тех.* cárburèttor. **~а́ция** *ж. хим.* càrburátion, càrburizátion. **~и́ровать** *несов. и сов.* (*вн.*) *хим.* cárburèt (*d.*), cárburàte (*d.*), cárburize (*d.*).

**карга́** *ж. разг.* hag, hárridan, crone.

**ка́рда** *ж. тех.* card.

**кардамо́н** *м.* cárdamom.

**кардина́л** *м.* cárdinal.

**кардина́льный** cárdinal; ~ вопро́с cárdinal quéstion [...-stʃən].

**кардина́льский** cárdinal's.

**кардиогра́мма** *ж.* cárdiogràm.

**кардио́граф** *м.* cárdiogràph.

**ка́рдн||ый** *прил. к* ка́рда; ~ая маши́на cárding machíne [...-'ʃiːn].

**каре́** [-рэ́] *с. нескл.* square.

**карёжить(ся)** = корёжить(ся).

**каре́л** *м.*, **~ка** *ж.* Karélian.

**каре́льск||ий** Karélian; ◇ ~ая берёза Karélian birch, wart birch.

**каре́та** *ж.* coach; ◇ ~ скóрой пóмощи ámbulance (car).

**каре́тка** *ж.* **1.** *уменьш. от* каре́та; **2.** *тех.* cárriage [-rɪdʒ], frame.

**каре́тн||ик** *м. уст.* (*мастер*) cóachmàker. **~ый** *прил. к* каре́та; ~ый сара́й cóach-house* [-s].

**кариати́да** *ж. арх.* càryátid.

**ка́рий** házel, brown.

**карикату́р||а** *ж.* cáricatùre; (*политическая*) càrtóon. **~и́ст** *м.* càricatúrist; càrtóonist. **~ный 1.** *прил. к* карикату́ра; **2.** (*смешной*) grotésque; предста́вить в ~ном ви́де (*вн.*) cáricatùre (*d.*), làmpóon (*d.*).

**карио́з** *м. мед.* cáriès [-rɪiːz]. **~ный** *мед.* cárious.

**ка́рканье** *с.* cróak(ing).

**карка́с** *м.* frame, fráme¦wòrk.

**ка́рк||ать,** ка́ркнуть (*прям. и перен.*) croak, caw. **~нуть** *сов. см.* ка́ркать.

**ка́рлик** *м.* dwarf, pýgmy. **~овый** dwárfish, dimínutive, pygméan [-'miːən]; (*о растениях*) dwarf; ~овая па́льма pàlméttò.

**ка́рлица** *ж.* dwarf, pýgmy.

**карма́н** *м.* pócket; боково́й ~ side-pòcket; ~ для часо́в fob, wátch-pòcket; за́дний ~ (*в брюках*) híp-pòcket; ◇ э́то ему́ не по ~у *разг.* it is more than he can affórd; бить по ~у cost* a prétty pénny [...'prɪ-...]; наби́ть ~ *разг.* fill one's póckets; держи́ ~ ши́ре *разг.* ≅ nothing doing!; не лезть за сло́вом в ~ *разг.* ≅ have a réady tongue [...'re- tʌŋ]. **~ник** *м. разг.* (*вор*) píckpòcket. **~ный** *прил. к* карма́н; ~ный слова́рь pócket díctionary; ~ные де́ньги pócket móney [...'mʌ-] *sg.*; ~ный вор = карма́нник; ~ная кра́жа pick-pòcketing; ~ные часы́ watch *sg.*

**карманьо́ла** [-ньё-] *ж.* Càrmàgnóle [-mæ'njoul].

**карми́н** *м.* cármine. **~ный** cármine.

**карнава́л** *м.* cárnival.

**карни́з** *м. арх.* córnice; (*окна*) ledge; (*нижний край крыши*) eaves *pl.*

**карotéль** *ж. бот.* short cárrot.

**карп** *м.* carp.

**ка́рт||а** *ж.* **1.** *геогр.* map; морска́я ~ (sea) chart; ~ полуша́рий map of the world, map of the hémisphères; авиацио́нная ~ air map; **2.** (*игральная*) (pláying-)càrd; коло́да карт pack of cards; игра́ть в ~ы play cards; име́ть хоро́шие ~ы have a good hand; сдава́ть ~ы deal* (round) the cards; тасова́ть ~ы shuffle the cards; ему́ везёт в ~ы he is lúcky at cards; ◇ раскры́ть свои́ ~ы throw* up, *или* show*, one's cards / hand [θrou... ʃou...]; ста́вить на ~у (*вн.*) *разг.* stake (*d.*); поста́вить всё на ~у stake one's all; его́ ~ би́та his game is up.

**карта́в||ить** burr. **~ость** *ж.* burr. **~ый 1.** (*о звуке*) pronóunced gútturally; **2.** (*о человеке*) búrring.

**картёжн||ик** *м.* gámbler. **~ый** gámbling; ~ая игра́ gámbling.

**картезиа́н||ец** *м.*, **~ский** *филос.* Càrtésian [-zɪən].

**картели́рование** [-тэ-] *с.* cártèllìzing.

**карте́ль** [-тэ́-] *м. и ж. эк.* cártèl.

**карте́чный** *прил. к* карте́чь.

**карте́чь** *ж.* **1.** *воен.* cáse-shòt ['keɪs-], cánister(-shòt); **2.** (*крупная дробь*) búck-shòt.

**карти́н||а** *ж.* **1.** (*в разн. знач.*) pícture; (*о живописи тж.*) páinting, cánvas; ~ ма́сляными кра́сками óil-páinting; такова́ ~ (*рд.*) such is the pícture (of); нарисова́ть ~у чего́-л. (*перен.*) paint a pícture of smth.; **2.** *театр.* scene; ◇ живы́е ~ы tableaux (vivants) [tɑː'blou viː'vɑːŋ]. **~ка** *ж.* pícture; кни́га с ~ками pícture-book; лубо́чные ~ки cheap pópular prints; переводны́е ~ки tránsfers; мо́дная ~ка fáshion-plate. **~ный 1.** *прил. к* карти́на 1; *тж.* pictórial; ~ная галере́я pícture-gàllery; **2.** (*живописный*) picturésque.

**картогра́мма** *ж.* cártogràm.

**карто́граф** *м.* càrtógrapher. **~и́ровать** (*вн.*) draw* a map (of). **~и́ческий** càrto¦gráphic(al).

**картогра́фия** *ж.* càrtógraphy.

**карто́н** *м.* páste¦board ['peɪ-], cárdboard.

**картона́ж||и** *мн.* (*ед.* картона́ж *м.*) cárdboard árticles. **~ный 1.** *прил. к* картона́жи; ~ная фа́брика fáctory of cárdboard árticles; **2.** (*картонажный*) cárdboard (*attr.*): ~ные изде́лия cárdboard árticles.

**карто́н||ка** *ж.* páste¦board-bòx ['peɪ-]; (*для шляп*) hát-bòx, bánd-bòx. **~ный** *прил. к* карто́н.

**картоте́ка** *ж.* card índèx.

**картофелекопа́лка** *ж. с.-х.* potátò-digger.

**картофелепоса́дочн||ый:** ~ая маши́на = картофелесажа́лка.

**картофелесажа́лка** *ж. с.-х.* potátò-plànter [-ɑːn-], potátò-plánting machíne [-ɑːn- -'ʃiːn]; ~ для квадра́тно-гнездово́й поса́дки potátò-plànter for squáre-clùster plánting [...-ɑːn-].

**картофелеубо́рочный:** ~ комба́йн potátò-picking cómbine.

**карто́фелина** *ж. разг.* potátò.

**карто́фель** *м. тк. ед.* **1.** potátòes *pl.*; жа́реный ~ fried potátòes; chips *pl.*; **2.** (*растение*) potátò plant [...-ɑːnt]; ◇ ~ в мунди́ре *разг.* (*варёный*) potátòes boiled in their skins / jáckets; (*печёный*) potátòes baked in their skins / jáckets. **~ный** potátò (*attr.*); ~ная мука́ potátò flour; ~ное пюре́ mashed potátòes *pl.*, potátò mash; ~ная шелуха́ potátò péelings *pl.*

**ка́рточ||ка** *ж.* (*в разн. знач.*) card; (*фотографическая*) phóto:gràph; катало́жная ~ índèx card; ~ вин wine-list; ~ ку́шаний bill of fare, ménù. **~ный 1.** card (*attr.*); ~ный стол cárd-tàble; ~ный долг gámbling-dèbt [-det]; **2.** *прил. к* ка́рточка; ~ный катало́г card índèx, card cátalògue; ~ная систе́ма rátion:ing sýstem ['ræ-...]; ◇ ~ный до́мик house* of cards [haus...].

**карто́шк||а** *ж. разг.* = карто́фель *и* карто́фелина; сажа́ть, копа́ть ~у plant, dig* potátòes [-ɑːnt...]; ◇ нос ~ой *разг.* búlbous nose.

**карту́з** I *м.* (*головной убор*) (vísored) cap ['vaɪz-...].

**карту́з** II *м. воен.* (*зарядный*) pówder bag.

**карту́шка** *ж.* (*компаса*) cómpass card ['kʌ-...].

**карусе́ль** *ж.* róundabout, mérry-go-round, whírl:gig [-gɪg].

**ка́рцер** *м.* púnishment room ['pʌ-...]; (*в тюрьме*) púnishment cell.

**карье́р** I *м.* (*аллюр*) full gállop; ◇ с ме́ста в ~ *разг.* straight a:wáy.

**карье́р** II *м. горн.* (*каменоломня*) quárry; (*песочный*) sánd-pit.

**карье́р||а** *ж.* caréer; нача́ть ~у begin* one's caréer; (с)де́лать ~у make* one's caréer; make* one's way up *разг.*; бы́стро (с)де́лать ~у obtáin quick promótion. **~и́зм** *м.* sélf-séeking. **~и́ст** *м.* caréerist, óffice-seeker; pláce-hùnter, clímber ['klaɪ-] *разг.*; gó-gétter [-'ge-] *амер.*

**каса́ни||е** *с.* cóntàct; то́чка ~я *мат.* point of cóntàct.

**каса́тельная** *ж. скл. как прил. мат.* tángent [-ndʒ-].

**каса́тель||но** *предл.* (*рд.*) tóuching ['tʌ-]; concérning. **~ство** *с.* (*к*) connéction (with), ány:thing to do (with); к э́тому он не име́ет никако́го ~ства he has no connéction with it, he has nothing to do with it.

**каса́тка** *ж.* **1.** (*ласточка*) swállow; **2.** *ласк.* dárling.

**каса́||ться,** косну́ться **1.** (*рд. тв.*; *дотрагиваться*) touch [tʌtʃ] (*d.* with); **2.** (*рд.*; *упоминать*) touch (up:ón); **3.** (*рд.*; *иметь отношение*) concérn (*d.*), applý (to); э́то его́ не ~ется it is not his búsiness [...'bɪznɪs]; те, кого́ э́то ~ется those who are concérned (in); ◇ что ~ется as to, as regárds; что ~ется его́ as to him, for his part, as far as he is concérned; что ~ется второ́го вопро́са as regárds the sécond quéstion [...'se- -stʃən].

**~ющийся** *прич. и прил.* (*рд.*) concérning (*d.*); *прил. тж.* pértinent (to).

**ка́ска** *ж.* hélmet.

**каска́д** *м.* càscáde. **~ный** *театр.* músic-hàll [-zɪk-] (*attr.*).

**ка́сса** *ж.* **1.** (*в магазине*) cáshbòx; till; (*билетная*) bóoking-òffice; театра́льная ~ bóx-òffice; несгора́емая ~ safe, stróng-bòx; **2.** (*денежная наличность*) cash; **3.** (*учреждение*): ~ взаимопо́мощи mútual insúrance / bénefit fund [...-'ʃuə-...], mútual aid fund; сберега́тельная ~ sávings-bànk; **4.** *полигр.* case [-s].

**кассацио́нн||ый** *прил. к* касса́ция; ~ суд Court of Appéal / Càssátion [kɔːt...]; ~ая жа́лоба appéal.

**касса́ци||я** *ж. юр.* càssátion; пода́ть ~ю appéal to a Court of Càssátion [...kɔːt...].

**кассе́та** *ж. фот.* (*для плёнки*) càsétte [kɑː-]; (*для пластинок*) pláte-hòlder.

**касси́р** *м.* càshier.

**касси́ровать** *несов. и сов.* (*вн.*) *юр.* annúl (*d.*), revérse (*d.*).

**касси́рша** *ж.* càshíer.

**ка́ссов||ый** *прил. к* ка́сса; ~ая кни́га cásh-book; ~ счёт cásh-accóunt.

**ка́ста** *ж.* caste [kɑːst].

**кастанье́ты** *мн.* (*ед.* кастанье́та *ж.*) càstanéts.

**кастеля́нша** *ж.* mátron, línen mánagerèss ['lɪ-...].

**касте́т** *м.* knúckle-dùster; bráss-knùckles *pl. амер.*

**ка́стовый** *прил. к* ка́ста.

**кастóр** *м. текст.* cástor.

**касто́рка** *ж. тк. ед. разг.* cástor oil.

**касто́ров||ый** I: ~ое ма́сло cástor oil.

**касто́ров||ый** II **1.** *прил. к* касто́р; **2.** *уст.* (*из бобрового меха*) béaver (*attr.*); ~ая шля́па béaver (hat).

**кастр||а́т** *м.* càstráted male. **~а́ция** *ж.* càstrátion, emàsculátion. **~и́ровать** *несов. и сов.* (*вн.*) càstráte (*d.*), emásculàte (*d.*); (*животное*) geld* [ge-] (*d.*).

**кастрю́ля** *ж.* pan, stéw-pàn, sáuce:pàn.

**кат** *м. мор.* cat; ~-ба́лка cát:head [-hed].

**катава́сия** *ж. разг.* confúsion, row.

**катакли́зм** *м.* cátaclysm.

**катако́мбы** *мн.* cátacòmbs [-koumz].

**катале́ктика** *ж. лит.* càtaléxis, càtaléctic verse.

**катале́п||сия** *ж. мед.* cátalèpsy. **~тик** *м.* càtaléptic. **~ти́ческий** càtaléptic.

**ката́лиз** *м. хим.* catálysis. **~а́тор** *м.* cátalyst.

**катало́г** *м.* cátalògue; предме́тный ~ súbject cátalògue. **~иза́тор** *м.* cátalòguer. **~изи́ровать** *несов. и сов.* (*вн.*) cátalògue (*d.*).

**катало́жн||ая** *ж. скл. как прил.* cátalògue room. **~ый** *прил. к* катало́г.

**ката́ние** I *с.* (*прогулка*) drive; ~ в экипа́же dríving; ~ верхо́м ríding; ~ на конька́х skáting; фигу́рное ~ (на конька́х) figure skáting; па́рное ~ (на конька́х) pair skáting; ~ с гор tobógganing; ~ на ло́дке bóating.

**ката́ние** II *с.* rólling (*ср.* ката́ть II); ~ в коля́сочке whéeling.

**ка́танье** *с.*: не мытьём, так ~м ≅ by hook or by crook.

**катапу́льта** *ж. ист. воен., ав.* cátapùlt.
**ката́р** *м.* catárrh; ~ желу́дка catárrh of the stómach [...'stʌmək].
**катара́кта** *ж. мед.* cátaràct.
**катара́льный** catárrhal.
**катастро́ф||а** *ж.* catástrophe [-fɪ]; железнодоро́жная ~ ráilway áccident, train smash; экономи́ческая ~ èconómic disáster [iːk- -'zɑː-]. **~и́ческий** càtastróphic(al), disástrous [-'zɑː-]; **~и́ческие** после́дствия disástrous efféects.
**ката́ть** I (*вн.*; *в экипаже и т. п.*) drive* (*d.*), take* for a drive (*d.*).
**ката́ть** II, *опред.* кати́ть, *сов.* покати́ть (*вн.*) **1.** roll (*d.*); (*на колёсах*) wheel (*d.*), trundle (*d.*); **2.** *тк. неопред.*: ~ бельё mangle linen / clothes [...'lɪ-kloudz]; (*ср.* кати́ть).
**ката́ться** I (*на машине, в экипаже и т. п.*) go* for a drive; ~ на ло́дке boat, go* bóating; ~ на конька́х skate, go* skáting; ~ с гор tobóggan; ~ на велосипе́де bícycle ['baɪ-], cycle; ~ верхо́м ride*.
**ката́ться** II, *опред.* кати́ться, *сов.* покати́ться roll; (*ср.* кати́ться); ◇ ~ со́ смеху *разг.* split* one's sides with láughter [...'lɑːf-]; как сыр в ма́сле ~ *разг.* ≅ live in clóver [lɪv...].
**катафа́лк** *м.* cátafàlque; (*похоронные дроги*) hearse [həːs], bier.
**категори́ч||ески** *нареч.* càtegórically; (*отказываться, отрицать и т. п.*) flátly. **~еский** càtegórical; (*об отказе, отрицании и т. п.*) flat; **~еский** отка́з flat refúsal [...-z°l]; **~еское** приказа́ние explícit órder. **~ный** = категори́ческий.
**катего́рия** *ж.* cátegory; *спорт.* class.
**ка́тер** *м. мор.* launch; сторожево́й ~ patról boat [-oul...]; торпе́дный ~ mótor tòrpédò-boat; парово́й ~ stéam-launch.
**ка́тет** *м. мат.* cáthetus.
**кате́тер** [-тэ́тэр] *м. мед.* cátheter.
**катехи́зис** *м. рел.* cátechism [-k-].
**кати́ть,** покати́ть **1.** (*вн.*) *см.* ката́ть II 1; **2.** (*без доп.*; *ехать*) drive*; (*об экипаже и т. п.*) bowl alóng [boul...]. **~ся,** покати́ться roll; **~ся** с горы́ slide* dównhill; **~ся** по́д гору go* dównhill.
**като́д** *м. физ.* cáthòde. **~ный** *физ.* cathódic.
**като́к** I *м.* (*на льду*) skáting-rìnk.
**като́к** II *м.* **1.:** доро́жный ~ róad-ròller; **2.** (*для белья*) mangle, rólling-prèss.
**като́л||ик** *м.* (Róman) cátholic. **~ици́зм** *м.* (Róman) cathólicism. **~и́ческий** (Róman) cátholic. **~и́чество** *с.* = католици́зм.
**ка́тор||га** *ж.* pénal sérvitùde, hard lábour; (*перен. тж.*) drúdgery; отправля́ть на **~гу** (*вн.*) condémn to pénal sérvitùde (*d.*). **~жа́нин** *м.*, **~жа́нка** *ж.*: полити́ческий **~жа́нин** fórmer polítical cónvict.
**ка́торжн||ик** *м.* cónvict. **~ый** *прил. к* ка́торга; (*перен.*) very hard, báck-breaking [-breɪk-], ùnbéarable [-'bɛə-]; **~ые** рабо́ты pénal sérvitùde *sg.*; hard lábour *sg.*; **~ая** тюрьма́ cónvict prison [...'prɪz-]; **~ая** рабо́та (*перен.*) drúdgery.
**кату́ш||ечный** *прил. к* кату́шка. **~ка** *ж.* **1.** reel, bóbbin; *текст.* spool; **2.** *эл.* coil, bóbbin; (*для провода*) reel; индукцио́нная **~ка** indúction coil.
**ка́тышек** *м. разг.* péllet.

**катю́ша** *ж. воен. разг.* múlti-rail rócket projéctor, rócket-trùck.
**кауза́льный** *филос.* cáusal [-z-].
**каусти́ческ||ий** *хим.* cáustic; **~ая** со́да cáustic sóda.
**каучу́к** *м.* (Índia)rúbber, cáoutchouc ['kautʃuk]; синтети́ческий ~ synthétic rúbber. **~овый** *прил. к* каучу́к.
**каучуко||но́сный:** **~но́сные** расте́ния rúbber-bearing plants [-bɛə- plɑː-]. **~но́сы** = каучуконо́сные расте́ния *см.* каучуконо́сный.
**кафе́** [-фэ́] *с. нескл.* café (*фр.*) ['kæfeɪ]; cóffee-house* [-fɪhaus]; ~-конди́терская téa-room.
**ка́федр||а** *ж.* **1.** chair; (*для оратора*) róstrum (*pl.* -ra); (*в церкви*) púlpit ['pul-]; **2.** (*в учебном заведении, научном учреждении*) chair, depártment, fáculty; ~ исто́рии chair of hístory, hístory fáculty, hístory depártment; получи́ть **~у** get* a chair; заве́довать **~ой** hold* the chair, head the depártment [hed...].
**кафедра́льный** cathédral; ~ собо́р cathédral.
**ка́фель** *м.* glazed / Dutch tile, dalle, stone tile. **~ный** *прил. к* ка́фель; *тж.* tiled.
**кафешанта́н** [-фэ-] *м.* café chantant (*фр.*) ['kæfeɪ'ʃɑːntɑːŋ]. **~ный** *прил. к* кафешанта́н.
**кафта́н** *м.* cáftan (*long tunic with waist-girdle*).
**кахети́нское** *с. скл. как прил.* (*вино*) Cahétian wine.
**кацаве́йка** *ж.* katsavèyka (*short fur-trimmed jacket*).
**кача́лка** *ж.* (*кресло*) rócking-chair; конь-~ rócking-hòrse.
**кача́ние** *с.* **1.** rócking, swínging; (*колебание*) òscillátion, swáying; (*маятника и т. п.*) swing; **2.** (*насосом*) púmping.
**кача́||ть,** качну́ть **1.** (*вн.*) rock (*d.*), swing* (*d.*); (*ребёнка на руках*) dandle (*d.*); ~ колыбе́ль rock the cradle; ве́тер **~ет** дере́вья the wind shakes the trees [...wɪ-...]; **2.** *безл.*: ло́дку **~ет** the boat is rólling / rócking and pítching; его́ **~ло** из стороны́ в сто́рону he was réeling from side to side; **3.** (*вн.*; *насосом*) pump (*d.*); ◇ ~ голово́й shake* one's head [...hed]. **~ться,** качну́ться **1.** rock, swing*; **2.** (*пошатываться*) reel, stágger.
**каче́ли** *мн.* swing *sg.*
**ка́чественн||ый** (*в разн. знач.*) quálitàtive; ~ скачо́к *филос.* quálitàtive leap; **~ое** измене́ние quálitàtive change [...tʃeɪndʒ]; ~ ана́лиз *хим.* quálitàtive análysis (*pl.* -sès [-siːz]).
**ка́честв||о** *с.* **1.** (*в разн. знач.*) quálity; высо́кого, ни́зкого **~а** of high, inférior quálity; брига́да отли́чного **~а** fírst-cláss / fírst-ràte brigáde / team, crack brigáde / team; проду́кция отли́чного **~а** tóp-quàlity goods [...gudz] *pl.*; перехо́д коли́чества в ~ *филос.* trànsítion from quántity to quálity [-ʒən...]; коли́чество перехо́дит в ~ quántity is trànsfórmed into quálity; **2.** *шахм.* exchánge [-'tʃeɪ-]; вы́играть ~ win* the exchánge; ◇ в **~е** (*рд.*) in the capácity (of); as.
**ка́чк||а** *ж.* tóssing; килева́я ~ *мор.* pítching; бокова́я ~ *мор.* rólling; не переноси́ть **~и** be a bad sáilor.
**качну́ть(ся)** *сов. см.* кача́ть(ся).

**ка́ш||а** *ж.* pórridge, gruel [-uəl]; (*перен.*) *разг.* jumble; гре́чневая ~ búckwheat pórridge; моло́чная ~ milk pórridge; ◇ завари́ть ~у *разг.* ≅ stir up trouble [...trʌbl]; make* a mess; ну, и завари́л ~у! hasn't he made a mess of it?, he has made a fine mess of it!; расхлёбывать ~у *разг.* put* things right; сам завари́л ~у, сам и расхлёбывай ≅ you made the broth, now sup it!; у него́ ~ во рту *разг.* he mumbles; с ним ~и не сва́ришь *разг.* you won't get ány¦whère with him [...wount...]; берёзовая ~ *разг.* the birch; его́ сапоги́ ~и про́сят *разг.* ≅ his boots are yáwning at the toes.

**кашало́т** *м. зоол.* cáchalòt [-ʃ-], spérm-whàle.

**кашева́р** *м. уст.* mán-cook in a military únit.

**ка́шель** *м.* cough [kɔf].

**кашеми́р** *м. текст.* càshmére. **~овый** *прил. к* кашеми́р.

**каши́ца** *ж.* thin gruel [...-uəl]; бума́жная ~ páper pulp.

**ка́шка** I *ж. уменьш. от* ка́ша; (*для ребёнка*) pap.

**ка́шка** II *ж. разг.* (*клевер*) clóver.

**ка́шлянуть** *сов.* give* a cough [...kɔf].

**ка́шлять 1.** cough [kɔf]; **2.** (*страдать кашлем*) have a cough.

**кашне́** [-нэ́] *с. нескл.* múffler, scarf*; (*тёплое тж.*) cómforter ['kʌm-].

**кашта́н** *м.* **1.** chéstnùt [-sn-]; **2.** (*дерево*) chéstnùt, chéstnùt-tree [-sn-]; ко́нский ~ hórse-chéstnùt [-sn-]; ◇ таска́ть ~ы из огня́ pull the búrning chéstnùts out of fire [pul...]; be smb.'s cát's-paw. **~овый 1.** chéstnùt [-sn-] (*attr.*); ~овая ро́ща chéstnùt grove; **2.** (*о цвете*) chéstnùt(-còlour¦ed) [-sn- -kʌləd]; ~овые во́лосы chéstnùt-còlour¦ed hair *sg.*

**каю́та** *ж.* room, cábin; (*пассажирская тж.*) státe-room.

**каю́т-компа́ния** *ж.* méss(-room); (*офицерская на военном корабле*) wárd-room.

**ка́яться,** пока́яться, раска́яться **1.** *при сов.* раска́яться (в *пр.*) repént (*d.*, of); он сам тепе́рь ка́ется he is sórry for it him¦sélf now; (*ср.* раска́иваться); **2.** *при сов.* пока́яться (в *пр.*) conféss (*d.*); **3.** *как вводн. сл.*: я, ка́юсь, ма́ло об э́том ду́мал I conféss, *или* I am sórry to say, I scárce¦ly thought of it [...-ɛəs-...].

**квадра́нт** *м.* **1.** *мат.* quádrant ['kwɔ-]; **2.** (*артиллерийский*) gúnner's clinómeter / quádrant [...klaɪ-...].

**квадра́т** *м.* square; возводи́ть в ~ (*вн.*) square (*d.*), raise to the sécond pówer [...'se-...] (*d.*); в ~е squared.

**квадра́тно-гнездово́й** squáre-clùster (*attr.*); ~ ме́тод поса́дки squáre-clùster plánting [...-ɑːnt-].

**квадра́т||ный** square; ~ ко́рень *мат.* square root; ~ные ме́ры square méasures [...'meʒ-]; ~ метр square metre; ~ное уравне́ние *мат.* quadrátic equátion. **~у́ра** *ж.* quádrature; ~у́ра кру́га squáring the circle.

**ква́к||анье** *с.* cróaking. **~ать** croak. **~нуть** *сов.* croak, give* a croak; гро́мко ~нуть give* a loud croak.

**квалификацио́нн||ый** *прил. к* квалифика́ция; ~ая коми́ссия board of éxpèrts.

**квалифика́ц||ия** *ж.* quàlificátion, skill; произво́дственная ~ proféssional skill; рабо́чие различной ~ии wórkers of different skills; повыше́ние ~ии impróve¦ment in *one's* skill [-ruːv-...]; повыша́ть ~ию raise *one's* quàlificátion, impróve *one's* (proféssional) skill [-ruːv...].

**квалифици́рованн||ый 1.** *прич. см.* квалифици́ровать; **2.** *прил.* skilled, trained; ~ рабо́чий skilled / trained wórker; ~ труд skilled lábour; ~ая рабо́чая си́ла skilled mán-power.

**квалифици́ровать** *несов. и сов.* (*вн.*) quálifỳ (*d.*).

**квант** *м.*, **ква́нта** *ж. физ.* quántum (*pl.* -ta).

**ква́нтов||ый** *прил. к* квант; ~ая теóрия *физ.* quántum théory [...'θɪə-]; ~ая меха́ника quántum mechánics [...-'kæ-].

**ква́рта** *ж.* **1.** quart; **2.** *муз.* fourth [fɔːθ]; **3.** *спорт.* quart [kɑːt], carte.

**кварта́л** *м.* **1.** (*четверть года*) quárter; **2.** (*часть города*) block; но́вые жилы́е ~ы new hóusing estátes, new blocks of flats.

**кварта́льный 1.** *прил. к* кварта́л 1; *тж.* quárterly; ~ отчёт quárterly accóunt; **2.** *прил. к* кварта́л 2; **3.** *м. как сущ. ист.* nón-commissioned police ófficer [...-'liːs...].

**кварте́т** *м. муз.* quàrtét(te). **~ный** *прил. к* кварте́т.

**кварти́р||а** *ж.* **1.** (*из нескольких комнат*) flat, apártment; (*из одной комнаты*) room, óne-róom flat; сдаётся ~ flat / apártment is to let; ~ и стол board and lódging; **2.** *мн. воен.* billets, quárters; зи́мние ~ы winter quárters; ◇ гла́вная ~ *воен.* géneral héad-quárters [...'hed-] *pl.* **~а́нт** *м.*, **~а́нтка** *ж.* lódger; (*снимающий целую квартиру*) ténant ['te-].

**квартирме́йстер** *м.* quártermàster.

**кварти́рн||ый 1.** *прил. к* кварти́ра 1; ~ая пла́та rent; ~ хозя́ин, ~ая хозя́йка = квартирохозя́ин, квартирохозя́йка; **2.** *воен.* billeting.

**квартирова́ть 1.** *уст. разг.* lodge; **2.** *воен.* be billeted.

**квартиро||нанима́тель** *м.*, **~нанима́тельница** *ж.* ténant ['te-]. **~хозя́ин** *м.* lándlòrd. **~хозя́йка** *ж.* lándlàdy.

**квартирье́р** *м. воен.* mémber of billeting párty; ~ы, кома́нда ~ов billeting párty.

**квартпла́та** *ж. разг.* = кварти́рная пла́та *см.* кварти́рный 1.

**кварц** *м. мин.* quartz [-ts]. **~евый** *прил. к* кварц; ~евая ла́мпа quartz lamp [-ts...].

**кварци́т** *м. мин.* quártzite [-ts-].

**квас** *м.* kvass [-ɑː-]; хле́бный ~ bread kvass [bred...].

**ква́сить** (*вн.*) make* sour (*d.*).

**квасно́й** *прил. к* квас; ◇ ~ патриоти́зм jíngo¦ism.

**квасцо́вый** *хим.* alúminous.

**квасцы́** *мн. хим.* álum ['æ-] *sg.*

**ква́шен||ый** ferménted, sour; (*о тесте*) léavened ['lev-]; ~ая капу́ста sáuerkraut ['sauəkraut].

**квашня́** *ж.* knéading trough [...trɔf], dóugh-trough ['doutrɔf].

**кве́рху** *нареч.* up, úpwards [-dz].

**квершла́г** *м. горн.* cróss-cùt.

**квиети́зм** *м.* quietism.

**квинт||а** *ж. муз.* quint; ◇ повéсить нос на ~у *разг.* ≅ look dejécted.

**квинтéт** *м. муз.* quintét(te).

**квинтэссéнция** *ж.* quintéssence.

**квитанциóнн||ый** *прил. к* квитáнция; ~ая кни́жка recéipt-book [-'si:t-].

**квитáнция** *ж.* recéipt [-'si:t], acknówledge¦ment [ək'nɔ-]; багáжная ~ lúggage / bággage tícket.

**кви́ты** *разг.*: мы с вáми ~ we are quits.

**квóрум** *м.* quórum; нет ~а there is no quórum; обеспéчить ~ secúre a quórum.

**квóта** *ж. эк.* quóta.

**кéгель** *м.* = кегль.

**кегельбáн** *м. спорт.* skíttle-àlley, bówling-àlley ['bou-].

**кéгли** *мн.* (*ед.* кéгля *ж.*) skittles; игрáть в ~ play skittles.

**кегль** *м. полигр.* point, size of type; ~ 8 eight points.

**кедр** *м. бот.* cédar; сиби́рский ~ Sìbérian cédar [saɪ-...]; гималáйский ~ déodàr ['dɪ-]. **~óвый** cédar; ~óвый opéx cédar nut.

**кекс** *м.* plúm-càke.

**келéйн||о** *нареч.* prívate¦ly ['praɪ-], in cámera. **~ый** sécret, prívate ['praɪ-].

**кéльнер** *м.* wáiter.

**кельт** *м.* Celt, Kelt; шотлáндский ~ Gael [geɪl]. **~ский** Céltic, Kéltic; ~ский язы́к Céltic.

**кéлья** *ж.* cell.

**кем** *тв. см.* кто; нé... **кем** *см.* не 2; ни... кем *см.* ни II 2.

**кенáф** *м. бот.* kenáf.

**кенгурý** *м. нескл. зоол.* kàngaróo.

**кенды́рь** *м. бот.* kéndyr.

**кенотрóн** *м. рад.* réctifier tube.

**кентáвр** *м. миф.* céntaur.

**кéп||и** *с. нескл.* képi. **~ка** *ж. разг.* trável-ling-càp.

**керáм||ика** *ж.* cerámics. **~и́ческий** cerámic.

**керосáн** *м.* kérosène. **~ка** *ж.* óil-stòve. **~овый** kérosène (*attr.*); ~овая лáмпа kéro-sène / oil lamp.

**кéсарев**: ~о сечéние *мед.* Caesárean òpe-rátion [-'zεə-...].

**кéсарь** *м. уст.* Cáesar [-zə].

**кессóн** *м. тех.* cáisson; cóffer-dàm. **~ный** *прил. к* кессóн; ◇ ~ная болéзнь the bends *разг.*; áeroémbolism ['εərə'em-].

**кéт||а** *ж.* Sibérian sálmon [saɪ- 'sæmən]. **~овый** *прил. к* кéта; ~овая икрá red cáviàre [...-ɑ:].

**кетóн** *м. хим.* kétòne ['ki:-].

**кефáль** *ж.* grey múllet.

**кефи́р** *м.* kéfir.

**киби́тка** *ж.* **1.** kibítka (*hooded cart or sledge*); **2.** (*жилище кочевников*) nómad tent ['nɔ-...].

**кивáть,** кивнýть **1.** (*головой*) nod (one's head) [...hed]; (*в знак согласия*) nod assént; ~ одобри́тельно nod one's appróval [...ə'pru:-]; **2.** (на *вн.*; *указывать кивком*) mótion (to); (*перен.*) allúde (to); *тк. несов. разг.* (*сваливать вину*) put* the blame (on).

**ки́вер** *м. воен. ист.* shákò ['ʃæ-].

**кив||нýть** *сов. см.* кивáть. **~óк** *м.* nod.

**кид||áть,** ки́нуть (*вн.*) *разг.* throw* [θrou] (*d.*), cast* (*d.*), fling* (*d.*); ~ камня́ми (в *вн.*) shy / fling* / throw* stones (at); (*ср. тж.* бросáть); ◇ ки́нуть комý-л. упрёк cast* it in smb.'s teeth; ~ жрéбий throw* / cast* lots; его́ ~áет в жар и хóлод he feels hot and cold all óver.

**кидáться,** ки́нуться *разг.* **1.** throw* / fling* òne¦sélf [θrou...]; ~ комý-л. на шéю throw* òne¦sélf on smb.'s neck; throw* one's arms round smb.'s neck; ~ комý-л. в объя́тия throw* òne¦sélf into smb.'s arms; ~ из стороны́ в стóрону rush from side to side; собáка ки-дáется на прохóжих the dog attácks pássers-bý; **2.** *тк. несов.* (*тв.*; *бросать*) throw* (*d.*), fling* (*d.*), shy (*d.*); ~ камня́ми throw* stones; **3.** *страд. к* кидáть; (*ср. тж.* бросáться); ◇ ~ со всех ног rush (as fast as one can); ки́-нуться бежáть rush / dash a¦wáy, take* to one's heels.

**кизи́л** *м.*, **кизи́ль** *м. тк. ед.* **1.** *собир.* córnel; Còrnélian chérries *pl.*; **2.** (*об отдельной ягоде*) Còrnélian chérry; **3.** (*дерево*) córnel (-tree), Còrnélian-chérry-tree.

**кий** *м.* (bílliard) cue.

**кики́мора** *ж. фольк.* Níghtmàre; (*перен.*) *разг.* fright.

**килев||áние** *с. мор.* caréening, caréenage. **~áть** *мор.* caréen. **~óй** *прил. к* киль **1**; ~áя кáчка pitching.

**килó** *с. нескл. разг.* = килогрáмм.

**киловáтт** *м. эл.* kílowàtt; ~-чáс kílowàtt-hour [-auə].

**килогрáмм** *м.* kílogràmme [-græm], kílo-gràm.

**килогрáмм-калóрия** *ж.* kílò¦càlorie ['ki:-], large cálorie.

**килограммомéтр** *м. физ.* kílogràmmètre.

**килокалóрия** *ж.* = килогрáмм-калóрия.

**килоли́тр** *м.* kílolitre [-li:-].

**киломéтр** *м.* kílomètre.

**киль** *м.* **1.** *мор.* keel; **2.** *ав.* fin.

**кильвáтер** *м. мор.* wake; строй ~а line ahéad [...ə'hed]; cólumn *амер.*; идти́ в ~ (*дт.*) steam / sail in the wake (of).

**ки́лька** *ж.* sprat; *мн.* (*консервы*) spiced sprats.

**кимвáл** *м. ист. муз.* cýmbal.

**кимóграф** *м.* ký́mo¦gràph.

**кимонó** *с. нескл.* kimónò.

**кинемáтика** *ж. физ.* kinemátics [kaɪ-].

**кинематó||граф** *м.* cinema, cinemátogràph. **~графи́ческий** cinemàtográphic; ~графи́чес-кий проекциóнный аппарáт cinemátogràph projéctor, film projéctor. **~грáфия** *ж.* cine-matógraphy.

**кинéт||ика** *ж.* kinétics [kaɪ-]. **~и́ческий** *физ.* kìnétic [kaɪ-]; ~и́ческая энéргия kinétic énergy.

**кинжáл** *м.* dágger, póniard; заколóть ~ом (*вн.*) stab with a dágger (*d.*), póniard (*d.*).

**кинó** *с. нескл.* **1.** cinema; звуковóе ~ tálking píctures *pl.*, sóund-píctures *pl.*; tálkies *pl. разг.*; **2.** (*кинотеатр*) pícture pálace; pícture house* [...-s]; **3.** = кинематогрáфия.

**кино-** (*в сложн. словах*) mótion pícture (*attr.*), screen (*attr.*), film (*attr.*).

**кино||аппарáт** *м.* (*съёмочный*) cámera. **~аппаратýра** *ж.* cinemàtográphic equípment. **~арти́ст** *м.* film / screen áctor. **~арти́стка** *ж.* film / screen áctress. **~ательé** [-тэ-] *с.* film stúdiò.

**ки́новарь** *ж.* cínnabàr.

**кино||журна́л** *м.* néws-reel [-z-]. **~звезда́** *ж.* film star. **~зри́тель** *м.* film-gòːer. **~иску́сство** *с.* cinemàtográphic art. **~карти́на** *ж.* film, phótoːplay. **~коме́дия** *ж.* cómedy film. **~ле́нта** *ж.* film. **~меха́ник** *м.* cinema óperàtor. **~обслу́живание** *с.* cinema facilities *pl.*, cinema èntertáinment. **~опера́тор** *м.* cámera-màn.* **~передви́жка** *ж.* pórtable film projéctor. **~плёнка** *ж.* film. **~промы́шленность** *ж.* cinemàtográphic industry. **~рабо́тник** *м.* cinema wórker. **~режиссёр** *м.* cinema prodúcer, mótion picture prodúcer. **~рекла́ма** *ж.* cinema advértiseːment [...-s-]. **~сеа́нс** *м.* cinema show [...ʃou]. **~сту́дия** *ж.* film stúdiò. **~сцена́рий** *м.* scenáriò [sɪ'nɑːrɪou]. **~съёмка** *ж.* filming, shóoting. **~теа́тр** *м.* cinema, (móving-)picture pálace ['muː-...]; móvie house* ['muː- -s] *амер.* **~устано́вка** *ж.* film projéctor, cinema únit; передвижна́я ~устано́вка pórtable film projéctor. **~фа́брика** *ж.* cinema fáctory. **~фестива́ль** *м.* film féstival.

**кинофика́ция** *ж.* spréading of the cinema ['spred-...]; inːclúsion in cinema circuit [...-kɪt]; (*приспособление помещения для киносеансов*) àdàptátion for the cinema.

**кино||фи́льм** *м.* film, mótion picture. **~фици́ровать** *несов. и сов.* (*вн.*) inːclúde in cinema circuit [...-kɪt] (*d.*); (*приспосабливать для киносеансов*) adápt for the cinema (*d.*). **~хро́ника** *ж.* néws-reel [-z-], tópical film.

**ки́нуть** *сов. см.* кида́ть. **~ся** *сов. см.* кида́ться 1.

**кио́ск** *м.* kiósk, booth [-ð]; газе́тный ~ néws-stàll ['njuːz-], néws-stànd ['njuːz-]; кни́жный ~ bóokstàll. **~ёр** *м.* kiósk minder.

**кио́т** *м. церк.* icòn-càse [-s].

**ки́па** *ж.* **1.** pile; **2.** (*бумаги*) stack; **3.** (*товара*) bale, pack.

**кипари́с** *м. бот.* cýpress. **~ный, ~овый** *прил. к* кипари́с; ~овая ро́ща cýpress grove.

**кипе́||ние** *с.* bóiling; то́чка ~ния bóiling-point.

**кип||е́ть** (*в разн. знач., тж. перен.*) boil, seethe; ~ зло́бой boil with hátred; де́ло, рабо́та ~и́т work is in full swing; ◇ как в котле́ ~ be hard pressed / driven [...'drɪ-].

**кипу́ч||есть** *ж.* tireːlessness. **~ий** bóiling, séething; ebúllient; ~ий пото́к bóiling stream; ~ий хара́ктер ebúllient / exúberant disposítion [...-'zɪ-]; ~ая де́ятельность tireːless àctivity; ~ая жизнь séething life.

**кипяти́льн||ик** *м.* bóiler. **~ый** bóiling; ~ый бак bóiler, bóiling-tànk, cópper.

**кипяти́ть**, вскипяти́ть (*вн.*) boil (*d.*). **~ся**, вскипяти́ться **1.** boil; (*перен.*) *разг.* get* excited; **2.** *страд. к* кипяти́ть.

**кипято́к** *м.* bóiling wáter [...'wɔː-].

**кипяч||е́ние** *с.* bóiling. **~ёный** boiled; ~ёная вода́ boiled wáter [...'wɔː-].

**кираси́р** *м. воен. уст.* cuirassier [kwɪræ'sɪə].

**кирги́з** *м.*, **~ка** *ж.* Kirghiz [kɪr'giːz]. **~ский** Kirghiz [kɪr'giːz]; ~ский язы́к Kirghiz, the Kirghiz lánguage.

**ки́рзов||ый:** ~ые сапоги́ tàrpáulin boots.

**кири́ллица** *ж. лингв.* Cyrillic álphabet.

**ки́рка** *ж.* kirk, Prótestant church.

**кирка́** *ж.* pick.

**киркомоты́га** *ж.* pickàxe; pick-màttock *амер.*

**кирпи́ч** *м.* brick; обожжённый ~ burnt / baked brick; необожжённый, сама́нный ~ adóbe [-bɪ]; облицо́вочный ~ front brick [frʌnt...]; класть ~и́ lay* bricks.

**кирпи́чн||ый** *прил. к* кирпи́ч; ~ заво́д brickwòrks, brick-yàrd; ~ого цве́та brick-rèd; ◇ ~ чай brick-tea, tile tea.

**кисе́йн||ый** *прил. к* кисея́; ◇ ~ая ба́рышня bréad-and-bútter miss ['bred-...].

**кисе́л||ь** *м.* kissél (*jelly-like dish*); моло́чный ~ milk kissél, milk jélly; овся́ный ~ óatmeal jélly; ◇ седьма́я вода́ на ~е́ *разг.* ≅ sécond cóusin twice remóved ['se-'kʌz-... -'muːvd]; very distant rélative; за семь вёрст ~я́ хлеба́ть *погов.* ≅ go* on a wild-goose chase [...-s], go* a long way for nothing.

**кисе́льн||ый:** моло́чные ре́ки, ~ые берега́ ≅ land flówing with milk and hóney [...'flou-... 'hʌ-], Còckáigne [-'keɪn].

**кисе́т** *м.* tobáccò-pouch.

**кисея́** *ж.* múslin [-z-].

**кисли́нк||а** *ж.*: с ~ой *разг.* tart, sóurish.

**ки́сло I** *прил. кратк. см.* ки́слый.

**ки́сло II** *нареч.* sóurly, ácidly; ~ улыба́ться *разг.* smile sóurly. **~ва́тый** sóurish; *хим.* súbːàcid.

**кислоро́д** *м.* óxygen.

**кислоро́дно-ацетиле́новый** óxy-acétylène, óxy-gàs.

**кислоро́дный** *прил. к* кислоро́д.

**кисло́сладкий** sweet and sharp.

**кислота́** *ж.* **1.** sóurness; acidity; **2.** *хим.* ácid.

**кисло́тн||ость** *ж. хим.* acidity. **~ый** acídic.

**кислотоупо́рный** *тех.* ácid-proof.

**ки́сл||ый 1.** (*прям. и перен.*) sour; ~ая капу́ста sáuerkraut ['sauəkraut]; ~ые щи sáuerkraut soup [...suːp]; ~ое молоко́ sour milk; ~ вид sour look; ~ая улы́бка sour smile; сде́лать ~ое лицо́ pull / make* a wry face [pul...]; **2.** *хим.* ácid. **~я́тина** *ж. разг. переводится об. прил.* very sour; (*перен.*) mope.

**ки́снуть 1.** turn sour; **2.** *разг.* (*быть вялым, унылым*) mope.

**киста́** *ж. мед.* cyst.

**кистеви́дный** clústering, clústery; rácemòse [-s] *научн.*

**кисте́нь** *м.* blúdgeon.

**ки́сточка** *ж.* **1.** brush; ~ для бритья́ sháving-brùsh; **2.** (*у мебели и т. п.*) tássel.

**кисть** *ж.* **1.** *бот.* clúster, bunch; ~ виногра́да bunch of grapes; **2.** (*у мебели, шнура и т. п.*) tássel; **3.** (*руки́*) hand; **4.** (*художника, тж. перен.*) brush; маля́рная ~ brush, páint-brùsh; владе́ть ~ю ply the brush.

**кит** *м.* whale.

**китаеве́д** *м.* sinològue.

**кита́ец** *м.* Chinése ['tʃaɪ-]; *мн. собир.* the Chinése.

**китаи́ст** *м.* = китаеве́д.

**кита́йский** Chinése ['tʃaɪ-]; ~ язы́к Chinése, the Chinése lánguage.

**китая́нка** *ж.* Chinése wóman* ['tʃaɪ-'wu-].

**ки́тель** *м.* túnic.

**китобо́ец** *м.* whaler, whale-boat, whale-ship.

**китобо́й** *м.* **1.** (*работающий на китобойном промысле*) whaler; **2.** (*судно*) = китобо́ец.

**китобо́йн||ый:** ~ про́мысел whále-fishing; ~ое су́дно whále-boat, whále̖r, whále¦ship; ~ая флоти́лия whāling flotilla.

**кито́вый** *прил. к* кит; ~ ус whále¦bòne, baléen; ~ жир blúbber, sperm oil; ~ про́мысел whāling.

**китоло́в** *м.* whāler.

**китоло́вный** = китобо́йный.

**китообра́зный** *зоол.* cetácean [-ʃɪən].

**кичи́ться** (*тв.*) plume òne¦sélf (on).

**кичли́в||ость** *ж.* concéit [-'siːt]. **~ый** concéited [-'siːt-], búmptious.

**кише́ть** (*тв.*) swarm (with), teem (with).

**кише́чник** *м.* *анат.* bówels *pl.*, intéstine (*об. pl.*).

**кишечнополостны́е** *мн. скл. как прил. зоол.* còelènteráta [siː-].

**кише́чн||ый** *прил. к* кише́чник *и к* кишка́ 1; ~ые заболева́ния intéstinal diséases [...-'ziːzɪz], diséases of the bówels.

**киш||ка́** *ж.* 1. *анат.* gut, intéstine; слепа́я ~ blind gut; cáecum *научн.*; то́нкие ~ки́ small intéstines; то́лстая ~ large intéstine; пряма́я ~ réctum; двенадцатипе́рстная ~ dùodénum; воспале́ние ~о́к ènteritis; 2. (*рукав для воды*) hose; полива́ть ~ко́й wáter with a hose ['wɔː-...]; ◇ ~ тонка́! *разг.* ≅ *he* has¦n't got the guts for that.

**кишла́||к** *м.* kishlák (*village in central Asia*). **~чный** *прил. к* кишла́к; ~чный сове́т kishlák Sóvièt.

**кишми́ш** *м.* cúrrants *pl.*

**кишмя́** *нареч.*: ~ кише́ть (*тв.*) *разг.* swarm (with).

**клавиату́ра** *ж.* kéyboard ['kiː-].

**клавико́рды** *мн. муз.* clávichòrd [-kɔːd] *sg.*

**кла́виш** *м.*, **~а** *ж.* key [kiː].

**клад** *м.* búried / hídden tréasure ['be-... 'tre-], hoard; (*перен.*) tréasure.

**кла́дб||ище** *с.* cémetery, búrial-ground ['be-], gráve¦yard; (*при церкви*) chúrchyàrd. **~и́щенский** *прил. к* кла́дбище; ~и́щенский сто́рож séxton.

**кла́дезь** *м.*: ~ премýдрости *шутл.* well of wísdom [...-z-].

**кла́дка** *ж.* láying; ка́менная ~ másonry ['meɪ-]; кирпи́чная ~ brickwòrk; бу́товая ~ rough wálling [rʌf...].

**кладова́я** *ж. скл. как прил.* (*для провизии*) lárder, pántry; (*для товаров*) stóre-room.

**кладо́в||ка** *ж. разг.* = кладова́я. **~щи́к** *м.* stóre¦keeper.

**кладь** *ж. тк. ед.* load.

**кла́к||а** *ж. собир. театр.* claque. **~ёр** *м. театр.* cláquer, clápper.

**клан** *м. ист.* clan.

**кла́ня||ться,** поклони́ться 1. (*дт.*) bow (to, befóre); (*приветствовать*) greet (*d.*); ~ в по́яс bow from the waist; ни́зко ~ bow low [...lou]; не ~ с кем-л. not be on spéaking terms with smb.; 2. (*дт.* от кого́-л.) give* smb.'s (best) regárds (*i.*): ~йтесь емý от меня́ give him my (best) regárds; 3. *разг.* (*просить униженно*) sue for a fávour, bow and scrape.

**кла́пан** *м.* 1. valve; подвесно́й ~ óver¦-héad valve [-'hed...]; возду́шный ~ áir-vàlve; ~ затопле́ния *мор.* flood valve [flʌd...]; 2. *муз.* vent; 3. *анат.*: серде́чный ~ mitral valve ['mɪ-...]; 4. (*на одежде, упряжи и т. п.*) flap.

**кларне́т** *м. муз.* clàrinét. **~и́ст** *м.* clàrinéttist.

**класс** I *м.* (*социальная группа*) class; рабо́чий ~ the wórking class; госпо́дствующий, пра́вящий ~ rúling class; антагонисти́ческие ~ы antàgonístic / oppósing clásses; борьба́ ~ов class struggle.

**класс** II *м.* 1. (*группа, разряд и т. п.*) class; 2. *биол.* class; ◇ показа́ть ~ рабо́ты *разг.* do some first-ráte work.

**класс** III *м.* 1. (*в школе*) class; form; 2. (*комната*) cláss-room.

**кла́ссик** *м.* (*в разн. знач.*) clássic; ~и маркси́зма-ленини́зма the clássics of Márxism--Léninism.

**кла́ссика** *ж.* the clássics *pl.*; (*о литературе тж.*) clássical líterature; (*о музыке тж.*) clássical músic [...-zɪk]; ру́сская о́перная ~ Rússian clássical óperas [-ʃən...] *pl.*

**классифи||ка́тор** *м.* clássifier. **~ка́ция** *ж.* clàssificátion; ~ка́ция расте́ний clàssificátion of plants [...-ɑːnts]; ~ка́ция нау́к clàssificátion of sciences. **~ци́ровать** *несов. и сов.* (*вн.*) clássifỳ (*d.*).

**классици́зм** *м.* clássicism.

**класси́ческ||ий** (*в разн. знач.*) clássic(al); ~ая му́зыка clássical músic [...-zɪk]; ~ое образова́ние clássical èducátion; ~ образе́ц a clássical exámple [...-'zɑː-]; (*шедевр*) máster-pìece [-piːs].

**кла́ссн||ый** 1. *прил. к* класс III; ~ая ко́мната cláss-room, schóolroom; ~ая доска́ bláck-board; ~ая рабо́та class work; ~ руководи́тель class téacher, form máster; 2. *спорт.* first-cláss; 3. *разг.* (*первоклассный*) clássy; ◇ ~ ваго́н (ráilway) cárriage [...-rɪdʒ], cóach; pássenger car [-ndʒə...] *амер.*

**кла́ссов||ость** *ж.* class cháracter [...'kæ-]. **~ый** *прил. к* класс I; ~ая борьба́ class struggle; ~ые противоре́чия class còntradíctions; ~ый враг class énemy; ~ые разли́чия class distínctions; ~ый соста́в class còmposítion [...-'zɪʃn]; ~ая дифференциа́ция class differèntiátion.

**кла́ссы** *мн.* (*детская игра*) hópscòtch *sg.*

**класть** I, положи́ть (*вн.*) 1. lay* (down) (*d.*); put* (down) (*d.*); (*помещать*) place (*d.*); ~ на ме́сто put* back (*d.*), put* in its place (*d.*), repláce (*d.*); ~ не на ме́сто misláy* (*d.*); ~ са́хар в чай put* súgar in *one's* tea [...'ʃu-...]; положи́ть себе́ на таре́лку (*рд.*, *за столом*) help òne¦sélf (to); положи́ть кому́-л. на таре́лку (*рд.*) help smb. (to); ~ кра́ски applý paint; ~ отпеча́ток leave* an ímprint; ~ но́гу на́ ногу cross one's legs; 2. *разг.* (*считать*) assign [ə'saɪn] (*d.*); ~ сто́лько-то вре́мени, де́нег на что-л. assign so much time, móney for smth. [...'mʌn...]; ◇ ~ что-л. в осно́ву base òne¦sélf on smth. [beɪs...]; assúme smth. as a básis [...'beɪ-], take* smth. as a príncìple; положи́ть на му́зыку set* to músic [...-zɪk] (*d.*); положи́ть нача́ло чему́-л. start smth., begín* smth., comménce smth., inítiàte smth.; положи́ть коне́ц чему́-л. put* an end to smth.; положи́ть жизнь за что-л. give* (up) one's life for smth.; как бог на́ душу поло́жит ány¦how; hígglédy-pígglédy; ~ зу́бы на по́лку *разг.* ≅ tighten one's belt; ~ под сукно́ shelve (*d.*), pígeon-hòle [-dʒɪn-] (*d.*); ~ я́йца (*о птице*) lay* eggs; ~ на о́бе лопа́тки throw*

[-ou] (*d.*); ~ фундáмент, основáние lay* the foundátion; ~ в лýзу, ~ шарá (*в бильярде*) pócket a ball; ~ рулѝ *мор.* put* the rúdder / wheel óver.

**класть** II, сложѝть (*стену, здание*) build* [bɪ-] (*d.*); ~ пéчку build* *a* stove.

**клáузула** *ж. юр.* clause, stìpulátion, condítion, provísò [-zou].

**клёв** *м.* bíting, bite; вчерá был удáчный ~ the físhing was good* yésterday [...-dɪ].

**клевáть,** клю́нуть **1.** (*вн.; о птице*) peck (*d.*); **2.** (*о рыбе*) bite*; ◇ ~ нóсом *разг.* nod, be drówsy [...-zɪ]; у негó дéнег кýры не клюю́т he is rólling in móney [...'mʌ-].

**клéвер** *м. бот.* clóver.

**клевет||á** *ж.* slánder ['slɑː-], cálumny, aspérsion; (*в печати*) líbel; возводѝть на когó-л. ~ý cast* aspérsions on smb.

**клевет||áть,** наклеветáть (на *вн.*) calúmniàte (*d.*), slánder ['slɑː-] (*d.*), aspérse (*d.*); smear (*d.*) *разг.* **~нѝк** *м.*, **~нѝца** *ж.*, slánderer ['slɑː-], calúmniàtor. **~нѝческий** slánderous ['slɑː-], calúmnious, defámatory; ~нѝческие обвинéния slánderous àccùsátions [...-'zeɪ-].

**клевóк** *м. разг.* **1.** peck; **2.** *воен.* burst (of shrápnel) on ímpàct; graze burst *амер.*

**клеврéт** *м. уст.* mínion, mýrmidon.

**клееварéние** *с.* glúe-boiling.

**клеев||óй** *прил. к* клей; ~áя крáска size / glue cólour [...'kʌ-], cólour-wàsh ['kʌ-].

**клеён||ка** *ж.* (*скатерть*) óil-clòth; (*тонкая для компресса и т. п.*) óilskìn. **~чатый** óil-clòth (*attr.*); (*о более тонком*) óilskìn (*attr.*); ~чатый костю́м óilskins *pl.*

**клéить** (*вн.*) glue (*d.*); (*мучным клеем*) paste [peɪ-] (*d.*); (*растительным клеем*) gum (*d.*). **~ся 1.** (*становиться липким*) be / become* sticky; **2.** (*об. с отрицанием*) *разг.* get* on; рабóта не клéится the work is not getting on at all; разговóр не клéился the cònversátion flagged; **3.** *страд. к* клéить.

**клей** *м. тк. ед.* glue; мучнóй ~ paste [peɪ-]; ры́бий ~ ísinglàss ['aɪzɪŋg-], físh-glue; птѝчий ~ bírd-lìme; растѝтельный ~ gum.

**клéйк||ий** sticky; ~ая бумáга (*для мух*) sticky páper, flý-pàper. **~овѝна** *ж.* glúten. **~ость** *ж.* stickiness.

**клейм||éние** *с.* stámping, márking, bránding. **~ёный** bránded. **~ѝть,** заклеймѝть (*вн.*) stamp (*d.*), mark (*d.*), brand (*d.*); (*перен. тж.*) stígmatìze (*d.*); ~ѝть позóром hold* up to shame (*d.*).

**клеймó** *с.* stamp, mark, brand; фабрѝчное ~ tráde-màrk; пробѝрное ~ háll-márk, mark of assáy; ◇ ~ позóра stígma.

**клéйстер** *м.* paste [peɪst].

**клёкот** *м.* scream.

**клекотáть** scream.

**клéмма** *ж. тех.* términal.

**клён** *м.* maple.

**кленóвый** *прил. к* клён.

**клепáль||ный** ríveting; ~ молотóк ríveting hámmer / gun; ~ная машѝна ríveter. **~щик** *м.* ríveter.

**клепáть** I (*вн.*) *тех.* rívet ['rɪ-] (*d.*).

**клепáть** II, наклепáть (на *вн.*) *разг.* (*клеветать*) malígn [-'laɪn] (*d.*), slánder [-ɑːn-] (*d.*); cast* aspérsions (up|ón).

**клёпк||а** *ж.* **1.** *тех.* (*действие*) ríveting; **2.** (*бочарная*) stave, lag; ◇ у негó какóй-то ~и не хватáет *разг.* ≅ he has got a screw loose [...luːs].

**клептомáн** *м. мед.* klèptò|mániàc. **~ия** *ж.* klèptòmánia.

**клерикáл** *м.* clérical. **~ѝзм** *м.* cléricalism.

**клерикáльный** clérical.

**клерк** *м.* clerk [klɑːk].

**клеровáть** (*вн.*) *тех.* refíne (*d.*), purge (*d.*); (*о сахаре*) clárifỳ (*d.*).

**клёст** *м.* (*птица*) cróssbìll.

**клéтк||а** *ж.* **1.** (*для зверей и птиц*) cage; (*для домашней птицы*) coop; (*для кроликов*) (rábbit-)hùtch; (*для сокола*) mew; сажáть в ~у (*вн.*) cage (*d.*); **2.** (*на материи*) check, chéckwòrk; (*на бумаге*) square; в ~у checked; **3.** *биол.* cell; **4.:** груднáя ~ thóràx.

**клéт||очка** *ж.* **1.** *уменьш. от* клéтка 1, 2; в ~очку = в клéтку *см.* клéтка 2; **2.** *биол.* céllùle. **~очный** *биол.* céllular.

**клетýшка** *ж. разг.* clóset ['klɔz-].

**клетчáтка** *ж.* **1.** *бот.*, *тех.* céllulòse [-lous]; **2.** *анат.* céllular tíssue.

**клéтчат||ый 1.** checked; ~ое пальтó checked coat; **2.** *биол.* céllular.

**клеть** *ж.* **1.** *уст.* clóset ['klɔz-], stóre-room; **2.** *горн.* cage.

**клёцка** *ж. кул.* klótska (*kind of dumpling*).

**клёш:** брю́ки-~ béll-bòttomed tróusers; ю́бка-~ flared skirt.

**клешнѝ** *ж.* claw, nípper.

**клещ** *м. зоол.* tick.

**клещевѝна** *ж. бот.* cástor-óil plant [...-ɑːnt].

**клéщи** *мн. тех.* píncers, nippers, tongs.

**клѝвер** *м. мор.* jib.

**клиéнт** *м.*, **~ка** *ж.* client; (*покупатель тж.*) pátron. **~ýра** *ж. тк. ед. собир.* clientèle (*фр.*) [kliːɑːn'teɪl].

**клѝзм||а** *ж.* énema, clýster; стáвить ~у (*дт.*) give* an énema (*i.*).

**клик** *м. поэт.* cry, call; рáдостные ~и cries of joy.

**клѝка** *ж.* clique [kliːk], fáction, cabál, gang; ~ реакционéров clique of reáctionaries.

**клѝк||ать,** клѝкнуть (*вн.*) *разг.* call (*d.*); ~нуть клич send* a call; call. **~нуть** *сов. см.* клѝкать.

**кликýш||а** *ж.* hystérical wóman* [...'wu-]. **~ество** *с.* hystérics.

**климактéр||ий** *м. мед.* clìmàctéric [klaɪ-]. **~ѝческий** *мед.* clìmàctéric [klaɪ-].

**клѝмат** *м.* clímate ['klaɪ-]; жáркий ~ hot / tórrid clímate. **~ѝческий** clìmátic [klaɪ-]; ~ѝческие услóвия clìmátic condítions.

**клин** *м.* **1.** wedge; борóдка ~ом wédge-shàped / póinted beard; **2.** *с.-х.* field [fiː-]; посевнóй ~ sown / sówing área [soun 'sou- 'ɛərɪə]; **3.** (*материи*) gore, gússet; **4.** *арх.* quoin [kɔɪn]; ◇ ~ ~ом вышибáется *погов.* ≅ like cures like; свет не ~ом сошёлся ≅ the world is large enóugh [...ɪ'nʌf].

**клѝн||ика** *ж.* clínic. **~ицѝст** *м.* clínical physícian / súrgeon [...-'zɪ-...]. **~ѝческий** clínical.

**клѝнкер** *м. тех.* clínker.

**клиновѝдный** wédge-shàped, wédge-fórmed.

**клиновóй** wedge (*attr.*).

**клинóк** *м.* blade.

**клинообра́зн||ый** wédge-shàped; ◇ ~ые письмена́ cúneifòrm chàracters [-nıı- 'kæ-].

**кли́нопись** *ж.* cúneifòrm [-nıı-].

**кли́пер** *м. мор.* clipper.

**клир** *м. церк.* the clérgy (of *a* church).

**кли́ренс** *м. тех.* cléarance.

**кли́ринг** *м. фин.* cléaring.

**кли́рос** *м. церк.* choir ['kwaıə] (*part of church*).

**клисти́р** *м.* énema, clýster. **~ный** *прил. к* клисти́р; ~ная тру́бка clýster pipe.

**клич** *м.* call; боево́й ~ wár-crỳ; призы́вный ~ call; кли́кнуть ~ send* a call; call.

**кли́чка** *ж.* (*животного*) name; (*человека*) níckname, sóbriquet ['soubrıkeı].

**клише́** *с. нескл. полигр.* cliché (*фр.*) ['kli:ʃeı], stéreotỳpe block.

**клоа́ка** *ж.* césspool, sink; (*перен. тж.*) foul place.

**клобу́к** *м. церк.* hood [hud], cowl.

**клозе́т** *м. разг.* wáter-clòset ['wɔ:təklɔz-]; tóilet.

**кло||к** *м.* **1.** (*лоскут*) rag, shred; (*бумаги тж.*) piece [pi:s]; разорва́ть в ~чья tear* to shreds / tátters [tɛə...]; **2.** (*волос*) tuft; (*шерсти*) flock; ~ се́на wisp of hay.

**клокот||а́ть** bubble; (*перен. тж.*) boil; у него́ ~а́ло в го́рле there was a gurgle in his throat.

**клони́ть** (*вн.*) **1.** in|clíne (*d.*); (*гнуть*) bend* (*d.*); (к; *перен.*) drive* (at); **2.** *безл.*: его́ кло́нит ко сну he is drówsy / nódding [...-zı...]; ло́дку кло́нит на́бок the boat is héeling / listing. **~ся 1.** bow, bend*; (к; *перен.*) tend (to), be aimed (at); **2.** (к; *приближаться*): де́ло кло́нится к развя́зке the affáir is coming to a head [...hed]; со́лнце клони́лось к зака́ту the sun was sétting; день кло́нится к ве́черу the day is declíning.

**клоп** *м.* **1.** bug, béd-bùg; chinch *амер.*; лесно́й ~ fórest-bùg ['fɔ-]; **2.** *разг.* (*малыш*) ≅ kiddy.

**кло́ун** *м.* clown. **~а́да** *ж.* clównery. **~ский** *прил. к* кло́ун; ~ский колпа́к fool's cap.

**клохта́ть** cluck.

**клочкова́тый** rágged.

**клочо́к** *м.* scrap; ~ бума́ги (mere) scrap of páper; ~ се́на wisp of hay; ~ земли́ plot / patch of land.

**клуб** I *м.* club; (*помещение*) clúb-hóuse* [-s].

**клуб** II *м.* puff; ~ ды́ма puff of smoke; ~ы пы́ли clouds of dust; ~ы тума́на wreaths of mist.

**клу́бень** *м. бот.* túber.

**клуб||и́ться** curl, wreathe; (*бурлить*) swirl; дым ~и́лся из трубы́ smoke was wréathing from the chímney; пыль ~и́тся dust is rólling.

**клубнево́й** *бот.* túberous, túberifòrm, tùberíferous.

**клубнепло́д** *м. бот.* túber-bearing plant [-bɛə- -ɑ:nt].

**клубни́ка** *ж. тк. ед.* **1.** *собир.* gárden stráwberries *pl.*; **2.** (*об отдельной ягоде*) gárden stráwberry; **3.** (*куст*) stráwberry (plant) [...-ɑ:nt].

**клубни́чн||ый** stráwberry (*attr.*); ~ое варе́нье stráwberry jam.

**клу́бный** *прил. к* клуб I.

**клуб||о́к** *м.* **1.** ball; (*ниток*) clew; (*перен.*) tangle; сверну́ться ~ко́м roll òne:sélf up into a ball; ~ интри́г tangle of intrígue [...-i:g]; **2.** (*в горле*) lump. **~о́чек** *м. уменьш. от* клубо́к 1.

**клу́мба** *ж.* (flówer-)bèd.

**клупп** *м. тех.* díe-stòck, scréw-stòck.

**клык** *м.* **1.** (*у человека*) cánine (tooth*); **2.** (*у животного*) fang; (*бивень*) tusk.

**клюв** *м.* beak; (*более слабый*) bill.

**клюка́** *ж.* crutch.

**клю́кв||а** *ж. тк. ед.* **1.** *собир.* cránberries *pl.*; **2.** (*об отдельной ягоде*) cránberry; **3.** (*куст*) cránberry (shrub). **~енный** cránberry (*attr.*); ~енный кисе́ль cránberry kissél (*thin jelly*); ~енный морс cránberry wáter [...'wɔ:-].

**клю́кнуть** *сов. разг.* take* a drop.

**клю́нуть** *сов. см.* клева́ть.

**ключ** I *м.* (*прям. и перен.*) key [ki:]; (*перен. тж.*) clue; францу́зский ~ mónkey-wrènch ['mʌ-]; га́ечный ~ spánner, wrench; ~ к америка́нскому замку́ látch-key [-ki:]; запере́ть на ~ (*вн.*) lock (*d.*).

**ключ** II *м. муз.* key [ki:], clef; басо́вый ~ bass clef [beıs...], F clef ['ef...]; скрипи́чный ~ treble clef, G clef ['dʒi:...].

**ключ** III *м.* (*источник*) source [sɔ:s], spring (*fountain*); ◇ кипе́ть ~о́м boil / bubble óver; бить ~о́м spout, jet; (*перен.*) be in full swing / vigour [...'vı-]; жизнь бьёт ~о́м life is in full swing.

**ключев||о́й** I: ~ы́е пози́ции *воен.* key posítion(s) [ki: -'zı-]; ~ы́е о́трасли промы́шленности key índustries; ~ ка́мень kéystòne ['ki:-].

**ключево́й** II *прил. к* ключ II; ~ знак *муз.* clef.

**ключев||о́й** III *прил. к* ключ III; ~а́я вода́ spring wáter [...'wɔ:-].

**ключи́||ца** *ж. анат.* cóllar-bòne, clávicle. **~чный** *анат.* clavícular.

**клю́чница** *ж. уст.* hóuse-keeper [-s-].

**клю́шка** *ж. спорт.* club; (*для хоккея тж.*) bándy.

**кля́кс||а** *ж.* blot; посади́ть ~у (на *вн.*) blot (*d.*).

**кля́нчить** (*вн.* у) *разг.* beg (for *d.*).

**кляп** *м.* gag; засу́нуть ~ в рот (*дт.*) gag (*d.*).

**клясть** (*вн.*) curse (*d.*); (*ср. тж.* проклина́ть).

**кля́сться,** покля́сться swear* [swɛə], vow; ~ в ве́рности vow fidélity; ~ че́стью swear* on one's hónour [...'ɔnə]; он кля́лся в свое́й невино́вности he swore he was ínnocent; ~ отомсти́ть vow véngeance [...'vendʒəns]; я гото́в покля́сться I am prepáred to swear; я могу́ покля́сться I can swear.

**кля́тв||а** *ж.* vow, oath*; дать ~у make* / take* / swear* an oath* [...swɛə...]; дать торже́ственную ~у swear* a sólemn oath*; взять с кого́-л. ~у swear* smb. [swɛə...]; нару́шить ~у break* one's oath* [breık...]; *юр.* commít pérjury; ло́жная ~ pérjury. **~енный** on oath; дать ~енное обеща́ние vow, prómise on oath [-mıs...], take* the oath*.

**клятво||преступле́ние** *с.* pérjury. **~престу́пник** *м.* pérjurer.

**кля́уз||а** *ж. разг.* cávil, slánder ['slɑ:-]; затевáть ~у cávil. **~ник** *м.*, **~ница** *ж. разг.* intriguer [-i:gə], cáviller, péttifògger. **~ничать,** накля́узничать *разг.* cávil. **~ничество** *с. разг.* cávilling, péttifògging. **~ный** *разг.* cáptious, péttifògging; ~ное дéло cáptious case [...keɪs].

**кля́ча** *ж. разг.* jade.

**кнехт** *м. мор.* bitts *pl.*, bóllard.

**кни́г||а** *ж.* **1.** book; перели́стывать ~у turn the páges of *a* book; вы́пустить в свет ~у públish *a* book ['pʌ-...]; спрáвочная ~ réference book; телефóнная ~ télephòne diréctory; **2.** (*для записей*) book; глáвная ~ *бух.* lédger; кáссовая ~ cásh-book; ~ зáписей áктов граждáнского состоя́ния régister; домóвая ~ hóuse-règister [-s-]; жáлобная ~ book of compláints; ~ óтзывов book/récòrd of impréssions [...'re-...]; ~ посети́телей vísitors' book ['vɪz-...]; ◇ вам и ~и в рýки *разг.* ≅ you know best [...nou...].

**книгоиздáтель** *м.* (book) públisher [...'pʌ-]. **~ский** públishing ['pʌ-] (*attr.*); ~ское дéло bóok-pùblishing [-pʌ-]. **~ство** *с.* públishing-house* ['pʌ- -s].

**книгонóша** *м.* bóok-hawker.

**книгопечáт||ание** *с.* (bóok-)printing. **~ный** printing; ~ный станóк printing-prèss.

**книгопродáвец** *м.*= книготоргóвец.

**книготоргóв||ец** *м.* bóoksèller. **~ля** *ж.* bóok-tràde; (*магазин*) bóokshòp; bóokstòre *амер.*

**книготоргýющ||ий:** ~ая организáция bóok-sèlling òrganizátion [...-naɪ-].

**книгохрани́лище** *с.* líbrary ['laɪ-].

**кни́ж||ка** I *ж.* **1.** *уменьш. от* кни́га; записнáя ~ nóte-book, pócket-book; **2.** (*документ*) book; сберегáтельная ~ sávings-bànk book; положи́ть дéньги на ~ку depósit móney at a sávings-bànk [-zɪt 'mʌ-...]; расчётная ~ páy-book; чéковая ~ chéque-book; пенсиóнная ~ pénsion card.

**кни́жка** II *ж. анат.* third stómach [...'stʌmək], omásum, psàltérium [sɔ:l-].

**кни́ж||ник** *м.* **1.** *библ.* scribe; **2.** (*любитель книг*) bíbliophìle, lóver of books ['lʌ-...]. **~ный** **1.** *прил. к* кни́га; ~ный переплёт bínding, (bóok-)còver [-kʌ-]; ~ный шкаф bóokcàse [-s]; ~ная пóлка bóok-shèlf*; ~ный магази́н bóokshòp; bóokstòre *амер.*; ~ный знак bóok-plàte; **2.** (*отвлечённый, далёкий от жизни*) bóokish, ábstràct, únpráctical; ~ный человéк bóokish man*; ~ная учёность bóok-knowledge [-nɔ-], bóok-science, bóok-lòre; ~ный стиль pedántic style; ~ный оборóт рéчи bóokish expréssion; ◇ ~ный червь bóokwòrm; Кни́жная палáта Book Chámber [...'ʧeɪ-].

**кни́зу** *нареч.* dównwards [-dz].

**кни́ца** *ж. мор.* knee, gússet.

**кнóпк||а** *ж.* **1.** (*канцелярская*) dráwing-pìn; прикрепи́ть ~ой (*вн.*) fix with a dráwing-pìn (*d.*); **2.** (*застёжка*) préss-bùtton; **3.** *эл.* bútton; вызывнáя ~ call bútton; ◇ нажáть все ~и *разг.* pull wires [pul...].

**кнóпочн||ый** *прил. к* кнóпка; ~ое управлéние *эл.* púsh-bùtton contról ['puʃ- -oul].

**кнут** *м.* whip, knout; (*перен.*) the lash; бить, погоня́ть ~óм (*вн.*) lash (*d.*), whip (*d.*), knout (*d.*); щёлкать ~óм crack a whip. **~ови́ще** *с.* whip-hàndle.

**княги́ня** *ж.* princéss; вели́кая ~ *ист.* grand dúchess.

**кня́ж||еский** prínce||y. **~ество** *с.* prìncipálity. **~ить** *ист.* reign [reɪn]. **~нá** *ж.* princéss.

**князёк** *м. разг.* prínce:ling.

**князь** *м.* prince; вели́кий ~ *ист.* grand duke.

**ко** *см.* к.

**коагуля́ция** *ж. хим.* còagulátion.

**коалициóнн||ый** *прил. к* коали́ция; ~ое прави́тельство còalítion góvernment [kouə-'gʌ-], còalítion-cábinet [kouə-].

**коали́ция** *ж.* còalítion [kouə-].

**кóбальт** *м. хим.* cobált. **~овый** cobáltic, cobáltous; ~овая крáска cobált; ~овое стеклó smalt.

**кобéль** *м.* (male) dog.

**кóбза** *ж.* kóbza (*old Ukrainian musical instrument, resembling guitar*).

**кобзáрь** *м.* kóbza-player.

**кóбра** *ж. зоол.* cóbra.

**кобурá** *ж.* hólster ['hou-].

**кóбчик** *м. зоол.* mérlin.

**кобы́л||а** *ж.* mare. **~ий** *прил. к* кобы́ла; ~ье молокó mare's milk. **~и́ца** *ж.*= кобы́ла. **~ка** *ж.* **1.** young mare [jʌŋ...], filly; **2.** (*у струнного инструмента*) bridge.

**кóваный** forged; (*о железе тж.*) hámmered.

**ковáр||ный** insídious, pèrfídious, cráfty. **~ство** *с.* insídious:ness, pérfidy.

**ковáть** (*вн.*) **1.** (*прям. и перен.*) forge (*d.*); **2.** (*подковывать*) shoe [ʃu:] (*d.*); ◇ куй железо, покá горячó *посл.* strike while the íron is hot [...'aɪən...].

**ковбóй** *м.* ców-boy.

**ковбóйка** *ж.* man's checked shirt.

**ков||ёр** *м.* cárpet; (*небольшой*) rug; покрывáть ~рáми (*вн.*) cárpet (*d.*); без ~рá ún:cárpeted; ~-самолёт *фольк.* the mágic cárpet.

**ковéркать,** исковéркать (*вн.*) mangle (*d.*); ~ язы́к tórture the lánguage; ~ ребёнка spoil* the child*.

**коверкóт** *м.* cóvertcóat ['kʌ-].

**кóвк||а** *ж.* **1.** (*ручная*) smíthing; (*механическим молотом, прессом*) fórging; **2.** (*лошадей*) shóe:ing ['ʃu:-]. **~ий** málle:able, dúctile. **~ость** *ж.* màlle:abílity, dùctílity.

**коври́га** *ж.* loaf.*

**коври́жк||а** *ж.* hóney-càke ['hʌ-]; ◇ ни за каки́е ~и *разг.* ≅ not for the world.

**кóврик** *м.* rug.

**коврóв||щица** *ж.* cárpet-màker. **~ый** *прил. к* ковёр.

**ковчéг** *м.* **1.** *библ.* ark; Нóев ~ Nóah's Ark; **2.** *церк.* (*ящик*) shrine.

**ковш** *м.* scoop, dípper, ladle; (*землечерпалки*) búcket.

**ковы́ль** *м.* féather-gràss ['fe-].

**ковыля́||ть** hobble; (*о ребёнке*) toddle; (*на протезе*) stump; уйти́ ~я hobble off/a:wáy.

**ковыря́ть** (*вн.*) *разг.* **1.** peck (*d.*), pick (*d.*); (*ср. тж.* копáть); ~ в носý pick one's nose; ~ в зубáх pick one's teeth; **2.** (*неумело делать*) tínker (*d.*, at). **~ся** *разг.*= копáться.

**когдá** I *нареч.* **1.** (*в разн. знач.*) when: ~ он придёт? when will he come?; он не знáет,

~ это было he does:n't know when it was [...nou...]; в тот день, ~ on the day when; 2. (*иногда*): ~..., ~... *разг.* sóme:times..., sóme:times...: он работает ~ утром, ~ вечером sóme:times he works in the mórning, sóme:times in the évening [...'i:v-]; 3.: ~ б(ы) if; ~ ... ни, ~ ни whèn:éver: ~ бы вы ни пришли, ~ (вы) ни придёте whèn:éver you come; ◇ есть ~! *разг.* no time for it!: есть ~ нам заниматься этим! we have no time for it!; — ~ как it depénds.

**когда́** II *союз* when; (*между тем, как тж.*) while; (*с прош. временем тж.*) as: он уедет, ~ кончит работу he will leave when he has finished his work; ~ он читал, он заснул while he was réading he fell asléep; он её встретил, ~ шёл домой he met her as he was gó:ing home.

**когда́-либо, когда́-нибудь** *нареч.* (*в будущем*) some time, some day; (*в вопрос. и условн. предл.*) ever; видели вы его ~? have you ever seen him?

**когда́-то** *нареч.* 1. (*в прошлом*) once (up:ón a time) [wʌns...], fórmerly; 2. (*в будущем*): ~ он ещё приедет! ≅ but when will he come!

**кого́** *рд., вн. см.* кто; не́... ~ *см.* не 2; ни... ~ *см.* ни II 2.

**когорта** *ж.* (*прям. и перен.*) cóhòrt.

**ко́г||оть** *м.* claw; (*хищной птицы тж.*) tálon ['tæ-]; ◇ показать свой ~ти show* one's claws [ʃou...]; ≅ show* one's teeth; попасть в ~ти fall* into the clútches.

**когти́стый** shárp-cláwed.

**код** *м.* code; телеграфный ~ cable code.

**кода́к** *м. фот.* kódàk.

**кодеи́н** *м. фарм.* códeine [-di:n].

**ко́декс** *м.* code; ~ законов о труде lábour code.

**кодифи||кацио́нный** *юр.* còdificátion (*attr.*). **~ка́ция** *ж.* còdificátion. **~ци́ровать** *несов. и сов.* (*вн.*) códifỳ (*d.*).

**ко́е-где́** *нареч.* here and there.

**ко́е-ка́к** *нареч.* 1. (*небрежно*) ány:how, (at) háp:házard [...-'hæ-]; (*не разбираясь*) péll-méll; 2. (*с трудом*) with difficulty.

**ко́е-како́й** *мест.* some.

**ко́е-кто́** *мест.* sóme:body; some people [...pi:-] *pl.*

**ко́е-куда́** *нареч.* sóme:whère.

**ко́ечный:** ~ больной in-pàtient.

**ко́е-что́** *мест.* sóme:thing; (*немного*) a little; он ~ сделал he has done sóme:thing.

**ко́ж||а** *ж.* 1. (*у человека и животных*) skin; (*у крупных животных*) hide; cútis *анат.*; (*сброшенная змеиная*) slough [slʌf]; 2. (*материал*) léather ['le-]; 3. (*у фруктов*) peel, rind; ◇ из ~и вон лезть *разг.* ≅ lay* one:sélf out; lean* óver báckwards [...-dz]; гусиная ~ *разг.* góose-flèsh ['gu:s-], góose-skin ['gu:s-]; ~ да кости *разг.* ≅ bag of bones.

**кожа́н** *м. разг.* léather-cóat ['le-].

**ко́жаный** léather(n) ['le-].

**коже́в||енный** léather-drèssing ['le-], tánning; ~ завод tánnery; ~енная промышленность tánning índustry. **~ник** *м.* (*мастер*) cúrrier, tánner, léather-drèsser ['le-].

**кожими́т** *м.* imitátion sóle-leather [...-le-].

**ко́жица** *ж.* 1. péllicle, film, thin skin; ~ колбасы sáusage skin ['sɔs-...]; 2. (*плода*) peel.

**ко́жн||ик** *м. разг.* (*врач*) dèrmatólogist. **~ый** skin (*attr.*); cutáneous *научн.*; ~ые болезни skin diséases [...-'zi:z-].

**кожсырьё** *с.* raw léather [...'leðə]; hides *pl.*

**кожура́** *ж. тк. ед.* rind, peel.

**кожу́х** *м.* 1. *разг.* = кожан; 2. *тех.* cásing [-s-], hóusing; (*орудия, пулемёта*) jácket; (*гребного колеса*) (páddle-)bòx.

**коза́** *ж.* goat, shé-goat, nánny-goat.

**коз||ёл** *м.* hé-goat, bílly-goat; ◇ ~ отпущения *разг.* scápe:goat; от него как от ~ла молока *разг.* ≅ he is no good at all; пустить ~ла в огород *разг.* ≅ set* a wolf to keep the sheep [...wulf...].

**Козеро́г** *м. астр.* Cápricòrn; тропик ~а trópic of Cápricòrn.

**ко́з||ий** *прил. к* коза; ~ье молоко goat's milk; ~ья ножка *мед.* mólar fórcèps. **~лёнок** *м.* kid. **~ли́ный** *прил. к* козёл; ~линый голос réedy voice; ~линая бородка góatee.

**ко́злы** *мн.* 1. (*в экипаже*) cóach-bòx *sg.*, box *sg.*, díckey *sg.*; 2. (*подставка*) trestle *sg.*; (*для пилки*) sáw-hòrse *sg.*; sáw-bùck *sg. амер.*; составлять винтовки в ~ stack / pile arms.

**козля́та** *мн. см.* козлёнок.

**козля́тина** *ж.* goat's flesh / meat.

**ко́зни** *мн.* (*ед.* кознь *ж.*) intrígues [-i:gz], màchinátions [-k-]; crafty designs [...-'zaɪnz]; строить ~ máchinàte [-k-]; ~ врагов the crafty designs of the énemy.

**козово́д** *м.* góat-breeder. **~ство** *с.* góat-breeding.

**козодо́й** *м.* (*птица*) góatsùcker, níght-jàr.

**ко́зочка** *ж. уменьш. от* коза.

**козу́ля** *ж. зоол.* roe, róe-bùck.

**козырёк** *м.* (cap) peak; сделать под ~ (*дт.*) salúte (*d.*).

**козырно́й** *прил. к* козырь; ~ туз ace of trumps.

**козырну́ть** I, II *сов. см.* козырять I, II.

**ко́зыр||ь** *м.* (*прям. и перен.*) trump; (*перен. тж.*) trúmp-càrd; ходить с ~я lead* trumps, play trumps, *или* a trump, trump; покрыть ~ем (*вн.*) trump (*d.*); объявить ~я call one's hand; открыть свой ~и (*перен.*) show* one's trumps [ʃou...]; пустить в ход свой последний ~ (*перен.*) play one's last card.

**козыря́ть** I, козырнуть *карт.* trump; (*тв.*; *перен.*) *разг.* flaunt (*d.*).

**козыря́ть** II, козырнуть (*дт.*) *разг.* salúte (*d.*).

**козя́вка** *ж. разг.* gnat, ínsèct.

**кой** (*употребительны лишь отдельные формы в определённых выражениях*): ни в коем случае *см.* случай; до коих пор? how long?; из коих (*о предметах*) of which; (*о людях*) of whom.

**ко́йка** *ж.* 1. cot; (*на корабле*) bunk, berth; подвесная ~ hámmock; 2. (*в больнице*) bed.

**кок** I *м. мор.* (ship's) cook.

**кок** II *м.* (*вихор*) quiff.

**ко́ка** *ж. бот.* cóca.

**кокаи́н** *м.* cocáine. **~и́зм** *м.* cocáinism. **~и́ст** *м.* cocáine áddict.

**кока́рда** *ж.* còckáde.

**ко́кать,** кокнуть (*вн.*) *разг.* break* [-eɪk] (*d.*).

**кокéтка** I *ж.* còquétte [kou'ket].

**кокéтка** II *ж.* (*у платья и т. п.*) yoke.

**кокéт||ливый** còquét(tish) [kou'ket-]. **~ничать** *разг.* **1.** (*с тв.*) flirt (with), còquét(te) [kou'ket] (with); **2.** (*рисоваться*) pose, show* off [ʃou...]; (*тв.*) flaunt (*d.*). **~ство** *с.* cóquetry ['koukɪt-].

**кокк** *м. бакт.* cóccus (*pl.* cócci).

**коклю́ш** *м.* (w)hóoping-cough ['hu:pɪŋkɔf].

**коклю́шка** *ж.* bóbbin.

**кóкнуть** *сов. см.* кóкать.

**кóкон** *м.* còcóon.

**кокóс** *м.* **1.** cócò; **2.** (*плод*) cóco-nùt. **~овый** *прил. к* кокóс; ~овый орéх cóco-nùt; ~овая пáльма cócò, cóco-tree, cóco-nùt-tree; ~овое молокó cóco-nùt milk; ~овое волокнó coir ['kɔɪə].

**кокóтка** *ж.* courtesán [kɔ:tɪ'zæn].

**кокóшник** *м.* kokóshnik (*woman's headdress in old Russia*).

**кокс** *м.* coke; вы́жиг ~а *тех.* coke fíring.

**кок-сагы́з** *м. бот.* kòk-sagýz, Rússian dándelion [-ʃən...].

**коксовá||льный** *тех.* cóking; ~льная печь coke óven [...'ʌv-]. **~ние** *с. тех.* cóking.

**коксовáть** (*вн.*) *тех.* coke (*d.*). **~ся** *тех.* **1.** coke; **2.** *страд. к* коксовáть.

**кóксовый** *прил. к* кокс.

**коксу́ющийся:** ~ у́голь cóking coal.

**кол** *м.* stake, pícket; áнкерный ~ ánchoring pícket ['æŋk-...]; ◇ сажáть нá ~ (*вн.*) impále (*d.*); емý хоть ~ на головé тешú *разг.* ≅ he is so píg-héaded [...-'hed-]; ни ~á, ни дворá *разг.* ≅ néither house nor home ['naɪ-haus...].

**кóлба** *ж. хим.* flask.

**колбасá** *ж.* sáusage ['sɔ-]; варёная ~ boiled sáusage; кровянáя ~ blóod-pùdding ['blʌdpu-], black púdding [...'pu-].

**колбáсн||ик** *м.* sáusage-màker ['sɔ-]; (*торговец колбасами*) sáusage déaler ['sɔ-...]. **~ый** *прил. к* колбасá; ~ый завóд sáusage fáctory ['sɔ-...]; ~ые издéлия cooked meats.

**колдов||áть** cónjure ['kʌn-], práctise witch-cràft [-tɪs...]; (*перен.*) con:cóct. **~скóй** *прил. к* колдовствó; (*перен.*) bewítching.

**колдовствó** *с.* wítchcràft, sórcery; (*очарование*) glámour ['glæ-], mágic.

**колдоговóр** *м.* (коллектúвный договóр) colléctive agréement.

**колду́н** *м.* sórcerer, magícian, wizard ['wɪ-].

**колду́нья** *ж.* witch, sórceress.

**колебá||ние** *с.* **1.** *физ.* òscillátion, vibrátion; ~ мáятника swing of the péndulum; **2.** (*изменение*) flùctuátion, vàriátion; ~ температу́ры flùctuátion of *the* témperature; ~ния ку́рса (*на бирже*) stock exchánge flùctuátions [...-'ʧeɪ-...]; (*иностранной валюты*) flùctuátions in the rate(s) of exchánge; **3.** (*сомнение*) hèsitátion [-zɪ-], wáver:ing, vàcillátion; без ~ний ùnhésitàting:ly [-zɪ-], stráight:a:wáy. **~тельный** *прил. к* колебáние 1; *тж.* óscillàting, óscillàtory [-leɪ-]; ~тельные движéния óscillàtory móve:ments [...'mu:-]; ~тельный кóнтур *рад.* óscillàtory círcuit [...-kɪt], óscillàtory cóntour [...-tuə].

**колебáть,** поколебáть (*вн.*; *прям. и перен.*) shake* (*d.*): егó авторитéт был поколéблен his authórity was sháken. **~ся** **1.** óscillàte, vácillàte; водá колебáлась the wáter was rippling / úndulàting [...'wɔ:-...]; **2.** (*изменяться*) flúctuàte; цéны колéблются prices are flúctuàting; **3.** (*не решаться*) hésitàte [-zɪ-], wáver; он колебáлся в вы́боре he hésitàted in his choice; **4.** *страд. к* колебáть.

**колéнка** *ж. разг.* knee.

**коленкóр** *м.* cálicò; ◇ э́то совсéм другóй ~ *разг.* ≅ that's quite another pair of shoes [...ʃu:z]. **~овый** *прил. к* коленкóр.

**колéн||ный** *прил. к* колéно; ~ сустáв *анат.* knée-joint; ~ная чáшка *анат.* knée-càp, knée-pàn; patélla, scútum *научн.*

**колéн||о** *с.* **1.** (*мн.* ~и) knee; стать на ~и kneel*; стоя́ть на ~ях kneel*; (пéред) kneel* (befóre); упáсть на ~и fall* on one's knees; по ~, по ~и up to one's knees, knée-déep; **2.** *тк. мн.*: мать с ребёнком на ~ях móther with *a* child* in her lap ['mʌ-...]; **3.** (*мн.* колéнья) *тех.* élbow; **4.** (*мн.* колéнья) *бот.* joint, node; **5.** (*мн.* ~а) (*изгиб*) bend; **6.** (*мн.* ~а) (*в родословной*) gènerátion; *библ.* tribe; рóдственники до пя́того ~а cóusins five times remóved ['kʌz-... -'mu:-]; **7.** (*мн.* ~а) *разг.* (*в танце и т. п.*) fígure; ◇ мóре по ~ dévil-may-cáre áttitùde; емý мóре по ~ he is a dévil-may-cáre; постáвить когó-л. на ~и bring* / force smb. to his knees. **~це** *с.*: вы́кинуть ~це *разг.* play a trick.

**колéнчатый** *тех.* élbow-shàped, cranked; ~ вал cránkshàft; ~ рычáг béll-crànk léver.

**кóлер** I *м. жив.* cólour ['kʌlə].

**кóлер** II *м. вет.* stággers *pl.*

**колёсико** *с.* **1.** *уменьш. от* колесó; **2.** (*у мебели*) cástor, cáster.

**колесúть** *разг.* **1.** (*ехать не прямиком*) go* in a róundabout way; **2.** (*разъезжать*) go* / trável abóut [...'træ-...]; ~ по всемý свéту rove / ramble all óver the world.

**колéсник** *м.* (*мастер*) whéel-wright.

**колеснúца** *ж.* cháriot ['ʧæ-]; погребáльная ~ hearse [hə:s]; триумфáльная ~ trìúmphal car.

**колёсн||ый** **1.** *прил. к* колесó; ~ мáстер = колéсник; ~ая мазь whéel-grease [-s]; **2.** (*на колёсах*) wheeled.

**колес||ó** *с.* wheel; запаснóе ~ spare wheel; маховóе ~ flý-wheel; цепнóе ~ sprócket; ведýщее ~ *тех.* dríving-wheel; (*гусеницы*) dríving sprócket; передáточное ~ trànsmíssion wheel [-nz-...]; храповóе ~ rátchet-wheel; рулевóе ~ stéering wheel; гидравлúческое ~ hỳdráulic wheel [haɪ-...]; гребнóе ~ páddle-wheel; ◇ ~ фортýны Fòrtùne's wheel; вставля́ть комý-л. пáлки в колёса *разг.* put* a spoke in smb.'s wheel; кружúться как бéлка в ~é ≅ be run off one's feet, be like a squirrel in a cage; ходúть ~óм turn sómersaults [...'sʌ-]; грудь ~óм ≅ with the chest puffed out.

**колесовáние** *с. ист.* bréaking on the wheel ['breɪk-...].

**колесовáть** *несов. и сов.* (*вн.*) *ист.* break* on the wheel [breɪk...] (*d.*).

**колéчко** *с.* ring:let.

**коле||я́** *ж.* **1.** rut; **2.** *ж.-д.* track; (*о ширине*) gauge [geɪ-]; ширóкая, ýзкая ~ broad, nárrow gauge [brɔ:d...]; ◇ войтú в ~ю settle down; вы́бить из ~ú (*вн.*) ùnséttle (*d.*); вы́битый из ~ú ùnséttled, off the rails.

**ко́ли** *союз* if; ~ на то пошло́ as far as that goes, for that mátter; (*ср.* éсли).

**коли́бри** *м. нескл. зоол.* húmming-bird.

**ко́лики** *мн. мед.* cólic *sg.*

**колир||ова́ть** (*вн.*) *с.-х.* graft (*d.*). **~о́вка** *ж. с.-х.* gráfting.

**коли́т** *м. мед.* colítis.

**коли́чественн||ый** quántitàtive; numérical; ~ое измене́ние quántitàtive change [...ʧeɪndʒ]; перехо́д от ~ых измене́ний к ка́чественным измене́ниям trànsítion from quántitàtive chánges to quálitàtive chánges [-ʒən...]; ~ые числи́тельные *грам.* cárdinal númbers; ~ ана́лиз *хим.* quántitàtive análysis (*pl.* -sès [-siːz]); ~ рост numérical growth [...grouθ].

**коли́честв||о** *с.* quántity, amóunt, númber; перехо́д ~а в ка́чество *филос.* trànsítion from quántity to quálity [-ʒən...]; ~ перехо́дит в ка́чество quántity is trànsfórmed into quálity; увели́чилось ~ (*рд.*) there was an in:crease in the númber [...-s...] (of), the númber (of) ... in:créased [...-st]; в ~е 150 челове́к one húndred and fífty strong, 150 in númber; доста́точное ~ това́ров suffícient supplý of commódities.

**ко́лка** *ж.* chópping; ~ дров chópping of wood [...wud].

**ко́лк||ий** **1.** (*легко колющийся*) cléavable, éasily split / bróken ['iːzɪ-...]; **2.** (*колючий*) príckly; (*перен.*) cáustic, bíting; ~ое замеча́ние bíting / cáustic remárk. **~ость** *ж.* **1.** causticity; **2.** (*колкое замечание*) bíting remárk; говори́ть ~ости make* bíting / cáustic remárks.

**коллабораціони́ст** *м. полит.* collàborátionist. **~ский:** ~ская поли́тика collàborátionist pólicy.

**колле́га** *м.* cólleague [-liːg].

**коллегиа́ль||но** *нареч.* colléctive:ly, jóintly. **~ный** collégiate, joint.

**колле́гия** *ж.* board; ~ адвока́тов Cóllege of Bárristers.

**колле́дж** *м.* cóllege.

**коллекти́в** *м.* colléctive (bódy) [...'bɔ-]; assòciátion; парти́йный ~ Párty colléctive; Párty mémbers *pl.*; студе́нческий ~ stúdent bódy.

**коллективиза́ция** *ж.* collèctivìzátion [-vaɪ-]; ~ се́льского хозя́йства collèctivìzátion of ágricùlture.

**коллективизи́ровать** *несов. и сов.* (*вн.*) colléctivìze (*d.*).

**коллективи́зм** *м.* colléctivism.

**коллективи́ст** *м.* colléctivist. **~ский** colléctivist.

**коллекти́вно** *нареч.* colléctive:ly.

**коллекти́вн||ость** *ж.* collèctívity. **~ый** colléctive; ~ый догово́р colléctive agréement; ~ое хозя́йство colléctive farm; ~ое владе́ние joint ównership [...'ou-]; ~ая со́бственность на сре́дства произво́дства colléctive ównership of the means of prodúction; ~ый труд colléctive lábour.

**колле́ктор** *м.* **1.** *эл.* cómmutàtor, colléctor; **2.** (*библиотечный*) book colléctіng depártment (in a library) [...'laɪ-]; **3.** (*трубопровод*) mánifòld. **~ный** *прил. к* колле́ктор; ороси́тельная ~ная систе́ма wáter colléctor nétwòrk ['wɔː-...].

**коллекцион||е́р** *м.* colléctor. **~и́ровать** (*вн.*) colléct (*d.*).

**колле́кция** *ж.* colléction.

**колли́зия** *ж.* collísion.

**колло́дий** *м. хим.* collódion.

**колло́ид** *м. хим.* cólloid. **~ный** *хим.* collóidal; cólloid (*attr.*); ~ный раство́р collóidal solútion; ~ная хи́мия collóidal chémistry [...'ke-].

**колло́квиум** *м.* óral exàminátion.

**колобро́дить** *разг.* **1.** (*слоняться*) gad abóut; **2.** (*возиться*) romp.

**коловоро́т** *м. тех.* brace.

**коло́да** I *ж.* **1.** block, log; **2.** (*для водопоя*) trough [trɔf].

**коло́да** II *ж. карт.* pack.

**коло́дезн||ый** *прил. к* коло́дец; ~ая вода́ wéll-wàter [-wɔː-].

**коло́дец** *м.* well; (*с ведром на верёвке*) dráw-wèll; бурово́й ~ bóre-wéll; ша́хтный ~ pit.

**коло́дк||а** *ж.* **1.** (*сапожная*) bóot-tree, last; поста́вить о́бувь на ~у put* shoes on *the* last [...ʃuːz...], have shoes stretched; **2.** *тех.* shoe; ◇ о́рденская ~ médal ríbbon ['me-...].

**коло́дки** *мн. ист.* (*для преступников*) stocks; наби́ть ~ на́ ноги (*дт.*) put* in the stocks (*d.*).

**коло́к** *м. муз.* pin.

**ко́локол** *м.* bell; уда́рить в ~ strike* the bell.

**колоко́ль||ный** *прил. к* ко́локол; ~ звон peal, chime. **~ня** *ж.* church / bell tówer; ◇ смотре́ть на что-л. со свое́й ~ни ≅ take* a óne-sided / pérsonal / paróchial view of smth. [...-'rouk-vjuː...]. **~чик** *м.* **1.** hándbèll, bell; **2.** *бот.* blúe:bèll, campánula.

**коломби́на** *ж. театр.* Cólumbine.

**колониа́льн||ый** colónial; ~ые владе́ния colónial posséssions [...pə'ze-]; ~ые наро́ды peoples of the cólonies [piːplz...]; ~ гнёт colónial oppréssion; ~ые войска́ colónial troops; ~ая поли́тика colónial pólicy, pólicy in the cólonies; ~ вопро́с colónial quéstion / próblem [...-stʃən 'prɔ-], quéstion / próblem of cólonies; ~ые това́ры colónial goods [...gudz].

**колониз||а́тор** *м.* cólonizer, colónialist. **~а́торский** *прил. к* колониза́тор. **~а́ция** *ж.* còlonìzátion [-naɪ-]. **~и́ровать, ~ова́ть** *несов. и сов.* (*вн.*) cólonìze (*d.*).

**колони́ст** *м.*, **~ка** *ж.* cólonist, séttler.

**коло́ния** *ж.* **1.** cólony; **2.** (*поселение, общежитие*) séttle:ment.

**коло́нка** *ж.* **1.** (*в разн. знач.*) cólumn; **2.** (*в ванной*) géyser ['giːzə]; (*на улице*) (street) wáter fóuntain [...'wɔː-...]; **3.** (*для горючего*) pétrol pump ['pe-...].

**коло́нн||а** *ж.* (*в разн. знач.*) cólumn; кори́нфская ~ *арх.* píllar of the Corínthian órder; иони́ческая ~ *арх.* píllar of the Ìónic órder [...aɪ-...]; ~ демонстра́нтов cólumn of *the* dèmonstrátion, cólumn of démonstràtors; со́мкнутая ~ *воен.* close cólumn [-s...]; похо́дная ~ cólumn of route [...ruːt]; ~ по два cólumn of files; ~ по три *и т. п.* cólumn of threes, *etc.* **~а́да** *ж.* còlonnáde. **~ый** *прил. к* коло́нна; *тж.* colúmnar, cólumned; ~ый зал hall of cólumns, píllared hall; ~ый путь *воен.* cróss-country track [-kʌ-...].

**колоно́к** *м.* (*животное и мех*) kolínsky.

**колонти́тул** *м. полигр.* rúnning title; cátch-wòrd.

**колорату́р||а** *ж. муз.* còloratúra. **~ный:** ~ное сопра́но còloratúra sopránò [...-rɑː-].

**колори́метр** *м.* còlorímeter [kʌ-].

**колори́ст** *м. жив.* cólour¦ist ['kʌ-].

**колори́т** *м.* cólour¦ing ['kʌ-], cólour ['kʌ-]; ме́стный ~ lócal cólour; национа́льный ~ nátional cólour ['næ-...]. **~ный** pìcturésque, vívid.

**ко́лос** *м.* ear; ржано́й ~ ear of rye; пшени́чный ~ whéat-ear; ~ тимофе́евки spike of tímothy-gràss. **~и́стый** eared, full of ears. **~и́ться,** вы́колоситься ear, form ears.

**колосни́к** *м.* **1.** *тех.* fíre-bàr, fúrnace-bàr, gráte-bàr; **2.** *мн. театр.* grídiron [-aɪən] *sg.* **~о́вый:** ~о́вая решётка *тех.* fíre-gràte.

**колосов||о́й:** ~ы́е культу́ры *с.-х.* céreals [-rɪəlz], grain crops. **~ы́е** *мн. скл. как прил. с.-х.* céreals [-rɪəlz].

**коло́сс** *м.* colóssus (*pl.* -si). **~а́льный** colóssal; (*огромный*) huge, treméndous; ~а́льная су́мма a colóssal sum; ~а́льные вложе́ния colóssal / huge invéstments; до ~а́льных разме́ров to a treméndous extént.

**колоти́ть 1.** (по *дт.*; *ударять, стучать*) strike* (on); beat* (at); ~ в дверь bang / púmmel on the door [...dɔː]; **2.** (*вн.*) *разг.* beat* (*d.*); thrash (*d.*), drub (*d.*); **3.:** ~ лён scutch flax; **4.** (*вн.*) *разг.* (*разбивать*) break* [-eɪk] (*d.*); (*ср.* бить); ◇ его́ коло́тит лихора́дка he is sháking with féver. **~ся** *разг.* **1.** (об *вн.*) beat* (agáinst), strike* (agáinst); (*ср. тж.* би́ться); ~ся голово́й обо что-л. beat* one's head agáinst smth. [...hed...]; **2.** (*без доп.*) beat*; се́рдце коло́тится the heart beats / thumps [...hɑːt...]; **3.** *страд. к* колоти́ть 3, 4.

**колоту́шка** *ж.* **1.** (*деревянный молоток*) beetle; **2.** (*ночного сторожа*) rattle, clápper; **3.** *разг.* (*удар*) slap.

**ко́лотый** I: ~ са́хар bróken lóaf-sùgar [...-ʃu-].

**ко́лот||ый** II: ~ая ра́на stáb(-wound) [-wuː-].

**коло́ть** I (*вн.*) break* [-eɪk] (*d.*); (*рубить*) chop (*d.*), split* (*d.*); ~ са́хар break* súgar [...'ʃu-]; ~ оре́хи crack nuts; ~ дрова́ chop / split* wood [...wud]; ~ лучи́ну chop a splinter.

**коло́ть** II, кольну́ть **1.** (*вн.*; *штыком и т. п.*) thrust* (*d.*), stab (*d.*); **2.** (*вн.*; *иголкой и т. п.*) prick (*d.*); **3.** *безл.*: у него́, у них *и т. д.* ко́лет в боку́ he has, they have, *etc.*, a stitch in his, their, *etc.*, side; **4.** *тк. несов.* (*вн.*; *убивать скот*) sláughter (*d.*); (*о свинье*) kill (*d.*); ◇ ~ глаза́ кому́-л. ≅ throw* *smth.* in smb.'s teeth [θrou...]; пра́вда глаза́ ко́лет ≅ home truths are hard to swállow, *или* are úsually ùnpálatable [...truːθs... -ʒuə-...].

**колотьё** *с. тк. ед. разг.* (*в боку, в груди*) stitch; cólic pains *pl.*, gripes *pl.*

**коло́ться** I *страд. к* коло́ть I.

**коло́ться** II **1.** (*быть колким*) prick, sting*; **2.** *страд. к* коло́ть II 1, 2, 4.

**колошни́к** *м. тех.* fúrnace top, fúrnace throat. **~о́вый** *тех.*: ~о́вый газ blást-fùrnace gas.

**колпа́||к** *м.* **1.** (*головной убор*) cap; ночно́й ~ níghtcàp; дура́цкий ~ fool's cap; **2.** (*навес, покрышка*) cowl; (*для лампы*) lámp-shàde; стекля́нный ~ béll-glàss; бето́нный, броново́й ~ cóncrète, ármour(¦ed) hood [...hud]; ◇ держа́ть под стекля́нным ~ко́м (*вн.*) *разг.* keep* in cótton wool [...wul] (*d.*); жить под стекля́нным ~ко́м live in the públic gaze [lɪv... 'pʌ-...]. **~чо́к** *м.* **1.** *уменьш. от* колпа́к; **2.** (*газокалильный*) (ìn¦càndéscent) mantle.

**колту́н** *м. мед.* plíca (polónica).

**колумба́рий** *м.* còlumbárium.

**колу́н** *м.* (wóod-)chòpper ['wud-].

**колхо́з** *м.* kòlkhóz, colléctive farm; ~-миллионе́р millionáire colléctive farm [-'nɛə...].

**колхо́зн||ик** *м.* colléctive fármer, kòlkhóznik. **~ица** *ж.* colléctive fármer, kòlkhóznɪtsa. **~ый** *прил. к* колхо́з; ~ое строи́тельство òrganìzátion of kòlkhózes, *или* colléctive farms [-naɪ-...]; ~ая со́бственность kòlkhóz / colléctive-fàrm próperty; ~ый строй kòlkhóz / colléctive-fàrm sýstem; ~ое движе́ние kòlkhóz / colléctive-fàrm móve¦ment [...'muːv-]; ~ый путь разви́тия се́льского хозя́йства the devélopment of ágricùlture alóng the path of colléctive fárming; ~ое крестья́нство colléctive-fàrm péasantry [...'pez-]; ~ые поля́ kòlkhóz / colléctive-fàrm fields [...fiːl-].

**колча́н** *м.* quíver ['kwɪ-] (*case for holding arrows*).

**колчеда́н** *м. мин.*: желе́зный *или* се́рный ~ pỳrítès [paɪ'raɪtiːz].

**колчено́гий** *разг.* lame, hóbbling.

**колыбе́л||ь** *ж.* cradle; ◇ с ~и from the cradle.

**колыбе́льн||ый** *прил. к* колыбе́ль; **~ая** (пе́сня) lúllaby.

**колыма́га** *ж.* héavy and ùnwíeldy cárriage ['he-... -'wiːl- -rɪdʒ].

**колых||а́ние** *с.* héaving, wáving; swing¦ing. **~а́ть,** колыхну́ть (*вн.*) sway (*d.*), rock (géntly) (*d.*). **~а́ться,** колыхну́ться heave*, sway; (*о знамёнах, флагах*) wave, flútter; пла́мя колы́шется the flame is swáying.

**колыхну́ть(ся)** *сов. см.* колыха́ть(ся).

**ко́лышек** *м.* peg.

**коль** = ко́ли; ~ ско́ро (*как только*) as soon as; (*так как*) as.

**кольдкре́м** *м.* cold cream.

**колье́** *с. нескл.* nécklace.

**кольну́ть** *сов. см.* коло́ть II 1, 2, 3.

**кольра́би** *ж. нескл. бот.* kòhlrábi ['koul-'rɑː-].

**кольцев||а́ние** *с.* ríng¦ing. **~а́ть** (*вн.*) ring (*d.*).

**кольце||во́й** ánnular; (*круговой*) círcular; ~во́е движе́ние círcular mótion. **~обра́зный** ríng-shàped; ~обра́зное затме́ние ánnular eclípse.

**кольц||о́** *с.* (*в разн. знач.*) ring; *тех. тж.* hoop; сверну́ться ~о́м coil up; обруча́льное ~ wédding-ring; ~ для ключе́й split / key ring [...kiː...]; ~ ды́ма wreath* / ring of smoke; годи́чное ~ *бот.* ring (of a tree).

**ко́льчат||ый** ánnulàte(d); ~ые че́рви *зоол.* Annélida.

**кольчу́га** *ж. ист.* chain mail, chain ármour, háubèrk.

**колю́ч||ий** príckly; (*имеющий шипы*) thórny, spíny; (*перен.*) bíting; (*ср.* ко́лкий); ~ая про́волока barbed wire; ~ая и́згородь príckly hedge. ~**ка** *ж.* **1.** prickle, spike; (*шип*) thorn; **2.** (*растение*) bur(r).

**ко́люшка** *ж. зоол.* stickle¦bàck, tìttle¦bàt.

**ко́лющий** I *прич. см.* коло́ть I.

**ко́лющ||ий** II **1.** *прич. см.* коло́ть II; **2.** *прил.*: ~ая боль shóoting-pain; ~ее ору́жие thrust wéapon [...'we-].

**коля́ска** *ж.* **1.** cárriage [-rɪdʒ]; (*четырёхместная*) baróuche [-uːʃ]; **2.** (*детская*) perámbulàtor ['præm-]; pram *разг.*; **3.** (*у мотоцикла*) síde-càr.

**ком** I *м.* lump; (*снежный*) ball; (*земли, глины*) clod; ◇ пе́рвый блин ~ом *погов.* ≅ you must spoil befóre you spin.

**ком** II *пр. см.* кто; не... ком *см.* не 2; ни... ком *см.* ни II 2.

**ко́ма** *ж. мед.* cóma.

**кома́нд||а** *ж.* **1.** commánd [-ɑːnd]; (*приказ*) órder; по ~е (*рд.*) at the commánd (of); по чьей-л. ~е at smb.'s (word of) commánd; пода́ть ~у *воен.* give* *a* commánd; **2.** *воен.* (*отряд*) párty, detáchment, crew; уче́бная ~ *уст.* tráining detáchment; **3.** (*корабля*) (ship's) crew, ship's cómpany [...'kʌm-]; **4.** *спорт.* team; (*в гребле*) crew; футбо́льная ~ fóotbàll team; ◇ пожа́рная ~ fíre-brigàde.

**команда́рм** *м.* = кома́ндующий а́рмией *см.* кома́ндующий 2.

**команди́р** *м.* commánder [-ɑːn-]; (*корабля*) cáptain, commánding ófficer [-ɑːn-...]; ~ взво́да platóon léader / commánder; ~ отделе́ния séction léader; squad léader *амер.*; ~ ро́ты cómpany commánder ['kʌm-...]; ~ батальо́на battálion commánder [-'tæljən...]; ~ полка́ régiment / règiméntal commánder; ~ диви́зии divísion(al) commánder; ~ ко́рпуса corps commánder [kɔː...]; ~ ча́сти commánding ófficer; ◇ ~ы произво́дства the léaders of índustry.

**командиро́ванный** **1.** *прич. см.* командирова́ть; **2.** *прил.* on búsiness [...'bɪzn-], on a míssion.

**командирова́ть** *несов. и сов.* (*вн.*) send* on búsiness, *или* on a míssion [...'bɪzn-...] (*d.*).

**командиро́в||ка** *ж.* míssion, búsiness trip ['bɪzn-...]; нау́чная ~ scièntífic míssion; е́хать в ~ку go* (a¦wáy / out) on a míssion; make* a búsiness trip; go* a¦wáy on búsiness; быть в ~ке be on a míssion, *или* a¦wáy on búsiness. ~**очный** **1.** *прил. к* командиро́вка; ~очное удостовере́ние credéntial (íssued to péople sent on an offícial míssion) [...piː-...]; ~очные де́ньги trávelling allówance *sg.*; **2.** *мн. как сущ.* trávelling allówance *sg.*

**кома́ндн||ый**: ~ пункт commánd post [-ɑːnd poust]; ~ое пе́рвенство *спорт.* team chámpionship; ~ соста́в commánders [-ɑːn-] *pl.*; ~ые высо́ты commánding heights [-ɑːnd- haɪts]; key posítions [kiː -'zɪ-].

**кома́ндование** *с.* **1.** (*действие*) commánd [-ɑːnd]; под ~м (*рд.*) únder the commánd (of), commánded [-ɑːn-] (by); únder; приня́ть ~ (над) assúme / take* commánd (of, óver); **2.** *собир.* commánd, héadquárters ['hed-]; верхо́вное ~ high commánd; гла́вное ~ Géneral Héadquárters.

**кома́ндовать** **1.** (*без доп.*) give* órders; *воен.* commánd [-ɑːnd]; **2.** (*тв.*) be in commánd (of); **3.** (*тв. или* над) *разг.* órder abóut (*d.*); он лю́бит ~ he likes to órder péople abóut [...piː-...].

**командо́р** *м.* **1.** *ист.* knight commánder [...-ɑːn-]; **2.** (*яхт-клуба*) cómmodòre.

**кома́ндующий** **1.** *прич. см.* кома́ндовать; **2.** *м. как сущ.* commánder [-ɑːn-]; ~ а́рмией Ármy commánder; ~ войска́ми о́круга Commánder-in-Chief [-ɑːn- -'tʃiːf]; ~ войска́ми фро́нта ármy group commánder [...-uːp...]; ~ фло́том Commánder-in-Chief of *the* Fleet.

**кома́р** *м.* gnat, mosquítò [-'kiː-]; маляри́йный ~ malárial mosquítò; ◇ ~ но́са не подто́чит it's all done / fixed up to a "T". ~**и́ный** *прил. к* кома́р.

**комато́зн||ый** *мед.* cómatòse [-s]; ~ое состоя́ние state of cóma.

**комба́йн** *м.* cómbìne; го́рный ~ míning cómbìne. ~**ер** *м.* cómbìne óperàtor. ~**овый** *прил. к* комба́йн; ~овая убо́рка cómbìne hárvesting.

**комба́т** *м.* = команди́р батальо́на *см.* команди́р.

**комбе́д** *м.* (комите́т бедноты́) *ист.* commíttee of poor péasants [-tɪ... 'pez-].

**комбико́рм** *м. с.-х.* mixed feed.

**комбина́т** *м.* **1.** group of énterprises [gruːp...]; у́гольный ~ group of mines; **2.** (*учебный*) tráining centre; ◇ ~ бытово́го обслу́живания pérsonal sérvice shop.

**комбина́тор** *м.* schémer.

**комбинацио́нный** *прил. к* комбина́ция 1; *тж.* cómbinàtive.

**комбина́ция** *ж.* **1.** (*в разн. знач.*) còmbinátion; **2.** (*бельё*) slip; còmbinátions *pl.*

**комбинезо́н** *м.* óver¦àlls *pl.*; (*лётчика*) flýing suit [...sjuːt].

**комбини́ровать,** скомбини́ровать (*вн.*) combíne (*d.*).

**комедиа́нт** *м. уст.* comédian, múmmer; (*перен.*: *шут*) móuntebànk; (*притворщик*) preténder, hýpocrite, dissémbler. ~**ский** *прил. к* комедиа́нт.

**комеди́йный** cómic; cómedy (*attr.*); ~ актёр comédian, cómedy áctor.

**коме́ди||я** *ж.* cómedy; разы́грывать ~ю (*перен.*) try to fool *smb.*

**коменда́нт** *м.* **1.** (*крепости, города*) còmmandánt; **2.** (*здания*) sùperinténdent, offícial in charge of quárters. ~**ский** *прил. к* коменда́нт.

**комендату́ра** *ж.* còmmandánt's óffice.

**комендо́р** *м. мор.* séa¦man gúnner.

**коме́та** *ж. астр.* cómet ['kɔ-].

**ко́ми** Kómi ['kou-]; язы́к ~ Kómi, the Kómi lánguage.

**коми́зм** *м.* the cómic.

**ко́мик** *м.* **1.** (*об актёре*) cómic áctor; **2.** *разг.* fúnny / cómical féllow, cómic.

**ко́мингс** *м. мор.* cóaming.

**коминте́рн** *м.* (Коммунисти́ческий Интернациона́л) the Cómintèrn.

**комисса́р** *м.* còmmissár. ~**иа́т** *м.* còmmissáriat.

**комиссионе́р** *м.* ágent, bróker, fáctor.

**комиссио́нный** **1.** *прил. к* коми́ссия; ~ магази́н commíssion shop (*shop where second-hand goods are sold on commission*); **2.** *мн. как сущ.* brókerage ['brou-] *sg.*, commíssion *sg.*

**коми́сс||ия** *ж.* **1.** (*в разн. знач.*) commíssion, commíttee [-tɪ]; избира́тельная ~ eléction commíttee; конфли́ктная ~ cónflict commíttee; вое́нно-враче́бная ~ médical board; сле́дственная ~ commíttee of in:quíry; ~ по рассле́дованию антиамерика́нской де́ятельности Ùn-Américan Àctívities Commíttee; **2.:** брать на ~ию (*вн.*) take* on commíssion (*d.*).

**комите́нт** *м. торг.* commíttent.

**комите́т** *м.* commíttee [-tɪ]; исполни́тельный ~ exécutive commíttee; Центра́льный Комите́т Céntral Commíttee; парти́йный ~ Párty Commíttee; исполни́тельный ~ Сове́та депута́тов трудя́щихся The Exécutive Commíttee of the Sóvièt of Wórkers' Députies; ~ соде́йствия board of assístance, assístance commíttee.

**коми́ческ||ий** cómic; bùrlésque; ~ая о́пера cómic ópera; ~ актёр cómic áctor; ~ая актри́са cómic áctress.

**коми́чный** cómical, fúnny.

**ко́мкать,** ско́мкать (*вн.*) crúmple (*d.*); (*перен.*) bunch up (*d.*), make* a hash (of).

**коммент||а́рий** *м.* cómmentary. **~а́тор** *м.* cómmèntàtor. **~и́ровать** *несов. и сов.* (*сов. тж.* прокомменти́ровать) (*вн.*) cómmènt (up:ón).

**коммерса́нт** *м.* mérchant, búsiness man* ['bɪzn-...].

**комме́р||ция** *ж.* cómmerce, trade. **~ческий** commércial; ~ческая корреспонде́нция commércial còrrespóndence; ~ческий креди́т *эк.* commércial crédit.

**коммивояжёр** *м.* commércial (tráveller).

**комму́на** *ж.* cómmùne; Пари́жская Комму́на *ист.* the Páris Cómmùne; сельскохозя́йственная ~ àgricúltural cómmùne.

**коммуна́льн||ый** munícipal; cómmunal; ~ые услу́ги públic utílities ['pʌ-...], munícipal sérvice *sg.*; ~ое хозя́йство cómmunal / munícipal èconomy [...iː-]; ~ые предприя́тия munícipal sérvices; ~ая со́бственность cómmunal / munícipal próperty; ~ая кварти́ра cómmunal flat.

**коммуна́р** *м. ист.* Cómmunàrd.

**коммуни́зм** *м.* cómmunism.

**коммуникацио́нн||ый** *прил. к* коммуника́ция; ~ая ли́ния line of commùnicátion.

**коммуника́ция** *ж.* commùnicátion; *воен.* line of commùnicátion.

**коммуни́ст** *м.* cómmunist.

**коммунисти́ческ||ий** cómmunist; коммунисти́ческая па́ртия Cómmunist Párty; Коммунисти́ческий Сою́з Молодёжи The Young Cómmunist League [...jʌŋ... liːg].

**коммут||а́тор** *м. эл.* switchboard; (*переключатель*) cómmutàtor; телефо́нный ~ téléphòne switchboard. **~а́ция** *ж. эл.* còmmutátion.

**коммюнике́** *с. нескл.* communiqué (*фр.*) [kə'mjuːnɪkeɪ].

**ко́мнат||а** *ж.* room; ва́нная ~ báth-room; убра́ть ~у do / tidy *a* room. **~ный 1.** *прил. к* ко́мната; ~ная температу́ра room témperatùre; **2.** (*живущий, происходящий и т. п. в комнатах*) indóor [-dɔː]; ~ные расте́ния indóor plants [...-ɑːn-]; ~ные и́гры (*детские*) indóor games; (*для взрослых*) society games; ~ная соба́чка láp-dòg.

**комо́д** *м.* chest of drawers [...drɔːz]; (*высокий тж.*) tállboy.

**комо́к** *м.* lump, clot; сверну́ться в ~ roll òne:sélf into a ball, roll up; ◇ ~ не́рвов bundle of nerves; ~ в го́рле a lump in the throat.

**комо́лый** hórnless.

**компа́ктн||ость** *ж.* compáctness. **~ый** compáct, sólid.

**компане́йский** *разг.* sóciable, compánionable.

**компа́н||ия** *ж.* (*в разн. знач.*) cómpany ['kʌm-]; води́ть ~ию с кем-л. *разг.* assóciàte / consórt with smb.; пойти́ це́лой ~ией go* in a band; весёлая ~ *разг.* jólly crowd; соста́вить кому́-л. ~ию keep* smb. cómpany; расстро́ить ~ию spoil*, *или* break* up, a párty [...breɪk...]; за ~ию for cómpany; э́то всё одна́ ~ they are all of the same set.

**компаньо́н** *м.*, **~ка** *ж.* **1.** (*товарищ, спутник*) compánion [-'pæ-]; **2.** (*в торговом и т. п. предприятии*) pártner.

**компа́ртия** *ж.* (коммунисти́ческая па́ртия) Cómmunist Párty.

**ко́мпас** *м.* cómpass ['kʌm-]; гла́вный ~ stándard cómpass; морско́й ~ máriner's cómpass. **~ный** *прил. к* ко́мпас.

**компа́унд** *м.*, **~-маши́на** *ж. тех.* cómpound.

**компе́ндиум** *м.* compéndium, dígèst.

**компенс||ацио́нный** cómpènsàting, cómpènsàtor (*attr.*). **~а́ция** *ж.* còmpènsátion. **~и́ровать** *несов. и сов.* (*вн.*) **1.** cómpènsàte (*d.*), make* up (for); **2.** (*возмещать*) indémnifỳ (for); **3.** *тех.* cómpènsàte (*d.*), èquilíbràte [iːk-wɪ'laɪ-] (*d.*).

**компете́нтн||ость** *ж.* cómpetence. **~ый** cómpetent.

**компете́нц||ия** *ж.* cómpetence; э́то не в мое́й ~ии it is óutside my cómpetence, it is out of my sphere, it is be:yónd my scope; в ~ию коми́ссии вхо́дит... the commíssion's terms of réference cóver..., *или* províde for... [...'kʌ-...].

**компил||и́ровать,** скомпили́ровать (*вн.*) compíle (*d.*); quilt (*d.*) *разг.* **~яти́вный** *прил. к* компиля́ция; ~яти́вный труд còmpilátion. **~я́тор** *м.* compíler.

**компиля́ция** *ж.* còmpilátion.

**ко́мплекс** *м.* cómplèx. **~ный** cómplèx; cómposite [-z-], combíned; ~ные чи́сла *мат.* cómplèx númbers; ~ная механиза́ция се́льского хозя́йства cómplèx / cómposite mèchànìzátion of ágricùlture [...-kænaɪ-...]; ~ная механиза́ция произво́дственных проце́ссов áll-round mèchànìzátion of prodúction.

**компле́кт** *м.* **1.** (*набор*) compléte set; ~ журна́лов за 1956 г. the compléte set of màgazínes for 1956 [...-'ziː-...]; **2.** (*норма*) cómplement, spécified númber; сверх ~а above the spécified númber. **~ный** compléte. **~ова́ние** *с.* **1.** (*о библиотеке и т. п.*) àcquisítion [-'zɪ-]; **2.** (*штатов и т. п.*) stáffing; *воен.* recrúitment [-'kruːt-], recrúiting [-'kruːt-]; ~ова́ние а́рмии recrúitment for the ármy.

**комплектова́ть,** укомплектова́ть (*вн.*) **1.** compléte (*d.*), replénish (*d.*); **2.** (*о штатах и т. п.*) staff (*d.*); *воен.* recrúit [-'kruːt] (*d.*), (rè)mán (*d.*).

**компле́кция** *ж.* build [bɪld], (bódily) cònstitútion, hábit.

**комплиме́нт** *м.* cómpliment; сде́лать ~ (*дт.*) pay* / make* a cómpliment (*i.*, to).

**компло́т** *м.* plot, conspíracy.

**компози́тор** *м.* compóser. **~ский** *прил. к* компози́тор; ~ский тала́нт a compóser's gift [...g-], tálent of a compóser ['tæ-...].

**композицио́нный** *прил. к* компози́ция.

**компози́ция** *ж.* (*в разн. знач.*) còmposítion [-'zɪ-].

**компоне́нт** *м.* compónent.

**компон||ова́ть,** скомпонова́ть (*вн.*) arránge [-eɪ-] (*d.*), arránge the parts (of), put* togéther [...-'ge-] (*d.*), group [-u:p] (*d.*). **~о́вка** *ж.* arránging [-eɪndʒ-], putting togéther [...-'ge-], gróuping [-u:p-].

**компо́ст** *м. с.-х.* cómpòst.

**компо́стер** *м. ж.-д.* punch.

**компости́ровать,** прокомпости́ровать (*вн.*) *ж.-д.* punch (*d.*).

**компо́стн||ый** *прил. к* компо́ст; ~ая я́ма cómpòst pit.

**компо́т** *м.* stewed fruit [...fru:t], cómpòte.

**компре́сс** *м. мед.* cómprèss; согрева́ющий ~ cómprèss; положи́ть ~ make* a cómprèss.

**компре́ссор** *м. тех.* compréssor.

**компромети́ровать,** скомпромети́ровать (*вн.*) cómpromise (*d.*).

**компроми́сс** *м.* cómpromise; идти́ на ~ cómpromise, make* a cómpromise. **~ный** cómpromise (*attr.*), in the náture of a cómpromise [...'neɪ-...]; séttled / achíeved by mútual concéssion [...-i:vd...]; ~ное реше́ние cómpromise séttle:ment, séttle:ment by cómpromise.

**комсомо́л** *м.* (Коммунисти́ческий Сою́з Молодёжи) Kómsòmòl, Young Cómmunist League [jʌŋ... li:g]; ле́нинский ~ — передово́й отря́д молоды́х строи́телей коммуни́зма Lénin Kómsòmòl is the vánguàrd of young búilders of cómmunism [...'bɪl-...].

**комсомо́л||ец** *м.*, **~ка** *ж.* mémber of the Kómsòmòl, mémber of the Young Cómmunist League [...jʌŋ... li:g], Young Cómmunist Léaguer [...'li:gə].

**комсомо́льск||ий** *прил. к* комсомо́л *и* комсомо́лец; ~ биле́т Kómsòmòl mémbership card; ~ая организа́ция Kómsòmòl òrganìzátion [...-naɪ-].

**комсо́рг** *м.* (комсомо́льский организа́тор) Kómsòmòl órganìzer.

**комсоста́в** *м.* (кома́ндный соста́в) commánders [-ɑ:n-] *pl.*

**кому́** *дт. см.* кто; не́... кому́ *см.* не 2; ни... кому́ *см.* ни II 2.

**комфо́рт** *м.* cómfort ['kʌm-]. **~а́бельный** cómfortable ['kʌm-].

**конве́йер** *м. тех.* convéyor, prodúction line; сбо́рочный ~ assémbly belt / line; рабо́та идёт по ~у work is procéeding on the convéyor (sýstem). **~ный** *прил. к* конве́йер; ~ная систе́ма convéyor sýstem.

**конве́кция** *ж. физ.* convéction.

**конве́нт** *м. ист.* Convéntion.

**конвенциона́льный** convéntional.

**конвенцио́нный** *прил. к* конве́нция.

**конве́нция** *ж.* convéntion.

**конверге́нция** *ж.* convérgence.

**конве́рсия** *ж.* convérsion.

**конве́рт** *м.* énvelòpe, cóver ['kʌ-].

**конверти́ровать** *несов. и сов.* (*вн.*) *эк.* convért (*d.*); ~ заём convért a loan.

**конве́ртор** *м. тех.* convérter.

**конвои́р** *м.* éscòrt. **~овать** (*вн.*) escórt (*d.*); cònvóy (*d.*).

**конво́||й** *м.* éscòrt; *мор.* cónvoy; под ~ем únder éscòrt.

**конво́йный 1.** *прил. к* конво́й; **2.** *м. как сущ.* éscòrt.

**конвульси́вный** *мед.* convúlsive.

**конву́льсия** *ж. мед.* convúlsion.

**конгениа́льн||ость** *ж.* con:gèniálity. **~ый** con:génial.

**конгломера́т** *м.* còn:glòmerátion; *геол.* còn:glómerate.

**конгре́сс** *м.* cóngrèss; Всеми́рный ~ сторо́нников ми́ра World Peace Cóngrèss.

**кондач||о́к** *м.*: с ~ка́ *разг.* ≅ óff-hánd.

**конденса́т** *м.* condénsate; (*водяного пара*) condénsed wáter [...'wɔ:-].

**конденс||а́тор** *м. эл., рад.* condénser, capácitor. **~ацио́нный** obtáined by còndènsátion. **~а́ция** *ж.* còndènsátion; ~а́ция па́ра còndènsátion of steam. **~и́ровать** *несов. и сов.* (*вн.*) condénse (*d.*).

**конде́нсор** *м.* (*в оптике*) condénser.

**конди́тер** *м.* conféctioner, pástry-cook ['peɪ-]. **~ская** *ж. скл. как прил.* conféctionery, conféctioner's (shop), pástry-cook's ['peɪ-]. **~ский:** ~ский магази́н = конди́терская; ~ские това́ры, ~ские изде́лия conféctionery *sg.*

**кондициони́ров||ание** *с.* condítioning; ~ во́здуха air condítioning. **~ать** (*вн.*) condítion (*d.*).

**ко́ндор** *м. зоол.* cóndòr.

**кондотье́р** *м. ист.* còndottiére [-tɪ'ɛərɪ], sóldier of fórtune ['souldʒə... -tʃən].

**конду́ктор** *м.* condúctor; *ж.-д.* guard.

**конду́кторский** *прил. к* конду́ктор.

**конево́д** *м.* hórse-breeder. **~ство** *с.* hórse-breeding. **~ческий** *прил. к* конево́дство; ~ческая фе́рма stud farm.

**конезаво́д** *м.* stud farm.

**конёк** I *м.* **1.** *уменьш. от* конь 1; **2.** *тк. ед. разг.* hóbby, fad; э́то его́ ~ it is his hóbby; сесть на своего́ конька́ mount one's hóbby-hòrse; ◇ морско́й ~ hìppò:cámpus (*pl.* -pì), séa-hòrse.

**конёк** II *м. см.* коньки́.

**конёк** III *м.* (*крыши*) ridge (of a roof).

**конесовхо́з** *м.* (конево́дческий совхо́з) State stud farm.

**кон||е́ц** *м.* **1.** (*в разн. знач.*) end; (*окончание тж.*) énding; приходи́ть к ~цу́ come* to an end; подходи́ть, приближа́ться к ~цу́ draw* to a close [...-s], be appróaching complétion; к ~цу́ пери́ода towards the end of the péríod; к ~цу́ 1918 г. by / toward the end of 1918; к ~цу́ ноября́ by / toward the end of Novémber; доводи́ть что-л. до ~ца́ cárry smth. through; (*завершать*) compléte smth., put* a fínish to smth.; в ~це́ ве́ка at the close of the céntury; в ~це́ дня at the close of the day; до ~ца́ сезо́на for the rest of the séason [...-z°n]; то́нкий ~ tip; о́стрый ~ point; то́лстый ~ butt (end); **2.** *разг.* (*расстояние, путь*) dístance / way from one place to another; в оди́н ~ one way; в о́ба ~ца́ there and back; both ways [bouθ...]; 3. *мор.* (*канат, верёвка*) rope's end; незакреплённый ~, свобо́дный ~ tag, loose end [-s...]; спаса́тельный ~ life-line; ◇ в ~це́ ~цо́в in the end, after all; últimate|ly; под ~ towards the end; положи́ть ~ чему́-л. put* an end to smth.; пришёл ~ (*дт.*) it was the end (of); it was cúrtains (for) *идиом.*; и де́ло с ~цо́м *разг.* and there is an end to it all; и ~цы́ в во́ду *разг.* and none will be the wiser [...nʌn...]; хорони́ть ~цы́ remóve the tráces [-'mu:v...]; своди́ть ~цы́ с ~ца́ми *разг.* make* both ends meet; со всех ~цо́в from every córner, *или* all quárters; из ~ца́ в ~ from end to end; ~ца́ не ви́дно *разг.* no end in sight; ~ца́-кра́ю э́тому нет *разг.* there is no end to it; на худо́й ~ *разг.* if the worst comes to the worst; at the worst; ~— всему́ де́лу вене́ц *погов.* ≅ all's well that ends well.

**коне́чно** *вводн. сл.* cértainly, to be sure [...ʃuə], súre|ly ['ʃuə-], of course [...kɔ:s]; sure *амер. разг.*; ~ да! ráther! ['rɑ:-]; you bet! *разг.*; ~ нет! cértainly not!; no fear! *разг.*

**коне́чность** I *ж. филос.* fínite|ness ['faɪ-].

**коне́чн||ость** II *ж. анат.* extrémity; ве́рхние ~ости úpper extrémities; ни́жние ~ости lówer extrémities ['louə...].

**коне́чн||ый** 1. (*находящийся на конце*) final, last; ~ая ста́нция términal; términus (*pl.* -nì); 2. (*последний, предельный*) últimate, evéntual; ~ая цель últimate end; ~ая величина́ *мат.* fínite quántity ['faɪ-...]; ◇ в ~ом ито́ге, счёте in the end; in the final análysis.

**кони́на** *ж.* hórse-flèsh.

**кони́ческ||ий** cónic; ~ое сече́ние cónic séction.

**ко́нка** *ж. разг.* horse trámway; (*вагон*) horse tram; hórse-càr *амер.*

**конкорда́т** *м.* còn|córdàt.

**конкретиз||а́ция** *ж.* cóncréte dèfinítion. **~и́ровать** *несов. и сов.* (*вн.*) cón|crètize [-ri:-] (*d.*); réndеr cón|crète (*d.*), give* cón|crète expréssion (to); define cóncrète|ly (*d.*).

**конкре́тн||ый** cón|crète, specífic; ~ые усло́вия cón|crète condítions; ~ая цель specífic aim; ~ое предложе́ние cón|crète propósal [...-z-].

**конкуре́нт** *м.*, **~ка** *ж.* compétitor; (*соперник*) rival. **~ный:** ~ная борьба́ còmpetítion.

**конкур||е́нция** *ж.* còmpetítion; свобо́дная ~ free còmpetítion; вне ~е́нции be|yónd còmpetítion; hors cóncours [hɔ:'kɔŋku:ə]. **~и́ровать** (с *тв.*) compéte (with), rival (*d.*).

**ко́нкурс** *м.* còmpetítion; объяви́ть ~ (*на замещение должности*) annóunce / ópen a vácancy [...'veɪ-]; (*на лучшую пьесу и т. п.*) annóunce a còmpetítion; вне ~а hors cóncours [hɔ:'kɔŋku:ə]; (*перен. тж.*) in a class by it|sélf. **~ный** compétitive; ~ный экза́мен compétitive exàminátion.

**ко́нник** *м.* hórse|man*, cávalry|man*.

**ко́нница** *ж.* (horse) cávalry, the Horse.

**коннозаво́д||ский** hórse-breeding (*attr.*). **~ство** *с.* 1. hórse-breeding; 2. (*конный завод*) stud (farm). **~чик** *м. уст.* ówner of a stud (farm) ['ounə...].

**ко́нн||ый** 1. *прил. к* конь 1; ~ двор stables *pl.*; (*извозчичий*) mews; ~ заво́д stud (farm); ~ая ста́туя equéstrian státue; ~ спорт equéstrian sport; 2. *прил. к* ко́нница; *тж.* móunted; ~ая а́рмия Móunted Ármy; 3. (*приводимый в движение лошадьми*) hórse-drawn; ~ приво́д hórse-drìve; с ~ым приво́дом hórse-drìven [-drɪ-]; ~ая тя́га horse tráction; на ~ой тя́ге hórse-drawn.

**конова́л** *м.* 1. *разг.* horse dóctor, fárrier; 2. *пренебр.* (*плохой врач*) quack (dóctor).

**коново́д** *м.* 1. *воен.* hórse-hòlder; 2. *разг.* (*вожак*) ríngleader.

**ко́новязь** *ж. воен.* horse lines *pl.*

**конокра́д** *м.* hórse-stealer; hórse-lifter *амер.* **~ство** *с.* hórse-stealing; hórse-lifting *амер.*

**конопа́т||ить**, проконопа́тить (*вн.*) caulk (*d.*). **~ка** *ж.* 1. cáulker's chisel / iron [...'tʃɪz- 'aɪən]; 2. (*результат конопачения*) cáulking. **~чик** *м.* cáulker.

**конопа́тый** freckled; (*рябой*) póck-márked.

**конопа́чение** *с.* cáulking.

**коноплево́дство** *с.* hémp-growing [-ou-].

**конопл||я́** *ж. бот.* hemp. **~я́ник** *м. с.-х.* hémp-field [-fi:ld], hémp-clòse [-s]. **~я́нка** *ж. зоол.* línnet. **~я́ный** *прил. к* конопля́; ~я́ное се́мя hémpseed; ~я́ное ма́сло hémpseed oil.

**коносаме́нт** *м. торг.* bill of láding.

**консерват||и́вность** *ж.* consérvatism. **~и́вный** consérvative. **~и́зм** *м.* consérvatism.

**консерва́тор** *м.* (*в разн. знач.*) consérvative; (*член консервативной партии в Англии тж.*) Únionist, tóry.

**консервато́рия** *ж.* consérvatoire [-twɑ:].

**консерва́ция** *ж.* (*предприятия*) témporary clósing.

**консерви́рованн||ый** 1. *прич. см.* консерви́ровать; 2. *прил.*: ~ое мя́со tinned / pótted / canned meat; ~ые фру́кты (*в стекле*) bottled fruits [...fru:ts]; (*в жести*) canned fruits.

**консерви́ровать** *несов. и сов.* (*сов. тж.* законсерви́ровать) (*вн.*) 1. preserve [-'zə:v] (*d.*); (*в жестянках*) tin (*d.*), can (*d.*); (*в стекле*) bottle (*d.*); (*в фарфоре, фаянсе и т. п.*) pot (*d.*); 2.: ~ предприя́тие close *an* énterprise témporarily.

**консе́рвн||ый** *прил. к* консе́рвы 1; ~ая фа́брика cánnery; ~ая промы́шленность cánning índustry; ~ая ба́нка tin, can.

**консе́рвы** *мн.* 1. tinned / pótted / canned food *sg.*; мясны́е ~ tinned / canned meat *sg.*; ры́бные ~ canned fish *sg.*; фрукто́вые ~ canned fruit [...fru:t] *sg.*; 2. (*очки*) (éye-)preserves ['aɪ- -'zə:-].

**консигна́ция** *ж. торг.* consígnment [-'saɪn-].

**конси́лиум** *м. мед.* cònsultàtion.

**консисте́нция** *ж. физ., мед.* consístence.

**ко́нск||ий** *прил. к* конь 1; ~ во́лос hórse-hair; ~ое мя́со hórse-flèsh; ~ие состяза́ния hórse-ràces; ~ая амуни́ция; ~ое снаряже́ние hárness; ~ое поголо́вье horse pòpulátion; ~ая щётка hórse|brùsh.

**консолид||а́ция** *ж.* consòlidátion. **~и́ровать** *несов. и сов.* (*вн.*) consólidàte (*d.*).

**консо́ль** *м.* 1. *арх., стр.* cónsòle, córbel; 2. *стр., тех.* cántilèver. **~ный** cántilèver (*attr.*).

**консона́нс** *м. муз.* cónsonance.

**консонанти́зм** *м. лингв.* cónsonantism.

**консо́рциум** *м. эк.* consórtium.

**конспе́кт** *м.* súmmary, synópsis (*pl.* -sès [-si:z]), ábstràct. **~и́вный** concíse [-s], rè:-capítulàtive.

**конспекти́ровать,** проконспекти́ровать (*вн.*) make* an ábstràct (of).

**конспир||ати́вный** sécret; ~ати́вная кварти́ра sécret addréss. **~а́тор** *м.* conspírer, conspírator. **~а́ция** *ж.* conspíracy. **~и́ровать** conspíre.

**конста́нт||а** *ж. мат., физ.* cónstant. **~ный** cónstant.

**констат||а́ция** *ж.* státe:ment. **~и́ровать** *несов. и сов.* (*вн.*) state (*d.*), àscertáin (*d.*); ~и́ровать смерть cértifỳ death [...deθ].

**констелля́ция** *ж. астр.* (*тж. перен.*) cònstellátion.

**конституи́ровать** *несов. и сов.* (*вн.*) cónstitùte (*d.*).

**конституционали́зм** *м.* cònstitútionalism.

**конституциона́льный** *мед., физиол.* cònstitútional.

**конституцио́нн||ый** cònstitútional; ~ая мона́рхия cònstitútional mónarchy [...-kɪ].

**конститу́ция** I *ж.* cònstitútion.

**конститу́ция** II *ж. анат.* cònstitútion.

**конструи́ровать** *несов. и сов.* (*сов. тж.* сконструи́ровать) (*вн.*) **1.** constrúct (*d.*); (*проектировать*) design [-'zaɪn] (*d.*); **2.** (*организовывать, учреждать*) form (*d.*), órganìze (*d.*).

**конструктив||и́зм** *м. иск.* constrúctivism, constrúctionism. **~и́ст** *м.* constrúctivist, constrúctionist, adhérent of constrúctivism / constrúctionism.

**конструкти́вн||ый** **1.** *прил. к* констру́кция; *тж.* constrúctive; ~ за́мысел constrúctive design [...-'zaɪn]; **2.** (*плодотворный, положительный*) constrúctive; ~ план constrúctive plan; ~ое предложе́ние constrúctive propósal [...-z°l].

**констру́ктор** *м.* designer [-'zaɪnə], constrúctor. **~ский** *прил. к* констру́ктор; ~ское бюро́ design óffice [-'zaɪn...].

**констру́кция** *ж.* (*в разн. знач.*) constrúction; (*структура*) design [-'zaɪn].

**ко́нсул** *м.* cónsul; генера́льный ~ cónsul géneral.

**ко́нсуль||ский** cónsular. **~ство** *с.* cónsulate; генера́льное ~ство cónsulate-géneral.

**консульт||а́нт** *м.* consúltant; (*в вузе*) tútor; *мед. тж.* consúlting physícian [...-'zɪ-]. **~ати́вный** consúltative, advísory [-'vaɪz-].

**консультацио́нн||ый** *прил. к* консульта́ция; ~ое бюро́ advíce buréau [...-'rou].

**консульта́ция** *ж.* **1.** (*действие*) cònsultátion; (*в вузе*) tutórial; враче́бная ~ médical advíce / cònsultátion, dóctor's cònsultátion; **2.** (*учреждение*) cònsultátion óffice; юриди́ческая ~ légal advíce / cònsultátion óffice; де́тская ~ children's cònsultátion clínic / centre; же́нская ~ matérnity cònsultátion.

**консульти́ровать,** проконсульти́ровать **1.** (*давать консультацию*) advíse; **2.** (с *тв.*; *советоваться*) consúlt (*d.*). **~ся,** проконсульти́роваться consúlt; ~ся по ра́зным вопро́сам consúlt togéther on várious quéstions [...'ge-... -stʃənz].

**конта́кт** *м.* (*в разн. знач.*) cóntàct; установи́ть ~ с кем-л. get* into cóntàct, *или* in touch, with smb. [...tʌtʃ...]; быть в ~е с кем-л. keep* in touch with smb.; подде́рживать те́сный ~ (с *тв.*) maintáin close cóntàct [...-s...] (with); плохо́й ~ *эл.* fáulty cóntàct. **~ный** *прил. к* конта́кт.

**контамина́ция** *ж. лингв.* contàminátion.

**конте́йнер** *м.* contáiner.

**конте́кст** *м.* cóntèxt.

**континге́нт** *м.* contíngent; *эк. тж.* quóta.

**контине́нт** *м.* cóntinent, máinland. **~а́льный** còntinéntal; ~а́льный кли́мат còntinéntal clímate [...'klaɪ-].

**контокорре́нт** *м. бух.* accóunt cúrrent (*сокр.* a/c).

**конто́ра** *ж.* óffice, buréau [bjuə'rou]; почто́вая ~ póst-òffice ['poust-].

**конто́рка** *ж.* desk, wríting-dèsk, buréau [bjuə'rou].

**конто́р||ский** *прил. к* конто́ра; ~ская кни́га *бух.* (accóunt-)book, lédger. **~щик** *м.*, **~щица** *ж.* clerk [klɑ:k].

**контраба́нд||а** *ж.* cóntrabànd, smúggling; занима́ться ~ой smuggle, be a smúggler. **~и́ст** *м.*, **~и́стка** *ж.* smúggler, cóntrabàndist. **~и́стский** *прил. к* контрабанди́ст. **~ный** cóntrabànd; ~ный това́р cóntrabànd, cóntrabànd / smuggled goods [...gudz] *pl.*

**контраба́с** *ж. муз.* dóuble-báss ['dʌbl'beɪs], cóntrabáss [-'beɪs].

**контраге́нт** *м.* contráctor.

**контр-адмира́л** *м.* rear ádmiral.

**контра́кт** *м.* cóntràct; (*соглашение*) agréement; заключа́ть ~ make* a cóntràct. **~а́ция** *ж.* contrácting. **~ова́ть** (*вн.*) contráct (for). **~ова́ться** **1.** contráct; **2.** *страд. к* контрактова́ть.

**контра́льто** *с. и м. нескл. муз.* contráltò. **~вый** *прил. к* контра́льто; ~вая па́ртия contráltò part.

**контрама́р||ка** *ж. театр.* pass. **~очник** *м. разг.* déad-head ['dedhed].

**контрапу́нкт** *м. муз.* cóunterpoint. **~и́ческий** *муз.* còntrapúntal.

**контрассигн||а́ция** *ж. офиц.* cóuntersìgn [-saɪn]. **~и́ровать** *несов. и сов.* (*вн.*) *офиц.* cóuntersìgn [-saɪn] (*d.*). **~о́вка** *ж.* = контрассигна́ция.

**контра́ст** *м.* cóntràst; по ~у с чем-л. by cóntràst with smth. **~ова́ть** (с *тв.*) contrást (with). **~ный** contrásting.

**контрата́||ка** *ж. воен.* cóunter-attàck. **~кова́ть** (*вн.*) cóunter-attàck (*d.*).

**контрафа́кция** *ж. юр.* infrínge:ment; (*подделка*) cóunterfeit [-fɪt].

**контрга́йка** *ж. тех.* lóck-nùt, chéck-nùt.

**контрибу́ци||я** *ж.* còntribútion, (war) indémnity; наложи́ть ~ю (на *вн.*) lay* únder còntribútion (*d.*), impóse an indémnity (on), requíre an indémnity (from).

**контрманёвр** *м. воен.* cóunter-mòve:ment [-mu:v-].

**контрма́рш** *м. воен.* cóuntermàrch.

**контрми́на** *ж. воен.* cóuntermìne.

**контрнаступле́ние** *с. воен.* cóunter-offénsive, cóunter-attàck.

**контрол||ёр** *м.* contróller, inspéctor; (*железнодорожный, театральный и т. п.*)

ticket-colléctor. **~и́ровать,** проконтроли́ровать (*вн.*) contról [-oul] (*d.*), check (*d.*).

**контро́ллер** *м. эл.* contróller.

**контро́л||ь** *м.* contról [-oul]; ~ масс contról by the másses; под ~ем (*рд.*) únder the contról (of); взять под свой ~ (*вн.*) take* the contról (of), take* únder one's contról (*d.*); э́то не поддаётся ~ю it is impóssible to vérifỳ this; не поддаю́щийся ~ю beyónd the reach of contról; ~ над вооруже́нием contról of ármaments, arms contról; отде́л техни́ческого ~я (*на заводе и т. п.*) chécking / exámining depártment.

**контро́льно-измери́тельн||ый:** ~ые прибо́ры, ~ая аппарату́ра chécking / contrólling and méasuring àpparátus [...-troul- ...'meʒər-...] *sg.*

**контро́льн||ый** *прил. к* контро́ль; ~ая коми́ссия contról committee [-oul -tɪ]; ~ые ци́фры planned / schédùled figures [...'ʃe-...].

**контрпа́р** *м. тех.* cóunter-steam, báck-steam.

**контрпредложе́ние** *с.* cóunter-óffer, cóunter-pròposition [-'zɪ-].

**контрпрете́нзия** *ж.* cóunter-claim.

**контрприка́з** *м.* cóuntermánd [-ɑːnd].

**контрразве́дка** *ж.* cóunter-èspionáge [-'nɑːʒ], secúrity sérvice.

**контрреволюционе́р** *м.* cóunter-rèvolùtionary.

**контрреволюцио́нный** cóunter-rèvolùtionary.

**контрреволю́ция** *ж.* cóunter-rèvolùtion.

**контр-уда́р** *м.* **1.** cóunterblow [-ou]; **2.** *воен.* cóunter-stròke.

**контрфо́рс** *м. арх.* búttress, abútment, cóunterfòrt.

**ко́нтр||ы** *мн. разг.* dissént *sg.*, disagréement *sg.*; быть в ~ах с кем-л. be out with smb.

**контрэска́рп** *м. воен.* cóunterscàrp.

**конту́женый** contúsed; (*при разрыве снаряда*) shéll-shòcked.

**конту́з||ить** (*вн.*) contúse (*d.*); (*при разрыве снаряда*) shéll-shòck (*d.*). **~ия** *ж.* contúsion; (*при разрыве снаряда*) shéll-shòck; (*сотрясение*) concússion.

**ко́нтур** *м.* **1.** cóntour [-tuə], óutline; начерти́ть, наброса́ть ~ (*рд.*) óutline (*d.*); **2.** *эл.* círcuit [-kɪt].

**конура́** *ж.* kénnel; (*перен.*) *разг.* dóg-hòle, hóvel ['hɔ-].

**ко́нус** *м.* cone; ~ разлёта *воен.* cone of dispérsion.

**конусообра́зный** cóne-shàped, cónoid ['kou-], cónical.

**конфедер||ати́вный** conféderative. **~а́ция** *ж.* confèderátion, conféderacy.

**конфера́нс:** вести́ ~ compère (*фр.*) ['kɔmpɛə].

**конферансье́** *м. нескл.* máster of céremonies; compère (*фр.*) ['kɔmpɛə].

**конфере́нц-за́л** *м.* cónference hall.

**конфере́нция** *ж.* cónference.

**конфе́т||а** *ж.*, **~ка** *ж.* sweet, bón-bòn; swéetmeats *pl.*; cándy *амер.* **~ный** *прил. к* конфе́та; ~ная коро́бка sweet box; ~ная бума́жка sweet wrápper.

**конфетти́** *с. нескл.* confétti.

**конфигура́ция** *ж.* configurátion, cònfòrmátion; ~ ме́стности *воен.* configurátion of the ground.

**конфиденциа́льно** I *прил. кратк. см.* конфиденциа́льный.

**конфиденциа́льн||о** II *нареч.* in cónfidence, cònfidéntially. **~ый** cònfidéntial, prívate ['praɪ-].

**конфирм||а́ция** *ж.* **1.** *церк.* cònfirmátion; **2.** *офиц. уст.* ràtificátion. **~ова́ть** *несов. и сов.* (*вн.*) **1.** *церк.* confírm (*d.*); **2.** *офиц. уст.* rátifỳ (*d.*).

**конфиска́ция** *ж.* cònfiscátion; (*наложение ареста*) séizure ['siːʒə]; ~ поме́щичьей земли́ cònfiscátion of lándlòrds' estátes.

**конфискова́ть** *несов. и сов.* (*вн.*) cónfiscàte (*d.*); (*наложить арест*) seize [siːz] (*d.*).

**конфли́кт** *м.* cónflict. **~ный** *прил. к* конфли́кт; ~ное де́ло dispúted mátter; **~ная** коми́ссия dispúte committee [...-tɪ].

**конфо́рка** *ж.* (*на плите*) ring; (*на самоваре*) crown, top ring.

**конфу́з** *м. разг.* discómfiture [-'kʌm-]; (*неловкое положение*) embárrassing position [...-'zɪ-]; како́й ~ получи́лся it is réally very áwkward [...'rɪə-...].

**конфу́з||ить,** сконфу́зить (*вн.*) *разг.* disconcért (*d.*), flúster (*d.*). **~иться,** сконфу́зиться be shy; (*стыдиться*) be ashámed. **~ливый** báshful. **~ный** áwkward.

**конфуциа́нство** *с.* Confúcianism.

**концев||о́й** *прил. к* коне́ц; ~а́я строка́ énd-lìne; ~ стих énd-rhỳme.

**концентра́т** *м.* **1.** cóncèntràted próduct; пищевы́е ~ы food cóncèntràtes; **2.** *горн.* cóncèntràte.

**концентрацио́нный** *прил. к* концентра́ция; ◇ ~ ла́герь cònc`èntrátion camp.

**концентр||а́ция** *ж.* (*в разн. знач.*) cònc`èntrátion; ~ промы́шленности cònc`èntrátion of industry; ~ произво́дства cònc`èntrátion of prodúction; ~ капита́ла cònc`èntrátion of cápital; ~ раство́ра *хим.* cònc`èntrátion of *a* solútion. **~и́рованный** *прич. и прил.* cóncèntràted. **~и́ровать,** сконцентри́ровать (*вн.*; *в разн. знач.*) cóncèntràte (*d.*); *воен.* mass (*d.*); ~и́ровать внима́ние (на *пр.*) attráct atténtion (to).

**концентри́ческ||ий** cònc`éntric; ~ие круги́ *мат.* cònc`éntric círcles.

**концентри́чность** *ж.* cònc`èntrícity.

**конце́пт** *м. филос.* cóncèpt. **~уали́зм** *м. филос.* concéptualism.

**конце́пция** *ж.* concéption, idéa [aɪ'dɪə].

**конце́рн** *м. эк.* concérn.

**конце́рт 1.** cóncert; (*одного артиста или из произведений одного композитора тж.*) recítal; дать ~ give* a cóncert; **2.** (*муз. произведение*) concértò [-'tʃəːtou]. **~а́нт** *м.* perfórmer (in a cóncert). **~и́ровать** give* cóncerts.

**концертме́йстер** *м.* first víolinist (in órchestra) [...'ɔːk-].

**конце́ртн||ый** *прил. к* конце́рт; ~ зал cóncert hall; ~ роя́ль cóncert grand; ~ое отделе́ние cóncert (part).

**концесси||оне́р** *м.* concèssionáire [-seʃə'nɛə]. **~о́нный** *прил. к* конце́ссия; *тж.* concéssive; ~о́нный догово́р concéssive agréement.

**концéссия** *ж.* concéssion.

**концлáгерь** *м.* (концентрациóнный лáгерь) còncèntrátion camp.

**концóвка** *ж. полигр.* táil-piece [-pi:s]; cùl-de-lámpe [kju:d'lã:p] (*pl.* cùls-de-lámpe); (*в старинных книгах*) cólophòn.

**конч||áть,** кóнчить **1.** (*вн.*) end (*d.*), fínish (*d.*); (*о высшем учебном заведении тж.*) gráduàte (at); кóнчить шкóлу compléte one's schóoling; кóнчить чем-л. end / fínish with smth.; на э́том он кóнчил here he stopped; кóнчить рабóту be through with one's work; **2.** (+ *инф.*; *переставать*) stop (+ *ger.*), fínish (+ *ger.*); ◇ ~áя (*включительно*) inclúding; плóхо кóнчить come* to a bad end; с ним всё кóнчено all is óver with him; кóнчить самоуби́йством commit súicide. **~áться,** кóнчиться **1.** end, fínish, come* to an end; términàte; (*о сроке*) expíre; *несов. тж.* be dráwing to a close [...-s]; кóнчиться чем-л. end in smth.; на э́том всё и кóнчилось and that was the end of it; э́тим дéло не кóнчилось that was not all, that was not the end of the affáir; кóнчиться ничéм come* to nothing; **2.** (*умирать*) expíre, die.

**кóнчено** *предик. безл.*: ~! (*довольно*) enóugh! [-ʌf]; всё ~! all is óver!; this is the end!

**кóнчен||ый:** э́то дéло ~ое this affáir is settled; ~ человéк *разг.* lost man*.

**кóнчик** *м.* tip.

**кончи́на** *ж.* decéase [-s], demíse; безврéменная ~ ùntímely death / decéase [...deθ...].

**кóнчить(ся)** *сов. см.* кончáть(ся).

**конъектýр||а** *ж. лингв.* conjécture. **~ный** *лингв.* conjéctural.

**конъюнктиви́т** *м. мед.* conjùnctivítis.

**конъюнктýр||а** *ж.* conjúncture, júncture; политúческая ~ political sìtuátion. **~ный** *прил. к* конъюнктýра. **~щик** *м.* tíme-sèrver.

**кон||ь** *м.* **1.** horse; steed *поэт.*; **2.** *шахм.* knight; **3.** *спорт.* váulting horse; ~ в длинý long horse; ~ в ширинý pómmelled horse ['pʌ-...], side horse; ◇ не в ~я́ корм *разг.* ≅ it is cáviàr(e) to the géneral [...-ɑ:...]; дарёному ~ю́ в зýбы не смóтрят *посл.* never look a gift horse in the mouth [...gɪ-...].

**коньк||и́** *мн.* (*ед.* конёк *м.*) skates; ~ на рóликах róller skates; катáться на ~áх skate, go* skáting.

**конькобéж||ец** *м.* skáter. **~ный** skáting; ~ный спорт skáting; ~ные состязáния skáting cóntèst *sg.*

**конья́||к** *м.* cógnàc ['kounjæk], (French) brándy. **~чный** *прил. к* конья́к.

**кóнюх** *м.* groom, stáble-man*; (*на постоялом дворе*) óstler.

**конюшенный** *прил. к* конюшня.

**конюший** *м. скл. как прил. ист.* equérry.

**конюш||ня** *ж.* stable; ◇ Áвгиевы ~ни Augéan stables.

**кооперати́в** *м.* **1.** (*организация*) cò-óperative society; жили́щный ~ hóusing cò-óperative; сельскохозя́йственный произвóдственный ~ àgricúltural prodúction cò-óperative; **2.** (*магазин*) cò-óperative store.

**кооперати́вн||ый** cò-óperative; ~ое товáрищество cò-óperative society; ~ая торгóвля cò-óperative trade; ~ое земледéльческое хозя́йство cò-óperative fárming; ~ое движéние the cò-óperative móvement [...'mu:v-].

**коопер||áтор** *м.* cò-óperàtor. **~áция** *ж.* **1.** (*сотрудничество*) cò-òperátion; **2.** (*общественная организация*) cò-óperative societies *pl.*; cò-óperative sýstem; произвóдственная ~áция prodúcing cò-óperative sýstem; потребúтельская ~áция consúmers' cò-óperative socíeties *pl.*; сельскохозя́йственная ~áция àgricúltural cò-óperative socíeties *pl.* **~и́рование** *с.* cò-òperátion; мáссовое ~и́рование крестья́нства mass cò-òperátion of the péasantry [...'pez-].

**коопери́ровать** *несов. и сов.* (*вн.*) órganìze in a cò-óperative (*d.*). **~ся 1.** cò-óperàte; **2.** *страд. к* коопери́ровать.

**коопт||áция** *ж.* cò-òptátion; ~ члéнов cò-òptátion of mémbers. **~и́ровать** *несов. и сов.* (*вн.*) cò-ópt (*d.*).

**координ||áта** *ж. мат.* cò-órdinate. **~áтный** cò-órdinate. **~áция** *ж.* cò-òrdinátion. **~и́ровать** *несов. и сов.* (*вн.* с *тв.*) cò-órdinàte (*d.* with).

**копáл** *м.* (*смола*) cópal.

**копáть** (*вн.*) **1.** dig* (*d.*); **2.** (*выкапывать*) dig* out (*d.*); ~ картóфель dig* up / out potátòes, lift potátòes. **~ся 1.** (в *пр.*; *рыться*) rúmmage (in); **2.** *разг.* (*медлить*) dawdle; **3.** *страд. к* копáть; ◇ ~ся в своéй душé rúmmage in one's soul [...soul], go* in for sélf-análysis.

**копéеч||ка** *ж. уменьш. от* копéйка; э́то стáнет емý в ~ку *разг.* it will cost him a prétty pénny [...'prɪtɪ...]. **~ный** worth a cópèck; (*перен.*) *разг.* pétty.

**копéй||ка** *ж.* cópèck; до послéдней ~ки to the last pénny; ◇ ~ в ~ку exáctly; сколоти́ть ~ку *разг.* make* some móney [...'mʌ-]; без ~ки pénniless; не имéть ни ~ки be pénniless; ~ рубль бережёт *посл.* ≅ take care of the pence and the pounds will take care of thèmsélves.

**копёр** *м. стр.* pile-driver.

**кóпи** *мн.* (*ед.* копь *ж.*) mines; каменноугóльные ~ cóal-mines, cóal-pits; cólliery *sg.*; соляны́е ~ sált-mines; меловы́е ~ chalk pits; разрабáтывать ~ work mines.

**копи́лка** *ж.* móney-bòx ['mʌ-].

**копи́рк||а** *ж. разг.* cárbon-pàper, cópying páper ['kɔ-...]; писáть под ~у use a cárbon-pàper, use cópying páper.

**копировáльн||ый** cópying ['kɔ-]; ~ая бумáга cárbon-pàper, cópying páper; ~ые чернúла cópying ink *sg.*

**копи́рование** *с.* **1.** = копирóвка; **2.** (*подражание*) imitátion, ímitàting.

**копи́ровать,** скопи́ровать (*вн.*) **1.** cópy ['kɔ-] (*d.*); **2.** (*подражать*) ímitàte (*d.*), mímic (*d.*), cópy (*d.*).

**копирóв||ка** *ж.* cópying ['kɔ-]. **~щик** *м.*, **~щица** *ж.* cópyist ['kɔ-].

**копи́ть** (*вн.*) accúmulàte (*d.*); (*откладывать*) lay* up (*d.*), store up (*d.*); (*о деньгах*) put* by (*d.*), save up (*d.*); ◇ ~ злóбу chérish ill-will. **~ся 1.** accúmulàte; **2.** *страд. к* копи́ть.

**кóпи||я** *ж.* cópy ['kɔ-]; (*второй экземпляр*) dúplicate; (*о картине*) réplica; (*перен.*) image; тóчная ~ exáct cópy, réplica; онá тóчная ~

**ма́тери** she is the very image of her móther [...'mʌ-]; снима́ть ~ю с чего́-л. make* a cópy of smth., cópy smth.; снима́ть заве́ренную ~ю с чего́-л. *юр.* make* an attésted cópy of smth., exémplifỳ smth.; заве́рить ~ю attést *a* cópy.

**ко́пка** *ж. с.-х.* (*картофеля*) dígging; (*корнеплодов*) lífting; ~ свёклы beet lífting.

**копна́** *ж.* shock, stook; ~ се́на (háy)còck; ~ воло́с *разг.* shock (of hair).

**копн||е́ние** *с. с.-х.* stóoking, shócking; ~ соло́мы, се́на stóoking / shócking of straw, hay. **~и́тель** *м. с.-х.* shócker. **~и́ть** (*вн.*) *с.-х.* stook (*d.*), shock (*d.*).

**копну́ть** *сов.* (*вн.*) dig* (*d.*).

**копотли́вый** *разг.* **1.** (*о человеке*) slow [-ou], slúggish; **2.** (*о деле и т. п.*) tédious.

**ко́поть** *ж.* soot [sut]; (*от лампы тж.*) lámp-blàck.

**копоши́ться** **1.** (*о насекомых*) swarm; **2.** *разг.* (*о человеке*) pótter (abóut).

**копте́ть** (над) *разг.* plug a¦wáy (at), work hard (at).

**копти́лка** *ж.* wick lamp.

**копти́льный:** ~ заво́д cúring fáctory.

**копти́ть** **1.** (*вн.*) smoke (*d.*), cure in smoke (*d.*); **2.** (*без доп.*; *о лампе, свече и т. п.*) smoke; ◇ ~ не́бо *разг.* ≅ waste one's life [weɪ-...], idle one's life a¦wáy.

**копу́н** *м.*, **копу́нья** *ж. разг.* dáwdler.

**копу́ша** *м. и ж.* = копу́н, копу́нья.

**копче́ние** *с.* smóking, cúring in smoke.

**копчёности** *мн.* smoked foods.

**копчён||ый** smoked, smóke-drìed; ~ая колбаса́ smoked sáusage [...'sɔ-]; ~ая ры́ба smoked / cured fish; ~ая сельдь red hérring, blóater.

**копче́нье** *с. собир.* (*копчёные продукты*) smoked foods *pl.*

**ко́пчик** *м. анат.* cóccyx. **~овый** *прил. к* ко́пчик.

**копы́тные** *мн. скл. как прил. зоол.* hoofed / úngulàte ánimals.

**копы́тный** hoof (*attr.*), hoofed, úngulàte.

**копы́то** *с.* hoof; бить ~м hoof.

**копь** *ж. см.* ко́пи.

**коп||ё** *с.* spear, lance; мета́ние ~я́ jáve¦lin thrówing [...-ou-]; би́ться на ко́пьях *ист.* tilt, joust; ◇ лома́ть ко́пья break* a lance [breɪk...].

**копьеви́дный** *бот.* spéar-shàped, láncet-shàped, lánceolate.

**копьено́сец** *м. ист.* lánce-bearer [-bɛə-], spéar¦man*.

**кора́** *ж.* **1.** crust; земна́я ~ (éarth-)crùst ['ə:θ-]; **2.** *бот.* córtèx; (*деревьев*) rind, bark; **3.** *анат.* córtèx; ~ головно́го мо́зга córtèx.

**кора́бельн||ый** *прил. к* кора́бль 1; ~ инжене́р nával árchitèct [...-kɪ-]; ~ ма́стер shíp-wright; ~ая авиа́ция shípbòrne áircràft; ◇ ~ лес ship tímber.

**корабле||вожде́ние** *с.* nàvigátion. **~круше́ние** *с.* shípwrèck; потерпе́ть ~круше́ние be shípwrècked. **~строе́ние** *с.* shíp-bùilding [-bɪl-]. **~строи́тель** *м.* shíp-wright, shíp-bùilder [-bɪ-], nával árchitèct [...-kɪ-]. **~строи́тельный** *прил. к* кораблестрое́ние.

**кора́блик** *м.* **1.** *уменьш. от* кора́бль 1; **2.** (*игрушка*) tóy-shìp; **3.** (*моллюск*) náutilus (*pl.* -ses, -li), árgonaut.

**кора́бл||ь** *м.* **1.** ship, véssel; (*совершающий регулярные рейсы*) líner; торго́вый ~ mérchant ship / véssel; вое́нный ~ wárshìp, mán*-of-wár; лине́йный ~ báttle¦shìp; флагма́нский ~ flágshìp; сади́ться на ~ go* on board (the) ship; на ~е́ on board (the ship), abóard (the ship); **2.** *арх.* nave; ◇ сжечь свой ~и́ burn* one's boats; большо́му ~ю́ большо́е пла́вание ≅ great ship requíres / asks deep wáters [greɪt... 'wɔ:-].

**кора́лл** *м.* córal ['kɔ-]. **~овый** *прил. к* кора́лл; *тж.* córallìne; ~овый риф córal reef ['kɔ-...]; ~овые бу́сы córal beads; ~овый о́стров córal-ísland [-'aɪl-], atóll [-ɔl]; ◇ ~овые уста́ córal lips.

**кора́н** *м. рел.* Kòrán [-ɑ:n].

**корве́т** *м. мор. ист.* còrvétte [-'vet].

**ко́рд||а** *ж.* longe, lunge; гоня́ть ло́шадь на ~е lunge a horse.

**кордебале́т** [-дэ-] *м. театр.* corps-de-ballét (*фр.*) [kɔ:rdəbɑ:'le].

**корди́т** *м. воен.* córdite.

**кордо́н** *м.* córdon.

**коре́ец** *м.* Koréan [-'rɪən].

**корёж||ить** *безл. разг.* **1.** (*гнуть, кривить*) bend*, warp: фане́ру ~ит от сы́рости plý-wood warps with damp, *или* when kept in a damp place [-wud...]; **2.** (*о судорогах и т. п.*) writhe [raɪð] (with); его́ ~ит от бо́ли he is wríthing with pain [...'raɪð-...]. **~иться** *разг.* **1.** bend*, warp; **2.** (*от боли и т. п.*) writhe [raɪð]; (*ср.* коро́биться *и* ко́рчиться 1).

**коре́йский** Koréan [-'rɪən]; ~ язы́к Koréan, the Koréan lánguage.

**корена́стый** thìcksét, stúmpy, stócky.

**корени́ться** (в *пр.*) root (in); be fóunded (on).

**коренни́к** *м.* (*лошадь*) whéel-hòrse, sháft-hòrse, whéeler, thíll-hòrse.

**коренн||о́й** **1.** (*основной*) rádical; ~о́е преобразова́ние rádical / fùndaméntal change [...ʧeɪ-]; ~ перело́м rádical turn; ~ы́м о́бразом rádically; **2.** (*исконный*) nátive; ~ жи́тель nátive, índigène; ~о́е населе́ние the indígenous / àborígi al pòpulátion; ◇ ~ зуб mólar; ~а́я ло́шадь = коренни́к; ~ подши́пник main béaring [...'bɛə-].

**ко́р||ень** *м.* **1.** (*в разн. знач.*) root; вырыва́ть с ~нем (*вн.*) tear* up by the roots [tɛə...] (*d.*), ùp¦róot (*d.*); (*перен. тж.*) erádicàte (*d.*), éxtirpàte (*d.*), root out (*d.*); пусти́ть ~ни (*прям. и перен.*) take* root; име́ть глубо́кие ~ни be déeply róoted; **2.** *мат.* root; квадра́тный ~ square root; куби́ческий ~ cúbic root; показа́тель ~ня root índèx; знак ~ня rádical sign [...saɪn]; ◇ кла́ссовые ~ни the class roots; в ~не rádically, fùndaméntally; измени́ть в ~не (*вн.*) change rádically [ʧeɪ-...] (*d.*); change root and branch [...-ɑ:nʧ] (of) *идиом.*; уничтожа́ть в ~не (*вн.*) erádicàte (*d.*); красне́ть до ~не́й воло́с blush to the roots of one's hair; лес на ~ню́ stánding tímber; хлеб на ~ню́ stánding crops *pl.*; смотре́ть в ~ чего́-л. get* at the root of smth.; ~ зла the root of all évil [...'i:v-].

**коре́нья** *мн. кул.* cúlinary roots.

**корешо́к** *м.* **1.** róotlet; **2.** (*переплёта*) back; **3.** (*квитанционной книжки*) cóunterfoil.

**кореянка** *ж.* Koréan (wóman*) [-'rɪən 'wu-].

**корзи́н||а, ~ка** *ж.* básket; рабо́чая ~ка wórk-bàsket; ~ка для бума́ги wáste-páper-bàsket ['weɪ-]; бельева́я ~ clóthes-bàsket ['kloudz-]. **~щик** *м.*, **~щица** *ж.* básket-màker.

**коридо́р** *м.* córridòr, pássage. **~ный 1.** *прил. к* коридо́р; ~ная систе́ма córridòr sýstem; **2.** *м. как сущ.* hòtél sérvant, (hòtél) boots.

**кори́нка** *ж. тк. ед.* cúrrant(s) (*pl.*).

**кори́нфский** Corínthian.

**кори́ть** *разг.* **1.** (*вн.* за *вн.*; *упрекать*) repróach (*d.* with), ùpbráid (*d.* with, for); **2.** (*вн. тв.*; *попрекать*) cast* in smb.'s teeth (*d.*).

**корифе́й** *м.* còrypháe|us, léading fígure.

**кори́ца** *ж.* cínnamon.

**коричнева́тый** brównish.

**кори́чневый** brown.

**ко́рк||а** *ж.* **1.** crust; (*на ране тж.*) scab; покрыва́ться ~ой crust, get* crústed óver; **2.** (*кожура*) rind, peel; апельси́новая ~ órange peel; ◇ руга́ть, брани́ть кого́-л. на все ~и *разг.* ≅ rail at / agáinst smb.; от ~и до ~и ≅ from cóver to cóver [...'kʌ-...]. **~овый 1.** *прил. к* ко́рка; **2.** *анат.* of grey mátter; ~овые це́нтры centres of grey mátter.

**корм** *м.* fórage, feed, próvender; (*сухой*) fódder; *мн. собир. тж.* féeding-stùffs; гру́бые ~а́ coarse fódder / fórage *sg.*, róughage ['rʌf-] *sg.*; со́чный ~ rich fódder; задава́ть ~ (*дт.*) give* fódder (to); на подно́жном ~у́ at grass; запаса́ться ~ом lay* in a supplý of fódder.

**корм||а́** I *ж.* (*у судна*) stern, poop; за ~о́й astérn, aft; на ~е́, на ~у́ aft; ~о́й вперёд stern first.

**корма́** II *мн. см.* корм.

**кормёжка** *ж. разг.* féeding.

**корми́л||ец** *м.* **1.** (*в семье*) bréad-wìnner ['bred-]; **2.** *уст.* (*благодетель*) bénefàctor. **~ица** *ж.* **1.** wét-nùrse; **2.** *уст.* (*благодетельница*) bénefàctress.

**корми́л||о** *с.* (*прям. и перен.*) helm; стоя́ть у ~а правле́ния be at the helm.

**корм||и́ть,** накорми́ть, покорми́ть (*вн.*) **1.** (*питать*) feed* (*d.*); ~ больно́го feed* *an* invalid [...-li:d]; здесь ко́рмят хорошо́ the fare is good* here; ~ ло́шадь (в доро́ге) bait *a* horse; **2.** (*грудью*) suckle (*d.*), nurse (*d.*); **3.** *тк. несов.* (*содержать*) keep* (*d.*); afford a living [...'lɪv-] (*i.*); ◇ ~ обеща́ниями feed* with prómises [...-sɪz] (*d.*); соловья́ ба́снями не ко́рмят *погов.* ≅ fine words bútter no párs-nips. **~и́ться 1.** feed*, eat*; **2.** (чем-л.) live [lɪv] (on); ~и́ться уро́ками make* a living by tútoring [...'lɪv-...]; **3.** *страд. к* корми́ть. **~ле́ние** *с.* **1.** féeding; **2.** (*грудью*) súckling, núrsing.

**кормов||о́й** I (*относящийся к корме*) stern (*attr.*), áfter; ~ флаг énsign [-saɪn]; cólor ['kʌ-] *амер.*; ~о́е весло́ scull; ~а́я часть (*судна*) áfter-bòdy [-bɔ-], áfter-pàrt, stérn-pàrt.

**кормов||о́й** II (*относящийся к корму*) fódder (*attr.*); used as fódder; ~а́я свёкла mángel(-wúrzel); ~ы́е расте́ния, ~ы́е культу́ры fódder crops; ~а́я трава́ fódder grass; ~ севооборо́т fórage cróp-ròtátion [...-rou-]; ~а́я ба́за fórage resérve [...-'zə:v]; есте́ственные ~ы́е уго́дья nátural méadowlànds [...'me-].

**корму́шка** *ж.* (*корыто*) (féeding-)trough [-trɔf]; (*для сухого корма*) (féeding-)ràck; (*перен.: источник наживы*) *разг.* sinecure ['saɪ-].

**ко́рмчий** *м. скл. как прил.* hélms|man*; pílot *поэт.*

**кормя́щ||ий 1.** *прич. см.* корми́ть; **2.** *прил.*: ~ая мать núrsing móther [...'mʌ-].

**корне||ви́дный** *бот.* róotlike. **~ви́ще** *с. бот.* rhizòme ['raɪ-]. **~во́й** *прил. к* ко́рень; ~ва́я часть сло́ва root of the word; ~вы́е слова́ root words; ~вы́е языки́ ísolàting lánguages ['aɪ-...].

**корнено́жка** *ж. зоол.* rhizopòd ['raɪ-].

**корнепло́д** *м. бот.* **1.** root; **2.** *мн.* róot-cròps; кормовы́е ~ы fódder róot-cròps.

**корнере́зка** *ж. с.-х.* róot-cùtting machíne [...-'ʃi:n].

**корне́т** I *м. воен. уст.* córnet.

**корне́т** II *м.*, **~-а-писто́н** *м. муз.* córnet, córnet-à-píston(s) [-ə'pɪ-], cornópean [-pɪən].

**корнети́ст** *м.* córnet, córnetist.

**корнишо́н** *м.* ghérkin.

**корноу́хий** *разг.* cróp-eared.

**ко́роб** *м.* **1.** bást-bòx, bast básket; **2.** *тех.* box, chest; **3.** (*пулемёта*) bódy ['bɔ-]; recéiver [-'si:-] *амер.*; ◇ наговори́ть с три ~а *разг.* ≅ spin* a long yarn; це́лый ~ новосте́й *разг.* heaps of news [...-z] *pl.* **~е́йник** *м.* pédlar ['pe-].

**коро́б||ить,** покоро́бить *безл.* **1.** warp; **2.**: меня́ ~ит от его́ слов his words jar up|ón me. **~иться,** покоро́биться warp.

**коро́б||ка** *ж.* **1.** box; ~ спи́чек box of mátches; спи́чечная ~ mátch-bòx; жестяна́я ~ can, tin; **2.**: дверна́я ~ dóor-frame ['dɔ:-]; ~ переда́ч, ~ скоросте́й *тех.* géar-bòx ['gɪə-]; магази́нная ~ (*винтовки*) màgazíne [-'zi:n]; ство́льная ~ (*в оружии*) bódy ['bɔ-]; recéiver [-'si:-] *амер.*; ◇ черепна́я ~ cránium (*pl.* -nia). **~о́к** *м.*: ~о́к спи́чек box of mátches. **~очка** *ж.* **1.** *уменьш. от* коро́бка 1; **2.** *бот.* boll.

**коро́в||а** *ж.* cow; до́йная ~ (*прям. и перен.*) milch cow; недо́йная ~ dry cow; бодли́вая ~ cow that butts; дои́ть ~у milk *a* cow; ◇ морска́я ~ ców-fish, séa-ców, mànatée.

**коро́вий** *прил. к* коро́ва; коро́вье ма́сло bútter.

**коро́вка** *ж. уменьш. от* коро́ва; ◇ бо́жья ~ lády-bird; (*перен.*) meek / lámb|like créature.

**коро́вн||ик** *м.* (*хлев*) ców-shèd. **~ица** *ж.* dáiry maid.

**короле́в||а** *ж.* queen. **~ич** *м.* prince. **~на** *ж.* princéss. **~ский 1.** king's, róyal, régal; (*относящийся к королеве тж.*) queen's; (*царственный тж.*) king|ly; ~ский ти́тул régal title; **2.** *шахм.* king's; ~ский слон king's bíshop. **~ство** *с.* king|dom, realm [relm].

**королёк** I *м.* (*птица*) king|let, king|ling.

**королёк** II *м.* (*сорт апельсина*) blóod-órange ['blʌd-], réd-pùlp Málta órange.

**королёк** III *м.* (*металл*) régulus.

**коро́ль** *м.* (*в разн. знач.*) king.

**коромы́сло** *с.* **1.** (*для вёдер*) yoke; **2.** (*у весов*) beam; **3.** *тех.* róck(ing) shaft, rócker, (wórking-)beam; ◇ дым ~м ≅ there is an úp¦roar, *или* a commótion; the dévils are let loose there [...luːs...] *идиом.*

**коро́н||а** *ж.* **1.** (*прям. и перен.*) crown; дворя́нская ~ córonet; лиша́ть ~ы (*вн.*) dis-crówn (*d.*); **2.** *астр.* coróna. **~ацио́нный** *прил. к* корона́ция. **~а́ция** *ж.* còronátion, crówning.

**коро́нк||а** *ж.* (*зуба*) crown; золота́я ~ gold crown; ста́вить ~у на зуб put* *a* crown on *a* tooth*.

**коро́нн||ый** *прил. к* коро́на 1; ~ая роль *театр.* léading role, best part.

**корон||ова́ние** *с.* = корона́ция. **~о́ванный** *прич. и прил.* crowned. **~ова́ть** *несов. и сов.* (*вн.*) crown (*d.*). **~ова́ться** *несов. и сов.* be crowned.

**коро́ста** *ж.* scab.

**коросте́ль** *м. зоол.* lándrail.

**корота́ть,** скорота́ть (*вн.*) while a¦wáy (*d.*); ~ вре́мя *разг.* while a¦wáy the time.

**коро́тк||ий** short; ~ая волна́ *рад.* short wave; ~ое замыка́ние *эл.* short círcuit [...-kɪt]; ~ путь short cut; ~ое дыха́ние short wind [...wɪnd]; в ~ срок shórtly, in a short / brief space of time [...briːf...]; убра́ть урожа́й в ~ие сро́ки do the hárvesting in good time; ◇ быть на ~ой ноге́ с кем-л. *разг.* be (well) in with smb.; be on fríendly terms with smb. [...'frend-...]; ~ое знако́мство terms of íntimacy *pl.*; ~ая па́мять short / poor mémory; ~ая распра́ва short shrift; ру́ки коротки! ≅ try and get it!; у него́ ум коро́ток для того́, что́бы *разг.* he has not got the brains to; с ва́ми разгово́р ~ we are not gó¦ing to ópen a discússion with you!

**ко́ротко** I *прил. кратк. см.* коро́ткий.

**ко́ротко** II *нареч.* **1.** (*вкратце*) bríefly [-iːf-], in brief [...-iːf]; хотя́ бы ~ if ónly bríefly; ~ говоря́ in short; the long and the short of it is that; ~ и я́сно terse and clear; изложи́ть ~ state bríefly; **2.** (*интимно*) íntimate¦ly.

**коротково́лновый** *рад.* shórt-wàve (*attr.*); ~ переда́тчик shórt-wàve trànsmítter [...-nz-]; ~ приёмник shórt-wàve recéiver [...-'siː-].

**коротковоло́сый** shórt-háired, with short / bobbed hair.

**короткометра́жный:** ~ фильм short film; a short *разг.*

**коротконо́гий** shórt-légged.

**короткохво́стый** shórt-táiled.

**короткошёрст(н)ый** shórt-háired, with short hair.

**короты́шка** *м. и ж. разг.* squab.

**коро́че** *сравн. ст. прил. см.* коро́ткий *и нареч. см.* ко́ротко II.

**ко́рочка** *ж. уменьш. от* ко́рка; хле́бная ~ crust of bread [...bred]; ~ льда thin íce-crùst.

**корпе́ть** (над, за *тв.*) *разг.* sweat [swet] (óver); ~ над кни́гами ≅ pore óver books.

**ко́рпи||я** *ж.* lint; щипа́ть ~ю prepáre lint.

**корпор||ати́вный** córporàtive. **~а́ция** *ж.* còrporátion; член ~а́ции córporàtor.

**корпуле́нтный** córpulent.

**ко́рпус** *м.* **1.** (*туловище*) bódy ['bɔ-]; пода́ться всем ~ом вперёд lean* fórward; ло́шадь опереди́ла други́х на два ~а the horse won by two lengths [... wʌn...]; **2.** (*корабля, танка*) hull; **3.** (*здание*) búilding ['bɪ-]; **4.** *воен.* corps* [kɔː]; арме́йский ~, стрелко́вый ~ ármy corps*; та́нковый ~ ármour¦ed corps*; **5.** (*снаряда, гильзы*) bódy, case [-s]; **6.** *тех.* frame; case, bódy; ~ карма́нных часо́в wátch-càse [-s]; **7.** *полигр.* long prímer; **8.** *ист.*: каде́тский ~ mílitary school; морско́й ~ nával school; ◇ дипломати́ческий ~ diplomátic corps.

**корпу́скул||а** *ж. физ.* córpùscle [-pʌsl]. **~я́рный** *физ.* còrpúscular.

**ко́рпусн||ый** *прил. к* ко́рпус 2, 3, 4, 5, 6, 7, 8; ~ команди́р corps commánder [kɔː -'mɑːn-]; ~ая артилле́рия corps artíllery.

**корректи́в** *м.* corréctive, améndment; внести́ ~ (в *вн.*) aménd (*d.*).

**корректи́ровать,** прокорректи́ровать (*вн.*; *в разн. знач.*) corréct (*d.*); ~ ого́нь *воен.* adjúst the fire [ə'dʒʌst...], do spótting for the guns.

**корректиро́вщик** *м. воен.* **1.** (*о человеке*) spótter; **2.** (*о самолёте*) spótting-áircràft, spótting-plàne, spótter.

**корре́ктный** corréct, próper ['prɔ-].

**корре́ктор** *м.* próof-reader, corréctor of the press. **~ская** *ж. скл. как прил.* próof-reader's room. **~ский** *прил. к* корре́ктор.

**корректу́р||а** *ж.* **1.** (*действие*) próof-reading; **2.** (*оттиск*) proof, próof-shéet; держа́ть, пра́вить ~у read* / corréct the proofs; **3.** *воен.* corréction; ~ стрельбы́ adjústment (corréction) [ə'dʒʌ-...]. **~ный** *прил. к* корректу́ра 1, 2; ~ный о́ттиск proof, próof-shéet; ~ные зна́ки proof sýmbols.

**коррел||я́т** *м. филос.* córrelàte. **~яти́вность** *ж.* còrrèlatívity. **~яти́вный** còrrélative. **~я́ция** *ж.* còrrelátion.

**корреспонде́нт** *м.* còrrespóndent; со́бственный ~ (газе́ты) (néwspàper's) own còrrespóndent [...oun...]. **~ский** *прил. к* корреспонде́нт.

**корреспонде́нция** *ж.* **1.** mail, còrrespóndence; заказна́я ~ régistered mail; проста́я ~ nón-régistered mail; комме́рческая ~ búsiness còrrespóndence ['bɪzn-...]; **2.** (*сообщение в печати*) repórt; сего́дня в газе́те о́чень интере́сная ~ из Нью-Йо́рка there is a very ínteresting repórt in the páper to¦dáy from New York.

**корро́зия** *ж. геол., хим.* corrósion.

**корру́пция** *ж.* corrúption.

**корса́ж** *м.* còrságe [-'sɑːʒ], bódice.

**корса́р** *м. ист.* córsair.

**корсе́т** *м.* stays *pl.*, córset; в ~е córseted; ортопеди́ческий ~ òrthop(á)edic córset [-'piː-...]. **~ница** *ж.* stáy-màker. **~ный** *прил. к* корсе́т.

**корсика́н||ец** *м.*, **~ка** *ж.*, **~ский** Córsican.

**корте́ж** *м. уст.* procéssion; cortège (*фр.*) [kɔː'teɪʒ].

**корте́сы** [-тэ́-] *мн. полит.* Córtes [-ɪz].

**ко́ртик** *м.* dirk.

**ко́рточк||и** *мн. разг.*: сиде́ть на ~ах, опусти́ться на ~ squat.

**кору́нд** *м. мин.* corúndum, díamond spar.

**корчев||а́ние** *с.* róoting out, stúbbing. **~а́тель** *м. с.-х.* stúbbing machíne [...-'ʃiːn]. **~а́ть** (*вн.*) stub (*d.*), root out (*d.*), grub up / out (*d.*).

**корчёвка** *ж.* = корчева́ние.
**ко́рчи** *мн.* writhes ['raɪð-]; writhing ['raɪð-] *sg.*
**ко́рч||ить,** ско́рчить **1.** *безл.*: его́ ~ит от бо́ли he is writhing with pain [...'raɪð-...]; **2.** (*вн.*): ~ ро́жи, грима́сы *разг.* pull / make* fáces [pul...]; **3.** *тк. несов.* (*вн.*): ~ из себя́ pose (as); ~ дурака́ play the fool.
**ко́рчиться,** ско́рчиться **1.** writhe [raɪð], squirm; **2.** *об. тк. сов.* (*согнуться, съёжиться*) cówer.
**корчма́** *ж. уст.* inn, pót-house* [-s], táv-ern ['tæ-].
**корчма́рь** *м. уст.* innkeeper.
**ко́ршун** *м.* (black) kite; ◇ налете́ть ~ом (на *вн.*) ≅ pounce (up¦ón).
**коры́стн||ый** mércenary; с ~ой це́лью for mércenary mótives.
**корысто||люби́вый** sélf-interested. **~лю́бие** *с.* sélf-interest.
**коры́сть** *ж. тк. ед.* **1.** = корыстолю́бие; **2.** *разг.* (*выгода*) prófit.
**коры́т||о** *с.* trough [trɔf]; ◇ оста́ться у разби́того ~а *погов.* ≅ be no bétter off than at the start.
**корь** *ж.* measles [-zlz] *pl.*
**корьё** *с. собир.* tan.
**ко́рюшка** *ж.* (*рыба*) smelt (*fish*).
**коря́вый** *разг.* **1.** (*неровный, шероховатый*) rough [rʌf], ún¦éven; **2.** (*изрытый оспой*) póck-màrked; **3.** (*искривлённый*) cróoked; **4.** (*некрасивый, неумелый*) clúmsy [-zɪ]; ~ стиль clúmsy style.
**коря́га** *ж.* snag.
**коса́** I *ж.* (*волос*) plait [plæt], tress, braid; фальши́вая ~ switch; заплета́ть ко́су́ plait / braid one's hair.
**коса́** II *ж.* (*с.-х. орудие*) scythe [saɪð]; точи́ть, отбива́ть косу́ whet *a* scythe; ◇ нашла́ ~ на ка́мень *посл.* ≅ this is diamond cútting díamond; he's met his match this time.
**коса́** III *ж. геогр.* spit (*small point of land running into sea*).
**коса́рь** I *м.* (*косец*) mówer ['mouə], háy-màker.
**коса́рь** II *м.* (*нож*) chópper.
**ко́свенн||ый** ìndiréct; ~ое дополне́ние *грам.* ìndiréct óbject; ~ паде́ж *грам.* oblique case [-i:k -s]; ~ая речь *грам.* ìndiréct speech; oblique orátion / nàrrátion / speech; ~ вопро́с *грам.* ìndiréct quéstion [...-stʃ-]; ~ые нало́ги ìndiréct táxes; ~ые ули́ки circumstántial évidence *sg.*; ~ым путём ìndiréctly, in an ìndiréct way.
**косе́канс** [-cэ́-] *м. мат.* cósecant ['kou-].
**косе́ц** *м.* = коса́рь I.
**коси́лка** *ж. с.-х.* mówing-machine ['mou--ʃi:n], mówer ['mouə].
**ко́синус** *м. мат.* cósine ['kou-].
**коси́ть** I, скоси́ть (*вн.*; *прям. и перен.*) mow (down) [mou...] (*d.*); cut* (*d.*); ◇ коси́ коса́ пока́ роса́ ≅ make hay while the sun shines.
**коси́ть** II, скоси́ть (*о глазах*) squint, look asquínt.
**коси́ться,** покоси́ться **1.** (*поглядывать искоса*) look side¦ways / askéw; **2.** *тк. несов.* (на *вн.*; *смотреть недружелюбно*) look with an únfávour¦able eye [...aɪ]; (*подозрительно*) look askánce.
**коси́чка** *ж. уменьш. от* коса́ I.
**косма́тый** shággy.
**косме́тика** *ж.* còsmétic [-z-].
**космети́ческ||ий** còsmétic [-z-]; ~ое сре́дство còsmétic (prèparátion); ~ кабине́т béauty párlour ['bju:-...].
**косми́ческ||ий** cósmic [-z-]; ~ие лучи́ cósmic rays.
**космо||гони́ческий** còsmogónical [-z-]. **~го́ния** *ж.* còsmógony [-z-].
**космогра́фия** *ж.* còsmógraphy [-z-].
**космо||логи́ческий** còsmológical [-z-]. **~ло́гия** *ж.* còsmólogy [-z-].
**космополи́т** *м.* còsmopólitan [kɔz-], còsmópolìte [kɔz-]. **~и́зм** *м.* còsmopólit(an)ism [kɔz-]. **~и́ческий** còsmopolítical [kɔz-], còsmopólitan [kɔz-].
**ко́смос** *м.* cósmòs [-z-].
**ко́смы** *мн. разг.* mane *sg.*, dishévelled locks; mátted hair *sg.*
**косн||е́ть,** закосне́ть **1.** (в *пр.*) stágnàte (in); ~ в неве́жестве stágnàte in ígnorance; **2.** (*терять гибкость*) stiffen; говори́ть ~е́ющим языко́м get* tóngue-tied [...'tʌŋ-].
**ко́сность** *ж.* stàgnátion, inértness, slúggishness.
**косноязы́ч||ие** *с.* tóngue-tie ['tʌŋ-]. **~ный** tóngue-tied ['tʌŋ-].
**косну́ться** *сов. см.* каса́ться.
**ко́сный** inért, slúggish, stágnant, bígoted.
**ко́со** *нареч.* slántwìse [-ɑ:n-], oblique¦ly [-li:k-], aslánt [-ɑ:nt], askéw, asquínt; смотре́ть ~ look aslánt / askéw; (*хмуриться*) scowl.
**кособо́кий** *разг.* cróoked.
**косови́ца** *ж.* mówing (séason) ['mou- -z-].
**косоворо́тка** *ж.* Rússian blouse (with a síde¦fàstening) [-ʃən... -s°n-].
**косогла́з||ие** *с.* squint, cast in the eye [...aɪ]; strabísmus [-ɪz-] *научн.* **~ый 1.** *прил.* squínt-eyed [-aɪd], cróss-eyed [-aɪd]; **2.** *м. как сущ.* cróss-eyed / squínt-eyed pérson; squínt--eye [-aɪ].
**косого́р** *м.* slope, híll-side.
**кос||о́й 1.** slánting [-ɑ:n-], skew, oblique [-li:k]; ~ у́гол *мат.* oblique angle; ~ луч slánting beam; ~ па́рус fóre-and-áft sail; ~а́я черта́ oblique stroke; ~ по́черк slóping hándwriting; **2.** (*о глазах*) squint, squínting; (*о человеке*) squínt-eyed [-aɪd]; **3.**: ~ взгляд (*недружелюбный*) scówling look, side¦lòng glance; ◇ ~ во́рот side¦fàstening [-s°n-]; ~а́я са́жень в плеча́х *разг.* ≅ broad as a bárrel [brɔ:d...].
**косола́пый** ín-tòed; (*перен.*: *неуклюжий*) clúmsy [-zɪ].
**косоуго́льный** *мат.* oblique-ángled [-li:k-].
**костёл** *м.* Pólish Róman-Càtholic church.
**костене́ть,** окостене́ть óssifỳ; (*перен.*) stiffen, grow* numb [-ou...].
**костёр** *м.* bónfire, бива́чный ~ cámp-fire; разложи́ть ~ make* / build* a fire [...bɪld...].
**кост||и́стый** bóny. **~ля́вый** bóny, ráw--bòned.
**ко́стный** *прил. к* кость 1; *тж.* ósseous; ~ мозг márrow; ~ туберкулёз bone / ósseous tubèrculósis.

**костоеда** *ж. тк. ед. мед.* cáriès [-riːz].
**косторез** *м.* (*резчик по кости*) cárver in bone, bone cárver.
**косточк||а** *ж.* **1.** *уменьш. от* кость; **2.** (*плода*) stone; **3.** (*из китового уса*) (whále-)bòne; **4.** (*на счётах*) ball in ábacus; ◇ перемывать ~и (*дт.*) *разг.* ≅ pick to pieces [...'piː-] (*d.*).
**костра** *ж. тк. ед. текст.* boon.
**кострец** *м.* (*часть туши*) leg of beef.
**кострика** *ж.* = костра.
**костыл||ь** *м.* **1.** crutch; *мн.* pair of crútches *sg.*; ходить на ~ях walk with crútches; **2.** (*большой гвоздь*) spike, drive; **3.** *ав.*: хвостовой ~ táil-skid.
**кост||ь** *ж.* **1.** *анат.* bone; перелом ~и frácture; лучевая ~ rádius (*pl.* -dii); локтевая ~ fúnny-bòne; úlna (*pl.* -nae) *научн.*; бедренная ~ thigh-bòne, fémur; рыбья ~ físhbòne; **2.** (*игральная*) die (*pl.* dice); играть в ~и dice; игрок в ~и dícer; ◇ слоновая ~ ívory ['aıv-]; (*краска*) ívory black; лечь костьми *уст.* ≅ fall* in battle; лягу костьми, но сделаю это I'll do it éven if it kills me; пересчитать кому-л. ~и *разг.* give* smb. a sound thráshing; промокнуть до ~ей get* wet to the skin, get* drenched to the bone; язык без ~ей loose tongue [-s tʌŋ].
**костюм** *м.* cóstùme, dress; (*мужской тж.*) suit [sjuːt].
**костюмер** *м. театр.* còstúmier. **~ная** *ж. скл. как прил.* wárdrobe.
**костюмированный** fáncy-dréss (*attr.*); ~ вечер, бал fáncy-dréss ball.
**костюмировать** (*вн.*) make* cóstùmes (for).
**костюмн||ый** *прил. к* костюм; ~ая пьеса *театр.* périod play / piece [...piːs].
**костяк** *м.* skéleton; bones *pl.*; (*перен.*) báckbòne; ~ коллектива the báckbòne of the colléctive.
**костян||ой** *прил. к* кость 1; ~ая мука bóne-dùst, bóne-méal; ~ ножик ívory knife* ['aıv-...].
**костяшка** *ж. разг.* = косточка 1, 4.
**косуля** *ж. зоол.* roe (*deer*).
**косынка** *ж.* (trìángular) kérchief; (*вокруг шеи*) néckerchief.
**косьба** *ж.* mówing ['mou-].
**косяк** I *м.* (*дверной, оконный*) jamb, cant, cheek; (dóor-)pòst ['dɔːpoust]; прислониться к ~у lean* agáinst the dóor-pòst.
**косяк** II *м.* (*рыбы*) shoal, school; (*птиц*) flock; (*лошадей*) herd.
**кот** *м.* tóm-cát; ◇ ~ в сапогах (*в сказке*) Puss in Boots [pus...]; ~ наплакал *разг.* ≅ nothing to speak of, next to nothing; не всё ~у масленица, придёт и великий пост *посл.* ≅ áfter the feast comes the réckoning; купить ~а в мешке ≅ buy* a pig in a poke [baı...].
**котангенс** *м. мат.* cótángent ['kou'tændʒ-].
**котёл** *м.* **1.** cópper, cá(u)ldron; **2.** *тех.* bóiler; паровой ~ stéam-boiler.
**котелок** *м.* **1.** (*посуда*) pot; *воен.* méss-tìn; **2.** (*головной убор*) bówler (hat) ['bou-...]; dérby (hat) *амер.*
**котель||ная** *ж. скл. как прил.* bóiler-róom, bóiler-house* [-s]. **~ный:** ~ное железо bóiler plate; ~ный цех bóiler shop. **~щик** *м.* bóiler-màker.
**котёнок** *м.* kítten.
**котик** *м.* **1.** *уменьш. от* кот; **2.** *тж.* морской ~ fúr-seal, sea bear [...bɛə]; **3.** (*мех*) séalskin.
**котиковый** *прил. к* котик 2, 3; ~ промысел fúr-seal húnting.
**котировать** *несов. и сов.* (*вн.*) *фин.* quote (*d.*). **~ся** (*в вн.*) be quóted (at); высоко ~ся (*перен.*) *разг.* be híghly thought of.
**котировка** *ж.* quotátion.
**котировочный** *прил. к* котировка.
**котиться,** окотиться kítten.
**котлет||а** *ж.*: отбивная ~ cútlet ['kʌ-], chop; рубленая ~ rissòle ['riː-]; мясные ~ы meat croquéttes; рыбные ~ы fish croquéttes. **~ный** *прил. к* котлета; ~ное мясо cútlet meat ['kʌ-...], chop meat.
**котлован** *м. тех.* foundátion área / pit [...'ɛərıə...].
**котловина** *ж.* hóllow.
**котлообразный** cá(u)ldron-shàped.
**котомка** *ж.* wállet, knápsàck.
**котор||ый** *мест.* **1.** (*вопрос.*) which: ~ из них? which of them?; ~ую книгу вы возьмёте? which book will you take?; — ~ час? what is the time?; в ~ом часу? (at) what time?; when?; ~ раз? how many times?; ~ раз я тебе это говорю? how óften have I told you! [...'ɔːf(t)°n...]; ~ тебе год? how old are you?; **2.** (*относит.*; *о неодушевл. предм.*) which; (*о людях*) who; (*в знач.* «тот, который» *тж.*) that; *тж. не переводится, если не является подлежащим*: книга, ~ая лежит на столе the book which / that lies on the table; книга, ~ую он купил the book (which / that) he bought; Москва, ~ая является столицей СССР... Móscow, which is the cápital of the USSR...; человек, ~ вчера приходил the man* who / that came yésterday [...-dı]; его мать, ~ая живёт в Ленинграде his móther who lives in Léningràd [...'mʌ-...lıvz...]; человек, ~ого он видел the man* (whom / that) he saw; — ~ ни = какой ни *см.* какой 3; ~-нибудь = какой-нибудь 1.
**коттедж** [-тэ-] *м.* cóttage.
**котурны** *мн.* (*ед.* котурн *м.*) *ист.* búskins; ◇ становиться на ~ put* on the búskin(s).
**котята** *мн. см.* котёнок.
**кофе** *м. нескл.* cóffee [-fı]; ~ с молоком cóffee with milk; чёрный ~ black cóffee; ~ в зёрнах cóffee-beans *pl.*; жареный ~ róasted cóffee; молотый ~ ground cóffee.
**кофеин** *м. фарм.* cáffeìne [-fiːn].
**кофейн||ик** *м.* cóffee-pòt [-fı-]. **~ица** *ж.* (*мельница*) cóffee-mill [-fı-]. **~ый** *прил. к* кофе; ~ое дерево cóffee tree [-fı...]; ~ая гуща cóffee-grounds [-fı-] *pl.*; ~ого цвета cóffee-cólourèd [-fı'kʌ-].
**кофейня** *ж.* cóffee-house* ['kɔfıhaus], café (*фр.*) ['kæfeı].
**кофт||а** *ж.* wóman's jácket ['wu-...]; ночная ~ bed jácket. **~очка** *ж.* blouse.
**кохинхинка** *ж. зоол.* cóchin-chína.
**кочан** *м.*: ~ капусты cábbage-head [-hed], head of cábbage [hed...]. **~ный:** ~ная капуста heads of cábbage [hedz...] *pl.*

**коч||ева́ть** roam from place to place (*for pasture, etc.*); be a nómad [...'nɔ-], lead* a nómad's life; (*перен.*) wánder; (*о животных*) migráte [maɪ-]. **~ёвка** *ж. разг.* **1.** = кочёвье 1; **2.** (*действие*) róaming from place to place (*for pasture, etc.*).

**кочёвн||ик** *м.*, **~ица** *ж.* nómad ['nɔ-].

**кочево́й** nómad ['nɔ-], nomádic; (*о животных*) migratory ['maɪ-]; ~ наро́д nomádic people [...pi:-]; ~ о́браз жи́зни nómad life.

**кочёвье** *с.* **1.** (*лагерь*) camp of nómads [...'nɔ-]; **2.** (*местность*) térritory where nómads roam.

**кочега́р** *м.* stóker, fíre¦man*. **~ка** *ж. тех.* stóke-hòle, stóke¦hòld.

**кочене́ть,** окочене́ть become* numb (with cold).

**кочерга́** *ж.* póker.

**кочеры́жка** *ж.* cábbage-stùmp.

**ко́чк||а** *ж.* húmmock, tússock. **~ова́тый** abóunding in, *или* cóvered with, mounds [...'kʌ-...], tússocky.

**коша́ч||ий** *прил.* к ко́шка 1; *тж.* cát¦lìke; féline ['fi:-] *научн.*; ~ьи ухва́тки cát¦lìke mánners; féline améníties [...ə'mi:-]; ◇ ~ конце́рт cáterwaul(ing); (*перен.*) hóoting.

**коша́чьи** *мн. скл. как прил. зоол.* the féline spécies [...'fi:- -ʃi:z] *sg.*

**кошево́й** *ист.*: ~ атама́н átaman, Cóssàcks' chief [...ʧi:f].

**кош||елёк** *м.* (*прям. и перен.*) purse; туго́й ~ tíghtly-stùffed purse. **~ёлка** *ж.* bag. **~е́ль** *м.* **1.** = кошелёк; **2.** (*сумка*) bag.

**кошени́левый** *прил.* к кошени́ль.

**кошени́ль** *ж.* cóchineal.

**ко́шк||а** *ж.* **1.** cat; **2.** *мн. ист.* (*плеть*) cát-o'-nine-tails *sg.*; **3.** *тех.* grápnel, drag; **4.** (*для лазания на столбы*) clímbing-irons ['klaɪmɪŋaɪənz] *pl.*; ◇ жить как ~ с соба́кой *разг.* ≅ live a cát-and-dóg life [lɪv...]; игра́ть в ~и-мы́шки play cát-and-móuse [...-s]; но́чью все ~и се́ры *посл.* ≅ when the candles are out all cats are grey; у него́ ~и скребу́т на се́рдце *разг.* he is sick at heart [...'hɑ:t].

**кошма́р** *м.* níghtmàre. **~ный** níghtmàrish [-mɛə-]; (*перен. тж.*) hórrible, áwful.

**коще́й** *м.* **1.** Koschéi (the déathless) [...'deθ-] (*in Russian folklore a bony, emaciated old man, rich and wicked, who knows the secret of eternal life*); (*перен.*) *разг.* tall, emáciàted old man*; **2.** *разг.* (*скряга*) míser.

**кощу́нст||венный** blásphemous. **~во** *с.* blásphemy. **~вовать** blàsphéme.

**коэффицие́нт** *м.* còefficient, fáctor; ~ поле́зного де́йствия *тех.* effíciency; ~ поте́рь *эл.* loss fáctor.

**КПСС** (Коммунисти́ческая па́ртия Сове́тского Сою́за) C.P.S.U. (Cómmunist Párty of the Sóviet Únion).

**краб** *м.* crab.

**краболо́в** *м.* **1.** (*промысловое судно*) cráb-fishing boat, crábber; **2.** (*человек*) cráb-fìsher, crábber.

**кра́ги** *мн.* léggings.

**кра́ден||ое** *с. скл. как прил. собир.* stólen goods [...gudz] *pl.* **~ый** stólen.

**кра́дучись** *нареч.* stéalthily ['ste-]; идти́ ~ slink*.

**крае||ве́д** *м.* stúdent of lócal lore. **~ве́дение** *с.* stúdy of lócal lore ['stʌ-...]. **~ве́дческий** *прил.* к краеве́дение; ~ве́дческий музе́й Muséum of lócal lore [-'zɪəm...], Muséum of Région¦al Stúdies [...'stʌ-].

**краево́й** région¦al.

**краеуго́льный** básic ['beɪ-]; ◇ ~ ка́мень córner-stòne, foundátion-stòne.

**кра́ешек** *м.* edge.

**кра́ж||а** *ж.* theft; *юр.* lárceny [-snɪ]; ~ со взло́мом búrglary; ме́лкая ~ pílferage, pétty lárceny; квалифици́рованная ~ *юр.* ággravàted theft; соверши́ть ~у commít a theft / lárceny; ули́чить кого́-л. в ~е convíct smb. of stéaling.

**кра||й** I *м.* **1.** edge; (*сосуда*) brim; (*пропасти и т. п., тж. перен.*) brink; на са́мом ~ю́ on the very brink; по ~я́м alóng the édges; по́лный до ~ёв full to the brim, brím-full; ли́ться че́рез ~ flow / run* óver the edge [flou...]; ~ ра́ны lip of wound [...wu:-]; ~ тротуа́ра curb; пере́дний ~ оборо́ны *воен.* line of defénce, main line of resístance [...'zɪ-]; **2.** (*сорт говядины*) chuck; то́лстый ~ top chuck steaks [...steɪks] *pl.*; то́нкий ~ ribs *pl.*; ◇ моя́ ха́та с ~ю (, ничего́ не зна́ю) *погов.* ≅ it is no búsiness / concérn of mine [...'bɪzn-...]; на ~ю́ све́та at the world's end; на ~ю́ ги́бели on the verge / brink of rúin.

**кра||й** II *м.* **1.** (*страна*) land; родно́й ~ nátive land; **2.** (*область*) térritory; ◇ в на́ших ~я́х in our parts; из ~я в ~ from end to end.

**крайиспо́лко́м** *м.* (краево́й исполни́тельный комите́т) térritory exécutive committee [...-tɪ], exécutive committee of *a* térritory.

**крайко́м** *м.* (краево́й комите́т) tèrritórial committee [...-tɪ]; ~ па́ртии tèrritórial Párty committee, Párty committee of *a* térritory.

**кра́йне** *нареч.* extréme¦ly; я ~ сожале́ю I am extréme¦ly sórry; ~ нужда́ться в чём-л. be bád¦ly in need of smth., need smth. bád¦ly.

**кра́йн||ий** (*в разн. знач.*) extréme; (*последний*) the last; ~яя ло́жа спра́ва the last box on the right; ~яя необходи́мость úrgency; ~яя нищета́ ábjèct póverty; ~ее изумле́ние útter surpríse; ~ срок the last term / date; ~яя ле́вая *полит.* the extréme left; ~ие чле́ны пропо́рции *мат.* extrémes; ~яя плоть *анат.* fóre¦skin, prépùce ['pri:-]; ◇ в ~ем слу́чае at the worst, in the last resórt [...-'zɔ:t]; at a pinch *разг.*; на ~ слу́чай if the worst comes to the worst; по ~ей ме́ре at least; ~яя цена́ the lówest price [...'lou-...]; ~ие ме́ры extréme méasures [...'me-]. **~ость** *ж.* **1.** extréme; впада́ть в ~ость run* to extrémes; переходи́ть из одно́й ~ости в другу́ю go* from one extréme to another; ~ости схо́дятся extrémes meet; **2.** *тк. ед.* (*тяжёлое положение*) extrémity; быть в ~ости be redúced / driven to extrémity [...'drɪ-...]; ◇ до ~ости to excéss.

**краковя́к** *м.* Cracòviénne [krəkouvɪ'en].

**крамо́ла** *ж. уст.* sedítion.

**крамо́льн||ик** *м. уст.* sedítionary. **~ый** *уст.* sedítious.

**кран** I *м.* tap, stópcòck; fáucet *амер.*; пожа́рный ~ fíre-còck; водопрово́дный ~ tap, fáucet; водоразбо́рный ~ hýdrant.

**кран** II *м.* (*подъёмный*) crane; передвижно́й ~ móbile crane ['mou-...].

**кра́нец** *м. мор.* fénder.

**краниоло́гия** *ж.* cràniólogy.

**крап** *м. тк. ед.* specks *pl.*

**кра́па||ть:** дождь ~ет it is spítting / spótting (with rain).

**крапи́в||а** *ж. тк. ед.* (sting¦ing-)nèttle; глуха́я ~ déad-nèttle ['ded-]. **~ный** *прил. к* крапи́ва; ◇ ~ная лихора́дка *мед.* néttle-ràsh; ~ное се́мя *уст.* péttifògger(s) (*pl.*).

**кра́пин||а** *ж.*, **~ка** *ж.* speck; speckle, spot; с чёрными ~ками with black spots.

**краплёный** (*о картах*) marked.

**крас||а́** *ж.* **1.** *поэт. уст.* béauty ['bju:-]; *мн.* (*прелести*) charms; **2.** (*украшение*): для ~ы́ *разг.* ≅ as an órnament; ◇ во всей свое́й ~е́ in all one's béauty.

**краса́в||ец** *м.* hándsome, *или* very góod-looking, man* [-ns-...]. **~ица** *ж.* béauty ['bju:-]. **~чик** *м. разг.* **1.** = краса́вец; **2.** *ирон.* dándy.

**краси́во** I *прил. кратк. см.* краси́вый.

**краси́во** II *нареч.* béautifully ['bju:-].

**краси́в||ый** béautiful ['bju:-], hándsome [-ns-]; э́то о́чень ~о this is very béautiful; ◇ ~ые слова́ fine words; ~ жест prétty gésture ['prɪ-...], beau geste [bou'dʒest].

**краси́ль||ня** *ж.* dýe-house* [-s], dýe-wòrks. **~щик** *м.*, **~щица** *ж.* dýer.

**краси́тель** *м. хим.* dýe(-stùff).

**кра́сить,** покра́сить (*вн.*) **1.** cólour ['kʌ-] (*d.*); (*о поверхности*) paint (*d.*); (*о ткани, пряже и т. п.*) dye (*d.*); (*о дереве, стекле*) stain (*d.*); (*о губах, щеках*) make* up (*d.*), paint (*d.*); ~ себе́ во́лосы dye one's hair; ~ себе́ ресни́цы paint one's éye-làshes [...'aɪ-]; **2.** *тк. несов.* (*украшать*) adórn (*d.*). **~ся 1.** *разг.* make* up; use máke-ùp / còsmétics [...-z-]; paint (one's lips, one's cheeks); **2.** *страд. к* кра́сить.

**кра́с||ка** *ж.* **1.** (*материал*) paint; (*для тканей и т. п.*) dye; акваре́льная ~ wáter-còlour ['wɔ:təkʌ-]; типогра́фская ~ printer's ink; ма́сляная ~ óil-paint; *мн.* óil-còlours [-kʌ-]; писа́ть ~ками paint; **2.** *мн.* (*цвет, тон; тж. перен.*) cólour ['kʌ-] *sg.*; осе́нние ~ки áutumn tints; опи́сывать я́ркими ~ками paint in bright cólours; не жале́ть ~ок spare no cólour; spare no words; сгуща́ть ~ки (*перен.*) exággeràte [-ædʒə-]; lay* it on thick *идиом. разг.*; **3.** (*стыда, гнева*) blush, flush; ~ бро́силась ей в лицо́ blood rushed into her face [blʌd...].

**красне́ть,** покрасне́ть **1.** (*становиться красным*) rédden, grow* / turn red [-ou...]; (*от волнения, возмущения*) flush; turn red in the face; (*от смущения, стыда*) blush; ~ от стыда́ blush with shame; покрасне́ть до корне́й воло́с flush to the roots of one's hair; **2.** *тк. несов.* (за *вн.*; *стыдиться*) blush (for); **3.** *тк. несов.* (*виднеться*) show* red [ʃou...]. **~ся** = красне́ть 3.

**красноарм||е́ец** *м. ист.* Red Ármy man*. **~е́йский** *прил. к* красноарме́ец *и* Кра́сная А́рмия.

**красноба́й** *м. разг.* gás-bàg, rhètorícian. **~ство** *с. разг.* gab.

**кра́сно-бу́рый** réddish-brown.

**красновáтый** réddish.

**красногвард||е́ец** *м. ист.* Red Guard. **~е́йский** *ист.* Red Guard (*attr.*).

**краснодере́в||ец** *м.*, **~щик** *м.* cábinet-màker.

**краснознамённый** décoràted with the Órder of the Red Bánner.

**краснoко́жий** *м. скл. как прил.* (*индеец*) rédskìn.

**краснoле́сье** *с.* pine fórest [...'fɔ-].

**красноли́цый** réd-fáced, rúddy-fáced.

**красноречи́в||ость** *ж.* éloquence. **~ый** éloquent; (*выразительный*) expréssive; (*изобличающий*) télltàle; ~ый жест expréssive gésture; ~ое молча́ние éloquent sílence [...'saɪ-]; ~ый факт signíficant fact.

**красноре́чие** *с.* éloquence, óratory.

**краснота́** *ж.* rédness.

**краснофло́т||ец** *м. ист.* Red Návy man*. **~ский** Red Návy (*attr.*).

**краснощёкий** réd-chéeked.

**красну́ха** *ж. мед.* Gérman measles [...-zlz] *pl.*

**кра́сн||ый** (*в разн. знач.*) red; Кра́сная А́рмия *ист.* Red Ármy; Кра́сная гва́рдия *ист.* Red Guard; ~ое зна́мя Red Bánner; ◇ ~ая доска́ hónour roll ['ɔnə...]; Кра́сный Крест Red Cross; ~ уголо́к rècreátion and réading room; ~ая строка́ new páragràph; писа́ть с ~ой строки́ make* a new páragràph; ~ое де́рево mahógany; ~ зверь fine game; ~ая ры́ба càrtiláginous fish; ~ое вино́ red wine; ~ая цена́ *разг.* óutside price; ~ое словцо́ *разг.* wítticism; Кра́сная ша́почка (*в сказке*) Little Red Ríding Hood [...hud]; проходи́ть ~ой ни́тью stand* out; (че́рез) run* all (through); долг платежо́м кра́сен *посл.* ≅ one good turn desérves another [...-'zə:-...]; ~ое со́лнышко the dear bright sun; ле́то ~ое béautiful súmmer ['bju:-...]; ~ые дни fine days; ~ая де́вица fair máiden; bónny lass.

**красова́ться 1.** (*без доп.*) stand* in béauty / spléndour [...'bju:-...]; **2.** (*без доп.*) *разг.* (*находиться на видном месте*) appéar; **3.** (*тв.*) *разг.* show* off [ʃou...] (*d.*).

**красота́** *ж.* **1.** béauty ['bju:-]; **2.** *мн.* béauty *sg.*; красо́ты приро́ды the chárms / béauty of náture [...'neɪ-].

**красо́тка** *ж. разг.* **1.** béauty ['bju:-], prétty girl ['prɪ- g-]; **2.** *уст.* (*возлюбленная*) swéet¦heart [-hɑ:t].

**кра́сочн||ый 1.** *прил. к* кра́ска 1; ~ая промы́шленность dye índustry; **2.** (*яркий*) cólour¦ful ['kʌ-], (híghly) cólour¦ed [...'kʌ-].

**красть,** укра́сть (*вн.*) steal* (*d.*); (*о мелких кражах*) pílfer (*d.*).

**кра́сться** steal*, slink*, sneak.

**кра́сящ||ий 1.** *прич. см.* кра́сить; **2.** *прил.*: ~ие вещества́ dýe-stùffs.

**крат:** во́ сто ~ a húndred times, húndredfòld.

**кра́тер** *м.* cráter.

**кра́тк||ий** (*в разн. знач.*) short; (*сжатый*) brief [-i:f]; (*сокращённый тж.*) concíse [-s]; ~ обзо́р brief súrvey; в ~их слова́х bríefly [-i:f-], in short; in a nútshèll *идиом. разг.*; в ~их черта́х in brief óutlìne; ~ гла́сный short (vówel); ~ курс хи́мии short / concíse course of chémistry [...kɔ:s... 'ke-].

**кра́тко** *нареч.* briefly ['bri:-].

**кратковре́менн||ый** mómentary ['mou-], tránsitory, of short durátion, shórt-tèrm; ~ая забасто́вка shórt-tèrm / líghtning strike.

**краткосро́чн||ый** shórt-tèrm; ~ая ссу́да shórt-dáted / shórt-tèrm loan; ~ые ку́рсы shórt-tèrm cóurses [...'kɔ:-].

**кра́ткост||ь** *ж.* (*тж. лингв.*) brévity; (*сжатость*) concíse¦ness [-'saɪs-]; для ~и for short.

**кра́тн||ое** *с. скл. как прил. мат.* múltiple; о́бщее наиме́ньшее ~ the least cómmon múltiple (*сокр.* LCM). **~ый** divísible [-'vɪz-]; число́, ~ое 3, 5 *и т. д.* a númber divísible by 3, 5, *etc.*

**кратча́йший** *превосх. ст. см.* кра́ткий; ~ путь the shórtest route [...ru:t]; short cut *идиом. разг.*; в ~ срок at the éarliest póssible date [...'ə:-...].

**крах** *м.* crash, bánkruptcy [-rəpsɪ], fáilure; (*о строе, системе*) bréak-úp ['breɪk-]; потерпе́ть ~ fail, be a fáilure; по́лный фина́нсовый ~ compléte fináncial collápse.

**крахма́л** *м.* starch. **~истый** contáining starch. **~ить,** накрахма́лить (*вн.*) starch (*d.*).

**крахма́льн||ый** **1.** *прил. к* крахма́л; **2.** (*накрахмаленный*) starched; ~ воротничо́к stiff cóllar; ~ая соро́чка, руба́шка starched shirt; boiled shirt *разг.*

**кра́ше** more béautiful [...'bju:-], fíner; (*лучше*) bétter; ◇ ~ в гроб кладу́т *погов.* ≅ pale as death [...deθ].

**кра́шен||ие** *с.* dýe¦ing. **~ый** páinted; cólour¦ed ['kʌ-]; (*о тканях, волосах*) dyed.

**краю́||ха** *ж.*, **~шка** *ж. разг.* hunk of bread [...bred].

**креату́ра** *ж.* créature.

**креве́тка** *ж. зоол.* shrimp.

**кре́дит** *м. бух.* crédit.

**креди́т** *м.* crédit; в ~ on crédit; открыва́ть ~, предоставля́ть ~ give* / grant crédit [...grɑ:nt...]; ópen *an* accóunt; краткосро́чный ~ shórt(-tèrm) crédit; долгосро́чный ~ lóng(-tèrm) crédit.

**креди́тка** *ж. разг.* = креди́тный биле́т *см.* креди́тный.

**креди́тно-де́нежн||ый:** ~ая систе́ма crédit and mónetary sýstem [...'mʌ-...].

**креди́тный** crédit (*attr.*); ~ биле́т bánk-nòte.

**кредитов||а́ние** *с.* créditing. **~а́ть** *несов. и сов.* (*вн.*) give* crédit (*i.*).

**кредито́р** *м.* créditor; (*по закладной*) mòrtgagée [mɔ:g-]. **~ский** *прил. к* кредито́р.

**кредитоспосо́бн||ость** *ж.* sólvency. **~ый** sólvent.

**кре́до** [крэ́-] *с. нескл.* crédò.

**крез** *м.* Cróesus ['kri:-].

**кре́йсер** *м.* crúiser ['kru:-]; лёгкий ~ light crúiser; лине́йный ~ battle crúiser; тяжёлый ~ héavy crúiser ['hevɪ...].

**кре́йсерство** *с.* = крейси́рование.

**крейси́ров||ание** *с.* crúising ['kru:-]. **~ать** *мор.* cruise [kru:z].

**кре́кинг** *м. тех.* crácking.

**крем** *м.* (*в разн. знач.*) cream; ~ для бритья́ sháving cream.

**крема́торий** *м.* crèmatórium (*pl.* -riums, -ria), crématory.

**кремацио́нн||ый** *прил. к* крема́ция; ~ая печь incíneràtor.

**крема́ция** *ж.* cremátion.

**креме́||нь** *м. мин.* flint; (*перен.*) heart of stone / flint [hɑ:t...]. **~шо́к** *м.* piece of flint [pi:s...].

**кремлёвский** *прил. к* кремль.

**кремль** *м.* Krémlin.

**кремнёв||ый** made of flint; ~ое ружьё flint-lòck, fire¦lòck.

**кремнезём** *м. мин., хим.* sílica.

**кремнеки́слый** *хим.* silícic; ~ на́трий sílicate of sódium.

**кре́мн||иевый** *хим.* silícic, silíceous. **~ий** *м. хим.* sílicon.

**кремни́стый** *мин.* silíceous; ~ сла́нец silíceous schist [...ʃɪst].

**кре́мовый** **1.** *прил. к* крем; **2.** (*о цвете*) créam-còlour¦ed [-kʌ-].

**крен** *м. мор., ав.* list, heel, caréen; дать ~ take* a list, list, heel (óver); име́ть ~ have a list.

**кре́ндел||ь** *м.* knót-shàped bíscuit [...-kɪt]; ◇ сверну́ться ~ем *разг.* roll up.

**крени́ть,** накрени́ть (*вн.*) heel (óver) (*d.*). **~ся,** накрени́ться *мор., ав.* heel, list, caréen.

**креозо́т** *м. хим.* créosòte ['krɪə-].

**крео́л** *м.*, **~ка** *ж.* Créòle.

**креп** *м. текст.* crêpe (*фр.*) [kreɪp]; (*траурный*) crape.

**крепдеши́н** *м.* crêpe de Chine (*фр.*) [kreɪpde'ʃi:n]. **~овый** *прил. к* крепдеши́н.

**крепёжный:** ~ лес (pít-)pròps *pl.*

**крепи́льщик** *м.* tímberer, tímber¦man*.

**крепи́тельный** **1.** *горн.* stréngth¦ening; **2.** *мед.* astríngent [-ndʒ-].

**крепи́ть** (*вн.*) **1.** *горн.* tímber (*d.*); prop (*d.*); (*перен.*) stréngth¦en (*d.*); ~ оборо́ну страны́ stréngth¦en the defénce of *the* country [...'kʌ-]; **2.** *мор.* hitch (*d.*); lash (*d.*); make* fast (*d.*); ~ паруса́ furl *the* sails; **3.** *мед.* cónstipàte (*d.*); rénder cóstive (*d.*). **~ся** **1.** (*воздерживаться*) restráin òne¦sélf; (*не сдаваться*) stand* firm; **2.** *страд. к* крепи́ть.

**кре́пк||ий** (*в разн. знач.*) strong; firm; ~ органи́зм vígorous / stúrdy / strong cònstitútion; ~ое здоро́вье sound / robúst health [...helθ]; ~ого сложе́ния of a fine cònstitútion, of strong / square / stúrdy build [...bɪld]; stúrdily-búilt [-'bɪlt]; ~ стари́к hale old man*; ~ па́рень bráwny féllow; ~ая ткань tough / strong cloth [tʌf...]; ~ моро́з hard frost; ~ чай strong tea; ~ое вино́ héady / strong wine ['he-...]; ~ие напи́тки strong drinks; ~ сон sound sleep; ~ое словцо́ *разг.* strong lánguage.

**кре́пко** I *прил. кратк. см.* кре́пкий.

**кре́пко** II *нареч.* fast, strong; ~ заду́маться think* hard, fall* into deep thought; ~ стоя́ть за что-л. stand* firm for smth.; ~ целова́ть (*вн.*) kiss afféctionate¦ly (*d.*); ~ обнима́ться embráce héartily [...'hɑ:-]; ~ спать sleep* sóundly, be fast asléep; ~ вы́ругать (*вн.*) swear* [swɛə] (at); держи́тесь ~ hold fast / tight.

**крепколо́бый** *м. скл. как прил.* blóckhead [-hed], dolt.

**кре́пко-на́крепко** *нареч.* tíghtly, fírmly; double fast [dʌbl...].

**креплéние** *с.* **1.** fástening ['fɑːs°n-], stréngth¦ening; **2.** *горн.* tímbering; **3.** *мор.* láshing; (*парусов*) fúrling; **4.** (*у лыж*) bínding.

**крéпнуть,** окрéпнуть get* stróng¦er; (*перен. тж.*) get* fírmly estáblished.

**крéпов||ый** made in crape; crêpe (*фр.*) [kreɪp] (*attr.*); ~ая повя́зка crápe-bànd.

**крепостни́||к** *м. ист.* lándlòrd ádvocàting sérfdom / sérf-ownership [...-oun-]. **~чество** *с. ист.* sérfdom, sérfage, sérf-ownership [-oun-].

**крепостн||óй** I *ист.* **1.** *прил.* serf (*attr.*); ~óе прáво sérfdom, sérfage; ~áя зави́симость sérfdom, bóndage; ~ труд serf lábour; ~óе хозя́йство ècónomy based on sérfdom [iː- beɪst...]; **2.** *м. как сущ.* serf.

**крепостн||óй** II *прил. к* крéпость I; ~ вал rámpàrt; ~ы́е укреплéния fòrtificátions.

**крéпост||ь** I *ж.* **1.** stróng¦hòld; **2.** *воен.* fórtress; осáда ~и siege of *a* fórtress [siːdʒ...].

**крéпость** II *ж.* (*в разн. знач.*) strength; (*прочность тж.*) solídity; ~ раствóра strength / còncèntrátion of solútion; ~ дýха fórtitùde; strength of spírit.

**крéпость** III *ж.*: кýпчая ~ *ист.* deed of púrchase [...-s].

**крепч||áть** *разг.* grow* strónger [-ou...]; морóз ~áет the frost is gétting hárder.

**крéпче** *сравн. ст. прил. см.* крéпкий *и нареч. см.* крéпко II.

**крепы́ш** *м. разг.* robúst féllow; (*о ребёнке*) stúrdy child*.

**крепь** *ж.* = креплéние 2.

**крéсло** *с.* árm-cháir, éasy-cháir ['iːzɪ-]; (*в театре*) stall; плетёное ~ wícker chair; складнóе ~ fólding chair.

**кресс-салáт** *м.* wátercrèss ['wɔː-], gárden-crèss.

**крест** *м.* (*в разн. знач.*) cross; напéрсный ~ *церк.* péctoral cross; ◇ постáвить ~ (на *пр.*) *разг.* ≅ give* up as a bad job (*d.*); нести́ свой ~ bear* one's cross [bɛə...].

**крестéц** *м. анат.* sácrum (*pl.* -ums, -ra).

**крести́ны** *мн. рел.* christening [-s°n-] *sg.*; (*празднование*) chrístening párty *sg.*

**крести́ть** I, окрести́ть (*вн.*) **1.** *рел.* bàptíze (*d.*); chrísten [-s°n] (*d.*); **2.** *тк. несов.* (*быть крёстным, крёстной у кого-л.*) be gódfàther, gódmòther to smb.'s child* [...-fɑː- -mʌ-...].

**крести́ть** II, перекрести́ть (*вн.*; *делать знак креста*) cross (*d.*).

**крести́ться** I, окрести́ться *рел.* be bàptízed / chrístened [...-s°n-].

**крести́ться** II, перекрести́ться cross òne¦sélf.

**крест-нáкрест** *нареч.* crósswise; сложи́ть рýки ~ cross one's arms.

**крёстная** *ж. скл. как прил.* gódmòther [-mʌ-].

**крéстн||ик** *м.* gód-chìld*, gódsòn [-sʌn]. **~ица** *ж.* gód-child*, gód-daughter.

**крéстн||ый** *прил. к* крест; ~ое знáмение *рел.* sign of the cross [saɪn...]; ◇ ~ ход relígious procéssion (*with cross and banners*).

**крёстный** *м. скл. как прил.* gódfàther [-fɑː-].

**крестови́к** *м.* (*паук*) gárden-spìder.

**крестови́на** *ж. ж.-д.* **1.** cróss-piece [-piːs]; **2.** (*стрелки*) frog.

**крестó||вый:** ~ похóд *ист.* (*тж. перен.*) crùsáde; ~ свод *арх.* cróss-vaulting, groined vault. **~нóсец** *м. ист.* crùsáder.

**крестообрáзный** cróss-shàped; crúcifòrm; *зоол.*, *бот.* crúciàte.

**крестоцвéтные** *мн. скл. как прил. бот.* crùcíferae.

**крестцóв||ый** *анат.*: ~ая кость sácral bone.

**крестья́н||ин** *м.* péasant ['pez-]; безземéльный ~ lándless péasant. **~ка** *ж.* péasant-wòman* ['pezəntwu-]. **~ский** *прил. к* крестья́нин; ~ские мáссы péasant másses ['pez-...]; ~ское хозя́йство, ~ский двор péasant hóuse¦hòld [...-s-]; мéлкое ~ское хозя́йство small péasant farm; ~ское восстáние *ист.* péasant revólt / úp¦rising. **~ство** *с. тк. ед. собир.* péasantry ['pez-]; the péasants [...'pez-] *pl.*; срéднее ~ство middle / médium péasantry; the middle péasants *pl.*; колхóзное ~ство colléctive-fàrm péasantry; трудовóе ~ство wórking péasantry.

**кресчéндо** = крешéндо.

**крети́н** *м.* crétin; (*перен.*) *разг.* ídiot. **~и́зм** *м. мед.* crétinism; (*перен.*) *разг.* ídiocy.

**кретóн** *м. текст.* crètónne [-'tɔn].

**крéчет** *м. зоол.* gérfàlcon [-fɔːl-].

**крешéндо** *нареч. муз.* crescéndò [krɪ'ʃ-].

**крещ||éние** *с. рел.* **1.** báptism; (*обряд тж.*) chrístening [-s°n-]; **2.** (*праздник*) Twélfth-day, Epíphany; ◇ боевóе ~ báptism of fire. **~ёный** **1.** *прил. рел.* chrístened [-s°nd]; **2.** *м. как сущ. уст. разг.* Christian.

**кривáя** *ж. скл. как прил.* curve; ~ температýры témperature curve; ◇ ~ вы́везет ≅ sóme¦thing may turn up.

**кри́вда** *ж. фольк.* fálse¦hood ['fɔːlshud].

**кривизнá** *ж.* cúrvature; cróokedness.

**криви́ть** (*вн.*) bend* (*d.*); distórt (*d.*); ~ каблуки́ twist the heels (of one's shoes) [...ʃuːz]; ~ рот, гýбы twist one's mouth, give* a twist to one's mouth; make* a wry face, curl one's lip; ◇ ~ душóй *разг.* dissémble; play the hýpocrite; act agáinst one's cónscience [...-nʃəns]. **~ся** **1.** (*становиться кривым*) becóme* / get* cróoked / bent / lóp-sìded; **2.** *разг.* (*делать гримасу*) make* a wry face.

**кривля́||ка** *м. и ж. разг.* clown, affécted pérson; all airs and gráces *идиом.* **~нье** *с. разг.* àffèctátion; pútting on airs; grimácing; clówning.

**кривля́ться** *разг.* wríggle; (*гримасничать*) grimáce, make* fáces; (*вести себя жеманно*) give* òne¦sélf airs, be affécted.

**кри́во** *нареч.* cróokedly; a¦wrý.

**кривобóкий** lóp-sìded.

**криводу́шие** *с. уст.* dùplícity.

**крив||óй** **1.** cróoked; curved; wry; ~áя ли́ния curve, curved line; **2.** (*неправильный*) wrong; false [fɔːls]; únfáir; ~ы́е пути́ cróoked paths / ways; únfáir means; **3.** *разг.* (*одноглазый*) blind in one eye [...aɪ], óne-éyed [-'aɪd]; ◇ ~áя улы́бка, усмéшка crooked / wry smile; ~óе зéркало distórting mírror.

**криволинéйный** cùrvilínear.

**криво||нóгий** bów-lègged ['bou-], bándy-lègged. **~нóсый** wrý-nòsed. **~рóтый** wrý-mouthed.

**кривото́лки** *мн.* false rúmours [fɔːls...]; idle talk *sg.*

**кривоши́п** *м. тех.* crank.

**кри́зис** *м.* (*в разн. знач.*) crísis (*pl.* -sès [-siːz]); экономи́ческий ~ èconómic crísis [iː-...]; depréssion; slump *разг.*; агра́рный ~ agrárian crísis; ~ сбы́та sales crísis; о́бщий ~ капитали́зма the géneral crísis of cápitalism; прави́тельственный ~ Cábinet / Góvernment crísis [...'gʌ-...]; полити́ческий ~ polítical crísis; ~ колониа́льной систе́мы the crísis of the colónial sýstem.

**крик** *м.* cry; shout; (*гро́мкий, пронзи́тельный тж.*) yell, scream; ~и shouts; óutcrỳ *sg.*, shóuting *sg.*; clámour [-æ-] *sg.*; ◇ после́дний ~ мо́ды ≅ the last word in fáshion, the last shriek of fáshion [...ʃriːk...]; ~ души́ a cry from the heart [...hɑːt], cri de coeur [kriːdə'kəː].

**кри́кет** *м. спорт.* crícket.

**крикли́в||ый** (*прям. и перен.*) loud; (*перен. тж.*) gárish ['gɛə-], fláshy; (*вздо́рный*) clámorous; ~ая рекла́ма loud pùblícity [...pʌ-].

**кри́кнуть** *сов. см.* крича́ть.

**крику́н** *м.*, **крику́нья** *ж. разг.* shóuter, báwler; (*о ребёнке*) squáller.

**кримин||али́ст** *м. юр.* críminalist. **~али́стика** *ж.* críminal law. **~а́льный** críminal. **~оло́гия** *ж.* crìminólogy.

**кри́нка** *ж.* = кры́нка.

**криноли́н** *м.* crínoline [-liːn], hóop-skìrt.

**крипто||гра́мма** *ж.* crýptogràm. **~гра́фия** *ж.* cryptógraphy.

**криста́лл** *м.* crýstal; прозра́чный как ~ crýstal-clear; го́рный ~ *мин.* crýstal. **~иза-цио́нный** *прил. к* кристаллиза́ция. **~иза́ция** *ж.* crýstalizátion [-laɪ-]. **~изи́ровать** *несов. и сов.* (*вн.*) crýstallize (*d.*). **~изи́роваться, ~изова́ться** *несов. и сов.* crýstallize. **~и́ческий** crýstalline.

**кристалло||графи́ческий** crỳstallògráphic. **~гра́фия** *ж.* crỳstallógraphy.

**кристалло́ид** *м.* crýstalloid.

**криста́льн||ый** *прил. к* криста́лл; (*перен.: чи́стый*) crýstal-clear; ~ая чистота́ crýstal púrity.

**крите́ри||й** *м.* critérion [kraɪ-] (*pl.* -ia); ве́рный ~ true critérion; служи́ть ~ем (*рд.*) serve as a critérion (for).

**кри́тик** *м.* crític; литерату́рный ~ líterary crític.

**кри́тик||а** *ж.* **1.** críticism; ~ и самокри́тика críticism and sélf-críticism; ~ те́кста téxtual críticism; о́страя ~ sharp / télling críticism; ~ сни́зу críticism from belów [...-'lou]; подве́ргнуться ~е be subjécted to críticism; come* in for críticism; напра́вить ~у про́тив lével críticism at / agáinst ['le-...]; ни́же вся́кой ~и benéath críticism; не выде́рживать ~и be benéath críticism; not hold* wáter [...'wɔː-] *идиом.*; **2.** (*литерат. жанр*) critíque [-'tiːk].

**критика́н** *м. презр.* fáultfinder, críticàster.

**критикова́ть** (*вн.*) críticìze (*d.*); (*ме́лочно*) carp (at), find* fault (with).

**критици́зм** *м.* **1.** crítical áttitùde; **2.** *филос.* críticism.

**крити́ческ||ий** I (*в разн. знач.*) crítical; ~ая статья́ crítical éssay; critíque [-'tiːk]; ~ ум crítical mind.

**крити́ческ||ий** II (*перело́мный*) crítical; ~ая температу́ра *физ.* crítical témperature; ~а́я то́чка *физ.* crítical point; ~ моме́нт crítical / crúcial móment; ~ое положе́ние crítical sìtuátion; ~ во́зраст crítical age.

**кри́ца** *ж. тех.* ball, bloom, loop.

**крич||а́ть,** кри́кнуть **1.** (*без доп.*) cry, shout; *сов. тж.* give* a cry; (*пронзи́тельно*) scream, yell; (*о́чень гро́мко*) bawl, vocíferàte, clámour [-æ-]; **2.** (на *вн.*) shout (at); **3.** (*вн., дт.*; *звать*) call (*d.*), cry (to); **4.** (о *пр.*) shout (abóut). **~а́щий 1.** *прич. см.* крича́ть; **2.** *прил.* (*броса́ющийся в глаза́*) loud, fláshy; stáring; ~а́щий наря́д loud / fláshy clothes [...kloudz] *pl.*

**кри́чный** *тех.*: ~ спо́соб fínery prócèss ['faɪ-...]; ~ горн fínery, blóomery.

**кров** *м. тк. ед.* shélter; лишённый ~а hóme¦less; оста́ться без ~а be left without a roof óver one's head [...hed]; лиша́ть ~а (*вн.*) make* hóme¦less (*d.*), dis¦hóme (*d.*), dis¦hóuse [-s] (*d.*); лиша́ть ~а и хле́ба (*вн.*) leave* hóme¦less and stárving (*d.*); под ~ом (*рд.*) únder the shélter (of).

**крова́в||ый 1.** blóody [-ʌdɪ]; ~ поно́с *мед.* blóody flux; ~ая рво́та *мед.* blood vómiting [blʌd...]; **2.** (*кровопроли́тный*) blóody, sánguinary; múrderous; ~ая би́тва blóody battle; ~ые злодея́ния múrderous deeds / acts; **3.** (*окрова́вленный*) blóod-stained ['blʌd-]; **4.** (*о цве́те*) blóod-réd ['blʌd-]; ◇ ~ бифште́кс únder¦dóne (béef)stéak [...-eɪk].

**крова́тка** *ж. уменьш. от* крова́ть.

**крова́ть** *ж.* bédstead [-sted]; (*с посте́лью*) bed; де́тская ~ cot, crib; похо́дная ~ cámp-béd; складна́я ~ fólding bed; двуспа́льная ~ double bed [dʌbl...].

**кро́вельн||ый** róofing (*attr.*); ~ое желе́зо róofing íron [...'aɪən].

**кро́вельщик** *м.* róofer.

**кровено́сн||ый:** ~ая систе́ма círculatory sýstem; ~ые сосу́ды blóod-vèssels ['blʌd-].

**крови́нк||а** *ж.*: ни ~и в лице́ déathly pale ['deθ-...].

**кро́вл||я** *ж.* róofing; ши́ферная ~ slate róofing; черепи́чная ~ tíling, tiled roof; жить под одно́й ~ей с кем-л. live únder one, *или* the same, roof with smb. [lɪv...], share a house with smb. [...-s...].

**кро́вн||ый 1.** blood [blʌd] (*attr.*); ~ое родство́ blood relátionship; cònsànguínity; **2.** (*о живо́тных*) thórough-bréd ['θʌrə-]; ~ая ло́шадь blóod-hòrse ['blʌd-], thórough-bréd horse; ~ рыса́к thórough-bréd trótter; **3.** (*насу́щный*) vítal; ~ интере́с vítal ínterest / concérn; ~ые интере́сы наро́да the vítal ínterests of the people [...piːpl]; **4.** (*об оби́де и т. п.*) gríevous ['griː-]; (*глубо́кий*) deep; ◇ ~ая месть blood feud, vèndétta; ~ враг déadly énemy ['ded-...]; ~ые де́ньги hárd-éarned móney [-'əː- 'mʌ-] *sg.*

**кровожа́дн||ость** *ж.* blóodthìrstiness ['blʌd-]. **~ый** blóodthirsty ['blʌd-], sánguinary.

**кровоизлия́ние** *с. мед.* háemorrhage ['hemərɪdʒ]; ~ в мозг háemorrhage of the brain.

**кровообраще́ние** *с.* cìrculátion of the blood [...blʌd].

**кровоостана́вливающ||ий** *мед.* stýptic; ~ее сре́дство stýptic mátter, haemostátic [-mou-].

**кровопи́йца** *м.* blóod-sùcker ['blʌd-], pára-site, extórtioner.

**кровоподтёк** *м.* bruise [-u:z].

**кровопроли́т||ие** *с.* blóodshèd ['blʌd-]. **~ный** blóody ['blʌ-]; ~ное сраже́ние blóody battle.

**кровопуска́ние** *мед.* blóod-lètting ['blʌd-], phlebótomy.

**кровосмеше́ние** *с.* íncèst.

**кровотече́ние** *с. мед.* háemorrhage ['hem-ərɪdʒ]; èxtràvasátion; ~ из носу bléeding at the nose.

**кровоточи́||вый** bléeding. **~ть** bleed*.

**кровоха́рканье** *с.* blóod-spìtting ['blʌ-]; haemóptysis.

**кров||ь** *ж.* blood [-ʌd]; прили́в ~и rush of blood; останови́ть ~ (*из раны*) stop *a* wound [...wu:-]; истека́ть ~ью bleed* profúse|ly [...-s-]; перелива́ть ~ *мед.* trànsfúse blood; в ~и́ cóv-ered with blood ['kʌ-...]; ◇ глаза́, нали́тые ~ью blóodshòt eyes [...aɪz]; в ~, до́ ~и till it bleeds; его́ изби́ли в ~ he was béaten till he bled; пуска́ть ~ (*дт.*) bleed* (*d.*); *мед.* phlebótomìze (*d.*); э́то у него́ в ~и́ it runs in his blood; по́ртить себе́ ~ *разг.* ≅ wórry (òne|sélf) néedlessly ['wʌ-...]; войти́ в плоть и ~ become* ín|gráined; у него́ ~ кипи́т his blood is up, his blood boils; пролива́ть ~ shed* blood; ~ с молоко́м *разг.* ≅ in blóoming health [...helθ], the very picture of health; у него́ ~ сты́нет от э́того it fréezes his blood; до после́дней ка́пли ~и to the last drop of blood. **~яни́стый** with blood [...blʌd], contáin-ing some blood. **~яно́й** *прил. к* кровь; ~яны́е ша́рики blood córpùscles [blʌd -pʌslz]; ~яно́е давле́ние blood préssure; ~яна́я колбаса́ blóod-pùdding ['blʌdpu-], black púdding [...'pu-].

**крои́ть,** скрои́ть (*вн.*) cut* (*d.*), cut* out (*d.*).

**кро́йк||а** *ж.* cútting-out; ку́рсы ~и и шитья́ dréss-màking cóurses [...'kɔ:-].

**кроке́т** *м.* cróquet [-keɪ]. **~ный** *прил. к* кроке́т; ~ный шар cróquet ball [-keɪ...]; ~ная площа́дка cróquet grounds *pl.*, cróquet court [...kɔ:t].

**кроки́** *с. нескл.* skétch(-màp).

**крокирова́ть** *несов. и сов.* (*вн.*) *спорт.* róquet ['roukɪ] (*d.*), cróquet [-keɪ] (*d.*).

**крокоди́л** *м.* crócodìle. **~ов:** ~овы слёзы *ирон.* crócodile tears. **~овый** *прил. к* крокоди́л; *тж.* cròcodílian; ~овая ко́жа crócodìle léather [...'le-].

**кро́кус** *м. бот.* crócus.

**кро́лик** *м.* rábbit.

**кроликово́д** *м.* rábbit-breeder. **~ство** *с.* rábbit-breeding.

**кро́ли||чий** *прил. к* кро́лик; ~ мех rábbit--skin; ~чья нора́ rábbit-wàrren.

**кроль** *м. спорт.* crawl (stroke); пла́вать кро́лем swim* the crawl.

**крольча́тник** *м.* rábbit-hùtch.

**кро́ме** *предл.* (*рд.*) **1.** (*исключая*) excépt; **2.** (*помимо, сверх*) besídes; ~ того́ besídes (that), in addítion, fúrthermóre [-ðə-]; ◇ ~ шу́ток jóking apárt.

**кроме́шн||ый:** ад ~ hell; тьма ~ая *разг.* ≅ pitch dárkness.

**кро́мка** *ж.* edge; (*материи*) list, sélvage; ~ льда edge of ice.

**кромле́х** *м. археол.* crómlèch [-k].

**кромса́ть,** искромса́ть (*вн.*) *разг.* shred* (*d.*).

**кро́на** I *ж.* (*верхняя часть дерева*) top / crown (of *a* tree).

**кро́на** II *ж.* (*монета*) crown.

**кро́нглас** *м. тех.* crówn-gláss.

**кронци́ркуль** *м.* cállipers *pl.*

**кро́ншнеп** *м. зоол.* cúrlew.

**кронште́йн** *м. тех.* brácket; hólder; *стр.* córbel.

**кропа́ть** (*вн.*) *разг.* **1.** (*делать медленно, неумело*) botch (*d.*), bungle (*d.*); **2.** (*плохо писать*) scribble (*d.*); ~ стишки́ *презр.* write* dóggerel, scribble.

**кропи́ть** (*вн. тв.*) sprinkle (*d.* with); aspérse (*d.* with).

**кропотли́в||ый** labórious; (*о человеке тж.*) páinstàking [-nz-]; ~ая рабо́та tédious work.

**кросс** *м. спорт.* cróss-cóuntry race [-'kʌn-...].

**кроссво́рд** *м.* cróss-wòrds *pl.*, cróss-wòrd puzzle.

**крот** *м.* **1.** (*животное*) mole; **2.** (*мех*) móle|skìn.

**кро́ткий** gentle, meek.

**кротов||ый** **1.** *прил. к* крот; ~ая нора́ móle--hìll; **2.** (*из меха крота*) móle|skin (*attr.*).

**кро́тость** *ж.* géntle|ness, méekness.

**кроха́** *ж.* **1.** *уст.* crumb; **2.** *мн.* (*остатки*) léavings; (*перен.*) frágments.

**крохобо́р** *м. разг. пренебр.* háirsplitter. **~ство** *с.* háirsplìtting; занима́ться ~ством split* hairs. **~ствовать** pinch and scrape, split* hairs. **~ческий** pétty.

**кро́хотный** *разг.* tiny, wee, dimínutive.

**кро́шево** *с. разг.* médley ['me-].

**кро́шеч||ка** *ж. разг.* = кро́шка. **~ный** = кро́хотный.

**кроши́ть** (*вн.*) **1.** crumble (*d.*), crumb (*d.*); **2.** (*рубить*) chop (*d.*). **~ся** crumble.

**кро́шк||а** *ж.* **1.** crumb; **2.** *ласк.* little one; ◇ ни ~и *разг.* not a bit.

**круг** *м.* **1.** (*в разн. знач.*) circle; пло́щадь ~а *мат.* área of *a* circle ['ɛərɪə...]; бегово́й ~ ráce|course [-kɔ:s]; спаса́тельный ~ ríng-buoy [-bɔɪ]; ~ сы́ра a cheese; поворо́тный ~ *ж.-д.* túrn-tàble; ~и́ на воде́ ripples in the wáter [...'wɔ:-]; **2.** (*сфера, область*) sphere, range [reɪ-]; э́то не вхо́дит в ~ мои́х обя́занностей this does not lie within the range of my dú-ties; широ́кий ~ вопро́сов wide range of qués-tions / próblems [...reɪn- ...-stʃ- 'prɔ-]; **3.** (*группа людей*) circle; прави́тельственные ~и́ Gòvern-méntal circles [gʌ-...], official circles; официа́ль-ные ~и́ official quárters; пра́вящие ~и́ the rúling circles; монополисти́ческие ~и́ the monópolist circles; са́мые разли́чные ~и́ о́б-щества the most divérse séctions of society [...daɪ-...]; широ́кие обще́ственные ~и́ broad séctions of the públic [brɔ:d... 'pʌ-], the géneral públic *sg.*, the públic at large *sg.*; ~ знако́мых circle of acquáintance; в семе́йном ~у́ in the fámily circle; **4.** *спорт.* (*этап в состязании*) lap; ◇ на ~ *разг.* on the áverage.

**кру́гленьк||ий** **1.** *уменьш. от* кру́глый 1; **2.** (*толстенький*) rotúnd, chúbby, sleek; ◇ ~ая су́мма *разг.* a round sum.

**кругле́ть,** покругле́ть grow* / become* round [grou...].

**кругловáтый** róundish.

**круглоголóвый** róund-headed [-hed-].

**круглогу́бцы** *мн. тех.* round pliers.

**круглоли́цый** róund-fàced, chúbby.

**круглорóтые** *мн. скл. как прил. зоол.* cýclo¦stómata [-'stou-].

**круглосу́точный** twénty-four-hóur [-fɔːr-'auə] (*attr.*); aróund-the-clòck (*attr.*) *разг.*

**кру́гл||ый 1.** round; **2.** *разг.* (*полный, совершенный*) pérfect; ~ дурáк pérfect / útter fool; ~ невéжда ignorámus; ~ое невéжество crass ígnorance; он ~ сиротá he has néither fáther nor móther [...'naɪ- 'fɑː-... 'mʌ-], he is a compléte órphan; **3.** (*весь — о времени*) whole [h-]; ~ год the whole year round, all the year round; ~ые су́тки day and night; он проспáл ~ые су́тки he slept the clock round; ◇ ~ пóчерк round hand; в ~ых ци́фрах, ~ым счётом in round númbers.

**кругов||óй** círcular; ~óе движéние círcular mótion; ~áя оборóна *воен.* áll-róund defénce; ◇ ~áя пору́ка mútual guàrantée; ~áя чáша lóving-cùp ['lʌv-].

**круговорóт** *м.* rotátion; ~ собы́тий the rápid succéssion of evénts.

**кругозóр** *м.* horízon, méntal óutlook; полити́ческий ~ polítical views [...vjuːz] *pl.*; человéк с ширóким, у́зким ~ом bróad-mínded, nárrow-mínded pérson ['brɔːd-...].

**кру́гом** *нареч.*: у меня́ головá идёт ~ *разг.* my head is in a whirl [...hed...], my head is spínning, I am gíddy [...'gɪ-].

**кругóм** I *нареч.* **1.** round; поверну́ться ~ turn round; *воен.* turn abóut; ~! *воен.* abóut turn!; abóut face! *амер.*; **2.** (*вокруг*) aróund, all round; ~ мнóго лесóв there are mány fórests aróund, *или* all round [...'fɔ-...]; **3.** *разг.* (*полностью*) entíre¦ly; вы ~ винова́ты you alóne are to blame, it is entíre¦ly your fault; он ~ дóлжен he owes móney all round [...ouz 'mʌ-...]; he is héavily in debt [...'he-...det].

**кругóм** II *предл.* (*рд.*) round.

**кругооборóт** *м.* circulátion.

**кругообрáзный** círcular.

**кругосвéтн||ый** róund-the-wórld (*attr.*); ~ое путешéствие tour round the world [tuə...]; ~ое плáвание vóyage round the world; совершáть ~ое путешéствие go* round the world; совершáть ~ое плáвание circumnávigàte the globe / world.

**кружáло** *с. стр.* curve piece [...piːs].

**кружевн||и́ца** *ж.* láce-máker. **~óй** *прил. к* кру́жево; (*перен.*) lácy.

**кру́жев||о** *с.* lace; póint-làce; венециáнское ~ Venétian lace; плетёное ~ bóne-làce; ручнóе ~ hánd-máde lace; отдéлывать ~áми trim with lace; как ~ láce-like, lácy.

**кружéние** *с.* gó¦ing round, whírling, spínning (round).

**кружи́ть 1.** (*вн.*) turn (*d.*), whirl (*d.*), spin* (*d.*), wheel round (*d.*); **2.** (*без доп.*; *описывать круги*) círcle, go* round; **3.** (*без доп.*; *плутать*) wánder; **4.** (*без доп.*): метéль кру́жит the snówstòrm is whírling [...'snou-...]; ◇ ~ комý-л. гóлову turn smb.'s head [...hed]. **~ся** whirl, spin*; go* round; ◇ у негó кру́жится головá he is / feels gíddy [...'gɪ-]; (от; *перен.*) he is dízzy (with).

**кру́жка** *ж.* **1.** mug; (*большая оловянная или серебряная*) tánkard; ~ пи́ва glass of beer; небольшáя ~ nóggin; **2.** (*для сбора денег*) póor-bòx, chárity-bòx; **3.** *мед.* írrigàtor, douche [duːʃ].

**кружковщи́на** *ж.* clánishness.

**кружкóв||ый** *прил. к* кружóк 2; ~ые заня́тия clásses.

**кру́жн||ый:** ~ путь róundabout way; ~ым путём in a róundabout way.

**круж||óк** *м.* **1.** *уменьш. от* круг 1; **2.** (*группа людей, тж. для совместных занятий*) círcle, socíety; (*в школе и т. п.*) hóbby group [...gruːp]; ~ по изучéнию истóрии círcle for stúdying hístory [...'stʌ-...]; литерату́рные ~ки́ líterary socíeties.

**круп** I *м. мед.* croup [-uːp]; лóжный ~ false croup [fɔːls...].

**круп** II *м.* (*лошади*) croup(e) [-uːp], crúpper.

**крупá** *ж. тк. ед.* **1.** *собир.* groats *pl.*; мáнная ~ sèmolína [-'liː-]; перлóвая ~ péarl-bárley ['pəːl-]; грéчневая ~ búckwheat; я́чневая ~ fíne-ground bárley; овся́ная ~ óatmeal; **2.** (*о снеге*) gránular snow [...-ou].

**крупени́к** *м. кул.* búckwheat púdding with curds [...'pu-...].

**круп||и́нка** *ж.* (*прям. и перен.*) grain; ни ~и́нки прáвды *разг.* not a grain of truth [...-uːθ]. **~и́ца** *ж.* grain, a líttle.

**кру́пно** I *прил. кратк. см.* кру́пный.

**кру́пно** II *нареч.*: ~ нарéзать cut* into large píeces [...'piː-]; ~ писáть write* large; ◇ ~ поговори́ть с кем-л. have high words with smb.

**крупноблóчн||ый:** ~ое строи́тельство lárge-pánel constrúction [-'pæ-...].

**крупнозерни́стый** cóarse-gráined.

**крупнокали́берный** lárge-càlibre (*attr.*).

**крупнотоннáжн||ый:** ~ое су́дно lárge-capácity véssel.

**кру́пн||ый 1.** (*большой*) large; big; (*большого масштаба*) lárge-scàle; ~ая промы́шленность lárge-scàle índustry; ~ое сéльское хозя́йство lárge-scàle ágricùlture; ~ые си́лы *воен.* large fórces; ~ые совхóзы large State farms; ~ые бáнки big banks; ~ промы́шленный капитáл big indústrial cápital; ~ые помéщики big lándlòrds; ~ пóчерк téxt-hànd, large hánd-writing; ~ рогáтый скот cáttle, néat(-càttle); ~ые черты́ лицá mássive féatures; ~ песóк coarse sand; ~ым шáгом at a rápid / round pace; **2.** (*важный, серьёзный*) great [-eɪt], impórtant; **3.** (*значительный*) próminent, outstánding, májor; ~ые собы́тия impórtant evénts; ~ая неприя́тность sérious mis¦háp; ~ учёный, писáтель próminent / outstánding scíentist, wríter; ~ успéх outstánding succéss; **4.** (*рослый*) big, tall, wéll-grówn [-oun]; ◇ ~ разговóр high words *pl.*; ~ план (*в кино*) clóse-úp [-s-]; засня́ть когó-л. ~ым плáном take* a clóse-úp of smb.

**крупóзн||ый** *мед.* cróupous ['kruː-]; ~ое воспалéние лёгких mèmbrán(e)ous pneumónia [...njuː-].

**крупору́шка** *ж. с.-х.* péeling / húlling mill.

**крупчáтка** *ж.* fine flour.

**крупчáтый** gráiny.

**крупьé** *м. нескл.* cróupièr [-uː-].

**крупянóй** *прил. к* крупá 1.

**крутизнá** *ж.* stéepness.

**крутúть 1.** (*вн.*) twist (*d.*), twirl (*d.*); (*свёртывать*) roll up (*d.*); ~ шёлк twist / throw* silk [...θrou...]; ~ папирóсу roll a cigarétte [...-'ret]; ~ усы́ twirl one's moustáche [...mə-'stɑːʃ]; **2.** (*вн.*; *вращать*) turn (*d.*); **3.** (*вн.*; *о ветре, буре*) whirl (*d.*); **4.** (*тв.*) *разг.* (*распоряжаться*) have on léading-strìngs (*d.*). **~ся 1.** turn, spin*, gy̆ráte [dʒaɪə-]; **2.** (*о пыли, снеге и т. п.*) whirl; **3.** *страд. к* крутúть 1, 2, 3.

**крýто** *нареч.* **1.** (*обрывисто*) stéeply; **2.** (*внезапно*) súddenly; (*резко*) abrúptly; ~ повернýть turn round shárply; **3.** *разг.* (*сурово*) stérnly; ~ распрáвиться с кем-л. give* smb. no mércy; ◇ ~ замесúть knead thick; ~ отжáть squeeze dry; ~ посолúть salt héavily [...'he-].

**крут||óй 1.** (*о спуске, подъёме*) steep; ~ бéрег steep bank; ~ вирáж *ав.* tight turn; **2.** (*внезапный*) súdden; (*резкий*) abrúpt; сдéлать ~ поворóт turn súddenly, spin* round; (*на колёсах*; *тж. перен.*) wheel round; **~áя** перемéна súdden change [...tʃeɪ-]; ~ перелóм drástic change; ~ подъём (*промышленности, экономики*) steep advánce / ùpsúrge; ~ поворóт к лýчшему a sharp turn for the bétter; **3.** (*строгий*) stern; ~ нрав stern témper; **~ы́е** мéры drástic méasures [...'me-]; ◇ **~óе** яйцó hárd-bóiled egg; ~ кипятóк ≅ bóiling wáter [...'wɔː-]; **~áя** кáша thick gruel [...gru-].

**крýтость** *ж.* **1.** (*рва, траншеи*) slope; **2.** (*характера*) stérnness.

**крутя́щий:** ~ момéнт *мех.* torque.

**крýча** *ж.* steep slope; steep *поэт.*

**кручéние** *с.* **1.** *текст.* twisting, spinning; **2.** *тех.* tórsion.

**кручён||ый** twisted; **~ые** нúтки lisle thread [laɪl θred] *sg.*

**кручúн||а** *ж. поэт.* sórrow, grief [-iːf], ánguish. **~иться** *поэт.* grieve [-iːv], sórrow.

**крушéние** *с.* wreck, rúin; (*перен. тж.*) dównfàll; ~ пóезда ráilway áccident, train smash; ~ сýдна ship¦wrèck; потерпéть ~ be wrecked; ~ надéжд rúin of *one's* hopes.

**крушúна** *ж. бот.* búckthòrn.

**крушúть** (*вн.*; *прям. и перен.*: *разрушать*) destróy (*d.*), shátter (*d.*).

**крыжóвник** *м. тк. ед.* **1.** *собир.* góose¦berries ['guz-] *pl.*; **2.** (*об отдельной ягоде*) góose¦berry; **3.** (*куст*) góose¦berry shrub.

**крылáт||ый** (*прям. и перен.*) wing¦ed; ◇ **~ые** словá pópular expréssions; cátch-wòrds.

**крылéчко** *с. уменьш. от* крыльцó.

**крылó** *с.* **1.** (*в разн. знач.*) wing; (*у птицы тж.*) pínion *поэт.*; махáть кры́льями flap its wings; **2.** (*ветряной мельницы*) arm, sáil-àrm, sail; **3.** (*над колесом экипажа*) splásh-board; ◇ подрéзать кры́лья комý-л. clip smb.'s wings; распрáвить кры́лья spread* one's wings [-ed...].

**крылонóгие** *мн. скл. как прил. зоол.* pterópoda [tɪ-].

**кры́лышк||о** *с. уменьш. от* крылó 1; ◇ взять когó-л. под своё ~ take* smb. únder one's wing; под **~ом** мáтери únder one's móther's care [...'mʌ-...].

**крыльцó** *с.* porch; зáднее ~ back porch / éntrance.

**кры́м||ский** Crìméan [-'mɪən]. **~чáк** *м.* inhábitant of the Crìméa [...'mɪə].

**кры́нка** *ж.* éarthenwàre pot ['əːθ-...].

**кры́са** *ж.* rat; водянáя ~ wáter-ràt ['wɔː-], wáter-vòle ['wɔː-]; ◇ канцеля́рская ~ *разг.* ≅ óffice drudge, pén-pùsher [-pu-].

**крысúн||ый** *прил. к* кры́са; **~ая** норá rat's hole; ~ хвост rat's tail; ◇ ~ хвóстик (*косичка*) pígtail.

**крысолóв** *м.* rát-càtcher. **~ка** *ж.* **1.** rát-tràp; **2.** (*собака*) rát-càtcher, rátter.

**кры́тый 1.** *прич. см.* крыть; **2.** *прил.* with a roof, with an áwning; shéltered; ~ ры́нок cóvered márket ['kʌ-...].

**крыть,** покры́ть (*вн.*) **1.** cóver ['kʌ-] (*d.*); (*крышей*) roof (*d.*); (*соломой*) thatch (*d.*); (*черепицей*) tile (*d.*); **2.** (*краской*) coat (*d.*); **3.** (*карту*) cóver (*d.*); (*козырем*) trump (*d.*); ◇ емý нéчем ~ *разг.* ≅ he has no gèt-óut. **~ся 1.** lie*; be; (*таиться*) be concéaled; в егó словáх крóется угрóза there is a hídden threat in his words [...θret...]; здесь чтó-то крóется there is sóme¦thing behínd that; **2.** *страд. к* крыть.

**кры́ш||а** *ж.* roof; мансáрдная ~ mánsàrd roof; желéзная ~ íron roof ['aɪən...]; солóменная, тростникóвая ~ thatch; черепúчная ~ tíling, tiled roof; шатрóвая ~ híp-roof; настилáть **~у** roof; ◇ жить под однóй **~ей** с кем-л. live únder one, *или* the same, roof with smb. [lɪv...], share a house with smb. [...-s...].

**кры́шка** *ж.* lid; cóver ['kʌ-]; ◇ тут емý и ~! *разг.* that's put the lid on him!

**крюк** *м.* **1.** hook; **2.** *разг.* (*окольный путь*) détour (*фр.*) ['deɪtuə]; сдéлать ~ make* a détour.

**крю́чи||ть,** скрю́чить *безл.* (*вн.*): егó **~т** (от бóли) *разг.* he is wríthing (with pain) [...'raɪð-...]; (*ср.* кóрчить *и* корёжить).

**крючковáтый** *разг.* hooked.

**крючкотвóр** *м. разг.* péttifògger. **~ство** *с. разг.* péttifògging, péttyfòggery, chicánery [ʃɪ'keɪ-].

**крючóк** *м.* **1.** (*в разн. знач.*) hook; (*удочки*) físh-hook; спусковóй ~ (*в оружии*) trígger; застегнýть на ~ (*вн.*) hook (*d.*); **2.** *уст. разг.* = крючкотвóр.

**крюшóн** *м.* cup; (*из белого вина*) hóck-cùp; (*из шампанского*) chàmpágne-cùp [ʃæm-'peɪn-].

**кря́ду** *нареч. разг.* = подря́д II.

**кряж** *м.* **1.** (*горный*) móuntain-rìdge; **2.** (*обрубок бревна*) block. **~истый** thicksét.

**кря́канье** *с.* quácking ['kwæ-].

**кря́кать,** кря́кнуть **1.** (*об утке*) quack [kwæk]; **2.** *разг.* (*о человеке*) grunt; hem.

**кря́ква** *ж. зоол.* wild duck, mállard.

**кря́кнуть** *сов. см.* кря́кать.

**кряхтéнье** *с.* gróaning.

**кряхтéть** groan.

**ксёндз** *м. церк.* Róman-Càtholic priest (in Póland) [...priː-...].

**ксенóн** *м. хим.* xénòn ['ze-].

**ксерофóрм** *м. фарм.* xéro¦fòrm.

**ксилогрáфия** *ж.* **1.** (*процесс*) xỳlógraphy [zaɪ-]; **2.** (*гравюра*) xýlogràph ['zaɪ-].

**ксилофóн** *м. муз.* xýlophòne ['zaɪ-].

**кстáти** *нареч.* **1.** (*уместно*) to the point; (*своевременно*) ópportùne¦ly; замечáние бы́ло сдéлано ~ the remárk was to the point; дéньги пришли́сь ~ the móney came very ópportùne¦ly [...'mʌ-...]; óчень ~ most wélcome; ~ и некстáти in séason and out of séason [...'si:z-...]; **2.** (*заодно*) at the same time; ìncidéntally; **3.** *как вводн. сл.* by the way, by the by; ~, как егó здорóвье? how is he, by the way?

**кто** *рд., вн.* когó, *дт.* комý, *тв.* кем, *пр.* ком, *мест.* **1.** (*вопрос.*) who, *obj.* whom; ~ э́то (такóй, такáя)? who is that?; **2.** (*относит.*) who, *obj.* whom; that; тот, ~ he, *или* the man*, who; та, ~ she, *или* the wóman*, who [...'wu-...]; те, ~ they, *или* people, who [...pi:-...]; нé было никогó, ~ бы емý помóг, сказáл *и т. п.* there was no one to help, to tell, *etc.*, him; ~ не рабóтает, тот не ест he who does not work, néither shall he eat [...'naɪ-...]; **3.** (*неопред.*) some; ~ ждал пи́сем, ~ газéт some wáited for létters, some for néwspàpers; ~ что лю́бит, комý что нрáвится tastes differ [teɪ-...]; комý пироги́ и пы́шки, комý синяки́ и ши́шки *погов.* some get the buns and pies and some the bumps and black eyes [...aɪz]; **4.:** ~ ни, ~ бы ни whò¦éver, *obj.* whòm¦sò¦éver, whòm¦éver; whò¦éver *разг.*; ~ ни придёт whò¦éver comes; когó бы он ни спроси́л whòm¦sò¦éver (*или* whòm¦éver) he asked; ~ бы то ни́ был whò¦éver it may be; ◇ ~ в лес, ~ по дровá *погов.* ≅ one pulls one way and the other pulls the other way [...pulz..]; ~ когó? who will win?; комý-комý, а им должнó быть извéстно they should know, if anybody does [...nou...]. **~-либо, ~-нибудь** *мест.* sóme¦body, sóme¦òne; (*в вопросе*) anybody, ány¦òne. **~-то** *мест.* sóme¦body; ~-то другóй sóme¦body else.

**куб** I *м.* **1.** *мат* cube; возводи́ть в ~ (*вн.*) cube (*d.*); raise to the third pówer (*d.*); **2.** (*мера объёма*) cube.

**куб** II *м.* (*котёл*) bóiler; перегóнный ~ still.

**кýбарем** *нареч. разг.*: кати́ться ~ roll head óver heels [...hed...]; скати́ться ~ fall* head óver heels.

**кубáрь** *м.* pég-tòp.

**кубатýра** *ж. тк. ед.* cúbic capácity.

**куби́зм** *м. иск.* cúbism.

**кýбик** *м* **1.** *уменьш. ст* куб I 2; **2.** block, brick; игрáть в ~и (*о детях*) play with bricks.

**куби́ческ||ий** cúbic; ~ие мéры cúbic méasures [...'me-]; ~ кóрень *мат.* cúbic root.

**кубови́дный** cúbifòrm.

**кýбовый:** ~ цвет índigò (blue).

**кýбок** *м.* góblet ['gɔ-]; bowl [boul]; béaker; (*приз*) cup; ráce-cùp; пóлный ~ brímmer; ~ Совéтского Союза *спорт.* Áll-Únion Cup.

**кубомéтр** *м.* cúbic metre.

**кýбрик** *м. мор.* crew('s) space / quárters, órlòp(-dèck).

**кубы́шка** *ж.* **1.** (*копилка*) móney-bòx ['mʌ-]; **2.** *разг.* (*толстушка*) dúmpy wóman* / girl [...'wu- g-], dúmpling.

**кувáлда** *ж. тех.* slédge-hàmmer.

**кувши́н** *м.* jug; (*большой*) pítcher; ~ для молокá mílk-jùg.

**кувши́нка** *ж. бот.* wáter-lily ['wɔ:təlɪ-].

**кувырк||áнье** *с.* sómersaults ['sʌ-] *pl.* **~áться** sómersault ['sʌ-]. **~нýться** *сов.* turn a sómersault [...'sʌ-]. **~óм** *нареч. разг.* tópsy-túrvy; полетéть ~óм fall* head óver heels [...hed...]; всё пошлó ~óм évery¦thing went tópsytúrvy; (*пропало*) all was lost.

**кугуáр** *м. зоол.* cóugar ['ku:-], púma.

**кудá** *нареч.* **1.** (*вопрос. и относит.*) where; which way; whither *книжн., поэт.*; ~ он идёт? where is he góing?; гóрод, ~ он уéхал the town where he has gone [...gɔn]; the town he has gone to; **2.:** ~ ни, ~ бы ни whèr¦éver: ~ он ни пойдёт whèr¦éver he goes; ~ бы он ни пошёл whèr¦éver he may go; ~ бы то ни́ было, ~ угóдно ány¦whère; **3.** *разг.* (*зачем, на что*) what for: ~ вам стóлько дéнег? what do you want all that móney for? [...'mʌ-...]; **4.** *разг.* (*гораздо*) much, far; ~ лýчше much / far bétter; ◇ хоть ~! couldn't be bétter!; ~ как хорошó! nothing to boast of; ~ там! not like¦ly!, there was no quéstion of that! [...-stʃən...]; ~ тебé! ≅ you'll never be able to do it!; it is out of your reach!; ~ ни шлó! come what may! **~-либо, ~-нибудь, ~-то** *нареч.* sóme¦whère; (*в вопросе*) ány¦whère.

**кудáхт||анье** *с.* cackle. **~ать** cackle.

**кудéль** *ж. текст.* tow [tou].

**кудéсник** *м. поэт.* sóothsayer, magícian, sórcerer.

**кудлáтый** *разг.* shággy.

**кýдри** *мн.* curls.

**кудря́в||иться** *разг.* curl. **~ый** cúrly; (*мелкими кудряшками*) frízzy; (*о человеке*) cúrly-headed [-hed-]; (*о дереве*) léafy, búshy ['bu-]; (*перен.*: *манерный — о слоге*) òrnáte, flówery, full of flóurishes [...'flʌ-].

**кудря́шки** *мн.* ríng¦lets (of hair).

**Кузбáсс** *м.* (Кузнéцкий ýгольный бассéйн) the Kuzbás [...kuz-] (Kuznétsk cóal-field(s) [kuz- -fi:-] (*pl.*), the Kuznétsk Básin [...'beɪ-]).

**куз||éн** [-зэ́н] *м.*, **~и́на** *ж.* cóusin ['kʌz°n].

**кузнéц** *м.* (bláck)smith, hámmersmìth; (*ковочный*) fárrier.

**кузнéчик** *м.* gráss¦hòpper.

**кузнéчн||ый** blácksmith's; ~ое дéло blácksmith's work; ~ мех béllows *pl.*; ~ мóлот forge hámmer; ~ цех forge shop.

**кýзница** *ж.* smithy [-ðɪ], forge; fárriery *амер.*

**кýзов** *м.* **1.** (*корзинка*) básket; **2.** (*у экипажа, автомобиля*) bódy ['bɔ-]; ◇ назвáлся груздём, полезáй в ~ *посл.* ≅ you can't back out now that you've begún [...kɑ:nt...].

**кукарéкать** crow* [-ou].

**кукарекý** cóck-a-doodle-dóo.

**кýкиш** *м. груб.* fig; показáть ~ (*дт.*) give* the fig (*i.*).

**кýк||ла** *ж.* (*прям. и перен.*) doll [dɔl]; теáтр ~ол púppet-show [-ʃou].

**кукова́ть** (cry) cúckoo [...'ku-].

**кýколка** *ж.* **1.** dólly; **2.** *зоол.* chrýsalis (*pl.* -ices, -idès [-i:z]), púpa.

**ку́коль** *м. бот.* cockle.

**ку́кольн||ый** *прил. к* ку́кла; ~ое лицо́ doll's face [dɔ-...]; ~ теа́тр púppet-show [-ʃou]; ◇ ~ая коме́дия múmmery, húmbùg; (*притворство*) disguíse, máke-believe [-iːv].

**ку́кситься** *разг.* sulk; be in the blues.

**кукуру́з||а** *ж.* maize, Índian corn; corn *амер.* ~**ный** *прил. к* кукуру́за; ~ная мука́ máize-flour.

**куку́шка** *ж.* **1.** cúckoo ['ku-]; **2.** *разг.* (*маленький паровоз*) mónkey-èngine ['mʌ-endʒ-].

**куку́шкин:** ~ лён *бот.* polýtrichum cómmon [-kəm...]; ~ы слёзки *бот.* lýchnis.

**кула́к** I *м.* **1.** fist; сжима́ть ~ clench one's fist; **2.** *воен.* cóncèntràted force; **3.** *тех.* cam; ◇ брониро́ванный ~ mailed fist; держа́ть в ~е́ (*вн.*) hold* in one's fist (*d.*); *воен.* keep* cóncèntràted (*d.*); смея́ться в ~ laugh in one's sleeve [lɑːf...].

**кула́к** II *м.* (*богатый крестьянин, эксплуатирующий чужой труд*) kulák.

**кула́||цкий** *прил. к* кула́к II; ~цкие элеме́нты kulák élements. ~**чество** *с. собир.* the kuláks *pl.*

**кулачко́вый** *тех.*: ~ вал cámshàft.

**кула́чн||ый** *прил. к* кула́к I 1, 3; ~ бой fisticùffs *pl.*; ◇ ~ое пра́во fist-law.

**кулачо́к** I, II *м. уменьш. от* кула́к I 1, 3, II.

**кулебя́ка** *ж. кул.* kulebiáka [ku-], pie.

**кулёк** *м.* bag; ◇ из кулька́ в рого́жку *погов.* ≅ a change for the worse [...tʃeɪ-...].

**ку́ли** *м. нескл.* cóolie.

**кули́к** *м. зоол.* snipe; лесно́й ~ wóodcòck ['wud-].

**кулина́р** *м.* cúlinary spécialist [...'spe-]; cook. ~**ия** *ж.* cóokery. ~**ный** cúlinary; ~ное иску́сство (art of) cóokery.

**кули́са** *ж. тех.* link.

**кули́с||ы** *мн. театр.* wings, síde-scènes, slips, coulisses [kuː'liː-]; за ~ами (*прям. и перен.*) behind the scenes.

**кули́ч** *м.* Éaster cake.

**кули́чк||и:** у чёрта на ~ах *разг.* at the world's end, in the back of beyónd.

**куло́н** I *м. эл.* cóulòmb ['kuː-].

**куло́н** II *м.* (*украшение*) péndent.

**кулуа́||рный** *прил. к* кулуа́ры. ~**ры** *мн.* (*в парламенте*) lóbby *sg.*; разгово́ры в ~рах lóbby ínterviews [...-vjuːz].

**куль** *м.* bag, mát-bàg.

**кульмин||ацио́нный** *прил. к* кульмина́ция; ~ пункт cùlminátion. ~**а́ция** *ж.* cùlminátion. ~**и́ровать** *несов. и сов.* cúlminàte.

**культ** *м.* cult, wórship; служи́тель ~а mínister of relígious wórship; ~ ли́чности the cult of pèrsonálity, pèrsonálity cult.

**культ-** *в сложн.* культу́рный cúltural.

**культив||а́тор** *м. с.-х.* cúltivàtor. ~**а́ция** *ж. с.-х.* cùltivátion. ~**и́рование** *с.* (*прям. и перен.*) cùltivátion.

**культиви́ровать** (*вн.*; *прям. и перен.*) cúltivàte (*d.*).

**культкоми́ссия** *ж.* cúlture commíttee [...-tɪ].

**культма́ссов||ый:** ~ая рабо́та cúltural work among the másses.

**культрабо́т||а** *ж.* cúltural and èducátional work. ~**ник** *м.* cúltural wórker.

**культтова́ры** *мн.* árticles for cúltural needs, árticles of rècreátion.

**культу́р||а** *ж.* **1.** (*в разн. знач.*) cúlture; ~, национа́льная по фо́рме, социалисти́ческая по содержа́нию cúlture nátional in form and sócialist in contént [...'næ-...]; челове́к высо́кой ~ы híghly cúltured man*; ~ произво́дства indústrial / prodúction efficiency; **2.** *с.-х.* cúlture; техни́ческие ~ы téchnical / indústrial crops; зерновы́е ~ы céreal crops [-rɪəl...]; кормовы́е ~ы fórage crops; ◇ физи́ческая ~ phýsical cúlture [-zɪ-...].

**культу́рно** *нареч.* in a cúltured way, in a cívilized mánner. ~**-бытово́й** of / for impróving líving condítions [...-'pruːv- 'lɪ-...]; ~-бытово́е обслу́живание (provísion of) cúltural and wélfàre facílities; ~-бытовы́е учрежде́ния públic aménities ['pʌ-...]. ~**-воспита́тельный:** ~-воспита́тельная рабо́та cúltural and èducátional work. ~**-просвети́тельный** cúltural and èducátional; ~-просвети́тельные учрежде́ния cúltural and èducátional estáblishments.

**культу́рность** *ж.* cúlture, stándard of cúlture.

**культу́рно-техни́ческий** cúltural and proféssional; ~ у́ровень cúltural and proféssional stándards *pl.*

**культу́рн||ый** **1.** (*относящийся к культуре*) cúltural; ~ у́ровень stándard of cúlture; ~ центр cúltural centre; ~ рост cúltural advánce; ~ые на́выки cívilized hábits; улучша́ть материа́льное положе́ние и ~ у́ровень raise the stándard of wélfàre and cúlture; ~ая револю́ция cúltural rèvolútion; **2.** (*находящийся на высоком уровне культуры*) cúltured, cúltivàted; (*образованный*) éducàted; ~ челове́к a cúltured pérson, a man* of cúlture; **3.** (*не дикий — о растениях, животных*) cúltured, cúltivàted; ~ые расте́ния cúltured plants [...-ɑːnts]; ~ые поро́ды cúltured spécies [...-ʃiːz].

**культя́** *ж.*, **культя́пка** *ж.*, *разг.* stump (*of amputated arm or leg*).

**кум** *м.*, ~**а́** *ж.* góssip, Gód-pàrent; ~ и ~а́ Gód-pàrents.

**куманёк** *м. разг.* friend [-end], cróny.

**кума́ч** *м.* red cálicò.

**кумачо́вый** *прил. к* кума́ч.

**куми́р** *м.* (*прям. и перен.*) ídol.

**кумовство́** *с.* fávouritism ['feɪvər-], népotism.

**кумуляти́вн||ый** cúmulative; ~ заря́д *воен.* hóllow charge; снаря́д ~ого де́йствия *воен.* hóllow-chàrge projéctile / shell.

**ку́мушка** *ж.* **1.** (*в обращении*) my good wóman [...'wu-]; **2.** (*сплетница*) góssip, scándal-mònger [-mʌ-].

**кумы́с** *м.* kóumiss ['kuː-] (*fermented mare's milk*).

**кумысо||лече́бный:** ~лече́бное заведе́ние kóumiss-resórt ['kuːmɪsrɪ'zɔːt], kóumiss-cùre institútion ['kuː-...]. ~**лече́ние** *с.* kóumiss tréatment / cure ['kuː-...].

**кунжу́т** *м. бот.* sésame [-mɪ]. ~**ный** *прил. к* кунжу́т; ~ное ма́сло sésame oil [-mɪ...].

**куни́ца** *ж.* (*животное и мех*) márten.

**купа́ль||ный** báthing ['beɪð-]; ~ костю́м báthing suit [...sjuːt]; ~ная простыня́ bath tówel. **~ня** *ж.* bath house* [...-s]. **~щик** *м.*, **~щица** *ж.* báther ['beıðə].

**купáние** *с.* báthing ['beıð-].

**купáть,** вы́купать (*вн.*) bath (*d.*), bathe [beıð] (*d.*); (*в ванне*) bath (*d.*), give* a bath (*d.*). **~ся,** вы́купаться bathe [beıð]; (*в ванне*) take* a bath.

**купé** [-пэ́] *с. нескл.* sléeping compártment; sléeper *разг.*

**купéль** *ж. церк.* font.

**купé||ц** *м.* mérchant. **~ческий** *прил. к* купéц; ~ческое сослóвие the mérchants *pl.* **~чество** *с. собир.* the mérchants *pl.*

**купидóн** *м. миф.*, *поэт.* Cúpid.

**купи́рованный:** ~ вагóн (ráilway-)cárriage with sléeping compártments [-rıdʒ...].

**купи́ть** *сов. см.* покупáть I.

**куплéт** *м.* **1.** verse, cóuplet ['kʌ-]; **2.** *мн.* tópical / satíric songs. **~и́ст** *м.* sing¦er of tópical / satíric songs.

**кýпля** *ж.* púrchase [-s]; ~ и продáжа sale and púrchase; ~-продáжа húckstering.

**кýпол** *м. арх.* cúpola, dome; (*цирка*) big top; ~ нéба the dome of the sky, the héavenly dome [...'he-...].

**куполообрáзный** dóme¦like, cúpola-shàped, dóme-shàped.

**купóн** *м.* (*в разн. знач.*) cóupòn ['ku:-].

**купорóс** *м. хим.* vítriol. **~ный** *прил. к* купорóс; ~ное мáсло oil of vítriol.

**кýпчая** *ж. скл. как прил.* (*тж.* ~ крéпость) *уст.* deed of púrchase [...-s].

**купчи́ха** *ж.* **1.** mérchant wóman* [...'wu-]; **2.** (*жена купца*) mérchant's wife*.

**купю́р||а** *ж.* **1.** (*сокращение, изъятие*) cut; **2.** *фин.* note, bond; заём вы́пущен ~ами в 5 и 25 рублéй the loan is íssued in 5-rouble and 25-rouble bonds [...-ru:-...].

**курагá** *ж. собир.* dried ápricòts [...'eı-] *pl.*

**курáжиться** *разг.* swágger ['swæ-]; (над) búlly ['bu-] (*d.*).

**курáнты** *мн.* chime (of bells) *sg.*

**курбéт** *м. спорт.* cùrvét.

**кургáн** *м.* bárrow, búrial mound ['be-...], túmulus (*pl.* -li).

**кургýзый** *разг.* **1.** (*с обрубленным хвостом*) dócktailed; **2.** (*об одежде*) too tight and short.

**курд** *м.*, **~ский** Kurd; ~ский язы́к Kúrdish, the Kúrdish lánguage.

**курдю́||к** *м.* fát(ty) tail (*of a sheep*). **~чный** *прил. к* курдю́к; ~чное сáло fat of tail; ~чная овцá fát-tailed / fát-rùmped sheep*.

**кýрево** *с. тк. ед. разг.* sóme¦thing to smoke, báccy [-kı].

**курéние** *с.* **1.** smóking; **2.** (*благовоние*) íncènse.

**курéнь** *м.* **1.** *ист.* kurén (*unit of Zaporogian Cossack troops*); **2.** (*дом*) house* [-s], hut.

**курзáл** *м.* kúrsaal ['kuəza:l].

**кури́лка** *м.*: жив ~! *разг.* ≅ the man's hìm¦sélf agáin!

**кури́льница** *ж.* cénser.

**кури́льня** *ж.*: ~ óпиума ópium den.

**кури́льщ||ик** *м.*, **~ица** *ж.* smóker.

**кури́н||ые** *мн. скл. как прил. зоол.* gàllináceae [-sii:]. **~ый** *прил. к* кýрица; ~ое яйцó hen's egg; ~ый бульóн chícken-bròth; ~ая лапшá chícken-bròth with nóodles; ~ая слепотá (*болезнь*) níght-blìnd¦ness, nỳctalópia; (*название цветка*) búttercùp; ◇ ~ая грудь pígeon-breast [-dʒınbrest].

**кури́тельн||ый** smóking; ~ая кóмната smóking-room; ~ табáк tobáccò; ~ая трýбка (tobáccò-)pipe; ~ая бумáга cìgarétte páper [-'ret...].

**кури́ть 1.** (*вн.*) smoke (*d.*); ~ табáк, óпиум smoke tobáccò, ópium; мнóго ~ be a héavy smóker [...'he-...]; **2.** (*тв.*) burn* (*d.*); ~ лáданом (burn*) íncènse; **3.** (*вн.*; *добывать что-л. перегонкой*) distíl (*d.*).

**кури́ться 1.** (*дымиться*) smoke; **2.** (*о папиросе, сигаре и т. п.*) burn*, light*; папирóса не кýрится the cìgarétte won't burn [...wount...]; **3.** (*о тумане, дыме*) appéar, rise*, aríse*; **4.** *страд. к* кури́ть 1, 3.

**кýрица** *ж.* (*мн.* кýры) hen; *кул.* chícken; ◇ мóкрая ~ *разг.* mílksòp, chícken-heart [-ha:t]; кýрам нá смех *разг.* ≅ enóugh to make a cat laugh [ı'nʌf...la:f]; у негó дéнег кýры не клюю́т *разг.* ≅ he is rólling in móney [...'mʌ-].

**кýрия** *ж. ист.* cúria.

**курн||óй:** ~áя избá hut without a chímney to its fíre-plàce.

**курнóсый** snúb-nòsed; ~ нос túrned-ùp nose.

**куровóдство** *с.* póultry-breeding ['pou-].

**курóк** *м.* cock; cócking piece [...pi:s]; взводи́ть ~ raise the cock, cock the gun; спусти́ть ~ pull the trígger [pul...].

**куролéсить** *разг.* play pranks / tricks.

**куропáтка** *ж.* (*серая*) pártridge; (*белая*) wíllow-ptàrmigan [-ta:-].

**курóрт** *м.* health resórt [helθ -'zɔ:t]. **~ник** *м. разг.* héalth-resórt vísitor ['helθ- -'zɔ:t -z-], hóliday-màker [-dı-]. **~ный** *прил. к* курóрт; ~ное лечéние spa tréatment / cure [spa:...]; ~ная комиссия héalth-resórt commíttee ['helθrı'zɔ:t -tı].

**курослéп** *м. бот.* búttercùp.

**курс** *м.* **1.** (*в разн. знач.*) course [kɔ:s]; (*перен. тж.*) pólicy; ~ лечéния course of (médical) tréatment; крáткий ~ short / concíse course [...-'saıs...]; пóлный ~ complète course; учéбный ~ course of stúdies [...'stʌ-]; окóнчить ~ в университéте gráduàte at the ùnivérsity; студéнт пéрвого, вторóго *и т. д.* ~а first-year, sécond-year, *etc.*, stúdent [...'se-...]; он студéнт пéрвого, вторóго *и т. д.* ~а he is a stúdent in his first, sécond, *etc.*, year [...'se-...]; он на трéтьем ~е he is in his third year; перейти́ на четвёртый ~ énter the fourth course [...fɔ:θ...]; взять ~ (на *вн.*) head [hed] (for); держáть ~ (на *вн.*) head (for); (*перен.*) pursúe a course (of); держáть ~ на юг head for the south; корáбль дéржит ~ пря́мо на юг the ship is stánding due south; ложи́ться на ~ set* course; меня́ть ~ change one's course [tʃeındʒ...]; боевóй ~ battle course; **2.** (*валюты, ценных бумаг*) rate of exchánge [...-'tʃeı-]; повышéние ~а рубля́ (the) ín¦crease in the exchánge-vàlue of the rouble [...-i:s ...'tʃeı- ...ru:-]; перевóд ~а рубля́ на золотýю оснóву the pútting of the rouble on a gold base [...-s]; ◇ быть в ~е дéла be well infórmed / pósted abóut smth. [...'pou-...]; be in the know [...nouʃ *разг.*; держáть когó-л. в ~е keep* smb. infórmed; post smb. up [poust...] *разг.*

**курсáнт** *м.* stúdent.

**курсúв** *м. полигр.* itálics *pl.*, itálic type. **~ный** itálic; ~ный шрифт itálic type; itálics *pl.* **~ом** *нареч.* in itálics.

**курсúровать** (мéжду; *по маршруту*) ply (betwéen).

**курсúстка** *ж. уст.* gírl-stùdent ['gəːl-].

**курсовóй** *прил. к* курс.

**кýрсы** *мн.* (instrúction) cóurses [...'kɔː-]; ~ инострáнных языкóв cóurses in fóreign lánguages [...'fɔrɪn...]; ~ по повышéнию квалификáции tráde-impróve¦ment cóurses [-'pruːv-...], proféssional cóurses; ~ по подготóвке в вуз cóllege / institùte prepáratory cóurses.

**куртáж** *м. уст.* bróker¦age.

**куртизáнка** *ж.* courtesán [kɔːtɪ'zæn].

**куртúна** *ж.* **1.** *воен. уст.* cúrtain; **2.** (*цветник*) pàrtérre [-'tɛə], flówer-bèd.

**кýрт||ка** *ж.* jácket. **~очка** *ж. уменьш. от* кýртка.

**курфюрст** *м. ист.* eléctor.

**курчáвый** (*о волосах*) cúrly; (*о человеке*) cúrly-haired, cúrly-headed [-he-].

**кýры** I *мн. см.* кýрица.

**кýры** II: стрóить ~ (*дт.*) *разг.* make* love [...lʌv] (to), flirt (with).

**курьёз** *м.* queer thing; cùriósity; для ~а for the interest of the thing.

**курьёзный** (*любопытный*) cúrious; (*забавный*) fúnny.

**курьéр** *м.* méssenger [-ndʒə], cóurier ['ku-]; (*специальный*) expréss; дипломатúческий ~ diplomátic cóurier / méssenger. **~ский** *прил. к* курьéр; ◇ ~ский пóезд expréss (train); на ~ских *разг.* póst-háste ['poust'heɪst].

**курят||ина** *ж. разг.* chícken-meat, fowl. **~ник** *м.* hén-coop, hén-house* [-s].

**курящ||ий** **1.** *прич. см.* курúть 1, 3; **2.** *м. как сущ.* smóker; вагóн для ~их smóking--càrriage [-rɪdʒ]; smóker *разг.*; он ~ he smokes.

**кусáть** (*вн.*) bite* (*d.*); (*о насекомых тж.*) sting* (*d.*); (*откусывать*) bite* off (*d.*); (*маленькими кусочками*) nibble (*d.*); ◇ ~ нóгти bite* one's nails. **~ся** **1.** bite*; **2.** (*кусать друг друга*) bite* each other.

**кусáчки** *мн. тех.* cútting pliers, nippers; (*для проволоки*) wíre-cùtter *sg.*

**кусковóй** lump (*attr.*); ~ сáхар lump súgar [...'ʃu-].

**кус||óк** *м.* piece [piːs]; (*часть чего-л.*) piece, bit; (*о сахаре*) lump; (*о мыле*) cake; (*о хлебе*) slice; разбúть на ~кú break* to pieces [breɪk...]; ◇ лáкомый ~ títbit; ~ в гóрло нейдёт the food sticks in one's throat.

**кусóчек** *м. уменьш. от* кусóк.

**куст** I *м.* bush [buʃ], shrub; ◇ спрятаться в ~ы́ ≅ show* the white féather [ʃou...'fe-].

**куст** II *м. эк.* (*объединение*) group [-uːp].

**кустáрник** *м. собир.* búshes ['bu-] *pl.*; shrubs *pl.*; (*насаждение*) shrúbbery. **~овый:** ~овое растéние shrub.

**кустáрнич||ать** be a hándicràfts¦man*; (*перен.*) use primitive méthods; tinker. **~ество** *с.* primitive / àmatéurish work [...-'təːrɪʃ...]; tínkering.

**кустáрн||ый** **1.:** ~ые издéлия hándicràft wares, hánd-máde goods [...gudz]; ~ая промы́шленность doméstic industry; ~ прóмысел doméstic craft / industry; **2.** (*примитивный*) primitive, àmatéurish [-'təːrɪʃ]; ~ые приёмы, мéтоды рабóты primitive méthods of work; rúle-of-thùmb méthods.

**кустáрщина** *ж. разг.* = кустáрничество.

**кустáрь** *м.* hándicràfts¦man*; ~-одинóчка hándicràfts¦man* wórking by hìm¦sélf.

**кýстик** *м. уменьш. от* куст I.

**кустú||стый** búshy ['bu-]. **~ться** clúster.

**кустовáние** *с. эк.* interconnéction, interconnécting.

**кýтать** (*вн. тв., вн.* в *вн.*) muffle up (*d.* in), wrap up (*d.* in). **~ся** (в *вн.*) muffle / wrap òne¦sélf up (in).

**кутёж** *м.* caróuse, drínking-bout, órgy; ночнóй ~ níght-rèvel [-re-]; устрóить ~ go* on the spree, have a drínking-bout, have an órgy.

**кутерьмá** *ж. разг.* commótion, disórder, mess.

**кут||úла** *м. разг.* dèbauchée. **~úть** be on the spree; (*веселиться*) make* mérry. **~нýть** *сов.* go* on the spree.

**кутýзка** *ж. уст. разг.* lóck-ùp, quod.

**кухáрка** *ж.* cook.

**кухмúстерская** *ж. скл. как прил. уст.* éating-house* [-s], cóok-shòp.

**кýхня** *ж.* **1.** kítchen; (*отдельная постройка*) cóok-house* [-s]; (*на судне*) gálley; **2.** (*стол*) cóoking, cuisíne [kwɪ'ziːn].

**кýхонн||ый** *прил. к* кýхня; ~ая плитá kítchen-rànge [-reɪ-]; (*газовая*) gás-stòve; ~ шкаф kítchen cábinet, drésser; ~ нож kítchen-knife*; cárving-knìfe*; ◇ ~ая латы́нь *разг.* low / vúlgar Látin [lou...].

**кýцый** **1.** (*бесхвостый*) dóck-tailed; **2.** (*короткий — об одежде*) short; (*перен.: ограниченный, урезанный*) scánty, cùrtáiled.

**кýч||а** *ж.* **1.** heap; муравьúная ~ ánt-hìll; навóзная ~ dúng¦hill; **2.** (*рд.*) *разг.* (*множество*) heaps (of) *pl.*, a lot (of); ~ новостéй heaps of news [...-z]; ◇ валúть всё в однý ~у *разг.* ≅ lump évery¦thing togéther [...-'ge-], make* a muddle of things.

**кучев||óй:** ~ы́е облакá cúmuli.

**кýчер** *м.* cóach¦man*, dríver. **~скóй** *прил. к* кýчер.

**кýчка** *ж.* **1.** *уменьш. от* кýча 1; **2.** (*небольшая группа*) small group [...gruːp]; ~ людéй small group of people [...piː-]; собирáться ~ми gáther in small groups.

**кýчн||ость** *ж. воен.* (*попаданий*) close gróuping (of shots) [-s 'gruː-...]. **~ый:** ~ая стрельбá clóse¦ly grouped fire [-s- gruː-...].

**куш** *м. разг.* large sum; сорвáть ~ snatch a large sum.

**кушáк** *м.* sash, girdle [gəː-].

**кýша||нье** *с.* (*пища*) food; (*блюдо*) dish **~ть** (*вн.*) have (*d.*), take* (*d.*); кýшайте, пожáлуйста, пирóг please, have some pie; пожáлуйте ~ть, ~ть пóдано dínner, súpper, *etc.* is served.

**кушéтка** *ж.* couch.

**кущéние** *с.* búshing out ['buʃ-...].

**кювéт** *м.* cùnétte [-'net], cùvétte [-'vet].

**кювéтка** *ж. фот.* cùvétte [-'vet].

**кюрé** [-рэ́] *м. нескл.* curé (*фр.*) [kjuː'reɪ].

# Л

**лаба́з** *м. уст.* córn-chàndler's shop [-tʃɑ:-...], flour / meal shop. **~ник** *м. уст.* córn-chàndler [-tʃɑ:-], córn-dealer, flóur-dealer.

**лабиализ||а́ция** *ж. лингв.* làbializátion [-laɪ-]. **~ова́ть** *несов. и сов.* (*вн.*) *лингв.* lábialize (*d.*).

**лабиа́льный** *лингв.* lábial; ~ звук lábial sound.

**лабиодента́льный** *лингв.* lábio¦déntal; ~ звук lábio¦déntal sound.

**лабири́нт** *м.* (*в разн. знач.*) lábyrinth, maze.

**лабора́нт** *м.*, **~ка** *ж.* labóratory assistant.

**лаборато́р||ия** *ж.* labóratory. **~ный** labóratory (*attr.*), labòratórial; ~ный ме́тод labóratory méthod.

**лабрадо́р** *м. мин.* làbradórite.

**ла́в||а** I *ж.* láva ['lɑ:-]; (*застывшая тж.*) clinker; пото́к ~ы láva-stream ['lɑ:-], láva-flow ['lɑ:- -ou].

**ла́ва** II *ж. горн.* drift.

**лава́нда** *ж. бот.* lávender.

**лави́на** *ж.* ávalànche [-ɑ:nʃ] (*тж. перен.*); snów-slip [-ou-].

**лави́ровать** tack; (*перен. тж.*) manóeuvre [-'nu:və]; ~ про́тив ве́тра beat* agáinst the wind [...wɪ-].

**ла́вка** I *ж.* (*скамейка*) bench.

**ла́вка** II *ж.* (*магазин*) shop; store *амер.*

**ла́вочка** I *ж. уменьш. от* ла́вка I.

**ла́вочк||а** II *ж. уменьш. от* ла́вка II; (*перен.*) *разг.* clique [-i:k]; э́то одна́ ~ it's all one gang; ◇ закры́ть ~у put* the shútters up.

**ла́вочн||ик** *м.*, **~ица** *ж.* shóp-keeper. **~ый** *прил. к* ла́вка II.

**лавр** *м. бот.* láurel ['lɔ-]; (*дерево тж.*) báy(-tree); ◇ пожина́ть ~ы reap / win* láurels; почи́ть на ~ах rest on one's láurels; уве́нчанный ~ами láurelled ['lɔ-], wreathed / crowned with láurels.

**ла́вра** *ж. церк. ист.* mónastery (of the first rank).

**лавровиш||невый** *прил. к* лаврови́шня; ~невые ка́пли láurel wáter ['lɔ- 'wɔ:-]. **~ня** *ж. бот.* chérry-láurel [-'lɔ-].

**ла́вровые** *мн. скл. как прил. бот.* laurá-ceae.

**лавро́вый** *прил. к* лавр; ~ лист láurel / bay leaf* ['lɔ-...]; ◇ ~ вено́к láurels *pl.*, wreath* of láurels.

**лаг** *м. мор.* **1.** log; **2.** (*борт*) bróadside [-ɔ:d-]; стать ~ом (к) turn bróadside on (to).

**ла́герн||ый** *прил. к* ла́герь; ~ сбор ánnual camp; ~ая жизнь camp life; *разг.* cámping-óut.

**ла́гер||ь** *м.* (*прям. и перен.*) camp; стоя́ть, располага́ться ~ем camp, be en¦cámped; снима́ть ~ break* up camp [-eɪk...], strike* the tents; жить в ~я́х camp out; пионе́рский ~ Young Pionéer camp [jʌŋ...]; вое́нный ~ armed camp; ~ военнопле́нных prísoner-of-wár camp ['prɪz-...]; уче́бный ~ instrúction camp; междунаро́дный ~ ми́ра, демокра́тии и социали́зма the internátional camp of peace, demócracy and sócialism [...-'næ-...].

**лагли́нь** *м. мор.* lóg-line.

**лагу́на** *ж.* lagóon.

**лад** *м.* **1.** (*согласие, мир*) hármony, cóncòrd; жить в ~у́ (с *тв.*) live in hármony / cóncòrd [lɪv...] (with); быть не в ~а́х (с *тв.*) be at váriance (with), be at odds (with); **2.** (*способ, манера*) way, mánner; на ра́зные ~ы́ in dífferent ways; на но́вый ~ in a new way; на ста́рый ~ in the old mánner; на свой ~ áfter / in one's own way [...oun...]; **3.** *чаще мн. муз.* stop, fret; ◇ петь в ~ sing* in tune; петь не в ~ sing* out of tune; запе́ть на друго́й ~ sing* another tune; де́ло идёт на ~ *разг.* things are in a fair way, things are gó¦ing bétter, things are táking a turn for the bétter; де́ло не идёт на ~ *разг.* things are not getting on well; настро́иться на друго́й ~ play another tune.

**ла́дан** *м.* íncènse, fránkincènse; ◇ дыша́ть на ~ *разг.* have one foot in the grave [...fut...].

**ла́данка** *ж. уст.* ámulet.

**ла́д||ить** (с *тв.*) *разг.* get* on (with), agrée (with), be on good terms (with); (*жить в ладу*) live in hármony / cóncòrd [lɪv...] (with); они́ не ~ят they don't get on with each other; they are at odds *идиом.*; ◇ ~ одно́ и то́ же harp on one string. **~иться** *разг. чаще с отриц.* go* on well; де́ло не ~ится things are not getting on well.

**ла́дно** *нареч. разг.* **1.** (*мирно*) in hármony / cóncòrd; **2.** (*удачно, успешно*) well, all right; **3.** *в знач. утвердит. частицы* (*хорошо, согласен*) very well!, all right!, agréed!; ókáy ['ou'keɪ], O. K. ['ou'keɪ] *амер.*

**ла́дный** *разг.* (*стройный, хорошего сложения*) wéll-knit, wéll-fórmed.

**ладо́н||ь** *ж.* palm [pɑ:m]; ~ью вверх palm up; ◇ быть (ви́дным) как на ~и be spread before the eyes [...spred...aɪz].

**ладо́ши** *мн. уменьш. от* ладо́нь; бить, хло́пать в ~ clap one's hands.

**ланы́жка** *ж.* = лоды́жка.

**ладья́** *ж.* **1.** *поэт.* (*лодка*) boat; **2.** *шахм.* rook, castle.

**лаз** *м. тех.* mánhòle.

**ла́занье** *с.*: ~ по дере́вьям trée-climbing [-klaɪm-]; ~ по кана́ту rópe-climbing [-klaɪm-].

**лазаре́т** *м. уст.* infírmary; (*корабельный*) sick-bay.

**ла́зать** = ла́зить.

**лазе́йк||а** *ж.* hole; (*перен.*) lóop-hòle; оста́вить себе́ ~у leave* òne¦sélf a lóop-hòle.

**ла́зить,** *опред.* лезть, *сов.* поле́зть **1.** (на *вн.*; *взбираться*) climb [klaɪm] (*d.*), clámber (on); (*на стену, обрыв*) scale (*d.*); (*по канату, по шесту*) swarm up (*d.*); **2.** (в *вн.*; *влезать*) get* (into); ~ в окно́ climb / get* in through *the* window; **3.** *тк. опред. и сов. см.* лезть.

**лазо́ревый** *поэт.* = лазу́рный.

**лазу́ревый**: ~ ка́мень *мин.* lápis lázuli.

**лазу́рный** ázure ['æʒə], ský-blue.

**лазу́рь** *ж.* **1.** ázure ['æʒə], s'ký-blúe; **2.** (*краска*): берли́нская ~ Bèrlín / Prússian blue [...'prʌʃən...].

**лазу́тчик** *м.* scout.

**лай** *м.* bárk(ing).

**ла́йка** I *ж.* (*собака*) húsky, Éskimò dog.

**ла́йка** II *ж.* (*кожа*) kíd(-skìn).

**ла́йков||ый** *прил. к* ла́йка II; ~ые перча́тки kíd-glòves [-ʌ-].

**лак** *м.* várnish, lácquer [-kə]; ~ для ногте́й nail várnish; япо́нский ~ black japán; покрыва́ть ~ом (*вн.*) várnish (*d.*), lácquer (*d.*); (*японским*) japán (*d.*).

**лака́ть** (*вн.*) lap (*d.*).

**лаке́й** *м.* fóot¦man* ['fut-], mán-sèrvant; (*перен.*) láckey, flúnkey. **~ский** *прил. к* лаке́й; (*перен.*) sérvile. **~ство** *с.* sèrvílity, crínging [-ndʒ-], dáncing atténdance.

**лакиро́ванн||ый** 1. *прич. см.* лакирова́ть; 2. *прил.*: ~ая ко́жа pátent léather [...'le-]; ~ые ту́фли pátent-léather shoes [-'le- ʃu:z].

**лакирова́ть** (*вн.*) várnish (*d.*), lácquer [-kə] (*d.*); (*японским лаком*) japán (*d.*).

**лакиро́в||ка** *ж.* 1. (*действие*) várnishing, lácquering [-kə-]; (*японским лаком*) japánning; ~ действи́тельности embéllishment / tóuching--ùp / várnishing of reálity [...'tʌtʃ-... rɪ'æ-]; 2. (*слой лака*) várnish. **~щик** *м.* várnisher.

**ла́кмус** *м. хим.* lítmus. **~овый** *прил. к* ла́кмус; ~овая бума́га lítmus-páper.

**ла́ков||ый** 1. *прил. к* лак; 2. (*покрытый лаком*) várnished, lácquered [-kəd]; (*твёрдым японским лаком*) japánned; ◇ ~ое де́рево várnish-tree.

**ла́ком||иться,** пола́комиться (*тв.*) regále (on). **~ка** *м. и ж. разг.* góurmand ['guə-]; быть ~кой be a góurmand; have a sweet tooth *идиом. разг.* **~ство** *с.* dáinty. **~ый** 1. (*вкусный*) dáinty; ~ое блю́до dáinty dish; 2. (до; *падкий на что-л.*) fond (of); ◇ ~ый кусо́к títbit.

**лакони́||зм** *м.* lacónicism. **~ческий** lacónic, shórt-spóken. **~чность** *ж.* = лакони́зм. **~чный** = лакони́ческий.

**лакрима́тор** *м. хим.* láchrymator.

**лакри́||ца** *ж. бот.* líquorice [-kə-], swéet--root. **~чный** *прил. к* лакри́ца; ~чный ко́рень *бот.* = лакри́ца.

**лакта́ция** *ж. физиол.* làctátion.

**лакто́за** *ж. хим.* làctóse [-s], milk súgar [...'ʃu-].

**лакто́метр** *м.* làctómeter.

**ла́ма** I *ж. зоол.* (l)láma ['lɑ:-].

**ла́ма** II *м.* (*духовное лицо*) láma ['lɑ:-].

**лама||и́зм** *м.* lámaism ['lɑ:mə-]. **~и́ст** *м.* lámaist ['lɑ:mə-].

**ламбреке́н** *м.* lámbrequin [-bəkɪn].

**ла́мпа** *ж.* lamp; *рад.* valve; кероси́новая ~ kérosène / oil lamp; предохрани́тельная ~ sáfe¦ty-làmp; дете́кторная ~ *рад.* áudion; ~ в 60, 100 свече́й lamp of 60, 100 cándle-power / candles; рудни́чная ~ Dávy-làmp; ~ дневно́го све́та fluoréscent lamp.

**лампа́д||(к)а** *ж. церк.* ícon-làmp. **~ный** *прил. к* лампа́д(к)а; ~ное ма́сло lámp-oil.

**лампа́с** *м.* stripe (*on uniform trousers*).

**ла́мпов||ый** 1. *прил. к* ла́мпа; ~ое стекло́ lámp-glàss, lámp-chìmney; 2. *тех.*: ~ усили́тель valve ámplifier; ~ выпрями́тель valve réctifier; ~ приёмник *рад.* valve recéiver [...-'si:-]; ~ передáтчик valve trànsmítter[...-nz-].

**ла́мпочка** *ж.* 1. *уменьш. от* ла́мпа; 2. (*электрическая*) eléctric bulb; ~ нака́ливания *тех.* in¦càndéscent lamp.

**лангу́ст** *м.*, ~а *ж. зоол.* spiny lóbster.

**ландо́** *с. нескл.* lándau.

**ландскне́хт** *м. ист.* mércenary.

**ландта́г** *м.* lánd-tàg [-tɑ:k].

**ландша́фт** *м.* 1. (*пейзаж*) lándscàpe, scénery ['si:-]; 2. *геогр.* lándscàpe.

**ла́ндыш** *м.* lily of the válley ['lɪ-...].

**ланоли́н** *м. фарм.* lánolin(e) [-li:n].

**ланце́т** *м.* láncet; вскрыва́ть ~ом (*вн.*) lance (*d.*). **~ный** 1. láncet (*attr.*); ~ный футля́р láncet sheath*; 2. *бот.* lánceolàte; ~ный лист spéar-shàped leaf*.

**ланцетови́дный** *бот.* lánceolàte.

**лань** *ж. зоол.* 1. fállow-deer*; 2. (*самка оленя*) doe.

**ла́п||а** *ж.* 1. paw (*тж. перен.*); (*лисицы, зайца тж.*) pad; 2. *тех.* claw; dóve¦tail ['dʌv-]; ~ я́коря ánchor fluke / palm ['æŋkə... pɑ:m]; ◇ попа́сть в ~ы к кому́-л. *разг.* fall* into smb.'s clútches; в ~ах у кого́-л. *разг.* in smb.'s clútches.

**лапида́рный** lápidary; ~ стиль lápidary style.

**ла́пка** *ж. уменьш. от* ла́па 1; ◇ ходи́ть, стоя́ть на за́дних ~х пе́ред кем-л. dance atténdance up¦ón smb.

**лапла́нд||ец** *м.*, ~ка *ж.* Lapp, Láplànder. **~ский** Láppish, Lappónian.

**ла́п||оть** *м.* bast sándal, bast shoe [...ʃu:]; ходи́ть в ~тя́х wear* bast sándals [wɛə...].

**лапта́** *ж.* 1. (*игра*) laptá [-'tɑ:] (*a ball game*); 2. (*палка*) bat.

**ла́пчатый** wéb-footed [-fu-]; pálmate, pálmàted (*тж. бот.*).

**лапша́** *ж.* 1. noodles *pl.*; 2. (*суп*) noodle soup [...su:p].

**ларёк** *м.* stall.

**ларе́ц** *м. уст.* 1. cásket; 2. (*сундучок*) small chest / cóffer.

**ларинги́т** *м. мед.* làryngítis [-n'dʒ-].

**ларинголо́гия** *ж. мед.* làryngólogy.

**ларингоско́п** *м.* larýngoscòpe. **~и́я** *ж.* làryngóscopy.

**ларинготоми́я** *ж.* làryngótomy.

**ларингофо́н** *м.* laríngophòne, thróat-míсro¦phòne.

**ла́рчик** *м. уст.* cásket; small chest / cóffer; ◇ а ~ про́сто открыва́лся *погов.* ≅ the solútion / èxplanátion was quite simple.

**ла́ры** *мн.* (*ед.* лар *м.*) *миф.* lárès [-i:z]; ~ и пена́ты (*домашний очаг*) Lárès and Penátès [...-i:z].

**ларь** *м.* (*ящик*) chest, cóffer; (*хлебный*) bin.

**ла́ска** I *ж.* 1. caréss, endéarment; 2. *тк. ед. разг.* (*доброе обращение*) kind¦ness.

**ла́ска** II *ж. зоол.* wéasel [-z°l].

**ласка́тельн||ый:** ~ое и́мя pet name; *грам.* term of endéarment.

**ласка́ть** (*вн.*) caréss (*d.*), fondle (*d.*), pet (*d.*); (*перен.*; *слух, взор*) caréss (*d.*); ~ себя́ надéждой flátter òne¦sélf with hope. **~ся** (к) caréss (*d.*), fondle (*d.*); (*о собаке*) fawn (up¦ón).

**ла́сков||ость** *ж.* affèctionate¦ness, ténderness, swéetness. **~ый** affèctionate, ténder, sweet; (*перен.*; *о ветре, солнце и т. п.*) caréssing; ~ый ребёнок affèctionate child*; ~ый взгляд ténder look; ~ые слова́ endéaring words.

**лассо́** *с. нескл.* lássò.

**ласт** *м. зоол.* fin.

**ла́стик** I *м. текст.* lásting; на ~е lásting lined.

**ла́стик** II *м. разг.* (*резинка для стирания*) índia-rúbber, eráser.

**ла́ститься** *разг.* = ласка́ться.

**ластоно́гие** *мн. скл. как прил. зоол.* fín-fóoted [-'fut-]; pínnipèd *научн.*

**ла́сточк||а** *ж.* swállow; городска́я ~ mártin; берегова́я ~ sánd-màrtin; морска́я ~ tern; ◇ одна́ ~ ещё не де́лает весны́ *посл.* one swállow does not make a súmmer; пе́рвая ~ ≅ the first signs [... saɪnz] *pl.*; прыжо́к в во́ду ~ой swállow-dive.

**лата́ния** *ж. бот.* latánia.

**лата́ть,** залата́ть (*вн.*) *разг.* patch up (*d.*).

**латви́йский** Látvian.

**лате́нтн||ый** [-тэ́-] látent; ~ая теплота́ *физ.* látent heat.

**латин||иза́ция** *ж.* làtinizátion. **~изи́ровать** *несов. и сов.* (*вн.*) látinize (*d.*). **~и́зм** *м.* látinism. **~и́ст** *м.* látinist.

**лати́ница** *ж. лингв.* Róman álphabet.

**лати́нский** Látin; ~ алфави́т Róman álphabet; ~ язы́к Látin; ~ шрифт *полигр.* Róman cháracters [...'kæ-] *pl.*, Róman type.

**латифу́ндия** *ж. ист., эк.* làtifúndium (*pl.* -ia).

**ла́тник** *м. ист.* cuirassíer [kwɪ-].

**ла́тн||ый** *прил. к* ла́ты; ~ые доспе́хи ármour *sg.*, suit of ármour [sjuːt...] *sg.*

**лату́к** *м. бот.* léttuce [-tɪs].

**лату́нн||ый** brass; ~ая про́волока brass wire.

**лату́нь** *ж.* brass.

**ла́ты** *мн. ист.* ármour *sg.*, cuiráss [kwɪ-] *sg.*

**латы́нь** *ж. разг.* Látin; вульга́рная ~ low / vúlgar Látin [lou...].

**латы́ш** *м.*, **~ка** *ж.* Lett. **~ский** Léttish; ~ский язы́к Léttish, the Léttish lánguage.

**лауреа́т** *м.* láureate [-rɪɪt]; ~ Ле́нинской пре́мии Lénin prize láureate.

**лафа́** *предик. безл.* (*дт.*) *разг.*: ему́, им *и т. д.* ~ he is, they are, *etc.*, in luck.

**лафе́т** *м. воен.* gún-càrriage [-rɪdʒ]; ~ с раздвижны́ми стани́нами split-trail cárriage [...-rɪdʒ]. **~ный** *прил. к* лафе́т.

**ла́цкан** *м.* lapél.

**лачу́га** *ж.* hóvel ['hɔ-], hut, shánty.

**лачу́жка** *ж. уменьш. от* лачу́га.

**ла́ять** bark; (*о гончих*) bay; ◇ ~ на луну́ bay the moon. **~ся** *груб.* = брани́ться.

**лганьё** *с. разг.* lýing.

**лгать,** солга́ть lie, tell* lies; ~ кому́-л. в глаза́ lie to smb.'s face.

**лгун** *м.* líar. **~и́шка** *м.* fíbster, fíbber.

**лгу́нья** *ж. к* лгун.

**лебеда́** *ж.* góose-foot ['guːsfut].

**лебеди́н||ый** *прил. к* ле́бедь; ◇ ~ая ше́я swán-nèck; ~ая по́ступь gráce¦ful gait; ~ая пе́сня swán-sòng.

**лебёдка** I *ж. тех.* winch.

**лебёдка** II *ж.* (*самка лебедя*) fémàle swan ['fiː-...], pén(-swàn).

**ле́бедь** *м.* swan; (*самец*) cob, cób-swàn; (*молодой*) cýgnet.

**лебези́ть** (пе́ред) *разг.* fawn (up¦ón), cringe (to).

**лебя́жий** *прил. к* ле́бедь; ~ пух swán's-down.

**лев** I *м.* líon; ◇ морско́й ~ sea líon; мураве́йный ~ ánt-lìon.

**лев** II *м.* (*мн.* ле́вы) (*денежная единица Болгарии*) lew, lev.

**лева́цк||ий** *полит.* léftist (*attr.*); ~ заги́б léftist dèviátion; ~ая демаго́гия léftist démagògy.

**леве́ть,** полеве́ть *полит.* shift to the Left (*become more radical*).

**левиафа́н** *м.* leviathan.

**левизна́** *ж. полит.* léftism; рабо́та Ле́нина «Де́тская боле́знь „левизны" в коммуни́зме» Lénin's work "Léft-wing Cómmunism, an Ínfantile Disórder".

**левко́й** *м.* gíllyflower, stock.

**левобере́жный** situáted on the left bank (of *a* ríver) [...'rɪ-]; léft-bànk (*attr.*).

**левосторо́нний** léft-sìde (*attr.*).

**левша́** *м. и ж.* léft-hánder.

**ле́в||ый** I left, léft-hànd (*attr.*); *мор.* port; ~ая сторона́ left side, léft-hànd side; (*материи*) the wrong side; (*лошади, экипажа*) near side; ~ борт (*корабля*) port side; ~о руля́! *мор.* port helm!; left rúdder! *амер.*; ~о на борт! *мор.* hard a-pórt!; ◇ встать с ~ой ноги́ *разг.* get* out of bed on the wrong side.

**ле́в||ый** II *полит.* **1.** left; léft-wìng (*attr.*); ~ое крыло́ left wing; ~ укло́н left dèviátion; **2.** *м. как сущ.* léft-wìng¦er, léftist; *мн. собир.* the left.

**лега́вый** = ляга́вый.

**легализ||а́ция** *ж.* lègalizátion [liːgəlaɪ-]. **~и́ровать** *несов. и сов.* (*вн.*) légalìze ['liː-] (*d.*). **~и́роваться** *несов. и сов.* become* légalìzed [...'liː-].

**легализова́ть(ся)** = легализи́ровать(ся).

**лега́льн||ость** *ж.* legálity. **~ый** légal; ~ый маркси́зм *ист.* légal Márxìsm.

**лега́то** *нареч. муз.* lègátò [-'gɑː-].

**леге́нд||а** *ж.* (*в разн. знач.*) légend ['le-]. **~а́рный** légendary; ~а́рный геро́й légendary héròо.

**легио́н** *м.* (*в разн. знач.*) légion; ◇ о́рден почётного ~а Légion of Hónour [...'ɔnə]; и́мя им ~ their name is Légion.

**легионе́р** *м.* légionary.

**леги́рованн||ый:** ~ая сталь allóy(ed) steel.

**легислату́ра** *ж. юр.* term of óffice.

**легитими́ст** *м. ист.* legítimist.

**лёгк||ий** [-хк-] **1.** (*на вес*) light; **2.** (*нетрудный*) éasy ['iːzɪ]; ~ая рабо́та éasy / light / símple work; ~ слог éasy / fácile / símple style; **3.** (*незначительный, слабый*) light, slight; ~ое наказа́ние light pénalty; ~ая просту́да slight cold; ~ сон light sleep; ~ слу́чай (заболева́ния) mild case [...-s]; ◇ ~ая атле́тика field and track àthlétics [fiːld...] *pl.*; ~ая артилле́рия light àrtíllery; ~ое чте́ние *разг.* fíction, light líterature; ~ое вино́ light wine; ~ие нра́вы lax mórals [...'mɔ-]; ~ хара́ктер éasy / sweet témper; с ~им се́рдцем with a light heart [...hɑːt]; у него́ ~ая рука́ *разг.* he brings luck; с ва́шей ~ой руки́ *разг.* fóllowing your exámple [...-ɑːm-]; лёгок на поми́не! talk of the dévil (and he is sure to appéar)! [...ʃuə...]; вы ~и́ на поми́не we were just spéaking about you; же́нщина ~ого поведе́ния wánton (wóman*) [...'wu-], light wóman*.

**легко́** [-хк-] I **1.** *прил. кратк. см.* лёгкий; **2.** *предик. безл.* it is éasy [...'i:zı]; не ~ сде́лать э́то it is not an éasy task / job; ◇ ~ сказа́ть! *разг.* it's éasy to say.

**легко́** [-хк-] II *нареч.* éasily [-z-], líghtly, slíghtly; (*ср.* лёгкий); э́то ему́ ~ даётся it comes éasy to him; ~ косну́ться (*рд.*) touch géntly [tʌtʃ...] (*d.*); ~ ступа́ть tread* líghtly [tred...]; он сде́лал э́то сравни́тельно ~ he did it with compárative ease.

**легкоатле́т** [-хк-] *м.* (track and field) áthlète [...fi:ld...].

**легко||ве́рие** [-хк-] *с.* credúlity, gùllibílity. **~ве́рный** [-хк-] crédulous, gúllible.

**легкове́с** [-хк-] *м. спорт.* light weight. **~ный** [-хк-] light; (*перен.*; *о доводе, суждении*) slight.

**легково́й** [-хк-]: ~ автомоби́ль (mótor) car; áutomobìle [-i:l] *амер.*; ~ изво́зчик (*экипаж*) cab; (*кучер*) cáb¦man*; cábby *разг.*

**лёгк||ое** [-хк-] *с. скл. как прил.* **1.** *анат.* lung; воспале́ние одного́ ~ого, обо́их ~их single, double pneumónia [...dʌ- nju:-]; **2.** *тк. ед.* (*как пища*) lights *pl.*

**легкокры́лый** [-хк-] líght-wíng¦ed.

**легкомы́сленно** [-хк-] I *прил. кратк. см.* легкомы́сленный.

**легкомы́сленн||о** [-хк-] II *нареч.* líghtly, thóughtlessly, flíppantly. **~ость** [-хк-] *ж.* = легкомы́слие. **~ый** [-хк-] light, líght-mínded, frívolous, líght-héaded [-'he-], thóughtless, flíppant; ~ый челове́к líght-héaded / thóughtless man*, frívolous pérson; ~ый посту́пок thóughtless áction; ~ый сове́т thóughtless advíce; ~ый вид flíppant air.

**легкомы́слие** [-хк-] *с.* líghtness, líght-mínded¦ness, thóughtlessness, flíppancy, lévity.

**легкопла́вкий** [-хк-] *тех.* fúsible [-z-], éasily mélted ['i:z-...].

**лёгкость** [-хк-] *ж.* líghtness, éasiness ['i:z-]; (*ср.* лёгкий); ◇ ~ в мы́слях thóughtlessness.

**лего́нько** *нареч. разг.* **1.** (*чуть заметно*) slíghtly; **2.** (*осторожно*) géntly.

**лёгочный** púlmonary; ~ больно́й pùlmónic.

**легча́ть** [-хч-], полегча́ть *разг.* (*о морозе и т. п.*) abáte.

**ле́гче** [-хче] I **1.** *сравн. ст. прил. см.* лёгкий; **2.** *предик. безл.* it is éasier [...'i:z-]; ◇ час о́т часу не ~ *разг.* from bad to worse, things are gétting worse and worse; ему́ от э́того не ~ he is none the bétter for it [...nʌn...]; that's no help; ~ сказа́ть, чем сде́лать éasier said than done [...sed...].

**ле́гче** [-хче] II *сравн. ст. нареч. см.* легко́ II; ~ на поворо́тах! *разг.* mind how you go!

**лёд** *м.* ice; дрейфу́ющий ~ dríft(ing)-ice; па́ковый ~ páck-ice; сплошно́й ~ íce-field [-fi:-], sólid ice; затёртый льда́ми iced up, íce-bound; ве́чные льды etérnal ice *sg.*; ~ идёт ice is drífting; река́ свобо́дна ото льда́ the ríver is ópen [...'rı-...]; ста́вить на ~ (*вн.*; *о кушанье*) stand* on ice (*d.*); ◇ ~ разби́т the ice is bróken.

**ледене́ть** **1.** (*превращаться в лёд*) freeze*, con¦géal; **2.** (*замерзать, коченеть*) becóme* numb with cold; ◇ кровь ледене́ет (от у́жаса) the blood runs cold [...blʌd...], the blood fréezes in *one's* veins.

**ledene'ц**

**ледене́ц** *м.* frúit-dròp ['fru:t-], súgar cándy ['ʃu-...]; lóllipòp *разг.*; (*круглый*) súgarplùm ['ʃu-].

**леден||и́ть** (*вн.*) freeze* (*d.*); (*перен.*) chill (*d.*); у́жас ~и́л его́ се́рдце térror turned his heart to ice [...hɑ:t...]. **~я́щий** **1.** *прич. см.* ледени́ть; **2.** *прил.* chílling, ícy; его́ охвати́л ~я́щий у́жас he was hórror-strìcken, hórror chílled him to the bones.

**ле́ди** *ж. нескл.* lády.

**ле́дник** *м.* refrígeràtor; (*здание*) íce-house* [-haus]; (*комнатный*) íce-sàfe, íce-bòx.

**ледни́к** *м. геол.* glácier ['glæsjə]. **~о́вый** glácial; ~о́вый пери́од *геол.* glácial épòch / périod [...-ɔk...], íce-àge.

**ледо́в||ый** ice (*attr.*); ~ая обстано́вка ice condítions *pl.*; ~ая разве́дка ice patról [...-oul]; ~ые пла́вания Árctic vóyages; ◇ Ледо́вое побо́ище Báttle on the Ice.

**ледоко́л** *м.* íce-breaker [-breı-], íce-boat.

**ледоко́льный** íce-breaker [-breı-] (*attr.*); ~ флот íce-breaker fleet.

**ледоре́з** *м.* **1.** (*ледокол*) íce-cùtter; **2.** (*моста*) stárling.

**ледору́б** *м. спорт.* íce-àxe.

**ледохо́д** *м.* drífting / flóating of ice.

**ледышка** *ж. разг.* píece of ice [pi:s...].

**ледян||о́й** (*прям. и перен.*) ícy; glácial; (*перен. тж.*) íce-còld, chílling; ~а́я сосу́лька ícicle ['aı-]; ~а́я гора́ (*для катания*) íce-rùn; (*айсберг*) íce¦bèrg; ~ ве́тер ícy / fréezing wind [...wı-]; ~о́е молча́ние ícy sílence [...'saı-]; ~ы́м то́ном ícily ['aı-], in ícy tones.

**лежа́л||ый** not fresh; stale, old; ~ хлеб stale / old / músty bread [...-ed]; ~ая мука́ rótting flour.

**лежа́нка** *ж.* stóve-couch.

**леж||а́ть** **1.** lie*; (*о больном тж.*) keep* one's bed; (*о вещах тж.*) be: он ~и́т в посте́ли he lies in bed; до́ктор веле́л ему́ ~ the dóctor told him to stay in bed; кни́га ~и́т в портфе́ле, на столе́ the book is in the bag, on the táble; — ~ больны́м be laid up; ~ в лихора́дке be laid up with féver; ~ с воспале́нием лёгких be down with pneumónia [...nju:-]; ~ в больни́це be in hóspital; ~ в дре́йфе *мор.* lie* to; во́лосы ~а́т гла́дко the hair is combed smooth [...kou- -ð]; **2.** (*быть расположенным*) lie*; го́род ~и́т на берегу́ мо́ря the town lies on the séashòre; **3.:** э́то ~и́т на его́ обя́занности it is his dúty; э́то ~и́т на его́ отве́тственности he is respónsible for it; it is in¦cúmbent on him; ◇ ~ в осно́ве ùnderlíe*; ~ на боку́, на печи́ *разг.* ídle, ídle a¦wáy one's time; у него́ душа́ не ~и́т (к) he has a dístáste [...-'teı-] (for).

**лежа́ч||ий** lýing, recúmbent; ~ больно́й béd-pàtient; ~ее положе́ние lýing posítion [...-'zı-]; ◇ под ~ ка́мень вода́ не течёт *посл.* ≅ no pains, no gains; бить ~его hit* a man when he is down; ~его не бьют *посл.* ≅ don't hit a man when he is down.

**лежебо́ка** *м. и ж. разг.* líe-abéd, lázy-bònes.

**ле́жень** *м. тех.* lédger, sléeper, mud sill, foundátion beam.

**лёжк||а** *ж.*: лежа́ть в ~у *разг.* (*о больном*) be on one's back.
**лежмя́** *нареч. разг.*: ~ лежа́ть lie* without getting up.
**ле́звие** *с.* blade.
**лезги́н** *м.* Lézghin.
**лезги́нка** I *ж.* Lézghin wóman*, girl [...'wu- g-].
**лезги́нка** II *ж.* (*танец*) lezghínka.
**лезть,** поле́зть **1.** *см.* ла́зить; (в *вн.*; *влезать*) get* (into); ~ в во́ду get* into the wáter [...'wɔ:-]; **2.** (к) *разг.* (*надоедать*) thrust* òne¦sélf (up¦ón); **3.** (*о волосах*) come* out, fall* out; **4.** (*быть впору*) fit; сапоги́ ему́ не ле́зут he can't get the boots on [...kɑ:nt...]; **5.** (в *вн.*; *в шкаф, ящик и т. п.*) get* (into); ◇ ~ из ко́жи вон *разг.* ≅ lay* òne¦sélf out; lean* óver báckwards to [...-dz...]; ~ на сте́ну *разг.* climb up the wall [klaɪm...]; не ~ в карма́н за сло́вом *разг.* ≅ have a réady tongue [...'redɪ tʌŋ]; ~ не в своё де́ло poke one's nose into other people's affáirs [...pi:-...], pry; ~ кому́-л. в ду́шу *разг.* worm òne¦sélf into smb.'s cónfidence; ~ на глаза́ (*дт.*) hang* round (*d.*), make* a núisance of òne¦sélf [...'nju:s-...] (to); ~ в дра́ку be spóiling for a fight; хоть в пе́тлю ~ *разг.* ≅ I am, he is, *etc.*, at my, his, *etc.*, wit's end.
**лей** (*денежная единица Румынии*) léu ['leu].
**лейб-гва́рдия** *ж. воен. ист.* hóuse¦hòld troops [-s-...] *pl.*
**лейб-ме́дик** *м. ист.* physícian in órdinary [-'zɪ-...].
**лейбори́ст** *м. полит.* mémber of the Lábour párty, lábour man*. **~ский** *полит.* Lábour (*attr.*); ~ская па́ртия Lábour párty; ~ское прави́тельство Lábour góvernment [...'gʌ-].
**ле́йденск||ий**: ~ая ба́нка *физ.* Léyden jar.
**ле́йка** *ж.* **1.** (*для поливки*) wátering-pòt ['wɔ:-]; **2.** *мор.* báiler; **3.** *разг.* (*воронка*) fúnnel.
**лейкеми́я** *ж. мед.* leucáemia [-'si:-].
**лейко́ма** *ж. мед.* leucóma.
**лейкоци́ты** *мн.* (*ед.* лейкоци́т *м.*) *физиол.* léucocỳtes.
**ле́йнер** *м. воен.* liner.
**лейтена́нт** *м.* lieuténant [lef'te-; lə'te- *мор.*; lu:'te- *амер.*]; мла́дший ~ júnior lieuténant; ста́рший ~ sénior lieuténant.
**лейтмоти́в** *м. муз.* léit-mòtif ['laɪtmouti:f]; (*перен.*) búrden, ténor ['te-] (*the leading idea*).
**лека́ло** *с.* **1.** *тех.* mould [mou-]; **2.** (*для черчения*) curve.
**лека́рственн||ый** mèdícinal; (*о растениях тж.*) òffícinal; ~ое расте́ние herb.
**лека́рство** *с.* médicine; ~ от, про́тив ка́шля cough médicine [kɔf...]; пропи́сывать ~ prescríbe *a* médicine; принима́ть ~ take* (one's) médicine; приготовля́ть ~ make* up *a* médicine; ~ поде́йствовало the médicine has táken efféct.
**ле́карь** *м. уст.* dóctor.
**ле́ксика** *ж. лингв.* vocábulary.
**лексико́||граф** *м.* lèxicógrapher. **~графи́ческий** *лингв.* lèxicográphical. **~гра́фия** *ж. лингв.* lèxicógraphy.
**лексико́||лог** *м.* lèxicólogist. **~ло́гия** *ж. лингв.* lèxicólogy.
**лексико́н** *м.* léxicon, díctionary.
**лекси́ческий** *лингв.* léxical.
**ле́кт||ор** *м.* lécturer, réader. **~о́рий** *м.* lécturing buréau [...-'rou]. **~орский** *прил. к* ле́ктор. **~у́ра** *ж.* lécture¦ship.
**лекцио́нный** *прил. к* ле́кция; ~ ме́тод препода́вания méthod of téaching by léctures, the lécture méthod of instrúction.
**ле́кци||я** *ж.* (о, по) lécture (on, abóut); посеща́ть ~и atténd léctures; чита́ть ~ю lécture, give* / delíver *a* lécture [...-'lɪ-...]; (*перен.*: *наставлять*) *разг.* give* / read* a lécture; чита́ть ~и lécture, do lécturing.
**леле́ять** (*вн.*) chérish (*d.*), fóster (*d.*); ~ мечту́ chérish *a* hope.
**ле́мех** *м. с.-х.* plóughshàre.
**ле́мма** *ж. мат.* lémma.
**ле́мминг** *м. зоол.* lémming.
**лему́р** *м. зоол.* lémur.
**лен** *м. ист.* fief [fi:f]; feoff [fef]; отдава́ть в ~ (*вн.*) enféoff [-'fef] (*d.*).
**лён** *м. бот.* flax; ди́кий ~ tóadflàx; ~-долгуне́ц fláx-fìbre; во́лосы как ~ fláxen hair; го́рный ~ *мин.* àsbéstòs [æz-].
**лени́в||ец** *м.* **1.** = лентя́й; **2.** *зоол.* sloth [-ouθ]; **3.** *тех.* (*направляющее колесо гусеницы*) idler, idling sprócket. **~ый** lázy; ◇ ~ые щи soup of fresh cábbage [su:p...].
**ленингра́д||ец** *м.*, **~ка** *ж.* inhábitant of Léningràd; он был ~цем he was Léningràd born.
**ле́нинец** *м.* Léninist.
**лениня́зм** *м.* Léninism.
**ле́нинский** Léninist; ле́нинский комсомо́л Lénin Kómsòmòl; ле́нинские но́рмы парти́йной жи́зни the Léninist stándards / norms of Párty life; сла́вное ле́нинское зна́мя the glórious bánner of Lénin; по ле́нинскому пути́ alóng the path blazed by Lénin; ле́нинские дни Lénin days.
**лени́ться** be lázy, idle.
**ле́нн||ик** *м. ист.* vással, féudatory. **~ый** *ист.* féudatory, féudal; ~ая зави́симость féudal depéndence.
**ле́ность** *ж.* láziness ['leɪ-], idle¦ness.
**ле́нский**: ~ расстре́л *ист.* the Léna shóoting [...'leɪnə...].
**ле́нт||а** *ж.* **1.** ríbbon (*тж. знак отличия*); (*для волос тж.*) fíllet; (*на шляпе*) (hát)bànd; ви́ться ~ой (*о реке и т. п.*) wind* its way; **2.** *тех.* tape, band; изоляцио́нная ~ ínsulàting tape; телегра́фная ~ (télegràph) tape; гу́сеничная ~ cáterpìllar track; патро́нная ~ cártridge belt; **3.** *кин.* film.
**ле́нточка** *ж. уменьш. от* ле́нта 1.
**ле́нточн||ый** *прил. к* ле́нта; ~ глист tápe-wòrm; ~ая пила́ bánd-saw; ~ транспортёр belt convéyer; ~ то́рмоз band brake.
**лентя́й** *м.*, **~ка** *ж.* lázy pérson, ídler; lázy-bònes *разг.* **~ничать** *разг.* be lázy / idle; idle one's time a¦wáy; loaf; mooch *разг.*
**ленц||а́** *ж.*: он с ~о́й *разг.* he is ráther lázy [...'rɑ:-...].
**ле́нчик** *м.* (*седла*) sáddle-tree.
**лень** *ж.* **1.** láziness ['leɪ-], ídle¦ness; (*вялость*) índolence; ~ на него́ напа́ла he is in a lázy mood; преодолева́ть ~ òver¦cóme* one's láziness [...leɪ-]; **2.** *предик. безл. разг.* (*не хочется*): на́до бы пойти́, да ~ I know I should go there, but it is too much bóther

[...nou...]; ему́ ~ с ме́ста сдви́нуться he is too lázy to move [...mu:v]; ◇ ~ — мать всех поро́ков погов. idle¦ness is the root of all évil [...'i:-]; все, кому́ не ~ ány¦òne who feels like it.

**леопа́рд** м. зоол. léopard ['lep-]; (самка) shé-léopard [-'lep-], léopardess ['lep-]. **~овый** прил. к леопа́рд.

**лепестко́вый** бот. pétalous, pétalled.

**лепесто́к** м. pétal ['pe-]; ~ ро́зы róse-pètal [-pe-], róse-leaf*.

**ле́пет** м. (прям. и перен.) babble; де́тский ~ báby-tàlk, babble, prattle; ~ волн поэт. the múrmur of waves. **~а́ние** с. bábbling. **~а́ть** 1. (вн.) babble (d.); 2. (без доп.) prattle.

**лепёш||ка** ж. 1. (из теста) flat cake; cóokie; 2. (лекарственная) táblet ['tæ-], lózenge; мя́тная ~ mint-lòzenge; ◇ расши-би́ться в ~ку lay* òne¦sélf out.

**лепи́ть,** вы́лепить, слепи́ть 1. при сов. вы́лепить (вн.) módel ['mɔ-] (d.), scúlpture (d.); fáshion (d.), shape (d.) (тж. перен.); sculp (d.) разг.; 2. при сов. слепи́ть (вн.; о гнёздах, сотах) build* [bɪld] (d.), make* (d.). **~ся** (к) cling* (to).

**ле́п||ка** ж. módelling. **~но́й** plástic; ~но́е украше́ние stúccò móulding [...'mou-].

**лепрозо́рий** м. hóspital for lépers [...'le-].

**ле́пт||а** ж. mite; вноси́ть свою́ ~у do* one's bit.

**лес** м. 1. wood(s) [wu-] (pl.); (большой, тж. перен.) fórest ['fɔ-]; хво́йный ~ còniferous fórest / wood [kou-...]; ли́ственный ~ léaf-bearing fórest / wood [-bɛər-...]; сме́шанный ~ mixed fórest / wood; ~ штыко́в fórest of báyonets; 2. тк. ед. (материал) tímber; lúmber амер.; ~ на корню́ stánding tímber; ~ в плота́х tímber float; ◇ как в ~у́ разг. ≅ at sea; ~ ру́бят — ще́пки летя́т погов. ≅ you cánnòt make an ómelet(te) without bréaking eggs [...'ɔmlɪt... 'breɪ-...]; кто в ~, кто по дрова́ погов. ≅ one pulls one way and the other pulls the other way [...pulz...], háp¦házardly.

**леса́** I мн. см. лес 1.

**леса́** II мн. (строительные) scáffold(ing) sg., fálse¦wòrk ['fɔ:ls-] sg.; зда́ния бы́ли ещё в ~х the búildings were still in scáffolding [...'bɪ-...].

**леса́** III ж. рыб. físhing-line.

**ле́сенка** ж. уменьш. от ле́стница; тж. short flight of stairs; (приставная) short ládder.

**леси́ст||ый** wóoded ['wu-], wóody ['wu-]; ~ая ме́стность wóodland(s) ['wu-] (pl.), fórest land ['fɔ-...], wóoded cóuntry ['wu- 'kʌ-].

**ле́ска** ж. разг. = леса́ III.

**лесни́||к** м. fórest-guàrd ['fɔ-], wóod¦man* ['wu-], fórester. **~чество** с. fórestry. **~чий** м. скл. как прил. fórester.

**лесн||о́й** прил. к лес; ~о́е хозя́йство fórestry; ~ы́е насажде́ния àffòrestátion sg.; защи́тные ~ы́е по́лосы protéctive fórest-bèlts [...'fɔ-]; ~ запове́дник fórest resérve [...-'zə:v]; ~ пито́мник núrsery fórest [...'fɔ-]; àrborétum (pl. -ta) научн.; ~ материа́л tímber; lúmber амер.; ~ы́е бога́тства tímber resóurces [...-'sɔ:-]; ~а́я промы́шленность tímber índustry, wood índustry [wud...]; ~ пейза́ж wóodland scénery ['wu- 'si:-]; ~а́я шко́ла fórest school.

**лесово́д** м. cúltivàtor of woods [...wudz], fórester; sýlvicùlturist научн. **~ство** с. fórestry; sýlvicùlture научн. **~ческий** fórestry (attr.); ~ческая брига́да fórestry brigáde / team.

**лесово́з** м. log trànspórter.

**лесозаво́д** м. tímber mill.

**лесозаготови́тельн||ый:** ~ые предприя́тия tímber énterprises.

**лесозагото́в||ка** ж. (строит. материала) tímber cútting; (дров) lógging; уча́стки ~ок tímber-fèlling sites.

**лесозащи́тн||ый** fórest-protéction ['fɔ-](attr.); ~ые по́лосы protéctive fórest-bèlts [...'fɔ-].

**лесо́к** м. small wood [...wud], grove.

**лесоматериа́л** м. tímber; lúmber амер.

**лесомелиор||ати́вный** fórest amèliorátion ['fɔ-...] (attr.). **~а́ция** ж. fórest amèliorátion ['fɔ-...].

**лесонасажде́н||ие** с. àffòrestátion, fórest--plànting ['fɔ- -plɑ:-]; защи́тные ~ия protéctive àffòrestátion sg.

**лесообраба́тывающ||ий:** ~ая промы́шленность tímber índustry.

**лесоохране́ние** с. fórest-protéction ['fɔ-].

**лесопа́рк** м. fórest-pàrk ['fɔ-].

**лесо||пи́лка** ж. sáw-mìll. **~пи́льный** sáwing; saw (attr.); ~пи́льный заво́д sáw-mill; ~пи́льная ра́ма saw / log frame. **~пи́льня** ж. = лесопи́лка.

**лесопоса́дки** мн. fórest-plàntátions ['fɔ--plɑ:-]; полезащи́тные ~ field-protècting fórest--plàntátions ['fi:-...].

**лесопоса́дочн||ый** fórest-plànting ['fɔ- -plɑ:-]; ~ая маши́на fórest-plànting machíne [...-'ʃi:n]; ~ материа́л fórest-plànting matérial.

**лесопромы́шленн||ик** м. tímber-mèrchant. **~ость** ж. tímber índustry. **~ый** прил. к лесопромы́шленность.

**лесоразрабо́тки** мн. fórest èxploitátion ['fɔ-...] sg., tímber èxploitátion sg.

**лесору́б** м. wóod-cùtter ['wud-].

**лесосе́ка** ж. (wóod-)cùtting área ['wud- 'ɛərɪə].

**лесоспла́в** м. tímber-ráfting.

**лесостепно́й** прил. к лесосте́пь; ~ райо́н fórest-stéppe région ['fɔ-...].

**лесосте́пь** ж. геогр. fórest-stéppe ['fɔ-].

**лесосуши́лка** ж. tímber-drýing plant [...-ɑ:nt], tímber-drýer.

**лесота́ска** ж. тех. log convéyer.

**лесоту́ндра** ж. геогр. fórest-túndra ['fɔrɪst- 'tu-].

**лесоэ́кспорт** м. tímber-éxpòrt.

**лёсс** м. геол. loess [lə:s], löss [lə:s].

**ле́стниц||а** ж. stairs pl.; stáircàse [-s]; (приставная) ládder; марш ~ы flight of stairs; верёвочная ~ rópe-làdder; складна́я ~ steps pl., stép-làdder; пожа́рная ~ fíre-escàpe; пара́дная ~ main stáircàse; чёрная ~ báckstàirs pl.; поднима́ться по ~е go* úpstáirs; спуска́ться по ~е go* / come* dównstáirs; ◇ иерархи́ческая ~ the scale of ranks.

**ле́стничн||ый** прил. к ле́стница; ~ая кле́тка stáircàse [-s].

**ле́стн||ый** 1. (похвальный) fláttering, còmpliméntary; 2. (льстящий самолюбию) fláttering; ему́ бы́ло ~о he felt fláttered.

**лесть** *ж.* fláttery, cajólery· [-ou-]; ни́зкая ~ base fláttery [-s...], àdulátion; то́нкая ~ subtle fláttery.

**лесхо́з** *м.* (лесно́е хозя́йство) fórestry.

**лёт** *м.*: на лету́ in the air; (*о птице*) on the wing; ◇ хвата́ть на лету́ *разг.* be quick (to ùnderstánd, to learn, *etc.*) [...lə:n]; be very quick at smth.

**Ле́та** *ж. миф.* Léthè ['li:θi:]; ◇ ка́нуть в Ле́ту sink* into oblívion.

**лета́** 1. *мн.* (*возраст*) years; age *sg.*; ско́лько ему́ лет? how old is he?; ему́ 10 лет he is ten (years old); ему́ бо́льше, ме́ньше 50-ти лет he is óver, únder fifty; сре́дних лет middle-áged; они́ одни́х лет they are of the same age; с де́тских лет from childhood [...-hud]; в ~х élderly, getting on (in years); на ста́рости лет in one's old age; 2. (*как мн. к* год) years; прошло́ мно́го, не́сколько лет many, séveral years passed / elápsed; ◇ ско́лько лет, ско́лько зим! *разг.* ≅ it's áges since we met.

**летарг||и́ческий** *мед.* lèthárgic. **~и́я** *ж. мед.* léthargy.

**лета́тельн||ый** flýing; ~ аппара́т áircràft; ~ аппара́т ле́гче во́здуха lighter-than-air craft; ~ аппара́т тяжеле́е во́здуха héavier-than-air craft ['he-...]; ~ая перепо́нка *зоол.* web.

**лет||а́ть,** *опред.* лете́ть, *сов.* полете́ть fly*; (*о бабочке*) flútter; ◇ лете́ть стрело́й fly* like an árrow from the bow [...bou]; лете́ть на всех пара́х run* at full / top speed, tear* / rush alóng [tɛə...]. **~а́ющий** *прич. см.* лета́ть; ~а́ющая лягу́шка *зоол.* flýing frog; rhacóphorus *научн.*; ~а́ющая кре́пость *ав.* flýing fórtress.

**лете́ть** *см.* лета́ть.

**ле́тний** *прил. к* ле́то; (*напоминающий лето*) súmmerly; ~ о́тдых súmmer hóliday [...-dɪ].

**-летний** (*в сложн. словах, не приведённых особо*) of... years, -year (*attr.*); *напр.* двадцатиле́тний of twénty years, twénty-year (*attr.*).

**лётн||ый** flýing; ~ая пого́да flýing wéather [...'we-]; ~ соста́в *ав.* air crew; flight pèrsonnél *амер.*; ~ое де́ло flýing, aeronáutics [ɛərə-].

**ле́то** *с.* súmmer; ◇ ба́бье ~ ≅ Índian súmmer (*strictly, summery days in early autumn*).

**лето́к** *м.* (*в улье*) bée-èntrance.

**ле́том** *нареч.* in súmmer.

**летопи́с||ец** *м.* chrónicler, ánnalist. **~ный** ànnalístic.

**ле́топись** *ж.* chrónicle; ánnals *pl.*

**летосчисле́ние** *с.* sýstem of chronólogy, chronólogy, éra.

**лету́н** *м. разг.* ≅ rólling-stòne.

**лету́честь** *ж. хим.* vòlatílity.

**лету́ч||ий** 1. flýing; ~ая мышь bat; ~ая ры́ба *зоол.* flýing fish; 2. *хим.* vólatile; ◇ ~ листо́к = лету́чка II 1; ~ ми́тинг = лету́чка II 2; ~ ревмати́зм shífting rhéumatism.

**лету́чка** I *ж. бот.* égrèt, páppus.

**лету́чка** II *ж.* 1. (*печатный листок*) léaflet; 2. *разг.* (*собрание*) short méeting; 3.: ремо́нтная ~ light repáir / aid detáchment; хирурги́ческая ~ móbile súrgical team.

**лётчи||к** *м.*, **~ца** *ж.* flíer, flýer, pílot, áviàtor; морско́й ~ nával pilot.

**лётчик||-испыта́тель** *м.* tést-pìlot. **~-истреби́тель** *м.* fíghter-pilot; pursúit pilot [-'sju:t...] *амер.* **~-наблюда́тель** *м.* obsérver [-'zə:-].

**лече́бн||ица** *ж.* hóspital, núrsing-hòme. **~ый** 1. (*врачебный*) médical; 2. (*целебный*) mèdícinal.

**лече́н||ие** *с.* (médical) tréatment; амбулато́рное ~ óut-pàtient tréatment; проде́лать курс ~ия ùndergó* a course of (médical) tréatment [...kɔ:s...]; отпра́виться на ~ go* a|wáy for tréatment.

**лечи́ть** (*вн.*) treat (médically) (*d.*); ~ кого́-л. от како́й-л. боле́зни treat smb. for an íllness; он ле́чит моего́ сы́на he is tréating my son [...sʌn]. **~ся** 1. ùndergó* a cure; ~ся от чего́-л. recéive tréatment for smth. [-'si:v...]; ~ся гря́зями take* / ùndergó* a mud cure; пое́хать ~ся go* a|wáy for a cure; 2. *страд. к* лечи́ть.

**лечь** *сов. см.* ложи́ться.

**ле́ший** *м. скл. как прил. фольк.* wóod-gòblin ['wud-].

**лещ** *м.* bream (*freshwater fish*).

**лже-** *в сложн.* pséudò-, false- [fɔ:ls-], mock-.

**лжедемокра́тия** *ж.* pséudò-demócracy.

**лженау́||ка** *ж.* pséudò-science. **~чный** pséudò-scientífic.

**лжеприся́га** *ж. юр.* pérjury.

**лжепропага́нда** *ж.* false pròpagánda [fɔ:ls...].

**лжесвиде́тель** *м.*, **~ница** *ж.* false wítness [fɔ:ls...], pérjurer. **~ство** *с.* false évidence [fɔ:ls...], pérjury.

**лжесвиде́тельствовать** give* false évidence [...fɔ:ls...], pérjure òne|sélf.

**лжесоциалисти́ческий** pséudò-sócialist.

**лжеуче́ние** *с.* false dóctrine [fɔ:ls...], héresy.

**лжец** *м.* liar.

**лжи́в||ость** *ж.* fálsity ['fɔ:l-], mèndácity. **~ый** lýing, úntrúthful [-u:θ-], mèndácious; (*обманчивый*) false [fɔ:ls], decéitful [-'si:t-].

**ли** I, ль *союз* whéther, if: он не по́мнит, ви́дел ли он его́ he does|n't remémber whéther he has seen him; посмотри́, там ли де́ти go and see if the children are there; — ли... ли whéther... or; был ли он, не́ был ли whéther he was or not; сего́дня ли, за́втра ли whéther to|dáy or to|mórrow.

**ли** II, ль *частица не переводится*: возмо́жно ли? is it póssible?; зна́ет ли он э́то? does he know this? [...nou...].

**лиа́на** *ж. бот.* liána [lɪ'ɑ:nə].

**либера́л** *м.* líberal. **~и́зм** *м.* líberalism; гнило́й ~и́зм decáyed / rótten líberalism.

**либера́льн||ичать** *разг.* play the líberal. **~ость** *ж.* líberal views [...vju:z] *pl.* **~ый** líberal; ~ая буржуази́я líberal bourgeoisíe [...buəʒwɑ:'zi:].

**ли́бо** *союз* or; ~...~ (éither)... or ['aɪ-...]: ~ оди́н ~ друго́й (éither) one or the óther.

**-либо** *частица см.* где́-либо, како́й-либо, кто́-либо *и т. п.*

**либретти́ст** *м.* librèttist.

**либре́тто** *с. нескл.* librèttò (*pl.* librétti).

**ли́вень** *м.* héavy shówer ['he-...], dówn-pour [-pɔ:], clóud-bùrst.

**ли́вер** I *м. тех.* síphon ['saɪ-].

**ли́вер** II *м. кул.* pluck, líver ['lɪ-]. **~ный** *прил. к* ли́вер II; ~ная колбаса́ líver sáusage ['lɪvə 'sɔ-].

**ливмя́** *нареч. разг.*: дождь ~ льёт it is póuring [...'pɔː-], it is ráining in tórrents.

**ливре́йный** 1. *прил. к* ливре́я; 2. (*одетый в ливрею*) líveried; ~ слуга́ lívery sérvant.

**ливре́я** *ж.* lívery.

**ли́га** *ж.* league [liːg]; Ли́га На́ций *ист.* the League of Nátions.

**лигату́ра** *ж.* 1. *хим.* allóy; 2. *лингв.*, *мед.* lígature.

**лигни́н** *м. хим.* lignin(e).

**лигни́т** *м. горн.* lígnite.

**ли́дер** *м.* 1. léader; 2. *мор.* flotílla léader, destróyer léader. **~ство** *с.* 1. léadership; 2. *спорт.* lead.

**лиди́ровать** *спорт.* be in the lead.

**лиза́ть,** лизну́ть (*вн.*) lick (*d.*); ◇ ~ пя́тки кому́-л. *разг.* ≅ lick smb.'s boots. **~ся** *разг.* spoon; beslóbber each other.

**ли́зис** *м. мед.* lýsis.

**лизну́ть** *сов. см.* лиза́ть.

**лизоблю́д** *м. разг.* lick-spìttle.

**лизо́л** *м. хим.* lýsòl.

**лик** I *м. уст.*, *поэт.* face; (*на иконе*) ímage.

**лик** II *м.*: причи́слить к ~у святы́х (*вн.*) *церк.* cánonìze (*d.*).

**ликвида́тор** *м. полит.* líquidàtor; quítter *разг.* **~ство** *с. полит.* lìquidátionism.

**ликвид||ацио́нный** *прил. к* ликвида́ция. **~а́ция** *ж.* lìquidátion; (*отмена*) àbolítion; (*постепенная*) elìminátion; elíminàting; (*долгов*) séttle¦ment (of debts) [...dets].

**ликвиди́ровать** *несов. и сов.* (*вн.*) líquidàte (*d.*); abólish (*d.*); do a¦wáy (with); (*постепенно*) elímìnàte (*d.*); (*выправлять — о недостатках*) make* good (*d.*); ~ отста́лость òver¦cóme*, *или* put* an end to, báckwardness.

**ликви́дн||ый** *фин.* réady ['re-]; ~ые сре́дства líquid ássèts.

**ликёр** *м.* liquéur [-'kjuə]. **~ный** *прил. к* ликёр.

**ликова́||ние** *с.* rejóicing, tríumph. **~ть** rejóice, tríumph.

**ликопо́дий** *м.* 1. *бот.* lỳcopódium [laɪ-]; 2. *фарм.* lỳcopódium pówder.

**ли́ктор** *м. ист.* líctor.

**лику́ющий** 1. *прич. см.* ликова́ть; 2. *прил.* exúltant, trìúmphant.

**лиле́йные** *мн. скл. как прил. бот.* lìliáceae [-siː].

**лиле́йный** 1. *поэт.* líly-whíte ['lɪ-]; 2. *бот.* lìliáceous [-ʃəs].

**лилипу́т** *м.* Lìllipútian.

**ли́лия** *ж.* líly ['lɪ-]; водяна́я ~ wáter-lìly ['wɔːtəlɪ-].

**лилова́тый** lílac-tìnged.

**лилове́ть** 1. (*становиться лиловым*) turn lílac / víolet; 2. (*виднеться*) show* lílac / víolet [ʃou...].

**лило́вый** lílac, víolet.

**лима́н** *м.* éstuary, firth; (*озеро*) cóastal salt lake. **~ный** *прил. к* лима́н; ~ные зе́мли éstuary área [...'ɛərɪə] *sg.*; ~ное ороше́ние éstuary irrigátion.

**лимб** *м. тех.* limb.

**лими́т** *м.* límit. **~и́ровать** *несов. и сов.* (*вн.*) límit (*d.*).

**лимо́н** *м.* lémon ['le-]; ◇ вы́жатый ~ ≅ squéezed órange.

**лимона́д** *м.* lèmonáde; lémon squash ['le-...].

**лимоннокúслый** *хим.* cítric-àcid (*attr.*).

**лимо́нн||ый** *прил. к* лимо́н; ~ое де́рево lémon tree ['le-...]; ~ая кислота́ *хим.* cítric ácid.

**лимузи́н** *м.* (*автомобиль*) límousìne [-muː-ziːn].

**ли́мфа** *ж. физиол.* lymph.

**лимфати́ческ||ий** *физиол.* lymphátic; ~ие сосу́ды lymphátic véssels; ~ие же́лезы lymphátic glands.

**лимфоци́т** *м. физиол.* lýmphocỳte.

**лингви́ст** *м.* línguist. **~ика** *ж.* linguístics. **~и́ческий** linguístic.

**лине́йк||а** I *ж.* 1. (*линия*) line; но́тные ~и *муз.* staves; 2. (*для черчения*) rúler; логарифми́ческая ~ slíde-rùle; 3. *полигр.* rule; набо́рная ~ sétting-rùle; 4.: пионе́рская ~ Young Pìonéer paráde [jʌŋ...].

**лине́йка** II *ж.* (*экипаж*) break [-eɪk], large wàgonétte [...wæ-].

**лине́йн||ый** 1. *мат.* línear; ~ые ме́ры long méasures [...'meʒ-], méasures of length; 2.: ~ кора́бль báttle¦shìp.

**линёк** *м. мор.* rope's end; colt.

**ли́нза** *ж.* lens [-z].

**ли́ни||я** *ж.* (*в разн. знач.*) line; пряма́я ~ straight / right line; крива́я ~ curve; перпендикуля́рная ~ pèrpendícular (line); паралле́льная ~ párallèl (line); снегова́я ~ snów-lìne [-ou-]; ~ прице́ливания line of aim; line of sight *амер.*; возду́шная ~ áir-lìne; бокова́я ~ (*о родстве*) còllàteral line, branch [-ɑːntʃ]; железнодоро́жная ~ ráilway line; трамва́йная ~ trámway, trám-lìne; проводи́ть ~ю draw* *a* line; (*перен.*) pursúe *a* pólicy; ◇ пойти́ по ~и (*рд.*) take* the course [...kɔːs] (of); идти́ по ~и наиме́ньшего сопротивле́ния take* / fóllow the line of least resístance [...-'zɪ-]; ~ поведе́ния line of cónduct, pólicy.

**линко́р** *м.* (линейный корабль) *воен.* báttle¦shìp.

**лино́ван||ый** lined, ruled; ~ая тетра́дь lined / ruled cópy-book [...'kɔ-].

**линова́ть,** налинова́ть (*вн.*) rule (*d.*).

**лино́леум** *м.* linóleum.

**линоти́п** *м. полигр.* líno¦tỳpe. **~ный** *прил. к* линоти́п.

**Линч** *м.*: суд ~а, зако́н ~а Lynch law.

**линчев||а́ние** *с.* Lynch law, lýnching. **~а́ть** *несов. и сов.* (*вн.*) lynch (*d.*).

**линь** I *м.* (*рыба*) tench [-ʃ].

**линь** II *м. мор.* line.

**ли́нька** *ж.* (*животных*) shédding of hair, moult [mou-]; (*птиц*) moult, shédding / cásting of féathers [...'fe-].

**лин||ю́чий** fáding, fádable. **~я́лый** (*о материи*) fáded, discólour¦ed [-'kʌ-].

**линя́ть,** полиня́ть 1. (*о материи*) fade, lose* cólour [luːz 'kʌ-]; (*о краске*) run*; 2. (*о животных*) shed* hair, cast* the coat; (*о птицах*) moult [mou-], shed* / cast* féathers [...'fe-]; (*о змее*) slough [slʌf].

**ли́па** *ж.* líme(-tree), línden.

**ли́п||кий** sticky; ~ пла́стырь stícking-plaster, court pláster [kɔ:t...]. **~нуть** (к) stick* (to).

**ли́повый** I *прил. к* ли́па; ~ чай líme-leaf tea; ~ мёд líme-blòssom hóney [...'hʌ-]; ~ цвет líme-blòssom.

**ли́повый** II *разг.* (*подде́льный*) sham, faked.

**Ли́ра** *ж.* (*созве́здие*) the Lýra.

**ли́ра** I *ж.* **1.** (*музыка́льный инструме́нт*) lyre; **2.** = лирохво́ст.

**ли́ра** II *ж.* (*де́нежная едини́ца Ита́лии*) líra ['lɪə-] (*pl.* lire ['lɪərɪ]).

**лири́зм** *м.* lýricism.

**ли́р||ик** *м.* lýric póet. **~ика** *ж.* **1.** lýric póetry; (*перен.*) lýricism; **2.** (*совоку́пность произведе́ний*) lýrics *pl.*

**ли́рико-драмати́ческий** lýrico-dramátic.

**лири́ческ||ий** **1.** (*относя́щийся к ли́рике*) lýric; ~ое стихотворе́ние lýric; **2.** (*о настрое́нии и т. п.*) lýrical; ◇ ~ое отступле́ние lýrical dìgréssion [...daɪ-]; ~ беспоря́док *разг.* poétic disórder.

**лири́чность** *ж.* lýricism.

**лиро||ви́дный** lýrate ['laɪə-], lýrifòrm ['laɪə-]. **~подо́бный** lýre-shàped.

**лирохво́ст** *м. зоол.* lýre-bìrd.

**ли́ро-эпи́ческий** lýrico-épic.

**лис||а́** *ж.* **1.** (*живо́тное*) fox; **2.** (*мех*) fox (fur); ◇ ~о́й прики́дываться *разг.* fawn, tóady; Лиса́ Патрике́евна *фольк.* Réynard ['re-].

**ли́сель** *м. мор.* stúdding-sail ['stʌns°l], stúnsail ['stʌns°l].

**лисёнок** *м.* young fox [jʌŋ...], fóx-cùb.

**ли́сий** *прил. к* лиса́; (*напомина́ющий лису́*) fóxy; ~ мех fox fur; ~ хвост (fóx-)brùsh.

**лиси́ца** *ж.* fox; (*са́мка*) víxen.

**лиси́чка** *ж.* **1.** *уменьш. от* лиси́ца; **2.** (*гриб*) chànterélle [-'rel]; **3.** *спорт.* páper-chàse [-s].

**лист** I *м.* (*мн.* ~ья) leaf*; (*зла́ка*) blade; ◇ дрожа́ть как оси́новый ~ tremble like an áspen leaf.

**лист** II *м.* (*мн.* ~ы́) **1.** (*бума́ги и т. п.*) leaf*, sheet; в ~ in fólió; корректу́ра в ~а́х shéet-proofs *pl.*; **2.** (*докуме́нт*): опро́сный ~ quèstionnáire [kestɪə'nɛə]; (*для показа́ний*) interrógatory; похва́льный ~ *уст.* school tèstimónial of good cónduct and prógrèss; исполни́тельный ~ writ / act of èxecútion; recéiving órder [-i:v-...]; подписно́й ~ subscríption list; **3.** (*мета́лла*) sheet, plate; ~ обши́вки skin plate; **4.:** игра́ть с ~а́ *муз.* play at sight.

**листа́ж** *м. полигр.* númber of sheets.

**листа́ть** (*вн.*) *разг.* turn óver the páges (of), leaf (*d.*).

**листва́** *ж. тк. ед. собир.* fóliage; léafage *поэт.*

**ли́ственница** *ж.* larch.

**ли́ственн||ый** léaf-bearing [-bɛər-]; ~ое де́рево léaf-bearing tree; ~ лес léaf-bearing fórest / wood [...'fɔ- wud].

**ли́стик** *м. уменьш. от* лист I, II 1.

**листо́вка** *ж.* léaflet.

**листов||о́й:** ~о́е желе́зо sheet íron [...'aɪən]; ~ мета́лл sheet métal [...'me-]; ~а́я рессо́ра láminàted spring; ~ таба́к leaf tobáccò.

**листое́д** *м.* léaf-cùtting beetle.

**листо́к** *м.* **1.** *уменьш. от* лист I, II 1; **2.** *уст.* (*газе́та*) léaflet.

**листопа́д** *м.* fall / shédding of the leaves.

**лита́вры** *мн. муз.* kéttle-drùm *sg.*

**лите́й||ная** *ж. скл. как прил.* fóundry, smélting-house* [-s]. **~ный** fóunding, cásting; ~ный заво́д fóundry. **~щик** *м.* fóunder, cáster, smélter.

**ли́тер** *м. ж.-д.* trávelling wárrant.

**ли́тера** *ж. полигр.* type.

**литера́тор** *м.* wríter, man* of létters.

**литерату́ра** *ж.* líterature.

**литерату́рн||ый** líterary; ~ язы́к líterary lánguage; ~ое выраже́ние líterary expréssion; ~ые круги́ líterary círcles; ~ое насле́дие líterary héritage.

**литературове́д** *м.* spécialist in líterature ['spe-...]; líterary crític. **~ение** *с.* hístory of líterature, líterary críticism. **~ческий** *прил. к* литературове́дение.

**литерату́рщина** *ж. разг.* bóokishness; háckneyed wríting [-nɪd...].

**ли́терный** léttered.

**ли́тий** *м. хим.* líthium.

**ли́тник** *м. тех.* rúnner.

**лито́в||ец** *м.*, **~ка** *ж.*, **~ский** Lìthuánian; ~ский язы́к Lìthuánian, the Lìthuánian lánguage.

**лито́граф** *м.* lithógrapher. **~и́рование** *с.* lithógraphy.

**литографи́ровать** *несов. и сов.* (*вн.*) líthogràph (*d.*).

**литогра́ф||ия** *ж.* **1.** (*о́ттиск*) líthogràph; **2.** (*иску́сство*) lithógraphy. **~ский** lìthográphic; ~ский ка́мень lìthográphic stone; ~ская печа́ть líthogràph; ~ские черни́ла lìthográphic ink *sg.*

**лит||о́й** cast; ~а́я сталь cast steel, íngot steel.

**litора́льный** *геогр.* líttoral.

**литосфе́ра** *ж. геол.* líthosphère.

**литр** *м.* litre ['li:tə]. **~о́вый** litre ['li:tə] (*attr.*); ~о́вая буты́лка litre bóttle, bóttle of one litre capácity.

**литурги́я** *ж. церк.* líturgy, mass.

**лить** **1.** (*вн.*) pour [pɔ:] (*d.*); **2.** (*без доп.*; *течь*) run*; дождь льёт как из ведра́ ≅ it is póuring (with rain) [...'pɔ:-...], the rain is cóming down in tórrents / sheets; it is ráining cats and dogs *идиом. разг.*; пот льёт с него́ гра́дом he is drípping with sweat [...-et]; **3.** (*вн.*) *тех.* cast* (*d.*), mould [mou-] (*d.*), found (*d.*); ◇ ~ слёзы shed* tears; ~ во́ду на чью-л. ме́льницу *погов.* ≅ play into smb.'s hands.

**литьё** *с. тк. ед. тех.* **1.** (*де́йствие*) cásting, móulding ['mou-], fóunding; **2.** *собир.* (*литы́е изде́лия*) casts *pl.*, cástings *pl.*, móuldings *pl.*

**ли́ться** **1.** flow [flou] (*тж. перен.*); stream, pour [pɔ:]; **2.** *страд. к* лить 1, 3.

**лиф** *м.* bódice.

**лифт** *м.* lift; élevàtor *амер.* **~ёр** *м.* lift óperàtor; élevàtor boy *амер.*

**ли́фчик** *м.* únderbòdice; brassière (*фр.*) [bræ'sjɛə].

**liха́ч** *м.* **1.** *уст.* smart cáb-man*; **2.** (*удале́ц*) dáre-dèvil; **~-води́тель** róad-hòg **~ество** *с.* **1.** dáre-dèvil stuff; **2.** (*о шофёре, изво́зчике*) réckless dríving.

**лихв||á** *ж. тк. ед.*: отплатить с ~óй repáy* with interest; это компенсируется с ~óй (*тв.*) it is more than cómpènsàted (by).

**лúхо** I *с. тк. ед.* (*зло*) évil ['iː-]; ◇ не поминáй(те) меня ~м think kind¦ly of me.

**лúхо** II *нареч.* dáshing¦ly; ◇ ~ заломить шáпку cock one's hat.

**лихоúм||ец** *м. уст.* (*ростовщик*) úsurer ['juːʒ-]; (*вымогатель*) extórtioner. **~ство** *с. уст.* extórtion.

**лих||óй** I (*злой*) évil ['iː-], hard; ◇ ~áя годúна hard times *pl.*; ~á бедá начáло *разг.* ≅ the first step is the hárdest.

**лихóй** II *разг.* (*удалой*) dáshing; ~ наéздник dáshing hórse¦man*.

**лихорáд||ить** *безл.*: егó ~ит he is in a féver, he is féver¦ish.

**лихорáдк||а** *ж.* (*прям. и перен.*) féver; жёлтая ~ yéllow féver; перемежáющаяся ~ intermíttent féver, remíttent (féver); трёхднéвная ~ tértian águe; тропúческая ~ trópical / jungle féver; прúступ ~и águe-fit; крапúвная ~ néttle-ràsh; сенная ~ hay féver.

**лихорáдочн||ость** *ж.* féver¦ishness. **~ый** féver¦ish (*тж. перен.*); fébrile ['fiː-]; ~ое состояние féver¦ishness; ~ая дрожь chill, shíver ['ʃɪ-]; ~ый пульс féver¦ish pulse; ~ая дéятельность féver¦ish àctívity; ~ая поспéшность frántic haste [...heɪst].

**лúхость** *ж. разг.* brávery [-eɪ-].

**лúхтер** *м. мор.* líghter.

**лицевáть** (*вн.*; *об одежде*) turn (*d.*).

**лицев||óй 1.** *анат.* fácial; **2.** (*наружный, верхний*): ~áя сторонá (*здания*) façáde [-'sɑːd], front [-ʌnt]; (*материи*) right side; (*монеты, медали*) óbvèrse; **3.:** ~ счёт *бух.* pérsonal accóunt.

**лицезрéть** (*вн.*) cóntèmplàte (*d.*).

**лицеúст** *м.* púpil / stúdent of the Lỳcéum [...laɪ'sɪəm].

**лицéй** *м.* Lỳcéum [laɪ'sɪəm]; (*во Франции*) lycée (*фр.*) [liː'seɪ]. **~ский** *прил. к* лицéй; ~ские стихú Пýшкина póetry wrítten by Púshkin in his Lỳcéum days [...'pu-... laɪ-'sɪəm...].

**лицемéр** *м.* hýpocrite, dissémbler. **~ие** *с.* hypócrisy, dissìmulátion.

**лицемéр||ить** play the hýpocrite, dissémble. **~ный** hỳpocrítical; ~ный человéк hýpocrite; ~ная улыбка hỳpocrítical smile.

**лицéнзия** *ж. эк.* lícence [laɪ-].

**лицеприятú||е** *с. уст.* pàrtiálity; без ~я without pàrtiálity; impártially.

**лиц||ó** *с.* **1.** face; чертú ~á féatures; **2.** (*лицевая сторона*) the right side; **3.** (*человек, тж. в офиц. языке*) pérson; дéйствующее ~ *театр., лит.* pérsonage, cháracter ['k-]; дéйствующие лúца (*в пьесе*) cháracters in the play, drámatis pèrsónae [...pəː'souniː]; чáстное ~ prívate pérson ['praɪ-...]; должностнóе ~ offícial, fúnctionary; юридúческое ~ jùrídical pérson; в ~é когó-л. in smb.; (*об отдельном человеке тж.*) in the pérson of smb.; в вáшем ~é мы привéтствуем in your pérson we greet; в егó ~é мы имéем in him, *или* in his pérson, we have; в ~é СССР in the USSR; **4.** *грам.* pérson; ◇ изменúться в ~é change (one's) cóuntenance [tʃeɪndʒ...]; это емý к ~ý this suits / becomes him [...sjuːts...]; это нам не к ~ý this does not become us; знать в ~ (*вн.*) know* by sight [nou...] (*d.*); сказáть в ~ комý-л. say* to smb.'s face; на нём ~á нет he looks áwful; исчéзнуть с ~á землú disappéar from the face of the earth [...əːθ]; пéред ~óм (*рд.*) in the face (of); ~óм к ~ý face to face; смотрéть в ~ (*дт.*; *об опасности и т. п.*) face (*d.*), look in the face (*d.*); envísage [-z-] (*d.*) *книжн.*; смотрéть прáвде в ~ face the truth [...-uːθ]; на ~é напúсано you can read in smb.'s face / cóuntenance; ~óм в грязь не удáрить not disgráce òne¦sélf, not be found wánting; от ~á когó-л. on behálf of smb. [...-'hɑːf...]; in smb.'s name; покáзывать товáр ~óм *разг.* ≅ show* smth. to good effect, *или* to advántage [ʃou... -'vɑːn-]; показáть своё (настоящее) ~ show* one's real worth [...nəl...]; на однó ~ *разг.* (*похожие*) as like as two peas; невзирáя на лúца without respéct of pérsons.

**лúчико** *с. уменьш. от* лицó 1.

**личúн||а** *ж.* mask, guise; сорвáть ~у с когó-л. únmásk smb., tear* the mask off smb. [tɛə...]; под ~ой (*рд.*) únder (the) cóver [...'kʌ-] (of), in líke¦ness (of).

**личúн||ка** *ж. зоол.* lárva (*pl.* -vae), grub; (*мясной и сырной мух*) mággot. **~очный** lárval.

**лúчно** *нареч.* pérsonally; он ~ присýтствовал he was présent in pérson [...-ez-...].

**личн||óй 1.** face (*attr.*); ~óе полотéнце (face) tówel; **2.** *анат.* fácial.

**лúчн||ость** *ж.* **1.** (*индивидуальность*) pèrsonálity; неприкосновéнность ~ости pérsonal immúnity; **2.** (*человек*) pérson; удостоверять ~ когó-л. ìdéntifỳ smb. [aɪ-...]; prove smb.'s ìdéntity [pruːv ...aɪ-]; ◇ переходúть на ~ости become* pérsonal. **~ый** (*в разн. знач.*) pérsonal; ~ая сóбственность pérsonal próperty; ~ая жизнь prívate life* ['praɪ-...]; ~ая охрáна bódy-guàrd ['bɔ-]; ~ое местоимéние *грам.* pérsonal pró¦noun; ~ый секретáрь pérsonal / prívate sécretary; по ~ому дéлу on prívate búsiness [...'bɪzn-]; ◇ ~ый состáв pèrsonnél.

**лишáй** *м.* **1.** *бот.* líchèn ['laɪken]; **2.** *мед.* hérpès [-piːz]; стригýщий ~ ríng-wòrm.

**лишáйник** *м.* = лишáй 1.

**лишáть,** лишúть (*вн. рд.*) depríve (*d.* of); (*незаконно*) rob (*d.* of); (*отнимать*) beréave* (*d.* of); ~ когó-л. прав depríve smb. of rights; ~ граждáнских, избирáтельных прав depríve of cívil rights (*d.*), disfránchìse (*d.*); ~ сóбственности dispossèss [-'zes] (*d.*); ~ когó-л. наслéдства disinhérit smb.; ~ вóинских звáний redúce to the ranks (*d.*); ~ мандáта члéна парлáмента, делегáцию *и т. п.* únséat *a* mémber of the párliament, *a* dèlegátion, *etc.* [...-ləm-...]; ~ свобóды impríson [-rɪz-] (*d.*), put* into príson [...-ɪz-] (*d.*); ~ себя жúзни take* one's life, commít súicide; он лишён чýвства мéры he lacks a sense of propórtion; ~ крóва make* hóme¦less (*d.*), dis¦hóme (*d.*); ~ себя удовóльствия do òne¦sélf out of *a* pléasure [...'pleʒə]. **~ся,** лишúться **1.** (*рд.*) lose* [luːz] (*d.*); fórfeit [-fɪt] (*d.*); ~ся зрéния lose* one's sight; ~ся чувств faint (a¦wáy); swoon *поэт.*; лишúться рéчи be deprived of speech; **2.** *страд. к* лишáть.

**ли́ш||ек** *м.*: с ~ком odd; два́дцать лет с ~ком twénty odd years.

**лише́н||ие** *с.* **1.** (*действие*) dèprivátion; ~ гражда́нских, избира́тельных прав disfránchìse|ment; dèprivátion of cívil rights; ~ свобо́ды imprísonment [-'rɪz-]; **2.** *мн.* (*недостатки, нужда*) privátion [praɪ-] *sg.*, hárdship *sg.*; терпе́ть ~ия súffer privátions / hárdship; have a hard time *разг.*

**лиш||ённый** **1.** *прич. см.* лиша́ть; **2.** *прил.* (*рд.*) (de)vóid (of); э́ти слова́ ~ены́ смы́сла these words are (de)vóid of sense; замеча́ние не ~ено́ остроу́мия it is a ráther wítty remárk [...'rɑ:-...]; ~ воображе́ния ún|imáginatíve; не ~ основа́ния not without foundátion; ~ён основа́ния devóid of foundátion, báse|-less [-s-], gróundless.

**лиши́ть(ся)** *сов. см.* лиша́ть(ся).

**ли́шн||ий** **1.** supérfluous; (*ненужный*) ùnnécessary; он наговори́л мно́го ~его he said, *или* gave a|wáy, too much [...sed...]; он здесь ~ he is not wánted here; he is one too many here *разг.*; he is the odd man out *идиом.*;~ раз once agáin [wʌns...]; **2.** (*запасной*) spare; ◇ с ~им *разг.* more than: три киломе́тра с ~им more than three kilomètres, three kilomètres odd.

**лишь** I *нареч.* (*только*) ónly; ~ бы if ónly.

**лишь** II *союз* (*как только*) as soon as; ~ то́лько as soon as.

**лоб** *м.* fórehead ['fɔrɪd]; brow *поэт.*; широ́кий, откры́тый ~ large, ópen fórehead; пока́тый ~ slóping fórehead; ◇ на лбу напи́сано *разг.* writ large on *one's* face; будь он семи́ пя́дей во лбу *погов.* ≅ be he a Sólomon; что в ~, что по́ лбу *разг.* it is all one, it all comes to the same thing; пусти́ть себе́ пу́лю в ~ blow* out one's brains [blou...]; хму́рить ~ frown; knit* one's brows.

**лобза́ние** *с. уст.* kiss(ing).

**лобза́ть** (*вн.*) *уст.* kiss (*d.*).

**ло́бзик** *м. тех.* frét-saw.

**лобко́в||ый** *анат.*: ~ая кость púbis.

**ло́б||ный** *анат.* fróntal ['frʌ-]; ~ная кость fróntal / corónal bone; ~ная па́зуха fróntal sínus; ◇ ~ное ме́сто place of èxecútion. **~ово́й** fróntal ['frʌ-]; ~ова́я ата́ка *воен.* fróntal attáck.

**лобогре́йка** *ж. с.-х.* réaper, hárvester.

**лоботря́с** *м. разг.* lázy-bònes, góod-for-nòthing.

**лов** *м.* **1.** = ло́вля; **2.** = уло́в.

**ловела́с** *м. разг.* Lóvelàce ['lʌvl-].

**лов||е́ц** *м.* **1.** (*рыболов*) físher; **2.** *уст.* (*охотник*) húnter; ◇ на ~ца́ и зверь бежи́т *посл.* ≅ the ball comes to the pláyer.

**лови́ть,** пойма́ть (*вн.*; *прям. и перен.*) catch* (*d.*); (*по радио, прожектором*) pick up (*d.*); ~ ры́бу fish; ~ (ры́бу) сетя́ми net; ~ птиц fowl; ~ в западню́ (en)tráp (*d.*), (en-) snáre (*d.*); ~ ка́ждое сло́во devóur every word; они́ ло́вят ка́ждое его́ сло́во they hang on his lips; ~ чей-л. взгляд catch* smb.'s eye [...aɪ]; ~ удо́бный слу́чай, моме́нт seize an òpportúnity [si:z...]; ◇ в му́тной воде́ ры́бу ~ *погов.* fish in troubled wáters [...trʌ- 'wɔ:-]; ~ себя́ на чём-л. catch* òne|sélf at smth.; ~ кого́-л. на сло́ве *разг.* take* smb. at his word.

**ловка́ч** *м. разг.* dódger.

**ло́вк||ий** **1.** (*искусный*) adróit, déxterous, deft; ~ ход, ~ шаг cléver move ['kle- mu:v]; **2.** (*изворотливый*) dódgy; never at a loss (*predic.*); ~ плут smart féllow. **~ость** *ж.* **1.** adróitness, dèxtérity, déftness; **2.** (*изворотливость*) dódginess; ◇ ~ость рук *разг.* sleight of hand [slaɪt...].

**ло́вля** *ж. тк. ед.* cátching, húnting; ~ сил-ка́ми snáring; ~ западнёй tráppíng; ры́бная ~ físhing, físhery; ~ птиц bírd-càtching, fówling.

**лову́шк||а** *ж.* snare, trap; пойма́ть в ~у (*вн.*) (en)snáre (*d.*), (en)tráp (*d.*); попа́сть в ~у be (en)trápped.

**ло́вчий** *м. скл. как прил. ист.* húnts|man*.

**лог** *м.* ravíne [-'vi:n].

**логари́фм** *м. мат.* lógarithm; табли́ца ~ов tables of lógarithms *pl.* **~и́ческий** *мат.* lògaríthmic; ~и́ческая лине́йка slíde-rùle.

**ло́гик||а** *ж.* lógic; наруше́ние ~и pàrálogism.

**логи́ческ||ий** lógical; ~ вы́вод lógical dedúction; ~ая после́довательность lógical órder.

**логи́чн||ость** *ж.* lògicálity. **~ый** lógical.

**ло́говище** *с.*, **ло́гово** *с.* lair, den; ло́гово врага́ den of *the* énemy.

**логогри́ф** *м.* lógogriph.

**ло́дк||а** *ж.* boat; двух-, четырёхвёсе́льная ~ twó-oar, fóur-oar [...'fɔ:-]; мото́рная ~ mótor boat, pówer-boat; подво́дная ~ súbmarine [-ri:n]; спаса́тельная ~ lífe-boat; го́ночная ~ shell; ката́ться на ~е boat, go* bóating.

**ло́доч||ка** *ж.* **1.** *уменьш. от* ло́дка; **2.** *мн.* (*туфли*) pumps. **~ник** *м.* bóat|man*; (*перевозчик*) férry|man*. **~ный** *прил. к* ло́дка; ~ный спорт bóating; ~ная ста́нция bóating státion; bóat-house* [-s].

**лоды́жка** *ж. анат.* ánkle(-bòne).

**ло́дырничать** *разг.* be idle, loaf.

**ло́дыр||ь** *м. разг.* slácker, ídler, lóafer; ◇ гоня́ть ~я idle, loaf.

**ло́жа** I *ж.* **1.** *театр.* box; **2.** *уст.* (*масонская*) lodge.

**ло́жа** II *ж.* (*ружейная*) gun / rifle stock.

**ложби́на** *ж.* hóllow.

**ло́же** *с.* **1.** *уст.* couch, bed; бра́чное ~ núptial bed, bríde-bèd; **2.** (*русло реки*) bed, chánnel; ◇ Прокру́стово ~ Procrústean bed [-tɪən...], the bed of Procrústes.

**ло́жечк||а** *ж. уменьш. от* ло́жка; ◇ под ~ой in the pit of the stómach [...'stʌmək].

**ложи́ться,** лечь **1.** lie* (down); ~ спать, ~ в посте́ль go* to bed; turn in *разг.*; не ~ спать sit* up; ~ в больни́цу go* to hóspital; **2.** (на *вн.*; *о снеге и т. п.*) fall* (to), cóver ['kʌ-] (*d.*); ◇ лечь в осно́ву (*рд.*) ùnderlíe* (*d.*); на него́ ложи́тся обя́занность (+ *инф.*) it is his dúty (+ to *inf.*), it is in|cúmbent up|ón him (+ to *inf.*); ~ в дрейф heave* to.

**ло́жк||а** *ж.* spoon; ~ чего́-л. spóonful of smth.; ◇ ~ дёгтя в бо́чке мёда ≅ a fly in the óintment; че́рез час по ча́йной ~е ≅ in dríblets [...'drɪ-], in minúte dóses [...maɪ- -sɪz]; very slówly [...'slou-].

**ложнокласс||ици́зм** *м. лит.* pséudò-clássicism. **~и́ческий** *лит.* pséudò-clássical.

**ло́жн||ость** *ж.* fálsity ['fɔ:l-]. **~ый** false

[fɔːls]; (*о сооружении*) dúmmy; ~ая тревóга false alárm; ~ые обвинéния false / faked chárges / àccusátions [...-'zeɪ-]; ~ое самолюбие false pride; ~ый стыд false shame; ~ый шаг false step; быть на ~ом пути́ be off the track; ~ая атáка sham attáck; ~ый окóп dúmmy trench.

**ложь** *ж.* lie, fálse¦hood ['fɔːlshud]; нáглая ~ outrágeous lie; неви́нная ~ fib; ◇ святáя ~ white lie.

**лозá** *ж.* rod; (*виноградная*) vine.

**лозня́к** *м. тк. ед.* willow thicket.

**лóзунг** *м.* slógan, cátchwòrd, wátchwòrd; вы́двинуть, провозгласи́ть ~ advánce *a* slógan; ~ борьбы́ за мир peace slógan.

**локализ||áция** *ж.* lòcalìzátion [loukəlaɪ-]. **~и́ровать(ся)** *несов. и сов.* = локализовáть(-ся).

**локализовáть** (*вн.*) lócalìze ['lou-] (*d.*). **~ся** become* lócalìzed [...'lou-].

**локáльный** lócal.

**локáут** *м.* lóck-óut. **~и́ровать** *несов. и сов.* (*вн.*) lock out (*d.*).

**локомоби́ль** *м. тех.* tráction éngine [...'endʒ-], lòcomóbile [loukə'mou-].

**локомоти́в** *м.* lócomòtive ['loukə-].

**лóкон** *м.* lock, curl, ring¦let.

**лóк||оть** *м.* **1.** élbow; с прóдранными ~тя́ми out at élbows; рабóтать ~тя́ми *разг.* élbow; **2.** *ист.* (*мера длины*) cúbit, ell; ◇ бли́зок ~, да не уку́сишь *посл.* ≅ so near and yet so far; чу́вство ~тя féeling of féllowship, féeling of mútual help.

**локсодрóми||я** *ж.* lòxodrómic (curve); плáвание по ~и *мор.* plane / plain sáiling, rhumb sáiling.

**локтев||óй:** ~áя кость *анат.* fúnny-bòne; úlna (*pl.* -nae) *научн.*

**лом** *м.* **1.** (*инструмент*) crow [-ou], crów-bàr [-ou-]; **2.** *тк. ед. собир.* (*ломаные предметы*) scrap; frágments *pl.*; желéзный ~ scráp-ìron [-aɪən].

**ломáка** *м. и ж. разг.* clown, affécted créature; (*о женщине тж.*) affécted / míncing / símpering girl, wóman* [...g- 'wu-].

**лóман||ый** bróken; ~ая ли́ния bróken line; ~ язы́к bróken lánguage; ◇ грошá ~ого не стóит ≅ it is not worth a brass fárthing, *или* a pénny [...-ðɪŋ...].

**ломáнье** *с.* clówning; affécted mánners *pl.*; míncing, símpering.

**ломáть,** сломáть (*вн.*) **1.** break* [breɪk] (*d.*); (*о ноге, руке и т. п. тж.*) frácture (*d.*); **2.** *тк. несов.* (*добывать камень, гранит*) quárry (*d.*); ◇ ~ себé гóлову над чем-л. puzzle óver smth., rack / cúdgel one's brains óver smth.; ~ ру́ки wring* one's hands; ~ устарéвшие представлéния break* down outdáted concéptions. **~ся,** сломáться, поломáться **1.** break* [breɪk]; **2.** *тк. несов.* (*о голосе*) crack, break*; **3.** *при сов.* поломáться *разг.* (*кривляться*) grimáce, clown, pose, mince; give* òne¦sélf airs, put* on airs; (*не сразу уступать*) make* dífficulties; **4.** *страд. к* ломáть.

**ломбáрд** *м.* páwnshòp; hóck-shòp *амер.* **~ный** *прил. к* ломбáрд; ~ная квитáнция páwnshòp recéipt [...-'siːt], pawn ticket.

**лóмберный:** ~ стол cárd-tàble.

**ломи́ть** *разг.* **1.** (*вн.*) break* [-eɪk] (*d.*); **2.** (*пробиваться*) charge fórward, break* through; **3.** *безл.:* у негó лóмит кóсти his bones ache [...eɪk]. **~ся** *разг.* **1.** break* [-eɪk]; (от чегó-л.) burst* (with smth.); пóлки лóмятся от книг ≅ the shelves are crammed with books; **2.** (*стремиться проникнуть*) force one's way; ◇ ~ся в откры́тую дверь force an ópen door [...dɔː].

**лóмк||а** *ж.* **1.** bréaking ['breɪ-]; **2.** *горн.* quárrying. **~ий** frágìle, brittle.

**ломови́к** *м. разг.* = ломовóй 2.

**ломов||óй 1.** *прил.* dray (*attr.*); ~ извóзчик dráy¦man*, cárter; ~áя лóшадь cárt-hòrse, dráy-hòrse; **2.** *м. как сущ.* dráy¦man*, cárter.

**ломóта** *ж. тк. ед. разг.* rheumátic pain.

**ломóть** *м.* hunk, chunk; round (of bread) [...bred]; ◇ отрéзанный ~ ≅ sélf-suppórting pérson.

**лóмтик** *м.* slice; рéзать ~ами (*вн.*) slice (*d.*).

**лонжерóн** *м. ав.* lóngeron [-ndʒ-], (wing) spar.

**лóн||о** *с. тк. ед. уст.* bósom ['buz-], lap; ◇ на ~е прирóды in the lap of náture [...'neɪ-].

**лопáрь** *м.* Lapp, Láplànder.

**лóпарь** *м. мор.* fall.

**лóпастн||ый 1.** *прил. к* лóпасть; ~ое колесó páddle-wheel; **2.** *бот.* lacíniàte.

**лóпасть** *ж.* (*весла, винта*) blade; (*винта тж.*) fan, vane; (*гребного колеса*) (whéel-) pàddle; ~ óси axle tree.

**лопáт||а** *ж.* spade; (*совковая*) shóvel ['ʃʌ-]. **~ка** *ж.* **1.** shóvel ['ʃʌ-]; (*штукатура, садовника*) trówel; (*турбины*) blade; **2.** *анат.* shóulder-blàde ['ʃou-]; **3.** (*часть туши*) bóttom chuck; ◇ класть на óбе ~ки (*вн.*) throw* (in wréstling) [-ou...] (*d.*); во все ~ки *разг.* at full speed.

**лóпать,** слóпать (*вн.*) *груб.* eat* up (*d.*), gobble (up) (*d.*).

**лóпаться,** лóпнуть **1.** break* [-eɪk], burst*; (*дать трещину*) sp!it*; **2.** *разг.* (*терпеть крах*) go* bánkrùpt; **3.** *разг.* (*истощаться — о терпении и т. п.*) be exháusted; ◇ чуть не лóпнуть от смéха split* / burst* one's sides with láughter [...'lɑːf-], burst* with láughter; лóпнуть как мы́льный пузы́рь burst* like a sóap-bùbble.

**лóпнуть** *сов. см.* лóпаться.

**лопотáть** *разг.* mútter.

**лопоу́хий** *разг.* lóp-eared.

**лопу́х** *м. бот.* búrdòck.

**лорд** *м.* lord; палáта ~ов House of Lords [-s...].

**лорнéт** *м.* lòrgnétte [lɔː'njet].

**лорни́ровать** *несов. и сов.* (*вн.*) look through one's lòrgnétte [...lɔː'njet] (at).

**лоси́на** *ж.* **1.** élk-skin, chámois léather ['ʃæmwɑː 'le-]; **2.** *мн. воен. ист.* búckskìns, búckskin bréeches [...'brɪ-]; **3.** (*мясо*) elk's flesh.

**лоск** *м.* lustre; gloss (*тж. перен.*).

**лоску́т** *м.* rag, shred, scrap. **~ный** scráppy; ~ное одея́ло blánket made of scraps.

**лосни́ться** be glóssy, shine*.

**лососи́на** *ж.* (*мясо лосося*) sálmon ['sæmən].

**лосóсь** *м.* sálmon ['sæmən].

**лось** *м.* elk.

**лот** *м.* **1.** *мор.* lead [led], sóunding-lead [-led]; plúmmet, plumb; бросáть ~ cast* the lead; механúческий ~ sóunding machíne [...-'ʃi:n]; **2.** *уст.* (*мера веса*) half an ounce (1/2 oz) [hɑ:f...].

**лотерéйный** *прил. к* лотерéя; ~ билéт lóttery tícket.

**лотерé||я** *ж.* lóttery, raffle; разыгрывать в ~ю (*вн.*) raffle (*d.*); учáствовать в ~е raffle.

**лóтлинь** *м. мор.* léadlìne ['led-].

**лотó** *с. нескл.* lóttò.

**лотóк** *м.* **1.** tray; (*разносчика*) háwker's tray; **2.** (*жёлоб*) chute [ʃu:t], shoot; (*вдоль тротуара*) gútter; мéльничный ~ míll-ràce.

**лóтос** *м. бот.* lótus.

**лотóчн||ик** [-шн-] *м.*, **~ица** [-шн-] *ж. разг.* háwker.

**лохáнка** *ж.* **1.** (wásh-)tùb; **2.**: пóчечная ~ *анат.* pélvis (of the kídney).

**лохáнь** *ж.* (wásh-)tùb.

**лохмá||тить** (*вн.*) *разг.* tousle [-z-] (*d.*). **~титься** *разг.* get* / become* tousled, *или* dishévelled [...-z-...]. **~тый** (*о волосах, шерсти и т. п.*) shággy; (*о человеке*) shággy-haired, dishévelled.

**лохмóтья** *мн.* rags; в ~х in rags; rágged (*attr.*).

**лóция** *ж. мор.* sáiling diréctions *pl.*

**лóцман** *м. мор.* pílot. **~ский** *прил. к* лóцман.

**лошадúн||ый** *прил. к* лóшадь; *тж.* équìne; ~ая сúла *физ.* hórse-power (*сокр.* HP, h. p.); ◇ ~ое лицó équine face; ~ая дóза *разг.* very large dose [...-s], óver¦dòse [-s].

**лошáд||ка** *ж.* **1.** *уменьш. от* лóшадь; **2.** (*игрушка*) gée-gee; (*на палке*) hóbby-hòrse; (*качалка*) rócking-hòrse; игрáть в ~ки play at hórses.

**лóшадь** *ж.* horse; пристяжнáя ~ óutrùnner (*a horse*); заводнáя ~ *воен.* led horse; заклáдывать ~ hárness *a* horse; садúться на ~ mount *a* horse; ходúть за ~ю groom *a* horse.

**лошáк** *м.* hínny.

**лощён||ый** pólished; (*перен. тж.*) glóssy; ~ая прéжа glazed yarn; ~ые манéры pólished mánners.

**лощúльн||ый** *тех.*: ~ пресс rólling press; ~ая машúна rólling machíne [...-'ʃi:n].

**лощúна** *ж.* hóllow, depréssion; леснáя ~ glen, dell.

**лощúть,** налощúть (*вн.*) *тех.* pólish (*d.*), gloss (*d.*), glaze (*d.*).

**лоя́льн||ость** *ж.* lóyalty. **~ый** lóyal.

**луб** *м. бот.* bast.

**лубóк** I *м.* splint; наклáдывать ~ (на *вн.*) splint (*d.*).

**луб||óк** II *м.* (*лубочная картинка*) cheap pópular print. **~óчный:** ~óчная картúнка = лубóк II.

**лубян||óй** *прил. к* луб; ~ые культýры *с.-х.* fibre crops.

**луг** *м.* méadow ['me-]; заливнóй ~ wáter-méadow ['wɔ:tə'me-], flood plain [flʌd...].

**лугов||óдство** *с.* cùltivátion of méadows [...'me-]. **~óй** *прил. к* луг; ~ые угóдья méadow lands ['me-...].

**луд||ильщик** *м.* tínsmìth, tín¦man*.

**лудúть,** полудúть (*вн.*) *тех.* tin (*d.*).

**лýж||а** *ж.* puddle, pool; ◇ сесть в ~у *разг.* get* into a mess / fix.

**лужáйка** *ж.* lawn, gráss-plòt.

**лужéние** *с.* tínning.

**лужён||ый** tinned; ◇ у негó ~ желýдок *разг.* ≅ he is zínc-lined; ~ая глóтка *разг.* throat of cast iron [...'aɪən].

**лýжица** *ж. уменьш. от* лýжа.

**лужóк** *м. уменьш. от* луг.

**лýз||а** *ж.* (bílliard-)pòcket [-ljəd-]; загонять шар в ~у *спорт.* pócket *a* ball.

**лук** I *м. тк. ед.* ónion ['ʌ-]; ~-порéй leek; зелёный ~ spring ónions *pl.*

**лук** II *м.* (*оружие*) bow [bou]; натянýть ~ bend* / draw* *a* bow.

**лукá** *ж.* **1.** (*седла*) pómmel ['pʌ-]; зáдняя ~ rear arch; перéдняя ~ pómmel, front arch [frʌ-...]; **2.** (*реки, дороги*) bend.

**лукáв||ить** be cúnning. **~ость** *ж.*, **~ство** *с.* slýness, árchness. **~ый** **1.** *прил.* sly, arch; (*хитрый*) cúnning; **2.** *м. как сущ. разг.* dévil.

**лýков||ица** *ж.* **1.** (*головка лука*) *an* ónion [...'ʌ-]; **2.** *бот., анат.* bulb. **~ичный** *прил. к* лýковица 2; ~ичные растéния búlbous plants [...-ɑ:nts]. **~ый** *прил. к* лук I.

**лукомóрье** *с. поэт. уст.* curved séashóre.

**лукóшко** *с. разг.* bást-bàsket.

**лун||á** *ж.* moon; пóлная ~ full moon; фáзы ~ы́ pháses of the moon.

**лунатúзм** *м. мед.* sléep-wàlking; sòmnámbulism *научн.*

**лунáт||ик** *м.* sléep-wàlker; sòmnámbulist *научн.* **~úческий** *мед.* sòmnàmbulístic, nòctámbulant.

**лýнка** *ж.* **1.** hole; **2.** *анат.* álveolus (*pl.* -lì).

**лýнн||ый** *прил. к* лунá; *астр.* lúnar; ~ая ночь móonlit night; ~ое затмéние lúnar eclípse; ~ свет móonlight; ~ кáмень *мин.* móonstòne.

**лунь** *м. зоол.* hén-hàrrier; (*самка*) ríng-tail; ◇ седóй, бéлый как ~ ≅ hóary with age, snów-white [-ou-].

**лýпа** *ж.* mágnifier, mágnifỳing glass.

**лупúн** *м. бот.* lúpin(e).

**лупúть** I, облупúть (*вн.*; *о шелухе*) peel (*d.*); (*о коре*) bark (*d.*).

**лупúть** II, отлупúть (*вн.*) *разг.* thrash (*d.*), flog (*d.*).

**лупúть** III, слупúть (с когó-л.) *разг.* make* smb. pay through the nose.

**лупúться,** облупúться *разг.* **1.** (*шелушиться*) scale, peel off; (*обсыпаться*) come* off; **2.** *страд. к* лупúть I.

**лупоглáзый** *разг.* lóbster-eyed [-aɪd].

**луч** *м.* ray, beam; испускáть ~ú rádiàte; ◇ ~ надéжды ray / flash / gleam of hope. **~евóй** **1.** *прил. к* луч; **2.** (*расходящийся радиусами*) rádial; ~евáя кость *анат.* rádius (*pl.* -dìì).

**лучезáрный** *поэт.* rádiant, èffúlgent.

**лучеиспускáние** *с. физ.* ràdiátion.

**лучепреломлéние** *с. физ.* refráction.

**лучúн||а** *ж.* splínter (*used to furnish light*); щепáть ~у chop *a* splínter.

**лучúст||ый** rádiant; ~ая энéргия rádiant énergy.

**лучи́ться** (*светиться*; *о глазах*) shine* brightly, be rádiant.

**лучко́в||ый:** ~ая пила́ *тех.* sash / bow saw [...bou...].

**лу́чше** I **1.** (*сравн. ст. от прил.* хоро́ший) bétter; ~ всех best of all; **2.** *предик. безл.* it is bétter: ~ остава́ться здесь it is bétter to stay here; ~ всего́ it is best; больно́му сего́дня ~ the pátient is bétter to:dáy; ему́ ~ уйти́, оста́ться *и т. п.* it will / would be bétter for him to go a:wáy, stay, *etc.*; (*как предупреждение*) he had bétter go a:wáy, stay, *etc.*; ◇ тем ~ so much the bétter, all the bétter; ~ не спра́шивай (об э́том) bétter not ask, don't ask.

**лу́чше** II (*сравн. ст. от нареч.* хорошо́) bétter; как мо́жно ~ to the best of one's abílities / pówer.

**лу́чш||ий 1.** (*сравн. и превосх. ст. от прил.* хоро́ший) bétter; best; в ~ем слу́чае at best; ~ из ~их the very best; **2.** *с. как сущ.* the best, the bétter; к ~ему for the bétter; за неиме́нием ~его for want of smth. bétter; всего́ ~его! all the very best!, góod-býe!

**лущёный** hulled.

**лущи́льник** *м. с.-х.* stubble plough.

**лущи́ть** (*вн.*) **1.** (*об орехах*) crack (*d.*); (*о семечках*) nibble (*d.*); (*о кукурузе*) husk (*d.*); (*о горохе и т. п.*) hull (*d.*), pod (*d.*), shell (*d.*); **2.** *с.-х.* (*о стерне*) remóve the stubble [-'mu:v...].

**лы́ж||а** *ж.* ski [ski:, ʃi:]; ходи́ть на ~ах ski; ◇ навостри́ть ~и *разг.* take* to one's heels / legs. **~ник** *м.*, **~ница** *ж.* skíer ['ski:ə, 'ʃi:ə]. **~ный** *прил. к* лы́жа; ~ный спорт skíing ['ski:-, 'ʃi:-].

**лыжня́** *ж.* ski-tràck ['ski:-, 'ʃi:-].

**лы́ко** *с.* bast, bass; драть ~ bark líme-trees; ◇ не вся́кое ~ в стро́ку *погов.* ≅ an inch breaks no square [...brei-...].

**лысе́ть,** облысе́ть grow* bald [-ou...].

**лы́с||ина** *ж.* bald spot. **~ый** bald, báld-héaded [-'hed-].

**ль** I, II *см.* ли I, II.

**льв||ёнок** *м.* young líon [ʤʌŋ...], líon's whelp. **~и́ный** *прил. к* лев I; ~и́ный зев, ~и́ная пасть *бот.* snáp-dràgon [-dræ-]; ◇ ~и́ная до́ля the líon's share. **~и́ца** *ж.* líoness.

**львя́та** *мн. см.* львёнок.

**льго́т||а** *ж.* prívilege, advántage [-'vɑ:-]. **~ный** *прил. к* льго́та; ~ный биле́т pass; ~ные по́шлины prèferéntial dúties; на ~ных усло́виях on fávour:able terms; по ~ной цене́ at a cut / redúced price.

**льди́н||а** *ж.* block of ice, íce-flòe; дрейфу́ющая ~ drifting íce-flòe. **~ка** *ж.* piece of ice [pi:s...].

**льды** *мн. см.* лёд.

**льново́д** *м.* flax cúltivàtor. **~ство** *с.* cùltivátion / grówing of flax [...'grou-...]. **~ческий** *прил. к* льново́д, льново́дство.

**льноволокно́** *с.* flax fibre.

**льнокомба́йн** *м.* fláx-hàrvesting cómbìne.

**льнообраба́тывающ||ий:** ~ая промы́шленность fláx-mànufácturing índustry; ~ие маши́ны fláx-processing machínery [...-'ʃi:-] *sg.*

**льнопряде́ние** *с.* flax spinning.

**льнопряди́ль||ный** fláx-spinning (*attr.*); ~ная промы́шленность fláx-spinning; ~ная фа́брика fláx-mìll. **~ня** *ж.* fláx-mìll.

**льносе́ялка** *ж. с.-х.* fláx-sowing machíne [-sou- -'ʃi:n].

**льнотереби́лка** *ж. с.-х.* flax púller [...'pu-].

**льнотрепа́лка** *ж. с.-х.* scútcher, scútching-sword [-sɔ:d].

**льноубо́рочн||ый:** ~ая маши́на fláx-pìcker.

**льнуть,** прильну́ть (к) **1.** cling* (to), stick* (to); **2.** *тк. несов. разг.* (*испытывать влечение*) cling* (to); **3.** *тк. несов. разг.* (*заискивать*) make* up (to).

**льнян||о́й** fláxen; (*о материи*) línen ['lɪ-]; ~о́го цве́та (*о волосах*) fláxen; ~а́я промы́шленность línen índustry; ~о́е ма́сло línseed-óil; ~о́е се́мя línseed, fláx-seed.

**льст||ец** *м.* flátterer, ádulàtor. **~и́вый** fláttering; (*о человеке*) smóoth-tòngued ['smu:ðtʌŋd], smóoth-spòken [-ð-].

**льстить,** польсти́ть **1.** (*дт.*) flátter (*d.*), ádulàte (*d.*); **2.** (*дт.*; *быть приятным*) please (*d.*); **3.** *тк. несов.*: ~ себя́ наде́ждой flátter òne:sélf with hope. **~ся,** польсти́ться (на *вн.*, *уст. тв.*) be témpted [...-mt-] (with).

**любвеоби́льный** lóving ['lʌ-], full of love [...lʌv].

**любе́зничать** (с *тв.*) *разг.* pay* cómpliments (to), pay* court [...kɔ:t] (to).

**любе́зн||ость** *ж.* **1.** (*свойство*) cóurtesy ['kə:t-]; **2.** (*комплимент*) cómpliment; говори́ть кому́-л. ~ости pay* cómpliments to smb.; **3.** (*одолжение*) kínd:ness; сде́лать ~ do a fávour. **~ый 1.** *прил.* ámiable; (*вежливый*) políte; (*обязательный*) oblíging; **2.** *м. как сущ. уст.* (*в обращении*) my man*; ◇ бу́дьте ~ы (+ *пов.*) please (+ *imper.*); (+ *инф.*) would you be so kind (as + to *inf.*); ~ый чита́тель dear / géntle réader.

**люби́м||ец** *м.*, **~ица** *ж.* pet, fávour:ite. **~чик** *м.* pet. **~ый 1.** *прич. см.* люби́ть 1, 2; **2.** *прил.* dear, loved [lʌvd], belóved [-'lʌvd], déarly; (*предпочитаемый*) fávour:ite.

**люби́тель** *м.* **1.** ámateur [-tə:], dilettánte [dɪlɪ'tæntɪ]; **2.** (*рд.*) lóver ['lʌ-] (of); ~ приро́ды náture-lòver ['neɪ- -lʌ-]; он большо́й ~ цвето́в he is very fond of flówers; ~ соба́к dóg-fàncier; ~ роз róse-fàncier. **~ски** *нареч.* in an àmatéurish mánner / way [...-'tə:-...]. **~ский 1.** àmatéurish [-'tə:-]; ~ский спекта́кль ámateur theátricals [-tə: θɪ'æ-] *pl.*; **2.** (*для знатоков*) choice.

**люби́ть** (*вн.*) **1.** love [lʌv] (*d.*); ~ ро́дину love one's country [...'kʌ-]; его́ здесь о́чень лю́бят he is wéll-líked here; **2.** (*чувствовать склонность*) like (*d.*); be fond (of); (*с придат. предлож.*: *нравиться*) like; он лю́бит, когда́ она́ поёт he likes her to sing; он лю́бит, когда́ идёт снег he likes snówy wéather [...'snouɪ 'we-]; **3.** (*нуждаться, требовать и т. п.*) require (*d.*); thrive* (in, *etc.* — *по смыслу*): карто́фель лю́бит песча́ный грунт potátoes require, *или* thrive* in, sándy ground; — не ~ (*не выносить*) not agrée (with), *причём, подлежащее переводится доп. и наоборот*: ма́сло не лю́бит тепла́ heat does not agrée with bútter; ◇ лю́бишь ката́ться, люби́ и са́ночки вози́ть *посл.* ≅ áfter the feast comes the réckoning.

**лю́бо** *предик.* it is pléasant [...'plez-]; ~ смотре́ть (на *вн.*) it is a pléasure to look [...'pleʒə...] (at); ~-до́рого *разг.* it is a real pléasure [...rɪəl...].

**любова́ться,** полюбова́ться (*тв.*, на *вн.*) admíre (*d.*), feast one's eyes [...aɪz] (up¦ón); ~ приро́дой admíre the scénery [...'si:-]; ~ на себя́, ~ собо́й admíre òne¦sélf; ◇ полюбу́йтесь на себя́! look at your¦sélf!; полюбу́йся, полюбу́йтесь на него́! just look at him!

**любо́вн||ик** *м.* **1.** lóver ['lʌ-]; páramour [-muə]; **2.** *театр.*: пе́рвый ~ jeune-premiér [ʒə:nprə'mjeɪ]. **~ица** *ж.* místress; páramour [-muə].

**любо́вн||ый** ámorous; (*любящий*) lóving ['lʌ-]; ~ая исто́рия lóve-affair ['lʌv-], románce; ~ое письмо́ lóve-lètter ['lʌv-]; ~ взгляд lóving glance; (*влюблённый*) ámorous glance; ~ая ли́рика *лит.* love lýrics [lʌv...] *pl.*; у него́ ~ое отноше́ние к де́лу he is full of enthúsiàsm for his work [...-zɪ-...].

**люб||о́вь** *ж.* (*в разн. знач.*) love [lʌv]; брак по ~ви́ lóve-màtch ['lʌv-]; жени́ться по ~ви́ márry for love; ~ без взаи́мности ún¦requíted love; э́то его́ пре́жняя ~ she is an old flame of his; де́лать что-л. с ~о́вью do smth. with enthúsiàsm [...-zɪ-]; ~ к ро́дине love for one's (nátive / móther) cóuntry [...'mʌ- 'kʌ-]; ~ к бли́жнему love for one's néighbour; ~ к де́тям love of children; матери́нская ~ matérnal love; из ~ви́ (к) for the love (of), for the sake (of).

**любозна́тельн||ость** *ж.* in¦quisitive¦ness [-zɪ-], cùriósity. **~ый** in¦quisitive [-zɪ-], cúrious; быть ~ым have an in¦quiring mind / náture [...'neɪ-], be of in¦quisitive bent.

**люб||о́й** **1.** *прил.* any; (*каждый*) every; в ~о́е вре́мя, в ~ час дня и но́чи at any time; ~ ceно́й at any price; **2.** *м. как сущ.* ány¦òne; (*из двоих*) éither ['aɪ-].

**любопы́тн||о** **1.** *прил. кратк. см.* любопы́тный 1; **2.** *предик. безл.* it is ínteresting. **~ый** **1.** *прил.* (*в разн. знач.*) cúrious; **2.** *м. как сущ.* cúrious pérson.

**любопы́тство** *с.* cùriósity; удовлетвори́ть чьё-л. ~ sátisfỳ smb.'s cùriósity.

**любопы́тствовать,** полюбопы́тствовать be cúrious.

**лю́бящий** **1.** *прич. см.* люби́ть; **2.** *прил.* lóving ['lʌv-], afféctionate; ~ Вас (*в конце письма*) yours afféctionate¦ly.

**лю́гер** *м. мор.* lúgger.

**люд** *м. тк. ед. собир. разг.* people [pi:-] *pl.*, folk *pl.*; рабо́чий ~ wórking-pèople [-pi:-] *pl.*; ме́лкий городско́й ~ the pétty tównsfòlk [-nz-] *pl.*

**лю́д||и** *мн.* **1.** people [pi:-]; **2.** *уст.* (*прислуга*) sérvants; **3.** *воен.* men; ◇ вы́йти в ~ make* one's way (in life); вы́вести кого́-л. в ~ set* smb. up (in the world); на ~ях и смерть красна́ *посл.* ≅ two in distréss make sórrow less.

**лю́дн||ый** **1.** (*густо населённый*) pópulous, dénse¦ly pópulàted; **2.** (*об улице и т. п.*) crówded; **3.** (*многолюдный*): ~ое собра́ние crówded méeting / gáther¦ing.

**людое́д** *м.* cánnibal, mán-eater; (*в сказках*) ogre. **~ство** *с.* cánnibalism, àntropóphagy.

**людска́я** *ж. скл. как прил. уст.* sérvants' room / hall.

**людск||о́й** **1.** *прил. к* лю́ди 1; *тж.* húman; ~ род húman race, húmankínd; ~и́е стра́сти húman pássions; ~и́е пересу́ды the talk of the town *sg.*; **2.** *прил. к* лю́ди 2; **3.:** ~ соста́в *воен.* pèrsonnél.

**люизи́т** *м. хим.* léwisìte.

**люк** *м.* **1.** *мор.* hátchway, hatch; маши́нный ~ éngine-room hatch ['endʒ-...]; **2.** *театр.* trap; светово́й ~ ský-lìght.

**лю́лька** *ж.* **1.** (*колыбель*) cradle; **2.** *воен.* (*часть лафета*) gún-cràdle; **3.** (*трубка для курения*) pipe.

**люмба́го** *с. нескл. мед.* lùmbágò.

**люмина́л** *м. фарм.* lúminal.

**люминесце́нция** *ж. физ.* lùminéscence.

**лю́мпен-пролетариа́т** *м.* lúmpen-pròlètáriat ['lu:mpənprou-].

**люне́т** *м. воен.* lùnétte.

**лю́стра** *ж.* lustre, chàndelíer [ʃændɪ'lɪə], càndelábra [-'lɑ:-].

**люстри́н** *м. текст.* lústrine, lúte¦string. **~овый** lústrine (*attr.*); ~овый пиджа́к lústrine coat.

**лютера́н||ин** *м.*, **~ка** *ж.*, **~ский** *рел.* Lútheran. **~ство** *с. рел.* Lútheranism.

**лю́тик** *м. бот.* búttercùp, yéllow-gòld, góld-cùp. **~овые** *мн. скл. как прил. бот.* ranúnculì.

**лю́тня** *ж. муз.* lute.

**лю́т||ость** *ж.* fierce¦ness, ferócity. **~ый** fierce, ferócious; (*о человеке тж.*) cruel [kruəl]; ~ый враг rábid énemy; ~ый моро́з sevére / sharp frost.

**люфа́** *ж. бот.* lóofàh.

**люфт** *м. тех.* cléarance.

**люце́рна** *ж. бот.* lùcérne, àlfálfa.

**ля** *с. нескл. муз.* A [eɪ]; la [lɑ:].

**ляга́в||ый:** ~ая соба́ка (*длинношёрстная*) sétter; (*короткошёрстная*) póinter.

**ляга́ть,** лягну́ть (*вн.*) kick (*d.*). **~ся** kick.

**лягну́ть** *сов. см.* ляга́ть.

**лягуша́чий,** *чаще* **лягу́шечий** *прил. к* лягу́шка; лягу́шечья икра́ fróg-spawn.

**лягу́шка** *ж.* frog.

**лягушо́нок** *м.* young frog [jʌŋ...].

**ля́жка** *ж.* thigh, haunch.

**лязг** *м. тк. ед.* clank, clang.

**ля́зг||ать** (*тв.*) clank (with), clang (with); ◇ он ~ает зуба́ми his teeth are cháttering.

**ля́мк||а** *ж.* strap; тяну́ть ~ами (*вн.*), тяну́ть на ~ах (*вн.*) tow [tou] (*d.*), take* / have in tow (*d.*); ◇ тяну́ть ~у *разг.* drudge, toil.

**ля́пать,** наля́пать (*вн.*) *разг.* (*делать кое-как*) botch (*d.*), bungle (*d.*).

**ля́пис** *м.* lúnar cáustic, nítràte of sílver ['naɪ-...].

**ля́пис-лазу́рь** *ж.* lápis lázulì.

**ля́пнуть** *сов.* (*вн.*) *разг.* (*сболтнуть*) blurt out (*d.*).

**ля́псус** *м.* blúnder; (*обмолвка*) slip (of the tongue) [...tʌŋ].

**ля́сы** *мн.*: точи́ть ~ *разг.* chátter, talk ídly.

# М

**мавзоле́й** *м.* mausoléum [-'li:əm].

**мавр** *м.*, **~ита́нка** *ж.* Moor; ◇ ~ сде́лал своё де́ло, ~ мо́жет уйти́ the Moor has done his dúty, let him go. **~ита́нский** Móorish; (*о стиле*) mòrésque.

**маг** *м.* **1.** *ист.* (*жрец*) Mágian; **2.** (*волшебник*) magícian, wízard ['wɪ-].

**магази́н** *м.* **1.** shop; store *амер.*; универса́льный ~ depártment / géneral store; stores *pl.*; бакале́йный ~ grócery ['grou-]; гастрономи́ческий ~ grócery and provísion shop; dèlicatéssen *амер.*; ~ гото́вого пла́тья réady-máde clothes shop ['redɪ- klou-...]; писчебума́жный ~ státioner's (shop); парфюме́рный ~ perfúmer's (shop); ~ москате́льных това́ров chándlery ['tʃɑ:-]; ювели́рный ~ jéweller's (shop); часово́й ~ wátchmàker's (shop); **2.** *тех.* màgazíne [-'zi:n]; ди́сковый ~ círcular màgazíne drum. **~ный** *прил.* к магази́н; ~ная винто́вка *воен.* màgazíne / repéating rifle [-'zi:n...]; ~ная коро́бка *воен.* màgazíne.

**магара́джа** *м.* Màharája(h) [-'rɑ:-].

**магары́ч** *м.* *разг.* gift [gɪ-], èntertáinment (*on making a good bargain*); распи́ть ~ wet the bárgain.

**маги́стерский** *прил.* к маги́стр.

**маги́стр** *м.* máster.

**магистра́ль** *ж.* **1.** main; га́зовая ~ gas main; водопрово́дная ~ wáter main ['wɔ:-...]; **2.** (*дорога*) híghway; железнодоро́жная ~ main line. **~ный** main; ~ный ка́бель main cable; ~ная ли́ния main line; ~ный парово́з máin-líne lócomòtive [...'loukə-].

**магистра́т** *м.* mágistracy. **~у́ра** *м.* *тк. ед.* mágistracy.

**маги́ческ||ий** mágic; (*вызванный магией*) mágical; ~ое заклина́ние mágic spell; ~ое де́йствие mágical efféct.

**ма́гия** *ж.* mágic; чёрная ~ black art / mágic; бе́лая ~ white mágic.

**ма́гма** *ж.* *геол.* mágma. **~ти́ческий** *геол.* màgmátic.

**магна́т** *м.* mágnàte; báron ['bæ-] *амер.*

**магнези́т** *м.* *мин.* mágnesìte.

**магне́зия** *ж.* *хим.* màgnésia.

**магнет||изёр** *м.* *уст.* mésmerist ['mez-]. **~изи́ровать** (*вн.*) *уст.* mésmerìze ['mez-] (*d.*).

**магнет||и́зм** *м.* **1.** mágnetism; земно́й ~ terréstrial mágnetism; **2.** (*отдел физики*) màgnétics. **~и́ческий** màgnétic.

**магнети́т** *м.* *мин.* mágnetìte.

**магне́то** *с.* *нескл.* *тех.* màgnétò; пусково́е ~ *авт.* bóoster / stárting màgnétò.

**магнетро́н** *м.* *рад.* mágnetròn.

**ма́гн||иевый** *прил.* к ма́гний. **~ий** *м.* *хим.* màgnésium [-zɪəm].

**магни́т** *м.* mágnet; есте́ственный ~ nátural mágnet; постоя́нный ~ pérmanent mágnet. **~ить** (*вн.*) mágnetìze (*d.*). **~ный** màgnétic(al); ~ный железня́к *мин.* mágnetìte, lóadstòne; ~ное притяже́ние màgnétic attráction; ~ное по́ле *физ.* màgnétic field [...fi:ld]; ~ная стре́лка màgnétic néedle; ~ная анома́лия màgnétic(al) anómaly.

**магнито́метр** *м.* *эл.* màgnétometer.

**магнитофо́н** *м.* tápe-recòrder.

**магнитоэлектри́ческий** màgnétò-eléctric.

**магно́лиевые** *мн.* *скл.* *как прил.* *бот.* màgnòliáceae [-sɪi:].

**магно́лия** *ж.* *бот.* màgnólia.

**магомета́н||ин** *м.*, **~ка** *ж.*, **~ский** Mohámmedan. **~ство** *с.* Mohámmedanism.

**мадапола́м** *м.* *текст.* màdapóllam. **~овый** màdapóllam (*attr.*).

**маде́ра** *ж.* (*вино*) Madéira [-'dɪərə].

**мадо́нна** *ж.* madónna.

**мадрига́л** *м.* *лит.* mádrigal.

**мадья́р** *м.*, **~ка** *ж.*, **~ский** Mágyàr ['mægjɑ:]; ~ский язы́к Mágyàr, the Mágyàr lánguage.

**маёвка** *ж.* mayóvka (*pre-revolution illegal May-Day meeting*).

**мажо́р** *м.* *муз.* májor key [...ki:]; га́мма соль-~ scale of G májor [...dʒi:...], G májor scale. **~ный** *муз.* májor; (*перен.*) buóyant ['bɔɪ-].

**маз** *м.* (*в биллиардной игре*) mace.

**ма́зан||ка** *ж.* cób¦house* [-s], cláy-wàlled cóttage. **~ый** **1.** (*глинобитный*) pisé-wàlled [pi:'zeɪ-]; **2.** *разг.* (*грязный*) soiled, dírty.

**ма́зать** **1.** (*вн.*; *покрывать чем-л. жидким, смазывать*) oil (*d.*), grease (*d.*), lúbricàte (*d.*); **2.** (*вн. тв.*; *намазывать*) smear (*d.* with); spread* [spred] (on *d.*); ~ ма́слом spread* bútter (on); bútter (*d.*); **3.** (*вн.*; *пачкать*) soil (*d.*); **4.** (*без доп.*) *разг.* (*плохо рисовать*) daub; **5.** (*без доп.*) *разг.* (*не попадать*) miss the mark. **~ся** **1.** (*пачкаться*) soil òne¦sélf; **2.** *разг.* (*красить лицо*) make* up; **3.** *страд.* к ма́зать 1, 2, 3.

**мази́лка** I *ж.* (*малярная кисть*) brush.

**мази́лка** II *м.* *ирон.* (*плохой художник*) dáuber, dáubster.

**маз||ну́ть** *сов.* (*вн.*) brush (*d.*), touch líghtly [tʌtʃ...] (*d.*), dab (*d.*). **~ня́** *ж.* *разг.* daub, ìnàrtístic páinting.

**мазо́к** *м.* **1.** *жив.* dab, stroke of the brush, touch [tʌtʃ]; **2.** *мед.* smear (for mìcroscópic exàminátion) [...maɪ-...].

**мазу́рка** *ж.* mazúrka.

**мазу́т** *м.* mazút [-u:t], black oil. **~ный** *прил.* к мазу́т; ~ные масла́ héavy oils ['hevɪ...].

**маз||ь** *ж.* óintment; (*жидкая*) líniment; колёсная ~ whéel-grease [-s]; сапо́жная ~ blácking, shóe-pòlish ['ʃu:-]; ◇ де́ло на ~й *разг.* things are gó¦ing, *или* are getting on, swímming¦ly.

**маис** *м.* *бот.* maize, Índian corn; corn *амер.* **~овый** *прил.* к маис; ~овая ка́ша hóminy, pòlénta.

**май** *м.* May; в ма́е э́того го́да in May; в ма́е про́шлого го́да last May; в ма́е бу́дущего го́да next May; Пе́рвое ма́я May Day, First of May.

**ма́йка** *ж.* sléeve¦less vest; fóotbàll shirt ['fut-...]; spórts-shìrt *амер.*; sínglet.

**майо́лик||а** *ж.* *иск.* majólica [-'jɔ-], maiólica. **~овый** *прил.* к майо́лика.

**майоне́з** *м.* *кул.* mayonnáise.

**майо́р** *м.* májor.
**майора́т** *м. юр.* **1.** *тк. ед.* (*система*) right of primogéniture [...praɪ-]; **2.** (*имение*) entáiled estáte.
**майо́рский** *прил. к* майо́р.
**ма́йский 1.** *прил. к* май; ~ день May day, day in May; **2.** (*первомайский*) Máy-Day (*attr.*); ◇ ~ жук Máy-bùg, cóckchàfer.
**мак** *м.* **1.** (*цветок*) póppy; **2.** *тк. ед.* (*семена*) póppy-seed.
**макада́м** *м.* macádam [-æd-].
**мака́ка** *ж.* (*обезьяна*) macácò.
**мака́о** *м. нескл.* (*попугай*) macáw.
**макаро́нн||ик** *м. кул.* baked màcaróni púdding [...-ounɪ 'pu-]. **~ый** *прил. к* макаро́ны; ~ые изде́лия màcaróni foods [-ounɪ...].
**макаро́ны** *мн.* màcaróni [-ounɪ] *sg.*
**мака́ть** (*вн.* в *вн.*) dip (*d.* in, into).
**македо́н||ец** *м.*, **~ка** *ж.*, **~ский** Màcedónian.
**маке́т** *м.* **1.** módel ['mɔ-]; móck-ùp *разг.*; **2.** *воен.* dúmmy; ~ та́нка dúmmy tank; **3.** *театр.* scale módel. **~ный** *прил. к* маке́т.
**макиавелли́||зм** *м.* Màchiavéllism [-k-]. **~сти́ческий** Màchiavéllian [-k-].
**макинто́ш** *м.* máckintòsh.
**макла́||к** *м. уст. презр.* bróker, jóbber, middle¦man*. **~чество** *с. уст. презр.* jóbbing.
**ма́клер** *м.* bróker. **~ский** *прил. к* ма́клер. **~ство** *с.* bróking, brókerage ['brou-].
**ма́ковка** *ж.* **1.** (*плод мака*) póppy-head [-hed]; **2.** (*купол*) cúpola; top, súmmit; **3.** *разг.* (*головы*) crown.
**ма́ков||ые** *мн. скл. как прил. бот.* papáverous plants [-'peɪ- plɑː-], papàveráceae [-peɪvə'reɪsiː]. **~ый** papáverous [-'peɪ-], papàverácious [-peɪ-]; ~ое ма́сло póppy-(seed-)oil; ◇ зарде́ться как ма́ков цвет *разг.* ≅ blush like a rose, blush póppy-rèd.
**макре́ль** *ж.* (*рыба*) máckerel [-kr-].
**макроко́см** *м.* mácrocòsm.
**макроскопи́ческий** màcroscópic.
**ма́ксима** *ж.* máxim.
**максима́льно** I *прил. кратк. см.* максима́льный.
**максима́льн||о** II *нареч.* at most; as much as póssible. **~ый** máximum (*attr.*); híghest póssible; ~ый термо́метр *физ.* máximum thermómeter.
**ма́ксимум 1.** *м.* máximum (*pl.* -ma); úpper limit; **2.** *как нареч.* at most: ~ в де́сять лет in ten years at most.
**макулату́р||а** *ж. тк. ед.* **1.** *полигр.* máckle(-pàper), spoilt sheet; **2.** (*бездарное произведение*) pulp líterature. **~ный** *прил. к* макулату́ра.
**маку́шк||а** *ж.* **1.** top, súmmit; **2.** (*головы*) crown; ша́пка на ~е with one's hat on the back of one's head [...hed]; ◇ у него́, у неё *и т. д.* у́шки на ~е *разг.* he, she, *etc.*, is all ears: у на́ших у́шки на ~е our féllows are all ears.
**мал** *предик.* (*дт.*) too little (for), too small (for): э́ти боти́нки мне ~ы́ these shoes are too small for me.
**мала́га** *ж.* (*вино*) Málaga.
**мала́||ец** *м.*, **~йка** *ж.*, **~йский** Maláy, Maláyan; ~йский язы́к Maláy, the Maláyan lánguage.
**малахи́т** *м. мин.* málachìte [-k-]. **~овый** *прил. к* малахи́т.
**малева́ть,** намалева́ть (*вн.*) **1.** *разг.* paint (*d.*); **2.** *пренебр.* (*плохо рисовать*) daub (*d.*); ◇ не так стра́шен чёрт, как его малю́ют *посл.* the dévil is not so térrible as he is páinted; (*не так плох*) the dévil is not so black as he is páinted.
**мале́йш||ий** (*превосх. ст. от прил.* ма́лый) least, slíghtest; не име́ю ни ~его поня́тия I have not the least / slíghtest / fáintest / remótest ìdéa / nótion [...aɪ'dɪə...]; не име́ю ни ~его жела́ния де́лать э́то I have not the least wish to do it, I do not feel like doing it at all.
**малёк** *м. зоол.* fry, young fish [jʌŋ...].
**ма́леньк||ий 1.** *прил.* small, little*; (*миниатюрный*) dimínutive; **2.** *прил.* (*незначительный*) slight; **3.** *прил.* (*малолетний*) young [jʌŋ]; **4.** *м. как сущ.* *the* báby, *the* child*; ◇ игра́ть по ~ой play low [...lou], play at low stakes; ~ие лю́ди humble folk, cómmon run of people [...piː-] *sg.*
**мале́нько** *нареч. разг.* a little, a bit.
**ма́лец** *м. разг.* lad, strípling.
**мали́н||а** *ж. тк. ед.* **1.** *собир.* ráspberries [-zb-] *pl.*; **2.** (*об отдельной ягоде*) ráspberry [-zb-]; **3.** (*куст*) ráspberry-càne. **~ник** *м. тк. ед.* ráspberry-cànes [-zb-] *pl.* **~ный** *прил. к* мали́на.
**мали́новка** I *ж.* (*птица*) róbin, (róbin) rédbreast [...-brest].
**мали́новка** II *ж.* (*наливка*) ráspberry brándy [-zb-...].
**мали́нов||ый 1.** ráspberry [-zb-] (*attr.*); ~ое варе́нье ráspberry jam; **2.** (*о цвете*) crimson [-z°n]; ◇ ~ звон méllow chime.
**ма́лка** *ж. тех.* bével ['be-].
**ма́ло** I **1.** *прил. кратк. см.* ма́лый I; **2.** *предик. безл.*: э́того ~ this is not enóugh [...ɪ'nʌf].
**ма́ло** II **1.** *неопред. числит.* (*с сущ. в ед. ч.*) little; (*с сущ. во мн. ч.*) few; (*недостаточно*) not enóugh [...ɪ'nʌf]; ~ са́хару little* súgar [...'ʃu-]; ~ книг few books; ~ наро́ду few people [...piː-]; **2.** *нареч.* little*; мы ~ его́ ви́дим we see little of him; ◇ ~ того́ mòre¦óver; ~ того́, что it is not enóugh that; ~ ли что! *разг.* what of it!; ~ ли что быва́ет all kinds of things will / may háppen; ~ ли где я мог его́ встре́тить there are lots of pláces where I could have met him.
**мало́** *с. см.* мал.
**малоазиа́тский** Ásia Mínor ['eɪʃə...] (*attr.*), of Ásia Mínor.
**малоблагоприя́тный** scárce¦ly fávour¦able / condúcive ['skɛə-...].
**малова́жный** ún¦impórtant; of little impórtance; of small ímpòrt.
**малова́т** *прил. кратк. разг.* ráther small ['rɑː-...], not the right size; úndersízed; он ~ ро́стом he is not well grown [...groun]; he is úndersízed.
**малова́то** *нареч. разг.* not quite enóugh [...ɪ'nʌf].
**малове́р** *м.* *one* of little faith, scéptic ['ske-]. **~ие** *с.* little faith, scépticism ['ske-].
**маловероя́тный** hárdly próbable, not líke¦ly, ùn¦líke¦ly.

**мало||во́дный** with little wáter [...'wɔ:-], dry; (*о реке, озере и т. п.*) shállow. **~во́дье** *с.* lack of wáter [...'wɔ:-]; (*о реке, озере и т. п.*) shállowness, low wáter-lèvel [lou 'wɔ:təle-].

**маловразуми́тельный** not clear; (*неубедительный*) ún¦convincing.

**маловы́годный** not remúnerative, not prófitable, of small prófit.

**малогабари́тн||ый** small; ~ая маши́на small car; самохо́дная ~ая электроста́нция small sélf-propélled eléctric pówer únit.

**малоговоря́щий** not expréssive; ~ факт a fact that expláins little.

**малогра́мотный** 1. álmòst illíterate ['ɔ:lmoust...], ún¦éducàted; 2. (*неправильно сделанный*) raw, únskilled.

**малодарови́тый** of meagre gifts / tálents [...gɪ- 'tæ-].

**малоде́йстви́тельный** ineffective.

**малодоказа́тельный** not very persuásive [...-'sweɪs-], lácking strength.

**малодостове́рный** not wéll-fóunded, ùn¦like¦ly.

**малодосту́пный** inàccéssible.

**малодохо́дный** bring¦ing little prófit, not very prófitable, not very remúnerative.

**малоду́шествовать** show* lack of spírit [ʃou...].

**малоду́ш||ие** *с.* fáint-héartedness [-'hɑ:t-], cówardice. **~ничать** *разг.*= малоду́шествовать. **~ный** cówardly, fáint-héarted [-'hɑ:t-], cráven, póor-spírited; ~ный челове́к cóward, cówardly man*, fáint-héarted / chicken-héarted féllow [...-'hɑ:t-...].

**малое́зженый** [-е́жьже-] 1. (*о лошади*) úntried; (*о коляске*) práctically new; 2. (*о дороге*) not wéll-tródden; loose [-s].

**малое́зжий** ún¦frequénted; off the béaten track.

**малозаме́тный** 1. slight; ún¦obtrúsive; 2. (*обыденный*) hárdly out of the órdinary; not ùn¦cómmon.

**малозаселённый**=малонаселённый.

**малоземе́ль||е** *с.* lánd-stàrvátion, lánd-hùnger. **~ный** lánd-stárved, lánd-hùngry.

**малознако́мый** únfamíliar, strange [-eɪndʒ].

**малозна́ч||ащий, ~и́тельный** of little significance, ún¦impórtant.

**малоизве́стный** little known [...noun], not pópular.

**малоиму́щий** poor, índigent, néedy.

**малоинтере́сный** of little ínterest.

**малоиссле́дованный** scántily explóred.

**малокали́берный** smáll-càlibre (*attr.*); (*о ружье*) smáll-bòre (*attr.*).

**малокро́в||ие** *с.* anáemia. **~ный** anáemic.

**малокульту́рный** lácking cúlture.

**малоле́тка** *м. и ж. разг.* young child* [jʌŋ...].

**малоле́т||ний** 1. *прил.* young [jʌŋ]; (*несовершеннолетний*) únder age; júvenile; 2. *м. как сущ.* (*о ребёнке*) ínfant; (*о подростке*) júvenile. **~ство** *с.* ínfancy; (*несовершеннолетие*) nónage ['nou-].

**малолитра́жный** lów-pówered ['lou-]; ~ автомоби́ль smáll-displàce¦ment car.

**малолю́дн||ость** *ж.* dearth / lack / scántiness of people [dɜ:θ...pi:-]; (*о собрании и т. п.*) présence of few people ['prez-...]. **~ый** not crówded, únfrequénted; (*малонаселённый*) thín¦ly pópulàted.

**малолю́дье** *с.* lack of people [...pi:-].

**мало-ма́льски** *нареч. разг.* in the slíghtest degrée, to the slíghtest extént.

**малома́льский** *разг.* least, slíghtest.

**маломо́щн||ый** weak, not pówerful; ~ дви́гатель lów-pówered éngine / mótor ['lou-'endʒ-...]; ~ое предприя́тие pétty concérn / búsiness [...'bɪzn-]; ~ое крестья́нское хозя́йство small péasant's hólding [...'pez-...].

**малонадёжн||ый** not very relíable; ~ая пого́да bróken / únsèttled wéather [...'we-].

**малонаселённый** spárse¦ly / thín¦ly pópulàted.

**малоо́блачн||ый:** ~ая пого́да fair with some cloud.

**малообразо́ванный** of little èducátion.

**малообщи́тельный** réticent, únsóciable.

**малоо́пытный** inexpérienced, of little expérience.

**малооснова́тельный** 1. (*о доводе, мнении и т. п.*) not well fóunded; 2. *разг.* (*о человеке*) not relíable.

**малопита́тельный** not very nutrítious.

**малоплодо́вый** *с.-х.* béaring little fruit ['bɛə-...fru:t].

**малоплодоро́дн||ый** poor, scánty; ~ая по́чва poor soil.

**малоподви́жный** not móbile [...'mou-]; ~ о́браз жи́зни sédentary life.

**малоподгото́вленн||ый:** ~ая аудито́рия áudience with little / insufficient prelíminary tráining.

**малоподе́ржанный** not much dámaged by use [...ju:s]; álmòst new ['ɔ:lmoust...].

**мало-пома́лу** *нареч.* little by little, bit by bit; (*постепенно*) grádually, by slow degrées [...slou...].

**малопомести́тельный** not capácious, not róomy.

**малопоно́шенный** not fráyed, not much worn [...wɔ:n], little worn.

**малопоня́тливый** not very quick / bright.

**малопоня́тный** dífficult to ùnderstánd.

**малопри́быльный** not prófitable, bring¦ing little prófit.

**малопригóдный** of little use [...ju:s].

**малоприменúмый** hárdly / séldom ápplicable.

**малопродукти́вный** not prodúctive, not efficient, not frúitful [...'fru:t-], of small efficiency.

**малопроизводи́тельный** =малопродукти́вный.

**малоразвито́й, малора́звитый** 1. úndevéloped; 2. (*о человеке*) ún¦éducàted.

**малоразгово́рчивый** réticent.

**малорента́бельный** not sufficiently remúnerative / prófitable.

**малоро́слый** úndersízed, dwárfish, stúnted.

**малосве́дущий** of little knówledge [...'nɔ-].

**малосеме́йный** having / with a small fámily.

**малоси́льный** 1. weak, feeble; 2. *тех.* lów-pówered ['lou-].

**малосодержа́тельный** insípid, émpty.

**малосо́льн||ый** frésh-sálted; ~ые огурцы́ frésh-sàlted cúcumbers.

**малосостоя́тельный** 1. (*небогатый*) not wéll-óff, not prósperous; 2. (*неубедительный*) not con¦clúsive, not convíncing.

**малоспосо́бный** of indifferent abilities.

**малосто́йкий** *хим.* not stable.

**ма́лост||ь** *разг.* 1. *ж.* trifle; из-за вся́кой ~и for every trifle; са́мая ~ оста́лась there is just a little left; 2. *как нареч.* sóme¦whàt, a bit.

**малосуще́ственный** not substántial, ún¦impórtant.

**малотира́жный** of small circulátion.

**малотре́бовательный** not strict, not exácting.

**малоубеди́тельный** not con¦clúsive, ún¦convíncing, not persuásive [...-'sweɪ-].

**малоудо́йный** giving little milk.

**малоупотреби́тельный** rare, ráre¦ly used, not much in use [...juːs].

**малоурожа́йн||ый:** ~ые сорта́ the less fértile kinds.

**малоуспе́шный** not succéssful.

**малоутеши́тельный** not very cómforting [...'kʌm-].

**малоце́нный** of little válue, not váluable.

**малочи́сленн||ость** *ж.* small númber. **~ый** not númerous, scánty.

**малочувстви́тельный** not sénsitive, of little sènsitívity.

**ма́л||ый** I 1. *прил.* small; ~ ро́стом short, of small státure; зна́ния его́ сли́шком ~ы́ his knówledge is insuffícient / scánty [...'nɔ-...]; ~ые фо́рмы *театр.* variety èntertáinments; теа́тр ~ых форм variety show [...ʃou], váudeville ['voudəvɪl]; ~ая ско́рость *ж.-д.* low speed [lou...]; ~ ход *мор.* slow speed [slou...]; 2. *с. как сущ.* the little; са́мое ~ое the least; без ~а, без ~ого álmòst ['ɔːlmoust]; сейча́с без ~ого пять часо́в it is néarly five now; дово́льствоваться ~ым be thánkful for small mércies; ◇ мал золотни́к, да до́рог *погов.* ≅ little bódies may have great souls [...'bɔ-... greɪt soulz]; мал ~а́ ме́ньше one smáller than the other; от ~а до вели́ка young and old [jʌŋ...]; с ~ых лет from child¦hood [...-hud]; Ма́лый теа́тр the Mály Théatre [...'θɪətə].

**ма́лый** II *м. скл. как прил. разг.* féllow, boy, lad; сла́вный ~ nice féllow / chap.

**малы́ш** *м.* 1. small child*; kiddy *разг.*; 2. *разг.* (*о взрослом*) little man*.

**ма́льва** *ж. бот.* mállow, hóllyhòck.

**мальва́зия** *ж.* (*вино*) málmsey ['mɑːmzɪ].

**ма́львовые** *мн. скл. как прил. бот.* màlváceae [-sɪiː].

**мальто́за** *ж. хим.* máltòse [-s].

**мальтузиа́н||ский** Màlthúsian [-z-]. **~ство** *с.* Màlthúsianism [-zɪ-].

**ма́льчик** *м.* 1. boy; lad; 2. *уст.* (*ученик в торговом предприятии*) appréntice; ◇ ~ с па́льчик hóp-o'-my-thùmb [-mɪ-]; Tom Thumb.

**мальч||иково́й** (*об обуви, одежде*) for boys. **~и́шеский** bóyish; púerile; ~и́шеские посту́пки bóyish beháviour *sg.* **~и́шество** *с.* bóyishness.

**мальч||и́шка** *м. разг.* úrchin, boy; у́личный ~ street árab [...'æ-], gúttersnìpe, múd¦làrk; ◇ вести́ себя́ как ~ beháve like a child. **~уга́н** *м. разг. ласк.* little boy, láddie.

**малю́сенький** *разг.* tíny, wee.

**малю́тка** *м. и ж.* báby; (*как обращение*) my little.

**маля́р** *м.* (hóuse-)painter [-s-]; (*оклейщик обоями*) páper-hàng¦er.

**маляр||и́йный** *мед.* malárial; ~ кома́р malárial mosquítò [...-'kiː-]. **~и́я** *ж. мед.* malária.

**маля́рн||ый** *прил. к* маля́р; ~ое де́ло páinting.

**ма́ма** *ж.* múmmy; mámma ['mɑː-] *амер.*; mum, ma [mɑː] *сокр.*

**мамалы́га** *ж. тк. ед.* hóminy.

**мама́ша** *ж. разг.* móther ['mʌ-].

**ма́меньк||а** *ж. разг.*=ма́ма. **~ин** *прил. уст.* móther's ['mʌ-]; ◇ ~ин сыно́к *разг.* móther's dárling.

**ма́мин** *прил.* móther's ['mʌ-].

**ма́мка** *ж. уст.* (wét-)nùrse.

**ма́монт** *м.* mámmoth. **~овый** *прил. к* ма́монт; ◇ ~овое де́рево Wèllingtónia.

**ма́мочка** *ж. ласк.* múmmy.

**мангани́т** *м. мин.* mánganìte.

**ма́нго** *с. нескл.* (*дерево и плод*) mángò. **~вый** *прил. к* ма́нго.

**ма́нгров||ый:** ~ые боло́та mángròve swamps.

**мангу́ста** *ж. зоол.* mòngóose [mʌn'guːs].

**мандари́н** I *м. ист.* (*китайский чиновник*) mándarin.

**мандари́н** II *м.* 1. (*плод*) tángerine [-ndʒə'riːn], mándarin, màndaríne [-iːn]; 2. (*дерево*) tángerine-tree [-ndʒə'riːn-]. **~ный, ~овый** *прил. к* мандари́н II.

**манда́т** *м.* mándàte; (*тк. о документе*) wárrant. **~ный** 1. mándàte (*attr.*), wárrant (*attr.*); ~ная коми́ссия Mándàte Commíssion, Credéntials Commíttee [...-tɪ]; 2. (*владеющий мандатом*) mándatory.

**манди́булы** *мн. зоол.* mándibles.

**мандоли́н||а** *ж. муз.* mándolin, màndolíne [-'liːn]. **~и́ст** *м.* mándolin-player, màndolíne-player [-'liːn-].

**мандраго́ра** *ж. бот.* màndrágora.

**мандри́л** *м. зоол.* mándrill, babóon.

**манёвр** *м.* (*в разн. знач.*) manóeuvre [-'nuːvə]; уда́чный (такти́ческий) ~ a cléver stroke (of táctics) [...'kle-...]; э́то был то́лько ~ it was ónly a trick / strátagem.

**манёвренн||ость** *ж.* manòeuvrebílity [-'nuːv-]. **~ый** manóeuvre [-'nuːvə] (*attr.*), manóeuvring [-'nuːv-]; ~ая война́ war of móve¦ment [...'muːv-], móbile wárfàre ['mou-...].

**маневри́ровать** 1. (*прям. и перен.*) manóeuvre [-'nuːvə]; make* èvolútions [...iːv-]; 2. *ж.-д.* shunt.

**маневро́вый** *ж.-д.* shúnting; ~ парово́з shúnting éngine [...'endʒ-].

**манёвры** *мн.* 1. *воен.* manóeuvres [-'nuː-]; 2. *ж.-д.* shúnting *sg.*

**мане́ж** *м.* ríding-school; manège (*фр.*) [mæ'neɪʒ]; (*крытый*) ríding-house* [-s], ríding-hàll; (*в цирке*) aréna.

**мане́жить** (*вн.*) *разг.* try the pátience (of), keep* wáiting (*d.*).

**мане́жный** *прил. к* мане́ж.

**манеке́н** *м.* (*прям. и перен.*) táilor's dúmmy; (*художника; тж. перен.*) lay fígure; (*живая модель*) mánnequin [-kɪn].

**мане́р** *м. разг.* mánner; на ~ (*рд.*) in the

mánner (of); на францу́зский ~ in the French mánner; таки́м ~ом in this mánner.

**мане́р||а** *ж.* (*в разн. знач.*) mánner; (*стиль*) style; ~ держа́ть себя́ cárriage [-rɪdʒ], béaring ['bɛə-]; у него́ хоро́шие ~ы he has good* mánners; у него́ плохи́е ~ы he has no mánners, he is bád-mànnered.

**мане́рка** *ж. воен. уст.* mess tin, càntéen.

**мане́рн||ичать** *разг.* símper, be affécted, have an affécted mánner. **~ость** *ж.* àffèctátion. **~ый** affécted, preténtious; (*о стиле*) précious ['pre-].

**манже́та** *ж.* cuff.

**маниака́льный** *мед.* maníacal.

**маникю́р** *м.* mánicùre. **~ша** *ж. разг.* mánicùrist.

**мани́ловщина** *ж. неодобр.* Manílovism (*smug complacency, inactivity, futile day-dreaming; from Manilov, a character in Gogol's "Dead Souls"*).

**манипул||и́ровать** (*тв.*) manípulàte (*d.*). **~я́тор** *м.* manípulàtor. **~я́ция** *ж.* manìpulátion.

**мани́ть,** помани́ть (*вн.*) **1.** (*звать*) béckon (*d.*); wave (to); **2.** *тк. несов.* (*привлекать*) attráct (*d.*); (*соблазнять*) lure (*d.*); entíce (*d.*), allúre (*d.*).

**манифе́ст** *м.* mànifésto; Манифе́ст Коммунисти́ческой па́ртии the Cómmunist Mànifésto.

**манифеста́нт** *м.*, **~ка** *ж.* demónstrant.

**манифест||а́ция** *ж.* dèmonstrátion. **~и́ровать** *несов. и сов.* démonstràte.

**мани́шка** *ж.* (false) shírtfrònt [fɔːls -frʌ-]; dícky *разг.*

**ма́ния** *ж.* mánia; ~ вели́чия mégalo¦mánia; ~ пресле́дования pèrsecútion mánia.

**манки́ровать** *несов. и сов.* **1.** (*отсутствовать*) be ábsent; **2.** (*тв.*; *пренебрегать*) negléct (*d.*); ~ свои́ми обя́занностями negléct / shirk one's dúties.

**ма́нн||а** *ж.* mánna; ◇ ждать, жа́ждать как ~ы небе́сной (*рд.*) *разг.* thirst (for). **~ый** made of sèmolína [...-'liː-]; ~ая крупа́ mánna-croup [-kruːp]; ~ая ка́ша sèmolína [-'liː-].

**манове́ни||е** *с. уст.* beck, nod; ~ем руки́ with a wave of one's hand; как по ~ю as if by mágic.

**мано́метр** *м. физ.* préssure-gauge [-geɪdʒ], manómeter. **~и́ческий** *физ.* mànométric.

**манса́рда** *ж.* gárret.

**манти́лья** *ж.* màntílla.

**ма́нтия** *ж.* cloak, mantle, gown, robe; суде́йская ~ júdge's gown.

**манто́** *с. нескл.* ópera-cloak; mantle.

**манускри́пт** *м.* mánuscript.

**мануфакту́р||а** *ж.* **1.** *ист. эк.* mànufáctory; **2.** *уст.* (*текстильная фабрика*) téxtìle mill; **3.** *тк. ед.* (*ткани*) téxtiles *pl.*, drápery ['dreɪ-]; dréss-matèrials *pl.* **~ный** *прил. к* мануфакту́ра; ~ное произво́дство *ист. эк.* mànufáctory; ~ный това́р drápery ['dreɪ-]; ~ный магази́н dráper's; dry goods (store) [...gudz...] *амер.*

**манче́стер** *м. текст.* vélvetéen.

**маньчжу́р** *м.*, **~ский** Mànchúrian.

**манья́к** *м.* mániàc.

**маня́щий** **1.** *прич. см.* мани́ть; **2.** *прил.* allúring.

**марабу́** *м. нескл. зоол.* márabou [-buː].

**мара́зм** *м. мед.* marásmus [-zm-]; (*перен.*) decáy; ста́рческий ~ sénile decáy ['siː-...], dótage ['dou-].

**мара́л** *м. зоол.* máral ['meɪ-]; Sibérian stag [saɪ-...].

**мара́нье** *с. разг.* **1.** sóiling; **2.** *пренебр.* (*плохая картина*) daub; (*неряшливое письмо*) scríbbling.

**мараски́н** *м.* (*ликёр*) màraschínò [-'kiː-].

**мара́ть,** замара́ть, намара́ть (*вн.*) **1.** *при сов.* замара́ть *разг.* soil (*d.*), stain (*d.*), dírty (*d.*); (*сажей*) smut (*d.*); (*перен.*) súlly (*d.*), stain (*d.*), tárnish (*d.*), blémish (*d.*); замара́ть репута́цию soil / súlly *one's* rèputátion; **2.** *при сов.* намара́ть (*плохо рисовать*) daub (*d.*); (*плохо писать*) scríbble (*d.*); ◇ ~ ру́ки (о *вн.*) soil one's hands (with); ~ бума́гу waste páper [weɪ-...]. **~ся,** замара́ться **1.** *разг.* soil òne¦sélf; *сов. тж.* get* òne¦sélf dírty; **2.** *страд. к* мара́ть 1; ◇ не сто́ит ~ся (из-за) no use sóiling one's hands [...juːs...] (for).

**марафо́нский:** ~ бег *спорт.* Márathon race.

**мара́шка** *ж. полигр.* turn.

**ма́рганец** *м. хим.* mànganése; хло́ристый ~ mànganése chlóride [...'klɔː-]; серноќислый ~ mànganése súlphide.

**ма́рганцевый** *хим.* màngánic.

**марганцо́в||истый** *хим.* mánganous; ~истоки́слый ка́лий potássium mánganàte. **~ый** = ма́рганцевый.

**маргари́н** *м.* màrgaríne [mɑːdʒə'riːn]. **~овый** *прил. к* маргари́н.

**маргари́тка** *ж. бот.* dáisy [-zɪ].

**маргина́лии** *мн.* màrginália, márginal notes.

**ма́рево** *с.* **1.** miráge [-ɑːʒ]; **2.** (*туманные очертания*) lóoming; haze.

**маре́мма** *ж. геогр.* marémma.

**маре́н||а** *ж. бот.* mádder. **~овый** *прил. к* маре́на.

**ма́ри** *мн. собир.* the Márì [...'mɑːriː].

**мар||и́ец** *м.*, **~и́йка** *ж.*, **~и́йский** Márì ['mɑːriː]; ~и́йский язы́к Márì, the Márì lánguage.

**мари́на** *ж. жив.* séa-scàpe, séa-piece [-piːs], maríne [-iːn].

**марина́д** *м.* màrináde; (*об овощах тж.*) píckles *pl.*

**марини́ст** *м. жив.* páinter of séa-scàpes.

**маринова́ние** *с.* píckling.

**марино́ванный** *прич. и прил.* píckled.

**маринова́ть** (*вн.*) **1.** píckle (*d.*); **2.** *разг.* (*заставлять ждать*) keep* wáiting (*d.*); (*задерживать, откладывать*) deláy (*d.*), shelve (*d.*).

**марионе́т||ка** *ж.* màrionétte; púppet (*тж. перен.*); теа́тр ~ок púppet-show [-ʃou]. **~очный:** ~очное прави́тельство púppet góvernment [...'gʌ-].

**ма́рк||а** I *ж.* **1.** stamp; (*почтовая*) (póstage-) stàmp ['pou-]; **2.** (*клеймо*) mark, sign [saɪn]; brand; фабри́чная ~ tráde-màrk; с ~ой (*рд.*) béaring the tráde-màrk ['bɛə-...] (of); **3.** (*денежная единица*) mark; **4.** (*фишка*) cóunter; **5.** (*сорт, качество*) grade, sort; (*перен.*) brand; но́вая ~ (*машины и т. п.*) new módel [...'mɔ-]; вы́сшая ~ best brand; вы́сшей ~и tóp-quálity (*attr.*), of the best brands.

**ма́рка** II *ж. ист.* mark.

**маркгра́ф** *м. ист.* márgràve.

**маркёр** I *м.* (bílliard-)màrker, bílliard-scòrer.
**маркёр** II *м. с.-х.* márker.
**марки́з** *м.* márquis, márquess.
**марки́за** I *ж.* (*английская*) márchioness [-ʃənɪs]; (*французская*) màrquise [-'ki:z].
**марки́за** II *ж.* (*навес у окна*) sún-blind.
**маркизе́т** *м. текст.* voile [vɔɪl], màrquisétte [-'zet]. **~овый** *прил. к* маркизе́т.
**ма́ркий** éasily soiled ['i:z-...].
**маркирова́ть** (*вн.*) mark (*d.*).
**маркиро́в||ка** *ж.* márking. **~щик** márker.
**маркита́нт** *м.*, **~ка** *ж. ист.* sútler ['sʌ-]; càntéen-keeper; ла́вка ~а càntéen.
**маркси́зм** *м.* Márxism; тво́рческий ~ crèátive Márxism.
**маркси́зм-ленини́зм** *м.* Márxism-Léninism.
**маркси́ст** *м.*, **~ка** *ж.*, **~ский** Márxist.
**маркси́стско-ле́нинск||ий** Márxist-Léninist, Márx-Lénin (*attr.*); ~ая тео́рия Márxist-Léninist théory [...'θɪə-].
**маркше́йдер** *м. горн.* míne-survéyor. **~ский** *прил. к* маркше́йдер.
**ма́рлевый** *прил. к* ма́рля; ~ бинт gauze bándage.
**ма́рля** *ж. тк. ед.* gauze, chéese¦clòth.
**мармела́д** *м.* cándied fruit jélly [...fru:t...]. **~ный** *прил. к* мармела́д.
**мармори́ровать** *несов. и сов.* (*вн.*) *тех.* marble (*d.*).
**мародёр** *м.* maráuder, píllager. **~ство** *с.* maráuding, píllage. **~ствовать** maráud, píllage.
**мароке́н** *м. текст.* morócco(-léather) [-'le-].
**ма́рочный** *прил. к* ма́рка I.
**Марс** *м. астр., миф.* Mars [-z].
**марс** *м. мор.* top.
**марсала́** *ж.* (*вино*) màrsála [-'sɑ:-].
**ма́рсель** *м. мор.* tópsail ['tɔps°l].
**марселье́за** *ж.* Màrseilláise [-sə-].
**марсиа́нин** *м.* Mártian.
**март** *м.* March; в ~е э́того го́да in March; в ~е про́шлого го́да last March; в ~е бу́дущего го́да next March.
**марте́н** [-тэ́н] *м. тех.* **1.** *тк. ед.* ópen-héarth steel [-'hɑ:θ...], Mártin steel; **2.** (*печь*) ópen-héarth fúrnace.
**марте́новск||ий** [-тэ́-] *тех.* Mártin (*attr.*); ~ проце́сс Mártin prócèss; ~ая печь ópen-héarth fúrnace [-'hɑ:θ...];~ая сталь ópen-héarth steel, Mártin steel.
**мартенси́т** *м. тех.* mártensìte [-z-].
**мартинга́л** *м.* (*часть упряжи*) mártin¦gàle.
**мартироло́г** *м. церк.* (*тж. перен.*) màrtyrólogy.
**ма́ртовский** *прил. к* март; ~ день March day, day in March.
**марты́шка** *ж.* mármosèt [-z-]; (*перен.*) *разг.* mónkey ['mʌ-].
**марципа́н** *м.* márchpàne, màrzipán.
**марш** I *м.* (*в разн. знач.*) march; проходи́ть торже́ственным ~ем march past.
**марш** II *м.* (*лестницы*) flight of stairs.
**марш** III: ~! (*военная команда*) fórward!, march!
**ма́ршал** *м.* márshal; Ма́ршал Сове́тского Сою́за Márshal of the Sóvièt Únion; Гла́вный ~ Chief Márshal [tʃi:f...].
**ма́ршальский** *прил. к* ма́ршал; ~ жезл Márshal's báton [...'bæ-].
**ма́ршев||ый** *прил. к* марш I; ~ые ча́сти *воен.* drafts, draft rè¦infórce¦ments.
**маршир||ова́ть** march. **~о́вка** *ж.* márching (drill).
**маршру́т** *м.* route [ru:t], ìtinerary [aɪ-]. **~ный** *прил. к* маршру́т; ~ный по́езд *ж.-д.* expréss góods-train [...'gudz-]; ~ный авто́бус expréss bus.
**ма́ск||а** *ж.* (*в разн. знач.*) mask; (*с лица умершего тж.*) déathmàsk ['deθ-]; ◇ сбро́сить ~у throw* off the mask/dis¦guise [θrou...]; сорва́ть ~у с кого́-л. tear* the mask off smb. [tɛə...], únmásk smb.
**маскара́д** *м.* màsquerade, fáncy(-dréss) ball. **~ный** *прил. к* маскара́д; ~ный костю́м fáncy dress.
**маскирова́ть,** замаскирова́ть (*вн.*) **1.** mask (*d.*), dis¦guise (*d.*); **2.** *воен.* cámouflàge [-muflɑ:ʒ] (*d.*). **~ся,** замаскирова́ться **1.** (*прям. и перен.*) put* on a mask; **2.** *воен.* cámouflàge [-muflɑ:ʒ]; **3.** *страд. к* маскирова́ть.
**маскиро́вка** *ж.* **1.** másking, dis¦guíse, dis¦guísing òne¦sélf; **2.** *воен.* cámouflàge [-muflɑ:ʒ].
**маскиро́вочн||ый** *прил. к* маскиро́вка 2; ~ые сре́дства cámouflàge stores [-muflɑ:ʒ...]; ~ хала́т cámouflàge cloak.
**ма́сленая** *ж. скл. как прил.* = ма́сленица.
**ма́слен||ица** *ж.* Shróve¦tide, cárnival; ◇ не житьё, а ~ *разг.* ≅ a bed of róses; не всё коту́ ~, придёт и вели́кий пост *посл.* ≅ good things don't last for ever. **~ичный** *прил. к* ма́сленица.
**маслёнка** *ж.* **1.** bútterdìsh; **2.** *тех.* lúbricàtor, óiler, óil-càn.
**маслёнок** *м.* (*гриб*) édible múshroom; Bolétus lúteus *научн.*
**ма́слен||ый** rich, óily; (*перен.*) únctuous; ◇ ~ые глаза́ óily eyes [...aɪz].
**масли́на** *ж.* **1.** (*плод*) ólive ['ɔ-]; **2.** (*дерево*) ólive-tree ['ɔ-].
**ма́слить** (*вн.*) (*коровьим маслом*) bútter (*d.*); (*растительным маслом*) oil (*d.*); (*смазывать*) grease (*d.*).
**ма́сличн||ые** *мн. скл. как прил. бот.* òleáceae [-sii:], óil-bearing plants [-bɛə- -ɑ:n-]. **~ый:** ~ые культу́ры óil-bearing / óil-prodùcing crops [-bɛə-...].
**масли́чн||ый** ólive ['ɔ-]; ◇ ~ая ветвь ólive-brànch [-ɑ:ntʃ].
**ма́сл||о** *с.* **1.** (*животное*) bútter; (*растительное*) oil; ро́зовое ~ áttar of róses; **2.** *жив.* oil; писа́ть ~ом paint in oils; ◇ подли́ть ~а в ого́нь pour oil on the flame [pɔ:...]; всё идёт как по ~у *разг.* ≅ things are gó¦ing swímming¦ly.
**масло||бо́йка** *ж.* (*для животного масла*) churn; (*для растительного масла*) óil-prèss. **~бо́йный:** ~бо́йный заво́д créamery; (*вырабатывающий растительное масло*) óil-mill.
**маслоде́л** *м.* bútter mànufácturer. **~ие** *с.* bútter industry, bútter máking; (*о растительном масле*) oil mànufácture.
**маслоде́льный** = маслобо́йный.
**масло||отдели́тель** *м. тех.* oil séparàtor. **~прово́д** *м. тех.* oil píping, oil line. **~сбо́рник** *м. тех.* óil-pàn. **~улови́тель** *м. тех.* oil càtcher, oil colléctor.

**ма́сляная** *ж. скл. как прил.* = ма́сленица.

**масляни́ст||ость** *ж.* óiliness. **~ый** óily; (*похожий на коровье масло*) bûttery.

**ма́сляница** *ж.* = ма́сленица.

**ма́слян||ый** *прил. к* ма́сло; *тж.* óily; bûttery; ~ая кислота́ *хим.* bùtýric ácid; ~ое пятно́ oil / grease stain [...-s...]; ~ая кра́ска óil-páint; ~ые кра́ски óil-còlours [-kʌ-]; писа́ть ~ыми кра́сками paint in oils.

**масо́н** *м.* fréemàson, máson. **~ский** masónic; ~ская ло́жа fréemàson's lodge, masónic lodge. **~ство** *с.* fréemàsonry [-meɪ-].

**ма́сс||а** *ж.* **1.** (*в разн. знач.*) mass; молекуля́рная ~ *физ.* molécular mass; основна́я ~ (*рд.*) the bulk (of); основна́я ~ населе́ния the great mass, *или* the bulk, of the pòpulátion [...greɪt...]; **2.** (*тестообразное вещество*) paste [peɪst]; древе́сная ~ wóod-pùlp ['wud-]; **3.** (*множество*) mass, a large amóunt, a lot; ~ дел a lot of work; ◇ в ~е in the bulk; (*в целом*) in the mass; as a whole [...houl].

**масса́ж** *м.* mássàge [-sɑːʒ]. **~и́ст** *м.* màsséur [-'sɜː]. **~и́стка** *ж.* màsséuse [-'sɜːz].

**масси́в** *м.* **1.** mássif, móuntain-màss; **2.**: лесно́й ~ large tracts of fórest [...'fɔ-]; огро́мные земе́льные ~ы huge tracts of land.

**масси́вный** mássive.

**масси́рованный** *прич. и прил. воен.*: ~ ого́нь massed fire; ~ уда́р cóncèntràted blow [...blou]; ~ налёт massed áir-raid.

**масси́ровать** I *несов. и сов.* (*вн.*) mássàge [-sɑːʒ] (*d.*), rub (*d.*).

**масси́ровать** II *несов. и сов.* (*вн.*) *воен.* mass (*d.*), cóncèntràte (*d.*).

**массо́вка** *ж. разг.* **1.** mass méeting; **2.** (*экскурсия*) excúrsion.

**ма́ссовость** *ж.* mass cháracter [...'kæ-].

**ма́ссов||ый** (*в разн. знач.*) mass (*attr.*); (*общедоступный*) pópular; ~ая организа́ция mass òrganizátion [...-naɪ-]; ~ое произво́дство mass / quántity prodúction; пусти́ть в ~ое произво́дство (*вн.*) put* into mass prodúction (*d.*); prodúce in quántity (*d.*); ~ые та́нцы round / fígure dánces; в ~ом масшта́бе on a mass scale.

**ма́ссы** *мн.* (*народ*) the másses; широ́кие ~ трудя́щихся the vast / broad másses of wórking people [...brɔːd ...piː-]; среди́ широ́ких наро́дных масс amóng the people at large.

**маста́к** *м. разг.* éxpèrt, past máster.

**ма́стер** *м.* **1.** (*цеха и т. п.*) fóre¦man*; **2.** *уст.* (*ремесленник*) máster; оруже́йный ~ gúnsmith, ármour¦er; золоты́х дел ~ góldsmith; колёсный ~ whéel-wright; **3.** (*знаток*) éxpèrt; быть ~ом своего́ де́ла know* one's trade [nou...], be an éxpèrt at one's job; он ~ (на *вн.*) he is a good hand (at), he is an éxpèrt (at), he is a past máster (in, of); он ~ ката́ться на конька́х he is an éxpèrt skáter, *или* at skáting; он ~ писа́ть стихи́ he is a good hand at vérse-màking, he is a good hand at wríting / máking vérses; ~а́ культу́ры másters of cúlture; ~а́ высо́кого урожа́я másters of abúndant hárvests, prodúcers of big hárvests; ◇ ~ спо́рта máster of sport(s); он ~ на все ру́ки *разг.* he can turn his hand to ány¦thing; he is a jáck-of-áll-tràdes *идиом.*; де́ло ~а бои́тся *погов.* ≅ he works best who knows his trade; work goes with a swing únder the máster's hand.

**мастери́ть,** смастери́ть (*вн.*) *разг.* make* (*d.*), contríve (*d.*).

**мастери́ца** *ж.* **1.** (*шляпница*) milliner; (*швея*) séamstress ['sem-]; **2.** (*знаток своего дела*) a good hand (at).

**мастерово́й** *м. скл. как прил. уст.* fáctory-hànd, àrtisán [-'zæn], wórk¦man*.

**мастерск||а́я** *ж. скл. как прил.* **1.** wórkshòp; (*художника*) stúdiò; ~и́е бытово́го обслу́живания pérsonal sérvice shops; **2.** (*на заводе*) shop.

**мастер||ски́** *нареч.* skílfully; in (a) másterly fáshion. **~ско́й** másterly. **~ство́** *с.* **1.** (*ремесло*) hándicràft, trade; **2.** (*умение*) skill, mástership, mástery, cráftsmanship, wórkmanship; непревзойдённое ~ство́ consúmmate skill / cráftsmanship.

**масти́к||а** *ж.* **1.** mástic, résin [-z-], gum; (*замазка*) pútty, lute; **2.** (*для натирания полов*) flóor-pòlish ['flɔː-]. **~овый:** ~овое де́рево mástic.

**масти́стый** (*о лошади*) of good cólour [...'kʌ-].

**масти́т** *м. мед.* màstítis.

**масти́тый** vénerable.

**мастодо́нт** *м.* mástodòn.

**мастурба́ция** *ж. мед.* màstùrbátion.

**маст||ь** *ж.* **1.** (*о животных*) cólour (of the hair) ['kʌ-...]; (*о лошади тж.*) coat; **2.** *карт.* suit [sjuːt]; ходи́ть в ~ fóllow suit; ка́рты одно́й ~и cards of one suit; (*у игрока*) flush; ◇ всех ~е́й of every stripe.

**масшта́б** *м.* scale; увели́чивать ~ (*рд.*) scale up (*d.*); уменьша́ть ~ (*рд.*) scale down (*d.*); своди́ть к определённому ~у (*вн.*) scale (*d.*); в мирово́м ~е on a world scale; учёный мирово́го ~а scíentist of world impórtance, *или* of wórld-wìde fame; в ма́леньком ~е on a small scale; in a small way *разг.*; в ме́ньшем ~е on a smáller / redúced scale; в большо́м ~е on a large scale.

**мат** I *м. шахм.* chéckmáte, mate; объяви́ть ~ (*дт.*) mate (*d.*).

**мат** II *м. тк. ед.* (*матовость*) mat; навести́ ~ (на *вн.*) frost (*d.*); róughen ['rʌf-] (*d.*), mat (*d.*).

**мат** III *м.* (*половик*) flóor-màt ['flɔː-]; (*у двери*) (dóor-)màt ['dɔː-].

**мат** IV *м.*: крича́ть благи́м ~ом *разг.* shout at the top of one's voice.

**матадо́р** *м.* mátadòr.

**матема́т||ик** *м.* màthematícian. **~ика** *ж.* màthemátics; вы́сшая ~ика hígher màthemátics. **~и́ческий** màthemátical; ~и́ческий факульте́т the fáculty of màthemátics.

**матереуби́й||ство** *с.*, **~ца** *м. и ж.* mátricìde ['meɪ-].

**материа́л** *м.* **1.** (*прям. и перен.*) matérial; stuff; строи́тельные ~ы búilding matérials ['bɪl-...]; лесно́й ~ tímber; кро́вельный ~ róofing; э́то хоро́ший ~ для кинокарти́ны that would be good* stuff for a film; ~ы обвини́тельного а́кта matérials of indíctment [...-'daɪt-]; **2.** (*ткань*) fábric.

**материали́зм** *м. филос.* matérialism; истори́ческий ~ históricaI matérialism; диалекти́-

ческий ~ dìaléctical matérialism; филосóфский ~ philosóphical matérialism.

**материализовáть** *несов. и сов.* (*вн.*) matérialize (*d.*). **~ся** *несов. и сов.* **1.** matérialìze; **2.** *страд. к* материализовáть.

**материали́ст** *м.* matérialist. **~и́ческий** matérialist. **~ский** *прил. к* материали́ст.

**материáльн||ость** *ж.* matèriálity; ~ ми́ра the matèriálity of the world. **~ый** (*в разн. знач.*) matérial; (*денежный, имущественный тж.*) pecúniary; ~ые цéнности matérial vál-ues; ~ый мир matérial world, world of mátter; ~ое положéние fináncial posítion [...-'zɪ-]; wélfàre stándards *pl.*; ~ая пóмощь pecúniary aid; ~ые затруднéния dífficulties, stráitened círcumstances; ~ая заинтересóванность matérial incéntive; ~ая обеспéченность matérial secúrity; ◇ ~ая часть matériel (*фр.*) [mətɪərɪ'el].

**матери́к** *м.* **1.** máinland, cóntinent; **2.** (*подпочва*) súbsoil. **~óвый** *прил. к* матери́к.

**матери́н||ский** matérnal; (*о чувствах, отношениях*) móther¦ly ['mʌ-]; дя́дя с ~ской стороны́ matérnal uncle; ~ская любóвь móther¦ly love [...lʌv]. **~ство** *с.* matérnity, mótherhood ['mʌðəhud]; охрáна ~ства matérnity protéction.

**матéрия** I *ж. тк. ед.* **1.** *филос.* mátter; **2.** *мед.* mátter, pus; ◇ скýчная ~ a tédious súbject.

**матéрия** II *ж.* (*ткань*) matérial, cloth, fábric, stuff; ~ на костю́м súiting ['sju:t-]; ~ на брю́ки tróuser¦ing; ~ на рубáшки shirting; ~ на полотéнца tówelling.

**матерóй** *разг.* big, strong, grówn-úp ['groun-]; (*перен.*) hárdened, invéterate.

**матéрчатый** *разг.* made of cloth / stuff, *или* of téxtìle fábric.

**матёрый** = матерóй; ~ реакционéр invéterate rè¦áctionary; ~ враг hárdened / invéterate énemy.

**матерь||я́л** *м.*, **~я́льность** *ж.*, **~я́льный** = материáл, материáльность, материáльный.

**мáтка** *ж.* **1.** *анат.* úterus; womb [wu:m]; **2.** (*самка*) fémàle ['fi:-]; (*у лошадей*) dam; (*у пчёл*) queen; племеннáя ~ bróodmàre.

**мáтов||ый** mat; (*тусклый*) dull, lústre¦less; ~ая повéрхность dead súrface [ded...]; ~ое зóлото dead gold; ~ое стеклó frósted glass; ~ая кóжа mat skin.

**мáточный** **1.** *анат.* úterìne; **2.** *мин.*: ~ раствóр móther líquor ['mʌ- -kə].

**матрáс** *м.*, **матрáц** *м.* máttress; пружи́нный ~ spring-màttress; solóменный ~ straw máttress, paillásse [pæl'jæs]. **~ный** *прил. к* матрáс.

**матриарх||áльный** màtriárchal [-kəl]. **~áт** *м.* mátriàrchy ['meɪtrɪɑ:kɪ].

**матри́кул** *м. уст.* matriculátion certíficate.

**мáтриц||а** *ж. полигр.* mátrix ['meɪ-]. **~и́рование** *с. полигр.* mátrix-màking ['meɪ-]. **~и́ровать** *несов. и сов.* (*вн.*) *полигр.* make* *the* mátrix(-moulds) [...'meɪtrɪksmouldz] (of).

**матрóна** *ж.* mátron.

**матрóс** *м.* séa¦man*, sáilor. **~ка** *ж. разг.* (child's) sáilor's jácket. **~ский** *прил. к* матрóс; ~ская кýртка séa¦man's / sáilor's jácket; júmper.

**мáтушка** *ж. уст.* móther ['mʌ-].

**матч** *м. спорт.* match; ~ на пéрвенство ми́ра (по *дт.*) match for the world title (in), wórld-tìtle match (in).

**мать** *ж.* móther ['mʌ-]; ~-герои́ня Móther-Héró¦ine ['mʌðə'he-].

**мать-и-мáчеха** *ж. бот.* cóltsfoot [-fut], fóalfoot [-fut].

**мáузер** [-зэр] *м.* Máuser.

**мах** *м. разг.*: одни́м ~ом at one stroke; дать ~у miss *an* òpportúnity; let* *the* chance slip; make* a blúnder; с ~у ráshly, óff-hánd.

**махáльный** *м. скл. как прил. уст.* sígnaller, sígnal-man*.

**махáть**, махнýть **1.** (*тв.*; *рукой, платком и т. п.*) wave (*d.*); (*хвостом*) wag [wæg] (*d.*); (*крыльями*) flap (*d.*); **2.** (*дт.*) wave one's hand (to); **3.** *тк. сов. разг.* (*отправиться куда-л.*) go* off; ◇ махнýть рукóй (на *вн.*) *разг.* give* up as lost / hópe¦less (*d.*), give* up as a bad job (*d.*).

**махи́зм** *м. филос.* Máchism [-k-].

**махи́на** *ж. разг.* búlky and cúmber¦some thing.

**махинáци||я** *ж.* màchinátion [-k-], intrígue [-i:g]; ~и manóeuvres [-'nu:vəz].

**махи́ст** *м.* Máchist [-k-].

**махнýть** *сов. см.* махáть.

**махов||и́к** *м. тех.* flý-wheel; (*управления*) hándwheel. **~ичóк** *м.* hándwheel. **~óй** **1.** *тех.*: ~óе колесó = махови́к; **2.** *зоол.*: ~ы́е пéрья wíng-feathers [-fe-], wíng-quills.

**махóрка** *ж.* makhórka, shag.

**махрóв||ый** **1.** *бот.* double [dʌbl]; ~ая рóза double rose; **2.** *разг.* (*отъявленный*) dóuble-dýed ['dʌbl-]; ~ негодя́й dóuble-dýed ráscal; ~ реакционéр dóuble-dýed rè¦áctionary.

**мацá** *ж. рел.* mátzòth ['mɑ:tsouθ].

**мацер||áция** *ж. тех.* màcerátion. **~и́ровать** *несов. и сов.* (*вн.*) *тех.* máceràte (*d.*).

**мáчеха** *ж.* stép-mòther [-mʌ-].

**мáчт||а** *ж.* mast; *эл.*, *рад.* mast, tówer; фальши́вая ~ (*временная*) júry-màst. **~овый** *прил. к* мáчта; ~овый лес mast tímber; ~овое дéрево spar.

**-мáчтовый** (*в сложн. словах, не приведённых особо*) -màsted; *напр.* трёхмáчтовый thrée-màsted.

**маши́н||а** *ж.* **1.** machíne [-'ʃi:n]; (*двигатель*) éngine ['endʒ-]; (*перен.*) méchanism [-k-]; паровáя ~ stéam-èngine [-endʒ-]; пожáрная ~ fíre-èngine [-endʒ-]; пряди́льная ~ spínning frame; **2.** *мн. собир.* machínery [-'ʃi:-] *sg.*; **3.** *разг.* (*автомобиль*) car, lórry; éхать на ~е mótor, drive*; ◇ госудáрственная ~ machínery of State; воéнная ~ éngine of war, war machíne(ry).

**машинáльно** I *прил. кратк. см.* машинáльный.

**машинáльн||о** II *нареч.* mechánically [-'k-]; (*рассеянно*) ábsent-mínded¦ly. **~ый** mechánical [-'k-]; (*рассеянный*) ábsent-mínded.

**машиниз||áция** *ж.* mèchanìzátion [-kænaɪ-]. **~и́рованный** **1.** *прич. см.* машинизи́ровать; **2.** *прил.* províded with machínes [...-'ʃi:nz]. **~и́ровать** *несов. и сов.* (*вн.*) méchanìze [-k-] (*d.*).

**машини́ст** *м.* machínist [-'ʃi:-], èngìnéer [endʒ-]; *ж.-д.* éngine-driver ['endʒ-], lócomòtive-driver ['loukə-]; èngineer *амер.*; ~ у́гольного комба́йна cóal-cómbine óperàtor.

**машини́стка** *ж.* (girl-)tỳpist ['gə:ltaı-].

**маши́нка** *ж.* **1.** (*пишущая*) týpe¦wrìter; **2.** (*швейная*) séwing-machine ['sou- -ʃi:n]; **3.** (*для стрижки*) clipper(s) (*pl.*).

**маши́нно-тра́кторн||ый:** ~ая ста́нция machine and tráctor státion [-'ʃi:n...].

**маши́нн||ый** *прил. к* маши́на; ~ая обрабо́тка machining [-'ʃi:-]; сде́ланный ~ым спо́собом machine-màde [-'ʃi:n-]; кру́пное ~ое произво́дство lárge-scàle machine prodúction [...-'ʃi:n...]; ~ое отделе́ние machine room; éngine-room ['endʒ-]; ~ые ча́сти machinery / éngine parts [-'ʃi:- 'endʒ-...]; ~ое ма́сло machine oil, éngine oil; ◇ ~ое бюро́ týping óffice.

**машинопи́сный** týpe¦wrìtten.

**маши́нопись** *ж.* týpe¦wrìting.

**машиностро||е́ние** *с.* mechánical èngineéring [-'kæ- endʒ-]; èngineéring industry; тяжёлое ~ héavy èngineéring industry ['hevı...]; заво́д тяжёлого ~е́ния héavy èngineéring works. ~**и́тельный** machine-búilding [-'ʃi:n'bıl-]; ~и́тельный заво́д machine-búilding plant [...-ɑ:nt]; èngineéring works [endʒ-...].

**маэ́стро** *м. нескл.* máster; màéstrò [mɑ:'e-].

**мая́к** *м.* light¦house* [-s]; béacon (*тж. перен.*); плаву́чий ~ líghtshìp, líght-vèssel.

**ма́ятник** *м.* péndulum.

**ма́яться** *разг.* **1.** toil; **2.** (*томиться, мучиться*) súffer, lánguish.

**мая́чить** *разг.* loom.

**мгл||а** *ж.* haze; *поэт.* shádows ['ʃæ-] *pl.* ~**и́стый** házy.

**мгнове́н||ие** *с.* instant, móment; ◇ в ~ о́ка *разг.* in the twinkling of an eye [...aı]. ~**но** *нареч.* instantly, in a trice, in a móment. ~**ный** instantáneous, mómentary ['mou-].

**ме́бель** *ж. тк. ед.* fúrniture; без ме́бели unfúrnished; сдаётся кварти́ра без ме́бели unfúrnished flat to let. ~**ный** *прил. к* ме́бель. ~**щик** *м.* fúrniture-màker; (*продавец мебели*) fúrniture-dealer.

**меблиро́в||анный** *прич. и прил.* fúrnished; ~анные ко́мнаты fúrnished apártments; róoming-house* [-s] *sg. амер.* ~**а́ть** *несов. и сов.* (*вн.*) fúrnish (*d.*). ~**ка** *ж. тк. ед.* **1.** (*действие*) fúrnishing; **2.** (*мебель*) fúrniture.

**мегафо́н** *м.* mégaphòne.

**меге́ра** *ж. разг.* shrew, términagant, scold.

**мего́м** *м. эл.* mégòhm [-oum].

**мёд** *м.* **1.** hóney ['hʌ-]; сла́дкий как ~ hóney-sweet ['hʌ-]; **2.** (*напиток*) mead; ◇ ва́шими бы уста́ми да ~ пить *погов.* ≅ I would it were true!, if only you were right!

**медали́ст** *м.*, ~**ка** *ж.* médal winner ['me-...].

**меда́л||ь** *ж.* médal ['me-]; ~ «За трудову́ю до́блесть» Médal for Lábour Válour [...'væ-]; ~ «За трудово́е отли́чие» Médal for Distínction in Lábour; оборо́тная сторона́ ~и the revérse of the médal; (*перен.*) the dark side of the picture, the séamy side (of the búsiness) [...'bızn-].

**медальо́н** *м.* medállion, lócket.

**медве́дица** *ж.* shé-bear [-bɛə]; ◇ Больша́я Медве́дица the Great Bear [...greıt bɛə], Úrsa Májor, Chárles's Wain, the Wain, the Dipper; Ма́лая Медве́дица the Little / Lésser Bear, Úrsa Mínor.

**медве́дь** *м.* bear [bɛə].

**медвежа́т||а** *мн. см.* медвежо́нок. ~**ина** *ж.* bear's flesh [bɛəz...].

**медвежа́тник** I *м.* **1.** (*вожак*) béar-leader ['bɛə-]; **2.** (*охотник*) béar-hùnter ['bɛə-].

**медвежа́тник** II *м.* (*помещение*) béar-gàrden ['bɛə-], béar-pit ['bɛə-].

**медве́||жий** *прил. к* медве́дь; *тж.* úrsine *научн.*; ~жья охо́та béar-baiting ['bɛə-]; ~жья шку́ра béar-skìn ['bɛə-]; ◇ ~ у́гол ≅ gód-forsàken hole; ~жья услу́га dís¦sérvice; оказа́ть кому́-л. ~жью услу́гу do smb. a dís¦sérvice; bestów a dóubtful bénefit up¦ón smb. [-'stou... 'daut-...]. ~**жо́нок** *м.* béar-cùb ['bɛə-].

**медвя́ный** mellíferous.

**медеплави́льный** *тех.* cópper(-smèlting); ~ заво́д cópper(-smèlting) works / plant [...-ɑ:nt].

**медепрока́тный** *тех.*: ~ заво́д cópper mill.

**медж(и)ли́с** *м.* mèjlís.

**медиа́на** *ж. мат.* médian.

**ме́дик 1.** *уст.* (*врач*) médical man*, physícian [-'zı-]; **2.** (*студент*) médical stúdent.

**медикаме́нт** *м.* médicine, drug.

**медице́йск||ий** Mèdicé¦an [-'si:ən]; Вене́ра ~ая Vénus de Médici [...-dıtʃı].

**медици́н||а** *ж.* médicine; до́ктор ~ы dóctor of médicine (*сокр.* M. D.). ~**ский** médical; ~ские сре́дства médicines, drugs; ~ское свиде́тельство médical certíficate, certíficate of health [...helθ]; ~ский осмо́тр médical exàminátion; ~ский факульте́т médical fáculty / depártment; ~ская по́мощь médical aid / sérvice; ◇ ~ская сестра́ (hóspital) nurse.

**меди́чка** *ж. разг.* wóman* médical stúdent ['wu-...].

**ме́дленно** I *прил. кратк. см.* ме́дленный.

**ме́дленн||о** II *нареч.* slówly ['slou-]. ~**ость** *ж.* slówness ['slou-]. ~**ый** slow [slou].

**медли́тельно** I *прил. кратк. см.* медли́тельный.

**медли́тельн||о** II *нареч.* slúggishly. ~**ость** *ж.* slúggishness. ~**ый** slúggish, slow [slou]; ~ый челове́к slówcoach ['slou-], lággard.

**ме́дл||ить** linger; (*задерживаться*) lay* behínd; (с *тв.*) be slow [...slou] (in *ger.*); deláy (*d.*); он ~ит с прихо́дом he is slow in cóming; не ~я ни мину́ты without lósing a móment [...'lu:z-...]; at once [...wʌns].

**ме́дник** *м.* brázier, cópper-smìth.

**ме́дно-кра́сный** cópper-còlour¦ed [-kʌ-].

**меднолите́йный** *тех.* cópper-fòunding.

**меднору́дн||ый** cópper-òre (*attr.*); ~ая промы́шленность cópper industry.

**ме́дн||ый 1.** brázen; (*сделанный из меди*) cópper; ~ые де́ньги cópper móney [...'mʌ-] *sg.*; cópper *sg.*; **2.** *хим.* cúpric, cúpreous; ~ купоро́с blue vítriol / cópperas; ~ колчеда́н chàlcopýrìte [kælko'paı-], cópper pỳrítès [...paı'raıti:z]; ◇ ~ век the Brázen Age; ~ лоб *разг.* blóckhead [-hed].

**медо́в||ый** *прил. к* мёд; *тж.* hóneyed ['hʌnıd]; ~ пря́ник hóney-càke ['hʌ-]; ◇ ~ые ре́чи hóneyed words; ~ ме́сяц hóney¦moon ['hʌ-].

**медо́к** I *м.* **1.** *уменьш. от* мёд; **2.** *бот.* néctar.

**медо́к** II *м.* (*вино*) Médòc ['me-].

**медоно́сн||ый** mèllíferous, nèctaríferous; ~ые тра́вы mèllíferous herbs.

**медосмóтр** *м.* (медици́нский осмóтр) médical exàminátion.

**медоточи́вый** mèllifluent, mèllifluous; hóneyeyed ['hʌnɪd].

**медпóмощь** *ж.* (медици́нская пóмощь) médical aid / sérvice.

**медпу́нкт** *м.* (медици́нский пункт) súrgery; *воен.* aid post [...poust]; aid státion *амер.*

**медсестрá** *ж.* (медици́нская сестрá) (hóspital) nurse.

**меду́за** *ж.* **1.** *зоол.* medúsa [-zə]; jéllyfish *разг.*; **2.** *миф.* Medúsa.

**медуни́ца** *ж.* *бот.* lúng¦wòrt.

**мед||ь** *ж.* **1.** cópper; жёлтая ~ brass; yéllow cópper; крáсная ~ cúprìte; red cópper; листовáя ~ cópper sheets *pl.*; **2.** *собир. разг.* (*медные деньги*) cópper; cópper coins *pl.* **~я́к** *м. разг.* cópper coin, cópper.

**медяни́ца** *ж.* *зоол.* blind-wòrm, slów-wòrm ['slou-].

**медя́нка** *ж.* **1.** *зоол.* gráss-snàke; **2.** *хим.* vérdigris.

**медя́шка** *ж.* *разг.* bráss(wòrk).

**меж** = мéжду.

**межá** *ж.* bóundary, bound.

**межбиблиотéчный** inter-library [-'laɪ-] (*attr.*); ~ абонемéнт inter-library exchánge [...-'ʧeɪ-].

**межвидов||óй** *биол.* interspecific; ~áя борьбá interspecific struggle.

**междомéтие** *с.* *грам.* interjéction.

**междоусóб||ие** *с.*, **~ица** *ж.* *ист.* civil / intéstine / internécìne dissénsion / war [...-'ni:s-...]. **~ный** *ист.* intéstine, internécìne [-'ni:s-]; ~ная войнá intéstine / internécìne war.

**мéжду** *предл.* (*тв.*, *иногда рд.*) **1.** betwéen: ~ двéрью и окнóм betwéen the door and the window [...dɔ:...]; ~ óкнами betwéen the windows; ~ двумя́ и тремя́ (часáми) betwéen two and three (o'clóck); войнá ~ племенáми war betwéen tribes; **2.** (*среди*) among, amongst; ◇ ~ нáми (говоря́) betwéen our¦sélves; betwéen you and me; ~ тем méanwhile; ~ тем как while; (*тогда как*) whère¦ás; ~ тем э́то так nèver¦the¦léss it is so; ~ прóчим by the way; ~ дéлом at odd móments, by the way; читáть ~ строк read* betwéen the lines.

**междувéдомственн||ый** interdèpàrtméntal; ~ая комиссия joint committee / comission [...-tɪ...].

**междугорóдн||ый** intertówn, interúrban; ~ телефóн trúnk-lìne; ~ая автóбусная ли́ния interúrban bus sérvice; ~ые перевóзки interúrban tránspòrt.

**междунарóдн||ый** internátional [-'næ-]; Междунарóдный жéнский день Internátional Wóman's Day [...'wu-...]; Междунарóдный юношеский день Internátional Youth Day [...ju:θ...]; ~ое прáво internátional law; ~ые свя́зи, отношéния internátional relátions; ~ая обстанóвка internátional situátion.

**междуплеменнóй** *ист.* intertribal.

**междуря́дн||ый** *с.-х.*: ~ая обрабóтка inter-rów cùltivátion [-'rou...]; ~ая культу́ра row crop [rou...].

**междуря́дье** *с.* *с.-х.* space betwéen rows [...rouz].

**междуцáрствие** *с.* *ист.* interrégnum.

**межев||áние** *с.* lánd-sùrvéying. **~áть** (*вн.*) sùrvéy (*d.*), set* / fix bóundaries (to). **~óй:** ~óй знак lánd-màrk, bóundary-màrk; ~áя цепь méasuring-chain ['meʒ-].

**межзавóдский** inter-fáctory (*attr.*), betwéen fáctories.

**межзу́бный** *лингв.* interdéntal.

**межклéточный** *биол.* intercéllular.

**межколхóзн||ый** interkòlkhóz; sérving séveral colléctive farms; ~ая электростáнция státion províding séveral colléctive farms with eléctrical pówer; interkòlkhóz pówer státion.

**межконтинентáльный** intercòntinéntal.

**межобластн||óй** inter-région¦al; ~áя автóбусная ли́ния inter-région¦al bus sérvice.

**межотраслев||óй:** ~áя кооперáция предприя́тий cò-òperátion of different bránches of industry [...'brɑ:-...].

**межпарлáментский:** ~ сою́з inter-Pàrliaméntary únion [-lə-...].

**межпланéтн||ый** interplánetary; ~ое прострáнство interplánetary space; ~ое сообщéние space trável [...'træ-], interplánetary commùnicátion.

**межпорóдн||ый:** ~ое скрéщивание *биол.* cróss-breeding, cróssing.

**межправи́тельственн||ый:** ~ые соглашéния agréements betwéen góvernments [...'gʌ-], interstáte agréements.

**межрайóнный** inter-dístrict (*attr.*); ~ гидроу́зел inter-dístrict hýdro¦téchnical constrúctions *pl.*

**межрёберный** *анат.* intercóstal.

**межреспубликáнск||ий** inter-repúblican [-'pʌ-]; ~ая колхóзная гидроэлектростáнция inter-repúblican kòlkhóz hýdrò-eléctric státion, hýdrò-eléctric státion supplýing pówer to the colléctive farms of séveral repúblics [...-'pʌ-].

**межсессиóнный** inter-séssion (*attr.*), ínterim.

**межсовхóзный** sérving séveral State farms.

**мездрá** *ж.* *тк. ед.* flesh side (*of hide*).

**мезозóйск||ий** *геол.* mèsozó¦ic; ~ая э́ра mèsozó¦ic éra / périod.

**мезолити́ческий** *археол.* mèsolíthic.

**мезони́н** *м.* áttic.

**мексикáн||ец** *м.*, **~ка** *ж.*, **~ский** Méxican.

**мел** *м.* chalk; (*для побелки*) whiting, whiten¦ing; писáть ~ом chalk.

**меланез||и́ец** *м.*, **~и́йка** *ж.*, **~и́йский** Mèlanésian [-z-].

**меланхóл||ик** *м.* mèlanchólic / splenétic pérson [-'kɔ-...]. **~и́ческий, ~и́чный** mélancholy [-k-], mèlanchólic [-'kɔ-]. **~ия** *ж.* mélancholy [-k-], spleen; *мед.* mèlanchólia [-'kou-]; в ~ии in mélancholy; in the dumps, in the blues *разг.*

**мелéть,** обмелéть shállow, grow* / become* shállow [grou...].

**мелини́т** *м.* *хим.* mélinìte.

**мелиорати́вн||ый** *с.-х.* lánd-rèclamátion (*attr.*), lánd-impróve¦ment [-'pru:v-] (*attr.*); ~ые мероприя́тия lánd-rèclamátion méasures [...'meʒ-].

**мелиорáтор** *м.* spécialist in lánd-rèclamátion ['spe-...].

**мелиорациóнный** *с.-х.* = мелиорати́вный.

**мелиорáция** *ж.* *с.-х.* lánd-rèclamátion, lánd-impróve¦ment [-'pru:v-].

**мéлк||ий** **1.** (*некрупный*) small; ~ие дéньги (small) change [...ʧeɪ-] *sg.*, small coin *sg.*; ~ие расхóды pétty expénses; évery¦dáy expénses; ~ песо́к fine sand; ~ дождь drizzling rain, drizzle; ~рога́тый скот sheep and goats *pl.*; ~ая кра́жа pétty lárceny [...-snı], pílferage; ~ой ры́сью at a gentle / éasy trot [...'i:zı...]; at a dóg-tròt *разг.*; **2.** (*небольшой, незначительный*) small; ~ое хозя́йство small / pétty fárming; ~ое произво́дство small / smáll-scàle prodúction; ~ со́бственник small ówner [...'ou-]; ~ая буржуази́я pétty bourgeoisíe [...bu:əʒwɑ:'zi:]; ~ чино́вник minor official; **3.** (*неглубокий*) shállow; ~ ручей shállow stream; ~ая таре́лка flat / dínner plate; **4.** (*ничтожный*) pétty; (*о человеке тж.*) smáll-mìnded; ~ая душо́нка pétty créature.

**ме́лко** I *прил. кратк. см.* ме́лкий.

**ме́лко** II *нареч.* **1.** (*некрупно*) fine, into small párticles; ~ моло́ть grind* small; ~ писа́ть write* small; write* a fine / small / mìnúte hand [...maı-...]; **2.** (*неглубоко*) to little depth; ◇ ~ пла́вать ≅ belóng to the small fry; lack depth.

**мелкобуржуа́зный** pétty-bóurgeois [-'buəʒwɑ:].

**мелко||во́дный** shállow. **~во́дье** *с.* shoal.

**мелкозерни́стый** fíne-gráined, smáll-gráined.

**мелкокали́берный** = малокали́берный.

**мелкокрестья́нск||ий** smáll-péasant [-'pez-] (*attr.*); ~ое хозя́йство smáll-péasant farm.

**мелколе́сье** *с.* scrubs *pl.*; thícket of low / hálf-grówn trees [...lou 'hɑ:f'groun...], cóppice.

**мелкопоме́стн||ый** *ист.* ówning a small estáte ['ou-...]; ~ое дворя́нство small géntry.

**мелкосо́бственническ||ий** of pétty / small ówners [...'ou-]; ~ая психоло́гия smáll-propríetor mèntálity / psỳchólogy [...saı'kɔ-].

**мелкота́** *ж.* **1.** smáll¦ness; (*перен.*) péttiness, méanness; **2.** *собир. разг.* small fry.

**мелкова́рн||ый** *эк.*: ~ое произво́дство smáll-scàle commódity prodúction; ~ое (крестья́нское) хозя́йство pétty goods (péasant) èconomy [...gudz 'pez- i:-].

**мелов||о́й** **1.** chálky; ~а́я бума́га art páper; **2.** *геол.* cretáceous [-ʃəs].

**мелодекламáция** *ж.* rècitátion to músic [...-zık].

**мело́д||ика** *ж.* mèlódics. **~и́ческий** **1.** *прил. к* мело́дика; **2.** = мелоди́чный. **~и́чность** *ж.* mélody, melódious¦ness, túne¦fulness. **~и́чный** melódious, túne¦ful. **~ия** *ж.* mélody, tune.

**мелодра́ма** *ж.* mélodràma [-ɑ:mə]. **~ти́ческий** mèlodramátic.

**мело́к** *м.* (piece of) chalk [pi:s...]; игра́ть на ~ *карт. разг.* play on crédit.

**мелома́н** *м.* lóver of músic ['lʌ-...-zık].

**мелочн||о́й** **1.** small; ~ торго́вец chándler ['tʃɑ:-], grócer; ~а́я торго́вля chándlery ['tʃɑ:-], grócer's shop; **2.** = ме́лочный.

**ме́лочн||ость** *ж.* méanness, péttiness, triviálity. ~ый smáll-mìnded, pétty, méan-spírited, péttifògging.

**ме́лоч||ь** *ж.* **1.** *тк. ед. собир.* (*мелкие вещи*) small things / árticles *pl.*; (*о мелкой рыбе*) small fry; **2.** *тк. ед. собир.* (*о деньгах*) (small) change [...tʃeı-]; **3.** (*пустяк*) trifle; small point; (trívial) détails [...'di:-] *pl.*; ~и жи́зни the little nothings of life, the trifles of life; ◇ разме́ниваться на ~и, по ~а́м squánder one's gifts / tálents on trifles [...gı- 'tæ-...].

**мел||ь** *ж.* shoal; подво́дная ~ bank; песча́ная ~ sándbànk; сесть на ~ run* agróund; снять су́дно с ~и set* *a* ship aflóat; посади́ть на ~ (*вн.*) ground (*d.*); на ~и́ agróund; (*перен.*) *разг.* in low wáter [...lou 'wɔ:-]; on the rocks.

**мельк||а́ние** *с.* fláshing; glímpses *pl.*, gleams *pl.* **~а́ть,** мелькну́ть flash, gleam, appéar for a móment; у него́ ~ну́ла мысль an idéa fláshed acróss his mind [...aı'dıə...]. **~ну́ть** *сов. см.* мелька́ть.

**ме́льком** *нареч. разг.* in pássing, cúrsorily; взгляну́ть ~ (на *вн.*) (cast* a cúrsory) glance (at), steal* a glance (at); ви́деть ~ (*вн.*) catch* a glimpse (of); слы́шать ~ (*вн.*) hear* with half an ear [...hɑ:f...] (*d.*).

**ме́льни||к** *м.* miller. **~ца** *ж.* mill; ручна́я ~ца hánd-mill, quern; ветряна́я ~ца wíndmill ['wı-]; водяна́я ~ца wáter-mill ['wɔ:-]; парова́я ~ца stéam-mill; кофе́йная ~ца cóffee-mill [-fı-]; ◇ лить во́ду на чью-л. ~цу *разг.* ≅ play into smb.'s hands; воева́ть с ветряны́ми ~цами fight* wíndmills. **~чиха** *ж. разг.* míller's wife*. **~чный** *прил. к* ме́льница.

**мельхио́р** *м.* cúpro¦nickel, Gérman sílver. **~овый** Gérman sílver (*attr.*).

**мельча́йш||ий** (*превосх. ст. от прил.* ме́лкий) smállest; fínest; ~ие подро́бности the smállest détails [...'di:-]; до ~их подро́бностей in mìnúte détail [...maı-...].

**мельча́ть,** измельча́ть **1.** become* / grow* small / smáller [...grou...]; (*перен.*) become* pétty; **2.** (*вырождаться*) degénerate; **3.** (*становиться неглубоким*) become* / grow* shállow.

**ме́льче** *сравн. ст. прил. см.* ме́лкий *и нареч. см.* ме́лко II.

**мельчи́ть** (*вн.*) *разг.* make* small / fine (*d.*); (*размалывать, растирать*) grind* (*d.*).

**мелюзга́** *ж. тк. ед. собир. разг.* small fry.

**мембра́на** *ж. физ.* mémbràne; *тех.* díaphràgm [-fræm].

**мемора́ндум** *м.* mèmorándum (*pl.* -da).

**мемориа́льн||ый** memórial; ~ая доска́ memórial plaque [...plɑ:k].

**мему||а́рист** *м.* writer / áuthor of mémoirs [...'memwɑ:z], memórialist. **~а́рный** *прил. к* мемуа́ры. **~а́ры** *мн. лит.* mémoirs ['memwɑ:z].

**ме́на** *ж.* exchánge [-'tʃeı-], bárter.

**ме́нее** (*сравн. ст. от нареч.* ма́ло) less; ~ чем в два дня in less than two days; ~ всего́ least of all; ему́ ~ 40 лет he is únder fórty, he is not yet fórty; he is on the right / súnny side of fórty *идиом.*; ~ пяти́ фу́нтов belów / únder five pounds [-'lou...]; ◇ тем не ~ nèver¦the¦léss, none the less [nʌn...]; бо́лее или ~ more or less; не бо́лее не ~, как néither more nor less than ['naı-...]; не бо́лее не ~, как сам... no less a pérson than... him¦sélf.

**менестре́ль** *м. ист.* mínstrel.

**ме́нзула** *ж. тех.* pláne-tàble.

**мензу́рка** *ж.* méasuring-glàss ['meʒ-], grád-uate.

**менинги́т** *м. мед.* mèningítis [-n'dʒaı-].

**мени́ск** *м. физ.* mèníscus.

**менов||о́й** exchánge [-'tʃeı-] (*attr.*); ~а́я торго́вля bárter; ~а́я сто́имость *эк.* exchánge válue.

**менстру||а́льный** *физиол.* ménstrual. **~а́ция** *ж. физиол.* ménses *pl.*, mènstruátion. **~и́ровать** *физиол.* ménstruàte.

**ментóл** *м. хим.* ménthòl. **~овый** *прил. к* ментóл.

**мéнтор** *м. уст.* méntòr. **~ский** *прил. к* мéнтор; ~ским тóном didáctically.

**менуэ́т** *м.* mìnuét.

**мéньше 1.** (*сравн. ст. от прил.* мáлый, мáленький) smáller; **2.** (*сравн. ст. от нареч.* мáло) less; ~ всегó least of all; как мóжно ~ as little as póssible; ◇ не бóльше не ~, как néither more nor less than [ˈnaɪ-...].

**меньшев||и́зм** *м. полит.* Ménshevism. **~и́к** *м. полит.* Ménshevik. **~и́стский** *полит.* Ménshevist.

**мéньш||ий** (*сравн. ст. от прил.* мáлый, мáленький) lésser; (*млáдший*) yóunger [ˈjʌŋgə]; ~ая часть the lésser part; ◇ по ~ей мéре at least; сáмое ~ее no less than, at least; (*о кóличестве, размéре*) not únder; из двух зол выбирáть ~ее of two évils choose the léss(er) [...ˈiːvᵒlz...].

**меньшинств||ó** *с.* mìnórity [maɪ-]; ничтóжное ~ ìnsignificant mìnórity; ~ голосóв mìnórity (of votes); оказáться в ~é be outnúmbered; (*при голосовáнии*) be outvóted; ◇ национáльное ~ nátional mìnórity [ˈnæ-...].

**меньшóй** *разг.* yóunger [ˈjʌ-].

**меню́** *с. нескл.* ménù, bill of fare.

**меня́** *рд., вн. см.* я.

**меня́||ла** *м.* móney-chànger [ˈmʌnɪʧeɪn-]; (*на востóке*) shroff. **~льный** móney-chánging [ˈmʌnɪʧeɪn-].

**меня́ть,** поменя́ть (*вн.*) **1.** *тк. несов.* (*в разн. знач.*) change [ʧeɪ-] (*d.*); ~ своё мнéние change one's opínion; ~ направлéние change *the* diréction; ~ положéние shift *the* position [...ˈzɪ-]; ~ полúтику change *the* course / pólicy [...kɔːs...]; ~ плáтье change (one's clothes) [...klou-]; ~ дéньги change one's móney [...ˈmʌ-]; **2.** (*вн.* на *вн.*; *обмéнивать*) exchánge [-ˈʧeɪ-] (*d.* for). **~ся,** поменя́ться **1.** *тк. несов.* (*изменя́ться*) change [ʧeɪ-]; **2.** (*тв.*; *обмéниваться*) exchánge [-ˈʧeɪ-] (*d.*); ~ся ролями switch the roles [...roulz]; **3.** *страд. к* меня́ть; ◇ ~ся в лицé change cóuntenance.

**мéр||а** *ж.* **1.** méasure [ˈmeʒə]: ~ы длины́ línear méasures; ~ы повéрхности square méasures; ~ы жи́дкостей líquid méasures; ~ы сыпу́чих тел dry méasures; **2.** (*мероприя́тие*) méasure; решúтельные ~ы drástic méasures; ~ы взыскáния disciplinary méasures; приня́ть ~ы take* méasures; make* arránge¦ments [...-eɪ-]; приня́ть срóчные ~ы take* prompt áction; приня́ть все ~ы take* every méasure; врéменная ~ témporary méasure; stópgàp méasure *разг.*; ~ы предосторóжности precáutions, precáutionary méasures; ◇ вы́сшая ~ наказáния cápital púnishment [...ˈpʌ-]; соблюдáть ~у keep* within límits; не знать ~ы be immóderate, not know* the right méasure [...nou...]; по ~е тогó, как as; по ~е возмóжности, по ~е сил as far as póssible; в значи́тельной ~е in a large méasure, to a considerable extént; в пóлной ~е in full méasure; в извéстной ~е to a cértain extént; сверх ~ы, не в ~у excéssive¦ly, immóderate¦ly; в ~у (*рд.*) to the extent (of); móderate¦ly; within réasonable límits [...-z-...]; по крáйней ~е at least.

**мéргель** *м. геол.* marl.

**мерéжка** *ж.* hém-stitch, ópen-wòrk.

**мерéщит||ься,** померéщиться (*дт.*) *разг.* seem (to), appéar (to); емý ~ся he is dréaming; емý ~ся, что it seems to him that; емý померéщилось he fáncied he saw.

**мерзáв||ец** *м. бран.* víllain [-lən], scóundrel. **~ка** *ж. бран.* mean wóman* [...ˈwu-].

**мéрзк||ий 1.** vile; (*вызывáющий омерзéние*) lóath¦some; ~ие словá vile words; он стал ей мéрзок he becáme lóath¦some to her; **2.** (*неприя́тный*) násty; какáя ~ая погóда! what násty wéather! [...ˈwe-].

**мерзлотá** *ж. тк. ед.* frózen ground; вéчная ~ etérnal frost, etérnal còn¦gelátion.

**мёрз||лый** frózen; (*заморóженный*) con¦géaled. **~нуть** freeze*; (*чу́вствовать хóлод*) feel* cold.

**мéрз||остный** = мéрзкий. **~ость** *ж.* **1.** abòminátion; **2.** (*мéрзкая вещь и т. п.*) lóath¦some / násty thing; ◇ ~ость запустéния abòminátion of dèsolátion.

**меридиáн** *м.* merídian. **~ный** merídional.

**меридионáльный** merídional.

**мерúло** *с.* stándard, critérion [kraɪ-] (*pl.* -ia).

**мéрин** *м.* gélding [ˈge-]; ◇ он врёт как си́вый ~ *разг.* ≅ he lies like a tróoper.

**меринóс** *м.* **1.** (*овцá*) merínò (sheep*) [-ˈriː-...]; **2.** (*шерсть*) merínò (wool) [...wul]. **~овый** *прил. к* меринóс.

**мéрить** I (*вн.*) méasure [ˈmeʒə] (*d.*); ◇ ~ на свой арши́н *разг.* ≅ méasure others' corn by one's own búshel [...oun ˈbu-].

**мéрить** II (*вн.*; *примеря́ть*) try on (*d.*).

**мéриться** I, помéриться **1.** (*тв.* с *тв.*) méasure [ˈmeʒə] (*d.* with); ~ си́лами с кем-л. (*перен.*) méasure swords with smb. [...sɔːdz...]; **2.** *страд. к* мéрить II.

**мéриться** II *страд. к* мéрить I.

**мéрк||а** *ж.* **1.** méasure [ˈmeʒə]; снять ~у с когó-л. take* smb.'s méasure; по ~е to méasure; **2.** (*предмéт, служáщий для измерéния*) méasuring rod [ˈmeʒ-...]; yárdstick (*тж. перен.*).

**меркантили́зм** *м.* mércantilism.

**меркантúльный** mércantile; ~ дух mércenary spírit.

**мéркнуть,** помéркнуть grow* dark / dim [grou...]; fade; егó слáва помéркла his fame dwíndled.

**Мерку́рий** *м. миф., астр.* Mércury.

**мерлу́шк||а** *ж.* lámb¦skin. **~овый** *прил. к* мерлу́шка.

**мéрн||ость** *ж.* règulárity, rhythm. **~ый 1.** méasured [ˈmeʒ-], slow and régular [slou...]; ~ые шаги́ méasured steps; **2.** *тех.* méasuring [ˈmeʒ-]; ~ая лéнта méasuring tape.

**мероприя́тие** *с.* méasure [ˈmeʒə], arránge¦ment [əˈreɪ-]; (*законодáтельное*) législàtive enáctment.

**мерсериз||áция** *ж. тех.* mèrcerìzátion [-raɪ-]. **~и́ровать** *несов. и сов.* (*вн.*) *тех.* mércerìze (*d.*).

**мёртв** *прил. кратк. см.* мёртвый.

**мéртвенн||ый** déathly [ˈdeθ-], ghást¦ly; ~ цвет лицá déathly pale face; ~ая блéдность déadly pále¦ness [ˈded-...], déathly pállor.

**мертве́ть** grow* numb [grou...]; (от *ужаса, горя и т. п.*) grow* stiff / cold (with *fright, grief, etc.*).

**мертве́ц** *м.* corpse, dead man* [ded...]. **~кая** *ж. скл. как прил.* mórtuary, déad-house* ['dedhaus]. **~ки** *нареч.*: ~ки пьян *разг.* dead drunk [ded...].

**мертвечи́на** *ж. чаще собир.* cárrion, dead flesh [ded...]; (*перен.*) *разг.* dead thing.

**мертворождённый** still-bòrn; (*перен.*; *о проекте и т. п.*) abórtive.

**мёртв||ый** dead [ded]; (*безжизненный*) life¦less; ~ая то́чка *тех.* dead point / centre; (*перен.*) stándstill; на ~ой то́чке at a stándstill; ~ капита́л *эк.* dead stock; ún¦emplóyed cápital; ~ язы́к *лингв.* dead lánguage; ~ая пе́тля *ав.* loop; ~ая зыбь *мор.* swell; ~ые глаза́ (*невыразительные*) life¦less eyes [...aɪz]; ◇ ~ая хва́тка mórtal grip; ~ая тишина́ dead sílence [...'saɪ-]; спать ~ым сном *разг.* be dead asléep; пить ~ую *разг.* drink* hard; sot; ни жив, ни мёртв *разг.* ≅ more dead than alíve.

**мерца́ние** *с.* **1.** twinkling, shímmering, glímmer, flícker; **2.** *астр.* scintillátion.

**мерца́ть** twinkle, shimmer, glimmer, flicker.

**ме́рять(ся)** I, II = ме́рить(ся) I, II.

**ме́сиво** *с.* (*корм для скота*) mash; (*перен.*: *мешанина*) médley ['me-], jumble.

**меси́ть,** смеси́ть (*вн.*) knead (*d.*); (*о глине*) puddle (*d.*); ◇ ~ грязь *разг.* wade through mud, walk in the mud.

**месмери́зм** *м.* mésmerism ['mez-].

**ме́сса** *ж. церк., муз.* mass.

**места́ми** *нареч. разг.* here and there.

**месте́чко** I *с. уменьш. от* ме́сто; ◇ тёплое ~ *разг.* ≅ snug / cúshy job [...'kuʃɪ...].

**месте́чко** II *с.* (*посёлок*) bórough ['bʌrə], small town.

**мести́** **1.** (*вн.*) sweep* (*d.*); **2.** *безл.*: метёт (*о метели*) there is a snów-stòrm [...'snou-].

**местко́м** *м.* (ме́стный комите́т) lócal tráde-ùnion committee [...-tɪ]. **~овский** *разг. прил. к* местко́м.

**ме́стничество** *с. ист.* órder of precédence / sèniórity [...-'siːd-...].

**ме́стн||ость** *ж.* **1.** cóuntry ['kʌ-]; живопи́сная ~ pìcturésque surróundings *pl.*; **2.** (*район, округа*) locálity, district; да́чная ~ cóuntry place. **~ый** (*в разн. знач.*) lócal; ~ый жи́тель inhábitant; ~ый уроже́нец nátive; ~ая интеллиге́нция nátive intèlligéntsia; ~ый го́вор lócal diálèct; ~ое вре́мя lócal time; ~ые сре́дства lócal búdget *sg.*; ~ый нало́г lócal tax / rate; ~ое самоуправле́ние munícipal góvernment [...'gʌ-]; ~ые о́рганы вла́сти lócal authórities; ~ый комите́т lócal tráde-ùnion committee [...-tɪ]; ~ая промы́шленность lócal índustry; ~ые строи́тельные материа́лы lócally procúrable búilding matérials [...'bɪld-...]; ~ый нарко́з *мед.* lócal ànaesthésia [...-zɪə]; ~ый паде́ж *грам.* lócative (case) [...keɪs].

**-ме́стный** (*в сложн. словах, не приведённых особо*) with berths, seats for...; (*о самолёте, автомашине и т. п.*) -séater (*attr.*); *напр.* десятиме́стный with berths, seats for 10; (*о самолёте, автомашине и т. п.*) tén-séater.

**ме́ст||о** *с.* **1.** (*в разн. знач.*) place; (*чем-л. выделяемое*) spot; (*для постройки, сада и т. п.*) site; (*местность*) locálity; уступа́ть ~ кому́-л. give* up one's place to smb.; то са́мое ~ that partícular spot; то са́мое ~, где the precíse spot where [...-'saɪs...]; хоро́шее ~ для до́ма a good* site for a house* [...-s]; здоро́вое ~ héalthy locálity ['hel-...]; в э́тих ~а́х, в на́ших ~а́х in these parts; по ~а́м! to your pláces!; *воен.* stand to!; ~ де́йствия scene of áction; рабо́чее ~ wórking place; переходи́ть с ~а на ~ roam; move from place to place [muːv...]; занима́ть пе́рвое ~ (*во время состязания*) be in the lead; заня́ть пе́рвое ~ (*выиграть состязание*) gain first place; раздели́ть пе́рвое ~ (*во время состязания*) share the lead; (*о результате состязания*) share first place; ~ стоя́нки (*автомобилей*) párking place; (*извозчиков*) cábstànd; (*такси*) táxi-stànd; ~ заключе́ния place of confíne¦ment; пусто́е ~ blank (space); (*перен.*; *о человеке*) a nònéntity, a nó¦body; де́тское ~ *анат.* áfterbìrth, placénta; **2.** (*в театре и т. п.*) seat; (*спальное — на пароходе, железной дороге*) berth; ве́рхнее, ни́жнее ~ úpper, lówer berth [...'louə...]; **3.** *тк. ед.* (*свободное пространство*) space; room (*тж. перен.*); нет ~а there is no room; здесь дово́льно ~а there is plénty of room here; не оставля́ть ~а (для) (*перен.*) leave* no room (for), make* no allówance (for); **4.** (*должность*) post [poust], óffice; (*домашней работницы и т. п.*) situátion; быть без ~а be out of work, be ún¦emplóyed; иска́ть ~а seek* a situátion; look for a job *разг.*; дохо́дное ~ lúcrative appóintment, wéll-páid job; предоста́вить ~ (в *комиссии и т. п.*) give* a seat (on); **5.** (*часть текста*) pássage; **6.** (*о багаже*) piece (of lúggage) [piːs...]; **7.** *мн.* (*в противоположность центру*) províncial òrganìzátions [...-naɪ-], the próvinces; сообщи́ть на ~а́ infórm the próvinces; ◇ на ва́шем ~е in your place; if I were you; if I were in your shoes [...ʃuːz] *идиом. разг.*; сла́бое ~ weak spot / point / place; находи́ть сла́бое ~ find* a weak spot / point / place; ≅ find* the joint in the ármour *идиом.*; не находи́ть себе́ ~а fret; знать своё ~ know* one's place [nou...]; занима́ть ви́дное ~ (среди́) rank high (among); поста́вить кого́-л. на ~ put* smb. in his place; име́ть ~ take* place; о́бщее ~ cómmonplàce; (*банальность*) plátitùde; не к ~у out of place; на ~е on the spot; уби́ть на ~е kill on the spot; стоя́ть на ~е stand* still; ни с ~а stóck-still; он — ни с ~а he stood stóck-still [...stud...]; заста́ть на ~е преступле́ния catch* in the act; catch* réd-hánded.

**местожи́тельство** *с. тк. ед.* résidence [-zɪ-].

**местоиме́н||ие** *с. грам.* pró¦noun. **~ный** *грам.* pronóminal.

**местонахожде́ние** *с.* locátion, the whére¦abouts.

**местоположе́ние** *с.* posítion [-'zɪ-], locátion, situátion, site.

**местопребыва́ние** *с. тк. ед.* abóde, résidence [-zɪ-]; ~ прави́тельства seat of góvernment [...'gʌv-], (place) where the góvernment has its seat.

**месторожде́ние** *с. геол.* láyer, depósit [-z-].

**месть** *ж.* véngeance ['vendʒəns]; revénge; кро́вная ~ blood feud [blʌd...], vèndétta.

**ме́сяц** I *м.* (*календарный*) month [mʌ-]; теку́щий ~ the cúrrent month (*сокр.* inst.— *в офиц. переписке*); про́шлый ~ last month (*сокр.* ult.— *в офиц. переписке*); бу́дущий ~ next month (*сокр.* prox.— *в офиц. переписке*); янва́рь, февра́ль *и т. д.* ~ the month of Jánuary, Fébruary, *etc.*; ◇ медо́вый ~ hóney¦-moon ['hʌ-].

**ме́сяц** II *м.* (*луна*) moon; ◇ молодо́й ~ new moon.

**ме́сячн||ик** *м.* (*рд.*) month [mʌnθ] (of), a month's càmpáign [...-'peɪn] (for); ~ дру́жбы friendship month ['frend-...]. **~ый** mónthly ['mʌ-].

**метабио́з** *м. биол.* mètabiósis.

**метагене́з** *м. биол.* mètagénesis.

**мета́лл** *м.* métal ['me-]. **~иза́ция** *ж. тех.* mètallizátion. **~изи́ровать** *несов. и сов.* (*вн.*) *тех.* métallize (*d.*). **~и́ст** *м.* métal-wòrker ['me-]. **~и́ческий** metállic; métal ['me-] (*attr.*); ~и́ческие изде́лия métal wares; hárdwàre *sg.*; ~и́ческий звук metállic sound.

**металло||ве́дение** *с.* science of métals [...'me-], mètallúrgical science. **~гра́фия** *ж.* mètallógraphy.

**металло́ид** *м. хим.* métalloid, nón-mètal [-me-].

**металлоло́м** *м.* scrap métal [...'me-].

**металлоно́сный** mètallíferous.

**металлообраба́тывающ||ий** métal-wòrking ['me-]; ~ая промы́шленность métal-wòrking industry; ~ стано́к métal-wòrking machíne-tool [...-'ʃi:n-].

**металлоплави́льн||ый**: ~ая печь smélting fúrnace; ~ заво́д smélting works, smèltery.

**металлопромы́шленн||ость** *ж.* métal industry ['me-...]. **~ый** *прил. к* металлопромы́шленность.

**металлоре́жущий**: ~ стано́к métal-cùtting lathe ['me- leɪð].

**металлу́рг** *м.* métallùrgist. **~и́ческий** mètallúrgical; ~и́ческий заво́д mètallúrgical works. **~ия** *ж.* métallùrgy; чёрная ~ия férrous métal industry [...'me-...]; цветна́я ~ия nón-férrous métal industry.

**метаморфи́зм** *м. геол.* mètamórphism.

**метаморфо́за** *ж.* mètamórphosis.

**мета́н** *м. хим.* méthàne, mársh-gàs.

**мета́ние** *с.* **1.** thrówing ['θrou-]; cásting, fling¦ing; ~ жре́бия cásting lots; **2.**: ~ икры́ spáwning.

**метапла́зма** *ж. биол.* métaplàsm.

**метаста́||з** *м. мед.* mètástasis (*pl.* -sès [-si:z]). **~ти́ческий** *мед.* mètastátic(al).

**метате́за** [-тэ́-] *ж. лингв.* mètáthesis (*pl.* -sès [-si:z]).

**мета́тель** *м.*, **~ница** *ж.*: ~ ди́ска *спорт.* díscus thrówer [...'θrouə].

**мета́тельн||ый** míssile; ~ое ору́жие míssile wéapon [...'wep-]; ~ снаря́д prójectile.

**мета́ть** I, метну́ть (*вн.*) **1.** throw* [θrou] (*d.*); cast* (*d.*), fling* (*d.*); ~ диск throw* the díscus; ~ копьё throw* the jáve¦lin [...'dʒæ-]; ~ жре́бий cast* lots; **2.** *тк. несов.*: ~ икру́ spawn; ◇ ~ банк *карт.* keep* the bank; ~ гро́мы и мо́лнии *разг.* ≅ rage; рвать и ~ *разг.* ≅ be in a rage; ~ би́сер пе́ред сви́ньями cast* pearls befóre swine [...pə:lz...].

**мета́ть** II, смета́ть (*вн.*) baste [beɪst] (*d.*).

**мета́ть** III: ~ пе́тли make* / work búttonhòles.

**мета́ться** rush abóut; (*в постели*) toss; ~ по ко́мнате dash aróund the room.

**метафи́з||ик** *м.* mètaphysícian [-'zɪ-]. **~ика** *ж.* mètaphýsics [-zɪ-]. **~и́ческий** mètaphýsical [-zɪ-]; ~и́ческий взгляд mètaphýsical concéption.

**мета́фор||а** *ж. лит.* métaphor. **~и́ческий** *лит.* mètaphórical, fígurative; trópical. **~и́чный** mètaphórical.

**метаце́нтр** *м. физ.* métacèntre. **~и́ческий** *физ.* mètacéntric; ~и́ческая высота́ mètacéntric height [...haɪt].

**мете́лица** *ж.* = мете́ль.

**метёлка** *ж.* **1.** whisk; **2.** *бот.* pánicle.

**мете́ль** *ж.* snów-stòrm ['snou-].

**мете́льчатый** *бот.* pánicled, paníсulate.

**мете́ль||щик** *м.*, **~щица** *ж.* swéeper.

**метемпсихо́з** [-тэ-] *м.* mètèmpsychósis [-'k-].

**метео́р** *м.* méteor. **~и́т** *м.* méteorite. **~и́ческий** mèteóric.

**метеоро́лог** *м.* mèteorólogist. **~и́ческий** mèteorológical; ~и́ческая ста́нция mèteorológical státion.

**метеороло́гия** *ж.* mèteorólogy.

**метиза́ция** *ж. биол.* cróss-breeding.

**мети́л** *м. хим.* méthỳl ['mi:θaɪl].

**метиле́н** *м. хим.* méthylène. **~овый** *прил. к* метиле́н; ~овая синь méthylène blue.

**мети́ловый** *прил. к* мети́л; ~ спирт wóod-spìrit ['wud-].

**мети́с** *м. биол.* móngrel ['mʌ-], hálf-breed ['hɑ:f-]; (*тк. о человеке*) métis. **~а́ция** *ж.* = метиза́ция.

**ме́тить** I (*вн.*; *ставить знак, метку*) mark (*d.*); ~ бельё mark línen [...'lɪ-].

**ме́тить** II **1.** (в *вн.*; *целить*) aim (at); **2.** (в *вн.*, на *вн.*; *намекать*) drive* (at), mean* (*d.*); **3.** (в *вн.*; *стремиться*) aspíre (to *a posítion, etc.*).

**ме́тка** *ж.* **1.** (*действие*) márking; **2.** (*знак*) mark, sign [saɪn].

**ме́тк||ий** (*о пуле, ударе и т. п.*) wéll-áimed; (*о стрельбе*) áccurate; (*перен.*) neat, apt; ~ стрело́к good* shot, márks¦man*; ~ое попада́ние true hit; ~ глаз keen eye [...aɪ]; ~ое замеча́ние neat / póinted / apt remárk; ~ое выраже́ние apt expréssion. **~о** *нареч.* néatly, to the point. **~ость** *ж.* (*о стрельбе*) áccuracy; (*о стрелке*) márksmanship; (*перен.*) néatness; ~ость гла́за kéenness of vísion.

**метла́** *ж.* broom; bésom [-z-]; ◇ но́вая ~ чи́сто метёт *посл.* a new broom sweeps clean.

**метну́ть** *сов. см.* мета́ть I 1.

**ме́тод** *м.* méthod; диалекти́ческий ~ dìaléctical méthod; аналити́ческий ~ ànalýtical méthod.

**мето́дика** *ж.* méthod(s) (*pl.*).

**методи́ст** *м.* mèthodólogist.

**методи́ч||еский** **1.** (*последовательный*) sỳstemátic(al), methódic(al); **2.** *прил. к* методика. ~**ность** *ж.* methódicalness. ~**ный** órderly, methódical.

**методо||логи́ческий** mèthodológical. ~**ло́гия** *ж.* mèthodólogy.

**мето||нимический** *лит.* mètonýmical. ~**ни́мия** *ж. лит.* mètónymy.

**метр** *м.* **1.** metre; квадра́тный ~ square metre; куби́ческий ~ cúbic metre; **2.** *лит.* metre; ямби́ческий ~ iámbic metre.

**метра́ж** *м.* **1.** métric área [...'εərɪə]; **2.** (*кино*) fóotage ['fut-] (*of film*).

**метранпа́ж** *м. полигр.* máker-úp, clicker.

**метрдоте́ль** [-э́ль] *м.* head wáiter [hed...].

**ме́трика** I *ж. лит.* métrics.

**ме́трика** II *ж.* (*документ*) birth-certificate.

**метри́ческ||ий** I **1.** métric; ~ая систе́ма métric sýstem; **2.** *лит.* métrical; ~ое стихосложе́ние métrical vèrsificátion; ~ое ударе́ние íctus, métrical stress.

**метри́ческ||ий** II: ~ая кни́га régister of births, márriages and deaths [...-rɪdʒ- ...deθs]; ~ое свиде́тельство birth-certificate.

**метро́** *с. нескл.* métro ['me-].

**метрол||оги́ческий** mètrológical. ~**о́гия** *ж.* mètrólogy.

**метроно́м** *м. физ., муз.* métronòme.

**метрополите́н** [-тэ́н] *м.* the únderground; súbway *амер.*; (*в СССР тж.*) métro ['me-]; (*в Лондоне тж.*) tube.

**метропо́лия** *ж.* párent state, home (cóuntry) [...'kʌ-], móther cóuntry ['mʌ-...].

**ме́тчик** *м.* **1.** *тех.* (*инструмент*) tap; **2.** (*человек*) márker.

**мех** I *м.* (*мн.* ~á) **1.** fur; на ~ý, подби́тый ~ом fúr-lìned; **2.** *собир.* fúrriery; **3.** *мн.* furs.

**мех** II *м.* (*мн.* ~и́) **1.** (*кузнечный и т. п.*) béllows *pl.*; **2.** (*для вина*) wine¦skin; (*для воды*) wáter-skìn ['wɔ:-].

**механиза́тор** *м.* machíne-óperàtor [-'ʃi:n-]. ~**ский:** ~ские ка́дры в се́льском хозя́йстве machíne-óperàtors in ágricùlture [-'ʃi:n-...].

**механиза́ция** *ж.* mèchanìzátion [-kənaɪ-].

**механизи́рованн||ый** *прич. и прил.* méchanìzed [-k-]; ~ое се́льское хозя́йство méchanìzed ágricùlture.

**механизи́ровать** *несов. и сов.* (*вн.*) méchanìze [-k-] (*d.*).

**механи́зм** *м.* méchanism [-k-] (*тж. перен.*); géar(ing) ['gɪə-]; *мн. собир.* machínery [-'ʃi:n-] *sg.*; часово́й ~ clóck-wòrk; подъёмный ~ hóisting / lifting gear; *воен.* élevàting gear; переда́точный ~ trànsmission gear / méchanism [-nz-...].

**меха́ни||к** *м.* mechánical èngineér [-'kæendʒ-], mèchanícian [-k-]; (*наблюдающий за машинами*) mechánic [-'kæ-]. ~**ка** *ж.* **1.** mechánics [-'kæ-]; теорети́ческая ~ка theorétical mechánics; прикладна́я ~ка applíed mechánics; **2.** *разг.* (*ловкость, фокус*) trick, knack; хи́трая ~ка feat of skill / dèxtérity.

**механи́ст** *м. филос.* méchanist [-k-]. ~**и́ческий** *филос.* mechánical [-'kæ-], mèchanístic [-k-].

**механи́ческ||ий** **1.** mechánical [-'kæ-], pówer-driven [-drɪ-]; ~ое обору́дование machínery [-'ʃi:-]; **2.** (*машинальный*) mechánical; ~ие движе́ния mechánical móve¦ments [...'mu:v-].

**мехов||о́й** *прил. к* мех I; ~óе пальто́ fúr-coat; ~ воротни́к fúr-còllar; ~áя торго́вля fúrriery. ~**щи́к** *м.*, ~**щи́ца** *ж.* fúrrier.

**мецена́т** *м.* pátron of art, of líterature; Maecénas [mɪ'si:-]. ~**ство** *с.* pátronage of art, of líterature.

**ме́ццо-сопра́но** *с. и ж. нескл. муз.* mézzò-sopránò [-dzousə'prɑ:-].

**ме́ццо-ти́нто** *с. нескл. полигр. уст.* mézzò-tíntò [-dz-], mézzò¦tìnt [-dz-].

**меч** *м.* sword [sɔ:d]; подня́ть ~ (*начать войну*) draw* the sword; вложи́ть ~ в но́жны (*кончить войну*) sheathe the sword; ◇ дамо́клов ~ sword of Dámoclès [...-kli:z]; скрести́ть ~и́ cross / méasure swords [...'meʒə...]; преда́ть огню́ и ~ý ≅ put* to the sword.

**мечено́сец** *м. ист.* swórd-bearer ['sɔ:dbεə-].

**ме́чен||ый** marked; ~ые а́томы (rádiò¦áctive) trácers; ме́тод ~ых а́томов the méthod of rádiò¦áctive trácers.

**мече́ть** *ж.* mosque.

**меч-ры́ба** *ж. зоол.* swórd-fish ['sɔ:d-].

**мечта́** *ж.* dream; dáy-dream, wáking-dream. ~**ние** *с.* **1.** = мечта́; **2.** (*действие*) dréaming.

**мечта́тель** *м.*, ~**ница** *ж.* dréamer, dáy-dreamer, vísionary. ~**ность** *ж.* dréaminess, réverie. ~**ный** dréamy; (*задумчивый*) pénsive; ~ный вид dréamy look, air of réverie.

**мечта́ть** (о *пр.*) dream* (of).

**меша́лка** *ж. разг.* míxer, stírrer, ágitàtor.

**мешани́на** *ж. тк. ед. разг.* médley ['me-], júmble, míshmàsh.

**меш||а́ть** I, помеша́ть (*дт.*, *дт.* + *инф.*) (*препятствовать*) prevént (*d.*, *d.* from *ger.*); (*стеснять*) hínder ['hɪ-] (*d.*), hámper (*d.*), impéde (*d.*); (*вмешиваться*) interfére (with); (*беспокоить*) distúrb (*d.*); е́сли ничто́ не помеша́ет if nóthing interféres; э́то помеша́ет ему́ прийти́ this will prevént him from cóming; ~ движе́нию вперёд impéde prógrèss; помеша́ть успе́ху (*рд.*) préjudice the succéss (of); ◇ не ~а́ло бы, не меша́ет *разг.* it would be advísable [...-z-], it would not do any harm.

**меша́ть** II **1.** (*вн.*; *размешивать*) stir (*d.*), ágitàte (*d.*); **2.** (*вн.* с *тв.*; *смешивать*) mix (*d.* with), blend (*d.* with); **3.** (*вн.* с *тв.*) *разг.* (*принимать одно за другое*) confóund (*d.* with), take* (*d.* for).

**меша́ться** I (в *вн.*; *вмешиваться*) méddle (with), interfére (with, in).

**меша́ться** II *страд. к* меша́ть II.

**ме́шка||ть** *разг.* (*задерживаться*) lóiter, línger; (*медлить*) deláy; dálly; он ~л с отъе́здом he deláyed his depárture.

**мешкова́тый** *разг.* **1.** (*о человеке*) áwkward, clúmsy [-zɪ]; **2.** (*об одежде*) bággy.

**мешкови́на** *ж.* sácking.

**ме́шкотный** *разг.* slúggish, slow [-ou].

**меш||о́к** *м.* **1.** bag; (*большой*) sack; веще-во́й ~ kít-bàg; (*маленький*) knápsàck; ~ с песко́м sándbàg; огнево́й ~ *воен.* fíre pócket; **2.** (*рд.*; *содержимое*) sack (of); ~ карто́шки sack of potátòes; **3.** *разг.* (*о человеке*) lump; ◇ золото́й ~, де́нежный ~ móney-bàg ['mʌ-]; ~ки́ под глаза́ми bags únder one's eyes [...aɪz]; костю́м сиди́т на нём ~ко́м his suit hangs lóose¦ly [...sju:t... -slɪ], his clothes are bággy [...klou-...].

**мещ||анин** *м.*, **~анка** *ж.* **1.** *ист.* pétty bóurgeois [...'buəʒwɑː]; **2.** (*обыватель*) Philistìne. **~анский** *прил. к* мещанин; (*перен.*) nárrow-minded, vúlgar. **~анство** *с.* **1.** *собир. ист.* (*сословие*) lówer middle clásses ['louə...] *pl.*; pétty bourgeoisie [...buəʒwɑː'ziː]; **2.** (*обывательщина*) Phílistinism, nárrow-mínded-ness.

**мзда** *ж. тк. ед. уст., шутл.* récompènse; (*взятка*) bribe.

**ми** *с. нескл. муз.* E [iː]; mi [miː].

**миазмы** *мн.* miásma [-z-] *sg.* (*pl.* -ta).

**миг** *м.* móment, ínstant; в один ~ in a twínkling, in a móment; ни на ~ not for a móment.

**мигание** *с.* wínking; twínkling (*тж. о звёздах*).

**мигательн||ый:** ~ая перепонка *анат.* níct(it)àting mémbràne.

**миг||ать,** мигнуть **1.** blink; ~нуть кому-л. wink at smb., blink an eye at smb. [...aɪ...]; **2.** (*мерцать*) twínkle.

**мигнуть** *сов. см.* мигать.

**мигом** *нареч. разг.* in a flash, in a jíffy.

**миграционн||ый** mígratory ['maɪ-]; ~ая теория law of migrátion [...maɪ-]; ~ое движение mígratory móve:ment [...'muː-].

**миграция** *ж.* migrátion [maɪ-].

**мигрень** *ж.* mígraine ['miː-], mégrim ['miː-], sevére héadàche [...'hedeɪk].

**мигрировать** mìgráte [maɪ-].

**мидель** *м. мор.* mídship séction.

**миелин** *м.* = миэлин.

**мизансцена** *ж. театр.* stáging.

**мизантроп** *м.* mísanthròpe [-z-]. **~ический** mìsanthrópic [-z-]. **~ия** *ж.* misánthropy [-'zæ-].

**мизерн||ость** *ж.* scántiness. **~ый** scánty, meagre; ~ый заработок scánty éarnings [...'əːn-] *pl.*

**мизинец** *м.* (*на руке*) the líttle fínger; (*на ноге*) the líttle toe.

**микадо** *м. нескл.* mikádò [-ɑːd-].

**миканит** *м. эл.* mícanìte.

**микология** *ж.* mỳcólogy [maɪ-].

**микроампер** *м. эл.* mícroampère (*фр.*) ['maɪkrou'æmpɛə].

**микроб** *м.* mícròbe ['maɪ-].

**микробиолог** *м.* mícrò:bìólogist.

**микробиология** *ж.* mícrò:bìólogy.

**микровольт** *м. эл.* mícro:vòlt.

**микрография** *ж.* mìcrógraphy [maɪ-].

**микроисследование** *с. физ., тех.* mícrò-exàminátion.

**микрококк** *м. бакт.* mìcro:cóccus.

**микрокосм** *м.* mícrocòsm ['maɪ-].

**микрометр** *м. физ., тех.* mìcrómeter [maɪ-], mìcrómeter gauge [...geɪdʒ]. **~ический** *физ., тех.* mìcrométrical [maɪ-].

**микрометрия** *ж. физ., тех.* mìcrómetry [maɪ-].

**микрон** *м. физ.* mícròn.

**микроорганизм** *м. биол.* mícrò:órganism.

**микропорист||ый** mìcro:céllular; ~ая подошва mícro:céllular sole; обувь на ~ой подошве fóot-wear with mícro:céllular soles ['futwɛə...].

**микроскоп** *м.* mícroscòpe ['maɪ-]. **~ический** mìcroscópic [maɪ-]. **~ичный** mìcroscópical [maɪ-]. **~ия** *ж.* mìcróscopy [maɪ-]. **~ный** *прил. к* микроскоп.

**микроспора** *ж. бот.* mícro:spòre.

**микроструктура** *ж.* mìcro:strúcture.

**микротом** *м.* mícro:tòme.

**микрофарада** *ж. эл.* mìcro:fáràd [-'fæ-].

**микрофильм** *м.* mícro:film.

**микрофон** *м.* mícro:phòne; mike *разг.*; угольный ~ *рад.* cárbon mícro:phòne; ленточный ~ *рад.* ríbbon mícro:phòne; ◇ у ~а... we presént... [...-'zent]. **~ный** mìcro:phónic.

**микрофотография** *ж.* mìcro:photógraphy.

**микро||химический** mìcro:chémical [-'ke-]. **~химия** *ж.* mìcro:chémistry [-'ke-].

**микроцефал** *м. мед.* mícro:cèphal. **~ия** *ж. мед.* mìcro:céphaly.

**микстура** *ж.* médicine, míxture.

**милашка** *ж. разг.* prétty / pléasing girl, wóman* ['prɪ-...gəːl 'wu-].

**милая** *ж. скл. как прил.* swéet:heart [-hɑːt], dárling.

**миледи** *ж. нескл.* milády.

**миленький** **1.** prétty ['prɪ-], dear; nice; sweet; **2.** (*в обращении*) dárling.

**милитар||изация** *ж.* mìlitarizátion [-raɪ-]. **~изировать** *несов. и сов.* = милитаризовать. **~изм** *м.* mílitarism. **~изовать** *несов. и сов.* (*вн.*) mílitarìze (*d.*). **~ист** *м.* mílitarist. **~истический** mìlitarístic. **~истский** mílitarist (*attr.*).

**милицейский** *прил. к* милиция *и* милиционер.

**милиционер** *м.* milítia:man*.

**милиция** *ж.* milítia.

**миллиампер** *м. эл.* mìlliampère (*фр.*) ['mɪlɪ'æmpɛə].

**миллиард** *м.* mílliàrd; bíllion *амер.* **~ер** *м.*, **~ерша** *ж.* múlti-millionáire [-'nɛə]. **~ный** **1.** *порядковое числит.* mílliàrdth; bíllionth *амер.*; **2.** *прил.* (*оцениваемый в миллиарды*) worth a mílliàrd; worth a bíllion *амер.*; ~ные вложения invésting mílliàrds of (*roubles, etc.*).

**миллибар** *м. метеор.* míllibàr.

**милливольт** *м. эл.* míllivòlt.

**миллиграмм** *м.* mílligràmme [-græm].

**миллиметр** *м.* míllimètre.

**миллиметров||ый:** ~ая бумага square(d) páper.

**миллимикрон** *м.* míllimìcròn.

**миллион** *м.* míllion. **~ер** *м.*, **~ерша** *ж.* millionáire [-'nɛə]. **~ный** **1.** *порядковое числит.* míllionth; **2.** *прил.* (*оцениваемый в миллионы*) worth míllions; **3.** *прил.* (*исчисляемый миллионами*) míllion strong; ~ные массы рабочего класса wórking-clàss míllions.

**мило** I *прил. кратк. см.* милый; это очень ~ с вашей стороны that is very kind of you.

**мило** II *нареч.* nice, níce:ly; (*красиво*) prétty ['prɪ-], préttily ['prɪ-].

**миловать** (*вн.*) *уст.* show* mércy [ʃou...] (to), párdon (*d.*), grant párdon [-ɑːnt...] (to).

**миловать** (*вн.*) *поэт.* caréss (*d.*), fondle (*d.*). **~ся** *поэт.* exchánge carésses [-'tʃeɪ-...].

**миловидн||ость** *ж.* préttiness ['prɪ-], cómeliness ['kʌ-]. **~ый** prétty ['prɪ-], cóme:ly ['kʌ-].

**милорд** *м.* (mi)lórd.

**милосе́рд||ие** *с.* mércy, chárity; (*мягкость, снисходительность*) clémency; ◇ сестра́ ~ия nurse. **~ный** mérciful, cháritable.

**ми́лостив||ый** grácious, kind; ◇ ~ госуда́рь sir; (*в письме*) Sir; (*менее офиц.*) Dear Sir; ~ая госуда́рыня mádam ['mæ-]; (*в письме*) Mádam; (*менее офиц.*) Dear Mádam.

**ми́лостын||я** *ж. тк. ед.* alms [ɑːmz], chárity; проси́ть ~ю beg; go* bégging; пода́ть ~ю (*дт.*) give* alms (*i.*).

**ми́лост||ь** *ж.* **1.** fávour, grace; сниска́ть чью-л. ~ in¦grátiàte òne¦sélf with smb., get* into fávour with smb.; быть в ~и у кого́-л. be in smb.'s good gráces; **2.** (*одолжение*) fávour; сде́лать кому́-л. ~ do smb. a fávour; **3.** *тк. ед.* (*милосердие*) mércy, chárity; сда́ться на ~ победи́теля surrénder at discrétion [...-'kre-]; отда́ться на ~ кого́-л. throw* òne¦sélf up¦ón smb.'s mércy [θrou...]; из ~и out of chárity; **4.** (*дар, благодеяние*) fávour, good deed; не ждать ~ей от приро́ды not wait for bóunties / fávours from náture [...'neɪ-]; **5.** *уст.* (*в обращении*): ва́ша ~! your Wórship!; ◇ ~и про́сим! *разг.* wélcome!; you are álways wélcome [...'ɔːlwəz...]; скажи́те на ~! *разг.* you don't say so!; по ва́шей ~и thanks to you; through you; сде́лайте ~ be so kind.

**ми́лочка** *ж.* (*в обращении*) dear, dárling.

**ми́лый** I *прил.* **1.** nice, sweet; **2.** (*дорогой, тж. как обращение*) dear.

**ми́лый** II *м. скл. как прил.* swéet¦heart [-hɑːt], dárling.

**ми́ля** *ж.* mile; англи́йская ~ státùte mile, Brítish mile; морска́я ~ geográphical / náutical / sea mile.

**мим** *м. театр.* mime.

**мимети́зм** *м. биол.* mìmésis [maɪ-], mímicry.

**ми́мика** *ж.* mímicry; ~ лица́ fácial expréssion.

**мимикри́я** *ж. биол.* mímicry.

**мими́||ст** *м.* mime. **~ческий** mímic.

**ми́мо** *нареч. и предл.* (*рд.*) past; by: пройти́, прое́хать ~ go* past, pass by; — попада́ть, бить ~ miss; ~! miss(ed)!; ~ це́ли beside the mark, wide of the mark.

**мимоё́здом** *нареч. разг.* in pássing (by).

**мимо́з||а** *ж. бот.* mimósa [-zə]. **~овые** *мн. скл. как прил. бот.* mìmosáceae [-'seɪsiː]. **~овый** *прил. к* мимо́за.

**мимолё́тн||ый** fléeting, tránsient [-z-]; ~ взгляд (pássing) glance; ~ая встре́ча fléeting en¦cóunter; ~ое сча́стье tránsient háppiness.

**мимохо́дом** *нареч. разг.* **1.** in pássing (by); **2.** (*между прочим*) by the way.

**ми́н||а** I *ж. воен., мор.* mine; миномё́тная ~ mórtar shell / bomb; ~ загражде́ния bárràge mine [-rɑːʒ...]; закла́дывать ~у (под *вн.*) mine (*d.*); взрыва́ть ~у spring* / fire *a* mine; ста́вить ~ы lay* / plant mines [...-ɑːnt...].

**ми́н||а** II *ж.* (*о лице*) cóuntenance, expréssion, mien [miːn]; сде́лать ки́слую ~у *разг.* pull / make* a wry face [pul...]; ◇ де́лать хоро́шую ~у при плохо́й игре́ put* a good face on the mátter.

**минаре́т** *м.* minarèt.

**мингре́л** *м.*, **~ка** *ж.* Mingrélian.

**мингре́льский** Mingrélian; ~ язы́к Mingrélian, the Mingrélian lánguage.

**миндалеви́дн||ый** álmond-shàped ['ɑːmənd-]; ~ая железа́ *анат.* tónsil.

**минда́лина** *ж.* **1.** álmond ['ɑːmənd]; **2.** *анат.* tónsil.

**минда́ль** *м. тк. ед.* **1.** *собир.* (*плод*) álmonds ['ɑːməndz] *pl.*; **2.** (*дерево*) álmond-tree ['ɑːmənd-].

**минда́льничать** (с *тв.*) *разг.* sèntiméntalìze (with).

**минда́льн||ый** *прил. к* минда́ль; ~ое ма́сло álmond-oil ['ɑːmənd-]; ~ое молоко́ milk of álmonds [...'ɑːməndz]; ~ое пече́нье màcaróon.

**минё́р** *м. воен.* míner; *мор.* tòrpédò-man*.

**минера́л** *м.* míneral.

**минералоги́ческий** mìneralógical.

**минерало́гия** *ж.* mìnerálogy.

**минера́льн||ый** míneral; ~ое ма́сло míneral oil; ~ые удобре́ния míneral fértilìzers; ~ые во́ды míneral wáters [...'wɔː-]; ~ая соль míneral salt.

**миниатю́р||а** *ж.* míniature [-njə-]; ◇ в ~е in míniature; сде́лать в ~е моде́ль заво́да make* a míniature módel of *a* plant [...'mɔ-... -ɑːnt]. **~и́ст** *м.*, **~и́стка** *ж.* míniature-painter [-njə-], míniaturist [-njə-]. **~ность** *ж.* dimínutive¦ness. **~ный** **1.** *прил. к* миниатю́ра; **2.** (*очень маленький*) tíny, dimínutive.

**минима́льн||ый** mínimum (*attr.*); ~ое коли́чество mínimum quántity.

**ми́нимум** *м.* mínimum; ~ за́работной пла́ты mínimum wage; прожи́точный ~ líving wage ['lɪv-...]; техни́ческий ~ mínimum of téchnical knówledge [...'nɔ-]; доводи́ть до ~а (*вн.*) mínimìze (*d.*); как ~ at the mínimum.

**мини́ровать** *несов. и сов.* (*вн.*) *воен., мор.* mine (*d.*).

**министе́рский** mìnistérial.

**министе́рство** *с.* mínistry; board, óffice; depártment *амер.*; Министе́рство торго́вли Mínistry of Trade; Board of Trade (*в Англии*); Министе́рство вне́шней торго́вли Mínistry of Fóreign Trade [...'fɔrɪn...]; Министе́рство вну́тренних дел Mínistry of Intérnal Affáirs; Home Óffice (*в Англии*); Depártment of the Intérior (*в США*); Вое́нное ~ War Mínistry; Министе́рство здравоохране́ния Mínistry of Públic Health [...'pʌblɪk helθ]; Министе́рство иностра́нных дел Mínistry of Fóreign Affáirs; Fóreign Óffice (*в Англии*); State Depártment (*в США*); Министе́рство морско́го фло́та Mínistry of Sea Tránspòrt; Министе́рство просвеще́ния Mínistry of Èducátion; Министе́рство путе́й сообще́ния Mínistry of Tránspòrt; Министе́рство свя́зи Mínistry of Commùnicátions; Министе́рство се́льского хозя́йства Mínistry of Ágricùlture; Министе́рство социа́льного обеспе́чения Mínistry of Sócial Máintenance; Министе́рство фина́нсов Mínistry of Fináncе; Exchéquer, Tréasury ['treʒ-] (*в Англии*); Tréasury (*в США*); Министе́рство юсти́ции Mínistry of Jústice.

**мини́стр** *м.* (Cábinet) Mínister; Sécretary; Sécretary of State (*в Англии*); това́рищ ~а député mínister; Únder Sécretary (*в Англии*); полномо́чный ~ Mínister Plènipoténtiary; ~ иностра́нных дел Mínister for Fóreign Affáirs [...'fɔrın...]; Fóreign Sécretary (*в Англии*); Sécretary of State (*в США*); ~ внýтренних дел Mínister for Intérnal Affáirs; Home Sécretary (*в Англии*); Sécretary of the Intérior (*в США*); ~ финáнсов Mínister for Fináncе; Chánсellor of the Exchéquer (*в Англии*); воéнный ~ Wɜr Mínister; Sécretary of State for War (*в Англии*); Sécretary of War (*в США*); ~ без портфéля Mínister without pòrtfóliò.

**миннезúнгер** *м. ист. лит.* mínnesìng¦er.

**мúнн||ый** *воен.* mine (*attr.*); ~ая атáка mine attáck; ~ая войнá mine wárfàre; ~ое заграждéние míne¦field [-fi:ld]; ~ заградúтель *мор.* míne-layer; ~ое дéло míning.

**минова́||ть** *несов. и сов.* **1.** (*вн.*; *проехать, пройти мимо*) pass (*d.*); **2.** (*рд.*; *избежать*) escápe (*d.*); емý э́того не ~ he cánnòt escápe it; **3.** (*без доп.*; *окончиться*) be óver, be past; зимá ~ла wínter is óver; бýря ~ла the storm has blown óver [...bloun...]; опáсность ~ла the dánger is past [...'deın-...]; ◇ минýя подрóбности omítting détails [...'di:-].

**минóга** *ж. зоол.* lámprey.

**миноискáтель** *м. воен.* mine detéctor.

**миномёт** *м. воен.* mórtar, trench mórtar; гвардéйский ~ rócket bárràge wéapon [...-rɑ:ʒ 'wep-], múlti-rail rócket láuncher, rócket-trùck. **~ный** *прил. к* миномёт. **~чик** *м.* mórtar man*.

**миноно́сец** *м. мор.* tòrpédò-boat; эскáдренный ~ destróyer.

**минóр** *м.* **1.** *муз.* minor key [...ki:]; гáмма соль-~ scale of G mínor [...'dʒi:...], G mínor scale; **2.** (*печальное настроение*) blues, brown stúdy [...'stʌ-]; в ~е in the blues. **~ный 1.** *муз.* mínor; **2.** (*печальный*) sad, mèlanchólic [-'kɔ-]; быть в ~ном настроéнии feel* blue, have the blues, be in the dumps.

**миносбрáсыватель** *м.* míne-relèase slip / méchanism [-'li:s...-kə-].

**минýвш||ее** *с. скл. как прил.* the past. **~ий** past; (*прошлый, последний*) last; ~ее врéмя past time; ~ие дни days gone by [...gɔn...]; bý¦gòne times / days [-gɔn...]; ~им лéтом last súmmer.

**мúнус** *м.* **1.** *мат.* mínus; **2.** (*недостаток*) deféct, dráwbàck.

**минýт||а** *ж.* (*в разн. знач.*) mínute [-nıt]: без 20 минýт четы́ре twénty mínutes to four [...fɔ:]; 10 минýт пя́того ten mínutes past four; подождúте ~у wait a mínute; — сию ~у (*только что*) this very mínute; (*сейчас же*) ínstantly; at once [...wʌns]; (*подождите!*) just a móment; в дáнную ~у for the móment, at the présent móment [...-ez-...]; в однý ~у in no time; in an ínstant; с ~ы на ~у évery mínute; ~ в ~у (*очень точно*) to a mínute; под влия́нием ~ы on the spur of the móment; он не спал ни ~ы he has not slept a wink. **~ка** *ж. уменьш. от* минýта; подождúте ~ку! wait a mínute / móment [...'mınıt...]. **~ный 1.** *прил. к* минýта; ~ная стрéлка mínute-hànd [-nıt-]; **2.** (*мгновенный*) mómentary ['mou-]; (*перен.*) shórt-lived [-'lı-]; (*преходящий*) tránsient [-z-]; ~ный промежýток one mínute ínterval [...-nıt...]; ~ное дéло *разг.* mátter of a móment; ~ный успéх tránsient succéss; ~ная встрéча brief méeting [-i:f...].

**минý||ть** *сов.* **1.** (*пройти*) pass; дéсять лет ~ло с тех пор ten years have passed since then; **2.** (*дт.*; *исполниться — о возрасте*): емý мúнуло трúдцать лет he has turned thírty; емý скóро мúнет двáдцать лет he will soon be twénty.

**миокардúт** *м. мед.* mỳocàrdítis.

**миóлог** *м.* mỳólogist.

**миолóгия** *ж.* mỳólogy.

**миóма** *ж. мед.* mỳóma.

**миóпия** *ж. мед.* mỳópia, shórt-síghtedness.

**миоцéн** *м. геол.* Míocène.

**мир** I *м. тк. ед.* peace; в ~е at peace; ~ во всём ~е peace through¦óut the world; угрóза дéлу ~а a ménace to peace; защúта ~а a defénce of peace; защúта ~а — дéло всех нарóдов the defénce of peace is the cómmon cause of all the peoples [...pi:-]; движéние сторóнников ~а móve¦ment of defénders of peace ['mu:v-...]; борьбá за ~ the fight for peace; Всемúрный конгрéсс сторóнников ~а World Peace Cóngrèss; Всемúрный Совéт ~а World Peace Cóuncil; оплóт ~а stróng¦hòld of peace; ~ победúт войнý peace will tríumph óver war; peace will vánquish war; междунарóдная Лéнинская прéмия ~а The Internátional Lénin Peace Prize [...-'næ-...]; заключúть ~ make* peace; почётный ~ peace with hónour [...'ɔnə]; ◇ отпустúть с ~ом let* go in peace.

**мир** II *м.* **1.** (*вселенная*; *тж. перен.*) world; úniverse; происхождéние ~а órigin of the úniverse; со всегó ~а from évery córner of the globe; во всём ~е all óver the world, the world óver, in the whole world [...houl...]; в ~е нет такóй сúлы there is no pówer on earth [...ə:θ]; ~ живóтных ánimal world; ~ растéний végetable king¦dom; литератýрный ~ líterary world; world of létters; окружáющий ~ the world aróund; the surróundings *pl.*; **2.** *уст.* (*светская жизнь в противопоставлении монастырской*) world; **3.** *ист.* (*сельская община*) víllage commúnity; ◇ не от ~а сегó *разг.* óther-wòrldly, únwórldly; ходúть пó ~у *разг.* beg, be a béggar; live by bégging [lıv...]; пустúть пó ~у (*вн.*) béggar (*d.*), rúin útterly (*d.*); на ~ý и смерть краснá *посл.* ≅ cómpany in distréss makes tróuble less ['kʌ-...trʌbl...]; с ~у по нúтке — гóлому рубáшка *посл.* ≅ many a líttle makes a míckle; лýчший из ~óв the best of all póssible worlds.

**мирабéль** *ж. тк. ед.* **1.** *собир.* (*плод*) mírabèlle plum [-bel...]; **2.** (*дерево*) mírabèlle-plùm-tree [-bel-].

**мирáж** *м.* (*прям. и перен.*) míràge [-rɑ:ʒ], óptical illúsion.

**мирáкль** *м. ист. театр.* míracle(-play).

**мириáды** *мн.* mýriad ['mı-] *sg.*

**мирúть,** помирúть (*вн. с тв.*) réconcìle (*d.* with, to). **~ся,** помирúться **1.** (*с кем-л.*) be réconcìled (with smb.), make* it up (with smb.); **2.** (*с чем-л.*) réconcìle òne¦sélf (to smth.); ~ся со своúм положéнием réconcìle òne¦sélf to one's sìtuátion, accépt the sìtuátion; ~ся с лишéниями put* up with hárdships; rough it [rʌf...] *разг.*; ~ся с недостáтками condóne shórt¦còmings; нельзя́ ~ся с э́тим that cánnòt be tóleràted, that is too much; нельзя́

~ся с таким положением we cánnòt put up with such a situátion.

**ми́рно** *нареч.* **1.** péace¦fully; **2.** (*в согласии*) in hármony; жить ~ (с *тв.*) live in hármony [lɪv...] (with).

**ми́рн||ый 1.** *прил. к* мир I; ~ договóр, ~ трактáт peace tréaty, tréaty of peace; ~ая конферéнция cónference of peace, peace cónference; ~ые переговóры peace negòtiátions; ~ое урегули́рование péace¦ful séttle¦ment; ~ая поли́тика peace pólicy; в ~ых услóвиях in time of peace; ~ое врéмя péace-time; ~ труд péace¦ful lábour; ~ое стрóительство péace¦ful constrúction; ~ое разви́тие péace¦ful devélopment; ~ое сосуществовáние péace¦ful có¦existence; **2.** (*спокóйный*) péace¦ful; péace¦able; ~ая бесéда péace¦ful cònversátion; ~ пейзáж péace¦able lándscàpe.

**ми́ро** *с. тк. ед. церк.* chrism; ◇ одни́м ~м мáзаны ≅ tarred with the same brush.

**миров||áя** *ж. тк. ед. скл. как прил.* péace¦ful séttle¦ment, ámicable arránge¦ment [...ə'reɪ-]; пойти́ на ~ýю come* to an agrée¦ment.

**мировоззрéние** *с.* world óutlook; (*идеолóгия*) ideólogy [aɪ-], áttitùde; *филос.* Wéltánschauung ['veltˈɑːnʃauung]; марксистско-лéнинское ~ the Márxist-Léninist óutlook.

**миров||óй** I *прил. к* мир II 1; ~áя войнá World War; ~óе хозя́йство world èćonomy [...iː-]; ~ ры́нок world márket; в ~óм масштáбе on a world scale; собы́тие ~óго значéния evént of world impòrt / impórtance; ~áя скорбь *ист. лит.* Wéltschmerz ['veltʃmerts].

**миров́óй** II (*примири́тельный*): ~ посрéдник *ист.* conciliátor, árbitràtor; ~ судья́ *ист.* Jústice of the Peace (*сокр.* J. P.).

**мироздáние** *с.* (*вселéнная*) the úniverse.

**миролюби́в||ость** *ж.* péace¦able dìsposítion [...-'zɪ-]. ~**ый** péace¦able, péace-lòving [-lʌv-]; ~ая внéшняя поли́тика Совéтского Сою́за the péace¦ful fóreign pólicy of the Sóvièt Únion [...'fɔrɪn...].

**миролю́бие** *с.* péace¦able¦ness, péace¦ful dìsposítion [...-'zɪ-].

**мироощущéние** *с.* áttitùde, dìsposítion [-'zɪ-].

**миропомáзание** *с. тк. ед. церк.* anóinting, únction.

**миро||понимáние** *с.,* ~**созерцáние** *с.* = мировоззрéние.

**миротвóр||ец** *м.* péace¦màker. ~**ческий** péace¦màking.

**ми́рра** *ж.* myrrh [məː].

**мирск||óй 1.** múndàne; ~áя молвá, что морскáя волнá *посл.* ≅ rúmour is a bubble that soon bursts; **2.** *уст.* (*свéтский*) sécular, lay, témporal; **3.** *ист.* (*относя́щийся к сельскóй óбщине*) víllage-commúnity (*attr.*).

**мирт** *м. бот.* myrtle. ~**овый** *прил. к* мирт.

**миря́нин** *м. уст.* láy¦man*.

**ми́ска** *ж.* básin ['beɪs°n]; (*суповáя*) turéen.

**мисс** *ж. нескл.* Miss.

**миссионéр** *м.* míssionary. ~**ский** *прил. к* миссионéр. ~**ство** *с. тк. ед.* míssions *pl.*; míssionary work.

**ми́ссис** *ж. нескл.* míssis, Mrs. ['mɪsɪz].

**ми́ссия** *ж.* (*в разн. знач.*) míssion; (*дипломати́ческое представи́тельство тж.*) legátion.

**ми́стер** *м.* míster, Mr. ['mɪstə].

**мистéрия** *ж.* **1.** (*таи́нство*) mýstery; **2.** (*дрáма*) mýstery-play.

**ми́стик** *м.* mýstic. ~**а** *ж.* mýsticism.

**мистифи||кáтор** *м.* mýstifìer; hóaxer *разг.* ~**кáция** *ж.* mỳstificátion; hoax, lég-pùll [-pul] *разг.* ~**ци́ровать** *несов. и сов.* (*вн.*) mýstifỳ (*d.*); hoax (*d.*), pull smb.'s leg [pul...] *разг.*

**мист||ици́зм** *м.* mýsticism. ~**и́ческий** mýstic(al).

**мистрáль** *м. геогр.* místral.

**ми́тинг** *м.* méeting; rálly *амер.*

**митинговáть** *разг.* hold* méetings; (*перен.*) hold* éndless discússions.

**митингóвый** *прил. к* ми́тинг.

**миткáлевый** *прил. к* миткáль.

**миткáль** *м. текст.* cálicò.

**ми́тра** *ж. церк.* mitre.

**митрополи́т** *м. церк.* mètropólitan.

**миф** *м.* (*прям. и перен.*) myth. ~**и́ческий** mýthic(al); ~и́ческая ли́чность mýthical pérsonage.

**мифол||оги́ческий** mỳthológical. ~**óгия** *ж.* mythólogy.

**мицéлий** *м. бот.* mỳcélium [maɪ-].

**ми́чман** *м. мор.* wárrant ófficer. ~**ский** *прил. к* ми́чман.

**мичýринец** *м.* Michúrinite.

**мишéн||ь** *ж.* (*прям. и перен.*) tárget [-g-]; (*для стрельбы́ тж.*) shóoting-màrk; я́блоко ~и bull's eye [bulz aɪ]; служи́ть ~ью для насмéшек be a butt for derísion / rídicùle.

**ми́шка** *м. разг.* bear [bɛə]; (*игрýшка*) Téddy bear.

**миш||урá** *ж.* (*прям. и перен.*) tínsel, trúmpery. ~**ýрный** *прил. к* мишурá; (*перен. тж.*) táwdry; ~ýрный блеск tínsel, wíndow-dréssing.

**миэл||и́н** *м. анат.* mýelin(e). ~**и́т** *м. мед.* mỳelítis.

**младéн||ец** *м.* báby, ínfant; груднóй ~ ínfant in arms. ~**ческий** ínfantìle. ~**чество** *с.* ínfancy; báby¦hood [-hud]; охрáна матери́нства и ~чества matérnity and child protéction.

**младóй** *поэт.* = молодóй 1.

**млáдость** *ж. поэт.* = мóлодость.

**млáдший 1.** (*бóлее молодóй*) yóunger ['jʌŋgə]; (*сáмый молодóй*) yóungest ['jʌŋg-]; (*из двух брáтьев в однóй шкóле*) mínor, júnior; **2.** (*о слýжебном положéнии*) júnior; ~ нáучный сотрýдник júnior reséarch wórker [...-'səːtʃ...]; ~ комáндный состáв nón-commíssioned ófficers *pl.*

**млекопитáющие** *мн. скл. как прил.* mámmals, màmmália; хи́щные ~ càrnívora; травоя́дные ~ hèrbívora.

**млеть** (от; *замирáть от востóрга, любви́*) be thrilled (with).

**млéчный** lácteal [-ɪəl]; ~ сок *бот.* milk; *физиол.* chyle [kaɪl]; Млéчный путь *астр.* the Milky Way; Gálaxy.

**мне** *дт., пр. см.* я.

**мнемóн||ика** *ж.* mnèmónics [niː-]. ~**и́ческий** mnèmónic [niː-].

**мнемотéхн||ика** *ж.* mnèmòtéchny [niːmou-]. ~**и́ческий** mnèmòtéchnic [niːmou-].

**мнéни||е** *с.* opinion; быть хорóшего, плохóго ~я о ком-л. have a high, low opinion of smb. [...lou...]; быть высóкого ~я (о *пр.*) think* highly (of); быть о себé слíшком высóкого ~я think* too much, *или* a lot, of òne¦sélf; think* no small beer of òne¦sélf *идиом.*; по моемý ~ю in my opinion, to my mind / thinking; я тогó ~я, что I am of the opinion that; имéть своё ~ have an opinion of one's own [...oun]; остáться при осóбом ~и resérve one's own opinion [-'zə:v...]; stick* to one's own opinion *разг.*; вы́сказать своё ~ expréss one's opinion, *или* views [...vju:z]; обмéн ~ями exchánge of opinions / views [-'tʃeɪ-...].

**мнимоумéрший** séeming dead [...ded].

**мни́м||ый** **1.** (*воображаемый*) imáginary (*тж. мат.*); ~ая величинá *мат.* imáginary válue; ~ая угрóза *ап* alléged dánger [...'deɪndʒə]; **2.** (*ложный*) sham; ~ больнóй imáginary inválid [...-li:d].

**мни́тельн||ость** *ж.* **1.** nérvous¦ness / óver-ánxious¦ness abóut one's heálth [...helθ]; **2.** (*подозрительность*) mistrústfulness. **~ый** **1.** nérvous / óver-ánxious abóut one's health [...helθ]; **2.** (*подозрительный*) mistrústful.

**мнить** think*, imágine; ~ себя́ кем-л., чем-л. imágine òne¦sélf (to be) smb., smth.; слíшком мнóго ~ о себé think* too much, *или* a lot, of òne¦sélf; think* no small beer of òne¦sélf *идиом.*

**мни́ться** *безл. уст.*, *поэт.*: мни́тся it seems.

**мнóг||ие** *мн.* **1.** *прил.* many; во ~их отношéниях in many respécts; во ~их слýчаях in many cáses [...-sɪz]; и ~ другíе and many others; **2.** *как сущ.* many (people) [...pi:-]; ~ дýмают, что many (people) think that, many are of the opinion that.

**мнóго** **1.** *неопред. числит.* (*с сущ. в ед. ч.*) much*, plénty of; a lot of *разг.*; (*с сущ. во мн. ч.*) many*, plénty of; a lot of *разг.*: ~ рабóты much*, *или* plénty of, work, a lot of work; ~ врéмени much*, *или* plenty of, time; ~ нарóду a lot of people [...pi:-]; ~ книг many*, *или* plénty of, books; a lot of books; ~ раз many* times; ~ лет many* years; так ~ (*с сущ. в ед. ч.*) so much; (*с сущ. во мн. ч.*) so many; — прошлó ~ врéмени a long time elápsed; óчень ~ (*с сущ. в ед. ч.*) very much; a lot of, a great deal of [...greɪt...]; (*с сущ. во мн. ч.*) a great many, very many; óчень ~ рабóты very much, *или* a great deal of, work; óчень ~ книг very many books, a great many books, a lot of books, a large númber of books; **2.** *нареч.* (*с гл.*) much*, a great deal; a lot *разг.*: ~ знать know* much* [nou...]; know* a great deal; know* a lot; ~ разговáривать talk much*; — ~ рабóтать work hard; **3.** *нареч.* (*с нареч. в сравн. ст.*) much; ~ лýчше much bétter; ~ вы́ше much higher; ◇ ни ~ ни мáло no less than.

**мнóго-** *в сложн.* many-, póly-; múlti-.

**многоáтомный** *физ.* pòlyatómic.

**многобóжие** *с.* pólythè¦ism.

**много||бóрец** *спорт.* áll-rounder. **~бóрье** *с. спорт.* all aróund combíned tóurnament [...'tuənə-].

**многобрáч||ие** *с.* pòlýgamy. **~ный** pòlýgamous.

**многовáто** *нареч. разг.* a bit too much, a bit too thick.

**многовеков||óй** céntury-òld; ~áя истóрия человéчества the céntury-òld history of mànkínd.

**многовóдн||ость** *ж.* = многовóдье. **~ый** abóunding in wáter [...'wɔ:-], having an abúndance of wáter.

**многовóдье** *с.* abúndance of wáter [...'wɔ:-].

**многоговоря́щий** expréssive, sáying much.

**много||головый** mány-héaded [-'hed-]. **~голóсый** **1.** mány-vóiced; **2.** *муз.* pòlyphónic.

**многогрáнн||ик** *м. мат.* pólyhédron [-'he-]. **~ый** *мат.* pólyhédral [-'he-]; (*перен.*) mány-sided, vérsatile; ~ая ли́чность mány-sided pèrsonálity.

**многодéтн||ость** *ж.*: пособие по ~ости State grants to móthers of many children [...grɑ:-... 'mʌ-...]. **~ый:** ~ая семья́ large fámily; ~ая мать móther of many (children) ['mʌ-...]; móther of a large fámily.

**многодискóв||ый** *тех.*: ~ое сцеплéние múltiple-plàte clutch.

**мнóг||ое** *с. скл. как прил.* a great deal [...greɪt...], much; many things *pl.*; во ~ом in many respécts; э́то во ~ом зави́сит (от) it depénds to a large extént (on); я ~ сдéлал I did a great deal; мне нáдо ~ сдéлать I have a númber / lot of things to do.

**многожéнец** *м.* pòlýgamist.

**многожёнство** *с.* pòlýgamy.

**многожи́льный** *тех.*: ~ кáбель múltiple cable.

**многозаря́дн||ый:** ~ая винтóвка repéating / màgazíne rifle [...-'zi:n...].

**многоземéльный** posséssing / having much land [-'ze-...], ówning big lánded próperty ['oun-...] (*после сущ.*).

**многозначи́тельн||о** *нареч.* significantly, with méaning. **~ость** *ж.* significance. **~ый** significant.

**многознáчн||ый** I *мат.* mùlticíphered [-'saɪ-]; ~ое числó númber expréssed by séveral figures.

**многознáчный** II *лингв.* pòlysemántic.

**многоквартíрный:** ~ дом ténement-house* [-s].

**многоклéточный** *биол.* mùlticéllular.

**многоковшóвый:** ~ экскавáтор múlti-scóop éxcavàtor.

**многоколéйн||ый:** ~ая желéзная дорóга múltiple-tràck ráilway.

**многоколёсный** múltiwheel.

**многокрáсочный** pòlychròmátic [-rou-], múlticólour¦ed [-'kʌ-].

**многокрáтно** I *прил. кратк. см.* многокрáтный.

**многокрáтн||о** II *нареч.* repéatedly, many times; óver and óver. **~ость** *ж.* recúrrence. **~ый** **1.** repéated, rè¦iteràted; rè¦iterative; múltiple; **2.** *лингв.* frequéntative; ~ый вид íteràtive áspèct.

**многолáмповый** *рад.*: ~ приёмник múlti-vàlve recéiver [...-'si:və].

**многолемéшный** múlti-shàre.

**многолепесткóвый** *бот.* pòlypétalous.

**многолéтн||ий** **1.** of many years; of séveral

years' stánding; ~ие хозяйственные пла́ны lóng-tèrm èconómic plans [...iː-...]; 2. *бот.* perénnial; ~ие тра́вы perénnial herbs.

**многолю́д||ность** *ж.* pópulous:ness. **~ный** pópulous; crówded; ~ный го́род pópulous town; ~ное собра́ние crówded méeting / gáther:ing.

**многолю́дье** *с.* = многолю́дность.

**многоме́стный** múlti-seater (*attr.*); ~ самолёт múlti-seater áircràft.

**многомиллио́нн||ый** of many míllions, mány-míllioned, míllion-stròng; ~ое населе́ние pòpulátion of many míllions; ~ые ма́ссы трудя́щихся the vast / broad másses of wórking people [...brɔːd... piː-].

**многомото́рный** mùlti-éngined [-'endʒ-].

**многому́жие** *с.* pólyàndry.

**многонациона́льн||ый** mùltinátional [-'næ-]; consisting of many nàtionálities [...næ-]; ~ое госуда́рство a State of / in:clúding many nàtionálities; mùltinátional State.

**многоно́жка** *ж. зоол.* mýriapòd.

**многообеща́ющий** prómising [-s-], hópe:ful; líke:ly *амер.*

**многообра́з||ие** *с.*, **~ность** *ж.* variety; dìvérsity [daɪ-], mùltifórmity; еди́нство и ~ ми́ра *филос.* the únity and dìvérsity of the world. **~ный** váried, múltifòrm.

**многообъекти́вный** *опт.* múltilèns [-nz] (*attr.*), múltiple-lèns [-nz] (*attr.*).

**многоо́пытный** híghly expérienced.

**многоосно́вный** *хим.* pòlybásic [-'beɪ-].

**многоотраслев||о́й:** ~о́е хозя́йство váried / dìvérsified èconomy [...daɪ- iː-]; ~о́е се́льское хозя́йство mixed fárming / ágricùlture.

**многопо́ль||е** *с. с.-х.* mány-field sýstem [-fiːld...]. **~ный** *с.-х.*: ~ная систе́ма = многопо́лье; ~ный севооборо́т mány-field cróp-ròtátion [-fiːld -rou-].

**многопо́люсн||ый** *эл.* mùltipólar; ~ая динамомаши́на mùltipólar machíne [...-'ʃiːn]; ~ выключа́тель múltipòle switch.

**многоречи́в||ость** *ж.* loquácity, vèrbósity; (*болтливость*) gàrrúlity. **~ый** loquácious, vèrbóse [-s]; (*болтливый*) gárrulous.

**многосеме́йный** having / with a large fámily.

**многосло́в||ие** *с.* = многоречи́вость. **~ный** = многоречи́вый.

**многосло́жн||ый** *лингв.* pòlysyllábic; ~ое сло́во pólysỳllable.

**многоstanóчн||ик** *м.*, **~ица** *ж.* múlti-machíne óperàtive [-'ʃiːn...]; движе́ние ~иков móve:ment to en:cóurage the òperátion of séveral machínes at once ['muːv-... -'kʌ-... -'ʃiːnz...wʌns]. **~ый:** ~ое обслу́живание sìmultáneous òperátion of séveral machínes [...-'ʃiːnz].

**многоство́льный** mùlti-bárrelled.

**многостепе́нн||ый:** ~ые вы́боры eléction by séveral stáges *sg.*

**многосторо́нний 1.** *мат.* pòlýgonal, mùltiláteral; (*перен.*) mány-síded, vérsatìle; **2.** (*о договоре и т. п.*) mùltiláteral.

**многострада́льный** lóng-súffering.

**многостру́нный** mány-stringed.

**многоступе́нчатый** múlti-stàge (*attr.*), múlti-stèp (*attr.*).

**многотира́ж||ка** *ж. разг.* fáctory néwspàper. **~ный** lárge-circulátion (*attr.*).

**многото́мный** in many vólumes; (*объёмистый*) volúminous.

**многото́чие** *с.* dots *pl.*

**многоты́сячный** of many thóusands [...-z-].

**многоуважа́емый** respécted; (*в письмах*) dear.

**многоуго́льн||ик** *м. мат.* pólygon. **~ый** *мат.* pòlýgonal, mùltángular.

**многофа́зный** *эл.* pólyphàse.

**многоцве́тный I 1.** mány-cólour:ed [-'kʌ-], múlti-cólour:ed [-'kʌ-]; **2.** *полигр.* pòlychròmátic [-rou-], pólychròme.

**многоцве́тный II** *бот.* mùltiflórous.

**многоцили́ндровый** múlticỳlinder.

**многочи́сленн||ость** *ж.* mùltiplícity; plùrálity, numérical strength. **~ый** númerous.

**многочле́н** *м. мат.* mùltinómial, pòlynómial. **~ный** *мат.* mùltinómial, pòlynómial.

**многоэта́жный** mány-stòreyed [-rɪd], múltistòry.

**многоязы́чный 1.** pólyglòt; **2.** (*о населении, стране*) pòlylingual, mùltilíngual.

**многоя́русный** mány-tier [-tɪə] (*attr.*).

**мно́жественн||ость** *ж.* plùrálity. **~ый** plúral; ~ое число́ *грам.* plúral (númber).

**мно́жеств||о** *с.* great númber [greɪt...]; их бы́ло ~ they were many, there were lots of them; во ~е in many, in a great númber; ~ хлопо́т a great deal, *или* a pack, of trouble [...trʌbl].

**мно́жи||мое** *с. скл. как прил. мат.* mùltiplicánd. **~тель** *м. мат.* múltiplier, fáctor.

**мно́жить,** помно́жить, умно́жить (*вн.*) **1.** *мат.* múltiplỳ (*d.*); **2.** *при сов.* умно́жить (*увеличивать*) in:créase [-s] (*d.*). **~ся 1.** (*увеличиваться*) in:créase [-s]; **2.** *страд. к* мно́жить 1.

**мно́ю** *тв. см.* я.

**мобилиз||цио́нный** *прил. к* мобилиза́ция. **~а́ция** *ж. воен.* (*тж. перен.*) mòbilizátion [moubɪlaɪ-].

**мобилизо́ванный 1.** *прич. см.* мобилизова́ть; **2.** *м. как сущ.* móbilìzed sóldier ['mou- -dʒə].

**мобилизова́ть** *несов. и сов.* **1.** (*вн.*) móbilìze ['mou-] (*d.*); ~ резе́рвы произво́дства móbilìze the resérves of prodúction [...-'zəːvz...]; **2.** (*вн.* на *вн.*; *воодушевить*) raise (*d.* to), enlíst the éfforts (of for); ~ на борьбу́ móbilìze for the strúggle ['mou-...] (*d.*).

**моби́льн||ый** móbile ['mou-]; ~ая гру́ппа *воен.* móbile únit.

**могары́ч** *м.* = магары́ч.

**могика́||не** *мн.* the Móhicans [...'mouɪ-]; ◇ после́дний из ~н the last of the Móhicans.

**моги́л||а** *ж.* grave; бра́тская ~ cómmon grave; ◇ стоя́ть одно́й ного́й в ~е have one's foot in the grave [...fut...]; на краю́ ~ы on the edge of the grave; свести́ кого́-л. в ~у send* smb. to his grave; сойти́ в ~у sink* into the grave; найти́ себе́ ~у (*умереть*) find* one's grave; рыть ~у (*дт.*) dig* a grave (for).

**моги́ль||ник** *м. археол.* búrial ground ['be-...], sépulchre. **~ный** sepúlchral; ~ный холм (sepúlchral) mound; túmulus (*pl.* -li); ~ная плита́ gráve:stòne, tómbstòne ['tuːm-]. **~щик** *м.* gráve-dìgger; пролетариа́т — ~щик капитали́зма the prólètáriat is the gráve-digger of cápitalism [...prou-...].

**могóл** *м.*: Велúкий ~ *ист.* the Great / Grand Mogúl [...greɪt...].

**могý** *1 л. ед. см.* мочь I.

**могýчий** mighty.

**могýщест||венность** *ж.* = могýщество. **~венный** pówerful, mighty. **~во** *с.* pówer, might.

**мóд||а** *ж.* fáshion, vogue [voug]; журнáл мод mode jóurnal [...'dʒəː-], fáshion-pàper; быть в ~е be in fáshion / vogue; входúть в ~у come* into fáshion, become* fáshionable; выходúть из ~ы go* out of fáshion; по ~е in the fáshion, fáshionably; быть одéтым по ~е be fáshionably dressed; не по ~е out of fáshion; по послéдней ~е in the látest fáshion; вводúть ~у ìntrodúce the fáshion; вводúть в ~у (*вн.*) bring* into fáshion (*d.*).

**модáльн||ость** *ж. филос., лингв.* mòdálity [mou-]. **~ый** *филос., лингв.* módal; **~ый** глагóл módal verb.

**моделúзм** [-дэ-] *м.* módelling.

**моделúр||овать** [-дэ-] *несов. и сов.* (*вн.*; *в разн. знач.*) módel ['mɔ-] (*d.*), fáshion (*d.*), shape (*d.*). **~óвка** [-дэ-] *ж.* módelling.

**модéль** [-дэ́-] *ж.* (*в разн. знач.*) módel ['mɔ-], páttern; ~ самолёта módel of *an* áeroplàne [...'ɛər-].

**модельéр** [-дэ-] *м.* módeller.

**модéль||ный** [-дэ́-] fáshionable; ~ная óбувь fáshionable shoes [...ʃuːz] *pl.*, góod-quàlity shoes *pl.* **~щик** [-дэ́-] *м.* módeller, páttern-màker.

**модерниз||áция** [-дэ-] *ж.* mòdernìzátion [-naɪ-]. **~úровать** [-дэ-] *несов. и сов.* (*вн.*) módernìze (*d.*).

**модерн||úзм** [-дэ-] *м. иск.* módernism. **~úст** [-дэ-] *м. иск.* módernist. **~úстский** *иск.* módernist.

**модúстка** *ж.* milliner, modíste [-'diːst].

**модифи||кáция** *ж.* mòdificátion. **~цúровать** *несов. и сов.* (*вн.*) módifỳ (*d.*).

**мóдн||ик** *м. разг.* dándy, man* of fáshion. **~ица** *ж. разг.* fáshionable wóman* [...'wu-], wóman* of fáshion. **~ичать** *разг.* (*следовать моде*) fóllow the fáshion, dress in the látest fáshion. **~ый 1.** (*по моде*) fáshionable, stýlish ['staɪ-]; всегдá ~о ever pópular; **2.** *прил. к* мóда; ~ый журнáл fáshion-pàper; ~ая картúнка fáshion-plàte.

**модулúровать 1.** (*без доп.*) *муз.* módulàte; **2.** (*вн.*) *тех.* módulàte (*d.*), contról [-oul] (*d.*).

**мóдуль** *м.* módulus (*pl.* -luses, -lì); módùle.

**модуля́ция** *ж. муз., тех.* mòdulátion; сéточная ~ *рад.* grid mòdulátion; частóтная ~ *рад.* fréquency mòdulátion ['friː-...].

**мóдус** *м.* módus (*pl.* módì ['mou-]).

**моё** *с. см.* мой 1.

**мóжет** *3 л. ед. см.* мочь I.

**можжевёлов||ый** júniper (*attr.*); ~ая настóйка genéva, gin, Hóllands.

**можжевéльник** *м. бот.* júniper.

**мóжно** *предик. безл.* (+ *инф.*; *возможно*) one can (+ *inf.*); (*позволительно*) one may (+ *inf.*): э́то ~ прочéсть one can read it; здесь ~ курúть one may smoke here; — э́то ~ сдéлать it can be done; one can do it; ~ добáвить it may be ádded; éсли ~ if (it is) póssible; éсли ~ так вы́разиться if one may put it that way; как ~ бóльше as much as póssible; как ~ скорée as soon as póssible как ~ лýчше as well as póssible; как ~ рáньше as éarly as póssible [...'əːlɪ...]; ~ мне войтú? may I come in?; ~ откры́ть окнó? may I ópen the wíndow?; ◇ как ~! *разг.* impóssible!, there can be no quéstion of that [...-stʃən...].

**мозá||ика** *ж.* mosá¦ic [-'z-], ín¦láy. **~úчный** téssellàted, mosá¦ic [-'z-], ín¦láid; ~úчная рабóта ín¦láid work; ~úчная картúна mosá¦ic; inláid pícture.

**мозг** *м.* **1.** brain; головнóй ~ brain; cérebrum *научн.*; спиннóй ~ spinal cord; **2.** (*костный*) márrow; **3.** *мн.* (*кушанье*) (dish of) brains; теля́чьи ~й calves' brains [kɑː-...]; ◇ до ~а костéй to the core, to the márrow of one's bones; продрóгнуть до ~а костéй be chilled to the bone / márrow; шевелúть ~áми *разг.* use one's brains.

**мозговúтый** *разг.* bráiny.

**мозгов||óй** *анат.* cérebral; (*перен.*) brain (*attr.*); ~áя оболóчка cérebral mémbràne; ~óе заболевáние cérebral diséase [...-'ziːz]; diséase of the brain; ~áя рабóта brain work.

**мозжечóк** [можьже-] *м. анат.* cèrebéllum.

**мозóлист||ый** cállous, hórny; tóil-hàrdened; ~ые рýки hórny hands; (*трудовые*) tóil-hàrdened hands.

**мозóлить,** намозóлить: ~ глазá комý-л. *разг.* be an éye¦sòre to smb. [...'aɪ-...].

**мозóль** *ж.* corn, càllósity; ◇ наступúть комý-л. на любúмую ~ *разг.* tread* on smb.'s pet corn [tred...]. **~ный:** ~ный плáстырь córn-plàster; ~ный оперáтор córncùtter, chirópodist [k-].

**мой** *мест.* **1.** (*при сущ.*) my; (*без сущ.*) mine: э́то ~ карандáш this is my péncil; э́тот карандáш ~ this péncil is mine; ваш карандáш здесь, а ~ там your péncil is here and mine is there; по моемý мнéнию in my opínion; **2.** *мн.* (*в знач. сущ.*) my people [...piː-]; ◇ э́то моё дéло that's my own búsiness [...oun 'bɪzn-]; он рабóтает бóльше моегó he works more than I do.

**мóйка** *ж.* wáshing.

**мокасúны** *мн.* móccassins.

**мóкко** *м. нескл.* Mócha ['moukə].

**мóкнуть** become* wet; (*быть погружённым в жидкость*) soak; ~ под дождём be out in the rain.

**мокрúца** *ж. зоол.* wóod-louse* ['wudlaus].

**мóкро 1.** *прил. кратк. см.* мóкрый; **2.** *предик. безл.* it is wet; на ýлице ~ it is wet out of doors [...dɔːz].

**мокровáтый** moist, wéttish.

**мокрóт||а** *ж.* phlegm [-em]; отхáркивать ~у clear the phlegm from one's throat, cough up phlegm [kɔf...].

**мокротá** *ж.* humídity.

**мóкр||ый** wet, moist; (*пропитанный влагой*) sóggy; ~ до нúтки wet to the skin; ~, хоть вы́жми wríng¦ing wet; ◇ ~ая кýрица *разг.* mílksòp, chícken-heart [-hɑːt]; у негó глазá на ~ом мéсте *разг.* he is a crý-bàby.

**мол** I *м.* pier [pɪə], bréakwàter ['breɪkwɔː-], jétty.

**мол** II *вводн. сл. разг.* he says, they say, *etc.* [...sez...]: он, ~, э́того не знал he says he did not know it [...nou...].

**молва́** *ж. тк. ед.* **1.** rúmour; cómmon talk; идёт ~, что it is rúmour¦ed that; **2.** (*репутация*) fame.

**мо́лвить** *сов.* (*вн.*) *уст., поэт.* say* (*d.*).

**молдава́н||ин** *м.*, **~ка** *ж.*, **~ский** Mòldávian.

**молда́вский** Mòldávian; ~ язы́к Mòldávian, the Mòldávian lánguage.

**молéб||ен** *м.*, **~ствие** *с. церк.* públic práyer [ˈpʌ-...]; church sérvice; отслужи́ть благода́рственный ~ hold* a thànks¦giving sérvice.

**молéкул||а** *ж.* mólecùle. **~я́рный** moléculаr; ~я́рный вес moléculаr weight.

**молé||льня** *ж.* méeting-house* [-s], chápel [ˈtʃæ-]. **~ние** *с.* **1.** *рел.* práying; **2.** *поэт.* (*мольба*) sùpplicátion.

**молески́н** *м. текст.* móle¦skìn. **~овый** *прил. к* молески́н.

**молибдéн** [-дэ́н] *м. хим.* mòlybdénum. ~овый [-дэ́-] *прил. к* молибдéн.

**моли́т||ва** *ж.* prayer [prɛə]; (*перед едой и после еды тж.*) grace. **~венник** *м.* práyer-book [ˈprɛə-].

**моли́ть** (*вн.* о *пр.*) pray (*d.* for), entréat (*d.* for), súpplicàte (*d.* for), implóre (*d.* for); ~ о поща́де ask for quárter, cry quárter, cry for mércy.

**моли́ться,** помоли́ться **1.** (о *пр.*) pray (for), óffer prayers [...prɛəz] (for); **2.** *тк. несов.* (на *вн.*; *боготворить*) adóre (*d.*), ídolìze [ˈaɪ-] (*d.*).

**моллю́ск** *м. зоол.* móllusc; (*в раковине*) shéll-fish. **~овый** *прил. к* моллю́ск.

**моллюскообра́зный** *зоол.* mòllúscous.

**молниено́сно** I *прил. кратк. см.* молниено́сный.

**молниено́сн||о** II *нареч.* with líghtning speed. **~ый** (quick as) líghtning; с ~ой быстрото́й with líghtning speed; ~ый уда́р líghtning stroke; ~ая война́ Blitzkrieg [ˈblɪtskriːg].

**мо́лн||ия** *ж.* **1.** líghtning; шарови́дная ~ glóbe-líghtning, fíre-bàll; зигзагообра́зная ~ forked líghtning; с быстрото́й ~ии with líghtning speed; **2.** (*застёжка*) zípper; **3.** *разг.* (*срочная телеграмма*) líghtning-càble, expréss-tèlegràm.

**молода́я** *ж. скл. как прил.* bride.

**молодёжн||ый** youth [juːθ] (*attr.*); ~ая брига́да youth brigáde, youth team.

**молодёжь** *ж. тк. ед.* youth [juːθ]; young people [jʌŋ piː-] *pl.*; уча́щаяся ~ stúdents *pl.*

**моло́денький** *разг.* (very) young [...jʌŋ].

**молодéть,** помолодéть look younger [...ˈjʌŋ-]; (*чувствовать себя молодым*) grow* young agáin [grou jʌŋ...].

**мо́лодец** *м. уст., поэт.* brave.

**молод||éц** *м.* fine féllow; (*о женщине*) fine girl [...g-]; brick *разг.*; вести́ себя́ ~цо́м beháve màgníficently; be up to the mark *разг.*; ~! *разг.* well done!; ~ к ~цу́ stálwart / stúrdy / robúst to a lad [ˈstɔːl-...]; ◇ ~ про́тив овéц, а про́тив ~ца́ — сам овца́ *погов.* brave befóre a lamb, but a lamb befóre the brave.

**молодéцк||ий** váliant [ˈvæ-], méttle¦some; у́даль ~ая válour [ˈvæ-].

**молодéчество** *с.* displáy of cóurage [...ˈkʌ-], fóolhàrdiness; bravádò [-ˈvɑː-].

**молоди́ть** (*вн.*) *разг.* make* (*d.*) look yóunger [...ˈjʌŋ-]. **~ся** *разг.* try to look yóunger than one's age [...ˈjʌŋ-...].

**моло́дка** *ж.* **1.** (*о женщине*) young márried wóman* [jʌŋ... ˈwu-]; bride; **2.** (*о курице*) púllet [ˈpu-].

**молодня́к** *м. тк. ед.* **1.** (*поросль молодого леса*) úndergrowth [-ouθ]; sáplings [ˈsæ-] *pl.*; **2.** *собир.* (*о скоте*) yóunger ánimals [ˈjʌŋ-...] *pl.*; (*о зверях в зоопарке*) cubs *pl.*; **3.** *собир. разг.* (*молодёжь*) the yóunger gènerátion, the youth [...juːθ].

**молодожёны** *мн.* néwly-màrried couple [...kʌpl] *sg.*, néwly-wèds.

**молод||о́й** **1.** *прил.* young [jʌŋ]; yóuthful [ˈjuːθ-]; (*о неодуш. предметах*) new; ~óе поколéние the yóung(er) gènerátion; ~ы́е избира́тели the young eléctors; ~ задо́р yóuthful enthúsiàsm [...-zɪ-]; ~ мéсяц new moon; ~ карто́фель new potátòes *pl.*; ~óе вино́ new wine; мо́лодо вы́глядеть (для свои́х лет) look young for one's age; мо́лод года́ми young in years; **2.** *м. как сущ.* bríde¦groom; ◇ мо́лодо-зéлено ún¦rípe, green.

**мо́лодост||ь** *ж.* youth [juːθ]; втора́я ~ rejùvenátion; не пéрвой ~и *разг.* not in one's first youth.

**молодцева́т||ость** *ж.* dáshing appéarance, spríghtliness, swágger [ˈswæ-]. **~ый** dáshing, spríghtly.

**моло́дчик** *м. разг.* **1.** swell; **2.** *об. мн.* cút-throats; фаши́стские ~и fáscist thugs.

**молодчи́на** *м. тк. ед. разг.* brick; ~! good lad!, well done!, brávò [ˈbrɑː-].

**моложа́в||о** *нареч.*: ~ вы́глядеть look yóuthful [...ˈjuːθ-], have yóuthful looks. **~ость** *ж.* yóuthful looks [ˈjuːθ-...] *pl.* **~ый** yóuthful [ˈjuːθ-], yóung-looking [ˈjʌŋ-], young for his age [jʌŋ...]; имéть ~ый вид look young for one's age.

**моло́зиво** *с. тк. ед.* colóstrum; (*молоко новотельной коровы*) béestings *pl.*

**моло́ки** *мн. анат.* soft roe *sg.*, milt *sg.*

**молок||о́** *с.* milk; ◇ у негó ~ на губа́х не обсо́хло ≅ he is too young / green [...jʌŋ...], he is just a báby; впита́ть с ~о́м ма́тери imbíbe, *или* take* in, with one's móther's milk [...ˈmʌ-...]; обжёгшись на ~é, бу́дешь дуть и на́ воду *посл.* ≅ the burnt child dreads the fire [...dredz...].

**молокосо́с** *м. разг.* gréenhòrn; únflédged youth [...juːθ]; súcker *амер.*; císsy *груб.*

**мо́лот** *м.* hámmer; серп и ~ hámmer and sickle; кузнéчный ~ hámmer; парово́й ~ stéam-hàmmer; ◇ мéжду ~ом и накова́льней betwéen the hámmer and the ánvil.

**молоти́||лка** *ж. с.-х.* thréshing-machìne [-ʃiːn], thrésher. **~льщик** *м.* thrésher.

**молоти́ть,** смолоти́ть (*вн.*) thresh (*d.*), thrash (*d.*).

**молотобо́ец** *м.* hámmerer, hámmer¦man*; blácksmith's stríker.

**молот||о́к** *м.* hámmer; деревя́нный ~ mállet; ◇ продава́ть с ~ка́ (*вн.*) bring* to the hámmer (*d.*), put* up (for sale) (*d.*), sell* by áuction (*d.*); продава́ться с ~ка́ come* únder the hámmer. **~о́чек** **1.** *уменьш. от* молото́к; **2.** *анат.* málleus.

**мо́лот-ры́ба** *ж.* hámmer-fish*, hámmer-head [-hed].

**моло́ть,** смоло́ть (*вн.*) grind* (*d.*), mill (*d.*); ◇ ~ вздор *разг.* talk nónsense / rot.

**молотьба́** *ж.* thréshing.

**молоча́й** *м.*, **~ник** *м. тк. ед. бот.* spurge; euphórbia.

**моло́чная** *ж. скл. как прил.* dáiry, créamery.

**моло́чник** I *м.* (*посуда*) milk-jùg; milk-càn.

**моло́чник** II *м.* (*продавец молока*) milk¦man*, dáiry¦man*.

**моло́чница** I *ж.* (*продавщица молока*) milk¦wòman* [-wu-], milk-maid.

**моло́чница** II *ж.* (*болезнь*) thrush.

**моло́чно-восков||о́й:** ~ая спе́лость (*о кукурузе*) milk-wàx stage of ripe¦ness [-wæ-...].

**моло́чн||ый 1.** *прил. к* молоко́; *тж.* milky; ~ режи́м, ~ая дие́та milk diet; ~ое хозя́йство dáiry-fàrm; dáirying; ~ые проду́кты dáiry pródùce *sg.*; ~ая ка́ша milk pórridge; ~ая торго́вля créamery; ~ая ку́хня ínfant-feeding centre; **2.** *хим.* láctic; ~ая кислота́ láctic ácid; ~ са́хар milk-sùgar [-ʃu-]; láctòse [-s]; ◇ ~ое стекло́ frósted glass; ~ая коро́ва milch cow, milker; ~ые зу́бы milk-teeth, báby-teeth; ~ брат fóster-bròther [-brʌ-]; ~ая сестра́ fóster-sìster; ~ые ре́ки в кисе́льных берега́х land flówing with milk and hóney [...'flou-...'hʌ-].

**мо́лча** *нареч.* sílent¦ly, tácitly, without a word.

**молчали́в||ость** *ж.* tàcitúrnity, réticence. **~ый** tácitùrn, sílent; (*необщительный*) ún¦commúnicàtive; ~ое согла́сие tácit consént; àcquiéscence.

**молча́ние** *с.* sílence ['saɪ-]; храни́ть ~ keep* sílence; наруша́ть ~ break* the sílence [breɪk...]; обойти́ что-л. ~м pass smth. by / óver in sílence; ~ — знак согла́сия *посл.* ≅ sílence gives consént.

**молча́ть** keep* sílent / sílence [...'saɪ-], be sílent; упо́рно ~ refúse to útter a word; refúse to ópen one's mouth; ~! sílence!, be sílent!; shut up! *разг.*

**молчко́м** *нареч. разг.* = мо́лча.

**моль** I *ж.* (clóthes-)mòth ['klou-]; изъе́денный ~ю móth-eaten.

**моль** II *ж. хим.* mole.

**мольба́** *ж.* entréaty, sùpplicátion.

**мольбе́рт** *м.* éasel [-z°l].

**моме́нт** *м.* **1.** móment, ínstant; в э́тот са́мый ~ at that very ínstant; в любо́й ~ at any móment; в оди́н ~ in a móment; в тот ~, когда́ at *a* móment, when; до изве́стного ~а up to a cértain móment; удо́бный ~ òpportúnity; **2.** (*черта, особенность*) féature; (*доклада, речи и т. п.*) point; э́то интере́сный ~ that is an ínteresting áspèct / side of the mátter; **3.** *физ.* móment; ~ си́лы, ине́рции móment of force, of inértia; ◇ теку́щий, настоя́щий ~ the présent situátion [...'prez-...].

**момента́льн||о** *нареч.* ínstantly, in a móment. **~ый** instantáneous, ínstant; ~ый сни́мок snápshòt.

**моме́нтами** *нареч.* now and then.

**мона́да** *ж. филос.* mónàd ['mɔ-].

**мона́рх** *м.* mónarch ['mɔnək]; sóvereign [-vrɪn]. **~и́зм** *м.* mónarchism [-k-]. **~и́ст** *м.* mónarchist [-k-]. **~и́ческий** mónarchist [-k-] (*attr.*), mònárchic(al) [-kɪk-], mònárchal [-k-]; ~и́ческая па́ртия mónarchist párty. **~и́я** *ж.* mónarchy [-kɪ]; абсолю́тная ~ия ábsolùte mónarchy; конституцио́нная ~ия cònstitútional mónarchy.

**мона́рший** mònárchic(al) [-kɪ-], mònárchal [-k-].

**монасты́рский** *прил. к* монасты́рь; *тж.* monástic, convéntual, clóistral.

**монасты́рь** *м.* clóister; (*католический*) ábbey; (*мужской*) mónastery [-trɪ], fríary; (*женский*) núnnery, cónvent; заключи́ть в ~ (*вн.*) clóister (*d.*); ◇ в чужо́й ~ со свои́м уста́вом не хо́дят *посл.* ≅ do in Rome as the Rómans do.

**мона́||х** *м.* monk [mʌ-]; постри́чься в ~хи take* the monástic vows. **~хиня** *ж.* nun; постри́чься в ~хини take* the veil. **~шенка** *ж.* **1.** *разг.* = мона́хиня; **2.** *зоол.* (práying) mántis (*pl.* mántes). **~шеский** monástic; ~шеский о́рден monástic órder; ~шеское одея́ние monástic clothes [...klou-] *pl.* **~шество** *с.* **1.** mónkhood ['mʌŋkhud]; monásticism, mónachism [-k-]; mónkery ['mʌŋ-] *разг.*; **2.** *собир.* régular / black clérgy; monks [mʌ-] *pl.*

**мона́шка** *ж. разг.* = мона́хиня.

**монго́л** *м.*, **~ка** *ж.* Mòngól(ian).

**монго́льский** Mòngólian; ~ язы́к Mòngólian, the Mòngólian lánguage.

**монгольфье́р** *м. ав.* mòntgólfier, fire ballóon.

**моне́т||а** *ж.* coin; зво́нкая ~ spécie [-ʃiː]; hard cash *амер.*; ходя́чая ~ cúrrency, cúrrent coin; разме́нная ~ change [tʃeɪ-]; ◇ плати́ть кому́-л. той же ~ой *разг.* pay* smb. in his own coin [...oun...]; приня́ть за чи́стую ~у (*вн.*) *разг.* take* at its face válue (*d.*); take* in all good faith (*d.*). **~ный** mónetary ['mʌ-]; ~ный двор mint (*estáblishment*); ~ная систе́ма mónetary sýstem. **~чик** *м.* cóiner.

**мон||и́зм** *м. филос.* mónism. **~исти́ческий** *филос.* mònístic.

**мони́сто** *с.* nécklace.

**монито́р** *м. мор.* mónitor.

**монога́мия** *ж.* mònógamy.

**моногени́зм** *м. биол.* mònógenism.

**моногра́мма** *ж.* mónogràm, cípher ['saɪ-].

**моно||графи́ческий** mònográphic. **~гра́фия** *ж.* mónogràph.

**моно́кль** *м.* (single) éye-glàss [...'aɪ-], mónocle.

**моноко́к** *м. ав.* mònocóque [-'kɔːk].

**монокульту́ра** *ж.* óne-cròp / síngle-cròp sýstem.

**моноли́т** *м.* mónolith. **~ность** *ж.* solídity, fírmness. **~ный** mònolíthic; (*перен.*) pówerful, impréssive, mássive.

**моноло́г** *м.* mónològue [-lɔg], solíloquy; произноси́ть ~ solíloquìze.

**моно́м** *м. мат.* monómial.

**монома́н** *м. мед.* mónò¦mániàc. **~ия** *ж. мед.* mónò¦mánia.

**монометалл||и́зм** *м. эк.* mònométallism. **~и́ческий** *эк.* mònomètállic.

**монопла́н** *м. ав.* mónoplàne.

**монополиз||а́ция** *ж.* monòpolizátion [-laɪ-]. **~и́ровать** *несов. и сов.* (*вн.*) monópolìze (*d.*).

**монополи́ст** *м.* monópolist. **~и́ческий** monòpolístic; ~и́ческий капита́л monòpolístic cápital.

**монопо́лия** *ж.* monópoly; ~ вне́шней торго́вли monópoly of fóreign trade [...'fɔrɪn...]; ~ хле́бной торго́вли grain monópoly.

**монопо́льн||ый** monòpolístic, exclúsive; ~ая цена́ monòpolístic / exclúsive price; ~ая ре́нта exclúsive rent; ~ое пра́во monópoly.

**моноте||и́зм** *м.* *филос.* mónothè¦ism. **~исти́ческий** *филос.* mònothè¦ístic.

**моноти́п** *м.* *полигр.* mónotỳpe. **~и́ст** *м.* mónotỳpe óperàtor. **~ный** *прил. к* моноти́п.

**моното́нн||ость** *ж.* monótony. **~ый** monótonous.

**монофто́нг** *м.* *лингв.* mónophthòng.

**монохо́рд** *м.* *муз.* mónochòrd [-k-].

**монохромати́ческий** *опт.* mònòchròmátic [-noukrou-].

**монпансье́** *с.* *нескл.* fruit drops [fru:t...] *pl.*, lózenges *pl.*

**монстр** *м.* mónster.

**монта́ж** *м.* **1.** (*сборка и установка машин*) assémbling, móunting, eréction, instálling; **2.** *иск.* móunting; ~ о́перы по ра́дио arránge¦ment of *an* ópera for the wíre¦less [-eɪn-...]. **~ник** *м.* fítter. **~ный** assémbly (*attr.*).

**монтанья́р** *м.* *ист.* mòntàgnárd [mɔ:ŋtɑ:'njɑ:r].

**монтёр** *м.* **1.** fítter; **2.** (*электромонтёр*) elèctrícian.

**монти́ровать,** смонти́ровать (*вн.*) assémble (*d.*), fit (*d.*), mount (*d.*).

**монуме́нт** *м.* mónument. **~а́льный** mònuméntal.

**мопс** *м.* púg(-dòg).

**мор** *м.* péstilence, plague [pleɪg].

**морал||изи́ровать** móralìze. **~и́ст** *м.* móralist.

**мора́ль** *ж.* móral ['mɔ-]; (*учение*) móral philósophy, éthics; (*нравственность*) mórals *pl.*; коммунисти́ческая ~ cómmunist morálity / éthics; ◇ чита́ть ~ móralìze; прописна́я ~ cópy-book morálity / máxims ['kɔ-...].

**мора́льно-полити́ческ||ий** móral and polítical ['mɔ-...]; ~ое еди́нство сове́тского наро́да móral and polítical únity of the Sóvièt people [...pi:-].

**мора́льн||ый** móral ['mɔ-], éthical; (*противоп. физический*) spíritual, méntal; ~ое состоя́ние mòrále [-ɑ:l].

**морато́ри||й** *м.*, **~ум** *м.* *фин.* mòratórium; объяви́ть ~ decrée the mòratórium.

**морг** *м.* morgue [mɔ:g], mórtuary.

**морганати́ческий** mòrganátic.

**морг||а́ть,** моргну́ть **1.** blink; **2.** (*дт.*) wink (at); ◇ гла́зом не ~ну́в *разг.* without bátting an éye¦lid [...'aɪ-]. **~ну́ть** *сов.* *см.* морга́ть.

**мо́рд||а** *ж.* **1.** muzzle; snout; **2.** *груб.* (*о лице*) (úgly) face ['ʌg-...]; mug. **~а́стый** *разг.* **1.** with a large muzzle; **2.** (*о человеке*) fat, héavy-fáced ['hevɪ-].

**морд||ви́н** *м.*, **~ви́нка** *ж.*, **~о́вский** Mòrdvínian.

**мо́р||е** *с.* sea; откры́тое ~ the ópen sea; the high seas *pl.*; вы́йти в ~ put* to sea; е́хать ~ем go* by sea; в откры́том ~ on the ópen sea, on the high seas; на́ ~ at sea; у ~я by the sea; (*на берегу моря — отдыхать и т. п.*) by the séasíde; за́ ~ем, за́ ~ óver¦séa(s), óver / be¦yónd the sea; из-за ~я from óver¦séa countries [...'kʌ-]; ◇ ему́ ~ по коле́но he does¦n't care, he couldn't care less.

**море́н||а** *ж.* *геол.* moráine. **~ный** moráinal, moráinic; ~ный ландша́фт moráinal land.

**морёный** (*о дереве*) stained; ~ дуб fumed oak.

**морепла́ва||ние** *с.* nàvigátion, séafàring. **~тель** *м.* návigàtor, séafàrer. **~тельный** náutical.

**морехо́д** *м.* = морепла́ватель. **~ность** *ж.* *мор.* séa¦wòrthiness [-ðɪ-]. **~ный** náutical, séafàring. **~ство** *с.* nàvigátion.

**морж** *м.* *зоол.* wálrus ['wɔ:-]. **~о́вый** *прил. к* морж.

**Мо́рзе:** а́збука ~ Morse álphabet / code; аппара́т ~ Morse.

**мори́ть** I (*вн.*) **1.** (*уничтожать*) extérminàte (*d.*); **2.** (*мучить*) exháust (*d.*); ~ го́лодом starve (*d.*).

**мори́ть** II (*вн.*; *о дереве*) stain (*d.*).

**морко́вный** *прил. к* морко́вь.

**морко́вь** *ж.* *тк.* *ед.* cárrot; *собир.* cárrots *pl.*

**моров||о́й** *уст.* péstilent; ~а́я я́зва péstilence, plague [pleɪg].

**моро́жен||ица** *ж.* fréezer, íce-créam mould [...mould]. **~ое** *с.* *скл. как прил.* íce-créam; ~ое с ва́флями íce-créam wáfer; по́рция ~ого a pórtion of íce-créam. **~щик** *м.* íce-créam véndòr; íce-créam man*. **~щица** *ж.* íce-créam véndòr; íce-créam wóman* [...'wu-]. **~ый** frózen, chilled; ~ое мя́со chilled / frózen meat.

**моро́з** *м.* frost; (*морозная погода*) fréezing wéather [...'weðə]; 10 гра́дусов ~а 10 degrées of frost; си́льный ~ hard / sharp / bitter frost; сего́дня си́льный ~ it is fréezing hard to¦dáy; треску́чий ~ ríng¦ing frost; ◇ ~ по ко́же подира́ет *разг.* ≅ it makes one's flesh creep, it gives one góose-flèsh, *или* the shivers [...-s-...'ʃɪ-]. **~ить 1.** (*вн.*) freeze* (*d.*), con¦géal (*d.*); **2.** *безл.*: ~ит it fréezes, it is fréezing. **~но** *предик.* *безл.* it fréezes. **~ный** frósty; ~ный день frósty day.

**морозосто́йк||ий** fróst-hàrdy, fróst-resístant [-'zɪ-]. **~ость** *ж.* fróst-resístance [-'zɪ-]; ~ость расте́ний the fróst-resísting ability of plants [...-'zɪ-...-ɑ:nts].

**морозоусто́йчив||ость** *ж.* = морозосто́йкость. **~ый** = морозосто́йкий.

**морос||и́ть** drizzle; ~и́т *безл.*: дождь ~и́т it drizzles, it is drízzling.

**моро́чить,** обморо́чить (кого́-л.) *разг.* fool (smb.); pull smb.'s leg [pul...].

**моро́шка** *ж.* *тк.* *ед.* **1.** *собир.* clóudbèrries *pl.*; **2.** (*об отдельной ягоде*; *тж.* *о растении*) clóudbèrry.

**морс** *м.* fruit juice / wáter [fru:t ʤu:s 'wɔ:-]; клю́квенный ~ cránberry wáter.

**морск||о́й** sea (*attr.*); (*приморский*) máritìme; (*связанный с мореплаванием тж.*) maríne [-i:n], náutical; ~ бе́рег séashóre; ~а́я вода́ séa-wáter [-'wɔ:-]; ~о́е дно bóttom of the sea, séa-bóttom; ~о́е путеше́ствие vóyage; ~ флот maríne; ~ офице́р nával ófficer; ~а́я война́ nával wárfàre, sea war; ~а́я ба́за nával base [...-s]; ~ мини́стр First Lord of the Ádmiralty (*в Англии*); Sécretary of the

Návy (*в США*); ~óе министе́рство Ádmiralty (*в Англии*); Návy Depártment (*в США*); ~ бой séa-fight, nával en¦gáge¦ment; ~óе учи́лище náutical school; ~áя ка́рта (sea) chart; ~áя артилле́рия nával órdnance; ~áя держа́ва nával pówer; ~óе могу́щество sea pówer; ~áя пехо́та marínes *pl.*, maríne light ínfantry; ~áя торго́вля séa-tráde, séa-bòrne trade, máritime cómmèrce; ~áя боле́знь séasickness; ~ разбо́йник pírate ['paɪə-], séa-ròbber; ~áя игла́ *зоол.* néedle-fìsh, pípe-fìsh; ~áя сви́нка guinea-pìg ['gɪnɪ-]; ~áя соба́ка *зоол.* séa-dòg, dóg-fìsh; ~ лев *зоол.* sea líon; ~ ёж *зоол.* séa-úrchin; èchínus [ek-] (*pl.*-nì) *научн.*; ~áя звезда́ *зоол.* stárfìsh; ~ конёк *зоол.* hìppò¦cámpus (*pl.*-pì), séa-hòrse; ~ кот *зоол.* sea bear [...bɛə]; ~áя капу́ста *бот.* sea kale; ~áя трава́ *бот.* séa-gràss, gráss-wràck; ◇ ~ волк old salt, séa-dòg.

**морти́ра** *ж. воен.* (àrtillery) mórtar.

**морфе́ма** *ж. лингв.* mórphème.

**мо́рфи||й** *м.* mórphia; mórphìne [-iːn]; впры́снуть ~ (*дт.*) injéct mórphia (to). **~ни́зм** *м. мед.* mórphinism. **~ни́ст** *м.*, **~ни́стка** *ж. мед.* mórphìne áddict [-iːn...].

**морфо||логи́ческий** mòrpholо́gical. **~ло́гия** *ж.* **1.** mòrphólogy; **2.** *лингв.* áccidence.

**морщи́н||а** *ж.* wrinkle; (*на ткани и т. п.*) crease [-s]; лицо́, покры́тое ~ами wrinkled face. **~истый** wrinkled, púckered. **~ить** (*вн.*) *разг.* wrinkle (*d.*). **~ка** *ж. уменьш. от* морщи́на; ~ки у глаз crów's-feet ['krouz-].

**мо́рщить,** намо́рщить, смо́рщить (*вн.*) **1.** *при сов.* намо́рщить: ~ лоб knit* one's brow; **2.** *при сов.* смо́рщить púcker (*d.*); wrinkle (*d.*), contráct (*d.*); ~ гу́бы púcker / purse one's lips; ~ нос wrinkle one's nose.

**морщи́ть** crease [-s], púcker.

**мо́рщиться,** намо́рщиться, смо́рщиться **1.** *при сов.* намо́рщиться knit* one's brow; **2.** *при сов.* смо́рщиться screw one's face into wrinkles; make* a wry face; **3.** *при сов.* смо́рщиться (*об одежде*) cockle, shrivel ['ʃrɪ-].

**моря́к** *м.* sáilor.

**москате́льн||ый:** ~ая торго́вля chándlery [-ɑːn-]; ~ това́р chándlery.

**москви́ч** *м.*, **~ка** *ж.* Múscovìte, inhábitant of Móscow; он был ~óм he was Móscow born.

**моски́т** *м.* mosquítò [-'kiː-].

**моско́вск||ий** *прил. к* Москва́; Моско́вская о́бласть Móscow Région.

**Моссове́т** *м.* (Моско́вский Сове́т депута́тов трудя́щихся) Móscow Sóvièt (of Wórking People's Députies) [...piː-...].

**мост** *м.* bridge; железнодоро́жный ~ ráilway bridge; подъёмный ~ dráw-bridge; плаву́чий ~ bridge of boats; разводно́й ~ ópen¦ing bridge; развести́ ~ ópen *a* dráw-brìdge; навести́ ~ build* / make* *a* bridge [bɪld...]; перебро́сить ~ че́рез ре́ку span *a* river with *a* bridge [...'rɪ-...]. **~ик 1.** *уменьш. от* мост; **2.** (*для пешеходов*) fóot-bridge ['fut-]; **3.** (*на судне*) bridge.

**мости́ть** (*вн.*) pave (*d.*); (*булыжником*) cobble (*d.*).

**мостки́** *мн.* planked fóotway [...'fut-] *sg.*, gáng¦way plank *sg.*

**мостова́я** *ж. скл. как прил.* róadway, cárriage-way [-rɪdʒ-]; торцо́вая ~ wood páve¦ment [wud...]; wóod-blòck road ['wud-...]; асфа́льтовая ~ ásphàlt road; булы́жная ~ cóbble-stòne road.

**мостов||о́й** *прил. к* мост; ~áя фе́рма *тех.* bridge-gìrder [-gəː-]; ~ы́е весы́ wéigh-brìdge *sg.*

**мо́ська** *ж. разг.* púg-dòg.

**мот** *м. разг.* pródigal, spéndthrift, squánderer.

**мота́льн||ый** *тех.* winding; ~ая маши́на winding-machìne [-ʃiːn].

**мота́ть** I **1.** (*вн.*; *наматывать*) wind* (*d.*), reel (*d.*); **2.** (*тв.*) *разг.* (*головой*) shake* (*d.*); ◇ ~ что-л. на ус *разг.* ≅ obsérve smth. silent¦ly [-'zəːv...], take* good note of smth.

**мота́ть** II (*вн.*; *расточать*) squánder (*d.*), waste [weɪ-] (*d.*).

**мота́ться** I **1.** (*висеть*) dangle; **2.** *страд. к* мота́ть I 1.

**мота́ться** II *разг.* (*проводить время в утомительных хлопотах и т. п.*) fuss abóut.

**моти́в** I *м.* **1.** *муз.* tune; **2.** (*тема, сюжет произведения искусства*) mòtíf [mou'tiːf].

**моти́в** II *м.* (*причина, основание*) mótive, cause, ground; привести́ ~ы (*рд.*) mótivàte ['mou-] (*d.*).

**мотиви́ровать** *несов. и сов.* (*вн.*) give* réasons [...-z°nz] (for), jústifỳ (*d.*); mótivàte ['mou-] (*d.*).

**мотивиро́вка** *ж.* mòtivátion [mou-], réason [-z°n], jùstificátion.

**мотну́ть** *сов.* (*тв.*) shake* (*d.*).

**мотобо́т** *м.* mótor boat.

**мотови́ло** *м. тех.* reel.

**мото́в||ка** *ж. разг.* extrávagant wóman* [...'wu-]. **~ско́й** wáste¦ful ['weɪ-], extrávagant. **~ство́** *с.* pròdigálity, extrávagance.

**мотого́нки** *мн.* mótor ráces.

**мото́к** *м.* skein, hank; cut.

**мотолопа́та** *ж.* mótor shóvel [...'ʃʌ-]; gásolìne shóvel [-liːn...] *амер.*

**мотомеханизи́рованный** méchanìzed [-k-].

**мотопехо́та** *ж.* mótorìzed ínfantry ['mou-...].

**мотопила́** *ж.* mótor-saw.

**мото́р** *м.* mótor; éngine ['endʒ-]; авиацио́нный ~ áircràft éngine; пусти́ть в ход ~ start *a* mótor. **~иза́ция** *ж.* mòtorìzátion [moutəraɪ-]. **~изо́ванный** mótorìzed ['mou-]; ~изо́ванные войска́ mótorìzed force *sg.* **~и́ст** *м.* mótor¦-mechánic [-'kæ-].

**мото́рн||ый** I *прил. к* мото́р; ~ ваго́н dríving car; ~ая ло́дка mótor boat.

**мото́рный** II *физиол.* (*двигательный*) mótive; mótor (*attr.*).

**моторострое́ние** *с.* mótor-bùilding [-bɪld-].

**моторострои́тельный** mótor-bùilding [-bɪld-], mótor (*attr.*); ~ заво́д mótor works.

**мотоци́кл** *м.*, **~е́т** *м.* mótor cycle; ~ с коля́ской mótor cycle and síde-càr. **~и́ст** *м.* mótor-cýclist [-'saɪ-].

**моты́||га** *ж. с.-х.* hoe, máttock. **~жить** (*вн.*) hoe (*d.*).

**мотылёк** *м.* bútterflỳ, moth.

**моты́ль** *м. тех.* crank.

**мотылько́вые** *мн. скл. как прил. бот.* papìlionáceous plants [-'neɪʃəs -ɑːnts], papìlionáceae [-siː].

**мох** *м.* moss; зарасти́ мхом be óver¦grówn with moss [...-'groun...].

**мохнáт||ый 1.** háiry, shággy; **2.:** ~ое полотéнце Túrkish tówel.

**мохообрáзный** móssy.

**моциóн** *м.* éxercìse, cònstitútional; дéлать ~ take* éxercìse; для ~а for éxercìse; гулять для ~а take* one's cònstitútional.

**моч||á** *ж.* úrine, wáter ['wɔ:-]; анáлиз ~и́ ùrinóscopy.

**мочáлить** (*вн.*) *тех.* séparàte into fibres (*d.*).

**мочáлка** *ж.* wisp / piece of bast [...pi:s...].

**мочáло** *с.* bast.

**мочеви́на** *ж. хим.* úrea [-rɪə].

**мочев||óй** úrinary; ~ пузы́рь *анат.* (úrinary) blàdder; ~ы́е кáмни *мед.* stone (in the blàdder) *sg.*; ~ песóк *мед.* grável [-æ-]; ~áя кислотá *хим.* úric ácid.

**мочегóнн||ый** *мед.* diurétic; ~ое срéдство diurétic.

**мочеиспускá||ние** *с.* ùrinátion. **~тельный:** ~тельный канáл *анат.* uréthra [-'ri:-].

**мочеки́сл||ый:** ~ая соль *хим.* úràte.

**мочёный** soaked.

**мочеотделéние** *с. физиол.* ùrinátion.

**мочеполов||óй** *анат.* ùrino-génital, gènito-úrinary; ~ы́е болéзни *мед.* gènito-úrinary diséases [...-'zi:-].

**мочетóчник** *м. анат.* ùréter.

**мочи́ть** (*вн.*) **1.** wet (*d.*); **2.** (*вымачивать*) soak (*d.*); (*о льне*) ret (*d.*). **~ся,** помочи́ться **1.** (*испускать мочу*) úrinàte; wáter ['wɔ:-] *разг.*; **2.** *страд. к* мочи́ть.

**мóчка** I *ж.* sóaking, máceràting; (*о льне*) rétting.

**мóчка** II *ж.* **1.** *анат.* lobe of the ear; **2.** *бот.* fíbril ['faɪ-].

**мочь** I, смочь (*быть в состоянии*) be able; он сдéлает всё, что мóжет he will do all he can; он не смог прийти́ вчерá he could not come yésterday [...-dɪ]; мóжет ли он пойти́ тудá? (*возможно ли это?*) can he go there?; (*позволено ли это?*) may he go there?; вы мóжете подождáть? can you wait?; могу́ ли я попроси́ть вас? may I ask you?; ◇ мóжет быть (*как вводн. сл.*) máybè, perháps; мóжет быть, он уéхал máybè / perháps he has left; he may have left; мóжет быть (*предик.*) it is póssible; (э́того) не мóжет быть it is impóssible.

**моч||ь** II *ж. разг.* pówer, might; изо всей ~и, что есть ~и with all one's pówer, with all one's might; with might and main *идиом.*; ~и нет one can't stand / endúre it (any lónger) [...kɑ:nt...].

**мошéнн||ик** *м.* swindler. **~ичать,** смошéнничать swindle. **~ический** knávish ['neɪv-], róguish ['rougɪʃ]. **~ичество** *с.* swindle, chéating; (*в игре*) foul play.

**мóшк||а** *ж.* midge. **~apá** *ж. тк. ед. собир.* swarm of midges.

**мошн||á** *ж. тк. ед. разг.* pouch, purse; наби́ть ~у́ fill one's purse; тряхну́ть ~óй ópen one's purse.

**мошóн||ка** *ж. анат.* scrótum. **~очный** *анат.* scrótal; ~очная гры́жа scrótocèle ['skrou-].

**мощ||éние** *с.* páving. **~ёный** paved; (*булыжником*) cobbled.

**мóщи** *мн. рел.* rélic (of *a* saint's bódy) [...'bɔ-] *sg.*; ◇ живы́е ~ *разг.* living múmmy ['lɪ-...] *sg.*

**мóщн||ость** *ж.* **1.** pówer; **2.** *тех.* capácity; (*о машине тж.*) hórse-power; (*производительность*) óutpùt [-put]; номинáльная ~ ráted pówer / capácity; полéзная ~ úse¦ful pówer [-s-...]; факти́ческая ~ áctual (hórse-) power; ~ у́гольного пластá thíckness of *the* coal vein; **3.** *мн.*: произвóдственные ~ости indústrial / prodúction capácities; вводи́ть в дéйствие нóвые энергети́ческие ~ости explóit fresh pówer capácities. **~ый** pówerful; (*о машинах и т. п.*) hígh-capàcity; ~ый подъём pówerful ùpsúrge; ~ый рост движéния pówerful advánce of the móve¦ment [...'mu:v-].

**мощь** *ж. тк. ед.* pówer, might; экономи́ческая и полити́ческая ~ страны́ the èconómic and polítical pówer of the cóuntry [...i:k-... 'kʌ-]; воéнная ~ mílitary might.

**моя́** *ж. см.* мой 1.

**мразь** *ж. тк. ед. об. собир. разг.* (*о людях*) násty / mean wrétches *pl.*

**мрак** *м.* gloom, dárkness, bláckness; во ~е нóчи únder cóver of night [...'kʌ-...]; ◇ э́то покры́то ~ом неизвéстности it is shróuded in mýstery.

**мракобéс** *м.* òbscúrantist. **~ие** *с.* òbscúrantism.

**мрáмор** *м.* márble. **~ный 1.** *прил. к* мрáмор; **2.** (*подобный мрамору*) màrmóreal [-rɪəl].

**мрачнéть,** помрачнéть grow* glóomy [grou...], dárken.

**мрáчн||ость** *ж.* gloom, glóominess, sómbre¦ness, dárkness. **~ый** glóomy, sombre, dark; (*угрюмый*) dísmal [-z-], dréary ['drɪə-]; ~ое настроéние dísmal mood.

**мсти́тель** *м.* avénger [-ndʒə]. **~ница** *ж.* avéngeress [-ndʒə-]. **~ность** *ж.* vindíctive¦ness, revénge¦fulness. **~ный** vindíctive, revénge¦ful.

**мстить,** отомсти́ть (*дт.* за *вн.*) revénge òne¦sélf (up¦ón for); take* véngeance [...-ndʒəns] (on for); avénge (*d.*); ~ врагу́ take* véngeance on one's énemy.

**МТС** *ж.* (маши́нно-трáкторная стáнция) MTS (machíne and tráctor státion [-'ʃi:n...]).

**муáр** *м. текст.* moire [mwɑ:], wátered silk ['wɔ:-...]. **~овый** moire [mwɑ:], wátered ['wɔ:-].

**мудренó** I **1.** *прил. кратк. см.* мудрёный; **2.** *предик. безл.* it is dífficult / hard; ~ поня́ть егó he is a puzzle to ùnderstánd; не ~, что no wónder that [...'wʌ-...].

**мудренó** II *нареч.* in¦génious¦ly, súbtly ['sʌt-].

**мудрён||ость** *ж. разг.* ìngenúity. **~ый 1.** (*странный*) odd, queer, trícky; нет ничегó ~ого no wónder [...'wʌ-], it is no wónder that; **2.** (*трудный*) dífficult, àbstrúse [-s]; (*сложный*) cómplicàted; ◇ у́тро вéчера мудренéе *посл.* ≅ fresh for the mórrow.

**мудрéц** *м.* sage; wise man*, man* of wísdom [...-z-]; ◇ на вся́кого ~á довóльно простоты́ *посл.* ≅ éven a wise man stumbles.

**мудри́ть,** намудри́ть philósophìze; (*вдаваться в тонкости*) súbtilìze ['sʌtɪ-], split* hairs; (*излишне осложнять*) cómplicàte mátters ún¦nécessarily.

**му́др||ость** *ж.* wisdom [-z-]; наро́дная ~ pópular wisdom; ◇ в э́том нет никако́й ~ости *разг.* it is quite simple, a child could do it; зуб ~ости wisdom tooth*.

**му́дрствование** *с. разг.* philósophìzing; бессодержа́тельное ~ émpty philósophìzing.

**му́др||ствовать** *разг.* philósophìze; ◇ не ~ствуя лука́во without sóphistry, in an únsophisticàted way.

**му́др||ый** wise, sage; ~ вождь wise léader; ~ ста́рец sage old man*; ~ое реше́ние wise decísion.

**муж** *м.* **1.** (*мн.* ~ья́; *супруг*) húsband [-z-]; **2.** (*мн.* ~и́) *уст.*, *поэт.* (*мужчина в зрелом возрасте*) man*.

**мужа́ть** *уст.* reach mánhood [...-hud].

**мужа́ться** take* heart / cóurage [...hɑ:t 'kʌ-].

**мужеподо́бный** mánlike, mánnish, másculine ['mɑ:-].

**му́жеский:** ~ род *грам.* másculine (génder) ['mɑ:-...].

**му́жественн||о** *нареч.* with fórtitùde. **~ость** *ж.* mánliness, mánhood [-hud]. **~ый** mánly, mánful.

**му́жество** *с.* cóurage ['kʌ-], fórtitùde; прояви́ть ~ show* / displáy cóurage [ʃou...].

**мужи́||к** *м.* **1.** *уст.* (*крестьянин*) mùzhík [mu:ʒ-]; **2.** *разг.* (*мужчина*) man*, féllow; **3.** *разг.* (*муж*) man*, húsband [-z-]. **~цкий** *прил. к* мужи́к 1.

**му́жн||ий, ~ин** *прил.* húsband's [-z-]; ~яя жена́ *разг.* márried wóman* [...'wu-].

**мужск||о́й** *прил. к* мужчи́на; *тж.* másculine ['mɑ:-]; (*мужского пола*) male; ~о́е пла́тье men's clothes [...klouðz] *pl.*; ~ портно́й (géntlemen's) táilor; ~ пол male sex; ~а́я ри́фма *лит.* single / male / másculine rhyme; ~ род *грам.* másculine (génder).

**мужчи́на** *м.* man*, male.

**му́за** *ж.* muse.

**музее||ве́д** *м.* mùseólogist [-z-]. **~ве́дение** *с.* mùseólogy [-z-].

**музе́й** *м.* mùséum [-'zɪəm]. **~ный** *прил. к* музе́й; ~ная ре́дкость rárity ['rɛə-]; (*перен.*) *разг.* mùséum-piece [-'zɪəmpi:s].

**музици́ровать** *разг.* have some músic [...-zɪk]; play / make* músic.

**му́зык||а** *ж.* músic [-zɪk]; положи́ть на ~у (*вн.*) set* to músic (*d.*); занима́ться ~ой práctise músic [-tɪs...]; танцева́ть под ~у dance to the músic; ◇ надое́ла мне вся э́та ~ *разг.* ≅ I've had more than enóugh of it [...ɪ'nʌf...].

**музыка́льн||ость** *ж.* mùsicálity [-zɪ-], músicalness [-zɪ-]; (*человека*) músical tálent [-zɪ-'tæ-]. **~ый** (*в разн. знач.*) músical [-zɪ-]; ~ое сопровожде́ние accómpaniment [ə'kʌm-]; ~ая шко́ла músic-school [-zɪk-]; ~ое у́хо, ~ый слух an ear for músic [...-zɪk]; ~ая коме́дия *театр.* músical cómedy.

**музыка́нт** *м.*, **~ша** *ж.* musícian [-'zɪ-].

**музыкове́д** *м.* músic(al) éxpèrt [-zɪ-...], mùsicólogist [-zɪ-]. **~ение** *с.* mùsicólogy [-zɪ-], músical science [-zɪ-...].

**му́к||а** *ж.* tórmènt, tórture; pangs *pl.*; ~и ре́вности pangs / tórmènts of jéalousy [...'dʒel-]; ~и тво́рчества throes of crèátion; ◇ ~и Танта́ла the tórmènts of Tántalus; ~ мне с тобо́й! *разг.* the trouble you give me! [...trʌbl...], you are the bane of my life!; ~ му́ченская мне с ва́ми *разг.* you give me no end of trouble; одна́ ~ с э́тим *разг.* it gives nothing but trouble, nothing comes of it, but trouble.

**мука́** *ж.* meal; (*крупчатая, пшеничная*) flour; карто́фельная ~ potátò-stàrch; ◇ перемéлется — ~ бу́дет *посл.* ≅ things will come right in the end.

**мукомо́л** *м.* miller.

**мукомо́льный** flóur-grìnding (*attr.*); ~ заво́д flóur-mill.

**мул** *м.* mule.

**мула́т** *м.*, **~ка** *ж.* mùláttò.

**мулла́** *м.* múllah, móollah.

**му́льда** *ж. тех.* mould [mould].

**мультипла́н** *м. ав.* múltiplàne.

**мультипликá||тор** *м.* **1.** ánimàted càrtóon ártist; **2.** *эл.* múltiplier. **~цио́нный** *прил. к* мультиплика́ция; ~цио́нный фильм (ánimàted) càrtóon. **~ция** *ж.* **1.** máking of ánimàted càrtóon; **2.** (*фильм*) ánimàted càrtóon.

**мумифи||ка́ция** *ж.* mùmmificátion. **~ци́роваться** *несов. и сов.* be / become* múmmified.

**му́ми||я** I *ж.* múmmy; превраща́ть в ~ю (*вн.*) múmmify (*d.*).

**му́мия** II *ж.* (*краска*) múmmy.

**мунди́р** *м.* fúll-dréss coat; придво́рный ~ cóurt-dréss coat ['kɔ:t-...]; честь ~а règiméntal hónour [...'ɔnə], sóldier's hónour ['souldʒəz...]; ◇ карто́фель в ~е *разг.* (*варёный*) potátòes boiled in their jáckets *pl.*; (*печёный*) potátòes baked in their skins *pl.*

**мундшту́к** *м.* **1.** móuth-pìece [-pi:s]; (*для папирос*) cigarétte-hòlder; (*для сигар*) cigár-hòlder; **2.** (*для лошадей*) curb, cúrb-bit; **3.** (*духового инструмента*) èmbouchúre [ɔmbu'ʃuə], móuth-pìece.

**муниципали||за́ция** *ж.* municipalizátion [-laɪ-]. **~зи́ровать** *несов. и сов.* (*вн.*) munícipalize (*d.*). **~те́т** *м.* municipálity.

**муниципа́льный** munícipal.

**мурава́** I *ж. тк. ед. поэт.* (*трава*) grass, sward.

**мурава́** II *ж. тк. ед. тех.* glaze.

**мураве́й** *м.* ant. **~ник** *м.* ánt-hill.

**мура́вленный** *тех.* glazed.

**муравье́д** *м. зоол.* ánt-eater, ánt-béar [-'bɛə].

**муравьи́н||ый** **1.** *прил. к* мураве́й; ~ая ку́ча ánt-hill; **2.** *хим.* fórmic; ~ая кислота́ fórmic ácid.

**мура́шки** *мн.* the creeps, the shivers [...'ʃɪ-]; ~ по спине́ бе́гают it makes *one* feel créepy all óver; it gives *one* the shivers.

**мурлы́ка||нье** *с.* púrring. **~ть** **1.** purr; **2.** *разг.* (*напевать*) hum.

**муска́т** *м.* **1.** (*орех*) nútmèg; **2.** (*виноград*) múscadine; múscat; **3.** (*вино*) múscat, mùscatél, mùscadél. **~ный** *прил. к* муска́т; ~ный оре́х nútmèg; ◇ ~ный цвет mace (*dried outer covering of nutmeg*).

**му́скул** *м.* muscle [mʌsl]. **~ату́ра** *ж. тк. ед.* muscles [mʌslz] *pl.*, sinews *pl.* **~истый** sínewy, bráwny, múscular.

**му́скульный** múscular.

**му́скус** *м.* musk. **~ный** *прил. к* му́скус.

**мусли́н** *м. текст.* múslin ['mʌz-], mousseline [mu:s'li:n]. **~овый** *прил. к* мусли́н.

**му́слить** (*вн.*) *разг.* soil (*d.*), beslа́ver [-'slæ-]

(*d.*), beslóbber (*d.*); (*книгу*) dóg's-ear (*d.*), thumb (*d.*).

**мусо́лить 1.** = му́слить; **2.** (*вн.*; *долго возиться с чем-л.*) spend* much time (óver).

**му́сор** *м. тк. ед.* **1.** (*строительный*) débris ['debri:], (pláster) rúbbish; **2.** (*сор*) swéepings *pl.*, dust; (*хлам*) rúbbish, réfùse [-s].

**му́сор||ить,** наму́сорить (в *пр.*) *разг.* litter (*d.*). **~ный** *прил. к* му́сор; **~ный** я́щик dúst-bìn; **~ная** ку́ча dúst-heap; rúbbish heap; **~ная** я́ма dúst-hòle.

**мусоропрово́д** *м.* réfùse / rúbbish chute [-s...ʃu:t].

**мусоросжига́тельн||ый: ~ая** печь incíneràtor.

**му́сорщик** *м.* dúst¦man*, scávenger [-n-].

**мусс** *м. кул.* mousse [mu:s].

**мусси́ровать** (*вн.*; *о слухах и т. п.*) cárry (*d.*), spread* [spred] (*d.*).

**муссо́н** *м. геогр.* mònsóon.

**муста́нг** *м. зоол.* mústàng.

**мусульма́н||ин** *м.* Mússulman, Móslèm ['mɔz-]. **~ка** *ж.* Móslem-wòman* ['mɔz- -wu-]. **~ский** Mússulman, Móslèm ['mɔz-]. **~ство** *с.* Mohámmedanism, Íslàm ['ɪzlɑ:m].

**мута́ция** *ж.* mutátion.

**мут||и́ть,** замути́ть, помути́ть **1.** *при сов.* замути́ть (*вн.*; *о жидкости*) stir up (*d.*); **2.** *при сов.* помути́ть (*вн.*; *делать смутным*) stir up (*d.*), make* dull (*d.*); **3.** *тк. несов. безл.* (*тошнить*): его́ **~и́т** he feels sick; ◇ ~ во́ду stir up trouble [...trʌbl]; он воды́ не замути́т ≅ he looks as if bútter would not melt in his mouth. **~и́ться,** замути́ться, помути́ться **1.** *при сов.* замути́ться (*о жидкости*) become* / grow* túrbid [...grou...]; **2.** *при сов.* помути́ться (*тускнеть*) grow* dull / dim / bleared.

**мутн||е́ть,** помутне́ть grow* túrbid [grou...], dim. **~ова́тый** not quite clear, múddy, dimmed.

**му́тн||ость** *ж.* **1.** tùrbídity; **2.** (*тусклость*) dúllness. **~ый 1.** túrbid; **2.** (*тусклый*) dull, lácklùstre; clóudy, múddy; ◇ в **~ой** воде́ ры́бу лови́ть *погов.* ≅ fish in troubled wáters [...trʌ- 'wɔ:-].

**муто́вка** *ж.* chúrn-stàff.

**муть** *ж. тк. ед.* (*прям. и перен.*) lees [-z] *pl.*

**муфло́н** *м. зоол.* móufflòn ['mu:-].

**му́фта** *ж.* **1.** muff; **2.** *тех.* cóupling ['kʌ-], clutch, muff; sleeve; ~ ка́беля cable box.

**му́х||а** *ж.* fly; ◇ он и **~и** не оби́дит he would not hurt a fly; де́лать из **~и** слона́ *погов.* ≅ make* móuntains out of móle-hills; кака́я ~ его́ укуси́ла? what is the mátter with him?, what's éating him?

**мухоло́вка** *ж.* **1.** (*приспособление*) flý-tràp; **2.** *бот.* Vénus's flý-tràp, súndew; **3.** *зоол.* flý¦càtcher.

**мухомо́р** *м.* flý-àgaric; déath-càp ['deθ-] *разг.*

**мухо́ртый** (*о масти*) bay.

**муче́ние** *с.* tórture, tórmènt.

**му́чени||к** *м.*, **~ца** *ж.* mártyr. **~ческий** *прил. к* му́ченик; подверга́ть **~ческой** сме́рти (*вн.*) mártyr (*d.*), mártyrize (*d.*). **~чество** *с.* mártyrdom.

**мучи́тель** *м.*, **~ница** *ж.* tòrméntor, tórturer. **~ный** póignant, ágonìzing; **~ная** головна́я боль rácking héadàche [...'hedeɪk]; **~ные** сомне́ния ágonìzing doubts [...dauts].

**му́ч||ить** (*вн.*) tòrmént (*d.*); (*беспокоить*) hárass ['hæ-] (*d.*), wórry ['wʌ-] (*d.*); (*надоедать*) tease (*d.*); его́ **~ит** пода́гра he is a mártyr to gout; э́то **~ит** мою́ со́весть it lies héavy, *или* it weighs, on my cónscience [...'hevɪ...-ʃəns]. **~иться 1.** (*тв.*, из-за *рд.*) wórry ['wʌ-] (abóut), feel* ùnháppy (abóut); вам не́ из-за чего **~иться** you have nothing to wórry abóut; **2.** (над) tòrmént òne¦sélf (óver); take* pains / trouble [...trʌbl] (óver).

**мучн||и́стый** méaly, fàrináceous [-ʃəs]. **~о́е** *с. скл. как прил.* fàrináceous foods [-ʃəs...] *pl.* **~о́й** *прил. к* мука́.

**муши́ный** *прил. к* му́ха.

**му́шка** I *ж.* **1.** *уменьш. от* му́ха; **2.** (*на лице*) béauty-spòt ['bju:-], patch; **3.** *мед.* (*шпанская*) Spánish fly, blíster-flỳ; cànthárídès [-di:z] *pl.*

**му́шка** II *ж.* (*на огнестрельном оружии*) fóre¦sìght; front sight [frʌnt...] *амер.*; кру́пная ~ full sight; ме́лкая ~ fine sight; ро́вная ~ nórmal sight.

**мушке́т** *м. ист.* músket. **~ёр** *м. ист.* mùsketéer.

**мушмула́** *ж. тк. ед.* (*растение и плод*) médlar ['me-].

**мушта́бель** *м. жив.* máulstìck.

**муштра́** *ж. тк. ед.* drill.

**муштр||ова́ть,** вы́муштровать (*вн.*) drill (*d.*). **~о́вка** *ж.* drill.

**муэдзи́н** *м.* muézzin [mu:'ezɪn].

**мча||ть** (*вн.*) rush (*d.*), whirl alóng (*d.*): по́езд **~л** нас на юг the train rushed us to the South; ло́шади **~ли** по́д гору (во весь опо́р) the hórses were téaring dówn-hill (at a mad pace) [...'tɛə-...]. **~ться** rush / speed / tear* alóng [...tɛə...]; **~ться** во весь опо́р go* / tear* / rush, *или* whirl a¦wáy, at full speed.

**мши́стый** móssy, móss-grown [-oun].

**мще́ние** *с.* véngeance [-dʒəns], revénge.

**мы,** *рд., вн., пр.* нас, *дт.* нам, *тв.* на́ми, *мест.* we (*косв. пад.* us); у нас есть we have; он сказа́л нам he told (to) us; нам э́то изве́стно we are a¦wáre of it; для нас for us; э́то нас не каса́ется it is no búsiness of ours [...'bɪzn-...], it is none of our búsiness [...nʌn...]; он говори́т о нас he speaks abóut us; мы с сестро́й my sister and I; мы с ва́ми you and I.

**мы́за** *ж.* grange [-eɪndʒ], cóuntry-hóuse* ['kʌntrɪ'haus]; fárm-stead [-sted].

**мы́кать:** го́ре ~ *разг.* live in mísery [lɪv... -z-], lead* a wrétched life. **~ся: ~ся** по све́ту *разг.* knock about the world.

**мыл||ить,** намы́лить (*вн.*) soap (*d.*); (*сбивать мыло в пену*) láther ['lɑ:-] (*d.*); ◇ намы́лить го́лову кому́-л. ≅ give* smb. a good ráting, haul smb. óver the coals. **~иться,** намы́литься **1.** (*о человеке*) soap òne¦sélf; **2.** *тк. несов.* (*о мыле*) láther ['lɑ:-], form a láther; **3.** *страд. к* мы́лить. **~кий** éasy láthering ['i:zɪ 'lɑ:-], sóapy.

**мы́ло** *с.* **1.** soap; туале́тное ~ tóilet soap; хозя́йственное ~ láundry soap; **2.** *тк. ед.* (*пена на лошади*) foam, láther ['lɑ:-].

**мыловáр** *м.* sóap-boiler. **~éние** *с.* sóap-boiling. **~éнный:** ~енный завóд sóap-wòrks.

**мы́льн||ица** *ж.* sóap-bòx; sóap-hòlder, sóap-dish, sóap-tray. **~ый** soap (*attr.*), sóapy; *тех.* sàponáceous [-ʃəs]; ~ая пéна láther ['lɑː-]; sóap-sùds *pl.*; ~ый кóрень = мыльня́нка; ~ый кáмень sóap-stòne, stéatite ['stɪə-]; ~ый пузы́рь sóap-bùbble; (*перен.*) bubble; пускáть ~ые пузыри́ blow* bubbles [blou...].

**мыльня́нка** *ж. бот.* sóap-wòrt, sóap-root.

**мыс** *м.* cape, prómontory.

**мы́сленн||о** *нареч.* méntally. **~ый** méntal.

**мы́слим||ый** concéivable [-'siːv-]; thínkable; ~ое ли э́то дéло? *разг.* is it póssible?, is it concéivable?

**мысли́тель** *м.* thínker. **~ный:** ~ные спосóбности ùnderstánding *sg.*; pówer of àpprehénsion, *или* of ábstràct thought *sg.*

**мы́слить** **1.** think*, refléct; **2.** (*вн.*; *представлять себе*) concéive [-'siːv] (*d.*).

**мысл||ь** *ж.* thought; (*размышление*) refléction; (*представление*) concéption, ìdéa [aɪ'dɪə]; блестя́щая ~ brílliant ìdéa; bráin-wàve *идиом. разг.*; внезáпная ~ súdden thought; основнáя ~ произведéния fùndaméntal / básic ìdéa of *a* work [...'beɪsɪk...]; óбраз ~ей way of thínking; views [vjuːz] *pl.*; зáдняя ~ ùltérior mótive, sécret púrpose [...-s]; предвзя́тая ~ pré-concéived ìdéa [-'siːvd...], pré-concéption; у негó мелькнýла ~ an ìdéa flashed acróss his mind; емý пришлá в гóлову ~ a thought occúrred to him, *или* struck him; подáть комý-л. ~ suggést *an* ìdéa to smb. [-'dʒest...]; э́то навелó егó на ~ this made him think; собирáться с ~ями colléct one's thoughts; держáться той мы́сли, что keep* to the ìdéa that, abíde* by the thought / nótion that; не допускáть дáже ~и о чём-л. not admít éven the thought of smth.; прийти́ к ~и arríve at the nótion; по ~и áвтора accórding to the áuthor; у негó э́того и в ~ях нé было it never crossed his mind.

**мы́слящий** **1.** *прич. см.* мы́слить; **2.** *прил.* thínking, intelléctual.

**мыта́рить** (*вн.*) *разг.* hárass ['hæ-] (*d.*), wórry ['wʌ-] (*d.*). **~ся** *разг.* be hárassed, be wórried [...'wʌ-].

**мыта́рств||о** *с.* trýing expérience; afflíction, òrdéal; пройти́ чéрез все ~а ≅ go* through many trials; go* through páinful expériences; ùndergó* trýing expériences.

**мыть,** вы́мыть, помы́ть (*вн.*) wash (*d.*); ~ посýду wash up; ~ щёткой (*вн.*) scrub (*d.*); ~ гýбкой (*вн.*) sponge [spʌ-] (*d.*); ◇ рукá рýку мóет *погов.* ≅ you play my game and I'll play yours.

**мытьё** *с.* wáshing, wash; ◇ не ~м, так кáтаньем *погов.* ≅ by hook or by crook.

**мы́ться,** вы́мыться, помы́ться **1.** wash, wash òne-sélf; **2.** *страд. к* мыть.

**мычáние** *с.* lów(ing) ['lou-]; (*о корове тж.*) moo; (*о быке тж.*) béllowing.

**мычáть** low [lou], moo, béllow; (*ср.* мычáние); (*перен.*) *разг.* be ìnárticulate, mumble.

**мышелóвка** *ж.* móuse-tràp [-s-].

**мы́шечный** múscular.

**мыши́н||ый** *прил. к* мышь; ◇ ~ая вознá fuss.

**мы́шка** I *ж. уменьш. от* мышь.

**мы́шк||а** II *ж.*: под ~ой únder (one's) arm; нести́ под ~ой (*вн.*) cárry únder the arm (*d.*).

**мышлéни||е** *с.* thínking, thought; отношéние ~я к бытию́ the relátion of thínking to bé-ing.

**мышóнок** *м.* young mouse* [jʌŋ -s], little mouse*.

**мы́шца** *ж.* muscle [mʌsl].

**мышь** *ж.* mouse* [-s]; полевáя ~ field-mouse* ['fiːldmaus]; ◇ летýчая ~ bat.

**мышья́к** *м.* ársenic; впры́скивать ~ комý-л. injéct ársenic into smb.'s arm, give* smb. an injéction of ársenic.

**мышьякóв||истый** àrsénious. **~ый** àrsénic(al).

**мэр** *м.* mayor [mɛə].

**МЮД** *м.* = Междунарóдный юношеский день *см.* междунарóдный.

**мюль-маши́на** *ж. текст.* mule.

**мя́гк||ий** [-хк-] soft; (*перен.*) mild, gentle; ~ хлеб fresh bread [...bred]; ~ вагóн sóft-séated / ùp-hólstered cárriage / car [...-'hou-rɪdʒ...]; ~ая мéбель ùp-hólstered fúrniture; ~ое крéсло éasy chair [-zɪ...]; ~ая постéль soft bed; ~ое нёбо *анат.* soft pálate; ~ харáктер mild / gentle dìsposítion [...-'zɪ-]; ~ое сéрдце soft heart [...hɑːt]; ~ кли́мат mild clímate [...'klaɪ-]; ~ая зимá mild / soft winter; ~ая погóда soft / ópen / mild / méllow wéather [...'weðə]; ~ свет soft / sháded light; ~ое движéние gentle / smooth móve-ment [...smuːð 'muː-]; ~ звук méllow / soft sound; ~ая водá soft wáter [...'wɔː-]; ◇ ~ знак Rússian létter «ь» [-ʃən...].

**мя́гко** [-хк-] I *прил. кратк. см.* мя́гкий.

**мя́гко** [-хк-] II *нареч.* sóftly; (*перен.*) míld-ly, géntly; ◇ ~ выражáясь to put it míld-ly, to say the least; ~ стéлет, да жёстко спать *погов.* ≅ hóney is sweet, but the bee stings ['hʌ-...], hóney tongue, heart of gall [...tʌŋ hɑːt...].

**мягкосердéч||ие** [-хк-] *с.* kínd-ness, sóft-héartedness [-'hɑːt-], soft heart [...hɑːt]. **~ный** [-хк-] sóft-héarted [-'hɑːt-].

**мя́гкость** [-хк-] *ж.* sóftness; (*перен.*) míld-ness, géntle-ness.

**мягкотéл||ость** [-хк-] *ж.* flábbiness; féeble-ness, spíne-lessness. **~ый** [-хк-] flábby; feeble, spíne-less.

**мягкошёрстный** [-хк-] sóft-haired.

**мягчи́тельн||ый** [-хч-] *мед.* emóllient; ~ое срéдство emóllient.

**мягчи́ть** [-хч-] (*вн.*) sóften ['sɔfᵒn] (*d.*).

**мяки́н||а** *ж. с.-х.* chaff; ◇ стáрого воробья́ на ~е не проведёшь *посл.* an old bird is not caught with chaff.

**мя́киш** *м. тк. ед.* crumb (*soft part of bread*).

**мя́кнуть** *разг.* sóften ['sɔfᵒn], grow* púlpy [grou...]; (*перен.*) grow* flábby.

**мя́коть** *ж.* **1.** (*плода*) pulp; **2.** (*мяса*) flesh.

**мя́лка** *ж. тех.* brake (*for flax and hemp*).

**мя́м||лить,** промя́млить *разг.* **1.** mumble, hum and haw, drawl; **2.** *тк. несов.* (*тянуть*) procrástinàte. **~ля** *м. и ж. разг.* irrésolùte pérson [-zəl-...], milksòp.

**мяси́стый 1.** fléshy, méaty; (*мускулистый*) béefy; **2.** (*о плодах*) púlpy.

**мясна́я** *ж. скл. как прил.* bútcher's (shop) ['bu-...].

**мясни́к** *м.* bútcher ['bu-].

**мясн||о́е** *с. скл. как прил.* (*блюдо*) meat. **~о́й** *прил. к* мя́со; ~а́я пи́ща ánimal food; ~ы́е консе́рвы tinned meat; canned meat *амер.*; ~о́й бульо́н béef-tea, broth.

**мя́со** *с.* flesh; (*как еда*) meat; бе́лое, кра́сное ~ white, red meat; ру́бленое ~ minced meat; сла́дкое ~ swéetbread [-bred]; варёное, жа́реное ~ boiled, roast meat; тушёное ~ stew; пиро́г с ~м méat-pìe; ◇ ди́кое ~ proud flesh; пу́шечное ~ cánnon-fòdder; вы́рвать пу́говицу с ~м rip out *a* bútton with a bit of cloth; ни ры́ба ни ~ néither fish, flésh, nor good red hérring ['naɪ-...]. **~е́д** *м. церк.* time from Christmas to Shróve¦tide [...-sm-...] (*when it is allowed to eat meat*).

**мясокомбина́т** *м.* méat-pàcking plant [...plɑ:nt].

**мясоконсе́рвн||ый** méat-presèrving [-zə:v-], méat-pàcking; ~ая промы́шленность méat-presèrving índustry; ~ комбина́т méat-presèrving / méat-pàcking plant [...plɑ:nt].

**мя́со-моло́чный** meat and milk (*attr.*).

**мясору́бка** *ж.* méat-chòpper, míncing-machìne [-ʃi:n]; méat-grìnder *амер.*; (*перен.*) sláughter-house* [-s].

**мя́та** *ж. бот.* mint.

**мяте́ж** *м.* mútiny, revólt. **~ник** *м.*, **~ница** *ж.* rébel ['re-], insúrgent, mùtinéer. **~ный 1.** rebéllious, insúrgent, mútinous; **2.** (*бурный, неспокойный*) rést¦less, pássionate; **~ная** душа́ rést¦less soul [...soul].

**мяте́ль** *ж.* = мете́ль.

**мя́тн||ый** *прил. к* мя́та; ~ые леденцы́ péppermints, péppermint lózenges; ~ые пря́ники péppermint cakes.

**мять,** помя́ть (*вн.*) **1.** rumple (*d.*); (*комкать*) crumple (*d.*); (*приводить в беспорядок*) tumble (*d.*); ~ траву́ trample down grass; **2.** (*месить*) work up (*d.*), knead (*d.*); **3.** (*о льне, конопле и т. п.*) brake (*d.*); dress (*d.*). **~ся,** помя́ться **1.** be crumpled (éasily) [...'i:zɪ-]; **2.** (*колебаться*) hésitàte [-zɪ-]; **3.** *страд. к* мять.

**мяу́канье** *с.* méw(ing), wáuling; miáow [mi:'au].

**мяу́кать** mew, waul; miául [-'aul].

**мяч** *м.*, **~ик** *м.* ball; футбо́льный ~ fóotbàll ['fut-]; те́ннисный ~ ténnis-bàll; игра́ть в ~ play ball.

# Н

**на** I *предл.* **1.** (*пр.*, *вн.*; *сверху, на поверхности*; *имея основанием, поддержкой*; *тж. перен.*) on; up¦ón (*реже*; *об. без удар.*: [əpən]); (*вн.*; *в тех же случаях тж.*) on to (*редко*: *если необходимо подчеркнуть направление*): на столе́, на стол on *the* table; на стене́, на́ стену on *the* wall; на бума́ге (*тж. перен.*) on páper; на трёх страни́цах on three páges; с кольцо́м на па́льце with *a* ring on *one's* finger; надева́ть кольцо́ (себе́) на па́лец put* *the* ring on one's finger; опира́ться на па́лку lean* (up¦)ón *a* stick; висе́ть на крюке́ hang* on *a* hook; на таки́х усло́виях on such terms; име́ть что-л. на (свое́й) со́вести have smth. on one's cónscience [...-ʃəns]; полага́ться на кого́-л., на что-л. relý (up¦)ón smb., (up¦)ón smth.; ступи́ть на платфо́рму step on (to) the plátfòrm; — висе́ть на потолке́ hang* from the céiling [...'si:-]; **2.** (*пр.— где?*; *при обозначении стран, местностей, улиц*) in; (*пр.*; *при обозначении предприятий, учреждений, занятий и т. п.*) at; (*пр.*; *около, у*) on; (*вн.— куда?*; *в тех же случаях*) to; (*вн.*; *в направлении*) towards: на Кавка́зе in the Cáucasus; на Се́вере in the North; на у́лице in the street; на заво́де at *the* fáctory; на конце́рте at *a* cóncert; на уро́ке at *a* lésson; го́род на Во́лге *a* town on the Vólga; дом стои́т на доро́ге the house* is on the road [...haus...]; на Кавка́з to the Cáucasus; на Се́вер to the North; на заво́д to *the* fáctory; на конце́рт to *a* cóncert; на уро́к to *a* lésson; вы́йти на Во́лгу come* to the Vólga; дви́гаться на ого́нь make* towards *the* fire;— на по́люсе at the pole; на се́вере, на ю́ге *и т. п.* (*с северной, с южной и т. п. стороны*) on the north, on the south, *etc.*; на се́вер, на юг *и т. п.* (*к северу, к югу и т. п.*) nórthwards [-dz], sóuthwards [-dz], *etc.*; (to the) north, (to the) south, *etc.*; на се́вер *и т. п.* от (to the) north, *etc.*, of; доро́га на Москву́, на Кали́нин *и т. п. the* road to Móscow, to Kalínin, *etc.*; по́езд на Москву́, на Кали́нин *и т. п. the* train to / for Móscow, to / for Kalínin, *etc.*; **3.** (*пр.*; *при обозначении средства передвижения*) by: е́хать на по́езде, на пароходе go* by train, by stéamer; — е́хать на маши́не (*автомобиле*) go* / drive* in *a* mótor-càr; е́хать на изво́зчике drive* / go* in *a* cab; ката́ться на ло́дке go* bóating; boat; на вёслах rówing ['rou-]; **4.** (*пр.*; *с включением в состав*) with; (*с применением в качестве топлива*) on: варе́нье (сва́ренное) на са́харе jam made with súgar [...'ʃu-]; заво́д рабо́тает на не́фти the fáctory works on oil; — кра́ска, тёртая на ма́сле paint ground in oil; (пригото́вленный) на дрожжа́х léavened with yeast ['le-...]; **5.** (*пр.*; *во время, в течение*) dúring; (*пр.*; *тж. вн.*; *при обозначении года*) in; (*вн.*; *при обозначении дня*) on: на пра́здниках dúring the hólidays; на кани́кулах dúring the vacátion; на деся́том году́ (*своей жизни*) in one's tenth year; на тре́тий день on the third day; на Но́вый год (*в день Нового года*) on Néw-Year's day; — на э́той неде́ле this week; на той, на про́шлой неде́ле last week; на бу́дущей неде́ле next week; на друго́й, на сле́дующий день the next day; на рождество́ at Christmas [...-sm-]; на па́сху at Éaster; **6.** (*вн.*; *для*; *при обозначении срока*; *при предварительном определении времени*) for: на что э́то ему́ ну́жно?

what does he want it for?; ко́мната на двои́х *a* room for two; по кни́ге на ка́ждого уча́щегося a book for each stúdent; уро́к на за́втра *a* lésson for to¦mórrow; на́ зиму for (the) winter; на два дня for two days; план на э́тот год *the* plan for this year; собра́ние назна́чено на четве́рг, на пя́тое января́ the méeting is fixed for Thúrsday, for the fifth of Jánuary [...'θə:zdɪ...]; **7.** (*вн.*; *при обозначении средств к существованию*) on: жить на (свой) за́работок live on one's éarnings [lɪv... 'ə:n-]; **8.** (*вн.*; *при определении количества* чего́-л. *денежной суммой*) *poss.* worth (of smth.): на рубль ма́рок a rouble's worth of stamps [...ru:-...]; **9.** (*вн.*; *при обозначении средства или единицы измерения*) by: продава́ть на вес, на ме́тры, на метр sell* by weight, by metres, by the metre; **10.** (*вн.*; *при обозначении количественного различия*) by, *но если данное существит. предшествует определяемому слову, об. не переводится*: населе́ние увели́чилось на миллио́н the pòpulátion has in¦créased by a million [...-st...]; ко́роток на дюйм short by an inch; коро́че на дюйм shórter by an inch, (by) an inch shórter; на шаг да́льше a step fúrther [...-ðə]; на метр вверх a metre úp(wards) [...-dz]; **11.** (*вн.*; *при обозначении множителя или делителя*) by; (*при словах, обозначающих результат деления, дробления*) in, into, to: помно́жить пять на́ три múltiply five by three; пять ме́тров (в длину́) на́ три (в ширину́) five metres (long) by three (broad) [...-ɔ:d]; раздели́ть пятна́дцать на́ три divíde fiftéen by three; дели́ть на (две, три *и т. д.*) ча́сти divíde into (two, three, *etc.*) parts; ре́зать на куски́ cut* in(to) pieces [...'pi:-]; рвать на ча́сти, на куски́ tear* to pieces [tɛə...]; ◇ на ме́сте (*на надлежащем месте*) in place; класть на ме́сто rè¦pláce, put* in *its* place; на со́лнце (*под его лучами*) in the sun; выставля́ть на со́лнце expóse to the sun; на (чи́стом, во́льном) во́здухе in the ópen air; на у́лице (*вне дома*) out of doors [...dɔ:z], outsíde; на нога́х on one's feet; на его́ глаза́х (*при нём*) befóre his eyes [...aɪz]; на его́ па́мяти within his rècolléction; не на слова́х, а на де́ле in deed and not in name; на э́том, на иностра́нном, на гре́ческом *и т. п.* языке́ in this lánguage, in a fóreign lánguage [...'fɔrɪn...], in Greek, *etc.*: написа́ть что-л. на э́том языке́, на гре́ческом языке́ write* smth. in this lánguage, in Greek; говори́ть и писа́ть на како́м-л., на гре́ческом *и т. п.* языке́ speak* and write* a lánguage, Greek, *etc.*; ру́копись на гре́ческом *и т. п.* языке́ *a* Greek, *etc.*, mánuscript; переводи́ть на друго́й язы́к, на францу́зский *и т. п.* trànsláte into another lánguage, into French, *etc.*; положи́ть на му́зыку set* to músic [...-z-]; сесть на по́езд, на авто́бус *и т. п.* take* *the* train, *the* bus, *etc.*; сесть на кора́бль, на парохо́д go* on board; оши́бка на оши́бке one blúnder áfter another; (как) на́ беду́ ùnfórtunate¦ly [-ʧən-]; на страх врага́м to the dread of *one's* énemies [...dred...]; на э́тот раз for (this) once [...wʌns], this time; на слу́чай *см.* слу́чай; на вся́кий слу́чай *см.* вся́кий; гляде́ть на кого́-л., на что-л. *см.* гляде́ть; *тж. и другие особые случаи, не приведённые здесь, см. под теми словами, с которыми предл.* на *образует тесные сочетания.*

**на** II *межд. повелительное разг.* (*вот*) here; here you are; (*возьми это*) here, take it; ◇ вот тебе́ на́ *разг.* ≅ well!; well, to be sure! [...ʃuə]; well, I never!

**на** III: како́й ни на есть no mátter what.

**на-** *глагольная приставка* **1.** (*в разн. знач.*) *см. глаголы с этой приставкой*; **2.** (*вдоволь, до полного удовлетворения*: *в глаголах с оконч.* -ся, *об. в сов. виде, если эти глаголы в словаре не даны*) to one's heart's contént [...hɑ:-...]; (*при отриц. тж.*) enóugh [-ʌf]; (*перен. ирон.*: *слишком много*) too much (*при глаг. в perf.*) *или передаётся через формы глаг.* have + enóugh (of *ger.*), *через формы глаг.* be + tired / sick (of *ger.*); *но при наличии слов, обозначающих степень, предел, не передаётся особо*: наговори́ться talk to one's heart's contént; они́ ещё не наговори́лись they have not yet talked enóugh, *или* to their hearts' contént; он набе́гался (*слишком*) he has run abóut too much, he has had enóugh (of) rúnning abóut; (*ему надоело бегать*) he is tired / sick of rúnning abóut; набе́гаться до изнеможе́ния run* abóut till one is exháusted; **3.** (*определённое количество*: *в глаголах с доп., если такие глаголы в словаре не даны*) a quántity (of); *но при наличии слов, обозначающих количество, не передаётся особо*: накупи́ть книг buy* a quántity of books [baɪ...]; накупи́ть мно́го книг buy* a lot of books.

**наба́в||ить** *сов. см.* набавля́ть. **~ка** *ж.* (*о цене*) éxtra charge, addítion, ín¦crease [-s]. **~ля́ть,** наба́вить (*вн.* на *вн.*) add (*d.* to); (*вн.*; *увеличивать*) in¦créase [-s] (*d.*); ~ля́ть це́ну raise the price; ~ля́ть пла́ту за помеще́ние raise the rent; ~ить пять рубле́й на что-л. raise the price of smth. by five roubles [...ru:-].

**наба́вочный** *разг.* éxtra, additional.

**набалда́шник** *м.* knob, cáne-head [-hed].

**набалова́ть** *сов. разг.* **1.** (*вн.*; *избаловать*) spoil* (*d.*); **2.** (*без доп.*; *нашалить*) make* mís¦chief.

**набальзами́ровать** *сов. см.* бальзами́ровать.

**наба́т** *м. тк. ед.* alárm, alárm bell; (*перен. тж.*) tócsin; бить в ~ give* / sound the alárm, sound / ring* the tócsin; (*перен.*) raise an alárm. **~ный** *прил. к* наба́т; ~ный ко́локол alárm bell.

**набе́г** *м.* raid, ín¦road; (*грабительский*) fóray; произвести́ ~ (на *вн.*) raid (*d.*); произвести́ граби́тельский ~ (на *вн.*) fóray (*d.*), make* a plúndering raid (on).

**набега́ть,** набежа́ть **1.** (на *вн.*; *наталкиваться*) run* / dash (agáinst); (*покрывать*) run* óver (*d.*), cóver ['kʌ-] (*d.*); **2.** (*без доп.*; *сбегаться*) come* rúnning (togéther) [...-'ge-]; (*скопляться*) accúmulàte; сра́зу набежа́ло по́лное ведро́ воды́ the pail was at once brímful of wáter [...wʌns... 'wɔ:-]; **3.** *тк. несов. безл.* (*морщить*) throw* folds [-ou...].

**набе́гаться** *сов. разг.* be tired with rúnning abóut, have had enóugh of rúnning abóut [...ɪ'nʌf...].

**набедоку́рить** *сов. см.* бедоку́рить.

**набе́дренн||ый:** ~ая повя́зка lóin-clòth.

**набежа́ть** *сов. см.* набега́ть 1, 2.

**набекре́нь** *нареч. разг.* aslánt [-ɑːnt], at an angle; с ша́пкой ~ with one's hat cocked.

**набели́ться** *сов. см.* бели́ться.

**на́бело** *нареч.* clean, fair; переписа́ть ~ (*вн.*) make* a fair cópy [...'kɔ-] (of), write* out fair (*d.*); перепи́санное ~ fair / clean cópy.

**на́бережная** *ж. скл. как прил.* embánkment, quay [kiː]; (*морская тж.*) séa-frònt [-frʌnt].

**набива́ть,** наби́ть **1.** (*вн. тв.*) stuff (*d.* with), pack (*d.* with), fill (*d.* with); ~ тру́бку fill *one's* pipe; ~ по́греб сне́гом pack *a* céllar with snow [...-ou]; **2.** (*вн.*) *текст.* print (*d.*); **3.** (*вн.* на *вн.*): ~ о́бручи на бо́чку bind* *a* cask with hoops, hoop *a* cask; ◇ наби́ть ру́ку на чём-л. become* a práctised / skilled hand at smth. [...-st...]; наби́ть оско́мину (*прям. и перен.*) set* one's teeth on edge; ~ це́ну bid* up; drive* up the price; наби́ть себе́ це́ну enhánce one's rèputátion; make* òne¦sélf sought áfter. **~ся,** наби́ться **1.** (*куда-л.*) crowd (into *a place*); (*наполняться* чем-л.) become* crówded (with smth.); наби́ться битко́м (*куда-л.*) *разг.* jam (*a place*), crowd (into *a place*); **2.** *разг.* (*навязываться*): ~ся на знако́мство force òne¦sélf into *a person's* acquáintance; ~ся в друзья́ кому́-л. impóse one's fríendship on smb. [...'frend-...]; **3.** *страд. к* набива́ть.

**наби́в||ка** *ж.* **1.** (*действие*) stúffing, fílling; ~ чу́чел táxidèrmy; **2.** (*то, чем набито*) pádding, pácking; **3.** *текст.* printing. **~но́й** *текст.* printed, fást-printed; ~но́й си́тец printed cálicò.

**набира́ть,** набра́ть **1.** (*рд., вн.*) gáther (*d.*), colléct (*d.*); **2.** (*вн.*; *производить набор*) take* (*d.*); (*о рабочих и т. п. тж.*) recrúit [-ruːt] (*d.*); **3.** (*вн.*) *полигр.* set* up (*d.*), compóse (*d.*); ◇ ~ но́мер (ди́ском) dial *a* númber; ~ высоту́ gain height [...haɪt], climb [klaɪm]; ~ ско́рость gáther, *или* pick up, speed; набра́ть воды́ в рот keep* mum. **~ся,** набра́ться **1.** (*накопляться*) accúmulàte; (до *какого-л. количества*) come* up (to); **2.** (*рд.*) *разг.* (*найти в себе*) colléct (*d.*); ~ся хра́брости pluck / screw up one's cóurage [...'kʌ-]; ~ся но́вых сил restóre up fresh énergy; **3.** (*рд.*; *заимствовать, усваивать*) learn* [ləːn] (*d.*), acquíre (*d.*); набра́ться ума́ learn* sense, grow* wise [grou...].

**наби́тый** **1.** *прич. см.* набива́ть; **2.** *прил.* (*наполненный*) well packed; stuffed; (*народом*) crówded, con¦gésted; зал был наби́т the hall was crówded / con¦gésted; ◇ ~ дура́к *разг.* árrant / útter fool.

**наби́ть** I *сов. см.* набива́ть.

**наби́ть** II *сов.* (*рд., вн.*) **1.:** ~ гвозде́й в сте́ну drive* (*a number* of) nails into *a* wall; **2.:** ~ ди́чи kill (*a quantity* of) game.

**наби́ться** *сов. см.* набива́ться.

**наблюда́тель** *м.* obsérver [-'zəː-]. **~ность** *ж.* òbservátion [-zə-]; pówer / kéenness of òbservátion. **~ный** **1.** (*о человеке*) obsérvant [-'zəː-]; **2.** (*служащий для наблюдения*) òbservátion [-zə-] (*attr.*), òbservátional [-zə-]; ~ный пункт òbservátion post [...poust].

**наблюд||а́ть** **1.** (*вн.*) obsérve [-'zəːv] (*d.*); ~ как кто-л. де́лает что-л. obsérve / watch smb. do smth.; **2.** (за *тв.*) take* care (of), look (áfter); keep* one's eye [...aɪ] (on) *разг.*; **3.** (за *тв.*; *следить*) watch (*d.*); (*надзирать*) súpervìse (*d.*), contról [-oul] (*d.*); ~ за выполне́нием чего́-л. see* to smth.; (*до окончания дела*) see* smth. through. **~а́ться** **1.** be obsérved [...-'zəː-]; ~а́ется ре́зкое колеба́ние температу́ры there are súdden chánges in témperature [...'tʃeɪ-...], súdden chánges in témperature are to be obsérved; **2.** *страд. к* наблюда́ть. **~е́ние** *с.* **1.** òbservátion [-zə-]; **2.** (*надзор*) sùperinténdence, sùpervísion, contról [-oul]; быть под ~е́нием (*рд.*) be únder òbservátion (of); взять под ~е́ние (*вн.*) put* únder òbservátion (*d.*).

**набо́б** *м.* nábòb.

**на́божн||ость** *ж.* devótion, píety. **~ый** devóut, píous.

**набо́й||ка** *ж.* **1.** *текст.* printed cloth; **2.** (*на каблуке*) héel-tàp. **~щик** *м.*, **~щица** *ж. текст.* (clóth-)printer.

**на́бок** *нареч.* on one side, a¦wrý, síde¦ways.

**наболе́вш||ий** **1.** *прич. см.* наболе́ть; **2.** *прил.* sore, páinful; ~ее ме́сто sore spot; ◇ ~ вопро́с sore súbject; úrgent mátter.

**наболе́||ть** *сов.* be páinful, ache [eɪk]; у него́ ~ло на се́рдце his heart burns (within him) [...hɑːt...]; his heart grieves [...griː-].

**наболта́||ть** I *сов. разг.* **1.** (*вн., рд.*; *наговорить*) talk (a lot of) nónsense; **2.** (на *вн.*; *наклеветать*) góssip (abóut); (*дт.*) bear* tales [bɛə...] (to); на него́ ~ли there has been a lot of góssip abóut him; (*оклеветали*) he was slándered [...'slɑː-].

**наболта́ть** II *сов. разг.* (*вн., рд.*; *намешать*) mix in (*a quantity* of).

**наболта́ться** *сов. разг.* (*наговориться*) have a long chat, chátter at one's ease.

**набо́р** *м.* **1.** (*приём*) admíssion; (*новобранцев*) lévy ['le-], recrúitment [-'kruːt-]; (*рабочих*) en¦gáging, recrúitment, táking on; **2.** (*состав учащихся*) admítted cándidates *pl.*; **3.** *полигр.* (*действие*) còmposítion [-'zɪ-], týpe-sètting; (*набранный текст*) compósed mátter; **4.** (*комплект*) set, colléction; ~ инструме́нтов tool kit; ◇ ~ слов mere vérbiage; ~ корабля́ fráming, fráme¦wòrk. **~ная** *ж. скл. как прил. полигр.* týpe-sètting óffice. **~ный** *полигр.* týpe-sètting (*attr.*); ~ная лине́йка sétting-rùle; ~ная рабо́та còmposítion [-'zɪ-]; ~ная ка́сса (type) case [...-s]; ~ный цех compósing room. **~щик** *м.*, **~щица** *ж.* compósitor [-zɪ-], týpe-sètter.

**набра́сывать** I, наброса́ть (*вн.*) **1.** (*составлять в общих чертах*) sketch (*d.*), óutlìne (*d.*), draft (*d.*); ~ план óutline a plan; **2.** (*наскоро записывать*) jot down (*d.*).

**набра́сывать** II, набро́сить (*вн.* на *вн.*) throw* [-ou] (*d.* on, óver); ◇ ~ тень cast* a shade, *или* aspérsions (on).

**набра́сываться** I, набро́ситься **1.** (на *вн.*) fall* (up¦ón, on); pounce (on); (*нападать*) attáck (*d.*), assáult (*d.*); набро́ситься на кни́гу pounce on *a* book, snatch at *a* book; набро́ситься на еду́ fall* up¦ón one's food; **2.** *страд. к* набра́сывать II.

**набра́сываться** II *страд. к* набра́сывать I.

**набра́ть(ся)** *сов. см.* набира́ть(ся).

**набрести́** *сов.* (на *вн.*; *прям. и перен.*) come* acróss (*d.*), háppen up¦ón (*d.*); он набрёл на интере́сную мысль he struck up¦ón an interesting idéa [...aɪ'dɪə].

**наброса́ть** I *сов. см.* набра́сывать I.

**наброса́ть** II *сов.* (*рд.*, *вн.*; *накидать*) throw* abóut [-ou...] (*d.*); (*где-л.*; *насорить*) lítter *a place* (with); ~ бума́ги на пол litter the floor with páper [...flɔ:...].

**набро́сить** *сов. см.* набра́сывать II. **~ся** *сов. см.* набра́сываться I.

**набро́сок** *м.* sketch, draft, óutlìne; (*черновик*) rough cópy [rʌf 'kɔ-].

**набры́згать** *сов.* (*рд.*, *тв.*) spill* (*d.*).

**набрю́шник** *м.* àbdóminal band.

**набуха́ние** *с.* swélling.

**набуха́ть,** набу́хнуть swell*.

**набу́хнуть** *сов. см.* набуха́ть.

**набуя́нить** *сов. см.* буя́нить.

**нава́га** *ж.* (*рыба*) navága [-'vɑ:-].

**наважде́ние** *с.* delúsion; witchcràft, évil suggéstion ['i:v- -'dʒestʃ-]; obséssion.

**нава́ксить** *сов. см.* ва́ксить.

**нава́ливать,** навали́ть **1.** (*вн.*, *рд.* на *вн.*) put* (*d.* on); (*в кучу, беспорядочно*) heap up (*d.* on), pile (*d.* on); (*перен.*: *обременять*) load (with *d.*); óver¦lóad (with *d.*); све́рху навали́ли тяжёлый ка́мень they put a héavy stone on top [...'he-...]; на стол навали́ли ку́чу книг they heaped up, *или* piled, a lot of books on the table; **2.** *безл.*: мно́го сне́гу навали́ло there are great snów-drìfts, *или* másses of snow [...greɪt 'snou- ...snou]; сне́гу навали́ло (до) the snow drifted up (to); наро́ду навали́ло the place was òver¦crówded. **~ся,** навали́ться (на *вн.*) **1.** *разг.* (*набрасываться*) attáck (*d.*), fall* (on); навали́ться на еду́ eat* gréedily; **2.** (*опираться, прислоняться*) lean* (on, up¦ón); (*налегать всей тяжестью*) lean* all one's weight (up¦ón); bring* all one's weight to bear [...bɛə] (on); ~ся на вёсла pull hard [pul...]; навали́сь! pull a¦wáy!; **3.** *страд. к* нава́ливать 1.

**навали́ть(ся)** *сов. см.* нава́ливать(ся).

**нава́лом** *нареч.* (*без упаковки*) in bulk: грузи́ть ~ load in bulk.

**навалоотбо́йщик** *м.* cóal-hewer and lóader.

**наваля́ть** *сов.* **1.** (*рд.*, *вн.*; *какое-л. количество*): ~ во́йлока, ва́ленок make* (*a quantity* of) felt, felt-boots; **2.** (*без доп.*) *разг.* (*сделать кое-как*) batch, bungle.

**нава́р** *м.* fat.

**нава́ривать,** навари́ть (*вн.*) *тех.* weld on (*d.*).

**нава́ристый** *разг.* rich; ~ суп rich / strong soup [...su:p].

**навари́ть** I *сов. см.* нава́ривать.

**навари́ть** II *сов.* (*рд.*, *вн.*) cook (*a quantity* of); (*отварить*) boil (*a quantity* of).

**нава́р||ка** *ж.* *тех.* wélding (on). **~но́й** *тех.* wélded (on).

**навева́ть,** навея́ть (*вн.*) blow* [-ou] (*d.*); (*вн.* на *вн.*; *перен.*) cast* (*d.* óver); ве́тер навева́ет прохла́ду the wind blows refréshing¦ly [...wɪnd...]; ~ тоску́ на кого́-л. cast* a gloom on smb.; sádden smb.; ~ сны call up dreams, evóke dreams.

**наве́даться** *сов. см.* наве́дываться.

**наведе́ние** *с.* **1.** *филос. уст.* indúction; **2.** (*покрытие*): ~ ло́ска, гля́нца várnishing, pólishing; **3.** *мор.* láying, póinting (*a* gun); ◇ ~ спра́вок máking in¦quíries; ~ поря́дка putting in órder.

**наве́дываться,** наве́даться (к) *разг.* vísit [-z-] (*d.*), call on (*d.*).

**навезти́** I *сов.* (*вн.* на *вн.*) *разг.* drive* (*d.* on, agáinst).

**навез||ти́** II *сов.* (*рд.*, *вн.*; *какое-л. количество*) cart / bring* in (*a quantity* of); ско́лько дров вы ~ли́ what a lot of wood you have brought [...wud...].

**наве́к, наве́ки** *нареч.* for ever.

**навербова́ть** *сов.* (*рд.*, *вн.*) enróll (a númber of), recrúit (a númber of) [-u:t...].

**наве́рно** *нареч.* **1.** (*по всей вероятности*) próbably, most líke¦ly; **2.** (*несомненно*) for sure [...ʃuə], cértain¦ly, for a cértain¦ty.

**наверну́ть** *сов. см.* навёртывать I. **~ся** *сов. см.* навёртываться.

**наверняка́** *нареч. разг.* for sure [...ʃuə]; он де́йствует то́лько ~ he acts ónly when he is sure (of succéss), he acts ónly if it is a dead cértain¦ty [...ded...].

**наверста́ть** *сов. см.* навёрстывать.

**навёрстывать,** наверста́ть (*вн.*) make* up (for); наверста́ть потеря́нное вре́мя make* up for lost time.

**наверте́ть** I *сов. см.* навёртывать II.

**наверте́ть** II *сов.* (*рд.*, *вн.*; *отверстий и т. п.*) drill (*a quantity* of).

**навёртывать** I, наверну́ть (*вн.* на *вн.*) screw (*d.* on).

**навёртывать** II, наверте́ть (*вн.* на *вн.*) wind* (*d.* round), twist (*d.* round).

**навёртываться,** наверну́ться **1.** (на *вн.*) get* / become* screwed (on); **2.** (*без доп.*) *разг.* turn up; **3.** *страд. к* навёртывать I; ◇ наверну́лись слёзы tears welled up.

**наве́рх** *нареч.* up, úpward; (*по лестнице*) úpstáirs; (*чего-л.*) on top; все ~! *мор.* all hands on deck!

**наверху́** *нареч.* above; (*в верхнем этаже*) úpstáirs.

**наве́с** *м.* shed, pént¦house* [-s]; (*из парусины*) áwning.

**навеселе́** *нареч. разг.* mérry, in one's cups, a bit tight.

**наве́с||ить** *сов. см.* наве́шивать I. **~ка** *ж.* (*дверная*) hinge-plàte. **~но́й:** ~на́я пе́тля hinge. **~ный** *воен.*: ~ная стрельба́, ~ный ого́нь high angle fire, curved fire.

**навести́** I *сов. см.* наводи́ть.

**навести́** II *сов.* (*вн.*) bring* in (*a quantity* of).

**навести́ть** *сов. см.* навеща́ть.

**наве́т** *м.* *уст.* slánder [-ɑ:n-], cálumny.

**наве́тренн||ый** windward ['wɪ-], expósed to the wind [...wɪnd]; *мор.* wéather ['we-] (*attr.*); ~ая сторона́ wéather side.

**наве́чно** *нареч.* for ever, for good; in / for pèrpetúity; переда́ть ~ (*о земле и т. п.*) trànsfér to full ównership [...'ounə-].

**наве́шать** I *сов. см.* наве́шивать II.

**наве́шать** II *сов.* (*рд.*, *вн.*; *повесить*) hang* up (a númber of), suspénd (*a quantity* of).

**наве́шивать** I, наве́сить (*вн.*; *повесить*) hang* up (*d.*), suspénd (*d.*); наве́сить дверь hang* *a* door [...dɔ:]; наве́сить замо́к fix *a* pád:lòck; (*замкнуть*) fásten *a* pád:lòck [-s°n...].

**наве́шивать** II, наве́шать (*вн., рд.; взвесить*) weigh out (*a quantity* of).

**навеща́ть,** навести́ть (*вн.*) vísit [-z-] (*d.*), call up:ón / on (*d.*).

**наве́ять** I *сов. см.* навева́ть.

**наве́ять** II *сов.* (*рд., вн.*) *с.-х.* (*какое-л. количество*) winnow (*a quantity* of).

**на́взничь** *нареч.* báckwards [-dz]; упа́сть ~ fall* flat on one's back; лежа́ть ~ lie* flat on one's back; lie* sùpine *книжн.*

**навзры́д** *нареч.*: пла́кать ~ sob violently.

**навиг||а́тор** *м.* návigàtor. **~ацио́нный** *прил. к* навига́ция. **~а́ция** *ж.* nàvigátion; (*отрасль кораблевождения тж.*) pílot:age próper [...'prɔ-].

**навида́ться** *сов.* (*рд.*): ~ ви́дов *разг.* have seen much; ~ вся́кого *разг.* have had all kinds of expériences.

**навинти́ть(ся)** *сов. см.* нави́нчивать(ся).

**нави́нчивать,** навинти́ть (*вн.* на *вн.*) screw (*d.* on). **~ся,** навинти́ться get* / be screwed on.

**нависа́ть,** нави́снуть (на *вн.*, над) hang* (óver); (*о скалах*) óver:háng* (*d.*), beetle (óver); (над; *перен.*: *угрожать*) impénd (óver), thréaten ['θre-] (*d.*); над ним нави́сла опа́сность he is thréatened with dánger [...'deɪn-], he is in ímminent dánger.

**нави́снуть** *сов. см.* нависа́ть.

**нави́сш||ий 1.** *прич. см.* нависа́ть; **2.** *прил.*: ~ие бро́ви óver:háng:ing / beetle / béetling brows; ~ие ска́лы óver:háng:ing / béetling rocks.

**навлека́ть,** навле́чь (*вн.* на *вн.*) bring* (*d.* on), draw* (*d.* on); ~ на себя́ подозре́ние draw* suspícion up:ón òne:sélf; in:cúr suspícion.

**навле́чь** *сов. см.* навлека́ть.

**наводи́ть,** навести́ (*вн.* на *вн.*) **1.** (*направлять*) diréct (*d.* at), bring* (*d.* on); (*нацеливать*) aim (*d.* at); ~ ору́дие lay* / train / point *a* gun; ~ на след (*вн.*; *прям. и перен.*) put* on the track / trail (*d.*); ~ кого́-л. на мысль suggést an idéa to smb. [-'dʒest... aɪ'dɪə...]; **2.** (*покрывать*) cóver ['kʌ-] (with *d.*), coat (with *d.*); ~ лоск, гля́нец (на *вн.*; *прям. и перен.*) pólish (*d.*), gloss (*d.*), glaze (*d.*); (*перен. тж.*) venéer (*d.*); **3.:** ~ мост build* / make* *a* bridge [bɪld...]; ◇ ~ (на себя́) красоту́ *разг.* béautifỳ òne:sélf ['bju:-...]; ~ поря́док где-л. put* *a place* in órder; ~ ску́ку bore (*d.*); ~ страх inspíre fear; ~ кри́тику *разг.* críticìze (*d.*); ~ спра́вки (о *пр.*) in:quíre (abóut), make* in:quíries (abóut); ~ тень на что-л. cómplicàte / confúse máttters / things.

**наво́дк||а** *ж.* **1.** foil; **2.** (*орудия*) láying, tráining; пряма́я ~ diréct láying; прямо́й ~ой by diréct láying; póint-blánk; **3.:** ~ моста́ brídge-màking, brídging òperátion.

**наводн||е́ние** *с.* flood [-ʌd], ìnùndátion. **~и́ть(ся)** *сов. см.* наводня́ть(ся).

**наводно́й:** ~ мост flóating brídge.

**наводня́ть,** наводни́ть (*вн. тв.*; *прям. и перен.*) flood [-ʌd] (*d.* with); (*перен. тж.*) òver:rún* (*d.* with); ~ ры́нок flood the márket (with). **~ся,** наводни́ться **1.** (*прям. и перен.*) òver:flów [-ou], be flóoded [...-ʌd-]; **2.** *страд. к* наводня́ть.

**наво́дчик** *м. воен.* gun láyer.

**наводя́щий** *прич.* (*тж. как прил.*) *см.* наводи́ть; ◇ ~ вопро́с léading quéstion [...-stʃən].

**наво́з** *м. тк. ед.* manúre, dung; muck (*тж. перен.*). **~ить** (*вн.*) *с.-х.* manúre (*d.*), dung (*d.*).

**навози́ть** *сов.* (*рд., вн.*) *разг.* bring* / cart in (*a quantity* of).

**наво́зник** *м.* (*жук*) dúng-beetle.

**наво́зн||ый** *прил. к* наво́з; ~ая ку́ча dúng:hìll; ~ жук dúng-beetle; ~ червь múckwòrm.

**навозоразбра́сыватель** *м. с.-х.* manúre spréader [...-edə].

**наво́й** *м. текст.* beam; wéaver's beam; холосто́й ~ émpty beam.

**на́воло||ка** *ж.*, **~чка** *ж.* píllow-càse [-s], píllow-slìp.

**навоня́ть** *сов. разг.* make* / spread* a stench [...-ed...].

**навора́чивать,** навороти́ть *разг.* (*вн., рд.*; *прям. и перен.*) heap (*d.*), pile up (*d.*).

**наворова́ть** *сов.* (*рд., вн.*) steal* (*a quantity* of).

**навороти́ть** *сов. см.* навора́чивать.

**навостри́ть** *сов.* (*вн.*) *разг.*: ~ у́ши prick up one's ears; ~ лы́жи take* to one's heels / legs. **~ся** *сов.* (в *пр.*, + *инф.*) *разг.* get* skilled (at); become* a good hand (at, at *ger.*).

**навощи́ть** *как сов. к* вощи́ть.

**навра́ть** I *сов. разг.* **1.** (*солгать*) lie; tell* a stóry; (кому́-л.) lie (to smb.), tell* lies (to smb.); **2.** (в *пр.*; *допустить ошибку*) make* mistákes (in); ~ в вычисле́ниях make* *a* mistáke in one's càlculátions, miscálculàte; **3.** (на *вн.*; *наклеветать*) slánder [-ɑ:n-] (*d.*).

**навра́ть** II *сов.* (*рд., вн.*) *разг.* tell* (*a lot* of) lies.

**наврели́ть** *сов.* (*дт. тв.*) *разг.* do much, *или* a lot of, harm (to by); harm (*d.* by).

**навря́д (ли)** *нареч. разг.* hárdly; ~ ли я сего́дня успе́ю ко́нчить I shall hárdly have time to finish to:dáy.

**навсегда́** *нареч.* for ever; for good *разг.*; (*ср.* наве́чно, наве́ки); ◇ раз ~ once (and) for all / éver [wʌns...].

**навстре́чу** *нареч.* to meet; идти́ ~ кому́-л. go* / come* to meet smb.; (*перен.*) meet* smb. hálf-wáy [...'hɑ:f-]; ~ е́хала маши́на a car was coming (in the ópposite diréction) [...-zɪt...]; а ~ ему́ волк and súddenly he met, *или* ran into, a wolf* [...wulf].

**навы́ворот** *нареч. разг.* ínside out, wrong side out.

**на́вык** *м.* hábit, práctice; (*умение*) skill; трудовы́е ~и hábits of work; практи́ческие ~и práctical skills; приобрести́ ~ acquíre *a* hábit.

**навы́кат(е)** *нареч.* búlging; глаза́ ~ protrúdent / búlging eyes [...aɪz].

**навы́лет** *нареч.* (right) through; ра́нен ~ shot through; пу́ля прошла́ ~ the búllet went right through [...'bu-...].

**навы́нос** *нареч. уст.* for consúmption off the prémises [...-sɪz].

**навы́пуск** *нареч.*: брю́ки ~ tróusers worn óver high boots [...wɔ:n...].

**навы́рез** *нареч.*: покупа́ть (арбу́з) ~ have (a wáter-mélon) cut ópen before búying it [...'wɔ:tə'me-... 'baɪ-...].

**навытяжку** *нареч.*: стоять ~ stand* at attention.

**навьючивать,** навьючить (*вн. тв.*) pack (*d.* with), load (*d.* with).

**навьючить** *сов.* **1.** *см.* навьючивать; **2.** *как сов. к* вьючить.

**навязать** I, навязнуть stick*; глина навязла на колёсах the wheels are stuck with clay; ◇ это навязло у всех в зубах everybody is sick and tired of it, everybody has had more than enough of it [...ɪ'nʌf...].

**навязать** II *сов.* (*рд.*, *вн.*) **1.** (*о снопах, узлах и т. п.*) bind* / tie (*a quantity* of); **2.** (*о кружеве, чулках и т. п.*) knit* (*a quantity* of); (*ср.* вязать).

**навязать** III *сов. см.* навязывать.

**навязаться** *сов. см.* навязываться.

**навязнуть** *сов. см.* навязать I.

**навязчив||ость** *ж.* obtrusive¦ness, importunity. ~ый obtrusive; importunate (*тж. о человеке*); ~ая идея fixed idea [...aɪ'dɪə], obsession; idée fixe (*фр.*) [iːdeɪ 'fiːks].

**навязывать,** навязать **1.** (*вн.* на *вн.*; *прикреплять*) tie (*d.* on), fasten [-s°n] (*d.* to); **2.** (*дт. вн.*; *заставлять принять*) press (on *d.*), thrust* (on *d.*); ~ свою волю impose / dictate one's will (on); ~ кому-л. своё мнение thrust* one's opinion on smb.; ~ кому-л. свои вкусы foist one's (own) tastes on smb. [...oun teɪ-...]. **~ся,** навязаться **1.** (*дт.*) thrust* one¦self (up¦on), foist one¦self (up¦on), fasten one¦self [-s°n...] (on); (*обременять*) be a burden (to); **2.** *страд. к* навязывать.

**нагадать** *сов.* (*вн.*, *рд.*) fore¦tell* (*d.*), prophesy (*d.*).

**нагадить** *сов. см.* гадить.

**нагайка** *ж.* whip.

**наган** *м.* Nagant revolver.

**нагар** *м.* snuff, candle-snuff; (*на металле*) scale; снять ~ со свечи snuff *a* candle.

**нагель** *м. тех.* pin, tre(e)nail (pin).

**нагибать,** нагнуть (*вн.*) bend* (*d.*). **~ся,** нагнуться **1.** stoop, bow; **2.** *страд. к* нагибать.

**нагишом** *нареч. разг.* stark naked.

**наглазник** *м.* **1.** (*шора*) blinker, eye-flap ['aɪ-]; **2.** (*у оптического прибора*) eye shade [aɪ...].

**нагл||еть,** обнаглеть become* impudent / insolent. **~ец** *м.* impudent / insolent fellow, brazen-face.

**наглост||ь** *ж.* impudence, insolence, effrontery [-ʌn-]; cheek *разг.*; верх ~и brazen impudence; это верх ~и! it is the height of impudence! [...haɪt...]; иметь ~ сказать, сделать have the cheek / brazen¦ness to say, to do; у них хватает ~и (+ *инф.*) they have the brazen¦ness (+ to *inf.*).

**наглотаться** *сов.* (*рд.*) *разг.* swallow (*a quantity* of); ~ пыли have / get* one's mouth full of dust.

**наглухо** *нареч.* tight(ly), hermetically; ~ заделать дверь wall up *a* door [...dɔː].

**нагл||ый** impudent, impertinent, insolent, brazen-faced; ~ая ложь outrageous / blatant lie; ~ое вмешательство impertinent interference [...'fɪə-].

**наглядеться** *сов.* (на *вн.*) see* enough [...ɪ'nʌf] (of); (глядеть) не ~ на кого-л. be never tired of looking at smb.

**наглядно** I *прил. кратк. см.* наглядный.

**наглядн||о** II *нареч.* by visual demonstration [...'vɪz-...], visually ['vɪz-]; (*графически*) graphically; (*ясно*) clearly. **~ость** *ж.* **1.** (*ясность*) clearness, obvious¦ness; **2.** (*в обучении*) use of visual methods [juːs...'vɪz-...]; (*применение наглядных пособий*) use of visual aids. **~ый 1.** graphic, obvious; ~ый пример obvious case [...-s], graphic example [...-ɑːm-]; ~ое доказательство visual proof / evidence ['vɪz-...]; visual / graphic demonstration; **2.** (*в обучении*) visual; ~ый урок object-lesson; ~ое обучение visual methods of teaching *pl.*; ~ые пособия visual aids.

**нагнать** I, II *сов. см.* нагонять I, II.

**нагнать** III *сов.* (*рд.*, *вн.*) *разг.* (*какое-л. количество*) drive* together (*a quantity* of) [...-'ge-...].

**нагнести** *сов. см.* нагнетать.

**нагнетатель** *м. тех.* supercharger. **~ный:** ~ный насос *тех.* force-pump.

**нагнетать,** нагнести (*вн.*) force (*d.*); *тех.* supercharge (*d.*).

**нагно||ение** *с.* fester, suppuration; вызвать ~ (*рд.*) fester (*d.*). **~иться** *сов.* fester, suppurate.

**нагнуть(ся)** *сов. см.* нагибать(ся).

**наговаривать,** наговорить **1.** (на *вн.*) *разг.* (*клеветать*) slander [-ɑːn-] (*d.*), calumniate (*d.*); **2.** (*вн.*): ~ пластинку have one's speech, *etc.*, recorded.

**наговор** *м.* (*клевета*) slander [-ɑːn-], calumny.

**наговорить** I *сов. см.* наговаривать.

**наговорить** II *сов.* (*рд.*, *вн.*) *разг.*: ~ много say* a lot of things; ~ кому-л. много неприятного tell* smb. a lot of unpleasant things [...'plez-...].

**наговориться** *сов.* have a long talk; они не могут ~ they can never talk enough [...ɪ'nʌf].

**нагой** naked, nude, bare.

**наголо** *нареч.* bare; стричь ~ cut* (*hair*) close to the skin [...-s...], crop close; ~ остриженный close¦ly cropped [-s-...].

**наголо** *нареч.*: шашки ~ drawn / naked / bare swords [...sɔːdz].

**наголову** *нареч.*: разбить ~ (*вн.*) rout (*d.*); defeat utterly (*d.*); shatter (*d.*).

**наголодаться** *сов. разг.* be (half) starved [...hɑːf...].

**нагольный:** ~ тулуп coat of raw sheep-skin.

**нагоняй** *м. разг.* telling-off; дать ~ (*дт.*) give* a telling-off / rating / scolding (*i.*); rate (*d.*); получить ~ get* a scolding; get* into hot water [...'wɔː-], get* it hot *идиом.*

**нагонять** I, нагнать (*вн.*) **1.** (*догонять*) over¦take* (*d.*); **2.** (*навёрстывать*) make* up (for).

**нагонять** II, нагнать (*вызывать, причинять*): ~ тоску на кого-л. bore smb.; ~ сон на кого-л. make* smb. sleepy; ~ страх на кого-л. ≅ put* the fear of God into smb.

**на-гора** *нареч. горн.*: выдавать уголь ~ hoist coal, wind* coal.

**нагор||еть** *сов.* **1.** (*дать нагар*) form into a snuff; **2.** *безл. разг.*: мне за это ~ело I got a scolding / rating for it.

**нагóрный** úp¦land, híghland, móuntainous.

**нагородúть** *сов.* (*рд.*, *вн.*) **1.** (*настроить — заборов и т. п.*) put* up (*d.*), eréct (*d.*); **2.** *разг.* (*нагромоздить*) pile (*d.*), heap up (*d.*); ◇ ~ вздóра talk a lot of rúbbish.

**нагóрье** *с.* úp¦land, èlevátion.

**наготá** *ж.* núdity, náked¦ness.

**наготóве** *нареч.* at call, in réadiness [...'re-]; быть ~ be at call, be in réadiness; (*быть настороже*) be on the lóok-óut; держáть ~ (*вн.*) keep* in réadiness (*d.*).

**наготóвить** *сов.* (*рд.*, *вн.*) **1.** (*запасти*) lay* in (a supplý of); **2.** (*настряпать*) cook (*a quantity* of). **~ся:** не ~ся never get* / have enóugh [...ɪ'nʌf].

**нагрáбить** *сов.* (*рд.*, *вн.*) amáss / get* by róbbery (*d.*); ~ дéнег steal* a lot of móney [...'mʌ-].

**нагрáд||а** *ж.* rewárd; récompènse; (*знак отличия*) dècorátion; (*в школе*) prize; дéнежная ~ gratúity; móney a¦wárd ['mʌ-...]; правúтельственная ~ góvernment a¦wárd ['gʌ-...]; достóйная ~ wórthy tríbùte [-ðɪ...]. **~úть** *сов. см.* награждáть. **~нóй 1.** *прил. к* нагрáда; **2.** *мн. как сущ. уст.* (*деньги*) bónus *sg.*, gratúity *sg.*

**награжд||áть,** наградúть (*вн. тв.*) rewárd (*d.* with); (*орденом, медалью и т. п.*) décoràte (*d.* with); a¦wárd (to *d.*); confér a dècorátion (up¦ón); (*перен.*; *способностями и т. п.*) endów (*d.* with). **~éние** *с.* rewárding; (*орденом*) décoràting. **~ённый 1.** *прич. см.* награждáть; **2.** *м. как сущ.* recípient (of *an* a¦wárd).

**нагрéв** *м. тех.* heat, héating; повéрхность ~а héating súrface. **~áние** *с.* (*рд.*) héating (*d.*), ráising the témperature (of). **~áтель** *м. тех.* héater. **~áтельный** héating.

**нагревáть,** нагрéть (*вн.*) **1.** warm (*d.*), heat (*d.*); **2.** *разг.* (*одурачивать*) swíndle (*d.*); он нагрéл егó на сто рублéй he swíndled him out of a húndred roubles [...ru:-]; нагрéть рýки ≅ line one's coat; (на *пр.*) make* a good hand (of). **~ся,** нагрéться **1.** get* warm; **2.** *страд. к* нагревáть.

**нагрéть(ся)** *сов. см.* нагревáть(ся).

**нагроможд||áть,** нагромоздúть (*вн.*, *рд.*) pile / heap up (*d.*). **~éние** *с.* **1.** (*действие*) píling up; **2.** (*груда*) còn¦glòmerátion.

**нагромоздúть** *сов. см.* нагромождáть.

**нагрубúть** *сов. см.* грубúть.

**нагрубиянить** *сов. см.* грубиянить.

**нагрýдник** *м.* **1.** (*детский*) bib; **2.** (*в латах*) bréastplàte ['brest-]; **3.** (*в упряжи*) bréast-còllar ['brest-].

**нагрýдный** breast [-est] (*attr.*); ~ знак bréastplàte ['brest-]; ~ телефóн *воен.* breast (téle)phòne.

**нагружáть,** нагрузúть (*вн. тв.*) **1.** load (*d.* with); (*о морском грузе*) lade* (*d.*), freight (*d.*); **2.** (*обременять*) búrden (*d.* with). **~ся,** нагрузúться **1.** (*тв.*) load òne¦sélf (with); **2.** *страд. к* нагружáть.

**нагрузúть** *сов. см.* нагружáть. **~ся** *сов. см.* нагружáться.

**нагрýзк||а** *ж.* **1.** (*действие*) lóading; **2.** (*то, чем нагружено*; *тж. тех.*) load; полéзная ~ páying load; ~ на ось axle load; ◇ непóлная ~ (*неполный рабочий день*) hálf-time ['hɑ:f-]; он рабóтает с пóлной (непóлной) ~ой he has got a fúll-tíme (hálf-tíme) job.

**нагрязнúть** *сов.* (*намусорить*) lítter.

**нагрянý||ть** *сов. разг.* come* ún¦expécted-ly, appéar súddenly; ~ли гóсти guests arríved ún¦expéctedly.

**нагýл** *м.* (*у скота*) fáttening, pútting on flesh; срéдний сýточный ~ скотá áverage dáily rate of fáttening.

**нагýливать,** нагулять **1.** (*о скоте*) fátten, put* on weight; **2.:** нагулять румянец *разг.* put* some cólour in one's cheeks (by éxercise) [...'kʌ-...]; ~ аппетúт get* a bétter áppetite áfter a walk.

**нагулять** *сов. см.* нагýливать. **~ся** *сов.* have had a long walk; ~ся до ýстали make* òne¦sélf tired with wálking.

**над,** нáдо *предл.* (*тв.*) (*поверх.*, *тж. перен.*) óver; (*выше*) above; (*при обозначении предмета труда*) at: вéшать, висéть ~ столóм hang* óver *the* table; пролетáть ~ гóродом fly* óver *the* town; засыпáть ~ кнúгой fall* asléep óver *the* book; имéть власть ~ кем-л. have pówer óver smb.; поднимáться ~ крышами rise* above the roofs; ~ ýровнем мóря above séa-lével [...'le-]; рабóтать ~ тéмой work at *the* súbject; ◇ ~ головóй (*наверху*) óver¦héad [-'hed]; ломáть себé гóлову ~ чем-л. *см.* ломáть; смеяться ~ кем-л., ~ чем-л. *см.* смеяться; *тж. и другие особые случаи, не приведённые здесь, см. под теми словами, с которыми предл.* над *образует тесные сочетания.*

**надавáть** *сов.* (*дт. рд.*, *вн.*) give* (*i. a quantity* of); ~ комý-л. поручéний load smb. with commíssions; ~ обещáний prómise all kinds of things [-s...]; ~ комý-л. шлепкóв *разг.* give* smb. a slápping / spánking.

**надавúть** I *сов. см.* надáвливать.

**надавúть** II *сов.* (*рд.*, *вн.*; *выдавить, раздавить какое-л. количество*) press / squeeze (*a quantity* of).

**надáвливать,** надавúть (*вн.*, на *вн.*) press (*d.*).

**надáивать,** надоúть: ~ пóлное ведрó milk a páilful.

**надарúть** *сов.* (*вн.*, *рд. дт.*) presént (*d.* to), give* a lot of présents [...-ez-] (*i.*).

**надбáвить** *сов. см.* надбавлять.

**надбáв||ка** *ж.* = набáвка; ~ за вы́слугу лет lóng-sérvice ín¦crement. **~лять,** надбáвить = набавлять, набáвить.

**надбрóвный** *анат.* sùpercíliary.

**надвигáть,** надвúнуть (*вн.* на *вн.*) move / push / pull [mu:v pʊʃ pul] (*d.* up to); ~ шляпу pull one's hat óver one's eyes [...aɪz]. **~ся,** надвúнуться **1.** (*приближаться*) appróach, be near; (*об опасности и т. п.*) impénd, be ímminent; надвигáющийся (*о кризисе и т. п.*) ón¦còming; **2.** *страд. к* надвигáть.

**надвúнуть(ся)** *сов. см.* надвигáть(ся).

**надвóдн||ый** abóve-wáter [-'wɔ:-]; ~ая часть сýдна dead works [ded...], part of ship above the wáter [...'wɔ:-]; úpper works, flóatage; ~ борт frée-board.

**нáдвое** *нареч.* **1.** (*пополам*) in two; **2.** *разг.* (*двусмысленно*) àmbíguous¦ly; ◇ бáбушка ~ сказáла *погов.* ≅ we shall see what we shall see.

**надво́рн||ый:** ~ые постро́йки óutbùildings [-bɪ-], óut¦houses.

**надвяза́ть** *сов. см.* надвя́зывать.

**надвя́зывать,** надвяза́ть (*вн.*) **1.** (*о чулках, носках*) foot [fut] (*d.*); (*с носка*) toe (*d.*); **2.** (*о верёвке*) add a length / piece [...pi:s] (*of string, etc.*).

**надгро́б||ие** *с. уст.* épitàph. **~ный:** ~ная речь fúneral orátion; ~ный па́мятник mónument; ~ная на́дпись = надгро́бие; ~ный ка́мень, ~ная плита́ tómb¦stòne ['tu:m-], gráve¦-stòne.

**надгрыза́ть,** надгры́зть (*вн.*) nibble (at).

**надгры́зть** *сов. см.* надгрыза́ть.

**наддава́ть,** надда́ть (*рд.*, *вн.*) *разг.* add (*d.*), in¦créase [-s] (*d.*), enhánce (*d.*); надда́ть жа́ру add heat, in¦créase the heat.

**надда́ть** *сов. см.* наддава́ть.

**надду́в** *м. ав.* súperchàrge.

**надева́ние** *с.* putting on.

**надева́ть,** наде́ть (*вн.*) put* on (*d.*); get* on (*d.*); что бы́ло на нём наде́то? what (clothes) did he wear? [...klou-... wɛə], what (clothes) had he (got) on; ~ сбру́ю на ло́шадь hárness *a* horse; ~ узду́ на ло́шадь bridle *a* horse; ~ нару́чники (*дт.*) hándcùff (*d.*), mánacle (*d.*). **~ся,** наде́ться **1.:** у него́ сапо́г, чуло́к *и т. п.* не надева́ется he cánnòt get his boot, stócking, *etc.*, on; **2.** *страд. к* надева́ть.

**наде́жд||а** *ж.* hope; пита́ть ~ы (на *вн.*) chérish hopes (for), be in hopes (of); подава́ть ~у кому́-л. give* hope to smb.; подава́ть ~ы prómise (well) [-s...], shape well; в ~е (на *вн.*) in the hope (of); оправда́ть ~ы jústifỳ hopes; ни мале́йшей ~ы not the fáintest / slíghtest hope; not a glimmer of hope; распрости́ться со все́ми ~ами say* good-býe to all hopes.

**надёжн||ость** *ж.* **1.** relìabílity, sáfe¦ty; **2.** (*верность*) trústwòrthiness [-ðɪ-]. **~ый** **1.** relíable, safe; depéndable; **2.** (*верный*) relíable, trústwòrthy [-ðɪ], trústy.

**наде́л** *м. ист.* strip, allótment.

**наде́л||ать** *сов.* (*рд.*, *вн.*) **1.** make* / get* réady (a cértain amóunt of) [...'re-...]; **2.** *разг.* (*доставить, причинить*) give* (*d.*), cause (*d.*); ~ кому́-л. хлопо́т give* smb. (a lot of) trouble [...trʌbl]; ~ оши́бок make* a lot of mistákes; (*грубых*) commít a lot of blúnders; ~ глу́постей commít fóllies; ~ бед make* a mess of things; ~ мно́го шу́ма make* a rácket, kick up a row; (*перен.*) cause a sènsátion; что ты ~ал! what have you done?

**наделе́ние** *с.* allótment.

**надели́ть** *сов. см.* наделя́ть.

**наде́льн||ый:** ~ая земля́ *ист.* allótment.

**надел||я́ть,** надели́ть (кого́-л. чем-л.) allót / give* (smb. smth.); (*снабжать*) províde (smb. with smth.); (*перен.: одарять*) endów (smb. with smth.); ~ пода́рками dispénse gifts [...g-] (to smb.); приро́да ще́дро ~и́ла его́ náture has not been spáring with her gifts to him ['neɪ-...].

**надёргать** *сов.* (*рд.*, *вн.*) pull / pluck out (*a quantity* of) [pul...]; ◇ ~ цита́т *разг.* grub up a lot of quotátions.

**надерзи́ть** *сов. см.* дерзи́ть.

**наде́ть(ся)** *сов. см.* надева́ть(ся).

**наде́яться** **1.** (на *вн.*; + *инф.*) hope (for; + to *inf.*); ~ на что-л. hope for smth.; я наде́юсь уви́деть вас сего́дня I hope to see you to¦dáy; **2.** (на *вн.*; *полагаться*) relý (on); ~ на кого́-л. relý on smb.; trust smb.; не ~ на кого́-л. have no cónfidence in smb.

**надзвёздный** *поэт.* above (*после сущ.*); ~ мир the world above.

**надзе́мн||ый** óver¦ground; ~ая желе́зная доро́га élevàted ráilway; élevàted ráilroad *амер.*

**надзира́тель** *м.*, **~ница** *ж.* óver¦seer, súpervìsor [-zə]; кла́ссный ~ *уст.* úsher; тюре́мный ~ chief wárder [tʃi:f...]; тюре́мная ~ница príson mátron [-ɪz°n...]; полице́йский ~ políce inspéctor [-'li:s...].

**надзира́ть** (за *тв.*) óver¦sée* (*d.*), súpervìse (*d.*).

**надзо́р** *м.* **1.** sùpervísion; (*за подозреваемым*) survéillance; быть под ~ом be únder survéillance; **2.:** санита́рный ~ sánitary inspéctors *pl.*; прокуро́рский ~ the prócuràtor's sùpervísion, *или* sùpervísory pówers [...-'vaɪz-...] *pl.*; the prócuràtor's óffice.

**надиви́ться** *сов. разг.:* не могу́ ~ (на *вн.*) I cánnòt stop wóndering [...'wʌ-] (at); (*налюбоваться*) I cánnòt admíre sufficiently (*d.*).

**нади́р** *м. астр.* nádir ['neɪ-].

**надка́лывать** I, надколо́ть (*вн.*; *наносить лёгкие уколы*) prick / pierce slíghtly [...pɪəs...] (*d.*).

**надка́лывать** II, надколо́ть (*вн.*; *топором*) split* slíghtly (*d.*).

**надкла́ссовый** abóve-cláss.

**надко́жица** *ж. бот.* cúticle.

**надколе́нн||ый** *анат.:* ~ая ча́шка knée-càp, knée-pàn; patélla *научн.*

**надколо́ть** I, II *сов. см.* надка́лывать I, II.

**надко́стниц||а** *ж. анат.* pèrióst eum; воспале́ние ~ы pèriostítis.

**надкры́лья** *мн. зоол.* élytra, wíng-càses [-s-]; (*у жуков*) shards.

**надкуси́ть** *сов. см.* надку́сывать.

**надку́сывать,** надкуси́ть (*вн.*) give* a bite (*i.*), nibble (at).

**надла́мывать,** надломи́ть (*вн.*) break* pártly [-eɪk...] (*d.*), frácture (*d.*); (*делать трещину*) físsure (*d.*), crack (*d.*); (*перен.*) óver¦táx (*d.*); break* down (*d.*); надломи́ть свои́ си́лы óver¦táx one's strength; надломи́ть своё здоро́вье break* down (in health) [...helθ]. **~ся,** надломи́ться **1.** be fráctured, crack; его́ си́лы надломи́лись his strength gave way; **2.** *страд.* *к* надла́мывать.

**надлеж||а́ть** *безл.* (*дт.* + *инф.*): ему́ ~и́т he is (+ to *inf.*); э́то ~и́т сде́лать this / it is to be done; this / it must be done; э́то ~а́ло бы сде́лать this ought to be done. **~а́щий** fítting, próper ['prɔ-]; appróp riate; в ~а́щий срок in due time; в ~а́щем поря́дке in a próper mánner / órder; ~а́щим о́бразом in the próper way; próperly, thóroughly ['θʌrə-], dúly, súitable ['sju:-]; за ~а́щими по́дписями dúly / próperly signed [...saɪ-]; ~а́щие ме́ры appróp riate / próper méasures [...'me-].

**надло́м** *м.* frácture, break [-eɪk]; (*перен.*) wrétchedness.

**надломи́ть(ся)** *сов. см.* надла́мывать(ся).

**надло́мленный** **1.** *прич. см.* надла́мывать; **2.** *прил.* wrétched.

**надме́нн||ость** *ж.* háughtiness, sùpercílious¦ness, árrogance. **~ый** háughty, sùpercílious, árrogant.

**на́до** I *предик. безл.* = ну́жно 2, 3; ◇ так ему́ *и т. д.* и ~! *разг.* serve(s) him, *etc.*, right!; о́чень ему́, ей *и т. д.* ~! *разг.* a (fat) lot he, she, *etc.*, cares!; о́чень ему́ ~ приходи́ть! catch him coming here!

**на́до** II *предл. см.* над.

**на́добн||о** *уст.* = ну́жно. **~ость** *ж.* necéssity, need; в слу́чае ~ости in case of need [...-s...]; име́ть ~ость в чём-л. require smth.; нет никако́й ~ости there is no need whàt¦-so¦éver; вам нет ~ости you need not. **~ый** *уст.* nécessary, réquisite [-zɪt], néedful.

**надоеда́ть,** надое́сть **1.** (*дт. тв.*) péster (*d.* with), bóther (*d.* with), bore (*d.* with); (*докучать*) wórry ['wʌ-] (*d.* with), plague [pleɪg] (*d.* with); он, она́ *и т. д.* мне до́ смерти надое́л(а) I am bored to death with him, her, *etc.* [...deθ...]; **2.** *безл.*: ей, ему́ *и т. д.* надое́ло (+ *инф.*) she, he, *etc.*, is tired (of *ger.*); she, he, *etc.*, is sick (of *ger.*) *разг.*

**надое́дливый** bóring, irk¦some, bóther¦some, bóther¦ing, tíre¦some; pésky *разг.*; ~ челове́к bore, núisance ['njuːs-].

**надое́сть** *сов. см.* надоеда́ть.

**надои́ть** *сов. см.* нада́ивать.

**надо́й** *м. с.-х.*: ~ молока́ milk yield [...jiː-].

**надо́лго** *нареч.* for a long time.

**надо́мн||ик** *м.*, **~ица** *ж.* one who works at home, hóme-wòrker.

**надорва́ть(ся)** *сов. см.* надрыва́ть(ся).

**надоу́ми||ть** *сов.* (*вн.*) *разг.* suggést an idéa [-'ʤest...aɪ'dɪə] (to), advise (*d.*); она́ ~ла его́ пойти́ туда́ сего́дня she suggésted he should go there to¦dáy.

**надпа́лубн||ый** súperstrùcture (*attr.*); ~ые постро́йки súperstrùcture *sg.*

**надпа́рывать,** надпоро́ть (*вн.*) únpick / únstitch (a few stitches); (*об упаковке*) rip pártly ópen (*d.*). **~ся,** надпоро́ться **1.** rip, get* únpicked / únstitched; **2.** *страд.* к надпа́рывать.

**надпи́ливать,** надпили́ть (*вн.*) make* an incísion (by sáwing) (in).

**надпили́ть** *сов. см.* надпи́ливать.

**надписа́ть** *сов. см.* надпи́сывать.

**надпи́сывать,** надписа́ть (*вн.*) sùperscríbe (*d.*), inscríbe (*d.*); ~ конве́рт addréss *an* énvelòpe; ~ кни́гу dédicàte *a* book.

**на́дпись** *ж.* **1.** inscríption; (*на конверте*) sùperscríption; (*на монете, медали, карте и т. п.*) légend ['le-]; **2.** *археол.* inscríption; ~ на ка́мне inscríption on *a* stone.

**надпоро́ть(ся)** *сов. см.* надпа́рывать(ся).

**надпо́чечник** *м. анат.* àdrénal (gland).

**надра́ть** *сов.* (*рд., вн.*) tear* / strip (*a quantity* of) [tɛə...]; ◇ ~ у́ши кому́-л. *разг.* pull smb.'s ears [pul...].

**надре́з** *м.* cut, incísion; (*зарубка*) notch; ~ пило́й sáw-nòtch, sáw-cùt.

**надре́зать** *сов. см.* надре́зывать.

**надреза́ть** = надре́зывать.

**надре́зывать,** надре́зать (*вн.*) make* an incísion (on); cut* slíghtly (*d.*).

**надруба́ть,** надруби́ть (*вн.*) chip (*d.*), notch (*d.*).

**надруби́ть** *сов. см.* надруба́ть.

**надруга́||тельство** *с.* (над) óutràge (up¦ón); (*насилие*) vìolátion (of). **~ться** *сов.* (над) óutràge (*d.*).

**надры́в** *м.* **1.** slight tear [...tɛə], rent; **2.** (*о душевном состоянии*) ánguish; он говори́л с ~ом he spoke as if his heart was bréaking [...hɑːt...-eɪk-].

**надрыва́ть,** надорва́ть (*вн.*) tear* slíghtly [tɛə...] (*d.*); (*перен.*) óver¦stráin (*d.*), óver¦táx (*d.*); ~ свой си́лы óver¦táx one's strength; knock òne¦sélf up *идиом. разг.*; ~ себе́ го́лос óver¦-stráin one's voice; ◇ ~ ду́шу кому́-л. *разг.* rend* smb.'s heart [...hɑːt], hárrow smb.'s soul [...soul]; ~ живо́тики (со́ смеху) *разг.* ≅ split* one's sides with láughter [...'lɑːftə]. **~ся,** надорва́ться **1.** *разг.* strain òne¦sélf; (*перен.*: *переутомляться*) óver¦stráin òne¦sélf; *несов. тж.* exért òne¦sélf to the út¦mòst; **2.** *страд.* к надрыва́ть; ◇ пла́кать, ~ся cry as if one's heart would break [...hɑːt...breɪk].

**надры́вный** **1.** hystérical; ~ смех hystérical láughter [...'lɑːf-]; **2.** (*душераздирающий*) héart-rènding ['hɑːt-].

**надсади́ть(ся)** *сов. см.* надса́живать(ся).

**надса́дный** héart-rènding ['hɑːt-].

**надса́живать,** надсади́ть *разг.*: ~ го́лос óver¦stráin one's voice. **~ся,** надсади́ться *разг.* = надрыва́ться.

**надсека́ть,** надсе́чь (*вн.*) make* cuts / incísions (in), incíse slíghtly (*d.*).

**надсе́чь** *сов. см.* надсека́ть.

**надсма́тривать** (над, за *тв.*) contról [-oul] (*d.*), súpervìse (*d.*); (*проверять*) inspéct (*d.*).

**надсмо́тр** *м.* contról [-oul], sùpervísion. **~щик** *м.* óver¦seer; (*в тюрьме*) jáiler; (*над рабами*) sláve-dríver.

**надста́в||ить** *сов. см.* надставля́ть. **~ка** *ж.* piece put on [piːs...], patch, exténsion (piece). **~ля́ть,** надста́вить (*вн.*) léngthen (*d.*). **~но́й** put on, patched on.

**надстра́ивать,** надстро́ить (*вн.*) build* a súperstrùcture [bɪld...] (óver), raise (*d.*); ~ эта́ж build* (on) an addítional stórey.

**надстро́ечный** *прил.* к надстро́йка II.

**надстро́ить** *сов. см.* надстра́ивать.

**надстро́йка** I *ж.* **1.** (*действие*) ráising, búilding a súperstrùcture ['bɪl-...]; **2.** (*то, что надстроено*) súperstùcture, addítional stórey.

**надстро́йка** II *ж. филос.* súperstrùcture; ба́зис и ~ básis and súperstrùcture ['beɪs-...].

**надстро́чн||ый** sùperlínear; ~ые зна́ки diacrítical marks.

**надтре́снутый** (*прям. и перен.*) cracked; ~ го́лос cracked voice.

**надува́||ла** *м. и ж. разг.* swíndler, cheat, trickster. **~тельский** *разг.* swíndling, únderhànd. **~тельство** *с. разг.* swíndle, chéating, tríckery.

**надува́ть,** наду́ть (*вн.*) **1.** (*наполнять воздухом*) infláte (*d.*), puff out (*d.*); ве́тер наду́л паруса́ the sails filled out; **2.** *разг.* (*обманывать*) dupe (*d.*), swíndle (*d.*); **3.** *тк. сов. безл.*: ему́ наду́ло в у́хо the wind / draught has given him an éar-àche [...wɪnd drɑːft... -eɪk]; ◇ наду́ть гу́бы *разг.* pout (one's lips). **~ся,** наду́ться **1.** disténd; (*о парусах*) fill out, bélly (out), swell* out; **2.** *страд.* к надува́ть 1, 2.

**надувн||о́й** pneumátic [njuː-]; ~а́я ло́дка pneumátic boat; ~а́я поду́шка áir-cùshion [-ku-].

**наду́льник** *м. воен.* muzzle attáchment; (*пламегаситель*) flásh-hìder.

**наду́манн||ость** *ж.* fár-fétchedness, àrtificiálity. **~ый** *прич. и прил.* fár-fétched; forced.

**наду́мать** *сов. разг.* **1.** (+*инф.*) make* up one's mind (+to *inf.*), decide (+to *inf.*); set* one's mind (+to *inf.*); **2.** (*вн.*; *вообразить*) devíse (*d.*), invént (*d.*).

**надури́ть** *сов. разг.* do fóolish things.

**наду́||тый** **1.** *прич. см.* надува́ть; **2.** *прил. разг.* (*надменный*) háughty; **3.** *прил. разг.* (*угрюмый*) súlky; ◇ **~тые** гу́бы póuted lips. **~ть** *сов. см.* надува́ть. **~ться** *сов.* **1.** *см.* ду́ться; **2.** *см.* надува́ться.

**наду́шен||ный** *прич. и прил.* scénted; она́ не была́ **~а** she was wéaring no scent [...'wεə-...].

**надуши́ть** *сов. см.* души́ть II. **~ся** *сов. см.* души́ться II.

**надчерепн||ой:** **~а́я** оболо́чка *анат.* pèricránium.

**надшива́ть,** надши́ть (*вн.*) (*удлинять*) make* lónger (*d.*).

**надши́ть** *сов. см.* надшива́ть.

**надыми́ть** *сов. см.* дыми́ть.

**надыша́ть** *сов.* (*где-л.*) make* the air (*in a room, etc.*) warm with bréathing. **~ся** (*тв.*) inhále (*d.*), breathe in (*d.*); ◇ не **~ся** на кого́-л. *разг.* ≅ dote (up¦)ón smb.

**наеда́ться,** нае́сться eat* one's fill; ~ до́сыта, до отва́ла *разг.* be quite full, eat* to satíety.

**наедине́** *нареч.* in prívate [...'praɪ-], prívate¦ly ['praɪ-].

**нае́зд** *м.* **1.** (*посещение*) flýing vísit [...-zɪt]; **2.** (*набег*) ín¦road, raid, in¦cúrsion. **~ить** *сов. см.* нае́зживать.

**нае́здни||к** *м.* **1.** hórse¦man*, ríder; (*по профессии*) jóckey; цирково́й ~ círcus ríder; equéstrian; **2.** *зоол.* ichnéumon-flỳ [ɪk'nju:-]. **~ца** *ж.* hórse¦wòman* [-wu-]; (*в цирке*) círcus ríder. **~чество** *с.* hórse¦manship.

**нае́здом** *нареч.*: быва́ть где-л. ~ pay* flýing vísits to a place [...'vɪz-...].

**наезжа́ть** I, нае́хать **1.** (на *вн.*) run* (into, agáinst); (*сталкиваться*) collíde (with); (*на неподвижный предмет*) drive* (into), ride* (into); на них нае́хал автомоби́ль they have been knocked down by a car; **2.** *тк. несов.* (*посещать время от времени*) come* now and then.

**наезжа́ть** II, нае́хать (*без доп.*; *приезжать в большом количестве*) come* / arríve (*in large númbers*); нае́хало мно́го госте́й a crowd of vísitors / guests arríved [...'vɪz-...].

**нае́зженный** (*о дороге*) wéll-wórn [-'wɔ:n], wéll-tròdden, béaten.

**нае́зживать,** нае́здить (*вн.*; *о дороге и т. п.*) drive* smooth [...-ð] (*d.*).

**наём** *м.* **1.** (*о рабочих*) hire; рабо́тать по на́йму work for hire; ~ рабо́чей си́лы híring of mánpower; **2.** (*о квартире, доме*) hire, rénting; пла́та за ~ rent; в ~ *см.* внаём.

**наёмник** *м.* **1.** híre¦ling; **2.** *ист.* (*солдат*) mércenary; fréelánce.

**наёмн||ый** hired; (*перен.*: *продажный*) mércenary; ~ труд wage lábour, hired lábour; ~ рабо́чий wage wórker, hired wórker; (*в сельском хозяйстве*) hired lábour¦er; hand *амер.*; ~ уби́йца hired assássin; ~ лжец, клеветни́к sálaried líar, chártered mísinfórmer; ~ писа́ка *разг.* pénny-a-líner.

**нае́сться** *сов. см.* наеда́ться.

**нае́хать** I *сов. см.* наезжа́ть I, 1.

**нае́хать** II *сов. см.* наезжа́ть II.

**нажа́ловаться** *сов.* (на *вн.*) *разг.* compláin (of).

**нажа́ривать,** нажа́рить (*вн.*) *разг.* (*печку и т. п.*) heat to excéss (*d.*). **~ся,** нажа́риться *разг.* (*на солнце*) bask, *или* warm òne¦sélf, in the sun (for a long time).

**нажа́рить** I *сов. см.* нажа́ривать.

**нажа́рить** II *сов.* (*рд.*, *вн.*; *какое-л. количество*) roast / fry (*a quántity* of).

**нажа́риться** *сов. см.* нажа́риваться.

**нажа́тие** *с.* préssure.

**нажа́ть** I *сов. см.* нажима́ть.

**нажа́ть** II *сов.* (*рд.*, *вн.*; *какое-л. количество*) reap / hárvest (*a quántity* of).

**нажда́||к** *м.* émery. **~чный** *прил. к* нажда́к; **~чная** бума́га émery páper; **~чный** порошо́к émery pówder.

**наже́чь** *сов.* (*рд.*, *вн.*; *какое-л. количество*) burn* (*a quántity* of).

**нажи́ва** I *ж.* (*лёгкий доход*) gain, prófit.

**нажи́ва** II *ж.* = нажи́вка.

**нажива́ть,** нажи́ть (*вн.*) acquíre (*d.*), make* (*d.*), gain (*d.*); нажи́ть боле́знь contráct a diséase [...-'zi:z]; ~ состоя́ние make* a fórtune [...-tʃən]; ~ враго́в make* (*a lot* of) énemies. **~ся,** нажи́ться **1.** make* a fórtune [...-tʃən], becóme* rich; **~ся** на чужо́м труде́ make* a prófit out of sóme¦body élse's work; **2.** *страд. к* нажива́ть.

**наж||иви́ть** *сов. см.* наживля́ть. **~и́вка** *ж. охот.*, *рыб.* bait, lédger-bait; (*искусственная*) fly.

**наживля́ть,** наживи́ть (*вн.*) *охот.*, *рыб.* bait (*d.*).

**наживн||о́й:** э́то де́ло **~о́е** *разг.* that'll come (with time).

**нажи́м** *м.* (*прям. и перен.*) préssure.

**нажима́ть,** нажа́ть **1.** (*вн.*, на *вн.*) press (*d.*); (*перен.*) put* préssure (up¦ón); ~ (на) кно́пку push *the* bútton [puʃ...]; **2.** (*без доп.*) *разг.* (*оказывать воздействие*) pull wires [pul...].

**нажира́ться,** нажра́ться (*тв.*, *рд.*) *груб.* gorge òne¦sélf (with).

**нажи́ть(ся)** *сов. см.* нажива́ть(ся).

**нажра́ться** *сов. см.* нажира́ться.

**наза́втра** *нареч. разг.* the next day.

**наза́д** *нареч.* back, báckwards [-dz]; сде́лать шаг ~ make* a step back / báckwards; отда́ть ~ (*вн.*) retúrn (*d.*), give* back (*d.*); взять ~ (*вн.*) take* back (*d.*); взять свои́ слова́ ~ retráct, *или* take* back, one's words; eat* one's words *разг.*; смотре́ть ~ (*прям. и перен.*) look back; ◇ тому́ ~ agó: два го́да тому́ ~ two years agó; — перевести́ часы́ ~ put* *a* watch / clock back; ~! back!, stand back!

**назади́** *нареч. разг.* behínd.

**назализа́ция** *ж. лингв.* nàsalizátion [neɪzəlaɪ-].

**назализова́ть** *несов. и сов.* (*вн.*) *лингв.* násalize ['neɪz-] (*d.*).

**наза́льный** *лингв.* násal [-z-]; ~ звук násal sound.

**назва́ни||е** *с.* name, àppèllátion; (*книги*) title; географи́ческие ~я geográphical denòminátions.

**назва́ть** I *сов. см.* называ́ть.

**назва́ть** II *сов.* (*вн.*; *пригласить*) invíte (a númber of; many).

**назва́ться** I *сов. см.* называ́ться I 1.

**назва́ться** II *сов. см.* называ́ться II.

**назе́мн||ый** ground (*attr.*) (*тж. воен.*); súrface (*attr.*); ~ые войска́ ground troops; ~ая желе́зная доро́га óver¦lànd ráilway; ваго́н ~ой желе́зной доро́ги súrface car.

**на́земь** *нареч. разг.* to the ground, down.

**назида́||ние** *с.* èdificátion, èxhòrtátion; в ~ кому́-л. for smb.'s èdificátion. **~тельно** *нареч.* didáctically. **~тельный** édifỳing.

**на́зло́** *нареч.* (кому́-л.) to spite (smb.); де́лать что-л. ~ кому́-л. do smth. to spite smb.; ◇ как ~ *разг.* as ill luck would have it.

**назнач||а́ть,** назна́чить (*вн.*) **1.** (*устанавливать, определять*) fix (*d.*), set* (*d.*); ~ день fix the day; назна́чить срок (для) set* a term (to); ~ пе́нсию, посо́бие (*дт.*) grant a pénsion, a stípènd [grɑ:nt...] (to); ~ опла́ту fix the rate of pay; ~ це́ну fix / set* the price; назна́ченный на 10-е, на два часа́ *и т. п.* (*о встрече, совещании и т. п.*) schéduled for the tenth, two o'clóck, *etc.* ['ʃe-...]; **2.** (*на работу*) appóint (*d.*); nóminàte (*d.*); **3.** (*предписывать*) prescríbe (*d.*). **~е́ние** *с.* **1.** (*установление*) fíxing, sétting; **2.** (*на работу*) appóintment; nòminátion; получи́ть но́вое ~е́ние be given a new assígnment [...ə'saɪn-]; **3.** (*лечебное*) prescríption; **4.** (*цель, задача*) púrpose [-s]; отвеча́ть своему́ ~е́нию ánswer the púrpose ['ɑ:nsə...]; ме́сто ~е́ния dèstinátion.

**назна́чить** *сов. см.* назнача́ть.

**назо́йлив||ость** *ж.* ìmpòrtúnity. **~ый** impórtunate; (*причиняющий беспокойство*) tróuble¦some ['trʌ-]; ~ый челове́к impórtunate pérson; ~ая мысль impórtunate / intrúsive thought.

**назрева́ть,** назре́ть rípen, become* ripe, matúre; (*о нарыве*) gáther head [...hed]; (*перен.*; *о событиях и т. п.*) become* ímminent; be abóut to háppen *разг.*; вопро́с назре́л the quéstion is ripe [...-stʃən...]; the quéstion cánnòt be put off *разг.*; назре́вший вопро́с préssing / úrgent próblem [...'prɔ-].

**назре́ть** *сов. см.* назрева́ть.

**назубо́к** *нареч. разг.*: знать ~ (*вн.*) know* / have by heart / rote [nou... hɑ:t...] (*d.*).

**называ́емый** *прич.* (*тж. как прил.*) *см.* называ́ть; ◇ так ~ the só-càlled.

**называ́ть,** назва́ть (*вн.*) **1.** call (*d.*); (*давать имя*) name (*d.*); ребёнка назва́ли Ива́ном the child was named Iván [...-ɑ:n]; де́вочку нельзя́ назва́ть краса́вицей the girl cánnòt be called a béauty [...gə:l... 'bju:-]; **2.** (*произносить название*) name (*d.*); учени́к назва́л гла́вные города́ СССР the púpil named the chief towns of the USSR [...tʃi:f...]; он назва́л себя́ he gave his name; ◇ ~ ве́щи свои́ми имена́ми ≅ call things by their próper names [...'prɔpə...]; call a spade a spade *идиом. разг.*

**назыв||а́ться** I, назва́ться **1.** call òne¦sélf; assúme the name; **2.** *тк. несов.* be called / named; кни́га ~а́ется «Война́ и мир» the title of the book is "War and Peace".

**называ́ться** II, назва́ться *разг.* (*напрашиваться*) invíte òne¦sélf.

**наибо́лее** *нареч.* most: ~ удо́бный the most convénient.

**наибо́льший** (*превосх. ст. от* большо́й) the gréatest [...'greɪt-]; the lárgest; о́бщий ~ дели́тель *мат.* the gréatest cómmon méasure [...'meʒə].

**наи́вн||ичать** affèct naïvety [...naɪ'i:vtɪ]. **~ость** *ж.* naïveté (*фр.*) [naɪ'i:vteɪ], naïvety [naɪ'i:vtɪ]. **~ый** naïve [naɪ'i:v], naive [neɪv].

**наивы́сш||ий** (*превосх. ст. от* высо́кий) the híghest, the út¦mòst; ~ие достиже́ния the híghest achíeve¦ments [...-'tʃi:v-]; в ~ей сте́пени to the út¦mòst (extént).

**наи́гранн||ый** **1.** *прич. см.* наи́грывать; **2.** *прил.* (*неискренний, искусственный*) affécted, put on; (*напускной*) assúmed; (*притворный*) símulàted, feigned [feɪnd].

**наигра́ть** *сов. см.* наи́грывать. **~ся** *сов. разг.* play for a long time; ~ся до у́стали be tired with pláying.

**наи́грывать,** наигра́ть (*вн.*) **1.** strum (*d.*), thumb (*d.*), play sóftly / skétchily (*d.*); **2.:** ~ пласти́нку have *some music* recórded [...-z-...]; **3.** (*о музыкальном инструменте*) méllow (*d.*).

**наизна́нку** *нареч.* ínside out, on the wrong side; вывора́чивать ~ (*вн.*) turn ínside out (*d.*); наде́ть что-л. наизна́нку put* smth. on the wrong side.

**наизу́сть** *нареч.* by heart [...hɑ:t], by rote; знать ~ (*вн.*) know* by heart / rote [nou...] (*d.*), know* from mémory (*d.*); чита́ть ~ (*вн.*) recíte (from mémory) (*d.*).

**наилу́чш||ий** (*превосх. ст. от* хоро́ший) the best; ~ спо́соб the best way; ~им о́бразом in the best way.

**наиме́нее** *нареч.* least; ~ интере́сный the least ínteresting.

**наименова́||ние** *с.* name, àppèllátion, denòminátion, dèsignátion [-z-]. **~ть** *сов. см.* именова́ть.

**наиме́ньш||ий** (*превосх. ст. от* ма́лый, ма́ленький) the least; о́бщее ~ее кра́тное *мат.* least cómmon múltiple (*сокр.* LCM).

**наискосо́к, на́искось** *нареч.* oblíque¦ly [-li:k-].

**наи́ти||е** *с. уст.* ìnspirátion; по ~ю *разг.* instínctive¦ly, intúitive¦ly.

**наиху́дший** (*превосх. ст. от* плохо́й) the worst.

**найдёныш** *м. уст.* fóundling.

**наймит** *м.* híre¦ling.

**найти́** I, II *сов. см.* находи́ть I, II.

**найти́сь** *сов. см.* находи́ться I 1.

**найто́в** *м. мор.* láshing, séizing ['si:-]. **~ить** (*вн.*) *мор.* lash (*d.*).

**нака́з** *м.* **1.** (*приказ*) órder; (*указания*) instrúctions *pl.*; **2.:** ~ избира́телей mándàte (of the eléctors); переда́ть ~ pass on the mándàte.

**наказа́ние** *с.* púnishment ['pʌ-]; (*взыскание*) pénalty; в ~ as a púnishment; теле́сное ~ córporal púnishment; ◇ что за ~! *разг.* what a núisance! [...'nju:s-].

**наказа́ть** I, II *сов. см.* нака́зывать I, II.

**наказу́ем||ость** *ж. юр.* pùnishability [pʌ-]. **~ый** *юр.* púnishable ['pʌ-].

**нака́зывать** I, наказа́ть (*вн.*) púnish ['pʌ-] (*d.*); он сам себя́ наказа́л ≅ he púnished hìm¦sélf; he has made a rod for his own back [...oun...] *идиом.*

**нака́зывать** II, наказа́ть (*дт.*) *уст.* (*прика́зывать*) bid* (*d.*), órder (*d.*), leave* *an* órder (for).

**нака́л** *м. тк. ед.* **1.** ìn¦càndéscence; (*белый*) white-héat; (*красный*) réd-héat; **2.** *рад.* héating. **~ённый 1.** *прич. см.* нака́ливать; **2.** *прил.* ìn¦càndéscent; (*нагретый*) héated; (*перен.*) strained, tense; ~ённый до́красна́, добела́ réd-hót, white-hót; ~ённая атмосфе́ра tense / inflámed átmosphère.

**нака́ливани||е** *с.* ìn¦càndéscing; ла́мпочка ~я *тех.* ìn¦càndéscent / glow lamp [...glou...].

**нака́ливать,** накали́ть (*вн.*) ìn¦càndésce (*d.*); ~ до́красна́, добела́ make* réd-hót (*d.*), make* white-hót (*d.*). **~ся,** накали́ться **1.** (*прям. и перен.*) become* héated, ìn¦càndésce; **2.** *страд. к* нака́ливать.

**накали́ть(ся)** *сов. см.* нака́ливать(ся).

**нака́лывать,** наколо́ть **1.** (*вн.*; *повреждать*) prick (*d.*); **2.** (*вн.* на *вн.*; *прикреплять*) pin (down) (*d.* on); ~ ба́бочку на була́вку stick* *a* bútterflỳ on *a* pin, stick* *a* pin through *a* bútterflỳ; наколо́ть значо́к (на *вн.*) pin / fásten *a* badge [...-s°n...] (on). **~ся,** наколо́ться **1.** prick òne¦sélf; **2.** *страд. к* нака́лывать.

**накаля́ть(ся)** = нака́ливать(ся).

**наканифо́лить** *сов. см.* канифо́лить.

**накану́не 1.** *нареч.* the day befóre; ~ ве́чером óver¦night; **2.** *как предл.* (*рд.*) on the eve (of).

**нака́пать** I *сов.* (*вн., рд.*) drop (*d.*), pour out (by drops) [pɔː...] (*d.*); ~ лека́рства drop, *или* pour out, some médicine.

**нака́пать** II *сов.* (*тв.* на *вн.*) spot (with *d.*), spill (*d.* on).

**нака́пливать(ся)** = накопля́ть(ся).

**нака́ркать** *сов. разг.* (*напророчить беду*) evóke évil by máking évil próphecies [...'iːv°l...].

**нака́т** I *м. стр.* **1.** dead floor [ded flɔː], cóunter floor; **2.** (*ряд брёвен*) láyer.

**нака́т** II *м. воен.* recùperátion, rúnning-out; counterrecóil *амер.*

**наката́ть** I *сов. см.* нака́тывать I.

**наката́ть** II *сов.* (*рд., вн.*; *наготовить катая*) roll (*a quantity* of).

**наката́ться** *сов.* drive* (for a long time), have had enóugh (of dríving) [...ɪ'nʌf...]; ~ вслась have had as long a drive as one liked.

**накати́ть** *сов. см.* нака́тывать II.

**нака́тывать** I, наката́ть (*вн.*) **1.** (*о дороге*) roll (*d.*), make* smooth [...-ð] (*d.*); **2.** *воен.* (*об орудии*) retúrn into báttery (*d.*).

**нака́тывать** II, накати́ть (*вн.* на *вн.*) roll (*d.* on); move (by rólling) [muːv...] (*d.* on); ◇ на него́ накати́ло *разг.* he is not hìm¦sélf, he is out of his sénses.

**накача́ть** I *сов. см.* нака́чивать.

**накача́ть** II *сов.* (*рд., вн.*; *какое-л. количество*) pump (*a quantity* of).

**накача́ться** I *сов. см.* нака́чиваться.

**накача́ться** II *сов.* swing* (for a long time), have had enóugh (of swing¦ing) [...ɪ'nʌf...].

**нака́чивать,** накача́ть (*вн.*) pump full (*d.*), fill by púmping (*d.*); ~ ши́ну infláte a tire.

**нака́чиваться,** накача́ться **1.** *разг.* (*напиваться*) get* drunk; **2.** *страд. к* нака́чивать.

**накида́ть** = наброса́ть II.

**наки́дка** *ж.* **1.** (*одежда*) cloak; cape; (*женская короткая*) tippet, mántlet; **2.** (*на подушку*) cúshion-còver ['kuʃɪnkʌ-]; **3.** *разг.* (*прибавка*) ín¦crease [-s]; (*на цену*) éxtra charge.

**наки́дывать,** наки́нуть **1.** (*вн.*) throw* on / óver [θrou...] (*d.*); ~ на себя́ slip on (*d.*); **2.** (на *вн.*) *разг.* (*увеличивать цену*) raise the price (of).

**наки́дываться,** наки́нуться (на *вн.*) **1.** fall* (on, up¦ón); (*нападать*) attáck (*d.*); **2.** *страд. к* наки́дывать.

**наки́нуть(ся)** *сов. см.* наки́дывать(ся).

**накип||а́ть,** накипе́ть form a scum; form a scale; (*перен.*) swell*, boil; в нём ~е́ла зло́ба he is smóuldering / bóiling with reséntment [...'smoul-... -'ze-].

**накипе́ть** *сов. см.* накипа́ть.

**на́кипь** *ж.* **1.** (*пена*) scum; снять ~ (с *рд.*) scum (*d.*); **2.** (*осадок*) scale, fur; очища́ть ~ (*в котле*) scale, fur (*a boiler*).

**накла́дка** *ж. тех.* lap; стыкова́я ~, ре́льсовая ~ físh-plàte; ~ замка́ hasp.

**накладна́я** *ж. скл. как прил.* ínvoice, wáy-bìll.

**накла́дно** *нареч. разг.*: э́то бу́дет ему́ о́чень ~ he will have to pay a prétty pénny for it [...'prɪ-...], it will set him back a lot; э́то ему́ не бу́дет ~ he will be no worse off for it.

**накладн||о́й 1.** laid on, súperpósed; ~о́е серебро́ pláted sílver, eléctroplàte; **2.** (*искусственный*) false [fɔːls]; ~ы́е во́лосы false hair *sg.*; ◇ ~ы́е расхо́ды óver¦head (expénses) [-'hed...].

**накла́дывать,** наложи́ть (*вн.*; *в разн. знач.*) put* in / on / óver (*d.*), lay* in / on / óver (*d.*); (*поверх чего-л.*) súperimpóse (*d.*); наложи́ть повя́зку на ра́ну bándage *a* wound [...wuːnd]; dress *a* wound; ~ швы *мед.* put* in (the) stitches; ~ себе́ на таре́лку (*рд.*) help òne¦sélf (to); ~ печа́ть applý *a* seal; ~ отпеча́ток leave* an ímprint; ◇ наложи́ть на себя́ ру́ки *уст.* lay* hands on òne¦sélf, commít súicìde.

**наклевета́ть** *сов. см.* клевета́ть.

**наклёвыв||аться,** наклю́нуться *разг.* (*появляться*) turn up; ничего́ не ~ается nothing turns up.

**накле́ивать,** накле́ить (*вн.*) stick* (*d.*), paste on [peɪ-...] (*d.*).

**накле́ить** I *сов. см.* накле́ивать.

**накле́ить** II *сов.* (*рд., вн.*; *какое-л. количество*) paste / glue (*a quantity* of) [peɪ-...].

**накле́йка** *ж.* **1.** (*действие*) pásting / glúe¦ing on ['peɪ-...]; **2.** (*наклеенное*) patch; (*ярлык*) lábel.

**наклепа́ть** I *сов. см.* наклёпывать.

**наклепа́ть** II *сов. см.* клепа́ть II.

**наклёпывать,** наклепа́ть (*вн.*) *тех.* rívet ['rɪ-] (*d.*), clench (*d.*).

**накли́кать** *сов. см.* наклика́ть.

**наклика́ть,** накли́кать (*вн.*) *уст.*: накли́кать беду́ court disáster [kɔːt -'zɑː-]; ~ на себя́ bring* up¦ón òne¦sélf (*d.*).

**наклóн** *м.* ìn¦clinátion, in¦clíne; (*угол падения*) íncidence; *тех.* pitch.

**наклонéние** I *с.* ìn¦clinátion.

**наклонéние** II *с. грам.* mood.

**наклони́ть(ся)** *сов. см.* наклоня́ть(ся).

**наклóнн||ость** *ж.* ìn¦clinátion; (*склонность*) léaning, propénsity; имéть ~ к чемý-л. have an ìn¦clinátion for smth. **~ый** in¦clíned, slóping; slánting [-ɑːn-]; ~ая плóскость in¦clíned plane; ◇ кати́ться по ~ой плóскости go* dównhill (mórally).

**наклоня́ть,** наклони́ть (*вн.*) in¦clíne (*d.*), tilt (*d.*); (*нагибать*) bend* (*d.*), bow (*d.*). **~ся,** наклони́ться **1.** (*нагибаться*) stoop; bend*; ~ся к комý-л., к чемý-л. bend* fórward to smb., to smth.; ~ся над кем-л., над чем-л. bend* óver smb., óver smth.; **2.** *страд. к* наклоня́ть.

**наклю́каться** *сов. разг.* get* / be drunk.

**наклю́нуться** *сов. см.* наклёвываться.

**накля́узничать** *сов. см.* кля́узничать.

**наковáльня** *ж.* ánvil; свáрочная ~ swage block.

**накóжн||ый** *мед.* cutáneous; ~ая болéзнь skin diséase [...-'ziːz]; врач по ~ым болéзням dèrmatólogist.

**наколáчивать,** наколоти́ть (*вн.*) knock on (*d.*); ~ óбручи на бóчку bind* *a* cask with hoops, hoop *a* cask.

**наколéнник** *м.* **1.** knée-càp; **2.** *тех.* knée-piece [-piːs].

**накóлка** *ж.* héad-drèss ['hed-].

**наколоти́ть** I *сов. см.* наколáчивать.

**наколоти́ть** II *сов.* (*рд., вн.; гвоздей и т. п.*) drive* in (*a quantity* of).

**наколóть** I *сов. см.* накáлывать.

**наколóть** II *сов.* (*рд., вн.*) break* (*a quantity* of) [breɪk...]; ~ сáхару break* (*a quantity of*) súgar [...'ʃu-], break* some súgar; ~ дров chop (*a quantity of*) wood [...wud], chop some wood.

**наколóться** *сов. см.* накáлываться.

**наконéц** **1.** *нареч.* at last; ~-то! at last!; ~-то ты пришёл! here you are at last!; **2.** *нареч.* (*в заключение*) final¦ly; **3.** *как вводн. сл.* áfter all.

**наконéчник** *м.* tip; point; ~ стрелы́ árrow-head [-hed]; кáбельный ~ cable términal; ~ для карандашá póint-protéctor.

**накопáть** *сов.* (*рд., вн.*) dig* out (*a quantity* of).

**накоп||и́ть(ся)** *сов. см.* накопля́ть(ся). **~лéние** *с.* accùmulátion; píling; первоначáльное ~лéние *эк.* prímary accùmulátion ['praɪ-...]; ~лéние капитáла accùmulátion of cápital.

**накопля́ть,** накопи́ть (*вн., рд.*) accúmulàte (*d.*); (*о деньгах тж.*) save up (*d.*), amáss (*d.*); (*о запасах тж.*) pile up (*d.*), hoard (*d.*), build* up [bɪld...] (*d.*); ~ знáния store knówledge [...'nɔ-]. **~ся,** накопи́ться **1.** accúmulàte; у меня́ накопи́лось мнóго рабóты I have a great deal of work to do [...-eɪt...], my hands are full; **2.** *страд. к* накопля́ть.

**накопти́ть** *сов.* (*рд., вн.; приготовить посредством копчения*) smoke (*a quantity* of).

**накорми́ть** *сов. см.* корми́ть 1, 2.

**накоси́ть** *сов.* (*рд., вн.*) mow* (down) (*a quantity* of) [mou...].

**накрáпыва||ть:** ~ет дождь it is drízzling; it is spítting (with rain) *разг.*

**накрáсить(ся)** *сов. см.* накрáшивать(ся).

**накрáсть** *сов.* (*рд., вн.*) steal* (*a quantity* of).

**накрахмáленный** *прич. и прил.* starched; *прил. тж.* stiff.

**накрахмáлить** I *сов. см.* крахмáлить.

**накрахмáлить** II *сов.* (*рд., вн.; какое-л. количество*) starch (*a quantity* of).

**накрáшивать,** накрáсить (*вн.*) paint (*d.*); (*о лице, бровях тж.*) make* up (*d.*); (*о губах тж.*) put* lípstick (on). **~ся,** накрáситься make* up, paint (one's lips, one's cheeks).

**накрени́ть(ся)** *сов.* **1.** *см.* накреня́ть(ся); **2.** *см.* крени́ть(ся).

**накреня́ть,** накрени́ть (*вн.*) in¦clíne to one side (*d.*). **~ся,** накрени́ться (*о корабле*) take* a list, heel, lie* óver.

**нáкрепко** *нареч.* **1.** fast; **2.** *разг.* (*категорически, решительно*) stríctly.

**нáкрест** *нареч.* crósswìse.

**накричáть** *сов.* **1.** shout; **2.** (на *вн.*) rate (*d.*); shout (at). **~ся** *сов.* have shóuted for a long time.

**накрои́ть** *сов.* (*рд., вн.*) cut* out (*a quantity* of).

**накромсáть** *сов.* (*рд., вн.*) cut* / shred* (*a quantity* of).

**накроши́ть** *сов.* **1.** (*рд., вн.*) crumble (*a quantity* of); **2.** (*без доп.; насорить крошками*) crumble.

**накрути́ть** I *сов. см.* накрýчивать.

**накрути́ть** II *сов.* (*рд., вн.; какое-л. количество*) twist (*a quantity* of).

**накрýчивать,** накрути́ть (*вн.*) wind* (*d.*), turn (*d.*).

**накрывáть,** накры́ть **1.** (*вн. тв.*) cóver ['kʌ-] (*d.* with); ~ стол скáтертью cóver *a* table with *a* cloth; spread* *the* cloth on the table [-ed...]; ~ зáлпом *мор.* straddle (*d.*); **2.** *тк. сов.* (*вн.*) *разг.* (*поймать*) catch* in the act (*d.*); накры́ть на мéсте преступлéния catch* réd-hánded (*d.*); ◇ ~ (на) стол lay* the table; ~ к ýжину lay* súpper. **~ся,** накры́ться **1.** (*тв.*) cóver òne¦sélf ['kʌ-...] (with); **2.** *страд. к* накрывáть 1.

**накры́ть(ся)** *сов. см.* накрывáть(ся).

**нактóуз** *м. мор.* bínnacle.

**накуп||áть,** накупи́ть (*рд., вн.; какое-л. количество*) buy* (*a quantity* of) [baɪ...]; он ~и́л книг he bought a lot of books.

**накупи́ть** *сов. см.* накупáть.

**накури́ть** I *сов.* (*где-л., тв.; без доп.; наполнить дымом*) fill *a place* with smoke or fumes; как здесь накýрено! how smóky it is here! *разг.*

**накури́ть** II *сов.* (*рд., вн.; какое-л. количество смолы и т. п.*) distíl (*a quantity* of).

**накури́ться** *сов. разг.* smoke to one's heart's contént [...hɑːts...].

**накýтать** *сов.* (*рд., вн.* на *вн.*) put* on (*d.*).

**налагáть,** наложи́ть (*вн.* на *вн.*) **1.** lay* (*d.* on, up¦ón); ~ цéпи рáбства enslávе (*d.*); **2.** (*о взыскании, обязательстве*) impóse (*d.* on, up¦ón), inflíct (*d.* on, up¦ón); (*о наказании*) inflíct (*d.* on, up¦ón); наложи́ть штраф, пéню set* / impóse a fine (up¦ón), fine (*d.*); ~ контрибýцию (на *вн.*) lay* únder còntribútion (*d.*), impóse an indémnity (on), require an indémnity (from); ~ запрещéние (на *вн.*) prohíbit (*d.*); *юр.* put* an arrést (on); наложи́ть арéст на имýщество *юр.* seize *the* próperty [si:z...]; ◇ наложи́ть резолю́цию give* a rèsolútion [...-z-].

**налáдить(ся)** *сов. см.* налáживать(ся).

**налáдчик** *м.* adjúster [ə'dʒʌ-].

**налáживать,** налáдить (*вн.*) put* right (*d.*); adjúst [ə'dʒʌst] (*d.*); (*исправлять*) mend (*d.*), repáir (*d.*); ~ делá set* things góing. **~ся,** налáдиться **1.** get* right; всё налáдится things will adjúst thèmsélves [...ə'dʒʌ-...]; жизнь здесь снóва налáживается life here is beginning to retúrn to nórmal; **2.** *страд. к* налáживать.

**налакировáть** *сов.* (*вн.*) várnish (*d.*).

**налáкомиться** *сов. разг.* have one's fill (of smth. dáinty).

**налгáть** *сов.* **1.** (*без доп.*) lie, tell* lies; (комý-л.) lie (to smb.), tell* lies (to smb.); **2.** (на *вн.*; *наклеветать*) slánder [-ɑ:n-] (*d.*).

**налéво** *нареч.* (от) to the left (of); ~ от меня́ to my left, on my left hand; ~! (*команда*) left turn!

**налегáть,** налéчь (на *вн.*) **1.** òverlíe* (*d.*); (*прислоняться*) lean* (on, agáinst); **2.** *разг.* (*направлять усилия*) applý onesélf (to), work with a will (on); ◇ ~ на вёсла ply *the* oars.

**налегкé** *нареч.* **1.** (*без багажа*) without lúggage; **2.** (*в лёгком костюме*) lightly dressed.

**налез||áть,** налéзть *разг.* (*об обуви и одежде*) fit; боти́нок не ~áет мне нá ногу the shoe does not go on my foot* [...ʃu:... fut], the shoe is too small for me; пальтó не ~áет на меня́ the coat is too small for me.

**налéзть** I *сов. см.* налезáть.

**налéзть** II *сов.* (*в каком-л. количестве*; *о муравьях и т. п.*) get* in / on, accúmulàte (*in quantities, in large numbers*).

**налепи́ть** I *сов. см.* налепля́ть.

**налепи́ть** II *сов.* (*рд., вн.*; *какое-л. количество*) stick* (*a quantity* of); (*из глины и т. п.*) módel (*a quantity* of) ['mɔ-...].

**налепля́ть,** налепи́ть (*вн.*; *прикреплять лепкой*) stick* on (*d.*).

**налёт** I *м.* **1.** raid; воздýшный ~ air raid; **2.** (*грабёж*) róbbery; ◇ с ~а with a swoop; (*без подготовки*) óff-hánd.

**налёт** II *м.* (*слой*) thin cóating; film; (*на плодах*) bloom; (*на вине*) béeswìng ['bi:z-]; (*перен.*) touch [tʌtʃ]; ~ пы́ли thin cóating of dust; ~(ы) в гóрле patch, spot; с нéкоторым ~ом сентиментáльности with a touch of sèntimèntálity.

**налетáть** I, налетéть (на *вн.*) **1.** fly* (upón, agáinst); come* flýing (to); swoop down (upón); **2.** *разг.* (*набрасываться*) fall* (upón), rush (at, upón); **3.** *разг.* (*наталкиваться*) bump (into); **4.** (*без доп.*; *о ветре*) come*.

**налетáть** II *сов.* (*вн.*; *столько-то часов*) have flown (so many hours) [...floun... auəz]; (*столько-то километров*) have cóvered (so many kilomètres) [...'kʌ-...].

**налетéть** I *сов. см.* налетáть I.

**налет||éть** II *сов.* (*набраться в каком-л. количестве*) fly* in, drift in (*in quantities, in large numbers*): ~éло мнóго мотылькóв a lot of moths have flown in [...floun...]; в окнó ~éло мнóго пы́ли a lot of dust drifted in through the window.

**налётчик** *м.* róbber.

**налéчь** *сов. см.* налегáть.

**нали́в** *м.* **1.** póuring in ['pɔ:-...]; **2.** (*созревание*) rípening.

**наливáть,** нали́ть (*вн., рд.*) pour out [pɔ:...] (*d.*); (*вн. тв.*; *наполнять*) fill (*d.* with); нали́ть чáшку чáю pour out a cup of tea. **~ся,** нали́ться **1.** (*тв.*; *наполняться*) fill (with); **2.** (*созревать*) rípen, become* júicy [...'dʒu:-]; **3.** *страд. к* наливáть; ◇ ~ся крóвью (*о глазах*) become* blóodshòt [...'blʌd-].

**нали́вка** *ж.* nalívka (*kind of brandy*).

**наливн||óй** **1.:** ~óе сýдно tánker; ~ док wet dock; **2.:** ~óе я́блоко ripe / júicy apple [...'dʒu:-...].

**нали́м** *м.* (*рыба*) búrbot, éel-pout. **~ий** *прил. к* нали́м.

**налиновáть** *сов. см.* линовáть.

**налипáть,** нали́пнуть (на *вн.*) stick* (to), adhére (to).

**нали́пнуть** *сов. см.* налипáть.

**налитóй:** ~ крóвью (*о глазах*) blóodshòt ['blʌd-]; как свинцóм ~ léaden ['le-]; как ~ (*о теле*) plump.

**нали́ть(ся)** *сов. см.* наливáть(ся).

**налицó** *нареч.:* быть ~ be présent [...-ez-]; be aváilable, be on hand; преступлéние ~ there is diréct évidence of crime.

**нали́чи||е** *с.* présence [-ez-]; availabílity; быть, оказáться в ~и be aváilable; при ~и (*рд.*) in the présence (of); при ~и квóрума if there is a quórum; при ~и дéнег if móney is aváilable [...'mʌ-...].

**нали́чник** *м. стр.* plátbànd.

**нали́чн||ость** *ж.* **1.** amóunt on hand; (*о деньгах*) cash; золотáя ~ (*золотой запас*) gold hólding; **2.** = нали́чие. **~ый** **1.** *прил.* on hand; ~ые дéньги cash *sg.*, réady móney ['re-'mʌ-] *sg.*; ~ый расчёт páyment in cash; за ~ый расчёт for cash (páyment); **2.** *прил.* aváilable; ~ый состáв aváilable pèrsonnél / staff; *воен.* efféctives *pl.*; **3.** *мн. как сущ.* cash *sg.*; réady móney *sg.*; плати́ть нали́чными pay* in cash, pay* in réady móney.

**налови́ть** *сов.* (*рд., вн.*) catch* (*a quantity* of).

**наловчи́||ться** *сов.* (+ *инф.*) *разг.* get* skilled (at *ger.*); get* the hang (of *ger.*); он бы́стро ~лся э́то дéлать he quickly got the hang of doing it.

**налóг** *м.* tax; подохóдный ~ íncome tax; ~ с оборóта túrnòver tax; ~ на бездéтность smáll-fámily tax; ~ на сверхпри́быль excéss prófits tax; взыскáние ~ов colléćting táxes; обложéние ~ом tàxátion, ráting; облагáть ~ами (*вн.*) tax (*d.*), impóse táxes (upón); освобождённый от ~а táx-free. **~овый** tax (*attr.*), tàxátion (*attr.*); ~овая поли́тика tàxátion / físcal pólicy.

**налогообложéние** *с.* tàxátion.

**налогоплатéльщик** *м.* táxpayer.

**наложéние** *с.* **1.:** ~ штрáфа imposítion of a fine [-'zɪ-...]; ~ арéста séizure ['si:ʒə]; ~ печáти attáching / applýing *a* seal; ~ швов *мед.* súture, stítching (of *a* wound) [...wu:-]; **2.** *мат.* (*одной фигуры на другую*) sùperposítion [-'zɪ-].

**нало́женны||й** *прич.* (*тж. как прил.*) *см.* накла́дывать; ◇ ~м платежо́м cash on delívery (*сокр.* C.O.D.).

**наложи́ть** I *сов. см.* накла́дывать *и* налага́ть.

**наложи́ть** II *сов.* (*рд.*, *вн.*) put*, lay* (*a quantity* of); ~ по́лный воз heap a cart (with), load a cártful (of).

**нало́жница** *ж. уст.* cóncubìne.

**налома́ть** *сов.* (*рд.*, *вн.*; *какое-л. количество*) break* (*a quantity* of) [breɪk...]; ◇ ~ бока́ кому́-л. *разг.* give* smb. a lícking, *или* a sound thráshing.

**налощи́ть** *сов. см.* лощи́ть.

**налущи́ть** *сов.* (*рд.*, *вн.*) shell / husk (*a quantity* of).

**налюбова́ться** (*тв.*; на *вн.*) admíre (*d.*); он не мо́жет ~ э́тим he is lost in àdmirátion of it.

**наля́пать** *сов. см.* ля́пать.

**нам** *дт. см.* мы.

**намагни́||тить** *сов.* **1.** *см.* намагни́чивать; **2.** *как сов. к* магни́тить. **~чивать,** намагни́тить (*вн.*) mágnetìze (*d.*).

**нама́зать** *сов.* **1.** *см.* нама́зывать; **2.** *как сов. к* ма́зать 1, 2, 3, 4. **~ся** *сов. см.* нама́зываться.

**нама́зывать,** нама́зать (*вн. тв.*; *вн.* на *вн.*) spread* [spred] (on *d.*), smear (*d.* with); (*пачкать*) daub (*d.* with); нама́зать хлеб ма́слом, нама́зать ма́сло на хлеб spread* bútter on bread [...bred], bútter bread; нама́зать ма́зью applý an óintment (to). **~ся,** нама́заться **1.** (*тв.*) rub òne¦sélf (with); **2.** *тк. сов.* (*без доп.*; *накраситься*) make* up; **3.** *страд. к* нама́зывать.

**намалева́ть** *сов. см.* малева́ть.

**намара́ть** *сов. см.* мара́ть 2.

**намаринова́ть** *сов.* (*рд.*, *вн.*) pickle (*a quantity* of).

**нама́сл||ивать,** нама́слить (*вн.*) *разг.* oil (*d.*); add oil / bútter (to). **~ить** *сов. см.* нама́сливать.

**нама́тывание** *с.* wínding, réeling.

**нама́тывать,** намота́ть (*вн.* на *вн.*) wind* (*d.* round); ◇ намота́й э́то себе́ на ус ≅ make a note of it, don't forgét it [...'get...]; put that into your pipe and smoke it *идиом.*

**нама́чивать,** намочи́ть **1.** (*вн.*; *снаружи*) wet (*d.*), móisten [-s°n] (*d.*); (*погружать в жидкость*) soak (*d.*); **2.** (*без доп.*; *наливать на пол и т. п.*) spill* (some líquid) on the floor, *etc.* [...flɔ:].

**нама́яться** *сов. разг.* have had a lot of trouble / pains [...trʌbl...]; (*устать*) be tired out.

**наме́дни** *нареч. разг.* the other day, láte¦ly.

**намёк** *м.* hint, allúsion; то́нкий ~ délicate / gentle hint; ни ~а (на *вн.*) not a hint (of); сде́лать ~ drop a hint; поня́ть ~ take* *the* hint.

**намек||а́ть,** намекну́ть (на *вн.*) hint (at), allúde (to); (*подразумевать*) implý (*d.*); на что вы ~а́ете? what are you dríving / hínting at? **~ну́ть** *сов. см.* намека́ть.

**наменя́ть** *сов.* (*рд.*, *вн.*) **1.** (*о мелких деньгах*) get* (*a quantity* of) change [...tʃeɪndʒ]; **2.** (*приобрести путём обмена*) acquíre (*a quantity* of) by exchánge [...'tʃeɪ-].

**намерева́ться** (+ *инф.*) inténd (+ to *inf.*), be abóut (+ to *inf.*).

**наме́рен** *предик.*: он ~ he inténds; что вы ~ы де́лать? what are you gó¦ing to do?

**наме́рен||ие** *с.* inténtion; púrpose [-s]; твёрдое ~ fixed / stéady / ùnwáver¦ing púrpose [...'ste-...]; до́брые ~ия good rèsolú¦tions [...-z-]; возыме́ть ~ form the inténtion; он уе́хал с ~ием бо́льше не возвраща́ться he left with the firm resólve never to retúrn [...-'zɔlv...]; с зара́нее обду́манным ~ием delíberate¦ly; *юр.* of málice prepénse. **~ный** inténtional, delíberate; preméditàted.

**намерза́ть,** намёрзнуть (на *пр.*; *о льде и т. п.*) freeze* (on); лёд намёрз на о́кнах the windows are cóvered with ice [...'kʌ-...].

**намёрзнуть** *сов. см.* намерза́ть. **~ся** *сов.* get* frózen.

**намеси́ть** *сов.* (*рд.*, *вн.*; *какое-л. количество*) knead (*a quantity* of).

**намести́** *сов. см.* намета́ть III.

**наме́стни||к** *м.* députy, více¦gérent [-'dʒe-]. **~чество** *с.* více¦gérency [-'dʒe-], région ruled by více¦gérent [...-'dʒe-].

**намета́ть** I *сов. см.* намётывать.

**намета́ть** II *сов.* (*вн.*): ~ ру́ку (на *пр.*) acquíre skill (in), become* profícient / skílful (in); ~ глаз (на *пр.*) acquíre an eye [...aɪ] (for).

**намета́ть** III, намести́ (*рд.*, *вн.*) **1.** sweep* togéther (*a quantity* of) [...'ge-...]; **2.** (*о ветре*) drift (*a quantity* of); ве́тер намёл мно́го сне́га the wind has drífted much snow [...wɪ-... -ou]; намело́ мно́го сне́га much snow has drífted.

**наме́тить** I, II *сов. см.* намеча́ть I, II.

**наме́титься** *сов. см.* намеча́ться I.

**намётка** I *ж.* **1.** (*smётывание*) básting ['beɪ-], tácking; **2.** (*нитки*) básting / tácking thread [...θred].

**намётка** II *ж.* (*предварительный план*) rough draft [rʌf...], first óutlìne.

**намётывать,** намета́ть (*вн.*; *шить*) baste [beɪst] (*d.*).

**намеча́ть** I, наме́тить (*вн.*) **1.** (*о плане, линии поведения и т. п.*) plan (*d.*), projéct (*d.*); cóntemplàte (*d.*); (*в общих чертах*) óutlìne (*d.*); наме́тить конкре́тные мероприя́тия map out cón¦crète méasures [...'meʒ-]; наме́тить курс chart / trace a course [...kɔ:s]; наме́тить програ́мму lay* down a prógràm(me) [...'prou-]; **2.** (*о кандидате*) nóminàte (*d.*); (*выбирать*) seléct (*d.*).

**намеча́ть** II, наме́тить (*вн.*; *ставить метку*) mark (*d.*), make* a mark (on).

**намеча́ться** I, наме́титься **1.** (*вырисовываться*) be óutlìned, begín* to show [...ʃou]; **2.** *страд. к* намеча́ть I.

**намеча́ться** II *страд. к* намеча́ть II.

**намеша́ть** *сов. см.* наме́шивать.

**наме́шивать,** намеша́ть (*вн.*, *рд.* в *вн.*) add (*d.* to), admíx (*d.* to).

**на́ми** *тв. см.* мы.

**намно́го** *нареч.* by far, out and a¦wáy.

**намозо́лить** *сов. см.* мозо́лить.

**намока́ть,** намо́кнуть become* / get* wet.

**намо́кнуть** *сов. см.* намока́ть.

**намоло́т** *м.*: ~ зерна́ óutpùt of grain [-put...], grain óutpùt.

**намолоти́ть** *сов.* (*рд.*, *вн.*) thresh (*a quantity* of).

**намоло́ть** *сов.* (*рд.*, *вн.*) grind*, mill (*a quantity* of).

**намо́рдник** *м.* muzzle; наде́ть ~ (на *вн.*) muzzle (*d.*).

**намо́рщить** *сов. см.* мо́рщить 1. **~ся** *сов. см.* мо́рщиться 1.

**намота́ть** I *сов. см.* нама́тывать.

**намота́ть** II *сов.* (*рд.*, *вн.*; *какое-л. количество*) wind* (*a quantity* of).

**намо́тка** *ж.* = нама́тывание.

**намочи́ть** *сов. см.* нама́чивать.

**намудри́ть** *сов. см.* мудри́ть.

**наму́сорить** *сов. см.* му́сорить.

**наму́читься** *сов.* be worn out [...wɔːn...], be déadbéat [...'ded-]; (*о будущем*) have an áwful lot to bear [...bɛə].

**намы́в** *м. геол.* allúvium, allúvion; ~ плоти́ны silting of *a* dam. **~но́й** *геол.* allúvial; wáter-bórne ['wɔː-]; **~ны́е** отложе́ния silt *sg.*

**намы́ливать,** намы́лить (*вн.*) rub / cóver with soap [...'kʌ-...] (*d.*), soap (*d.*).

**намы́лить** *сов. см.* намы́ливать *и* мы́лить. **~ся** *сов. см.* мы́литься 1.

**намы́ть** *сов.* (*рд.*, *вн.*) wash (*a quantity* of); ~ золото́го песку́ pan out some góld-dúst.

**намя́ть** *сов.*: ~ кому́-л. бока́ *разг.* give* smb. a lícking, *или* a sound thráshing; thrash smb. sóundly.

**нан||а́ец** *м.*, **~а́йка** *ж.*, **~а́йский** Nanáian; ~а́йский язы́к Nanáian, the Nanáian lánguage.

**нанесе́ние** *с.* **1.** (*на карту, план и т. п.*) dráwing, plótting, márking; ~ кра́сок на полотно́ putting cólour / paint on cánvas [...'kʌlə...]; **2.**: ~ оскорбле́ния insúlt; (*тяжёлого, грубого*) óutràge; ~ уда́ров assáult and báttery; ~ уве́чья disábling; ~ уще́рба dámaging.

**нанести́** I *сов. см.* наноси́ть I.

**нанести́** II *сов.* (*рд.*, *вн.*; *принести какое-л. количество*) bring* (*a quantity* of).

**нанести́** III *сов.* (*рд.*, *вн.*; *снести какое-л. количество яиц — о птице*) lay* (*a quantity* of).

**наниза́ть** *сов. см.* нани́зывать.

**нани́зывать,** наниза́ть (*вн.*) string* (*d.*), thread [-ed] (*d.*).

**нанима́тель** *м.* **1.** (*квартиры и т. п.*) ténant ['te-]; **2.** *уст.* (*рабочей силы*) emplóyer.

**нанима́ть,** наня́ть (*вн.*) hire (*d.*); (*о помещении тж.*) rent (*d.*); ~ на рабо́ту engáge (*d.*). **~ся,** наня́ться **1.** *разг.* (*на работу*) applý for work, applý for a job; *сов. тж.* become* emplóyed; **2.** *страд. к* нанима́ть.

**на́нк||а** *ж. текст.* nànkéen. **~овый** *прил. к* на́нка.

**на́ново** *нареч. разг.* anéw.

**нано́с** *м.* allúvium (*pl.* -ums, -ia), depósit [-zɪt]; (*песка, снега*) drift.

**наноси́ть** I, нанести́ **1.** (*рд.* на *вн.*; *о снеге, песке*) drift (*d.* on); **2.** (*вн.* на *вн.*; *наталкивать*) dash (*d.* agáinst); ло́дку нанесло́ на ка́мень the boat dashed agáinst *a* rock; су́дно нанесло́ на мель the ship ran agróund; **3.** (*вн.* на *вн.*; *обозначать*) mark (*d.* on); (*на карту, диаграмму тж.*) plot (*d.* on); **4.** (*вн. дт.*; *причинять*) inflíct (*d.* on), cause (*d.* to); ~ ра́ну inflíct *a* wound [...wuːnd] (on); ~ уда́р strike* / deal* / delíver *a* blow [...-'lɪ-...blou] (*i.*); ~ уще́рб cause / do dámage (to), dámage (*d.*); ~ оскорбле́ние insúlt (*d.*); (*тяжёлое, грубое*) óutràge (*d.*); ~ пораже́ние deféat (*d.*), inflíct a deféat (on); ◇ нанести́ визи́т make* / pay* a vísit [...-zɪt] (*i.*).

**наноси́ть** II *сов.* (*рд.*, *вн.*; *какое-л. количество*) bring* (*a quantity* of); ~ бо́чку воды́ bring* enóugh wáter to fill *a* cask [...ɪ'nʌf 'wɔː-...].

**нано́сный** (*о почве, песке и т. п.*) allúvial; (*перен.*: *заимствованный*) bórrowed; (*поверхностный*) sùperfícial.

**на́нсук** *м. текст.* náinsook.

**наню́хаться** *сов.* (*рд.*; *отравиться*) be intóxicàted (with); ~ табаку́ take* snuff (to one's heart's contént) [...hɑːts...].

**наня́ть(ся)** *сов. см.* нанима́ть(ся).

**наобеща́ть** *сов.* (*рд.*, *вн.*) *разг.* prómise (much) [-s...] (*d.*); ~ чего́ уго́дно prómise all kinds of things; ◇ ~ с три ко́роба prómise more than *one* can, *или* means to, do; prómise the earth [...əːθ] *идиом.*

**наоборо́т** *нареч.* **1.** (*противоположной стороной*) the wrong side out; (*задом наперёд*) back to front [...frʌnt]; **2.** (*иначе, не так*) the wrong / other way (round); он всё де́лает ~ he does évery̆thing the wrong way round; **3.** *как вводн. сл.* on the cóntrary; как раз ~ quite the revérse.

**наобу́м** *нареч.* at rándom; сказа́ть что-л. ~ make* a rándom guess.

**наора́ть(ся)** *разг.* = накрича́ть(ся).

**нао́тмашь** *нареч.*: уда́рить ~ (*вн.*) give* a víolent báckhánd stroke (*i.*).

**наотре́з** *нареч.* flátly, póint-blánk; отказа́ть(ся) ~ refúse póint-blánk.

**напа́дать** *сов.* fall*.

**напада́ть,** напа́сть (на *вн.*) **1.** attáck (*d.*), assáult (*d.*); ~ врасплóх come* (upón), surpríse (*d.*), attáck by surpríse (*d.*); **2.** (*случайно встречать*) come* (upón, acróss); **3.** (*о чувстве, состоянии*) come* (óver); на меня́ напа́ла тоска́ I am sick at heart [...hɑːt].

**нападе́ние** *с.* **1.** attáck, assáult; (*агрессия*) aggréssion; вооружённое ~ armed attáck; внеза́пное ~ surpríse attáck; да́льнее огнево́е ~ *воен.* lóng-rànge shoot [-reɪ-...]; хими́ческое ~ *воен.* gas attáck; отрази́ть ~ repúlse *an* attáck; **2.** (*в футболе и т. п.*) fórwards [-dz] *pl.*, first line.

**напа́дки** *мн.* attácks; зло́бные ~ malícious attácks.

**напа́ивать** I, напои́ть (*вн.*) **1.** give* (*i.*) to drink; (*перен.*) suffúse (*d.*); во́здух напоён арома́том the air is suffúsed with frágrance [...'freɪg-]; **2.** (*допьяна*) make* drunk (*d.*); fill up (*d.*) *разг.*

**напа́ивать** II, напая́ть (*вн.* на *вн.*) sólder ['sɔ-] (*d.* upón).

**напа́костить** *сов. см.* па́костить I.

**напа́лм** *м.* nàpálm, jéllied pétròl [...'pe-]. **~овый** *прил. к* напа́лм; ~овая бо́мба nàpàlm bomb.

**напаса́ться,** напасти́сь *разг.*: на вас не напасёшься (*рд.*) we shall never have enóugh for you [...ɪ'nʌf...] (*d.*); на вас не напасёшься еды́ ≅ you will eat us out of house and home [...haus...].

**напасти́сь** *сов. см.* напаса́ться.
**напа́сть** I *сов. см.* напада́ть.
**напа́сть** II *ж. разг.* misfórtune [-tʃən], disáster [-'zɑ:-]; что за ~! this is réally too bad! [...'rɪə-...].
**напа́чкать** *сов.* (на *пр.*) soil (*d.*).
**напая́ть** *сов. см.* напа́ивать II.
**напе́в** *м.* tune, mélody.
**напева́ть,** напе́ть (*вн.*) **1.** *тк. несов.* hum (*d.*), troll (*d.*); (*тихо*) croon (*d.*); **2.** (*мелодию*) sing* (*d.*); **3.:** напе́ть пласти́нку have one's sing|ing recórded.
**напе́вн||ость** *ж.* melódious|ness. **~ый** melódious.
**наперебо́й** *нареч.* in éager rívalry [...'i:gə 'raɪ-]; výing with each other; они́ расска́зывали ~ they vied with each other in télling.
**наперевес** *нареч.* atilt; с ру́жьями ~ with arms atilt.
**наперегонки́** *нареч.* compéting in speed, rácing (with) one another; бе́гать ~ race (with) one another.
**наперёд** *нареч. разг.* in advánce; ◇ за́дом ~ back to front [...frʌnt].
**наперекóр** *нареч.* (*дт.*) in defíance (of); идти́ ~ (*дт.*) disregárd (*d.*), run* cóunter (to).
**наперере́з** *нареч.* (*дт.*) so as to cross the line alóng which smb., smth. moves [...mu:vz]; бежа́ть кому́-л. ~ run* to intercépt smb.
**напереры́в** *нареч.* = наперебо́й.
**напере́ть** *сов. см.* напира́ть 1, 2.
**наперечёт** *нареч. разг.* **1.** thóroughly ['θʌrəlɪ]. through and through; он знал всех ~ he knew every one of them; **2.** (*в функции сказуемого*) there are few, there are not many; таки́е лю́ди, как он, ~ there are few, *или* not many, people like him [...pi:pl...].
**напе́рсн||ик** *м. уст.* cònfidánt. **~ица** *ж. уст.* cònfidánte.
**напёрсток** *м.* thimble.
**наперстя́нка** *ж. бот.* fóxglòve [-glʌv].
**напе́ть** *сов. см.* напева́ть 2, 3.
**напеча́тать** *сов. см.* печа́тать.
**напе́||чь** *сов.* (*рд.*, *вн.*) bake (*a quantity* of); она́ ~кла́ таре́лку бли́нчиков she made a pláte|ful of pán|càkes.
**напива́ться,** напи́ться **1.** have smth. (to drink); (*утолять жажду*) quench / slake one's thirst; по́сле обе́да он напи́лся ча́ю he had tea áfter dinner; пе́ред шко́лой де́ти напили́сь молока́ the children had some milk befóre they went to school; **2.** (*становиться пьяным*) get* drunk; get* tight *разг.*
**напили́ть** *сов.* (*рд.*, *вн.*) saw* (*a quantity* of).
**напи́лок** *м.*, **напи́льник** *м. тех.* file.
**напира́ть,** напере́ть (на *вн.*) *разг.* **1.** press (*d.*); (*перен.*) put* préssure (up|ón); **2.** (*теснить*) press (*d.*); **3.** *тк. несов.* (*подчёркивать*) émphasìze (*d.*), stress (*d.*).
**написа́ние** *с.* spélling.
**написа́ть** *сов. см.* писа́ть 1, 3.
**напита́ть** *сов.* **1.** (*вн.*; *накормить*) sate (*d.*), sátiàte (*d.*); **2.** *см.* напи́тывать. **~ся** *сов.* **1.** *разг.* (*наесться*) take* one's fill; **2.** *см.* напи́тываться.
**напи́т||ок** *м.* drink, béverage; спиртны́е ~ки (àlcohólic) líquor [...-kə] *sg.*, àlcohólic drinks; кре́пкие ~ки strong drinks; прохлади́тельные ~ки soft drinks.
**напи́тывать,** напита́ть (*вн. тв.*) ímprègnàte (*d.* with). **~ся,** напита́ться (*тв.*) be(come*) ímprègnàted (with).
**напи́ться** *сов. см.* напива́ться.
**напиха́ть** *сов. см.* напи́хивать.
**напи́хивать,** напиха́ть (*вн.* в *вн.*) *разг.* cram (*d.* in, into, down); (*вн. тв.*) stuff (*d.* with).
**напи́чкать** *сов. см.* пи́чкать.
**напла́ваться** *сов.* have a good swim.
**напла́ка||ть** *сов.*: ~ себе́ глаза́ have red / swóllen eyes from crýing [...-ou- aɪz...]; ◇ кот ~л *разг.* ≅ nothing to speak of, práctically nothing. **~ться** *сов.* **1.** cry much; (*вдоволь*) cry at ease, cry enóugh [...ɪ'nʌf]; **2.** *разг.* (*получить неприятности из-за кого-л., чего-л.*) get* plénty of trouble [...trʌbl].
**напластова́ние** *с. геол.* bédding, stràtificátion.
**наплева́тельск||ий** dévil-may-cáre; ~ое отноше́ние (к) *разг.* dévil-may-cáre áttitùde (towards).
**наплева́ть** *сов.* spit*; (на *вн.*; *перен.*) *разг.* spit* (up|ón); not care a straw / bit / pin /rap / hang (abóut); ему́ ~ на э́то he does|n't care (a fig / pin).
**наплеска́ть** *сов.* (*рд.*) spill* (*d.*).
**наплести́** *сов.* **1.** (*рд.*, *вн.*; *кружев и т. п.*) make* (*a quantity* of); **2.** (на кого́-л.) *разг.* slánder ['slɑ:-] (smb.).
**наплы́в** *м.* **1.** *тк. ед.* (*о публике и т. п.*) flow [-ou], inflùx; **2.** (*на дереве*) excréscence.
**напова́л** *нареч.* outright, on the spot; уби́ть ~ (*вн.*) kill on the spot (*d.*).
**наподо́бие** *предл.* (*рд.*) like, not ún|like.
**напои́ть** *сов.* **1.** *см.* пои́ть; **2.** *см.* напа́ивать I.
**напока́з** *нареч.* for show [...ʃou]; выставля́ть ~ (*вн.*) put* up for show (*d.*); (*перен.*) show* off (*d.*); flaunt (*d.*); paráde (*d.*); выставля́ть ~ свои́ зна́ния *и т. п.* paráde one's knówledge, *etc.* [...'nɔ-], make* a paráde of one's knówledge, *etc.*
**наполза́ть,** наползти́ (на *вн.*) crawl (agáinst, óver), come* cráwling (acróss).
**наползти́** I *сов. см.* наполза́ть.
**наползти́** II *сов.* (*в каком-л. количестве*) crawl in (*in large numbers*).
**наполне́ни||е** *с.* filling; (*аэростата*) inflátion; ◇ пульс хоро́шего ~я strong pulse.
**напо́лнить(ся)** *сов. см.* наполня́ть(ся).
**наполня́ть,** напо́лнить (*вн.*) fill (*d.*); ~ га́зом *ав.* fill with gas (*d.*), infláte (*d.*). **~ся,** напо́лниться **1.** fill; ~ся слеза́ми fill, *или* be suffúsed, with tears; **2.** *страд. к* наполня́ть.
**наполови́ну** *нареч.* half [hɑ:f]; рабо́та ~ сде́лана the work is half done; де́лать де́ло ~ do things by halves [...hɑ:-].
**напома́дить** *сов. см.* пома́дить.
**напома́женный** *прич. и прил.* pomáded.
**напомина́ние** *с.* **1.** (*действие*) reminding; **2.** (*что-л. напоминающее*) reminder.
**напомина́||ть,** напо́мнить **1.** (*вн. дт.*; о *пр. дт.*) remind (of *d.*); напо́мним, что we would remind you that; it will be recálled that; э́то ~ет о it is rèminíscent of; **2.** (*вн.*; *казаться похожим*) resémble [-'ze-] (*d.*); си́льно ~ bear* a strong resémblance [bɛə...-'ze-] (to); он ~ет свою́ мать he resémbles his móther

[...'mʌ-]. ~ющий 1. *прич. см.* напоминáть; 2. *прил.* (*вн.*) rèminíscent (of).

**напóмнить** *сов. см.* напоминáть.

**напóр** *м.* (*прям. и перен.*) préssure; (*воды, пара тж.*) head [hed]; скоростнóй ~ *ав.* préssure head; дéйствовать с ~ом push things [puʃ...].

**напóрист||ость** *ж.* énergy, impètuósity, assértive¦ness. ~ый ènergétic, púshing ['pu-], assértive.

**напóрный:** ~ бак *тех.* préssure tank.

**напорóться** *сов.* (на *вн.*) *разг.* run* (up¦ón, agáinst); (*перен.*) run* up (agáinst).

**напóртить** *сов. разг.* 1. (*вн.*) spoil* (*d.*); 2. (комý-л.; *причинить ущерб*) wreck / bungle smb.'s plans / ùndertákings.

**напослéдок** *нареч.* in the end, in con¦clúsion; (*в конце концов*) áfter all.

**напрáвить(ся)** *сов. см.* направлять(ся).

**направлéни||е** *с.* 1. (*в разн. знач.*) diréction; во всех ~ях in all diréctions; по ~ю к towards; in the diréction of; по ~ю к дóму hóme¦wards [-dz]; ~ полёта course [kɔ:s]; ~ наступлéния *воен.* line of advánce; 2. (*тенденция, течение*) trend; ténor ['te-]; ~ умá turn of mind; ~ полúтики òrièntátion of pólicy; печáть всех ~й néwspàpers of all trends *pl.*; литератýрное ~ líterary school; 3. (*документ*) órder, pérmit; дать ~ на рабóту (*дт.*) nóminàte for, *или* assign to, *a* job [...ə'saɪn...] (*d.*).

**напрáвленность** *ж.* diréction; (*тенденция*) trend; идéйная ~ ромáна ìdeológical trend of *the* nóvel [aɪ-... 'nɔ-].

**направлять,** напрáвить 1. (*вн.* на *вн.*; *прям. и перен.*) diréct (*d.* at), turn (*d.* to); (*оружие*) lével ['le-] (*d.* at); ~ свой шагú diréct / bend* one's steps (to); ~ струю воды play *the* jet (on); ~ внимáние diréct atténtion (at, to); ~ сúлы diréct one's énergies (at, to), bend* one's énergies (to); всё напрáвлено на évery¦thing is aimed at; 2. (*вн.*; *посылать*) send* (*d.*); (*за справкой, информацией*) refér (*d.*); ~ на рабóту (в *вн.*) assígn to work [ə'saɪn...] (at, in); меня напрáвили к вам I have been sent to you; 3. (*вн.*; *адресовать*) send* (*d.*); ~ заявлéние send* in an àpplicátion. ~ся, напрáвиться 1. (к; в *вн.*) make* (for), make* one's way (to, towards, into), diréct one's steps (to, towards, into); pick one's way (towards); wend one's way (to) *поэт.*; пароход направляется в Гóрький the stéamer is bound for Górky; 2. *страд. к* направлять.

**направляющ||ий** 1. *прич. см.* направлять; 2. *прил.* guíding, léading; *воен.* diréсting; ~ая сúла guíding / diréсting force; ~ рóлик *тех.* guide róller; ~ее колесó гýсеницы *тех.* idling sprócket; 3. *ж. как сущ. тех.* guide.

**напрáво** *нареч.* (от) to the right (of); ~ от меня to my right, on my right hand; ~! (*команда*) right turn!; ◇ ~ и налéво right and left.

**напрактиковáться** *сов.* (в *пр.*) *разг.* acquíre skill (in).

**напрáслин||а** *ж. тк. ед. разг.* a lot of nónsense / tales; возводúть на когó-л. ~у make* up a lot of nónsense / tales abóut smb.

**напрáсно** I 1. *прил. кратк. см.* напрáсный; 2. *предик. безл.* it is úse¦less [...'ju:s-]; ~ ждать чегó-л. от негó it is no use expéct-ing him to do ány¦thing [...ju:s...].

**напрáсн||о** II *нареч.* 1. (*тщетно*) in vain, for nothing; он ~ éздил тудá he went there for nothing; 2. (*несправедливо*) wróng¦fully, ún¦jùst¦ly, fálse¦ly ['fɔ:l-]; егó ~ обвинúли he was wróng¦fully accúsed; вы ~ так дýмаете you are mistáken if that's what you think. ~ый 1. (*тщетный*) vain; ~ая надéжда vain hope; ~ое усúлие vain / úse¦less éffort [...'ju:s-...]; 2. (*несправедливый*) wróng¦ful, ún¦jùst, false [fɔ:ls]; ~ое обвинéние wróng¦ful àccusátion [...-'zeɪ-].

**напрáшив||аться,** напросúться 1. thrust* òne¦sélf up¦ón; ~ на обéд invíte òne¦sélf to dínner; ~ комý-л. в друзья force one's friend-ship up¦ón smb. [...'frend-...]; ~ идтú вмéсте force one's cómpany up¦ón smb. [...'kʌm-...]; ~ на неприятности ask for trouble [...trʌbl]; ~ на комплимéнты fish for cómpliments; 2. *тк. несов.* (*о мысли, выводе и т. п.*) sug-gést it¦sélf [sə'dʒe-...]; ~ается сравнéние a compárison suggésts it¦sélf, a compárison in-évitably rises in the mind.

**напримéр** *вводн. сл.* for exámple [...-a:m-] (*сокр. e. g.*), for ínstance.

**напрокáз||ить, ~ничать** *сов. см.* прокáзить, прокáзничать.

**напрокáт** *нареч.* for / on hire; взять ~ (*вн.*) hire (*d.*); дать ~ (*вн.*) hire out (*d.*), let* (*d.*).

**напролёт** *нареч.*: всю ночь ~ all, *или* the whole, night long / through [...houl...]; я не спал всю ночь ~ I have not had a wink of sleep to¦níght.

**напролóм** *нареч. разг.*: идтú, дéйствовать ~ stop at nothing, push one's way through [puʃ...], go right through, break* through [breɪk...].

**напропалýю** *нареч. разг.* récklessly, dés-perate¦ly; веселúться ~ have one's fling; go* the whole hog [...houl...] *идиом.*

**напрорóчить** *сов. см.* прорóчить.

**напросúться** *сов. см.* напрáшиваться 1.

**напрóтив** I *нареч.* 1. ópposite [-zɪt]; (*на противоположной стороне улицы и т. п.*) acróss the street / road / way; 2. (*наоборот*) on the cóntrary; совершéнно ~ just the other way abóut.

**напрóтив** II *предл.* (*рд.*) ópposite [-zɪt]; ~ нáшего дóма ópposite our house* [...-s].

**напрýж||иваться,** напрýжиться *разг.* strain òne¦sélf. ~иться *сов. см.* напрýживаться.

**напрягáть,** напрячь (*вн.*; *прям. и перен.*) strain (*d.*); ~ все сúлы strain every nerve; напрячь до предéла strain to the límit / bréak-ing-point [...'breɪ-]. ~ся, напрячься 1. strain òne¦sélf, exért òne¦sélf; 2. *страд. к* напрягáть.

**напряжéни||е** *с.* 1. (*усилие*) éffort; слýшать с ~ем listen with stráined atténtion ['lɪsᵊn...]; без осóбого ~я withóut partícular strain; 2. *физ.* (*в электротехнике*) ténsion; (*в механике*) strain, stress; высóкое ~ *эл.* high ténsion; ток высóкого ~я high ténsion cúrrent.

**напряжённ||ость** *ж.* ténsity, ténse¦ness; ténsion; ослáбить междунарóдную ~ ease / léssen / relàx / redúce ìnternátional ténsion [...-'næ-...]. ~ый *прич. и прил.* strained; *прил.*

*тж.* tense; (*о работе*) strénuous; ~ое внимáние strained atténtion; ~ая борьбá inténse struggle.

**напрямúк** *нареч. разг.* straight; (*перен.*) póint-blánk.

**напря́чь(ся)** *сов. см.* напрягáть(ся).

**напуг||анный** *прич. и прил.* frightened, scared; ~ вид scared face. **~áть** *сов.* (*вн.*) frighten (*d.*), scare (*d.*). **~áться** *сов.* be / become* frightened / scared.

**напу́дрить(ся)** *сов. см.* пу́дрить(ся).

**напу́льсник** *м.* wrist¦let.

**нáпуск** *м.* 1. *тех.* òver¦lápping; 2. (*в платье*) full front [...frʌnt]; плáтье с ~ом *a* dress with a full front.

**напускáть,** напустúть 1. (*рд.* в *вн.*; *наполнять*) fill (with *d.*): напустúть ды́ма в кóмнату fill *the* room with smoke; — напустúть воды́ в вáнну fill *a* báth-tùb; 2. (*вн.* на *вн.*; *собак*) let* loose [...lu:s] (*d.* up¦ón); (*перен.*: *натравливать*) set* (*d.* up¦ón); 3.: ~ на себя́ (*вн.*) afféct (*d.*), put* on (*d.*); ~ на себя́ равноду́шие afféct indifference; ~ на себя́ вáжность try to look impórtant; put* on airs *идиом.*; ~ стрáху (на *вн.*) *разг.* térrorìze (*d.*), frighten (*d.*). **~ся,** напустúться 1. (на *вн.*) *разг.* fall* (on), fly* (at); 2. *страд. к* напускáть.

**напускн||óй** affécted, ùn¦nátural; ~áя весёлость affécted / ùn¦nátural gáiety.

**напустúть(ся)** *сов. см.* напускáть(ся).

**напу́т||ать** *сов.* (в чём-л.) *разг.* get* smth. all wrong; make* a mess / hash (of smth.); он всё ~ал he has got it all wrong; he has made a mess / hash of it *разг.*

**напу́тств||енный** párting; ~енное слóво párting words *pl.* **~ие** *с.* párting words *pl.*

**напу́тствовать** *несов. и сов.* (когó-л.) admónish (smb.) (at párting).

**напух||áние** *с.* swélling. **~áть,** напу́хнуть swell*.

**напу́хнуть** *сов. см.* напухáть.

**напы́житься** *сов. см.* пы́житься.

**напылúть** *сов. см.* пылúть.

**напы́щенн||ость** *ж.* pòmpósity, bómbàst. **~ый** pómpous; (*о стиле и т. п.*) bòmbástic, high-flown [-oun].

**напя́л||ивать,** напя́лить (*вн.*) *разг.* pull on [pul...] (*d.*), get* on (*d.*); старáться ~ить на себя́ что-л. слúшком тéсное struggle into smth. that is too small for one. **~ить** *сов. см.* напя́ливать.

**наработать** *сов.* (*рд.*, *вн.*) *разг.* 1. (*изготовить*) turn out (*d.*); 2. (*заработать*) earn [ə:n] (*d.*); make* (*d.*). **~ся** *сов.* work enóugh [...ɪ'nʌf], do a lot of work; (*устать от работы*) be tired by work.

**наравнé** *нареч.* (с *тв.*) on a lével [...'le-] (with); (*на равных началах*) équal¦ly (with).

**нарáдоваться** *сов.*: не ~ на когó-л. dote (up¦)ón smb.

**нараспáшку** *нареч. разг.* únbúttoned; пальтó ~ únbúttoned coat; он нóсит шу́бу ~ he does¦n't bútton up his coat, he wears his coat ópen / únbúttoned [...wɛəz...]; ◊ у негó душá ~ ≅ he wears his heart (up¦)ón his sleeve [...hɑ:t...].

**нараспéв** *нареч.* in a sing¦ing voice, in a sing-sòng (voice).

**нарастáние** *с.* growth [-ouθ], in¦crease [-s], accùmulátion; intènsificátion; *переводится также формой на* -ing *от соответствующих глаголов* — *см.* нарастáть; ~ недовóльства growth of reséntment [...-'ze-], móunting reséntment.

**нарастá||ть,** нарастú 1. (на *пр.*) grow* [-ou] (on), be formed (on), be búilding up [...'bɪld-...] (on); 2. (*усиливаться*) in¦créase [-s]; (*о звуке*) swell*; 3. (*накопляться*) accúmulàte. **~ющий** *прич. и прил.* grówing ['grou-], in¦créasing [-s-], móunting.

**нарастú** *сов. см.* нарастáть.

**нарастúть** *сов. см.* нарáщивать.

**нарасхвáт** *нареч. разг.*: продавáться ~ sell* like hot cakes; э́та кнúга раскупáется ~ this book sells like hot cakes, there is a run on this book.

**наращéние** *с.* 1. augmèntátion; 2. *грам.* augmént.

**нарáщивание** *с. мед.* gráfting; *тех.* joint; *переводится также формой на* -ing *от соответствующих глаголов* — *см.* нарáщивать; ~ сил *воен.* accùmulátion, *или* búilding up, of strength / fórces [...'bɪl-...]; ~ тéмпов произвóдства grádual / stéady ráising of the rate of prodúction [...-edɪ...].

**нарáщивать,** нарастúть (*вн.*) inténsifỳ (*d.*), in¦créase [-s] (*d.*); build* up [bɪld...] (*d.*).

**нарвáл** *м. зоол.* nárwhal.

**нарвáть** I *сов. см.* нарывáть.

**нарвáть** II *сов.* (*рд.*, *вн.*) 1. (*цветов, плодов и т. п.*) pick (*a quantity* of); 2. (*разорвать на куски*) tear* (*a quantity* of) [tɛə...].

**нарвáться** *сов. см.* нарывáться.

**нард** *м.* (*растение и ароматическое вещество*) (spike¦)nàrd.

**нарéз** *м.* 1. (*винта*) thread [-ed]; (*в оружии*) groove (*in rifling*); 2. *ист.* (*участок земли*) lot, plot.

**нарéзать** I *сов. см.* нарезáть.

**нарéзать** II *сов.* (*вн.*, *рд.*; *какое-л. количество*) cut*, slice (*a quantity* of).

**нарезáть,** нарéзать (*вн.*) 1. cut* (into pieces) [...'pi:-] (*d.*); (*ломтями*) slice (*d.*); (*мясо за столом*) carve (*d.*); 2. *тех.* (*о резьбе*) thread [θred] (*d.*); (*канал ствола*) rifle (*d.*); 3. *ист.* (*о земле*) allót (*d.*).

**нарéз||ка** *ж.* 1. (*действие*) cútting (into pieces) [...'pi:-]; 2. (*винтовая*) (screw) thread [...θred]; (*в канале ствола*) rifling. **~нóй** thréaded ['θre-]; (*об оружии*) rifled; **~нóй** ствол rifled bárrel.

**нарекáни||е** *с.* cénsure; вы́звать ~я rouse cénsure, give* rise to únfávour¦able críticism.

**нарек||áть,** нарéчь (*вн. тв.*) *уст.* name (*d. d.*); мáльчика ~лú Петрóм the boy was named Pyotr.

**наречённ||ый** *уст.* 1. *прич. см.* нарекáть; 2. *прил.* betróthed [-'trou-]; 3. *м. как сущ.* *one's* betróthed.

**нарéчие** I *с. лингв.* (*диалект*) dialèct.

**нарéч||ие** II *с. грам.* ádvèrb. **~ный** *грам.* àdvérbial.

**нарéчь** *сов. см.* нарекáть.

**нарзáн** *м.* Nàrzán (*kind of mineral water*).

**нарисовáть** *сов. см.* рисовáть.

**нарицáтельн||ый:** ~ая стóимость *эк.* nóminal cost; úмя ~ое *грам.* cómmon noun.

**нарко́з** *м.* **1.** nàrcósis, ànaesthésia [-zɪə]; под ~ом nárcotìzed; подверга́ть ~у (*вн.*) nárcotìze (*d.*); **2.** (*средство*) ànaesthétic drug.

**наркома́н** *м. мед.* (drug) áddict; dope / drug fiend [...fi:-] *разг.* **~ия** *ж. мед.* nárcotism.

**наркотиз||а́ция** *ж. мед.* nàrcotìzátion [-taɪ-]. **~и́ровать** *несов. и сов.* (*вн.*) *мед.* nárcotìze (*d.*).

**нарко́т||ик** *м.* nàrcótic; dope *разг.* **~и́ческий** nàrcótic; употребля́ть ~и́ческие сре́дства use nàrcótics; (*быть наркоманом*) be a drug / dope áddict.

**наро́д** *м.* **1.** people [pi:-], nátion; ~ы СССР the peoples of the USSR; **2.** *тк. ед. разг.* (*люди*) people; мно́го ~у many people, a large númber, *или* plénty, of people; пло́щадь полна́ ~у the square is full of people.

**народи́ть** *сов.* (*рд.*, *вн.*) give* birth (to a númber of children), bring* into the world (a númber of children). **~ся** *сов. см.* нарожда́ться.

**наро́дни||к** *м. ист.* naródnik, Rússian pópulist [-ʃən...]. **~ческий** *прил. к* наро́дник *и* наро́дничество. **~чество** *с. ист.* Národism, pópulism.

**наро́дно-демократи́ческий** people's dèmocrátic [pi:-...]; ~ строй people's dèmocrátic sýstem.

**наро́дность** *ж.* **1.** (*народ*) nàtionálity [næʃə-]; people [pi:-]; **2.** *тк. ед.* (*национальный характер*) nátional cháracter ['næ- 'kæ-], nátional roots *pl.*, folk cháracter.

**народнохозя́йственный** nátional-èconómic ['næ- -i:-]; ~ план plan of nátionalècónomy [...'næ- i:-].

**наро́дн||ый** people's [pi:-]; (*о собрании и т. п.*) pópular; (*о песне, поэзии, обычае и т. п.*) pópular; folk (*attr.*); (*национальный*) nátional ['næ-]; ~ арти́ст СССР People's ártist of the USSR; ~ поэ́т nátional póet; ~ трибу́н people's tríbùne; ~ая пе́сня folk / pópular song; ~ обы́чай fólk-cùstom; ~ комисса́р *ист.* people's còmmissár; ~ комиссариа́т *ист.* people's còmmissáriat; ~ое хозя́йство nátional ècónomy [...i:-]; ~ое достоя́ние nátional próperty; ~ суд People's Court [...kɔ:t]; ~ судья́ People's Judge; ~ заседа́тель people's asséssor; ~ая демокра́тия people's demócracy; стра́ны ~ой демокра́тии People's Demócracies; ~ фронт Pópular Front [...frʌnt]; ◇ «Наро́дная Во́ля» *ист.* "Naródnaya Vólya" ("People's Fréedom").

**народове́дение** *с.* èthnólogy.

**народовла́стие** *с.* demócracy, sóvereignty of the people ['sɔvrɪn-...pi:-].

**народово́лец** *м. ист.* mémber of the "Naródnaya Vólya" ("People's Fréedom").

**народово́льческий** *прил. к* народово́лец.

**народонаселе́ние** *с.* pòpulátion.

**нарожд||а́ться,** народи́ться come* into béing, aríse*. **~е́ние** *с.* birth, spríng:ing up.

**наро́ст** *м.* growth [grouθ], excréscence.

**нарочи́т||о** *нареч.* delíberate:ly, inténtionally, expréssly. **~ый** delíberate, inténtional.

**наро́чно** [-шн-] *нареч.* **1.** púrpose:ly [-s-], on púrpose [...-s]; **2.** (*в шутку*) for fun; ◇ как ~ as luck would have it; в э́тот день, как ~ on that day of all days.

**на́рочн||ый** *м. скл. как прил.* spécial / expréss méssenger ['spe-... -ndʒə]; córier ['kʊ:-]; с ~ым by spécial delívery.

**нарсу́д** *м.* (наро́дный суд) People's Court [pi:- kɔ:t].

**на́рты** *мн.* (*ед.* на́рта *ж.*) sledge (drawn by réindeer or dogs) *sg.*, dógslèdge *sg.*

**наруби́ть** *сов.* (*вн.*, *рд.*; *какое-л. количество*) chop (*a quantity* of).

**нару́бка** *ж. тех.* notch.

**нару́жно** *нареч.* óutwardly; ~ он споко́ен he is óutwardly calm [...kɑ:m].

**нару́жное** *с. скл. как прил.* (*о лекарстве*) for óutward àpplicátion, "not to be táken".

**нару́жн||ость** *ж.* **1.** appéarance; look(s) (*pl.*); **2.** (*внешний вид чего-л.*) èxtérior. **~ый** **1.** èxtérnal, óutward; **2.** (*показной*) òsténsible, affécted; ~ое споко́йствие appárent / óutward calm [ə'pæ- kɑ:m], affécted calm.

**нару́жу** *нареч.* óutside; вы́йти ~ come* out; (*перен.*) come* to light, be revéaled; де́ло вы́шло ~ the affáir has come to light; вы́вести что-л. ~ bring* smth. to light.

**нарука́вник** *м.* óver:sleeve, ármlet.

**нарумя́нить(ся)** *сов. см.* румя́нить(ся).

**нару́чники** *мн.* hándcùffs, mánacles.

**нару́чн||ый** wrist (*attr.*); ~ые часы́ wrist watch *sg.*

**наруша́ть,** нару́шить (*вн.*) **1.** (*о порядке, тишине и т. п.*) break* [breɪk] (*d.*), distúrb (*d.*); нару́шить равнове́сие сил distúrb / ùpsét* the bálance of pówer; **2.** (*о законе, правиле и т. п.*) break* (*d.*), infrínge (up:ón), trànsgréss (*d.*), víolàte (*d.*); ~ сло́во break* one's word, fail to keep one's word; go* back on one's word; ~ кля́тву, прися́гу break* one's oath*. **~ся,** нару́шиться **1.** be / get* bróken; **2.** *страд. к* наруша́ть.

**наруше́ние** *с.* breach; (*закона*) vìolátion, infrínge:ment; прямо́е ~ (*устава и т. п.*) diréct vìolátion; ~ поко́я distúrbance; ~ обеща́ния fáilure to keep one's prómise [...-s]; ~ обяза́тельства breach of òbligátion / tréaty; ~ до́лга breach of dúty; ~ обще́ственного поря́дка breach of the peace; ~ поря́дка vìolátion of órder; distúrbance; ~ пра́вил у́личного движе́ния infrínge:ment of tráffic règulátions.

**наруши́тель** *м.*, **~ница** *ж.* (*порядка*) distúrber; (*закона*) infrínger [-ndʒə], trànsgréssor; (*границы*) tréspasser; ~ ми́ра aggréssor, péace-breaker [-breɪ-].

**нару́шить(ся)** *сов. см.* наруша́ть(ся).

**нарци́сс** *м.* nàrcíssus (*pl.* -ssi), dáffodil.

**на́ры** *мн.* plánk-bèd *sg.*

**нары́в** *м.* ábscess, boil.

**нарыва́||ть,** нарва́ть (*о нарыве*) gáther (a head) [...hed]; у меня́ рука́ ~ет I have a boil on my hand.

**нарыва́ться,** нарва́ться (на *вн.*) *разг.* run* up (on, agáinst); ◇ нарва́ться на неприя́тность get* into trouble [...trʌbl].

**нарывно́й** vésicatory; ~ пла́стырь dráwing / blístering plaster.

**нары́ть** *сов.* (*рд.*, *вн.*) dig* (*a quantity* of).

**наря́д** I *м.* dress; *поэт.* attíre, appárel [ə'pæ-]; *мн.* fínery ['faɪ-] *sg.*, smart clothes [...-oudz].

**наря́д** II *м.* **1.** (*поручение*) órder; **2.** (*документ*) wárrant; **3.** *воен.* (*группа солдат*) détail ['di:-], dúty détail; расписáние ~ов róster ['rou-].

**нарядúть** I, II *сов. см.* наряжáть I, II.

**нарядúться** *сов. см.* наряжáться I *и* рядúться II 1.

**нарядн||ость** *ж.* smártness. **~ый** smart; wéll-dréssed.

**нарядý:** ~ с side by side with; párallèl with; (*наравне*) équal|ly with, on a lével with [...'le-...]; ~ с этим side by side with this; (*одновременно*) at the same time.

**наряжáть** I, нарядúть **1.** (*вн.*) dress up (*d.*), dress out (*d.*); **2.** (*вн.* в *вн.*; *вн. тв.*) arráy (*d.* in).

**наряжáть** II, нарядúть (*вн.*; *назначать*) appóint (*d.*), détail ['di:-] (*d.*).

**наряжáться** I, нарядúться **1.** dress up, smárten (òne|sélf) up; **2.** (в *вн.*) arráy òne|sélf (in); **3.** *страд. к* наряжáть I.

**наряжáться** II *страд. к* наряжáть II.

**нас** *рд., вн. см.* мы.

**насадúть** I *сов. см.* насáживать *и* насаждáть.

**насадúть** II *сов.* (*рд., вн.*; *какое-л. количество*) plant (*a quantity* of) [-ɑ:nt...].

**насáдка** *ж.* **1.** *тех.* nozzle, móuthpiece [-pi:s]; **2.** *рыб.* bait.

**насажáть** *сов.* (*рд., вн.*) **1.** (*о растениях*) plant (*a quantity* of) [-ɑ:nt...]; **2.** *разг.* (*о людях*) sit* (a númber of).

**насажд||áть,** насадúть (*вн.*) spread* [-ed] (*d.*); (*об идеях тж.*) implánt [-ɑ:nt] (*d.*), in|gráft (*d.*); ~ наýки spread* / cúltivàte sciences; ~ культýру própagàte / spread* cúlture; ~ мóду bring* in *a* fáshion. **~éние** *с.***1.** plàntátion; зелёные ~éния green plàntátions; **2.** (*действие*) plánting [-ɑ:n-]; (*перен.*) pròpagátion, spréading ['spre-]; ~éние культýры the pròpagátion / spréading of cúlture.

**насáживать,** насадúть (*вн.*; *на ручку, древко и т. п.*) haft (*d.*); (*на острие*) stick* (*d.*), pin (*d.*); (*на вертел*) spit* (*d.*).

**насáливать,** насолúть (*вн.*) salt (*d.*), put* much salt (in); (*дт.*; *перен.*) *разг.* spite (*d.*), annóy (*d.*).

**насáхаривать,** насáхарить (*вн.*) súgar ['ʃu-] (*d.*), put* much súgar (in, into).

**насáхарить** *сов. см.* насáхаривать.

**насвúстывать** (*вн.*) *разг.* whistle (*d.*).

**наседáть,** насéсть (на *вн.*) **1.** (*теснить*) press (*d.*), press hard (*d.*); **2.** (*о пыли и т. п.*) settle (on), cóver ['kʌ-] (*d.*).

**насéдка** *ж.* bróod-hèn.

**насекáть,** насéчь (*вн.*) **1.** (*делать насечки*) make* incísions (on), notch (*d.*), dent (*d.*); **2.** (*сталь, клинок*) dámascène (*d.*), dámask ['dæ-] (*d.*).

**насекóм||ое** *с. скл. как прил.* ínsèct; срéдство от ~ых inséctiсide.

**насекомоя́дный** *зоол., бот.* ìnsèctívorous.

**населéние** *с.* **1.** pòpulátion; (*жители*) inhábitants *pl.*; **2.** (*действие*) péopling ['pi:-], séttling.

**населённ||ость** *ж.* pòpulátion; (*плотность населения*) dénsity of pòpulátion. **~ый** *прич. и прил.* pópulàted; гýсто ~ый dénse|ly pópulàted, pópulous; ~ый пункт séttle|ment, pópulàted área [...'ɛərɪə]; *воен.* inhábited locálity / área.

**населúть** *сов. см.* населя́ть 1.

**населя́ть,** населúть (*вн.*) **1.** (*заселять*) people [pi:-] (*d.*), pópulàte (*d.*), settle (*d.*); **2.** *тк. несов.* (*составлять население какого-л. места*) inhábit (*d.*).

**насéст** *м.* roost, perch; садúться на ~, сидéть на ~е roost, perch.

**насéсть** *сов. см.* наседáть.

**насéчка** *м.* **1.** (*действие*) máking incisions / nótches, nótching, dénting, cútting; **2.** (*бороздка*) cut, incísion; (*зарубка*) notch, dent; **3.** (*на клинке*) in|láy, in|láid páttern.

**насéчь** *сов. см.* насекáть.

**насéять** *сов.* (*рд., вн.*) sow* (*a quantity* of) [sou...].

**насидéть** *сов. см.* насúживать.

**насидéться** *сов.* sit* for a long time; ~ дóма spend* a long time indóors [...-'dɔ:z].

**насúженн||ый** *прич. см.* насúживать; ◇ ~ое мéсто *разг.* lóng-óccupied place, one's home of many years; сня́ться с ~ого мéста leave* a lóng-óccupied place.

**насúживать,** насидéть (*вн.*) **1.** (*о птице — высиживать*) hatch (*d.*); **2.** *разг.* (*согревать долгим сидением*) warm (*d.*).

**насúли||е** *с.* violence; (*принуждение*) còercion, constráint; акт ~я act of violence; применúть ~ use violence; use brute force; произвестú ~ (над) commit violence (up|ón), do violence (to).

**насúловать,** изнасúловать (*вн.*) **1.** *тк. несов.* (*принуждать*) force (*d.*), còérce (*d.*), constráin (*d.*); **2.** (*женщину*) rape (*d.*), víolàte (*d.*), rávish (*d.*).

**насúлу** *нареч. разг.* with difficulty; (*едва*) hárdly.

**насúль||ник** *м.* víolàtor; rávisher; (*угнетатель*) týrant, oppréssor. **~ничать** *разг.* commit acts of violence; víolàte; (*об изнасиловании*) rape, rávish. **~но** *нареч.* by force; (*по принуждению*) únder compúlsion; ◇ ~но мил не бýдешь *погов.* ≅ love can neither be bought nor sold [lʌv...'naɪ-...]; love cánnot be órdered.

**насúльственн||ый** fórcible; (*принудительный*) forced; ~ переворóт fórcible úp|héaval; ◇ ~ая смерть víolent death [...deθ].

**наскáкивать,** наскочúть (на *вн.*) collide (with), run* (into); (*перен.*) *разг.* fly* (at); наскочúть на мúну strike* *a* mine.

**наскандáлить** *сов. см.* скандáлить.

**насквóзь** *нареч.* **1.** through (and through); промóкнуть ~ get* wet through; **2.** (*совершенно*) through|óut; ~ прогнúвший rótten through|óut, rótten to the core; ◇ видеть когó-л. ~ *разг.* see* through smb.

**наскоблúть** *сов.* (*рд., вн.*) *разг.* scrape (*d.*).

**наскóк** *м.* swoop, típ-and-rùn attáck, sudden attáck; дéйствовать ~ом *разг.* take* by surprise, take* ún|a|wáres [...-z]; ◇ с ~а *разг.* with a swoop.

**наскóлько** *нареч.* **1.** (*восклицат.*) how much; ~ здесь лýчше! how much bétter it is here!; **2.** (*относит.*) as far as, so far as; ~ мне извéстно as far as I know [...nou]; for aught I know *книжн.*

**нáскоро** *нареч.* hástily ['heɪ-], húrriedly, slápdàsh *разг.*; дéлать что-л. ~ do things hástily / cáre¦lessly, *или* in a slápdàsh way / mánner.

**наскочи́ть** *сов. см.* наска́кивать.

**наскрести́** *сов.* (*вн., рд. или без доп.; прям. и перен.*) scrape up / togéther [...-'ge-] (*d.*), scratch up / togéther (*d.*).

**наску́ч||ить** *сов.* (*дт.*) bore (*d.*), annóy (*d.*); мне ~ило э́то I am bored with this, I am sick of it.

**наслади́ться** *сов. см.* наслажда́ться.

**наслажд||а́ться,** наслади́ться (*тв.*) take* pléasure / delight [...'ple-...] (in); rével ['re-] (in); enjóy (*d.*). **~е́ние** *с.* delight, enjóyment.

**насла́иваться,** наслои́ться (на *вн.*) be depósited [...-z-] (on); form stráta / láyers (on).

**насла́ть** I *сов. см.* насыла́ть.

**насла́ть** II *сов.* (*рд., вн.; какое-л. количество*) send* (*a quantity* of).

**насле́дие** *с.* légacy, héritage; отцо́вское ~ pátrimony; ~ про́шлого the héritage of the past.

**наследи́ть** *сов. см.* следи́ть II.

**насле́д||ник** *м.* heir [ɛə]; lègatée; (*перен.: преемник*) succéssor; зако́нный ~ héir-at-law ['ɛə-], heir appárent [...ə'pæ-]. **~ница** *ж.* héiress ['ɛə-]. **~ный:** ~ный при́нц Crown prince. **~ование** *с.* inhéritance; пра́во ~ования succéssion.

**насле́д||овать** *несов. и сов.* **1.** (*сов. тж.* унасле́довать) (*вн.; получать в наследство*) inhérit (*d.*); **2.** (*дт.*) succéed (to). **~ственность** *ж.* heréditary. **~ственный** heréditary. **~ство** *с.* inhéritance, légacy; по ~ству by right of succéssion; получи́ть по ~ству (*вн.*) inhérit (*d.*); лиша́ть ~ства (*вн.*) disinhérit (*d.*); ◇ культу́рное ~ство cúltural héritage. **~уемость** *ж. биол.* herèditabílity.

**наслое́ние** *с.* **1.** *геол.* stràtificátion; dèposítion [-'zɪ-]; (*слой*) láyer; strátum (*pl.* -ta); **2.** (*особенность, черта в культуре и т. п. более позднего происхождения*) láter féature.

**наслои́ться** *сов. см.* насла́иваться.

**наслу́шаться** *сов.* (*рд.*) have heard plénty, *или* a lot [...hə:d...] (of); ~ му́зыки have heard plénty, *или* a lot, of músic [...-z-]; ~ новосте́й have heard plénty of news [...-z].

**наслы́шаться** *сов.* (о *пр.*) have heard much [...hə:d...] (of).

**насма́рку** *нареч.*: всё пошло́ ~ *разг.* év-ry¦thing went to pot.

**на́смерть** *нареч.* to death [...deθ], mórtally.

**насме||ха́ться** (над) mock (at), jeer (at), gibe (at), deride (*d.*). **~ши́ть** *сов.* (кого́-л.) make* smb. laugh [...lɑ:f], set* smb. láughing [...'lɑ:f-].

**насме́ш||ка** *ж.* móckery; (*насмешливое замечание*) sneer, gibe; беззло́бная ~ bánter, ráillery. **~ливый 1.** mócking, derísive, **2.** (*любящий насмехаться*) given to mócking. **~ник** *м.,* **~ница** *ж. разг.* scóffer, mócker. **~ничать** *разг.* scoff, sneer, mock.

**насмея́ться** *сов.* **1.** (над) laugh [lɑ:f] (at), make* a láughing-stòck [...'lɑ:f-] (of), deride (*d.*); (*оскорбить*) insúlt (*d.*); **2.** (*без доп.; вдоволь*) have had a good laugh.

**на́сморк** *м.* cold (in the head) [...hed]; coryza, catárrh *научн.*; схвати́ть ~ catch* a cold (in the head).

**насмотре́ться** *сов.* **1.** (*рд.*) see* a lot (of); **2.** (на *вн.*) see* as much as one wánted (of); see* enóugh [...ɪ'nʌf] (of).

**насоли́ть** I *сов. см.* наса́ливать.

**насоли́ть** II *сов.* (*рд., вн.*) salt / pickle (*a quantity* of); (*о мясе тж.*) corn (*a quantity* of).

**насори́ть** *сов. см.* сори́ть.

**насо́с** *м.* **1.** pump; возду́шный ~ áir-pùmp; вса́сывающий ~ súction-pùmp; зубча́тый ~ gear pump [gɪə...]; поршнево́й ~ recípro-càting pump, píston-pùmp; то́пливный ~ fúel pump ['fju-...]; **2.** (*опухоль на нёбе лошади*) lámpas [-z].

**насоса́ться** *сов.* (*рд.*) have sucked / imbíbed enóugh, *или* one's fill [...ɪ'nʌf...].

**насо́сн||ый** púmping; ~ая ста́нция púmping státion.

**на́спех** *нареч.* in a húrry; (*небрежно*) cáre¦lessly, in a slápdàsh mánner; э́то сде́лано ~ it is done slápdàsh.

**наспле́тничать** *сов. см.* спле́тничать.

**наст** *м.* frózen snów-crùst [...'snou-].

**настава́ть,** наста́ть come*; (*начинаться*) begin*; наста́ла ночь night came / fell; вре́мя ещё не наста́ло the time has not come yet, the time is not ripe yet.

**настави́тельный** prè¦cèptórial, instrúctive; (*поучительный*) édifỳing, didáctic; ~ тон didáctic tone, prè¦cèptórial tone, tone of a méntor.

**наста́вить** I *сов. см.* наставля́ть I.

**наста́вить** II *сов. см.* наставля́ть II.

**наста́вить** III *сов.* (*рд., вн.; какое-л. количество*) set* up, *или* place (*a quantity* of).

**наста́вка** *ж.* piece put on [pi:s...].

**наставле́ние** *с.* **1.** (*объяснение*) diréctions *pl.*; **2.** (*поучение*) àdmonítion, précèpt, èxhòrtátion; де́лать ~ (*дт.*) exhórt (*d.*), admónish (*d.*); give* a tálking-tò (*i.*) *разг.*; **3.** *воен.* mánual.

**наставля́ть** I, наста́вить **1.** (*вн.; надставлять*) piece on [pi:s...] (*d.*), put* on (*d.*); (*вн. тв.; удлинять*) add a length (to of); **2.** (*вн. на вн.; нацеливать*) aim (*d.* at), point (*d.* at); ◇ наста́вить рога́ кому́-л. *разг.* make* a cúckold of smb.; ~ нос кому́-л. *разг.* dupe / fool smb.

**наставля́ть** II, наста́вить (*вн.; поучать*) admónish (*d.*); édifỳ (*d.*), exhórt (*d.*); ◇ ~ кого́-л. на путь и́стинный set* smb. right, put* smb. wise.

**наста́вни||к** *м. уст.* tútor, méntor, téacher, precéptor. **~ца** *ж. уст.* tútoress, precéptress. **~ческий** *прил. к* наста́вник. **~чество** *с. уст.* tútorship, precéptorship.

**наста́ивать** I, настоя́ть (на *пр.*) insíst (on, up¦ón *ger.*); (*упорствовать*) persíst (in *ger.*); (*добиваться*) press (for); ~ на своём have one's own way [...oun...], stand* one's ground.

**наста́ивать** II, настоя́ть (*вн.; делать настойку*) draw* (*d.*), infúse (*d.*); (что-л. на чём-л.) stand* (smth. with smth.); ~ чай draw* *the* tea.

**наста́ива||ться,** настоя́ться **1.** draw*; чай ~ется the tea is dráwing / máking / bréwing; **2.** *страд. к* наста́ивать II.

**наста́ть** *сов. см.* настава́ть.

**на́стежь** *нареч.* wide (ópen): о́кна бы́ли ~

the windows were wide ópen; он откры́л дверь ~ he ópen¦ed *the* door wide [...dɔ:...].

**насте́нный** wall (*attr.*).

**настига́ть,** насти́гнуть, насти́чь (*вн.*) òver¦táke* (*d.*).

**насти́гнуть** *сов. см.* настига́ть.

**насти́л** *м.* flóoring ['flɔ:r-], plánking, deck; ~ мо́ста décking, bridge floor [...flɔ:].

**настила́ть,** настла́ть (*вн.*) lay* (*d.*), spread* [-ed] (*d.*); (*доска́ми*) plank (*d.*); ~ пол lay* a floor [...flɔ:]; ~ мостову́ю pave / lay* a road.

**насти́лка** *ж.* (*действие*) láying, décking; ~ па́лубы *мор.* deck plánking; ~ по́ла flóoring ['flɔ:r-].

**насти́льный** *воен.* grázing; ~ ого́нь grázing fire; ~ вы́стрел grázing shot.

**насти́чь** *сов. см.* настига́ть.

**настла́ть** *сов. см.* настила́ть.

**насто́й** *м.* infúsion. **~ка** *ж.* nastóyka (*kind of brandy*).

**насто́йчив||ость** *ж.* persistence; insistence. **~ый** **1.** (*о челове́ке*) persistent; **2.** (*о про́сьбе, то́не — настоя́тельный*) úrgent, préssing.

**насто́лько** *нареч.* so, thus much [ðʌs...]; ~ наско́лько as much as; ~..., что... so... that.

**насто́льн||ый** **1.** (*предназна́ченный для стола́*) table (*attr.*); desk (*attr.*); ~ая ла́мпа désk-làmp; ~ телефо́н desk set; ~ые и́гры table games; ~ те́ннис table ténnis, píng-pòng; **2.** (*постоя́нно необходи́мый*): ~ая кни́га, ~ое руково́дство hándbook, mánual; (*спра́вочник*) réference book, book of réference.

**насторáживаться,** насторожи́ться prick up one's ears.

**насто, оже́** *нареч.*: быть ~ be on the alért, be on the lóok-óut.

**насторо́женный, насторожённый** wátchful; ~ взгляд guárded look.

**насторожи́ть** *сов.*: ~ у́ши = насторáживаться. **~ся** *сов. см.* насторáживаться.

**настоя́ни||е** *с.* insistence; по его́ ~ю at his úrgent requést.

**настоя́тель** *м.* (*монастыря́*) Fáther Sùpérior ['fɑ:-...]; (*собо́ра*) dean. **~ница** *ж.* (*монастыря́*) Móther Sùpérior ['mʌ-...].

**настоя́тельн||ость** *ж.* úrgency. **~ый** **1.** (*насто́йчивый*) insistent; (*упо́рный*) persistent; **2.** (*неотло́жный*) úrgent, préssing; ~ая необходи́мость impérative need / necéssity; ~ая про́сьба úrgent requést.

**настоя́ть** I, II *сов. см.* наста́ивать I, II.

**настоя́ться** *сов. см.* наста́иваться.

**настоя́щее** *с. скл. как прил.* the présent [...'prez-].

**настоя́щ||ий** **1.** (*тепе́решний*) présent ['prez-]; в ~ее вре́мя at présent, to¦dáy; ~ее вре́мя *грам.* the présent tense; **2.** (*и́стинный, по́длинный, действи́тельный*) real [rɪəl], génuine, true; régular *разг.*; ~ геро́й real héro; ~ друг true friend [...fre-]; ◇ ~ мужчи́на *разг.* hé-màn*.

**настрада́ться** *сов.* súffer much, go* through much.

**настра́ива||ть,** настро́ить **1.** (*вн.*) *муз., ак.* tune (*d.*); (*об орке́стре*) tune up (*d.*), attúne (*d.*); (*ра́дио тж.*) tune in (*d.*); орке́стр ~ет свои́ инструме́нты the órchestra is túning up [...'ɔ:k-...]; **2.** (*вн. на вн.*) make* (*d.* + *adj.*), dispóse (*d.* to); ~ кого́-л. на гру́стный лад make* smb. mélancholy [...-kə-]; **3.** (*вн.*; *внуша́ть*) incíte (*d.*), in¦clíne (*d.*); ~ кого́-л. про́тив incíte smb. agáinst, set* smb. agáinst; ~ кого́-л. в чью-л. по́льзу in¦clíne smb. in smb.'s fávour; ~ про́тив себя́ àntágonize (*d.*). **~ться,** настро́иться **1.** (на *вн.*, + *инф.*) settle ( + to *inf.*); (*намерева́ться*) make* up one's mind ( + to *inf.*); **2.** *страд. к* настра́ивать.

**настреля́ть** *сов.* (*рд., вн.*) shoot* (*a quantity* of).

**на́стриг** *м.*: ~ ше́рсти wool clip [wul...].

**настри́чь** *сов.* (*рд., вн.*) **1.** (*об овца́х и т. п.*) shear* (*a quantity* of); **2.** (*ме́лко наре́зать*) cut* into small bits (*a quantity* of).

**на́строго** *нареч.* strictly, sevére¦ly.

**настрое́ни||е** *с.* mood, húmour, frame / áttitùde of mind; (*отноше́ние, мне́ние*) séntiments *pl.*; о́бщее ~ géneral féeling; ~ обще́ственности públic séntiments ['pʌ-...] *pl.*; вре́дные ~я a hármful áttitùde of mind *sg.*; быть в (хоро́шем) ~и be in a good* / chéerful mood, be chéerful, be in (good*) spírits; привести́ кого́-л. в хоро́шее ~ put* smb. in good spírits; быть в дурно́м ~и be out of húmour, be in low spírits [...lou...]; be out of sorts *разг.*; у меня́ нет для э́того ~я I am not in a mood for it; ◇ ~ ду́ха mood, húmour; ~ умо́в state of the públic mind.

**настро́ить** I *сов. см.* настра́ивать.

**настро́ить** II *сов.* (*рд., вн.*; *како́е-л. коли́чество*) build* (*a quantity* of) [bɪ-...].

**настро́иться** *сов. см.* настра́иваться.

**настро́й||ка** *ж. муз., рад.* túning. **~щик** *м.* túner.

**настрочи́ть** *сов. см.* строчи́ть.

**настря́пать** *сов.* (*рд., вн.*) cook (*a quantity* of); (*перен.*) cook up (*d.*).

**настуди́ть** *сов.* (*вн.*) *разг.* chill (*d.*).

**наступа́тельн||ый** offénsive; вести́ ~ую войну́ wage an offénsive war.

**наступа́ть** I, наступи́ть (на *вн.*; *ного́й*) tread* [tred] (up¦ón); наступи́ть кому́-л. на ногу tread* / step on smb.'s foot* [...fut]; (*перен.*) tread* on smb.'s toes / corns.

**наступ||а́ть** II, наступи́ть (*настава́ть*) come*; (*сле́довать*) ensúe; (*о чём-л. длительном тж.*) set* in; ~и́ло у́тро mórning came; ~и́ла ночь night fell; ~и́ла весна́ spring came; ~и́ла поля́рная ночь the pólar night has set in; ~а́л Но́вый год the New Year was coming in; ~и́ло коро́ткое молча́ние a brief sílence ensúed [...-i:f 'saɪ-...]; ~и́ла по́лная тишина́ sílence fell.

**наступа́ть** III *воен.* advánce, be on the offénsive; ~ на кого́-л. attáck smb., be on the offénsive agáinst smb.

**наступа́ющий** I *прич. см.* наступа́ть I.

**наступа́ющий** II *прич. и прил.* (*о вре́мени, о собы́тии*) coming, beginning; ~ день the coming day; (*начина́ющийся*) the bréaking / dáwning day [...'breɪ-...].

**наступа́ющий** III *воен.* **1.** *прич. см.* наступа́ть III; **2.** *м. как сущ.* attácker.

**наступи́ть** I, II *сов. см.* наступа́ть I, II.

**наступле́ние** I *с.* coming, appróach; с ~ но́чи at nightfàll; с ~м дня at dáybreak [...-eɪk].

**наступле́ние** II *с. воен.* (*оперативное*) offénsive; (*такти́ческое*) attáck; ~ широ́к фро́нтом offénsive / attáck on a wide front [...frʌnt]; артиллери́йское ~ àrtillery suppórt of the attáck; перейти́ в ~ take* / assúme the offénsive; повести́ ~ (на *вн.*) wage an attáck (up:ón); реши́тельное ~ decísive attáck / offénsive, áll-óut offénsive / drive; стреми́тельное ~ víolent / impétuous attáck.

**насту́рция** *ж.* nastúrtium, Índian cress.

**насу́пить** *сов.*: ~ бро́ви knit* one's brows, frown, scowl. **~ся** *сов.* frown, scowl.

**на́сухо** *нареч.* dry; вы́тереть ~ (*вн.*) wipe dry (*d.*).

**насуши́ть** *сов.* (*рд.*, *вн.*; *какое-л. количество*) dry (*a quantity* of).

**насу́щн||ый** vítal, úrgent; ~ая необходи́мость the bárest necéssity; ◇ хлеб ~ dáily bread [...bred].

**насчёт** *предл.* (*рд.*) as regárds, concérning; abóut, of; ~ э́того (up:)ón that score, so far as that mátter is concérned.

**насчита́ть** *сов. см.* насчи́тывать 1.

**насчи́тыва||ть,** насчита́ть (*вн.*) **1.** count (*d.*); **2.** *тк. несов.* (*содержать*) númber (*d.*); э́тот го́род ~ет о́коло двух миллио́нов жи́телей this town númbers néarly two míllion inhábitants. **~ться** *безл.* númber; в э́том го́роде ~ется миллио́н жи́телей the pòpulátion of this town númbers, *или* runs to, one míllion.

**насыла́ть,** насла́ть (*вн.*, *рд.*; *о бедствиях и т. п.*) send* (*d.*), inflíct (*d.*).

**насы́пать** I *сов. см.* насыпа́ть.

**насы́пать** II *сов.* (*рд.*, *вн.*; *какое-л. количество*) pour in (*a quantity* of) [pɔ:...].

**насыпа́ть,** насы́пать **1.** (*вн.* в *вн.*) pour [pɔ:] (*d.* in, into); **2.** (*вн.* на *вн.*; *набросать на поверхность*) spread* [-ed] (*d.* on, óver); **3.** (*вн.*; *наполнять*) fill (*d.*).

**насы́пка** *ж.* pútting (into), fílling; ~ плоти́ны búilding an éarthdàm ['bɪl-...'ə:θ-].

**на́сыпь** *ж.* embánkment.

**насы́тить(ся)** *сов. см.* насыща́ть(ся).

**насыщ||а́ть,** насы́тить (*вн. тв.*) **1.** sátiàte (*d.* with), sate (*d.* with); **2.** *хим.* sáturàte (*d.* with). **~а́ться,** насы́титься **1.** (*наедаться*) be full, be sáted; **2.** *хим.* be / become* sáturàted. **~е́ние** *с.* **1.** sàtiátion, replétion, до ~е́ния to satíety; **2.** *хим.* sàturátion.

**насы́щенн||ость** *ж.* sàturátion. **~ый** *прич. и прил.* sáturàted.

**ната́лкивать,** натолкну́ть (*вн.* на *вн.*) push [puʃ] (*d.* agáinst); (*перен.*) diréct (*d.* on:tó); натолкну́ть кого́-л. на мысль suggést an idéa to smb. [-'ʤe-...aɪ'dɪə...]. **~ся,** натолкну́ться (на *вн.*) dash / run* (agáinst); (*перен.*) run* acróss.

**ната́птывать,** натопта́ть (на *пр.*) leave* dirty fóotmàrks [...'fut-] (on); натопта́ть на полу́ make* the floor dirty / filthy [...flɔ:...].

**натаска́ть** I *сов. см.* ната́скивать.

**натаска́ть** II *сов.* (*рд.*, *вн.*; *какое-л. количество*) bring*, *или* lay* in (*a quantity* of), bring* by pórtions (*d.*).

**ната́скивать,** натаска́ть (*вн.*; *собаку*) train for the chase) [...-s] (*d.*); (*перен.*) *разг.* (*человека*) coach (*d.*); ~ к экза́мену coach for an exàminátion (*d.*).

**натащи́ть** *сов.* (*рд.*, *вн.*; *какое-л. количество*) bring* (*a quantity* of).

**натвори́||ть** *сов.*: что ты ~л! what have you done?, what a mess you have made!

**на́те** *частица разг.* here you are!, there!, take it!

**натека́ть,** нате́чь accúmulàte.

**нате́льн||ый** worn next the skin [wɔ:n...]; ~ое бельё bódy línen ['bɔ- 'lɪnɪn].

**натере́ть** I *сов. см.* натира́ть.

**натере́ть** II *сов.* (*рд.*, *вн.*; *какое-л. количество*) grate (*a quantity* of).

**натере́ться** *сов. см.* натира́ться.

**натерпе́ться** (*рд.*) *разг.* have súffered much, have gone through much [...gɔn...]; ~ стра́ху have had a fright.

**нате́чь** *сов. см.* натека́ть.

**нате́шиться** *сов. разг.* enjóy òne:sélf, have good fun.

**натира́ть,** натере́ть **1.** (*вн. тв.*; *намазывать*) rub (*d.* with), rub (on *d.*); **2.** (*вн.*; *повреждать*) rub sore (*d.*); сапо́г натёр мне но́гу my boot has made a sore place on my foot* [...fut], my boot has given me a blíster; натере́ть себе́ мозо́ль get* a corn; **3.** (*вн.*; *начищать*) rub (*d.*), pólish (*d.*); ~ пол pólish the floor [...flɔ:]. **~ся,** натере́ться **1.** (*тв.*) rub òne:sélf (with); **2.** *страд. к* натира́ть.

**нати́рка** *ж. разг.*: ~ поло́в floor pólishing [flɔ:...].

**на́тиск** *м.* ónslaught, charge, ónsèt; ímpàct.

**нати́скать** *сов.* (*рд.*, *вн.*; *какое-л. количество*) *полигр.* impréss (*a quantity* of).

**натка́ть** *сов.* (*рд.*, *вн.*) weave* (*a quantity* of).

**наткну́ться** *сов. см.* натыка́ться.

**НАТО** (Североатланти́ческий сою́з) NATO (North Atlántic Tréaty Òrganìzátion [...-naɪ-]).

**натолкну́ть(ся)** *сов. см.* ната́лкивать(ся).

**натоло́чь** *сов.* (*рд.*, *вн.*) break* / crush (*a quantity* of) [breɪk...].

**натопи́ть** I *сов.* (*вн.*; *о печи*) heat (well, thóroughly) [...'θʌ-] (*d.*).

**натопи́ть** II *сов.* (*рд.*, *вн.*; *о сале и т. п.*) melt (*a quantity* of).

**натопта́ть** *сов. см.* ната́птывать.

**наторгова́ть** *сов.* (*рд.*, *вн.*) **1.** gain by sélling (*d.*); **2.** sell* for a cértain amóunt of móney [...'mʌ-] (*d.*).

**наточи́ть** *сов. см.* точи́ть I 1; нато́ченный как бри́тва ground to a knife edge.

**натоща́к** *нареч.* on an émpty stómach [...'stʌmək]; принима́ть лека́рство ~ take* médicine on an émpty stómach.

**натр** *м. хим.* nátron; е́дкий ~ cáustic sóda.

**натрави́ть** *сов. см.* натра́вливать.

**натра́вливать,** натрави́ть (*вн.* на *вн.*; *прям. и перен.*) set* (*d.* on), hound (*d.* at), urge (*d.* on).

**натренирова́ть(ся)** *сов. см.* тренирова́ть(-ся).

**натреща́ть** *сов. разг.* (*наболтать*) chátter very much.

**на́тр||иевый** *прил. к* на́трий. **~ий** *м. хим.* sódium.

**на́трое** *нареч.* in three.

**натро́нный** = на́триевый.

**натруби́ть** *сов.*: ~ в у́ши кому́-л. *разг.* din into smb.'s ears.

**натруди́ть** *сов.* (*вн.*) *разг.* tire out (*d.*).

**нату́га** *ж.* éffort, strain.

**на́туго** *нареч.* tightly.

**нату́ж||иться** *сов. разг.* make* an éffort, strain òne¦sélf. **~ный** strained, forced.

**нату́р||а** *ж.* **1.** (*в разн. знач.*) náture ['neɪ-]; он по ~е очень добрый человек he is a kind man* by náture; это стало у него второй ~ой it becáme sécond náture with him [...'se-...]; **2.** *иск.* módel ['mɔ-]; она служила ~ой для этой статуи she sat for the státue; ◇ писать, рисовать с ~ы draw*, paint from náture / life; платить ~ой pay* in kind.

**натурализа́ция** *ж.* nàturalizátion [-laɪ-].

**натурали́зм** *м.* náturalism.

**натурализова́ть** *несов. и сов.* (*вн.*) náturalize (*d.*). **~ся** *несов. и сов.* náturalize.

**натурали́ст** *м.* náturalist. **~и́ческий** nàturalístic, náturalist.

**натура́льн||ый** (*в разн. знач.*) nátural; в ~ую величину life-size (*attr.*); ~ шёлк real silk [rɪəl...]; ~ая повинность dúty paid in kind; ~ая оплата=натуроплата; ~ое хозяйство *эк.* náturalècónomy [...iː-].

**натуропла́та** *ж.* (натуральная оплата) páyment in kind.

**натурфилосо́ф||ия** *ж.* nátural philósophy. **~ский** nátural-philosóphic.

**нату́рщи||к** *м.*, **~ца** *ж.* módel ['mɔ-].

**ны́кать** *сов.* (*рд.*, *вн.*) *разг.* stick* in (*a quantity* of).

**натыка́ться,** наткнуться (на *вн.*) run* (agáinst), stumble (on); (*перен.*) come* (acróss, up¦ón), stumble (acróss, up¦ón); ~ на препятствие meet* (with) an óbstacle; ~ на неприятеля come* up¦ón the énemy, en¦cóunter the énemy, stumble on the énemy.

**натюрмо́рт** *м. иск.* still-life.

**натя́гивать,** натянуть (*вн.*) **1.** stretch (*d.*), draw* (*d.*); ~ лук draw* the bow [...bou]; ~ вожжи pull on, *или* draw*, the reins [pul...]; **2.** *разг.* (*на себя*) pull on (*d.*); ~ чулки pull on one's stóckings; ~ шапку на уши pull one's cap óver one's ears; с трудом натягивать на себя что-л. struggle into smth. **~ся,** натянуться **1.** stretch; **2.** *страд. к* натягивать.

**натяже́ние** *с.* pull [pul], ténsion; поверхностное ~ *физ.* súrface ténsion.

**натя́жк||а** *ж.* stretch, strained intèrpretátion; с ~ой by strétching a point, at a pinch.

**натя́нут||ость** *ж.* ténsion, ténsity; (*перен.*) stiffness. **~ый** tight; (*перен.*) strained; ~ые отношения strained relátions; ~ая улыбка forced / strained smile.

**натяну́ть(ся)** *сов. см.* натягивать(ся).

**науга́д** *нареч.* at rándom, at a guess, by guéss-wòrk; идти ~ go* at rándom; сделать что-л. ~ do smth. by guéss-wòrk.

**науго́льник** *м. тех.* (trý-)squàre, back square; (*складной, малка*) bével ['be-], bével square.

**науда́чу** *нареч.* = наугад.

**науди́ть** *сов.* (*рд.*, *вн.*) get* (*a quantity* of) by físhing.

**нау́к||а** *ж.* science, stúdy ['stʌ-], knówledge ['nɔ-]; гуманитарные ~и schólarship ['skɔ-] *sg.*, the humánities; точные ~и exáct sciences; заниматься ~ой ≅ be a scientist, be a schólar [...'skɔ-]; отдаться ~е give* òne¦sélf up, *или* devóte òne¦sélf, whólly to science, *или* to schólarship [...'hou-...]; люди ~и men of science; schólars; пройти курс наук finish *the* course of stúdies [...kɔːs...'stʌ-]; ◇ это тебе ~ let this be a lésson to you.

**наукообра́зный** pséudo-scientífic.

**нау́ськать** *сов. см.* науськивать.

**нау́ськивать,** науськать *разг.* = натравливать.

**наутёк** *нареч. разг.*: пуститься ~ take* to one's heels, show* a clean pair of heels [ʃou...].

**нау́тро** *нареч.* on the mórrow, the next mórning.

**научи́ть** *сов.* (кого-л. чему-л. *или* + *инф.*) teach* (smb. smth. *или* + to *inf.*); ~ кого-л. английскому языку teach* smb. Énglish [...'ɪŋ-]; ~ кого-л. говорить по-английски teach* smb. to speak Énglish; жизнь научила его этому he has learned that in the hard school of life [...lɜːnd...]. **~ся** *сов.* (чему-л.) learn* smth. [lɜːn...]; ~ся терпению learn* to be pátient, school òne¦sélf to pátience.

**нау́чно** I *прил. кратк. см.* научный.

**нау́чно** II *нареч.* scientífically.

**нау́чно-иссле́довательск||ий** (scientífic-)reséarch [-'sɜːtʃ]; ~ институт (scientífic-)reséarch ínstitùte; ~ая работа reséarch work [-'sɜːtʃ...].

**нау́чно-популя́рн||ый:** ~ая литература pópular-scientífic líterature; ~ фильм pópular science film.

**нау́чн||ость** *ж.* scientífic cháracter [...'kæ-]. **~ый** scientífic; ~ый социализм scientífic sócialism; ~ый работник scientífic wórker, scientist; (*гуманитарных наук*) schólar ['skɔ-]; ~ая работа scientífic work; ~ая организация труда scientífic òrganizátion of lábour [...-naɪ-...]; ~ый метод scientífic méthod.

**нау́шник** *м. разг. презр.* (*доносчик*) téll-tàle, infórmer, whísperer.

**нау́шники** *мн.* **1.** (*на шапке*) éar-flàps, éar-làps; **2.** (*телефонные*) héad-phònes ['hed-] éar-phònes.

**нау́шнич||ать** (кому-л. на *вн.*) *разг. презр.* tell* tales (to smb. abóut), infórm (smb. abóut), peach (to smb. agáinst, up¦ón) **~ество** *с. разг.* infórming; péaching.

**наущ||а́ть** (*вн.*) *уст.* ínstigàte (*d.*), set* on (*d.*), incíte (*d.*). **~е́ние** *с. уст.* instigátion, incitátion; действовать по чьему-л. ~ению be ínstigàted by smb.; act on smb.'s instigátion / incitátion.

**нафа́брить** *сов. см.* фабрить.

**нафгали́н** *м.* náphthalène, náphthaline [-liːn], flake cámphor; (*в шариках*) cámphor balls *pl.*

**нафто́л** *м. хим.* náphthòl.

**наха́л** *м.* ímpudent féllow, lout. **~ка** *ж.* ímpudent wóman* [...'wu-].

**наха́ль||ничать** *разг.* be ímpudent. **~ный** ímpudent, ínsolent, impértinent; (*дерзкий*) sáucy, chéeky *разг.* **~ство** *с.* ímpudence, ínsolence, impértinence, èffróntery [-ʌn-]; (*дерзость*) sauce, cheek *разг.*; иметь ~ство (+ *инф.*) have the ímpudence / cheek (+ *inf.*), have the face / neck (+ to *inf.*).

**нахва́ливать,** нахвалить (*вн.*) extól (*d.*).

**нахвали́ть** *сов. см.* нахваливать. **~ся** *сов.*: не могу ~ся кем-л., чем-л. cánnòt praise / admíre smb., smth. suffíciently.

**нахвата́ть** *сов.* (*рд.*) *разг.* get* (*d.*), pick up (*d.*), grab (*d.*). **~ся** *сов.*: ~ся зна́ний *разг.* get* a smáttering of knówledge [...'nɔ-].

**нахи́мовец** *м.* Nakhímovìte (*pupil at a Nakhimov naval college*).

**нахле́бни||к** *м.*, **~ца** *ж. разг.* **1.** bóarder; **2.** (*прихлебатель*) párasìte, háng¦er-ón.

**нахлеста́ть** *сов. см.* нахлёстывать.

**нахлёстка** *ж. тех.* lap, òver¦lápping.

**нахлёстывать,** нахлеста́ть (*вн.*) whip (*d.*).

**нахлобу́ч||ивать,** нахлобу́чить (*вн.*) pull óver one's eyes [pul...aɪz] (*d.*). **~ить** *сов. см.* нахлобу́чивать. **~ка** *ж. разг.* = нагоня́й.

**нахлы́ну||ть** *сов.* (на *вн.*; *прям. и перен.*) rush (into); (*о чувстве тж.*) sweep* (óver); ~ли слёзы tears rushed into *one's* eyes [...aɪz]; на меня́ ~ли воспомина́ния my past life rushed into my mémory.

**нахму́ренн||ый** frówning; with a frown; ~ые бро́ви frown *sg.*

**нахму́рить(ся)** *сов. см.* хму́рить(ся).

**находи́ть** I, найти́ (*вн.*) **1.** (*в разн. знач.*) find* (*d.*); (*открывать*) discóver [-'kʌ-] (*d.*); ~ удово́льствие в чём-л. find* / take* pléasure in smth. [...'ple-...]; ~ утеше́ние find* cómfort [...'kʌ-]; ~ подде́ржку find* suppórt; ~ (себе́) выраже́ние find* expréssion; найти́ в себе́ доста́точно сил be able to múster suffícient strength; ничего́ не найти́ find* nothing; draw* a blank *идиом. разг.*; он ника́к не мог найти́ причи́ну э́того he never mánaged to discóver the cause of it; найти́ нефть, жи́лу strike* oil, a vein; и там он нашёл свою́ смерть and there he met his death [...deθ]; **2.** (*полагать, считать*) consíder [-'sɪ-] (*d.*), find* (*d.*); до́ктор нахо́дит его́ положе́ние безнадёжным the dóctor considers his case hópe¦less [...keɪs...]; его́ нахо́дят у́мным he is consídered (to be) cléver [...'kle-]; ~ вино́вным find* guilty (*d.*).

**находи́ть** II, найти́ (на *вн.*) **1.** come* (óver, up¦ón); come* (acróss); (*о туче, облаке и т. п. тж.*) cóver ['kʌ-] (*d.*); **2.** (*овладевать*): на него́ нашла́ тоска́ he has a fit of the blues; что э́то на тебя́ нашло́? what has come óver you?, what is the mátter with you?; **3.** *безл.*: нашло́ мно́го наро́ду there is a crowd, *или* a large gáther¦ing, of people [...pi:-]; ◇ нашла́ коса́ на ка́мень *посл.* ≅ this is díamond cútting díamond.

**находи́ться** I, найти́сь **1.** be found, turn up; поте́рянная кни́га нашла́сь the lost book is, *или* has been, found; рабо́та для всех найдётся there will be work for everybody, we will find work for everybody; не нашло́сь охо́тников е́хать так далеко́ no one vòlun-téered, *или* was ánxious, to go so far; не найдётся ли у вас? do you háppen to have?; can you spare?; **2.** *тк. сов.* (*не растеряться, сообразить*) find* the right word to say, find* the right thing to do; он всегда́ найдётся he is never at a loss; он нашёлся, что отве́тить he was quick to ánswer [...'ɑ:nsə].

**находи́ться** II (*пребывать*) be: где нахо́дится спра́вочное бюро́? where is the in¦quiry óffice?; ~ под судо́м be únder trial; ~ под сле́дствием be úndel judícial exàminátion; ~ под подозре́нием be únder suspícion.

**находи́ться** III *сов.* (*много ходить*) walk for a long time; (*устать*) tire òne¦sélf by wálking.

**нахо́д||ка** *ж.* find; (*удачная*) gódsènd, wínd-fàll ['wɪnd-]; (*перен.*) boon; тако́й рабо́тник — ~ such a wórker is a tréasure [...'tre-]. **~чи-вость** *ж.* resóurce [-'sɔ:s], resóurce¦fulness [-'sɔ:s-], quick wit. **~чивый** resóurce¦ful [-'sɔ:s-], réady ['re-], quick; ~чивый отве́т rèpàrtée, retórt; réady ánswer [...'ɑ:nsə]; быть ~чивым have a réady wit, be réady-wítted [...'redɪ-].

**нахожде́ни||е** *с.* bé¦ing (*at, in a place*); ме́сто ~я the whére¦abouts; *переводится также формой на* -ing *от соответствующих глаголов — см.* находи́ть I 1.

**нахо́хли||ться** *сов.* ruffle up; (*перен.*) look súllen / súlky / moróse [...-s], sulk, ку́рица ~лась the hen has ruffled up her féathers [...'fe-].

**нахохота́ться** *сов.* have laughed much [...lɑ:ft...], have had a good laugh [...lɑ:f].

**нахра́пом** *нареч. разг.* all of a rush; high--hándedly; with effróntery / ímpudence [...-ʌn-...].

**нацара́пать** *сов.* (*вн.* на *пр.*) scratch (*d.* on); (*вн.*; *перен.*: *написать*) scribble (*d.*), scrawl (*d.*).

**нацеди́ть** *сов.* (*рд.*, *вн.*) decánt, *или* strain off (*a quantity* of).

**наце́ливать,** наце́лить (*вн.* на *вн.*) aim (*d.* at); наце́ленный про́тив spéarheaded agáinst [-hed-...]. **~ся,** наце́литься (на *вн.*) take* aim (at), lével ['le-] (at).

**наце́лить(ся)** *сов. см.* наце́ливать(ся).

**наце́н||ивать,** нацени́ть (*вн.* на *вн.*) *торг.* add (*d.*) to the price (of), in¦créase the price [-s...] (by of). **~и́ть** *сов. см.* наце́нивать. **~ка** *ж. торг.* addítion, ín¦crease of price [-s...].

**нацепи́ть** *сов. см.* нацепля́ть.

**нацепля́ть,** нацепи́ть **1.** (*вн.* на *вн.*) fásten [-s°n] (*d.* to), hook on (*d.* to); (*прикреплять булавкой*) pin (*d.* to); **2.** (*вн.*) *разг.* (*выряжаться*) don (*d.*).

**национализа́ция** *ж.* nátionalìzátion ['næʃ-nəlaɪ-].

**национализи́ровать** *несов. и сов.* (*вн.*) nátionalìze ['næ-] (*d.*).

**национали́зм** *м.* nátionalism ['næ-].

**национализова́ть** = национализи́ровать.

**национали́ст** *м.* nátionalist ['næ-]. **~и́ческий** nàtionalístic [næ-].

**национа́льно-освободи́тельн||ый** nátional liberátion ['næ-...]; ~ое движе́ние nátional liberátion móve¦ment [...'mu:v-].

**национа́льн||ость** *ж.* nàtionálity [næ-]; како́й он ~ости? what is his nàtionálity?; Сове́т Национа́льностей Sóvièt of Nàtionálities. **~ый** nátional ['næ-]; ~ое меньшинство́ nátional minórity [...maɪ-]; ~ая поли́тика nátional pólicy; ~ый вопро́с nátional próblem [...'prɔ-], próblem of nàtionálities [...næ-]; ~ый о́круг autónomous région.

**наци́ст** *м.*, **~ский** Názi ['nɑ:tsɪ].

**на́ци||я** *ж.* nátion, people [pi:-]; госпо́дствующие ~и dóminant nátions; угнетённые ~и oppréssed nátions; ◇ Объединённые На́ции the Ùnited Nátions.

**начади́ть** *сов. см.* чади́ть.

**нача́л||о** *с.* **1.** beginning, commènce¦ment; с са́мого ~а from the (very) óutsèt, from the first, right from the start; с ~а своего́ существова́ния from the very first days of its existence, since it came into existence; с ~а до конца́ from (the) beginning to (the) end, from start to finish *разг.*; в ~е ма́я in / at the beginning of May, éarly in May ['ɔːlɪ...]; в ~е го́да in / at the beginning of the year; до ~а зимы́ befóre winter comes, *или* sets in; в ~е тре́тьего soon áfter two; для ~а to begin with; **2.** (*принцип, основа*) príncipie, básis ['beɪ-] (*pl.* básès [-iːz]); на социалисти́ческих ~ах on sócialist príncipIes / lines, on a sócialist básis; на доброво́льных ~ах on a vóluntary básis, vóluntarily; на но́вых ~ах on new lines; организу́ющее ~ órganizing prínciple; **3.** (*источник*) órigin, source [sɔːs]; брать ~ (в *пр.*) oríginàte (in, from); ◇ положи́ть ~ чему́-л. start smth., begin* smth., comménce smth., inítiàte smth.; mark the beginning of smth.; положи́ть хоро́шее ~ make* a good start; положи́ть ~ но́вой э́ре úsher in a new éra, mark the dawn of a new day; быть под ~ом у кого́-л. be únder smb.'s commánd [...-ɑːnd], be in subòrdinátion to smb.; лиха́ беда́ ~ good beginning makes a good énding; до́брое ~ полде́ла откача́ло *погов.* ≅ a good beginning makes a good énding, a good beginning is half the battle [...hɑːf...].

**нача́льн||ик** *м.*, **~ица** *ж.* head [hed], chief [tʃiːf]; sùpérior; непосре́дственный ~ immédiate sùpérior; ~ ста́нции státion-màster; ~ строи́тельства constrúction chief; ~ по́рта hárbour-màster; ~ по́езда tráin-màster, tráin-chief [-tʃiːf]; ~ це́ха shop sùperinténdent, shop mánager; помо́щник ~ика це́ха assístant shop sùperinténdent; ~ шта́ба chief of staff; ~ свя́зи *воен.* chief sígnal ófficer; ~ артилле́рии commánder of àrtíllery [-'mɑː-...]; chief of àrtíllery *амер.*; ~ карау́ла commánder of the guard.

**нача́льнический** òver:béaring [-'bɛə-].

**нача́льн||ый 1.** èleméntary; ~ая шко́ла èleméntary / prímary school [...'praɪ-...]; ~ое образова́ние prímary / èleméntary èducátion; **2.** (*находящийся в начале*) inítial, first; ~ые гла́вы рома́на the ópen:ing chápters of *the* nóvel [...'nɔ-].

**нача́льст||венный** òver:béaring [-'bɛə-], dòmineéring. **~во** *с. тк. ед.* **1.** commánd [-ɑːnd]; рабо́тать под ~вом кого́-л. be únder smb.'s commánd; **2.** *собир.* authórities *pl.*; the heads [...hedz] *pl.*; **3.** *разг.* (*начальник*) the chief [...tʃiːf]. **~вование** *с. уст.* commánd [-ɑːnd]. **~вовать** (над) *уст.* commánd [-ɑːnd] (*d.*).

**нача́тки** *мн.* rúdiments, élements.

**нача́ть(ся)** *сов. см.* начина́ть(ся).

**начека́нить** *сов.* (*рд.*, *вн.*) coin (*a quantity* of).

**начеку́** *нареч.* on the alért, on the lóok-out, on one's guard; быть ~ not be caught nápping.

**начерни́ть** *сов. см.* черни́ть I.

**на́черно** *нареч.* róughly ['rʌf-]; сде́лать, написа́ть ~ (*вн.*) make* a rough cópy [...rʌf 'kɔ-] (of), write* out róughly (*d.*).

**начерта́ние** *с.* trácing, inscríption.

**начерта́тельн||ый** gráphic; ~ая геоме́трия descríptive geómetry.

**начерта́ть** *сов.* (*вн.*) trace (*d.*); (*написать*) inscríbe (*d.*).

**начерти́ть** *сов. см.* черти́ть.

**начёс** *м. текст.* nap. **~ный** napped.

**наче́сть** *сов. см.* начи́тывать.

**начёт** *м. бух.* déficit, defíciency in accóunt.

**начётниче||ский** dògmátic. **~ство** *с.* dógmatism.

**начётчик** *м. ист.* assíduous réader of the Bíble; (*перен.*) ún:crítical réader, dógmatist.

**начина́||ние** *с.* ùndertáking. **~тельный** *грам.* in:céptive.

**начина́||ть,** нача́ть (*вн.*, + *инф.*; *в разн. знач.*) begin* (*d.*, + *ger.* *или* + to *inf.*), start (*d.*, + *ger.*); comménce (*d.*, + *ger.*) *книжн.*; он на́чал э́ту рабо́ту he begán this work; он на́чал рабо́тать he begán / stárted wórking; ~ всё снача́ла begin* all óver agáin; start afrésh / anéw; ~ с чего́-л. begin* with smth.; ~ день прогу́лкой begin* the day with a walk; ~ кампа́нию start / ópen / launch a càmpáign [...-'peɪn]; *воен. тж.* take* the field [...fiːld]; ~ с нача́ла begin* at / from the beginning; ~ разгово́р begin* / start a cònversátion; ◇ нача́ть с того́, что он to begin with, he; нача́ть пить take* to drink. **~ться,** нача́ться begin*, start; set* in; кампа́ния начала́сь the càmpáign has begún / ópen:ed [...-'peɪn...]. **~ющий 1.** *прич. см.* начина́ть; **2.** *м. как сущ.* beginner [-'gɪ-].

**начина́я** *в знач. предл.*: ~ с (*рд.*) léading off (with); ~ с сего́дняшнего дня from to:dáy.

**начини́ть** I *сов. см.* начиня́ть.

**начини́ть** II *сов.* (*рд.*, *вн.*) mend (*a quantity* of).

**начи́нк||а** *ж.* fílling, stúffing; пиро́г с ~ой из грибо́в múshroom pie.

**начиня́ть,** начини́ть (*вн. тв.*) stuff (*d.* with). fill (*d.* with).

**начисле́ние** *с.* éxtra charge; *переводится также формой на* -ing *от соответствующих глаголов — см.* начисля́ть.

**начи́слить** *сов. см.* начисля́ть.

**начисля́ть,** начи́слить (*вн.*) put* / set* down to *one's* accóunt (*d.*); *бух.* charge éxtra (*d.*).

**начи́стить** I *сов. см.* начища́ть.

**начи́стить** II *сов.* (*рд.*, *вн.*; *о картофеле, яблоках и т. п.*) peel (*a quantity* of); (*об орехах и т. п.*) shell (*a quantity* of).

**на́чисто** *нареч.* **1.** clean, fair; переписа́ть ~ (*вн.*) make* a clean / fair cópy [...'kɔ-] (of), write* out fair (*d.*); **2.** *разг.* (*окончательно*) decíded:ly; compléte:ly; **3.** *разг.* (*откровенно, прямо*) ópen:ly.

**начистоту́** *нареч. разг.* ópen:ly, fránkly; вы́ложить всё ~ make* a clean breast of it [...brest...].

**начи́танн||ость** *ж.* èrudítion, schólarship ['skɔ-]. **~ый** wéll-read [-red].

**начита́ться** *сов.* **1.** have read much [...red...]; (*устать читать*) be tired of réading; **2.** (*рд.*; *прочитать в каком-л. количестве*) have read (*a quantity* of).

**начи́тывать,** наче́сть (*вн.*) *бух.* charge éxtra (*d.*).

**начища́ть,** начи́стить (*вн.*; *до блеска*) pólish (*d.*); shine* (*d.*) *разг.*

**начуди́ть** *сов. разг.* do strange things [...-eɪndʒ...]; beháve in a queer way.

**наш 1.** *мест.* (*при сущ.*) our; (*без сущ.*) ours; э́то ~а кни́га it is our book; **э́та кни́га**

~а this book is ours; э́то оди́н из ~их друзе́й this is a friend of ours [...frend...]; **2.** *мн.* (*в знач. сущ.*) our (own) people / folk [...oun pi:-...]; ◇ ~а взяла́! *разг.* we've won! [...wʌn], we've done it!; по ~ему мне́нию in our opinion, to our mind / thinking; (служи́ть) и ~им и ва́шим ≅ run* with the hare and hunt with the hounds; знай ~их! *разг.* we are the ones!, we are the boys / men!

**нашали́ть** *сов. разг.* be náughty.

**нашат||ы́рный:** ~ спирт *хим.* liquid ammónia. **~ы́рь** *м.* sàl-ammóniàc, ammónium chlóride.

**нашепта́ть** *сов. см.* нашёптывать.

**нашёптывать,** нашепта́ть (*вн.*, *рд.*; *прям. и перен.*) whisper (*d.*); (кому́-л.) whisper in smb.'s ear (*d.*).

**наше́ствие** *с.* invásion, ín:road.

**нашива́ть,** наши́ть (*вн.*) sew* on [sou...] (*d.*).

**наши́в||ка** *ж. воен.* (*на рукаве*) stripe; (*на воротнике*) tab. **~но́й** sewed / sewn on [soud soun...].

**наши́ть** I *сов. см.* нашива́ть.

**наши́ть** II *сов.* (*рд., вн.*; *большое количество*) sew* (*a quantity* of) [sou...].

**нашлёпать** *сов.* (*вн.*) *разг.* spank (*d.*), give* a spánking (*i.*).

**нашпигова́ть** *сов. см.* шпигова́ть.

**нашпи́ливать,** нашпи́лить (*вн.* на *вн.*) *разг.* pin (*d.* on, to).

**нашпи́лить** *сов. см.* нашпи́ливать.

**нашуме́вший** **1.** *прич. см.* нашуме́ть; **2.** *прил.* sènsátional, múch-tálked-of.

**нашуме́ть** *сов.* make* much noise; (*перен.*) cause a sènsátion.

**нащёлкать** *сов.* **1.** (*вн.*, *рд.*; *орехов и т. п.*) crack (*some nuts, etc.*); **2.** (*вн.*) *разг.* (*дать щелчков*) fillip (*d.*).

**нащипа́ть** *сов.* (*рд., вн.*) pluck (*a quantity* of), pick (*a quantity* of).

**нащу́пать** *сов. см.* нащу́пывать.

**нащу́пывать,** нащу́пать (*вн.*; *прям. и перен.*) grope (for, áfter), feel* abóut (for); *сов. тж.* find* by féeling / gróping (*d.*); (*перен. тж.*) find* (*d.*), discóver [-'kʌ-] (*d.*); ~ по́чву (для) find* safe ground (for); нащу́пать пра́вильный путь find* / discóver the right way.

**наэлектризова́ть** *сов. см.* наэлектризо́вывать.

**наэлектризо́вывать,** наэлектризова́ть (*вн.*; *прям. и перен.*) eléctrifỳ (*d.*).

**наябедничать** *сов. см.* я́бедничать.

**наяву́** *нареч.* in one's wáking hours [...auəz], when one is a:wáke; сон ~ wáking dream, dáy-dream; гре́зить ~ dáy-dream*, be lost in réverie.

**ная́да** *ж. миф.* náiàd ['naɪ-].

**не** *частица* **1.** (*в разн. случаях*) not (*с pres. недостаточного глаг.* can *пишется слитно*: cánnòt); -n't *разг.* (*слитно с недостат. глаг., с личными формами глаг.* be *и* have; *тж. в сочетании с личн. формами глаг.* do, *см. ниже*; shall + -n't = shan't [ʃɑ:nt]; will + -n't = won't [wount]; can + -n't = can't [kɑ:nt]; am + -n't = ain't); *передаётся через личн. формы глаг.* do + not, do + -n't (+*inf.*; *при отсутствии в сказуемом недостат. глаг. или личной формы глаг.* be *или глаг.* have; *то же и в случае употребления глаг.* have *и глаг.* do *как основных*; *кроме того в imperat. глаг.* be); (+ *дееприч.*: *при обозначении сопутствующего обстоятельства*) without (+ *ger.*); (*при именном сказуемом — с оттенком обобщения или особой полноты отрицания*: *совсем не и т. п.*) no; (*при сравнительной степени, при глаг. с доп.— с тем же оттенком*) no *или передаётся через отрицание при глаг.* + any; none [nʌn] (*см. фразеологию*); (*при другом отрицании*) *не передаётся, если другое отрицание переводится отрицательным словом* (*ср.* никто́, ничто́, никогда́, ни *и т. п.*): э́то его́ кни́га, а не её it is his book and not hers; не тру́дный, но не совсе́м просто́й not difficult, but not quite simple; не без его́ по́мощи not without his help / assistance; не зна́я, что сказа́ть not knówing what to say [...'nouɪŋ...]; что́бы не опозда́ть (in órder) not to be late; лу́чше не упомина́ть об э́том (you'd) bétter not méntion it; предпочёл бы не ходи́ть туда́ would ráther not go there [...'rɑ:-...]; не то́лько not ónly; не сто́лько (*не в такой степени*) not so much; он не был там, его́ там не́ было he was not, *или* was:n't, there; он не бу́дет чита́ть he will not, *или* won't, read; он не мо́жет говори́ть he cánnòt, *или* can't, speak; он не по́мнит э́того he does not, *или* does:n't, remémber that; (ра́зве) он не знал э́того? did he not, *или* didn't he, know that? [...nou...]; не серди́тесь! don't be ángry!; ушёл, не прости́вшись went without táking leave; э́то не шу́тка (*ни в какой мере*) it is no joke; он не дура́к he is no fool; ему́ сего́дня не лу́чше he is no bétter, *или* is:n't any bétter, to:dáy; не ме́нее ва́жный вопро́с no less impórtant a quéstion [...-stʃən]; он не писа́л пи́сем (*никаких*) he wrote no létters, he didn't write any létters; он не име́ет вре́мени he has no time; никто́ не знал его́ nó:body knew him; он никого́ не знал там he knew nó:body there; он никогда́ там не́ был he has never been there;— не́ было (*рд.*; *ср.* нет II 1) there was no (*sg. subject*), there were no (*pl. subject*): там не́ было мо́ста there was no bridge there; в ко́мнате не́ было сту́льев there were no chairs in the room; — не бу́дет (*рд.*; *ср.* нет II 1) there will be no (*subject*): тогда́ не бу́дет сомне́ния there will be no doubt then [...daut...]; — у него́, у них *и т. д.* не́ было, не бу́дет (*рд.*; *ср.* нет II 1) he, they, *etc.*, had no, will have no (*d.*): у неё не́ было сестёр she had no sisters; у вас не бу́дет вре́мени you will have no time, (*ср. тж.* нет II 2); — не... и не (*ни... ни*) néither... nor ['naɪ-...]: э́то не зо́лото и не серебро́ it is néither gold nor silver; — он не мог не сказа́ть, не улыбну́ться *и т. п.* he could not help sáying, smíling, *etc.*; совсе́м не спал в ту ночь didn't sleep a wink that night; иска́ть и не находи́ть поко́я *и т. п.* seek* rest, *etc.*, and find* none; ему́ от э́того не ле́гче he is none the bétter for it; не... никако́го, никако́й, никаки́х no... whàt:éver *или передаётся через отрицание при глаголе* + any... whàt:éver: не́ было никако́й наде́жды there was no hope whàt:éver; он не чита́ет никаки́х книг he reads no, *или* does:n't read any, books whàt:éver; — совсéм не *об. передаётся через соотв. отрицание* + at all: емý э́то совсéм не нрáвится he does:n't like it at all; у негó совсéм нé было честолю́бия he had no àmbition at all (*см. тж.* совсéм); — совсéм не такóй (как) quite different (from); ни оди́н... не *и т. п. см.* ни I; éсли не *см.* éсли; чтóбы не *см.* чтóбы; **2.:** нé... когó, комý *и т. д.* (+ *инф.*) there is nó:body (+ to *inf.*); нé... чегó, чемý *и т. д.* (+ *инф.*) there is nothing (+ to *inf.*): нé на кого положи́ться there is nó:body to relý up:ón; нé на что смотрéть there is nothing to look at; — емý, им *и т. д.* нé на кого положи́ться, нé с кем игрáть, нé на что жить *и т. п.* he has, they have, *etc.*, nó:body to relý up:ón, nó:body to play with, nothing to live on [...lɪv...]; — емý э́то нé на что купи́ть he has no móney to buy it [...'mʌ-...baɪ...]; емý нé на что э́то обменя́ть there is nothing he can exchánge it for [...-eɪndʒ...]; (*ср.* нéкого *и* нéчего 1); **3.** (+*инф. в значении «нельзя»*): им не уйти́ they shall not escápe; им э́того не сдéлать they could not do it; егó не узнáть one would not know him; ◇ не раз more than once [...wʌns], time and agáin; не по себé (*неловко, неспокойно*) ill at ease: емý бы́ло не по себé he was ill at ease; — э́то *и т. п.* не по нём *и т. д.* that's, *etc.*, no good to him, *etc.*, *или* agáinst *the* grain; не кто инóй как none other than; тем не мéнее nèver:the:léss; нé за что! (*в ответ на благодарность*) don't méntion it!, that's all right!, not at all!; нé к чемý there is no need: нé к чемý спрáшивать there is no need to ask.

**не-** *приставка см. слова с этой приставкой*; (*во многих прилагательных, тж. в прилагательных из причастий*) ún-, ùn-: неженственный únwómanly [-'wu-]; неинтерéсный ún:ínteresting; неприглашённый ún:-invited.

**неаккурáтн||ость** *ж.* **1.** (*неточность*) ináccuracy; (*о приходе и т. п.*) únpùnctuálity; **2.** (*небрежность*) cáre:lessness. **~ый 1.** (*неточный*) ináccurate: únpúnctual; **2.** (*небрежный*) cáre:less.

**неандертá||лец** *м. антроп.* the Neánderthàl man* [...nɪ'ændətɑːl...]. **~льский** *антроп.* Neánderthàl [nɪ'ændətɑːl].

**неантагонисти́ческ||ий:** ~ие противорéчия *филос.* nón-àntàgonistic còntradictions.

**неаполитáн||ец** *м.*, **~ка** *ж.*, **~ский** Neapólitan [nɪə-].

**неаппети́тный** ún:áppetìzing.

**небезопáсный** únsáfe, insecúre.

**небезосновáтельный** not únfóunded.

**небезрази́чный** not indifferent.

**небезупрéчный** not fláwless.

**небезуспéшный** not únsuccéssful.

**небезызвéстн||о** [-сн-] **1.** *прил. кратк. см.* небезызвéстный; **2.** *предик. безл.:* ~, что it is not a sécret, that; it is not ún:knówn, that [...-'noun...]; нам э́то ~ we are not ún:a:wáre of it. **~ый** [-сн-] not ún:knówn [...-'noun].

**небезынтерéсный** not without interest.

**небелён||ый** únbléached; *текст.* brown; ~ое полотнó brown Hólland.

**небережли́в||ость** *ж.* impróvidence, thriftlessness. **~ый** impróvident, thriftless.

**небесá** *мн. см.* нéбо.

**небескоры́стный** [-сн-] not without a (sélfish) mótive, not disinterested.

**небéсно-голубóй** ský-blúe, ázure ['æʒə].

**небéсны||й** celéstial, héavenly ['he-]; (*божественный*) divíne; ~ свод fírmament; ~е свети́ла héavenly bódies [...'bɔ-].

**небесполéзный** of some use [...-s].

**неблагови́дный** impróper [-'prɔ-], únséemly.

**неблагодáрн||ость** *ж.* in:grátitùde. **~ый** ùn:gráte:ful, thánkless; э́то ~ая задáча it is a thánkless task.

**неблагожелáтельн||ость** *ж.* malévolence. **~ый** malévolent, íll-dispósed.

**неблагозвýч||ие** *с.* dis:hármony, díssonance. **~ный** dís:hàrmónious, ìnhàrmónious.

**неблагонадёжный 1.** ún:reliable; **2.** *ист.* (*политически*) súspèct (*predic.*).

**неблагополýчие** *с.* trouble [trʌbl].

**неблагополýчно** I **1.** *прил. кратк. см.* неблагополýчный; **2.** *предик. безл.*: у них ~ things are not well with them, they are in some trouble [...trʌ-].

**неблагополýчн||о** II *нареч.* not háppily, not fávour:ably. **~ый** ùnháppy; bad*; операция имéла ~ый исхóд the òperátion failed, *или* énded fátal:ly; ~ый учáсток deféctive séction.

**неблагоприя́тный** únfávour:able; (*не предвещающий хорошего*) ìnauspícious; дéло при́няло ~ оборóт the affáir took a bad* turn; ~ балáнс *эк.* únfávour:able bálance.

**неблагоразýм||ие** *с.* imprúdence. **~ный** imprúdent, íll-advísed.

**неблагорóд||ный** ignóble, base [-s]; ~ постýпок dis:hónour:able / ignóble deed [dɪs'ɔ-...]; ~ метáлл base métal [...'me-]. **~ство** *с.* méanness.

**неблагоскло́нн||ость** *ж.* únfávour:able áttitùde. **~ый** únfávour:able; (к; *нерасположенный*) íll-dispósed (towards).

**неблагоустрóенный** bád:ly órganìzed; (*о квартире и т. п.*) íll-equípped, ùn:cómfortable [-'kʌm-].

**неблестя́щий** not brílliant.

**нёбн||ый 1.** *анат.* pálatìne, of the pálate, ~ая занавéска úvula; **2.** *лингв.* pálatal; ~ые соглáсные pálatal cónsonants.

**нéб||о** *с.* sky; (*небеса*) héaven ['he-]; ◇ под откры́тым ~ом in the ópen (air); быть на седьмóм ~е *разг.* be in the séventh héaven [...'se-...]; мéжду ~ом и землёй (*перен.*) *разг.* betwéen héaven and earth [...əːθ]; превозноси́ть до ~éс praise / extól / exált to the skies; с ~а свали́ться *разг.* fall* from the moon; как ~ от земли́ (*о противоположностях*) (as far remóved) as héaven from earth [...-'muː-...].

**нёбо** *с. анат.* pálate; твёрдое ~ hard pálate; мя́гкое ~ soft pálate.

**небогáт||о** *нареч.* in a small way. **~ый** of módest means [...'mɔ-...]; (*ограниченный*) scánty; ~ый запáс знáний límited knówledge [...'nɔ-]; ~ый вы́бор poor choice.

**небоеспосóбный** únfít for áction, disábled, ìn:capácitàted for áctive sérvice.

**небольш||óй** small, not great [...-eɪt]; (*о расстоянии, сроке*) short; ~áя высотá low áltitùde [lou 'æl-]; ◇ с ~и́м odd; a little óver;

со́рок с ~и́м fórty odd; кило́ с ~и́м a little óver one kilogràmme [...-græm]; ты́сячу рубле́й с ~и́м a thóusand odd roubles [...-z-... ruː-]; a little óver a thóusand roubles.

**небосво́д** *м. тк. ед.* fírmament, the vault / dome / cánopy of héaven [...'he-].

**небоскло́н** *м. тк. ед.* sky.

**небоскрёб** *м.* ský-scràper.

**небо́сь** *вводн. сл. разг.* it is most líke¦ly (that), *one* must be...; он, ~, уста́л he must be tired; они́, ~, не посме́ют they are not líke¦ly to dare.

**небре́жн||ость** *ж.* cáre¦lessness, négligence. **~ый** cáre¦less, négligent, slipshòd; (*о тоне, манере*) cásual ['kæʒ-]; ~ый стиль loose / slipshòd style [-s...]; ~ая рабо́та slóppy / slipshòd work.

**небри́т||ый** únsháven; ~ая борода́ an únsháven chin.

**неброниро́ванный** *воен.* ún¦ármour¦ed.

**небуля́рн||ый:** ~ая гипо́теза Nébular hỳpóthesis [...haɪ-].

**небыва́лый 1.** (*не случавшийся прежде*) ùnpréecedented; **2.** (*вымышленный*) fàntástic, imáginary.

**небыли́ц||а** *ж.* fable, cóck-and-bùll stóry [-bul...]; расска́зывать ~ы pull the long bow [pul... bou].

**небытие́** *с.* nòn-existence.

**небью́щ||ийся** únbréakable [-'breɪ-]; ~аяся посу́да únbréakable cróckery; ~ееся стекло́ sáfe¦ty glass, únsplinterable glass.

**нева́жно** I **1.** *прил. кратк. см.* нева́жный; **2.** *предик. безл.* (*несущественно*) it is ún¦impórtant; (*ничего, не беспокойтесь*) never mind.

**нева́жн||о** II *нареч.* (*довольно плохо*) póorly, indifferently; он себя́ ~ чу́вствует he does¦n't feel very well; рабо́та сде́лана ~ the work is póorly, *или* very indifferently, done. **~ый 1.** (*несущественный*) ún¦impórtant; э́то ~о that does not mátter; **2.** (*довольно плохой*) bad*, indifferent.

**невдалеке́** *нареч.* not far off.

**невдомёк** *предик. безл.* (*дт.*) *разг.*: ему́ ~ it never occúrred to him, he never thought of it.

**неве́д||ение** *с.* ígnorance; находи́ться в ~ении (о *пр.*) be in ígnorance (of), be ún¦a¦wáre (of); по ~ению through ígnorance. **~омый** ún¦knówn [-'noun]; únfamíliar; (*таинственный*) mystérious, sùpernátural.

**неве́жа** *м. и ж.* boor, churl.

**неве́жда** *м. и ж.* ìgnorámus, knów-nòthing ['nou-].

**неве́жественн||ость** *ж.* ígnorance. **~ый** ígnorant.

**неве́жеств||о** *с.* ígnorance; гру́бое ~ rank ígnorance; по (своему́) ~у through (one's) ígnorance.

**неве́жлив||ость** *ж.* ìncivílity; (*грубость*) rúde¦ness. **~ый** ìmpolíte, rude.

**невезе́ние** *с. тк. ед. разг.* bad luck.

**невели́к** *предик.*: он ~ ро́стом he is shórtish. ◇ ~á беда́ *разг.* no harm done.

**неве́рие** *с.* únbelíef [-'liːf], want of faith, scépticism.

**неве́рно** I **1.** *прил. кратк. см.* неве́рный; **2.** *предик. безл.* it is not true.

**неве́рн||о** II *нареч.* ìn¦corréctly. **~ость** *ж.* **1.** (*неправильность*) ìn¦corréctness; **2.** (*измена*) ìnfidélity, únfáithfulness; супру́жеская ~ость adúltery. **~ый 1.** (*ошибочный, ложный*) ìn¦corréct; **2.** (*вероломный*) únfáithful, fáithless, dìslóyal; (*лживый*) false [fɔːls]; **3.** (*нетвёрдый*): ~ая похо́дка ún¦éven / únstéady / fáltering gait [...'stedɪ...]; ~ая рука́ únstéady hand.

**невероя́тно** I **1.** *прил. кратк. см.* невероя́тный; **2.** *предик. безл.* it is in¦crédible, it is ìn¦concéivable [...-'siː-], it is be¦yónd belíef [...-'liːf].

**невероя́тн||о** II *нареч.* in¦crédibly, ìn¦concéivably [-'siː-]. **~ость** *ж.* in¦crèdibility; до ~ости to an ùnbelíevable extént [...-'liː-...]. **~ый** in¦crédible; ùnbelíevable [-'liː-], ìn¦concéivable [-'siː-]; (*баснословный*) fábulous; ~ое предположе́ние a víolent assúmption, an ùn¦líke¦ly conjécture.

**неве́рующий 1.** *прил.* únbelíeving [-'liː-], ìrrelígious; **2.** *м. как сущ.* átheist ['eɪθɪɪst], únbelíever [-'liːvə].

**невесёл||ый** jóyless, mírthless, sad; ~ое заня́тие mélancholy òccupátion [-kəlɪ...]; ~ые мы́сли sad thoughts; ~ смех mírthless láughter [...'lɑːftə].

**невесо́м||ость** *ж. физ.* impònderabílity; wéightlessness (*тж. перен.*). **~ый** *физ.* impónderable; wéightless (*тж. перен.*).

**неве́ст||а** *ж.* bride; fiancée (*фр.*) [fɪ'ɑːnseɪ]. **~ка** *ж.* (*жена сына*) dáughter-in-law (*pl.* dáughters-); (*жена брата*) síster-in-law (*pl.* sísters-).

**неве́сть** *нареч. разг.* (*употр. с относит. местоим. и наречиями*): ~ что, ~ чего́ góod¦ness / héaven knows what [...'hevᵒn nouz...]; ~ ско́лько God / héaven knows how many.

**невеще́ственн||ость** *ж.* ímmatèriálity. **~ый** ìmmatérial.

**невзго́да** *ж.* advérsity.

**невзира́я:** ~ на in spite of, regárdless of; ~ ни на что́ in spite of évery¦thing; ~ на ли́ца without respéct of pérsons.

**невзлюби́ть** *сов.* (*вн.*) take* a dislíke (to); ~ кого́-л. с пе́рвого взгля́да take* an ìnstantáneous dislíke to smb.

**невзнача́й** *нареч. разг.* by chance; они́ встре́тились там ~ they met there by chance, they chanced to meet there.

**невзно́с** *м.* nòn-páyment.

**невзра́чн||о** *нареч.*: вы́глядеть ~ look ill-fávour¦ed / ún¦cóme¦ly / plain [...-'kʌm-...]. **~ость** *ж.* ún¦cóme¦liness [-'kʌm-], pláinness. **~ый** ill-fávour¦ed, ún¦cóme¦ly [-'kʌm-], plain.

**невзыска́тельный** ún¦exácting.

**не́видаль** *ж. тк. ед. разг.*: что за ~!, вот ~!, э́ка ~! what a wónder! [...'wʌ-], here is a wónder indéed!

**неви́данн||ый** ùnpréecedented; únwítnessed, ún¦knówn [-'noun], without a párallèl; (*таинственный*) queer, mystérious; ~ое му́жество ùn¦exámpled válour [-ɑːm- 'væ-].

**невиди́м||ка 1.** *м. и ж.* invísible béi¦ng [-zə-...]; челове́к-~ *the* invísible man*; сде́латься ~кою become* invísible; ~кою (*в знач. нареч.*) invísibly [-zə-]; **2.** *ж.* (*шпилька*) invísible háirpin.

**неви́дим||ость** *ж.* invìsibílity [-zə-]. **~ый** invísible [-zə-].

**неви́дящи||й:** смотре́ть ~м взгля́дом look ábsently.

**неви́нн||ость** *ж.* **1.** (*невиновность*) ínnocence, guíltlessness; **2.** (*безвредность*) hármlessness; **3.** (*простодушие*) ingénuous¦ness [ɪn'dʒe-]; (*наивность*) naïvety [nɑː'iːvtɪ]; naïveté (*фр.*) [nɑːiːv'teɪ]; **4.** (*девственность*) vìrgínity. **~ый 1.** (*невиновный*) ínnocent, guíltless; **2.** (*безвредный*) hármless; ~ая шу́тка hármless joke; ~ая ложь fib; **3.** (*простодушный*) ingénuous [ɪn'dʒe-]; (*наивный*) naïve [nɑː'iːv]; **4.** (*девственный*) vírgin.

**невино́вен** *прил. кратк. см.* невино́вный.

**невино́вн||ость** *ж.* ínnocence, guíltlessness. **~ый** (в *пр.*) ínnocent (of); *юр.* not guílty, guíltless; призна́ть ~ым bring* in a vérdict of not guílty.

**невключе́ние** *с.* nòn-in¦clúsion, fáilure to in¦clúde.

**невку́сный** únsávoury, ùnpálatable; (*противный*) násty.

**невменя́ем||ость** *ж.* írrespònsibílity; быть в состоя́нии ~ости not be ánswerable for one's áctions [...'ɑːnsə-...]. **~ый 1.** ìrrespónsible; **2.** *разг.* (*вне себя от гнева и т. п.*) besíde òne¦sélf.

**невмеша́тельств||о** *с.* nón-ìntervéntion, nón-ìnterférence [-'fɪə-]; поли́тика ~а pólicy of nón-ìnterférence, hánds-óff pólicy.

**невмоготу́** *предик.* (*дт.*) *разг.* ùnbéarable [-'bɛə-] (to, for), intólerable (to, for); э́то ~ it is ùnbéarable, it is intólerable; I, he, *etc.*, can't stand it [...kɑːnt...]; ему́ ~ it is more than he can bear / stand [...bɛə...]; ему́ ста́ло ~ he could not stand it any lónger.

**невмо́чь** = невмоготу́.

**невнима́ние** *с.* **1.** lack of atténtion; **2.** (*отсутствие учтивости и т. п.*) lack of consìderátion.

**невнима́тельн||ость** *ж.* ìnatténtion; (*небрежность*) cáre¦lessness, thóughtlessness; оши́бка по ~ости cáre¦less mistáke. **~ый 1.** ìnatténtive; (*небрежный*) cáre¦less, thóughtless; **2.** (*невежливый, нелюбезный*) inatténtive, ún¦oblíging.

**невня́тн||ость** *ж.* ìndistínctness, ìnàrtículate¦ness. **~ый** indistínct, ìnàrtículate.

**не́вод** *м.* seine, swéep-nèt.

**невозбра́нный** *уст.* únhíndered, free; ~ до́ступ free admíssion.

**невозврати́м||ый** irréparable, irrévocable; ~ая утра́та irréparable loss.

**невозвра́тн||ость** *ж.* irrèvocabílity. **~ый** irrévocable, ìrretríevable [-iːv-].

**невозвраще́ни||е** *с.* fáilure to retúrn; ва́ше ~ обеспоко́ило его́ he was wórried by your not retúrning, *или* by your not having come back [...'wʌ-...]; в слу́чае ~я де́нег в срок if the móney is not retúrned / paid back in time [...'mʌ-...].

**невозде́ланный** úntílled, ún¦cúltivàted; (*заброшенный*) waste [weɪ-].

**невоздержа́ние** *с.* intémperance.

**невозде́ржанн||ость** *ж.* = невозде́ржность. **~ый** = невозде́ржный.

**невозде́ржн||ость** *ж.* lack of sélf-restráint, lack of sélf-contról [...-roul]. **~ый** intémperate, in¦cóntinent; (*несдержанный*) ún¦contrólled [-rou-], ún¦restráined; **~ый** на язы́к given to ún¦contrólled / ún¦restráined tálking.

**невозмо́жно** I **1.** *прил. кратк. см.* невозмо́жный; **2.** *предик. безл.* it is impóssible; ~ узна́ть э́то it is impóssible to discóver it [...-'kʌ-...]; ~ сде́лать э́то it cánnòt be done.

**невозмо́жн||о** II *нареч.* impóssibly. **~ость** *ж.* impòssibílity; в слу́чае ~ости if it is found impóssible; ◇ до ~ости *разг.* to the last degrée; за ~остью (*рд.*) ówing to the impòssibílity ['ou-...] (of). **~ый 1.** *прил.* impóssible; **2.** *с. как сущ.* the impóssible, *an* impóssible thing.

**невозмути́м||ость** *ж.* impèrtùrbabílity, cóolness. **~ый** ìmpèrtúrbable, cool, ún¦rúffled.

**невознагради́м||ость** *ж.* irrèparabílity. **~ый 1.** (*непоправимый*) irréparable, ìrretríevable [-'triː-]; ~ая утра́та ìrretríevable loss; **2.** (*не могущий быть вознаграждённым*) ún¦récompènsable, that can never be repáid; он оказа́л мне ~ую услу́гу he did me a sérvice that I can never repáy, *или* that can never be repáid.

**нево́инственный** not béllicose [...-s], únwárlike; (*миролюбивый*) péace¦ful, péace-lòving [-lʌ-].

**нево́лей** *нареч. уст.* agáinst one's will, fórcibly, by force.

**нево́лить** (*вн.*) force (*d.*), constráin (*d.*); (*заставлять*) compél (*d.*).

**нево́льни||к** *м.*, **~ца** *ж. уст.* slave. **~ческий** *прил. к* нево́льничество. **~чество** *с. уст.* slávery ['sleɪ-]. **~чий** *прил. к* нево́льник; ~чье су́дно *ист.* sláver.

**нево́льн||о** *нареч.* invóluntarily; automátically; (*не намеренно*) ún¦inténtionally, ùnwítting¦ly; ~ вздохну́ть heave* an invóluntary sigh. **~ый 1.** (*вынужденный*) forced; **2.** (*непроизвольный*) invóluntary, ún¦inténtional; ~ая улы́бка invóluntary smile.

**нево́л||я** *ж.* **1.** (*рабство*) slávery ['sleɪ-], bóndage; (*плен*) càptívity; содержа́ться в ~е be shut up, be in càptívity; **2.** (*вынужденность*) necéssity.

**невообрази́мый** ìn¦concéivable [-'siːv-], ùn¦imáginable.

**невооружённ||ый** ún¦ármed; ◇ ~ым гла́зом with the ún¦áided / náked eye [...aɪ].

**невоспи́танн||ость** *ж.* ill bréeding, ùnmánnerliness. **~ый** ill-bréd, ùnmánnerly.

**невоспламеня́ем||ость** *ж.* nón-inflàmmabílity. **~ый** nón-inflámmable.

**невосприи́мчив||ость** *ж.* **1.** lack of recèptívity; **2.** (*к болезням*) immúnity (to). **~ый 1.** ún¦recéptive; **2.** (*к болезням*) immúne (to).

**невостре́бованный** not called for, ún¦cláimed.

**невпопа́д** *нареч. разг.* not to the point, out of place, inópportùne¦ly; отвеча́ть ~ be irrélevant, ánswer ábsent-mínded¦ly / irrélevantly ['ɑːnsə...].

**невразуми́тельн||ость** *ж.* ún¦intèlligibílity. **~ый** ún¦intélligible, in¦còmprehénsible; (*неясный*) obscúre.

**невралг||и́ческий** *мед.* neurálgic. **~и́я** *ж. мед.* neurálgia [-dʒə]; ~и́я лица́ neurálgia of the face; fáce-àche [-eɪk] *разг.*; межрёберная

~и́я intercóstal neurálgia; ~и́я седа́лищного не́рва sciática.

**неврасте́н||ик** *м.* neurasthénic. **~и́ческий** neurasthénic. **~и́я** *ж.* neurasthénia.

**невреди́||мый** únhármed, safe; цел и ~м safe and sound.

**неври́т** *м. мед.* neurítis.

**невро́з** *м. мед.* neurósis (*pl.* neurósès [-i:z]).

**невро||логи́ческий** neurológic. **~ло́гия** *ж.* neurólogy.

**невро́ма** *ж. мед.* neuróma (*pl.* -ta).

**невро||пати́ческий** *мед.* neuropáthic. **~па́тия** *ж. мед.* neurópathy. **~пато́лог** *м.* neuropathólogist. **~патологи́ческий** neuropàthológical. **~патоло́гия** *ж.* neuropathólogy.

**невроти́ческий** *мед.* neurótic.

**невруче́ние** *с.* nón-delívery, fáilure to delíver [...-'lɪ-]; *юр.* fáilure to serve.

**невсхо́жесть** *ж. с.-х.* nón-emérgency.

**невтерпёж** *предик. безл. разг.*: ему́, им *и т. д.* ста́ло ~ he, they, *etc.*, cánnòt stand / bear it any lónger [...bɛə...], he, they, *etc.*, are fed up with it.

**невы́года** *ж.* disadvántage [-'vɑ:-]; (*убыток*) loss.

**невы́годно** I **1.** *прил. кратк. см.* невы́годный; **2.** *предик. безл.* it is not àdvantágeous; (*в денежном отношении*) it is not remúnerative; it does not pay *разг.*

**невы́годн||о** II *нареч.* disàdvàntágeous¦ly [-vɑ:-]; not to *one's* advántage [...-'vɑ:-]. **~ость** *ж.* disàdvàntágeous¦ness [-vɑ:-]; ùnprófitable¦-ness; (*о конъюнктуре*) únfávour¦able¦ness. **~ый** disàdvàntágeous [-vɑ:-]; (*в денежном отношении*) ùnprófitable, ún¦remúnerative; not páying *разг.*; (*о конъюнктуре*) ún¦fávour¦-able; показа́ть себя́ с ~ой стороны́ show* òne¦sélf to dìsadvántage [ʃou... -'vɑ:-], place òne¦sélf in an únfávour¦able light; ста́вить в ~ое положе́ние (*вн.*) place at a dìsadvántage (*d.*), hándicàp (*d.*); быть, оказа́ться в ~ом положе́нии be at a dìsadvántage.

**невы́деланн||ый** úndréssed; ~ая ко́жа úndréssed / raw hide.

**невы́держанн||ость** *ж.* **1.** (*о человеке*) lack of sélf-contról [...-oul]; **2.** (*о стиле*) ún¦-éven¦ness. **~ый** **1.** (*о человеке*) lácking sélf--contról [...-oul]; **2.** (*о стиле*) ún¦éven; **3.** (*о вине, сыре и т. п.*) new.

**невы́езд** *м.*: дать подпи́ску о ~е give* a wrítten ùndertáking not to leave *a place.*

**невыла́зн||ый** *разг.*: ~ая грязь deep mire / mud.

**невыноси́мо** I **1.** *прил. кратк. см.* невыноси́мый; **2.** *предик. безл.* it is ùnbéarable / insúfferable [...-'bɛə-...].

**невыноси́м||о** II *нареч.* ùnbéarably [-'bɛə-], insúfferably; э́то ~ ску́чно it is insúfferably dull. **~ый** intólerable, ùnbéarable [-'bɛə-], insúfferable; ~ая боль excrùciáting pain.

**невы́плаканн||ый:** ~ые слёзы únshéd tears.

**невыполн||е́ние** *с.* nón-fulfílment [-ful-]; fáilure to éxecùte, *или* to cárry out, *или* to complý with; ~ пра́вил, тре́бований *и т. п.* nón-compliance with the règulátions, require¦-ments, *etc.*; ~ пла́на nón-fulfílment of the plan; ~ обяза́тельства *юр.* nón-féasance [-'fi:z-]. **~и́мость** *ж.* imprácticabílity. **~и́мый** imprácticable; ~и́мое жела́ние ún¦réalizable wish desíre [-'rɪə-... -'zaɪə].

**невы́работанный** **1.** (*о стиле*) únfínished, rough [rʌf], not refíned, not elábоrate; **2.** (*о шахте, торфянике*) not exháusted, not worked out.

**невырази́мый** ìnexpréssible, be¦yónd expréssion.

**невырази́тельн||ость** *ж.* ìnexpréssive¦ness. **~ый** ìnexpréssive, tóne¦less.

**невы́сказанный** ún¦expréssed, únvóiced, únsáid [-'sed]; (*тайный*) hídden, sécret.

**невысо́к||ий** (*в разн. знач.*) not high, low [lou]; (*о росте тж.*) short, shórtish, not tall; ~ого ка́чества lów-gráde ['lou-] (*attr.*), not hígh-gráde; ~ое мне́ние indífferent opínion, not a fávour¦able opínion; ~ая цена́ móderate price.

**невы́спавшийся** sléepy.

**невысыха́ющ||ий** úndrýing, never drýing; ~ие черни́ла úndrýing ink *sg.*

**невы́ход** *м.*: ~ на рабо́ту ábsence (from work); (*прогул*) trúancy.

**невы́ясненн||ость** *ж.* obscúrity, ùncértainty. **~ый** obscúre, not clear, not cleared up, ùncértain.

**не́га** *ж.* **1.** sweet bliss; **2.** (*довольство*) cómfort ['kʌ-].

**негармони́чн||ость** *ж.* ìnhàrmónious¦ness. **~ый** ìnhàrmónious.

**негати́в** *м. фот.* négative. **~ный** négative.

**негашён||ый:** ~ая и́звесть quíck-lime.

**не́где** *нареч.* (+ *инф.*) there is nó¦whère (+ to *inf.*); ~ сесть there is nó¦whère to sit, there is nothing to sit on; мне, ему́ *и т. д.* ~ взять э́то there is nó¦whère I, he, *etc.*, could get it from; мне, ему́ *и т. д.* ~ положи́ть э́то I have, he has, *etc.*, nó¦whère to put it; there is no room for me, him, *etc.*, to put it.

**неги́бкий** infléxible, stiff, rígid.

**негигиени́ч||еский, ~ный** únhýgienic [-'dʒi:-].

**негла́дкий** **1.** ún¦éven, rough [rʌf]; **2.** (*о речи*) not flúent, jérky.

**негла́дко** I *прил. кратк. см.* негла́дкий.

**негла́дко** II *нареч.* **1.** ún¦éven¦ly, not smóothly [...-ð-]; де́ло идёт ~ things are not gó¦ing smóothly; **2.** (*о речи*) not flúently; ~ чита́ть not read* flúently; read* jérkily; ~ писа́ть write* bád¦ly, have a clúmsy style [...-zɪ...].

**негла́сн||ый** sécret; prívate ['praɪ-]; ~ надзо́р sécret survéillance; ~ым о́бразом prívate¦ly ['praɪ-].

**неглиже́** *с. нескл.* négligé (*фр.*) [neglɪ'ʒeɪ], úndréss.

**неглижи́ровать** (*тв.*) *уст.* neglèct (*d.*).

**неглубо́кий** not deep, shállow; (*поверхностный*) sùperfícial, skín-deep.

**неглу́пый** sénsible, háving cómmon sense; ~ челове́к no fool.

**него́** *рд., вн. см.* он, оно́.

**него́дн||ик** *м.*, **~ица** *ж. разг.* réprobàte. **~ость** *ж.* **1.** únfítness; **2.** (*плохое состояние*) wórthless¦ness; прийти́ в ~ость becóme* wórthless; (*износиться*) wear* out [wɛə...]; (*о зданиях и т. п.*) fall* into disrepáir; привести́ в ~ость (*вн.*) put* / bring* out of commíssion (*d.*), make* úse¦less / wórthless

[...'juːs-...] (*d.*); (*об одежде*) wear* out (*d.*). **~ый 1.** únfit; ~ый к употреблéнию únfit for use [...juːs]; водá, ~ая для питья́ úndrinkable wáter [...'wɔː-], wáter not fit to drink; ~ый к воéнной слýжбе inéligible / únfit for (mílitary) sérvice; **2.** (*плохой*) wórthless; góod-for-nòthing *разг.*

**негодовáни||е** *с.* ìndignátion; взрыв ~я burst of ìndignátion; прийти́ в ~ become* indígnant; привести́ в ~ (*вн.*) ánger (*d.*); make* indígnant (*d.*); с ~ем indígnantly.

**негод||овáть** (на *вн.*, прóтив) be indígnant (with). **~ýющий** indígnant.

**негодя́й** *м.*, **~ка** *ж.* scóundrel, víllain; отъя́вленный ~ invéterate scóundrel.

**негостеприи́мн||ость** *ж.* ínhòspitálity. **~ый** inhóspitable.

**неготóвый** ún¦réady [-'re-], not réady [...'re-].

**негр** *м.* Négrò.

**негрáмотн||ость** *ж.* **1.** illíteracy; ликвидáция ~ости wíping out of illíteracy; **2.** (*неосведомлённость*) ígnorance. **~ый 1.** illíterate; **2.** (*неграмотно написанный*) illíterate, ún¦grammátical; **3.** (в *пр.*; *неосведомлённый*) ígnorant (of), not versed (in), únvérsed (in); **4.** (*о работе, рисунке*) rude.

**неграциóзный** ún¦gráce¦ful.

**негрит||ёнок** *м.* Négrò child*, líttle Négrò; píckaninny *разг.* **~óс** *м.* Negríto [-'griː-]. **~я́нка** *ж.* Négrò wóman* [...'wu-]; (*молодая*) Négrò girl [...g-]. **~я́нский** Négrò (*attr.*).

**негрóмк||ий** low [lou]; ~им гóлосом in a low voice.

**нéгус** *м.* Négus.

**негустóй** (*в разн. знач.*) thin; (*водяни́стый*) wátery ['wɔː-].

**недáвн||ий** récent; до ~его врéмени till récent¦ly; с ~его врéмени, с ~их пор of late.

**недáвно** *нареч.* not long agó, récent¦ly; láte¦ly; ~ прибы́вший néwly arríved; (*как сущ.*) néw-còmer [-kʌ-]; ~ вы́пущенный из шкóлы fresh from school.

**недалёк||ий 1.** near, not far off; (*корoткий*) short; ~ое путешéствие short jóurney [...'dʒəː-]; ~ путь short way; на ~ом расстоя́нии at a short dístance; **2.** (*близкий по времени*) near; в ~ом прóшлом not long agó, in récent times; в ~ом бýдущем in the near, *или* not dístant, fúture; **3.** (*глуповатый*) none too cléver [nʌn... 'kle-], shórt-wítted; ◇ он недалёк от и́стины he is very near the truth [...-uːθ], he is práctically right.

**недалекó, недалёко** *нареч.* not far; ~ то врéмя, когдá the time is not far dístant, when; им ~ идти́ they have a short way to go; ◇ за примéром ~ ходи́ть an exámple is réady to hand [...-ɑːm-... 're-...], one need not search far for an exámple [...səːtʃ...].

**недалёкость** *ж.* nárrow-míndedness; (*глупость*) stùpídity.

**недáльний 1.** = недалёкий 1; **2.** (*близкий по родству*) close [-s].

**недальнови́дн||ость** *ж.* impróvidence. **~ый** impróvident, shórt-síghted, únfòre¦sée¦ing.

**недарови́т||ость** *ж.* lack of tále¦ıt [...'tæ-]; (*посредственность*) mèdiócrity. **~ый:** ~ый человéк not a gífted pérson [...'gɪ-...], not a man* of tálent [...'tæ-].

**недáром** *нареч.* **1.** (*не без основания*) not for nóthing, not withóut réason [...-z°n]: ~ он опасáлся э́того he feared it not withóut réason; ~ говоря́т not withóut réason is it said [...sed]; **2.** (*не без цели*) not withóut púrpose [...-s]; он заходи́л к нам ~ he had a réason for cálling; он ~ сдéлал такóе большóе путешéствие he did not trável so far in vain [...'træ-...], it was not in vain that he trávelled so far.

**недви́жим||ость** *ж.* immóvable próperty [-'muː-...]; immóvables [-'muː-] *pl.*, real estáte [rɪəl...], réalty ['rɪə-]. **~ый** immóvable [-'muː-]; ~ое имýщество = недви́жимость.

**недвусмы́сленн||ый** ún¦equívocal, ún¦àmbíguous; (*ясный*) plain; сáмым ~ым óбразом in the most ún¦àmbíguous mánner.

**недееспосóбн||ость** *ж.* ìn¦capácity. **~ый** in¦cápable.

**недействи́тельн||ость** *ж.* **1.** ìnèfficácity; *юр.* ìnvalídity, núllity; **2.** (*недейственность*) ìnefficiency, ìneffèctive¦ness. **~ый 1.** ìnèfficácious; *юр.* inválid, void, null; дéлать ~ым (*вн.*) inválidàte (*d.*), núllifỳ (*d.*); **2.** (*не действующий*) ìneffèctive, ìneffèctual; (*о лекарстве, средстве*) ìnèfficácious.

**неделикáтн||ость** *ж.* indélicacy. **~ый** indélicate.

**недели́м||ость** *ж.* índivìsibílity [-zɪ-]. **~ый** ìndivísible [-zɪ-]; ~ые чи́сла prime númbers; ~ые фóнды (*колхоза*) únshấred / ìndivísible funds.

**неделовóй** ùnbúsinesslike [-'bɪzn-].

**недéльный** wéekly; ~ срок a week, a week's time.

**недéл||я** *ж.* week; чéрез ~ю in a week; рóвно чéрез ~ю in exáctly a week's time; a week to¦dáy; кáждую ~ю every week; на прóшлой ~е last week; на э́той ~е this week; на той ~е *разг.* (*на следующей*) next week; в срéду на слéдующей ~е on Wédnesday week [...'wenzdɪ...]; две ~и fórtnight; чéрез две ~и this day fórtnight, in a fórtnight.

**недержáние** *с.*: ~ мочи́ *мед.* in¦cóntinence / irretèntion of úrine.

**недёшево** *нареч. разг.* at a consíderable price; (*перен.*) by spénding much time, strength, *etc.*: э́то емý ~ достáлось he has had to spend much time, strength, *etc.*, to get it; he has got it ónly by spénding much time, strength, *etc.*

**недисциплини́рованн||ость** *ж.* indíscipline. **~ый** ùndísciplined.

**недифференци́рованный** úndìfferéntiàted.

**недобирáть,** недобрáть (*рд.*) not get the full amóunt (of).

**недобóр** *м.* shórtage; (*денежный*) arréars *pl.*; ~ налóгов arréars of táxes *pl.*

**недобрáть** *сов. см.* недобирáть.

**недоброжелáтель** *м.*, **~ница** *ж.* ill-dispósed pérson, évil-wísher ['iːv-], ill-wísher. **~но** *нареч.* with ill-will; ~но относи́ться (к) show* ill-will [ʃou...] (towards). **~ность** *ж.* hòstílity, ill-will. **~ный** ill-dispósed, hóstile. **~ство** *с.* = недоброжелáтельность; относи́ться с ~ством (к) show* ill-will [ʃou...] (towards).

**недоброкáчественн||ость** *ж.* bad quálity. **~ый** of poor quálity, lów-gráde ['lou-], bad*.

**недобросóвестн||ость** *ж.* ún¦cònsciéntious¦ness [-nʃɪ-]; ~ выполнéния рабóт cáre¦less work. ~ый ún¦cònsciéntious [-nʃɪ-]; ~ая рабóта cáre¦less work; ~ая конкурéнция *юр.* únfáir còmpetítion.

**недóбр||ый 1.** ùn¦kínd; ~ое чýвство évil / ill féeling ['iːv°l...]; питáть ~ые чýвства (к) bear* ill-will [bɛə...] (to); **2.** (*плохой, неприятный*) bad; ~ая весть bad news [...-z]; замышля́ть что-л. ~ое have évil inténtions; be up to mis¦chief *разг.*

**недовéр||ие** *с.* distrúst; питáть ~ к комý-л. místrúst / distrúst smb. **~чиво** *нареч.* with distrúst, distrústfully, místrústfully. **~чивость** *ж.* distrústfulness. **~чивый** distrústful, místrústful.

**недовéс** *м.* short weight. **~ить** *сов. см.* недовéшивать.

**недовéшивать,** недовéсить (*рд.*) give* a short weight (of); недовéсить 100 грáммов weigh 100 grams less; недовéсить сáхару give* a short weight of súgar [...'ʃu-].

**недовóльно** *нареч.* with displéasure [...-'ple-].

**недовóль||ный 1.** *прил.* dís¦sátisfied, dísconténted, displéased; **2.** *м. как сущ.* málcontènt. **~ство** *с.* dis¦sàtisfáction, díscontént, displéasure [-'ple-]; (*кем-л. тж.*) reséntment [-'ze-]; вызывáть чьё-л. ~ство displéase smb.

**недовыполнéние** *с.* ùnderfulfílment [-ful-].

**недовы́полнить** *сов.* (*вн.*) ùnderfulfíl (*d.*).

**недовы́работка** *ж.* únderprodúction.

**недовы́ручка** *ж.* deficiency in recéipts [...-'siːts].

**недогáдлив||ость** *ж.* slow wits [slou...] *pl.* **~ый** slów(-witted) ['slou-]; какóй ты ~ый! how slow you are! [...slou...].

**недоглядéть** *сов. разг.* **1.** (*рд.*; *пропустить*) òver¦lóok (*d.*), miss (*d.*); **2.** (за *тв.*; *не проявить достаточного внимания*) not take* sufficient care (of); ~ за кем-л., чем-л. not keep* próper watch óver smb., smth. [...'prɔ-...], be negléctful of smb., smth.

**недоговáривать** (*рд.*) keep* back (*d.*), not expréss / say* évery¦thing.

**недоговорённость** *ж.* **1.** (*замалчивание*) réticence; **2.** (*несогласованность*) lack of ùnderstánding.

**недогружáть,** недогрузи́ть (*вн.*) únderload (*d.*), not give* full load (*i.*), fail to load in full (*d.*).

**недогрузи́ть** *сов. см.* недогружáть.

**недогрýзка** *ж.* únderloading.

**недодавáть,** недодáть (*рд.*, *вн.*) give* less (*d.*); недодáть пять рублéй give* five roubles less [...ruː-...].

**недодáть** *сов. см.* недодавáть.

**недодáча** *ж.* (*недовыпуск*) deficiency in delivery.

**недодéл||анный** únfinished. **~ка** *ж.* ìmperféction.

**недо||держáть** (*вн.*) *фот.* únderexpóse (*d.*). **~дéржка** *ж. фот.* únderexpósure [-'pou-].

**недоедá||ние** *с.* málnùtrítion, únderféeding. **~ть** be ùndernóurished [...-'nʌ-], be ùnderféd.

**недозвóленный** ún¦láwful, illícit.

**недозрéлый** ún¦rípe, green; (*перен. тж.*) ìmmatúre.

**недои́м||ка** *ж.* arréars *pl.*; взы́скивать ~ки colléct arréars. **~щик** *м.* deféulter, one in arréars of páyment.

**недоиспóльзование** *с.* únderèxploitátion.

**недокáз||анность** *ж.* fáilure to prove [...pruːv]; ~ обвинéния fáilure to prove a charge. **~анный** not proved [...pruː-], not évident. **~áтельный** not sérving as proof; fáiling to prove [...pruːv]. **~ýемый** which cánnòt be proved [...pruː-], which cánnòt be shown to be... [...ʃoun...], indémonstrable.

**недокóнченн||ость** *ж.* únfinished state. **~ый** únfinished.

**недóлго** *нареч.* **1.** not long; он жил ~ he did not live long [...lɪv...]; ~ дýмая without thinking twice, without giving it a sécond thought [...'se-...]; **2.** *разг.*: ~ и one can éasily [...'iːz-]: ~ и простуди́ться one can éasily catch cold; и потонýть ~ one can éasily get drowned.

**недолговéчн||ость** *ж.* short life; (*непродолжительность*) short durátion. **~ый** shórt-lived [-'lɪ-]; быть ~ым be shórt-lived.

**недолёт** *м. воен.* short round, mínus round.

**недолю́бливать** (*вн.*, *рд.*) *разг.* have no spécial liking / sýmpathy [...'spe-...] (for).

**недомéр** *м.* short méasure [...'me-]. **~ивать,** недомéрить (*вн.*, *рд.*) give* short méasure [...'me-] (of). **~ить** *сов. см.* недомéривать.

**недомогáние** *с.* ìndisposítion [-'zɪ-]; (*вялость, апатия*) léthargy; чýвствовать ~ be ìndispósed, not feel* quite well.

**недомогáть** *разг.* be únwéll, not feel* quite well.

**недомóлвка** *ж.* rèservátion [-zə-].

**недомы́слие** *с.* stùpídity, thóughtlessness.

**недоноси́тельство** *с. юр.* nòn-ìnformátion.

**недонó||сок** *м.* prèmatúre¦ly born child*. **~шенный** (*о ребёнке*) prèmatúre¦ly born.

**недооцéн||ивать,** недооцени́ть (*вн.*) únderéstimàte (*d.*), ùnderráte (*d.*), úndervàlue (*d.*). **~и́ть** *сов. см.* недооцéнивать. **~ка** *ж.* únderéstimate, únderèstimátion.

**недопечённый** *прич. и прил.* hálf-báked ['hɑːf-].

**недоплати́ть** *сов. см.* недоплáчивать.

**недоплáчивать,** недоплати́ть (за *вн.*) pay* less than required (for), únderpáy* (for); ~ за что-л. not pay* the full price of smth., not pay* enóugh for smth. [...ɪ'nʌf...].

**недополуч||áть,** недополучи́ть (*вн.*, *рд.*) recéive / get* less (than one's due) [-'siːv...]; недополучи́ть пять рублéй recéive / get* five roubles less [...ruː-...]. **~и́ть** *сов. см.* недополучáть.

**недопотреблéние** *с.* ùnder-consúmption.

**недопроизвóдство** *с.* únderprodúction.

**недопусти́м||ость** *ж.* ìnadmìssibílity. **~ый** ìnadmíssible, intólerable; это ~о it is ìnadmíssible / intólerable; it cánnòt be put up with.

**недопущéние** *с.* nón-admíssion; (*запрещение, исключение*) bánning, bárring.

**недорабóтать** *сов.* (*рд.*) not do the full amóunt of work; (*недовыполнить*) ùnderfulfíl one's task [-ful-...], fall* short of one's tárget [...-g-].

**недорáзвит||ость** *ж.* únder-devélopment. **~ый** únder-devéloped.

**недоразумéние** *с.* misùnderstánding.

**недóрого** *нареч.* at a low / móderate price [...lou...].

**недорогóй** inexpénsive.

**недоро́д** *м.* poor hárvest, crop fáilure.

**не́доросль** *м.* hálf-éducàted féllow ['hɑːf-...]; ìgnorámus.

**недосе́в** *м. с.-х.* ìnsuffícient sówing [...'sou-]; underfulfílment of sówing-plàn [-ful-...'sou-].

**недослы́шать** *сов.* (*вн., рд.*) fail to catch / hear (*d.*).

**недосмо́тр** *м.* óver¦sìght; по ~у by an óver¦sight.

**недосмотре́ть** *сов.* **1.** (*рд.*; *пропустить*) òver¦lóok (*d.*), miss (*d.*); **2.** (за *тв.*; *не проявить достаточного внимания*) not take* suffícient care (of).

**недосо́л** *м.* ìnsuffícient sálting.

**недоспа́ть** *сов. см.* недосыпа́ть.

**недоспе́лый** green, ún¦rípe.

**недоста||ва́ть,** недоста́ть *безл.* **1.** (*рд.*) be míssing (*d.*), lack (*d.*); чего́ вам ~ёт? what do you lack?; ему́ ~ёт де́нег he is short of móney [...'mʌ-], he has not got enóugh móney [...ɪ'nʌf...]; нам ~ёт рабо́тников we lack wórkers; ему́ ~ёт слов, что́бы вы́разить he cánnòt find words to expréss; ему́ недоста́нет сил his strength will not suffíce him, he will not have suffícient strength; **2.** *тк. несов.* (*рд. дт.*) miss (*d.*); нам о́чень ~ва́ло вас we missed you very much, we missed you bád¦ly; ◇ э́того ещё ~ва́ло! that would be the límit!, that would be the last straw!

**недоста́вленный** úndelívered.

**недоста́т||ок** *м.* **1.** *тк. ед.* (*рд.*, в *пр.*; *нехватка*) lack (of), shórtage (of), defíciency (in); ~ рабо́чей си́лы shórtage of hands; за ~ком чего́-л. for want of smth.; испы́тывать ~ (в *пр.*) be short (of), be in want (of); **2.** (*несовершенство*) shórt¦còming; (*дефект*) defèct; име́ть серьёзные ~ки súffer from grave shórt¦còmings; вскрыва́ть ~ки ùn¦cóver shórt¦còmings [-'kʌ-...]; физи́ческий ~ defórmity; córporal / bódily defèct; ~ зре́ния defèctive éye¦sight [...'aɪ-].

**недоста́точно** I **1.** *прил. кратк. см.* недоста́точный; **2.** *предик. безл.* it is ìnsuffícient, it is not enóugh [...ɪ'nʌf].

**недоста́точн||о** II *нареч.* ìnsuffíciently. **~ость** *ж.* ìnsuffíciency, inádequacy. **~ый** ìnsuffícient, inádequate; (*скудный*) scánty; ~ый глаго́л *грам.* defèctive verb.

**недоста́||ть** *сов. см.* недостава́ть 1. **~ча** *ж. разг.* lack, shórtage. **~ю́щий** *прич. и прил.* míssing, fáiling.

**недостижи́м||ость** *ж.* ún¦attainabílity. **~ый** ún¦attáinable, ún¦achíevable [-'tʃiːv-].

**недостове́рн||ость** *ж.* ún¦authèntícity. **~ый** not authéntic, ún¦authéntic; (*сомнительный*) dóubtful ['daut-].

**недосто́йный** **1.** (*рд.*) ùnwórthy [-ðɪ] (of); **2.** (*не заслуживающий уважения*) wórthless, ùnwórthy, mean; ~ посту́пок mean áction.

**недостро́енный** únfínished.

**недосту́пн||ость** *ж.* inàccèssibílity. **~ый** **1.** inàccéssible; **2.** (*для понимания*) dífficult; э́та кни́га ~а де́тям this book is too dífficult for chíldren; э́то ~о мне it is be¦yónd, *или* it pásses, my còmprehénsion.

**недосу́г** *м. разг.*: ему́ ~ he is too búsy [...'bɪzɪ]; за ~ом for lack of time.

**недосчита́ться** *сов. см.* недосчи́тываться.

**недосчи́тываться,** недосчита́ться (*рд.*) miss (*d.*); be out / short in one's accóunts; они́ недосчита́лись трои́х they missed three, three were found míssing; он недосчита́лся трёх рубле́й he found he was three roubles short [...ruːblz...].

**недосыпа́ние** *с.* not getting enóugh sleep [...ɪ'nʌf...].

**недосыпа́ть,** недоспа́ть not have / get* enóugh sleep [...ɪ'nʌf...], not sleep* enóugh.

**недосяга́ем||ость** *ж.* inàccèssibílity. **~ый** inàccéssible.

**недотёпа** *м. и ж. разг.* muff, gawk.

**недотро́га** **1.** *м. и ж. разг.* tóuch-me-nòt ['tʌ-], tóuchy pérson ['tʌ-...]; он тако́й ~ he is so tóuchy; **2.** *ж. бот.* tóuch-me-nòt.

**недоу́здок** *м.* hálter; наде́ть ~ (на *вн.*) hálter (*d.*).

**недоумев||а́ть** be puzzled, be perpléxed, be at a loss. **~а́ющий** puzzled.

**недоуме́н||ие** *с.* bewílderment, perpléxity; с ~ием puzzled, bewíldered; в ~ии in perpléxity; он посмотре́л на неё с ~ием he gave her a puzzled look. **~ный** púzzling; (*выражающий недоумение*) puzzled; ~ный вопро́с púzzling quéstion [...-stʃən]; ~ный взгляд puzzled look.

**недоу́чка** *м. и ж. разг.* smátterer.

**недохва́тка** *ж. разг.* shórtage.

**недохо́дный** ùnprófitable, not páying.

**недочёт** *м.* **1.** (*нехватка*) shórtage, déficit; **2.** (*недостаток*) defèct.

**не́дра** *мн.* womb [wuːm] *sg.*, bósom ['buz-] *sg.*; ~ земли́ éntrails / bówels of the earth [...əːθ]; бога́тства недр míneral wealth [...welθ] *sg.*; в ~х наро́да in the midst / depths of the péople [...piː-].

**недре́млющий** vígilant, wátchful, únwínking.

**не́друг** *м.* énemy, foe.

**недружелю́б||ие** *с.* únfríendliness [-'fre-]. **~ный** únfríendly [-'fre-].

**недру́жный** disùníted, not in accórd.

**неду́г** *м.* áilment.

**неду́рно** I **1.** *прил. кратк. см.* недурно́й; **2.** *предик. безл.* it's not bad; ~! not bad!

**неду́рн||о** II *нареч.* ráther well ['rɑː-...]. **~о́й** **1.** not bad; **2.** (*о наружности*) not bád-looking; он недурён собо́й he is ráther hándsome [...'rɑː- -ns-].

**недю́жинн||ость** *ж. переводится прил.*: ~ его́ тала́нта his remárkable tálent [...'tæ-]. **~ый** ùn¦úsual [-ʒuəl], outstánding, remárkable, excéptional; ~ый ум remárkable intélligence; ~ый тала́нт outstánding / remárkable tálent [...'tæ-].

**неё** *рд. см.* она́.

**неесте́ственный** **1.** ùn¦nátural; **2.** (*деланный*) affécted.

**нежда́нно** I *прил. кратк. см.* нежда́нный.

**нежда́нн||о** II *нареч.* ún¦expéctedly; ~-нега́данно agáinst all èxpèctátions. **~ый** ún¦expécted.

**нежела́ние** *с.* únwílling¦ness, relúctance.

**нежела́тельн||ость** *ж.* úndesìrabílity [-zaɪə-]. **~ый** **1.** (*дт.*) úndesírable [-'zaɪə-] (to); **2.** (*неприятный*) objéctionable.

**не́жели** *союз уст.* than.

**нежена́тый** únmárried, single.

**не́женка** *м. и ж. разг.* mólly-còddle.

**нежéнственный** ùnwómanly [-'wu-].
**нежив||óй 1.** dead [ded], life¦less; ~áя прирóда inánimate náture [...'neɪ-]; (*натюрморт*) still-life; 2. (*вялый*) dull, life¦less.
**нежи́зненн||ый 1.** imprácticable; ~ое предложéние imprácticable suggéstion [...'dʒestʃən]; 2. (*о человеке*) únpráctical.
**нежизнеспосóбн||ость** *ж.* lack of vital capácity, lack of vitálity [...vaɪ-]; (*хрупкость*) fráilty; (*беспомощность*) hélplessness. **~ый** lácking vital capácity, lácking vitálity [...vaɪ-]; (*хрупкий*) frail; (*беспомощный*) hélpless.
**нежилóй 1.** (*необитаемый*) ún¦inhábited; кóмната имéет ~ вид the room has an ún¦lived-in look [...'lɪvd-...]; 2. (*негодный для жилья*) ún¦inhábitable; únténantable.
**нéжить** (*вн.*) indúlge (*d.*), pámper (*d.*), coddle (*d.*). **~ся** luxúriàte; ~ся на сóлнце bask in the sun.
**нéжн||ичать** *разг.* indúlge in carésses. **~ости** *мн.* 1. kind words, endéarments; (*ухаживания*) cómpliments; fláttery *sg.*; 2. *разг.* (*церемонии*) céremony *sg.*, códdling *sg.* **~ость** *ж.* ténderness, délicacy. **~ый 1.** ténder; (*о вкусе, цвете и т. п.*) délicate; 2. (*любящий*) lóving ['lʌ-]; fond; ~ый сын lóving son [...sʌn]; 3. (*хрупкий, невыносливый*) délicate; ~ое сложéние délicate cònstitútion; ~ое здорóвье délicate health [...helθ]; ◇ ~ый вóзраст ténder age; ~ый пол the fair sex.
**незабвéнный** únforgéttable [-'ge-].
**незабýдка** *ж.* forgét-me-nòt [-'ge-].
**незабывáемый** únforgéttable [-'ge-].
**незавéренный** úncértified.
**незави́дный** ún¦énviable; (*посредственный*) médiòcre.
**незави́симо** I *прил. кратк. см.* незави́симый.
**незави́сим||о** II *нареч.* (*самостоятельно*) indepéndently; (от; *вне связи с чем-л.*) irrespéctive (of); держáть себя́ ~ assúme an indepéndent air. **~ость** *ж.* indepéndence; (*государства тж.*) sóvereignty ['sɔvrəntɪ]. **~ый** indepéndent; быть ~ым (от) be indepéndent (of); ~ая перемéнная *мат.* indepéndent váriable; ~ое госудáрство indepéndency, sóvereign state [-rɪn...].
**незави́сящ||ий:** по ~им обстоя́тельствам ówing to circumstances (*over which one has no control*) ['ou-...].
**незадáч||а** *ж. разг.* ill luck; емý, им *и т. д.* ~ he is, they are, *etc.*, having ill luck. **~ливый** *разг.* ùn¦lúcky; (*о человеке тж.*) ill-stárred.
**незадóлго** *нареч.* (пéред, до) shórtly (befóre), not long (befóre): ~ пéред егó приéздом shórtly befóre his arrival; ~ до егó отъéзда not long befóre he left.
**незаквáшенный** ún¦léavened [-'le-].
**незаклéенный** (*о конверте*) únséaled.
**незаконнорождённ||ость** *ж.* illegítimacy. **~ый** illegítimate; ~ый ребёнок illegítimate child*.
**незакóнн||ость** *ж.* illegálity; ún¦láwfulness. **~ый** illégal, illícit; (*о ребёнке*) illegítimate.
**незакономéрн||ость** *ж.* irrègulárity. **~ый** irrégular.
**незакóнченн||ость** *ж.* in¦compléte¦ness, únfinished state. **~ый** in¦compléte, únfinished.
**незамедли́тельн||о** *нареч.* without deláy. **~ый** immédiate.
**незамени́мый 1.** irreplácе¦able; 2. (*очень нужный*) indispénsable.
**незамéтно** I *прил. кратк. см.* незамéтный.
**незамéтн||о** II *нареч.* impercéptibly, ún¦òstèntátious¦ly; ~ для себя́ ùnwítting¦ly. **~ый 1.** impercéptible, ún¦òstèntátious; 2. (*незначительный*) insignificant, in¦conspícuous.
**незамéченный** ún¦nóticed [-'nou-].
**незамýжняя** únmárried.
**незамысловáтый** *разг.* simple, èleméntary.
**незáнятый** ún¦óccupied; dís¦en¦gáged.
**незапáмятн||ый** immemórial; с ~ых времён from time immemórial, time out of mind.
**незáпертый** not locked.
**незапечáтанный** (*о письме*) únséaled.
**незапя́тнанный** stáinless, únsúllied.
**незарабóтанный** ún¦éarned [-'ɜː-].
**незарáзный** nòn-contágious.
**незаслýженн||о** *нареч.* úndesérvedly [-'zɜː-]; (*несправедливо*) wróng¦ly. **~ый** úndesérved [-'zɜː-]; ~ый упрёк úndesérved repróach; ~ое оскорблéние gratúitous insúlt.
**незастрахóванный** ún¦insúred [-'ʃuəd], not insúred [...-'ʃuəd].
**незастрóенный** vácant; ~ учáсток vácant site / lot.
**незатáсканный** oríginal, fresh, not trite.
**незатéйлив||ость** *ж.* simplícity, únpreténtious¦ness. **~ый** simple, únpreténtious.
**незатухáющий** *физ.* úndámped.
**незауря́дн||ый** outstánding; out of the cómmon; ~ая ли́чность outstánding pèrsonálity.
**нéзачем** *нареч. разг.* (there is) no need; (*бесполезно*) it is úse¦less [...'juːs-]; ~ э́то дéлать there is no point in doing this, it is úse¦less to do it.
**незашифрóванный** not in cípher [...'saɪ-], in clear.
**незащищённый** (от) únprotécted (from), expósed (to).
**незвáный** únbídden, ún¦invíted; ~ гость únbídden / sélf-invíted guest.
**нездéшний 1.** *разг.* not of these parts, stránger ['streɪ-]; 2. (*неземной*) ùn¦éarthly [-'ɜː-], sùpernátural, mystérious.
**нездорóв||иться** *безл.* (*дт.*) *переводится личными формами* feel* únwéll; емý ~ится he feels únwéll, he does not feel well. **~ый** (*в разн. знач.*) ùnhéalthy [-'he-]; (*болезненный тж.*) síckly; (*вредный тж.*) únwhóle¦some [-'houl-]; (*о настроениях и т. п. тж.*) mórbid; быть ~ым be únwéll; ~ые лёгкие únsóund lungs; ~ая атмосфéра ùnhéalthy átmosphère.
**нездорóвье** *с.* (*хроническое*) ill health [...he-]; (*недомогание*) indisposítion [-'zɪ-].
**неземнóй** ùn¦éarthly [-'ɜː-]; (*небесный*) héavenly ['he-]; celéstial *книжн.*
**незлоби́в||ость** *ж. уст.* géntle¦ness, mild¦ness. **~ый** *уст.* gentle, mild, forgíving [-'gɪ-].
**незлóбие** *с. уст.* = незлоби́вость.
**незлóй** not ùn¦kínd¦ly.
**незлопáмятный** forgíving [-'gɪ-], plácable.
**незнакóм||ец** *м.*, **~ка** *ж.* stránger ['streɪ-]. **~ство** *с.* (с *тв.*) nón-acquáintance (with); (*не-*

*знание чего-л.*) ignorance (of). **~ый** *прил.* **1.** (*дт.*) ún¦knówn [-'noun] (to), únfamíliar (to); **2.** (*с тв.*; *незнающий*) ún¦convérsant (with); быть ~ым с кем-л. not know smb. [...nou...], not be acquáinted with smb.; **3.** *м. как сущ.* = незнакóмец.

**незнáни||е** *с.* ignorance, lack of knówledge [...'nɔ-]; по ~ю through ignorance.

**незнáчащий** insignificant, of no impórtance / significance.

**незначи́тельн||ость** *ж.* insignificance, ún¦impórtance, nègligibility. **~ый 1.** (*маловажный*) insignificant, ún¦impórtant, négligible; **2.** (*маленький*) small, slight; ~ое большинствó nárrow / small majórity.

**незрéл||ость** *ж.* ún¦ripe¦ness; (*о мысли, произведении и т. п.*) immatúrity. **~ый** (*прям. и перен.*) ún¦ripe; (*перен. тж.*) immatúre; (*о плодах и т. п. тж.*) green.

**незри́мый** invisible [-z-].

**незы́блем||ость** *ж.* firmness, stabílity. **~ый** firm, stable, immóvable [-'mu:-].

**неизбéжно** I **1.** *прил. кратк. см.* неизбéжный; **2.** *предик. безл.* it is inévitable.

**неизбéжн||о** II *нареч.* inévitably, of necéssity. **~ость** *ж.* inèvitabílity; ~ость кráха, падéния the inévitable dównfàll. **~ый** inévitable, ùn¦avóidable, inescápable.

**неизвéданн||ый** ún¦knówn [-'noun], inexpérienced; ~ые стрáны ún¦explóred / strange lands [...-eɪndʒ...]; ~ое чýвство ún¦knówn féeling.

**неизвéстно** [-сн-] **1.** *прил. кратк. см.* неизвéстный 1; **2.** *предик. безл.* it is not known [...noun]; емý ~ he does not know [...nou], he is not a¦wáre of; ~ где no one knows where.

**неизвéстн||ость** [-сн-] *ж.* **1.** (*отсутствие сведений*) ùncértainty; находи́ться в ~ости (*о пр.*) be ùncértain (abóut); он был в ~ости о происшéдшем he was ún¦a¦wáre of the evént; **2.** (*отсутствие известности*) obscúrity; он жил в ~ости he lived in obscúrity [...lɪ-...]. **~ый** [-сн-] **1.** (*в разн. знач.*) ún¦knówn [-'noun]; ~ый комý-л. ún¦knówn to smb.; ~ый худóжник ún¦knówn / obscúre páinter; ~ый óстров ún¦knówn ísland [...'aɪ-]; ~ого происхождéния órigin ún¦knówn; **2.** *м. как сущ.* ún¦knówn pérson, stránger [-eɪn-]; **3.** *с. как сущ. мат.* ún¦knówn quántity; уравнéние с двумя́ ~ыми equátion with two ún¦knówn quántities.

**неизвини́тельный** inexcúsable [-zə-].

**неизглади́м||ый** indélible, ìneface¦able; únforgéttable [-'ge-]; ~ое впечатлéние indélible / lásting impréssion.

**неи́зданный** únpúblished [-'pʌ-].

**неизлечи́м||ость** *ж.* in¦cùrabílity. **~ый** in¦cúrable; not to be cured (*predic.*); ~ый больнóй in¦cúrable; ~ая болéзнь in¦cúrable diséase [...-'zi:z].

**неизмéнно** I *прил. кратк. см.* неизмéнный.

**неизмéнн||о** II *нареч.* invàriably. **~ость** *ж.* invàriabílity; immùtabílity. **~ый 1.** inváriable; immútable; **2.** (*преданный*) ùnfáiling.

**неизменя́ем||ость** *ж.* immùtabílity, invàriabílity; ùn¦àlterabílity. **~ый** inváriable; ùn¦álterable.

**неизмери́м||о** *нареч.* imméasurably [-'me-]; нáша жизнь стáла ~ лýчше прéжней our life at présent is imméasurably háppier than befóre [...'prez-...]. **~ость** *ж.* immeasurabílity [-me-]; (*огромность*) imménsity. **~ый** imméasurable [-'me-]; (*огромный*) imménse; (*о глубине*) ùnfáthomable [-ðə-], fáthomless [-ðə-]; ~ое прострáнство imméasurable space; ~ое мнóжество cóuntless númbers *pl.*

**неизрасхóдованный** únspént, ún¦expénded.

**неизýченный** únstúdied [-'stʌ-]; (*неизвестный*) obscúre, ún¦knówn [-'noun]; (*неисследованный*) ún¦explóred.

**неизъясни́м||ый** inéxplicable; (*непередаваемый*) inéffable; ~ое блажéнство inéffable bliss.

**неимéние** *с.* ábsence, lack; за ~м (*рд.*) for lack / want (of).

**неимовéрный** in¦crédible.

**неимýщий 1.** *прил.* indigent, poor; **2.** *мн. как сущ.* the poor; the háve-nòts *разг.*

**неискорени́мый** ineràdicable.

**неи́скренн||ий** insincére. **~ость** *ж.* insincérity.

**неискýсн||ость** *ж.* lack of skill. **~ый** únskílful, not skílful, not éxpèrt.

**неискушённ||ость** *ж.* inexpérience, ínnocence. **~ый** inexpérienced, únsophísticàted; ~ый в полити́ке inexpérienced in pólitics.

**неисповеди́мый** *уст.* inscrútable.

**неисполнéние** *с.* nón-èxecútion; nón-perfórmance; (*правил и т. п.*) nón-obsérvance [-'zə:-].

**неисполни́м||ость** *ж.* impràcticabílity. **~ый** imprácticable, únféasible [-z-], not féasible [...-z-]; ~ое желáние ún¦réalizable wish / desíre [-'rɪə-... -'zaɪə].

**неисполни́тельный** cáre¦less.

**неиспóльзованн||ый** ún¦úsed; ~ые мóщности ún¦úsed capácity *sg.*; ~ые резéрвы úntápped resérves / pòssibílities [...-'zə:vz...].

**неиспóрченн||ость** *ж.* ínnocence, púrity. **~ый** únspóilt; (*свежий*) fresh; (*годный для еды*) fit for food; (*невинный, чистый*) ínnocent, pure; ~ый ребёнок ínnocent child*.

**неисправи́м||ость** *ж.* in¦còrrigibílity. **~ый 1.** in¦córrigible; **2.** (*невосстановимый*) irremédiable, irréparable.

**неисправн||ость** *ж.* **1.** (*о машине, аппаратуре и т. п.*) disrepáir, fault; **2.** (*неисполнительность*) cáre¦lessness. **~ый 1.** deféctive, out of repáir, in disrepáir; э́то ~ая маши́на this machíne is in disrepáir [...-'ʃi:n...], this machíne is out of órder; **2.** (*неаккуратный*) cáre¦less.

**неиспы́танный 1.** (*непроверенный*) úntríed, únpróved [-'pru:-]; **2.** (*непережитый*) nóvel ['nɔ-].

**неисслéдованный** ún¦explóred.

**неиссякáемый** (*прям. и перен.*) inexháustible.

**неи́стово** I *прил. кратк. см.* неи́стовый.

**неи́стов||о** II *нареч.* fúrious¦ly, víolently. **~ость** *ж.* víolence, ún¦restráinedness. **~ство** *с.* **1.** *тк. ед.* fúry, rage; прийти́ в ~ство fly* into a rage, rave; **2.** (*жестокость*) víolence; ~ства фаши́стских погрóмщиков atrócities of the fáscist cút-throats.

**нейстов||ствовать** rage, rave, storm. ~**ый** fúrious, víolent; (*вне себя*) frántic; ~**ый** гнев víolent / tówering rage.

**неистощи́мый** inexháustible; ~ запа́с inexháustible supplý.

**неистреби́мый** ineradicable.

**неисцели́м||ость** *ж.* in¦cùrability. ~**ый** in¦cúrable.

**неисчерпа́ем||ость** *ж.* inexhaustibility; ~ на́ших приро́дных бога́тств our inexháustible nátural resóurces [...-'sɔː-] *pl.* ~**ый** inexháustible; ~**ый** родни́к наро́дной инициати́вы the inexháustible source of pópular initiative [...sɔːs...].

**неисчисли́м||ый** in¦cálculable; (*огромный*) innúmerable; ~**ые** си́лы ла́геря ми́ра the in¦cálculable fórces of the camp of peace.

**ней** *дт., пр. см.* она́.

**нейзи́льбер** *м. тех.* Gérman sílver.

**неймётся** *безл.* (*дт.*) *разг.*: ему́ ~ he cánnòt be kept from it, he is bent on doing it.

**нейро́н** *м. анат.* néuron.

**нейрохирурги́ческий** néuro-súrgical.

**нейтрализ||а́ция** *ж.* (*в разн. знач.*) neutralìzátion [-laɪ-]. ~**ова́ть** *несов. и сов.* (*вн.*; *в разн. знач.*) néutralize (*d.*).

**нейтралите́т** *м.* neutrálity; вооружённый ~ armed neutrálity.

**нейтра́льн||ость** *ж.* neutrálity. ~**ый** (*в разн. знач.*) néutral; ~**ая** зо́на néutral zone.

**нейтри́но** *с. физ.* neutríno [-'triː-].

**нейтро́н** *м. физ.* néutron.

**некази́стый** *разг.* plain, hóme¦ly; not much to look at.

**неквалифици́рованный** únskílled, ún¦quálified; ~ рабо́чий únskílled wórker; ~ труд únskílled lábour.

**не́кем** *и* **не́...кем** *тв. см.* не́кого *и* не 2.

**не́кий** *мест. книжн.* some; a cértain (*pl.* cértain); ~ Ивано́в a cértain Ivanóv; (*ср. тж.* како́й-то, не́который 1).

**неклёточн||ый** *биол.* nòn-céllular; ~**ые** фо́рмы живо́го вещества́ nòn-céllular forms of líving mátter [...'lɪv-...].

**неко́вкий** *тех.* únmálleable [-lɪə-].

**не́когда** I *нареч.* (*нет времени*) there is no time; ему́ ~ he has no time.

**не́когда** II *нареч.* (*когда-то*) in fórmer times, in the old days.

**не́кого** *рд.* (*дт.* не́кому, *тв.* не́кем; *при предлогах отрицание отделяется*: не́ у кого *и т. п., см.* не 2) *мест.* (+ *инф.*) there is nó¦body one can (+ *inf.*): ~ посла́ть there is nó¦body one can send; — ~ вини́ть, порица́ть nó¦body is to blame; ему́, им *и т. д.* ~ посла́ть, ждать, спроси́ть *и т. п.* he has, they have, *etc.*, nó¦body to send, to wait for, to ask, *etc.*; не́кому игра́ть с ни́ми, позабо́титься о нём *и т. п.* there is nó¦body to play with them, to take care of him, *etc.*; не́кому взя́ться за э́то there is no one to úndertáke it.

**неколеби́мый** *поэт.* = непоколеби́мый.

**не...ком** *пр. см.* не́кого *и* не 2.

**некомпете́нтн||ость** *ж.* in¦cómpetence. ~**ый** in¦cómpetent.

**некомпле́ктный** in¦compléte, not belóng¦ing to a compléte set; odd.

**не́кому** *и* **не́...кому** *дт. см.* не́кого *и* не 2.

**неконституцио́нный** ún¦cònstitútional.

**некороно́ванный** ún¦crówned.

**некорре́ктн||ость** *ж.* táctlessness, indélicacy. ~**ый** táctless, indélicate.

**не́котор||ый** **1.** *мест.* some: ~**ое** вре́мя some time; с ~**ых** пор for some time; — до ~**ой** сте́пени to some extént, to a cértain extént / degrée; ~**ым** о́бразом sóme¦how, as it were; **2.** *мн. как сущ.* (*о людях*) some, some people [...piː-]; ~**ые** из них some of them.

**неко́шенный** únmówn [-oun].

**некраси́вый** **1.** plain, ún¦cóme¦ly [-'kʌm-], hóme¦ly; **2.** *разг.* (*о поступке, поведении*) úgly ['ʌ-], dírty.

**некредитоспосо́бн||ость** *ж.* insólvency. ~**ый** insólvent.

**некре́пкий** weak, not strong.

**некрити́ческий** ún¦crítical.

**некробио́з** *м. биол.* nècrobiósis.

**некро́з** *м. мед.* nècrósis.

**некроло́г** *м.* obítuary (nótice) [...'nou-].

**некрома́нтия** *ж.* nécromàncy.

**некро́поль** *м. ист.* nècrópolis.

**некру́пный** míddle-sized, small.

**некры́тый** (*крышей*) róofless.

**некста́ти** *нареч.* **1.** (*не вовремя*) inópportùne¦ly, málàpropòs [-pou]; **2.** (*неуместно*) irrélevantly, out of place; сказа́ть что-л. ~ say* smth. out of place, *или* not to the point; прийти́ ~ be ùnwélcome; кста́ти и ~ in séason and out of séason [...-z°n...].

**не́ктар** *м.* néctar.

**не́кто** *мест. тк. им.* sóme¦one; ~ Ивано́в a cértain Ivanóv, one Ivanóv.

**не́куда** *нареч.* (+ *инф.*) nó¦whère (+ to *inf.*); ему́ ~ положи́ть свои́ ве́щи he has nó¦whère to put his things; ему́ ~ пойти́ he has nó¦whère to go; ◇ да́льше е́хать ~! *разг.* well, that's the limit!

**некульту́рн||о** *нареч.*: вести́ себя́ ~ show* bad mánners [ʃou...]. ~**ость** *ж.* **1.** lack of cúlture; **2.** (*о поведении*) bad form; bad mánners *pl.* ~**ый** **1.** ún¦cúltured, úncivilìzed; э́то ~**о** this shows lack of cúlture [...ʃouz...]; **2.** (*о поведении*) róugh(-mánnered) ['rʌf-]; **3.** *бот.* ún¦cúltivàted.

**некуря́щ||ий** **1.** *прил.* nón-smóking; **2.** *м. как сущ.* nón-smóker; ваго́н для ~**их** nón-smóking cárriage [...-rɪdʒ].

**нела́дн||ый** *разг.* wrong, bad*; здесь что́-то ~**о** smth. is wrong here.

**нелады́** *мн. разг.* discòrd *sg.*, váriance *sg.*; lack of hármony *sg.*; у них ~ they are at váriance.

**нела́сковый** cold; (*сдержанный*) resérved [-'zəːvd].

**нелега́льно** I *прил. кратк. см.* нелега́льный.

**нелега́льн||о** II *нареч.* illégal¦ly. ~**ость** *ж.* illegálity. ~**ый** illégal; организа́ция перешла́ на ~**ое** положе́ние the òrganìzátion went úndergróund [...-naɪ-...].

**нелеги́рованн||ый** *тех.* ún¦allóyed, plain; ~**ая** сталь plain steel.

**нелёгкая** *ж. скл. как прил. разг.*: ~ его́ сюда́ несёт! what the deuce brings him here?; куда́ его́ ~ несёт? where the deuce is he gó¦ing?; заче́м ~ тебя́ сюда́ принесла́? why the deuce have you come here?, what ill wind has brought you here? [...wɪnd...].

**нелёгк||ий** **1.** (*трудный*) difficult, not éasy [...'iːzɪ], hard; **2.** (*тяжёлый*) not light, héavy ['he-]; э́то ~ая но́ша it is not a light búrden.

**неле́по** I **1.** *прил. кратк. см.* неле́пый; **2.** *предик. безл.* it is absúrd.

**неле́п||о** II *нареч.* absúrdly. **~ость** *ж.* absúrdity; nónsense; кака́я ~ость! how ridículous! ~ый absúrd, prepósterous; (*смешной*) ridículous; (*бессмысленный*) nònsénsical; (*неуместный, несообразный*) in¦cóngruous.

**нele´стный** ún¦còmpliméntary, únflàttering.

**нелётн||ый:** ~ая пого́да nón-flýing wéather [...'we-].

**нелету́чий** *тех.* nón-vólatile.

**неликви́дный** *эк.* nón-líquid.

**нелицеме́рный** únhỳpocrítical, sincére, frank.

**нелицеприя́тный** *уст.* impártial, ùnpréjudiced.

**нели́шне** **1.** *прил. кратк. см.* нели́шний; **2.** *предик. безл.* (+ *инф.*) it is not out of place (+ to *inf.*); ~ отме́тить, что it would not be out of place to obsérve that [...'zəːv...].

**нели́шн||ий** *разг.* not sùpérfluous; (*полезный*) úse¦ful ['juːs-]; (*о высказывании и т. п.*) rélevant; быть ~им be úse¦ful.

**нело́вк||ий** (*прям. и перен.*) áwkward; (*неуклюжий*) clúmsy [-zɪ]; (*неудобный*) ùn¦cómfortable [-'kʌ-]; (*неуместный*) ìn¦convénient; (*неумелый*) blúndering; ~ое молча́ние áwkward sílence [...'saɪ-]; ~ое движе́ние áwkward móve¦ment [...'muː-]; оказа́ться в ~ом положе́нии be, *или* find* òne¦sélf, in an áwkward sìtuátion.

**нело́вко** I **1.** *прил. кратк. см.* нело́вкий; **2.** *предик. безл.*: ему́ ~ сиде́ть на э́том сту́ле he is ùn¦cómfortable in this chair [...'kʌ-...]; ~ об э́том спра́шивать it is áwkward / ìn¦convénient to ask abóut it; ему́ ~ встреча́ться с ней he feels áwkward abóut méeting her.

**нело́вк||о** II *нареч.* ùn¦cómfortably [-'kʌ-], áwkwardly; чу́вствовать себя́ ~ feel* / be ill at ease; о́ба почу́вствовали себя́ ~ they both felt ùn¦cómfortable [...bouθ...-'kʌ-]. **~ость** *ж.* (*прям. и перен.*) áwkwardness; (*неуклюжесть*) clúmsiness [-zɪ-]; (*неловкий поступок*) blúnder; чу́вствовать ~ость feel* áwkward / shy / ùn¦cómfortable [...-'kʌ-].

**нелоги́чн||ость** *ж.* illògicálity, lack of lógic. **~ый** illógical.

**нелужёный** úntinned.

**нельзя́** *предик. безл.* **1.** (+ *инф.*; *невозможно*) it is impóssible (+ to *inf.*); (*о человеке тж.*) one cánnòt, *или* can't [...kɑːnt] (+ *inf.*); you can't (+ *inf.*) *разг.*; there is no (+ *ger.*); there is no way (of *ger.*); (*с доп. при инф. тж.*) cánnòt, can't (+ *subject* + *pass. inf.*): там ~ дыша́ть it is impóssible to breathe there; one / you can't breathe there; их ~ останови́ть it is impóssible to stop them; there is no stópping them; they cánnòt be stopped; — ему́ *и т. д.* ~ (+ *инф.*) it is impóssible for him, *etc.* (+ to *inf.*); he, *etc.*, cánnòt (+ *inf.*); ~ сказа́ть, что it cánnòt be said, one cánnòt say; ~ не (+ *инф.*) one cánnòt help (+ *ger.*); ему́ *и т. д.* ~ не (+ *инф.*), ~ бы́ло не (+ *инф.*) he, *etc.*, cánnòt but (+ *inf.*), could not but (+ *inf.*); ~ не согласи́ться с ва́ми (*не могу не согласиться*) I cánnòt but agrée with you; ~ не призна́ть one cánnòt but admít; ~ не восхища́ться one cánnòt help admíring; ~ ли сде́лать э́то, помо́чь ему́ *и т. п.*? is it póssible to do that, to help him, *etc.*?; ра́зве ~ сде́лать э́то *и т. п.*? is it impóssible to do that, *etc.*?; никогда́ ~ знать, где он мо́жет быть, где его́ найдёшь *разг.* you never know where to find him [...nou...]; **2.** (*не допускается, воспрещается*) it is not allówed, it is prohíbited; (+ *инф.*) is not allówed (+ *ger. как subject*), is prohíbited (+ *ger. как subject*); (*то же — как обращение ко 2-му лицу*) you may not (+ *inf.*); (+ *инф.*; *как требование на данный случай*) you must not (+ *inf.*); (+ *инф.*; *не следует, нехорошо*) one should not (+ *inf.*), one ought not (+ to *inf.*); (*то же — как обращение ко 2-му лицу*) you should not (+ *inf.*), you ought not (+ to *inf.*); (*с доп. при инф.*; *с тем же оттенком тж.*) should not (+ *subject* + *pass. inf.*), ought not (+ *subject* + to *pass. inf.*): прекрати́те куре́ние, здесь ~! stop smóking, it is not allówed, *или* is prohíbited, here!; здесь кури́ть ~ smóking is not allówed, *или* is prohíbited, here; you may not smoke here; (*не курите здесь сейчас*) you must not smoke here; ~ ложи́ться (спать) так по́здно one / you should not go, *или* ought not to go, to bed so late; таки́е ве́щи ~ де́лать (*о поведении*) such things should not be done, *или* ought not to be done; — ~ (входи́ть)! don't come in!; ~ теря́ть ни мину́ты there is not a mínute to lose [...'mɪnɪt... luːz]; он челове́к, кото́рому ~ доверя́ть, на кото́рого ~ положи́ться *и т. п.* he is not a man* (who is) to be trústed, to be relíed up¦ón, *etc.*; его́, их *и т. д.* ~ порица́ть (за *вн.*), укоря́ть (в *пр.*) he is they are, *etc.*, not to blame (for); никогда́ ~ (+ *инф.*; *соотв. указанным выше оттенкам значения*) you may never (+ *inf.*); one / you should never (+ *inf.*), *или* ought never (+ to *inf.*); ему́ *и т. д.* ~ (+ *инф.*; *соотв. указанным выше оттенкам значения*) he, *etc.*, may / must not (+ *inf.*); he, *etc.*, should not (+ *inf.*), *или* ought not (+ to *inf.*); никому́ ~ (+ *инф.*) nó¦body may / must (+ *inf.*) *и т. д.* (*ср. выше*); ему́, им *и т. д.* ~ пла́вать, бе́гать *и т. п.* (*запрещено, так как вредно*) he is, they are, *etc.*, forbídden swímming, rúnning, *etc.*; swímming, rúnning, *etc.*, is forbídden him, them, *etc.*; ему́ *и т. д.* ~ кури́ть (*ср. выше*) he is forbídden tobáccò; ему́, им *и т. д.* ~ вина́, мя́са *и т. п. разг.* he is, they are, *etc.*, forbídden wine, meat, *etc.*; wine, meat, *etc.*, is forbídden him, them, *etc.*; ничего́ ~ *разг.* nothing is allówed; évery¦thing is prohíbited / forbídden; ◇ как ~ лу́чше in the best way póssible.

**не́льма** *ж.* (*рыба*) white sálmon [...'sæmən].

**нелюбе́зн||ость** *ж.* (*отсутствие любезности*) ún¦grácious¦ness; cóld¦ness; (*невежливость*) discóurtesy [-'kəː-]. **~ый** ún¦grácious, cold; (*непредупредительный*) ún¦oblíging; (*невежливый*) discóurteous [-'kəː-], disoblíging; ~ый отве́т, приём ún¦grácious ánswer, recéption [...'ɑːnsə...].

**нелюб||и́мый** ún¦lóved [-'lʌ-]. **~о́вь** *ж.* (к) dislíke (for).

**нелюбопы́тный** **1.** in¦cúrious; **2.** (*неинтересный*) ún¦interesting.

**нелюди́м** *м.*, **~ка** *ж.* ùnsóciable pérson. **~ый** ùnsóciable.

**немагни́тный** nón-màgnétic.

**нема́ло** *нареч.* **1.** (*с сущ. в ед. ч.*) not a little, much; (*с сущ. во мн. ч.*) not a few, many, quite a númber of; они́ положи́ли ~ труда́ на организа́цию they spent not a little lábour on the òrganìzátion [...-naɪ-]; он перечита́л ~ книг he has read many, *или* not a few, books [...red...]; исто́рия наро́дов зна́ет ~ революци́й in the history of peoples many rèvolútions have táken place [...piː-...]; **2.** (*с гл.*) a great deal [...-eɪt...]; он ~ чита́л he has read a great deal.

**немалова́жный** of no small impórtance / accóunt; ~ фа́ктор not the least of the fáctors.

**немалочи́сленный** ráther númerous ['rɑː-...].

**нема́л||ый** great / large enóugh [-eɪt... -ʌf]; not ìn¦considerable; ~ые де́ньги a considerable amóunt of móney [...'mʌ-] *sg.*

**нема́ркий** not éasily soiled [...'iːz-...]; not shówing dirt [...'ʃou-...], dark.

**немаркси́стский** nón-márxist, únmárxist.

**нематериа́льный** nón-matérial.

**неме́дленно** I *прил. кратк. см.* неме́дленный.

**неме́дленн||о** II *нареч.* immédiate¦ly, at once [...wʌns]. **~ый** immédiate.

**неме́ркнущий** ùnfáding.

**неметалли́ческий** nón-metállic.

**неме́ть,** онеме́ть **1.** become* dumb; (*перен.*) grow* dumb [-ou...]; он онеме́л по́сле конту́зии he becáme dumb from shéll-shòck; онеме́ть от удивле́ния grow* dumb with surpríse, be strícken dumb with surpríse; **2.** (*цепенеть, коченеть*) become* / grow* numb; его́ ру́ки онеме́ли от хо́лода his hands grew numb with cold.

**не́м||ец** *м.*, **~е́цкий** Gérman; ~е́цкий язы́к Gérman, the Gérman lánguage.

**немига́ющий** únwínking.

**немилосе́рдие** *с.* mércilessness.

**немилосе́рдно** I *прил. кратк. см.* немилосе́рдный.

**немилосе́рдн||о** II *нареч.* ùnmércifully. **~ый** mérciless, ùnmérciful.

**неми́лостиво** I *прил. кратк. см.* неми́лостивый.

**неми́лостив||о** II *нареч.* ún¦grácious¦ly; (*сурово*) sevére¦ly. **~ый** ún¦grácious; (*суровый*) sevére.

**неми́лост||ь** *ж.* disgráce; впасть в ~ fall* into disgráce; get* in smb.'s bad books *разг.*; быть в ~и be in disgráce.

**немину́емо** I *прил. кратк. см.* немину́емый.

**немину́ем||о** II *нареч.* inévitably, ùn¦avóidably. **~ый** inévitable, ùn¦avóidable.

**не́мка** *ж.* Gérman (wóman*) [...'wu-].

**немно́гие** *мн. скл. как прил.* not many, few.

**немно́г||ий:** ~им бо́льше (*о размере*) a little lárger, not much lárger; (*о количестве*) a little more; в ~их слова́х in a few words; за ~ими исключе́ниями with few excéptions.

**немно́го** *нареч.* **1.** a little, some; ~ вре́мени little time; пройдёт ~ вре́мени, и... befóre very long...; ~ воды́ a little wáter [...'wɔː-]; ~ люде́й a few people [...piː-]; **2.** *разг.* (*слегка, не сильно*) sóme¦whàt, slíghtly; у него́ ~ боли́т голова́ his head aches slíghtly [...hed eɪks...], he has a slight héadàche [...'hedeɪk].

**немногосло́вный** lacónic, shórt-spòken; ~ челове́к a man* of few words.

**немногочи́сленный** not númerous.

**немно́жко** *нареч. разг.* a little; a trifle; (just) a bit *разг.*

**немо́жется** *безл.* (*дт.*) *разг.*: ему́ ~ he does not feel well, he feels bad; he is out of sorts *разг.*

**нем||о́й 1.** *прил.* dumb; (*перен.*: *тихий, безмолвный*) déathly-still ['deθlɪ-]; ~а́я ночь déathly-still night; **2.** *прил.* (*о чувстве и т. п.*) mute; ~ призы́в mute appéal; ~о́е обожа́ние mute àdorátion; **3.** *как сущ. м.* dumb man*; mute; (*о мальчике*) dumb boy; *ж.* dumb wóman* [...'wu-]; (*о девочке*) dumb girl [...g-]; *мн. собир.* the dumb; ◇ ~а́я ка́рта skéleton map; ~а́я бу́ква mute / sílent létter; ~ фильм sílent film.

**немолодо́й** élderly.

**немо́лчный** *поэт.* contínuous, incéssant, ùncéasing [-s-], cease¦less [-s-].

**немота́** *ж.* dúmb¦ness, múte¦ness.

**не́мочь** *ж. разг.* síckness, íllness; бле́дная ~ *мед.* chlorósis, gréensìckness.

**немощёный** únpáved.

**не́мо||щный** infírm, sick; (*слабый*) feeble. **~щь** *ж.* infírmity; (*слабость*) féeble¦ness.

**нему́** *дт. см.* он, оно́.

**немудрено́ 1.** *прил. кратк. см.* немудрёный; **2.** *предик. безл.* (*неудивительно*) no wónder [...'wʌ-], small wónder; ~, что он э́того не нашёл no wónder (that) he could not find it.

**немудрёный** *разг.* símple, éasy ['iːzɪ].

**нему́дрый** = немудрёный.

**немузыка́льный** únmúsical [-z-]; (*не имеющий слуха*) tóne-deaf [-def].

**немы́слим||ый** *разг.* ùnthínkable, ìn¦concéivable [-'siː-]; (*невозможный*) impóssible; э́то ~о it is ìn¦concéivable, it is impóssible.

**ненаблюда́тельный** ún¦obsérvant [-'zəː-].

**ненави́деть** (*вн.*) hate (*d.*); (*питать отвращение*) detést (*d.*), abhór (*d.*), éxecràte (*d.*).

**ненави́стн||ик** [-сн-] *м.*, **~ица** [-сн-] *ж.* háter; (*злейший враг*) bítter énemy. **~ичество** [-сн-] *с.* hóstile áttitùde. **~ый** [-сн-] háted, háte¦ful, ódious.

**не́нависть** *ж.* hátred; (*отвращение*) dètèstátion [diː-], abhórrence.

**ненагля́дный** *разг.* dárling, belóved [-'lʌ-].

**ненадёванный** *разг.* ún¦úsed, únwórn [-'wɔːn].

**ненадёжн||ость** *ж.* **1.** ún¦reliabílity, ìnsecúrity; (*непрочность*) lack of strength; **2.** (*о человеке*) úntrústwòrthiness [-ðɪ-], ún¦reliabílity. **~ый 1.** ún¦relíable; ìn¦secúre; (*непрочный*) not strong enóugh [...-ʌf]; **2.** (*о человеке*) úntrústwòrthy [-ðɪ], ún¦relíable.

**ненадлежа́щ||ий** not right, impróper [-'prɔ-]; ~им о́бразом not in the right / próper way [...'prɔ-...], impróperly.

**нена́добн||о** *предик. безл.* not wánted, únwánted, not nécessary, ùnnécessary. **~ость** *ж.* úse¦lessness ['juːs-]; за ~остью as not wánted; за ~остью подробного расследования there bé¦ing no need for fúrther invèstigátion.

**ненадолго** *нареч.* for a short while, not for long; он уезжает ~ he is léaving for a short while.

**ненаказуем||ость** *ж. юр.* nón-pùnishability [-pʌ-]. **~ый** *юр.* nón-púnishable [-'pʌ-].

**ненамеренн||о** *нареч.* ún¦inténtionally, ùn-wítting¦ly. **~ый** ún¦inténtional.

**ненападени||е** *с.* nón-aggréssion; пакт о ~и nón-aggréssion pact.

**ненароком** *нареч. разг.* ìnadvértently, by áccident.

**ненарушимый** invíolable, sácred.

**ненастн||ый** ráiny, bad*, foul, in¦clément [-'kle-]; ~ день ráiny day; ~ая погода bad* / foul wéather [...'we-].

**ненастроенный** úntúned.

**ненастье** *с. тк. ед.* bad / ráiny / foul / in¦clément wéather [...-'kle- 'we-].

**ненасытн||ость** *ж.* insàtiability; (*перен.: жадность*) greed. **~ый** insátiable; (*перен.: жадный*) gréedy, grásping.

**ненасыщенный** ùnsáturàted; ~ раствор ùnsáturàted solútion.

**ненатуральн||ость** *ж.* àffèctátion. **~ый** affécted, not nátural.

**ненаучн||ый** únscientífic; ~ая постановка вопроса an únscientífic way of pútting the quéstion [...-stʃ-].

**ненаходчивый** ún¦resóurce¦ful [-'sɔ:s-], shíftless.

**ненец** *м.*, **~кий** Nénetz ['ne-]; ~кий язык Nénetz, the Nénetz lánguage.

**ненормальн||ость** *ж.* **1.** àbnòrmálity, ir-règulárity, àbnórmity; **2.** (*психическая*) insánity; **3.** (*недочёт*) deféct. **~ый 1.** àbnórmal; **2.** (*психически*) insáne.

**ненужн||о** *прил. кратк. см.* ненужный. **~ый** ùn¦nécessary, néedless; (*бесполезный*) úse¦less ['ju:s-].

**необделанный** *разг.* úntrímmed, únfínished; (*о драгоценных камнях*) únmóunted.

**необдуманно** I *прил. кратк. см.* необдуманный.

**необдуманн||о** II *нареч.* ráshly. **~ость** *ж.* ráshness. **~ый** rash, thóughtless, hásty ['heɪ-]; ~ый шаг hásty / ill-consídered step.

**необеспеченн||ость** *ж.* **1.** precárious¦ness; néediness; **2.** (*тв.*) lack (of). **~ый 1.** únprovíded for, precárious; néedy; **2.** (*тв.*) not províded (with).

**необитаемый** ún¦inhábited; ~ остров désert island [-z- 'aɪl-].

**необлагаемый** not táxable, úntáxed.

**необозрим||ость** *ж.* bóundlessness, imménsity, vástness. **~ый** bóundless, imménse, vast.

**необороняемый** úndefénded.

**необоснованн||ость** *ж.* gróundlessness, báse¦lessness [-s-]. **~ый** gróundless, únfóunded, ún¦gróunded.

**необработанн||ость** *ж.* **1.** (*о земле*) úntílled state; **2.** (*о материале*) rúde¦ness, crúdity. **~ый 1.** (*о земле*) ún¦cúltivàted, úntílled; **2.** (*о материале*) únwróught, raw, crude; **3.** (*о литературном произведении*) in¦cóndite, únpólished.

**необразованн||ость** *ж.* lack of èducátion. **~ый** ún¦éducàted, ún¦léarned [-'lə:-].

**необратим||ость** *ж.* irrevèrsibílity. **~ый** ìrrevérsible.

**необременительный** not dífficult; (*легко выполнимый*) éasily done ['i:z-...].

**необстоятельный** sùperfícial.

**необстреливаем||ый** *воен.* únshélled; ~ое пространство dead ground [ded...].

**необстрелянн||ый:** ~ые войска raw troops.

**необузданн||ость** *ж.* lack of restráint; ún¦gòvernabílity [-gʌ-], ún¦contròllabílity [-troul-], bé¦ing únrestráined. **~ый** ùnbrídled, ùn¦góvernable [-'gʌ-], ún¦contróllable [-'troul-], únrestráined.

**необусловленный** únstípulàted, without stìpulátion.

**необутый** without shoes [...ʃu:z], únshóed [-'ʃu:d], shóe¦less ['ʃu:-].

**необученный** úntráined.

**необходим||о 1.** *прил. кратк. см.* необходимый 1; **2.** *предик. безл.* it is nécessary; ~ кончить работу в срок the work must be done in time, it is nécessary to fínish the work in time. **~ость** *ж.* necéssity; нет никакой ~ости there is no necéssity at all, *или* whàt¦éver, *или* whàt¦so¦éver; в случае ~ости in case of need [...keɪs...]; в случае крайней ~ости in case of emérgency; по ~ости nécessarily, perfórce. **~ый 1.** *прил.* nécessary; ìndispénsable; дать ~ые сведения give* the nécessary ìnformátion; ему ~ы деньги he must have, *или* he needs, móney [...'mʌ-]; **2.** *с. как сущ.*: всё ~ое évery¦thing requíred / nécessary.

**необходительн||ость** *ж.* únsòciabílity, ùnsóciable¦ness; (*замкнутость*) resérve [-'zə:v]. **~ый** ùnsóciable, ún¦ámiable.

**необщительн||ость** *ж.* únsòciabílity. **~ый** ùnsóciable, sélf-contáined; быть ~ым keep* òne¦sélf to òne¦sélf; be a bad míxer *идиом.*

**необъезженн||ый** [-ежьже-]: ~ая лошадь únbróken horse.

**необъясним||ость** *ж.* inèxplicabílity. **~ый** inéxplicable, ún¦accóuntable.

**необъятн||ость** *ж.* imménsity, bóundlessness. **~ый** imménse, ùnbóunded.

**необыкновенно** I *прил. кратк. см.* необыкновенный.

**необыкновенн||о** II *нареч.* ùn¦úsually [-'ju:ʒ-], ùn¦cómmonly. **~ость** *ж.* singulárity; ùn¦úsualness [-'ju:ʒ-] *разг.* **~ый** ùn¦úsual [-'ju:ʒ-], ùn¦cómmon; в этом нет ничего ~ого there is nóthing out of the órdinary in it.

**необычайный** extraórdinary [ɪks'trɔ:dnrɪ], excéptional.

**необычн||ость** *ж.* sìngulárity; ùn¦cómmonness; ~ этого выражения the sìngulárity / rárity of this expréssion. **~ый** ùn¦úsual [-'ju:ʒ-]; в ~ый час, в ~ое время at an ùn¦úsual hour [...auə].

**необязательный** not oblígatory; (*факультативный*) óptional, fácultàtive.

**неогеновый** *геол.* Néogène, Néocène.

**неограниченн||ый** ùn¦límited, ún¦restrícted, ùnbóunded; (*о власти*) ábsolùte; ~ая монархия ábsolùte mónarchy [...-kɪ]; ~ая власть ábsolùte pówer; ~ые полномочия plénary / ùn¦límited pówers.

**неодетый** úndréssed.

**неодинаковый** ún¦équal.

**неоднокра́тн||о** *нареч.* repéatedly, óften [ˈɔːf(t)°n], more than once [...wʌns]. **~ый** repéated, rèiteràted.

**неоднoро́дн||ость** *ж.* hèterogenéity [-ˈniːɪ-], hèterogéneousness. **~ый** hèterogéneous, not úniform; (*несходный, непохожий*) dissímilar; ~ая среда́ *физ.* inhòmogéneous médium [-hou-...].

**неодобре́ние** *с.* disàpprobátion, disappróval [-ˈpruː-].

**неодобри́тельный** disappróving [-ˈpruː-], disappróbatory [-ˈprou-]; (*осуждающий*) déprecàtive.

**неодоли́м||о** *нареч.* invíncibly. **~ый** ìrresístible [-ˈzɪ-], invíncible.

**неодушевлённый** inánimate; ~ предме́т inánimate óbject.

**неожи́данно** I *прил. кратк. см.* неожи́данный.

**неожи́данн||о** II *нареч.* únexpéctedly; (*внезапно*) súddenly. **~ость** *ж.* únexpéctedness; surpríse; (*внезапность*) súddenness; э́то бы́ло большо́й ~остью it was a great surpríse [...greɪt...]. **~ый** únexpécted; (*внезапный*) súdden; ~ый уда́р surpríse attáck / blow [...-ou]; ~ые результа́ты ùnlóoked-fór resúlts [...-ˈzʌ-].

**неозо́йский** *геол.* néozòic.

**неокантиа́нство** *с.* néo-Kántianism.

**неокладно́й** *уст.*: ~ сбор únassésséd tax.

**неоклассици́зм** *м.* néo-clássicism.

**неоконча́тельный** ìnconclúsive, not fínal.

**неоко́нченный** únfínished.

**неолити́ческий** *археол.* néolíthic.

**неологи́зм** *м. лингв.* nèólogism.

**нео́н** *м. хим.* néòn. **~овый** *прил. к* нео́н; ~овая ла́мпа néòn lamp.

**неопа́сный** not dángerous [...-eɪn-].

**неопери́вшийся** (*прям. и перен.*) únflédged; cállow; ~ птене́ц flédg(e)ling.

**неопису́емый** indescríbable; (*невыразимый*) ùnspéakable.

**неопла́||тный** ìrredéemable, that cánnòt be rèpaid; (*о должнике*) insólvent; ~ долг a debt one is únáble to rèpáy [...det...], a debt (of grátitùde) too great to be rèpáid [...greɪt...]. **~ченный** únpáid, not paid.

**неопо́знанный** únidéntified [-aɪˈde-].

**неопоро́ченный** bláme less, únstáined.

**неопра́вданный** unjústified; (*недопустимый*) ùnwárranted, ùnwárrantable.

**неопределённ||ость** *ж.* vágueness [ˈveɪg-]; ùncértainty. **~ый** 1. ìndetérminate, not fixed, indéfinite; ~ый член *грам.* indéfinite árticle; ~ое наклоне́ние *грам.* infínitive; ~ое уравне́ние *мат.* ìndetérminate equátion; ~ого ви́да of nóndescript áspèct; 2. (*неточный, неясный*) vague [veɪg], ùncértain.

**неопредели́мый** ìndetérminable, ìndefínable.

**неопроверж́им||ость** *ж.* irrèfutabílity. **~ый** irréfutable; (*бесспорный*) únánswerable [-ˈɑːnsər-], úndeníable, indispútable, ìncontéstable; ~ые да́нные íncòntrovértible évidence *sg.*

**неопроки́дывающийся** *мор.* nón-càpsízable.

**неопря́тн||ость** *ж.* slóvenliness [ˈslʌ-], ùntídiness [-ˈtaɪ-]. **~ый** slóvenly [ˈslʌ-], ùntídy.

**неопублико́ванный** únpúblished [-ˈpʌ-].

**нео́пытн||ость** *ж.* ìnexpérience. **~ый** ìnexpérienced, ùnpráctised [-tɪst].

**неорганизо́ванн||о** *нареч.* 1. without òrganìzátion / órder [...-naɪ-...]; 2. (*индивидуально*) ìndivídually, each for himsélf. **~ость** *ж.* lack of òrganìzátion [...-naɪ-]. **~ый** únórganized.

**неоргани́ческ||ий** ìnorgánic; ~ая хи́мия ìnorgánic chémistry [...ˈke-]; ~ мир the ìnorgánic world.

**неоромантизм** *м.* néo-románticism.

**неосведомлённ||ость** *ж.* lack of informátion. **~ый** únìnfórmed, ìll-infórmed; (*о пр.*) únawáre (of).

**неосе́длый** nómad [ˈnɔ-], wándering.

**неосла́бн||о** *нареч.* ùnremíttingly, assíduously; ~ следи́ть watch ùnremíttingly. **~ый** ùnremítting, assíduous, únabáted; ~ое внима́ние únabáted / ùnremítting atténtion.

**неосмотри́тельн||ость** *ж.* ínconsiderátion; (*неблагоразумие*) imprúdence. **~ый** ìnconsíderate; (*неблагоразумный*) ìndiscréet, imprúdent.

**неоснова́тельн||ость** *ж.* 1. gróundlessness; 2. (*несерьёзность*) sùperficiálity. **~ый** 1. gróundless, únfóunded; 2. (*несерьёзный, поверхностный*) sùperfícial.

**неоспори́м||ость** *ж.* íncontèstabílity, índispùtabílity, irrèfutabílity; (*ср.* неоспори́мый). **~ый** (*о факте*) ùnquéstionable [-stʃən-], ùndeníable; ìncontéstable; (*о доводе*) irréfutable, indispútable.

**неосторо́жн||ость** *ж.* cárelessness; imprúdence. **~ый** cáreless; imprúdent, ìll-advísed, únwáry.

**неосуществи́м||ость** *ж.* imprácticabílity, nón-realìzabílity [-rɪəlaɪ-]. **~ый** imprácticable, únréalizable [-ˈrɪə-].

**неосяза́ем||ость** *ж.* impàlpabílity, intàngibílity [-ndʒ-]. **~ый** (*прям. и перен.*) impálpable, intángible [-ndʒ-].

**неотврати́м||ость** *ж.* inèvitabílity. **~ый** inévitable.

**неотвя́з||ный** 1. *разг.* (*назойливый*) impórtunate; 2. (*о мысли, воспоминании*) cónstant. **~чивый** *разг.* = неотвя́зный 1.

**неотдели́м||ость** *ж.* insèparabílity. **~ый** inséparable.

**неотёсанный** *разг.* (*о человеке*) únpólished, ùncóuth [-ˈkuːθ].

**неотзы́вчивый** únsỳmpathétic, únrespónsive.

**нео́ткуда** *нареч.* from nówhère; ему́ ~ получи́ть э́то there is nówhère he could get it from.

**неотло́жн||ость** *ж.* úrgency. **~ый** préssing, úrgent; ~ое де́ло úrgent búsiness [...ˈbɪzn-]; ~ая по́мощь first aid.

**неотлу́чн||о** *нареч.* contínually, cónstantly; without góing / móving awáy for an instant [...ˈmuː-...]. **~ый** álways présent [ˈɔːlwəz -ez-].

**неотрази́м||ость** *ж.* irresìstibílity [-zɪ-]. **~ый** 1. ìrresístible [-ˈzɪ-]; (*о доводах и т. п.*) irréfutable; 2. (*обаятельный, захватывающий*) ìrresístible, fáscinàting; ~ое впечатле́ние profóund impréssion.

**неотсту́пн||ость** *ж.* persístence, impòrtúnity. **~ый** persístent, impórtunate, reléntless; ~ое пресле́дование reléntless pursúit [...-ˈsjuːt].

**неотчётлив||ость** *ж.* vágue¦ness ['veɪg-], indistínctness. **~ый** vague [veɪg], indistínct.

**неотчуждáем||ость** *ж. юр.* inàlienabílity. **~ый** *юр.* inálienable.

**неотъéмлем||ый** inálienable, imprescríptible; ~ая часть íntegral part; part and párcel *идиом.*; ~ое прáво inhérent / imprescríptible / inálienable right.

**неофаш||и́зм** *м.* néo-fáscism. **~и́ст** *м.* néo-fáscist. **~и́стский** néo-fáscist.

**неофи́т** *м.* néophỳte.

**неофициáльн||ый** ún¦offícial, infórmal; ~ая встрéча (*министров и т. п.*) infórmal méeting.

**неохóт||а 1.** *ж.* relúctance; он пошёл с ~ой he went with relúctance; **2.** *предик. безл. разг.*: емý, ей *и т. д.* ~ идти́ he, she, *etc.*, does¦n't feel like gó¦ing. **~но** *нареч.* únwílling¦ly, with relúctance, relúctantly.

**неоцени́м||ость** *ж.* príce¦lessness, páramount impórtance. **~ый** inváluable, inéstimable; оказáть ~ую услýгу rénder an in¦cálculable sérvice.

**неощути́тельный** impercéptible, intángible.

**непарнокопы́тные** *мн. скл. как прил. зоол.* perissodáctyle, ódd-tòed ánimals.

**непáрный** únpáired, odd.

**непарти́йный 1.** nón-Párty; ~ большеви́к nón-Párty Bólshevik (*a Bolshevik in the spirit*); **2.** (*несовместимый со званием члена партии*) únbefítting a mémber of the Párty; ~ постýпок an act únbefítting a mémber of the Párty.

**непереводи́мый** úntrànslátable [-rɑː-].

**непередавáемый** inexpréssible, inéffable.

**непереходный:** ~ глагóл *грам.* intránsitive verb [-ɑːn-...].

**непи́саный** únwrítten; ~ закóн únwrítten law.

**непитáтельный** innùtrítious.

**неплáвкий** *тех.* infúsible [-z-].

**неплатёж** *м.* nón-páyment.

**неплатёжеспосóбн||ость** *ж. юр.* insólvency. **~ый** *юр.* insólvent.

**неплатéльщ||ик** *м.*, **~ица** *ж.* nón-páyer, defáulter; злóстный ~ in¦córrigible defáulter.

**неплодорóдн||ость** *ж.* bárrenness, stèrílity. **~ый** bárren, stérìle; infértìle.

**неплодотвóрн||ость** *ж.* únprodùctívity. **~ый** únprodúctive; ~ая рабóта wásted work ['weɪ-...].

**неплóтно** I *прил. кратк. см.* неплóтный.

**неплóтн||о** II *нареч.* not fast; дверь ~ закрывáется the door does not close próperly / fast [...dɔː...]. **~ый** in¦compáct, thin; ~ая завéса thin veil.

**неплóхо** I *прил. кратк. см.* неплохóй.

**неплóх||о** II *нареч.* not (half) bad [...hɑːf...], ráther well ['rɑː-...], quite good. **~óй** not (half) bad [...hɑːf...], quite good; ~áя мысль not a bad idéa [...aɪ'dɪə].

**непобеди́м||ость** *ж.* invìncibílity. **~ый** invíncible, ùn¦cónquerable [-kər-].

**неповáдно** *предик. разг.*: чтóбы ~ бы́ло комý-л. (+ *инф.*) to keep smb. from (+ *ger.*) smth. agáin, to teach smb. not to try smth. agáin, to put smb. off trýing agáin.

**непови́нный** ínnocent.

**неповиновéние** *с.* (*неподчинение*) insubòrdinátion; (*непослушание*) disobédience.

**неповорóтлив||ость** *ж.* (*неловкость*) áwkwardness, clúmsiness [-zɪ-]; (*медлительность*) slúggishness, slówness ['slou-]. **~ый** (*неловкий*) áwkward, clúmsy [-zɪ]; (*медлительный*) slow [slou], slúggish.

**неповтори́мый** ùníque [juː'niːk]; ~ по своéй красотé inímitable in its béauty [...'bjuː-], of inímitable / ùníque béauty.

**непогóда** *ж. тк. ед.* foul / bad wéather [...'we-].

**непогреши́м||ость** *ж.* infàllibílity; (*безупречность*) impèccabílity. **~ый** infállible; (*безупречный*) impéccable, inérrable.

**неподалёку** *нареч.* (от) near, not far (from).

**неподáтлив||ость** *ж.* tenácity, inflèxibílity; (*о человеке*) stúbbornness. **~ый** tenácious, infléxible, ùn¦yíelding [-'jiːl-]; (*о человеке тж.*) stúbborn, ùnmánage¦able, hárd-móuthed.

**неподатнóй** *ист.* exémpt / free from càpitátion.

**неподвéдомственный** (*дт.*) be¦yónd the jùrisdíction (of).

**неподви́жно** I *прил. кратк. см.* неподви́жный.

**неподви́жн||о** II *нареч.* mótion¦less; (*накрепко*) fast; стоя́ть ~ stand* mótion¦less. **~ость** *ж.* immobílity. **~ый** immóvable [-'muː-], mótion¦less, still; fixed, státion¦ary; (*перен.*: *медлительный*) slow [slou]; ~ый взгляд fixed stare / look; ~ая звездá fixed star; ~ый вóздух still air.

**неподдéльн||ость** *ж.* génuine¦ness, authènticity; (*перен.*: *искренность*) sincérity. **~ый** génuine, real [rɪəl]; (*подлинный*) authéntic; (*перен.*: *искренний*) sincére, ùnféigned [-'feɪnd].

**неподкýпн||ость** *ж.* in¦corrùptibílity, intégrity. **~ый** in¦corrúptible.

**неподобáющ||е** *нареч.* in an ùnséemly mánner; indécorous¦ly. **~ий** ùnséemly, indécorous.

**неподражáем||ость** *ж.* inímitable¦ness; ~ игры́ э́того арти́ста the inímitable ácting of this áctor. **~ый** inímitable.

**неподсýдный** (*дт.*) not únder the jùrisdíction (of).

**неподходя́щий** únsúitable [-'sjuː-], inappròpriate.

**неподчинéние** *с.* insubòrdinátion; ~ судéбному постановлéнию contémpt of court [...kɔːt].

**непозволи́тельн||ость** *ж.* inadmìssibílity; (*неприличие*) impropríety. **~ый** impermíssible; inadmíssible; (*неприличный*) impróper[-ɔ-].

**непознавáемый** *филос.* in¦cógnizable, ún¦knówable [-'nou-]; be¦yónd the grasp of the mind.

**непокóйный** *разг.* troubled [trʌ-], ánxious, wórried ['wʌ-].

**непоколеби́м||ость** *ж.* fírmness, stéadfastness ['sted-]. **~ый** firm, stéadfast ['sted-], ùnshákable, ùnflágging, ùnflínching; оставáться ~ым remáin / stand* firm; ~ый борéц за мир staunch fíghter for peace; ~ое убеждéние ùnshákable convíction.

**непокорённый** únsubdúed.

**непокóрн||ость** *ж.* recálcitrance, indòcílity [-dou-]; (*неподчинение*) insubòrdinátion. **~ый**

refráctory, recálcitrant, indócile [-'dou-]; (*своенравный*) ùn¦rúly.

**непокры́т||ый** ùn¦cóvered [-'kʌ-]; с ~ой головóй báre-héaded [-'hed-].

**непола́дки** *мн. разг.* trouble [trʌbl] *sg.*

**неполнопра́вный** *юр.* not enjóying all cívil rights.

**неполнота́** *ж.* in¦compléte¦ness, imperféction.

**неполноце́нн||ость** *ж.* inferiórity. **~ый** deféctive, inférior.

**непо́лн||ый** in¦compléte; (*несовершенный, недостаточный*) impérfect; not full (*predic.*); ~ успéх in¦compléte succéss; ~ые знáния impérfect knówledge [...'nɔ-] *sg.*; ~ метр short metre; ~ вес short weight; ~ая мéра short méasure [...'me-]; ~ рабóчий день not fúll-time, not full day; short hours [...auəz] *pl.*; ~ая рабóчая недéля short week; по ~ым дáнным accórding to prelíminary dáta / informátion; ~ая срéдняя шкóла in¦compléte sécondary school.

**непоме́рно** I *прил. кратк. см.* непомéрный.

**непоме́рн||о** II *нареч.* excéssive¦ly. **~ость** *ж.* exórbitance, excéssive¦ness; ~ость егó трéбований his exórbitant demánds [...-'mɑː-] *pl.* **~ый** exórbitant, excéssive.

**непонима́ние** *с.* in¦còmprehénsion; lack of ùnderstánding; (*неправильное понимание*) mís-ùnderstánding; взаúмное ~ fáilure to ùnderstánd one another.

**непоня́тлив||ость** *ж.* slówness ['slou-], dúll-ness. **~ый** slów-witted ['slou-], dull, stúpid.

**непоня́тно** I **1.** *прил. кратк. см.* непонятный; **2.** *предик. безл.* it is in¦còmprehénsible, it is impóssible to ùnderstánd; ~, что он хóчет сказáть it is impóssible to ùnderstánd what he means; мне ~, как, что I don't see how, what.

**непоня́тн||о** II *нареч.* in¦còmprehénsibly. **~ость** *ж.* in¦còmprehènsibílity. **~ый** in¦còmprehénsible, ún¦intélligible; (*туманный*) obscúre.

**непо́нятый** misùnderstóod [-'stud], not próperly ùnderstóod [...-'stud].

**непопада́ние** *с.* miss, missing the aim.

**непоправи́м||ость** *ж.* irréparable¦ness. **~ый** irréparable, irremédiable, irretrievable [-'triː-]; ~ый шаг irretrievable step; это ~ая ошúбка it is a fátal mistáke.

**непопуля́рный** únpópular.

**непоро́чн||ость** *ж.* chástity, immáculacy, púrity. **~ый** chaste [tʃeɪ-], immáculate, pure.

**непо́ртящийся** nòn-périshable.

**непоря́док** *м.* disórder.

**непоря́дочн||ость** *ж.* dis¦hónour¦able¦ness [dɪs'ɔ-]. **~ый** dis¦hónour¦able [dɪs'ɔ-], ùn¦géntle¦-manly; ~ое поведéние dis¦hónour¦able cónduct [dɪs'ɔ-...].

**непосвящённый** ún¦initiàted.

**непосе́д||а** *м. и ж. разг.* fídget. **~ливость** *ж.* rést¦lessness. **~ливый** rést¦less, fídgety.

**непосеще́ние** *с.* nón-atténdance; in¦atténdance, poor atténdance; ~ лéкций nón-atténdance at léctures.

**непоси́льный** be¦yónd one's strength; ~ труд báck-breaking / excéssive toil [-breɪk-...].

**непосле́довательн||ость** *ж.* in¦consistency, in¦cónsequence; (*ср.* непослéдовательный). **~ый** (*о человеке*) in¦consístent; (*о поступке*) in¦cónsequent.

**непосл||уша́ние** *с.* disobédience. **~у́шный** disobédient, refráctory; (*о ребёнке*) náughty; (*перен.*) ún¦rúly; ~ýшные вóлосы ùn¦rúly hair *sg.*

**непосре́дственн||ость** *ж.* spòntanéity [-'niːɪ-], in¦génuous¦ness, fránkness. **~ый 1.** immédiàte, diréct, fírst-hánd; **2.** (*естественный*) spòntáneous; in¦génuous.

**непостижи́м||ость** *ж.* in¦còmprehènsibility, inscrùtabílity. **~ый** in¦còmprehénsible, inscrútable, ùnfáthomable [-ðəm-]; ◇ умý ~о *разг.* (it is) be¦yónd (húman) ùnderstánding.

**непостоя́н||ный** (*о человеке*) in¦cónstant; (*о погоде и т. п.*) chánge¦able ['tʃeɪ-]; ~ное мéсто (в Совéте Безопáсности) nòn-pérmanent seat (on the Secúrity Cóuncil). **~ство** *с.* in¦cónstancy.

**непоти́зм** *м. уст.* népotism.

**непотре́бный** *уст.* obscéne, indécent.

**непохо́ж||ий** ún¦líke; быть ~им на когó-л. be ún¦líke smb.; have no resémblance to smb. [...-'ze-...].

**непоча́тый** *разг.* entire, únbróken, not begún; ◇ ~ край (*рд.*) wealth [we-] (of), lot (of); ~ край рабóты a lot of work, no end of work.

**непочт||е́ние** *с.* disrespéct. **~и́тельно** *нареч.* disrespéctfully. **~и́тельность** *ж.* disrespéct. **~и́тельный** disrespéctful.

**непра́вд||а** *ж.* úntrúth [-uːθ], fálse¦hood ['fɔːlshud], lie; это ~ it is not true; говорúть ~у tell* a lie, tell* lies; ◇ всéми прáвдами и ~ами ≅ by hook or by crook.

**неправдоподо́б||ие** *с.* ùn¦líke¦lihood [-hud], ùn¦líke¦liness, impròbabílity. **~ный** impróbable, ùn¦líke¦ly.

**непра́ведный** *уст.* iníquitous, únjúst, ùn¦-ríghteous.

**непра́вильно** I *прил. кратк. см.* неправильный.

**непра́вильн||о** II *нареч.* irrégularly; (*ошибочно*) erróneous¦ly; (*в сочетании с некоторыми глаголами*) mis-; ~ информúровать (*вн.* о *пр.*) misinfórm (*d.* of); ~ истолковáть (*вн.*) misintérpret (*d.*); ~ понять (*вн.*) misùnderstánd* (*d.*); mistáke* (*d.*); ~ представить (*вн.*) misrèpresént [-'ze-] (*d.*); ~ судúть (о *пр.*) misjúdge (*d.*); ~ цитúровать (*вн.*) misquóte (*d.*); ~ произносúть (*вн.*) mispronóunce (*d.*). **~ость** *ж.* irrègulárity; (*неточность*) in¦corréctness. **~ый** irrégular; anómalous, (*ошибочный*) erróneous, wrong; ~ая дробь *мат.* impróper fráction [-'prɔ-...]; ~ый глагóл *грам.* irrégular verb.

**неправоме́рн||ость** *ж.* illegálity. **~ый** illégal.

**неправомо́чн||ость** *ж.* *юр.* in¦cómpetence **~ый** *юр.* in¦cómpetent.

**неправоспосо́бн||ость** *ж.* *юр.* disability. in¦capácity. **~ый** *юр.* disábled, disquálified.

**неправота́** *ж.* **1.** (*несправедливость*) injústice; wróng¦ness; **2.** (*заблуждение*) érror.

**непра́в||ый 1.** (*несправедливый*) únjúst; **2.** *предик.* (*заблуждающийся*) (in the) wrong; быть ~ым be (in the) wrong.

**непракти́чн||ость** *ж.* únpràcticálity. **~ый** únpráctical.

**непревзойдённ||ый** únsurpássed, péerless, sécond to none ['se-... nʌn], mátchless; ~ое мастерство́ consúmmate mástery.

**непредвзя́тый** ùnpréjudiced, únbias(s)ed.

**непредви́денн||ый** únfòre¦séen; по ~ым обстоя́тельствам through únfòre¦séen círcumstances.

**непреднаме́ренный** únpreméditàted.

**непредубеждённый** ùnpréjudiced.

**непредуму́шленн||ый** únpreméditàted; ~ое уби́йство *юр.* mánslaughter.

**непредусмо́тренный** únfòre¦séen; únprovíded for.

**непредусмотри́тельн||ость** *ж.* impróvidence. ~ый impróvident.

**непреклóнн||ость** *ж.* inflèxibílity; inèxorabílity. ~ый infléxible; únbénding; (*к просьбам и т. п.*) ádamant, inéxorable; ~ая во́ля infléxible will-power; ~ая во́ля к ми́ру ùnswérving desíre for peace [...-'z-...]; остáться ~ым remáin ádamant.

**непрекраща́ющийся** céase¦less [-s-], ùncéasing [-sɪŋ], incéssant.

**непрелóжн||ость** *ж.* **1.** immùtabílity, irrèvocabílity, ùn¦àlterabílity; **2.** (*неоспоримость*) indispùtabílity. ~ый **1.** immútable, ùn¦álterable; **2.** (*неоспоримый*) indispútable; ~ая и́стина indispútable truth [...-u:θ], ábsolùte truth.

**непреме́нн||о** *нареч.* without fail, cértainly; он к вам ~ зайдёт he will call on you without fail; he will cértainly, *или* he is sure to, call on you [...ʃuə...]; он ~ опоздáет he is sure to be late. ~ый indispénsable, nécessary; ~ое услóвие indispénsable condítion, (condítion) sine qua non [...'saɪnɪkweɪ'nɔn]; ◇ ~ый секретáрь pérmanent sécretary.

**непреобори́мый** insúperable; (*о чувстве и т. п.*) ìrresístible [-'zɪ-].

**непреодоли́м||ость** *ж.* insùperabílity, ínsùrmountabílity; (*о чувстве и т. п.*) irresìstibílity [-zɪ-]. ~ый insúperable, ìnsùrmóuntable; (*о чувстве и т. п.*) irresístible [-'zɪ-], ùn¦cónquerable [-kər-]; ~ое желáние òver¦mástering desíre [...-'zaɪə]; ~ая си́ла *юр.* force majéure [...mɑ:'ʒə:]; ~ое препя́тствие insúperable óbstacle / diffículty; ~ая прегрáда на пути́ (*рд.*) ìnsùrmóuntable bárrier in the path (of); ~ое сопротивлéние ùn¦cónquerable resístance [...-'zɪ-].

**непререкáемый** ùn¦quéstionable [-stʃən-], ìndispútable; ~ авторитéт ìndispútable / ìn¦contéstable authórity.

**непреры́вно** I *прил. кратк. см.* непреры́вный.

**непреры́вн||о** II *нареч.* ún¦interrúptedly, contínuous¦ly; ~ шли дожди́ the rain never ceased [...-st]. ~ость *ж.* còntinúity; ~ость трудовóго стáжа còntinúity of sérvice (at one's place of work). ~ый contínuous, únbróken, ún¦interrúpted; ~ая недéля contínuous wórking week; ~ая дробь *мат.* contínued fráction.

**непрестáнн||о** incéssantly; ~ дви́гаться вперёд go* incéssantly fórward; make* contínuous prógrèss; ~ труди́ться на бла́го рóдины toil incéssantly for the wélfàre of the Móther¦land [...'mʌ-]. ~ый ùncéasing [-sɪŋ], incéssant.

**неприве́тлив||ость** *ж.* únfriendliness [-'fre-]. ~ый únfriendly [-'fre-], ún¦grácious; ~ый ландшáфт chéerless lándscàpe.

**непривлекáтельный** ùn¦attráctive, ún¦invíting; (*о наружности тж.*) únprèpossèssing [-'zes-].

**непривы́||кший** (к, + *инф.*) ún¦accústomed (to, + to *inf.*). ~чка *ж.* want of hábit; ~чка к чему́-л. not bé¦ing used to smth. [...ju:st...]; с ~чки for want of hábit; с ~чки э́то казáлось трýдным it seemed dífficult for want of hábit / práctice. ~чный únwónted [-'wou-], ùn¦úsual [-'ju:ʒ-].

**непригля́дный** ùn¦attráctive, ùnsíghtly, ùn¦gáinly; (*жалкий*) míserable [-z-].

**непригóдн||ость** *ж.* únfítness, úse¦lessness ['ju:s-]; (*для военной службы тж.*) inèligibílity. ~ый únfít, úse¦less ['ju:s-], únsérvice¦able; (*для военной службы тж.*) inéligible.

**неприе́млем||ость** *ж.* ún¦accèptabílity, ìnadmìssibílity. ~ый ún¦accéptable, ìnadmíssible.

**непризнáние** *с.* nón-rècognítion.

**непри́знанный** ún¦acknówledged [-'nɔ-], ún¦récognìzed.

**неприкáянный** *разг.*: что ты хóдишь как ~? can't you find a place / perch?, can't you find sóme¦thing to do?

**неприкосновéнн||ость** *ж.* inviolabílity; ~ ли́чности pérsonal immúnity; ~ жили́ща inviolabílity / sánctity of the home; депутáтская ~ the inviolabílity of a députy; дипломати́ческая ~ dìplomátic immúnity. ~ый invíolable; ~ый запáс resérve(d) funds [-'zə:-...] *pl.*; *воен.* emérgency / íron rátion [...'aɪən 'ræ-]; íron supplíes *pl.*

**неприкрáшенн||ый** únvárnished, plain; ~ая и́стина plain / únvárnished truth [...-u:θ]; в ~ом ви́де ≅ as it is.

**неприкры́т||ый** úndis¦guísed; báre¦fàced *разг.*; ~ая агрéссия náked aggréssion.

**неприли́ч||ие** *с.* indécency [-'di:-], ìmpropríety; ùnséemliness. ~ный indécent, impróper [-'prɔ-], únbecóming [-'kʌ-], indécorous, ùnséemly; какóе ~ное поведéние! what disgráce¦ful beháviour!

**неприменúмый** inápplicable.

**неприме́тный** ìmpercéptible, ìndiscérnible; (*перен.*) plain, ún¦obtrúsive.

**непримири́м||ость** *ж.* irrèconcìlabílity [-saɪlə-]; implàcabílity. ~ый **1.** irréconcìlable, ún¦appéasable [-z-], implácable; ~ая борьбá ùn¦cómpromìsing struggle, war to the knife; вести́ ~ую борьбý (прóтив) wage a reléntless struggle (agáinst); **2.** (*несовместимый*) ìn¦compátible, irréconcìlable; ~ые противорéчия irréconcìlable còntradíctions.

**непринуждённо** I *прил. кратк. см.* непринуждённый.

**непринуждённ||о** II *нареч.* without embárrassment, ún¦constráinedly; чýвствовать себя́ ~ be / feel* at ease; вести́ себя́ ~ feel* ún¦embárrassed, *или* at ease, be ún¦constráined. ~ость *ж.* ease. ~ый nátural; free and éasy [...'i:zɪ] *разг.*; ~ая пóза éasy / nátural áttitùde.

**неприня́тие** *с.* (*отказ*) nón-accéptance, rejéction; (*мер и т. п.*) fáilure to take / ùndertáke; за ~м надлежáщих мер for fáilure to take nécessary méasures [...'me-].

**неприспосóбленн||ость** *ж.* únpràcticalness. ~ый **1.** ún¦adápted; **2.** (*о человеке*) únpráctical.

**непристóйн||ость** *ж.* obscénity [-'si:-]; (*поведения*) indécency [-'di:-]. ~ый obscéne; (*о поведении*) indécent; ~ые выражéния ùnséemly expréssions.

**непросту́пн||ость** *ж.* **1.** ina̖ccèssibílity; (*о крепости и т. п.*) imprègnabílity; **2.** (*надменность*) háughtiness. **~ый 1.** ina̖ccéssible; (*о крепости*) imprégnable, ùn¦assáilable; (*о скалах и т. п.*) forbídding; **2.** (*надменный*) ùn¦appróachable, háughty.

**непрису́тственный** *уст.*: ~ день (géneral) hóliday [...-dɪ].

**непритво́рный** únféigned [-'feɪnd], ún¦assúmed; úndis¦guísed.

**непритяза́тельный** ún¦assúming.

**неприхотли́в||ость** *ж.* únpreténtious¦ness; plain tastes [...teɪ-] *pl.*; (*скромность*) módesty. **~ый 1.** (*о человеке*) únpreténtious, módest ['mɔ-]; **2.** (*незатейливый*) simple; (*о пище*) frúgal; ~ый рису́нок simple páttern.

**неприча́стн||ость** *ж.* (к) nón-pàrtìcipátion (in), bé¦ing not ímplicàted (in), bé¦ing not prívy (to). **~ый** (к) not ímplicàted (in), not prívy (to); быть ~ым к де́лу not be prívy to *a* cause.

**неприя́зненн||ость** *ж.* hòstílity, énmity. **~ый** hóstile, inímical, únfríendly [-'fre-].

**неприя́знь** *ж.* hòstílity, énmity.

**неприя́тель** *м.* énemy. **~ский** hóstile; ~ские войска́ énemy troops.

**неприя́тно** I **1.** *прил. кратк. см.* неприя́тный; **2.** *предик. безл.* it is (very) ùnpléasant [...-'plez-].

**неприя́тн||о** II *нареч.* ùnpléasantly [-'plez-]. **~ость** *ж.* **1.** (*огорчение*) trouble [trʌbl], núisance ['njuːs-], annóyance; **2.** (*свойство чего-л.*) ùnpléasantness [-'plez-]. **~ый** ùnpléasant [-'plez-], disagréeable [-'grɪə-]; (*противный*) objéctionable, obnóxious.

**непробу́дн||ый:** ~ сон deep sleep; (*перен.*: *смерть*) the etérnal sleep; спать ~ым сном be fast asléep; (*перен.*) sleep* the sleep of death [...deθ]; ~ое пья́нство long fit of drínking.

**непроводни́к** *м. физ.* nón-condùctor.

**непрогля́дн||ый** pitch-dárk, impénetrable; ~ая ночь pitch-dárk night; ~ мрак impénetrable dárkness; ~ тума́н impénetrable fog.

**непродолжи́тельн||ость** *ж.* short durátion. **~ый** short; в ~ом вре́мени in a short time, shórtly.

**непродукти́вн||ость** *ж.* únprodúctive¦ness. **~ый** únprodúctive.

**непроду́манный** ún¦considered [-'sɪ-], ún¦réasoned [-z-].

**непрое́зжий** [-е́жьж-] impássable.

**непрозра́чн||ость** *ж.* opácity. **~ый** opáque.

**непроизводи́тельн||ость** *ж.* únprodúctive¦ness. **~ый** únprodúctive; ~ый труд waste of lábour [weɪ-...]; ~ая затра́та сил waste of strength; ~ые расхо́ды waste of cápital *sg.*

**непроизво́льн||ость** *ж.* invóluntariness. **~ый** invóluntary; ~ое движе́ние invóluntary móve¦ment [...'muː-], réflèx.

**непроля́зн||ый** *разг.* impássable; ~ая грязь impássable / thick mud.

**непролета́рский** nón-pròlètárian [-prou-].

**непромока́емый** wáterproof ['wɔː-]; ~ плащ máckintòsh, wáterproof (coat), ráincoat.

**непроница́ем||ость** *ж.* impènetrabílity; (*для жидкостей и газов тж.*) impèrmeabílity [-mɪə-]. **~ый** impénetrable; impérvious; (*для жидкостей и газов тж.*) impérmeable [-mɪə-]; **~ый** для зву́ка sóund-proof, impérvious to sound; ~ый для воды́ impérvious / impérmeable to wáter [...'wɔː-].

**непропорциона́льн||ость** *ж.* dìspropórtion. **~ый** dìspropórtionate.

**непросвещённый** ún¦enlíghtened, ún¦éducàted.

**непросе́янн||ый** únbólted; хлеб из ~ой муки́ whóle¦meal bread ['houl- bred].

**непрости́тельно** I **1.** *прил. кратк. см.* непрости́тельный; **2.** *предик. безл.* it is ùnpárdonable, it is ìnexcúsable [...-zəbl].

**непрости́тельн||о** II *нареч.* ùnpárdonably; он ~ медли́телен he is ùnpárdonably slow [...slou]. **~ый** ùnpárdonable, únforgívable [-'gɪ-], ìnexcúsable [-zəbl]; ~ая хала́тность ùnpárdonable / ìnexcúsable negléct.

**непротивле́ние** *с.*: ~ злу nón-resístance to évil [-'zɪ-... 'iːv°l].

**непроторённ||ый** únbéaten; ~ая доро́жка únbéaten track.

**непроходи́м||ость** *ж.* impàssabílity. **~ый 1.** impássable; ~ый лес impénetrable fórest [...'fɔ-]; ~ый брод únfórdable; ~ая грязь impássable / thick mud; **2.** *разг.* (*крайний*) útter, rank; ~ый дура́к pérfect / útter fool; ~ое неве́жество rank ígnorance.

**непро́чн||ость** *ж.* lack of strength / solídity; (*хрупкость*) fragílity. **~ый** not strong / sólid / dúrable; (*хрупкий*) frágile; (*о постройке*) flímsy [-zɪ]; (*ненадёжный*) precárious, ìnsecúre; ~ый мир únstáble peace; ~ое положе́ние precárious situátion; ~ая постро́йка flímsily-constrúcted búilding [-zɪ- 'bɪl-]; jérry-bùilt house* [-bɪlt -s].

**непро́шенный** únbídden, ún¦ásked; ~ гость únbídden / sélf-invíted guest.

**непрям||о́й 1.** ìndiréct; ~а́я ли́ния bróken line; ~о́е деле́ние *биол.* mitósis, kàryokinésis ['kærɪə-]; **2.** (*неискренний*) hỳpocrítical.

**непутёвый** *разг.* góod-for-nòthing; ~ челове́к bad lot, né'er-dò-wèll ['nɛəduːwel].

**непью́щий** ábstinent, teetótal [tiː'toutl].

**неработоспосо́бный** disábled; ún¦áble to work.

**нерабо́чий** nòn-wórking; ~ день óff-day, nòn-wórking day.

**нера́венство** *с.* ìnequálity; социа́льное ~ sócial ìnequálity.

**неравно́** *частица уст. разг.* (*а вдруг*) *переводится выражением* suppóse, *или* what if, I should, you should, *etc.* (+ *inf.*): ~ ты заболе́ешь suppóse you should fall ill.

**неравноду́шн||ый** (к) not indífferent (to); быть ~ым к кому́-л. *разг.* be attrácted by smb.

**неравноме́рн||ость** *ж.* ún¦éven¦ness, irrègulárity; зако́н ~ости разви́тия капиталисти́ческих стран при империали́зме law of the ún¦éven devélopment of cápitalist cóuntries in the éra of impérialism [...'kʌn-...]. **~ый** ún¦éven, irrégular.

**неравнопра́в||ие** *с.* ìnequálity of rights, sócial ìnequálity / dispárity. **~ный** ún¦équal in rights; not enjóying équal rights; ~ный догово́р in¦équitable tréaty.

**неравносторо́нний** *мат.* scalène ['skeɪ-], ún¦èquiláteral.

**нера́вн||ый** ún¦équal; ~ые си́лы ún¦équal fórces; ~ брак misallíance; mésallíance (*фр.*) [me'zælɪəns]; ~ые ша́нсы long odds.

**нерад||éние** *с.* négligence, remíssness, cáre¦lessness. **~йвость** *ж.* = нерадéние. **~йвый** négligent, remíss, cáre¦less.

**неразберúха** *ж. разг.* confúsion, muddle.

**неразбóрчив||ость** *ж.* **1.** (*почерка*) illègibílity; **2.** (*в еде*) lack of fàstídious¦ness; **3.** *неодобр.* (*в средствах*) ùnscrúpulous¦ness. **~ый** **1.** (*о почерке*) illégible, úndecípherable [-'saɪ-]; **2.** (*в еде*) not fàstídious; **3.** *неодобр.* (*в средствах*) ùnscrúpulous.

**неразвитóй** úndevéloped; (*умственно*) (ìntelléctually) báckward.

**нерáзвитость** *ж.* lack of devélopment; (*умственная*) (intelléctual) báckwardness.

**неразгáданный** ún¦guéssed, únsólved; (*о тайне и т. п.*) úndiscóvered [-'kʌ-].

**неразговóрчив||ость** *ж.* tàcitúrnity, réticence. **~ый** ún¦convérsable, tácitùrn, réticent.

**неразделúмый, нераздéльный** ìndivísible [-z-], insépárable; нераздéльное имýщество *юр.* cómmon estáte.

**неразличúмый** ìndiscérnible, ìndistínguishable.

**неразложúмый** ìrresólvable [-'zɔ-], índè¦compósable [-zəbl].

**неразлýчники** *мн. зоол.* lóve-bìrds ['lʌv-].

**неразлýчный** insépárable.

**неразмéнный** (*о деньгах*) ùnchánge¦able [-'ʧeɪndʒ-], whole [houl].

**неразреш||ённый** **1.** (*нерешённый*) únsólved; ~ённые вопрóсы únresólved / únsèttled / outstánding próblems / quéstions / íssues [-'zɔlvd... 'prɔ- -sʧ-...]; **2.** (*запрещённый*) illícit, prohíbited, forbídden. **~úмый** insóluble; únsólvable; (*о загадке тж.*) solútion-proof.

**неразрушúмый** ìndestrúctible.

**неразрывн||о** *нареч.*: ~ свя́зано (с *тв.*) insépárably linked (with); part and párcel (of) *идиом.* **~ость** *ж.* índissòlubílity. **~ый** ìndissóluble; ~ая связь теóрии и прáктики ìndissóluble connéction of théory and práctice [...'θɪə-...].

**неразýм||ие** *с.* ún¦réason [-z-], fóolishness. **~ность** *ж.* ùn¦réasonable¦ness [-z-]. **~ный** ùn¦réasonable [-z-], únwíse.

**нераскáянный** *уст.* impénitent.

**нерасположéние** *с.* (к) dislíke (for); (*несклонность*) dìsin¦clinátion (for, to).

**нерасполóженный** (к) ill-dispósed (towards), únwílling (+ to *inf.*), dísin¦clíned (+ to *inf.*).

**нераспорядúтельн||ость** *ж.* inability to órganize, lack of admínistrative abílities. **~ый** ún¦áble to órganize, lácking admínistrative abílities; ~ый человéк bad* órganizer.

**нерассудúтельн||ость** *ж.* lack of cómmon sense; ùn¦réasonable¦ness [-z-]; want of sense. **~ый** ùn¦réasonable [-z-]; ún¦áble to réason [...-z-], lácking cómmon sense.

**нерастворúм||ость** *ж.* insòlubílity. **~ый** insóluble.

**нерасторжúмый** ìndissóluble, inséverable.

**нерасторóпный** slúggish, slow [-ou].

**нерасчётлив||ость** [-ащё-] *ж.* **1.** extrávagance, wáste¦fulness ['weɪ-]; **2.** (*непредусмотрительность*) impróvidence, lack of fóre¦sight. **~ый** [-ащё-] **1.** extrávagant, wáste¦ful ['weɪ-]; **2.** (*непредусмотрительный*) impróvident.

**нерационáльный** irrátional [-æʃ-], not rátional [...-æʃ-], únpráctical.

**нерв** *м.* nerve; двúгательный ~ mótor nerve; тройнúчный ~ tri¦fácial nerve; воспалéние ~ов neurítis; имéть больны́е ~ы have a nérvous diséase [...-'ziːz]; ◇ дéйствовать комý-л. на ~ы get* on smb.'s nerves; желéзные ~ы íron nerves ['aɪən...], nerves of steel.

**нервáция** *м. бот., зоол.* nervátion.

**нерв||úровать** *несов. и сов.* (когó-л.) make* smb. nérvous, get* on smb.'s nerves. **~úческий** *уст.* nérvous.

**нéрвничать** be nérvous, feel* nérvous.

**нервнобольнóй** *м. скл. как прил.* neurótic; (*пациент*) nérvous pátient.

**нéрвн||ость** *ж.* nérvous¦ness. **~ый** (*в разн. знач.*) nérvous; néural; ~ая систéма the nérvous sýstem; ~ый ýзел nérve-knòt; gánglion *научн.*; ~ый центр nérve-cèntre; вы́сшая ~ая дéятельность hígher nérvous àctívity; ~ый припáдок fit / attáck of nerves, nérvous fit; ~ое заболевáние nérvous diséase [...-'ziːz]; ~ая дрожь thrill, nérvous trémor [...'tre-].

**нервóзн||ость** *ж.* nérvous¦ness; ìrritabílity. **~ый** nérvous, híghly strung; (*раздражительный*) írritable.

**нервю́ра** *ж. ав.* rib; ~ крылá wing rib.

**нереáльн||ость** *ж.* ún¦reálity [-rɪ'æ-]. **~ый** ún¦réal [-'rɪəl].

**нерегуля́рн||ость** *ж.* irrègulárity. **~ый** irrégular.

**нерéдкий** not infréquent; (*обычный*) órdinary.

**нерéдко** I *прил. кратк. см.* нерéдкий.

**нерéдко** II *нареч.* not infréquently, óften ['ɔːf(t)°n].

**нерентáбельный** ùnprófitable, ún¦remúnerative.

**нéрест** *м. биол.* spáwning.

**нерешённ||ый** únsèttled, úndecíded; ~ые вопрóсы únsèttled / outstánding quéstions [...-sʧ-].

**нерешú||мость** *ж.* = нерешúтельность. **~тельность** *ж.* ìndecísion; быть в ~тельности hésitàte [-zɪ-]. **~тельный** irrésolùte [-z-], ìndecísive, úndecíded; ~тельный тон hésitàting tone [-zɪ-...].

**нержавéющ||ий** nón-corrósive; rùst-resísting [-'zɪ-]; ~ая сталь stáinless steel.

**неритмúчн||ость** *ж.* ún¦éven¦ness; ~ в рабóте ún¦éven¦ness of work. **~ый** ún¦éven, spàsmódic [-z-].

**нерóбк||ий** bold, not tímid, brave; ◇ он ~ого деся́тка *разг.* ≅ he is no cóward, he is not a shy man*.

**нерóвн||ость** *ж.* **1.** ún¦éven¦ness; (*шероховатость*) róughness ['rʌf-]; ~ости мéстности róughness / rúggedness of the cóuntry [...'kʌ-] *sg.*; áccidents of the ground; **2.** (*неравномерность*) ún¦èquálity [-iː-]. **~ый** **1.** ún¦éven; (*шероховатый*) not smooth [...-ð], rough [rʌf]; ~ый пóчерк ún¦éven hánd(wrìting); ~ая мéстность rough / rúgged cóuntry [...'kʌ-]; **2.** (*неравномерный*) ún¦équal; ~ый пульс ún¦éven / irrégular pulse; ~ый темп rág(ged) time; ходúть ~ым шáгом walk with a jérky stride.

**нерóвня** *м. и ж. тк. ед.*: он ей ~ *разг.* he is not her équal.

**нéрпа** *ж. зоол.* seal.

**нерýдн||ый:** ~ые ископáемые nòn-metállic mínerals.

**нерукотво́рный** *поэт.* not crèated by húman bé¦ings, *или* by húman hands.

**неруши́м||ый** inviolable, ìndissóluble; ~ сою́з únbréakable únion [-'breɪk-...]; ~ые свя́зи ìndestrúctible ties; ~ая дру́жба наро́дов СССР invíolable fríendship of the peoples of the USSR [...'fren-...piː-...].

**неря́||ха** *м. и ж. разг.* slóven ['slʌ-]; (*о женщине тж.*) slàttern. **~шество** *с.* = неря́шливость. **~шливость** *ж.* ùntídiness [-'taɪ-]; slóvenliness ['slʌ-]. **~шливый 1.** (*небрежный*) négligent; (*о работе*) cáre¦less; **2.** (*неопрятный*) slóvenly ['slʌ-]; (*об одежде*) ùntídy.

**нёс** *ед. ч. прош. вр. см.* нести́ I.

**несамостоя́тельн||ость** *ж.* depéndence; (*неоригинальность*) lack of originálity. **~ый** not ìndepéndent; (*неоригинальный*) not original.

**несамохо́дный** not sélf-propélled.

**несбы́точн||ый** ún¦réalizable [-'rɪə-]; ~ые мечты́ vain dreams; castles in the air.

**несваре́ние** *с.*: ~ желу́дка *мед.* ìndigéstion [-stʃən].

**несве́дущий** (в *пр.*) ígnorant (of), ún¦convérsant (with).

**несве́ж||ий** not fresh (*predic.*); (*испорченный*) stale, táinted; ~ие проду́кты stale fóodstùffs.

**несвоевре́менн||ость** *ж.* inópportùne¦ness, ùnséasonable¦ness [-z°n-]; (*запоздалость*) tárdiness. **~ый** inópportùne, ùnséasonable [-z°n-]; (*запоздалый*) tárdy, out of time / séason [...-z°n].

**несво́йственн||ый** (*дт.*, для) ùn¦úsual [-'juːʒ-] (to, for); с ~ым оживле́нием with ùn¦úsual ànimátion; э́то ему́ ~о it is not like him.

**несвя́зно** I *прил. кратк. см.* **несвя́зный.**

**несвя́зн||о** II *нареч.* ìn¦cohérent¦ly; говори́ть ~ be ìn¦cohérent. **~ость** *ж.* ìn¦cohérence [-'hɪə-]. **~ый** ìn¦cohérent.

**несгиба́ем||ость** *ж.* inflèxibílity; ~ во́ли the infléxible will. **~ый** (*прям. и перен.*) únbénding, infléxible.

**несгово́рчив||ость** *ж.* intràctability. **~ый** intráctable.

**несгора́емый** fíre-proof, ìn¦combústible; ~ шкаф safe, stróng-bòx.

**несде́ржанн||ость** *ж.* lack of restráint. **~ый 1.** (*об обещании и т. п.*) únfulfílled [-ful-]; ~ое сло́во bróken prómise [...-s]; **2.** (*о характере*) víolent, ún¦restráined; lácking sélf-contról [...-oul]; impétuous.

**несе́ние** *с.*: ~ обя́занностей perfórmance of dúties.

**несерьёзн||ость** *ж.* **1.** lack of sérious¦ness; (*необоснованность*) únfóundedness; (*легкомыслие*) líghtness, frivólity; **2.** (*незначительность*) ún¦impórtance. **~ый 1.** not sérious; (*необоснованный*) únfóunded; (*легкомысленный*) light, frívolous; **2.** (*незначительный*) ún¦impórtant, ìnsignificant.

**несессе́р** [нэсэсэ́р] *м.* dréssing-càse [-s], tóilet-càse [-s].

**несжима́емый** ìn¦compréssible.

**несимметри́чный** àsymmétric(al).

**несказа́нн||о** *нареч.* ùnspéakably, inéffably. **~ый** ùnspéakable, inéffable.

**нескла́д||ица** *ж. разг.* nónsense. **~но** *нареч.* clúmsily [-z-], áwkwardly. **~ный 1.** (*о речи*) in¦cohérent; not flúent; **2.** (*неизящный, мешковатый*) ùn¦gáinly, áwkward, clúmsy [-zɪ].

**несклоня́ем||ость** *ж. грам.* ìndeclìnabílity [-klaɪ-]. **~ый** *грам.* ìndeclínable.

**не́скольк||о** I *числит.* séveral, some; (*немногие*) a few; ~ челове́к séveral people [...piː-]; ~ раз séveral times; сократи́лось в ~ раз was redúced to a fráction of its fórmer size; в ~их слова́х in a few words.

**не́сколько** II *нареч.* (*в некоторой степени*) sóme¦whàt, slíghtly; ráther ['rɑː-]; он был ~ удивлён he was slíghtly / sóme¦whàt / ráther surprísed.

**несконча́емый** intérminable, néver-énding, néver-céasing [-sɪŋ].

**нескро́мн||ость** *ж.* **1.** immódesty, lack of módesty; **2.** (*неделикатность*) indélicacy, ìndiscrétion [-'kre-]. **~ый 1.** immódest [-'mɔ-], not módest [...'mɔ-]; **2.** (*неделикатный*) indélicate, ìndiscréet; **3.** (*бесстыдный*) ímpudent.

**нескрыва́емый** ún¦concéaled, úndis¦guísed.

**несла́, несло́** *ед. ч. прош. вр. см.* нести́ I.

**несло́жн||ость** *ж.* simplícity. **~ый** simple; not cómplicàted, not eláborate.

**неслы́ханн||ый** ùnhéard of [-'həːd...], ùnpréc-edented; ~ое преступле́ние ùnhéard of, *или* ùnprécedented, crime.

**неслы́шн||ый** ináudible; ~ыми шага́ми with nóise¦less steps.

**несменя́ем||ость** *ж. юр.* írremòvabílity [-muː-]. **~ый** ìrremóvable [-'muː-].

**несме́тн||ый** innúmerable, cóuntless, númberless, in¦cálculable; ~ое бога́тство cóuntless ríches *pl.*, in¦cálculable wealth [...we-].

**несмолка́емый** céase¦less [-s-], ùncéasing [-sɪŋ], néver-céasing [-sɪŋ], néver-abáting.

**несмотря́:** ~ на in spite of, despíte, nòt¦with¦stánding; ~ на э́то in spite of this; ~ ни на что in spite of évery¦thing, despíte évery¦thing; ~ на всё for all that.

**несмыва́емый** indélible, ineffáce¦able; ~ позо́р indélible disgráce.

**несмышлён||ый** *разг.* slów-wìtted ['slou-]. **~ыш** *м. разг.* sílly little chap.

**несно́сный** ùnbéarable [-'bɛə-], intólerable, insuppórtable; ~ челове́к intólerable / ìnsuppórtable pérson.

**несоблюде́ние** *с.* nón-obsérvance [-'zəːv-]; (*правила, обычая*) ìnobsérvance [-'zəːv-].

**несовершеннолет́||ие** *с.* mìnórity [maɪ-]. **~ний 1.** *прил.* únder age; **2.** *м. как сущ.* mínor.

**несоверше́н||ный 1.** impérfect, ìn¦compléte; **2.** *грам.*: ~ вид ìmperféctive áspèct. **~ство** *с.* ìmperféction.

**несовмести́м||ость** *ж.* ìn¦compàtibílity. **~ый** ìn¦compátible.

**несовпаде́ние** *с.* lack of cò¦íncidence / convérgence; fáilure to cò¦incíde / convérge.

**несогла́сен** *прил. кратк. см.* несогла́сный.

**несогла́с||ие** *с.* **1.** *тк. ед.* dífference of opínion, disśent; (*расхождение между двумя версиями, вариантами и т. п.*) discrépancy; **2.** (*разлад*) váriance, discòrd; **3.** *тк. ед.* (*отказ*) refúsal [-z-], nón-agréement. **~ный 1.** (с *тв.*) disśénting (with), not agrée¦ing (to, with), discórdant (with); он ~ен с э́тим he can't agrée with it [...kɑ:nt...]; he disagrées with it; я ~ен I disagrée; он ~ен с вáми he does¦n't agrée with you; **2.** (*о звуках*) discórdant; ~ное пéние discórdant sing¦ing; **3.** (с *тв.*; *не соответствующий*) in¦consístent (with), in¦compátible (with); **4.** (на *вн.*, + *инф.*): он ~ен на э́то he does¦n't agrée to this; he can't consént to it; он ~ен пойти́ he does¦n't agrée to go. **~ова́ние** *с. грам.* nòn-agréement.

**несогласóванн||ость** *ж.* lack of agréement, nón-cò-òrdinátion, ún¦confórmity. **~ый** ún¦cò-órdinàted, lácking cò-òrdinátion; (с *тв.*) not in agréement (with).

**несозву́чный** (*дт.*) díssonant (to), in¦cónsonant (with, to), out of tune (with); ~ эпóхе óut-of-dáte, out of kéeping with présent-dáy life [...'prez-...].

**несознáтельн||ость** *ж.* ìrrespónsible¦ness. **~ый** ùn¦réasonable [-z-], ìrrespónsible.

**несозы́в** nón-cònvocátion.

**несоизмери́м||ость** *ж.* in¦commènsurability. **~ый** in¦comménsurable, in¦comménsurate.

**несократи́мый** *мат.* ìrredúcible.

**несокруши́м||ый** indestrúctible; (*непобедимый*) invíncible, ùn¦cónquerable [-kər-]; ~ая вóля ùn¦cónquerable / àdamántine will.

**несолидáрн||о** *нареч.*: дéйствовать ~ act disjóintedly, *или* not in únion. **~ый** disjóinted, not in únion.

**несóлоно** *нареч. разг.*: уйти́ ~ хлебáвши ≅ get* nothing for one's pains.

**несомнéнн||о** *вводн. сл.* ùndóubtedly [-'daut-], dóubtless ['daut-], be¦yónd all quéstion [...-stʃən], without quéstion. **~ость** *ж.* cértitùde; (*очевидность*) óbvious¦ness. **~ый** indúbitable, ùn¦quéstionable [-stʃən-]; (*очевидный*) óbvious, mánifèst.

**несообрази́тельн||ость** *ж.* slówness [-ou-], slówwittedness [-ou-]. **~ый** slów(-wìtted) [-ou-].

**несообрáзн||ость** *ж.* in¦còngrúity, absúrdity; in¦compàtibility [-tə-]. **~ый 1.** (с *тв.*) in¦cóngruous (with), in¦compátible (with); **2.** (*глупый*) fóolish, absúrd.

**несоотвéтств||енный** (*дт.*) not còrrespónding (with), in¦cóngruous (with). **~ие** *с.* discrépancy, dispárity, lack of còrrespóndence; ~ие харáктеров in¦compàtibility of témperament [-tə-...].

**несоразмéрн||ость** *ж.* dìspropórtion. **~ый** dìspropórtionate.

**несортовóй** low quálity [lou...] (*attr.*).

**несостоя́тельн||ость** *ж.* **1.** insólvency, fáilure; объяви́ть о ~ости decláre bánkruptcy; **2.** (*бедность*) índigence, want; **3.** (*необоснованность*) únfóundedness, gróundlessness; (*неудовлетворительность*) flímsiness [-zɪ-], únsóundness. **~ый 1.** insólvent, bánkrupt; ~ый должни́к insólvent; **2.** (*бедный*) índigent, néedy; **3.** (*необоснованный*) únfóunded, gróundless; (*неудовлетворительный*) flímsy [-zɪ], únsóund; (*о точке зрения и т. п.*) únténable.

**неспéлый** ún¦rípe; (*зелёный*) green.

**неспéшный** únhúrried, slow [slou].

**несподру́чно** *предик.* (*дт.*): мне ~ it is in¦convénient for me.

**неспокóйный** rést¦less; (*о состоянии духа*) ùn¦éasy [-zɪ].

**неспосóбен** *прил. кратк. см.* неспосóбный.

**неспосóбн||ость** *ж.* in¦capácity, in¦abílity, in¦càpabílity [-keɪ-]. **~ый** (к *дт.*, на *вн.*) in¦cápable (of); in¦cómpetent (+ to *inf.*); (*к учению*) dull, slow [slou]; он неспосóбен на таку́ю ни́зость he is in¦cápable of such báse¦ness / méanness [...'beɪs-...].

**несправедли́в||ость** *ж.* injústice, únfáirness. **~ый** únjúst, únfáir; быть ~ым к комý-л. do smb. an injústice.

**неспростá** *нареч. разг.* not without púrpose [...-s]; (*со скрытой целью*) with some hídden design [...-'zaɪn]; э́то ~ there is sóme¦thing behínd that; there is more in it than meets the eye [...aɪ] *идиом.*

**несрабóтанность** *ж.* lack of téam-wòrk / cò-òperátion.

**несравнéнно** I *прил. кратк. см.* несравнéнный.

**несравнéнн||о** II *нареч.* **1.** (*очень хорошо*) in¦cómparably, mátchlessly, péerlessly; **2.** (*перед сравн. ст.— гораздо*) far, by far; ~ лу́чше far bétter. **~ый** pérfect, in¦cómparable, mátchless, únmátched, péerless.

**несравни́м||ость** *ж.* in¦cómparable¦ness, péerlessness. **~ый** in¦cómparable; (*очень хороший*) únmátched.

**нестандáртный** nòn-stándard; nòn-týpical *амер.*

**нестерпи́мый** ùnbéarable [-'bɛə-], insúfferable, ún¦endúrable, intólerable.

**нести́** I, понести́ **1.** (*вн.*; *перемещать на себе, с собой*) *см.* носи́ть 1; **2.** (*вн.*; *терпеть*) bear* [bɛə] (*d.*); ~ убы́тки in¦cúr lósses; ~ наказáние, отвéтственность bear* *the* pénalty / púnishment, the respònsibílity [...'pʌ-...]; ~ потéри *воен.* súffer / sustáin / incúr lósses / cásualties [...-zjuə-, -ʒuə-]; понести́ бóльшие потéри sustáin héavy lósses [...'hevɪ...]; понести́ поражéние súffer *a* deféat, be deféated; **3.** *тк. несов.* (*вн.*; *поддерживать*) cárry (*d.*), bear* (*d.*): э́ти колóнны несу́т áрку these píllars cárry / bear *an* arch; **4.** *тк. несов.* (*вн.*; *выполнять*) perfórm (*d.*): ~ обя́занности perfórm *the* dúties; — ~ дежу́рство be on dúty; ~ караýл stand* guard, be on guard / dúty; ~ тяжёлую слу́жбу have a hard job to do; **5.** *тк. несов.* (*вн.*; *причинять*; *ср.* приноси́ть) bring* (*d.*), cárry (*d.*): ~ смерть bring* death [...deθ]; cárry death; **6.** *безл.* (*тв.*) *разг.*: от окнá, от двéри *и т. п.* несёт (хóлодом) there is a (cold) draught from the window, from the door, *etc.* [...drɑ:ft... dɔ:]; от негó, от них *и т. д.* несёт табакóм, вóдкой *и т. п.* he reeks, they reek, *etc.*, of tobáccò, of brándy, *etc.*; ◇ ~ вздор *разг.* talk nónsense; ~ небыли́цы *разг.* pull the long bow [pul... bou]; егó несёт (*о расстройстве желудка*) *разг.* he has diarrhóea [...-'rɪ:ə]; лóшадь понеслá (*без доп.*) the horse bólted; кудá егó несёт, понеслó? *см.* носи́ть.

**нести́** II, снести́ (*вн.*; *о кладке яиц птицами*) lay* (*d.*): ку́рица снеслá яйцó the hen has laid an egg.

**нести́сь** I, понести́сь *см.* носи́ться I 1.

**нести́сь** II, снести́сь (*класть яйца — о птицах*) lay* eggs; э́та ку́рица хорошó несётся this hen is a good* láyer.

**нестóйк||ий** *хим.* únstáble, nòn-persístent; ~ое ОВ *воен.* nòn-persístent gas.

**нестóящий** *разг.* of little, *или* of no, válue; wórthless; ~ человéк góod-for-nòthing, né'er-dò-wèll ['nɛəduːwel].

**нестроевóй** I (*о лесе*) únfit for búilding púrposes [...'bɪ- -s-].

**нестроев||óй** II *воен.* **1.** *прил.* nón-cómbatant; ~áя слýжба nón-cómbatant sérvice; **2.** *м. как сущ.* nón-cómbatant.

**нестрóйно** I *прил. кратк. см.* нестрóйный.

**нестрóйн||о** II *нареч.* díssonantly, discórdantly; ~ петь sing* discórdantly, sing* out of tune. **~ый 1.** díssonant, discórdant; (*о пении тж.*) out of tune; **2.** (*дезорганизованный*) disórdered; ~ые ряды́ disórdered ranks.

**несть** *уст.*: ~ числá there is no cóunting; ~ концá there is no end to it.

**несуди́мост||ь** *ж. юр.* ábsence of prévious charge; свидéтельство о ~и certíficate of ábsence of prévious charge.

**несудохóдный** únnávigable, innávigable.

**несурáзица** *ж.* = несурáзность 2.

**несурáзн||ость** *ж. разг.* **1.** (*нескладность*) áwkwardness, clúmsiness [-zɪ-]; (*бестолковость*) fóolishness, absúrdity; **2.** (*нелепость*) nónsense, absúrdity. **~ый** *разг.* **1.** (*неловкий*) áwkward, clúmsy [-zɪ]; **2.** (*глупый*) fóolish, absúrd.

**несусвéтн||ый** *разг.* fóolish, absúrd; ~ая чепухá sheer / ùnmítigàted nónsense.

**несýшка** *ж. с.-х.* láying hen, láyer.

**несущéственн||ый** ún¦esséntial, ìmmatérial; э́то ~о that is ìmmatérial, it does not mátter.

**несуществýющий** nón-exístent.

**несхóд||ный 1.** (*непохожий*) ún¦líke, dissímilar; dísparate; **2.** *разг.* (*о цене*) ùn¦réasonable [-z-]. **~ство** *с.* dissìmilárity, ún¦líke¦ness, dísparate¦ness.

**несчастли́в||ец** *м.*, **~ица** *ж.* ùnfórtunate / lúckless / íll-fáted wretch [-'fɔːtʃ-...]. **~ый** ùnfórtunate [-'fɔːtʃ-], íll-fáted, íll-stárred, lúckless; ~ый день íll-ómen¦ed day, day of bad luck.

**несчáстный 1.** *прил.* (*в разн. знач.*) ùnháppy, ùnfórtunate [-'fɔːtʃ-], míserable [-z-], ùn¦lúcky; ~ слýчай áccident; **2.** *м. как сущ.* wretch.

**несчáсть||е** *с.* misfórtune [-'fɔːtʃ-]; ◇ к ~ю ùnfórtunate¦ly [-'fɔːtʃ-].

**несчётный** innúmerable, cóuntless.

**несъедóбный 1.** (*невкусный*) ún¦éatable; ~ обéд ún¦éatable dínner; **2.** (*непригодный для еды*) inédible; ~ гриб inédible múshroom.

**нет** I *отрицание* **1.** (*при ответе*) no; *как опровержение отрицательного предположения передаётся через* yes: он был там? — ~ (нé был) was he there? — No (he was¦n't); вы егó ви́дели? — ~ (не ви́дел) did you see him? — No (I didn't); он там нé был? — ~, был he was¦n't there? — Yes, he was; **2.** (*в начале реплики — с оттенком возражения, удивления*) but: ~, вы егó не знáете! but you don't know him! [...nou...]; ~, почемý вы так дýмаете? but why do you think so?; **3.** (= не + *данное сказуемое — при том же подлежащем*) not; (*в безл. предложении после союза* и́ли *тж.*) no; (*при другом подлежащем*) *передаётся через сокращённое сказуемое* + not; *или* + -n't *разг.* (*ср.* **не 1**): бýдет он там и́ли ~? will he be there or not?; совсéм ~, вóвсе ~ not at all, not in the least; ещё ~, ~ ещё not yet; почемý ~? why not?; прия́тно и́ли ~, но э́то так pléasant or not / no, it is so ['plez-...]; они́ мóгут э́то сдéлать, а он ~ they can do it, but he cánnòt, *или* can't [...kɑːnt]; он ви́дел их, а онá ~ he saw them, but she did not, *или* didn't; онá былá правá, а он ~ she was right, but he was not, *или* was¦n't; ◇ ~, ~ да и *разг.* (*изредка*) once in a while [wʌns...]: он ~, ~ да и напи́шет письмó he does write a létter once in a while; своди́ть на ~ (*вн.*) bring* to nought / nothing (*d.*), redúce to zérò (*d.*); своди́ться на ~ come* to nought / nothing.

**нет** II (нéту *разг.*; *безл. отриц. наст. время от* быть; *рд.*) **1.** (*не имеется вообще*) there is no (+ *sg. subject*), there are no (+ *pl. subject*): там ~ мóста there is no bridge there; ~ сомнéния there is no doubt [...daut]; здесь ~ книг there are no books here; ~ изменéний there are no chánges [...-eɪndʒ-]; там никогó ~ there is nó¦body there; здесь ничегó ~ there is nothing here; — ~ ничегó удиви́тельного (в том), что (it is) no wónder that [...'wʌ-...]; у негó, у них *и т. д.* ~ he has, they have, *etc.*, no: у неё ~ врéмени she has no time; у нас ~ таки́х книг we have no such books, we have no books of that kind; **2.** (*об определённых лицах или предметах*) is not (+ *sg. subject*), are not (+ *pl. subject*); *соответственно* is¦n't, are¦n't *разг.*: егó ~ дóма he is not at home; егó кни́ги здесь ~ his book is not here; (э́тих) книг ~ на пóлке the books are not on the shelf*; — у негó, у них *и т. д.* ~ э́той кни́ги he has not, they have not, *etc.*, got this book; ◇ егó, их *и т. д.* бóльше ~ (*умер, умерли*) he is, they are, *etc.*, no more; ~ как ~ still no trace, still no news [...-z]; на ~ и судá ~ *погов.* ≅ if there is¦n't any, we must do without; (*ср. тж.* нет I).

**нетакти́чн||ость** *ж.* táctlessness. **~ый** táctless.

**нетвёрдо** I *прил. кратк. см.* нетвёрдый.

**нетвёрд||о** II *нареч.* not fírmly, not for cértain; знать ~ (*вн.*) have a cásual knówledge [...-ʒ- 'nɔ-] (of), be weak (in); ~ стоя́ть на ногáх stágger, be únstéady on one's feet [...'ste-...]; он ~ увéрен he is not quite sure [...ʃuə]. **~ость** *ж.* únstéadiness [-'ste-], lack of fírmness. **~ый** únstéady [-'ste-]; (*шаткий*) sháky; ~ая похóдка stággering gait; ~ый пóчерк sháky hánd(wrìting); ~ая пóчва ìnsecúre ground; он нетвёрд в матемáтике he is weak in màthemátics.

**нетерпели́во** I *прил. кратк. см.* нетерпели́вый.

**нетерпели́в||о** II *нареч.* impátiently. **~ость** *ж.* impátience. **~ый** impátient.

**нетерпéни||е** *с.* impátience; в ~и, с ~ем impátiently, with impátience; ожидáть с ~ем (*рд.*) wait impátiently (for); (*о чём-л. приятном*) look fórward (to).

**нетерпи́м||ость** *ж.* intólerance. **~ый 1.** (*о человеке*) intólerant; **2.** (*о поступке*) intólerable.

**нетлéнный** impérishable, úndecáyed.

**нетова́рищеск||ий** únfríendly [-'fre-], ún-cómrade¦ly, dístant; ~ое отноше́ние ún-fríendly tréatment / áttitùde [-'fre-...].

**нетопы́рь** *м. зоол.* bat, nóctùle.

**неторопли́в||ый** léisure¦ly ['leʒ-], únhúrried, delíberate; (*медлительный*) slow [-ou]; ~ые движе́ния únhúrried móve¦ments [...'mu:-].

**нето́чн||ость** *ж.* ináccuracy, ìnexáctitùde. **~ый** ináccurate, ìnexáct; ~ое выраже́ние ìnexáct / loose expréssion [...lu:s...].

**нетре́бовательн||ость** *ж.* simple tastes [...teɪ-] *pl.* **~ый** not exácting; (*скромный*) ún-preténtious, módest ['mɔ-].

**нетре́зв||ый** not sóber, drunk, intóxicàted; в ~ом ви́де in a drúnken state, in a state of intòxicátion.

**нетро́нут||ый** úntóuched [-'tʌ-]; (*о природных богатствах*) úntápped; (*перен.*) únpol-lúted; ~ая по́чва vírgin soil.

**нетрудово́й:** ~ дохо́д ún¦éarned ín¦come [-'ə:nd...].

**нетрудоспосо́бн||ость** *ж.* disáble¦ment, ìnvalídity, ìn¦capácity for work; по́лная ~ compléte ìnvalídity; части́чная ~ pártial ìnva-lídity; вре́менная ~ témporary ìnvalídity. **~ый** disábled, ínvalid [-i:d].

**не́тто** [нэ́-] *в знач. неизм. прил. торг.* net; вес ~ net weight.

**не́ту** *разг. см.* нет II.

**неубеди́тельный** ún¦convíncing, únpersuá-sive [-'sweɪ-]; lácking strength.

**неу́бранн||ый** **1.** ùntídy; ~ая ко́мната ùn-tídy room; **2.** (*об урожае*) ún¦réaped; ~ хлеб ún¦réaped corn.

**неуваже́ние** *с.* dísrespéct, lack of respéct.

**неуважи́тельно** I *прил. кратк. см.* не-уважи́тельный.

**неуважи́тельн||о** II *нареч.* dìsrespéctfully; ~ относи́ться к кому́-л. treat smb. with dísrespéct. **~ость** *ж.* **1.** (*о причине и т. п.*) inádequacy; **2.** = неуваже́ние. **~ый** **1.** (*о причине*) inádequate; not good / válid; **2.** *уст.* (*непочтительный*) dìsrespéctful.

**неуве́ренн||ость** *ж.* ùncértainty; ~ в себе́ díffidence. **~ый** **1.** ùncértain; ~ый в себе́ díffident; ~ый в свои́х си́лах not sure of one's strength [...ʃuə...], not sélf-cónfident; **2.** (*нерешительный*) hésitàting [-zɪ-].

**неувяда́||емый, ~ющий** ùnfáding; ~емая сла́ва èver¦lásting glóry.

**неувя́зка** *ж. разг.* discrépancy, lack of cò-òrdinátion.

**неугас||а́емый, ~и́мый** (*прям. и перен.*) ìnextínguishable; (*перен. тж.*) ùn¦quénchable; ~и́мое жела́ние ùn¦quénchable desíre [...'zaɪə].

**неуго́дный** dìsagréeable [-'grɪə-], objéction-able.

**неугомо́нный** *разг.* (*неспокойный*) rést¦less; (*неутомимый*) ìndefátigable, áctive.

**неуда́ч||а** *ж.* fáilure; (*несчастье*) misfór-tune [-'fɔ:tʃ-]; (*неожиданный отказ*) rebúff, revérse; потерпе́ть ~у fail, miscárry; потер-пе́ть серьёзную ~у súffer a májor sét-báck; вот ~! how ùn¦lúcky! **~ливый** ùn¦lúcky. **~ник** *м.*, **~ница** *ж.* ùn¦lúcky wretch, fáilure. **~ный** únsuccéssful; (*несчастливый*) ùnfórtu-nate [-tʃən-]; (*о доводе, объяснении*) lame; (*неподходящий*) ùnháppy; ~ная попы́тка lame attémpt.

**неудержи́мый** ìrrepréssible; ~ смех ìrre-préssible láughter [...'lɑ:f-].

**неудо́бно** I **1.** *прил. кратк. см.* неудо́б-ный; **2.** *предик. безл.* it is ìn¦convénient.

**неудо́бн||о** II *нареч.* ùn¦cómfortably [-'kʌ-]. **~ый** **1.** ùn¦cómfortable [-'kʌ-]; (*нескладный*) áwkward; **2.** (*неуместный, неподходящий*) ìn¦convénient; ~ое положе́ние áwkward posítion [...-'zɪ-].

**неудобо||вари́мый** ìndigéstible; (*перен.*) *ирон.* obscúre, invólved. **~поня́тный** ún¦intél-ligible, àbstrúse [-s]. **~произноси́мый** **1.** ún-pronóunce¦able; **2.** *шутл.* (*неприличный*) ìnex-préssible. **~чита́емый** ún¦réadable.

**неудо́бство** *с.* ìn¦convénience, discómfort [-'kʌ-]; чу́вствовать ~ feel* ùn¦cómfortable / ùn¦éasy [...-'kʌ- -zɪ].

**неудовлетворе́ние** *с.* nón-complíance; ~ чьей-л. про́сьбы, хода́тайства fáilure / refús-al to grant smb.'s requést, petítion [...-z°l... -ɑ:nt...]; ~ жела́ния fáilure to sátisfỳ *one's* de-síre [...-'zaɪə]; ~ и́ска rejéction (of áction).

**неудовлетворённ||ость** *ж.* dissàtisfáction, díscontént; чу́вство ~ости féeling of dissàtis-fáction; ~ собо́й bé¦ing díssátisfied with òne¦-sélf. **~ый** díssátisfied, dísconténted.

**неудовлетвори́тельно** I *прил. кратк. см.* неудовлетвори́тельный.

**неудовлетвори́тельн||о** II **1.** *нареч.* únsàt-isfáctorily; **2.** *как сущ. с. нескл.* (*отметка*) únsàtisfáctory. **~ость** *ж.* inádequacy, ìnsuf-fíciency. **~ый** únsàtisfáctory; (*об объяснении и т. п.*) inádequate.

**неудово́льствие** *с.* displéasure [-'ple-].

**неуёмный** (*о темпераменте, энергии*) ìndefátigable; (*о боли и т. п.*) incéssant.

**неуже́ли** *нареч.* réally? ['rɪə-], is it póssible?; ~ э́то пра́вда? can it réally be true?; ~! indéed!

**неужи́вчив||ость** *ж.* quárrelsome dìsposí-tion [...-'zɪ-], únsòciabílity. **~ый** únsóciable, ún¦accómmodàting, quárrelsome.

**неузнава́ем||ость** *ж.* ún¦rècognìzabílity [-naɪ-]; до ~ости be¦yónd rècognítion; изме-ни́ть до ~ости (*вн.*) trànsfórm be¦yónd rècog-nítion (*d.*). **~ый** ún¦récognìzable, irrécog-nìzable.

**неукло́нн||ый** stéadfast ['ste-], ùnflínching; (*непрерывный*) stéady ['ste-]; к ~ому исполне́нию to be strictly éxecùted; ~ая поли́тика ùndéviàting / ùnswérving pólicy; ~ое повыше́ние жизнен-ного у́ровня stéady rise in the stándard of líving [...'lɪv-]; ~ое движе́ние вперёд contín-ued prógrèss; ~ая реши́мость ùnflínching / stéadfast detèrminátion.

**неуклю́ж||есть** *ж.* clúmsiness [-zɪ-], áwk-wardness. **~ий** clúmsy [-zɪ], lúmbering, áwk-ward.

**неукосни́тельный** *уст.* strict, ábsolùte.

**неукреплённый** *воен.* únfórtified.

**неукроти́мый** indómitable.

**неукрощённый** úntámed.

**неулови́м||ость** *ж.* **1.** elúsive¦ness; **2.** (*неощутимость*) impercèptibílity, súbtlety ['sʌtl-]. **~ый** **1.** elúsive, dífficult to catch; он неуло-ви́м *разг.* he is not to be caught; **2.** (*еле заметный*) ìmpercéptible, subtle [sʌtl]; ~ый звук ìmpercéptible sound; ~ая ра́зница sub-tle / ìndefínable dífference.

**неуме́||лость** *ж.* want of skill, únskilfulness, clúmsiness [-z-]. **~лый** clúmsy [-zɪ]; (*о человеке тж.*) únskilful. **~ние** *с.* ìnability, únskilfulness; ~ние рабо́тать ìnability to work; из-за ~ния for want of skill.

**неуме́ренн||ость** *ж.* ímmòderátion; (*в еде и т. п.*) intémperance. **~ый 1.** (*чрезмерный*) immóderate, excéssive; ~ое употребле́ние (*рд.*) excéssive use [...-s] (of); **2.** (*о человеке*) intémperate.

**неуме́стн||ость** *ж.* irrélevance. **~ый** mìspláced, irrélevant, ìnappròpriate, out of place; здесь э́то ~о it is out of place here.

**неу́мный** stúpid.

**неумоли́мый** inéxorable; implácable; ~ ход исто́рии the inéxorable course of history [...kɔːs...].

**неумолка́емый** incéssant, ùncéasing [-sɪŋ].

**неумо́лчный** *поэт.* = неумолка́емый.

**неумы́тый** únwáshed.

**неумы́шленн||ость** *ж. юр.* ìnadvértency. **~ый** únprèméditàted [-riː-], ìnadvértent, ún¦inténtional; ~ое уби́йство *юр.* mánslaughter.

**неупла́т||а** *ж.* nón-páyment; в слу́чае ~ы in case of nón-páyment [...-s...].

**неупотреби́тельный** not in use [...-s] (*predic.*); not cúrrent, ùn¦cómmon, ùn¦úsual [-'juːʒ-].

**неуравнове́шенн||ость** *ж.* únbálanced state / cháracter [...'kæ-]. **~ый** únbálanced.

**неурегули́рованный** outstánding.

**неурожа́й** *м.* bad hárvest, fáilure of crops, crop fáilure, poor crop. **~ный** of bad hárvest; ~ный год year of bad hárvest; year of dearth [...dəːθ] *идиом.*

**неуро́чн||ый** inópportùne, ùnséasonable [-z°n-]; в ~ое вре́мя (*неудобное*) at an inópportùne time; (*не тогда, когда следует*) out of time.

**неуря́дица** *ж. разг.* confúsion, disórder; mess *разг.*

**неуси́дчив||ость** *ж.* rést¦lessness, lack of pèrsevérance [...'vɪə-]. **~ый** rést¦less, not pèrsevéring.

**неуслу́жливый** dìsobliging.

**неусоверше́нствованный** ún¦impróved [-'pruː-], not impróved [...-'pruː-].

**неуспева́||емость** *ж.* únproficiency, poor prógrèss. **~ющий** weak, poor; (*отстающий*) báckward; ~ющий студе́нт báckward stúdent, stúdent fáiling to fulfil his currículum [...ful-...].

**неуспе́||х** *м.* fáilure, ill succéss, sét-báck. **~шный** únsuccéssful.

**неуста́нный** tíre¦less, ìndefátigable, ùnwéarying.

**неустано́вленный** únstáted, ún¦estáblished; (*не назначенный*) not fixed.

**неусто́йка** *ж. юр.* fórfeit [-fɪt].

**неусто́йчив||ость** *ж.* ìnstability, únstéadiness [-'ste-]. **~ый 1.** únstáble, únstéady [-'ste-]; (*колеблющийся*) flúctuàting, chánge¦able ['tʃeɪ-]; ~ая пого́да únstéady / chánge¦able wéather [...'we-]; **2.** *физ., хим.* lábile ['leɪ-]; ◇ ~ое равнове́сие lability, móbile èquilíbrium ['mou- iː-].

**неустрани́мый** ìrremóvable [-'muː-], ùn¦avóidable.

**неустраши́м||ость** *ж.* féarlessness, intrepídity. **~ый** ùndáunted, féarless, intrépid.

**неустро́енн||ость** *ж.* disórder, únsèttled state. **~ый** ún¦arránged [-eɪn-], únséttled.

**неустро́йство** *с.* disórder.

**неусту́пчив||ость** *ж.* óbstinacy, nón-compliance. **~ый** óbstinate, ùn¦cómpromìsing, ùn¦yíelding [-'jiːld-].

**неусы́пный** ìndefátigable, ùn¦remítting; ~ надзо́р vígilant survéillance.

**неутеши́тельный** not cómforting [...'kʌ-]; (*неблагоприятный*) únfávour¦able, ìn¦auspícious.

**неуте́шн||ый** discónsolate, ìn¦consólable; ~ое го́ре ìn¦consólable grief [...-iːf].

**неутоли́м||ый** ùn¦quénchable, ún¦appéasable [-z-]; ~ая жа́жда ùn¦quénchable thirst; ~ го́лод ún¦appéasable húnger; ~ая жа́жда зна́ний ún¦appéasable / éver-grówing desíre for knówledge [...-'grou- -'zaɪə... 'nɔ-].

**неутоми́м||ость** *ж.* ìndefàtigabílity. **~ый** ùntíring, tíre¦less, ìndefátigable.

**не́уч** *м. пренебр.* ìgnorámus.

**неучти́в||ость** *ж.* discóurtesy [-'kəːt-], ìmpolíte¦ness, ìncivílity. **~ый** discóurteous [-'kəːt-], ìmpolíte, úncívil.

**неую́тн||ость** *ж.* lack of cómfort [...'kʌ-]. **~ый** cómfortless ['kʌ-], not cósy [...-zɪ].

**неуязви́м||ость** *ж.* invùlnerabílity. **~ый** invúlnerable.

**неф** *м. арх.* nave.

**нефри́т I** *м. мед.* nèphrítis.

**нефри́т II** *м. мин.* néphrìte.

**нефтеаппарату́ра** *ж.* óil-prodùction machínery [...-'ʃiːn-].

**нефтедобыва́ющ||ий:** ~ая промы́шленность óil-índustry, óil-extrácting índustry.

**нефтедобы́ча** *ж.* oil óutpùt [...-put].

**нефтеналивн||о́й:** ~о́е су́дно óil-tànker.

**нефтено́сн||ость** *ж.* oil contént. **~ый** óil-bearing [-bɛə-].

**нефтеочи́стка** *ж.* oil refíning.

**нефтеперего́нный:** ~ заво́д oil refínery [...-'faɪ-].

**нефтеперераба́тывающ||ий** óil-refíning; ~ая промы́шленность óil-refíning / óil-prócèss¦ing índustry.

**нефте||прово́д** *м.* óil-cònduit [-ɪt], pípe-lìne. **~проду́кт** *м.* óil-pròduct. **~про́мысел** *м.* óil-field [-fiːld].

**нефтепромы́шленн||ость** *ж.* óil-índustry. **~ый** óil-índustry (*attr.*).

**нефтехрани́лище** *с.* óil-tànk, oil réservoir [...'rezəvwɑː].

**нефт||ь** *ж.* oil, petróleum, míneral oil; ~-сыре́ц crude oil. **~я́ник** *м.* óil-índustry wórker.

**нефтян||о́й** oil (*attr.*); ~ исто́чник óil-wèll, óil-sprìng; ~а́я вы́шка dérrick; ~а́я сква́жина óil-wèll; ~о́е месторожде́ние óil-field [-fiː-]; ~ дви́гатель oil éngine [...'endʒ-]; ~ фонта́н óil-gùsher; ~а́я промы́шленность óil-índustry.

**нехва́тка** *ж. разг.* shórtage.

**нехи́трый 1.** (*о человеке*) símple, ártless, guíle¦less; **2.** *разг.* (*несложный*) símple, not dífficult.

**неходово́й** únmárketable.

**нехозя́йственный** únthrífty, nón-èconómical [-iːk-], ún¦èconómical [-iːk-].

**нехоро́ший** bad*.

**нехорошó** I **1.** *прил. кратк. см.* нехорóший; **2.** *предик. безл.* it is bad, it is wrong; ~ так поступáть it is wrong to act like this.

**нехорошó** II *нареч.* bád¦ly*; чýвствовать себя́ ~ feel* únwéll.

**нéхотя** *нареч.* **1.** únwílling¦ly, relúctantly; дéлать что-л. ~ do smth. hálf-héartedly [...'hɑːf'hɑːt-]; **2.** (*нечаянно*) ìnadvértently.

**нецелесообрáзно** I *прил. кратк. см.* нецелесообрáзный.

**нецелесообрáзн||о** II *нареч.* to no púrpose [...-s], ìnexpédiently. **~ый** ìnexpédient, únsúitable [-'sjuːt-]; ~ая трáта waste [weɪ-].

**нецензýрн||ый** ún¦quótable; ~ое слóво òbscéne word.

**нечáянн||о** *нареч.* àccidéntally, ìnadvértently. **~ость** *ж.* ún¦expéctedness; по ~ости *разг.* àccidéntally, ìnadvértently. **~ый 1.** (*неожиданный*) ún¦expécted; ~ая встрéча ún¦expécted en¦cóunter; **2.** (*случайный*) ún¦inténtion¦al, àccidéntal; ~ый вы́стрел rándom / àccidéntal shot.

**нéчего** [-во] **1.** *рд.* (*дт.* нéчему, *тв.* нéчем; *при предлогах отрицание отделяется*: нé из чего *и т. п.*, *см.* не 2) *мест.* (+ *инф.*) there is nothing (+to *inf.*): там ~ читáть there is nothing to read there; нéчем писáть there is nothing to write with; тут нéчему удивля́ться there is nothing to be surprísed at; — нéчему рáдоваться there is no réason for joy [...-z°n...]; емý, им *и т. д.* ~ дéлать, читáть, нéчем писáть *и т. п.* he has, they have, *etc.*, nothing to do, to read, nothing to write with, *etc.*; емý, им *и т. д.* бóльше ~ сказáть, добáвить *и т. п.* he has, they have, *etc.*, no more to say, to add, *etc.*; **2.** *предик. безл.* (+*инф.*; *бесполезно*) it's no use [...-s], it's no good (+*ger.*); (*нет надобности*) there is no need (+to *inf.*): ~ разговáривать it's no use, *или* no good, tálking; ~ спеши́ть there is no need to húrry; — емý *и т. д.* ~ (+*инф.*) he, *etc.*, need not (+*inf.*): ей ~ беспокóиться об э́том she need not be ánxious abóut it; — ~ и говори́ть, что it goes without sáying that; (об э́том) и дýмать ~ it is out of the quéstion [...-stʃ-], there can be no quéstion of that; ◇ ~ дéлать! there is nothing to be done!; (*при прош. вр.*) there was nothing to be done!; ~ сказáть! indéed!; well, I declárе!; нéчем похвáстаться there's nothing to be proud of; it's nothing to write home abóut *идиом.*; от ~ дéлать to while a¦wáy the time.

**нечеловéческ||ий** sùperhúman; ~ие уси́лия sùperhúman éfforts.

**нéчем** *тв. и* **нé... чем** *тв. и пр. см.* нéчего *и* не 2.

**нéчему** *и* **нé... чему** *дт. см.* нéчего *и* не 2.

**нечерноземный** nón-chérnozèm.

**нечести́вый** *уст.* ímpious, gód¦less, profáne.

**нечéстн||ость** [-сн-] *ж.* dis¦hónesty [dɪs'ɔ-]. **~ый** [-сн-] dis¦hónest [dɪs'ɔ-].

**нéчет** *м. разг.* odd númber; чёт и ~ odd and éven.

**нечётк||ий 1.** (*о работе и т. п.*) slípshòd; **2.** (*о почерке, шрифте*) illégible, dífficult; ~ое произношéние indistínct / slípshòd / deféctive pronùnciátion. **~ость** *ж.* **1.** (*о работе и т. п.*) cáre¦lessness; **2.** (*о почерке, печати*) illègibílity.

**нечётный** odd.

**нечистокрóвный** hálf-brèd ['hɑːf-].

**нечистоплóтн||ость** *ж.* ùntídiness [-'taɪ-], slóvenliness ['slʌ-]; (*перен.*) ùnscrúpulous¦ness. **~ый** dírty, ùntídy; (*перен.*) ùnscrúpulous.

**нечистотá** *ж. тк. ед.* dírtiness.

**нечистóты** *мн.* séwage *sg.*

**нечи́ст||ый 1.** ún¦cléan, dírty; **2.** (*фальсифицированный*) impúre, adúlteràted; **3.** (*нечестный*) dis¦hónour¦able [dɪs'ɔ-]; ~ое дéло shády / suspícious affáir; ~ая сóвесть guílty cónscience [...-nʃəns]; **4.** (*не совсем правильный*) cáre¦less; ~ая рабóта cáre¦less / bad* work; ~ое произношéние deféctive pronùnciátion; **5.** *м. как сущ. фольк.* dévil; ◇ он нá руку нечи́ст *разг.* he is a pílferer; he is líght-fíngered; ~ая си́ла *фольк.* the évil spírit [...'iː-...], the évil one; дéло ~о there is foul play here.

**нéчисть** *ж. собир. фольк.* évil spírits ['iː-...] *pl.*; (*перен.*; *о людях*) *презр.* ríff-ràff, scum.

**нечленораздéльный** inàrtículate.

**нéчто** *мест. тк. им. и вн.* sóme¦thing.

**нечувстви́тельный 1.** (к; *прям. и перен.*) insénsitive (to), dead [ded] (to); **2.** (*незаметный, постепенный*) insénsible.

**нешосси́рованный** únmétalled.

**нештáтный** sùpernúmerary, not on the régular staff.

**нешýточн||ый** *разг.* sérious, grave; дéло ~ое it is no joke, it is not a láughing mátter [...'lɑːf-...], that is no trífling mátter.

**нещáдн||о** *нареч.* mércilessly. **~ый** mércilessь.

**нея́вк||а** *ж.* fáilure to appéar, *или* to repórt; ~ в суд *юр.* defáult; (*злостная*) cóntumacy; ~ на рабóту ábsence from work; за ~ой ówing to nón-appéarance ['ou-...].

**неядови́тый 1.** únvénomous, nón-póisonous [-z-]; **2.** *хим.* nón-tóxic.

**нея́ркий** (*прям. и перен.*) pale; (*смягчённый*) soft, sóftened [-f°n-], subdúed.

**нея́сн||ость** *ж.* vágue¦ness. **~ый** vague; смысл рéчи был нея́сен the speech was obscúre.

**ни** I *союз*: ни... ни néither... nor ['naɪ-, 'niː-...]; *отрицание* не *при этом не переводится*: ни он, ни онá не бýдет там néither he nor she will be there; они́ не ви́дели ни егó, ни её they saw néither him nor her; ни зá ни прóтив néither for nor agáinst; — ни тот ни другóй néither (the one nor the other); ни та ни другáя сторонá (+не) néither side; он не нашёл, не ви́дел *и т. п.* ни тогó ни другóго he found, saw, *etc.*, néither; he did not find, did not see, *etc.*, éither [...'aɪ-, 'iː-]; ◇ ни то ни сё néither one thing nor the other; (*так себе*) só-sò; ни ры́ба ни мя́со néither fish, flesh, nor good red hérring; э́то ни к селý ни к гóроду ≅ that is néither here nor there; ни с тогó ни с сегó all of a súdden; without rhyme or réason [...-z°n] *идиом. разг.*; ни за что ни про что (*без основания*) for no réason at all; (*ср. тж.* ни II).

**ни** II *частица* **1.** (*перед сущ. в ед. числе, перед словом* оди́н *или* еди́ный) not a; *отрицание* не *при этом не переводится*: не упáло ни (однóй, еди́ной) кáпли not a (single) drop fell; ни шáгу дáльше! not a step fúrther!;

ни душй на ýлице not a soul in the street [...soul...]; — ни рáзу не вйдел егó never saw him; ни слóва бóльше! not another word!; ни одйн из них (+ не) none of them [nʌn...], ни одйн из ста, из тысячи (+ не) not one in a húndred, in a thóusand [...-z-]; ни одйн, ни однá, ни однó... не (*даже один и т. д. ... не*) not a; (*никакой и т. д. ... не*) no: ни одйн человéк не шевельнýлся not a man stirred; ни одйн человéк не мóжет сдéлать э́то no man can do that; — не... ни одногó, ни однóй *и т. д. передаётся через отрицание при глаголе* (*см.* не 1) + a single: не мог найтй ни одногó примéра could not find a single instance; не пропустйл ни однóй лéкции did not miss a single lécture; **2.** (*перед предл. с косвен. пад. от* какóй, кто, что): ни... какóго, ни... какóй *и т. д.* не no (...whàt:éver); *или передаётся через отрицание при глаголе* (*см.* не 1) + any (...whàt:éver; *ср.* никакóй): ни в какóй кнйге он не мог найтй э́того he could find that in no book, he could not find that in any book (whàt:éver); не привóдится ни в какóй другóй кнйге is given in no other book; не завйсит ни от какйх обстоя́тельств does not depénd on any círcumstances (whàt:éver); — ни... когó, ни... комý *и т. д.* не nó:body; *или передаётся через отрицание при глаголе* + anybody (*ср.* никтó): он ни с кем не совéтовался he consúlted nó:body, he did not consúlt anybody; он ни на когó не полагáется he relíes on nó:body, he does not relý on anybody; — ни у когó нет, нé было (*рд.*) nó:body has, had (*d.*); ни у когó из них нет (*рд.*) none of them has (*d.*); ни... чегó, ни... чемý *и т. д.* не nothing; *или передаётся через отрицание при глаголе* + ány:thing (*ср.* ничтó): ни в чём не сомневáлся dóubted nothing ['daut-...], did not doubt ány:thing [...daut...]; всё э́то ни к чемý (*напрасно*) it is all no good; э́то ни к чемý не привелó (*было безрезультатно*) it led to nothing; ни на что не годйтся is good for nothing; он э́то ни на что не променя́ет he will not exchánge it for ány:thing [...-eındʒ...]; — ни за что (*даром, напрасно*) for nothing; (*ни в коем случае*) never: он получйл э́то ни за что he got it for nothing; он ни за что не догадáется he will never guess; — ни с чем (*ничего не имея*) with nothing, without ány:thing; ни на чём не оснóванный gróundless; **3.:** как ни, какóй ни, что ни, кудá ни, где ни *и т. п. см. под соотв. наречиями и местоимениями*; ◇ ни в какóм, *или* ни в кóем, слýчае (не) on no accóunt; by no means; ни за какйе дéньги! not for ány:thing!; ни за что на свéте! not for the world!; ни за что на свéте не стал бы дéлать э́того would not do it for the world; ни гу-гý! *разг.* (*молчать!*) not a word!; mum's the word!; don't let it go any fárther! [...-ðə]; keep it dark!; он ни гу-гý (*промолчал*) he never said a word [...sed...]; he kept mum *разг.*; (*ср. тж.* ни I).

**нйва** *ж.* córnfield [-i:ld].

**нивелйр** *м. геод.* lével ['le-]. **~овать** *несов. и сов.* (*вн.*; *прям. и перен.*) lével ['le-] (*d.*). **~óвка** *ж.* lévelling. **~óвщик** *м.* léveller.

**нигдé** *нареч.* nó:whère; ~ не nó:whère; *или передаётся через отрицание при глаголе* (*ср.* не 1) + ány:whère: он ~ не мог найтй их he could find them nó:whère, he could not find them ány:whère; — егó, их *и т. д.* ~ нет he is, they are, *etc.*, nó:whère to be found; егó никтó не мог ~ найтй nó:body, *или* no one, could find him ány:whère; их нельзя́ найтй ~ крóме э́того мéста, *или* крóме как в э́том мéсте *разг.* they can be found nó:whère, *или* cánnòt be found ány:whère, but in this place; it is impóssible to find them ány:whère but in this place.

**нигил||йзм** *м.* níhilism ['naıı-]. **~йст** *м.* níhilist ['naıı-]. **~истйческий** nìhilístic [naıı-].

**нигрозйн** *м. хим.* nígrosin(e).

**нидерлáндский** Néther:landish.

**нижáйший** *превосх. ст. см.* нйзкий.

**нйже** I *сравн. ст. прил. см.* нйзкий 1; ~ рóстом shórter; (*ср. тж.* нйже II 2).

**нйже** II **1.** *сравн. ст. нареч. см.* нйзко II; этажóм ~ one stórey lówer [...'louə]; спускáться ~ descénd, come* down; (*резко снизиться*) drop down; смотрй ~ see belów [...-'lou]; **2.** *как предл.* (*рд.*) belów: ~ нуля́ belów zérò; ~ срéднего belów the áverage; ~ гóрода, óстрова *и т. п.* (*по течению реки*) belów *the* town, *the* ísland, *etc.* [...'aıl-]; — ~ чьегó-л. достóинства benéath smb.'s dígnity; ~ вся́кой крйтики benéath críticism.

**ниже||излóженный** set forth belów [...-'lou]. **~ознáченный** méntioned belów [...-'lou], úndermèntioned. **~подписáвшийся** *м. как сущ.* the ùndersígned [...-'saı-]; я, ~подписáвшийся... I, the ùndersígned... **~поименóванный** named belów [...-'lou]. **~приведённый** stated / méntioned belów [...-'lou]. **~слéдующий** fóllowing. **~стоя́щий** subórdinate. **~упомя́нутый** méntioned belów [...-'lou], úndermèntioned.

**нйжн||ий** (*в разн. знач.*) lówer* ['louə]; ~ эта́ж ground floor [...flɔ:]; ~ее бельё únderclòthes [-klouðz] *pl.*, únderclòthing [-klou-], únderwear [-wɛə]; ~ее течéние рекй lówer réaches of *the* ríver [...'rı-] *pl.*; Нйжняя Вóлга the Lówer Vólga; ~яя палáта Lówer Chámber / House [...'tʃeı- -s]; (*в Англии*) House of Cómmons.

**низ** *м.* bóttom.

**низáть** (*вн.*) string* (*d.*), thread [-ed] (*d.*); ~ жéмчуг string* / thread pearls [...pə:-].

**низведéние** *с.* bring:ing down.

**низвергáть,** низвéргнуть (*вн.*) precípitàte (*d.*); (*перен.*) òver:thrów* [-'θrou] (*d.*), subvért (*d.*). **~ся,** низвéргнуться **1.** dash / rush down; **2.** *страд. к* низвергáть.

**низвéргнуть(ся)** *сов. см.* низвергáть(ся).

**низвержéние** *с.* (*прям. и перен.*) óver:throw [-ou], subvérsion; ~ самодержáвия óver:throw of autócracy.

**низвестй** *сов. см.* низводйть.

**низводйть,** низвестй (*вн.*) bring* down (*d.*); (до *роли, положения и т. п.*) redúce (*d.* to).

**низйн||а** *ж.* low place [lou...], depréssion. **~ный:** ~ные зéмли lów-lỳing márshy lands.

**нйзк||ий 1.** (*в разн. знач.*) low [lou]; ~ого рóста (of) short (státure); úndersízed; ~ гóлос deep voice; ~ое кáчество bad* / poor / inférior quálity; **2.** (*подлый*) base [-s], mean, low.

**нйзко** I *прил. кратк. см.* нйзкий.

**нйзко** II *нареч.* **1.** low [lou]; ~ поклонйться bow low; барóметр стоит ~ the barómeter is low; 2. (*подло*) báse¦ly [-s-], méanly, déspicably.

**низколóбый** lów-browed ['lou-], with a low fórehead [...lou 'fɔrɪd].

**низкопоклóн||ник** *м, презр.* gróveller, tóady. **~ничать** *презр.* ków-tów; (пéред) cringe (to), fawn (up¦ón), gróvel ['grɔ-] (befóre, to). **~ство** *с. презр.* obséquious¦ness [-'si:-], servílity, tóadyism.

**низко||прóбный** báse-allóy [-s-] (*attr.*), lów-stàndard ['lou-] (*attr.*); (*перен.*) base [-s]. **~рóслый** úndersized, dwárfish, shórtish. **~сóртный** lów-gràde ['lou-] (*attr.*); (of) poor quálity, (of) inférior quálity.

**низлагáть,** низложи́ть (*вн.*) depóse (*d.*); (*лишать трона тж.*) dethróne (*d.*).

**низлож||éние** *с.* dèposítion [-'z-], dethróne¦ment. **~и́ть** *сов. см.* низлагáть.

**ни́зменн||ость** *ж.* **1.** *геогр.* lówland ['lou-], depréssion; **2.** *тк. ед.* (*подлость*) báse¦ness [-s-], méanness. **~ый 1.** *геогр.* lów-lýing ['lou-]; **2.** (*подлый*) low [lou], mean, base [-s], vile; ~ое побуждéние vile mótive; ~ый инсти́нкт ánimal instinct.

**низов||óй 1.** lówer ['louə]; (*относящийся к нижнему течению реки*) from / on the lówer réaches; **2.** (*периферийный*) lócal; ~áя организáция lócal òrganìzátion [...-naɪ-]; ~ рабóтник wórker of a subórdinate òrganìzátion, lócal wórker; ~áя печáть lócal press.

**низóвь||е** *с.* the lówer réaches of *the* ríver [...'louə...'rɪ-] *pl.*; ~я Вóлги the Lówer Vólga *sg.*

**ни́зость** *ж.* báse¦ness [-s-], méanness; э́то ~ it is mean / déspicable.

**низри́нуть** *сов.* (*вн.*) precípitàte (*d.*), throw* down [θrou...] (*d.*). **~ся** *сов.* dash / rush down.

**ни́зш||ий** (*сравн. ст. от* ни́зкий 1) lówer ['louə]; (*превосх. ст. от* ни́зкий 1) the lówest [...'lou-]; (*о сорте, качестве тж.*) inférior; ~ее образовáние prímary / èleméntary èducátion ['praɪ-...]; ~ая тóчка the lówest point.

**низы́** *мн.* **1.** (*в классовом обществе — эксплуатируемые классы*) lówer stráta (of) ['louə...]; ~ населéния lówer clásses; **2.** *муз.* (*нижние ноты*) the bass notes [...beɪs...].

**никáк** I *нареч.*: ~ не (*никаким способом не*) in no way, nó¦wise; *или передаётся через отрицание при глаголе* (*см.* не 1) + in any way; (*нисколько не*) by no means; он ~ не мог откры́ть я́щик in no way could he ópen the box, he could not ópen the box in any way; ~ нельзя́ it is quite impóssible.

**никáк** II *вводн. сл. разг.* (*кажется*) as it appéars, as it seems: он, ~, совсéм здорóв he is quite well, as it appéars / seems; ~, он пришёл! has he come, áfter all!

**никак||óй** (*при предлогах отрицание отделяется*: ни от какóго *и т. п. см.* ни II 2) *мест.* no (...whàt¦éver); (*без существительного*) none (whàt¦éver) [nʌn...]; *отрицание* не *в обоих случаях не переводится*: ~и́е препя́тствия не могли́ останови́ть егó no óbstacles (whàt¦éver) could stop him; ~и́х возражéний! no objéctions (whàt¦éver)!; ~ из них не хорóш none of them is good*; есть ли какóе-нибудь сомнéние? — Никакóго! is there any doubt [...daut]? — None (whàt¦éver)! — не... ~óго, ~óй, ~и́х *и т. д.* no... whàt¦éver (*без существит.* — none whàt¦éver; *ср. выше*); *или передаётся через отрицание при глаголе* (*см.* не 1) + any... whàt¦éver: он не имéл, *или* у негó нé было, ~и́х возражéний he had no, *или* had not any, objéctions whàt¦éver; — не имéть ~óго прáва have no (mánner of) right; не имéть ~óго представлéния, поня́тия (о *пр.*) have no idéa [...aɪ'dɪə] (of); нет ~óго *и т. д.* there is no *sg.*, there are no *pl.*,... whàt¦éver: нет ~óго сомнéния there is no doubt whàt¦éver; нет ~и́х следóв there are no tráces whàt¦éver; — никтó не посылáл ~и́х дéнег, не покупáл ~и́х книг *и т. п.* nó¦body sent any móney [...'mʌ-], bought any books; ~ не *разг.* (*вовсе не*) not... at all: он ~ не дóктор he is not a dóctor at all; ◇ ~и́м óбразом (не) by no means (*ср.* никáк I).

**ни́кел||евый** *прил. к* ни́кель: ~ блеск *мин.* níckel glance; ~евая сталь níckel-steel; в ~евой оболóчке níckel-càsed [-st]. **~и́н** *м.* (*сплав*) níckeline. **~ировáние** *с.* níckel(l)ing, níckel-plàting. **~ирóванный** *прич. и прил.* níckel-plàted. **~ировáть** *несов. и сов.* (*вн.*) plate with níckel (*d.*), níckel (*d.*). **~ирóвка** *ж.* **1.** (*действие*) níckel-plàting; **2.** (*слой никеля*) cóating of níckel.

**ни́кель** *м.* níckel.

**никéм** *тв. см.* никтó.

**ни́кнуть,** пони́кнуть droop.

**никогдá** *нареч.* never; *при отрицат. подлежащем передаётся через* ever; *отрицание* не *в обоих случаях не переводится*: он ~ нé был там he has never been there; он ~ не ви́дел ничегó подóбного he has never seen ány¦thing like it; лýчше пóздно, чем ~ bétter late than never; никтó ~ нé был там nó¦body has ever been there; — почти́ ~ (+не) hárdly ever; ◇ ~ в жи́зни (+не) never in one's life, never in one's born days.

**никогó** *рд., вн. см.* никтó.

**никó||й** *мест.*: ~им óбразом (не) by no means (*ср.* никáк I).

**никомý** *дт. см.* никтó.

**никоти́н** *м.* nìcotíne [-'ti:n]. **~овый** *прил. к* никоти́н.

**никтó,** *рд., вн.* никогó, *дт.* никомý, *тв.* никéм, *пр.* ни о ком (*при предлогах отрицание отделяется*: ни от когó *и т. п. см.* ни II 2), *мест.* nó¦body; no one (*об. с оттенком большей конкретности*); *отрицание* не *при этом не переводится*: ~ не узнáет nó¦body will know [...nou]; там никогó нé было there was nó¦body there; ~ егó не ви́дел nó¦body, *или* no one, saw him; никогó нé было дóма (*из живущих там*) no one was at home; — никогó, никомý, никéм не *тж.* *передаётся через отрицание при глаголе* (*см.* не 1) + anybody *или* ány¦òne: он никогó не ви́дел там крóме неё he saw nó¦body, *или* did not see anybody, there but her; он никомý не говори́л he has told nó¦body; he has not told anybody / ány¦òne; — здесь, там *и т. п.* никогó нет there is nó¦body, *или* is not anybody, here, there, *etc.*; ~ никогдá нé был, не ви́дел *и т. п.* nó¦body has ever been, seen, *etc.*; ~ из них *и т. п.* (+не) none of them, *etc.* [nʌn...]; ~ другóй nó¦body else; none else / other; ◇ ~ на свéте (+не) no man alive.

**никуд||а́** *нареч.* nó¦whère; ~ не nó¦whère; *или передаётся через отрицание при глаголе* (*ср.* не 1) + ány¦whère: э́та доро́га ~ не ведёт this road leads nó¦whère, *или* does not lead ány¦whère; — никто́ ~ не пойдёт nó¦body, *или* no one, will go ány¦whère; он никогда́ ~ не пое́дет he will never go ány¦whère; он не пое́дет ~ кро́ме э́того ме́ста, *или* кро́ме как в э́то ме́сто *разг.* he will go nó¦whère, *или* will not go ány¦whère, but to that place; ◇ ~ не годи́тся won't do [wou-...], is no good at all; ~ не го́дный very bad, wórthless; (*неприго́дный*) úse¦less [-s-]; góod-for-nòthing; ~ не го́дный челове́к góod-for-nòthing, né'er-dò-wèll ['nɛədu:-]. **~ы́шный** *разг.* = никуда́ не го́дный *см.* никуда́.

**никчёмный** *разг.* úse¦less [-s-], góod-for-nòthing; ~ челове́к né'er-dò-wèll ['nɛədu:-], góod-for-nòthing.

**нима́ло** *нареч.* not in the least, not at all; я ~ не серж́усь I am not ángry at all.

**нимб** *м.* nímbus (*pl.* bì, -buses).

**ни́мфа** *ж. миф.* nymph.

**нимфали́ды** *мн. зоол.* nỳmphalídae [-'lɪ-].

**нимфома́ния** *ж. мед.* nỳmphománia.

**нио́бий** *м. хим.* nìóbium.

**ниотку́да** *нареч.* from nó¦whère; ~ не from nó¦whère; *или передаётся через отрицание при глаголе* (*ср.* не 1) + from ány¦whère: он ~ не мог ви́деть э́того he could see it from nó¦whère, he could not see it from ány¦whère; — ~ не сле́дует, что it nó¦wise fóllows that.

**нипочём 1.** *нареч. разг.* never; **2.** *предик.* (*дт.*): ему́ всё ~ it is all nothing to him; э́то ему́ ~ (*легко*) it is child's play to him; ему́, им *и т. д.* ~ *безл.* (+ *инф.*) he thinks, they think, *etc.*, nothing (of *ger.*): ему́ ~ солга́ть he thinks nothing of lýing.

**ни́ппель** *м. тех.* nipple.

**нирва́на** *ж.* nirván [nɪə'vɑ:-].

**ниско́лько 1.** *нареч.* (*ни в какой степени*) not at all, not in the least; ~ не not at all, not in the least; *тж. передаётся через отрицание при глаголе* (*ср.* не 1) + at all; (*при сравнит. степени*) no; (*то же* + от) none [nʌn] (the... for); *в обоих этих случаях тж. передаётся через отрицание при глаголе* + any: э́то ~ не тру́дно it is not at all, *или* not in the least, difficult; it is not difficult at all; ~ не подозрева́л(и) их did not suspéct them at all; ему́ сего́дня ~ не лу́чше he is no, *или* is not any, bétter to¦dáy; ему́ от э́того ~ не лу́чше, не ле́гче he is none, *или* is not any, the bétter for it; — э́то ~ не помогло́ ему́ it helped him nothing; ~ не отлича́ться (от) differ nothing (from); никто́ ~ не подозрева́л его́ nó¦body suspécted him at all; он ~ не оби́делся he was not a bit, *или* in the least, offénded; **2.** *как мест. разг.* (*никакое количество*) none at all; *или передаётся через отрицание при глаголе* (*ср.* не 1) + any; (*при существит. в рд. пад. и другом отрицании*) no... at all, *причём другое отрицание не переводится*; *или вместе с другим отрицанием передаётся через отрицание при глаголе* + any... at all: ско́лько бума́ги он купи́л? — ~ how much páper has he bought? — None at all; у них мно́го де́нег, а у него́ ~ they have a lot of móney and he has none, *или* has¦n't any, at all [...'mʌnɪ...]; у него́ не́ было ~ вре́мени he had no, *или* hadn't any, time at all; — ско́лько э́то сто́ило ему́? — ~ how much did it cost him? — It cost him nothing.

**ниспада́ть** *поэт.* fall*, drop.

**ниспосла́ть** *сов. см.* ниспосыла́ть.

**ниспосыла́ть,** ниспосла́ть (*вн.*) *уст.* grant [-ɑ:nt] (*d.*).

**ниспроверга́ть,** ниспрове́ргнуть (*вн.*) subvért (*d.*), òver¦thrów* [-ou] (*d.*).

**ниспрове́р||гнуть** *сов. см.* ниспроверга́ть. **~же́ние** *с.* óver¦throw [-ou], subvérsion.

**нисходи́ть** *поэт.* descénd.

**нисходя́щ||ий** *прич. и прил.* descénding; по ~ей ли́нии in a descénding line, in the line of descént; в ~ем поря́дке in descénding órder.

**ните||ви́дный, ~обра́зный** thréad-like ['θred-], thréad-shàped ['θred-]; fílifòrm *научн.*; ~ пульс *мед.* thréady pulse ['θre-...].

**ни́тк||а** *ж.* thread [θred]; вдева́ть ~у в иго́лку thread *a* needle; ~ же́мчуга string of pearls [...pə:-]; ◇ на живу́ю ~у *разг.* hástily ['heɪ-], ány¦how; промо́кнуть до ~и *разг.* get* wet to the skin; обобра́ть кого́-л. до ~и *разг.* strip smb. of évery¦thing.

**ни́точ||ка** *ж. уменьш. от* ни́тка; ◇ ходи́ть по ~ке *разг.* be redúced to sérvìle obédience. **~ный** *прил. к* ни́тка; ~ное произво́дство spínning.

**нитр||а́т** *м. хим.* nítràte ['naɪ-]. **~ати́н** *м. хим.* nítratine ['naɪ-].

**нитри́л** *м. хим.* nítril(e) ['naɪ-].

**нитри́ров||ание** *с. хим.* nítrìding ['naɪ-]. **~ать** *несов. и сов.* (*вн.*) *хим.* nítride ['naɪ-] (*d.*), nítràte ['naɪ-] (*d.*).

**нитри́т** *м. хим.* nítrite ['naɪ-].

**нитрифика́ция** *ж. хим.* nìtrificátion [naɪ-].

**нитрифици́ровать(ся)** *хим., бот.* nítrifỳ ['naɪ-].

**нитробензо́л** *м. хим.* nítro¦benzène.

**нитрова́ние** *с. хим.* nìtrátion [naɪ-].

**нитро||глицери́н** *м. хим.* nítro¦glỳceríne [-'ri:n]. **~ипри́т** *м. воен. хим.* nítrogen mústard (gas) ['naɪ-...]. **~клетча́тка** *ж. хим.* nítro¦cél-lulòse [-s]. **~соедине́ние** *с. хим.* nítro-cómpound.

**нить** *ж.* **1.** (*в разн. знач.*) thread [θred]; путево́дная ~ clue; **2.** *бот., эл.* fílament; ~ нака́ла *эл.* glów-làmp fílament ['glou-...]; *рад.* héated / hot fílament; **3.** *хир.* súture; ◇ ~ расска́за thread of *a* stóry; проходи́ть кра́сной ~ю stand* out; э́та мысль прохо́дит кра́сной ~ю че́рез всю кни́гу this thought runs all through the book.

**нитяно́й, ни́тяный** cótton (*attr.*).

**ниц** *нареч.*: пасть ~ *уст.* pròstráte òne¦sélf; kiss the ground *идиом.*

**ничего́** [-во́] I *рд. см.* ничто́.

**ничего́** [-во́] II *нареч. разг.* **1.** (*тж.* ~ себе́) (*неплохо, сносно*) pássably, sò-sò; **2.** *как предик. прил. неизм.* not bad; челове́к он ~ he is not bad; **3.** *предик.* (*несущественно*) it does¦n't mátter, never mind.

**ничегонеде́лание** *с. разг.* ídle¦ness.

**ниче́й** *мест.* nó¦body's, no one's (*ср.* никто́); **ничья́ земля́** no man's land.

**ничéйн||ый** *спорт.* drawn; игрá кóнчилась с ~ым результáтом the game énded in a draw. **ничéм** *тв.*, **ничемý** *дт. см.* ничтó.

**ничкóм** *нареч.* prone; лежáть ~ lie* prone, lie* face dównwards [...-z]; лежáщий ~ prone.

**ничтó,** *рд.* ничегó, *дт.* ничемý, *тв.* ничéм, *пр.* ни о чём (*при предлогах отрицание отделяется*: ни на что *и т. п. см.* ни II 2), *мест.* **1.** nothing; *отрицание* не *при этом не переводится*: ~ не моглó помóчь nothing could (have) help(ed); э́то ~ в сравнéнии с тем it is nothing compáred with that, *или* nothing to that;— ничегó, ничемý, ничéм не *тж. передаётся через отрицание при глаголе* (*см.* не 1) + ány¦thing: он ничегó не ви́дел там he saw nothing, *или* did not see ány¦thing, there; — э́то ничéм не кóнчилось it came to nothing; он ничéм не отличáется (от) he díffers in no way (from); там ничегó нет there is nothing, *или* is not ány¦thing, there; у негó, у них *и т. д.* ничегó нет he has, they have, *etc.*, nothing; he has¦n't, they have¦n't, *etc.*, got ány¦thing *разг.*; никтó ничегó не знал, не нашёл *и т. п.* nó¦body knew, found, *etc.*, ány¦thing; э́то емý ~, ничегó it is nothing to him; емý, им *и т. д.* ничегó не стóит (+ *инф.*) he thinks, they think, *etc.*, nothing (of *ger.*); ничегó осóбенного nothing spécial [...'spe-]; в нём ничегó осóбенного нет there is nothing to him; ничегó не стóящий wórthless; э́то ничегó не знáчит it does not mean ány¦thing, it means nothing; it does not make sense; (э́то) ничегó!, (э́то) ничегó не знáчит! *разг.* (*неважно*) it does not, *или* it does¦n't, mátter!; ничегó! *разг.* it's nothing!; it's all right!; (*в ответ на извинение*) that's all right!, no harm done!; **2.** (*ничтожество, нуль*) nought; ◇ ничегó подóбного! *разг.* nothing of the kind!; ни во что не стáвить set* at nought.

**ничтóж||ество** *с.* (*о человеке*) nònéntity, a nó¦body. **~ность** *ж.* **1.** insignificance; **2.** = ничтóжество. **~ный** (*незначительный*) insignificant; (*о человеке тж*) wórthless, páltry.

**ничýть** *нареч. разг.* = нискóлько 1; *тж.* not a bit; *отрицание* не *при этом не переводится*: сегóдня ~ не хóлодно it is not a bit cold to¦dáy; ◇ ~ не бывáло not at all.

**ничья́** *ж.* **1.** *см.* ничéй; **2.** *скл. как прил. спорт.* draw; drawn game.

**ни́ша** *ж.* niche; recéss; *арх.* bay.

**нищáть,** обнищáть grow* poor [-ou...], becóme* a páuper, become* impóverished.

**ни́щая** *ж. скл. как прил.* béggar, béggarly wóman* [...'wu-].

**ни́щен||ка** *ж. разг.* béggar-wòman* [-wu-]. **~ский** béggarly; (*перен.*) wrétched. **~ство** *с.* béggarliness; béggary. **~ствовать 1.** (*собирать подаяние*) beg, go* bégging; **2.** (*жить в нищете*) lead* a béggarly life.

**нищетá** *ж.* **1.** mísery [-z-]; dèstitútion; póverty (*тж. перен.*); крáйняя ~ ábjèct póverty; **2.** *собир.* the béggars *pl.*

**ни́щий** I *м. скл. как прил.* béggar, méndicant.

**ни́щий** II *прил.* béggarly; indigent; (*о стране и т. п.*) póverty-ridden.

**но 1.** *союз* but; (*в главном предложении после уступительного придаточного с* хотя́, *как* ни *и т. п.*) *не переводится*: они́ бы́ли там, но он их не ви́дел they were there, but he did not see them; они́ придýт, но тóлько, éсли он придёт they will come, but ónly if he does; э́то возмóжно, но едвá ли верóятно it is póssible, but hárdly próbable; не тóлько там, но (тáкже) и здесь not ónly there, but álsò here; не тóлько ви́дел их, но дáже говори́л с ни́ми not ónly saw them, but éven spoke to them; хотя́ бы́ло (и) темнó, *или* как ни темнó бы́ло, но он всё-таки нашёл дорóгу домóй (àl)thóugh it was dark, *или* dark as it was, he found his way home [ɔːl'ðou...]; **2.** *как сущ. с. нескл.* but; тут есть однó «но» there is a "but" in it; без вся́ких «но»!, никаки́х «но»! *разг.* but me no "buts"!; мáленькое «но» slight objéction.

**новáтор** *м.* ínnovàtor; ~ы произвóдства indústrial ínnovàtors; ~ы сéльского хозя́йства ínnovàtors in ágricùlture. **~ский** ínnovàtory [-veɪ-]. **~ство** *с.* ínnovàting, ìnnovátion.

**новéйш||ий** (*превосх. ст. от прил.* нóвый) néwest; (*последний*) látest; ~ие достижéния тéхники the látest téchnical achíeve¦ments [...-iːv-].

**новéлла** *ж.* **1.** short stóry; **2.** *юр.* nóvel ['nɔ-].

**новелли́ст** *м.* nóvelist.

**нóвенький 1.** *прил.* bránd-néw; **2.** *м. как сущ.* (*о школьнике*) = новичóк 2.

**новизнá** *ж.* nóvelty.

**новинá** *ж.* **1.** *с.-х.* vírgin soil; **2.** *текст.* hándwòven línen befóre the first wash [...'lɪ-...].

**нови́нка** *ж.* nóvelty.

**новичóк** *м.* **1.** (*в каком-л. деле*) nóvice, týrò; **2.** (*о школьнике*) new boy; (*о школьнице*) new girl [...g-].

**новобрáнец** *м.* recrúit [-uːt].

**новобрáчн||ая** *ж. скл. как прил.* bride. **~ые** *мн. скл. как прил.* the young couple [...jʌŋ kʌ-] *sg.* **~ый** *м. скл. как прил.* bríde¦groom.

**нововведéние** *с.* ìnnovátion.

**новогóдн||ий** néw-year's; ~ подáрок néw-year's gift [...g-]; ~яя ёлка néw-year's tree; (*о вечере*) néw-year's párty; ~ие поздравлéния néw-year's wíshes; ~ бал néw-year's dance.

**новогрéческий:** ~ язы́к módern Greek ['mɔ-...].

**новоиспечённый** *разг.* néwly-màde.

**новокаи́н** *м. фарм.* nòvocáine [-'keɪn].

**новокаи́нов||ый:** ~ая блокáда *мед.* nòvocáine block.

**новолýние** *с.* new moon.

**новомóдный** néw-fáshioned, módern ['mɔ-]; néw-fàngled *разг.*

**новонаселённый** néwly settled.

**новообразовáние** *с.* **1.** new fòrmátion; **2.** *мед.* néòplàsm, new growth [...-ouθ]; **3.** *лингв.* nèólogism.

**новообращённый 1.** *прил.* néwly-convérted; **2.** *м. как сущ.* néòphỳte [-ou-], próselỳte; cónvèrt.

**новоприбы́вший 1.** *прил.* néwly-arríved; **2.** *м. как сущ.* néw-còmer [-kʌ-].

**новорождённый 1.** *прил.* néw-bòrn; **2.** *м. как сущ.* (*ребёнок*) néw-bòrn child*; **3.** *м. как сущ.* (*празднующий день рождения*) one célebràting one's bírthday.

**новосёл** *м.* new séttler.

**новосéлье** *с.* **1.** (*новое жилище*) new home / hàbitátion; **2.** (*празднование*) hóuse-wàrming [-s-]; справля́ть ~ ≅ give* a hóuse-wàrming; пойти́ к комý-л. на ~ ≅ take* part in smb.'s hóuse-wàrming.

**новострóйка** *ж.* **1.** (*строительство*) eréction of new works, hóuses, *etc.*; **2.** (*новое здание и т. п.*) néwly erécted búilding [...'bɪ-], new prójèct [...'prɔ-].

**нóвост||ь** *ж.* **1.** (*известие*) news [-z]; tídings *pl. книжн.*; **2.** (*новинка*) nóvelty; ◇ э́то что ещё за ~и!, вот ещё ~и! *разг.* that is sóme¦thing new!; э́то не ~ that is no news.

**новотéльный** *с.-х.* néwly-cálved [-'kɑːvd].

**новоя́вленный** *ирон.* néwly / just brought to light; látter-day.

**нóвшество** *с.* innovátion, nóvelty.

**нóв||ый** new; (*необычный*) nóvel ['nɔ-]; (*современный*) módern ['mɔ-]; (*недавний, последний*) fresh; ~ социáльный строй new sócial órder; э́то дéло для негó ~ое it is a new job for him; вводи́ть ~ые словá nèologìze, introdúce new words; ◇ ~ые языки́ módern lánguages; ~ая истóрия módern hístory; ~ нóмер журнáла fresh íssue of *a* màgazíne [...-iːn]; ~ая мóда new fáshion; он ~ человéк в э́том дéле he is a new hand at it; ~ая экономи́ческая поли́тика (нэп) New Èconómic Pólicy [...iː-...]; Нóвый год (*день нового года*) Néw-year's day; Нóвый свет the New World; Нóвый завéт the New Téstament; что ~ого? what is the news? [...-z].

**новь** *ж. с.-х.* vírgin soil.

**ног||á** *ж.* (*ступня*) foot* [fut]; (*до ступни*) leg; положи́ть нóгу нá ногу cross one's legs; сбить когó-л. с ног knock smb. down; knock smb. off *his* feet; наступи́ть комý-л. нá ~у tread* / step on smb.'s foot* [tred...]; (*перен.*) tread* on smb.'s corns / toes; ◇ деревя́нная ~ wóoden leg ['wu-...], stump, peg leg; идти́ в нóгу (с *тв.*; *прям. и перен.*) keep* step / pace (with); (*перен. тж.*) keep* abréast [...ə'brest] (with); идти́ в нóгу с жи́знью, с вéком keep* up / abréast with the times; идти́ не в нóгу get* out of step; со всех ног *разг.* as fast as one can, as fast as one's legs will cárry one, at top speed; протянýть нóги *разг.* turn up one's toes; быть без ног (*от усталости*) *разг.* be déad-béat [...'ded-]; подня́ть всех нá ~и raise the alárm; постáвить когó-л. нá ~и set* smb. on *his* feet; (*перен. тж.*) give* smb. a start in life; стать нá ~и (*перен.*) become* independent; с головы́ до ног from head to foot [...hed...]; from top to toe; вверх ~áми úpside-dówn; быть на корóткой ~é с кем-л. be in with smb.; стоя́ть однóй ~óй в моги́ле have one foot in the grave; ни ~óй (*куда-л. или к кому-л.*) never cross the thréshòld (of smb.'s place); где никогдá не ступáла ~ человéка where the foot of man has never stepped; встать с лéвой ~и́ *разг.* get* out of bed on the wrong side; éле волочи́ть нóги *разг.* be déad-béat, be hárdly able to drag one's legs alóng; не чýвствовать под собóй ног (*от радости*) *разг.* be beside òne¦sélf with joy, be trànspórted with joy; к ~é! *воен.* órder arms!

**ноготки́** I *мн. см.* ноготóк.

**ноготки́** II *мн. бот.* márigòld *sg.*

**ноготóк** *м. уменьш. от* нóготь; ◇ мужичóк с ~ ≅ Tom Thumb.

**нóготь** *м.* nail; (*на руке тж.*) fínger-nail; (*большого пальца*) thúmb-nail; (*на ноге*) tóe-nail; щётка для ногтéй náil-brùsh.

**ногтоéда** *ж. мед.* whitlow ['wɪt-].

**нож** *м.* (*столовый*) knife*, táble-knife*; (*перочинный*) pén¦knìfe*; (*складной*) clásp-knìfe*; разрезнóй ~ (*для бумаги*) páper-knìfe*; кýхонный ~ kítchen-knife*; (*для мяса*) cárving-knìfe*; ◇ э́то — ~ óстрый (*дт.*) it is death [...deθ] (to); приставáть к комý-л. с ~óм к гóрлу *разг.* péster smb., wórry the life out of smb. ['wʌ-...]; без ~á зарéзать (*вн.*) kill without a knife (*d.*); быть на ~áх be at dággers drawn, be at sword's points [...sɔːdz...]; ~ в спи́ну stab in the back.

**ножев||óй** *прил. к* нож; ~ товáр cútlery ['kʌ-]; ~ мáстер cútler ['kʌ-]; ~áя рáна knífe-wound [-wuː-].

**нóжик** *м.* knife*.

**нóжичек** *м. уменьш. от* нож.

**нóжк||а** *ж.* **1.** *уменьш. от* ногá; пры́гать на однóй ~е hop, jump on one foot [...fut]; **2.** (*мебели, утвари*) leg; (*рюмки*) stem; **3.** *бот.*, *зоол.* stalk; (*гриба*) stem; ◇ подстáвить ~у комý-л. trip smb. up.

**нóжницы** *мн.* **1.** scíssors [-zəz]; pair of scíssors *sg.*; (*большие*) shears; садóвые ~ prúning-shears; ~ для рéзки прóволоки *воен.* wíre-cùtter *sg.*; **2.** *эк.* discrépancy *sg.*

**ножн||óй** *прил. к* ногá; ~áя вáнна fóot-bàth* ['fut-]; ~áя швéйная маши́на treadle séwing-machìne [tre- 'sou- -ʃiːn].

**нóжны** *мн.* scábbard *sg.*, sheath* *sg.*; вложи́ть в ~ (*вн.*) sheathe (*d.*); вынимáть из нóжен (*вн.*) únshéathe (*d.*).

**ножóвка** *ж. тех.* háck-saw.

**ноздревáт||ость** *ж.* pòrósity [pɔː-], spóngìness [-ʌndʒ-]. ~**ый** pórous, spóngy [-ʌndʒɪ]; ~ый сыр pórous cheese.

**ноздря́** *ж.* nóstril.

**нокáут** *м. спорт.* knóck-óut (*сокр.* K. O.). ~**и́ровать** *несов. и сов.* (*вн.*) *спорт.* knock out (*d.*).

**нокдáун** *м. спорт.* knóck-dówn.

**ноктю́рн** *м. муз.* nóctùrne.

**нолевóй** = нулевóй.

**ноль** *м.* = нуль.

**номáды** *мн. уст.* nómads ['nɔ-].

**номенклатýр||а** *ж.* nòménclature [nou-]. ~**ный** *прил. к* номенклатýра.

**нóмер** *м.* **1.** númber; **2.** (*обуви, одежды и т. п.*) size; ~ пря́жи count; тóнкий ~ (*пряжи*) fine count; **3.** (*в гостинице*) apártment, room; **4.** (*газеты и т. п.*) íssue, númber; **5.** (*часть концерта и т. п.*) ítem on the prógràmme [...-ougræm], turn; эстрáдный ~ músic-hàll turn [-z-...]; **6.** *воен.* númber; **7.** *разг.* (*шутка*) trick; вы́кинуть ~ play a trick; ◇ э́тот ~ не пройдёт *разг.* that trick won't work here [...wount...]; you can't get a¦wáy with that [...kɑːnt...]. ~**нóй** **1.** *прил. к* нóмер; *тж.* númbered; **2.** *м. как сущ.* válet ['væ-] (*in a hotel*). ~**óк** *м.* tag; (*металлический тж.*) métal disc ['me-...]; (*ярлычок*) lábel, tícket.

**номинáл** *м. эк.* fáce-vàlue; по ~у at face válue.

**номинал||и́зм** *м. филос.* nóminalism. **~и́ст** *м.* nóminalist.

**номинáльн||о** *нареч.* nóminally. **~ый** nóminal; *тех.* ráted; ~ая ценá nóminal price, face válue; ~ая стóимость nóminal cost; ~ая нагрýзка ráted load; ~ая мóщность ráted pówer / capácity; ~ый главá госудáрства títular head of State [...hed...].

**номогрáмма** *ж. мат.* nómogràm, nómogràph.

**номогрáфия** *ж. мат.* nomógraphy.

**нóниус** *м. тех.* vérnier.

**нонпарéль** *ж. полигр.* nónpareil [-rel].

**норá** *ж.* búrrow, hole.

**норвéж||ец** *м.*, **~ка** *ж.*, **~ский** Nòrwégian [-dʒən]; ~ский язы́к Nòrwégian, the Nòrwégian lánguage.

**норд** *м. мор.* **1.** (*направление*) north; **2.** (*ветер*) north (wind) [...wɪ-].

**норд-вéст** *м. мор.* **1.** (*направление*) nórth-wést; **2.** (*ветер*) nórth-wéster.

**нóрдовый** *прил. к* норд; ~ вéтер north wind [...wɪ-].

**норд-óст** *м. мор.* **1.** (*направление*) nórth-éast; **2.** (*ветер*) nórth-éaster.

**нóрия** *ж. тех.* nória, búcket chain.

**нóрка** I *ж. уменьш. от* норá.

**нóрк||а** II *ж.* (*животное и мех*) mink. **~овый** *прил. к* нóрка II.

**нóрм||а** *ж.* **1.** stándard, norm; ~ поведéния norm / stándard of beháviour; правовы́е ~ы légal règulátions; ~ы междунарóдного прáва stándards of ìnternátional law [...-'næ-...]; входи́ть в ~у retúrn to nórmal; **2.** (*размер чего-л.*) rate; quóta; ~ выпадéния осáдков rate of àtmosphéric precìpitátions; произвóдственные ~ы prodúction quótas; дневнáя ~ (*работы*) dáily work quóta; ~ вы́работки óutput-stándard [-put-]; óпытно-статисти́ческие ~ы expèriméntal statístical rates; пересмáтривать стáрые ~ы revíse old norms; погектáрная ~ постáвок per héctàre delívery quóta [...-tɑ:...]; сверх ~ы above the plánned rate of óutpùt [...-put]; по ~е accórding to stándard; перевыполня́ть ~ы вы́работки excéed work quótas; ~ прибáвочной стóимости *эк.* rate of súrplus válue; ~ при́были *эк.* rate of prófit; ~ довóльствия *воен.* rátion scale ['ræ-...].

**нормализáция** *ж.* nòrmalizátion [-laɪ-], stándardìzátion [-daɪ-].

**нормализ||и́ровать, ~овáть** *несов. и сов.* (*вн.*) nórmalize (*d.*).

**нормáль** *ж. мат.* nórmal.

**нормáльно** I *прил. кратк. см.* нормáльный.

**нормáльн||о** II *нареч.* nórmally. **~ость** *ж.* nòrmálity; (*психическая*) sánity. **~ый** nórmal; (*психически здоровый*) sane; ~ые услóвия nórmal condítions; ~ая температýра nórmal témperature; ~ый устáв módel règulátions ['mɔ-...] *pl.*

**нормáнд||ец** *м.*, **~ка** *ж.*, **~ский** Nórman.

**нормати́в** *м.* norm, stándard. **~ный** nórmative.

**нормировáн||ие** *с.* rate sétting, rate fíxing; (*продуктов, товаров*) rátioning ['ræ-]; техни́ческое ~ sétting / fíxing of (próper) óutpùt rates [...'prɔ- -put...]; отмéна ~ия продýктов dè-rátioning of food [-'ræ-...].

**нормирóванный** **1.** *прич. см.* нормировáть; **2.** *прил.*: ~ рабóчий день fíxed wórking hours [...auəz] *pl.*

**нормир||овáть** *несов. и сов.* (*вн.*) nórmalize (*d.*), stándardìze (*d.*); (*о продуктах, товарах*) rátion ['ræ-] (*d.*). **~óвка** *ж. разг.* = нормировáние.

**нормирóвщ||ик** *м.*, **~ица** *ж.* ráte-sètter, ráte-fìxer.

**нóров** *м.* **1.** *уст.* (*обычай*) hábit, cústom; **2.** (*тяжёлый характер*) óbstinacy, óbduracy; с ~ом óbstinate, caprícious; **3.** (*о лошади*) réstive¦ness; лóшадь с ~ом réstive horse, jíbber, réarer. **~и́стый** *разг.* réstive, jíbbing; té(t)chy.

**норови́ть** (+ *инф.*) *разг.* aim (at *ger.*); strive* (+ to *inf.*).

**нос** *м.* **1.** nose; у негó кровь идёт и́з ~у his nose is bléeding; **2.** *мор.* bow, head [hed], prow; ◇ показáть ~ (*дт.*) *разг.* make* a long nose (at); остáться с ~ом *разг.* ≅ be dúped; говори́ть в ~ speak* with a twang; повéсить ~ *разг.* ≅ be cféstfàll¦en, be discóuraged [...-'kʌ-]; води́ть зá ~ когó-л. *разг.* fool smb.; make* a fool of smb.; ткнуть когó-л. ~ом во что-л. *разг.* thrust* smth. únder smb.'s nose; уткнýться ~ом во что-л. ≅ be en¦grόssed in smth. [...-'groust...]; búry òne¦sélf in smth. ['be-...]; задирáть ~ *разг.* ≅ turn up, *или* cock, one's nose; put* on airs; совáть ~ во что-л. *разг.* poke / thrust* one's nose into smth., pry into smth.; совáть ~ не в своё дéло *разг.* poke one's nose into, *или* meddle with, other people's affáirs [...pi:-...]; не ви́деть дáльше своегó ~а *разг.* not see* an inch befóre one's nose; из-под сáмого ~а *разг.* from únder one's very nose; пéред ~ом, под ~ом *разг.* únder *one's* nose; на ~ý *разг.* near, at hand; in front of *one's* nose [...-ʌ-...]; just aróund the córner; клевáть ~ом *разг.* nod; be drówsy [...-zɪ]; заруби́ э́то себé на ~ý ≅ put that in your pipe and smoke it; бурчáть себé под ~ mútter únder / belów one's breath [...-'lou... -eθ].

**носá||стый, ~тый** bíg-nósed.

**нóсик** *м.* **1.** *уменьш. от* нос 1; **2.** *разг.* (*птичий клюв*) bill; **3.** (*у чайника и т. п.*) spout.

**носи́лки** *мн.* **1.** strétcher *sg.*; lítter *sg. амер.*; (*для груза*) bárrow *sg.*; **2.** (*паланкин*) sedán(-chair) *sg.*

**носи́льн||ый:** ~ое бельё únderclòthing [-klou-], únderwear [-wɛə].

**носи́льщик** *м.* pórter, cárrier.

**носи́тель** *м.* béarer ['bɛə-]; (*о болезни и т. п.*) véhicle ['vi:ɪkl].

**носи́ть,** *опред.* нести́, *сов.* понести́ (*вн.*) **1.** (*перемещать на себе*) cárry (*d.*); (*выдерживать большую тяжесть, тж. перен.*) bear* [bɛə] (*d.*): ~ чемодáн, кни́ги, таки́е вéщи *и т. д.* cárry *a* trunk, books, such things, *etc.*; ~ ребёнка на рукáх cárry *a* child in one's arms; ~ такóй груз cárry / bear* such a load; **2.** (*гнать — о ветре, течении и т. п.*) cárry alóng (*d.*), drive* (*d.*); *об. безл.* be cárried alóng (+ *subject*), be dríven [...'drɪ-] (+ *subject*): лóдку понеслó на скáлы *the* boat was cárried alóng, *или* was dríven, towards the rocks;

3. *тк. неопред.* (*иметь на себе: одежду, украшения и т. п.*) wear* [wɛə] (*d.*); (*иметь при себе*) cárry (*d.*); (*перен.: имя, следы и т. п.*) bear* (*d.*): ~ пальто́, шля́пу, сапоги́, ко́льца, очки́ wear* *an* óver¦coat, *a* hat, boots, rings, spéctacles; ~ дли́нные во́лосы wear* one's hair long; ~ де́ньги в карма́не cárry one's móney in one's pócket [...'mʌ-...]; ~ часы́, ору́жие cárry *a* watch, arms; ~ следы́ чего́-л. bear* the marks / tráces of smth.; ◇ ~ на рука́х кого́-л. *тк. неопред.* make* much of smb.; make* a fuss óver smb.; куда́ его́, их *и т. д.* но́сит?, несёт? *разг.* where the deuce does he, do they, *etc.*, go?, where is he, are they, *etc.*, gó¦ing?

**носи́ться** I, *опред.* нести́сь, *сов.* понести́сь **1.** (*двигаться быстро, стремительно*) rush; *неопред. об.* rush abóut; *опред.* (*прямо, легко и быстро*) scud (alóng); (по *дт.*, вдоль, над; *едва или почти касаясь поверхности*) skim (*d.*, alóng, óver); (*скакать*) gállop; (*летать*) fly*; (*непроизвольно двигаться по воде, по воздуху*) *неопред. об.* float, *опред. об.* drift: ми́мо несётся пото́к *a* stream rúshes past; конькобе́жец несётся по льду *the* skáter skims óver the ice, *или* skims the ice; над о́зером но́сятся ла́сточки swállows skim (óver) the lake; он но́сится по сте́пи (*на коне*) he gállops óver the steppe; над мо́рем но́сятся ста́и птиц flocks of birds fly óver the sea; в во́здухе но́сятся снежи́нки snów-flàkes float in the air; вниз по реке́ несётся лёд ice drifts down the river [...'rɪ-]; — нести́сь во весь опо́р ride* at full / top speed; в во́здухе но́сятся пчёлы, шмели́ *и т. п.* (*с жужжанием*) bees, búmble¦bees whirr in the air; но́сятся слу́хи (бу́дто, что) it is rúmour¦ed (that); но́сится за́пах there is a smell; несётся за́пах, звук *и т. п.* (*доносится*) *a* smell, *a* sound, *etc.*, comes; **2.** *тк. неопред.* (с *тв.*; *придавать большое значение и т. п.*) make* very / too much (of); она́ но́сится со свои́м сы́ном she fússes óver her son [...sʌn]; ~ с мы́слью chérish / nurse *a* thought, *или an* idéa [...aɪ'dɪə]; **3.** *страд. к* носи́ть.

**носи́ться** II (*о качестве материала*) wear* [wɛə]: э́та мате́рия бу́дет хорошо́ ~ this stuff will wear well*.

**но́ска** I *ж.* **1.** cárrying; béaring ['bɛə-]; (*ср.* носи́ть I 1); **2.** (*об одежде, обуви и т. п.*) wéaring ['wɛə-].

**но́ска** II *ж.* (*яиц — о птице*) láying.

**но́ский** I *разг.* (*об одежде, обуви и т. п.*) strong, dúrable.

**но́ск||ий** II: ~ая ку́рица good láyer.

**носов||о́й** **1.** *прил. к* нос; ~ плато́к (pócket) hándkerchief [-ŋk-]; **2.** *лингв.* násal [-z-]; ~ согла́сный násal cónsonant; **3.** *мор.* bow (*attr.*), fore (*attr.*); ~а́я часть ship's bows *pl.*, fóre-bòdy [-bɔ-], fore part.

**носогло́т||ка** *ж. анат.* nàsophárynx [neɪz-]. **~очный** *анат.* nàsophárynxal [neɪz-].

**нос||о́к** I *м.* (*сапога, чулка*) tóe(-càp); на ~ка́х on típ-tòe; та́нец на ~ка́х tóe-dàncing.

**носо́к** II *м.* (*короткий чулок*) sock.

**носоло́гия** *ж. мед.* nosólogy.

**носоро́г** *м. зоол.* rhìnóceros [raɪ-]; rhínò *разг.*

**но́т||а** I *ж.* note; взять ~у (*голосом*) sing* *a* note; (*на музыкальном инструменте*) play *a* note.

**но́т||а** II *ж. дип.* note; отклони́ть ~у rejéct *a* note.

**нотариа́льн||ый** nòtárial [nou-]; ~ая конто́ра nótary óffice ['nou-...]; ~ акт nòtárial act.

**нота́риус** *м.* nótary ['nou-].

**нота́ци||я** I *ж.* (*нравоучение*) lécture, réprimànd [-ɑːnd]; чита́ть кому́-л. ~ю réprimànd smb., lécture smb.

**нота́ция** II *ж.* (*система обозначений*) nòtátion [nou-].

**нотифика́ция** *ж. дип.* nòtificátion [nou-].

**но́тка** *ж.* faint note; ~ недове́рия a faint note of in¦credúlity.

**но́тн||ый** *прил. к* но́ты III; ~ое письмо́ nòtátion in músic [nou-... -z-]; ~ая бума́га músic páper; ~ая лине́йка line.

**но́ты** I, II *мн. см.* но́та I, II.

**но́т||ы** III *мн.* músic [-z-] *sg.*; игра́ть по ~ам play from músic; игра́ть без нот play without músic; ◇ как по ~ам like clóck-wòrk; разыгра́ть как по ~ам do smth. with the gréatest ease [...'greɪt-...], mánage béautifully [...'bjuː-].

**но́умен** *м. филос.* nóumenon (*pl.* -ena).

**ноч||ева́ть** *несов. и сов.* pass the night, spend* the night, sleep*; оста́ться ~ stay (for) the night. **~ёвка** *ж. разг.* spénding / pássing the night; оста́ться на ~ёвку у кого́-л. stay the night with smb., sleep* at smb.'s place.

**ночле́г** *м.* **1.** lódging for the night; иска́ть ~а seek* lódging (for the night), seek* shélter for the night; пла́та за ~ páyment for a night's lódging; **2.** = ночёвка; останови́ться на ~ stay óver¦night.

**ночле́ж||ка** *ж. разг.* = ночле́жный дом *см.* ночле́жный. **~ник** *м.* dósser. **~ный:** ~ный дом dóss-house* [-s].

**ночни́к** *м.* níght-light, níght-làmp.

**ночно́е** *с. скл. как прил.* níght-wátch (*of horses at grass*); пое́хать в ~ go* for a níght-wátch.

**ночн||о́й** *прил. к* ночь; *тж.* níghtly; ~о́е вре́мя níght-tìme; ~а́я сме́на night shift; ~ сто́рож níght-wátch¦man*; ~ санато́рий áfter-wòrk sànatórium; ~ сто́лик night / bédside table; ~а́я руба́шка (*мужская*) níght-shìrt; (*женская*) níght-gown, níght-drèss; ~а́я фиа́лка wild órchid; ~ы́е пти́цы níght-bìrds; ~а́я ба́бочка moth; ówlet moth; ~ горшо́к (chámber-)pòt ['tʃeɪ-].

**ноч||ь** *ж.* night; всю ~ all night; глуха́я ~ the dead of night [...ded...]; ~ на дворе́ it is night àlréady [...ɔːl'redɪ]; в ~ под (*вн.*) on the night (of); по ~а́м by night; за́ ~ (*в одну ночь*) within a night; за́ ~ до чего́-л. a night befóre; оста́ться на́ ~ stay óver¦night, stay (for) the night; споко́йной ~и! good night!; ◇ поля́рная ~ the Pólar night; ты́сяча и одна́ ~ The Arábian Nights; Варфоломе́евская ~ Mássacre of St. Bàrthólomew; на́ ~ гля́дя *разг.* at this / that time of night.

**но́чью** *нареч.* at / by night; днём и ~ day and night.

**но́ша** *ж.* búrden; своя́ ~ не тя́нет *посл.* a búrden of one's own choice is not felt [...oun...].

**но́щно** *нареч.*: де́нно и ~ *разг.* day and night.

**но́ющ||ий 1.** *прич. см.* ныть; **2.** *прил.*: ~ая боль ache [eɪk].

**ноя́бр||ь** *м.* Novémber; в ~е́ э́того го́да in Novémber; в ~е́ про́шлого го́да last Novémber; в ~е́ бу́дущего го́да next Novémber.

**ноя́брьский** *прил. к* ноя́брь; ~ день Novémber day, day in Novémber.

**нрав** *м.* disposítion [-'zɪ-], témper; у него́ весёлый ~ he is of a chéerful dìsposítion; э́то ему́ не по ~у he does:n't like it; it goes agáinst the grain with him *идиом.*

**нра́вит||ься,** понра́виться (*дт.*) please (*d.*); ему́, ей *и т. д.* ~ся he, she, *etc.*, likes; она́ стара́ется ~ ему́ she tries to please him; ~ся ли вам э́та кни́га? do you like this book?; ему́ ~ся её лицо́ he likes her face; э́то ему́ мо́жет понра́виться he may like it; вы ему́ о́чень понра́вились he likes you very much, he is gréatly táken with you [...'greɪt-...]; ему́ э́то не понра́вилось he did not like it, he dislíked it; мне он не понра́вился I dislíked him; ему́ понра́вилось ходи́ть туда́ he took a fáncy to gó:ing there; he enjóys gó:ing there.

**нравоуче́н||ие** *с.* lécture, móral àdmonítion ['mɔ-...]; чита́ть ~ия кому́-л. lécture smb.; read* smb. a lécture.

**нравоучи́тельный** móralizing.

**нра́вственн||ость** *ж.* mórals ['mɔ-] *pl.* ~**ый** móral ['mɔ-].

**нра́вы** *мн.* (*обычаи*) cústoms; mórals and mánners ['mɔ-...]; други́е времена́ — други́е ~ other times other ways.

**ну** *межд. и частица разг.* **1.** (*об. при повелит. накл. и т. п.*; *побуждение, предупреждение*) now; (*ободрение, тж. с оттенком упрёка*) come; (*вопросительно*: *ожидание*) well: ну, начина́йте! begin now!; ну, скоре́й! húrry up now!; ну, без глу́постей! no nónsense now!; ну, ну, не не́рвничайте! come, come, don't be nérvous!; ну? (*что скажете*) well?; ну, и что же да́льше? well, and what then / next?; ну, как насчёт э́того? well, what abóut it?; — ну же! now then!; ну, жи́во! now then, (be) quick!; ну, переста́ньте разгова́ривать и слу́шайте меня́! now then, stop tálking and lísten to me! [...'lɪsᵊn...]; **2.** (*удивление*) well; (*тж.* да ну; *удивление с оттенком недовольства и т. п.*) what; (*нетерпение*) why; (*об.* ну и; *восклицательно*: *что за, во́т так*) what: ну, пра́во!, ну, одна́ко же! well, to be sure [...ʃuə]; ну и ну! well, well!; ну, а как же я?! well, and what abóut me?!; (да) ну, неуже́ли?! what! Réally? [...'rɪə-]; I say!; ну, коне́чно! why, of course! [...kɔːs]; ну и пого́да! what wéather! [...'we-]; ну и шум! what a noise!; — ну-ну́! Кто бы угада́л! well, well! Who would have thought it!; ну, не сты́дно ли ему́? and is:n't he ashámed of hìm:sélf?; **3.** (*согласие, уступка, примирение, облегчение и т. п.*; *тж.* ну вот — *в повествовании*) well: ну приходи́те, е́сли (вам) уго́дно well, come if you like; ну, мо́жет быть, вы и пра́вы well, perháps you are right; ну так что же? (*какое это имеет значение*) well, what of it?; ну, э́тому нельзя́ помо́чь well, it can't be helped [...kɑːnt...]; ну, прошло́!, ну, ко́нчилось! well, that's óver!; ну (вот), как я говори́л, он пришёл и уви́дел well, as I was sáying, he came and saw; — ну хорошо́ all right then, very well then; ну что ж, ну́ так well then: ну что ж, приходи́те за́втра well then, come to:mórrow; ну́ так я бу́ду продолжа́ть well then, I shall contínue; **4.**: ну́ как (+ *будущ. вр.*; *опасе́ние*) suppóse (+ were + to *inf.*): ну́ как кто́-нибудь уви́дит suppóse sóme:body were to see; **5.** *предик.* (+ *инф.*; *начало действия*) *передаётся через личные формы глагола* start (+ *ger.*): он ну крича́ть he stárted yélling; **6.** (*тж.* а ну) *предик. безл.* (*вн.*) *груб.*: а ну́ его! oh, bóther him! [...-ð-...].

**нуга́** *ж.* nóugàt ['nuːgɑː].

**ну́дн||ость** *ж.* tédium. ~**ый** tédious, tíre:-some, írk:some; ~ый челове́к bore; како́й он ~ый! what a bore he is!

**нужд||а́** *ж.* **1.** (*надобность*) need; испы́тывать ~у́ (в *пр.*) be in need (of); у него́ ~ в деньга́х he is in need of móney [...'mʌ-]; he wants móney; без ~ы́ without necéssity, néedlessly; в слу́чае ~ы́ in case of need [...-s...]; нет ~ы́ no need; **2.** (*бедность*) want; índigence; быть в ~е́ live in póverty [lɪv...]; ◇ ~ы́ нет! *разг.* never mind!

**нужда́емость** *ж.* néediness.

**нужда́||ться 1.** (в *пр.*) need (*d.*), want (*d.*), requíre (*d.*); (*в защите, помощи*) stand* in need (of); **2.** (*находиться в бедности*) be hárd-úp. ~**ющийся** néedy, índigent.

**ну́жно 1.** *прил. кратк. см.* ну́жный; **2.** *предик. безл.* (+ *инф.*; *или* что́бы; *необходимо, требуется*) it is nécessary (+ to *inf.*; *или* that... should); (*с доп. при инф.*) *тж. передаётся через личные формы глагола* need (*subject* + to *pass. inf.*); (*то же — с оттенком долженствования*) must (*subject* + *pass. inf.*); *тж. передаётся через личные формы глагола* have (*subject* + to *pass. inf.*); (*тж.* ~ бы; + *инф.*; *следует, рекомендуется*) one should (+ *inf.*), one ought (+ to *inf.*); (*то же — как обращение ко 2-му лицу*) you should (+ *inf.*), you ought (+ to *inf.*); (*с доп. при инф.*; *с тем же оттенком тж.*) should (*subject* + *pass. inf.*): ~ пое́хать туда́ it is nécessary to go there; ~, что́бы кто-л. пое́хал туда́ it is nécessary (that) smb. should go there; ~ сде́лать э́то тща́тельно it is nécessary to do it cáre:fully, it needs to be done cáre:fully; э́то ~ сде́лать it must be, *или* has to be, done; ~ быть осторо́жным one / you should be, *или* ought to be, cáre:ful; ~ бы́ло (бы) сесть в авто́бус (и вы не опозда́ли бы) you should have táken *a* bus (and you would not have been late); э́тому ~ (бы) уделя́ть бо́льше вре́мени one / you should give more time to it; more time should be spent on that; — ему́, им *и т. д.* ~ (+ *инф.*; *соотв. указанным выше оттенкам значения*) it is nécessary for him, for them, *etc.* (+ to *inf.*); he needs, they need, *etc.* (+ to *inf.*); he, they, *etc.*, must (+ *inf.*); he has, they have, *etc.* (+ to *inf.*); he, they, *etc.*, should (+ *inf.*), *или* ought (+ to *inf.*): ей ~ пое́хать туда́ it is nécessary for her, *или* she needs, to go there;

вам ~ поéхать в санатóрий (*вы в этом нуждаетесь*) you need to go to *a* sànatórium; (я сказáл, что) мне ~ идтú (*пора уходить*) (I said that) I must go [...sed...]; мне ~ бы́ло идтú (*пора уходить*) I had to go; вам ~ (бы) посовéтоваться с врачóм, обратúться к врачý you should consúlt, *или* ought to consúlt, a dóctor; емý *и т. д.* не ~ (+ *инф.*; *можно не*) he, *etc.*, need not (+ *inf.*); (*не следует*) he, *etc.*, should not (+ *inf.*): емý не ~ приходúть (éсли он не хóчет) he need not come (if he does not want to); (вам) не ~ боя́ться you need not be afráid, you should not be afráid; он знáет, что (емý) не ~ сердúться на меня́ he knows that he should not be ángry with me [...nouz...]; — ~ бы́ло вúдеть, как он обрáдовался! you should have seen how glad he was!; не ~ бы́ло говорúть емý э́то, заставля́ть меня́ ждать *и т. п.* (*с упрёком 2-му лицу*) you should not have told him that, have kept me wáiting, *etc.*; 3. *предик. безл.* (*рд.*, *вч.*) *разг.* = нýжен, нужнá *и т. д.* (+ *им.*) *см.* нýжный; емý *и т. д.* ~ (*рд.*, *вн.*) *разг.* = емý *и т. д.* нýжен, нужнá *и т. д.* (+ *им.*) *см.* нýжный: им ~ молокá they want some milk; емý ~ ты́сячу рублéй he needs / wants a thóusand roubles [...-zənd ruː-]; ◇ óчень (мне) ~! *ирон. разг.* what do I care!; (*ср. тж.* нáдо I).

**нýж||ный** nécessary; *кратк.* (*потребен*) *тж. передаётся через личные формы пассива глагола* need; *кратк.* (*требуется, нужно получить, видеть*) *передаётся через личные формы пассива глагола* want: э́то ~ная кнúга it is a nécessary book; сон ~ен для здорóвья sleep is nécessary to health [...he-]; э́то óчень ~но that is nécessary, indéed; that is néeded very much; всё ~ное évery:thing nécessary; всё, что ~но all that is néeded, all that is wánted; скажúте емý, что он ~ен здесь tell him (that) he is wánted here; — э́то как раз то, что ~но! that's just the thing!; éсли *и т. п.* (э́то) ~но if, *etc.*, nécessary: их назвáния привóдятся, éсли (э́то) ~но, где (э́то) ~но their names are given if nécessary, where nécessary; — емý, им *и т. д.* ~ен, ~нá, ~но, ~ны́ (+ *им.*; *необходим и т. п.*) he needs, they need, *etc.* (*d.*); (*недостаёт, требуется, нужно получить, видеть*) he wants, they want, *etc.* (*d.*): им ~нá пóмощь they need help / assistance; для э́того вам ~но дéсять рублéй you need ten roubles for it [...ruː-...]; э́та кнúга бýдет ~нá ей сегóдня she will want this book to:dáy; что вам ~но? — Мне ~ен карандáш, ~но нéсколько листóв бумáги what do you want? — I want a péncil, I want a few sheets of páper; скажúте емý, что он мне ~ен tell him (that) I want him; — что емý ~но? (*чего добивается*) what is he dríving at?

**нý-ка** *межд.* now!, now then!, come!

**нуклеúн** *м. хим.* núclein ['njuːkliin].

**нуклóн** *м. физ.* núcleon.

**нулевóй** *прил. к* нуль; *мат.* zérò (*attr.*).

**нул||ь** *м.* nought; (*о температуре тж.*) zérò; (*цифра тж.*) cipher ['saɪ-]; (*в играх при подсчёте очков*) nil; (*в телеф. номере и т. п.*) o [ou]; сводúть к ~ю́ (*вн.*) bring* to nought / nothing (*d.*), redúce to zérò (*d.*); сводúться к ~ю́ come* to nought / nothing; ◇ а он — ~ внимáния *разг.* he does not care a fig, he could not care less.

**нумер||áтор** *м.* **1.** númeràtor; **2.** *эл.* annúnciàtor. **~áция** *ж.* **1.** nùmerátion; **2.** (*цифровое обозначение*) númbering.

**нумеровáть** (*вн.*) númber (*d.*); ~ странúцы páginàte; númber *the* páges.

**нумизмáт** *м.* nùmism:atist. **~ика** *ж.* nùmism:átics, nùmism:atólogy. **~úческий** nùmism:átic.

**нýнций** *м.* núnciò [-ʃiou].

**нутáция** *ж. астр.* nutátion.

**нýтрия** *ж.* **1.** (*водяная крыса*) cóypù (rat) [-puː...]; **2.** (*мех*) nútria.

**нутр||ó** *с. тк. ед. разг.* ínside, intérior; ◇ э́то емý по ~ý it is to his líking; э́то емý не по ~ý it goes agáinst the grain with him; чýвствовать что-л. всем ~óм réalize compléte:ly ['rɪə-...].

**нутромéр** *м. тех.* ínside cálipers *pl.*

**ны́не** *нареч.* now. **~шний** présent [-ez-]; ~шний день to:dáy; ~шний год this year; в ~шние временá nów:a:days.

**ны́нче** *нареч. разг.* **1.** (*сегодня*) to:dáy; ~ ýтром, вéчером *и т. п.* this mórning, this évening, *или* to:night, *etc.* [...'iːv-...]; **2.** (*теперь*) now; nów:a:days; ◇ не ~-зáвтра any day now.

**нырнýть** *сов. см.* ныря́ть.

**нырóк** *м. зоол.* póchard.

**ныря́ло** *с. тех.* plúnger [-ndʒə], plúnger píston.

**ныря́ние** *с.* díving, plúnging [-ndʒ-].

**ныря́ть,** нырнýть dive.

**ны́тик** *м. разг. пренебр.* whímperer, whíner.

**ныть 1.** (*болеть*) ache [eɪk]; у негó нóет рукá his arm, his hand aches; у негó нóет сéрдце he is sick at heart [...hɑːt]; **2.** *разг. пренебр.* (*жаловаться*) whine, whímper; compláin.

**нытьё** *с. разг. пренебр.* whíning, whímpering.

**ньюфáундленд** *м.* (*собака*) Newfóundland dog.

**нэп** *м.* (нóвая экономúческая полúтика) *ист.* New Èconómic Pólicy [...iː-...].

**нэ́повский** *прил. к* нэп.

**нюáнс** *м.* nuánce [-'ɑːns], shade. **~úровать** *несов. и сов. муз.* shade; put* expréssion into one's pláying.

**ню́ни** *мн.*: распустúть ~ *разг.* snível ['snɪ-], slóbber, whímper.

**нюх** *м.* scent; (*перен.*) flair, scent; у негó хорóший ~ he has a good nose.

**ню́х||альщик** *м.*, **~атель** *м.*: ~ табакá snúffer, snúff-tàker. **~áтельный:** ~áтельный табáк snuff.

**ню́х||ать,** понюхать (*вн.*) smell* (*d.*), smell* (at); ~ табáк take* snuff; ◇ он э́того и не ~ал! *разг.* he hadn't éven sniffed at it.

**ня́нчить** (*вч.*) nurse (*d.*). **~ся** (с *тв.*; *с детьми*) (drý-)nùrse (*d.*); (*перен.*) fuss (óver).

**ня́нька** *ж. разг.* = ня́ня; ◇ у семú ня́нек дитя́ без глáзу *посл.* ≅ too many cooks spoil the broth.

**ня́ня** *ж.* **1.** (drý-)nùrse; (*обращение тж.*) núrsey, núrsie, nánnie; **2.** (*в больнице*) nurse.

# О

**о** I, об, обо *предл.* (*пр.*) **1.** (*относительно*) of; abóut (*об. с оттенком большей обстоятельности*); (*при обозначении темы, в заглавиях научных трудов и т. п.*) on; (*при обозначении героя или содержания литературного произведения и т. п.*) of: напоминáть комý-л. о чём-л. remind smb. of smth.; воспоминáние об э́том *the* remémbrance of it; его́ мнéние о них his opinion of them; забóтиться о ком-л., о чём-л. take* care of smb., of smth.; дýмать, разговáривать, читáть, слы́шать о ком-л., о чём-л. think*, talk, read*, hear* of / abóut smb., of / abóut smth.; беспокóиться о чём-л. be ánxious abóut smth., wórry abóut smth. ['wʌ-...]; кни́га о жи́вописи *a* book abóut / on páinting; лéкция о диалекти́ческом материали́зме *a* lécture on dìaléctical matérialism; «О происхождéнии ви́дов» «On the Órigin of Spécies» [...-ʃi:z]; баллáды о Рóбине Гýде bállads of Róbin Hood; расскáз о приключéниях stóry of advéntures; — пóмнить, вспоминáть о ком-л., о чём-л. remémber smb., smth.; (со)жалéть о ком-л., о чём-л. regrét smb., smth.; сожалéние о чём-л. regrét for smth.; горевáть о ком-л., о чём-л. grieve for / óver smb., for / óver smth. [gri:v...]; **2.** (*при обозначении числа однородных частей*) with; *чаще передаётся через суффикс* -ed, *причём числительное присоединяется посредством дефиса* (-): стол о трёх нóжках *a* table with three legs, *a* thrée-légged table; ◇ пáлка о двух концáх ≅ a twó-èdged / dóuble-èdged wéapon [...'dʌbl- 'wep-]; *тж. и др. особые случаи, не приведённые здесь, см. под теми словами, с которыми предл.* о I *образует тесные сочетания.*

**о** II, об, обо *предл.* (*вн.*; *при обозначении соприкосновения, столкновения и т. п.*) agáinst; (*то же — в направлении сверху*) on; upón (*часто без удар.*): опирáться о стéну lean* agáinst *the* wall; удáриться ногóй о кáмень strike* one's foot* agáinst *a* stone [...fut...]; опирáться (рукáми) о стол lean* on / upón the table; ◇ бок ó бок side by side; идти́ рукá óб руку (с *тв.*) go* hand in hand (with); об э́ту пóру by this time.

**о** III *межд.* oh [ou]; о, отéц! oh, fáther! [...'fɑ:-]; *как частица при обращении* О.

**о-**, об-, обо- *глагольная приставка*; *см. глаголы с этой приставкой.*

**оáзис** *м.* òásis (*pl.* òásès [-si:z]).

**об** *предл. см.* о I, II.

**об-** *глагольная приставка* (*та же, что* о-); *см. глаголы с этой приставкой.*

**óба** *числит.* both [bouθ] (*см. тж.* обóего); ◇ смотрéть в ~ keep* one's eyes ópen / skinned [...aɪz...], be on one's guard; обéими рукáми *разг.* (*охотно*) réadily ['red-], very willingly, with all one's heart [...hɑ:t]; (*рьяно*) éagerly [-g-].

**обáбиться** *сов. разг.* **1.** (*о мужчине*) becóme* efféminate; **2.** (*о женщине*) let* onesélf slide.

**обагри́ть(ся)** *сов. см.* обагря́ть(ся).

**обагря́ть,** обагри́ть (*вн.*): ~ крóвью stain with blood [...blʌd] (*d.*); cóver with gore ['kʌ-...] (*d.*); ~ рýки крóвью, в крови́ steep one's hands in blood. **~ся,** обагри́ться be / becóme* stained with blood [...blʌd].

**обалдевáть,** обалдéть *разг.* go* out of one's mind, lose* one's wits [lu:z...]; (*от удивления*) be stunned / struck with surprise.

**обалдéлый** *разг.* dazed, stúpefied.

**обалдéть** *сов. см.* обалдевáть.

**обанкрóтиться** *сов. см.* банкрóтиться.

**обая́ние** *с.* charm, fàscinátion.

**обая́тельн||ость** *ж.* = обая́ние. **~ый** chárming, fáscinàting.

**обвáл** *м.* **1.** (*процесс*) fáll(ing), crúmbling; (*оседание*) cáving-in; ~ стены́ collápse of *a* wall; **2.** (*обрушившиеся глыбы и т. п.*) lánd-slìde; снéжный ~ snów-slip ['snou-], ávalànche [-ɑ:nʃ].

**обвáливать** I, обвали́ть (*вн.*) **1.** (*обрушивать*) make* fall (*d.*), crumble (*d.*); **2.** (*заваливать кругом*) heap round (*d.*).

**обвáливать** II, обваля́ть (*вн.* в *пр.*) roll (*d.* in).

**обвáливаться** I, обвали́ться **1.** crumble, fall*, slide*, cave in; **2.** *страд. к* обвáливать I.

**обвáливаться** II *страд. к* обвáливать II.

**обвали́ть** *сов. см.* обвáливать I. **~ся** *сов. см.* обвáливаться I.

**обваля́ть** *сов. см.* обвáливать II.

**обвáривать,** обвари́ть (*вн.*) **1.** (*обдавать кипятком*) pour bóiling wáter [pɔ:...'wɔ:-] (óver); **2.** (*ошпаривать*) scald (*d.*); обвари́ть себé рýку scald one's hand. **~ся,** обвари́ться **1.** scald onesélf; **2.** *страд. к* обвáривать.

**обвари́ть(ся)** *сов. см.* обвáривать(ся).

**обвевáть,** обвéять **1.** (*вн. тв.*; *обдавать струёй воздуха*) fan (*d.*); **2.** (*вн.*) *с.-х.* wínnow (*d.*).

**обвéивать,** обвéять = обвевáть 2.

**обвенчáть** *сов.* (*вн.*) márry (*in Church*) (*d.*). **~ся** *сов.* get* márried (*in Church*).

**обернýть, обвертéть** *сов. см.* обвёртывать.

**обвёртывать,** обвернýть, обвертéть (*вн. тв.*) wrap up (*d.* in).

**обвéс** I *м. разг.* false / wrong weight [fɔ:ls...].

**обвéс** II *м.*: ~ мóстика *мор.* bridge cloth

**обвéсить** *сов см.* обвéшивать I.

**обвести́** *сов. см.* обводи́ть.

**обвéтренный** wéather-beaten ['weðə-]; (*потрескавшийся*) chapped.

**обвéтр||ивать,** обвéтрить (*вн.*) expóse to the wind [...wɪnd] (*d.*). **~иваться,** обвéтриться be / becóme* wéather-beaten [...'weðə-]. **~ить(ся)** *сов. см.* обвéтривать(ся).

**обветшáл||ость** *ж.* decrépitùde, decáy. **~ый** decrépit, decáyed; (*о здании тж.*) rám-shàckle.

**обветшáть** *сов. см.* ветшáть.

**обвéшать** *сов. см.* обвéшивать II.

**обвéшивать** I, обвéсить (*вн.*; *обманывать*

*в весе*) cheat in wéighing (*d.*), give* wrong / false weight [...fɔ:ls...] (*i.*).

**обвéшивать** II, обвéшать (*вн. тв.*) *разг.* (*навешать вокруг*) hang* round (*d.* with), cóver ['kʌ-] (*d.* with); ~ побрякýшками cóver / load with tínsel (*d.*).

**обвéять** *сов. см.* обвевáть *и* обвéивать.

**обвивáть,** обвúть (*вн. тв.*) wind* (round *d.*); twine (round *d.*); entwine (*d.* with, abóut); обвúть шéю рукáми throw* one's arms round smb.'s neck [θrou...]; дúкий виногрáд обвúл террáсу wild vines twined round the verándah. **~ся,** обвúться **1.** (вокрýг) wind* (round), twine òne¦sélf (round); **2.** *страд. к* обвивáть.

**обвинéни||е** *с.* **1.** charge, àccùsátion [-'zeɪ-]; ~ в преступлéнии ìmputátion of *a* crime; in¦-crìminátion; возводúть на когó-л. ~ в чём-л. accúse smb. of smth., charge smb. with smth.; возводúть на когó-л. ~ в преступлéнии in¦-críminàte smb., impúte *a* crime to smb., charge smb. with *a* crime; lay* the fault at smb.'s door [...dɔ:] *идиом.*; взаúмные ~я mútual recrìminátions; отклонúть ~я re-púdiàte *the* chárges; **2.** *тк. ед. юр.* (*сторона на суде*) the pròsecútion.

**обвинúтель** *м.*, **~ница** *ж.* accúser; *юр.* prósecùtor; общéственный, госудáрственный ~ públic prósecùtor ['pʌ-...]. **~ный** accúsatory [-z-]; ~ный приговóр vérdict of «guilty»; ~ное заключéние (bill of) indictment [...-'daɪt-]; ~ная речь (Prósecùtor's) charge, indictment; ~ные докумéнты accúsatory dócuments.

**обвинúть** *сов. см.* обвинять.

**обвиняемый 1.** *прич. см.* обвинять; **2.** *м. как сущ.* the accúsed; *юр.* deféndant.

**обвинять,** обвинúть **1.** (*вн.* в *пр.*) accúse (*d.* of), charge (*d.* with), blame (*d.* for); **2.** (*вн.*) *юр.* prósecùte (*d.*), indict [-'daɪt] (*d.*). **~ся** (в *пр.*) be charged (with), be accúsed (of); *юр.* be prósecùted (for).

**обвисáть,** обвúснуть hang*, droop; (*о человеческом теле*) be / grow* flábby [...grou...]; полé у шляпы обвúсли the brim of the hat droops / sags; егó щёки обвúсли his cheeks are flábby.

**обвúслый** flábby, ságging.

**обвúс||нуть** *сов. см.* обвисáть. **~ший** = обвúслый.

**обвúть(ся)** *сов. см.* обвивáть(ся).

**обводúть,** обвестú **1.** (когó-л. вокрýг) lead* (smb. round); **2.** (*вн. тв.*) encircle (*d.* with), surróund (*d.* with); **3.** (*вн.*; *о контуре*) óutline (*d.*); ◇ ~ глазáми (*вн.*) look round (*d.*); обвестú вокрýг пáльца (*вн.*) *разг.* wind* / twist round one's little finger (*d.*).

**обводнéние** *с.* ìrrigátion, supplýing with wáter [...'wɔ:-]; ~ канáла filling of *a* canál with wáter.

**обводнúтельн||ый:** ~ая систéма írrigàting sýstem.

**обводнúть** *сов. см.* обводнять.

**обвóдный:** ~ канáл bý-pàss canál; ~ судоходный канáл bý-pàss shipping canál.

**обводнять,** обводнúть (*вн.*) supplý with wáter [...'wɔ:-] (*d.*), írrigàte (*d.*), turn the wáter (on); (*о пруде, канале*) fill with wáter (*d.*).

**обволáкивать,** обволóчь (*вн.*) envélop [-'ve-] (*d.*), cóver ['kʌ-] (*d.*); ~ тумáном wrap in mist (*d.*). **~ся,** обволóчься **1.** (*тв.*) become* cóvered / envéloped [...'kʌ-...] (with); **2.** *страд. к* обволáкивать.

**обволóчь(ся)** *сов. см.* обволáкивать(ся).

**обворовáть** *сов. см.* обворóвывать.

**обворóвывать,** обворовáть (*вн.*) *разг.* rob (*d.*).

**обворожúтельн||ость** *ж.* fàscinátion, charm. **~ый** fáscinàting, bewítching; ~ая улыбка bewítching smile.

**обворожúть** *сов.* (*вн.*) fáscinàte (*d.*), bewítch (*d.*), charm (*d.*).

**обвязáть(ся)** *сов. см.* обвязывать(ся).

**обвязывать,** обвязáть **1.** (*вн. тв.*) tie (round *d.*); ~ верёвкой tie *a* cord / rope (round); ~ гóлову платкóм tie *a* kérchief round *one's* head [...-tʃɪf...hed]; **2.** (*вн.*; *крючком*) cróchet round ['krouʃɪ...] (*d.*); (*обмётывать*) edge in cháin-stìtch (*d.*); ~ платóк edge *a* hánd-kerchief in cháin-stìtch. **~ся,** обвязáться **1.** (*тв.*) tie round òne¦sélf (*d.*); ~ся верёвкой tie / bind* *a* rope round one's waist; **2.** *страд. к* обвязывать.

**обглáдывать,** обглодáть (*вн.*) pick (*d.*), gnaw round (*d.*); обглодáть кость pick *a* bone.

**обглóданн||ый** *прич. см.* обглáдывать; ~ая кость bare / picked bone.

**обглодáть** *сов. см.* обглáдывать.

**обгонять,** обогнáть (*вн.*; *прям. и перен.*) outrún* (*d.*), outstrip (*d.*), outdístance (*d.*); (*оставлять позади*) leave* behínd (*d.*); pass (*d.*); ~ в полёте *ав.* outflý* (*d.*); сильно обогнáть have a long start (óver).

**обгорáть,** обгорéть be scorched, be burnt round.

**обгорéлый** burnt; (*обугленный*) charred.

**обгорéть** *сов. см.* обгорáть.

**обгрызáть,** обгрызть (*вн.*) gnaw round (*d.*).

**обгрызть** *сов. см.* обгрызáть.

**обдавáть,** обдáть **1.** (*вн. тв.*; *обливать*) pour [pɔ:] (óver *d.*); ~ кипяткóм pour bóiling wáter [...'wɔ:-] (óver); ~ грязью splash all óver with mud (*d.*); **2.** *безл.*: егó óбдало хóлодом he felt a wave of cold; егó óбдало тёплым вóздухом he felt a cúrrent / stream of warm air.

**обдáть** *сов. см.* обдавáть.

**обдéлать** *сов. см.* обдéлывать.

**обделúть** *сов. см.* обделять.

**обдéлывать,** обдéлать (*вн.*) **1.** pólish (*d.*), fínish (*d.*); (*о коже и т. п.*) dress (*d.*); **2.**: ~ драгоцéнные кáмни set* précious stones [...'pre-...]; **3.** *разг.* (*выгодно устраивать*) fix (*d.*), mánage (*d.*), arránge [-eɪndʒ] (*d.*); ~ дéло fix / arránge an affáir.

**обделять,** обделúть (когó-л.) do (smb.) out of *his* share, not let* (smb.) have *his* right share, share únfáirly (with smb.).

**обдёргивать,** обдёрнуть (*вн.*) *разг.* (*о платье и т. п.*) put* in órder (*d.*), pull down [pul...] (*d.*). **~ся,** обдёрнуться *разг.* **1.** pull one's dress into shape [pul...]; **2.** *карт.* play, *или* pull out, *или* prodúce, the wrong card; **3.** *страд. к* обдёргивать.

**обдёрнуть(ся)** *сов. см.* обдёргивать(ся).

**обдирáла** *м. разг.* fléecer.

**обдирáние** *с.* péeling; (*туши*) skinning, fláying.

**обдирáть,** ободрáть (*вн.*) tear* [tɛə] (*d.*), peel (*d.*); (*о туше*) skin (*d.*), flay (*d.*; *о туше тюленя, кита тж.*) flench (*d.*), (*перен.*:

*обирать, вымогать деньги*) fleece (*d.*); ~ кору с дерева bark *a* tree; ◇ ободрать как липку *разг.* fleece (*d.*).

**обдирный** (*о крупе*) peeled.

**обдувать** I, обдуть (*вн.*) blow* [blou] (on, round).

**обдувать** II, обдуть (*вн.*) *разг.* (*обманывать*) cheat (*d.*), (be)fool (*d.*), dupe (*d.*).

**обдум||анно** *нареч.* deliberate¦ly, after care¦ful consideration. **~анность** *ж.* deliberation, deliberate¦ness, care¦ful planning; ~анность этого проекта the care¦ful planning of this project. **~анный** 1. *прич. см.* обдумывать; 2. *прил.* deliberate, well-considered; хорошо ~анный план well-considered plan; с заранее ~анным намерением deliberate¦ly; *юр.* of malice prepense. **~ать** *сов. см.* обдумывать.

**обдумывать,** обдумать (*вн.*) consider [-'sɪ-] (*d.*), think* over (*d.*); этот вопрос надо обдумать this question must be considered [...-stʃən...]; обдумайте своё решение consider your decision; ему надо это обдумать he must think it over.

**обдурить** *сов. см.* обдурять.

**обдурять,** обдурить (*вн.*) *разг.* cheat (*d.*).

**обдуть** I, II *сов. см.* обдувать I, II.

**обе** *им., вн. ж. см.* оба.

**обегать** *сов. см.* обегать I.

**обегать** I, обегать (*вн.*) 1. run* (all over *a place*); 2. (*посещать* многих) call (on many people) [...pi:-]; see* (many people); (всех) call on, *или* see*, everybody.

**обегать** II, обежать (*вн.*) 1. (*вокруг*) run* round (*d.*); 2. (*мимо*) run* past (*d.*); 3. *спорт.* outrun* (*d.*).

**обед** *м.* dinner; званый ~ dinner-party; звать кого-л. к ~у ask smb. to dinner; дать, устроить ~ в честь кого-л. give* a dinner in honour of smb. [...'ɔnə...], entertain smb. to dinner; перед ~ом before dinner; (*до полудня*) in the morning; после ~а after dinner; (*после полудня*) in the afternoon.

**обедать,** пообедать have one's dinner, dine; ~ вне дома dine out.

**обеденн||ый** *прил. к* обед; ~ стол dinner-table; ~ое время dinner-time; ~ перерыв dinner break [...breɪk].

**обедне||вший** *прич. и прил.* impoverished. **~ние** *с.* impoverishment; *переводится тж. формой на* -ing *от соответствующих глаголов — см.* обеднять *и* беднеть. **~ть** *сов. см.* беднеть.

**обеднить** *сов. см.* обеднять.

**обедня** *ж. рел.* Mass.

**обеднять,** обеднить (*вн.*) impoverish (*d.*), make* scanty (*d.*); (*перен.*; *о стиле и т. п.*) water down ['wɔ:-...] (*d.*).

**обежать** *сов. см.* обегать II.

**обезболивание** *с. мед.* anaesthetization [-taɪ-]; ~ родов labour pain-relief [...-li:f].

**обезболива||ть,** обезболить (*вн.*) *мед.* anaesthetize (*d.*); обезболенные роды painless birth *sg.* **~ющий** *мед.* anaesthetic; ~ющее средство anaesthetic.

**обезболить** *сов. см.* обезболивать.

**обезводить** *сов. см.* обезвоживать.

**обезвоживать,** обезводить (*вн.*) de¦hydrate [-'haɪ-] (*d.*).

**обезвредить** *сов. см.* обезвреживать.

**обезвреживать,** обезвредить (*вн.*) render harmless (*d.*).

**обезглавить** *сов. см.* обезглавливать.

**обезглавливание** *с.* beheading [-'hed-], decapitation.

**обезглавливать,** обезглавить (*вн.*) behead [-'hed] (*d.*), decapitate (*d.*); (*перен.*) render leaderless (*d.*), destroy the brain (of).

**обезденежеть** *сов. разг.* be / run* short of money [...'mʌ-].

**обездоленный** 1. *прич. см.* обездоливать; 2. *прил.* unfortunate [-tʃən-].

**обездол||ивать,** обездолить (*вн.*) deprive of *one's* share (*d.*), treat unfairly (*d.*). **~ить** *сов. см.* обездоливать.

**обезжиренный** *прич. и прил.* deprived of fat, skimmed; *прил. тж.* fat¦less.

**обезжир||ивать,** обезжирить (*вн.*) deprive of fat (*d.*), skim (*d.*), remove fat [-'mu:v...] (from). **~ить** *сов. см.* обезжиривать.

**обеззараживание** *с.* disinfection.

**обеззара||живать,** обеззаразить (*вн.*) disinfect (*d.*). **~живающий** disinfectant. **~зить** *сов. см.* обеззараживать.

**обеземелен||ие** *с.* dispossession of land [-'ze-...]. **~ный** *прич. и прил.* dispossessed of land [-'ze-...]; *прил. тж.* landless.

**обеземел||ивать,** обезземелить (*вн.*) dispossess of land [-'zes...] (*d.*). **~ить** *сов. см.* обезземеливать.

**обезлесить** *сов.* (*вн.*) deforest [-'fɔ-] (*d.*).

**обезлич||ение** *с.* 1. de¦personalization [-laɪ-], depriving of individuality; 2. (*на производстве*) elimination of personal responsibility. **~енный** 1. *прич. см.* обезличивать; 2. *прил. воен.* general purpose [...-s] (*attr.*); pooled. **~ивание** *с.* = обезличение.

**обезлич||ивать,** обезличить (*вн.*) 1. de¦personalize (*d.*), deprive of individuality (*d.*); 2. (*на производстве*) do a¦way with personal responsibility. **~иваться,** обезличиться 1. lose* one's individuality [lu:z...]; 2. *страд. к* обезличивать. **~ить(ся)** *сов. см.* обезличивать(ся). **~ка** *ж.* undefined responsibility, absence / obliteration of personal responsibility.

**обезлюдевший** *прич. и прил.* deserted [-'zə:-], depopulated.

**обезлюдеть** *сов.* become* depopulated; (*стать пустынным, заброшенным*) become* deserted / desolate [...-'zə:t-...].

**обезлюдить** *сов.* (*вн.*) depopulate (*d.*).

**обезображивание** *с.* disfiguration.

**обезображивать,** обезобразить (*вн.*) disfigure (*d.*).

**обезобразить** *сов.* 1. *см.* обезображивать; 2. *как сов. к* безобразить.

**обезопасить** *сов.* (*вн.* от) secure (*d.* against). **~ся** *сов.* make* one¦self secure.

**обезоруживание** *с.* disarmament.

**обезоруж||ивать,** обезоружить (*вн.*; *прям. и перен.*) disarm (*d.*). **~ить** *сов. см.* обезоруживать.

**обезуметь** *сов.* lose* one's senses [lu:z...], go* mad; ~ от страха become* panic-stricken, go* mad with fear / fright.

**обезьян||а** *ж.* monkey ['mʌŋ-]; (*бесхвостая*) ape. **~ий** *прил. к* обезьяна; *научн.* simian; (*перен.*) ape-like. **~ничанье** *с. разг.* aping.

**обезья́нничать,** собезья́нничать *разг.* ape.

**обезьяноподо́бный** ápe-like.

**обели́ск** *м.* óbelisk.

**обели́ть** *сов. см.* обеля́ть.

**обеля́ть,** обели́ть (*вн.*; *оправдывать*) rè¦habilitàte [ri:ə-] (*d.*), prove the innocence [pru:v...] (of); white¦wàsh (*d.*) *разг.*

**оберега́ть,** обере́чь (*вн.* от) guard (*d.* agáinst), defénd (*d.* from), protéct (*d.* from). **~ся,** обере́чься **1.** (от) guard òne¦sélf (agáinst); **2.** *страд. к* оберега́ть.

**обере́чь(ся)** *сов. см.* оберега́ть(ся).

**оберну́ть(ся)** *сов. см.* обёртывать(ся) *и* обора́чивать(ся).

**обёртка** *ж.* wrápper, énvelòpe; (*книги*) dúst-jàcket, páper-còver [-kʌ-].

**оберто́н** *м. муз.* óver¦tòne.

**обёрточн||ый** wrápping, pácking; **~ая** бума́га wrápping páper, brown páper.

**обёртывать,** оберну́ть (*вн.*) **1.** wrap up (*d.*); оберну́ть кни́гу put* *a* páper-còver on *a* book [...-kʌ-...]; **2.** (*поворачивать*; *тж. перен.*) turn (*d.*); оберну́ть лицо́ (к) turn one's face (towards); оберну́ть всё в свою́ по́льзу turn évery¦thing to one's prófit; ◇ оберну́ть кого́-л. вокру́г па́льца *разг.* wind* / twist smb. round one's little fínger. **~ся,** оберну́ться **1.** turn; (*перен.*) turn out, take* a turn; э́то зави́сит от того́, как оберне́тся де́ло it depénds how things turn out; **2.** (*тв.*, в *вн.*) *фольк.* (*превращаться*) turn (into); **3.** *разг.* (*справляться*) mánage; **4.** *страд. к* обёртывать.

**обескро́в||ить** *сов. см.* обескро́вливать. **~ленный** blóodless ['blʌd-]; (*перен.*) pállid, anáemic; life¦less. **~ливание** *с.* dráining of blood [...blʌd]; (*перен.*) réndering life¦less.

**обескро́вливать,** обескро́вить (*вн.*) drain of blood [...blʌd] (*d.*), bleed* white (*d.*); exsánguinàte (*d.*) *научн.*; (*перен.*) rénder life¦less (*d.*).

**обескура́ж||ивать,** обескура́жить (*вн.*) discóurage [-'kʌ-] (*d.*), dishéarten [-'hɑ:t-] (*d.*), dispírit (*d.*). **~ить** *сов. см.* обескура́живать.

**обеспа́мятеть** *сов.* **1.** (*лишиться памяти*) lose* one's mémory [lu:z...]; **2.** (*лишиться чувств*) lose* cónscious¦ness [...-nʃəs-], faint, become* ùn¦cónscious [...-nʃəs].

**обеспе́чен||ие** *с.* **1.** (*действие*) guàrantée¦ing, secúring, ensúring [-'ʃuə-]; **2.** (*гарантия*) guàrantée, guáranty; (*залог*) secúrity; ~ ми́ра и безопа́сности sáfe¦guàrding of peace and secúrity; **3.** (*средства к жизни*) máintenance; социа́льное ~ sócial máintenance; **4.** (*тв.*) provísion (with), províding (with); **5.** *воен.* secúrity; protéction; боево́е ~ secúrity. **~ность** *ж.* **1.** (*тв.*) províding (with); **~ность** заво́да то́пливом províding of the fáctory with fúel [...'fju-]; **2.** (*материальная*) matérial wéll-bé¦ing, matérial secúrity; (*зажиточность*) pròspérity; **~ность** семьи́ the matérial wéll-bé¦ing of *a* fámily. **~ный 1.** *прич. см.* обеспе́чивать; **2.** *прил.* (*зажиточный*) wéll-to-dó.

**обеспе́ч||ивать,** обеспе́чить **1.** (*вн. тв.*; *снабжать*) provide (*d.* with); **~ить** потре́бность в сырье́ meet* the requíre¦ments in raw matérials; **2.** (*вн.*; *гарантировать*) secúre (*d.*); ensúre [-'ʃuə] (*d.*), assúre [ə'ʃuə] (*d.*); **~ить** мир во всём ми́ре ensúre world peace; **~ить** ми́рный труд (*рд.*) sáfe¦guàrd the péace¦ful lábour (of); ~ успе́х ensúre, *или* pave the way for, succéss; **~ить** выполне́ние (*рд.*) ensúre the fulfílment [...ful-] (of); **~ить** дальне́йший подъём се́льского хозя́йства secúre a fúrther rise in ágricùlture [...-ðə...]; **3.** (*вн.*; *материально*) províde (for); он хорошо́ обеспе́чен he is well províded for; **4.** (*вн.*) *воен.* sáfe¦guàrd (*d.*), protéct (*d.*). **~ить** *сов. см.* обеспе́чивать.

**обеспло́дить** *сов.* (*вн.*) stérilize (*d.*), rénder bárren / stérile (*d.*).

**обеспоко́ить** *сов.* (*вн.*) pertúrb (*d.*), make* ánxious / ún¦éasy [...-zɪ] (*d.*). **~ся** *сов.* become* ánxious / ún¦éasy [...-zɪ].

**обесси́л||еть** *сов.* lose* one's strength [lu:z...]; (*ослабеть*) grow* weak [-ou...]; (*совсем*) colápse, break* down [breɪk...]. **~ивать,** обесси́лить (*вн.*) wéaken (*d.*), enféeble (*d.*). **~ить** *сов. см.* обесси́ливать.

**обессла́вить** *сов.* (*вн.*) defáme (*d.*).

**обессме́ртить** *сов.* (*вн.*) immórtalize (*d.*).

**обессу́дить** *сов. уст.*: не обессу́дьте don't judge too sevére¦ly.

**обесцве́||тить** *сов. см.* обесцве́чивать. **~чивание** *с.* dè¦còlo(u)rátion [-kʌ-].

**обесцве́чивать,** обесцве́тить (*вн.*) dè¦cólo(u)rize [-'kʌ-] (*d.*), dè¦cólo(u)r [-'kʌ-] (*d.*), fade (*d.*); (*перен.*) make* cólour¦less / insípid [...'kʌ-...] (*d.*), depríve of cólour [...'kʌ-] (*d.*).

**обесце́нение** *с.* deprèciátion [-ʃɪ'eɪ-]; (*произвольное*) devàluátion.

**обесце́н||ивать,** обесце́нить (*вн.*) depréciàte [-ʃɪ-] (*d.*), chéapen (*d.*). **~иваться,** обесце́ниться **1.** depréciàte [-ʃɪ-], chéapen; **2.** *страд. к* обесце́нивать. **~ить(ся)** *сов. см.* обесце́нивать(ся).

**обесче́стить** *сов. см.* бесче́стить.

**обе́т** *м.* vow, prómise [-s]. **~ова́нный:** земля́ ~ова́нная *библ.* the Prómised Land [...-st...].

**обеща́ние** *с.* prómise [-s]; дать ~ (*дт.*) (give* a) prómise (*i.*); сдержа́ть ~ keep* *a* prómise; вы́полнить ~ redéem *a* pledge / prómise; торже́ственное ~ sólemn prómise; кля́твенное ~ oath*.

**обещ||а́ть** *несов. и сов.* **1.** (*сов. тж.* пообеща́ть) (*вн. дт.*) prómise [-s] (*d. i.*); **2.** *тк. несов.* (*без доп.*) prómise; bid* fair to do; день **~а́ет** быть хоро́шим the day prómises well / fair.

**обжа́ловани||е** *с.* appéal; ~ пригово́ра *юр.* appéaling agáinst *a* séntence; без пра́ва **~я** *юр.* without right of appéal.

**обжа́ловать** *сов.* (*вн.*) bear* / lodge *a* compláint [bɛə...] (agáinst); *юр.* appéal (agáinst).

**обжа́ривать,** обжа́рить (*вн.*) fry (*d.*), brown off (in a frýing-pàn) (*d.*).

**обжа́рить** *сов. см.* обжа́ривать.

**обже́чь(ся)** *сов. см.* обжига́ть(ся).

**обжива́ться,** обжи́ться make* òne¦sélf at home; *сов. тж.* feel* at home.

**о́бжиг** *м. тех.* kílning; (*поливы*) glázing; (*глины*) báking; (*руды*) roast, róasting.

**обжига́тельн||ый** *тех.* búrning; glázing; báking; (*ср.* о́бжиг); **~ая** печь kiln.

**обжига́ть,** обже́чь (*вн.*) **1.** burn* (*d.*), scorch (*d.*); **2.** (*о кирпичах и т. п.*) burn* (*d.*), bake (*d.*); ◇ обже́чь себе́ па́льцы burn* one's fíngers. **~ся,** обже́чься **1.** burn* òne¦sélf; (*перен.*) burn* one's fíngers; **2.** *страд. к* **обжига́ть;** ◇

обжёгшись на молоке́, бу́дешь дуть и на́ воду *посл.* ≅ the burnt child dreads the fire [...dredz...]; once bitten twice shy [wʌns...].

**обжира́ться,** обожра́ться (*тв.*) *груб.* glut (*d.*), guzzle (*d.*); (*без доп. тж.*) òver¦éat*, gór-mandize.

**обжи́ться** *сов. см.* обжива́ться.

**обжо́р||а** *м. и ж. разг.* glútton. **~ливый** *разг.* glúttonous. **~ство** *с. разг.* glúttony.

**обжу́л||ивать,** обжу́лить (*вн.*) *разг.* cheat (*d.*), swindle (*d.*). **~ить** *сов. см.* обжу́ливать.

**обзаведе́ние** *с.* àcquisítion [-'zɪ-].

**обзавести́сь** *сов. см.* обзаводи́ться.

**обзаводи́ться,** обзавести́сь (*тв.*) acquíre (*d.*), províde òne¦sélf (with); обзавести́сь семьёй (*о мужчине*) settle down in life as a márried man*; обзавести́сь хозя́йством start a house / home of one's own [...haus...oun].

**обзо́р** *м.* **1.** súrvey; ~ сего́дняшних газе́т súrvey / review of to¦dáy's néwspàpers [...'vjuː...]; ~ за 1951 г. 1951 in rétrospèct; **2.** (*в статье, докладе*) review; **3.** *тк. ед. воен.* field of view / vision [fiːld...vjuː...]. **~ный** *прил. к* обзо́р 2; ~ная ле́кция review lécture [-'vjuː...].

**обзыва́ть,** обозва́ть (*вн. тв.*) *разг.* call (*d. d.*); он обозва́л его́ дурако́м he called him a fool.

**обива́ть,** оби́ть **1.** (*вн.* с *рд.*) beat* (*d.* off); **2.** (*вн.*; *о мебели и т. п.*) ùp¦hólster [-'hou-] (*d.*); ~ желе́зом bind* with iron [...'aɪən] (*d.*); ◇ ~ поро́ги у кого́-л. *разг.* haunt smb.'s thréshòld.

**оби́вка** *ж.* **1.** (*действие*) ùp¦hólstering [-'hou-]; **2.** (*материал*) ùp¦hólstery [-'hou-].

**оби́д||а** *ж.* offénce, injury, wrong; (*чувство*) offénce, reséntment [-'ze-]; нанести́ ~у (*дт.*) offénd (*d.*); го́рькая ~ deep mòrtificátion; зата́ить ~у nurse/bear* a grudge [...bɛə...]; он на меня́ в ~е he bears me a grudge; ◇ не в ~у будь ска́зано *погов.* no offénce meant [...ment], without offénce; проглоти́ть ~у swállow / pócket an insult; не дать себя́ в ~у be able to stand up for òne¦sélf.

**оби́деть(ся)** *сов. см.* обижа́ть(ся).

**оби́дно** I **1.** *прил. кратк. см.* оби́дный; **2.** *предик. безл.* it is a píty [...'pɪ-]; ~, что э́то произошло́ it is a píty that it should have háppened; ~, что вы опозда́ли it is a píty you came / were late; мне ~ I feel hurt, it hurts me; (*жаль, что так случилось*) it is disappóinting to me; мне ~ э́то слы́шать it hurts / pains me to hear it.

**оби́дн||о** II *нареч.* offénsive¦ly. **~ый** offénsive; (*досадный*) véxing.

**оби́д||чивость** *ж.* tóuchiness ['tʌ-], suscèptibílity (to offénce). **~чивый** tóuchy ['tʌ-], suscéptible, quick to take offénce. **~чик** *м.* offénder.

**обижа́ть,** оби́деть (кого́-л.) **1.** offénd (smb.); hurt* / wound (smb.'s) féelings [...wuːnd...] *разг.*: они́ его́ оби́дели they have offénded him; they have hurt / wóunded his féelings; **2.** *разг.* (*наносить ущерб*) harm (smb.), treat bád¦ly (smb.). **~ся,** оби́деться take* offénce / úmbrage, be / feel* hurt; (на *вн.*) resént [-'z-] (*d.*); не обижа́йтесь don't be offénded.

**оби́женный 1.** *прич. см.* обижа́ть; **2.** *прил.* (на *вн.*) béaring a grudge ['bɛə-...] (agáinst); offénded (with); он оби́жен на отца́ he bears / has a grudge agáinst his fáther [...bɛəz...'fɑː-]; he bears his fáther a grudge; **3.**: у него́ был ~ вид he looked hurt / aggríeved [...-iːvd]; he seemed offénded; ~ тон offénded tone.

**оби́лие** *с.* abúndance, plénty.

**оби́льный** abúndant, pléntiful; ~ урожа́й rich hárvest, héavy crop ['hevɪ...]; búmper crop *разг.*; ~ обе́д héarty dínner/meal ['hɑːtɪ...].

**обину́ясь:** не ~ *уст.* stráightway; without a móment's hèsitátion [...-zɪ-].

**обиня́к** *м. разг.*: говори́ть ~а́ми beat* abóut the bush [...buʃ]; говори́ть без ~о́в speak* pláinly, speak* in plain terms.

**обира́ть,** обобра́ть (*вн.*) *разг.* **1.** pick (*d.*), gáther (*d.*); ~ я́годы pick bérries; **2.** (*обкрадывать*) rob (*d.*); **3.** (*вымогать, отнимать*) fleece (*d.*).

**обита́||емый** inhábited. **~тель** *м.*, **~тельница** *ж.* inhábitant.

**обита́ть** (в *пр.*) dwell* (in *a place*), inhábit (*d.*).

**оби́тель** *ж. уст.* **1.** place, abóde; **2.** (*монастырь*) clóister.

**оби́ть** *сов. см.* обива́ть.

**обихо́д** *м. тк. ед.* cústom, use [juːs]; предме́ты дома́шнего ~а hóuse¦hòld árticles / uténsils [-s-...]; árticles of doméstic utílity; повседне́вный ~ évery¦dáy práctice; пусти́ть что-л. в ~ put* / bring* smth. into (géneral) use; войти́ в ~ (*о выражении и т. п.*) become* cúrrent; уже́ давно́ вошло́ в ~ has àlréady been cúrrent for a long time [...ɔːl're-...]; вы́йти из ~а get* out of use, be no lónger in use, fall* into disúse [...-s]. **~ный** évery¦dáy; ~ное выраже́ние collóquial expréssion; э́ти слова́ ста́ли ~ными these words have become hóuse¦-hòld words [...-s-...].

**обка́пать** *сов. см.* обка́пывать I.

**обка́пывать** I, обка́пать (*вн.*) *разг.* (be)spót (*d.*), let* drops fall (on).

**обка́пывать** II, обкопа́ть (что-л.) *разг.* dig* round (smth.).

**обка́рмливать,** обкорми́ть (*вн.*) òver¦féed* (*d.*).

**обката́ть** *сов. см.* обка́тывать.

**обка́тка** *ж.* **1.** (*дороги*) rólling (smooth) [...-ð]; **2.** (*новой автомашины и т. п.*) rúnning in.

**обка́тывать,** обката́ть (*вн.*) **1.** roll (*d.*); (*вн.* в *пр.*) roll (*d.* in); ~ в муке́ roll in flour (*d.*); **2.** (*делать ровным*) roll (smooth) [...-ð] (*d.*); ~ доро́гу wear* *the* road smooth [wɛə...]; (*специальной машиной*) roll *the* road smooth; **3.** *тех.* run* in (*d.*).

**обкла́дка** *ж.* (*в разн. знач.*) fácing.

**обкла́дывать,** обложи́ть (*вн.*) **1.** put* (round); (*по краям*) edge (*d.*); (*покрывать*) cóver ['kʌ-] (*d.*); ~ клу́мбу дёрном edge *a* flówer-bèd with turf, make* a turf édging round *a* flówer-bèd; не́бо обложи́ло ту́чами the sky is óver¦cást, *или* cóvered, with clouds; **2.** *безл.* (*о языке, горле*) fur (*d.*); обложи́ло язы́к the tongue is furred [...tʌŋ...]; **3.** *охот.* close round (*d.*); **4.** *тк. сов. воен.* invést (*d.*). **~ся,** обложи́ться **1.** (*тв.*) lay* / put* round òne¦sélf (*d.*); обложи́ться горя́чими буты́лками put* hot wáter bottles all round òne¦sélf [...'wɔː-...]; обложи́ться кни́гами be surróunded by books; **2.** *страд. к* обкла́дывать.

**обкле́||ивать** = окле́ивать. **~ить** *сов.* = окле́ить *см.* окле́ивать.

**обко́м** *м.* (областно́й комите́т па́ртии, профсою́за *и т. п.*) régional committee of the Párty, tráde-ùnion, *etc.* [...-tɪ...].

**обкопа́ть** *сов. см.* обка́пывать II.

**обкорми́ть** *сов. см.* обка́рмливать.

**обкорна́ть** *сов.* (*вн.*; *прям. и перен.*) *разг.* cùrtáil (*d.*); lop off (*d.*).

**обкра́дывать,** обокра́сть (*вн.*) rob (*d.*).

**обкромса́ть** *сов.* (*вн.*) *разг.* whittle down (*d.*).

**обку́р||ивать,** обкури́ть (*вн.*) **1.:** ~ тру́бку séason *a* pipe [-z°n...]; **2.** (*об улье и т. п.*) smoke (*d.*); fúmigàte (*d.*). **~и́ть** *сов. см.* обку́ривать.

**обкуса́ть** *сов. см.* обку́сывать.

**обку́сывать,** обкуса́ть (*вн.*) bite* / gnaw (round) (*d.*).

**обла́ва** *ж.* **1.** *охот.* bàttúe [-'tu:]; **2.** (*оцепление, окружение*) róund-ùp.

**облага́емый** táxable.

**облага́ть,** обложи́ть (*вн.*) assе́ss (*d.*); ~ штра́фом set* / impóse a fine (up:ón), fine (*d.*); ~ нало́гом tax (*d.*); ~ доба́вочным нало́гом súrtàx (*d.*); ~ ме́стным нало́гом rate (*d.*). **~ся 1.:** ~ся нало́гом (*подлежать обложению*) be táxable; **2.** *страд. к* облага́ть.

**облагоде́тельствовать** *сов.* (*вн.*) *уст.*, *разг.* show* much fávour [ʃou...] (*i.*), do much good (*i.*).

**облагора́живать,** облагоро́дить (*вн.*) **1.** ennóble (*d.*); **2.** (*улучшать породу, качество чего-л.*) impróve [-ru:v] (*d.*).

**облагоро́дить** *сов. см.* облагора́живать.

**облада́||ние** *с.* posséssion [-'ze-], hólding. **~тель** *м.* posséssor [-'ze-], ówner ['ou-], hólder.

**облада́ть** (*тв.*; *в разн. знач.*) posséss [-'zes] (*d.*); be posséssed [...-'zest] (of); (*владеть тж.*) own [oun] (*d.*), hold* (*d.*); ~ пра́вом have / posséss *the* right; ~ хоро́шим здоро́вьем enjóy good* health [...helθ]; ~ тала́нтом have / posséss a tálent [...'tæ-]; ~ да́ром (*рд.*) have / posséss a gift [...g-] (for).

**о́блак||о** *с.* (*прям. и перен.*) cloud; дождевы́е ~а́ ráin:clouds; nímbì *научн.*; слои́стые ~а́ strátus ['streɪ-] *sg. научн.*; пе́ристые ~а́ fléecy clouds; círrì *научн.*; кучевы́е ~а́ cúmulus *sg. научн.*; дымово́е ~ *воен.* smoke cloud; покрыва́ться ~а́ми be óver:cást; be cóvered with clouds [...'kʌ-...]; ◇ вита́ть в ~а́х be up in the clouds, go* wóolgàther:ing [...'wul-].

**obла́мывать,** облома́ть, обломи́ть (*вн.*) **1.** break* off [breɪk...] (*d.*); **2.** *при сов.* облома́ть *разг.* break* in (*d.*). **~ся,** облома́ться, обломи́ться **1.** break* off [breɪk...]; snap; **2.** *страд. к* обла́мывать.

**обла́пить** *сов.* (*вн.*) *разг.* hug (*d.*).

**облапо́ш||ивать,** облапо́шить (*вн.*) *разг.* swindle (*d.*). **~ить** *сов. см.* облапо́шивать.

**обласка́ть** *сов.* (*вн.*) show* much kind:ness [ʃou...] (*i.*).

**областн||о́й** *прил. к* о́бласть 1; *тж.* províncial, région:al; district (*attr.*); ~ центр région:al centre; ~ суд région:al court [...kɔ:t]; ~ отде́л наро́дного образова́ния províncial / région:al depártment of èducátion; **~о́е** сло́во províncial word.

**о́бласт||ь** *ж.* **1.** próvince, région; district; (*перен.*) field [fi:-], sphere, próvince; ~ зна́ний field of knówledge [...'nɔ-]; в ~и вне́шней поли́тики in the sphere of fóreign pólicy [...'fɔrɪn...]; во всех ~я́х жи́зни in all spheres / walks of life; **2.** *анат.* tract.

**обла́тка** *ж.* wáfer; cápsùle.

**облача́ть,** облачи́ть **1.** (*вн.*) *церк.* robe (*d.*), put* robes (on); **2.** (кого́-л. во что-л.) *разг.* get* (smb.) up (in), arráy (smb. in). **~ся,** облачи́ться **1.** *церк.* robe, put* on robes; **2.** *разг.* arráy òne:sélf; **3.** *страд. к* облача́ть.

**облач||е́ние** *с.* **1.** (в *вн.*; *действие*) róbing (in), invésting (in, with); **2.** (*одежда*) véstment(s) (*pl.*); sàcerdótal robes *pl.* **~и́ть(ся)** *сов. см.* облача́ть(ся).

**о́блач||ко** *с. уменьш. от* о́блако; *тж.* clóudlet. **~ность** *ж.* clóudiness, nèbulósity. **~ный** clóudy, nébulous.

**обла́ять** *сов.* (*вн.*) *разг.* (*о собаке*) bark (at); (*перен.*) fly* (at), rate (*d.*).

**облега́||ть,** обле́чь **1.** (*вн.*; *о тучах*) cóver ['kʌ-] (*d.*); **2.** (*о платье и т. п.*) fit clóse:ly / snúgly [...-s-...]; (*вн.*) cling* (to); пла́тье пло́тно ~ет фигу́ру the dress óutlìnes the figure, the dress is clóse-fitting [...-s-]. **~ющий** clóse-fitting [-s-], fitted, cling:ing.

**облегч||а́ть,** облегчи́ть (*вн.*) **1.** facílitàte (*d.*), make* éasier / éasy [...-z-'i:zɪ] (*d.*); **2.** (*о труде, грузе*) lighten (*d.*); ~ вес (*рд.*; *о самолёте*) léssen the weight (of); облегчи́ть констру́кцию самолёта lighten the constrúction of *an* áircràft; **3.** (*о боли*) ease (*d.*), relíeve [-'li:v] (*d.*); (*о страданиях и т. п.*) allévìàte (*d.*); *юр.* (*о наказании*) mítigàte (*d.*), commúte (*d.*). **~е́ние** *с.* facìlitátion; éasing; (*помощь*) relíef [-i:f]; *юр.* (*о наказании*) còmmutátion; для ~е́ния ве́са (*рд.*) to léssen the weight (of); вздохну́ть с ~е́нием breathe with relíef; почу́вствовать ~е́ние be relíeved [...-'li:-]; испы́тывать чу́вство ~е́ния feel* a sense of relíef. **~и́ть** *сов. см.* облегча́ть.

**обледене́||лый** íce-còvered [-kʌ-]. **~ние** *с.* *ав.* ice fòrmátion, ícing.

**обледене́ть** *сов.* become* cóvered with ice [...'kʌ-...].

**облеза́ть,** обле́зть *разг.* **1.** (*о мехе и т. п.*) grow* bare [-ou...], wear* off [wɛə...]; **2.** (*о краске и т. п.*) peel off.

**обле́злый** *разг.* shábby, bare.

**обле́зть** *сов. см.* облеза́ть.

**облека́ть,** обле́чь (*вн.* в *вн.*) clothe [-ouð] (*d.* in); (*тж. вн. тв.*; *перен.*) invést (*d.* with), vest (*d.* with), envélop [-'ve-] (*d.* in); ~ в фо́рму чего́-л. give* the shape / form of smth. (*i.*); ~ свою́ мысль в таку́ю фо́рму, что presént one's thought in such a form that [-'ze-...], shape one's thought in such a way that; обле́чь полномо́чиями invést with authórity (*d.*), invést with full pówers (*d.*); commíssion (*d.*); ~ та́йной envélop in mýstery (*d.*). **~ся,** обле́чься (в *вн.*; *в платье*) clothe òne:sélf [-ouð...] (in), dress òne:sélf (in); ~ся в фо́рму чего́-л. assúme the appéarance of smth.

**обле́ниваться,** облени́ться grow* / get* lázy [-ou...].

**облени́ться** *сов. см.* обле́ниваться.

**облепи́ть** *сов. см.* облепля́ть.

**облеп||ля́ть,** облепи́ть **1.** (*вн. тв.*) stick* (round *d.*); paste all óver [peɪ-...] (*d.* with); (*покрывать*) cóver ['kʌ-] (*d.* with); **2.** (*вн.*)

*разг.* (*приставать*) cling* (to); дéти ~и́ли его́ the children clung to him.

**облес||éние** *с.* àffòrestátion [-ɔ-]. **~и́ть** *сов.* (*вн.*) affórest [-ɔ-] (*d.*).

**облетáть** I, облетéть **1.** (*вн.*, вокру́г) fly* (round); облетéть вокру́г Москвы́ fly* round Móscow; **2.** (*вн.*; *о слухах, известиях*) spread* [spred] (all óver); **3.** (*без доп.*; *о листьях*) fall*.

**облетáть** II *сов.* (*вн.*) **1.** (*побывать во многих местах*) fly* (all óver); **2.** (*испытать в пробном полёте*) test (*d.*).

**облетéть** *сов. см.* облетáть I.

**облеч||éние** *с.* (*тв.*) invéstment (with); ~ влáстью invéstment with pówer. **~ённый** **1.** invésted; ~ённый влáстью invésted with pówer; **2.** *лингв.*: ~ённое ударéние slurred áccent.

**облéчь** I *сов. см.* облегáть.

**облéчь** II *сов. см.* облекáть.

**облéчься** *сов. см.* облекáться.

**обливáние** *с.* douche [duːʃ], dóusing; (*выжимая губку*) spónge-down [ˈspʌ-].

**облив||áть,** обли́ть **1.** (*вн. тв.*) pour [pɔː] (óver *d.*), sluice [sluːs] (óver *d.*); (*пачкать*) spill (on *d.*); обли́ть кни́гу черни́лами spill ink on *a* book; **2.** (*вн.*; *глазурью и т. п.*) glaze (*d.*); ◇ ~ гря́зью, помо́ями кого́-л. fling*/throw* mud at smb. [...θrou...]. **~áться,** обли́ться **1.** (*делать обливание*) sponge down [spʌ-...]; **2.** (*тв.*, *опрокидывать на себя*) pour / spill óver òne¦sélf [pɔː...] (*d.*); **3.** *страд. к* обливáть; ◇ ~áться слезáми be in a flood of tears [...flʌd...], melt into tears; сéрдце крóвью ~áется *one's* heart is bléeding [...hɑːt...]; ~áться пóтом sweat / perspíre profúse¦ly [swet...], be steeped in pèrspirátion.

**обли́вка** *ж.* (*глазурью*) glaze.

**обливн||óй:** ~ы́е гончáрные издéлия glazed póttery *sg.*

**облигациóнный** *прил. к* облигáция.

**облигáция** *ж.* bond; ~ госудáрственного зáйма Státe(-loan) bond.

**облизáть(ся)** *сов. см.* обли́зывать(ся).

**облизну́ть** *сов. см.* обли́зывать. **~ся** *сов.* *разг.* just miss *a* treat.

**обли́зывать,** облизáть, облизну́ть (*вн.*) lick (*d.*), lick all óver (*d.*); (*начисто*) lick clean (*d.*); ~ гу́бы (*прям. и перен.*) lick one's lips; ◇ пáльчики обли́жешь *разг.* ≅ a real treat [...rɪəl...]. **~ся,** облизáться **1.** lick one's lips; **2.** (*о животных*) lick òne¦sélf; **3.** *тк. несов.* *разг.* (*предвкушая, ожидать чего-л. приятного*) lick one's lips in ànticipátion; **4.** *страд.* *к* обли́зывать.

**óблик** *м.* **1.** look, áspèct, appéarance; приня́ть ~ (*рд.*) assúme the áspèct (of); **2.** (*характер, склад*) cast of mind; mánner; морáльный ~ móral máke-úp [ˈmɔ-...].

**облисполкóм** *м.* (областнóй исполни́тельный комитéт) Région¦al Exécutive Committee [...-tɪ].

**обли́ть(ся)** *сов. см.* обливáть(ся).

**облицевáть** *сов. см.* облицóвывать.

**облицóвка** *ж.* revétment, fácing; (*камнем тж.*) líning, ìn¦crùstátion.

**облицóвочный** fácing; ~ кирпи́ч décoràtive tile(s) (*pl.*).

**облицóвщик** *м.* fácing wórker.

**облицóвывать,** облицевáть (*вн. тв.*) revét (*d.* with), face (*d.* with).

**обличáть,** обличи́ть (*вн.*) **1.** (*порицать, осуждать*) convíct (*d.*); **2.** (*разоблачать*) expóse (*d.*); **3.** *тк. несов.* (*обнаруживать*) revéal (*d.*), displáy (*d.*), mánifèst (*d.*).

**обличéние** *с.* (*рд.*) **1.** àccùsátion [-ˈzeɪ-] (of), convíction (of); **2.** (*разоблачение*) expósure [-ˈpou-] (of).

**обличи́тель** *м.*, **~ница** *ж.* expóser; (*обвинитель*) accúser. **~ный** accúsatory [-z-]; ~ная статья́ accúsatory árticle.

**обличи́ть** *сов. см.* обличáть 1, 2.

**обли́чье** *с.* = óблик.

**облобызáть** *сов.* (*вн.*) *разг.* kiss (*d.*). **~ся** *сов. разг.* kiss.

**обложéние** *с.* **1.** (*о налогах*) tàxátion, ráting; **2.** *воен. уст.* invéstment.

**oблóженный** **1.** *прич. от* обложи́ть *см.* облагáть *и* обклáдывать; **2.** *прил.*: ~ язы́к furred tongue [...tʌŋ].

**обложи́ть** I *сов. см.* облагáть.

**обложи́ть** II *сов. см.* обклáдывать. **~ся** *сов. см.* обклáдываться.

**облóжк||а** *ж.* cóver [ˈkʌ-]; (*отдельная*) fólder, dúst-wràpper, dúst-còver [-kʌ-]; кни́га в крáсной ~е book with a red cóver.

**облокáчиваться,** облокоти́ться (на *вн.*) lean* one's élbows (on).

**облокоти́ться** *сов. см.* облокáчиваться.

**облом||áть(ся)** *сов. см.* обламывать(ся). **~и́ть** *сов. см.* облáмывать 1. **~и́ться** *сов.* *см.* облáмываться.

**облóмовщина** *ж.* oblómovshchina (*sluggishness, inertness, apathy, as of Oblomov, the Goncharoff character*).

**облóмок** *м.* **1.** frágment; **2.** *мн.* débris [ˈdebriː], wréckage *sg.*

**облóмочн||ый** *геол.*: ~ые гóрные порóды disíntegràted rock fòrmátions.

**облупи́ть** *сов. см.* облу́пливать *и* лупи́ть I. **~ся** *сов. см.* облу́пливаться *и* лупи́ться.

**облу́пливать,** облупи́ть (*вн.*) peel (*d.*); (*о яйце*) shell (*d.*). **~ся,** облупи́ться come* off, peel, peel off, chip.

**облупля́ть(ся)** = облу́пливать(ся).

**облучáть,** облучи́ть (*вн.*) irrádiàte (*d.*), treat with rádio¦áctive rays (*d.*).

**облучéние** *с.* irràdiátion, tréatment with rádio¦áctive rays.

**облучи́ть** *сов. см.* облучáть.

**облучóк** *м.* cóach¦man's seat, the box.

**облы́жный** *разг.* false [fɔːls].

**облысéть** *сов. см.* лысéть.

**облюбовáть** *сов.* (*вн.*) choose* (*d.*), seléct (*d.*).

**обмáзать(ся)** *сов. см.* обмáзывать(ся).

**обмáзка** *ж.* **1.** (*действие*) plástering, cóating; **2.** (*вещество*) pláster, cóating.

**обмáзывать,** обмáзать (*вн. тв.*) **1.** coat (*d.* with); (*замазкой*) pútty (*d.* with); **2.** (*пачкать*) besméar (*d.* with), soil (*d.* with). **~ся,** обмáзаться *разг.* **1.** (*тв.*) besméar òne¦sélf (with); **2.** *страд. к* обмáзывать.

**обмáкивать,** обмакну́ть (*вн.* в *вн.*) dip (*d.* in).

**обмакну́ть** *сов. см.* обмáкивать.

**обмáн** *м.* fraud, decéption; ввести́ в ~ (*вн.*) decéive [-ˈsiːv] (*d.*); ~ зрéния óptical illúsion.

**обма́нка** *ж. мин.* blende; рогова́я ~ hórnblènde, ámphibòle; смоляна́я ~ pítchblènde.

**обма́н||ный** fráudulent; ~ным путём fráudulently. **~у́ть(ся)** *сов. см.* обма́нывать(ся).

**обма́нчив||ость** *ж.* delúsive¦ness. **~ый** decéptive, delúsive.

**обма́нщ||ик** *м.*, **~ица** *ж.* decéiver [-'si:və], cheat, fraud, trickster; (*выдающий себя за кого-л. другого*) impóstor.

**обма́нывать,** обману́ть (*вн.*) decéive [-'si:v] (*d.*); cheat (*d.*); trick (*d.*); (*мошеннически*) swindle (*d.*); обману́ть чьё-л. дове́рие betráy smb.'s trust; обману́ть чьи-л. наде́жды dìsappóint smb.'s hopes. **~ся,** обману́ться **1.** be decéived [...-'si:vd], make* a mistáke; обману́ться в свои́х ожида́ниях be dìsappóinted; **2.** *страд. к* обма́нывать.

**обмара́ть** *сов. см.* обма́рывать.

**обма́рывать,** обмара́ть (*вн.*) *разг.* soil (*d.*), dírty (*d.*).

**обма́тывать,** обмота́ть (*вн. тв.*, *вн.* вокру́г) wind* (round *d.*): она́ обмота́ла го́лову полоте́нцем, она́ обмота́ла полоте́нце вокру́г головы́ she wound *a* tówel round her head [...hed]. **~ся,** обмота́ться **1.** (*тв.*) wrap òne¦sélf (in); ~ся ша́рфом *и т. п.* wind* *a* scarf, *etc.*, round one's neck; **2.** *страд. к* обма́тывать.

**обма́хивать,** обмахну́ть **1.** (*вн. тв.*; *о лице и т. п.*) fan (*d.* with); **2.** (*вн.*; *сметать, смахивать*) brush a¦wáy (*d.*); обмахну́ть пыль (с *рд.*) dust (*d.*). **~ся,** обмахну́ться (*тв.*) **1.** fan òne¦sélf (with); **2.** *страд. к* обма́хивать.

**обмахну́ть(ся)** *сов. см.* обма́хивать(ся).

**обмеле́ние** *с.* shállowing.

**обмеле́ть** *сов. см.* меле́ть.

**обме́н** *м.* exchánge [-'ʧeɪ-]; (*взаимный*) ìnterchánge [-'ʧeɪ-]; (*торговый*) bárter; ~ това́рами exchánge of commódities; ~ нау́чной и техни́ческой информа́цией exchánge of scièntífic and téchnical ìnformátion; ~ мне́ниями exchánge of views / opínions [...vju:z...]; ~ приве́тствиями ínterchànge of gréetings; ~ делега́циями (ме́жду) exchánge of dèlegátions (betwéen); ~ посла́ми *дип.* exchánge of àmbássadors; ~ о́пытом exchánge / póoling / sháring of expérience; в ~ in exchánge; ~ веще́ств *биол.* metábolism.

**обме́нивать,** обмени́ть, обменя́ть **1.** *при сов.* обменя́ть (*вн.* на *вн.*) exchánge [-'ʧeɪ-] (*d.* for); (*о товарах*) bárter (*d.* for); swap (*d.* for), swop (*d.* for) *разг.*; **2.** *при сов.* обмени́ть (*случайно*) ìnadvértently exchánge some árticle (of clóthing, *etc.*) with smb. else; он обмени́л гало́ши he has exchánged his galóshes for smb. élse's. **~ся,** обмени́ться, обменя́ться **1.** *при сов.* обменя́ться (*тв.*) exchánge [-'ʧeɪ-] (*d.*); swap (*d.*), swop (*d.*) *разг.*; ~ся информа́цией share ìnformátion; обменя́ться мне́ниями exchánge opínions; обменя́ться взгля́дами exchánge looks; ~ся впечатле́ниями compáre notes; ~ся замеча́ниями ìnterchánge remárks [-'ʧeɪ-...]; ~ся посла́ми *дип.* exchánge àmbássadors; ~ся о́пытом exchánge / pool / share expérience; **2.** *при сов.* обмени́ться: он обмени́лся гало́шами he has (inadvértently) exchánged his galóshes for smb. élse's; **3.** *страд. к* обме́нивать.

**обмени́ть(ся)** *сов. см.* обме́нивать(ся) 2.

**обме́нный** *прил. к* обме́н.

**обменя́ть(ся)** *сов. см.* обме́нивать(ся) 1.

**обме́р** I *м.* méasure¦ment ['meʒə].

**обме́р** II *м. разг.* (*обман*) false méasure [fɔ:ls 'meʒə].

**обмере́ть** *сов. см.* обмира́ть.

**обмерза́ть,** обмёрзнуть be cóvered with ice [...'kʌ-...], be frósted óver.

**обмёрзнуть** *сов. см.* обмерза́ть.

**обме́ривать** I, обме́рить (*вн.*) méasure ['meʒə] (*d.*).

**обме́ривать** II, обме́рить (*вн.*) *разг.* (*обманывать*) cheat in méasuring [...'meʒ-] (*d.*); give* false méasure [...fɔ:ls 'me-] (*i.*).

**обме́р||ить** I, II *сов. см.* обме́ривать I, II. **~я́ть** = обме́ривать I.

**обмести́** *сов. см.* обмета́ть I.

**обмета́ть** I, обмести́ (*вн.*) sweep* off (*d.*); (*о пыли*) dust (*d.*).

**обмета́ть** II *сов. см.* обмётывать.

**обмётывать,** обмета́ть **1.** (*вн.*; *обшивать*) òver¦stitch (*d.*); whip-stitch (*d.*); óver¦cást (*d.*); **2.** *безл. разг.*: у него́ обмета́ло гу́бы his lips are sòre.

**обмина́ть,** обмя́ть (*вн.*) press down (*d.*); (*ногами*) trample down (*d.*).

**обмира́ть,** обмере́ть *разг.* faint; ~ от стра́ха, у́жаса be struck with fear, hórror; се́рдце у меня́ о́бмерло my heart sank [...hɑ:t...].

**обмозгова́ть** *сов. см.* обмозго́вывать.

**обмозго́вывать,** обмозгова́ть (*вн.*) *разг.* turn óver in one's mind (*d.*), pónder (*d.*).

**обмола́чивать,** обмолоти́ть (*вн.*) thrash (*d.*), thresh (*d.*).

**обмо́лв||иться** *сов. разг.* **1.** (*ошибиться*) (make* a) slip in spéaking; **2.** (*сказать*) útter cásually [...-ʒ-]; (*тв.*) méntion (*d.*); не ~ ни сло́вом о чём-л. never méntion smth.; он не ~ится об э́том ни сло́вом not a word abóut this mátter will pass his lips, he will never méntion it.

**обмо́лвка** *ж.* slip of the tongue [...tʌŋ].

**обмоло́т** *м. с.-х.* **1.** (*действие*) thráshing, thréshing; **2.** (*количество обмолоченного зерна*) thráshing yield [...ji:ld].

**обмолоти́ть** *сов. см.* обмола́чивать.

**обмора́живать,** обморо́зить (*вн.*): он обморо́зил себе́ ру́ки, у́ши *и т. п.* his hands, ears, *etc.*, are fróst-bìtten, he has got his hands, ears, *etc.*, fróst-bìtten.

**обморо́женный** fróst-bìtten.

**обморо́зить** *сов. см.* обмора́живать.

**о́бморок** *м.* fáinting fit, swoon; sýncope [-pɪ] *мед.*; упа́сть в ~ faint (a¦wáy), swoon; в глубо́ком ~е in a dead faint [...ded...].

**обморо́чить** *сов. см.* моро́чить.

**о́бморочн||ый** *прил. к* о́бморок; ~ое состоя́ние sýncope [-pɪ].

**обмота́ть(ся)** *сов. см.* обма́тывать(ся).

**обмо́тка** *ж.* wínding; ~ кату́шек wínding of coils.

**обмо́тки** *мн.* (*для ног*) puttées.

**обмочи́ть** *сов.* (*вн.*) wet (*d.*); (*окунув в жидкость*) dip (*d.*). **~ся** *сов.* **1.** (*тв.*) wet òne¦sélf (with); **2.** *разг.*: ребёнок обмочи́лся the báby is wet.

**обмундирова́ние** *с.* **1.** (*действие*) clóthing [-ouð-]; **2.** (*форменная одежда*) úniform, óutfit.

**обмундирова́ть** *сов.* (*вн.*) fit out (*d.*). **~ся** get* an óutfit.

**обмундиро́вка** *ж. разг.* = обмундирова́ние.

**обмыва́ние** *с.* báthing ['beɪ-], wáshing.

**обмыва́ть,** обмы́ть (*вн.*) wash (*d.*), bathe [beɪð] (*d.*). **~ся,** обмы́ться **1.** wash, bathe [beɪð]; **2.** *страд. к* обмыва́ть.

**обмы́лок** *м. разг.* rémnant of *a* cake of soap.

**обмы́ть(ся)** *сов. см.* обмыва́ть(ся).

**обмяка́ть,** обмя́кнуть *разг.* become* soft; (*перен.*) become* flábby.

**обмя́кнуть** *сов. см.* обмяка́ть.

**обмя́ть** *сов. см.* обмина́ть.

**обнагле́ть** *сов. см.* нагле́ть.

**обнадёживать,** обнадёжить (*вн.*) give* hopes (*i.*).

**обнадёжить** *сов. см.* обнадёживать.

**обнаж||а́ть,** обнажи́ть (*вн.*) bare (*d.*); (*открывать; тж. воен. о фланге и т. п.*) ùn:cóver [-'kʌ-] (*d.*), expóse (*d.*); (*о сабле и т. п.*) únshéathe (*d.*), draw* (*d.*); (*перен.: обнаруживать*) lay* bare (*d.*), revéal (*d.*); ~ го́лову ùn:cóver / bare one's head [...hed]. **~а́ться,** обнажи́ться **1.** bare / ùn:cóver òne:sélf [...-'kʌ-...]; (*перен.: обнаруживаться*) come* to light, become* / get* revéaled; **2.** *страд. к* обнажа́ть. **~е́ние** *с.* báring, ùn:cóvering [-'kʌ-]; (*перен.*) revéaling. **~ённый 1.** *прич. см.* обнажа́ть; **2.** *прил.* (*нагой*) náked; *жив.* nude; с ~ённой голово́й báre-héaded [-'hed-]; ~ённая са́бля náked sabre.

**обнажи́ть(ся)** *сов. см.* обнажа́ть(ся).

**обнаро́дование** *с.* pròmulgátion, pùblicátion [pʌ-].

**обнаро́довать** *сов.* (*вн.*) prómulgàte (*d.*), públish ['pʌ-] (*d.*).

**обнару́живать,** обнару́жить (*вн.*) **1.** (*высказывать*) displáy (*d.*); ~ свою́ ра́дость betráy one's joy; ~ тала́нт (к) show* a tálent [ʃou... 'tæ-] (for); **2.** (*находить*) discóver [-'kʌ-] (*d.*), find* out (*d.*); detéct (*d.*); (*раскрывать*) revéal (*d.*); *воен., мор.* spot (*d.*). **~ся,** обнару́житься **1.** (*выясняться*) be revéaled; (*раскрываться*) come* to light; **2.** (*отыскиваться, оказываться*) be discóvered [...-'kʌ-]; be found; **3.** *страд. к* обнару́живать.

**обнару́жить(ся)** *сов. см.* обнару́живать(ся).

**обнести́** I, II *сов. см.* обноси́ть I, II.

**обнима́||ть,** обня́ть (*вн.*; *в разн. знач.*) embráce (*d.*); (*заключать в объятия тж.*) take* / clasp / fold in one's arms (*d.*); put* one's arms (round) *разг.*; ~я, обня́в за та́лию (with) one's arm round *smb.'s* waist; ◇ обня́ть умо́м còmprehénd (*d.*). **~ться,** обня́ться embráce, hug one another.

**обни́м||ка:** в ~ку *разг.* with arms round each other.

**обнища́||лый** impóverished, béggared. **~ние** *с.* impóverishment.

**обнища́ть** *сов. см.* нища́ть.

**обно́в||а** *ж. разг.* new àcquisítion [...-'zɪ-]; (*об одежде*) new dress. **~и́ть(ся)** *сов. см.* обновля́ть(ся).

**обно́в||ка** *ж.* = обно́ва. **~ле́ние** *с.* rènovátion; (*замена новым*) renéwal.

**обновлённый** *прич. и прил.* rénovàted; renéwed; (*ср.* обновле́ние).

**обновля́ть,** обнови́ть (*вн.*) **1.** rénovàte (*d.*); (*заменять новым*) renéw (*d.*); (*освежать*) refrésh (*d.*); (*чинить*) repáir (*d.*); make* as good as new (*d.*); **2.** *разг.* (*надевать в первый раз*) use, *или* put* on, for the first time (*d.*). **~ся,** обнови́ться **1.** be / get* renéwed; (*оживляться*) revíve; **2.** *страд. к* обновля́ть.

**обноси́ть** I, обнести́ (*вн. тв.*) **1.** (*забором и т. п.*) en:clóse (*d.* with); ~ стено́й wall (*d.*); ~ и́згородью fence (*d.*); ~ пери́лами rail in / off (*d.*); **2.** (*кушаньем и т. п.*) serve round (*d.* with): их обноси́ли жарки́м the roast was served round.

**обноси́ть** II, обнести́ (*вн.*; *не предложить кушанья*) pass óver at table (*d.*); leave* out while sérving (*d.*).

**обноси́ться** I *сов. разг.* be out at élbows, be short of clothes [...-ouðz].

**обноси́ться** II *страд. к* обноси́ть I.

**обно́ски** *мн. разг.* cást-óff clothes [...-ouðz].

**обню́хать** *сов. см.* обню́хивать.

**обню́хивать,** обню́хать (*вн.*) sniff (at).

**обня́ть(ся)** *сов. см.* обнима́ть(ся).

**обо** *предл. см.* о I, II.

**обо-** *глагольная приставка* (*та же, что* о-); *см. глаголы с этой приставкой.*

**обобра́ть** *сов. см.* обира́ть.

**обобщ||а́ть,** обобщи́ть (*вн.*) géneralize (*d.*), súmmarize (*d.*), crýstallize (*d.*); ~ о́пыт géneralize expérience. **~е́ние** *с.* gèneralizátion [-laɪ-], géneral con:clúsion.

**обобществ||и́ть** *сов. см.* обобществля́ть. **~ле́ние** *с.* sòcializátion [-laɪ-]; collèctivizátion [-vaɪ-]; ~ле́ние средств произво́дства sòcializátion of the means of prodúction. **~лённый** *прич. и прил.* sócialized; colléctivized; ~лённый се́ктор се́льского хозя́йства colléctivized séctor of ágricùlture.

**обобществля́ть,** обобществи́ть (*вн.*) sócialize (*d.*); colléctivize (*d.*).

**обобщи́ть** *сов. см.* обобща́ть.

**обовши́веть** *сов. см.* вши́веть.

**обогати́тельн||ый:** ~ая фа́брика *горн.* cóncèntràting mill.

**обогати́ть(ся)** *сов. см.* обогаща́ть(ся).

**обогащ||а́ть,** обогати́ть (*вн.*) **1.** (*в разн. знач.*) enrích (*d.*); обогати́ть свой о́пыт enrích one's expérience; **2.** *горн.* cóncèntràte (*d.*); ~ руду́ cóncèntràte / dress the ore. **~а́ться,** обогати́ться **1.** enrích òne:sélf; **2.** *страд. к* обогаща́ть. **~е́ние** *с.* **1.** (*в разн. знач.*) enríchment; **2.** *горн.* còncèntrátion; ~е́ние руды́ còncèntrátion / dréssing of ores.

**обогна́ть** *сов. см.* обгоня́ть.

**обогну́ть** *сов. см.* огиба́ть.

**обоготвори́ть** *сов. см.* обоготворя́ть.

**обоготворя́ть,** обоготвори́ть (*вн.*) ídolìze (*d.*).

**обогре́в** *м.* héating. **~а́ние** *с.* wárming héating. **~а́тель** *м.*: ~а́тель пере́днего стекла́ (*автомобиля*) wind-screen defréezer [-ı-...].

**обогрева́ть,** обогре́ть (*вн.*) warm (*d.*). **~ся,** обогре́ться **1.** warm òne:sélf; **2.** *страд. к* обогрева́ть.

**обогре́ть(ся)** *сов. см.* обогрева́ть(ся).

**о́бод** *м.* rim. **~о́к** *м.* **1.** *уменьш. от* о́бод; **2.** (*каёмка*) thin bórder, thin rim, fíllet.

**ободо́чн||ый:** ~ая кишка́ *анат.* cólon (*a portion of the large intestine*).

**ободра́нец** *м. разг.* rágamùffin, rágged féllow.

**обо́дранный** **1.** *прич. см.* обдира́ть; **2.** *прил.* (*рваный*) rágged.

**ободра́ть** *сов. см.* обдира́ть.

**ободре́ние** *с.* en¦cóurage¦ment [-'kʌ-], rè¦assúrance [-'ʃuə-].

**ободри́тельный** en¦cóuraging [-'kʌ-].

**ободри́ть(ся)** *сов. см.* ободря́ть(ся).

**ободря́ть,** ободри́ть (*вн.*) en¦cóurage [-'kʌ-] (*d.*), héarten ['hɑːt-] (*d.*), cheer up (*d.*), rè¦assúre [-'ʃuə] (*d.*). **~ся,** ободри́ться **1.** take* heart [...hɑːt], héarten up; **2.** *страд. к* ободря́ть.

**обо́его:** ~ по́ла of both séxes [...bouθ...].

**обоепо́лый** *биол.* bi¦séxual; *бот.* monóecious [-'niːʃ-].

**обожа́ние** *с.* àdorátion.

**обожа́тель** *м.*, **~ница** *ж.* adórer; admírer *разг.*

**обожа́ть** (*вн.*) adóre (*d.*), wórship (*d.*).

**обожда́ть** *сов. разг.* wait (for a while); (*вн.*) wait (for).

**обожеств||и́ть** *сов. см.* обожествля́ть. **~ле́ние** *с.* idolizátion [-laɪ-].

**обожествля́ть,** обожестви́ть (*вн.*) ídolize (*d.*).

**обожра́ться** *сов. см.* обжира́ться.

**обо́з** *м.* **1.** string of carts; (*санный*) string of slédges; **2.** *воен.* (únit) tránspòrt; train *амер.*

**обозва́ть** *сов. см.* обзыва́ть.

**обозли́ть** *сов.* (кого́-л.) embítter (smb.), rouse the spite (of smb.). **~ся** grow* / get* ángry [grou...].

**обознава́ться,** обозна́ться *разг.* (mis)táke* *smb.* for smb. else; прости́те, я обозна́лся I'm sórry, I (mis)tóok you for smb. else.

**обозна́ться** *сов. см.* обознава́ться.

**обознач||а́ть,** обозна́чить (*вн.*) **1.** désignàte [-z-] (*d.*); (*помечать*) mark (*d.*); ~ бу́квами létter (*d.*); не ~енный на ка́рте únmápped, únplótted; *мор.* únchárted; **2.** *тк. несов.* (*значить*) mean* (*d.*). **~а́ться,** обозна́читься **1.** show* [ʃou], appéar; **2.** *страд. к* обознача́ть. **~е́ние** *с.* dèsignátion [-z-].

**обозна́чить** *сов. см.* обознача́ть 1. **~ся** *сов. см.* обознача́ться.

**обо́зник** *м.* = обо́зный 2.

**обо́зный** **1.** *прил. к* обо́з; **2.** *м. как сущ. воен.* tránspòrt driver.

**обозрева́тель** *м.* reviéwer [-'vjuːə].

**обозрева́ть,** обозре́ть (*вн.*) **1.** (*осматривать*) survéy (*d.*), view [vjuː] (*d.*), look round (*d.*); **2.** (*в печати*) review [-'vjuː] (*d.*).

**обозре́ние** *с.* review [-'vjuː].

**обозре́ть** *сов. см.* обозрева́ть.

**обозри́мый** vísible [-z-].

**обо́||и** *мн.* wáll-pàper *sg.*; оклéивать ~ями (*вн.*) páper (*d.*).

**обо́йма** *ж.* **1.** *воен.* (*патронная*) chárger, cártridge clip; **2.** *тех.* iron ring ['aɪən...]; ~ шарикоподши́пника ball race.

**обо́йный** *прил. к* обо́и.

**обойти́** *сов. см.* обходи́ть.

**обойти́сь** I, II *сов. см.* обходи́ться I, II.

**обо́йщик** *м.* ùp¦hólsterer [-'hou-].

**обокра́сть** *сов. см.* обкра́дывать.

**оболга́ть** *сов.* (*вн.*) *разг.* slánder [-ɑːn-] (*d.*).

**оболо́чка** *ж.* cóver ['kʌ-], jácket, énvelòpe; *тех. тж.* cásing [-s-]; (*скорлупа*) shell; *анат.* mémbràne; ра́дужная ~ (гла́за) íris ['aɪə-]; рогова́я ~ (гла́за) córnea [-nɪə]; се́тчатая ~ (гла́за) rétina; сли́зистая ~ múcous mémbràne; ~ се́мени séed-coat.

**обо́лтус** *м. разг.* blóckhead [-hed], dunce.

**обольсти́тель** *м.*, **~ница** *ж.* sedúcer. **~ный** sedúctive.

**обольсти́ть(ся)** *сов. см.* обольща́ть(ся).

**обольщ||а́ть,** обольсти́ть (*вн.*) sedúce (*d.*). **~а́ться,** обольсти́ться (*тв.*) flátter òne¦sélf (with); (*без доп.*; *обманываться*) be / lábour únder a delúsion; ~а́ться наде́ждами chérish vain hopes; не ~а́йся наде́ждами don't be too hópe¦ful. **~е́ние** *с.* **1.** sedúction; **2.** (*обманчивое представление*) delúsion.

**обомле́ть** *сов. разг.* be stúpefied; ~ от у́жаса be stúpefied / frózen with térror.

**обомше́лый** móss-grown [-groun].

**обоня́||ние** *с.* (sense of) smell; име́ть то́нкое ~ have a fine, *или* an acúte, sense of smell; have a good nose *разг.* **~тельный** *анат.* òlfáctory.

**обоня́ть** (*вн.*) smell* (*d.*).

**обора́чиваемость** *ж. эк.* túrnòver.

**обора́чивать,** обороти́ть, оберну́ть (*вн.*) turn (*d.*); оберну́ть лицо́ (к) turn one's face (towards). **~ся,** обороти́ться, оберну́ться (*в разн. знач.*) turn (round); (*о капитале*) turn óver; бы́стро ~ся swing* round; ~ся на чей-л. го́лос turn at smb.'s voice.

**оборва́нец** *м.* rágamùffin, rágged féllow.

**обо́рванный** **1.** *прич. см.* обрыва́ть; **2.** *прил.* rágged.

**оборва́ть(ся)** *сов. см.* обрыва́ть(ся).

**обо́рвыш** *м. разг.* rágamùffin.

**обо́рка** *ж.* frill, flounce.

**оборо́н||а** *ж. тк. ед.* **1.** defénce; акти́вная ~ áctive / aggréssive defénce; противота́нковая ~ ánti-tánk defénce; ánti-méchanized defénse [-'mek-...] *амер.*; подви́жная ~ elástic defénce; противохими́ческая ~ gas defénce; долговре́менная ~ pérmanent defénces *pl.*; **2.** (*позиции*) defénsive position [...-'zɪ-]; defénces *pl.*; заня́ть ~у take* up a defénsive position.

**оборони́тельн||ый** defénsive; ~ое сооруже́ние defénce / defénsive work; *мн. тж.* defénces; держа́ться ~ой пози́ции keep* to one's defénces; ~ райо́н defénded locálity; defénse / defénsive área [...'ɛərɪə] *амер.*

**оборони́ть(ся)** *сов. см.* обороня́ть(ся).

**оборо́нн||ый** *прил. к* оборо́на; ~ая промы́шленность defénce industry.

**обороноспосо́бность** *ж.* defénsive capácity; defénce poténtial.

**оборо́нчество** *с. полит.* deféncism.

**оборон||я́ть,** оборони́ть (*вн.*) defénd (*d.*). **~я́ться,** оборони́ться defénd òne¦sélf. **~я́ющийся** **1.** *прич. см.* обороня́ться; **2.** *м. как сущ.* defénder.

**оборо́т** *м.* **1.** rèvolútion; маши́на де́лает сто ~ов в мину́ту the machíne does a húndred rèvolútions per mínute [...-'ʃiːn... 'mɪnɪt]; **2.** *фин.* túrnòver; де́нежный ~ móney túrnòver ['mʌ-...]; пуска́ть в ~ (*вн.*) put* into cìrculátion (*d.*); **3.** (*обратная сторона*) back; на ~е on the back; смотри́ на ~е P. T. O.

(please turn óver); **4.** (*в языке*) turn; ~ ре́чи phrase; locútion; turn of speech; ◇ де́ло при́няло дурно́й ~ the affáir took a bad* turn; взять кого́-л. в ~ *разг.* get* at smb., take* smb. to task.

**о́боротень** *м. фольк.* wére¦wòlf* [-wulf].

**оборо́тистый** = оборо́тливый.

**обороти́ть(ся)** *сов. см.* обора́чивать(ся).

**оборо́тливый** *разг.* resóurce¦ful [-'sɔːs-], shífty.

**оборо́тн¦ый 1.** *эк.*: ~ капита́л círculàting cápital, wórking cápital; **2.:** ~ая сторона́ revérse (side), vérsò; (*перен.*) the séamy side.

**обору́дование** *с.* **1.** (*действие*) equípment, equípping; **2.** (*предметы*) equípment, óutfit; маши́нное ~ machínery [-'ʃiː-].

**обору́дов||ать** *несов. и сов.* (*вн.*) equíp (*d.*); fit out (*d.*); (*перен.*) *разг.* mánage (*d.*); arránge [-eɪ-] (*d.*); хорошо́ ~анный (*о квартире и т. п.*) wéll-appóinted.

**обоснова́ние** *с.* **1.** (*действие*) básing [-s-]; (*рд.*; *закона, положения и т. п.*) substàntiátion (of); **2.** (*доводы*) básis ['beɪs-] (*pl.* -sès [-siːz]), ground(s) (*pl.*).

**обосно́ван||ность** *ж.* valídity. ~**ный 1.** *прич. см.* обосно́вывать; **2.** *прил.* wéll-fóunded, (wéll-)gróunded; (*веский*) válid, sound; э́то вполне́ ~но there are good réasons for it [...-z-...], it is wéll-gróunded.

**обоснова́ть(ся)** *сов. см.* обосно́вывать(ся).

**обосно́вывать,** обоснова́ть (*вн.*) ground (*d.*), base [-s] (*d.*); substántiàte (*d.*). ~**ся,** обоснова́ться **1.** *разг.* (*поселяться*) settle (down); **2.** *страд. к* обосно́вывать.

**обосо́бить(ся)** *сов. см.* обособля́ть(ся).

**обособле́ние** *с.* **1.** (*действие*) sétting apárt, ísolàting ['aɪ-]; **2.** (*состояние*) isolátion [aɪ-].

**обосо́бленн||о** *нареч.* apárt, by òne¦sélf. ~**ость** *ж.* ìsolátion [aɪ-]. ~**ый 1.** *прич. см.* обособля́ть; **2.** *прил.* sólitary, detáched.

**обособля́ть,** обосо́бить (*вн.*) ísolàte ['aɪ-] (*d.*). ~**ся,** обосо́биться **1.** stand* apárt, keep* alóof; **2.** *страд. к* обособля́ть.

**обостр¦¦е́ние** *с.* àggravátion; ~ боле́зни exàcerbátion, acúte condítion; ~ противоре́чий intènsificátion / àggravátion of àntágonisms; ~ междунаро́дного положе́ния àggravátion of the internátional sìtuátion [...-'næ-...]. ~**ённый 1.** *прич. см.* обостря́ть; **2.** *прил.* (*повышенно чувствительный*) óver¦sénsitive; sharp; ~ённый интере́с keen ínterest; **3.** *прил.* (*напряжённый*) strained; ~ённые отноше́ния strained relátions. ~**и́ть(ся)** *сов. см.* обостря́ть(ся).

**обостр||я́ть,** обостри́ть (*вн.*) **1.** inténsifỳ (*d.*), shárpen (*d.*); (*доводить до крайности*) bring* to a head [...hed] (*d.*); **2.** (*ухудшать*) ággravàte (*d.*); ~ отноше́ния strain the relátions. ~**я́ться,** обостри́ться **1.** become* sharp; **2.** (*становиться более изощрённым*) become* more sénsitive; **3.** (*ухудшаться*) become* ággravàted / strained; положе́ние ~и́лось the sìtuátion has become ággravàted; боле́знь ~и́лась the diséase grew acúte [...-'z-...]; **4.** *страд. к* обостря́ть.

**обо́чина** *ж.* (*дороги*) side of the road; (*тротуара*) curb.

**обою́дно** I *прил. кратк. см.* обою́дный.

**обою́дн||о** II *нареч.* mútually. ~**ость** *ж.* mùtuálity. ~**ый** mútual; по ~ому соглаше́нию by mútual consént.

**обоюдо||во́гнутый** còncávò-cóncàve, bì¦cóncàve. ~**вы́пуклый** cònvéxò-cónvèx, bì¦cónvèx. ~**о́стрый** (*прям. и перен.*) dóuble-èdged ['dʌbl-]; э́то ~о́строе ору́жие this is a dóuble-èdged wéapon [...'wep-], this wéapon cuts both ways [...bouθ...].

**обраба́тываемость** *ж. тех.* machìnabílity [-ʃiː-]; wòrkabílity.

**обраба́тыва||ть,** обрабо́тать (*вн.*) **1.** work* (up) (*d.*), treat (*d.*); (*о материале тж.*) procéss (*d.*); (*на станке*) machíne [-'ʃiːn] (*d.*); **2.** (*о земле*) till (*d.*), cúltivàte (*d.*); **3.** (*отделывать*) dress (*d.*); (*полировать*) pólish (*d.*); **4.** *разг.* (*воздействовать*) ínfluence (*d.*); *сов. тж.* persuáde [-'sw-] (*d.*). ~**ющий** *прич. см.* обраба́тывать; ◇ ~ющая промы́шленность mànufácturing índustry.

**обрабо́т||ать** *сов. см.* обраба́тывать. ~**ка** *ж.* **1.** tréatment; (*материала тж.*) procéssing; механи́ческая ~ка machíning [-'ʃiː-], mechánical tréatment [-'kæ-...]; спо́собы ~ки (*рд.*) méthods of tréatment / wórking (of); **2.** (*земли*) tíllage, cùltivátion; ◇ взять кого́-л. в ~ку *разг.* get* at smb., take* smb. to task.

**обра́довать** *сов. см.* ра́довать. ~**ся** *сов. см.* ра́доваться.

**о́браз** I *м.* (*мн.* ~ы) **1.** shape, form; (*вид*) appéarance; **2.** (*представление*) ímage; худо́жественный ~ ímage; по о́бразу своему́ и подо́бию in one's own ímage [...oun...], áfter one's líke¦ness; **3.** (*порядок*) mode, mánner; ~ де́йствий mode / line of áction, pólicy; ~ жи́зни way / mode of life / líving [...'lɪv-]; ~ мы́слей way of thínking; views [vjuːz] *pl.*; ~ правле́ния form of góvernment [...'gʌ-]; ◇ каки́м ~ом? how?; таки́м ~ом thus, in that way; нико́им ~ом by no means; гла́вным ~ом máinly; chíefly ['ʧiːflɪ], príncipally; ра́вным ~ом équally ['iː-]; обстоя́тельство ~а де́йствия *грам.* advérbial módifìer of mánner.

**о́браз** II *м.* (*мн.* ~а́) (*икона*) ícòn, sácred ímage.

**образ||е́ц** *м.* **1.** stándard, módel ['mɔ-]; páttern; прекра́сный ~ (*рд.*) béautiful piece / spécimen ['bjuːt- piːs...] (of); по ~цу́ (чего́-л.) áfter / on / up¦ón *a* módel, *или* the páttern (of smth.); сле́довать одному́ и тому́ же ~цу́ fóllow the same páttern; по одному́ ~цу́ áfter / on the same páttern; брать за ~ (*вн.*) ímitàte (*d.*), fóllow · *the* exámple [...-ɑːm-] (of), do smth. (áfter); стать ~цо́м (для) become* a módel (for); он показа́л ~ (*рд.*) he set a bríllìant exámple (of); **2.** (*товарный*) sample, spécimen; (*материи*) páttern; ◇ нове́йшего ~ца́ of the látest páttern.

**о́бразн||о** *нареч.* fígurative¦ly; (*наглядно*) gráphically. ~**ость** *ж.* fígurative¦ness; (*живость, яркость*) picturésque¦ness. ~**ый** fígurative; (*живой, яркий*) pìcturésque; (*изобразительный*) ímage-béaring [-'bɛə-]; (*на́глядный*) gráphic; ~ое выраже́ние fígure of speech; ímage-béaring expréssion; ~ое описа́ние gráphic descríption; ~ый стиль pictórial / gráphic / fígurative style.

**образова́ние** I *с.* fòrmátion; ~ слов wórd-búilding [-'bɪl-], word fòrmátion; ~ па́ра gènerátion / prodúction of steam.

**образова́ние** II *с.* (*просвещение*) èducátion; нача́льное ~ prímary / èleméntary èducátion ['praɪ-...]; сре́днее ~ sécondary èducátion; вы́сшее ~ higher èducátion; ùnivérsity èducátion; наро́дное ~ pópular / people's èducátion [...pi:-...]; дать ~ (*дт.*) éducàte (*d.*); получи́ть ~ be éducàted; техни́ческое ~ téchnical èducátion.

**образо́ванный** I *прич. см.* образо́вывать.

**образо́ванный** II *прил.* (wéll-)éducàted; ~ челове́к éducàted pérson, pérson / man* of èducátion.

**образова́тельный** èducátional; ◇ ~ **ценз** èducátional quàlificátion.

**образова́ть(ся)** *сов. см.* образо́вывать(ся).

**образо́вывать,** образова́ть (*вн.*) form (*d.*), make* (*d.*); make* up (*d.*); (*производить*) géneràte (*d.*); (*организовывать*) órganìze (*d.*); образова́ть прави́тельство form *a* góvernment [...'gʌ-]. **~ся,** образова́ться **1.** form, appéar; be génerated; **2.** *страд. к* образо́вывать; ◇ всё обра́зуется *разг.* it will all come right in the end.

**образу́мить** *сов.* (*вн.*) *разг.* bring* to réason [...-z-] (*d.*); ~ кого́-л. bring* smb. to réason; give* smb. a drop of sense. **~ся** *разг.* come* to (see) réason [...-z-].

**образцо́в||ый** módel ['mɔ-] (*attr.*); ~ое хозя́йство módel farm; ~ое произведе́ние másterpiece [-pi:s]; ~ поря́док immáculate órder.

**обра́зчик** *м.* spécimen, sample; (*ткани*) páttern.

**обра́м||ить** *сов. см.* обрамля́ть. **~ле́ние** *с.* frame, fráming; (*перен.*) sétting.

**обрамля́ть,** обра́мить (*вн.*; *вставлять в раму*) set* in *a* frame (*d.*); frame (*d.*); *тк. несов.* (*перен.*) set* off (*d.*).

**обраста́ть,** обрасти́ (*тв.*) **1.** become* / be òver¦grówn [...-oun] (with); (*покрываться*) become* / be cóvered [...'kʌ-] (with); обрасти́ гря́зью be / become* cóvered with grime; **2.** *разг.* (*накоплять*) acquíre (*d.*), accúmulàte (*d.*); обрасти́ жи́ром accúmulàte fat.

**обрасти́** *сов. см.* обраста́ть.

**обрати́м||ость** *ж.* **1.** (*о процессе*) revèrsibílity; **2.** (*о валюте*) convèrtibílity. **~ый** **1.** (*о процессе*) revérsible; **2.** (*о валюте*) convértible.

**обрати́ть** *сов. см.* обраща́ть. **~ся** *сов. см.* обраща́ться 1, 2.

**обра́тно** *нареч.* **1.** back; (*в обратном направлении*) báckwards [-dz]; идти́, е́хать ~ go* back; retúrn, retráce one's steps; туда́ и ~ there and back; пое́здка туда́ и ~ round trip; пое́здка в Ленингра́д и ~ round trip to Léningràd; trip to Léningràd and back; брать ~ (*вн.*) take* back (*d.*); **2.** (*наоборот*) convérse¦ly, invérse¦ly; ~ пропорциона́льный invérse¦ly propórtional.

**обра́тн||ый** **1.** revérse; ~ путь retúrn jóurney [...'dʒə:-], way back; ~ биле́т retúrn tícket; ~ ход revérse mótion; в ~ом направле́нии the other way; в ~ую сто́рону in the ópposite diréction [...-z-...]; ~ смысл ópposite méaning / sense; име́ть ~ую си́лу *юр.* be rètròáctive; име́ющий ~ое де́йствие rètròáctive, rètrospéctive; (*о законе тж.*) ex post fácto [...poust...]; **2.** *мат.* invérse; ~ое отноше́ние invérse rátiò; ~ая пропо́рция invérse propórtion.

**обращ||а́ть,** обрати́ть (*вн.*; *в разн. знач.*) turn (*d.*); (*вн.* в *вн.*) turn (*d.* into); ~ взгляд (на *вн.*) turn one's eyes [...aɪz] (on); ~ внима́ние (на *вн.*) pay* atténtion (to); nótice ['nou-] (*d.*), take* nótice (of); обрати́ть своё внима́ние (на *вн.*) turn one's atténtion (to); ~ чьё-л. внима́ние (на *вн.*) call / draw* / diréct smb.'s atténtion (to); обрати́ть на себя́ чьё-л. внима́ние attráct smb.'s atténtion; не ~ внима́ния take* no nótice, take* no heed; disregárd, ignóre; ◇ ~ кого́-л. в бе́гство put* smb. to flight; обрати́ть в шу́тку turn into a joke (*d.*). **~а́ться,** обрати́ться **1.** (к) applý (to); addréss (*d.*); (*заговаривать*) accóst (*d.*); ~а́ться с призы́вом к кому́-л. appéal to smb., addréss *an* appéal to smb.; ~а́ться к врачу́ take* médical advíce; ~а́ться к юри́сту take* légal advíce; **2.** (в *вн.*; *превращаться*) turn (into); **3.** *тк. несов.* (с *тв.*; *обходиться с кем-л.*) treat (*d.*); хорошо́ ~а́ться с кем-л. treat smb. kind¦ly; ду́рно ~а́ться с кем-л. treat smb. róughly / ùn¦kínd¦ly [...'rʌf-...]; màltréat smb., ill-tréat smb.; **4.** *тк. несов.* (с *тв.*; *пользоваться чем-л.*) handle (*d.*), / mánage (*d.*); он не уме́ет ~а́ться с э́тим инструме́нтом he does¦n't know how to use this ínstrument [...nou...]; **5.** *тк. несов.* (*без доп.*) *эк.* círculàte; ◇ ~а́ться в бе́гство take* to flight, take* to one's heels.

**обраще́ни||е** *с.* **1.** (к; *тж. грам.*) addréss (to); (*в письме*) sàlutátion [-lju-]; (*призыв*) appéal (to); Обраще́ние Всеми́рного Сове́та Ми́ра World Peace Cóuncil's Appéal; **2.** (в *вн.*) convérsion (to, into): ~ в ве́ру convérsion to faith; **3.** (с *тв.*; *обхождение с кем-л.*) tréatment (of); плохо́е ~ bad* / ill* tréatment, màltréatment; жесто́кое ~ с кем-л. crúelty to smb. [-uə-...], cruel tréatment of smb. [-uəl...]; **4.** (с *тв.*; *пользование*) hándling (of), use [-s] (of); неосторо́жное ~ cáre¦lessness in hándling, cáre¦less hándling; научи́ться ~ю learn* to use [lə:n...] (*d.*); **5.** (*рд.*; *оборот*) cìrculátion (of); пусти́ть в ~ (*вн.*) put* in cìrculátion (*d.*); ускóрить ~ àccéleràte cìrculátion; сре́дства ~я *фин.* páyment média in cìrculátion; изде́ржки ~я distribútion costs; **6.** (*манера держать себя*) mánner.

**обревизова́ть** *сов.* (*вн.*) inspéct (*d.*).

**обре́з** *м.* **1.** (*у книги*) edge; **2.** (*винтовка с обрезанным концом ствола*) sáwn-òff gun / rifle; ◇ в ~ *разг.* ónly just enóugh [...ɪ'nʌf]; у меня́ вре́мени в ~ I have just enóugh time; I have no time to spare.

**обреза́ние** *с.* cútting, páring, trimming; (*досок*) édging.

**обре́зать(ся)** *сов. см.* обре́зывать(ся).

**обреза́ть** = обре́зывать 1. **~ся** = обре́зываться.

**обре́зок** *м.* scrap; *мн. тж.* ends.

**обре́зывать,** обре́зать (*вн.*) **1.** cut* off (*d.*); clip (*d.*), pare (*d.*); (*книгу*) bével ['be-] (*d.*); (*деревья*) trim (*d.*), prune (*d.*); (*доски*) square (*d.*); **2.** *тк. сов. разг.* (*резко прервать*) snub (*d.*), rebúff (*d.*). **~ся,** обре́заться **1.** cut* òne¦sélf; **2.** *страд. к* обре́зывать.

**обрека́ть,** обре́чь (*вн.*) doom (*d.*); ~ на прова́л, неуда́чу doom / condémn to fáilure (*d.*).

**обременённый** *прич.* (*тж. как прил.*) *см.* обременя́ть; ~ семьёй búrdened with a (large) fámily; with a fámily on his hands.

**обремен||и́тельный** búrden:some, ónerous. **~и́ть** *сов. см.* обременя́ть.

**обременя́ть,** обремени́ть (*вн.*) búrden (*d.*).

**обрести́** *сов. см.* обрета́ть.

**обрета́ть,** обрести́ (*вн.*) find* (*d.*).

**обрета́ться** *разг.* (*находиться*) abíde*, pass one's time.

**обрече́ние** *с.* doom.

**обречённост||ь** *ж.* prè:dèstinátion; чу́вство ~и féeling of doom.

**обре́чь** *сов. см.* обрека́ть.

**обреше́тить** *сов.* (*вн.*) *стр.* lath (*d.*).

**обрешётка** *ж. стр.* láthing.

**обрисова́ть(ся)** *сов. см.* обрисо́вывать(ся).

**обрисо́вывать,** обрисова́ть (*вн.*) óutline (*d.*), depíct (*d.*); delíneàte (*d.*). **~ся,** обрисова́ться **1.** appéar (in óutline), take* shape; **2.** *страд. к* обрисо́вывать.

**обри́ть** *сов.* (*вн.*) shave* (*d.*); (*сбрить*) shave* off (*d.*). **~ся** *сов.* shave* one's head [...hed].

**обро́к** *м. ист.* quit:rènt; натура́льный ~ métayage (*фр.*) ['meteıɑ:ʒ]; де́нежный ~ quit:-rènt.

**оброни́ть** *сов.* (*вн.*) *разг.* drop (*d.*).

**обро́чный** *ист.*: ~ крестья́нин péasant on quit:rènt ['pez-...].

**обруба́ть,** обруби́ть (*вн.*) **1.** chop off (*d.*); (*о ветвях*) lop off (*d.*); (*о хвосте*) dock (*d.*); **2.** (*подшивать*) hem (*d.*).

**обруби́ть** *сов. см.* обруба́ть.

**обру́бок** *м.* stump.

**обруга́ть** *сов.* (*вн.*) *разг.* call names (*d.*), curse (*d.*), scold (*d.*).

**обрусе́||вший, ~лый** Rússianìzed [-ʃən-].

**обрусе́ть** *сов.* become* Rússianìzed [...-ʃən-].

**о́бруч** *м.* hoop; наби́ть ~и на бо́чку hoop *a* cask, bind* *a* cask with hoops; ката́ть ~и trundle hoops.

**обруча́льн||ый:** ~ое кольцо́ wédding-rìng; ~ обря́д betróthal [-ouð-].

**обруча́ть,** обручи́ть (*вн.*) betróth [-ouð] (*d.*). **~ся,** обручи́ться (с *тв.*) become* en:-gáged (to); exchánge rings in betróthal [-'ʧeı-... ouð-] (with).

**обруче́ние** *с.* betróthal [-ouð-].

**обручи́ть(ся)** *сов. см.* обруча́ть(ся).

**обру́шивать,** обру́шить (*вн.*) bring* down (*d.*); ~ ого́нь (на *вн.*) *воен.* pláster with fire (*d.*), bring* down fire (up:ón). **~ся,** обру́шиться **1.** come* down; collápse; (на *вн.*; *перен.*; *о несчастьях, заботах*) *разг.* befáll* (*d.*), fall* (up:ón); **2.** (на *вн.*; *набрасываться*) pounce (up:ón), attáck (*d.*).

**обру́шить(ся)** *сов. см.* обру́шивать(ся).

**обры́в** *м.* (*крутой откос*) précipice.

**обрыва́ть,** оборва́ть (*вн.*) **1.** tear* off [tɛə...] (*d.*); (*о верёвке, проволоке и т. п.*) break* [breık] (*d.*); (*о цветах, плодах*) pluck (*d.*), pick (*d.*), gáther (*d.*); **2.** (*прекращать*) cut* short (*d.*); (*заставлять замолчать*) snub (*d.*); ~ свою́ речь stop short, break* off. **~ся,** оборва́ться **1.** (*о верёвке*; *о голосе*) break* [breık]; **2.** (*падать откуда-л.*; *о человеке*) lose* hold of *smth.* and fall* [lu:z...]; (*о предмете*) become* detáched and fall*; **3.** (*прекращаться*) stop súddenly; come* abrúptly to an end; разгово́р оборва́лся на полусло́ве the cònversátion was súddenly brought to an end.

**обры́вистый 1.** (*крутой*) precípitous, ab-rúpt, steep; **2.** (*прерывающийся*) abrúpt.

**обры́в||ок** *м.* scrap; (*песни, мелодии*) snatch; *мн.* (*перен.*) scraps; ~ки разгово́ра scraps of cònversátion; ~ки мы́слей désultory thoughts. **~очный** scráppy.

**обры́згать(ся)** *сов. см.* обры́згивать(ся).

**обры́згивать,** обры́згать (*вн. тв.*) (be-) sprinkle (*d.* with); splash (on, óver *d.*), (be-) spátter (*d.* with). **~ся,** обры́згаться **1.** (*тв.*) besprinkle òne:sélf (with); splash up:ón òne:-sélf (*d.*), bespátter òne:sélf (with); **2.** *страд. к* обры́згивать.

**обры́скать** *сов.* (*вн.*) *разг.* go* through (*d.*) in search of *smth.* [...sə:ʧ...]; hunt (*d.*).

**обрю́зглый** fat and flábby, páunchy.

**обрю́зг||нуть** *сов.* grow* fat and flábby [grou...]. **~ший** = обрю́зглый.

**обря́д** *м.* rite, céremony. **~ность** *ж.* (cèr-emónial) rites *pl.* **~ный, ~овый** rítual.

**обсади́ть** *сов. см.* обса́живать.

**обса́живать,** обсади́ть (*вн. тв.*) plant round [-ɑ:nt...] (*d.* with); у́лицы, обса́женные дере́вьями streets lined with trees, trée-lined streets.

**обса́сывать,** обсоса́ть (*вн.*) ≅ lick round (*d.*).

**обсемен||е́ние** *с.* **1.** *с.-х.* sówing ['sou-]; **2.** *бот.* gó:ing to seed, prodúcing seeds. **~и́ть(ся)** *сов. см.* обсеменя́ть(ся).

**обсеменя́ть,** обсемени́ть (*вн.*) *с.-х.* sow* [sou] (*d.*). **~ся,** обсемени́ться **1.** *бот.* go* to seed; **2.** *страд. к* обсеменя́ть.

**обсервато́рия** *ж.* obsérvatory [-'z-].

**обсервацио́нный** *прил. к* обсерва́ция.

**обсерва́ция** *ж.* òbsèrvátion [-z-].

**обскака́ть** *сов. см.* обска́кивать.

**обска́кивать,** обскака́ть (*вн.*) **1.** (*кругом, вокруг*) gállop round (*d.*); **2.** *тк. сов.* (*перегнать*) outgállop (*d.*).

**обскура́нт** *м.* òbscúrant, òbscúrantist. **~и́зм** *м.* òbscúrantism.

**обсле́дование** *с.* (*рд.*) inspéction (of), in:quíry (into); (*исследование*) invèstigátion (of).

**обсле́дователь** *м.* inspéctor, invéstigàtor.

**обсле́довать** *несов. и сов.* (*вн.*) inspéct (*d.*), in:quíre (into); (*исследовать*) invéstigàte (*d.*); (*о пациенте*) exámine (*d.*).

**обслу́живание** *с.* sérvice; facílities *pl.*; *тех.* máintenance; ме́дико-санита́рное ~ médical sérvice / atténdance.

**обслу́жива||ть,** обслужи́ть (*вн.*) **1.** atténd (to), serve (*d.*); (*обеспечивать*) supplý (*d.*); (*зрелищными предприятиями, столовыми и т. п.*) cáter (for); **2.** (*о станках и т. п.*) atténd (*d.*), óperàte (*d.*). **~ющий 1.** *прич. см.* обслу́живать; **2.** *прил*: ~ющий персона́л sérvice staff / pèrsonnél, atténding staff / pèrsonnél; atténdants *pl.*, assístants *pl.*

**обслужи́ть** *сов. см.* обслу́живать.

**обсоса́ть** *сов. см.* обса́сывать.

**обсо́хнуть** *сов. см.* обсыха́ть.

**обста́вить(ся)** *сов. см.* обставля́ть(ся).

**обставля́ть,** обста́вить **1.** (*вн. тв.*) surróund (*d.* with), encírcle (*d.* with); **2.** (*вн.*, *меблировать*) fúrnish (*d.*); ~ кварти́ру fúrnish *an* apártment; 3. (*вн.*; *организовывать*) arránge [-eındʒ] (*d.*); 4. (*вн.*) *разг.* (*обманывать*) trick (*d.*), cheat (*d.*). **~ся,** обстáвиться 1. (*тв.*) surróund òne¦sélf (with); 2. (*устраивать меблировку*) fúrnish one's place; 3. *страд. к* обставля́ть.

**обстанóв||ка** *ж. тк. ед.* 1. (*мебель и т. п.*) fúrniture; *театр.* set; 2. (*обстоятельства*) condítions *pl.*; (*положение*; *тж. воен.*) sìtuátion; междунарóдная ~ ìnternátional sìtuátion [-'næ-...]; боевáя ~ táctical sìtuátion; в семéйной ~ке in doméstic surróundings; в ~ке величáйшего подъёма amídst the gréatest enthúsiàsm [...'greı--z ı-].

**обстанóвочн||ый:** ~ая пьéса cóstùme play / piece [...pi:s].

**обстирáть** *сов. см.* обсти́рывать.

**обсти́рывать,** обстирáть (*вн.*) do all the wáshing (for).

**обстоя́тельн||о** *нареч.* thóroughly ['θʌrə-], in détail [...'di:-]. **~ый** 1. (*о докладе, книге и т. п.*) détailed ['di:-], cìrcumstántial, thórough ['θʌrə]; 2. *разг.* (*о человеке*) thórough, reliable.

**обстоя́тельственн||ый** *грам.* advérbial; ~ое придáточное предложéние advérbial clause.

**обстоя́тельств||о** I *с.* círcumstance: смягчáющие винý ~а exténuàting círcumstances; при дáнных, таки́х ~ах únder the círcumstances; — по не зави́сящим от меня́ ~ам for réasons be¦yónd my contról [...-z-... -oul]; ~а измени́лись the círcumstances are áltered, the position is changed [...-'zı-...tʃeı-]; ~а неблагоприя́тны the círcumstances are únfávour¦able, the móment is not fávour¦able; ни при каки́х ~ах únder no círcumstances, in no case [...-s]; при всех ~ах in any case; применя́ться к ~ам adápt òne¦sélf to círcumstances, *или* to the sìtuátion; по семéйным ~ам for doméstic réasons [...-z°nz], ówing to fámily affáirs ['ou-...]; находи́ться в затрудни́тельных ~ах find* òne¦sélf in a difficult sìtuátion, be in difficulties; ◇ смотря́ по ~ам it depénds; стечéние обстоя́тельств còincidence, con¦cúrrence of círcumstances; при такóм стечéнии обстоя́тельств in such a contíngency.

**обстоя́тельство** II *с. грам.* ádverb; ~ врéмени, мéста, óбраза дéйствия advérbial módifier of time, place, mánner.

**обсто||я́ть:** как ~и́т вáши делá? how are you getting on?; всё ~и́т благополýчно évery¦thing is all right; all is well; дéло ~и́т инáче the case is sóme¦whàt different [...keıs...]; вот так ~и́т дéло that is the way it is; that's how mátters stand.

**обстрáиваться,** обстрóиться build* a house for òne¦sélf [bıld...-s...]; гóрод бы́стро обстрóился it didn't take long to build the town; (*был восстановлен*) the town was soon ré¦búilt [...-'bılt].

**обстрéл** *м.* fíring, fire; находи́ться под ~ом be únder fire; взять под ~ (*вн.*; *прям. и перен.*) cóncèntràte / centre fire (on); артиллери́йский ~ bòmbárdment, shélling.

**обстрéл||ивать,** обстреля́ть (*вн.*) fire (at, up¦ón), centre fire (on); (*артиллерийским огнём*) shell (*d.*); (*из пулемётов*) machíne-gùn [-'ʃi:n-] (*d.*). **~я́ть** *сов. см.* обстрéливать.

**обстрогáть** *сов.* (*вн.*) plane (*d.*); (*ножом*) whittle (*d.*).

**обстрóиться** *сов. см.* обстрáиваться.

**обструкцион||и́зм** *м.* obstrúctionism. **~и́ст** *м.* obstrúctionist.

**обструкциóнный** *прил. к* обстрýкция.

**обстрýкция** *ж.* obstrúction.

**обстря́п||ать** *сов.*: ~ дéльце *разг.* fix smth.; я э́то дéльце в два счёта ~аю I'll pólish that off in two ticks.

**обступ||áть,** обступи́ть (*вн.*) surróund (*d.*), crowd / clúster (round). **~и́ть** *сов. см.* обступáть.

**обсуди́ть** *сов. см.* обсуждáть.

**обсужд||áть,** обсуди́ть (*вн.*) discúss (*d.*); talk óver (*d.*) *разг.*; обсуди́ть положéние revíew the sìtuátion [-'vju:...]; тщáтельно обсуди́ть вопрóс, предложéние give* cáre¦ful considerátion to *a* próblem, propósal [...'prɔ--z-]; thrash the mátter out *идиом. разг.*; ~áемый вопрóс quéstion / súbject únder discússion [-stʃən...]; ~ законопроéкт debáte *a* bill.

**обсуждéн||ие** *с.* discússion; предложи́ть на ~ (*вн.*) bring* up, *или* propóse, for discússion (*d.*); предмéт ~ия point at íssue; (*спора*) moot point.

**обсýшивать,** обсуши́ть (*вн.*) dry (*d.*). **~ся,** обсуши́ться dry òne¦sélf.

**обсуши́ть(ся)** *сов. см.* обсýшивать(ся).

**обсчитáть(ся)** *сов. см.* обсчи́тывать(ся).

**обсчи́тывать,** обсчитáть (*вн.*) cheat (in cóunting) (*d.*). **~ся,** обсчитáться make* a mistáke in cóunting; miscálculàte.

**обсы́пать** *сов. см.* обсыпáть.

**обсыпáть,** обсы́пать (*вн.*) strew* (*d.*), bestréw* (*d.*); ~ мукóй (*вн.*) sprinkle with flour (*d.*).

**обсы́паться** *сов. см.* обсыпáться.

**обсыпáться,** обсы́паться 1. = осыпáться; 2. *страд. к* обсыпáть.

**обсыхáть,** обсóхнуть dry, become* dry on the súrface.

**обтáивать,** обтáять (вокрýг) melt a¦wáy (round).

**обтáчивать,** обточи́ть (*вн.*) grind* (*d.*); (*на станке*) turn (*d.*).

**обтáять** *сов. см.* обтáивать.

**обтекáем||ый** *тех.* stréamlined; ~ая фóрма stréamline form; придавáть ~ую фóрму (*дт.*) stréamline (*d.*).

**обтекáтель** *м. ав.* fáiring.

**обтекáть,** обтéчь (*вн.*) flow [-ou] (round).

**обтерéть(ся)** *сов. см.* обтирáть(ся).

**обтесáть(ся)** *сов. см.* обтёсывать(ся).

**обтёсывать,** обтесáть (*вн.*, *о бревне*) square (*d.*); róugh-héw ['rʌf-] (*d.*); (*перен.*; *о человеке*) *разг.* pólish (*d.*). **~ся,** обтесáться 1. *разг.* (*о человеке*) acquire (polite) mánners; 2. *страд. к* обтёсывать.

**обтéчь** *сов. см.* обтекáть.

**обтирáние** *с.* 1. (*действие*) sponge down [spʌ-...]; 2. *разг.* (*жидкость*) lótion.

**обтирáть,** обтерéть 1. (*вн.*, *высушивать*) wipe (*d.*), wipe dry (*d.*); 2. (*вн. тв.*; *натирать*) rub (*d.* with). **~ся,** обтерéться 1. dry òne¦sélf; 2. (*делать обтирание*) sponge down [spʌ-...]; 3. *тк. сов. разг.* (*освоиться*) acquire a pólish.

**обточи́ть** *сов. см.* обтáчивать.

**обтóчка** *ж. тех.* túrning.

**обтрёпанный** 1. *прич. и прил.* frayed; 2. *прил.* (*о человеке*) shábby.

**обтрепа́ть** *сов.* (*вн.*) fray (*d.*). **~ся** *сов.* 1. becóme* frayed; fray; 2. *разг.* (*о человеке*) becóme* shábby.

**обтюр||а́тор** *м. тех.* óbturàtor, seal; *воен. тж.* gás-chèck. **~а́ция** *ж.* òbturátion, séaling.

**обтя́гивать,** обтяну́ть (*вн.*) 1. (*покрывать; мебель и т. п.*) cóver ['kʌ-] (*d.*); 2. (*прилегать*) fit close [...-s] (to); 3. *мор.* (*о такелаже*) bowse taut [bouz...] (*d.*), bowse down (*d.*).

**обтя́жк||а** *ж.* 1.: в ~у close fitting [-s-]; пла́тье в ~у close fitting dress; 2. *ав.* skin, cóvering ['kʌ-].

**обтяну́ть** *сов. см.* обтя́гивать.

**обув||а́ть,** обу́ть (кого́-л.) put* on smb.'s boots / shoes for smb. [...ʃu:z...]; (*перен.*) províde with shoes, boots, *etc.* (smb.). **~а́ться,** обу́ться 1. put* on one's boots / shoes [...ʃu:z]; 2. *страд. к* обува́ть. **~но́й** *прил. к* о́бувь; ~но́й магази́н bóot-shòp; shóe-stòre ['ʃu:-] *амер.*; ~на́я промы́шленность shoe índustry [ʃu:...].

**о́бувь** *ж.* fóot-wear ['futwɛə], fóot-gear ['futgɪə]; (*ботинки*) boots *pl.*, shoes [ʃu:z] *pl.*

**обу́гливание** *с.* càrbonizátion [-naɪ-].

**обу́гливать,** обу́глить (*вн.*) 1. (*обжигать*) char (*d.*); 2. (*превращать в уголь*) cárbonize (*d.*). **~ся,** обу́глиться be / becóme* charred, char.

**обу́глить(ся)** *сов. см.* обу́гливать(ся).

**обу́живать,** обу́зить (*вн.*) *разг.* make* too tight (*d.*).

**обу́з||а** *ж. тк. ед.* búrden; быть ~ой для кого́-л. be a búrden to smb.

**обузда́ть** *сов. см.* обу́здывать.

**обу́зд||ывать,** обузда́ть (*вн.*) curb (*d.*), bridle (*d.*); (*перен. тж.*) restráin (*d.*), contról [-oul] (*d.*), keep* in check (*d.*); ~а́ть свой хара́ктер, ~а́ть себя́ restráin / contról òneˈsélf.

**обу́зить** *сов. см.* обу́живать.

**обурева́||ть** (*вн.*) posséss [-'zes] (*d.*); быть ~емым страстя́ми be posséssed by víolent pássions.

**обусла́вливать(ся)** = обусло́вливать(ся).

**обусло́вить** *сов. см.* обусло́вливать.

**обусло́вленность** *ж.* conditionálity.

**обусло́вл||ивать,** обусло́вить (*вн.*) 1. condítion (*d.*); stípulàte (*d.*); не ~енный догово́ром пункт a point not stípulàted by the agréement / cóntràct, a point not méntioned in the agréement / cóntràct; 2. (*быть причиной*) cause (*d.*), call forth (*d.*); (*способствовать*) make* for (*d.*). **~иваться** (*тв.*) be condítioned (by), depénd (on).

**обу́ть(ся)** *сов. см.* обува́ть(ся).

**о́бух** *м.* 1. butt, back; 2. *мор.* éye-bòlt ['aɪ-]; pad; ◇ его́ как ~ом по голове́ ≅ he was thúnderstrùck; плётью ~а не перешибёшь *посл.* ≅ you cánnòt chop wood with a pénˈknife.

**обуч||а́ть,** обучи́ть (кого́-л. чему́-л.) teach* (smb. smth.); (*с практической подготовкой*) train (smb. in smth.). **~а́ться,** обучи́ться 1. learn* [lə:n]; 2. *страд. к* обуча́ть. **~е́ние** *с.* instrúction, tráining; всео́бщее обяза́тельное ~е́ние ùnivérsal compúlsory èducátion; совме́стное ~е́ние có-èducátion; одино́чное ~е́ние *воен.* indivídual tráining; произво́дственное ~е́ние indústrial tráining.

**обучи́ть(ся)** *сов. см.* обуча́ть(ся).

**обуя́ть** *сов.* (*вн.*) seize [si:z] (*d.*); его́ обуя́л страх he was seized with fear.

**обха́живать** (*вн.*) *разг.* coax (*d.*).

**обхва́т** *м.* the grasp / cómpass of both arms [...'kʌ-...bouθ...].

**обхвати́ть** *сов. см.* обхва́тывать.

**обхва́тывать,** обхвати́ть (*вн.*) clench (*d.*), grapple (*d.*), clasp (*d.*); (*окружать*) surróund (*d.*); (*дерево и т. п.*) ring round (*d.*).

**обхо́д** *м.* 1. round; пойти́ в ~ go* round, make* the round; (*о враче, стороже, дежурном и т. п.*) make* / go* one's round(s); 2. (*кружный путь*) róundabout way; 3. *воен.* túrning móveˈment [...'mu:-]; 4. (*намеренное уклонение от исполнения чего-л.*) evásion.

**обходи́тельный** pléasant ['plez-], wéll-mánnered, ùrbáne.

**обходи́ть,** обойти́ (*вн.*) 1. round (*d.*), go* / pass (round); обойти́ фронт почётного карау́ла review the guard of hónour [-'vju:...'ɔnə]; 2. (*посещать*) make* the round (of); (*о враче, стороже, дежурном и т. п.*) make* / go* one's round(s); 3. (*фланг, с фланга*) turn (*d.*); 4. (*распространяться*) spread* (all óver) [spred...] (*d.*); но́вость обошла́ весь го́род the news spread all óver the town [...-z...]; 5. (*избегать*) avóid (*d.*), leave* out (*d.*); ~ молча́нием pass by / óver in sílence [...'saɪ-] (*d.*); обойти́ вопро́с bý-pàss / síde-stèp *a* quéstion [...-stʃən]; нельзя́ обойти́ э́тот вопро́с this quéstion cánnòt be passed óver, *или* disregárded; ~ затрудне́ние avóid *a* dífficulty; 6. (*о законе и т. п.*) eváde (*d.*), circúmvént (*d.*).

**обходи́ться** I, обойти́сь (с кем-л.) treat (smb.); ~ с кем-л. как с ра́вным treat smb. as an équal.

**обходи́ться** II, обойти́сь 1. (*стоить*) cost*; come* to: э́то вам до́рого обойдётся this will cost you a prétty pénny [...'prɪ-...]; во ско́лько э́то обойдётся? how much will it come to?; 2. (*тв.*; *довольствоваться*) mánage (with), do (with), make* (with); 3. (без) mánage (without), do (without); обойти́сь без посторо́нней по́мощи mánage / do without any help / assístance; 4. (*с отрицанием*): без кри́ка не обхо́дится shóuting seems indispénsable; без уче́бников не обойти́сь *one* cánnòt do without téxt-books; ◇ обойдётся ка́к-нибудь things will settle one way or another.

**обхо́дн||ый** róundabout; ~ым путём in a róundabout way; ~ое движе́ние *воен.* túrning móveˈment [...'mu:-].

**обхо́дчик** *м.* inspéctor; путево́й ~ tráckˈman*, tráckwàlker.

**обхожде́ние** *с. разг.* mánners *pl.*; (*с кем-л.*) tréatment.

**обче́сться** *сов. разг.*: раз, два и обчёлся ≅ no more than one or two.

**обчи́стить(ся)** *сов. см.* обчища́ть(ся).

**обчища́ть,** обчи́стить (*вн.*) 1. clean (*d.*); (*щёткой*) brush (*d.*); 2. *разг.* (*обкрадывать*) rob (*d.*), clean out (*d.*). **~ся,** обчи́ститься 1. clean òneˈsélf; (*щёткой*) brush òneˈsélf; 2. *страд. к* обчища́ть.

**обша́ривать,** обша́рить (*вн.*) rúmmage (*d.*), ránsàck (*d.*), go* through (*d.*).

**обша́рить** *сов. см.* обша́ривать.

**обшива́ть** I, обши́ть (*вн.*) **1.** (*по краю*) edge (*d.*), bórder (*d.*); **2.** (*отделывать*) trim (*d.*); **3.** (*о посылке, тюке и т. п.*) cóver up ['kʌ-...] (*d.*); **4.** *стр.* plank (*d.*), revét (*d.*); ~ ме́дью cópper (*d.*).

**обшив||а́ть** II, обши́ть (*вн.*) *разг.* (*многих, всех*) make* clothes [...-ouðz] (for); она́ ~а́ет всю семью́ she does all the séwing for the fámily [...'souŋ...].

**обши́вка** *ж.* **1.** édging, bórdering; **2.** (*отделка*) trímming; **3.** *стр.* bóarding; (*панельная*) pánelling; *тех.* shéathing; *мор.* (*деревянная*) plánking; (*стальная*) pláting; *ав.* cóvering ['kʌ-]; нару́жная ~ skin-pláting, ship's skin.

**обши́рн||ость** *ж.* exténsive:ness; (*перен.*) mágnitùde. **~ый** vast; exténsive; spácious; ~ое простра́нство vast space; ~ое знако́мство exténsive acquáintance; númerous acquáintances *pl.*; ~ая литерату́ра volúminous líterature.

**обши́ть** I, II *сов. см.* обшива́ть I, II.

**обшла́г** *м.* cuff.

**обща́ться** (с *тв.*) assóciàte (with); rub shóulders [...'ʃou-] (with) *разг.*

**общегородско́й** tównspeople's [-zpi:p-].

**общегосуда́рственный** State (*attr.*); ~ фонд State fund.

**общедосту́пный 1.** (*в денежном отношении*) of móderate price; **2.** (*открытый для всех*) públie ['pʌ-], ópen to géneral use [...-s]; **3.** (*понятный*) pópular.

**общежи́тие** *с.* **1.** hóstel; **2.** *тк. ед.* (*общественная жизнь*) society, commúnity.

**общезаво́дский, общезаводско́й** for the whole fáctory [...houl...]; áll-fáctory (*attr.*).

**общеизве́стн||о** [-сн-] **1.** *прил. кратк. см.* общеизве́стный; **2.** *предик. безл.*: it is génerally known [...noun], évery:òne knows that [...nouz...]. **~ый** [-сн-] wéll-knówn [-'noun]; ~ые фа́кты *и т. п.* génerally known facts, *etc.* [...noun...].

**общенаро́дн||ый** públic ['pʌ-], géneral; ~ое достоя́ние públic próperty; ~ое де́ло cómmon task of / for the entíre people [...'pi:-]; ~ национа́льный язы́к cómmon nátional lánguage [...'næ-...].

**обще́ни||е** *с.* íntercourse [-kɔ:s]; ли́чное ~ pérsonal cóntàct; язы́к как сре́дство ~я lánguage as a means of íntercourse.

**общеобразова́тельн||ый** of géneral èducátion; ~ая шко́ла school províding géneral èducátion.

**общеобяза́тельный** compúlsory for all, òbligatory.

**общеполити́ческий** géneral polítical.

**общепоня́тный** pópular, còmprehénsible to all.

**общепри́знанный** ùnivérsally récognìzed.

**общепри́нятый** génerally accépted / used / adópted; convéntional.

**общераспространённый** in géneral use [...-s], génerally used; (*о мнении и т. п.*) wide:ly cúrrent.

**общеросси́йский** Àll-Rússian [-ʃən].

**общесою́зн||ый** Àll-Únion (*attr.*); ~ые министе́рства Àll-Únion Mínistries; ~ого значе́ния of Àll-Únion impórtance, of cóuntry-wide impórtance [...'kʌ-...].

**обще́ственник** *м.* públic-spírited pérson ['pʌ-...].

**обще́ственно-полити́ческий** sócial and polítical.

**обще́ственность** *ж. собир.* commúnity; públic ['pʌ-]; (*общественное мнение*) públic opínion; широ́кая ~ the géneral / broad públic [...brɔ:d...].

**обще́ственно-экономи́ческ||ий** sócial-èconómic [-i:k-]; ~ая форма́ция sócial-èconómic fòrmátion; ~ строй sócial-èconómic strúcture.

**обще́ственн||ый 1.** públic ['pʌ-], sócial; ~ строй sócial sýstem; ~ые нау́ки sócial sciences; ~ая со́бственность públic / sócial próperty; ~ые зда́ния públic búildings [...'bɪl-]; ~ое бытие́ sócial bé:ing; ~ое созна́ние sócial cónscious:ness [...-nʃəs-]; ~ долг (one's) dúty to society, *или* to the commúnity; ~ые обя́занности sócial òbligátions; ~ая жизнь públic life; принима́ть акти́вное уча́стие в ~ой жи́зни take* an áctive part in públic àctívities; ~ая де́ятельность públic àctívities *pl.*; ~ые организа́ции públic òrganìzátions [...-naɪ-]; ~ обвини́тель públic prósecùtor; ~ое мне́ние públic opínion; ~ая рабо́та públic / sócial work; ~ое порица́ние públic cénsure; ~ое пита́ние públic cáter:ing; предприя́тия ~ого пита́ния (públic) cáter:ing estáblishments; ~ое положе́ние sócial stánding; **2.**: ~ое животново́дство cómmon ánimal húsbandry [...-z-]; ~ое поголо́вье скота́ cómmonly-ówned cattle / líve-stòck [-ound...].

**о́бществ||о** *с.* **1.** (*в разн. знач.*) society; первобы́тное ~ prímitive society; бескла́ссовое ~ clássless society; коммунисти́ческое ~ cómmunist society; О́бщество Кра́сного Креста́ и Кра́сного Полуме́сяца Red Cross and Red Créscent Society; О́бщество друзе́й Сове́тского Сою́за Society of Friends of the Sóvièt Únion [...frendz...]; О́бщество а́нгло-сове́тской дру́жбы Brítish-Sóvièt Fríendship Society [...'frend-...]; в ~е кого́-л. in smb.'s society / cómpany [...'kʌ-]; быва́ть в ~е go* out; **2.** *эк.* cómpany; акционе́рное ~ jóint-stòck cómpany.

**обществове́д||ение** *с.* sócial science. **~ческий** *прил. к* обществове́дение.

**общеупотреби́тельный** cúrrent; in géneral use [...-s].

**общеустано́вленный** génerally estáblished.

**общечелове́ческий** cómmon to all mànkínd; (*обычный*) órdinary, géneral.

**о́бщ||ий** (*не частный*) géneral; (*не личный*) cómmon; (*суммарный*) ággregate, tótal; ~ее собра́ние géneral méeting; ~ее согла́сие cómmon consént; ~ враг cómmon énemy; ~ее возмуще́ние géneral indignátion; ~ее де́ло cómmon cause; э́то на́ше ~ее де́ло it is a mátter of cómmon concérn; ~ее бла́го cómmon / géneral weal; cómmon good; ~ая жила́я пло́щадь ággregate floor space [...flɔ:...]; ~ результа́т (*в состязании и т. п.*) óver:àll shówing [...'ʃou-]; ~ знако́мый mútual acquáintance; ~ими си́лами with joint fórces; by jóining hands; ~ими уси́лиями by a joint éffort; (*рд.*) by *the* joint éffort (of); в ~их черта́х in géneral óutline; обсуди́ть в ~их черта́х discúss in broad terms [...brɔ:d...]; име́ть одну́ ~ую черту́ have one trait in cómmon; ~ая су́мма sum tótal; ~ая су́мма капиталовложе́-

ний ággregate invéstments *pl.*; ~ая сýмма дохóдов (крестья́н *и т. п.*) ággregate in¦come (of péasants, *etc.*) [...'pez-]; ~ая посевна́я плóщадь tótal / óver¦àll crop área [...'ɛərɪə]; ~ наибóльший делúтель *мат.* the gréatest cómmon méasure [...'greɪ-... 'meʒə] (*сокр.* G.C.M.); ~ее наимéньшее крáтное *мат.* the least cómmon múltiple (*сокр.* L.C.M.); в ~ей слóжности in sum, in all; àltogéther [ɔːltə'ge-]; к ~ему удивлéнию to évery¦òne's surprise; не имéть ничегó ~его (с *тв.*; *об отношениях*) have nothing in cómmon (with); have nothing to do (with); (*о сходстве*) bear* no resémblance to one another [bɛə... -'z-...]; под ~им наркóзом únder a géneral ànaesthésia [...-zɪə]; ◇ ~ее мéсто cómmonplàce; (*банальность*) plátitùde; найтú ~ язы́к find* a cómmon lánguage; в ~ем all in all; on the whole [...houl]; в ~ем вы́шло óчень глýпо all in all, it turned out very stúpidly; в ~ем я егó рабóтой довóлен on the whole I am sátisfied with his work; в ~ем и цéлом by and large.

**óбщи́на** *ж.* commúnity, cómmùne.

**óбщи́нн||ый** cómmunal; ~ая земля́ cómmon (land).

**общипа́ть** *сов. см.* общи́пывать.

**общи́пывать,** общипа́ть (*вн.*) pluck (*d.*).

**общи́тельный** sóciable; (*весёлый*) convívial, jóvial; ~ харáктер sóciable / ámiable dìsposítion [...-'zɪ-]; ~ человéк a good mixer.

**óбщность** *ж.* commúnity; ~ владéния commúnity of goods [...gudz], commúnity of ównership [...'ou-]; ~ интерéсов commúnity of ínterests.

**объеда́ть,** объéсть 1. (*вн.*) eat* / gnaw round (*d.*); 2. (когó-л.) *разг.* be a búrden (to smb.); eat* smb. out of house and home [...-s...]. **~ся,** объéсться *разг.* óver¦éat* (òne¦sélf), óver¦féed*.

**объедéние** *с.*: э́то ~ *разг.* this is delícious.

**объединéние** *с.* 1. (*действие*) ùnificátion; (*учреждений, организаций*) amàlgamátion, jóining up; 2. (*союз*) únion, society; 3. *воен.*: оперативное ~ stratégical fòrmátion / únit.

**объединённ||ый** *прич. и прил.* ùnited; (*об организациях и т. п.*) amálgamàted; Организáция Объединённых Нáций, ООН Ùnited Nátions Òrganizátion, UNO [...-naɪ-...]; ~ое комáндование joint / únified commánd [...-ɑːnd]; ~ профсою́з amálgamàted únion; Объединённый инститýт я́дерных исслéдований Joint Ínstitùte for Núclear Reséarch [...-'sɜːtʃ].

**объедин||и́тельный** únifỳing, ùniting. **~и́ть (-ся)** *сов. см.* объединя́ть(ся).

**объединя́ть,** объединúть (*вн.*) ùnite (*d.*); (*о территориях, предприятиях*) consólidàte (*d.*), amálgamàte (*d.*); ~ ресýрсы pool resóurces [...-'sɔːs-]; ~ усúлия combíne éfforts. **~ся,** объединúться 1. (с *тв.*) ùnite (with); join hands (with) *разг.*; 2. *страд. к* объединя́ть.

**объéдки** *мн.* léavings.

**объéзд** *м.* 1. (*действие*) riding round, gó¦ing round; 2. (*место*) detóur [-'tuə], círcuit [-kɪt].

**объéздить** I, II *сов. см.* объезжáть I 1, II.

**объéздка** *ж.* (*лошадей*) bréaking in (hórses) ['breɪk-...].

**объéздчик** I [-éщик] *м.* móunted kéeper / wárden.

**объéздчик** II [-éщик] *м.* (*лошадей*) bréaker ['breɪ-], hórse-trainer.

**объезжáть** I [-ежьжя́-], объéздить, объéхать 1. (*вн.*) trável óver [-æv-...] (*d.*); объéхать всю странý trável all óver the cóuntry [...'kʌ-]; 2. *при сов.* объéхать (*вн.*; вокрýг, мúмо) go* (round); объéхать болóто make* a detóur round the marsh [...-'tuə...]; ~ войскá ride aróund the troops; inspéct the troops.

**объезжáть** II [-ежьжя́-], объéздить (*вн.*; *лошадей*) break* in [-eɪk...] (*d.*).

**объéкт** *м.* 1. óbject; 2. (*промышленный, строительный и т. п.*) únit; 3. *воен.* òbjéctive.

**объектúв** *м.* *опт.* óbject-glàss, òbjéctive.

**объектив||áция** *ж.*, **~изáция** *ж.* *филос.* òbjèctificátion. **~úзм** *м.* òbjéctivism.

**объектúвн||ость** *ж.* òbjèctívity. **~ый** 1. òbjéctive; ~ая úстина òbjéctive truth [...truːθ]; ~ые причúны, услóвия òbjéctive réasons, conditions [...-z°nz...]; 2. (*беспристрастный*) únbíassed; ~ое отношéние únbíassed áttitùde.

**объéктный:** ~ падéж *грам.* objéctive case [...-s].

**объём** *м.* vólume; (*величина*) size; (*перен.*) extént; óбщий ~ продýкции tótal vólume of óutpùt [...-put]; ~ рабóт vólume of work. **~истый** *разг.* volúminous, búlky. **~ный** by vólume; vòlumétrical *научн.*; ~ный анáлиз *хим.* vòlumétrical análysis; ~ное кинó thrée-dìménsional film; cìnerá́ma.

**объéсть(ся)** *сов. см.* объедáть(ся).

**объéхать** *сов. см.* объезжáть I.

**объяв||úть(ся)** *сов. см.* объявля́ть(ся). **~лéние** *с.* 1. (*действие*) dèclarátion; ~лéние благодáрности annóunce¦ment of thanks; ~лéние войны́ dèclarátion of war; 2. (*извещение*) annóunce¦ment; (*вывеска*) nótice ['nou-]; (*в периодич. издании*) advértise¦ment; давáть, помещáть ~лéние put* up an advértise¦ment, ádvertise in the press; вы́весить ~лéние put* up, *или* post up, *а* nótice [...pou-...].

**объявля́||ть,** объявúть (*вн.*) declare (*d.*), annóunce (*d.*); (*опубликовывать*) públish ['pʌ-] (*d.*); ~ войнý (*дт.*) declare war (on); ~ осáдное положéние declare / procláim a state of siege [...siːdʒ]; ~ благодáрность (*дт.*) expréss one's apprèciátion [...-ʃɪ-] (to), thank officially (*d.*). **~ться,** объявúться 1. declare / annóunce òne¦sélf to be; 2. *разг.* (*появляться*) turn up; 3. *безл.*: ~ется, что it is annóunced / procláimed that; 4. *страд. к* объявля́ть.

**объясн||éние** *с.* 1. èxplanátion; дать ~ (*дт.*) give* an èxplanátion (to), expláin (to); 2. (*причина, источник*) èxplanátion; cause; найтú ~ дáнного явлéния find* the èxplanátion / cause of the mátter; 3. (*разговор*) talk; èxplanátion; у них произошлó ~ they had it out; ~ в любвú dèclarátion of love [...lʌv]. **~úмый** éxplicable, expláinable. **~úтельный** explánatory. **~úть** *сов. см.* объясня́ть. **~úться** *сов. см.* объясня́ться 1, 3, 4.

**объясня́ть,** объяснúть (*вн. дт.*) expláin (*d.* to); (*растолковывать*) éxplicàte (*d.* to); он не мог объяснúть себé э́того he could not ùnderstánd it. **~ся,** объяснúться 1. expláin (òne¦sélf); 2. *тк. несов.* (*тв.*; *корениться, иметь причиной*) be expláined (by); be accóunted for (by); э́тим объясня́ется егó поведéние this accóunts for his beháviour; **3.** (с *тв.*; *переговорить*) have a talk (with); (*выяснять недоразумение*) have it out (with); ~ся в любвй комý-л. make* smb. a dèclarátion of love [...lʌv]; **4.** (*разговаривать*) speak*; ~ся на инострáнном языкé speak* a fóreign lánguage [...'fɔrɪn...]; make* òne:sélf ùnderstóod in a fóreign lánguage [...-'stud...]; ~ся с кем-л. знáками convérse with smb. by signs [...saɪnz]; **5.** *страд.* *к* объяснять.

**объя́ти||е** *с.* embráce; arms *pl.*; брóситься комý-л. в ~я throw* òne:sélf, *или* fall*, into smb.'s arms [-ou...]; заключи́ть когó-л. в ~я fold smb. in one's arms, embráce smb.; ◇ с распростёртыми ~ями with ópen arms.

**объя́||ть** *сов.* (*вн.*) **1.** (*охватить*) fill (*d.*), come* (óver), envélop [-'ve-] (*d.*); ~тый тоскóй, грýстью filled with ánguish, mélancholy [...-k-]; ~тый плáменем envéloped in flames; ýжас ~л егó he was filled with térror, he was térror-stricken; **2.** (*понять, представить*) còmprehénd (*d.*), grasp (*d.*).

**обывáтель** *м.* **1.** the man* in the street; (*мещанин*) Phílistine; **2.** *уст.* (*постоянный житель*) résident [-z-], inhábitant. **~ница** *ж.* **1.** Phílistine; **2.** *ж.* *к* обывáтель 2. **~ский** *прил.* *к* обывáтель; ~ские взгля́ды nárrow views [...vju:z]; ~ские настроéния nárrow / Phílistine áttitudes / téndencies. **~щина** *ж.* Phílistinism.

**обыгрáть** *сов.* *см.* обы́грывать.

**обы́грывать,** обыгрáть (*вн.*) **1.** beat* (*d.*); он обыгрáл егó на пять рублéй he won five roubles from / of him [...wʌn... ru:blz...]; **2.** *разг.* (*использовать*) use with (good) effect (*d.*), play up (*d.*).

**обы́денный** órdinary, cómmonplàce.

**обыдёнщина** *ж.* prósiness [-ouz-], cómmonness.

**обыкновéн||ие** *с.* hábit; имéть ~ дéлать что-л. be in the hábit of doing smth.; по ~ию as úsual [...'ju:ʒ-]; прóтив ~ия cóntrary to one's hábit; э́то прóтив егó ~ия it is ùn:úsual for him [...-'ju:ʒ-...]. **~но** *нареч.* úsually ['ju:ʒ-]; (*как правило*) as a rule. **~ный** úsual ['ju:ʒ-], órdinary; (*банальный*) cómmonplàce; ~ная истóрия cómmon tale, órdinary occúrrence; бóльше ~ного more than úsual.

**óбыск** *м.* search [sə:tʃ], pèrquisítion [-'zɪ-]; производи́ть, дéлать ~ (в, на *пр.*) search (*d.*). **~áть** *сов.* *см.* обы́скивать.

**обыскáться** *сов.* (*рд.*) *разг.* search / look in vain [sə:tʃ...] (for).

**обы́скивать,** обыскáть (*вн.*; *производить обыск*) search [sə:tʃ] (*d.*); (*о помещении тж.*) condúct a search (at).

**обы́ч||ай** *м.* cústom; *юр.* úsance [-z-], úsage [-z-]; по ~аю accórding to cústom; э́то в ~ае (у) it is the cústom (with); э́то здесь в ~ае it is the cústom here. **~но** *нареч.* úsually ['ju:ʒ-]; génerally, cómmonly; (*как правило*) as a rule. **~ный** úsual ['ju:ʒ-], órdinary; ~ное явлéние a úsual thing; э́то ~ное явлéние that is in the úsual run of things; в ~ное врéмя, в ~ный час at the úsual time, at the úsual hour [...auə]; ~ное прáво *юр.* cómmon law, cústomary law.

**обюрократи́ться** *сов.* *разг.* become* a búreaucràt [...-rou-].

**обя́занн||ость** *ж.* dúty, respònsibílity; лежáть на ~ости когó-л. be smb.'s dúty / respònsibílity; по ~ости accórding to dúty, in the way of dúty, as in dúty bound; считáть своéй ~остью consíder it one's dúty [-'sɪ-...]; исполня́ть свои́ ~ости atténd to one's dúties; исполня́ть, нести́ чьи-л. ~ости (*по службе*) act as smb.; исполня́ющий ~ости ácting; вменя́ть что-л. в ~ комý-л. make* it smb.'s dúty to do smth., impóse up:ón smb. the dúty of doing smth.; всеóбщая вóинская ~ géneral mílitary sérvice. **~ый 1.** oblíged; быть ~ым что-л. сдéлать be oblíged / bound to do smth.; вы обя́заны яви́ться сюдá в 9 ч. утрá you must come here at 9 a. m. [...'eɪ 'em], it is your dúty, *или* you have, to come here at 9 a. m.; *воен.* you are to repórt here at 9 a. m.; **2.:** быть ~ым комý-л. be indébted to smb. [...-'det-...]; be únder òbligátion to smb.; чýвствовать себя́ ~ым (*дт.*) feel* òbligátion (toward); он вам обя́зан своéй жи́знью he owes you his life [...ouz...]; он вам óчень обя́зан he is much oblíged to you; он вам э́тим обя́зан he has you to thank for it.

**обязáтельно** I **1.** *прил.* *кратк.* *см.* обязáтельный; **2.** *предик.* *безл.* it is òblígatory.

**обязáтельн||о** II *нареч.* without fail; *тж.* *переводится через* be sure + to *inf.* [...ʃuə...]; он ~ придёт he will come without fail; he is sure to come. **~ый 1.** òblígatory; compúlsory; всеóбщее ~ое обучéние ùnivérsal compúlsory èducátion; ~ый учéбный предмéт requíred course / súbject [...kɔ:s...]; ~ое постановлéние compúlsory règulátion; одинáково ~ый для всех équal:ly bínding for all; решéния конферéнции бýдут ~ы для всех её члéнов the decísions of the cónference will be bínding up:ón all its mémbers; ~ые постáвки òblígatory delíveries; **2.** *уст.* (*любезный*) oblíging; ~ый человéк oblíging pérson.

**обязáтельственн||ый:** ~ое прáво *юр.* lìabílity law.

**обязáтельств||о** *с.* **1.** òbligátion, en:gáge:ment; commítment; долговóе ~ prómissory note; взаи́мные ~а (*по договору и т. п.*) mútual commítments; вы́полнить ~а meet* one's en:gáge:ments / commítments; cárry out one's òbligátions; брать на себя́ ~ ùndertáke* an en:gáge:ment; (*в соцсоревновании*) make* plédges; взять на себя́ ~ сдéлать что-л. pledge / commít òne:sélf to do smth., take* up:ón òne:sélf to do smth.; bind* òne:sélf to do smth.; **2.** *мн.* (*заёмные документы*) lìabílities.

**обязáть** *сов.* *см.* обя́зывать 2, 3. **~ся** *сов.* *см.* обя́зываться 1.

**обя́зывать,** обязáть (*вн.*) **1.** *тк.* *несов.* bind* (*d.*); make* it in:cúmbent (up:ón); э́то меня́ ни к чемý не обя́зывает this does not commít me to ány:thing; он не сказáл ничегó, что обя́зывало бы егó he gave a nón-commíttal ánswer [...'ɑ:nsə]; э́то ко мнóгому обя́зывает it impóses a high respònsibílity; **2.** (*принуждать*) oblíge (*d.*); егó обязáли яви́ться в дéсять часóв they oblíged him to repórt at ten; **3.** (*сделать одолжение*) oblíge (*d.*); вы меня́ э́тим óчень обя́жете you will oblíge me gréatly [...'greɪ-], you will do me a great fávour [...greɪt...]. **~ся,** обязáться **1.** (*брать обяза-*

*тельство*) pledge / commít òne¦sélf; **2.** *тк. несов.*(*дт.*; *становиться обязанным кому-л.*) be únder an òbligátion (to); **3.** *страд. к* обязывать.

**обя́зывающий 1.** *прич. см.* обя́зывать; **2.** *прил.*: ни к чему́ не ~ nón-commíttal.

**ова́л** *м.* óval.

**ова́льный** óval.

**овариотоми́я** *ж. мед.* òvàriótomy [ou-].

**ова́ц||ия** *ж.* ovátion; он был встре́чен бу́рной ~ией he recéived, *или* was met with, a great ovátion [...-'si:vd...greit...].

**овдове́||вший, ~лый** wídowed ['wi-].

**овдове́ть** *сов.* (*о женщине*) become* a wídow [...'wi-]; (*о мужчине*) become* a wídower.

**овева́ть,** ове́ять (*вн. тв.*) fan (*d.*); ◇ ове́янный сла́вой cóvered with glóry ['kʌ-...].

**овёс** *м.* oats *pl.*

**ове́ч||ий** *прил. к* овца́; ◇ волк в ~ьей шку́ре a wolf in sheep's clóthing [...wu-...'klou-]. **~ка** *ж. уменьш. от* овца́; (*перен.*) hármless créature.

**ове́ять** *сов. см.* овева́ть.

**ови́н** *м. с.-х.* barn (for stóring crops).

**овла||дева́ть,** овладе́ть (*тв.*) **1.** seize [si:z] (*d.*); (*захватывать*) take* posséssion / hold [...'ze-...] (of); им ~де́л у́жас he was seized with hórror; ~ собо́й regáin one's sélf-contról / compósure [...-oul -'pou-], get* contról of òne¦sélf [...-oul...]; стара́ться ~де́ть собо́й fight* for contról; **2.** (*усваивать*) máster (*d.*); (*наукой, предметом*) become* profícient (in); ~ те́хникой máster machínery [...-'ʃi:-], máster téchnical méthods. **~де́ние** *с.* **1.** (*захват*) séizure ['si:ʒə]; **2.** (*усвоение*) mástery, mástering; ~де́ние те́хникой mástering the techníque [...-i:k].

**овладе́ть** *сов. см.* овладева́ть.

**о́вод** *м.* gádflỳ.

**овощево́д** *м.* végetable-grower [-grouə]. **~ство** *с.* végetable-growing [-grou-].

**овощево́дческ||ий** végetable-growing [-grou-] (*attr.*), végetable-raising (*attr.*); ~ая брига́да végetable-raising brigáde.

**овощеперераба́тывающ||ий:** ~ая промы́шленность végetable preserving índustry [...-'zə:v-...].

**овощесуши́льный:** ~ заво́д végetable-drỳing fáctory.

**овощехрани́лище** *с.* végetable stóre-house* [...-s].

**о́вощ||и** *мн.* (*ед.* о́вощ *м.*) végetables; ◇ вся́кому ~у своё вре́мя *посл.*≅there is a time for évery¦thing, évery¦thing in good séason [...-z-]. **~но́й** végetable; ~но́й магази́н gréen¦gròcery [-grou-].

**овра́г** *м.* ravíne [-i:n].

**овра́жистый** ravíned [-i:nd]; cut with ravínes [...-i:nz].

**овся́нка** I *ж.* **1.** (*крупа*) óatmeal; **2.** (*каша*) óatmeal pórridge.

**овся́нка** II *ж.* (*птица*) (yéllow) búnting.

**овсяно́й, овся́ный** *прил. к* овёс *и* овся́нка I; *тж.* oat (*attr.*); овся́ная крупа́ óatmeal.

**овуля́ция** *ж. биол.* òvulátion.

**овца́** *ж.* sheep*.

**овцебы́к** *м. зоол.* músk-òx*.

**овцево́д** *м.* shéep-breeder. **~ство** *с.* shéep-breeding. **~ческий** shéep(-bréeding) (*attr.*); ~ческий совхо́з State shéep-fàrm; ~ческая фе́рма shéep-fàrm.

**овцема́тка** *ж.* ewe.

**овча́р||ка** *ж.* shéep-dòg. **~ня** *ж.* shéep-fòld.

**овчи́н||а** *ж.* shéepskin. **~ка** *ж. уменьш. от* овчи́на; ◇ ~ка вы́делки не сто́ит *погов.* ≅ the game is not worth the candle; мне не́бо с ~ку показа́лось ≅ I was fríghtened out of my wits. **~ный** *прил. к* овчи́на; ~ный тулу́п shéepskin coat.

**ога́рок** *м.* cándle-ènd.

**огиба́ть,** обогну́ть (*вн.*) round (*d.*); skirt (*d.*); *мор.* double [dʌ-] (*d.*).

**оглавле́ние** *с.* table of contents; conténts *pl.*

**огласи́ть(ся)** *сов. см.* оглаша́ть(ся).

**огла́с||ка** *ж.* pùblícity [pʌ-]; преда́ть ~ке (*вн.*) make* públic / known [...'pʌ- noun] (*d.*); получи́ть ~ку be given pùblícity, become* known, be made known; избега́ть ~ки avóid pùblícity.

**оглаш||а́ть,** огласи́ть (*вн.*) **1.** procláim (*d.*); (*объявлять*) annóunce (*d.*); ~ резолю́цию annóunce *a* rèsolútion [...-zə-]; **2.** *уст.* (*предавать огласке*) make* públic [...'pʌ-] (*d.*); **3.** (*наполнять звуками*) fill (*d.*); пе́ние птиц огласи́ло лес the song of birds filled the fórest [...'fɔ-]. **~а́ться,** огласи́ться **1.** (*тв.*) resóund [-'z-] (with); **2.** *страд. к* оглаша́ть. **~е́ние** *с.* procláiming, pùblicátion [pʌ-]; (*ср.* оглаша́ть); не подлежи́т ~е́нию not to be made públic [...'pʌb-].

**оглаше́нный:** как ~ *разг.* like one posséssed [...'ze-].

**огло́бл||я** *ж.* shaft; ◇ поверну́ть ~и *разг.* ≅ turn back.

**огло́хнуть** *сов. см.* гло́хнуть I.

**оглуш||а́ть,** оглуши́ть (*вн.*) déafen ['def-] (*d.*); (*ударом*; *тж. перен.*) stun (*d.*). **~и́тельный** déafening ['def-]. **~и́ть** *сов. см.* оглуша́ть *и* глуши́ть 1.

**огляде́ть** *сов. см.* огля́дывать. **~ся** *сов. см.* огля́дываться 2.

**огля́дк||а** *ж. разг.* **1.** lóoking back; бежа́ть без ~и run* without túrning one's head [...hed]; show* a clean pair of heels [ʃou...] *идиом.*; **2.** (*осторожность*) care, cáution; де́йствовать с ~ой be very cáre¦ful.

**огля́дывать,** огляде́ть, огляну́ть (*вн.*) exámine (*d.*), look óver (*d.*); огляде́ть с головы́ до ног exámine from top to toe (*d.*). **~ся,** огляде́ться, огляну́ться **1.** *при сов.* огляну́ться turn (back) to look at smth., glance back / behínd; **2.** *при сов.* огляде́ться look round; *тк. сов.* (*привыкнуть*) get* used / accústomed to things aróund one [...ju:st...]; ◇ не успе́л огляну́ться, как ≅ befóre he could say "knife".

**огляну́ть** *сов. см.* огля́дывать. **~ся** *сов. см.* огля́дываться 1.

**огнев||о́й 1.** *прил. к* ого́нь; **2.** *воен.*: ~а́я заве́са cúrtain of fire, cúrtain-fire; ~а́я то́чка wéapon emplácе¦ment ['wep-...].

**огнеды́шащ||ий** *уст.* fíre-spitting; ~ая гора́ volcánò.

**огнемёт** *м. воен.* fláme-thrower [-θrouə].

**о́гненный** fíery.

**огнеопа́сный** inflámmable.

**огнепокло́нни||к** *м.*, ~ца *ж.* fíre-wòrshipper. **~ческий** *прил. к* огнепокло́нник. **~чество** *с.* fíre-wòrship.

**огнесто́йк||ий** fíre¦proof, fíre-resisting [-'zɪ-]. **~ость** *ж.* fire resistance [...-'zɪ-].

**огнестре́льн||ый:** ~ое ору́жие fíre-àrm(s) (*pl.*); ~ая ра́на búllet wound ['bu- wu:-].

**огнетуши́тель** *м.* fíre-extìnguisher.

**огнеупо́рн||ый** *тех.* fíre¦proof, refráctory; ~ кирпи́ч fíre-brìck; ~ая гли́на fíre-clay.

**огни́во** *с.* steel (*formerly used for kindling fire*).

**ого́** *межд.* ohó!

**огова́ривать,** оговори́ть (*вн.*) **1.** (*заранее устанавливать*) stípulàte (for); make* a rèservátion [...-z-] (for); spécifỳ (*d.*); оговори́ть что-л. где-л. méntion smth. sóme¦whère; а́втор оговори́л э́то в предисло́вии the áuthor has méntioned it in the préface; **2.** *разг.* (*наговаривать на кого-л.*) slánder [-ɑ:n-] (*d.*). **~ся,** оговори́ться **1.** (*в речи*) (make* a) slip in spéaking; **2.** (*объяснять наперёд*) make* a rèservátion [...-z-]; **3.** *страд. к* огова́ривать.

**огово́р** *м.* slánder [-ɑ:n-].

**оговори́ть(ся)** *сов. см.* огова́ривать(ся).

**огово́р||ка** *ж.* **1.** (*условие*) rèservátion [-z-], stìpulátion; с ~кой with resérve [...-'z-]; без ~ок without resérve; **2.** (*обмолвка*) slip of the tongue [...tʌŋ].

**огол||е́ние** *с.* núdity, dènudátion. **~ённый 1.** *прич. см.* оголя́ть; **2.** *прил.* nude, náked. **~и́ть(ся)** *сов. см.* оголя́ть(ся).

**оголте́лый** *разг.* fràntic, sháme¦less.

**оголя́ть,** оголи́ть (*вн.*) bare (*d.*); (*лишать покрова*) strip (*d.*); ~ фланг *воен.* expóse *the* flank. **~ся,** оголи́ться **1.** strip (òne¦sélf); дере́вья оголи́лись the trees are bare / léafless; **2.** *страд. к* оголя́ть.

**огонёк** *м.* (small) light; блужда́ющий ~ will-o'-the-wìsp; ígnis fátuus *научн.*; ◇ рабо́тать с огонько́м put* vim into one's work.

**ого́нь** *м.* **1.** *тк. ед.* fire; **2.** *тк. ед. воен.*: загради́тельный ~ defénsive fire; за́лповый ~ vólley fire; перекрёстный ~ cróss-fìre; си́льный ~ héavy fire ['hevɪ...]; **3.** (*светящаяся точка, фонарь*) light; огни́ поту́шены the lights are out; опознава́тельный ~ call sign [...saɪn]; сигна́льный ~ sígnal light; огни́ корабле́й на ходу́ stéaming lights; ◇ его́ глаза́ горя́т огнём his eyes are búrning [...aɪz...]; говори́ть с огнём speak* with férvour; огнём и мечо́м with fire and sword [...sɔ:d]; из огня́ да в по́лымя *погов.* ≅ out of the frýing-pàn into the fire; пройти́ ~ и во́ду *разг.* go* through fire and wáter [...'wɔ:-], go* through thick and thin; (очути́ться) ме́жду двух огне́й (be) betwéen two fires; ≅ betwéen the dévil and the deep blue sea; боя́ться как огня́ fear like death [...deθ].

**огора́живание** *с.* en¦clósure [-'klou-], en¦clósing, féncing in.

**огора́живать,** огороди́ть (*вн.*) fence in (*d.*), en¦clóse (*d.*). **~ся,** огороди́ться **1.** fence òne¦sélf in; **2.** *страд. к* огора́живать.

**огоро́д** *м.* kítchen-gàrden; ◇ ка́мешек в чей-л. ~ a dig at smb.

**огороди́ть(ся)** *сов. см.* огора́живать(ся).

**огоро́дн||ик** *м.*, **~ица** *ж.* márket-gàrdener; truck fármer *амер.*

**огоро́дн||ичать** *разг.* do márket-gàrdening. **~ичество** *с.* márket-gàrdening; truck fárming *амер.* **~ый** *прил. к* огоро́д; ~ое хозя́йство végetable gárden; truck farm *амер.*; ~ые культу́ры végetable crops.

**огоро́ш||ить** *сов.* (*вн.*) *разг.* take* abáck (*d.*), disconcért (*d.*); его́, их *и т. д.* э́то ~ило he was, they were, *etc.*, disconcérted, he was, they were, *etc.*, táken abáck.

**огорч||а́ть,** огорчи́ть (*вн.*) pain (*d.*), grieve [gri:v] (*d.*). **~а́ться,** огорчи́ться be pained, grieve [gri:v]; не ~а́йтесь! cheer up! **~е́ние** *с.* grief [gri:f], chàgrin [ʃæ'gri:n]; быть в ~е́нии be grieved [...gri:vd], be in distréss. **~и́тельный** grievous [-i:v-], distréssing.

**огорчи́ть(ся)** *сов. см.* огорча́ть(ся).

**огра́б||ить** *сов. см.* гра́бить 1. **~ле́ние** *с.* róbbery; (*со взломом*) búrglary.

**огра́да** *ж.* fence.

**оградить(ся)** *сов. см.* огражда́ть(ся).

**огражд||а́ть,** огради́ть (*вн.* от) guard (*d.* from, agáinst), protéct (*d.* agáinst). **~а́ться,** огради́ться (от) defénd òne¦sélf (agáinst), guard òne¦sélf (from, agáinst). **~е́ние** *с.* bárrier.

**ограниче́ние** *с.* lìmitátion, restríction.

**ограни́ченн||ость** *ж.* **1.** (*о средствах и т. п.*) scántiness; **2.** (*о человеке, интересах*) nárrow-mínded¦ness. **~ый 1.** (*о средствах и т. п.*) límited, scánty; **2.** (*о человеке*) nárrow(-mínded), híde¦bound.

**ограни́ч||ивать,** ограни́чить (*вн. тв.*) límit (*d.* to), restríct (*d.* in); ~ себя́ во всём stint òne¦sélf in évery¦thing; ~ ора́тора вре́менем set* *the* spéaker a tíme-lìmit. **~иваться,** ограни́читься **1.** (*тв.*) límit òne¦sélf (to); confíne òne¦sélf (to); **2.** *страд. к* ограни́чивать. **~и́тельный** restríctive, límiting. **~ить(ся)** *сов. см.* ограни́чивать(ся).

**огре́ть** *сов.* (*вн.*) *разг.* deal* a blow [...-ou] (*i.*).

**огре́х** *м.* blémish, flaw.

**огро́мн||ый** enórmous, huge; (*широкий*) vast; ~ое жела́ние great wish [-eɪt...]; ~ые возмо́жности vast pòssibílities; ~ое большинство́ vast majórity.

**огрубе́||лый** coarse, hárdened. **~ть** *сов. см.* грубе́ть.

**огрыза́ться,** огрызну́ться (на *вн.*) *разг.* snap (at).

**огрызну́ться** *сов. см.* огрыза́ться.

**огры́зок** *м.* *разг.* bit, end; ~ я́блока core (of *an* apple); ~ карандаша́ péncil stump / stub.

**огу́зок** *м.* rump.

**огу́лом** *нареч.* *разг.* péll-méll, in a heap.

**огу́льн||о** *нареч.* without grounds / proof. **~ый** gróundless, únfóunded; (*без разбора*) ìndiscríminate, swéeping; blánket (*attr.*) *амер.* *разг.*; ~ое обвине́ние únfóunded àccusátion [...-'z-].

**огуре́||ц** *м.* cúcumber. **~чный** *прил. к* огуре́ц; ~чная трава́ *бот.* bórage.

**о́да** *ж.* *лит.* ode.

**ода́лживать** *разг.* = одолжа́ть.

**одали́ска** *ж.* ódalisque ['ou-].

**одарённ||ость** *ж.* endówments *pl.*, (nátural) gifts [...g-] *pl.* **~ый** gífted ['g-]; ~ый ребёнок gífted / excéptional child*.

**ода́ривать** = одаря́ть 1.

**одари́ть** *сов. см.* одаря́ть.

**одар||я́ть,** одари́ть **1.** (*вн.*) give* présents [...-ez-] (*i.*); ~ кого́-л. чем-л. presént smb. with smth. [-'z-...]; **2.** (*вн. тв.*; *наделять*) endów (*d.* with); прирóда ~ила егó прекрáсными способностями náture has endówed him with outstánding abílities ['neɪ-...].

**одевáть,** одéть (*вн.*) **1.** dress (*d.*), clothe [-ouð] (*d.*); **2.** (*покрывать*) cóver ['kʌ-] (*d.*); одéтый снéгом snów-clàd ['snou-]. **~ся,** одéться **1.** dress (òne¦sélf); хорошó ~ся dress well*; ~ся во что-л. put* smth. on; дерéвья одéлись листвóй the trees are clothed in leaves [...klou-...]; **2.** *страд. к* одевáть.

**одéжда** *ж.* **1.** clothes [-ouðz] *pl.*; gárments *pl.*; вéрхняя ~ stréet-clòthes [-ouðz] *pl.*; произвóдственная ~ óver¦àlls *pl.*; фóрменная ~ úniform; **2.** *тех.* (*поверхности*) revétment.

**одёжк||а** *ж. уменьш. от* одéжда; по ~е протягивай нóжки *посл.* ≅ cut one's coat accórding to the cloth.

**одеколóн** *м.* Éau-de-Cológne ['oudəkə'loun]; тройнóй ~ tóilet Éau-de-Cológne; цветóчный ~ flówer-scénted Éau-de-Cológne.

**оделить** *сов. см.* оделять.

**оделять,** оделить (*вн. тв.*) presént [-'z-] (*d.* with); (*перен.*) endów (*d.* with).

**одёргивать,** одёрнуть (*вн.*) **1.** (*приводить в порядок платье и т. п.*) put* in órder (*d.*); **2.** *разг.* (*призывать к порядку*) rebúff (*d.*), check (*d.*), snub (*d.*).

**одеревенéлый** numb; (*перен.*) àpathétic.

**одеревенéть** *сов. см.* деревенéть.

**одержáть** *сов. см.* одéрживать.

**одéрживать,** одержáть (*вн.*) gain (*d.*); ~ верх над кем-л. gain the úpper hand óver smb., preváil óver smb.; ~ побéду gain the víctory, cárry the day; ~ побéду (над) gain / win* a víctory (óver).

**одержимый** **1.** *прил.* (*тв.*) posséssed / obséssed [-'ze-...] (by); ~ стрáхом ridden by fears; **2.** *м. как сущ.* one possèssed.

**одёрнуть** *сов. см.* одёргивать.

**одéтый** **1.** *прич. см.* одевáть; **2.** *прил.* with one's clothes on [...klouðz...]; fúlly dressed ['fu-...].

**одéть(ся)** *сов. см.* одевáть(ся).

**одеяло** *с.* (*шерстяное*) blánket; (*стёганое*) quilt; (*покрывало*) cóunterpàne.

**одеяние** *с.* gárment, attíre.

**один** *числит. и мест.* **1.** (*в отличие от нескольких, многих, других и т. п.*) one *тк. sg.*; one pair (of; *при сущ. во мн. ч.*); *мн.* (*при противопоставлении одной группы другой*) some: ~ или два, ~-два one or two; ~ из ста one in a húndred; ~ из них one of them; ~ здесь, а другóй там one is here and the óther is there; ~ (вслед) за другим one áfter another; (*о двух*) one áfter the other; ~ билéт one tícket; одни сáни one sledge *sg.*; одни щипцы, нóжницы one pair of tongs, of scíssors [...tɔŋz...'sɪzəz] *sg.*; ~ пинцéт one pair of twéezers; одни чулки, однá пáра чулóк one pair of stóckings; одни бýквы были бóльше, чем другие some létters were lárger than óthers; одни согласились с ним, а другие нет some agréed with him and others did not; ни ~ *см.* ни II 1; — по одномý (*отдельно*) one by one; (*в один ряд*) in single file; они приходили по одномý и пó двое they came by ones and twos [...tu:z]; — однó (*без сущ.: обстоятельство, дело и т. п.*) one thing; однó было емý ясно one thing was clear to him; — ~ единственный ónly one; **2.** (*тот же, одинаковый*) the same: они живýт в однóм дóме they live in the same house* [...lɪv...-s]; одногó размéра, вóзраста (с *тв.*) the same size, age (as); это однá компáния (*шайка*) it is the same gang; — ~ и тот же the same; one and the same *тк. sg.*; это однó и то же it is the same thing; емý, для негó это всё однó (*безразлично*) *разг.* it is all one to him; **3.** (*без других*) alóne; by òne¦sélf *indef.*, by mỳ¦sélf *1. pers. sg.*, by hìm¦sélf *3. pers. sg. и т. д.* (*ср.* сам; *об. с оттенком самостоятельности*); (*без помощи тж.*) all by òne¦sélf *indef. и т. д.*; single-hánded; он был совсéм ~ he was quite alóne, *или* quite by hìm¦sélf; он мóжет сдéлать это ~ he can do it (all) by hìm¦sélf, *или* do it alóne; he can do it single-hánded; **4.** (*только*) ónly *adv.*; (*никто другой тж.*) alóne; (*ничего кроме тж.*) nothing but: он рабóтает с однóй молодёжью he works with young people ónly [...jʌŋ pi:-...]; ~ он мóжет сдéлать это he alóne, *или* ónly he, can do it; там былá однá водá there was nothing but, *или* ónly, wáter there [...'wɔ:-...]; он читáет одни нaýчные книги he reads nothing but scientífic books, *или* ónly scientífic books; в однóм тóлько 1955 годý in 1955 alóne; **5.** (*некоторый*) *об. передаётся через неопред. артикль* a, an; *тж.* a cértain (*более подчёркнуто*): емý сказáл об этом ~ человéк a (cértain) man told him abóut it; он встрéтил одногó своегó приятеля he met a friend of his [...frend...]; это случилось в однóй дерéвне на Юге it háppened in a víllage in the South; — однó врéмя (*когда-то*) at one time; time was when; ◇ ~ на ~ (*о разговоре*) in prívate [...'praɪ-], prívate¦ly ['praɪ-]; (*о борьбе*) face to face; все до одногó (человéка) all to a man; все как ~ one and all; (*единодушно*) ùnánimous¦ly; в ~ гóлос with one voice; with one accórd; в ~ миг in a twínkling, in a móment; одним слóвом in a / one word; одним рóсчерком перá with a stroke of the pen; в ~ прекрáсный день one fine day; ~ раз (*однажды*) once [wʌns]; с однóй сторонý... с другóй (стороны) on the one hand... on the other hand; ~ в пóле не вóин *посл.* ≅ the voice of one man is the voice of no one; one cánnòt cónquer alóne [...-kə...].

**одинáков||о** *нареч.* équal¦ly. **~ый** (с *тв.*) idéntical [aɪ-] (with); the same (as); они ~ого рóста they are of the same height [...haɪt]; в ~ой мéре in équal méasure [...'meʒə], équal¦ly.

**одинáрный** single.

**одинё||хонек, ~шенек** *разг.* quite alóne.

**одиннадцати-** (*в сложн. словах, не приведённых особо*) of elèven [...ɪ'le-], *или* elévenen- — *соотв. тому, как даётся перевод второй части слова, напр.* одиннадцатиднéвный of eléven days, eléven-day [ɪ'le-] (*attr.*); (*ср.* -днéвный: of... days, -day (*attr.*); одиннадцатимéстный with berths, seats for 11; (*о самолёте, автомашине и т. п.*) eléven-séater [ɪ'le-] (*attr.*); (*ср.* -мéстный).

**одиннадцатилéтний** **1.** (*о сроке*) of eléven years [...ɪ'le-...]; eléven-year [ɪ'le-] (*attr.*); **2.** (*о возрасте*) eléven-year-óld [ɪ'le-]; ~ мáльчик eléven-year-óld boy, boy of eléven.

**одиннадцатичасово́й 1.** (*о продолжительности*) of eléven hours [...ɪ'le-auəz]; eléven-hour [ɪ'le- -auə] (*attr.*); **2.:** ~ по́езд the eléven o'clóck train; the eléven o'clóck *разг.*

**оди́ннадцат||ый** eléventh [ɪ'le-]; ~ое ма́я, ию́ня *и т. п.* the eléventh of May, June, *etc.*; May, June, *etc.*, the eléventh; страни́ца, глава́ ~ая page, chápter eléven [...ɪ'le-]; ~ но́мер númber eléven; ему́ пошёл ~ год he is in his eléventh year; уже́ ~ час it is past ten; в ~ом часу́ past / áfter ten; полови́на ~ого half past ten [hɑːf...]; три че́тверти ~ого a quárter to eléven; одна́ ~ая one eléventh.

**оди́ннадцать** *числит.* eléven [ɪ'le-].

**одино́||кий 1.** *прил.* sólitary, lóne¦ly; lone *поэт.*; **2.** *прил.* (*бессемейный*) single; ~кие ма́тери single / únmárried móthers [...'mʌ-]; **3.** *м. как сущ.* single man*, báchelor; ко́мната для ~кого single room. **~ко** *нареч.* lóne¦ly; жить ~ко lead* a lóne¦ly life; чу́вствовать себя́ ~ко feel* lóne¦ly.

**одино́честв||о** *с.* sólitùde, lóne¦liness; оста́ться, оказа́ться в ~е find* òne¦sélf ísolàted, *или* in ìsolátion [...'aɪs-...aɪs-].

**одино́чк||а** I *м. и ж.* lone pérson; жить ~ой live alóne [lɪv...]; кустарь-~ hóme¦cràfts¦man* wórking alóne; ◇ де́йствовать в ~у act alóne.

**одино́чка** II *ж. разг.* (*одиночная камера*) sólitary (confíne¦ment) cell, óne-mán cell.

**одино́чн||ый** óne-mán (*attr.*), ìndivídual; ~ое заключе́ние sólitary confíne¦ment; ~ полёт sóló flight; ~ ого́нь *воен.* ìndivídual fire; (*одиночными выстрелами*) single-round fíring.

**одио́зный** offénsive, ódious.

**одича́||вший 1.** *прич. см.* дича́ть; **2.** *прил.* = одича́лый. **~лый** wild. **~ние** *с.* rúnning wild.

**одича́ть** *сов. см.* дича́ть.

**одна́** *ж. к* оди́н.

**одна́жды** *нареч.* once [wʌns], one day; ~ у́тром (ве́чером, но́чью) one mórning (évening, night) [...'iːvn-...].

**одна́ко** (*тж.* ~ ж, ~ же) *вводн. сл. и союз* **1.** (*всё же*) how¦éver *adv.*; though [ðou] (*в конце предложения*); (*но*) but *conj.*; ~ он оши́бся he was mistáken, how¦éver; он был там, ~ их не ви́дел he was there, but did not see them; **2.** *как межд.* you don't say so!

**одни́** *мн. см.* оди́н.

**одно́** *с. к* оди́н.

**одноа́ктн||ый** óne-àct (*attr.*); ~ая пье́са óne-àct play.

**одноа́томный** mònatómic, mònoatómic.

**однобо́к||ий** óne-síded; ~ое сужде́ние óne-síded view [...vjuː].

**однобо́ртный** single-bréasted [-'bres-].

**одновале́нтный** *хим.* univalent.

**одновесе́льный** óne-oared.

**одновре́ме́нн||о** *нареч.* simultáneous¦ly, at the same time. **~ость** *ж.* sìmultanéity [-'nɪə-]. **~ый** sìmultáneous, sýnchronous.

**одногла́з||ка** *ж. зоол.* cýclops. **~ый** óne-éyed [-'aɪd], single-éyed [-'aɪd]; monócular *научн.*

**одногоди́чный** óne-year (*attr.*).

**одного́дки** = однолéтки.

**одноголо́сый** óne-voiced.

**одного́рбый:** ~ верблю́д óne-húmped / Arábian cámel [...'kæ-], drómedary ['drʌ-].

**однодне́вный** óne-day (*attr.*); ~ дом о́тдыха óne-day hóliday home [...-dɪ...]; ~ за́работок dáily wage, day's pay.

**однодо́льный** *бот.* mónocòtylédonous.

**однодо́мный** *бот.* monóecious [-'niːʃ-].

**однозаря́дн||ый** *воен.* single-loading; ~ое ору́жие single-loader.

**однозву́чный** monótonous.

**однозна́чащий** synónymous.

**однозна́чный** I *мат.* simple.

**однозна́чный** II = однозна́чащий.

**одноимённый** of the same name.

**однокали́берный** of the same cálibre.

**однока́шник** *м. разг.* schóol-fèllow.

**одноквarти́рный** óne-flát (*attr.*); сбо́рный ~ дом small pré¦fábricàted house* [...-s].

**однокла́ссн||ик** *м.*, **~ица** *ж.* cláss-màte.

**одноклéточный** *биол.* ùnicéllular, single-cèll (*attr.*).

**одноковшо́вый** óne-búcket (*attr.*), single-búcket (*attr.*); ~ экскава́тор óne-búcket éxcavàtor.

**одноколе́йка** *ж. разг.* single-tràck ráilway.

**одноколе́йный** single-tràck (*attr.*).

**одноко́лка** *ж.* gig [g-].

**одноко́нный** óne-hòrse (*attr.*).

**однокопы́тный** *зоол.* sòlidúngular, sólid-hoofed.

**одноко́рпусный** *мор.* single-hùll (*attr.*).

**однокра́тный:** ~ вид *грам.* mòmentáneous áspèct [mou-...].

**одноку́рсн||ик** *м.*, **~ица** *ж.*: он его́ ~, она́ его́ ~ица they are on the same course, *или* in the same year [...kɔːs...]; быть ~иком с кем-л. be on the same course, *или* in the same year, as smb.

**однолéтки** *мн.* (*ед.* однолéток *м.*) children of the same age; они́ ~ they are of the same age.

**однолéтн||ий** *бот.* ánnual; ~ее растéние ánnual; ~ие тра́вы ánnual grass crops.

**однома́стный** of one cólour [...'kʌ-]; of the same coat.

**однома́чтовый** single-màsted.

**одномéстный** single-séater (*attr.*); ~ самолёт single-séater áircràft / plane.

**одномото́рный** single-éngined [-'endʒ-].

**одноно́гий** óne-légged.

**однообра́з||ие** *с.*, **~ность** *ж.* monótony. **~ный** monótonous.

**однопала́тн||ый** ùnicámeral; ~ая систе́ма single-chámber sýstem [-'tʃeɪ-...]; ~ парла́мент óne-chámber párliament [-'tʃeɪ- -ləm-].

**однопа́лубный** single-dècked.

**одноплеме́нный** of the same tribe.

**однополча́нин** *м.* bróther-sòldier ['brʌðə-souldʒə]; (*офицер*) bróther-òfficer ['brʌ-].

**однопо́лый** *бот.* úniséxual.

**однопо́люсный** *физ.* ùnipólar.

**однопу́тн||ый** single-tràck (*attr.*); ~ая ли́ния *ж.-д.* single-tràck ráilway.

**одноро́гий** óne-hórned, ùnicórnous.

**одноро́дн||ость** *ж.* hòmogènéity [-'niːɪ-], ùnifórmity. **~ый 1.** hòmogéneous, únifòrm; **2.** (*сходный*) símilar.

**одноpу́кий** óne-ármed, óne-hánded.

**односельча́н||ин** *м.* cóuntry¦man* ['kʌ-]. **~ка** *ж.* cóuntry¦wòman* ['kʌ- -wu-].

**односка́тн||ый** léan-tó; ~ая кры́ша léan-tó roof.

**односло́жно** *нареч.* mónosyllábically; отвеча́ть ~ ánswer in one word ['ɑːnsə...].

**односло́жн||ость** *ж.* mónosýllabism; (*перен.: сжатость*) térse¦ness. **~ый** mónosyllábic.

**односпа́льн||ый:** ~ая крова́ть single béd (-stead) [...-sted].

**одноство́льн||ый** single-bárrelled; ~ое ружьё single-bárrelled gun.

**одноство́рчат||ый 1.** (*о моллюске*) únivàlve; **2.:** ~ая дверь pánel door ['pæ-dɔː].

**односторо́нн||ий** (*прям. и перен.*) óne-síded; úniláteral *офиц.*; (*перен. тж.*) óne-légged, nárrow; ~ отка́з от догово́ра úniláteral denùnciátion of *a* tréaty; ~ее воспита́ние óne-síded èducátion; ~ ум óne-síded mind; ~яя связь *тех.* óne-way commùnicátion.

**однoти́пн||ость** *ж.* ùnifórmity. **~ый** of the same type / kind; ~ый кора́бль síster-shìp.

**одното́мн||ик** *м.* óne-vólume edition. **~ый** óne-vólume (*attr.*).

**одноу́хий** óne-éared.

**однофа́зный** *эл.* single-phàse (*attr.*), mónophàse.

**однофами́л||ец** *м.*, **~ица** *ж.* pérson béaring the same súrnàme [...'bɛə-...].

**одноцве́тн||ый** óne-còlour [-kʌ-] (*attr.*); ~ая печа́ть *полигр.* mónochròme.

**одноцили́ндровый** òne-cýlinder (*attr.*).

**одночле́н** *м. мат.* monómial. **~ный** *мат.* monómial.

**одношере́ножный:** ~ строй *воен.* single rank.

**одношёрстный** of one cólour [...'kʌ-].

**одноэта́жный** óne-stóreyed [-rɪd].

**одобр||е́ние** *с.* appróval [-ruː-]; заслужи́ть чьё-л. ~ meet* with smb.'s appróval. **~и́тельный** appróving [-ruː-].

**одо́брить** *сов. см.* одобря́ть.

**одобря́ть,** одо́брить (*вн.*) appróve [-uːv] (*d.*, of); не ~ disappróve [-uːv] (*d.*, of); (*возражать*) déprecàte (*d.*).

**одолева́||ть,** одоле́ть (*вн.*) **1.** (*прям. и перен.*) òver¦cóme* (*d.*); òver¦pówer (*d.*); (*побеждать*) cónquer [-kə] (*d.*); его́ ~ет любопы́тство he is besét by cùriósity; **2.** *разг.* (*справляться с чем-л.*) cope (with), mánage (*d.*); он ника́к не одоле́ет э́ту кни́гу he cánnòt get through this book.

**одоле́ть** *сов. см.* одолева́ть.

**одолж||а́ть,** одолжи́ть **1.** (*вн. дт.*) lend* (*d. i.*); **2.** (*вн. тв.*) *уст.* oblíge (*d.* with). **~а́ться** (*дт.; быть обязанным*) be oblíged (to). **~е́ние** *с.* fávour; сде́лать ~е́ние (*дт.*) do a fávour (*i.*); сде́лайте мне ~е́ние do me a fávour; я сочту́ э́то за ~е́ние I shall regárd it as a fávour.

**одолжи́ть** *сов. см.* одолжа́ть.

**одома́шнивание** *с.* domèsticátion; ~ живо́тных domèsticátion of ánimals.

**одонтоло́гия** *ж.* òdòntólogy.

**одр** *м. уст.* bed, couch; на сме́ртном ~е́ on one's déath-bèd [...'deθ-].

**одряхле́ть** *сов. см.* дряхле́ть.

**одува́нчик** *м.* dándelion.

**оду́маться** *сов.* change one's mind (on sécond thoughts) [tʃeɪ-... 'se-...]; think* bétter of it.

**одура́чивать,** одура́чить (*вн.*) *разг.* make* a fool (of), fool (*d.*).

**одура́чить** *сов. см.* одура́чивать *и* дура́чить.

**одуре́||лый** *разг.* crázy. **~ние** *с.* = о́дурь.

**одуре́ть** *сов. разг.* grow* stúpid [-ou...].

**одурма́нивать,** одурма́нить (*вн.*) stúpefỳ (*d.*). **~ся,** одурма́ниться be stúpefied.

**одурма́нить** *сов. см.* одурма́нивать *и* дурма́нить. **~ся** *сов. см.* одурма́ниваться.

**о́дурь** *ж. разг.* stúpor; со́нная ~ *бот.* déadly níghtshàde ['ded-...].

**одуря́||ть** = одурма́нивать. **~ющий:** ~ющий за́пах stúpefỳing / héavy scent [...'hevɪ...].

**одутлова́т||ость** *ж.* púffiness. **~ый** púffy.

**одухотвор||ённость** *ж.* spìrituálity. **~ённый** *прич. и прил.* inspíred; *тк. прил.* (*о лице*) spíritual. **~и́ть** *сов. см.* одухотворя́ть.

**одухотворя́ть,** одухотвори́ть (*вн.*) spíritualìze (*d.*).

**одушев||и́ть(ся)** *сов. см.* одушевля́ть(ся). **~ле́ние** *с.* ànimátion. **~лённый 1.** *прич. и прил.* ánimàted; **2.** *прил.:* ~лённый предме́т *грам.* ánimate óbject.

**одушевля́ть,** одушеви́ть (*вн.*) ánimàte (*d.*). **~ся,** одушеви́ться **1.** be / become* ánimàted; **2.** *страд. к* одушевля́ть.

**оды́шк||а** *ж.* short breath / wind [...breθ wɪ-]; страда́ть ~ой be shórt-wínded [...-'wɪ-]; страда́ющий ~ой shórt-wínded.

**ожереби́ться** *сов. см.* жереби́ться.

**ожере́лье** *с.* nécklace; бриллиа́нтовое ~ díamond nécklace.

**ожесточ||а́ть,** ожесточи́ть (*вн.*) hárden (*d.*), embítter (*d.*). **~а́ться,** ожесточи́ться **1.** become* hárdened / embíttered; **2.** *страд. к* ожесточа́ть. **~е́ние** *с.* bítterness.

**ожесточённ||ость** *ж.* = ожесточе́ние. **~ый 1.** *прич. см.* ожесточа́ть; **2.** *прил.* bítter, fierce [fɪəs], víolent, désperate; ~ое сопротивле́ние fierce / víolent / désperate resístance [...-'zɪ-].

**ожесточи́ть(ся)** *сов. см.* ожесточа́ть(ся).

**оже́чь(ся)** = обже́чь(ся).

**ожива́льный** *арх.* ògíval.

**ожива́ть,** ожи́ть come* to life.

**ожив||и́ть(ся)** *сов. см.* оживля́ть(ся). **~ле́ние** *с.* **1.** rè¦ànimátion, revíving; enlíven¦ing, máking more líve¦ly; **2.** (*состояние*) ànimátion; с больши́м ~ле́нием with great ànimátion / gústò [...-eɪt...]. **~лённо** *нареч.* ánimàted¦ly, with ànimátion. **~лённый** ánimàted; (*шумный*) bóisterous; ~лённая бесе́да líve¦ly cònversátion; вести́ ~лённую перепи́ску cárry on a líve¦ly còrrespóndence; ~лённые у́лицы búsy streets ['bɪzɪ...].

**оживля́ть,** оживи́ть (*вн.*) revíve (*d.*); (*придавать бодрость*) enlíven (*d.*), vívifỳ (*d.*), revítalìze (*d.*); (*делать более ярким*) bríghten up (*d.*). **~ся,** оживи́ться **1.** become* ánimàted; **2.** *страд. к* оживля́ть.

**ожида́н||ие** *с.* wáiting; (*надежда на что-л.*) èxpèctátion; лихора́дочное ~ bréathless èxpèctátion ['breθ-...]; обману́ть чьи-л. ~ия disappóint smb.; в ~ии (*рд.*) pénding (*d.*); в ~ии его́ возвраще́ния pénding his retúrn; сверх ~ия be¦yónd èxpèctátion.

**ожида́||ть** (*рд.*) wait (for); (*предвидеть*) expéct (*d.*); antícipàte (*d.*); он ~ет его́ уже́ час he has been wáiting for him for an hour [...auə]; что нас ~ет? what is in store for us?; я не ~л вас (ви́деть) I did not expéct (to see) you; как он и ~л just as he (had) expécted.

**ожире́ние** *с.* òbésity [ou'bi:-]; (*какого-л. органа*) stèatósis [-i:ə'tou-]; ~ се́рдца ádipòse heart [-s hɑ:t].

**ожире́ть** *сов.* run* to fat.

**ожи́ть** *сов. см.* оживáть.

**ожо́г** *м.* burn; (*кипящей жидкостью, паром*) scald.

**озабо́тить(ся)** *сов. см.* озабо́чивать(ся).

**озабо́ченн||ость** *ж.* prè¦òccupátion; (*беспокойство*) ànxiety [-ŋ'z-]; (*забота*) concérn. **~ый** prè¦óccupìed; (*обеспокоенный*) ánxious, wórried ['wʌ-]; у него́ был ~ый вид he looked prè¦óccupied.

**озабо́чивать,** озабо́тить (*вн.*) give* / cause ànxiety [...-ŋ'z-] (*i.*). **~ся,** озабо́титься (*тв.*) atténd (to), see* (to).

**озагла́вить** *сов. см.* озагла́вливать.

**озагла́вливать,** озагла́вить (*вн.*) entítle (*d.*); (*главы, разделы тж.*) head [hed] (*d.*).

**озада́ченн||ость** *ж.* perpléxity. **~ый** puzzled, perpléxed, táken abáck.

**озада́ч||ивать,** озада́чить (*вн.*) puzzle (*d.*), perpléx (*d.*), take* abáck (*d.*); ~ить кого́-л. вопро́сом puzzle smb. with *a* quéstion [...-stʃən]. **~ить** *сов. см.* озада́чивать.

**озари́ть(ся)** *сов. см.* озаря́ть(ся).

**озар||я́ть,** озари́ть (*вн.*) light* up (*d.*); illúminàte (*d.*); illúmine (*d.*), illúme (*d.*) *поэт.*; его́, её *и т. д.* ~и́ло (*перен.*) it dawned up¦ón him, her, *etc.*; улы́бка ~и́ла его́ лицо́ his face lit up with a smile. **~я́ться,** озари́ться **1.** (*тв.*) light* up (with); **2.** *страд. к* озаря́ть.

**озвере́||лый** brútal. **~ние** *с.* brùtálity; дойти́ до ~ния become* brútalized; с ~нием brútally.

**озвере́ть** *сов. см.* звере́ть.

**озву́ч||ивать,** озву́чить (*вн.*; *о фильме*) wire for sound (*d.*). **~ить** *сов. см.* озву́чивать.

**оздорови́тельн||ый** sànitátion (*attr.*); ~ые мероприя́тия sànitátion méasures [...'meʒ-].

**оздоров||и́ть** *сов. см.* оздоровля́ть. **~ле́ние** *с.* sànitátion.

**оздоровля́ть,** оздорови́ть (*вн.*) sánitàte (*d.*); (*перен.: улучшать*) nórmalize (*d.*).

**озелен||е́ние** *с.* (*рд.*) plánting of gréenery [-ɑ:n-...] (in), plánting of trees and shrubs (in). **~и́ть** *сов. см.* озеленя́ть.

**озеленя́ть,** озелени́ть (*вн.*) plant trees and shrubs [-ɑ:nt...] (in).

**о́земь** *нареч. разг.* to the ground, down; уда́риться ~ strike* the ground, fall* to the ground.

**озёрный** *прил. к* о́зеро; ~ край láke-lànd, láke-country [-kʌ-].

**о́зеро** *с.* lake; солёное ~ salt lake.

**ози́м||ые** *мн. скл. как прил.* winter crops. **~ый** winter; ~ая культу́ра winter crop; ~ое по́ле winter-field [-fi:ld].

**о́зимь** *ж.* winter crop.

**озира́ть** (*вн.*) view [vju:] (*d.*). **~ся** look back; (*вокруг*) look / gaze round; ~ся по сторона́м look around.

**озли́ться** *разг.* = обозли́ться.

**озло́б||ить(ся)** *сов. см.* озлобля́ть(ся). **~ле́ние** *с.* bítterness, ànimósity. **~ленный** *прич. и прил.* embíttered; *прил. тж.* reséntful [-'ze-].

**озлобля́ть,** озло́бить (*вн.*) embítter (*d.*). **~ся,** озло́биться **1.** become* embíttered; **2.** *страд. к* озлобля́ть.

**ознако́м||ить(ся)** *сов. см.* ознакомля́ть(ся). **~ле́ние** *с.* acquáintance; непосре́дственное ~ле́ние с чем-л. fírst-hánd acquáintance with smth., fírst-hánd view of smth. [...vju:...].

**ознакомля́ть,** ознако́мить (*вн.* с *тв.*) acquáint (*d.* with). **~ся,** ознако́миться (с *тв.*) famíliarìze òne¦sélf (with); ознако́миться с но́вой кни́гой look through *a* new book.

**ознаменова́ние** *с.*: в ~ чего́-л. to mark the occásion of smth., on the occásion of smth.; (*о прошлом событии тж.*) in commèmorátion of smth.

**ознаменова́ть** *сов.* (*вн.*) mark (*d.*); (*отпраздновать*) célebràte (*d.*). **~ся** *сов.* (*тв.*) be marked (by).

**означа́||ть** (*вн.*) mean* (*d.*), sígnifỳ (*d.*), stand* (for); (*влечь за собой*) spell* (*d.*); что ~ют э́ти бу́квы? what do these létters stand for?

**озна́ченный** *канц.* the afóre¦said [...-sed].

**озно́б** *м.* shívering, féver, chill; у него́ ~ he is shívering.

**озокери́т** *м. мин.* ozócerite [-ouk-], ozókerit [-ou-].

**озолоти́ть** *сов.* (*вн.*) **1.** *уст.* gild [g-] (*d.*); **2.** *разг.* (*обогатить*) load with móney [...'mʌ-] (*d.*). **~ся** become* gólden.

**озо́н** *м.* ózòne ['ou-]. **~а́тор** *м. физ.* ózonìzer ['ou-]. **~и́рование** *с.* òzonìzátion [ouzənaɪ-].

**озони́ровать** *несов. и сов.* (*вн.*) ózonìze ['ou-] (*d.*).

**озор||ни́к** *м.*, **~ни́ца** *ж.* (*о ребёнке*) mís¦chievous child*; bundle of mís¦chief *разг.*; (*о взрослом*) mís¦chievous pérson / one. **~ничáть** (*о ребёнке*) be náughty; (*о взрослом*) play rough tricks [...rʌf...]. **~но́й** mís¦chievous, náughty; име́ть ~но́й вид look náughty / mís¦chievous; ~ны́е глаза́ eyes full of mís¦chief [aɪz...]. **~ство́** *с.* mís¦chief, náughtiness.

**озя́б||нуть** *сов.* be cold, be chilly; он озя́б he is cold, he is chílly; у него́ ~ли ру́ки his hands are cold.

**ой** *межд.* o; oh [ou].

**оказа́ни||е** *с.* réndering; для ~я по́мощи to rénder help / assístance; ~ пе́рвой по́мощи réndering first aid.

**оказа́ть(ся)** *сов. см.* ока́зывать(ся).

**ока́з||ия** *ж.* **1.** *уст.* òpportúnity; посла́ть с ~ией (*вн.*) take* a convénient òpportúnity of sénding (*d.*), send* by smb. (*d.*); **2.** *разг.* (*неожиданное событие*) óddity, ún¦expécted turn; кака́я ~! how ún¦expécted!

**ока́зывать,** оказа́ть (*вн.*) rénder (*d.*), show* [ʃou] (*d.*); ~ соде́йствие (*дт.*) rénder assístance (*i.*); ~ подде́ржку (*дт.*) lend* / rénder suppórt (*i.*); ~ по́мощь (*дт.*) give* help (*i.*), help (*d.*); он оказа́л мне соде́йствие в э́том предприя́тии he lent me his suppórt in this ùndertáking / énterprìse; ~ услу́гу (*дт.*) do / rénder a sérvice (*i.*); do a good turn (*i.*) *разг.*; ~ предпочте́ние (*дт.*) show* préference [ʃou...] (to); give* préference (*i.*); (*предпочитать*) prefér (*d.*); ~ влия́ние (на *вн.*) ínfluence (*d.*), exért ínfluence (up:ón, óver, on); ~ гостепри́имство (*дт.*) show* hòspitálity (*i.*); ~ давле́ние (на *вн.*) exért préssure (up:ón), bring* préssure to bear [...bɛə] (up:ón); (*без доп.*) take* effe̍ct; ~ сопротивле́ние (*дт.*) show* / óffer, *или* put* up, resístance [...-'zɪ-] (*i.*); оказа́ть честь (*дт.*) show* / do an hónour [...'ɔnə] (*i.*). **~ся,** оказа́ться **1.** (*очутиться*) find* òne:sélf; **2.** (*обнаруживаться*) turn out, be found; prove (to be) [-uːv...]; оказа́лось, что it was found, *или* it turned out, that; двух экземпля́ров кни́ги не оказа́лось two cópies of the book were míssing, *или* were found to be míssing [...'kɔ-...]; трево́га оказа́лась напра́сной there proved to be no ground for alárm; он оказа́лся болтли́вым спу́тником he turned out a very tálkative féllow-tràveller; ока́зывается, что it appéars that; как оказа́лось as it (has) turned out.

**окайми́ть** *сов. см.* окаймля́ть.

**окаймля́ть,** окайми́ть (*вн. тв.*) bórder (*d.* with), edge (*d.* with), fringe (*d.* with).

**ока́лина** *ж. тех.* scale; (*шлак*) cínder.

**окамене́л||ость** *ж.* (*ископаемое*) fóssil. **~ый** pétrified; fóssilized; ~ый взор fixed stare.

**окамене́ть** *сов. см.* камене́ть.

**окантова́ть** *сов.* (*вн.*) edge (*d.*), mount (*d.*); ~ карти́ну, фотогра́фию edge / mount / frame *a* pícture in pásse-partóut [...'pæspɑː'tuː].

**оканто́вка** *ж.* édging.

**ока́нчивать,** око́нчить (*вн.*) fínish (*d.*), end (*d.*); око́нчить шко́лу fínish school; око́нчить университе́т gráduàte (from the ùnivérsity). **~ся,** око́нчиться **1.** fínish, end; be óver; (*тв.*) end (in), términàte (in); **2.** *страд. к* ока́нчивать.

**о́канье** *с. лингв.* reténtion of únstréssed "o" (*in Russian dialects*).

**ока́пи** *зоол.* okápi [-ɑːpɪ].

**ока́пывать,** окопа́ть (*вн.*) dig* round (*d.*). **~ся,** окопа́ться **1.** *воен.* dig* in; entrénch (òne:sélf) (*тж. перен.*); **2.** *страд. к* ока́пывать.

**окати́ть(ся)** *сов. см.* ока́чивать(ся).

**о́кать** *лингв.* retáin the únstréssed "o" (*in Russian dialects*).

**ока́чивать,** окати́ть (*вн.*) pour [pɔː] (óver), douse [-s] (*d.*), drench (*d.*); окати́ть холо́дной водо́й pour cold wáter [...'wɔː-] (óver); (*перен.*) damp (*d.*), discóurage [-'kʌ-] (*d.*). **~ся,** окати́ться **1.** pour óver òne:sélf [pɔː...]; **2.** *страд. к* ока́чивать.

**ока́шивать,** окоси́ть (*вн.*) mow* round [mou...] (*d.*).

**окая́нный** *разг.* damned, cursed.

**океа́н** *м.* ócean ['ouʃ°n].

**океанографи́ческ||ий** òceanográphic [ouʃɪə-]; ~ая экспеди́ция òceanográphic èxpedítion.

**океаногра́фия** *ж.* òceanógraphy [ouʃɪə-].

**океанологи́ческий** òceanológical [ouʃɪə-].

**океаноло́гия** *ж.* òceanólogy [ouʃɪə-].

**океа́нский** *прил. к* океа́н; *тж.* òceánic [ouʃɪ'æ-]; ~ парохо́д ócean-liner ['ouʃ°n-].

**оки́дывать,** оки́нуть: ~ взгля́дом, взо́ром (*вн.*) take* in at a glance (*d.*); glance óver (*d.*).

**оки́нуть** *сов. см.* оки́дывать.

**о́кисел** *м. хим.* óxide.

**окисл||е́ние** *с. хим.* òxidátion. **~и́тель** *м.* acídifier, óxidizer. **~и́тельный** óxidizing.

**окисли́ть(ся)** *сов. см.* окисля́ть(ся).

**окисля́ть,** окисли́ть (*вн.*) *хим.* óxidìze (*d.*). **~ся,** окисли́ться **1.** *хим.* óxidìze; **2.** *страд. к* окисля́ть.

**о́кись** *ж. хим.* óxìde; ~ желе́за férric óxìde; ~ алюми́ния àlúmina, àlumínium óxìde [-lju-...]; ~ углеро́да cárbon mònóxìde; ~ азо́та nítric óxìde ['naɪ-...].

**окклю́зия** *ж. хим.* occlúsion.

**оккульти́зм** *м.* occúltism.

**окку́льтный** occúlt.

**оккуп||а́нт** *м.* òccupátionist, inváder. **~аци́онный** *прил. к* оккупа́ция; ~аци́онная а́рмия ármy of òccupátion, òccupátion ármy. **~а́ция** *ж.* òccupátion.

**оккупи́ровать** *несов. и сов.* (*вн.*) óccupỳ (*d.*).

**окла́д** I *м.* **1.** (*размер заработной платы*) (rate of) pay, (rate of) sálary; основно́й ~ *воен.* básic pay ['beɪs-...]; **2.** (*размер налога*) tax.

**окла́д** II *м.* (*на иконе*) sétting fráme:wòrk.

**окла́дист||ый:** ~ая борода́ broad and thick beard [brɔːd...].

**оклевета́ть** *сов.* (*вн.*) slánder [-ɑːn-] (*d.*); calúmniàte (*d.*), defáme (*d.*).

**окле́ивать,** окле́ить (*вн. тв.*) paste óver [peɪst...] (*d.* with); glue óver (*d.* with); (*покрывать*) cóver ['kʌ-] (*d.* with); окле́ить ко́мнату обо́ями páper *a* room.

**окле́ить** *сов. см.* окле́ивать.

**окле́йка** *ж.* pásting ['peɪst-], glúe:ing; (*обоями*) páper:ing.

**о́клик** *м.* hail, call. **~а́ть,** окли́кнуть (*вн.*) hail (*d.*), call (to).

**окли́кнуть** *сов. см.* оклика́ть.

**окно́** *с.* **1.** wíndow; cáse:ment-wìndow [-s-]; слухово́е ~ dórmer(-wíndow); без о́кон wíndowless; **2.** *тех.* port; ópen:ing; slot; **3.** *разг.* (*в расписании занятий*) gap, "wíndow".

**о́ко** *с. уст., поэт.* eye [aɪ]; ◇ в мгнове́ние о́ка in the twínkling of an eye; ~ за ~ an eye for an eye; tit for tat *разг.*

**окова́ть** *сов. см.* око́вывать.

**око́вка** *ж.* bínding.

**око́вы** *мн.* fétters; (*перен.: рабство тж.*) bóndage *sg.*; сбро́сить с себя́ ~ cast* off one's fétters, reléase òne:sélf [-s...].

**око́вывать,** окова́ть (*вн.*) bind* (*d.*); fétter (*d.*) (*тж. перен.*).

**окола́чиваться** *разг.* lounge abóut.

**околдова́ть** *сов. см.* околдо́вывать.

**околдо́вывать,** околдова́ть (*вн.*) bewítch (*d.*); cast* a spell (up:ón).

**околева́ть,** околе́ть (*о животных*) die.

**околёсиц||а** *ж. тк. ед. разг.* stuff and nónsense; нести́ ~у talk nónsense, talk at rándom.

**околе́ть** *сов. см.* околева́ть.

**око́лиц||а** *ж.* óutskìrts (of a víllage) *pl.*, edge of the víllage; за ~ей be:yónd the óutskìrts; на ~е on the óutskìrts.

**околи́чност||ь** *ж.*: без вся́ких ~ей *разг.* pláinly, straight.

**о́коло** *нареч. и предл.* (*рд.*) **1.** (*рядом, возле*) by; (*вблизи*) near; (*вокруг*) aróund; abóut (*об. как предл.*): сиде́ть ~ (кого́-л., чего́-л.) sit* by (smb., smth.); ~ го́рода есть о́зеро there is a lake near the town; никого́ нет ~ there is nó¦body aróund; в поля́х ~ дере́вни in the fields abóut the village [...fi:ldz...]; — где́-нибудь ~ (э́того ме́ста) sóme¦where near / abóut the place; (*где-л. здесь*) hére¦about(s), sóme¦where near here; 2. *тк. предл.* (*приблизительно*) abóut: ~ трёх дней abóut three days; ~ полу́дня abóut noon; сейча́с ~ трёх (часо́в) it is abóut three (o'clóck) now; пришёл ~ трёх (часо́в) came (at) abóut three (o'clóck); ◇ (что́-нибудь) ~ того́, ~ э́того *разг.* thére¦abouts; де́сять ме́тров и́ли (что́-нибудь) ~ э́того ten metres or thére¦abouts.

**околóд||ок** *м.* = околóток. **~очный** = околóточный.

**околопе́стичный** *бот.* perýgynous.

**околопло́дник** *м. бот.* péricàrp.

**околосерде́чн||ый**: ~ая су́мка *анат.* pèricárdium.

**околóток** *м. уст.* **1.** (*окрестность*) néighbour¦hood [-hud]; **2.** (*район города*) ward, town district; **3.** (*полицейский участок*) police-stàtion [-'li:s-].

**околóточный** *уст.* **1.** *прил. к* околóток 3; ~ надзира́тель = околóточный 2; **2.** *м. как сущ.* police-òfficer [-'li:s-].

**околоу́шн||ый** *анат.* parótid; ~ая железа́ parótid (gland).

**околоцве́тник** *м. бот.* périànth ['pe-].

**околпа́чивать,** околпа́чить (*вн.*) *разг.* fool (*d.*); dupe (*d.*).

**околпа́чить** *сов. см.* околпа́чивать.

**óколыш** *м.* (*фуражки*) cáp-bànd.

**óкольн||ый** róundabout; ~ путь róundabout way; ~ые пути́ dévious ways / paths; ~ым путём in a róundabout way (*тж. перен.*).

**оконе́чность** *ж.* extrémity.

**óконн||ый** *прил. к* окнó; ~ая ра́ма window-fràme, sash; ~ое стеклó window-pàne.

**оконфу́зить** *сов.* (*вн.*) *разг.* embárrass (*d.*); cause (*d.*) to blush.

**оконча́ни||е** *с.* **1.** (*завершение*) tèrminátion, finishing; (*университета и т. п.*) gràduátion; по ~и университе́та on gráduàting at the ùnivérsity; по ~и шкóлы áfter finishing school; **2.** (*конец*) end; **3.** *грам.* énding.

**оконча́тельн||о** *нареч.* final¦ly, once and for all [wʌns...]. **~ый** final; definitive; ~ое реше́ние final decision; ~ая отде́лка finishing, finish.

**окóнчить(ся)** *сов. см.* ока́нчивать(ся).

**окóп** *м. воен.* entrénchment; пулемётный ~ machine-gùn empláce¦ment [-'ʃi:n-...]; рыть ~ы dig* trénches; окружа́ть ~ами (*вн.*) entrénch (*d.*). **~а́ть(ся)** *сов. см.* ока́пывать(ся). **~ный** trench (*attr.*).

**окора́чивать,** окороти́ть (*вн.*) *разг.* make* too short (*d.*), cùrtáil (*d.*).

**окóрка** *ж.* bark stripping; bárking.

**окорми́ть** *сов.* (*вн.*) **1.** óver¦féed* (*d.*); **2.** (*отравить*) póison with bad food [-z°n...] (*d.*).

**окорна́ть** *сов.* (*вн.*) *разг.* dock (*d.*), cùrtáil (*d.*).

**óкорок** *м.* ham, gámmon.

**окороти́ть** *сов. см.* окора́чивать.

**окоси́ть** *сов. см.* ока́шивать.

**окостенева́ть,** окостене́ть **1.** (*превращаться в кость*) óssifỳ; **2.** (*коченеть*) become* stiff, stiffen.

**окостене́||лый** **1.** (*превратившийся в кость*) ossified; **2.** (*окоченевший*) numb, stiff. **~ние** *с.* **1.** òssificátion; **2.** (*окоченение*) númb¦ness, stiffness.

**окостене́ть** *сов. см.* окостенева́ть *и* костене́ть.

**окóт** *м.* (*об овцах*) lámb¦ing; (*период*) lámb¦ing-tìme.

**окоти́ться** *сов. см.* коти́ться.

**окочене́||лый** stiff with cold. **~ть** *сов. см.* кочене́ть.

**окóшко** *с.* = окнó 1.

**окра́ина** *ж.* (*города и т. п.*) óutskìrts *pl.*; (*страны*) óutlỳing districts *pl.*

**окра́с||ить(ся)** *сов. см.* окра́шивать(ся). **~ка** *ж.* **1.** (*действие*) cólour¦ing ['kʌ-]; páinting; **2.** (*цвет*) còlorátion [kʌ-]; (*перен.*) cólour¦ing, tint; защи́тная ~ка *зоол.* protéctive còlorátion.

**окра́шивание** *с.* = окра́ска 1.

**окра́шивать,** окра́сить (*вн.*) tíncture (*d.*); (*о поверхности*) paint (*d.*); (*пропитывать краской*) dye (*d.*); осторóжно, окра́шено! wet / fresh paint! **~ся,** окра́ситься **1.** be cólour¦ed [...'kʌ-]; turn / become* (a cértain cólour) [...'kʌ-]; нéбо окра́силось в рóзовый цвет the sky turned pink, the sky was cólour¦ed pink; **2.** *страд. к* окра́шивать.

**окре́пнуть** *сов. см.* кре́пнуть.

**окрести́ть** *сов.* **1.** *см.* крести́ть I 1; **2.** (*вн. тв.*) *разг.* (*дать прозвище*) nícknàme (*d.*). **~ся** *сов. см.* крести́ться I.

**окре́стн||ость** *ж.* **1.** (*местность*) énvirons *pl.*; **2.** *тк. ед.* (*окружающее*) envíron¦ment, néighbour¦hood [-hud]. **~ый** envíron¦ing, néighbour¦ing.

**окриве́ть** *сов. разг.* go* blind in one eye [...aɪ], lose* an eye [lu:z...].

**óкрик** *м.* **1.** perémptory shout / cry; **2.** (*оклик*) hail, halló.

**окрова́вить** *сов.* (*вн.*) stain with blood [...blʌd] (*d.*).

**окрова́вленный** **1.** *прич. см.* окрова́вить; **2.** *прил.* blóod-stained [-ʌd-], blóody ['blʌd-].

**окроп||и́ть** *сов. см.* окропля́ть. **~ля́ть,** окропи́ть (*вн.*) (be)sprinkle (*d.*).

**окрóшка** *ж.* okróshka (*cold kvass soup*); (*перен.*) hódge-pòdge, jumble.

**óкруг** *м.* région, district; (*судебный и т. п.*) círcuit [-kɪt]; избира́тельный ~ eléctoral / eléction district / área [...'ɛərɪə]; воéнный ~ military district; (*в Англии*) commánd [-ɑ:nd].

**окру́г||а** *ж. разг.* néighbour¦hood [-hud]; по всей ~е all through the néighbour¦hood.

**округли́ть(ся)** *сов. см.* округля́ть(ся).

**окру́глый** róunded, róundish.

**округля́ть,** округли́ть (*вн.*; *прям. и перен.*) round off (*d.*); ~ (до) appróximàte (to). **~ся,** округли́ться **1.** (*полнеть*) round; **2.** (*выражаться в круглых цифрах*) be státed in round númbers.

**окруж||а́ть,** окружи́ть (*вн.*; *в разн. знач.*) surróund (*d.*); en¦clóse (*d.*); (*чем-л. тж.*) ring (*d.*), hedge in (*d.*); *воен. тж.* encírcle (*d.*), round up (*d.*); пруд ~а́ли дере́вья trees grew all round the pond; егó ~а́ли ме́лкие лю́ди he was surróunded by pétty-mìnded people [...pi:-]; егó ~а́ло всеóбщее уваже́ние he was respécted by all aróund him; ~ когó-л. внима́нием, забóтой surróund smb. with atténtion, care. **~а́ющий** **1.** *прич. и прил.* surróunding;

~áющая средá surróundings *pl.*; **2.** *мн. как сущ.* one's people [...pi:-], one's assóciàtes [...-ʃɪ-]. **~éние** *с.* **1.** encircle¦ment; капиталистúческое ~éние cápitalist encircle¦ment; вы́йти из ~éния *воен.* break* out of encircle¦ment [breɪk...]; попáсть в ~éние *воен.* be surróunded / encírcled; **2.** (*среда*) envíron¦ment; surróundings *pl.*

**окруж||úть** *сов. см.* окружáть. **~нóй 1.** *прил. к* óкруг; ~нóй комитéт пáртии Dístrict Párty Commíttee [...-tɪ]; ~нáя избирáтельная комúссия dístrict eléctoral commíttee; ~нóй суд círcuit court [-kɪt kɔ:t]; **2.:** ~нáя желéзная дорóга círcuit ráilway.

**окрýжн||ость** *ж.* circúmference; círcle; имéть в ~ости два киломéтра be two kílomètres in circúmference; на пять киломéтров в ~ости for / within a rádius of five kílomètres. **~ый** *уст.* (*окрестный*) néighbour¦ing.

**окрутúть** *сов. см.* окрýчивать.

**окрутúться** *сов. разг.* get* márried / hítched.

**окрýчивать,** окрутúть **1.** (*тв.*) wind* round (*d.*); **2.** *тк. сов.* (когó-л.) *разг.* (*поженить*) márry (smb.).

**окрыл||úть(ся)** *сов. см.* окрылять(ся). **~ять,** окрылúть (*вн.*) inspíre (*d.*); lend* wings (to); ~ять надéждой inspíre with hope (*d.*). **~яться,** окрылúться becóme* inspíred.

**окры́ситься** *сов.* (на *вн.*) *разг.* snap (at).

**оксидúрованный** óxidized.

**оксидúровать** *несов. и сов.* (*вн.*) óxidize (*d.*).

**октáва** *ж. муз., лит.* óctave.

**октáэдр** *м. мат.* óctahédron.

**октроúровать** *несов. и сов.* (*вн.*) *книжн.* presént [-'z-] (with), grant [-ɑ:nt] (*d.*).

**октябр||ь** *м.* Òctóber; в ~é этого гóда in Òctóber; в ~é прóшлого гóда last Òctóber; в ~é бýдущего гóда next Òctóber.

**октябрьск||ий** *прил. к* октябрь; ~ день Òctóber day; Велúкая Октябрьская социалистúческая революция The Great Òctóber Sócialist Rèvolútion [...greɪt...]; ~ие дни the Òctóber days; ~ие торжествá the Òctóber fèstívities.

**окýклива||ние** *с. зоол.* pùpátion. **~ться,** окýклиться *зоол.* púpàte.

**окýклиться** *сов. см.* окýкливаться.

**окулир||овать** *несов. и сов.* (*вн.*) *бот.* inóculàte (*d.*), en¦gráft (*d.*). **~óвка** *ж. бот.* inòculátion.

**окулúст** *м.* óculist.

**окуляр** *м. физ.* éye¦piece ['aɪpi:s], óculаr.

**окунáть,** окунýть (*вн.*) dip (*d.*); plunge (*d.*). **~ся,** окунýться **1.** dip; (*перен.*) plunge; becóme* (útterly) immérsed / absórbed / en¦gróssed [...-'grou-]; **2.** *страд. к* окунáть.

**окунýть(ся)** *сов. см.* окунáть(ся).

**óкунь** *м.* perch.

**окупáть,** окупúть (*вн.*) cómpènsàte (*d.*), repáy* (*d.*); ~ расхóды jústifỳ expénses. **~ся,** окупúться **1.** be cómpènsàted, be repáid; pay* for it¦sélf, *или* it's way; (*перен.*) pay*, be requíted; расхóды окупúлись the expénses were jústified; **2.** *страд. к* окупáть.

**окупúть(ся)** *сов. см.* окупáть(ся).

**окургýзить** *сов.* (*вн.*) *разг.* dock (*d.*), cùrtáil (*d.*).

**окýриван||ие** *с.* fùmigátion; кáмера ~ия fùmigátion chámber [...'ʧeɪ-]; ~ сéрой sùlphurátion.

**окýривать,** окурúть (*вн.*) fúmigàte (*d.*); ~ сéрой súlphuràte (*d.*).

**окурúть** *сов. см.* окýривать.

**окýрок** *м.* (*о папиросе*) cìgarétte-ènd, cìgarétte-bùtt; (*о сигаре*) cigár stub / stump; cigár-bùtt.

**окýтать(ся)** *сов. см.* окýтывать(ся).

**окýтывать,** окýтать (*вн.*) wrap up (*d.*); (*одеялом*) blánket (*d.*); (*перен.*) cloak (*d.*), shroud (*d.*). **~ся,** окýтаться **1.** wrap òne¦sélf up; **2.** *страд. к* окýтывать.

**окýчивание** *с. с.-х.* hílling, éarthing (up) ['ɔ:θ-...].

**окýчивать,** окýчить (*вн.*) *с.-х.* hill (up) (*d.*), earth up [ɔ:θ...] (*d.*).

**окýч||ить** *сов. см.* окýчивать. **~ник** *м. с.-х.* híller.

**олáдья** *ж.* oládya (*kind of thick pancake*); картóфельная ~ potátò cake.

**олеáндр** *м.* òleánder.

**оледенéлый** (*прям. и перен.*) frózen.

**оледенéть** *сов.* (*застыть*) freeze*; (*покрыться льдом*) be cóvered with ice [...'kʌ-...].

**олеúн** *м. хим.* ólein [-ɪɪn]. **~овый** *прил. к* олеúн.

**оленевóд** *м.* réindeer-bréeder. **~ство** *с.* réindeer-bréeding. **~ческий** réindeer(-bréeding) (*attr.*); ~ческое хозяйство réindeer farm.

**оленёнок** *м.* young deer* [jʌŋ...].

**олéн||ий** *прил. к* олéнь; ~ьи рогá ántlers; ~ мох *бот.* réindeer moss / líchen [...'laɪkən]. **~ина** *ж.* vénison ['venz°n].

**олéнь** *м.* deer*; (*северный*) réindeer*; америкáнский сéверный ~ cáribou [-bu:]; благорóдный ~ stag, red deer*; безрóгий ~ póllard.

**олеогрáфия** *ж.* **1.** *тк. ед.* (*способ*) òleógraphy; **2.** (*копия*) óleogràph.

**óлеум** *м. хим.* óleum.

**олúва** *ж.* **1.** (*плод*) ólive; **2.** (*дерево*) ólive(-tree).

**оливúн** *м. мин.* ólivìne, ólivin.

**олúвк||а** *ж.* ólive. **~овый 1.** *прил. к* олúвка *и* олúва; **2.** (*о цвете*) ólive-còlour¦ed [-kʌ-], ólive-green; ~овый цвет ólive.

**олигáрх** *м.* óligàrch [-k]. **~úческий** òligárchic(al) [-kɪ-].

**олигáрхия** *ж.* óligàrchy [-kɪ].

**олигоцéн** *м. геол.* òligocène.

**Олúмп** *м.* Olýmpus.

**олимп||иáда** *ж.* **1.** *ист.* olýmpiàd; **2.** (*игры, соревнования*) Olýmpic games *pl.*; междунарóдная ~ internátional Olýmpic games [-'næ-...]. **~úец** *м. миф.* Olýmpian. **~úйский** Olýmpic; Олимпúйские úгры Olýmpic games, Olýmpics.

**олúфа** *ж.* drýing oil.

**олицетвор||éние** *с.* **1.** persònificátion; **2.** (*воплощение*) embódiment; líving pícture ['lɪv-...]; ~ мýжества embódiment / persònificátion of cóurage [...'kʌ-], cóurage persónified. **~ённый** *прич. и прил.* persónified. **~úть** *сов. см.* олицетворять.

**олицетворять,** олицетворúть (*вн.*) **1.** persónifỳ (*d.*); **2.** (*воплощать*) embódy [-'bɔ-] (*d.*).

**óлов||о** *с.* tin; сплав ~а с другúм метáллом péwter. **~янный** *прил. к* óлово; ~янная посу́да péwter; ~я́нный ка́мень *мин.* cassíterite.

**о́лух** *м. разг.* blóckhead [-hed], dolt, móon-càlf* [-ɑːf], oaf.

**ольх||а́** *ж.* álder(-tree). **~о́вый** *прил. к* ольха́; ~о́вая ро́ща álder grove.

**ольша́ник** *м.* álder thíckets *pl.*

**ом** *м. эл.* ohm [oum].

**ома́р** *м.* lóbster.

**оме́г||а** *ж.* Ómega; ◇ а́льфа и ~ Álpha and Ómega, beginning and end; от а́льфы до ~и from A to Z, from beginning to end.

**оме́ла** *ж. бот.* mistle-tòe.

**омерзе́ние** *с.* lóathing; внуша́ть ~ (*дт.*) inspíre with lóathing (*d.*); испы́тывать ~ (к) loathe (*d.*).

**омерзи́тельн||о** *нареч.* síckening-ly. **~ый** lóathsome [-ð-], síckening.

**омертве́л||ость** *ж.* númb-ness; *мед.* nècrósis. **~ый** déad(ened) ['ded-]; numb; *мед.* nècrótic.

**омертве́ние** *с.*=омертве́лость.

**омертве́ть** *сов.* grow* numb [grou...].

**омертви́ть** *сов.* (*вн.*) **1.** nécrotìze (*d.*); **2.** *эк.* (*о капитале*) immóbilize (*d.*).

**омле́т** *м.* ómelette [-ml-].

**омме́тр** *м. эл.* óhmmèter ['oum-].

**о́мнибус** *м.* ómnibus.

**омове́ние** *с.* ablútion (*об. pl.*); ~ рук (*обряд*) lavábò.

**омола́живать,** омолоди́ть (*вн.*) rejúvenàte (*d.*). **~ся,** омолоди́ться **1.** rejúvenàte, rejúvenìze, rejùvenésce; **2.** *страд. к* омола́живать.

**омоло||ди́ть(ся)** *сов. см.* омола́живать(ся). **~же́ние** *с.* rejùvenátion.

**омо́ним** *м. лингв.* hómonym. **~и́ческий** *лингв.* hòmonýmic(al).

**омочи́ть** *сов.* (*вн.*) *уст.* wet (*d.*); móisten [-s°n] (*d.*).

**омрач||а́ть,** омрачи́ть (*вн.*) dárken (*d.*), cloud (*d.*), òver-shádow [-'ʃæ-] (*d.*). **~а́ться,** омрачи́ться **1.** become* dárkened / clóuded; **2.** *страд. к* омрача́ть. **~и́ть(ся)** *сов. см.* омрача́ть(ся).

**о́мут** *м.* **1.** pool; (*перен.*) slough; толка́ть в ~ (*вн.*; *перен.*) urge on to one's destrúction (*d.*); **2.** (*водоворот*) whírlpool; ◇ в ти́хом ~е че́рти во́дятся *посл.* ≅ still wáters run deep [...'wɔː-...].

**омыва́ть,** омы́ть (*вн.*; *в разн. знач.*) wash (*d.*); омы́тый дождём ráin-wàshed.

**омыле́ние** *с. хим.* sapònificátion.

**омы́ть** *сов. см.* омыва́ть.

**он,** *рд.*, *вн.* (н)его́, *дт.* (н)ему́, *тв.* (н)им, *пр.* нём (него́ *и т. д.— после предл.*), *мест.* (*о существе мужского пола, тж. о человеке вообще*) he, *obj.* him; (*о животном — без учёта пола*) it; (*о высших животных тж.*) he, *obj.* him; she, *obj.* her, *f.*; (*о вещи, явлении и т. п.*) it; (*то же — при персонификации*) he, *obj.* him, *или* she, *obj.* her (*в зависимости от традиции и характера предмета и т. п.*; *ср.* она́ *и* оно́): ма́льчик, актёр — он boy, áctor — he; челове́к — он man* — he; бык, лев (*самец*), пету́х — он bull, lion, cock — he; слон, волк, во́рон — он élephant, wolf* [wu-], ráven — it / he; ягнёнок, за́яц, гусь, попуга́й — он lamb, hare, goose* [-s], párrot — it / she; стол, круг, успе́х — он table, circle, succéss — it; гнев, страх — он ánger, fear (*при персонификации об.* Ánger, Fear) — it / he; мир (*покой*), рассве́т — он peace, dawn (Peace, Dawn) — it / she; ме́сяц (*луна*) — он moon — it / she; Еги́пет — он Égypt — it / she; кора́бль, парохо́д — он ship, stéamer — it, *об.* she; — е́сли там есть кто́-нибудь, скажи́те ему́, что́бы он вошёл if there is anybody there, tell him (*or* her), *или* them *разг.*, to come in.

**она́,** *рд.*, *вн.* (н)её, *дт.* н(ей), *тв.* (н)е́ю, н(ей), *пр.* ней (неё *и т. д.— после предл.*), *мест.* (*о существе женского пола*) she, *obj.* her; (*о животном — без учёта пола*) it; (*о высших животных тж.*) he, *obj.* him, *m.*; she, *obj.* her; (*о вещи, явлении и т. п.*) it; (*то же — при персонификации*) he, *obj.* him, *или* she, *obj.* her (*в зависимости от традиции и характера предмета и т. п.*; *ср.* он *и* оно́): дочь, преподава́тель(ница) — она́ dáughter, téacher — she; льви́ца, ко́шка (*самка*), ку́рица — она́ líoness, cat, hen — she; лягу́шка, му́ха — она́ frog, fly — it; панте́ра — она́ pánther — it / he; ко́шка (*особь данного вида*) — она́ cat — it / she; кни́га, ли́ния, привы́чка — она́ book, line, hábit — it; любо́вь (*страсть*), смерть, война́ — она́ love [lʌv], death [deθ], war (*при персонификации об.* Love *и т. д.*) — it / he; приро́да, весна́, мо́лодость, доброта́ — она́ náture ['neɪ-], spring, youth [juːθ], kínd-ness (Náture *и т. д.*) — it / she; луна́, земля́ — она́ moon, earth [əːθ] — it / she; Норве́гия, Гре́ция — она́ Nórway, Greece — it / she; шху́на — она́ schóoner — it, *об.* she; соба́ка — она́ dog — it; he *или* she (*в зависимости от пола*).

**она́гр** *м. зоол.* ónager.

**онан||и́зм** *м. мед.* ónanism, màsturbátion. **~и́ровать** másturbàte. **~и́ст** *м.* másturbàtor.

**онда́тра** *ж.* **1.** (*животное*) òndátra [-'dæ-], músk-ràt; **2.** (*мех*) músquàsh.

**ондуля́тор** *м. рад.* óndulàtor.

**онеме́||лый** **1.** (*немой*) dumb; **2.** (*омертвелый*) numb. **~ние** *с.* **1.** (*немота*) dúmb-ness; **2.** (*омертвение*) númb-ness.

**онеме́ть** *сов. см.* неме́ть.

**онеме́чи||вать,** онеме́чить (*вн.*) Gérmanìze (*d.*). **~ваться,** онеме́читься **1.** become* Gérmanìzed, turn Gérman; **2.** *страд. к* онеме́чивать. **~ть(ся)** *сов. см.* онеме́чивать(ся).

**они́,** *рд.*, *вн.* (н)их, *дт.* (н)им, *тв.* (н)и́ми, *пр.* них (них *и т. д.— после предл.*), *мест.* they, *obj.* them.

**о́никс** *м. мин.* ónyx.

**онко́лог** *м.* oncólogist, cáncer spécialist [...'spe-]. **~и́ческий** òncológic; cáncer (*attr.*).

**онколо́гия** *ж.* oncólogy.

**оно́,** *рд.*, *вн.* (н)его́, *дт.* (н)ему́, *тв.* (н)им, *пр.* нём (него́ *и т. д.— после предл.*), *мест.* it; (*при персонификации*) he, *obj.* him, *m.*, *или* she, *obj.* her, *f.* (*в зависимости от традиции и характера предмета и т. п.*; *ср.* он *и* она́): весло́, наме́рение — оно́ oar, inténtion — it; вре́мя, ле́то — оно́ time, súmmer (*при персонификации об.* Time, Súmmer) — it / he; со́лнце — оно́ sun — it / he; милосе́рдие — оно́ mércy (Mércy) — it / she; су́дно (*корабль*) — оно́ véssel, ship, boat — it, *об.* she; дитя́ — оно́ child* — it; he *или* she (*в зависимости от пола*); ◇ вот ~ что! (*понимаю*) oh, I see! [ou...].

**ономастика** *ж. лингв.* ònomástics.

**онто||генез** *м.*, **~гения** *ж. биол.* òntogénesis.

**онто||логический** òntológical. **~логия** *ж.* òntólogy.

**онуча** *ж.* onóocha (*cloth wrapped round feet in bast-shoes*).

**оный** *мест. указат. уст.* that; (*в канц. языке тж.*) the abóve-méntioned; ◇ во время óно in those days, áges agó.

**оолит** *м. мин.* óòlite ['ouɔ-].

**ООН** *ж.* (Организация Объединённых Наций) UNO (Ùníted Nátions Òrganìzátion) [...-naɪ-].

**ооспора** *ж. биол.* óospòre ['ouo-].

**опад||ать,** опасть **1.** fall* off / a¦wáy; **2.** (*об опухоли и т. п.*) sag, subside. **~ающий** *бот.* decíduous.

**опадение** *с.* **1.** súbsidence, diminishing; **2.:** ~ листьев dè¦fòliátion.

**опаздыва||ть,** опоздать **1.** be late; be óver¦dúe; ~ на пять минут be five mínutes late [...'mɪnɪ-...]; ~ с чем-л. be late with smth.; ~ к чему-л., на что-л. be late for smth.; ~ на поезд be late for the train; miss one's train; поезд, самолёт *и т. п.* ~ет the train, the plane, *etc.*, is óver¦dúe; **2.** *тк. несов.* (*о часах*) be slow [...-ou]: часы ~ют на пять минут the watch / clock is five mínutes slow; (*ср.* часы).

**опаивать,** опоить (*вн.*) **1.** (*о лошади и т. п.*) give* too much to drink (*i.*); **2.** (*отравлять*) póison (with a drink / pótion) [-z°n...] (*d.*).

**опал** *м.* ópal.

**опал||а** *ж.* disgráce, disfávour; быть в ~е be in, *или* fall* into, disgráce / disfávour.

**опалесц||енция** *ж. физ.* òpaléscence. **~ировать** *несов. и сов. физ.* òpalésce.

**опаливать,** опалить (*вн.*) singe (*d.*); опалённый солнцем sún-scórched. **~ся,** опалиться **1.** singe òne¦sélf; **2.** *страд. к* опаливать.

**опалить** *сов. см.* опаливать.

**опалиться** *сов. см.* опаливаться.

**опаловый** ópal (*attr.*); (*похожий на опал*) ópal-like; (*с опаловым блеском*) ópalìne.

**опалубка** *ж. стр.* túbbing, plánking, tímbering; cásing [-s-]; (*свода*) céntering; ~ крыши róof-boarding.

**опальный** disgráced, fáll¦en into disgráce / disfávour.

**опамятоваться** *уст.* = опомниться.

**опара** *ж.* **1.** (*тесто*) léavened dough ['lev- dou]; **2.** (*закваска*) léaven ['lev-]; sóurdough [-dou].

**опаршиветь** *сов. см.* паршиветь.

**опасаться** (*рд.*) **1.** àpprehénd (*d.*), fear (*d.*); **2.** (*избегать*) avóid (*d.*).

**опасен||ие** *с.* fear; misgíving [-'gɪ-]; (*ожидание опасности*) àpprehénsion; вызывать ~ия excíte àpprehénsion.

**опаск||а** *ж.:* с ~ой *разг.* with cáution, cáutious¦ly, àpprehénsive¦ly.

**опасливый** *разг.* cáutious.

**опасно** I **1.** *прил. кратк. см.* опасный; **2.** *предик. безл.* it is dángerous / périlous [...'deɪndʒ-...].

**опасн||о** II *нареч.* périlous¦ly, dángerous¦ly ['deɪndʒ-]. **~ость** *ж.* jéopardy ['dʒepədɪ]; dánger ['deɪndʒə], péril; быть в ~ости be in dánger; вне ~ости out of dánger; safe; подвергаться ~ости чего-л. run* the dánger of smth.; подвергать ~ости (*вн.*) expóse to dánger (*d.*), endánger [-'deɪndʒə] (*d.*), jéopardìze ['dʒepə-] (*d.*); с ~остью для жизни in péril of one's life; смертельная ~ость dánger of death [...deθ]; смотреть ~ости в глаза face the dánger. **~ый** dángerous ['deɪndʒ-], périlous.

**опасть** *сов. см.* опадать.

**опахало** *с. уст.* large fan.

**опек||а** *ж.* (*прям. и перен.*) guárdianship, wárdship; tútelage *уст.*; (*над имуществом*) trùstéeship; быть под ~ой кого-л. be únder the wárdship / guárdianship of smb.; выйти из-под ~и (*перен.*) be one's own máster [...oun...]; учредить ~у над кем-л. put* smb. in ward; Международная ~ Ìnternátional Trùstéeship [-'næ-...].

**опекаемый** **1.** *прил.* únder wárdship; **2.** *м. как сущ.* ward.

**опекать** (*вн.*) be guárdian (to), be wárden (to); have the wárdship (of); (*перен.*) watch (óver), take* care (of).

**опекун** *м.* guárdian; *юр.* (*несовершеннолетнего*) tútor; (*над имуществом*) trùstée. **~ский** tùtórial. **~ство** *с.* guárdianship, tútorship. **~ша** *ж.* guárdian, tútoress.

**опёнок** *м.* hóney ágaric ['hʌ-...].

**опер||а** *ж.* ópera; ◇ из другой ~ы, не из той ~ы *разг.* ≅ (quite) another stóry, quite a different, *или* another, mátter.

**оперативн||ость** *ж.* óperàtive¦ness. **~ый** **1.** óperàtive; ~ое руководство efféctive guídance [...'gaɪ-]; **2.** *мед.* óperàtive, súrgical; ~ое вмешательство súrgical ìntervéntion; **3.** *воен.* stratégical; òperátion(s) (*attr.*); ~ая сводка war commùniqué (*фр.*) [...kə'mjuːnɪkeɪ], súmmary of òperátions; ~ое искусство mínor strátegy, càmpáign táctics [-'peɪn...]; ~ый отдел òperátion séction.

**оператор** *м.* óperàtor; *мед. тж.* súrgeon.

**операционн||ая** *ж. скл. как прил.* óperàting-room; (*в клинике*) théatre ['θɪətə]. **~ый** *прил. к* операция.

**операци||я** *ж.* (*в разн. знач.*) òperátion; подвергнуться ~и, перенести ~ю ùndergó* *an* òperátion, go* through *an* òperátion, have an òperátion.

**опередить** *сов. см.* опережать.

**опереж||ать,** опередить (*вн.*) pass ahéad [...ə'hed] (of), outstríp (*d.*); (*оставлять позади*) leave* behínd (*d.*); (*успевать раньше*) fòre¦stáll (*d.*). **~ение** *с.* outstrípping; работа с ~ением графика work cárried out ahéad of schédùle [...ə'hed... 'ʃe-].

**оперение** *с.* **1.** féathering ['feð-], plúmage; **2.** *ав.* èmpènnáge [ɑːŋpe'nɑːʒ]; хвостовое ~ tail únit; èmpènnáge *амер.*

**оперет||ка** *ж.* = оперетта. **~очный** *прил. к* оперетта.

**оперетта** *ж.* músical cómedy [-zɪ-...].

**опереться** *сов. см.* опираться.

**оперировать** *несов. и сов.* **1.** (*вн.*) *мед.* óperàte (*d.*); **2.** (*тв.*; *совершать финансовые операции*) óperàte (with), do / éxecùte òperátions (with); **3.** (*без доп.*) *воен.* (*действо-*

*вать*) óperàte, act; **4.** (*тв.*; *пользоваться*) óperàte (with), use (*d.*).

**оперúться** *сов. см.* оперя́ться.

**óперн||ый** ópera (*attr.*); òperátic; ~ теáтр ópera-house* [-s]; ~ певéц, ~ая певи́ца ópera sing:er; ~ое искýсство òperátic art.

**оперя́ться,** оперúться become* fúlly fledged [...'fu-...]; (*перен.*; *о людях тж.*) become* ìndepéndent.

**опечáлить(ся)** *сов. см.* печáлить(ся).

**опечáтать** *сов. см.* опечáтывать.

**опечáт||ка** *ж.* mísprínt; спи́сок ~ок errátа *pl.*

**опечáтывать,** опечáтать (*вн.*) seal up (*d.*), applý the seal (to).

**опéшить** *сов. разг.* be táken abáck.

**опивáться,** опи́ться *разг.* drink* too much; drink* more than is good for one's health [...helθ]; drink* òne:sélf sick.

**опи́вки** *мн. разг.* léavings.

**óпий** *м.* = óпиум.

**опи́ливать,** опили́ть (*вн.*) saw* (*d.*); (*напильником*) file (*d.*).

**опили́ть** *сов. см.* опи́ливать.

**опи́лки** *мн.* sáwdùst *sg.*; (*металлические*) filings.

**опилóвка** *ж.* lópping off; (*напильником*) filing.

**опирáться,** оперéться (на *вн.*; *прям. и перен.*) lean* (up:ón); (*перен. тж.*) rest (up:ón); (*руководствоваться*) be guided (by); ~ на чью-л. рýку lean* on smb.'s arm; ~ на инициати́ву масс be suppórted by pópular initiative, *или* by the initiative of the másses.

**описáни||е** *с.* descríption; (*действий тж.*) accóunt; э́то не поддаётся ~ю it is be:yónd descríption, it defíes, *или* báffles all, descríption.

**опи́санный 1.** *прич. см.* опи́сывать; **2.** *прил. мат.* círcumscribed; ~ ýгол círcumscribed angle.

**описá||тельный** descríptive. **~ть(ся)** *сов. см.* опи́сывать(ся).

**опи́ска** *ж.* slip of the pen.

**опи́сывать,** описáть (*вн.*) **1.** descríbe (*d.*); (*образно, живо*) depíct (*d.*), pòrtráy (*d.*); э́то невозмóжно описáть this is be:yónd descríption, it defíes, *или* báffles all, descríption; **2.** (*делать опись*) ínventory (*d.*); *юр.* (*за долги*) distráin (*d.*); **3.** *мат.* descríbe (*d.*), círcumscrìbe (*d.*). **~ся,** описáться **1.** make* a slip (in wríting); **2.** *страд. к* опи́сывать.

**óпись** *ж.* (*список*) ínventory, schédùle ['ʃe-; 'ske- *амер.*]; ~ имýщества *юр.* (*за долги*) distráint.

**опи́ться** *сов. см.* опивáться.

**óпиум** *м.* ópium; кури́льщик ~а ópium-smòker.

**оплáкать** *сов. см.* оплáкивать.

**оплáкивать,** оплáкать (*вн.*) mourn [mɔːn] (*d.*, óver), bemóan (*d.*).

**оплáт||а** *ж. тк. ед.* páyment, pay; (*вознаграждение*) remùnerátion; подённая ~ pay by the day; сдéльная ~ páyment by the piece [...piːs], piece wage; ~ трудá товáрами trúck-sýstem. **~и́ть** *сов. см.* оплáчивать.

**оплáченн||ый** *прич. см.* оплáчивать; с ~ым отвéтом replý paid; откры́тка с ~ым отвéтом replý-páid póstcàrd [...'pou-].

**оплáчив||ать,** оплати́ть (*вн.*) (*о работе и т. п.*) pay* (for); (*о рабочих и т. п.*) pay* (*d.*); (*возмещать*) repáy* (*d.*), retúrn (*d.*); ~ убы́тки pay* the dámages; ~ расхóды meet* the costs / expénses; foot the bill [fut...] *разг.*; ~аемый за счёт госудáрства státe-páid; хорошó ~аемый wéll-páid.

**оплевáть** *сов. см.* оплёвывать.

**оплёвывать,** оплевáть (*вн.*) *разг.* cóver with spittle ['kʌ-...] (*d.*); (*перен.*) abúse (*d.*), spit* (up:ón), hùmíliàte (*d.*).

**оплести́** *сов. см.* оплетáть.

**оплетáть,** оплести́ **1.** (*вн. тв.*) braid (*d.* with); **2.** (*вн.*) *разг.* (*обманывать*) get* round (*d.*); cheat (*d.*), swíndle (*d.*).

**оплеýха** *ж. разг.* slap in the face.

**оплеши́веть** *сов. см.* плеши́веть.

**оплодотвор||éние** *с.* fècùndátion [fiː-], ìmprègnátion; (*о почве тж.*) fèrtilizátion [-laɪ-]. **~и́ть(ся)** *сов. см.* оплодотворя́ть(ся).

**оплодотворя́ть,** оплодотвори́ть (*вн.*) fécùndàte ['fiː-] (*d.*); ímprègnàte (*d.*); (*о почве тж.*) fértilìze (*d.*); (*перен.*) en:génder crèátive thoughts (in), en:génder a concéption (in). **~ся,** оплодотвори́ться **1.** get* / become* imprégnate; **2.** *страд. к* оплодотворя́ть.

**опломбировáть** *сов.* (*вн.*) seal (*d.*).

**оплóт** *м.* stróng:hòld, búlwark; ~ ми́ра stróng:hòld of peace.

**оплошáть** *сов. разг.* make* a místáke; fail.

**оплóшность** *ж.* ìnadvértence, négligence; сдéлать ~ take* a false step [...fɔː-...].

**оплывáть** I, оплы́ть (*вн.*; *проплыть вокруг*) swim* (round); (*на лодке, корабле и т. п.*) sail (round).

**оплывáть** II, оплы́ть **1.** (*отекать*) swell* up, become* swóllen [...-ou-]; **2.** (*о свече*) gútter.

**оплы́ть** I, II *сов. см.* оплывáть I, II.

**оповести́ть** *сов. см.* оповещáть.

**оповещ||áть,** оповести́ть (*вн.*) nótifỳ ['nou-] (*d.*). **~éние** *с.* nòtificátion [nou-].

**поганить** *сов.* (*вн.*) *разг.* befóul (*d.*), defíle (*d.*).

**опóек** *м.* (*кожа*) cálf-leather ['kɑːfle-], cálf-skìn ['kɑːf-].

**опоздá||вший 1.** *прич. см.* опáздывать; **2.** *м. как сущ.* láte-còmer [-kʌ-]. **~ние** *с.* bé:ing / coming late; (*задержка*) deláy, rè:tardátion; без ~ния in time; с ~нием на час an hour late [...auə...]; у негó нет ни одногó ~ния he has never been late once [...wʌns], he has never failed to come / repórt exáctly on time.

**опоздáть** *сов. см.* опáздывать 1.

**опознавáтельный:** ~ знак lándmàrk; *мор.* béacon; *ав.* (*на крыльях самолёта*) wing márking.

**опозн||авáть,** опознáть (*вн.*) ìdéntifỳ [aɪ-] (*d.*). **~áние** *с.* ìdèntificátion [aɪ-]. **~áть** *сов. см.* опознавáть.

**опозóрить(ся)** *сов. см.* позóрить(ся).

**опои́ть** *сов. см.* опáивать.

**опóйковый** *прил. к* опóек.

**ополáскивать,** ополоснýть (*вн.*) rinse (*d.*), swill (*d.*).

**оползáть** I, оползти́ (*вн.*; *вокруг*) crawl (round).

**оползáть** II, оползти́ (*оседать*) slip.

**óползень** *м.* lándslide, lándslip.

**оползти́** I, II *сов. см.* оползáть I, II.

**ополосну́ть** *сов. см.* ополáскивать.

**ополч||áться,** ополчи́ться (на *вн.*, прóтив) take* up arms (agáinst); (*перен.*) be up in arms (agáinst). **~éнец** *м.* people's / cívil / home guárds¦man* [pi:-...]. **~éние** *с.* milítia; home guard; нарóдное ~éние people's vòluntéer corps* [pi:-...kɔ:]. **~и́ться** *сов. см.* ополчáться.

**опóмниться** *сов.* (*прям. и перен.*) come* to one's sénses, colléct òne¦sélf.

**опóр** *м.*: во весь ~ at full / top speed.

**опóр||а** *ж.* (*прям. и перен.*) suppórt; *тех.* suppórt, béaring ['bɛə-]; (*моста*) pier [pɪə]; береговáя ~ (*моста*) abútment; тóчка ~ы *физ.* (*тж. перен.*) fúlcrum (*pl.* -ra); *тех. тж.* béaring ['bɛə-]; найти́ тóчку ~ы (*перен.*) gain a fóothòld [...'fut-].

**опорáжнивать,** опорóжнить (*вн.*) émpty (*d.*); (*выпивать содержимое стакана и т. п.*) toss off (at a draught) [...-ɑ:ft] (*d.*); (*о кишечнике, мочевом пузыре*) evácuàte (*d.*). **~ся,** опорóжниться **1.** become* émpty; **2.** *страд. к* опорáжнивать.

**опóрки** *мн.* (*ед.* опóрок *м.*) rágged fóot-wear [...'futwɛə] *sg.*

**опóрный** *прил. к* опóра; ~ пункт base [-s]; *воен.* strong point.

**опорóжн||ить(ся)** *сов. см.* опорáжнивать (-ся). **~я́ть(ся)** = опорáжнивать(ся).

**опорóс** *м.* fárrow; за оди́н ~ at one fárrow.

**опороси́ться** *сов. см.* пороси́ться.

**опорóчить** *сов. см.* порóчить.

**опосты́ле||ть** *сов.* (*дт.*) grow* háte¦ful [-ou...] (to); всё емý ~ло he is sick (to death) of évery¦thing [...deθ...].

**опохмели́ться** *сов. см.* опохмеля́ться.

**опохмел||я́ться,** опохмели́ться *разг.* take* a drink "the mórning-àfter"; take* a hair of the dog that bit you *идиом.*; он хóчет ~и́ться he feels like táking a drop for his bad head [...hed].

**опочи́ть** *сов. уст.* **1.** (*уснуть*) go* to sleep; **2.** (*умереть*) pass a¦wáy.

**опошлéние** *с.* vùlgarizátion [-raɪ-], debásing [-s-].

**опошлéть** *сов. см.* пошлéть.

**опóшлить(ся)** *сов. см.* опошля́ть(ся).

**опошля́ть,** опóшлить (*вн.*) vúlgarìze (*d.*), debáse [-s] (*d.*). **~ся,** опóшлиться **1.** become* vúlgar; **2.** *страд. к* опошля́ть.

**опоя́сать(ся)** *сов. см.* опоя́сывать(ся).

**опоя́сывать,** опоя́сать (*вн.*) gird* [g-] (*d.*), begírd* [-'g-] (*d.*), gírdle [g-] (*d.*); (*окружать*) surróund (*d.*), en¦gírd(le) [-'g-] (*d.*). **~ся,** опоя́саться **1.** (*тв.*) gird* òne¦sélf [g-...] (with); **2.** *страд. к* опоя́сывать.

**оппозици||онéр** *м.* òppositionist [-'zɪ-]. **~óнный** *прил. к* оппози́ция; *тж.* òppositional [-'zɪ-].

**оппози́ция** *ж.* òpposítion [-'zɪ-].

**оппон||éнт** *м.* oppónent, crític. **~и́ровать** (*дт.*) act as oppónent (to), oppóse (*d.*).

**оппортун||и́зм** *м.* tíme-sèrving, óppòrtùnism. **~и́ст** *м.* tíme-sèrver, óppòrtùnist. **~исти́ческий, ~и́стский** tíme-sèrving; óppòrtùnist (*attr.*).

**опрáв||а** *ж.* sétting, móunting, cásing [-s-]; (*очков и т. п.*) rim; в ~е móunted; встáвить в ~у (*вн.*) set* (*d.*), mount (*d.*); очки́ без ~ы rím¦less glásses.

**оправд||áние** *с.* **1.** jùstificátion; **2.** *юр.* acquíttal, dis¦chárge; **3.** (*извинение, объяснение*) excúse [-s]; э́то не ~ that is no excúse. **~áтельный:** ~áтельный приговóр vérdict of "not guilty"; ~áтельный докумéнт (cóvering) vóucher ['kʌ-...].

**оправдáть(ся)** *сов. см.* оправдывать(ся).

**опрáвд||ывать,** оправдáть (*вн.*) **1.** jústifỳ (*d.*); wárrant (*d.*); ~ надéжды jústifỳ hopes; ~ довéрие когó-л. jústifỳ smb.'s cónfidence / trust; ~áть себя́ (*о методе и т. п.*) prove its válue [pru:v...]; (*окупиться*) pay* for ìt¦sélf; ~áть себя́ на прáктике démonstràte its válue in práctice; ~áть расхóды pay* the expénses; **2.** (*о подсудимом*) acquít (*d.*); **3.** (*извинять*) excúse (*d.*). **~ываться,** оправдáться **1.** jústifỳ òne¦sélf; ~ываться пéред кем-л. make* excúses to smb. [...-sɪz...], set* / put* òne¦sélf right with smb.; ~ываться незнáнием *юр.* plead ígnorance; **2.** (*оказываться правильным, пригодным*) come* true; теóрия ~áлась the théory proved to be corréct [...'θɪə- pru:-...]; расхóды ~áлись it was worth the expénse; э́ти расчёты не ~áлись these càlculátions proved to be wrong; э́ти надéжды не ~áлись these hopes were not réalìzed [...'rɪə-].

**опрáвить(ся)** *сов. см.* оправля́ть(ся).

**опрáвка** *ж. тех.* mándrel, árbor.

**оправля́ть,** опрáвить **1.** (*поправлять*) set* right (*d.*); put* in órder (*d.*); **2.** (*вставлять в оправу*) set* (*d.*), mount (*d.*). **~ся,** опрáвиться **1.** (*от болезни, страха и т. п.*) recóver [-'kʌ-]; pick up *разг.*; **2.** (*поправлять платье и т. п.*) put* (one's dress, *etc.*) in órder.

**опрáшивать,** опроси́ть (*вн.*) intérrogàte (*d.*); exámine (*d.*); ~ свидéтелей (cróss-)exámine the wítnesses.

**определéние** *с.* **1.** (*формулировка*) detèrminátion; dèfinítion; **2.** *грам.* áttribùte; **3.** *юр.* decísion.

**определённ||о** *нареч.* définite¦ly; ~ знать что-л. know* smth. définite¦ly [nou...], know* smth. for cértain; не могý обещáть ~ cánnòt pósitive¦ly prómise [...-z- -s]. **~ый 1.** *прич. см.* определя́ть; **2.** *прил.* définite; ~ый отвéт définite ánswer [...'ɑ:nsə]; ~ый зáработок fixed éarnings [...'ə:-] *pl.*; ~ый член *грам.* définite árticle; **3.** *прил.* (*некоторый*) cértain; при ~ых услóвиях únder cértain condítions.

**определ||и́мый** definable. **~и́тель** *м. мат.* detérminant. **~и́ть(ся)** *сов. см.* определя́ть(ся).

**определ||я́ть,** определи́ть (*вн.*) **1.** define (*d.*); detérmine (*d.*); ~ болéзнь díagnòse *a* diséase [...-'zi:z]; ~ расстоя́ние на глаз judge / éstimàte the dístance; **2.** (*устанавливать*) detérmine (*d.*), fix (*d.*); спрос ~я́ет предложéние demánd detérmines supplý [-ɑ:nd...]; ~ дáту fix *the* date; ~и́ть дóлю, пай assígn / allót *a* share [ə'saɪn...]; **3.** *уст.* (*назначать, устраивать*) appóint (*d.*), put* (*d.*); ~и́ть на слýжбу appóint (*d.*); ~и́ть мáльчика в шкóлу put* / send* *a* boy to school. **~я́ться,** определи́ться **1.** (*о характере*) be / become* fórmed; (*о положении*) take* shape; (*становиться ясным, определённым*) clárifỳ ìt¦sélf;

2. *уст.* (*на службу*) get* a place, get* emplóyment; 3. (*определять своё местонахождение*) find* one's posítion [...-'zɪ-]; 4. *страд. к* определя́ть.

**опресн||е́ние** *с.*: ~ воды́ fréshening of wáter [...'wɔ:-], wáter-frèshening ['wɔ:-]. **~и́тель** *м. тех.* wáter-frèshener ['wɔ:-].

**опресни́ть** *сов. см.* опресня́ть.

**опре́сноки** *мн. церк.* ún|léavened bread [-'le- bred] *sg.*

**опресня́ть,** опресни́ть (*вн.*): ~ во́ду fréshen wáter [...'wɔ:-].

**опри́ч||ина** *ж.* = опри́чнина. **~ник** *м. ист.* opritchnik (*in Russia in the reign of tsar Ivan IV*).

**опри́чнина** *ж. ист.* opritchina (*in Russia in the reign of tsar Ivan IV*).

**опро́бование** *с. тех.* tésting.

**опро́бовать** *сов.* (*вн.*) *тех.* test (*d.*).

**опроверга́ть,** опрове́ргнуть (*вн.*) refúte (*d.*), disprо́ve [-u:v] (*d.*).

**опрове́ргнуть** *сов. см.* опроверга́ть.

**опроверже́ние** *с.* rèfutátion, disproóf, deníal, ~ заявле́ния rèfutátion of *a* státe|ment.

**опроки́дыватель** *м. тех.* típper, típpler.

**опроки́дывать,** опроки́нуть (*вн.*) 1. òver|túrn (*d.*), tipple (*d.*), topple óver (*d.*); (*перен.*; *о планах и т. п.*) frústràte (*d.*); 2. *воен.* òver|rún* (*d.*). **~ся,** опроки́нуться 1. òver|túrn; tip óver; (*о судне*) càpsíze; 2. *страд. к* опроки́дывать.

**опроки́нуть(ся)** *сов. см.* опроки́дывать(ся).

**опроме́тчив||ость** *ж.* precípitance, ráshness. **~ый** precípitate, rash, hásty ['heɪ-], in|consíderate; ~ый посту́пок rash / thóughtless áction.

**о́прометью** *нареч.* héadlòng ['hed-]; ~ вы́бежать из ко́мнаты rush héadlòng out of the room.

**опро́с** *м.* interrógatory, ín|quèst; всенаро́дный ~ nátional rèferéndum ['næ-...]. **~и́ть** *сов. см.* опра́шивать. **~ный:** ~ный лист quèstionnáire [kestɪə'nɛə]; (*для показаний*) interrógatory.

**опроста́ть** *сов.* (*вн.*) *разг.* émpty (*d.*), remóve the conténts [-'mu:v...] (of).

**опрости́ться** *сов. см.* опроща́ться.

**опростоволо́ситься** *сов. разг.* make* *a* fool of òne|sélf.

**опротестова́ть** *сов. см.* опротесто́вывать.

**опротесто́вывать,** опротестова́ть (*вн.*) 1. (*о векселе*) protést (*d.*); 2. *юр.* (*о решении суда*) appéal agáinst the decísion of the court [...kɔ:t].

**опроти́в||еть** *сов.* become* lóath|some / repúlsive [...-ð-...]; ему́ э́то ~ело he is sick of it.

**опроща́ться,** опрости́ться take* to plain líving [...'lɪv-].

**опры́ск||ать(ся)** *сов. см.* опры́скивать(ся). **~иватель** *м. с.-х.* spráy(er).

**опры́скивать,** опры́скать (*вн.*) (be)sprinkle (*d.*), spray (*d.*). **~ся,** опры́скаться 1. sprinkle / spray òne|sélf; 2. *страд. к* опры́скивать.

**опря́тный** neat, tídy.

**оптати́вный** *грам.* óptative.

**опта́ц||ия** *ж.* optátion, óption; пра́во ~ии right of optátion.

**о́птик** *м.* optícian.

**о́птика** *ж.* óptics.

**оптима́льный** óptimum (*attr.*).

**оптим||и́зм** *м.* óptimism. **~и́ст** *м.* óptimist. **~исти́ческий** òptimístic, sánguine [-gwɪn].

**опти́ровать** *несов. и сов.* (*вн.*) choose* (*d.*), make* one's choice (of), decide (*d.*).

**опти́ческий** óptical; ~ обма́н óptical illúsion.

**оптови́к** *м.* whóle|sàle déaler ['houl-...], whóle|sàler ['houl-].

**опто́в||ый** whóle|sàle ['houl-]; ~ая торго́вля whóle|sàle trade; ~ магази́н whóle|sàle store; ~ые це́ны whóle|sàle príces.

**о́птом** *нареч.* whóle|sàle ['houl-]; ~ и в ро́зницу whóle|sàle and ré|tail.

**опубликова́||ние** *с.* pùblicátion [pʌ-]; (*о законе*) pròmulgátion. **~ть** *сов. см.* опублико́вывать *и* публикова́ть.

**опублико́вывать,** опубликова́ть (*вн.*) públish ['pʌ-] (*d.*); make* públic [...'pʌ-] (*d.*); (*о законе*) prómulgàte (*d.*).

**о́пус** *м. муз.* ópus.

**опуска́ть,** опусти́ть (*вн.*) 1. lówer ['louə] (*d.*); sink* (*d.*); (*о шторе и т. п.*) let* / draw* down (*d.*), pull down [pul...] (*d.*); ~ письмо́ post *a* létter [poust...]; опусти́ть моне́ту в автома́т drop *the* coin in *the* slot; ~ го́лову hang* one's head [...hed]; ~ глаза́ drop one's eyes [...aɪz]; look down; ~ перпендикуля́р (на *вн.*) *мат.* drop a pèrpendícular (on); 2. (*пропускать*) omít (*d.*); 3. (*откидывать*; *о воротнике и т. п.*) turn down (*d.*). **~ся,** опусти́ться 1. sink*; (*падать*) fall*; (*сходить*) go* down; ~ся в кре́сло drop / sink* into *a* chair; ~ся на коле́ни kneel*; 2. (*морально*) degéneràte; go* to seed *идиом.*; ◇ у него́ ру́ки опусти́лись he lost heart [...hɑ:t].

**опускн||о́й** móvable ['mu:-]; ~а́я дверь tráp-door [-dɔ:].

**опусте́||лый** desérted [-'z-]. **~ть** *сов. см.* пусте́ть.

**опусти́вшийся** 1. *прич. см.* опуска́ться; 2. *прил.* degráded; a degráded pérson, a man* who has gone to seed [...gɔn...] *идиом.*

**опусти́ть(ся)** *сов. см.* опуска́ть(ся).

**опустош||а́ть,** опустоши́ть (*вн.*) dévastàte (*d.*), rávage (*d.*), lay* waste [...weɪ-] (*d.*). **~е́ние** *с.* dèvastátion, rávage. **~ённый** *прич. и прил.* dévastàted, wásted ['weɪ-]; *прил. тж.* (*душевно*) spíritually bánkrùpt; (*нравственно*) without móral báckbòne [...'mɔ-...]. **~и́тельный** dévastàting. **~и́ть** *сов. см.* опустоша́ть.

**опу́тать** *сов. см.* опу́тывать.

**опу́тывать,** опу́тать (*вн. тв.*) enmésh (*d.* in), entángle (*d.* in) (*тж. перен.*); (*обматывать*) wind* (round *d.*).

**опуха́ть,** опу́хнуть swell*.

**опу́хнуть** *сов. см.* опуха́ть.

**о́пухоль** *ж.* swélling; túmour *мед.*

**опушённый** *прич.* (*тж. как прил.*) *см.* опуши́ть; ~ ме́хом fúr-trimmed, edged with fur.

**опуши́ть** *сов.* (*вн.*) 1.: ~ ме́хом edge / trim with fur (*d.*); 2.: ~ сне́гом pówder with snow [...snou] (*d.*); ~ и́неем cóver with hóar-fróst ['kʌ-...] (*d.*).

**опу́шка** I *ж.* (*леса*) bórder / edge of *a* fórest / wood [...'fɔ- wud].

**опу́шка** II *ж.* (*отделка*) trímming, édging.

**опуще́ние** *с.* 1. (*пропуск*) omíssion; 2. *мед.* prolápsus; ~ ма́тки prolápsus of the úterus.

**опу́щенный** 1. *прич. см.* опуска́ть; 2. *прил.*: как в во́ду ~ créstfàll¦en.

**опыл||е́ние** *с. бот.* pòllinátion. **~и́тель** *м. бот.* póllinàtor, póllinìzer. **~и́ть** *сов. см.* опыля́ть.

**опыля́ть,** опыли́ть (*вн.*) *бот.* póllinàte (*d.*).

**о́пыт** *м.* **1.** expériment, test, tríal; производи́ть ~ы expérimènt, expèriméntalize; **2.** (*практика*) expérience; жите́йский ~ knówledge of life ['nɔ-...]; ~ войны́ expérience of war; боево́й ~ battle expérience; убеди́ться на ~е know* by expérience [nou...]; перенима́ть чей-л. ~ adópt smb.'s méthods; передово́й ~ progréssive méthods / innovátions *pl.*

**о́пытно-показа́тельный** módel-expèriméntal ['mɔ-].

**о́пытн||ость** *ж.* expérience; (*умение*) profíciency. **~ый** **1.** (*о человеке*) expérienced; **2.** (*экспериментальный*) expèriméntal; ~ая ста́нция expériment státion.

**опьяне́||лый** intóxicàted. **~ние** *с.* intòxicátion.

**опьяне́ть** *сов. см.* пьяне́ть.

**опьяни́ть** *сов. см.* опьяня́ть *и* пьяни́ть.

**опьян||я́ть,** опьяни́ть (*вн.*) intóxicàte (*d.*); make* drunk (*d.*); (*перен.*) make* dizzy (*d.*); успе́х ~и́л его́ succéss turned his head [...hed]. **~я́ющий** *прич. и прил.* intóxicàting; *прил. тж.* héady ['hedɪ].

**опя́ть** *нареч.* agáin; ~ же besídes.

**опя́ть-таки** *разг.* but agáin; besídes.

**ора́ва** *ж. разг.* crowd.

**ора́кул** *м.* óracle.

**орангута́нг** *м.* oráng-outang [-uːt-].

**ора́нжевый** órange.

**оранжере́я** *ж.* hót¦house* [-s], gréen¦house* [-s], consérvatory.

**ора́тор** *м.* órator, (públic) spéaker ['pʌ-...].

**орато́рия** *ж. муз.* òratório.

**ора́торск||ий** *прил. к* ора́тор; *тж.* òratórical; ~ое иску́сство óratory.

**ора́торствовать** òráte, harángue.

**ора́ть** *разг.* yell; ~ во всё го́рло yell / shout at the top of one's voice.

**орби́та** *ж.* órbit.

**о́рган** *м.* **1.** (*в разн. знач.*) órgan; ~ы ре́чи órgans of speech; ~ы пищеваре́ния digéstive órgans; ежедне́вные ~ы печа́ти the dáily órgans of the press; **2.** (*об учреждении, комиссии*) bódy ['bɔ-], ágency ['eɪ-]; ~ы вла́сти góvernment bódies ['gʌ-...]; законода́тельный ~ législàtive bódy; исполни́тельный ~ ágency; ме́стные ~ы lócal bódies; руководя́щие ~ы diré́cting / léading bódies.

**орга́н** *м. муз.* órgan.

**организа́тор** *м.* órganìzer. **~ский** *прил. к* организа́тор; ~ский тала́нт tálent for òrganìzátion ['tæ-... -naɪ-]; ~ская де́ятельность work of òrganìzátion; òrganìzátional àctívities [-naɪ-...] *pl.*

**организацио́нн||ый** *прил. к* организа́ция; ~ое бюро́ òrganìzátion buréau [-naɪ- -'rou]; ~ые вы́воды práctical con¦clúsions.

**организа́ция** *ж.* (*в разн. знач.*) òrganìzátion [-naɪ-]; Организа́ция Объединённых На́ций, ООН Ùnited Nátions Òrganìzátion, UNO.

**органи́зм** *м.* órganism.

**организо́ванн||ость** *ж.* òrganìzátion [-naɪ-]; (*человека*) sélf-díscipline. **~ый** **1.** *прич. см.* организова́ть; **2.** *прил.* órganìzed; ~ое проведе́ние се́ва effícient òrganìzátion of sówing [...-naɪ-...'sou-]; хорошо́ ~ый smóoth-rùnning [-ð-]; **3.** *прил.* (*дисциплинированный*) órderly, dísciplined.

**организова́ть** *несов. и сов.* (*вн.*) órganìze (*d.*); ~ экску́рсию, конце́рт *и т. п.* arránge *an* excúrsion, *a* cóncert, *etc.* [ə'reɪndʒ...]. **~ся** be / become* órganìzed.

**органи́ст** *м.* órganist.

**органи́ческ||ий** òrgánic; ~ая хи́мия òrgánic chémistry [...'ke-]; ~ое це́лое íntegral whole [...houl].

**орга́нный** *прил. к* орга́н.

**органотерапи́я** *ж.* òrganothérapy, òrganothèrapéutics.

**оргбюро́** *с. нескл.* (организацио́нное бюро́) òrganìzátion buréau [-naɪ- bjuə'rou].

**оргвы́воды** *мн.*=организацио́нные вы́воды *см.* организацио́нный.

**о́ргия** *ж.* órgy.

**орграбо́та** *ж.* (организацио́нная рабо́та) òrganìzátion¦al work [-naɪ-...].

**орда́** *ж.* horde.

**о́рден** I *м.* (*знак отличия*) órder; dècorátion; ~ Ле́нина Órder of Lénin; ~ Кра́сного Зна́мени Órder of the Red Bánner; ~ Оте́чественной Войны́ Órder of the Pàtriótic War; ~ Трудово́го Кра́сного Зна́мени Órder of the Red Bánner of Lábour; ~ Кра́сной Звезды́ Órder of the Red Star; ~ «Знак Почёта» the Badge of Hónour [...'ɔnə]; получи́ть ~ be décoràted with *an* órder.

**о́рден** II *м.* (*организация*) órder; иезуи́тский ~ órder of the Jésuits [...-z-], Society of Jésus [...-z-].

**о́рден** III *м. арх.* órder; дори́ческий ~ Dóric órder; иони́ческий ~ Ìónic órder; кори́нфский ~ Corínthian órder.

**орденоно́с||ец** *м.* órder-bearer [-bɛə-]. **~ный** décoràted / invésted with an órder.

**о́рденск||ий** *прил. к* о́рден I, II; ~ая ле́нта ríbbon.

**о́рдер** I *м.* (*документ*) wárrant; órder; *юр.* writ; ~ на поку́пку cóupòn ['kuː-].

**о́рдер** II *м.*=о́рден III.

**ордина́р** *м. тк. ед.* nórmal lèvel [...'le-].

**ордина́рец** *м. воен.* órderly; striker *амер.*

**ордина́рный** órdinary.

**ордина́та** *ж. мат.* órdinate.

**ордина́тор** *м.* intérn.

**орёл** *м.* eagle; го́рный ~ móuntain eagle, eagle of the heights [...haɪts]; ◇ ~ и́ли ре́шка? heads or tails? [hedz...].

**орео́л** *м.* hálò.

**оре́х** *м.* **1.** (*плод*) nut; коко́совый ~ cóco-nùt; лесно́й ~, обыкнове́нный ~ házel-nùt; муска́тный ~ nútmèg; гре́цкий ~ wálnut; **2.** (*дерево*) nút-tree; (*материал*) wálnut; ◇ ему́ доста́лось на ~и *разг.* he got it hot.

**оре́ховка** *ж.* (*птица*) nút-cràcker.

**оре́хов||ый** *прил. к* оре́х; ~ое де́рево nút-tree; (*о материале*) wálnut; ~ого цве́та nút-brown; ~ое моро́женое nút-flávour¦ed íce-créam; ~ое ма́сло nút-oil; ~ая скорлупа́ nútshèll.

**орехотво́рка** *ж. зоол.* gáll-flỳ.

**оре́ш||ек** *м. уменьш. от* оре́х 1; черни́льный ~ óak-gàll, nút-gàll. **~ник** *м.* **1.** nút-tree; **2.** (*заросль*) nút-gròve.

**оригина́л** *м.* **1.** (*подлинник*) original; **2.** *разг.* (*о человеке*) eccéntric pérson; он большо́й ~ he is very eccéntric.

**оригина́льн||ичать** *разг.* try to be original / ùnique [ju:'ni:k]; have affécted mánners. **~ый** (*в разн. знач.*) original.

**ориент||али́ст** *м.* òriéntalist. **~а́льный** òriéntal.

**ориента́ц||ия** *ж.* òrièntátion; потеря́ть ~ию lose* one's béarings [lu:z... 'bɛə-].

**ориенти́р** *м.* **1.** (*прибор*) órièntàtor; **2.** *воен.* réference-point.

**ориенти́ровать** *несов. и сов.* (*вн.*) óriènt (*d.*), órièntàte (*d.*). **~ся** órièntàte òneśélf; (на *вн.*; *перен.*) be guided (by), take* one's cue (from), páttern one's beháviour (on); ~ся на ме́стности *воен.* find* one's béarings on the ground [...'bɛə-...].

**ориентиро́вка** *ж.* óriènting.

**ориентиро́вочн||о** *нареч.* as a guide; гру́бо ~ as a rough guide [...rʌf...]. **~ый** téntative.

**Орио́н** *м. астр.* Orion.

**орке́стр** *м.* órchestra ['ɔ:k-]; (*духовой*) brass band; ~ ру́сских наро́дных инструме́нтов Rússian folk órchestra [-ʃən...]. **~а́нт** *м.*, **~а́нтка** *ж.* mémber of *an* órchestra [...'ɔ:k-].

**оркестр||ова́ть** *несов. и сов.* (*вн.*) órchestràte ['ɔ:k-] (*d.*). **~о́вка** *ж.* òrchèstrátion [ɔ:k-]. **~о́вый** *прил. к* орке́стр; *тж.* òrchéstral [-'ke-].

**орла́н** *м. зоол.* sea eagle; bald eagle *амер.*

**орл||ёнок** *м.* éaglet. **~и́ный** *прил. к* орёл; *тж.* áquilìne; ~и́ный взгляд eagle eye [...aɪ]; ~и́ный нос áquilìne nose. **~и́ца** *ж.* shé-eagle, fémàle eagle ['fi:-...].

**орля́нк||а** *ж.* pitch-and-tóss; игра́ть в ~у play pitch-and-tóss.

**орля́та** *мн. см.* орлёнок.

**орна́мент** *м.* décorative páttern / design [...-'zaɪn]; órnament. **~а́льный** òrnaméntal. **~а́ция** *ж.* òrnamèntátion.

**орнаменти́ровать** *несов. и сов.* (*вн.*) órnamènt (*d.*).

**орнито́||лог** *м.* òrnithólogist. **~логи́ческий** òrnithológical. **~ло́гия** *ж.* òrnithólogy.

**орнитопте́р** [-тэ́р] *м. ав.* òrnithópter.

**оробе́ть** *сов.* be / become* frightened, grow* tímid [-ou...].

**орографи́ческий** òrográphic(al).

**орогра́фия** *ж.* òrógraphy.

**оросительн||ый** írrigàting, írrigatory; írrigàtive; ~ая систе́ма ìrrigátion sýstem; ~ кана́л ìrrigátion canál.

**ороси́ть** *сов. см.* ороша́ть.

**орош||а́ть,** ороси́ть (*вн.*) wáter ['wɔ:-] (*d.*), írrigàte (*d.*); (*перен.*) wash (*d.*); ~ слеза́ми wash with tears (*d.*). **~е́ние** *с.* ìrrigátion; иску́сственное ~е́ние àrtifícial ìrrigátion; ◇ поля́ ~е́ния séwage-fàrm *sg.*

**ортодокса́льн||ость** *ж.* órthodòxy. **~ый** órthodòx.

**ортопед||и́ст** *м.* òrthopédist [-'pi:-]. **~и́ческий** òrthopédic [-'pi:-].

**ортопе́дия** *ж.* órthopèdy.

**ору́ди||е** *с.* **1.** (*прям. и перен.*) instrument, implement; tool; ~я произво́дства implements / instruments of prodúction; сельскохозя́йственные ~я àgricúltural implements; **2.** *воен.* (*артиллерийское*) piece of órdnance [pi:s...], gun; ~я órdnance *sg.*; дальнобо́йное ~ lóng-rànge gun [-reɪ-...]; тяжёлое ~ héavy gun ['he-...]; полево́е ~ field-gùn ['fi:-], field-pìece ['fi:ldpi:s]; самохо́дное ~ sélf-propélled gun; морско́е ~ nával gun; зени́тное ~ ánti-áircràft gun; берегово́е ~ cóastal gun.

**оруди́йный** *воен.* gun (*attr.*); ~ ого́нь gun / shell fire; ~ око́п gún-entrènchment.

**ору́д||овать** *разг.* **1.** (*тв.*) handle (*d.*); (*перен.*) run* (*d.*), boss (*d.*); он там всем ~ует he bósses the whole show [...houl ʃou]; **2.** (*без доп.*) be áctive.

**оруже́йник** *м.* gúnsmìth, ármourer.

**оруже́йный** *прил. к* ору́жие; ~ заво́д small arm(s) fáctory; ~ ма́стер gúnsmìth, ármourer; Оруже́йная пала́та Ármoury.

**оружено́сец** *м. ист.* ármour-bearer [-bɛə-]; swórd-bearer ['sɔ:dbɛə-]; (*перен.*) hénchman*.

**ору́жи||е** *с.* arm; wéapon ['wep-] (*тж. перен.*); *собир.* arms *pl.*, wéapons *pl.*; подня́ть ~ be up in arms; бра́ться за ~ take* up arms; положи́ть, сложи́ть ~ lay* down arms; холо́дное ~ síde-àrms *pl.*; огнестре́льное ~ fíre-àrm(s) (*pl.*); стрелко́вое ~ small arms; коллекти́вное ~ team wéapon; к ~ю! to arms!; ~ ма́ссового уничтоже́ния wéapons of mass annìhilátion / destrúction / èxtèrminátion [...ənaɪə-...].

**орфографи́ческ||ий** òrthográphic(al); ~ая оши́бка spélling mistáke; де́лать ~ие оши́бки, писа́ть с ~ими оши́бками mis-spéll*; ~ слова́рь spélling díctionary.

**орфогра́фия** *ж.* òrthógraphy, spélling.

**орфо||эпи́ческий** òrthoèpic. **~э́пия** *ж.* órthoèpy.

**орхиде́я** [-дэ́я] *ж. бот.* órchid [-k-].

**оса́** *ж.* wasp.

**оса́д||а** *ж.* siege [si:dʒ]; снять ~у raise the siege; вы́держать ~у stand* the siege.

**осади́ть** I, II *сов. см.* осажда́ть I, II.

**осади́ть** III *сов. см.* оса́живать.

**оса́дка** *ж.* **1.** (*о почве, стене*) séttling; **2.** *мор.* (*о судне*) draught [-ɑ:ft].

**оса́дки** *мн.* (*атмосферные*) precìpitátion *sg.*

**оса́дн||ый** siege [si:dʒ] (*attr.*); ~ое положе́ние state of siege; ввести́ ~ое положе́ние decláre a state of siege; ~ое ору́дие siege-gùn ['si:dʒ-]; ~ая артилле́рия siege àrtíllery; ~ая война́ siege wár(fàre).

**оса́д||ок** *м.* séдiment, depósit [-zɪt]; (*перен.*) áfter-tàste [-teɪ-]; (*обида*) féeling of reséntment [...-'ze-]. **~очный** **1.** *хим.*, *геол.* sèdiméntary; ~очные поро́ды sèdiméntary rocks; **2.** *метеор.* precìpitátion (*attr.*).

**осажда́ть** I, осади́ть (*вн.*) lay* siege [...si:dʒ] (to); besíege [-'si:dʒ] (*d.*), besét* (*d.*), beléaguer (*d.*) (*тж. перен.*); ~ кре́пость lay* siege to *a* fórtress, besíege *a* fórtress; ~ кого́-л. про́сьбами besíege / beléaguer smb. with requésts; (*надоедать тж.*) impórtùne smb.; ~ вопро́сами ply with quéstions [...-stʃ-] (*d.*).

**осажда́ть** II, осади́ть (*вн.*) *хим.* precípitàte (*d.*).

**осажда́ться** I **1.** (*об атмосферных осадках*) fall*; **2.** *хим.* fall* out; **3.** *страд. к* осажда́ть II.

**осажда́ться** II *страд. к* осажда́ть I.

**осажда́ющий** **1.** *прич. см.* осажда́ть I; **2.** *м. как сущ.* besíeger [-'si:dʒə]; beléaguerer.

**оса́живать,** осади́ть (*вн.*; *останавливать*) check (*d.*); (*о лошади*) rein in (*d.*); (*заставлять податься назад*) back (*d.*), báckstèp (*d.*); (*перен.*) *разг.* snub (*d.*).

**оса́н||истый** pórtly. **~ка** *ж.* cárriage [-rɪdʒ], béaring ['bɛə-].

**осатане́лый** *разг.* rábid, posséssed [-'zest].

**осатане́ть** *сов. разг.* grow* rábid [-ou...], be posséssed [...-'zest].

**осва́ивать,** осво́ить (*вн.*) máster (*d.*), assímilàte (*d.*); cope (with); ~ о́пыт assímilàte the expérience; ~ произво́дство (*рд.*) órganìze / máster prodúction (of); ~ за́нятую террито́рию *воен.* digést the cónquered térritory [...-kəd...]; ~ цели́нные зе́мли, целину́ bring* new lands únder the plough, bring* new tracts of vírgin soil únder cùltivátion; ~ но́вые зе́мли ópen up, *или* devélop, new lands [...-'ve-...]. **~ся,** осво́иться **1.** (с *тв.*) make* òne:sélf famíliar (with); ~ся с обстано́вкой fit òne:sélf into the situátion; **2.** (*без доп.*) feel* éasy / cómfortable [...'iːzɪ 'kʌm-]; **3.** *страд. к* осва́ивать.

**осведоми́тель** *м.* infórmant, intélligencer, infórmer; stag *разг.* **~ный** infórmative.

**осве́дом||ить(ся)** *сов. см.* осведомля́ть(ся). **~ле́ние** *с.* ìnformátion, nòtificátion [nou-]. **~лённый 1.** *прич. см.* осведомля́ть; **2.** *прил.* (в *пр.*; *знающий*) versed (in), convérsant (with).

**осведомля́ть,** осве́домить (*вн.* о *пр.*) infórm (*d.* of): **~ся,** осве́домиться (о *пр.*) **1.** in:quíre (abóut), want to know [...nou] (abóut); **2.** *страд. к* осведомля́ть.

**освежа́ть,** освежи́ть (*вн.*; *в разн. знач.*) refrésh (*d.*); ~ в па́мяти refrésh one's mémory (abóut, of). **~ся,** освежи́ться **1.** refrésh òne:sélf; **2.** *страд. к* освежа́ть.

**освежева́ть** *сов. см.* свежева́ть.

**освежи́тельн||ый** refréshing; ~ые напи́тки refréshing drinks, refréshers.

**освежи́ть(ся)** *сов. см.* освежа́ть(ся).

**освети́тельн||ый** illúminàting; ~ снаря́д illúminàting shell, star shell; ~ая бо́мба cándle bomb.

**освети́ть(ся)** *сов. см.* освеща́ть(ся).

**освещ||а́ть,** освети́ть (*вн.*) light* up (*d.*), illúminàte (*d.*), illúmine (*d.*); (*перен.*: *вопрос и т. п.*) elúcidàte (*d.*), throw* light [-ou...] (up:ón); ~ённый га́зом gás:lìt; ~ённый звёздами stárlit; ~ённый луно́й móonlìt; ~ённый свеча́ми cándle-lit; ~ённый со́лнцем sún:lìt; ~ вопро́сы deal* with quéstions [...-stʃənz], take* up quéstions.

**освеща́ться,** освети́ться **1.** light* up, bríghten; **2.** *страд. к* освеща́ть.

**освеще́ние** *с.* (*действие и устройство*) light, líghting, illùminátion; (*перен.*) elùcidátion; (*истолкование*) intèrpretátion; га́зовое ~ gás-light(ing); электри́ческое ~ eléctric light(ing); кероси́новое ~ oil / páraffin light (-ing); kérosène light(ing) *амер.*; иску́сственное ~ àrtifícial light(ing), àrtifícial illùminátion; непра́вильное ~ вопро́са wrong tréatment of *the* quéstion [...-stʃən].

**освиде́тельствование** *с.* exàminátion.

**освиде́тельствовать** *сов.* (*вн.*) exámine (*d.*).

**освиста́ть** *сов. см.* осви́стывать.

**осви́стывать,** освиста́ть (*вн.*) hiss (*d.*), cátcàll (*d.*); ~ актёра hiss *an* áctor off the stage, cátcàll *an* áctor.

**освободи́тель** *м.* líberàtor. **~ный** líberatory; emàncipátion (*attr.*); ~ное движе́ние liberátion / emàncipátion móve:ment [...'muː-]; ~ная война́ war of liberátion; ~ная ми́ссия líberàting míssion.

**освободи́ть(ся)** *сов. см.* освобожда́ть(ся).

**освобожд||а́ть,** освободи́ть (*вн.*) **1.** líberàte (*d.*); emáncipàte (*d.*); (*выпускать*) set* free (*d.*); reléase [-s] (*d.*); ~ арестóванного dismíss / dis:chárge *a* prísoner [...-ɪz-]; **2.** (*избавлять*) free (*d.*); ~ от упла́ты долго́в relèase from debts [...dets] (*d.*); **3.:** ~ кого́-л. от занима́емой до́лжности relíeve smb. of his post [-'liːv... poust]; освободи́ть от обя́занностей relèase from the dúties (*d.*); **4.:** ~ помеще́ние (*выезжать*) vacáte the prémises [...-sɪz]; clear out *разг.*; ◊ ~ённый рабо́тник (*профсоюзной и т. п. организации*) fúll-time wórker / offícial (*in a trade-union organization, etc.*). **~а́ться,** освободи́ться **1.** get* / become* free; make* òne:sélf free; **2.** *страд. к* освобожда́ть. **~е́ние** *с.* **1.** liberátion; emàncipátion; relèase [-s]; (*о заключённом*) dis:chárge; гру́ппа «Освобожде́ние Труда́» "Emàncipátion of Lábour" group [...gruːp]; **2.** (*избавление*) liberátion, delíverance; **3.** (*о помещении и т. п.*) evàcuátion.

**освое́н||ие** *с.* mástering, cóping, assìmilátion; ~ о́пыта assímilàting of expérience; ~ но́вых ме́тодов произво́дства mástering / assímilàting of new méthods of prodúction; ~ произво́дства (*рд.*) pútting into prodúction (*d.*); промы́шленное ~ месторожде́ний *и т. п.* indústrial èxploitátion of depósits, *etc.* [...-z-]; тра́нспортное ~ реки́ máking *a* ríver návigable [...'rɪ-...]; ~ цели́нных и за́лежных земе́ль devélopment of vírgin and ún:úsed lands; ~ но́вых земе́ль ópen:ing up, *или* devéloping, of new lands; райо́ны ~ия цели́нных и за́лежных земе́ль dístricts cúltivàting vírgin and ún:úsed lands.

**осво́ить(ся)** *сов. см.* осва́ивать(ся).

**освяти́ть** *сов. см.* освяща́ть.

**освяща́ть,** освяти́ть (*вн.*) sánctifỳ (*d.*), cónsecràte (*d.*).

**оседа́ние** *с.* **1.** séttling, súbsidence; **2.** (*поселение*) séttle:ment.

**оседа́ть,** осе́сть (*в разн. знач.*) settle; (*о здании тж.*) sink*; (*о пыли, росе тж.*) accúmulàte.

**оседла́ть** *сов.* **1.** *см.* седла́ть; **2.:** ~ доро́гу *воен. разг.* stráddle, *или* get* astríde, *a* road.

**осе́дл||ость** *ж.* séttled / pérmanent way of life; черта́ ~ости *ист.* the Jéwish pale. **~ый** séttled (*as opposed to nomadic*).

**осека́ться,** осе́чься (*о ружье, револьвере и т. п.*) miss fire; (*перен.*: *обрывать речь*) stop short.

**осёл** *м.* dónkey, ass.

**осело́к** *м.* **1.** (*для испытания*; *прям. и перен.*) tóuchstòne ['tʌtʃ-]; **2.** (*точильный*) whétstòne; óil-stòne; (*для бритв*) hone.

**осемене́ние** *с. с.-х.* insèminátion; иску́сственное ~ àrtifícial insèminátion.

**осени́ть** *сов. см.* осеня́ть.

**осе́нний** *прил. к* о́сень; *тж.* autúmnal.

**о́сень** *ж.* áutumn; fall *амер.*; глубо́кая ~ late áutumn.

**о́сенью** *нареч.* in áutumn.

**осеня́ть,** осени́ть (*вн.*) **1.** *поэт., уст.* (*покрывать тенью*) òver¦shádow [-'ʃæ-] (*d.*); **2.** (*о мысли, догадке*) dawn (up¦ón); его́ осени́ло, его́ осени́ла мысль it dawned up¦ón him; he had a bráin-wàve *идиом.*

**осеребри́ть** *сов.* (*вн.*) *поэт.* sílver (*d.*).

**осе́сть** *сов. см.* оседа́ть.

**осети́н** *м.*, **~ка** *ж.* Óssèt(e). **~ский** Òssétic; ~ский язы́к Òssétic, the Òssétic lánguage.

**осётр** *м.* stúrgeon.

**осетри́на** *ж.* stúrgeon.

**осе́ч||ка** *ж.* misfíre; без **~ки** sure fire [ʃuə...]; дать ~ку miss fire.

**осе́чься** *сов. см.* осека́ться.

**оси́лить** *сов.* (*вн.*) **1.** (*побороть*) òver¦pówer (*d.*); **2.** (*справиться с чем-л.*) mánage (*d.*); (*овладеть, изучить*) máster (*d.*).

**оси́н||а** *ж.* asp. **~ник** *м.* áspen grove / wood [...wud]. **~овый** áspen; ◇ дрожа́ть как ~овый лист trémble like an áspen leaf.

**оси́н||ый** wasp's; ~ое гнездо́ hórnets' nest; потрево́жить ~ое гнездо́ stir up *a* nest of hórnets; (*перен. тж.*) bring* *a* hórnets' nest abóut one's ears; ◇ ~ая та́лия wasp waist; с ~ой та́лией wásp-wáisted.

**оси́плый** *разг.* húsky, hoarse.

**оси́п||нуть** *сов.* get* hoarse. **~ший** = оси́плый.

**осироте́лый** órphaned; (*перен.*) desérted [-'zə:t-].

**осироте́ть** *сов.* become* an órphan; (*перен.*) be desérted [...'zə:t-].

**оска́л** *м.* bared teeth *pl.*, grin.

**оска́л||ивать,** оска́лить: ~ зу́бы show* / bare one's teeth [ʃou...]. **~ить** *сов. см.* оска́ливать *и* ска́лить. **~иться** *сов.* grin; show* one's teeth [ʃou...].

**оскальпи́ровать** *сов.* (*вн.*) scalp (*d.*).

**оскanда́лить** *сов.* (*вн.*) *разг.* discrédit (*d.*), put* in an áwkward posítion [...'zɪ-] (*d.*). **~ся** *сов. разг.* cut* a poor fígure.

**оскверн||е́ние** *с.* pròfanátion. **~и́тель** *м.*, **~и́тельница** *ж.* defíler, profáner. **~и́ть** *сов. см.* оскверня́ть.

**оскверня́ть,** оскверни́ть (*вн.*) defíle (*d.*), profáne (*d.*).

**оскла́биться** *сов. разг.* grin.

**оско́лок** *м.* splínter, frágment; shíver ['ʃɪ-] *об. pl.*; ~ снаря́да shéll-splìnter.

**оско́лочн||ый** *воен.*: ~ая бо́мба fràgmentátion / pèrsonnél bomb; ~ снаря́д fràgmentátion shell; ~ое де́йствие fràgmentátion efféct.

**оско́мин||а** *ж.* dráwing / sóre¦ness of the mouth; наби́ть себе́ ~у make* one's mouth sore; наби́ть ~у кому́-л. (*перен.*) ≅ set* smb.'s teeth on edge.

**оскопи́ть** *сов. см.* оскопля́ть.

**оскопля́ть,** оскопи́ть (*вн.*) emásculàte (*d.*).

**оскорби́тель** *м.* insúlter. **~ность** *ж.* insúlting¦ness, abúsive¦ness. **~ный** insúlting, abúsive.

**оскорб||и́ть(ся)** *сов. см.* оскорбля́ть(ся). **~ле́ние** *с.* ínsùlt; (*грубое*) óutràge; нанести́ ~ле́ние (*дт.*) insúlt (*d.*); (*тяжёлое, грубое*) óutràge (*d.*); ~ле́ние де́йствием *юр.* assáult and báttery; ~ле́ние сло́вом cóntume¦ly; переноси́ть ~ле́ния bear* ínsùlts [bɛə...]. **~лённый** *прич.* (*тж. как прил.*) *см.* оскорбля́ть; ◇ ~лённая неви́нность óutràged ínnocence.

**оскорбля́ть,** оскорби́ть (*вн.*) insúlt (*d.*); (*грубо*) óutràge (*d.*). **~ся,** оскорби́ться **1.** take* offénce; **2.** *страд. к* оскорбля́ть.

**оскуд||ева́ть,** оскуде́ть grow* scarce [-ou skɛəs]. **~е́лый** scánty. **~е́ние** *с.* impóverishment.

**оскуде́ть** *сов. см.* оскудева́ть *и* скуде́ть.

**ослаб||ева́ть,** ослабе́ть wéaken, become* / grow* weak [...-ou...]; (*о напряжении, внимании*) slácken, relax. **~е́лый** *разг.* feeble, wéakened, enféebled.

**ослабе́ть** *сов. см.* ослабева́ть *и* слабе́ть.

**осла́бить** *сов. см.* ослабля́ть.

**ослабле́ние** *с.* wéakening; sláckening; (*о внимании, дисциплине*) rè¦làxátion; ~ напряже́ния sláckening of ténsion.

**ослабля́ть,** осла́бить (*вн.*) **1.** wéaken (*d.*); **2.** (*делать менее натянутым*) lóosen [-s°n] (*d.*); (*делать менее напряжённым*) reláx (*d.*); осла́бить винт lóosen *a* screw; ~ внима́ние, уси́лие, му́скулы reláx one's atténtion, éfforts, múscles [...mʌslz]; осла́бить междунаро́дную напряжённость ease / reláx / léssen / redúce ìnternátional ténsion [...'næ-...].

**осла́бнуть** = ослабе́ть *см.* ослабева́ть.

**осла́вить(ся)** *сов. см.* ославля́ть(ся).

**ославля́ть,** осла́вить (*вн.*) *разг.* defáme (*d.*), decrý (*d.*), give* a bad name (*i.*). **~ся,** осла́виться *разг.* get* a bad name / rèputátion, make* òne¦sélf notórious.

**ослёнок** *м.* foal, young of an ass [jʌŋ...].

**ослеп||и́тельный** blínding; dázzling (*тж. перен.*). **~и́ть** *сов. см.* ослепля́ть. **~ле́ние** *с.* **1.** blínding, dázzling (*ср.* ослепля́ть); **2.** (*состояние*) blínd¦ness; dazzled state. **~лённый** *прич. и прил.* blinded, dazzled (*ср.* ослепля́ть).

**ослепля́ть,** ослепи́ть (*вн.*) **1.** (*лишать зрения*) blind (*d.*); **2.** (*сильным светом; тж. перен.*) dazzle (*d.*).

**осле́пнуть** *сов.* get* blind, lose* one's sight [lu:z...]; ~ на оди́н глаз get* blind in one eye [...aɪ].

**осли́злый** clámmy.

**осли́ный** *прил. к* осёл; ásinìne *научн.*

**осли́ца** *ж.* shé-àss.

**осложн||е́ние** *с.* còmplicátion; ~е́ние по́сле боле́зни áfter-effèct of *the* íllness; боле́знь дала́ ~е́ния the pátient has còmplicátions áfter his íllness, the pátient is súffering from the áfter-effècts of his íllness. **~и́ть(ся)** *сов. см.* осложня́ть(ся).

**осложня́ть,** осложни́ть (*вн.*) cómplicàte (*d.*). **~ся,** осложни́ться **1.** become* cómplicàted; боле́знь осложни́лась còmplicátions set in; **2.** *страд. к* осложня́ть.

**ослуша́ние** *с.* disobédience.

**ослу́шаться** *сов.* (*рд.*) disobéy (*d.*).

**ослыш||аться** *сов.* hear* amíss, mis¦héar*, not hear* arìght. **~ка** *ж.* mis¦héaring, mistáke.

**осля́та** *мн. см.* ослёнок.

**осма́ливать,** осмоли́ть (*вн.*) pitch / tar round (*d.*), do óver with pitch / tar (*d.*); *мор.* pay* (*d.*).

**осма́тривать,** осмотре́ть (*вн.*) exámine (*d.*), survéy (*d.*), view [vju:] (*d.*); scan (*d.*); (*о выставке и т. п.*) see* (*d.*), inspéct (*d.*); ~ го́род see* the sights of *the* cíty [...'sɪ-]. **~ся,** осмотре́ться **1.** look abóut / round; (*перен.*

*тж.*) get* one's béarings [...'bɛə-]; **2.** *страд. к* осма́тривать.

**осме́ивать,** осмея́ть (*вн.*) ridicùle (*d.*).

**осмеле́ть** *сов. см.* смеле́ть.

**осме́л||иваться,** осме́литься dare; он не ~ится отрица́ть э́то he won't dare to denу́ it [...wount...]; ◇ ~юсь сказа́ть I make bold to say. **~иться** *сов. см.* осме́ливаться.

**осмея́||ние** *с.* móckery, derision; подве́ргнуть ~нию (*вн.*) deride (*d.*). **~ть** *сов. см.* осме́ивать.

**осмоли́ть** *сов. см.* осма́ливать.

**о́смо||с** *м. физ.* ósmòse ['ɔzmous], òsmósis [ɔz-]. **~ти́ческий** *физ.* òsmótic [ɔz-].

**осмо́тр** *м.* inspéction, súrvey, exàminátion; ~ багажа́ exàminátion of lúggage; тамо́женный ~ cústoms exàminátion; медици́нский ~ médical inspéction / exàminátion.

**осмотре́ть(ся)** *сов. см.* осма́тривать(ся).

**осмотри́тельн||ость** *ж.* circumspéction, círcumspèctness, discrétion [-'kre-]; де́йствовать с ~остью act with circumspéction, be círcumspèct, show* discrétion [ʃou...]. **~ый** círcumspèct, wáry.

**осмо́трщик** *м.* inspéctor.

**осмысле́ние** *с.* (*рд.*) trýing to ùnderstánd (*d.*), trýing to find the sense / púrport (of); (*понимание*) còmprehénsion (of), ùnderstánding (of).

**осмы́сл||енный** intélligent, sénsible; ~ отве́т intélligent / sénsible ánswer [...'ɑːnsə]; ~ вид intélligent expréssion. **~ивать** = осмысля́ть. **~ить** *сов. см.* осмысля́ть.

**осмысля́ть,** осмы́слить (*вн.*) give* a méaning (*i.*); (*истолковывать*) intérpret (*d.*); (*понимать*) còmprehénd (*d.*).

**оснасти́ть** *сов. см.* оснаща́ть.

**осна́стка** *ж. мор.* rigging.

**оснащ||а́ть,** оснасти́ть (*вн.*) fit out (*d.*); equíp (*d.*); (*о корабле*) rig (*d.*); ~ но́вой те́хникой supplу́ with néw-tу̀pe machínery [...-'ʃiː-] (*d.*). **~е́ние** *с.* equípment.

**оснащённ||ость** *ж.* bé:ing equípped, bé:ing províded with equípment; equípment; техни́ческая ~ промы́шленности téchnical equípment of índustry. **~ый** *прич. и прил.* equípped; *мор.* rigged.

**осно́в||а** *ж.* **1.** base [-s]; básis ['beɪ-] (*pl.* básès [-siːz]); foundátion; на ~е чего́-л. on the básis of smth.; на ~е ра́венства on the básis of èquálity [...iː-]; на справедли́вой ~е on an équitable / just básis; быть, лежа́ть в ~е чего́-л. be the básis of smth.; лежа́ть в ~е отноше́ний ùnderlíe* the relátions; положи́ть в ~у, приня́ть за ~у (*вн.*) assúme as a básis (*d.*), take* as a príncipled (*d.*); заложи́ть ~у lay* down the foundátions; **2.** *мн.* príncíples; fùndaméntals; ~ы ленини́зма the príncíples / foundátions of Léninism; **3.** *текст.* warp; **4.** *лингв.* stem. **~а́ние** *с.* **1.** (*действие*) foundátion; год ~а́ния year of foundátion; **2.** (*фундамент*) foundátion, base [-s]; *стр. тж.* bed, bédding; (*зубца, крыла*) root; ~а́ние коло́нны *арх.* cólumn socle; ~а́ние горы́ foot* of *a* móuntain [fut...]; разру́шить до ~а́ния (*вн.*) raze to the ground (*d.*); **3.** (*причина*) base; básis (*pl.* básès [-siːz]); grounds *pl.*, réason [-z°n]; на ~а́нии (*рд.*) on the grounds (of); на э́том ~а́нии on these grounds; на како́м ~а́нии? on what grounds?; на том ~а́нии, что on the ground that; на о́бщих ~а́ниях on a ùnivérsal básis; на ра́вных ~а́ниях with équal réason; лишено́ вся́кого ~а́ния ábsolùte:ly únfóunded; не без ~а́ния not without réason; име́ть (все) ~а́ния (+ *инф.*) have every réason (+ to *inf.*); have good cause (+ to *inf.*); у них име́ются все ~а́ния (+ *инф.*) they have every réason (+ to *inf.*); с по́лным ~а́нием with good réason; лишённый ~а́ния báse:less [-s-]; зако́н доста́точного ~а́ния *филос.* law of suffícient réason; **4.** *хим.* base; **5.** *мат.* base: ~а́ние треуго́льника base of *a* tríangle; ~а́ние логари́фмов base of lógarithms.

**основа́тель** *м.* fóunder. **~ница** *ж.* fóundress.

**основа́тельно** I *прил. кратк. см.* основа́тельный.

**основа́тельн||о** II *нареч.* thórough:ly ['θʌrə-]. **~ый 1.** (*обоснованный*) wéll-gróunded; ~ые опасе́ния just fear *sg.*; **2.** (*серьёзный*) sólid, sound, thórough ['θʌrə], substántial: ~ый челове́к sólid man*; ~ые до́воды sound / substántial árguments; ~ое изуче́ние thórough stúdy [...'stʌ-]; **3.** (*прочный*) stout, sólid; **4.** *разг.* (*изрядный*) búlky.

**основа́ть** *сов. см.* осно́вывать. **~ся** *сов. см.* осно́вываться 1.

**основн||о́й 1.** *прил.* fùndaméntal, básic ['beɪ-], cárdinal, príncipal; ~ зако́н básic law; ~а́я причи́на príncipal cause; ~а́я ма́сса (*рд.*) great bulk [greɪt...] (of); ~ы́е о́трасли промы́шленности main bránches of índustry [...'brɑː-...]; staple / básic / májor índustries; ~ы́е ви́ды проду́кции príncipal / májor ítèms of prodúction; ~а́я часть расхо́дов bulk of the expénditures; ~ капита́л *эк.* fixed cápital; ~о́е значе́ние prímary méaning ['praɪ-...]; ~а́я мысль kéynòte ['kiː-]; ~ы́е профе́ссии esséntial trades; ~ы́е цвета́ prímary cólours [...'kʌ-]; **2.** *с. как сущ.*: в ~о́м on the whole [...houl]; in the main, básically ['beɪs-].

**основополага́ющ||ий** básic ['beɪs-]; ~ие при́нципы básic príncíples.

**основополо́жник** *м.* fóunder, initiàtor.

**осно́вывать,** основа́ть **1.** (*вн.*) found (*d.*); **2.** (*вн.* на *пр.*; *доказывать*) base [-s] (*d.* on); э́то ни на чём не осно́вано it is únfóunded / gróundless. **~ся,** основа́ться **1.** (*поселяться*) settle (down); **2.** *тк. несов.* (на *пр.*; *о предположении и т. п.*) be based [...-st] (on); be fóunded (on); **3.** *страд. к* осно́вывать.

**осо́ба** *ж.* pérson; ва́жная ~ impórtant pérsonage; pérson of high rank; big shot *разг.*

**осо́бенн||о** *нареч.* **1.** (*более всего*) espécially [-'pe-]; partícularly; он ~ за́нят по вечера́м he is espécially búsy in the évenings [...'bɪzɪ... 'iːv-]; **2.** (*необычно*) ùn:úsually [-ʒ-], more than úsual [...'juːʒ-]; он сего́дня ~ бле́ден he is ùn:úsually pale to:dáy, he is more pale than úsual to:dáy; он сего́дня ве́чером ~ ве́сел he is ùn:úsually gay to:níght; ◇ не ~ not very; не ~ давно́ not very long agó. **~ость** *ж.* pecùliárity, féature; национа́льная ~ость nátional pecùliárity / féature ['næ-...]; ме́стная ~ость lócal pecùliárity / féature; ◇ в ~ости espécially [-'pe-], in partícular, (more) partícularly. **~ый** (e)spécial [-'pe-], partícular; (*необычный*) pecúliar; ◇ ничего́ ~ого nothing in particular, nothing out of the way; nothing much *разг.*; nothing to write home abóut *идиом.*

**особня́к** *м.* prívate résidence ['praɪ- -z-]; detáched house* [...-s].

**особняко́м** *нареч.* by òne:sélf; дом стоя́л ~ the house* stood by ìt:sélf [...haus stud...]; жить ~ live by òne:sélf [lɪv...]; держа́ться ~ keep* alóof.

**осо́б||о** *нареч.* **1.** (*отдельно*) apárt; **2.** (*очень*) espécially [-'pe-], particularly. **~ый 1.** (*отдельный*) spécial ['spe-]; в ~ом помеще́нии in a spécial room / apártment; оста́ться при ~ом мне́нии resérve one's own opínion [-'zə:v... oun...]; *юр.* dissént; держа́ться ~ого мне́ния keep* to one's own opínion; **2.** (*особенный*) particular; (*необычный*) pecúliar: удели́ть ~ое внима́ние (*дт.*) give* particular atténtion (to); — прояви́ть ~ый интере́с к чему́-л. show* a spécial ínterest in / for smth. [ʃou...].

**о́собь** *ж.* indivídual.

**осове́лый** *разг.* dull, dazed, tórpid.

**осове́ть** *сов. разг.* fall* into a tórpid / dazed state.

**осое́д** *м. зоол.* pern.

**осозн||ава́ть,** осозна́ть (*вн.*) réalize ['rɪə-] (*d.*). **~а́ть** *сов. см.* осознава́ть.

**осо́ка** *ж. бот.* sedge, cárèx ['keɪ-].

**осоко́рь** *м. бот.* black póplar [...'pɔ-].

**осо́т** *м. бот.* sónchus [-ŋkəs]; pástor's léttuce *разг.*

**о́сп||а** *ж.* smáll:pòx; приви́ть ~у (*дт.*) váccinàte (*d.*); ве́тряная ~ chícken-pòx; чёрная ~ smáll:pòx; коро́вья ~ ców-pòx.

**оспа́ривать,** оспо́рить (*вн.*) **1.** dispúte (*d.*); call in quéstion [...-stʃən] (*d.*); ~ завеща́ние dispúte *a* will; ~ чьи-л. права́ dispúte / quéstion smb.'s rights; **2.** *тк. несов.* (*добиваться*) conténd (for); ~ зва́ние чемпио́на conténd for the chámpionship.

**о́сп||енный** *прил. к* о́спа; variolar, vàriólic; variolous *научн.*; ~енные следы́ póck-màrks. **~ина** *ж.* póck-hòle, póck-màrk.

**оспоприва́ние** *с.* vàccinátion.

**оспо́рить** *сов. см.* оспа́ривать 1.

**осрами́ть(ся)** *сов. см.* срами́ть(ся).

**ост** *м. мор.* east.

**оста||ва́ться,** оста́ться remáin; (*задерживаться*) stay; (*быть оставленным*) be left; бага́ж оста́лся на перро́не the lúggage remáined, *или* was left, on the plátfòrm; идти́ оста́лось немно́го there is ónly a little way to go; до шести́ ~ётся не́сколько мину́т it is a few mínutes short of six [...'mɪnɪts...]; ~ три неде́ли в Москве́ remáin / stay three weeks in Móscow; ~ на́ ночь stay the night; оста́ться в живы́х survíve; come* through (alíve) *разг.*; ◇ ~ на второ́й год (*в классе*) remáin for the sécond year in the same class [...'se-...], fail to get one's remóve [...-'mu:v]; побе́да оста́лась за на́ми víctory was ours; за ним оста́лось де́сять рубле́й he owes ten roubles [...ouz...ru:-]; ~ в долгу́, ~ кому́-л. до́лжным be in smb.'s debt [...det]; по́сле него́ оста́лись жена́ и де́ти he left a wife and children; ~ в бары́шах gain; не ~ётся ничего́ друго́го, как nothing remáins, *или* nothing else is left, but; ~ётся то́лько одно́ there is nothing for it, but; э́то навсегда́ оста́нется в мое́й па́мяти it will álways remáin in my mémory [...'ɔ:lwəz...]; ~ в си́ле remáin válid; hold* good / true; (*о судебном решении, приговоре*) remáin in force; ~ при своём мне́нии remáin of the same opínion.

**оста́вить** *сов. см.* оставля́ть.

**остав||ля́ть,** оста́вить (*вн.*) **1.** leave* (*d.*); (*покидать тж.*) abándon (*d.*); оста́вить дверь откры́той leave* the door ópen [...dɔ:...]; ~ в поко́е leave* alóne (*d.*); ~ далеко́ позади́ leave* far behínd (*d.*); ~ вопро́с откры́тым leave* the quéstion ópen / únsèttled [...-stʃən...]; не ~ вы́бора leave* no choice; **2.** (*сохранять*) retáin (*d.*), resérve [-'zə:v] (*d.*), keep* (*d.*); ~ что-л. за собо́й resérve smth. for òne:sélf; ~ за собо́й пра́во resérve the right; ~ зако́н в си́ле leave* the law in force; **3.** (*отказываться*) give* up (*d.*); ~ наде́жду give* up hope; ◇ ~ на второ́й год в том же кла́ссе keep* down (for another year) (*d.*); ~ по́сле уро́ков (*об ученике*) keep* in áfter school (*d.*); оста́вь(те)! stop that!; не ~ ме́ста (для) leave* no room (for); не оста́вить ка́мня на ка́мне raze to the ground; ~ля́ет жела́ть (мно́го) лу́чшего leaves much to be desíred [...-'z-].

**остальн||о́й 1.** *прил.* the rest of; ~о́е вре́мя the rest of the time; **2.** *с. как сущ.* the rest; в ~о́м in other respécts; всё ~о́е évery:thing else; **3.** *мн. как сущ.* (*о людях*) the others.

**остана́вливать,** останови́ть (*вн.*; *в разн. знач.*) stop (*d.*), bring* to *a* stop (*d.*); (*коня уздой и т. п.*) rein / pull up [...pul...] (*d.*); ~ кровотече́ние из ра́ны stop *a* wound [...wu:nd]; останови́ть у́личное движе́ние bring* tráffic to a stándstill; ~ взгляд (на *пр.*) rest one's gaze (on). **~ся,** останови́ться **1.** stop, come* to a stop; pause; (*об экипаже, автомобиле тж.*) pull up [pul...]; внеза́пно (*или* ре́зко) останови́ться stop short / dead [...ded]; никогда́ не ~ся на дости́гнутом never stop at what has been accómplished; **2.** (*в гостинице и т. п.*) put* up (at), stop (at); **3.** (на *пр.*; *в речи, докладе и т. п.*) dwell* (on); подро́бно останови́ться dwell* at length (on); останови́ться на вопро́се dwell* on *the* quéstion [...-stʃən]; **4.** *страд. к* остана́вливать; ◇ ни пе́ред чем не ~ся stop at nothing.

**оста́нки** *мн.* remáins, rélics.

**останови́ть(ся)** *сов. см.* остана́вливать (-ся).

**остано́в||ка** *ж.* **1.** (*в пути, в работе*) stop, halt; (*задержка*) stóppage; сде́лать ~ку (в *пр.*; *проездом*) stop off (at); **2.** (*остановочный пункт*) stop, státion; коне́чная ~ términal; ~ авто́бусов bus stop / státion; ◇ ~ за чем-л.: ~ то́лько за разреше́нием now ónly permíssion is wánting; now all that is wánted is permíssion.

**оста́т||ок** *м.* **1.** remáinder, rest, résidue [-zɪ-]; (*о материи*) rémnant; *мн.* remáins, léavings; распрода́жа ~ков cléarance sale; **2.** *мат.* remáinder; **3.** *хим.* resíduum [-'zɪ-] (*pl.* -dua); **4.** *фин.* rest, bálance; ◇ ~ки сла́дки *погов.* ≅ the néarer the bone the swéeter the meat.

**оста́точный** *физ.*, *тех.* residual [-'zɪ-]; ~ магнети́зм residual mágnetism.
**оста́ться** *сов. см.* остава́ться.
**остго́тский** *ист.* Ostrogóthic, East Góthic.
**остго́ты** *мн. ист.* Óstrogòths.
**остеклене́ть** *сов. см.* стеклене́ть.
**остекли́ть** *сов. см.* остекля́ть.
**остекля́ть,** остекли́ть (*вн.*) glaze (*d.*).
**остео́лог** [-тэ-] *м.* òsteólogist.
**остеологи́ческий** [-тэ-] òsteológical.
**остеоло́гия** [-тэ-] *ж.* òsteólogy.
**остеомиэли́т** [-тэ-] *м. мед.* òsteomỳelítis.
**остепени́||ться** *сов.* settle down, stéady down ['stedɪ...], become* staid / respéctable; он уже́ ~лся he has stéadied down [...'ste-...]; he has sown his wild oats [...soun...] *идиом.*
**остервене́||лый** frénzied. **~ние** *с.* frénzy; прийти́ в ~ние become* enráged.
**остервене́ть** *сов.* become* enráged, be frénzied.
**остервени́ться** = остервене́ть.
**остерега́ть,** остере́чь (*вн.*) warn (*d.*). **~ся,** остере́чься (*рд.*; *опасаться*) bewáre (of); (*быть осторожным*) be cáre¦ful (of), take* care (of); ~ся, что́бы не упа́сть be cáre¦ful not to fall; остерега́йтесь воро́в! bewáre of pickpòckets!
**остере́чь(ся)** *сов. см.* остерега́ть(ся).
**ост-и́ндский** East Índian.
**ости́стый** *бот.* awned, arístàte, béarded.
**ости́т** *м. мед.* òsteítis.
**о́стов** *м.* **1.** frame; fráme¦wòrk (*тж. перен.*); **2.** *анат.* skéleton.
**усто́йчив||ость** *ж. мор.* stabílity. **~ый** *мор.* stable.
**остолбене́ть** *сов.* be dùmb¦fóunded.
**остоло́п** *м. разг.*, *бран.* blóckhead [-hed].
**осторо́жн||о** *нареч.* cáre¦fully, cáutious¦ly; (*остерегаясь*) guárdedly, wárily; (*аккуратно*) gingerly; ~! look out / sharp!; (*надпись на упаковке*) handle with care! **~ость** *ж.* care; cáution, prúdence; обраща́ться с ~остью handle with care; из ~ости out of prúdence. **~ый** cáre¦ful; cáutious; wáry; (*предусмотрительный*) prúdent; бу́дьте ~ы! be cáre¦ful!, take care!; сли́шком ~ый òver¦cáutious, too cáutious.
**осточерте́||ть** *сов.* (*дт.*) *разг.*: э́то ему́ ~ло he is fed up with it.
**остраки́зм** *м. ист.* óstracism; подве́ргнуть ~у (*вн.*) óstracize (*d.*).
**остра́стк||а** *ж. разг.* wárning; для ~и as a wárning.
**острига́ть,** остри́чь (*вн.*) cut* (*d.*); (*волосы — коротко*) crop (*d.*); bob (*d.*); (*коротко — сзади*) shingle (*d.*). **~ся,** остри́чься **1.** have one's hair cut; **2.** *страд. к* острига́ть.
**остриё** *с.* **1.** point, spike; ~ кли́на *воен.* (*при наступлении*) spéarhead of the attáck [-hed...]; **2.** (*ножа, шашки*) edge; (*перен.*) point, edge; ~ кри́тики edge of *the* críticism; ~ сати́ры edge of the sátire.
**остри́ть** I (*вн.*; *делать острым*) shárpen (*d.*), whet (*d.*).
**остри́ть** II (*говорить остроты*) make* / crack jokes; ~ на че́й-л. счёт raise a laugh at smb.'s expénse [...lɑːf...].
**остри́чь(ся)** *сов. см.* острига́ть(ся) *и* стри́чь(ся).
**о́стро** *нареч.* shárp(ly); kéenly.
**о́стров** *м.* ísland ['aɪl-]; isle [aɪl] *поэт.*
**острове́рхий** peaked.
**острови́тян||ин** *м.*, **~ка** *ж.* íslander ['aɪl-].
**остров||но́й** ínsular; ísland ['aɪl-] (*attr.*). **~о́к** *м.* íslet ['aɪlɪt]; ◇ ~о́к безопа́сности (*для пешеходов*) (sáfe¦ty) ísland [...'aɪl-].
**остро́г** *м. уст.* jail, gaol [dʒeɪl].
**острог||а́** *ж.* físh-spear, harpóon; бить ~о́й (*вн.*) harpóon (*d.*).
**острога́ть** *сов.* (*вн.*) plane (*d.*), pare down / a¦wáy (*d.*).
**острогла́зый** *разг.* shárp-eyed [-aɪd], shárp-sìghted.
**острогу́бцы** *мн. тех.* cútting pliers / píncers.
**остроконе́чн||ый** póinted; ~ая кры́ша gabled roof.
**остроли́ст** *м. бот.* hólly.
**остроно́сый** shárp-nòsed.
**остр||ота́** *ж.* **1.** *тк. ед.* shárpness, acúity; (*о зрении, слухе тж.*) kéenness; (*о положении, кризисе*) acúte¦ness; (*об ощущениях, о запахе*) púngency [-ndʒ-], póignancy; потеря́ть, утра́тить ~оту́ lose* one's edge [luːz...]; **2.** (*остроумное выражение*) wítticism, wítty remárk; (*шутка*) joke; уда́чная ~ good* joke; зла́я ~ sárcasm; отпуска́ть ~о́ты, сы́пать ~о́тами make* (a lot of) wítty remárks, crack jokes, crack one joke áfter another.
**остроуго́льный** acúte-àngled.
**остроу́м||ие** *с.* wit; блиста́ть ~ием sparkle with wit; претендова́ть на ~ set* up for a wit; неистощи́мое ~ inexháustible wit. **~ный** witty.
**о́стр||ый** (*прям. и перен.*) sharp, acúte; (*о зрении, слухе и т. п. тж.*) keen; ~ нож sharp knife*; ~ у́гол *мат.* acúte angle; ~ая боль acúte / keen / stíng¦ing pain; ~ ум wit; ~ глаз acúte éye¦sight [...'aɪ-]; ~ язычо́к sharp tongue [...tʌŋ]; ~ое замеча́ние sharp / póinted remárk; ~ое словцо́ wítticism; он остёр на язы́к *разг.* he has a sharp tongue; ~ интере́с (к) keen ínterest (for); ~ое положе́ние crítical situátion; ~ недоста́ток в чём-л. acúte shórtage of smth.; ~ со́ус píquant sauce [-kənt...].
**остря́к** *м. разг.* wit.
**остуди́ть** *сов. см.* остужа́ть *и* студи́ть.
**остужа́ть,** остуди́ть (*вн.*) cool (*d.*).
**оступ||а́ться,** оступи́ться stumble. **~и́ться** *сов. см.* оступа́ться.
**остыва́ть,** осты́ть get* cold; (*перен.*) cool (down); интере́с к э́тому осты́л ínterest in this has cooled (down).
**осты́ть** *сов. см.* остыва́ть.
**ость** *ж.* (*колоса*) awn, beard.
**осуди́ть** *сов. см.* осужда́ть.
**осужд||а́ть,** осуди́ть (*вн.*) **1.** (*порицать*) condémn (*d.*), blame (*d.*), cénsure (*d.*); осуди́ть чьи-л. де́йствия denóunce / condémn smb.'s áctions; **2.** (*приговаривать*) condémn (*d.*); *юр.* convíct (*d.*). **~е́ние** *с.* **1.** (*порицание*) blame, cénsure; в его́ слова́х звучи́т ~е́ние his words mean cénsure; **2.** (*судебное*) convíction. **~ённый 1.** *прич. см.* осужда́ть; **2.** *м. как сущ.* cónvict.

**осу́ну||ться** *сов.* get* / grow* pinched [...-ou...]; он ~лся he has a pinched face, his cheeks are súnken; ~вшееся лицо́ pinched face.

**осуш||а́ть,** осуши́ть (*вн.*) **1.** dry (*d.*); drain (*d.*); ~ слёзы dry *one's* tears; **2.** *разг.* (*выпивать содержимое чего-л.*) drain (*d.*); ~и́ть стака́н drain one's glass. **~е́ние** *с.* dráinage.

**осуш||и́тельный:** ~ кана́л dráinage canál. **~и́ть** *сов. см.* осуша́ть.

**осу́шка** *ж.* = осуше́ние.

**осуществ||и́мость** *ж.* pràcticabílity, feasibílity [-zɪ-]. **~и́мый** práctícable, réalizable ['rɪə-], féasible [-z-]. **~и́ть(ся)** *сов. см.* осуществля́ть(ся). **~ле́ние** *с.* realizátion [rɪəlaɪ-]; (*о решении и т. п.*) ìmplementátion; (*о программе и т. п.*) èxecútion.

**осуществля́ть,** осуществи́ть (*вн.*) cárry out (*d.*), réalize ['rɪə-] (*d.*), trànsláte into reálity [trɑːn-...rɪ'æ-] (*d.*), bring* abóut (*d.*); (*выполнять*) fulfil [ful-] (*d.*), accómplish (*d.*), put* into práctice (*d.*); (*о решении и т. п.*) ímplemènt (*d.*); осуществи́ть своё пра́во éxercìse one's right; ~ управле́ние éxercìse contról / diréction [...-roul...]; ~ реше́ние, постановле́ние ímplemènt, *или* give* effect to, a decision, decrée, *etc.*; ~ режи́м эконо́мии práctise èco̍nomy [-s iː-]; осуществи́ть круто́й подъём (*рд.*) bring* abóut a rápid advánce (in). **~ся,** осуществи́ться **1.** come* true, come* to be; моё жела́ние осуществи́лось my wish has come true, my wish has been fulfílled [...ful-]; успе́шно ~ся procéed succéssfully, make* succéssful héadway [...'hed-]; **2.** *страд. к* осуществля́ть.

**осцилло́граф** *м. физ.* òscíllogràph.

**осцилля́тор** *м. физ.* óscillàtor.

**осчастли́вить** *сов.* (*вн.*) make* háppy (*d.*).

**осыпа́ни||е** *с.* fall; ~ хлебо́в fall of grain; поте́ри зерна́ от ~я lósses of grain through létting crops stand too long.

**осы́пать** *сов. см.* осыпа́ть.

**осыпа́ть,** осы́пать (*вн. тв.*) strew* (*d.* with); shówer (on *d.*); (*перен.*) heap (on *d.*); ~ кого́-л. уда́рами shówer / rain blows up¦ón smb. [...blouz...]; ~ кого́-л. насме́шками heap rídicùle on smb.; ~ кого́-л. бра́нью heap ínsùlts on smb.; ~ кого́-л. упрёками hurl repróaches at smb.

**осы́паться** *сов. см.* осыпа́ться.

**осыпа́ться,** осы́паться (*о песке, земле*) crumble; (*о листьях, цветах*) fall*; (*о зерновых культурах*) shed* its grain.

**о́сыпь** *ж. геол.* scree, tálus.

**ось** *ж.* **1.** áxis (*pl.* áxès [-iːz]); магни́тная ~ màgnétic áxis; земна́я ~ áxis of the equátor; **2.** (*колеса*) axle; **3.** *тех.* axle, spindle; pin.

**осьмино́г** *м. зоол.* óctopus.

**осьму́шка** *ж. уст.* = восьму́шка.

**осяза́||емый** tángible [-ndʒə-], pálpable. **~ние** *с.* touch [tʌtʃ]; чу́вство ~ния sense of touch. **~тельный** táctile, táctual; (*перен.*) sénsible, tángible [-ndʒə-], pálpable; ~тельный о́рган táctile órgan; ~тельные результа́ты sénsible / tángible resúlts [...-'zʌ-].

**осяза́ть** (*вн.*) feel* (*d.*).

**от,** ото *предл.* (*рд.*) **1.** (*в разн. знач.*) from; (*при обозначении удаления тж.*) a¦wáy from: счита́ть от одного́ до десяти́ count from one to ten; от нача́ла до конца́ (чего́-л.) from (the) beginning to (the) end (of smth.); от го́рода до ста́нции from the town to the státion; от двена́дцати до ча́су from twelve to one; он получи́л письмо́ от (свое́й) до́чери he recéived *a* létter from his dáughter [...rɪ'siːvd...]; они́ узна́ли э́то от него́ they learnt it from him [...lɜːnt...]; страда́ть от жары́, от боле́зни súffer from the heat, from *an* íllness; засыпа́ть от уста́лости fall* asléep from wéariness; умере́ть от ра́ны die from *a* wound [...wuːnd]; защища́ть глаза́ от со́лнца, себя́ от хо́лода protéct one's eyes from the sun, òne¦sélf from the cold [...aɪz...]; возде́рживаться от голосова́ния abstáin from vóting; отлича́ться от кого́-л., от чего́-л. díffer from smb., from smth.; уходи́ть от кого́-л., от чего́-л. go* (a¦wáy) from smb., from smth.; отня́ть три от десяти́ take* three (a¦wáy) from ten; в десяти́ киломе́трах от го́рода ten kílomètres (a¦wáy) from *the* town; далеко́ от го́рода far (a¦wáy) from *the* town; — име́ть дете́й от кого́-л. have children by smb.; жеребёнок от... и... (*при обознач. отца и матери*) foal by... out of...; ожида́ть чего́-л. от кого́-л. expéct smth. of / from smb.; вскри́кнуть от стра́ха, от ра́дости cry out for fear, for joy; дрожа́ть от стра́ха tremble with fear; уста́ть от чего́-л., от кого́-л. be tired of smth., of smb.; умере́ть от боле́зни, от го́лода, от я́да die of *an* íllness, of húnger, by póison [...-z°n]; отде́латься от кого́-л., от чего́-л. get* rid of smb., of smth.; защища́ть от кого́-л., от чего́-л. (*вн.*) defénd from / agáinst smb., from / agáinst smth. (*d.*); свобо́дный от долго́в free of debt [...det]; незави́симый от кого́-л., от чего́-л. indepéndent of smb., of smth.; зави́сеть от кого́-л., от чего́-л. depénd (up¦)ón smb., (up¦)ón smth.; от до́ма ничего́ не оста́лось nothing remáined of the house* [...-s]; бли́зко от го́рода near the town; **2.** (*при обозначении стороны*) of: на се́вер от го́рода to the north of the town; — нале́во, напра́во от меня́, от тебя́ *и т. д.* on my, on your, *etc.*, left, right; **3.** (*при обозначении чего-л. как принадлежности, части и т. п.*) *об. передаётся через атрибутивное присоединение соответствующего существительного*; *тж.* of; (*то же — по отношению к данному определённому предмету*) of; (*то же, если подчёркивается определённость*) from; (*при указании соответствия*) to: э́то ру́чка от чемода́на it is a trúnk-hàndle, *или* the handle of *a* trunk; ру́чка от его́ чемода́на handle of / from his trunk; пу́говица от его́ пиджака́ (*оторванная*) bútton from his coat; ключ от э́той ко́мнаты key of / from / to this room [kiː...]; — э́тот ключ не от э́того замка́ this key does not belóng to this lock; **4.** (*при обозначении средства против чего-л.*) for: сре́дство, порошки́ от головно́й бо́ли héadàche rémedy ['hedeɪk...], héadàche pówder; ◇ вре́мя от вре́мени from time to time; день ото дня from day to day; от и́мени (*рд.*) on behálf [...-ɑːf] (of); for; от моего́, твоего́ *и т. д.* и́мени on my, your, *etc.*, behálf; от всей души́, от всего́ се́рдца with all one's heart [...hɑːt]; быть в восто́рге от чего́-л. be delíghted at / with smth.; быть без ума́ от кого́-л., от чего́-л. *см.* ум; *тж. и др. особые случаи, не приведённые здесь, см. под теми словами, с к-рыми предл.* от *образует тесные сочетания.*

**ота́ва** *ж. с.-х.* áftermàth, áfter-gràss, fog.

**ота́пливать,** отопи́ть (*вн.*) heat (*d.*).

**ота́ра** *ж.* flock (of sheep).

**отба́вить** *сов. см.* отбавля́ть.

**отбав||ля́ть,** отба́вить (*вн.*, *рд.*) take* a¦wáy (*d.*); ◇ хоть ~ля́й *разг.* ≅ more than enóugh [...-ʌf], more than one knows what to do with [...nouz...].

**отбараба́нить** *сов.* (*вн.*) *разг.* rattle off (*d.*).

**отбе||га́ть,** отбежа́ть run* off; ~ на не́сколько шаго́в run* off a few steps; ~ в сто́рону run* aside. **~жа́ть** *сов. см.* отбега́ть.

**отбе́ливать,** отбели́ть (*вн.*) bleach (*d.*); (*о металле*) blanch [-ɑːn-] (*d.*).

**отбели́ть** *сов. см.* отбе́ливать *и* бели́ть II.

**отбе́лка** *ж.* bléaching; (*о металле*) blánching [-ɑːn-].

**отбива́ть,** отби́ть (*вн.*) **1.** (*отражать*) beat* off / back (*d.*); repúlse (*d.*), repél (*d.*): ~ ата́ку beat* off, *или* repúlse / repél, *an* attáck; — ~ мяч retúrn *a* ball; ~ уда́р párry *a* blow [...-ou]; **2.** *разг.* (*отнимать*) win* óver (*d.*); (*брать обратно*) retáke* (*d.*), recápture (*d.*); отби́ть пле́нных réscue the prísoners [...-z-]; **3.** (*отламывать*) break* off [-eɪk...] (*d.*); **4.** *разг.* (*о вкусе, запахе*) take* a¦wáy (*d.*); remóve [-'muːv] (*d.*); **5.** (*косу*) whet (*d.*); ◇ ~ такт beat* time; ~ у кого́-л. охо́ту к чему́-л. discóurage smb. from smth. [-'kʌ-...], put* smb. out of concéit with smth. [...-'siːt...]. **~ся,** отби́ться **1.** (от; *защищаться*) defénd òne¦sélf (agáinst); beat* off, *или* repúlse (*d.*); ~ся от проти́вника beat* off the énemy; они́ отбива́лись от проти́вника they were trýing to beat off, *или* repúlse, the énemy; они́ отби́лись от проти́вника they have béaten off, *или* repúlsed, the énemy; **2.** (*отставать*) drop / fall* behínd; (от; *отделяться*) become* séparàted (from), straggle / stray (from); отби́вшийся от свое́й ча́сти *воен.* strággler; **3.** (*отламываться*) break* off [-eɪk...]; **4.** *страд. к* отбива́ть; ◇ от рук отби́ться get* / be out of hand.

**отбивн||о́й:** ~а́я котле́та chop.

**отбира́ть,** отобра́ть (*вн.*) **1.** (*отнимать*) take* a¦wáy (*d.*); **2.** (*производить отбор*) choose* (*d.*), seléct (*d.*), pick out (*d.*).

**отби́ть(ся)** *сов. см.* отбива́ть(ся).

**отбла́говестить** *сов.* finish ríng¦ing for church.

**отблагодари́ть** *сов.* (*вн.*) show* one's grátitùde [ʃou...] (*i.*), retúrn smb.'s kínd¦ness (*i.*).

**о́тблеск** *м.* refléction, gleam, sheen.

**отбо́||й** *м.* **1.** *воен.* retréat; труби́ть ~ sound off; бить ~ (*тж. перен.*) beat* a retréat; ~ возду́шной трево́ги áll-clear sígnal, the Áll--Clear; **2.** (*телефонный*) ring(¦ing) off, bréaking the connéction ['breɪ-...]; дать ~ ring* off; ◇ ~ю нет *разг.* there is no getting rid of; у него́, у них *и т. д.* нет ~ю от предложе́ний he is, they are, *etc.*, stormed with óffers.

**отбо́йный:** ~ молото́к míner's pick / hack.

**отбомби́ться** *сов. разг.* finish bómbing.

**отбо́р** *м.* seléction; есте́ственный ~ *биол.* nátural seléction. **~ный** seléct(ed), choice; picked; ~ные войска́ crack troops; ~ные семена́ seléctеd seeds; ◇ ~ные выраже́ния refíned expréssions; ~ная ру́гань vile abúse [...-s].

**отбо́рочн||ый** eliminátion (*attr.*), seléction (*attr.*); ~ые соревнова́ния *спорт.* eliminátion tríals.

**отбоя́ри||ваться,** отбоя́риться (от) *разг.* get* rid (of), escápe (*d.*); *несов. тж.* try to escápe (*d.*). **~ться** *сов. см.* отбоя́риваться.

**отбра́сывать,** отбро́сить (*вн.*) **1.** throw* off [-ou...] (*d.*), cast* a¦wáy (*d.*); **2.** *воен.* hurl back (*d.*), throw* back (*d.*); thrust* back (*d.*); **3.** (*отказываться, отвергать*) give* up (*d.*); rejéct (*d.*); dismíss (*d.*), discárd (*d.*); отбро́сить мысль give* up *an* idéa [...aɪ'dɪə]; отбро́сить неве́рную тео́рию rejéct *an* erróneous théory [...'θɪə ɪ]; ~ предрассу́дки discárd (all) préjudices; ◇ ~тень throw* / cast* a shádow [...'ʃæ-].

**отбрива́ть,** отбри́ть (*вн.*) *разг.* (*резко обрывать*) rebúff (*d.*); rebúke (*d.*); он так его́ отбри́л! he gave him sóme¦thing for him¦sélf, he gave him what for.

**отбри́ть** *сов. см.* отбрива́ть.

**отбро́сить** *сов. см.* отбра́сывать.

**отбро́с||ы** *мн.* gárbage *sg.*, réfuse [-s] *sg.*; óffal *sg.*; waste mátter [weɪ-...] *sg.*; ~ произво́дства waste *sg.*; ведро́ для ~ов dúst-bin; gárbage-pail *амер.*; ◇ ~ о́бщества dregs of society, scum of society *sg.*

**отбукси́ровать** *сов.* (*вн.*) tow off [tou...] (*d.*).

**отбыва́ние** *с.* (*наказания и т. п.*) sérving.

**отбыва́ть** I, отбы́ть (*вн.*) serve (*d.*); ~ наказа́ние serve one's séntence; ~ срок serve time; ~ во́инскую пови́нность *уст.* serve one's time as a sóldier [...-dʒə], serve in the ármy.

**отбыва́ть** II, отбы́ть (из; *уезжать*) depárt (from), leave* (*d.*).

**отбы́тие** *с.* (*отъезд*) depárture.

**отбы́ть** I, II *сов. см.* отбыва́ть I, II.

**отва́га** *ж.* cóurage ['kʌ-], brávery ['breɪ-], válour ['væ-].

**отва́дить** *сов. см.* отва́живать.

**отва́живать,** отва́дить (*вн.*) *разг.* ward off (*d.*); (*от дома и т. п.*) scare a¦wáy (*d.*), drive* off (*d.*).

**отва́ж||иваться,** отва́житься dare, vénture. **~иться** *сов. см.* отва́живаться. **~ный** courágeous [kə-], brave.

**отва́л** I *м.*: нае́сться до ~а *разг.* eat* one's fill; накорми́ть кого́-л. до ~а *разг.* feed* smb. to satíety.

**отва́л** II *м.* **1.** *с.-х.* (*у плуга*) móuld-board ['mould-]; **2.** *горн.* dump.

**отва́ливать,** отвали́ть **1.** (*вн.*) pull off [pul...] (*d.*); (*о чём-л. тяжёлом*) heave* off (*d.*); **2.** (*вн.*) *разг.* (*давать расщедрившись*) lávish (*d.*); (*о деньгах*) pay* out a large sum of móney [...'mʌ-]; **3.** (*без доп.*) *мор.* (*отчаливать*) push off [puʃ...], put* off; cast* off. **~ся,** отвали́ться **1.** fall* off; **2.** *страд. к* отва́ливать 1, 2.

**отвали́ть(ся)** *сов. см.* отва́ливать(ся).

**отва́р** *м.* broth; (*лечебный*) decóction; ри́совый, ячме́нный *и т. п.* ~ ríce-wàter [-wɔː-], bárley-wàter, *etc.* [-wɔː-].

**отва́р||ивать,** отвари́ть (*вн.*) **1.** (*об овощах, грибах и т. п.*) boil (*d.*); **2.** *тех.* (*отделять*) únwéld (*d.*). **~и́ть** *сов. см.* отва́ривать. **~но́й** boiled.

**отве́дать** *сов. см.* отве́дывать.

**отве́дывать,** отве́дать (*вн., рд.*) try (*d.*), taste [teɪ-] (*d.*).

**отвезти́** *сов. см.* отвози́ть.

**отверга́ть,** отве́ргнуть (*вн.*) rejéct (*d.*), turn down (*d.*); (*отрекаться*) repúdiàte (*d.*); (*голосованием*) vote down (*d.*); ~ предложе́ние rejéct *an* óffer; (*голосованием*) defe̒at, *или* vote down, *a* mótion; давно́ отве́ргнутые ме́тоды lóng-discárded méthods.

**отве́ргнуть** *сов. см.* отверга́ть.

**отвердева́ние** *с.* hárdening.

**отвердева́ть,** отверде́ть hárden.

**отверде́л||ость** *ж.* càllósity. **~ый** hárdened.

**отверде́ние** *с.* **1.** = отвердева́ние; **2.** = отверде́лость.

**отверде́ть** *сов. см.* отвердева́ть.

**отве́ржен||ец** *м.* óutcàst. **~ный 1.** *прич. см.* отверга́ть; **2.** *прил.* óutcàst.

**отверну́ть** *сов. см.* отвёртывать *и* отвора́чивать II.

**отверну́ться** *сов. см.* отвёртываться *и* отвора́чиваться II.

**отве́рстие** *с.* **1.** ópen¦ing; áperture; órifice; (*дыра*) hole; (*в автомате для опускания монеты*) slot; входно́е ~ ínlet ['ɪn-]; выходно́е, выпускно́е ~ óutlèt; ~ решета́, си́та mesh; **2.** *анат., зоол.* forámèn; заднепрохо́дное ~ *анат.* ánus.

**отверте́ть** *сов. см.* отвёртывать 1.

**отверте́ться** I *сов. см.* отвёртываться 1.

**отверте́ться** II *сов.* (от) *разг.* (*уклониться*) wriggle a¦wáy (from); get* out (of); (*без доп.*) get* off; ему́ удало́сь ~ he mánaged to get off, *или* to get out of it; he mánaged to wriggle a¦wáy.

**отвёртка** *ж.* scréw-driver, túrnscrew.

**отвёртывать,** отверте́ть, отверну́ть (*вн.*) **1.** (*отвинчивать*) únscréw (*d.*); **2.** *при сов.* отверну́ть (*отгибать*) turn back (*d.*); **3.** *при сов.* отверну́ть (*открывать поворачивая*) turn on (*d.*): ~ кран (водопрово́да) turn on the wáter [...'wɔ:-]. **~ся,** отверте́ться, отверну́ться **1.** (*отвинчиваться*) come* únscréwed; **2.** *при сов.* отверну́ться (*отгибаться*) turn back; **3.** *при сов.* отверну́ться (от) turn a¦wáy (from); (*перен.: переставать общаться*) turn a¦wáy (from), turn one's back (on): все отверну́лись от него́ everybody (has) turned a¦wáy from him; **4.** *страд. к* отвёртывать.

**отве́с** *ж.* **1.** *тех.* plumb, plúmmet; по ~у plumb, pèrpendícularly; **2.** (*склон*) vértical slope.

**отве́сить** *сов. см.* отве́шивать.

**отве́сн||о** *нареч.* plumb; (*спускаться — о скале и т. п.*) sheer. **~ый** plumb; (*о скале и т. п.*) sheer.

**отвести́** *сов. см.* отводи́ть.

**отве́т** *м.* answer ['ɑ:nsə], replý, respónse; остроу́мный ~ rèpàrtée; держа́ть ~ ánswer; призва́ть кого́-л. к ~у call smb. to accóunt, make* smb. ánswerable [...'ɑ:nsə-]; bring* smb. to book *идиом.*; быть в ~е за что-л. be ánswerable / respónsible for smth.; в ~ in ánswer / replý; в ~ (на *вн.*) in respónse (to).

**ответв||и́ться** *сов. см.* ответвля́ться. **~ле́ние** *с.* óff¦shoot; (*ветвь*) branch [-ɑ:ntʃ]; *эл.* tap, bránching [-ɑ:n-]; ~ле́ния от национа́льного языка́ óff¦shoots of the cómmom nátional lánguage [...'næ-...].

**ответвля́ться,** ответви́ться branch off [-ɑ:ntʃ...].

**отве́т||ить** *сов. см.* отвеча́ть 1, 2, 3. **~ный** recíprocal, in retúrn, in ánswer [...'ɑ:nsə]; ~ное чу́вство respónse; recíprocal féeling; ~ные ме́ры retáliàtory méasures [-eɪt- 'meʒ-]; ~ный визи́т (дру́жбы) retúrn visit (of fríendship) [...-z-... 'frend-].

**отве́тственн||ость** *ж.* respònsibílity; *юр. тж.* amènabílity [əmi:-]; солида́рная ~ *юр.* joint respònsibílity; взять на себя́ ~ (за *вн.*) take* up¦ón òne¦sélf, *или* shóulder / assúme, the respònsibílity [...'ʃou-...] (for); брать на свою́ ~ (*вн.*) do on one's own respònsibílity [...oun...] (*d.*); нести́ ~ за что-л. bear* the respònsibílity for smth. [bɛə...]; снять ~ с кого́-л. relíeve smb. of respònsibílity [-'li:v...]; снять с себя́ ~ (за *вн.*) declíne *the* respònsibílity (for); вся ~ за после́дствия лежи́т (на *пр.*) all / full respònsibílity for the cónsequences rests (with); привлека́ть к ~ости (*вн.* за *вн.*) make* (*d.*) ánswer [...'ɑ:nsə] (for), make* ánswerable [...'ɑ:nsə-] (*d.* for), call to accóunt (*d.* for), bring* to book (*d.* for). **~ый 1.** respónsible; ~ый реда́ктор éditor-in-chíef [-tʃi:f]; ~ый рабо́тник exécutive; счита́ть кого́-л. ~ым за что-л. hold* smb. respónsible for smth.; **2.** (*важный*) main; (*решающий*) crúcial; ~ая зада́ча main / prímary task [...'praɪ-...]; ~ый моме́нт crúcial point.

**отве́тствовать** *несов. и сов. поэт., уст.* ánswer ['ɑ:nsə], replý.

**отве́тчи||к** *м.*, **~ца** *ж. юр.* deféndant, respóndent.

**отвеча́ть,** отве́тить **1.** (на *вн.*) ánswer ['ɑ:nsə] (*d.*); replý (to); ~ на письмо́ ánswer *a* létter; ~ на чьё-л. чу́вство retúrn smb.'s féeling; ~ за (*вместо*) кого́-л. replý for smb.; **2.** (за *вн.*) ánswer (for), be respónsible (for); ~ голово́й за что-л. stake one's life on smth.; ты мне за э́то отве́тишь голово́й you will ánswer for this with your life; ~ за себя́ ánswer for òne¦sélf; **3.** (чем-л. на что-л.) retúrn (smth. for smth.); **4.** *тк. несов.* (*дт.*; *соответствовать*) meet* (*d.*), ánswer (*d.*); ~ своему́ назначе́нию ánswer the púrpose [...-s]; be up to the mark *разг.*; ~ тре́бованиям meet* the requíre¦ments; be up to the requíre¦ments, be up to the mark *разг.*; ◇ ~ уро́к say* / repéat one's lésson.

**отве́шивать,** отве́сить (*вн.*) weigh out (*d.*); ◇ ~ покло́ны make* low bows [...lou...].

**отви́ливать,** отвильну́ть (от) *разг.* dodge (*d.*).

**отвильну́ть** *сов. см.* отви́ливать.

**отвинти́ть(ся)** *сов. см.* отви́нчивать(ся).

**отви́нчивать,** отвинти́ть (*вн.*) únscréw (*d.*). **~ся,** отвинти́ться **1.** únscréw, come* únscréwed; **2.** *страд. к* отви́нчивать.

**отвиса́ть,** отви́снуть hang* down, sag.

**отвисе́ться** *сов. разг.*: дать пла́тью *и т. п.* ~ hang* out the créases on *a* dress, *etc.* [...-sɪz...].

**отви́с||лый** lóose-hàng¦ing [-s-]; с ~лыми уша́ми lóp-eared. **~нуть** *сов. см.* отвиса́ть,

**отвлек||áть,** отвлéчь (*вн.*) **1.** (*о внимании и т. п.*) distráct (*d.*); dìvért (*d.*), turn off (*d.*); ~ когó-л. от чегó-л. attráct smb. a¦wáy from smth.; **2.** *филос.* àbstráct (*d.*); ségregàte (*d.*). **~áться,** отвлéчься **1.** be distrácted; (от *темы и т. п.*) dìgréss (from); ~áться в стóрону be wándering; **2.** (от; *представлять в абстрагированном виде*) àbstráct òne¦sélf (from); **3.** *страд.* к отвлекáть. **~áющий 1.** *прич. см.* отвлекáть; **2.** *прил. мед.* cóunter-attrácting; ~áющее срéдство cóunter-attráction.

**отвлечéн||ие** *с.* **1.** àbstráction; **2.** (*от чего-л.*) distráction; для ~ия внимáния to distráct atténtion; **3.** *мед.* cóunter-attráction.

**отвлечённ||ость** *ж.* àbstráctness. **~ый 1.** *прич. см.* отвлекáть; **2.** *прил.* ábstràct; ~ая идéя ábstràct idéa [...aɪ'dɪə]; ~ое числó *мат.* ábstràct númber; ~ая величинá ábstràct quántity; ~ое ́имя существи́тельное *грам.* ábstràct noun.

**отвлéчь(ся)** *сов. см.* отвлекáть(ся).

**отвóд** *м.* **1.** (*о кандидате и т. п.*) rejéction; *юр.* chállenge; **2.** (*о землях*) allótting; **3.** *тех.* pipe-bènd; **4.** *эл.* tap, tápping, bend; **5.** *мор.* (*у мачты*) spréader [-edə]; ◇ для ~а глаз *разг.* ≅ as a blind.

**отводи́ть,** отвести́ (*вн.*) **1.** lead* (*d.*); (*в сторону*) take* / draw* aside (*d.*); ~ войскá назáд withdráw* *the* troops; ~ вóду (из) drain (*d.*); **2.** (*об ударе и т. п.*) párry (*d.*); ward off (*d.*) (*тж. перен.*); (*перен.*) remóve [-'mu:v] (*d.*); ~ обвинéние jústifỳ òne¦sélf; **3.** (*о кандидате*) rejéct (*d.*); *юр.* (*о присяжных*) chállenge (*d.*); **4.** (*о земле, помещении*) allót (*d.*); (*землю под определённую с.-х. культуру*) set* aside (*d.*); ◇ ~ роль assign *a* part [ə'saɪn...]; ~ дýшу ùnbúrden one's heart [...hɑ:t]; отвести́ глазá look aside; он не мог глаз отвести́ he couldn't take his eyes off [...aɪz...]; отвести́ глазá комý-л. *разг.* distráct smb.'s atténtion, take* smb. in.

**отвóдн||ый:** ~ канáл, ~ая канáва drain.

**отвóдок** *м. бот.* láyer.

**отвоевáть** I *сов. см.* отвоёвывать.

**отвоев||áть** II *сов.* **1.** (*провоевать какое-л. время*) fight*: они́ три гóда ~áли they have been fíghting for three years; **2.** (*кончить воевать*) fínish the war, fínish fíghting.

**отвоёвывать,** отвоевáть (*вн.* у) win* (*d.* from), win* óver (*d.* from).

**отвози́ть,** отвезти́ (*вн.*) take* a¦wáy (*d.*); drive* (*d.*); ~ кудá-л. take* / drive* to (a place) (*d.*); ~ к комý-л. take* to smb. (*d.*); ~ обрáтно drive* / take* back (*d.*); отвезти́ на стáнцию drive* / take* to the státion (*d.*).

**отворáчивать** I, отвороти́ть (*вн.*) turn a¦wáy (*d.*), remóve [-'mu:v] (*d.*); отвороти́ть кáмень turn a¦wáy, *или* remóve, *a* stone.

**отворáчивать** II, отвернýть (*вн.*) **1.** turn aside (*d.*); (*лицо, взгляд*) avért (*d.*); **2.** (*открывать*) turn on (*d.*); отвернýть кран turn on *a* tap; **3.** (*отвинчивать*) turn off (*d.*), únscréw (*d.*); (*слегка*) lóosen [-s°n] (*d.*).

**отворáчиваться** I, отвороти́ться **1.** turn a¦wáy / aside; **2.** *страд.* к отворáчивать I.

**отворáчиваться** II, отвернýться **1.** turn aside; (*о человеке*) avért one's face, eyes [...aɪz]; (от когó-л.; *перен.*) break* (with smb.), turn a¦wáy (from smb.); **2.** *страд.* к отворáчивать II.

**отвори́ть(ся)** *сов. см.* отворя́ть(ся).

**отворóт** *м.* lapél, flap; (*сапога*) top.

**отвороти́ть(ся)** *сов. см.* отворáчивать(ся) I.

**отворя́ть,** отвори́ть (*вн.*) ópen (*d.*). **~ся,** отвори́ться **1.** ópen; **2.** *страд.* к отворя́ть.

**отврати́тельн||ый** disgústing, detéstable, abóminable; (*отталкивающий*) repúlsive, lóathsome [-ð-]; ~ зáпах foul / repúlsive smell; ~ая погóда abóminable wéather [...'we-].

**отврати́ть** *сов. см.* отвращáть.

**отврáтный** *разг.* = отврати́тельный.

**отвращáть,** отврати́ть (*вн.*) avért (*d.*).

**отвращéние** *с.* avérsion, repúgnance, disgúst; lóathing; внушáть ~ (*дт.*) disgúst (*d.*); fill with disgúst / lóathing (*d.*); питáть ~ (к) have an avérsion (for), loathe (*d.*).

**отвыкáть,** отвы́кнуть (от) grow* out [-ou...] (of the hábit of), fall* out (of the hábit of).

**отвы́кнуть** *сов. см.* отвыкáть.

**отвязáть(ся)** *сов. см.* отвя́зывать(ся).

**отвя́зывать,** отвязáть (*вн.*) úntie (*d.*), únfásten [-ɑ:s°n] (*d.*), únbínd* (*d.*); *мор.* únbénd* (*d.*); (*животных тж.*) úntéther (*d.*). **~ся,** отвязáться **1.** come* úntied, get* loose [...-s]; **2.** (от) *разг.* (*отделываться*) get* rid (of); **3.** (от; *оставлять в покое*) leave* alóne (*d.*), leave* in peace (*d.*), stop nágging (*d.*); отвяжи́сь от меня́! leave me alóne!; **4.** *страд.* к отвя́зывать.

**отгадáть** *сов. см.* отгáдывать.

**отгáд||ка** *ж.* ánswer to, *или* solútion of, *a* riddle ['ɑ:nsə...]. **~чик** *м.*, **~чица** *ж.* guésser, divíner.

**отгáдывать,** отгадáть (*вн.*) guess (*d.*).

**отгибáть,** отогнýть (*вн.*; *расправлять*) únbénd* (*d.*); (*отворачивать: о рукаве и т. п.*) turn back (*d.*). **~ся,** отогнýться **1.** turn back; **2.** *страд.* к отгибáть.

**отглагóльн||ый** *грам.* vérbal; ~ое существи́тельное vérbal noun.

**отглáдить** *сов. см.* отглáживать.

**отглáживать,** отглáдить (*вн.*) íron ['aɪən] (*d.*), press (*d.*).

**отгнивáть,** отгни́ть rot off.

**отгни́ть** *сов. см.* отгнивáть.

**отговáривать,** отговори́ть (когó-л. от) dissuáde [-'sweɪd] (smb. from *ger.*); put* smb. off (+ *ger.*), talk (smb. out of *ger.*) *разг.* **~ся,** отговори́ться excúse òne¦sélf; ~ся чем-л. plead* smth.; отговори́ться болéзнью plead* bad health [...helθ].

**отговори́ть(ся)** *сов. см.* отговáривать(ся).

**отговóр||ка** *ж.* excúse [-s]; (*предлог*) prétèxt; без ~ок! no excúses!; отдéлываться ~ками try to get out of doing smth. with lame excúses.

**отголóсок** *м.* (*прям. и перен.*) échò ['ekou].

**отгóн** *м.* **1.** *тех.* distillátion próducts *pl.*; **2.** (*скота*) dríving a¦wáy (of cattle).

**отгóнка** *ж. хим.* distillátion.

**отгóнн||ый:** ~ые пáстбища dístant pástures.

**отгоня́ть,** отогнáть (*вн.*) **1.** drive* a¦wáy / off (*d.*); (*не пускать*) keep* off (*d.*); (*о мыслях тж.*) fight* back (*d.*); **2.** *хим.* distíll off (*d.*).

**отгора́живать,** отгороди́ть (*вн.*) fence off (*d.*); (*перегородкой*) pàrtition off (*d.*). **~ся,** отгороди́ться **1.** fence òne¦sélf off; (*перен.*: *обособляться*) shut* òne¦sélf off; **2.** *страд. к* отгора́живать.

**отгороди́ть(ся)** *сов. см.* отгора́живать(ся).

**отграни́ч||ивать,** отграни́чить (*вн.*) dè¦límit (*d.*). **~ить** *сов. см.* отграни́чивать.

**отгреба́ть** I, отгрести́ (*вн.*; *о сене и т. п.*) rake a¦wáy / off (*d.*).

**отгреба́ть** II, отгрести́ (*без доп.*; *гребя вёслами, отплыть*) row off / a¦wáy [rou...].

**отгрести́** I, II *сов. см.* отгреба́ть I, II.

**отгру||жа́ть,** отгрузи́ть (*вн.*) dispátch (*d.*); (*водным транспортом*) ship (*d.*). **~зи́ть** *сов. см.* отгружа́ть.

**отгру́зка** *ж.* dispátch.

**отгрыза́ть,** отгры́зть (*вн.*) bite* off (*d.*), gnaw off (*d.*).

**отгры́зть** *сов. см.* отгрыза́ть.

**отгу́л** *м. разг.* cómpènsàtory leave / hóliday [-seı-... -dı].

**отгу́л||ивать,** отгуля́ть *разг.* **1.**: он отгуля́л свой о́тпуск his hóliday / leave is óver [...-dı...]; **2.** (*в счёт сверхурочной работы*) take* cómpènsàtory leave, *или* a cómpènsàtory hóliday [...-seı-...]; отгуля́ть два дня have two day's leave / rest.

**отгуля́ть** *сов. см.* отгу́ливать.

**отдава́ть** I, отда́ть **1.** (*вн.*; *возвращать*) retúrn (*d.*), give* back (*d.*); **2.** (*вн.*; *уступать*) give* (*d.*), give* up (*d.*); **3.** (*вн.*; *посвящать, жертвовать*) give* up (*d.*); ~ свою́ жизнь devóte one's life*; **4.** (*вн. дт.*; *при продаже*) let* (*i.*) have (*d.*); **5.** *мор.*: ~ я́корь drop the ánchor [...'æŋkə]; ◇ ~ честь (*дт.*) *воен.* salúte (*d.*); ~ после́дний долг (*дт.*) show* / pay* the last hónours, *или* one's last respécts [ʃou... 'ɔnəz...] (to); ~ до́лжное кому́-л. rénder smb. *his* due; ~ под суд (*вн.*) prósecùte (*d.*); ~ под стра́жу (*вн.*) give* into cústody (*d.*); ~ в шко́лу (*вн.*) put* / send* to school (*d.*); ~ прика́з (*дт.*) issue *an* órder (to); give* órders (to); ~ за́муж (*вн.* за *вн.*) give* in márriage [...-rıdʒ] (*d.* to); ~ себе́ отчёт (в *пр.*) be a¦wáre (of, that, how); réalize ['rıə-] (*d.*); **не** ~ себе́ отчёта (в *пр.*) fail to réalìze (*d.*).

**отдава́ть** II (*тв.*; *иметь привкус чего-л.*) taste [teı-] (of); (*иметь запах чего-л.*) smell* (of).

**отдава́ться,** отда́ться **1.** (*дт.*) give* òne¦sélf up (to); по́лностью ~ (*дт.*; *счастью и т. п.*) surrénder òne¦sélf whólly [...'houlı] (to); **2.** (*раздаваться*) resóund [-'z-]; revérberàte; (*в ушах*) ring*; **3.** *страд. к* отдава́ть I.

**отдави́ть** *сов.* (*вн.*) crush (*d.*); ~ кому́-л. но́гу *разг.* tread* on smb.'s foot* [tred... fut].

**отдале́н||ие** *с.* **1.** remóval [-'mu:-]; (*перен.*) estrángе¦ment [-eındʒ-]; **2.** (*расстояние*) dístance; в ~ии in the dístance; в ~ии от чего́-л. remóved from smth. [-'mu:-...]; держа́ть в ~ии (*вн.*) keep* at a dístance (*d.*).

**отдалённ||ость** *ж.* (*в разн. знач.*) remóte¦ness. **~ый 1.** *прич. см.* отдаля́ть; **2.** *прил.* remóte; dístant; ~ый райо́н remóte dístrict; ~ые уча́стки dístant / remóte plots; ~ое схо́дство dístant / remóte líke¦ness; ~ые пре́дки remóte áncestors.

**отдали́ть(ся)** *сов. см.* отдаля́ть(ся).

**отдаля́ть,** отдали́ть (*вн.*) remóve [-'mu:v] (*d.*); (*о сроке*) pòstpóne [pou-] (*d.*); (*перен.*: *вызывать отчуждение*) es¦tránge [-reındʒ] (*d.*). **~ся,** отдали́ться **1.** (от) move a¦wáy [mu:v...] (from); (*перен.*) shun (*d.*); **2.** *страд. к* отдаля́ть.

**отда́ние** *с.*: ~ че́сти *воен.* salúting.

**отда́р||ивать,** отдари́ть (*вн.*) *разг.* send* gifts in retúrn [...gı-...] (to). **~и́ть** *сов. см.* отда́ривать.

**отда́ть** *сов. см.* отдава́ть I. **~ся** *сов. см.* отдава́ться.

**отда́ч||а** *ж.* **1.** retúrn; **2.** *воен.* recóil; kick *разг.*; **3.** *тех.* effíciency, óutpùt [-put]; **4.** *мор.*: ~ я́коря drópping of the ánchor [...'æŋkə]; ◇ ~ внаём létting; без ~и for good; взять без ~и (*вн.*) take* without the inténtion of giving back (*d.*).

**отдежу́рить** *сов.* **1.** (*кончить дежурство*) come* off dúty; **2.** (*некоторое время*): ~ два, три часа́ be on dúty two, three hours [...auəz].

**отде́л** *м.* **1.** (*в книге и т. п.*) séction; **2.** (*в учреждении*) depártment; séction; ~ спра́вок infòrmátion depártment, in¦quíry óffice; ~ зака́зов órder depártment.

**отде́лать(ся)** *сов. см.* отде́лывать(ся).

**отделе́ние** *с.* **1.** (*действие*) sèparátion; **2.** (*часть помещения*) compártment, séction; (*обособленная часть стола, шкафа и т. п.*) pígeon-hòle [-dʒın-]; боево́е ~ (*танка*) fíghting cab / compártment; маши́нное ~, мото́рное ~ *мор.* éngine room ['endʒ-...]; мото́рное ~ (*танка*) éngine compártment; **3.** (*филиал*) depártment, branch [-ɑ:ntʃ]; ~ мили́ции lócal milítia óffice; **4.** (*концерта и т. п.*) part; **5.** *воен.* séction; squad *амер.*; пулемётное ~ machíne-gùn séction / squad [-'ʃi:n-...]; стрелко́вое ~ rifle séction / squad.

**отделённый 1.** *прич. см.* отделя́ть; **2.** *прил.* *воен.*: ~ команди́р séction / squad léader.

**отдел||и́мый** séparable. **~и́тель** *м. тех.* sifter; séparàtor. **~и́ть(ся)** *сов. см.* отделя́ть(ся).

**отде́лка** *ж.* **1.** (*действие*) fínishing, trímming; (*о платье тж.*) fínishing tóuches [...'tʌ-] *pl. разг.*; чистова́я ~ *тех.* smóothing; **2.** (*украшение*) fínish, dècorátion; (*о платье*) trímmings *pl.*; вну́тренняя ~ *стр.* intérior trim.

**отде́лочн||ый:** ~ые рабо́ты work of dècorátion *sg.*, dècorátion work / fínish *sg.*; ~ стройматериа́л dècorátion matérials *pl.*

**отде́л||ывать,** отде́лать **1.** (*вн.*) fínish (*d.*), trim (up) (*d.*); **2.** (*вн. тв.*) trim (*d.* with); ~ пла́тье кружева́ми trim *a* dress with lace; **3.** (*вн.*) *разг.* (*бранить*) give* a dréssing down (*i.*). **~ываться,** отде́латься *разг.* **1.** (от) get* rid (of); throw* off [-ou...] (*d.*); shake* off (*d.*); *сов. тж.* have fínished (with); ~аться от впечатле́ния shake* off *an* impréssion; **2.** (чем-л.) escápe (with smth.), get* off (with smth.); отде́латься о́бщими фра́зами от чего́-л. talk one's way out of smth.; ◇ дёшево ~аться get* off cheap; сча́стливо ~аться have a nárrow escápe; be none the worse for it [...nʌn...].

**отде́льн||о** *нареч.* séparate¦ly; ~ стоя́щий ísolàted ['aıs-], stánding by it¦sélf. **~ость** *ж.*: ка́ждый в ~ости each táken séparate¦ly. **~ый** séparate; *воен.* detáched; ~ая кварти́ра flat;

~ый ход príivate éntrance ['praɪ-...]; ~ая кóмната séparate room; ~ые грáждане príivate cítizens; ~ые лúца indivíduals; ~ые стрáны indivídual cóuntries [...'kʌ-].

**отделя́ть,** отделúть (*вн.*; *в разн. знач.*) séparàte (*d.*), detách (*d.*); (*разъединять*) disjóin (*d.*), divórce (*d.*); ~ занавéской cúrtain off (*d.*); ~ перегорóдкой pàrtition off (*d.*); э́ти две проблéмы не мóгут быть отделены́ однá от другóй these two próblems cánnòt be divórced from each other [...'prɔ-...]; ~ цéрковь от госудáрства dísestáblish the church; ◇ отделúть овéц от кóзлищ séparàte the sheep from the goats. **~ся,** отделúться **1.** séparàte; (*о предмете*) get* detáched; (*о верхнем слое*) come* off; **2.** *страд. к* отделя́ть.

**отдёр||гивать,** отдёрнуть (*вн.*) jerk back (*d.*), draw* back quíckly (*d.*), with:dráw* (*d.*); (*в сторону*) draw* / pull asíde [...pul...] (*d.*). **~нуть** *сов. см.* отдёргивать.

**отдирáть,** отодрáть (*вн.*) tear* off [tɛə...] (*d.*), rip off (*d.*).

**отдохн||овéние** *с. уст.* repóse. **~у́ть** *сов. см.* отдыхáть.

**отдубáсить** *сов. см.* дубáсить 1.

**отдувáться 1.** (*тяжело дышать*) pant, blow* [-ou], puff; **2.** (за *вн.*) *разг.* (*отвечать*) be ánswerable [...'ɑːnsə-] (for); ~ за другóго (*работать*) do another pérson's work.

**отду́мать** *сов. см.* отду́мывать.

**отду́мывать,** отду́мать *разг.* change one's mind [tʃeɪ-...].

**отду́ш||ина** *ж.* áir-hòle, áir-way, (áir-)vènt; (*перен.*) sáfe:ty-vàlve. **~ник** *м.* áir-hòle, áir-way.

**óтдых** *м.* rest; (*передышка*) rè:làxátion; дом ~а hóliday home [-dɪ...]; день ~а rést-day, day of rest.

**отдых||áть,** отдохну́ть rest, have / take* a rest; где вы ~áли в э́том годý? where did you spend your hóliday this year? [...-dɪ...]. **~áющий 1.** *прич. см.* отдыхáть; **2.** *м. как сущ.* guest (*at a holiday home*).

**отдышáться** *сов.* recóver one's breath [-'kʌ-...-eθ].

**отёк** *м. мед.* oedéma [iː'diːmə] (*pl.* -ata).

**отекáть,** отéчь swell*, be swóllen [...-ou-], become* drópsical.

**отёл** *м.* cálving ['kɑːv-].

**отелúться** *сов. см.* телúться.

**отéль** [-тэ́-] *м.* hotél.

**отепл||éние** *с.* wínter-proofing. **~úть** *сов. см.* отепля́ть.

**отепля́ть,** отеплúть (*вн.*; *о доме, помещении*) make* wínter-proof (*d.*).

**отéц** *м.* fáther ['fɑː-]; ~ семéйства fáther of *a* fámily; приёмный ~ fóster-fàther [-fɑː-].

**отéческий** fáther:ly ['fɑː-]; patérnal.

**отéчественн||ый** nátive; home (*attr.*); Велúкая Отéчественная войнá the Great Pàtriótic War [...-eɪt...]; ~ая промы́шленность home índustry.

**отéчество** *с.* nátive land, móther cóuntry ['mʌ- 'kʌ-], móther:lànd ['mʌ-], fáther:lànd ['fɑː-].

**отёчный** oedemátic [iːd-], oedématose [iː'demətəs].

**отéчь** *сов. см.* отекáть.

**отжáть** I *сов. см.* отжимáть.

**отжáть** II *сов. см.* отжинáть.

**отжéчь** *сов. см.* отжигáть.

**отживáть,** отжúть (*устареть*) become* óbsolète; (*о людях*) have had one's day; отжúть свой век (*об обычаях и т. п.*) go* out of fáshion / use [...-s]; (*о людях*) have had one's day; э́то ужé óтжило this is out of date.

**отживáющий** òbsoléscent; móribùnd; ~ класс òbsoléscent class.

**отжúвший** óbsolète.

**óтжиг** *м. тех.* annéaling.

**отжигáть,** отжéчь (*вн.*) *тех.* annéal (*d.*).

**отжимáть,** отжáть (*вн.*) wring* out (*d.*).

**отжинáть,** отжáть fínish hárvesting, fínish the hárvest.

**отжúть** *сов. см.* отживáть.

**отзвонúть** *сов.* leave* off ríng:ing, stop / fínish ríng:ing; (*перен.*) *разг.* rattle off.

**óтзвук** *м.* (*прям. и перен.*) échò ['ekou]; rè:pèrcussion.

**отзвучáть** *сов.* be heard no more [...həːd...], sound no more.

**отзовúст** *м. ист.* òtzovíst.

**óтзыв** *м.* **1.** (*суждение*) opínion, réference; (*официальный*) tèstimónial; (*рецензия*) review [-'vjuː]; (*читателей и т. п.*) respónse, cómmènt; дать хорóший ~ о кóм-л. give* a good* réference to smb.; **2.** *воен.* replý.

**отзы́в** *м.* (*посла и т. п.*) recáll.

**отзывáть,** отозвáть (*вн.*) **1.** (*отводить в сторону*) take* asíde / apárt (*d.*); **2.** (*посла и т. п.*) recáll (*d.*). **~ся,** отозвáться **1.** (*отвечать*) ánswer ['ɑːnsə]; échò ['ekou]; (на *вн.*) ánswer (*d.*); **2.** (о, об; *давать отзыв*) speak* (of); ~ся с большóй похвалóй give* high praise (to); **3.** (на *пр.*; *влиять*) tell* (up:ón, on); **4.** *тк. несов.* (*тв.*; *иметь привкус*) taste like [teɪ-...] (*d.*), taste (of); **5.** *страд. к* отзывáть.

**отзывн||óй:** ~ы́е грáмоты *дип.* létters of recáll.

**отзы́вчив||ость** *ж.* respónsive:ness, sýmpathy. **~ый** respónsive, sỳmpathétic; ~ый человéк pérson of réady sýmpathy [...'redɪ...].

**отúт** *м. мед.* otítis.

**откáз** *м.* **1.** refúsal [-z-], rèpùdiátion; *юр.* rejéction, nónsúit [-'sjuːt]; получúть ~ be refúsed; не принимáть ~а take* no deníal; отвéтить ~ом на прóсьбу denу́ *a* requést; **2.:** ~ от чегó-л. gíving smth. up; ~ от свойх прав renùnciátion of one's rights; ~ от учáстия (в *пр.*) nón-pàrticipátion (in); **3.** *муз.* nátural; ◇ до ~а (*до предела*) to òver:flówing [...-'flou-]; to satíety; *тех.* as far as it will go; пóлный до ~а crám-fúll, full to capácity; рабóтать без ~а (*о машине*) run* fáultlessly / smóothly [...-ð-].

**отказáть(ся)** *сов. см.* откáзывать(ся).

**откáзывать,** отказáть **1.** (в чём-л. комý-л.) refúse (smth. to smb.), denу́ (smth. to smb.); ~ в пóмощи (*дт.*) denу́ assístance (to); ~ в вúзе (*дт.*) refúse *a* vísa [...'viːzə] (to); ~ в úске nónsúit [-'sjuːt] (*d.*); **2.** (что-л. комý-л.) *уст.* (*завещать*) bequéath [-ð] (smth. to smb.); ◇ ~ от дóма forbíd* the house [...-s] (*i.*); ни в чём себé не ~ denу́ òne:sélf nóthing; ~ себé во всём stint òne:sélf in évery:thìng; емý нельзя́ отказáть в остроýмии there's no denу́ing that he is wítty; не откажúте в любéзности be so kind as. **~ся,** отказа́ться (от) **1.** refúse (*d.*), declíne (*d.*), repúdiàte (*d.*); ~ся от свои́х слов retráct one's word; go* back on one's word; ~ся от свое́й то́чки зре́ния renóunce one's point of view [...vju:]; ~ся от свое́й по́дписи dený one's sígnature; ~ся вы́слушать кого́-л. refúse to lísten to smb. [...'lɪsᵊn...]; **2.** (*лишать себя*) renóunce (*d.*); (*лишать себя чего-л., что имел прежде*) give* up (*d.*); (*от власти*) ábdicàte (*d.*); (*от права*) relínquish (*d.*); ~ся от свое́й до́ли (*в предприятии и т. п.*) relínquish one's share (in); отказа́ться от свои́х притяза́ний (на *вн.*) renóunce / waive, *или* write* off, one's claims (to); ~ся от до́лжности leave*, *или* give* up, one's posítion / post [...-'zɪ-pou-], resígn one's posítion / post / óffice [-'zaɪn...], relínquish one's posítion / post, retíre; ~ся от борьбы́ give* up the strúggle; ~ся от поли́тики (*рд.*) abándon the pólicy (of); ~ся от попы́тки renóunce / abándon *an* attémpt; ~ся от свои́х пла́нов abándon one's plans; ◇ ~ся от че́сти declíne *the* hónour [...'ɔnə]; не откажу́сь I won't say no [...wount...].

**отка́лывать,** отколо́ть (*вн.*) **1.** (*отламывать*) chop off (*d.*); break off [breɪk...] (*d.*); **2.** (*приколотое*) únpín (*d.*). **~ся,** отколо́ться **1.** break* off [-eɪk...]; отколо́ться от чего́-л. break* a¦wáy from smth.; **2.** *страд. к* отка́лывать.

**отка́пывание** *с.* èxhùmátion, dìsintérment.

**отка́пывать,** откопа́ть (*вн.*) dig* up (*d.*); dìsintér (*d.*); (*о мёртвом теле*) èxhúme (*d.*), dìsentómb [-'tu:m] (*d.*); (*перен.*) *разг.* ún¦éarth [-'ə:θ] (*d.*).

**отка́рмливать,** откорми́ть (*вн.*) fátten (*d.*).

**отка́т** *м. воен.* recóil.

**откати́ть(ся)** *сов. см.* отка́тывать(ся).

**отка́тка** *ж.* (*в шахтах*) háulage; (*угля тж.*) trúcking.

**отка́точный:** ~ штрек *горн.* háulage-drift.

**отка́тчик** *м.* (*в шахтах*) háulage-man*, whéeler, drágs¦man*.

**отка́тывать,** откати́ть (*вн.*) **1.** roll a¦wáy (*d.*); roll asíde (*d.*); **2.** (*о руде и т. п.*) haul (*d.*), wheel (*d.*), tram (*d.*); (*об угле*) truck (*d.*). **~ся,** откати́ться **1.** roll a¦wáy; (*об орудии*) recóil; **2.** *воен. разг.* (*о войсках*) stream back, roll back; **3.** *страд. к* отка́тывать.

**откача́ть** *сов. см.* отка́чивать.

**отка́чивать,** откача́ть (*вн.*) **1.** pump out (*d.*); **2.:** ~ уто́пленника give* àrtifícial rèspirátion to *a* drowned pérson.

**отка́чка** *ж.* púmping (out).

**откачну́ть** *сов.* (*вн.*) swing* asíde (*d.*). **~ся** *сов.* swing* asíde.

**отка́шл||иваться,** отка́шляться clear one's throat. **~яться** *сов. см.* отка́шливаться.

**откидн||о́й** fólding, collápsible; ~о́е сиде́нье collápsible seat; ~ борт flap.

**отки́дывать,** отки́нуть (*вн.*) **1.** throw* a¦wáy [-ou...] (*d.*); (*назад*) throw* back (*d.*); **2.** (*отгибать*) fold back (*d.*); ~ портье́ру rip the cúrtain asíde. **~ся,** отки́нуться **1.** lean* back; (*в кресле*) séttle back; **2.** *страд. к* отки́дывать.

**отки́нуть** *сов. см.* отки́дывать. **~ся** *сов. см.* отки́дываться.

**откла́дыв||ать,** отложи́ть (*вн.*) **1.** (*в сторону*) put* / set* asíde (*d.*); (*запасать*) lay* asíde / apárt (*d.*), lay* / put* by (*d.*); **2.** (*отсрочивать*) put* off (*d.*), pòstpóne [poust-] (*d.*), adjóurn [ə'dʒə:n] (*d.*); (*рассмотрение и т. п.*) defér (*d.*); отложи́ть оконча́тельное реше́ние put* off the fínal decísion; отложи́ть перегово́ры adjóurn the talks; ~ па́ртию *шахм.* adjóurn *a* game; ~ реше́ние suspénd one's júdge¦ment; **3.** *биол.* lay* (*d.*); ◇ ~ лошаде́й únhárness the hórses; отложи́ть попече́ние *разг.* bánish all care; ~ в до́лгий я́щик shelve (*d.*); procrástinàte (*d.*); не ~ая в до́лгий я́щик right a¦wáy, diréctly, on the spot.

**откла́н||иваться,** откла́няться take* one's leave. **~яться** *сов. см.* откла́ниваться.

**откле́ивать,** откле́ить (*вн.*) únstíck (*d.*). **~ся,** откле́иться **1.** come* únstúck; **2.** *страд. к* откле́ивать.

**откле́ить(ся)** *сов. см.* откле́ивать(ся).

**о́тклик** *м.* respónse; (*перен.: отзыв*) cómmènt; найти́ широ́кий ~ (среди́) find* a broad respónse [...brɔ:d...] (amóng); meet* with a warm respónse; вы́звать живо́й ~ rouse a réady / keen respónse [...'redɪ...], evóke a warm respónse.

**отклика́ться,** откли́кнуться (на *вн.*) respónd (to); (*перен.*) cómment (on); откли́кнуться на призы́в (*рд.*) respónd to the call / súmmons (of); take* up the call.

**откли́кнуться** *сов. см.* отклика́ться.

**отклон||е́ние** *с.* **1.** (*отход в сторону*) dèviátion; dìvérgence [daɪ-]; ~ от те́мы dìgréssion [daɪ-]; **2.** (*отказ*) declíning, refúsal [-z-]; **3.** *физ.* defléction; dèclinátion; érror; магни́тное ~ màgnétic dèclinátion, cómpass vàriátion ['kʌm-...]; ~ стре́лки the throw of point [...θrou...]; вероя́тное ~ próbable érror. **~и́ть(ся)** *сов. см.* отклоня́ть(ся).

**отклоня́ть,** отклони́ть (*вн.*) **1.** (*в сторону*) defléct (*d.*); **2.** (*о просьбе, предложении и т. п.*) declíne (*d.*); ~ попра́вку vote down *the* améndment. **~ся,** отклони́ться **1.** bend* / move asíde [...mu:v...]; dìvérge [daɪ-]; déviàte; ~ся от ку́рса swerve from one's course [...kɔ:s]; ~ся от те́мы get* off the point; dìgréss, *или* wánder a¦wáy, from the súbject; **2.** *страд. к* отклоня́ть.

**отклю||ча́ть,** отключи́ть (*вн.*) *эл.* ópen (*d.*). **~чённый 1.** *прич. см.* отключа́ть; **2.** *прил.* *эл.* dead [ded]. **~чи́ть** *сов. см.* отключа́ть.

**отковы́р||ивать,** отковыря́ть (*вн.*) *разг.* pick off (*d.*). **~я́ть** *сов. см.* отковы́ривать.

**откозыря́ть** *сов.* (*дт.*) *разг.* salúte (*d.*).

**отко́л** *м.* bréak-a¦way [-eɪk-], splítting off.

**отколоти́ть** *сов.* (*вн.*) *разг.* **1.** (*отбить приколоченное*) knock / beat* off (*d.*); **2.** (*избить*) lick (*d.*), give* a lícking (*i.*).

**отколо́ть(ся)** *сов. см.* отка́лывать(ся).

**откомандирова́ть** *сов. см.* откомандиро́вывать.

**откомандиро́вывать,** откомандирова́ть (*вн.* куда́-л.) send* out on búsiness [...'bɪzn-] (*d.* to *a place*).

**откопа́ть** *сов. см.* отка́пывать.

**отко́рм** *м.* fáttening. **~и́ть** *сов. см.* отка́рмливать. **~ленный 1.** *прич. см.* отка́рмливать; **2.** *прил.* fáttened, fat; (*о человеке*) wéll-féd.

**откóс** *м.* slope; упáсть под ~ roll / fall* down a slope; ◇ пускáть под ~ (*вн.*) deráil (*d.*).

**открепи́ть(ся)** *сов. см.* открепля́ть(ся).

**открепля́ть,** открепи́ть (*вн.*) **1.** únfásten [-s°n] (*d.*), únfíx (*d.*); **2.** (*снимать с учёта*) detách (*d.*). **~ся,** открепи́ться **1.** become* únfástened [...-s°nd]; **2.** (*сниматься с учёта*) be detáched; **3.** *страд. к* открепля́ть.

**откре́щиваться** (от) *разг.* refúse to have ánything to do (with), disówn [-'oun] (*d.*).

**открове́н||ие** *с.* rèvelátion. **~ничать** (с кем-л.) *разг.* indúlge in cónfidences (with). **~но** *нареч.* fránkly; ópenly; ~но говоря́ fránkly spéaking. **~ность** *ж.* fránkness. **~ный** frank; (*о человеке тж.*) outspóken; blunt; ~ное призна́ние frank conféssion; avówal.

**открути́ть(ся)** *сов. см.* откру́чивать(ся).

**откру́чивать,** открути́ть (*вн.*; *о кране и т. п.*) turn off (*d.*). **~ся,** открути́ться **1.** turn off; **2.** *страд. к* откру́чивать.

**открывáть,** откры́ть (*вн.*) **1.** (*прям. и перен.*) ópen (*d.*); ~ дверь ópen *a* door [...dɔ:]; ~ глазá ópen one's eyes [...aɪz]; откры́ть но́вую э́ру ópen a new éra; ~ скóбки ópen the bráckets; **2.** (*делать доступным, свободным*) clear (*d.*); ~ путь clear the way; **3.** (*обнажать*) bare (*d.*); ~ грудь baré one's breast [...brest]; **4.** (*об общественном здании, учреждении и т. п.*) ináuguràte (*d.*); ~ пáмятник ùnvéil *a* mónument; **5.** (*делать открытие*) discóver [-'kʌ-] (*d.*); **6.** (*о секрете, тайне и т. п.*) let* out (*d.*), revéal (*d.*); **7.:** ~ заседáние ópen *a* sitting; ~ пре́ния ópen the debáte; ~ огóнь *воен.* ópen fire; blaze into áction; не ~ огня́ *воен.* hold* one's fire; ~ счёт, креди́т *бух.* ópen *an* accóunt; ◇ ~ кáрты show* one's hand / game [ʃou...]; ~ комý-л. глазá на чтó-л. ópen smb.'s eyes to smth. [...aɪz...]; ~ дýшу комý-л. ópen one's heart to smb. [...hɑ:t...]; ~ кран turn on *a* tap. **~ся,** откры́ться **1.** (*прям. и перен.*) ópen; **2.** (*обнаруживаться*) come* to light; **3.** (комý-л.) confíde (to smb.); **4.** (*о ране*) ópen; **5.** *страд. к* открывáть.

**откры́лок** *м. ав.* stúb-wing.

**откры́т||ие** *с.* **1.** (*действие*) ópening; thrówing ópen ['θrou-...]; ~ пáмятника inaugurátion / ùnvéiling of *the* memórial; день ~ия (*выставки и т. п.*) ópening day; **2.** (*научное*) discóvery [-'kʌ-].

**откры́тка** *ж.* póst-càrd ['pou-]; (*с художественным изображением*) pícture póst-càrd.

**откры́т||о** I **1.** *прил. кратк. см.* откры́тый; **2.** *предик.* ópen, ópened: все óкна бы́ли ~ы all the windows were ópen(ed).

**откры́то** II *нареч.* ópenly, pláinly; дéйствовать ~ act ópenly; говори́ть ~ speak* ópenly.

**откры́т||ый 1.** *прич. см.* открывáть; **2.** *прил.* (*в разн. знач.*) ópen; (*перен. тж.*) óvèrt; (*прямой, искренний тж.*) frank; (*явный тж.*) úndisguísed; ~ое плáтье lów-nècked dress ['lou-...]; ~ флáнг *воен.* ópen / expósed flank; ~ые разрабóтки (*угольные и т. п.*) ópen-cút mine *sg.*; ~ грунт ópen ground; ◇ ~ое заседáние públic sitting ['pʌ-...]; ~ое голосовáние ópen bállot, vote by show of hands [...ʃou...]; остáвить вопрóс ~ым leave* the quéstion ópen [...-stʃən...]; ~ое мóре ópen sea; вы́йти в ~ое мóре put* to sea; на ~ом вóздухе in the ópen (air); под ~ым нéбом in the ópen (air); с ~ой душóй ópen-héarted [-'hɑ:t-].

**откры́ть(ся)** *сов. см.* открывáть(ся).

**откýда** *нареч.* **1.** (*вопрос.*) where... from; (*относит.*) from which; (*перен.: из чего*) whence: ~ они́ отпрáвятся? where will they start from?; ~ вы (идёте)? where are you coming from?; мéсто, ~ они́ происхóдят the place from which they come; ~ я́вствует, слéдует whence it appéars, it fóllows; — ~ вы э́то знáете? how do you come / háppen to know (of) it? [...nou...]; он не знал, ~ послéдует удáр he did not know where the blow was coming from [...blou...]; **2.:** ~ ни, ~ бы ни whèréver... from [wɛər'evə...]: ~ он ни происхóдит, ~ бы он ни происходи́л whèréver he comes, *или* may come, from; ◇ ~ ни возьми́сь *разг.* ≅ quite únexpéctedly, súddenly.

**откýда||-либо, ~-нибудь** *нареч.* from sómewhère or other. **~-то** *нареч.* from sómewhere.

**óткуп** *м. ист.* fárming; брать на ~ (*вн.*) farm (*d.*); (*перен.*) take* compléte contról [...-oul] (of); отдавáть на ~ (*вн.*) farm out (*d.*); (*перен.*) give* smb. compléte contról (óver).

**откуп||áть,** откупи́ть (*вн.*) buy* [baɪ] (*d.*); (*брать на откуп*) farm (*d.*). **~áться,** откупи́ться **1.** pay* off; **2.** *страд. к* откупáть. **~и́ть(ся)** *сов. см.* откупáть(ся).

**откýпор||ивать,** откýпорить (*вн.*) úncórk (*d.*). **~ить** *сов. см.* откýпоривать. **~ка** *ж.* ópening, úncórking.

**откупщи́к** *м. ист.* táx-fàrmer.

**откуси́ть** *сов. см.* откýсывать.

**откýсывать,** откуси́ть (*вн.*) bite* off (*d.*).

**откýшать** *сов. уст.* **1.** have fínished one's meal; **2.:** проси́ть ~ (*вн.*) invíte to a meal (*d.*).

**отлагáтельств||о** *с.:* дéло не тéрпит ~а the mátter brooks no deláy, the mátter is úrgent / préssing.

**отлагáть,** отложи́ть (*вн.*) **1.** = откла́дывать 2; **2.** *геол.* depósit [-z-] (*d.*). **~ся,** отложи́ться **1.** (от) *уст.* (*отделяться*) fall* awáy (from), detách ònesélf (from), séparàte (from); **2.** *геол.* depósit [-z-], be depósited.

**отлáмывать,** отломáть, отломи́ть (*вн.*) break* off [-eɪk...] (*d.*). **~ся,** отломáться, отломи́ться **1.** break* off [-eɪk...]; **2.** *страд. к* отлáмывать.

**отлег||áть,** отлéчь: у негó ~лó от сéрдца he felt relíeved [...-'li:-].

**отлежáть(ся)** *сов. см.* отлёживать(ся).

**отлёживать,** отлежáть: он отлежáл нóгу, рýку his leg, arm has gone to sleep [...gɔn...]; he has pins and needles in his leg, arm *идиом.*

**отлёживаться,** отлежáться *разг.* rest in bed, keep* one's bed.

**отлепи́ть(ся)** *сов. см.* отлепля́ть(ся).

**отлепля́ть,** отлепи́ть (*вн.*) *разг.* take* off (*d.*); únstíck (*d.*); (*ср.* отклéивать). **~ся,** отлепи́ться *разг.* **1.** come* únstúck, come* off; **2.** *страд. к* отлепля́ть.

**отлёт** *м.* flýing awáy; (*о самолёте тж.*) start; ◇ дом на ~е house* stánding by itsélf [-s...]; держáть что-л. на ~е hold* smth. in an outstrétched hand; быть на ~е *разг.* be abóut to leave.

**отлета́ть,** отлете́ть **1.** fly* a¦wáy / off; **2.** (*быть отброшенным*) be thrown off [...-oun...]; **3.** *разг.* (*отрываться*) come* off.

**отлете́ть** *сов. см.* отлета́ть.

**отле́чь** *сов. см.* отлега́ть.

**отли́в** I *м.* (*прям. и перен.*) ebb, ébb-tìde; (*малая вода*) lów-tide ['lou-].

**отли́в** II *м.* (*отблеск, оттенок цвета*) change / play of cólours [ʧeɪ-... 'kʌ-]; с золоты́м ~ом shot with gold.

**отлива́ть** I, отли́ть (*вн.*) **1.** (*о воде и т. п.*) pour off [pɔː...] (*d.*); (*откачивать*) pump out (*d.*); **2.** (*в литейном деле*) found (*d.*), cast* in mould [...mou-] (*d.*).

**отлива́ть** II (*тв.*; *каким-л. цветом*) be shot (*with a colour*): ~ кра́сным, зелёным *и т. п.* be shot with red, green, *etc.*

**отли́в||ка** *ж. тех.* **1.** (*действие*) cásting, fóunding; **2.** (*изделие*) cast, móulding ['mou-], ingot. **~но́й** *тех.* cast, fóunded, móulded ['mou-].

**отлипа́ть,** отли́пнуть come* off, come* únstúck.

**отли́пнуть** *сов. см.* отлипа́ть.

**отли́ть** *сов. см.* отлива́ть I.

**отлича́ть,** отличи́ть (*вн.*) distínguish (*d.*). **~ся,** отличи́ться **1.** *тк. несов.* (от; *быть непохожим*) díffer (from); **2.** *тк. несов.* (чем-л.; *характеризоваться*) be nótable (for); **3.** (*выдаваться, выделяться*) distínguish òne¦sélf; **4.** *разг. ирон.* (*делать что-л., вызывающее смех*) distínguish òne¦sélf; **5.** *страд. к* отлича́ть.

**отли́ч||ие** *с.* **1.** dífference, distínction; в ~ от in cóntràst to, ún¦like; as distínct from; знак ~ия dècorátion, médal ['me-]; **2.** (*заслуга*) mérit; distínguished sérvices *pl.*; око́нчить с ~ием (*вн.*; *о вузе и т. п.*) fínish with hónours [...'ɔnəz] (*d.*); дипло́м с ~ием hónours diplóma. **~и́тельный** distínctive. **~и́ть** *сов. см.* отлича́ть. **~и́ться** *сов. см.* отлича́ться 3, 4.

**отли́чн||ик** *м.*, **~ица** *ж.* (*о школьнике*) éxcellent púpil, hónours púpil ['ɔnəz...]; (*о студенте*) éxcellent stúdent, hónours stúdent; ~ики произво́дства éxcellent wórkers; ~ боево́й и полити́ческой подгото́вки ármy-man* with éxcellent resúlts in fíghting and polítical tráining [...-'zʌl-...].

**отли́чно** I **1.** *прил. кратк. см.* отли́чный; **2.** *предик. безл.* it is éxcellent; (*восклицание*) éxcellent!

**отли́чн||о** II **1.** *нареч.* éxcellently; pérfectly (well); ~ знать (*вн.*) know* pérfectly well [nou...] (*d.*); ~ понима́ть (*вн.*) ùnderstánd* pérfectly (*d.*); ведь он ~ понима́ет! he knows very well!; **2.** *как сущ. с. нескл.* (*отметка*) éxcellent; око́нчить шко́лу на ~ fínish school with éxcellent marks. **~ый 1.** (от; *отличающийся*) dífferent (from); **2.** (*превосходный*) éxcellent; pérfect; ~ое здоро́вье pérfect health [...he-]; ~ое настрое́ние high spírits *pl.*

**отло́г||ий** slóping. **~ость** *ж.* slope.

**отложе́ние** *с.* **1.** depósit [-z-]; accùmulátion; **2.** *уст.* (*отделение, выход из организации*) secéssion.

**отложи́ть** I *сов. см.* откла́дывать.

**отложи́ть** II *сов. см.* отлага́ть. **~ся** *сов. см.* отлага́ться.

**отложно́й:** ~ воротни́к túrn-down cóllar.

**отлома́ть(ся)** *сов. см.* отла́мывать(ся).

**отломи́ть(ся)** *сов. см.* отла́мывать(ся).

**отлупи́ть** *сов. см.* лупи́ть II.

**отлуча́ть,** отлучи́ть (*вн.*; *от церкви*) èxcommúnicàte (*d.*).

**отлуч||а́ться,** отлучи́ться **1.** àbsént òne¦sélf; **2.** *страд. к* отлуча́ть. **~е́ние** *с.* (*от церкви*) éxcommùnicátion.

**отлучи́ть(ся)** *сов. см.* отлуча́ть(ся).

**отлу́чк||а** *ж.* ábsence; быть в ~е be a¦wáy, be ábsent.

**отлы́нивать** (от) *разг.* shirk (*d.*); ~ от рабо́ты shirk one's work.

**отма́лчиваться,** отмолча́ться keep* sílent; keep* mum *разг.*; (*держать про себя*) keep* smth. to òne¦sélf.

**отма́тывать,** отмота́ть (*вн.*) wind* off (*d.*).

**отмаха́ть** *сов. см.* отма́хивать 1.

**отма́хивать,** отмаха́ть, отмахну́ть **1.** *при сов.* отмаха́ть (*вн.*) *разг.* (*покрывать расстояние*) cóver ['kʌ-] (*d.*); (*без доп. тж.*) leg it; он отмаха́л пять киломе́тров he cóvered five kílomètres; **2.** *при сов.* отмахну́ть (*вн.*) wave a¦wáy (*d.*). **~ся,** отмахну́ться **1.** (от) wave / fan off / a¦wáy (*d.*); (*перен.*: *отвергать*) wave a¦wáy / asíde (*d.*), brush asíde (*d.*); **2.** *страд. к* отма́хивать.

**отмахну́ть** *сов. см.* отма́хивать 2. **~ся** *сов. см.* отма́хиваться.

**отма́чивать,** отмочи́ть (*вн.*) soak off (*d.*).

**отмежева́ть(ся)** *сов. см.* отмежёвывать (-ся).

**отмежёвывать,** отмежева́ть (*вч.*) mark off (*d.*), draw* a bóundary (line) (betwéen). **~ся,** отмежева́ться **1.** (от; *обособляться*) dissósiàte / ísolàte òne¦sélf [...'aɪs-...] (from); refúse to acknówledge [...-'nɔ-] (*d.*); **2.** *страд. к* отмежёвывать.

**о́тмель** *ж.* (sánd-)bàr, (sánd-)bànk, shállow.

**отме́н||а** *ж.* àbolítion; (*о законе*) àbrogátion, rèvocátion; *юр.* (*о решении*) dìsàffìrmátion; (*о приказании*) càncèllátion, cóuntermànd [-ɑːnd]; ~ эмба́рго the lífting of the èmbárgò; ~ ча́стной со́бственности àbolítion of prívate próperty [...'praɪ-...]; ~ крепостно́го пра́ва the emàncipátion; ~ сме́ртной ка́зни àbolítion of cápital púnishment [...'pʌ-]; ~ пригово́ра *юр.* repéal of séntence. **~и́ть** *сов. см.* отменя́ть.

**отме́нный** éxcellent.

**отменя́ть,** отмени́ть (*вн.*) abólish (*d.*); (*о законе*) ábrogàte (*d.*), repéal (*d.*), revóke (*d.*), call off (*d.*), rescínd [-'sɪ-] (*d.*); (*о приказании*) cáncel (*d.*), cóuntermànd [-ɑːnd] (*d.*); *юр.* (*о решении*) disaffírm (*d.*), revérse (*d.*); ~ реше́ние, постановле́ние *и т. п.* annúl *a* decísion, decrée, *etc.*; ~ прика́з revóke *an* órder; *воен.* rescínd *an* órder; ~ пригово́р repéal / rescínd *a* séntence; ~ о́тпуск cáncel leave; отмени́ть забасто́вку call off *a* strike.

**отмере́ть** *сов. см.* отмира́ть.

**отмерза́ть,** отмёрзнуть: у него́ отмёрзли ру́ки, у́ши his hands, ears are frózen.

**отмёрзнуть** *сов. см.* отмерза́ть.

**отме́р||ивать,** отме́рить (*вн.*) méasure off ['me-...] (*d.*). **~ить** *сов. см.* отме́ривать.

**отмеря́ть** = отме́ривать.

**отмести́** *сов. см.* отмета́ть.

**отме́стк||а** *ж.* revénge; в ~у in revénge.

**отмета́ть**, отмести́ (*вн.*) sweep* aside (*d.*); (*перен.*) reject (*d.*); give* up (*d.*).

**отме́тина** *ж. разг.* mark; (*на лбу у животного*) star.

**отме́т||ить(ся)** *сов. см.* отмеча́ть(ся). **~ка** *ж.* 1. note; 2. *школ.* mark; ~ка по поведе́нию cónduct mark; ~ка по како́му-л. предме́ту mark in / for a cértain súbject; хоро́шие ~ки high marks; плохи́е ~ки low marks [lou...]; поста́вить ~ку put* down *a* mark; (*дт.*) give* *a* mark (*i.*); выводи́ть о́бщую ~ку (*за четверть, год и т. п.*) decide on *an* óver-àll mark. **~чик** *м.* márker.

**отмеча́ть,** отме́тить (*вн.*) 1. (*в разн. знач.*) mark (*d.*); (*обращать внимание тж.*) note (*d.*); (*каким-л. знаком*) mark off (*d.*); ~ по́двиги record the feats (of arms); ~ пти́чкой tick off (*d.*); отме́тить годовщи́ну (*рд.*) mark / obsérve *the* ànnivérsary [...-'zə:v...] (of); 2. (*упоминать*) méntion (*d.*); 3. (*вычёркивать из домовой книги*) régister the depárture (of); ◇ сле́дует отме́тить, что it should be nóted / obsérved that. **~ся,** отме́титься 1. régister (òne;sélf); (*при отъезде*) régister one's depárture; 2. *страд. к* отмеча́ть.

**отмира́ние** *с.* dýing off; (*исчезновение*) disappéarance; (*атрофия*) átrophy.

**отмира́ть,** отмере́ть die off, die one's own death [...oun deθ]; (*исчезать*) disappéar.

**отмока́ть,** отмо́кнуть (*отсыревать*) get* wet.

**отмо́кнуть** *сов. см.* отмока́ть.

**отмолоти́ть** *сов.* finish thréshing.

**отмолча́ться** *сов. см.* отма́лчиваться.

**отмор||а́живать,** отморо́зить: ~ себе́ щёки get* one's cheeks fróstbitten; у него́ отморо́жены ру́ки, но́ги *и т. п.* he has fróstbitten hands, feet, *etc.*; his hands, feet, *etc.*, are fróstbitten; ~о́женные щёки fróstbitten cheeks. **~о́зить** *сов. см.* отмора́живать.

**отмота́ть** *сов. см.* отма́тывать.

**отмочи́ть** *сов. см.* отма́чивать.

**отмсти́ть** = отомсти́ть.

**отмще́ние** *с. уст.* véngeance [-dʒəns].

**отмыв||а́ть,** отмы́ть (*вн.*) 1. wash clean (*d.*); 2. (*смывать*) wash off / a;wáy (*d.*). **~а́ться,** отмы́ться 1. wash (òne;sélf) clean; э́то не ~а́ется it will not come off; 2. *страд. к* отмыва́ть.

**отмыка́ть,** отомкну́ть (*вн.*) ún;lóck (*d.*), únbólt (*d.*). **~ся,** отомкну́ться 1. ún;lóck; 2. *страд. к* отмыка́ть.

**отмы́ть(ся)** *сов. см.* отмыва́ть(ся).

**отмы́чка** *ж.* máster-key [-ki:], skéleton-key [-ki:].

**отмяка́ть,** отмя́кнуть grow* soft [-ou...], sóften [-fᵊn].

**отмя́кнуть** *сов. см.* отмяка́ть.

**отне́киваться** *разг.* make* excúses [...-sɪz], refúse.

**отнести́** *сов. см.* относи́ть.

**отнести́сь** *сов. см.* относи́ться 1.

**отнима́ть,** отня́ть (*вн.*) 1. (*прям. и перен.*) take* a;wáy (*d.*); (*время*) take* (*d.*); (*вн. у*) take* (*d.* from); (*лишать*) beréave* (of *d.*); э́то о́тняло у него́ три часа́ it took him three hours [...auəz]; ~ у кого́-л. наде́жду beréave* smb. of hope; 2. (*ампутировать*) ámputàte (*d.*); 3. *разг.* (*вычитать*) subtráct (*d.*); ◇ ~ от груди́ wean (*d.*). **~ся,** отня́ться 1. (*парализоваться*) be páralỳsed; у него́ отняла́сь нога́ his leg is páralỳsed, he has lost the use of his leg [...ju:s...]; у него́ отня́лся язы́к he has lost (the use of) his tongue [...tʌŋ]; 2. *страд. к* отнима́ть.

**относи́тельно** I *прил. кратк. см.* относи́тельный.

**относи́тельно** II *нареч.* 1. rélative;ly; 2. *как предл.* (*рд.*; *касательно*) concérning; rélative to; abóut; тепе́рь ~ э́того пла́на now, concérning this plan; она́ говори́ла мне ~ (н)его́ she spoke to me abóut him.

**относи́тельн||ость** *ж.* rèlatívity; тео́рия ~ости (théory of) rèlatívity ['θɪərɪ...]. **~ый** rélative; ~ое местоиме́ние *грам.* rélative pró;-noun.

**относи́ть,** отнести́ 1. (*вн.* в *вн.*, к) take* (*d.* to); ~ что-л. на ме́сто put* smth. in its place; 2. (*вн.*; *о ветре, течении*) cárry a;wáy (*d.*); 3. (*вн.* к; *считать, приписывать*) attríbùte (*d.* to); э́ти ру́кописи отно́сят к IX-му ве́ку these mánuscripts are believed to date from the IX th céntury [...-'li:-...]; ~ на счёт чего́-л. put* down to smth. **~ся,** отнести́сь (к) 1. (*обращаться с кем-л.*) treat (*d.*); (*считать, смотреть на что-л.*) regárd (*d.*); хорошо́ ~ся к кому́-л. treat smb. kind;ly, be nice to smb.; пло́хо ~ся к кому́-л. treat smb. bád;ly*, be únfriendly [...-'fre-] (to); как вы отно́ситесь к моему́ пла́ну? what do you think of my plan?; серьёзно ~ся к свои́м обя́занностям *и т. п.* take* one's task, *etc.*, sérious;ly; ~ся со внима́нием (к) regárd with atténtion (*d.*); ~ся легко́ make* light (of); 2. *тк. несов.* (*иметь отношение*) concérn (*d.*), have to do (with); (*к делу, о котором идёт речь*) be to the point; э́то к нему́ не отно́сится it does;n't concérn him, it has nothing to do with him; э́то сюда́ не отно́сится it has nothing to do with it; that is irrélevant; э́то к де́лу не отно́сится it's beside the point; it's néither here nor there [...'naɪ-...] *разг.*; э́то в одина́ковой ме́ре отно́сится (к) it applíes équal;ly (to); относя́щийся к béaring on ['bɛə-...], pertáining to; относя́щийся к де́лу rélevant; не относя́щийся к де́лу irrélevant; 3. *тк. несов. мат.* be: три отно́сится к четырём как шесть к восьми́ three is to four as six is to eight [...fɔ:...]; 4. *тк. несов.* (*принадлежать к какой-л. эпохе*) date (from): э́то зда́ние отно́сится к XIV-му ве́ку this búilding dates from the XIVth céntury [...'bɪ-...]; э́то отно́сится к тому́ вре́мени it goes / dates back to the time; 5. *страд. к* относи́ть.

**отноше́н||ие** *с.* 1. áttitùde; бе́режное ~ (к) care (of); (*к человеку*) regárd (for), consìderátion (for); небре́жное ~ к чему́-л. cáre;less tréatment of smth.; 2. (*связь*) relátion; име́ть ~ к чему́-л. bear* a relátion to smth. [bɛə...]; have a béaring on smth. [...'bɛə-...], bear* on smth.; не име́ть ~ия к чему́-л. bear* no relátion to smth.; have nothing to do with smth. *разг.*; како́е э́то име́ет ~ (к)? what has it (got) to do (with)?; име́ть весьма́ отдалённое ~ к чему́-л. be very remóte;ly connécted with smth.; в э́том ~ии in this respéct; во всех ~иях in every respéct; в други́х ~иях in other respécts; во мно́гих ~иях in many respécts; по ~ию (к) with respéct (to); **3.** *мн.* relátions; быть в хоро́ших, плохи́х, дру́жеских ~иях с кем-л. be on good*, bad*, friendly terms with smb. [...'fre-...]; быть в бли́зких ~иях с кем-л. be on terms of intimacy with smb., be intimate with smb.; **4.** *мат.* rátiò; в прямо́м, обра́тном ~ии in diréct, invérse rátiò; **5.** *канц.* (official) létter, mèmorándum.

**отны́не** *нареч. уст.* hénce¦fòrth, hénce¦fòrward, from now on.

**отню́дь** *нареч.* by no means, not at all.

**отня́||тие** *с.* **1.** táking a¦wáy; **2.:** ~ руки́, ноги́ *и т. п.* àmputátion of *an* arm, *a* leg, *etc.*; ◇ ~ ребёнка от груди́ wéaning *the* child. **~ть (-ся)** *сов. см.* отнима́ть(ся).

**ото** *предл. см.* от.

**отобе́дать** *сов.* **1.** (*кончить обедать*) have finished dinner; **2.** *уст.* (*пообедать*) dine; проси́ть ~ (*вн.*) ask to dinner (*d.*).

**отображ||а́ть,** отобрази́ть (*вн.*) refléct (*d.*); rèpresént [-'zent] (*d.*). **~а́ться,** отобрази́ться **1.** refléct òne¦sélf; **2.** *страд. к* отобража́ть. **~е́ние** *с.* refléction; rèpresèntátion [-zen-].

**отобрази́ть(ся)** *сов. см.* отобража́ть(ся).

**отобра́ть** *сов. см.* отбира́ть.

**отовсю́ду** *нареч.* from évery¦whère, from every quárter.

**отогна́ть** *сов. см.* отгоня́ть.

**отогну́ть(ся)** *сов. см.* отгиба́ть(ся).

**отогрева́ть,** отогре́ть (*вн.*) warm (*d.*). **~ся,** отогре́ться **1.** warm òne¦sélf; **2.** *страд. к* отогрева́ть.

**отогре́ть(ся)** *сов. см.* отогрева́ть(ся).

**отодвига́ть,** отодви́нуть (*вн.*) **1.** move aside [mu:v...] (*d.*); **2.** *разг.* (*о сроке*) put* off (*d.*). **~ся,** отодви́нуться **1.** move aside [mu:v...]; ~ся наза́д draw* back; **2.** *страд. к* отодвига́ть.

**отодви́нуть(ся)** *сов. см.* отодвига́ть(ся).

**отодра́ть** I *сов. см.* отдира́ть.

**отодра́ть** II *сов.* (*вн.*) *разг.* give* a sound flógging (*i.*).

**отож(д)еств||и́ть** *сов. см.* отож(д)ествля́ть. **~ле́ние** *с.* ìdèntificátion [aɪ-].

**отож(д)ествля́ть,** отож(д)естви́ть (*вн.*) idéntifỳ [aɪ-] (*d.*).

**отожжённый** *прич. и прил. тех.* annéaled.

**отозв||а́ние** *с.* recáll. **~а́ть** *сов. см.* отзыва́ть. **~а́ться** *сов. см.* отзыва́ться 1, 2, 3.

**отойти́** I, II *сов. см.* отходи́ть I, II.

**отологи́ческий** *мед.* òtológical.

**отоло́гия** *ж.* otólogy.

**отомкну́ть(ся)** *сов. см.* отмыка́ть(ся).

**отомсти́ть** *сов. см.* мстить.

**отоп||и́тельный** héating; ~ сезо́н ≅ cold séason [...-z°n]; ~и́тельная систе́ма héating sýstem. **~и́ть** *сов. см.* ота́пливать. **~ле́ние** *с.* héating.

**отопля́ть** = ота́пливать.

**ора́чивать,** оторочи́ть (*вн.*) edge (*d.*), trim (*d.*).

**ото́рванн||ость** *ж.* ìsolátion [aɪ-], lóne¦liness. **~ый 1.** *прич. см.* отрыва́ть I; **2.** *прил.* (от) álienàted (from), estránged [-reɪndʒd] (from), cut off (from).

**оторва́ть** *сов. см.* отрыва́ть I. **~ся** *сов. см.* отрыва́ться I.

**оторопе́ть** *сов.* be struck dumb.

**о́торопь** *ж.* confúsion; его́ ~ взяла́ he was dùmb¦fóunded.

**оторочи́ть** *сов. см.* ора́чивать.

**оторо́чка** *ж.* édging.

**отоско́п** *м.* ótoscòpe ['outə-].

**отосла́ть** *сов. см.* отсыла́ть.

**отоспа́ться** *сов. см.* отсыпа́ться II.

**отоща́лый** emáciàted.

**отоща́ть** *сов. см.* тоща́ть.

**отпад||а́ть,** отпа́сть **1.** fall* off, fall* a¦wáy; **2.** (*утрачивать силу, смысл*) fall* a¦wáy; (*миновать*) pass; вопро́с ~а́ет the quéstion no lónger aríses [...-stʃ-...]; у него́ отпа́ла охо́та к э́тому his desire to do it has passed [...-'zaɪə...].

**отпаде́ние** *с.* fálling a¦wáy; (от; *перен.*) deféction (from).

**отпа́ивать** I, отпая́ть (*вн.*) únsólder [-'sɔ-] (*d.*).

**отпа́ивать** II, отпои́ть (*вн.*) **1.** (*выкармливать жидкой пищей*) fátten (*d.*); **2.** (*после отравления*) give* (milk, *etc.*) as an ántidòte for póison [...-z°n] (*i.*).

**отпа́иваться** I, отпая́ться **1.** (*отламываться*) come* off; **2.** *страд. к* отпа́ивать I.

**отпа́иваться** II *страд. к* отпа́ивать II.

**отпа́ривать,** отпа́рить (*вн.*) steam (*d.*).

**отпари́ровать** *сов.* (*вн.*) párry (*d.*), cóunter (*d.*).

**отпа́рить** *сов. см.* отпа́ривать.

**отпа́рывать,** отпоро́ть (*вн.*) rip off (*d.*). **~ся,** отпоро́ться **1.** come* off; **2.** *страд. к* отпа́рывать.

**отпа́сть** *сов. см.* отпада́ть.

**отпаха́ть** *сов.* have fínished plóughing.

**отпая́ть** *сов. см.* отпа́ивать I. **~ся** *сов. см.* отпа́иваться I.

**отпева́ние** *с. церк.* fúneral sérvice.

**отпева́ть,** отпе́ть (*вн.*) *церк.* perfórm a fúneral sérvice (óver, for).

**отпере́ть** *сов. см.* отпира́ть.

**отпере́ться** I, II *сов. см.* отпира́ться I, II.

**о́тпертый** *прич. и прил.* ún¦lócked.

**отпе́||тый 1.** *прич. см.* отпева́ть; **2.** *прил. разг.* (*отъявленный*) árrant, invéterate. **~ть** *сов. см.* отпева́ть.

**отпеча́тать** *сов.* **1.** *см.* отпеча́тывать; **2.** *как сов. к* печа́тать. **~ся** *сов. см.* отпеча́тываться.

**отпеча́т||ок** *м.* (*прям. и перен.*) ímprint, ímprèss; ~ па́льца fínger-prìnt; брать ~ки па́льцев take* fínger-prìnts; накла́дывать (свой) ~ leave* its mark / ímprint.

**отпеча́тывать,** отпеча́тать (*вн.*) **1.** (*заканчивать печатанием*) print (*d.*); отпеча́тать весь тира́ж кни́ги print the whole edítion of the book [...houl...]; **2.** (*делать отпечаток*) imprínt (*d.*). **~ся,** отпеча́таться **1.** leave* an impréssion; **2.** *страд. к* отпеча́тывать.

**отпива́ть,** отпи́ть (*вн., рд.*) take* a sip (of).

**отпи́л||ивать,** отпили́ть (*вн.*) saw* off (*d.*). **~и́ть** *сов. см.* отпи́ливать.

**отпира́тельство** *с.* disavówal, deníal.

**отпира́ть,** отпере́ть (*вн.*) ún¦lóck (*d.*); (*открывать*) ópen (*d.*).

**отпира́ться** I, отпере́ться **1.** ún¦lóck òne¦sélf; **2.** *страд. к* отпира́ть.

**отпира́ться** II, отпере́ться *разг.* (*от своих слов и т. п.*) dený (*d.*).

**отписа́ть(ся)** *сов. см.* отпи́сывать(ся).

**отпи́ска** *ж.* ánswer written for form ónly [ˈɑːnsə...].

**отпи́сывать,** отписа́ть (*вн.*) *уст.* (*завещать*) bequéath [-ð] (*d.*), leave* by will (*d.*). **~ся,** отписа́ться write* for form ónly.

**отпи́ть** *сов. см.* отпива́ть.

**отпи́х||ивать,** отпихну́ть (*вн.*) *разг.* push a:wáy / off [puʃ...] (*d.*), shove asíde [ʃʌv...] (*d.*); (*перен.*) spurn (*d.*). **~иваться,** отпихну́ться *разг.* push off [puʃ...]. **~ну́ть(ся)** *сов. см.* отпи́хивать(ся).

**отпла́т||а** *ж.* repáyment. **~и́ть** *сов. см.* отпла́чивать.

**отпла́чивать,** отплати́ть (*дт.*) pay* back (*i.*), repáy* (*d.*), requíte (*d.*); отплати́ть кому́-л. за услу́гу repáy* smb. for his sérvice; ~ кому́-л. той же моне́той pay* smb. in his own coin [...oun...].

**отплева́ться** *сов. см.* отплёвываться.

**отплёвывать,** отплю́нуть (*вн.*) spit* out (*d.*); expéctoràte (*d.*). **~ся,** отплева́ться spit* with disgúst.

**отплыва́ть,** отплы́ть sail; (*о плывущих людях, животных*) swim* off / out; (*о предметах*) float off; он отплы́л оди́н киломе́тр от бе́рега he swam out a kílomètre from the shore.

**отплы́ти||е** *с.* sáiling; гото́вый к ~ю réady to sail [ˈredɪ...]; пе́ред ~ем befóre sáiling.

**отплы́ть** *сов. см.* отплыва́ть.

**отплю́нуть** *сов. см.* отплёвывать.

**отплясáть** *сов.* (*кончить плясать*) fínish dáncing.

**отпля́сывать** (*вн.*) *разг.* dance (*d.*); (*без доп. тж.*) shake* a leg *идиом.*; (*с увлечением*) dance with zest.

**о́тповедь** *ж.* repróof, rebúke, rebúff.

**отпои́ть** I *сов. см.* отпа́ивать II.

**отпои́ть** II *сов.* (*вн.*; *кончить поить — о скоте*) fínish wátering [...ˈwɔː-] (*d.*).

**отполз||а́ть,** отползти́ crawl a:wáy / back. **~ти́** *сов. см.* отполза́ть.

**отполирова́ть** *сов. см.* полирова́ть.

**отпо́р** *м.* rebúff, repúlse; дать ~ (*дт.*) repúlse (*d.*); встре́тить ~ meet* with a rebúff / repúlse; súffer a repúlse.

**отпоро́ть(ся)** *сов. см.* отпа́рывать(ся).

**отпотева́ть,** отпоте́ть móisten [-s°n], become* / be moist / damp.

**отпоте́ть** *сов. см.* отпотева́ть.

**отпочкова́ться** *сов. см.* отпочко́вываться.

**отпочко́вываться,** отпочкова́ться gemmáte, própagàte by gemmátion; (*перен.*) detách òne:sélf.

**отправи́тель** *м.*, **~ница** *ж.* sénder.

**отпра́в||ить** *сов. см.* отправля́ть 1. **~иться** *сов. см.* отправля́ться 1. **~ка** *ж.* sénding off, fórwarding, dispátch; (*о товарах и т. п.*) shípping; ~ка поездо́в èxpedítion of trains. **~ле́ние** *с.* **1.** (*отсылка — о письмах, багаже и т. п.*) sénding; **2.** (*о поезде, пароходе*) depárture; **3.** (*об организме*) fúnction; **4.** (*исполнение*) éxercise, práctice; ~ле́ние обя́занностей éxercise of *one's* dúties; ~ле́ние религио́зных ку́льтов perfórmance of relígious rites.

**отправля́ть,** отпра́вить (*вн.*) **1.** send* (*d.*), fórward (*d.*), dispátch (*d.*); **2.** *тк. несов.* (*исполнять*) perfórm (*d.*), éxercise (*d.*); ~ обя́занности éxercise dúties; ~ правосу́дие admínister jústice; ◇ ~ есте́ственные потре́бности relíeve náture [-iːv ˈneɪ-]; ~ на тот свет send* to kíng:dom-còme (*d.*). **~ся,** отпра́виться **1.** set* off / out; start; (*отбывать*) leave*; (*пойти куда-л.*) go* (to *a place*), make* (for *a place*); betáke* òne:sélf; по́езд отправля́ется в пять (часо́в) the train leaves at five (o'clóck); отпра́виться в путь set* out; отпра́виться по́ездом, парохо́дом go* by train, by ship; **2.** *тк. несов.* (от; *исходить из чего-л.*) procéed (from); **3.** *страд. к* отправля́ть.

**отправн||о́й:** ~ пункт, ~а́я то́чка stárting-point.

**отпра́здновать** [-зн-] *сов.* **1.** *см.* пра́здновать; **2.** (*кончить праздновать*) fínish célebràting.

**отпра́шиваться,** отпроси́ться ask for leave; *сов. тж.* get* leave.

**отпроси́ться** *сов. см.* отпра́шиваться.

**отпры́г||ивать,** отпры́гнуть (*назад*) jump / spring* / leap* back; (*в сторону*) jump / spring* / leap* asíde. **~нуть** *сов. см.* отпры́гивать.

**о́тпрыск** *м.* óff:spring, scíon; *бот. тж.* óff:shoot, shoot.

**отпряга́ть,** отпря́чь (*вн.*) únhárness (*d.*); take* out of the shafts (*d.*).

**отпря́нуть** *сов.* recóil, start back.

**отпря́чь** *сов. см.* отпряга́ть.

**отпу́г||ивать,** отпугну́ть (*вн.*) fríghten / scare a:wáy (*d.*). **~ну́ть** *сов. см.* отпу́гивать.

**о́тпуск** *м.* **1.** leave (of ábsence); (*у служащего*) hóliday [-dɪ], leave; *воен. тж.* fúrlough [-lou]; взять ме́сячный ~ take* a month's hóliday [...mʌ-...]; ~ по боле́зни síck-leave; декре́тный ~ matérnity leave; ~ без сохране́ния содержа́ния hóliday without pay; в ~е on leave; **2.** (*выдача*) íssue, delívery, distribútion; **3.** *тк. ед. тех.* (*о металле*) témpering.

**отпуска́ть,** отпусти́ть (*вн.*) **1.** let* go (*d.*), let* off (*d.*); (*освобождать*) set* free (*d.*), reléase [-s] (*d.*); **2.** (*давать отпуск*) give* leave (of ábsence) (*i.*); **3.** (*выдавать*) supplý (*d.*); (*в магазине*) serve (*d.*); ~ сре́дства allót means; állocàte funds; ~ в креди́т sell* on crédit (*d.*); **4.** *разг.* (*отращивать*) grow* [-ou] (*d.*); ~ во́лосы grow* one's hair long; ~ бо́роду grow* a beard; **5.** (*ослаблять*) slácken (*d.*); turn loose [...-s] (*d.*); ~ по́вод (ло́шади) give* (*the* horse) the rein(s), *или* his head [...hed]; **6.** *уст.* (*прощать*) remít (*d.*), forgíve* [-ˈgɪv] (*d.*): ~ грехи́ кому́-л. *церк.* absólve smb.'s sins [-ˈzɔlv...], remít smb.'s sins; **7.** *тех.* (*о металле*) témper (*d.*), draw* (*d.*); ◇ ~ остро́ты *разг.* crack jokes; ~ комплиме́нты *разг.* make* / pay* cómpliments.

**отпускн||и́к** *м.* man* on hóliday [...-dɪ]; *воен.* sérvice:man* on leave. **~о́й 1.** *прил. к* о́тпуск 1; ~о́е свиде́тельство leave of ábsence certíficate; ~ы́е де́ньги hóliday pay [-dɪ...] *sg.*; **2.:** ~а́я цена́ *эк.* sélling price; **3.** *м. как сущ.* = отпускни́к.

**отпусти́ть** *сов. см.* отпуска́ть.

**отпуще́н||ие** *с. уст.* remíssion, remítment; ~ грехо́в *церк.* àbsolútion; ◇ козёл ~ия *разг.* scápe:goat.

**отпу́щенник** *м. ист.* fréed:man*.

**отрабáтывать,** отрабóтать (*вн.*) **1.** (*возмещать работой*) clear by wórking (*d.*), work off (*d.*); **2.** *разг.* (*какой-то срок*) work (for); отрабóтать пять дней work for five days; **3.** (*совершенствовать*) máster (by práctice) (*d.*).

**отрабóтанный 1.** *прич. см.* отрабáтывать; **2.** *прил.*: ~ пар *тех.* spent / waste / exháust steam [...weɪ-...].

**отрабóтать** I *сов. см.* отрабáтывать.

**отрабóтать** II *сов.* (*кончить работу*) fínish one's work.

**отрабóтка** *ж.* (*долга*) wórking off, páying by work.

**отрабóточн||ый** *эк.*: ~ая рéнта lábour rent; corvée (*фр.*) ['kɔːveɪ]; ~ая систéма трудá stát̀ute lábour.

**отрáв||а** *ж.* póison [-z°n]; (*перен.*) bane. **~ѝтель** *м.* póisoner [-z°nə]. **~ѝть(ся)** *сов. см.* отравля́ть(ся). **~лéние** *с.* póisoning [-z°n-]; ~лéние гáзом gás-póisoning [-z°n-]; ~лéние свинцóм léad-póisoning ['led- -z°n-].

**отравля́ть,** отравѝть (*вн.*; *прям. и перен.*) póison [-z°n] (*d.*); envénom [-'ve-] (*d.*); ~ удовóльствие spoil* / mar the pléasure [...'ple-]. **~ся,** отравѝться **1.** póison òne¦sélf [-z°n...]; **2.** *страд. к* отравля́ть.

**отравля́ющ||ий 1.** *прич. см.* отравля́ть; **2.** *прил.*: ~ее веществó war gas.

**отрáд||а** *ж.* delight, joy; (*утешение*) cómfort ['kʌ-], cònsolátion. **~ный** grátifỳing; (*утешительный*) cómforting ['kʌ-]; ~ное явлéние grátifỳing círcumstance.

**отражáтель** *м.* **1.** *физ.* refléctor; **2.** (*в оружии*) èjéctor [iː-]. **~ный** refléctive; ~ная печь *тех.* revérberatory / revérberàting fúrnace.

**отражáть,** отразѝть (*вн.*) **1.** (*о свете и т. п.*; *тж. перен.*) refléct (*d.*); **2.** (*отбивать*; *опровергать*) repúlse (*d.*), repél (*d.*), párry (*d.*); ~ удáр párry *a* blow [...-ou]; ~ атáку repúlse / repél, *или* beat* off, *an* attáck / assáult; ~ обвинéние refúte *a* charge. **~ся,** отразѝться **1.** be refléćted; revérberàte; **2.** (на *пр.*; *оказывать влияние*) afféct (*d.*), have an efféct (on); э́то хорошó отрази́лось на егó здорóвье it was good* for his health [...helθ]; **3.** *страд. к* отражáть.

**отражéн||ие** *с.* **1.** (*о свете и т. п.*; *тж. перен.*) refléction, revèrberátion; **2.** (*о нападении и т. п.*) repúlse, párry; wárding off; ◇ теóрия ~ия théory of refléction ['θɪərɪ...].

**отражённ||ый 1.** *прич. см.* отражáть; **2.** *прил.* refléćted; сия́ть ~ым свéтом shine* with refléćted light.

**отразѝть(ся)** *сов. см.* отражáть(ся).

**отрапортовáть** *сов.* (*вн.*) repórt (*d.*).

**отраслев||óй** *прил. к* óтрасль; ~óе объединéние trade assòciátion (*of a branch of industry*).

**óтрасль** *ж.* (*в разн. знач.*) branch [-ɑːntʃ], field [fiːld]; ~ знáний sphere / depártment / field of knówledge [...'nɔ-].

**отраст||áть,** отрастѝ grow* [-ou]. **~ѝ** *сов. см.* отрастáть. **~ѝть** *сов. см.* отрáщивать.

**отрáщивать,** отрастѝть (*вн.*) grow* [-ou] (*d.*); ~ вóлосы grow* one's hair long; ~ бóроду grow* *a* beard; ◇ отрастѝть брю́хо *разг.* grow* a paunch.

**отрéбье** *с. тк. ед. собир. презр.* the rabble.

**отрегули́ровать** *сов.* (*вн.*) *тех.* adjúst [ə'dʒʌ-] (*d.*), régulàte (*d.*).

**отредакти́ровать** *сов. см.* редакти́ровать 1.

**отрéз** *м.* **1.**: лѝния ~a line of the cut, cut; (*пробитая*) pérforàted line; (*надпись на линии отреза*) tear here [tɛə...]; tear off at the line marked; **2.** (*о материи*) length; páttern *амер.*; ~ на плáтье dress length. **~анность** *ж.* (от) ábsence / lack of commùnicátion (with).

**отрéзать** *сов. см.* отрезáть.

**отрезáть,** отрéзать **1.** (*вн.*; *в разн. знач.*) cut* off (*d.*); (*ножницами тж.*) snip off (*d.*); отрéзать себé путь к отступлéнию cut* off one's path* of retréat; (*перен.*) burn* one's boats; **2.** *тк. сов. разг.* (*резко ответить*) snap out.

**отрезв||éть** *сов. см.* трезвéть. **~ѝть(ся)** *сов. см.* отрезвля́ть(ся). **~лéние** *с.* (*прям. и перен.*) sóbering.

**отрезвля́ть,** отрезвѝть (*вн.*; *прям. и перен.*) sóber (*d.*). **~ся,** отрезвѝться **1.** sóber; become* sóber; **2.** *страд. к* отрезвля́ть.

**отрезнóй** detáchable.

**отрéз||ок** *м.* **1.** (*часть чего-л.*) piece [piːs]; *мат.* ségment; ~ путѝ séction / length of road; **2.** *мн. ист.* otrézki (*cut-off portions of land*). **~ывать** = отрезáть.

**отрекáться,** отрéчься (от) renóunce (*d.*); disavów (*d.*); (*не признавать своим*) repúdiàte (*d.*); ~ от своегó предложéния renóunce one's own propósal [...oun -z-]; ~ от престóла ábdicàte.

**отрекомендовáть** *сов.* (*вн.*) ìntrodúce (*d.*). **~ся** *сов.* ìntrodúce òne¦sélf.

**отремонтѝровать** *сов.* (*вн.*) repáir (*d.*), ré¦fít (*d.*); ré¦condítion (*d.*).

**отрéпье** *с. собир.* rags *pl.*

**отречéние** *с.* (от) renùnciátion (of); ~ от престóла àbdicátion.

**отрéчься** *сов. см.* отрекáться.

**отреш||áть,** отрешѝть *уст.*: ~ от дóлжности (*вн.*) suspénd (*d.*). **~áться,** отрешѝться **1.** (от) renóunce (*d.*), give* up (*d.*); (*освобождаться*) get* rid (of); он не мог ~ѝться от мы́сли he could not dismíss the thought; **2.** *страд. к* отрешáть. **~éние** *с. уст.*: ~éние от дóлжности suspénsion. **~ённость** *ж.* estránge¦ment [-reɪn-], alóofness. **~ѝть(ся)** *сов. см.* отрешáть(ся).

**отрѝнутый** *прич. и прил. уст.* rejéćted.

**отрѝнуть** *сов.* (*вн.*) *уст.* rejéct (*d.*).

**отрицáние** *с.* denial, negátion; служѝть ~м (*рд.*) negáte (*d.*).

**отрицáтельн||о** *нареч.* négative¦ly; ответѝть ~ ánswer in the négative ['ɑːnsə...]; ~ покачáть головóй shake* one's head [...hed]; относѝться ~ (к) disappróve [-uːv] (of); скáзываться ~ (на) have an ádverse efféct (on); afféct ádvèrse¦ly (*d.*). **~ый 1.** négative: ~ый отвéт négative ánswer [...'ɑːnsə]; ~ая величинá *мат.* négative quántity; ~ый герóй négative cháracter [...'kæ-]; ~ые ти́пы в ромáне the négative cháracters in the nóvel [...'nɔ-]; ~ое электрѝчество négative èlectrícity; **2.** (*плохой, неблагоприятный*) bad, únfávour¦able; ~ый óтзыв únfávour¦able críticism; ~ое влия́ние bad ínfluence.

**отрицáть** (*вн.*) denу́ (*d.*), discláim (*d.*); ~

своё áвторство discláim áuthorship; ~ винóвность *юр.* plead not guilty.

**отрóг** *м.* spur.

**óтроду** *нареч. разг.* (*никогда, за всю жизнь*) never, as long as one lives [...lɪvz], never in one's born days; он ~ не видáл ничегó подóбного he has never (in his born days) seen the like.

**отрóдье** *с. разг.* spawn, óff¦spring.

**отродя́сь** = óтроду.

**óтрок** *м.* boy, lad, àdoléscent.

**отрóсток** *м.* 1. *бот.* shoot, sprout; 2. *анат.* appéndix; 3. *тех.* branch piece [-ɑːntʃ piːs].

**óтрочес||кий** àdoléscent; ~ вóзраст àdoléscence. **~тво** *с.* àdoléscence.

**óтруб** *м. ист.* ótrub, hólding.

**отрубáть,** отрубúть (*вн.*) chop off (*d.*); ~ гóлову комý-л. chop / cut* off smb.'s head [...hed].

**óтруби** *мн.* bran *sg.*

**отрубúть** *сов. см.* отрубáть.

**отругáть** *сов.* (*вн.*) *разг.* give* a scólding / ráting (*i.*).

**отрýгиваться** *разг.* ánswer back ['ɑːnsə...].

**отры́в** *м.* (*действие*) téaring off ['tɛə-...]; (*перен.*) àlienátion, ìsolátion [aɪ-]; loss of commùnicátion; без ~а от произвóдства without discontínuing work, without drópping, *или* giving up, work; с ~ом от произвóдства work bé¦ing discontínued; в ~е от масс out of touch with the másses [...tʌtʃ...]; ~ от протúвника *воен.* bréaking of cóntàct ['breɪk-...], bréak-a¦way ['breɪk-], disen¦gáge¦ment; ~ от земли́ *ав.* táke-óff.

**отрывáть** I, оторвáть (*вн.*) tear* off / a¦wáy [tɛə...] (*d.*); (*перен.*: *отвлекать*) dìvért (*d.*); (*прерывать*) interrúpt (*d.*); ~ когó-л. от дéла, рабóты distúrb smb., prevént smb. from wórking, distráct smb. from work.

**отрывáть** II, отры́ть (*вн.*; *прям. и перен.*) ún¦éarth [-'əːθ] (*d.*); dig* out (*d.*), éxcavàte (*d.*).

**отрывáться** I, оторвáться 1. (*о пуговице и т. п.*) come* off, tear* off [tɛə...]; 2. *ав.* (*от земли*) take* off; 3. (от) (*переставать смотреть, заниматься*) tear* òne¦sélf a¦wáy (from); (*терять связь*) lose* touch [luːz tʌtʃ] (with); divórce òne¦sélf (from); он не мог оторвáться от кни́ги he could not tear hìm¦sélf a¦wáy from the book; оторвáться от нарóда draw* a¦wáy from the people [...piː-]; оторвáться от действи́тельности lose* touch with reálity [...rɪ'æ-], be out of touch with reálity; не отрывáясь (*не прекращая работы*) without stópping, *или* léaving off, work; ~ от протúвника *воен.* break* a¦wáy, break* cóntàct, break* off; 4. *страд. к* отрывáть I.

**отрывáться** II *страд. к* отрывáть II.

**отры́вист||ый** jérky, abrúpt; ~ая речь curt speech.

**отрывнóй** téar-óff ['tɛə-] (*attr.*); ~ календáрь téar-óff cálendar; ~ талóн cóupon ['kuːpɔn], ~ лист pérforàted sheet.

**отры́во||к** *м.* frágment; (*из текста тж.*) éxtràct, pássage. **~чный** frágmentary, scráppy; ~чные словá désultory words.

**отры́г||ивать,** отрыгнýть (*вн.*) belch (*d.*). **~нýть** *сов. см.* отры́гивать.

**отры́жка** *ж.* bélch(ing), èrùctátion [iː-].

**отры́ть** *сов. см.* отрывáть II.

**отря́д** *м.* 1. detáchment; detáched force; передовóй ~ advánced detáchment; (*перен.*) ván¦guàrd; пионéрский ~ Young Pionéer detáchment [jʌŋ...]; 2. *биол.* órder.

**отряди́ть** *сов. см.* отряжáть.

**отряжáть,** отряди́ть (*вн.*) detách (*d.*), tell* off (*d.*).

**отряс||áть,** отрясти́ (*вн.*) shake* off (*d.*); ◇ ~ти́ прах от своúх ног shake* the dust off / from one's feet. **~ти́** *сов. см.* отрясáть.

**отряхáть(ся)** = отря́хивать(ся).

**отря́хивать,** отряхнýть (*вн.*) shake* down (*d.*); ◇ отряхнýть прах от своúх ног shake* the dust off / from one's feet. **~ся,** отряхнýться shake* òne¦sélf.

**отряхнýть(ся)** *сов. см.* отря́хивать(ся).

**отсади́ть** *сов. см.* отсáживать.

**отсáживать,** отсади́ть (*вн.*) 1. (*о растении*) displánt [-ɑːnt] (*d.*); 2. (*об ученике*) seat apárt (*d.*). **~ся,** отсéсть 1. seat òne¦sélf apárt; 2. *страд. к* отсáживать.

**отсáсывание** *с.* súction, exháustion [-stʃ-], exháusting.

**отсáсывать,** отсосáть (*вн.*) draw* off (*d.*), exháust (*d.*).

**отсвé||т** *м.,* **~чивание** *с.* refléction, sheen.

**отсвéчивать** (*тв.*) shine* (with), gleam (with), show* a refléction [ʃou...] (of).

**отсебя́тина** *ж. разг.* one's own con¦cóction [...oun...]; *театр.* gag.

**отсéв** *м.* 1. = отсéивание; 2. (*остатки*) síftings *pl.*; chaff; 3.: ~ учáщихся númber of stúdents who discontínued stúdies, *или* drópped out [...'stʌdɪz...]; (*по неуспеваемости*) númber of fáilures. **~áть** = отсéивать.

**отсéивание** *с.* sífting; (*перен.*) elìminátion, scréening.

**отсéивать,** отсéять (*вн.*) sift (*d.*); (*перен.*) elíminàte (*d.*), screen (*d.*). **~ся,** отсéяться 1. fall* out; 2. (*о студентах и т. п.*) drop out; 3. *страд. к* отсéивать.

**отсéк** *м.* compártment.

**отсекáть,** отсéчь (*вн.*) cut* off (*d.*), chop off (*d.*), séver ['se-] (*d.*).

**отсéле, отсéль** *нареч. уст.* hence.

**отсéсть** *сов. см.* отсáживаться.

**отсечéние** *с.* cútting off, séverance; ◇ дать гóлову, рýку на ~ *разг.* ≅ stake one's head, hand [...hed...].

**отсéчка** *ж. тех.*: ~ пáра cút-òff.

**отсéчь** *сов. см.* отсекáть.

**отсéять(ся)** *сов. см.* отсéивать(ся).

**отсидéть(ся)** *сов. см.* отси́живать(ся).

**отси́живать,** отсидéть *разг.* 1. (*вн.*; *пробыть*) stay (for); отсидéть в тюрьмé serve one's time; serve *a* term of imprísonment [...-z°n-], 2. (*вн.*; *доводить до онемения*): отсидéть себé нóгу have pins and needles in one's leg. **~ся,** отсидéться *разг.* sit* out; (*избегать опасности и т. п.*) sit* snug.

**отскáбливать,** отскобли́ть (*вн.*) scratch off (*d.*).

**отскакáть** *сов.* (*вн.*; *какое-л. расстояние*) gállop (*d.*), cóver by gálloping ['kʌ-...] (*d.*).

**отскáкивать,** отскочи́ть 1. (*отпрыгивать*) jump aside / a¦wáy; 2. (*ударившись, отлетать обратно*) rebóund, recóil; 3. (*отделяться*) break* off [breɪk...]; (*отрываться*) come* off, be torn off.

**отскобли́ть** *сов. см.* отска́бливать.

**отскочи́ть** *сов. см.* отска́кивать.

**отскре||ба́ть,** отскрести́ (*вн.*) scratch off (*d.*); scrape off (*d.*). **~сти́** *сов. см.* отскреба́ть.

**отсла́иваться,** отслои́ться exfóliàte.

**отсло||е́ние** *с.* exfòliátion. **~и́ться** *сов. см.* отсла́иваться.

**отслужи́ть** *сов.* **1.** (*вн.*; *проработать некоторое время*) serve (*d.*); **2.** (*без доп.*; *отбыть срок службы*) serve one's time; **3.** (*без доп.*; *о вещах*) be worn out [...wɔːn...]; **4.** (*вн.*) *церк.* serve (*d.*), célebràte (*d.*).

**отсове́товать** *сов.* (*дт.*+ *инф.*) dissuáde [-'sweɪd] (*d.* from *ger.*).

**отсортирова́ть** *сов. см.* отсортиро́вывать.

**отсортиро́вывать,** отсортирова́ть (*вн.*) sort out (*d.*).

**отсоса́ть** *сов. см.* отса́сывать.

**отсо́хнуть** *сов. см.* отсыха́ть.

**отсро́ч||ивать,** отсро́чить (*вн.*) **1.** pòstpóne [poust-] (*d.*), deláy (*d.*); **2.** *юр.* adjóurn [ə'dʒəːn] (*d.*), defér (*d.*); ~ упла́ту долго́в *и т. п.* defér, *или* put* off, páyment of debts, *etc.* [...dets]. **~ить** *сов. см.* отсро́чивать. **~ка** *ж.* **1.** pòstpóne¦ment [poust-], deláy; réspite; дать ~ку (*дт.*) grant a deláy [-ɑːnt...] (*i.*); получи́ть ~ку be gránted a deláy; доби́ться ме́сячной ~ки be gránted a month's grace [...mʌnθs...]; ~ка по вое́нной слу́жбе defér-ment; предоста́вить кому́-л. ~ку defér smb.; **2.** *юр.* adjóurnment [ə'dʒəː-], deférment; ~ка наказа́ния réspite, reprieve [-iːv]; deférment of púnishment [...'pʌ-].

**отстава́ние** *с.* lag; ликвиди́ровать ~ в рабо́те catch* up with the arréars of work.

**отста||ва́ть,** отста́ть **1.** fall* / drop behínd, lag behínd; (*перен.*) be báckward, be behínd; (*в выполнении работы и т. п.*) be behínd¦-hànd; отста́ть на киломе́тр be a kílomètre behínd; не ~ от кого́-л. keep* up with smb.; не ~ ни на шаг от кого́-л. keep* pace with smb., keep* close on smb.'s heels [...-s...]; э́тот учени́к отста́л от кла́сса this púpil is / lags behínd his class; э́тот учени́к ~ёт this púpil hangs back; ~ от жи́зни lag behínd life, fail to keep pace with life; не ~ от жи́зни be / keep* abréast of life [...ə'brest...]; **2.** (*о часах*) be slow [...-ou]; часы́ ~ю́т на де́сять мину́т the watch, *или* the clock, is ten minutes slow [...-nɪts...]; **3.** (от; *отделяться — об обоях и т. п.*) come* off; **4.** (от) *разг.* (*оставлять в покое*) leave* / let* alóne (*d.*).

**отста́в||ить** *сов. см.* отставля́ть. **~ка** *ж.* **1.** (*увольнение*) dismíssal; **2.** (*уход со службы*) rèsignátion [-z-]; пода́ть в ~ку send* in one's rèsignátion; *воен.* send* in one's pápers; вы́йти в ~ку resígn [-'zaɪn], retíre; в ~ке retíred; on the retíred list; ◇ получи́ть ~ку у кого́-л. *разг.* ≅ get* the sack from smb.

**отстав||ля́ть,** отста́вить (*вн.*) **1.** set* / put* asíde (*d.*); **2.** *уст.* (*смещать, увольнять*) dismíss (*d.*), dis¦chárge (*d.*); ◇ отста́вить! (*команда*) as you were! **~но́й** *уст.* retíred.

**отста́ивать,** отстоя́ть (*вн.*) defénd (*d.*); ádvocàte (*d.*); *сов. тж.* víndicàte (*d.*); *воен.* hold* out agáinst énemy attácks (*d.*); make* a stand (for); ~ при́нцип (*рд.*) ùp¦hóld* the príncìple (of); ~ де́ло ми́ра chámpion / ùp¦hóld* / defénd the cause of peace; ~ с ору́жием в рука́х dispúte in arms (*d.*); ~ свои́ права́ assért / ùp¦hóld* one's rights; ~ своё мне́ние persíst in one's opínion; stick* to one's guns *идиом. разг.*; ~ чьи-л. интере́сы chámpion smb.'s ínterests, báttle for smb.'s ínterests; отстоя́ть свобо́ду и незави́симость ùp¦hóld* (the) líberty and indepéndence; ~ еди́нство па́ртии ùp¦hóld* / sáfe¦guàrd the únity of the párty. **~ся,** отстоя́ться **1.** séttle; **2.** *страд. к* отста́ивать.

**отста́л||ость** *ж.* báckwardness. **~ый** báckward, retárded.

**отста́||ть** *сов. см.* отстава́ть. **~ющий** **1.** *прич. см.* отстава́ть; **2.** *прил.* báckward.

**отстега́ть** *сов. см.* стега́ть II.

**отстёгивать,** отстегну́ть (*вн.*) únfásten [-s°n] (*d.*), ún¦dó (*d.*); (*о пуговицах тж.*) únbútton (*d.*). **~ся,** отстегну́ться **1.** come* únfástened [...-s°nd], come* ún¦dóne; **2.** *страд. к* отстёгивать.

**отстегну́ть(ся)** *сов. см.* отстёгивать(ся).

**отстира́ть(ся)** *сов. см.* отсти́рывать(ся).

**отсти́рывать,** отстира́ть (*вн.*) wash off (*d.*). **~ся,** отстира́ться **1.** wash off, come* out (in wáshing); **2.** *страд. к* отсти́рывать.

**отсто́й** *м. тк. ед.* (*осадок*) sédiment.

**отстоя́ть** I *сов. см.* отста́ивать.

**отсто||я́ть** II (от; *быть на расстоянии*) be... dístant (from), be... a¦wáy (from); (*друг от друга*) be... apárt: э́тот го́род ~и́т на пять киломе́тров отсю́да this town is five kílomètres dístant / a¦wáy from here; э́ти города́ ~я́т друг от дру́га на пять киломе́тров these towns are five kílomètres apárt.

**отстоя́ть** III *сов.* (*простоять на ногах до конца чего-л.*) stand* (on one's feet) as long as smth. lasts.

**отстоя́ться** *сов. см.* отста́иваться.

**отстрада́ть** *сов.* súffer no more, have súffered enóugh [...ɪ'nʌf].

**отстра́ивать** I, отстро́ить (*вн.*) build* [bɪld] (*d.*).

**отстра́ивать** II, отстро́ить (*вн.* от) *рад.* tune out (*d.* from).

**отстра́иваться** I, отстро́иться **1.** be built [...bɪ-], be complétéd; **2.** *страд. к* отстра́ивать I.

**отстра́иваться** II, отстро́иться (от) **1.** *рад.* tune out (from); **2.** *страд. к* отстра́ивать II.

**отстран||е́ние** *с.* **1.** púshing asíde ['pu-...]; **2.** (*увольнение*) dismíssal. **~и́ть(ся)** *сов. см.* отстраня́ть(ся).

**отстраня́ть,** отстрани́ть (*вн.*) **1.** push asíde [puʃ...] (*d.*); **2.** (*от должности, обязанностей и т. п.*) remóve [-'muːv] (*d.*); (*временно*) suspénd (*d.*); (*от участия в чём-л.*) debár (*d.* from). **~ся,** отстрани́ться **1.** (от; *держаться в стороне*) move a¦wáy [muːv...] (from); keep* a¦wáy (from), keep* alóof (from); **2.** *страд. к* отстраня́ть.

**отстре́ливаться** fire back, retúrn the fire.

**отстреля́ться** *сов. воен. разг.* have fired / complétéd a práctice, *или* an éxercise.

**отстрига́ть,** отстри́чь (*вн.*) cut* off (*d.*).

**отстри́чь** *сов. см.* отстрига́ть.

**отстро́ить** I, II *сов. см.* отстра́ивать I, II.

**отстро́иться** I, II *сов. см.* отстра́иваться I, II.

**отстро́йка** *ж. рад.* túning out.

**отстрочи́ть** *сов.* **1.** (*вн.*) stitch on (*d.*);

2. (*без доп.*; *кончить строчить*) have done stitching, have finished stitching.

**о́тступ** *м.* space.

**отступ||а́ть,** отступи́ть **1.** step back; recéde; (*в страхе и т. п.*) recóil; **2.** *воен.* (*тж. перен.*) retréat; fall* back; ~ в беспоря́дке retréat in confúsion / disórder; отступи́ть от свое́й пози́ции abándon one's position [...-'zɪ-]; он не отсту́пит от свои́х пози́ций he will not move / budge from his position [...mu:v...]; **3.** (от; *от правила и т. п.*) déviàte (from); не ~ от бу́квы зако́на not depárt from the létter of the law; **4.** (от; *от темы и т. п.*) digréss (from). **~а́ться,** отступи́ться (от) give* up (*d.*), renóunce (*d.*). **~и́ть(ся)** *сов. см.* отступа́ть(ся). **~ле́ние** *с.* **1.** *воен.* (*тж. перен.*) retréat; **2.** (*от правил и т. п.*) dèviátion; **3.** (*от темы и т. п.*) digréssion [daɪ-]; лири́ческое ~ле́ние lýrical digréssion.

**отсту́пни||к** *м.*, **~ца** *ж.* apóstate; récreant [-ɪənt]. **~ческий** apóstate (*attr.*). **~чество** *с.* apóstasy; récreancy [-ɪən-].

**отступн||о́е** *с. скл. как прил.* smárt-mòney [-mʌ-]. **~о́й:** ~ы́е де́ньги = отступно́е.

**отступя́ 1.** *дееприч. см.* отступа́ть; **2.** *как нареч.* off: ~ два-три ме́тра two or three metres off.

**отсу́тств||ие** *с.* ábsence; (*чего-л.*) lack; за ~ием (*кого-л.*) in the ábsence (of); (*чего-л.*) for lack (of); in the defáult (of); за ~ием вре́мени, де́нег for lack of time, móney [...'mʌ-]; в моё ~ in my ábsence; находи́ться в ~ии be ábsent; блиста́ть свои́м ~ием be conspícuous by one's ábsence.

**отсу́тств||овать** be ábsent; *юр.* make* defáult. **~ующий 1.** *прич. см.* отсу́тствовать; **2.** *прил.*: ~ующий взгляд blank / vácant look; 3. *как сущ. м.* àbsentée; *мн.* those ábsent.

**отсчёт** *м.* (*по прибору*) réading.

**отсчита́ть** *сов. см.* отсчи́тывать.

**отсчи́тывать,** отсчита́ть (*вн.*) count off (*d.*), count out (*d.*).

**отсыл||а́ть,** отосла́ть **1.** (*вн.*) send* a̧wáy / off (*d.*); (*обратно*) send* back (*d.*); **2.** (к; *указывать источник*) refér (to): звёздочка ~а́ет к подстро́чному примеча́нию *an* ásterisk reférs to *a* fóotnòte [...'fut-].

**отсы́лка** *ж.* **1.** (*посылка, отправка*) dispátch; **2.** (*ссылка на источник и т. п.*) réference.

**отсы́пать** *сов. см.* отсыпа́ть.

**отсыпа́ть,** отсы́пать (*вн., рд.*) pour out [pɔ:...] (*d.*); (*отмеривать*) méasure off ['me-...] (*d.*).

**отсы́паться** *сов. см.* отсыпа́ться I.

**отсыпа́ться** I, отсы́паться **1.** pour out [pɔ:...]; **2.** *страд. к* отсыпа́ть.

**отсыпа́ться** II, отоспа́ться sleep* off; make* up for lost sleep; have a long sleep; (*ночью*) have a good night's rest; ~ по́сле пья́нства sleep* off a drinking-bout.

**отсыре́лый** damp.

**отсыре́ть** *сов. см.* сыре́ть.

**отсыха́ть,** отсо́хнуть dry off, wither; (*отваливаться*) wither and fall*.

**отсю́да** *нареч.* from here; (*перен.*: *из этого*) hence: далеко́ ~ far (a̧wáy) from here; уе́хать прочь ~ go* a̧wáy from here; ~ и досю́да from here (up) to here; ~ я́вствует, сле́дует hence it appéars, it fóllows.

**отта́ивать,** отта́ять thaw out.

**отта́лкивание** *с. физ.* repúlsion.

**отта́лкивать,** оттолкну́ть (*вн.*) push a̧wáy [puʃ...] (*d.*); (*перен.*) álienàte (*d.*); (*вызывать враждебное отношение*) àntágonìze (*d.*). **~ся,** оттолкну́ться **1.** push off [puʃ...]; **2.** *страд. к* отта́лкивать.

**отта́лкивающий 1.** *прич. см.* отта́лкивать; **2.** *прил.* repúlsive, repéllent.

**отта́птывать,** оттопта́ть: ~ но́ги кому́-л. trample on smb.'s feet.

**оттаска́ть** *сов. разг.*: ~ кого́-л. за́ волосы pull smb.'s hair [pul...], pull smb. by the hair; ~ кого́-л. за́ уши pull smb.'s ears, pull smb. by the ears.

**отта́скивать,** оттащи́ть (*вн.*) drag / pull a̧wáy / aside [...pul...] (*d.*); (*назад*) drag / pull back (*d.*).

**отта́чивать,** отточи́ть (*вн.*) shárpen (*d.*), whet (*d.*); ~ своё мастерство́ perféct one's skill.

**оттащи́ть** *сов. см.* отта́скивать.

**отта́ять** *сов. см.* отта́ивать.

**оттени́ть** *сов. см.* оттеня́ть.

**отте́нок** *м.* (*прям. и перен.*) nuánce [-'ɑ:ns], shade; (*о цвете тж.*) tint, hue; (*об интонации*) infléction; ~ значе́ния shade of méaning.

**оттеня́ть,** оттени́ть (*вн.*) shade (*d.*); (*перен.*) set* off (*d.*).

**о́ттепель** *ж.* thaw; стои́т ~ it is tháwing; наступи́ла ~ a thaw has set in.

**оттере́ть(ся)** *сов. см.* оттира́ть(ся).

**оттесни́ть** *сов. см.* оттесня́ть.

**оттесня́ть,** оттесни́ть (*вн.*) drive* back / off / a̧wáy (*d.*); push aside [puʃ...] (*d.*); press back (*d.*).

**оттира́ть,** оттере́ть (*вн.*) **1.** (*очищать*) rub off / out / down (*d.*); **2.** (*возвращать чувствительность*) make* warm by rúbbing (*d.*); **3.** *разг.* = оттесня́ть. **~ся,** оттере́ться **1.** rub off; **2.** *страд. к* оттира́ть.

**о́ттиск** *м.* **1.** impréssion; **2.** (*статья из журнала*) reprínt; отде́льный ~ reprínt.

**отти́с||кивать,** отти́снуть (*вн.*) **1.** *разг.* (*оттеснять*) push aside [puʃ...] (*d.*), push to one side (*d.*); **2.** (*отпечатывать*) print (*d.*). **~нуть** *сов. см.* отти́скивать.

**оттого́** *нареч.* (*об.* ~... и) that is why, *об.* that's why: ~ он и не́ был там that's why he wasn't there; ~ что, ~..., что because [-'kɔz]: э́то случи́лось ~, *или* э́то ~ случи́лось, что окно́ бы́ло откры́то it háppened because the window was ópen.

**оттолкну́ть(ся)** *сов. см.* отта́лкивать(ся).

**оттома́нка** *ж.* óttoman.

**оттопта́ть** *сов. см.* отта́птывать.

**оттопы́ренный** *прич. и прил.* protrúding, búlging out; *тк. прил.* protúberant.

**оттопы́ривать,** оттопы́рить (*вн.*) *разг.* (*о губах*) protrúde (*d.*); (*о локтях*) stick* out (*d.*). **~ся,** оттопы́риться *разг.* bulge, stick* out.

**оттопы́рить(ся)** *сов. см.* оттопы́ривать(ся).

**отторга́ть,** отто́ргнуть (*вн.*) tear* a̧wáy [tɛə...] (*d.*).

**отто́ргнуть** *сов. см.* отторга́ть.

**отто́ч||енный 1.** *прич. см.* отта́чивать;

2. *прил.* (*о стиле*) fínished, fine. **~и́ть** *сов. см.* отта́чивать.

**оттрепа́ть** *сов.* (*вн.*) *разг.* give* a good / sound thráshing / sháking (*i.*); ~ кого́-л. за́ уши pull smb.'s ears [pul...].

**отту́да** *нареч.* from there.

**оттузи́ть** *сов. см.* тузи́ть.

**оттушева́ть** *сов. см.* оттушёвывать.

**оттушёвывать,** оттушева́ть (*вн.*) shade (*d.*), shade off (*d.*).

**оттяга́ть** *сов.* (*вн.*) *разг.* gain by a láwsùit [...-sju:t] (*d.*).

**оття́гивать,** оттяну́ть (*вн.*) **1.** (*оттаскивать, отводить*) draw* off (*d.*); **2.** (*откладывать, отсрочивать*) deláy (*d.*), prò¦crástinàte (*d.*); что́бы оттяну́ть вре́мя to gain time.

**оття́жка** *ж.* **1.** deláy; **2.** *мор.* guý(-ròpe).

**оттяну́ть** *сов. см.* оття́гивать.

**оту́жинать** *сов.* **1.** (*кончить ужинать*) have fínished súpper; **2.** *уст.* (*поужинать*) take* / have súpper; пригласи́ть ~ (*вн.*) ask to súpper (*d.*).

**отума́н||ивать,** отума́нить (*вн.*) **1.** blur (*d.*); **2.** *разг.* (*голову, рассудок*) bedím (*d.*), obscúre (*d.*). **~ить** *сов. см.* отума́нивать.

**отуп||е́лый** *разг.* stúpefied, dulled. **~е́ние** *с.* stùpefáction, dúllness, tórpor.

**отупе́ть** *сов. разг.* grow* dull [-ou...], become* tórpid, sink* into tórpor.

**отутю́ж||ивать,** отутю́жить (*вн.*) íron [ˈaɪən] (*d.*). **~ить** *сов. см.* отутю́живать.

**отуч||а́ть,** отучи́ть (*вн.* от) break* [-eɪk] (*d.* of), wean (*d.* from). **~а́ться,** отучи́ться (от) break* òne¦sélf [-eɪk...] (of). **~и́ть** *сов. см.* отуча́ть.

**отучи́ться** I *сов. см.* отуча́ться.

**отучи́ться** II *сов. разг.* (*кончить учение*) have fínished one's léssons, fínish léarning [...ˈlə:-].

**отха́живать,** отходи́ть (*вн.*) cure (*d.*), heal (*d.*).

**отха́рк||ать** *сов. см.* отха́ркивать. **~ивание** *с.* èxpèctorátion.

**отха́рк||ивать,** отха́ркать, отха́ркнуть (*вн.*) èxpéctoràte (*d.*). **~ивающее** *с. скл. как прил. мед.* èxpéctorant. **~нуть** *сов. см.* отха́ркивать.

**отхвати́ть** *сов. см.* отхва́тывать.

**отхва́тывать,** отхвати́ть (*вн.*) *разг.* (*отрезать*) snap off (*d.*), snip off (*d.*); (*отрубать*) chop off (*d.*).

**отхлебну́ть** *сов. см.* отхлёбывать.

**отхлёбывать,** отхлебну́ть (*вн., рд.*) take* a móuthful (of); (*немного*) take* a sip (of).

**отхлеста́ть** *сов.* (*вн.*) *разг.* give* a láshing (*i.*), hórse¦whìp (*d.*).

**отхлы́нуть** *сов.* (*прям. и перен.*) rush back, flood back [flʌd...].

**отхо́д** *м.* **1.** (*о поезде*) depárture; (*о судне*) sáiling; **2.** *воен.* with¦dráwal, retíre¦ment, fálling back; **3.** (*отклонение*) dèviátion; (*отдаление, разрыв*) bréak(ing) [ˈbreɪk-].

**отходи́ть** I, отойти́ **1.** move a¦wáy / off [mu:v...]; (*о поезде и т. п.*) leave*, pull out [pul...]; depárt (*особ. как указание в расписании*); (*о пароходе*) put* out, sail; **2.** *воен.* with¦dráw*, draw* off, fall* back; **3.** (от; *отклоняться*) step asíde (from), walk a¦wáy (from); déviàte (from); (*от темы и т. п.*) dìgréss (from); (*от оригинала, обычая и т. п.*) depárt (from), dìvérge [daɪ-] (from); **4.** (от; *отставать, отваливаться*) come* off (*d.*); **5.** *уст.* (*умирать*) pass a¦wáy, breathe one's last; *несов. тж.* be dýing, be gó¦ing.

**отходи́ть** II, отойти́ (*успокаиваться, приходить в себя*) recóver [-ˈkʌ-], come* to òne¦sélf; *сов. тж.* be all right agáin.

**отходи́ть** III *сов. см.* отха́живать.

**отхо́дн||ая** *ж. скл. как прил. церк.* prayer for the dýing [prɛə...]; петь ~ую (*перен.*) búry alíve [ˈbe-...].

**отхо́дчивый** éasily appéased [ˈi:z-...].

**отхо́ды** *мн. тех.* waste (matérial) [weɪ-...] *sg.*, scrap *sg.*

**отхо́ж||ий:** ~ про́мысел séasonal work [-z°n-...]; ~ее ме́сто *разг.* latríne [-i:n].

**отцвести́** *сов. см.* отцвета́ть.

**отцвета́ть,** отцвести́ (*прям. и перен.*) fade; fínish blóssoming; (*о дереве тж.*) shed* its blóssoms.

**отцеди́ть** *сов. см.* отце́живать.

**отце́живать,** отцеди́ть (*вн.*) strain off (*d.*), fílter (*d.*).

**отцепи́ть(ся)** *сов. см.* отцепля́ть(ся).

**отце́пка** *ж. ж.-д.* ún¦cóupling [-ˈkʌ-].

**отцепля́ть,** отцепи́ть (*вн.*) únhóok (*d.*); *ж.-д.* ún¦cóuple [-ˈkʌ-] (*d.*). **~ся,** отцепи́ться **1.** come* únhóoked; come* a¦wáy; *ж.-д.* come* ún¦cóupled [...-ˈkʌ-]; **2.** *разг.* leave* smb. alóne; отцепи́сь! leave me alóne!; **3.** *страд.* к отцепля́ть.

**отцеуби́й||ство** *с.* párricìde, pátricìde. **~ца** *м.* pátricìde.

**отцо́в** *прил. one's* fáther's [...ˈfɑ:-]. **~ский** patérnal; ~ское насле́дие pátrimony. **~ство** *с.* patérnity.

**отча́иваться,** отча́яться (+*инф.*, в *пр.*) despáir (of): отча́яться спасти́ больно́го despáir of the pátient's life.

**отча́л||ивать,** отча́лить push / cast* off [puʃ...]. **~ить** *сов. см.* отча́ливать.

**отча́сти** *нареч.* pártly.

**отча́яние** *с.* despáir; приводи́ть в ~ (*вн.*) drive* / redúce to despáir (*d.*); прийти́, впасть в ~ give* way, *или* give* òne¦sélf up, to despáir.

**отча́янн||о** *нареч.* **1.** désperate¦ly; **2.** *разг.* (*очень*) áwfully. **~ый** (*в разн. знач.*) désperate; ~ое предприя́тие désperate ùndertáking; ~ое положе́ние désperate condítion; ~ый игро́к désperate gámbler; ~ая пого́да ghást¦ly wéather [...ˈwe-]; ~ый дура́к *разг.* árrant fool.

**отча́яться** *сов. см.* отча́иваться.

**отчего́** *нареч.* why; вот ~ that is why, *об.* that's why.

**отчего́||-либо** = почему́-либо. **~-то** = почему́-то.

**отчека́н||ивать,** отчека́нить (*вн.*) coin (*d.*); (*перен.*: *слова и т. п.*) útter dístinctly (*d.*); rap out (*d.*) *разг.* **~ить** *сов. см.* отчека́нивать.

**отчёркивать,** отчеркну́ть (*вн.*) mark off (*d.*).

**отчеркну́ть** *сов. см.* отчёркивать.

**отчерпну́ть** *сов. см.* отче́рпывать.

**отче́рпывать,** отчерпну́ть (*вн., рд.*) ladle out (*d.*).

**о́тчество** *с.* pàtronýmic.

**отчёт** *м.* accóunt; дава́ть кому́-л. ~ в чём-л. give* / rénder an accóunt to smb. of smth.; repórt to smb. on smth.; дава́ть де́ньги под

~ *бух.* give* móney to be accóunted for [...'mʌ-...]; брать де́ньги под ~ *бух.* take* móney on accóunt; ◇ отдава́ть себе́ ~ (в *пр.*) be a¦wáre (of, that, how); réalize ['rɪə-] (*d.*, that); не отдава́ть себе́ ~а (в *пр.*) be ún¦a¦wáre (of, that); not réalize (*d.*, that).

**отчётлив||ость** *ж.* distinctness; (*понятность*) intèlligibility. **~ый** distinct.

**отчётно-выборн||ый:** ~ое собра́ние eléction méeting, méeting held to hear repórts and eléct new officials.

**отчётн||ость** *ж. тк. ед.* **1.** (*счетоводство*) bóok-keeping; **2.** (*документы*) accóunts *pl.* **~ый 1.** repórt (*attr.*); ~ый бланк repórt card; ~ый докла́д (súmmary) repórt; **2.** (*о промежутке времени*) cúrrent, accóuntable; ~ый год, пери́од year, périod únder review [...-'vjuː]; (*текущий*) the cúrrent year, périod.

**отчи́зна** *ж.* nátive / móther cóuntry [... 'mʌ-'kʌ-]; fátherlànd ['fɑː-].

**о́тчий** *поэт. уст.* patérnal.

**о́тчим** *м.* stépfàther [-fɑː-].

**отчисле́ние** *с.* **1.** dedúction; **2.** (*ассигнование*) assignment [ə'saɪn-]; **3.** (*увольнение*) dismíssal.

**отчи́слить(ся)** *сов. см.* отчисля́ть(ся).

**отчисля́ть,** отчи́слить (*вн.*) **1.** dedúct (*d.*); **2.** (*ассигновывать*) assign [ə'saɪn] (*d.*), allót (*d.*); **3.** (*увольнять*) dismiss (*d.*); ~ в распоряже́ние кого́-л. (detách and) place at smb.'s dispósal [...-z°l] (*d.*); ~ в запа́с *воен.* trànsfér to the resérve [...-'zəːv] (*d.*). **~ся,** отчи́слиться get* one's discharge.

**отчи́стить(ся)** *сов. см.* отчища́ть(ся).

**отчита́ть I** *сов. см.* отчи́тывать.

**отчита́ть II** *сов.* (*вн.*; *кончить читать*): ~ ле́кцию *и т. п. разг.* finish lécturing, *etc.*

**отчита́ться** *сов. см.* отчи́тываться.

**отчи́тывать,** отчита́ть (*вн.*) rebúke (*d.*), lécture (*d.*), read* a lécture (to); отчита́ть кого́-л. give* smb. a dréssing down.

**отчи́тываться,** отчита́ться (в *пр.*) give* / rénder an accóunt (of), repórt (on).

**отчища́ть,** отчи́стить (*вн.*) clean off (*d.*); (*щёткой*) brush off (*d.*). **~ся,** отчи́ститься **1.** come* off; **2.** *страд. к* отчища́ть.

**отчуди́ть** *сов. см.* отчужда́ть 1.

**отчуждаем||ость** *ж. юр.* àlienabílity. **~ый** *юр* álienable.

**отчужд||а́ть,** отчуди́ть (*вн.*) **1.** (*об имуществе*) álienàte (*d.*); **2.** *тк. несов.* (*отдалять*) estránge [-eɪndʒ] (*d.*). **~е́ние** *с.* **1.** *юр.* àlienátion; полоса́ ~е́ния *ж.-д.* right of way; **2.** (*от общества и т. п.*) estránge¦ment [-eɪndʒ-]. **~ённый** *прич. и прил.* **1.** (*чуждающийся*) estránged [-eɪndʒd]; **2.** *юр.* álienàted.

**отшаг||а́ть** *сов.* (*вн.*) *разг.* walk (*d.*), trudge (*d.*), tramp (*d.*); он ~а́л де́сять киломе́тров he tramped ten kilomètres. **~ну́ть** *сов. разг.* step aside.

**отшатну́ться** *сов. см.* отша́тываться.

**отша́тываться,** отшатну́ться (от) **1.** start back (from), flinch (from), recóil (from); **2.** (*отказываться от общения*) forsáke* (*d.*), renóunce (*d.*).

**отшвы́р||ивать,** отшвырну́ть (*вн.*) fling* a¦wáy (*d.*), throw* off [-ou...] (*d.*); (*ногой*) kick aside (*d.*). **~ну́ть** *сов. см.* отшвы́ривать.

**отше́льни||к** *м.* hérmit, ánchorite [-k-], reclúse [-s]. **~ческий** *прил. к* отше́льник; *тж.* ànchorétic [-k-]. **~чество** *с.* ascéticism; (*жизнь отшельника*) life of a hérmit, life of an ánchorite [...-k-].

**отши́б:** на ~е *разг.* by it¦sélf; дом стоя́л на ~е the house* stood by it¦sélf [...-s stud...]; жить на ~е (*перен.*) keep* òne¦sélf to òne¦sélf.

**отшиб||а́ть,** отшиби́ть (*вн.*) *разг.* **1.** (*отбрасывать — мяч и т. п.*) strike* / fling* back (*d.*); knock off (*d.*); **2.** (*ушибать*) hurt* (*d.*); отшиби́ть себе́ но́гу hurt* one's foot, leg [...fut...]; **3.** (*отламывать*) strike* off (*d.*); knock off (*d.*); (*откалывать*) break* off [-eɪk...] (*d.*); ◇ у него́, у неё *и т. д.* отши́бло па́мять he, she, *etc.*, cánnòt remémber a thing. **~и́ть** *сов. см.* отшиба́ть.

**отши́ть** *сов.* (*вн.*) *разг.* (*осадить, отстранить*) rebúff (*d.*), snub (*d.*).

**отшлёпать** *сов.* (*вн.*) *разг.* spank (*d.*).

**отшлифова́ть** *сов. см.* отшлифо́вывать.

**отшлифо́вывать,** отшлифова́ть (*вн.*) grind (*d.*); (*перен.*) pólish (*d.*).

**отшпи́ливать,** отшпи́лить (*вн.*) únpin (*d.*), únfásten [-s°n] (*d.*).

**отшпи́лить** *сов. см.* отшпи́ливать.

**отшути́ться** *сов. см.* отшу́чиваться.

**отшу́чиваться,** отшути́ться dismiss the mátter with a joke, laugh the mátter off [lɑːf...], replý with a joke.

**отщепе́нец** *м.* rénegàde.

**отщепи́ть** *сов. см.* отщепля́ть.

**отщепля́ть,** отщепи́ть (*вн.*) chip off (*d.*).

**отщипну́ть** *сов. см.* отщи́пывать.

**отщи́пывать,** отщипну́ть (*вн.*) pinch / nip off (*d.*).

**отъеда́ть,** отъе́сть (*вн.*) eat* off (*d.*). **~ся,** отъе́сться be well fed.

**отъе́зд** *м.* depárture.

**отъезжа́||ть** [-ежьжя́-], отъе́хать drive* off. **~ющий** [-ежьжя́-] **1.** *прич. см.* отъезжа́ть; **2.** *м. как сущ.* depárting pérson.

**отъе́сть(ся)** *сов. см.* отъеда́ть(ся).

**отъе́хать** *сов. см.* отъезжа́ть.

**отъя́вленный** thórough ['θʌrə]; (*неисправимый*) invéterate; ~ негодя́й invéterate / désperate scóundrel.

**отыгра́ть(ся)** *сов. см.* оты́грывать(ся).

**оты́грывать,** отыгра́ть (*вн.*) win* back (*d.*). **~ся,** отыгра́ться win* back, retrieve one's lósses [-riːv...], recóup òne¦sélf [-'kuːp...].

**о́тыгрыш** *м. тк. ед.* winnings back *pl.*, retrieved lósses [-riːvd...] *pl.*, recóupment [-'kuːp-].

**отымённый** *лингв.* denóminative; ~ глаго́л denóminative verb.

**отыска́ть(ся)** *сов. см.* оты́скивать(ся).

**оты́скивать,** отыска́ть (*вн.*) find* (*d.*); (*зверя на охоте*; *тж. перен.*) run* to earth [...əːθ] (*d.*); *несов. тж.* look for (*d.*), search [səːtʃ] (for). **~ся,** отыска́ться **1.** come* up, appéar; **2.** *страд. к* оты́скивать.

**отэкзаменова́ть** *сов.* (*вн.*) finish exámining (*d.*).

**отяготи́ть** *сов. см.* отягоща́ть.

**отягоща́ть,** отяготи́ть (*вн.*) búrden (*d.*).

**отягч||а́ть,** отягчи́ть (*вн.*) ággravàte (*d.*); ~а́ющие вину́ обстоя́тельства ággravàting circumstances. **~а́ющий** *прич. см.* отягча́ть. **~и́ть** *сов. см.* отягча́ть.

**отяжеле́лый** héavy ['he-].

**отяжеле́ть** *сов.* grow* héavy [-ou 'he-].

**отяжели́ть** *сов. см.* отяжеля́ть.

**отяжеля́ть,** отяжели́ть (*вн.*) in¦créase the weight [-s...] (of), make* héavier [...'he-] (*d.*).

**офи́т** *м. мин.* óphite.

**офице́р** *м.* (commissioned) ófficer, military ófficer; ~ свя́зи liáison ófficer [li:'eızɔ:ŋ...]; морско́й ~ nával ófficer. **~ский** *прил. к* офице́р. **~ство** *с. тк. ед.* **1.** *собир.* the ófficers *pl.*; **2.** (*звание*) ófficer's rank.

**официа́льно** I *прил. кратк. см.* официа́льный.

**официа́льн||о** II *нареч.* offícially. **~ый** offícial; ~ое сообще́ние offícial commùnicátion / informátion; ~ые да́нные offícial dáta; ~ый визи́т dúty call, offícial vísit [...-zıt]; с ~ым визи́том on a state vísit; ~ое торжество́ públic occásion ['pʌb-...].

**официа́нт** *м.* wáiter. **~ка** *ж.* wáitress.

**официо́з** *м.* sémi-offícial órgan. **~ный** sémi-offícial.

**оформи́тель** *м.* décoràtor; *театр.* stáge-painter; (*книги*) desígner [-'zaınə].

**офо́рм||ить(ся)** *сов. см.* оформля́ть(ся). **~ле́ние** *с.* **1.** *иск.* móunting; (*внешний вид*) appéarance; (*о книге*) desígn [-'zaın]; сцени́ческое ~ле́ние stáging; худо́жественное ~ле́ние (décorative) desígn; **2.** (*выполнение формальностей*) offícial règistrátion; (*ср.* оформля́ть).

**оформля́ть,** офо́рмить (*вн.*) **1.** (*придавать форму*) mount (*d.*), put* into shape (*d.*), get* up (próperly) (*d.*); (*о книге*) desígn [-'zaın] (*d.*); краси́во ~ кни́гу get* *a* book up hándsome¦ly [...-ns-]; **2.** (*узаконивать*) régister offícially (*d.*), make* offícial (*d.*); (*на работе*) put* on the staff (*d.*); ~ докуме́нт draw* up *a* dócument; офо́рмить чьи-л. докуме́нты put* smb.'s pápers in órder. **~ся,** офо́рмиться **1.** (*принимать законченную форму*) take* shape; **2.** (*узаконивать своё положение*) perfórm, *или* go* through the nécessary formálities, get* offícially régistered; (*на работе*) be put offícially on the staff; **3.** *страд. к* оформля́ть.

**офо́рт** *м. иск.* étching.

**офранцу́зить** *сов.* (*вн.*) *разг.* Frénchifỳ (*d.*), Gállicize (*d.*). **~ся** *сов. разг.* become* Frénchified, become* Gállicized.

**офсе́т** *м. полигр.* óffsèt. **~ный** *полигр.* óffsèt (*attr.*); ~ная печа́ть óffsèt printing.

**офтальми́я** *ж. мед.* òphthálmia.

**офтальмо́лог** *м.* òphthàlmólogist. **~и́ческий** òphthàlmológic(al).

**офтальмоло́гия** *ж.* òphthàlmólogy.

**ох** *межд.* oh! [ou], ah!

**оха́ивать,** оха́ять (*вн.*) *разг.* run* down (*d.*).

**о́ханье** *с. разг.* móaning.

**оха́пк||а** *ж.* ármful; взять в ~у (*вн.*) *разг.* take* in one's arms (*d.*).

**охарактеризова́ть** *сов.* (*вн.*) descríbe (*d.*).

**о́хать,** о́хнуть sigh, moan.

**оха́ять** *сов. см.* оха́ивать.

**охва́т** *м.* **1.** scope; **2.** (*включение*) in¦clúsion; **3.** *воен.* óutflánking; (close) envélopment [-s...]. **~и́ть** *сов. см.* охва́тывать.

**охва́||тывать,** охвати́ть (*вн.*) **1.** (*в разн. знач.*) envélop [-'ve-] (*d.*); пла́мя ~ти́ло весь дом the house* was envéloped in flames [...-s...]; ~ченный пла́менем envéloped in flames; забасто́вка ~ти́ла о́коло 100 ты́сяч рабо́чих the strike invólves abóut a húndred thóusand wórkers [...-zənd...]; **2.** (*о чувстве*) seize [si:z] (*d.*), grip (*d.*); (*об ощущении*) creep* (óver); ~ченный за́вистью consúmed with énvy; ~ченный у́жасом térror-stricken; **3.** (*понимать*) còmprehénd (*d.*); **4.** (*включать*) in¦clúde (*d.*); embráce (*d.*), cóver ['kʌ-] (*d.*); ~ широ́кий круг вопро́сов embráce / cóver a wide range of quéstions [...reı-... -stʃənz].

**охва́ченный** *прич. см.* охва́тывать.

**охво́стье** *с. тк. ед. собир.* **1.** *с.-х.* chaff; **2.** *разг.* (*чьи-л. приспешники*) yésmen *pl.*; (*подонки*) ríff-ràff.

**охлад||ева́ть,** охладе́ть grow* cold [-ou...]; (к) lose* ínterest [lu:z...] (in); он ~е́л к ней he has grown cold to her [...groun...]; he loves her no lónger [...lʌvz...]. **~е́лый** *поэт.* cold, grown cold [-oun...].

**охлад||е́ть** *сов. см.* охладева́ть. **~и́тель** *м. тех.* cóoler, refrígeràtor. **~и́тельный** cóoling. **~и́ть(ся)** *сов. см.* охлажда́ть(ся).

**охлажд||а́ть,** охлади́ть (*вн.*) cool (*d.*), cool off (*d.*), chill (*d.*); (*при закалке*) quench (*d.*); (*перен.*) damp (*d.*); охлади́ть чей-л. пыл damp smb.'s árdour. **~а́ться,** охлади́ться **1.** become* cool; cool down; **2.** *страд. к* охлажда́ть. **~а́ющий** **1.** *прич. см.* охлажда́ть; **2.** *прил.* (*освежающий*) cóoling; (*прохладный*) cool; **3.** *прил. тех.* cóoling; ~а́ющая жи́дкость, ~а́ющая смесь cóolant, cóoling míxture. **~е́ние** *с.* **1.** (*действие*) cóoling; **2.** (*холод, равнодушие*) cóolness.

**охмеле́ть** *сов.* grow* / become* típsy [-ou...].

**о́хнуть** *сов. см.* о́хать.

**охолости́ть** *сов. см.* холости́ть.

**охора́шиваться** *разг.* smárten òne¦sélf, make* òne¦sélf smart; preen one's féathers [...'feð-].

**охо́та** I *ж.* hunt, húnting; chase [-s]; (*с ружьём*) (gáme-)shooting, sport; (*на птицу*) fówling; псо́вая ~ chase [-s]; соколи́ная ~ fálconry ['fɔ:-].

**охо́т||а** II *ж.* **1.** (*желание*) wish, in¦clinátion; по свое́й ~е by one's own wish [...oun...], fóllowing one's in¦clinátion; **2.** *предик. безл. разг.*: ~ тебе́ занима́ться э́тим what makes you do it, what do you find in it; что ему́ за ~! what makes him do it!; ◇ ~ пу́ще нево́ли *посл.* ≅ where there's a will, there's a way.

**охо́титься** (на *вн.*, за *тв.*) hunt (*d.*); (*с ружьём*) shoot* (*d.*); (за *тв.*, *перен.*) hunt (for).

**охо́тник** I *м.* húnter; (*любитель*) spórts¦man*; (*с ружьём тж.*) gun; (*ставящий капканы*) trápper; ~ за пушны́м зве́рем fúr-hùnter; ◇ морско́й ~ súbmarine-chàser [-ri:n-sə].

**охо́тник** II *м.* (*имеющий склонность к чему-л., любитель чего-л.*) lóver ['lʌ-]; быть ~ом до чего́-л. be a lóver of smth.; быть ~ом до ша́хмат be very fond of chess; есть ли ~и пойти́? is anybody willing to go?, who will vòluntéer to go?

**охо́тни||чий** húnting; shóoting, spórting; ~чье ружьё spórting gun; (*для дичи*) fówling-

-piece [-pi:s]; ~чья собака hound; ~ домик shóoting-bòx; ~ сезóн shóoting séason [...-z°n].

**охóтн||о** *нареч.* wílling:ly; réadily ['re-]; он ~ сдéлает это he will be glad to do it; он ~ее кýпит кнúгу he'd ráther buy *a* book [...baɪ...].

**óхра** *ж.* ochre ['oukə]; крáсная ~ raddle.

**охрáн||а** *ж.* **1.** (*дéйствие*) guárding, protéction; ~ трудá lábour protéction; ~ материнства и дéтства matérnity and child protéction; **2.** (*стрáжа*) guard. **~éние** *с.* sáfe:guàrding; *воен.* protéction; *мор.* screen; боевóе ~éние battle óutpòsts [...-pousts] *pl.*; похóдное ~éние protéction on the march; ~éние на óтдыхе protéction when at rest; сторожевóе ~éние óutpòsts *pl.*

**охранúтельн||ый:** ~ые пóшлины protéctive táriffs.

**охранúть** *сов. см.* охранять.

**охрáн||ка** *ж.* (охрáнное отделéние) *ист. разг.* Okhránka (*Secret Political Police Department in Tsarist Russia*). **~ник** *м.* **1.** wátch:man*, guard; **2.** *ист.* okhránnik (*agent of the Secret Political Police in Tsarist Russia*).

**охрáнн||ый** *прил. к* охрáна 1; ~ лист, ~ая грáмота sáfe:guàrd; ~ое отделéние *ист.* Sécret Political Police Depártment (*in Tsarist Russia*) [...-'li:s...].

**охранять,** охранúть (*вн.* от) guard (*d.* from, agáinst); (*защищáть*) protéct (*d.* from); (*вн.*; *стоять на стрáже чегó-л.*) stand* guard (óver).

**охрúплый** *разг.* hoarse.

**охрúп||нуть** *сов.* grow* / become* hoarse [-ou...]. **~ший** hoarse.

**охромéть** *сов.* grow* lame [-ou...].

**охýлк||а** *ж.*: он ~и нá руку не полóжит *разг.* ≅ he knows what is what [...nouz...], he is no fool.

**оцарáпать** *сов.* (*вн.*) scratch (*d.*). **~ся** *сов.* scratch òne:sélf; ~ся булáвкой scratch òne:sélf on *a* pin.

**оцéнивать,** оценúть (*вн.*) fix the price (of); state the válue (of), válue (*d.*); (*признавáть цéнность чегó-л.*) éstimàte (*d.*), appráise (*d.*), eváluàte (*d.*); оценúть дом state the válue of the house* [...-s]; ~ что-л. в дéсять рублéй éstimàte / appráise smth. at ten roubles [...ru:blz]; put* smth. down at ten roubles; ~ по достóинству appráise at its true worth (*d.*); прáвильно оценúть что-л. see* something in próper perspéctive [...'prɔ-...]; ~ положéние asséss / appráise the sìtuátion.

**оценúть** *сов. см.* оцéнивать *и* ценúть.

**оцéн||ка** *ж.* èstimátion, éstimate; (*суждéние*) appráisal [-z-]; (*высóкая, положúтельная*) apprèciátion; (*имýщества*) vàluátion; получúть высóкую ~ку recéive / win* a high appráisal [-'si:v...]; (*об отмéтке*) recéive a high mark; дать ~ку (*дт.*) asséss (*d.*); получúть положúтельную ~ку (*о кнúге, постанóвке и т. п.*) be fávour:ably recéived; получúть хорóшую ~ку (*о рабóте*) recéive a good ráting; ~ обстанóвки *воен.* éstimate of the sìtuátion. **~очный** *прил. к* оцéнка. **~щик** *м.* váluer; appráiser *амер.*

**оцепенéлый** tórpid; (*от хóлода и т. п.*) benúmbed.

**оцепенéть** *сов. см.* цепенéть.

**оцепúть** *сов. см.* оцеплять.

**оцеплять,** оцепúть (*вн.*) surróund (*d.*); put* córdons (at, round), córdon off (*d.*).

**оцинкóв||анный** *прич. и прил.* zínc-cóated; ~анное желéзо gálvanized íron [...'aɪən]. **~áть** *сов. см.* оцинкóвывать.

**оцинкóвывать,** оцинковáть (*вн.*) (coat with) zinc (*d.*), gálvanize (*d.*).

**очáг** *м.* **1.** (*прям. и перен.*) hearth [hɑ:θ]; домáшний ~ home; **2.** (*рассáдник, истóчник*) hótbèd, seat, bréeding ground; nídus (*pl.* nídi ['naɪdaɪ]) *научн.*; ~ землетрясéния séism:ic fócus / centre; ~ войны́ hótbèd of war; ~ агрéссии seat, *или* bréeding ground, of aggréssion; ~ сопротивлéния *воен.* centre of resístance [...-'zɪ-].

**очáнка** *ж. бот.* éye:bright ['aɪ-]; éuphrasy *научн.*

**очаровáние** *с.* charm, fàscinátion.

**очарóванный** *прич. и прил.* charmed; (*тв. тж.*) táken (with).

**очаровá||тельный** chárming, fáscinàting. **~ть(ся)** *сов. см.* очарóвывать(ся).

**очарóвывать,** очаровáть (*вн.*) charm (*d.*), fáscinàte (*d.*). **~ся,** очаровáться **1.** (*тв.*) be charmed / táken (with); **2.** *страд. к* очарóвывать.

**очевúд||ец** *м.* éye-witness ['aɪ-]; расскáз ~ца éye-witness accóunt.

**очевúдно** I **1.** *прил. кратк. см.* очевúдный; **2.** *предик. безл.* it is óbvious / évident.

**очевúдн||о** II *вводн. сл.* óbvious:ly, appárent:ly, mánifèst:ly; вы, ~, дýмаете, что you appárent:ly think that. **~ый** óbvious, évident, mánifèst, pátent.

**очеловéчить** *сов.* (*вн.*) make* húman (*d.*), húmanize (*d.*).

**óчень** *нареч.* (*при прилагáт. и нарéчиях*) very; (*при глагóлах*) very much; gréatly [-eɪt-], vást:ly: ~ холóдный very cold; прийтú ~ пóздно come* very late; ~ мнóго (*с сущ. в ед. ч.*) very much; (*с сущ. во мн. ч.*) a great many [...-eɪt...]; он был ~ заинтересóван (*тв.*) he was very much interested (in); он ~ удивлён he is gréatly surprísed; емý это ~ понрáвилось he liked it very much; ~ вам благодáрен thank you very much; — не ~ not very; *или передаётся через отрицание при глаголе* (*см.* не 1) + very, very much (*ср. выше*): не ~ холóдный not very cold; не ~ довóлен not very pleased; он поёт не ~ хорошó he does:n't sing very well; емý это не ~ нрáвится he does:n't like it very much.

**очервúветь** *сов. см.* червúветь.

**очереднн||óй 1.** (*слéдующий*) next; next in turn; ~áя задáча the next task in turn, the immédiate task; ~óе звáние next higher rank; **2.** (*обы́чный*) úsual [-ʒ-], recúrrent; ~ плéнум régular plénary séssion [...'pli:-...]; ~ óтпуск úsual hóliday [...-dɪ]; ◇ ~ы́е неприятности just the úsual kind of trouble [...trʌbl] *sg.*

**очерёдность** *ж.* régular succéssion, séquence ['si:-], órder of priórity; установúть ~ estáblish priórities.

**óчеред||ь** *ж.* **1.** turn; на ~и next (in turn); в свою ~ in one's turn; по ~и in turn; за ним *и т. д.* ~ (+ *инф.*) it is his, *etc.*, turn (+ to *inf.*); в пéрвую ~ in the first place / instance; ждать своéй ~и wait one's turn; 2. (*ряд*) queue [kjuː]; line *амер.*; ~ за хлéбом bréad-line ['bred-]; стоя́ть в ~и (за *тв.*) stand* in a queue (for); stand* in line (for); queue up (for); 3. *воен.*: пулемётная ~ burst of machine-gùn fire [...-'ʃiːn-...]; батарéйная ~ (báttery) sálvò.

**óчерк** *м.* sketch, éssay; (*в газете*) féature-stòry. **~ист** *м.* éssayist.

**очерко́вый:** ~ жанр the éssay / féature-stòry type of writing.

**очерни́ть** *сов. см.* черни́ть II.

**очерствéлый** hárdened, cállous.

**очерствéть** *сов. см.* черствéть II.

**очерт||áние** *с.* óutlìne. **~и́ть** *сов. см.* очéрчивать.

**очертя́:** ~ гóлову *разг.* héadlòng ['hed-].

**очéрчивать,** очерти́ть (*вн.*) óutline (*d.*).

**очёс** *м. тк. ед. собир.* = очёски.

**очёски** *мн.* (*ед.* очёсок *м.*) *текст.* cómb¦ings ['kou-], flocks; hards; льняны́е ~ flax tow [...tou] *sg.*

**очини́ть** *сов. см.* чини́ть II.

**очи́ст||ить(ся)** *сов. см.* очищáть(ся). **~ка** *ж.* 1. cléaning; ~ка семя́н sórting of seeds; 2. *тех.* refíne¦ment; *хим.* pùrificátion; rèctificátion; ~ка гáза gas cléaning; ~ка стóчных вод séwage dispósal [...-z°l], pùrificátion of séwage; 3. *воен.* (*от противника*) mópping-ùp; ◇ для ~ки сóвести *разг.* for cónscience' sake [...-nʃəns...].

**очи́стки** *мн.* péelings.

**очи́ток** *м. бот.* stóne¦cròp.

**очищ||áть,** очи́стить (*вн.*) 1. clean (*d.*); (*перен.: освобождать*) clear (*d.*), free (*d.*); vacáte (*d.*); ~ гóрод *воен.* evácuàte a town; ~ дорóгу *воен.* clear the way; ~ от проти́вника *воен.* mop up (*d.*); 2. *тех.* refíne (*d.*); *хим.* púrifỳ (*d.*); réctifỳ (*d.*); 3. (*снимать кожицу*) peel (*d.*); 4. *разг.* (*обкрадывать*) rob (*d.*); 5.: ~ желýдок ópen / evácuàte the stómach [...'stʌmək], purge (the stómach); ~ кишéчник ópen / evácuàte the bówels. **~áться,** очи́ститься 1. clear òne¦sélf; 2. (*проясняться*) clear; 3. *страд. к* очищáть. **~éние** *с.* = очи́стка.

**очки́** *мн.* (pair of) spéctacles; (*защитные*) goggles; ходи́ть в очкáх, носи́ть ~ wear* glásses [wɛə...].

**очк||ó** *с.* 1. (*на картах, костях*) pip; 2. (*в счёте*) point; он даст емý сто очкóв вперёд *разг.* he can give him points; he is streets ahéad of him [...-'hed...]; 3. *спорт.* point; набрáвший наибóльшее колúчество ~óв the tóp-scòrer; занимáемое кем-л. мéсто по колúчеству ~óв smb.'s points position [...-'zɪ-]; 4. (*отверстие*) hole; смотровóе ~ (*глазок*) péep¦hòle; ◇ втирáть комý-л. ~и́ *разг.* ≅ húmbùg smb., throw* dust in smb.'s eyes [-ou... aɪz].

**очковтирáтельство** *с. разг.* éye-wàsh ['aɪ-].

**очкóв||ый:** ~ая змея́ cóbra.

**очнýться** *сов.* come* to òne¦sélf, regáin cónscious¦ness [...-nʃəs-].

**óчн||ый:** ~ая стáвка *юр.* cònfròntátion [-ʌnt-].

**очумéлый** *разг.* sénse¦less, mad; gone clean off one's head [gɔn... hed].

**очумé||ть** *сов. разг.* go* clean off one's head [...hed], go* crázy; что ты ~л, что ли? have you gone mad? [...gɔn...].

**очути́||ться** *сов.* find* òne¦sélf; come*; как он здесь ~лся? how did he come to be here?

**очýхаться** *сов. разг.* come* to.

**ошалé||лый** *разг.* crázy. **~ть** *сов. см.* шалéть.

**ошарáшивать,** ошарáшить (*вн.*) *разг.* dùmb¦fóund (*d.*), strike* dumb (*d.*), flábbergàst (*d.*).

**ошарáшить** *сов. см.* ошарáшивать.

**ошвартовáть** *сов.* (*вн.*) *мор.* make* fast (*d.*). **~ся** *сов.* (у) *мор.* make* fast (to *или* alóng).

**ошéйник** *м.* cóllar; собáчий ~ dóg-còllar.

**ошеломи́тельный** *разг.* stúnning.

**ошелом||и́ть** *сов. см.* ошеломля́ть. **~ля́ть,** ошеломи́ть (*вн.*) stun (*d.*); ~ внезáпностью *воен.* útterly surpríse (*d.*). **~ля́ющий** *прич. и прил.* stúnning.

**ошельмовáть** *сов. см.* шельмовáть.

**ошиб||áться,** ошиби́ться make* mistákes, be mistáken; *сов. тж.* make* a mistáke; (*заблуждаться*) err, be (in the) wrong, be at fault; жестóко ~ be sád¦ly mistáken. **~и́ться** *сов. см.* ошибáться.

**оши́бк||а** *ж.* mistáke, érror; (*грубая*) blúnder; по ~е by mistáke; впадáть в ~у be mistáken.

**оши́бочно** I *прил. кратк. см.* оши́бочный.

**оши́бочн||о** II *нареч.* by mistáke; erróneous¦ly. **~ый** erróneous.

**оши́кать** *сов.* (*вн.*) *разг.* hiss off the stage (*d.*).

**ошпáривать,** ошпáрить (*вн.*) scald (*d.*). **~ся,** ошпáриться 1. scald òne¦sélf; 2. *страд. к* ошпáривать.

**ошпáрить** *сов. см.* ошпáривать *и* шпáрить 1. **~ся** *сов. см.* ошпáриваться.

**оштрафовáть** *сов. см.* штрафовáть.

**оштукатýрить** *сов. см.* штукатýрить.

**ощени́ться** *сов. см.* щени́ться.

**ощети́н||иваться,** ощети́ниться bristle up. **~иться** *сов. см.* ощети́ниваться *и* щети́ниться.

**ощипáть** *сов. см.* ощи́пывать.

**ощи́пывать,** ощипáть (*вн.*) pluck (*d.*).

**ощýп||ать** *сов. см.* ощýпывать. **~ывать,** ощýпать (*вн.*) feel* (*d.*).

**óщупь** *ж.*: на ~ to the touch [...tʌtʃ]; идти́ на ~ grope one's way.

**óщупью** *нареч.* gróping(¦ly), fúmbling¦ly; by sense of touch [...tʌtʃ]; искáть ~ (*вн.*) grope (for); пробирáться ~ grope / feel* one's way, grope alóng.

**ощути́||мый, ~тельный** 1. percéptible, tángible [-ndʒə-], pálpable; 2. (*значительный, заметный*) appréciable.

**ощути́ть** *сов. см.* ощущáть.

**ощущ||áть,** ощути́ть (*вн.*) feel* (*d.*), sense (*d.*); *сов. тж.* become* a¦wáre (of). **~áться** be obsérved [...-'zəːvd]; make* ìt¦sélf felt. **~éние** *с.* sènsátion; зри́тельное ~éние vísual sènsátion [-ʒ-...].

**оягни́ться** *сов. см.* ягни́ться.

# П

**па** *с. нескл.* pas [pɑ:], step.

**па́ва** *ж. зоол.* péahén.

**павиа́н** *м. зоол.* babóon; cу̀no¦céphalus (*pl.*-li) *научн.*

**павили́ка** *ж.*= повили́ка.

**павильо́н** *м.* pavílion; (*кино тж.*) film stúdiò.

**павли́н** *м. зоол.* péacòck; péafowl. **~ий** *прил. к* павли́н; ◇ ~ий глаз (*бабочка*) péacòck bútterflу̀.

**па́водок** *м.* high-flood [-ʌd], high wáter [...'wɔ:-], fréshet.

**па́вш||ий** **1.** *прич. см.* па́дать 4, 6; **2.** *м. как сущ.*: ~ на по́ле би́твы killed in áction; ~ие в боя́х за ро́дину those who have died / fáll¦en for their cóuntry [...'kʌ-].

**пагина́ция** *ж. полигр.* pàginátion.

**па́года** *ж.* pagóda.

**па́губа** *ж.* rúin, destrúction; bane.

**па́губно** I *прил. кратк. см.* па́губный.

**па́губн||о** II *нареч.* rúinous¦ly, pèrnícious¦ly, báne¦fully; bále¦fully *книжн.*; ~ отража́ться (на *пр.*) have a pèrnícious efféct (on, up¦ón). **~ый** pèrnícious, báne¦ful, fátal; ~ое влия́ние pèrnícious / báne¦ful ínfluence; ~ые после́дствия fátal cónsequences.

**па́даль** *ж. тк. ед. чаще собир.* cárrion.

**па́да||ть,** пасть, упа́сть **1.** (*прям. и перен.*) fall*; (*быстро*) drop; (*снижаться*) sink*; (*приходить в упадок*) degéneràte; (*уменьшаться*) dimínish; ~ на́взничь fall* on one's back; **2.** *тк. несов.* (*без доп.*; *об атмосферных осадках*) fall*; снег ~ет snow is fálling [-ou...], it is snówing [...-ou-]; **3.** *тк. несов.*: во́лосы ~ют на лоб hair falls acróss the fóre-head [...'fɔrɪd]; свет ~ет на кни́гу light falls on *the* book; **4.** *при сов.* пасть (на *вн.*) fall* (on, to); отве́тственность за э́то ~ет на него́ respònsibílity for this falls on him; жре́бий пал на него́ the lot fell up¦ón him; все расхо́ды ~ют на него́ the whole cost falls on him [...houl...]; **5.** *тк. несов.* (на *вн.*) fall* (on): ударе́ние ~ет на пе́рвый слог the áccent / stress falls on the first sу́llable; **6.** *при сов.* пасть (*о скоте*) pérish, die; **7.** *тк. несов.* (*выпадать — о волосах, зубах*) fall* out, come* out; ◇ баро́метр ~ет the barómeter is fálling / sínking; ~ ду́хом lose* cóurage [lu:z 'kʌ-], lose* heart [...hɑ:t]; be despóndent; ~ в о́бморок faint (a¦wáy); swoon *поэт.*; ~ от уста́лости be réady to drop [...'redɪ...]; пасть на по́ле бра́ни be killed in áction, fall* in áction.

**па́дающ||ий** **1.** *прич. см.* па́дать; **2.** *прил.* (*о лучах*) íncident; ~ие звёзды *астр.* shóoting stars, fálling stars.

**падёж** *м. грам.* case [-s].

**падёж** *м.* (*скота*) loss of cattle, èpizóòtic, èpizóòty, múrrain.

**паде́жн||ый** case [-s] (*attr.*); ~ое оконча́ние case infléxion.

**паде́ни||е** *с.* **1.** fall; (*снижение*) drop, sínking; ре́зкое ~ цен, спро́са slump in príces, demánd [...-ɑ:nd]; ~ напряже́ния *эл.* vóltage drop; **2.** (*правительства и т. п.*) dównfàll, fall; **3.**: мора́льное ~ móral dègradátion ['mɔ-...]; **4.** *физ.* íncidence; у́гол ~я angle of íncidence; *воен.* angle of fall.

**падиша́х** *м.* pádishàh ['pɑ:-].

**па́дкий** (на *вн.*, до) having a wéakness (for), gréedy (of), fond (of); ~ на лесть suscéptible to fláttery; ~ на де́ньги ávid of móney [...'mʌ-].

**па́дуб** *м. бот.* ílèx ['aɪ-], hólly.

**паду́чая** *ж. скл. как прил. разг.* fálling síckness.

**па́дчерица** *ж.* stépdaughter.

**па́дший** *прич. и прил.* fáll¦en.

**паево́й** share (*attr.*); ~ взнос share.

**паёк** *м.* rátion ['ræ-].

**паенакопле́ние** *с. эк.* sháre-accùmulátion.

**паж** *м.* page.

**паз** *м. тех.* slot, groove.

**па́зух||а** *ж.* **1.** *разг.* bósom ['buzəm]; за ~ой, за ~у in one's bósom; **2.** *анат.* sínus; ло́бные ~и fróntal sínus¦es ['frʌ-...]; **3.** *бот.* áxil.

**па́инька** *м. и ж. разг.* good child*.

**па||й** I *м.* share; вступи́тельный ~ inítial shares *pl.*; това́рищество на ~я́х jóint-stòck cómpany [...'kʌ-].

**пай** II *м. и ж. нескл.* = па́инька.

**па́йка** *ж. тех.* sólder(ing) ['sɔ-].

**пайко́вый** *прил. к* паёк; *тж.* rátioned ['ræ-].

**па́йщик** *м.* sháre¦hòlder.

**пак** *м. тк. ед.* (íce-)pàck.

**пакга́уз** *м.* wáre¦house* [-s], stóre¦house* [-s]; (*при таможне*) bónded wáre¦house*.

**паке́т** *м.* **1.** páckage, párcel; (*небольшой*) pácket; **2.** (*официальное письмо*) létter; почто́вый заказно́й ~ régistered létter; ~ а́кций *эк.* share hólding; ◇ индивидуа́льный ~ (indivídual) field dréssing [...fi:ld...], fírst-aid pácket.

**пакиста́н||ец** *м.*, **~ка** *ж.*, **~ский** Pàkistáni [-ɑ:nɪ].

**па́кля** *ж.* tow [tou]; (*из рассученных верёвок*) óakum.

**пакова́ть** (*вн.*) pack (*d.*).

**на́костить** I, напа́костить *разг.* soil, dírty; (*дт.*; *причинять неприятности, вредить*) play a dírty / mean trick (on).

**па́костить** II, испа́костить (*вн.*; *портить*) spoil* (*d.*).

**па́костный** *разг.* dírty, mean, foul; (*о запахе тж.*) násty.

**па́кост||ь** *ж. разг.* **1.** dírty / mean trick; де́лать ~и (*дт.*) play dírty / mean tricks (on); **2.** (*дрянь*) trash; **3.** (*непристойное выражение, слово и т. п.*) òbscénity [-'si:-].

**пакт** *м. полит.* pact; ~ о взаимопо́мощи mútual assístance pact; ~ о ненападе́нии nón--aggréssion pact; ~ о взаи́мной безопа́сности mútual secúrity pact; Пакт Ми́ра Peace Pact; Атланти́ческий ~ the Atlántic pact.

**пал** *м. мор.* bóllard; (*у шпиля*) pawl.

**палади́н** *м. ист.* páladin.

**паланки́н** *м.* pàlanquín [-'ki:n].

**паланти́н** *м.* pálatìne, (fur) típpet.

**пала́та** *ж.* **1.** (*законодательное учреждение*) chámber ['ʧeı-]; **2.** (*представительное учреждение*) chámber, house* [-s]; ~ ло́рдов, о́бщин House of Lords, Cómmons; ~ депута́тов Chámber of Députies; ~ представи́телей (*в США*) House of Rèpreséntatives [...-'zen-]; Наро́дная Пала́та И́ндии Índian House of the People [...pi:-]; **3.**: ~ мер и весо́в Board of Weights and Méasures [...'meʒ-]; Кни́жная ~ Book Chámber; торго́вая ~ Chámber of Cómmerce; **4.** (*в больнице*) ward; **5.** *мн. уст.* (*дворец*) pálace *sg.*; (*большой дом*) mánsion *sg.*; **6.** *ист.* chámber; Оруже́йная ~ Ármoury; Грнови́тая ~ (*в Кремле*) Hall of Fácets [...'fæ-]; ◇ у него́ ума́ ~ ≅ he is as wise as Sólomon.

**палатализа́ция** *ж. лингв.* pálatalizátion [-laı-].

**палатализо́ванный** *лингв.* pálatalized.

**палатализова́ть** *несов. и сов.* (*вн.*) *лингв.* pálatalize (*d.*). **~ся** *несов. и сов. лингв.* become* pálatalized.

**палата́льн||ость** *ж. лингв.* pálatal cháracter [...'kæ-]. **~ый** *лингв.* pálatal; ~ая перегласо́вка pálatal mutátion.

**пала́тка** *ж.* **1.** tent; (*большая*) màrquée [-'ki:]; в ~х *воен.* únder cánvas; **2.** (*киоск*) stall, booth [-ð].

**пала́тный** *прил. к* пала́та 4.

**пала́ч** *м.* èxecútioner, hángman*; (*перен. тж.*) bútcher ['bu-].

**пала́ш** *м.* bróadswòrd ['brɔ:dsɔ:d].

**па́левый** pále-yèllow, stráw-còloured [-kʌ-].

**палёный** singed, scorched.

**палеобота́ника** *ж.* pàl(a)ebótany.

**полео́граф** *м.* pàl(a)eógrapher. **~и́ческий** pàl(a)eográphic.

**палеогра́фия** *ж.* pàl(a)eógraphy.

**палеоза́вр** *м. палеонт.* pàlaeosáurus [peılıə-].

**палеозо́йск||ий** *геол.* pàl(a)eozóic; ~ая э́ра pàl(a)eozóic éra / périod.

**палеоли́т** *м. геол.* pál(a)eolith. **~и́ческий** *геол.* pàl(a)eolíthic.

**палеонто́||лог** *м.* pàl(a)eòntólogist. **~логи́ческий** pál(a)eòntológic(al). **~ло́гия** *ж.* pàl(a)eòntólogy.

**па́лец** *м.* **1.** (*руки, перчатки*) fínger; (*ноги*) toe; большо́й ~ (*руки*) thumb; (*ноги*) big toe; указа́тельный ~ fóre:finger, índèx (fínger); сре́дний ~ míddle fínger, third fínger; безымя́нный ~ fóurth fínger [fɔ:θ...]; (*на левой руке тж.*) ríng-fínger; предохрани́тельный (рези́новый) ~ fínger-stàll; **2.** *тех.* pin, fínger, cam; ◇ ~ о ~ не уда́рить *разг.* not stir / raise a fínger; ему́ па́льца в рот не клади́ *разг.* ≅ he is not to be trífled with; смотре́ть сквозь па́льцы на что-л. *разг.* look through one's fíngers at smth.; обвести́ кого́-л. вокру́г па́льца turn / twist / wind* smb. round one's (líttle) fínger, do / trick smb.; он па́льцем никого́ не тро́нет ≅ he wouldn't hurt a fly; вы́сосать из па́льца (*вн.*) *разг.* make* up (*d.*), fábricàte (*d.*), con:cóct (*d.*); знать что-л. как свои́ пять па́льцев *разг.* have smth. at one's fínger-tips / fínger-ènds; попа́сть па́льцем в не́бо *разг.* ≅ be wide of the mark; get* / have / take* the wrong, sow* by the ear [sou...] *идиом.*

**палимпсе́ст** [-сэ́-] *м.* pálimpsèst.

**палиса́д** *м.* **1.** *уст.* páling; **2.** *воен. ист.* stòckáde.

**палиса́дник** *м.* front gárden [frʌ-...].

**палиса́ндр** *м.* róse:wood [-wud]. **~овый** róse:wood [-wud] (*attr.*).

**пали́тра** *ж.* pálette.

**пали́ть** I *разг.* (*обдавать жаром, зноем*) burn*, scorch; со́лнце пали́т the sun is scórching.

**пал||и́ть** II *разг.* (*стрелять*) fire; ~и́! fire!

**па́лица** *ж. уст.* club, cúdgel.

**па́лк||а** *ж.* stick; (*для прогулки*) wálking-stick, cane; (*посох*) staff; ~ метлы́ bróom-stick; бить ~ой (*вн.*) cane (*d.*); ◇ вставля́ть кому́-л. ~и в колёса *разг.* put* a spoke in smb.'s wheel; из-под ~и *разг.* ≅ únder the lash; ~ о двух конца́х ≅ twó-èdged / dóuble-èdged wéapon [...'dʌbl- 'wep-]; э́то ~ о двух конца́х ≅ it cuts both ways [...bouθ...].

**палла́дий** *м. хим.* palládium.

**паллиати́в** *м.* pálliative. **~ный** pálliative.

**паломни||к** *м.*, **~ца** *ж.* pílgrim; (*в Палестину тж.*) pálmer ['pɑ:-]. **~чать** go* on (a) pílgrimage. **~ческий** *прил. к* пало́мник. **~чество** *с.* pílgrimage.

**па́лочка** *ж.* **1.** *уменьш. от* па́лка; бараба́нная ~ drúmstick; дирижёрская ~ (condúctor's) báton [...'bæt°n]; **2.** *бакт.* bacíllus (*pl.* -li); ~ Ко́ха bacíllus Kóchii; ◇ волше́бная ~ wand; ~-выруча́лочка (*детская игра*) hý-spý (*children's game*).

**па́лочн||ый** *прил. к* па́лка; ◇ ~ая дисципли́на díscipline of the cane.

**па́лтус** *м.* (*рыба*) hálibut, túrbot.

**па́луб||а** *ж.* deck; ве́рхняя ~ úpper deck; main deck *амер.*; ни́жняя ~ lówer deck ['louə...], órlòp (deck); полётная ~ *ав.* flight deck; наве́сная ~ fórecastle deck ['fouksl...]; úpper deck *амер.* **~ный** *прил. к* па́луба.

**-па́лубный** (*в сложн. словах, не приведённых особо*) -décker (*attr.*); *напр.* двухпа́лубное су́дно twó-décker.

**-па́лый** (*в сложн. словах, не приведённых особо*) -fíngered; *напр.* шестипа́лый síx-fíngered.

**пальба́** *ж. разг.* fíring; пу́шечная ~ cànnonáde.

**па́льм||а** *ж.* pálm(-tree) ['pɑ:m-]; фи́никовая ~ dáte(-pàlm) [-pɑ:m]; коко́совая ~ cócò, cóco-tree, cóco-nùt-tree; ◇ получа́ть, уступа́ть ~у пе́рвенства bear*, yield the palm [bɛə ji:ld... pɑ:m].

**пальмити́нов||ый** *хим.* pàlmític; ~ая кислота́ pàlmític ácid.

**па́льмов||ые** *мн. скл. как прил. бот.* pàlmáceae [-sii:]. **~ый** *прил. к* па́льма; ~ое де́рево pálm(-tree) ['pɑ:m-]; (*как материал*) bóxwood [-wud]; ~ое ма́сло pálm-oil ['pɑ:m-]; ~ая ветвь (*как символ мира*) ólive-brànch [-ɑ:nʧ].

**пальто́** *с. нескл.* (óver:)coat, tópcóat.

**пальцеви́дный** fínger-shàped.

**пальцеобра́зный** *бот.* dígitàte(d).

**па́льч||атый** = пальцеобра́зный. **~ик** *м. уменьш. от* па́лец 1.

**паля́щ||ий** 1. *прич. см.* пали́ть I; 2. *прил.* búrning; ~ зной párching heat; под ~им со́лнцем in the bróiling sun.

**пампа́сы** *мн. геогр.* pámpas.

**памфле́т** *м.* lampóon, pámphlet. **~и́ст** *м.* pàmphletéer. **~ный** *прил. к* памфле́т.

**па́мятка** *ж.* 1. léaflet / bóoklet (to commémoràte some evént); mèmorándum (*pl.* -da); 2. (*инструкция*) instrúction, written rules of beháviour *pl.*

**па́мятлив||ость** *ж.* reténtive mémory; reténtive:ness of mémory. **~ый** having a reténtive mémory.

**па́мятник** *м.* (*в разн. знач.*) mónument; memórial (*тж. перен.*); (*надгробный камень*) tómb:stòne ['tu:m-]; (*в виде статуи*) státue [-æ-]; литерату́рный ~ literary mónument; ~и старины́ rélics of the past, old rélics and mónuments; ста́вить ~ кому́-л. put* / set* up, *или* erect, *a* mónument to smb.

**па́мятн||ый** 1. mémorable; ~ день mémorable / nótable day; ~ое собы́тие mémorable evént; 2. (*служащий для напоминания*): ~ая кни́жка mèmorándum-book, nóte:book; ~ая запи́ска *дип.* mèmorándum (*pl.* -da); ~ая доска́ memórial plate / plaque [...plɑ:k].

**па́мятовать:** па́мятуя (о *пр.*) remémbering (*d.*), béaring in mind ['bɛə-...] (*d.*).

**па́мят||ь** *ж. тк. ед.* 1. mémory; плоха́я ~ poor mémory; хоро́шая ~ reténtive mémory; э́то вы́пало у него́ из ~и it slipped/escáped his mémory, it passed compléte:ly from his mémory; запечатле́ться в чьей-л. ~и be stamped / en:gráved in one's mémory; е́сли мне ~ не изменя́ет if my mémory does:n't fail me; ~ ему́ изменя́ет his mémory fails him; 2. (*воспоминание*) rècolléction, remémbrance; в ~ (*рд.*) in mémory (of), in commèmorátion (of); подари́ть на ~ give* as a kéepsàke; оста́вить по себе́ до́брую ~ leave* fond mémories of òne:sélf; оста́вить по себе́ дурну́ю ~ leave* a bad* mémory behind; ◇ на чьей-л. ~и within smb.'s rècolléction; на ~и ны́нешнего поколе́ния within living mémory [...'lɪv-...]; ве́чная ~ ему́ may his mémory live for ever [...lɪv...]; сохрани́ть ~ о ком-л. hold* smb. in remémbrance; люби́ть кого́-л. без ~и love smb. to distráction [lʌv...]; быть без ~и (*без сознания*) be ùn:cónscious [...-nʃəs]; быть без ~и от кого́-л. *разг.* be óver head and ears in love with smb. [...hed...]; по ~и from mémory; по ста́рой ~и by force of hábit; приходи́ть кому́-л. на ~ come* back to one's mémory; ему́ пришло́ на ~, что he remémbered that.

**Пан** *м. миф.* Pan.

**пан** *м. ист.* 1. (*польский помещик*) Pólish lándowner [...-ounə]; 2. (*господин*) géntle:-man*; sir; ◇ ли́бо ~, ли́бо пропа́л *погов.* ≅ neck or nothing.

**пана́ма** *ж.* (*шляпа*) pànamá (hat) [-'mɑ:...].

**панамерикани́зм** *м.* pán-Américanism.

**панаце́я** *ж.* pànacéa [-'sɪə].

**панба́рхат** *м.* panne.

**панде́кты** [-дэ́-] *мн. ист.* pándècts.

**пандеми́я** [-дэ-] *ж. мед.* pàndémia.

**панеги́р||ик** *м.* pànegýric, éulogy. **~и́ст** *м.* pànegýrist, éulogist. **~и́ческий** pànegýrical, eulogístic.

**пане́ль** [-нэ́-] *ж.* 1. (*на улице*) páve:ment, fóotway ['fut-]; 2. (*на стенах*) pánel ['pæ-], wáinscot. **~ный** [-нэ́-] *прил. к* пане́ль.

**панибра́т||ский** familiar. **~ство** *с.* fàmiliárity.

**па́ник||а** *ж. тк. ед.* pánic, scare; наводи́ть ~у *разг.* raise a pánic, cause a scare; не впада́ть в ~у remáin calm [...kɑ:m], keep* présence of mind [...'prez-...]; впада́ть в ~у, поддава́ться ~е become* pánic-stricken; быть в ~е be pánic-stricken, be scared out of one's sénses; не поддава́ться ~е not succúmb, *или* not give* way, to pánic.

**паникади́ло** *с. церк.* chúrch-lùstre, chúrch-chàndelier [-ʃændɪ'lɪə].

**паникёр** *м.* pánic-mònger [-mʌ-], scáre:-mònger [-mʌ-], alármist. **~ский** *прил. к* паникёр. **~ство** *с.* alármism.

**панихи́да** *ж. церк.* óffice for the dead [...ded]; réquièm; ◇ гражда́нская ~ civil fúneral / búrial rites [...'be-...] *pl.*

**пани́ческий** 1. pánic; ~ страх pánic térror; 2. *разг.* (*поддающийся панике*) pánicky.

**панно́** *с. нескл.* pánel ['pæ-].

**пано́птикум** *м.* wáxwòrks èxhibítion / show ['wæ- eksɪ- ʃou].

**панора́ма** *ж.* 1. (*в разн. знач.*) pànoráma [-'rɑ:mə]; открыва́ется вели́чественная ~ a màgníficent view ópens up, *или* is revéaled [...vju:...]; 2. (*орудийная*) pànorámic sight.

**пансио́н** *м.* 1. (*учебное заведение*) bóarding-school; 2. (*гостиница*) bóarding-house* [-s]; 3. (*полное содержание*) board and lódging; жить на по́лном ~е у кого́-л. board and lodge with smb.

**пансионе́р** *м.*, **~ка** *ж.* bóarder; (*в гостинице тж.*) guest.

**па́нский** *прил. к* пан.

**панслави́зм** *м. ист.* pán-Slávism [-'slɑ:-].

**пантало́ны** *мн.* 1. *уст.* (*брюки*) tróusers; 2. (*женские*) (wóman's) dráwers ['wu-...].

**панте||и́зм** [-тэ-] *м.* pánthe:ism. **~и́ст** [-тэ-] *м.* pánthe:ist. **~исти́ческий** [-тэ-] pànthe:ístic(al).

**пантео́н** [-тэ-] *м.* pànthéon.

**панте́ра** *ж.* pánther; (*самка*) shé-pànther.

**пантогра́ф** *м. тех.* pántogràph.

**пантоми́м||а** *ж. театр.* pántomime, dumb show [...ʃou]. **~и́ческий, ~ный** pàntomímic(al).

**па́нцирн||ые** *мн. скл. как прил. зоол.* tèstácea. **~ый** 1. *зоол.* tèstáceous; 2. *воен.* ármour-clàd, íron-clàd ['aɪən-].

**па́нцирь** *м.* 1. *ист.* (*латы*) coat of mail, ármour; 2. *зоол.* test.

**па́па** I *м. разг.* (*отец*) dad; (*в детской речи тж.*) dáddy; papá [-'pɑ:].

**па́па** II *м.* (*глава римско-католической церкви*) pope.

**папа́ха** *ж.* papákha [-'pɑ:-] (*tall Caucasian hat usually of sheepskin*).

**па́перть** *ж.* chúrch-pòrch, párvis.

**папи́зм** *м.* pápistry ['peɪ-].

**папильо́тка** *ж.* cúrl-pàper.

**папироло́гия** *ж.* pàpyrólogy.

**папиро́са** *ж.* cigarétte; па́чка папиро́с páckage / pácket / pack of cigaréttes.

**папиро́сник** *м. разг.* (*продавец*) cigarétte man* / véndòr.

**папиро́сница** I *ж. разг.* (*продавщица*) cigarétte girl / véndòr [...gəːl...].

**папиро́сн||ица** II *ж.* (*коробка*) cigarétte-càse [-s]. **~ый** *прил. к* папиро́са; ~ая фа́брика cigarétte-fáctory; ~ая бума́га tíssue-pàper.

**папи́рус** *м.* papýrus (*pl.* -ri). **~ный, ~овый** papýrus (*attr.*).

**папи́ст** *м.* pápist ['peɪ-]. **~ский** papístic(al).

**па́пка** *ж.* **1.** (*для бумаг*) páper-càse [-s], case for dócuments [keɪs...]; **2.** (*картон*) cárd-board, páste:board ['peɪ-].

**па́поротник** *м. бот.* fern.

**па́поротников||ые** *мн. скл. как прил. бот.* fílicès [-iːz]. **~ый** *прил. к* па́поротник; *тж.* férny.

**па́п||ский** pápal; ~ престо́л St. Péter's chair. **~ство** *с.* pápacy ['peɪ-].

**папуа́с** *м.*, **~ка** *ж.*, **~ский** Pápuan; ~ские языки́ the Pápuan lánguages.

**па́пула** *ж. мед.* pápùle, pápula (*pl.* -les, -lae).

**папье́-маше́** *с. нескл.* papier-mâché (*фр.*) ['pæpjeɪ'mɑːʃeɪ].

**пар** I *м.* **1.** steam; превраща́ться в ~ eváporàte; **2.** (*от дыхания и т. п.*) èxhalátion; от ло́шади идёт ~ the horse is stéaming; ◇ быть под ~а́ми be únder steam, be réady to start [...'redɪ...]; на всех ~а́х at full / top speed.

**пар** II *м. с.-х.* fállow; чёрный (чи́стый) ~ bare fállow; находи́ться под ~ом lie* fállow; земля́ под ~ом fállow.

**па́р||а** *ж.* **1.** (*в разн. знач.*) pair; couple [kʌ-]; ~ сапо́г, боти́нок pair of boots, shoes [...ʃuːz]; коренна́я ~ (*запряжка*) pole pair, wheel pair / team; ~ сил *мех.* couple (of fórces), force couple; он ей не ~ he is not her équal; (*хуже неё*) he is not good enóugh for her [...ɪ'nʌf...]; **2.** (*супружеская*) couple; **3.** *разг.* (*костюм*) suit [sjuːt]; ◇ на ~у слов *разг.* for a few words; два сапога́ ~ *разг.* ≅ they make a pair.

**пара́бол||а** *ж. мат.* parábola. **~и́ческий** *мат.* pàrabólic(al).

**параболо́ид** *м. мат.* paráboloid.

**пара́граф** *м.* páragràph.

**пара́д** *м.* **1.** paráde; *воен.* review [-'vjuː]; физкульту́рный ~ sport's paráde; морско́й ~ nával review; возду́шный ~ air displáy; принима́ть ~ review / inspéct the troops; take* the salúte; **2.** *разг.* (*парадная одежда*) gála dress ['gɑː-...]; быть в по́лном ~е be in full dress.

**паради́гма** *ж. грам.* páradigm [-daɪm].

**пара́дн||ое** *с. скл. как прил.* front door [-ʌnt dɔː]. **~ость** *ж.* spléndour; (*перен.: показная*) show [ʃou], shówiness ['ʃou-], sham efficiency; window-drèssing *разг.* **~ый 1.** *прил. к* пара́д 1; ~ая фо́рма full dress / únifòrm; **2.** (*главный — о входе в дом*) main, front [-ʌnt]; ~ый подъе́зд main éntrance; ~ая дверь front door [...dɔː]; ~ая ле́стница main stáircàse [...-s]; **3.** (*торжественный, пышный*) gála ['gɑː-]; (*перен.: показной*) for show [...ʃou]; ~ый спекта́кль gála perfórmance / night; ~ый вид smart appéarance; име́ть ~ый вид look smart.

**парадо́кс** *м.* páradòx.

**парадокса́льн||ость** *ж.* pàradóxicalness, pàradòxicálity. **~ый** pàradóxical.

**парази́т** *м.* **1.** *биол.* párasìte; **2.** (*о человеке*) párasìte, spónger ['spʌndʒə]; **3.** *мн.* (*вредители*) vérmin *sg.* **~а́рный** pàrasític(al). **~и́зм** *м.* párasìtism [-saɪ-]. **~и́ровать** párasìtìze [-saɪ-], live pàrasítically [lɪv...]. **~и́ческий** pàrasític. **~ный** pàrasític.

**паразитоло́гия** *ж.* pàrasitólogy [-saɪ-].

**парализо́в||анность** *ж.* parálysis, pálsy ['pɔːlzɪ]. **~анный** *прич. и прил.* páralỳsed, pálsied ['pɔːlzɪd]; ~анная рука́ páralỳsed / pálsied arm.

**парализова́ть** *несов. и сов.* (*вн.*) páralỳse (*d.*), pálsy ['pɔːlzɪ] (*d.*); (*перен. тж.*) pétrifỳ (*d.*).

**парали́т||ик** *м.* pàralýtic. **~и́ческий** pàralýtic.

**парали́ч** *м.* parálysis (*pl.* -sès [-siːz]), pálsy ['pɔːlzɪ]; разби́тый ~о́м páralỳsed, pálsied ['pɔːlzɪd]. **~ный** pàralýtic; ~ный больно́й pàralýtic.

**паралла́кс** *м. астр.* párallàx.

**параллелепи́пед** *м. мат.* pàrallèlépipèd.

**параллели́зм** *м.* párallèlism.

**параллелогра́мм** *м. мат.* pàrallélogràm.

**паралле́ль** *ж.* (*в разн. знач.*) párallèl; проводи́ть ~ (ме́жду; *перен.*) draw* a párallèl (betwéen).

**паралле́льно** I *прил. кратк. см.* паралле́льный.

**паралле́льн||о** II *нареч.* in párallèls; (*наряду, одновременно*) simultáneous:ly, at the same time; проводи́ть одну́ ли́нию ~ друго́й draw* one line párallèl to another. **~ость** *ж.* = параллели́зм. **~ый** (*в разн. знач.*) párallèl; ~ые бру́сья *спорт.* párallèl bars.

**парало́ги́зм** *м. филос.* parálogism.

**парамагн||ети́зм** *м. физ.* pàramágnetism. **~и́тный** *физ.* pàramàgnétic.

**пара́метр** *м. мат.* parámeter.

**паранджа́** *ж.* yáshmàk, páranjà [-ɑː].

**парано́ик** *м. мед.* pàranóia-pátient.

**парано́йя** *ж. мед.* pàranóia.

**парапе́т** *м.* párapet.

**парасо́ль** *м. ав.* pàrasól.

**парати́ф** *м. мед.* páratýphoid [-'taɪ-].

**парафи́н** *м.* páraffin. **~овый** *прил. к* парафи́н.

**парафи́ровать** *несов. и сов.* (*вн.*) *дип.* initial (*d.*).

**парафра́з||а** *ж. лит., муз.* páraphràse. **~и́ровать** *несов. и сов.* (*вн.*) páraphràse (*d.*).

**парашю́т** *м.* párachùte [-ʃuːt]; ~ для сбра́сывания по́чты mail párachùte; вытяжно́й ~ auxíliary párachùte; прыжо́к с ~ом párachùte jump; прыжки́ с ~ом párachùte júmping *sg.*; на ~е, на ~ах by párachùte. **~и́зм** *м.* párachùtism [-ʃuːt-].

**парашюти́ров||ание** *ав.* pán:càking. **~ать** *несов. и сов. ав.* pán:càke.

**парашюти́ст** *м.*, **~ка** *ж.* párachùte júmper [-ʃuːt...]; párachùtist [-ʃuːt-]; *воен. тж.* páratrooper; párachùter [-ʃuːtə] *амер.*

**парашю́тн||ый** párachùte [-ʃuːt] (*attr.*); ~ деса́нт detáchment of párachùte troops; ~ые войска́ párachùte troops, páratroops; ~ спорт párachùte sport.

**парвеню́** *м. нескл. уст.* párvenù, úpstàrt.

**паре́з** [-рэ́з] *м. мед.* parésis.

**паре́ние** *с.* sóaring.

**паренхи́ма** *ж. анат., бот.* parénchyma [-kɪ-].

**пáрен||ый** stewed; ◇ дешёвле ~ой рéпы *разг.* ≅ dírt-chéap.

**пáрень** *м.* féllow, lad, chap.

**пари́** *с. нескл.* bet; держáть ~, идти́ на ~ (с *тв.*) bet (*d.*), lay* a bet (to); ~ держý, что *разг.* I bet that.

**парижáн||ин** *м.*, **~ка** *ж.* Parísian [-z-].

**пари́жск||ий** Parísian [-z-]; Пари́жская коммýна *ист.* the Páris Cómmúne; ◇ ~ая зéлень Páris green.

**пари́к** *м.* wig.

**парикмáхер** *м.* (*мужской*) bárber; (*женский*) háirdrèsser. **~ская** *ж. скл. как прил.* (*мужская*) bárber's (shop); (*женская*) háirdrèssing salóon; háirdrèsser's.

**пари́ровать** *несов. и сов.* (*сов. тж.* отпари́ровать) (*вн.*) párry (*d.*), cóunter (*d.*); ~ удáр párry *a* blow [...blou].

**паритéт** *м.* párity. **~ный** párity (*attr.*); на ~ных начáлах (с *тв.*) on a par (with), on an équal fóoting [...'fut-] (with).

**пáр||ить 1.** (*вн.*; *варить на пару*) steam (*d.*); (*варить в собств. соку*) stew (*d.*); **2.** *безл.*: ~ит it is súltry.

**пари́ть** soar; ◇ ~ в облакáх live in the clouds [lɪv...], live in clóud-lànd.

**пáриться 1.** (*в бане*) steam (in Rússian baths) [...-ʃən...]; **2.** *страд. к* пáрить 1.

**пáрия** *м.* páriah ['pærɪə], óutcàst.

**парк** *м.* **1.** park; ~ культýры и óтдыха Park of Cúlture and Rest, rècreátion park; разбивáть ~ lay* out *a* park; **2.** (*подвижной состав*) fleet; stock; автомоби́льный ~ fleet of mótor véhicles [...'viːɪ-]; трáкторный ~ fleet of tráctors; станóчный ~ stock of machíne-tools in òperátion [...-'ʃiːn-...]; вагóнный ~ rólling-stòck; самолётный ~ flýing stock; **3.** (*место стоянки подвижного состава*) yard; ◇ артиллери́йский ~ órdnance dépòt [...'depou]; понтóнный ~ brídging cólumn.

**паркéт** *м.* **1.** (*пол*) párquet [-keɪ]; настилáть ~ в кóмнате párquet a room [-keɪ...]; **2.** *тк. ед. собир.* párquetry [-kɪ-]. **~ный** párquet [-keɪ] (*attr.*); ~ный пол párquet(ed) floor [...flɔː].

**Пáрки** *мн. миф.* Párcae [-sɪ], the Weird Sísters [...wɪəd...], Fates.

**парлáмент** *м.* párliament [-ləm-]; (*не английский тж.*) díet. **~ари́зм** *м.* pàrliaméntarism [-lə'm-]. **~áрий** *м.* pàrliamèntárian [-ləm-]. **~áрный** pàrliaméntary [-lə'm-]; ~áрный строй pàrliaméntary sýstem.

**парламентёр** *м. воен.* truce énvoy, béarer of *a* flag of truce ['bɛə-...]. **~ский:** ~ский флаг flag of truce.

**парлáментск||ий** pàrliaméntary [-lə'm-]; ~ая рефóрма pàrliaméntary refórm; ~ запрóс intèrpèllátion; ~ закóн Act of Párliament [...-ləm-]; ~ие вы́боры Pàrliaméntary eléctions.

**пармезáн** *м.* (*сыр*) Pàrmesán (cheese) [-'zæn...].

**Парнáс** *м.* Pàrnássus.

**парнáс||ец** *м. лит.* Pàrnássian. **~ский** *лит.* Pàrnássian; ~ская поэ́зия Pàrnássian póetry.

**парни́к** *м.* hótbèd, séed-bèd, fórcing bed / pit; в ~é únder glass.

**парникóв||ый** hótbèd (*attr.*), hót¦house [-s] (*attr.*); ~ая рáма hótfràme; ~ые растéния hót¦house plants [...-ɑːnts].

**парни́шка** *м. разг.* lad, boy.

**парн||óй:** ~óе молокó fresh milk, milk fresh from the cow; ~óе мя́со frésh-killed meat.

**парнокопы́тные** *мн. скл. как прил. зоол.* àrtiodáctyla.

**пáрн||ый 1.** (*составляющий пару*) twin; **2.** (*расположенный парно — о листьях*) cónjugate; **3.** (*о санях, дрожках и т. п.*) páir-hòrse (*attr.*); **4.** *спорт.* (*производимый парой*): ~ая грéбля double scúlling [dʌ-...].

**парови́к** *м.* **1.** *тех.* (*котёл*) bóiler; **2.** *уст. разг.* (*паровоз*) stéam-ègine [-endʒ-].

**паровóз** *м.* éngine ['endʒ-], stéam-ègine [-endʒ-], ráilway éngine; lócomòtive ['lou-] *амер.*; маневрóвый ~ shúnting éngine. **~ный** *прил. к* паровóз; ~ное депó éngine-shèd ['endʒ-], róund-house* [-s]; ~ная бригáда éngine-crew ['endʒ-]; lócomòtive crew ['lou-...] *амер.*

**паровозоремóнтный** éngine-repáir ['endʒ-] (*attr.*); lócomòtive-repáir ['lou-] (*attr.*) *амер.*

**паровозостро||éние** *с.* éngine-bùilding ['endʒɪnbɪl-]. **~и́тельный:** ~и́тельный завóд éngine-bùilding works ['endʒɪnbɪl-...]; lócomòtive works ['lou-...] *амер.*

**парóв||óй** I *прил. к* пар I; ~ котёл stéam-boiler; ~áя маши́на stéam-ègine [-endʒ-]; ~áя мéльница steam mill; ~áя молоти́лка steam thrésher, steam thréshing-machine [...-ʃiːn]; ~óе отоплéние stéam-héating; (*центральное*) céntral héating.

**паров||óй** II *с.-х.* (lýing) fállow; ~óе пóле fállow.

**паровпускнóй:** ~ клáпан *тех.* admíssion / ín¦lèt valve.

**паровыпускнóй:** ~ клáпан *тех.* exháust valve.

**парогенерáтор** *м. тех.* stéam-géneràtor.

**парод||и́йный** *лит.* párody (*attr.*). **~и́ровать** *несов. и сов.* (*вн.*) párody (*d.*).

**парóдия** *м.* párody.

**парокóнный** twó-hòrse (*attr.*).

**пароксúзм** *м.* pároxỳsm, fit.

**парóль** *м.* pásswòrd, paróle, cóuntersign [-saɪn], wátchwòrd.

**парóм** *м.* férry(-boat); (*плот*) raft; переправля́ть на ~е (*вн.*) férry (*d.*); переправля́ться на ~е férry; ~-самолёт flýing bridge. **~ный** *прил. к* парóм; ~ная перепрáва férrying. **~щик** *м. разг.* férry¦man*.

**паронепроницáемый** stéam-tight.

**парообрáзный** váporous ['veɪ-].

**парообразовáние** *с. физ., тех.* vàporizátion [veɪpəraɪ-], steam gènerátion.

**пароотвóдн||ый:** ~ая трубá *тех.* exháust / stéam-escàpe pipe.

**пароперегревáтель** *м. тех.* (steam) sùperhéater.

**паропровóд** *м. тех.* steam pípe-line.

**парораспредел||éние** *с. тех.* stéam-distribútion, valve mótion. **~и́тель** *м. тех.* steam distríbutor.

**паросбóрник** *м. тех.* steam colléctor, steam drum.

**паросилов||óй** *тех.*: ~áя установка stéam-power plant [...-ɑːnt].

**парособирáтель** *м.* = паросбóрник.

**парохóд** *м.* stéamer; (*небольшой*) stéam-boat; (*морской*) stéamship; океáнский ~ ócean-liner ['ouʃ°n-]; пассажи́рский ~ pássenger-

-ship [-ndʒə-], líner; букси́рный ~ steam tug. **~ный** *прил. к* парохо́д; ~ное сообще́ние stéamship commùnicátion, stéam(er)-sèrvice; ~ное о́бщество stéamship cómpany [...'kʌm-]. **~ство** *с.* **1.** stéam-nàvigátion; **2.** (*предприя́тие*) stéamship-lìne.

**па́рочка** *ж. уменьш.-ласк. от* па́ра 1, 2.

**парт-** (*в сложн.*) Párty-.

**па́рт||а** *ж.* desk (at school); сиде́ть за одно́й ~ой (с *тв.*) share the same desk (with); ◇ сесть за ~у begin* to learn [...lə:n].

**парт||акти́в** *м.* (парти́йный акти́в) the most áctive mémbers (of the Párty òrganìzátion) [...-naɪ-] *pl.* **~биле́т** *м.* (парти́йный биле́т) Párty-mémbership card. **~бюро́** *с. нескл.* (парти́йное бюро́) Párty buréau [...-'rou]; **~взно́с** *м.* (парти́йный взнос) Párty dues *pl.* **~взыска́ние** *с.* (парти́йное взыска́ние) Párty pénalty; накла́дывать ~взыска́ние inflíct a Párty pénalty. **~групо́рг** *м.*(парти́йный организа́тор гру́ппы) Párty group órganìzer [... gru:p...]. **~гру́ппа** *ж.* (парти́йная гру́ппа) Párty group [...gru:p].

**партеногене́з** [-тэ-] *м. биол.* párthenogénesis.

**парте́р** [-тэ́р] *м. театр.* the pit; (*пере́дние ряды*) the stalls *pl.*; кре́сло в ~е stall.

**парти́ец** *м.* mémber of the Párty.

**партиза́н** *м.*, **~ка** *ж.* pàrtisán [-'zæn], guer(r)ílla; кра́сный ~ Red pàrtisán. **~ский** *прил. к* партиза́н; ~ская война́ pàrtisán / guer(r)ílla wárfàre [-'zæn...]; ~ский отря́д pàrtisán / guer(r)ílla detáchment.

**парти́йность** *ж.* **1.** (*принадле́жность к па́ртии*) Párty-mémbership; **2.** (*в нау́ке, литерату́ре и т. п.*) Párty spírit, Párty prínciple; ~ в нау́ке, филосо́фии *и т. п.* Párty spírit in science, philósophy, *etc.*

**парти́йн||ый 1.** *прил. к* па́ртия I; ~ акти́в the most áctive mémbers (of the Párty òrganìzátion) [...-naɪ-] *pl.*; ~ое руково́дство Párty léadership; ~ биле́т Párty-mémbership card; ~ая организа́ция Párty òrganìzátion; ~ая гру́ппа Párty group [...gru:p]; ~ рабо́тник Párty wórker; ~ая яче́йка Párty núcleus / cell [...-lɪəs...] (*pl.* -lei [-lɪaɪ]); ~ комите́т Párty Commíttee [...-tɪ]; ~ое бюро́ Párty buréau [...-'rou]; ~ стаж length of Párty mémbership; ~ая дисципли́на Párty díscipline; ~ое поруче́ние Párty assígnment [...ə'saɪn-]; ~ая шко́ла Párty school; ~ая конфере́нция Párty Cónference; ~ съезд Párty Cóngrèss; ~ое собра́ние Párty méeting; ~ое просвеще́ние Párty èducátion; сеть ~ого просвеще́ния Párty èducátion sýstem; ~ая учёба Párty stúdy [...'stʌ-]; ~ые взно́сы Párty dues; **2.** *прил.*: ~ый подхо́д true Cómmunist appróach; ~ое отноше́ние к рабо́те true Cómmunist áttitùde to one's work; **3.** *м. как сущ.* mémber of the Párty.

**партикуляри́зм** *м. уст.* partícularism.

**партиту́р||а** *ж. муз.* score; игра́ть с ~ы play from *a* score.

**па́рти||я** I *ж. полит.* párty; коммунисти́ческая ~ Cómmunist Párty; член ~и mémber of the Párty.

**па́рти||я** II *ж.* **1.** (*гру́ппа, отря́д*) detáchment; párty; **2.** (*о това́ре*) batch, lot; **3.** (*в игре*) game, set; **4.** *муз.* part; **5.** *уст.* (*вы́го́дный брак*) (good) match; сде́лать ~ю make* a good match.

**парткабине́т** *м.* Párty èducátional centre.

**партко́м** *м.* (парти́йный комите́т) Párty Commíttee [...-tɪ].

**партконфере́нция** *ж.* (парти́йная конфере́нция) Párty Cónference.

**партнёр** *м.*, **~ша** *ж.* pártner.

**парт||о́рг** *м.* (парти́йный организа́тор) Párty órganìzer. **~организа́ция** *ж.* (парти́йная организа́ция) Párty òrganìzátion [...-naɪ-]. **~просвеще́ние** *с.* (парти́йное просвеще́ние) Párty èducátion. **~рабо́тник** *м.* (парти́йный рабо́тник) Párty wórker. **~собра́ние** *с.* (парти́йное собра́ние) Párty méeting. **~съе́зд** *м.* (парти́йный съезд) Párty Cóngrèss. **~шко́ла** *ж.* (парти́йная шко́ла) Párty school.

**па́рус** *м.* sail; ста́вить, поднима́ть ~а́ make* / set* sail; под ~а́ми únder sail; идти́ под ~а́ми sail, go* únder sail; на всех ~а́х (*прям. и перен.*) (in) full sail, with all sails set.

**паруси́н||а** *ж.* cánvas; sáil-clòth, duck; (*просмолённая*) tàrpáulin. **~овый** *прил. к* паруси́на; ~овые ту́фли cánvas shoes [...ʃu:z].

**па́рус||ник** *м.* **1.** (*су́дно*) sáiling véssel, sáiler; **2.** (*тот, кто шьёт паруса́*) sáilmàker. **~ный:** ~ное су́дно = па́русник 1; ~ный спорт sáiling (sport).

**парфюме́р** *м.* perfúmer. **~ия** *ж.* perfúmery. **~ный** *прил. к* парфюме́рия; ~ный магази́н perfúmer's shop; ~ная фа́брика perfúmery.

**парцелля́ция** *ж. эк., с.-х.* párcelling.

**парч||а́** *ж.* brocáde. **~ёвый** *прил. к* парча́.

**парша́** *ж.* tétter, mange [meɪ-], scab.

**парши́веть,** опарши́веть become* mángy [...'meɪn-].

**парши́в||ый 1.** (*покры́тый паршо́й*) scábby, mángy ['meɪndʒɪ]; **2.** *разг.* (*дрянно́й, плохо́й*) násty, wrétched; lóusy [-zɪ]; ◇ ~ая овца́ всё ста́до по́ртит *посл.* one black sheep will mar a whole flock [...houl...].

**паря́щий** *прич. и прил.* sóaring; ~ полёт sóaring flight.

**пас** I *м. карт.* pass; я ~ I pass; в таки́х дела́х я ~ *разг.* I don't touch these mátters [...tʌtʃ...], this is not in my line, count me out.

**пас** II *м. спорт.* pass.

**па́се||ка** *ж.* (*пче́льник*) ápiary, bée-gàrden. **~чник** *м.* bée-keeper, bée-màster. **~чный** *прил. к* па́сека.

**па́сквиль** *м.* líbel, pàsquinàde; (*зло́бный, гру́бый*) làmpóon; (*кра́ткий*) squib. **~ный** líbellous ['laɪ-].

**пасквиля́нт** *м.* làmpóonist.

**паслёновые** *мн. скл. как прил. бот.* sòlanáceae [-ʃɪi:].

**па́смурн||о 1.** *прил. кратк. см.* па́смурный; **2.** *предик. безл.* it is clóudy, it is dull. **~ость** *ж.* **1.** (*о пого́де*) clóudiness; **2.** (*мра́чность*) bléakness, glóominess. **~ый 1.** (*о пого́де, не́бе*) clóudy, dull; (*о не́бе тж.*) óver-cást; **2.** (*хму́рый, мра́чный*) glóomy, súllen.

**пасова́ть** I, спасова́ть **1.** *карт.* pass; **2.** (пе́ред) *разг.* shirk (*d.*): не ну́жно ~ пе́ред тру́дностями one should not shirk difficulties.

**пасова́ть** II *несов. и сов. спорт.* pass.

**паспарту́** *с. нескл.* pásse-partóut ['pæspɑː'tuː].

**па́спорт** *м.* **1.** pássport; **2.** *тех.* (*оборудования*) certíficate. **~иза́ция** *ж.* (introdúcing) a pássport sýstem; проводи́ть ~иза́цию introdúce a pássport sýstem. **~ный** *прил. к* па́спорт; ~ный стол pássport óffice.

**пасс** *м. чаще мн.* (*движение рук гипнотизёра*) pass.

**пасса́ж** *м.* **1.** (*крытая галерея*) pássage; (*с магазинами*) àrcáde; **2.** *муз.* pássage; ◇ како́й ~! what a show! [...ʃou].

**пассажи́р** *м.*, **~ка** *ж.* pássenger [-ndʒə]; зал для ~ов wáiting-room. **~ский** *прил. к* пассажи́р; ~ский по́езд pássenger train [-ndʒə...]; ~ское движе́ние pássenger sérvice / tráffic.

**пасса́т** *м. геогр.* tráde-wìnd [-wɪnd]. **~ный:** ~ный ве́тер = пасса́т.

**пасси́в** *м. тк. ед.* **1.** *бух.* lìabílities *pl.*; **2.** *грам.* pássive voice.

**пасси́вн||ость** *ж.* pássive¦ness, pàssívity. **~ый** (*в разн. знач.*) pássive; ~ый хара́ктер pássive / lèthárgic témperament; ~ая роль pássive role [...roul]; ~ый бала́нс *эк.* únfávour¦able bálance; ◇ ~ое избира́тельное пра́во èligibílity.

**па́ссия** *ж. уст.* flame, pássion.

**па́ста** *ж.* paste [peɪst]; зубна́я ~ tóoth-pàste [-peɪst].

**па́стбищ||е** *с.* pásture. **~ный** pásturable.

**па́ства** *ж. церк.* flock.

**пасте́ль** [-тэ́-] *ж. жив.* **1.** pástèl, cráyon; **2.** (*рисунок*) pástèl. **~ный** [-тэ́-] **1.** pástèl (*attr.*); **2.** (*сделанный пастелью*) in cráyons, drawn in pástèl.

**пастериза́ция** [-тэ-] *ж.* Pàsteurìzátion [-tərаɪ-].

**пастеризова́ть** [-тэ-] *несов. и сов.* (*вн.*) Pásteurìze [-tə-] (*d.*).

**пастерна́к** [-тэ-] *м. бот.* pársnip.

**пасти́** (*вн.*) graze (*d.*), pásture (*d.*); (*овец тж.*) shépherd [-pəd] (*d.*); ~ скот graze / pásture cattle, tend grázing cattle.

**пастила́** *ж.* pastilá [-'lɑː] (*kind of sweet made of fruit or berries*).

**пасти́сь** graze, pásture, browse [-z].

**па́стор** *м.* mínister, pástor.

**пастора́ль** *ж.* **1.** *лит.* pástoral; **2.** *муз.* pàstorále [-ɑːlɪ]. **~ный** pástoral, bucólic; ~ный стиль bucólic style.

**па́сторский** *прил. к* па́стор.

**пасту́||х** *м.* hérds¦man*; ców-boy *амер.*; (*овец тж.*) shépherd [-pəd]. **~шеский** **1.** *прил. к* пасту́х; ~шеский по́сох shépherd's crook [-pədz...]; **2.** = пастора́льный. **~ший** *прил. к* пасту́х. **~шка** *ж.* shépherdess [-pəd-]. **~шо́к** *м.* **1.** *уменьш. от* пасту́х; **2.** (*в буколической поэзии*) swain.

**па́стырь** *м.* pástor.

**пасть** I *сов. см.* па́дать 1, 4, 6.

**пасть** II *ж.* mouth* (of ánimal); jaws *pl.*

**пасть** III *ж. охот.* trap.

**пастьба́** *ж.* pásturage.

**па́сх||а** *ж.* **1.** *рел.* (*христианский праздник*) Éaster; (*еврейский праздник*) the Pássòver; на ~у at Éastertide; **2.** *кул.* páskha (*rich mixture of sweetened curds, butter and raisins eaten at Easter*). **~а́льный** *рел.* páschal ['pɑː-]; Éaster (*attr.*); ~а́льная неде́ля Éaster week.

**па́сынок** *м.* stépsòn [-sʌn], stép¦chìld*; (*перен. тж.*) páriah ['pærɪə].

**пасья́нс** *м. карт.* pátience; раскла́дывать ~ play pátience; play sòlitáire *амер.*

**пат** I *м. тк. ед. кул.* paste [peɪ-].

**пат** II *м. шахм.* stále¦máte.

**пате́нт** *м.* (на *вн.*) pátent (for, of), lícence ['laɪ-] (of); держа́тель, владе́лец ~а pàtentée [peɪ-]; получи́ть ~ take* out *a* pátent; вы́дать ~ (*дт.*) grant *a* pátent [grɑːnt...] (to). **~ный** pátent; ~ный сбор pátent dues *pl.*

**патенто́ванн||ый** **1.** *прич. см.* патентова́ть; **2.** *прил.* pátent; ~ое сре́дство (для) pátent device (for); (*лекарство*) pátent médicine (for).

**патентова́ть** *несов. и сов.* (*вн.*) pátent (*d.*), take* out a pátent (for).

**патети́ческий, патети́чный** [-тэ-] pathétic.

**патефо́н** *м.* grámophòne. **~ный** grámophòne (*attr.*); ~ная пласти́нка grámophòne récòrd [...'re-].

**пати́на** *ж. археол., иск.* pátina.

**пато||гене́з** [-э́з] *м. мед.* pathógeny, pàthogénesis. **~ге́нный** *мед., бакт.* pàthogénic, pathógenous.

**па́тока** *ж.* treacle; (*очищенная*) sýrup ['sɪ-]; све́тлая ~ gólden sýrup; чёрная ~ molásses.

**пато́||лог** *м.* pathólogist. **~логи́ческий** pàthológic(al).

**патоло́гия** *ж.* pathólogy.

**па́точный** *прил. к* па́тока; *тж.* tréacly.

**патриа́рх** *м.* pátriàrch [-ɑːk].

**патриарха́льн||ость** *ж.* pàtriárchal cháracter [-kəl 'kæ-]. **~ый** pàtriárchal [-kəl].

**патриарха́т** *м. ист.* pátriàrchy [-kɪ].

**патриа́ршество** *с. церк.* pátriàrchate [-kɪt].

**патриа́рший** *прил. к* патриа́рх.

**патрио́т** *м.* pátriot ['pæ-]; *разг.* (*своего города, предприятия и т. п.*) enthúsiàst [-zɪ-], suppórter. **~и́зм** *м.* pátriotism ['pæ-]. **~и́ческий, ~и́чный** pàtriótic [pæ-]. **~ка** *ж. к* патрио́т.

**патри́ций** *м. ист.* patrícian.

**патро́н** I *м.* (*покровитель, хозяин и т. п.*) pátron.

**патро́н** II *м.* **1.** *воен.* cártridge; уче́бный ~ dúmmy cártridge; **2.** *тех.* chuck; кулачко́вый ~ jaw chuck; **3.** *эл.* lámp-sòcket, lámp-hòlder; **4.** (*выкройка, образец*) páttern.

**патрона́т** *м.* pátronage.

**патроне́сса** *ж.* pátroness ['peɪ-].

**патрони́ровать** (*вн.*) pátronìze (*d.*).

**патро́нник** *м. воен.* (cártridge-)chàmber [-tʃeɪ-].

**патро́нн||ый** *прил. к* патро́н II 1; ~ заво́д cártridge fáctory; ~ая ги́льза cártridge-càse [-keɪs]; ~ая ле́нта cártridge-bèlt; ~ая обо́йма chárger; cártridge clip, stríp-clìp *амер.*

**патронта́ш** *м. воен.* bàndolíer [-'lɪə].

**па́трубок** *м. тех.* branch pipe [brɑː-...]; pipe sócket.

**патрули́ровать** (*вн.*) *воен.* patról [-oul] (*d.*).

**патру́ль** *м. воен.* patról [-oul]. **~ный** *воен.* **1.** *прил.* patról [-oul] (*attr.*); **2.** *м. как сущ.* patról.

**па́уз||а** *ж.* pause, interval; *муз. тж.* rest; де́лать ~у pause.

**пау́к** *м.* spíder.

**паукообра́зн||ые** *мн. скл. как прил. зоол.* aráchnida. ~**ый** spíder-like, spídery ['spaɪ-].

**па́упер** *м. эк.* páuper. ~**иза́ция** *ж. эк.* pauperizátion [-raɪ-]. ~**и́зм** *м. эк.* páuperism.

**паути́на** *ж.* spíder's web, cóbwèb; web (*тж. перен.*); (*осенью в воздухе*) góssamer.

**па́фос** *м.* enthúsiàsm [-zɪ-], ìnspirátion; ~ созида́тельного труда́ enthúsiàsm of crèátive lábour.

**пах** *м. анат.* groin.

**па́харь** *м.* plóughman*.

**паха́||ть** (*вн.*) plough (*d.*), till (*d.*); ~ под пар plough fállow land; ◇ мы ~ли ≅ we got the coach up the hill.

**па́хнуть** (*тв.*) smell* (of); (*неприятно тж.*) reek (of); (*отдавать чем-л.*) sávour (of); ◇ понима́ете ли вы чем э́то па́хнет? *разг.* do you réalize what this implies? [...'rɪə-...]; па́хнет бедо́й this means trouble [...trʌ-].

**пахну́||ть** *сов. чаще безл.* puff; из пе́чи ~ло ды́мом smoke was puffed out of *the* stove; ~ло ды́мом there was a puff of smoke; ~л ве́тер there was a gust of wind [...wɪ-].

**пахов||о́й** *анат.* ínguinal; ~а́я гры́жа ínguinal hérnia.

**па́хот||а** *ж.* tíllage, plóughing. ~**ный** árable; ~ная земля́ árable land.

**па́х||танье** *с.* **1.** (*действие*) chúrning; **2.** (*сыворотка*) bútter-milk. ~**тать** (*вн.*) churn (*d.*).

**паху́ч||есть** *ж.* ódorousness ['ou-]. ~**ий** ódorous ['ou-].

**пацие́нт** *м.*, ~**ка** *ж.* pátient.

**пацифи́||зм** *м.* pácifism, pacifícism. ~**и́ст** *м.*, ~**и́стка** *ж.* pácifist, pacifícist.

**па́че** *уст.*: тем ~ the more so, the more réason (there is) [...-z°n...]; ~ ча́яния cóntrary to èxpèctátion.

**па́чк||а** I *ж.* **1.** bundle; (*писем, бумаг*) batch; sheaf*; (*папирос*) pácket, pack, páckage; (*книг*) párcel; **2.** *воен.* (*пачечная обойма*) (cártridge) clip; bloc(k) clip *амер.*; заряжа́ть ~ами load in clips.

**па́чка** II *ж.* (*костюм балерины*) tútù ['tuːtuː].

**па́чк||ать,** запа́чкать, испа́чкать (*вн.*) **1.** soil (*d.*), dirty (*d.*); (*сажать пятна*) stain (*d.*); ~ лицо́ dirty / soil *one's* face; ~ ру́ки кро́вью (*прям. и перен.*) stain one's hands with blood [...-ʌd]; **2.** *тк. несов. разг.* (*плохо рисовать*) daub (*d.*); ◇ ~ чью-л. репута́цию stain / súlly / tárnish smb.'s good name, smear smb.'s rèputátion; ру́ки ~ не хо́чется *разг.* would not soil my hands with it. ~**аться,** запа́чкаться, испа́чкаться **1.** soil òneséIf, make* òneséIf dirty; **2.** *страд. к* па́чкать. ~**отня́** *ж. разг.* (*о плохо написанной картине*) daub. ~**у́н** *м.*, ~**у́нья** *ж. разг.* **1.** slóven ['slʌ-]; **2.** (*о плохом художнике*) dáuber.

**паша́** *м.* pashá [-ɑː].

**па́шня** *ж.* field [fiː-]; árable land.

**паште́т** *м.* pie; pâté (*фр.*) ['pæteɪ].

**па́юсн||ый:** ~ая икра́ pressed cáviàr(e).

**пая́ль||ник** *м. тех.* sóldering iron [...'aɪən]. ~**ный** sóldering (*attr.*); brázing (*attr.*); ~ная ла́мпа blówlàmp [-ou-]; ~ная тру́бка blówpipe [-ou-], blówtòrch [-ou-]. ~**щик** *м.* tínman*, tín-smith, tínker.

**пая́ние** *с.* sóldering; (*твёрдым припоем*) brázing.

**пая́сничать** *разг.* play the buffóon / clown.

**пая́ть** (*вн.*) sólder ['sɔl-] (*d.*); ~ мя́гким припо́ем sóftsòlder [-sɔl-] (*d.*), sweat [-et] (*d.*); ~ твёрдым припо́ем braze (*d.*).

**пая́ц** *м.* clown, jack púdding [...'pu-].

**ПВО** *ж.* (противовозду́шная оборо́на) áir-defénce, ánti-áircràft defénce; гражда́нская ПВО áir-raid precáutions *pl.*

**пев||е́ц** *м.*, ~**и́ца** *ж.* sínger. ~**у́н** *м.* sóngster. ~**у́нья** *ж.* sóngstress.

**певу́ч||есть** *ж.* melódiousness. ~**ий** melódious.

**пе́вч||ий** **1.** *прил.* sínging; ~ая пти́ца sínging bird, sóng-bìrd, wárbler; **2.** *м. как сущ.* chórister ['kɔ-], chóir-boy ['kwaɪə-].

**Пега́с** *м. миф.* Pégasus.

**пе́гий** skéwbàld.

**педаго́г** *м.* téacher. ~**ика** *ж.* pédagògy [-gɔ-], pèdagógics.

**педагоги́ческ||ий** pèdagógic(al); ~ое учи́лище pèdagógical school; ~ институ́т pèdagógical ínstitùte; ~ая пра́ктика téaching práctice, stúdent téaching.

**педагоги́чный** pèdagógic.

**педа́ль** *ж.* pédal ['pe-]; *тех. тж.* treadle [tre-]; ~ то́рмоза bráke-pèdal [-pe-]; брать ~, нажа́ть ~ pédal; рабо́тать ~ю treadle.

**педа́нт** *м.* pédant ['pe-], prig; сухо́й ~ Drýasdùst, drýasdùst pédant. ~**и́зм** *м.* pédantry. ~**и́чность** *ж.* pédantry, pùnctilióusness. ~**и́чный** pedántic, pùnctílious.

**педиа́тр** *м.* p(a)ediátrist. ~**и́я** *ж.* p(a)ediátrics.

**педикю́р** *м.* chirópody [k-]. ~**ша** *ж.* chirópodist [k-].

**педо́метр** *м.* pedómeter.

**пейза́ж** *м.* **1.** (*вид*) view [vjuː], lándscàpe; **2.** (*картина*) lándscàpe. ~**и́ст** *м.*, ~**и́стка** *ж.* lándscàpe páinter. ~**ный** lándscàpe (*attr.*): ~ная жи́вопись lándscàpe páinting.

**пек** *м. тех.* pitch.

**пека́рня** *ж.* bákery ['beɪ-], békehouse* [-s].

**пе́карск||ий** *прил. к* пе́карь; ~ие дро́жжи báker's yeast *sg.*

**пе́карь** *м.* báker.

**пеклева́нн||ый:** ~ хлеб fine rye bread [...-ed]; ~ая мука́ rye flour (of the best quálity).

**пе́кло** *с. разг.* (*жара*) scórching heat; (*перен.*) hell.

**пекти́н** *м.* péctin(e). ~**овый** *прил. к* пекти́н; *тж.* péctic; ~овые вещества́ péctines.

**пеларго́ния** *ж. бот.* pèlargónium.

**пелена́** *ж.* shroud; сне́жная ~ snów-sheet [-ou-]; ◇ у него́ (сло́вно) ~ (с глаз) упа́ла the scales fell from his eyes [...aɪz].

**пелена́ть,** спелена́ть (*вн.*) swaddle (*d.*).

**пе́ленг** *м. мор.* béaring ['bɛə-]. ~**а́тор** *м. мор.* course and béaring indicàtor [kɔːs... 'bɛə-...]; pelórus [-'lou-], diréction fínder. ~**а́ция** *ж.* diréction finding.

**пеленгова́ть** (*вн.*) *мор., ав.* take* the béaring(s) [...'bɛə-] (of): fix *one's* course (by táking béarings) [...kɔːs...].

**пелён||ки** *мн.* (*ед.* пелёнка *ж.*) swáddling clothes [...klou-]; ◇ с ~ок from the cradle.
**пелери́на** *ж.* pélerine [-iːn], cape.
**пелика́н** *м. зоол.* pélican.
**пельме́ни** *мн.* (*ед.* пельме́нь *м.*) *кул.* pelméni (*Siberian meat dumplings*).
**пе́мза** *ж.* púmice(-stòne).
**пе́н||а** *ж.* **1.** foam, spume; (*грязная; накипь*) scum; (*в вине, пиве*) froth, head [hed]; (*мыльная*) (sóap-)sùds *pl.*, láther ['lɑː-]; снима́ть ~у (с *рд.*) remóve scum [-'muːv...] (from); с ~ой fóamy; **2.** (*на лошади*) láther; покры́тый ~ой in a láther; ◇ говори́ть, дока́зывать *и т. п.* с ~ой у рта speak*, árgue, *etc.*, fúrious¦ly / pássionate¦ly.
**пена́л** *м.* péncil-càse [-s].
**пена́т||ы** *мн. миф., поэт.* Pènátès [-iːz]; ◇ верну́ться к свои́м ~ам ≅ retúrn to one's hearth and home [...hɑːθ...].
**пенёк** *м. уменьш. от* пень.
**пе́ние** *с.* síng¦ing; (*птиц*) song, pipe; (*петуха*) (cock's) crow [...-ou].
**пе́нистый** fóamy; (*о вине*) fróthy.
**пенитенциа́рный** [-тэ-] *юр.* pèniténtiary.
**пе́нить** (*вн.*) froth (*d.*). **~ся** foam; (*о вине, пиве и т. п.*) froth.
**пеницилли́н** *м. фарм.* pènicíllin(e).
**пе́нк||а** I *ж.* (*на молоке*) skin; снима́ть ~и (с *рд.*) skim (*d.*); (*перен.*) cream (*d.*).
**пе́нка** II *ж.*: морска́я ~ méerschaum [-ʃəm].
**пе́нков||ый:** ~ая тру́бка méerschaum [-ʃəm].
**пе́нни** *с. нескл.* **1.** = пенс; **2.** (*финская монета*) pénny.
**пе́ночка** *ж.* (*птица*) chiff-chàff.
**пенс** *м.* (*английская монета*) pénny (*pl.* pence) (*сокр.* d); два, три ~а twó¦pence ['tʌpəns], thréepence ['θrepəns] (*сокр.* 2d, 3d).
**пенсионе́р** *м.*, **~ка** *ж.* pénsionary, pénsioner; персона́льный ~ recípient of a spécial pénsion [...'spe-...].
**пенсио́нн||ый** pénsionary; ~ая кни́жка pénsion card.
**пе́нси||я** *ж.* pénsion; персона́льная ~ spécial pénsion ['spe-...]; ~ по инвали́дности disabílity pénsion; ~ по ста́рости óld-àge pénsion; ~ за вы́слугу лет sérvice pénsion; быть на ~и be on a pénsion; назна́чить ~ю (*дт.*) grant a pénsion [-ɑːnt...] (to), pénsion (*d.*); переходи́ть на ~ю retíre on a pénsion, be pénsioned off.
**пенсне́** [-нэ́] *с. нескл.* píncе-nez ['pænsneɪ]; éye-glàsses ['aɪ-] *pl.*
**пента́метр** *м. лит.* pèntámeter. **~и́ческий** *лит.* pèntamétrical.
**пента́эдр** *м. мат.* pèntahédron.
**пе́нтюх** *м. разг.* lout.
**пень** *м.* stump, stub; ◇ стоя́ть как ~ *разг.* ≅ stand* like a stone ímage, be róoted to the ground; че́рез ~ коло́ду *разг.* ≅ ány¦-how, in a slípshòd mánner.
**пеньк||а́** *ж.* hemp. **~о́вый** hémpen.
**пеньюа́р** *м.* péignoir ['peɪnwɑː].
**пе́н||я** *ж.* fine; налага́ть ~ю (на *вн.*) set* / impóse a fine (up¦ón), fine (*d.*); брать ~ю (с *рд.*) exáct a fine (from).
**пеня́ть,** попеня́ть (*дт.* за *вн.*) repróach (*d.* with); (на *вн.*) blame (*d.*); пеня́й на себя́ you alóne are to blame, you have ónly your¦sélf to thank for it; ◇ не́чего на зе́ркало ~, ко́ли ро́жа крива́ *посл.* ≅ don't lay your own faults at another pérson's door [...oun...dɔː], don't blame your own faults on others.
**пе́пел** *м. тк. ед.* áshes *pl.*; обраща́ть в ~ (*вн.*) redúce to áshes (*d.*); incineràte (*d.*). **~и́ще** *с.* smóuldering rúins ['smoul-...] *pl.*; (*перен.*: *родной дом, очаг*) old home, hearth [hɑːθ].
**пе́пельница** *ж.* ásh-tray.
**пе́пельно-се́рый** ásh-grey.
**пе́пельный** áshy.
**пепси́н** *м. физиол.* pépsin. **~овый** *физиол.* péptic.
**пепто́н** *м. физиол.* péptòne. **~овый** *физиол.* pèptónic.
**перве́йший** the first; *разг.* (*самый лучший*) fírst-ráte.
**пе́рвен||ец** *м.* **1.** (*о ребёнке*) first-bòrn; (*перен.*) fírst¦ling; **2.** (*о животных*) fírst¦ling. **~ство** *с.* supèrióríty; *спорт.* chámpionship; ли́чное ~ство *спорт.* pérsonal / indivídual chámpionship; кома́ндное ~ство *спорт.* team chámpionship; ~ство ми́ра *спорт.* world's chámpionship; завоева́ть ~ство (в *пр.*, по *дт.*) take* (the) first place (in); оспа́ривать ~ство (по *дт.*) *спорт.* compéte for the chámpionship, *или* the first place (in); ~ство по футбо́лу fóotbàll chámpionship ['fut-...].
**пе́рвенств||ова́ть** (над, среди́) have / take* precédence / priórity [...-'siː-...] (of). **~у́ющий** **1.** *прич. см.* пе́рвенствова́ть; **2.** *прил.* (*самый важный*) the most impórtant.
**перви́чн||ость** *ж.* prímary náture ['praɪ-'neɪ-]; priórity; *филос.* prímacy ['praɪ-]. **~ый** **1.** prímary ['praɪ-]; (*первоначальный*) inítial; ~ые поро́ды *геол.* prímary rocks; ~ый ток *эл.* prímary cúrrent; ~ый пери́од боле́зни inítial périod of íllness; мате́рия перви́чна, созна́ние втори́чно mátter is prímary, cónscious¦ness is sécondary; **2.:** ~ая парти́йная организа́ция lócal Párty òrganizátion [...-naɪ-].
**первобытнообщи́нный:** ~ строй prímitive commúnal sýstem.
**первобы́тн||ость** *ж.* prímitive¦ness, prímitive state. **~ый** prímitive, primórdial [praɪ-]; priméval [praɪ-]; (*древний*) prístine; ~ый челове́к prímitive man*; ~ое о́бщество prímitive society.
**пе́рвое** *с. скл. как прил.* (*первое блюдо*) first course [...kɔːs]; что на ~? what is the first course?
**первоисто́чник** *м.* órigin, (prímary) source ['praɪ- sɔːs].
**первокла́ссн||ик** *м.* class I boy, first class boy. **~ица** *ж.* class I girl [...gəːl], first class girl.
**первокла́ссный** fírst-cláss.
**первоку́рсни||к** *м.* fírst-year stúdent / man*, frésh¦man*. **~ца** *ж.* fírst-year stúdent / girl [...gəːl].
**первома́йск||ий** Máy-day (*attr.*); ~ая демонстра́ция Máy-day dèmonstrátion.
**пе́рво-на́перво** *нареч. разг.* first of all, first thing.
**первонача́льн||о** *нареч.* oríginally. **~ый** **1.** prímary ['praɪ-]; **2.** (*являющийся началом, источником*) oríginal, inítial; ~ая сто́имость inítial cost; ~ый вклад inítial còntribútion; ~ая причи́на first cause; ~ое накопле́ние ка-

питáла *эк.* prímary accùmulátion of cápital; 3. (*элементарный*) èleméntary; **4.:** ~ые чи́сла *мат.* prime númbers.

**первоо́браз** *м.* próto¦tỳpe.

**первообра́зный** pròto¦plástic.

**первоосно́ва** *ж. филос.* fùndaméntal prínciple.

**первоочередн||о́й** first and fóre¦mòst, immédiate; ~áя задáча prímary task ['praı-...], immédiate task.

**первопеча́тник** *м.* first printer.

**первопеча́тн||ый** **1.** in¦cunábular, printed éarly [...'ə:-]; ~ые кни́ги in¦cunábula; **2.** (*напечатанный впервые*) first prínted.

**первопричи́на** *ж. филос.* oríginal / inítial cause.

**первопу́т||ок** *м. разг.* first snow (*which makes sledging possible*) [...-ou], first slédging; по ~ку alóng *a* road just cóvered with snow [...'kʌ-...], alóng *a* road just áfter the first snów-fàll [...'snou-].

**перворазря́дн||ик** *м.*, **~ица** *ж. спорт.* (*по бегу*) first-cátegory rúnner; (*по футболу*) first-cátegory fóotbàller [...'fut-]; (*по шахматам*) first-cátegory chéss-player.

**перворазря́дный** first-ráte.

**перво||ро́дство** *с. ист., юр.* primogéniture [praı-]. **~рождённый** first-bòrn.

**первосвяще́нник** *м. рел.* high priest [...pri:st], chief priest [tʃi:f...], póntiff.

**первосо́ртн||ость** *ж.* best quálity. **~ый 1.** of the best quálity; tóp-quálity (*attr.*); **2.** *разг.* (*превосходный*) first-cláss, first-ráte; A1 ['eı-'wʌn].

**первостате́йный** **1.** *уст.* impórtant, of cónsequence; **2.** *разг.* (*превосходный*) first-cláss, first-ráte.

**первостепе́нн||ый** páramount; ~ой вáжности of páramount impórtance.

**первоцве́т** *м. бот.* prímròse.

**пе́рв||ый** first; (*о странице газеты*) front [-ʌ-]; (*из упомянутых выше*) fórmer; (*самый ранний*) éarliest ['ə:l-]; ~ое января́, февраля́ *и т. п.* the first of Jánuary, Fébruary, *etc.*; Jánuary, Fébruary, *etc.*, the first; страни́ца, главá ~ая page, chápter one; ~ нóмер númber one; ужé ~ час it is past twelve; в ~ом часý past / áfter twelve; полови́на ~ого half past twelve [hɑ:f...]; три чéтверти ~ого a quárter to one; ~ые плоды́ first-frùits [-fru:ts], firstlings; ~ этáж ground floor [...flɔ:]; ~ учени́к first púpil, best púpil; быть, идти́ ~ым lead*, head [hed]; он ~ замéтил, сказáл, ушёл he was the first to nótice, to say, to go [...'nou-...]; ~ая пóмощь first aid; ~ рейс (*нового паровоза, судна, самолёта*) máiden trip; *мор. тж.* máiden vóyage; ~ая речь (*в парламенте и т. п.*) máiden speech; ~ое врéмя at first; с ~ого рáза from the first; ◇ Пéрвое мáя the First of May, May Day; ~ встрéчный *разг.* the first man* *one* meets; the first cómer [...'kʌ-]; на ~ взгляд, с ~ого взгля́да at first sight; ~ым дéлом *разг.* first of all, first thing; в ~ую óчередь in the first place / ínstance; в ~ую гóлову *разг.* first and fóre¦mòst; при ~ой возмóжности at one's éarliest convénience; as soon as póssible; из ~ых рук first-hánd; at first hand; он знáет э́то из ~ых рук he has first-hánd knówledge of it [...'nɔ-...]; ~ая скри́пка first vìolín; (*перен.*) first fiddle; игрáть ~ую скри́пку (*прям. и перен.*) play first fiddle; ~ шаг трýден ≅ it is the first step that counts, évery¦thing is dífficult befóre it is éasy [...'i:zı]; не ~ой мóлодости not in one's first youth [...ju:θ]; не ~ой свéжести not quite fresh; ~ блин кóмом *погов.* ≅ you must spoil befóre you spin.

**перга́** *ж. тк. ед.* bée-bread [-ed].

**перга́мент** *м.* párchment. **~ный** *прил. к* пергáмент; ~ная бумáга óil-pàper.

**пере-** *глагольная приставка, употребляется в разн. знач.*; *в значении повторения или совершения действия заново обычно переводится через* ré-, rè-: перечи́тывать ré-réad*; *в значении распространения действия на ряд предметов один за другим обычно не переводится*: перечитáть все кни́ги, газéты *и т. п.* read* all the books, néwspàpers, *etc.*; перештóпать все чулки́ *и т. п.* darn all the stóckings, *etc.*

**переадресова́ть** *сов. см.* переадресóвывать.

**переадресо́вывать,** переадресовáть (*вн.*) ré¦addréss (*d.*).

**перебази́ровать** (*вн.*) shift the base [...-s] (of). **~ся** shift one's base [...beıs].

**перебаллоти́р||овать** *сов. см.* перебаллотирóвывать. **~о́вка** *ж.* sécond bállot ['se-...].

**перебаллотиро́вывать,** перебаллоти́ровать (*вн.*) bállot agáin / anéw (*d.*).

**переба́рщивать,** переборщи́ть *разг.* òver¦dó it; come* / go* it (too) strong.

**перебега́ть,** перебежáть **1.** (*вн.*, чéрез) run* acróss, cross (at a run, *или* rúnning) (*d.*); перебежáть чéрез дорóгу run* acróss the road; перебежáть ýлицу run* acróss the street, cross the street (at a run, *или* rúnning); ~ на нóвое мéсто run* to *a* new place; **2.** (к) *разг.* (*быть перебежчиком*) desért [-'zə:t] (to); ~ к неприя́телю, ~ на стóрону неприя́теля desért to the énemy; turn tráitor.

**перебежа́ть** *сов. см.* перебегáть.

**перебе́ж||ка** *ж. воен.* bound, rush; дéлать ~ку make* a rush. **~чик** [-éщик] *м.*, **~чица** [-éщи-] *ж.* desérter (from the énemy) [-'zə:-...]; (*перен.*) túrncoat.

**перебе́ливать,** перебели́ть (*вн.*; *заново*) give* a fresh coat of white¦wàsh (*i.*).

**перебели́ть** I *сов. см.* перебéливать.

**перебели́ть** II *сов.* (*вн.*; *одно за другим*) white¦wàsh (*d.*): ~ все стéны white¦wàsh all the walls.

**перебеси́||ться** I *сов.* go* mad: все собáки ~лись all the dogs have gone mad [...gɔn...].

**перебеси́ться** II *сов. разг.* (*остепениться*) have done with one's yóuthful fóllies [...'ju:θ-...]; have sown one's wild oats [...soun...] *идиом.*

**перебива́ть** I, переби́ть (*вн.*) *разг.* (*перекрывать мебель и т. п.*) ré-ùp¦hólster [-'hou-] (*d.*).

**перебива́ть** II, переби́ть (*вн.*; *прерывать*) ìnterrúpt (*d.*); ◇ переби́ть покýпку óffer / bid* a higher price for *a* thing and get* it.

**перебива́ться** I *страд. к* перебивáть I.

**перебива́ться** II, переби́ться *разг.* (*кое-как содержать себя*) make* both ends meet [...bouθ...]; ◇ ~ с хлéба на квас ≅ live from hand to mouth [lıv...].

**переби́вка** *ж.* (*мебели*) ré-ùp¦hólstering [-'hou-].

**перебинтова́ть** I *сов. см.* перебинто́вывать.

**перебинтова́ть** II *сов.* (*вн.*; *одно за другим*) dress (*d.*): ~ всех ра́неных dress all the pátients' wounds [...wu:-].

**перебинто́вывать,** перебинтова́ть (*вн.*) change the bándage / dréssing [tʃeɪ-...] (on), put* a new dréssing / bándage (on).

**перебира́ть** I, перебра́ть **1.** (*вн.*; *сортировать*) sort out (*d.*); (*о бумагах, письмах и т. п.*) look óver / through (*d.*); **2.** (*вн.*; *касаться пальцами*) fínger (*d.*); ~ стру́ны run* one's fíngers óver the strings, touch the strings [tʌtʃ...]; ~ чётки tell* / count one's beads; **3.** (*вн.*; *вспоминать*) recáll (*d.*); ~ в уме́, па́мяти go* / turn óver in one's mind (*d.*), call to mind (*d.*); ~ в разгово́ре bring* up (*d.*), touch up:ón (*d.*); **4.** (*тв.*): ~ ла́пками move its paws up and down [mu:v...]; ~ нога́ми (*о лошади*) paw the ground.

**перебира́ть** II, перебра́ть (*вн.*) *полигр.* (*заново*) ré:sét* (*d.*).

**перебира́ться** I *страд. к* перебира́ть I 1, 2, 3.

**перебира́ться** II, перебра́ться **1.** (*переправляться*) get* óver; (че́рез) get* (óver): он с трудо́м перебра́лся he got óver with dífficulty; он перебра́лся че́рез руче́й he got óver the spring; **2.** (*переселяться*) move [mu:v]: ~ на но́вую кварти́ру move to *a* new place (of résidence) [...-zɪ-], change one's lódgings [tʃeɪ-...].

**переби́ть** I, II *сов. см.* перебива́ть I, II.

**переби́ть** III *сов.* (*вн.*) **1.** (*убить — о многих*) kill (*d.*), sláughter (*d.*), slay* (*d.*); ~ весь скот kill / sláughter all the cattle; **2.** (*сломать*) break* [breɪk] (*d.*); **3.** (*о посуде и т. п.*) break* [-eɪk] (*d.*): ~ все таре́лки break* all the plates.

**переби́||ться** I *сов.* (*о посуде*) break* [-eɪk]: все таре́лки ~лись all the plates are bróken.

**переби́ться** II *сов. см.* перебива́ться II.

**перебо́||й** *м.* **1.** (*в работе*) stóppage; (*перерыв*) ìnterrúption; (*нерегулярность*) irrègulárity; (*в моторе*) mísfire; **2.** *мед.* (*о пульсе*) intermíssion; пульс с ~ями ìntermíttent pulse.

**переболе́ть** *сов.*: ~ ко́рью, воспале́нием лёгких *и т. п.* have had measles, pneumónia, *etc.* [...-zlz nju:-].

**перебо́рка** I *ж.* (*картофеля и т. п.*) sórting out.

**перебо́рка** II *ж. разг.* (*перегородка*) pàrtítion; (*на судне*) búlkhead [-hed].

**переборо́ть** *сов.* (*вн.*) òver¦cóme* (*d.*), subdúe (*d.*); ~ страх, отвраще́ние *и т. п.* òver¦cóme* one's fear, avérsion, *etc.*; ~ себя́ máster òne¦sélf.

**переборщи́ть** *сов. см.* переба́рщивать.

**перебра́н||иваться** (с *тв.*) *разг.* exchánge / bándy ángry words [-'tʃeɪ-...] (with), wrangle (with). **~и́ться** *сов.* (с *тв.*) *разг.* quárrel (with), fall* out (with).

**перебра́нка** *ж. разг.* wrangle, squabble.

**перебра́сывать,** перебро́сить **1.** (*вн.*) throw* óver [-ou...] (*d.*); (*вн.* че́рез) throw* (*d.* óver); ~ че́рез плечо́ fling* óver one's shóulder [...'ʃou-] (*d.*), shóulder (*d.*); **2.** (*о войсках, товарах и т. п.*) trànsfér (*d.*); ◇ ~ мост че́рез ре́ку throw* a bridge acróss *a* ríver [...'rɪ-].

**перебра́сываться,** перебро́ситься **1.** (*тв.*) bándy (*d.*); перебро́ситься не́сколькими слова́ми exchánge a few words [-'tʃeɪ-...]; **2.** (*распространяться — об эпидемии, огне и т. п.*) spread* [-ed]; забасто́вка перебро́силась (на *вн.*) the strike spread (óver); **3.** (че́рез) *разг.* (*перепрыгивать*) get* (óver), jump (óver); ~ че́рез забо́р get* / jump óver *the* fence; **4.** *страд. к* перебра́сывать.

**перебра́ть** I, II *сов. см.* перебира́ть I, II.

**перебра́ться** *сов. см.* перебира́ться II.

**переброди́ть** *сов.* (*о пиве и т. п.*) have ferménted / rísen [...'rɪz°n].

**перебросá́ть** *сов.* (*вн.*) throw* [-ou] (*d.*), throw* one áfter another (*d.*); ~ все ка́мни throw* all the stones.

**перебро́с||ить(ся)** *сов. см.* перебра́сывать (-ся). **~ка** *ж. разг.* (*о товарах*) tránsference; (*о войсках*) tránspòrt; móve¦ment(s) ['mu:v-] (*pl.*).

**перебуди́ть** *сов.* (*вн.*) rouse (*d.*); ~ всех rouse everybody.

**перебыва́||ть** *сов.* (у кого́-л., где-л.) have called (on smb., at *a place*); у него́ ~ли все друзья́ all his friends have called on him [...fre-...].

**перева́л** *м.* **1.** (*действие*) crόssing, pássing; **2.** (*горная дорога через хребет*) pass.

**перева́ливать** I, перевали́ть (*вн.*) load (*d.*); ~ с одного́ ме́ста на друго́е, куда́-л. *и т. п.* load from one place to another, sóme¦whère, *etc.* (*d.*); се́но на́до перевали́ть the hay should be lóaded sóme¦whère else; се́но на́до перевали́ть с э́той теле́ги на другу́ю the hay should be lóaded from this cart to another.

**перева́л||ивать** II, перевали́ть **1.** (*вн.*; *через горный хребет и т. п.*) cross (*d.*), top (*d.*); **2.** *безл.* (*дт.*) *разг.*: ему́ ~и́ло за 50 (лет) he is past / óver fífty, he has turned fífty; **3.** *безл. разг.*: ~и́ло за́ полночь it is past mídnight.

**перева́ливаться** I, перевали́ться fall* óver, roll óver; (че́рез) fall* (óver), tumble (óver).

**перева́ливаться** II *разг.* (*о походке*): ~ с бо́ку на́ бок waddle.

**перева́ливаться** III *страд. к* перева́ливать I.

**перевали́ть** I, II *сов. см.* перева́ливать I, II. **~ся** *сов. см.* перева́ливаться I.

**перева́л||ка** *ж.* **1.** (*действие*) tràns-shípment, tránsfer; **2.** (*перевалочный пункт*) tràns-shipping point. **~очный** tràns-shipping (*attr.*).

**перева́ривать** I, перевари́ть (*вн.*) **1.** (*чрезмерно*) òver¦dó (*d.*), spoil* by òver¦dó¦ing (*d.*); **2.** (*заново*) cook / boil agáin / anéw (*d.*).

**перева́рив||ать** II, перевари́ть (*вн.*; *о пищеварении*) digést (*d.*); (*перен.*; *об. в отриц. предложении*) *разг.* stand* (*d.*), bear* [bɛə] (*d.*); он не ~ает лжи he can't stand lies [...kɑ:nt...]; он её не ~ает he can't stand / bear her.

**перева́риваться** I, перевари́ться be òver¦-dóne, be spoilt by òver¦dó¦ing.

**перева́риваться** II *страд. к* перева́ривать II.

**перевари́мый** digéstible.

**переварить** I, II *сов. см.* переваривать I, II.

**перевариться** *сов. см.* перевариваться I.

**перевезти** *сов. см.* перевозить.

**перевернуть** *сов. см.* перевёртывать 1. **~ся** *сов. см.* перевёртываться.

**переверстать** *сов. см.* перевёрстывать.

**перевёрстывать,** переверстать (*вн.*) *полигр.* ré¦impóse (*d.*).

**перевертеть** *сов. см.* перевёртывать 2.

**перевёртывать,** перевернуть, перевертеть (*вн.*) **1.** *при сов.* перевернуть turn óver (*d.*); *разг.* (*перелицовывать*) turn (*d.*); перевернуть бочку дном кверху turn *the* bárrel óver; перевернуть страницу turn óver *a* page; перевернуть пальто turn *a* coat; ~ наизнанку turn inside out (*d.*); ~ вверх дном turn úpside-down (*d.*); **2.** *при сов.* перевертеть óver¦wind* (*d.*).

**перевёртываться,** перевернуться **1.** turn óver; чашка перевернулась the cup turned óver; ~ с боку на бок turn from side to side; **2.** *страд. к* перевёртывать.

**перевес** *м. тк. ед.* (*превосходство*) prepónderance; численный ~ majórity, numérical sùpèriórity; sùpérior númbers *pl.*; ~ голосов majórity of votes; на его стороне был ~ the odds were in his fávour.

**перевесить** I, II, III *сов. см.* перевешивать I, II, III. **~ся** *сов. см.* перевешиваться III.

**перевести** *сов. см.* переводить.

**перевестись** I, II *сов. см.* переводиться I, II.

**переве||шивать** I, перевесить (*вн.*; *вешать на другое место*) hang* / move sóme¦whère else [...mu:v...] (*d.*); ~ с одного места на другое, куда-л. *и т. п.* move from one place and hang* in another, sóme¦whère, *etc.* (*d.*); картину нужно ~сить the picture should be hung / moved sóme¦whère else; картину нужно ~сить с этой стены на ту the picture should be moved from this wall to that one, *или* moved from this wall and hung on that.

**перевешивать** II, перевесить (*вн.*; *взвешивать заново*) weigh agáin / anéw (*d.*).

**перевешивать** III, перевесить (*вн.*; *перетягивать*) outbálance (*d.*), òver¦bálance (*d.*), outwéigh (*d.*); (*перен.*) outwéigh (*d.*), weigh down (*d.*).

**перевешиваться** I, II *страд. к* перевешивать I, II.

**переве||шиваться** III, перевеситься lean* óver; (через) lean* (óver): он ~сился и крикнул he leaned óver and shóuted; он ~сился через перила he leaned óver the bánisters / rail.

**перевивать** I, перевить (*вн.*; *заново*) weave* agáin / anéw (*d.*).

**перевивать** II, перевить (*вн. тв.*; *переплетать*) interwéave* (*d.* with), intertwist (*d.* with), intertwine (*d.* with).

**перевиваться** I *страд. к* перевивать I.

**перевиваться** II, перевиться (с *тв.*) interwéave* (with), intertwine (with).

**перевида||ть** *сов.* (*вн.*) *разг.* (*испытать много чего-л.*) have seen (*d.*): много ~л он на своём веку he has seen much in his life.

**перевирать,** переврать (*вн.*) *разг.* muddle (*d.*); get* muddled (*d.*); (*умышленно; о фактах*) garble (*d.*).

**перевить** I, II *сов. см.* перевивать I, II.

**перевиться** *сов. см.* перевиваться II.

**перевод** *м.* **1.** (*в другой город, учреждение и т. п.*) tránsference; **2.** (*с одного языка на другой*) trànslátion [-ɑ:n-]; vérsion; (*устный*) óral trànslátion: ~ с русского языка на английский trànslátion from Rússian into Énglish [...-ʃən...'ɪŋ-]; **3.** (*денег, долга*) remíttance; почтовый ~ póstal (móney) órder ['pou- 'mʌ-...]; **4.:** ~ часов вперёд, назад putting *a* clock on, back; ~ стрелки *ж.-д.* shúnting, switching; **5.** (*в другую систему измерения и т. п.*) convérsion; ~ мер convérsion of méasures [...'meʒ-]; ◇ только ~ денег *разг.* a mere waste of móney [...'weɪ-...].

**переводить,** перевести **1.** (*вн.*, *в другой город, учреждение и т. п.*) trànsfér (*d.*), move [mu:v] (*d.*); ~ на другую работу trànsfér to another post [...pou-] (*d.*); **2.** (*вн.* через) take* (*d.* acróss); **3.** (*вн.* с *рд.* на *вн.*; *на другой язык*) trànsláte [-ɑ:n-] (*d.* from into); (*устно*) trànsláte órally (*d.* from to), intérpret (*d.* from to): ~ с русского (языка) на английский trànsláte from Rússian into Énglish [...-ʃən...'ɪŋ-] (*d.*); **4.** (*вн.*; *о деньгах и т. п.*) remít (*d.*), send* through the bank (*d.*); **5.:** ~ стрелку часов вперёд, назад put* *a* clock on, back; перевести часы на (один) час вперёд, назад put* *the* clock fórward, back one hour [...auə]; ~ стрелку *ж.-д.* shunt, switch; ~ поезд на запасный путь shunt / switch *a* train; **6.** (*вн.* в *вн.*; *в другую систему измерения и т. п.*) convért (*d.* to): ~ в метрическую систему convért to métric sýstem (*d.*); **7.** (*вн.*; *из класса в класс*) promóte (*d.*), trànsfér to a hígher class (*d.*), advánce to the next class (*d.*); ◇ ~ дух take* breath [...-eθ]; не переводя дыхания without páusing for breath; перевести взгляд (на *вн.*) shift one's gaze (to).

**переводиться** I, перевестись **1.** (*в другой город, учреждение и т. п.*) be trànsférred; **2.** *страд. к* переводить.

**переводиться** II, перевестись *разг.* (*исчезать*) come* to an end; рыба в пруду не переводится there is álways an abúndance of fish in the pond [...'ɔ:lwəz...]; у него деньги не переводятся he is álways in funds.

**переводн||ой:** ~ая бумага cárbon-pàper; ~ые картинки tránsfers.

**перево́дн||ый:** ~ая литература fóreign literature in trànslátion ['fɔrɪn... -ɑ:n-]; ~ая надпись (*на векселе*) endórse¦ment, ìndòrsátion; ~ бланк (*почтовый*) (form for) póstal órder [...'pou-...].

**переводческий** *прил. к* переводчик I.

**переводчик** I *м.* (*литературы*) trànslátor [-ɑ:n-]; (*устный*) intérpreter.

**переводчик** II *м.* (*в автоматическом оружии*) change-lèver ['tʃeɪ-].

**перевоз** *м.* **1.** (*действие*) trànspòrtátion; **2.** (*место*) férry.

**перевозить,** перевезти (*вн.*) **1.** trànspórt (*d.*); (*о мебели и т. п.*) remóve [-'mu:v] (*d.*); он перевёз детей с дачи в город he took the children from the cóuntry to town [...'kʌ-...]; ~ груз по железной дороге, водным путём cárry freight by rail, by wáter [...'wɔ:-]; **2.**

(*через реку и т. п.*) take* / put* acróss (*d.*); (*вн.* чéрез) put* (*d.* acróss): он перевёз их и поéхал дáльше he took them acróss and drove on; он перевёз их чéрез рéку he put / férried them acróss *the* river [...'rɪ-].

**перевóз||ка** *ж.* convéyance, tránspòrt, trànspòrtátion; (*на лошадях*) cárting; ~ войск tróop-càrrying, troop trànspòrtátion; ~ки автотрáнспортом road háulage / fréightage *sg.*; речны́е ~ки cárriage on ín¦land wáterways [-rɪdʒ ...'wɔ:-] *sg.*; морскúе ~ки sea shípping *sg.*; железнодорóжные ~ки rail fréightage *sg.*; стóимость ~ок freight chárges *pl.*

**перевóзочн||ый:** ~ые срéдства means of convéyance.

**перевóзчик** *м.* (*на пароме и т. п.*) férry¦man*; (*на лодке*) bóat¦man*.

**переволновáть** *сов.* (*вн.*) *разг.* alárm (*d.*), excíte (*d.*). **~ся** *сов. разг.* be distúrbed, be ánxious.

**перевооруж||áть,** перевооружúть (*вн.*) ré¦árm (*d.*). **~áться,** перевооружúться 1. ré¦árm; 2. *страд. к* перевооружáть. **~éние** *с.* ré¦ármament. **~úть(ся)** *сов. см.* перевооружáть(ся).

**перевоплотúть(ся)** *сов. см.* перевоплощáть(ся).

**перевоплощ||áть,** перевоплотúть (*вн.*) ré-embódy [-'bɔ-] (*d.*), rè¦ín¦càrnàte (*d.*), ré¦in¦córporàte (*d.*), ré¦shápe (*d.*). **~áться,** перевоплотúться 1. rè¦ín¦càrnàte; (*преобразовываться*) trànsfórm; 2. *страд. к* перевоплощáть. **~éние** *с.* (*придание новой формы*) ré¦in¦càrnátion; (*принятие новой формы*) trànsformátion.

**перевoрáчивать(ся)** = перевёртывать(ся).

**переворóт** *м.* 1. rèvolútion; óver¦tùrn; coup [ku:]; социáльный ~ sócial úp¦héaval; госудáрственный ~ rèvolútion; дворцóвый ~ pálace rèvolútion; воéнный ~ mílitary coup d'état (*фр.*) [...'ku:deɪ'tɑ:]; промы́шленный ~ *ист.* the indústrial rèvolútion; 2. *геол.* cátaclysm; 3. *ав.*: ~ чéрез крылó rólling, hálf-róll ['hɑ:f-], wíng-òver.

**перевоспит||áние** *с.* ré-èducátion. **~áть(-ся)** *сов. см.* перевоспúтывать(ся).

**перевоспúтывать,** перевоспитáть (*вн.*) ré-éducàte (*d.*). **~ся,** перевоспитáться 1. ré-éducàte òne¦sélf; 2. *страд. к* перевоспúтывать.

**переврáть** *сов. см.* перевирáть.

**перевыбирáть,** перевы́брать (*вн.*) ré-eléct (*d.*).

**перевы́борн||ый** ré-eléctoral; ré-eléction (*attr.*); ~ая кампáния ré-eléction càmpáign [...-'peɪn]; ~ое собрáние ré-eléction méeting.

**перевы́боры** *мн.* eléction *sg.*

**перевы́брать** *сов. см.* перевыбирáть.

**перевыполнéние** *с.* óver¦fulfilment [-ful-]; ~ плáна на двáдцать процéнтов twénty per cent óver¦fulfilment of the plan.

**перевы́полнить** *сов. см.* перевыполня́ть.

**перевыполня́ть,** перевы́полнить (*вн.*) excéed (*d.*); ~ план на двáдцать процéнтов excéed the plan by twénty per cent; перевы́полнить нóрмы excéed the quótas.

**перевязáть** I, II *сов. см.* перевя́зывать I, II.

**перевязáться** *сов. см.* перевя́зываться I.

**перевя́з||ка** *ж.* bándaging; (*раны тж.*) dréssing. **~очный:** ~очный пункт dréssing státion, aid point / státion; ~очный материáл dréssing.

**перевя́зывать** I, перевязáть (*вн.*) 1. tie up (*d.*); (*толстой верёвкой*) cord (*d.*); 2. (*перебинтовывать*) bándage (*d.*); (*о ране тж.*) dress (*d.*); ~ рáну dress the wound [...wu:-], change the dréssing [tʃeɪ-...]; 3. (*заново*) tie up agáin / anéw (*d.*); (*толстой верёвкой*) cord agáin / anéw (*d.*); 4. (*перебинтовывать вновь*) bándage agáin / anéw (*d.*); (*о ране тж.*) dress agáin / anéw (*d.*).

**перевя́зывать** II, перевязáть (*вн.*) (*заново вязать*) knit agáin / anéw (*d.*); (*отдавая в перевязку*) have knítted agáin / anéw (*d.*): перевязáть кóфту knit *the* jácket agáin / anéw; (*отдав в перевязку*) have *the* jácket knítted agáin / anéw.

**перевя́зываться** I, перевязáться 1. bándage òne¦sélf; (*о ране тж.*) dress one's wound [...wu:nd]; 2. (*тв.*; *обвязываться кругом*) tie *smth.* round òne¦sélf; 3. *страд. к* перевя́зывать I.

**перевя́зываться** II *страд. к* перевя́зывать II.

**пéревяз||ь** *ж.* 1. *воен.* cróssbèlt, shóulder-bèlt ['ʃou-]; (*для меча, рога*) báldric; 2. *мед.* sling; у негó рукá на ~и his arm is in a sling.

**перегúб** *м.* bend, twist; (*перен.*) extréme, exàggerátion [-dʒ-]; допустúть ~ в чём-л. cárry smth. to extrémes, *или* to extréme lengths; cárry smth. too far.

**перегибáть,** перегнýть (*вн.*) bend* (*d.*); ◇ ~ пáлку *разг.* ≅ go* too far. **~ся,** перегнýться 1. bend*; 2. (*о человеке*) lean* óver; (чéрез) lean* (óver): он перегнýлся и крúкнул he leaned óver and shóuted; он перегнýлся чéрез перúла he leaned óver the bánisters / rail; 3. *страд. к* перегибáть.

**переглáдить** I *сов. см.* переглáживать.

**переглáдить** II *сов.* (*вн.*; *одно за другим*) íron ['aɪən] (*d.*): ~ всё бельё íron the whole wash [...houl...].

**переглáживать,** переглáдить (*вн.*; *заново*) íron agáin / anéw ['aɪən...] (*d.*).

**переглacóвка** *ж. лингв.* mùtátion.

**переглядé||ть** *сов.* (*вн.*) *разг.* (*одно за другим*) look through (*d.*): он ~л все кнúги he looked through all the books.

**перегля́||дываться,** переглянýться (с *тв.*) exchánge glánces [-'tʃeɪ-...] (with); онú ~нýлись they exchánged glánces, they looked at one another. **~нýться** *сов. см.* перегля́дываться.

**перегнáть** I, II *сов. см.* перегоня́ть I, II.

**перегнивáть,** перегнúть rot through.

**перегнúть** *сов. см.* перегнивáть.

**перегнóй** *м.* húmus. **~ный:** ~ная пóчва húmus.

**перегнýть(ся)** *сов. см.* перегибáть(ся).

**переговáриваться** (с *тв.*) exchánge remárks / words [-'tʃeɪ-...] (with).

**переговорúть** I *сов.* (о *пр.*) talk óver (*d.*), discúss (*d.*); ~ по телефóну speak* óver the télephòne.

**переговорúть** II *сов.* (когó-л.) *разг.* talk (smb.) down.

**переговóрн||ый:** ~ пункт (*телефона*) trúnk-càll óffice; ~ая бýдка télephòne box; télephòne booth [...bu:ð] *амер.*

**переговóр||ы** *мн.* negòtiátions, talks; *воен.* párley *sg.*; вестѝ ~ (с *тв.*) negótiàte (with), cárry on negòtiátions (with), condúct, *или* cárry on, talks (with); *воен.* párley (with); для ~ов to negótiàte; ~ на высóком ýровне hígh-lével talks [-'le-...]; ~ на ýровне минѝстров talks at mìnistérial lével [...'le-]; ~ о перемѝрии truce talks; ~ о прекращéнии огня́ céase-fire talks [-s-...].

**перегóн** I *м.* (*скота*) dríving.

**перегóн** II *м.* (*расстояние между станциями*) stage, span.

**перегóнка** *ж. хим., тех.* distillátion; сухáя ~ dry / destrúctive distillátion.

**перегóнный:** ~ куб still.

**перегоня́ть** I, перегнáть (*вн.*; *опережать*) outdístance (*d.*); leave* behínd (*d.*; *тж. перен.*); (*в беге тж.*) outrún* (*d.*); (*в ходьбе тж.*) outwálk (*d.*); ◇ догнáть и перегнáть òver-táke* and surpáss (*d.*).

**перегоня́ть** II, перегнáть (*вн.*) **1.** drive* sóme-whère else (*d.*); ~ с одногó мéста на другóе, кудá-л. *и т. п.* drive* from one place to another, sóme-whère, *etc.* (*d.*): скот нýжно перегнáть the cattle should be dríven sóme-whère else [...'drɪ-...]; скот нýжно перегнáть с э́того пáстбища на другóе the cattle should be dríven from this pásture to some other; — ~ самолёты férry áircràft; **2.** *хим., тех.* distíl (*d.*); (*сухим способом*) súblimàte (*d.*).

**перегорáживать,** перегородѝть (*вн.*) pàrtítion off (*d.*). **~ся,** перегородѝться **1.** pàrtítion off; **2.** *страд. к* перегорáживать.

**перегор||áть,** перегорéть (*об электрической лампочке*) burn* out, fuse; (*о дымогарных трубках*) burn* through; лáмпочка ~éла the bulb has burnt out, *или* has fused; прóбка ~éла the plug has fused.

**перегорéть** *сов. см.* перегорáть.

**перегородѝть(ся)** *сов. см.* перегорáживать(ся).

**перегорóдка** *ж.* pàrtítion.

**перегрéв** *м.* óver-héating. **~áние** *с. тех.* sùperhéating.

**перегревáть,** перегрéть (*вн.*) **1.** óver-héat (*d.*); **2.** *тех.* sùperhéat (*d.*). **~ся,** перегрéться **1.** óver-héat; **2.** *страд. к* перегревáть.

**перегрéтый** *прич. и прил.* óver-héated; (*о паре*) sùperhéated.

**перегрéть(ся)** *сов. см.* перегревáть(ся).

**перегружáть** I, перегрузѝть (*вн.*; *чересчур*) óver-lóad (*d.*), sùrchárge (*d.*); (*перен.*: *работой*) óver-wórk (*d.*); (*подробностями, цитатами*) òver-búrden (*d.*).

**перегружáть** II, перегрузѝть (*вн.*) load sóme-whère else (*d.*); ~ с одногó мéста на другóе, кудá-л. *и т. п.* trànsfér from one place to another, sóme-whère, *etc.* (*d.*): ýголь нáдо перегрузѝть the coal should be trànsférred sóme-whère else; ýголь нáдо перегрузѝть с э́того корабля́ на другóй the coal should be trànsférred from this ship to another, *или* should be tràns-shípped.

**перегружáться** I, перегрузѝться **1.** *разг.* óver-lóad òne-sélf; (*перен.*: *работой*) óver-wórk òne-sélf; **2.** *страд. к* перегружáть I.

**перегружáться** II, перегрузѝться **1.** be trànsférred sóme-whère else; **2.** *страд. к* перегружáть II.

**перегрýженность** *ж.* = перегрýзка I.

**перегрузѝть** I, II *сов. см.* перегружáть I, II. **~ся** I, II *сов. см.* перегружáться I, II.

**перегрýзка** I *ж.* (*чересчур большая нагрузка*) óver-load; (*перен.*: *работой*) óver-wórk.

**перегрýзка** II *ж.* (*действие*) (ún-lóading and) ré-lóading, shífting, tránsfer, tràns-shípping; ~ с бáржи на корáбль tràns-shípping from *the* lighter to *the* ship.

**перегрýзочный** shífting, tràns-shípping.

**перегрунтовáть** *сов. см.* перегрунтóвывать.

**перегрунтóвывать,** перегрунтовáть (*вн.*) *жив.* (*заново*) prime agáin / anéw (*d.*).

**перегруппир||овáть(ся)** *сов. см.* перегруппирóвывать(ся). **~óвка** *ж.* ré-gróuping [-uːp-].

**перегруппирóвывать,** перегруппировáть (*вн.*) ré-gróup [-uːp] (*d.*). **~ся,** перегруппировáться **1.** ré-gróup [-uːp]; **2.** *страд. к* перегруппирóвывать.

**перегрызáть,** перегры́зть (*вн.*) gnaw through (*d.*); ◇ он готóв перегры́зть мне гóрло ≅ he's réady, *или* he would like, to bite my head off [...'re-...hed...].

**перегры́зть** I *сов. см.* перегрызáть.

**перегры́зть** II (*вн.*; *загрызть*) bite* to death [...deθ] (*d.*). **~ся** *сов.* (из-за) *разг.* (*о собаках*) fight* (óver); (*перен.*: *переругаться*) quárrel (óver); wrangle (on).

**пéред,** пéредо *предл.* (*тв.*) **1.** (*при обозначении места, тж. перен.*) befóre; (*с оттенком «напротив»*) in front of [...frʌnt...]: он остановѝлся ~ двéрью he stopped befóre, *или* in front of, the door [...dɔː]; стул стоѝт ~ столóм the chair stands befóre, *или* in front of, the table; он положѝл часы́ ~ чернѝльницей he put his watch in front of the ínkstànd; он дóлго стоя́л ~ э́той картѝной he stood befóre the pícture for a long time [...stud...]; ~ э́тим слóвом нет запятóй there is no cómma befóre this word; ~ нáми большáя задáча there is a great task befóre us [...greɪt...]; предстáть ~ судóм appéar befóre the court [...kɔːt]; — не останáвливаться ~ трýдностями not be stopped by dífficulties; **2.** (*при обозначении времени*) befóre; ~ обéдом befóre dínner; ~ начáлом занятий befóre the beginning of the léssons; принимáть лекáрство ~ едóй take* médicine befóre one's food; — ~ тем, как (+ *инф.*) befóre (+ *ger.*): ~ тем, как вы́йти из дому befóre gó-ing out (of the house*) [...-s]; **3.** (*в отношении*) to; (*по сравнению*) (as) compáred to: он извинѝлся ~ ней he apólogìzed to her; он отвечáет ~ закóном he is ánswerable to the law [...'ɑːnsə-...]; онѝ ничтó ~ ним they are nothing compáred to him.

**перёд** *м.* front [-ʌ-], fóre-pàrt.

**передавáть,** передáть (*вн.*) **1.** pass (*d.*), give* (*d.*); передáть в сóбственность (*дт.*) trànsfér to the posséssion [...-'zeʃ-] (of); земля́ былá переданá крестья́нам the land was turned óver to the péasants [...'pez-]; ~ из рук в рýки hand (*d.*); ~ по наслéдству hand down (*d.*); ~ свой óпыт комý-л. pass on one's expérience to smb., share one's expérience with smb.; ~ управлéние (*тв. дт.*) hand óver the administrátion (of to); **2.** (*воспроизводить*) rè¦prodúce (*d.*); **3.** (*сообщать*) tell* (*d.*); (*о новости и т. п.*) commúnicàte (*d.*); ~ по рáдио bróadcàst ['brɔ:d-] (*d.*); ~ по телевúдению télevise (*d.*); ~ по телефóну tell* óver the télephòne (*d.*); ~ секрéтные свéдения pass sécret informátion; ~ поручéние deliver *a* méssage [-'lɪ-...]; ~ приказáние trànsmít *an* órder, pass the word; ~ благодáрность give* thanks; ~ привéт, поклóн (*дт.*) send* one's (best) regárds (*i.*); beg to be remémbered (to); ~ сердéчный, брáтский привéт (*дт.*) convéy córdial, fratérnal gréetings / féelings (to); **4.** (*о черте, свойстве*) trànsmít (*d.*); **5.** (*об инфекции и т. п.*) commúnicàte (*d.*); **6.** *разг.* (*давать больше, чем надо*) give* / pay* too much; передáть три рубля́ pay* three roubles too much [...ru:-...]; ◇ ~ дéло в суд bring* the case befóre the law [...-s...]; передáть законопроéкт в комúссию refér *a* bill to *a* Commíttee [...-tɪ]. **~ся,** передáться **1.** (*сообщаться*) be inhérited; емý, ей *и т. д.* э́то передалóсь it was inhérited by him, her, *etc.*; he, she, *etc.*, inhérited it; влечéние к мýзыке передалóсь емý от отцá he inhérited his love for músic from his fáther [...lʌv...-zɪk...'fɑ:-]; ~ся из поколéния в поколéние come* down, *или* pass, from fáther to son [...sʌn]; be passed on from one gènerátion to another; **2.** (*дт.*) *разг.* (*переходить на чью-л. сторону*) go* óver (to); **3.** *страд. к* передавáть.

**передáточн||ый** trànsmíssive; trànsmíssion (*attr.*); ~ пункт intermédiate point; ~ая нáдпись *фин.* endórse¦ment; ~ое числó *тех.* gear rátiò [gɪə...].

**передáтчик** *м. рад.* trànsmítter; trànsmítting set.

**передáть(ся)** *сов. см.* передавáть(ся).

**передáч||а** *ж.* **1.** (*действие*) trànsmíssion; ~ имýщества *юр.* àssignátion; ~ по наслéдству *юр.* descént; ~ во владéние tránsfèr; **2.** (*больному в больнице и т. п.*) párcel; **3.** *тех.* géar(ing) ['gɪə-], drive, trànsmíssion; балансúрная ~ trànsmíssion by rócking léver; дифференциáльная ~ differéntial gear, cómpènsàting gear; зубчáтая ~ train of gears, toothed géaring [-θt...]; реверсúвная ~ revérsing méchanism [...-kə-]; червя́чная ~ wórm-gear [-gɪə]; фрикциóнная ~ fríction-gear(ing); конéчная ~ end drive; ремённая ~ belt drive; **4.** (*по радио*) bróadcàst ['brɔ:d-]; (*трансляция*) ré¦láying; вёл ~у... the narrátor was...; ◇ без прáва ~и not trànsférable.

**передвигáть,** передвúнуть (*вн.*) move [mu:v] (*d.*), shift (*d.*); ~ с одногó мéста на другóе, кудá-л. *и т. п.* move from one place to another, sóme¦whère, *etc.* (*d.*): стол нáдо передвúнуть the table should be moved sóme¦whère else; стол нáдо передвúнуть из кóмнаты в коридóр the table should be moved from the room into the córridòr; — мéдленно передвигáя нóги slówly drágging one's feet ['slou-...]; ~ стрéлку часóв вперёд, назáд put* the hands of *a* clock on, back, put* *a* clock on, back; ~ срóки (*рд.*) pòstpóne [poust-] (*d.*). **~ся,** передвúнуться **1.** move [mu:v], shift; **2.** *тк. несов.* (*ездить, ходить*) move; **3.** *страд. к* передвигáть.

**передвижéни||е** *с.* móve¦ment ['mu:v-]; ◇ срéдства ~я means of convéyance.

**передвúжка** *ж.*: библиотéка-~ itínerant / móbile líbrary [...'mou- 'laɪ-].

**передвижн||óй** itínerant, móbile ['mou-]; ~áя библиотéка itínerant / móbile líbrary [...'laɪ-]; ~ теáтр móbile théatre [...'θɪə-].

**передвúнуть** *сов. см.* передвигáть. **~ся** *сов. см.* передвигáться 1.

**передéл** *м.* ré¦pàrtítion; ré¦divísion; ré¦distribútion; ~ мúра ré¦divísion of the world; ~ землú ré-allótment of land.

**передéлать** I *сов. см.* передéлывать.

**передéла||ть** II *сов.* (*вн.*) *разг.* (*много, всё*) do (*d.*): он ~л все делá he has done all he had to do.

**переделúть** *сов.* (*вн.*) divíde agáin / anéw (*d.*); ré¦divíde (*d.*).

**передéлк||а** *ж.* àlterátion; отдáть что-л. в ~у have smth. áltered; ◇ попáсть в ~у *разг.* ≅ get* into a fine / prétty / jólly mess [...'prɪ-...].

**передéлывать,** передéлать (*вн.*) **1.** do anéw (*d.*); (*об одежде*) álter (*d.*); (*отдавая в переделку*) have áltered (*d.*); передéлать пальтó álter *the* coat; (*отдавая в переделку*) have *the* coat áltered; **2.** (*перевоспитывать*) ré-éducàte (*d.*).

**передёргивать** I, передёрнуть (*в картах*) sharp, cheat, swindle; (*вн.*; *перен.*: *искажать*) distórt (*d.*), misrèpresént [-'zent] (*d.*); ~ фáкты júggle with facts.

**передёр||гивать** II, передёрнуть *безл.*: егó ~нуло от бóли he was convúlsed with pain.

**передёргиваться,** передёрнуться flinch, wince.

**передержáть** *сов. см.* передéрживать.

**передéрживать,** передержáть (*вн.*) **1.** (*о кушанье*) òver¦dó (*d.*), óver¦cóok (*d.*), óver¦bóil (*d.*); **2.** *фот.* óver¦expóse (*d.*).

**передéржка** I *ж.* *фот.* óver-expósure [-'pou-].

**передéржка** II *ж. уст. разг.* (*об экзамене*) ré-exàminátion.

**передёрнуть** I, II *сов. см.* передёргивать I, II.

**передёрнуться** *сов. см.* передёргиваться.

**передкóвый** *воен.* **1.** *прил.* límber (*attr.*); **2.** *м. как сущ.* límber númber.

**передненёбный** *лингв.* front pálatal [-ʌnt...].

**переднея́зычный** *лингв.* (*апикальный*) point (*attr.*); (*дорсальный*) blade (*attr.*).

**перéдн||ий** front [-ʌ-]; (*первый*) first; **~яя** часть fóre-pàrt; ~ план fóre¦ground; ~ие конéчности fóre¦lègs, fóre¦feet; ~ край (оборóны) *воен.* line of defénce; main line of resistance [...-'zɪ-].

**перéдник** *м.* ápron; (*женский, детский тж.*) pínafòre.

**перéдняя** *ж. скл. как прил.* ánteroom, ántechàmber [-ʧeɪ-].

**пéредо** *предл.* = пéред.

**передовéрить** *сов. см.* передоверя́ть.

**передоверя́ть,** передовéрить (что-л. комý-л.) trànsfér the trust (of smth. to smb.); (*о договоре*) sùbcontráct (*d.* to); передовéрить комý-л. прáво *юр.* trànsfér the pówer of attórney to smb. [...ə'tə:-...].

**передовúк** *м.*: ~úй сéльского хозя́йства fóre¦mòst people in ágricùlture [...pi:-...], frónt-ránk colléctive fármers ['frʌnt-...]; ~úй произво́дства fóre¦mòst people in índustry, frónt-rànk wórkers.

**передови́ца** *ж. разг.* léading árticle, léader, èditórial.

**передов||о́й** fóre¦mòst, héad¦mòst ['hed-], fórward; advánced (*тж. перен.*); (*прогрессивный*) progréssive; ~ отря́д *воен.* advánced detáchment; (*перен.*) ván¦guàrd; коммунисти́ческая па́ртия — ~ отря́д рабо́чего кла́сса the Cómmunist Párty is the ván¦guàrd of the wórking-clàss; ~ы́е взгля́ды advánced views [...vju:z]; ~ы́е лю́ди progréssive-minded people [...pi:-]; ~о́е челове́чество progréssive mànkínd; ~а́я те́хника úp-to-dáte machínery [...-'ʃi:-]; ~ы́е пози́ции front (line) [-ʌnt...] *sg.*; ~ы́е предприя́тия, колхо́зы fóre¦mòst énterprises, colléctive farms; ~ы́е ме́тоды труда́ advánced méthods of work; ◇ ~а́я статья́ léading árticle, léader, èditórial.

**передо́к** *м.* **1.** (*у телеги и т. п.*) detáchable front [...-ʌnt]; ~ плу́га plough fóre-cárriage [...-rɪdʒ]; **2.** *чаще мн.* (*сапога*) úpper, vamp.

**передо́х||нуть** *сов. разг.* die: вся скоти́на ~ла all the cattle have died.

**передохну́ть** *сов. разг.* take* a breath [...-eθ]; (*отдохнуть*) take* a short rest.

**передра́знивание** *с.* mímicry, mímicking.

**передра́зн||ивать,** передразни́ть (*вн.*) mímic (*d.*). **~и́ть** *сов. см.* передра́знивать.

**передра́ться** *сов.* (с *тв.*) *разг.* fight* (with).

**передро́гнуть** *сов. разг.* be chilled.

**передря́г||а** *ж. разг.* scrape; попа́сть в ~у ≅ get* into a scrape.

**переду́мать** I *сов. см.* переду́мывать.

**переду́мать** II *сов.* (*вн.*) *разг.* (*обдумать многое*) do a great deal of thinking [...-eɪt...].

**переду́мывать,** переду́мать (*изменять своё решение*) change one's mind [tʃeɪ-...], think* bétter of *it*.

**передуши́||ть** *сов.* (*вн.*) strangle (*d.*), smóther ['smʌ-] (*d.*): лиса́ ~ла мно́го кур the fox has killed many hens.

**переды́шк||а** *ж.* réspite, bréathing-spàce; дава́ть ~у (*дт.*) réspite (*d.*), grant a réspite [-ɑ:nt...] (*i.*); не дава́я ни мину́ты ~и without a móment's réspite.

**перееда́ть** I, перее́сть (*рд.*) *разг.* (*объедаться*) súrfeit [-fɪt] (on); (*без доп.*) eat* too much, óver¦éat*.

**перееда́ть** II, перее́сть (*вн.*; *о кислоте*) corróde (*d.*); (*о ржавчине*) eat* a¦wáy (*d.*).

**перее́зд** I *м.* **1.** pássage; (*по воде*) cróssing; **2.** *ж.-д.* (lével) cróssing ['le-...]; (*на шоссе*) híghway cróssing.

**перее́зд** II *м.* (*переселение*) remóval [-'mu:-].

**переезжа́ть** I, перее́хать **1.** (*вн.*; че́рез) cross (*d.*); **2.** *тк. сов.* (*вн.*) *разг.* (*задавить*) run* óver (*d.*); его́ перее́хал по́езд he was run óver by *a* train.

**переезжа́ть** II, перее́хать (*переселяться*) (re)móve [-'mu:v]; ~ на но́вую кварти́ру (re-)móve to *a* new place (of résidence) [...-zɪ-], change one's lódgings [tʃeɪ-...]; ~ из Москвы́ в Ленингра́д (re)móve from Móscow to Léningràd.

**перее́сть** I, II *сов. см.* перееда́ть I, II.

**перее́хать** I, II *сов. см.* переезжа́ть I, II.

**пережа́ренный** *прич. и прил.* òver¦dóne, óver¦róasted.

**пережа́ривать,** пережа́рить (*вн.*; *чрезмерно*) òver¦dó (*d.*), óver¦róast (*d.*). **~ся,** пережа́риться **1.** be òver¦dóne, be óver¦róasted; **2.** *страд. к* пережа́ривать.

**пережа́рить** I *сов. см.* пережа́ривать.

**пережа́рить** II *сов.* (*вн.*; *всё, много*) roast (*d.*), fry (*d.*); (*ср.* жа́рить).

**пережа́риться** *сов. см.* пережа́риваться.

**пережда́ть** *сов. см.* пережида́ть.

**пережева́ть** *сов. см.* пережёвывать 1.

**пережёвывать,** пережева́ть (*вн.*) **1.** másticàte (*d.*), chew (*d.*); **2.** *тк. несов. разг.* (*повторять одно и то же*) repéat óver and óver agáin (*d.*).

**пережени́||ть** *сов.* (*вн.*) *разг.* márry off (*d.*). **~ться** *сов. разг.* márry: они́ все ~лись they have / are all márried.

**пережéчь** *сов. см.* пережига́ть.

**пережива́ние** *с.* expérience; (*о чувстве*) féeling, emótion¦al expérience.

**пережива́ть,** пережи́ть (*вн.*) **1.** (*испытывать*) expérience (*d.*), go* through (*d.*); (*претерпевать*) endúre (*d.*), súffer (*d.*); тяжело́ ~ что-л. feel* smth. kéenly, take* smth. to heart [...hɑ:t]; **2.** (*жить дольше*) outlíve [-'lɪv] (*d.*), outlást (*d.*), survíve (*d.*).

**пережига́ть,** пережéчь (*вн.*) **1.** burn* through (*d.*); **2.** (*перерасходовать*) burn* more than one's quóta (of *fuel, electricity, etc.*).

**пережида́ть,** пережда́ть (что-л.) wait till (smth.) is óver; пережда́ть дождь wait till the rain is óver, *или* has stopped.

**пережито́е** *с. скл. как прил. разг.* one's past, one's expérience.

**пережи́т||ок** *м.* survíval; (*остаток*) rémnant, véstige; искореня́ть ~ки капитали́зма в созна́нии люде́й root out the survívals of cápitalism from people's minds [...pi:-...].

**пережи́ть** *сов. см.* пережива́ть.

**пережо́г** *м. тех.* óver¦búrning.

**перезабы́ть** *сов.* (*вн.*) *разг.* forgét* [-'get] (*d.*): ~ всё, что знал forgét* all one ever knew.

**перезакла́д** *м.* ré¦páwning.

**перезакла́дывать,** перезаложи́ть (*вн.*) pawn agáin / anéw (*d.*), ré¦páwn (*d.*), put* back into pawn (*d.*); (*о недвижимом имуществе*) mórtgage agáin / anéw ['mɔ:gɪdʒ...] (*d.*).

**перезаключ||а́ть,** перезаключи́ть (*вн.*) renéw (*d.*); ~ догово́р renéw *a* cóntràct. **~е́ние** *с.* renéw¦al. **~и́ть** *сов. см.* перезаключа́ть.

**перезало́||г** *м.* = перезакла́д. **~жи́ть** *сов. см.* перезакла́дывать.

**перезаряди́ть(ся)** *сов. см.* перезаряжа́ть (-ся).

**перезаряжа́ть,** перезаряди́ть (*вн.*) ré-chárge (*d.*); (*оружие тж.*) ré¦lóad (*d.*). **~ся,** перезаряди́ться **1.** be / become* ré-chárged; **2.** *страд. к* перезаряжа́ть.

**перезво́н** *м.* ríng¦ing, chime.

**перезимова́ть** *сов.* wínter; ~ втору́ю, тре́тью зи́му spend* a sécond, third wínter [...'se-...].

**перезнако́мить** *сов.* (*вн.* с *тв.*) *разг.* acquáint (*d.* with). **~ся** *сов.* (с *тв.*) *разг.* get* / become* acquáinted (with).

**перезрева́ть,** перезре́ть get* / grow* óver¦rípe [...grou...].

**перезре́||лый** óver¦rípe. **~ть** *сов. см.* перезрева́ть.

**перезя́бнуть** *сов. разг.* get* chilled.

**переигра́ть** I, II *сов. см.* перейгрывать I, II.

**переигра́||ть** III *сов.* (*вн.*; *всё, много*) play (*d.*); perfórm (*d.*); (*об артисте тж.*) act (*d.*); тру́ппа ~ла весь свой репертуа́р the cómpany has àlréady perfórmed the whole répertoire [...'kʌm-... ɔːl're-...houl 'repətwɑː].

**перейгрывать** I, переигра́ть (*вн.*; *заново*) play agáin / anéw (*d.*); ~ игру́ begin* the game agáin.

**перейгрыв||ать** II, переигра́ть (*вн.*) *театр. разг.* òver¦dó (*d.*); он ~ает he òver¦dóes it.

**переизбира́ть,** переизбра́ть (*вн.*) ré-eléct (*d.*).

**переизбр||а́ние** *с.* ré-eléction. **~а́ть** *сов. см.* переизбира́ть.

**переизд||ава́ть,** переизда́ть (*вн.*) ré¦públish [-'pʌ-] (*d.*), ré¦print (*d.*). **~а́ние** *с.* **1.** (*действие*) ré-edition, ré¦pùblicátion [-pʌ-]; **2.** (*книга*) new edition; (*стереотипное*) ré¦print. **~а́ть** *сов. см.* переиздава́ть.

**переименова́||ние** *с.* ré¦náming, giving a new name. **~ть** *сов. см.* переимено́вывать.

**переимено́вывать,** переименова́ть (*вн.*) ré¦-náme (*d.*), give* a new name (*i.*).

**перее́мчив||ость** *ж. разг.* ímitàtive¦ness. **~ый** *разг.* ímitàtive.

**переина́ч||ивать,** переина́чить (*вн.*) *разг.* módifỳ (*d.*), álter (*d.*); (*о смысле и т. п.*) mìsintérpret (*d.*), distórt (*d.*). **~ить** *сов. см.* переина́чивать.

**переиска́||ть** *сов. разг.* search / seek* évery¦whère [sɜːtʃ...]; он ~л всю́ду he has searched évery¦whère.

**перейти́** *сов. см.* переходи́ть.

**перека́л** *м. тех.* óver¦héating.

**перекале́чить** *сов.* (*вн.*) *разг.* cripple (*d.*), maim (*d.*), mútilàte (*d.*).

**перека́ливать,** перекали́ть (*вн.*) *тех.* óver¦-témper (*d.*).

**перекали́ть** *сов. см.* перека́ливать.

**перека́лывать,** переколо́ть (*вн.*; *прикреплять на другое место*) pin sóme¦whère else (*d.*); ~ с одного́ ме́ста на друго́е, куда́-л. *и т. п.* move from one place and pin in another, sóme¦whère, *etc.* [muːv...] (*d.*); бант на́до переколо́ть the bow should be pinned sóme¦-whère else [...bou...]; бант на́до переколо́ть на`друго́е ме́сто the bow should be moved from this place and pinned in another.

**перека́пывать,** перекопа́ть (*вн.*) dig* óver agáin (*d.*).

**перека́рмливать,** перекорми́ть (*вн.*) óver¦-féed* (*d.*); (кого́-л. чем-л.) súrfeit [-fɪt] (smb. on smth.).

**перека́т** *м.* (*отмель*) shoal.

**перекати́-по́ле** *с. тк. ед. бот.* erýngium; túmble-weed *амер.*; (*перен.*; *о человеке*) rólling stone.

**перекати́ть(ся)** *сов. см.* перека́тывать(ся).

**перека́ты** *мн.*: ~ гро́ма peals of thúnder.

**перека́тывать,** перекати́ть (*вн.*) **1.** roll / move sóme¦whère else [...muːv...] (*d.*); ~ с одного́ ме́ста на друго́е, куда́-л. *и т. п.* roll / move from one place to another, sóme¦whère, *etc.* (*d.*); бо́чку на́до перекати́ть the bárrel should be moved sóme¦whère else; бо́чку на́до перекати́ть отсю́да в подва́л the bárrel should be moved out of this place into *the* céllar; **2.** (*дальше какого-л. предела*) roll too far (*d.*), move too far (*d.*). **~ся,** перекати́ться **1.** roll (óver); **2.** (*слишком далеко*) roll too far; **3.** *страд. к* перека́тывать.

**перекача́ть** *сов. см.* перека́чивать.

**перека́чивать,** перекача́ть (*вн.*) pump óver (*d.*).

**перека́шивать,** перекоси́ть *чаще безл.*: у него́ перекоси́ло лицо́, его́ перекоси́ло his face becáme distórted; до́ску, ра́му *и т. п.* перекоси́ло the board, frame, *etc.*, has / is warped. **~ся,** перекоси́ться **1.** warp, be warped, be wrenched out of shape; **2.** (*о лице*) become* distórted.

**переквалифика́ция** *ж.* tráining for a new proféssion.

**переквалифици́ровать** *несов. и сов.* (*вн.*) train for a new proféssion (*d.*). **~ся** *несов. и сов.* **1.** train for a new proféssion; **2.** *страд. к* переквалифици́ровать.

**перекида́ть** *сов. см.* переки́дывать I.

**перекидно́й:** ~ мо́стик fóot-bridge ['fut-], gáng¦way.

**переки́дывать** I, перекида́ть (*вн.*) *разг.* (*одно за другим*) throw* [θrou] (*d.*).

**переки́дывать** II, переки́нуть = перебра́сывать.

**переки́дываться,** переки́нуться *разг.* = перебра́сываться.

**переки́нуть** *сов. см.* переки́дывать II. **~ся** *сов. см.* переки́дываться.

**перекипа́ть,** перекипе́ть boil (too long).

**перекипе́ть** *сов. см.* перекипа́ть.

**перекипяти́ть** *сов.* (*вн.*) boil agáin (*d.*).

**перекиса́ть,** переки́снуть turn sour.

**переки́снуть** *сов. см.* перекиса́ть.

**пе́рекись** *ж. хим.* peróxide, sùperóxide; ~ водоро́да hýdrogen peróxide ['haɪ-...]; ~ ма́рганца màngarnése peróxide, permánganate.

**перекла́дина** *ж.* **1.** cróss-beam, cróss-piece [-piːs]; (*ко́зел*) tránsom; **2.** *спорт.* hòrizóntal bar.

**перекладн||ы́е** *мн. скл. как прил. ист.* stáge-hòrses, reláy-hòrses; е́хать на ~ы́х trável by póst-chaise, *или* by reláy [-æv°l... 'poustʃeiz...].

**перекла́дывать** I, переложи́ть (*вн.*; *перемещать*) shift (*d.*), move [muːv] (*d.*); put* / place sóme¦whère else (*d.*); (*перен.*; *о ноше, ответственности и т. п.*) shift off (*d.*); ~ руль *мор.* put* the helm óver.

**перекла́дывать** II, переложи́ть (*вн. тв.*) interláy* (*d.* with); ~ посу́ду соло́мой pack the cróckery in straw.

**перекла́дывать** III, переложи́ть (*вн.*; *заново*) ré¦sét* (*d.*): ~ пе́чку ré¦sét* *the* stove.

**перекла́дывать** IV, переложи́ть (*рд.*; *положить слишком много*) put* too much (*d.*): ~ со́ли, са́хара *и т. п.* put* too much salt, súgar, *etc.* [...'ʃu-].

**перекла́дывать** V, переложи́ть (*вн.*): ~ на му́зыку set* to músic [...-zɪk] (*d.*).

**перекле́ивать** I, перекле́ить (*вн.*) (*столярным клеем*) glue sóme¦whère else (*d.*); (*мучным клеем*) paste sóme¦whère else [peɪ-...] (*d.*); ~ с одного́ ме́ста на друго́е, куда́-л. *и т. п.* move from one place and glue, *или* paste, in another, sóme¦whère, *etc.* [muːv...] (*d.*).

**перекле́ивать** II, перекле́ить (*вн.*; *заново*) (*столярным клеем*) ré¦glúe (*d.*), glue afrésh (*d.*); (*мучным клеем*) paste anéw [peɪ-...] (*d.*).

**переклéить** I, II *сов. см.* переклéивать I, II.

**переклéйка** I *ж.* (*действие*) glúe¦ing anéw.

**переклéйка** II *ж.* (*многослойная фанера*) plý-wood [-wud].

**перекликáться** call / shout to one another; (с чем-л.; *перен.*) have sóme¦thing in cómmon (with smth.).

**перекли́чк||а** *ж.* cáll-òver, róll-càll; ~ городóв (*по радио*) bróadcàst exchánge of méssages betwéen towns ['brɔːd- -'ʧeɪndʒ...]; дéлать ~у call óver; являться на ~у come* to róll-càll.

**переключáтель** *м. тех.* switch.

**переключ||áть,** переключи́ть (*вн.*) *тех.* switch (*d.*); (*вн.* на *вн.*; *перен.*) switch (*d.* óver to): ~ ток switch the cúrrent; ~ разговóр на другýю тéму switch the cònversátion óver to another súbject; ~ завóд на произвóдство трáкторóв *и т. п.* switch the fáctory óver to the prodúction of tráctors, *etc.* **~áться,** переключи́ться **1.** switch; (на *вн.*; *перен.*) switch óver (to); завóд ~и́лся на произвóдство трáкторóв *и т. п.* the fáctory switched óver to the prodúction of tráctors, *etc.*; он преподавáл францýзский язы́к, а затéм ~и́лся на англи́йский he taught French, then he took up téaching Énglish [...'ɪ-]; he taught French, then he went in for téaching Énglish; **2.** *страд. к* переключáть. **~éние** *с. тех.* switching; (на *вн.*; *перен.*) switching óver (to).

**переключи́ть(ся)** *сов. см.* переключáть(ся).

**перековáть** I, II *сов. см.* перекóвывать I, II.

**перекóвка** I *ж.* (*лошади*) ré¦shóe¦ing [-'ʃuː-].

**перекóвка** II *ж. тех.* ré¦fórging.

**перекóвывать** I, перековáть (*вн.*; *о лошади*) ré¦shóe [-'ʃuː] (*d.*).

**перекóвывать** II, перековáть **1.** (*вн.*; *заново*) ré¦fórge (*d.*), hámmer / beat* agáin / anéw (*d.*); **2.** (*вн.* на *вн.*) forge (out of *d.*), hámmer (out of *d.*), beat* (out of *d.*); ~ мечи́ на орáла *уст.* beat* the swords into plóughshàres [...sɔːdz...].

**переколáчивать,** переколоти́ть (*вн.*) nail sóme¦whère else (*d.*); ~ с одногó мéста на другóе, кудá-л. *и т. п.* take* from one place and nail in another, sóme¦whère, *etc.* (*d.*): ~ пóлку nail *the* shelf* sóme¦whère else; ~ пóлку с однóй стены́ на другýю nail / move *the* shelf* from one wall to another [...muːv...].

**переколоти́ть** I *сов. см.* переколáчивать.

**переколоти́ть** II *сов.* (*вн.*) *разг.* (*перебить*) smash (*d.*), break* [...-eɪk] (*d.*): ~ все тарéлки smash / break* all the plates.

**переколóть** I *сов. см.* перекáлывать.

**переколóть** II *сов.* (*вн.*) *разг.* (*исколоть*) prick (*d.*).

**переколóть** III *сов.* (*вн.*; *о дровах*) chop (*d.*), hew (*d.*).

**перекопáть** *сов. см.* перекáпывать.

**перекорми́ть** *сов. см.* перекáрмливать.

**перекóры** *мн. разг.* squabble *sg.*

**перекоси́ть(ся)** *сов. см.* перекáшивать(ся).

**перекочевáть** *сов. см.* перекочёвывать.

**перекочёвывать,** перекочевáть move óver [muːv...]; (*мигрировать*) mígràte ['maɪ-].

**перекóшенн||ый 1.** *прич. см.* перекáшивать; **2.** *прил.*: ~ое лицó twísted / distórted / convúlsed féatures *pl.*

**перекрáивать,** перекрои́ть (*вн.*) cut* agáin / anéw (*d.*); (*о карте и т. п.*) ré¦cárve (*d.*); ~ кáрту ми́ра ré¦cárve the map of the world.

**перекрáсить** I *сов. см.* перекрáшивать.

**перекрáсить** II *сов.* (*вн.*; *всё, много*) cólour ['kʌlə] (*d.*); (*о ткани, волосах*) dye (*d.*); (*ср.* крáсить).

**перекрáситься** *сов. см.* перекрáшиваться.

**перекрáшивать,** перекрáсить (*вн.*) ré¦cólour [-'kʌlə] (*d.*), ré¦páint (*d.*); (*о ткани, волосах*) dye agáin / anéw (*d.*). **~ся,** перекрáситься **1.** *разг.* become* a túrncoat; **2.** *страд. к* перекрáшивать.

**перекрести́ть** I *сов. см.* перекрéщивать.

**перекрести́ть** II *сов. см.* крести́ть II.

**перекрести́ться** I *сов. см.* перекрéщиваться.

**перекрести́ться** II *сов. см.* крести́ться II.

**перекрёстн||ый** cross; ~ допрóс cróss-exàminátion; ~ая ссы́лка cróss-rèference; ~ огóнь *воен.* crόss-fire; ~ое опылéние *бот.* crόss-pòllinátion; ~ сев crόss-row sówing [-rou 'sou-].

**перекрёст||ок** *м.* crόss-road, crόssing; ◇ кричáть на всех ~ках *разг.* ≅ shout from the hόuse-tòps [...-s-].

**перекрéщивать,** перекрести́ть (*вн.*; *о линиях и т. п.*) cross (*d.*). **~ся,** перекрести́ться (*о линиях и т. п.*) cross.

**перекричáть** *сов.* (*вн.*) out-vóice (*d.*); дéти старáлись ~ друг дрýга the children tried to shout one another down.

**перекрóить** *сов. см.* перекрáивать.

**перекрóйка** *ж.* cútting out agáin.

**перекрути́ть** *сов. см.* перекрýчивать.

**перекрýчивать,** перекрути́ть (*вн.*; *о пружине и т. п.*) óver¦wínd* (*d.*).

**перекрывáть** I, перекры́ть (*вн.*; *покрывать заново*) ré-cóver [-'kʌ-] (*d.*).

**перекрывáть** II, перекры́ть (*вн.*) **1.** *разг.* (*превышать — о норме, рекорде и т. п.*) excéed (*d.*); **2.** *тех.* òver¦láp (*d.*); **3.** *карт.* (*козырем*) trump (*d.*); (*старшим козырем*) óver¦trúmp (*d.*); **4.**: ~ рýсло реки́ (*плотиной*) dam *a* river [...'rɪ-].

**перекры́тие** *с.* **1.** *арх.* floor [flɔː], céiling ['siːl-], óver¦héad cóver [-'hed 'kʌ-]; **2.** *тех.* òver¦láp(ping).

**перекры́ть** I, II *сов. см.* перекрывáть I, II.

**перекувырнýть** *сов.* (*вн.*) *разг.* ùpsét* (*d.*), tip óver (*d.*), topple óver (*d.*). **~ся** *сов.* tip óver; (*в воздухе*) turn a sómersault [...'sʌ-].

**перекупáть** I, перекупи́ть (*вн.*) out¦bíd* (*d.*).

**перекупáть** II *сов.* (*вн.*) bath (*d.*): ~ всех детéй give* all the children a bath.

**перекупáть** III *сов.* (*вн.*) *разг.* (*слишком долго продержать в воде*) bathe too long [beɪð...] (*d.*). **~ся** *сов. разг.* bathe too much / long [beɪð...].

**перекупи́ть** *сов. см.* перекупáть I.

**перекýпщи||к** *м.*, **~ца** *ж.* sécond-hànd déaler ['se-...].

**перекусáть** *сов.* (*вн.*) bite* (*d.*).

**перекуси́ть** *сов.* **1.** (*вн.*) cut* / bite* through (*d.*); **2.** (*без доп.*) *разг.* (*закусить*) take* a bite / snack, pick a mόuthful.

**перелагáть** = переклáдывать V.

**переламывать,** переломить (*вн.*) break* in two [-eɪk...] (*d.*); (*о ноге, руке и т. п.*) break* (*d.*), frácture (*d.*); (*перен.*: *преодолевать*) òver¦cóme* (*d.*); ~ себя́ máster one's self, restráin one's féelings. **~ся,** переломи́ться **1.** break* in two [-eɪk...]; (*о руке, ноге и т. п.*) break*, be fráctured; **2.** *страд. к* перела́мывать.

**перелеза́ть,** переле́зть climb óver [-aɪm...], get* óver; (че́рез) climb (óver), get* (óver): он переле́з и спры́гнул вниз he climbed / got óver and jumped down; он переле́з че́рез забо́р he climbed / got óver the fence.

**переле́зть** *сов. см.* перелеза́ть.

**переле́сок** *м.* copse, cóppice.

**переле́сье** *с.* glade.

**перелёт** *м.* **1.** (*птиц*) trànsmìgrátion [-zmaɪ-]; **2.** (*самолёта*) flight: беспоса́дочный ~ nón-stóp flight; **3.** (*пули, снаряда*) shot óver the tárget [...-gɪt]; ~! óver!

**перелет||а́ть,** перелете́ть **1.** fly* óver; (че́рез) fly* (óver): пти́ца с трудо́м ~е́ла the bird flew óver with difficulty; пти́ца ~е́ла че́рез забо́р the bird flew óver the fence; **2.** (*на другое место*) fly* sóme¦whère else; ~ с одного́ ме́ста на друго́е, куда́-л. *и т. п.* fly* from one place to another, sóme¦whère, *etc.*: пти́ца ~е́ла с одного́ куста́ на друго́й the bird flew from one bush to another [...bʊʃ...].

**перелете́ть** *сов. см.* перелета́ть.

**перелётн||ый:** ~ая пти́ца bird of pássage.

**переле́чь** *сов.* **1.** lie* down sóme¦whère else; move [muːv]; он переля́жет he will lie down, *или* make his bed, sóme¦whère else; ~ с дива́на на крова́ть move from *the* sófa to *the* bed; **2.** (*лечь иначе*) change one's posítion [tʃeɪ-...-'zɪ-]; ~ с одного́ бо́ка на друго́й turn from one side to the other, turn óver.

**перелива́ние** *с.* **1.** póuring ['pɔː-]; **2.** *мед.* trànsfúsion; ~ кро́ви blood trànsfúsion [-ʌd...].

**перелива́ть** I, перели́ть (*вн.*) **1.** pour sóme¦whère else [pɔː...] (*d.*); ~ из одного́ стака́на в друго́й pour from one glass into another; молоко́ ну́жно перели́ть из ча́шки в стака́н the milk should be poured from *the* cup into *a* glass; **2.** *мед.*: ~ кровь trànsfúse blood [...-ʌd]; ◇ ~ из пусто́го в поро́жнее *погов.* ≅ beat* the air, mill the wind [...wɪ-].

**перелива́ть** II, перели́ть (*вн.*; *через край*) let* òver¦flów [...-ou] (*d.*): он перели́л молоко́ че́рез край he let the milk òver¦flów.

**перелива́ть** III, перели́ть (*вн.*; *отливать заново*) ré¦cást* (*d.*); (*вн.* на *вн.*) cast* (out of *d.*); ста́тую пришло́сь перели́ть the státue had to be ré¦cást; ~ колокола́ на пу́шки melt down bells for guns.

**перелива́ть** IV (*о красках*) play; ~ все́ми цвета́ми ра́дуги be ìridéscent / òpaléscent [...ou-].

**перели||ва́ться** I, перели́ться flow sóme¦whère else [-ou...]; ~ из одного́ ме́ста в друго́е, куда́-л. *и т. п.* flow from one place into another, sóme¦whère, *etc.*: вода́ ~ла́сь из одно́й ко́лбы в другу́ю the wáter flowed from one retórt into another [...'wɔː-...].

**перели||ва́ться** II, перели́ться (*через край*) òver¦flów [-ou], run* óver; (че́рез) flow (óver), run* (óver): вода́ ~ла́сь the wáter òver¦flówed, *или* ran óver [...'wɔː-...]; вода́ ~ла́сь че́рез край сосу́да the wáter flowed / ran óver the edge of the véssel; the véssel is brímming óver.

**перелива́ться** III *страд. к* перелива́ть I, II, III.

**перелива́ться** IV (*о красках*) play; (*о звуках*) módulàte; ~ все́ми цвета́ми ра́дуги be ìridéscent / òpaléscent [...ou-].

**перели́вка** *ж. тех.* ré¦cásting, cásting.

**перели́вчатый** (*о красках*) ìridéscent; (*о голосе*) lílting.

**перели́вы** *мн.* (*красок*) tints, tínges; play *sg.*; (*звуков*) mòdulátions.

**перелиста́ть** *сов. см.* перели́стывать.

**перели́стывать,** перелиста́ть (*вн.*) **1.** (*страницы*) turn óver (*d.*); **2.** (*бегло просматривать*) look through (*d.*).

**перели́ть** I, II, III *сов. см.* перелива́ть **I,** II, III.

**перели́ться** I, II *сов. см.* перелива́ться I, II.

**перелицева́ть** *сов. см.* перелицо́вывать.

**перелицо́вка** *ж.* túrning: ~ пальто́ túrning of *the* coat.

**перелицо́вывать,** перелицева́ть (*вн.*) turn (*d.*); (*сдавая в перелицовку*) have turned (*d.*): ~ пальто́ turn *a* coat; (*сдавая в перелицовку*) have *a* coat turned.

**переловить** *сов.* (*вн.*) catch* (*d.*): ~ всех птиц catch* all the birds.

**перело́г** *м. с.-х.* fállow, fállow land.

**переложе́ние** *с.* **1.** *муз.* (*для других инструментов*) arránge¦ment [ə'reɪ-]; (*на другую тональность*) trànsposítion [-'zɪ-]; **2.** (*на стихи*) vèrsificátion; **3.** (*пересказ*) èxposítion [-'zɪ-].

**переложи́ть** I, II, III, IV, V *сов. см.* перекла́дывать I, II, III, IV, V.

**перело́м** *м.* **1.** break [breɪk], bréaking ['breɪk-]; (*кости*) frácture; **2.** (*резкая перемена*) súdden change [...tʃeɪ-]; (*в болезни*) crísis [-aɪs-] (*pl.* crísès [-aɪsiːz]); (*поворотный пункт*) túrning-point; год вели́кого ~а the year of the great change [...greɪt...]; доби́ться коренно́го ~а bring* abóut a fùndaméntal impróve¦ment / change [...-'pruːv-...].

**перелома́ть** *сов.* (*вн.*) break* (*d.*): он перелома́л все игру́шки he has bróken all his toys. **~ся** *сов. разг.* break*, be bróken: все игру́шки перелома́лись all the toys are bróken.

**переломи́ть(ся)** *сов. см.* перела́мывать(ся).

**перело́мный** *прил. к* перело́м 2; ~ моме́нт túrning-point.

**перема́зать** *сов.* (*вн.*) *разг.* (*испачкать*) soil (*d.*); (*вн. тв.*) make* dírty (*d.* with); (*краской*) bedáub (*d.* with). **~ся** *сов. разг.* soil òne¦sélf, besméar òne¦sélf.

**перема́лывать,** перемоло́ть (*вн.*) **1.** grind* (*d.*), mill (*d.*); **2.** (*заново*) grind* agáin / anéw (*d.*), mill agáin / anéw (*d.*).

**перема́н||ивать,** перемани́ть (*вн.*) entíce (*d.*); перемани́ть кого́-л. на свою́ сто́рону win* smb. óver. **~и́ть** *сов. см.* перема́нивать.

**перема́тывание** *с. текст.* ré¦wínding.

**перема́тывать,** перемота́ть (*вн.*) **1.** wind* (*d.*); (*на катушку*) reel (*d.*); **2.** (*заново*) ré¦wind* (*d.*); (*на катушку*) ré-réel (*d.*).

**перема́хивать,** перемахну́ть *разг.* (*перескакивать*) jump óver; (чéрез) jump (óver).

**перемахну́ть** *сов. см.* перема́хивать.

**перемежа́||ть** (*вн.*) álternàte (*d.*). **~ться** álternàte; снег ~лся с грáдом there was intermíttent snow and hail [...snou...]. **~ющийся 1.** *прич. см.* перемежа́ться; **2.** *прил.* intermíttent; ~ющаяся лихорáдка *мед.* intermíttent féver.

**перемежева́ть** *сов. см.* перемежёвывать.

**перемежёвывать,** перемежева́ть (*вн.*) sùrvéy agáin / anéw (*d.*), ré:sùrvéy (*d.*).

**переме́н||а** *ж.* **1.** change [ʧeɪ-]; (*во взглядах, политике и т. п.*) vólte-fàce [-fɑːs]; рéзкая ~ súdden change; ~ обстанóвки change of situátion; ~ декорáции change of scénery [...'siː-]; **2.** *школ.* ínterval, break [-eɪk], intermíssion; recéss; большáя ~ long / noon / midday recéss; **3.** (*комплект белья*) shift. **~и́ть(ся)** *сов. см.* переменя́ть(ся).

**переме́нн||ый** váriable; ~ капитáл *эк.* váriable cápital; ~ая величинá *мат.* váriable (quántity); ~ вéтер váriable wind [...wɪ-]; ~ая óблачность váriable clouds *pl.*; ~ ток *эл.* álternàting cúrrent.

**переме́нчив||ость** *ж.* chànge:abílity [ʧeɪ-]. **~ый** chánge:able ['ʧeɪ-]; ~ая погóда chánge:able wéather [...'weð-].

**перемен||я́ть,** перемени́ть (*вн.*) change [ʧeɪ-] (*d.*); ~и́ть тон change one's tone / note; ~и́ть позúцию (*в споре*) shift one's ground; ~и́ть кни́гу в библиотéке change *a* book at *the* library [...'laɪ-]. **~я́ться,** перемени́ться **1.** change [ʧeɪ-]; он ~и́лся в лицé his face changed; временá ~и́лись times have changed; ~и́ться к лу́чшему, ху́дшему change for the bétter, the worse; **2.** *тк. сов.* (к) change (to); ~и́ться к комý-л. change to smb., change one's áttitùde towards smb.; **3.** *страд. к* переменя́ть.

**перемерза́ть,** перемёрзнуть *разг.* get* chilled, freeze*.

**перемёрзнуть** I *сов. см.* перемерза́ть.

**перемёрз||нуть** II *сов.* (*о растениях — погибнуть от мороза*) be nipped by the frost: все цветы́ ~ли all the flówers were nipped by the frost.

**переме́ривать,** переме́рить (*вн.*) rè-méasure [-'meʒə] (*d.*).

**переме́рить** I *сов. см.* переме́ривать.

**переме́рить** II *сов.* (*вн.*; *всё, много*) try on (*d.*): ~ все пальтó try on all the coats.

**перемести́ть(ся)** *сов. см.* перемеща́ть(ся).

**перемёт** *м. рыб.* seine [seɪn, siːn].

**перемета́ть** *сов. см.* перемётывать.

**переме́тить** I *сов. см.* перемеча́ть.

**переме́тить** II *сов.* (*вн.*; *всё, много*) mark (*d.*): ~ всё бельё mark all the línen [...'lɪ-].

**переметну́ться** *сов. разг.*: ~ на стóрону врагá desért to the énemy [-'zəːt...].

**перемётн||ый:** ~ая сумá sáddle-bàg; ◇ сумá ~ая wéather:còck ['weðə-].

**перемётывать,** перемета́ть (*вн.*; *заново*) baste agáin / anéw [beɪ-...] (*d.*).

**перемеча́ть,** переме́тить (*вн.*) mark agáin / anéw (*d.*); (*изменять метку*) change the mark [ʧeɪ-...] (on).

**перемеша́ть(ся)** *сов. см.* переме́шивать(ся).

**переме́шивать,** перемеша́ть (*вн.*) **1.** (*смешивать*) (inter)míx (*d.*), intermíngle (*d.*); **2.** (*перемещать*) shuffle (*d.*); ~ у́гли в пéчке poke the fire in *a* stove; **3.** *разг.* (*приводить в беспорядок*) confúse (*d.*). **~ся,** перемеша́ться **1.** *разг.* (*смешиваться*) get* mixed; **2.** *страд. к* переме́шивать.

**перемеща́ть,** перемести́ть (*вн.*) move sóme:whère else [muːv...] (*d.*); (*переводить куда-л.*) trànsfér sóme:whère else (*d.*); ~ с одногó мéста на другóе, кудá-л. *и т. п.* move / trànsfér from one place to another, sóme:whère, *etc.* (*d.*); мéбель нáдо перемести́ть the fúrniture should be moved sóme:whère else; жильцóв дóма нáдо перемести́ть the inhábitants of the house* should be moved / trànsférred sóme:whère else [...haus...]; мéбель нáдо перемести́ть из кóмнаты в коридóр the fúrniture should be moved from the room into *the* córridòr. **~ся,** перемести́ться **1.** move [muːv], shift; **2.** *страд. к* перемеща́ть.

**перемещéни||е** *с.* **1.** tránsference, shift, displáce:ment; ~ ли́нии фрóнта shift of the front [...-ʌnt]; ~я в кабинéте министров cábinet ré:shúffle *sg.*, mìnistérial chánges [...'ʧeɪ-]; **2.** *геол.* dislocátion, displáce:ment; **3.** *тех.* trável ['træ-].

**перемещённ||ый** *прич. см.* перемеща́ть; ~ые ли́ца *полит.* displáced pérsons.

**переми́г||иваться,** перемигну́ться (*с тв.*) *разг.* wink (at); (мéжду собóй) wink (at each other). **~ну́ться** *сов. см.* переми́гиваться.

**перемина́ться:** ~ с ноги́ нá ногу *разг.* ≅ shift from one foot to the other [...fut...].

**переми́рие** *с.* ármistice, truce; заключи́ть ~ con:clúde *a* truce.

**перемножа́ть,** перемнóжить (*вн.*) *мат.* múltiplỳ (*d.*).

**перемнóжить** *сов. см.* перемножа́ть.

**перемога́ть,** перемóчь (*вн.*) *разг.* òver:cóme* (*d.*); *несов. тж.* try to òver:cóme (*d.*). **~ся,** перемóчься *разг.* òver:cóme* *an illness*; *несов. тж.* try to òver:cóme *an illness*.

**перемóкнуть** *сов.* be / get* drenched.

**перемóл** *м. с.-х.* ré-grind(ing).

**перемола́чивать,** перемолоти́ть (*вн.*) thresh / thrash agáin / anéw (*d.*).

**перемóлвить** *сов. разг.*: ~ слóво (с *тв.*) exchánge a word [-'ʧeɪ-...] (with); нé с кем слóва ~ there is no one to exchánge a word with. **~ся** *сов. разг.*: ~ся нéсколькими словáми (с *тв.*) exchánge a few words [-'ʧeɪ-...] (with).

**перемолоти́ть** I *сов. см.* перемола́чивать.

**перемолоти́ть** II *сов.* (*вн.*; *всё, много*) thresh (*d.*), thrash (*d.*).

**перемолóть** I *сов. см.* перемáлывать.

**перемолóть** II *сов.* (*вн.*; *всё, много*) grind* (*d.*), mill (*d.*). **~ся** *сов.* grind*, mill; ◇ перемéлется — мукá бу́дет *посл.* ≈ things will come right (in the end).

**перемонти́ровать** *сов.* (*вн.*) *тех.* mount agáin / anéw (*d.*).

**переморóзить** *сов.* (*вн.*) *разг.* spoil* by chilling (*d.*).

**перемости́ть** *сов.* (*вн.*) rè:páve (*d.*), pave agáin / anéw (*d.*).

**перемота́ть** *сов. см.* перемáтывать.

**перемóчь(ся)** *сов. см.* перемога́ть(ся).

**перемудри́ть** *сов. разг.* be too cléver by half [...'klevə...hɑːf].

**перему́читься** *сов. разг.* have súffered very much.

**перемыва́ть,** перемы́ть (*вн.*) wash up agáin / anéw (*d.*); ◇ ~ кому́-л. ко́сточки *разг.* ≅ pick smb. to píeces [...'piːs-].

**перемы́ть** I *сов. см.* перемыва́ть.

**перемы́ть** II *сов.* (*вн.*; *всё, много*) wash up (*d.*).

**перемы́чка** *ж.* **1.** *стр.* straight arch; búlkhead [-hed]; (*плотины*) cóffer-dàm; **2.** *тех.* cróssplece [-piːs], bridge batardéau [...-'dou].

**перенапряга́ть,** перенапря́чь (*вн.*) óver¦-stráin (*d.*). **~ся,** перенапря́чься óver¦stráin òne¦sélf.

**перенапряже́ние** *с.* óver¦stráin, óver¦exértion.

**перенапря́чь(ся)** *сов. см.* перенапряга́ть(ся).

**перенасел||е́ние** *с.*, **~ённость** *ж.* óver¦-pòpulátion. **~ённый** *прич. и прил.* óver¦pópulàted, óver¦péopled [-'piː-]; (*о жилищах*) òver¦crówded.

**перенасели́ть** *сов. см.* перенаселя́ть.

**перенаселя́ть,** перенасели́ть (*вн.*) óver¦-pópulàte (*d.*).

**перенасы́тить** *сов. см.* перенасыща́ть.

**перенасыща́ть,** перенасы́тить (*вн.*) *хим.* òver¦sáturàte (*d.*).

**перенасы́щенный** *прич. и прил. хим.* òver¦sáturàted.

**перенесе́ние** *с.* tránsference, trànspòrtátion.

**перенести́** I, II *сов. см.* переноси́ть I, II.

**перенести́сь** *сов. см.* переноси́ться.

**перенима́ть,** переня́ть (*вн.*) adópt (*d.*); (*подражать*) ímitàte (*d.*); переня́ть чей-л. о́пыт, чьи-л. ме́тоды adópt smb.'s méthods.

**переномерова́ть** = перенумерова́ть.

**перено́с** *м.* **1.** cárrying óver, tránsfèr, trànspòrtátion; ~ огня́ *воен.* shift of fire; **2.** (*части слова*) divísion into sýllables; **3.** *разг.* (*знак переноса*) hýphen ['haɪ-].

**переноси́мый** (*выносимый*) béarable ['bɛə-], endúrable.

**переноси́ть** I, перенести́ (*вн.*) **1.** cárry sóme¦whère else (*d.*); (*об учреждениях и т. п.*) trànsfér sóme¦whère else (*d.*); ~ с одного́ ме́ста на друго́е, куда́-л. *и т. п.* cárry / trànsfér from one place to another, sóme¦whère, *etc.* (*d.*); ~ ого́нь (на *вн.*) *воен.* shift / switch / lift the fire (to); **2.** (*на другую строчку*) divíde into sýllables (*d.*); **3.** (*откладывать*) put* off (*d.*), pòstpóne [poust-] (*d.*); заседа́ние бы́ло перенесено́ (на *вн.*) the méeting was adjóurned [...ə'dʒəːnd...] (till).

**переноси́ть** II, перенести́ (*вн.*; *терпеть — о боли и т. п.*) endúre (*d.*), bear* [bɛə] (*d.*), stand* (*d.*); (*об оскорблении, наказании и т. п.*) take* (*d.*); ~ боле́знь have an íllness; он э́того не перено́сит he can't bear / stand it [...kɑːnt...].

**переноси́ться,** перенести́сь **1.** be cárried; (*перен.*; *в мыслях*) be cárried a¦wáy; **2.** *страд. к* переноси́ть I.

**перено́сица** *ж.* bridge of the nose.

**перено́с||ка** *ж. разг.* cárrying óver, cárriage [-rɪdʒ], tránsference; для ~ки for cárrying púrposes [...-sɪz]. **~ный** **1.** pórtable; **2.** *лингв.* (*о значении*) fígurative, mètaphórical; в ~ном смы́сле in the fígurative méaning, fígurative¦ly.

**перено́сч||ик** *м.*, **~ица** *ж.* cárrier; ~ слу́хов, новосте́й spréader of rúmours ['spre-...], télltàle, góssip.

**перено́сье** *с. уст.* = перено́сица.

**переночева́ть** *сов.* spend* the night.

**перенумерова́ть** *сов.* (*вн.*) **1.** númber (*d.*); ~ страни́цы (*рд.*) page (*d.*); **2.** (*заново*) númber anéw / agáin (*d.*).

**переня́ть** *сов. см.* перенима́ть.

**переобору́дов||ание** *с.* rè-equípment. **~ать** *несов. и сов.* (*вн.*) rè-equíp (*d.*).

**переобремени́ть** *сов. см.* переобременя́ть.

**переобременя́ть,** переобремени́ть (*вн. тв.*) òver¦búrden (*d.* with).

**переобува́ть,** переобу́ть **1.** (кого́-л.) change smb.'s shoes [tʃeɪ-...ʃuːz]; **2.** (что-л.) change (smth.); ~ сапоги́ change one's boots. **~ся,** переобу́ться **1.** change one's shoes, boots, *etc.* [tʃeɪ-...ʃuːz...]; **2.** *страд. к* переобува́ть.

**переобу́ть(ся)** *сов. см.* переобува́ть(ся).

**переодева́ние** *с.* **1.** chánging clothes ['tʃeɪ- -ouðz]; **2.** (*маскировка*) dis¦guíse.

**переодева́ть,** переоде́ть **1.** (кого́-л.) change smb.'s clothes [tʃeɪ-...-ouðz]; она́ переоде́ла де́вочку в бе́лое пла́тье she changed the girl's dress for *a* white one; **2.** (кого́-л.; *с целью маскарада, маскировки*) dis¦guíse (smb.); (кого́-л. *тв.*) dis¦guíse (smb. as); (кого́-л. в *вн.*) dis¦guíse (smb. in); **3.** (что-л.) *разг.* change (smth.); ~ пла́тье, ю́бку *и т. п.* change one's dress, skirt, *etc.* **~ся,** переоде́ться **1.** change (one's clothes) [tʃeɪ-...-ouðz]; (в *вн.*) change (into), shift (into); **2.** (в *вн.*; *с целью маскарада, маскировки*) dis¦guíse òne¦sélf (in); (*тв.*) dis¦guíse òne¦sélf (as): ~ся в чьё-л. пла́тье dis¦guíse òne¦sélf in smb.'s cóstùme; ~ся же́нщиной dis¦guíse òne¦sélf as a wóman* [...'wu-].

**переоде́||тый** **1.** *прич. см.* переодева́ть 1, 2; **2.** *прил.* (*тв.*; *замаскированный*) dis¦guísed (as). **~ть(ся)** *сов. см.* переодева́ть(ся).

**переосвиде́тельствование** *с. мед.* ré-exàminátion.

**переосвиде́тельствовать** *несов. и сов.* (*вн.*) *мед.* ré-exámine (*d.*), subjéct to a ré-exàminátion (*d.*). **~ся** *несов. и сов. мед.* be ré-exámined, be subjécted to a ré-exàminátion.

**переохлажде́ние** *с.* sùper¦cóoling.

**переоце́нивать** I, переоцени́ть (*вн.*; *давать слишком высокую оценку*) óver¦éstimàte (*d.*), óver¦ráte (*d.*); ~ свои́ си́лы óver¦-éstimàte / óver¦ráte one's strength / pówers; bite* off more than one can chew *идиом.*; тру́дно переоцени́ть значе́ние э́того фа́кта the impórtance of this fact can scárce¦ly be exággeràted [...-εəs-...].

**переоце́нивать** II, переоцени́ть (*вн.*; *снова оценивать*) ré¦válue (*d.*), ré¦appráise (*d.*).

**переоцени́ть** I, II *сов. см.* переоце́нивать I, II.

**переоце́нка** I *ж.* (*слишком высокая оценка*) óver¦èstimátion.

**переоце́нка** II *ж.* (*наново*) ré¦vàluátion, ré¦appráisal [-zəl]; ~ це́нностей ré¦appráisal of válues.

**перепа́д** *м. тех.* óver¦fàll.

**перепада́||ть,** перепа́сть *разг.* **1.** (*изредка выпадать*): ~ют дожди́ it rains now and then; **2.** *безл.* (*дт.*) come* *one's* way; ему́ ма́ло перепа́ло little came his way.

**перепа́ивать,** перепои́ть (*вн.*) give* too much to drink (*i.*).

**перепа́лка** *ж.* **1.** (*стрельба*) skírmish; **2.** *разг.* (*перебранка*) high words *pl.*

**перепа́ривать,** перепа́рить (*вн.*) stew too much (*d.*).

**перепа́рить** *сов. см.* перепа́ривать.

**перепа́рхивать,** перепорхну́ть flútter / flit (sóme¦whère else); ~ с одного́ ме́ста на друго́е, куда́-л. *и т. п.* flútter / flit from one place to another, sóme¦whère, *etc.*

**перепа́сть** *сов. см.* перепада́ть.

**перепаха́ть** *сов. см.* перепа́хивать.

**перепа́хивать,** перепаха́ть (*вн.*) *с.-х.* plough agáin / anéw / óver (*d.*).

**перепа́чкать** *сов.* (*вн.*) soil (*d.*), make* dírty (*d.*). ~ся *сов.* make* òne¦sélf dírty.

**перепа́шка** *ж. с.-х.* plóughing agáin / anéw.

**перепе́в** *м.* ré¦hásh.

**перепека́ть,** перепе́чь (*вн.*) óver¦báke (*d.*). **~ся,** перепе́чься be óver¦báked.

**пе́репел** *м.* quail.

**перепелена́ть** *сов.* (*вн.*): ~ ребёнка change *a* bäby [ʧeɪ-...], change *a* báby's nápkin / díaper.

**перепели́ный** *прил. к* пе́репел.

**перепёлка** *ж.* fémàle quail ['fiː-...].

**перепе́рчить** *сов.* (*вн.*) put* too much pépper (into).

**перепеча́т||ать** *сов. см.* перепеча́тывать. **~ка** *ж.* ré¦print(ing); ~ка воспреща́ется cópyright (resérved) [...-'zəː-].

**перепеча́тывать,** перепеча́тать **1.** (*на машинке*) type (*d.*); **2.** (*заново*) ré¦print (*d.*); (*на машинке*) ré¦týpe (*d.*).

**перепе́чь** I *сов. см.* перепека́ть.

**перепе́чь** II *сов.* (*вн.*; *всё, много*) bake (*d.*).

**перепе́чься** *сов. см.* перепека́ться.

**перепи||ва́ться,** перепи́ться *разг.* get* drunk: они́ ~ли́сь they got drunk.

**перепи́ливать,** перепили́ть (*вн.*; *пополам*) saw* in two (*d.*).

**перепили́ть** I *сов. см.* перепи́ливать.

**перепили́ть** II *сов.* (*вн.*; *всё, много*) saw* (*d.*): ~ все дрова́ saw* all the fire¦wood [...-wud].

**переписа́ть** I, II *сов. см.* перепи́сывать I, II.

**перепи́с||ка** *ж.* **1.** (*действие*) cópying; (*на машинке*) týping; **2.** (*корреспонденция*) còrrespóndence; быть в ~ке (с *тв.*) be in còrrespóndence (with); **3.** *собир.* còrrespóndence; létters *pl.* **~чик** *м.*, **~чица** *ж.* cópyist; (*на машинке*) týpist. **~ывание** *с.* cópying; (*на машинке*) týping.

**перепи́сывать** I, переписа́ть (*вн.*) **1.** (*заново*) ré¦write* (*d.*); (*на пишущей машинке*) ré¦týpe (*d.*); ~ на́бело make* a fair cópy [...'kɔ-] (of), write* out fair (*d.*); **2.** (*списывать*) ré¦cópy [-'kɔ-] (*d.*).

**перепи́сывать** II, переписа́ть (*вн.*; *составлять список*) draw* / make* a list (of); (*для статистики*) make* a cénsus (of); переписа́ть всех take* down, *или* régister, everybody's names.

**перепи́сываться** I, II *страд. к* перепи́сывать I, II.

**перепи́сываться** III (с *тв.*) còrrespónd (with), be in còrrespóndence (with).

**пе́репись** *ж.* cénsus; всео́бщая ~ населе́ния géneral cénsus of the pòpulátion.

**перепи́ть** *сов.* (*рд.*; *выпить слишком много*) drink* too much (of).

**перепи́ться** *сов. см.* перепива́ться.

**перепла́вить** I, II *сов. см.* переплавля́ть I, II.

**переплавля́ть** I, перепла́вить (*вн.* на *вн.*) (*о руде*) smelt (*d.* into); (*о металле*) melt (*d.* into).

**переплавля́ть** II, перепла́вить (*вн.*; *о лесоматериалах; по воде*) float (*d.*); (*на плоту*) raft (*d.*).

**перепланирова́ть** *сов.* (*вн.*) ré-plán (*d.*).

**переплани́ро́вка** *ж.* ré-plánning.

**перепла́т||а** *ж. разг.* súrplus páyment. **~и́ть** *сов. см.* перепла́чивать.

**перепла́чивать,** переплати́ть (*вн. дт.*) óver¦páy* (*d.* to); (*дт. вн.* за *вн.*) óver¦páy* (*i. d.* for).

**переплести́** I, II *сов. см.* переплета́ть I, II.

**переплести́сь** *сов. см.* переплета́ться.

**переплёт** *м.* **1.** (*действие*) bínding; отдава́ть что-л. в ~ have smth. bound; **2.** (*книги*) bínding, bóok-còver [-kʌ-]; **3.** (*оконный*) tránsom, (wíndow-)sàsh; ◇ попа́сть в ~ *разг.* ≅ get* into a scrape, get* into trouble [...trʌbl].

**переплета́ть** I, переплести́ **1.** (*вн. тв.*) interláce (*d.* with), interknít (*d.* with); **2.** (*вн.*; *о книге и т. п.*) bind* (*d.*).

**переплета́ть** II, переплести́ (*вн.*; *заново*) (*о косе*) plait agáin / anéw [plæt...] (*d.*), braid agáin / anéw (*d.*).

**переплет||а́ться,** переплести́сь **1.** interláce, interwéave*; (*перен.*) become* / get* entángled; те́сно ~ (с *тв.*) be clóse¦ly interwóven [...-s-...] (with); собы́тия ~а́лись things got mixed up, all sorts of things háppened at once [...wʌns]; **2.** *страд. к* переплета́ть I, II. **~е́ние** *с.* interlácing.

**переплёт||ная** *ж. скл. как прил.* bínd¦ery, bóokbinder's shop. **~ный** *прил. к* переплёт; ~ная мастерска́я = переплётная. **~чик** *м.* bóokbinder.

**переплыва́ть,** переплы́ть swim* acróss; (*в лодке*) row / férry acróss [rou...]; (*на пароходе, корабле и т. п.*) sail acróss; (*на пароме*) férry acróss; (*вн.*, че́рез) cross (*d.*); (*вплавь*) swim* (acróss); (*в лодке*) row (acróss); (*на пароходе, корабле и т. п.*) sail (acróss); (*на пароме*) férry (acróss).

**переплы́ть** *сов. см.* переплыва́ть.

**переподгота́вливать,** переподгото́вить (*вн.*) train (anéw) (*d.*).

**переподгото́в||ить** *сов. см.* переподгота́вливать. **~ка** *ж.* additional tráining; ку́рсы по ~ке cóurses for impróving one's quàlificátion ['kɔː-... -ruːv-...], exténsion cóurses.

**перепои́ть** I *сов. см.* перепа́ивать.

**перепои́ть** II *сов.* (*вн.*) *разг.* (*всех, многих*) make* drunk (*d.*).

**перепо́||й** *м.*: с ~ю, с ~я drunk as one is; (*о прошлом*) drunk as one was.

**переполза́ть,** переползти́ crawl óver, creep* óver; (че́рез) crawl (óver), creep* (óver): он с трудо́м перепо́лз he crawled / crept óver with difficulty; он перепо́лз че́рез кана́ву he crawled óver *the* ditch; he crossed the ditch on hands and knees.

**переползти́** *сов. см.* переполза́ть.

**переполне́ние** *с.* **1.** (*о трамвае, поезде*) òver¦crówding; **2.:** ~ желу́дка *мед.* replétion.

**перепо́лнить(ся)** *сов. см.* переполня́ть(ся).

**переполня́ть,** перепо́лнить (*вн. тв.*) óver¦-fill (*d.* with); (*вн.*; *о помещении*) òver¦crówd (*d.*); (*перен.*; *о чувстве и т. п.*) fill (*d.*). **~ся,** перепо́лниться **1.** óver¦fill; (*через край*) óver¦-brim; òver¦flów [-ou] (*тж. перен.*); (*о помещении*) be òver¦crówded; моё се́рдце перепо́лнилось ра́достью my heart òver¦flówed with joy [...hɑːt...]; **2.** *страд. к* переполня́ть.

**переполо́ть** *сов.* (*вн.*) weed (*d.*); (*заново*) weed agáin / anéw (*d.*).

**переполо́||х** *м.* alárm, commótion, flúrry; подня́ть ~ set* up an alárm. **~ши́ть** *сов.* (*вн.*) *разг.* alárm (*d.*), excíte (*d.*), flúrry (*d.*). **~ши́ться** *сов. разг.* get* excíted, take* alárm.

**перепо́нка** *ж.* mémbràne; *зоол.* web; бараба́нная ~ *анат.* éar-drùm; týmpanum (*pl.* -nums, -na) *научн.*

**перепончатокры́л||ые** *мн. скл. как прил.* *зоол.* hỳmenóptera [haɪ-]. **~ый** *зоол.* hỳmenópterous [haɪ-].

**перепо́нчатый** mèmbráneous, mémbranous; *зоол.* webbed; wéb-footed [-fut-].

**перепо́ртить** *сов.* (*вн.*) spoil* (*d.*), rúin (*d.*). **~ся** *сов. разг.* be / get* rúined / spoiled.

**перепоруча́ть,** перепоручи́ть (что-л. кому́-л.) turn (smth. óver to smb. else): ~ веде́ние де́ла другому́ защи́тнику turn one's case óver to another láwyer [...keɪs...].

**перепоручи́ть** *сов. см.* перепоруча́ть.

**перепорхну́ть** *сов. см.* перепа́рхивать.

**перепоя́саться** *сов. см.* перепоя́сываться.

**перепоя́сываться,** перепоя́саться gird* òne¦sélf [g-...].

**перепра́ва** *ж.* pássage, cróssing; (*брод*) ford; ~ че́рез ре́ку ríver cróssing ['rɪ-...]; деса́нтная ~ *воен.* férrying (acróss).

**перепра́вить** I, II *сов. см.* переправля́ть I, II. **~ся** *сов. см.* переправля́ться III.

**переправля́ть** I, перепра́вить (*вн.*) **1.** convéy (*d.*); put* acróss (*d.*); (*на пароме*) férry (*d.*); **2.** (*о письмах, посылках и т. п.*) fórward (*d.*).

**переправля́ть** II, перепра́вить (*вн.*) *разг.* (*исправлять*) corréct (*d.*).

**переправля́ться** I, II *страд. к* переправля́ть I, II.

**переправля́ться** III, перепра́виться swim* acróss; (*в лодке*) row / férry acróss [rou...]; (*на пароходе, корабле и т. п.*) sail acróss; (*на пароме*) férry acróss; (че́рез) cross (*d.*); (*вплавь*) swim* (acróss); (*в лодке*) row (acróss), férry (acróss); (*на пароходе, корабле и т. п.*) sail (acróss); (*на пароме*) férry (acróss): они́ перепра́вились (*вплавь*) и вы́шли на бе́рег they swam acróss and came out on the bank; они́ перепра́вились че́рез ре́ку they crossed the ríver [...'rɪ-]; они́ перепра́вились че́рез ре́ку на паро́ме they férried acróss the ríver.

**перепрева́ть,** перепре́ть **1.** (*гнить*) rot; **2.** *разг.* (*слишком долго вариться*) be óver¦-dóne; тушёное мя́со перепре́ло the stew is óver¦dóne.

**перепре́лый** (*сгнивший — о листьях и т. п.*) rótten.

**перепре́ть** *сов. см.* перепрева́ть.

**перепро́бовать** *сов.* (*вн.*) **1.** try (*d.*); **2.** (*на вкус*) taste [teɪ-] (*d.*).

**перепрод||ава́ть,** перепрода́ть (*вн.*) ré¦séll* (*d.*). **~а́жа** *ж.* ré¦sále. **~а́ть** *сов. см.* перепродава́ть.

**перепроизво́дств||о** *с. эк.* óver¦prodúction; кри́зис ~а óver¦prodúction crísis (*pl.* -sès [-siːz]).

**перепры́гивать,** перепры́гнуть jump óver; (*вн.*, че́рез) jump (óver).

**перепры́гнуть** *сов. см.* перепры́гивать.

**перепряга́ть,** перепря́чь (*вн.*) **1.** (*заново*) ré¦hárness (*d.*); **2.** (*менять лошадей и т. п.*) change round [ʧeɪ-...] (*d.*).

**перепря́чь** *сов. см.* перепряга́ть.

**перепу́г** *м.*: с ~у *разг.* in one's fright. **~анный** *прич. и прил.* fríghtened.

**перепуга́ть** *сов.* (*вн.*) fríghten (*d.*), give* a fright / turn (*i.*), scare (*d.*). **~ся** *сов.* get* a fright, get* fríghtened.

**перепу́тать(ся)** *сов. см.* перепу́тывать(ся).

**перепу́тывать,** перепу́тать (*вн.*) **1.** (*приводить в беспорядок*) entángle (*d.*); **2.** *разг.* (*принимать одно за другое*) confúse (*d.*), mix up (*d.*), muddle up (*d.*). **~ся,** перепу́таться **1.** get* entángled; **2.** get* confúsed, *или* mixed up (*ср.* перепу́тывать); **3.** *страд. к* перепу́тывать.

**перепу́тье** *с.* cróss-róad(s) (*pl.*); на ~ (*перен.*) at the cróss-róads.

**перераба́тывать** I, перерабо́тать **1.** (*вн.* в *вн.*) *тех.* procéss (*d.* into); **2.** (*вн.*; *переделывать*) ré¦máke* (*d.*).

**перераба́тывать** II, перерабо́тать (*вн.*) *разг.* (*работать дольше положенного времени*) excéed the fixed hours of work [...auəz...], work long hours.

**перераба́тывающ||ий:** ~ая промы́шленность procéssing índustry.

**перерабо́тать** I, II *сов. см.* перераба́тывать I, II.

**перерабо́т||ка** I *ж.* **1.** *тех.* procéssing; промы́шленность по ~ке сельскохозя́йственного сырья́ pródùce procéssing índustry; **2.** (*переделка*) ré¦máking.

**перерабо́тка** II *ж.* (*сверх нормы*) óver¦tíme work.

**перераспредел||е́ние** *с.* ré¦distribútion. **~и́ть** *сов. см.* перераспределя́ть.

**перераспределя́ть,** перераспредели́ть (*вн.*) ré¦distríbùte (*d.*).

**перераста́ние** *с.* **1.** óver¦grówing [-'grou-]; **2.** (во что-л.) devélopment (into).

**перераста́ть,** перерасти́ **1.** (*вн.*) óver¦grów* [-'grou] (*d.*); outgrów* [-'grou] (*d.*) (*тж. перен.*); **2.** (в *вн.*) devélop [-'ve-] (into), grow* [grou] (into).

**перерасти́** *сов. см.* перераста́ть.

**перерасхо́д** *м.* **1.** óver-expénditure; **2.** *фин.* óver¦dràft. **~овать** *несов. и сов.* (*вн.*) **1.** spend* too much (of); **2.** *фин.* óver¦dráw* (*d.*).

**перерасчёт** *м.* ré-còmputátion; сде́лать ~ (*рд.*) make* a fresh accóunt (of).

**перерва́ть** *сов. см.* перерыва́ть I. **~ся** *сов. см.* перерыва́ться I.

**перерегистра́ция** *ж.* ré-règistrátion.

**перерегистри́ровать** *несов. и сов.* (*вн.*) ré-régíster (*d.*). **~ся 1.** *несов. и сов.* ré-régíster; 2. *страд. к* перерегистри́ровать.

**перере́зать** I *сов. см.* перереза́ть.

**перере́зать** II *сов.* (*вн.*; *зарезать — всех, многих*) kill (*d.*).

**перереза́ть,** перере́зать (*вн.*) **1.** cut* (*d.*); ~ верёвку cut* *the* rope; **2.** (*преграждать путь*) cut* off (*d.*); ~ кому́-л. доро́гу cut* off, *или* intercépt, smb.'s course [...kɔːs]; **3.** (*местность*) break* [-eɪk] (*d.*).

**перереша́ть** I, перереши́ть (*принимать другое решение*) change / ré:consíder / revíse one's decísion [tʃeɪ- -'sɪ-...], change one's mind.

**перереша́ть** II *сов.* (*вн.*; *всё, много*) solve (*d.*): ~ все зада́чи solve all the próblems [...'prɔ-].

**перереши́ть** *сов. см.* перереша́ть I.

**перержа́веть** *сов.* **1.** rust, be cóvered with rust [...'kʌ-...]; **2.** (*разломаться от ржавчины*) rust through.

**перерисова́ть** *сов. см.* перерисо́вывать.

**перерисо́вка** *ж.* cópying.

**перерисо́вывать,** перерисова́ть (*вн.*; *заново*) draw* agáin / anéw (*d.*).

**перероди́ть(ся)** *сов. см.* перерожда́ть(ся).

**перерожда́ть,** переродить (*вн.*) regéneràte (*d.*), make* a new man* (of). **~ся,** перероди́ться **1.** regéneràte; **2.** (*вырождаться*; *тж. перен.*) degéneràte; **3.** *страд. к* перерожда́ть.

**перерожде́нец** *м.* degénerate.

**перерожде́ние** *с.* **1.** regènerátion; **2.** (*вырождение*; *тж. перен.*) degènerátion.

**перерo´сток** *м. разг.* báckward child*, child* with retárded devélopment.

**перерубa´ть,** перерубить (*вн.*) cut* in(to) two (*d.*), chop / cut* / hew asúnder (*d.*); (*о бревне*) chop in(to) two (*d.*).

**переруби́ть** *сов. см.* перерубa´ть.

**переруга́ть** *сов.* (*вн.*) *разг.* abúse (*d.*).

**переруга́ться** *сов.* (*с тв.*) *разг.* quárrel (with), fall* out (with).

**переру́гиваться** *разг.* quárrel, squabble; ~ друг с дру́гом quárrel / squabble with one another.

**переры́в** *м.* interrúption; break [-eɪk], intermíssion; (*промежуток*) interval; ~ на де́сять мину́т ten minutes' interval [...'mɪnɪts...]; обе́денный ~ dínner break; ле́тний ~ (*в работе, занятиях*) súmmer recéss; по́сле 8-дне́вного ~а (*в совещании*) áfter an 8-day recéss, áfter an adjóurnment of 8 days [...ə'dʒəːn-...]; сде́лать ~ на ле́тние *и т. п.* кани́кулы (*о парламенте и т. п.*) go* into súmmer, *etc.*, recéss, rise* for the súmmer, *etc.*, recéss; без ~ов without interrúption / intermíssion; с ~ами off and on.

**перерыва́ть** I, перерва́ть (*вн.*) break* [-eɪk] (*d.*); tear* asúnder [tɛə...] (*d.*).

**перерыва́ть** II, переры́ть (*вн.*) **1.** dig* up (*d.*); (*перен.*; *о бумагах и т. п.*) rúmmage (*d.*, in); **2.** (*заново*) dig* agáin / anéw (*d.*).

**перерыва́ться** I, перерва́ться **1.** break* [-eɪk]; **2.** *страд. к* перерыва́ть I.

**перерыва́ться** II *страд. к* перерыва́ть II.

**переры́ть** *сов. см.* перерыва́ть II.

**переряди́ть(ся)** *сов. см.* переряжа́ть(ся).

**переряжа́ть,** переряди́ть (кого́-л.) *разг.* dis:guíse (smb.); (кого́-л. кем-л.) dis:guíse (smb. as smb.); (кого́-л. в *вн.*) dis:guíse (smb. in). **~ся,** переряди́ться **1.** (в *вн.*) dis:guíse òne:sélf (in); (*тв.*) dis:guíse òne:sélf (as); **2.** *страд. к* переряжа́ть.

**пересади́ть** *сов. см.* переса́живать.

**переса́дка** I *ж. с.-х., мед.* trànsplàntátion [-lɑːn-]; (*о растениях тж.*) ré:plàntátion [-ɑːn-]; (*о живой ткани тж.*) gráfting.

**переса́д||ка** II *ж. ж.-д.* tránsfer; change (of cárriage / train) [tʃeɪ-... -rɪdʒ...]; в Ленингра́д без ~ки no change for Léningràd. **~очный** *прил. к* переса́дка; ~очный биле́т tránsfer.

**переса́живать,** пересади́ть (*вн.*) **1.** make* smb. change *his* seat [...tʃeɪ-...]: преподава́тель пересади́л ученико́в *the* téacher made *the* púpils change their seats; **2.** (*о растении*) trànsplánt [-ɑːnt] (*d.*); (*о живой ткани тж.*) graft (*d.*). **~ся,** пересе́сть **1.** change one's seat [tʃeɪ-...]; exchánge seats [-'tʃeɪ-...]; **2.** *ж.-д.* change cárriages / trains [...-rɪdʒɪz...]; **3.** *страд. к* переса́живать.

**переса́ливать,** пересоли́ть (*вн.*) put* too much salt (into); (*без доп.*; *перен.*) òver:dó it.

**пересдава́ть,** пересда́ть (*вн.*) **1.** *разг.* (*об экзамене, зачёте*) ré:táke* (*d.*); ~ экза́мен ré:táke* one's exàminátion, go* in for a sécond exàminátion [...'se-...]; **2.** (*о картах*) deal* (round) agáin (*d.*).

**пересда́ть** *сов. см.* пересдава́ть.

**переседла́ть** *сов.* (*вн.*; *заново*) saddle anéw (*d.*).

**пересека́||ть,** пересе́чь (*вн.*) cross (*d.*), intersect (*d.*); (*о линиях, лучах и т. п.*) cut* (*d.*); пересе́чь у́лицу cross the street; ~ кому́-л. путь, доро́гу *и т. п.* cut* smb. off; cross smb.'s path. **~ться,** пересе́чься **1.** cross; intersect; **2.** *страд. к* пересека́ть. **~ющийся** *прич. и прил.* cróssing, ìntersécting; ~ющиеся ли́нии cróssing lines.

**переселе́н||ец** *м.* mígrant, migrátor [maɪ-]; (*иммигрант*) ímmigrant. **~ие** *с.* **1.** migrátion [maɪ-], èmigrátion, trànsmigrátion [-maɪ-]; (*иммиграция*) ìmmigrátion; вели́кое ~ие наро́дов *ист.* the great migrátion of peoples [...-eɪt...piː-]; **2.** (*с квартиры на квартиру*) move [muːv]. **~ческий** *прил. к* переселе́ние 1.

**пересели́ть(ся)** *сов. см.* переселя́ть(ся).

**переселя́ть,** пересели́ть (*вн.*) move [muːv] (*d.*); ~ на но́вую кварти́ру move to *a* new place (of résidence) [...-zɪ-] (*d.*). **~ся,** пересели́ться **1.** move [muːv], mìgráte [maɪ-], tránsmigràte [-maɪ-]; ~ся на но́вую кварти́ру move to *a* new place (of résidence) [...-zɪ-], change one's lódgings [tʃeɪ-...]; **2.** *страд. к* переселя́ть.

**пересе́сть** *сов. см.* переса́живаться.

**пересече́ни||е** *с.* cróssing, intersection; то́чка ~я point of intersection.

**пересечённ||ый** **1.** *прич. см.* пересека́ть; **2.** *прил.*: ~ая ме́стность bróken country [...'kʌ-], rúgged cóuntry / térrain.

**пересе́чь(ся)** *сов см.* пересека́ть(ся).

**переси́ливать,** переси́лить (*вн.*) òver:pówer (*d.*); (*перен.*: *о боли, чувстве и т. п.*) òver:cóme* (*d.*), máster (*d.*).

**переси́лить** *сов. см.* переси́ливать.

**пересúнивать,** пересинúть (*вн.*) óver¦blúe (*d.*).

**пересинúть** *сов. см.* пересúнивать.

**переckáз** *м.* **1.** (*действие*) ré¦télling, narrátion; **2.** (*изложение*) èxposítion [-'zɪ-]. **~áть** *сов. см.* пересkáзывать.

**пересkáзывать,** пересказáть (*вн.*) ré¦téll* (*d.*).

**переckáкивать,** перескочúть **1.** jump óver; (*вн.*, чéрез) jump (óver); vault (óver); (*перен.*; *при чтении*) skip (óver): он перескочúл и побежáл дáльше he jumped óver and ran on; он перескочúл (чéрез) канáву he jumped óver *a* ditch; **2.** (с *рд.* на *вн.*, к) skip (from to): ~ с однóй тéмы на другýю skip from one tópic to another.

**перескочúть** *сов. см.* переckáкивать.

**переслáстúть** *сов.* (*вн.*) *разг.* put* too much súgar [...'ʃu-] (into).

**переслáть** *сов. см.* пересылáть.

**пересмáтривать,** пересмотрéть (*вн.*) **1.** (*о книге, статье и т. п.*) go* óver agáin / anéw (*d.*), revíse (*d.*); **2.** (*в поисках чего-л.*) look óver (*d.*); **3.** (*с целью изменения*) revíse (*d.*); (*о приговоре*) reviéw [-'vjuː] (*d.*); (*о решении*) ré¦consíder [-'sɪ-] (*d.*); ~ стáрые нóрмы revíse old norms.

**пересмéиваться** (с *тв.*) *разг.* exchánge smiles [-'ʧeɪ-...] (with).

**пересмéшн||ик** *м.* **1.** *разг.* mócker; **2.** (*птица*) móсking-bird. **~ица** *ж.* *к* пересмéшник 1.

**пересмóтр** *м.* revísion; (*приговора*) reviéw [-'vjuː]; (*судебного дела*) ré¦trial; (*решения*) ré¦considerátion.

**пересмотрéть** I *сов. см.* пересмáтривать.

**пересмотрéть** II *сов.* (*вн.*; *повидать много чего-л.*) go* óver (*d.*), look through (*d.*), look óver (*d.*).

**переснимáть,** переснять (*вн.*) **1.** (*о копии*) make* a cópy [...'kɔ-] (of); **2.** *разг.* (*о фотографии*) make* another phóto¦gràph (of). **~ся,** перснáться **1.** *разг.* have another phóto¦gràph táken; **2.** *страд.* *к* переснимáть.

**переснять(ся)** *сов. см.* переснимáть(ся).

**пересоздавáть,** пересоздáть (*вн.*) ré-crèáte (*d.*).

**пересоздáть** *сов. см.* пересоздавáть.

**пересóл** *м.* too much salt; ◇ недосóл на столé, а ~ на спинé *посл.* ≅ bétter únder¦-dóne than óver¦dóne. **~úть** *сов. см.* пересáливать.

**пересортир||овáть** *сов.* (*вн.*) ré-assórt (*d.*). **~óвка** *ж.* ré-assórting.

**пересóхнуть** *сов. см.* пересыхáть.

**переспáть** *сов. разг.* **1.** (*спать слишком долго*) óver¦sléep*; **2.** (*переночевать*) spend* the night.

**переспéлый** óver¦rípe.

**переспéть** *сов.* óver¦rípen.

**переспóр||ить** *сов.* (*вн.*) *разг.* out-árgue (*d.*); егó не ~ишь there's no árguing with him, he must have the last word, he is álways in the right [...'ɔːlwəz...].

**переспрáшивать,** переспросúть (*вн.*) ask agáin (*d.*); (*просить повторить*) ask to rèpéat (*d.*).

**переспросúть** I *сов. см.* переспрáшивать.

**переспросúть** II *сов.* (*вн.*; *всех, многих*) ask (*d.*); ~ всех ученикóв ask all the púpils.

**перессóрить** *сов.* (*вн.*) *разг.* cause to quárrel (*d.*); ~ стáрых друзéй cause old friends to quárrel [...fre-...], start a quárrel betwéen old friends. **~ся** *сов.* (с *тв.*) *разг.* quárrel / break* [...-eɪk] (with).

**перестав||áть,** перестáть stop; (*постепенно*) cease [-s]; перестáть притворя́ться abándon all preténce; перестáньте разговáривать! stop tálking!; не ~áя incéssantly.

**перестáвить** *сов. см.* переставля́ть.

**переставля́ть,** перестáвить (*вн.*) move [muːv] (*d.*), shift (*d.*); trànspóse (*d.*); (*перемещать*) ré¦arránge [-'reɪ-] (*d.*); ◇ éле нóги ~ be hárdly able to drag one's legs alóng.

**перестáивать(ся),** перестоя́ть(ся) be left to stand too long.

**перестанóвка** *ж.* **1.** trànsposítion [-'zɪ-]; (*перемещение*) ré¦arránge¦ment [-'reɪ-]; **2.** *мат.* pèrmùtátion.

**перестарáться** *сов. разг.* òver¦dó it.

**перестáть** *сов. см.* переставáть.

**перестилáть,** перестлáть (*вн.*) **1.:** ~ постéль make* *the* bed óver agáin; **2.** (*досками*) board (*d.*); ~ пол в кóмнате ré-flóor *a* room [-'flɔː...].

**перестирáть** I *сов. см.* перестúрывать.

**перестирáть** II *сов.* (*вн.*; *всё, много*) wash (*d.*); ~ всё бельё wash all the línen [...'lɪ-].

**перестúрывать,** перестирáть (*вн.*) wash agáin / anéw (*d.*).

**перестлáть** *сов. см.* перестилáть.

**перестоя́ть(ся)** *сов. см.* перестáивать(ся).

**перестрадáть** *сов.* súffer (a great deal) [...-eɪt...], have súffered.

**перестрáивать,** перестрóить (*вн.*) **1.** (*о доме и т. п.*) ré¦búild* [-'bɪld] (*d.*), ré¦constrúct (*d.*); **2.** (*реорганизовывать*) ré¦órganize (*d.*); ~ на воéнный лад put* on a war fóoting [...'fut-] (*d.*); **3.** *воен.* ré-fórm (*d.*); **4.** *муз.* tune (*d.*), attúne (*d.*); **5.** *рад.* switch óver (*d.*). **~ся,** перестрóиться **1.** refórm; impróve one's méthods of work [-ruːv...]; **2.** *воен.* ré-fórm; **3.** (на *вн.*) *рад.* switch óver (to): ~ся на корóткую волнý switch óver to short waves; **4.** *страд.* *к* перестрáивать.

**перестраховáть(ся)** *сов. см.* перестрахóвывать(ся).

**перестрахóв||ка** *ж.* ré¦insúrance [-'ʃuə-]; (*перен.*) *неодобр.* óver¦cáutious¦ness. **~щик** *м.* *неодобр.* óver¦cáutious pérson.

**перестрахóвывать,** перестраховáть (*вн.*) ré¦insúre [-'ʃuə] (*d.*). **~ся,** перестраховáться **1.** get* ré¦insúred [...-'ʃuəd]; (*перен.*) *неодобр.* play for sáfe¦ty, play safe, be óver¦cáutious (to avóid respònsibílity); **2.** *страд.* *к* перестрахóвывать.

**перестрéл||иваться** exchánge fire [-'ʧeɪ-...]. **~ка** *ж.* exchánge of fire [-'ʧeɪ-...], skírmish.

**перестреля́ть** I *сов.* (*вн.*; *убить*) shoot* (down) (*d.*).

**перестреля́ть** II *сов.* (*вн.*; *израсходовать*) use up (*d.*); ~ все патрóны use up all the cártridges.

**перестрóить(ся)** *сов. см.* перестрáивать(ся).

**перестрóйка** *ж.* **1.** (*здания*) ré¦búilding [-'bɪl-], ré¦constrúction; **2.** (*идеологическая*) ré¦òrientátion; **3.** (*реорганизация*) ré¦òrganìzátion [-naɪ-]; ~ рабóты ré¦òrganìzátion of work, ré¦formátion of procédure [...-'siːdʒə]; социалистическая ~ сельского хозяйства sócialist ré¦òrganizátion of ágricùlture.

**перестýкива¦¦ние** *с.* (с *тв.*; *в тюрьме*) commùnicátion by rápping / tápping. **~ться** (с *тв.*) commúnicàte by rápping / tápping (with).

**переступáть,** переступи́ть **1.** step óver; (*вн.*, чéрез) óver¦stép (*d.*), step (óver); (*перен.*; *закон и т. п.*) trànsgréss (*d.*), break* [-eɪk] (*d.*); ~ порóг cross the thréshòld; ~ грани́цы excéed the límits, gó* be¦yónd the límits; **2.** *тк. несов.*: едвá ~ move step by step [muːv...], move slówly [...'slou-]; ~ с ноги́ нá ногу shift from one foot to the other [...fut...], shift from foot to foot, shuffle alóng.

**переступи́ть** *сов. см.* переступáть 1.

**пересýды** *мн. разг.* góssip *sg.*

**пересýшивать,** пересуши́ть (*вн.*) óver¦drý (*d.*). **~ся,** пересуши́ться **1.** óver¦drý; **2.** *страд. к* пересýшивать.

**пересуши́ть** I *сов. см.* пересýшивать.

**пересуши́ть** II *сов.* (*вн.*; *всё, много*) dry (*d.*).

**пересуши́ться** *сов. см.* пересýшиваться.

**пересчитáть** I *сов. см.* пересчи́тывать.

**пересчитáть** II *сов.* (*вн.*; *всех, всё*) count (*d.*).

**пересчи́тывать,** пересчитáть **1.** (*вн.*; *заново*) count agáin / anéw (*d.*); **2.** (*вн.* нá *вн.*; *выражать в других величинах*) eváluàte (*d.* in).

**пересылáть,** переслáть (*вн.*) send* (*d.*); (*о деньгах*) remít (*d.*); (*о письме и т. п.*) fórward (*d.*); ~ по пóчте send* by post [...pou-] (*d.*).

**пересы́л¦¦ка** *ж.* sénding; (*о деньгах*) remíttance; ~ товáров cárriage of goods [-rɪdʒ... gudz]; стóимость ~ки (*по почте*) póstage ['pou-]; ~ бесплáтно cárriage free; (*по почте*) post free [pou-...]. **~очный** *прил. к* пересы́лка.

**пересы́льный** dèpòrtátion [diː-] (*attr.*); ~ пункт dèpòrtátion point (for cónvicts).

**пересы́пать** I, II, III *сов. см.* пересыпáть I, II, III.

**пересыпáть** I, пересы́пать (*вн.*) pour into another contáiner / place [pɔː...] (*d.*); ~ из одногó местá в другóе, кудá-л. *и т. п.* pour out of one place / contáiner into another, sóme¦whère, *etc.*

**пересыпáть** II, пересы́пать (*вн. тв.*) **1.** pówder (*d.* with); **2.** *чаще несов. разг.* (*речь — остротами и т. п.*) ìnterspérse (*d.* with).

**пересыпáть** III, пересы́пать (*рд.*; *слишком много*) pour too much [pɔː...] (*d.*), put* too much (*d.*).

**пересыхáть,** пересóхнуть dry up; (*чересчур*) óver¦drý; (*о почве*) get* dry; ◇ у негó в гóрле пересóхло his throat is dry / parched.

**перетáпливать,** перетопи́ть (*вн.*) **1.** melt (*d.*); **2.** (*заново*) melt agáin / anéw (*d.*). **~ся,** перетопи́ться **1.** melt; **2.** *страд. к* перетáпливать.

**перетаск¦¦áть** *сов.* (*вн.*) *разг.* **1.** cárry (a¦wáy) (*d.*); **2.** (*украсть*) steal* (*d.*): у негó ~áли все кни́ги all his books were stólen from him.

**перетáскивать,** перетащи́ть (*вн.*) (*волоча*) drag óver (*d.*); (*неся*) cárry óver (*d.*); (чéрез; *волоча*) drag (óver); (*неся*) cárry (óver).

**перетасовáть** *сов. см.* перетасóвывать.

**перетасóвка** *ж.* shuffle.

**перетасóвывать,** перетасовáть (*вн.*) shuffle (*d.*), ré¦shúffle (*d.*).

**перетащи́ть** *сов. см.* перетáскивать.

**перетерéть** I *сов. см.* перетирáть.

**перетерéть** II *сов.* (*вн.*; *всё, много*) wipe up (*d.*); ~ всю посýду wipe all the dishes.

**перетерéться** *сов. см.* перетирáться.

**перетерпéть** *сов.* (*вн.*) *разг.* súffer (*d.*); (*боль и т. п.*) òver¦cóme* (*d.*).

**перетирáть,** перетерéть (*вн.*) **1.** (*о верёвке и т. п.*) wear* out [wɛə...] (*d.*); **2.** (*растирать*) grind* (*d.*); ◇ терпéние и труд всё перетрýт *посл.* ≅ pèrsevérance wins; it's dógged does it; if at first you don't succéed, try, try, try agáin. **~ся,** перетерéться **1.** (*о верёвке и т. п.*) wear* out [wɛə...]; **2.** *страд. к* перетирáть.

**перетóлки** *мн. разг.* títtle-tàttle *sg.*

**перетолковáть** I *сов. см.* перетолкóвывать.

**перетолковáть** II *сов.* (с *тв.* о *пр.*) *разг.* talk (with óver), discúss (with *d.*).

**перетолкóвывать,** перетолковáть (*вн.*) *разг.* mìsintérpret (*d.*).

**перетопи́ть(ся)** *сов. см.* перетáпливать(ся).

**перетревóжить** *сов.* (*вн.*) *разг.* distúrb (*d.*). **~ся** *сов. разг.* be distúrbed, become* ánxious.

**перетрýсить** *сов. разг.* have / get* a fright.

**перетрясти́** *сов.* (*вн.*) shake* up (*d.*).

**перетряхнýть** *сов.* (*вн.*) shake* up (*d.*).

**перетя́гивать** I, перетянýть (*вн.*; *перевешивать*) outbálance (*d.*), òver¦bálance (*d.*), outwéigh (*d.*); перетянýть чáшу весóв turn the scale.

**перетя́гивать** II, перетянýть (*вн.*; *о верёвке и т. п.*) stretch agáin / anéw (*d.*).

**перетя́гивать** III, перетянýть (*вн.*; *перетаскивать*) pull / draw* sóme¦whère else [pul...] (*d.*); ~ с одногó мéста на другóе, кудá-л. *и т. п.* pull / draw* from one place to another, sóme¦whère, *etc.* (*d.*); ~ лóдку к бéрегу pull / draw* *the* boat to the shore; ◇ перетянýть на своí стóрону win* óver (*d.*), gain óver (*d.*).

**перетя́гиваться,** перетянýться lace òne¦sélf too tight.

**перетянýть** I, II, III *сов. см.* перетя́гивать I, II, III. **~ся** *сов. см.* перетя́гиваться.

**переубеди́ть(ся)** *сов. см.* переубеждáть(ся).

**переубеждáть,** переубеди́ть (*вн.*) make* (*d.*) change one's mind [...tʃeɪ-...]: он переубеди́л её he made her change her mind. **~ся,** переубеди́ться **1.** change one's mind [tʃeɪ-...]; **2.** *страд. к* переубеждáть.

**переýлок** *м.* bý-street; (*узкий*) lane, álley.

**переусéрдствовать** *сов. разг.* òver¦dó it; be óver¦zéalous [...-'zel-].

**переустрóйство** *с.* ré¦constrúction; социалисти́ческое ~ óбщества sócialist ré¦constrúction of society.

**переуступáть,** переуступи́ть (*вн.*) cede (*d.*), give* up (*d.*).

**переуступи́ть** *сов. см.* переуступáть.

**переутом¦¦и́ть(ся)** *сов. см.* переутомля́ть(-ся). **~лéние** *с.* óver¦stráin; (*от работы тж.*)

óver¦wórk. ~лённый *прич. и прил.* óver¦stráined, óver¦tíred; (*работой тж.*) óver¦wórked.

**переутомля́ть,** переутоми́ть (*вн.*) óver¦stráin (*d.*), óver¦tíre (*d.*); (*работой тж.*) óver¦wórk (*d.*). **~ся,** переутоми́ться **1.** óver¦stráin òne¦sélf; (*работой тж.*) óver¦wórk óne¦sélf; *сов. тж.* be run down; **2.** *страд. к* переутомля́ть.

**переуче́сть** *сов. см.* переучи́тывать.

**переучёт** *м.* **1.** (*о товарах и т. п.*) stóck-tàking, ínventory; **2.** (*перерегистрация*) règistrátion.

**переу́чивать,** переучи́ть **1.** (кого́-л.) teach* agáin / anéw (smb.); **2.** (что-л.) learn* agáin / anéw [lə:n...] (smth.). **~ся,** переучи́ться learn* agáin / anéw [lə:n...].

**переучи́тывать,** переуче́сть (*вн.*; *о товарах и т. п.*) take* stock (of).

**переучи́ть(ся)** *сов. см.* переу́чивать(ся).

**переформирова́ть** *сов. см.* переформиро́вывать.

**переформиро́вывать,** переформирова́ть (*вн.*) *воен.* ré-fórm (*d.*).

**перефрази́ровать** *несов. и сов.* (*вн.*) páraphràse (*d.*).

**перефразиро́вка** *ж.* páraphràse.

**перехва́ливать,** перехвали́ть (*вн.*) óver¦práise (*d.*).

**перехвали́ть** *сов. см.* перехва́ливать.

**перехвати́ть** I *сов. см.* перехва́тывать.

**перехвати́ть** II *сов. разг.* (*преувеличить*) óver¦shóot* the mark.

**перехва́тчик** *м. ав.* intercéptor.

**перехва́тывать,** перехвати́ть (*вн.*) **1.** (*задерживать в пути*) intercépt (*d.*): ~ письмо́ intercépt *a* létter; перехвати́ть телефо́нный разгово́р tap the wire; **2.** *разг.* (*занимать деньги на короткое время*) bórrow (*d.*); **3.** *разг.* (*поесть мимоходом*) take* a snack / bite.

**перехвора́ть** *разг.* = переболе́ть.

**перехитри́ть** *сов.* (*вн.*) out¦wít (*d.*), òver¦réach (*d.*).

**перехо́д** *м.* (*в разн. знач.*) pássage, trànsítion [-ʒn]; (*действие тж.*) cróssing; *воен.* march; в двух ~ах от го́рода two days' march from the town; при ~е че́рез ре́ку while cróssing the ríver [...'rɪ-]; ~ от социали́зма к коммуни́зму trànsítion from sócialism to cómmunism; ~ коли́чества в ка́чество trànsítion from quántity to quálity; ~ от семиле́тнего на всео́бщее сре́днее, десятиле́тнее, образова́ние switch-òver from 7-year èducátion to géneral sécondary, 10-year èducátion; бы́стрый ~ от тепла́ к хо́лоду rápid trànsítion from heat to cold; ~ в другу́ю ве́ру convérsion to another faith.

**переходи́ть,** перейти́ **1.** get* acróss; (*препятствие*) get* óver; (*вн.*, че́рез) cross (*d.*), get* (óver); ~ грани́цу cross the fróntier [...-ʌn-]; **2.** (к) pass on (to); (*без доп.*; *менять место, занятие и т. п.*) pass; ~ из уст в уста́ be passed on; ~ от слов к де́лу pass from words to deeds; перейти́ к ми́рной эконо́мике shift to a peace ècónomy [...i:-]; ~ на другу́ю те́му turn to other things; ~ в ру́ки (*рд.*) pass into the hands (of); ~ к друго́му владе́льцу change hands [tʃeɪ-...]; ~ в сле́дующий класс get* one's remóve [...-'mu:v]; ~ на произво́дство мотоци́клов turn to máking mótor-cýcles; ~ на сто́рону проти́вника *воен.* desért to the énemy [-'zə:t...]; (*перен.*) be a túrncoat; ~ к сле́дующему вопро́су go* on to the next quéstion / point [...-stʃən...]; **3.** (*в вн.*; *превращаться*) turn (into); их ссо́ра перешла́ в дра́ку from words they came to blows [...-ouz]; **4.:** ~ в ата́ку launch an attáck; ~ в наступле́ние take* / assúme the offénsive; ◇ ~ грани́цы óver¦stép the límits, pass all bounds; ~ из рук в ру́ки pass through many hands; change hands many times.

**перехо́д||ный 1.** trànsítional [-ʒn°l]; trànsítion [-ʒn] (*attr.*); ~ная эпо́ха trànsítion(al) périod; ~ пери́од от капитали́зма к социали́зму trànsítion(al) périod from cápitalism to sócialism; **2.** *грам.* tránsitive ['trɑ:ns-]; ~ глаго́л tránsitive verb. **~я́щий 1.** *прич. см.* переходи́ть; **2.** *прил.* tránsitory [-z-], tránsient [-z-]; ~я́щие су́ммы *фин.* cárry-òvers; **3.** *прил.* (*о кубке и т. п.*) chállenge (*attr.*); ~я́щее зна́мя chállenge bánner; ~я́щий приз, ку́бок *спорт.* chállenge prize, cup.

**пе́рец** *м.* pépper; стручко́вый ~ cápsicum; (*красный*) cayénne; ◇ зада́ть пе́рцу кому́-л. *разг.* ≅ give* it smb. hot.

**перецара́паться** *сов.* **1.** scratch òne¦sélf (on wire, thorns, *etc.*); **2.** (*взаимно*) scratch one another, scratch each other.

**перечека́н||ивать,** перечека́нить (*вн.*) ré¦cóin (*d.*). **~ить** *сов. см.* перечека́нивать. **~ка** *ж.* ré¦cóinage.

**пе́речень** *м.* enùmerátion; (*список*) list.

**перечёркивать,** перечеркну́ть (*вн.*) cross (out) (*d.*); (*перен.*; *о договоре и т. п.*) cáncel (*d.*), make* null and void (*d.*).

**перечеркну́ть** *сов. см.* перечёркивать.

**перечерти́ть** *сов. см.* перече́рчивать.

**перече́рчивать,** перечерти́ть (*вн.*) **1.** (*заново*) draw* agáin / anéw (*d.*); **2.** (*снять копию*) cópy ['kɔ-] (*d.*).

**перечеса́ть** *сов. см.* перечёсывать.

**перече́сть** I *сов. разг.* = пересчита́ть II; мо́жно по па́льцам ~ it can be cóunted on the fíngers of one hand.

**перече́сть** II *сов. см.* перечи́тывать.

**перечёсывать,** перечеса́ть: ~ во́лосы do one's hair óver / agáin.

**перечини́ть** I *сов.* (*вн.*; *всё, много — о белье и т. п.*) mend (*d.*), repáir (*d.*).

**перечини́ть** II *сов.* (*наново*) mend agáin / anéw (*d.*), repáir agáin / anéw (*d.*).

**перечини́ть** III *сов.* (*вн.*; *о карандашах*) shárpen (*d.*), point (*d.*).

**перечисле́ние** *с.* **1.** enùmerátion; **2.** *фин.* tránsfer; (*действие*) trànsférring.

**перечи́слить** *сов. см.* перечисля́ть.

**перечисля́ть,** перечи́слить (*вн.*) **1.** enúmeràte (*d.*); **2.** *фин.* trànsfér (*d.*).

**перечита́ть** I *сов. см.* перечи́тывать.

**перечита́ть** II *сов.* (*вн.*; *одно за другим*) read* (*d.*): ~ все кни́ги read* all the books.

**перечи́тывать,** перечита́ть, перече́сть (*вн.*) ré-réad* (*d.*).

**пе́речить** (*дт.*) *разг.* còntradíct (*d.*), thwart (*d.*).

**пе́речница** *ж.* pépper-bòx.

**перечу́вствовать** *сов.* (*вн.*) feel* (*d.*), expérience (*d.*).

**перешáгивать,** перешагну́ть step óver; (*вн.*, чéрез) óver¦stép (*d.*), step (óver); ~ порóг cross the thréshòld.

**перешагну́ть** *сов. см.* перешáгивать.

**перешéек** *м. геогр.* ísthmus ['ɪsməs], neck (of land).

**перешёптываться** whisper to one another.

**перешиб||áть,** перешиби́ть (*вн.*) *разг.* frácture (*d.*), break* [-eɪk] (*d.*). **~и́ть** *сов. см.* перешибáть.

**перешивáть,** переши́ть (*вн.*) **1.** sew* [sou] (*d.*); пу́говицу нáдо переши́ть на кармáн the bútton should be sewn to / on the pócket [...soun...]; **2.** (*переделывать*) álter (*d.*); (*сдавая в переделку*) have (*d.*) áltered; переши́ть пальтó álter *a* coat; (*сдавая в переделку*) have *a* coat áltered; **3.** *тех.* álter (*d.*); ~ колею́ *ж.-д.* álter the gauge [...geɪdʒ].

**переши́вка** *ж.* (*платья*) áltering, àlterátion (of clothes) [...-oudz].

**переши́ть** *сов. см.* перешивáть.

**перештóпать** I *сов. см.* перештóпывать.

**перештóпать** II *сов.* (*вн.*; *всё, много*) darn (*d.*): ~ все носки́ darn all the socks.

**перештóпывать,** перештóпать (*вн.*) ré¦dárn (*d.*), darn óver agáin (*d.*), darn anéw (*d.*).

**перещеголя́ть** *сов.* (*вн.*) *разг.* out¦dó (*d.*), beat* (*d.*); go* one bétter than (*d.*).

**переэкзаменовáть** *сов.* (*вн.*) ré¦exámine (*d.*).

**переэкзаменóвк||а** *ж.* sécond exàminátion (áfter *a* fáilure) ['se-...]; держáть ~у go* in for a sécond exàminátion.

**перигéй** *м. астр.* périgee.

**перикáрд||ий** *м. анат.* pèricárdium (*pl.* -ia). **~и́т** *м. мед.* pèricàrdítis.

**пери́ла** *мн.* ráil(ing) *sg.*; (*лестничные тж.*) hánd-rail *sg.*; (*у внутренней лестницы*) bánisters.

**пери́метр** *м. мат.* perímeter.

**пери́на** *ж.* féather-bèd ['feðə-].

**пери́од** *м.* **1.** (*в разн. знач.*) périod; (*короткий тж.*) spell; за корóткий ~ врéмени in a short space of time; **2.** *геол.* age; леднико́вый ~ glácial épòch / périod [...-ɔk...], íce-àge.

**периодизáция** *ж.* divísion into périods.

**периóдика** *ж. собир.* pèriódicals *pl.*, pápers and màgazínes [...-'zi:-] *pl.*

**периоди́ческ||и** *нареч.* pèriódically. **~ий** (*в разн. знач.*) pèriódic(al); ~ий журнáл pèriódical, màgazíne [-'zi:n], jóurnal ['dʒə:-]; ~ое явлéние (*о явлениях природы*) recúrrent phenómenon (*pl.* -mena); э́то ~ое явлéние it cónstantly recúrs; ~ая дробь *мат.* recúrring décimal; ~ая систéма элемéнтов *хим.* pèriódic sýstem.

**периоди́чн||ость** *ж.* pèriodícity. **~ый** pèriódic(al).

**перипатéтик** [-тэ́-] *м.* pèripatétic.

**перипети́я** *ж.* pèripetéia [-'taɪə], pèripetía; (*внезапное осложнение*) trouble [trʌ-].

**перискóп** *м.* périscòpe.

**перископи́ч||еский,** ~ный pèriscópic(al).

**перистáльт||ика** *ж. физиол.* pèristálsis. **~и́ческий** *физиол.* pèristáltic.

**перисти́ль** *м. арх.* péristỳle.

**перистоли́стный** *бот.* féather-leaved ['feðə-], pínnate.

**пéрист||ый** **1.** *зоол.*, *бот.* pínnate; **2.** (*похожий на перья*) plúmòse [-s]; ~ые облакá fléecy clouds; círri *научн.*

**перитони́т** *м. мед.* pèritonítis.

**перифери́йный** of / in the óutlỳing dístricts; ~ рабóтник wórker in an óutlỳing dístrict of the cóuntry [...'kʌ-].

**перифер||и́ческий** períphera l. **~и́я** *ж.* **1.** períphery; **2.** *собир.* (*удалённые от центра районы*) the óutlỳing dístricts *pl.*; próvinces *pl.*

**перифрáза** *ж.* períphrasis (*pl.* -asès [-i:z]).

**перифрази́ровать** *несов. и сов.* (*вн.*) use a períphrasis (for).

**пёрка** *ж. тех.* bit; лóжечная ~ áuger bit.

**перкáль** *ж. текст.* cámbric múslin ['keɪm-...], percále.

**перку́||ссия** *ж. мед.* pèrcússion. **~ти́ровать** *несов. и сов.* (*вн.*) *мед.* pèrcúss (*d.*).

**перл** *м.* pearl [pə:l].

**перламу́тр** *м.* móther-of-péarl ['mʌ- -'pə:l], nácre.

**перламу́тров||ый** móther-of-péarl ['mʌ- -'pə:l] (*attr.*); nácreous *книжн.*; ~ая пу́говица pearl bútton [pə:l...].

**пéрлинь** *м. мор.* háwser [-zə].

**перлóв||ый:** ~ая крупá péarl-bárley ['pə:l-]; ~ суп péarl-bárley soup [...su:p].

**перлюстр||áция** *ж.* pèrlùstrátion; inspéction of còrrespóndence. **~и́ровать** *несов. и сов.* (*вн.*) práctise pèrlùstrátion [-s...] (of).

**перманéнт** *м. разг.* (*завивка*) pérmanent wave.

**перманéнтн||ость** *ж.* pérmanence. **~ый** pérmanent.

**пéрмск||ий:** ~ая систéма *геол.* Pérmian fòrmátion.

**пернáтые** *мн. скл. как прил.* birds.

**пернáт||ый** féathery ['feðə-], féathered ['feðəd]; ~ое цáрство birds *pl.*

**пер||ó** *с.* **1.** (*птичье*) féather ['feðə]; (*украшение тж.*) plume; стрáусовое ~ óstrich féather; **2.** (*писчее*) pen; ◇ взя́ться за ~ take* up the pen; владéть ~óм wield a skílful pen [wi:ld...]; владéть óстрым ~óм wield a fórmidable pen; ни пу́ха, ни ~á ≅ good luck!; э́того ~óм не описáть it is be¦yónd descríption, it defíes / báffles all descríption; прóба ~á first steps in líterature *pl.*; test of the pen.

**перочи́нный:** ~ нож pén¦knife*.

**перпендикуля́р** *м. мат.* pèrpendícular; опускáть ~ (на *вн.*) drop a pèrpendícular (on); восстáвить ~ (к) raise a pèrpendícular (to). **~но** *нареч.* pèrpendícularly. **~ный** pèrpendícular.

**перрóн** *м. ж.-д.* plátfòrm. **~ный** plátfòrm (*attr.*): ~ный билéт plátfòrm tícket.

**перс** *м.* Pérsian [-ʃən].

**перси́дский** Pérsian [-ʃən]; ~ язы́к Pérsian, the Pérsian lánguage; ◇ ~ порошóк *уст.* ínsect-pówder.

**пéрсик** *м.* **1.** (*плод*) peach; **2.** (*дерево*) péach(-tree).

**пéрсиков||ый** péachy; ~ое дéрево péach-tree.

**персия́н||ин** *м. уст.* = перс. **~ка** *ж.* Pérsian (wóman*) [-ʃən 'wu-].

**персóн||а** *ж.* pérson; вáжная ~ *разг.* pérsonage; big wig *идиом.*; сóбственная ~ *разг.* one's own / very self [...oun...], one's own pérson; сóбственной ~ой *как нареч.* in pérson.

**персонáж** *м.* cháracter ['kæ-], pérsonage.

**персонáл** *м.* *тк. ед. собир.* pèrsonnél, staff.

**персонáльн||о** *нареч.* pérsonally. ~ый pérsonal; ~ая пéнсия spécial pénsion ['spe-...]; ~ый пенсионéр recípient of a spécial pénsion; ~ое приглашéние pérsonal / indivídual invitátion; ~ая отвéтственность pérsonal respònsibílity.

**персонификáция** *ж.* pèrsònificátion.

**персонифицíровать** *несов. и сов.* (*вн.*) pèrsónifỳ (*d.*).

**перспектíв||а** *ж.* **1.** perspéctive; потéря ~ы loss of perspéctive; **2.** (*открывающийся вид*) vísta; **3.** *тк. ед. иск.* view [vju:]; **4.** *мн.* (*виды на будущее*) próspèct(s); óutlook *sg.*; ◇ в ~е in perspéctive, in próspèct. **~ный** perspéctive; ~ный план lóng-tèrm plan; ~ное планíрование lóng-tèrm plánning.

**перст** *м.* *уст.* fínger; ◇ одúн как ~ ≅ quite alóne.

**пéрстень** *м.* (fínger-)ring; (*с печатью*) séal-ring, sígnet-ring.

**перстневúдный** crícoid; ~ хрящ *анат.* crícoid.

**персульфáт** *м.* *хим.* persúlphàte.

**пертурбáция** *ж.* pèrtùrbátion.

**перуáн||ец** *м.*, **~ка** *ж.*, **~ский** Perúvian; ◇ ~ский бальзáм Perúvian balm [...bɑ:m].

**Перýн** *м.* *миф.* Peróun [-u:n].

**перфéкт** *м.* *грам.* pérfect. **~úвный, ~ный** *грам.* pérfect.

**перфор||áтор** *м.* *тех.* pérforàtor. **~áция** *ж.* *тех., мед.* pèrforátion. **~úровать** *несов. и сов.* (*вн.*) *тех.* pérforàte (*d.*).

**перхлорáт** *м.* *хим.* perchlórate.

**пéрхоть** *ж.* dándruff, dándriff, scurf.

**перцéпция** *ж.* *филос.* percéption.

**перцóв||ка** *ж.* pépper-bràndy. **~ый** pépper (*attr.*).

**перчáтк||а** *ж.* glove [-ʌv]; (*рукавица*) mitt, mítten; (*фехтовальная, шофёрская*) gáuntlet; боксёрская ~ bóxing-glòve [-ʌv]; лáйковые ~и kíd-glòves [-ʌvz]; зáмшевые ~и suède gloves (*фр.*) [sweɪd...]; в ~е, в ~ах gloved [-ʌvd]; в бéлых ~ах whíte-glòved [-ʌvd]; ◇ бросáть ~у throw* down the gáuntlet / glove [θrou...]; поднимáть ~у take* / pick up the gáuntlet / glove.

**перчáточн||ик** *м.*, **~ица** *ж.* glóver [-ʌvə]. **~ый** glove [-ʌv] (*attr.*).

**перчúнка** *ж.* péppercòrn.

**пéрчить** (*вн.*) *разг.* pépper (*d.*).

**першерóн** *м.* (*лошадь*) pércheròn.

**перш||úть** *безл. разг.*: у негó ~úт в гóрле he has a tíckling in his throat.

**пёрышко** *с.* plúme¦let; ◇ лёгкий как ~ féathery ['feð-], féather-líght ['feð-].

**пёс** *м.* dog; созвéздие Большóго Пса *астр.* Gréater Dog ['greɪtə...]; Cánis Májor; созвéздие Мáлого Пса Lésser Dog; Cánis Mínor.

**пéсенка** *ж.* song; (*короткая*) dítty; ◇ егó ~ спéта ≅ he is done for; his goose is cooked [...gu:s...] *идиом.*

**пéсенник** I *м.* (*сборник песен*) book of songs.

**пéсенник** II *м.* **1.** (*певец*) (chórus) sing¦er ['k-...]; **2.** (*автор песен*) áuthor of songs.

**пéсенный** song (*attr.*).

**песéц** *м.* **1.** (*животное*) pólar fox; **2.** (*мех*) pólar fox (fur); голубóй ~ blue fox; бéлый ~ white fox.

**пёсий** *прил. к* пёс.

**пёсик** *м.* *разг.* líttle dog, dóggie.

**пескáрь** *м.* (*рыба*) gúdgeon [-dʒ°n].

**пескострýйный** *тех.* sánd-blást (*attr.*).

**песн||ь** *ж.* **1.** *лит.* cántò; **2.** *уст.* = пéсня; ◇ Песнь Пéсней (*в библии*) Cánticles, the Song of Songs, the Song of Sólomon.

**пéсн||я** *ж.* song; (*напев*) air; (*весёлая*) cárol ['kæ-]; (*с припевом*) róundelay; нарóдная ~ folk / pópular song; ◇ э́то стáрая ~ *разг.* ≅ it is the same old stóry; э́то дóлгая ~ *разг.* ≅ that's a long stóry; тянýть всё ту же ~ю *разг.* ≅ harp on the same string.

**пес||óк** *м.* **1.** *тк. ед.* sand; золотонóсный ~ gold sands *pl.*, auríferous grável [...'græ-]; золотóй ~ góld-dúst; **2.** *мн.* sands; зыбýчие ~кú quícksànds; **3.** *мед.* grável ['græ-]; ◇ сáхарный ~ gránulàted súgar [...'ʃu-]; стрóить на пескé build* on sand [bɪ-...].

**песóчн||ый** **1.** sándy; ~ые часы́ sánd-glàss *sg.*; **2.** (*о тесте*) short; ~ое печéнье shórtbread [-ed], shórtcàke.

**пессимú||зм** *м.* péssimism. **~ст** *м.* péssimist. **~стúческий, ~стúчный** pèssimístic.

**пест** *м.* pestle [-stl]; stámper.

**пéстик** *м.* **1.** *уменьш. от* пест; **2.** *бот.* pístil.

**пéстиковый** *бот.* pístillàte.

**пéстовать** (*вн.*) **1.** *уст.* nurse (*d.*); **2.** (*заботливо выращивать, воспитывать*) fóster (*d.*), chérish (*d.*).

**пестрé||ть** **1.** show* / appéar párticòlour¦ed / mány-cólour¦ed [ʃou... -kʌləd -'kʌləd]; вдалú ~ли знамёна flags showed cólour¦fully in the dístance [...'kʌ-...]; **2.** (*тв.*) be gay (with): ýлицы ~ли знамёнами, плакáтами the streets were gay with flags, pósters [...'pou-].

**пестр||úть** **1.** make* gáudy / fláshy; **2.** *безл.*: у негó ~úт в глазáх he is dázzled. **~отá** *ж.* dìvérsity of cólours [daɪ-...'kʌ-]; (*перен.*) mixed cháracter [...'k-].

**пёстр||ый** mótley ['mɔ-], váriegàted, párticòlour¦ed [-kʌləd]; (*о красках*) mótley, gay; (*об одежде*) gáy-cólour¦ed [-'kʌləd]; (*перен.*: *разнородный*) mixed; ~ая аудитóрия mixed / mótley áudience.

**песцóвый** *прил. к* песéц.

**песчáник** *м.* *геол.* sándstòne; (*крупнозернистый*) grítstòne. **~овый** *прил. к* песчáник.

**песчáн||ый** sándy; ~ая пóчва sándy / light soil.

**песчúнка** *ж.* grit, grain of sand.

**петáрда** *ж.* **1.** *ист.* petárd; пороховáя ~ (*в снарядной трубке*) pówder péllet; **2.** *ж.-д.* (*сигнальная*) tòrpédò.

**петúт** *м.* *полигр.* brevíer [-'vɪə].

**петúц||ия** *ж.* petítion; обращáться с ~ией (к) petítion (*d.*); (к комý-л. о чём-л.) petítion (smb. for smth.).

**петлúца** *ж.* **1.** búttonhòle; **2.** (*нашивка*) tab.

**пéтл||я** *ж.* **1.** loop; (*перен.*) noose [-s]; **2.** (*для пуговицы*) búttonhòle; (*для крючка*) eye [aɪ]; метáть ~и búttonhòle, work búttonhòles; **3.** (*в вязании*) stitch; спусти́ть ~ю drop *a* stitch; спусти́вшаяся ~ на чулкé a run in *a* stócking; **4.** (*дверная, оконная*) hinge; **5.** *ав.* loop; дéлать ~ю loop the loop; ◇ лезть в ~ю run* one's head into the noose [...hed...]; надéть ~ю на шéю ≅ attách / hang* a míllstòne abóut one's neck; затянýть ~ю на шée fásten the noose aróund smb.'s neck.

**петрификáция** *ж. геол.* pètrifáction; fòssilìzátion [-laɪ-].

**петрóграф** *м.* petrógrapher.

**петрографи́ческий** pètrográphic(al).

**петрогрáфия** *ж.* petrógraphy.

**петролéйный:** ~ эфи́р petróleum éther [...'i:θə].

**Петрýшка** *театр.* **1.** *м.* (*кукла*) Punch; **2.** *ж.* (*представление*) Púnch-and-Júdy show [...ʃou].

**петрýшка** *ж.* (*овощ*) pársley.

**петýнья** *ж. бот.* petúnia.

**петýх** *м.* cock; róoster *амер.*; индéйский ~ túrkey-còck; ◇ вставáть с ~áми *разг.* rise* at cóck-crow [...-krou]; пусти́ть крáсного ~á set* fire.

**петýш||ий, ~и́ный** *прил. к* петýх; ~и́ный бой cóck-fight(ing); ~ гребешóк *бот.* cócks-còmb [-koum].

**петуши́ться** *разг.* mount / ride* the high horse; fume.

**петушóк** *м.* cóckerel.

**петь,** спеть, пропéть **1.** sing*; (*церковные напевы*) chant [tʃɑ:nt]; (*речитативом*) intóne; (*вполголоса*) hum; (*о птице тж.*) pipe; warble; (*о петухе*) crow* [-ou]; ~ вéрно, фальши́во sing* in tune, out of tune; **2.** (*издавать звуки; о самоваре, чайнике и т. п.*) sing*, hiss; (*о ветре тж.*) drone; **3.** (*вн.; исполнять*) sing* (*d.*); (*чью-л. партию*) sing* the part (of); **4.** *тк. несов.:* ~ бáсом, сопрáно *и т. п.* have a bass, a sopránò, *etc.*, voice [...beɪs... -rɑ:-...]; ◇ ~ другýю пéсню sing* another tune; ~ слáву (*дт.*) sing* the práises (of).

**пехóт||а** *ж. тк. ед.* ínfantry; the foot [...fut]. **~и́нец** *м.* ínfantry̆man*. **~ный** ínfantry (*attr.*).

**печáлить,** опечáлить (*вн.*) sádden (*d.*), grieve [-i:v] (*d.*). **~ся,** опечáлиться be sad; grieve [-i:v]; ~ся рáньше врéмени meet* trouble hálf-wáy [...trʌ- 'hɑ:f-].

**печáль** *ж.* grief [gri:f], sórrow; ◇ не твоя́ ~ *разг.* ≅ it is not your concérn / búsiness [...'bɪzn-], mind your own búsiness [...oun...], it doesn't concérn you. **~ный 1.** sad, móurnful ['mɔ:n-], wístful; **2.** (*прискорбный*) grievous ['gri:v-]; ~ные результáты ùnfórtunate / regréttable resúlts [-tʃənɪt...-'zʌ-]; ~ный конéц sad / dísmal end [...'dɪz-...].

**печáтание** *с.* printing.

**печáтать,** напечáтать (*вн.*) **1.** print (*d.*); (*на машинке*) type (*d.*); **2.** (*помещать в газете и т. п.*): ~ статьи́ *и т. п.* в журнáле write* árticles, *etc.*, for *a* màgazíne [...-'zi:n]. **~ся 1.** (*печатать свои произведения*) write* for (*a* màgazíne, *etc.*) [...-'zi:n]; начáть ~ся get* into print; **2.** (*находиться в печати*) be at the printer's.

**печáтка** *ж.* sígnet.

**печáтн||ик** *м.* printer. **~ый 1.** (*относящийся к печати*) printing; ~ая маши́на printing machíne [...-'ʃi:n]; ~ый цех printing shop; ~ый станóк printing-prèss; ~ое дéло tỳpógraphy [taɪ-], printing; ~ый знак *полигр.* tỳpográphical únit [taɪ-...]; ~ый лист *полигр.* quire, printer's sheet; **2.** (*напечатанный*) printed; читáть по ~ому read* (in) print; **3.:** писáть ~ыми бýквами, по ~ому write* in block létters, print; письмó ~ыми бýквами print hand; **4.** (*опубликованный в печати*) públished ['pʌ-]; ~ые труды́ públished works.

**печáт||ь** I *ж.* (*прям. и перен.*) seal, stamp; госудáрственная ~ great / State seal [-eɪt...]; наклáдывать ~ (на *вн.*) stamp (*d.*); set* / affíx / attách *a* seal (to); отмечáть ~ью (*рд.*) háll-márk (*d.* with); носи́ть ~ (*рд.*) have the seal (of), bear* the stamp [bɛə...] (of); на егó лицé ~ благорóдства nóbleness is written on his face; на егó устáх ~ молчáния his lips are sealed; э́то для негó кни́га за семью́ ~ями it is a sealed book to him.

**печáт||ь** II *ж.* **1.** (*пресса*) press; мéстная ~ lócal press; свобóда ~и fréedom of the press; имéть благоприя́тные óтзывы в ~и have / get* a good* press; **2.** (*печатание*) print(ing); быть в ~и be at the printer's; вы́йти из ~и appéar, come* out, be públished [...'pʌ-], come* off the press; подпи́сывать к ~и (*вн.*) send* to the press (*d.*), sign / stamp "réady for printing" [saɪn... 'redɪ...] (*d.*); **3.** (*вид отпечатанного*) print, type; мéлкая ~ small print / type; крýпная ~ large print / type; убóристая ~ close print / type [-s...].

**печéние** *с.* (*действие*) báking.

**печёнка** *ж.* líver ['lɪ-].

**печёночник** *м.* (*мох*) líverwòrt ['lɪ-].

**печёночный** hepátic.

**печёный** baked.

**пéчен||ь** *ж.* líver ['lɪ-]; воспалéние ~и hèpatítis, inflammátion of the líver.

**печéнье** *с. кул.* pástry ['peɪ-]; (*сухое*) bíscuit [-kɪt].

**пéч||ка** *ж. разг.* = печь I 1; ◇ танцевáть от ~ки *разг.* ≅ begin* from the beginning. **~ни́к** *м.* stóve-sètter, stóve-man*, stóve-màker. **~нóй** *прил. к* печь I; ~нáя трубá chímney; ~нóе отоплéние stove héating.

**печýрка** *ж. разг.* small stove.

**печь** I *ж.* **1.** stove; (*духовая в плите и т. п.*) óven ['ʌvⁿn]; электри́ческая ~ eléctric stove; (*в автомашине*) héater; желéзная ~ íron stove ['aɪən...]; кáфельная ~ tile stove; **2.** *тех.* fúrnace; ~ для óбжига kiln; кремациóнная ~ incineràtor.

**печь** II, испéчь **1.** (*вн.; в печи*) bake (*d.*); **2.** *тк. несов.* (*обдавать сильным жаром*) be hot: сóлнце печёт the sun is hot.

**пéчься** I, испéчься, спéчься **1.** (*о хлебе и т. п.*) bake; **2.** *тк. несов.* (*на солнце*) broil; **3.** *страд. к* печь II 1.

**пéчься** II (о *пр.; заботиться*) take* care (of); care (of, for).

**пешехóд** *м.* pedéstrian, fóot-pàssenger ['fut- -ndʒə]. **~ный** pedéstrian; ~ная тропá fóot-pàth* ['fut-]; ~ный мост fóot-bridge ['fut-]; ~ное движéние pedéstrian tráffic.

**пéший 1.** pedéstrian; **2.** *воен.* (*не конный*) foot [fut] (*attr.*), únmóunted.

**пе́шка** *ж. шахм.* (*тж. перен.*) pawn.

**пешко́м** *нареч.* on foot [...fut], afóot [ə'fut]; идти́ ~ walk, go* on foot; путеше́ствие ~ wálking tour [...tuə], pedéstrian trávelling.

**пеще́р||а** *ж.* cave, cávern ['kæ-], gróttò. **~истый 1.** (*изобилующий пещерами*) with many caves; **2.** *анат.* cávernous. **~ный** *прил. к* пеще́ра; ~ный челове́к *археол.* cáve-dwèller, cáve-man*.

**пиани́но** *с. нескл.* (úp¦right) piánò [...'pjæ-]; игра́ть на ~ play the piánò.

**пиани́ссимо** *нареч. муз.* piàníssimò [pjæ-].

**пиани́ст** *м.*, **~ка** *ж.* piánist ['pjæ-].

**пиа́но** *нареч. муз.* piánò ['pjɑ:-].

**пиано́ла** *ж. муз.* piànóla [pjæ-].

**пиа́стр** *м.* (*турецкая монета*) piástre.

**пивн||а́я** *ж. скл. как прил.* ále-house* [-s], béer¦house* [-s]; pub *разг.*; bár-room *амер.* **~о́й** beer (*attr.*); ~ы́е дро́жжи bréwer's yeast *sg.*; ~а́я кру́жка ale / beer mug / pot.

**пи́во** *с. тк. ед.* beer; све́тлое ~ pale beer, ale; тёмное ~ dark beer, pórter. **~ва́р** *м.* bréwer. **~варе́ние** *с.* bréwing.

**пивова́ренн||ый:** ~ заво́д bréwery; ~ая промы́шленность bréwing.

**пи́галица** *ж. зоол.* lápwing, péewit; (*перен.*) *разг.* púny pérson.

**пигме́й** *м.* pýgmy.

**пигме́нт** *м.* pígment. **~а́ция** *ж.* pigmentátion. **~ный** pigméntal, pígmentary.

**пи́голица** *ж.* = пи́галица.

**пиджа́||к** *м.* coat. **~чный** coat (*attr.*); ~чная па́ра, ~чный костю́м lounge suit [...sju:t].

**пиеми́я** *ж. мед.* pỳáemia.

**пиет||е́т** *м.* píety. **~и́зм** *м.* píetism.

**пижа́ма** *ж.* pyjámas [-'dʒɑ:məz] *pl.*; pajámas [-'dʒɑ:məz] *pl. амер.*

**пижо́н** *м. разг.* fop.

**пик** *м.* **1.** *геогр.* peak; (*небольшой*) pínnacle; **2.** *как прил. неизм.*: часы́-~ rúsh-hours [-auəz].

**пи́ка** I *ж.* (*оружие*) lance; *ист.* (*пехотная*) pike.

**пи́к||а** II *ж. карт. разг.* spade; (*см. тж.* пи́ки); ◇ в ~у (*дт.*) *разг.* to spite (*d.*): сде́лать что-л. в ~у кому́-л. do smth. to spite smb.

**пикадо́р** *м.* pícadòr.

**пика́нтн||ость** *ж.* píquancy ['pi:k-], sávour, zest; придава́ть ~ чему́-л. add sávour / zest to smth. **~ый** píquant ['pi:k-], sávoury; (*перен.*; *о стиле*) crisp.

**пика́п** *м.* light van; píckùp (truck) *амер.*

**пике́** I *с. нескл. ав.* = пики́рование.

**пике́** II *с. нескл.* (*ткань*) piqué (*фр.*) ['pi:keɪ].

**пике́йн||ый** piqué (*фр.*) ['pi:keɪ] (*attr.*); ~ое одея́ло piqué béd-spread [...-spred].

**пике́т** I *м.* pícket, píquet, pícquet; выставля́ть ~ы place / post píckets [...pou-...]; (у, на, вокру́г *и т. п.*) pícket (*d.*).

**пике́т** II *м. карт.* piquét [-'ket].

**пике́тчик** *м.* pícket-man*.

**пи́ки** *мн.* (*ед.* пи́ка *ж.*) *карт.* spades; ходи́ть с пик lead* spades.

**пики́рование** *с. ав.* dive, díving, swóoping.

**пики́ровать** I *несов. и сов.* (*вн.*) *с.-х.* thin out (*d.*).

**пики́ровать** II *несов. и сов.* (*сов. тж.* спики́ровать) (*без доп.*) *ав.* dive, swoop; *сов. тж.* go* into a pówer dive.

**пики́роваться** I *несов. и сов.* (с *тв.*) exchánge cáustic remárks [-'tʃeɪ-...] (with), áltèrcàte (with).

**пики́роваться** II *страд. к* пики́ровать I.

**пикиро́вка** I *ж. с.-х.* thínning.

**пикиро́вка** II *ж. ав.* = пики́рование.

**пикиро́вка** III *ж. разг.* (*препирательство*) exchánge of cáustic remárks [-'tʃeɪ-...]; àltèrcátion.

**пикиро́вщик** *м. ав.* díve-bòmb¦er.

**пики́рующий** dive (*attr.*); ~ бомбардиро́вщик díve-bòmb¦er.

**пикни́к** *м.* pícnic; устра́ивать ~ pícnic.

**пи́кнуть** *сов. разг.*: он ~ не сме́ет he does not dare útter a word; он и ~ не успе́л ≅ befóre he knew where he was; befóre he could say knife; не ~ ни сло́ва not say* a word, néver say* a word.

**пи́ков||ый** *карт.* of spades; ~ая да́ма queen of spades; ~ая масть spades *pl.*; ◇ ~ое положе́ние a prétty / jólly mess [...'prɪ-...]; попа́сть в ~ое положе́ние get* into a fine / nice mess, get* into prétty hot wáter [...'wɔ:-]; оста́ться при ~ом интере́се ≅ get* nóthing for one's pains.

**пикра́ты** *мн. хим.* picrátes.

**пикри́нов||ый** *хим.* pícric; ~ая кислота́ pícric ácid.

**пиктогра́фия** *ж.* pictógraphy.

**пи́кули** *мн.* píckles.

**пила́** *ж.* saw; ручна́я ~ hánd-saw; кру́глая ~ círcular saw; ле́нточная ~ bánd-saw; механи́ческая ~ (*в станке*) fráme-saw; столя́рная ~ búck-saw.

**пила́в** *м. кул.* piláu, piláw; pílàff ['pɪlæf].

**пила́-ры́ба** *ж. зоол.* sáw-fish.

**пилёный** sawed, filed; ~ лес tímber; lúmber *амер.*; ~ са́хар lump súgar [...'ʃu-].

**пилигри́м** *м.* pílgrim.

**пили́кать** *разг.* scrape; ~ на скри́пке scrape on a violín.

**пили́ть** (*вн.*) saw* (*d.*); (*перен.*) *разг.* nag (*d.*), péster (*d.*). **~ся 1.** saw*; **2.** *страд. к* пили́ть.

**пи́лка** *ж.* **1.** (*действие*) sáwing; **2.** (*для лобзика*) frét-saw; (*для ногтей*) (náil-)file.

**пи́ллерс** *м. мор.* deck stánchion [...'stɑ:nʃən].

**пиломатериа́лы** *мн.* sáw-tìmber *sg.*

**пило́н** *м. арх.* pýlon.

**пило́т** *м.* pílot. **~а́ж** *м.* pílotage ['paɪ-]; вы́сший ~а́ж aerobátics [ɛərə-], àcrobátic flýing.

**пилоти́рование** *с.* pílot¦ing.

**пилоти́ровать** (*вн.*) pílot (*d.*).

**пило́тка** *ж. воен.* síde-càp, fóre-and-áft cap, fórage cap.

**пиль** *межд. охот.* take it!

**пи́льщик** *м.* sáwyer, wóod-cùtter ['wud-].

**пилю́||ля** *ж.* pill; (*большая*) bólus; (*маленькая*) glóbùle; píl(l)ùle; коро́бочка для ~ль píll-bòx; ◇ проглоти́ть ~лю swállow a pill; (*перен.*) swállow the pill; позолоти́ть ~лю súgar the pill ['ʃugə...]; го́рькая ~ bítter pill to swállow.

**пиля́стр** *м. арх.* pilàster.

**пина́ть,** пнуть (*вн.*) *разг.* kick (*d.*).

**пингви́н** *м.* pénguin.

**пи́ния** *ж. бот.* stóne-pine, Itálian pine.

**пин||о́к** *м. разг.* kick; дава́ть ~ка́ (*дт.*) kick (*d.*).

**пи́нта** *ж.* pint [paɪ-].

**пинце́т** *м.* pincers *pl.*, twéezers *pl.*

**пи́нчер** *м.* (*собака*) pincher.

**пио́н** *м.* péony.

**пионе́р** *м.* **1.** pìonéer; быть ~ом в чём-л. (be a) pìonéer in smth.; **2.** (*член пионерской организации*) Young Pìonéer [jʌŋ...]. **~вожа́тый** *м. скл. как прил.* Young Pìonéer léader [jʌŋ...]. **~ка** *ж. к* пионе́р. **~отря́д** *м.* (пионе́рский отря́д) Young Pìonéer detáchment [jʌŋ...]. **~ский** *прил. к* пионе́р 2; ~ский ла́герь Young Pìonéer camp [jʌŋ...]; ~ская организа́ция Young Pìonéer òrganìzátion [...-naɪ-]; ~ское звено́ Young Pìonéer séction; ~ский отря́д Young Pìonéer detáchment; ~ская дружи́на Young Pìonéer group [...gru:p].

**пипе́тка** *ж.* pipétte; (*для лекарства тж.*) médicine drópper.

**пир** *м.* feast, bánquet; ◇ в чужо́м ~у́ похме́лье *погов.* ≅ béaring sóme¦body élse's héadàche ['bɛər-... 'hedeɪk]; ~ на весь мир, ~ горо́й súmptuous feast.

**пирами́д||а** *ж.* pýramid. **~а́льный** pyrámidal; ~а́льный то́поль Lómbardy póplar [...'pɔ-].

**пирамидо́н** *м. фарм.* pýramidòn.

**пира́т** *м.* pírate ['paɪ-]. **~ский** pirátic(al) [paɪ-]. **~ство** *с.* píracy ['paɪ-].

**пирене́йский** Pỳrenéan [-'ni:ən].

**пириди́н** *м. хим.* pýridine.

**пири́т** *м. мин.* pyrítès [-ti:z].

**пирова́ть** feast, bánquet; (*шумно*) rével ['re-]; carоúse.

**пиро́г** *м.* pie; (*открытый с фруктами*) tart; ~ с я́блоками apple pie / túrnòver; ◇ ешь ~ с гриба́ми, а язы́к держи́ за зуба́ми *посл.* ≅ keep your breath to cool your pórridge [...breθ...].

**пиро́га** *ж.* pirógue [-g].

**пирога́ллов||ый** *хим.* pỳrogállic [paɪə-]; ~ая кислота́ pỳrogállic ácid.

**пирогравю́ра** *ж. иск.* pýro-gràvure.

**пиро́ж||ник** *м.* pástry-cook ['peɪ-]. **~ное** *с. скл. как прил.* pástry ['peɪ-]; (*кондитерское*) fáncy cake; (*бисквитное*) spónge-càke ['spʌ-]. **~о́к** *м.* pátty; pâté (*фр.*) ['pæteɪ].

**пироксили́н** *м.* pỳróxylin [paɪə-], gún-còtton. **~овый** *прил. к* пироксили́н; *тж.* pỳroxílic [paɪə-]; ~овый по́рох pỳróxylin / pỳró pówder [paɪə-...]; ~овая ша́шка slab of gún-còtton.

**пиро́метр** *м. физ., тех.* pỳrómeter [paɪə-]. **~и́ческий** *физ., тех.* pỳrométric(al) [paɪə-].

**пироме́трия** *ж. физ.* pỳrómetry [paɪə-].

**пироско́п** *м. физ.* pýro¦scòpe.

**пироте́хн||ика** *ж.* pỳro¦téchnics, pỳro¦téchny. **~и́ческий** pỳro¦téchnic.

**пирофо́сфорный** *хим.* pỳro¦phòsphóric.

**пирри́хий** *м. лит.* pýrrhic (foot*) [...fut].

**Пи́рров:** ~а побе́да Pýrrhic víctory.

**пирс** *м. мор.* pier [pɪə].

**пиру́шка** *ж. разг.* júnket, mérry-meeting; (*попойка*) caróuse.

**пируэ́т** *м.* pirouétte [-ru-].

**пи́ршество** *с.* feast, regále; (*весёлое, шумное*) révelry. **~вать** feast, regále.

**писа́||ка** *м. разг. презр.* scríbbler, quill-driver. **~ние** *с.* **1.** (*действие*) wríting; **2.** (*написанное*) wríting; ◇ свяще́нное ~ние *церк.* Hóly Writ / Scrípture.

**писани́на** *ж. разг.* scríbble.

**пи́сан||ый:** ~ая краса́вица pícture of béauty [...'bju:-]; говори́ть как по ~ому *разг.* speak* like a book; носи́ться с чем-л. как (дура́к) с ~ой то́рбой *разг.* ≅ make* much of smth.; fuss óver smth. like a child óver a new toy.

**пи́сарский, писарско́й** *прил. к* пи́сарь.

**пи́сарь** *м.* clerk [klɑ:k]; вое́нный ~ mílitary clerk; морско́й ~ nával wríter.

**писа́тель** *м.* wríter, áuthor. **~ница** *ж.* (lády) wríter, áuthoress. **~ский** *прил. к* писа́тель.

**писа́ть,** написа́ть **1.** (*вн.*) write* (*d.*); ~ кру́пно, ме́лко write* large, small; ~ разбо́рчиво, чётко write* plain, write* a good hand; ~ неразбо́рчиво, нечётко write* illégibly, write* a bad hand; ~ небре́жно, на́скоро scríbble; ~ перо́м write* with a pen; ~ черни́лами write* in ink; ~ про́зой, стиха́ми write* prose, verse; ~ под дикто́вку write* to *smb.'s* dictátion; ~ дневни́к keep* a díary; ~ письмо́ write* a létter; ~ на маши́нке type; **2.** *тк. несов.* (в *газетах, журналах*) write* (for); **3.** (*вн. тв.; красками*) paint (*d.* in): ~ карти́ны, портре́ты paint píctures, pórtraits [...-rɪts]; ~ акваре́лью paint in wáter-còlours [...'wɔ:təkʌ-]; ~ ма́слом, ма́сляными кра́сками paint in oils; **4.** *тк. несов.* (*быть годным для писания*): э́тот каранда́ш, перо́ хорошо́, пло́хо пи́шет it is a good*, bad* péncil, pen; ◇ не про него́, неё *и т. д.* пи́сано *разг.* (*недоступно чьему-л. пониманию*) it is Greek, *или* double Dutch, to him, her, *etc.* [...dʌbl...], it is a sealed book to him, her, *etc.*; (*не предназначено для кого-л.*) it is not inténded / meant for him, her, *etc.* [...ment...]; пиши́ пропа́ло it is as good as lost. **~ся 1.** spell*, be spelt: как пи́шется э́то сло́во? how is this word spelt?, how do you spell this word?; **2.** *страд. к* писа́ть.

**писе́ц** *м.* **1.** *уст.* clerk [klɑ:k]; **2.** *ист.* (*переписчик*) scribe.

**писк** *м.* peep; chirp; (*мышей тж.*) squeak; (*цыплят тж.*) cheep; (*жалобный*) whine. **~ли́вый** squéaky.

**пи́ск||нуть** *сов.* give* a squeak. **~отня́** *ж. разг.* squéaking, péeping. **~у́н** *м.*, **~у́нья** *ж. разг.* squéaker.

**писсуа́р** *м.* **1.** (*раковина*) úrinal; **2.** (*общественная уборная*) street úrinal.

**пистоле́т** *м.* pístol; автомати́ческий ~ àutomátic (pistol); ~-пулемёт sùbmachíne-gún [-'ʃi:n-]. **~ный** pistol (*attr.*).

**писто́н** *м.* **1.** pèrcússion cap; **2.** *муз.* píston. **~ный:** ~ное ружьё pèrcússion músket.

**писцо́в||ый:** ~ые кни́ги *ист.* cadástres, cadásters.

**писчебума́жн||ый** páper (*attr.*); ~ магази́н státioner's (shop); ~ые принадле́жности státionery *sg.*, státionery supplíes.

**пи́сч||ий** wríting (*attr.*); ~ая бума́га wríting-pàper.

**письмена́** *мн.* cháracters ['kæ-], létters.

**пи́сьменно** *нареч.* in wríting, in wrítten form; изложи́ть что-л. ~ put* smth. down on páper.

**пи́сьменност||ь** *ж.* wrítten lánguage; появле́ние ~и the appéarance of a wrítten lánguage.

**пи́сьменн||ый 1.** (*служащий для письма*) wríting (*attr.*); ~ стол wríting-tàble, (wríting-)dèsk; (*с выдвижными ящиками тж.*) buréau [-'rou]; ~ые принадле́жности wríting-matérials; ~ прибо́р desk set; **2.** (*написанный*) wrítten; ~ая рабо́та wrítten work; (*экзаменационная, зачётная*) tést-pàper; ~ о́тзыв wrítten tèstimónial; (*рекомендация*) wrítten réference; в ~ой фо́рме in wrítten form, in wríting; ~ знак létter; ◇ ~ экза́мен wrítten exàminátion.

**письм||о́** *с.* **1.** létter; откры́тое ~ póst-càrd ['pou-]; (*в газете*) ópen létter; заказно́е ~ régistered létter; недоста́вленное ~ dead létter [ded...]; поздрави́тельное ~ létter of congràtulátion; це́нное ~ régistered létter (with státement of válue); делово́е ~ búsiness létter ['bɪznɪs...]; официа́льное ~ offícial létter; míssive; он давно́ не получа́л от неё пи́сем he has not heard from her for a long time [...hɜːd...]; **2.** (*умение писать*) wríting; иску́сство ~а́ art of wríting; **3.** (*система графических знаков*) script; ара́бское ~ Árabic script.

**письмоводи́тель** *м.* clerk [klɑːk].

**письмоно́сец** *м.* póstman* ['pou-]; létter-cárrier *амер.*

**пита́ние** *с.* **1.** nóurishment ['nʌ-], nùtrítion; име́ть трёхра́зовое ~ get* three meals a day, be fed three times a day; уси́ленное ~ hígh-calòric díet; nóurishing díet ['nʌ-...]; улу́чшить ~ населе́ния impróve the díetary of the péople [-'pruːv... piː-]; недоста́точное ~ ùndernóurishment [-'nʌ-]; иску́сственное ~ àrtifícial féeding / àlimèntátion; (*младенца*) bóttle-féeding; корнево́е ~ (*о растениях*) root nùtrítion; **2.** *тех.* féeding.

**пита́тель** *м.* *тех.* féeder.

**пита́тельн||ость** *ж.* nùtrítiousness. **~ый 1.** (*о пище*) nóurishing ['nʌ-], nùtrítious; **2.** *тех.* féeding; feed (*attr.*); **3.** *биол.*: ~ая среда́ nútrient médium; ~ый раство́р nútrient solútion.

**пита́ть** (*вн.*) **1.** (*прям. и перен.*) feed* (*d.*); nóurish ['nʌ-] (*d.*); ~ больно́го nóurish *the* pátient; ~ чу́вство (*рд.*) nóurish / èntertáin a féeling (of); **2.** (*испытывать*) feel* (*d.*), nóurish (*d.*); ~ не́жные чу́вства (к) have a ténder afféction (for); ~ симпа́тию (к) feel* (a) sýmpathy (for); ~ отвраще́ние (к) have (an) avérsion (for), loathe (*d.*); ~ наде́жду chérish / nóurish *the* hope; **3.** *тех.* feed* (*d.*); ~ бой *воен.* feed* the báttle. **~ся** (*тв.*) feed* (on), live [lɪv] (on); хорошо́, пло́хо ~ся have good*, bad* food.

**пите́йн||ый** *уст.*: ~ дом, ~ое заведе́ние públic house* ['pʌ- -s]; pub *разг.*

**питека́нтроп** *м.* *палеонт.* pìthecánthròpe.

**пито́м||ец** *м.* fóster-chìld*, núrs(e)ling; (*находящийся на попечении*) charge; (*воспитанник*) púpil; (*школы*) discíple, alúmnus. **~ник** *м.* núrsery; древе́сный ~ник núrsery gárden; àrborétum (*pl.* -ta) *научн.*

**пито́н** *м.* *зоол.* pýthon.

**пить,** вы́пить (*вн.*) drink* (*d.*), take* (*d.*); ~ ма́ленькими глотка́ми sip (*d.*); ~ жа́дно, больши́ми глотка́ми gulp (down) (*d.*); ~ чай, ко́фе *и т. п.* drink* / take* tea, cóffee, *etc.* [...-fɪ]; ~ за чьё-л. здоро́вье, за кого́-л. drink* smb.'s health [...helθ], drink* to smb.; give* smb. a toast; ~ лече́бные во́ды take* the wáters [...'wɔː-]; ◇ ~ го́рькую, ~ мёртвую *разг.* drink* hard, soak.

**пить||ё** *с.* **1.** (*действие*) drínking; **2.** (*напиток*) drink, béverage. **~ево́й** drínkable; ~ева́я вода́ drínking wáter [...'wɔː-].

**пифагор||е́ец** *м.*, **~е́йский** Pŷthàgoréan [paɪθæɡə'rɪən].

**Пифаго́ров:** ~а теоре́ма *мат.* Pŷthàgoréan pròposítion [paɪθæɡə'rɪən -'z-].

**пи́фия** *ж.* *ист.* the Pýthian, pýthoness ['paɪ-].

**пиха́ть,** пихну́ть (*вн.*) *разг.* **1.** push [puʃ] (*d.*); (*локтями*) élbow (*d.*); **2.** (*засовывать*) shove [ʃʌv] (*d.*). **~ся** *разг.* push [puʃ]; (*локтями*) élbow, shove [ʃʌv].

**пихну́ть** *сов. см.* пиха́ть.

**пи́хта** *ж.* fír(-tree), sílver fír, ábiès ['æbɪiːz].

**пи́хтовый** fír(-tree) (*attr.*), sílver fír (*attr.*); ~ лес fír-tree fórest [...'fɔ-].

**пиццика́то** = пиччика́то.

**пи́чкать,** напи́чкать (*вн. тв.*) *разг.* stuff (*d.* with), cram (*d.* with); dose (*d.* with); ~ кого́-л. лека́рствами stuff smb. with médicines.

**пичу́га** *ж.*, **пичу́жка** *ж.* *разг.* = пти́ца, пти́чка 1.

**пиччика́то** *с. нескл., нареч.* *муз.* pìzzicátò [pɪtsɪ'kɑː-].

**пи́шущ||ий 1.** *прич. см.* писа́ть; **2.** *прил.* wríting (*attr.*); ~ая маши́нка týpewrìter; ◇ ~ая бра́тия *разг.* áuthors *pl.*, wríters *pl.*

**пи́щ||а** *ж.* *тк. ед.* (*прям. и перен.*) food; pábùlum; горя́чая ~ hot food / meal; ~ для ума́ food for thought, méntal pábùlum; духо́вная ~ spíritual nóurishment [...'nʌ-], pábùlum; дава́ть ~у слу́хам, подозре́ниям *и т. п.* feed* rúmours, suspícions, *etc.*

**пища́ль** *ж.* *ист.* (h)árquebus.

**пища́ть,** пропища́ть squeak; (*о цыплятах и т. п.*) cheep, peep.

**пищеваре́ни||е** *с.* digéstion [-stʃn]; плохо́е ~ bad* / poor digéstion; расстро́йство ~я indigéstion [-stʃn], dŷspépsia.

**пищевари́тельный** digéstive; digéstion [-stʃn] (*attr.*); ~ проце́сс digéstion.

**пищеви́к** *м.* fóod-industry wórker.

**пищево́д** *м.* *анат.* gúllet; oesóphagus [iː-] *научн.*

**пищев||о́й** food (*attr.*); ~ы́е проду́кты fóod-stùffs; éatables; ~а́я промы́шленность food índustry; ~ы́е концентра́ты food cóncèntràtes.

**пиэми́я** *ж.* = пиеми́я.

**пия́вк||а** *ж.* (*прям. и перен.*) leech; медици́нские ~и mèdícinal léeches; ста́вить ~и put* on, *или* applý, léeches; пристава́ть как ~ *разг.* stick* like a leech.

**плав** *м.*: на ~у́ *мор.* aflóat.

**пла́вани||е** *с.* **1.** swímming; шко́ла ~я swímming school; **2.** (*судов*) nàvigátion; sáiling; (*путешествие*) vóyage; ~ под пара́ми steam nàvigátion; кабота́жное ~ cóastwise nàvigátion / trade, cóasting; да́льнее ~ long vóyage; соверша́ть кругосве́тное ~ circumnávigàte the globe / world; отправля́ться, уходи́ть в ~ put* to sea; ◇ большо́му кораблю́ большо́е ~ ≅ great ships require deep wáters [-eɪt... 'wɔ:-].

**пла́вательн||ый** swímming; flo(a)tátion (*attr.*); nàtatórial [neɪ-]; nátatory ['neɪ-]; ~ая перепо́нка (*у птиц*) web; (*у черепахи и т. п.*) flípper; ~ пузы́рь físh-sound, swímming-blàdder.

**пла́вать,** *опред.* плыть, *сов.* поплы́ть **1.** (*о человеке и животном*) swim*; **2.** (*о предмете; облаках*) float, drift; (*о судне*) sail; (*о пароходе*) steam; **3.** (*на судне*) sail, návigàte; (*на лодке*) boat; плыть на вёслах row [rou]; плыть под паруса́ми sail, go* únder sail; плыть в гондо́ле *и т. п.* float / glide in *a* góndola, *etc.*; плыть по тече́нию go* down stream; (*перен.*) go* / swim* with the stream / tide; плыть про́тив тече́ния go* up stream; (*перен.*) go* agáinst the stream; ~ по не́бу float acróss the sky; плыть по во́ле волн drift (on the waves); ◇ всё плывёт передо мно́й évery¦thing is swímming befóre my eyes [...aɪz], my head is swímming [...hed...].

**пла́вень** *м.* (*в металлургии*) flux.

**плавико́в||ый:** ~ая кислота́ *хим.* hýdro¦flu-óric ácid; ~ шпат *мин.* flúor-spàr.

**плави́ль||ный** *тех.* mélting; ~ ти́гель mélting-pòt, crúcible ['kru:-]; ~ная печь smélting fúrnace. **~ня** *ж.* fóundry, sméltery. **~щик** *м.* fóunder, mélter.

**пла́вить** (*вн.*) melt (*d.*); (*при высокой температуре*) fuse (*d.*). **~ся 1.** melt; (*при высокой температуре*) fuse; **2.** *страд. к* пла́вить.

**пла́вка** *ж.* **1.** (*действие*) mélting, fúsion, fúsing; **2.** (*результат*) melt, fúsion.

**пла́вки** *мн. спорт.* slip *sg.*

**пла́в||кий** fúsible [-zə-]. **~кость** *ж.* fùsibílity [-zə-]. **~ле́ние** *с.* mélting; то́чка ~ле́ния mélting point.

**пла́вленый:** ~ сыр procéssed cheese.

**плавни́к** *м.* (*у рыбы*) fin; (*у кита и т. п.*) flípper; спинно́й ~ dórsal fin; грудно́й ~ thorácic fin; хвостово́й ~ cáudal fin; брюшно́й ~ àbdóminal fin.

**плавн||о́й:** ~а́я сеть dríft(ing)-nèt.

**пла́вн||ость** *ж.* smóothness [-ð-]; (*о речи*) flúency, facílity. **~ый 1.** smooth [-ð]; ~ая похо́дка éasy / light step ['i:zɪ...]; ~ая речь flúent / flówing speech [...'flou-...]; **2.** *лингв.* (*о звуке*) líquid.

**плавуне́ц** *м.*: жук-~ wáter-tiger ['wɔ:- -gə].

**плаву́ч||есть** *ж.* buóyancy ['bɔɪ-], flo(a)tátion. **~ий** flóating; ~ий мая́к líghtship, líght-vèssel; ~ий мост flóating brídge; ~ая льди́на (íce-)flòe; ~ий рыбозаво́д fáctory ship; ~ий экскава́тор flóating éxcavàtor.

**плагиа́т** *м.* plágiarism. **~ор** *м.* plágiarist. **~орский** *прил. к* плагиа́тор.

**пла́зма** *ж. биол.* plásm(a). **~ти́ческий** *биол.* plàsmátic [-z-].

**плазмо́дий** *м. биол.* plàsmódium [-z-] (*pl.* -ia).

**пла́кальщи||к** *м.*, **~ца** *ж.* wéeper, móurner ['mɔ:-].

**плака́т** *м.* plácàrd ['plæ-], póster ['pou-]; уче́бный ~ instrúctional wall sheet. **~ный** plácàrd ['plæ-] (*attr.*), póster ['pou-] (*attr.*); ~ное перо́ stýlò pen.

**пла́кать 1.** weep*, cry; го́рько ~ weep* bítterly, cry one's hear out [...ha:t...]; ~ навзры́д sob; ~ от го́ря, ра́дости cry / weep* for / with sórrow, joy; ~ с кем-л. míngle tears with smb.; **2.** (*о пр.*) weep* (for), cry (for); (*оплакивать*) mourn [mɔ:n] (*d.*); ◇ хоть плачь! it is enóugh to make you cry! [...ɪ'nʌf...]. **~ся,** попла́каться (*дт.* на *вн.*) *разг.* compláin (to of); (на *вн.*) lamént (for, óver).

**плакир||ова́ть** *несов. и сов.* (*вн.*) *тех.* plate (*d.*). **~о́вка** *ж. тех.* pláting.

**пла́кс||а** *м. и ж. разг.* crý-bàby, wéeper. **~и́вость** *ж.* téarfulness. **~и́вый** whíning; ~и́вый ребёнок crý-bàby; ~и́вым го́лосом in a whíning voice.

**плаку́н-трава́** *ж. бот.* wíllow-hèrb.

**плаку́ч||ий** wéeping; ~ая и́ва wéeping wíllow; ~ая берёза wéeping birch.

**пламегаси́тель** *м. воен.* (*химический*) flash extínguisher, ánti-flásh charge; (*надульник*) flash elímìnàtor, flásh-hider.

**пламене́ть** *поэт.* flame, blaze; (*тв.; перен.*) burn* (with); ~ стра́стью burn* with pássion.

**пла́менн||ость** *ж.* árdour. **~ый** fláming, fíery; (*перен.*) árdent, fláming; ~ый патрио́тизм árdent / fláming pátriotism [...'pæ-].

**пла́м||я** *с.* flame, flare; (*яркое*) blaze; вспы́хнуть ~енем burst* out, blaze out; языки́ ~ени tongues of flame [tʌ-...].

**план** *м.* (*в разн. знач.*) plan; (*проект тж.*) scheme; (*города и т. п. тж.*) map; (*задание*) tárget [-gɪt]; ~, рассчи́танный на мно́го лет a lóng-tèrm plan; ~ преобразова́ния приро́ды plan for the remáking of náture [...'neɪ-]; уче́бный ~ school plan; currículum (*pl.* -la); ~ вы́пуска проду́кции óutpùt plan / prógràm(me) [-put...]; ~ произво́дства чугуна́ на 1954 г. the 1954 píg-iron tárget [-aɪən...]; ~ строи́тельства (*чертёж*) ground plan of *a* prójèct; по ~у, согла́сно ~у in confórmity / accórdance with the plan; выполня́ть ~ fulfíl *the* plan [ful-...]; выполня́ть ~ досро́чно compléte *the* plan ahéad of schédùle / time [...ə'hed... 'ʃe-...]; перевыполня́ть ~ óver¦fulfíl *the* plan [-ful-...]; beat* / outstríp / smash the tárget; стро́ить ~ы plan, make* plans; наме́тить ~ draw* up *a* plan; расстра́ивать чьи-л. ~ы spoil* / ùpsét* smb.'s plans; снима́ть ~ чего́-л. make* a plan of smth.; ~ огня́ *воен.* fire plan; пере́дний ~ fóre¦ground; за́дний ~ báckground; на пере́днем ~е in the fóre¦ground; ◇ на пе́рвом ~е first and fóre¦mòst.

**планёр** *м. ав.* glíder; ~-пари́тель sóaring glíder / machíne [...-'ʃi:n].

**планер||и́зм** *м. ав.* glíding. **~и́ст** *м.* glíder-pilot.

**планёрный** *прил. к* планёр.

**плане́т||а** *ж.* plánet ['plæ-]; больши́е ~ы májor plánets; ма́лые ~ы mínor plánets; ásteroids; ~-спу́тник sécondary plánet, sátellite. **~а́рий** *м.* plànetárium (*pl.* -ria). **~ный** plánetary; ~ная систе́ма plánet sýstem['plæ-...].

**планиме́тр** *м. геод.* planímeter. **~и́ческий** plàniméτric. **~ия** *ж. мат.* planímetry, plane geómetry.

**плани́рование** I *с.* plánning.

**плани́рование** II *с. ав.* glide, glíding; спира́льное ~ spíral glide.

**плани́ровать** I, сплани́ровать, распла́нировать (*вн.*) **1.** *при сов.* сплани́ровать plan (*d.*); 2. *при сов.* распланировать (*о саде, парке и т. п.*) lay* out (*d.*).

**планировать** II, спланировать *ав.* glide (down).

**планиро́вка** *ж.* 1. plánning; 2. (*сада, парка и т. п.*) láy-out.

**планисфе́ра** *ж. астр.* plánisphère.

**пла́нка** *ж.* lath*, plank.

**планкто́н** *м. биол.* plánkton.

**планови́к** *м.* plánner.

**пла́нов||ость** *ж.* devélopment / arránge:ment accórding to plan [...ə'reı-...], planned cháracter [...'kæ-]. **~ый** sỳstemátic, planned; ~ое хозяйство planned èconomy [...i:-]; ~ая работа planned work; ~ое развитие devélopment on planned lines; ~ое задание tárget (figure) [-gıt...]; ~ый отдел plánning séction.

**планоме́рн||о** *нареч.* (*систематически*) sỳstemátically, régularly; (*по плану*) accórding to plan; работать ~ work sỳstemátically. **~ость** *ж.* règulárity, sỳstemátic cháracter [...'kæ-]. **~ый** sỳstemátic, régular, planned, bálanced; ~ое развитие народного хозяйства bálanced devélopment of the nátional èconomy [...'næ- i:-].

**планта́тор** *м.* plánter [-ɑ:n-]. **~ский** *прил. к* плантатор.

**планта́ция** *ж.* plàntátion; табачная ~ tobáccò plàntátion; чайная ~ téa-plàntátion.

**планша́йба** *ж. тех.* fáce:plàte.

**планше́т** *м.* 1. pláne-tàble; огневой ~ *воен.* àrtíllery board; 2. (*полевая сумка*) máp-càse [-s].

**планше́тка** *ж. разг.* = планшет 2.

**пласт** *м.* 1. (*прям. и перен.*) láyer; 2. *геол.* strátum (*pl.* -ta), bed; ◇ лежать ~ом be on one's back.

**пла́стика** *ж.* 1. (*скульптура и т. п.*) plástic art; 2. (*ритмические движения*) plástic móve:ments [...'mu:v-] *pl.*

**пластили́н** *м.* plásticine [-i:n].

**пласти́н||а** *ж.* plate. **~ка** *ж.* (*в разн. знач.*) plate; граммофонная, патефонная ~ка grámophòne récòrd [...'re-]; фотографическая ~ка (phòto:gráphic) plate; чувствительная ~ка sénsitive plate; ~ка для звукозаписи recórding disk.

**пластинчатожа́берные** *мн. скл. как прил. зоол.* lamèllibrànchia [-kıə].

**пласти́нчатый** laméllar, lámellàte.

**пласти́ческ||ий** (*в разн. знач.*) plástic; ~ая масса plástic; ~ая хирургия plástic súrgery.

**пласти́чн||ость** *ж.* (*в разн. знач.*) plàstícity. **~ый** (*в разн. знач.*) plástic.

**пластма́сса** *ж.* (пластическая масса) plástic.

**пла́стырь** *м.* 1. plaster; прикладывать ~ (к) pláster (*d.*); 2. *мор.* patch; подводить ~ secúre *a* collísion-màt.

**пла́та** *ж. тк. ед.* pay; (*гонорар*) fee; ~ за проезд fare; квартирная ~, арендная ~ rent; заработная ~ (*рабочих*) wáges *pl.*; (*служащих*) pay, sálary; ~ за обучение tuítion fee; входная ~, ~ за вход éntrance fee.

**плата́н** *м. бот.* plátan ['plæ-], pláne(-tree). **~овый** *прил. к* платан.

**платёж** *м.* páyment; прекращать платежи suspénd / stop páyment(s); наложенным платежом cash on delívery (*сокр.* C. O. D.).

**платёжеспосо́бн||ость** *ж.* sólvency. **~ый** sólvent.

**платёжн||ый** pay (*attr.*); ~ая сила денег púrchasing pówer of móney [-sıŋ... 'mʌ-]; ~ день páy-day; ~ая ведомость páy-sheet; páy-ròll *амер.*; ~ баланс bálance of páyment; ~ое соглашение páyment agréement.

**плате́льщик** *м.* páyer; ~ налогов táxpayer.

**пла́тин||а** *ж.* plátinum. **~овый** *прил. к* платина; бриллианты в ~овой оправе díamonds móunted in plátinum.

**плати́ть** (*прям. и перен.*) pay*; ~ золотом pay* in gold; ~ наличными pay* in cash, pay* in réady móney [...'redı 'mʌ-]; ~ натурой pay* in kind; ~ по счёту settle *the* accóunt; ~ в рассрочку pay* by / in instálments [...-ɔ:l-]; ~ бешеные деньги (за *вн.*) pay* a fàntástic sum (for); pay* through the nose (for) *идиом.*; ~ услугой за услугу ≅ pay* back; (*дт.*) make* it up (to); ~ той же монетой pay* in the same coin, requíte like for like; ~ кому-л. взаимностью retúrn smb.'s love [...lʌv]; ~ дань (*дт.*) réndеr tríbùte (*i.*); ~ добром за зло retúrn good for évil [...'i:-]; **~ся,** поплатиться 1. (*тв.* за *вн.*) pay* (with for); поплатиться жизнью за что-л. pay* for smth. with one's life*; 2. *страд. к* платить.

**пла́тн||ый** 1. (*предоставляемый за плату*) requíring páyment; 2. (*оплачиваемый*) paid; ~ая работа paid work; 3. (*оплачивающий*) páying; ~ ученик páying púpil.

**плато́** *с. нескл. геогр.* pláteau [-tou] (*pl. тж.* -x), táble-lànd.

**плато́к** *м.* shawl; (*на голову*) kérchief; носовой ~ (pócket) hándkerchief [...-ŋkə-].

**платони́ческ||ий** Platónic(al); ~ая любовь Platónic love [...lʌv].

**платфо́рма** *ж.* 1. (*перрон*) plátfòrm; 2. (*товарный вагон*) truck; flátcàr *амер.*; 3. *полит.* (*программа*) plátfòrm.

**пла́т||ье** *с.* 1. *собир.* (*одежда вообще*) clothes [klouðz] *pl.*, clóthing ['klou-]; готовое ~ réady-made clothes ['redı-...]; шкаф для ~ья ·wárdròbe; верхнее ~ clothes; 2. (*женское*) dress, gown, frock; вечернее ~ évening dress ['i:v-...]; ~-костюм twó-piece (dress) [-'pi:s...]. **~яно́й:** ~яной шкаф wárdròbe; ~яная щётка clóthes-brùsh ['klouðz-].

**плау́н** *м. бот.* lỳcopódium [laı-], clúb-móss, wólf's-claw ['wulfs-].

**плафо́н** *м. арх.* décoràted céiling [...'si:-], pláfond. **~ный** *прил. к* плафон.

**пла́ха** *ж. ист.* (èxecútioner's) block.

**плац** *м. ист.* paráde(-ground); учебный ~ drill ground.

**плацда́рм** *м. воен.* brídge-head [-hed] (*тж. перен.*); (*приморский*) béach-head [-hed]; (*перен.*) spríng-board, júmping-óff ground; (*база*) base [-s]; ~ для нападения (на *вн.*) spríng-board for attáck (on).

**плаце́нта** *ж. анат.* placénta (*pl.* -ae).

**плацка́рт||а** *ж.* resérved seat tícket [-'zə:-...]; (*в спальном вагоне*) berth; билет с ~ой resérved seat; взять ~у book a resérved seat. **~ный:** ~ный вагон car with resérved / númbered seats [...-'zə:-...]; ~ное место resérved seat.

**плач** *м.* wéeping, crýing.

**плаче́вн||ый** lámentable, deplórable; sad; имéть ~ вид cut* a poor figure; имéть ~ исхóд resúlt in fáilure [-'zʌlt...]; ~ результáт deplórable resúlt; в ~ом состоя́нии in a sad state, in a sórry plight.

**пла́чущий** 1. *прич. см.* плáкать; 2. *прил.* whíning.

**плашкóут** *м. мор.* hulk. **~ный:** ~ный мост *мор.* pòntóon bridge.

**плашмя́** *нареч.* flat, flátways, flátwise; prone; удáрить сáблей ~ strike* with the flat of the sword [...sɔːd]; пáдать ~ fall* prone.

**плащ** *м.* 1. cloak; 2. (*непромокаемый*) máckintòsh, wáterproof (coat) ['wɔː-...], ráincoat.

**плащани́ца** *ж. церк.* shroud of Christ [...-aɪst].

**плащ-пала́тка** *ж.* wáterproof cápe(-tènt) ['wɔː-...].

**плебе́й** *м.*, **~ский** plebéian [-'biːən].

**плебисци́т** *м. полит.* plébiscite. **~ный** *прил. к* плебисци́т.

**плебс** *м. собир. уст.* mob; plebs *pl.*

**плева́** *ж. анат.* mémbràne, film, coat; лёгочная ~ pléura; дéвственная ~ hýmèn.

**плева́тельница** *ж.* spittóon.

**плева́ть,** плю́нуть spit*; expéctoràte; (на *вн.*; *перен.*) *разг.* spit* (upón); not care a straw / bit / pin / rap / hang (abóut); емý ~ на всё, он плюёт на всё he doesn't care a straw / pin / bit; ~ хотéл I don't care (a fig / damn); ◇ не плюй в колóдец: пригоди́тся воды́ напи́ться *посл.* don't foul the well, you may need its wáters [...'wɔː-]; ~ в потолóк ≅ sit* twiddling one's thumbs. **~ся** *разг.* spit*.

**пле́вел** *м. бот.* dárnel, cockle; weed (*тж. перен.*).

**плево́к** *м.* 1. spit(tle); 2. (*мокрота*) spútum (*pl.* -ta).

**пле́вр||а** *ж. анат.* pléura. **~и́т** *м. мед.* pléurisy.

**плёв||ый** *разг.* trífling; ~ое дéло trífling mátter.

**плед** *м.* rug; (*шотландский*) plaid [plæd].

**плезиоза́вр** *м. палеонт.* plésiosáurus ['pliː-] (*pl. тж.* -ri).

**плейстоце́н** *м. геол.* pléistocène ['pliː-].

**племенно́й** I tríbal; ~ быт tríbal life.

**племенно́й** II (*породистый — о скоте*) pédigree (*attr.*); ~ скот pédigree cattle, blóodstòck ['blʌd-].

**пле́мя** I *с.* 1. tribe; 2. (*поколение*) gènerátion; нóвое, молодóе ~ new, young gènerátion [...jʌŋ...].

**пле́мя** II *с.* (*в животноводстве*) breed; на ~ for bréeding.

**племя́нни||к** *м.* néphew [-vjuː]. **~ца** *ж.* niece [niːs].

**плен** *м. тк. ед.* (*прям. и перен.*) càptívity; быть в ~ý be in càptívity; держáть когó-л. в ~ý hold* smb. cáptive; попадáть в ~ be táken prísoner [...'prɪz-]; брать когó-л. в ~ take* smb. prísoner.

**плена́рн||ый** plénary ['pliː-]; ~ое заседáние plénary méeting, plénary séssion.

**плене́ние** *с.* táking prísoner [...-ɪz-].

**плени́тельн||ость** *ж.* fàscinátion. **~ый** fáscinàting, chárming, cáptivàting.

**плени́ть** I *сов.* (когó-л.) *уст.* (*взять в плен*) take* smb. prísoner [...-ɪz-].

**плени́ть** II *сов. см.* пленя́ть. **~ся** *сов. см.* пленя́ться.

**плёнк||а** *ж.* (*в разн. знач.*) film; (*тонкая*) péllicle; запи́сывать на ~у (*вн.*) make* a (sóund-)recórding (of), recórd (*d.*); засня́ть на ~у (*вн.*) phótogràph (*d.*); зáпись на ~у tápe-recórding.

**плéнн||ик** *м.*, **~ица** *ж.* prísoner ['prɪz-], cáptive. **~ый** 1. *прил.* cáptive; 2. *м. как сущ.* cáptive, prísoner ['prɪz-].

**пле́нум** *м.* plénum, plénary séssion ['pliː-...].

**пленя́ть,** плени́ть (*вн.*) cáptivàte (*d.*), fáscinàte (*d.*), charm (*d.*). **~ся,** плени́ться (*тв.*) be cáptivàted (by), be fáscinàted (by).

**плеона́зм** *м. лит.* pléonàsm.

**плеонасти́ческий** *лит.* plèonástic.

**плёс** *м.* reach, pool (of ríver) [...'rɪ-].

**пле́сень** *ж.* mould [mou-].

**плеск** *м. тк. ед.* splash, swash; (*волн*) lápping.

**плеска́ть,** плесну́ть 1. (*брызгать водой*) splash; 2. (*о волнах, море*) lap. **~ся** 1. (*о волнах, море и т. п.*) lap, swash; 2. (*в воде, водой*) splash.

**пле́сневеть,** заплéсневеть grow* móuldy / músty [grou 'mou-...].

**плесну́ть** *сов. см.* плескáть.

**плести́,** сплести́ (*вн.*; *о косе*) braid (*d.*), plait [plæt] (*d.*); (*о кружеве и т. п.*) weave* (*d.*), tat (*d.*); (*о корзине, стуле и т. п.*) weave* (*d.*), wattle (*d.*); ~ сéти net; ~ паути́ну spin* *a* web; ~ венóк twine *a* wreath*; ~ лáпти make* bast shoes / sándals [...ʃuːz...]; ◇ ~ вздор talk* nónsense; talk* through one's hat *идиом.*

**плести́сь** I (*тащиться*) drag òneséІf alóng; walk slówly [...'slou-]; (*с трудом*) plod alóng / on; ~ в хвостé (*перен.*) lag / drag behínd; trail alóng at the back.

**плести́сь** II *страд. к* плести́.

**плетён||ый** wáttled; wícker (*attr.*); ~ стул, ~ое крéсло wícker chair; ~ая корзи́нка wícker básket.

**плете́нь** *м.* 1. (wáttle-)fènce; 2. *воен.* húrdle.

**плётка** *ж.* lash.

**плеть** *ж.* lash.

**плечев||о́й** *анат.* húmeral; ~áя кость húmerus.

**плечено́гие** *мн. скл. как прил. зоол.* bràchiópoda [-k-].

**пле́чики** *мн. разг.* (*вешалка*) clóthes-hànger [-oudz-] *sg.*, cóat-hànger *sg.*

**пле́чико** *с.* 1. *уменьш. от* плечó; 2. (*у сорочки*) shóulder-stràp ['ʃou-].

**плечи́стый** bróad-shóuldered [-ɔːdʃou-].

**плеч||о́** *с.* 1. shóulder ['ʃou-]; ~óм к ~ý shóulder to shóulder; пожимáть ~áми shrug one's shóulders; брать на ~и (*вн.*) shóulder (*d.*); лéвое, прáвое ~ вперёд *воен.* right, left wheel; на ~! *воен.* slope arms!; 2. *анат.* úpper arm; 3. *физ.*, *тех.* arm; ~ кривоши́па web / cheek of *a* crank, crank arm / web; ◇ горá с плеч свали́лась a load has been táken off *one's* mind; выноси́ть на свои́х ~áх (*вн.*) bear* [bɛə] (*d.*), endúre (*d.*); имéть гóлову на ~áх have a good head on one's shóulders [...hed...]; на

~а́х проти́вника *воен.* on top of the énemy; с плеч доло́й that's done, thank góod¦ness; быть не по ~у́ кому́-л. be be¦yónd smb.'s pówer.

**плеши́в||еть,** оплеши́веть grow* / get* bald [-ou...]. **~ость** *ж.* báldness. **~ый** bálding.

**плеши́на** *ж.*, **плешь** *ж.* bald patch.

**плея́да** *ж.* Pléiad ['plaɪəd], gálaxy.

**Плея́ды** *мн. астр.* Pléiadès ['plaɪədiːz].

**пли** *межд. уст.* fire!

**плимутро́к** *м.* (*порода кур*) Plýmouth Rock ['plɪməθ...].

**пли́нтус** *м. арх.* plinth.

**плиоце́н** *м. геол.* pl(é)iocène ['plaɪ-].

**плис** *м.* vèlvetéen. **~овый** vèlvetéen (*attr.*).

**плиссе́** [-сэ́] **1.** *с. нескл.* accórdion pleats *pl.*; **2.** *как неизм. прил.* accórdion-pleated.

**плиссиро́в||анный** *прич. и прил.* pléated. **~а́ть** *несов. и сов.* (*вн.*) pleat (*d.*); make* accórdion pleats (in). **~ка** *ж.* pléating.

**плита́** *ж.* **1.** plate, slab, flag; (*тротуара*) flágstòne; моги́льная ~ gráve¦stòne, tómbstòne ['tuːm-]; бето́нная ~ cón¦crète slab; **2.** (*кухонная*) (kítchen-)rànge [-reɪ-]; (*газовая*) gás-stòve.

**пли́тка** *ж.* **1.** (*облицовочная*) tile, thin slab; **2.** (*шоколада и т. п.*) bar, brick; кра́ски в ~х sólid wáter-còlours [...'wɔːtəkʌ-]; **3.** (*для разогревания*) (cóoking-)rànge [-reɪ-]; электри́ческая ~ eléctric stove.

**плитня́к** *м. тк. ед.* flágstòne.

**пли́точный** *прил. к* пли́тка 1, 2; ~ пол tiled floor [...flɔː]; ~ чай brick-tea.

**плове́ц** *м.* swímmer.

**плод** *м.* **1.** (*прям. и перен.*) fruit [fruːt]; приноси́ть ~ы́ yield / bear* fruit [jiːld bɛə...]; (*перен.*) bear* fruit; ~ многоле́тнего труда́ resúlt / fruit of many years' work / lábour [-'zʌlt...]; пожина́ть ~ы́ свои́х трудо́в reap the fruits of one's lábour; пожина́ть ~ы́ чужи́х трудо́в reap where one has not sown [...soun]; **2.** *биол.* fóetus ['fiː-]; ◇ запре́тный ~ forbídden fruit.

**плоди́ть** (*вн.*) prócreàte ['proukrɪ-] (*d.*), prodúce (*d.*); (*перен. тж.*) engénder [ɪn'dʒ-] (*d.*). **~ся** própagàte.

**плодови́т||ость** *ж.* frúitfulness ['fruːt-], fèrtílity, fecúndity. **~ый** frúitful ['fruːt-], fértile, fécund ['fe-].

**плодово́д||ство** *с.* frúit-grówing ['fruːt'grou-]. **~ческий** frúit-grówing ['fruːt'grou-] (*attr.*).

**плодо́в||ый** *прил. к* плод 1; ~ое де́рево frúit-tree [-uːt-], frúiter [-uːtə]; ~ са́хар frúit-sùgar [-uːtʃu-].

**плодоли́стик** *м. бот.* cárpel.

**плодоно́жка** *ж. бот.* pédicle.

**плодоноси́ть** bear* fruits [bɛə fruːts], fruit [fruːt].

**плодоно́сный** frúit(-bearing) ['fruːtbɛə-].

**плодоноше́ние** *с.* frúiting ['fruːt-].

**плодоовощно́й** fruit and végetables [fruːt...] (*attr.*).

**плодоро́д||ие** *с.*, **~ность** *ж.* fèrtílity, fecúndity. **~ный** fértile, fécund ['fe-]; ~ная по́чва rich / fértile soil.

**плодосме́нн||ый:** ~ая систе́ма *с.-х.* ròtátion of crops [rou-...], ròtátory sýstem [rou-'teɪ-...].

**плодосуши́лка** *ж. с.-х.* fruit kiln [fruːt...].

**плодотво́рн||ость** *ж.* frúitfulness ['fruːt-]. **~ый** frúitful ['fruːt-].

**пло́мб||а** *ж.* **1.** (*зубная*) stópping; ста́вить ~у (*в зуб*) stop / fill *a* tooth*; **2.** (*на двери и т. п.*) seal, lead [led], stamp.

**пломби́р** *м.* ice-créam.

**пломбир||ова́ть,** запломбирова́ть (*вн.*) **1.** (*о зубе*) stop (*d.*), fill (*d.*); **2.** (*о двери и т. п.*) seal (*d.*). **~о́вка** *ж.* **1.** (*зуба*) stópping, filling; **2.** (*двери и т. п.*) séaling.

**пло́ск||ий** **1.** flat; (*о поверхности тж.*) plane; ~ая стопа́ *мед.* flát-foot [-fut]; ~ая пове́рхность plane súrface; ~ая грудь flat chest; **2.** (*о замечании, остроте и т. п.*) trívial; ~ая шу́тка flat joke, stúpid joke.

**плоского́рье** *с.* pláteau [-tou] (*pl. тж.* -x), táble-lànd.

**плоскогру́дый** flát-chésted.

**плоскогу́бцы** *мн.* pliers.

**плоскодо́н||ка** *ж.* flát(-bòttomed) boat. **~ный** flát-bòttomed.

**плоскопеча́тн||ый** *полигр.*: ~ая маши́на flát-bèd (printing) press.

**плоскосто́пие** *с. мед.* flát-foot [-fut].

**пло́скост||ь** *ж.* **1.** flátness; **2.** (*поверхность*) plane; накло́нная ~ in¦clined plane; ~ управле́ния, направля́ющая ~ *ав.* contról súrface [-roul...]; в той же ~и (*прям. и перен.*) on the same plane; **3.** (*плоское замечание*) plátitùde, cómmonplàce remárk.

**плот** *м.* raft, float.

**плотва́** *ж. тк. ед.* (*рыба*) roach.

**плоти́на** *ж.* weir [wɪə], dam; (*защитная*) dike, dyke; водосли́вная ~ óver¦flow weir / dam [-flou...].

**пло́тни||к** *м.* cárpenter. **~чать** cárpenter. **~чий** *прил. к* пло́тник. **~чный:** ~чное де́ло cárpentry.

**пло́тно** I *прил. кратк. см.* пло́тный.

**пло́тн||о** II *нареч.* **1.** clóse(¦ly) [-s-], tíghtly; ~ заколоти́ть дверь board / nail up *a* door [...dɔː]; ~ прижима́ться (к) cling* close [...-s] (to); ~ облега́ть (*о платье и т. п.*) fit close; **2.** *разг.*: ~ пообе́дать, ~ пое́сть, ~ поза́втракать have a square / héarty meal [...'hɑːtɪ...]. **~ость** *ж.* **1.** compáctness; (*густота*) dénsity; (*массивность*) solídity, strength; ~ость населе́ния dénsity of pòpulátion; ~ость огня́ *воен.* dénsity of fire; **2.** *физ.* dénsity. **~ый** **1.** compáct, dense; (*о материи*) dense, close [-s], thick; ~ое населе́ние dense pòpulátion; **2.** *разг.*: ~ый за́втрак, обе́д, у́жин square / héarty meal [...'hɑːtɪ...]; **3.** *разг.* (*о человеке*) thíck-sét, sólid; **4.** (*массивный*) sólid, strong.

**плотово́д** *м.* ráfter, ráfts¦man*.

**плотовщи́к** *м.* ráfter, ráfts¦man*.

**плотоя́дн||ый** càrnívorous; ~ое живо́тное cárnivòre (*pl.* -ra).

**пло́тский** cárnal.

**плот||ь** *ж.* flesh; ◇ ~ и кровь flesh and blood [...-ʌd]; ~ от ~и, кость от ко́сти one bone and one flesh; bone of my bone, flesh of my flesh; облека́ть в ~ и кровь in¦cárnàte, embódy in flesh [-'bɔ-...].

**пло́хо** I **1.** *прил. кратк. см.* плохо́й; **2.** *предик. безл.* that's bad*.

**пло́хо** II **1.** *нареч.* bád(¦ly)*; ~ себя́ чу́вствовать feel* bad* / únwéll; э́то ~ па́хнет it smells bad*; ~ вести́ себя́ beháve ill*; ~ обраща́ться (с *тв.*) ill-úse (*d.*), ill-tréat (*d.*); ~ приспосо́бленный ill-adápted; **2.** *как сущ.*

*с. нескл.* (*отметка*) bad mark; получи́ть ~ (по *дт.*) get* a bad mark (for); ◇ ~ лежа́ть lie* in temptátion's way [...-m't-...]; ко́нчить ~ come* to a bad end. ~**ва́тый** ráther bad ['rɑ:-...].

**плох||о́й 1.** *прил.* (*в разн. знач.*) bad*; ~а́я пого́да bad* / wrétched / násty wéather [...'weðə]; ~о́е настрое́ние poor / low spírits [...lou...] *pl.*; быть в ~о́м настрое́нии be in a bad* mood, be in low spírits, be out of sorts; ~о́е здоро́вье poor health [...helθ]; больно́й о́чень плох the pátient is very bad, *или* is in a bad way; его́ дела́ пло́хи things are in a bad way with him; ~о́е пищеваре́ние bad* / poor digéstion [...-stʃn]; ~о́е утеше́ние poor cònsolátion; **2.** *с. как сущ.*: что тут ~о́го? what's wrong with that?, what's wrong abóut it?; ◇ с ним шу́тки пло́хи ≅ he is not one to be trifled with; he is a násty cústomer *идиом.*

**пло́хонький** *разг.* ráther bad ['rɑ:-...].

**плоша́ть,** сплоша́ть *разг.* make* a mistáke; fail.

**пло́шка** *ж.* **1.** *разг.* éarthen sáucer ['ə:θ-...]; **2.** (*для иллюминации*) lámpion.

**площа́дка** *ж.* **1.** ground; ~ для игр pláyground; те́ннисная ~ ténnis-court [-kɔ:t]; баскетбо́льная и волейбо́льная ~ básket-bàll and vólley-bàll pitch; поса́дочная ~ *ав.* lánding ground; строи́тельная ~ búilding site ['bɪl-...]; **2.** (*лестницы*) lánding; **3.** (*вагона*) plátfòrm, the end of the córridòr.

**площадн||о́й:** ~а́я брань foul lánguage, swéaring ['swɛə-].

**пло́щадь** *ж.* **1.** área ['ɛərɪə] (*тж. мат.*); жила́я ~ dwélling space; flóorspàce ['flɔ:-]; посевна́я ~ land únder crop; sown área [soun...]; посевна́я ~ под кукуру́зой área sown to maize; **2.** (*в городе и т. п.*) square; база́рная ~ márket square / place.

**плуг** *м.* plough; тра́кторный ~ tráctor (-drawn) plough; двухлеме́шный, трёхлеме́шный ~ twó-shàre, thrée-shàre plough.

**плу́нжер** *м. тех.* plúnger [-ndʒə].

**плут** *м.* cheat, swíndler, knave; *шутл.* rogue [roug].

**плута́ть** *разг.* stray.

**плути́шка** *м. разг.* little rogue [...roug], mís|chievous imp.

**плу́тни** *мн.* (*ед.* плу́тня *ж.*) *разг.* swíndle *sg.*, tricks.

**плутов||а́тый** róguish ['rougɪʃ]; ~ ма́льчик róguish boy; ~ взгляд mís|chievous / róguish look. ~**а́ть,** сплутова́ть *разг.* cheat, swíndle.

**плуто́вка** *ж.* **1.** cheat, swíndler; **2.** *ж. к* плути́шка.

**плутов||ско́й 1.** knávish ['neɪ-]; ~ приём knávish trick; ~ска́я улы́бка mís|chievous / róguish smile [...'rougɪʃ...]; **2.** (*о стиле романа*) pìcarésque. ~**ство́** *с.* tríckery; impósture, knávery ['neɪ-].

**плутокра́т** *м.* plútocràt. ~**и́ческий** plùtocrátic. ~**ия** *ж.* plùtócracy.

**плыву́н** *м. геол.* quick ground.

**плыву́чий** flówing ['flou-], dèliquéscent.

**плыть** *см.* пла́вать.

**плювио́метр** *м. метеор.* plùviómeter.

**плюга́вый** *разг.* (*невзрачный*) mean, shábby; (*дрянной*) déspicable.

**плюма́ж** *м.* (*на шляпе*) plume.

**плю́нуть** *сов. см.* плева́ть.

**плюрал||и́зм** *м. филос.* plúralism. ~**исти́ческий** *филос.* plùralístic.

**плюс** *м.* **1.** plus; **2.** *разг.* (*преимущество*) advántage [-'vɑ:-].

**плюсна́** *ж. анат.* mètatársus.

**плю́хать(ся),** плю́хнуть(ся) *разг.* flop (down); (в *вн.*) flop (into), plump (into).

**плю́хнуть(ся)** *сов. см.* плю́хать(ся).

**плюш** *м.* plush. ~**евый** plush (*attr.*).

**плю́шка** *ж. разг.* bun.

**плющ** *м.* ívy.

**плющи́льный** *тех.*: ~ стано́к flátter, flátting mill.

**плю́щить,** сплю́щить (*вн.*) flátten (*d.*); (*о железе*) láminàte (*d.*).

**пляж** *м.* beach; же́нский, мужско́й ~ wómen's, men's beach ['wɪ-...].

**пляс** *м. тк. ед. разг.* dance; пуска́ться в ~ throw* òne|sélf, *или* break*, into a dance [θrou... -eɪk...].

**плясá́ть** *разг.* dance; ◇ ~ под чью-л. ду́дку dance to smb.'s tune / píping.

**пля́с||ка** *ж.* dance, dáncing; ◇ ~ св. Ви́та St. Vítus's dance; chòréa [kɔ'rɪə] *научн.*; ~ сме́рти dance macábre. ~**ова́я** *ж. скл. как прил.* dance tune. ~**ово́й** dance (*attr.*). ~**у́н** *м.*, ~**у́нья** *ж. разг.* dáncer; кана́тный ~у́н *уст.* rópe-dàncer.

**пневма́тик** *м. тех.* pneumátic tire [nju:-...].

**пневма́т||ика** *ж.* pneumátics [nju:-]. ~**и́ческий** pneumátic [nju:-], áir-pówered.

**пневмоко́кк** *м. бакт.* pneumocóccus [nju:-] (*pl.* -ci).

**пневмо||ни́я** *ж. мед.* pneumónia [nju:-]. ~**то́ракс** *м. мед.* pneumothórax [nju:-].

**пнуть** *сов. см.* пина́ть.

**по** I *предл.* (*дт.*) **1.** (*на поверхности*) on; (*вдоль*) alóng: идти́ по́ полу, по траве́ walk on the floor, on the grass [...flɔ:...]; идти́, е́хать по доро́ге, тропи́нке, у́лице walk, drive* alóng the road, the path*, the street; — путеше́ствовать по стране́ jóurney through *a* country ['dʒə:-... 'kʌ-]; по всему́, по всей all óver: кни́ги, тетра́ди *и т. п.* разло́жены по всему́ столу́ the books, cópy-books, *etc.*, are lýing all óver the table [...'kɔ-...]; стака́ны, ча́шки расста́влены по всему́ столу́ the glásses, cups are stánding all óver the table; он путеше́ствовал по всей стране́ he has trávelled all óver the cóuntry; **2.** (*посредством*) by: по по́чте by post [...poust]; по желе́зной доро́ге by rail / train; е́хать по желе́зной доро́ге go* by rail / train; по во́здуху by air; — по ра́дио, телефо́ну óver the rádiò, the téléphòne; **3.** (*на основании, в соответствии*) by; (*согласно*) accórding to: по приказа́нию by órder; по пра́ву by right; по приро́де, по кро́ви by náture, by blood [...'neɪ- ...blʌd]; по и́мени by name; суди́ть по вне́шнему ви́ду judge by appéarances; по Ле́нину accórding to Lénin; — по происхожде́нию by / in órigin; по его́ ви́ду мо́жно поду́мать from his looks you might suppóse; по сове́ту on, *или* accórding to, the advíce; по а́дресу to the address; по его́ а́дресу to his address; э́то по его́ а́дресу that is meant for him [...ment...], that is aimed at him; жить по сре́дствам live within one's means [lɪv...]; по положéнию (*согласно предписанию*) accórding to the règulátions; (*согласно занимаемому положению*) in accórdance with one's position [...-'zɪ-]; éx offíciò ['ekso'fɪʃɪou] *офиц.*; **4.** (*вследствие*) by; (*из-за*) through: по ошúбке by mistáke; по невнимáтельности, рассéянности through cáre¦lessness, ábsent-minded¦ness; по болéзни through íllness; по чьей-л. винé through smb.'s fault; не по егó винé through no fault of his; — по обязанности accórding to dúty; as in dúty bound *идиом.*; **5.** (*об. дт. мн.*; *при обозначении времени*) in, at, on: по утрáм in the mórning; по ночáм at night; по выходны́м дням on one's free / off days; ◇ по путú (*с кем-л.*) *см.* путь; по рукáм! *см.* рукá; *тж. и др. особые случаи, не приведённые здесь, см. под теми словами, с которыми предлог* по *образует тесные сочетания.*

**по** II *предл.* (*дт.*, *вн.*; *в разделительном знач.*): пó два, по дéсять in twos, in tens; пó двое two by two, in twos; по десятú человéк in groups of ten [...gru:ps...], in tens; по пять рублéй штýка at five roubles each [...ru:-...]; по два я́блока на человéка two apples apíece [...ə'pi:s].

**по** III *предл.* (*вн.*) **1.** (*до*) to; up to: по пóяс up to one's waist; с ию́ня по сентя́брь from June to Septémber; по 1-е сентября́ up to the first of Septémber; **2.:** по сю, по ту стóрону (*рд.*) on this, on that, side (of); по прáвую, лéвую рýку *см.* рукá.

**по** IV *предл.* (*пр.*; *после*) on: по прибы́тии on *one's* arríval; по (своём) прибы́тии он on his arríval he; по окончáнии on the tèrminátion; по рассмотрéнии on exàminátion.

**по-** I *глагольная приставка, употребляется в разн. знач.*; *в значении ограниченности, краткости действия об. переводится через* a little, for a time / while, *или через формы глагола* have (a(n) + *соотв. сущ.*), *но если ограничение указано особо, то отдельно об. не переводится*: поспáть (*немного, некоторое время*) sleep* a little, for a time / while, have a sleep; подýмайте (немнóго) think* a little; подýмать нéсколько минýт think* for some minutes [...-ɪts]; онú хорошó поплáвали they had a good* swim; *но часто* по- *выражает только сов. вид и тогда об. не переводится*: он посмотрéл на них (*взглянул*) he looked at them; он подýмал, что (*ему пришло в голову*) he thought that; *в таких случаях* посмотрéть, подýмать = смотрéть look, дýмать think* *и т. п.*

**по-** II *приставка в сравн. степенях* **1.** (*немного*) *об. переводится через* a little *или* a bit (+ *comparative degree*) *или не переводится*: подлиннéе, покорóче (a little / bit) lónger, shórter; **2.** (*наиболее*) as... as one can (+ *positive degree*); *в нареч. тж.* in the... way one can (+ *superlative degree*): он постарáлся сдéлать э́то полýчше he tried to do it as well as he could, he tried to do it in the best way he could.

**по-** III *приставка-частица в наречиях* **1.** (*подобно*) *об. переводится через* like (+ *сущ.*), *или* in a... mánner / way; (*как*) as (+ *сущ.*): по-дрýжески like a friend [...fre-], in a friendly mánner / way [...'fre-...]; as a friend; **2.** (*при обозначении языка*) in (+ *сущ.*) *или не переводится*: э́то напúсано по-рýсски, по-англúйски *и т. п.* it is wrítten in Rússian, in Énglish, *etc.* [...-ʃən... 'ɪŋg-]; он писáл по-рýсски he wrote in Rússian; он умéет писáть по-рýсски he can write Rússian; он сказáл э́то по-рýсски he said it in Rússian [...sed...]; он говорúт по-рýсски he speaks Rússian.

**побагровéть** *сов. см.* багровéть.

**побáива||ться** (*рд.*, + *инф.*) *разг.* be ráther afráid [...'rɑ:-...] (of, of *ger.*); он ~ется идтú тудá he is ráther afráid of gó¦ing there.

**побáливать** *разг.* (*немного*) ache a little [eɪk...]; (*временами*) ache now and then, ache on and off.

**побасёнка** *ж. разг.* tale, stóry.

**побéг** I *м.* (*бегство*) flight; (*из тюрьмы тж.*) escápe.

**побéг** II *м.* (*росток*) sprout, shoot; (*от корня*) súcker; (*для посадки*) set; (*для прививки*) graft.

**побéгать** *сов.* run* a little, run* for a while.

**побегýшк||и:** быть у когó-л. на ~ах run* smb.'s érrands, run* érrands for smb.; (*перен.*) be at smb.'s beck and call.

**побéд||а** *ж.* víctory; (*успех*) tríumph; одержáть ~у gain / win* (the) víctory, score a víctory, win* the day, cárry the day; (**над**) gain / win* a víctory (óver).

**победúтель** *м.*, **~ница** *ж.* cónqueror [-kə-]; víctor *поэт.*; *спорт.* winner; победúтели и побеждённые víctors and vánquished.

**победúть** *сов. см.* побеждáть.

**побéдный** triúmphal; ~ гимн triúmphal hymn.

**победонóсный** victórious, triúmphant; víctor (*attr.*).

**побежáлост||ь** *ж.*: цвет ~и *тех.* óxide tint.

**побежáть** *сов.* **1.** *см.* бéгать 1, бежáть 1; **2.** (*начать бежать*) break* into a run [-eɪk...].

**побеждáть,** победúть **1.** (*вн.*) cónquer [-kə] (*d.*); gain / win* a víctory (óver); (*наносить поражение*) deféat (*d.*); vánquish (*d.*) *поэт.*; (*перен.*: *преодолевать*) òver¦cóme* (*d.*); **2.** (*без доп.*; *об идеях, учении и т. п.*) tríumph, preváil.

**побел||éть** *сов. см.* белéть 1. **~úть** *сов. см.* белúть I.

**побéлка** *ж.* white¦wàshing.

**поберéжье** *с.* sea coast, séaboard, líttoral.

**поберéчь** *сов.* (*вн.*) **1.** (*сохранить*) keep* (*d.*); **2.** (*отнестись бережно, заботливо*) take* care (of), look (áfter); ~ свой сúлы spare òne¦sélf. **~ся** *сов.* take* care of òne¦sélf.

**побесéдовать** *сов.* (с *тв.* о *пр.*) have a talk (with abóut); (*с указанием продолжительности тж.*) talk (with abóut); ~ немнóго с кем-л. о чём-л. have a (little) talk with smb. abóut smth., talk a little, *или* for a while, with smb. abóut smth.; ~ час have an hour's talk [...auəz...], talk for an hour.

**побеспокóить** *сов.* (*вн.*) trouble [trʌ-] (*d.*). **~ся** *сов.* trouble [trʌ-]; вам придётся ~ся об э́том you will have to see to it.

**побирáться** *разг.* beg, live by bégging [lɪv...].

**побúть** *сов.* **1.** *см.* бить I 1; **2.** (*вн.*) (*о ливне, граде, ветре*) beat* down (*d.*), lay* (down) (*d.*); (*о морозе*) nip (*d.*); ◇ ~ рекóрд break* *a* récòrd [-eɪk... 're-]. **~ся** *сов.* break* [-eɪk].

**поблагодари́ть** *сов. см.* благодари́ть.

**поблáжк||а** *ж. разг.* indúlgence; давáть ~и (*дт.*) spoil* (*d.*), give* an éasy time [...'i:zɪ...] (*i.*).

**поблedнéть** *сов. см.* бледнéть.

**поблёклый** fáded.

**поблёкнуть** *сов. см.* блёкнуть.

**поблёскивать** gleam.

**поблúзости** *нареч.* near at hand, hére¦about(s); ~ от near (to).

**побожи́ться** *сов. см.* божи́ться.

**побóи** *мн.* béating *sg.* **~ще** *с.* sláughter, blóody battle ['blʌ-...].

**поболтáть** *сов.* (с *тв.* о *пр.*) *разг.* have a chat (with abóut); (*с указанием продолжительности тж.*) chat (with abóut); ~ немнóго have a chat, chát(ter) a little; ~ полчасá have a half an hour's chat [...hɑ:f ...auəz...], chát (-ter) for half an hour.

**побóльше** I (*сравн. ст. от прил.* большóй) (*по размеру*) (just) a little lárger / bígger; (*по возрасту*) (just) a little ólder.

**побóльше** II (*сравн. ст. от нареч.* мнóго) (just) a little more.

**по-большеви́стски** *нареч.* like a Bólshevik, like Bólsheviks, in true Bólshevist style.

**побóрни||к** *м.*, **~ца** *ж.* ádvocate, chámpion; stándard-bearer [-bɛə-]; ~ ми́ра chámpion / stándard-bearer of peace.

**поборóть** *сов.* (*вн.*) fight* down (*d.*); òver¦cóme* (*d.*) (*тж. перен.*); ~ себя́ òver¦cóme* òne¦sélf.

**побóры** *мн. уст.* rèquisítions [-'zɪ-]; (*незаконные*) extórtion *sg.*

**побóчн||ый** **1.** accéssory, colláteral; *юр.* accéssary; ~ продýкт *эк.* bý-pròduct; **~ая** рабóта síde-line, bý-wòrk; ~ вопрóс síde-issue; **2.** *уст.* (*о детях*) nátural.

**побоя́ться** *сов.* (*рд.*,+ *инф.*) be afráid (of, of *ger.*); (*не осмелиться*) not vénture (+ to *inf.*); (*не отважиться*) not dare (+ to *inf.*).

**побрани́ть** *сов.* (*вн.*) give* a scólding (*i.*), scold a little (*d.*). **~ся** *сов.* (с *тв.*) *разг.* have a quárrel (with), have words (with).

**побратáться** *сов. см.* братáться.

**побрати́м** *м. ист.* adópted bróther [...'brʌ-].

**по-брáтски** *нареч.* fratérnally; (*в отношении одного человека*) like a bróther [...'brʌ-]; (*в отношении двух и более*) like bróthers; раздели́ть ~ (*вн.*) share as with a bróther (*d.*), share like bróthers (*d.*).

**побрéзгать** *сов. см.* брéзгать.

**побрести́** *сов.* wánder, start wándering.

**побри́ть(ся)** *сов. см.* бри́ть(ся).

**побродить** *сов.* wánder for some time.

**побросáть** *сов.* (*вн.*) **1.** throw* up [-ou...] (*d.*); 2. (*оставить без надзора*) forsáke* (*d.*), desért [-'z-] (*d.*).

**побры́згать** *сов.* sprinkle a little.

**побря́кать** *сов. см.* побря́кивать.

**побря́к||ивать,** побря́кать (*тв.*) *разг.* rattle (with). **~ýшка** *ж. разг.* trínket.

**побуди́тельн||ый** mótive, stímulàting; **~ая** причи́на mótive, incéntive.

**побуди́ть** *сов. см.* побуждáть.

**побýдка** *ж. воен.* revéille [-elɪ].

**побужд||áть,** побуди́ть (*вн.* к, + *инф.*) impél (*d.* to, + to *inf.*), indúce (*d.*+ to *inf.*), prompt (*d.* to, + to *inf.*). **~éние** *с.* mótive, indúce¦ment, incéntive; по сóбственному **~éнию** of one's own accórd [...oun...].

**побурéть** *сов. см.* бурéть.

**побывá||ть** *сов.* be, visit [-z-]; он ~л во Фрáнции и Испáнии he has been to France and Spain, he has vísited France and Spain; он ~л всю́ду he has been évery¦whère.

**побы́вк||а** *ж. разг.*: приезжáть домóй на ~у come* home on leave, come* home for a stay.

**побы́ть** *сов.* stay, remáin; он пóбыл у меня́ мéньше чáса he stayed with me less than an hour [...auə].

**повáд||иться** *сов.* (+ *инф.*) *разг.* fall* into the hábit (of *ger.*), get* the hábit (of *ger.*); ◇ ~ился кувши́н пó воду ходи́ть *погов.* the pítcher goes óften to the well [...'ɔ:f(t)ᵊn...].

**повáдка** *ж.* hábit.

**повáдно:** чтоб нé было ~ (*дт.*) *разг.* (in órder) to teach (*d.*) not to do so; (*дт.*+ *инф.*) (in órder) to teach (*d.*) not (+ to *inf.*).

**повали́ть** I *сов. см.* вали́ть I.

**повали́ть** II *сов.* **1.** (*начать валить*) (*о народе*) come* in flocks; (*о снеге*) begin* to fall héavily [...'hev-], begin* to fall in thick flakes; (*о дыме*) begin* to pour out in clouds [...pɔ:...]; **2.** *как сов. к* вали́ть II.

**повали́ться** *сов. см.* вали́ться.

**повáльн||о** *нареч.* without excéption; здесь все ~ больны́ гри́ппом évery¦òne here is down with the flu. **~ый** géneral; **~ый** óбыск géneral / indiscríminate search [...sə:tʃ]; **~ая** болéзнь èpidémic diséase [...'zi:z].

**повалять** *сов.* (*вн.*) roll (*d.*). **~ся** *сов.* **1.** roll abóut, wállow; **2.** *разг.* (*в постели*) have a long lie (*in bed*).

**пóвар** *м.* cook.

**повáренн||ый** cúlinary; **~ая** кни́га cóokery-book; **~ая** соль (cómmon) salt, sódium clóride.

**повар||ёнок** *м. разг.* kítchen-boy. **~и́ха** *ж. к* пóвар. **~скóй** *прил. к* пóвар.

**по-вáшему** *нареч.* **1.** (*по вашему мнению*) in, *или* accórding to, your opínion; to your mind / thinking; **2.** (*по вашему желанию*) as you want / wish; as you would have it; он сдéлал ~ he did as you wánted / wished; ◇ пусть бýдет, *или* будь, ~ have it your own way [...oun...].

**повéдать** *сов.* (*вн. дт.*) *уст.* tell* (*d.* to), impárt (*d.* to); ~ тáйну (*дт.*) disclóse / revéal *a* sécret (to).

**поведéние** *с.* cónduct, beháviour; дурнóе ~ bad* beháviour, misbeháviour.

**повезти́** I *сов. см.* везти́ I *и* вози́ть.

**повезти́** II *сов. см.* везти́ II.

**повел||евáть,** повелéть **1.** *тк. несов.* (*тв.*) *уст.* commánd [-ɑ:nd] (*d.*); (*управлять*) rule (*d.*, óver); **2.** (*дт.*+ *инф.*) enjóin (*i.* + to *inf.*): мой долг ~евáет мне сдéлать э́то my dúty enjóins me to do it. **~éние** *с.* *уст.* commánd [-ɑ:nd].

**повелéть** *сов. см.* повелевáть 2.

**повели́тель** *м. уст.* sóvereign [-vrɪn]. **~ница** *ж. уст.* lády, sóvereign [-vrɪn], queen. **~ный** impérative, authóritàtive; **~ный** тон impérious / perémptory / high tone; **~ное** наклонéние *грам.* impérative mood.

**повенча́ть** *сов. см.* венча́ть II. **~ся** *сов. см.* венча́ться II.

**поверга́ть,** пове́ргнуть **1.** (*вн.*) *уст.* throw* down [-ou...] (*d.*); **2.** (*вн.* в *вн.*) plunge (*d.* in); ~ кого́-л. в печа́ль, темноту́ plunge smb. in sórrow, dárkness; ~ кого́-л. в уны́ние depréss smb. **~ся,** пове́ргнуться **1.** (в *вн.*) be plunged [...-ndʒd] (into), fall* (into); ~ся в уны́ние get* / be depréssed; **2.** *страд. к* поверга́ть.

**пове́ргнуть(ся)** *сов. см.* поверга́ть(ся).

**пове́ренный** *м. скл. как прил.* attórney [ə'tə:-]; ◇ ~ в дела́х chargé d'affaires (*фр.*) ['ʃɑːʒeɪdæ'fɛə].

**пове́рить** I *сов. см.* ве́рить.

**пове́р||ить** II, III *сов. см.* поверя́ть I, II. **~ка** *ж.* **1.** chécking up, chéck-úp, vèrificátion; ~ка вре́мени (*по радио*) time sígnal; **2.** (*перекличка*) róll-càll; (*постов, караулов*) vísiting [-z-]; ◇ на ~ку in fact.

**поверну́ть(ся)** *сов. см.* повора́чивать(ся).

**пове́рочн||ый:** ~ые испыта́ния exàminátions.

**повёртывать(ся)** = повора́чивать(ся).

**пове́рх** *предл.* (*рд.*) óver: ~ пла́тья на ней бы́ло наде́то пальто́ she wore a coat óver her dress; смотре́ть ~ очко́в look óver the top of one's spéctacles.

**пове́рхностно** I *прил. кратк. см.* пове́рхностный.

**пове́рхностно** II *нареч.* sùperfícially, perfúnctorily, in a perfúnctory mánner.

**пове́рхностн||ый** **1.** sùperfícial; shállow; (*перен. тж.*) perfúnctory; ~ое зна́ние sùperfícial knówledge [...'nɔ-]; smáttering of knówledge; **2.** *физ., тех.* súrface (*attr.*); ~ое натяже́ние súrface-tènsion; ~ая вода́ súrface-wàter [-wɔ:-].

**пове́рхность** *ж.* súrface.

**по́верху** *нареч.* on / alóng the súrface, on top.

**пове́рье** *с.* pópular belíef [...-'li:f]; sùperstítion.

**поверя́ть** I, пове́рить (*вн. дт.*; *доверять*) entrúst (*d.* to), trust (with *d.*); ~ кому́-л. своё го́ре confíde one's sórrow to smb.

**поверя́ть** II, пове́рить (*вн.*; *проверять*) check (*d.*), check up (*d.*), vérifỳ (*d.*); ~ карау́лы, посты́ *воен.* inspéct the guards, vísit the séntry posts [-z-...pou-].

**пове́са** *м. разг.* rake, scápe¦gràce.

**повесел||е́ть** *сов.* become* mérry / chéerful, cheer up. **~и́ть** *сов.* (*вн.*) amúse (*d.*). **~и́ться** *сов.* enjóy òne¦sélf, make* mérry.

**по-весе́ннему** *нареч.* as in spring; со́лнце гре́ет ~ the sun is as hot as in spring.

**пове́сить** *сов. см.* ве́шать I. **~ся** *сов. см.* ве́шаться.

**пове́сничать** *разг.* lead* a rákish life [...'reɪ-...].

**повествова́||ние** *с.* narrátion, nárrative. **~тельный** nárrative.

**повествова́ть** (о *пр.*) narráte (abóut).

**повести́** I *сов. см.* поводи́ть I.

**повести́** II *сов. см.* вести́ 1, 2.

**повести́сь** *сов. разг.*: уж так повело́сь such is the cústom.

**пове́стк||а** *ж.* **1.** nótice ['nou-]; (*в суд*) súmmons, subpóena [-'pi:-]; (*в военкомат*) cáll-úp pápers *pl.*; **2.** *воен.* (*вечерняя*) last post [...pou-]; ◇ ~ дня agénda, órder of the day; на ~е дня on the agénda; in the órder of the day; включи́ть в ~у дня (*вн.*) put* on the agénda (*d.*); снять с ~и дня (*вн.*) remóve from the agénda [-'mu:v...] (*d.*); приня́ть ~у дня без измене́ний adópt agénda as it stands.

**по́весть** *ж.* nárrative, tale, stóry.

**пове́трие** *с. разг.* inféction; (*перен.*) craze.

**пове́шение** *с.* háng¦ing; казнь че́рез ~ háng¦ing; приговори́ть кого́-л. к сме́ртной ка́зни че́рез ~ séntence smb. to death by háng¦ing [...deθ...].

**пове́шенный** **1.** *прич. см.* ве́шать I; **2.** *м. как сущ.* the hang¦ed man*.

**пове́я||ть** *сов.* **1.** begin* to blow [...-ou]; (*подуть слегка*) blow* sóftly; **2.** *безл.* (*тв.*; *тж. перен.*: *вызвать чувства, воспоминания*) breathe (of); ~ло прохла́дой there came a breath of cool air [...breθ...], the air grew frésher.

**повзво́дно** *нареч. воен.* in / by platóons.

**повздо́рить** *сов. см.* вздо́рить.

**повзросле́ть** *сов. разг.* grow* up [-ou...].

**повива́льн||ый:** ~ая ба́бка *уст.* míd¦-wife*.

**повида́ть** *сов.* (*вн.*) *разг.* see* (*d.*). **~ся** *сов. см.* вида́ться.

**по-ви́димому** *вводн. сл.* appárent¦ly, to all appéarance.

**пови́дло** *с. тк. ед.* jam.

**повили́ка** *ж. бот.* convólvulus, dódder.

**повини́ться** *сов. см.* вини́ться.

**пови́нн||ость** *ж.* dúty, òbligátion; трудова́я ~ *уст.* lábour conscríption; всео́бщая во́инская ~ *уст.* ùnivérsal mílitary sérvice. **~ый** **1.** *прил.* (в *пр.*) guílty (of); ни в чём не ~ый ínnocent of any crime; **2.** *ж. как сущ.*: принос́ить ~ую, явля́ться с ~ой give* òne¦sélf up; (*на суде*) plead guílty; (*перен.*) acknówledge one's fault / guilt [-'nɔ-...].

**повинов||а́ться** *несов. и сов.* (*дт.*) obéy (*d.*). **~е́ние** *с.* obédience.

**повиса́ть,** пови́снуть **1.** (на *пр.*) hang* (by); **2.** (над; *склоняться*) hang* down (óver), droop (óver); ◇ пови́снуть в во́здухе hang* poised in mid air.

**пови́снуть** *сов. см.* повиса́ть.

**повиту́ха** *ж. уст. разг.* míd¦wife*.

**повле́ч||ь** *сов.* (*вн.*; *за собой*) entáil (*d.*); э́то ~ёт за собо́й ва́жные после́дствия this will entáil sérious cónsequences.

**повлия́ть** *сов. см.* влия́ть.

**по́вод** I *м.* occásion, cause, ground; кассацио́нный ~ *юр.* ground for cassátion; ~ к войне́ cásus bélli; по како́му ~у? in what connéction?; по како́му ~у вы об э́том вспо́мнили? what made you think of it?; дава́ть ~ (*дт.* + *инф.*) give* occásion (*i.* + to *inf.*); give* cause (for + to *inf.*); служи́ть ~ом (к) give* rise (to); по ~у (*рд.*) on the occásion (of); àpropós [-'pou] (of); без вся́кого ~а àpropós of nóthing; по э́тому ~у, по ~у э́того as regárds this, àpropós of this.

**по́вод** II *м.* (*у лошади и т. п.*) (bridle) rein; ◇ быть на ~у́ у кого́-л. be lead by smb. [...led...].

**поводи́ть** I, повести́ (*тв.*) move [mu:v] (*d.*); повести́ бровя́ми move one's brows, lift one's éye¦brow [...'aɪ-]; ~ плечо́м move one's shóulder [...'ʃou-]; ◇ он и бро́вью не повёл

≅ he did not turn a hair, he did not bat an éye¦lid [...'aɪ-].

**поводи́ть** II *сов.* (*вн.*) walk (*d.*); ~ ло́шадь walk *a* horse.

**поводы́р||ь** *м.* léader, guide; слепо́й с ~ём blind man* with his guide.

**пово́зка** *ж.* véhicle ['viːɪ-], cárriage [-rɪdʒ].

**пово́йник** *м. уст.* povóinik (*headdress of a Russian married woman*).

**поволо́к||а** *ж.*: глаза́ с ~ой lánguishing eyes [...aɪz].

**поволо́чь** *сов.* (*вн.*) *разг.* drag (*d.*).

**повора́чивать,** поверну́ть **1.** (*вн.*) turn (*d.*); (*круто*) swing* (*d.*); (*перен.*) change [tʃeɪ-] (*d.*), turn (*d.*); ~ кран turn *the* cock; поверну́ть разгово́р change the tópic of *the* cònversátion; поверну́ть наза́д, вспять колесо́ исто́рии revérse the course of history [...kɔːs...]; **2.** (*без доп.*) turn; ~ напра́во, нале́во, за́ угол turn (to the) right, (to the) left, (round) *the* córner. **~ся,** поверну́ться **1.** turn; (*круто*) swing*; ~ся спино́й (к) turn one's back (up¦ón); ~ся круго́м turn round; *воен.* turn abóut; ~ся на я́коре *мор.* swing* at ánchor [...'æŋkə]; **2.** *страд. к* повора́чивать.

**поворожи́ть** *сов. см.* ворожи́ть.

**поворо́т** *м.* túrn(ing); (*реки́*) bend, curve; (*перен.*) change [tʃeɪ-], túrning-point; второ́й ~ напра́во sécond túrn(ing) to / on the right ['se-...]; на ~е реки́, доро́ги *и т. п.* at the bend of the river, road, *etc.* [...'rɪ-...]; круто́й ~ к лу́чшему sharp turn for the bétter.

**поворо́тлив||ость** *ж.* **1.** nímble¦ness, agílity, quickness; **2.** *тех.*, *мор.* manòeuvrability [-nuːv-], hándiness. **~ый** **1.** nímble, ágile, quick; **2.** *тех.* manóeuvrable [-'nuːv-], hándy.

**поворо́тный** *тех.* rótary ['rou-], ròtátory [rou'teɪ-]; (*перен.*) túrning; ~ круг *ж.-д.* túrn-tàble; ~ моме́нт, пункт túrning-point.

**поворча́ть** *сов.* grumble a little.

**повреди́ть** I *сов. см.* вреди́ть.

**повреди́ть** II *сов. см.* поврежда́ть.

**поврежд||а́ть,** повреди́ть (*вн.*) (*о машине и т. п.*) dámage (*d.*); (*о руке, ноге и т. п.*) injure (*d.*), hurt* (*d.*). **~е́ние** *с.* dámage, injury; больши́е, си́льные ~е́ния exténsive / héavy / much dámage [...'hevɪ...] *sg.*

**повремени́ть** *сов.* (с *тв.*) *разг.* wait a little (with).

**повреме́нн||ый** **1.** (*об издании*) pèriódical; **2.**: ~ая опла́та pay by the hour / day / week [...auə...]; ~ая рабо́та time-wòrk, work paid by the hour, day, week, *etc.*

**повседне́вн||о** *нареч.* dáily, évery¦dáy. **~ый** dáily, évery¦dáy; ~ая рабо́та dáily / évery¦dáy / dáy-to-dáy work; ~ая жизнь dáily / évery¦dáy life; ~ая забо́та évery¦dáy care; ~ые ну́жды dáy-to-dáy needs; ~ые обя́занности dáily dúties.

**повсеме́стн||о** *нареч.* évery¦whère, in all pláces / parts. **~ый** géneral.

**повста́н||ец** *м.* rébel ['rebᵊl], insúrgent, insurréctionist. **~ческий** insúrgent, insurréctional, insurréctionary; ~ческое движе́ние insurréctional móve¦ment [...'muː-].

**повстреч||а́ть** *сов.* (*вн.*) *разг.* meet* (*d.*). **~а́ться** *сов.* (*дт.*, с *тв.*) *разг.* come* acróss (*d.*), meet* (*d.*); ему́ ~а́лся знако́мый he met, *или* came acróss, an acquáintance.

**повсю́ду** *нареч.* évery¦whère.

**повтор||е́ние** *с.* rèpetítion; (*многократное*) rè¦iterátion. **~и́тельный** ré¦capitulátion (*attr.*); ré¦capitulàtive; ~и́тельный курс ré¦capitulátion course [...kɔːs]. **~и́ть(ся)** *сов. см.* повторя́ть(ся).

**повто́рный** repéated.

**повторя́емость** *ж.* rèpetítion; (*многократная*) rè¦iterátion; (*явлений, событий и т. п.*) recúrrence.

**повторя́ть,** повтори́ть (*вн.*) repéat (*d.*); (*многократно*) rè¦iteràte (*d.*). **~ся,** повтори́ться **1.** repéat (òne¦sélf); **2.** *страд. к* повторя́ть.

**повы́сить(ся)** *сов. см.* повыша́ть(ся).

**повыша́ть,** повы́сить (*вн.*; *в разн. знач.*) raise (*d.*), héighten ['haɪ-] (*d.*); ~ вдво́е, втро́е, вче́тверо double, treble, quádruple [dʌ-...] (*d.*); ~ в пять, шесть *и т. д.* раз raise five¦fòld, síxfòld, *etc.* (*d.*); ~ жи́зненный у́ровень населе́ния raise the living stándard of the pòpulátion [...'lɪv-...]; ~ по слу́жбе advánce (*d.*), promóte (*d.*), prefér (*d.*); ~ производи́тельность труда́ raise the pròductívity of lábour, raise lábour pròductívity; ~ квалифика́цию raise one's quàlificátion, impróve one's (proféssional) skill [-'pruːv...]; повы́сить отве́тственность (за *вн.*) enhánce the respònsibílity (for); ◇ ~ го́лос, тон raise one's voice. **~ся,** повы́ситься **1.** (*в разн. знач.*) rise*; ~ся по слу́жбе advánce; повы́ситься в чьём-л. мне́нии rise* in smb.'s opínion; то ~ся, то понижа́ться (*о звуке*) soar up and down; **2.** *страд. к* повыша́ть.

**повы́ше** I (*сравн. ст. от прил.* высо́кий) (just) a little higher; (*о росте человека тж.*) (just) a little táller.

**повы́ше** II (*сравн. ст. от нареч.* высо́ко́) (just) a little higher up.

**повыше́ние** *с.* rise; ~ зарпла́ты rise / ín¦crease in / of wáges [...-riːs...]; ~ жи́зненного у́ровня ùp¦lifting of living stándards [...'lɪv-...]; ~ производи́тельности труда́ ráising the pròdùctivity of lábour; (*более высокий уровень*) higher / inténsified pròdùctívity; ~ по слу́жбе advánce¦ment, promótion, preférment; он получи́л ~ he has been advánced / promóted; ~ квалифика́ции impróve¦ment of (proféssional) skill [-ruːv-...].

**повы́шенн||ый** **1.** *прич. см.* повыша́ть; **2.** *прил.* héightened ['haɪ-], higher; ~ая чувстви́тельность héightened / àbnórmal sènsibílity; ~ интере́с héightened interest; ~ая температу́ра high témperature; ~ое настрое́ние excited mood.

**повяза́ть** I *сов. см.* повя́зывать.

**повяза́ть** II *сов.* (*вн.*) knit* (a little) (*d.*); ~ немно́го knit* a little, knit* for a while.

**повяза́ться** *сов. см.* повя́зываться.

**повя́зка** *ж.* bándage; (*лента*) fillet.

**повя́зывать,** повяза́ть (*вн.*) tie (*d.*); ~ го́лову платко́м cóver *one's* head with *a* kérchief ['kʌ-... hed...]. **~ся,** повяза́ться **1.** (*тв.*): ~ся платко́м cóver one's head with *a* kérchief [kʌ-... hed...]; **2.** *страд. к* повя́зывать.

**погада́ть** *сов. см.* гада́ть 1.

**пога́нец** *м. разг.* ráscal.

**пога́н||ить** (*вн.*) *разг.* pollúte (*d.*), defíle (*d.*). **~ка** *ж.* **1.** (*гриб*) tóadstool; **2.** (*птица*) shéldràke; ~ка ма́лая dúcker. **~ый** *разг.*

1. ún:cléan, foul; ~ое ведрó gárbage-càn, pail for réfuse [...-s]; 2. (*о человеке*) vile.

**погасáть,** погáснуть go* out; *сов. тж.* be out.

**погасúть** *сов. см.* гасúть *и* погашáть.

**погáснуть** *сов.* 1. *см.* погасáть; 2. *как сов. к* гáснуть.

**погаш||áть,** погасúть (*вн.*) líquidàte (*d.*); (*о долге*) pay* off (*d.*), clear off (*d.*); (*о марках*) cáncel (*d.*); ~ кредúт rè:páy* crédit. **~éние** *с.* (*долгов*) páying off, cléaring off; (*марок*) càncèllátion; ~éние кредúтов rè:páyment of crédits.

**погектáрн||ый** per héctàre [-tɑː]; ~ая нóрма постáвок per héctàre delívery quóta.

**погибáть,** погúбнуть pérish; be killed; цветы́ погúбли от морóза the flówers pérished from the frost; корáбль погúб the ship is lost; погúбнуть в бою́ fall*, *или* be killed, in battle; от наводнéния погúбла ты́сяча человéк a thóusand lives have been lost in the flood [...-z-...flʌd], the flood has táken a toll of a thóusand lives.

**погúбел||ь** *ж. уст.* rúin, rùinátion; ◇ согнýть в три ~и (*вн.*) get* únder one's thumb (*d.*), redúce to obédience (*d.*); согнýться в три ~и ≅ be doubled up [...dʌ-...].

**погúбельный** *уст.* rúinous, disástrous [-'zɑː-], fátal.

**погúб||нуть** *сов.* 1. *см.* погибáть; 2. *как сов. к* гúбнуть. **~ший** 1. *прич. см.* погибáть; 2. *прил.* lost; 3. *м. как сущ.*: числó ~ших déath-ròll ['deθ-].

**поглáдить** I *сов. см.* глáдить.

**поглáдить** II *сов.* (*утюгом*) íron (a little, *или* for a while) ['aɪən...].

**поглáживать** (*вн.*) stroke (*d.*).

**поглазéть** *сов.* 1. *см.* глазéть; 2. (на *вн.*) *разг.* take* / have a look (at).

**поглотúтель** *м. хим.* absórber, absórbent.

**поглотúть** *сов. см.* поглощáть.

**поглощáемость** *ж.* absòrbabílity.

**поглощ||áть,** поглотúть (*вн.*) take* up (*d.*); absórb (*d.*) (*тж. перен.*); (*тк. перен.*) devóur (*d.*); ~ ромáн за ромáном devóur nóvel áfter nóvel [...'nɔ-...]; он весь ~ён своéй рабóтой he is absórbed / en:gróssed in his work [...-'groust...]; он ~ён собóй he is wrapped up in him:sélf; ~ чьё-л. внимáние en:gróss / prèóccupỳ smb.'s atténtion [-'grous...], absórb smb. **~áющий** 1. *прич. см.* поглощáть; 2. *прил.*: ~áющее веществó absórber, absórbent. **~éние** *с.* absórption. **~ённый** 1. *прич. см.* поглощáть; 2. *прил.* (*тв.*) absórbed (in), prèóccupied (with), en:gróssed [-'groust] (in).

**поглумúться** *сов. см.* глумúться.

**поглупéть** *сов. см.* глупéть.

**поглядéть** *сов.* 1. *см.* глядéть 1, 5; 2. (на *вн.*; *взглянуть*) take* / have a look (at); 3. (*некоторое время*) look for a while. **~ся** *сов.*: ~ся в зéркало look at òne:sélf in *the* mírror.

**погля́дывать** *разг.* 1. (на *вн.*) cast* looks (on), glance (on, up:ón, at); (*время от времени*) look from time to time (at); 2. (за *тв.*) look (áfter), keep* an eye [...aɪ] (on).

**погнáть** *сов.* (*вн.*) drive* (*d.*), begin* to drive (*d.*).

**погнáться** *сов.* (за *тв.*) run* (áfter), start in pursúit [...-'sjuːt] (of), give* chase [...-s] (*l.*), start (áfter); (*перен.*) strive* (for).

**погнúть** *сов.* rot, decáy.

**погнýть** *сов.* (*вн.*) bend* (*d.*). **~ся** *сов.* bend*.

**погнушáться** *сов. см.* гнушáться.

**поговáрива||ть** (о *пр.*) talk (of); ~ют, что there is a rúmour that, it is rúmour:ed that.

**поговорúть** I *сов. см.* говорúть 2.

**поговорúть** II *сов.* (с *тв.* о *пр.*) (*некоторое время*) have a talk (with abóut); (*с указанием продолжительности тж.*) talk (with abóut); ~ немнóго have a talk, talk a little, *или* for a while; ~ два часá have a two hours' talk [...auəz...], talk for two hours; ~ ещё раз have another talk.

**поговóрк||а** *ж.* sáying, próverb ['prɔ-], saw; bý-wòrd; войтú в ~у become* provérbial; вошéдший в ~у provérbial.

**погóд||а** *ж.* wéather ['weðə]; какáя бы ни былá ~, во вся́кую ~у rain or súnshine; мя́гкая ~ mild / soft wéather; хорóшая ~ good* / fine wéather; плохáя ~ bad* wéather; неустóйчивая ~ únsèttled wéather; прогнóз ~ы wéather fóre:càst; сегóдня хорóшая ~ it is fine to:dáy; в любýю ~у in any sort of wéather.

**погод||úть** *сов.* (с *тв.*) *разг.* wait a little (with); ~úте! wait!, one móment!; немнóго ~я́ a little láter.

**погóдки** *мн.*: онú ~ there is a year's dífference betwéen them.

**погóдный** yéarly.

**погóжий** seréne, fine.

**поголóвн||о** *нареч.* one and all; все ~ one and all, (all) to a man; явúлись все ~ they came one and all, they all came to a man. **~ый** géneral; ~ое ополчéние *ист.* lévy in mass ['le-...].

**поголóвье** *с. тк. ед.* líve-stòck.

**погóн** *м. воен.* shóulder-stràp ['ʃou-], shóulder-piece ['ʃouldəpiːs].

**погóнный** (*о мерах*) línear ['lɪnɪə]; ~ метр long / línear metre.

**погóнщик** *м.* dríver; ~ верблю́дов càmeléer; ~ мýлов mùletéer.

**погóня** *ж.* 1. (*действие*) pursúit [-'sjuːt], chase [-s]; ~ за призáми pót-hùnting; 2. (*группа преследующих*) pursúers *pl.*

**погоня́ть** (*вн.*) drive* on (*d.*); urge on (*d.*), húrry on (*d.*) (*тж. перен.*).

**погорéлец** *м.* one who has lost all his posséssions in *a* fire [...-'ze-...].

**погорéть** I *сов.* 1. (*сгореть целиком*) be burnt out; 2. (*от зноя*) burn* down; 3. *разг.* (*лишиться имущества во время пожара*) lose* all one's posséssions in *a* fire [luːz... -'ze-...].

**погорéть** II *сов.* (*некоторое время*) burn* (for a while).

**погорячúться** *сов. разг.* be hásty [...'heɪ-].

**погóст** *м.* gráve-yàrd.

**погостúть** *сов.* (у) stay (for a while) (with).

**погранúчн||ик** *м.* fróntier-guàrd ['frʌ-], bórder-guàrd. **~ый** fróntier ['frʌ-] (*attr.*), bórder (*attr.*); ~ая охрáна fróntier guards *pl.*; ~ый инцидéнт fróntier íncident; ~ая полосá bórderlànd, bórder; ~ая застáва fróntier post [...pou-].

**погранохра́на** *ж.* (пограни́чная охра́на) fróntier guards ['frʌ-...] *pl.*

**по́греб** *м.* céllar; (*сводчатый*) vault; заря́дный, порохово́й ~ pówder-màgazine [-zi:n]; снаря́дный ~ *мор.* shell room.

**погреб||а́льный** fúneral, funéreal [-rɪəl], sepúlchral, obséquial; ~а́льное пе́ние dirge; ~ звон (fúneral) knell. **~а́ть,** погрести́ (*вн.*) búry ['be-] (*d.*). **~е́ние** *с.* búrial ['be-], intérment.

**погребо́к** *м.* (*кабачок*) wine:shòp.

**погрему́шка** *ж.* rattle.

**погрести́** I *сов. см.* погреба́ть.

**погрести́** II *сов.* (*вёслами*) row (a little) [rou...].

**погре́ть** *сов.* (*вн.*) warm (*d.*). **~ся** *сов.* warm òne:sélf (for a while).

**погреш||а́ть,** погреши́ть (про́тив) sin (agáinst), commít a sin (agáinst), err (agáinst). **~и́ть** *сов. см.* погреша́ть.

**погре́шность** *ж.* érror, mistáke.

**погрози́ть** *сов.*: ~ па́льцем (*дт.*) shake* / wag one's fínger [...wæg...] (at); ~ кулако́м (*дт.*) shake* one's fist (at).

**погро́м** *м.* pógrom, mássacre. **~и́ть** *сов.* (*вн.*) pógrom (*d.*), mássacre (*d.*). **~ный** pógrom (*attr.*). **~щик** *м.* pógrom-màker, thug.

**погромыха́ть** *сов. см.* погромы́хивать.

**погромы́хив||ать,** погромыха́ть *разг.* (*о громе*) rumble intermíttently; вдали́ ~ает гром the thúnder rumbles in the dístance, it is thúndering in the dístance.

**погру||жа́ть,** погрузи́ть (*вн.* в *вн.*; *в воду и т. п.*) dip (*d.* in, into), submérge (*d.* in, into); duck (*d.* into); immérse (*d.* into), plunge (*d.* in, into; *тж. перен.*). **~жа́ться,** погрузи́ться **1.** (в *вн.*; *в воду и т. п.*) sink* (into), plunge (into); (*без доп.*; *о подводной лодке*) submérge, dive; (*тонуть — о корабле*) sink*, settle down; (*перен.*; *в отчаяние, размышление и т. п.*) be plunged (in), be absórbed (in), be lost / búried [...'be-] (in); ~зи́ться в рабо́ту be absórbed in one's work; ~жа́ться в сон subside into sleep; ~зи́ться в размышле́ния be absórbed / lost / búried / plunged in thought; (внеза́пно) ~зи́ться в темноту́ be plunged in (súdden) dárkness; го́род ~зи́лся в тишину́ stíllness descénded on the town; **2.** *страд. к* погружа́ть. **~же́ние** *с.* immérsion, submérsion, submérgence; (*корабля*) sínking, séttling (down); (*подводной лодки*) dive, díving.

**погрузи́ть** *сов. см.* погружа́ть *и* грузи́ть. **~ся** *сов. см.* погружа́ться *и* грузи́ться.

**погру́зка** *ж.* lóading; (*на суда*) shípment; *воен.* èmbàrkátion.

**погру́зочн||ый** lóading (*attr.*); ~ое приспособле́ние lóader.

**погряза́ть,** погря́знуть (в *пр.*) wállow (in).

**погря́знуть** *сов. см.* погряза́ть.

**погуби́ть** *сов. см.* губи́ть.

**погуля́ть** *сов.* **1.** have / take* a walk; (*с указанием времени тж.*) walk; ~ немно́го have / take* a short walk; walk a líttle, *или* for a while; ~ два часа́ have / take* a two hours' walk [...auəz...], walk for two hours; **2.** (*повеселиться*) have a good / mérry time, make* mérry.

**под** I *м.* (*печной*) héarth(-stòne) ['hɑ:θ-].

**под** II, подо *предл.* **1.** (*тв.*— где?; *вн.*— куда́?; *тж. перен.*) únder: лежа́ть, сиде́ть ~ де́ревом lie*, sit* únder *a* tree; лечь, сесть ~ де́рево lie*, sit* únder *a* tree; я́щик стои́т ~ столо́м the box stands únder *the* table; поста́вь я́щик ~ стол put / stand the box únder *the* table; карти́на виси́т ~ ка́ртой the pícture hangs únder *the* map; пове́сь карти́ну ~ ка́ртой, ~ ка́рту hang the pícture únder the map; ~ окно́м únder *the* window; ~ кома́ндой únder *the* commánd [...-ɑ:nd]; ~ зна́менем Ле́нина únder the bánner of Lénin; быть ~ ружьём be únder arms; **2.** (*тв.*; *занятый чем-л.*) óccupied by; (*вн.*; *для*) for: помеще́ние ~ конто́рой, шко́лой *и т. п.* prémises óccupied by *an* óffice, *a* school, *etc.* [-sɪz...]; им ну́жно помеще́ние ~ конто́ру, шко́лу *и т. п.* they want prémises for *an* óffice, *a* school, *etc.*; ба́нка ~ варе́нье jar for jam;— по́ле ~ карто́фелем, ро́жью *и т. п.* potátò-field [-fi:ld], rýe-field, *etc.* [-fi:ld]; **3.** (*тв.*; *около*) in the envírons of; (*при*; *о битве, победе и т. п.*) of: ~ Москво́й, Ленингра́дом in the envírons of Móscow, Léningràd; би́тва, побе́да ~ Сталингра́дом the báttle, the víctory, of Stàlingrád; **4.** (*вн.*; *о времени*) towárds; (*накануне*) on the eve of; (*о возрасте*) close up:ón [-s...]: ~ ве́чер, у́тро towards évening, mórning [...'i:v-...]; ~ Но́вый год, ~ Пе́рвое ма́я on Néw-Year's Eve, on the eve of May Day; ему́ под со́рок лет he is close up:ón fórty; **5.** (*вн.*; *в сопровождении*) to: танцева́ть, петь ~ му́зыку dance, sing* to the músic [...-zɪk]; ~ аплодисме́нты to the appláuse; ~ зву́ки госуда́рственного гимна to the strains of the Nátional Ánthem [...'næ-...]; — ~ дикто́вку from dictátion; **6.** (*вн.*; *наподобие*) in imitátion: э́то сде́лано ~ мра́мор, ~ кра́сное де́рево *и т. п.* it is made in imitátion marble, in imitátion mahógany, *etc.*; ◇ по́д гору dównhíll; ~ аре́стом únder arrést; отда́ть ~ суд (*вн.*) prósecùte (*d.*); ~ зало́г on secúrity; быть ~ вопро́сом be úndecíded / ópen; под но́сом у кого́-л. únder smb.'s nose; ~ замко́м únder lock and key [...ki:]; ~ ви́дом, обли́чьем (*рд.*) únder / in the guise (of); ~ пара́ми únder steam, réady to start ['redɪ...]; ~ дождём in the rain; по́д руку, ~ руко́й, ~ пья́ную ру́ку *см.* рука́; *тж. и др. особые случаи, не приведённые здесь, см. под теми словами, с которыми предл.* под *образует тесные сочетания.*

**подава́льщ||ик** *м.* (*в столовой*) wáiter. **~ица** *ж.* (*в столовой*) wáitress.

**подава́ть,** пода́ть **1.** (*вн. дт.*; *в разн. знач.*) give* (*d.* to, *d. i.*); ~ знак give* *the* sign [...saɪn] (to); ~ ми́лостыню give* alms [...ɑ:mz] (*i.*); ~ сове́т give* advíce (*i.*); ~ наде́жду give* hope (*i.*); не ~ при́знаков жи́зни show* / give* no sign of life [ʃou...]; ~ по́вод (к) give* rise (to); ~ кома́нду *воен.* give* *a* commánd [...-ɑ:nd]; ~ кому́-л. пальто́ help smb. on with *his* coat; ~ ру́ку hold* out one's hand (to); (*тж. даме*) óffer one's hand (to); они́ по́дали друг дру́гу ру́ки they shook hands; не пода́ть руки́ with:hóld* one's hand; ~ приме́р set* an exámple [...-ɑ:m-] (*i.*); **2.** (*вн.*; *ставить на стол*) serve (*d.*); ~ на стол serve the díshes, serve the table; обе́д по́дан dinner is served; 3. (*вн.*; *подводить; о лошади, экипаже и т. п.*) drive* up to the door [...dɔː] (*d.*); по́езд по́дали на 1-ю платфо́рму the train came in at plátfòrm one; на каку́ю платфо́рму подаду́т по́езд? what plátfòrm is the train due at?, what plátfòrm will the train come in at?; 4. (*вн.*) *спорт.* serve (*d.*): ~ мяч serve the ball; 5. (*вн.*; *о жалобе и т. п.*): ~ заявле́ние hand in *an* àpplicátion; ~ апелля́цию appéal; ~ пети́цию, проше́ние submit *an* àpplicátion, fórward *a* petítion; ~ жа́лобу (*дт.* на *вн.*) make* *a* compláint (to abóut); lodge *a* compláint (with abóut); ~ в суд (на *вн.*) bring* an áction (agáinst); 6. (*вн.*) *тех.* feed* (*d.*); ◇ ~ телегра́мму (*дт.*) send* *a* télegràm (*i.*), wire (*d.*); ~ в отста́вку send* in one's rèsignátion [...-zɪ-]; *воен.* send* in one's pápers; ~ го́лос give* tongue [...tʌŋ]; (за *вн.*; *на выборах*) vote (for).

**подава́ться,** пода́ться 1.: ~ вперёд, наза́д, в сто́рону draw* / move fórward, back, aside [...muːv...]; 2. *разг.* (*уступать*) give* way; yield [jiːld] (*тж. перен.*); 3. *разг.* (*поехать, отправиться*) make* for; 4. *страд. к* подава́ть.

**подави́ть** *сов. см.* подавля́ть.

**подави́ться** *сов. см.* дави́ться 1.

**подавле́ние** *с.* 1. suppréssion; représsion; 2. *воен.* neutralizátion [-laɪ-].

**пода́вленность** *ж.* depréssion; blues *pl. разг.*

**пода́вленн||ый** 1. *прич. см.* подавля́ть; 2. *прил.* depréssed, dispírited; быть в ~ом состоя́нии be depréssed; be in the blues *разг.*

**подавля́||ть,** подави́ть (*вн.*) 1. (*о восстании, мятеже и т. п.*) suppréss (*d.*), représs (*d.*), put* down (*d.*); (*о чувстве*) restráin (*d.*); (*о стоне и т. п.*) stifle (*d.*), suppréss (*d.*); 2. *воен.* (*огнём*) néutralize (*d.*); 3. (*угнетать*) depréss (*d.*); (*величием и т. п.*) crush (*d.*), òver¦whélm (*d.*). **~ющий** 1. *прич. см.* подавля́ть; 2. *прил.* (*превосходящий*) òver¦whélming, òver¦pówering; ~ющее большинство́ òver¦whélming majórity.

**пода́вно** *нареч. разг.* so much the more, all the more.

**пода́гр||а** *ж.* gout; pódagra *мед.* **~ик** *м.* góuty pérson. **~и́ческий** góuty, podágric; ~и́ческий больно́й = пода́грик.

**пода́льше** (*сравн. ст. от нареч.* далеко́) (*несколько дальше*) sóme¦whàt, *или* a little, fárther on / a¦wáy [...-ðə...]; (*как можно дальше*) as far as póssible.

**подари́ть** *сов. см.* дари́ть.

**пода́рок** *м.* présent [-ez-], gift [g-]; сде́лать ~ (*дт.*) make* a présent (*i.*); получи́ть в ~ (*вн.*) recéive as a présent / gift [-'siːv...] (*d.*).

**пода́тель** *м.*, **~ница** *ж.* (*письма*) béarer ['bɛə-]; (*прошения*) petítioner.

**пода́тлив||ость** *ж.* pliabílity, plíancy; (*тк. о человеке*) compláisance [-z-]. **~ый** plíable, plíant; (*тк. о человеке*) compláisant [-z-].

**податн||о́й** *ист.* tax (*attr.*), dúty (*attr.*); póll-tàx páying; ~а́я систе́ма taxátion; ~ инспе́ктор asséssor (of táxes).

**по́дать** *ж. ист.* tax, dúty, asséssment.

**пода́ть** *сов. см.* подава́ть.

**пода́ться** *сов. см.* подава́ться.

**пода́ча** *ж.* 1. (*заявления и т. п.*) presénting [-'z-]; 2. *тех.* feed, féeding; 3. *спорт.* sérvice, serve; ◇ ~ го́лоса vóting.

**пода́чка** *ж.* sop; (*денежная*) tip; грошо́вая ~ páltry dole, míserable píttance ['mɪz-...].

**подая́ние** *с. уст.* chárity, alms [ɑːmz], dole.

**подба́вить** *сов. см.* подбавля́ть.

**подбавля́ть,** подба́вить (*вн., рд.*) add (*d.*).

**подбега́ть,** подбежа́ть (к) run* up (to), come* rúnning up (to).

**подбежа́ть** *сов. см.* подбега́ть.

**подберёзовик** *м.* (*гриб*) brown cap bolétus.

**подбива́ть,** подби́ть 1. (*вн. тв.*; *делать подкладку*) line (*d.* with); ~ ме́хом line with fur (*d.*), fur (*d.*); подби́тый ме́хом fúr-lined; подби́тый ва́той wádded, lined with wádding; 2. (*вн.*; *об обуви*) ré¦sóle (*d.*); 3. (*вн.* на *вн.*, + *инф.*) *разг.* (*подстрекать*) ínstigàte (*d.* to, + to *inf.*), incíte (*d.* to, + to *inf.*); 4. *тк. сов.* (*вн.*) *воен.* put* out of áction (*d.*); ◇ подби́ть глаз (*дт.*) give* a black eye [...aɪ] (*i.*).

**подбира́ть,** подобра́ть (*вн.*) 1. (*поднимать*) pick up (*d.*); ~ коло́сья glean; подобра́ть ра́неных pick up the wóunded [...'wuː-]; 2. (*подворачивать*) tuck up (*d.*); ~ под себя́ но́ги tuck one's legs únder one; 3. (*выбирать*) sort out (*d.*), seléct (*d.*); (*факты и т. п.*) glean (*d.*); ~ люде́й seléct people [...piː-]; ~ ка́дры по полити́ческим и делови́м при́знакам seléct pèrsonnél on polítical and búsiness quàlificátions [...'bɪzn-...]; ~ ключ (к) fit *a* key [...kiː] (to), try *a* key (to); ~ что-л. под цвет чего́-л. choose* smth. to match (the cólour of) smth. [...'kʌ-...]; ~ подкла́дку под цвет пальто́ choose* *the* líning to match (the cólour of) *the* coat. **~ся,** подобра́ться 1. (к; *незаметно подходить*) steal* up (to), appróach stéalthily [...'stel-] (*d.*); 2. *страд. к* подбира́ть.

**подби́ть** *сов. см.* подбива́ть.

**подбодри́ть** *сов. см.* подбодря́ть.

**подбодря́ть,** подбодри́ть (*вн.*) cheer up (*d.*), en¦cóurage [-'kʌ-] (*d.*).

**подбо́р** *м.* 1. seléction; ~ ка́дров seléction of pèrsonnél; 2. *полигр.*: в ~ run on; ◇ как на ~ choice (*attr.*): я́блоки как на ~ choice apples.

**подборо́док** *м.* chin; двойно́й ~ double chin [dʌ-...].

**подбоче́ни||вшись** *нареч.* with arms akímbò, with one's hands on one's hips; он стоя́л ~ he stood with his hands on his hips, *или* with arms akímbò [...stud...]. **~ться** *сов.* put* one's arms akímbò.

**подбра́сывать,** подбро́сить 1. (*вн.*; *вверх*) toss up (*d.*), throw* up [-ou...] (*d.*); ~ ребёнка (*на руках*) toss up, *или* dandle, *a* child*; 2. (*вн.* под *вн.*) throw* (*d.* únder); 3. (*вн.*; *тайком*) put* stéalthily [...'stel-] (*d.*); ~ ребёнка leave* / abándon *a* child* at *smb.'s* door [...dɔː]; 4. (*вн., рд.*; *добавлять*) add (*d.*); подбро́сить дров в пе́чку put* (fire¦)wood on / into *the* stove [...-wud...].

**подбро́сить** *сов. см.* подбра́сывать.

**подва́л** *м.* 1. (*подвальный этаж*) báse¦ment [-s-]; (*сводчатый*) vault; 2. (*погреб*) céllar; 3. (*в газете*) spécial árticle ['spe-...].

**подва́ливать,** подвали́ть **1.** (*вн., рд.*) heap up (*d.*); **2.** (*вн., рд.*) *разг.* (*добавлять*) add (*d.*).

**подвали́ть** *сов. см.* подва́ливать.

**подва́льн||ый** *прил. к* подва́л 1; ~ эта́ж, ~ое помеще́ние báse:ment [-s-].

**подва́хтенные** *мн. скл. как прил. мор.* watch belów [...-ou] *sg.*

**подве́домственный** (*дт.*) within the jùrisdiction (of), in charge (of).

**подвезти́** I *сов. см.* подвози́ть.

**подвезти́** II *сов. безл. разг.*: ему́, им *и т. д.* подвезло́ he was, they were, *etc.*, lúcky enóugh [...-ʌf], he has, they have, *etc.*, had a stroke of good luck.

**подверга́ть,** подве́ргнуть (*вн. дт.*) subjéct (*d.* to); (*об опасности, риске*) expóse (*d.* to); ~ сомне́нию call in quéstion [...-stʃən] (*d.*); ~ штра́фу fine (*d.*); ~ опа́сности expóse to dánger [...'deɪndʒə] (*d.*), endánger [-'deɪndʒə] (*d.*); ~ осмо́тру exámine (*d.*), subjéct to (an) exàminátion (*d.*); ~ испыта́нию put* on trial (*d.*), put* to the test (*d.*); ~ наказа́нию inflíct *a* pénalty (up:ón); ~ пы́тке put* to tórture (*d.*). **~ся,** подве́ргнуться **1.** (*дт.*) ùndergó* (*d.*); ~ся опа́сности чего́-л. run* the dánger of smth. [...'deɪndʒə...]; ~ся си́льной кри́тике be sevére:ly críticìzed, be súbject to sevére críticism / cénsure; ~ся са́мому серьёзному изуче́нию recéive the most sérious stúdy [-'sɪːv... 'stʌ-]; **2.** *страд. к* подверга́ть.

**подве́р||гнуть(ся)** *сов. см.* подверга́ть(ся). **~женный 1.** *прич. см.* подверга́ть; **2.** *прил.* (*дт.*) súbject (to), líable (to).

**подверну́ть(ся)** *сов. см.* подвёртывать(ся).

**подвёртывать,** подверну́ть (*вн.*) **1.** (*подвинчивать*) screw a little (*d.*); ~ кран tíghten up *a* tap; ~ винт tíghten / take* up *a* screw; **2.** (*подтыкать*) tuck in / up (*d.*); ~ одея́ло tuck in *the* blánket; **3.** (*повреждать*) sprain (*d.*); подверну́ть но́гу sprain one's ankle. **~ся,** подверну́ться **1.** (*о платье, скатерти и т. п.*) tuck up; **2.** (*о ноге*) slip; у него́ нога́ подверну́лась his foot slipped [...fut...]; **3.** *разг.* (*оказаться*) turn up; подверну́лся удо́бный слу́чай an òpportúnity turned up; ~ся по́д руку come* to one's hand; он кста́ти подверну́лся he came at the right móment; **4.** *страд. к* подвёртывать.

**подве́с||ить** *сов. см.* подве́шивать. **~ка** *ж.* **1.** (*действие*) háng:ing up, suspénsion; **2.** (*украшение*) péndant; **3.** *тех.* suspénsion brácket / clip; háng:er brácket. **~но́й** suspénded, péndant, péndulous; suspénsion (*attr.*); ~на́я доро́га suspénsion / cable way. **~ок** *м.* péndant.

**подвести́** *сов. см.* подводи́ть.

**подве́тренн||ый** léeward; lee (*attr.*); ~ая сторона́ lee (side); ~ борт *мор.* lee side.

**подве́шивать,** подве́сить (*вн.*) hang* up (*d.*), suspénd (*d.*).

**подвздо́шный** *анат.* íliác.

**подвива́ть,** подви́ть (*вн.*) curl / frizzle a little, *или* slightly (*d.*).

**по́двиг** *м.* éxploit, feat, great / heró:ic deed [-eɪt...]; боево́й ~ feat of arms; трудовы́е ~и сове́тского наро́да lábour éxploits of the Sóvièt people [...pɪː-].

**подвига́ть** *сов.* (*тв.*) move a little [muːv...] (*d.*).

**подвига́ть,** подви́нуть (*вн.*) push [puʃ] (*d.*), move [muːv] (*d.*).

**подви́гаться** *сов.* move (a little) [muːv...].

**подвига́ться,** подви́нуться move [muːv]; (*вперёд; тж. перен.*) advánce; (*о работе и т. п.*) progréss; ~ наза́д move / draw* back; ~ бли́же move / come* / draw* néarer.

**подви́д** *м. биол.* subspécies [-ʃiːz] *sg. и pl.*

**подви́жка** *ж.*: ~ льда ice mótion.

**подви́жни||к** *м. церк.* ascétic, hérmit; (*перен.*) dèvotée, zéalot ['zel-], héro; ~ нау́ки dèvotée of science. **~ческий** sélfless; ~ческий труд sélfless lábour.

**подвижн||о́й 1.** móbile ['mou-]; ~о́е равнове́сие *хим.* móbile èquilíbrium; ~а́я шкала́ за́работной пла́ты slíding wage scale; **2.** *тех.* trávelling; ~ блок trávelling block; **3.** (*о человеке*) líve:ly, áctive, ágile; ~о́е лицо́ móbile féatures *pl.*; ◇ ~ соста́в *ж.-д.* rólling-stòck; ~ы́е и́гры óutdoor games [-dɔː...].

**подви́жн||ость** *ж.* **1.** mòbílity [mou-]; **2.** (*о человеке, лице, характере*) líve:liness. **~ый** = подвижно́й 3.

**подвиза́ться** *книжн.* work, act; ~ на по́прище (*рд.*) act (as), pursúe the òccupátion (of); ~ на юриди́ческом по́прище fóllow the law; ~ на литерату́рном по́прище be an áuthor; ~ на сце́не tread* the boards [tred...].

**подвинти́ть** *сов. см.* подви́нчивать.

**подви́нуть(ся)** *сов. см.* подвига́ть(ся).

**подви́нчивать,** подвинти́ть (*вн.*) screw up (*d.*), tíghten (*d.*); подвинти́ть га́йку tíghten / take* up *a* screw.

**подвира́ть** *разг.* fib; embróider (the truth) [...-uːθ].

**подви́ть** *сов. см.* подвива́ть.

**подвла́стный** (*дт.*) súbject (to), depéndent (on).

**подво́д** *м. тех.* admíssion, supplý, feed.

**подво́да** *ж.* cart.

**подводи́ть,** подвести́ **1.** (*вн.* к) bring* (*d.* to); **2.** (*вн. под вн.; сооружать*) place (*d.* únder); ~ фунда́мент ùnderpín (*d.*); ~ дом под кры́шу roof *the* house* [...-s]; ~ ми́ну (ùnder)míne (*d.*); **3.** (*вн.*) *разг.* (*ставить в неприятное положение*) let* down (*d.*); do an ill, *или* a bad, turn (*i.*); ◇ ~ ито́ги (*дт.*; *прям. и перен.*) sum up (*d.*); ~ бала́нс (*рд.*) bálance (*d.*); ~ бро́ви péncil one's éye:brows [...'aɪ-]; у него́ живо́т от го́лода подвело́ ≅ he is áwfully húngry.

**подво́дка** *ж.* = подво́д.

**подво́дник** *м.* súbmariner [-riː-].

**подво́дн||ый** súbmarine [-riːn]; ~ ка́бель súbmarine cable; ~ая ло́дка súbmarine; ~ ка́мень reef, rock; ~ые расте́ния submérged plants [...-ɑːnts]; ~ое тече́ние úndercùrrent, úndersèt.

**подво́з** *м.* tránspòrt; (*снабжение*) supplý. **~и́ть,** подвезти́ **1.** (*вн., рд.; доставлять*) bring* (*d.*); **2.** (*вн.; по пути — о пешеходе*) give* a lift (*i.*); предложи́ть подвезти́ óffer a lift (*i.*); проси́ть подвезти́ ask for a lift (*d.*).

**подво́й** *м. с.-х.* stock.

**подво́рн||ый:** ~ спи́сок list of hóme:steads / fármsteads [...-stedz -stedz]; ~ая по́дать *ист.* héarth-mòney ['hɑːθmʌ-], chímney-mòney [-mʌ-]; ~ая пе́репись cénsus of hóuses.

**подворотничо́к** *м.* úndercòllar (*sewn under the collar of a soldier's tunic*).

**подворо́тня** *ж.* gáte-way.

**подво́х** *м.* *разг.* dirty trick.

**подвыва́ть** howl.

**подвы́пивший** *разг.* a bit tight, in líquor [...-kə].

**подвяза́ть(ся)** *сов. см.* подвя́зывать(ся).

**подвя́зка** *ж.* gárter; (*мужская*) suspénder.

**подвя́зывать,** подвяза́ть (*вн.* к) tie up (*d.* to). **~ся,** подвяза́ться 1. (*тв.*) tie round òne¦sélf, *или* one's waist, head, *etc.* [...hed] (*d.*); 2. *страд. к* подвя́зывать.

**подга́дить** *сов.* 1. (*без доп.*) *разг.* (*испортить*) spoil* the effect, make* a mess of smth.; 2. (*дт.*; *сделать неприятность*) play a dirty trick (on).

**подгиба́ть,** подогну́ть (*вн.*) tuck in (*d.*), tuck / bend* (únder) (*d.*). **~ся,** подогну́ться 1. bend*; 2. *страд. к* подгиба́ть.

**подгляде́ть** *сов. см.* подгля́дывать.

**подгля́дывать,** подгляде́ть *разг.* 1. (в *вн.*) peep (at); 2. (за *тв.*) watch fúrtive¦ly (*d.*), spy (up¦ón).

**подгнива́ть,** подгни́ть get* rótten, rot.

**подгни́ть** *сов. см.* подгнива́ть.

**подгов||а́ривать,** подговори́ть (*вн.* на *вн.*, + *инф.*) instigàte (*d.* to, + to *inf.*), incíte (*d.* to, + to *inf.*), put* up (*d.* to); он ~ори́л её на э́то he ínstigàted / incíted her to do this, he put her up to this; он ~ори́л её согласи́ться he ínstigàted / incíted her to give her consént.

**подговори́ть** *сов. см.* подгова́ривать.

**подголо́сок** *м.* (*о голосе*) sécond part ['se-...], suppórting voice; (*перен.*) *разг.* yés-man*.

**подгоня́ть,** подогна́ть 1. (*вн.*; *торопить*) drive* on (*d.*), urge on (*d.*), húrry (*d.*); 2. (*вн.* к; *приспособлять*) adjúst [ə'dʒʌst] (*d.* to), fit (*d.* to).

**подгор||а́ть,** подгоре́ть be a little burnt. **~е́лый** a little burnt.

**подгоре́ть** *сов. см.* подгора́ть.

**подгота́вливать,** подгото́вить (*вн.* для; *в разн. знач.*) prepáre (*d.* for); make* réady [...'redɪ] (*d.* for); (*обучать*) train (*d.* for); ~ ка́дры train pèrsonnél; ~ к зиме́ (*о помещении и т. п.*) make* réady for the winter (*d.*); подгото́вить по́чву (*перен.*) pave the way (for). **~ся,** подгото́виться 1. (к) prepáre (for), get* réady [...'redɪ] (for); 2. *страд. к* подгота́вливать.

**подготови́тельн||ый** prepáratory; ~ая рабо́та spáde-wòrk; Подготови́тельный комите́т Preparatory Committee [...-tɪ].

**подгото́в||ить(ся)** *сов. см.* подгота́вливать(ся). **~ка** *ж.* 1. (к) prèparátion (for); (*обучение*) tráining (for); ~ка ка́дров tráining of pèrsonnél; боева́я ~ка battle tráining; cómbat instrúction / tráining *амер.*; 2. (*запас знаний*) gróunding, schóoling; у него́ прекра́сная ~ка (в *пр.* *или* по *дт.*) he is well gróunded (in); у него́ сла́бая ~ка (в *пр.* *или* по *дт.*) he is weak (in).

**подготовля́ть(ся)** = подгота́вливать(ся).

**подгру́ппа** *ж.* súb-group [-u:p].

**подгу́зник** *м.* (*пелёнка*) pilch.

**подгуля́ть** *сов.* *разг.* 1. (*выпить*) have a drop too much; 2. (*быть неудачным*) be ráther / prétty bad [...'rɑ:- 'prɪ-...], be far from good, be póorish.

**поддава́ть,** подда́ть (*вн.*) 1. (*ударять снизу*) strike* (*d.*); (*ногой*) kick (*d.*); 2. (*в игре в шашки*) give* a¦wáy (*d.*); 3. *разг.* (*усиливать*) add (*d.*); подда́ть жа́ру add fúel to the fire / flames [...'fju-...]. **~ся,** подда́ться 1. (*дт.*) yield [ji:-] (to), give* way (to); не ~ся resíst [-'zɪ-] (*d.*); дверь поддала́сь the door yíelded, *или* gave way [...dɔ:...]; не легко́ поддаётся перево́ду does not lend it¦sélf to trànslátion [...-ɑ:n-]; не поддаю́щийся контро́лю ún¦aménable to contról [...-oul]; ~ся отча́янию give* way to despáir; не ~ся никаки́м угово́рам yield to no persuásion [...-'sweɪ-], stand* one's ground; не ~ся па́нике not succúmb, *или* not give* way, to pánic; не поддаю́щийся убежде́нию ún¦yíelding [-'ji:l-]; ~ся чьему́-л. влия́нию come* / fall* únder smb.'s ínfluence, submít to the ínfluence of smb., ~ся искуше́нию be témpted [...-mt-], yield to (the) temptátion [...-m't-]; 2. *страд. к* поддава́ть; ◇ не ~ся описа́нию defý / baffle descríption, be be¦yónd descríption.

**поддавки́** *мн.*: игра́ть в ~ play at give-a¦wáy.

**подда́к||ивать,** подда́кнуть (*дт.*) *разг.* yes (*d.*). **~нуть** *сов. см.* подда́кивать.

**по́ддан||ная** *ж.*, **~ный** *м. скл. как прил.* súbject. **~ство** *с.* cítizenship; принима́ть ~ство be náturalized, become* a cítizen.

**подда́ть(ся)** *сов. см.* поддава́ть(ся).

**поддева́ть,** подде́ть 1. (*вн.*, *надевать*) put* on únder (*d.*); wear* únder [wɛə...] (*d.*); 2. (*вн. тв.*; *зацеплять*) hook (*d.* with); 3. (*вн.*) *разг.* (*говорить колкости*) bait (*d.*), tease (*d.*).

**поддёвка** *ж.* poddyóvka (*man's long-waisted coat*).

**подде́л||ать(ся)** *сов. см.* подде́лывать(ся). **~ка** *ж.* 1. (*действие*) fàlsificátion [fɔ:-]; (*документа*) fórgery; 2. (*поддельная вещь*) imitátion, cóunterfeit [-fɪt].

**подде́лыватель** *м.*, **~ница** *ж.* fálsifier ['fɔ:-], fórger.

**подде́лывать,** подде́лать (*вн.*) cóunterfeit [-fɪt] (*d.*), fálsifỳ ['fɔ:-] (*d.*); duff (*d.*) *разг.*; (*о документе, подписи тж.*) forge (*d.*), fábricàte (*d.*). **~ся,** подде́латься 1. (под *вн.*) *разг.* (*подражать*) ímitàte (*d.*); 2. (к; *искать расположения*) in¦grátiàte òne¦sélf (with).

**подде́льн||ый** false [fɔ:-], cóunterfeit [-fɪt], sham, spúrious; (*искусственный*) àrtifícial; (*о документе, подписи*) forged; ~ые драгоце́нности àrtifícial / imitátion jéwelry *sg.*; ~ая моне́та spúrious coin; ~ бриллиа́нт sham díamond.

**поддёргивать,** поддёрнуть (*вн.*) *разг.* pull up [pul...] (*d.*).

**поддержа́н||ие** *с.* máintenance; для ~ия ми́ра и безопа́сности to maintáin peace and secúrity.

**поддержа́ть** *сов. см.* подде́рживать 1, 2.

**подде́рж||ивать,** поддержа́ть (*вн.*) 1. (*прям. и перен.*) suppórt (*d.*); (*кандидатуру, мнение тж.*) back (up) (*d.*), sécond ['se-] (*d.*); ~ мора́льно en¦cóurage [-'kʌ-] (*d.*), cóuntenance (*d.*); ~ резолю́цию sécond *a* rèsolútion [...-z-]; поддержа́ть ата́ку bólster up *the* attáck ['bou-...];

2. (*не давать прекратиться*) maintáin (*d.*), keep* up (*d.*); ~ огóнь feed* / keep* up the fire; 3. *тк. несов.* (*сохранять, продолжать*) maintáin (*d.*), keep* up (*d.*); ~ перепи́ску keep* up, *или* maintáin, *a* còrrespóndence; ~ разговóр keep* up *the* cònversátion; keep* the ball (of cònversátion) rólling *идиом.*; ~ отношéния (с *тв.*) keep* in touch [...tʌtʃ] (with); ~ дрýжеские отношéния (с *тв.*) maintáin friendly relátions [...'frend-...] (with); ~ тéсную связь (с *тв.*) maintáin close cóntàct [...klous...] (with); ~ дрýжбу (с *тв.*) keep* up *a* friendship [...'frend-] (with); ~ регуля́рное сообщéние (*о транспорте*) maintáin a régular sérvice; 4. *тк. несов.* (*служить опорой*) bear* [bɛə] (*d.*), suppórt (*d.*). **~ка** *ж.* 1. (*мнения, предложения и т. п.*) bácking, séconding, suppórting; (*моральная*) en¦cóurage¦ment [-'kʌ-], cóuntenance; (*помощь*) suppórt(ing); взаимная ~ка mútual suppórt; получи́ть ~ку (от) get* / derive en¦cóurage¦ment (from), recéive a pówerful bácking [-'si:v...] (from); пóльзоваться горя́чей ~кой (*рд.*) enjóy the warm suppórt (of); находи́ть горя́чую ~ку (у) meet* with warm appróval / suppórt [...-ru:v-...] (among, from); огневáя ~ка *воен.* fire suppórt; (*при наступлении*) cóvering fire ['kʌ-...]; 2. (*опора*) suppórt prop, stay.

**поддёрнуть** *сов. см.* поддёргивать.

**поддéть** *сов. см.* поддевáть.

**поддóнник** *м.* sáucer (*vessel placed under flowerpot*).

**поддрáзн||ивать,** поддразни́ть (*вн.*) *разг.* tease (*d.*). **~и́ть** *сов. см.* поддрáзнивать.

**поддувáло** *с.* ásh-pit.

**поддувáть,** поддýть 1. blow* (from benéath) [-ou...]; 2. *тк. несов.* (*слегка*) blow* slíghtly.

**поддýть** *сов. см.* поддувáть 1.

**по-дéдовски** *нареч. разг.* as of old.

**подéйствовать** *сов. см.* дéйствовать 2.

**подекáдно** *нареч.* every ten days.

**подéл||ать** *сов. разг.*: ничегó не ~аешь there is nothing to be done, it can't be helped [...kɑ:nt...], you can't help it; ничегó не могý с ним ~ I can't do ány¦thing with him, there is no mánaging him.

**подели́ть(ся)** *сов. см.* дели́ть(ся) II.

**подéлк||а** *ж.* 1. (*случайная работа*) odd job; 2. (*изделие*) árticle; ~и из слонóвой кóсти ívory árticles ['aɪ-...], árticles made of ívory.

**поделóм** *нареч. разг.*: ~ емý it serves him right.

**подéлыва||ть:** что ~ешь?, что ~ете? how are you getting on?

**подёнка** *ж. зоол.* ephémeròn, ephémera.

**подён||но** *нареч.* by the day. **~ный** dáily, by the day; ~ная оплáта pay by the day; ~ная рабóта work by the day, day lábour, time-wòrk. **~щик** *м.* wórk¦man* hired by the day, dáy-lábour¦er, time-wòrker. **~щина** *ж.* work paid for by the day, day lábour. **~щица** *ж.* wóman* hired by the day ['wu-...]; chár¦wòman* [-wu-].

**подéрг||ать** *сов. см.* подёргивать 1. **~ивание** *с.* (*мускула*) twitch(ing), jerk.

**подёргив||ать,** подёргать 1. (*вн.*, за *вн.*) pull [pul] (*d.*, at); 2. *тк. несов.* (*тв.*) twitch (*d.*); он ~ал плечóм his shóulder twitched [...'ʃou-...]. **~аться** twitch; у негó ~ается лицó his face twitches.

**подержáние** *с.*: взять на ~ (*вн.*) bórrow (*d.*); дать на ~ (*вн.*) lend* (*d.*).

**подéржанн||ый** sécond-hánd ['se-]; ~ое плáтье sécond-hánd clóthing [...'klou-].

**подержáть** *сов.* (*вн.*) hold* for some time (*d.*); (*у себя*) keep* for some time (*d.*). **~ся** *сов.* 1. (за *вн.*) hold* for some time (on); 2. (*сохраниться*) stand*; забóр ещё подéржится the fence will stand / last for some time.

**подёрну||ть** *сов. безл.* cóver ['kʌ-]; рекý ~ло тóнким слóем льда the river was cóated with thin ice [...'rɪ-...], there was a thin crust of ice on the river. **~ться** *сов.* (*тв.*) be cóvered [...'kʌ-] (with).

**подешевéть** *сов. см.* дешевéть.

**поджáривать,** поджáрить (*вн.*; *на сковороде*) fry (*d.*); (*на открытом огне*) roast (*d.*); (*на рашпере*) grill (*d.*); ~ хлеб toast bread [...bred]. **~ся,** поджáриться 1. fry; roast; broil; (*ср.* поджáривать); 2. *страд. к* поджáривать.

**поджáр||истый** brown, crisp. **~ить(ся)** *сов. см.* поджáривать(ся).

**поджáрый** *разг.* wiry, lean, sínewy.

**поджáть** *сов. см.* поджимáть.

**поджелýдочн||ый:** ~ая железá *анат.* páncreas [-rɪəs].

**поджéчь** *сов. см.* поджигáть.

**поджигáтель** *м.*, **~ница** *ж.* incéndiary; (*перен. тж.*) instigàtor; ~ войны́ ínstigàtor of war, wár-mònger [-mʌ-].

**поджигáтельский** inflámmatory.

**поджигáть,** поджéчь (*вн.*) set* fire (to), set* on fire (*d.*).

**поджидáть** (*вн.*) *разг.* wait (for); (*в засаде и т. п.*) lie* in wait (for).

**поджи́лки** *мн.*: у негó от стрáха ~ трясýтся *разг.* ≅ he is shaking in his shoes [...ʃu:z], he is quáking with fear.

**поджимáть,** поджáть: ~ гýбы purse one's mouth / lips; поджáть хвост put* the tail betwéen the legs; have one's tail betwéen one's legs (*тж. перен.*); поджáв хвост with one's tail betwéen one's legs; сидéть поджáв нóги sit* cróss-lègged.

**поджóг** *м.* árson.

**подзаголóвок** *м.* súbtitle, súbheading [-hed-].

**подзадóр||ивать,** подзадóрить (*вн.*) *разг.* set* on (*d.*), egg on (*d.*); (*вн.* на *вн.*) set* on (*d.* to), put* up (*d.* to), egg on (*d.* to); он ~ил егó на э́то he put him up to it, he egged him on to it; он ~ил егó пойти́ тудá he egged him on to gó(¦ing) there.

**подзадóрить** *сов. см.* подзадóривать.

**подзаты́льник** *м. разг.* slap, cuff.

**подзащи́тный** *м. скл. как прил. юр.* client.

**подземéлье** *с.* cave; (*тюрьма*) dúngeon [-ndʒən].

**подзéмн||ый** úndergròund, sùbterránean; ~ толчóк an éarthquake shock [...'ə:θ-...]; (*слабый*) trémor ['tre-]; ~ая (городскáя) желéзная дорóга the úndergròund (ráilway); (*в Лондоне тж.*) tube; súbway *амер.*; ~ые рабóты únderground work *sg.*; ◇ ~ое ца́рство the únderground kíng:dom.

**подзерка́льник** *м.* píer-glàss table ['pɪə-...].

**подзо́л** *м. с.-х.* pódsòl, pódzòl.

**подзо́лист||ый** *с.-х.*: ~ые по́чвы pódsòl *sg.*, pódzòl *sg.*

**подзо́рн||ый:** ~ая труба́ spý:glàss, téle-scòpe.

**подзуди́ть** *сов. см.* подзу́живать.

**подзу́живать,** подзуди́ть *разг.* = подзадо́ривать.

**подзыва́ть,** подозва́ть (*вн.* к) call up (*d.* to); (*жестом*) béckon (*d.* to).

**поди́** I *разг.* = пойди́ *см.* пойти́.

**поди́** II *разг.* **1.** *вводн. сл.* (*вероятно, пожалуй*) *передаётся личн. формами* must *и* would (+*inf.*); *тж.* I should not wónder [...'wʌ-], I dare say; ты, ~, забы́л меня́ I shouldn't wónder if you had forgótten me, I dare say you have forgótten me; он, ~, уста́л, спит, забы́л he must be tired, sléeping, must have forgótten; I shouldn't wónder if he were tired, sléeping, if he had forgótten; уже́, ~, по́здно it must be getting late; **2.** *частица* (*с повелит. накл.*; *попробуй*) just try (+to *inf.*): ~ поспо́рь с ним you just try to árgue with him; ◇ вот ~ ж ты ≅ just imágine; well, who would have thought it póssible.

**подиви́ться** *сов.* (*дт.*, на *вн.*) márvel (at).

**подира́||ть:** моро́з по ко́же ~ет *разг.* it makes *one's* flesh creep, it gives *one* the creeps / shivers [...'ʃɪ-].

**подка́лывать,** подколо́ть (*вн.*) pin up (*d.*).

**подка́пывать,** подкопа́ть (*вн.*) ùndermíne (*d.*), sap (*d.*). **~ся,** подкопа́ться **1.** (под *вн.*) sap (*d.*); ùndermíne (*d.*) (*тж. перен.*); под него́ не подкопа́ешься there is no trípping him up; **2.** *страд. к* подка́пывать.

**подкарау́ливать,** подкарау́лить (*вн.*) catch* (*d.*); *несов. тж.* be on the watch (for), be in wait (for).

**подкарау́лить** *сов. см.* подкарау́ливать.

**подка́рмливать,** подкорми́ть (*вн.*) feed* up (*d.*); (*о скоте тж.*) fódder (*d.*).

**подкати́ть(ся)** *сов. см.* подка́тывать(ся).

**подка́тывать,** подкати́ть **1.** (*вн.* к) roll (*d.* to), drive* (*d.* to); **2.** (к; *об экипаже и т. п.*) roll up (to), drive* up (to); подкати́ть к са́мому подъе́зду drive* right up to the front door [...frʌ- dɔː]; **3.** *разг.*: у него́ ком подкати́л к го́рлу he felt a lump rise in his throat. **~ся,** подкати́ться **1.** roll (únder); **2.** *страд. к* подка́тывать 1.

**подка́шивать,** подкоси́ть (*вн.*; *о траве*) cut* (*d.*); (*перен.*: *лишать сил*): э́то несча́стье оконча́тельно подкоси́ло его́ this misfórtune was the last straw [...-ʧən...], he sank únder this last blow [...-ou]; упа́сть как подко́шенный ≅ fall* flat, fall* as if shot. **~ся,** подкоси́ться: у него́ но́ги подкоси́лись his legs gave way únder him, his knees shook.

**подки́||дывать,** подки́нуть *разг.* = подбра́сывать. **~нуть** *сов. см.* подки́дывать.

**подкисли́ть** *сов. см.* подкисля́ть.

**подкисля́ть,** подкисли́ть (*вн.*) *хим.* acídifỳ (*d.*), acídulàte (*d.*).

**подкла́дк||а** *ж.* líning; сде́лать ~у к пальто́ line *a* coat; (*на заказ*) have *a* coat lined; на шёлковой ~е sílk-lined.

**подкладн||о́й:** ~о́е су́дно béd-pàn.

**подкла́дочный** líning (*attr.*).

**подкла́дывать,** подложи́ть **1.** (*вн.* под *вн.*) lay* (*d.* únder); **2.** (*вн.* под *вн.*; *о подкладке, вате и т. п.*) line (with *d.*); **3.** (*вн.*, *рд.*; *добавлять*) add (*d.*); put* some more (*d.*); подложи́ть дров add some fíre:wood [...-wud]; ◇ подложи́ть свинью́ кому́-л. play a mean / dírty trick on / up:ón smb.

**подкла́сс** *м. биол.* súbclàss.

**подкле́||ивать,** подкле́ить **1.** (*вн.* под *вн.*) glue (*d.* únder); (*мучным клеем*) paste [peɪ-] (*d.* únder); **2.** (*вн.*; *чинить*) glue up (*d.*); (*мучным клеем*) paste up (*d.*). **~ить** *сов. см.* подкле́ивать. **~йка** *ж.* glúe:ing; (*мучным клеем*) pásting ['peɪ-].

**подключи́чный** *анат.* sùbclávian, sùbclavícular.

**подко́в||а** *ж.* (hórse:)shòe [-ʃuː]. **~а́ть** *сов. см.* подко́вывать.

**подковообра́зный** hórse:shòe-sháped [-ʃuː-]; hórse:shòe (*attr.*).

**подко́вывать,** подкова́ть (*вн.*) shoe [ʃuː] (*d.*); (*вн.* в *пр.*; *перен.*) *разг.* ground (*d.* in); челове́к, полити́чески подко́ванный a man* well gróunded in pólitics.

**подковы́р||ивать,** подковырну́ть (*вн.*) *разг.* tease (*d.*). **~ну́ть** *сов. см.* подковы́ривать.

**подко́жн||ый** hỳpodérmic [haɪ-], súbcutáneous; ~ая клетча́тка hỳpodérmic tíssue; ~ое впры́скивание hỳpodérmic injéction.

**подколе́нный** *анат.* pòplíteal [-tɪəl].

**подколо́дн||ый:** змея́ ~ая *разг.* snake in the grass, víper.

**подколо́ть** *сов. см.* подка́лывать.

**подкоми́ссия** *ж.* súbcommittee [-tɪ].

**подкомите́т** *м.* súbcommittee [-tɪ].

**подконтро́льный** únder contról [...-oul].

**подко́п** *м.* (*в разн. знач.*) sap, ùndermíning; вести́ ~ подо что-л. ùndermíne smth., sap smth. **~а́ть(ся)** *сов. см.* подка́пывать(ся).

**подко́рм** *м.* additional fórage.

**подкорми́ть** *сов. см.* подка́рмливать.

**подко́рмка** *ж. с.-х.* féeding.

**подко́с** *м. стр.* strut, cross brace.

**подкоси́ть(ся)** *сов. см.* подка́шивать(ся).

**подкра́дываться,** подкра́сться (к) steal* up (to), sneak up (to).

**подкра́с||ить(ся)** *сов. см.* подкра́шивать(ся). **~ка** *ж.* tint, tíncturing.

**подкра́сться** *сов. см.* подкра́дываться.

**подкра́шивать,** подкра́сить (*вн.*) tint (*d.*), tíncture (*d.*), cólour ['kʌ-] (*d.*); ~ гу́бы touch up one's lips [tʌʧ...]. **~ся,** подкра́ситься **1.** make* up; **2.** *страд. к* подкра́шивать.

**подкреп||и́ть(ся)** *сов. см.* подкрепля́ть(ся). **~ле́ние** *с.* **1.** cònfirmátion; (*о теории тж.*) corròborátion; для ~ле́ния свои́х слов in cònfirmátion / corròborátion of one's words, to confírm / corróboràte / back one's words; **2.** (*едой, питьём*) refréshment; **3.** *воен.* rè:infórce:ment.

**подкреп||ля́ть,** подкрепи́ть (*вн.*) **1.** suppórt (*d.*); (*подтверждать*) confírm (*d.*); (*о теории тж.*) corróboràte (*d.*); ~и́ть слова́ дела́ми back words by deeds, suit áction to words [sjuːt...]; **2.** (*едой, питьём*) refrésh (*d.*);

3. *воен.* rè:infórce (*d.*). **~ля́ться,** подкрепи́ться 1. (*едой, питьём*) fórtifỳ òne:sélf, refrésh òne:sélf; 2. *страд. к* подкрепля́ть.

**подкузьми́ть** *сов.* (*вн.*) *разг.* do a bad, *или* an ill, turn (*i.*); let* down (*d.*).

**по́дкуп** *м. тк ед.* bríbery ['braɪ-], sùbòrnátion; graft *амер.*

**подкуп||а́ть,** подкупи́ть (*вн.*) bribe (*d.*), sùbórn [sʌ-] (*d.*); graft (*d.*) *амер.*; (*перен.*) win* óver (*d.*); всех ~и́ла его́ и́скренность his sincérity won all hearts [...wʌn...hɑːts], éverybody was gréatly touched by his sincérity [...-eɪt-tʌ-...]. **~и́ть** *сов. см.* подкупа́ть.

**подку́пный** bríbable.

**подла́диться** *сов. см.* подла́живаться.

**подла́живаться,** подла́диться (к) *разг.* 1. adápt òne:sélf (to); húmour (*d.*); 2. (*заискивать*) make* up (to).

**подла́мываться,** подломи́ться (под *тв.*) break* [-eɪk] (únder).

**по́дле** *предл.* (*рд.*) by the side of, by *smb.'s* side; ~ стола́ стоя́л стул by the side of the table stood a chair [...stud...]; она́ се́ла ~ него́ she sat down by his side.

**подлеж||а́ть** (*дт.*) be súbject (to), be líable (to); ~ уничтоже́нию be líable / déstined to destrúction; ~ исполне́нию be to be cárried out; ~ суду́ be indíctable [...-'daɪt-]; ~ ве́дению кого́-л. be within smb.'s cómpetence, be únder smb.'s authórity; ◇ не ~и́т сомне́нию it is be:yónd (any) doubt [... daut], there is no doubt; не ~и́т оглаше́нию it is not to be made públic [...'pʌ-]; вопро́сы, ~а́щие урегули́рованию próblems a:wáiting séttle:ment ['prɔ-...].

**подлежа́щее** *с. скл. как прил. грам.* súbject.

**подлежа́щий** *прич.* (*тж. как прил.*) (*дт.*) súbject (to), líable (to); ~ обложе́нию сбо́ром, по́шлиной dútiable; ~ штра́фу líable to fine; не ~ (*дт.*) not súbject / líable (to), free / exémpt (from); не ~ оглаше́нию cònfidéntial, prívate ['praɪ-]; óff-the-récòrd [-'re-] *разг.*

**подлеза́ть,** подле́зть (под *вн.*) creep* (únder).

**подле́зть** *сов. см.* подлеза́ть.

**подле́сок** *м.* únderbrùsh, úndergrowth [-ouθ], únderwood [-wud].

**подлета́ть,** подлете́ть (к) fly* up (to); (*перен.: быстро подходить*) run* / rush up (to).

**подлете́ть** *сов. см.* подлета́ть.

**подле́ц** *м.* scóundrel, víllain [-lən], ráscal.

**подле́чивать,** подлечи́ть (*вн.*) *разг.* cure (*d.*). **~ся,** подлечи́ться *разг.* ùndergó* médical tréatment.

**подлечи́ть(ся)** *сов. см.* подле́чивать(ся).

**подлива́ть,** подли́ть (*вн., рд.* в *вн.*) add (*d.* to); ◇ подли́ть ма́сла в ого́нь pour oil on the flame [pɔː...].

**подли́вка** *ж.* sauce, dréssing; (*мясная*) grávy.

**подли́за** *м. и ж. разг.* líckspittle, tóady.

**подлиза́ть(ся)** *сов. см.* подли́зывать(ся).

**подли́зывать,** подлиза́ть (*вн.*) lick up (*d.*). **~ся,** подлиза́ться (к кому́-л.) *разг.* make* / suck up to smb.; lick smb.'s shoes / boots [...ʃuːz...].

**по́длинник** *м.* oríginal; чита́ть в ~е read* in the oríginal.

**по́длинно** I *прил. кратк. см.* по́длинный.

**по́длинно** II *нареч.* réally ['rɪə-]: э́то ~ интере́сная кни́га it is a réally ínteresting book; — он ~ наро́дный поэ́т he is a génuine póet of the people [...piːpl].

**по́длинн||ость** *ж.* authènticity. **~ый** 1. (*не поддельный*) authéntic; génuine; (*не копия*) oríginal; ~ая демокра́тия génuine demócracy; ~ое иску́сство génuine art; ~ый текст oríginal (text); ~ые докуме́нты authéntic dócuments; с ~ым ве́рно cértified true có py [...'kɔ-]; его́ ~ые слова́ his own / very words [...oun...]; 2. (*истинный*) true, real [rɪəl].

**подли́ть** *сов. см.* подлива́ть.

**по́дличать** act méanly, act in a mean way.

**подло́г** *м.* fórgery.

**подло́жечный** *анат.* èpigástric.

**подложи́ть** *сов. см.* подкла́дывать.

**подло́жн||ость** *ж.* fálse:ness ['fɔː-], spúrious:ness. **~ый** false [fɔː-], spúrious, cóunterfeit [-ɪt].

**подлоко́тник** *м.* élbow-rèst.

**подломи́ться** *сов. см.* подла́мываться.

**подлопа́точный** *анат.* sùbscápular.

**по́длость** *ж.* méanness, báse:ness [-s-]; (*подлый поступок тж.*) mean / lów-down áction [...'lou-...].

**подлу́нный** súblùnar(y).

**по́длый** mean, base [-s], foul.

**подма́зать(ся)** *сов. см.* подма́зывать(ся).

**подма́зывать,** подма́зать (*вн.*; *жиром*) grease (*d.*), oil (*d.*); (*перен.: подкупать*) *разг.* grease *smb.'s* palm [...pɑːm]; oil the wheels. **~ся,** подма́заться *разг.* 1. (*подкрашиваться*) make* up, touch up one's face [tʌ-...]; 2. (к кому́-л.; *подделываться*) make* up (to), cúrry fávour (with); 3. *страд. к* подма́зывать.

**подманда́тн||ый** mándàted; ~ая террито́рия mándàted térritory.

**подмасте́рье** *м.* appréntice.

**подма́х||ивать,** подмахну́ть (*вн.*) *разг.* sign (húrriedly) [saɪn...] (*d.*). **~ну́ть** *сов. см.* подма́хивать.

**подма́чивать,** подмочи́ть (*вн.*) wet slíghtly (*d.*), damp (*d.*); (*о товарах*) dámage (*d.*).

**подме́н||а** *ж.* sùbstitútion (*of smth. false for smth. real*). **~и́ть** *сов. см.* подменя́ть.

**подменя́ть,** подмени́ть (*вн. тв.*) súbstitùte (for *d.*).

**подмерза́ть,** подмёрзнуть freeze* slíghtly.

**подмёрзнуть** *сов. см.* подмерза́ть.

**подмести́** *сов. см.* подмета́ть.

**подмета́ть,** подмести́ (*вн.*) sweep* (*d.*); ~ ко́мнату sweep* *a* room.

**подме́тить** *сов. см.* подмеча́ть.

**подмётк||а** *ж.* sole; ◇ в ~и кому́-л. не годи́ться *разг.* ≅ not be fit to hold a candle to smb.

**подмётн||ый:** ~ое письмо́ *уст.* anónymous létter.

**подмеча́ть,** подме́тить (*вн.*) nótice ['nou-] (*d.*).

**подмеша́ть** *сов. см.* подме́шивать.

**подме́шивать,** подмеша́ть (*вн., рд.* к, в *вн.*) mix (*d.* into, with).

**подми́г||ивать,** подмигну́ть (*дт.*) wink (at); *сов. тж.* give* a wink (at). **~ну́ть** *сов. см.* подми́гивать.

**подминáть,** подмя́ть (*вн.*) press / crush down (*d.*); подмя́ть проти́вника под себя́ get* one's oppónent únder.

**подмóг||а** *ж. разг.* help, assístance; идти́ на ~у (к, *дт.*) give* / lend* a hélping hand (*i.*), lend* a hand (*i.*).

**подмокáть,** подмóкнуть get* slíghtly wet.

**подмóкнуть** *сов. см.* подмокáть.

**подморáжив||ать,** подморóзить *безл.* freeze*; ~ает it is fréezing.

**подморóженный** fróst-bitten.

**подморóзить** *сов. см.* подморáживать.

**подмоскóвный** (sítuàted) near Móscow.

**Подмоскóвье** *с.* dístricts / locálities near Móscow *pl.*

**подмóстки** *мн.* **1.** (*сцена*) stage *sg.*, boards; **2.** (*настил из досок*) scáffolding *sg.*, stáging *sg.*

**подмóч||енный 1.** *прич. см.* подмáчивать; **2.** *прил.* slíghtly wet; damped; (*о товарах*; *тж. перен.*: *о репутации*) *разг.* dámaged. **~и́ть** *сов. см.* подмáчивать.

**подмы́в** *м.* (*берега и т. п.*) ùndermíning; (*размывание*) wáshing a:wáy.

**подмывá||ть,** подмы́ть (*вн.*) **1.** wash (*d.*); **2.** (*о береге и т. п.*) ùndermíne (*d.*); (*размывать*) wash a:wáy (*d.*); **3.** *тк. несов. безл. разг.*: егó так и ~ет (+ *инф.*) he feels an irresístible lóng:ing [...-'zɪ-...] (+ to *inf.*), he can hárdly keep him:sélf (from *ger.*).

**подмы́ть** *сов. см.* подмывáть 1, 2.

**подмы́ш||ки** *мн.* árm-pìts. **~ник** *м.* dréss-preserver [-'zə:-].

**подмя́ть** *сов. см.* подминáть.

**поднадзóрный** *м. скл. как прил.* pérson únder sùrvéillance.

**поднебéсье** *с. тк. ед.* the skies *pl.*

**подневóльный 1.** (*о человеке*) depéndent; **2.** (*принудительный*) forced; ~ труд forced lábour.

**поднес||éние** *с.* prèsentátion [-zə-]. **~ти́** *сов. см.* подноси́ть.

**поднимáть,** подня́ть (*вн.*) **1.** (*в разн. знач.*) lift (*d.*), raise (*d.*); (*о глазах, руках тж.*) ùp:líft (*d.*); (*что-л. тяжёлое*) heave* (*d.*): ~ рýку raise one's hand; ~ рýку на когó-л. lift one's hand agáinst smb.; ~ бокáл (за *вн.*) raise one's glass (to); ~ пыль raise dust; — ~ орýжие take* up arms; ~ парусá make* / set* sail; ~ флаг hoist *a* flag; *мор.* make* the cólours [...'kʌ-]; ~ воротни́к turn up one's cóllar; **2.** (*подбирать*) pick up (*d.*); **3.** (*повышать*) raise (*d.*); ~ дисципли́ну raise the stándard of díscipline; ~ производи́тельность трудá raise the pròdùctívity of lábour, raise lábour pròdùctívity; ~ на бóлее высóкий ýровень raise to a much hígher lével [...'le-] (*d.*); ~ прести́ж (*рд.*) enhánce the prèstíge [...-ti:ʒ] (of); ~ значéние (*рд.*) enhánce the impórtance (of), raise the signíficance (of); ◇ ~ нá ноги rouse (*d.*), get* up (*d.*); ~ всех нá ноги raise a géneral alárm; ~ с постéли rouse (*d.*); ~ нови́ну, цели́ну plough new land, break* fresh ground [-eɪk...], ópen up vírgin lands; подня́ть из руи́н raise from the rúins (*d.*); ~ вопрóс raise *a* quéstion [...-stʃən]; ~ тревóгу raise an alárm; ~ восстáние excíte, *или* stir up, rebéllion; подня́ть на борьбý stir to áction (*d.*); ~ шум, крик make* a noise, set* up a clámour; ~ гóлову hold* up one's head [...hed]; ~ когó-л. нá смех make* a láughing-stòck of smb. [...'lɑ:f-...]; ~ нос put* on airs *идиом.*; ~ настроéние cheer up (*d.*); ~ на вóздух (*взрывать*) blow* up [-ou...] (*d.*); ~ пéтли pick up stítches. **~ся,** подня́ться **1.** (*в разн. знач.*; *тж. перен.*: *восставать*) rise*: подня́ться во весь рост rise* to one's full height [...haɪt]; подняли́сь как оди́н they rose as one (man); егó брóви подняли́сь his éye:brows rose [...'aɪ-...]; ~ся нá ноги rise* to one's feet; тéсто поднялóсь the dough has rísen [...dou...'rɪz°n]; подня́ться из руи́н rise* from the rúins; егó настроéние поднялóсь his spírits rose; — у негó поднялáсь температýра his témperature rose, he devéloped a témperature; подня́лся шум (в клáссе, кóмнате *и т. п.*) the class, the room, *etc.*, becáme nóisy [...-zɪ]; из-за э́того поднялáсь шуми́ха it caused a sènsátion; ~ся волнóй surge; ~ся рáно (*просыпаться*) get* up éarly [...'ə:-]; цéны подняли́сь príces went up; ~ся из-за горы́ come* up from behínd the móuntain; **2.** (на *вн.*; *на гору и т. п.*) climb [klaɪm] (*d.*); ascénd (*d.*); **3.** *страд. к* поднимáть; ◇ у негó рукá не поднимáется (+ *инф.*) he can't bring him:sélf [...kɑ:nt...] (+ to *inf.*).

**поднови́ть** *сов. см.* подновля́ть.

**подновля́ть,** поднови́ть (*вн.*) renéw (*d.*), rénovàte (*d.*).

**подногóтн||ая** *ж. скл. как прил. разг.* chérished sécrets *pl.*; знать всю ~ую (*рд.*) know* the ins and outs [nou...] (of).

**поднóж||ие** *с.* **1.** (*горы*) foot [fut]; у ~ия горы́ at the foot of *a* hill / móuntain; **2.** (*памятника и т. п.*) pédestal.

**поднóжка** *ж.* **1.** (*экипажа, трамвая*) step, fóotboard ['fut-]; **2.** (*в борьбе, играх и т. п.*) báckheel.

**поднóжн||ый:** ~ корм pásture, pásturage, grass; быть на ~ом кормý be at grass; пускáть на ~ корм put* to grass.

**поднóс** *м.* tray; (*металлический тж.*) sálver; чáйный ~ téa-tray.

**подноси́ть,** поднести́ **1.** (*вн.* к) bring* (*d.* to), take* (*d.* to); **2.** (*дт. вн.*; *в подарок*) presént [-'ze-] (*d.* with); **3.** (*дт. вн.*) *разг.* (*угощать*) treat (*d.* to).

**поднóсчик** *м.* cárrier; ~ патрóнов àmmunítion cárrier.

**подношéни||е** *с.* présent [-ez-], gift [g-]; цветóчные ~я flóral tríbutes.

**поднятие** *с.* ráising, rise, rísing; ~ флáга hóisting *a* flag; *мор.* máking the cólours [...'kʌ-]; ~ производи́тельности трудá ráising the pròdùctívity of lábour; голосовáть ~м рук vote by show of hands [...ʃou...]; ~ занáвеса cúrtain-rise.

**подня́ть(ся)** *сов. см.* поднимáть(ся).

**подо** *предл.* = под II.

**подобá||ть** (*дт.* + *инф.*) become* (*d.* + to *inf.*) befít (*d.* + to *inf.*); как ~ет as it becómes *one*; не ~ет так поступáть it does:n't becóme *one* to beháve like that. **~ющий 1.** *прич. см.* подобáть; **2.** *прил.* próper ['prɔ-]; взять ~ющий тон adópt the próper tone; заня́ть ~ющее мéсто, положéние óccupỳ a fítting place, posítion [...-'zɪ-]; **~ющим** óбразом próperly.

**подо́бие** *с.* 1. (*сходство*) like¦ness; 2. *мат.* similárity.

**подо́бно** I *прил. кратк. см.* подо́бный.

**подо́бн||о** II *нареч. тж. как предл.* (*дт.*) like; ~ геро́ям like héròes; ~ тому́, как just as: ~ тому́, как со́лнце освеща́ет зе́млю just as the sun lights up the earth [...ə:θ]. **~ый** (*дт.*) 1. like; símilar (to); (*такой*) such a / an; such; он ничего́ ~ого не ви́дел he has never seen ány¦thing like it; ~ый отве́т such an ánswer [...'ɑ:nsə]; ~ое поведе́ние such beháviour; 2. *мат.* símilar (to); ~ые треуго́льники símilar tríàngles; ◇ ничего́ ~ого *разг.* nothing of the kind; и тому́ ~ое and so on, and so forth.

**подобостра́ст||ие** *с.* sèrvílity. **~ный** sérvile.

**подобра́ть(ся)** *сов. см.* подбира́ть(ся).

**подобре́ть** *сов. см.* добре́ть I.

**подобру́-поздоро́ву** *нареч. разг.* (*вовремя*) in good time; (*пока цел*) with a whole skin [...houl...].

**подо́в||ый** baked in the hearth [...hɑ:θ]; **~ые** пироги́ pies baked in the hearth.

**подогна́ть** *сов. см.* подгоня́ть.

**подогну́ть(ся)** *сов. см.* подгиба́ть(ся).

**подогре́в** *м. тех.* héating; предвари́тельный ~ pré-héating.

**подогрева́тель** *м. тех.* héater. **~ный** *тех.* héating (*attr.*).

**подогрева́ть,** подогре́ть (*вн.*) warm up (*d.*); ~ молоко́ warm up *the* milk.

**подогре́ть** *сов. см.* подогрева́ть.

**пододвига́ть,** пододви́нуть (*вн.* к) push up [puʃ...] (*d.* to), move up [mu:v...] (*d.* to). **~ся,** пододви́нуться 1. (к) move [mu:v] (to); 2. *страд. к* пододвига́ть.

**пододви́нуть(ся)** *сов. см.* пододвига́ть(ся).

**пододея́льник** *м.* blánket cóver / slip [...'kʌ-...], quilt cóver / slip.

**подожд||а́ть** *сов.* (*вн., рд.*) wait (for); он немно́го ~а́л вас, а пото́м ушёл he wáited a little for you and then went a¦wáy.

**подозва́ть** *сов. см.* подзыва́ть.

**подозрева́емый** 1. *прич. см.* подозрева́ть; 2. *прил.* suspécted; súspèct (*predic.*).

**подозр||ева́ть** (*вн.* в *пр.*) suspéct (*d.* of). **~е́ние** *с.* suspícion; быть под ~е́нием, быть на ~е́нии be únder suspícion; по ~е́нию on suspícion; оста́ться вне ~е́ний remáin above suspícion.

**подозри́тельно** I 1. *прил. кратк. см.* подозри́тельный; 2. *предик. безл.* it is suspícious.

**подозри́тельн||о** II *нареч.* 1. (*вызывая подозрение*) suspícious¦ly; вести́ себя́ ~ beháve suspícious¦ly; 2. (*с подозрением*) suspícious¦ly, with suspícion; смотре́ть ~ (на *вн.*) look suspícious¦ly (at), look with suspícion (at). **~ость** *ж.* suspícious¦ness. **~ый** 1. (*вызывающий подозрение*) suspícious; súspèct (*predic.*); (*сомнительный*) shády; físhy *разг.*; ~ого ви́да suspícious-lóoking; 2. (*недоверчивый*) suspícious, mistrústful.

**подои́ть** *сов. см.* дои́ть.

**подо́йник** *м.* milk pail.

**подойти́** *сов. см.* подходи́ть.

**подоко́нник** *м.* window-sill.

**подо́л** *м.* hem (of *a* skirt); skirt; подня́ть ~ raise the hem of *the* skirt; по́лный ~ (*рд.*) a skirtful (of).

**подо́лгу** *нареч.* long; for hours, days, months, *etc.* [...auəz...mʌ-]: он, быва́ло, ~ си́живал с на́ми he used to sit with us for hours [...ju:st...]; он жил у нас ~ he lived with us for months, years [...lı-...].

**подольсти́ться** *сов. см.* подольща́ться.

**подольща́ться,** подольсти́ться (к кому́-л.) *разг.* worm òne¦sélf into smb.'s fávour, *или* into smb.'s good gráces.

**по-дома́шнему** *нареч.* simply, without céremony; оде́т ~ (dressed) in clothes used aròund the house [...klou-...-s].

**подо́нки** *мн.* dregs; (*перен. тж.*) riff-ràff *sg.*, scum *sg.*; ~ о́бщества scum / dregs of society.

**подопе́чн||ый** únder wárdship; **~ая** террито́рия *полит.* trust térritory.

**подоплёк||а** *ж.* the real state of affáirs [...plɪəl...]; знать всю ~у (*рд.*) know* all [nou...] (abóut), know* the real state (of); see* behind the scenes.

**подо́пытный** èxpèriméntal.

**подорва́ть** *сов. см.* подрыва́ть II.

**подорва́ться** *сов.*: ~ на ми́не be blown up by *a* mine [...bloun...].

**подорожа́ть** *сов.* become* déarer, become* more expénsive.

**подоро́жная** *ж. скл. как прил. ист.* órder for (fresh) póst-hòrses, *или* for reláys [...'poust-...].

**подоро́жник** *м. бот.* plántain.

**подоси́новик** *м.* (*гриб*) órange cap bolétus.

**подосла́ть** *сов. см.* подсыла́ть.

**подоспе́ть** *сов. разг.* come* (in time), arrive (in time).

**подостла́ть** *сов. см.* подстила́ть.

**подотде́л** *м.* séction, sùbdivísion.

**подоткну́ть** *сов. см.* подтыка́ть.

**подотчётн||ость** *ж. фин.* accountabílity. **~ый** *фин.* 1. accóuntable; о́рганы, ~ые (*дт.*) órgans accóuntable (to); 2. (*о деньгах*) on accóunt; ~ая су́мма imprèst.

**подо́хнуть** *сов.* 1. *см.* подыха́ть; 2. *как сов. к* до́хнуть.

**подохо́дный:** ~ нало́г ín¦come tax.

**подо́шв||а** *ж.* 1. (*ноги, башмака*) sole; 2. (*горы́*) foot [fut]; у ~ы горы́ at the foot of *a* hill / móuntain.

**подо́швенный** sole (*attr.*).

**подпада́ть,** подпа́сть (под *вн.*) fall* (únder); ~ под чьё-л. влия́ние fall* únder smb.'s ínfluence.

**подпа́ивать,** подпои́ть (*вн.*) *разг.* make* típsy / drunk (*d.*).

**подпал||ивать,** подпали́ть (*вн.*) *разг.* 1. (*слегка опалять*) singe (*d.*), scorch (*d.*); 2. (*поджигать*) put* / set* on fire (*d.*). **~и́ть** *сов. см.* подпа́ливать.

**подпа́рывать,** подпоро́ть (*вн.*) rip up (*d.*), únpíck (*d.*), únstítch (*d.*). **~ся,** подпоро́ться 1. rip, get* únpícked / únstítched; 2. *страд. к* подпа́рывать.

**подпа́сок** *м.* hérdsboy.

**подпа́сть** *сов. см.* подпада́ть.

**подпева́ла** *м. и ж. разг.* yés-màn*.

**подпева́ть** (*дт.*) join (in sing¦ing) (*d.*), join in *a* song (*d.*); (*перен.*) échò ['ekou] (*d.*).

**подпере́ть** *сов. см.* подпира́ть.

**подпи́л||ивать,** подпили́ть (*вн.*; *пилой*) saw* (*d.*); (*напильником*) file (*d.*); ~ но́жки у стола́, сту́ла *и т. п.* shórten the legs of *a* table, *a* chair, *etc.* **~и́ть** *сов. см.* подпи́ливать.

**подпи́лок** *м.* file.

**подпира́ть,** подпере́ть (*вн.*) prop up (*d.*).

**подписа́||ние** *с.* signing ['saɪn-]. **~ть(ся)** *сов. см.* подпи́сывать(ся).

**подпи́с||ка** *ж.* **1.** subscríption; ~ на заём subscríption to *a* loan; принима́ется ~ на газе́ты subscríptions to néwspàpers are tá ken / accépted; **2.** (*обязательство*) en¦gáge¦ment; signed / written prómise [saɪnd...-s]; дать ~ку make* a signed státe¦ment; он дал в э́том ~ку he made a signed státe¦ment to the efféct. **~но́й** subscríption (*attr.*); ~но́е изда́ние subscríption edition; ~на́я цена́ the price of subscríption; ◇ ~но́й лист subscríption list. **~чик** *м.*, **~чица** *ж.* subscríber.

**подпи́сывать,** подписа́ть **1.** (*вн.*; *ставить подпись*) sign [saɪn] (*d.*); **2.** (*вн.* к; *добавлять к написанному*) add (*d.* to); **3.** (*вн.* на *вн.*; *включать в число подписчиков*) subscríbe (*d.* for); ~ кого́-л. на газе́ту subscríbe smb. for *a* néwspàper, take* out a néwspàper subscríption for smb. **~ся,** подписа́ться **1.** (*ставить подпись*) sign [saɪn]; **2.** (под *тв.*) sign (to), put* one's name (to); (*перен.*: *соглашаться*) subscríbe (to); **3.** (на *вн.*) subscríbe (for, to); ~ся на заём subscríbe for / to *a* loan; **4.** *страд. к* подпи́сывать.

**по́дпись** *ж.* sígnature; поста́вить свою́ ~ (под *тв.*) put* one's sígnature (únder), affíx one's sígnature (to); под э́тим соглаше́нием стоя́т по́дписи (*рд.*) this agréement bears the sígnature [...bɛəz...] (of); за ~ю (*рд.*) signed [saɪnd] (by); за ~ю и печа́тью signed and sealed.

**подплыва́ть,** подплы́ть (к; *вплавь*) swim* up (to), come* swímming (to); (*на судне и т. п.*) sail up (to), come* (sáiling / stéaming) up (to); (*в лодке*) row up [rou...] (to), come* (rówing) up (to); (*на пароме*) férry up (to), come* up (to).

**подплы́ть** *сов. см.* подплыва́ть.

**подпои́ть** *сов. см.* подпа́ивать.

**подполз||а́ть,** подползти́ **1.** (к; *приближаться*) creep* up (to); **2.** (под *вн.*) creep* (únder). **~ти́** *сов. см.* подполза́ть.

**подполко́вник** *м. воен.* lieuténant-cólonel [lef'tenənt'kəːnᵊl].

**подпо́ль||е** *с.* **1.** céllar (únder the floor) [...flɔː]; **2.** sécret / únderground work / àctívity; рабо́тать в ~ do sécret / únderground work; уходи́ть в ~ go* únderground. **~ный** **1.** únder the floor [...flɔː]; **2.** únderground (*attr.*), sécret; ~ная организа́ция sécret / únderground òrganizátion [...-naɪ-]; ~ная рабо́та sécret / únderground work / àctívity; ~ная типогра́фия únderground / sécret press. **~щик** *м.* mémber of a sécret òrganizátion [...-naɪ-]; one wórking illégal¦ly.

**подпо́р** *м. тех.* head (of wáter) [hed... 'wɔː-].

**подпо́р||а** *ж.*, **~ка** *ж.* prop, suppórt.

**подпо́рн||ый:** ~ая сте́нка bréast-wàll ['brest-].

**подпоро́ть(ся)** *сов. см.* подпа́рывать(ся).

**подпору́чик** *м. воен. ист.* sécond lieuténant ['se- lef'tenənt].

**подпо́чва** *ж.* súbsoil, súbstrátum (*pl.* -ta).

**подпо́чвенн||ый** sùbterránean [-nɪən]; ~ая вода́ únderground / súbsoil / sùbterránean wáter [...'wɔː-]; ~ слой pan.

**подпоя́сать(ся)** *сов. см.* подпоя́сывать(ся).

**подпоя́сывать,** подпоя́сать (*вн.*) belt (*d.*), girdle [g-] (*d.*). **~ся,** подпоя́саться **1.** belt / girdle òne¦sélf [...g-...], put* on *a* belt / girdle; **2.** *страд. к* подпоя́сывать.

**подпра́вить** *сов. см.* подправля́ть.

**подправля́ть,** подпра́вить (*вн.*) touch up [tʌtʃ...] (*d.*), retóuch [-'tʌtʃ] (*d.*).

**подпру́га** *ж.* (sáddle-)girth [-g-], bélly-bànd.

**подпры́г||ивать,** подпры́гнуть jump up, leap*; bob (up and down). **~нуть** *сов. см.* подпры́гивать.

**подпус||ка́ть,** подпусти́ть (*вн.* к) allów (*d.*) to appróach, *или* to come near (*d.*); ◇ ~ти́ть шпи́льку (*дт.*) *разг.* ≅ sting* (*d.*), get* in a dig (at). **~ти́ть** *сов. см.* подпуска́ть.

**подпя́тник** *м. тех.* stép-bearing [-bɛə-].

**подраба́тывать,** подрабо́тать (*вн.*) *разг.* **1.** earn addítionally [əːn...] (*d.*); **2.** (*вопрос и т. п.*) work up (*d.*).

**подрабо́тать** *сов. см.* подраба́тывать.

**подра́внивать,** подровня́ть (*вн.*) trim (*d.*).

**подража́||ние** *с.* ìmitátion. **~тель** *м.*, **~тельница** *ж.* ímitàtor. **~тельный** ímitàtive.

**подража́ть** (*дт.*) ímitàte (*d.*).

**подразде́л** *м.* súbsèction.

**подраздел||е́ние** *с.* **1.** súbdivision; **2.** *воен.* sùb-únit, small únit, élement. **~и́ть(ся)** *сов. см.* подразделя́ть(ся).

**подразделя́ть,** подраздели́ть (*вн.* на *вн.*) súbdivíde (*d.* into). **~ся,** подраздели́ться **1.** (на *вн.*) súbdivíde (into); **2.** *страд. к* подразделя́ть.

**подразни́ть** *сов.* (*вн.*) tease (*d.*).

**подразумева́ть** (*вн.*) implý (*d.*), mean* (*d.*), ímplicàte (*d.*). **~ся** be implíed / meant / ímplicàted [...ment...].

**подра́мник** *м. жив.* súbfràme.

**подраст||а́ть,** подрасти́ grow* up [grou...]; ~а́ющее поколе́ние the rísing gènerátion.

**подрасти́** *сов. см.* подраста́ть.

**подра́ться** *сов. см.* дра́ться I 1.

**подрёберный** *анат.* sùbcóstal.

**подре́зать** *сов. см.* подреза́ть.

**подреза́ть,** подре́зать (*вн.*) **1.** cut* (*d.*); (*о волосах, деревьях тж.*) clip (*d.*), trim (*d.*); (*о деревьях, ветвях тж.*) prune (*d.*), lop (*d.*); **2.** *разг.* (*добавлять*) add (*d.*); cut* in addítion (*d.*); ◇ подре́зать кры́лья кому́-л. clip smb.'s wings.

**подрема́ть** *сов.* have a nap; doze; ~ немно́го have a (short) nap, take* a short sleep, doze a líttle, *или* for a while; ~ де́сять мину́т have a ten mínutes' nap [...'mɪnɪts...], doze for ten mínutes.

**подрисова́ть** *сов. см.* подрисо́вывать.

**подрисо́вывать,** подрисова́ть (*вн.*) (*подправлять рисунок*) touch up [tʌtʃ...] (*d.*), retóuch [-'tʌtʃ] (*d.*); (*добавлять к рисунку*) add (*d.*); (*о бровях и т. п.*) make* up (*d.*).

**подро́бно** I *прил. кратк. см.* подро́бный.

**подро́бн||о** II *нареч.* in détail [...'diː-], at (great) length [...greɪt...], mínute¦ly [maɪ-];

~ee at gréater length [...'greɪ-...]. **~ость** *ж.* détail ['di:-]; вдавáться в ~ости go* into détail(s); во всех ~остях in every détail; до мельчáйших ~остей to the smáll|est détail, minúte détail [...maɪ-...]. **~ый** détailed ['di:-], minúte [maɪ-]; ~ое описáние détailed / minúte descríption.

**подровня́ть** *сов. см.* подрáвнивать.

**подрóсток** *м.* júvenile; (*юноша тж.*) youth* [ju:θ]; (*девушка*) young girl [jʌŋ g-]; flápper *разг.*

**подрубáть** I, подрубúть (*вн.*; *топором*) hew (*d.*).

**подрубáть** II, подрубúть (*вн.*; *подшивать*) hem (*d.*).

**подрубúть** I, II *сов. см.* подрубáть I, II.

**подрýга** *ж.* (fémàle) friend ['fi:- frend]; (*детства, игр*) pláymàte.

**по-дрýжески** *нареч.* in a friendly way [...'frend-...], as a friend [...frend].

**подружúться** *сов.* (с *тв.*) make* friends [...frendz] (with).

**подрýжка** *ж. уменьш.-ласк. от* подрýга.

**подрулúть** *сов.* (к) *ав.* táxi (to).

**подрумя́нивать,** подрумя́нить (*вн.*) **1.** paint (*d.*); (*румянами тж.*) rouge [ru:ʒ] (*d.*), touch up with rouge [tʌtʃ...] (*d.*); морóз подрумя́нил её щёки the frost brought a flush to her cheeks; **2.** *кул.* make* nice and brown (*d.*). **~ся,** подрумя́ниться **1.** (use) rouge [...ru:ʒ]; **2.** *кул.* brown.

**подрумя́нить(ся)** *сов. см.* подрумя́нивать (-ся).

**подрýчн||ый 1.** *прил.* at hand; ~ материáл ímprovised matérial; matérial at hand; ~ые срéдства ímprovised means / matérials; ány|thing aváilable; **2.** *м. как сущ.* appréntice, assístant.

**подры́в** *м.* ínjury, détriment; ~ чьегó-л. авторитéта a blow to smb.'s prèstíge [...blou... -'ti:ʒ]; ~ торгóвли détriment to trade; вестú к ~у чегó-л. ùndermíne smth.

**подрывáние** *с. воен., тех.* blásting, blówing up ['blou-...]; dèmolítion (by explósives); ~ мостóв dèmolítion of brídges, brídge dèmolítion.

**подрывáть** I, подры́ть (*вн.*) ùndermíne (*d.*), sap (*d.*).

**подрывáть** II, подорвáть (*вн.*) blow* up [-ou...] (*d.*), blast (*d.*); (*перен.*) ùndermíne (*d.*), sap (*d.*); ~ здорóвье, сúлы ùndermíne / òver|táx *one's* health, strength [...helθ...]; ~ чей-л. авторитéт ùndermíne smb.'s authórity; ~ довéрие когó-л. к комý-л. shake* smb.'s faith in smb.; ~ эконóмику, еды́нство ùndermíne the èconomy, the únity [...i:-...]; ~ воéнную мощь ùndermíne / sap the mílitary pówer.

**подрывн||úк** *м. воен.* dèmolítion man*. **~óй** blásting; dèmolítion (*attr.*); (*перен.*) ùndermíning, sùbvérsive; ~áя рабóта *воен.* dèmolítion work, blásting; ~óй заря́д blásting / dèmolítion charge; ~áя дéятельность sàbvérsive / ùndermíning àctívities *pl.*

**подры́ть** *сов. см.* подрывáть I.

**подря́д** I *м.* cóntràct; ~ на пострóйку cóntràct for búilding [...'bɪl-]; пострóйка по ~у búilding by cóntràct; зая́вка на ~ ténder for *a* cóntràct; взять ~ на что-л., взять что-л. с ~а contráct for smth., take* smth. by cóntràct; сдать ~ на что-л., сдать что-л. с ~а put* smth. out to cóntràct.

**подря́д** II *нареч.* in succéssion; rúnning; (*с оттенком неодобрения*) on end: пять часóв ~ five hours in succéssion [...auəz...], five hours rúnning; five hours on end.

**подрядúть(ся)** *сов. см.* подряжáть(ся).

**подря́дн||ый** by cóntràct; cóntràct (*attr.*); ~ые рабóты work by cóntràct *sg.*, cóntràct work *sg.*

**подря́дчик** *м.* contráctor.

**подряжáть,** подрядúть (*вн.*) *разг.* hire (*d.*); ~ рабóчих hire wórkmen. **~ся,** подрядúться *разг.* **1.** contráct; **2.** *страд. к* подряжáть.

**подря́сник** *м.* cássock.

**подсадúть** I, II *сов. см.* подсáживать I, II.

**подсáживать** I, подсадúть (*вн.* на *вн.*) help (*d.* to); ~ когó-л. на лóшадь help smb. mount *a* horse.

**подсáживать** II, подсадúть (*вн., рд.*) add (*d.*); подсадúть ещё цветóв plant some more flówers [-ɑ:nt...].

**подсáживаться** I, подсéсть **1.** (к) take* a seat (near), sit* down (near); **2.** *страд. к* подсáживать I.

**подсáживаться** II *страд. к* подсáживать II.

**подсáливать,** подсолúть (*вн.*) add some salt (to), put* some more salt (into).

**подсáхарить** *сов.* (*вн.*) *разг.* súgar ['ʃu-] (*d.*).

**подсвéт** *м.* illùminátion.

**подсвéчник** *м.* cándle|stick.

**подсвúстывать** whistle.

**подсевáть,** подсéять (*вн., рд.*) sow* (in addítion, some more) [sou...] (*d.*).

**подсéд** *м. вет.* málanders *pl.*, mállenders *pl.*

**подседéльник** *м.* girth [g-], bélly-bànd.

**подсекáть,** подсéчь (*вн.*) **1.** (*подрубать*) hew / hack (únder) (*d.*); **2.** *рыб.* hook (*d.*), strike* (*d.*).

**подсéкция** *ж.* súbséction.

**подсемéйство** *с.* súbfàmily.

**подсéсть** *сов. см.* подсáживаться I.

**подсéчь** *сов. см.* подсекáть.

**подсéять** *сов. см.* подсевáть.

**подсидéть** *сов. см.* подсúживать.

**подсúживание** *с. разг.* intrígue [-i:g] (*against a colleague, fellow worker*).

**подсúживать,** подсидéть (когó-л.) *разг.* scheme, intrígue [...-i:g] (against *a* *colleague, fellow worker*).

**подсúн||ивать,** подсинúть (*вн.*) blue (*d.*), use blúe|ing (to). **~úть** *сов.* **1.** *см.* подсúнивать; **2.** *как сов. к* синúть.

**подскáбливать,** подскоблúть (*вн.*) scrape off (*d.*).

**подсказáть** *сов. см.* подскáзывать.

**подскáзка** *ж. разг.* prómpt(ing) [-mt-].

**подскáзывать,** подсказáть (*вн. дт.*; *прям. и перен.*) prompt [-mt] (*d.* to); не ~! no prómpting!

**подскакáть** *сов. см.* подскáкивать II.

**подскáкивать** I, подскочúть **1.** (к; *подбегать*) run* up (to), come* rúnning (to); **2.** (*подпрыгивать*) jump up; *сов. тж.* give* a jump; (*перен.*: *повышаться*) jump; температýра подскочúла the témperature jumped; цéны подскочúли prices jumped / soared.

**подска́кивать** II, подскака́ть (к) come* gálloping up (to).

**подскобли́ть** *сов. см.* подска́бливать.

**подскочи́ть** *сов. см.* подска́кивать I.

**подсласти́ть** *сов. см.* подсла́щивать.

**подсла́щивать,** подсласти́ть (*вн.*; *прям. и перен.*) swéeten (*d.*), súgar ['ʃu-] (*d.*); подсласти́ть го́рькую пилю́лю súgar the pill ['ʃu-...].

**подсле́дственный** *юр.* únder invèstigátion.

**подслеповáтый** wéak-sighted.

**подслу́ж||иваться,** подслужи́ться (к) *разг.* worm òne:sélf into the fávour (of), fawn (up:ón), cringe (to). **~и́ться** *сов. см.* подслу́живаться.

**подслу́шать** *сов. см.* подслу́шивать.

**подслу́шивать,** подслу́шать (*вн.*) òver:héar* (*d.*); *несов. тж.* éaves:dròp (*d.*).

**подсма́тривать,** подсмотре́ть (*вн.*) spy (*d.*).

**подсме́иваться** (над) laugh [lɑːf] (at), make* fun (of).

**подсмотре́ть** *сов. см.* подсма́тривать.

**подсне́жник** *м. бот.* snówdròp ['snou-].

**подсо́бн||ый** 1. subsídiary; ~ое предприя́тие auxíliary / subsídiary énterprise; 2. (*второстепенный*) sécondary; ~ая рабо́та accéssory work; ~ рабо́чий auxíliary wórker; ~ про́мысел bý-wòrk.

**подсо́вывать,** подсу́нуть 1. (*вн.* под *вн.*) put* (*d.* únder), shove [ʃʌv] (*d.* únder); 2. (*вн. дт.*) *разг.* slip (*d.* into); palm off [pɑːm...] (*d.* on /up:ón).

**подсозна́ние** *с.* súbcónscious:ness [-nʃəs-].

**подсозна́тельный** súbcónscious [-nʃəs].

**подсоли́ть** *сов. см.* подса́ливать.

**подсо́лнечн||ик** *м.* súnflower. **~ый** súnflower (*attr.*); ~ое ма́сло súnflower-seed oil.

**подсо́лнух** *м. разг.* 1. = подсо́лнечник; 2. (*семячки*) súnflower-seeds *pl.*

**подсо́хнуть** *сов. см.* подсыха́ть.

**подсо́чка** *ж.* (*деревьев*) tápping.

**подспо́рье** *с. тк. ед. разг.* help; служи́ть больши́м ~м be a great help [...-eɪt...].

**подспу́дный** látent, hídden.

**подста́вить** *сов. см.* подставля́ть.

**подста́вка** *ж.* suppórt, rest, foot* [fut], prop; pédestal.

**подстав||ля́ть,** подста́вить 1. (*вн.* под *вн.*) put* (*d.* únder), place (*d.* únder); 2. (*вн.* вме́сто) *мат.* súbstitùte (*d.* for); ~ два вме́сто трёх súbstitùte two for three; 3. (*вн. дт.*; *щёку и т. п.*) hold* up (*d.* to); óffer (*d.* to); ~ но́жку (кому́-л.; *прям. и перен.*) trip smb. up. **~но́й** false [fɔː-]; ~но́е лицо́ dúmmy, man* of straw, fígure-head [-hed].

**подстака́нник** *м.* gláss-hòlder.

**подстано́вка** *ж. мат.* sùbstitútion.

**подста́нция** *ж.* súbstátion.

**подста́ть** = под стать *см.* стать IV.

**подстёгивать,** подстегну́ть (*вн.*) whip (up) (*d.*); urge fórward (*d.*), urge (on) (*d.*) (*тж. перен.*).

**подстегну́ть** *сов. см.* подстёгивать.

**подстерега́ть,** подстере́чь (*вн.*) be on the watch (for), lie* in wait (for); *сов. тж.* catch* (*d.*); ~ моме́нт choose* *a* móment.

**подстере́чь** *сов. см.* подстерега́ть.

**подстила́ть,** подостла́ть (*вн.* под *вн.*) lay* (*d.* únder), stretch (*d.* únder).

**подсти́лка** *ж.* 1. (*для спанья*) bédding; 2. (*для скота*) lítter.

**подстра́ивать,** подстро́ить *разг.* 1. (*вн.*; *муз. инструмент*) tune (up) (*d.*); 2. (*вн. дт.*) bring* abóut by sécret plótting (*d.* to); fábricàte (*d.*), con:cóct (*d.*), contríve (*d.*); ~ шу́тку play a trick (on, up:ón); э́то де́ло подстро́ено this is a pút-úp job [...'put-...]; it's a fráme-úp *амер.*

**подстрека́тель** *м.*, **~ница** *ж.* instigàtor; fíre:brànd *разг.* **~ство** *с.* instigátion, incíte:ment, sétting-òn.

**подстрек||а́ть,** подстрекну́ть 1. (*вн.* на *вн.*) incíte (*d.* to), instigàte (*d.* to), set* on (*d.*); 2. (*вн.*; *возбуждать*) excíte (*d.*); ~ну́ть чьё-л. любопы́тство excíte smb.'s cūriósity. **~ну́ть** *сов. см.* подстрека́ть.

**подстре́ливать,** подстрели́ть (*вн.*) wound (by a shot) [wuː-...] (*d.*); (*гл. обр. о птице*) wing (*d.*).

**подстрели́ть** *сов. см.* подстре́ливать.

**подстрига́ть,** подстри́чь (*вн.*) cut* (*d.*); (*о волосах, деревьях тж.*) clip (*d.*), trim (*d.*); (*о деревьях тж.*) prune (*d.*), lop (*d.*); ~ (себе́) но́гти trim (one's) nails; ~ ребёнка cut* *the* child's hair; ко́ротко подстри́женные во́лосы (clóse:ly) cropped hair [-s-...] *sg.* **~ся,** подстри́чься cut* one's hair; (*в парикмахерской тж.*) have a háir-cùt, have one's hair cut.

**подстри́чь(ся)** *сов. см.* подстрига́ть(ся).

**подстро́ить** *сов. см.* подстра́ивать.

**подстро́чн||ик** *м.* ìnterlínear trànslátion [...-ɑːns-]. **~ый** 1. (*о переводе и т. п.*) ìnterlínear; ~ый перево́д ìnterlínear trànslátion [...-ɑːns-]; word for word trànslátion; 2. (*о примечании и т. п.*) foot [fut] (*attr.*); ~ое примеча́ние fóot-nòte ['fut-].

**по́дступ** *м.* appróach; *воен. тж.* ávenue of appróach; бой на да́льних ~ах к го́роду fíghting on the dístant appróaches to the cíty [...'sɪ-] *sg.*; ◇ к нему́ и ~а нет he is inaccéssible, you can't get near him [...kɑːnt...]. **~а́ть,** подступи́ть (к) appróach (*d.*), come* up (to); (*перен.*) come* (to): войска́ ~и́ли к го́роду the troops appróached the town; слёзы ~и́ли к его́ глаза́м tears came to his eyes [...aɪz]. **~и́ть** *сов. см.* подступа́ть. **~и́ться** (к) *разг.*: к нему́ не ~и́ться you can't get near him [...kɑːnt...]; к э́тому не ~и́ться it is quite be:yónd *one's* means.

**подсуди́м||ый** *м. скл. как прил.* the accúsed; defēndant; (*в суде тж.*) prísoner at the bar [-z-...]; скамья́ ~ых the dock, the bar.

**подсу́дн||ость** *ж.* jùrisdíction; cógnizance. **~ый** (*дт.*) únder / withín the jùrisdíction / cómpetence (of), cógnizable (to); быть ~ым (*дт.*) be únder the jùrisdíction (of), fall* withín the jùrisdíction / cómpetence (of); не ~ый óutsíde the jùrisdíction / cómpetence (of); ~ое лицо́ jùstíciable.

**подсу́мок** *м. воен.* cártridge pouch.

**подсу́нуть** *сов. см.* подсо́вывать.

**подсу́ш||ивать,** подсуши́ть (*вн.*) dry a little (*d.*). **~иваться,** подсуши́ться 1. dry; 2. *страд. к* подсу́шивать. **~и́ть(ся)** *сов. см.* подсу́шивать(ся).

**подсчёт** *м.* càlculátion; ~ голосо́в poll, cóunting / tállying of votes.

**подсчита́ть** *сов. см.* подсчи́тывать.

**подсчи́тывать,** подсчита́ть (*вн.*) count up (*d.*), cálculàte (*d.*); ~ голоса́ poll the votes; ~ трофе́и *воен.* count one's tróphies; count (up) the cáptured matérial.

**подсыла́ть,** подосла́ть (*вн.*) send* (*d.*).

**подсы́пать** *сов. см.* подсыпа́ть.

**подсыпа́ть,** подсы́пать (*вн., рд.*) add (*d.*), pour (in addition) [pɔ:...] (*d.*).

**подсыха́ть,** подсо́хнуть get* dry; на у́лице подсо́хло it has dried up out of doors [...dɔ:z].

**подта́ивать,** подта́ять thaw / melt* a little.

**подта́лкивать,** подтолкну́ть (*вн.*) push slightly [puʃ...] (*d.*); (*перен.*) urge on (*d.*), instigàte (*d.*); ~ ло́ктем nudge (*d.*).

**подта́пливать,** подтопи́ть (*вн.*; *о печи и т. п.*) heat a little (*d.*).

**подта́скивать,** подтащи́ть (*вн.* к) drag up (*d.* to).

**подтас||ова́ть** *сов. см.* подтасо́вывать. **~о́вка** *ж. карт.* únfáir / trick shúffling; (*перен.*) gárbling, júggling, ~о́вка фа́ктов júggling with facts.

**подтасо́вывать,** подтасова́ть (*вн.*) *карт.* shuffle únfáirly (*d.*); (*перен.*) garble (*d.*), juggle (with); ~ фа́кты juggle with facts.

**подта́чивать,** подточи́ть (*вн.*) **1.** (*делать острее*) shárpen (*d.*), give* an edge (to); подточи́ть каранда́ш shárpen *a* péncil (a little bit); **2.** (*подгрызать*) eat* (*d.*), gnaw (*d.*); (*о воде, подмывать*) ùndermíne (*d.*); (*перен.*; *о здоровье, силах и т. п.*) ùndermíne (*d.*), sap (*d.*); река́ подточи́ла бе́рег the ríver ùndermíned the bank [...'rɪ-...]; э́то подточи́ло его́ здоро́вье this ùndermíned his health / strength [...helθ...].

**подтащи́ть** *сов. см.* подта́скивать.

**подта́ять** *сов. см.* подта́ивать.

**подтверди́ть(ся)** *сов. см.* подтвержда́ть(-ся).

**подтвержд||а́ть,** подтверди́ть (*вн.*) confírm (*d.*); (*о теории тж.*) corróboràte (*d.*); ~ вновь ré¦affírm (*d.*); ~ получе́ние чего́-л. acknówledge the recéipt of smth. [-'nɔ-...-'si:t...]. **~а́ться,** подтверди́ться **1.** be confírmed; (*о теории тж.*) be corróboràted, be borne out; слух не ~а́ется the rúmour was not confírmed / corróboràted; **2.** *страд. к* подтвержда́ть. **~е́ние** *с.* cònfirmátion; (*теории тж.*) corròborátion; для ~е́ния свои́х слов in cònfirmátion / corròborátion of one's words, to confírm / corróboràte one's words; ~е́ние получе́ния чего́-л. acknówledge¦ment of the recéipt of smth. [-'nɔ-...-'si:t...].

**подтека́||ть,** подте́чь **1.** (под *вн.*) flow* [-ou] (únder), run* (únder); **2.** *тк. несов.* (*протекать*) leak; ча́йник ~ет the téa-kèttle is léaking, *или* has a small leak in it.

**подте́кст** *м.* úndercùrrent.

**подтере́ть** *сов. см.* подтира́ть.

**подте́чь** *сов. см.* подтека́ть 1.

**подтира́ть,** подтере́ть (*вн.*) wipe (up) (*d.*).

**подтолкну́ть** *сов. см.* подта́лкивать.

**подтопи́ть** *сов. см.* подта́пливать.

**подточи́ть** *сов. см.* подта́чивать.

**подтру́н||ивать,** подтруни́ть (над) chaff (*d.*), bánter (*d.*). **~и́ть** *сов. см.* подтру́нивать.

**подтушева́ть** *сов. см.* подтушёвывать.

**подтушёвывать,** подтушева́ть (*вн.*) shade slíghtly (*d.*).

**подтыка́ть,** подоткну́ть (*вн.*) *разг.* tuck in (*d.*); подоткну́ть одея́ло, простыню́ tuck *the* blánket, *the* sheet, in; подоткну́ть ю́бку tuck up one's skirt.

**подтя́гивать,** подтяну́ть **1.** (*вн.* к) pull [pul] (*d.* to); (*кверху*) pull up (*d.* to); *мор.* haul up (*d.* to); ~ бревно́ к бе́регу pull *the* log to the shore; ~ бревно́ к кры́ше haul *the* log on to the roof; **2.** (*вч.* к; *о войсках*) bring* up (*d.* to), move clóser up [mu:v -sə...] (*d.* to); **3.** (*вн.*; *затягивать потуже*) tíghten (*d.*); **4.** (*дт.*; *подпевать*) join in síng¦ing (with); join in *a* song (*d.*); **5.** (*вн.*) *разг.* (*подгонять, заставлять улучшать работу*) pull up (*d.*); wind* up (*d.*); ~ дисципли́ну tíghten up díscipline. **~ся,** подтяну́ться **1.** (*на трапеции*) pull òne¦sélf up [pul...]; **2.** *разг.* (*об отстающих*) catch* up with the rest; (*подбодриться*) brace òne¦sélf up; **3.** *страд. к* подтя́гивать.

**подтя́жки** *мн.* bráces, suspénders.

**подтя́нутый 1.** *прич. см.* подтя́гивать; **2.** *прил.* (*бодрый, опрятный*) smart; ~ вид smart appéarance.

**подтяну́ть(ся)** *сов. см.* подтя́гивать(ся).

**поду́м||ать** *сов.* **1.** *см.* ду́мать; **2.** (*немного*) think* a little, *или* for a while; ◇ и не ~аю! *разг.* I wouldn't think / dream of doing such a thing!; кто бы ~ал! who would have thought it! **~аться** *сов. безл.* (*дт.*) *разг.*: мне ~алось it occúrred to me, I thought.

**поду́мывать** (о *пр.*) think* (of, abóut).

**по-дура́цки** *нареч. разг.* fóolishly, like a fool.

**подура́читься** *сов. разг.* fool abóut.

**подурне́ть** *сов. см.* дурне́ть.

**поду́ськать** *сов. см.* поду́ськивать.

**поду́ськивать,** поду́ськать (*вн.*) *разг.* set* on (*d.*); (*перен.*) egg on (*d.*); ~ соба́ку на кого́-л. set* *a* dog on smb.

**поду́ть** *сов. см.* дуть.

**подучи́||ть** *сов.* **1.** (*вн.*; *об уроке и т. п.*) learn* [lə:n] (*d.*); **2.** (*вн. дт.*; *обучить*) teach* (*i. d.*): ~ ма́льчика столя́рному де́лу teach* *a* boy sóme¦thing abóut cárpentry; **3.** (*вн.*+ *инф.*) *разг.* (*подговорить*) prompt [-mt] (*d.*+ to *inf.*), egg on (*d.*+ to *inf.*, *ger.*), put* up (*d.* to): он ~л меня́ сказа́ть э́то he prómpted me to say this, he egged me on to say / sáying this, he put me up to it. **~ться** *сов.* (*дт.*) learn* [lə:n] (*d.*).

**поду́шечка** *ж.* **1.** *уменьш. от* поду́шка; (*для булавок*) pín¦cùshion [-ku-]; **2.** *мн.* (*сорт карамели*) bón-bòn *sg.*

**подуши́ть** *сов.* (*вн.*; *духами*) spray some pérfùme (on). **~ся** *сов.* (*духами*) spray pérfùme óver òne¦sélf, spray òne¦sélf with pérfùme; touch *one's face, ears, etc.*, with pérfùme [tʌtʃ...], put* a touch of pérfùme on *one's face, ears, etc.*

**поду́шк||а** *ж.* **1.** píllow; (*диванная*) cúshion ['ku-]; (*надувная*) áir-cùshion [-ku-]; ~ для штемпеле́й ink-pàd; положи́ть го́лову на ~у lay* / rest the head on *a* píllow [...hed...]; **2.** *тех.* cúshion; bólster; возду́шная ~ áir-cùshion [-ku-].

**поду́шн||ый:** ~ая по́дать *ист.* póll-tàx, càpitátion.

**подхали́м** *м.* tóady, líckspittle. **~ничать** (пе́ред) *разг.* tóady (*d.*). **~ство** *с.* tóadyism, fáwning, gróvelling.

**подхвати́ть** *сов. см.* подхва́тывать.

**подхва́т||ывать,** подхвати́ть (*вн.*) **1.** (*в разн. знач.*) catch* (up) (*d.*), pick up (*d.*); соба́ка ~и́ла кость *the* dog snatched *the* bone; он ~и́л скарлати́ну *разг.* he caught scárlet féver; **2.** (*присоединяться*) catch* up (*d.*); они́ ~и́ли пе́сню they caught up the mélody, they joined in *a* song; ~и́ть чью-л. инициати́ву take* up smb.'s inítiative.

**подхлестну́ть** *сов. см.* подхлёстывать.

**подхлёстывать,** подхлестну́ть (*вн.*) whip (up) (*d.*); urge fórward (*d.*), urge (on) (*d.*) (*тж. перен.*); ~ ло́шадь whip up *a* horse, urge (on) *a* horse.

**подхо́д** *м.* **1.** (*действие и место*) appróach; *воен.* appróach march; **2.** (*умение подойти*) méthod of appróach; (*точка зрения*) point of view [...vjuː]; индивидуа́льный ~ indivídual appróach; пра́вильный ~ the right méthod of appróach; пра́вильный ~ к де́лу corréct / right appróach to the mátter; кла́ссовый ~ class appróach; маркси́стский ~ Márxist point of view; Márxist méthod of appróach.

**подход||и́ть,** подойти́ **1.** (к; *приближаться*) come* up (to), appróach (*d.*), go* up (to); (*без доп.*; *перен.*: *наступать — о времени, событии и т. п.*) draw* near; ~ к ста́нции (*о поезде*) come* in, pull in [pul...]; **2.** (*дт.*; *годиться, соответствовать*) do (for); (*по размеру*) fit (*d.*); (*быть к лицу*) suit [sjuːt] (*d.*), becóme* (*d.*); о́чень ~ go* very well (with); э́то ему́ не подхо́дит this won't do for him [...wount...]; **3.** (к; *с определённой точки зрения*) appróach (*d.*); ~ к вопро́су appróach *a* quéstion [...-stʃən]; э́то зави́сит от того́, как подойти́ к э́тому it depénds from what point of view one treats / consíders this [...vjuː... -'sɪ-...]; ◇ ~ к концу́ come* to an end; be néaring its end. **~я́щий 1.** *прич. см.* подходи́ть; **2.** *прил.* súitable ['sjuː-]; próper ['prɔ-], appróрriate [ə'prou-]; ~я́щий моме́нт right móment; ~я́щий рабо́тник pérson súitable for the work, the right man* for the job.

**подцепи́ть** *сов. см.* подцепля́ть.

**подцепля́ть,** подцепи́ть (*вн.*) hook (*d.*); pick up (*d.*) (*тж. перен.*).

**подча́с** *нареч. разг.* sóme¦times, at times.

**подчелюстно́й** *анат.* sùbmàxillary.

**подчёркивание** *с.* ùnderlíning; (*перен.*) stress, émphasis.

**подчёркивать,** подчеркну́ть (*вн.*) ùnderlíne (*d.*), score únder (*d.*); (*перен.*) émphasize (*d.*), lay* stress / émphasis (on), accéntuàte (*d.*).

**подчеркну́ть** *сов. см.* подчёркивать.

**подчерни́ть** *сов.* (*вн.*) black (*d.*).

**подчине́ни||е** *с.* **1.** (*действие*) submíssion, subjécting; **2.** (*состояние*) subòrdinátion; subjéction, submíssion; быть в ~и (у) be subórdinate (to); попа́сть в ~ (*дт.*) becóme* subórdinate (to); переда́ть что-л. в ~ (*рд.*) place smth. únder the authórity (of); **3.** *лингв.* subòrdinátion.

**подчинённ||ость** *ж.* subòrdinátion. **~ый 1.** *прич. см.* подчиня́ть; *тж.* únder *smb.*, únder *smb.'s* commánd [...-ɑːnd]; войска́, ~ые генера́лу X. the troops únder Géneral X., *или* únder Géneral X.'s commánd; **2.** *прил.* (*в разн. знач.*) subórdinate; ~ое госуда́рство tríbutary (state); **3.** *м. как сущ.* subórdinate.

**подчини́ть(ся)** *сов. см.* подчиня́ть(ся).

**подчиня́ть,** подчини́ть (*вн. дт.*) subórdinate (*d.* to); *воен. тж.* place (*d.* únder); place (*d.*) únder the commánd [...-ɑːnd] (of); (*вн.*; *покорять*) subdúe (*d.*); подчини́ть свое́й во́ле (*вн.*) bend* to one's will (*d.*). **~ся,** подчини́ться **1.** (*дт.*) submít (to); (*требованиям, приказу*) obéy (*d.*); ~ся судьбе́ surrénder to fate; **2.** *страд. к* подчиня́ть.

**подчи́ст||ить** *сов. см.* подчища́ть. **~ка** *ж.* (*соскабливание написанного*) rúbbing out; (*в документе*) erásure [ɪ'reɪʒə].

**подчи́тчик** *м. полигр.* cópy-hòlder ['kɔ-].

**подчища́ть,** подчи́стить (*вн.*) (*соскабливать написанное*) rub out (*d.*), erásе (*d.*); (*в документе*) erásе (*d.*), támper (with).

**подше́фный** áided, assísted; (*дт.*) únder the pátronage (of), suppórted (by).

**подшиба́ть,** подшиби́ть (*вн.*) *разг.* knock (*d.*).

**подшиби́ть** *сов. см.* подшиба́ть.

**подшива́ть,** подши́ть (*вн.*) **1.** sew* ùndernéath [sou...] (*d.*); (*подгибать края*) hem (*d.*); (*о подкладке*) line (*d.*); (*об обуви*) sole (*d.*); ~ подкла́дку к пальто́ line *a* coat; **2.** (*бумаги к делу и т. п.*) file (*d.*).

**подши́вка** *ж.* **1.** (*действие*; *о платье*) hémming; (*об обуви*) sóling; **2.** (*у платья*) hem; **3.** (*бумаг к делу*) fíling; **4.**: ~ газе́ты néwspàper file.

**подши́пник** *м. тех.* béaring ['bɛə-]; ша́риковый ~ báll-béaring; ро́ликовый ~ róller béaring. **~овый** *прил. к* подши́пник; ~овый сплав bábbit.

**подши́ть** *сов. см.* подшива́ть.

**подшле́мник** *м. воен.* cap cómforter [...'kʌm-].

**подшта́нники** *мн. разг.* dráwers [drɔːz].

**подшто́пать** *сов.* (*вн.*) darn (*d.*).

**подштукату́рить** *сов.* (*вн.*) stúccò (*d.*), pláster (*d.*).

**подшути́ть** *сов. см.* подшу́чивать.

**подшу́чивать,** подшути́ть (над) bánter (*d.*), chaff (*d.*); *сов. тж.* play a trick (on, up¦ón); судьба́ зло подшути́ла над ним fate (has) played a spíte¦ful trick on him.

**подъеда́ть,** подъе́сть (*вн.*) *разг.* (*съедать всё*) eat* up (*d.*), fínish off (*d.*).

**подъе́зд** *м.* porch, éntrance, dóorway ['dɔː-].

**подъездн||о́й:** ~ путь *ж.-д.* spúr-tràck; ~а́я доро́га (*к стройке и т. п.*) áccèss road.

**подъезжа́ть,** подъе́хать (к) drive* up (to); (*перен.*) *разг.* get* (round), get* on the right side (of); он подъе́хал к подъе́зду he drove up to the éntrance; мо́жно ли подъе́хать сюда́ на автомоби́ле? can one drive a car here?; ло́вко он к ней подъе́хал he got round her very níce¦ly, he got on the right side of her.

**подъём** *м.* **1.** (*поднятие*) lífting; (*флага и т. п.*) hóisting; (*о затонувших судах, самолётах и т. п.*) sálvaging; **2.** (*восхождение*) ascént; **3.** (*о самолёте*) climb [klaɪm];

(*о дирижабле*) ascénsion; **4.** (*горы и т. п.*) slope úpgràde, rise; **5.** (*рост, развитие*) ráising, devélopment; (*о промышленности, экономике и т. п.*) úpsùrge; на ~е on the rise; неуклóнный ~ нарóдного хозя́йства contínuous prógress / advánce / rise of the nátional èconomy [...'næ- i:-]; осуществи́ть крутóй ~ сельскохозя́йственного произвóдства bring* abóut a rápid advánce, *или* a sharp rise, in àgricúltural prodúction; ~ животновóдства rise in líve¦stòck fárming; ~ материáльного и культýрного ýровня ráising of the matérial and cúltural lével [...'le-]; нóвый ~ трудовóй акти́вности a fresh úpsùrge of lábour àctívity; чередýющиеся ~ы и кри́зисы *эк.* áltèrnàting booms and crísès [...-si:z]; **6.** (*воодушевление*) enthúsiàsm [-zɪ-]; (*оживление*) ànimátion; революциóнный ~ rèvolútionary enthúsiàsm; в обстанóвке всеóбщего ~а in an átmosphère of géneral enthúsiàsm; он говори́л с бóльшим ~ом he spoke with great ànimátion [...-eɪt...]; **7.** (*ноги*) ínstèp; **8.** (*вставание после сна*) rísing time; *воен.* rèvéille [-'velɪ]; **9.:** ~ зя́би áutumn plóughing; ~ парóв plóughing up of (the) fállow; ◇ лёгок на ~ light on one's feet, brisk; тяжёл на ~ slúggish. **~ник** *м.* lift, élevàtor, hoist. **~ный 1.** lífting; ~ный кран crane, jénny; ~ное приспособлéние lífter; ~ная маши́на lift; ~ная си́ла cárrying capácity / pówer; *ав.* lift; ~ный механи́зм hóisting / lífting gear [...gɪə]; *воен.* élevàting gear; **2.:** ~ный мост dráwbridge, báscule-bridge; **3.** *мн. как сущ.* trávelling expénses.

**подъéсть** *сов. см.* подъедáть.

**подъéхать** *сов. см.* подъезжáть.

**подъязы́чный** *анат.* sùblíngual.

**подыгрáть(ся)** *сов. см.* поды́грывать(ся).

**поды́грывать,** подыгрáть (*дт.*) *разг.* **1.** (*об аккомпанементе*) vamp (*d.*); **2.** *театр.* play up (to); **3.** (*в картах*) play into *smb.'s* hand.

**поды́грываться,** подыгрáться (к) *разг.* get* (round); *несов. тж.* try to get (round); не поды́грывайся ко мне don't try to get round me, it's no use your trýing to get round me [...ju:s...].

**подымáть** *разг.* = поднимáть.

**подыскáть** *сов. см.* поды́скивать.

**поды́скивать,** подыскáть (*вн.*) seek* out (*d.*), find* (*d.*); *несов. тж.* try to find (*d.*).

**подытóж||ивать,** подытóжить (*вн.*) sum up (*d.*). **~ить** *сов. см.* подытóживать.

**подыхáть,** подóхнуть **1.** (*о животных*) die, fall*; **2.** *груб.* (*о людях*) peg out.

**подышáть** *сов.* breathe; ~ чи́стым вóздухом take* / get* / catch* / have a breath of fresh air [...breθ...].

**подья́чий** *м. скл. как прил. ист.* mínor offícial, scrívener, scribe.

**поедáть,** поéсть (*вн.*) eat* up (*d.*); (*о моли*) eat* (*d.*).

**поеди́нок** *м.* dúel; (*единоборство*) single cómbat.

**поедóм** *нареч. разг.:* ~ есть (*вн.*) ≅ make* life a búrden (to); nag (at).

**пóезд** *м.* train; скóрый ~ fast train; курьéрский ~ expréss (train); ~ прямóго сообщéния through train; ~ осóбого назначéния spécial train ['spe-...]; ~ на Москвý train to Móscow; ◇ свáдебный ~ márriage / núptial procéssion [-rɪdʒ...].

**поéздить** *сов.* trável abóut a little / bit ['træ-...], do a bit of trávelling.

**поéздк||а** *ж.* jóurney ['dʒə:-]; (*экскурсия*) trip, excúrsion, óuting; (*театральная*) tour [tuə]; соверши́ть ~у (в *вн.*) go* for a trip (to); соверши́ть ~у по странé go* on a tour of the cóuntry [...'kʌ-].

**поездн||óй** train (*attr.*); ~áя бригáда train crew / staff.

**поёмн||ый** flóoded in spring ['flʌ-...]; ~ые лугá wáter-méadows ['wɔ:tə'me-].

**поéсть** *сов.* **1.** *см.* поедáть; **2.** (*немного*) eat*; (*закусить*) have a meal / snack, take* some food; ~ сýпу have some soup [...su:p].

**поéхать** *сов.* **1.** *см.* éздить; **2.** (*отправиться*) set* off, depárt; (*верхом*) go* on hórse¦bàck; (*на прогулку верхом*) go* for a ride; (*в экипаже*) go* for a drive; ~ на трамвáе go* by tram; ~ со слéдующим пóездом take* the next train; поéхали *разг.* come alóng; let's start; ◇ ну, поéхал! *разг.* ≅ he's off!

**пожáдничать** *сов. разг.* be gréedy.

**пожалéть** *сов. см.* жалéть.

**пожáловать** *сов. см.* жáловать 1, 3.

**пожáловаться** *сов. см.* жáловаться.

**пожáлуй 1.** (*в самостоятельном употреблении*) perháps, very líke¦ly: вы пойдёте тудá?—Пожáлуй will you go there?—Perháps, *или* Very líke¦ly; **2.** *вводн. сл.* (*возможно, что* + *личн. форма*) may (+ *inf.*); (*я полагаю, что*) I think (that): ~, он придёт he may come, I think he will come; ~,онá уéхала she may have gone [...gɔn], I think she has gone; ~, вы прáвы you may be right.

**пожáлуйста** [-лос-] *частица* **1.** (*при вежливом обращении к кому-л.*) please; дáйте мне, ~, воды́ give me some wáter, please [...'wɔ:-...]; please give me some wáter; сдéлай э́то, ~, для меня́ do it for me, please; please do it for me; **2.** (*при вежливом выражении согласия*) *обычно не переводится, но можно также сказать* cértainly!; передáйте мне, ~, нож.— Пожáлуйста would you mind pássing me *the* knife*?— Cértainly!; **3.** (*в ответ на* «спаси́бо», «благодарю́ вас») don't méntion it; спаси́бо, благодарю́ вас. — Пожáлуйста thank you.— Don't méntion it, *или* Not at all.

**пожáр** *м.* fire; (*большой тж.*) cònflagrátion. **~ище** *с.* site áfter *a* fire. **~ник** *м.* fíre¦man*. **~ный 1.** *прил.* fire (*attr.*); ~ная комáнда fíre¦brigàde; ~ный кран fíre-còck; ~ный насóс fíre-èngine [-endʒ-]; ~ный инвентáрь fíre-fighting tools *pl.*; **2.** *м. как сущ.* fíre¦man*.

**пожáтие** *с.:* ~ руки́ shake of the hand, hánd-shàke.

**пожáть** I *сов. см.* пожимáть.

**пожáть** II *сов. см.* пожинáть.

**пожевáть** *сов.* (*вн.*) chew (*d.*), másticàte (*d.*); ~ губáми move one's lips [mu:v...].

**пожелáн||ие** *с.* wish, desíre [-'z-]; наилýчшие ~ия best wíshes.

**пожелáть** *сов. см.* желáть.

**пожелтéлый** yéllowed; turned yéllow (*после сущ.*).

**пожелте́ть** *сов. см.* желте́ть 1.

**пожени́ть** *сов.* (*вн.*) márry (*d.*). **~ся** *сов.* márry, have márried.

**поже́ртвование** *с.* donátion.

**поже́ртвовать** *сов. см.* же́ртвовать.

**пожи́ва** *ж. тк. ед. разг.* gain, prófit.

**пожива́||ть** *разг.*: как вы ~ете? how are you (getting on)?

**поживи́ться** *сов.* (*тв.*) *разг.* prófit (by); ~ за счёт кого́-л. enrich òne:sélf at the expénse of smb.

**пожи́зненн||ый** life (*attr.*), for life; ~ая пе́нсия life pénsion; ~ая ре́нта (life) annúity; ~ое заключе́ние imprisonment for life [-z-...]; ~ая ка́торга pénal sérvitùde for life.

**пожило́й** élderly.

**пожима́ть,** пожа́ть (*вн.*) press (*d.*); ~ ру́ку кому́-л. press smb.'s hand; ~ ру́ки shake* hands (with); ~ плеча́ми shrug one's shóulders [...'ʃou-]; вме́сто отве́та пожа́ть плеча́ми shrug off *the* quéstion [...-stʃən].

**пожина́ть,** пожа́ть (*вн.*; *прям. и перен.*) reap (*d.*); ~ плоды́ свои́х трудо́в reap the fruits of one's lábour [...fru:ts...]; ~ плоды́ чужо́го труда́ ≅ reap where one has not sown [...soun]; ~ ла́вры reap / win* láurels [...'lɔ-]; что посе́ешь, то и пожнёшь *посл.* you must reap what you have sown.

**пожира́ть,** пожра́ть (*вн.*) devóur (*d.*); ◇ ~ глаза́ми (*вн.*) devóur with one's eyes [...aɪz] (*d.*).

**пожи́тк||и** *мн. разг.* belóng:ings; (*вещи*) things; собра́ть свои́ ~ pack up; со все́ми ~ами with one's bag and bággage.

**пожи́||ть** *сов.* **1.** live [lɪv], stay; ~ немно́го, два го́да live for a short while, for two years; **2.** *разг.* have seen life; ◇ ~вём — уви́дим *погов.* we shall see what we shall see.

**пожра́ть** *сов. см.* пожира́ть.

**по́з||а** *ж.* pose, áttitùde, pósture; принима́ть ~у strike* an áttitùde; принима́ть ~у кого́-л. pose as smb.; э́то то́лько ~ it is a mere pose.

**позаба́вить** *сов.* (*вн.*) amúse a little (*d.*). **~ся** *сов.* amúse òne:sélf a little.

**позабо́титься** *сов. см.* забо́титься.

**позабыва́ть,** позабы́ть (*вн.*, о *пр.*) *разг.* forgét [-'get] (*d.*, abóut).

**позабы́ть** *сов. см.* позабыва́ть.

**позави́довать** *сов. см.* зави́довать.

**поза́втракать** *сов. см.* за́втракать.

**позавчера́** *нареч.* the day befóre yésterday [...-dɪ].

**позади́** I *нареч.* behínd: дом стои́т ~ the house* stands behind [...haus...]; оставля́ть (далеко́) ~ (*вн.*) leave* (far) behind (*d.*); — всё тяжёлое оста́лось ~ all hárdships have been left behind, hard times are past.

**позади́** II *предл.* (*рд.*) behind: ~ стола́ стои́т стул a chair stands behind the table.

**позаи́мствовать** *сов. см.* заи́мствовать.

**позапро́шлый** befóre last; ~ год, ме́сяц the year, month befóre last [...mʌ-...].

**поза́риться** *сов. см.* за́риться.

**позва́ть** *сов. см.* звать 1, 2.

**по-зве́рски** *нареч.* brútally, like a beast, béstially, ferócious:ly.

**позволе́ни||е** *с.* permission, leave; проси́ть ~я ask permission; с ва́шего ~я with your permission, by your leave; ◇ э́тот (э́та *и т. п.*), с ~я сказа́ть this apólogy for, if one may call *him, etc.*, so; э́тот, с ~я сказа́ть, дом this apólogy for a house* [...-s]; э́тот учёный, с ~я сказа́ть this scientist, if one may call him so.

**позволи́тельн||о** *нареч.*: ~ спроси́ть we may ask, it is permissible to ask. **~ый** permíssible.

**позво́лить** *сов. см.* позволя́ть.

**позволя́ть,** позво́лить **1.** (*дт. вн.*, *дт.* + *инф.*) allów (*i. d.*, *i.* + to *inf.*); permít (*i. d.*, *i.* + to *inf.*); он позво́лил ей пойти́ туда́ he allówed / permitted her to go there; боле́знь не позво́лила мне пое́хать туда́ illness prevénted me from gó:ing there; **2.** *пов. накл.* (*как вежливая форма обращения*) позво́ль (-те) (мне) ( + *инф.*) allów me ( + to *inf.*); ◇ позво́лить себе́ (+*инф.*; *осмеливаться*) vénture (*d.*), permít òne:sélf ( + to *inf.*); он позво́лил себе́ сде́лать замеча́ние he véntured a remárk; ~ себе́ во́льность (с *тв.*) take* liberties (with); ~ себе́ сли́шком мно́го take* liberties, presúme [-'zju:m]; ~ себе́ (*вн.*; *расход*) be able to affórd (*d.*).

**позвони́ть** *сов. см.* звони́ть.

**позвон||о́к** *м. анат.* vértebra (*pl.* -rae); ше́йные ~ки́ júgular / cérvical vértebrae; поясни́чные ~ки́ lúmbar vértebrae. **~о́чник** *м. анат.* spine, báckbòne, vértebral / spinal cólumn [...'kɔ-]. **~о́чные** *мн. скл. как прил. зоол.* vértebrates. **~о́чный** vértebral; ~о́чный столб = позвоно́чник.

**по́здн||ий** late; (*запоздалый тж.*) tárdy; ~ гость late guest; ~ее появле́ние tárdy appéarance; чита́ть до ~ей но́чи read* till late at night; о́сень в том году́ была́ ~яя áutumn was late that year, we had a late áutumn that year.

**по́здно** I **1.** *прил. кратк. см.* по́здний; **2.** *предик. безл.* it is late.

**по́здно** II *нареч.* late; ~ но́чью late at night; ◇ лу́чше ~, чем никогда́ bétter late than never.

**поздоро́ваться** *сов. см.* здоро́ваться.

**поздор||ове́ть** *сов. см.* здорове́ть. **~о́виться** *сов. безл. разг.*: ему́ не ~о́вится (от) he'll have to pay (for), he won't be the bétter off [...wount...] (for).

**поздрави́тельн||ый** con:grátulàtory [-leɪ-], còmpliméntary; ~ая телегра́мма télegràm of con:gràtulátion.

**поздра́в||ить** *сов. см.* поздравля́ть. **~ле́ние** *с.* con:gràtulátion; дру́жеские ~ле́ния friendly con:gràtulátions ['fren-...].

**поздравля́||ть,** поздра́вить (*вн.* с *тв.*) con:grátulàte (*d.* on, up:ón); ~ кого́-л. с днём рожде́ния con:grátulàte smb. on his birthday; ~ кого́-л. с Но́вым го́дом wish smb. a háppy New Year; ~ю вас с днём рожде́ния, с пра́здником *и т. п.* (I wish you) many háppy retúrns of the day.

**позёвывать** *разг.* yawn.

**позелене́ть** *сов. см.* зелене́ть 1.

**позём** *м. тк. ед. с.-х.* manúre.

**поземе́льный** land (*attr.*); ~ нало́г lánd-tàx.

**позёмка** *ж.* ground wind [...wɪ-].

**позёр** *м.* pòséur [pou'zə:].

**по́же** I *сравн. ст. прил. см.* по́здний.

**по́зже** II **1.** *сравн. ст. нареч. см.* по́здно II; **2.** *нареч.* láter; (*в дальнейшем*) láter (on): он придёт ~ he will come láter; они́ займу́тся э́тим ~ they will attend to this láter on.

**по-зи́мнему** *нареч.* as in winter; одет ~ (dressed) in winter clothes [...klou-].

**пози́ровать** (*дт.*) sit* (to); (*без доп.*; *перен.*) pose; ~ для портре́та sit* for one's pórtrait [...-rɪt].

**позити́в** *м. фот.* pósitive [-z-].

**позитив||и́зм** *м. филос.* pósitivism [-zɪ-], pósitive philósophy [-z-...]. **~и́ст** *м.* pósitivist [-zɪ-].

**позити́вн||ость** *ж.* pòsitívity [-z-], pósitive-ness [-z-]. **~ый** pósitive [-z-].

**позитро́н** *м. физ.* pósitròn [-z-].

**позицио́нн||ый** *прил. к* пози́ция; ~ая война́ stábilized / trench wárfàre ['steɪ-...].

**пози́ци||я** *ж.* (*в разн. знач.*) position [-'zɪ-]; заня́ть ~ю take* a position, take* one's stand; *воен.* take* up *a* position; занима́ть пра́вильную ~ю take* a corréct, *или* the right, stand; сбли́зить ~и bring* positions clóser togéther [...-s-'ge-]; стоя́ть на ~и ми́ра stand* for peace; вы́годная ~ advántage-ground [-'vɑː-]; приде́рживаться ~и adhére to the position; измени́ть свою́ ~ю revíse one's stand; удéрживать, сохраня́ть свои́ ~и hold* one's own [...oun], stand* one's ground; выжида́тельная ~ áttitùde of wait and see, wáiting áttitùde; *воен.* position in réadiness [...'redɪ-]; с ~и си́лы from (a position of) strength; передовы́е ~и front line [frʌ-...] *sg.*; исхо́дная ~ inítial position; огнева́я ~ *воен.* firing position.

**позли́ть** *сов.* (*вн.*) *разг.* tease a little (*d.*); он сде́лал э́то, что́бы ~ тебя́ he did it to tease you; он про́сто хоте́л ~ тебя́ немно́го he just wánted to tease you a little.

**познава́||емость** *ж.* cognòscibílity; ~ ми́ра и его́ закономе́рностей the pòssibílity of knówing the world and its laws [...'nou-...]. **~емый** cógnizable, knówable ['nou-], cognóscible; мир ~ем the world is knówable. **~тельный** cógnitive; ~тельная спосо́бность cògnítion.

**позна||ва́ть,** позна́ть (*вн.*) **1.** get* to know [...nou] (*d.*); *филос.* cògníze (*d.*); позна́ть самого́ себя́ know* òne¦sélf; позна́ть зако́ны приро́ды, обще́ственного разви́тия *и т. п.* get* to know, *или* learn* to àpprehénd, the laws of náture, sócial devélopment, *etc.* [...lɜːn ...'neɪ-...]; **2.** (*о горе, несчастье и т. п.*) become* acquáinted (with), expérience (*d.*); ра́но позна́ть го́ре become* acquáinted with grief éarly in life [...-iːf 'ɜː-...]. **~ва́ться 1.:** друзья́ ~ю́тся в беде́ *погов.* ≅ a friend in need is a friend indéed [...frend...]; **2.** *страд. к* познава́ть.

**познако́мить(ся)** *сов. см.* знако́мить(ся).

**позна́||ние** *с.* **1.** *филос.* cògnítion; тео́рия ~ния théory of knówledge ['θɪə-... 'nɔ-]; epistemólogy; **2.** *мн.* (*сведения*) knówledge *sg.* **~ть** *сов. см.* познава́ть.

**позоло́та** *ж.* gilding ['gɪ-], gilt [g-].

**позолоти́ть** *сов. см.* золоти́ть.

**позо́р** *м.* shame, disgráce, ínfamy, ígnominy; быть ~ом (для) be a disgráce (to); покрыва́ть ~ом (*вн.*) disgráce (*d.*); heap ígnominy (up¦ón), вы́ставить на ~ (*вн.*) expóse to shame (*d.*); не пережи́ть ~а not survíve disgráce; с ~ом удали́ться leave* ignominious¦ly.

**позо́р||ить,** опозо́рить (*вн.*) disgráce (*d.*); (*словами и т. п.*) defáme (*d.*). **~иться,** опозо́риться disgráce òne¦sélf. **~ность** *ж.* ínfamy; (*стыд*) shame. **~ный** disgráce¦ful; (*постыдный*) sháme¦ful; ◇ ~ный столб píllory; вы́ставить к ~ному столбу́ (*вн.*) put* in the píllory (*d.*), píllory (*d.*).

**позуме́нт** *м.* gallóon, braid; золото́й, сере́бряный ~ gold, sílver lace / braid.

**позы́в** *м.* urge; in¦clinátion; ~ на рво́ту in¦clinátion to vómiting; (féeling of) náusea [...-sɪə].

**позывн||о́й:** ~ сигна́л call sign [...saɪn]. **~ы́е** *мн. скл. как прил.* **1.** call sign [...saɪn] *sg.*; **2.** *мор.* ship's númber *sg.*; подня́ть ~ы́е make* the ship's númber.

**поигра́ть** *сов.* play (a little).

**по́илка** *ж.* drínking bowl / fóuntain [...boul...].

**поимённ||о** *нареч.* by name; вызыва́ть ~ (*вн.*) róll-càll (*d.*). **~ый** nóminal; ~ый спи́сок list of names, nóminal list / roll.

**поименова́ть** *сов.* (*вн.*) name (*d.*), méntion (*d.*).

**по́имка** *ж.* cátching, cápture; ~ на ме́сте преступле́ния cátching in the act.

**поиму́щественный:** ~ нало́г próperty tax.

**по-ино́му** *нареч.* dífferently, in a dífferent way.

**поинтересова́ться** *сов.* (*тв.*) in¦quíre (abóut), ask for informátion (abóut).

**по́иск** *м. воен.* raid, trénch-raid; *мор.* sweep.

**поиска́||ть** *сов.* (*вн.*) look (for); он ~л кни́гу, но не нашёл he looked for *the* book but did not find it; поищи́ полу́чше, мо́жет быть найдёшь её have a bétter look, you may find it; why don't you look bétter, you might find it.

**по́иск||и** *мн.* search [sɜːtʃ] *sg.*; в ~ах (*рд.*) in search (of).

**пои́стине** *нареч.* indéed, in truth [...-uːθ].

**поистра́ти||ть** *сов.* (*вн.*) *разг.* spend* (*d.*); он все де́ньги ~л he has spent all his móney [...'mʌnɪ]. **~ться** *сов. разг.* spend* all one's móney [...'mʌnɪ].

**пои́ть,** напои́ть (*вн.*) give* to drink (*i.*); (*о скоте*) wáter ['wɔː-] (*d.*); ~ ча́ем give* some tea (*i.*); (*угощать*) treat to tea (*d.*).

**по́йло** *с.* swill, mash; (*для свиней*) hóg-wàsh.

**по́йма** *ж.* flóod-lànds [-ʌd-] *pl.*; (*заливной луг*) wáter-meadow ['wɔːtəme-].

**пойма́ть** *сов. см.* лови́ть.

**по́йнтер** *м.* (*собака*) póinter.

**пойти́** *сов.* **1.** *см.* идти́ *и* ходи́ть; пошёл!, пошёл вон! *разг.* off with you!; begóne! [-'gɔn]; ребёнок пошёл the child* begán / stárted to walk; **2.** (+ *инф.*) *разг.* (*приниматься*) begin* (+ to *inf.*); ◇ он пошёл в отца́ he takes áfter his fáther [...'fɑː-]; уж е́сли на то пошло́ as far as that goes, for that mátter; (так) не пойдёт! *разг.* that won't work [...wount...], that won't wash.

**пока́** I *нареч.* for the présent [...'prez-], for the time bé¦ing: э́то мо́жно ~ так оста́вить you can leave it as it is for the présent; — ~ что *разг.* in the méanwhile; они́ ~ что э́то сде́лают they will do it in the méanwhile; ~

всё that is all, *или* that will do, for the time béing; ◇ ~! *разг.* see you soon!, býe-býe!, so long!

**покá** II *союз* **1.** (*в то время, как*) while; нáдо поговорить с ним, ~ он там we must speak to him while he is there; **2.** (*до тех пор, пока*) until, till; звоните, ~ не ответят ring till you get an ánswer [...'ɑːnsə]; онá не мóжет написáть, ~ не узнáет áдреса she cánnòt write until she finds out, *или* gets, the addréss.

**покáз** *м.* show [ʃou], dèmonstrátion, ìllustrátion.

**показáни||е** *с.* **1.** (*свидетельство*) téstimony, évidence; *юр.* (*заявление*) dèposítion [-'zɪ-]; (*письменное под присягой*) àffidávit [-'deɪ-]; давáть ~я *см.* покáзывать 4; **2.** (*о приборе*) réading.

**показáтел||ь** *м.* **1.** índèx (*pl.* índicès [-siːz]); *эк. тж.* shówing ['ʃou-]; кáчественные и колíчественные ~и quántitàtive and quálitàtive índicès; превы́сить ~и прóшлого гóда excéed last year's shówing; дать наилýчшие ~и (*в работе и т. п.*) make* the best shówing; замечáтельные ~и (*в игре, соревновании и т. п.*) spléndid shówing *sg.*; добиться хорóших ~ей (*в работе*) make* a good* shówing; (*в учёбе*) make* good* prógrèss; **2.** *мат.* èxpónent, índèx.

**показáтельн||ый** **1.** (*образцовый*) módel ['mɔ-] (*attr.*); (*о процессе*) demónstrative; dèmonstrátion (*attr.*); ~ урóк dèmonstrátion lésson, óbject-lèsson; ~ суд shów-trial ['ʃou-]; **2.** (*характерный*) signíficant, signíficative; э́то óчень ~о that is extrémeˈly signíficant; it tells a tale *разг.*

**показáть** *сов. см.* покáзывать. **~ся** *сов.* **1.** *см.* покáзываться; **2.** *см.* казáться 1, 2.

**показн||óй** for show [...ʃou], òstèntátious; ~áя рóскошь òstèntátious màgnífìcence; ~óе благополýчие a show of pròspérity, a preténce that all is well.

**покáзыва||ть,** показáть **1.** (*вн. дт.*) show* [ʃou] (*d.* to, *d. i.*); ~ комý-л. гóрод, вы́ставку *и т. п.* show* smb. round *the* town, èxhibítion, *etc.* [...eksɪ-]; показáть себя́ show* òneˈsélf; put* one's best foot fóreˈmòst [...fut...] *разг.*; они́ показáли себя́ в трудé they have proved their worth in lábour [...pruːvd...]; ~ хрáбрость displáy cóurage [...'kʌ-]; и ви́ду не ~ show* / give* no sign [...saɪn]; **2.** (*о приборе*) show*, régister, read*; термóметр ~ет 8° ни́же нуля́ the thermómeter shows / reads eight degrées belów zérò [...-'lou...]; часы́ ~ют 10 the clock / watch is at ten; **3.** (на *вн.*; *указывать*) point (at, to); **4.** (*вн.*) *юр.* (*давать показания*) téstifỳ (*d.*), give* évidence (of); (*свидетельствовать*) bear* witness [bɛə...] (to); (*под присягой*) swear* [swɛə] (*d.*); ◇ ~ комý-л. на дверь show* smb. the door [...dɔː]. **~ться,** показáться **1.** show* òneˈsélf [ʃou...]; (*становиться видным*) come* in sight; ~ться на глазá комý-л. appéar in smb.'s présence [...'prez-]; ~ться врачý see* *a* dóctor; **2.** *страд. к* покáзывать.

**покáлыва||ть:** у негó ~ет в бокý he feels an occásional pain, *или* a stitch, in his side.

**покаля́кать** *сов.* (с *тв.* о *пр.*) *разг.* have a chat (with about).

**покáмест** *нареч. разг.* = покá I.

**покарáть** *сов. см.* карáть.

**покараýлить** *сов.* (*вн.*) watch (for), keep* (a) watch (on, óver); ~ немнóго watch for a short while.

**покатáть** I *сов.* (*вн.*) roll (*d.*).

**покатáть** II *сов.* (*вн.*; *повозить*) take* for a drive (*d.*); ~ на салáзках take* for a drive on *a* sledge (*d.*); sledge (*d.*); ~ немнóго, дéсять минýт take* for a short drive, *или* drive* for a while, take* for a ten minutes' drive, *или* drive* for ten minutes [...'mɪnɪts...]. **~ся** *сов.* go* for a drive; (*с указанием времени тж.*) drive*; ~ся на салáзках go* for a run in *a* sledge; have a drive in *a* sledge; ~ся немнóго, дéсять минýт go* for a short drive, *или* drive* a little, *или* drive* for a while, go* for a ten minutes' drive, *или* drive* for ten minutes [...'mɪnɪts...].

**покати́ть** *сов.* **1.** *см.* катáть II 1; **2.** (*без доп.*) start (rólling), roll off / aˈwáy. **~ся** *сов.* **1.** *см.* катáться II; **2.** start rólling, roll.

**покáт||ость** *ж.* **1.** slope; **2.** (*покатая поверхность*) slope, inˈclíne; (*горы, холма и т. п. тж.*) declívity. **~ый** slóping, slánting [-ɑːn-]; ~ая кры́ша slóping roof; ~ый лоб retréating fórehead [...'fɔrɪd].

**покачá||ть** (*вн.*) rock (*d.*); (*маятник, качели и т. п.*; *на качелях, гамаке и т. п.*) swing* (*d.*); ~й ребёнка rock / swing *the* child*; ◇ ~ головóй shake* one's head [...hed]. **~ться** *сов.* rock; (*о маятнике, качелях и т. п.*; *на качелях, в гамаке и т. п.*) swing*; мáятник ~лся и останови́лся the péndulum swang for a while and stopped; он лю́бит ~ться на качéлях he likes swingˈing.

**покáчива||ть** (*вн., тв.*) rock (slightly) (*d.*). **~ться** rock; лóдка ~лась на волнáх *the* boat was rócking on the waves; он шёл ~ясь he walked with únstéady steps [...-'stedɪ...].

**покачнý||ть** *сов.* (*вн.*) shake* (*d.*). **~ться** *сов.* sway; give* a lurch; он ~лся и чуть не упáл he swayed and álmòst fell [...'ɔːlmoust...].

**покáшл||ивать** have a slight cough [...kɔf]; cough (slightly, a little, intermíttently). **~ять** *сов.* cough [kɔf].

**покая́н||ие** *с.* conféssion; (*раскаяние*) repéntance, pénitence; *церк.* pénance; приноси́ть ~ (в *пр.*) repént (*d.*, of); ◇ отпусти́ть дýшу на ~ *разг.* ≅ let* go in peace (*d.*). **~ный** pèniténtial.

**покáяться** *сов. см.* кáяться 2.

**поквартáльно** *нареч.* by the quárter, per quárter, every quárter.

**поквитá||ться** *сов.* (с *тв.*) *разг.* call / be quits (with); тепéрь мы с вáми ~лись now we're quits; я ещё с ним ~юсь I will be / get éven with him yet.

**пóкер** *м. карт.* póker.

**покидáть,** поки́нуть (*вн.*; *оставлять*) leave* (*d.*); (*бросать*) abándon (*d.*), desért [-'zəːt] (*d.*); forsáke* (*d.*); поки́нуть зал заседáния walk out.

**поки́нутый** **1.** *прич. см.* покидáть; **2.** *прил.* (*одинокий*) abándoned; (*брошенный*) desérted [-'zəːt-].

**поки́нуть** *сов. см.* покидáть.

**покладá||ть:** труди́ться не ~я рук *разг.* ≅ work indefátigably.

**покла́дист||ость** *ж.* compláisance [-zəns]. **~ый** compláisant [-zənt], oblíging.

**покла́жа** *ж. разг.* load; (*багаж*) lúggage.

**поклёп** *м. разг.* slánder [-ɑːn-], cálumny; взвести́ ~ (на *вн.*) slánder (*d.*), cast* aspérsions (on).

**покло́н** *м.* **1.** bow; сде́лать о́бщий ~ make* a géneral bow; отве́тить на чей-л. ~ retúrn smb.'s bow; **2.** (*привет*): переда́йте ему́ ~ give him my cómpliments, give him my kind regárds; ◇ идти́ на ~, идти́ с ~ом к кому́-л. go* hat in hand to smb., go* bégging to smb.

**поклоне́ние** *с.* wórship.

**поклони́ться** *сов. см.* кла́няться.

**покло́нни||к** *м.*, **~ца** *ж.* admírer, wórshipper.

**поклоня́ться** (*дт.*) wórship (*d.*).

**покля́сться** *сов. см.* кля́сться.

**поко́вка** *ж.* fórging.

**поко́ит||ься** **1.** (на *пр.*) rest (on, up¦ón), repóse (on, up¦ón); **2.** (*об умершем*) lie*; здесь ~ся прах (*рд.*) here lies the bódy [...'bɔ-] (of).

**поко́||й** I *м.* rest, peace; не знать ~я know* no rest [nou...]; не име́ть ~я have no peace; не дава́ть кому́-л. ~я give* smb. no rest, let* smb. have no peace; наруша́ть чей-л. ~ break* smb.'s peace [-eɪk...], interfére with smb.'s ease and cómfort [...'kʌm-]; оста́вить кого́-л. в ~е leave* smb. alóne, *или* in peace; ◇ уйти́ на ~ retíre; на ~е retíred; ве́чный ~ etérnal peace.

**поко́й** II *м. уст.* (*комната*) room, chámber ['tʃeɪ-].

**поко́й||ник** *м.*, **~ница** *ж.* the decéased [...-'siːst]. **~ницкая** *ж. скл. как прил.* déad-house* ['dedhaus], mórtuary.

**поко́йно** *нареч.* quíetly.

**поко́йн||ый** I **1.** (*тихий, спокойный*) quíet, calm [kɑːm]; **2.** (*удобный*) cómfortable ['kʌm-]; ◇ ~ой но́чи good night.

**поко́йный** II **1.** *прил.* (*умерший*) late; **2.** *м. как сущ.* the decéased [...-'siːst].

**поколеба́ть** *сов. см.* колеба́ть.

**поколе́ни||е** *с.* gènerátion; молодо́е, ста́рое ~ the young, the old gènerátion [...jʌŋ...]; из ~я в ~ from gènerátion to gènerátion.

**поколоти́ть** *сов.* (*вн.*) *разг.* beat* (*d.*), give* a thráshing (*i.*).

**поко́нч||ить** *сов.* (*вн.*, с *тв.*) fínish (with); fínish off (*d.*); be through (with), have done (with); ~ с чем-л. put* an end to smth., do a¦wáy with smth.; с э́тим ~ено done with that; ◇ ~ с собо́ю put* an end to one's life; ~ жизнь самоуби́йством commít súicide.

**покор||е́ние** *с.* sùbjugátion, subdúal; ~ пусты́ни táming / sùbjugátion of *a* désert [...'dez-]. **~и́тель** *м.* súbjugàtor; ◇ ~и́тель серде́ц lády-killer. **~и́ть(ся)** *сов. см.* покоря́ть(ся).

**покорми́ть** *сов. см.* корми́ть 1, 2.

**поко́рно** I *прил. кратк. см.* поко́рный.

**поко́рн||о** II *нареч.* (*смиренно*) húmbly; (*послушно*) submíssive¦ly, obédient¦ly; ◇ ~ благодарю́ *разг.* no, thank you; благодарю́ ~, вы меня́ не заста́вите э́то сде́лать no, thank you, you won't get me to do that [...wount...]. **~ость** *ж.* (*дт.*) submíssive¦ness (to), obédience [o'biː-] (to). **~ый** (*дт.*) submíssive (to), obédient (to); (*смиренный*) resígned [-'zaɪnd] (to); ~ый судьбе́ resígned to one's fate; ◇ ваш ~ый слуга́ *уст.* your obédient sérvant; слуга́ ~ый ≅ it's not for me; I am not having / táking any.

**покоро́бить(ся)** *сов. см.* коро́бить(ся).

**поко́рствовать** (*дт.*) *уст.* be obédient / submíssive (to), submít (to).

**покоря́ть,** покори́ть (*вн.*; *прям. и перен.*) súbjugàte (*d.*), subdúe (*d.*); ~ пусты́ни súbjugàte déserts [...'dez-]; ~ се́рдце (*рд.*) *разг.* win* the heart [...hɑːt] (of). **~ся,** покори́ться (*дт.*) submít (to); (*подчиняясь необходимости*) resígn òne¦sélf [-'zaɪn...] (to); ~ся судьбе́ resígn òne¦sélf to one's fate.

**поко́с** *м. с.-х.* **1.** (*сенокос*) mówing ['mou-], háymàking; второ́й ~ áftermàth; **2.** (*луг*) méadow(-land) ['medou-].

**покоси́вшийся** **1.** *прич. см.* покоси́ться 1; **2.** *прил.* ríckety, crázy, rámshàckle.

**покоси́ться** *сов.* **1.** (*о постройке и т. п.*) sink* to one side; **2.** *см.* коси́ться 1.

**покра́жа** *ж.* **1.** theft; **2.** (*украденные вещи*) stólen goods [...gudz] *pl.*

**покра́пывать** *разг.* = накра́пывать.

**покра́сить** *сов. см.* кра́сить 1.

**покрасне́ть** *сов. см.* красне́ть 1.

**покриви́ть** *сов.* (*вн.*) bend* (*d.*); distórt (*d.*). **~ся** *сов.* become* / get* cróoked / bent / lóp-sided.

**покри́кивать** (на *вн.*) *разг.* shout (at).

**покрича́ть** *сов.* **1.** shout (for some time); **2.** (на *вн.*) scold (a little) (*d.*).

**покро́в** **1.** cóver ['kʌ-]; (*на гроб*) héarse-clòth ['həːs-], pall; (*перен.*) cloak, shroud, pall; по́чвенный ~ tóp-soil; под ~ом но́чи únder (the) cóver of night; **2.** *анат.* intégument.

**покрови́тель** *м.* pátron, protéctor, spónsor. **~ница** *ж.* pátroness ['peɪ-], protéctress.

**покрови́тельственн||ый** **1.** protéctive; ~ тари́ф *эк.* protéctive táriff; ~ые по́шлины *эк.* protéctive dúties; **2.** (*о тоне, взгляде и т. п.*) còndescénding, pátronizing; ~ тон còndescénding tone; **3.** *зоол.*: ~ая окра́ска protéctive cólouring [...'kʌlə-].

**покрови́тельство** *с.* pátronage, protéction; под ~м (*рд.*) únder the pátronage / protéction (of).

**покрови́тельствовать** (*дт.*) pátronize (*d.*), protéct (*d.*).

**покро́вный** *анат.* intèguméntary.

**покро́й** *м.* (*платья*) cut; ◇ все на оди́н ~ all in the same style.

**покроши́ть** *сов.* (*вн.*) crúmble (*d.*); (*о хлебе*) crumb (*d.*); (*порубить*) mince (*d.*), chop (*d.*).

**покругле́ть** *сов. см.* кругле́ть.

**покрыва́ло** *с.* (*шаль*) shawl; (*вуаль*) veil; (*на кровать*) béd-spread [-spred], cóverlet ['kʌ-], cóunterpàne.

**покрыва́ть,** покры́ть **1.** (*вн. тв.*) cóver ['kʌ-] (*d.* with); (*усеивать*) dot (*d.* with); (*крышей*) roof (*d.*); (*краской и т. п.*) òver¦láy* (*d.* with), paint (*d.* with), coat (*d.* with); ~ ла́ком várnish (*d.*), lácquer [-kə] (*d.*); (*японским*) japán (*d.*); ~ желе́зом íron ['aɪən] (*d.*); **2.** (*вн.*; *оплачивать*) meet* (*d.*), pay* off (*d.*); ~ расхо́ды defráy expénses; **3.** (*вн.*; *не выдавать*) concéal (*d.*); shield [ʃiːld] (*d.*); hush up (*d.*); **4.** (*вн.*; *заглушать звук*) drown (*d.*); **5.** (*вн.*; *о расстоянии*) cóver (*d.*); **6.** (*вн.*) *карт.* cóver (*d.*); ◇ ~ себя́ сла́вой cóver òne¦sélf with glóry / fame; ~

та́йной shroud in mýstery (*d.*). ~ся, покры́ться 1. cóver òne¦sélf ['kʌ-...]; get* cóvered; ~ся ко́ркой crust, get* crústed óver; ~ся пе́ной scum; (*о вине тж.*) mantle; ~ся румя́нцем blush; ~ся ли́стьями be cóvered with leaves; 2. *страд. к* покрыва́ть.

**покры́тие** *с.* 1. (*долгов, дефицита и т. п.*) dis¦chárge, páyment; ~ расхо́дов defráyment / defráyal of expénses; 2. (*крышей*) róofing.

**покрытосемя́нные** *мн. скл. как прил. бот.* àngiospérmea [æn-].

**покры́||ть** *сов. см.* крыть *и* покрыва́ть. **~ться** *сов. см.* покрыва́ться. **~шка** *ж.* 1. cóver(ing) ['kʌ-]; 2. (*автомобильной шины*) tíre-còver [-kʌ-].

**покря́кивать** quack now and then [kwæk...].

**поку́да** I, II *разг.* = пока́ I, II.

**покупа́тель** *м.*, **~ница** *ж.* búyer ['baɪə], púrchaser [-ʧəsə]; (*постоянный*) cústomer, client. **~ный** *эк.* púrchasing [-sɪŋ]; ~ная спосо́бность (*денег*) púrchasing pówer; (*населения*) púrchasing capácity. **~ский** *прил. к* покупа́тель.

**покупа́ть** I, купи́ть (*вн.*) buy* [baɪ] (*d.*), púrchase [-s] (*d.*).

**покупа́ть** II *сов.* (*вн.*) (*в море, реке и т. п.*) bathe [beɪð] (*d.*); (*в ванне*) bath (*d.*).

**покупа́ться** I *страд. к* покупа́ть I.

**покупа́ться** II *сов.* (*в море, реке и т. п.*) have a bathe [...beɪð], bathe; (*в ванне*) have / take* a bath.

**поку́п||ка** *ж.* 1. (*действие*) búying ['baɪ-], púrchasing [-sɪŋ]; púrchase [-ʧəs]; 2. (*приобретённый товар*) púrchase; вы́годная ~ bárgain; де́лать ~ки go* shópping. **~но́й** 1. púrchased [-st], bought; 2. = покупа́тельный; ~на́я цена́ púrchase price [-ʧəs...].

**поку́ривать** (*вн.*) *разг.* smoke (*d.*); ~ тру́бку, папиро́су smoke *a* pipe, *a* cigarétte.

**покури́ть** *сов.* have a smoke; дава́й поку́рим let's have a smoke.

**покуса́ть** *сов.* (*вн.*) bite* (*d.*); (*ужалить*) sting* (*d.*).

**покуси́ться** *сов. см.* покуша́ться.

**поку́шать** *сов.* 1. (*вн., рд.*) eat* (*d.*), have (*d.*), take* (*d.*); 2. (*без доп.*) eat*.

**покуш||а́ться,** покуси́ться (на *вн.*) 1. attémpt (*d.*); ~ на самоуби́йство attémpt súicide; ~ на чью-л. жизнь attémpt, *или* make* an attémpt on, the life of smb.; 2. (*посягать*) en¦cróach (on, up¦ón); ~ на чужу́ю террито́рию, на чьи-л. права́ en¦cróach on smb.'s térritory, on smb.'s rights. **~е́ние** *с.* (на *вн.*) 1. attémpt (at); ~е́ние на чью-л. жизнь attémpt up¦ón smb.'s life; 2. (*посягательство*) en¦cróachment (on, up¦ón); ◇ ~е́ние с него́дными сре́дствами fútile attémpt.

**пол** I *м.* floor [flɔ:]; настила́ть ~ (в *пр.*) floor (*d.*).

**пол** II *м. биол.* sex; обо́его ~а of both séxes [...bouθ...]; же́нского ~а fémàle ['fi:-]; мужско́го ~а male; ◇ прекра́сный ~ the fair (sex).

**пол-** (*в сложн.*) half [hɑ:f]; полкило́ half a kilogràm(me); полчаса́ half an hour [...auə]; полко́мнаты half of the room; полбуты́лки half a bottle; на полпути́ hálf-wáy ['hɑ:f-].

**пол||а́** *ж.* skirt, flap, lap; ◇ из-под ~ы́ on the sly, cóvertly ['kʌ-]; торгова́ть из-под ~ы́ sell* illícitly.

**полага́||ть** (*вн.*) suppóse (*d.*), think* (*d.*); я ~ю I dare say; ~ют it is believed / suppósed / ùnderstóod [...-'li:vd...-'stud]; ~ют, что он в Москве́ he is believed to be in Móscow; ~ют, что он уе́хал из Москвы́ he is believed to have left Móscow; на́до ~ *как вводн. сл.* it is to be suppósed / thought.

**полага́||ться,** положи́ться 1. (на *вн.*; *рассчитывать*) relý (up¦ón); pin one's hopes (on); ~ в чём-л. на чей-л. вкус defér smth. to smb.'s taste [...teɪst]; положи́тесь на меня́ depénd up¦ón me; 2. *тк. несов. безл.*: (не) ~ется (+ *инф.*) one is (not) suppósed (+ to *inf.*); здесь не ~ется кури́ть you are not suppósed to smoke here; так поступа́ть не ~ется one does¦n't do such things; так ~ется it is the cústom; 3. *тк. несов. безл.*: (*дт.*; *причитаться*) be due (to); ему́ э́то ~ется it is his due, he has the right to it; ка́ждому ~ется пять рубле́й évery¦òne is to have five roubles [...ru:-].

**пола́дить** *сов.* (с *тв.*) come* to an ùnderstánding (with); ~ с кем-л. get* on (well) with smb.

**пола́комиться** *сов. см.* ла́комиться.

**поласка́ть** *сов.* (*вн.*) caréss (*d.*), fondle (*d.*).

**пола́ти** *мн.* broad sléeping place / berth (near the céiling) [-ɔ:d...'si:l-] *sg.*

**по́лба** *ж. бот.* spelt, Gérman wheat.

**полбеды́** half the trouble [hɑ:f...trʌ-], part of the trouble.

**полве́ка** half a céntury [hɑ:f...].

**полго́да** half a year [hɑ:f...]; six months [...mʌ-] *pl.*

**по́лдень** *м.* noon, midday; в ~ at noon; вре́мя до полу́дня fóre¦noon; вре́мя по́сле полу́дня áfternóon; по́сле полу́дня in the áfternóon.

**полдне́вный** noon (*attr.*); midday (*attr.*).

**полдоро́г||и** *ж.* hálf-wáy ['hɑ:f-]; останови́ться на ~е stop hálf-wáy.

**по́л||е** *с.* 1. field [fi:ld]; выходи́ть в ~ (*на полевые работы*) go* out into the fields; рабо́тать в ~ work in the fields; ржано́е ~ rye field; спорти́вное ~ (pláy)ground; 2. (*фон*) ground; 3. *чаще мн.* (*у книги и т. п.*) márgin; заме́тки на ~я́х márginal notes; 4. *мн.* (*у шляпы*) brim *sg.*; 5. *физ.* field; магни́тное ~ màgnétic field; ◇ ~ би́твы báttle-field [-fi:ld]; ~ зре́ния field of vísion; ~ де́ятельности field / sphere of áction; оди́н в ~ не во́ин *погов.* ≅ the voice of one man is the voice of no one.

**полеве́ть** *сов. см.* леве́ть.

**полеви́ца** *ж. бот.* spear grass.

**полёвка** *ж. зоол.* field-vòle ['fi:ld-]; vóle (-mouse*) [-maus].

**полево́д||ство** *с.* field-cròp cùltivátion ['fi:-...]. **~ческий:** ~ческая брига́да field(-cròp) team / brigáde.

**полев||о́й** (*в разн. знач.*) field [fi:ld] (*attr.*); ~ы́е цветы́ field flówers; ~ы́е рабо́ты field work *sg.*; ~а́я артилле́рия field àrtillery; ~ го́спиталь field hóspital, ámbulance; móbile hóspital ['mou-...]; ~ шпат *мин.* féldspàr.

**полего́ньку** *нареч. разг.* by éasy stáges [...'i:zɪ...].

**полегч||áть** [-хч-] *сов. разг.* **1.** *см.* легчáть; **2.** *безл.* (*дт.*): больнóму ~áло the pátient is / feels bétter; у негó на душé ~áло he feels relíeved [...-'li:vd].

**полéгче** [-хч-] (*сравн. ст. от прил.* лёгкий *и нареч.* легкó) **1.** (*о весе*) (sóme:whàt) líghter; **2.** (*о трудности*) (just) a little éasier [...'i:zɪə], (just) a little less dífficult; ◇ ~! ease off a bit!; not so fast!

**полежáть** *сов.* lie*; lie* down (for a while).

**полезащи́тн||ый** field-protécting ['fi:ld-]; ~ые пóлосы shélter belts; ~ые лесны́е пóлосы field-protécting fórest-bèlts [...'fɔ-].

**полéзн||о** **1.** *прил. кратк. см.* полéзный; **2.** *предик. безл.* it is úse:ful [...'ju:s-]; (*для здоровья*) it is héalthy [...'hel-], it is whóle:some [...'houl-]. **~ый** úse:ful ['ju:s-], hélpful; (*для здоровья*) héalthy ['hel-], whóle:some ['houl-]; ~ая кри́тика hélpful críticism; э́то оказáлось для негó ~ым this stood him in good stead [...stud...sted]; общéственно ~ый of sócial utílity; ~ая жилáя плóщадь áctual líving space [...'lɪv-...]; ~ая нагрýзка *тех.* páying load.

**полéзть** *сов.* **1.** *см.* лáзить; **2.** (*начать лезть*) start to climb [...-aɪm].

**полемизи́ровать** (с *тв.*) énter into polémics (with), árgue (agáinst).

**полéм||ика** *ж. тк. ед.* cóntrovèrsy, polémic(s) (*pl.*), dispúte; газéтная ~ néwspàper cóntrovèrsy; вступи́ть в ~ику (с *тв.*) énter into polémics (with). **~и́ст** *м.* còntrovérsialist, polémicist, polémist. **~и́ческий** còntrovérsial, polémic(al).

**по-лéнински** *нареч.* like Lénin; мы должны́ рабóтать ~ we must work as Lénin did.

**полени́ться** *сов.* (+ *инф.*) be too lázy (+ to *inf.*).

**полéнница** *ж.* (*дров*) stack (of fíre:wood) [...-wud]; pile (of logs).

**полéно** *с.* log, bíllet.

**полéсье** *с.* wóoded dístrict ['wu-...]; wóodlands ['wu-] *pl.*

**полёт** *м.* flight; ~ на дáльность dístance flight; ~ в тумáне fog flýing; высóтный ~ áltitùde flight ['æl-...]; слепóй ~, ~ по прибóрам *ав.* blind flýing; ínstrument flýing; пики́рующий ~ díving; фигýрный ~ àcrobátic flight; ◇ ~ мы́сли flight of thought; ~ фантáзии flight of fáncy; вид с пти́чьего ~а bird's-eye view [-aɪ vju:].

**полетáть** *сов.* fly* (a little, for a while).

**полетé||ть** *сов.* **1.** *см.* летáть; **2.** start to fly; fly* forth / off; самолёт ~л the plane flew off; **3.** *разг.* (*упасть*) fall*.

**по-лéтнему** *нареч.* as in súmmer; одéт ~ (dressed) in súmmer clothes [...klou-]; сóлнце грéет ~ the sun is as hot as in súmmer.

**полечи́ть** *сов.* (*вн.*) treat (*d.*); егó нáдо ~ he should be tréated, he ought to be tréated, he needs médical atténtion. **~ся** *сов.* be tréated; емý нýжно ~ся he should be tréated, he ought to be tréated, he needs médical atténtion.

**пóлзать,** *опред.* ползти́, *сов.* поползти́ creep*, crawl.

**ползкóм** *нареч.* cráwling, on all fours [... fɔ:z].

**ползти́,** поползти́ **1.** *см.* пóлзать; **2.** *разг.* (*медленно двигаться*) crawl / creep* alóng; пóезд ползёт *the* train crawls / creeps alóng; по нéбу ползли́ тýчи clouds moved slówly acróss the sky [...mu:vd 'slou-...]; тумáн ползёт mist creeps; **3.** *разг.* (*о слухах и т. п.*) spread* [-ed]; **4.** *разг.* (*о ткани*) rável out ['ræ-...], fray.

**ползýн** *м. тех.* slíde-blòck, slíder.

**ползýч||ий** créeping; ~ие растéния créepers.

**поли-** (*в сложн.*) poly-.

**полиáндрия** *ж. этн.* pólyàndry.

**полиартри́т** *м. мед.* pòlyàrthrítis.

**поли́ва** *ж. тех.* glaze.

**поливáть,** поли́ть (*вн. тв.*) pour [pɔ:] (on/ up:ón *d.*); ~ водóй wáter ['wɔ:-] (*d.*); ~ сóусом sauce (*d.*); ~ из шлáнга hóse(-pipe) (*d.*). **~ся,** поли́ться **1.** (*тв.*) pour on / up:ón òne:sélf [pɔ:...] (*d.*); **2.** *страд. к* поливáть.

**поли́вка** *ж.* wátering ['wɔ:-]; ~ ýлиц stréet-flùshing.

**поливн||óй:** ~ы́е зéмли áreas requíring irrigátion ['ɛərɪəz...].

**поли́вочн||ый:** ~ая маши́на wátering machíne ['wɔ:- -'ʃi:n].

**полигáмия** *ж. этн.* pòlýgamy.

**полиглóт** *м.* pólyglòt.

**полигóн** *м. воен.* fíring ground, órdnance yard; испытáтельный ~ próving ground ['pru:-...]; учéбный ~ tráining ground.

**полиграф||и́ст** *м.* pòlygráphic wórker. **~и́ческий** pòlygráphic; ~и́ческая промы́шленность prínting and públishing índustry [...'pʌ-...]. **~и́я** *ж.* pòlýgraphy.

**полизáть** *сов.* (*вн.*) lick (*d.*).

**поликли́ника** *ж.* pòlyclínic.

**полиморф||и́зм** *м.* pòlymórphism. **~и́ческий** pòlymórphic, pòlymórphous.

**полимóрфный** pòlymórphous.

**полиневри́т** *м. мед.* pòlyneurítis.

**полинез||и́ец** *м.*, **~и́йский** Pòlynésian [-zɪən].

**полинóм** *м. мат.* pólynòm.

**полиня́||лый** fáded, discólour:ed [-'kʌ-]. **~ть** *сов. см.* линя́ть.

**полиомиели́т** *м. мед.* pòliomỳelítis.

**поли́п** *м.* **1.** *зоол.* pólip ['pɔ-]; **2.** *мед.* pólypus (*pl.* -pi, -puses).

**полировáльн||ый** pólishing; ~ станóк pólishing machíne [...-'ʃi:n]; búffing machíne; ~ая бумáга sándpàper.

**полировáть,** отполировáть (*вн.*) pólish (*d.*).

**полирóв||ка** *ж.* pólish(ing). **~очный** pólishing. **~щик** *м.* pólisher.

**пóлис** *м.*: страховóй ~ *фин.* insúrance pólicy [-'ʃuə-...]; (*от огня*) fíre-pòlicy.

**полисемант||и́зм** *м. лингв.* pólysèmy. **~и́ческий** *лингв.* pòlysemántic.

**полисеми́я** *ж. лингв.* pólysèmy.

**полисинтети́ческий** [-тэ-] *лингв.* pòlysynthétic.

**полиспáст** *м. тех.* pólyspàst.

**поли́стный** per sheet.

**полит-** *сокр.* полити́ческий.

**политбесéда** *ж.* polítical talk, talk on pólitics.

**Политбюрó ЦК** *с.* Polítical Bùréau of the Céntral Commíttee [...-'rou...-tɪ].

**полите||и́зм** [-тэ-] *м.* pólythè:ism. **~исти́ческий** [-тэ-] pòlythè:ístic.

**поли||технизáция** *ж.* introdúction of pòlytéchnic èducátion; introdúction of pòlytèchnizátion. **~техни́зм** *м.* sýstem of pòlytéchnic èducátion, pòlytéchnism. **~тéхникум** *м.* pòlytéchnic school, pòlytéchnic. **~техни́ческий** pòlytéchnic(al); ~техни́ческое обучéние pòlytéchnical tráining.

**политзаключённый** *м. скл. как прил.* polítical prísoner [...-zə-].

**поли́тик** *м.* polítical fígure.

**поли́тик||а** *ж.* pólitics *pl.*; pólicy; внýтренняя ~ home / intérnal pólicy; внéшняя ~ fóreign pólicy ['fɔrın...]; ~ ми́ра peace pólicy; ~ невмешáтельства pólicy of nòn-interférence [...-'fıə-]; говори́ть о ~е talk pólitics; текýщая ~ cúrrent pólitics; ~ дáльнего прицéла lóng-ránge pólicy [-'reındʒ...]; ~ си́лы pówer pólitics; pólicy from strength; big stick pólicy *разг.*; ~ нажи́ма pólicy of "préssure".

**политикáн** *м.* intríguer [-ri:-], pòlitícian.

**поли́тико-воспитáтельн||ый:** ~ая рабóта polítical-èducátion work.

**полити́ческ||ий** polítical; ~ая борьбá polítical strúggle; ~ие прáвá polítical rights; ~ дéятель polítical fígure; ~ отчёт polítical repórt; ~ая конъюнктýра polítical sìtuátion; по ~им соображéниям for polítical réasons [...'ri:z-]; ◇ ~ая эконóмия polítical ècónomy [...i:-].

**полити́чный** pólitic.

**политкаторжáнин** *м.* fórmer polítical cónvict.

**политкружóк** *м.* polítical stúdy círcle [...'stʌ-...].

**полит||отдéл** *м.* polítical depártment / séction / divísion. **~просвещéние** *с.* polítical èducátion; систéма ~просвещéния polítical-èducátion sýstem. **~рабóтник** *м.* polítical wórker. **~рýк** *м.* polítical instrúctor.

**политуправлéние** *с.* Polítical Admìnistrátion / Depártment.

**политýра** *ж.* pólish, várnish.

**политучёба** *ж.* polítical èducátion.

**политшкóла** *ж.* polítical school.

**поли́ть** *сов.* **1.** *см.* поливáть; **2.** (*начать лить*) begín* to pour [...pɔ:], come* póuring (down) [...'pɔ:-...]. **~ся** *сов.* **1.** *см.* поливáться; **2.** (*начать литься*) begín* to pour [...pɔ:].

**политэконóмия** *ж.* polítical èсónomy [...i:-].

**политэмигрáнт** *м.* polítical émigrant.

**полифони́я** *ж. муз.* pólyphòny.

**полихрóмия** *ж.* pólychròmy.

**полицеймéйстер** *м. ист.* chief of cíty políce [tʃi:f...'sı- -'li:s].

**полицéйский** I *прил.* políce [-'li:s] (*attr.*); ~ учáсток *ист.* políce-stàtion.

**полицéйский** II *м. скл. как прил.* políceman* [-'li:s-], políce-òfficer [-'li:s-].

**поли́ция** *ж.* políce [-'li:s]; сыскнáя ~ *уст.* críminal invèstigátion depártment.

**полицмéйстер** *м.* = полицеймéйстер.

**поли́чн||ое** *с. скл. как прил.*: поймáть с ~ым (*вн.*) take* / catch* réd-hánded (*d.*).

**полишинéл||ь** *м.* Pùnch(inéllò); ◇ секрéт ~я ≅ ópen sécret.

**полиэ́др** *м. мат.* pólyhédron [-'he-].

**полк** *м.* régiment.

**пóлка** I *ж.* **1.** shelf*; кни́жная ~ bóokshèlf*; **2.** (*в ж.-д. вагоне*) berth; вéрхняя, ни́жняя ~ úpper, lówer berth [...'louə...].

**пóлка** II *ж.* (*огорода*) wéeding.

**полкóвник** *м.* cólonel ['kə:n°l].

**полковóдец** *м.* géneral, cáptain.

**полковóй** règiméntal.

**поллю́ция** *ж. физиол.* pollútion, spèrmatòrrh(ó)ea [-'ri:ə].

**полмиллиóна** *м.* half a míllion [hɑ:f...].

**полнéйший** (*абсолютный*) sheer, útter.

**полн||éть,** пополнéть grow* stout [-ou...], put* on weight / flesh, gain flesh. **~и́ть** (*вн.*; *о платье и т. п.*) make* look stout (*d.*).

**пóлнó** I *прил. кратк. см.* пóлный.

**пóлнó** II *нареч.* brím-fúll, full to the brim; сли́шком ~ too full.

**пóлно** *нареч. разг.* **1.** (*перестаньте!*): ~!, пóлноте! enóugh! [-ʌf], enóugh of this!, that will do!, don't!; ~ плáкать! stop crýing!; **2.** (*да что вы?, что вы говорите?*) you don't mean that.

**полновéсн||ость** *ж.* full weight; (*перен.*) sóundness. **~ый** háving full weight; fúll-weight (*attr.*); (*перен.*) sound; ~ая монéта coin of stándard weight; ~ый аргумéнт sound árgument.

**полновлáст||ие** *с.* sóvereignty [-vrın-]. **~ный** [-сн-] sóvereign [-vrın]; ~ный хозя́ин (*рд.*) sole máster (of).

**полновóдный** deep.

**полновóдье** *с.* high wáter [...'wɔ:-].

**полнозвýчный** sonórous.

**полнокрóв||ие** *с.* pléthora. **~ный** fúll-blóoded [-'blʌ-]; (*перен. тж.*) sànguíneous; *мед.* plèthóric.

**полнолýние** *с.* fool moon.

**полнометрáжный:** ~ фильм fúll-léngth film.

**полномóч||ие** *с.* authórity, pówer; plénary pówers ['pli:-...] *pl.*; *юр.* próxy; чрезвычáйные ~ия emérgency pówers; широ́кие ~ия wide pówers; имéть ~ия вы́ступить от и́мени (*рд.*) have the authórity to speak (for); превышéние ~ий excéeding one's commíssion; передáть свой ~ия (*дт.*) resígn one's commíssion [-'zaın...] (to); срок ~ий (*о депутате*) term of óffice; по истечéнии ~ий (*рд.*; *о законодательном органе*) on the èxpirátion of the term of óffice (of); давáть ~ия (*дт.*) empówer (*d.*); предостáвить чрезвычáйные ~ия (*дт.*) confér emérgency pówers (on). **~ный** plènipoténtiary; ~ный мини́стр Mínister Plènipoténtiary; ~ный посóл Àmbássador Plènipoténtiary; ~ный представи́тель plènipoténtiary.

**полноправ||ие** *с.* equálity of rights. **~ный** cómpetent, enjóying full rights; ~ный член full and équal mémber.

**пóлностью** *нареч.* complétely, útterly; (*со всеми подробностями*) in full; утверди́ть ~ (*о бюджете и т. п.*) appróve in its entírety [-ru:v...]; целикóм и ~ complétely, entírely.

**полнот||á** *ж.* **1.** (*обилие*) plénitùde; (*цельность*) compléteness; для ~ы́ карти́ны to give a compléte pícture, to make the pícture compléte; **2.** (*тучность*) stóutness; córpulence; (*ребёнка, женщины тж.*) plúmpness; (*чрезмерная*) obésity [-i:s-]; ◇ от ~ы́ сéрдца, души́ in the fúll:ness of one's heart [...hɑːt]; ~ влáсти ábsolùte pówer / authórity.

**полноцéнн||ость** *ж.* full válue. ~ый of full válue; (*перен.*) váluable; ~ая монéта coin of full válue; стать ~ым рабóтником become* a fúll-flédged wórker.

**полнóчный** *прил. к* пóлночь.

**пóлночь** *ж.* midnight; в ~ at midnight; зá ~ áfter midnight; далекó зá ~ in the small hours [...auəz].

**пóлн||ый 1.** (*наполненный*) full; (*набитый*) packed; ~ до краёв brim-fúll, full to the brim; ~ая тарéлка a full plate; (чегó-л.) a pláte:-ful (of smth.); **2.** (*целый, весь*) compléte, tótal; ~ое собрáние сочинéний compléte works *pl.*; ~ комплéкт a compléte set; они́ здесь в ~ом состáве they are here in a bódy [...'bɔ-], they are here in full strength; делегáция в ~ом состáве *the* full dèlegátion; ~ое затмéние tótal eclípse; **3.** (*абсолютный*) ábsolùte; (*совершенный*) pérfect: ~ покóй ábsolùte rest; ~ое невéжество ábsolùte ígnorance; в ~ой безопáсности in pérfect secúrity;— ~ая независимость compléte indepéndence, full sóvereignty [...'sɔvrɪn-]; ~ая рефóрма thórough refórm ['θʌrə...]; вы́разить ~ое одобрéние (*дт.*) expréss full appróval [...-ruːv-] (of, for); ~ое разорéние útter rúin; жить в ~ом довóльстве live in plénty [lɪv...]; в состоя́нии ~ого безýмия stark mad; **4.** (*достигающий предела, наивысший*): в ~ом расцвéте сил in the prime of (one's) life, in one's prime; на ~ом ходý at full speed; с ~ым знáнием дéла with a sound knówledge of one's work [...'nɔ-...]; **5.** (*о человеке*) stout, córpulent; (*о ребёнке, женщине тж.*) plump; (*чрезмерно*) obése [-s]; ◇ ~ая лунá full moon; жить ~ой жи́знью live a full life; у них дом — ~ая чáша ≅ they live in plénty; ~ым гóлосом outright; в ~ой мéре fúlly ['fu-], in full méasure [...'meʒə]; идти́ ~ым хóдом (*о работе и т. п.*) be in full swing.

**полны́м-полнó** *нареч.* full; в кóмнате, в трамвáе *и т. п.* ~ нарóду the room, the tram, *etc.*, is full of people, *или* is crówded with people, *или* is full up [...piːpl...]; в кóмнате ~ ды́му the room is full of, *или* thick with, smoke.

**пóло** *с. нескл. спорт.* póló; ◇ вóдное ~ wáter póló ['wɔː-...].

**пол-оборóта** *м. нескл.* hálf-tùrn ['hɑːf-]; *воен.* hálf-fàce ['hɑːf-]; ~ налéво, напрáво *воен.* left, right in:clíne.

**полови́к** *м.* dóormàt ['dɔː-], flóor-clòth ['flɔː-].

**полови́н||а** *ж.* (*в разн. знач.*) half* [hɑːf]; ~ трéтьего half past two; в ~е ию́ля *и т. п.* in the middle of Julý, *etc.*; ~ игры́ (*в футболе*) hálf-tíme ['hɑːf-]. **~ка** *ж.* **1.** half* [hɑːf]; **2.** (*дверная*) leaf*. **~ный** half [hɑːf]; в ~ном размéре half: заплати́ть за чтó-л. в ~ном размéре pay* half price for smth.

**полови́нчат||ость** *ж.* hálf-wáy pólicy ['hɑːf-...]. **~ый** úndecíded, indéfinite; hálf-and-hálf ['hɑːf-] (*attr.*).

**полови́ца** *ж.* floor board [flɔː...].

**половичóк** *м. уменьш. от* полови́к.

**половóдье** *с.* flood [-ʌd], high wáter [...'wɔː-]; (*период*) flóod-tìme [-ʌd-].

**полов||óй** I *прил.* (*для пола*) floor [flɔː] (*attr.*); ~áя тря́пка hóuse-flánnel [-s-]; ~áя щётка broom.

**полов||óй** II *прил. биол.* séxual; sex (*attr.*); ~ы́е óрганы génitals, séxual órgans; ~áя зрéлость púberty; ~áя жизнь séxual life; ~áя связь séxual connéction / íntercourse [...-kɔːs]; ~óе влечéние séxual attráction; ~óе бесси́лие *мед.* ímpotence.

**половóй** III *м. скл. как прил. уст.* wáiter.

**пóлог** *м.* (béd-)cùrtains *pl.*; ◇ под ~ом нóчи *поэт.* únder cóver of night [...'kʌ-...].

**полóг||ий** gentle, géntly slóping. **~ость** *ж.* slope, declívity.

**положéни||е** *с.* **1.** (*местонахождение*) posítion [-'zɪ-], whére:abouts; locátion *амер.*; географи́ческое ~ geográphical situátion; geográphical locátion *амер.*; **2.** (*расположение, поза*) pósture, áttitùde; **3.** (*состояние*) condítion, state; (*социальное, общественное и т. п.*) státus, stánding; (*перен.*: *ситуация*) situátion; официáльное ~ offícial stánding; семéйное ~ fámily státus; социáльное ~ sócial státus; материáльное ~ fìnáncial posítion; wélfare stándards *pl.*; по (занимáемому) ~ю by one's posítion; éx offíciò ['ekso'fɪʃɪou] *офиц.*; при дáнном ~и дел as the case stands [...keɪs...]; при такóм ~и дел things bé:ing as they are, this bé:ing the situátion / case, as things now stand / are; ~ улучшáется things are impróving [...-ruːv-]; господствующее ~ dóminàting posítion; contról [-oul]; щекотли́вое ~ áwkward / embárrassing situátion; нелóвкое ~ áwkward situátion; воéнное ~ mártial law; осáдное ~ state of siege [...siːdʒ]; чрезвычáйное ~ state of emérgency; будь он в вáшем ~и if he were you, if he were in your place; быть в стеснённом ~и be in strained / redúced / stráitened círcumstances; be hard up *разг.*; находи́ться в отчáянном ~и be in désperate straits; на нелегáльном ~и in híding; с ~ем of high stánding; он человéк с ~ем he is a man* of high stánding; занимáть высóкое ~ в óбществе be high in the sócial scale; **4.** (*тезис*) thésis (*pl.* thésès [-iːz]); príncipal, pròposítion [-'z-]; (*договора и т. п.*) clause; provísions *pl.*; теорети́ческое ~ theorétical pròposítion; основны́е ~я теóрии маркси́зма fùndaméntal ténèts of the Márxist théory [...'θɪə-]; **5.** (*устав*) règulátions *pl.*, státùte; ~ о вы́борах státùte of eléctions; eléction règulátions *pl.*; по ~ю accórding to the règulátions; ◇ быть в ~и *разг.* (*о женщине*) be in the fámily way, be expécting a child; быть на высотé ~я be up to the mark; хозя́ин ~я máster of the situátion; ~ вещéй state of affáirs; ~ вещéй таковó, что the state of affáirs is such that; войти́ в чьё-л. ~ ùnderstánd* smb.'s posítion; выходи́ть из ~я find* a way out.

**полóженный 1.** *прич. см.* класть; **2.** *прил.* (*установленный*) fixed; (*полагающийся*) prescríbed, áuthorized; в ~ срок in the allótted time.

**полóжим** *вводн. сл.* let us assúme; ~, что вы прáвы assúming that you are right; ~, что ужé порá let us assúme that it is time.

**положи́тельно** I *прил. кратк. см.* положи́тельный.

**положи́тельно** II *нареч.* **1.** (*утвердительно*) pósitive¦ly [-z-]; он отве́тил ~ he ánswered "yes" [...'ɑːnsəd...]; (*согласился*) he agréed; (*разрешил*) he gave permission; отнести́сь ~ (к) take* a pósitive / fávour¦able view [...-z-... vjuː] (of), look fávour¦ably (up¦ón), be friendly [...'fren-] (towards), have a pósitive áttitùde (towards); **2.** (*решительно*) ábsolùte¦ly: он ~ ничего́ не зна́ет he knows ábsolùte¦ly nothing [...nouz...].

**положи́тельн¦¦ый** (*в разн. знач.*) pósitive [-zɪ-]; (*о характере тж.*) sedáte, staid; ~ отве́т affírmative ánswer / replý [...'ɑːnsə...]; (*благоприятный*) fávour¦able replý; ~ое реше́ние вопро́са pósitive / fávour¦able solútion of the próblem [...'prɔ-]; ~ геро́й pósitive cháracter [...'kæ-]; ~ электри́ческий заря́д pósitive eléctric charge; ~ое электри́чество pósitive elèctrícity; ~ая сте́пень сравне́ния *грам.* pósitive degrée; ~ая филосо́фия pósitivist philósophy [-zɪ-...].

**положи́ть** *сов. см.* класть I. **~ся** *сов. см.* полага́ться 1.

**по́лоз** *м.* rúnner.

**поло́к** I *м.* (*в бане*) (swéating) shelf* (*in steam bath*) ['swet-...].

**поло́к** II *м.* (*телега*) dray.

**поло́льщи¦¦к** *м.*, **~ца́** *ж.* wéeder.

**полома́ть** *сов.* (*вн.*) *разг.* break* [-eɪk] (*d.*). **~ся** *сов. см.* лома́ться 1, 3.

**поло́мка** *ж.* bréakage ['breɪk-].

**поломо́йка** *ж. разг.* chár¦wòman* [-wu-].

**полоне́з** [-нэ́з] *м.* pòlonáise.

**полони́зм** *м. лингв.* Pólonism.

**полоса́** *ж.* **1.** stripe; (*узкий кусок*) strip; (*о железе и т. п.*) band, strip; flat bar; **2.** (*от удара кнутом и т. п.*) wale, weal; **3.** (*область*) région, zone, belt; чернозёмная ~ bláck-sóil belt, bláck-earth zone [-əːθ...]; ~ вое́нных де́йствий battle zone; **4.** (*период времени*) périod; ~ хоро́шей пого́ды spell of fine wéather [...'weðə]; **5.** *с.-х. уст.* field [fiːld]; patch; **6.** *полигр.* type page.

**полоса́тик** *м. зоол.* rórqual.

**полоса́тый** striped, strípy.

**поло́ск¦¦а** *ж. уменьш. от* полоса́ 1, 5; в ~у striped.

**полоска́¦¦ние** *с.* **1.** (*действие*) rinse, rínsing; (*горла*) gárgling; **2.** (*жидкость*) gargle. **~тельница** *ж.* slóp-bàsin [-eɪs-]. **~тельный:** ~тельная ча́шка = полоска́тельница.

**полоска́ть** (*вн.*; *о белье, посуде, рте*) rinse (*d.*), swill (*d.*); (*о горле*) gargle (*d.*). **~ся** **1.** (*плескаться в воде*) paddle, dabble; (*перен.*; *о парусе, флаге*) flap, flop; **2.** *страд. к* полоска́ть.

**полосну́ть** *сов.* (*вн. тв.*) *разг.* slash (*d.* with).

**полосов¦¦о́й:** ~о́е желе́зо band / strap / bar iron [...'aɪən].

**по́лость** I *ж. анат.* cávity; брюшна́я ~ àbdóminal cávity; ~ рта mouth cávity.

**по́лость** II *ж.* (*саней*) (sledge) rug; láp-ròbe, sleigh robe *амер.*

**полоте́нце** *с.* tówel; ~ на ва́лике róller tówel, jáck-tówel; посу́дное ~ dísh-clòth; мохна́тое ~ Túrkish tówel.

**полотёр** *м.* flóor-pòlisher ['flɔː-].

**поло́тнищ¦¦е** *с.* width; ю́бка в два **~а** twó-piecer [-'piːsə]; ~ зна́мени *воен.* cólour cloth ['kʌ-...]; ~ пала́тки tent séction; shélter half* [...hɑːf] *амер.*; авиасигна́льное ~ *воен.* ground strip / pánel [...'pæ-]; опознава́тельное ~ *воен.* idéntity pánel [aɪ-...].

**полотн¦¦о́** *с.* **1.** línen ['lɪ-]; камча́тное, узо́рчатое ~ díaper-clòth; **2.:** железнодоро́жное ~ pérmanent way; земляно́е ~ (*дороги*) súbgràde; **3.** *тех.*: ~ пилы́ web (of *a* saw); **4.** (*картина художника*) cánvas; ◇ бле́дный как ~ white as a sheet, pale as a ghost [...goust]. **~я́ный** línen ['lɪ-].

**поло́ть** (*вн.*) weed (*d.*).

**полоу́мный** *разг.* háif-wítted ['hɑːf-], crázy.

**по́лочка** *ж. уменьш. от* по́лка I.

**полпре́д** *м.* (полномо́чный представи́тель) (àmbássador) plènipoténtiary. **~ство** *с.* (полномо́чное представи́тельство) plènipoténtiary rèpresèntátion [...-zen-], émbassy.

**полпути́** *м. нескл.*: на ~ hálf-wáy ['hɑːf-]; останови́ться на ~ stop hálf-wáy; (*перен.*) hésitàte hálf-wáy [-zɪ-...]; верну́ться с ~ turn back hálf-wáy.

**полсло́в¦¦а** *с.*: он не сказа́л ни ~ he never úttered a word; мо́жно вас на ~? may I speak to you for a mínute? [...'mɪnɪt], may I have a word with you?; поня́ть с ~, оборва́ть на ~е, останови́ться на ~е *см.* полусло́во.

**полти́на** *ж.* = полти́нник.

**полти́нник** *м. разг.* **1.** fífty cópècks *pl.*; **2.** (*монета*) fífty-cópèck piece [...piːs].

**полтор¦¦а́** *числит.* one and a half [...hɑːf], one / a(n)...and a half; ~ы́ ты́сячи one / a thóusand and a half [...-zənd...]; ~ столе́тия a céntury and a half; в ~ ра́за бо́льше (*рд. или* чем) half as much agáin (as); в ~ ра́за тяжеле́е (*рд. или* чем) half as héavy agáin [...'hevɪ...] (as); ◇ ни два ни ~ ≅ néither one, nor the other ['naɪ-...]; néither fish nor fowl.

**полтора́ста** *числит.* one / a húndred and fífty.

**полу-** (*в сложн.*) half- [hɑːf-], sémi-: полуулы́бка hálf-smile ['hɑːf-]; полукру́глый hálf-round ['hɑːf-], sémicírcular; *см. также слова на* полу-.

**полуба́к** *м. мор.* raised / tòp-gállant fórecastle [...'fouks°l].

**полубессозна́тельный** sémi-ùn¦cónscious [-nʃəs].

**полубо́г** *м.* démigòd.

**полуботи́нки** *мн.* (*ед.* полуботи́нок *м.*) (Óxford) shoes [...ʃuːz]; low shoes [lou...] *амер.*

**полува́ттный** *эл.* hálf-wátt ['hɑːf-] (*attr.*).

**полувеково́й** sémi-cènténnial, of half a céntury [...hɑːf...]; ~ гнёт fífty years of oppréssion *pl.*, half a céntury of oppréssion.

**полугла́сный** *м. скл. как прил. лингв.* sémi-vówel.

**полугнило́й** hálf-rótten ['hɑːf-].

**полуго́д¦¦ие** *с.* half year [hɑːf...]; six months [...mʌ-] *pl.* **~и́чный** hálf-yéarly ['hɑːf-], sémi-ánnual; ~и́чные ку́рсы síx-mónth(s)' cóurses [-mʌ- 'kɔːs-]. **~ова́лый** síx-mònth-óld [-mʌ-], hálf-year-óld ['hɑːf-]. **~ово́й** hálf-yéarly ['hɑːf-], sémi-ánnual; ~ово́й план síx-mònths plan [-mʌ-...].

**полуго́лый** hálf-náked ['hɑːf-].

**полугра́мотный** sémi-líterate.

**полу́да** *ж.* (*лужение и сплав для него*) tínning.

**полу́денный** 1. mídday (*attr.*); 2. *поэт. уст.* (*южный*) sóuthern ['sʌðən].

**полуди́кий** (*о племенах*) sémi-bàrbárian, sémi-sávage, half sávage [hɑ:f...].

**полуди́ть** *сов. см.* луди́ть.

**полужёстк||ий** sémi-rígid; дирижа́бль ~ой систе́мы sémi-rígid áirship.

**полужесткокры́лые** *мн. скл. как прил. зоол.* hemíptera.

**полуживо́й** half dead [hɑ:f ded]; (*от страха*) more dead than alíve.

**полузабы́тый** hálf-forgótten ['hɑ:f-].

**полузащи́т||а** *ж. спорт.* hálf-bácks ['hɑ:f-] *pl.* ~**ник** *м. спорт.* hálf-báck ['hɑ:f-].

**полуколониа́льн||ый** sémi-colónial; ~ая страна́ sémi-colónial cóuntry [...'kʌ-].

**полуколо́ния** *ж.* sémi-colónial térritory.

**полукопы́тный** *зоол.* sùbúngùlàte [-n-].

**полукро́в||ка** *ж.* hálf-breed ['hɑ:f-], fírst-hýbrid [-'haɪ-]. ~**ный** hálf-breed ['hɑ:f-] (*attr.*), fírst-hýbrid [-'haɪ-] (*attr.*).

**полукру́г** *м.* sémicircle. ~**лый** sémicírcular, hálf-round ['hɑ:f-].

**полулежа́ть** recline.

**полулитро́вый** (of) half litre [...hɑ:f 'li:tə].

**полума́ска** *ж.* half mask [hɑ:f...].

**полуме́ра** *ж.* half méasure [hɑ:f 'meʒə].

**полумёртвый** half dead [hɑ:f ded]; (*от страха*) more dead than alíve.

**полуме́сяц** *м.* hálf-móon ['hɑ:f-]; (*серп*) créscent.

**полуме́сячный** fórtnightly.

**полумра́к** *м.* sémi-dárkness, shade.

**полунаго́й** hálf-náked ['hɑ:f-].

**полу́ндра** *межд. мор.* stand from únder!

**полунезави́симый** sémi-indepéndent.

**полуно́чн||ик** *м.*, ~**ица** *ж. разг.* níght-bird. ~**ичать** *разг.* burn* the mídnight oil.

**полу́но́чный** 1. mídnight (*attr.*); 2. *поэт. уст.* (*северный*) nórthern [-ðən].

**полуобнажённый** hálf-náked ['hɑ:f-].

**полуоборо́т** *м.* hálf-tùrn ['hɑ:f-].

**полуоде́тый** hálf-dréssed ['hɑ:f-], hálf-clóthed ['hɑ:f'klouðd].

**полуосвещённый** sémi-lít.

**полуо́стров** *м.* península. ~**но́й** penínsular.

**полуот||во́ренный**, ~**кры́тый** hálf-ópen ['hɑ:f-]; (*о двери тж.*) ajár.

**полуофициа́льный** sémi-offícial.

**полупальто́** *с. нескл.* short coat.

**полупрехо́д** *м. воен.* half day's march [hɑ:f...].

**полуподва́льный:** ~ эта́ж sémi-báse:ment [-eɪs-].

**полупокло́н** *м.* slight bow.

**полуприседа́ние** *с. спорт.* half squátting [hɑ:f...].

**полупроводни́к** *м. физ.* sémi-condúctor.

**полупрозра́чный** sémi-trànspárent, trànslúcent [-nz-].

**полупролета́р||ий** *м.* sémi-pròlètárian [-prou-]. ~**ский** sémi-pròlètárian [-prou-].

**полупусты́ня** *ж.* sémi-désert [-'dez-].

**полупья́ный** típsy; half drunk [hɑ:f...]; hálf-seas-óver ['hɑ:f-] (*predic.*) *разг.*

**полураздёты́й** = полуоде́тый.

**полуразру́шенный** túmble:down, dilápidàted.

**полуро́та** *ж. воен.* hálf-còmpany ['hɑ:f-kʌm-].

**полусве́т** I *м.* (*сумерки*) twílight ['twaɪ-].

**полусве́т** II *м. уст.* démi-mónde [-'mɔ:nd].

**полусерьёзный** hálf-sérious; half in joke (*predic.*).

**полусло́в||о** *с.*: поня́ть с ~а take* the hint, be quick in the úptàke, catch* the méaning at once [...wʌns]; оборва́ть кого́-л. на ~е cut* smb. short; останови́ться на ~е stop in the míddle of *a* séntence.

**полусме́рт||ь** *ж.*: изби́ть кого́-л. до ~и beat* smb. within an inch of *his* life; испуга́ться до ~и be fríghtened to death [...deθ].

**полусозна́тельный** sémi-cónscious [-nʃəs].

**полу||со́н** *м.* half sleep [hɑ:f...], light slúmber, sómnolence; в ~сне́ half sléeping. ~**со́нный** half asléep [hɑ:f...] (*predic.*); dózing, sómnolent.

**полуста́нок** *м. ж.-д.* small státion.

**полусти́шие** *с.* hémistich [-k].

**полусу́точный** sémi-diúrnal.

**полуте́нь** *ж.* penúmbra.

**полуто́н** *м.* 1. *муз.* sémitòne; 2. *жив.* úndertint, hálf-tint ['hɑ:f-].

**полуто́нка** *ж. разг.* tén-hùndredwéight lórry; tén-hùndredwéight truck *амер.*

**полуторагодова́лый** óne-and-a-hàlf-yéar-óld [-hɑ:f-].

**полуторато́нка** *ж. разг.* 30-hùndred-wéight (*сокр.* 30-cwt) lórry; óne-and-a-hàlf-tón truck [-hɑ:ftʌn...] *амер.*

**полу́торн||ый** of one and a half [...hɑ:f]; в ~ом разме́ре half as much agáin.

**полутьма́** *ж.* hálf-dárk ['hɑ:f-], sémidárkness; (*сумерки*) twílight ['twaɪ-].

**полуфабрика́т** *м.* hálf-fínished próduct ['hɑ:f- 'prɔ-].

**полуфеода́льный** sémi-féudal; ~ строй sémi-féudal sýstem.

**полуфина́л** *м. спорт.* sémi-fínal.

**полуфина́льн||ый** sémi-fínal; ~ые и́гры, встре́чи *спорт.* sémi-fínals.

**полуци́ркульный** *арх.* sémicírcular.

**получа́с** *м.*: в тече́ние ~а (*с глаг. несов. вида*) for half an hour [...hɑ:f ən auə]; (*с глаг. сов. вида*) (with)in half an hour. ~**ово́й** (*о продолжительности*) half hour's [hɑ:f auəz]; (*о повторяемости*) half hóurly [...'auəlɪ].

**получа́тель** *м.*, ~**ница** *ж.* (*адресат*) recípient.

**получ||а́ть,** получи́ть (*вн.*) (*в разн. знач.*) recéive [-i:v] (*d.*), get* (*d.*); (*доставать, добывать*) obtáin (*d.*): ~и́ть прика́з recéive *an* órder; ~ пре́мию recéive *a* prize, be rewárded with *a* prémium; ~ кокс из ка́менного у́гля obtáin coke from coal; — ~и́ть интере́сные вы́воды obtáin váluable con:clúsions, come* to váluable con:clúsions; ~ что-л. по подпи́ске take* in smth.; ~ дово́льствие *воен.* draw* one's allówance; ~и́ть зака́з secúre *an* órder; ~ замеча́ние be réprimànded [...-mɑ:-]; ~ огла́ску become* known [...noun]; be given pùblícity [...pʌ-]; be made known; ~ призна́ние be récognized; его́ заслу́ги ~и́ли всеми́рное призна́ние his mérits are ùnivérsally récognized; (*раньше, в своё время*) his mérits were ùnivérsally récognìzed; ~ большинство́ win* a majórity; ~и́ть на́сморк catch* a cold. **~а́ться,** получи́ться **1.** (*по почте*) come*, arríve; **2.** (*оказываться*) turn out, be; результа́ты ~и́лись блестя́щие the resúlts turned out brílliant [...-'zʌ-...]; вы́вод ~и́лся неожи́данный the con:clúsion is ún:expécted; (*раньше, в своё время*) the con:clúsion was ún:expécted; но ~и́лось ина́че but it turned out óther:wise; **3.** *страд. к* получа́ть. **~е́ние** *с.* recéipt [-'si:t]; для ~е́ния in órder to recéive [...-'si:v]; подтверди́ть ~е́ние (*рд.*) acknówledge the recéipt [-'nɔ-...] (of); распи́ска в ~е́нии recéipt; по ~е́нии on recéipt, on recéiving [...-'si:v-].

**получи́ть(ся)** *сов. см.* получа́ть(ся).

**полу́чка** *ж. разг.* **1.** (*получаемое*) sum; **2.** (*выдача зарплаты*) pay.

**полу́чше** (*сравн. ст. от прил.* хоро́ший *и нареч.* хорошо́) (just) a little bétter, ráther bétter ['rɑ:-...].

**полуша́ри||е** *с.* hémisphère; ~я головно́го мо́зга cérebral hémisphères; се́верное ~ nórthern hémisphère [-ðən...]; ю́жное ~ sóuthern hémisphère ['sʌðən...].

**полушёпотом** *нареч.*: говори́ть ~ speak* in úndertònes.

**полуше́рсть** *ж.* wool mixture [wul...], not all / pure wool.

**полушерстян||о́й** hálf-wóollen ['hɑ:f'wul-]; a mixture of wool and cótton, *etc.* [...wul...]; э́то ~а́я ткань this is a wool mixture, this is not pure wool; э́то пла́тье ~о́е this dress is not all / pure wool.

**полу́шк||а** *ж. уст.* a quárter-cópèck piece [...pi:s]; ◇ не име́ть ни ~и be pénniless, be without a pénny.

**полушу́бок** *м.* shéepskin coat.

**полушутя́** *нареч.* half in joke [hɑ:f...].

**полуэскадро́н** *м. воен.* hálf-squàdron ['hɑ:fskwɔ-].

**полцены́** *ж.*: за ~ at half price [...hɑ:f...]; (*о крупной покупке*) for half its worth: он купи́л кни́гу за ~ he bought *the* book at half price; он купи́л дом за ~ he bought *the* house* for half its worth [...haus...].

**полчаса́** *м.* half an hour [hɑ:f ən auə].

**по́лчище** *с.* (*войско*) horde; (*перен.*) mass.

**по́л||ый** **1.** (*пустой*) hóllow; *метал.* (*об отливке*) cored; **2.:** ~ая вода́ flóod-wàter ['flʌdwɔ:-].

**по́лымя** *ж.*: из огня́ да в ~ *погов.* ≅ out of the frýing-pàn into the fire.

**полы́нн||ый** wórmwood [-wud] (*attr.*); ~ая во́дка ábsinth.

**полы́нь** *ж.* wórmwood [-wud], ábsinth.

**полынья́** *ж.* polýnia [-'lı-] (*unfrozen patch of water in the midst of ice*).

**полысе́ть** *сов.* grow* bald [-ou...].

**полыха́ть** blaze.

**по́льз||а** *ж.* use [-s]; обще́ственная ~ públic bénefit ['pʌ-...]; (*благополучие*) públic wéll-bé:ing; для о́бщей ~ы for the públic / cómmon weal; для ~ы кого́-л. for smb.'s good; в ~у (*рд.*) in fávour (of), for; в его́ *и т. д.* ~у in his, *etc.*, fávour; on / in behálf of him, *etc.* [...-'hɑ:f...]; до́воды в ~у чего́-л. árguments in fávour of smth., árguments for smth.; он дал показа́ние в ~у подсуди́мого he gave évidence for the accúsed; э́то не говори́т в его́ ~у it is not to his crédit, it does not do him crédit, it does not speak well for him; говори́ть, реша́ть в чью-л. ~у speak*, decíde in smb.'s fávour; приноси́ть ~у (*дт.*) be of use / bénefit (to); э́то не принесло́ ему́ ~ы he derived no bénefit from it; извлека́ть из чего́-л. ~у derive bénefit from smth., bénefit by smth.; кака́я от э́того ~? what good will it do?; обраща́ть в свою́ ~у (*вн.*) turn to one's own advántage [...oun -'vɑ:n-] (*d.*); что ~ы говори́ть об э́том? what's the use of tálking abóut that?

**по́льзовани||е** *с.* use [-s]; о́бщего ~я in / for géneral use; находи́ться в чьём-л. ~и be in smb.'s use; пра́во ~я right of úser; *юр.* úsùfrùct.

**по́льзовать** (*вн.*) *уст.* (*лечить*) treat (*d.*).

**по́льз||оваться** (*тв.*) **1.** make* use [...ju:s] (of); (*извлекать выгоду*) prófit (by); ~ слу́чаем take* *an* òpportúnity; **2.** (*обладать, иметь*) enjóy (*d.*): ~ права́ми enjóy the rights; ~ успе́хом be a succéss; она́ ~уется больши́м успе́хом у мужчи́н she is much cóurted by men [...'kɔ:t-...]; ~ мирово́й изве́стностью be wórld-fámed; ~ плода́ми (*рд.*) enjóy the fruits [...fru:ts] (of); ~ подде́ржкой (*рд.*) enjóy the suppórt (of); ~ привиле́гиями enjóy prívileges; ~ преиму́ществом enjóy *an* advántage [...-'vɑ:-]; ~ дове́рием enjóy *smb.'s* cónfidence; — ~ уваже́нием be held in respéct; не ~ любо́вью (у) be dislíked (by); ~ креди́том posséss crédit [-'zes...], be in crédit.

**по́лька** I *ж.* Pole.

**по́лька** II *ж.* (*танец*) pólka.

**по́льский** Pólish ['pou-]; ~ язы́к Pólish, the Pólish lánguage.

**польсти́ть** *сов. см.* льстить 1, 2. **~ся** *сов. см.* льсти́ться.

**польщённый** (*тв.*) fláttered (by).

**полюби́ть** *сов.* (*вн.*) come* to love [...lʌv] (*d.*), grow* fond [grou...] (of); (*влюбиться*) fall* in love (with); ◇ полюби́те нас чёрненькими, а бе́ленькими нас вся́к полю́бит *посл.* ≅ take us as you find us. **~ся** *сов.* (*дт.*) *разг.* catch* the fáncy (of); он ей полюби́лся he caught her fáncy, she took a líking to him.

**полюбова́ться** *сов. см.* любова́ться.

**полюбо́вн||о** *нареч.*: реши́ть, ко́нчить де́ло ~ come* to an ámicable / mútual agréement. **~ый** ámicable; ~ое соглаше́ние ámicable / mútual agréement / séttle:ment.

**полюбопы́тствовать** *сов. см.* любопы́тствовать.

**по́люс** *м.* (*в разн. знач.*) pole; Се́верный ~ North Pole; ~ непристу́пности pole of ínaccèssibílity; два ~а (*перен.*) two poles. **~ный** pólar.

**поля́к** *м.* Pole.

**поля́на** *ж.* glade, cléaring.

**поляриз||а́тор** *м. физ.* pólarìzer ['pou-]. **~ацио́нный** *физ.* pólarizable ['pouləraız-]. **~а́ция** *ж. физ.* pòlarizátion [pouləraı-].

**поляризова́ть** *несов. и сов.* (*вн.*) *физ.* pólarize ['pou-] (*d.*).

**поляри́метр** *м. физ.* pòlarímeter [pou-].

**поля́рник** *м.* pólar explórer; mémber of *a* pólar èxpedítion.

**поля́рность** *ж.* polárity.

**поля́рн||ый** árctic, pólar; ~ круг pólar circle; Поля́рная звезда́ the North Star; ~ая экспеди́ция èxpedition to the pólar / árctic régions, pólar / árctic èxpedition; ~ая ночь the pólar night.

**пома́д||а** *ж.* pomáde [-'mɑːd]; (*для волос тж.*) pomátum; губна́я ~ lipstick. **~ить,** напома́дить (*вн.*; *о волосах*) pomáde [-'mɑːd] (*d.*), grease (*d.*); (*о губах*) rouge [ruːʒ] (*d.*).

**пома́дка** *ж. собир.* pomádka (*kind of sweets*).

**пома́зан||ие** *с. церк.* (*на царство*) anóintment. **~ник** *м. церк.* (*на царство*) the Lord's Anóited.

**пома́зать** *сов.* **1.** (*вн.*) oil (*d.*), grease (*d.*); **2.** (*вн.*) *церк.*: ~ на ца́рство anóint (*d.*); **3.** *как сов. к* ма́зать 2.

**помазо́к** *м.* little brush; (*для бритья*) sháving-brùsh.

**помале́ньку** *нареч. разг.* little by little; (*о здоровье*) só-sò.

**пома́лкивать** *разг.* hold* one's tongue [...tʌŋ]; keep* mum.

**по-мальчи́шески** *нареч.* in a bóyish way.

**помани́ть** *сов. см.* мани́ть 1.

**пома́рка** *ж.* blot; (*карандашом*) péncil mark; (*исправление*) corréction.

**помаха́ть** *сов.* **1.** (*немного*) wave (for a while); (ве́село) ~ руко́й give* a (chéery) wave; помаши́ ему́ руко́й wave your hand to him; **2.** *как сов. к* маха́ть.

**пома́хива||ть** (*тв.*) wave (*d.*); (*тросточкой и т. п.*) whisk (*d.*), swing* (*d.*); (*хвостом*) wag [wæg] (*d.*); он шёл ~я тро́сточкой he walked whisking / swing¦ing his cane; соба́ка ~ет хвосто́м the dog wags his tail.

**поме́длить** *сов.* linger.

**помеле́ть** *сов.* become* shállow.

**помело́** *с.* broom.

**поме́ньше** (*сравн. ст. от прил.* ма́ленький *и нареч.* ма́ло) (*по количеству*) (just) a little less; (sóme¦whàt) less; (*по размеру*) (just) a little less / smáll¦er; (sóme¦whàt) less / smáll¦-er.

**поменя́ть** *сов. см.* меня́ть 2. **~ся** *сов. см.* меня́ться 2.

**помера́нец** *м.* **1.** (*плод*) bitter / wild órange; **2.** (*дерево*) wild órange-tree.

**помера́нцев||ый** *прил. к* помера́нец 1; ~ые цветы́ órange-blòssom *sg.*

**помере́ть** *сов. см.* помира́ть.

**помере́щиться** *сов. см.* мере́щиться.

**помёрз||нуть** *сов. разг.* be fróst-bitten; цветы́ ~ли the flówers are fróst-bitten.

**поме́рить** *сов.* (*вн.*) try on (*d.*).

**поме́риться** *сов. см.* ме́риться I.

**поме́ркнуть** *сов. см.* ме́ркнуть.

**помертве́лый** déadly pale ['ded-...].

**помертве́ть** *сов.* (*от ужаса, горя и т. п.*) grow* stiff / cold [grou...] (*with fright, grief, etc.*).

**помести́тельн||ость** *ж.* spácious¦ness; (*вместительность*) capácious¦ness. **~ый** (*просторный*) róomy, spácious; (*вместительный*) capácious.

**помести́ть** *сов. см.* помеща́ть. **~ся** *сов. см.* помеща́ться 2.

**поме́стн||ый:** ~ое дворя́нство *ист.* lánded géntry.

**поме́стье** *с.* estáte; (*родовое, наследственное*) pátrimony.

**по́месь** *ж.* **1.** cróss-breed; (*гибрид*) hýbrid ['haɪ-]; **2.** (*смесь, соединение чего-л. разнородного*) mísh-màsh.

**поме́сячн||о** *нареч.* by the month [...mʌ-], per month; mónthly ['mʌ-]. **~ый** mónthly ['mʌ-].

**помёт** *м.* **1.** dung, éxcrement; dróppings *pl.*; **2.** (*выводок*) lítter, brood; (*о поросятах*) fárrow.

**поме́та** *ж.* mark.

**поме́т||ить** *сов. см.* помеча́ть. **~ка** *ж.* mark.

**поме́х||а** *ж.* híndrance; (*препятствие*) óbstacle; en¦cúmbrance; быть ~ой (в *пр.*) hinder (*d.*), stand* in the way (of).

**помеча́ть,** поме́тить (*вн. тв.*) mark (*d.* with); (*о дате*) date (*d. d.*); ~ га́лочкой mark with a tick (*d.*), tick off (*d.*); он поме́тил письмо́ 15-м декабря́ he dáted *the* létter the 15th of Decémber.

**поме́ш||анный** **1.** *прил.* mad, crázy; (*психически больной*) insáne; (на *пр.*; *перен.*) mad (on, abóut), crázy (for); **2.** *как сущ. м.* mád¦-man*; *ж.* mád¦wòman* [-wu-]; *мн.* the mad. **~а́тельство** *с.* mádness, craze; (*безумие*) insánity; (на *пр.*; *перен.*) craze (for).

**помеша́ть** I *сов. см.* меша́ть I.

**помеша́ть** II *сов.* (*размешать*) **1.** (*немного*) stir (a little, for a while); **2.** *как сов. к* меша́ть II.

**помеша́ться** *сов.* (*сойти с ума*) go* mad, go* crázy; (на *пр.*; *перен.*) be mad (on, abóut), be posséssed by the idéa [...-'ze- ...aɪ'dɪə] (of).

**поме́шивать** (*вн.*) stir slówly [...-ou-] (*d.*).

**помещ||а́ть,** помести́ть (*вн.*) **1.** place (*d.*); locáte (*d.*); (*о капитале, деньгах*) invést (*d.*); ~ объявле́ние ádvertise, put* up *an* advértise¦ment [...-s-]; ~ на пе́рвой страни́це (*о фотографии и т. п.*) féature / cárry on the front page [...frʌnt...] (*d.*); ~ статью́ insért *an* árticle; **2.** (*поселять*) lodge (*d.*), accómmodàte (*d.*). **~а́ться,** помести́ться **1.** *тк. несов.* (*находиться*) be; be housed; (*жить*) lodge, be accómmodàted / locáted; учрежде́ние ~а́ется в э́том зда́нии the óffice is in this búilding [...'bɪl-]; **2.** (*вмещаться*; *о людях*) find* room; (*о вещах*) go* in; (*ср. тж.* вмеща́ться); **3.** *страд. к* помеща́ть. **~е́ние** *с.* **1.** (*действие*) locátion; (*капитала*) invéstment; **2.** (*жильё*) lódging, apártment, room; (*для учреждения и т. п.*) prémises [-sɪz] *pl.*; здесь большо́е ~е́ние there is plénty of room here; обеспе́чить ~е́нием (*вн.*) províde accòmmodátion (for); ~е́ния для скота́ hóusing for líve-stòck; жилы́е ~е́ния líving accòmmodátion ['lɪv-...] *sg.*; произво́дственные ~е́ния prodúction prémises.

**поме́щи||к** *м.* lándowner [-ounə], lándlòrd; lánded géntle¦man*, lord of the mánor [...'mæ-]. **~ца** *ж.* lánded lády, lády of the mánor [...'mæ-]. **~чий** *прил. к* поме́щик; ~чий дом mánor--house* ['mæ- -s]; уничтоже́ние ~чьего землевладе́ния àbolítion of lándlòrd próperty rights.

**помидо́р** *м.* tomátò [-'mɑː-].

**поми́ловани||е** *с.* párdon, forgíve¦ness [-'gɪv-]; про́сьба о ~и appéal (for párdon).

**поми́лова||ть** *сов.* (*вн.*) párdon (*d.*), forgíve* [-'gɪv] (*d.*); быть ~нным obtáin mércy.

**поми́луй, ~те** *пов. разг.* for píty's / góod-ness' sake! [...'pɪ-...].

**поми́мо** *предл.* (*рд.*) **1.** (*сверх*) besídes; (*исключая*) apárt from: там бы́ло мно́го наро́ду ~ них there were many people besídes them [...pi:-...]; ~ други́х соображе́ний (quite) apárt from other considerátions; **2.** (*без ведома, участия* кого́-л.) without smb.'s knówl-edge [...'nɔ-]: э́то бы́ло сде́лано ~ него́ this was done without his knówledge.

**поми́н** *м. разг.:* лёгок на ~е ≅ talk of the dévil (and he is sure to appéar) [...ʃuə...]; его́ и в ~е нет ≅ there is no trace of him; об э́том и ~у не́ было there was no méntion of it, no méntion was made of it.

**помин||а́ть,** помяну́ть (*вн.*) **1.** méntion (*d.*), make* méntion (of); помяну́ть кого́-л. хоро́шим сло́вом *разг.* speak* well of smb.; помяни́(те) моё сло́во *разг.* mark my words; **2.** *церк.* pray (for); ◇ не ~(а́й)те меня́ ли́хом think kíndly of me; ~а́й, как зва́ли *разг.* ≅ and that was the last you ever saw (*of him, them, etc.*).

**поми́нки** *мн.* fúneral repást / feast / bánquet *sg.*

**помину́тно** *нареч.* every móment / mínute [...'mɪnɪt]; ~ кто́-нибудь звони́т ему́ по телефо́ну every móment / mínute sóme|body rings him up.

**помира́ть,** помере́ть *разг.* die; ◇ ~ со́ смеху ≅ split* / burst* one's sides with láughter [...'lɑ:f-].

**помири́ть** *сов. см.* мири́ть. **~ся** *сов. см.* мири́ться.

**по́мн||ить** (*вн.*, о *пр.*) remémber (*d.*), keep* in mind (*d.*); он ~ит об э́том he remémbers it; он всё вре́мя ~ит об э́том he never forgéts it [...-'g-...]; he thinks of nothing else; твёрдо ~ keep* / bear* fírmly in mind [...bɛə...] (*d.*); ◇ не ~ себя́ (от) be beside òne|sélf (with). **~иться 1.** (*дт.*): ему́, им *и т. д.* э́то ~ится he remémbers, they remémber, *etc.*, it; ему́, им *и т. д.* хорошо́ ~ились э́ти стро́ки he, they, *etc.*, remémbered these lines very well; ему́, им *и т. д.* э́то до́лго ~илось he, they, *etc.*, remémbered, *или* kept remémbering, it for a long time; he, they, *etc.*, never forgót it; it stuck in his mind, their minds, *etc.*, for a long time; наско́лько ему́, им *и т. д.* ~ится as far as he, they, *etc.*, can remémber; таки́е ве́щи до́лго ~ятся one remémbers such things for a long time, one never forgéts such things [...-'gets...]; **2.** *безл. как вводн. сл. разг.:* ~ится I remémber (that); ~ится, он тебе́ тогда́ не понра́вился I remémber (that) you did not like him then; ~ится, он жил здесь когда́-то I remémber he lived here once [...lɪvd... wʌns].

**помно́гу** *нареч.* in plénty, in large númbers.

**помножа́ть,** помно́жить (*вн.* на *вн.*) múltiplỳ (*d.* by); ~ два на́ три múltiplỳ two by three; два, помно́женное на два, равня́ется четырём twice two is four [...fɔ:], two twos are four; семь, помно́женное на де́сять, равня́ется семи́десяти séven tens are séventy ['se-...], séven times ten is séventy.

**помно́жить** *сов. см.* помножа́ть *и* мно́жить 1.

**помога́ть,** помо́чь **1.** (*дт.*) help (*d.*), assíst (*d.*), aid (*d.*); súccour (*d.*) *книжн.*; (*материально*) suppórt (*d.*); ~ кому́-л. подня́ться help smb. up; ~ кому́-л. сойти́, спусти́ться help smb. down; ~ кому́-л. наде́ть пальто́ help smb. on with *his* (óver|)coat; э́то де́лу не помо́жет this won't mend mátters [...wount...]; **2.** (*без доп.*; *облегчать — о лекарстве и т. п.*) relíeve [-i:v].

**по-мо́ему** *нареч.* **1.** (*по моему мнению*) in, *или* accórding to, my opínion; to my mind / thínking; **2.** (*по моему желанию*) as I want / wish; as I would have it; (*по моему совету*) as I advíse.

**помо́||и** *мн.* slops; ◇ облива́ть ~ями кого́-л. *разг.* ≅ throw* / fling* mud at smb. [-ou...].

**помо́й||ка** *ж. разг.* rúbbish heap; (*ящик*) dúst-bin. **~ный:** ~ное ведро́ slóp-pail; ~ная я́ма réfuse / rúbbish pit [-s...].

**помо́л** *м. тк. ед.* (*действие*) grínding; мука́ ме́лкого ~а fíne-ground flour; мука́ кру́пного ~а cóarse-ground flour.

**помо́лв||ить** *сов.:* быть ~ленным с кем-л. be en|gáged to smb.; be betróthed to smb. [...-ouðd...] *книжн.* **~ка** *ж.* en|gáge|ment; betróthal [-ouð°l].

**помоли́ться** *сов. см.* моли́ться 1.

**помоло́гия** *ж.* pomólogy.

**помолоде́ть** *сов. см.* молоде́ть.

**помолч||а́ть** *сов.* (*некоторое время и т. п.*) be sílent (for a while, *etc.*); ~и́(те)! sílence! ['saɪ-], stop tálking!

**помо́р** *м.*, **~ка** *ж.* pomór. **~ский** *прил. к* помо́р; ~ское село́ pomór víllage.

**помо́рщиться** *сов.* make* a wry face.

**помо́рье** *с.* máritime cóuntry [...'kʌ-].

**помо́ст** *м.* dáis ['deɪɪs], èstráde [-ɑ:d]; stage, róstrum; (*эшафот*) scáffold.

**по́моч||и** *мн.* **1.** léading strings; **2.** (*подтяжки*) (pair of) bráces; suspénders; ◇ быть, ходи́ть на ~а́х be in léading strings.

**помочи́ть** *сов.* (*вн.*) móisten slíghtly [-s°n...] (*d.*). **~ся** *сов. см.* мочи́ться.

**помо́чь** *сов. см.* помога́ть.

**помо́щни||к** [-шн-] *м.*, **~ца** [-шн-] *ж.* assístant; help, hélpmàte, hélpmeet; ~ дире́ктора assístant diréctor; ~ заве́дующего assístant mánager; ~ машини́ста éngine driver's mate / assístant ['endʒ-...]; ~ капита́на *мор.* mate.

**по́мощ||ь** *ж.* help, assístance, aid; (*общественная и т. п.*) relíef [-'li:f]; оказа́ть ~ (*дт.*) give* help (*i.*), help (*d.*); rénder assístance (*i.*); приходи́ть на ~ (*дт.*) come* to the aid (of); пода́ть ру́ку ~и (*дт.*) give* / lend* a hélping hand (*i.*), lend* a hand (*i.*); на ~! help!; при ~и, с ~ью (*рд.*) with the help (of), by means (of); без посторо́нней ~и ún|assísted; single-hánded *разг.*; пе́рвая ~ first aid; ско́рая ~ (emérgency) first aid; автомоби́ль ско́рой ~и ámbulance car; ~ на дому́ out relíef, home vísiting sérvice [...-z-...]; техни́ческая ~ téchnical aid.

**по́мпа** I *ж. тех.* pump.

**по́мпа** II *ж. тк. ед.* (*торжественность*) pomp, state.

**помпе́зн||ость** *ж.* pòmpósity. **~ый** pómpous.

**помпо́н** *м.* pómpòn ['pɔːmpɔːn].

**помрача́ть,** помрачи́ть (*вн.*) *уст.* dárken (*d.*), obscúre (*d.*); (*о рассудке*) dull (*d.*), cloud (*d.*); помрачённый взор clóuded eyes [...aɪz] *pl.* **~ся,** помрачи́ться **1.** grow* dark [-ou...], become* obscúred; **2.** *страд. к* помрача́ть.

**помрачи́ть(ся)** *сов. см.* помрача́ть(ся).

**помрачне́ть** *сов. см.* мрачне́ть.

**помут||и́ть** *сов. см.* мути́ть 2. **~и́ться** *сов. см.* мути́ться 2. **~не́ние** *с.* dímness. **~не́ть** *сов. см.* мутне́ть.

**пому́чить** *сов.* (*вн.*) make* súffer (*d.*), tòrmént (*d.*). **~ся** *сов.* **1.** (*немного и т. п.*) súffer (for a while, *etc.*); **2.** (*потрудиться*) take* some pains.

**помча́ть** *сов.* **1.** (*вн.*) cárry off / a¦wáy (*d.*); **2.** *разг.*= помча́ться. **~ся** *сов.* dart.

**помыка́ть** (*тв.*) *разг.* órder abóut (*d.*).

**по́мысел** *м.* (*мысль*) thought; (*намерение*) design [-'zaɪn].

**помы́слить** *сов. см.* помышля́ть.

**помы́ть(ся)** *сов. см.* мы́ть(ся).

**помышле́ние** *с.*= по́мысел.

**помышля́ть,** помы́слить (о *пр.*) *разг.* think* (abóut); (*мечтать*) dream* (of).

**помяну́ть** *сов. см.* помина́ть.

**помя́тый** **1.** *прич. см.* помя́ть; **2.** *прил. разг.* (*о лице*) flábby, bággy.

**помя́ть** *сов. см.* мять. **~ся** *сов. см.* мя́ться.

**понаде́яться** *сов. разг.* (на что-л.) count (up¦ón smth.); (на кого́-л.) relý (on smb.).

**пона́доби||ться** *сов.* (*дт.*) *разг.*: ему́, им *и т. д.* э́то мо́жет ~ he, they, *etc.*, may need it, *или* may have need of it, *или* may be in need of it; ему́, им *и т. д.* э́та кни́га не ~лась he, they, *etc.*, did not need this book, *или* had no need of this book, he was, they were, *etc.*, not in need of this book; е́сли ему́ э́то когда́-л. ~тся if he ever needs it, *или* has need of it, *или* is in need of it; — е́сли ~тся if nécessary: е́сли ~тся, он тебе́ позвони́т if nécessary he will ring you up.

**пона́ехать** *сов. разг.* come* in large númbers.

**понапра́сну** *нареч. разг.* in vain.

**понаслы́шке** *нареч. разг.* by héarsay.

**по-настоя́щему** *нареч.* (*как следует*) in the right way, próperly; (*сильно*) trúly.

**понату́житься** *сов. разг.* put* one's back into the job.

**понача́лу** *нареч. разг.* at first, fírst¦ly, from the beginning.

**по-на́шему** *нареч.* **1.** (*по нашему мнению*) in, *или* accórding to, our opinion; to our mind / thínking; **2.** (*по нашему желанию*) as we want / wish; as we would have it; (*по нашему совету*) as we advíse; вы́шло ~ we have it our own way [...oun...]; **3.** (*по нашему обычаю*) accórding to our cústom.

**понево́ле** *нареч.* (*по необходимости*) willy-nilly; (*против воли*) agáinst one's will.

**понеде́льник** *м.* Mónday ['mʌndɪ]; по ~ам on Móndays, every Mónday.

**понеде́льн||о** *нареч.* by the week, per week; wéekly. **~ый** wéekly.

**поне́житься** *сов.* take* one's ease, lùxúriate.

**понемно́||гу, ~жку** *нареч.* **1.** little, a little at a time; он ест ~, но ча́сто he eats little but óften [...'ɔːf(t)°n]; **2.** (*постепенно*) little by little; не́бо ~ проясни́лось little by little the sky cleared.

**понес||ти́** *сов. см.* нести́ I 1, 2, 6; ◇ ло́шади ~ли́ *the* hórses ran a¦wáy, *the* hórses bólted. **~ти́сь** *сов.* **1.** *см.* нести́сь I *и* носи́ться I 1; **2.** (за *тв.*) rush off (áfter), dash off (áfter), tear* alóng [tɛə...] (áfter); он понёсся за ни́ми he rushed / dashed off áfter them, he tore alóng áfter them; **3.** (*без доп.*; *о лошадях*) dash off, tear* off; ло́шади ~ли́сь *the* hórses dashed / tore / gálloped off.

**по́ни** *м. нескл.* póny.

**понижа́ть,** пони́зить (*вн.*) lówer ['louə] (*d.*); (*ослаблять, уменьшать*) redúce (*d.*); ~ це́ны lówer príces; ~ по слу́жбе demóte (*d.*); ~ го́лос lówer / drop one's voice. **~ся,** пони́зиться **1.** fall* / go* down, lówer ['louə]; (*о ценах тж.*) sink*; **2.** *страд. к* понижа́ть.

**пони́же** (*сравн. ст. от прил.* ни́зкий *и нареч.* ни́зко) (ráther, *или* a little) lówer ['rɑː-...'louə]; (*о росте человека*) (ráther, *или* a little) shórter.

**пониже́ние** *с.* fall, lówering ['lou-], drop; (*уменьшение, ослабление*) redúction; ~ цен fall in príces; ~ давле́ния drop in préssure; ~ у́ровня воды́ sinking / abáte¦ment of the wáter-lèvel [...'wɔː- -le-]; ~ по слу́жбе demótion; ~ за́работной пла́ты wáge-cùt; игра́ть на ~ (*на бирже*) spéculàte for a fall, sell* short; bear [bɛə] *разг.*

**пони́зить(ся)** *сов. см.* понижа́ть(ся).

**понизо́вье** *с.* lówer réaches ['louə...] *pl.*

**по́низу** *нареч.* low [lou]; alóng the ground / súrface; close to the ground [-s...]; дым сте́лется ~ smoke hangs low.

**поника́ть,** пони́кнуть droop; (*о растениях тж.*) wilt; ~ голово́й hang* one's head [...hed].

**пони́кнуть** *сов. см.* поника́ть *и* ни́кнуть.

**понима́ни||е** *с.* **1.** ùnderstánding, còmprehénsion; э́то вы́ше моего́ ~я it is be¦yónd my ùnderstánding / còmprehénsion, it is be¦yónd me; **2.** (*толкование, точка зрения*) concéption; sense; в маркси́стском ~и in the Márxian sense; в моём ~и as I see it.

**понима́||ть,** поня́ть **1.** (*вн.*) ùnderstánd* (*d.*); (*постигать*) còmprehénd (*d.*); (*осознавать*) réalize ['rɪə-] (*d.*); ~ю!, по́нял! I see!; я вас ~ю I see your point; пойми́(те) меня́ don't mìsùnderstánd me; don't get me wrong *разг.*; дава́ть поня́ть (*дт.*) give* (*i.*) to ùnderstánd (*d.*); он дал я́сно поня́ть, что he made it clear that; легко́ поня́ть it will be éasily ùnderstóod [...'iːz-...]; поня́ть намёк take* *the* hint; поня́ть непра́вильно mìsùnderstánd* (*d.*), mistáke* (*d.*); пора́, наконе́ц, поня́ть, что it is high time it was réalized that; **2.** *тк. несов.* (*вн.*, в *пр.*; *знать толк*) be a good judge (of); он ~ет му́зыку, *или* в му́зыке he is a good judge of músic [...-zɪk]; он пло́хо ~ет жи́вопись he is no judge of páinting.

**по-но́вому** *нареч.* in a new fáshion; нача́ть жить ~ begin* a new life; turn óver a new leaf *идиом.*

**поножо́вщина** *ж. разг.* thróat-cùtting.

**пономáрь** *м.* séxton, sácristan.
**понóс** *м.* diarrh(ó)ea [-'rɪə]; кровáвый ~ blóody flux [-ʌdɪ...].
**поноси́ть** I (*вн.*; *оскорблять*) abúse (*d.*), defáme (*d.*), revíle (*d.*).
**поноси́ть** II *сов.* (*вн.*) **1.** (*некоторое время и т. п.*) cárry (for a while, *etc.*) (*d.*); **2.** (*о платье и т. п.*) wear* [wɛə] (*d.*); (*некоторое время и т. п.*) wear* (for a while, *etc.*) (*d.*).
**понóсн||ый** *уст.* abúsive, defámatory; ~ые словá abúsive words.
**поношéние** *с.* abúse [-s], dèfamátion, revíling.
**понóшенный** shábby, thréadbàre ['θred-], frayed; (*перен.*; *о человеке*) hággard, worn [wɔːn]; ~ костю́м shábby / thréadbàre suit [...sjuːt]; ~ вид hággard / worn look / appéarance.
**понрáвиться** *сов. см.* нрáвиться.
**понтёр** *м. карт.* púnter.
**понти́ровать** *карт.* punt.
**понтóн** *м.* pòntóon; pónton *амер.* **~ёр** *м.* pòntoonéer, pòntoníer. **~ный** pòntóon (*attr.*); ~ный мост pòntóon-bridge; ~ная рóта pòntóon cómpany [...'kʌ-]; ~ное дéло pòntóon-bridging.
**понуди́тельный** impéllent, préssing.
**понýдить** *сов. см.* понуждáть.
**понужд||áть,** понýдить (*вн.* + *инф.*) force (*d.* + to *inf.*), compél (*d.* + to *inf.*), impél (*d.* + to *inf.*). **~éние** *с.* compúlsion.
**понук||áние** *с. разг.* dríving on, spéeding on, úrging on. **~áть** (*вн.*) *разг.* drive* on (*d.*), speed* on (*d.*), urge (*d.*), urge on (*d.*).
**понýр||ить** *сов.*: ~ гóлову hang* one's head [...hed]; ~ив гóлову with háng|ing head, with head lówered [...'lou-]. **~ый** dówn|càst, depréssed.
**пóнчик** *м.* dúmpling.
**поны́не** *нареч. уст.* up to the présent (time) [...'prez-...], until now, till now.
**поню́хать** *сов. см.* ню́хать.
**поню́шка** *ж.*: ~ табакý pinch of snuff.
**поня́т||ие** *с.* **1.** idéa [aɪ'dɪə], nótion, cóncèpt; имéть ~ о чём-л. have an idéa, *или* a nótion, of smth.; не имéть (ни малéйшего) ~ия о чём-л. have no idéa / nótion of smth., have not the slíghtest / fáintest / remótest idéa / nótion of smth.; растяжи́мое ~ loose cóncèpt [-s...]; **2.** *филос.* concéption. **~ли́вость** *ж.* còmprehénsion. **~ли́вый** quick; он ~ли́вый (учени́к, студéнт, ребёнок *и т. п.*) he is quick, he cátches on quíckly.
**поня́тно** I **1.** *прил. кратк. см.* поня́тный; **2.** *предик. безл.* it is clear; ~! *разг.* I see!; ~? *разг.* (you) see?; ~, что (*ясно*) it is clear that; (*естественно*) it is quite nátural that; вполнé ~, что it is quite clear / ùnderstándable that; one can well ùnderstánd that; **3.** *как вводн. сл.* (*естественно*) náturally; (*конечно*) of course [...kɔːs].
**поня́тно** II *нареч.* cléarly, pláinly; (*вразумительно*) fórcibly, perspícuous|ly.
**поня́тн||ость** *ж.* cléarness, pláinness; intèlligibílity; (*вразумительность*) pèrspicúity. **~ый** intélligible; (*ясный*) clear; э́то ~о (*ясно*) it is clear; (*естественно*) it is nátural; ◇ ~ое дéло, ~ая вещь *как вводн. сл. разг.* quite náturally.
**понятóй** *м. скл. как прил.* wítness.
**поня́ть** *сов. см.* понимáть 1.
**пообéдать** *сов. см.* обéдать.
**пообещáть** *сов.* (*вн. дт.*) prómise [-s] (*d. i.*).
**пообжи́ться** *сов. разг.* get* accústomed to one's new surróundings.
**пообноси́ться** *сов. разг.* be short of clothes [...klou-].
**пóодаль** *нареч.* at some dístance, alóof.
**поодинóчке** *нареч.* one at a time, one by one.
**по-осéннему** *нареч.* as in áutumn.
**поосмотрéться** *сов. разг.* take* a look round, get* accústomed to one's new surróundings.
**поочерёдн||о** *нареч.* in turn, by turns. **~ый** by turn; у постéли больнóго бы́ло установлено ~ое дежýрство they took it in turns to watch the sick man*.
**поощр||éние** *с.* en|cóurage|ment [-'kʌ-]; для материáльного ~éния (*рд.*) to stímulàte the matérial ínterests (of). **~и́тельный** en|cóuraging [-'kʌ-]. **~и́ть** *сов. см.* поощря́ть.
**поощря́ть,** поощри́ть (*вн.*) en|cóurage [-'kʌ-] (*d.*); (*гл. обр. материально*) give* an incéntive (to), stímulàte the ínterest (of); (*поддерживать*) cóuntenance (*d.*).
**поп** *м. разг.* priest [-iːst]; ◇ какóв ~, такóв и прихóд *погов.* ≅ like máster, like man.
**попадáние** *с.* (*в цель*) hit; прямóе ~ diréct hit.
**попадáть,** попáсть **1.** (*в вн.*; *в цель и т. п.*) hit* (*d.*); пýля попáла емý в нóгу the búllet hit / struck him in the leg [...'bu-...]; не ~ в цель miss (one's aim); **2.** (*куда-л.*) get*; (*очутиться*) find* òne|sélf; попáсть на пóезд, трамвáй *и т. п.* catch* *a* train, tram, *etc.*; письмó попáло не по áдресу the létter came to the wrong addréss; как попáсть на вокзáл? what is the way to the ráilway státion?; попáсть комý-л. в рýки fall* into smb.'s hands; попáсть под суд be brought to tríal; попáсть в плен be táken prísoner [...'prɪz-]; попáсть в бедý get* into tróuble [...trʌbl]; come* to grief [...-iːf] *идиом.*; ~ в неприя́тное положéние get* into tróuble; get* into a scrape; be in a nice mess; ◇ попáсть пáльцем в нéбо ≅ be wide of the mark; get* / have / take* the wrong sow by the ear [...sou...] *идиом.*; попáсть в сáмую тóчку ≅ hit* the (right) nail on the head [...hed], hit* the mark, strike* home; емý попáло *разг.* he caught it (hot); емý попадёт! *разг.* he will catch it!, he will get it hot!; как попáло (*небрежно*) ány|how; (*в беспорядке, панике*) hélter-skélter; где попáло ány|whère; комý попáло to ánybody; он готóв отдáть э́то комý попáло he is réady to give it to ánybody [...'redɪ...]. **~ся,** попáсться **1.** be caught; get*; ~ся с поли́чным be táken / caught réd-hánded; ~ся на ýдочку swállow / take* the bait; (*перен. тж.*) fall* for the bait; ~ся комý-л. в рýки fall* into smb.'s hands; бóльше не попадáйся don't let me, him, *etc.*, catch you agáin; **2.** (*дт.*; *встречаться*): по дорóге емý, ей *и т. д.* попáлся тóлько оди́н человéк on the way he, she, *etc.*, came acróss, *или* ran into, ónly one man*; э́та кни́га емý попáлась

совершéнно случáйно he came acróss, *или* found, this book quite by chance; на экзáмене емý попáлся трýдный билéт at the exàminátion he drew a difficult quéstion [...-stʃən]; ~ся комý-л. на глазá catch* smb.'s eye [...aɪ]; ◇ что попадётся ány:thing; пéрвый попáвшийся the first cómer [...'kʌ-], the first pérson one comes acróss; anybody.

**попадья́** *ж.* priest's wife* [pri:-...].

**попáрно** *нареч.* in pairs, two and / by two.

**попáсть(ся)** *сов. см.* попадáть(ся).

**попáхива||ть** (*тв.*) *разг.* smell* a little (of); здесь ~ет ды́мом there is a smell of smoke here.

**попеня́ть** *сов. см.* пеня́ть.

**поперёк** *нареч. и предл.* (*рд.*) acróss: перерéзать что-л. ~ cut* smth. acróss; протянýть что-л. ~ stretch smth. acróss; ~ ýлицы acróss *the* street; лечь ~ постéли lie* acróss *the* bed; ◇ вдоль и ~ far and wide; знать что-л. вдоль и ~ know* smth. thóroughly, *или* inside out [nou... 'θʌ-...]; know* all the ins and outs of smth.; стоя́ть у когó-л. ~ дорóги be in smb.'s way; стать комý-л. ~ гóрла stick* in smb.'s throat.

**попеременно** *нареч.* in turn, by turns, àltérnate:ly.

**попере́чина** *ж.* cróss-beam, cróss-piece [-pi:s], cróss-bàr.

**попере́чник** *м.* diámeter; пять мéтров в ~ике five metres in diámeter; five metres acróss.

**попере́чн||ый** diamétrical, trànsvérsal [-nz-], cross, cróss-cùt; ~ разрéз, ~ое сечéние cróss-sèction; ~ая пилá cróss-cùt saw; ~ая бáлка tránsvèrse [-nz-], cróss-beam; ◇ (кáждый) встрéчный и ~ *разг.* anybody and everybody; Tom, Dick and Hárry *идиом.*

**поперхнýться** *сов.* (*тв.*) choke (óver).

**попечéни||е** *с.* care; имéть когó-л. на ~и have smb. in charge, have smb. to take care of, have smb. to care for; быть на ~и (*рд.*) be in the charge (of).

**попечи́тель** *м.*, **~ница** *ж.* trùstée, guárdian. **~ство** *с.* trùstéeship, guárdianship.

**попирáть,** попрáть (*вн.*) trample (*d.*, on); (*перен. тж.*) defý (*d.*), flout (*d.*), scorn (*d.*); ~ ногáми tread* únder foot* [tred...fut] (*d.*); ~ правá (*рд.*) víolàte the rights (of).

**попировáть** *сов.* feast.

**попи́скивать** cheep.

**попи́сывать** (*вн.*) *разг.* write* (*d.*); do an occásional bit of writing; *ирон.* (*о литерату́ре и т. п. тж.*) scribble (*d.*).

**попи́ть** *сов.* have a drink.

**пóпка** *м. разг.* (*попугай*) párrot, Pólly.

**поплáвать** *сов.* have / take* a swim.

**поплавкóвый** float-; ~ гидросамолёт flóat-plàne.

**поплавóк** *м.* 1. float; 2. *разг.* (*ресторан*) flóating réstaurant [...-tərɔ:ŋ], flóating bar.

**поплáкать** *сов.* 1. (*некоторое время, немного и т. п.*) cry / weep* (for a while, a little, *etc.*), shed* a few tears; 2. *как сов. к* плáкать. **~ся** *сов. см.* плáкаться.

**поплати́ться** *сов. см.* плати́ться.

**поплёвывать** *разг.* spit*.

**попли́н** *м. текст.* póplin. **~овый** *прил. к* попли́н.

**поплы́ть** *сов.* 1. *см.* плáвать; 2. (*о пловце*) strike* out, start swimming.

**поплясáть** *сов.* 1. (*некоторое время, немного и т. п.*) dance, have a bit of dáncing; 2. *как сов. к* плясáть; ◇ он у меня́ попля́шет *разг.* ≅ he will get it hot, he will catch it.

**попóвич** *м.* son of *a* priest [sʌn...pri:-].

**попóвна** *ж.* dáughter of *a* priest [...pri:-].

**попóзже** (*сравн. ст. от нареч.* пóздно) (a little) láter.

**попóйка** *ж.* drinking-bout, caróuse.

**пополáм** *нареч.* in two, hálf-and-hálf ['hɑ:f-]; дели́ть ~ (*вн.*) divíde into two parts (*d.*), divíde in two (*d.*), divíde in half [...hɑ:f] (*d.*), halve [hɑ:v] (*d.*).

**поползновéние** *с.* feeble ímpùlse.

**поползти́** *сов. см.* ползти́.

**пополнéние** *с.* 1. replénishment; ~ боеприпáсами replénishment of àmmunítion; ~ горю́чим, ~ тóпливом ré:fúelling [-'fju-]; ~ библиотéки stócking of library funds [...'laɪ-...]; 2. *воен.* (*людьми*) rè:infórce:ment, draft; ~ потéрь rè:pláce:ment of cásualties [...-ʒjuəl-].

**пополнéть** *сов. см.* полнéть.

**попóлнить(ся)** *сов. см.* пополня́ть(ся).

**пополня́ть,** попóлнить (*вн.*) 1. replénish (*d.*); fill up (*d.*); (*о знаниях*) enrich (*d.*), widen (*d.*), enlárge (*d.*); ~ горю́чим, ~ тóпливом ré:fúel [-'fjuəl] (*d.*); 2. *воен.* (*людьми*) ré:mán (*d.*), rè:infórce (*d.*); (*о потерях*) rè:pláce (*d.*). **~ся,** попóлниться 1. in:créase [-s], be replénished; (*о знаниях*) widen; 2. *страд. к* пополня́ть.

**пополоскáть** *сов.* (*вн.*; *о белье*) rinse (out) (*d.*); (*о горле*) gargle (*d.*).

**пополу́||дни** *нареч.* in the áfternóon, post merídiem [poust...] (*сокр.* p. m. ['pi:'em]). **~нóчи** *нареч.* áfter midnight, ánte merídiem (*сокр.* a. m. ['eɪ'em]).

**попóмн||ить** *сов. разг.* (*вн.*) remémber (*d.*); я тебé э́то ~ю I'll repáy you, I'll get éven with you; ◇ ~и(те) моё слóво mark my words.

**попóна** *ж.* hórse-clòth.

**попóртить** *сов. разг.* = испóртить *см.* пóртить.

**попóтчевать** *сов. см.* пóтчевать.

**поправéть** *сов. см.* правéть.

**поправи́мый** réparable, remédiable.

**попрáв||ить(ся)** *сов. см.* поправля́ть(ся). **~ка** *ж.* 1. *тк. ед.* (*о здоровье*) recóvery [-'kʌ-]; у негó дéло идёт на ~ку he is on the way to recóvery; he is on the mend *разг.*; 2. (*починка*) repáiring, ménding; 3. (*исправление*) corréction; (*в законопроекте и т. п.*) améndment; вноси́ть ~ки (в *вн.*) aménd (*d.*), insért / introdúce améndments (into). **~лéние** *с.* corréction; (*восстановление*) rèstorátion; (*переводится тж. формой на* -ing *от соответствующих глаголов*; *см.* поправля́ть).

**поправля́ть,** попрáвить (*вн.*) 1. (*чинить*) repáir (*d.*), mend (*d.*); 2. (*об ошибке*) corréct (*d.*); (*оратора, собеседника и т. п.*) put* / set* right (*d.*); попрáвить ученикá corréct the púpil, put* the púpil right; 3. (*приводить в надлежащее положение*) put* / set* straight (*d.*), ré:adjúst [-ə'dʒʌst] (*d.*); ~ шля́пу set* *the* hat straight; ~ причёску smooth one's hair [-ð...]; ~ поду́шку adjúst *the* pillow [ə'ʤʌst...]; **4.** (*улучшать, восстанавливать*) bétter (*d.*); (*о здоровье*) restóre (*d.*); ~ де́нежные дела́ bétter one's position [...-'zɪ-], ease one's fináncial dífficulties, mend one's finánces; он поéхал в дерéвню, чтóбы попрáвить своё здорóвье he went to the·cóuntry for his health [...'kʌ-...helθ]; дéла попрáвить нельзя́ the thing cánnòt be ménded. **~ся,** попрáвиться **1.** (*выздоравливать*) get* well, recóver [-'kʌ-]; *сов. тж.* be well agáin; (*полнеть*) gain weight, put* on weight; вы хорошó попрáвились you look much bétter; (*пополнели*) you have put on flesh, you have grown plúmper [...-oun...]; **2.** (*исправлять ошибку*) corréct òne¦sélf; **3.** (*о делах и т. п.*) impróve [-ru:v]; **4.** *страд. к* поправля́ть.

**попра́вочный** corréction (*attr.*); ~ коэффицие́нт corréction fáctor.

**попра́ть** *сов. см.* попирáть.

**по-пре́жнему** *нареч.* as befóre; (*как обычно*) as úsual [...'ju:ʒ-].

**попрёк** *м.* repróach.

**попрек||а́ть,** попрекну́ть (*вн. тв., вн.* за *вн.*) repróach (*d.* with). **~ну́ть** *сов. см.* попрекáть.

**по́прище** *с.* field [fi:ld]; walk of life; литератýрное ~ líterary pursúits [...-'sju:-] *pl.*; на э́том ~ in this walk of life; вступи́ть на дипломати́ческое ~ énter on one's diplomátic caréer.

**по-прия́тельски** *нареч.* as a friend [...frend], in a fríendly mánner [...'frend-...].

**попро́бовать** *сов. см.* прóбовать.

**попроси́ть(ся)** *сов. см.* проси́ть(ся).

**по́просту** *нареч. разг.* símply, without cèremony; ~ говоря́ to put it blúntly, blúntly spéaking; ~ говоря́, он нечéстный человéк to put it blúntly, he is not an hónest pérson [...'ɔnɪst...].

**попроша́й||ка** *м. и ж. разг.* béggar, cádger. **~ничать** *разг.* beg, cadge; go* abóut bégging / cádging from people [...pi:pl]. **~ничество** *с. разг.* bégging, cádging.

**попроща́ться** *сов. см.* прощáться 1.

**попры́г||ать** *сов.* jump, hop, scámper. **~у́н** *м.,* **~у́нья** *ж. разг.* scámperer.

**попры́скать** *сов.* (*вн. тв.*) *разг.* sprínkle (*d.* with).

**попря́тать** *сов.* (*вн.*) *разг.* hide* (*d.*), concéal (*d.*). **~ся** *сов. разг.* hide* (òne¦sélf).

**попуга́й** *м.* párrot; повторя́ть как ~ (*вн.*) párrot (*d.*).

**попуга́ть** *сов.* (*вн.*) *разг.* scare (*d.*), fríghten a little (*d.*).

**попу́дно** *нареч.* by the pood.

**попу́дрить** *сов.* (*вн.*) pówder (*d.*). **~ся** *сов.* pówder one's face.

**популяриз||а́тор** *м.* pópularizer. **~а́ция** *ж.* pòpularizátion [-raɪ-]. **~и́ровать, ~ова́ть** *несов. и сов.* (*вн.*) pópularize (*d.*).

**популя́рн||ость** *ж.* pòpulárity; пóльзоваться ширóкой ~остью enjóy wide pòpulárity. **~ый** pópular.

**попурри́** *с. нескл. муз.* pót-póurri ['pou-'puri:].

**попусти́тельств||о** *с.* connívance [-'naɪ-]; при ~е (*рд.*) with the connívance (of).

**попусти́тельствовать** (*дт.*) connive (at), wink (at), shut* one's eyes [...aɪz] (to).

**по́пусту** *нареч. разг.* in vain, to no púrpose [...-s].

**попу́т||ать** *сов. разг.*: чёрт ~ал it's the work of the dévil.

**попу́т||но** *нареч.* in pássing, on one's way; (*перен.*) incidéntally; (*в то же время*) at the same time. **~ный** pássing; fóllowing; ~ная маши́на pássing car; ~ное замечáние pássing remárk; ~ная струя́ *мор.* back éddy, báckwàsh; ~ный вéтер fair wind [...wɪ-]; идти́ ~ным вéтром *мор.* sail free. **~чик** *м.,* **~чица** *ж.* féllow-tráveller.

**попыта́ть** *сов.*: ~ счáстья try one's luck.

**попыта́ться** *сов. см.* пытáться.

**попы́тк||а** *ж.* attémpt, endéavour [-'devə]; дéлать, предпринимáть ~у make* an attémpt; неудáчная ~ únsuccéssful attémpt; отчáянная ~ désperate attémpt; ~и сближéния *дип.* appróaches; ◇ ~ не пы́тка *погов.* ≅ nothing vénture, nothing gain.

**попы́хивать** (*тв.*) *разг.* puff a¦wáy (at, *d.*): ~ сигáрой puff a¦wáy (at) *a* cigár; ~ трýбкой puff a¦wáy (at) *a* pipe.

**попя́т||иться** *сов. см.* пя́титься. **~ный:** идти́ на ~ный *разг.* go* back on / up¦ón one's word.

**по́ра** *ж.* pore.

**пор||а́** *ж.* **1.** time; лéтняя ~ súmmer time; зи́мняя ~ wínter time; весéнняя ~ spring time; осéнняя ~ áutumn; fall *амер.*; вечéрней ~óй of an évening [...'i:v-]; **2.** *предик. безл.* it is time: ~ идти́ (it is) time to go; давнó ~ it is high time; не ~ ли? is¦n't it time?; — вам ~ спать it is your bédtìme; ◇ на пéрвых ~áх at first; до ~ы́, до врéмени until a cértain time; for so long and no lónger; for the time bé¦ing; до каки́х пор? till what time?, till when?, how long?; с каки́х, с котóрых пор? since when?; до тех пор, покá (не) until; as long as; с э́тих пор since that time; (*о будущем*) hénce¦fórward; до- сих пор (*о времени*) till now, up to now; híther¦tó [-'tu:]; (*ещё, всё ещё*) still; (*о месте*) up to here; up to this point; до сей ~ы́ to this day; с тех пор, как (ever) since; с дáвних пор long, for a long time; for áges *разг.*; в пóру ópportùne¦ly, at the right time; в сáмую пóру just at the right time; не в пóру inópportùne¦ly, at the wrong time; егó приéзд не в пóру his arrival is inópportùne.

**порабо́та||ть** *сов.* work, do some work; над э́тим нáдо ~ one will have to work at it; слáвно ~ли! fine work!; сегóдня мы хорошó ~ли we have put in a good day's work to¦dáy; ~ в садý do a bit in the gárden.

**поработи́тель** *м.,* **~ница** *ж.* enslàver, oppréssor; (*завоеватель*) cónqueror [-kə-].

**поработи́ть** *сов. см.* порабощáть.

**порабощ||а́ть,** поработи́ть (*вн.*) enslàve (*d.*); enthrál(l) (*d.*) (*тж. перен.*). **~е́ние** *с.* enslàve¦ment; enthrálment [-ɔ:l-].

**поравня́ться** *сов.* (с *тв.*) come* alóng¦síde (of), come* up (with).

**порадéть** *сов. см.* радéть.

**пора́довать** *сов.* **1.** *как сов. к* рáдовать; **2.** (*вн.*) make* glad / háppy for a while (*d.*).

**~ся** *сов.* 1. *как сов. к* ра́доваться; 2. be glad / háppy for a while.

**поража́ть,** порази́ть (*вн.*) 1. (*наносить удар*) strike* (*d.*); (*неприятеля*) en¦gáge (*d.*); (*попадать — о пуле*) hit* (*d.*); ~ цель *воен.* hit* the tárget [...-gɪt]; 2. (*удивлять*) strike* (*d.*), startle (*d.*); (*потрясать*) stágger (*d.*); поражённый го́рем stricken by grief [...-iːf], grief-stricken [-iːf-]; поражённый у́жасом térror-stricken, hórror-stricken; 3. *мед.* afféct (*d.*), strike* (*d.*). **~ся,** порази́ться 1. be surprísed / astónished / thúnderstrùck; 2. *страд. к* поража́ть 1.

**поражéнец** *м.* deféatist.

**пораже́н||ие** *с.* 1. deféat; по́лное ~ útter deféat; наноси́ть ~ (*дт.*) deféat (*d.*), inflíct a deféat (on); терпе́ть ~ súffer / sustáin a deféat, be deféated; не име́ть ~ий *спорт.* be únbéaten, have an únbéaten récòrd [...'re-]; 2. *воен.* (*действие огнём*) hitting; 3. *мед.* afféction, diséase [-'ziːz]; ◇ ~ в права́х disfránchise¦ment.

**поражённый** *прич. см.* поража́ть.

**пораже́нче||ский** deféatist (*attr.*). **~ство** *с.* deféatism.

**порази́тельн||ый** stríking, stártling; (*потрясающий*) stággering; ~ое схо́дство (с *тв.*) striking resémblance / líke¦ness [...-'ze-...] (to).

**порази́ть(ся)** *сов. см.* поража́ть(ся).

**поразмы́слить** *сов.* (о *пр.*) *разг.* think* óver (*d.*), give* some thought (to).

**по-ра́зному** *нареч.* dífferently, in different ways; сообще́ние бы́ло встре́чено ~ the annóunce¦ment had a mixed recéption.

**пора́нить** *сов.* (*вн.*) wound [wuː-] (*d.*), hurt* (*d.*). **~ся** *сов. разг.* wound òne¦sélf [wuː-...].

**пора́ньше** (*сравн. ст. от нареч.* ра́но) éarlier ['əːlɪə]; as éarly as póssible [...'əːlɪ...].

**порастáть,** порасти́ (*тв.*) become* óver¦grówn [...-oun] (with); порасти́ траво́й become* óver¦grówn with grass; ~ сорняко́м, бурья́ном become* óver¦grówn with weeds, go* to weeds.

**порасти́** *сов. см.* пораста́ть.

**порва́ть** *сов.* 1. *см.* порыва́ть; 2. *как сов. к* рвать I 1, 4. **~ся** *сов.* 1. break* [-eɪk], be torn; 2. *как сов. к* рва́ться I 1.

**поредéть** *сов. см.* редéть.

**поре́з** *м.* cut. **~ать** *сов.* (*вн.*) cut* (*d.*); он ~ал себе́ па́лец he cut his fínger. **~аться** *сов.* cut* òne¦sélf.

**порезви́ться** *сов.* (*некоторое время и т. п.*) gámbol (for a while, *etc.*).

**порекомендова́ть** *сов.* 1. (*вн.*) rècomménd (*d.*); 2. (+ *инф.*) advíse (+ to *inf.*).

**пореши́ть** *сов.* (+ *инф.*) make* up one's mind (+ to *inf.*).

**поржа́веть** *сов. см.* ржа́веть.

**по́рист||ость** *ж.* pòrósity. **~ый** pórous.

**порица́ни||е** *с.* (*упрёк*) blame, repróach; *офиц.* cénsure; заслу́живать ~я be bláme¦-wòrthy [...-ðɪ]; mérit cénsure; досто́йный ~я rèprehénsible; вы́разить ~ (*дт.*) expréss cénsure (on); (*в парламенте*) pass a vote of cénsure (on); выноси́ть обще́ственное ~ (*дт.*) públicly réprimànd ['rʌ- -ɑːnd] (*d.*), give* a públic réprimànd [...'rʌ-...] (to).

**порица́ть** (*вн.* за *вн.*) blame (*d.* for), repróach (*d.* with); *офиц.* cénsure (*d.* for).

**по́рка** I *ж. разг.* (*наказание*) flógging, thráshing, láshing; (*розгами тж.*) bírching; (*хлыстом тж.*) whípping; (*ремнём тж.*) stráppіng.

**по́рка** II *ж.* (*о платье и т. п.*) ún¦dóing; (*о шве*) rípping, únstítching, únpícking.

**порногр||афи́ческий** pòrnográphic. **~а́фия** *ж.* pòrnógraphy.

**по́ровну** *нареч.* équal¦ly, in équal parts / pórtions; дели́ть ~ (*вн.*) divíde into équal parts (*d.*); (*пополам тж.*) halve [hɑːv] (*d.*); получа́ть ~ get* équal parts / pórtions.

**поро́г** *м.* 1. (*прям. и перен.*) thréshòld; переступи́ть ~ (*прям. и перен.*) step óver the thréshòld; стоя́ть на ~е сме́рти be on the brink / thréshòld of death [...deθ]; be at death's door [...dɔː]; ~ слы́шимости, слухово́й ~ *физиол.* thréshòld of audibílity; светово́й ~ *физиол.* vísual thréshòld [-ʒju-...]; 2. (*речной*) rápids *pl.*; ◇ обива́ть ~и у кого́-л. péster smb.; я его́ на ~ не пущу́ I'll never let him set foot on my thréshòld [...fut...].

**поро́д||а** *ж.* 1. (*домашних животных, растений*) race, breed, spéciès [-ʃiːz]; (*перен.*) kind, sort, type; ~ы скота́ strains of cattle; той же ~ы of the same race / breed / spéciès; (*перен.*) of the same kind / sort / type; э́та ~ люде́й this sort of people [...piː-]; 2. *горн.* rock; пуста́я ~ dirt; материко́вая ~ béd-róck. **~истость** *ж.* race, breed. **~истый** (*племенной — о скоте*) thóroughbrèd ['θʌrə-]; pédigree (*attr.*); (*о собаке*) púre-brèd.

**породи́ть** *сов. см.* порожда́ть.

**породни́ть** *сов. см.* родни́ть 2. **~ся** *сов. см.* родни́ться.

**поро́дн||ость** *ж. с.-х.* race, breed; улучше́ние ~ости скота́ impróve¦ment of ánimal breeds [-'pruːv-...]. **~ый** *с.-х.* pédigree (*attr.*).

**порожд||а́ть,** породи́ть (*вн.*) give* birth (to), begét* [-'g-] (*d.*); (*перен. тж.*) raise (*d.*), en¦génder (*d.*), give* rise (to). **~е́ние** *с.* resúlt [-'zʌ-], óut¦còme [-kʌm].

**поро́жистый** (*о реке*) full of rápids.

**поро́жн||ий** *разг.* émpty. **~я́к** *м. ж.-д.* émpties *pl.* **~яко́м** *нареч. разг.* émpty, without a load.

**по́рознь** *нареч.* séparate¦ly, apárt.

**порозове́ть** *сов. см.* розове́ть 1.

**поро́й** *нареч.* at times; now and then.

**поро́к** *м.* 1. vice; 2. (*недостаток*) vice, deféct; flaw (*особ. в металле*); ~ ре́чи deféct of speech; ~ се́рдца *мед.* heart diséase [hɑːt dɪ'ziːz].

**порос||ёнок** *м.* súcking-pig. **~и́ться,** опороси́ться fárrow.

**по́росль** *ж.* vérdure [-dʒə]; shoots *pl.*

**порося́та** *мн. см.* поросёнок.

**порося́тина** *ж.* young pork [jʌŋ...].

**поро́ть** I, вы́пороть (*вн.*; *сечь*) flog (*d.*), lash (*d.*), thrash (*d.*); (*розгами тж.*) birch (*d.*); (*хлыстом тж.*) whip (*d.*); (*ремнём тж.*) strap (*d.*); *сов. тж.* give* a flógging / thráshing / whípping, *etc.* (*i.*).

**поро́ть** II (*вн.*; *о платье и т. п.*) ún¦dó (*d.*); (*о шве*) rip (*d.*), únstítch (*d.*), únpíck (*d.*); ◇ ~ чушь, ерунду́, вздор *разг.* talk nónsense; ~ горя́чку *разг.*: чего́ ты по́решь горя́чку? what's the húrry?; не́чего ~ горя́чку there is no need to make such a bustle, there's no need for such a rush. **~ся 1.** (*о платье и т. п.*) come* ún¦dóne; (*о шве*) rip, get* ún-stitched / únpícked; **2.** *страд.* к поро́ть II.

**по́рох** *м.* pówder; (*чёрный*) gúnpowder; безды́мный ~ smóke¦less pówder; ◇ па́хнет ~ом there is a smell of gúnpowder in the air; поню́хать ~а smell* pówder; ~ да́ром тра́тить spend* one's wits to no púrpose [...-s], waste one's fire [weɪ-...]; у него́ ~а не хвата́ет it is be¦yónd him; он ~а не вы́думает ≅ he did not invént gúnpowder.

**пороховни́ца** *ж.* pówder-flàsk.

**порохово́й** (gún)powder (*attr.*); ~ заво́д gúnpowder works, pówder-mill; ~ по́греб pówder-màgazine [-'zi:n].

**поро́ч||ить,** опоро́чить (*вн.*) **1.** defáme (*d.*), cóver with shame ['kʌ-...] (*d.*); smear (*d.*) *разг.*; **2.** (*признавать негодным*) discrédit (*d.*), dérogàte (from); ~ показа́ния свиде́телей discrédit *the* witnesses' téstimony; ~ вы́воды иссле́дования discrédit *the* findings of *the* invèstigátion. **~ность** *ж.* **1.** (*безнравственность*) deprávity, vícious¦ness; **2.** (*неправильность*) fallácious¦ness. **~ный 1.** (*безнравственный*) vícious; depráved; wánton (*гл. обр. о женщине*); **2.** (*неправильный, ошибочный*) fáulty, fallácious; ◇ ~ный круг vícious círcle.

**поро́ша** *ж. тк. ед.* first snow [...-ou], néw-fàll¦en snow.

**пороши́нка** *ж.* grain of pówder.

**порош||и́ть** *безл.*: ~и́т it is snówing slíghtly [...'snou-...].

**порошкообра́зный** pówder-like, pówdery.

**порошо́к** *м.* pówder; зубно́й ~ tóoth-powder.

**поро́ю** *нареч.* = поро́й.

**порт** *м.* port; (*гавань*) hárbour; во́льный ~ free port; вое́нный ~ nával port / dóck¦yàrd; морско́й ~ séapòrt.

**По́рта** *ж. ист.* the (Sublíme / Óttoman) Porte.

**порта́л** *м.* **1.** *арх.* pórtal; **2.** *тех.* gántry.

**порта́льный 1.** *арх.* pórtal (*attr.*); **2.** *тех.* gántry (*attr.*); ~ кран gántry-cràne.

**портати́вн||ость** *ж.* pòrtabílity, pórtable¦ness. **~ый** pórtable; ~ая радиоустано́вка pórtable rádiò set; Wálkie-Tàlkie *разг.*

**портве́йн** *м.* port.

**по́ртер** *м.* (*пиво*) pórter; (*крепкий*) stout.

**по́ртик** *м. арх.* pórticò.

**по́ртить,** испо́ртить (*вн.*) spoil* (*d.*); (*нравственно тж.*) corrúpt (*d.*); (*причинять непоправимый вред*) mar (*d.*); телефо́н испо́рчен the télephòne is out of órder; ~ аппети́т spoil* *one's* áppetite; dull the edge of áppetite; *идиом.*; ~ удово́льствие кому́-л. spoil* / mar smb.'s pléasure [...'pleʒə]; ~ себе́ не́рвы *разг.* take* on; не по́ртите себе́ не́рвы don't wórry / fret [...'wʌ-...]; don't take it to heart [...hɑ:t]; испо́ртить желу́док ùpsét* *the* stómach [...'stʌmək], cause indigéstion [...-stʃən]. **~ся,** испо́ртиться **1.** (*ухудшаться*) detérioràte, becóme* worse; (*о пище*) go* bad; (*нравственно*) become* corrúpt / demóralized; (*о зубах*) decáy; (*гнить*) rot; не ~ся от жары́, сы́рости *и т. п.* resíst heat, móisture, *etc.* [-'zɪst...-stʃə], be héatproof, móisture¦proof, *etc.* [...-stʃə-]; у него́ по́ртится настрое́ние he is lósing his good spírits [...'lu:z-...]; **2.** *страд.* к по́ртить.

**портмоне́** [-нэ́] *с. нескл.* purse.

**портн||и́ха** *ж.* dréssmàker. **~о́вский** táilor's. **~о́й** *м. скл. как прил.* táilor.

**портня́ж||ить, ~ничать** *разг.* be a táilor.

**портови́к** *м.* dócker.

**порто́вый** port (*attr.*); ~ го́род séapòrt; ~ рабо́чий dócker, stévedòre ['sti:-].

**по́рто-фра́нко** *с. нескл. эк.* free port.

**портпле́д** *м.* hóld-àll.

**портре́т** *м.* pórtrait [-rɪt], líke¦ness; ~ во весь рост fúll-lèngth pórtrait; поясно́й ~ hálf--léngth pórtrait ['hɑ:f-...]; писа́ть ~ с кого́-л. paint smb.'s pórtrait; рисова́ть чей-л. ~ make* a dráwing of smb.; (*перен.*) pòrtráy smb. **~и́ст** *м.* pórtrait-páinter [-rɪt-], pórtraitist [-rɪt-]. **~ный** pórtrait [-rɪt] (*attr.*); ~ная жи́вопись pórtraiture [-rɪ-].

**портсига́р** *м.* (*для папирос*) cigarétte-càse [-s]; (*для сигар*) cigár-càse [-s].

**португа́л||ец** *м.*, **~ка** *ж.* Pòrtuguése; *мн. собир.* the Pòrtuguése.

**португа́льский** Pòrtuguése; ~ язы́к Pòrtuguése, the Pòrtuguése lánguage.

**портула́к** *м. бот.* púrslane.

**портупе́я** *ж. воен.* (*поясная*) swórd-bèlt ['sɔ:d-], wáist-bèlt; (*плечевая*) shóulder-bèlt ['ʃou-].

**портфе́л||ь** *м.* bríefcàse ['bri:f--s]; páper--càse [-s]; bag; (*тж. министерский*) pòrtfóliò; име́ть ~ мини́стра (*рд.*) be mínister (of / for); распределя́ть министе́рские ~и distríbùte the pòrtfóliòes, distríbùte cábinet posts [...pou-].

**портье́ра** *ж.* portière (*фр.*) ['pɔ:tɪεə], cúrtain, dóor-cùrtain ['dɔ:-]; с ~ми cúrtained (*attr.*); с шёлковыми ~ми sílk-cùrtained (*attr.*).

**портя́нка** *ж.* fóot-clòth ['fut-].

**поруби́ть** *сов.* **1.** (*немного*) chop / hew (a líttle); **2.** *как сов. к* руби́ть.

**пору́б||ка** *ж.* fórest-offènce ['fɔ-]; illégal cútting / félling of tímber. **~щик** *м.* wóod--stéaler ['wud-].

**поруга́ни||е** *с.* pròfanátion, dèsecrátion; отдава́ть на ~, предава́ть ~ю (*вн.*) profáne (*d.*), désecràte (*d.*); (*святыню тж.*) víolàte the sánctity (of).

**пору́ганн||ый** (*осквернённый*) profáned, désecràted; ~ая честь insúlted hónour [...'ɔnə].

**поруга́ть** *сов.* (*вн.*) *разг.* scold (*d.*). **~ся** *сов.* (*с тв.*) *разг.* quárrel (with); (*порвать отношения*) break* (off) [-eɪk...] (with).

**пору́к||а** *ж.* bail; (*гарантия*) guàrantée; отпуска́ть на ~и (*вн.*) accépt / take* bail (for), hold* to bail (*d.*); брать на ~и (*вн.*) bail (*d.*), go* bail (for); кругова́я ~ mútual guàrantée.

**по-ру́сски** *нареч.* (*при обозначении языка*) in Rússian [...-ʃən], Rússian: э́то напи́сано ~ it is wrítten in Rússian; он писа́л ~ he wrote in Rússian; он уме́ет писа́ть ~ he can write Rússian; говори́ть ~ speak* Rússian; он сказа́л э́то ~ he said it in Rússian [...sed...]; он говори́т ~ he speaks Rússian.

**поруч||а́ть,** поручи́ть **1.** (*дт. вн., дт. + инф.; давать поручение*) charge / commíssion (*d.* with, *d.* with *ger.*); он ~а́ет вам отве́тить на э́ти пи́сьма he entrústs you with the ánswering of these létters [...'ɑ:nsə-...]; мне пору́чено (+ *инф.*) I have been instrúcted (+to *inf.*); ~ кому́-л. каку́ю-л. рабо́ту emplóy smb. on some work; **2.** (*дт. вн.; вверять*) entrúst *d.* with). ~éние *с.* commíssion, érrand; méssage; (*дипломатическое*) míssion; по ~éнию (*рд.*) on the instrúctions (of), on a commíssion (from); (*от имени*) on beháf [-ɑ:f] (of); per pròcùràtiónèm (*сокр.* p. p., per pro.) *офиц.*; давáть ~éние (*дт.* + *инф.*) charge (*d.* with *ger.*); instrúct (*d.* + to *inf.*); давáть вáжное ~éние (*дт.*) charge with an impórtant míssion (*d.*); он дал ей э́то ~éние he gave her the commíssion.

**пóручень** *м.* hánd-rail.

**порýчик** *м. ист.* lieuténant [lef'te-, lu:-].

**поручи́тель** *м.*, **~ница** *ж.* **1.** guàrantée, guàrantór; **2.** *фин.* wárrantor, bail. **~ство** *с.* guàrantée; (*залог*) bail.

**поручи́ть** *сов. см.* поручáть.

**поручи́ться** *сов. см.* ручáться.

**порфи́р** *м. мин.* pórphyry.

**порфи́ра** *м.* purple.

**порфи́рный** **1.** *прил. к* порфи́р; **2.** (*багряный*) purple.

**порфи́ровый** *мин.* pòrphyrític.

**порхáть**, порхнýть flit, flútter; fly* abóut.

**порхнýть** *сов. см.* порхáть.

**порциóнный** (*о блюде*) à la carte (*фр.*) [ɑ:lɑ:'kɑ:t].

**пóрци||я** *ж.* pórtion; (*о кушанье*) hélping; две, три ~и мя́са meat for two, three; two, three plates of meat; две, три ~и салáта sálad for two, three ['sæ-...]; two, three pórtions / hélpings of sálad.

**пóрча** *ж.* spóiling; (*вред, ущерб*) dámage.

**пóрш||ень** *м. тех.* píston; (*насоса*) súcker, plúnger [-n-]. **~невóй** píston (*attr.*); súcker (*attr.*); (*ср.* пóршень); ~невáя маши́на recíprocàting éngine [...'endʒ-]; ~невóе кольцó píston ring.

**поры́в** *м.* **1.** (*о буре, ветре*) gust; (*о ветре тж.*) rush; **2.** (*о чувстве и т. п.*) fit, tránspòrt, gust; ~ гнéва fit of témper / pássion, gust of pássion; в ~е рáдости in a burst of joy; in a tránspòrt of joy *поэт.*; благорóдный ~ noble impùlse.

**порывáть**, порвáть (с *тв.*) break* (off) [-eɪk...] (with); (*с принципами, учением и т. п. тж.*) desért [-'zə:t] (*d.*).

**порывáться** (+ *инф.*) try (+ to *inf.*); endéavour [-'de-] (+ to *inf.*).

**поры́вист||ость** *ж.* impètuósity, víolence. **~ый** **1.** (*о ветре*) gústy; **2.** (*о человеке*) impétuous; ~ые движéния jérky móve¦ments [...'mu:-].

**порыжé||лый** rústy, grown brównish / réddish [-oun...]. **~ть** *сов. см.* рыжéть.

**поры́ться** *сов.* **1.** *см.* ры́ться; **2.** (в *пр.*; *некоторое время, немного и т. п.*) rúmmage (for a while, a little, *etc.*) (in); ◇ ~ в пáмяти search, *или* rúmmage in, one's mémory [sə:tʃ...].

**по-ры́царски** *нареч.* in a chívalrous mánner [...'ʃɪ-...].

**порядиться** *сов. см.* рядиться I.

**порядкóв||ый** órdinal; ~ое числи́тельное *грам.* órdinal (númber).

**поря́дком** *нареч. разг.* **1.** (*очень, основательно*) prétty ['prɪ-], ráther ['rɑ:-]; он ~ устáл he is prétty / ráther tired; **2.** (*как следует*) próperly, thóroughly ['θʌrə-]; он ничегó ~ не сдéлал he did not do ány¦thing próperly / thóroughly.

**поря́д||ок** *м.* **1.** (*в разн. знач.*) órder; приводи́ть в ~ (*вн.*) put* in órder (*d.*); приводи́ть себя́ в ~ tídy òne¦sélf up, set* òne¦sélf to rights; соблюдáть ~, следи́ть за ~ком keep* órder; поддéрживать ~ maintáin órder; наводи́ть ~ (в *пр.*) introdúce próper órder [...'prɔ-...] (in); навести́ ~ у себя́ в дóме put* one's house* in órder [...haus...]; восстанáвливать ~ restóre órder; установлéнный ~ estáblished órder; призывáть к ~ку (*вн.*) call to órder (*d.*); быть не в ~ке be out of órder, be fáulty; у негó пéчень, сéрдце *и т. п.* не в ~ке there is smth. wrong with his líver, heart, *etc.* [...'lɪvə hɑ:t], he has líver, heart, *etc.*, trouble [...trʌbl]; **2.** (*последовательность*) órder, séquence ['si:-]; алфави́тный ~ àlphabétic órder; по ~ку one áfter another, in succéssion; **3.** (*способ*) órder; procédure [-'si:dʒə]; в ~ке контрóля as a check; в обязáтельном ~ке without fail: все должны́ быть там в обязáтельном ~ке everybody is to be there without fail; — в спéшном ~ке quick¦ly; закóнным ~ком légal¦ly; преслéдовать судéбным ~ком (*вн.*) prósecùte (*d.*); в администрати́вном ~ке administrative¦ly, by administrative órder; сепарáтным ~ком by séparate áction; организóванным ~ком in an órganized mánner; в ~ке (*рд.*; *товарообмена, обязательных поставок и т. п.*) by way (of), únder the sýstem (of); ~ голосовáния méthod of vóting, vóting procédure; ~ рабóты procédure, routíne [ru:'ti:n]; в установлéнном ~ке in accórdance with estáblished procédure; **4.** (*строй, система*) órder; существýющий ~ présent / existing sýstem ['prez-...]; стáрый ~ the áncient regime [...'eɪn- reɪ'ʒi:m], the old órder; **5.** *воен.* órder, arráy; похóдный ~ march fòrmátion; battle fòrmátion; **6.** *мн.* (*обычаи*) úsages ['ju:z-], cústoms; ◇ ~ дня (*повестка*) agénda, órder of the day, órder of búsiness [...'bɪzn-]; стоя́ть в ~ке дня be on the agénda; в ~ке обсуждéния as a mátter for discússion; взять слóво к ~ку ведéния собрáния rise* to a point of órder; к ~ку! (*на заседании*) órder! órder!; всё в ~ке évery¦thing is all right, all is well; all corréct; э́то в ~ке вещéй it is in the órder of things, it is quite nátural; it is all in the day's work *идиом.*; дéло идёт свои́м ~ком things are táking their régular course [...kɔ:s].

**поря́дочн||о** *нареч.* **1.** *разг.* (*много*) fair amóunt; **2.** *разг.* (*хорошо*) prétty well ['prɪ-...]; **3.** (*честно*) décent¦ly, hónest¦ly ['ɔ-]. **~ость** *ж.* décency ['di:-], hónesty ['ɔ-], próbity. **~ый** **1.** (*довольно большой*) considerable; (*о размере тж.*) sízable; **2.** *разг.* (*довольно хороший*) ráther good ['rɑ:-...]; **3.** (*честный*) décent, hónest ['ɔ-], respéctable; ~ый человéк hónest man*.

**посáд** *м. уст.* séttle¦ment; (*пригород*) súbùrb.

**посади́ть** *сов. см.* сади́ть *и* сажáть.

**посáдк||а** *ж.* **1.** (*о растениях*) plánting [-ɑ:n-]; **2.** (*на судно*) èmbàrkátion; (*на поезд*) bóarding; *воен.* entráinment; (*на автомашины*) *воен.* embússing; (*на самолёты*) *воен.* emplánìng; ~и на пóезд нет pássengers are not táken on [-ndʒəz...]; ~ на пóезд начнётся в три часá pássengers may board the train from three o'clóck ónwards; **3.** *ав.* lánding; (*на воду*) alighting; совершáть ~у, производи́ть ~у make* a lánding; **4.** (*манера сидеть в седле*) seat; **5.** *тех.* (*пригонка*) fit.

**посáдочн||ый** **1.** *с.-х.* plánting [-ɑːn-] (*attr.*); **2.** *ав.* lánding (*attr.*); alighting (*attr.*); ~ая площáдка lánding ground; ~ое устрóйство lánding / alighting gear [...gɪə].

**посажён||ый:** ~ отéц, ~ая мать spónsor at a wédding.

**посáпывать** *разг.* snuffle; (*во сне*) breathe héavily [...'he-].

**посáсывать** (*вн.*) *разг.* suck (at, *d.*); ~ трýбку suck one's pipe.

**посáхарить** *сов. см.* сáхарить.

**посвáтать(ся)** *сов. см.* свáтать(ся).

**посвежéть** *сов. см.* свежéть.

**посвети́ть** *сов.* **1.** (*некоторое время и т. п.*) shine* (for a while, *etc.*); **2.** (комý-л.) hold* the light (for smb.); (*осветить дорогу*) light* the way (for smb.), light* smb. (*to a place*).

**посветлéть** *сов. см.* светлéть.

**пóсвист** *м.* whistling.

**посвистáть, посвистéть** *сов.* whistle.

**посви́стыва||ть** whistle; он шёл ~я he whistled as he walked.

**по-свóему** *нареч.* (in) one's own way [...oun...]; дéлайте, поступáйте ~ have it your own way.

**по-свóйски** *нареч. разг.* **1.** = по-свóему; **2.** (*по-родственному*) in a familiar way.

**посвяти́ть** *сов. см.* посвящáть.

**посвящ||áть,** посвяти́ть **1.** (*вн. дт.*) devóte (*d.* to); ~ себя́ devóte òne¦sélf (to); ~ свою́ жизнь наýке devóte, *или* give* (up), one's life to science; **2.** (*вн. дт.*; *о труде, книге и т. п.*) dédicàte (*d.* to); **3.** (*вн.* в *вн.*; *в тайну и т. п.*) let* (*d.* into), initiàte (*d.* into); ~ когó-л. в зáговор let* smb. into the conspiracy; **4.** (*вн.* в *вн.*; *в сан*) òrdáin (*d.* into), cónsecràte (*d.* into); ~ в ры́цари knight (*d.*), confér knight¦hood [...-hud] (up¦ón). **~áться** *страд. к* посвящáть; ~áется пáмяти (*рд.*) is dédicàted to the mémory (of). **~éние** **1.** (*в книге*) dèdicátion; **2.** (*в тайну*) initiátion; **3.** (*в сан*) òrdáining, cónsecràting; (*в рыцари*) knighting.

**посéв** *м.* **1.** (*действие*) sówing ['sou-]; **2.** (*то, что посеяно*) crops *pl.*; плóщадь ~ов sówing área [...'ɛərɪə], área únder grain crops; ~ы всхóдят crops are coming up. **~нáя** *ж. скл. как прил.* sówing càmpáign ['sou- -eɪn]. **~нóй** sówing ['sou-]; ~нáя плóщадь sówing área [...'ɛərɪə], área únder grain crops; ~нáя кампáния sówing càmpáign [...-eɪn].

**поседéлый** grizzled, grown grey [-oun...].

**поседéть** *сов. см.* седéть.

**посел||éнец** *м.* séttler. **~éние** *с.* **1.** (*действие*) séttling; **2.** (*посёлок*) séttle¦ment; **3.:** ссы́лка на ~éние dè¦pòrtátion.

**посели́ть(ся)** *сов. см.* поселя́ть(ся).

**поселкóвый** *прил. к* посёлок; ~ совéт séttle¦ment Sóvièt.

**посёлок** *м.* séttle¦ment; рабóчий ~ wórkmen's séttle¦ment; (*большой, нового типа*) fáctory hóusing estáte, wórkers' town; дáчный ~ subúrban séttle¦ment.

**поселя́ть,** посели́ть (*вн.*) **1.** settle (*d.*); (*размещать*) lodge (*d.*); **2.** (*вызывать, возбуждать*) inspíre (*d.*); en¦génder (*d.*); ~ нéнависть en¦génder hátred. **~ся,** посели́ться settle, take* up one's résidence / quárters [...'rez-...]; make* one's home.

**посемý** *нареч. канц.* = поэ́тому.

**посеребр||ённый** sílver-pláted; (*перен.*) sílvered óver. **~и́ть** *сов. см.* серебри́ть.

**посереди́не** *нареч.* in the middle; half way alóng [hɑːf...].

**посерéть** *сов. см.* серéть 1.

**посети́тель** *м.*, **~ница** *ж.* vísitor [-zɪ-], cáller; (*гость*) guest; чáстый ~ frequénter.

**посети́ть** *сов. см.* посещáть.

**посéтовать** *сов. см.* сéтовать.

**посещ||áемость** *ж.* (*лекций и т. п.*) atténdance: плохáя, хорóшая ~ bad*, good* atténdance. **~áть,** посети́ть (*вн.*) call on (*d.*); vísit [-z-] (*d.*; *тж. перен.— о несчастье и т. п.*); (*лекции и т. п.*) atténd (*d.*); чáсто ~áть frequént (*d.*); resórt [-'zɔːt] (to).

**посещéние** *с.* vísit [-z-]; visitátion [-zɪ-] *лит.*; (*лекций и т. п.*) atténdance.

**посéять** *сов. см.* сéять.

**посидéлки** *мн.* sit-round gáther¦ing *sg.*

**посидéть** *сов.* (*некоторое время и т. п.*) sit* (for a while, *etc.*).

**поси́льн||ый** not be¦yónd one's pówers / ability, féasible [-z-]; онá оказáла емý ~ую пóмощь she did what she could to help him; ~а ли емý э́та рабóта? is he up to the work?, is the work within his pówers?; ~ая задáча task within one's pówers, féasible task.

**посинéть** *сов. см.* синéть 1.

**поскакáть** I *сов. см.* скакáть.

**поскакáть** II *сов.* (*попрыгать немного*) hop, jump.

**поскользнýться** *сов.* slip.

**поскóльку** *союз* **1.** (*насколько*) so far as, as far as: ~ емý извéстно so far as he knows [...nouz]; ~ э́то касáется егó so far as it concérns him¦sélf; **2.** (*так как*) so long as; since: ~ он соглáсен so long as he agrées; ~ он довóлен, довóльна и онá since he is pleased, so is she; — ~ А не изменя́ется, не изменя́ется и Б as A remáins únchánged so does B [...-'ʧeɪ-...]; ◇ ~ постóльку so far as.

**поскорéе** (*сравн. ст. от нареч.* скóро) sóme¦whát quícker; ~! quick!, make haste! [...heɪ-].

**поскупи́ться** *сов. см.* скупи́ться.

**послаблéние** *с.* indúlgence.

**послáн||ец** *м.* méssenger [-ndʒə], énvoy; ~цы ми́ра énvoys of peace. **~ие** *с.* **1.** méssage; ~ие дóброй вóли góodwill méssage, méssage of góodwill; **2.** *лит.* epístle. **~ник** *м.* énvoy, mínister; чрезвычáйный ~ник и полномóчный мини́стр énvoy extraórdinary and mínister plènipoténtiary [...ɪks'trɔːdnrɪ...].

**пóсланный** **1.** *прич. см.* посылáть; **2.** *м. как сущ.* méssenger [-ndʒə], énvoy.

**послáть** *сов. см.* посылáть.

**пóсле** I *нареч.* láter (on); áfterwards [-dz]: мы поговори́м об э́том ~ we shall speak abóut it láter on; э́то мóжно сдéлать ~ you can do it áfterwards.

**пóсле** II *предл.* (*рд.*) áfter; (*с тех пор как*) since (*об. conj.*): он придёт ~ рабóты he will come áfter work; онá не видáла егó ~ егó возвращéния she has not seen him since his retúrn, *или* since he came back; — ~ всех (*последним*) last: он пришёл, кóнчил ~ всех he came, fínished last; — ~ всегó áfter all; when all is said and done [...sed...].

**послевоéнный** póst-wár ['pou-].

**послéд** *м. анат.* placénta (*pl.* -tae).

**последи́ть** *сов.* (за *тв.*) look (áfter).

**послéдки** *мн.* remáinder *sg.*; léavings.

**послéдн||ий 1.** last; (*из упомянутых*) látter; ~ее усúлие the last éffort; в ~ раз for the last time; в ~юю минýту at the last móment; в ~ее врéмя láte¦ly, of late, látterly; for some time past; за ~ее врéмя récent¦ly, láte¦ly; до ~его врéмени until (very) récent¦ly; борóться до ~его человéка fight* to the last man; ~яя кáпля (*перен.*) ≅ the drop to fill the cup; the last straw; **2.** (*самый новый*) new, the látest; ~яя мóда the látest fáshion; ~ее слóво наýки the last word in science; ~ие извéстия látest news [...-z]; **3.** (*окончательный, бесповоротный*) last, definitive; это моё ~ее слóво it is my last word (on the mátter); **4.** *разг.* (*самый плохой*) lówest ['lou-], worst; ~ сорт the lówest grade; the worst kind; ~ее дéло *разг.* the worst solútion; ругáться ~ими словáми use foul lánguage; **5.** *м. как сущ.* the last.

**послéдователь** *м.*, **~ница** *ж.* fóllower. **~ность** *ж.* **1.** (*порядок*) succéssion, séquence ['si:-]; в стрóгой ~ности in strict succéssion, in strict séquence; **2.** (*логичность*) consistency; емý не хватáет ~ности he lacks consistency. **~ный 1.** (*о порядке*) succéssive, consécutive; в ~ном порядке in consécutive órder; **2.** (*логичный*) consistent.

**послéдовать** *сов. см.* слéдовать I 1, 2, 3, 4.

**послéдстви||е** *с.* cónsequence, séquel; *мн. тж.* áfter-effécts; чревáтый ~ями fraught / prégnant with cónsequences; имéть серьёзные междунарóдные ~я have sérious internátional rè¦pèrcússions [...-'næ-...]; егó жáлоба остáлась без ~й no áction was táken on his appéal, he could not get any áction on his appéal.

**послéдующий** fóllowing, súbsequent, pòstérior; (*следующий*) next; ~ член (*пропорции*) cónsequent.

**послéдыш** *м.* the lást-bòrn child*; (*перен.*) Epígonus (*pl.* -ni).

**послезáвтра** *нареч.* the day áfter to¦mórrow.

**послелóг** *м. лингв.* póstposítion ['poustpə'zɪ-].

**послеобéденный** áfter-dinner (*attr.*); ~ óтдых áfter-dinner rest.

**послеоктя́брьский** áfter the Great Octóber Sócialist Rèvolútion [...-eɪt...], pòst-Octóber [pou-].

**послереволюциóнный** pòst-rèvolútionary [pou-].

**послеродовóй** póst-nátal ['pou-].

**послеслóвие** *с.* épilògue [-lɔg]; áfterwòrd.

**послеудáрный** *лингв.* áfter stress, pòst-tónic [pou-]: ~ глáсный, слог vówel, sýllable áfter stress, pòst-tónic vówel, sýllable.

**послóвиц||а** *ж.* próverb ['prɔ-], sáying; войти́ в ~у become* provérbial.

**послуж||и́ть** *сов. см.* служи́ть 1, 2, 3, 5. **~нóй:** ~нóй спи́сок sérvice récòrd [...'re-]; státe¦ment of sérvice *амер.*

**послушáние** *с.* obédience.

**послýшать** *сов. см.* слýшать 1, 2, 3. **~ся** *сов. см.* слýшаться.

**пóслушни||к** *м.* (*в монастыре*) nóvice, lay bróther [...'brʌ-]. **~ца** *ж.* (*в монастыре*) nóvice, lay sister.

**послýшный** obédient, dútiful.

**послы́шаться** *сов. см.* слы́шаться.

**послюни́ть** *сов. см.* слюни́ть.

**посмáтривать** (на *вн.*) look (at); ~ врéмя от врéмени look from time to time, *или* now and then (at).

**посмéиваться** chuckle, laugh (sóftly) [lɑ:f...]; ~ про себя́ laugh in one's sleeve.

**посмéнн||о** *нареч.* in turn, by turns. **~ый** by turns, in shifts.

**посмéртный** pósthumous [-tju-].

**посмéть** *сов. см.* сметь.

**посмé||шище** *с.* láughing-stòck ['lɑ:f-]; дéлать когó-л. ~шищем make* a láughing-stòck of smb., make* a fool of smb. **~я́ние** *с.*: отдáть на ~я́ние (*вн.*) make* a láughing-stòck [...'lɑ:f-] (of). **~я́ться** *как сов. к* смея́ться.

**посмотрéть** *сов. см.* смотрéть 1, 2, 3, 4, 5. **~ся** *сов. см.* смотрéться.

**поснимáть** *сов.* (*вн.*) *разг.* take* off / a¦wáy (*d.*); ~ все карти́ны take* down / a¦wáy all the pictures.

**пособи||е** *с.* **1.** (*денежное*) grant [grɑ:nt], allówance, gránt-in-áid ['grɑ:nt-]; gratúity; ~ безрабóтным ún¦emplóyment bénefit / pay / relief [...-'li:f], the dole; ~ по болéзни sick bénefit; ~ по врéменной нетрудоспосóбности témporary in¦capácity / disáble¦ment allówance; назнáчить ~ (*дт.*) grant an allówance (to); выплáчивать ~я (*дт.*) pay* allówances (to); ~ многодéтным матеря́м grant / allówance to large fámilies; **2.** (*учебник*) téxt-book; **3.** *об. мн.* (*предметы, необходимые при обучении*) tráining appliances, school supplíes.

**пособни||к** *м.*, **~ца** *ж.* accómplice. **~чество** *с.* complícity.

**посóвеститься** *сов. см.* сóвеститься.

**посовéтовать(ся)** *сов. см.* совéтовать(ся).

**посодéйствовать** *сов.* (комý-л.) assist (smb.), help (smb.); (чемý-л.) fúrther [-ðə] (smth.), promóte (smth.), contríbùte (to smth.); make* (for smth.).

**посóл** *м.* àmbássador; чрезвычáйный ~ àmbássador extraórdinary [...ɪks'trɔ:dnrɪ].

**посоли́ть** *сов. см.* соли́ть.

**посоловéлый** bleared, bléary.

**посоловéть** *сов. разг.* get* bléary / físhy about the eyes [...aɪz]; (*от вина*) become* a little típsy.

**посóльский** (*относящийся к послу*) àmbàssadórial; (*относящийся к посольству*) émbassy (*attr.*).

**посóльство** *с.* émbassy.

**по-сосéдски** *нареч.* in a néighbour¦ly way.

**посóтенно** *нареч.* by the húndred, by húndreds.

**пóсох** *м.* staff*, crook; (*епископский*) crózier [-ʒə].

**посóх||нуть** *сов.* (*о растениях*) wither, become* wíther¦ed; все растéния ~ли all the plants have wíther¦ed [...plɑ:nts...].

**посошо́к** *м.* **1.** *уменьш. от* по́сох; **2.** *разг.* one for the road.

**поспа́ть** *сов.* have a nap; (*с указанием времени тж.*) sleep*: ~ немно́го, полчаса́ have a (short) nap, take* a short sleep, sleep* a little, *или* for a while; have half an hour's nap [...hɑːf...auəz...], sleep* for half an hour.

**поспева́ть** I, поспе́ть (*созревать*) ri̇́pen.

**поспева́ть** II, поспе́ть *разг.* **1.** (*успевать*) have time; **2.** (*приходить вовремя*) be in time; не поспе́ть be late; поспе́ть на по́езд catch* *the* train; не поспе́ть к по́езду be late for *the* train, miss *the* train; ◇ ~ за кем-л. keep* in (step) with smb.

**поспе́ть** I, II *сов. см.* поспева́ть I, II.

**поспеш||и́ть** *сов. см.* спеши́ть 1; ◇ ~и́шь, люде́й насмеши́шь *посл.* ≅ more haste, less speed [...heɪ-...].

**поспе́шн||о** *нареч.* in a hu̇́rry, hu̇́rriedly, hȧ́stily ['heɪ-]; ~ возвраща́ться hu̇́rry back; ~ уезжа́ть leave* in a hu̇́rry; ~ уходи́ть hu̇́rry a|wȧ́y; ~ отступа́ть beat* a hȧ́sty retrė́at [...'heɪ-...]; ~ войти́ (в *вн.*) come* hu̇́rriedly / hu̇́rrying (in, into), hu̇́rry (in, into). **~ость** *ж.* hu̇́rry, hȧ́ste [heɪ-]; (*необдуманность*) rȧ́shness. **~ый** prompt, hȧ́sty ['heɪ-], hu̇́rried; (*необдуманный*) rash, thȯ́ughtless; сде́лать ~ое заключе́ние draw* a hȧ́sty con|clu̇́sion.

**поспле́тничать** *сов.* (с *тв.*) *разг.* (*некоторое время и т. п.*) talk scȧ́ndal (with), gȯ́ssip (with), tattle (for a while, *etc.*) (with).

**поспо́рить** *сов.* **1.** *см.* спо́рить; **2.** (*некоторое время, немного и т. п.*) ȧ́rgue (for a while, a little, *etc.*); **3.** (на *вн.*; *заключить пари*) bet (*d.*); ~ на сто рубле́й bet a hu̇́ndred roubles [...ruː-].

**посрам||и́ть(ся)** *сов. см.* посрамля́ть(ся). **~ле́ние** *с.* disgrȧ́ce.

**посрамля́ть,** посрами́ть (*вн.*) disgrȧ́ce (*d.*). **~ся,** посрами́ться **1.** cȯ́ver o̖ne|sė́lf with shame ['kʌ-...], disgrȧ́ce o̖ne|sė́lf; **2.** *страд. к* посрамля́ть.

**посреди́ 1.** *предл.* (*рд.*) in the middle of: ~ реки́, у́лицы, двора́ in the middle of *the* river, *the* street, *the* yard [...'rɪ-...]; **2.** *как нареч.* (*об. при противопоставлении*) in the middle.

**посреди́не** = посереди́не.

**посре́дни||к** *м.* **1.** mė́dia̖tor, intermė́diary; (*в переговорах*) negȯ́tia̖tor, gȯ́-between; **2.** (*комиссионер*) middle-ma̖n*; **3.** *воен.* u̇́mpire. **~чать** act as a gȯ́-between, mė́dia̖te, come* in betwė́en. **~ческий** intermė́diary [-'miːd-], mė́diatory ['miːd-]. **~чество** *с.* me̖diȧ́tion; при ~честве (*рд.*) through the me̖diȧ́tion (of).

**посре́дственно** I *прил. кратк. см.* посре́дственный.

**посре́дственн||о** II **1.** *нареч.* sȯ́-so̖; **2.** *как сущ. с. нескл.* (*отметка*) fair, sa̖tisfȧ́ctory. **~ость** *ж.* me̖diȯ́crity. **~ый** mė́dio̖cre; (*об отметке*) sa̖tisfȧ́ctory.

**посре́дств||о** *с.*: при ~е чего́-л. by means of smth.; through the instrume̖ntȧ́lity of smth.; че́рез ~, при ~е кого́-л. thanks to smb.

**посре́дством** *предл.* (*рд.*) by means of; by the use of [...juːs...].

**поссо́рить(ся)** *сов. см.* ссо́рить(ся).

**пост** I *м.* (*в разн. знач.*) post [pou-]; быть, остава́ться на своём ~у́ be, remain at one's post; поки́нуть свой ~ desė́rt one's post [-'zəːt...]; занима́ть ~ hold* / fill *a* post; стоя́ть на ~у́ be at one's post; (*о милиционере*) be on one's beat; (*о регулировщике уличного движения*) be on pȯ́int-du̖ty; расста́вить ~ы́ stȧ́tion sė́ntries.

**пост** II *м.* (*воздержание от пищи*) fȧ́st(ing); наруша́ть, соблюда́ть ~ break*, keep* the fast [breɪk...]; вели́кий ~ *церк.* Lent.

**поста́вить** *сов.* **1.** *см.* ста́вить; **2.** *см.* поставля́ть.

**поста́вк||а** *ж.* deli̇́very; ~ това́ров deli̇́very of goods [...gudz]; госуда́рственные ~и State deli̇́veries, deli̇́veries to the State; ма́ссовые ~и bulk deli̇́veries; взаи́мные ~и това́ров reci̇́procal commȯ́dity deli̇́veries.

**постав||ля́ть,** поста́вить (*вн. дт.*) supplẏ́ (with *d.*). **~щи́к** *м.* suppli̇́er, provi̇́der; cȧ́ter|er; (*обмундирования, снаряжения*) ȯ́utfitter.

**постаме́нт** *м.* pė́destal, base [-s].

**постана́вливать** = постановля́ть.

**постанови́ть** *сов. см.* постановля́ть.

**постано́вка** *ж.* **1.** (*сооружение*) erė́ction, rȧ́ising; **2.** *муз.*: ~ па́льцев finger trȧ́ining; ~ го́лоса voice trȧ́ining; **3.** *театр.* stȧ́ging; produ̇́ction; (*спектакль*) play, perfȯ́rmance; **4.** (*дела, работы и т. п.*) o̖rganizȧ́tion [-naɪ-]; ◇ ~ вопро́са stȧ́te|ment of *a* quė́stion [...-stʃən]; the way *a* quė́stion is put / fȯ́rmula̖ted / stȧ́ted.

**постановле́н||ие** *с.* **1.** (*решение*) deci̇́sion; re̖solu̇́tion [-zə-]; выноси́ть ~ pass *a* re̖solu̇́tion, resȯ́lve [-'zɔ-]; ~ коми́ссии the commi̇́ttee's deci̇́sion [...-'mɪtɪz...]; по ~ию о́бщего собра́ния in accȯ́rdance with the re̖solu̇́tion of the gė́neral mė́eting; **2.** (*указ*) decrė́e, enȧ́ctment.

**постанов||ля́ть,** постанови́ть (*вн.*) (*издавать распоряжение*) decrė́e (*d.*), enȧ́ct (*d.*); (*решать*) deci̇́de (*d.*); resȯ́lve [-'zɔlv] (*d.*); пле́нум ~ля́ет the Plė́num resȯ́lves; ~ большинство́м голосо́в resȯ́lve by a majȯ́rity of votes (*d.*); ~и́ли (*в протоколе*) resȯ́lved.

**постано́в||очный** *театр.* spe̖ctȧ́cular; ~очная пьеса spe̖ctȧ́cular play. **~щик** *м. театр.* produ̇́cer; dirė́ctor.

**постара́ться** *сов. см.* стара́ться.

**постаре́ть** *сов. см.* старе́ть.

**по-ста́рому** *нареч.* **1.** as befȯ́re; **2.** (*как в старые времена*) as of old.

**постате́йный** by pȧ́ragra̖phs, pȧ́ragra̖ph ȧ́fter pȧ́ragra̖ph; ~ слова́рь (*в учебнике*) vocȧ́bulary.

**посте́||ль** *ж.* bed; ~ больно́го a sick bed; лежа́ть в ~ли be / lie* in bed; лечь в ~ get* into bed; прико́ванный к ~ли bė́d-ridden. **~льный** bed (*attr.*); ~льные принадле́жности bė́dding *sg.*; ~льное бельё bė́d-clo̖thes [-klou-] *pl.*; ~льный режи́м confi̇́ne|ment to bed.

**постепе́нн||о** *нареч.* grȧ́dually, little by little. **~ость** *ж.* (*рд.*) grȧ́dualness (of); ~ость разви́тия, перехо́да *и т. п.* (от к) grȧ́dual devė́lopment, change, *etc.* [...tʃeɪ-] (from to). **~ый** grȧ́dual, progrė́ssive; ~ый перехо́д grȧ́dual tra̖nsi̇́tion [...-ʒn].

**постесня́ться** *сов. см.* стесня́ться I 2.

**постига́ть,** пости́гнуть, пости́чь (*вн.*) **1.** (*понимать*) u̖nderstȧ́nd* (*d.*), co̖mprehė́nd (*d.*), percė́ive [-'siːv] (*d.*); **2.** (*о горе, несчастье* *и т. п.*) strike* (*d.*), òver¦táke* (*d.*), befáll* (*d.*); его́ пости́гло несча́стье misfórtune òver¦tóok / beféll him [-ʧən...]; его́ пости́гла зла́я судьба́ his was a sad fate; a sad fate òver¦tóok him.

**пости́гнуть** *сов. см.* постига́ть.

**пости́ж||е́ние** *с.* ùnderstánding, còmprehénsion, còmprehénding. ~**и́мый** ùnderstándable, còmprehénsible; concéivable [-'si:v-].

**постила́ть,** постла́ть (*вн.*) spread* [-ed] (*d.*); ~ ковёр spread* *a* cárpet; ~ посте́ль make* *the* bed.

**постира́ть** *сов.* **1.** *разг.* = вы́стирать *см.* стира́ть II; **2.** (*немного*) do some wáshing; wash (a little).

**пости́ться** fast, keep* the fast.

**пости́чь** *сов. см.* постига́ть.

**постла́ть** *сов.* **1.** *см.* постила́ть; **2.** *как сов. к* стлать.

**по́стн||ый 1.** lénten; (*перен.*: *ханжеский*) píous, hýpocrítical; (*скучный*) glum; ~ая еда́ lénten fare; ~ое ма́сло végetable oil; ~ое лицо́ *разг.* píous / hỳpocrítical expréssion; glum expréssion; **2.** *разг.* (*не жирный*) lean; ~ое мя́со lean meat; ◇ ~ са́хар frúit-jùice cándy ['fru:tdʒu:s...].

**постово́й 1.** *прил.* on póint-dùty; ~ милиционе́р milítia¦man* on póint-dùty; **2.** *м. как сущ.* man* on póint-dùty, póints¦man*.

**посто́й** *м. уст.* bílleting; поста́вить на ~ (*вн.*) bíllet (*d.*); пла́та за ~ bílleting charge.

**посто́льку** *союз* in so far as, in¦as¦múch as; ◇ ~ поско́льку so far as.

**посторони́ться** *сов. см.* сторони́ться 1.

**посторо́нн||ий 1.** *прил.* (*чужой*) strange [-eɪndʒ]; (*побочный*) óutside; ~ее те́ло fóreign bódy / súbstance ['fɔrɪn 'bɔ-...]; ~ие дела́ óutside mátters; ~ие вопро́сы èxtráneous íssues; без ~ей по́мощи ún¦assísted, without óutside assístance; síngle-hánded *разг.*; **2.** *м. как сущ.* stránger [-eɪndʒə], óutsíder; вход ~им воспрещён no admíttance; ún¦áuthorized pérson not admítted.

**постоя́лец** *м. уст. разг.* lódger; (*в гостинице тж.*) guest.

**постоя́лый** *уст.*: ~ двор inn.

**постоя́нная** *ж. скл. как прил. мат.* cónstant.

**постоя́нно** I *прил. кратк. см.* постоя́нный.

**постоя́нн||о** II *нареч.* cónstantly, álways ['ɔ:lwəz]. ~ый cónstant; (*неизменный*) inváriable, pérmanent; ~ый а́дрес pérmanent addréss; ~ый посети́тель régular vísitor [...-zɪ-]; проявля́ть ~ую забо́ту displáy ùncéasing concérn [...-'si:s-...]; ~ая величина́ *мат.* cónstant; ~ая а́рмия *воен.* régular ármy; ~ый жи́тель pérmanent résident [...-z-]; ~ый ток *эл.* contínuous / diréct cúrrent; ~ый капита́л *эк.* cónstant cápital.

**постоя́нство** *с.* cónstancy.

**постоя́ть** *сов.* **1.** (*некоторое время и т. п.*) stand* (for a while, *etc.*); **2.** (за *вн.*; *защитить*) stand* up (for); ~ за себя́ stand* up for òne¦sélf; **3.** *пов.* (*подожди, подождите*) wait a bit / little; (*остановись, остановитесь*) stop!

**пострада́вший 1.** *прич. см.* страда́ть 2,3; **2.** *м. как сущ.* víctim.

**пострада́ть** *сов. см.* страда́ть 2, 3.

**постранúчный** páginal, by the page, for every page.

**постра́нствова||ть** *сов.* trável [-æv-], do some trávelling; он мно́го ~л на своём веку́ he has done a lot of trávelling in his life.

**постраща́ть** *сов. см.* страща́ть.

**постре́л** *м. разг.* líttle rogue [...roug], líttle imp; ◇ наш ~ везде́ поспе́л *погов.* ≅ the scamp has a fínger in évery pie.

**постре́ливать** fire (intermíttently), shoot* now and then.

**по́стриг** *м.* táking of monástic vows; (*о женщине тж.*) táking the veil.

**пострига́ть,** постри́чь (*вн.*; *в монахи*) make* / cónsecràte a monk [...mʌ-] (*d.*); (*в монахини*) make* / cónsecràte a nun (*d.*). ~**ся,** постри́чься (*в монахи*) take* monástic vows; (*о женщине тж.*) take* the veil.

**постри́чь** I *сов.* = остри́чь *см.* стричь.

**постри́чь** II *сов. см.* постригáть.

**постри́чься** I *сов.* = остри́чься *см.* стри́чься.

**постри́чься** II *сов. см.* постригáться.

**построе́ние** *с.* **1.** (*в разн. знач.*) constrúction; ~ социали́зма búilding of sócialism ['bɪl-...]; **2.** *воен.* paráde.

**постро́ить(ся)** *сов. см.* стро́ить(ся).

**постро́йка** *ж.* **1.** (*действие*) búilding ['bɪl-], eréction; constrúction; ~ домо́в hóuse-bùilding ['hausbɪ-]; ~ но́вых фа́брик búilding / eréction of new fáctories; **2.** (*строение*) búilding; ка́менная ~ stone búilding; (*из кирпича*) brick búilding.

**постро́мка** *ж.* trace.

**постро́чн||ый** by the line; ~ая пла́та páyment by the line; línage ['laɪ-].

**постскри́птум** *м.* póstscript ['pou-] (*сокр.* P.S.).

**посту́кива||ть** (по *дт.*) tap (on), pátter (on); он шёл, ~я па́лочкой he walked tápping with his stick.

**постула́т** *м. филос., мат.* póstulate.

**постули́ровать** *несов. и сов.* (*вн.*) póstulàte (*d.*).

**поступа́тельн||ый** progréssive; ~ое движе́ние *тех.* trànslátional móve¦ment [trɑ:- 'mu:v-]; (*перен.*) progréssive móve¦ment; ~ ход исто́рии ónward march of hístory.

**поступ||а́ть,** поступи́ть **1.** act; ему́ не сле́довало так ~ he should not have ácted so; как нам тепе́рь ~и́ть? how shall we act now?, what shall we do now?; **2.** (с кем-л.; *обходиться*) treat (smb.); (с чем-л.; *распоряжаться*) deal* (with smth.); ~ пло́хо с кем-л. treat smb. bád¦ly; он не зна́ет, как ~и́ть с э́тими кни́гами he does¦n't know what to do with these books [...nou...]; **3.** (в *вн.*; *вступать, зачисляться*) join (*d.*); (к) go* to work (for); ~ в университе́т join / énter *the* ùnivérsity; ~ в шко́лу énter school, go* to school; ~ на рабо́ту go* to work; ~ на вое́нную слу́жбу join up, *или* enlíst, in the ármy; **4.** (*о посланном*) be fòrthcóming; (*о заявлении и т. п. тж.*) be recéived [...-'si:-]; come* in; ~и́ла жа́лоба a compláint was recéived, *или* came in; де́ло ~и́ло в суд the case was brought befóre the láw-courts [...keɪs... -kɔ:ts], the case was táken to court [...kɔ:t]; ◇ ~ в произво́дство go* into prodúction; ~ **в прода́жу be on sale, be on the márket.**

**поступáться,** поступи́ться (*тв.*) waive (*d.*); fòrgó* (*d.*); ~ свои́ми правáми waive one's rights.

**поступи́ть** *сов. см.* поступáть.

**поступи́ться** *сов. см.* поступáться.

**поступлéни||е** *с.* **1.** (*куда-л.*) éntrance, éntering; (*в партию, общество и т. п.*) jóining; **2.** (*денежное*) recéipt [-'siːt]; *бух.* éntry; ~я по бюджéту révenue *sg.*

**постýп||ок** *м.* áction; act, deed; безрассýдный ~ rash áction; смéлый ~ bold deed; емý не нрáвятся её ~ки he does¦n't like the way she beháves, he does¦n't like her behávíour.

**пóступь** *ж.* step; твёрдая ~ firm step.

**постучá||ть** *сов.* **1.** (в *вн.*) knock (at), rap (at, on); в дверь ~ли there was a knock / rap at / on the door [...dɔː]; **2.** (*некоторое время, немного и т. п.*) knock / rap (a little, for a while, *etc.*). **~ться** *сов.* (в *вн.*) knock (at), rap (at, on).

**постфáктум** *нареч.* post fáctum [poust...], áfter fact.

**постыди́ться** *сов.* (*рд.*) *разг.* be / feel* ashámed (of).

**посты́дный** sháme¦ful, disréputable.

**посты́лый** *разг.* háte¦ful, repéllent.

**посýда** *ж.* **1.** *собир.* plates and dishes *pl.*; фарфóровая ~ china; фаянсовая ~, гли́няная ~ éarthenwàre ['əː-], cróckery; жестянáя ~ tinwàre; кýхонная ~ kitchen uténsils *pl.*; чáйная ~ téa-things *pl.*; **2.** *разг.* (*сосуд*) véssel; ◇ би́тая ~ два вéка живёт *погов.* ≅ créaking doors hang the lóngest [...dɔːz...].

**посýдина** *ж. разг.* **1.** véssel; **2.** *мор.* (*о старом судне*) old tub.

**посуди́т||ь** *сов.*: ~е сáми judge for your¦sélf.

**посýдн||ый** *прил. к* посýда; ~ шкаф dréssег; ~ магази́н chína-shòp; cróckery shop; ~ое полотéнце dísh-clòth.

**посýл** *м. разг.* prómise [-s]; не скупи́ться на ~ы make* all mánner of prómises, be lávish with prómises.

**посули́ть** *сов. см.* сули́ть.

**посýточн||о** *нареч.* by the day, for every 24 hours [...auəz]; плати́ть ~ pay* by the day. ~ый 24-hour [-auə] (*attr.*); by the day; ~ое дежýрство 24-hour dúty; ~ая оплáта pay by the day.

**посчастли́ви||ться** *сов. безл.*: емý, им *и т. д.* ~лось (+ *инф.*) he has, they have, *etc.*, the luck (+ to *inf.*); he is, they are, *etc.*, lúcky enóugh [...-ʌf] (+ to *inf.*); емý ~лось достáть э́ту кни́гу he had the luck, *или* was lúcky enóugh, to get this book, he háppened to get this book.

**посчитáть** (*вн.*) count (*d.*).

**посчитá||ться** *сов.* **1.** (с *тв.*) *разг.* be quits / éven (with); мы ещё ~емся! I shall get éven with you yet!; **2.** *см.* считáться 1.

**посылáть,** послáть (*вн. дт.*) send* (*d.* to); (*о письме и т. п.*) dispátch (*d.* to); (*вн.* за *тв.*) send* (*d.* for); ~ по пóчте (send* by) post [...poust] (*d.* to), mail (*d.* to); ~ воздýшные поцелýи kiss one's hand (to), blow* kísses [-ou...] (*i.*); ~ поклóн, привéт send* one's (best) regárds (*i.*), beg to be remémbered (to).

**посы́л||ка** *ж.* **1.** (*действие*) sénding; **2.** (*почтовая*) párcel; отправля́ть ~ку post *a* párcel [poust...]; **3.** *филос.* (*суждение*) prémise [-s]; большáя, мáлая ~ májor, minor prémise; ◇ быть на ~ках у когó-л. run* smb.'s érrands, run* érrands for smb. **~очный** párcel (*attr.*).

**посы́льный** *м. скл. как прил.* méssenger [-n-], commissionáire [-sjə'nɛə].

**посы́пать** *сов. см.* посыпáть.

**посыпáть,** посы́пать (*вн. тв.*) strew* (*d.* with), pówder (*d.* with); ~ грáвием grável ['græ-] (*d.*); ~ пескóм sand (*d.*); ~ сáхаром súgar ['ʃu-] (*d.*); ~ сóлью salt (*d.*).

**посыпá||ться** *сов.* begin* to fall down, fall* down; (*перен.*) pour down [pɔː...], rain; ~лись удáры blows rained, *или* fell thick and fast [blouz...].

**посяг||áтельство** *с.* (на *вн.*) en¦cróachment (on, up¦ón). **~áть,** посягнýть (на *вн.*) en¦cróach (on, up¦ón), infrínge (on, up¦ón), make* an en¦cróachment (on, up¦ón); ~áть на чью-л. свобóду, на чьё-л. имýщество *и т. п.* en¦cróach / infrínge on smb.'s líberty, próperty, *etc.*; ~áть на чьи-л. правá infrínge up¦ón smb.'s rights. **~нýть** *сов. см.* посягáть.

**пот** *м.* sweat [swet], pèrspirátion; холóдный ~ cold sweat; обливáясь ~ом rúnning / dripping / wet with sweat; весь в ~ý bathed in sweat [beɪðd...]; ◇ в ~е лицá by / in the sweat of one's brow; ~ом и крóвью in blood and sweat [...blʌd...].

**потайн||óй** sécret; ~ ход sécret pássage; ~áя дверь sécret door [...dɔː].

**потакáние** *с.* indúlgence, connívance [-'naɪ-].

**потакáть** (*дт.* в *пр.*) *разг.* indúlge (*d.* in); ~ ребёнку в егó шáлостях, ~ шáлостям ребёнка indúlge *a* child's caprices [...-'riː-].

**потанц||евáть** *сов.* have a dance; (*некоторое время, немного и т. п.*) dance (for a while, *etc.*); давáйте ~ýем let us have a dance, let us dance.

**потаскýха** *ж.*, **потаскýшка** *ж. бран.* strúmpet, tróllop.

**потасóвка** *ж. разг.* brawl, fight, scuffle.

**потáчка** *ж. разг.* = потакáние.

**потáш** *м.* pótàsh.

**потащи́ть** *сов. см.* таскáть 1. **~ся** *сов. см.* таскáться 1.

**по-твóему** *нареч.* **1.** (*по твоему мнению*) in, *или* accórding to, your opínion; to your mind / thinking; **2.** (*по твоему желанию*) as you want / wish; as you would have it; (*по твоему совету*) as you advíse; ◇ пусть бýдет, *или* будь, ~ have it your ówn way [...oun...].

**потвóрство** *с.* indúlgence, connívance [-'naɪ-], pándering. **~вать** (*дт.*) connive (at), show* indúlgence [ʃou...] (towards), pánder (to).

**потёмк||и** *мн.* dárkness *sg.*; в ~ах in the dark; ◇ чужáя душá — ~ the húman heart is a mýstery [...hɑːt...].

**потемнéние** *с.* dárkening; (*в глазах*) dímness.

**потемнéть** *сов. см.* темнéть I 1.

**потéние** *с.* swéating ['swet-], pèrspirátion.

**потенци||áл** [-тэ-] *м.* poténtial; рáзность ~áлов poténtial difference; воéнный ~ war poténtial. **~áльный** [-тэ-] poténtial.

**потенциóметр** [-тэ-] *м. эл.* potèntiómeter.

**поте́нция** [-тэ́-] *ж.* poténtial, potèntiálity.

**потепле́ние** *с.* rise in témperature; getting wármer; наступи́ло ~ warm wéather has set in [...'weðə...], the cold snap is óver, *или* has bróken.

**потепле́ть** *сов. см.* тепле́ть.

**потере́ть** *сов.* (*вн.*) rub (*d.*).

**потерпе́вший** 1. *прич. см.* потерпе́ть; 2. *м. как сущ.* víctim; ~ от пожа́ра víctim of *a* fire; ~ кораблекруше́ние víctim of *a* ship-wrèck.

**потерпе́ть** *сов.* 1. (*проявить терпение*) be pátient, keep* one's pátience; 2. (*вн.*; *понести, испытать*) súffer (*d.*); ~ поте́ри, убы́тки súffer lósses, dámages; ~ кораблекруше́ние be shipwrècked; ~ пораже́ние súffer / sustáin a deféat, be deféated; 3. (*вн.*; *допустить*) súffer (*d.*), stand* (*d.*), tóleràte (*d.*); он не поте́рпит э́того he won't stand / tólerate that [...wount...].

**потёрт||ый** *разг.* 1. shábby, thréadbàre ['θred-], frayed; 2. (*утомлённый, несвежий*) wáshed-óut; ~ вид wáshed-óut look / appéarance; ~ое лицо́ worn face [wɔːn...].

**поте́р||я** *ж.* 1. (*утрата*) loss; (*времени, денег и т. п.*) waste [weɪ-]; ~ кро́ви loss of blood [...blʌd]; ~ зре́ния loss of sight; ~ па́мяти loss of mémory; *мед.* àmnésia [-z-]; ~ созна́ния loss of cónsciousness [...-nʃəs-]; ~ вре́мени waste of time; (по́лная) ~ трудоспосо́бности (tótal) disabílity; 2. *мн.* lósses; ~и при убо́рке урожа́я hárvesting lósses; hárvesting waste *sg.*; ~и скота́ от падежа́ líve-stòck mòrtálity *sg.*; устраня́ть ~и elimináte, *или* cut* out, waste; ~и в людско́й си́ле и те́хнике *воен.* lósses in mánpower / men and matériel (*фр.*) [...mətɪərɪ'el]; ~и уби́тыми *воен.* fátal cásualties [...'kæʒ-]; ~и уби́тыми и ра́неными *воен.* lósses in killed and wóunded [...'wuːn-]; кру́пные, серьёзные ~и sérious lósses.

**поте́рянный** 1. *прич. см.* теря́ть; 2. *прил.* (*растерянный*) embárrassed, perpléxed.

**потеря́ть(ся)** *сов. см.* теря́ть(ся).

**потесни́ть** *сов. см.* тесни́ть I.

**потесни́ться** *сов.* (*освободить место*) make* room; (*о сидящих, стоящих и т. п.*) sit*, stand*, *etc.*, clóser (to make room for smb. or smth.) [...'klousə...].

**поте́ть** I, вспоте́ть 1. sweat [swet], perspíre; 2. *тк. несов.* (над) toil (at), grind* (*d.*).

**поте́||ть** II, запоте́ть *разг.* become* / be damp / místy, be cóvered with steam [...'kʌ-...]; о́кна ~ют the wíndows are damp / místy, *или* are cóvered with steam.

**поте́ха** *ж.* fun; вот ~! what fun!

**поте́чь** *сов.* 1. (*начать течь*) begin* to flow [...-ou]; 2. *как сов. к* течь I.

**потеша́ть** *разг.* = те́шить. **~ся** *разг.* 1. amúse onesélf; 2. (над) laugh [lɑːf] (at); make* a láughing-stòck [...'lɑːf-] (of); make* a fool (of); (*издеваться*) mock (at).

**поте́ш||ить** *сов.* 1. *см.* те́шить; 2. (*вн.*; *некоторое время, немного и т. п.*) amúse / èntertáin (for a while, a little, *etc.*) (*d.*). **~иться** *сов. см.* те́шиться. **~ный** fúnny, amúsing; ◇ ~ный полк potéshny régiment (*regiment of boy-soldiers under Peter I*).

**потира́ть** (*вн.*) *разг.* rub (*d.*); ~ ру́ки rub one's hands; ~ ру́ки от ра́дости, удово́льствия rub one's hands with joy / pléasure [...'ple-].

**потихо́ньку** *нареч. разг.* 1. (*не спеша*) slówly [-oulɪ]; 2. (*тихо*) nóiselessly, siléntly; (*тайком*) on the sly, sécretly, by stealth [...stelθ].

**потли́в||ость** *ж.* disposítion to sweat / perspíre [-'zɪ-... swet...]. **~ый** súbject to swéating / pèrspirátion [...'swet-...], swéaty ['swetɪ].

**потни́к** *м.* swéat-clòth ['swet-].

**по́тн||ый** swéaty ['swetɪ], damp with pèrspirátion; ~ые ру́ки clámmy hands.

**по-това́рищески** *нареч.* as a friend / cómrade [...frend...]; in a fríendly way / mánner [...'frend-...]; э́то не ~ that is not béing fríendly.

**потов||о́й** *анат.*: ~ы́е же́лезы sùdoríferous glands.

**потого́нн||ое** *с. скл. как прил.* sùdorífic, diaphorétic. **~ый** sùdorífic, diaphorétic; ◇ ~ая систе́ма swéating sýstem ['swet-...], spéed-úp (sýstem).

**пото́к** *м.* 1. stream, tórrent, flow [-ou]; (*перен.*: *слёз и т. п. тж.*) cúrrent; го́рный ~ móuntain stream / tórrent; лить ~и слёз shed* tórrents of tears, weep* in tórrents; ~ слов flow of words; ~ руга́тельств a shówer of abúse [...-s]; людско́й ~ stream of people [...piː-]; нескончае́мым ~ом in an éndless stream; 2. (*система производства*) prodúction line.

**потолкова́ть** *сов.* 1. (с *тв.* о *пр.*; *немного и т. п.*) talk (a little, *etc.*) (with abóut), have a (short) talk (with abóut); ~ де́сять мину́т have a ten mínutes' talk [...-nɪts...]; 2. *как сов. к* толкова́ть.

**потол||о́к** *м.* céiling ['siːl-]; *ав. тж.* roof; с высо́ким ~ко́м hígh-céilinged [-'siːl-] (*attr.*); с ни́зким ~ко́м lów-céilinged ['lou'siːl-] (*attr.*); кессо́нный ~, я́щичный ~ *тех.* cóffer-wòrk céiling; ◇ взять что-л. с ~ка́ *разг.* make* smth. up; spin* smth. out of thin air.

**потолсте́ть** *сов. см.* толсте́ть.

**пото́м** *нареч.* (*после*) áfterwards [-dz]; (*затем*) then; (*позже*) láter on.

**пото́мок** *м.* descéndant, óffspring; scíon.

**пото́мственный** heréditary; ~ дворяни́н *ист.* géntleman* by birth; ~ шахтёр, сталева́р *и т. п.* heréditary míner, steel fóunder, *etc.*

**пото́мство** *с.* pòstérity.

**потому́** I *нареч.* (*об.* ~... и) that is why, *об.* that's why: ~ он и прие́хал неме́дленно that's why he came immédiately; — ~ что, ~... что becáuse [-'kɔz]: он э́то сде́лал ~, *или* ~ сде́лал э́то, что не знал he did it becáuse he did not know [...nou].

**потому́** II *союз*: ~ что becáuse [-'kɔz], for, as.

**потону́ть** *сов. см.* тону́ть I.

**пото́п** *м.* délùge; ◇ всеми́рный ~ the Flood [...-ʌd], the Délùge.

**потопи́ть** I *сов.* (*нагреть немного топкой*) heat a little, *или* for a while.

**потоп||и́ть** II *сов. см.* топи́ть III. **~ле́ние** *с.* sínking.

**потопта́||ть** *сов.* (*вн.*) tread* [tred] (*d.*), trample (*d.*); скот ~л траву́ the cáttle trod down, *или* trámpled (down), the grass. **~ться** *как сов. к* топта́ться.

**поторáпливаться** make* haste [...heɪ-], húrry.

**поторговá||ться** *сов.* (*некоторое время, немного и т. п.*) bárgain (for a while, a little, *etc.*); ты бы ~лся you should have bárgained.

**поторопи́ть(ся)** *сов. см.* торопи́ть(ся).

**потóчн||ый:** ~ мéтод line prodúction; мáссовое ~ое произвóдство mass line prodúction; ~ая ли́ния prodúction line.

**потрáва** *ж.* dámage (caused to a field by cattle) [...fiː-...].

**потрави́ть** *сов. см.* трави́ть III.

**потрáтить** *сов.* (*вн.*) spend* (*d.*); (*понапрасну*) waste [weɪ-] (*d.*). **~ся** *сов.* spend* móney [...'mʌ-].

**потрáфить** *сов. см.* потрафля́ть.

**потрафля́ть,** потрáфить (*дт.*) *разг.* please (*d.*); give* satisfáction (*i.*); емý трýдно потрáфить he is hard / difficult to please, you can never guess right for him, you can't ever do ány¦thing right for him [...kɑːnt...].

**потреби́тель** *м.*, **~ница** *ж.* consúmer, úser. **~ный** consúmption (*attr.*); ~ная стóимость *эк.* use válue [-s...]. **~ский** *прил. к* потреби́тель; ~ская кооперáция consúmers' cò-óperative societies *pl.*; ~ское óбщество consúmers' society.

**потреби́ть** *сов. см.* потребля́ть.

**потреблéни||е** *с.* consúmption, use [-s]; предмéты ~я óbjects of consúmption; предмéты, товáры ширóкого ~я consúmer(s') goods [...gudz], árticles of géneral consúmption; рай́оны ~я áreas of consúmption ['ɛərɪəz...].

**потребля́ть,** потреби́ть (*вн.*) consúme (*d.*), use (*d.*).

**потрéбн||ость** *ж.* want, necéssity, need; естéственная ~ phýsical necéssity [-zɪ-...]; жи́зненные ~ости vital requíre¦ments; постоя́нно растýщие ~ости cónstantly rising requíre¦ments; материáльные и культýрные ~ости нарóда matérial and cúltural needs of the people [...piː-]; ~ в рабóчей си́ле lábour pówer requíre¦ments / needs *pl.*; ~ промы́шленности в сырьé indústrial demánd for raw matérials [...-ɑːnd...]. **~ый** nécessary, required; néedful; ~ое коли́чество (*рд.*) the nécessary amóunt (of).

**потрéбовать** *сов. см.* трéбовать 1, 2, 4. **~ся** *сов. см.* трéбоваться.

**потревóжить** *сов. см.* тревóжить I. **~ся** *сов см.* тревóжиться I.

**потрёпанн||ый** 1. *прич. см.* трепáть 3; 2. *прил.* shábby, thréadbàre [-ed-]; (*перен.*) séedy; worn [wɔːn]; ~ая кни́га táttered book; имéть ~ вид look séedy; look worn; ~ые диви́зии врагá báttered énemy divisions.

**потрепáть** *сов. см.* трепáть 2, 3, 4. **~ся** *сов. см.* трепáться I.

**потрéскаться** *сов. см.* трéскаться.

**потрéскивание** *с.* crackle, cráckling.

**потрéскивать** crackle.

**потрóгать** *сов.* (*вн.*) touch [tʌtʃ] (*d.*); ~ пáльцем finger (*d.*).

**потрох||á** *мн.* pluck *sg.*; жáреные ~ háslèt(s) [-z-], hárslet(s); гуси́ные ~ giblets ['dʒɪ-]; суп из гуси́ных ~óв giblet soup [...suːp].

**потроши́ть,** вы́потрошить (*вн.*) disembówel (*d.*), clean (*d.*); (*о птице*) draw* (*d.*).

**потруди́||ться** *сов.* 1. take* some pains; (*некоторое время и т. п.*) work (for some time, *etc.*); он дáже не ~лся сдéлать э́то he never took the trouble / pains to do it [...trʌbl...]; 2. *пов.* (*в обращении*): ~тесь сдéлать э́то be so kind as to do it; ~тесь уйти́! kind¦ly leave the room!

**потруднéе** (*сравн. ст. от прил.* трýдный *и нареч.* трýдно) (a little) more difficult.

**потряс||áть,** потрясти́ 1. (*вн., тв.*) shake* (*d.*); (*оружием и т. п.*) brándish (*d.*); потрясти́ до основáния shake* to its foundátion (*d.*); ~ вóздух кри́ками rend* the air with shouts; 2. (*вн.*; *крайне удивлять*) amáze (*d.*), astóund (*d.*), shock (*d.*); (*волновать*) shake* (*d.*); он был ~ён э́тим he was sháken by this; (*крайне удивлён*) he was amázed / astóunded / shocked at this. **~áющий** 1. *прич. см.* потрясáть; 2. *прил.* stággering, stupéndous, treméndous; (*о фактах, событиях и т. п.*) stártling; ~áющее впечатлéние treméndous impréssion; ~áющее собы́тие stággering evént, evént of út¦mòst impórtance. **~éние** *с.* shock; нéрвное ~éние (nérvous) shock.

**потрясти́** I *сов. см.* потрясáть.

**потрясти́** II *сов.* 1. (*вн.*; *немного*) shake* (a little) (*d.*); 2. *как сов. к* трясти́.

**потря́хивать** (*тв.*) *разг.* shake* (*d.*), jolt (*d.*).

**потýги** *мн.* 1. (*во время родов*) pangs of child-birth; 2. (*бесплодные усилия, попытки*) vain attémpts.

**потýпившись** *нареч.* with dówncàst eyes [...aɪz].

**потýп||ить(ся)** *сов. см.* потупля́ть(ся). **~ля́ть,** потýпить (*вн.*): ~ля́ть взгляд, взор cast* down, *или* drop, one's eyes [...aɪz]; ~я взгляд, взор with dówncàst eyes. **~ля́ться,** потýпиться look down, cast* down one's eyes [...aɪz], drop one's eyes.

**потускнéлый** tárnished; (*о взгляде*) láckl̀ùstre.

**потускнéть** *сов. см.* тускнéть.

**потусторóнний:** ~ мир the other world, the be¦yónd.

**потухáние** *с.* extinction.

**потухáть** = тýхнуть I.

**потýхнуть** *сов. см.* тýхнуть I.

**потýхш||ий** 1. *прич. см.* тýхнуть I; 2. *прил.* extinct; ~ вулкáн extinct vòlcánò; ◇ ~ие глазá, ~ взор dimmed eyes [...aɪz].

**потучнéть** *сов. см.* тучнéть.

**потуши́ть** I *сов. см.* туши́ть I.

**потуши́ть** II *сов.* (*вн.*) *кул.* (*некоторое время и т. п.*) stew (for a while, *etc.*) (*d.*); óвощи нáдо ~ the végetables should be stewed.

**пóтчевать,** попóтчевать (*вн. тв.*) regále (*d.* with), treat (*d.* to).

**потягáться** *сов.* (*с тв.* в *пр.*) *разг.* conténd (with in).

**потя́гивать** (*вн.*) *разг.* 1. (*понемногу пить*) sip (*d.*); 2. (*курить*) pull [pul] (at), draw* (at); ~ папирóсу draw* at *a* cigarétte.

**потя́гиваться,** потянýться stretch òne¦sélf.

**потянýть** *сов. см.* тянýть 1, 6, 7, 8, 9, 11 **~ся** *сов.* 1. *см.* тянýться 4, 5, 8; 2. *см.* потя́гиваться.

**поýжинать** *сов. см.* ýжинать.

**поумнéть** *сов. см.* умнéть.

**поурóчн||о** *нареч.* by the piece [...piːs] **~ый:** ~ая оплáта piece-wòrk pay ['piːs-...].

**поутру́** *нареч.* in the mórning.

**поуча́ть** (*вн.*) **1.** *уст.* (*учить*) teach* (*d.*), instrúct (*d.*); **2.** (*наставлять*) preach (at), lécture (*d.*), give* a lécture (*i.*).

**поуче́ние** *с.* précèpt, lésson; (*наставление*) lécture, sérmon.

**поучи́тельн||ость** *ж.* instrúctive¦ness. **~ый** instrúctive; didáctic.

**похаб||ность** *ж.* òbscénity [-'si:-], báwdiness. **~ный** òbscéne, báwdy, indécent. **~щина** *ж.* òbscénity [-'si:-], báwdiness.

**похвал||а́** *ж.* praise; отзыва́ться с ~о́й (о *пр.*) praise (*d.*), speak* fávour¦ably (of).

**похва́ливать** (*вн.*) *разг.* praise (*d.*); есть да ~ praise what one eats.

**похвали́ть** *сов. см.* хвали́ть. **~ся** *сов. см.* хвали́ться *и* похваля́ться.

**похвальба́** *ж. разг.* brag, bóasting.

**похва́льн||ый** **1.** (*заслуживающий похвалы*) práise¦wòrthy [-ðɪ], láudable, comméndable; ~ посту́пок, ~ое наме́рение práise¦wòrthy / láudable act, aim; **2.** (*содержащий похвалу*) práising; ~ая гра́мота hónour certíficate ['ɔnə...]; ~ лист *уст.* school tèstimónial of good cónduct and prógress; **3.** *уст.* (*хвалебный*) láudatory, eulogístic; ~ое сло́во éulogy, èn¦cómium.

**похваля́ться,** похвали́ться (*тв.*) *разг.* boast (of, abóut), brag (*d.*, of).

**похва́рывать** *разг.* be áiling; ча́сто ~ be óften áiling / ill [...'ɔ:f(t)°n...].

**похва́стать(ся)** *сов. см.* хва́стать(ся).

**поxе́рить** *сов.* (*вн.*) *разг.* cross out / off (*d.*), cáncel (*d.*).

**похити́тель** *м.* thief* [θi:f]; (*людей*) kídnàpper; (*женщины тж.*) àbdúctor.

**похи́тить** *сов. см.* похища́ть.

**похищ||а́ть,** похи́тить (*вн.*) steal* (*d.*); (*о людях*) kídnàp (*d.*); (*о женщине тж.*) àbdúct (*d.*). **~е́ние** *с.* theft; (*людей*) kídnàpping; (*женщины тж.*) abdúction.

**похлёбка** *ж. разг.* soup [su:p].

**похло́пать** *сов.* (*вн.*) slap (*d.*); ~ кого́-л. по плечу́ tap smb. on the shóulder [...'ʃou-].

**похлопота́ть** *сов. см.* хлопота́ть 2, 3.

**похло́пывать** (*вн.*) pat (*d.*).

**похме́ль||е** *с.* the mórning-áfter; háng-òver; быть с ~я have a háng-òver, have a bad / thick head [...hed].

**похо́д** I *м.* **1.** march; *мор.* trip, cruise [kru:z]; выступа́ть в ~ take* the field [...fi:ld]; **2.** (*экскурсия*) wálking tour / trip [...tuə...]; hike; отпра́виться в двухдне́вный ~ go* on a twó-days' wálking tour / trip; ~ на лыжах skíing trip ['ʃi:-, 'ski:-...]; **3.** (на *вн.*, про́тив) campáign [-'peɪn] (agáinst).

**похо́д** II *м. разг.* (*излишек*) óver¦wéight.

**походата́йствовать** *сов. см.* хода́тайствовать.

**походи́ть** I (на *вн.*; *быть похожим*) resémble [-'ze-] (*d.*), bear* resémblance [bɛə -'ze-] (to), be like (*d.*), be not ún¦like (*d.*).

**походи́ть** II *сов.* (*некоторое время и т. п.*) walk (for a while, *etc.*).

**похо́дка** *ж.* walk, gait, step; лёгкая ~ light step; бы́страя ~ rápid gait; ме́дленная ~ slow gait [-ou...]; перева́ливающаяся ~ waddle.

**похо́дн||ый** march (*attr.*); márching; field [fi:ld] (*attr.*); route [ru:t] (*attr.*); ~ поря́док márching órder, march fòrmátion; ~ строй march fòrmátion; ~ая жизнь camp life; ~ая пе́сня márching song; ~ая коло́нна cólumn of route; ~ го́спиталь field hóspital; ~ая ку́хня móbile kítchen ['mou-...]; field kítchen; ~ая крова́ть cámp-bèd; ~ое снаряже́ние *воен.* field kit; ~ая фо́рма márching órder, field dress.

**по́ходя** *нареч. разг.* in an óff¦hánd mánner.

**похожде́ние** *с.* advénture.

**похо́ж||ий** resémbling [-'ze-]; alíke (*predic.*); (на *вн.*) like (*d.*); дово́льно ~ ráther like ['rɑ:-...], not ún¦lìke; ~ на воск, желе́зо *и т. п.* like wax, íron, *etc.* [...wæ- 'aɪən]; wáx-like, íron-like, *etc.* ['wæ- 'aɪən-]; быть ~им (на *вн.*) be like (*d.*), resémble [-'ze-] (*d.*), bear* resémblance [bɛə -'ze-] (to); они́ о́чень ~и друг на дру́га they are very much alíke; they bear a great resémblance to each other [...-eɪt...]; э́то о́чень ~е (на *вн.*) it looks very much like (*d.*); э́то на него́ ~е! it's just like him!; that's him all óver!; на кого́ вы ~и! just look at your¦sélf!; ~е на то, что it looks as if: ~е на то, что пойдёт дождь it looks as if it is gó¦ing to rain, it looks like rain; — э́то ни на что не ~е! ≅ I've never seen ány¦thing like that; (*о поведении*) it is únhéard of [...-'hə:d...]; он не похо́ж на самого́ себя́ he is not him¦sélf.

**по-хозя́йски** *нареч.* thríftily, wíse¦ly; расхо́довать сре́дства ~ spend* funds thríftily / wíse¦ly.

**похолод||а́ние** *с.* fall of témperature, cold snap; наступи́ло ~ it has got cólder, there is a cold snap. **~а́ть** *сов. безл.*: ~а́ло it has got cólder.

**похолоде́ть** *сов. см.* холоде́ть.

**похорони́ть** *сов. см.* хорони́ть 1.

**похоро́нн||ый** fúneral; ~ое бюро́ úndertàker's óffice, ~ марш dead march [ded...]; ~ звон (fúneral) knell.

**по́хороны** *мн.* búrial ['be-] *sg.*, fúneral *sg.*

**по-хоро́шему** *нареч.* in an ámicable / fríendly way [...'frend-...].

**похороше́ть** *сов. см.* хороше́ть.

**похотли́в||ость** *ж.* lust, léwdness, lascívious¦ness. **~ый** lústful, lewd, lascívious.

**по́хоть** *ж.* lust, càrnálity.

**похохота́||ть** *сов.* (*немного, некоторое время и т. п.*) laugh (a little, for a while, *etc.*) [lɑ:f...], have a laugh.

**похра́пывать** *разг.* snore (géntly / slíghtly).

**похуде́ть** *сов. см.* худе́ть.

**поцара́пать** *сов.* scratch. **~ся** *сов.* get* scratched.

**поцелова́ть(ся)** *сов. см.* целова́ть(ся).

**поцелу́й** *м.* kiss.

**поча́сн||ый, почасово́й** by the hour [...auə]: ~ая опла́та pay by the hour.

**поча́ток** *м.* **1.** *бот.* ear; ~ кукуру́зы córn-còb; **2.** *текст.* cop.

**по́чв||а** *ж.* soil; ground (*тж. перен.*); плодоро́дная ~ rich / fértile soil; ◇ не теря́ть ~ы под нога́ми, сто́ять на твёрдой ~е stand* up¦ón sure ground [...ʃuə...]; ~ ускольза́ет у них из-под ног the ground is slípping from únder their feet; выбива́ть ~у из-под ног cut* the ground from únder *smb.*('s feet); take* the wind out of *smb.*'s sails [...wind...]; нащу́пывать, зонди́ровать ~у explóre the ground;

на ~е (*рд.*) becáuse [-'kɔz] (of), ówing ['ouɪŋ] (to); подготóвить ~у (для) pave the way (for); не имéть под собóй ~ы be gróundless / báse¦-less / únfóunded [...-s-...].

**пóчвенный** soil (*attr.*), ground (*attr.*).

**почвовéд** *м.* soil scíentist. **~ение** *с.* soil scíence. **~ческий** sóil-science (*attr.*).

**почвообрабáтывающий** *с.-х.* sóilcùltivàting.

**почвоуглубúтель** *м. с.-х.* súbsoil plough.

**почём** *нареч. разг.* (*по какой цене*) what is the price?; how much?: ~ сегóдня картóфель, я́йца, ~ молокó? how much are potátòes, eggs to¦dáy, how much is milk?; ◇ ~ знать? how should we know? [...nou], who can tell?

**почемý** *нареч.* **1.** (*вопрос.*) why: ~ он поéхал тудá? why did he go there?; скажúте (мне), ~ он поéхал тудá tell me why he went there; но ~ (же)? but why?; ~ нет? why not?; ~ не поéхать тудá зáвтра? why not go there to¦mórrow?; **2.** (*относит.*) (and) so; that's why: он забы́л áдрес, ~ (он) и не писáл he forgót the addréss (and) so, *или* that's why, he did not write.

**почемý-либо, почемý-нибудь** *нареч.* for some réason or other [...-z°n...]: éсли он ~ опоздáет if he is late for some réason or other.

**почемý-то** *нареч.* for some réason [...-z°n].

**пóчерк** *м.* hánd(wrìting); имéть хорóший, плохóй ~ write* a good, bad hand.

**почернéлый** dárkened, dark.

**почернéть** *сов. см.* чернéть 1.

**почерп||áть,** почерпнýть (*вн.*) get* (*d.*), draw* (*d.*); откýда вы ~нýли такúе свéдения? where did you get this informátion?

**почерпнýть** *сов. см.* почерпáть.

**почерствéть** *сов.* get* stale.

**почесáть** *сов. см.* чесáть 3. **~ся** *сов. см.* чесáться 1.

**пóчест||ь** *ж.* hónour ['ɔnə]; окáзывать, воздавáть ~и (*дт.*) do hónour (to), rénder hómage (to); отдавáть послéдние ~и (*дт.*) pay* one's last respécts (to); воéнные ~и military hónours, the hónours of war.

**почéсть** *сов. см.* почитáть II.

**почёсывать** (*вн.*) *разг.* scratch (*d.*).

**почёт** *м.* hónour ['ɔnə]; (*уважение*) respéct, estéem; быть в ~е, пóльзоваться ~ом у когó-л. stand* high in smb.'s estéem; ◇ ~ и уважéние! my cómpliments! **~ный 1.** (*пользующийся почётом*) hónour¦able ['ɔnə-]; ~ный гость guest of hónour [...'ɔnə]; **2.** *офиц.* (*о президиуме, об академике и т. п.*) hónorary ['ɔnə-]; ~ный член hónorary mémber; ~ная дóлжность hónorary óffice; ~ное звáние hónorary title; **3.** (*являющийся проявлением почёта*): ~ный караýл guard of hónour; ~ное мéсто place of hónour; ~ное положéние distínguished position [...-'zɪ-].

**пóчечн||ый** *анат., мед.* nèphrític; rénal; ~ая лохáнка pélvis (of the kídney); ~ые кáмни (gáll-)stònes.

**почивáть,** почúть *уст.* **1.** sleep*; **2.** (*быть погребённым*) rest, take* one's rest; ◇ почúть на лáврах rest on one's láure ls [...'lɔ-].

**почúвший 1.** *прич. см.* почивáть; **2.** *м. как сущ.* the decéased [...-'si:st].

**почúн** *м.* **1.** (*инициатива*) inítiative; по сóбственному ~у on one's own inítiative [...oun...]; смéлый ~ dáring innovátion; подхватúть чей-л. ~ take* up smb.'s inítiative; **2.** *разг.* (*начало*) beginning; (*в торговле тж.*) hándsel; для ~а for a start, to make a beginning / start.

**починúть** *сов. см.* чинúть I.

**почúн||ка** *ж.* repáiring; (*обуви, одежды тж.*) ménding. **~очный** repáiring (*attr.*), ménding (*attr.*).

**починя́ть** = чинúть I.

**почúстить(ся)** *сов. см.* чúстить(ся).

**почитáй** *нареч. разг.* **1.** (*почти*) álmòst ['ɔ:lmoust], nigh on; ~ уж год прошёл álmòst a year has passed; **2.** (*пожалуй, вероятно*): он, ~, всё забрáл he seems to have táken évery¦thing.

**почитá||ние** *с.* **1.** (*уважение*) hónour¦ing ['ɔnə-], respéct, estéem; **2.** (*культ*) réverence, wórship. **~тель** *м.*, **~тельница** *ж.* admírer, wórshipper.

**почитáть** I (*вн.*) **1.** (*уважать*) hónour ['ɔnə] (*d.*), respéct (*d.*), estéem (*d.*); **2.** (*как святыню*) revére (*d.*), hold* sácred (*d.*).

**почитá||ть** II, почéсть *уст.* consíder [-'sɪ-], think*; он ~ет своúм дóлгом сдéлать э́то he consíders / thinks it his dúty to do it.

**почитáть** III *сов.* **1.** (*вн.*; *немного, некоторое время и т. п.*) read* (a little, for a while, *etc.*) (*d.*); **2.** *как сов. к* читáть.

**почúтывать** (*вн.*) *разг.* read* (now and then) (*d.*).

**почúть** *сов. см.* почивáть.

**пóчк||а** I *ж.* **1.** *бот.* bud; (*листа тж.*) léaf-bùd, búrgeon *поэт.*; ~и на дерéвьях набýхли the trees are in full bud; **2.** *бот., зоол.* gémma (*pl.* -mae); зарóдышевая ~ plúmùle.

**пóч||ка** II *ж.* **1.** *анат.* kídney; воспалéние ~ек nèphrítis; **2.** *мн. кул.* kídneys.

**почковá||ние** *с. биол.* búdding, gèmmátion. **~ться** *биол.* bud, gèmmáte.

**почковúдный** réniform ['ri:-], kídney-shàped.

**пóчт||а** *ж.* **1.** post [pou-]; по ~е by post; посылáть письмó ~ой send* *a* létter by post, post / mail *a* létter; воздýшная ~ air mail; воздýшной ~ой by áirmail; спéшной ~ой by spécial / expréss delívery [...'spe-...]; с ýтренней ~ой by the mórning post; с вечéрней ~ой by the évening post [...'i:v-...]; с обрáтной ~ой by retúrn post; **2.** (*корреспонденция*) mail; **3.** (*почтовое отделение*) póst-òffice ['pou-].

**почтальóн** *м.* póst¦man* ['pou-], létter--càrrier.

**почтáмт** *м.* póst-òffice ['pou-]; глáвный ~ Géneral Póst-Òffice.

**почтéн||ие** *с.* respéct, estéem, considerátion; déference; относúться с ~ием (к), окáзывать ~ (*дт.*) treat with respéct / distínction (*d.*); относúться без вся́кого ~ия (к) treat without any respéct (*d.*), have no respéct (for); с ~ием (*подпись в письме*) respéctfully yours, yours fáithfully; ◇ моё ~! *разг.* my cómpliments! **~ный 1.** hónour¦able ['ɔnə-]; respéctable; éstimable; (*о возрасте*) vénerable; **2.** *разг.* (*значительный*) consíderable.

**почтú** *нареч.* álmòst ['ɔ:lmoust], néarly; wéll--nigh *книжн.*; ~ невозмóжно álmòst impóssible, next to impóssible, wéll-nigh impóssible; он ~ кóнчил свою рабóту he has álmòst fínished his work; ~ никакúх перемéн práctically no chánges [...'ʧeɪ-]; ~ ничегó next to nóthing; ~ во всём práctically / vírtually in évery:thing; ~ что néarly.

**почтúтельн||ость** *ж.* respéct, respéctfulness, déference. **~ый 1.** respéctful, dèferéntial; ~ый тон respéctful / dèferéntial tone; **2.** *разг.*: на ~ом расстоянии at a respéctful dístance; держáть на ~ом расстоянии keep* at a respéctful dístance; keep* at arms length *идиом.*

**почтúть** *сов.* (*вн. тв.*) hónour ['ɔnə] (*d.* by), pay* / do hómage (to by); ~ когó-л. своим присýтствием hónour smb. with one's présence [...-zəns]; ~ чью-л. пáмять вставáнием stand* in hónour of smb.'s mémory, stand* in mémory of smb.

**почтмéйстер** *м. уст.* póstmàster ['pou-].

**почтóво-телегрáфный** póst-and-télegràph ['pou-] (*attr.*).

**почтóв||ый** post [pou-] (*attr.*); póstal ['pou-]; ~ые расхóды póstage ['pou-] *sg.*; ~ перевóд póstal (móney) órder [...'mʌ-...]; ~ ящик létter-bòx; (*на цоколе*) píllar-bòx; ~ая бумáга létter-pàper, nóte-pàper; ~ая кáрточка póstcàrd ['pou-]; ~ая посы́лка párcel sent by post; ~ая мáрка (póstage) stamp; ~ое отделéние póst-òffice ['pou-]; ~ пóезд mail train; ~ вагóн máil-vàn; máil-càr *амер.*; ~ парохóд máil-boat; ~ гóлубь cárrier-pigeon; hóming pígeon; ~ые лóшади póst-hòrses; éхать на ~ых *ист.* trável by póst-chaise, *или* by reláy ['træ-...'poustʃeiz...].

**почýвствовать** *сов. см.* чýвствовать.

**почýдиться** *сов. см.* чýдиться.

**почýять** *сов. см.* чýять.

**пошабáшить** *сов. см.* шабáшить.

**пошáлива||ть** *разг.* **1.** play pranks, be náughty; **2.** (*быть не совсем здоровым*): у негó сéрдце ~ет he has tróuble with his heart [...trʌ-...hɑːt], he has heart tróuble; **3.** (*заниматься разбоем*): здесь ~ют there are thieves abóut here [...θiː-...], this place is háunted by thieves / bándits.

**пошалúть** *сов.* (*немного*) gámbol (a líttle).

**пошáрить** *сов. см.* шáрить.

**пошатнý||ть** *сов.* (*вн.*; *прям. и перен.*) shake* (*d.*); ~ чьи-л. убеждéния shake* smb.'s convíction. **~ться** *сов.* **1.** stágger; shake*; (*наклониться набок — о столбе и т. п.*) lean* on one side; онá ~лась и упáла she stággered and fell; **2.** (*ослабеть*) be sháken; егó здорóвье ~лось his health is sháken [...helθ...]; егó увéренность ~лась he was sháken in his cónfidence.

**пошáтыва||ть** *безл.*: егó ~ет he is réeling, he is únstéady on his legs [...-tedɪ...]. **~ться** stágger, reel, sway on one's feet.

**пошевéлив||ать** (*вн., тв.*) *разг.* stir (*d.*, with). **~аться** *разг.* stir; ~айся! get* a move on! [...muːv...], húrry up!

**пошевелúть** *сов.* (*вн., тв.*) *разг.* **1.** (*немного*) stir / move (a líttle) [...muːv...] (*d.*); **2.** *как сов. к* шевелúть. **~ся** *сов.* **1.** stir / move (a líttle) [...muːv...]; **2.** *как сов. к* шевелúться.

**пошевельнýть(ся)** *сов.* = пошевелúть(ся).

**пошёл** *ед. прош. вр. см.* пойтú.

**пошехóнец** *м.* ≅ Góthamite [-tə-], wise man* of Gótham [...'gɔtəm].

**пошúб** *м. тк. ед. разг.* mánner.

**пошúв||ка** *ж.* séwing ['sou-]. **~очный** séwing ['sou-] (*attr.*); ~очная мастерскáя séwing-shòp ['sou-].

**пошлéть,** опошлéть becóme* (ráther) cómmonplàce / trívial / banál [...'rɑː-...-'nɑːl].

**пóшлин||а** *ж.* dúty; cústoms *pl.*; облагáть ~ой (*вн.*) impóse tax (on), tax (*d.*); оплáченный ~ой dúty-paid; покровúтельственные ~ы protéctive dúty *sg.*; запретúтельные ~ы prohíbitory dúty *sg.*; ввóзная, úмпортная ~ ímpòrt dúty; экспортная ~ éxpòrt dúty; возврáт ~ы dráwbàck; гéрбовая ~ stámp-dùty; тамóженная ~ cústoms *pl.*; судéбные ~ы costs, légal expénses.

**пóшл||ость** *ж.* cómmonplàce:ness, bànálity, tríte:ness; говорúть ~ости talk bànálities; какáя ~! how pétty! **~ый** cómmonplàce, trívial, banál [-'nɑːl], trite. **~я́к** *м. разг.* vúlgar pérson. **~я́тина** *ж. разг.* = пóшлость.

**поштýчн||о** *нареч.* by the piece [...piːs]. **~ый** by the piece [...piːs]; ~ая оплáта pay by the piece.

**пошумéть** *сов.* (*некоторое время и т. п.*) make* some noise.

**пошутúть** *сов. см.* шутúть.

**пощáд||а** *ж.* mércy; без ~ы without mércy; нет ~ы, никакóй ~ы no quárter; просúть ~ы cry for mércy, ask for quárter, cry quárter; не давáть ~ы (*дт.*) give* no quárter (*i.*). **~úть** *сов. см.* щадúть.

**пощекотáть** *сов. см.* щекотáть.

**пощёлк||ивание** *с.* clícking. **~ивать** (*тв.*) click (*d.*); ~ивать языкóм *разг.* click one's tongue [...tʌŋ].

**пощёчин||а** *ж.* box on the ear; slap in the face (*тж. перен.*); дать ~у комý-л. slap smb. in the face; cuff / box smb.'s ears.

**пощипáть** *сов.* (*вн.*) *разг.* **1.** pinch (*d.*); **2.** (*о траве и т. п.*) níbble (*d.*); **3.** *шутл.* (*пограбить*) rob (*d.*).

**пощúпывать** (*вн.*) **1.** (*о морозе*) nip (*d.*); **2.** (*траву*) níbble (*d.*).

**пощýпать** *сов. см.* щýпать.

**поэ́зия** *ж.* póetry.

**поэ́ма** *ж.* póem; лирúческая ~ lýric (póem); эпúческая ~ épic (póem).

**поэ́т** *м.* póet. **~éсса** [-тэ́-] *ж.* póetess. **~изúровать** *несов. и сов.* (*вн.*) pòetícize (*d.*). **~ика** *ж.* pòétics *pl.*; théory of póetry ['θɪə-...]. **~úческий, ~úчный** pòétic(al).

**поэ́тому** *нареч.* thére:fòre; and so: он знал, что сегóдня собрáние, ~ он пришёл he knew there was to be a méeting to:dáy, thére:fòre, *или* and so, he came; он сегóдня дежýрный, ~ он остáнется здесь he is on dúty to:dáy, thére:fòre, *или* and so, he will stay here.

**появ||úться** *сов. см.* появля́ться. **~лéние** *с.* appéarance; (*о призраке*) àppárition; пéрвое ~лéние first appéarance / emérgence.

**появ||ля́ться,** появúться appéar, make* one's appéarance, show* òne:sélf [ʃou...]; (*становиться заметным*) show* up; (*на поверхности*) emérge; (*о судне на горизонте*) heave* in sight; ~йться (как раз) вóвремя appéar, *или* show* up, in the nick of time; put* in a time¦ly appéarance *идиом.*; ~йться из-за горы́ appéar from behind *the* móuntain.

**поя́р||ковый** felt (*attr.*); ~ковая шля́па felt hat. ~**ок** *м.* lamb's wool felt [...wul...].

**пóяс** *м.* **1.** belt, girdle [g-]; (*кушак*) sash, wáist-bànd; за ~ом in one's belt; спаса́тельный ~ life¦bèlt; **2.** (*талия*); кла́няться в ~ (*дт.*) bow from the waist (to); по ~ up to the waist, wáist-déep, wáist-high; по ~ в снегу́ wáist-déep in snow [...snou]; трава́ по ~ wáist-high grass; **3.** (*зона*) zone: поля́рный ~ frigid zone; уме́ренный ~ témperate zone; тропи́ческий ~ tórrid zone; ◇ заткну́ть за́ ~ кого́-л. *разг.* ≅ be one too many for smb., out¦dó smb.

**поясн||éние** *с.* èxplanátion, elùcidátion. ~**и́тельный** explánatory, elúcidàtory [-deɪ-]. ~**и́ть** *сов. см.* поясня́ть.

**поясни́||ца** *ж.* waist; loins *pl.*, small of the back; боль в ~це pain in the small of one's back. ~**чный** lúmbar.

**поясн||óй** **1.** *прил. к* пóяс 1; ~ реме́нь (wáist-)bèlt; **2.** (*по пояс*): ~ портре́т hálf-lèngth pórtrait ['hɑːf- -rɪt]; ~áя ва́нна híp-bàth*; **3.** *прил. к* пóяс 3; ~óе врéмя zone time.

**поясня́ть,** поясни́ть (*вн. дт.*) expláin (*d.* to), elúcidàte (*d.* to); ~ примéром íllustràte by *an* exámple [...-'zɑː-] (*d.* to), exémplifỳ (*d.* to).

**праба́б||ка** *ж.*, ~**ушка** *ж.* gréat-gránd-mòther [-eɪt- -mʌ-].

**«Пра́вда»** *ж.* (*газета*) "Právda".

**пра́вд||а** *ж.* **1.** (*истина*) truth [-uːθ]; э́то ~ it is the truth; (*это верно*) it is true; э́то су́щая ~ that is the exáct / real truth [...rɪəl...]; в его́ слова́х мнóго ~ы there is a great deal of truth in what he says [...greɪt...sez]; в э́том нет ни слóва ~ы there is not a word of truth in it; **2.** (*справедливость*) jústice; иска́ть ~ы seek* jústice; стоя́ть за ~у fight* for jústice; пострада́ть за ~у súffer in the cause of jústice; **3.** *как вводн. сл.* true; (*хотя*) though [ðou]: ~, он не такóй плохóй рабóтник true, he is not such a bad wórker; he is not such a bad wórker, though; он, ~, ужé уéхал true, he has àlréady left [...ɔːl'redɪ...]; ~, я с ва́ми не согла́сен, но though I do not agrée with you, still; — ~, э́то не он, а его́ брат, но э́то нева́жно it is not he but his bróther, but it does not mátter [...'brʌðə...]; ◇ ва́ша ~ you are right; ~? indéed?, réally? ['rɪə-]; по ~е сказа́ть, ~у сказа́ть to tell the truth, truth to tell; всéми ~ами и непра́вдами ≅ by hook or by crook; что ~, то ~ *погов.* there's no denýing the truth; ~ глаза́ кóлет *посл.* ≅ home truths are hard to swállow, *или* are úsually ùnpálatable [...'juːʒuə-...].

**правди́в||ость** *ж.* trúthfulness [-uːθ-], úp¦rightness, verácity; ~ в изображéнии жи́зни fidélity to life. ~**ый** trúthful [-uːθ-], úp¦right, verácious; ~ый человéк trúthful / úp¦right man*; ~ое извéстие true tídings *pl.*; ~ый отвéт hónest / úp¦right ánswer ['ɔ-...'ɑːnsə].

**правдоподóб||ие** *с.* vèrisimilitùde; (*вероятность*) pròbabílity, líke¦lihood [-hud], plausibílity [-zɪ-]. ~**ность** *ж.* = правдоподóбие. ~**ный** vèrisímilar; (*вероятный*) próbable, líke¦ly.

**пра́ведн||ик** *м.* just / ríghteous man.* ~**ый** **1.** (*благочестивый*) píous, relígious; **2.** (*справедливый*) just, ríghteous: ~ый судья́ just judge.

**праве́ть,** поправе́ть *полит.* become* more consérvative.

**пра́вил||о** *с.* **1.** rule; *мн. тж.* règulátions; соблюда́ть ~а keep* the rules / règulátions; четы́ре ~а арифмéтики the first four rules of aríthmetic [...fɔː...]; ~а вну́треннего распоря́дка в учреждéнии, на фа́брике *и т. п.* óffice, fáctorỳ, *etc.*, règulátions; ~а движéния dríving règulátions; híghway code *sg.*; **2.** (*принцип*) prínciple, máxim; устанóвленное ~ stánding rule; у негó бы́ло ~ it was a prínciple / máxim with him; взять за ~ make* it a rule; взять себé за ~ (+ *инф.*) make* a point (of *ger.*); человéк без пра́вил a man* without any príncìples; ◇ как ~ as a rule; как óбщее ~ as a géneral rule; по всем ~ам accórding to all the rules.

**прави́ло** *с.* **1.** *тех.* revérsing rod, guíde-bàr; (*оселок*) strickle; *воен.* tràvérsing hándspike; **2.** *охот.* tail, brush; **3.** *уст.* (*руль*) helm, rúdder.

**пра́вильно** I **1.** *прил. кратк. см.* пра́вильный; **2.** *предик. безл.* it is corréct; (*при восклицании*) that's right!, right you are!, exáctly!, just so!; бы́ло бы ~ сказа́ть it would be true to say.

**пра́вильн||о** II *нареч.* **1.** (*верно*) ríghtly; (*без ошибок*) corréctly; часы́ иду́т ~ the watch is right; **2.** (*регулярно*) régularly. ~**ость** *ж.* **1.** ríghtness; (*безошибочность*) corréctness; ~ость и́збранного пути́ corréctness of the chósen path*; **2.** (*регулярность*) règulárity. ~**ый** **1.** right, true; (*без ошибок*) corréct; ~ое решéние sound decísion; еди́нственно ~ый путь the ónly true way; при ~ом ведéнии хозя́йства given próper mánage¦ment [...'prɔ-...]; **2.** (*закономерный, регулярный*) régular; ~ое соотношéние just propórtion; **3.** *грам.* régular; **4.** *мат.* (*о дроби*) próper; (*о многоугольнике*) rèctilínear, rèctilíneal; ◇ ~ые черты́ лица́ régular féatures.

**прави́тель** *м.*, ~**ница** *ж.* rúler.

**прави́тельственн||ый** gòvernméntal [gʌ-]; góvernment ['gʌ-] (*attr.*); ~ое учреждéние góvernment institútion; ~ое сообщéние góvernment / official communiqué (*фр.*) [...kə'mjuːnɪkeɪ].

**прави́тельство** *с.* góvernment ['gʌ-]; Совéтское ~ Sóvièt Góvernment.

**пра́вить** I (*тв.*) **1.** (*руководить*) góvern ['gʌ-] (*d.*), rule (*d.*, óver); **2.** (*лошадьми*) drive* (*d.*); (*рулём, автомобилем*) steer (*d.*).

**пра́вить** II (*вн.*) **1.** (*исправлять ошибки*) corréct (*d.*); ~ корректу́ру read* / corréct the proofs; **2.** (*о бритве*) set* (*d.*).

**пра́вка** *ж.* **1.** (*исправление ошибок*) corrécting; ~ корректу́ры réading / corrécting of proofs; (*о бритве*) sétting.

**правлéни||е** *с.* **1.** góvernment ['gʌ-]; óбраз ~я form of góvernment; **2.** (*учреждение*) board of administrátion, board (of diréctors); ~ колхóза kòlkhóz mánage¦ment (board); (*помещение*) kòlkhóz óffice; быть, состоя́ть члéном ~я be on the board; ◇ бразды́ ~я the reins of góvernment.

**пра́вну||к** *м.* gréat-grándsòn [-eɪt- -sʌn]. **~чка** *ж.* gréat-gránddaughter [-eɪt-].

**пра́в||о** I *с.* **1.** (*в разн. знач.*) right; ~ ве́то vétò; ~ го́лоса the vote, súffrage; с ~ом совеща́тельного го́лоса with deliberàtive fúnctions; всео́бщее избира́тельное ~ ùnivérsal súffrage; всео́бщее, ра́вное прямо́е избира́тельное ~ при та́йном голосова́нии ùnivérsal, équal and diréct súffrage by sécret bállot; ~ на́ций на самоопределе́ние right of nátions to sélf-detèrminátion; ~ убе́жища rights of sánctuary *pl.*; ~ да́вности *юр.* prescríptive right; ~а́ гражда́нства cívic rights; пораже́ние в ~а́х disfránchise:ment; лиша́ть кого́-л. ~а depríve smb. of his right; лиша́ть ~а го́лоса (*вн.*) disfránchise (*d.*); восстанови́ться в ~а́х be rèhabílitàted [...riːə-]; быть в ~е (+ *инф.*) have the right (+ to *inf.*); be entítled (+ to *inf.*); по ~у by right; с по́лным ~ом ríghtfully; вступа́ть в свой ~а́ come* into one's own [...oun]; (*перен.*) assért òne:sélf; воспо́льзоваться свои́м ~ом (на *вн.*) éxercise one's right (to); име́ть ~ (на *вн.*) have the right (to), be entítled (to); дать кому́-л. ~ на уча́стие в вы́ставке quálifỳ smb. to take part in *an* èxhibítion [...eksɪ-]; **2.** *мн. неол.* (*свиде́тельство*) lícense ['laɪ-] *sg.*; води́тельские ~а́ dríver's lícense; **3.** *тк. ед.* (*наука*) law; изуча́ть ~ stúdy law ['stʌ-...], read* for the law; уголо́вное ~ críminal law; гражда́нское ~ cívil law; междунаро́дное ~ internátional law [-'næ-...]; обы́чное ~ cómmon law, cústomary law; ún:wrítten law.

**пра́во** II *вводн. сл. разг.* réally ['rɪə-], trúly, indéed; ~, уже́ по́здно it is réally late, I réally think it is late; ~, на́до идти́ I must réally go, I réally think I must go.

**правобере́жный** sítuàted on the right bank (of *a* ríver) [...'rɪ-]; ríght-bànk (*attr.*).

**правове́д** *м.* **1.** (*специалист по правоведе́нию*) láwyer, júrist; **2.** *уст.* (*учащийся или окончивший училище правоведения*) stúdent, gráduate of the School of Júrisprùdence. **~ение** *с.* science of law, júrisprùdence.

**правове́рн||ость** *ж.* órthodòxy. **~ый** **1.** *прил.* órthodòx, **2.** *м. как сущ.* true belíever [...-'liː-]; the fáithful (*тж. мн. собир.*).

**правов||о́й** **1.** law (*attr.*); ~ы́е учрежде́ния légal institútions; **2.** (*основанный на праве*) láwful, ríghtful.

**правоме́рный** ríghtful, láwful.

**правомо́ч||ие** *с.* cómpetence. **~ный** cómpetent.

**правонаруш||е́ние** *с.* bréaking / trànsgréssion / infrínge:ment of the law ['breɪk-...]; offénce. **~и́тель** *м.* wróng:dòer [-duːə]; trànsgréssor / infrínger of the law; delínquent, offénder; ю́ный ~и́тель júvenile delínquent.

**правописа́ние** *с.* spélling, òrthógraphy.

**правопоря́док** *м.* law and órder.

**правосла́в||ие** *с.* órthodòxy. **~ный** **1.** *прил.* órthodòx; ~ная це́рковь Greek / Órthodòx Church; **2.** *м. как сущ.* órthodòx belíever [...-'liː-]; mémber of the Órthodòx Church.

**правоспосо́бн||ость** *ж. юр.* (légal) capácity. **~ый** *юр.* cápable.

**правосторо́нний** ríght-side (*attr.*).

**правосу́ди||е** *с.* jústice; отправля́ть ~ admínister jústice; иска́ть ~я demánd jústice [-ɑːnd...].

**правот||а́** *ж.* ríghtness; (*невиновность*) ínnocence; доказа́ть свою́ ~у́ prove one's case [pruːv... -s]; ~ де́ла ríghteous:ness of *the* cause; жизнь подтверди́ла ~у́ его́ слов life has confírmed the corréctness of his words.

**правофланго́вый** **1.** *прил.* ríght-flànk (*attr.*), ríght-wing (*attr.*); **2.** *м. как сущ.* ríght-flànk man*.

**пра́в||ый** I (*по направлению*) right; ríght-hànd (*attr.*); (*о борте судна*) stárboard ['stɑːbəd]; (*о лошади, части экипажа и т. п.*) off; ~ карма́н ríght-hànd pócket; ~ я́щик стола́ ríght-hànd dráwer [...drɔː]; ~ая сторона́ right side, off side; ~ борт stárboard side; ~ая ло́шадь (*пары*) off horse; ~ая за́дняя нога́ (*лошади в упряжке*) the off hind leg; ◇ он его́ ~ая рука́ he is his right hand, *или* ríght-hànd man.

**пра́в||ый** II (*правильный, справедливый*) right; вы ~ы you are right; ~ое де́ло just / ríghteous cause; на́ше де́ло ~ое our cause is right, ours is the right cause.

**пра́в||ый** III *полит.* **1.** *прил.* ríght-wing (*attr.*); ~ая па́ртия ríght-wing párty, párty of the right; ~ укло́н ríght-wing dèviátion / trend; **2.** *м. как сущ.* ríght-wing:er.

**пра́вящ||ий** *прич. и прил.* rúling; ~ие кла́ссы the rúling clásses; ~ая верху́шка rúling clique [...kliːk].

**прагмати́||зм** *м. филос.* prágmatism. **~ческий** *филос.* prágmátic(al).

**пра́дед** *м.* **1.** gréat-grándfàther [-eɪt- -fɑː-]; **2.** *мн.* áncestors, fóre:fàthers [-fɑː-]; на́ши ~ы our áncestors, our fóre:fàthers.

**праде́д||овский** *прил. к* пра́дед. **~ушка** *м. разг.* = пра́дед 1.

**пра́здн||ество** [-зн-] *с.* féstival; (*торжество*) solémnity. **~ик** [-зн-] *м.* hóliday [-dɪ]; (*празднование*) a féstive occásion; э́то большо́й ~ик (для) it is a great / grand occásion [...-eɪt...] (for); по слу́чаю ~ика to célebràte the occásion; по ~икам on high days and hólidays; с ~иком! best wíshes of the séason! [...-zᵒn]; ◇ бу́дет и на на́шей у́лице ~ик *погов.* ≃ our day will come.

**пра́здничн||о** [-зн-] *нареч.* féstive:ly; зал был ~ укра́шен the hall was féstive:ly décoràted; ~ оде́тый hóliday-dréssed [-dɪ-]. **~ый** [-зн-] hóliday [-dɪ] (*attr.*), féstal, féstive; весёлое ~ое настрое́ние a gay, hóliday mood; име́ть ~ый вид (*о городе и т. п.*) have a féstive / hóliday-like appéarance [...-dɪ-...]; ~ый день réd-létter day.

**пра́здно** [-зн-] *нареч.* ídly; сиде́ть ~ sit* ídly.

**пра́зднование** [-зн-] *с.* cèlebrátion.

**пра́здновать** [-зн-], отпра́здновать (*вн.*) célebràte (*d.*).

**праздносло́вие** [-зн-] *с.* ídle / émpty talk.

**пра́здность** [-зн-] *ж.* **1.** (*незанятость*) ídle:ness, ináctivity; **2.** (*бесполезность*) úse:lessness ['juːs-]; **3.** (*бессодержательность*) ídle:ness; ~ разгово́ра ídle:ness / émptiness of the cònversátion.

**праздношата́ющийся** [-зн-] *м. скл. как прил.* ídler, lóunger.

**пра́здн||ый** [-зн-] **1.** (*бездельный*) ídle,

2. (*бесполезный*) úse less ['ju:s-], ùnnécessary; ~ые попытки idle attémpts; 3. (*пустой*) idle; ~ разговóр, ~ые словá idle / émpty talk; ~ое любопытство idle cùriósity.

**прáктик** *м.* práctical wórker.

**прáктик||а** *ж.* (*в разн. знач.*) práctice; на ~е in práctice; у врачá большáя ~ the dóctor has a large práctice; занимáться медицинской ~ой práctise médicine [-tɪs...]; проходить ~у do práctical work; войти в ~у become* cústomary. **~áнт** *м.* probátioner.

**практик||овáть** 1. (*вн.*) práctise [-tɪs] (*d.*); 2. (*без доп.*; *о враче*) práctise médicine; (*о юристе*) práctise law. **~овáться** 1. (в *пр.*) práctise [-tɪs] (*d.*); 2. *страд. к* практиковáть 1; это чáсто ~уется it is óften done [...'ɔ:f(t)°n...].

**прáктикум** *м.* práctical work.

**практ||ицизм** *м.* prácticalness. **~ический** (*в разн. знач.*) práctical; ~ическая деятельность práctical àctívity; ~ические занятия práctical tráining *sg.*; ~ическая медицина applied médicine; ~ическая рабóта práctical work; ~ический человéк práctical man*. **~ичность** *ж.* prácticalness. **~ичный** 1. práctical; ~ичный человéк práctical man*; 2. (*экономный, выгодный*) efficient.

**прамáтерь** *ж.* the original móther [...'mʌðə].

**прáот||ец** *м.* fóre fàther [-fɑ:-]; отпрáвиться к ~цам *разг.* (*умереть*) be gáther ed to one's fáthers [...'fɑ:-].

**прáпорщик** *м. ист.* énsign [-saɪn].

**прапрáдед** *м.* gréat-gréat-grándfàther [-eɪt--fɑ:-].

**прáсол** *м. уст.* cáttle-dealer.

**прах** *м.* 1. dust, earth [ə:θ]; 2. (*останки*) áshes *pl.*, remáins *pl.*; здесь покóится ~ here lies; мир ~у твоемý may you rest in peace; ◇ отряхнýть ~ с ног shake* the dust off / from one's feet; пойти ~ом *разг.* go* to rack and rúin; в ~ útterly, tótal ly; обратить в ~ (*вн.*) redúce to dust / áshes (*d.*); разбить в пух и ~ (*вн.*) ≅ deféat útterly (*d.*), rout (*d.*); разнести в пух и ~ (*вн.*) give* a thórough ráting [...'θʌrə...] (*i.*), give* a sound scólding (*i.*).

**прáч||ечная** [-шн-] *ж. скл. как прил.* láundry; (*помещение тж.*) wásh-house* [-s]. **~ка** *ж.* láundress.

**пращá** *ж.* sling.

**прáщур** *м.* áncestor, fóre fàther [-fɑ:-].

**праязык** *м. лингв.* párent / áncestor lánguage.

**пре-** *приставка в прилагательных, в значении высшей степени об. переводится через* most, *а при односложных прил.— через* excéeding ly, very: преинтерéсный most ínteresting; преглубóкий excéeding ly deep, very deep.

**преáмбула** *ж.* preámble [-ɪ'æ-].

**пребывáни||е** *с.* stay, sójourn ['sɔdʒə:n]; мéсто постоянного ~я pérmanent résidence [...-zɪ-]; ~ в дóлжности, ~ на постý ténure / périod of óffice.

**пребывáть** be; (*жить тж.*) abíde*; ~ в уныинии be out of spírits / heart [...hɑ:t]; ~ в невéдении be in the dark.

**превалировать** (над) preváil (óver).

**превзойти** *сов. см.* превосходить.

**превозмогáть,** превозмóчь (*вн.*) òver-cóme* (*d.*).

**превозмóчь** *сов. см.* превозмогáть.

**превознести** *сов. см.* превозносить.

**превозносить,** превознести (*вн.*) extól (*d.*), exált (*d.*); ~ до небéс extól / exált to the skies (*d.*).

**превознесéние** *с.* inórdinate praise, laudátion, èxàltátion.

**превосходительство** *с.* (*титул*) éxcellency.

**превосходить,** превзойти 1. (*вн. тв.*, *вн. в пр.*) excél (*d.* in); ~ когó-л. мýжеством excél smb. in cóurage [...'kʌ-]; ~ численностью outnúmber (*d.*); 2. (*вн.*) sùrpáss (*d.*); превзойти все ожидáния excéed / sùrpáss all èxpèctátions; ◇ превзойти самогó себя sùrpáss òne sélf.

**превосхóд||ный** 1. éxcellent, màgníficent; (*совершенный*) pérfect, first-clás, first-ráte; (*о пении, музыке и т. п.*) supérb; 2. *уст.*= превосходящий; 3. *грам.*: ~ная стéпень supérlative degrée. **~ство** *с.* supèriórity; ~ство в вóздухе *воен.* air supèriórity; огневóе ~ство *воен.* fire supèriórity. **~ящий** supérior; ~ящие силы *воен.* supérior fórces / númbers.

**превратить(ся)** *сов. см.* превращáть(ся).

**преврáтно** I *прил. кратк. см.* превратный.

**преврáтн||о** II *нареч.* wróng ly; ~ понимáть (*вн.*) misùnderstánd* (*d.*); ~ истолкóвывать (*вн.*) misintérpret (*d.*). **~ость** *ж.* 1. (*ложность*) wróng ness, fálsity ['fɔ:l-]; 2. *чаще мн.* (*изменчивость*) vicíssitùde; chànge abílity [tʃeɪ-]; ~ости судьбы the vicíssitùdes of life, the revérses / tricks of fórtune [...-tʃən], the ups and downs. **~ый** 1. (*ложный*) wrong, false [fɔ:ls]; ~ое представлéние wrong / false impréssion; 2. (*изменчивый*) chánge ful ['tʃeɪ-]; ~ое счáстье chánging / in cónstant luck ['tʃeɪ-...], chánging / in cónstant fórtune [...-tʃən]; delúsive / illúsory háppiness.

**превращ||áть,** превратить (*вн. в вн.*; *прям. и перен.*) turn (*d.* to, into), convért (*d.* into); trànsmúte [-nz-] (*d.* into); redúce (*d.* to, into); ~ мéтры в киломéтры convért metres into kílomètres; ~ в пыль redúce to pówder (*d.*), púlverize (*d.*); ~ в кáмень turn to stone (*d.*); ~ в ýголь cárbonize (*d.*); ~ в шýтку turn into a joke (*d.*). **~áться,** превратиться 1. (в *вн.*) turn (into); change [tʃeɪ-] (into, to); минýты превратились в часы the mínutes passed / stretched into hours [...'mɪnɪts... auəz]; 2. *страд. к* превращáть; ◇ превратиться в слух be / become* all ears. **~éние** *с.* trànsformátion, convérsion, trànsmùtátion [-z-]; redúction.

**превысить** *сов. см.* превышáть.

**превыш||áть,** превысить (*вн.*) excéed (*d.*); превысить устанóвленный план на 20% top the tárget by 20 per cent [...-gɪt...]; это в три рáза ~áет довоéнную выработку it is three times the pré-wár óutpùt [...-put]; ~ власть, полномóчия *и т. п.* excéed one's authórity, *etc.*; ~ свой кредит в бáнке óver dráw* (one's accóunt).

**превыше** *нареч.*: ~ всегó above all; стáвить ~ всегó place above évery thing else.

**превышéние** *с.* excéeding, excéss; ~ влáсти excéeding one's authórity; ~ своегó кредита в бáнке óver dràft.

**прегра́да** *ж.* bar, bárrier; (*препятствие*) óbstacle; во́дная ~ wáter óbstacle / bárrier ['wɔ:-...]; на их пути́ мно́го прегра́д there are many óbstacles in their path.

**прегради́ть** *сов. см.* прегражда́ть.

**прегра||жда́ть,** прегради́ть (*вн.*) bar (*d.*), block up (*d.*); ~ди́ть путь кому́-л. bar / stop / block smb.'s way; ~ди́ть путь к чему́-л. bar / stop / block the way to smth.

**пред** = пе́ред.

**предава́ть,** преда́ть (*вн.*) **1.** (*отдавать*): ~ суду́ bring* to trial (*d.*), hand óver to jústice (*d.*); ~ гла́сности make* known / públic [...noun 'pʌb-] (*d.*), give* pùblícity [...pʌ-] (to); ~ сме́рти put* to death [...deθ] (*d.*); ~ земле́ commít to the earth [...ə:θ] (*d.*); ~ забве́нию búry in oblívion ['berɪ...] (*d.*); ~ огню́ commít to the flames (*d.*); ~ прокля́тию curse (*d.*); **2.** (*изменять*) betráy (*d.*). **~ся,** преда́ться **1.** (*дт.*) give* òne¦sélf up (to); ~ся гне́ву, страстя́м, отча́янию *и т. п.* give* òne¦sélf up, *или* abándon òne¦sélf, to ánger, pássions, despáir, *etc.*; ~ся поро́кам indúlge in víces; ~ся мечта́м fall* into a réverie, give* òne¦sélf up to dáy-dreams; **2.** *страд. к* предава́ть.

**преда́ние** I *с.* (*рассказ, легенда*) légend ['le-]; (*поверье*) tradítion.

**преда́ние** II *с.*: ~ суду́ bríng¦ing to tríal, hánding óver to jústice; ~ сме́рти pútting to death [...deθ]; ~ земле́ commítting to the earth [...ə:θ]; ~ забве́нию búrying in oblívion ['be-...]; ~ огню́ commítting to the flames.

**пре́данн||ость** *ж.* devótion. **~ый 1.** *прич. см.* предава́ть; **2.** *прил.* devóted, sta(u)nch [-ɑ:-, (-ɔ:-)]; (*дт.*) devóted (to); ~ый сын devóted son [...sʌn]; ~ый друг devóted / staunch friend [...fre-]; ~ый вам (*в письме*) yours fáithfully, yours trúly.

**преда́тель** *м.* tráitor, betráyer; оказа́ться преда́телем turn tráitor. **~ница** *ж.* tráitress. **~ский** tréacherous ['tretʃ-], tráitorous, perfídious; (*перен.*) tréacherous; ~ский румя́нец télltàle blush. **~ство** *с.* tréachery ['tretʃ-], betráyal, pérfidy.

**преда́ть(ся)** *сов. см.* предава́ть(ся).

**предба́нник** *м.* dréssing-room (in *a* bath-house) [...-s].

**предваре́ние** *с.* **1.** *уст.* (*предуведомление*) fòre¦wárning, télling befóre¦hànd; **2.** (*события и т. п.*) fòre¦stálling; ~ равноде́нствия *астр.* precéssion (of the équinòx) [...'i:-].

**предвари́тельн||о** *нареч.* befóre¦hànd, prelíminarily; as a prelíminary. **~ый** prelíminary; ~ая прода́жа биле́тов advánce sale of tíckets; ка́сса ~ой прода́жи биле́тов advánce bóoking-òffice; ~ый экза́мен prelíminary exàminátion; ~ое усло́вие prelíminary / príor condítion; pré¦réquisite [-zɪt]; ~ое заключе́ние *юр.* imprísonment befóre tríal [-rɪz-...]; ~ое сле́дствие *юр.* prelíminary invèstigátion / ín¦quèst; ~ые перегово́ры prelíminary discússion *sg.*, pourpárlers [puə'pɑ:leɪ]; ~ые расхо́ды prelíminary expénses; ~ая кома́нда *воен.* preparatory commánd [...-ɑ:nd]; ~ый нагре́в *тех.* prè¦héating.

**предвари́ть** *сов. см.* предваря́ть.

**предваря́ть,** предвари́ть **1.** *уст.* (*вн.* о *пр.*; *извещать*) tell* befóre¦hànd (*i.* about), (fòre¦-) wárn (*d.* of); **2.** (*вн.*; *события и т. п.*) fòre¦stáll (*d.*), àntícipàte (*d.*).

**предве́ст||ие** *с.* présage, fóre¦tòken, pórtènt, ómèn. **~ник** *м.*, **~ница** *ж.* fóre¦rùnner, precúrsor; hérald ['he-], hárbinger; (*тк. о неодушевлённых предметах*) présage, pórtènt; чёрные ту́чи — ~ники бу́ри dark clouds are the héralds of a storm; ~ники войны́ pórtènts of war.

**предвещ||а́ть** (*вн.*) betóken (*d.*), fòre¦tóken (*d.*), fòre¦shádow [-'ʃæ-] (*d.*), pòrténd (*d.*), présage (*d.*); hérald ['he-] (*d.*); всё ~а́ло дождь évery¦thing betóken¦ed rain; э́то не ~а́ет ничего́ хоро́шего it is of ill ómèn; ~ недо́брое (*дт.*) bode ill (for).

**предвзя́т||ость** *ж.* pré¦concéption; (*предубеждение*) préjudice, bías. **~ый** pré¦concéived [-'si:vd], bíassed; ~ое мне́ние pré¦concéived opínion / nótion.

**предви́дение** *с.* fóre¦sight, prevísion.

**предви́деть** (*вн.*) fòre¦sée* (*d.*), fòre¦knów* [-'nou] (*d.*). **~ся 1.** be expécted; **2.** *страд. к* предви́деть.

**предвкуси́ть** *сов. см.* предвкуша́ть.

**предвкуш||а́ть,** предвкуси́ть (*вн.*) look fórward (to), àntícipàte (with pléasure) [...'ple-] (*d.*). **~е́ние** *с.* àntícipátion.

**предводи́тель** *м.*, **~ница** *ж.* (*вождь*) léader; (*главарь шайки и т. п.*) ríng¦leader; ◇ ~ дворя́нства *ист.* márshal of nobílity.

**предводи́тельство** *с.* léadership; под ~м (*рд.*) únder the léadership (of), únder the commánd [...-ɑ:nd] (of).

**предводи́тельствовать** (*тв.*) lead* (*d.*), be the léader (of).

**предвосхи́тить** *сов. см.* предвосхища́ть.

**предвосхи||ща́ть,** предвосхи́тить (*вн.*) àntícipàte (*d.*); предвосхи́тить чью-л. мысль àntícipàte smb.'s thought. **~ще́ние** *с.* àntícipátion.

**предвы́борн||ый** prè-eléction (*attr.*); ~ая кампа́ния (prè-)eléction càmpáign [...-'peɪn]; ~ое собра́ние (prè-)eléction méeting.

**предго́рье** *с.* fóot¦hìlls ['fut-] *pl.*

**предгрозов||о́й:** ~а́я мо́лния the líghtning befóre a storm.

**преддве́ри||е** *с.* thréshòld; в ~и (*рд.*) on the thréshòld (of).

**преде́л** *м.* límit (*тж. мат.*); (*граница*) bound; (*конец*) end; в ~ах (*рд.*) withín, withín the límits (of); в ~ах СССР withín the USSR; в ~ах го́рода, городско́й черты́ withín the cíty límits [...'sɪ-...], withín the bounds of the cíty; в ~ах досяга́емости withín stríking dístance, withín close range [...-s reɪndʒ]; за ~ами страны́ óutside the cóuntry [...'kʌ-], be¦yóund the bórders of the cóuntry; вы́йти за ~ы (*рд.*) óver¦stép the límits (of), excéed the bounds (of); всему́ есть ~ there is a límit to évery¦-thing; положи́ть ~ (*дт.*) put* an end (to); в ~ах го́да withín a year; в ~ах мои́х зна́ний withín my knówledge [...'nɔ-]; всё в ~ах мои́х сил all in my pówer; ~ жела́ний súmmit of desíres [...-'z-]; ~ про́чности *тех.* bréaking point ['breɪ-...].

**преде́льн||ый** máximum (*attr.*), út¦mòst; ~ая ско́рость top / máximum speed; ~ во́зраст áge-límit; ~ срок time límit; с ~ой я́сностью with the út¦mòst clárity; ~ое напряже́ние *тех.* máximum strain / stress, bréaking point ['breɪ-...].

**предержа́щ||ий:** вла́сти ~ие *уст., ирон.* the pówers that be.

**предзака́тный** befóre súnsèt; ~ час the hour befóre súnsèt [...auə...].

**предзнаменова́ние** *с.* ómèn, présage, áugury.

**преди́ка́т** *м. филос., грам.* prédicate.

**предикати́вн||ость** *ж. грам.* predicatívity. **~ый** *грам.* predicative; ~ый член predicative.

**предисло́ви||е** *с.* préface, fóre:wòrd; снабжа́ть ~ем (*вн.*) fúrnish with a préface (*d.*), préface (*d.*); служи́ть ~ем (к) serve as a préface (to); ◇ без ~й ≅ don't beat abóut the bush [...buʃ].

**предлага́ть,** предложи́ть **1.** (*вн. дт.*; *дт.*+ *инф.*) óffer (*d.* to; *i.*+ to *inf.*); ~ свои́ услу́ги óffer one's assistance; come* fórward; **2.** (*вн.*; *на обсуждение, выбор*) propóse (*d.*); ~ кому́-л. вы́сказаться invite smb. to speak; ~ тост propóse *a* toast; ~ чью-л. кандидату́ру propóse smb. for eléction; ~ кого́-л. в прези́диум propóse smb. as cándidate to the presídium [...'zɪ-], propóse smb. for eléction to the presídium; ~ внима́нию bring* fórward (*d.*), call atténtion (to); ~ вопро́с кому́-л. ask smb. *a* quéstion [...-stʃən], ask *a* quéstion of smb.; ~ зада́чу (*дт.*) set* *a* próblem [...'prɔ-] (befóre); ~ но́вый план (*дт.*) suggést a new scheme / plan [-'dʒest...] (to); **3.** (*дт.*+ *инф.*; *советовать*) suggést (that + *subject* + *личн. форма глаг.*); он предложи́л ей пойти́ туда́ he suggésted that she should go there; **4.** (*дт.*+ *инф.*; *предписывать*) órder (*i.*+ to *inf.*); ему́ предложи́ли зако́нчить рабо́ту в неде́льный срок he was órdered to finish his work in a week; ◇ ~ ру́ку и се́рдце (*дт.*) propóse (to); ask in márriage [...-rɪdʒ] (*d.*).

**предло́г** I *м.* (*отговорка*) prétèxt, preténce; (*повод*) ground; под ~ом (*рд.*) únder preténce (of); on / únder the plea (of); под тем ~ом, что únder the preténce that; под разли́чными ~ами on várious prétèxts; воспо́льзоваться ~ом catch* at an excúse [...-s]; ~ для ссо́ры ground for quárrelling.

**предло́г** II *м. грам.* prèposítion [-'zɪ-].

**предложе́ни||е** I *с.* **1.** óffer, suggéstion [-'dʒestʃən], (*о браке*) propósal [-z-]; ~ услу́г óffer of sérvices; де́лать ~ кому́-л. make* smb. *an* óffer; (*о браке тж.*) propóse to smb.; принима́ть ~ accépt *an* óffer; (*о браке*) accépt *a* propósal; миролюби́вые ~я péace:ful óver:tures; **2.** (*на общем собрании*) propósal, mótion; обсуди́ть ~ discúss *a* propósal; отклони́ть ~ rejéct, *или* turn down, *a* propósal; **3.** *эк.* supplý; ~ труда́ lábour supplý; спрос и ~ demánd and supplý [-ɑːnd...].

**предложе́ние** II *с. грам.* séntence; (*часть сложного предложения*) clause; гла́вное ~ príncipal clause; прида́точное ~ subórdinate clause; просто́е ~ símple séntence; вво́дное ~ paréntheses (*pl.* -sès [-siːz]), pàrenthétic clause; ~ с одноро́дными чле́нами contrácted séntence; сложноподчинённое ~ cómplèx séntence; сложносочинённое ~ cómpound / cò-órdinàted séntence; усло́вное ~ conditional séntence.

**предложи́ть** *сов. см.* предлага́ть.

**предло́жн||ый** *грам.* prèposítional [-'zɪ-]; ~ паде́ж prèposítional case [...-s]; ~ая констру́кция prèposítional constrúction.

**предме́стье** *с.* súbùrb.

**предме́т** *м.* **1.** óbject; (*в торговле*) ártìcle; ~ы широ́кого потребле́ния consúmer(s') goods [...gudz], árticles of géneral consúmption; ~ы ма́ссового потребле́ния árticles of mass consúmption; ~ы ли́чного потребле́ния árticles of pérsonal consúmption; ~ы пе́рвой необходи́мости the nécessaries; **2.** (*тема*) súbject, tópic, theme; ~ нау́чного иссле́дования súbject of scientífic reséarch [...-'səːtʃ]; ~ спо́ра the point at íssue; **3.** (*в преподавании*) súbject; **4.** *воен.*: ме́стный ~ (ground) féature; ◇ на ~ (*рд.*) for the púrpose [...-s] (of).

**предме́тный:** ~ уро́к óbject-lèsson; ~ указа́тель índèx (*pl.* -èxes, -icès [-ɪsiːz]); ~ сто́лик (*микроскопа*) stage.

**предмо́стн||ый:** ~ое укрепле́ние brídge-head [-hed]; ~ плацда́рм brídge-head.

**предназн||ача́ть,** предназна́чить (*вн.* для) inténd (*d.* for), déstine (*d.* for, to); (*намечать*) mean* (*d.* for); (*специально выделять*) set* asíde (*d.* for), éarmark (*d.* for). **~аче́ние** *с.* dèstinátion, predèstinátion. **~а́ченный** *прич. и прил.* inténded, meant [ment], déstined. **~а́чить** *сов. см.* предназнача́ть.

**преднаме́ренн||ость** *ж.* premèditátion, fóre:thought. **~ый** preméditàted, afóre:thought; ~ое искаже́ние фа́ктов delíberate destórtion of facts.

**предначерта́ние** *с.* óutline, plan, design [-'zaɪn]; ~ судьбы́ predèstinátion.

**предначерта́ть** *сов.* (*вн.*) óutline / plan befóre:hand (*d.*); fóre:órdáin (*d.*); предначе́ртанный судьбо́й predéstined.

**предо** *предл. поэт.* = пе́ред.

**предобе́денный** befóre-dínner (*attr.*).

**пре́док** *м.* áncestor, fóre:fàther [-fɑː-].

**предоктя́брьский** pré-Òctóber.

**предопредел||е́ние** *с.* pré:detèrminátion, predèstinátion. **~и́ть** *сов. см.* предопределя́ть.

**предопределя́ть,** предопредели́ть (*вн.*) pré:detérmine (*d.*); predéstine (*d.*), fóre:órdáin (*d.*); ~ исхо́д pré:detérmine the óut:còme.

**предоста́вить** *сов. см.* предоставля́ть.

**предоставле́ние** *с.* assígnment [ə'saɪn-], allótment; (*в чьё-л. распоряжение*) plácing at *smb.'s* dispósal [...-z°l]; ~ помеще́ний àllocátion of accòmmodátion; ~ пра́ва concéssion of *a* right; ~ креди́тов àllocátion of crédits.

**предоставля́ть,** предоста́вить **1.** (*дт. вн., дт.*+ *инф.*; *позволять*) let* (*d.*+ *inf.*); ему́ предоста́вили (самому́) реши́ть э́то the decísion was left to him; ~ кому́-л. сло́во let* smb. have the floor [...flɔː], clear the floor for smb.; ~ кому́-л. вы́бор в чём-л. leave* smth. to smb.'s choice; **2.** (*вн. дт.*; *давать*) give* (*d. i.*), grant [grɑːnt] (*d. i.*); ~ кому́-л. возмо́жность give* smb. *an* òpportúnity, give* smb. *a* chance; ~ креди́т, заём grant a loan (*i.*); ~ пра́во concéde / grant *a* right (*i.*); ~ норма́льные усло́вия allow nórmal facílities (to); ~ что-л. в чьё-л. распоряже́ние place smth. at smb.'s dispósal [...-z°l]; ~ о́тпуск grant leave (to); ◇ ~ кого́-л. самому́ себе́ leave* smb. to his own resóurces / devíces [...oun -'sɔː-...].

**предостере||га́ть,** предостере́чь (*вн.* от) warn (*d.* agáinst), cáution (*d.* agáinst), put* on one's guard (*d.* agáinst). **~же́ние** *с.* wárning, cáution.

**предостере́чь** *сов. см.* предостерега́ть.

**предосторо́жност||ь** *ж.* precáution; из ~и out of cáution; ме́ры ~и precáutions, precáutionary méasures [...'meʒ-]; принима́ть ме́ры ~и (про́тив) take* precáutions (agáinst).

**предосуди́тельн||ость** *ж.* bláme¦wòrthiness [-ðɪ-], réprehènsibílity. **~ый** bláme¦wòrthy [-ðɪ], blámable, rèprehénsible.

**предотврати́ть** *сов. см.* предотвраща́ть.

**предотвращ||а́ть,** предотврати́ть (*вн.*) avért (*d.*), stave off (*d.*), ward off (*d.*), prevént (*d.*); ~ войну́ avért war; ~ опа́сность, пораже́ние, кри́зис stave off dánger, deféat, *the* crísis [...'deɪn-...]; ~ агре́ссию prevént aggréssion. **~е́ние** *с.* avérting, stáving off, wárding off, prevénting; (*ср.* предотвраща́ть).

**предохране́ние** *с.* protéction, prèsèrvátion [-zə:-].

**предохрани́тель** *м. тех.* sáfe¦ty lock / catch / devíce / guard; пла́вкий ~ sáfe¦ty fúse / cút-out. **~ный 1.** presérvative [-'zə:-]; prevéntive (*особ. от болезней*); ~ные ме́ры precáutions, precáutionary méasures [...'meʒ-]; ~ная приви́вка prevéntive / protéctive inòculátion; **2.** *тех.* sáfe¦ty (*attr.*); ~ный кла́пан sáfe¦ty-vàlve.

**предохрани́ть** *сов. см.* предохраня́ть.

**предохраня́ть,** предохрани́ть (*вн.* от) protéct (*d.* from, agáinst), presérve [-'zə:v] (*d.* from).

**предпарла́мент** *м. ист.* Prè¦párliament [-lə-].

**предписа́||ние** *с.* diréction; diréctions *pl.*, instrúctions *pl.*; (*приказ*) órder; (*гл. обр. врача*) prescríption; ~ суда́ court órder [kɔ:t...]; секре́тное ~ sécret órder; согла́сно ~нию by órder. **~ть** *сов. см.* предпи́сывать.

**предпи́сывать,** предписа́ть (*дт. вн.*; *дт.*+ *инф.*) órder (*d. d.*; *d.*+ to *inf.*); diréct (*d.*+ to *inf.*); (*о лечении, диете и т. п.*) prescríbe (*i. d.*).

**предпле́чье** *с. анат.* fóre¦àrm.

**предплу́жник** *м. с.-х.* có(u)lter ['kou-].

**предплюсна́** *ж. анат.* társus (*pl.* -rsì).

**предполага́емый 1.** *прич. см.* предполага́ть; **2.** *прил.* suppósed, conjéctural.

**предполаг||а́ть,** предположи́ть **1.** (*вн.*; *думать*) suppóse (*d.*); (*делать догадки*) conjécture (*d.*), sùrmíse (*d.*); (*допускать*) assúme (*d.*); предполо́жим, что э́то треуго́льник (let us) suppóse / assúme it to be a tríangle; предполо́жим, что вы э́то потеря́ете suppóse you lose it [...lu:z...]; **2.** *тк. несов.* (+ *инф.*; *намереваться*) inténd (+ to *inf.*), propóse (+ to *inf.*,+ *ger.*), cóntèmplàte (+ *ger.*); что вы ~а́ете де́лать? what are you gó¦ing to do?; **3.** *тк. несов.* (*вн.*; *иметь своим условием*) prè¦suppóse (*d.*). **~а́ться 1.** *безл.*: ~а́ется, что it is suppósed that; **2.** *страд. к* предполага́ть.

**предположе́ни||е** *с.* sùppositíon [-'zɪ-]; (*допущение*) assúmption; законода́тельное ~ dráft-bill; э́то послужи́ло по́водом для вся́кого ро́да ~й it has aróused all mánner of spèculátion.

**предположи́тельно** I *прил. кратк. см.* предположи́тельный.

**предположи́тельн||о** II **1.** *нареч.* suppósed¦ly, presúmably [-'zju:-]; **2.** *как вводн. сл.* próbably; (*приблизительно*) appróximate¦ly. **~ый** sùppositíonal [-'zɪ-], conjéctural, presúmable [-'zju:-].

**предположи́ть** *сов. см.* предполага́ть 1.

**предпосла́ть** *сов. см.* предпосыла́ть.

**предпосле́дн||ий** last but one, next to last; (*в списке*) one from (the) bóttom; (*о слоге*) penúltimate; на ~ем собра́нии at the last méeting but one.

**предпосыла́ть,** предпосла́ть (*вн. дт.*) premíse (*d.* to); (*статье и т. п.*) préface (with *d.*); ~ докла́ду обзо́р литерату́ры préface the lécture with a súmmary / súrvey of líterature on the súbject.

**предпосы́лк||а** *ж.* pré¦condítion, pré¦réquisite [-zɪt]; *филос.* prémise [-s]; создава́ть необходи́мые ~и (для) crèáte the nécessary pré¦réquisites (for); э́то явля́ется важне́йшей ~ой (для) it is a májor réquisite / pré¦condítion [...-zɪt...] (for).

**предпоче́сть** *сов. см.* предпочита́ть.

**предпоч||ита́ть,** предпоче́сть (*вн. дт.*;+ *инф.*) prefér (*d.* to; + to *inf.*); он ~ёл бы (+ *инф.*) he would prefér (+ to *inf.*), he would ráther [...'rɑ:-] (+ *inf.*); ~ одно́ друго́му prefér one to another, fávour one óver another.

**предпочте́ние** *с.* préference; prèdiléction [pri:-]; отдава́ть, ока́зывать ~ (*дт.*) show* préference (to), give* préference (*i.*).

**предпочти́тельно** I *прил. кратк. см.* предпочти́тельный.

**предпочти́тельн||о** II *нареч.* **1.** ráther ['rɑ:-], préferably; **2.** (пе́ред) *уст.* by préference (to). **~ый** préferable.

**предпра́здничн||ый** hóliday [-dɪ] (*attr.*); ~ое настрое́ние hóliday mood; ~ая торго́вля hóliday trade.

**предприи́мчив||ость** *ж.* énterprise. **~ый** énterprising.

**предпринима́тель** *м.*, **~ница** *ж.* ówner (of *a* firm, of *a* búsiness) ['ounə... 'bɪzn-], emplóyer. **~ский** ówner's ['ou-], emplóyer's. **~ство** *с.*: свобо́дное ~ство free énterprise.

**предприн||има́ть,** предприня́ть (*вн.*) ùndertáke* (*d.*); ~ ата́ку launch *an* attáck / assáult; ~ си́льные ата́ки delíver héavy attácks [-'lɪ-'hevɪ...]; ~ наступле́ние take* the offénsive; предприня́ть шаги́ take* steps. **~я́ть** *сов. см.* предпринима́ть.

**предприя́тие** *с.* **1.** ùndertáking, énterprise; (*деловое, промышленное тж.*) búsiness ['bɪzn-]; риско́ванное ~ vénture; rísky búsiness; **2.** (*завод, фабрика и т. п.*) énterprise.

**предрасполага́ть,** предрасположи́ть (*вн.* к) pré¦dispóse (*d.* to).

**предрасположе́ние** *с.* (к) pré¦dispositíon [-'zɪ-] (to); *мед. тж.* diáthesis (*pl.* -esès [-i:z]) (to).

**предрасполо́женный** *прич. и прил.* (к) pré¦dispósed (to).

**предрасположи́ть** *сов. см.* предрасполага́ть.

**предрассве́тн||ый** precéding dawn; héralding dawn; of appróaching dawn; ~ые су́мерки false dawn [fɔ:ls...] *sg.*; ~ хо́лод the chill of appróaching dawn.

**предрассу́д||ок** *м.* préjudice; без ~ков without préjudices, ùnpréjudiced; закосне́лый в ~ках steeped in préjudice.

**предрека́ть,** предре́чь (*вн.*) fòre¦téll* (*d.*), prognósticàte (*d.*).

**предре́чь** *сов. см.* предрека́ть.

**предреш||а́ть,** предреши́ть (*вн.*) decíde befóre¦hand (*d.*); (*определять заранее*) pré¦detérmine (*d.*); ~ вопро́с decíde *the* quéstion befóre¦hànd [...-stʃən...]; ~ исхо́д сраже́ния pré¦detérmine the íssue / óut¦còme of *the* battle. **~и́ть** *сов. см.* предреша́ть.

**председа́тель** *м.* cháir¦man*; (*правления и т. п.*) cháir¦man*, président [-z-]; (*палаты общин в Англии и палаты представителей в США*) the Spéaker. **~ский** cháir¦man's; président's [-z-]; заня́ть ~ское ме́сто take* the chair. **~ство** *с.* (*на собрании*) cháirmanship; (*в правлении и т. п.*) présidency [-zɪ-]; под ~ством (*рд.*) únder the cháirmanship (of).

**председа́тельств||овать:** ~ на собра́нии be in the chair, preside (at / óver *a* méeting) [-'zaɪd...]. **~ующий 1.** *прич. см.* председа́тельствовать; **2.** *м. как сущ.* cháir¦man*.

**предсе́рдие** *с. анат.* áuricle (*of the heart*).

**предсказа́||ние** *с.* próphecy, prediction, prognòsticátion; fóre¦càst (*особ. о погоде*). **~тель** *м.*, **~тельница** *ж.* fòre¦téller, sóothsayer.

**предсказа́ть** *сов. см.* предска́зывать.

**предска́зывать,** предсказа́ть (*вн.*) fòre¦téll* (*d.*); (*научно*) predíct (*d.*), prognósticàte (*d.*); fòre¦cást (*d.*; *особ. о погоде*).

**предсме́ртн||ый** death [deθ] (*attr.*), dýing: ~ые страда́ния déath-àgony ['deθ-], déath-strùggle ['deθ-]; ~ое жела́ние dýing wish.

**представа́ть,** предста́ть (пе́ред) appéar (befóre).

**представи́тель** *м.* **1.** rèpreséntative [-'ze-]; spókes¦man* (for); полномо́чный ~ plènipoténtiary; ~ сове́тской обще́ственности rèpreséntative of the Sóvièt públic [...'pʌ-]; **2.** (*образец*) spécimen.

**представи́тельност||ь** *ж.* impósing / dígnified / impréssive appéarance; не име́ть ~и have nothing impósing / dígnified / impréssive in one's appéarance.

**представи́тельный** I *полит.* rèpreséntative [-'ze-].

**представи́тельн||ый** II (*о внешнем виде*) impósing, dígnified, impréssive; ~ая вне́шность impósing / dígnified / impréssive appéarance; ~ челове́к dígnified / impréssive man*, man* of impósing / dígnified appéarance.

**представи́тельство** *с.* **1.** rèprèsèntátion [-zen-]; **2.** (*учреждение*): дипломати́ческое ~ diplomátic rèpreséntatives [...-'z-] *pl.*; торго́вое ~ СССР Trade Dèlegátion of the USSR.

**предста́вить** *сов. см.* представля́ть 1, 2, 4, 5, 6, 7, 9. **~ся** *сов. см.* представля́ться.

**представле́ни||е** *с.* **1.** prèsèntátion [-zen-]; (*о документах тж.*) hánding-in; **2.** *театр.* perfórmance; **3.** (*понятие*) idéa [aɪ'dɪə], nótion; име́ть ~ (о *пр.*) have an idéa / nótion (abóut); он не име́ет ни мале́йшего ~я he has not the slíghtest idéa, he has not the háziest nótion; дава́ть ~ (о *пр.*) give* an idéa (of); име́ть я́сное ~ о положе́нии дел have a clear view of the sìtuátion [...vjuː...]; **4.** *офиц.* rèprèsèntátion [-zen-]; ~я бы́ли сде́ланы rèprèsèntátions were made.

**представ||ля́ть,** предста́вить **1.** (*вн.*; *доставлять*) presént [-'zent] (*d.*), óffer (*d.*); э́то не ~ля́ет тру́дности it óffers no dífficulty; э́то не ~ля́ет для меня́ интере́са it is of no interest to me; ~ большу́ю це́нность be of great válue [...greɪt 'væ-]; **2.** (*вн.*; *предъявлять*) prodúce (*d.*): ~ доказа́тельства, соображе́ния prodúce évidence, réasons [...'riːz-]; — ~ на рассмотре́ние, утвержде́ние *и т. п.* submít for considerátion, appróval, *etc.* [...-ruːv-] (*d.*); **3.** *тк. несов.* (*вн.*; *быть представителем*) rèpresént [-'ze-] (*d.*); **4.** (*вн. дт.*; *знакомить*) introdúce (*d.* to), presént (*d.* to); **5.** (*вн.*; *чаще со словом* себе́; *воображать*) imágine (*d.*), pícture (*d.*), fáncy (*d.*), concéive [-'siːv] (*d.*); предста́вьте себе́ моё удивле́ние imágine my astónishment; вы не мо́жете себе́ предста́вить you can't imágine [...kɑːnt...]; нельзя́ предста́вить себе́, что it cánnòt be concéived that; **6.** (*вн.*) *театр.* perfórm (*d.*); **7.** (*вн.*; *изображать*) rèpresént (*d.*), embódy [-'bɔ-] (*d.*); **8.** *тк. несов.*: ~ собо́й что-л. rèpresént smth.; be smth.; земля́ ~ля́ет собо́й сферо́ид the earth is a sphéroid [...əːθ...]; что он собо́й ~ля́ет? what kind of pérson is he?; **9.** (*вн.* к): ~ кого́-л. к награ́де, о́рдену rècommend smb., *или* put* smb. fórward, for *a* rewárd / dècorátion; ◇ ~ что-л. в лу́чшем све́те place things in the best light. **~ля́ться,** предста́виться **1.** (*возникать*) occúr, presént it¦sélf [-'ze-...]; (*о случае тж.*) óffer, aríse*; на́шим глаза́м предста́вилась печа́льная карти́на a pícture of dèsolátion rose befóre our eyes [...aɪz]; слу́чай ско́ро предста́вился an òpportúnity soon presénted it¦sélf; е́сли предста́вится (удо́бный) слу́чай should an òpportúnity aríse, if òpportúnity óffers; **2.** *безл.* (*дт.*; *казаться*) seem (to); ему́ предста́вилось, что it seemed to him that, he imágined that; **3.** (*дт.*; *знакомиться*) introdúce òne¦sélf (to); **4.** *страд. к* представля́ть.

**предста́тельн||ый:** ~ая железа́ *анат.* próstàte (gland).

**предста́ть** *сов. см.* представа́ть.

**предсто||я́ть** be in próspèct, be coming; че́рез не́сколько дней ~я́т вы́боры in a few days we are gó¦ing to have eléctions, in a few days eléctions will take place; нам ~я́т (+*сущ.*) we are faced with; we are in for *разг.*; (+*глаг.*) we are (+to *inf.*): нам ~я́т путеше́ствие we are faced with a jóurney [...'dʒəː-]; ему́ ~я́т тру́дности dífficulties are in store, *или* lie* in wait, for him; нам ~я́т реши́ть вопро́с we (will) have to solve *the* próblem [...'prɔ-], we are to solve *the* próblem. **~я́щий 1.** *прич. см.* предстоя́ть; **2.** *прил.* cóming, fórth¦cóming; (*неминуемый*) impénding; at hand; ahéad [ə'hed] (*predic.*); ~я́щие вы́боры, ~я́щая конфере́нция fórth¦còming eléctions, cónference; ввиду́ ~я́щих затра́т in view of impénding expénses [...vjuː...].

**предте́ча** *м. и ж. уст.* (*предшественник*) fóre-rúnner, precúrsor.

**предубежд||е́ние** *с.* préjudice, bías. **~ённый** *прич. и прил.* préjudiced, bíassed.

**предуве́дом||ить** *сов. см.* предуведомля́ть. **~ле́ние** *с.* fòre¦wárning.

**предуведомля́ть,** предуве́домить (*вн.* о *пр.*) infórm befóre¦hànd (*d.* abóut), give* advánce nótice [...'nou-] (to abóut); (fòre¦)wárn (*d.* of, abóut).

**предугада́ть** *сов. см.* предуга́дывать.

**предуга́дывать,** предугада́ть (*вн.*) fòre¦-séе* (*d.*).

**предуда́рный** *лингв.* befóre stress, pré¦tónic; ~ гла́сный, слог vówel, sýllable befóre stress; pré¦tónic vówel, sýllable.

**предумы́шленн||ость** *ж.* premèditátion, fóre¦thought. **~ый** premédità̀ted, afóre¦thought; ~ое уби́йство premédità̀ted múrder, múrder in the first degrée.

**предупреди́тельн||ость** *ж.* cóurtesy ['kə:tsɪ]; (*внима́ние*) atténtion. **~ый** **1.** (*о ме́рах и т. п.*) prevéntive, precáutionary; **2.** (*о челове́ке*) oblíging; (*внима́тельный*) atténtive; (*любе́зный*) cóurteous ['kə:t-].

**предупреди́ть** *сов. см.* предупрежда́ть.

**предупре||жда́ть,** предупреди́ть **1.** (*вн.* о *пр.*; *зара́нее*) let* (*d.*) know befóre¦hànd [...nou...] (of, abóut); give* advànce nótice [...'nou-] (to abóut); (*извеща́ть*) nótifỳ ['nou-] (*d.* abóut), tell* befóre¦hànd (*d.* abóut), give* nótice [...'nou-] (*i.* abóut); warn (*d.* of, abóut); ~ за ме́сяц give* a month's nótice / wárning [...mʌ-...] (to); **2.** (*вн.* о *пр.*; *предостерега́ть*) warn (*d.* agáinst), fòre¦wárn (*d.* of / abóut); **3.** (*вн.*; *предотвраща́ть*) prevént (*d.*), avért (*d.*); ~ пожа́р, несча́стный слу́чай prevént fire, *an* áccident; **4.** (*вн.*; *опережа́ть*) ànticipàte (*d.*), get* ahéad [...ə'hed] (of), fòre¦stáll (*d.*); я хоте́л сде́лать э́то для вас, но он ~ди́л меня́ I wánted to do it for you but he ànticipàted / fòre¦stálled me, *или* got ahéad of me; я хоте́л э́то сказа́ть, но он ~ди́л меня́ I was just gó¦ing to say it, but he fòre¦stálled me; I was just gó¦ing to say it, when he took the words out of my mouth *идиом.* **~жде́ние** *с.* **1.** (*извеще́ние*) nótice ['nou-]; **2.** (*предостереже́ние*) wárning; **3.** (*предотвраще́ние*) prevéntion; ◇ вы́говор с ~жде́нием sevére réprimànd and wárning [...-ɑ:nd...].

**предусма́трив||ать,** предусмотре́ть (*вн.*) fòre¦sée* (*d.*); (*о пла́не тж.*) envísage [-z-] (*d.*); (*обеспе́чивать, обусло́вливать*) províde (*d.*), stípulàte (*d.*); всё бы́ло предусмо́трено évery¦thing was províded for, nóthing was left to chance; зако́н не ~ает тако́го слу́чая the law makes no provísion for such a case [...keɪs]; предусмо́тренный пла́ном envísaged / stípulàted by the plan; предусмо́тренный статьёй, пу́нктом догово́ра spécified in *the* árticle, páragràph of *the* cóntràct.

**предусмотре́ть** *сов. см.* предусма́тривать.

**предусмотри́тельн||ость** *ж.* fóre¦sight; (*осторо́жность*) prúdence. **~ый** fòre¦sée ing, próvident; (*осторо́жный*) prúdent.

**предустано́вленный** *уст.* pré-estáblished, pré¦detérmined.

**предчу́встви||е** *с.* preséntiment [-'ze-]; (*дурно́е об.*) fòre¦bóding, mis¦gíving; ~ беды́, несча́стья fòre¦bóding of évil [...'i:v°l]; ве́рить ~ям indúlge in prèmonítions [...pri:-].

**предчу́вствов||ать** (*вн.*) have a preséntiment [...-'ze-] (of, abóut); have a fòre bóding (of, abóut); так он и ~ал he had a preséntiment abóut it; он ~ал, что э́то так бу́дет he had a preséntiment that it would be so.

**предше́ственн||ик** *м.*, **~ица** *ж.* prédecèssor ['pri:-], fóre-rúnner, precúrsor.

**предше́ств||овать** (*дт.*) precéde (*d.*), fòre¦-gó* (*d.*), fòre-rún* (*d.*). **~ующий** **1.** *прич. см.* предше́ствовать; **2.** *прил.* prévious, fórmer; **3.** *с. как сущ.* = предыду́щее *см.* предыду́щий 2.

**предъяв||и́тель** *м.* béarer ['bɛə-]; ~ и́ска pláintiff, cláimant; чек с упла́той на ~и́теля cheque páyable to béarer. **~и́ть** *сов. см.* предъявля́ть. **~ле́ние** *с.* prodúcing, prèsèntátion [-ze-]; ~ле́ние обвине́ния (в *пр.*) àccusátion [-'zeɪ-] (of), charge (of); ~ле́ние и́ска bríng¦ing of a suit [...sju:t]; ~ле́ние пра́ва assértion of a claim; по ~ле́нии on prèsèntátion.

**предъявля́ть,** предъяви́ть (*вн.*) **1.** (*пока́зывать*) show* [ʃou] (*d.*), prodúce (*d.*): ~ биле́ты show* / prodúce tíckets; ~ докуме́нты show* one's dócuments; — ~ доказа́тельства show* / presént proofs [...-'zent...]; prodúce évidence; **2.** (*заявля́ть*): ~ пра́во (на *вн.*) lay* / raise claim (to); ~ тре́бование (к) lay* claim (to); ~ высо́кие тре́бования (к) make* great / high demánds [....greɪt...-ɑ:ndz] (of); demánd much [-ɑ:nd...] (of); ~ иск (к) bring* *a* suit [...sju:t] (agáinst); ~ обвине́ние (*дт.* в *пр.*) bring* an àccusátion [...-'zeɪ-] (agáinst of), charge (*d.* with); ~ кому́-л. обвине́ние в уби́йстве bring* *an* àccusátion of múrder agáinst smb., charge smb. with múrder.

**предыду́щ||ий** **1.** *прил.* prévious: ~ год prévious year; **2.** *с. как сущ.* the fòre¦gó¦ing: из ~его сле́дует from the fòre¦gó¦ing it fóllows.

**пре́емник** *м.* succéssor; быть чьим-л. ~ом be smb.'s succéssor, succéed to smb.

**пре́емственн||ость** *ж.* succéssion; ~ поли́тики còntinúity of pólicy. **~ый** succéssive.

**пре́емство** *с.* = пре́емственность.

**пре́жде** **1.** *нареч.* (*ра́ньше*) befóre; (*снача́ла*) first; (*в про́шлом*) fórmerly, in fórmer times; на́до бы́ло ду́мать об э́том ~ you ought to have thought abóut it befóre; он до́лжен ~ ко́нчить э́то he must fínish this first; ~ он был журнали́стом fórmerly he was a jóurnalist [...'dʒə:-]; ~ чем (+ *инф.*) befóre (+ *ger.*): он до́лжен поговори́ть с ней, ~ чем уе́хать he must speak to her befóre gó¦ing; **2.** *как предл.* (*рд.*) befóre: он пойдёт туда́ ~ неё he will go there befóre her; ◇ ~ всего́ first of all, to begín with; first and fóre¦mòst.

**преждевре́менно** I *прил. кратк. см.* преждевре́менный.

**преждевре́менн||о** II *нареч.* prèmatúre¦ly; ~ сконча́ться die prèmatúre¦ly, die befóre one's time. **~ость** *ж.* prèmatúrity, ùntíme¦liness. **~ый** prèmatúre, ùntíme¦ly; ~ые ро́ды *мед.* prèmatúre birth *sg.*

**пре́жн||ий** prévious, fórmer; в ~ее вре́мя in the old days, in fórmer times.

**презентова́||ть** *несов. и сов.* (*вн. дт.*) *разг. уст.* presént [-'ze-] (*d. i.*, with *d.*), give* for a présent [...'prez-] (*d. i.*), make* a présent (of to); он ~л ему́ кни́гу he presénted *a* book to him, he presénted him with *a* book.

**президе́нт** *м.* président [-zɪ-]. **~ский** prèsidéntial [-zɪ-]. **~ство** *с.* présidency [-zɪ-].

**прези́диум** *м.* presídium; Прези́диум ЦК КПСС Presídium of the Céntral Commíttee of the C.P.S.U. [...-tɪ...]; Прези́диум Верхо́вного Сове́та СССР Presídium of the Suprémе Sóvièt of the USSR; почётный ~ hónour¦able presídium ['ɔ-...].

**презира́ть,** презре́ть (*вн.*) **1.** *тк. несов.* despíse (*d.*), hold* in contémpt (*d.*), disdáin (*d.*); ~ кого́-л. за тру́сость despíse smb. for his cówardice; ~ лесть disdáin fláttery; **2.** (*отвергать, пренебрегать*) disdáin (*d.*); ~ опа́сность defý dánger [...'deɪn-].

**презре́н||ие** *с.* **1.** contémpt, scorn, disdáin; **2.** (*к опасности и т. п.*) defíance. **~ный** contémptible, déspicable; ◇ ~ный мета́лл *разг.* fílthy lucre.

**презре́ть** *сов. см.* презира́ть 2.

**презри́тельный** contémptuous, scórnful, disdáinful.

**презу́мпция** *ж.* presúmption [-'zʌ-].

**преиму́щественн||о** *нареч.* máinly, chíefly ['ʧiːf-]. **~ый 1.** prímary ['praɪ-]; име́ть ~ое значе́ние be of prímary impórtance; ~ое разви́тие тяжёлой промы́шленности priórity devélopment of héavy índustry [...'hevɪ...]; **2.** *юр.* prèferéntial; ~ое пра́во préference; ~ое пра́во на поку́пку pre-émption.

**преиму́ществ||о** *с.* advántage [-'vɑː-]; (*предпочтение*) préference; отда́ть ~ (*дт.* пе́ред) prefér (*d.* to); получа́ть ~ (пе́ред) gain an advántage (óver); име́ть ~ (пе́ред) have / posséss an advántage [...-'zes...] (óver); они́ име́ют то ~, что они́ дёшевы they have the advántage of chéapness; ◇ по ~у for the most part, chíefly ['ʧiːf-].

**преиспо́дняя** *ж. скл. как прил. уст.* néther world; néther régions *pl.*

**преиспо́лн||енный 1.** *прич. см.* преисполня́ть; **2.** *прил.* (*рд., тв.*) full (of), filled (with); ~ бо́дрости, му́жества full of mettle; ~ ра́достью filled with joy; ~ реши́мости fírmly resólved [...-'zɔ-]; ~ опа́сности fraught with dánger [...'deɪn-]. **~ить(ся)** *сов. см.* преисполня́ть(ся).

**преисполня́ть,** преиспо́лнить (*вн. тв., рд.*) fill (*d.* with). **~ся,** преиспо́лниться (*тв., рд.*) be filled (with).

**прейскура́нт** *м.* príce-list; (*в ресторане*) bill of fare.

**преклон||е́ние** *с.* (пе́ред) àdmirátion (for), wórship (for). **~и́ть(ся)** *сов. см.* преклоня́ть (-ся).

**прекло́нный:** ~ во́зраст (extréme) old age.

**преклоня́ть,** преклони́ть (*вн.*): ~ коле́на kneel*; ~ го́лову bow one's head [...hed]. **~ся,** преклони́ться (пе́ред) **1.** bend* down (befóre); **2.** (*чувствовать уважение, восхищение*) admíre (*d.*), wórship (*d.*).

**прекосло́в||ие** *с. уст.* còntradíction; без ~ия without còntradíction. **~ить** (*дт.*) còntradíct (*d.*), cross (*d.*).

**прекра́сно** I *прил. кратк. см.* прекра́сный.

**прекра́сно** II *нареч.* **1.** éxcellently, pérfectly well; **2.** *как межд.* very well!, wónderful! ['wʌn-].

**прекра́сн||ое** *с. скл. как прил.* the béautiful [...'bjuːt-]. **~ый 1.** béautiful ['bjuːt-], fine; **2.** (*отличный*) éxcellent, cápital; ◇ в оди́н ~ый день one fine day; в одно́ ~ое у́тро one fine mórning; ~ый пол the fair (sex); ра́ди ~ых глаз *разг.* for love [...lʌv], for the, *или* pour les, beaux yeux [...puə le bo'zjəː].

**прекрати́ть(ся)** *сов. см.* прекраща́ть(ся).

**прекращ||а́ть,** прекрати́ть (*вн.*) stop (*d.*), cease [-s] (*d.*), discontínue (*d.*); (*положить конец чему-л.*) put* an end (to), make* an end (of); bring* to a stop (*d.*); (*о сношениях и т. п.*) break* off [-eɪk...] (*d.*), séver ['se-] (*d.*); ~ знако́мство (с *тв.*) break* (off) (with); ~ пре́ния close *the* debáte; ~ разгово́р break* off *the* cònversátion; ~ обсужде́ние вопро́са dismíss *the* súbject; прекрати́м э́тот спор let us drop this árgument; ~ рабо́ту leave* off, *или* cease, work; ~ войну́ put* an end to the war; прекрати́ть испыта́ния термоя́дерного ору́жия discontínue thérmònúclear wéapons tests [...'wep-...]; ~ вое́нные де́йствия cease hòstílities; ~ ого́нь *воен.* cease fire; ~ подпи́ску discontínue *the* subscríption; ~ платежи́ suspénd / stop páyment(s); ~ рассле́дование drop *an* inquíry; ~ пода́чу эне́ргии, га́за *и т. п.* cut* off the elèctrícity, the gas supplý. **~а́ться,** прекрати́ться **1.** end, cease [-s]; **2.** *страд. к* прекраща́ть. **~е́ние** *с.* stópping, cèssátion, céasing [-s-], discontínuance; ~е́ние вое́нных де́йствий cèssátion of hòstílities; ~е́ние огня́ céase-fire [-s-]; ~е́ние состоя́ния войны́ (ме́жду) tèrminátion of the state of war (betwéen); ~е́ние произво́дства а́томного ору́жия stóppage / hálting of the prodúction of atómic wéapons [...'wep-]; ~е́ние платеже́й suspénsion of páyments; ~е́ние пре́ний clósure of *the* debáte ['klouʒə...]; внести́ предложе́ние о ~е́нии пре́ний move the clósure of *the* debáte [muːv...].

**прела́т** *м.* prélate.

**преле́стный** chárming, delíghtful; lóvely ['lʌ-] *разг.*

**пре́лесть** *ж.* charm, fàscinátion; э́то ~! chárming!, lóvely! ['lʌ-].

**прелимина́р||ии** *мн. дип.* prelíminaries. **~ный** *дип.* prelíminary.

**прелом||и́ть(ся)** *сов. см.* преломля́ть(ся). **~ле́ние** *с. физ.* refráction; (*перен.*) áspect. **~лённый** *прич. и прил.* refrácted. **~ля́емость** *ж.* refráction, refràngibílity [-n-]. **~ля́емый** refráctable, refrángible [-n-].

**преломл||я́ть,** преломи́ть (*вн.*) *физ.* refráct (*d.*); (*перен.*) intérpret (*d.*); ~ лучи́ refráct rays. **~я́ться,** преломи́ться **1.** *физ.* (*о лучах*) be refrácted; (*перен.*) be intérpreted; в созна́нии ребёнка всё ~я́ется по-осо́бенному the child's mind percéives éverything in its own way [...'siːvz...oun...]; **2.** *страд. к* преломля́ть. **~я́ющий 1.** *прич. см.* преломля́ть; **2.** *прил.* (*лучи*) refráctive, refrácting.

**пре́лый** rótten, fústy.

**прель** *ж.* rot, mouldiness ['mou-], mould [mould].

**прельсти́ть(ся)** *сов. см.* прельща́ть(ся).

**прельща́ть,** прельсти́ть (*вн. тв.*) entíce (*d.* with); ~ кого́-л. обеща́ниями lure smb. with prómises [...-sɪz]; путеше́ствие по́ морю прельсти́ло его́ the sea vóyage was an entícement / attráction to him; the thought of *the* sea vóyage was entícing / attráctive to him. **~ся,** прельсти́ться become* / be attrácted; (*соблазняться*) become* / be témpted.

**прелюбо||де́й** *м. уст.* fórnicàtor. **~де́йствовать** *уст.* fórnicàte. **~де́яние** *с. уст.* adúltery, fòrnicátion.

**прелю́дия** *ж. муз.* (*тж. перен.*) prélùde.

**премиа́льн||ый** 1. *прил. к* пре́мия; ~ фонд bónus funds *pl.*; ~ая систе́ма bónus sýstem; 2. *мн. как сущ.* bónus *sg.*: получи́ть ~ые get* *a* bónus.

**преми́н||уть** *сов.*: не ~ (+ *инф.*) not fail (+ to *inf.*); он не ~ул доба́вить he did not fail to add.

**премирова́ние** *с.* rewárding with *a* prémium, awárding *a* prize.

**премиро́ванный** 1. *прич. см.* премирова́ть; 2. *прил.* prize (*attr.*): ~ скот prize cattle; 3. *м. как сущ.* prize winner.

**премирова́||ть** *несов. и сов.* (*вн.*) give* / awárd a bónus / bóunty / prémium (*i.*), put* a prémium (on): администра́ция ~ла его́ за перевыполне́ние пла́на the authórities gave him *a* bónus for óver¦fulfílling the plan [...-ful-...]; его́ ~ли кни́гой he was awárded *a* book as a prize.

**пре́мия** *ж.* 1. bónus, prémium, bóunty, gratúity; (*награда*) prize, rewárd; Междунаро́дная Ле́нинская пре́мия ми́ра Ìnternátional Lénin Peace Prize [-'næ-...]; 2. *эк.* prize; э́кспортная ~ éxpòrt prize; 3. *фин.* prémium; страхова́я ~ prémium, insúrance [-'ʃuə-].

**прему́др||ость** *ж.* wisdom [-z-]; ◇ невелика́ ~ *разг.* it does¦n't require much wisdom / knówledge [...'nɔ-]. ~**ый** (very) wise; sage.

**премье́р** *м.* 1. prime minister, prémier ['premjə]; 2. *театр.* léading áctor, léading man*, star áctor, lead.

**премье́ра** *ж. театр.* (*первое представление*) first / ópen¦ing night, première (*фр.*) ['premɪɛə]; (*новая постановка*) new prodúction.

**премье́р-мини́стр** *м.* prime minister, prémier ['premjə].

**премье́рша** *ж. театр. разг.* léading lády / áctress, lead.

**пренебре||га́ть,** пренебре́чь (*тв.*) 1. negléct (*d.*), disregárd (*d.*); ~ свои́ми обя́занностями negléct / disregárd one's dúties; 2. (*презирать*) scorn (*d.*), ignóre (*d.*); ~ чьим-л. мне́нием scorn / ignóre smb.'s opínion; ~ чьим-л. сове́том scorn smb.'s advíce; ~ опа́сностью scorn / ignóre dánger [...'deɪn-]; не ~ никаки́ми сре́дствами stop at nothing, shun no means. ~**же́ние** *с.* 1. (*невнимание*) negléct, disregárd; ~же́ние свои́ми обя́занностями negléct / disregárd of one's dúties; относи́ться с ~же́нием (к) set* at nought / defíance (*d.*); 2. (*презрение*) scorn, disdáin; говори́ть с ~же́нием (о *пр.*) slight (*d.*), dispárage (*d.*).

**пренебрежи́тельн||ость** *ж.* scorn. ~**ый** slíghting, scórnful; ~ый тон slíghting tone.

**пренебре́чь** *сов. см.* пренебрега́ть.

**пре́ние** *с.* rótting.

**пре́ни||я** *мн.* debáte *sg.*, discússion *sg.*; суде́бные ~ pléadings; открыва́ть, прекраща́ть ~ ópen, close the debáte; прекраще́ние ~й clósure of the debáte ['klou-...].

**преоблада́ние** *с.* predóminance, prévalence.

**преоблада́||ть** preváil; (над, среди́) predóminàte (óver), preváil (óver). ~**ющий** 1. *прич. см.* преоблада́ть; 2. *прил.* predóminant, prévalent.

**преобра||жа́ть,** преобрази́ть (*вн.*) change [ʧeɪ-] (*d.*), transfórm (*d.*), trànsfígure (*d.*). ~**жа́ться,** преобрази́ться 1. change [ʧeɪ-]; 2. *страд. к* преобража́ть. ~**же́ние** *с.* trànsformátion; (*тж. название церк. праздника*) trànsfigurátion. ~**зи́ть(ся)** *сов. см.* преобража́ть(ся).

**преобразова́||ние** *с.* 1. trànsformátion; (*реформа*) refórm; (*реорганизация*) ré¦òrganizátion [-naɪ-]; план ~ния приро́ды plan for the ré¦máking of náture [...'neɪ-]; революцио́нное ~ о́бщества rèvolútionary ré¦máking / ré¦òrganizátion of society; 2. *физ.*: ~ то́ка trànsformátion of cúrrent. ~**тель** *м.* 1. refórmer, ré¦órganizer; 2. *физ., тех.* trànsfórmer.

**преобразова́ть** *сов. см.* преобразо́вывать.

**преобразо́вывать,** преобразова́ть (*вн.*) 1. change [ʧeɪnʤ] (*d.*), trànsfórm (*d.*); (*реорганизовывать*) refórm (*d.*), ré¦órganize (*d.*); преобразова́ть приро́ду trànsfórm / ré¦máke* náture [...'neɪ-]; преобразова́ть дипломати́ческую ми́ссию в посо́льство raise a diplomátic mission to émbassy rank, élevàte a diplomátic mission into an émbassy; 2. *физ., мат.* trànsfórm (*d.*).

**преодол||ева́ть,** преодоле́ть (*вн.*) òver¦cóme* (*d.*); (*о чувстве тж.*) get* the bétter (of); (*о препятствии тж.*) get* óver (*d.*), sùrmóunt (*d.*); преодоле́ть лень òver¦cóme* one's láziness [...'leɪ-]; ~ тру́дности òver¦cóme*, *или* get* óver, (the) difficulties; преодоле́ть отстава́ние make* good the lag; make* up lée-way *идиом.* ~**е́ние** *с.* òver¦cóming.

**преодол||е́ть** *сов. см.* преодолева́ть. ~**и́мый** sùrmóuntable.

**преосвяще́нный** *м. скл. как прил. церк.* Right Réverend (*title of bishop*).

**препара́т** *м.* prèparátion. ~**ор** *м.* assistant (in labóratory, *etc.*), démonstràtor.

**препари́ровать** *несов. и сов.* (*вн.*) prepáre (for èxperiméntal púrposes) [...-sɪz] (*d.*).

**препина́ни||е** *с.*: зна́ки ~я *грам.* stops, pùnctuátion marks.

**препира́тельство** *с.* àltercátion, wrángling, squábbling.

**препира́ться** (с *тв.*) *разг.* áltercàte (with), wrangle (with), squabble (with).

**преподава́ние** *с.* téaching.

**преподава́тель** *м.*, ~**ница** *ж.* téacher; (*в вузе*) instrúctor. ~**ский** téacher's, téaching; ~ский соста́в the téachers and professors *pl.*, the téaching staff.

**преподава́ть** (*вн. дт.*) teach* (*d. i.*; *d.* to).

**препода́ть** *сов.* (*вн. дт.*; *урок, совет*) give* (*d. i.*).

**преподнести́** *сов. см.* преподноси́ть.

**преподно||си́ть,** преподнести́ (*вн. дт.*) présent [-'z-] (*d. i.*; with *d.*), make* a présent [...-ez-] (of to): он преподнёс ей кни́гу he presénted *a* book to her, he presénted her with *a* book; — преподнести́ сюрпри́з кому́-л. give* smb. a surpríse; преподнести́ неприя́тную но́вость bring* bad* news [...-z] (*i.*), be a béarer of bad* news [...'bɛə-...]; преподнести́ что-л. кому́-л. в гото́вом ви́де (*перен.*) hand smth. to smb. on a plate / plátter. ~**ше́ние** *с.* présent [-ez-], gift [g-].

**преподо́б||ие** *с. церк.* Réverence. ~**ный** *церк.* saint; (*как титул священника*) Réverend.

**препо́на** *ж.* óbstacle, impédiment.

**препроводи́тельный** = сопроводи́тельный.

**препроводи́ть** *сов. см.* препровожда́ть.

**препровожд||а́ть,** препроводи́ть (*вн.*) *офиц.* fórward (*d.*), send* (*d.*), dispátch (*d.*). **~е́ние** *с.* fórwarding; ◇ ~е́ние вре́мени pástime; (*впусту́ю*) waste of time [weɪ-...]; для ~е́ния вре́мени to pass the time.

**препя́тстви||е** *с.* óbstacle, impédiment, híndrance; чини́ть ~я кому́-л. put* óbstacles in smb.'s path / way; есте́ственное, иску́сственное ~ *воен.* nátural, àrtifícial óbstacle; ска́чки с ~ями stéeple¦chàse [-s] *sg.*; брать ~я *спорт.* take* óbstacles.

**препя́тствовать** (*дт.* в *пр.*) prevént (*d.* from), hínder ['hɪ-] (*d.* from); (*дт.*) lay* óbstacles (to); ~ торго́вле hámper trade; ~ приёму кого́-л. в организа́цию block smb.'s admíssion to *an* òrganizátion [...-naɪ-].

**прерва́ть(ся)** *сов. см.* прерыва́ть(ся).

**пререка́||ние** *с.* árguing, wrangle, àltèrcátion; вступи́ть с кем-л. в ~ния start an árgument with smb., énter into an árgument with smb. **~ться** (с *тв.*) árgue (with), wrangle (with), áltèrcàte (with).

**пре́рия** *ж. геогр.* práirie.

**прерогати́ва** *ж.* prerógative.

**прерыва́тель** *м. тех.* interrúpter, bréaker [-eɪkə], cút-out.

**прерыва́||ть,** прерва́ть (*вн.*) interrúpt (*d.*); (*внеза́пно прекраща́ть*) break* off [-eɪk...] (*d.*); ~ разгово́р (*чужо́й*) interrúpt *a* cònversátion; (*свой*) break* off *a* talk; нас прерва́ли we were interrúpted; (*о телефо́нном разгово́ре*) we were cut off; ~ заня́тия interrúpt one's stúdies [...'stʌ-]; ~ перегово́ры stop negòtiátions, suspénd talks; ~ рабо́ту на кани́кулы (*о парла́менте и т. п.*) go* into recéss; прерва́ть дипломати́ческие отноше́ния break* off, *или* séver, diplomátic relátions [...'se-...]; ~ молча́ние break* *the* sílence [...'saɪ-]; ~ ток *эл.* interrúpt *the* cúrrent. **~ться,** прерва́ться 1. be interrúpted; (*о го́лосе — от волне́ния и т. п.*) break* [-eɪk]; его́ го́лос прерва́лся his voice broke, there was a break in his voice; 2. *страд. к* прерыва́ть. **~ющийся** 1. *прич. см.* прерыва́ться; 2. *прил.*: ~ющимся го́лосом with a catch in one's voice.

**преры́висто** I *прил. кратк. см.* преры́вистый.

**преры́вист||о** II *нареч.* in a bróken way; говори́ть ~ speak* in a bróken voice; дыша́ть ~ gasp. **~ость** *ж.* bróken¦ness, intermíttence. **~ый** bróken, interrúpted.

**пресви́тер** *м.* présbyter [-z-].

**пресека́ть,** пресе́чь (*вн.*) suppréss (*d.*), stop (*d.*); он сра́зу пресёк э́то he stopped it at once [...wʌns]; ~ в ко́рне nip in the bud (*d.*): пресе́чь зло в ко́рне nip the évil in the bud [...'iː-...]. **~ся,** пресе́чься 1. stop; (*о го́лосе — от волне́ния и т. п.*) break* [-eɪk]; рабо́та пресекла́сь the work stopped; его́ го́лос пресёкся his voice broke off; 2. *страд. к* пресека́ть.

**пресече́ние** *с.* suppréssion.

**пресе́чь(ся)** *сов. см.* пресека́ть(ся).

**пресле́дова||ние** *с.* 1. (*пого́ня*) pursúit [-'sjuːt]; *мор.* chase [-s]; нача́ть ~ (кого́-л.) start in pursúit (of smb.); *мор.* give* chase (to smb.); 2. (*притесне́ние*) pèrsecútion, victimizátion [-maɪ-]; 3. *юр.*: суде́бное ~ pròsecútion. **~тель** *м.* pérsecùtor.

**пресле́д||овать** (*вн.*) 1. (*гна́ться за*) pursúe (*d.*), chase [-s] (*d.*), be áfter (*d.*); (*перен.*: *му́чить*) haunt (*d.*); э́та мысль ~ует меня́ this thought haunts me; 2. (*притесня́ть*) pérsecùte (*d.*); víctimize (*d.*); 3. (*суде́бным поря́дком*) prósecùte (*d.*); 4. (*стреми́ться к чему́-л.*) strive* (for), pursúe (*d.*); ~ цель pursúe one's óbject, have for an óbject; ~ со́бственные интере́сы stúdy one's own ínterests ['stʌ-...oun...], pursúe one's own ends.

**преслову́тый** notórious.

**пресмыка́||тельство** *с.* gróvelling. **~ться** creep*, crawl; (пе́ред; *перен.*) gróvel [-ɔ-] (befóre); ~ться пе́ред кем-л. fawn on smb., gróvel / cringe befóre smb.; pròstráte one¦sélf befóre smb. **~ющееся** *с. скл. как прил. зоол.* réptile.

**пресново́дный** fréshwàter [-wɔː-].

**пре́сн||ый** (*о воде́*) fresh, sweet; (*о хле́бе*) ún¦léavened [-'lev-]; (*о пи́ще*) insípid, únflávour¦ed; (*перен.*) insípid, vápid; ~ые остро́ты vápid sállies, feeble jokes.

**преспоко́йно** *нареч. разг.* 1. very quíetly; 2. (*как ни в чём не быва́ло*) impertúrbably.

**пресс** *м.* press; винтово́й ~ flý-prèss, screw press.

**пре́сса** *ж.* the press (*the newspapers generally*).

**пресс-бюро́** *с. нескл.* press depártment.

**пресс-конфере́нция** *ж.* press / news cónference [...njuːz...].

**прессова́ние** *с.* = прессо́вка.

**прессова́ть,** спрессова́ть (*вн.*) press (*d.*), compréss (*d.*).

**прессо́в||ка** *ж.* préssing, compréssing. **~щик** *м.* présser, press óperàtor.

**пресс-папье́** *с. нескл.* páper-weight.

**преста́виться** *сов. уст.* pass a¦wáy.

**престаре́лый** áged; advánced in years.

**прести́ж** *м.* prèstíge [-'tiːʒ]; поднима́ть ~ (*рд.*) enhánce the prèstíge (of); поте́ря ~а loss of prèstíge / face; сохрани́ть свой ~ save one's face.

**престо́л** *м.* 1. throne; вступи́ть на ~ come* to the throne; mount / ascénd the throne; возводи́ть на ~ (*вн.*) enthróne (*d.*); сверга́ть с ~а (*вн.*) dethróne (*d.*); отрека́ться от ~а ábdicàte (the crown); 2. *церк.* áltar, commúnion table.

**престолонасле́дие** *с.* succéssion to the throne.

**престо́льный** 1. *ист.*: ~ го́род cápital (city) [...'sɪ-]; 2. *церк.*: ~ пра́здник pátron saint's day / feast.

**преступ||а́ть,** преступи́ть (*вн.*) trànsgréss (*d.*), tréspass (*d.*), víolàte (*d.*), break* [-eɪk] (*d.*); ~и́ть зако́н trànsgréss / víolàte / break* the law. **~и́ть** *сов. см.* преступа́ть.

**преступле́ни||е** *с.* crime, offénce; *юр.* félony; госуда́рственное ~ tréason [-z°n]; полити́ческое ~ polítical crime / offénce; уголо́вное ~ críminal offénce; соверша́ть ~ commít *a* crime; соста́в ~я *юр.* córpus delícti; ~ по до́лжности *юр.* críminal breach of trust, málféasance [-z-].

**престу́пн||ик** *м.*, **~ица** *ж.* críminal, offénder; *юр.* félon ['fe-]; госуда́рственный ~ state críminal; вое́нный ~ war críminal. **~ость** *ж.* crimínálity, críminal náture [...'neɪ-].

**престу́пн||ый** críminal; felónious; ~ое отноше́ние к свои́м обя́занностям críminal négligence in the perfórmance of one's dúties.

**пресы́тить(ся)** *сов. см.* пресыща́ть(ся).

**пресыщ||а́ть,** пресы́тить (*вн. тв.*) *уст.* sátiàte (*d.* with); (*особ. пищей*) súrfeit [-fɪt] (*d.* on), sate (*d.* with). **~а́ться,** пресы́титься (*тв.*) be sátiàted (with); (*особ. пищей*) have had a súrfeit [...-fɪt] (of). **~е́ние** *с.* satiety; (*особ. пищей*) súrfeit [-fɪt]; до ~е́ния to satiety.

**пресы́щенн||ость** *ж.* = пресыще́ние. **~ый** *прич. и прил.* sátiàted; (*особ. пищей*) súrfeited [-fɪt-]; sáted; *прил. тж.* repléte.

**претвор||е́ние** *с.* convérsion, tránsubstàntiátion; ~ в жизнь (*рд.*) rèalizátion [rɪəlaɪ-] (of), cárrying into life (*d.*), putting into práctice (*d.*). **~и́ть(ся)** *сов. см.* претворя́ть(ся).

**претвор||я́ть,** претвори́ть **1.** (*вн.* в *вн.*) *уст.* turn (*d.* into), change [ʧeɪ-] (*d.* into), convért (*d.* into); **2.** (*вн.*; *воплощать*): ~ в жизнь, ~ в де́ло réalize ['rɪə-] (*d.*), cárry out (*d.*), cárry into life (*d.*), put* into práctice (*d.*); ~ в жизнь заве́ты (*рд.*) cárry out the behésts (of). **~я́ться,** претвори́ться **1.**: ~я́ться в жизнь come* true, be réalized [...'rɪə-]; его́ мечта́ ~и́лась в жизнь his dream came true; his dream was réalized; прое́кт ~и́лся в жизнь the prójèct was réalized; **2.** *страд. к* претворя́ть.

**претенде́нт** *м.*, **~ка** *ж.* (на *вн.*) preténder (to), cláimant (upón), aspírant (to); ~ы на пост президе́нта prèsidéntial aspírants [prez-...].

**претендова́ть** (на *вн.*) pretend (to), lay* claim (to); put* in a claim (on), have a claim (on).

**прете́нзи||я** *ж.* **1.** claim; (*неосновательная*) preténsion; фина́нсовые ~и fináncial claims; име́ть ~ю (на *вн.*) lay* claim (to), claim (*d.*), have a claim (on); **2.**: челове́к с ~ями man* of preténsions, preténtious man*; он челове́к без ~й he is únpreténtious; ◇ быть в ~и на кого́-л. bear* smb. a grudge [bɛə...], have a grudge agáinst smb.

**претенцио́зн||ость** *ж.* preténtiousness, àffèctátion. **~ый** preténtious, afféctèd.

**претерпева́ть,** претерпе́ть (*вн.*) súffer (*d.*); (*подвергаться*) ùndergó* (*d.*); претерпе́ть лише́ния endúre hárdships; ~ измене́ния ùndergó* / súffer chánges [...'ʧeɪ-].

**претерпе́ть** *сов. см.* претерпева́ть.

**прети́||ть** (*дт.*) sícken (*d.*): мне ~т it sícken̄s me.

**преткнове́ни||е** *с.*: ка́мень ~я stúmbling-blòck, stúmbling-stòne.

**пре́тор** *м. ист.* práetor. **~иа́нец** *м.*, **~иа́нский** *ист.* praetórian.

**преть,** сопре́ть **1.** (*гнить*) rot; **2.** *тк. несов.* (*вариться*) stew.

**преувел||иче́ние** *с.* exàggerátion [-ædʒə-], óverstátement. **~и́ченный** **1.** *прич. см.* преувели́чивать; **2.** *прил.* exággeràted, hỳperbólical.

**преувели́чивать,** преувели́чить (*вн.*) exággeràte [-ædʒə-] (*d.*), óverstáte (*d.*); си́льно ~ gróssly exággeràte [-ous-...] (*d.*).

**преувели́чить** *сов. см.* преувели́чивать.

**преуменьша́ть,** преуме́ньшить (*вн.*) únderéstimàte (*d.*), únderstáte (*d.*); ~ опа́сность, поте́ри únderéstimàte the dánger, the lósses [...'deɪ-...]; ~ свои́ заслу́ги make* light of one's sérvices; ~ значе́ние belíttle / únderéstimàte the impórtance.

**преуменьше́ние** *с.* únderèstimátion; únderstátement; ~ опа́сности, поте́рь únderèstimátion of dánger, lósses [...'deɪ-...]; ~ свои́х заслу́г máking light of one's sérvices.

**преуме́ньши́ть** *сов. см.* преуменьша́ть.

**преуспева́||ть,** преуспе́ть **1.** (в *пр.*) succéed (in), be succéssful (in), prósper (in); ~ в жи́зни get* on in life; **2.** *тк. несов.* (*без доп.*; *процветать*) flóurish ['flʌ-], thrive*, prósper. **~ющий** **1.** *прич. см.* преуспева́ть; **2.** *прил.* succéssful, prósperous.

**преуспе́ть** *сов. см.* преуспева́ть 1.

**префе́кт** *м.* préfèct. **~у́ра** *ж.* préfècture ['priː-].

**префера́нс** *м. карт.* préference (*card game*).

**пре́фикс** *м. грам.* préfix ['priː-]. **~а́льный** *грам.* with a préfix [...'priː-]. **~а́ция** *ж. грам.* prèfixátion [priː-].

**преходя́щий** tránsient [-z-].

**прецеде́нт** *м.* précedent; нет тако́го ~а there is no précedent for it, it is ùnprécedented.

**прецессио́нн||ый:** ~ое колеба́ние *астр.* wóbbling.

**при** *предл.* (*пр.*) **1.** attáched to: он живёт при ста́нции his house* is attáched to *the* státion [...haus...]; го́спиталь при диви́зии *a* hóspital attáched to *a* divísion; — би́тва при Бородине́, Сталингра́де *и т. п.* the báttle of Borodinó, Stàlingrád, *etc.* [...-'grɑːd]; **2.** (*в присутствии*) in the présence of [...'prez-...]: э́то на́до сде́лать при нём this must be done in his présence; — при посторо́нних, при де́тях in front of, *или* befóre, strángers, in front of, *или* befóre, *the* children [...frʌnt... -eɪndʒ-...]; **3.** (*во время, в эпоху*) in the time of; (*о правительстве, власти и т. п.*) únder: при Пу́шкине in Púshkin's time [...'pu-...]; при Петре́ Пе́рвом, при Стю́артах, при царе́ únder Péter the First, únder the Stúarts, únder the tsar [...zɑː, tsɑː]; **4.** (*с собой*) by; (*на себе*) abóut, on: у него́ э́того при себе́ нет he has not got it by him; у него́ при себе́ все бума́ги he has got all the pápers by him; all the dócuments are in his kéeping; у него́ нет при себе́ де́нег he has no móney by / on him [...'mʌnɪ...]; **5.** (*при обозначении обстоятельств действия*) by, when (+ *ger.*): при электри́честве, свеча́х, дневно́м све́те by eléctric light, by cándlelight, by dáylight; при перехо́де че́рез у́лицу when cróssing *the* street; **6.** (*при наличии*) with; (*несмотря на*) for: при таки́х зна́ниях, тала́нтах with such, *или* so much, knówledge, tálent [...'nɔ- 'tæ-]; при тако́м здоро́вье with such health [...helθ]; (*о плохом состоянии здоровья*) when one's health is so poor; при всём его́ уваже́нии, любви́, пре́данности *и т. п.* он не мог for all his respéct, love, devótion, *etc.*, he couldn't [...lʌv...]; при всём том (*кроме того*) mòreóver; (*несмотря на то*) for all that.

**приба́в||ить(ся)** *сов. см.* прибавля́ть(ся). **~ка** *ж.* **1.** (*действие*) addítion, augmèntátion; **2.** (*надбавка*) súpplement, íncrease [-s]; получи́ть ~ку get* a rise. **~ле́ние** *с.* **1.** (*увеличение, дополнение*) addítion, augmèntátion;

~ле́ние семе́йства addítion to *one's* fámily; 2. (*приложение*) súpplement.

**прибавля́ть,** приба́вить 1. (*вн., рд.*) add (*d.*); 2. (*рд.; увеличивать*) in:créase [-s] (*d.*); ~ жа́лованья raise *the* wáges, give* a rise; ~ ша́гу quícken / hásten one's steps [...'heɪ-...]; mend* one's pace; ~ хо́ду *разг.* put* on speed; 3.: ~ в ве́се gain weight, put* on weight. **~ся,** приба́виться 1. in:créase [-s]; (*о воде*) rise*, swell*; (*о луне*) wax [wæ-]; день приба́вился the days are gétting lónger; 2.: ~ся в ве́се gain weight, put* on weight; 3. *страд. к* прибавля́ть.

**приба́вочн||ый** 1. addítional; 2. *эк.*: ~ труд súrplus lábour; ~ проду́кт súrplus próducts [...'prɔ-] *pl.*; ~ая сто́имость súrplus válue.

**прибалти́йский** Báltic.

**прибау́тка** *ж. разг.* facétious sáying.

**прибега́ть** I, прибе́гнуть (к) resórt [-'zɔːt] (to), have recóurse [...-'kɔːs] (to); fall* back (up:ón); ~ к по́мощи (*рд.*) resórt to the help (of), have recóurse (to); ~ к си́ле resórt to force.

**прибега́ть** II, прибежа́ть come* rúnning.

**прибе́гнуть** *сов. см.* прибега́ть I.

**прибедн||и́ться** *сов. см.* прибедня́ться. **~я́ться,** прибедни́ться *разг.* (*притворяться бедным и т. п.*) preténd to be póorer / húmbler than one is, show* false módesty [ʃou fɔːls...]; не ~я́йтесь! enóugh of your false módesty! [ɪ'nʌf...].

**прибежа́ть** *сов. см.* прибега́ть II.

**прибе́жище** *с.* réfüge; находи́ть ~ (в *пр.*) take* réfüge (in).

**приберега́ть,** приберéчь (*вн., рд.*) save up (*d.*), resérve [-'zəːv] (*d.*).

**прибере́чь** *сов. см.* приберега́ть.

**прибива́ть** I, приби́ть (*вн.*) 1. (*гвоздями*) nail (*d.*); 2. (*дождём, градом*) lay* (*d.*); пыль приби́ло дождём, дождь приби́л пыль the rain laid the dust; град приби́л рожь к земле́ the hail laid the rye on the ground, *или* flát-tened the rye.

**прибива́ть** II, приби́ть (*вн.*) *чаще безл.*: ло́дку приби́ло к бе́регу the boat was thrown on to the shore [...-oun...]; труп приби́ло к бе́регу the bódy was washed ashóre [...'bɔ-...].

**прибира́ть,** прибра́ть (*вн.*) *разг.* 1. (*приводить в порядок*) put* in órder (*d.*), clean up (*d.*); tídy (*d.*), tídy up (*d.*); ~ ко́мнату do *a* room; ~ посте́ль make* *a* bed; 2. (*прятать*) put* a:wáy (*d.*); ◇ прибра́ть к рука́м кого́-л. take* smb. in hand; прибра́ть к рука́м что-л. appró-priàte smth., lay* one's hands on smth. **~ся,** прибра́ться *разг.* 1. put* *everything* in órder, clean up *everything*; 2. *страд. к* прибира́ть.

**приби́ть** I, II *сов. см.* прибива́ть I, II.

**приближ||а́ть,** прибли́зить (*вн.*) draw* néarer (*d.*), bring* néarer (*d.*); прибли́зить кни́гу к глаза́м bring* *the* book néarer / clóser to one's eyes [...'klousə...aɪz]; прибли́зить произво́дство к исто́чникам сырья́ bring* índustry néarer to the sóurces of raw matérials [...'sɔː-...]; он прибли́зил свой прие́зд he arránged his arríval for an éarlier date [...ə'reɪn-...'əː-...], he hástened the day of his arríval [...'heɪs°nd...]; прибли́зить срок сда́чи материа́ла shórten the time for delívery of work. **~а́ться,** прибли́зиться 1. (к) appróach (*d.*), draw* / come* néarer (to); near (*d.*); 2. *тк. несов.* (*становиться похожим*) appróximàte; ~а́ться к и́стине appróximàte to the truth [...-uːθ]; 3. *страд. к* приближа́ть. **~е́ние** *с.* 1. appróach(ing), dráwing near; 2. *мат.* appròximátion; сте́пень ~е́ния degrée of appròximátion.

**приближённ||ость** *ж.* pròxímity. **~ый** 1. *прил. мат.* appróximate, rough [rʌf]; 2. *м. как сущ. уст.* pérson in atténdance, retáiner; *мн.* rétinue *sg.*

**приблизи́тельн||о** *нареч.* appróximate:ly, róughly ['rʌf-]. **~ость** *ж.* appróximate:ness. **~ый** appróximate, rough [rʌf].

**прибли́зить** *сов. см.* приближа́ть. **~ся** *сов.* 1. *см.* приближа́ться 1; 2. *как сов. к* бли́зиться.

**прибо́||й** *м.* surf; bréakers [-eɪk-] *pl.*; гро́хот ~я thúndering of the bréakers.

**прибо́р** *м.* 1. devíce, àpparátus, ínstrument; отопи́тельный ~ héater; навигацио́нные ~ы nàvigátion ínstruments; 2. (*комплект чего-л.*) set; things *pl.*; столо́вый ~ cóver ['kʌ-]; ча́йный ~ téa-sèt, téa-sèrvice; téa-things *pl.*; пи́сьменный ~ désk-sèt; ~ для бритья́ shávingsèt; ками́нный ~ set of fíre-irons [...-aɪənz]; туале́тный ~ tóilet-sèt; 3. (*набор частей для изготовления*) fíttings *pl.*; око́нный ~ wíndow fíttings. **~ный** ínstrument (*attr.*); **~ная** доска́ dáshboard, ínstrument pánel [...'pæ-].

**приборострое́ние** *с.* ínstrument-màking (índustry).

**прибра́ть(ся)** *сов. см.* прибира́ть(ся).

**прибре́жн||ый** (*у моря*) cóastal, líttoral; (*по реке*) ríver:side ['rɪ-] (*attr.*); ~ые острова́ óff-shòre íslands [...'aɪl-].

**прибрести́** *сов. разг.* come* jógging / trúdging (alóng).

**прибыва́ть** I, прибы́ть arríve; (*о поезде и т. п.*) get* in.

**прибыва́||ть** II, прибы́ть *разг.* (*увеличиваться*) in:créase [-s], grow* [-ou]; (*о воде*) rise*, swell*; (*о луне*) wax [wæks]; вода́ ~ет the wáter is rísing [...'wɔː-...]; ◇ на́шего полку́ при́было our númbers have in:créased.

**при́быль** *ж.* 1. prófit(s) (*pl.*), gain; retúrn; валова́я ~ gross prófit [-ous...]; чи́стая ~ net prófit; сре́дняя ~ áverage prófit; извлека́ть ~ (из) prófit (by); приноси́ть ~ (*о предприятии*) bring* (in) prófit; э́то предприя́тие прино́сит большу́ю, ма́лую ~ this énterprise brings (in) great, small prófit [...greɪt...]; получа́ть ~ (от) get* a prófit (out of), recéive a prófit [-'siːv...] (from); prófit (by); 2. (*увеличение*) in:crease [-s], rise; ~ воды́ rise of wáter [...'wɔː-]; вода́ идёт на ~ the wáter is rísing / swélling; ~ населе́ния in:crease of pòpulátion; 3. *тех.* (*в отливке*) head [hed], rúnner, ríser. **~ность** *ж.* prófitable:ness, lúcrative:ness. **~ный** prófitable, lúcrative; **~ное** предприя́тие prófitable énterprise; **~ное** де́ло, заня́тие prófitable affáir / búsiness / òccupátion [...'bɪzn-...].

**прибы́ти||е** *с.* arríval; по ~и on one's arríval.

**прибы́ть** I, II *сов. см.* прибыва́ть I, II.

**прива́л** *м.* halt; де́лать ~ halt.

**прива́л||ивать,** привали́ть 1. (*вн.; прислонять*) lean* (*d.*), rest (*d.*); ~и́ть ка́мень к стене́ lean* / rest *a* stone agáinst *the* wall; 2. (*без доп.; о судне*) come* / haul alóng:side; 3. *разг.*

(*появиться, прийти*): ~йло мнóго нарóду people came in crowds [pi:-...]; счáстье емý ~йло fórtune smiled on him [-tʃən...].

**привалить** *сов. см.* привáливать.

**привáривать,** приварить 1. (*вн.* к) *тех.* weld on (*d.* to); 2. (*вн., рд.*) *разг.* boil / cook some more (*d.*); приварить ещё кáши cook some more pórridge.

**приварить** *сов. см.* привáривать.

**привáрка** *ж. тк. ед. тех.* wélding.

**привáрок** *м. тк. ед.* víctuals ['vɪt°lz] *pl.*

**привáт-доцéнт** *м. уст.* assistant proféssor.

**привáтный** *уст.* prívate ['praɪ-].

**приведéние** *с.* 1. bríng:ing; 2. *мат.* redúction; ~ к óбщему знаменáтелю redúction to a cómmon denóminàtor; 3. (*о фактах, данных и т. п.*) addúction, addúcing; ~ доказáтельств prodúction of proofs; 4. (*в какое-л. состояние*) putting; ~ в движéние sétting / putting in mótion; ~ в порядок putting in órder; ◇ ~ в исполнéние cárrying out, putting into práctice / efféct; ~ к присяге administrátion of oath; swéaring in ['swɛə-...].

**привезти** *сов. см.* привозить.

**привередл||ивость** *ж.* fàstídious:ness, squéamishness. ~**ливый** fàstídious, squéamish. ~**ник** *м.*, ~**ница** *ж.* fàstídious / squéamish pérson. ~**ничать** *разг.* be hard to please, be fàstídious / squéamish.

**привéржен||ец** *м.* adhérent; (*последователь*) fóllower. ~**ность** *ж.* adhérence [-'hɪə-]; (*преданность*) devótion, fidélity. ~**ный** attáched; (*преданный*) devóted.

**привернýть** *сов. см.* привёртывать II.

**привертéть** *сов. см.* привёртывать I.

**привёртывать** I, привертéть (*вн.* к) screw on (*d.* to).

**привёртывать** II, привернýть (*вн.*) turn down (*d.*).

**привéс||ить** *сов. см.* привéшивать. ~**ок** *м.* *разг.* óver:wéight; (*перен.*: *придаток*) péndant.

**привести(сь)** *сов. см.* приводить(ся).

**привéт** *м.* regárd(s) (*pl.*); передавáть ~ (*дт.*) send* one's (kind) regárds (*i.*); он передаёт вам горячий ~ he sends you his kindest / wármest regárds; не забýдь передáть емý мой ~ don't forgét to give him my regárds [...-'get...]; передáйте ~ вáшей сестрé remémber me to your síster, kind regárds to your síster, my cómpliments to your síster; с ~ом (*в конце письма*) yours trúly; ◇ ни отвéта ни ~а от негó not a word from him. ~**ливость** *ж.* àffabílity. ~**ливый** áffable, friendly ['frend-]. ~**ственный** salútatory; ~ственная речь salútatory addréss, speech of wélcome. ~**ствие** *с.* 1. gréeting, salúte; sàlutátion; 2. (*приветственная речь и т. п.*) salútatory addréss, speech of wélcome; послáть ~ (*дт.*) send* a méssage of gréetings (to).

**привéтствовать** (*вн.*) 1. greet (*d.*), wélcome (*d.*), hail (*d.*); ~ от имени когó-л. wélcome / greet on behálf of smb. [...-'hɑ:f...] (*d.*); ~ съезд, конгрéсс greet / hail the Cóngrèss; ~ мероприятия, решéние wélcome méasures, the decísion [...'meʒ-...]; 2. (*о военных*) salúte (*d.*).

**привéшивать,** привéсить (*вн.*) hang* up (*d.*), suspénd (*d.*).

**прививáть,** привить (*вн. дт.*) 1. *мед.* inóculàte (with *d.*); váccinàte (with *d.*; *особ. об оспе*); 2. *бот.* en:gráft (*d.* up:ón); inóculàte (with *d.*); (*перен.*; *о мысли и т. п.*) implánt / en:gráft [-ɑ:nt...] (*d.* in); 3. (*о привычке, свойстве*) ín:cùlcàte (*d.* up:ón), impárt (*d.* to); ~ привычку к трудý (*дт.*) ín:cùlcàte hábits of work (up:ón); ~ практические нáвыки (*дт.*) impárt práctical skill (to); ~ детям любóвь к трудý cúltivàte / implánt / fóster in children a love for / of work [...lʌv...]; ~ детям любóвь к рóдине infúse children with love for / of their cóuntry / móther:land [...'kʌ- 'mʌ-]; ~ нóвую мóду (на *вн.*) estáblish a new style (for, in). ~**ся,** привиться 1. (*о вакцине, черенке*) take*; (*перен.*; *о выражении*) become* estáblished; (*о взглядах и т. п.*) find* fóllowers: óспа хорошó привилáсь the vàccinátion took well*; эти взгляды не привились these views found no fóllowers [...vju:z...]; — это выражéние не привилóсь в рýсском языкé this expréssion has not táken root in the Rússian lánguage [...'rʌʃən...]; мóда привилáсь не срáзу the style did not become pópular at once [...wʌns]; the style did not catch on at once *разг.*; 2. *страд.* к прививáть.

**прививк||а** *ж.* 1. *мед.* inòculátion; vàccinátion (*особ. об оспе*); сдéлать комý-л. ~у (от, прóтив) inóculàte smb. (agáinst); 2. *бот.* inòculátion, gráfting, en:gráfting.

**прививочный** 1. *мед.* inóculàtive; 2. *бот.* gráfting, sérving as a graft; inòculátion (*attr.*).

**привидéние** *с.* ghost [goust], spectre; (*видение*) àpparítion; spook [-u:k] *разг.*

**привидé||ться** *сов. безл.* емý, им *и т. д.* ~лся сон he, they, *etc.*, had a dream.

**привилегирóванн||ость** *ж.* prívileges *pl.*; ~ положéния prívileges of the position [...-'zɪ-]. ~**ый** prívileged; ~ое положéние prívileged position [...-'zɪ-].

**привилéгия** *ж.* prívilege.

**привинтить** *сов. см.* привинчивать.

**привинчивать,** привинтить (*вн.* к) screw on (*d.* to).

**привирáть,** приврáть (*вн.*) *разг.* fib (*d.*).

**привитие** *с.* (*навыков и т. п.*) in:cùlcátion, cùltivátion.

**привить(ся)** *сов. см.* прививáть(ся).

**привкус** *м.* (*прям. и перен.*) smack; (*остающийся*) áfter-tàste [-teɪ-]; имéть ~ чегó-л. smack of smth.

**привлекáтельн||ость** *ж.* attráctive:ness. ~**ый** attráctive, winning; (*заманчивый*) allúring, invíting; ~ая улыбка winning smile.

**привлекá||ть,** привлéчь (*вн.*) 1. draw* (*d.*), attráct (*d.*); ~ чьё-л. внимáние attráct / arrést / draw* smb.'s atténtion; личность, ~ющая внимáние arrésting pèrsonálity; 2. (*делать участником*) draw* in (*d.*); ~ к рабóте enlíst (*d.*); enlíst the sérvices / cò-òperátion (of); ~ на свою стóрону win* round (*d.*), win* óver (to one's side) (*d.*); 3.: ~ к судý bring* to tríal (*d.*), put* on tríal (*d.*), take* to court [...kɔ:t] (*d.*), sue in court (*d.*); лица, привлечённые по этому дéлу pérsons invólved in this case [...-s]; ~ к отвéтственности (*вн.* за *вн.*) make* (*d.*) ánswer [...'ɑ:nsə] (for), make* ánswerable [...'ɑ:nsə-] (*d.* for), call (*d.*) to accóunt (for); они привлекли егó за это к отвéтственности he was made ánswerable for it; привле́чь кого́-л. к уголо́вной отве́тственности institùte críminal procéedings agáinst smb.

**привле́чь** *сов. см.* привлека́ть.

**привнести́** *сов. см.* привноси́ть.

**привноси́ть,** привнести́ (*вн.*) introdúce (*d.*).

**приво́д** *м. тех.* (*передача*) drive, gear [gɪə]; ремённый ~ bélt-drive; кула́чко́вый ~ cam gear / drive; цепно́й ~ cháin-drive.

**приводи́ть,** привести́ **1.** (*вн.*) bring* (*d.*); что привело́ вас сюда́? what (has) brought you (out) here?; доро́га привела́ нас к ста́нции the road took us to the státion; **2.** (*вн.* к) lead* (*d.* to), bring* (*d.* to); (*к результату и т. п.*) resúlt [-'zʌlt] (in); э́то привело́ к печа́льным после́дствиям it led to ùnfórtunate resúlts [...-'fɔːʧ-...]; э́то к добру́ не приведёт it will not bring any good; **3.** (*вн.* к) *мат.* redúce (*d.* to); ~ к о́бщему знамена́телю redúce to a cómmon denóminàtor (*d.*); **4.** (*вн.*; *о фактах, данных и т. п.*) addúce (*d.*), cite (*d.*); (*называть, перечислять*) list (*d.*); ~ (уда́чную) цита́ту cite / make* a (good*) quotátion; ~ доказа́тельства prodúce proofs; ~ приме́р give* an exámple [...-'zɑː-]; привести́ не́сколько приме́ров list séveral exámples; ~ что-л. в приме́р cite smth. as an exámple; **5.** (*вн.*; *в какое-л. состояние*): ~ в восто́рг delight (*d.*), enrápture (*d.*), entránce (*d.*); ~ в бе́шенство drive* mad (*d.*), throw* into a rage [-ou...] (*d.*); ~ в я́рость infúriàte (*d.*); ~ в отча́яние redúce / drive* to despáir (*d.*); ~ в смяте́ние throw* into confúsion / disarráy (*d.*); ~ в у́жас hórrifỳ (*d.*); ~ в замеша́тельство, смуще́ние throw* into confúsion (*d.*); ~ в затрудне́ние give* difficulty (*i.*), cause difficulties (*i.*); ~ в изумле́ние surpríse (*d.*), astónish (*d.*); ~ кого́-л. в чу́вство bring* smb. to his sénses; bring* smb. round *разг.*; ~ в норма́льное состоя́ние restóre to a nórmal state (*d.*); ~ в соотве́тствие (с *тв.*) bring* into accórd (*d.* with); ~ в поря́док put* in órder (*d.*), arránge [-eɪnʤ] (*d.*), tídy (*d.*); fix (*d.*) *разг.*; ~ в беспоря́док make* ùntídy (*d.*), disórder (*d.*), dísarrange [-eɪnʤ] (*d.*), put* into disórder (*d.*); *воен.* throw* into confúsion (*d.*); ~ в него́дность put* / bring* out of commíssion (*d.*), make* úse|less / wórthless [...-s-...] (*d.*); ~ в де́йствие, движе́ние set* / put* in mótion (*d.*), set* gó|ing (*d.*); ◇ ~ в исполне́ние cárry out (*d.*), put* into práctice / efféct (*d.*), cárry into efféct (*d.*), éxecùte (*d.*); ~ кого́-л. к прися́ге admínister the oath to smb., swear* smb. in [swɛə...]. **~ся,** привести́сь **1.** *безл.* (*дт.*; *случаться*) háppen, chance; ему́ привело́сь быть там he háppened / chanced to be there; ему́ привело́сь испыта́ть мно́го го́ря he has passed through many hárdships, he has ùndergóne many misfórtunes [...-gɔn... -ʧənz]; **2.** *страд. к* приводи́ть.

**приво́д||ка** *ж. тк. ед. полигр.* règistrátion. **~но́й** *тех.* dríving: ~но́й реме́нь dríving belt; ~но́й дви́гатель dríving mótor; → ~на́я радиоста́нция hóming rádiò / wíre|less státion.

**приво́з** *м.* bríng|ing; (*из-за границы*) ímpòrt, impòrtátion.

**привоз||и́ть,** привезти́ (*вн.*) bring* (*d.*); ~ сюда́ bring* óver here (*d.*); ~ обра́тно bring*/ fetch back (*d.*). **~но́й** impórted.

**приво́зный** = привозно́й.

**приво́й** *м. с.-х.* scíon, graft.

**привола́кивать,** приволочи́ть, приволо́чь (*вн.*) *разг.* bring* (*d.*), drag (*d.*).

**приволокну́ться** *сов.* (за *тв.*) *разг.* flirt (with).

**приволочи́ть, приволо́чь** *сов. см.* привола́кивать.

**приво́ль||е** *с.* **1.** (*свобода*) fréedom; **2.** (*простор*) spácious|ness. **~ный** free; ~ная жизнь free and úntrámmelled life.

**привора́живать,** приворожи́ть (*вн.*) bewítch (*d.*), charm (*d.*); чем он приворожи́л её к себе́? how did he mánage to charm her?; what is his attráction for her?

**приворожи́ть** *сов. см.* привора́живать.

**приврáтн||ик** *м.* dóor-keeper ['dɔː-], pórter. **~ица** *ж.* dóor-keeper ['dɔː-], pórtress.

**привра́ть** *сов. см.* привира́ть.

**привска́кивать,** привскочи́ть start, jump up.

**привскочи́ть** *сов. см.* привска́кивать.

**привстава́ть,** привста́ть raise òne|sélf, stand* up.

**привста́ть** *сов. см.* привстава́ть.

**привходя́щ||ий** atténdant; ~ие обстоя́тельства atténdant círcumstances.

**прив||ыка́ть,** привы́кнуть (к, + *инф.*) get* accústomed / used [...juːst] (to, to *ger.*); get* into the way (of *ger.*); он уже́ ~ы́к к э́тому he has àlréady got accústomed, *или* he is àlréady used, to this [...ɔːl're-...]; он ~ы́к исполня́ть свои́ обеща́ния he is accústomed to kéeping his prómises [...-sɪz]; ребёнок ~ы́к к ба́бушке the child* has got accústomed to *his* grándmòther [...-mʌ-]; он ~ы́к к тако́му то́ну he is used to this sort of tone; он ~ы́к обраща́ться с ней как с ма́ленькой he has got into the way of tréating her as though she were a child [...ðou...].

**привы́кнуть** *сов. см.* привыка́ть.

**привы́чк||а** *ж.* hábit; по ~е by force of hábit; вы́работать в себе́ ~у form *a* hábit; име́ть ~у (к) be in the hábit (of), be given (to), be accústomed (to); приобрести́ ~у (+ *инф.*) get* / fall* into the hábit (of *ger.*); он приобрёл э́ту ~у he has got / fáll|en into this hábit; он приобрёл ~у кури́ть пе́ред сном he has got / fáll|en into the hábit of smóking befóre gó|ing to sleep; э́то у него́ вошло́ в ~у it has become / grown a hábit / cústom with him [...-oun...]; э́то не в его́ ~ах it is not his hábit / cústom; ◇ ~ — втора́я нату́ра hábit is sécond náture [...'se- 'neɪ-].

**привы́чн||ость** *ж.* habítualness. **~ый** habítual, úsual ['juːʒ-].

**привя́занн||ость** *ж.* (к) attáchment (to, for); afféction (towards, for); её мать — са́мая больша́я её ~ her gréatest afféction is towards / for her móther [...'greɪt-... 'mʌ-], she is fóndest of all of her móther. **~ый 1.** *прич. см.* привя́зывать; **2.** *прил.* (*преданный*) attáched.

**привяза́ть(ся)** *сов. см.* привя́зывать(ся).

**привязно́й:** ~ аэроста́т cáptive ballóon, ballóon on béarings [...'bɛə-]; ~ трос (*аэростата*) ground cable.

**привя́зчив||ость** *ж.* **1.** afféctionate náture [...'neɪ-], lóving|ness ['lʌ-]; **2.** (*придирчивость*) cáptious|ness. **~ый 1.** afféctionate, lóving ['lʌv-]; **2.** (*придирчивый*) cáptious, quárrel|some; **3.** (*надоедливый*) impórtunate, annóying.

**привя́зывать,** привяза́ть (*вн.* к) **1.** tie (*d.* to), bind* (*d.* to), fásten [-s°n] (*d.* to); (*о пасущемся животном*) téther (*d.* to); ~ ло́шадь téther *a* horse; **2.** (*внушать чувство привязанности*) attách (*d.* to); привяза́ть к себе́ ребёнка доброто́й attách *a* child* to òne|sélf by kind|ness. **~ся,** привяза́ться (к) **1.** become*/ get* / be attáched (to); он о́чень к ней привяза́лся he becáme very (much) attáched to her; **2.** *разг.* (*приставать, следовать за кем-либо*) attách òne|sélf (to); на у́лице кака́я-то собачо́нка привяза́лась к нему́ a stray dog attáched it|sélf to him in the street; **3.** *разг.* (*надоедать*) bóther (*d.*); что ты к нему́ привяза́лся? why are you bóther|ing him?, why don't you leave him alóne?; **4.** *страд. к* привя́зывать.

**при́вяз||ь** *ж.* tie; (*для собаки*) leash; (*для пасущегося животного*) téther; на ~и (*о собаке*) on a leash.

**пригвожда́ть,** пригвозди́ть (*вн.* к) nail (*d.* to); nail down (*d.*); (*перен.*; *о страхе и т. п.*) pin (down) (*d.*); пригвозди́ть к ме́сту pin down (*d.*), root to the spot / ground (*d.*); пригвозди́ть к позо́рному столбу́ put* in the píllory (*d.*), píllory (*d.*).

**пригвозди́ть** *сов. см.* пригвожда́ть.

**пригиба́ть,** пригну́ть (*вн.*) bend* down (*d.*), bow (*d.*). **~ся,** пригну́ться **1.** bend* down, bow; **2.** *страд. к* пригиба́ть.

**пригла́дить(ся)** *сов. см.* пригла́живать(ся).

**пригла́живать,** пригла́дить (*вн.*) smooth [-ð] (*d.*); (*о волосах тж.*) sleek (*d.*). **~ся,** пригла́диться **1.** *разг.* smooth one's hair [-ð...]; **2.** *страд. к* пригла́живать.

**приглас||и́тельный** invitátion (*attr.*); ~ биле́т invitátion card. **~и́ть** *сов. см.* приглаша́ть.

**приглаш||а́ть,** пригласи́ть (*вн.*) **1.** invíte (*d.*), ask (*d.*); ~ на ча́шку ча́я invíte round for a cup of tea (*d.*); ~ на обе́д invíte / ask to dinner (*d.*); ~ на па́ртию в ша́хматы invíte to a game of chess (*d.*); ~ го́стя сесть ask *the* guest to sit down, *или* to take a seat; ~ на та́нцы ask to a dance (*d.*); пригласи́ть кого́-л. на та́нец ask smb. to dance; **2.** (*врача и т. п.*) call (*d.*); **3.** (*нанимать*) en|gáge (*d.*); ~ на рабо́ту óffer work (*i.*); óffer a job (*i.*) *разг.* **~е́ние 1.** ìnvitátion; (*письменное*) ìnvitátion card; по ~е́нию кого́-л. on smb.'s invitátion; разосла́ть ~е́ния send* out ìnvitátions, *или* invitátion cards; **2.** (*на работу*) en|gáge|ment.

**приглуш||а́ть,** приглуши́ть (*вн.*) damp down (*d.*); (*об огне тж.*) choke (*d.*); (*о звуке тж.*) muffle (*d.*), déaden ['ded-] (*d.*). **~и́ть** *сов. см.* приглуша́ть.

**пригляде́ть(ся)** *сов. см.* пригля́дывать(ся).

**пригля́дывать,** пригляде́ть *разг.* **1.** (*вн.*; *подыскивать*) choose* (*d.*); *сов. тж.* find* (*d.*); **2.** (за *тв.*; *наблюдать*) look (áfter): ~ за детьми́ look áfter *the* children. **~ся,** пригляде́ться (к) **1.** get* accústomed / used [...ju:st] (to): пригляде́ться к темноте́ get* accústomed / used to the dárkness; **2.** *тк. сов.* (*надоесть, приесться*): ему́, ей *и т. д.* пригляде́лись э́ти карти́ны he, she, *etc.*, is sick / tired of these píctures.

**пригляну́ться** *сов.* (кому́-л.) *разг.* (*понравиться*) catch* smb.'s fáncy.

**пригна́ть** I, II *сов. см.* пригоня́ть I, II.

**пригну́ть(ся)** *сов. см.* пригиба́ть(ся).

**пригова́ривать** I (*вн.*) *разг.* repéat (*d.*), say* agáin and agáin (*d.*), keep* sáying / repéating (*d.*).

**пригова́ривать** II, приговори́ть (*вн.* к; *о преступнике*) séntence (*d.* to), condémn (*d.* to): ~ к тюре́мному заключе́нию séntence to imprísonment [...-ɪz-] (*d.*); ~ к сме́ртной ка́зни séntence / condémn to death [...deθ] (*d.*).

**пригово́р** *м.* (*судьи*) séntence; (*присяжных*) vérdict; (*перен.*: *осуждение*) còndèmnátion; выноси́ть ~ (*дт.*) pass séntence (on), séntence (*d.*); привести́ ~ в исполне́ние éxecùte *the* séntence. **~и́ть** *сов. см.* пригова́ривать II.

**пригоди́ться** *сов.* (кому́-л.) prove úse|ful [pru:v 'ju:s-] (to smb.), come* in hándy / úse|ful (to smb.), be of use [...ju:s] (to smb.), stand* smb. in good stead [...sted].

**приго́дн||ость** *ж.* fítness, súitable|ness ['sju:t-]. **~ый** (к) fit (to, for), súitable ['sju:t-] (to, for), good* (for); ма́ло ~ый of little use [...ju:s] (for); ни к чему́ не ~ый góod-for-nòthing, wórthless.

**приго́жий** *разг.* cóme|ly ['kʌ-].

**приголу́бить** *сов.* (*вн.*) *поэт.* fondle (*d.*), caréss (*d.*); (*проявить заботу*) take* ténder care (of).

**приго́н** *м.* (*о скоте*) bring|ing home, dríving home.

**приго́нка** *ж.* fítting, adjústing [ə'dʒʌ-], jóinting.

**пригоня́ть** I, пригна́ть (*вн.*; *о скоте*) bring* home (*d.*), drive* home (*d.*).

**пригоня́ть** II, пригна́ть (*вн.*; *прилаживать*) fit (*d.*), adjúst [ə'dʒʌ-] (*d.*), joint (*d.*).

**пригор||а́ть,** пригоре́ть be burnt; молоко́ ~е́ло the milk is burnt. **~е́лый** burnt.

**пригоре́ть** *сов. см.* пригора́ть.

**при́город** *м.* súbùrb. **~ный 1.** subúrban; **2.** lócal; ~ный по́езд lócal train; ~ное движе́ние *ж.-д.* lócal tráffic / sérvice.

**пригоро́к** *м.* hillock, knoll.

**при́горшня** *ж.* hándful: он сы́пал зерно́ по́лными ~ми he scáttered the grain in hándfuls; ~ ви́шен a hándful of chérries.

**пригорю́ни||ваться,** пригорю́ниться *разг.* become* sad. **~ться** *сов. см.* пригорю́ниваться.

**приготови́тельный** prepáratory.

**пригото́вить** *сов. см.* гото́вить. **~ся** *сов. см.* гото́виться 1.

**приготов||ле́ние** *с.* prèparátion; без ~ле́ний without prèparátion; (*экспромтом*) óff-hánd, èxtémpore [-rɪ]. **~ля́ть** = гото́вить. **~ля́ться** = гото́виться 1.

**пригрева́ть,** пригре́ть (*вн.*) warm (*d.*); (*перен.*) give* shélter (to), treat kind|ly (*d.*); ◇ пригре́ть змею́ на груди́ warm / chérish a sérpent / snake in one's bósom [...'buz-].

**пригре́зиться** *сов. см.* гре́зиться.

**пригре́ть** *сов. см.* пригрева́ть.

**пригрози́ть** *сов.* (*дт.*) thréaten ['θre-] (*d.*).

**пригу́бить** *сов.* (*вн.*) take* a sip (of), taste [teɪ-] (*d.*).

**прида||ва́ть,** прида́ть **1.** (*вн.*) add (*d.*); *воен.* attách (*d.*), place únder *smb.'s* command [...-ɑ:nd] (*d.*); **2.** (*рд. дт.*; *прибавлять, усиливать*): ~ си́лы give* strength (to); э́то прида́ло ему́ си́лы it gave him strength; ~ ду́ху en¦córage [-ˈkʌ-] (*d.*), inspírit (*d.*); ~ бо́дрости inspírit (*d.*), héarten [ˈhɑːt-] (*d.*), put* heart [...hɑːt] (into); ~ сме́лости make* bold (*d.*), embólden (*d.*); **3.** (*вн. дт.*; *о свойстве, состоянии и т. п.*) impárt (*d.* to), commúnicàte (*d.* to); ~ фо́рму shape / fáshion (*d.* into); ~ жёсткость *тех.* stiffen (*d.*); ~ лоск give* a pólish (*i.*); ~ вкус add a zest (to), make* píquant [...ˈpiːkənt] (*d.*); ~ (большо́е) значе́ние чему́-л. attách (great) impórtance to smth. [...-eɪt...], make* much of smth.; э́то ~ёт ещё бо́льшее значе́ние (*дт.*) it lends in¦créasing, *или* still gréater, impórtance [...-s-...ˈgreɪ-...] (to); он не ~ёт э́тому никако́го значе́ния he attáches no impórtance to it.

**придави́ть** *сов. см.* прида́вливать.

**прида́вливать,** придави́ть (*вн.* к) press (*d.* agáinst); (*книзу тж.*) press down (*d.* agáinst), weigh down (*d.* agáinst); ~ ка́мнем press down únder / with *a* stone (*d.*).

**прида́ни||е** *с.* gíving, conférring, impárting, commùnicátion; (*ср.* придава́ть); для ~я си́лы (in órder) to give strength; для ~я зако́нной си́лы (*дт.*) *юр.* for the enfórcing (of).

**прида́ное** *с.* **1.** dówry; (*платье, бельё*) tróusseau [ˈtruːsou]; **2.** (*для новорождённого*) layétte [leɪˈet].

**прида́то||к** *м.* appéndage, ádjùnct. **~чный 1.** additional, àccéssory; ~чное предложе́ние *грам.* subórdinate clause; **2.** *бот.* àdvéntive, àdvèntítious; ~чная по́чка àdvèntítious bud.

**прида́||ть** *сов. см.* придава́ть. **~ча** *ж.*: в ~чу in addítion; into the bárgain (*тк. в конце фразы*); в ~чу он получи́л ещё одну́ кни́гу he got another book in addítion.

**придвига́ть,** придви́нуть (*вн.*) move (up) [muːv...] (*d.*), draw* (*d.*); придви́нуть стол к стене́ move *the* table to *the* wall; придви́нуть к себе́ таре́лку move / draw* / pull *the* plate towards one [...pul...]; придви́нуть стул побли́же move / draw* / pull *the* chair néarer. **~ся,** придви́нуться **1.** move up [muːv...], draw* near; **2.** *страд. к* придвига́ть.

**придви́нуть(ся)** *сов. см.* придвига́ть(ся).

**придво́рный 1.** *прил.* court [kɔːt] (*attr.*); ~ врач court physícian [...-ˈzɪ-]; ~ поэ́т court póet; ~ шут court jéster; **2.** *м. как сущ.* cóurtier [ˈkɔː-].

**приде́лать** *сов. см.* приде́лывать.

**приде́лывать,** приде́лать (*вн.* к) attách (*d.* to), fix (*d.* to); приде́лать замо́к к две́ри fit / put* *a* lock in *the* door [...dɔː].

**придержа́ть** *сов. см.* приде́рживать.

**приде́рживать,** придержа́ть (*вн.*) hold* (back) (*d.*); ◇ придержа́ть язы́к *разг.* hold* one's tongue [...tʌŋ].

**приде́рживаться 1.** (*рд.*) hold* (to), keep* (to); (*перен. тж.*) stick* (to), confíne òne¦sélf (to); adhére (to); ~ за пери́ла hold* on to the bánisters; ~ мне́ния hold* the opínion, be of the opínion, adhére to the opínion; ~ одного́ с кем-л. мне́ния hold* with smb.; ~ пра́вила fóllow the rule; ~ стро́гих пра́вил stick* to hard and fast rules; ~ устано́вленного поря́дка keep* to the estáblished órder; ~ програ́ммы stick* to *the* prógràm(me) [...ˈprou-]; ~ те́мы keep*, *или* confíne òne¦sélf, to *the* súbject; stick* to *the* súbject *разг.*; ~ догово́ра adhére to *the* agréement, abíde* by *the* agréement; ~ поли́тики, пози́ции adhére to *a* pólicy, posítion [...-ˈzɪ-]; **2.** *страд. к* приде́рживать.

**приди́ра** *м. и ж. разг.* cáviller, cáptious féllow, fáult-finder.

**придир||а́ться,** придра́ться (к) **1.** find* fault (with), cávil (at), carp (at); nag (at), pick (at) *разг.*; он ~а́ется к ка́ждому сло́ву he cávils at every word; **2.** *разг.* (*воспользоваться*) seize [siːz] (on, up¦ón): придра́ться к слу́чаю seize up¦ón *a* chance.

**приди́р||ка** *ж.* cávil, cáptious objéction; (ве́чные) ~ки (etérnal) fáult-finding *sg.*; etérnal cárping / nágging *sg.* **~чивость** *ж.* cáptious¦ness. **~чивый** óver¦partícular, cáptious, fáult-finding, cárping, nágging.

**придоро́жный** róadside (*attr.*), wáyside (*attr.*).

**придра́ться** *сов. см.* придира́ться.

**приду́мать** *сов. см.* приду́мывать.

**приду́м||ывать,** приду́мать (*вн.*) think* (of), devíse (*d.*), invént (*d.*); он не мо́жет ~ать друго́го вы́хода he can think of no àltérnative; он ~ал, как э́то сде́лать he has found the means of doing it; ~ать отгово́рку, оправда́ние invént, *или* think* up, *an* excúse [...-s].

**придуркова́т||ость** *ж. разг.* sílliness, imbecílity. **~ый** *разг.* sílly, fóolish, ímbecile, dóltish.

**при́дурь** *ж.*: с ~ю *разг.* a bit crázy.

**придуши́ть** *сов.* (*вн.*) *разг.* strangle (*d.*), smóther [ˈsmʌ-] (*d.*).

**придыха́||ние** *с. лингв.* àspirátion. **~тельный** *лингв.* **1.** *прил.* áspirate; **2.** *м. как сущ.* áspirate.

**прие́да́ться,** прие́сться (*дт.*) *разг.* pall (on); ему́ прие́лось э́то ку́шанье he is sick of this dish, he is fed up with this dish; така́я му́зыка ему́ прие́лась this kind of músic palls on him [...-zɪk...].

**прие́зд** *м.* arríval, cóming; с ~ом! wélcome!; glad to see you!

**приезж||а́ть,** прие́хать arríve, come*. **~а́ющий 1.** *прич. см.* приезжа́ть; **2.** *м. как сущ.* new cómer [...ˈkʌ-], (new) arríval; гости́ница для ~а́ющих hòtél.

**прие́зж||ий 1.** *прил.* on tour [...tuə]; ~ая тру́ппа troupe on tour [truːp...]; **2.** *м. как сущ.* new cómer [...ˈkʌ-], vísitor [-z-]; на куро́рте мно́го ~их there are many vísitors at the resórt [...-ˈzɔːt].

**приём** I *м.* **1.** recéiving [-ˈsiːv-], recéption; **2.** (*гостей, посетителей и т. п.*) recéption; часы́ ~а recéption hours [...auəz], cálling hours; (*у врача*) cònsultátion hours; раду́шный ~ héarty / córdial wélcome [ˈhɑːtɪ...]; на торже́ственном ~е at *a* state recéption; оказа́ть хоро́ший ~ (*дт.*) wélcome (*d.*); **3.** (*в партию, профсоюз и т. п.*) admíttance; enrólment [-oul-]; **4.** (*о лекарстве*) táking; (*доза*) dose [-s]; по́сле ~а лека́рства áfter táking the médicine; лека́рства оста́лось то́лько на два ~а there are ónly two dóses of the médicine left; ◇ в оди́н ~ at one go, at a stretch; в два, три ~а in two, three mótions / steps / stáges.

**приём** II *м.* (*способ*) méthod, way, mode; (*в художественном произведении*) devíce; лече́бный ~ the méthod / way / mode of tréatment; ружéйные ~ы *воен.* mánual of the rifle *sg.*

**приéмлем||ость** *ж.* accèptabílity; (*допустимость*) admissibílity. **~ый** accéptable; (*допустимый*) admíssible.

**приёмная** *ж. скл. как прил.* recéption-room; dráwing-room; (*для ожидания*) wáiting-room.

**приёмник** *м. рад.* wíre¦less / rádiò (set); recéiver [-'si:və].

**приёмн||ый 1.** recéiving [-'si:v-]; recéption (*attr.*); ~ день (*в учреждении*) recéption day; (*в частном доме*) "at home"; ~ые часы́ recéption hours [...auəz], cálling hours; (*у врача*) cònsultátion hours; **2.:** ~ая коми́ссия seléction commíttee [...-tɪ]; ~ые экза́мены éntrance exàminátions; **3.** (*об отце, сыне и т. п.*) fóster, adóptive; (*о сыне, дочери тж.*) adópted; ~ отéц fóster-fàther [-fɑ:-]; ~ая мать fóster-mòther [-mʌ-]; ~ сын adópted son [...sʌn], fóster-sòn [-sʌn]; ◇ ~ покóй cásualty ward [-ʒjuəl-...].

**приём||очный** for recéption; recéption (*attr.*); ~ пункт recéption centre. **~щик** *м.* exáminer (*of goods at a factory*).

**приёмыш** *м.* adópted child*, fóster-child*.

**приéсться** *сов. см.* приеда́ться.

**приéхать** *сов. см.* приезжа́ть.

**прижа́ть(ся)** *сов. см.* прижима́ть(ся).

**прижéчь** *сов. см.* прижига́ть.

**прижива́||лка** *ж.*, **~льщик** *м.* spónger [-ʌndʒə], háng¦er-ón.

**прижива́ть,** прижи́ть (*вн.*) *разг.* begét* [-'get] (*d.*).

**прижива́ться,** прижи́ться **1.** get* accústomed (*to a place*), get* acclímatized [...-laɪ-]; **2.** (*о растениях*) take* / strike* root.

**прижига́ние** *с. мед.* cauterizátion [-raɪ-], séaring.

**прижига́ть,** прижéчь (*вн.*) cáuterize (*d.*), sear (*d.*).

**прижи́зненный** in one's life¦time.

**прижима́ть,** прижа́ть **1.** (*вн.* к) press (*d.* to); clasp (*d.* to); ~ к груди́ clasp / press to one's breast / bósom [...brest 'buz-] (*d.*); ~ проти́вника к земле́ *воен.* keep* *the* énemy's heads down [...hedz...]; pin *the* énemy to the ground; ~ у́ши (*о лошади*) lay* its ears back; **2.** (*вн.*) *разг.* (*притеснять*) press (*d.*); ◇ прижа́ть когó-л. к стенé drive* smb. into a córner; прижа́тый к стенé dríven into a córner ['drɪ-...]. **~ся,** прижа́ться **1.** (к) press òne¦sélf (to); (*ласково*) snuggle up (to), cuddle up (to), nestle up (to); ~ся к стенé flátten òne¦sélf agáinst *the* wall; **2.** *страд. к* прижима́ть.

**прижи́мистый** *разг.* clóse-fisted ['klous-], níggardly, stíngy [-n-].

**прижи́ть** *сов. см.* прижива́ть. **~ся** *сов. см.* прижива́ться.

**приз** *м.* prize; дéнежный ~ móney prize ['mʌ-...]; получа́ть ~ win* *a* prize; присужда́ть ~ (*дт.*) awárd *a* prize (to); переходя́щий ~ *спорт.* chállenge prize.

**призаду́маться** *сов. см.* призаду́мываться.

**призаду́мываться,** призаду́маться becóme* thóughtful; (*колебаться*) hésitàte [-zɪ-].

**призаня́ть** *сов.* (*вн., рд.*) *разг.* bórrow (*d.*).

**призва́ни||е** *с.* vocátion, cálling; (*предназначение*) míssion; чу́вствовать ~ (к) have a cálling (for); слéдовать своему́ ~ю fóllow one's vocátion / cálling; худóжник по ~ю páinter by vocátion.

**призва́ть** *сов. см.* призыва́ть.

**призéмист||ый** stócky, squat; (*о человеке тж.*) thicksét; ~ая фигу́ра stócky / squat fígure; ~ое строéние low / squat búilding [lou...'bɪl-].

**приземл||éние** *с. ав.* lánding, tóuch-dówn ['tʌtʃ-]. **~и́ться** *сов. см.* приземля́ться. **~я́ться,** приземли́ться *ав.* land, touch down [tʌtʃ...].

**призёр** *м. спорт.* príze-winner, prize¦man*.

**при́зм||а** *ж.* prism; ◇ сквозь ~у (*рд.*) in the light (of).

**при́зма-отража́тель** *м.* refléсting prism.

**призмати́ческий** prismátic [prɪz-].

**признава́ть,** призна́ть (*вн.*) **1.** récognize (*d.*); ~ прави́тельство récognize *the* góvernment [...'gʌ-]; **2.** (*сознавать*) admít (*d.*); own [oun] (*d.*), acknówledge [-'nɔ-] (*d.*); ~ свою́ вину́, свои́ оши́бки admít / acknówledge one's guilt, one's fault / mistákes; на́до призна́ть it must be admítted; ~ вину́, ~ себя́ вино́вным *юр.* plead guílty; ~ себя́ побеждённым acknówledge deféat; own òne¦sélf béaten *разг.*; throw* up the sponge [-ou... spʌ-] *спорт.*; **3.** (*вн. тв.*; *считать*) vote (*d. d.*); призна́ть необходи́мым, ну́жным consíder it nécessary [-'sɪ-...], récognize as nécessary; ~ (не)вино́вным *юр.* bring* in a vérdict of (not) guilty; представлéние бы́ло при́знано неуда́чным the perfórmance was vóted a fáilure; ~ недействи́тельным *юр.* núllifỳ (*d.*); ~ негóдным к воéнной слу́жбе pronóunce únfit for áctive sérvice; **4.** (*вн.*) *разг.* (*узнавать*) know* (agáin) [nou...] (*d.*); spot (*d.*), idéntifỳ [aɪ-] (*d.*); ~ в ком-л. когó-л. idéntifỳ smb. with smb.; он призна́л во мне ру́сского he spótted me for a Rússian [...-ʃən]; я вас сра́зу не призна́л I didn't know you first, *или* at once [...wʌns]. **~ся,** призна́ться **1.** (в *пр.*) conféss (*d.*), own [oun] (*d.*); ~ся в любви́ (*дт.*) make* a dèclarátion of love [...lʌv] (*i.*); призна́ться во всём conféss évery¦thing; get* the whole thing off one's chest [...houl...], make* a clean breast of it [...brest...] *идиом.*; **2.** *страд. к* признава́ть; ◇ призна́ться (сказа́ть) to tell (you) the truth [...-u:θ]; на́до призна́ться, что the truth is that; it must be conféssed that.

**при́знак** *м.* sign [saɪn], indicátion; ~ болéзни sу́mptom; обнару́живать ~и нетерпéния show* signs of impátience [ʃou...]; обнару́живать ~и уста́лости show* signs / indicátions of fatígue [...-'ti:g]; там нé бы́ло никаки́х ~ов жилья́ there were no indicátions that anybody was líving there [...'lɪ-...]; имéются все ~и тогó, что there is évery indicátion that; не подава́ть ~ов жи́зни show* / give* no sign of life; служи́ть ~ом (*рд.*) be a sign, *или* an indicátion (of); вечéрняя роса́ слу́жит ~ом хорóшей погóды évening dew is a sign of fine wéather ['i:v-...'weðə]; по ~у (*рд.*) on the básis [...'beɪ-] (of).

**призна́ни||е** *с.* **1.** acknówledge¦ment [-'nɔ-], rècognítion; получи́ть ~ (*рд.*) win* the rècognítion (of); получи́ть, заслужи́ть всеóбщее ~ be génerally récognized; **2.** (*заявление*) conféssion, dèclarátion; по óбщему ~ю admíttedly; чистосердéчное ~ frank conféssion; avówal;

~ вины́ avówal of guilt; открове́нное ~ оши́бки *и т. п.* frank admíssion of érror, *etc.*; нево́льное ~ invóluntary admíssion; ~ в любви́ dèclarátion of love [...lʌv].

**при́знанный** *прич. и прил.* acknówledged [-'nɔ-], récognized; avówed; ~ факт acknówledged fact; ~ писа́тель wríter of stánding rèputátion.

**призна́тельн||ость** *ж.* grátitúde, thánkfulness. **~ый** gráteːful, thánkful.

**призна́ть(ся)** *сов. см.* признава́ть(ся).

**призов||о́й** *прил. к* приз; **~ы́е** де́ньги príze-money [-mʌ-]; ~ суд *мор.* príze-court [-kɔːt].

**призо́р** *м. разг.*: без ~а únténded, neglécted.

**при́зрак** *м.* spectre, ghost [goust], phántom, àppárítion; spook [-uːk] *разг.*; ~ сча́стья illúsion of háppiness; ужа́сный ~ térrible àppárítion; ◇ гоня́ться за ~ами pursúe shádows [...'ʃæ-].

**при́зрачн||ость** *ж.* illúsiveːness. **~ый** spéctral, phàntásmːal, shádowy, ghóstːly ['gou-]; (*нереальный*) únːréal [-'rɪəl], illúsory; **~ая** наде́жда delúsive hope.

**призрева́ть,** призре́ть (*вн.*) *уст.* suppórt by chárity (*d.*).

**призре́||ние** *с. уст.* care, chárity; дом ~ния бе́дных póor-house* [-s], álms-house* ['ɑːmzhaus]. **~ть** *сов. см.* призрева́ть.

**призы́в** *м.* **1.** call, appéal; откли́кнуться на ~ respónd to *the* call, take* up *the* call; по ~у (*рд.*) at the call (of); **2.** (*лозунг*) slógan; Первома́йские ~ы Máy-day slógans; **3.** *воен.* lévy ['le-]; call to mílitary sérvice, cáll-úp; seléction *амер.*; ◇ ле́нинский ~ the Lénin Enrólment [...-'rou-].

**призыв||а́ть,** призва́ть (*вн.*; *в разн. знач.*) call (*d.*); súmmon (*d.*); (*вн.* к) call (upːón for); (*вн.* + *инф.*) call (upːón + to *inf.*), urge (*d.* + to *inf.*); ~ на по́мощь call for help; ~ кого́-л. на по́мощь call to smb. for help, call smb. to one's assístance; ~ к поря́дку call to órder (*d.*); ~ на вое́нную слу́жбу call up (for mílitary sérvice) (*d.*), call to the cólours [...'kʌ-] (*d.*); ~ прокля́тия на чью-л. го́лову call down cúrses upːón smb., ímprecàte smb. **~а́ться** **1.** (*на военную службу*) be called up; **2.** *страд. к* призыва́ть. **~ни́к** *м.* man* called up for mílitary sérvice; selèctée *амер.* **~но́й:** ~но́й во́зраст *воен.* mílitary age; ~но́й пункт recrúiting státion [-'kruːt-...]; indúcting státion *амер.*

**призы́вный** invócatory; (*манящий*) invíting; ~ клич call.

**при́иск** *м.* mine; золоты́е ~и góld-field(s) [-fiːl-].

**прииска́||ние** *с. разг.* fínding. **~ть** *сов. см.* прии́скивать.

**прии́скивать,** приискать (*вн.*) *разг.* find* (*d.*); *несов. тж.* look (for).

**прииско́вый** mine (*attr.*).

**прийти́** *сов. см.* приходи́ть. **~сь** *сов. см.* приходи́ться 1, 2, 3, 4, 5.

**прика́з** *м.* **1.** órder; commánd [-ɑːnd]; по ~у by órder; по ~у кого́-л. by órder of smb.; ~ по войска́м órder of the day; ~ о выступле́нии *воен.* márching órders *pl.*; боево́й ~ *воен.* báttle-òrder; отда́ть ~ give* *an* órder; íssue *an* órder; получи́ть ~ recéive *an* órder [-'siːv...]; **2.** *ист.* depártment, óffice. **~а́ние** *с.* órder, injúnction; bídding *книжн.*; отдава́ть ~а́ние (*дт.*) give* *an* órder (*i.*). **~а́ть** *сов. см.* прика́зывать. **~ный** **1.** *прил. к* прика́з 1; в ~ном поря́дке in the form of an órder; **2.** *прил. ист.* dèpàrtméntal [diː-]; **3.** *м. как сущ. ист.* clerk [-ɑːk], scribe.

**прика́зчик** *м. уст.* **1.** (*в лавке*) shóp-assistant, sálesːman*, shópːman*; **2.** (*в имении*) stéward, báiliff; **3.** *разг.* (*покорный слуга*) hénchːman*.

**прика́||зывать,** приказа́ть (*дт.* + *инф.*) órder (*d.* + to *inf.*), commánd [-ɑːnd] (*d.* + to *inf.*); diréct (*d.* + to *inf.*); он ~за́л ей пойти́ туда́ неме́дленно he órdered / commánded her to go there at once [...wʌns]; he órdered / commánded that she should go there at once; он ~за́л очи́стить помеще́ние he órdered the prémises to be cleared [...-sɪz...]; ◇ ~за́ть до́лго жить *разг.* ≅ depárt this life, depárt from life; ~зывайте! say the word!; что ~жете? what do you wish?, what can I do for you?; как ~жете as you choose / please; как ~жете понима́ть э́то? how am I to ùnderstánd this?; and what do you mean by this?

**прика́лывать,** приколо́ть (*вн.*) **1.** (*булавкой*) pin (*d.*), fásten / attách with *a* pin ['fɑːs°n...] (*d.*); **2.** (*штыком*; *добивать*) trànsfíx (*d.*), stab to death [...deθ] (*d.*), fínish off (*d.*).

**прика́нчивать,** прико́нчить (*вн.*; *прям. и перен.*) *разг.* fínish off (*d.*).

**прикарма́нивать,** прикарма́нить (*вн.*) *разг.* pócket (*d.*).

**прикарма́нить** *сов. см.* прикарма́нивать.

**прика́рмливать,** прикорми́ть (*вн.*) *разг.* **1.** (*о голубях и т. п.*) lure (*d.*); **2.** *тк. несов.* (*о детях*) give* addítional food (*during the weaning period*) (*i.*).

**прикаса́ться,** прикосну́ться (к) touch [tʌtʃ] (*d.*).

**прикати́ть** *сов. см.* прика́тывать.

**прика́тывать,** прикати́ть **1.** (*вн.* к) roll (*d.* near), roll up (*d.* to); **2.** (*без доп.*) *разг.* (*приезжать*) come*, arríve.

**прики́дывать,** прики́нуть (*вн.*) *разг.* **1.** (*рассчитывать приблизительно*) éstimàte (*d.*); **2.** (*примерять*) try on (*d.*); **3.**: ~ на веса́х weigh (*d.*); **4.** (*прибавлять*) throw* in [-ou...] (*d.*), add (*d.*).

**прики́дываться** I, прики́нуться *разг.* preténd, feign [feɪn]; ~ больны́м preténd to be ill, feign / preténd íllness; ~ лисо́й *разг.* fawn, tóady.

**прики́дываться** II *страд. к* прики́дывать.

**прики́нуть** *сов. см.* прики́дывать.

**прики́нуться** *сов. см.* прики́дываться I.

**прикла́д** I *м.* (*ружья*) butt, bútt-stòck.

**прикла́д** II *м.* (*в портновском деле*) trímmings *pl.*

**прикла́дка** *ж.* (*винтовки*) lévelling (*of the* rifle), posítion [-'zɪ-].

**прикладн||о́й** applíed; **~ы́е** нау́ки applíed scíences; **~о́е** иску́сство applíed art(s) (*pl.*).

**прикла́дывать,** приложи́ть (*вн.*) **1.** (*присоединять*) add (*d.*); (*к письму, заявлению*) enːclóse (*d.*), join (*d.*); **2.** (*приближать вплотную*) put* (*d.*), applý (*d.*); приложи́ть часы́ к у́ху put* / hold* *a* watch to one's ear;

~ ру́ку к козырьку́ put* / hold* one's hand to the peak of one's cap, salúte; ◇ ~ печа́ть (к) set* / affix / attách *a* seal (to); приложи́ть ру́ку (к) (*принять участие*) bear* / take* a hand [bɛə...] (in); (*подписаться*) sign [saın] (*d.*), add one's signature (to). **~ся,** приложи́ться **1.** (*при стрельбе*) take* aim; **2.** (к) *разг.* (*целовать*) kiss (*d.*); **3.** *страд. к* прикла́дывать.

**прикле́ивать,** прикле́ить (*вн.*) stick* (*d.*); (*животным клеем*) glue (*d.*); (*мучным*) paste [peı-] (*d.*); ~ ма́рку attách *a* stamp. **~ся,** прикле́иться **1.** (к) stick* (to), adhére (to), be glued / pásted [...'peı-] (to); **2.** *страд. к* прикле́ивать.

**прикле́ить(ся)** *сов. см.* прикле́ивать(ся).

**приклепа́ть** *сов. см.* приклёпывать.

**приклёпка** *ж.* ríveting.

**приклёпывать,** приклепа́ть (*вн.*) rívet ['rı-] (*d.*).

**приклони́ть:** он не зна́ет, где ~ го́лову he does not know where to lay his head [...nou...hed].

**приключа́ть,** приключи́ть (к) connéct up (with).

**приключ||а́ться,** приключи́ться *разг.* háppen, occúr. **~е́ние** *с.* advénture; иска́тель ~е́ний advénturer; иска́тельница ~е́ний advénturess. **~е́нческий** advénture (*attr.*); ~е́нческий рома́н advénture nóvel [...'nɔ-].

**приключи́ть** *сов. см.* приключа́ть.

**приключи́ться** *сов. см.* приключа́ться.

**прикова́ть** *сов. см.* прико́вывать.

**прико́в||ывать,** прикова́ть (*вн.*) chain (*d.*); (*перен.*) rívet ['rı-] (*d.*); ~ чьё-л. внима́ние absórb / rívet / compél / arrést / en¦gróss smb.'s atténtion [...-'grous...]; моё внима́ние бы́ло ~ано (к) my atténtion was ríveted (on); страх ~а́л его́ к ме́сту fear róoted him to the spot / ground; ~анный к посте́ли béd-ridden; ~анный к кре́слу confíned to one's ármchair.

**прико́л** *м. мор.*: на ~е laid up; стоя́ть на ~е be laid up.

**прикола́чивать,** приколоти́ть (*вн.*) nail (*d.*), fásten with nails [-s°n...] (*d.*).

**приколоти́ть** *сов. см.* прикола́чивать.

**приколо́ть** *сов. см.* прика́лывать.

**прикомандиро́ванный** *прич.* и *прил.* attáched.

**прикомандирова́ть** *сов.* (*вн.* к) attách (*d.* to).

**прико́нчить** *сов. см.* прика́нчивать.

**прикопи́ть** *сов.* (*вн., рд.*) *разг.* save (*d.*), save up (*d.*); ~ де́нег save some móney [...'mʌ-], put* by / aside some móney.

**прико́рм** *м.* **1.** (*для рыб, птиц*) lure, bait; **2.** (*для детей*) additional food (*during the weaning period*). **~и́ть** *сов. см.* прика́рмливать 1.

**прикорну́ть** *сов. разг.* nestle down; have / take* a nap.

**прикоснове́н||ие** *с.* **1.** touch [tʌtʃ]; при ~ии at a touch; то́чка ~ия point of cóntact; **2.** *тк. ед. книжн.* (*касательство*) concérn. **~ность** *ж.* (к) *книжн.* concérn (in). **~ный** (к) concérned (in), invólved (in); привле́чь всех ~ных к де́лу люде́й call up¦ón all those concérned / invólved in the affáir.

**прикосну́ться** *сов. см.* прикаса́ться.

**прикра́||са** *ж. чаще мн. разг.* cólour¦ing ['kʌ-]; без ~с ùnvárnished, únadórned; изобража́ть без ~с (*вн.*) show* in its true cólours [ʃou... 'kʌ-] (*d.*). **~сить** *сов. см.* прикра́шивать.

**прикра́шивать,** прикра́сить (*вн.*) cólour ['kʌlə] (*d.*), embróider (*d.*), embéllish (*d.*).

**прикреп||и́тельный** *прил. к* прикрепле́ние 2; ~ тало́н règistrátion check. **~и́ть** *сов. см.* прикрепля́ть. **~ле́ние** *с.* **1.** fástening [-s°n-]; attáchment (*тж. перен.*); ~ле́ние к земле́ *ист.* attáching to the land / soil; **2.** (*регистрация*) règistrátion.

**прикрепля́ть,** прикрепи́ть (*вн.* к) **1.** fásten [-s°n] (*d.* to); attách (*d.* to; *тж. перен.*); **2.** (*регистрировать*) régister (*d.* at).

**прикри́к||ивать,** прикри́кнуть (на *вн.*) shout (at), raise one's voice (at). **~нуть** *сов. см.* прикри́кивать.

**прикрути́ть** *сов. см.* прикру́чивать.

**прикру́чивать,** прикрути́ть **1.** (*вн.* к; *привязывать*) tie (*d.* to), bind* (*d.* to), fásten [-s°n] (*d.* to); **2.** (*вн.*) *разг.* (*о фитиле в лампе*) turn down (*d.*).

**прикрыва́ть,** прикры́ть (*вн.*) **1.** (*закрывать*) cóver ['kʌ-] (*d.*), screen (*d.*); (*о двери, окне и т. п.*) close / shut* sóftly (*d.*); **2.** (*защищать*) cóver (*d.*), protéct (*d.*), shélter (*d.*), shield [ʃi:ld] (*d.*); (*от солнца тж.*) shade (*d.*); ~ глаза́ руко́й (*от солнца*) shade / shield one's eyes with one's hand [...aız...], cup one's hand óver one's eyes; ~ отступле́ние *воен.* cóver *the* retréat; ~ фланг *воен.* protéct *the* flank; **3.** (*маскировать*) concéal (*d.*), screen (*d.*); ~ безде́йствие гро́мкими фра́зами use long words as a cóver for one's inàctívity; **4.** *разг.* (*ликвидировать — о предприятии и т. п.*) líquidàte (*d.*), close down (*d.*), wind* up (*d.*). **~ся,** прикры́ться **1.** (*тв.*; *покрываться*) cóver (òne¦sélf) ['kʌ-...] (with); (*перен.*: *незнанием, неопытностью*) use as a cóver (*d.*), take* réfùge (in); он прикрыва́ется свои́м незна́нием he úses his ígnorance as a cóver, he takes réfùge in his ígnorance; **2.** *разг.* (*ликвидироваться — о предприятии и т. п.*) close down; be líquidàted; **3.** *страд. к* прикрыва́ть.

**прикры́||тие** *с.* cóver ['kʌ-]; (*конвой*) éscòrt; (*перен.*) screen, cloak; под ~тием (*рд.*) únder cóver (of), únder the shélter (of), screened (by). **~ть(ся)** *сов. см.* прикрыва́ть(ся).

**прикупа́ть,** прикупи́ть (*вн., рд.*) buy* (some more) [baı...] (*d.*); прикупи́ть (ещё) са́хару buy* some more súgar [...'ʃu-].

**прикупи́ть** *сов. см.* прикупа́ть.

**прику́ривать,** прикури́ть get* a light from smb.'s cigarétte; позво́льте прикури́ть will you give me a light?, let me have a light.

**прикури́ть** *сов. см.* прику́ривать.

**прику́с** *м.* bite. **~и́ть** *сов. см.* прику́сывать.

**прику́ска** *ж. вет.* crib-bìting.

**прику́с||ывать,** прикуси́ть (*вн.*) bite* (*d.*); ~и́ть (себе́) язы́к bite* one's tongue [...tʌŋ]; (*перен.*) keep* one's mouth shut, hold* one's tongue.

**прила́в||ок** *м.* cóunter; рабо́тник ~ка sáles¦man*; *мн. собир.* sáles¦pèople [-pi:-].

**прилага́емый** *прич. и прил.* accómpanying [ə'kʌ-]; (*к письму, заявлению*) en:clósed; (*в конце текста и т. п.*) súbjóined.

**прилага́тельное** *с. скл. как прил. грам.*, и́мя ~ ádjective.

**прилага́ть,** приложи́ть (*вн.*) **1.** = прикла́дывать 1; **2.** (*применять*) applý (*d.*); ~ уси́лия make* éfforts; ~ все уси́лия exért / make* / strain every éffort; ~ стара́ния take* pains, exért òne:sélf; приложи́ть всё стара́ние do / try one's best.

**прила́дить** *сов. см.* прила́живать.

**прила́живать,** прила́дить (*вн.* к) fit (*d.* to), adápt (*d.* to), adjúst [ə'dʒʌst] (*d.* to).

**приласка́ть** *сов.* (*вн.*) caréss (*d.*), fondle (*d.*), pet (*d.*); (*погладить*) stroke (*d.*). **~ся** *сов.* (к) snuggle up (to).

**прилега́||ть** (к) **1.** (*об одежде*) fit clóse:ly [...-s-] (*d.*); **2.** (*примыкать*) adjóin [ə'dʒ-] (*d.*), bórder (up:ón), skirt (*d.*), be adjácent [...ə'dʒeɪ-] (to). **~ющий 1.** (*об одежде*) clóse-fitting [-s-]; **2.** (к; *смежный*) adjóining [ə'dʒ-] (*d.*), adjácent [ə'dʒeɪ-] (to), contíguous (to).

**прилежа́ние** *с.* díligence, índustry; (*усердие*) assíduous:ness; àpplicátion (to work); (*к наукам*) stúdious:ness.

**прилежа́щ||ий** *мат.* adjóining [ə'dʒ-], contíguous; ~ая сторона́ adjóining side.

**приле́жн||о** *нареч.* díligently, indústrious:ly; (*усердно*) assíduous:ly, stúdious:ly. **~ый** díligent, indústrious; (*усердный*) assíduous, stúdious.

**прилепи́ть(ся)** *сов. см.* прилепля́ть(ся).

**прилепля́ть,** прилепи́ть (*вн.* к) stick* (*d.* to). **~ся,** прилепи́ться **1.** (к) stick* (to); **2.** *страд. к* прилепля́ть.

**прилёт** *м.* arríval.

**прилета́ть,** прилете́ть come* flýing; (*на самолёте*) arríve by air; (*перен.*) *разг.* come* / arríve in haste [...heɪ-], come* húrrying / flýing.

**прилете́ть** *сов. см.* прилета́ть.

**приле́чь** *сов.* lie* down; (*прикорнуть*) take* a nap; он прилёг на полчаса́ he lay down for half an hour [...hɑːf ...auə].

**прили́в** *м.* **1.** flow [flou], flood (of tide) [-ʌd...], rísing tide; (*перен.*) surge, ínflùx, áfflùx; волна́ ~а tídal wave; ~ и отли́в ebb and flow, high and low tide [...lou...]; (*перен. тж.*) flux and ré:flùx; ~ы и отли́вы tides; ~ го́рдости surge of pride; ~ не́жности flow / áfflùx of ténderness; ~ эне́ргии fresh surge of énergy; **2.** *мед.* con:géstion [-stʃ-]; ~ кро́ви rush of blood [...-ʌd]; **3.** *тех.* lug, boss.

**прилива́ть,** прили́ть (к) flow [-ou] (to); (*о крови*) rush (to); кровь прилила́ к щека́м the blood rushed to, *или* suffúsed, *his* cheeks [...blʌd...].

**прили́вн||ый** tídal; ~ая полоса́ tide lands *pl.*

**прили́з||анный** *разг.* (*о волосах*) sleek, smooth [-ð]. **~а́ть** *сов. см.* прили́зывать.

**прили́зывать,** прилиза́ть *разг.*: ~ во́лосы smooth / sleek one's hair [-ð...].

**прилипа́ть,** прили́пнуть (к) stick* (to), adhére (to).

**прили́пнуть** *сов. см.* прилипа́ть.

**прили́пчивый** *разг.* **1.** sticking, adhésive; (*перен.*; *о человеке*) bóring, bóthering; **2.** (*о болезни*) cátching.

**прили́стник** *м. бот.* stípùle.

**прили́ть** *сов. см.* прилива́ть.

**прили́чи||е** *с.* décency ['diː-], decórum; propríety; из ~я, для ~я for the sake of propríety; in décency; соблюда́ть ~я obsérve the rules of propríety [-'zəːv...].

**прили́чно** I *прил. кратк. см.* прили́чный.

**прили́чн||о** II *нареч.* **1.** décent:ly, próper:ly ['prɔ-], becóming:ly [-'kʌ-]; (*пристойно*) décorous:ly; **2.** (*хорошо*) quite well. **~ый 1.** décent, próper ['prɔ-], becóming; (*подобающий*) séemly; (*пристойный*) décorous; ~ый с ви́ду preséntable [-'ze-]; **2.** (*неплохой*) décent; ~ый перево́д tólerable / pássable trànslátion [...trɑː-].

**приловчи́ться** *сов. разг.* get* into the way (*of doing smth.*).

**прилож||е́ние** *с.* **1.** (*печати*) àpposítion [-'zɪ-], affíxing; **2.** (*приложенные документы и т. п.*) en:clósure [-'klou-]; **3.** (*к журналу и т. п.*) appéndix; súpplement; **4.** *грам.* àpposítion; **5.** (*применение*) àpplicátion; сфе́ра ~е́ния (*рд.*) sphere of àpplicátion (of); сфе́ра ~е́ния капита́ла *эк.* cápital invéstment spheres *pl.* **~и́ть** *сов. см.* прикла́дывать *и* прилага́ть. **~и́ться** *сов. см.* прикла́дываться.

**прильну́ть** *сов. см.* льнуть 1.

**при́ма** *ж.* **1.** *муз.* tónic; **2.** (*первая струна*) first string, top string; **3.** (*первая скрипка*) first violín.

**при́ма-балери́на** *ж.* *театр.* príma bàlleríпa ['priː- -'riː-], first dáncer.

**примадо́нна** *ж.* *театр.* príma dónna ['priː-...], díva ['diː-].

**прима́заться** *сов. см.* прима́зываться.

**прима́зываться,** прима́заться (к) *разг.* stick* (to), hang* on (to).

**прима́нивать,** примани́ть (*вн.*) *разг.* lure (*d.*), entíce (*d.*), allúre (*d.*), decóy (*d.*).

**примани́ть** *сов. см.* прима́нивать.

**прима́нка** *ж.* bait, lure, entíce:ment.

**прима́т** *м.* *филос.* prímacy ['praɪ-], pre-éminence.

**прима́ты** *мн.* *зоол.* primátès [praɪ'meɪtiːz].

**прима́чивать,** примочи́ть (*вн.*) móisten [-s°n] (*d.*), bathe [beɪð] (*d.*), wet (*d.*).

**примелька́ться** *сов. разг.* become* famíliar.

**примен||е́ние** *с.* àpplicátion; (*употребление*) use [-s]; находи́ть ~ (*дт.*) find* a use, *или* an àpplicátion (for); получи́ть широ́кое ~ (*о методах и т. п.*) be wíde:ly adópted; в ~е́нии (к) in àpplicátion (to); ~ к ме́стности *воен.* use of ground, àdàptátion to the ground. **~и́мость** *ж.* (*теории и т. п.*) àpplicabílity. **~и́мый** ápplicable, súitable ['sjuːt-]. **~и́тельно** *нареч.* (к) confórmably (to); in confórmity (with). **~и́ть(ся)** *сов. см.* применя́ть(ся).

**применя́ть,** примени́ть (*вн.*) applý (*d.*); emplóy (*d.*), use (*d.*); ~ на пра́ктике put* into práctice (*d.*). **~ся,** примени́ться **1.** (к) adápt òne:sélf (to); confórm (to); ~ся к ме́стности *воен.* adápt òne:sélf to the ground; **2.** *страд. к* применя́ть.

**приме́р** *м.* (*в разн. знач.*) exámple [-ɑːm-], ínstance; приводи́ть ~ give* *an* exámple, cite *an* exámple; приводи́ть в ~ cite as an exámple; ста́вить кого́-л. в ~ hold* smb. up as an exámple; брать ~ с когó-л. fóllow smb.'s exámple; подавáть ~ set* an exámple; ли́чным ~ом by pérsonal exámple; для ~а *разг.* as an exámple / módel [...'mɔ-]; показáть ~ (*быть первым в чём-л.*) give* *the* lead; слéдовать ~у fóllow suit [...sju:t]; по ~у (*рд.*) áfter the exámple (of); in imitátion (of); не в ~ (*дт.*) *разг.* ún¦like (*d.*); (+ *сравн. ст.*) far more: не в ~ остальны́м он óчень мнóго рабóтает ún¦like the others he works very hard; егó расскáзы бы́ли не в ~ интерéснее his stóries were far more ínteresting; his stóries were more ínteresting by far; — не в ~ лу́чше bétter by far; не в ~ други́м as an excéption; ◇ к ~у *разг.* by way of illustrátion.

**примерзáть,** примёрзнуть (к) freeze* (to).

**примёрзнуть** *сов. см.* примерзáть.

**примéр||ить** *сов. см.* примеря́ть. **~иться** *сов. см.* примеря́ться. **~ка** *ж.* (*на себя*) trýing on; (*на другого*) fítting.

**примéрн||о** *нареч.* **1.** (*отлично*) exémplarily, éxcellently; ~ вести́ себя́ be an exámple [...-ɑ:m-], beháve pérfectly (well); **2.** (*приблизительно*) appróximate¦ly, róughly ['rʌf-]. **~ый 1.** (*образцовый*) exémplary; módel ['mɔ-] (*attr.*); ~ый учени́к módel púpil; **2.** (*приблизительный*) appróximate.

**примеря́ть,** примéрить (*вн.*; *на себя*) try on (*d.*); (*на другого*) fit (*d.*); ◇ семь раз примéрь, а оди́н — отрéжь *посл.* ≅ look befóre you leap. **~ся,** примéриться **1.** *разг.* aim; **2.** *страд. к* примеря́ть.

**при́месь** *ж.* admíxture; (*о красках*) tinge; (*о жидком*) dash; (*перен.*) touch [tʌtʃ]; с ~ю (*рд.*) with a touch (of).

**примéт||а** *ж.* sign [saɪn], tóken; mark; ~ы distínctive marks; плохáя ~ bad* ómèn / sign; ◇ имéть на ~е (*вн.*) have an eye [...aɪ] (to).

**приметáть** *сов. см.* примётывать.

**примéт||ить** *сов. см.* примечáть. **~ливость** *ж. разг.* pówer of òbsèrvátion [...-zə:-]. **~ливый** *разг.* obsérvant [-'zə:-]. **~ный** percéptible, vísible [-z-]; (*привлекающий внимание*) conspícuous, próminent.

**примётывать,** приметáть (*вн.*) tack (*d.*), stitch (*d.*).

**примечáни||е** *с.* note, cómmènt; (*внизу страницы*) fóot-nòte ['fut-]; (*объяснение*) ànnotátion; снабди́ть ~ями (*вн.*) ánnotàte (*d.*).

**примечáтельн||ость** *ж.* nòtabílity [nou-], nóte¦wòrthiness [-ðɪ-]. **~ый** nótable, nóte¦wòrthy [-ðɪ], remárkable.

**примечáть,** примéтить (*вн.*) *разг.* nótice ['nou-] (*d.*), percéive [-'si:v] (*d.*).

**примешáть** *сов. см.* примéшивать.

**примéшивать,** примешáть (*вн.*, *рд.*) add (*d.*), admíx (*d.*); (*в сплав*) allóy (*d.*).

**приминáть,** примя́ть (*вн.*) crush (*d.*); (*ногами*) trample down (*d.*), tread* down [tred...] (*d.*); (*рукой*) flátten (*d.*), make* flat (*d.*).

**примирéнец** *м.* concíliàtor.

**примирéние** *с.* rèconciliátion; (*интересов, взглядов*) conciliátion.

**примирéнче||ский** concíliatory, cómpromising. **~ство** *с.* concíliatori¦ness, spírit of conciliátion.

**примир||и́мый** réconcilable. **~и́тель** *м.*, **~и́тельница** *ж.* réconciler, concíliàtor, péace-màker. **~и́тельный** concíliatory, pacífícàtory [-keɪ-]. **~и́ть** *сов.* **1.** *см.* примиря́ть; **2.** *как сов. к* мири́ть 2. **~и́ться** *сов.* **1.** *см.* примиря́ться; **2.** *как сов. к* мири́ться 2.

**примиря́ть,** примири́ть **1.** (когó-л.) réconcile (smb.); **2.** (что-л.) concíliàte (smth.); ~ противоречи́вые тóчки зрéния réconcile còntradíctory views [...vju:z]; ~ противоречи́вые трéбования bálance the conflícting claims. **~ся,** примири́ться **1.** (с кем-л.) be réconciled (with smb.), make* it up (with smb.); **2.** (с чем-л.) réconcile òne¦sélf (to smth.); примири́ться со своúм положéнием réconcile òne¦sélf to *the* situátion; примири́ться с фáктом accépt *the* fact.

**примиря́юще** *нареч.* in a concíliatory way.

**примити́в** *м.* prímitive. **~ность** *ж.* prímitive¦ness. **~ный** prímitive.

**примкнýть** *сов. см.* примыкáть 1, 2.

**примóлкнуть** *сов. разг.* fall* sílent.

**примóрский** séaside (*attr.*); máritime.

**примóрье** *с.* líttoral; sea cóuntry [...'kʌ-].

**примости́ться** *сов. разг.* find* room, *или* a place, for òne¦sélf.

**примочи́ть** *сов. см.* примáчивать.

**примóчк||а** *ж.* wash, lótion; свинцóвая ~ goulárd (wáter) [gu:'lɑ:d 'wɔ:-]; ~ для глаз éye-lòtion ['aɪ-]; дéлать ~и fomént.

**при́мула** *ж.* prímula, prímròse.

**при́мус** *м.* prímus, prímus-stòve.

**примчáть** *сов. разг.* **1.** (*вн.*) bring* in a húrry (*d.*); **2.** = примчáться. **~ся** *сов.* come* téaring alóng [...'tɛə-...].

**примыкáние** *с.* **1.** còntigúity [-'gju-]; **2.** *грам.* adjóining [ə'dʒ-].

**примыкá||ть,** примкнýть **1.** (к; *присоединяться*) join (*d.*), side (with); **2.** (*вн.*; *о штыке*) fix (*d.*); примкнýть штыки́! fix báyonets!; **3.** *тк. несов.* (к; *быть смежным*) adjóin [ə'dʒ-] (*d.*), bórder (up¦ón, with), abút (up¦ón); ~ющие организáции affíliàted òrganizátions [...-naɪ-]; **4.** *тк. несов. грам.* adjóin.

**примя́ть** *сов. см.* приминáть.

**принадлеж||áть** (*дт.*) belóng (to); (*относиться к чему-л.*) àppertáin (to); ~ к числý выдаю́щихся писáтелей, худóжников *и т. п.* be one of the, *или* be amóng the, outstánding wríters, ártists, *etc.*; ~ по прáву belóng by right, ríghtfully belóng; ~áщее по прáву мéсто ríghtful place; ~ к пáртии be a mémber of *a* párty.

**принадлéжност||ь** *ж.* **1.** (*состояние*) belóng¦ing; ~ к пáртии mémbership of *a* párty; клáссовая ~ class affiliátion; **2.** *об. мн.* accéssories, appúrtenances; tackle *sg.*; *тех.* fíttings; (*комплект*) óutfit *sg.*, equípment *sg.*; ~и туалéта árticles of tóilet; бри́твенные ~и sháving-sèt *sg.*; пи́сьменные ~и wríting-matèrials; рыболóвные ~и físhing-tàckle *sg.*; ◇ обрати́ться по ~и applý to the próper quárter [...'prɔ-...].

**приналé||чь** *сов.* (на *вн.*) *разг.* **1.** (*навалиться*) press (on, up¦ón), reclíne (up¦ón); **2.** (*усердно приняться за что-л.*) applý òne¦sélf (to), ply (*d.*); он приналёг на рабóту he applíed hìm¦sélf to *his* work; они́ ~гли́ на вёсла they plíed their oars vígorous¦ly, they pulled hard [...puld...].

**принарядить(ся)** *сов. см.* принаряжать(ся).

**принаряжать,** принарядить (*вн.*) dress up (*d.*), deck out (*d.*). **~ся,** принарядиться dress / get* òne:sélf up, smárten òne:sélf up.

**приневол||ивать,** приневолить (*вн.* + *инф.*) force (*d.* + to *inf.*), make* (*d.* + *inf.*): он ~ил её сделать это he forced her to do it, he made her do it.

**приневолить** *сов. см.* приневоливать.

**принести** *сов. см.* приносить.

**принестись** *сов. разг.* = примчаться.

**принижать,** принизить (*вн.*) **1.** humble (*d.*), humíliàte (*d.*); **2.** (*умалять*) dispárage (*d.*), belíttle (*d.*), depréciàte (*d.*); ~ роль (*рд.*) mínimize / depréciàte the role (of).

**принижение** *с.* dispárage:ment, belíttling, deprèciátion.

**приниженн||ость** *ж.* humílity. **~ый** humble, humíliàted; (*раболепный*) sérvile.

**принизить** *сов. см.* принижать.

**приникать,** приникнуть (к) press òne:sélf (agáinst), press òne:sélf close [...klous] (to); (*к кому-л. тж.*) nestle (agáinst, to), nestle close (to); ~ ухом put* one's ear (to).

**приникнуть** *сов. см.* приникать.

**принимание** *с. спорт., воен.*: ~ в сторону (*в верховой езде*) pássage.

**приним||ать,** принять **1.** (*вн.*; *в разн. знач.*) take* (*d.*); ~ лекарство take* one's médicine; ~ ванну have / take* a bath; ~ пищу take* food; порт может ~ океанские пароходы the port can handle / take* ócean-gó:ing véssels [...'ouʃ°n-...]; ~ присягу take* *the* oath (of allégiance); ~ меры take* méasures [...'meʒ-], make* arránge:ments [...-eɪn-]; ~ меры предосторожности take* precáutions; ~ участие (в *пр.*) take* part (in), pàrtícipàte (in); pàrtáke* (in); ~ решение decíde; (*достигать разрешения*) come* to, *или* reach, *a* decísion; они приняли решение сделать это немедленно they decíded to do it at once [...wʌns]; они приняли важное решение they came to an impórtant decísion; ~ к сведению, ~ во внимание, ~ в расчёт take* into considerátion / accóunt (*d.*); не ~ к сведению, не ~ во внимание disregárd (*d.*); не ~ в расчёт discóunt (*d.*); ~ая во внимание, что táking into considerátion / accóunt that, consídering that; ~ая что-л. во внимание táking smth. into accóunt / considerátion; ~ (близко) к сердцу take* / lay* to heart [...hɑ:t] (*d.*); не ~айте этого (близко) к сердцу don't take it to heart; ~ чью-л. сторону take* the part of smb., side with smb.; ~ под расписку sign for [saɪn...] (*d.*); ~ за правило make* it a rule; ~ что-л. в шутку take* smth. as a joke; ~ что-л. всерьёз take* smth. sérious:ly; ~ что-л. на свой счёт take* smth. as reférring to òne:sélf; ~ на себя что-л. take* smth. up:ón òne:sélf, assúme smth.; ~ на себя лично управление (*тв.*) take* pérsonal contról [...-oul] (of); ~ должность accépt, *или* take* óver, *a* post [...pou-]; ~ командование (*тв.*) assúme / take* commánd [...-ɑ:nd] (of, óver); ~ подарок accépt *a* présent [...'prez-]; ~ гражданство be náturalized; он принял советское гражданство he becáme a Sóvièt cítizen, he was gránted Sóvièt cítizenship [...'grɑ:-...]; ~ христианство, магометанство adópt Christiánity, Mohámmedanism; ~ крещение be bàptízed; ~ монашество énter a mónastery, become* a monk [...mʌŋk]; (*о женщине*) take* the veil; это так принято it is the cústom; примите моё уважение (*в письме*) yours respéctfully; **2.** (*вн.* в, на *вн.*; *включать в состав*) admít (*d.* to), accépt (*d.* for); ~ новых членов (в *вн.*) accépt new mémbers (for); ~ в партию admít to / into the párty (*d.*); ~ в комсомол accépt for the Kómsòmòl (*d.*); ~ в гражданство náturalize (*d.*); ~ на работу take* on (*d.*), give* emplóyment (to); ~ в школу, институт admít to school, to *the* ínstitùte (*d.*); **3.** (*вн.*; *соглашаться на*) accépt (*d.*); ~ предложение accépt *an* óffer; (*о браке*) accépt *a* propósal [...-z-]; ~ вызов accépt *the* chállenge; take* up the gáuntlet *идиом.*; ~ бой accépt battle; ~ как должное accépt as one's due (*d.*), take* as a mátter of course [...kɔ:s] (*d.*); ~ резолюцию pass / adópt / appróve / cárry *a* rèsolútion [...-ru:v... -zə-]; ~ закон pass *a* law; ~ законопроект appróve *a* bill; **4.** (*вн.*; *посетителей и т. п.*) recéive [-'si:v] (*d.*); ~ гостей recéive guests / vísitors [...-z-]; ~ у себя кого-л. play host to smb. [...houst...]; ~ радушно wélcome (*d.*); он сегодня не ~ает he does not recéive vísitors to:dáy; (*о враче*) he does not recéive pátients to:dáy; **5.** (*вн.*; *приобретать*) assúme (*d.*); ~ форму чего-л. take* the shape of smth.; ~ вид assúme / affèct an air, put* / take* on an air; его болезнь приняла очень серьёзный характер his íllness has become very grave; дело приняло неожиданный оборот the affáir took an ún:expécted turn; ~ ожесточённый характер become* fierce [...fɪəs]; **6.** (*вн.* за *вн.*) take* (*d.* for): он принял его за товарища Н. he took him for Cómrade N.; за кого вы меня ~аете? whom do you take me for?; **7.** (*вн.* от; *брать в своё ведение*) take* óver (*d.* from); ~ дела от кого-л. take* óver sóme:body's dúties, take* óver dúties from smb.; **8.** (*вн.* за что-л.; *считать*) assúme (*d.* to be smth.); **9.** *об. несов.* (у кого-л.— *ребёнка при родах*) delíver [-'lɪ-] (smb. *of a child*).

**приниматься,** приняться **1.** (+ *инф.*; *начинать*) begin* (+ to *inf.*, + *ger.*), start (+ *ger.*); ~ петь begin* / start síng:ing; **2.** (за *вн.*; *приступать к чему-л.*) set* (to); ~ за работу, дело set* to work, get* down to work, settle to (one's) work; приняться за разрешение проблемы attáck *a* prób:em [...'prɔ-]; он не знает, как приняться за это he does:n't know how to begin it, *или* how to set / go abóut it [...nou...]; **3.** *разг.*: ~ за кого-л. take* smb. in hand; **4.** (*без доп.*) (*о растениях*) strike* / take* root; (*о прививке*) take*; **5.** *страд. к* принимать.

**принораўливать,** приноровить (*вн.*) *разг.* fit (*d.*), adápt (*d.*), adjúst [ə'dʒ-] (*d.*). **~ся,** приноровиться (к) *разг.* adápt / accómmodàte òne:sélf (to).

**приноровить(ся)** *сов. см.* принораўливать(ся).

**прино||сить,** принести (*вн.*) **1.** bring* (*d.*); fetch (*d.*); ~ обратно bring* back (*d.*); **2.** (*давать*; *об урожае*) yield [ji:-] (*d.*); (*о доходе*) bring* in (*d.*); ~ (большой) доход bring* in (big / good*) retúrns; ~ плоды yield fruit [...-u:t];

bear* fruit [bɛə...] (*тж. перен.*); ~ по́льзу be of use / bénefit [...-s...]; уче́ние принесло́ ему́ по́льзу léarning was of bénefit / use to him ['lə:n-...]; э́то не принесло́ ему́ по́льзы he derived no bénefit from it; ◇ ~ сча́стье, несча́стье bring* luck, misfórtune [...-ʧən]; ~ в же́ртву sácrifice (*d.*); ~ же́ртву make* a sácrifice; ~ благода́рность (*дт.*) expréss one's grátitùde (to): я приношу́ вам глубо́кую благода́рность I want to expréss my deep grátitùde to you; — ~ жа́лобу (на *вн.*) lodge a compláint (agáinst). **~ше́ние** *с.* óffering, prés-ent [-ez-], gift [g-].

**принуди́тельн||ый** **1.** compúlsory; forced; ~ые ме́ры méasures of compúlsion ['meʒ-...]; ~ые рабо́ты forced lábour *sg.*, hard lábour *sg.*; ~ сбор lévy ['le-]; **2.** *тех.* (*о движении, подаче и т. п.*) pósitive [-z-].

**прину́дить** *сов. см.* принужда́ть.

**принужд||а́ть,** прину́дить (*вн.*) compél (*d.*), force (*d.*), constráin (*d.*), còérce (*d.*); ~ к молча́нию redúce to silence [...'saɪ-] (*d.*). **~е́ние** *с.* compúlsion, constráint, còércion; по ~е́нию úndor compúlsion / constráint; де́лать что-л. по ~е́нию do smth. únder duréss; без ~е́ния without any compúlsion / constráint.

**принуждённ||ость** *ж.* constráint; (*натянутость*) stiffness, ténsion. **~ый 1.** *прич. см.* принужда́ть; **2.** *прил.* (*неестественный*) constráined, forced; ~ая улы́бка forced smile; ~ый смех forced láughter [...'lɑ:f-].

**принц** *м.* prince. **~е́сса** *ж.* princéss.

**при́нцип** *м.* principle; из ~а on principle; ◇ в ~е in principle, as a mátter of principle; theorétically.

**принципа́л** *м. уст.* principal.

**принципа́т** *м. ист.* principate.

**принципиа́льн||о** *нареч.* **1.** (*из принципа*) on principle; **2.** (*по существу*) in the main, in éssence. **~ый** of principle; ~ый челове́к man* of principle; ~ый вопро́с quéstion of principle [-sʧən...], fùndaméntal quéstion; ~ое согла́сие (на *вн.*) consént / agréement in principle (to); он дал ~ое согла́сие he consénted in principle; ~ый спор cóntrovèrsy on a point of principle; ~ая ли́ния line based on principle [...-st...]; э́тот вопро́с име́ет ~ое значе́ние this quéstion is a mátter of principle; ~ое разногла́сие difference of principle; поднима́ть что-л. на ~ую высоту́ make* smth. a mátter of principle.

**принюха́ться** *сов.* (к) *разг.* (*привыкнуть к запаху*) get* used / accústomed to *the* smell [...ju:st...] (of).

**приня́ти||е** *с.* **1.** recéption; (*пищи, лекарства и т. п.*) táking; по́сле ~я лека́рства after táking, *или* having táken, *the* médicine; ~ кома́ндования assúmption of commánd [...-ɑ:nd]; ~ прися́ги táking *the* oath (of allégiance); **2.** (*в состав, в члены*) admission; admittance; ~ гражда́нства nàturalizátion [-laɪ-]; ~ сове́тского гражда́нства becoming a Sóvièt citizen; **3.** (*предложения и т. п.*) accéptance; (*резолюции тж.*) adóption; (*ср. тж.* принима́ть).

**при́нят||ый** *прич. и прил.* accépted; adópted; (*ср.* принима́ть); ~ая резолю́ция adópted rèsolútion [...-zə-]; ~ поря́док estáblished órder.

**приня́ть(ся)** *сов. см.* принима́ть(ся).

**приободри́ть(ся)** *сов. см.* приободря́ть(ся).

**приободря́ть,** приободри́ть (*вн.*) en:cóurage [-'kʌ-] (*d.*), cheer up (*d.*), héarten ['hɑ:t-] (*d.*). **~ся,** приободри́ться cheer up, feel* more chéerful, recóver one's spírits [-'kʌ-...].

**приобрести́** *сов. см.* приобрета́ть.

**приобрета́ть,** приобрести́ (*вн.*) **1.** acquíre (*d.*), gain (*d.*); ~ зна́ния acquíre knówledge [...'nɔ-]; приобрести́ большо́й о́пыт (в *пр.*) gain wide expérience (in); приобрести́ плоху́ю репута́цию acquíre a bad* rèputátion, fall* into dísrepúte; ~ чьё-л. расположе́ние win* / gain smb.'s fávour, obtáin smb.'s good gráces; ~ хоро́ший вид look much bétter; ~ значе́ние rise* in impórtance; ~ осо́бое значе́ние acquíre espécial significance [...-'pe-...]; ~ всё бо́льшее значе́ние assúme ever gréater impórtance [...'greɪtə...]; приобрести́ осо́бый хара́ктер assúme a spécial cháracter [...'spe- 'kæ-]; **2.** (*покупать*) buy* [baɪ] (*d.*), púrchase [-s] (*d.*).

**приобрете́ние** *с.* **1.** (*действие*) àcquisítion [-'zɪ-]; (*покупка*) púrchase [-s]; **2.** (*нечто приобретённое*) àcquisítion, gain; (*покупка*) púrchase; (*выгодная покупка*) bárgain.

**приобщ||а́ть,** приобщи́ть **1.** (*вн.* к) accústom (*d.* to); приобщи́ть широ́кие ма́ссы к культу́ре bring* cúlture within the reach of the broad másses [...brɔ:d...]; **2.** (*вн.* к; *присоединять*) join (*d.* to); ~ к де́лу *канц.* file (*d.*); **3.** (*вн.*) *церк.* administer the sácrament (to), commúnicàte (*d.*). **~а́ться,** приобщи́ться **1.** (к; *присоединяться*) join (*d.*); **2.** *церк.* commúnicàte; **3.** *страд. к* приобща́ть. **~и́ть(ся)** *сов. см.* приобща́ть(ся).

**приоде́ть** *сов.* (*вн.*) *разг.* dress up (*d.*), smárten up (*d.*). **~ся** *сов. разг.* dress up, get* òne:sélf up.

**приозёрный** lake (*attr.*).

**приорите́т** *м.* priórity.

**приоса́ниться** *сов.* assúme a dígnified air.

**приостана́вливать,** приостанови́ть (*вн.*) stop (*d.*); call a halt (to); check (*d.*); suspénd (*d.*); (*о приговоре и т. п.*) repríeve [-ri:v] (*d.*); приостанови́ть рабо́ту suspénd work; приостанови́ть вое́нные де́йствия halt the fighting. **~ся,** приостанови́ться **1.** pause; **2.** *страд. к* приостана́вливать.

**приостан||ови́ть(ся)** *сов. см.* приостана́вливать(ся). **~о́вка** *ж.* stópping, chéck(ing), suspénsion; (*приговора*) suspénsion, réspite, repríeve [-ri:v].

**приотвори́ть(ся)** *сов. см.* приотворя́ть(ся).

**приотворя́ть,** приотвори́ть (*вн.*) ópen slíghtly (*d.*), hálf-ópen ['hɑ:f-] (*d.*); (*о двери тж.*) set* ajár (*d.*). **~ся,** приотвори́ться **1.** ópen slíghtly, hálf-ópen ['hɑ:f-]; **2.** *страд. к* приотворя́ть.

**приоткрыва́ть(ся)** = приотворя́ть(ся).

**приоткры́ть(ся)** = приотвори́ть(ся).

**приохо́тить** *сов.* (кого́-л. к) *разг.* give* smb. a taste [...teɪst] (for). **~ся** *сов.* (к) *разг.* take* (to), take* a líking (to).

**припада́ть,** припа́сть **1.** (к) fall* down (to), press òne:sélf (to); ~ к груди́ кого́-л. press òne:sélf agáinst smb.'s breast [...brest]; ~ к чьим-л. нога́м pròstráte òne:sélf befóre smb.; ~ у́хом press one's ear (to); **2.** *тк. несов.*

*разг.* (*слегка хромать*): ~ на пра́вую, ле́вую но́гу be lame in the right, left leg.

**припа́до||к** *м.* fit; (*о болезни тж.*) attáck; (*очень сильный*) pároxysm; не́рвный ~ fit / attáck of nerves, nérvous fit; ~ безу́мия fit of mádness; ~ бе́шенства pároxysm of rage; ~ отчая́ния pároxysm of despáir. **~чный** **1.** *прил.* èpiléptic; ~чные явле́ния fits; **2.** *м. как сущ.* èpiléptic.

**припа́ивать,** припая́ть (*вн.* к) sólder ['sɔ-] (*d.* to); (*твёрдым припоем*) braze (*d.* to).

**припа́йка** *ж.* sóldering ['sɔ-]; (*твёрдым припоем*) brázing.

**припа́рк||а** *ж. мед.* póultice ['pou-], cátaplasm, fòmèntátion [fou-]; класть ~и (*дт.*) póultice (*d.*), fomént (*d.*).

**припаса́ть,** припасти́ (*вн.*) lay* in store (*d.*), lay* up (*d.*), store (*d.*); (*об ответе, остроте и т. п.*) prepáre (*d.*), províde (*d.*).

**припасти́** *сов. см.* припаса́ть.

**припа́сть** *сов. см.* припада́ть 1.

**припа́сы** *мн.* stores, supplíes; съестны́е ~ provísions, víctuals ['vɪtᵊlz], coméstibles; вое́нные ~ mílitary supplíes, munítions; боевы́е ~ àmmunítion *sg.*

**припая́ть** *сов. см.* припа́ивать.

**припе́в** *м.* refráin, búrden. **~а́ть** *разг.* hum, troll; ◇ жить ~а́ючи ≅ live in clóver [lɪv...].

**припёк** I *м.* súrplus (*excess in weight of loaf over the flour used*).

**припёк** II *м. разг.*: на ~е (*на солнце*) in the very heat of the sun; right in the sun; where the sun is hóttest.

**припека́||ть** *разг.* (*о солнце*) be hot; со́лнце ~ет the sun is ráther hot [...'rɑ:-...].

**припере́ть** *сов. см.* припира́ть.

**припеча́тать** I, II *сов. см.* припеча́тывать I, II.

**припеча́тывать** I, припеча́тать (*вн.*) *разг.* (*класть печать*) seal (*d.*), affíx / attách a seal (to); (*сургучом*) applý séaling-wàx [...-wæks] (to).

**припеча́тывать** II, припеча́тать (*вн.*; *дополнительно*) print in addítion (*d.*).

**припира́ть,** припере́ть (*вн.*) *разг.* (*прижимать*) press (*d.*); (*закрывать*) shut* (*d.*); ~ чем-л. дверь put* smth. héavy agáinst the door [...'hevɪ... dɔ:]; ◇ припере́ть кого́-л. к стене́ drive* smb. into a córner, bring* smb. to bay.

**приписа́ть(ся)** *сов. см.* припи́сывать(ся).

**припи́ск||а** *ж.* **1.** addítion; (*в письме*) póstscript ['poussk-] (*сокр.* P.S.); ~ к завеща́нию *юр.* códicil; **2.** (*зачисление*) règistrátion; порт ~и *мор.* port of hail.

**припи́сывать,** приписа́ть **1.** (*вн.*; *прибавлять к письму и т. п.*) add (*d.*); **2.** (*вн.*; *причислять куда-л.*) attách (*d.*), régister (*d.*); **3.** (*вн. дт.*; *считать принадлежащим кому-л.*) ascríbe (*d.* to), attríbùte (*d.* to); (*относить за счёт чего-л.*) put* down (*d.* to); (*о чём-л. дурном*) impúte (*d.* to). **~ся,** приписа́ться **1.** (к) get* régistered (to); **2.** *страд. к* припи́сывать.

**припла́т||а** *ж.* = допла́та. **~и́ть** *сов. см.* припла́чивать.

**припла́чивать,** приплати́ть = допла́чивать, доплати́ть.

**приплести́** *сов. см.* приплета́ть.

**приплести́сь** *сов. разг.* come* drágging òne:sélf alóng.

**приплета́ть,** приплести́ (*вн.*) *разг.* (*впутывать*) ímplicàte (*d.*), drag in (*d.*).

**припло́д** *м.* íssue; ín:crease [-s]; дава́ть ~ breed*.

**приплыва́ть,** приплы́ть swim* up, come* swímming; (*о корабле и т. п.*) sail up; ~ к бе́регу reach the shore.

**приплы́ть** *сов. см.* приплыва́ть.

**приплю́снутый** fláttened, flat; ~ нос flat nose.

**приплю́снуть** *сов. см.* приплю́щивать.

**приплю́щивать,** приплю́снуть (*вн.*) flátten (*d.*).

**припля́сыва||ть** dance, hop, trip; ~ющая похо́дка dáncing gait.

**приподнима́ть,** приподня́ть (*вн.*) raise (a líttle, slíghtly) (*d.*), lift (a líttle, slíghtly) (*d.*). **~ся,** приподня́ться **1.** raise òne:sélf (a líttle); ~ся на ло́кте raise òne:sélf on one's élbow; ~ся на цы́почках stand* on típtóe; приподня́ться наноски́ rise*, *или* come* up, on the toes; **2.** *страд. к* приподнима́ть.

**припо́днят||ый** **1.** *прич. см.* приподнима́ть; **2.** *прил.* élevàted, elátеd; ~ стиль élevàted style; ~ое настрое́ние elátеd / élevàted mood; быть в ~ом настрое́нии be elátеd.

**приподня́ть(ся)** *сов. см.* приподнима́ть(ся).

**припо́й** *м. тех.* sólder ['sɔ-]; (*твёрдый*) braze.

**приполза́ть,** приползти́ creep* up, crawl up; come* créeping / cráwling.

**приползти́** *сов. см.* приполза́ть.

**припомин||а́ть,** припо́мнить (*вн.*) remémber (*d.*), rècollèct (*d.*), recáll (*d.*); наско́лько я ~а́ю as far as I remémber; я не ~а́ю э́того сло́ва I don't remémber / rècollèct this word; припо́мнил! now I remémber it!; сму́тно ~ have a házy rècolléction (of); ◇ он вам э́то припо́мнит! he will take his revénge on you some day!

**припо́мнить** *сов. см.* припомина́ть.

**припра́в||а** *ж.* séasoning [-z-], rélish, cóndiment, flávour:ing; с ~ой (из) séasoned (with) [-z-...]; без ~ы únséasoned [-zənd].

**припра́вить** I, II *сов. см.* приправля́ть I, II.

**припра́вка** *ж. полигр.* máking réady [...'redɪ].

**приправля́ть** I, припра́вить (*вн. тв.*; *о еде*) séason [-z-] (*d.* with), dress (*d.* with), flávour (*d.* with); (*пряностями*) spice (*d.*).

**приправля́ть** II, припра́вить (*вн.*) *полигр.* make* réady [...'redɪ] (*d.*).

**припры́гивать** *разг.* hop, skip.

**припря́тать** *сов. см.* припря́тывать.

**припря́тывать,** припря́тать (*вн.*) *разг.* **1.** (*прятать*) hide* (*d.*), secréte (*d.*); **2.** (*приберегать*) lay* up (*d.*), store up (*d.*), put* by / aside (*d.*).

**припугну́ть** *сов.* (*вн. тв.*) *разг.* intímidàte (*d.* with), scare (*d.* with).

**припу́дривать,** припу́дрить (*вн.*) **1.** pówder (*d.*); **2.** *тех.* dust (*d.*). **~ся,** припу́дриться pówder òne:sélf.

**припу́дрить(ся)** *сов. см.* припу́дривать(ся).

**при́пуск** *м. тех.* **allówance, márgin.**

**припуска́ть** I, припусти́ть (*вн.*; *при шитье*) let* out (*d.*).

**припуска́ть** II, припусти́ть *разг.* (*побежать быстрее*) mend / quicken one's pace; (*усилиться — о дожде*) come* down hárder.

**припуска́ть** III, припусти́ть (*вн.* к; *случать*) couple [kʌ-] (*d.* with).

**припусти́ть** I, II, III *сов. см.* припуска́ть I, II, III.

**припу́т||ать** *сов. см.* припу́тывать. **~ывать,** припу́тать (*вн.* к) ímplicàte (*d.* in).

**припуха́ть,** припу́хнуть swell* (a little).

**припу́х||лость** *ж.* swélling; intuméscence *научн.* **~лый** swóllen [-ou-], tùméscent *научн.* **~нуть** *сов. см.* припуха́ть.

**прираба́тыв||ать,** прирабо́тать earn éxtra [ə:n...]; он ~ает 100, 200 *и т. д.* рубле́й he earns one húndred, two húndred, *etc.*, roubles éxtra [...ru:-...].

**прирабо́тать** *сов. см.* прираба́тывать.

**при́работок** *м.* additional / éxtra éarnings [...'ə:n-] *pl.*; большо́й ~ large addítion to one's éarnings.

**прира́внивать,** приравня́ть (*вн.* к) equáte (*d.* with), put* / place on the same fóoting [...'fut-] (*d.* as); give* / confér the same státus (*i.* as). **~ся,** приравня́ться **1.** (к) be équal (to); **2.** *страд. к* прира́внивать.

**приравня́ть(ся)** *сов. см.* прира́внивать(ся).

**прира||ста́ть,** прирасти́ **1.** (к) adhére (to), grow* fast [-ou...] (to); ~ к ме́сту *разг.* (*о человеке*) become* róoted to the spot / ground; **2.** (*увеличиваться*) in:créase [-s], accrúe, be on the ín:crease [...-s]. **~сти́** *сов. см.* прираста́ть. **~ще́ние** *с.* in:crease [-s], ín:crement.

**приревнова́||ть** *сов.* (*вн.*) be jéalous [...'dʒel-] (of); он ~л её he was jéalous of her; он ~л её к нему́ he was jéalous of him (becáuse of her) [...-'kɔz...].

**прире́зать** I, II *сов. см.* прире́за́ть I, II.

**прирез́ать** I, прире́зать (*вн.*) *разг.* (*о животном*) kill (*d.*); (*о человеке*) cut* the throat (of).

**прирез́ать** II, прире́зать (*вн.*) add (*d.*); прире́зать уча́сток земли́ *разг.* add / tack on a plot of land.

**приро́д||а** *ж.* **1.** náture ['neɪ-]; явле́ния ~ы nátural phenómena; зако́н ~ы law of náture; **2.** (*сущность, характер*) náture, cháracter ['kæ-]; по ~е, от ~ы by náture, náturally; весёлый по ~е náturally chéerful, gay by náture; он лени́в от ~ы he is lázy by náture, he is náturally lázy; э́то в ~е веще́й it is in the náture of things. **~ный 1.** nátural; ~ные бога́тства nátural resóurces [...-'sɔ:-]; ~ные усло́вия nátural condítions; **2.** (*врождённый*) inbórn, innáte; ~ный недоста́ток inbórn deféct; ~ный ум innáte / nátive intélligence; móther wit ['mʌ-...] *идиом. разг.*

**природове́д** *м.* nátural históriаn, náturalist. **~ение** *с.* nátural hístory.

**прирождённый** (*о способности, таланте*) innáte, inbórn; (*о человеке*) born; ~ поэ́т a póet born.

**приро́ст** *м.* ín:crease [-s], àccrétion; ~ населе́ния ín:crease in / of pòpulátion.

**прирубе́жный** (situàted) near the fróntier [...'frʌ-]; bórder; ~ посёлок bórder hámlet [...'hæ-].

**прируч||а́ть,** приручи́ть (*вн.*) tame (*d.*); (*о животных тж.*) domésticàte (*d.*). **~е́ние** *с.*: ~е́ние живо́тных domèsticátion of ánimals. **~и́ть** *сов. см.* прируча́ть.

**приса́живаться,** присе́сть sit* down, take* a seat; приса́живайтесь, прися́дьте take a seat.

**приса́ливать,** присоли́ть (*вн.*) *разг.* salt (*d.*), sprinkle with salt (*d.*), add a pinch of salt (to).

**приса́сываться,** присоса́ться (к) stick* (to), adhére by súction (to).

**присва́ивать** I, присво́ить (*вн.*; *овладевать*) appròpriàte (*d.*); ~ незако́нно mísappròpriàte (*d.*); ~ себе́ честь (*рд.*) assúme the hónour [...'ɔnə] (of); ~ себе́ пра́во assúme the right.

**присва́ивать** II, присво́ить (*вн. дт.*) give* (*d. i.*), confér (*d.* on), awárd (*d.* to); ~ квалифика́цию give* a quàlificátion (*i.*); ~ зва́ние (*рд.*) give* / confér the rank (of); ему́ присво́или зва́ние майо́ра he was given the rank of májor; ему́ присво́или сте́пень до́ктора he was made a Dóctor, he was awárded the degrée of Dóctor, the degrée of Dóctor was conférred on him; ~ и́мя (*рд.*) name (áfter); Худо́жественному теа́тру присво́ено и́мя Макси́ма Го́рького the Art Théatre was (ré:-) námed áfter Máxim Górky [...'θɪə-...].

**при́свист** *м.* **1.** (*свист*) whistle; **2.** (*свистящий призвук*) síbilance; говори́ть с ~ом síbilàte.

**присви́стнуть** *сов.* give* a whistle.

**присви́стывать 1.** whistle; **2.** (*говорить с присвистом*) síbilàte.

**присвое́ние** I *с.* appròpriátion; незако́нное ~ mísappròpriátion; незако́нное ~ средств mísappròpriátion of funds.

**присвое́ние** II *с.* (*звания и т. п.*) awárding, conférment.

**присво́ить** I, II *сов. см.* присва́ивать I, II.

**приседа́ние** *с.* **1.** squátting; **2.** *уст.* (*реверанс*) cúrts(e)y.

**приседа́ть,** присе́сть **1.** (*на корточки*) squat; (*от страха*) cówer; **2.** *уст.* (*делать реверанс*) drop cúrts(e)ys, cúrts(e)y; *сов. тж.* drop a cúrts(e)y.

**присе́ст** *м.*: в оди́н ~, за оди́н ~ *разг.* at one go, at one sítting, at a stretch.

**присе́сть** *сов.* **1.** *см.* приса́живаться; **2.** *см.* приседа́ть.

**при́сказка** *ж. лит.* (stóry-tèller's) introdúction; flóurish ['flʌ-], embéllishment (of *a* stóry).

**прискака́ть** *сов.* **1.** (*на лошади*) come* gálloping, arríve at a gállop; (*перен.*) *разг.* come* téaring alóng [...'tɛə-...]; **2.** (*на одной ноге; тж. о животных*) hop, come* hópping.

**прискорб||ие** *с.* sórrow, regrét; с душе́вным ~ием with deep sórrow / regrét; к моему́ ~ию to my regrét. **~ный** sórrowful, regréttable, lámentable, deplórable; ~ный факт, слу́чай deplórable fact, occúrrence.

**приску́чи||ть** *сов.* (*дт.*) *разг.* wéary (*d.*), bore (*d.*), tire (*d.*): ему́ э́то ~ло he is bored with it, he is tired of it.

**присла́ть** *сов. см.* присыла́ть.

**прислони́ть(ся)** *сов. см.* прислоня́ть(ся).

**прислоня́ть,** прислони́ть (*вн.* к) lean* (*d.* agáinst), rest (*d.* agáinst). ~**ся,** прислони́ться 1. (к) lean* (agáinst), rest (agáinst); 2. *страд. к* прислоня́ть.

**прислу́||га** *ж.* 1. *уст.* (*служанка*) sérvant, máid-sèrvant, maid; приходя́щая ~ chár:wòman* [-wu-]; 2. *собир. уст.* (*слуги*) doméstics *pl.*, hóuse:hòld sérvants [-s-...] *pl.*; 3. *собир. воен.* crew, (gun) detáchment(s) (*pl.*). ~**живать** (*дт.*) *уст.* wait (up:ón), atténd (up:ón). ~**живаться,** прислужи́ться (к) *уст.* worm òne:sélf into the fávour (of), fawn (up:ón), cringe (to). ~**жи́ться** *сов. см.* прислу́живаться. ~**жник** *м. уст.* sérvant; (*перен.*) fáwner, ménial, sérvitor, únderling. ~**жничество** *с.* subsérvience, sèrvílity.

**прислу́шаться** *сов. см.* прислу́шиваться.

**прислу́шиваться,** прислу́шаться (к) lísten [-s°n] (to), lend* (an) ear (to), lend* one's ear (to); внима́тельно ~ к чьим-л. жа́лобам lend* an atténtive ear to smb.'s compláints; ~ к чьему́-л. мне́нию consíder smb.'s opínion [-'sɪ-...]; ~ к го́лосу наро́да heed the voice of the people [...pi:-].

**присма́тривать,** присмотре́ть 1. (за *тв.*) look (áfter), keep* an eye [...aɪ] (on); ~ за рабо́той súpervise / sùperinténd the work; 2. (*вн.*; *подыскивать*) look (for); *сов. тж.* find* (*d.*). ~**ся,** присмотре́ться (к) 1. look clóse:ly / atténtive:ly [...-ous-...] (at); ~ся к кому́-л. size smb. up; take* smb.'s méasure [...'meʒə] *идиом.*; 2. (*привыкать*) get* accústomed (to).

**присмире́ть** *сов.* grow* quíet [-ou...].

**присмо́тр** *м.* care, ténding, lóoking áfter; (*надзор*) sùperinténdence, sùpervísion; под ~ом кого́-л. únder smb.'s care / sùpervísion.

**присмотре́ть(ся)** *сов. см.* присма́тривать(ся).

**присни́ться** *сов. см.* сни́ться.

**при́сные** *мн. скл. как прил. разг.* assóciates; вы и ва́ши ~ you and your crowd.

**присовокупи́ть** *сов. см.* присовокупля́ть.

**присовокупля́ть,** присовокупи́ть (*вн.*) add (*d.*).

**присоедин||е́ние** *с.* 1. (*чего-л.*) addítion; (*кого-л.*) jóining; 2. (*территории*) ànnèxátion; jóining; 3. *эл.* connéction; 4. (*к мнению и т. п.*) adhésion, adhérence [-'hɪə-]. ~**и́ть(ся)** *сов. см.* присоединя́ть(ся).

**присоедин||я́ть,** присоедини́ть (*вн.*) 1. join (*d.*); присоедини́ть свой го́лос к го́лосу (*рд.*) join one's voice to that (of); 2. (*прибавлять*) add (*d.*); 3. (*о территории*) annéx (*d.*); join (*d.*); 4. *эл.* connéct (*d.*), join (*d.*). ~**я́ться,** присоедини́ться 1. (к) join (*d.*); (*солидаризироваться*) assóciàte (òne:sélf) (with); ~я́ться к мне́нию кого́-л. subscríbe to smb.'s opínion; ~я́ться к заявле́нию subscríbe / adhére to *a* státe:ment; ~и́ться к чьей-л. про́сьбе join in smb.'s requést; к ним ~и́лись де́ти *the* chíldren joined them; 2. *страд. к* присоединя́ть.

**присоли́ть** *сов. см.* приса́ливать.

**присоса́ться** *сов. см.* приса́сываться.

**присосе́диться** *сов.* (к) *разг.* sit* down (next to).

**присо́ска** *ж. биол.* súcker.

**присо́хнуть** *сов. см.* присыха́ть.

**приспе́ть** *сов.* (*о времени*) come*, be ripe.

**приспе́шни||к** *м.*, ~**ца** *ж.* mýrmidon; stooge *амер.*

**приспи́чи||ть** *сов. безл. разг.*: ему́, им *и т. д.* ~ло е́хать за́втра he, they, *etc.*, took it into his head, their heads, *etc.*, to go to:morrow [...hed...].

**приспоса́бливать(ся)** = приспособля́ть(ся).

**приспосо́бить(ся)** *сов. см.* приспособля́ть(ся).

**приспособле́нец** *м.* tíme-sèrver.

**приспособле́ние** *с.* 1. (*действие*) àdàptátion, accòmmodátion; ~ к кли́мату acclìmatizátion [əklaɪmətaɪ-]; 2. (*устройство*) devíce; (*механическое тж.*) contrívance [-'traɪ-], appliance; gádget *разг.*; регулиро́вочное ~ adjústing gear [ə'dʒʌ- gɪə].

**приспосо́бленность** *ж.* fítness, sùitabílity [sju:-].

**приспособле́нче||ский** tíme-sèrving. ~**ство** *с.* tíme-sèrving.

**приспособля́емость** *ж.* adàptabílity, fáculty of accòmmodátion; adjùstabílity [ədʒʌ-].

**приспособля́ть,** приспосо́бить (*вн.* к) fit (*d.* to), adápt (*d.* to), accómmodàte (*d.* to), adjúst [ə'dʒʌ-] (*d.* to). ~**ся,** приспосо́биться 1. (к) adjúst / adápt òne:sélf [ə'dʒʌ-...] (to), accómodàte òne:sélf (to); 2. *страд. к* приспособля́ть.

**приспуска́ть,** приспусти́ть (*вн.*) lówer a líttle ['louə...] (*d.*), let* down a líttle (*d.*); ~ флаг lówer *the* flags / cólours to hálf-mást [...'kʌ-... 'hɑ:f-]; *мор.* hálf-mást *the* cólours; фла́ги бы́ли приспу́щены the flags were at hálf-mást; приспу́щенные фла́ги flags flýing at hálf-mást, flags at hálf-mást. ~**ся,** приспусти́ться 1. *мор.* bear* up [bɛə...], keep* a:wáy; 2. *страд. к* приспуска́ть.

**приспусти́ть(ся)** *сов. см.* приспуска́ть(ся).

**при́став** *м. ист.* políce-òfficer [-'li:s-]; суде́бный ~ báiliff; станово́й ~ dístrict políce-òfficer.

**пристава́ние** *с.* (*надоедание*) wórrying ['wʌ-], péstering.

**пристава́ть,** приста́ть 1. (к; *прилипать*) stick* (to), adhére (to); 2. (к; *причаливать*) put* in; come* alóng:síde (of); приста́ть к бе́регу (*о лодке*) pull in (up) to the shore [pul...]; 3. (к) *разг.* (*к экскурсии и т. п.*) join (*d.*); 4. (к *дт.* с *тв.*; *надоедать*) wórry ['wʌ-] (*d.* with), péster (*d.* with); bádger (*d.* with), impòrtúne (*d.* with); ~ с сове́тами press advíce (up:ón); 5. (к) *разг.* (*передаваться — о болезнях и т. п.*) commúnicàte it:sélf (to); 6. *тк. сов. безл.* (*дт.*; *чаще с отрицанием*; *приличествовать*) becóme* (*d.*), befít (*d.*); 7. *тк. сов.* (*дт.*) *уст.* (*быть к лицу*) becóme* (*d.*).

**приста́вить** *сов. см.* приставля́ть.

**приста́вка** *ж. грам.* préfix ['pri:-].

**пристав||ля́ть,** приста́вить (*вн.* к) 1. put* (*d.* agáinst), set* (*d.* agáinst), lean* (*d.* agáinst); set* (*d.* to); 2. (*назначать для наблюдения и т. п.*) appóint (*d.*) to look (áfter). ~**но́й** ádded, attáched; ~на́я ле́стница ládder.

**приста́вочный** *грам.* with a préfix [...'pri:-].

**при́стальн||о** *нареч.* fíxedly, inténtly; ~ смотре́ть (на *вн.*) look fíxedly / inténtly (at); stare (at), gaze (at). ~**ость** *ж.* fíxedness. ~**ый** fixed, intént; ~ый взгляд fixed / intént look; stare, gaze; с ~ым внима́нием with great atténtion [...-eɪt...], inténtly.

**приста́нище** *с.* réfuge, shélter, asýlum.

**пристанцио́нный** státion (*attr.*).

**при́стань** *ж.* lánding-stàge, (lànding) pier [...pɪə]; dock *амер.*; (*для погрузки и разгрузки*) wharf*; (*перен.*) réfuge.

**приста́ть** *сов. см.* пристава́ть.

**пристёгивать,** пристегну́ть (*вн.*) **1.** fásten [-s°n] (*d.*); (*на пуговицу*) bútton up (*d.*); **2.** *разг.* (*приплетать*) ímplicàte (*d.*).

**пристегну́ть** *сов. см.* пристёгивать.

**присто́йн||ость** *ж.* décency ['di:-], propríety, decórum. **~ый** décent, próper ['prɔ-], décorous, becóming.

**пристра́ивать,** пристро́ить (*вн.*) **1.:** ~ к зда́нию, до́му *и т. п.* attách / add to *a* búilding, *a* house*, *etc.* [...'bɪl-... -s] (*d.*); **2.** *разг.* (*устраивать*) settle (*d.*), place (*d.*), fix (*d.*); **3.** (*к строю*) join up (with), form up (with). **~ся,** пристро́иться **1.** *разг.* get* *a* place, settle; **2.** (к *строю*) join up (with), form up (with); *ав.* join, *или* take* up, fòrmátion (with); **3.** *страд. к* пристра́ивать.

**пристра́стие** *с.* (к) **1.** (*склонность*) líking (for), wéakness (for), prèdiléction [pri:-] (for); **2.** (*необъективное отношение*) pàrtiálity (to, for), bías (towards); относи́ться с ~м (к) treat with pàrtiálity (*d.*), adópt a pártial / préjudiced áttitùde (towards); ◇ допро́с с ~м *уст.* trial by òrdéal.

**пристрасти́ть** *сов.* (*вн.* к) make* keen (*d.* on). **~ся** *сов.* (к) take* (to), give* òne¦sélf up (to).

**пристра́стн||о** [-сн-] *нареч.* with pàrtiálity, with préjudice; ~ относи́ться к кому́-л. (*хорошо*) treat smb. with pàrtiálity, adópt a pártial / préjudiced áttitùde (towards). **~ость** [-сн-] *ж.* pàrtiálity. **~ый** [-сн-] pártial; быть ~ым (к) be pártial (to).

**пристра́чивать,** пристрочи́ть (*вн.* к) sew* [sou] (*d.* to).

**пристре́ливать** I, пристрели́ть (*вн.*; *убивать*) shoot* (down) (*d.*), kill (*d.*).

**пристре́ливать** II, пристреля́ть (*вн.*; *приводить к нормальному бою*) zérò (*d.*); пристреля́ть ору́дие régister *a* gun on. **~ся,** пристреля́ться **1.** (по *дт.*) *воен.* régister (on); range [reɪ-] (on) (*гл. обр. по дальности*); батаре́я пристреля́лась the báttery found the range; **2.** *страд. к* пристре́ливать II.

**пристрели́ть** *сов. см.* пристре́ливать I.

**пристре́л||ка** *ж. воен.* règistrátion, ránging (fire) ['reɪn-...], fire for adjústment [...ə'dʒʌ-]; вести́ ~ку régister, find* the range [...reɪ-]. **~очный** *воен.*: ~очное ору́дие ránging gun ['reɪn-...].

**пристре́льный** *воен.*: ~ ого́нь stráddling fire.

**пристреля́ть** *сов. см.* пристре́ливать II. **~ся** *сов. см.* пристре́ливаться.

**пристро́ить(ся)** *сов. см.* пристра́ивать(ся).

**пристро́йка** *ж.* ánnèx(e); exténsion; (*отдельная*) óut-house* [-s]; (*лёгкая, вроде навеса*) léan-tó.

**пристрочи́ть** *сов. см.* пристра́чивать.

**пристру́н||ивать,** пристру́нить (*вн.*) *разг.* take* in hand (*d.*). **~ить** *сов. см.* пристру́нивать.

**присту́кивать,** присту́кнуть (*тв.*) *разг.* tap (*d.*); ~ каблука́ми tap (with) one's heels, click one's heels.

**присту́кнуть** I *сов. см.* присту́кивать.

**присту́кнуть** II *сов.* (*вн.*) *разг.* (*убить*) kill (*d.*), club to death [...deθ] (*d.*).

**при́ступ** *м.* **1.** *воен.* assáult, storm, rush; брать ~ом (*вн.*) take* by assáult / storm (*d.*), cárry by assáult (*d.*), storm (*d.*), rush (*d.*); **2.** (*боли, гнева и т. п.*) fit, attáck; (*болезни*) bout; (*лёгкий*) touch [tʌtʃ]; ~ бо́ли pang; pároxysm (of pain); ~ маляри́и touch / bout of malária; ~ ревмати́зма twinge of rheumátics; ~ гне́ва fit of ánger; ~ ка́шля fit / bout of cóughing [...'kɔf-], attáck of cóughing; ◇ к нему́ ~у нет *разг.* he is inàccéssible / ùn¦appróachable.

**приступ|¦а́ть,** приступи́ть (к; *начинать*) set* abóut (*d.*), start (*d.*); (*переходя к другому занятию*) procéed (to); ~ к рабо́те begin* / start one's work, get* down to work; ~и́ть к де́лу set* to work; ~ к исполне́нию свои́х обя́занностей énter up¦ón one's dúties; ~ к исполне́нию обя́занностей (*рд.*) take* up the dúties (of); ~ к чте́нию begin* / start réading; зате́м он ~и́л к ана́лизу вещества́ he then procéeded to ánalỳse the súbstance. **~и́ть** *сов. см.* приступа́ть. **~и́ться** *сов.* (к) appróach (*d.*), accóst (*d.*); не присту́пишься, нельзя́ ~и́ться = при́ступу нет *см.* при́ступ.

**присту́пок** *м. разг.* step.

**пристыди́ть** *сов.* (*вн.*) shame (*d.*), put* to shame (*d.*), make* ashámed of *smth.* (*d.*).

**пристыжённый** *прич. и прил.* ashámed.

**пристя́жк||а** *ж.* **1.** *разг.* = пристяжна́я; **2.:** в ~е in tráces (óutside the shafts).

**пристяжна́я** *ж. скл. как прил.* outrúnner, tráce-hòrse.

**присуди́ть** *сов. см.* присужда́ть.

**прису||жда́ть,** присуди́ть **1.** (*вн.* к) (*к тюремному заключению и т. п.*) séntence (*d.* to), condémn (*d.* to); ~ к штра́фу, ~ штраф fine (*d.*); **2.** (*вн. дт.*; *награждать*) awárd (*d. d.*), adjúdge [ə'dʒ-] (*d.* to); (*о степени*) confér (*d.* on); ему́ ~ди́ли пе́рвую пре́мию he was awárded the first prize; ему́ ~ди́ли сте́пень до́ктора a dóctorship, *или* the degrée of Dóctor, was conférred on him. **~жде́ние** *с.* (*о награде, премии*) awárding, adjùdicátion [ədʒu:-]; (*о степени*) conférment.

**прису́тственн||ый** *уст.*: ~ое ме́сто óffice, buréau [bjuə'rou]; ~ые часы́ óffice / búsiness hours [...'bɪz- auəz]; ~ день wórking-day.

**прису́тстви||е** *с.* **1.** présence [-z-]; в ~и кого́-л. in smb.'s présence; ва́ше ~ необходи́мо your présence / atténdance is esséntial; э́то произошло́ в моём ~и it was done in my présence, *или* in front of me [...frʌnt...]; э́то бы́ло ска́зано в моём ~и it was said in my héaring [...sed...], it was said befóre me; **2.** *уст.* (*учреждение*) óffice; ◇ ~ ду́ха présence of mind.

**прису́тств||овать** (на *пр.*) be présent [...-ez-] (at); assíst (at); (*на лекции, торжестве и т. п.*) attend (*d.*); на приёме ~овало мно́го госте́й the recéption was atténded by a great númber of guests [...greɪt...]. **~ующий 1.** *прич. см.* прису́тствовать; **2.** *м. как сущ.* présent ['prez-]; ~ующие those présent;

о ~ующих не говоря́т *погов.* ≅ présent cómpany (álways) excépted [...'kʌ- 'ɔːlwəz...].

**прису́щ||ий** (*дт.*) inhérent (in); с ~им ему́ ю́мором with the húmour chàracterístic of him [...kæ-...], with chàracterístic húmour; ~ие им осо́бенности their own distínctive féatures [...oun...].

**присчита́ть** *сов. см.* присчи́тывать.

**присчи́тывать,** присчита́ть (*вн.*) add on (*d.*).

**присыла́ть,** присла́ть (*вн.*) send* (*d.*).

**присы́лка** *ж.* sénding.

**присы́пать** *сов. см.* присыпа́ть.

**присыпа́ть,** присы́пать **1.** (*вн.*, *рд.*; *дополни́тельно*) put* (*d.*); pour some more [pɔː...] (*d.*); присы́пать (ещё) муки́ add some more flour; **2.** (*вн. тв.*; *посыпать*) sprinkle (*d.* with), pówder (*d.* with), dust (*d.* with).

**присы́пка** *ж.* **1.** (*действие*) sprinkling, pówdering, dústing; **2.** (*порошок*) pówder.

**присыха́ть,** присо́хнуть (к) adhére (in drýing) (to), stick* (to), dry (on, to); присо́хшая грязь caked mud / dirt.

**прися́г||а** *ж.* oath*; *воен.* oath* of allégiance; oath* of enlístment *амер.*; приводи́ть к ~е (*вн.*) swear* in [swɛə...] (*d.*), adminíster the oath (to); под ~ой on oath; дава́ть показа́ния под ~ой téstifỳ únder oath; дава́ть ~у swear*; принима́ть ~у take* *the* oath; ло́жная ~ pérjury.

**присяга́ть,** присягну́ть (*дт.* в *пр.*) swear* [swɛə] (to *d.*); (*без доп.*) take* one's oath, swear* an oath; ~ в ве́рности (*дт.*) swear* allégiance (to).

**присягну́ть** *сов. см.* присяга́ть.

**прися́жн||ый** **1.** *прил. юр.*: ~ пове́ренный *уст.* bárrister; ~ заседа́тель *уст. см.* 3; **2.** *прил. разг.* (*постоянный*) born: ~ расска́зчик born stóry-tèller; **3.** *м. как сущ.* júror, júry¦man*; суд ~ых júry.

**прита́иться** *сов.* lurk, hide*; concéal òne¦sélf; keep* quiet.

**прита́птывать,** притопта́ть **1.** (*вн.*) tread* down [tred...] (*d.*); **2.** *тк. несов. разг.* (*ногами, каблуками*) tap (with) one's heels, click one's heels.

**прита́скивать,** притащи́ть (*вн.*) *разг.* bring* (*d.*), drag (*d.*), haul (*d.*).

**притача́ть** *сов. см.* прита́чивать.

**прита́чивать,** притача́ть (*вн.* к) stitch (*d.* to), sew* on [sou...] (*d.* to).

**притащи́ть** *сов. см.* прита́скивать. **~ся** *сов. разг.* drag òne¦sélf.

**притвори́ть** *сов. см.* притворя́ть.

**притвори́ться** I, II *сов. см.* притворя́ться I, II.

**притво́рно** I *прил. кратк. см.* притво́рный.

**притво́рно** II *нареч.* afféctedly, hỳpocrítically; ~ скро́мный móck-mòdest [-mɔd-].

**притво́р||ный** affécted, preténded, feigned [feɪnd], sham; ~ные слёзы feigned tears; ~ное равноду́шие affécted / feigned / símulàted indifference. **~ство** *с.* simulátion, preténce, sham. **~щик** *м.*, **~щица** *ж.* **1.** preténder, sham; **2.** (*обманщик*) hýpocrite, dissémbler.

**притворя́ть,** притвори́ть (*вн.*) shut* (*d.*), close (*d.*).

**притворя́ться** I, притвори́ться **1.** (*закрываться*) shut*, close; **2.** *страд. к* притворя́ть.

**притворя́||ться** II, притвори́ться (*прикидываться*) preténd (to be); feign [feɪn], dissémble, símulàte, sham; ~ больны́м preténd to be ill, feign / sham íllness; ~ спя́щим preténd to be sléeping, sham sleep; ~ глухи́м preténd to be deaf [...def]; ~ мёртвым preténd to be dead [...ded], sham / feign death [...deθ]; ~ безразли́чным feign indifference; ~ удивлённым feign surpríse; не обраща́йте внима́ния, он ~ется take no nótice, he is ónly shámming [...'nou-...].

**притека́ть,** прите́чь flow [flou].

**притере́ть** *сов. см.* притира́ть.

**притерпе́||ться** *сов.* (к) *разг.* get* accústomed / used [...juːst] (to); он ~лся ко всем неудо́бствам he got accústomed / used to all the in¦convéniences.

**притёрт||ый:** ~ая про́бка gróund-in stópper.

**притесн||е́ние** *с.* oppréssion. **~и́тель** *м.*, **~и́тельница** *ж.* oppréssor. **~и́ть** *сов. см.* притесня́ть.

**притесн||я́ть,** притесни́ть (*вн.*) oppréss (*d.*), keep* down (*d.*): ца́рское прави́тельство ~я́ло рабо́чих the tsárist góvernment oppréssed, *или* kept down, the wórkers [...'zɑː-, 'tsɑː-'gʌ-...].

**прите́чь** *сов. см.* притека́ть.

**притира́ть,** притере́ть (*вн.*) *тех.* grind* in (*d.*).

**прити́скивать,** прити́снуть (*вн.* к) *разг.* squeeze (*d.* agáinst).

**прити́снуть** *сов. см.* прити́скивать.

**притиха́ть,** прити́хнуть grow* quíet [-ou...], quíet down; hush; (*перен.*) sing* small, lówer one's tone ['louə...].

**прити́хнуть** *сов. см.* притиха́ть.

**приткну́ть** *сов.* (*вн.*) *разг.* stick* (*d.*). **~ся** *сов. разг.*: ему́, им *и т. д.* не́где ~ся he, they, *etc.*, can't squeeze in ány¦whère [...kɑːnt...].

**прито́к** *м.* **1.** *геогр.* tríbutary; **2.** (*поступление в большом количестве*) flow [-ou], ínflùx; índraught [-drɑːft], índràft.

**при́толока** *ж.* líntel.

**прито́м** *союз* (and) besídes; ~ он ничего́ не зна́ет (and) besídes he knows nothing [...nouz...].

**прито́н** *м.* den, haunt; воровско́й ~ den of thieves [...θiː-]; иго́рный ~ gámbling-dèn, gámbling-hèll.

**прито́пнуть** *сов. см.* прито́пывать.

**притопта́ть** *сов. см.* прита́птывать 1.

**прито́пывать,** прито́пнуть stamp one's foot* [...fut]; (*каблуками*) tap with one's heels.

**притора́чивать,** приторочи́ть (*вн.*) strap (*d.*).

**при́торн||ость** *ж.* síckliness, excéssive swéetness; lúscious¦ness ['lʌʃəs-] (*тж. перен.*). **~ый** síckly, sáccharine; lúscious ['lʌʃəs] (*тж. перен.*); ~ый челове́к méaly-mouthed pérson; ~ая улы́бка súgary smile ['ʃu-...].

**приторочи́ть** *сов. см.* притора́чивать.

**притра́гиваться,** притро́нуться (к) touch [tʌtʃ] (*d.*).

**притро́нуться** *сов. см.* притра́гиваться.

**притуп||и́ть(ся)** *сов. см.* притупля́ть(ся). **~ле́ние** *с.* blúnting; (*перен.*) dúlling, déadening ['ded-].

**притупля́ть,** притупи́ть (*вн.*; *о ноже и т. п.*) blunt (*d.*), dull (*d.*), take* the edge (of); (*перен.*) déaden ['ded-] (*d.*), dull (*d.*). **~ся,**

притупи́ться 1. (*о ноже и т. п.*) become* blunt / dull; (*перен.*) déaden ['ded-], become* dull; 2. *страд. к* притупля́ть.

**при́тча** *ж.* párable ['pæ-]; что за ~? what is that?, how strange! [...-eɪndʒ]; ◇ ~ во язы́цех ≅ the talk of the town.

**притяга́тельн||ость** *ж.* attráctive:ness. ~ый attráctive, màgnétic; ~ая си́ла màgnétic force.

**притя́гивать,** притяну́ть (*вн.*) attráct (*d.*), draw* (*d.*); ~ как магни́т attráct like a mágnet (*d.*); притяну́ть к суду́ *разг.* sue (*d.*); have up (*d.*); ◇ притя́нутый за́ уши, за́ волосы fár-fétched.

**притяжа́тельн||ый** *грам.* posséssive [-'ze-]; ~ое местоиме́ние posséssive pró:noun.

**притяже́ни||е** *с.* attráction; зако́н земно́го ~я attráction of grávity.

**притяза́||ние** *с.* preténsion, claim; име́ть ~ния (на *вн.*) have claims (on). **~тельный** preténtious, exácting, éxigent.

**притяну́ть** *сов. см.* притя́гивать.

**приуда́рить** *сов. см.* приударя́ть.

**приударя́ть,** приуда́рить (за *тв.*) *разг.* run* (áfter), make* love [...lʌv] (to).

**приукра́сить** *сов. см.* приукра́шивать.

**приукраша́ть** = приукра́шивать.

**приукра́шивать,** приукра́сить (*вн.*) *разг.* décoràte (*d.*), adórn (*d.*), préttifỳ ['prɪ-] (*d.*); (*перен.*) embéllish (*d.*), embróider (*d.*); ~ действи́тельность cólour the truth ['kʌ-...truːθ].

**приуменьша́ть,** приуме́ньши́ть (*вн.*) *разг.* dimínish (*d.*), redúce (*d.*).

**приуме́ньши́ть** *сов. см.* приуменьша́ть.

**приумнож||а́ть,** приумно́жить (*вн.*) in:créase [-s] (*d.*), augmént (*d.*), múltiplỳ (*d.*). **~а́ться,** приумно́житься in:créase [-s], múltiplỳ. **~е́ние** *с.* ín:crease [-s], augmèntátion, mùltiplicátion.

**приумно́жить(ся)** *сов. см.* приумножа́ть (-ся).

**приумо́лкнуть** *сов. разг.* become* / fall* sílent.

**приуны́ть** *сов.* become* mélancholy / glóomy [...-kə-...], be in low spírits [...lou...], be créstfàll:en.

**приуро́ч||ивать,** приуро́чить (*вн.* к) time (*d.* to). **~ить** *сов. см.* приуро́чивать.

**приуса́дебный:** ~ уча́сток (колхо́зника) pérsonal plot / hólding (of *a* colléctive fármer).

**приути́хнуть** *сов.* quíet down; (*о буре*) abáte; (*о ветре*) fall*; (*о разговоре*) stop, cease [-s], flag.

**приуч||а́ть,** приучи́ть (*вн.* к) train (*d.* to); school (*d.* to); ~ кого́-л. к дисципли́не train smb. to díscipline, ín:cùlcàte díscipline / órder into smb.; ~ кого́-л. к поря́дку train smb. to be órderly; ~ кого́-л. ра́но встава́ть train smb. to éarly rísing [...'əːlɪ...]; ~ себя́ к терпе́нию learn* to be pátient [ləːn...], school òne:sélf to pátience. **~а́ться,** приучи́ться 1. (к) accústom òne:sélf (to); 2. *страд. к* приуча́ть.

**приучи́ть(ся)** *сов. см.* приуча́ть(ся).

**прифранти́ться** *сов. разг.* dress up, smárten òne:sélf up.

**прифронтов||о́й** front [frʌnt] (*attr.*), frónt-line ['frʌnt-] (*attr.*); ~а́я полоса́ frónt-line área [...'ɛərɪə].

**прихва́рывать,** прихворну́ть *разг.* be ún-wéll / indispósed.

**прихвастну́ть** *сов. разг.* boast / brag a líttle.

**прихвати́ть** *сов. см.* прихва́тывать.

**прихва́тывать,** прихвати́ть (*вн.*) *разг.* 1. (*брать*) take* (*d.*); (*взаймы*) bórrow (*d.*); 2. (*привязывать*) fásten [-sᵊn] (*d.*); 3. (*повреждать морозом*) touch [tʌtʃ] (*d.*); цветы́ прихвати́ло моро́зом the flówers are touched with frost.

**прихворну́ть** *сов. см.* прихва́рывать.

**при́хвостень** *м. разг.* háng:er-ón, tóady.

**прихлеба́тель** *м. разг.* spónger ['spʌn-], párasite, hánger-ón. **~ский** *прил. к* прихлеба́тель *и* прихлеба́тельство. **~ство** *с. разг.* spónging ['spʌn-].

**прихлебну́ть** *сов.* take* a sip.

**прихлёбывать** (*вн.*) sip (*d.*).

**прихло́пнуть** *сов. см.* прихло́пывать 1, 2.

**прихло́пывать,** прихло́пнуть 1. (*вн.*) slam (down) (*d.*); 2. (*вн.*; *прищемлять*) shut* (*d.*); прихло́пнуть па́лец две́рью shut* one's fínger in the door [...dɔː]; 3. *тк. несов.* (*без доп.*) clap, slap.

**прихлы́нуть** *сов.* (к) *разг.* rush (to); sweep* (towards).

**прихо́д** I *м.* (*прибытие*) cóming, arríval; ádvent *книжн.*; ~ к вла́сти ádvent / accéssion to pówer.

**прихо́д** II *м.* (*доход*) recéipts [-'siːts] *pl.*; ~ и расхо́д ín:come and expénditure.

**прихо́д** III *м.* (*церковный*) párish.

**приходи́ть,** прийти́ (*в разн. знач.*) come*; (*прибывать*) arríve: ~ пе́рвым, вторы́м *и т. д.* (*на гонках, бегах и т. п.*) come* in first, sécond, *etc.* [...'se-]; ~ в порт arríve at the port; make* a port; ~ к вла́сти come* to pówer; ~ к убежде́нию, заключе́нию come* to *the* con:clúsion, arríve at *a* con:clúsion; ~ к соглаше́нию come* to *an* agréement / ùnderstánding; come* to terms; ~ к концу́ come* to an end; — прийти́ в отча́яние give* way, *или* give* òne:sélf up, to despáir; ~ в восто́рг (от) go* into ráptures (óver), be enráptured / delíghted (with), be enthùsiàstic [...-zɪ-] (óver, abóut); ~ в у́жас be hórrified; ~ в негодова́ние become* indígnant; ~ в упа́док fall* into decáy; ~ в весёлое настрое́ние become* gay / mérry; ~ в плохо́е настрое́ние become* sad / mélancholy [...-kə-]; ~в го́лову, ~ на ум кому́-л. occúr to smb., strike* smb.; come* into smb.'s mind, cross smb.'s mind: ему́ пришло́ в го́лову, что it occúrred to him that, it came into his mind that, it crossed his mind that; — ~ в себя́, ~ в чу́вство (*после обморока*) come* to òne:sélf, come* to one's sénses, regáin cónscious:ness, *или* one's sénses [...-nʃəs-...]; come* round *разг.*; ~ в но́рму settle into shape; ~ в изумле́ние be surprísed / amázed; ну вот мы и пришли́ well, here we are.

**приходи́ться,** прийти́сь 1. (по *дт.*; *соответствовать*) fit (*d.*); ша́пка пришла́сь ему́, ей *и т. д.* по голове́ the hat fítted his, her, *etc.*, head quite well [...hed...]; прийти́сь кому́-л. по вку́су be to smb.'s taste [...teɪ-], suit smb.'s taste [sjuːt...]; кни́га пришла́сь ему́ по вку́су he found the book to his líking, the book was just what he wánted; **2.** (на *вн.*; *совпадать*) fall* (on); выходно́й день прихо́дится на 7 ма́я the day off falls on the 7th of May; **3.** *безл.*: ему́ пришло́сь (+ *инф.*) he had (+ to *inf.*); ему́ пришло́сь уе́хать he had to leave; ему́ прихо́дится (+ *инф.*) he has (+ to *inf.*); ему́ придётся подожда́ть he'll have to wait; прихо́дится пожале́ть об э́том it is to be regrétted; **4.** (*иметь случай, возможность*): ему́ не раз приходи́лось наблюда́ть восхо́д со́лнца he has óften watched the sún¦rise [...'ɔːf(t)°n...]; **5.** *безл. разг.* (*причитаться*): с него́ прихо́дится пять рубле́й he must pay five roubles [...ruː-]; на ка́ждого (из нас, из них) прихо́дится по рублю́ we shall, they will, get one rouble each; **6.** *тк. несов.* (*являться, доводиться*): он прихо́дится мне отцо́м, дя́дей *и т. п.* he is my fáther, uncle, *etc.* [...'fɑː-...]; он мне прихо́дится двою́родным бра́том he is a first cóusin of mine [...'kʌz-...]; он прихо́дится ей ро́дственником he is reláted to her; ◇ не прихо́дится сомнева́ться в том, что there can be no doubt that [...daut...]; ему́ ту́го прихо́дится he is hard pressed; he is having a rough / hard time [...rʌf...].

**прихо́дн||ый** *прил. к* прихо́д II; ~ая кни́га recéipt-book [-'siːt-]; ~ о́рдер crédit-òrder.

**прихо́довать** (*вн.*) *бух.* crédit (*d.*).

**прихо́до-расхо́дн||ый:** ~ая кни́га accóunt-book.

**прихо́дск||ий** paróchial [-'rouk-]; párish (*attr.*); ~ свяще́нник párson, vícar ['vɪ-]; (*младший*) cúrate; ~ая це́рковь párish church.

**приходя́щ||ий 1.** *прич. см.* приходи́ть; **2.** *прил.* nón-résident [-zɪ-]; ~ больно́й óut-pàtient; ~ая домрабо́тница chár¦wòman* [-wu-].

**прихожа́н||ин** *м.*, **~ка** *ж. церк.* paríshioner.

**прихо́жая** *ж. скл. как прил.* éntrance (hall), ánteroom, ántechàmber [-eɪm-].

**прихора́шиваться** *разг.* smárten òne¦sélf up, preen òne¦sélf, doll òne¦sélf up.

**прихотли́в||ость** *ж.* whimsicálity [-zɪ-], caprícious¦ness; (*разборчивость*) fàstídious¦ness. **~ый 1.** whímsical [-zɪ-], caprícious; (*разборчивый*) fàstídious; **2.** (*затейливый*) fánciful, íntricate.

**при́хоть** *ж.* whim, capríce [-'riːs], whímsy [-zɪ], fáncy.

**прихра́мывать** limp, hobble.

**прицве́тник** *м. бот.* bract.

**прице́л** *м.* (*у стрелкового оружия*) báck-sight; rear sight *амер.*; (*у орудия*) (gun) sight; ~ для бомбомета́ния bomb sight; опти́ческий ~ tèlescópic sight; взять на ~ (*вн.*; *прицелиться*) aim (at), point (at), take* aim / sight (at).

**прице́ливаться,** прице́литься take* aim / sight.

**прице́литься** *сов. см.* прице́ливаться.

**прице́льн||ый** áiming, síghting; aimed; (rear) sight (*attr.*), báck-sight (*attr.*); ~ ого́нь aimed fire; ~ые приспособле́ния síghting devíce *sg.*; sights.

**прице́ниваться,** прицени́ться (к) *разг.* ask the price (of).

**прицени́ться** *сов. см.* прице́ниваться.

**прице́п** *м.* tráiler; одноо́сный, двухо́сный ~ single-àxle, dóuble-àxle tráiler [...'dʌbl-...]; тра́ктор с ~ом tráctor with a tráiler.

**прицепи́ть(ся)** *сов. см.* прицепля́ть(ся).

**прице́пка** *ж.* **1.** hítching, hóoking; **2.** *разг.* (*придирка*) (pétty) objéction.

**прицепля́ть,** прицепи́ть (*вн.* к) **1.** hitch (*d.* to), hook (*d.* on to); (*о вагонах*) couple [kʌ-] (*d.* to); (*о паровозе*) tie on (*d.* to), make* fast (*d.* to); **2.** *разг.* (*о брошке, банте и т. п.*) pin (*d.* on to), fásten [-s°n] (*d.* to), tack (*d.* to), tag (*d.* on to). **~ся,** прицепи́ться **1.** (к) stick* (to), cling* (to); (*перен.*: *приставать*) *разг.* péster (*d.*); (*придираться*) nag (at), cávil (at); **2.** *страд. к* прицепля́ть.

**прицепно́й:** ~ ваго́н tráiler; ~ плуг tráctor-drawn plough; ~ инвента́рь *с.-х.* tráctor-drawn ímplements *pl.*

**прице́пщ||ик** *м.*, **~ица** *ж.* tráiler hand.

**прича́л** *м.* **1.** (*действие*) máking fast; **2.** (*место*) móorage [-rɪdʒ]; у ~ов (*о судне*) at her / its móorings; **3.** (*канат*) móoring line.

**прича́л||ивать,** прича́лить **1.** (к) moor (to); **2.** (*вн.*) moor (*d.*). **~ить** *сов. см.* прича́ливать.

**прича́льн||ый:** ~ кана́т móoring line; ~ая ма́чта *ав.* móoring mast; ~ая ли́ния bérthing line.

**прича́стие** I *с. грам.* párticiple; ~ настоя́щего вре́мени présent párticiple ['prez-...]; ~ проше́дшего вре́мени past párticiple.

**прича́стие** II *с. рел.* éucharist ['juːk-], the sácrament.

**причасти́ть(ся)** *сов. см.* причаща́ть(ся).

**прича́стность** *ж.* pàrticipátion.

**прича́стн||ый** I (к) pàrtícipàting (in), concérned (in); (*к преступлению*) invólved (in); prívy ['prɪ-] (to); быть ~ым (к) pàrtícipàte (in); (*к преступлению*) be invólved (in); be prívy (to), be an àccéssary (to).

**прича́стный** II *грам.* pàrticípial: ~ оборо́т pàrticípial constrúction.

**причаща́ть,** причасти́ть (*вн.*) *рел.* give* the éucharist ['juːk-] (*i.*). **~ся,** причасти́ться *рел.* recéive the éucharist [-'siːv... 'juːk-].

**причём** *союз об. не переводится*; *следующая личная форма глагола передаётся через pres. part.*: име́ется два сосу́да, ~ ка́ждый из них соде́ржит два ли́тра there are two véssels, each hólding two litres [...'liː-]; ~ изве́стно, что it bé¦ing known that [...noun...].

**причеса́ть(ся)** *сов. см.* причёсывать(ся).

**причёска** *ж.* (*мужская*) háircùt; (*женская*) coiffúre [kwɑː'fjuə], hair style; háir-dó *разг.*; ему́ нра́вится её ~ he likes the way she does her hair.

**причёсывать,** причеса́ть (кого́-л.) do / dress smb.'s hair; (*щёткой*) brush smb.'s hair; (*гребёнкой*) comb smb.'s hair [koum...]. **~ся,** причеса́ться do / dress one's hair, comb one's hair [koum...]; (*у парикмахера*) have one's hair done.

**причи́н||а** *ж.* cause; (*основание*) réason [-z°n]; (*побуждение*) mótive: ~ и сле́дствие cause and effect; по той и́ли ино́й ~е for some réason or other; по той просто́й ~е, что for the simple réason that; — явля́ться ~ой чего́-л. be at the bóttom of smth.; по ~е (*рд.*) becáuse [-'kɔz] (of), ówing ['ou-] (to), on accóunt (of), by réason (of); по како́й ~е вы э́то сде́лали? for what réason, *или* why, have you done this?; безо вся́кой ~ы without the slightest cause; не без ~ы not without réason; уважи́тельная ~ good / válid réason, good excúse [...-s]; нет никако́й ~ы, почему́ бы вам не there is no réason why you should not.

**причини́ть** *сов. см.* причиня́ть.

**причи́нн||ость** *ж.* causálity [-'zæ-]. **~ый** cáusal [-z-], cáusative [-zə-]; ~ая связь cáusal relátion|ship; *филос.* causátion [-'zeɪ-].

**причиня́ть,** причини́ть (*вн.*) cause (*d.*), occásion (*d.*); ~ вред (*дт.*) harm (*d.*), do harm (to), ínjure (*d.*); ~ беспоко́йство (*дт.*) trouble [trʌ-] (*d.*), give* trouble (*i.*); (*доставлять неудобство*) put* to in|convénience (*d.*); ~ огорче́ние (*дт.*) give* pain (to); ~ незначи́тельный уро́н (*дт.*) do little dámage (to), cause (but) slight dámage (to).

**причисле́ние** *с.* (*рд.* к) **1.** réckoning (*d.* among, in); **2.** (*к ведомству*) attáching (*d.* to).

**причи́слить** *сов. см.* причисля́ть.

**причисля́ть,** причи́слить (*вн.* к) **1.** *разг.* (*прибавлять*) add (*d.* to); **2.** (*относить к числу кого-л.*) réckon (*d.* among, in), númber (*d.* among), rank (*d.* among, with); **3.** (*к ведомству и т. п.*) attách (*d.* to).

**причита́ние** *с.* làmèntátion.

**причита́ть** (над) lamént (for, óver), bewáil (*d.*), wail (óver).

**причита́||ться** be due; за рабо́ту ему́ ~ется сто рубле́й a / one húndred roubles are due to him for his work [...ruː-...], he is to get a / one húndred roubles for his work; с вас ~ется три рубля́ you must pay three roubles, you have three roubles to pay.

**причита́ющ||ийся** (*дт.*) due (to); получи́ть всё ~ееся recéive one's full due [-'siːv...].

**причмо́к||ивать,** причмо́кнуть smack one's lips. **~нуть** *сов. см.* причмо́кивать.

**причт** *м. собир. церк.* clérgy of *a* párish.

**причу́д||а** *ж.* whim, whimsy [-zɪ], freak, capríce [-'riːs], fáncy; (*странность*) óddity, vagáry; с ~ами full of whims / freaks. **~ливость** *ж.* fáncifulness; whimsicálity [-zɪ-]; (*странность*) quáintness, óddity, quéerness. **~ливый** whímsical [-zɪ-]; (*фантастический*) fàntástic; (*странный*) quaint, odd, queer.

**причу́дн||ик** *м.*, **~ица** *ж.* crank.

**пришвартова́ть(ся)** *сов.* **1.** *см.* пришварто́вывать(ся); **2.** *как сов. к* швартова́ть(ся).

**пришварто́вывать,** пришвартова́ть (*вн.* к) *мор.* moor (*d.* to), make* fast (*d.* to). **~ся,** пришвартова́ться (к) tie up (at), moor (to).

**прише́лец** *м.* néw-cómer [-'kʌ-], stránger [-eɪn-].

**пришепётывать** *разг.* lisp.

**прише́стви||е** *с.* ádvent; ◇ до второ́го ~я *разг.* ≅ till dóomsday [-z-].

**пришиби́ть** *сов.* (*вн.*) *разг.* kill (*d.*); (*перен.*: *повергнуть в угнетённое состояние*) dispírit (*d.*), depréss (*d.*).

**пришибленный** *прич. и прил.* crést-fàll|en, dejécted; ~ вид dejécted look.

**пришив||а́ть,** приши́ть (*вн.* к) sew* [sou] (*d.* on / to); приши́ть пу́говицу sew* on *a* bútton; приши́ть пу́говицу к пальто́ sew* *a* bútton on *a* coat. **~но́й** sewed on [soud...], sewn on [soun...].

**приши́ть** *сов. см.* пришива́ть.

**пришко́льный** school (*attr.*); ~ о́пытный уча́сток school èxpèriméntal plot.

**при́шлый** álien, strange [-eɪndʒ], fóreign ['fɔrɪn], néwly come / arríved.

**пришпи́л||ивать,** пришпи́лить (*вн.*) pin (*d.*). **~ить** *сов. см.* пришпи́ливать.

**пришпо́р||ивать,** пришпо́рить (*вн.*) spur (*d.*); put* / set* spurs (to). **~ить** *сов. см.* пришпо́ривать.

**прищёлкивать,** прищёлкнуть: ~ па́льцами snap one's fíngers; ~ кнуто́м crack one's whip; ~ языко́м click one's tongue [...tʌŋ].

**прищёлкнуть** *сов. см.* прищёлкивать.

**прищеми́ть** *сов. см.* прищемля́ть.

**прищем||ля́ть,** прищеми́ть (*вн.*) pinch (*d.*); ~и́ть себе́ па́лец pinch / squeeze one's fínger; ~и́ть па́лец две́рью pinch / shut* / squeeze one's fínger in the door [...dɔː].

**прищепи́ть** *сов. см.* прищепля́ть.

**прищепля́ть,** прищепи́ть (*вн.*) *бот.* graft (*d.*).

**прищу́ривать,** прищу́рить: ~ глаза́ = прищу́риваться. **~ся,** прищу́риться screw up one's eyes [...aɪz].

**прищу́рить(ся)** *сов. см.* прищу́ривать(ся).

**прию́т** *м.* **1.** shélter, réfùge; найти́ ~ take* / find* shélter / réfùge; take* / find* asýlum *книжн.*; **2.** *уст.* asýlum; де́тский ~ órphanage, órphan-asýlum; роди́льный ~ matérnity home / hóspital; lýing-in home *амер.*

**приюти́ть** *сов.* (*вн.*) shélter (*d.*), give* réfùge (*i.*). **~ся** *сов.* take* shélter.

**при́язнь** *ж. уст.* friendliness ['frend-], góodwíll.

**прия́тель** *м.* friend [frend]. **~ница** *ж.* (lády-)friend [-frend], (gírl-)friend ['gəːlfrend]. **~ский** friendly ['frend-], ámicable.

**прия́тно** I **1.** *прил. кратк. см.* прия́тный; **2.** *предик. безл.* it is pléasant [...'plez-].

**прия́тн||о** II *нареч.* pléasantly ['plez-]; agréeably [ə'grɪə-]. **~ый** pléasant ['plez-], pléasing, agréeable [ə'grɪə-], wélcome; ~ый на вид nice-lóoking, pléasant to look at, grátifỳing to the eye [...aɪ]; ~ый на вкус pálatable; ~ая но́вость wélcome news [...-z]; ~ой нару́жности of pléasing appéarance; ~ый челове́к pléasant pérson.

**про** *предл.* (*вн.*) **1.** (*относительно*) abóut: он говори́л ему́ про э́ту кни́гу he has spóken to him abóut this book; он слы́шал про э́то he has heard abóut it [...həːd...]; **2.** *разг.* (*для*) for: э́то не про вас this is not for you; ◇ про себя́ to òne|sélf; он поду́мал про себя́ he thought to him|sélf; чита́ть про себя́ read* to òne|sélf, read* sílent|ly.

**про-** *глагольная приставка, употребляется в разных значениях*: **1.** (*при обозначении затраченного времени*) *передаётся глаголом* spend* (+ *pres. part. соотв. глагола*); *напр.* прозанима́ться, просиде́ть *и т. п.* два, три часа́, два дня *и т. п.* spend* two, three hours, two days, *etc.*, léarning, sítting, *etc.* [...auəz... 'ləːn-...]; **2.** (*с глаголами, обозначающими звучание*) *образует формы, имеющие значение совершенного вида*; *напр.* прокрича́ть, пропе́ть *и т. п.* cry, sing*, *etc.*; (*ср.* крича́ть, петь *и т. п.*).

**проанализи́ровать** *сов. см.* анализи́ровать.

**про́б||а** *ж.* **1.** (*действие*) tríal, test; (*репетиция*) trý-óut; (*испытание металла*) assáy; ~ голосо́в test of vóices; ~ сил tríal / test of strength; на ~у on tríal; ~ пера́ (*перен.*) first steps in líterature *pl.*; test of the pen; **2.** (*часть материала, взятая для анализа*) sample; взять ~у take* *a* sample; **3.** (*относительное содержание драгоценного металла*) stándard; зо́лото 56-о́й ~ы 14-cárat gold [-'kæ-...]; зо́лото 96-о́й ~ы pure gold, 24-cárat gold; **4.** (*клеймо на драгоценных металлах*) hállmárk.

**пробавля́ться** (*тв.*) *разг.* subsíst (on), rub alóng (with).

**проба́лтываться,** проболта́ться *разг.* blab (out); let* the cat out of the bag *идиом.*

**пробаси́ть** *сов.* (*вн.*) speak* / útter in a bass / deep voice [...beɪs...] (*d.*).

**пробе́г** *м.* run; лы́жный ~ skí-rùn ['skiː-, 'ʃiː-], ski race [skiː, ʃiː...]; ~ при поса́дке *ав.* lánding run.

**пробе||га́ть,** пробежа́ть **1.** (*без указания места или объекта*) pass (rúnning), run* by; (*мимо*) run* by / past; (*через*) run* through; (*по*) run* alóng; он ~жа́л па́льцами по клавиату́ре he ran his fingers óver the kéyboard [...'kiː-]; **2.** (*вн.*; *о расстоянии*) run* (*d.*), cóver ['kʌ-] (*d.*); **3.** (*вн.*; *бегло прочитывать*) run* / look through (*d.*), skim (*d.*); ◇ дрожь ~жа́ла у него́ по те́лу he shívered víolently [...'ʃɪ-...]; тень ~жа́ла по его́ лицу́ a shádow passed óver his face [...'ʃæ-...].

**пробежа́ть** *сов. см.* пробега́ть.

**пробежа́ться** *сов.* run*; ~ по доро́жке run* alóng *a* path*.

**пробе́л** *м.* **1.** (*оставленное место*) blank, gap; (*в рукописи*) omíssion; запо́лнить ~ы fill up the gaps / blanks; **2.** (*недостаток*) flaw, defíciency; ~ в образова́нии gap in one's èducátion; воспо́лнить ~ make* up for *a* defíciency; meet* a lack; fill a want; bridge the gap *разг.*

**пробива́ть,** проби́ть (*вн.*) make* / punch a hole (in); (*о пуле и т. п.*) pierce [pɪəs] (*d.*), go* (through); (*пробойником, компостером*) punch (*d.*); (*стену*) breach (*d.*); (*шину*) púncture (*d.*); ~ путь, доро́гу (*прям. и перен.*) о́pen *the* way; ~ себе́ доро́гу (к) force one's way (to). **~ся,** проби́ться **1.** fight* / force / make* one's way through; break* / win* / strike* through [-eɪk...]; лучи́ пробива́ются сквозь тума́н rays struggle through the fog; ~ся сквозь толпу́ make* / force / fight* / élbow one's way through *a* crowd; с трудо́м ~ся struggle through; проби́ться из окруже́ния break* out, cut* one's way back / out; **2.** (*о растениях*) shoot*, show* [ʃou]; трава́ начина́ет ~ся the grass begins to shoot; **3.** *страд. к* пробива́ть.

**проби́вка** *ж.* hóling, píercing ['pɪə-]; (*пробойником, компостером*) púnching.

**пробивно́й** pénetrátive.

**пробира́||ть,** пробра́ть (*вн.*) *разг.* **1.** (*бранить*) scold (*d.*), rate (*d.*), réprimànd [-ɑːnd] (*d.*); **2.** (*пронимать, прохватывать*): хо́лод ~л его́ the cold struck through him; моро́з ~л его́ до косте́й he was chilled to the márrow / bone; его́ ~ет страх he is sháken with fear; его́ ниче́м не проберёшь there's no way of getting at him.

**пробира́ться,** пробра́ться make* one's way, thread / pick one's way [θred...]; (*работая локтями*) élbow one's way; (*тайком*) steal* (through, past); с трудо́м ~ вперёд struggle fórward; ~ о́щупью feel* / grope one's way; ~ густы́м куста́рником work one's way through the thick búshes [...'bu-]; ~ на цы́почках tiptóe one's way.

**проби́рка** *ж.* tést-tùbe.

**проби́р||ный:** ~ное клеймо́ hállmárk, mark of assáy; ~ ка́мень tóuchstòne ['tʌtʃ-]; ~ная пала́та assáy óffice; ~ ма́стер = проби́рщик. **~щик** *м.* assáyer, assáy-màster.

**проби́ть** I *сов. см.* пробива́ть.

**проби́ть** II *сов. см.* бить II.

**проби́ться** I *сов. см.* пробива́ться.

**проби́ться** II *сов.* (над; *промучиться над чем-л.*) struggle (with).

**про́бк||а** *ж.* **1.** (*материал*) cork; **2.** (*для бутылок и т. п.*) cork; (*стеклянная*) stópper; (*деревянная, металлическая*) plug; (*притёртая*) gróund-in stópper; (*перен.*: *затор*) tráffic jam, blócking; tráffic congéstion [...-stʃən]; **3.** *эл.* fuze, fuse; ◇ он глуп как ~ ≅ he is a blóckhead / dolt / númskùll [...-hed...], he is an ass. **~овый** cork (*attr.*); sùbéreous, sùbéric *научн.*; ~овый по́яс córk-jàcket, lífe-bèlt; ~овое де́рево córk-tree, córk-oak.

**пробле́м||а** *ж.* próblem ['prɔ-]. **~а́тика** *ж.* próblems ['prɔ-] *pl.* **~ати́ческий** pròblemátic(al). **~ати́чность** *ж.* pròblemátical cháracter [...'kæ-]. **~ати́чный** = проблемати́ческий.

**про́блеск** *м.* flash; (*перен. тж.*) gleam, ray; ~и созна́ния signs of cónsciousness [saɪnz...-nʃəs-]; ~ наде́жды ray / gleam / flash of hope.

**проблужда́||ть** *сов.* wánder, rove, roam; он ~л два часа́ he wándered / roved / roamed for two hours [...auəz]; он ~л по́ лесу всю ночь he wándered / roved / roamed in the fórest the whole night [...'fɔ-... houl...].

**про́бн||ый** **1.** tríal; ~ уро́к test lésson; ~ полёт tríal / test flight; ~ раство́р èxpèriméntal solútion; ~ экземпля́р spécimen cópy [...'kɔ-]; **2.** (*с клеймом пробы*) háll-márked; ~ое зо́лото háll-márked gold; ◇ ~ ка́мень tóuchstòne ['tʌtʃ-]; ~ шар bàllón d'èssái [bɑː'lɔːŋde'seɪ].

**про́бова||ть,** попро́бовать **1.** (+ *инф.*; *пытаться*) attémpt (+ to *inf.*), try (+ to *inf.*); endéavour [-'devə] (+ to *inf.*) *книжн.*; он ~л сде́лать э́то he attémpted / tried to do it; **2.** (*вн.*; *испытывать*) test (*d.*); **3.** (*вн.*) (*на вкус*) taste [teɪ-] (*d.*); (*на ощупь*) feel* (*d.*).

**прободе́ние** *с. мед.* pèrforátion.

**пробо́ина** *ж.* hole, gap; (*от пули*) búllet-hòle ['bul-]; (*от снаряда*) shót-hòle.

**пробо́й** *м.* (*для замка*) hóldfàst; clamp, hasp.

**пробо́йник** *м. тех.* punch.

**проболе́ть** *сов.* be ill.

**проболта́ть** *сов.* waste time chàttering [weɪst...].

**проболта́ться** I *сов. см.* проба́лтываться.

**проболта́ться** II *сов.* (*без дела*) *разг.* ídle, loaf.

**пробо́р** *м.* párting; прямо́й ~ middle párting; он но́сит во́лосы на прямо́й, косо́й ~

his hair is párted in the middle, on one side; де́лать (себе́) ~ part one's hair.

**пробормота́ть** *сов. см.* бормота́ть.

**про́бочник** *м. разг.* córk-screw.

**пробра́ть** *сов. см.* пробира́ть.

**пробра́ться** *сов. см.* пробира́ться.

**проброди́||ть** *сов.* wánder (áimlessly); они́ ~ли два часа́ they wándered for two hours [...auəz].

**пробуди́ть(ся)** *сов. см.* пробужда́ть(ся).

**пробужда́ть,** пробуди́ть (*вн.*) wake* up (*d.*); a¦wáke* (*d.*), (a¦)wáken (*d.*), (a)róuse (*d.*) (*тж. перен.*). **~ся,** пробуди́ться wake* up, a¦wáke*.

**пробужде́ние** *с.* a¦wáken¦ing, wáking up.

**пробура́вить** *сов. см.* пробура́вливать.

**пробура́вливать,** пробура́вить (*вн.*) bore (*d.*), pérforàte (*d.*), drill (*d.*).

**пробурча́ть** *сов. см.* бурча́ть 1.

**пробы́ть** *сов.* stay, remáin; он про́был там три дня he stayed / remáined there three days.

**прова́л** *м.* **1.** (*падение*) dównfàll; *театр.* (*под сцену*) trap; **2.** (*яма*) gap; **3.** (*неудача*) fáilure; (*о спектакле тж.*) flop; обречён на ~ doomed to fail; ◇ у него́ по́лный ~ па́мяти his mémory is a compléte blank.

**прова́л||ивать,** провали́ть (*вн.*) *разг.*: ~и́ть на экза́мене fail in *the* exàminátion (*d.*); ~и́ть предложе́ние turn down *a* suggéstion [...-ʹdʒestʃ-]; ~и́ть де́ло rúin *a* búsiness [...ʹbɪzn-]; make* a mess of, *или* mess up, *a* búsiness; ~и́ть роль rúin one's part; ~и́ть законопрое́кт *и т. п.* kill *a* bill, *etc.*; ◇ ~ивай off / a¦wáy with you!, make your¦sélf scarce! [...skɛəs]. **~иваться,** провали́ться **1.** fall* through, come* down, collápse; потоло́к ~и́лся the céiling has come down [...ʹsi:l-...]; мост ~и́лся the bridge collápsed; **2.** (*терпеть неудачу*) fail, miscárry; (*на экзамене*) fail; be ploughed, be plucked *разг.*; по́лностью ~и́ться be a compléte fáilure, fall* flat; ~и́ться с тре́ском *разг.* turn out a compléte fiáscò; **3.** *разг.* (*исчезать*) disappéar, vánish; ◇ как сквозь зе́млю ~и́лся as though the earth had ópened and swállowed *it* up [...ə:θ...]; он гото́в был сквозь зе́млю ~и́ться he wished the earth / floor would ópen benéath his feet [...flɔ:...]; ~и́ться мне на э́том ме́сте, е́сли ≅ I'll be shot / damned if. **~и́ть(ся)** *сов. см.* прова́ливать(ся).

**провансаль** *м. кул.*: капу́ста ~ pickled cábbage with sálad-oil [...ʹsæ-]; со́ус ~ mayonnáise dréssing.

**прова́нск||ий:** ~ое ма́сло ólive oil [ʹɔ-...], sálad-oil [ʹsæ-].

**прова́ривать,** провари́ть (*вн.*) boil thóroughly [...ʹθʌrə-] (*d.*).

**провари́ть** *сов. см.* прова́ривать.

**прове́дать** *сов. см.* прове́дывать.

**проведе́ние** *с.* **1.** (*железной дороги и т. п.*) constrúction, búilding [ʹbɪl-], láying; ~ электри́чества installátion of eléctrical equípment; **2.** (*осуществление*) condúcting; cárrying out, èxecútion; ~ кампа́нии condúcting of *a* càmpáign [...-em]; ~ наступле́ния cónduct of *an* attáck; ~ в жизнь pútting into práctice.

**прове́дывать,** прове́дать **1.** (*вн.*; *навещать*) come* to see (*d.*), call on (*d.*); **2.** *тк. сов.* (*вн.*, о *пр.*; *узнать*) find* out (*d.*), learn* [lə:n] (*d.*).

**провезти́** *сов. см.* провози́ть.

**прове́ивать,** прове́ять (*вн.*) winnow (*d.*).

**провентили́ровать** *сов. см.* вентили́ровать.

**прове́р||ить** *сов. см.* проверя́ть. **~ка** *ж.* vèrificátion; (*контроль*) chéck-úp, contról [-oul]; (*испытание*) exàminátion; ~ка зна́ний exàminátion; ~ка исполне́ния contról of work done, work chéck-úp; chécking on perfórmance; fóllow-úp *амер.*; ~ка счето́в áudit; ~ка нали́чия (*товаров, инвентаря*) stóck-tàking; ~ка паспорто́в exàminátion of pássports; ~ка бо́я (*оружия*) chécking the zérò (*of a weapon*).

**провернýть** *сов. см.* провёртывать.

**прове́рочн||ый** vérifỳing, chécking; ~ая рабо́та test work / páper.

**провертéть** *сов. см.* провёртывать 1.

**провёртывать,** провернýть, провертéть (*вн.*) **1.** bore (*d.*), pérforàte (*d.*), pierce [pɪəs] (*d.*); **2.** *при сов.* провернýть *разг.* (*быстро сделать*) cárry through (*d.*), rush through (*d.*).

**проверя́ть,** прове́рить (*вн.*) vérifỳ (*d.*), check (*d.*); (*на практике*) test (*d.*); (*экзаменовать*) exámine (*d.*); (*о счетах*) áudit (*d.*); ~ часы́ set* *the* clock to the corréct time; ~ свои́ си́лы try one's strength; ~ фами́лии по спи́ску check óver the names with *a* list; ~ тетра́ди corréct cópy-books [...ʹkɔ-]; ~ чью-л. рабо́ту check up on smb.'s work.

**провести́** *сов. см.* проводи́ть II 1, 2, 3, 4, 5, 6, 7, 8, 10.

**прове́тривать,** прове́трить (*вн.*) air (*d.*); (*о помещении тж.*) véntilàte (*d.*). **~ся,** прове́триться **1.** take* an áiring; be refréshed; **2.** *страд. к* прове́тривать.

**прове́трить(ся)** *сов. см.* прове́тривать(ся).

**прове́ять** *сов. см.* прове́ивать.

**провиа́нт** *м. тк. ед.* provísions *pl.*, víctuals [ʹvɪt°lz] *pl.*; снабжа́ть ~ом (*вн.*) provísion (*d.*), víctual [ʹvɪt°l] (*d.*). **~ский** provísion (*attr.*); ~ские запа́сы víctuals [ʹvɪt°lz], provísions.

**прови́дени||е** *с.* fóre¦sight, fóre¦knówledge [-ʹnɔ-]; дар ~я gift of fóre¦sight [gɪ-...], prophétic gift.

**провиде́ние** *с. рел.* Próvidence.

**прови́деть** (*вн.*) fòre¦sée* (*d.*).

**прови́дец** *м.* seer, próphet.

**провизио́нный** *уст.* provísion (*attr.*).

**прови́зи||я** *ж. тк. ед.* provísions *pl.*, víctuals [ʹvɪt°lz] *pl.*; снабжа́ть ~ей (*вн.*) provísion (*d.*), víctual [ʹvɪt°l] (*d.*), cáter (for).

**прови́зор** *м.* phàrmacéutist.

**провизо́рный** provísory [-ʹvaɪz-]; (*временный тж.*) témporary.

**провини́||ться** *сов.* (в *пр.*) commít an offénce (in), be guílty (of); (*без доп.*) be at fault; ~ пе́ред кем-л. do smb. wrong, wrong smb.; в чём он ~лся? what is he guílty of?, what's he done?

**прови́нность** *ж. разг.* fault; offénce.

**провинциа́л** *м.* províncial. **~и́зм** *м.* províncialism. **~ка** *ж.* províncial.

**провинциа́льн||ость** *ж.* provìnciálity. **~ый** províncial.

**прови́нци||я** *ж.* próvince; жить в ~и live in the próvinces [lɪv...]

**провисáть,** провиснуть *тех.* sag; бáлки провисли the beams have sagged.

**провиснуть** *сов. см.* провисáть.

**прóвод** *м.* wire, lead, condúctor; воздýшный ~ áerial condúctor [ˈɛə-...]; телефóнный ~ télephòne wire; прямóй ~ diréct-line (télephòne); гóлый ~ blank wire. **~имость** *ж.* còndùctívity; condúctance; магнитная ~имость pèrmeabílity [-mɪə-], pérmeance [-mɪəns]; удéльная ~имость còndùctívity.

**проводить** I *сов. см.* провожáть.

**проводить** II, провестй **1.** (*вн.*; *сопровождать*) take* (*d.*), lead* (*d.*); провестй когó-л. чéрез лес take* / lead* smb. through the fórest [...ˈfɔ-]; ~ судá pílot ships; **2.** (*вн.*; *прокладывать*) build* [bɪld] (*d.*); ~ желéзную дорóгу build* *a* ráilway; ~ электричество instáll eléctrical equípment; ~ водопровóд lay* on wáter (supplý) [...ˈwɔː-...]; ~ электричество, вóду в дом put* (the) èlectrícity, (the) wáter in *the* house* [...haus], instáll (the) èlectrícity, lay* on (the) wáter in *the* house*; **3.** (*вн.*; *осуществлять*) condúct (*d.*); cárry out (*d.*); ~ урóк condúct *a* lésson; ~ óпыты cárry out tests; ~ кампáнию condúct, *или* cárry on, *a* càmpáign [...-eɪn]; ~ полйтику pursúe / fóllow *a* pólicy; ~ полйтику мйра pursúe a pólicy of peace; ~ рефóрмы, преобразовáния *и т. п.* cárry out refórms, *etc.*; ~ бесéду give* a talk, hold* / lead* a discússion; ~ конферéнцию hold* *a* cónference; ~ собрáние hold* *a* méeting; (*председательствовать*) preside óver *a* méeting; ~ в жизнь put* into práctice (*d.*); (*о постановлении, директиве и т. п.*) ímplemènt (*d.*); ~ мысль, идéю adhére to *an* idéa [...aɪˈdɪə]; в своéй статьé он провóдит мысль in his árticle he adhéres to the idéa; **4.** (*тв.* по *дт.*) run* (*d.* óver), pass (*d.* óver): ~ рукóй по волосáм run* / pass one's hand óver *one's* hair; **5.** (*вн.*; *о времени*) spend* (*d.*), pass (*d.*); чтóбы провестй врéмя to pass a:wáy the time; **6.** (*вн.*; *о проекте и т. п.*) pass (*d.*); **7.** (*вн.*) *бух.* book (*d.*); ~ по кнйгам book (*d.*); **8.** (*вн.*; *о линии и т. п.*) draw* (*d.*); ~ чертý draw* *a* line; ~ границу draw* *a* bóundary-line; **9.** *тк. несов.* (*вн.*) *физ.* (*быть проводником*) condúct (*d.*); **10.** *тк. сов.* (*вн.*; *обмануть*) cheat (*d.*), trick (*d.*), take* in (*d.*), dupe (*d.*); вы меня не проведёте you can't fool me [...kɑːnt...].

**провóдка** *ж.* **1.** (*действие*) condúcting; (*электричества*) installátion; (*железной дороги*) búilding [ˈbɪl-], constrúction; (*водопровода*) láying on, convéying; **2.** (*проводá*) wires *pl.*, wíring.

**проводнйк** I *м.* **1.** (*сопровождающий*) guide; condúctor; **2.** (*в поезде*) condúctor.

**проводнйк** II *м. физ.* condúctor; (*перен.*) béarer [ˈbɛə-], chámpion; он был ~óм нóвых идéй he chámpioned new idéas [...aɪˈdɪəz].

**прóвод||ы** *мн.* sée:ing-óff *sg.*, sénd-óff *sg.*; в их ~ах учáствовали все рóдственники they were seen off by all their rélatives.

**провожáтый** *м. скл. как прил.* guide, condúctor.

**провожáть,** проводить (*вн.*) accómpany [əˈkʌ-] (*d.*); (*об отъезжающем*) see* off (*d.*); ~ до углá see* as far as the córner (*d.*); ~ когó-л. домóй see* smb. home; ~ когó-л. до дверéй see* smb. to the door [...dɔː], go* with smb. to the door; ~ на пóезд see* off (on the train) (*d.*); ~ глазáми fóllow with one's eyes [...aɪz] (*d.*); ~ покóйника atténd *a* fúneral.

**провóз** *м.* tránspòrt, convéyance; ценá за ~ пять рублéй (the price for) cárriage (runs to) five roubles [...-rɪdʒ...ruː-].

**провозгла||сйть** *сов. см.* провозглашáть. **~шáть,** провозгласйть (*вн.*) procláim (*d.*); провозгласйть прйнципы enúnciàte príncíples; ~шáть лóзунг advánce a slógan; ~шáть тост (за *вн.*) propóse the health [...helθ] (of). **~шéние** *с.* pròclamátion; dèclarátion; ~шéние тóста (за *вн.*) propósing the health [...helθ] (of).

**провозйть,** провезтй (*вн.*) trànspórt (*d.*), convéy (*d.*); ~ контрабáндой smuggle (*d.*).

**провозйться** I *сов. разг.* (*некоторое время*) spend* (some time); (*без толку*) waste a:wáy (some time) [weɪst...].

**провозйться** II *страд. к* провозйть.

**провозоспосóбность** *ж.* cárrying capácity.

**провокáтор** *м.* (agent) provocatéur [ɑːˈʒɑːŋ prɔvɔkəˈtəː]; stóol-pigeon [-pɪdʒɪn] *разг.* **~ский** *прил. к* провокáтор.

**провокациóнный** provócative.

**провокáция** *ж.* pròvocátion.

**прóволока** *ж.* wire; колючая ~ barbed wire.

**прóволочка** *ж.* fine wire, short wire.

**проволóчка** *ж. разг.* deláy, procràstinátion.

**прóволочн||ый** wire (*attr.*); ~ое загражлéние wire entángle:ment / óbstacle.

**провóрн||ость** *ж.* = провóрство. **~ый** **1.** (*быстрый*) quick, prompt, swift, èxpedítious; **2.** (*ловкий*) ágile, adróit, déxterous, nimble.

**провороваться** *сов. см.* проворóвываться.

**проворóвываться,** проворовáться *разг.* be caught embézzling / stéaling.

**проворóнить** *сов. разг.* = прозевáть I.

**провóрство** *с.* **1.** (*быстрота*) quíckness, prómptness, swíftness; **2.** (*ловкость*) agílity, dèxtérity.

**проворчáть** *сов.* (*вн.*) mútter (*d.*), grumble (*d.*).

**провоцйровать** *несов. и сов.* (*сов. тж.* спровоцйровать; *вн.*) provóke (*d.*).

**провялить** *сов. см.* вялить.

**прогадáть** *сов. см.* прогáдывать.

**прогáдывать,** прогадáть *разг.* míscálculàte.

**прогáлина** *ж.* glade.

**прогйб** *м. тех.* cáving in, ságging, fléxure [-kʃə].

**прогибáться,** прогнýться cave in, sag.

**проглáдить** I *сов. см.* проглáживать.

**проглáдить** II *сов.* (*некоторое время*) íron (for a while) [ˈaɪən...].

**проглáживать,** проглáдить (*вн.*) íron [ˈaɪən] (*d.*).

**проглáтывать,** проглотйть (*вн.*; *прям. и перен.*) swállow (*d.*); (*жадно*) gulp down (*d.*); (*с трудом*) choke down (*d.*); проглотйть обйду, оскорблéние swállow / pócket *an* ínsùlt; ◇ тóчно аршйн проглотйл ≅ as stiff as a póker; проглотйть язык lose* one's tongue [luːz...tʌŋ].

**проглотйть** *сов. см.* проглáтывать.

**проглядéть** I *сов. см.* прогля́дывать **1.**

**проглядéть** II *сов.* (*вн.*; *не заметить ошибки и т. п.*) òver¦lóok (*d.*).

**прогля́||дывать,** проглядéть, проглянýть **1.** *при сов.* проглядéть (*вн.*; *просматривать книгу и т. п.*) look through (*d.*); (*бегло прочитывать*) skim (*d.*); **2.** *при сов.* проглянýть (*показываться*) be percéptible; peep out; сóлнце ~нýло the sun peeped out, the sun appéared; лунá ~нýла из-за туч the moon showed / peeped through the clouds [...ʃoud...]; в егó словáх ~дывала ирóния there was a touch of ¦rony in his words [...tʌtʃ... 'aɪərə-...]. **~нýть** *сов. см.* проглядывать 2.

**прогнáть** *сов. см.* прогонять.

**прогнéвать** *сов.* (*вн.*) *уст.* ánger (*d.*), incénse (*d.*). **~ся** *сов.* (на *вн.*) *уст.* become* ángry (with); не прогнéвайтесь don't be ángry.

**прогневи́ть** *сов. см.* гневить.

**прогнивáть,** прогни́ть rot through.

**прогни́ть** *сов. см.* прогнивать.

**прогнóз** *м.* prògnósis (*pl.* -sès [-si:z]), fóre¦càst; ~ погóды wéather fóre¦càst ['weðə...].

**прогнýться** *сов. см.* прогибаться.

**проговáриваться,** проговори́ться let* out *a* sécret; blab (out) *разг.*; let* the cat out of the bag *идиом.*

**проговори́ть** *сов.* **1.** (*вн.*; *сказать*) say* (*d.*); (*произнести*) pronóunce (*d.*), útter (*d.*); ~ сквозь зýбы mútter (*d.*); **2.** (*провести время в разговоре*) speak*, talk; он проговори́л два часá he spoke / talked for two hours [...auəz]. **~ся** *сов. см.* проговариваться.

**проголодáть** *сов.* húnger, starve. **~ся** *сов.* feel* / get* / grow* húngry [...grou...].

**проголосовáть** *сов.* (*вн.*) vote (*d.*).

**прогóн** *м.* **1.** *арх.* (*лестничная клетка*) well, wéll-shàft (for *a* stáircàse) [...-keɪs]; **2.** *стр.* (*опорная балка*) púrlin; (*моста*) róad-bearer [-bɛə-], baulk; **3.** *мн. уст.* (*плата за проезд*) trávelling allówance *sg.* **~ный** *уст.*: ~ные дéньги allówance for trávelling expénses, trávelling allówance *sg.*

**прогоня́ть,** прогнáть (*вн.*) drive* a¦wáy (*d.*); send* a¦wáy (*d.*); (*с работы*) dismíss (*d.*); fire (*d.*) *разг.*; (*выпроваживать*) send* abóut *his* búsiness [...'bɪzn-] (*d.*); вéтер прогнáл тýчи the wind drove / blew a¦wáy the clouds [...wɪ-...]; прогнáть скýку drive* a¦wáy bóre¦dom; ~ с глаз долóй bánish from one's présence [...-ez-]; ◇ прогнáть когó-л. сквозь строй *ист.* make* smb. run the gáuntlet.

**прогорáть,** прогорéть **1.** (*о дровах и т. п.*) burn* down; **2.** (*испортиться от огня*) burn* through; **3.** *разг.* (*разоряться*) go* bánkrùpt, be rúined.

**прогорéть** I *сов. см.* прогорать.

**прогорéть** II *сов.* (*в течение определённого времени*) burn*.

**прогóрк||лость** *ж.* ránkness, ràncídity. **~лый** rank, ráncid. **~нуть** *сов. см.* горкнуть.

**прогости́ть** *сов.* stay; ~ недéлю stay for a week.

**прогрáмм||а** *ж.* prógràm(me) ['prou-]; учéбная ~ sýllabus (of instrúction); curríсulum *амер.*; ~ скáчек ráce-càrd; ~ спорти́вных состязáний fíxture list; fíxtures *pl.*; театрáльная ~ pláybill: передавáть по рáдио по пéрвой, вторóй ~е bróadcàst on the first, sécond prógràm(me) ['brɔ:d-...'se-...].

**прогрáммн||ый** prógràm(me) ['prou-] (*attr.*); ~ая мýзыка prógràm(me) músic [...-zɪk].

**прогрéв** *м.* wárming up.

**прогревáть,** прогрéть (*вн.*) warm thóroughly [...'θʌrə-] (*d.*), heat (*d.*); (*о моторе, машине*) warm up (*d.*). **~ся,** прогрéться **1.** get* warmed thóroughly [...'θʌrə-]; (*о моторе, машине*) get* héated; **2.** *страд. к* прогревать.

**прогремéть** *сов.* thúnder.

**прогрéсс** *м.* prógrèss. **~и́вность** *ж.* progréssive¦ness. **~и́вный** (*в разн. знач.*) progréssive; (*о писателях, учёных и т. п. тж.*) progréssive-mínd¦ed; ~и́вное человéчество progréssive mànkínd / humánity; ~и́вный подоходный налóг progréssive ín¦come tax; ~и́вный парали́ч *мед.* progréssive parálysis (*pl.* -sès [-si:z]).

**прогресси́ровать** progréss, make* prógrèss; (*о болезни*) grow* progréssive¦ly worse [-ou...].

**прогрéссия** *ж.* *мат.* progréssion; арифмети́ческая ~ àrithmétical progréssion; геометри́ческая ~ geométrical progréssion.

**прогрéть(ся)** *сов. см.* прогревать(ся).

**прогрохоти́ть** *сов. см.* грохотить.

**прогрызáть,** прогры́зть (*вн.*) gnaw through (*d.*). **~ся,** прогры́зться gnaw through.

**прогры́зть(ся)** *сов. см.* прогрызать(ся).

**прогудéть** *сов.* buzz; (*о гудке*) hoot.

**прогýл** *м.* trúancy, shírking, lóafing; у негó в э́том мéсяце бы́ло два ~а he has àbsénted him¦sélf twice this month (without good réason) [...mʌ-... -z-].

**прогýливать,** прогуля́ть **1.** (*не работать*) shirk work; **2.** (*вн.*; *пропускать*) miss (*d.*); ~ урóки play trúant; прогуля́ть обéд miss one's dínner; **3.** *тк. несов.* (*вн.*; *водить шагом*) walk (*d.*); ~ лóшадь walk *a* horse.

**прогýл||иваться,** прогуля́ться **1.** (*совершать прогулку*) take* a walk / stroll; pròmenáde [-'nɑ:d]; пойти́ ~я́ться go* for a walk / stroll; **2.** *тк. несов.* (*расхаживать не спеша*) stroll, sáunter; (*без цели*) ramble. **~ка** *ж.* walk, áiring; (*непродолжительная*) stroll, sáunter; (*в экипаже, автомобиле*) drive; (*верхом*) ride; (*в лодке*) row [rou]; (*под парусами*) sail; ~ка для моциóна cònstitútional; ~ка на лы́жах ski trip / jaunt [ski:, ʃi:...].

**прогýльщик** *м.* shírker, slácker, trúant.

**прогуля́ть** I *сов. см.* прогýливать 1, 2.

**прогуля́ть** II *сов.* (*гулять некоторое время*) walk; stroll abóut; ~ до вéчера walk, *или* stroll abóut, till the évening [...'i:v-]; ~ весь день spend* / pass the whole day in wálking, *или* in strólling abóut [...houl...].

**прогуля́ться** *сов. см.* прогýливаться 1.

**продавáть,** продáть (*вн.*) sell* (*d.*); (*перен.*: *предавать*) sell* out (*d.*); ~ óптом sell* (by) whóle¦sàle [...'houl-] (*d.*); ~ в рóзницу sell* (by) rétail [...'ri:-] (*d.*); ~ с торгóв sell* by áuction (*d.*); put* up for sale (*d.*); ~ в креди́т sell* on crédit, *или* on trust (*d.*); ~ за нали́чный расчёт sell* for cash (*d.*); ~ себé в убы́ток sell* at a loss (*d.*); ~ за грош sell* dírt-chéap (*d.*); sell* for a song (*d.*) *идиом.* **~ся,** продáться **1.** be on / for sale; дёшево ~ся sell*, *или* be sold, at a low price [...lou...]; книга хорошо продаётся the book sells well*, the book is a good séller; дом продаётся the house* is on / for sale [...-s...]; 2. (*о человеке*) sell* òne¦sélf; 3. *страд.* к продавáть.

**продавéц** *м.* séller; (*в магазине*) sáles¦man*, shóp-assistant; véndòr.

**продави́ть** *сов.* (*вн.*) crush / break* through [...-eık...] (*d.*); squeeze / press through (*d.*).

**продавщи́ца** *ж.* séller; (*в магазине*) sáles¦wòman* [-wu-], shóp-assistant, shóp-girl [-gə:l].

**продáж||а** *ж.* sale, sélling; ~ билéтов bóoking; оптóвая ~ whóle¦sàle ['houl-]; ~ в рóзницу rétail(-sàle) ['ri:-]; ~ с торгóв públic sale ['pʌ-...], sale by áuction; идти́ в ~у be óffered for sale, be put on the márket, be put up for sale; поступи́ть в ~у be on sale, be in the márket; нет в ~е is not on sale; (*о книге*) is out of print.

**продáжн||ость** *ж.* mércenariness, vènálity [vi:-]. **~ый 1.** (*для продажи*) to be sold, for sale; ~ый хлеб bread to be sold, *или* for sale [bred...]; ~ая ценá sélling-price; **2.** (*подкупный*) corrúpt, mércenary, vénal; ◇ ~ая душá mércenary / vénal créature.

**продáлбливать,** продолби́ть (*вн.*) make* a hole (in), chísel through ['tʃız-...] (*d.*).

**продáть(ся)** *сов. см.* продавáть(ся).

**продви||гáть,** продви́нуть (*вн.*) move, *или* push, on / fórward / fúrther [mu:v puʃ... -ðə] (*d.*); (*перен.*) promóte (*d.*), fúrther (*d.*), advánce (*d.*); ~ на сéвер, на юг (*о с.-х. культурах*) extend to the north, to the south (*d.*). **~гáться,** продви́нуться **1.** advánce (*тж. перен.*); move, *или* push, fórward / on / fúrther [mu:v puʃ... -ðə]; (*настойчиво сквозь снег и т. п.*) forge ahéad [...ə'hed]; ~гáться вперёд advánce; *воен.* gain / make* ground, make* héadway [...'hed-]; с боя́ми ~гáться вперёд fight one's way fórward; ~гáться скачкáми progréss in fits and starts; **2.** *страд.* к продвигáть. **~жéние** *с.* **1.** (*в разн. знач.*) advánce¦ment; **2.** *воен.* prógrèss, advánce.

**продви́нуть(ся)** *сов. см.* продвигáть(ся).

**продевáть,** продéть (*вн.*) pass (*d.*), put* / run* through (*d.*); ~ ни́тку в игóлку thread a needle [θred...].

**продежу́рить** *сов.* be on dúty (for some time); ~ су́тки be on dúty for twénty-four hours [...-fɔ:r auəz].

**продеклами́ровать** *сов. см.* декламировать.

**продéл||ать** *сов. см.* продéлывать. **~ка** *ж.* trick; (*шаловливая*) prank; (*дерзкая*) èscapáde; мошéнническая ~ка swindle, piece of tríckery [pi:s...], fraud; dírty trick *разг.*

**продéл||ывать,** продéлать (*вн.*) **1.** (*выполнять*) do (*d.*), perfórm (*d.*); ~ана большáя рабóта much work has been done; **2.** (*делать*) make* (*d.*); ~ прохóды (*в заграждениях и т. п.*) make* gaps.

**продемонстри́ровать** *сов.* (*вн.*) show* [ʃou] (*d.*), displáy (*d.*); démonstràte (*d.*); ~ своё искýсство show* / displáy one's skill.

**продёргать** *сов. см.* продёргивать II.

**продёргивать** I, продёрнуть (*вн.*) **1.** (*нитку и т. п.*) pass (*d.*), run* (*d.*); **2.** *разг.* (*в газете и т. п.*) críticize (*d.*), give* a good dréssing-down (*i.*).

**продёргивать** II, продёргать (*вн.*) *с.-х.* thin (out) (*d.*), weed out (*d.*).

**продержáть** *сов.* (*вн.*; *некоторое время*) hold* (for a while) (*d.*). **~ся** *сов.* (*не сдаваться*) hold* out, stand*.

**продёрнуть** *сов. см.* продёргивать I.

**продéть** *сов. см.* продевáть.

**продефили́ровать** *сов. см.* дефилировать.

**продешеви́ть** *сов.* (*вн.*) *разг.* sell* too cheap (*d.*), make* a bad bárgain (of).

**продиктовáть** *сов. см.* диктовáть.

**продирáть,** продрáть (*вн.*) hole (*d.*), tear* holes [tɛə...] (in); (*изнашивать*) wear* out [wɛə...] (*d.*); ◇ ~ глазá ópen one's eyes [...aız]. **~ся,** продрáться **1.** (*рваться*) tear*, *или* be worn, into holes [tɛə... wɔ:n...]; у негó продрáлись лóкти his coat is torn, *или* is worn, into holes at the élbows; **2.** (*пробираться сквозь что-л.*) squeeze / make* / force one's way through.

**продл||евáть,** продли́ть (*вн.*) prolóng (*d.*), extend (*d.*): ~и́ть срок дéйствия prolóng *the* term; ~и́ть срок дéйствия билéта extend *a* tícket. **~éние** *с.* pròlòngátion [prou-], exténsion; ~éние óтпуска exténsion of leave; ~éние срóка дéйствия exténsion / pròlòngátion of *the* term. **~и́ть** *сов. см.* продлевáть.

**продли́ться** *сов.* last (for some time); (*затянуться*) draw* out.

**продналóг** *м.* (продовóльственный налóг) *ист.* tax in kind.

**продовóльственн||ый** food (*attr.*); *воен.* rátion ['ræ-] (*attr.*); ~ые товáры fóod-stùffs; ~ая кáрточка fóod-càrd, rátion-book ['ræ-], rátion-càrd ['ræ-]; ~ магази́н grócery (store) ['grou-...]; provísion / food store *амер.*; ~ склад food stóre¦house* [...-s]; *воен.* rátion / provísion dépòt [...'depou]; (*полевой*) rátion dump; ~ вопрóс food quéstion [...-stʃən]; ~ое снабжéние rátion / food supplý; ~ые райóны fóod-prodùcing áreas [...'ɛərıəz].

**продовóльстви||е** *с.* fóod-stùffs *pl.*; *воен.* *тж.* rátions ['ræ-] *pl.*; supplý of provísions; нóрма ~я rátion allówance; вы́дача ~я натýрой rátions in kind.

**продолби́ть** *сов. см.* продáлбливать.

**продолговáт||ость** *ж.* óblòng shape / form ['ɔb-...]. **~ый** óblòng ['ɔb-]; ~ый мозг *анат.* mèdúlla (òblòngáta).

**продолжáтель** *м.* contínuer, succéssor.

**продолж||áть,** продóлжить (*вн.*, + *инф.*) **1.** contínue (*d.*, + *ger.*, + to *inf.*), go* on (with, + *ger.*); procéed (with); keep* on (+ *ger.*); он ~áл свою рабóту he contínued, *или* procéeded with, his work, he went on with his work, *или* wórking; он ~áл читáть he contínued réading, *или* to read; he went on réading; он ~áл свой рассказ he went on with his stóry; ~ чьё-л. дéло contínue the cause begún by smb.; take* up where smb. has left off; ~ традицию cárry on *the* trádition; **2.** (*продлевать срок и т. п.*) prolóng (*d.*). **~áться,** продóлжиться contínue, last, go* on, be in prógrèss; переговóры ещё ~áются negòtiátions are still in prógrèss; это не мóжет ~áться вéчно this cánnòt go on for éver; забастóвка ~áется уже́ четвёртую неде́лю the strike is àlréady in its fourth week [...ɔːl're-...fɔːθ...].

**продолже́ние** *с.* continuátion; séquel; (*в пространстве*) pròlòngátion [prou-]; (*удлинение*) exténsion; ~ стены́, ли́нии exténsion of *the* wall, *the* line; тропи́нка была́ ~м алле́и the fóot-pàth* was a continuátion of *the* ávenue [...'fut-...]; **2.**: в ~ *предл.* (*рд.*) dúring, for, through¦óut; в ~ ле́та dúring the súmmer, through¦óut the súmmer; в ~ двух лет for two years; в ~ го́да dúring / through¦óut the year; ◇ ~ сле́дует to be contínued.

**продолжи́тельн||ость** *ж.* dùrátion; ~ ле́тнего дня the length of the súmmer-day; испыта́ние на ~ (*о полёте и т. п.*) endúrance test; ~ рабо́чего дня wórking hours [...auəz] *pl.* **~ый** long; (*затянувшийся*) prolónged; на ~ое вре́мя for a long time.

**продо́лжить(ся)** *сов. см.* продолжа́ть(ся).

**продо́льн||ый** lòngitúdinal [-ndʒ-]; léngth¦wise; *мор.* fóre-and-áft; ~ разре́з, надре́з slit; (*на чертеже*) lòngitúdinal séction; ~ая пила́ ríp-saw; ~ая ось lòngitúdinal / long áxis; ~ая перебо́рка *мор.* fóre-and-áft búlkhead [...-hed].

**продразвёрстка** *ж. ист.* súrplus-appròpriátion sýstem.

**продра́ть(ся)** *сов. см.* продира́ть(ся).

**продро́гнуть** *сов. см.* дро́гнуть I.

**продув||а́ние** *с.* **1.** *мед.* ìnsufflátion; **2.** *тех.*= проду́вка. **~а́тельный** blów-dówn ['blou-] (*attr.*).

**продув||а́ть,** проду́ть **1.** (*вн.*) blow* through [blou...] (*d.*); **2.** *тк. несов.*: ветеро́к ~а́ет there is a cool breeze; **3.** *тех.* blow* off / through / down (*d.*); (*о цилиндре дизеля*) scávenge (*d.*). **~а́ться,** проду́ться **1.** *разг.* (*проигрывать*) lose* (héavily) [luːz 'hevı-]; **2.** *страд. к* продува́ть.

**проду́вка** *ж. тех.* blówing off / through ['blou-...]; (*о цилиндре дизеля*) scávenging [-ndʒ-].

**продувно́й** *разг.* cráfty, sly, róguish ['rou-].

**проду́вочный** blów-off ['blou-] (*attr.*); ~ насо́с scávenging pump [-ndʒ-...].

**проду́кт** *м.* **1.** próduct ['prɔ-], pródùce; побо́чный ~ bý-pròduct [-prɔ-]; ~ы се́льского хозя́йства farm pródùce *sg.*; ~ы животново́дства ánimal próducts; ~ы произво́дства fruits of prodúction [fruːts...]; **2.** *мн.* (*съестные*) provísions, víctuals ['vıt°lz], fóod-stùffs; ~ы пита́ния food próducts; моло́чные ~ы dáiry pródùce *sg.*

**продукти́вно** I *прил. кратк. см.* продукти́вный.

**продукти́вн||о** II *нареч.* prodúctive¦ly, effíciently, with a good resúlt [...-'zʌlt]. **~ость** *ж.* pròdùctívity, effíciency; подня́ть ~ость животново́дства raise the pròdùctívity of ánimal húsbandry [...-z-]. **~ый** prodúctive; ~ый скот prodúctive líve¦stòck; ~ый труд prodúctive lábour; ~ый слова́рь *лингв.* áctive vocábulary.

**продукто́вый:** ~ магази́н grócery (store) ['grou-...]; provísion / food store *амер.*

**продуктообме́н** *м.* próducts-exchànge ['prɔ- -tʃeı-].

**проду́кция** *ж.* prodúction, pródùce, óutpùt [-put].

**проду́манный** **1.** *прич. см.* проду́мывать; **2.** *прил.* (well) thóught-óut.

**проду́мать** *сов. см.* проду́мывать.

**проду́мывать,** проду́мать (*вн.*) think* óver (*d.*); (*до конца*) think* out (*d.*), réason out [-z°n...] (*d.*).

**проду́||ть** *сов.* **1.** *см.* продува́ть 1, 3; **2.** *безл.*: его́, их *и т. д.* ~ло ≅ he has, they have, *etc.*, been in a draught [...drɑːft]; **3.** (*вн.*) *разг.* (*проиграть*) lose* [luːz] (*d.*). **~ться** *сов. см.* продува́ться.

**продыря́вить(ся)** *сов. см.* продыря́вливать(ся).

**продыря́вливать,** продыря́вить (*вн.*) make* a hole (in), hole (*d.*), pierce [pıəs] (*d.*). **~ся,** продыря́виться **1.** tear* [tɛə]; (*пронашиваться*) wear* through [wɛə...]; **2.** *страд. к* продыря́вливать.

**проеда́ть** I, прое́сть (*вн.*) (*о ржавчине, моли и т. п.*) eat* (*d.*); (*о кислоте*) corróde (*d.*).

**проеда́ть** II, прое́сть (*вн.*) *разг.* (*тратить на питание*) spend* on food (*d.*).

**прое́зд** *м.* pássage, thóroughfàre ['θʌ-]; ~а нет! no thóroughfàre!

**прое́здить** I *сов. см.* проезжа́ть II.

**прое́здить** II *сов.* (*провести какое-л. время в езде*) spend* some time dríving, ríding; (*пропутешествовать*) have trávelled.

**прое́зд||иться** *сов. разг.* (*истратиться в дороге*) spend* all one's móney in trávelling [...'mʌ-...]. **~но́й 1.** *прил.*: ~на́я пла́та fare; ~но́й биле́т tícket; **2.** *мн. как сущ.* trávelling allówance *sg.* **~ом** *нареч.* in tránsit, pássing through, in the course of a jóurney [...kɔːs... 'dʒəːn-].

**проезжа́ть** I, прое́хать **1.** (*вн.*; ми́мо, че́рез) pass (by, through); (*в экипаже и т. п.*) go* / drive* (by, past, through); (*верхом, на велосипеде*) ride* (by, past, through); **2.** (*без доп.*; *без указания места, объекта*) pass by; (*в экипаже*) drive* by; (*верхом, на велосипеде*) ride* by; **3.** (*вн.*; *покрывать расстояние*) do (*d.*), make* (*d.*); ~ 50 киломе́тров в час do fífty kílomètres an hour [...auə]; прое́хать за су́тки 400 киломе́тров cóver four húndred kílomètres in twénty-four hours ['kʌ- fɔː... -fɔː...].

**проезжа́ть** II, прое́здить (*вн.*; *лошадь*) éxercise (*d.*).

**прое́зж||ий** I *прил.*: ~ая доро́га públic road ['pʌ-...], thóroughfàre ['θʌrə-]; hórse-road, cárt-road.

**прое́зжий** II *м. скл. как прил.* tráveller; pásser-bý.

**прое́кт** *м.* prójèct, design [-'zaın], scheme; (*документа*) draft; ~ резолю́ции draft rèsolútion [...-zə-]. **~и́вный:** ~и́вная геоме́трия descríptive geómetry, projécting geómetry. **~и́рование** *с.* projécting, projéction, plánning.

**проект||и́ровать,** запроекти́ровать, спроекти́ровать (*вн.*) **1.** (*разрабатывать проект*) projéct (*d.*), plan (*d.*), design [-'zaın] (*d.*); **2.** *тк. несов.* (*планировать, предполагать*) plan (*d.*). **~иро́вка** *ж.*= проекти́рование. **~иро́вочный** designing [-'zaın-]. **~иро́вщик** *м.* plánner. **~ный** designed [-'zaınd]; ~ные мо́щности designed pówer / capácity *sg.*; ~ные организа́ции designing òrganizátions [-'zaın- -naı-].

**проекцио́нный:** ~ фона́рь projéctor, mágic lántern; still projéctor *амер.*

**прое́кция** *ж. мат.* projéction; вертика́льная ~ vértical projéction; front view [-ʌnt vjuː], èlevátion; горизонта́льная ~ hòrizóntal projéction; plan view.

**проём** *м. арх.* áperture; embrásure [-reɪ-]; дверно́й ~ dóorway [ˈdɔː-]; око́нный ~ wíndow ópen¦ing.

**прое́сть** I, II *сов. см.* проеда́ть I, II.

**прое́хать** *сов. см.* проезжа́ть I. **~ся** *сов.* (*прокатиться на чём-л.*) take* a drive; ◇ ~ся на чей-л. счёт *разг.* show* wit at smb.'s expénse [ʃou...].

**прожа́р||ивать,** прожа́рить (*вн.*) fry / roast thóroughly [...ˈθʌrə-] (*d.*); ~енный бифште́кс wéll-dóne steak [...steɪk]; (*ср.* жа́рить). **~иваться,** прожа́риться **1.** fry / roast thóroughly [...ˈθʌrə-]; (*ср.* жа́риться); **2.** *страд. к* прожа́ривать.

**прожа́рить(ся)** *сов. см.* прожа́ривать(ся).

**прожда́||ть** *сов.* (*вн., рд.*) wait (for); он ~л её час he wáited for her for an hour [...auə].

**прожева́ть** *сов. см.* прожёвывать.

**прожёвывать,** прожева́ть (*вн.*) chew well (*d.*), másticàte well (*d.*).

**прожектёр** *м.* schémer. **~ство** *с.* háre-brained plans / schemes *pl.*

**проже́ктор** *м.* séarchlight [ˈsəːtʃ-]; projéctor. **~ный** séarchlight [ˈsəːtʃ-] (*attr.*).

**проже́чь** *сов. см.* прожига́ть I.

**прожжённый** *разг.* (*отъявленный*) arch; ~ плут árch-rógue [-ˈroug], invéterate ráscal.

**прожива́ть,** прожи́ть **1.** *тк. несов.* (*жить где-л.*) live [lɪv], resíde [-ˈz-]; (*временно*) stay, sójourn [ˈsɔdʒəːn]; **2.** (*вн.*; *тратить*) spend* (*d.*); run* through (*d.*). **~ся,** прожи́ться *разг.* spend* all one's móney [...ˈmʌ-].

**прожига́тель** *м.*: ~ жи́зни *разг.* fast líver [...ˈlɪ-], man* of pléasure [...ˈpleʒə].

**прожига́ть** I, проже́чь (*вн.*) burn* through (*d.*); ~ дыру́ в чём-л. burn* a hole in smth.

**прожига́ть** II (*вн.*) *разг.*: ~ жизнь lead* a díssipàted / fast life.

**прожи́лка** *ж.* vein.

**прожи́||тие** *с.* líving [ˈlɪ-], líve¦lihood [-hud]; де́ньги на ~ móney for líving expénses [ˈmʌ-...] *sg.* **~то́чный:** ~то́чный ми́нимум líving wage [ˈlɪ-...], subsístence mínimum, subsístence wage.

**прожи́ть** *сов.* **1.** *см.* прожива́ть 2; **2.** *как сов. к* жить; ему́ не ~ и го́да (*о больном*) he won't last / live a year [...wount...lɪv...]. **~ся** *сов. см.* прожива́ться.

**прожо́рлив||ость** *ж.* vorácity, vorácious¦ness, glúttony. **~ый** vorácious, glúttonous.

**прожужжа́||ть** *сов.* buzz, drone; (*негромко*) hum; ◇ ~ у́ши кому́-л. *разг.* ≅ keep* dínning *smth.* into smb.'s ears.

**про́за** *ж.* (*прям. и перен.*) prose; ~ жи́зни húmdrùm of life. **~и́зм** *м.* prósaism [-zeɪɪzm].

**проза́ик** *м.* próse-writer, prósaist [-zeɪɪst].

**прозаи́ческ||ий** prosáic [-ˈzeɪɪk]; (*тк. о людях*) mátter-of-fáct; prósy [-zɪ]; ~ое произведе́ние prose work.

**прозаи́чн||ость** *ж.* prosáicalness [-ˈzeɪɪk-]; (*о жизни*) dúllness, flátness, prósiness [ˈprouz-]; (*о литературном стиле*) mátter-of-fáctness. **~ый** prosáic [-ˈzeɪɪk]; (*перен. тж.*) cómmonplàce, húmdrùm, prósy [-zɪ].

**прозва́ни||е** *с.* níckname; (*шутливое тж.*) sóbriquet [ˈsoubrɪkeɪ]; по ~ю nícknamed, óther¦wise known as [...noun...].

**прозва́ть** *сов. см.* прозыва́ть.

**прозвене́ть** *сов.* **1.** ring*, ring* out, give* a ring; **2.** *как сов. к* звене́ть.

**про́звищ||е** *с.* níckname; (*шутливое тж.*) sóbriquet [ˈsoubrɪkeɪ]; дать ~ (*дт.*) níckname (*d.*); по ~у nícknamed.

**прозвони́ть** *сов.* ring* out, give* a ring / peal.

**прозвуча́ть** *сов. см.* звуча́ть.

**прозева́ть** I *сов. см.* зева́ть 3.

**прозева́ть** II *сов.* (*какое-л. время*) yawn.

**прозе́ктор** *м.* proséctor, disséctor. **~ская** *ж. скл. как прил.* room for disséction.

**прозели́т** *м.* próselỳte.

**прозимова́ть** *сов. см.* зимова́ть.

**прозоде́жда** *ж.* (произво́дственная оде́жда) wórking clothes [...kloudz] *pl.*; óver¦àll(s) (*pl.*).

**прозорли́в||ость** *ж.* sagácity, pèrspicácity, ínsight. **~ый** sagácious, pèrspicácious.

**прозра́чн||ость** *ж.* trànspárence [-ˈpɛə-], trànspárency [-ˈpɛə-]; limpídity. **~ый** trànspárent (*тж. перен.*); límpid; líquid; (*перен.*) óbvious; ~ый блеск líquid lustre; ~ый намёк trànspárent allúsion / hint.

**прозрева́ть,** прозре́ть recóver one's sight [-ˈkʌ-...]; (*перен.*) begín* to see cléarly; ту́т-то он и прозре́л then his eyes were ópen¦ed [...aɪz...], he was enlíghtened.

**прозре́ние** *с.* recóvery of sight [-ˈkʌ-...]; (*перен.*) enlíghtenment, ínsight.

**прозре́ть** *сов. см.* прозрева́ть.

**прозыва́ть,** прозва́ть (*вн. тв.*) name (*d. d.*), súrname (*d. d.*), níckname (*d. d.*).

**прозяба́ние** *с.* végetàtive life, végetàting; vègetátion.

**прозяба́ть** végetàte.

**прозя́бнуть** *сов. разг.* be chilled; ~ до мо́зга косте́й be chilled to the márrow / bone.

**проигра́ть** I, II *сов. см.* прои́грывать I, II.

**проигра́ться** *сов. см.* прои́грываться.

**прои́грыватель** *м.* récord-player [ˈre-].

**прои́грывать** I, проигра́ть (*вн.*) lose* [luːz] (*d.*); ~ в ка́рты lose* at cards (*d.*); ~ суде́бный проце́сс lose* *a* case [...-s]; ◇ ~ в чьём-л. мне́нии, в чьих-л. глаза́х sink* in smb.'s èstimátion.

**прои́грывать** II, проигра́ть (*вн.*; *играть, исполнять*) play (*d.*); (*до конца*) play through (*d.*); (*для проверки*) play óver (*d.*); проигра́ть все пласти́нки play all *the* récords [...ˈre-].

**прои́грываться,** проигра́ться lose* all one's móney (at gámbling) [luːz...ˈmʌ-...].

**про́игрыш** *м.* loss; он оста́лся в ~е he was the lóser [...ˈluːzə].

**произведе́ни||е** *с.* **1.** work, prodúction; ~ иску́сства work of art; музыка́льное ~ músical còmposítion [-zɪk- -ˈzɪ-]; лу́чшее, образцо́вое ~ másterpiece [-piːs]; ме́лкие ~я short / mínor works; ~ литерату́ры work of líterature, líterary prodúction; ~я Пу́шкина works by / of Púshkin [...ˈpu-]; избранные ~я selécted works; seléction (of works) *sg.*; **2.** *мат.* próduct [ˈprɔ-].

**произвести́** *сов. см.* производи́ть 1, 3, 4.

**производи́тел||ь** I *м.* prodúcer; мéлкие, срéдние ~и small, médium prodúcers; ~ материáльных благ prodúcer of matérial válues; ◇ ~ рабóт sùperinténdent of work.

**производи́тель** II *м.* (*в животноводстве; самец*) sire; (*о жеребце тж.*) gétter ['ge-], stúd-hòrse; (*о быке тж.*) bull [bul].

**производи́тельн||ость** *ж.* pròdùctívity; (*о выработке*) óutpùt [-put]; prodúctive¦ness; ~ трудá pròdùctivity of lábour, lábour pròdùctivity. **~ый** prodúctive, efficient; ~ые си́лы prodúctive fórces; ~ый труд efficient lábour.

**производи́ть,** произвести́ **1.** (*вн.*; *делать, выполнять*) make* (*d.*); ~ ремóнт (*рд.*) repáir (*d.*), cárry out repáirs; ~ рабóту éxecùte *the* work; ~ смотр (*дт.*) hold* *a* review [...-'vjuː] (of), review (*d.*); ~ съёмку (*рд.*; *землемерную*) make* a súrvey (of); ~ съёмку кинофи́льма shoot* *a* film; ~ учéние *воен.* drill, train; ~ шум make* a noise; ~ слéдствие hold* *an* in¦quèst; произвести́ вы́стрел fire a shot; ~ платёж efféct páyment; ~ óпыты (над) expérimènt (on, with), expèriméntalize (with); ~ подсчёт make* *a* càlculátion; ~ техни́ческий осмóтр cárry out *a* téchnical inspéction; **2.** *тк. несов.* (*вн.*; *вырабатывать*) prodúce (*d.*); **3.** (*вн.*; *порождать*) give* birth (to); ~ на свет bring* into the world (*d.*); **4.** (*вн.* в *вн. мн.*) *уст.* (*возводить в чин*) promóte (*d.* to *sg.*; *d.* to the rank of *sg.*): егó произвели́ в капитáны he was promóted to the rank of cáptain; **5.** *тк. несов.* (*вн.*) *лингв.* derive (*d.*); ◇ ~ сенсáцию make* / cause a sènsátion; ~ впечатлéние (на *вн.*) make* / prodúce an impréssion (on, up¦ón), impréss (*d.*), have an efféct (on); ~ благоприя́тное впечатлéние на когó-л. impréss smb. fávour¦ably; какóе впечатлéние он, э́то произвóдит на вас? what impréssion does he, it make on you?, how does he, it strike you?

**произвóдн||ая** *ж. скл. как прил. мат.* derivative. **~ый** *лингв.*, *мат.* derivative.

**произвóдственник** *м.* prodúction wórker, one en¦gáged in prodúction.

**произвóдственн||ый** *прил. к* произвóдство; *тж.* indústrial; ~ план prodúction plan; ~ые отношéния relátions of prodúction; ~ процéсс prócèss of prodúction; ~ая прáктика студéнтов práctical tráining for stúdents; ~ое обучéние indústrial tráining; ~ая квалификáция proféssional skill; ~ стаж indústrial expérience / récòrd [...'re-], récòrd of work; ~ óпыт prodúction expérience; ~ое совещáние prodúction méeting, cónference on prodúction; ~ое задáние óutpùt prógràmme [-put 'prou-]; ~ая мóщность prodúcing capácity.

**произвóдств||о** *с.* **1.** prodúction, mànufácture; ~ маши́н prodúction of machines [...-'ʃiːnz]; ~ óбуви mànufácture of shoes [...ʃuːz]; маши́нное ~ mechánical prodúction [-'kæn-...]; срéдства ~а means of prodúction; ~ средств ~а prodúction of means of prodúction; ~ предмéтов потреблéния prodúction of consúmer goods [...gudz]; ~ материáльных благ prodúction of matérial válues; спóсоб ~а mode of prodúction; социалисти́ческое ~ sócialist prodúction; маши́ны совéтского ~а Sóviè̀t-prodúced / Sóviè̀t-máde machines; издéржки ~а the cost of prodúction *sg.*; **2.** (*выполнение, совершение*) èxecútion; ~ платежéй effécting of páyment; ~ óпытов èxpèrimèntátion; ~ вы́стрела *воен.* firing of a shot; **3.** (*фабрика, завод*) fáctory; works; идти́ на ~ go* to work at *a* fáctory; **4.** *уст.* (*повышение в чине*) promótion.

**производя́щий** **1.** *прич. см.* производи́ть; **2.** *прил. эк.* prodúctive.

**произвóл** *м.* árbitrariness; árbitrary rule; ◇ оставля́ть, бросáть на ~ судьбы́ (*вн.*) leave* to the mércy of fate (*d.*).

**произвóльно** I *прил. кратк. см.* произвóльный.

**произвóльн||о** II *нареч.* **1.** (*по желанию*) at will; **2.** (*по произволу*) árbitrarily. **~ость** *ж.* árbitrariness. **~ый** árbitrary.

**произнес||éние** *с.* pronóuncing; útterance; (*речи*) delívery. **~ти́** *сов. см.* произноси́ть.

**произноси́тельн||ый** *лингв.* àrticulàtory [-leɪ-]; ~ аппарáт àrticulàtory àpparátus; ~ые нáвыки àrticulàtory hábits.

**произно||си́ть,** произнести́ (*вн.*) **1.** (*говорить*) pronóunce (*d.*), say* (*d.*), útter (*d.*); ~ речь delíver *a* speech [-'lɪ-...]; ~ приговóр pronóunce *a* séntence; pass júdge¦ment; не произнести́ ни слóва not útter a word; **2.** (*артикулировать*) pronóunce (*d.*), àrticulàte (*d.*). **~шéние** *с.* pronùnciátion; (*артикуляция*) àrticulátion; картáвое ~шéние burr.

**произойти́** *сов. см.* происходи́ть.

**произрастáние** *с.* growth [-ouθ], grówing ['grou-]; spróuting.

**произрастáть,** произрасти́ grow* [-ou], spring* up; sprout; успéшно ~ thrive*.

**произрасти́** *сов. см.* произрастáть.

**проиллюстри́ровать** *сов.* (*вн.*) íllustràte (*d.*).

**проинформи́ровать** *сов.* (*вн.*) infórm (*d.*).

**прóискá||ть** *сов.* (*вн.*) *разг.* (*в течение какого-то времени*) look (for), spend* some time lóoking (for); он весь день ~л её áдрес he spent the whole day in search of her addréss [...houl...səːtʃ...].

**прóиски** *мн.* intrígues [-'triːgz]; únderhànd plótting *sg.*; сорвáть ~ поджигáтелей войны́ frùstráte / foil the schemes of the wár-mòngers [...-mʌ-].

**проистекáть,** проистéчь (из, от) resúlt [-'zʌ-] (from), spring* (from); be born (of).

**проистéчь** *сов. см.* проистекáть.

**происходи́ть,** произойти́ **1.** (*случаться*) háppen, occúr; (*иметь место*) take* place; *несов. тж.* be gó¦ing on, go* on; что здесь происхóдит? what is gó¦ing on here?; там происхóдят стрáнные вéщи strange things háppen there [-eɪndʒ...]; there are queer gó¦ings-ón there *разг.*; крутóй перелóм произошёл в жи́зни нарóда a rádical change was wrought in, *или* came óver, the life of the people [...tʃeɪ-...piː-]; **2.** (*откуда-л.*) come* (from); (*из рода; от родителей*) be descénded (from), descénd (from), come* (of); **3.** (из-за, от; *по причине*) be the resúlt [...'zʌ-] (of), spring* (from), aríse* (from).

**происходя́щее** **1.** *прич. см.* происходи́ть; **2.** *с. как сущ.* what is gó¦ing on, *или* háppening.

**происхождéни||е** *с.* **1.** órigin; (*место возникновения*) próvenance; ~вúдов *биол.* órigin of spécies [...-ʃiːz]; **2.** (*принадлежность по рождению*) birth, párent¦age, descént, extráction; (*родословная*) líneage [-nɪɪdʒ]; по ~ю by birth; социáльное ~ sócial órigin.

**происшéстви||е** *с.* íncident; (*событие*) evént; (*несчастный случай*) áccident; отдéл ~й (*в газете*) lócal news [...-z]; никакúх ~й нé было nothing to repórt; úстинное ~ true stóry.

**пройдóха** *м. и ж. разг.* old fox.

**прóйма** *ж.* (*в платье*) árm-hòle.

**пройтú** I, II *сов. см.* проходúть I 1, 2, 3, 4 *и* II.

**пройтúсь** *сов. см.* прохáживаться.

**прок** *м. тк. ед. разг.* use [juːs], bénefit; из э́того не бýдет ~у no(thing) good will come of this; no one will be the bétter for it; что в э́том ~у? what is the use of it?

**прокажённый** **1.** *прил.* léprous ['le-]; **2.** *м. как сущ.* léper ['le-].

**прокáза** I *ж. тк. ед. мед.* léprosy.

**прокáза** II *ж.* (*шалость*) mís¦chief, prank, trick.

**прокáз||ить,** напрокáзить *разг.* play pranks, be up to mís¦chief. **~ливость** *ж.* pránkishness, mís¦chievous¦ness [-tʃɪv-]. **~ливый** mís¦chievous, pránkish.

**прокáзн||ик** *м.*, **~ица** *ж.* mís¦chievous / pránkish pérson; (*о ребёнке*) mís¦chievous / pránkish child*; a bundle of mís¦chief. **~ичать,** напрокáзничать = прокáзить.

**прокáливать,** прокалúть (*вн.*) témper (*d.*), annéal (*d.*). **~ся,** прокалúться **1.** get* témpered / annéaled; **2.** *страд. к* прокáливать.

**прокалúть(ся)** *сов. см.* прокáливать(ся).

**прокáлка** *ж.* témpering.

**прокáлывать,** проколóть (*вн.*) **1.** pierce [pɪəs] (*d.*); *тех. тж.* pérforàte (*d.*); **2.** (*колющим оружием*) run* through (*d.*).

**проканитéлиться** *сов. см.* канитéлиться.

**прокáпывать,** прокопáть (*вн.*) dig* (*d.*); прокопáть канáву dig* *a* ditch.

**прокараýли||ть** *сов.* (*вн.*; *в течение какого-то времени*) guard (*d.*), watch (*d.*); spend* *the time* guárding / wátching (*d.*): он всю ночь ~л дом he guárded / watched *the* house* all night [...haus...], he spent all night guárding / wátching *the* house*.

**прокáт** I *м.* hire.

**прокáт** II *м. тех.* **1.** (*процесс*) rólling; **2.** (*изделие*) rolled métal [...'me-].

**прокатáть** *сов. см.* прокáтывать. **~ся** *сов.* (*в течение какого-то времени*) drive* (*ср.* катáться I).

**прокатúть** *сов.* **1.** (*вн.*) (*на лошади и т. п.*) give* a ride (*i.*); (*в экипаже*) take* for a drive (*d.*); **2.** (*без доп.*; *быстро проехать*) roll by; ◇ ~ на вороных *уст. разг.* (*забаллотировать*) bláckbàll (*d.*). **~ся** *сов.* go* for a drive, take* a drive.

**прокáтка** *ж. тех.* rólling.

**прокáтный** I (*наёмный*) let out on hire.

**прокáтн||ый** II *тех.* rólling; ~ стан rólling-mill; ~ое желéзо rolled íron [...'aɪən].

**прокáтчик** *м.* róller.

**прокáтывать,** прокатáть (*вн.*) *тех.* roll (*d.*), spread* flat with a róller [spred...] (*d.*).

**прокáшля||ть** *сов.* cough [kɔf]; он ~л всю ночь he was cóughing all night [...'kɔf-...]. **~ться** *сов.* clear one's throat.

**прокипéть** *сов.* boil.

**прокипятúть** *сов.* (*вн.*) boil thóroughly [...'θʌ-] (*d.*).

**прокисáть,** прокúснуть turn sour; молокó прокúсло the milk has turned (sour).

**прокúснуть** *сов. см.* прокисáть.

**проклáдка** *ж.* **1.** (*действие*) láying, constrúction; ~ кáбеля cable láying; ~ дорóги road búilding / constrúction [...'bɪl-...]; búilding *a* road; (*через горы, лес и т. п.*) bréaking *a* road [-eɪk-...]; **2.** *тех.* wásher, gásket, pácking, pádding.

**проклáдывать,** проложúть **1.** (*вн.*) (*о трубах и т. п.*) lay* (*d.*); (*о дороге и т. п.*) build* [bɪld] (*d.*), constrúct (*d.*); ~ туннéль build* / dig* / make* *a* túnnel; ~ дорóгу (*перен.*) pave the way; ~ себé дорóгу work / carve one's way; (*локтями*) élbow one's way; ~ путь make* a path / road, break* a trail [-eɪk...]; (*перен.*) pave the way; ~ нóвые путú blaze new trails; (*перен. тж.*) pionéer; **2.** (*вн. мéжду*) ìnterláy* (with *d.*); ~ кнúгу бéлыми листáми interléave *a* book; ~ копúрку мéжду листáми бумáги insért cárbon-pàper betwéen the sheets of páper.

**прокламáция** *ж.* (*листовка*) léaflet.

**прокламúровать** *несов. и сов.* (*вн.*) procláim (*d.*).

**проклé||ивать,** проклéить (*вн.*) paste [peɪ-] (*d.*), glue (*d.*); (*бумагу*) size (*d.*). **~ить** *сов. см.* проклéивать.

**проклéйка** *ж.* (*бумаги*) sízing.

**проклинáть,** проклÿсть (*вн.*) curse (*d.*), damn (*d.*); ◇ будь я прóклят, éсли I'll be, *или* I'm, damned if; будь он прóклят! damn / curse him!

**проклÿ||сть** *сов. см.* проклинáть. **~тие** *с.* **1.** dàmnátion; imprecátion, màledíction; **2.** (*бранное слово*) curse; **3.:** ~тие! damn it!, dàmnátion! **~тый** cúrsed, damned; accúrsed; *разг.* (*противный*) confóunded; ◇ ~тый вопрóс accúrsed / damned quéstion [...-stʃən].

**проковырÿть** *сов.* (*вн.*) pick / make* a hole (in).

**прокóл** *м.* púncture; (*тонкий*) pín-hòle.

**проколóть** *сов. см.* прокáлывать.

**прокомментúровать** *сов.* (*вн.*) cómmènt (up¦ón).

**прокомпостúровать** *сов. см.* компостúровать.

**проконопáтить** *сов. см.* конопáтить.

**проконспектúровать** *сов. см.* конспектúровать.

**прокóнсул** *м. ист.* prò¦cónsul.

**проконсультúровать(ся)** *сов. см.* консультúровать(ся).

**проконтролúровать** *сов. см.* контролúровать.

**прокопáть** *сов. см.* прокáпывать.

**прокоптéлый** *разг.* cóvered with soot ['kʌ-...], sóoty, sóot-càked.

**прокоптúть** *сов.* (*вн.*) smoke (*d.*), cure in smoke (*d.*). **~ся** *сов.* get* smoked.

**прокóрм** *м.* nóurishment ['nʌ-], sústenance.

**прокормúть** I *сов.* (*вн.*; *определённое время*) feed* (*d.*).

**прокорми́ть** II *сов.* (*вн.*; *предоставить средства к существованию*) keep* (*d.*), maintáin (*d.*), províde (for); ~ (свою́) семью́ keep* / maintáin one's fámily, províde for one's fámily. **~ся** *сов.* (*тв.*) subsíst (on), live [lɪv] (on).

**прокорректи́ровать** *сов. см.* корректи́ровать.

**прокра́дываться,** прокра́сться steal*; ~ ми́мо steal* by / past.

**прокра́сться** *сов. см.* прокра́дываться.

**прокрич||а́ть** *сов.* **1.** shout, give* a shout; **2.** (*в течение какого-то времени*) shout: он ~а́л це́лый час he was shóuting for an hour [...auə]; **3.** *разг.* (о *пр.*) trúmpet (*d.*); ~ об успе́хах trúmpet *one's* succéss.

**прокру́стов** *м.*: ~о ло́же Procrústean bed, the bed of Procrústes.

**прокурату́ра** *ж.* prócuràtor's óffice.

**прокуро́р** *м.* públic prócuràtor ['prʌ-...]; Генера́льный Прокуро́р СССР Géneral Prócuràtor of the USSR; това́рищ ~а *ист.* assístant prócuràtor. **~ский** prócuràtor's; ~ский надзо́р the prócuràtor's sùpervísion, *или* sùpervísory pówers [...-vaɪz-...] *pl.*; the prócuràtor's óffice; уси́лить ~ский надзо́р stréngthen the prócuràtor's sùpervísory pówer; довести́ до све́дения ~ского надзо́ра infórm the prócuràtor's óffice.

**прокуси́ть** *сов. см.* проку́сывать.

**проку́сывать,** прокуси́ть (*вн.*) bite* through (*d.*).

**прокути́ть** *сов. см.* проку́чивать.

**проку́чивать,** прокути́ть **1.** go* on the spree; прокути́ть всю ночь напролёт make* a night of it; **2.** (*вн.*; *тратить на кутёж*) squánder (*d.*), díssipàte (*d.*); прокути́ть состоя́ние díssipàte *a* fórtune [...-tʃən], run* through *a* fórtune.

**пролага́ть:** ~ путь pave the way.

**прола́за** *м. и ж. разг.* dódger, (sly) old fox; э́то тако́й ~ he is up to every trick.

**прола́мывать,** проломи́ть (*вн.*) break* (through) [-eɪk...] (*d.*); (*о бочке, лодке тж.*) stave in (*d.*); ~ лёд break* the ice; ~ отве́рстие make* *an* ópen¦ing. **~ся,** проломи́ться **1.** break* (down) [-eɪk...], give* way; пол проломи́лся the floor has bróken down, *или* has given way [...flɔː...]; **2.** *страд. к* прола́мывать.

**проля́||ть** *сов.* **1.** bark, give* a bark; **2.** (*в течение какого-то времени*) bark; соба́ка ~ла всю ночь the dog barked all night long; **3.** *как сов. к* ла́ять.

**пролега́||ть** lie*, run*; доро́га ~ла че́рез по́ле the path* lay / ran acróss *a* field [...fiːld].

**пролежа́||ть** *сов. разг.* (*в течение какого-то времени*) lie*; spend* *the time* lýing; (*оставаться в том же положении*) remáin: он весь день ~л he spent the whole day lýing [...houl...]; (*в постели*) he spent the whole day (lýing) in bed; посы́лка ~ла две неде́ли на по́чте the párcel remáined in the póst-òffice for two weeks [...'poust-...].

**про́лежень** *м. мед.* bédsòre.

**пролеза́ть,** проле́зть get* through, wríggle through; climb through [klaɪm...]; (в *вн.*; *перен.*) worm òne¦sélf (into).

**проле́зть** *сов. см.* пролеза́ть.

**проле́сок** *м.* glade; vísta.

**пролёт** *м.* **1.** (*действие*) flight; **2.** (*лестницы*) stáir-wèll; **3.** *арх.* bay; (*моста*) span, bridge span; **4.** (*расстояние между станциями*) stage.

**пролетар||иа́т** *м.* pròlètáriat [prou-]; диктату́ра ~иа́та dictátor¦ship of the pròlètáriat. **~иза́ция** *ж.* pròletàrianìzátion [proulɪtɛərɪənaɪ-].

**пролета́р||ий** *м.*, **~ка** *ж.* pròlètárian [prou-]; ~ии всех стран, соединя́йтесь! wórkers of the world, ùníte! **~ский** pròlètárian [prou-]; ~ская револю́ция pròlètárian rèvolútion; ~ский интернационали́зм pròlètárian ìnternátionalism [...-'næ-].

**пролет||а́ть,** пролете́ть **1.** (ми́мо, че́рез) fly* (by, past, through); (*перен.*) pass rápidly; (*о времени*) fly* by; ~е́ли две неде́ли two weeks flew by; **2.** (*вн.*; *покрывать какое-л. расстояние*) cóver ['kʌ-] (*d.*).

**пролете́ть** *сов. см.* пролета́ть.

**пролётка** *ж.* dróshky, cab.

**проли́в** *м.* strait, sound.

**пролива́ть,** проли́ть (*вн.*) spill* (*d.*); ◇ ~ (свою́) кровь (за *вн.*) shed* one's blood [...blʌd] (for); ~ слёзы (по *дт.*, *пр.*, о *пр.*) shed* tears (óver); turn on the wáterwòrks [...'wɔː-] *идиом. разг.*; ~ свет (на *вн.*) shed* / throw* light [...θrou...] (on). **~ся,** проли́ться **1.** spill*; **2.** *страд. к* пролива́ть.

**проливно́й:** ~ дождь póuring / dríving / pélting rain ['pɔː-...]; идёт ~ дождь it is póuring.

**проли́тие** *с.*: ~ кро́ви blóodshèd ['blʌd-].

**проли́ть(ся)** *сов. см.* пролива́ть(ся).

**проло́г** *м.* prólògue ['proulɔg].

**проложи́ть** *сов. см.* прокла́дывать.

**проло́м** *м.* breach, break [-eɪk], gap; (*черепа*) frácture.

**проломи́ть(ся)** *сов. см.* прола́мывать(ся).

**пролонг||а́ция** *ж. юр., фин.* pròlòngátion [prou-]. **~и́ровать** *несов. и сов.* (*вн.*) *юр., фин.* prolóng (*d.*).

**пром-** *сокр.* промы́шленный.

**прома́зать** *сов.* **1.** (*вн. тв.*) coat (*d.* with); (*маслом*) oil (*d.*); ~ окно́ зама́зкой pútty *a* window; **2.** *разг.* (*промахнуться*) miss; miss one's stroke; fail to hit.

**прома́лывать,** промоло́ть (*вн.*) grind* (*d.*), mill (*d.*).

**промаринов||а́ть** *сов.* (*вн.*) *разг.* deláy néedlessly (for so long) (*d.*); он ~а́л э́то де́ло две неде́ли he deláyed / shelved the case for two weeks [...keɪs...].

**прома́сленн||ый** *прич. и прил.* oiled; greased; (*выпачканный в масле*) gréasy [-zɪ]; ~ая бума́га óil-pàper.

**прома́сл||ивать,** прома́слить (*вн.*) oil (*d.*), treat with oil (*d.*), grease (*d.*). **~ить** *сов. см.* прома́сливать.

**прома́тывать,** промота́ть (*вн.*; *расточать*) squánder (*d.*), díssipàte (*d.*), waste [weɪ-] (*d.*); ~ де́ньги squánder / díssipàte / waste *one's* móney [...'mʌ-]; промота́ть состоя́ние run* through *a* fórtune [...-tʃən]; (*разориться*) rúin òne¦sélf.

**про́мах** *м.* (*при стрельбе*) miss; (*перен.*) slip; (*грубая ошибка*) blúnder; ◇ он ма́лый не ~ *разг.* he's a bright chap; he knows what's what [...nouz...]. ~**нýться** *сов.* (*не попасть в цель*) miss (one's aim), miss the mark, fail to hit; (*на бильярде*) miscúe; (*перен.*) miss the mark; be besíde, *или* wide of, the mark.

**промáчивать,** промочи́ть (*вн.*) wet thóroughly [...'θʌ-] (*d.*), drench (*d.*), soak (*d.*); промочи́ть нóги have wet feet, get* one's feet wet; ◇ промочи́ть глóтку *разг.* ≅ wet one's whistle.

**промедлéни||е** *с.* deláy; procràstinátion; без ~я without deláy.

**промéдлить** *сов.* deláy, línger.

**промéж** *предл.* (*рд.*, *тв.*) *разг.* betwéen; among; ~ нас betwéen our¦sélves.

**промéжность** *ж. анат.* pèrinéum.

**промежýт||ок** *м.* ínterval, space, span; ~ врéмени périod / space / stretch of time; spell. ~**очный** intermédiate, intervéning; (*тк. о пространстве*) interstítial; ~очная стáнция *ж.-д.* wáy-stàtion.

**промелькнý||ть** *сов.* **1.** flash; (*о времени*) fly* by, pass swíftly; ~ли две недéли two weeks flew by; ~ в головé (*о мысли*) flash through *one's* mind; **2.** (*появиться*): в егó словáх ~ла ирóния there was a shade of írony in his words [...'aɪə-...].

**проме́нивать,** променя́ть (*вн.* на *вн.*) **1.** exchánge [-'tʃeɪ-] (*d.* for), truck (*d.* for), bárter (*d.* for); **2.** (*предпочитать кого-л. кому-л.*) change [tʃeɪ-] (*d.* for).

**променя́ть** *сов. см.* проме́нивать.

**промéр** *м.* **1.** méasure¦ment ['meʒə-]; súrvey; (*глубин*) sóunding; **2.** (*ошибка при измерении*) érror in méasure¦ment.

**промерзáть,** промёрзнуть freeze* (right) through; be chilled.

**промёрзлый** frózen.

**промёрзнуть** *сов. см.* промерзáть.

**промéр||ивать,** промéрить **1.** (*вн.*; *производить измерения*) méasure ['meʒə] (*d.*), sùrvéy (*d.*); (*глубину*) sound (*d.*); **2.** *тк. сов.* (*ошибиться при измерении*) make* a mistáke in méasure¦ment [...'meʒə-]. ~**ить** *сов. см.* промéривать. ~**ный:** ~ное сýдно sùrvéying véssel.

**промеря́ть** = промéривать 1.

**промеси́ть** *сов.* (*вн.*) knead (well / próperly / thóroughly) [...'θʌ-] (*d.*); (*глину и т. п.*) púddle (well / próperly / thóroughly) (*d.*).

**промéшкать** *сов. разг.* línger.

**промкооперáция** *ж.* = промыслóвая кооперáция *см.* промыслóвый.

**промóзгл||ость** *ж.* dánkness. ~**ый** dank; ~ая погóда dank wéather [...'weðə].

**промóина** *ж.* èxcavátion, pool, gúlly, ravíne [-i:n].

**промокáтельн||ый:** ~ая бумáга blótting-pàper.

**промокáть** I, промóкнуть get* wet / soaked; *несов. тж.* be sóaking; *сов. тж.* be sópping wet; промóкнуть до костéй get* drenched / wet to the skin.

**промокá||ть** II (*пропускать влагу*) let* wáter (through) [...'wɔ:-...], be pérvious to wáter, not be wáterproof [...'wɔ:-]; э́тот плащ ~ет (от дождя́) this máckintòsh lets the rain through, this máckintòsh is not ráinproof; э́та бумáга ~ет this páper absórbs ink; this páper won't take ink [...wount...].

**промокáть** III, промокнýть (*вн.*) blot (*d.*).

**промокáшка** *ж. разг.* blótter.

**промóкнуть** *сов. см.* промокáть I.

**промокнýть** *сов. см.* промокáть III.

**промóлвить** *сов.* (*вн.*) say* (*d.*), útter (*d.*).

**промолоти́ть** *сов.* (*вн.*) thrash (*d.*), thresh (*d.*).

**промолóть** *сов. см.* промáлывать.

**промолчá||ть** *сов.* **1.** (*в течение какого-то времени*) be / keep* sílent, say* nóthing, hold* one's peace; они́ ~ли весь вéчер they were / kept sílent all the évening [...'i:v-], they did not speak, *или* never úttered a word, all the évening; **2.** *как сов. к* молчáть.

**проморгáть** *сов.* (*вн.*) *разг.* miss (*d.*), òver¦lóok (*d.*); ~ удóбный слýчай miss *an* òpportúnity, let* *a* chance slip (by).

**промотáть** *сов. см.* промáтывать.

**промочи́ть** *сов. см.* промáчивать.

**промтовáрный:** ~ магази́н mànufáctured goods shop [...gudz...].

**промтовáры** *мн.* (промы́шленные товáры) mànufáctured goods [...gudz].

**промфинплáн** *м.* (промы́шленно-финáнсовый план) indústrial and fináncial plan.

**промчáться** *сов.* **1.** (ми́мо, чéрез) tear* / sweep* [tɛə...] (by, past, through); ~ стрелóй dart by, flash by; **2.** (*о времени*) go* by.

**промывáние** *с.* wáshing (out); *мед.* (*о ране*) báthing; ~ желýдка láve¦ment of the stómach [...'stʌmək].

**промывáть,** промы́ть (*вн.*) **1.** wash (well / próperly / thóroughly) [...'θʌ-] (*d.*): в жёсткой водé нельзя́ промы́ть вóлосы you can't wash your hair próperly in hard wáter [...kɑ:nt ...'wɔ:-]; **2.** (*о ране, глазах и т. п.*) bathe [beɪð] (*d.*).

**прóмысл||ел** *м.* **1.** (*занятие*) trade, búsiness ['bɪzn-]; гóрный ~ míning; кустáрный ~ doméstic craft / índustry; ры́бный ~ físhery; отхóжий ~ séasonal work [-zə-...]; охóтничий ~ húnting; (*с ружьём*) gáme-shooting; (*капканами*) trápping; **2.** *чаще мн.* (*предприятие*): ры́бные ~лы físhery *sg.*; гóрные ~лы mines; золоты́е ~лы góld-fields [-fi:-], góld-mines; соляны́е ~лы sált-mines, sált-wòrks.

**прóмысл** *м. церк.* (*провидение*) Próvidence.

**промыслóв||ый:** ~ая кооперáция prodúcers' cò-òperátion; prodúcers' cò-óperative òrganizátion [...-naɪ-]; ~ая ры́ба fóod-fish; ~ая пти́ца gáme-bird; ~ое свидéтельство lícence ['laɪ-].

**промы́ть** *сов. см.* промывáть.

**промычáть** *сов.* **1.** low [lou], moo; (*один раз*) give* a low; **2.** *как сов. к* мычáть.

**промы́шленник** *м.* mànufácturer, indústrialist.

**промы́шленн||ость** *ж.* índustry; крýпная ~ lárge-scàle índustry; тяжёлая ~ héavy índustry ['hevɪ...]; лёгкая ~ light índustry; добывáющая ~ extráctive índustry; обрабáтывающая ~ mànufácturing índustry; основны́е óтрасли ~ости main bránches of índustry [...-ɑ:n-...]; main / básic índustries [...'beɪ-...]. ~**ый** indústrial; ~ый капитáл indústrial cápital; ~ый капитали́зм indústrial cápitalism; ~ый пролетариáт indústrial pròlètáriat [...prou-]; ~ые райóны indústrial régions; ~ый потенциáл страны́ indústrial poténtial of the cóuntry [...'kʌ-]; ~ые запáсы commércial resérves [...-'zə:vz].

**промышля́ть** (*тв.*) earn one's living [ə:n... 'lɪv-] (by).

**промя́млить** *сов. см.* мя́млить 1.

**пронести́** I, II *сов. см.* проноси́ть I, II.

**пронести́сь** *сов. см.* проноси́ться.

**пронзáть,** пронзи́ть (*вн.*) pierce [pɪəs] (*d.*), trànsfix (*d.*); run* through (*d.*); ~ копьём spear (*d.*); ◇ ~ взгля́дом pierce with one's glance (*d.*).

**пронзи́тельн||о** *нареч.* shrilly, piercing:ly ['pɪə-]; strident:ly; ~ кричáть, визжáть scream, screech, útter shrill screams. **~ый** shrill, sharp, piercing ['pɪə-]; strident; ~ый крик piercing shriek [...-i:k]; ~ый взгляд piercing look; ~ым гóлосом in a shrill voice.

**пронзи́ть** *сов. см.* пронзáть.

**пронизáть** *сов. см.* прони́зывать.

**прони́зыва||ть,** пронизáть (*вн.*) pierce [pɪəs] (through) (*d.*); trànspierce [-'pɪəs] (*d.*) *книжн.*; (*проникать*) pénetràte (*d.*), pérmeàte [-mɪeɪt] (*d.*); ~ до костéй (*о ветре*) search to the márrow [sə:tʃ...] (*d.*); э́та мысль ~ет всю кни́гу this idéa runs through the entire book [...aɪ'dɪə...], the whole book is pérmeàted with this idéa [...houl...]. **~ющий** *прич. и прил.* piercing ['pɪə-]; ~ющий хóлод piercing cold.

**проникáть,** прони́кнуть (в *вн.*) pénetràte (*d.*, into) (*тж. перен.*); (чéрез) pénetràte (through), go* (through), pass (through); (*просачиваться*) pércolàte (through); ~ в чьи-л. намéрения fáthom smb.'s designs [-ðəm...-'zaɪnz]. **~ся,** прони́кнуться (*тв.*) be imbúed (with), imbúe one's mind (with); ~ся сознáнием дóлга be imbúed / filled with a sense of dúty; ~ся любóвью be inspired with love [...lʌv].

**проникновéн||ие** *с.* **1.** pènetrátion; **2.** = проникновéнность. **~ность** *ж.* emótion, féeling. **~ный** móving ['mu:v-], sincére, héartfèlt ['hɑ:t-].

**прони́кну||тый** (*тв.*) imbúed (with), inspired (with), full (of). **~ть(ся)** *сов. см.* проникáть(ся).

**пронимáть,** проня́ть (*вн.*) *разг.*: егó ничéм не проймёшь you can't get at him [...kɑ:nt...]; хóлод прóнял егó the cold struck through him; хóлод прóнял егó до костéй he was chilled to the márrow / bone.

**проницáем||ость** *ж.* pèrmeability [-mɪə-], pènetrability, pérvious:ness; (*для света*) pèllucídity; магни́тная ~ pérmeance [-mɪəns]. **~ый** pérmeable [-mɪə-], pérvious; (*для света*) pèllúcid.

**проницáтельн||ость** *ж.* pèrspicácity, ínsight, acúmèn; обладáть большóй ~остью have a very keen ínsight (into). **~ый** pèrspicácious, acúte, shrewd; astúte; ~ый взор séarching / piercing look ['sə:tʃ- 'pɪə-...]; ~ый ум pénetràting / astúte mind, shréwdness.

**проноси́ть** I, пронести́ (*вн.* ми́мо, чéрез) cárry (*d.* by, past, through); пронести́ чéрез векá (*вн.*) retáin through the cénturies (*d.*).

**проноси́ть** II, пронести́ *безл. разг.*: егó пронеслó he has had a mótion, he ópen:ed / purged his bówels.

**проноси́ть** III *сов. разг.* (*в течение какого-то времени*) **1.** cárry abóut: он весь день проноси́л э́ту кни́гу he cárried the book abóut all day; **2.** wear* [wɛə]: он проноси́л э́то пальтó три гóда he wore the coat for three years.

**проноси́ться,** пронести́сь **1.** shoot*/ sweep* past; (*пробежать тж.*) rush / scud past; **2.** (*быстро миновать*) fly* by; (*о буре и т. п.*) blow* óver [blou...]; бу́ря пронеслáсь the storm has blown óver [...bloun...]; **3.** (*быстро распространиться*): пронёсся слух, что there was a rúmour that, a rúmour spread (abóut) that [...spred...]; **4.** *страд. к* проноси́ть I.

**проны́р||а** *м. и ж. разг.* insínuàting / púshful / intrúsive pérson [...'pu-...]; slý-boots *разг. идиом.* **~ливость** *ж.* púshing / indélicate ways ['pu-...] *pl.* **~ливый** púshful ['pu-].

**проню́х||ать** *сов. см.* проню́хивать. **~ивать,** проню́хать (*вн.*) *разг.* (*разузнавать*) smell* (*d.*), nose out (*d.*), get* wind [...wɪnd] (of).

**проня́ть** *сов. см.* пронимáть.

**прообраз** *м.* próto:tỳpe.

**пропагáнд||а** *ж.* pròpagánda; pròpagátion; (*методов работы, достижений науки и т. п.*) pòpularizátion [-raɪ-]; срéдства ~ы pùblícity média [pʌb-...]. **~и́ровать** (*вн.*) pròpagándize (*d.*), ádvocàte (*d.*); (*о методах работы, достижениях науки и т. п.*) pópularìze (*d.*). **~и́ст** *м.*, **~и́стка** *ж.* pròpagándist. **~и́стский** pròpagàndístic; pròpagánda (*attr.*).

**пропад||áть,** пропáсть **1.** (*теряться*) be míssing; (*о вещах тж.*) be lost; **2.** (*исчезать*) disappéar, vánish; (*о чувствах*) die, pass; пропáсть бéз вести be míssing; пропáвший бéз вести míssing; **3.** (*погибать*) pérish, die; я пропáл! I am lost!, I am done for!, I am a lost man!, it is all óver with me!; **4.** (*проходить бесполезно*) be wásted [...'weɪ-]; ~ дáром go* for naught, go* to waste [...weɪst]; весь день пропáл у меня́ the whole day has been wásted [...houl...], I've wásted the whole day; ◇ где вы ~áли? where (on earth) have you been? [...ə:θ...]; пиши́ пропáло *разг.* it is as good as lost; ~и́ он прóпадом! *разг.* the deuce take him!

**пропáж||а** *ж.* loss; все ~и нашли́сь *разг.* all the lost things are found.

**пропáлывать,** прополóть (*вн.*) weed (*d.*).

**прóпаст||ь** *ж.* **1.** précipice; abýss, gulf (*тж. перен.*); непроходи́мая ~ únbridge:able gulf; на краю́ ~и (*перен.*) on the verge of disáster / rúin [...-'zɑ:-...]; **2.** (*рд.*) *разг.* (*множество*) a world (of), a lot (of), a great deal [...-eɪt...] (of); у негó ~ дéнег he has a lot of móney [...'mʌ-].

**пропáсть** *сов. см.* пропадáть.

**пропахáть** I *сов. см.* пропáхивать.

**пропах||áть** II *сов.* (*некоторое время*) plough (for some time): он ~áл всё у́тро he has been plóughing the whole mórning [...houl...].

**пропáхивать,** пропахáть (*вн.*) plough (*d.*); (*пропашником*) cúltivàte (*d.*).

**пропáхнуть** *сов.* (*тв.*) become* pérmeàted with the smell [...-mɪeɪ-...] (of).

**пропáш||ка** *ж. с.-х.* intertíllage. **~ник** *м. с.-х.* cúltivàtor. **~нóй:** ~ные культу́ры *с.-х.* intertílled / cúltivàted crops; ~нóй трáктор tráctor-cúltivàtor.

**пропáщ||ий** *разг.*: он ~ человéк he is a hópe:less case [...keɪs], he's done for; э́то

~ее де́ло it's a bad job, nothing will come of it.

**пропеде́вт||ика** *ж.* prо̀paedéutics [prou-]. **~и́ческий** prо̀paedéutic [prou-].

**пропека́ть,** пропе́чь (*вн.*) bake thóroughly [...'θʌ-] (*d.*). **~ся,** пропе́чься 1. get* baked through; 2. *страд. к* пропека́ть.

**пропе́ллер** *м.* propéller.

**пропе́ть** *сов.* 1. *см.* петь 1, 2, 3; 2. (*в течение какого-то времени*) sing*: они́ пропе́ли всё у́тро they sang, *или* were sing¦ing, all the mórning.

**пропеча́тать** *сов.* (*вн.*) *разг.* write* a scórching críticism (of); make* it hot (for).

**пропе́чь(ся)** *сов. см.* пропека́ть(ся).

**пропива́ть,** пропи́ть (*вн.*) 1. spend* / squánder in drink (*d.*); drink* up (*d.*); 2. *разг.* rúin (*d.*); пропи́ть го́лос rúin one's voice by drink.

**пропи́л** *м. тех.* slit, (sáw-)kѐrf.

**пропи́л||ивать,** пропили́ть (*вн.*) saw* through (*d.*). **~и́ть** *сов. см.* пропи́ливать.

**прописа́ть(ся)** *сов. см.* пропи́сывать(ся).

**пропи́ска** *ж.* vísa ['viːzə], rѐgistrátion; ~ па́спорта rѐgistrátion of *a* pásspо̀rt.

**прописн||о́й:** ~а́я бу́ква cápital létter; ~а́я мора́ль cópy-book morálity ['kɔ-...]; cópy-book máxims *pl.*; ~а́я и́стина cópy-book truth [...-uːθ], cómmon truth; trúism.

**пропи́сывать,** прописа́ть (*вн.*) 1. (*о лекарстве*) prescríbe (*d.*); ~ лече́ние prescríbe a tréatment; 2. (*регистрировать*) régister (*d.*); ~ па́спорт régister / vísa *a* pássport [...'viːzə...]; ~ в домо́вой кни́ге régister (*d.*). **~ся,** прописа́ться 1. get* régistered; 2. *страд. к* пропи́сывать.

**про́пись** *ж.* samples of wríting *pl.*

**про́писью** *нареч.*: писа́ть ~ (ци́фры) write* out (fígures) in words.

**пропита́ние** *с. уст.* subsístence; зараба́тывать себе́ на ~ earn one's dáily bread [əːn... bred], earn one's líving [...'lɪv-].

**пропита́ть(ся)** *сов. см.* пропи́тывать(ся).

**пропи́тка** *ж. тех.* imprѐgnátion, steep.

**пропи́тывать,** пропита́ть (*вн. тв.*) imprѐgnàte (*d.* with), sáturàte (*d.* with); soak (*d.* in), steep (*d.* in). **~ся,** пропита́ться 1. (*тв.*) becóme* / get* sáturàted / imprѐgnàted / soaked (with); *несов. тж.* soak (in); 2. *страд. к* пропи́тывать.

**пропи́ть** *сов. см.* пропива́ть.

**пропи́х||ивать,** пропихну́ть (*вн.*) *разг.* push / shove / force / squeeze through [puʃ ʃʌv...] (*d.*). **~ну́ть** *сов. см.* пропи́хивать.

**пропища́ть** *сов.* 1. *см.* пища́ть; 2. (*издать писк*) squeal, give* a squeal.

**пропла́ва||ть** *сов.* (*в течение какого-то времени; о живом существе*) swim*, spend* *the time* swímming; (*о судне*) sail, be sáiling: он ~л це́лый час he swam for a whole hour [...houl auə], he spent an hour swímming; кора́бль ~л два дня the ship sailed for two days, the ship was sáiling for two days.

**пропла́кать** *сов.* (*в течение какого-то времени*) spend* *the time* wéeping / crýing.

**проплыва́ть,** проплы́ть 1. (ми́мо, че́рез) (*о живом существе*) swim* (by, past, through); (*о судне*) sail (by, past, through); (*о предмете*) float / drift (by, past, through); 2. (*вн.*; *покрывать расстояние*) cóver ['kʌ-] (*d.*): он проплы́л два киломе́тра he (has) cóvered two kílomètres.

**проплы́ть** *сов. см.* проплыва́ть.

**пропове́дник** *м.* 1. préacher; 2. (*теории и т. п.*) ádvocate.

**пропове́довать** (*вн.*) 1. preach (*d.*), sérmonìze (*d.*); 2. (*о теории и т. п.*) própagàte (*d.*), ádvocàte (*d.*).

**про́поведь** *ж.* 1. sérmon, préaching; hómily; 2. (*теории, взглядов и т. п.*) prо̀pagátion.

**пропо́йца** *м. разг.* drúnkard.

**пропола́скивать,** прополоска́ть (*вн.*) rinse (*d.*), swill (*d.*); ~ го́рло gargle.

**прополза́ть,** проползти́ creep*, crawl.

**проползти́** *сов. см.* прополза́ть.

**пропо́лка** *ж. с.-х.* wéeding.

**прополоска́ть** *сов. см.* пропола́скивать.

**прополо́ть** I *сов. см.* пропа́лывать.

**прополо́||ть** II *сов.* (*некоторое время*) weed (for some time); они́ ~ли весь день they spent the whole day wéeding [...houl...].

**пропорциона́льно** *нареч.* (*дт.*) in propórtion (to); обра́тно ~ invérse¦ly propórtional (to).

**пропорциона́льн||ость** *ж.* propо̀rtionálity; (*соразмерность*) propórtionate¦ness, propórtion. **~ый** propórtional; (*соразмерный*) propórtionate; ~ый чему́-л. propórtionate to smth.; систе́ма ~ого представи́тельства sýstem of propórtional rѐpresѐntátion [...-zen-]; ~ое обложе́ние (нало́гом) propórtional tàxátion; ~ое распределе́ние appórtionment; сре́днее ~ое *мат.* the mean propórtional; пря́мо ~ый чему́-л. diréctly propórtional to smth.; обра́тно ~ый чему́-л. invérse¦ly propórtional to smth.

**пропо́рция** *ж.* propórtion; rátiо̀; арифмети́ческая ~ àrithmétical propórtion; геометри́ческая ~ geométrical propórtion.

**пропоте́ть** *сов.* 1. perspíre fréely, sweat thóroughly [swet 'θʌrə-]; 2. (*о платье и т. п.*) be soaked in sweat [...swet].

**про́пуск** *м.* 1. *тк. ед.* (*действие*) admíssion; 2. (*мн.* ~и) (*рд.*; *непосещение*) ábsence (from); nón-atténdance (of); 3. (*мн.* ~и) (*упущение*) omíssion; lapse; 4. (*мн.* ~и) (*пустое место*) blank, gap; 5. (*мн.* ~и *и* ~а́) (*документ*) pass; (*разрешение*) pérmit; 6. (*мн.* ~а́) *воен.* (*пароль*) pásswо̀rd.

**пропуск||а́ть,** пропусти́ть 1. (*вн.*; *давать пройти*) let* (*d.*) go past; let* (*d.*) pass; make* way (for); let* through (*d.*); (*впускать*) let* in (*d.*), admít (*d.*); (*выпускать*) let* out (*d.*); пропусти́те его́ let him pass / go; 2. (*вн.* че́рез) run* / pass (*d.* through); ~ мя́со че́рез мясору́бку mince meat; 3. (*вн.*; *не упоминать*) omít (*d.*), leave* out (*d.*); (*при чтении, переписке и т. п.*) skip (*d.*); ~а́йте подро́бности omít the détails [...'diː-]; пропусти́ть стро́чку skip *a* line; 4. (*вн.*; *заседание и т. п.*) miss (*d.*); (*случай и т. п. тж.*) let* slip (*d.*); пропусти́ть ле́кцию miss *a* lécture; (*намеренно*) cut* *a* lécture; 5. *тк. несов.* (*вн.*; *насквозь*) let* pass (*d.*); (*о бумаге*) drink*; ~ во́ду be pérvious to wáter [...'wɔː-], leak; не ~ во́ду be impérvious to wáter, be wáterproof [...'wɔː-]; э́та бума́га ~а́ет (черни́ла) this páper absórbs / drinks (ink); ◇ ~ ми́мо уше́й (*вн.*) disregárd (*d.*), take* no heed (of), give* no ear (to).

**пропускн||ой:** ~а́я бума́га blótting-pàper; ~а́я спосо́бность capácity; (*транспорта*) tráffic / cárrying capácity.

**пропусти́ть** *сов. см.* пропуска́ть 1, 2, 3, 4.

**пропыхте́ть** *сов. см.* пыхте́ть.

**пропья́нствова||ть** *сов. разг.* (*в течение какого-то времени*) drink*: он ~л це́лую неде́лю he drank (hard / héavily) for a whole week [...'hev-... houl...]; for a whole week he was drínking (hard / héavily).

**прора́б** *м.* (производи́тель рабо́т) work sùperinténdent.

**прораба́тывать,** прорабо́тать (*вн.*) *разг.* **1.** (*изучать*) stúdy ['stʌ-] (*d.*), work (at); ~ вопро́с work up *a* quéstion [...-stʃən]; **2.** (*критиковать*) pick holes (in), pick to píeces [...'pi:-] (*d.*).

**прорабо́т||ать** I *сов.* (*в течение какого-то времени*) work; spend* *the time* wórking; он ~ал там два го́да (*в прошлом*) he worked there for two years; (*и сейчас работает*) he has been wórking there two years; он ~ал всю ночь he worked all night; he spent, *или* sat up, all night wórking.

**прорабо́тать** II *сов. см.* праба́тывать.

**прорабо́тка** *ж. разг.* **1.** (*изучение*) stúdying ['stʌ-], stúdy ['stʌ-]; **2.** (*критика*) críticism.

**прораста́ние** *с.* gèrminátion; spróuting; (*ср.* прораста́ть).

**прораста́ть,** прорасти́ gérminàte; (*давать ростки, побеги*) sprout, shoot*.

**прорасти́** *сов. см.* прораста́ть.

**про́рва** *ж.* (*рд.*) *груб.* (*много*) a lot (of).

**прорва́ть** I *сов. см.* прорыва́ть I.

**прорв||а́ть** II *сов. безл. разг.*: его́ ~а́ло he lost his pátience.

**прорва́ться** *сов. см.* прорыва́ться.

**прореди́ть** *сов. см.* проре́живать.

**проре́живать,** прореди́ть (*вн.*) *с.-х.* thin out (*d.*).

**проре́з** *м.* cut.

**проре́зать** *сов. см.* прореза́ть.

**прореза́ть,** проре́зать (*вн.*) cut* through (*d.*); ~ дыру́ cut* *a* hole.

**проре́заться** *сов. см.* прореза́ться *и* ре́заться 1.

**прореза́||ться,** проре́заться **1.** (*о зубах*) cut*; erúpt; у ребёнка ~ются зу́бы the child* is cútting teeth, the child* is téething; **2.** *страд. к* прореза́ть.

**прорези́ни||вать,** прорези́нить (*вн.*) rúbberize (*d.*). **~ть** *сов. см.* прорези́нивать.

**проре́зыва||ние** *с.* **1.** cútting; **2.** (*о зубах*) téething, dèntition; erúption of teeth. **~ть(ся)**= прореза́ть(ся).

**про́резь** *ж.* cut, ópen¦ing.

**проре́ктор** *м.* prò-réctor.

**прорепети́ровать** *сов. см.* репети́ровать 1.

**проре́ха** *ж.* rent, tear [tɛə]; (*разрез*) slit; (*перен.: упущение*) lapse, gap.

**прорецензи́ровать** *сов. см.* рецензи́ровать.

**проржа́веть** *сов.* rust through.

**прорица́||ние** *с.* sóothsaying, próphecy. **~тель** *м.* sóothsayer, próphet. **~тельница** *ж.* sóothsayer, próphetess.

**прорица́ть** (*вн.*) próphesỳ (*d.*), sóoth¦say* (that).

**проро́к** *м.* próphet; ◇ нет ~а в своём оте́честве no man is a próphet in his own cóuntry [...oun 'kʌ-].

**пророни́ть** *сов.* (*вн.*; *звук, слово и т. п.*) útter (*d.*), breathe (*d.*); не ~ ни сло́ва never útter / drop / breathe a word, not útter a word.

**проро́че||ский** prophétic(al), òrácular. **~ство** *с.* próphecy, óracle.

**проро́чествовать** (о *пр.*) próphesỳ (*d.*).

**проро́ч||ить,** напроро́чить (*вн.*) próphesỳ (*d.*), predíct (*d.*). **~ица** *ж.* próphetess.

**проруб||а́ть,** прорубі́ть (*вн.*) hack / hew / cut* through (*d.*). **~и́ть** *сов. см.* проруба́ть.

**про́рубь** *ж.* íce-hòle.

**прору́ха** *ж. разг.* blúnder; mistáke; ◇ и на стару́ху быва́ет ~ *посл.* ≅ every man has a fool in his sleeve.

**проры́в** *м.* **1.** (*в разн. знач.*) break [-eɪk]; *воен.* bréak-thróugh [-eɪk-], breach; **2.** (*в работе*) hitch; gap; по́лный ~ bréak-down [-eɪk-]; ликвиди́ровать ~ bridge *the* gaps; (*выполнить план*) catch* up with *the* plan.

**прорыва́ть** I, прорва́ть (*вн.*; *в разн. знач.*) break* through [-eɪk...] (*d.*); ~ плоти́ну break* *the* dike; ~ блока́ду run* the blòckáde; ~ фронт break* the énemy front [...frʌnt]; ~ оборо́ну проти́вника break* through the énemy's defénces.

**прорыва́ть** II, проры́ть (*вн.*) dig* through / acróss (*d.*), búrrow through / acróss (*d.*).

**прорыва́ться,** прорва́ться **1.** (*лопаться*) burst* ópen; (*о нарыве*) break* [-eɪk]; **2.** (*о платье и т. п.*) tear* [tɛə]; **3.** (*о плотине*) break*; **4.** (сквозь) force / cut* one's way (through), burst* (through); *воен.* break* (through), pénetràte (*d.*); **5.** *страд. к* прорыва́ть I.

**проры́ть** *сов. см.* прорыва́ть II.

**прорыча́ть** *сов. см.* рыча́ть.

**просади́ть** *сов. см.* проса́живать.

**проса́живать,** просади́ть (*вн.*) *разг.* squánder (*d.*), lose* [lu:z] (*d.*); просади́ть состоя́ние squánder one's fórtune [...-tʃən].

**проса́ливать** I, проса́лить (*вн.*) grease (*d.*).

**проса́ливать** II, просоли́ть (*вн.*) salt (*d.*); (*о мясе*) corn (*d.*).

**проса́лить** *сов. см.* проса́ливать I.

**проса́чивание** *с.* pèrcolátion; (*наружу*) léakage, óozing; èxudátion *книжн.*; (*внутрь*) sóakage; filtering, infiltrátion (*тж. перен.*).

**проса́чиваться,** просочи́ться pércolàte; (*наружу*) leak, ooze; seep out; éxùdàte *книжн.*; (*внутрь*) soak; (*каплями*) trickle (through); filter, ínfiltràte (*тж. перен.*); ~ в пре́ссу filter into the press.

**просва́тать** *сов.* (*вн. дт.*; *о семье невесты*) prómise in márriage [-s...-rɪdʒ] (*d.* to).

**просве́рливать,** просверли́ть (*вн.*) bore (*d.*), pierce [pɪəs] (*d.*), drill (*d.*); pérforàte (*d.*) *книжн.*

**просверли́ть** *сов. см.* просве́рливать.

**просве́т** *м.* **1.** clear space / gap; (*перен.*) hope; без ~а without a ray / gleam of hope; **2.** *арх.* bay, áperture, ópen¦ing.

**просвети́тель** *м.* enlíghtener. **~ный** instrúctive, elúcidàtive. **~ский** *прил. к* просвети́тель. **~ство** *с.* enlíghtenment.

**просвети́ть** I *сов. см.* просвеща́ть.

**просвети́ть** II *сов. см.* просве́чивать I.

**просветле́ние** *с.* enlíghtenment; (*перен.*) lúcid interval / móment.

**просветле́ть** *сов.* (*о погоде*) clear up; (*перен.*) bríghten up; (*о сознании и т. п.*) get* / become* lúcid; ~ от ра́дости light* up with joy.

**просветл||и́ть** *сов. см.* просветля́ть. **~я́ть,** просветли́ть (*вн.*) clárifỳ (*d.*).

**просве́чивание** *с. мед.* ràdióscopy.

**просве́чивать** I, просвети́ть (*вн.*) *мед.* exámine with X-rays (*d.*), X-ray (*d.*).

**просве́чивать** II **1.** (*быть прозрачным: о ткани и т. п.*) be trànslúcent [...-nz-]; **2.** (*быть видным через*) appéar through; be seen / vísible through [...-zɪ-...].

**просвещ||а́ть,** просвети́ть (*вн.*) enlíghten (*d.*). **~е́нец** *м.* èducátionist. **~е́ние** *с.* enlíghtenment; наро́дное ~е́ние públic èducátion ['pʌ-...]; полити́ческое ~е́ние polítical èducátion; ◇ эпо́ха Просвеще́ния the Age of Enlíghtenment.

**просвещённ||ость** *ж.* cúlture, enlíghtenment. **~ый** enlíghtened, intelléctual; ~ый ум infórmed mind; ~ое мне́ние éxpert opínion.

**просвира́** *ж. церк.* commúnion bread (*in the Orthodox Church*) [...bred].

**просвисте́ть** *сов.* whistle.

**про́седь** *ж.* streak(s) of grey (*pl.*); во́лосы с ~ю gréying hair *sg.*, hair túrning / gó:ing grey, hair touched with grey [...tʌtʃt...].

**просе́ивание** *с.* (*сквозь сито*) sífting, bólting; (*сквозь решето*) scréening.

**просе́ивать,** просе́ять (*вн.*) sift (*d.*), bolt (*d.*); (*сквозь решето*) screen (*d.*).

**про́сека** *ж.* ópen:ing, cútting (in *a* fórest) [...'fɔ-].

**просёло||к** *м.* cóuntry road ['kʌ-...], cóuntry-tràck ['kʌ-], cárt-tràck. **~чный:** ~чная доро́га = просёлок.

**просе́ять** *сов. см.* просе́ивать.

**просигнализи́ровать** *сов.* (*дт.* о *пр.*) give* a sígnal (to of).

**просиде́ть** I, II *сов. см.* проси́живать I, II.

**проси́живать** I, просиде́ть (*в течение какого-то времени*) sit*; spend* *the time* sítting; ~ часа́ми sit* for hours [...auəz]; просиде́ть ночь за кни́гой sit* up all night óver *a* book; он просиде́л там це́лый день he sat there the whole day [...houl...], he spent the day sítting there; просиде́ть ве́чер до́ма stay / pass the évening at home [...'i:v-...]; просиде́ть ночь у посте́ли больно́го pass the night at *the* pátient's béd-side.

**проси́живать** II, просиде́ть (*вн.*; *продавить*) wear* out the seat [wɛə...] (of); (*протереть*) wear* into holes by sitting (*d.*).

**про́синь** *ж.* blúish tint / cólour [...'kʌ-]; ~ не́ба the ázure of the sky [...'æʒə...].

**проси́тель** *м.*, **~ница** *ж. уст.* ápplicant; súppliant; *юр.* petítioner. **~ный** pléading; ~ный взгляд pléading glance.

**прос||и́ть,** попроси́ть **1.** (кого́-л.) ask (smb.), beg (smb.); (что-л., чего́-л., о чём-л.) ask (for smth.), beg (for smth.): он ~и́л его́ об э́том he asked him for it; он ~и́л кни́гу he asked for *a* book; он ~и́л его́ о по́мощи he begged him for help; ~ вре́мени на размышле́ние ask for time to think *smth.* óver; ~ одолже́ния (у кого́-л.) ask a fávour (of smb.), ask (smb.) a fávour; ~ разреше́ния ask permission; ~ извине́ния у кого́-л. beg smb.'s párdon, apólogize to smb.; ~ сове́та ask for advíce, requést advíce; ~ снисхожде́ния у кого́-л. crave smb.'s indúlgence; ~ ми́лостыню beg, go* bégging; **2.** (кого́-л. за кого́-л.) intercéde (with smb. for smb.); **3.** (*вн.*; *приглашать*) invíte (*d.*); ~ к столу́ call to table (*d.*); ◇ про́сят не кури́ть (*объявление*) no smóking! **~и́ться,** попроси́ться ask; ~и́ться в о́тпуск ask for leave, applý for leave; ◇ ~и́ться с языка́ be on the tip of one's tongue [...tʌŋ]; пейза́ж так и про́сится на карти́ну the lándscàpe cries out to be páinted.

**просия́ть** *сов.* **1.** (*о солнце*) bríghten (up), clear up; shine*; **2.** (от *удовольствия, счастья т. п.*) bríghten (with), light* up (with), beam (with); ~ от ра́дости beam with joy.

**проскака́ть** *сов.* (ми́мо, че́рез) gállop (by, past, through).

**проска́кивать,** проскочи́ть **1.** rush by, tear* by [tɛə...]; **2.** (*пробираться*) slip; **3.** (сквозь, ме́жду) fall* (through, betwéen); **4.** *разг.* (*об ошибке, описке и т. п.*) slip in, creep* in; проскочи́ло мно́го оши́бок many érrors have crept / slipped in.

**проска́льзывать,** проскользну́ть steal*, creep*, slip.

**просквози́||ть:** его́, их *и т. д.* ~ло he has, they have, *etc.*, caught cold (by) sítting / bé:ing in *a* draught [...-ɑ:ft].

**просклоня́ть** *сов. см.* склоня́ть II.

**проскользну́ть** *сов. см.* проска́льзывать.

**проскочи́ть** *сов. см.* проска́кивать.

**проскрипе́ть** *сов. см.* скрипе́ть.

**проскрипцио́нный:** ~ спи́сок *ист.* proscríption list.

**проскри́пци||я** *ж. ист.* proscríption; подверга́ть ~и (*вн.*) proscríbe (*d.*).

**проскурня́к** *м. бот.* marsh mállow.

**проскуча́||ть** *сов.* have a dull / bóring time; он ~л весь ве́чер he had a dull / bóring évening [...'i:v-].

**просла́бить** *сов. см.* сла́бить.

**просла́в||ить(ся)** *сов. см.* прославля́ть(ся). **~ле́ние** *с.* glòrificátion [glɔ:-]; apòtheósis (*pl.* -sès [-si:z]). **~ленный 1.** *прич. см.* прославля́ть; **2.** *прил.* fámous, célebràted, illústrious, renówned.

**прославля́ть,** просла́вить (*вн.*) glórifỳ ['glɔ:-] (*d.*), bring* fame (to), make* fámous / illústrious (*d.*). **~ся,** просла́виться **1.** (*тв.*) become* fámous (for); **2.** *страд. к* прославля́ть.

**просла́ивать,** прослои́ть (*вн. тв.*) interláy* (*d.* with), sándwich [-nwɪdʒ] (*d.* with).

**проследи́ть** *сов. см.* просле́живать.

**просле́довать** *сов.* procéed, go* / pass in state.

**просле́живать,** проследи́ть **1.** (*вн.*; *выслеживать*) spy (on, up:ón), trace (*d.*), track (*d.*); **2.** (за *тв.*) obsérve [-'zə:v] (*d.*); проследи́ть за выполне́нием чего́-л. see* smth. done; **3.** (*вн.*; *происхождение, развитие*) retráce (*d.*), trace back (*d.*).

**прослези́ться** *сов.* shed* a few tears.

**прослои́ть** *сов. см.* просла́ивать.

**просло́йка** *ж.* **1.** streak, láyer; strátum (*pl.* -ta) (*тж. перен.*); **2.** *геол.* seam, streak.

**прослужи́||ть** *сов.* **1.** (*в течение како-*

*го-то времени*) work; (*о военнослужащем*) be in the sérvice; 2. (*о вещи*) be in use [...ju:s]: э́тот нож ~л не́сколько лет this knife* has been in use for séveral years.

**прослу́шать** *сов.* 1. *см.* прослу́шивать; 2. *как сов. к* слу́шать 1, 2.

**прослу́шивать,** прослу́шать (*вн.*) 1. hear* (*d.*); ~ пласти́нки lísten to grámophòne récòrds ['lɪsᵊn...'re-]; 2. *тк. сов. разг.* (*не услышать*) miss (*d.*), not catch* (what smb. has said) [...sed].

**прослы́ть** *сов.* (*тв.*) pass (for), be repúted (for).

**прослы́шать** *сов.* (о *пр.*) *разг.* find* out (*d.*), hear* abóut (*d.*).

**просма́ливать,** просмоли́ть (*вн.*) tar (*d.*); coat / imprègnàte with tar (*d.*); *мор. тж.* pay* (*d.*).

**просма́тривать,** просмотре́ть (*вн.*) (*ознакомляться*) look óver / through (*d.*); (*бегло*) glance / run* óver (*d.*).

**просмоли́ть** *сов. см.* просма́ливать.

**просмо́тр** *м.* súrvey; (*документов и т. п.*) exàminátion; (*фильма и т. п.*) review [-'vju:]; предвари́тельный ~ pré:viéw [-'vju:]; закры́тый ~ prívate view ['praɪ- vju:]; обще́ственный ~ (*пьесы*) públic héaring ['pʌ-...].

**просмотре́ть** I *сов. см.* просма́тривать.

**просмотре́ть** II *сов.* (*вн.*; *пропустить*) òver:lóok (*d.*), miss (*d.*).

**просну́ться** *сов. см.* просыпа́ться II.

**про́со** *с.* míllet.

**просо́вывать,** просу́нуть (*вн.*) push through / in [puʃ...] (*d.*); (*с силой*) force through (*d.*); (*резким движением*) shove through / in [ʃʌv...] (*d.*), thrust* through / in (*d.*); (*легко*) pass through / in (*d.*). **~ся,** просу́нуться 1. push / get* in [puʃ...]; 2. *страд. к* просо́вывать.

**просоди́ческий** *лит.* prosódic(al), prosódial.

**просо́дия** *ж. лит.* prósody.

**просоли́ть** *сов. см.* проса́ливать II.

**просо́хнуть** *сов. см.* просыха́ть.

**просочи́ться** *сов. см.* проса́чиваться.

**проспа́ть** I *сов. см.* просыпа́ть II.

**проспа́ть** II *сов.* (*в течение некоторого времени*) sleep*; ~ три часа́ sleep* for three hours [...auəz]; ~ всё у́тро sleep* a:wáy the whole mórning [...houl...].

**проспа́ться** *сов. разг.* 1. (*протрезвиться*) sleep* òne:sélf sóber, sleep* off one's drúnkenness; 2. (*выспаться*) have a good sleep.

**проспе́кт** I *м.* (*улица*) ávenue.

**проспе́кт** II *м.* (*программа*) prospéctus (of).

**проспиртова́ть** *сов.* (*вн.*) álcohòlize (*d.*). **~ся** álcohòlize.

**проспо́рить** *сов.* 1. (*в течение какого-то времени*) árgue; spend* *the time* in árguing: они́ проспо́рили весь ве́чер they árgued all the évening [...'i:v-]; they spent the whole évening (in) árguing [...houl...]; 2. (*вн.*) *разг.* (*проиграть*) lose* (in *a* wáger) [lu:z...] (*d.*).

**проспряга́ть** *сов. см.* спряга́ть.

**просро́ченный** 1. *прич. см.* просро́чивать; 2. *прил.* óver:dúe.

**просро́ч||ивать,** просро́чить excéed the time límit; ~ить о́тпуск óver:stáy one's leave; ~ить упла́ту fail to pay in time; он ~ил па́спорт his pássport has run out; ве́ксель ~ен the draft is óver:dúe. **~ить** *сов. см.* просро́чивать. **~ка** *ж.* deláy, èxpirátion of *a* term [-paɪə-...]; ~ка в предъявле́нии и́ска *юр.* nón-cláim.

**проста́вить** *сов. см.* проставля́ть.

**проставля́ть,** проста́вить (*вн.*; *фамилию и т. п.*) state (*d.*), put* / write* down (*d.*), fill in (*d.*); ~ да́ту (на *пр.*) date (*d.*).

**проста́ивать,** простоя́ть 1. (*в течение какого-то времени*) stay, stand*; spend* *the time* stánding: он простоя́л там всё у́тро, два часа́ he stood there the whole mórning, for two hours [...stud...houl...auəz], he spent the whole mórning, two hours stánding there; по́езд простоя́л там два дня the train stayed / stood there for two days;— полк простоя́л в э́том го́роде год the régiment had a year's gárrison dúty, *или* was quártered for a year, in this town; 2. (*бездействовать*) stand* idle; (*о судах*) lie* idle; 3. (*о доме и т. п.*) stand*.

**проста́к** *м.* símpleton.

**проста́та** *ж. анат.* próstàte, pròstátic gland.

**простега́ть** *сов. см.* простёгивать.

**простёгивать,** простега́ть (*вн.*) quilt (*d.*).

**просте́йшие** *мн. скл. как прил. зоол.* pròtozóa [proutə'zouə].

**просте́нок** *м.* (*между окнами*) pier [pɪə].

**про́стенький** *разг.* quite símple, plain, únpreténtious.

**простере́ть** *сов. см.* простира́ть I. **~ся** *сов. см.* простира́ться.

**простира́ть** I, простере́ть (*вн.*) stretch (*d.*), extend (*d.*), hold* / reach (out) (*d.*); ~ ру́ки raise, *или* hold* / reach out, one's hands.

**простира́||ть** II *сов.* (*вн.*; *в течение некоторого времени*) wash (*d.*); она́ ~ла бельё всю ночь she washed *the* línen the whole night [...'lɪ-...houl...]; she spent the (whole) night in wáshing (*the* línen), *или* in láundering.

**простира́ть** III *сов. см.* прости́рывать.

**простира́ться,** простере́ться stretch, reach, range [reɪ-]; ~ до чего́-л. reach smth., stretch / sweep* to smth.; ~ на сто ме́тров stretch for a húndred metres.

**простирну́ть** *сов.* (*вн.*) *разг.* give* a wash (*i.*), wash (*d.*).

**прости́рывать,** простира́ть (*вн.*) wash (*d.*).

**прости́тельн||ый** párdonable, jústifiable, excúsable [-zəbl]; э́то ~о it is párdonable; ему́ ~о так ду́мать he is jústified in thínking so.

**проституи́ровать** *несов. и сов.* (*вн.*) próstitùte (*d.*). **~ся** be próstitùted.

**проститу́||тка** *ж.* próstitùte, stréet-wàlker. **~ция** *ж.* pròstitútion.

**прости́ть** *сов. см.* проща́ть. **~ся** *сов. см.* проща́ться I.

**про́сто** I 1. *прил. кратк. см.* просто́й; 2. *предик. безл.* it is simple; (*легко*) it is éasy [...-zɪ]; ему́ о́чень ~ э́то сде́лать it costs him nothing to do it.

**про́сто** II *нареч. и как частица* símply; он ~ ничего́ не зна́ет he knows nothing [...nouz...]; он ~ не мо́жет э́тому пове́рить he símply cánnòt belíeve it [...-'li:v...]; ~ по привы́чке from sheer / bare hábit, púrely out of hábit; ~ так for no partícular réason [...-z-]; а ла́рчик ~ открыва́лся ≅ the solútion / èxplanátion was quite símple.

**простова́т||ость** *ж. разг.* simplícity. **~ый** *разг.* símple(-mínded).

**простоволо́сый** *разг.* báre-héaded [-'hed-], hát¦less, wéaring no hat ['wɛə-...].

**простоду́ш||ие** *с.* ópen-héartedness [-'hɑːt-], símple-héartedness [-'hɑːt-], símple-mínded¦ness; (*безыскусственность*) ártlessness, ingénuous¦ness [ɪn'dʒe-]. **~ный** ópen-héarted [-'hɑːt-]; símple-héarted [-'hɑːt-], símple-mínded; (*бесхитростный*) ártless; únsophisticàted.

**прост||о́й** I *прил.* **1.** símple; (*нетрудный, несложный*) éasy ['iːzɪ]; **2.** (*обыкновенный*) cómmon, plain, órdinary; ~ о́браз жи́зни plain líving [...'lɪ-]; ~ы́е мане́ры ártless / ún¦affécted mánners; ~ы́е лю́ди cómmon / órdinary people [...piː-]; (*без претензий*) plain / hóme¦ly / únpreténtious people; **3.** (*не составной*): ~о́е предложе́ние *грам.* símple séntence; ~о́е число́ *мат.* príme númber; ~о́е те́ло *хим.* símple / èleméntary súbstance; élement; **4.** (*не более как, всего лишь*) mere; ~о́е любопы́тство mere cùriósity; ◇ ~о́е письмо́ nón-régistered létter; ~ы́м гла́зом with the náked eye [...aɪ]; по той ~ причи́не, что for the símple réason that [...-z°n...].

**просто́й** II *м.* time wásted [...'weɪ-], stánding ídle; (*судна, вагона*) demúrrage; пла́та за ~ (*вагонов, судов*) demúrrage.

**простоква́ша** *ж.* sour milk.

**про́сто-на́просто** *нареч.* símply.

**простонаро́дье** *с. уст.* the cómmon people [...piː-].

**простона́||ть** *сов.* **1.** (*в течение всего времени*) groan, moan: больно́й ~л всю ночь the pátient was gróaning all night; **2.** (*издать стон*) útter a groan / moan; **3.** *как сов. к* стона́ть.

**просто́р** *м.* **1.** (*пространство*) spácious¦ness; space; **2.** *тк. ед.* (*свобода, раздолье*) scope, élbow-room; дава́ть ~ (*дт.*) give* scope (*i.*), give* full play, *или* full range [...reɪ-] (*i.*).

**простор́еч||ие** *с. лингв.* pópular speech; в ~ии in cómmon párlance. **~ный** *прил. к* просторе́чие.

**просто́рн||о** **1.** *прил. кратк. см.* просто́рный; **2.** *предик. безл.*: здесь ~ there is plénty of room here, there is ample space here. **~ый** spácious, róomy; (*об одежде*) loose [-s], wide; ~ый зал spácious hall, hall of génerous propórtions.

**простосерде́ч||ие** *с.* símple-héartedness [-'hɑːt-]; (*бесхитростность*) ártlessness; (*откровенность*) fránkness. **~ный** símple-héarted [-'hɑːt-]; (*бесхитростный*) ártless; (*откровенный*) frank.

**простота́** *ж.* (*в разн. знач.*) simplícity.

**простофи́ля** *м. и ж. разг.* dúffer, nínny.

**простоя́ть** *сов. см.* проста́ивать.

**простра́нн||ость** *ж.* **1.** exténsive¦ness; **2.** (*многословие*) diffúse¦ness [-s-], vèrbósity, wórdiness. **~ый** **1.** (*обширный*) exténsive, vast; **2.** (*многословный*) diffúse [-s], vèrbóse [-s], wórdy.

**простра́нственный** spátial.

**простра́нств||о** *с.* space; возду́шное ~ air space; мёртвое ~ *воен.* dead angle [ded...]; безвозду́шное ~ *физ.* vácuum (*pl.* -ms, -cua); вре́дное ~ *тех.* (*в цилиндре*) cléarance; пусто́е ~ void; боя́знь ~а *мед.* àgoraphóbia.

**простра́ция** *ж.* pròstrátion, méntal and phýsical exháustion [...-zɪ- -stʃən].

**простра́чивать,** прострочи́ть (*вн.*) stitch (*d.*), báck-stitch (*d.*).

**простре́л** *м. разг.* (*болезнь*) lùmbágò.

**простре́ливать,** прострели́ть (*вн.*) **1.** shoot* through (*d.*); **2.** *тк. несов. воен.* rake / sweep* with fire (*d.*). **~ся** **1.** *воен.* be expósed to fire; **2.** *страд. к* простре́ливать.

**прострели́ть** *сов. см.* простре́ливать 1.

**прострочи́ть** *сов. см.* простра́чивать.

**просту́д||а** *ж.* cold, chill; схвати́ть ~у *разг.* catch* cold; take* / catch* a chill. **~и́ть(ся)** *сов. см.* простужа́ть(ся). **~ный** catárrhal.

**просту||жа́ть,** простуди́ть (*вн.*) let* (*d.*) catch cold, let* (*d.*) take / catch a chill; он ~ди́л ребёнка he let *the* child* catch cold, *или* a chill; не ~ди́те ребёнка take care the child* does¦n't catch cold. **~жа́ться,** простуди́ться catch* cold, take* / catch* a chill.

**просту́ж||енный** *прич. и прил.*: он ~ен he has caught cold, he has táken / caught a chill. **~ивать(ся)** = простужа́ть(ся).

**проступ||а́ть,** проступи́ть ooze, exúde; show* through [ʃou...]; вода́ ~и́ла wáter has oozed out ['wɔː-...]; пот ~и́л у него́ на лбу his fórehead was damp with pèrspirátion [...'fɔrɪd...]; на его́ лице́ ~и́л румя́нец the cólour rose to his cheeks [...'kʌ-...]. **~и́ть** *сов. см.* проступа́ть.

**просту́пок** *м.* fault; delínquency; *юр.* mísdeméanour.

**просту́шка** *ж. разг.* símpleton, nínny.

**простыва́ть,** просты́ть get* / grow* cold [...grou...], cool; ◇ его́ и след просты́л *разг.* ≅ the bird has flown [...floun].

**просты́нн||ый:** ~ое полотно́ shéeting.

**простыня́** *ж.* sheet, béd-sheet.

**просты́ть** *сов. см.* простыва́ть.

**просу́нуть(ся)** *сов. см.* просо́вывать(ся).

**просу́шивать,** просуши́ть (*вн.*) dry (up) (*d.*). **~ся,** просуши́ться **1.** (get*) dry; **2.** *страд. к* просу́шивать.

**просуши́ть(ся)** *сов. см.* просу́шивать(ся).

**просу́шка** *ж.* drýing.

**просуществова́ть** *сов.* exíst.

**просфора́** *ж.* = просвира́.

**просце́ниум** *м. театр.* prò¦scénium.

**просчёт** *м.* **1.** (*действие*) chécking; **2.** (*ошибка*) érror (in réckoning / cóunting); míscàlculátion.

**просчита́ть** I *сов. см.* просчи́тывать.

**просчита́||ть** II *сов.* (*в течение какого-то времени*) count, spend* *some time* cóunting; он ~л весь ве́чер he did accóunts the whole évening [...houl 'iːv-], he spent, *или* sat up, the whole évening cóunting.

**просчита́ться** *сов. см.* просчи́тываться.

**просчи́тывать,** просчита́ть (*вн.*) *разг.* count (*d.*). **~ся,** просчита́ться **1.** make* an érror in cóunting; go* wrong, make* a slip; **2.** (*ошибаться в предположениях*) míscálculàte; bring* one's eggs / goods / hogs to the wrong márket [...gudz...] *разг. идиом.*

**про́сып** *м.*: без ~у *разг.* without wáking; (*о пьянстве*) without stópping, without restráint; спать без ~у sleep* sóundly, sleep* the clock round.

**просы́пать** *сов. см.* просыпа́ть I.

**просыпа́ть** I, просы́пать (*вн.*) spill* (*d.*).

**просыпа́ть** II, проспа́ть **1.** (*не проснуться вовремя*) óver¦sléep* (òne¦sélf); **2.** (*вн.*) *разг.* (*пропускать*) miss (*d.*).

**просы́паться** *сов. см.* просыпа́ться I.

**просыпа́ться** I, просы́паться spill*; get* spilled; мешо́к прорва́лся, и мука́ просы́палась the bag tore / burst and some flour poured out [...pɔːd...].

**просыпа́ться** II, просну́ться wake* up, a¦wáke*.

**просыха́ть,** просо́хнуть get* dry, dry (up).

**про́сьб||а** *ж.* **1.** requést; у меня́ к вам ~ I have a fávour to ask of you; ~ не шуме́ть sílence, please! ['saɪ-...]; ~ о поми́ловании appéal for mércy; обраща́ться с ~ой (о *пр.*) make* a requést (for); удовлетвори́ть чью-л. ~у complý with smb.'s requést; по чьей-л. ~е at smb.'s requést; **2.** *уст.* (*прошение*) àpplicátion, petítion.

**просяно́й** míllet (*attr.*).

**прота́лина** *ж.* thawed patch.

**прота́лкивать,** протолкну́ть (*вн.*) push through [puʃ...] (*d.*), press through (*d.*); ◇ ~ де́ло *разг.* push *an* affáir fórward. **~ся,** протолка́ться, протолкну́ться (че́рез) force one's way (through), push / élbow / shóulder one's way [puʃ...'ʃou-...] (through).

**протанцева́ть** *сов.* **1.** (*вн.*) dance (*d.*); (*какой-л. танец*) perfórm a dance; **2.** (*в течение какого-то времени*) dance, spend* *the time* in dáncing: они́ протанцева́ли всю ночь they danced all night, they spent the whole night dáncing [...houl...].

**прота́пливать,** протопи́ть (*вн.*) heat (*d.*).

**прота́птывать,** протопта́ть (*вн.*) **1.** (*о тропинке и т. п.*) beat* (*d.*), wear* (by wálking) [wɛə...] (*d.*); **2.** *разг.* (*об обуви*) wear* out [wɛə...] (*d.*).

**протара́нить** *сов.* (*вн.*) *воен.* ram (*d.*); ~ оборо́ну break* the defénces [-eɪk...].

**прота́скивать,** протащи́ть (*вн.*) **1.** pull through [pul...] (*d.*); (*с усилием*) drag (*d.*); (*легко*) trail (*d.*); **2.** *разг.* (*проводить обманным путём*) juggle (*d.*), force through (*d.*).

**прота́чивать,** проточи́ть (*вн.*) **1.** (*о черве и т. п.*) gnaw through (*d.*), eat* through (*d.*); **2.** (*о воде*) wash (*d.*); **3.** (*на токарном станке*) turn (*d.*).

**протащи́ть** *сов. см.* прота́скивать.

**протеж||е́** [-тэ-] *нескл. м.* protégé (*фр.*) ['prouteʒeɪ]; *ж.* protégée (*фр.*) ['prouteʒeɪ]. **~и́ровать** [-тэ-] (*дт.*) fávour (*d.*); pull wires [pul...] (for) *разг.*

**проте́з** [-тэ́з] *м.* pròsthétic applíance; (*конечностей*) àrtifícial limb; зубно́й ~ dénture; (*отдельного зуба*) àrtifícial tooth*. **~и́ровать** [-тэ-] *несов. и сов.* make* *a* pròsthétic applíance. **~ный** [-тэ́-]: ~ная мастерска́я òrthòpáedic wórkshòp [ɔːθou-...].

**протеи́ды** [-тэ-] *мн. хим.* prótèids [-tiːɪdz].

**протеи́н** [-тэ-] *м. хим.* prótèin [-tiːɪn].

**протека́||ть,** проте́чь **1.** *тк. несов.* (*о реке, ручье*) flow [flou], run*; **2.** (*просачиваться*) leak, ooze; **3.** (*пропускать воду*) be léaky; **4.** (*о времени и т. п.*) elápse; (*быстро*) fly*; **5.** (*о процессе и т. п.*) procéed; боле́знь ~ет норма́льно the íllness is táking its nórmal course [...kɔːs].

**проте́ктор** *м.* protéctor.

**протектора́т** *м.* protéctorate.

**протекцион||и́зм** *м.* **1.** protéctionism; **2.** *разг. неодобр.* fávour¦itism. **~и́ст** *м.* protécticnist. **~и́стский** protéctionist.

**протекцио́нный** protéctive.

**проте́кци||я** *ж.* pátronage, ínfluence; ока́зывать кому́-л. ~ю pátronìze smb.; pull wires for smb. [pul...] *разг.*

**проте́кший** **1.** *прич. см.* протека́ть 2, 3, 4; **2.** *прил.* (*минувший*) past, last.

**протере́ть(ся)** *сов. см.* протира́ть(ся).

**протесни́ться** *сов. разг.* force / élbow / shóulder / push one's way (through) [...'ʃou-puʃ...].

**проте́ст** *м.* **1.** prótèst, remónstrance; заявля́ть ~ (про́тив) make* a prótèst (agáinst), remónstràte (agáinst); подава́ть ~ régister / énter a prótèst; кри́ки ~а óutcries; **2.:** ~ ве́кселя prótèst of *a* prómissory note; **3.** *юр.*: ~ прокуро́ра objéction of the públic prócuràtor [...'pʌ-...].

**протеста́нт** *м. рел.* Prótestant. **~и́зм** *м. рел.* Prótestantism. **~ский** *рел.* prótestant. **~ство** *с.* = протестанти́зм.

**протестова́ть** (про́тив) protést (agáinst), objéct (to, agáinst), remónstràte (agáinst); make* a prótèst (agáinst).

**проте́чь** *сов. см.* протека́ть 2, 3, 4, 5.

**про́тив** *предл.* (*рд.*) **1.** (*в разн. знач.*) agáinst: боро́ться ~ чего́-л. fight* agáinst smth.; спо́рить ~ чего́-л. árgue agáinst smth.; он ~ э́того he is agáinst it; ~ тече́ния agáinst the cúrrent; ~ ве́тра agáinst the wind [...wɪ-] (*см. тж.* ве́тер); ~ све́та agáinst the light; — за и ~ for and agáinst, pro and con; име́ть что-л. ~ have smth. agáinst; (*возражать*) mind (*d.*): он ничего́ не име́ет ~ э́того he has nothing agáinst it, he does not mind; она́ ничего́ не бу́дет име́ть ~, е́сли он заку́рит, откро́ет окно́, включи́т ра́дио? will she mind if he smokes, ópens the wíndow, switches on the rádiò?; — вы ничего́ не име́ете ~ того́, что я курю́? do you mind my smóking?; **2.** (*напротив*) ópposite [-zɪt] (to); (*лицом*) fácing: де́рево ~ до́ма the tree ópposite (to) the house* [...haus]; по́лка ~ окна́ the shelf* ópposite the wíndow; он сел ~ окна́ he sat fácing the wíndow; — друг ~ дру́га face to face, fácing one anóther; vis-à-vis (*фр.*) ['viːzɑːviː]; **3.** (*вопреки*) cóntrary to: ~ его́ ожида́ний всё сошло́ хорошо́ cóntrary to his èxpèctátions all went well; **4.** (*по сравнению*) to, as agáinst; де́сять ша́нсов ~ одного́, что он прие́дет сего́дня it is ten to one that he will come to¦dáy; рост проду́кции ~ про́шлого го́да the íncrease in óutpùt as agáinst last year [-s...-put...].

**про́тивень** *м.* gríddle, drípping-pàn.

**противи́тельный:** ~ сою́з *грам.* advérsative conjúnction.

**проти́виться,** воспроти́виться (*дт.*) oppóse (*d.*), objéct (to, agáinst); (*сопротивляться*) resíst [-'zɪ-] (*d.*), stand* up (agáinst); set* one's face (agáinst).

**проти́вник** I *м. тк. ед. собир.* énemy.

**проти́вн||ик** II *м.*, **~ица** *ж.* **1.** oppónent, àntágonist; **2.** (*соперник*) ádversary.

**проти́вно** I **1.** *прил. кратк. см.* проти́вный I, II; **2.** *предик. безл.* it is disgústing / repúlsive / repúgnant; ~ смотре́ть (на *вн.*) it is disgústing to look (at); емý ~ he is disgústed, it goes agáinst him.

**проти́вно** II *нареч.* (*отврати́тельно*) in a disgústing way / mánner; он óчень ~ кричи́т he shouts in a disgústing way / mánner, he has a disgústing way of shóuting.

**проти́вно** III *предл.* (*дт.*; *в противоре́чии*) agáinst: де́йствовать ~ указáниям act agáinst *the* instrúctions; он поступи́л ~ сóбственным интерéсам what he has done is agáinst his own interests [...oun...].

**проти́вн||ое** *с. скл. как прил.*: доказáтельство от ~ого the rule of cóntraries.

**проти́вн||ый** I **1.** (*противоположный*) ópposite [-zɪt]; ~ вéтер cóntrary wind [...wɪ-]; head wind [hed...] *мор.*; **2.** (*враждебный*) cóntrary, ádverse; ~ая сторонá the ópposite / ádvèrse párty; ◇ в ~ом слýчае óther¦wise.

**проти́вн||ый** II (*неприятный*) násty, offénsive; ~ зáпах offénsive / násty smell; ~ человéк ùnpléasant / repúlsive man* [-'plez-...]; до ~ого repúlsive¦ly.

**противоалкогóльный** témperance (*attr.*); ~ закóн dry law; pròhibítion [prouɪ-].

**противоáтомн||ый** ánti-atómic; ~ая защи́та ánti-atómic defénce.

**противобóрствовать** (*дт.*) *уст.* oppóse (*d.*), fight* (agáinst), show* hòstílity / àntágonism [ʃou...] (to).

**противовéс** *м.* (*прям. и перен.*) cóunterbàlance, cóunterpoise; в ~ э́тому to counterbálance it.

**противовоздýшн||ый** ánti-áircràft; áir-defénce (*attr.*); ~ая оборóна ánti-áircràft defénce, áir-defénce.

**противогáз** *м.* gás-màsk, réspiràtor. **~овый** ánti-gás; gás-defénce (*attr.*).

**противодéйств||ие** *с.* òpposítion [-'zɪ-]; (*активное*) counteráction. **~овать** (*дт.*) oppóse (*d.*); (*активно*) counteráct (*d.*).

**противоестéственный** únnátural; (*извращённый*) pervérted.

**противозакóнн||ость** *ж.* illegálity. **~ый** ún¦láwful; *юр.* illégal; ~ый постýпок illégal áction.

**противозачáточн||ый** cóntracéptive, prevéntive; ~ое срéдство prevéntive, cóntracéptive.

**противоипри́тный** mústard-proof.

**противокислóтный** ácid-proof.

**противолежáщий** *мат.* ópposite [-zɪt]; ~ ýгол àltérnate angle.

**противолихорáдочн||ый** *мед.* ántifébrile [-'fiː-]; ~ое срéдство fébrifùge.

**противолóдочный** *мор.* ánti-súbmarine [-iːn].

**противоми́нный** *мор.* ánti-tòrpédò.

**противообщéственный** ántisócial.

**противопожáрн||ый** fíre-prevèntion (*attr.*); ~ые мéры fíre-prevèntion méasures [...'meʒ-], precáutionary méasures agáinst fires.

**противопоказáние** *с.* **1.** *юр.* còntradíctory évidence; **2.** *мед.* cóntra-indicátion.

**противопокáзан||ный** *мед.* cóunter-indícative; cóntra-índicàted; э́то лекáрство ~о the use of this drug / médicine is cóntra-índicàted [...juːs...].

**противопол||агáть** = противопоставля́ть. **~ожéние** *с.*= противопоставлéние.

**противоположн||ость** *ж.* **1.** cóntràst, òppositíon [-'zɪ-]; в ~ (*дт.*) cóntrary (to); as oppósed (to); **2.** *филос.*: еди́нство ~остéй únity of ópposites [...-zɪts]; борьбá ~остéй struggle / cónflict of ópposites; **3.** (*кто-л., что-л. противоположное*) ópposite, ántipòde; прямáя ~ exáct ópposite; the very àntíthesis; пóлная ~ exáct àntíthesis; ◇ ~ости схóдятся extrémes meet. **~ый** **1.** (*расположенный напротив*) ópposite [-zɪt]; **2.** (*несходный*) cóntrary, oppósed; ~ое мнéние cóntrary opínion.

**противопостáв||ить** *сов. см.* противопоставля́ть. **~лéние** *с.* **1.** òpposítion [-'zɪ-]; **2.** (*сопоставление*) contrásting, còntraposítion [-'zɪ-], sétting off.

**противопоставля́ть**, противопостáвить (*вн. дт.*) **1.** oppóse (*d.* to); **2.** (*сопоставлять*) contrást (*d.* with), set* off (*d.* agáinst).

**противоправи́тельственный** ántigóvernment [-'gʌ-] (*attr.*), ántigòvernméntal [-gʌ-].

**противоречи́в||ость** *ж.* discrépancy, còntradíctoriness. **~ый** discrépant; còntradíctory, conflícting; ~ые слýхи discrépant rúmours; ~ые трéбования conflícting demánds / claims [...-ɑːndz...].

**противорéчи||е** *с.* (*в разн. знач.*) còntradíction; òpposítion [-'zɪ-]; дух ~я spírit of còntradíction; defíance; cóntrariness; он сдéлал э́то из дýха ~я he did it in a spírit of defíance, he did it to defý (me, him, *etc.*); клáссовые ~я class còntradíctions; ~я капитали́зма còntradíctions of cápitalism; приходи́ть в ~ come* in cónflict; находи́ться в ~и (с *тв.*) còntradíct (*d.*), be at váriance (with); уси́ливать ~я (мéжду) ággravàte / inténsifỳ còntradíctions (betwéen); непримири́мые ~я irréconcilable còntradíctions.

**противорéч||ить** **1.** (комý-л.) còntradíct (smb.); gain¦sáy* (smb.); ~ самомý себé còntradíct òne¦sélf; ~ друг дрýгу còntradíct one another, clash with each other; он лю́бит ~ ей he likes to còntradíct her; **2.** (чемý-л.) còntradíct (smth.), run* cóunter (to), be at váriance (with); ~ дéйстви́тельности be at váriance with the facts; э́то предложéние ~ит скáзанному вы́ше this státe¦ment còntradícts, *или* is at váriance with, what has been said befóre [...sed...]; егó словá ~ат егó дéйствиям his áctions belíe his words; э́то ~ит мои́м взгля́дам this does¦n't agrée with my views [...vjuːz].

**противосамолётный** *воен.* ánti-áircràft.

**противоснаря́дный** *воен.* shéll-proof.

**противостолбня́чный** *мед.* ántitétanus, ántitetánic.

**противостоя́ние** *с. астр.* òpposítion [-'zɪ-].

**противостоя́ть** (*дт.*) **1.** (*сопротивляться*) resíst [-'zɪst] (*d.*), with¦stánd* (*d.*); **2.** (*противополагаться*) cóuntervail (*d.*).

**противотáнков||ый** ánti-tànk; ánti-méchanìzed [-kə-] *амер.*; ~ое ружьё ánti-tànk rifle; ~ая оборóна ánti-tànk defénce.

**противотифóзный** ántitýphoid [-'taɪ-].

**противохими́ческ||ий** ánti-gás; ~ая оборóна gas defénce; ~ая защи́та ánti-gás protéction.

**противохолéрный** ánti-chóleric [-'kɔ-].

**противоцингóтный** ánti-scòrbútic.

**противочýмный** ántiplágue [-'pleɪg] (*attr.*).

**противоя́дие** *с.* ántidòte.

**протира́ть,** протере́ть (*вн.*) **1.** (*об одежде и т. п.*) wear* through [wɛə...] (*d.*), wear* into holes (*d.*), fray (*d.*), rub a hole (in); **2.** (*чистить*) wipe / rub (dry) (*d.*); **3.** (*сквозь решето, сито*) rub through *a* sieve [...sɪv] (*d.*); ◇ протере́ть глаза́ *разг.* rub one's eyes (ópen) [...aɪz...]. **~ся,** протере́ться **1.** wear* through [wɛə...], wear* into holes, get* frayed; **2.** *страд. к* протира́ть.

**проти́скаться** *сов. см.* проти́скиваться.

**проти́скиваться,** проти́скаться, проти́снуться force / push / shóulder / élbow one's way (through) [...puʃ ˈʃou-...], squeeze (òne sélf) through; ~ сквозь, че́рез толпу́ force / push / élbow one's way through *a* crowd.

**проти́снуться** *сов. см.* проти́скиваться.

**проткну́ть** *сов. см.* протыка́ть.

**протоакти́ний** *м. хим.* pròtòàctínium [prou-].

**протоге́н** *м. мин.* prótogine [ˈprou-], prótògène [ˈprou-].

**протодья́кон** *м. церк.* árchdéacon (*of the Orthodox church*).

**протоиере́й** *м. церк.* árchpríest [-ˈpriːst].

**прото́к** *м.* **1.** chánnel; (*искусственный*) canál; **2.** *анат.* duct; слёзный ~ láchrymal duct.

**протоко́л** *м.* repórt; récòrd of procéedings [ˈre-...]; (*судебный тж.*) récòrd of évidence; (*учёного общества*) procéedings *pl.*, mínutes [ˈmɪnɪts] *pl.*, trànsáctions [-ˈz-] *pl.*; (*заседания парламента*) prótocòl [ˈprou-]; jóurnals [ˈdʒəː-] *pl.*; вести́ ~ recórd the mínutes, take* the mínutes; ~ (д)опро́са *юр.* exàminátion récòrd; составля́ть ~ draw* up a státe ment of the case [...-s]; draw* up a repórt; заноси́ть в ~ (*вн.*) énter in the mínutes (*d.*).

**протоколи́ровать** *несов. и сов.* (*сов. тж.* запротоколи́ровать; *вн.*) mínute [ˈmɪnɪt] (*d.*), recórd (*d.*).

**протоко́льн||ый** *прил. к* протоко́л; ~ отде́л ètiquétte / prótocòl depártment [...ˈprou-...]; заве́дующий ~ым отде́лом head / chief of the ètiquétte / prótocòl depártment [hed tʃiːf...].

**протолка́ться** *сов. см.* прота́лкиваться.

**протолкну́ть(ся)** *сов. см.* прота́лкивать(ся).

**прото́н** *м. физ.* prótòn.

**протопи́ть** *сов. см.* прота́пливать.

**протопла́зма** *ж. биол.* próto plàsm, plásm(a) [-z-].

**протопта́ть** *сов. см.* прота́птывать.

**проторгова́ться** I *сов.* (*потерпеть убытки*) lose* (in tráding) [luːz...]; (*разориться*) be rúined in trade.

**проторгова́ться** II *сов.* (*торговаться некоторое время*) bárgain.

**проторённ||ый** *прич. и прил.* béaten, wéll-trόdden; ~ая доро́жка béaten track; blazed trail *амер.*

**протори́ть** *сов. см.* проторя́ть.

**проторя́ть,** протори́ть (*вн.*) beat* (*d.*); blaze (*d.*) *амер.*

**прототи́п** *м.* próto týpe.

**проточи́ть** *сов. см.* прота́чивать.

**прото́чн||ый** flówing [ˈflou-], rúnning; ~ая вода́ flówing / rúnning wáter [...ˈwɔː-]; ~ пруд pond fed by springs, rúnning-wàter pond [-wɔː-...] (*formed by a dam*).

**протра́в||а** *ж.* (*вещество*) mórdant; (*кислотная ванна*) pickle, dip. **~и́ть** *сов. см.* протра́вливать, протравля́ть. **~ка** *ж.*, **~ливание** *с.* pickling, dípping.

**протра́в||ливать,** протрави́ть (*вн.*) treat with a mórdant (*d.*); *тех.* pickle (*d.*), dip (*d.*); (*дерево*) stain (*d.*). **~ля́ть** = протра́вливать.

**протрезв||е́ть** *сов. разг.* = протрезви́ться. **~и́ть(ся)** *сов. см.* протрезвля́ть(ся).

**протрезвля́ть,** протрезви́ть (*вн.*) sóber (*d.*); dispél *the* intòxicátion (of). **~ся,** протрезви́ться get* sóber.

**протреща́ть** *сов. см.* треща́ть 2, 3.

**протруби́ть** *сов. см.* труби́ть.

**протубера́нец** *м. астр.* sólar próminence.

**протури́ть** (*вн.*) *разг.* drive* a wáy (*d.*), turn / chuck out (*d.*).

**протуха́ть,** проту́хнуть become* foul / rótten; (*о пище*) go* bad.

**проту́х||нуть** *сов.* **1.** *см.* протуха́ть; **2.** *как сов. к* ту́хнуть II. **~ший** foul, rótten, pútrid; (*о пище*) bad, táinted.

**протыка́ть,** проткну́ть (*вн.*) pierce (through) [pɪəs...] (*d.*); (*насквозь*) trànsfíx (*d.*); (*шпагой*) pink (*d.*); (*мясо вертелом*) spit* (*d.*), skéwer (*d.*).

**протя́||гивать,** протяну́ть (*вн.*) **1.** (*вдоль чего-л.*) stretch (*d.*); **2.** (*выставлять, подавать*) reach out (*d.*), stretch out (*d.*), exténd (*d.*); (*предлагать*) óffer (*d.*), prόffer (*d.*); ~ ру́ку (за чем-л.) hold* / stretch / reach out one's hand (for smth.); (*для пожатия*) hold* / stretch out, *или* exténd, one's hand; ~ газе́ту, кни́гу óffer, *или* hold* out, *a* páper, *a* book; с ~нутыми рука́ми with (one's) arms outstrétched; **3.** (*о звуке*) draw* (*d.*); ◇ ~ну́ть но́ги *разг.* turn up one's toes; ~ ру́ку по́мощи give* / lend* a hélping hand; по одёжке ~гивай но́жки *посл.* ≅ cut the coat accόrding to the cloth. **~гиваться,** протяну́ться **1.** (*о руках*) stretch out, reach out; **2.** (*о пространстве*) exténd, reach, stretch; **3.** *тк. сов.* (*о времени*) last, línger, draw* out; dure *поэт.*; **4.** *страд. к* протя́гивать.

**протяже́ни||е** *с.* **1.** extént, stretch; на ~и пяти́ киломе́тров for a dístance of five kilomètres; на всём ~и (*рд.*) the full length (of), all (the way) alόng (*d.*); **2.** (*промежуток времени*): на ~и пяти́ дней (for the space of) five days.

**протяжённ||ость** *ж.* extént, length. **~ый** exténsive, léngthy.

**протя́жн||о** *нареч.* in a dráwling mánner; говори́ть ~ drawl. **~ость** *ж.* (*речи и т. п.*) slówness [ˈslou-], drawl. **~ый** (*о речи и т. п.*) dráwling; ~ый стон long dráwn-out moan / wail; ~ое произноше́ние drawl, dráwling áccent; ~ый крик lóng-drawn cry.

**протяну́ть** *сов.* **1.** *см.* протя́гивать; **2.** *разг.* (*прожить*) last; он до́лго не протя́нет (*о больном*) he won't last / línger long [...wount...]; он ещё протя́нет he'll last a little lόnger; **3.** *как сов. к* тяну́ть 3. **~ся** *сов.* **1.** *см.* протя́гиваться; **2.** *как сов. к* тяну́ться 2.

**проучи́ть** I *сов.* (*вн.*; *наказать*) teach* / give* a good lésson (*i.*).

**проучи́ть** II *сов.* (*вн.*; *учить какое-то время*) stúdy [ˈstʌ-] (*d.*); он проучи́л уро́ки весь день he prepáred his léssons the whole day [...houl...]. **~ся** *сов.* stúdy [ˈstʌ-].

**проф-** *сокр.* профессиона́льный; профсою́зный.

**профакти́в** *м.* (профсою́зный акти́в) the most áctive mémbers of *a* trade únion *pl.*

**профа́н** *м.* ignorámus; (*не специалист*) láy¦man*; он по́лный ~ he knows ábsolùte¦ly nothing [...nouz...]; he has no èrudítion.

**профан||а́ция** *ж.* pròfanátion. **~и́ровать** *несов. и сов.* (*вн.*) profáne (*d.*).

**профбиле́т** *м.* (профсою́зный биле́т) tráde-ùnion card.

**профдвиже́ние** *с.* (профсою́зное движе́ние) tráde-ùnion móve¦ment [...'mu:-].

**профессиона́л** *м.*, **~ка** *ж.* proféssional.

**профессиона́льн||ый** proféssional; ~ сою́з trade únion; ~ое заболева́ние proféssional / òccupátional diséase [...-'zi:z]; ~ое образова́ние vocátional èducátion; ~ революционе́р proféssional rèvolútionary.

**профе́сси||я** *ж.* òccupátion, proféssion, trade; кака́я у него́ ~? what is his òccupátion?; по ~и by proféssion, by trade; свобо́дные ~и free proféssions; вы́бор ~и choice of proféssion.

**профе́ссор** *м.* proféssor. **~ский** pròfèssórial. **~ство** *с.* proféssorship.

**профессу́ра** *ж.* **1.** proféssorship; **2.** *собир.* proféssorate.

**профила́ктика** *ж.* prevéntive inspéction; *мед.* pròphyláxis.

**профилакти́ческ||ий** prevéntive; *мед.* pròphyláctic; ~ое сре́дство pròphyláctic, prevéntive; ~ая по́мощь diséase-prevèntion sérvice [-'zi:z-...].

**профилакто́рий** *м.* dispénsary.

**про́филь** *м.* **1.** (*в разн. знач.*) prófile ['proufi:l]; (*вид сбоку*) síde-view [-vju:]; (*дороги, окопа, траншеи тж.*) séction; (*геогр. тж.*) the lie of the land; попере́чный ~ cróss-sèction; в ~ in prófile, hálf-fáced ['hɑ:f-]; **2.** (*специфический характер*) type; ~ шко́лы type of school.

**профильтрова́ть** *сов.* (*вн.*) fílter (*d.*), pass through (*d.*).

**профко́м** *м.* (профсою́зный комите́т) lócal tráde-ùnion commíttee [...-tɪ].

**профо́рг** *м.* (профсою́зный организа́тор) tráde-ùnion órganìzer.

**профорганиза́ция** *ж.* (профсою́зная организа́ция) tráde-ùnion òrganizátion [...-naɪ-].

**профо́рм||а** *ж. разг.* fòrmálity; чи́стая ~ sheer / mere fòrmálity; для ~ы as a mátter of form, for form's sake, for the sake of appéarance.

**профрабо́т||а** *ж.* (профсою́зная рабо́та) tráde-ùnion work. **~ник** *м.* (профсою́зный рабо́тник) tráde-ùnion wórker.

**профсою́з** *м.* (профессиона́льный сою́з) trade únion. **~ный** tráde-ùnion (*attr.*); ~ная организа́ция tráde-ùnion òrganizátion [...-naɪ-]; ~ный биле́т tráde-ùnion card; ~ное движе́ние tráde-ùnion móve¦ment [...'mu:-]; ~ная рабо́та tráde-ùnion work; ~ный рабо́тник tráde-ùnion wórker.

**профуполномо́ченный** *м. скл. как прил.* (уполномо́ченный профсою́за) tráde-ùnion rèpreséntative [...-'ze-].

**проха́живаться,** пройти́сь walk alóng, walk up and down, stroll; *сов. тж.* take* a stroll; ~ по ко́мнате pace up and down *the* room; ◇ пройти́сь на чей-л. счёт, по чьему́-л. а́дресу have a knock / fling at smb.

**прохвати́ть** *сов. см.* прохва́тывать.

**прохва́тывать,** прохвати́ть (*вн.*) *разг.* (*о холоде*) chill (*d.*).

**прохвора́||ть** *сов. разг.* (*в течение какого-то времени*) be ill; (*пролежать в постели*) be laid up; он ~л две неде́ли he was ill for two weeks, he was laid up for two weeks.

**прохво́ст** *м. бран.* scóundrel.

**прохла́д||а** *ж.* the cool, cóolness; вече́рняя ~ évening fréshness / cool ['i:v-...], the cool of évening. **~ец** *м.*: рабо́тать с ~цем *разг.* take* one's time; work líst¦lessly.

**прохлад||и́тельный** refréshing, cóoling; ~и́тельные напи́тки soft drinks. **~и́ться** *сов. см.* прохлажда́ться 1.

**прохла́дн||о** **1.** *прил. кратк. см.* прохла́дный; **2.** *предик. безл.* it is fresh / cool; (*довольно холодно*) it is ráther cold [...'rɑ:-...]. **~ый** fresh; cool (*тж. перен.*); chílly.

**прохла́дца** *ж.* = прохла́дец.

**прохлажда́ться,** прохлади́ться *разг.* **1.** (*освежаться*) refrésh òne¦sélf; **2.** *тк. несов.* (*бездельничать*) lóiter, ídle (a¦wáy one's time), take* one's ease.

**прохо́д** *м.* (*в разн. знач*). pássage; pass; (*место*) pássage¦way; (*между рядами кресел*) gáng¦way, aisle [aɪl]; кры́тый ~ cóvered way ['kʌ-...]; ~ в загражде́ниях *воен.* gap in the óbstacles; за́дний ~ *анат.* ánus; (*у рыб, птиц*) vent; слухово́й ~ *анат.* acóustic duct; ◇ мне от него́ ~а нет I cánnòt get rid of him; не дава́ть ~а (*дт.*) pursúe (*d.*); пра́во ~а right of way / pássage.

**проходи́мец** *м. разг., бран.* rogue [roug], rásсal.

**проходи́м||ость** *ж.* **1.** (*дорог и т. п.*) pràcticabílity; **2.** (*кишок, канала*) pèrmeabílity [-mɪə-]. **~ый** pássable, práсticable; pérmeable [-mɪəbl].

**проходи́ть** I, пройти́ **1.** pass; go*; (*пешком тж.*) walk; ~ ми́мо go* by / past; (*рд.*; *перен.*) dìsregárd (*d.*), òver¦lóok (*d.*); ~ торже́ственным ма́ршем march past; ~ по мо́сту cross *a* bridge; пройти́ до́лгий и сла́вный путь cóver / trávèrse a long and glórious path ['kʌ-...]; доро́га прохо́дит че́рез лес the road / way lies through *a* wood [...wud]; **2.** (*о времени*) pass, elápse; go*, go* by; (*незаметно*) slip by; бы́стро ~ pass líghtly; не прошло́ ещё и го́да a year has not yet passed / elápsed, *или* has not yet gone [...gɔn]; не прошло́ пяти́ мину́т, как within five mínutes [...'mɪnɪts]; срок ещё не прошёл the term has not yet expíred; **3.** (*кончаться*) be óver; его́ боле́знь прошла́ his íllness has passed, *или* is óver; ле́то ско́ро пройдёт súmmer will soon be óver; э́то у него́ пройдёт с года́ми (*о ребёнке*) he will grow out of it [...grou...]; **4.** (*состояться*) go* off; (*о собрании и т. п.*) be held: спекта́кль прошёл уда́чно the play went off well; по всей стране́ прохо́дят собра́ния méetings are (bé¦ing) held all óver the cóuntry [...'kʌ-]; **5.** *тк. несов.* (*находиться*) pass, be; тунне́ль прохо́дит че́рез го́ру the túnnel pásses through *a* móuntain; ◇ э́то не пройдёт *разг.* it won't work [...wount...].

**проходи́ть** II, пройти́ (*вн.*; *изучать*) stúdy [-ʌdɪ] (*d.*); ~ фи́зику stúdy phýsics [...-zɪ-]; пройти́ фи́зику compléte the course of phýsics

[...kɔːs...]; пройти́ курс обуче́ния go* through a course of tráining.

**проходи́ть** III *сов.* (*в течение какого-то времени*) walk; spend* *the time* in wálking: ~ весь день walk the whole day [...houl...], spend* the whole day (in) wálking; ~ до ве́чера walk till the évening [...'iːv-].

**прохо́дка** *ж. горн.* dríving, dríftíng, wórking.

**проходн||о́й:** ~ двор commúnicàting court / cóurt:yárd [...kɔːt 'kɔːt-]; ~а́я ко́мната room gìving áccèss into another; ~а́я бу́дка éntrance-gàte óffice, contról post [-roul poust].

**прохо́дческ||ий:** ~ая брига́да brigáde / team of drifters.

**прохо́дчик** *м.* drifter.

**прохожде́ние** *с.* pássing, pássage; ~ слу́жбы sérvice; ~ торже́ственным ма́ршем *воен.* march past.

**прохо́жий** *м. скл. как прил.* pásser-bý (*pl.* pássers-bý).

**прохрипе́ть** *сов. см.* хрипе́ть.

**процвет||а́ние** *с.* pròspérity, wéll-bé:ing, flóurishing ['flʌ-]. **~а́ть** prósper, flóurish ['flʌ-]; thrive*.

**процеди́ть** *сов.* **1.** *см.* проце́живать; **2.** *как сов. к* цеди́ть.

**процеду́ра** *ж.* **1.** procédure [-'siːdʒə]; суде́бная ~ légal / court procéedings [...kɔːt...] *pl.*; **2.** *чаще мн.* (*процесс лечения*) tréatment.

**проце́живать,** процеди́ть (*вн.*) fílter (*d.*); strain (*d.*); ~ сквозь си́то pass through *a* sieve [...sɪv] (*d.*), sieve (*d.*).

**проце́нт** *м.* **1.** percéntage, rate (per cent); оди́н ~, два ~а *и т. д.* one, two, *etc.*, per cent; вы́полнить план на 100% accómplish / fulfíl *the* plan 100 per cent [...ful-...]; ба́нковский учётный ~ bánk-ràte; просты́е, сло́жные ~ы *мат.* símple, cómpound ínterest *sg.*; **2.** (*доход с капитала*) ínterest; под больши́е ~ы at high ínterest; ростовщи́ческий ~ exórbitant ínterest; разме́р ~а rate. **~ный** *прил. к* проце́нт; ~ные бума́ги ínterest-béaring secúrities [-'bɛə-...]; ~ная надба́вка ráted in:crease [...-s]; ~ный заём ínterest-béaring loan; ~ные облига́ции ínterest-béaring bonds; ~ное отноше́ние percéntage.

**проце́сс** *м.* **1.** prócèss; ~ разви́тия devélopment; в ~е рабо́ты in the prócèss of work; произво́дственный ~ work / mànufácturing -prócèss; **2.** *юр.* tríal; procéedings at law *pl.*; légal áction; cause, case [-s]; (*гражданский тж.*) láwsùit [-sjuːt], suit [sjuːt]; уголо́вный ~ críminal tríal; вести́ ~ (*с тв.*) be at law (with); **3.** *мед.*: ~ в лёгких tubèrculósis of the lungs, áctive púlmonary tubèrculósis.

**проце́ссия** *ж.* procéssion; похоро́нная ~ fúneral (train).

**процессуа́льн||ый** *юр.*: ~ые но́рмы légal procédure [...-'siːdʒə] *sg.*

**процити́ровать** *сов. см.* цити́ровать.

**прочёркивать,** прочеркну́ть (*вн.*) draw* a line (through).

**прочеркну́ть** *сов. см.* прочёркивать.

**прочерти́ть** *сов. см.* проче́рчивать.

**проче́рчивать,** прочерти́ть (*вн.*) draw* (*d.*).

**прочеса́ть** *сов. см.* прочёсывать.

**проче́сть** *сов. см.* чита́ть.

**прочёсывать,** прочеса́ть (*вн.*) *воен. разг.* comb [koum] (*d.*); ~ лес comb *a* fórest [...'fɔ-].

**прочёт** *м. разг.* (*просчёт*) érror (in cóunting).

**про́ч||ий 1.** *прил.* other; **2.** *как сущ.*: и ~ее etcétera (*сокр.* etc.) [-trə], and so on; все ~ие the others; ◇ ме́жду ~им by the way; поми́мо всего́ ~его in addítion.

**прочи́стить** *сов. см.* прочища́ть.

**прочита́ть** I *сов. см.* чита́ть.

**прочита́ть** II *сов.* (*в течение какого-то времени*) read*; spend* *the time* réading: он прочита́л всю ночь he read all night [...red...]; he spent all night réading.

**про́чить** (*вн.* в *вн.*) inténd (*d.* for).

**прочища́ть,** прочи́стить (*вн.*) clean (*d.*); cleanse thóroughly [klenz 'θʌ-] (*d.*); (*о засорённой трубке и т. п.*) clear (*d.*).

**про́чно** I *прил. кратк. см.* про́чный.

**про́чн||о** II *нареч.* sólidly, fírmly, well. **~ость** *ж.* dùrabílity; solídity, fírmness; strength; (*о краске и т. п.*) fástness; ~ость на разры́в *тех.* ténsile strength; ~ость на изги́б *тех.* bénding strength; ~ость на сдвиг, срез *тех.* shéaring strength. **~ый** dúrable; sólid, firm; strong, stróng:ly built / constrúcted [...bɪlt...]; ~ый фунда́мент stable foundátion; ~ая мате́рия hárd-wéaring fábric [-'wɛə-...], dúrable stuff; ~ая кра́ска fast dye / cólour [...'kʌ-]; ~ая пози́ция firm / sound posítion [...-'zɪ-]; ~ая репута́ция estáblished rèputátion; ~ый и дли́тельный мир lásting and dúrable peace; ~ый сою́з stable / firm / lásting allíance; ~ые зна́ния sound knówledge [...'nɔ-] *sg.*

**прочте́ни||е** *с.* réading; perúsal [-z-] *книжн.*; по ~и (*рд.*) on réading (*d.*); áfter perúsal (of) *книжн.*

**прочу́вствованный 1.** *прич. см.* прочу́вствовать; **2.** *прил.* full of emótion, héart-fèlt ['hɑːt-], déep-fèlt.

**прочу́вствовать** *сов.* (*вн.*) feel* déeply / acútely / kéenly (*d.*).

**прочь** *нареч.* a:wáy, off: убира́ть ~ take* a:wáy / off; уноси́ть ~ cárry a:wáy / off; — (поди́) ~! go a:wáy!, be off!, a:wáy / off with you!; ~ с доро́ги! get out of the way!; make way!; ~ отсю́да! get out of here!; out with you!; ~ с глаз мои́х! get out of my sight!; ру́ки ~! hands off!; ◇ не ~ *предик.* (+ *инф.*) *разг.* have no objéction (+ to *ger.*); он не ~ сде́лать э́то he has no objéction to doing it; он не ~ пойти́ he does:n't mind gó:ing; he has nothing agáinst gó:ing; он не ~ повесели́ться he is quite wílling to amúse him:sélf, *или* to have a bit of fun; he is nothing loth to amúse him:sélf [...louθ...].

**проше́дш||ий 1.** *прич. от* пройти́ I *см.* проходи́ть I; **2.** *прил.* past; (*последний*) last; ~ей зимо́й last wínter; ~ее вре́мя *грам.* past tense; **3.** *с. как сущ.* (*прошлое*) the past.

**проше́ние** *с. уст.* àpplicátion, petítion; подава́ть ~ submít *an* àpplicátion; fórward *a* petítion.

**прошепта́ть** *сов. см.* шепта́ть.

**проше́стви||е** *с.*: по ~и (*рд.*) áfter the lapse (of), áfter the èxpirátion [...-paɪə-] (of); по ~и пяти́ лет áfter five years had elápsed, five years láter; по ~и э́того вре́мени áfter that périod of time; по ~и сро́ка áfter the èxpirátion of the term.

**прошиб||а́ть,** прошиби́ть (*вн.*) *разг.* **1.** break* through [-eɪk...] (*d.*); **2.:** его́ пот прошиб he broke into a sweat [...swet], he begán to sweat; его́ слеза́ прошибла he was moved to tears [...mɪː-...]. **~и́ть** *сов. см.* прошиба́ть.

**прошива́ть,** прошить (*вн.*) **1.** sew* [sou] (*d.*), stitch (*d.*); **2.** *тех.* broach (*d.*).

**прошивка** *ж.* (*на белье, платье*) insértion; кружевна́я ~ lace insértion.

**прошипе́ть** *сов. см.* шипе́ть 1.

**прошить** *сов. см.* прошива́ть.

**прошлого́дний** last year's; of last year.

**про́шл||ое** *с. скл. как прил.* the past; сла́вное ~ glórious past; далёкое ~ remóte past; уйти́ в (далёкое) ~ become* a thing of the past; в недалёком ~ом not long agó, in récent times. **~ый** past; (*прошедший*) bý:gòne [-gɔn]; (*последний*) last; в ~ом году́ last year; на ~ой неде́ле last week; вызыва́ть воспомина́ния ~ых лет call up old mémories; ◇ де́ло ~ое ≅ let bý:gònes be bý:gònes.

**прошмы́гивать,** прошмыгну́ть slip; steal* (past).

**прошмыгну́ть** *сов. см.* прошмы́гивать.

**прошнурова́ть** *сов. см.* прошнуро́вывать.

**прошнуро́вывать,** прошнурова́ть (*вн.*) string* through (*d.*), pass a string (through).

**прошпаклева́ть** *сов. см.* прошпаклёвывать.

**прошпаклёвывать,** прошпаклева́ть (*вн.*) pútty (*d.*); *мор.* caulk (*d.*).

**проштра́фиться** *сов. разг.* make* a slip, be at fault.

**проштуди́ровать** *сов. см.* штуди́ровать.

**прошуме́||ть** *сов.* roar past; (*перен.*) become* / get* fámous; его́ и́мя ~ло по всему́ ми́ру his name becáme fámous all óver the world.

**проща́й, ~те** góod-býe!; fáre:wéll!, adiéu! [ə'djuː] *книжн.*

**проща́льн||ый** párting; fáre:wéll (*attr.*); vàledíctory *книжн.*; ~ые слова́ párting words; ~ спекта́кль fáre:wéll perfórmance.

**проща́ние** *с.* fáre:wéll; (*расставание*) párting; léave-tàking; на ~ at párting; (по)маха́ть руко́й на ~ wave good-býe.

**проща́ть,** прости́ть (*вн.*) **1.** forgíve* [-'gɪv] (*d.*), párdon (*d.*); (*о грехах*) absólve [-'zɔ-] (*d.*); прости́те меня́! excúse me!, I beg your párdon!; **2.** (*о долге*) remít (*d.*); (*не взыскивать*) condóne (*d.*), òver:lóok (*d.*).

**проща́ться** I, прости́ться, попроща́ться (с *тв.*) say* good-býe (to), take* (one's) leave (of), bid* adiéu [...ə'djuː] (*i.*), bid* fáre:wéll (*i.*); они́ до́лго проща́лись they were a long time sáying good-býe to, *или* táking leave of, one another.

**проща́ться** II *страд. к* проща́ть.

**про́ще** (*сравн. ст. от прил.* просто́й *и нареч.* про́сто) símpler; pláiner; éasier ['iːz-].

**прощелы́га** *м. и ж. бран.* knave, rogue [roug].

**проще́ни||е** *с.* forgíve:ness [-'gɪ-], párdon; (*грехов*) àbsolútion; проси́ть ~я у кого́-л. ask / beg smb.'s párdon; прошу́ ~я! (I am) sórry!

**прощу́пать(ся)** *сов. см.* прощу́пывать(ся).

**прощу́пывать,** прощу́пать (*вн.*) feel* through (*d.*), feel* (*d.*); (*перен.*) sound (*d.*). **~ся,** прощу́паться **1.** feel*; **2.** *страд. к* прощу́пывать.

**проэкзаменова́ть(ся)** *сов. см.* экзаменова́ть(ся).

**прояви́тель** *м. фот.* devéloper.

**прояв||и́ть(ся)** *сов. см.* проявля́ть(ся). **~ле́ние** *с.* **1.** mànifèstátion, displáy; **2.** *фот.* devélopment.

**прояв||ля́ть,** прояви́ть (*вн.*) **1.** show* [ʃou] (*d.*), displáy (*d.*), mánifèst (*d.*); revéal (*d.*), give* évidence (of); ~ му́жество show* / displáy cóurage [...'kʌ-]; ~ неудово́льствие show* / mánifèst displéasure [...-ʒə]; ~ ра́дость show* / mánifèst joy; ~ интере́с (к) show* ínterest (in, for); ~ живо́й интере́с к чему́-л. displáy a keen ínterest in smth.; ~ инициати́ву (в *пр.*) show* / displáy inítiative (in); ~ нереши́тельность hésitàte [-z-]; vácillàte; ~ нетерпе́ние show* / exhíbit signs of impátience [...saɪnz...]; ~ си́лу displáy strength; ~ такт be táctful; **2.** *фот.* devélop [-'ve-] (*d.*); ◇ ~ себя́ (*без доп.*) show* one's worth; (*тв.*) prove [pruːv] (*d.*); он ~и́л себя́ на э́той рабо́те he has shown his worth in this work [...ʃoun...]; он ~и́л себя́ хоро́шим рабо́тником he proved (to be) a good* wórker. **~ля́ться,** прояви́ться **1.** become* appárent, show* [ʃou]; **2.** *страд. к* проявля́ть.

**проясне́ние** *с.* cléaring (up).

**проя́сн||еть** *сов.* clear (up, a:wáy); не́бо ~ело the sky has cleared.

**проясн||е́ть** *сов.* bríghten (up). **~и́ться** *сов. см.* проясня́ться. **~я́ться,** проясни́ться **1.** clear; (*о лице*) bríghten (up); **2.** (*о погоде*) clear (up).

**пруд** *м.* pond.

**пруд||и́ть** (*вн.*) pond (*d.*), dam (up) (*d.*); ◇ хоть пруд ~и́ (*рд.*) *разг.* there is plénty (of); де́нег у него́ — хоть пруд ~и́ he is rólling in móney [...'mʌ-].

**пружи́н||а** *ж.* (*прям. и перен.*) spring; гла́вная ~ máinspring; боева́я ~ (*в оружии*) máinspring; спускова́я ~ (*в оружии*) sear spring; он явля́ется гла́вной ~ой э́того де́ла he is the máinspring of this affáir, he is the máster spírit in the mátter; нажа́ть все ~ы *разг.* ≅ pull all the wires [pul...].

**пружи́нист||ость** *ж.* èlastícity, spríng:iness. **~ый** elástic, spríngy [-ŋɪ].

**пружи́н||ить, ~иться** be elástic. **~ка** *ж.* (*в часах*) máinspring; háirspring. **~ный** spring (*attr.*); ~ный матра́ц spring máttress.

**руса́к** *м. разг.* (*таракан*) cóckroach.

**прусса́к** *м. разг.* Prússian [-ʃən].

**пру́сский** Prússian [-ʃən].

**прут** *м.* **1.** (*ветка*) twig; (*хлыст*) switch; и́вовый ~ withe [wɪθ], wíthy [-ðɪ]; **2.** (*палка, стержень*) rod. **~ик** *м.* thin / short switch, small twig.

**прутко́в||ый:** ~ое желе́зо *тех.* rod íron [...'aɪən], round bar íron.

**пры́галка** *ж. разг.* skípping-rópe.

**пры́гание** *с.* júmping, léaping; skípping (*особ. со скакалкой*).

**пры́гать,** прыгнуть spring*, jump, leap*; (*быстро*) bound; (*перен.*; *от радости и т. п.*) jump (with), leap* high (with); (*веселиться*) frisk / cáper (abóut); ~ на одно́й ноге́ hop, jump on one leg; ~ с упóром *спорт.* vault; ~ с шестóм *спорт.* póle-jùmp, póle-vault.

**прыгнуть** *сов.* **1.** *см.* прыгать; **2.** (*сделать прыжок*) take* a leap / jump.

**прыгýн** *м.* júmper; hópper; léaper, skípper.

**прыж||óк** *м.* jump, spring; cáper; ~ с парашю́том párachùte júmp(ing) [-ʃu:t...]; ~кú в вóду *спорт.* díving *sg.*; (*с вышки*) high (-board) díving *sg.*; он сдéлал ~ в вóду he made a dive, *или* he dived, into the wáter [...'wɔ:-]; (*с вышки*) he made a high dive; ~ в высотý *спорт.* high jump; дéлать ~кú cáper, cut* cápers; ~ в длинý *спорт.* jump; ~ с упóром *спорт.* váult(ing); ~ с шестóм *спорт.* póle-vault; ~ с мéста *спорт.* stánding jump; ~ с разбéга *спорт.* rúnning jump.

**прыскать,** пры́снуть *разг.* (*вн. тв.*; *водой и т. п.*) (be)sprinkle (*d.* with); ◇ пры́снуть сó смеху burst* out láughing [...'lɑ:f-]. **~ся** *разг.* (be)sprinkle òne¦sélf.

**пры́снуть** *сов. см.* пры́скать.

**пры́тк||ий** *разг.* quick, prompt, líve¦ly, nimble. **~ость** *ж. разг.* quíckness, prómptness, líve¦liness, nímble¦ness.

**прыт||ь** *ж. разг.* **1.:** во всю ~ as fast as one can, as fast as one's legs can cárry one, at full speed; **2.** (*проворство*) quíckness; откýда у негó такáя ~? where does he get his énergy from?; от негó не ожидáли такóй ~и one would never have thought he would dare do such a thing.

**прыщ** *м.* pimple, blotch; pústùle *мед.*; в ~áх pimpled, pímply, blótchy. **~áвый** pimpled, pímply, blótchy.

**прыщевáтый** = прыщáвый.

**прюнéлевый** prùnélla (*attr.*).

**прюнéль** *ж.* prùnélla.

**пря́дать** = прясть II.

**прядéние** *с.* spínning; ручнóе ~ hánd-spìnning; маши́нное ~ machíne-spinning [-'ʃi:n-].

**пряди́ль||ный** spínning; ~ная маши́на spínning machíne / frame [...-'ʃi:n...]; ~ная фáбрика spínning mill / fáctory. **~щик** *м.*, **~щица** *ж.* spínner.

**прядь** *ж.* **1.** (*волос*) lock; **2.** (*троса*) strand.

**пря́жа** *ж. тк. ед.* yarn, thread [θred]; шерстянáя ~ wóollen yarn ['wu-...], wórsted ['wustɪd].

**пря́жк||а** *ж.* búckle, clasp; застёгивать ~у búckle, clasp; ~ для пóяса bélt-bùckle.

**пря́лка** *ж.* (*ручная*) dístàff; (*с колесом*) spínning-wheel.

**прям||áя** *ж. скл. как прил.* straight line; *спорт.* straight; проводи́ть ~ýю draw* a straight line; расстоя́ние по ~óй in a straight line; as the crow flies [...krou...].

**прямёхонько** *нареч. разг.* straight, diréctly.

**прямизнá** *ж.* stráightness.

**прямикóм** *нареч. разг.* acróss cóuntry [...'kʌ-].

**пря́мо** I *прил. кратк. см.* прямóй.

**пря́мо** II *нареч.* **1.** straight; держáться ~ hold* òne¦sélf eréct / úp¦right; **2.** (*без пересадок, остановок; непосредственно*) straight; ~ к дéлу to the point; идти́ ~ к цéли go* straight to the goal; э́то ~ отнóсится к вопрóсу it has diréct réference to the case / quéstion [...keɪs -stʃən]; **3.** (*откровенно*) fránkly, ópen¦ly, blúntly; сказáть ~ say* fránkly / ópen¦ly; tell* róundly; онá сказáла э́то емý ~ в лицó she said it right to his face [...sed...]; she told him róundly; скажи́те ~ tell (us) right out; **4.** *разг.* (*совершенно; при сущ.*) real [rɪəl]; (*при прил.*) réally ['rɪə-]: он ~ герóй he is a real hérò; я ~ поражён I am réally astónished; **5.** (*как раз*) exáctly; ~ противополóжно exáctly ópposite [...-zɪt]; ~ в глаз square in the eye [...aɪ]; ~ в нос full on the nose; попадáть ~ в цель (*прям. и перен.*) hit* the mark, hit* the bull's eye [...bulz...]; смотрéть ~ в глазá комý-л. look smb. full in the face; ◇ ~ со шкóльной скамьи́ fresh from school.

**прямодýш||ие** *с.* straightfórwardness, síngle-héartedness [-'hɑ:-]. **~ный** straightfórward, síngle-héarted [-'hɑ:-].

**прям||óй** **1.** straight; (*вертикальный, выпрямившийся*) úp¦right, eréct; идти́ ~ дорóгой go* straight fórward; ~áя ли́ния straight line; ~ ýгол *мат.* right ángle; ~áя кишкá *анат.* réctum; **2.** (*без промежуточных инстанций*) through; пóезд ~óго сообщéния through train; ~ы́м путём diréctly; говори́ть по ~óму прóводу (с *тв.*) speak* diréct(ly on the télephòne) (to); **3.** (*непосредственный*) diréct; ~ы́е вы́боры diréct eléctions; ~ налóг diréct tax; ~ вопрóс, отвéт diréct quéstion, ánswer [...-stʃən 'ɑ:nsə]; ~ наслéдник diréct heir [...ɛə], heir in a diréct line; **4.** (*о характере, человеке*) straightfórward; (*откровенный*) frank; (*искренний*) sincére; **5.** (*верный*) real [rɪəl]; ~ убы́ток sheer loss; ~áя вы́года sure gain [ʃuə...]; ◇ ~áя речь diréct speech; ~óе дополнéние diréct óbject; в ~óм смы́сле э́того слóва in the líteral sense of the word; ~áя противополóжность (*дт.*) exáct ópposite [...-zɪt] (to), the very àntíthesis (of); ~áя навóдка diréct láying; ~ навóдкой óver ópen sights, by diréct láying; ~ прoбóр míddle párting.

**прямокры́лые** *мн. скл. как прил. зоол.* òrthóptera.

**прямолинéйн||ость** *ж.* straightfórwardness. **~ый** rèctilínear [-nɪə], rèctilíneal [-nɪəl]; (*перен.*) straightfórward; ~ый человéк straightfórward pérson; ~ый отвéт straightfórward ánswer [...'ɑ:nsə].

**прямоствóльный** stráight-bòled.

**прямотá** *ж.* straightfórwardness; úp¦ríghtness, plain déaling.

**прямотóчный:** ~ котёл *тех.* síngle-pàss bóiler.

**прямоугóльн||ик** *м. мат.* réctàngle. **~ый** ríght-ángled; (*о четырёхугольнике*) rèctángular; ~ый треугóльник *мат.* ríght-ángled tríangle.

**пряни||к** *м.* cake; (*на патоке*) tréacle-càke; медóвый ~ hóney-càke ['hʌ-]. **~чный** *прил. к* пря́ник.

**пря́н||ость** *ж.* spice. **~ый** spícy; (*о запахе*) héady ['hedɪ].

**прясть** I, спрясть (*вн.*) spin* (*d.*).

**прясть** II: ~ уши́ми move the ears [mu:v...].

**пря́т||ать,** спря́тать (*вн.*) hide* (*d.*), concéal (*d.*). **~аться,** спря́таться **1.** hide*; concéal òne¦sélf; **2.** *страд. к* пря́тать. **~ки** *мн.* (*игра*) híde-and-séek *sg.*; игрáть в ~ки play híde-and-séek.

**пря́ха** *ж.* spínner.

**псало́м** *м. церк.* psalm [sɑːm]. **~щик** *м. церк.* (psálm-)réader ['sɑːm-].

**псалты́рь** *ж. церк.* Psálter ['sɔːl-], psálm-book ['sɑːm-].

**пса́рня** *ж.* kénnel.

**псарь** *м. ист.* húnts¦man*.

**псе́вдо-** (*в сложн.*) pséudò-, mock-, false [fɔːls].

**псевдогеро́ический** *лит.* móck-heró¦ic.

**псевдокласс**||**ици́зм** *м. лит.* pséudò-clássicism. **~и́ческий** *лит.* pséudò-clássical.

**псевдомаркси́стский** pséudò-Márxist.

**псевдонау́**||**ка** *ж.* pséudò-science. **~чный** pséudò-scientífic.

**псевдони́м** *м.* pséudonym, áliàs; (*литературный*) pén-nàme; (*артиста*) stáge-nàme; под ~ом únder the pséudonym; (*о писателе*) únder the pén-nàme; раскрыва́ть ~ decípher the pséudonym [-'saɪ-...].

**пси́н**||**а** *ж. разг.* dog's flesh; па́хнуть ~ой smell* / reek of dogs.

**пси́ный** *разг.* dog (*attr.*), dog's.

**психастен**||**и́ческий** *мед.* psỳchasthénic [saɪk-]. **~и́я** *ж. мед.* psỳchasthénia [saɪk-].

**психиа́тр** *м.* psỳchíatrist [saɪ'k-], psỳchíater [saɪ'k-]; mád-doctor *разг.* **~и́ческий** psỳchiátric(al) [saɪk-]; ~и́ческая лече́бница hóspital for méntal diséases [...-'ziː-]. **~и́я** *ж. мед.* psỳchíatry [saɪ'k-].

**пси́хика** *ж.* psýchics ['saɪk-].

**психи́ческ**||**и** *нареч.* méntally, psýchically ['saɪk-]; ~ больно́й méntally diséased / deránged [...-'ziː- -'reɪn-]; (*во врачебной диагностике*) méntal case [...-s]. **~ий** psýchic(al) ['saɪk-], méntal; ~ая боле́знь méntal diséase [...-'ziːz]; ~ое расстро́йство méntal dérange¦ment / disórder [...-'reɪn-...]; ~ая ата́ка *воен.* psỳchológical attáck [saɪk-...].

**психоана́лиз** *м. мед.* psỳchò-análysis [saɪk-].

**психо́з** *м. мед.* psỳchósis [saɪ'k-], méntal diséase [...-'ziːz]; ◇ вое́нный ~ war hystéria.

**психо́лог** *м.* psỳchólogist [saɪ'k-]. **~и́зм** *м. филос.* psỳchólogism [saɪ'k-]. **~и́ческий** psỳchológic(al) [saɪk-].

**психоло́гия** *ж.* psỳchólogy [saɪ'k-].

**психометри́ческий** psỳchò¦métric [saɪk-].

**психомото́рный** psỳchò¦mótor [saɪk-].

**психонevро́з** *м. мед.* psỳchoneurósis [saɪk-] (*pl.* -sès [-siːz]).

**психоневрологи́ческий** psỳchò¦neurológical [saɪk-].

**психоневроло́гия** *ж.* psỳchò¦neurólogy [saɪk-].

**психоневропато́лог** *м.* psỳchò¦neuropàthólogist [saɪk-]. **~и́ческий** psỳchò¦neuropàthológic(al) [saɪk-].

**психоневропатоло́гия** *ж.* psỳchò¦neuropathólogy [saɪk-].

**психопа́т** *м.* psýchò¦pàth ['saɪk-]; crank *разг.* **~ия** *ж.* psỳchópathy [saɪ'k-]. **~ка** *ж. к* психопа́т.

**психопатологи́ческий** psỳchò¦pàthológical [saɪk-].

**психопатоло́гия** *ж.* psỳchopathólogy [saɪk-].

**психотерапевти́ческий** *мед.* psỳchò¦thèrapéutic ['saɪk-].

**психотерапи́я** *ж. мед.* psýchò¦thérapy ['saɪk-].

**психоте́хн**||**ика** *ж.* psỳchò¦téchnics [saɪk-]. **~и́ческий** psỳchò¦téchnical [saɪk-].

**психофи́зика** *ж.* psỳchò¦phýsics [saɪkou'fɪz-].

**психофизиологи́ческий** psỳchò¦phỳsiológical [saɪkoufɪz-].

**психофизиоло́гия** *ж.* psỳchò¦phỳsiólogy [saɪkoufɪz-].

**психофизи́ческий** psỳchò¦phýsical [saɪkou'fɪz-].

**псо́в**||**ый:** ~ая охо́та chase [-s].

**пта́шка** *ж. разг.* little bird; bírdie.

**птене́ц** *м.* néstling, flédge¦ling, yóung¦ling ['jʌŋ-]; (*перен.: воспитанник*) púpil.

**пте́нчик** *м.* néstling, flédge¦ling.

**птерода́ктиль** *м. палеонт.* ptèrodáctyl.

**птиали́н** *м. хим.* ptýalin ['taɪə-].

**пти́ц**||**а** *ж.* bird; пе́вчая ~ síng¦ing bird, sóng-bird; (*щебетунья*) wárbler; водопла́вающие ~ы wáterfowl ['wɔː-]; перелётная ~ bird of pássage (*тж. перен.*); боло́тная ~ wáder ['weɪ-]; хи́щные ~ы birds of prey; дома́шняя ~ *собир.* póultry ['pou-].

**птицево́д** *м.* póultry fármer / bréeder ['pou-...]; (*любитель*) bírd-fàncier. **~ство** *с.* póultry ráising / fárming ['pou-...]. **~ческий** *прил. к* птицево́дство; ~ческий совхо́з póultry State farm ['pou-...].

**птицело́в** *м.* fówler. **~ство** *с.* fówling.

**птицефе́рма** *ж.* póultry farm ['pou-...].

**пти́ч**||**ий** *прил. к* пти́ца; ávian *научн.*; póultry ['pou-] (*attr.*); ~ двор póultry-yàrd ['pou-]; ◇ ~ье молоко́ *разг.* pígeon's milk ['pɪdʒɪnz...]; с ~ьего полёта from a bird's-eye view [...-aɪ vjuː]; вид с ~ьего полёта bird's-eye view. **~ка** *ж.* **1.** *уменьш. от* пти́ца; **2.** (*значок*) tick; ста́вить ~ки tick. **~ник** *м.* (*птичий двор*) póultry-yàrd ['pou-]; fówl-rùn. **~ница** *ж.* hén-wòman* [-wu-]; póultry-maid ['pou-].

**птомаи́н** *м. хим.* ptómaine ['tou-].

**пуансо́н** *м.* = пунсо́н.

**пуа́нт** *м. театр.*: стоя́ть на ~ах stand* on the tips of the toes; танцева́ть на ~ах dance on the tips of the toes.

**пу́блика** *ж. собир.* públic ['pʌ-]; (*в театре и т. п. тж.*) áudience.

**публика́ци**||**я** *ж.* **1.** (*действие*) pùblicátion [pʌ-]; **2.** (*объявление*) advértise¦ment [-s-]; дава́ть ~ю ádvertise.

**публикова́ть,** опубликова́ть (*вн.*) públish ['pʌ-] (*d.*); печа́ть публику́ет заявле́ние (*рд.*) the néwspàpers cárry a státe¦ment (by).

**публици́ст** *м.* públicist ['pʌ-]; pàmphletéer. **~ика** *ж.* públicism ['pʌ-]. **~и́ческий** pùblicístic [pʌ-]; ~и́ческий жанр journalístic genre [dʒəːnə- ʒɑːŋr].

**публи́чн**||**о** *нареч.* públicly ['pʌ-], in públic [...'pʌ-]; (*открыто*) ópen¦ly. **~ость** *ж.* pùblícity [pʌ-]. **~ый** públic ['pʌ-]; ~ая библиоте́ка públic líbrary [...'laɪ-]; ~ая ле́кция públic lécture; ~ое пра́во públic law; ◇ ~ый дом *уст.* bróthel, house* of pròstitútion [-s...]; párlor house* *амер.*; ~ые торги́ áuction *sg.*, públic sale *sg.*

**пу́гало** *с.* scáre¦crow [-krou], búgbear [-bɛə]; ◇ она́ вы́рядилась ~м she has made a guy / fright of hèr¦sélf [...gaɪ...].

**пу́ган**||**ый:** ~ая воро́на (и) куста́ бои́тся *посл.* ≅ the burnt child dreads the fire [...dredz...], once bit twice shy [wʌns...].

**пугá||ть,** испугáть **1.** (*вн.*) fríghten (*d.*), scare (*d.*); (*запугивать*) intímidàte (*d.*); **2.** (*вн. тв.*; *угрожать*) thréaten ['θret-] (*d.* with). **~ться,** испугáться (*рд.*) be fríghtened / startled (with); (*о лошади*) shy (at), take* fright (of); он всегó ~ется he is afráid of évery:thing; не испугáться трýдностей not be dáunted by difficulties.

**пугáч** *м.* (*игрушка*) tóy-pistol.

**пуглúв||ость** *ж.* féarfulness, timídity. **~ый** féarful, éasily fríghtened / scared ['ɪːz-...]; shy (*тж. о лошади*).

**пугнýть** *сов.* (*вн.*) fríghten (*d.*), scare (*d.*).

**пýгов||ица** *ж.* bútton; держáть за ~ицу (*вн.*) *разг.* búttonhòle (*d.*). **~ичный** bútton (*attr.*); ~ичное произвóдство bútton-màking. **~ка** *ж.* small bútton.

**пуд** *м.* (16,38 *кг*) pood (*36 lb. avoirdupois*).

**пýдель** *м.* poodle.

**пýдинг** *м.* púdding ['pu-].

**пудлингов||áние** *с. тех.* púddling. **~áть** *несов. и сов.* (*вн.*) *тех.* puddle (*d.*).

**пýдлингов||ый** *тех.*: ~ая печь púddling fúrnace; ~ое железо puddle íron [...'aɪən].

**пудов||óй** one pood (*attr.*); of one pood; (*перен.*) very héavy [...'hevɪ]; ~áя гúря one pood weight.

**-пудовóй** (*в сложн. словах, не приведённых особо*) of... poods, -pood (*attr.*); *напр.* двадцатипудовóй of twénty poods, twénty--pood (*attr.*).

**пýдра** *ж.* pówder; ◇ сáхарная ~ cástor súgar [...'ʃu-].

**пýдреница** *ж.* pówder-càse [-s].

**пýдреный** pówdered.

**пýдрить,** напýдрить (*вн.*) pówder (*d.*). **~ся,** напýдриться **1.** pówder (òne:sélf), pówder one's face, use pówder; **2.** *страд. к* пýдрить.

**пузáтый** *разг.* bíg-bèllied, pót-bèllied; (*тж. о самоваре, кувшине*) páunchy.

**пýзо** *с. тк. ед. разг.* bélly, paunch; отрастúть ~ grow* a paunch [-ou...].

**пузырёк** *м.* **1.** (*бутылочка*) phíal, víal; **2.**: ~ вóздуха bubble; (*в стекле тж.*) bleb.

**пузы́риться** *разг.* (*покрываться пузырями*) bubble; èffervésce.

**пузы́рник** *м. бот.* sénna-pòd.

**пузы́рчатый** *разг.* blébby.

**пузы́р||ь** *м.* **1.** bubble; мы́льный ~ sóap--bùbble; пускáть мы́льные ~и́ blow* bubbles [blou...]; **2.** (*волдырь*) blister; **3.** (*для плавания*) áir-blàdder; **4.** *анат.* bládder; жёлчный ~ gáll--blàdder; мочевóй ~ úrinary bládder; плáвательный ~ (*у рыб*) (físh-)sound, swímming--blàdder; **5.** *разг.* (*малыш*) kid, kíddy; ◇ ~ со льдом íce-bàg.

**пук** *м.* (*овощей, цветов*) bunch; (*травы тж.*) tuft; (*соломы и т. п.*) wisp; (*прутьев*) bundle.

**пулемёт** *м.* machíne-gùn [-'ʃiːn-]; зенúтный ~ ánti-áircràft machíne-gùn; ручнóй ~ light machíne-gùn; станкóвый ~ (médium) machíne--gùn; héavy machíne-gùn ['hevɪ...] *амер.* **~ный** machíne-gùn [-'ʃiːn-] (*attr.*); ~ный огóнь machíne-gùn fire; ~ная лéнта cártridge-bèlt. **~чик** *м.*, **~чица** *ж.* machíne-gùnner [-'ʃiːn-].

**пулестóйкий** *воен.* búllet-proof ['bu-].

**пульверизá||тор** *м.* púlverizer, átomìzer, spráyer. **~ция** *ж.* pùlverizátion [-raɪ-], spráying.

**пульверизúровать** *несов. и сов.* (*вн.*) púlverize (*d.*), spray (*d.*).

**пýлька** I *ж. уменьш. от* пýля.

**пýлька** II *ж. карт.* pool.

**пýльпа** *ж. анат.* pulp.

**пульс** *м.* pulse; (*число ударов пульса*) pulse rate; биéние ~а pùlsátion; thróbbing of the pulse; нерóвный ~ ún:éven / irrégular pulse; незамéтный, слáбый ~ oblíteràted pulse; её ~ был сто в минýту her pulse was at a húndred; ~ с перебóями drópped-beat pulse, intermíttent pulse; считáть ~ take* the pulse; щýпать ~ feel* the pulse. **~áция** *ж.* pùlsátion, pulse.

**пульсúровать** **1.** pulse, pùlsáte, beat*, throb; **2.** *тех.* pùlsáte, pulse.

**пульсóметр** *м. тех.* pùlsómeter.

**пульт** *м.* desk, stand; дирижёрский ~ condúctor's stand; ~ управлéния *тех.* contról pánel [-oul 'pæ-].

**пýл||я** *ж.* búllet ['bu-], prójectile; трассúрующая ~ trácer búllet; отливáть, лить ~и mould búllets [mould...]; (*перен.*) *разг.* tell* fibs.

**пуля́рка** *ж.* fátted fowl.

**пýма** *ж. зоол.* púma, cóugar ['kuː-].

**пунúческ||ий** *ист.* Púnic; ~ие вóйны Púnic Wars.

**пункт** *м.* **1.** (*в разн. знач.*) point; начáльный, исхóдный ~ stárting, inítial point; кульминациóнный ~ cùlminátion; конéчный ~ términal point / státion; населённый ~ séttle:ment; pópulàted área [...'ɛərɪə]; *воен.* inhábited locálity / área; опóрный ~ *воен.* strong point; наблюдáтельный ~ òbservátion post [-zə- poust]; комáндный ~ *воен.* commánd post [-ɑːnd...]; **2.** (*организационный центр*) státion; медицúнский ~ dispénsary; *воен.* dréssing-stàtion; aid post; переговóрный ~ télephòne státion; (*междугородного телефона*) trúnk-càll óffice; сбóрный ~ assémbly point / place; призывнóй ~ recrúiting státion [-'kruːt-...]; indúction cénter *амер.*; **3.** (*параграф*) páragràph, ítèm; point; (*политической программы*) plank; по ~ам páragràph áfter páragràph, ítèm áfter ítèm; отвечáть по ~ам ánswer point by point ['ɑːnsə...]; читáть по ~ам read* páragràph by páragràph; по всем ~ам at all points; at every point; **4.** *полигр.* point.

**пунктúр** *м.* dótted line; начертúть ~ом (*вн.*) dot (*d.*). **~ный** dótted; ~ная лúния dótted line.

**пунктуáльно** I *прил. кратк. см.* пунктуáльный.

**пунктуáльн||о** II *нареч.* púnctually, on the mínute [...'mɪnɪt]. **~ость** *ж.* pùnctuálity. **~ый** púnctual.

**пунктуáция** *ж. грам.* pùnctuátion.

**пýнкция** *ж. мед.* púncture; (*лёгкого*) tápping; (*волдыря*) prícking.

**пýночка** *ж.* (*птица*) snów-bùnting ['snou-].

**пунсóн** *м. тех.* púncheon, punch.

**пунцóвый** crímson [-z°n].

**пунш** *м.* punch (*drink*). **~евый** punch (*attr.*).

**пуп** *м.* nável; ómphalòs, ùmbílicus *анат.*; ◇ ~ землú the hub of the únivèrse.

**пупáвка** *ж. бот.*: ~ вонючая dog's fénnel; ~ полевáя corn cámomile [...'kæ-].

**пуп||ови́на** *ж. анат.* ùmbilical cord; nável-string. **~óк** *м.* **1.** = пуп; **2.** (*у птиц*) gizzard ['gɪ-]. **~óчный** *анат.* ùmbilical; ~óчная гры́жа *мед.* ùmbilical hérnia.

**пупы́рышек** *м. разг.* pimple, féver-blister.

**пургá** *ж. тк. ед.* snów-stòrm ['snou-], blízzard.

**пури́зм** *м.* púrism.

**пуритáн||ин** *м.* Púritan. **~ство** *с.* Púritanism.

**пу́рпур** *м.* purple.

**пурпу́р||ный, ~овый** purple.

**пуск** *м.* (*рд.*; *о заводе и т. п.*) stárting (*d.*); (*о машине и т. п. тж.*) sétting in mótion (*d.*).

**пускáй** I *пов. см.* пускáть.

**пускáй** II = пусть.

**пускáть,** пусти́ть **1.** (*вн.*) let* (*d.*), allów (*d.*); (*разрешать*) permít (*d.*); (*давать свободу*) set* free (*d.*); ~ кудá-л. let* (*d.*) go sóme:whère, allów (*d.*) to go sóme:whère; ~ детéй гуля́ть permít the chíldren to go, *или* let* the chíldren go, for a walk; ~ на вóлю set* free (*d.*); (*птицу*) let* out (*d.*); ~ когó-л. в óтпуск let* smb. go on leave, give* smb. leave (of ábsence); **2.** (*вн.*; *впускать*) let* in (*d.*); не ~ (*внутрь*) keep* out (*d.*); не пускáйте егó сюдá don't let him in; don't allów him to énter; keep him out; **3.** (*вн.*; *приводить в движение*) start (*d.*), put* in áction (*d.*); (*о машине тж.*) start (*d.*), set* in mótion (*d.*); (*о предприятии*) set* wórking (*d.*); ~ вóду, газ turn on wáter, gas [...'wɔ:-...]; ~ часы́ start *a* clock; ~ фейервéрк let* off fíre:wòrks; ~ волчóк spin* *a* top; ~ фонтáн set* *the* fóuntain pláying; ~ змéя fly* *a* kite; **4.** (*вн., тв.*; *бросать*) throw* [θrou] (*d.*), shy (*d.*): ~ кáмнем в когó-л. throw* *a* stone at smb., shy *a* stone at smb.;— ~ стрелу́ shoot* *an* árrow; **5.** (*вн.*) *бот.* put* forth (*d.*); ~ ростки́ shoot*, sprout; ~ кóрни take* root (*тж. перен.*); ◇ ~ в обращéние (*вн.*) put* in circulátion (*d.*); пусти́ть в произвóдство (*вн.*) put* in prodúction (*d.*), put* on the prodúction line (*d.*); ~ в ход что-л. start smth., set* smth. gó:ing, give* smth. a start; launch smth.; set* smth. in train; ~ в ход все срéдства ≅ leave* no stone úntúrned; move héaven and earth [mu:v 'he-...ə:θ] *идиом.*; ~ в продáжу (*вн.*) óffer, *или* put* up, for sale (*d.*); ~ слух círculàte / spread* *a* rúmour [...spred...]; ~ лóшадь ры́сью trot *a* horse; ~ лóшадь во весь опóр give* *a* horse its head [...hed]; ~ жильцóв take* in lódgers; let* (*a* house*, *a* room, *etc.*) [...haus...]; ~ ко дну (*вн.*) send* to the bóttom (*d.*), sink* (*d.*); ~ под откóс (*вн.*) deráil (*d.*); ~ пó миру (*вн.*) béggar (*d.*); rúin útterly (*d.*); ~ козлá в огорóд *погов.* ≅ let* the wolf into the fold [...wulf...]; пусти́ть себé пу́лю в лоб blow* out one's brains [blou...]; ~ кровь кому́-л. bleed* smb.; phlebótomize smb.; ~ пыль в глазá ≅ cut* a dash, show* off [ʃou...]. **~ся,** пусти́ться **1.** start, set* out; пусти́ться бежáть start, *или* set* out, rúnning; пусти́ться вдогóнку за кем-л. rush / dash áfter smb., *или* in pursúit of smb. [...-'sju:t...]; ~ся в рискóванное предприя́тие let* òne:sélf in for a rísky ùndertáking; ~ся в подрóбности go* into détail(s) [...'di:-]; ~ся в прострáнные объяснéния énter up:ón léngthy èxplanátions; ~ся в путь start on a jóurney [...'dʒə:-]; **2.** *страд. к* пускáть.

**пусковóй** stárting; ~ перúод завóда fáctory's stárting périod.

**пустельгá** *ж. зоол.* windhòver ['wɪndhɔ-], (cómmon) késtrel, stániel ['stæ-].

**пусте́ть,** опусте́ть (become*) émpty; (*становиться безлюдным*) become* desérted [...-'zə:-].

**пусти́ть(ся)** *сов. см.* пускáть(ся).

**пу́сто** *предик. безл. переводится личн. оборотом от* be émpty: в кóмнате бы́ло ~ the room was émpty; ◇ чтоб тебé ~ бы́ло! *разг.* ≅ I wish you at the bóttom of the sea!; рáзом гу́сто, рáзом ~ ≅ stuff to:dáy and starve to:mórrow.

**пустовáтый** *разг.* **1.** ráther émpty ['rɑ:-...]; **2.** (*о человеке*) fátuous.

**пустовáть** be / stand* émpty; (*о здании*) be ténantless / ún:inhábited; (*о земле*) lie* fállow.

**пустоголóвый** *разг.* émpty-héaded [-'hed-]; ráttle-brained, féather-brained ['feðə-].

**пустозвóн** *м. разг.* idle tálker, wíndbàg. **~ство** *с. разг.* idle talk.

**пуст||óй** **1.** émpty; (*полый*) hóllow; (*необитаемый*) ún:inhábited, ténantless; (*покинутый*) desérted [-'zə:-]; ~áя порóда *геол.* dirt; на ~ желу́док on an émpty stómach [...'stʌmək]; **2.** (*бессодержательный — о разговоре*) idle; (*о человеке, характере и т. п.*) shállow, líght-mínded; (*легкомысленный — об образе жизни*) fútile, frívolous; ~áя болтовня́ idle talk; **3.** (*неосновательный, напрасный*) vain, ún:gróunded; ~ы́е мечты́ castles in the air; ~áя отговóрка lame excúse [...-s]; ~ы́е словá mere words; ~ы́е надéжды vain hopes; ~ы́е угрóзы émpty threats [...θrets]; blúster *sg.*; ◇ переливáть из ~óго в порóжнее *разг.* ≅ mill the wind [...wɪ-]; с ~ы́ми рукáми *разг.* émpty-hánded; ~óе мéсто blank space; он ~óе мéсто he has nothing in him.

**пустомéля** *м. и ж. разг.* twáddler, wíndbàg, bábbler.

**пустопорóжний** *разг.* émpty, vácant.

**пустослóв||ие** *с. разг.* idle talk, twaddle. **~ить** *разг.* twaddle, prate.

**пустотá** *ж.* **1.** émptiness; void *книжн.*; (*перен.*) futílity; frívolous:ness; **2.** *физ.* vácuum; торичéллиева ~ Tòrricéllian vácuum [-'tʃe-...].

**пустотéлый** hóllow; ~ кирпи́ч hóllow brick.

**пустоцвéт** *м. бот.* bárren / stérile flówer (*тж. перен.*).

**пу́стошь** *ж.* waste land [weɪ-...], waste plot of land, waste ground.

**пусты́нн||ик** *м.* hérmit; ánchorèt [-kə-], ánchorite [-kə-]. **~ый** désert ['dez-]; (*безлюдный*) ún:inhábited; (*об улицах и т. п.*) desérted [-'z-].

**пу́стынь** *ж.* hérmitage.

**пусты́ня** *ж.* désert ['dez-], waste [weɪ-], wílderness.

**пусты́рь** *м.* waste / vácant land [weɪ-...].

**пусты́шка** *ж. разг.* **1.** (*соска*) sóother, báby's dúmmy; **2.** (*о человеке*) shállow pérson, émpty shell.

**пусть** 1. *частица передаётся посредством глаг.* let (+ *inf.*): ~ он идёт let him go; ~ онá пи́шет let her write; ~ X рáвен Y let X équal Y; но ~ они́ не ду́мают, что but let them not decéive thèm¦sélves into thinking that [...-'si:v...]; 2. *как союз* (*хотя*) though [ðou], éven if; ~ пóздно, но я пойду́ though it is late, *или* late as it is, I inténd to go.

**пустя́||к** *м.* trifle; спóрить из-за ~кóв split* hairs, péttifòg; трáтить врéмя по ~кáм waste one's time on trifles [weɪ-...]; су́щий ~ a mere nothing; ◇ ~ки́! it's nothing!; (*вздор*) nónsense!; fiddle¦sticks!; (*неважно!*) never mind!; пáра ~кóв! *разг.* ≅ child's play! **~кóвый, ~чный** *разг.* trifling, trívial, fútile.

**пу́тан||ик** *м. разг.* fúmbler, múddle-headed pérson [-hed-...]. **~ица** *ж.* confúsion, muddle, mess, tangle; (*неразбериха*) míshmàsh, jumble. **~ый** 1. confúsed; (*сбивающий с толку*) confúsing; tangled, muddled up; 2. *разг.*: ~ый человéк = пу́таник.

**пу́тать** 1. (*вн.*; *о верёвке, нитках и т. п.*) tangle (*d.*); 2. (*вн.*; *сбивать с толку*) confúse (*d.*); 3. (*вн.* с *тв.*; *смешивать*) confúse (*d.* with); 4. (*вн.*; *о лошади и т. п.*) fétter (*d.*); hobble(*d.*); 5.(*вн.*) *разг.* (*вмешивать, вовлекать*) mix up (*d.*), ímplicàte (*d.*). **~ся** 1. (*сбиваться с толку*): ~ся в расскáзе rénder a confúsed stóry; ~ся в показáниях be in¦consistent in one's téstimony, còntradíct òne¦sélf in one's évidence / státe¦ment; 2. (*о мыслях*) get* confúsed; 3. (с *тв.*) *разг.* keep* cómpany [...'kʌ-] (with), get* entángled (with).

**путёвк||а** *ж.* pass; подáть зая́вку на ~у в санатóрий applý for accòmmodátion in *a* sànatórium; ◇ ~ в жизнь a start in life.

**путе||води́тель** *м.* guide, guide-book, itínerary. **~вóдный** guiding, léading; ~вóдная звездá guiding star, lóde¦stàr.

**путев||óй** trávelling, itínerary [aɪ-]; ~ы́е замéтки trável notes ['træ-...]; ~áя кáрта róad-màp; ~áя скóрость *ав.* ábsolùte / ground speed; ~ обхóдчик, ~ стóрож tráck¦man*, tráck wàlker; ~ кóмпас *мор.* stéering cómpass [...'kʌ-].

**путéец** *м. разг.* 1. (*инженер*) ráilway èngineer [...endʒ-]; 2. (*студент*) stúdent of the Institùte of Ways and Means of Commùnicátion.

**путём** I *предл.* (*рд.*; *посредством*) by means of, by dint of.

**путём** II *нареч. разг.* próperly; он никогдá ~ не поéст he never takes régular meals.

**путемéр** *м.* (*измерительное колесо*) perámbulàtor.

**путеочисти́тель** *м.* tráck-clearer.

**путепровóд** *м.* óver¦brìdge.

**путешéственн||ик** *м.*, **~ица** *ж.* tráveller.

**путешéстви||е** *с.* 1. jóurney ['dʒə:-]; (*по морю*) vóyage; (*увеселительное*) trip; кругосвéтное ~ tour round the world [tuə...]; 2. (*название литературного произведения*) trávels ['træ-] *pl.*; он лю́бит читáть ~я he loves réading trável books [...lʌ-...].

**путешéствовать** trável ['træ-]; (*по морю*) vóyage; он лю́бит ~ he is fond of trávelling.

**пути́на** *ж.* fishing (séason) [...'si:z-].

**пу́тлище** *с.* stirrup strap / léather [...'le-].

**пу́тн||ик** *м.*, **~ица** *ж.* tráveller, wáyfàrer.

**пу́тн||ый** *разг.* 1. sénsible; 2. *с. как сущ.*: из негó ничегó ~ого не вы́йдет you'll never make a man* of him; он ни на что ~ое не годи́тся he'll never amóunt to ány¦thing.

**путч** *м.* putsch [putʃ].

**пу́ты** *мн.* (*лошади*) hobble *sg.*; hórse-lòck *sg.*; (*перен.*) chains, fétters; trámmels.

**пут||ь** *м.* 1. way, track, path*; (*солнца, луны*) race; (*самолёта*) track; (*железнодорожный*) (ráilway) track; запáсный ~ *ж.-д.* síding, síde-tràck; shunt; вóдный ~ wáter-way ['wɔ:-]; вóдным ~ём by wáter [...'wɔ:-]; морски́е ~и́ shipping routes [...ru:ts], séa-lànes; сáнный ~ slédge-road, slédge-way; ~и́ сообщéния ways of commùnicátion; ~ подвóза *воен.* line of supplý; тыловóй ~ *воен.* line of retréat; сби́ться с (вéрного) ~и́ lose* one's way [lu:z...]; (*перен.*) go* astráy; для них откры́ты все ~и́ all roads are ópen to them; прóйденный ~ trávèrsed path; 2. (*путешествие*) jóurney ['dʒə:-]; (*морем*) vóyage; пускáться в ~ start on a jóurney; находи́ться в ~и́ be on one's way, be en route [...ɑ:ŋ'ru:t]; в трёх днях ~и́ (от) three days' jóurney (from); по ~и́ on the way; на обрáтном ~и́ on the way back; держáть ~ (на *вн.*) head [hed] (for), make* (for); счастли́вый ~! háppy jóurney!, I wish you a good jóurney!; 3. *мн. анат.* pássage *sg.*, duct *sg.*; дыхáтельные ~и́ respíratory tract [-'paɪə-...] *sg.*; 4. (*способ*) means, way; каки́м ~ём? in what way?; by what means?; окóльным ~ём, окóльными ~я́ми in / by a róundabout way; легáльным ~ём in a légal way, légal¦ly; ми́рным ~ём ámicably, péace¦fully, in a friendly way [...'fre-...]; он не знáет, какóй ~ избрáть he does¦n't know what course to take [...nou...kɔ:s...]; найти́ ~и́ и срéдства find* ways and means; 5. (*направление деятельности, развития*) way; по лéнинскому ~и́ alóng the path blazed by Lénin; социалисти́ческий ~ развити́я the sócialist way of devélopment; пройти́ ~ от солдáта до генерáла work one's way up from sóldier to géneral [...'souldʒə...]; станови́ться на ~ (*рд.*) take* the road (of), embárk on the path (of), set* foot on the (high) road (of) [...fut...]; идти́ по ~и́ (*рд.*) procéed alóng, *или* fóllow, the path (of); пойти́ по ~и́ ми́ра take* the road of peace; ◇ на прáвильном ~и́ on the right trail; другóго, инóго ~и́ нет there are no two ways abóut it; стоя́ть на чьём-л. ~и́ stand* in smb.'s way; отрéзать ~ (к) shut* the door [...dɔ:] (on), bar the way (to); ему́, ей *и т. д.* по ~и́ с вáми, с ни́ми *и т. д.* he, she, *etc.*, goes your way, their way, *etc.*

**пуф** *м.* 1. (*низкая табуретка*) pádded stool; 2. (*сборка, складка*) puff; 3. (*обман*) bluff.

**пух** *м. тк. ед.* down; ◇ ни ~а, ни перá! ≅ good luck!; разряди́ться в ~ и прах *разг.* put* on all one's finery [...'faɪ-]; разби́ть когó-л. в ~ и прах rout smb., put* smb. to rout.

**пу́хл||енький** *разг.* chúbby, plump. **~ый** púdgy, plump.

**пу́хнуть** swell*.

**пуховик** *м.* féather bed ['fe-...].

**пухóвка** *ж.* (pówder-)pùff.

**пухóвый** dówny.

**пучегла́з||ие** *с. мед.* èxòphthálmus, êxòphthálmòs. ~**ый** góggle-eyed [-aɪd], lóbster-eyed [-aɪd].

**пучи́на** *ж.* gulf; (*морская бездна*) the deep, (*перен.*) abýss; ~ страда́ний abýss of mísery [...'mɪz-].

**пу́чи||ть** *разг.* **1.:** ~ глаза́ goggle; **2.** *безл.*: у него́ живо́т ~т he is troubled with wind [...trʌ-... wɪ-].

**пу́чность** *ж. физ.* ántinòde, loop.

**пуч||о́к** *м.* **1.** bundle, bunch; fáscicle; ~ луче́й *физ.* péncil (of rays); ~ цвето́в bunch of flówers; ~ соло́мы wisp of straw; straw wisp; сосу́дисто-волокни́стые ~ки́ *анат.* fibro-váscular bundles / fascícùlì; **2.** (*причёска*) bun.

**пу́шечн||ый** gun (*attr.*), cánnon (*attr.*); ~ая стрельба́ gún-fire; ~ мета́лл, ~ая бро́нза gun métal [...'me-]; ◇ ~ое мя́со cánnon-fòdder.

**пуш||и́нка** *ж.* bit of fluff; ~ сне́га snów-flàke ['snou-]. ~**и́стый** dówny, flúffy.

**пу́ш||ка** *ж.* gun, cánnon; зени́тная ~ ánti-àircràft gun, high-àngle gun; противота́нковая ~ ánti-tànk gun; ◇ стреля́ть из ~ек по воробья́м ≅ break* a bútterflỳ on the wheel [-eɪk...].

**пушка́рь** *м. ист.* gúnner.

**пушкини́ст** *м.* Púshkin schólar ['pu- 'skɔ-]

**пушкинове́дение** *с.* Púshkin schólarship ['pu- 'skɔ-].

**пушн||и́на** *ж. тк. ед. собир.* furs *pl.*, fúr-skins *pl.*; péltry; pelts *pl.* ~**о́й:** ~о́й зверь fúr-béaring ánimal [-'bɛər-...]; *собир.* fúr-béaring ánimals *pl.*; ~о́й това́р furs *pl.*; ~о́й про́мысел fur trade.

**пушо́к** *м.* **1.** fluff, flue; **2.** (*на плодах*) bloom.

**пу́ща** *ж.* dense / vírgin fórest [...'fɔ-].

**пу́ще** *нареч. разг.* more / worse than: он бои́тся его́ ~ сме́рти he fears him more than death [...deθ]; — ~ всего́ most of all.

**пу́щ||ий:** для ~ей ва́жности *разг.* for gréater show [...'greɪtə ʃou].

**пчел||а́** *ж.* bee; рабо́чая ~ wórker bee. ~**и́ный** bees (*attr.*), bee (*attr.*); ~и́ный у́лей (bée-)hìve; ~и́ный рой swarm of bees; ~и́ный воск béeswàx [-zwæks]; ~и́ная ма́тка quéen (-bee).

**пчелово́д** *м.* bée-màster; ápiarist. ~**ство** *с.* bée-keeping, ápicùlture ['eɪ-]. ~**ческий** bée-keeping (*attr.*).

**пче́льник** *м.* bée-gárden, ápiary.

**пшени́||ца** *ж.* wheat; ярова́я, ози́мая ~ spring, winter wheat. ~**чный** whéaten; ~чный хлеб white bread [...bred]; (*каравай*) whéaten loaf*.

**пшённ||ик** *м.* millet-pùdding [-pu-]. ~**ый** millet (*attr.*); ~ая ка́ша (*жидкая*) millet gruel [...gru-]; (*густая*) millet pórridge.

**пшено́** *с.* millet.

**пыж** *м. охот.* wad.

**пы́жик** *м.* **1.** (*животное*) young deer* [jʌŋ...]; **2.** (*мех*) fur of young deer.

**пы́жиков||ый:** ~ая ша́пка déer-skìn cap.

**пы́житься,** напы́житься *разг.* **1.** (*важничать*) be puffed up, puff up; **2.** (*стараться*) make* éfforts.

**пыл** *м.* árdour; в ~у́ спо́ра in the heat / blaze of *the* árgument; в ~у́ гне́ва in a fit of ánger; в ~у́ сраже́ния in the thick of *the* fight.

**пыла́||ть** **1.** flame, blaze; (*о доме и т. п.*) be abláze; (*перен.*; *о лице*) glow [glou]; с ~ющими щека́ми one's cheeks fláming / glówing [...'glou-]; **2.** (*тв.*) burn* (with); ~ стра́стью burn* with pássion; ~ гне́вом be in a rage, blaze (with rage); rage.

**пылеви́дн||ый** pówdered; ~ое то́пливо pówdered fuel [...fju-].

**пыленепроница́емый** dúst-proof.

**пылесо́с** *м.* vácuum cléaner.

**пыли́нка** *ж.* speck of dust.

**пыли́ть,** напыли́ть raise dust, fill the air with dust. ~**ся** get* / become* dústy.

**пы́лк||ий** árdent, pássionate; ~ая речь férvent speech; ~ое жела́ние férvent desíre [...-'z-]; ~ое воображе́ние férvid imàginátion. ~**ость** *ж.* árdency, árdour, férvency, pássion.

**пыл||ь** *ж.* dust; (*водяная*) spray; у́гольная ~ cóal-dùst; (*для брикетов*) slack; быть в ~и́ be cóvered / pówdered with dust [...'kʌ-...]; смета́ть ~ (*с рд.*) dust (*d.*); ◇ ~ в глаза́ пуска́ть ≅ cut* a dash, show* off [ʃou...].

**пы́льник** I *м. бот.* ánther; без ~ов ànántherous.

**пы́льник** II *м.* (*плащ*) dúst-coat, dúst-cloak; dúster.

**пы́льн||о** **1.** *прил. кратк. см.* пы́льный; **2.** *предик. безл.* it is dústy. ~**ый** dústy; ~ая тря́пка *разг.* dúster.

**пыльца́** *ж. бот.* póllen.

**пыре́й** *м. бот.* cóuch-gràss.

**пырну́ть** *сов.* (*вн.*) *разг.* (*штыком и т. п.*) jab (*d.*); ~ ножо́м thrust* *a* knife (into); ~ рога́ми butt (*d.*).

**пыта́ть** (*вн.*) **1.** (*подвергать пытке*; *тж. перен.*) tórture (*d.*), tòrmént (*d.*); **2.** *разг.* (*пробовать*) try (*d.*). ~**ся,** попыта́ться **1.** attémpt, try; endéavour [-'devə] *книжн.*; **2.** *страд. к* пыта́ть 1.

**пы́тк||а** *ж.* tórture, tórmènt; (*мука*) ánguish; подверга́ть ~е (*вн.*) put* to tórture (*d.*); put* on the rack (*d.*) *идиом.*; ору́дие ~и instrument of tórture.

**пытли́в||ость** *ж.* inquisitiveness [-zɪ-], séarchingness ['sə:tʃ-], kéenness. ~**ый** inquisitive [-zɪ-], séarching ['sə:tʃ-], keen; ~ый ум inquisitive mind; ~ый взгляд keen / séarching look; keen / séarching eyes [...aɪz] *pl.*

**пыхте́ть,** пропыхте́ть puff; pant; (*над*; *перен.*) puff (óver), pant (óver).

**пы́шет:** он, она́ ~ здоро́вьем he, she is a picture of health [...helθ]; он, она́ ~ гне́вом he, she is séething with rage; от пе́чки ~ (*жа́ром*) the stove is blázing.

**пы́шка** *ж.* **1.** (*булка*) puff, dóughnùt ['dou-]; bun; **2.** *разг.* (*о человеке*) plump pérson.

**пы́шн||ость** *ж.* spléndour, màgnificence. ~**ый** **1.** (*роскошный*) màgnificent, spléndid; **2.** (*о растительности*) lùxúriant; **3.** (*о платье, волосах и т. п.*) flúffy; ~ые во́лосы flúffy / lùxúriant hair *sg.*; ~ый рука́в puffed sleeve; ◇ ~ый пиро́г light pie.

**пьедеста́л** *м.* pédestal.

**пье́ксы** *мн.* (*ед.* пьекс *м.*) skiing boots ['ski:-, 'ʃi:-...].

**пье́са** *ж.* 1. *театр.* play; 2. *муз.* piece [pi:s].

**пьяне́ть,** опьяне́ть get* / grow* drunk / típsy [...grou...]; get* / grow* intóxicàted (*тж. перен.*); опьяне́ть (от) be drunk / tipsy (with); be intóxicàted (with; *тж. перен.*).

**пьяни́ть,** опьяни́ть (*вн.*) make* drunk (*d.*); intóxicàte (*d.*; *тж. перен.*).

**пья́ниц||а** *м. и ж.* drúnkard, tóper, típpler; го́рький ~ confírmed drúnkard, sot; быть ~ей drink* hard; drink* like a fish.

**пья́нка** *ж. разг.* drinking-bout; spree; binge; (*шумная*) carousal [-zəl].

**пья́нство** *с.* hard drinking. **~вать** drink* hard / deep.

**пьянчу́||га** *м.*, **~жка** *м. разг.* sot.

**пья́н||ый** 1. *прил.* drunk, tipsy; intóxicàted (*тж. перен.*); tight *разг.*; ~ое вино́ héady wine ['hedı...]; ~ая похо́дка tipsy gait; ~ го́лос tipsy voice; он си́льно пьян he is drunk; he is vèry much on *разг.*; 2. *м. как сущ.* drunk man*.

**пэр** *м.* peer (*member of the nobility*).

**пюпи́тр** *м.* desk, réading-dèsk, réading-stànd; но́тный ~ músic-stànd [-zık-].

**пюре́** [-pэ́] *с. нескл.* purée (*фр.*) ['pjuəreı]; карто́фельное ~ mashed potátòes *pl.*; potátò mash; суп-~ purée, thick soup [...su:p].

**пяд||ь** *ж.* span; (*перен.*) inch; ◇ ни ~и not a single inch; будь он семи́ ~ей во лбу ≅ if he be a Sólomon.

**пя́лить:** ~ глаза́ (на *вн.*) *разг.* stare (at).

**пя́льцы** *мн.* (*круглые для вышивания*) támbour [-buə] *sg.*; (*для кружев*) láce-frame *sg.*

**пясть** *ж. анат.* mètacárpus.

**пята́** *ж.* 1. heel; 2. *тех.* abútment; ◇ ходи́ть за кем-л. по ~м fóllow on smb.'s heels, tread* on smb.'s heels [tred...]; гна́ться за кем-л. по ~м pursúe smb. clóse:ly [...-s-]; be at / up:ón smb.'s heels; ахилле́сова ~ heel of Achíllès [...ə'kılı:z].

**пят||а́к** *м. разг.* five-cópèck coin. **~ачо́к** *м. разг.* 1. = пята́к; 2. (*рыло у свиньи*) snout.

**пятёрк||а** *ж.* 1. *разг.* (*цифра*) five; 2. *разг.* (*отметка*) five, éxcellent; учени́к получи́л ~у по исто́рии the púpil's mark for history was éxcellent, the púpil got an éxcellent for history; поста́вить кому́-л. ~у give* smb. an éxcellent; 3. *разг.* (*пять рублей*) five-rouble note [-ru:-...]; 4. *карт.* five; козырна́я ~ five of trumps; ~ черве́й, пик *и т. п.* the five of hearts, spades, *etc.* [...hɑ:ts...].

**пятерня́** *ж. разг.* five fíngers.

**пя́теро** *числит.* five; для всех пятеры́х for all five; нас ~ there are five of us.

**пяти-** (*в сложн. словах, не приведённых особо*) of five, *или* five- — *соотв. тому, как даётся перевод второй части слова; напр.* пятидне́вный of five days, five-day (*attr.*); (*ср.* -дне́вный: of... days, -day *attr.*); пятиме́стный with berths, seats for 5; (*о самолёте, машине и т. п.*) five-seater (*attr.*); (*ср.* -ме́стный).

**пятиалты́нный** *м. скл. как прил. разг.* fiftéen-cópèck coin; fiftéen cópècks *pl.*

**пятибо́рье** *с. спорт.* pèntáthlòn.

**пятигла́вый** five-dòmed.

**пятигра́нн||ик** *м. мат.* pèntahédron. **~ый** pèntahédral.

**пятидесяти-** (*в сложн. словах, не приведённых особо*) of fifty, *или* fifty- — *соотв. тому, как даётся перевод второй части слова; напр.* пятидесятидне́вный of fifty days, fifty-day (*attr.*); (*ср.* -дне́вный: of... days, -day *attr.*); пятидесятиме́стный with berths, seats for 50; (*о самолёте и т. п.*) fifty-seater (*attr.*); (*ср.* -ме́стный).

**пятидесятиле́тие** *с.* 1. (*годовщина*) fiftieth ànnivérsary; (*день рождения*) fiftieth birthday; 2. (*срок в 50 лет*) fifty years *pl.*

**пятидесятиле́тний** 1. (*о сроке*) of fifty years; fifty-year (*attr.*); ~ юбиле́й fiftieth ànnivérsary; 2. (*о возрасте*) of fifty, fifty-year-óld; ~ челове́к man* of fifty, fifty-year-óld man*.

**пятидеся́т||ый** fiftieth; страни́ца, глава́ ~ая page, chápter fifty; ~ но́мер númber fifty; ему́ (пошёл) ~ год he is in his fiftieth year; ~ые го́ды (*столетия*) the fifties; в нача́ле ~ых годо́в in the éarly fifties [...'ə:lı...]; в конце́ ~ых годо́в in the late fifties.

**пятидне́вка** *ж.* five-day week.

**пятидне́вный** of five days; five-day (*attr.*); в ~ срок in / within five days.

**пятиконе́чн||ый** pèntágonal, five-pointed; ~ая звезда́ five-pointed star.

**пятикра́тный** five:fòld, quíntuple.

**пятиле́тие** *с.* 1. (*годовщина*) fifth ànnivérsary; 2. (*срок в 5 лет*) five years *pl.*

**пятиле́т||ка** *ж.* Five-Year Plan; ~ в четы́ре го́да complétion / fulfílment of the Five-Year Plan in four years [...ful- ...fɔ:...]. **~ний** 1. (*о сроке*) of five years; five-year (*attr.*); ~ний план Five-Year Plan; 2. (*о возрасте*) of five; five-year-óld; ~ний ребёнок child* of five; five-year-óld child*.

**пятиме́сячный** 1. (*о сроке*) of five months [...mʌ-]; lásting five months; five-mònth [-mʌ-] (*attr.*); в ~ срок in five months (time); within five months (time); 2. (*о возрасте*) five-mònths-óld [-mʌ-]; ~ ребёнок five-mònths-óld child*.

**пятинеде́льный** 1. (*о сроке*) of five weeks; five-wéek (*attr.*); 2. (*о возрасте*) five-week-óld.

**пятипо́лье** *с. с.-х.* five-field crop ròtátion [-fi:-... rou-].

**пятирублёвка** *ж. разг.* five-rouble note [-ru:-...].

**пятисло́жный** *грам.* pèntasyllábic.

**пятисотле́тие** *с.* 1. (*годовщина*) five-húndredth ànnivérsary; 2. (*срок в 500 лет*) five cénturies *pl.*

**пятисо́тница** *ж.* colléctive-fàrmer who has raised a beet yield of 500 céntners per héctàre [...ji:ld...-tɑ:].

**пятисо́т||ый** five-húndredth; страни́ца ~ая page five húndred; ~ но́мер númber five húndred; ~ая годовщи́на five-húndredth ànnivérsary; ~ год the year five húndred.

**пятисто́пный** *лит.*: ~ стих pèntámeter; ~ ямб iámbic pèntámeter.

**пятито́нка** *ж. разг.* five-tón lórry [-'tʌn...].

**пятиты́сячный** five-thóusandth [-z-].

**пя́титься,** попя́титься move báckward(s) [mu:v -dz]; back; (*о лошади*) jib.

**пятиуго́льн||ик** *м. мат.* péntagon. **~ый** pèntágonal, fíve-còrnered.

**пятичасово́й 1.** (*о продолжительности*) of five hours [...auəz]; fíve-hour [-auə] (*attr.*); **2.:** ~ по́езд the five o'clóck train; the five o'clóck *разг.*

**пятиэта́жный** fíve-stòried [-rɪd].

**пя́т||ка** *ж.* heel; двойна́я ~ (*чулка*) double heel [dʌ-...]; ◇ у него́ душа́ в ~ки ушла́ ≅ his heart sank to his boots, *или* rose to his mouth [...hɑ:t...]; лиза́ть кому́-л. ~ки ≅ lick smb.'s shoes / boots [...ʃu:z...]; от головы́ до ~ок ≅ from head to foot [...hed...fut]; from top to toe; удира́ть так, что ~ки сверка́ют show* a clean pair of heels [ʃou...], take* to one's heels.

**пятнадцати-** (*в сложн. словах, не приведённых особо*) of fiftéen, *или* fiftéen- — *соотв. тому, как даётся перевод второй части слова*; *напр.* пятнадцатидне́вный of fiftéen days, fiftéen-day (*attr.*); (*ср.* -дне́вный: of... days, -day *attr.*); пятнадцатиме́стный with berths, seats for 15; (*о самолёте и т. п.*) fiftéen-seater (*attr.*); (*ср.* -ме́стный).

**пятнадцатиле́тний 1.** (*о сроке*) of fiftéen years; fiftéen-year (*attr.*); **2.** (*о возрасте*) of fiftéen, fiftéen-year-óld; ~ ма́льчик boy of fiftéen, fiftéen-year-óld boy.

**пятна́дцат||ый** fiftéenth; ~ое февраля́ *и т. п.* the fiftéenth of Fébruary, *etc.*; Fébruary, *etc.*, the fiftéenth; страни́ца, глава́ ~ая page, chápter fiftéen; ~ но́мер númber fiftéen; ему́ (пошёл) ~ год he is in his fiftéenth year; одна́ ~ая one fiftéenth.

**пятна́дцать** *числит.* fiftéen; ~ раз ~ fiftéen times fiftéen; fiftéen fiftéens.

**пятна́ть 1.** (*вн.*) spot (*d.*), stain (*d.*), brand (*d.*), blémish (*d.*); **2.** *разг.* (*в игре в пятнашки*) put* out (*d.*).

**пятна́шки** *мн. разг.* (*игра*) tag *sg.*, tóuch-làst ['tʌ-] *sg.*

**пятни́стый** spótty; dappled, spótted, blotched; ~ оле́нь spótted deer*.

**пя́тница** *ж.* Fríday ['fraɪdɪ]; по ~м on Frídays, every Fríday; ◇ у него́ семь пя́тниц на неде́ле ≅ he keeps chánging his mind [...'ʧeɪ-...].

**пятно́** *с.* spot (*тж. перен.*); patch; blot, stain (*тж. перен.*); (*на репутации тж.*) blémish; (*позорное*) stígma; со́лнечные пя́тна *астр.* sún-spòts; роди́мое ~ bírth-màrk; mole; в пя́тнах (*запачканный*) stained; (*о лице*) blótchy; выводи́ть пя́тна remóve, *или* take* out, stains [-'mu:v...]; э́то ~ на его́ репута́ции that is a stain on his rèputátion; ◇ и на со́лнце есть пя́тна *посл.* ≅ nothing is pérfect.

**пя́тнышко** *с.* speck.

**пято́к** *м. разг.* five *pl.*; ~ яи́ц, я́блок *и т. п.* five eggs, apples, *etc.*

**пя́т||ый** fifth; ~ое января́, февраля́ *и т. п.* the fifth of Jánuary, Fébruary, *etc.*; Jánuary, Fébruary, *etc.*, the fifth; страни́ца, глава́ ~ая page, chápter five; ~ но́мер númer five; (*о размере*) size five; ему́ (пошёл) ~ год he is in his fifth year; ему́ ~ деся́ток пошёл he is past fórty; уже́ ~ час it is past four [...fɔ:]; в ~ом часу́ past / áfter four; полови́на ~ого half past four [hɑ:f...]; три че́тверти ~ого a quárter to five; одна́ ~ая one fifth; ◇ ~ая коло́нна Fifth Cólumn; расска́зывать из ~ого в деся́тое ≅ tell* *a story* in snátches.

**пять** *числит.* five.

**пятьдеся́т** *числит.* fifty; ~ оди́н *и т. д.* fífty-òne, *etc.*; ~ пе́рвый *и т. д.* fífty-first, *etc.*; лет ~ (*о времени*) abóut fifty years; (*о возрасте*) abóut fifty; лет ~ тому́ наза́д abóut fifty years agó; ему́ лет ~ he is / looks abóut fifty; ему́ о́коло пятидесяти he is abóut fifty; ему́ под ~ he is néarly fifty; ему́ (перевали́ло) за ~ he is óver fifty; he is in his fifties; челове́к лет пяти́десяти a man* of / abóut fifty; в пяти́десяти киломе́трах (от) fifty kílomètres (from).

**пятьсо́т** *числит.* five húndred.

**пя́тью** *нареч.* five times; ~ пять five times five; five fives.

# Р

**раб** *м.* slave; (*крепостной крестьянин тж.*) serf, bónd(s)man*, lánd-slàve.

**раба́** *ж.* slave; (*крепостная крестьянка тж.*) serf, bóndmaid, bóndwòman* [-wu-].

**рабовлад||е́лец** *м.*, **~е́лица** *ж.* sláve-hòlder, sláve-owner [-ou-]. **~е́льческий** sláve-hòlding; ~е́льческий строй sláve-owning sýstem [-ou-...]. **~е́ние** *с.* sláve-owning [-ou-].

**раболе́пие** *с.* = раболе́пство.

**раболе́п||ный** sérvile. **~ство** *с.* sèrvílity, cringing [-ndʒ-]. **~ствовать** (пе́ред) fawn (on, upón), cringe (to).

**рабо́т||а** *ж.* **1.** (*в разн. знач.*) work; (*действие тж.*) wórking; тру́дная ~ hard work; физи́ческая ~ phýsical work [-zɪ-...]; у́мственная ~ méntal work, bráin-wòrk; нау́чная ~ scientific work; совме́стная ~ collàborátion; обще́ственная ~ públic / sócial work ['pʌ-...]; ажу́рная ~ ópen-wòrk; (*об архитектурном орнаменте*) trácery ['treɪ-]; лепна́я ~ stúccò work, pláster work; mó(u)ldings ['mou-] *pl.*; сельскохозя́йственные ~ы àgricúltural work *sg.*; нала́живать, развёртывать ~у órganize work; за ~ой at work; едини́ца ~ы *физ.* únit of work; обеспе́чить норма́льную ~у (*рд.*; *учреждения и т. п.*) ensúre the nórmal fúnctioning [-'ʃuə...] (of); дома́шняя ~ hóme-assignment [-aɪn-], hóme-tàsk, hómewòrk; **2.** (*занятие, служба*) work, job; случа́йная ~ cásual work ['kæʒ-...]; odd job(s) (*pl.*) *разг.*; постоя́нная ~ régular work; поступа́ть на ~у go* to work; иска́ть ~у look for work; look for a job *разг.*; быть без ~ы, не име́ть ~ы be out of work; **3.** *мн.*: ка́торжные ~ы *уст.* pénal sérvitùde *sg.*; принуди́тельные ~ы forced lábour *sg.*

**рабо́т||ать 1.** work; ~ по на́йму work for hire; ~ подённо work by the day; ~ сверхуро́чно work óver¦time; ~ спустя́ рукава́ scamp one's work; усе́рдно ~ work hard, work with zeal / díligence; work tooth and nail *идиом.*; ~ за четверы́х do the work of four [...fɔ:]; ~ в две, три сме́ны work in two, three shifts; ~ по ноча́м work at night; burn* the midnight oil *идиом.*; ~ над кни́гой work on / at *a* book; ~ вёслами ply the oars; кружо́к ~ает уже́ четы́ре го́да the circle has been gó¦ing for four years; **2.** (*о машине и т. п.*) work, run*; не ~ (*быть испорченным*) not work, be out of órder; телефо́н не ~ает the télephòne does not work, *или* is out of órder; **3.** (*быть открытым — об учреждении и т. п.*) be ópen: библиоте́ка ~ает до 5 часо́в the library is ópen till 5 o'clóck [...'laɪ-...]; ◇ вре́мя ~ает на нас time is on our side; кто не ~ает, тот не ест he who does not work, néither shall he eat [...'naɪ-...].

**рабо́т||аться** *безл.*: сего́дня хорошо́ ~ается work goes swímming¦ly / smóothly to¦dáy [...-ð-...].

**рабо́тни||к** *м.* (*в разн. знач.*) wórker; (*наёмный — в деревне*) fárm-hànd; ~ки у́мственного труда́ méntal / brain wórkers; ~ки физи́ческого труда́ mánual wórkers; ~ки у́мственного и физи́ческого труда́ wórkers by hand and brain; ~ки иску́сства wórkers in the field of art [...fi:-...], people of the àrtístic world [pi:-...]; ~ки М.Т.С. M.T.S. pèrsonnél *sg.*; ~ки социалисти́ческого земледе́лия wórkers of sócialist ágricùlture; ~ки наро́дного образова́ния èducátion¦alists; нау́чный ~ sciéntific wórker; (*в области гуманитарных наук*) schólar ['skɔ-]; отве́тственный ~ exécutive; парти́йный ~ párty wórker; квалифици́рованный ~ skilled wórker; отли́чный ~ éxcellent wórker; он еди́нственный ~ в семье́ he is the ónly bréad-winner in the fámily [...'bred-...]. **~ца** *ж.* wórker, wóman-wòrker ['wu-]; дома́шняя ~ца (doméstic) sérvant, hóuse¦maid [-s-]; help *амер.*

**рабо́тный**: ~ дом *ист.* wórk¦house* [-s].

**работода́тель** *м. эк.* emplóyer.

**работорго́в||ец** *м.* sláve-tràder, sláver. **~ля** *ж.* sláve-tràde.

**работоспосо́бн||ость** *ж.* capácity for work, efficiency. **~ый 1.** (*могущий работать*) áble-bódied [-'bɔ-] (*об. attr.*); **2.** (*способный много работать*) hárdwòrking; posséssing great capácity for work [-'zes- greɪt...].

**работя́||га** *м. и ж. разг.* hard wórker; plódder, slógger. **~щий** indústrious.

**рабо́че-крестья́нский** Wórkers' and Péasants' [...'pez-]; Рабо́че-Крестья́нская Кра́сная А́рмия *ист.* the Wórkers' and Péasants' Red Army.

**рабо́ч||ий** I *м. скл. как прил.* wórker, wórk¦man*, wórking man*; lábour¦er; инду-триа́льный ~ indústrial wórker; ~ от станка́ fáctory wórker; наёмный ~ hired wórker; (*в сельском хозяйстве*) hired lábour¦er; hand *амер.*; сельскохозя́йственный ~ àgricúltural wórker; подёнщый ~ dáy-làbour¦er; сезо́нный ~ séasonal wórker [-z°n-...]; ~-железнодоро́жник ráilway¦man*; ráilroad¦man*, ráilroader *амер.*; коллекти́в ~их the wórkers *pl.*; ~ие и слу́жащие indústrial, óffice and proféssional wórkers; (*какого-л. предприятия*) mánual and óffice wórkers.

**рабо́ч||ий** II *прил.* **1.** wórker's, wórking; lábour (*attr.*), work (*attr.*); ~ класс the wórking class; ~ая молодёжь wórking youth [...ju:θ]; young wórkers [jʌŋ...] *pl.*; ~ее движе́ние wórking-clàss móve¦ment [...'mu:v-]; ~ по́езд wórkmen's train; **2.** (*производящий работу*) work (*attr.*), wórking; ~ скот draught ánimals [drɑ:ft...] *pl.*; ~ая ло́шадь dráught-hòrse ['drɑ:ft-]; ~ая пчела́ wórker bee; ~ мураве́й wórker ant; **3.** *прил. к* рабо́та; *тж.* wórking; ~ее вре́мя wórking time; wórking hours [...auəz] *pl.*; ~ день wórking day; ~ее пла́тье wórking clothes [...kloudz] *pl.*; ~ее ме́сто wórking place, place for wórking; **4.** *тех.*: ~ее колесо́ dríving wheel; ~ объём (*цилиндра*) píston-swèpt vólume; ~ чертёж wórking dráwing; ~ ход wórking stroke; (*поршня*) dríving / explósion / ignítion stroke; ◇ ~ие ру́ки hands; ~ая си́ла mánpower, lábour pówer.

**ра́бск||ий 1.** slave (*attr.*); ~ труд slave lábour; slávery ['sleɪ-]; **2.** (*покорный*) sérvile, slávish ['sleɪ-]; ~ое послуша́ние, ~ое подчине́ние sérvile submíssion; ~ое подража́ние sérvile / slávish imitátion.

**ра́бств||о** *с.* sérvitùde, slávery ['sleɪ-]; thráldom ['θrɔ:l-] *книжн.*; быть в ~е (у) be held in sérvitùde (by); отме́на ~а àbolítion of slávery.

**рабфа́к** *м.* (рабо́чий факульте́т) wórkers' fáculty / depártment, wórkers' high school.

**рабы́ня** *ж.* slave, bóndmaid, bónd¦wòman* [-wu-].

**равви́н** *м.* rábbì.

**равели́н** *м. воен. уст.* rávelin.

**ра́венств||о** *с.* (*в разн. знач.*) èquálity [i:-]; ~ пе́ред зако́ном èquálity befóre the law; èquálity in the eye of the law [...aɪ...] *идиом.*; знак ~а the sign of èquálity [...saɪn...], équals sign.

**равне́ние** *с.* dréssing, alígnment [-aɪn-].

**равни́н||а** *ж.* plain. **~ный** *прил. к* равни́на; ~ный жи́тель pláins¦man*; ~ная ме́стность flat cóuntry [...'kʌ-].

**равно́** I **1.** *прил. кратк. см.* ра́вный; **2.** *предик. переводится личн. формами гл.* be *или* make*: пять плюс три ~ восьми́ five plus three is / makes eight; ◇ всё ~ (*безразлично*) it is all the same, it makes no dífference; (*несмотря ни на что*) all the same: ему́ всё ~, пойдёт она́ и́ли нет it is all the same to him, whéther she goes or not; он всё ~ придёт he will come all the same; — не всё ли ~? what does it mátter?, what's the dífference?, what dífference does it make?; всё ~, что just the same as; э́то всё ~, что отказа́ться it is equívalent to a refúsal [...-z-].

**равно́** II *нареч.* **1.** (*одинаково*) alíke, in like mánner: он поступа́ет ~ со все́ми he treats éverybody alíke, *или* in the same mánner; **2.** *как союз* (*также*) *об.* а ~ и, ~ как (и) as well as; (*после отриц.*) nor; он ду́мает о ней, а ~ и о её де́тях he thinks of her as well as of her chíldren; они́ от вас ничего́ не тре́буют, ~ как и от ва́шего брата they require nothing éither of you or of your bróther [...'aɪ-...'brʌ-].

**равнобе́дренный** *мат.* isóscelès [aɪ'sɔsə-li:z]; ~ треуго́льник isósceles triàngle.

**равновели́к||ий** isométric [aɪ-], èquigráphic [i:-]; *мат.* equívalent; ~ая прое́кция èquigráphic projéction; ~ие пло́щади equívalent áreas [...'ɛərɪəz]; ~ие треуго́льники equívalent triàngles.

**равнове́с||ие** *с.* (*прям. и перен.*) èquilíbrium [i:-], bálance, équipoise; усто́йчивое ~ stable èquilíbrium; неусто́йчивое ~ únstéady / móbile èquilíbrium [-'ste- 'mou-...]; безразли́чное ~ indífferent èquilíbrium; полити́ческое ~ bálance of pówer; душе́вное ~ méntal èquilíbrium; теря́ть ~ (*прям. и перен.*) lose* one's bálance [lu:z...]; восстана́вливать ~ restóre the èquilíbrium / bálance; э́то восстанови́ло её душе́вное ~ it helped her to recóver her èquilíbrium / bálance [...-'kʌ-...]; наруша́ть ~ (*рд.*), выводи́ть из ~ия (*вн.*) distúrb the èquilíbrium (of), ùpsét* the bálance (of); (*о человеке*) ùpsét* smb., *или* smb.'s èquanímity [...i:-]; приводи́ть в ~ (*вн.*) bálance (*d.*); сохраня́ть ~ (*прям. и перен.*) keep* one's bálance.

**равноде́йствующая** *ж. скл. как прил. физ., мат.* resúltant (force) [-'zʌ-...].

**равноде́нств||енный** *астр.* èquinóctial [i:-], èquidiúrnal [i:-]. **~ие** *с. астр.* équinòx ['i:-]; то́чка ~ия èquinóctial point [i:-...]; весе́ннее, осе́ннее ~ие vérnal, autúmnal équinòx.

**равноду́шие** *с.* indífference; относи́ться с ~м (к) treat with indífference (*d.*), be indífferent (to, towards).

**равноду́шно** I *прил. кратк. см.* равноду́шный.

**равноду́шн||о** II *нареч.* with indífference, indífferently. **~ый** (к) indífferent (to).

**равнозна́ч||ащий, ~ный** equívalent, èquipóllent [i:-].

**равноме́рно** I *прил. кратк. см.* равноме́рный.

**равноме́рн||о** II *нареч.* évenly; *физ., тех.* únifòrmly; ~ распределя́ть что-л. distríbùte smth. évenly; ~ развива́ться devélop évenly [-'ve-...]; ~-уско́ренный *физ.* únifòrmly àccélerated; ~-заме́дленный *физ.* únifòrmly dècélerated [...di:-]. **~ость** *ж.* évenness; ùnifórmity. **~ый** éven; *физ., тех.* únifòrm; ~ое распределе́ние éven distribútion; ~ое разви́тие éven devélopment; ~ое движе́ние *физ., тех.* únifòrm mótion / velócity; ~ое ускоре́ние únifòrm àccèlerátion; ~ое замедле́ние únifòrm dècèlerátion [...di:-].

**равноотстоя́щий** *мат.* équidístant ['i:-].

**равнопра́в||ие** *с.* èquálity (of rights) [i:-...]; по́лное ~ compléte èquálity of rights; ~ наро́дов èquálity of *the* peoples [...pi:-]. **~ный** équal in rights, posséssing / enjóying équal rights [-'zes-...]; быть ~ным posséss / enjóy équal rights [-'zes...]; ~ный догово́р équitable tréaty.

**равноси́льн||ый 1.** equívalent, tántamount, of equal strength; **2.** (*дт.*; *тождественный*) équal (to), tántamount (to); э́то ~о катастро́фе it is equívalent / tántamount to a catástrophe [...-fɪ], it amóunts to a catástrophe.

**равно||сторо́нний** *мат.* èquiláteral ['i:-]; ~ треуго́льник èquiláteral triàngle; почти́ ~ sùb-èquiláteral [-'i:-]. **~уго́льный** *мат.* èquiángular [i:-]; ~уго́льный треуго́льник èquiángular triàngle.

**равноуско́ренный** *физ., тех.* únifòrmly àccélerated.

**равноце́нн||ость** *ж.* equívalence. **~ый** equívalent; of équal worth / válue; ~ые това́ры commódities of équal worth.

**ра́вн||ый** (*в разн. знач.*) équal; почти́ ~ néarly équal; sùb-équal *научн.*; ~ая величина́, ~ое коли́чество équal quántity; ~ой длины́, ширины́ of équal, *или* the same, length, width / breadth [...bre-]; быть ~ым кому́-л. (по *дт.*) be équal to smb. (in), équal smb. (in); относи́ться к кому́-л. как к ~ому treat smb. as one's équal; у них ~ые спосо́бности their abílities are équal, they are équal in abílity; ему́ нет ~ого he has no équal / match, it would be hard to find his match; ~ым о́бразом équally, as well as, likewise; при про́чих ~ых усло́виях other things béing équal; на ~ых основа́ниях on équal grounds.

**равня́ть,** сравня́ть **1.** (*вн.*; *делать равным*) éven (*d.*); сравня́ть счёт *спорт.* éven / équalize the score [...'i:k-...]; **2.** (*вн.* с *тв.*) *разг.* (*давать равную оценку*) équalize (*d.* to, with), compáre (*d.* with).

**равня́ться,** сравня́ться **1.** (с *тв.*) *разг.* (*признавать себя равным*) compéte (with); никто́ не мо́жет ~ с ним nóbody can compéte with him, he is without a rival; **2.** *тк. несов.* (*дт.*; *быть равным*) be équal / equívalent / tántamount (to); amóunt (to); come* práctically (to); два́жды три равня́ется шести́ twice three makes, *или* is (équal to), six; ~ катастро́фе be equívalent / tántamount to a catástrophe [...-fɪ], amóunt to a catástrophe; **3.** *страд. к* равня́ть.

**рагу́** *с. нескл.* rágout ['rægu:].

**рад** *предик.* (что, + *инф.*, кому́-л.) am, is, *etc.*, glad (that, + to *inf.*, to see smb.); он ~, они́ ~ы *и т. д.* чему́-л. he is glad, they are glad, *etc.*, becáuse of smth. [...-'kɔz...]; smth. makes him, them, *etc.*, glad; (я) ~ вас ви́деть (I am) glad to see you; они́ ~ы го́стю they are glad of *a* visitor [...-z-]; ◇ ~ не ~ willy-nilly; ~-радёшенек *разг.* pleased as Punch.

**Ра́да** *ж. ист.* Rádà ['rɑ:dɑ:] (*deliberative or legislative body in the ancient Ukraine*).

**рада́р** *м.* rádàr.

**раде́ние** *с. уст.* (*забота, усердие*) zeal.

**раде́ть,** поpаде́ть (*дт.*) *уст.* (*заботиться*) oblíge (*d.*), grátifỳ (*d.*).

**ра́джа** *м.* rájah ['rɑ:dʒə].

**ра́ди** *предл.* (*рд.*) for the sake of; ~ кого́-л. for smb.'s sake; ~ него́, них *и т. д.* for his, their, *etc.*, sake; чего́ ~? what for?; шу́тки ~ for fun; ◇ ~ бо́га, ~ всего́ свято́го *разг.* for góodness' / God's sake.

**радиа́льный** rádial.

**радиа́тор** *м. тех.* rádiàtor.

**радиа́ция** *ж. физ.* ràdiátion; со́лнечная ~ sólar ràdiátion.

**ра́диевый** rádium (*attr.*).

**ра́ди||й** *м. хим.* rádium; эмана́ция ~я rádium èmanátion.

**радика́л** I *м. мат., хим.* rádical.

**радика́л** II *м. полит.* rádical. **~и́зм** *м. полит.* rádicalism.

**радика́льн||ость** *ж.* 1. *полит.* rádicalism; 2. (*лечения, меры*) efficiency. **~ый** 1. *полит.* rádical; 2. (*решительный*) rádical, drástic; ~ое лече́ние rádical cure; ~ые измене́ния rádical / swéeping chánges [...ˈʧeɪ-]; принима́ть ~ые ме́ры take* drástic méasures [...ˈmeʒ-]; ~ое сре́дство drástic rémedy.

**ра́дио** *с. нескл.* rádiò, wíre¦less; (*приёмник*) rádiò set; провести́ ~ instáll *a* rádiò set; по ~ by rádiò; óver the air; передава́ть по ~ (*вн.*) bróadcàst [ˈbrɔːd-] (*d.*); слу́шать ~ listen in [ˈlɪsºn...]; обраща́ться к наро́ду по ~ bróadcàst to the nátion / cóuntry [...ˈkʌ-]; выступа́ть с ре́чью по ~ speak* / bróadcàst óver the rádiò; гимна́стика по ~ rádiò gymnástics *pl.*, rádiò drill.

**радиоакти́вн||ость** *ж. хим., физ.* rádiò-àctívity. **~ый** *хим., физ.* rádiò-áctive; ~ые изото́пы rádiò-ísotòpes [-ˈaɪ-], rádiò-áctive ísotòpes [...ˈaɪ-]; ~ый оса́док rádiò-áctive fáll-óut; выпада́ющие ~ые части́цы fáll-óut rádiò-áctive matérials.

**радио||аппара́т** *м.* rádiò set. **~веща́ние** *с.* bróadcàsting [ˈbrɔːd-]. **~веща́тельный** bróadcàsting [ˈbrɔːd-]; ~веща́тельная устано́вка bróadcàsting set, trànsmítter [-z-]. **~волна́** *ж.* rádiò-wáve. **~гра́мма** *ж.* rádiò¦gràm; wíre¦less (méssage); rádiò-télegràm. **~гра́фия** *ж.* ràdiógraphy. **~зо́нд** *м.* rádiò¦sònde. **~инжене́р** *м.* wíre¦less èngìnéer [...enʤ-]. **~информа́ция** *ж.* rádiò-informátion. **~коммента́тор** *м.* rádiò cómmèntàtor. **~конце́рт** *м.* rádiò cóncert.

**радио́ла** *ж.* rádiò-grámophòne.

**радиолока́||тор** *м.* rádiò-locátor, rádàr(-sèt). **~цио́нный** rádiò-locáting; rádàr (*attr.*); ~цио́нная устано́вка rádàr ìnstallátion. **~ция** *ж.* rádiò-locátion, rádàr.

**радиолюби́тель** *м.* wíre¦less enthúsiàst [...-zɪ-]; wíre¦less / rádiò fan *разг.*

**радио||ма́чта** *ж.* rádiò-mást. **~мая́к** *м.* rádiò(-rànge) béacon [-reɪ-...]. **~ме́тр** *м. тех.* ràdiómeter. **~молча́ние** *с.* wíre¦less sílence [...ˈsaɪ-]. **~монта́ж** *м.* rádiò review [...-ˈvjuː]. **~нау́шники** *мн.* éarphònes. **~обору́дование** *с.* wíre¦less / rádiò equípment. **~пе́ленг** *м.* wíre¦less (diréctional) béaring [...ˈbɛə-]. **~пеленга́тор** *м.* wíre¦less / rádiò diréction fínder; rádiò¦gòniómeter. **~пеленга́ция** *ж.* rádiò hóming. **~переда́тчик** *м.* (wíre¦less / rádiò) trànsmítter [...-z-]. **~переда́ча** *ж.* trànsmíssion [-z-], bróadcàst [-ɔːd-]; ~переда́ча по пе́рвой, второ́й програ́мме bróadcàsting on the first, sécond prógràm(me) [...ˈse- ˈprougræm]; слу́шать ~переда́чу listen in [-sºn...]. **~перехва́т** *м.* wíre¦less ìnterćeption; rádiò íntercèpt *амер.* **~полуко́мпас** *м.* wíre¦less / rádiò cómpass [...ˈkʌ-]. **~постано́вка** *ж.* rádiò show [...ʃou]. **~прибо́р** *м.* wíre¦less / rádiò set. **~приёмник** *м.* (wíre¦less / rádiò) recéiver [...-ˈsiːvə], rádiò-recéiving set [-ˈsiːv-...]. **~приёмный** (rádiò-) recéiving [-ˈsiːv-]; ~приёмная ста́нция recéiving státion. **~прово́дка** *ж.* ìnstallátion of wíre¦less / rádiò. **~свя́зь** *ж.* wíre¦less / rádiò commùnicátion. **~се́ть** *ж.* wíre¦less / rádiò net; rádiò¦nétwòrk. **~сигна́л** *м.* wíre¦less sígnal; ~сигна́л вре́мени wíre¦less time sígnal. **~слу́шатель** *м.* rádiò lístener [...ˈlɪsºnə]. **~ста́нция** *ж.* wíre¦less / rádiò státion; похо́дная ~ста́нция wíre¦less ténder. **~телегра́мма** *ж.* = радиогра́мма. **~телегра́ф** *м.* wíre¦less; rádiò¦télegràph. **~телеграфи́я** *ж.* rádiò¦telégraphy, wíre¦less telégraphy; contínuous wave rádiò *амер.* **~телефо́н** *м.* rádiò¦télephòne. **~телефони́я** *ж.* rádiò¦teléphony, ràdióphony. **~терапи́я** *ж. мед.* rádiò-thérapy.

**радиоте́хн||ик** *м.* wíre¦less / rádiò mechánic [...-ˈkæ-]. **~ика** *ж.* rádiò èngìnéering [...enʤ-]. **~и́ческий:** ~и́ческий институ́т ínstitùte of rádiò èngìnéering [...enʤ-]; ~и́ческая промы́шленность rádiò índustry.

**радиотрансляцио́нный** bróadcàsting [ˈbrɔːd-].

**радио||у́зел** *м.* bróadcàsting / rádiò centre [ˈbrɔːd-...], rádiò reláy centre. **~устано́вка** *ж.* rádiò set.

**радиофи||ка́ция** *ж.* ìnstallátion of wíre¦less / rádiò; ~ сёл ìnstallátion of rádiò / wíre¦less in víllages. **~ци́ровать** *несов. и сов.* (*вн.*) instáll rádiò (in).

**радио||це́нтр** *м.* wíre¦less / rádiò centre, bróadcàsting centre [-ɔːd-...]. **~частота́** *ж.* rádiò-fréquency [-ˈfriː-].

**ради́ровать** *несов. и сов.* (*вн.*, о *пр.*) wíre¦less (*d.*), rádiò (*d.*).

**ради́ст** *м.* wíre¦less óperàtor, rádiò¦man*, rádiò óperàtor; télegraphist *мор.*

**ра́диус** *м.* rádius (*pl.* -dii).

**ра́довать,** обра́довать (*вн.*) make* glad / háppy (*d.*), cause joy (to), gládden (*d.*); э́то его́ о́чень ра́дует it makes him glad / háppy; э́то изве́стие его́ обра́довало he was very glad to hear the news [...-z]; ~ взор, взгляд gládden the eye [...aɪ], be a pléasure to the eye [...ˈpleʒə...]; ~ сердца́ rejóice / gládden the hearts [...hɑːts]. **~ся,** обра́доваться be glad / háppy; rejóice; ~ся за кого́-л. be glad for smb.'s sake; он ра́дуется, ви́дя вас сно́ва здоро́вым he is glad to see you well agáin; он ра́дуется ва́шему сча́стью he rejóices at your háppiness; ◇ душа́ ра́дуется the heart fills with joy [...hɑːt...].

**ра́достн||ый** glad, jóyous, jóyful; ~ крик jóyful cry; ~ое изве́стие glad / háppy news [...-z]; glad / háppy tídings *pl.*

**ра́дос||ть** *ж.* gládness, joy; ~ жи́зни the joy of life; не чу́вствовать себя́ от ~ти be òver¦jóyed, be beside òne¦sélf with joy; пла́кать от ~ти cry / weep* for / with joy; с ~тью with joy; его́ ждала́ ~ joy was a¦wáiting him; кака́я ~! what joy / delight!; ◇ моя́ ~, ~ моя́ my dear, my dárling.

**ра́дуга** *ж.* ráinbow [-bou].

**ра́дужн||о** *нареч.* chéerfully; ~ смотре́ть на всё look on the bright side of évery¦thing. **~ый** irídéscent, òpaléscent [ou-]; ráinbowed [-boud] (*тж. перен.*); (*перен.*) chéerful; ~ые наде́жды òptimístic èxpèctátions; у него́ ~ое настрое́ние he is in very high spírits; ◇ ~ая оболо́чка (гла́за) íris [ˈaɪə-].

**раду́ш||ие** *с.* còrdiálity. **~но** *нареч.* córdially; ~но принима́ть, встреча́ть кого́-л. give* smb. a córdial / héarty wélcome [...ˈhɑː-...]. **~ный** córdial; ~ный приём córdial / héarty wélcome [...ˈhɑː-...].

**раёк** *м. театр. уст.* gállery; посети́тели райка́ óccupants of *the* gállery; **the gods** *разг.*

**раж** *м. разг.* rage, pássion; входи́ть, приходи́ть в ~ fly* into a pássion, get* into a white heat.

**раз** I *м.* **1.** time; на э́тот ~ for (this) once [...wʌns], this time, on this occásion; во второ́й, тре́тий *и т. д.* ~ for the sécond, third, *etc.*, time [...'se-...]; в друго́й ~ another time, some other time; ещё ~ once agáin, once more; в после́дний ~ for the last time; ~ в день once a day; ~ в год once a year; вся́кий ~ every time, each time; вся́кий раз, когда́ whènéver; ~ за ~ом time áfter time; ино́й ~ sómetimes; оди́н ~, ка́к-то ~ once, one day; два ~а twice; три ~а, пять ~ *и т. д.* three, five, *etc.*, times; до друго́го ~а till another time; мно́го ~ many times; с пе́рвого ~а from the very first; ни ~у not once, never; не ~ more than once; time and agáin; ~ навсегда́ once (and) for all; **2.** (*при счёте — один*) one; ~, два, три one, two, three; ◇ во́т тебе ~! *разг.* that's done it!; ≅ oh, réally! [ou 'rɪə-]; как ~ just, exáctly; как ~ то the very thing; that's just the ticket *разг.*; как ~ то, что мне ну́жно just what I want, the very thing I want.

**раз** II *нареч.* (*однажды*) once [wʌns], one day.

**раз** III *союз* since: ~ он не пойдёт, они́ оста́нутся здесь since he is not góing, they will stay here; ~ так, не́ о чем говори́ть бо́льше in that case there is no more to be said [...keɪs... sed].

**разба́вить** *сов. см.* разбавля́ть.

**разбавля́ть,** разба́вить (*вн.*) dilúte [daɪ-] (*d.*); ~ водо́й dilúte with wáter [...'wɔ:-] (*d.*).

**разбаза́рив||ание** *с. разг.* squándering. **~ать,** разбаза́рить (*вн.*) *разг.* squánder (*d.*).

**разбаза́рить** *сов. см.* разбаза́ривать.

**разба́ливаться,** разболе́ться *разг.* **1.** (*о человеке*) become* ill: он совсе́м разболе́лся he has become quite ill; **2.** (*об отдельном органе*) ache [eɪk]: (у меня́) рука́ разболе́лась my hand aches [...eɪks]; — (у меня́) голова́ разболе́лась I have (got) a héadàche [...'hedeɪk].

**разба́лтывать** I, разболта́ть (*вн.*) *разг.* (*перемешивать*) shake* up (*d.*), stir up (*d.*).

**разба́лтывать** II, разболта́ть (*вн.*) *разг.* (*разглашать*) blab out (*d.*), give* awáy (*d.*); ~ секре́т blab out, *или* give* awáy, *a* sécret.

**разба́лтываться,** разболта́ться *разг.* **1.** (*о винте, болте и т. п.*) work / get* loose [...-s]; (*о машине и т. п.*) work out of fit; **2.** (*о человеке*) get* out of hand: он совсе́м разболта́лся he has got quite out of hand; **3.** (*размешиваться от взбалтывания*) be mixed; мука́ хорошо́ разболта́лась в воде́ the flour is well mixed with wáter [...'wɔ:-].

**разбе́г** *м.* rúnning start; пры́гать с ~у take* a rúnning jump; ныря́ть с ~у take* a rúnning dive; перескочи́ть ров с ~у take* a rúnning jump óver *a* ditch; здесь нет ме́ста для ~а there is no room to take one's run; прыжо́к с ~у rúnning jump; прыжо́к без ~а stánding jump; ~ при взлёте *ав.* táke-óff run.

**разбе́гаться** *сов. разг.* scámper abóut.

**разбе||га́ться,** разбежа́ться (*в разные стороны*) scátter; ~ по места́м run* to one's pláces / posts / státions [...pousts...]; ◇ у него́ глаза́ ~жа́лись he was dazzled.

**разбежа́ться** *сов.* **1.** *см.* разбега́ться; **2.** (*взять разбег*) make* one's run, run* up (*to jump, dive, etc.*); не́где ~ there is no room for a rúnning jump, dive, *etc.*

**разбереди́ть** *сов. см.* береди́ть.

**разбива́ть,** разби́ть (*вн.*) **1.** break* [-eɪk] (*d.*; *тж. перен.*); (*о машине, самолёте*) crash (*d.*), smash (*d.*); ~ окно́, ча́шку break* *the* window, *the* cup; ~ вдре́безги smash to smìthereéns [...-ðə-] (*d.*); **2.** (*разделять*) divíde (*d.*), break* up / down (*d.*); ~ на сло́ги divíde, *или* break* up, into sýllables (*d.*); ~ на гру́ппы séparàte into (small) groups [...gru:-] (*d.*); **3.** (*размечать, планировать*) lay* out (*d.*), mark out (*d.*); ~ ко́лышками peg out (*d.*); **4.** (*палатку, лагерь и т. п.*) pitch (*d.*), set* up (*d.*); **5.** (*наносить поражение*) beat* (*d.*), deféat (*d.*), smash (*d.*); разби́ть на́голову crush (*d.*), rout (*d.*), deféat útterly (*d.*); ~ до́воды, утвержде́ния *и т. п.* smash árguments, assértions, *etc.*; **6.** (*расшибать*) hurt* bádly (*d.*), break* (*d.*), frácture (*d.*); ~ го́лову hurt* one's head bádly [...hed...]; ~ че́реп fráctur e *the* skull; ~ кому́-л. нос в кровь draw* blood from smb.'s nose [...blʌd...], smash smb.'s nose, make* smb.'s nose bleed; **7.** *полигр.* space (out) (*d.*); ◇ быть разби́тым параличо́м be páralỳsed / pálsied [...'pɔ:lzɪd]. **~ся,** разби́ться **1.** break* [-eɪk], get* / be bróken; (*о машине, самолёте*) crash; **2.** *тк. несов.* (*о волне*) comb [koum]; **3.** (*разделяться*) break* up, divíde; **4.** (*получать повреждения*) hurt* / bruise òneséIf bádly [...bru:z...]; **5.** *страд. к* разбива́ть.

**разби́вка** *ж.* **1.** (*планировка*) láying out / off; ~ ко́лышками (*обозначение*) pégging out; **2.** *полигр.* spácing (out).

**разбинтова́ть(ся)** *сов. см.* разбинто́вывать(ся).

**разбинто́вывать,** разбинтова́ть (*вн.*) take* off, *или* remóve, *a* bándage [...-'mu:v...] (from). **~ся,** разбинтова́ться **1.** come* / get* únbándaged; рука́ разбинтова́лась *the* hand has come / got únbándaged, *the* bándage on *the* hand has come úndóne; **2.** *страд. к* разбинто́вывать.

**разбира́тельство** *юр.* tríal; суде́бное ~ court exàminátion [kɔ:t...].

**разбир||а́ть,** разобра́ть (*вн.*) **1.** (*расхватывать*) take* (*d.*); (*раскупать*) buy* up [baɪ...] (*d.*); все кни́ги разобра́ли all the books are táken, the books have all been táken; **2.** (*на части — о механизме и т. п.*) strip (*d.*), dìsassémble (*d.*), dismántle (*d.*), take* to piece [...'pi:-] (*d.*); (*о доме, стене и т. п.*) pull down [pul...] (*d.*); **3.** (*рассортировывать*) sort out (*d.*); **4.** (*расследовать дело, вопрос и т. п.*) look (into), invéstigàte (*d.*); (*рассматривать*) discúss (*d.*); sort out (*d.*) *разг.*; **5.** *грам.* (*по частям речи*) parse [pɑ:z] (*d.*); (*по членам предложения*) ánalỳse (*d.*); **6.** (*о подписи, почерке*) make* out (*d.*); *несов. тж.* try to make out (*d.*); (*о нотах*) read* (*d.*); он не мо́жет разобра́ть её по́черк he cánnòt make out her hándwriting; он хорошо́ ~а́ет по́черки he is good / cléver at decíphering people's hándwriting [...'kle-... -'saɪ- pi:-...]; не разобра́ть fail to make out (*d.*); разбира́л, но не мог разобра́ть по́черк tried to make out the hándwriting but could:n't / failed; он не разобра́л его́ вопро́са he did not ùnderstánd his quéstion [...-stʃ-]; разобра́ть сигна́л *мор.* make* out *the* sígnal / flags; ничего́ не могу́ разобра́ть I can't make anything out [...kɑ:nt...]; I can't make head or tail of it [...hed...] *идиом.*; **7.** *разг.* (*охва́тывать — о чувствах*) seize / fill with [si:z...]; его́ ~а́л смех he was búrsting with suppréssed láughter [...'lɑ:f-]; **8.** *тк. несов. разг.* (*быть разборчивым*) be fàstídious; брать не ~а́я take* indiscríminate:ly. **~а́ться,** разобра́ться **1.** *разг.* (*разбирать вещи*) únpáck; **2.** (в *пр.*) *разг.* (*рассматривать, исследовать*) invéstigàte (*d.*), exámine (*d.*), look (into); (*достигать понимания*) ùnderstánd* (*d.*); *сов. тж.* gain an ùnderstánding (of), come* to know the partículars [...nou...] (of); **3.** *страд. к* разбира́ть.

**разбитно́й** *разг.* bright, spríghtly; (*нахальный*) sáucy; ~ ма́лый spríghtly lad.

**разби́т||ый 1.** *прич. см.* разбива́ть; **2.** *прил. разг.* jáded; чу́вствовать себя́ ~ым feel* jáded; ◇ очути́ться у ~ого коры́та ≅ be no bétter off than at the start.

**разби́ть** *сов. см.* разбива́ть. **~ся** *сов. см.* разбива́ться 1, 3, 4.

**разбла́говестить** *сов.* (*вн.*, о *пр.*) noise abróad [...-ɔ:d] (*d.*).

**разбогате́ть** *сов. см.* богате́ть.

**разбо́й** *м.* róbbery, brígandage; морско́й ~ píracy ['paɪə-]. **~ник** *м.* róbber, brígand ['brɪ-]; морско́й ~ник séa-ròbber, pírate ['paɪə-]; ~ник с большо́й доро́ги híghway:man*, híghway-ròbber; fóotpàd ['fut-].

**разбо́йнич||ать** rob, plúnder, maráud; (*перен.*) plúnder. **~еский** *прил. к* разбо́йник.

**разбо́йни||чий** *прил. к* разбо́йник; ~ прито́н den of róbbers; ~чья ша́йка band / gang of róbbers.

**разболе́ться** *сов. см.* разба́ливаться.

**разболта́ть** I, II *сов. см.* разба́лтывать I, II.

**разболта́ться** *сов. см.* разба́лтываться.

**разбомби́ть** *сов.* (*вн.*) destróy by bómb:ing (*d.*).

**разбо́р** *м.* **1.** (*анализ*) análysis (*pl.* -sès [-si:z]); **2.** (*в суде*) trial; **3.** *грам.* (*по частям речи*) pársing [-zɪŋ]; (*по членам предложения*) análysis; **4.** (*критическая статья*) critíque [-'ti:k]; **5.** *разг.*: без ~а indiscríminate:ly, promíscuous:ly; брать без ~а (*вн.*) take* indiscríminate:ly (*d.*); с ~ом discríminàting:ly, exácting:ly, fàstídious:ly; ◇ прийти́ к ша́почному ~у *разг.* ≅ come* áfter the feast, arrive when the show is óver [...ʃou...].

**разбо́р||ка** *ж.* **1.** (*писем, товаров и т. п.*) sórting out; **2.** (*на части — о механизме и т. п.*) strípping, disassémbling, dismántling, táking to píeces [...'pi:-]. **~ный** *тех.* collápsible, collápsable, dismóuntable; táke-dówn; ~ный мост témporary bridge.

**разбо́рчив||ость** *ж.* **1.** (*чёткость*) lègibílity; **2.** (*требовательность*) fàstídious:ness; (*в средствах*) scrúpulous:ness. **~ый 1.** (*чёткий*) légible; **2.** (*требовательный*) discríminàting, exácting, fàstídious; (*в средствах*) scrúpulous.

**разбрани́ть** *сов.* (*вн.*) *разг.* give* a sharp scólding (*i.*), beráte (*d.*). **~ся** *сов.* (с *тв.*) *разг.* quárrel (with), fall* out (with), squabble (with).

**разбра́сыватель** *м.* (*навоза, удобрений и т. п.*) spréader ['spre-].

**разбра́сывать,** разброса́ть, *разг.* разбро́сить (*вн.*) throw* abóut [-ou...] (*d.*); (*рассыпать*) scátter (*d.*), scátter abóut (*d.*), strew* abóut (*d.*);(*перен.*) scátter (*d.*); ~ наво́з spread* manúre [-ed...]; ◇ ~ де́ньги на ве́тер díssipàte / squánder / waste *one's* móney [...weɪ-...'mʌ-]. **~ся 1.** *разг.* squánder one's énergies in conflícting diréctions; не разбра́сывайся don't try to do évery:thing at once [...wʌns]; **2.** *страд. к* разбра́сывать.

**разбре||да́ться,** разбрести́сь dispérse; (*двигаться в беспорядке*) straggle; ~ в ра́зные сто́роны dispérse in dífferent diréctions; ~сти́сь по дома́м dispérse and go* home. **~сти́сь** *сов. см.* разбреда́ться.

**разбро́д** *м.* disórder.

**разбро́санн||ость** *ж.* (*отдалённость друг от друга*) spárse:ness, dispérsedness; (*перен.*; *о мыслях и т. п.*) disconnéctedness, in:cohérence [-'hɪə-], scáttered náture [...'neɪ-]. **~ый 1.** *прич. см.* разбра́сывать; **2.** *прил.* (*о населении*) sparse, scáttered; (*о домах и т. п.*) strágglíng; (*перен.*; *о мыслях и т. п.*) disconnécted, in:cohérent.

**разброса́ть** *сов. см.* разбра́сывать.

**разбро́сить** *сов. см.* разбра́сывать.

**разбры́зг||ать** *сов. см.* разбры́згивать. **~ивать,** разбры́згать (*вн.*) splash (*d.*); (*мелкими каплями*) spray (*d.*).

**разбуди́ть** *сов. см.* буди́ть.

**разбуха́ние** *с.* swélling.

**разбуха́ть,** разбу́хнуть *разг.* swell*; дверь разбу́хла the wood of the door has swóllen [...wud...dɔ:...-ou-]; кни́га разбу́хла от примеча́ний the book is packed with ànnotátions and cómmènts.

**разбу́хнуть** *сов. см.* разбуха́ть *и* бу́хнуть II.

**разбушева́||ться** *сов.* **1.** (*о буре, шторме и т. п.*) rage, blúster; (*о море*) run* high; мо́ре ~лось the sea ran high, it was a rough sea [...rʌf...]; ~вшаяся стихи́я the ráging élements *pl.*; **2.** *разг.* (*о человеке, толпе*) become* enráged, fly* into a rage.

**разва́жничаться** *сов. разг.* put* on airs, give* òne:sélf airs.

**разва́л** *м.* (*распад*) disintegrátion, bréak-down [-eɪk-]; (*перен.*: *расстройство, разруха*) disòrganizátion [-naɪ-].

**разва́ливать,** развали́ть (*вн.*; *о здании и т. п.*) pull down [pul...] (*d.*); (*перен.*; *о хозяйстве, работе и т. п.*) spoil* (*d.*), mess up (*d.*). **~ся,** развали́ться **1.** tumble down; (*перен.*) go* / fall* to píeces [...'pi:-]; не дать развали́ться де́лу hold* things togéther [...-'ge-]; **2.** *разг.* (*сидеть развалившись*) sprawl, lounge; **3.** *страд. к* разва́ливать.

**разва́лин||а** *ж.* (*о человеке*) wreck, rúin; он преврати́лся в ~у he is (but) a rúin of what he was.

**разва́лин||ы** *мн.* rúins; гру́да разва́лин a heap of rúins; расчи́стка разва́лин cléaring of débris [...'debri:]; преврати́ть в ~ (*вн.*) redúce to rúins (*d.*); лежа́ть в ~ах lie* in rúins; подня́ться из разва́лин rise* from the rúins / áshes.

**развали́ть(ся)** *сов. см.* разва́ливать(ся).

**разва́ривать,** развари́ть (*вн.*) boil soft (*d.*). **~ся,** развари́ться 1. be boiled soft; ~ся в ка́шу be boiled to pulp; 2. *страд. к* разва́ривать.

**развари́ть(ся)** *сов. см.* разва́ривать(ся).

**разварно́й** boiled.

**ра́зве** *частица* 1. réally? ['rɪə-]; *в составе вопросительного предложения об. не переводится:* он там был. — Ра́зве? he was there. — Réally?; ~ он прие́хал? has he come?; ~ он их не ви́дел? has he not seen them?; — ~ мо́жно, ну́жно (+ *инф.*) do you think it is póssible, it is nécessary (+ to *inf.*); ~ мо́жно, ну́жно ему́ *и т. д.* (+ *инф.*) do you think he, *etc.*, should (+ *inf.*); 2. (+ *инф.*) *разг.* (*не следует ли*) perháps (+ had bétter + *inf.*); ~ пойти́ (ему́) к до́ктору perháps he had bétter go to *the* dóctor; ~ лечь (мне) спать hadn't I bétter go to bed; 3. (*если не*) un¦léss; (*за исключением*) excépt / save perháps; он непреме́нно э́то сде́лает, ~ (то́лько) заболе́ет he will cértain¦ly do it, un¦léss he falls ill; никто́ не зна́ет э́того, ~ то́лько он nó¦body knows it with the póssible excéption of him¦sélf [...nouz...], nó¦body knows it un¦léss he does.

**развева́||ть,** разве́ять (*вн.*) 1. dispérse (*d.*); ве́тер разве́ял облака́ the wind dispérsed the clouds [...wɪ-...]; 2. *тк. несов.* blow* abóut [-ou...] (*d.*); ве́тер ~ет зна́мя the bánner is flápping / stréaming in the wind. **~ться,** разве́яться 1. dispérse; все его́ стра́хи разве́ялись all his fears dispérsed; 2. *тк. несов.* flútter, fly*; с ~ющимися знамёнами with flýing bánners / cólours [...'kʌ-], cólours flýing.

**разве́дать** *сов. см.* разве́дывать.

**разведе́ние** I *с.* (*животных*) bréeding, réaring; (*растений*) cùltivátion.

**разведе́ние** II *с.* (*моста*) swing¦ing ópen, ópen¦ing.

**разведённый** I, II *прич. см.* разводи́ть I, II.

**разведённый** III 1. *прил.* (*о супругах*) divórced; 2. *как сущ. м.* divòrcée; divorcé (*фр.*) [dɪ'vɔːseɪ]; *ж.* divorcée (*фр.*) [dɪ'vɔːseɪ].

**разве́д||ка** *ж.* 1. sécret sérvice, intélligence sérvice; 2. *воен.* intélligence; (*на местности, рекогносцировка*) recónnaissance [-nɪ-]; боева́я ~ battle recónnaissance; возду́шная ~ air recónnaissance; ~ бо́ем recónnaissance in force; devéloping attáck *амер.*; звукова́я ~ sóund-rànging [-reɪndʒ-]; опти́ческая ~ flash spótting; flash ránging [...'reɪndʒ-] *амер.*; высыла́ть ~ку send* out *a* recónnaissance párty; идти́ в ~ку go* rèconnóitring; 3. *геол.* prós-pèct, prospécting. **~очный** *прил. к* разве́дка; ~очное буре́ние èxplóratory drílling.

**разве́дчик** I *м.* 1. sécret sérvice man*; (*офицер разведки*) intélligence ófficer; 2. *воен.* scout, rèconnóitrer; 3. *геол.* prospéctor.

**разве́дчик** II *м. ав.* (*самолёт*) recónnaissance áeroplàne / áircràft / plane [-nɪ- 'ɛə-...], scout plane; (*дальний*) *мор.* patról plane [-oul...].

**разве́дчица** *ж.* 1. sécret sérvice wóman* [...'wu-]; (*офицер разведки*) intélligence wóman*; 2. *воен.* wóman* scout; 3. *ж. к* разве́дчик I 3.

**разве́дывательн||ый** recónnaissance [-nɪ-] (*attr.*), intélligence (*attr.*), rèconnóitring; ~ отря́д *воен.* recónnaissance detáchment; ~ отде́л, ~ое отделе́ние *воен.* intélligence séction; ~ые да́нные *воен.* intélligence dáta, recónnaissance dáta; ~ самолёт recónnaissance plane; ~ полёт recónnaissance flight; ~ая па́ртия rèconnóitring párty; *геол.* prospécting párty; ~ая экспеди́ция rèconnóitring èxpedítion; ~ая рабо́та (*войсковая*) recónnaissance work / dúty; recónnaissance dúties *pl.*; (*вневойсковая*) intélligence work; ~ые бои́ próbing attácks.

**разве́д||ывать,** разве́дать 1. (*вн.*, о *пр.*) find* out (*d.*, abóut); 2. (*вн.*) *воен.* rèconnóitre (*d.*); rèconnóiter (*d.*) *амер.*; 3. (*вн.*) *геол.* prospéct (*d.*); ~ месторожде́ния locáte depósits [...-z-]; ~ райо́н на нефть prospéct *a* district for oil; ~анные запа́сы (*не́фти и т. п.*) proved / known supplíes / resérves (of oil, *etc.*) [pruːvd noun... -'zəː-...].

**развезти́** *сов. см.* развози́ть.

**разве́ивать,** разве́ять (*вн.*) scátter (*d.*), dispérse (*d.*); (*перен.: уничтожать, рассеивать*) dispél (*d.*); разве́ять миф discrédit / shátter the myth. **~ся,** разве́яться (*рассеиваться*) be dispélled.

**развенча́ть** *сов. см.* разве́нчивать.

**разве́нчивать,** развенча́ть (*вн.*) dethróne (*d.*), discrówn (*d.*); debúnk (*d.*) *разг.*

**разверза́ться,** разве́рзнуться *уст., поэт.* yawn, gape.

**разве́рзнуться** *сов. см.* разверза́ться.

**развёрнут||ый** 1. *прич. см.* развёртывать; 2. *прил.* únfólded; (*организованный в широких масштабах*) exténsive, lárge-scále; 3. *прил.* (*подробный*) détailed ['diː-]; принима́ть ~ую резолю́цию adópt a détailed rèsolútion [...-zə-]; ~ая програ́мма còmprehénsive prógràm(me) [...'prou-]; 4. *прил. воен.* deplóyed; ~ строй *воен.* line (fòrmátion).

**разверну́ть** *сов. см.* развёртывать. **~ся** *сов. см.* развёртываться *и* развора́чиваться.

**разверста́ть** *сов. см.* развёрстывать.

**развёрстка** *ж.* appórtionment, allótment; (*налога*) asséssment.

**развёрстывать,** разверста́ть (*вн.*) appórtion (*d.*), allót (*d.*); (*о налоге*) asséss (*d.*).

**разве́рстый** *уст., поэт.* ópen, yáwning, gáping.

**развёртка** *ж.* 1. *мат.* devélopment, evólvent; 2. *тех.* réamer; 3. (*в телевидении и радиолокации*) scánning.

**развёртывание** *с.* 1. (*раскрывание — скатанного*) ún¦rólling, únwínding; (*сложенного*) únfólding; (*завёрнутого*) ún¦wrápping; 2. (*развитие*) devélopment; 3. *воен.* deplóyment.

**развёртывать,** разверну́ть (*вн.*) 1. (*раскрывать — скатанное*) ún¦róll (*d.*), únwínd* (*d.*); (*сложенное*) únfóld (*d.*); (*завёрнутое*) únwráp (*d.*); ~ ковёр ún¦róll *a* cárpet; ~ газе́ту únfóld *the* páper; ~ паке́т ún¦wráp *a* párcel; 2. (*проявлять*) show* [ʃou] (*d.*), displáy (*d.*); ~ свои́ си́лы show* / displáy one's strength; ~ свой тала́нт show* / displáy one's tálent [...'tæ-]; 3. (*предпринимать в широких масштабах*) devélop [-'ve-] (*d.*); ~ социалисти́че-

-ское строительство devélop sócialist constrúction; ~ социалистическое соревнование spread* sócialist còmpetition / èmulátion [-ed...]; ~ торговлю expánd trade; развернуть самокритику devélop sélf-críticism; широко развернуть работу place the work on a broad fóoting [...-ɔːd 'fu-]; развернуть широкую программу обучения promóte / fórward a wide prógràm(me) of tráining [...'prougræm...]; **4.** *воен.* (*в боевой порядок*) deplóy (*d.*), exténd (*d.*); **5.** (*вн.* в *вн.*) *воен.* (*в более крупную единицу*) expánd (*d.* into); **6.** *воен.* (*устраивать*) estáblish (*d.*), set* up (*d.*); **7.** (*автомашину, самолёт*) turn (*d.*), swing* abóut / aróund (*d.*); (*корабль и т. п. тж.*) slew (abóut) (*d.*).

**развёртываться,** развернуться **1.** (*раскрываться — о скатанном*) ún:róll; (*о сложенном*) únfóld; (*о завёрнутом*) get* / become* ún:wrápped; **2.** (*проявляться*) show* òne:sélf [ʃou...], displáy òne:sélf; **3.** (*развиваться*) spread* [-ed]; широко развернулось социалистическое соревнование sócialist còmpetition / èmulátion spread wide:ly; во всех цехах развернулось соревнование èmulátion spread to all the shops; борьба развернулась (вокруг) the struggle raged (aróund); **4.** *воен.* (*переходить в более широкий и глубокий порядок*) deplóy; **5.** (в *вн.*) *воен.* (*в более крупную единицу*) expánd (into), be expánded (into); **6.** (*делать поворот*) turn, swing* abóut / aróund; *мор. тж.* slew (abóut); **7.** *страд. к* развёртывать.

**развéс** *м.* wéighing.

**развеселить** *сов.* (*вн.*) cheer up (*d.*), bríghten (*d.*). **~ся** *сов.* cheer up, bríghten.

**развесёлый** *разг.* mérry, gléeful.

**развéсистый** spréading [-red-], bránchy [-ɑː-].

**развéсить** I, II, III *сов. см.* развéшивать I, II, III.

**развéска** I *ж.* (*на весах*) wéighing.

**развéска** II *ж.* (*картин и т. п.*) háng:ing.

**развеснóй** sold by weight.

**развести** I, II, III, IV *сов. см.* разводить I, II, III, IV.

**развестись** I, II *сов. см.* разводиться I, II.

**разветвить(ся)** *сов. см.* разветвлять(ся).

**разветвлéние** *с.* **1.** bránching [-ɑː-], ràmificátion; (*о дороге тж.*) fórking; **2.** (*место разветвления*) branch [-ɑː-]; (*о дороге тж.*) fork; **3.** (*ответвление*) fork; ~ нéрва *анат.* rádicle.

**разветвлённ||ый** **1.** *прич. см.* разветвлять; **2.** *прил.*: ~ая система rámified sýstem; широко ~ая сеть broad / fár-flúng nétwòrk [brɔːd...].

**разветвля||ть,** разветвить (*вн.*) branch [-ɑː-] (*d.*); (*о дороге тж.*) fork (*d.*). **~ться,** разветвиться branch [-ɑː-], rámifỳ; (*о дороге тж.*) fork, divíde; дорóга ~лась the road forked / divided.

**развéшать** *сов. см.* развéшивать III.

**развéшивать** I, развéсить (*вн.*; *на весах*) weigh out (*d.*).

**развéшивать** II, развéсить (*вн.*; *о ветвях и т. п.*) spread* [-ed] (*d.*), stretch out (*d.*); ◇ развéсить уши *разг.* ≅ swállow évery:thing one is told, let* òne:sélf be duped / fooled.

**развéшивать** III, развéсить, развéшать (*вн.*; *о картинах и т. п.*) hang* (*d.*).

**развéять** *сов. см.* развевáть 1 *и.* развéивать. **~ся** *сов. см.* развевáться 1 *и* развéиваться.

**развивáть** I, развить (*вн.*; *в разн. знач.*) devélop [-'ve-] (*d.*); ~ мускулатуру devélop one's muscles [...-slz]; ~ пáмять devélop one's mémory; ~ промышленность devélop the índustry; ~ успéх *воен.* explóit *a* succéss; ~ скóрость gáther, *или* pick up, speed; развить скóрость до 150 *км* в час devélop a speed of 150 km per hour (*сокр.* p. h.) [...auə]; ~ чью-л. мысль, чей-л. план *и т. п.* devélop smb.'s idéa, plan, *etc.* [...aɪ'dɪə...]; ~ твóрческую инициативу stímulàte crèátive inítiative; ~ культурные связи promóte cúltural íntercourse [...-kɔːs].

**развивáть** II, развить (*вн.*; *раскручивать, расплетать*) úntwíst (*d.*), úntwíne (*d.*).

**развивáться** I, развиться **1.** devélop [-'ve-]; **2.** *страд. к* развивáть I.

**развивáться** II, развиться **1.** (*раскручиваться*) úntwíst; (*о волосах*) come* ún:cúrled, lose* its curls [luːz...]; **2.** *страд. к* развивáть II.

**развили||на** *ж.* fork; bifùrcátion [baɪ-] *научн.*; (*у дерева*) forked crown; fùrcátion *научн.* **~стый** forked.

**развинтить(ся)** *сов. см.* развинчивать(ся).

**развинченн||ость** *ж. разг.* ènèrvátion. **~ый** **1.** *прич. см.* развинчивать; **2.** *прил. разг.* (*о человеке*) únstrúng; **3.** *прил. разг.* (*о походке*) loose [-s], strágglíng.

**развинчивать,** развинтить (*вн.*) únscréw (*d.*). **~ся,** развинтиться be / get* únscréwed; (*перен.*) *разг.* get* únstrúng; у негó нéрвы развинтились his nerves are únstrúng, he is únnérved.

**развитие** *с.* (*в разн. знач.*) devélopment; ~ промышленности devélopment / growth of índustry [...grouθ...]; умственное, физическое ~ méntal, phýsical devélopment [...-zɪ-...]; политическое ~ polítical devélopment; диалектическое ~ dìaléctical devélopment; ~ навыков devélopment of hábits; ~ успéха *воен.* èxploitátion of succéss; в ~ чегó-л. in devélopment / elàborátion of smth.

**развитóй** **1.** (*в разн. знач.*) devéloped; физически ~ phýsically devéloped [-zɪ-...]; умственно ~ méntally devéloped; политически ~ polítically devéloped; **2.** (*культурный, духовно зрелый*) wéll-devéloped; (*сообразительный, смышлёный*) intélligent.

**развить(ся)** I, II *сов. см.* развивáть(ся) I, II.

**развлекáть,** развлéчь (*вн.*) èntertáin (*d.*), amúse (*d.*); (*отвлекать*) divért (*d.*). **~ся,** развлéчься **1.** have a nice / good time, amúse / divért òne:sélf; **2.** (*отвлекаться*) get* / be distrácted.

**развлечéние** *с.* èntertáinment; (*забава*) amúse:ment; (*как отдых*) rè:làxátion; (*отвлечение*) divérsion [daɪ-].

**развлéчь(ся)** *сов. см.* развлекáть(ся).

**развóд** I *м.* (*расторжение брака*) divórce; они в ~е they are divórced; получáть ~ get* a divórce; давáть ~ комý-л. agrée to divórce smb.; процéсс о ~е divórce suit [...sjuːt].

**развóд** II *м. воен.*: ~ карáулов (*торжественный*) tróoping the cólours [...'kʌ-]; guard móunting *амер.*; ~ часовы́х pósting the séntries ['pou-...].

**разво́д** III *м.*: оставля́ть на ~ (*вн.*) *разг.* keep* for bréeding (*d.*).

**разводи́ть** I, развести́ (*вн.*) **1.** (*куда-л.*) take* (*d.*), condúct (*d.*); ~ по дома́м take* to *their* homes (*d.*); госте́й развели́ по их ко́мнатам the guests were shown their rooms [...ʃoun...]; ~ войска́ по кварти́рам *воен.* take* *the* troops to their billets; **2.** (*в разные стороны*) part (*d.*), bring* / pull apárt [...pul...] (*d.*), séparàte (*d.*); ~ ве́тки part *the* bránches [...'brɑː-]; ~ мост (*подъёмный*) raise *a* bridge; (*поворотный*) swing* *a* bridge ópen; ~ пилу́ set* *a* saw; **3.** (*разбавлять*) dilúte [daɪ-] (*d.*); **4.:** ~ ого́нь light* / kindle a fire; ~ костёр light* a camp fire; ~ пары́ raise steam, get* up steam; ◇ ~ рука́ми ≅ spread *one's hands [-ed...], make* a hélpless gésture.

**разводи́ть** II, развести́ *воен.*: ~ карау́лы mount the guards; ~ часовы́х post the séntries [poust...].

**разводи́ть** III, развести́ (*о супругах*) divórce (*d.*).

**разводи́ть** IV, развести́ (*вн.*) (*животных, птиц*) breed* (*d.*), rear (*d.*); (*растения*) cúltivàte (*d.*); (*сад, парк и т. п.*) make* (*d.*), plant [-ɑːnt] (*d.*), lay* out (*d.*).

**разводи́ться** I, развести́сь **1.** (с *тв.*; *о супругах*) divórce (*d.*), be divórced (from); ~ с жено́й, му́жем divórce one's wife*, húsband [...'hʌz-]; он разво́дится с жено́й he is getting his / a divórce; **2.** *страд. к* разводи́ть III.

**разводи́ться** II, развести́сь **1.** (*о животных, птицах*) breed*, múltiplỳ; **2.** *страд. к* разводи́ть IV.

**разво́дка** *ж.* **1.** (*действие*): ~ мо́ста (*подъёмного*) ráising of *a* bridge; (*поворотного*) swing¦ing *a* bridge ópen; ~ пилы́ saw sétting; **2.** (*для пил*) tooth sétter, saw set.

**разводно́й**: ~ мост dráwbridge; ~ ключ adjústable spánner [ə'dʒʌ-...].

**разво́д||ы** *мн.* **1.** (*узоры*) free designs [...-'zaɪnz]; broad páttern [-ɔːd...] *sg.*; с ~ами with free designs; **2.** (*пятна, потёки*) stains.

**разводя́щий** *м. скл. как прил. воен.* córporal of the guard.

**развоева́ться** *сов. разг.* blúster.

**разво́з** *м.* convéyance.

**развози́ть,** развезти́ (*вн.*) convéy (*d.*), trànspórt (*d.*); ~ това́ры deliver goods [-'lɪ-gudz].

**развози́||ться** *сов. разг.* start a romp; де́ти ~лись в саду́ the children are rómping, *или* have stárted a romp, in the gárden.

**разво́зка** *ж. разг.* convéying, convéyance; (*доставка*) delivery.

**разволнова́ть** *сов.* (*вн.*) *разг.* excíte (*d.*), ágitàte (*d.*). ~**ся** *сов. разг.* get* excíted / ágitàted.

**развора́чивать,** развороти́ть (*вн.*) **1.** make* hávoc [...'hæ-] (of), play hávoc (among, with), turn úpside-dówn (*d.*); **2.** *тк. несов.* (*автомашину, самолёт*) turn (*d.*), swing* abóut / aróund (*d.*); *мор. тж.* slew (abóut) (*d.*). ~**ся,** разверну́ться **1.** *разг.* = развёртываться; **2.** (*поворачивать*) turn, swing* abóut / aróund; *мор. тж.* slew (abóut); **3.** *страд. к* развора́чивать.

**разворова́ть** *сов. см.* разворо́вывать.

**разворо́вывать,** разворова́ть (*вн.*) plúnder (*d.*), embézzle (*d.*); clean* out (*d.*) *разг.*

**разворо́т** *м.* **1.** turn; круто́й ~ *ав.* tight turn; ~ на 180° *ав.* 180° turn; **2.** *разг.* (*рост, развитие*) deplóyment, devélopment; ~ сове́тской торго́вли growth of Sóvièt trade [-ouθ...].

**развороти́ть** *сов. см.* развора́чивать 1.

**развороши́ть** *сов.* (*вн.*) turn úpside-dówn (*d.*).

**развра́т** *м.* léwdness, deprávity; (*распущенность*) debáuch, debáuchery; предава́ться ~у indúlge in lust / léwdness, lead* a depráved life. ~**итель** *м.* debáucher, sedúcer. ~**ительница** *ж.* sedúcer. ~**и́ть(ся)** *сов. см.* развраща́ть(ся).

**развра́тн||ик** *м.*, ~**ица** *ж.* dèbauchée, libertine, prófligate.

**развра́тн||ичать** lead* a depráved life, indúlge in lust / léwdness. ~**ость** *ж.* deprávity, libertinage, léwdness, prófligacy. ~**ый** lewd, debáuched, prófligate.

**развраща́ть,** разврати́ть (*вн.*) corrúpt (*d.*), deprávе (*d.*), debáuch (*d.*). ~**ся,** разврати́ться **1.** grow* / become* corrúpted [-ou...], grow* / become* depráved, grow* / become* prófligate, go* to the bad; **2.** *страд. к* развраща́ть.

**развращённ||ость** *ж.* corrúptness, deprávity. ~**ый** *прич. и прил.* corrúpted, depráved.

**развью́чивать,** развью́чить (*вн.*) ùnbúrden (*d.*), ún¦lóad (*d.*).

**развью́чить** *сов. см.* развью́чивать.

**развяза́ть(ся)** *сов. см.* развя́зывать(ся).

**развя́з||ка** *ж.* **1.** (*в романе, драме*) dénouement (*фр.*) [deɪ'nuːmɑ̃ŋ]; **2.** (*завершение*) óut¦còme, íssue; úpshòt; де́ло идёт к ~ке the affáir is coming to a head [...hed].

**развя́зн||о** *нареч.*: держа́ть, вести́ себя́ ~ be úndúly famíliar, be free and éasy [...-zɪ]. ~**ость** *ж.* úndúe familiárity. ~**ый** pert, óver-frée.

**развя́зывать,** развяза́ть (*вн.*) úntíe (*d.*), únbínd* (*d.*); (*узел, завязанное узлом*) úndó* (*d.*); (*привязь*) ún¦léash (*d.*); ~ кому́-л. ру́ки úntíe smb.'s hands; (*перен. тж.*) leave* smb. free to act; у него́ развя́заны ру́ки he is given full scope; ◇ ~ кому́-л. язы́к loose / lóosen smb.'s tongue [luːs... tʌŋ]; ~ войну́ ún¦léash war. ~**ся,** развяза́ться **1.** (*о ленте, узле и т. п.*) get* / come* ún¦dóne, get* úntíed; **2.** (с *тв.*; *кончать, отделываться*) have done (with), be through (with); ◇ у него́ язы́к развяза́лся ≅ he is tálking fréely at last.

**разгада́ть** *сов. см.* разга́дывать.

**разга́дка** *ж.* solútion, clue.

**разга́дывать,** разгада́ть (*вн.*) **1.** ùn¦rável [-'ræ-] (*d.*), ún¦riddle (*d.*); ~ сны read* dreams; ~ зага́дку solve / guess *a* riddle; **2.** (*распознавать*) guess (*d.*); разгада́ть чьи-л. наме́рения guess / discóver smb.'s inténtions [...-'kʌ-...]; разгада́ть челове́ка find* smb. out.

**разга́р** I *м.*: в ~е in full swing; рабо́та в по́лном ~е the work is in full swing; ле́то, сезо́н *и т. п.* в по́лном ~е súmmer, séason, *etc.*, is at its height [...-z°n... haɪt]; в ~е спо́ра at the height of *the* dispúte; в ~е бо́я at the height of *the* fighting; в ~е борьбы́ at the tightest point of the struggle.

**разга́р** II *м. тех.* (*ствола*) scóring, erósion.

**разгиба́||ть,** разогну́ть (*вн.*) únbénd* (*d.*), stráighten (*d.*); ~ спи́ну stráighten one's back; ◇ не ~я спины́ ≅ without rè¦làxátion. **~ться,** разогну́ться **1.** stráighten òne¦sélf up; **2.** *страд. к* разгиба́ть.

**разгиба́ющий** *прич. см.* разгиба́ть; ~ му́скул *анат.* exténsor.

**разгильдя́й** *м. разг.* slóven [-ʌv-]. **~ничать** *разг.* be slóvenly / slípshòd [...-ʌv-...]. **~ство** *с. разг.* slóvenliness [-ʌv-], slípshòdness.

**разглаго́льствование** *с. разг.* profúse talk [-s...], èxpàtiátion; vérbiage; пусто́е ~ idle talk.

**разглаго́льствовать** (о *пр.*) *разг.* talk profúse¦ly [...-s-] (abóut), hold* forth (on), expánd (on).

**разгла́дить(ся)** *сов. см.* разгла́живать(ся).

**разгла́живать,** разгла́дить (*вн.*) smooth out [-ð...] (*d.*); (*утюгом*) íron out ['aɪən...] (*d.*); ~ морщи́ны на лбу smooth out wrinkles on *the* fórehead [...'fɔrɪd]. **~ся,** разгла́диться **1.** smooth (down) [-ð...], get* smooth; морщи́ны на его́ лбу разгла́дились the wrinkles on his fórehead reláxed [...'fɔrɪd...]; **2.** *страд. к* разгла́живать.

**разгласи́ть** *сов. см.* разглаша́ть.

**разглаша́ть,** разгласи́ть **1.** (*вн.*; *секрет, тайну и т. п.*) divúlge [daɪ-] (*d.*), give* a¦wáy (*d.*); **2.** (о *пр.*) *разг.* (*объявлять*) trúmpet (*d.*).

**разглаше́ние** *с.* divúlging [daɪ-]; ~ вое́нной та́йны divúlgence of mílitary sécrets [daɪ-...].

**разгляде́ть** *сов.* (*вн.*) make* out (*d.*), discérn (*d.*), descrý (*d.*).

**разгля́дывать** (*вн.*) view [vjuː] (*d.*), exámine (*d.*); ~ со всех сторо́н take* an all round view.

**разгне́вать** *сов.* (*вн.*) ánger (*d.*), incénse (*d.*). **~ся** *сов. см.* гне́ваться.

**разгова́рива||ть** (с *тв.*) talk (to, with), speak* (to, with), convérse (with); дово́льно ~! stop tálking!; не хочу́ с ва́ми ~! I don't want to speak to you!; ~ с сами́м собо́й talk to òne¦sélf; не сто́ит и ~ об э́том it is not worth tálking abóut; не ~йте таки́м то́ном don't speak in such a tone; ~ по-ру́сски, по-неме́цки, по-англи́йски *и т. п.* talk / speak* Rússian, Gérman, Énglish, *etc.* [...-ʃən... 'ɪŋ-].

**разгове́ться** *сов. см.* разговля́ться.

**разговля́ться,** разгове́ться *церк.* break* one's fast [-eɪk...].

**разгово́р** *м.* talk, cònversátion; кру́пный ~ high words *pl.*; име́ть кру́пный ~ с кем-л. have high words with smb.; завя́зывать ~ с кем-л. énter into cònversátion with smb.; заводи́ть ~ о чём-л. bring* up smth.; перемени́ть ~ change the súbject [ʧeɪ-...]; без ли́шних ~ов without wásting time on tálking [...'weɪ-...]; и ~а не́ было (о *пр.*) there was no quéstion [...-sʧ-] (of); бы́ло мно́го разгово́ров (о *пр.*) there was a great deal of talk (abóut); да́льше ~ов э́то не пойдёт it will end in talk; никаки́х ~ов, де́лай, как тебе́ говоря́т I don't want to hear ány¦thing abóut it, do as you are told; дово́льно ~ов! enóugh tálking! [ɪ'nʌf...]; то́лько и ~у, что об э́том it is the talk of the day; без ~ов! and no árgument!

**разговори́||ться** *сов.* **1.** (с *тв.*; *вступить в разговор*) get* into cònversátion (with); они́ ~лись they got into cònversátion; **2.** (*увлечься разговором*) warm to one's tópic.

**разгово́рник** *м.* phráse-book.

**разгово́рн||ый** (*о речи, стиле и т. п.*) collóquial; ~ язы́к spóken lánguage; ◇ ~ая бу́дка télephòne booth [...-ð].

**разгово́рчив||ость** *ж.* tálkative¦ness. **~ый** tálkative, loquácious.

**разго́н** *м.* **1.** (*толпы, собрания и т. п.*) dispérsal; **2.** (*разбег*) moméntum; **3.** (*расстояние*) dístance; ◇ быть в ~е *разг.* be out, be rúnning abóut.

**разгоня́ть,** разогна́ть (*вн.*) **1.** drive* a¦wáy (*d.*); (*о толпе и т. п.*) dispérse (*d.*); (*о демонстрации тж.*) break* up (*d.*); (*перен.*; *о скуке, сомнении и т. п.*) dispél (*d.*); **2.** (*придавать скорость*) speed* up (*d.*), race (*d.*), drive* at high speed (*d.*); **3.** *полигр.* space (*d.*). **~ся,** разогна́ться **1.** gáther moméntum; *сов. тж.* gáther full speed; **2.** *страд. к* разгоня́ть.

**разгора́живать,** разгороди́ть (*вн.*) pàrtítion off (*d.*). **~ся,** разгороди́ться **1.** pàrtítion off; **2.** *страд. к* разгора́живать.

**разгор||а́ться,** разгоре́ться flame up, flare up; костёр ~е́лся the fire flamed up; дрова́ ~е́лись the fíre¦wood kíndled [...-wud...]; ~е́лся спор an árgument flared up; ~е́лся бой a héated fight devéloped; стра́сти ~е́лись féeling ran high, pássions flared up; у неё щёки ~е́лись her cheeks flushed.

**разгоре́ться** *сов. см.* разгора́ться.

**разгороди́ть(ся)** *сов. см.* разгора́живать(ся).

**разгоряч||и́ть** *сов. см.* горячи́ть. **~и́ться** *сов.* **1.** (от) be flushed (with); он ~и́лся от вина́, от езды́ верхо́м he was flushed with wine, from the ride; **2.** *см.* горячи́ться.

**разгра́бить** *сов.* (*вн.*) ránsàck (*d.*), plúnder (*d.*), píllage (*d.*).

**разграбле́ние** *с.* plúnder, píllage.

**разгради́ть** *сов. см.* разгражда́ть.

**разгражд||а́ть,** разгради́ть (*вн.*) *воен.* remóve *the* óbstacles [-'muːv...] (from). **~е́ние** *с. воен.* remóval of óbstacles [-'muː-...], óbstacle cléaring.

**разграниче́ние** *с.* **1.** (*различение понятий и т. п.*) differèntiátion, discrìminátion; **2.** (*размежевание*) delimitátion, dèmàrcátion [diː-].

**разграни́чивать,** разграни́чить (*вн.*) **1.** (*различать понятия и т. п.*) differéntiàte (*d.*), discríminàte (*d.*); **2.** (*размежёвывать*) dè¦límit (*d.*), démàrcàte ['diː-] (*d.*). **~ся,** разграни́читься **1.** (*о понятиях и т. п.*) be / become* discríminàted; **2.** (*размежёвываться*) get* dè¦límited / démàrcàted [...'diː-]; **3.** *страд. к* разграни́чивать.

**разграни́чить(ся)** *сов. см.* разграни́чивать(ся).

**разграфи́ть** *сов. см.* разграфля́ть.

**разграфле́ние** *с.* rúling.

**разграфля́ть,** разграфи́ть (*вн.*) rule (*in squares, columns, etc.*) (*d.*).

**разгреба́ть,** разгрести́ (*вн.*; *граблями*) rake (*d.*); (*лопатой, совком и т. п.*) shóvel ['ʃʌ-] (*d.*).

**разгрести́** *сов. см.* разгреба́ть.

**разгро́м** *м.* **1.** (*неприятеля*) crúshing / compléte / útter deféat, rout; **2.** *разг.* (*беспорядок*) destrúction; hávoc ['hæ-]; в ко́мнате был по́лный ~ évery:thing was turned úpside-dówn in the room.

**разгроми́ть** *сов. см.* громи́ть.

**разгружа́ть,** разгрузи́ть (*вн.*) ún:lóad (*d.*), dis:chárge (*d.*); (*вн.* от; *перен.*) relíeve [-i:v] (*d.* of). **~ся,** разгрузи́ться **1.** get* ún:lóaded; (от; *перен.*) get* relíeved [...-i:vd] (of); **2.** *страд. к* разгружа́ть.

**разгрузи́ть(ся)** *сов. см.* разгружа́ть(ся).

**разгру́з||ка** *ж.* ún:lóading; (*перен.*) relief [-'li:f]. **~очный** ún:lóading (*attr.*); ~очное су́дно lighter.

**разгруппирова́ть** *сов. см.* разгруппиро́вывать.

**разгруппиро́вывать,** разгруппирова́ть (*вн.*) divide into groups [...-u:ps] (*d.*), group [-u:p] (*d.*).

**разгрыза́ть,** разгры́зть (*вн.*) crack (*d.*); разгры́зть оре́х crack *a* nut.

**разгры́зть** *сов. см.* разгрыза́ть.

**разгу́л** *м.* révelry [-vl-], debáuch; (*перен.*) ráging, víolence.

**разгу́ливать** *разг.* stroll abóut, walk abóut.

**разгу́ливаться,** разгуля́ться *разг.* **1.** (*кутить*) go* on the spree; *сов. тж.* be on the loose [...-s]; **2.** (*не хотеть спать — о детях*) have one's sleep dríven a:wáy, *или* díssipàted [...'drɪ-...], be wóken up; **3.** (*о погоде*) clear up; пого́да разгуля́лась the wéather has cleared up [...'we-...]; день разгуля́лся the day has turned fine; **4.** (*разражаться*) break* loose [-eɪk...], rampáge, rage; непого́да разгуля́лась a storm is ráging.

**разгу́льн||ый** loose [-s], rákish ['reɪ-]; вести́ ~ую жизнь lead* a díssipàted life.

**разгуля́ться** *сов. см.* разгу́ливаться.

**раздава́ть,** разда́ть (*вн. дт.*) distríbùte (*d.* to, among), give* out (*d.* to), serve out (*d.* to), dispénse (*d.* among).

**раздава́ться** I, разда́ться (*о звуке*) be heard [...hə:d], sound, resóund [-'z-], ring* (out); разда́лся крик a cry was heard, *или* resóunded, *или* rang out; разда́лся стук (в дверь) there was a knock at the door [...dɔ:].

**раздава́ться** II, разда́ться **1.** (*расступаться*) make* way; толпа́ раздала́сь the crowd made way; **2.** *разг.* (*расширяться*) expánd; **3.** *разг.* (*толстеть*) put* on weight.

**раздава́ться** III *страд. к* раздава́ть.

**раздави́ть** *сов.* (*вн.*) crush (*d.*); (*о чём-л. мягком тж.*) squash (*d.*); (*о противнике тж.*) òver:whélm (*d.*); (*переехав, убить или искалечить*) run* down (*d.*).

**разда́ривать,** раздари́ть (*вн. дт.*) give* a:wáy (*d.* to).

**раздари́ть** *сов. см.* разда́ривать.

**разда́точный** distríbùting; ~ пункт distríbùting centre.

**разда́тчи||к** *м.*, **~ца** *ж.* distríbùtor, dispénser.

**разда́ть** *сов. см.* раздава́ть.

**разда́ться** I, II *сов. см.* раздава́ться I, II.

**разда́ча** *ж.* distribútion, dispènsátion.

**раздва́ивать,** раздвои́ть (*вн.*) biséct (*d.*), divide into two (*d.*). **~ся,** раздвои́ться **1.** bifùrcàte ['baɪ-], fork; **2.** *страд. к* раздва́ивать.

**раздвига́ть,** раздви́нуть (*вн.*) move / slide* apárt [mu:v...] (*d.*); (*отдёргивать в разные стороны*) pull / draw* apárt [pul...] (*d.*); ~ стол exténd *a* table; ~ за́навес draw* *the* cúrtain. **~ся,** раздви́нуться **1.** move / slide* apárt [mu:v...]; за́навес раздви́нулся the cúrtain was drawn; толпа́ раздви́нулась the crowd made way; **2.** *страд. к* раздвига́ть.

**раздвижно́й** exténsible; ~ стол exténsion-table; ~ за́навес *театр.* draw cúrtain.

**раздви́нуть(ся)** *сов. см.* раздвига́ть(ся).

**раздвое́ние** *с.* divàricátion [daɪ-] bifùrcátion [baɪ-]; ◇ ~ ли́чности split pèrsonálity.

**раздво́енный** **1.** forked; bífùrcàted ['baɪ-]; **2.** *бот.* dichótomous [-'kɔ-], fúrcàte.

**раздвои́ть(ся)** *сов. см.* раздва́ивать(ся).

**раздева́||лка** *ж. разг.*, **~льная** *ж. скл. как прил.*, **~льня** *ж. разг.* clóak-room.

**раздева́ние** *с.* úndréssing.

**раздева́ть,** разде́ть (*вн.*) úndréss (*d.*). **~ся,** разде́ться úndréss, strip; (*снимать пальто*) take* off one's coat; ~ся догола́ strip (stark) náked, strip to the skin; ~ся до по́яса strip to the waist; не раздева́ясь without táking off one's clothes [...kloudz]; (*не снимая верхней одежды*) without táking off one's coat.

**разде́л** *м.* **1.** divísion; pàrtítion; (*земли*) allótment; ~ иму́щества divísion of próperty; **2.** (*в акте, книге и т. п.*) séction.

**разде́лать(ся)** *сов. см.* разде́лывать(ся).

**разделе́ние** *с.* divísion; ~ труда́ divísion of lábour; ~ на уча́стки párcelling out.

**раздели́мый** divísible [-z-].

**раздели́тельн||ый** **1.** divíding, séparàting; ~ая черта́ divíding line; **2.** *филос.*, *лингв.* pártitive; ~ сою́з *грам.* disjúnctive conjúnction.

**раздели́ть** *сов. см.* дели́ть I *и* разделя́ть. **~ся** *сов. см.* дели́ться I *и* разделя́ться.

**разде́лывать,** разде́лать (*вн.*) **1.** dress (*d.*); (*о туше тж.*) cut* (*d.*); (*о грядках и т. п.*) lay* out (*d.*); **2.** (*красить под дерево, мрамор и т. п.*) grain (*d.*); ~ шкаф под дуб, оре́х *и т. п.* grain *the* bóokcàse in imitátion of oak, házel, *etc.* [...-keɪs...]; ◇ разде́лать кого́-л. под оре́х *разг.* make* a fine sight of smb., make* smb. smart. **~ся,** разде́латься (с *тв.*) **1.** have done (with), be through (with); (*с долгами и т. п.*) pay* off (*d.*), settle (*d.*); **2.** (*расправляться*) square / settle accóunts (with); be quits / éven (with); он с ним разде́лается he will make him smart.

**разде́льно** *нареч.* séparate:ly.

**разде́льн||ый** **1.** (*отдельный*) séparate; ~ое голосова́ние vote on individual ítems; ~ое обуче́ние séparate èducátion for boys and girls [...g-]; ~ая убо́рка *с.-х.* twó-stáge hárvesting; **2.** (*о произношении*) clear, distínct.

**разделя́ть,** раздели́ть (*вн.*) **1.** divíde (*d.*); (*вн.* на *вн.*) divíde (*d.* in, into); (*вн.* ме́жду) divíde (*d.* betwéen, among); **2.** (*разъединять*) séparàte (*d.*), part (*d.*); **3.** (*о мнении, участи и т. п.*) share (*d.*); ~ мне́ние кого́-л. share smb.'s opínion; ~ взгля́ды кого́-л. share smb.'s views [...vju:z]; раздели́ть судьбу́ кого́-л. share smb.'s fate. **~ся,** раздели́ться **1.** (на *вн.*) divíde (into); отря́д раздели́лся на четы́ре гру́ппы the detáchment divíded into four groups [...fɔ: gru:-]; мне́ния раздели́лись opínions were divíded; **2.** (*прекращать совместную жизнь*) séparàte, part; **3.** *тк. сов.* (на *вн.*; *делиться* *без остатка*) divíde (by); э́то число́ разде́лится на три this númber is divísible by three [...-zɪ-...]; **4.** *страд. к* разделя́ть.

**раздёргивать,** раздёрнуть **1.** (*вн.*) *разг.* draw* / pull apárt [...pul...] (*d.*); раздёрнуть занаве́ски draw* *the* cúrtains (apárt); **2.** *мор.* let* go (by the run).

**раздёрнуть** *сов. см.* раздёргивать.

**разде́ть(ся)** *сов. см.* раздева́ть(ся).

**раздира́||ть,** разодра́ть (*вн.*) **1.** *разг.* tear* up [tɛə...] (*d.*); **2.** *тк. несов.* (*душу, сердце и т. п.*) rend* (*d.*), lácerate (*d.*), tear* (*d.*); ~емый вну́тренней борьбо́й torn by intérnal strife. **~ться,** разодра́ться **1.** tear* [tɛə]; **2.** *страд. к* раздира́ть.

**раздира́ющий 1.** *прич. см.* раздира́ть; **2.** *прил.* (*ужасный*) héart-rènding ['hɑːt-], héart-breaking ['hɑːtbreɪ-]: ~ ду́шу крик héart-rènding / héart-breaking cry.

**раздобре́ть** *сов. см.* добре́ть II.

**раздо́бриться** *сов. разг.* become* génerous / kind.

**раздобыва́ть,** раздобы́ть (*вн.*) *разг.* procúre (*d.*), get* (*d.*); раздобы́ть де́нег get* / raise some móney [...'mʌ-].

**раздобы́ть** *сов. см.* раздобыва́ть.

**раздо́ль||е** *с.* (*простор*) expánse; (*перен.*) fréedom, liberty; ему́ ~ he is quite free to do what he likes. **~ный:** ~ная жизнь free / éasy life [...'iːzɪ...].

**раздо́р** *м.* discòrd, dissénsion; жить в ~е live in discòrd [lɪv...]; ◇ семена́ ~а seeds of discòrd; я́блоко ~а apple of discòrd, bone of conténtion; се́ять ~ breed* strife.

**раздоса́довать** *сов.* (*вн.*) *разг.* vex (*d.*). **~ся** *сов. разг.* get* / become* vexed.

**раздража́ть,** раздражи́ть (*вн.*) írritàte (*d.*), annóy (*d.*), put* out (*d.*); (*действовать на нервы*) get* on smb.'s nerves. **~ся,** раздражи́ться get* írritàted / annóyed, chafe; ~ся из-за пустяко́в, по пустяка́м get* írritàted, *или* chafe, at a mere nothing; напра́сно он раздража́ется he shouldn't get so ùpsét; there's nothing for him to be ángry abóut.

**раздража́ющ||ий 1.** *прич. см.* раздража́ть; **2.** *прил.* írritàting, írksome; ~ее ОВ írritant.

**раздраже́н||ие** *с.* irritátion; с ~ием with irritátion; в ~ии in irritátion, in a témper.

**раздражённый 1.** *прич. см.* раздража́ть; **2.** *прил.* ángry, írritàted, exásperàted.

**раздражи́мость** *ж.* irritabílity.

**раздражи́тель** *м. физиол.* írritant. **~но** *нареч.* with irritátion, in irritátion, in a témper, írritably. **~ность** *ж.* irritabílity, shórtness of témper. **~ный** írritable, short of témper, shórt-témpered, pétulant; он о́чень раздражи́телен he is very írritable.

**раздражи́ть(ся)** *сов. см.* раздража́ть(ся).

**раздразни́ть** *сов.* (*вн.*) *разг.* **1.** tease (*d.*); **2.:** ~ чей-л. аппети́т excíte / whet smb.'s áppetite.

**раздроби́ть(ся)** *сов. см.* раздробля́ть(ся) *и* дроби́ть(ся).

**раздробле́ние** *с.* bréaking up ['breɪ-...], párcelling (out).

**раздро́бленн||ый 1.** *прич. см.* раздробля́ть; **2.** *прил.* (*о кости*) splíntered, sháttered; **3.** *прил.:* ~ое хозя́йство *с.-х.* scáttered ècónomy [...iː-].

**раздробля́ть,** раздроби́ть **1.** (*вн.*) break* / smash to pieces [-eɪk...'piː-] (*d.*); (*об участке земли и т. п.*) párcel (out) (*d.*); (*о кости*) splínter (*d.*), sháter (*d.*); **2.** (*вн. в вн.*) *мат.* turn (*d.* into); ~ ме́тры в сантиме́тры turn / fráction metres into céntimètres, expréss metres in terms of céntimètres. **~ся,** раздроби́ться **1.** break* / smash to pieces [-eɪk... 'piː-]; (*о кости*) splínter, sháter; **2.** *страд. к* раздробля́ть.

**раздува́ние** *с.* **1.** (*огня*) blówing ['blou-]; **2.** (*преувеличение*) exàggerátion [-dʒə-].

**раздува́ть,** разду́ть (*вн.*) **1.** (*об огне*) fan (*d.*); (*мехами и т. п.*) blow* [-ou] (*d.*); (*перен. тж.*) rouse (*d.*); ~ пла́мя войны́ fan the flames of war; **2.** (*надувать*) blow* (out) (*d.*); ~ щёки blow* out one's cheeks; **3.** *безл.:* у него́ разду́ло лицо́, щеку́ *и т. п.* his face, cheek, *etc.*, has / is swóllen [...-ou-]; **4.** *разг.* (*преувеличивать*) exággeràte [-dʒə-] (*d.*); (*создавать шумиху*) swell* (*d.*), push [puʃ] (*d.*), boost (*d.*); ~ вое́нную истери́ю whip up, *или* fan, war hystéria / psỳchósis [...saɪ'k-]; **5.** *тк. несов. разг.* (*развевать*) fly* (*d.*), blow* abóut (*d.*), flútter (*d.*); ве́тер раздува́ет знамёна the cólours / bánners are flýing / flápping in the wind [...'kʌ-...wɪ-]. **~ся,** разду́ться **1.** be blown / puffed up [...-oun...], swell*; щека́ разду́лась the cheek has swóllen [...-ou-]; с раздува́ющимися ноздря́ми with diláted nóstrils [...daɪ-...]; **2.** *страд. к* раздува́ть.

**разду́м||ать** *сов.* change one's mind [tʃeɪ-...]; think* bétter of it; он хоте́л пойти́ туда́, но ~ал he wánted to go there, but changed his mind, *или* thought bétter of it.

**разду́маться** *сов.* (о *пр.*) start thinking (abóut).

**разду́мыв||ать 1.** (о *пр.*; *размышлять*) méditàte (on, upón), muse (óver), pónder (on, óver), consíder [-'sɪ-] (*d.*), rúminàte (on); (*грустно, мрачно*) brood (óver); (*взвешивать*) delíberàte (*d.*); **2.** (*колебаться*) hésitàte [-zɪ-]; не ~ая without hèsitátion [...-zɪ-], without a móment's thought.

**разду́мье** *с.* **1.** (*задумчивость*) mèditátion, thóughtful mood; в глубо́ком ~ deep in thought; в мра́чном ~ in glóomy refléction; **2.** (*колебание*) hèsitátion [-zɪ-]; его́ взяло́ ~ he is in doubt [...daut].

**разду́т||ый 1.** *прич. см.* раздува́ть; **2.** *прил.* exággeràted [-dʒə-]; (*о бюджете и т. п.*) infláted; ~ые шта́ты infláted staffs; ~ые сме́ты exággeràted éstimates.

**разду́ть** *сов. см.* раздува́ть 1, 2, 3, 4. **~ся** *сов. см.* раздува́ться.

**разева́ть,** рази́нуть (*вн.*) *разг.* ópen (wide) (*d.*); ~ рот ópen one's mouth*; (*зевать, глазеть и т. п.*) gape; рази́нув рот agápe, ópen-móuthed.

**разжа́лобить** *сов.* (*вн.*) move to píty [muːv... 'pɪ-] (*d.*), stir the píty (of). **~ся** *сов. разг.* be moved to píty [...muːvd...'pɪ-].

**разжа́лование** *с. уст.* dègradátion.

**разжа́лованный** *уст.* **1.** *прич. см.* разжа́ловать; **2.** *м. как сущ. воен.* degráded ófficer.

**разжа́ловать** *сов.* (*вн.*) *уст.* degráde (*d.*); redúce to the ranks (*d.*); ~ в солда́ты degráde to the ranks.

**разжа́ть(ся)** *сов. см.* разжима́ть(ся).

**разжева́ть** *сов. см.* разжёвывать.
**разжёвывание** *с.* chéwing, màsticátion.
**разжёвывать,** разжева́ть (*вн.*) chew (*d.*), másticàte (*d.*); (*перен.*) *разг.* chew óver (*d.*); э́то мя́со тру́дно разжева́ть this meat is hard to chew.
**разже́чь(ся)** *сов. см.* разжига́ть(ся).
**разжига́ть,** разже́чь (*вн.*) kindle (*d.*), en¦-kindle (*d.*); (*перен. тж.*) rouse (*d.*): ~ дрова́, ого́нь kindle the fire¦wood, fire [...-wud...]; ~ не́нависть (en¦)kindle / rouse hátred; ~ любо́вь kindle the flame of love [...lʌv], kindle love into a flame; — ~ стра́сти infláme pássions, aróuse pássion; ~ национа́льную вражду́ rouse, *или* stir up, nátional hátred [...'næ-...].
**разжига́ться,** разже́чься **1.** kindle; (*перен.*) be aróused, be (en¦)kindled; дрова́ разожгли́сь the fire¦wood kindled [...-wud...]; **2.** *страд. к* разжига́ть.
**разжиди́ть** *сов. см.* разжижа́ть.
**разжижа́ть,** разжиди́ть (*вн.*) dilúte [daɪ-] (*d.*), thin (*d.*).
**разжиже́ние** *с.* dilútion [daɪ-], ràrefáction [rεə-], thinning out.
**разжима́||ть,** разжа́ть (*вн.*; *кулак*) ún¦-clénch (*d.*), ún¦dó (*d.*), ópen (*d.*); (*пружину и т. п.*) let* down (*d.*), relèase [-s] (*d.*); ~ ру́ки ún¦clásp one's hands; не ~я губ without ópen¦ing one's lips. **~ться,** разжа́ться **1.** (*о кулаке*) ún¦clénch, ópen; (*о пружине и т. п.*) expánd, extènd; гу́бы разжа́лись the lips párted; **2.** *страд. к* разжима́ть.
**разжире́ть** *сов. см.* жире́ть.
**раззадо́ривать,** раззадо́рить (*вн.*) *разг.* provóke (*d.*), excíte (*d.*). **~ся,** раззадо́риться *разг.* get* excíted, get* worked up.
**раззадо́рить(ся)** *сов. см.* раззадо́ривать(ся).
**раззва́нивать,** раззвони́ть (*вн.*, о *пр.*) *разг.* (*разглашать*) trúmpet (*d.*); он раззвони́л об э́том повсю́ду he trúmpeted it évery¦whère.
**раззвони́ть** *сов. см.* раззва́нивать.
**раззнако́миться** *сов.* (с *тв.*) *разг.* break* off one's acquáintance [breɪk...] (with), break* (with), break* off (with).
**рази́нуть** *сов. см.* разева́ть.
**рази́ня** *м. и ж. разг.* gawk.
**рази́тельн||ость** *ж.* striking¦ness. **~ый** striking; ~ый приме́р striking exámple [...-ɑːm-]; ~ое схо́дство striking like¦ness.
**рази́ть** I, срази́ть (*вн.*; *ударять, поражать*) strike* (*d.*); *сов. тж.* strike* down (*d.*).
**рази́||ть** II *безл.* (*тв.*) *разг.* (*сильно пахнуть*) reek (of); от него́ ~ло вино́м he reeked of wine.
**разлага́ть,** разложи́ть (*вн.*) **1.** (*на составные части*) *хим.* dè¦compóse (*d.*); *мат.* expánd (*d.*); *физ.* (*о силе*) resólve [-'zɔ-] (*d.*); ~ во́ду на кислоро́д и водоро́д dè¦compóse wáter into óxygen and hýdrogen [...'wɔː-...'haɪ-]; ~ число́ на мно́жители expánd *the* númber into fáctors; **2.** (*деморализовать*) demóralize (*d.*), corrúpt (*d.*); ~ а́рмию проти́вника demóralize / corrúpt the énemy's ármy.
**разлага́ться,** разложи́ться **1.** (*на составные части*) *хим.* dè¦compóse; *мат.* expánd; вода́ разложи́лась на кислоро́д и водоро́д wáter dè¦compósed into óxygen and hýdrogen ['wɔː-... 'haɪ-]; число́ разложи́лось на мно́жители *the* númber expánded into fáctors; **2.** (*загнивать*) dè¦compóse; rot, decáy (*тж. перен.*); труп разложи́лся *the* bódy dè¦compósed [...'bɔ-...]; **3.** (*деморализоваться*) get* corrúpted / demóralized; а́рмия врага́ разложи́лась the énemy's ármy was demóralized; **4.** *страд. к* разлага́ть.
**разлага́ющ||ий** **1.** *прич. см.* разлага́ть; **2.** *прил.* hármful, corrúpting; ~ее влия́ние corrúpting ínfluence.
**разла́д** *м.* **1.** (*в работе и т. п.*) disórder; **2.** (*раздор*) díscòrd, dissénsion; жить в ~е live in díscòrd [lɪv...]; вноси́ть ~ sow* dissénsion [sou...].
**разла́дить(ся)** *сов. см.* разла́живать(ся).
**разла́живать,** разла́дить (*вн.*) deránge [-'reɪ-] (*d.*). **~ся,** разла́диться **1.** (*о деле, предприятии и т. п.*) take* a bad turn, go* wrong; **2.** *страд. к* разла́живать.
**разла́комить** *сов.* (кого́-л. чем-л.) *разг.* make* smb.'s mouth wáter [...'wɔː-] (for smth.). **~ся** *сов.* (*тв.*) *разг.* get* a taste [...teɪ-] (for).
**разла́мывать,** разлома́ть, разломи́ть (*вн.*) **1.** *при сов.* разлома́ть break* [-eɪk] (*d.*); (*разрушать*) break* down (*d.*), pull down [pul...] (*d.*); **2.** *при сов.* разломи́ть break* (*d.*). **~ся,** разлома́ться, разломи́ться **1.** break* [-eɪk]; **2.** *страд. к* разла́мывать.
**разлеза́ться,** разле́зться *разг.* rável out ['ræ-...]; его́ сапоги́ разле́злись his boots are coming to pieces [...'piː-].
**разле́зться** *сов. см.* разлеза́ться.
**разлени́ться** *сов. разг.* grow* very lázy [-ou...].
**разлет||а́ться,** разлете́ться **1.** (*улетать*) fly* a¦wáy; (*рассеиваться*) scátter (in the air), fly* asúnder; листы́ ~е́лись по ко́мнате the páges flew abóut the room; **2.** *разг.* (*разбиваться*) break* [-eɪk], shátter; (*перен.*; *о надеждах, мечтах и т. п.*) vánish, be lost, shátter; ~ на куски́ fly* to bits; все наде́жды ~е́лись all hope vánished, *или* was lost.
**разлете́ться** *сов.* **1.** *см.* разлета́ться; **2.** (к, в *вн.*) *разг.* (*поспешно прибежать*) dash (to *a place*, up to *a person*, into *a room*).
**разле́чься** *сов.* lie* down; sprawl.
**разли́в** *м.* **1.** (*реки и т. п.*) flood [-ʌd], òver¦flow [-ou]; **2.** (*вина и т. п.*) bóttling. **~а́ние** *с.* póuring out ['pɔː-...]; она́ была́ занята́ ~а́нием ча́я she was búsy póuring out tea [...'bɪzɪ...].
**разлива́нн||ый:** ~ое мо́ре *разг.* drink galóre.
**разлива́тельн||ый:** ~ая ло́жка soup ladle [suːp...].
**разлива́ть,** разли́ть (*вн.*) **1.** (*проливать*) spill* (*d.*); **2.** (*наливать*) pour out [pɔː...] (*d.*); (*по бутылкам*) bottle (*d.*); ~ чай pour out tea; ~ суп ladle out soup [...suːp]; ~ вино́ по буты́лкам bottle wine; ◇ их водо́й не разольёшь *разг.* ≅ they álways keep togéther [...'ɔːlwəz...-'ge-]; they are thick as thieves [...θiː-] *идиом.* **~ся,** разли́ться **1.** spill*; **2.** (*выходить из берегов*) òver¦flów [-ou]; от дожде́й река́ разлила́сь the rains caused the river to òver¦flów, *или* to burst its banks [...'rɪ-...]; **3.** *мед.*: у него́ жёлчь разлила́сь he has a bilious attáck; **4.** (*распространяться*) spread* [-ed]; **5.** *страд. к* разлива́ть.

**разливн||ой:** ~ое пиво, вино beer, wine on tap / draught [...drɑːft]; beer, wine from the wood [...wud].

**разлиновать** *сов. см.* разлиновывать.

**разлиновывать,** разлиновать (*вн.*) rule (*d.*) (*make parallel lines*).

**разлитие** *с.* **1.** (*рек и т. п.*) óver:flow [-ou]; **2.** *мед.*: ~ жёлчи bilious attáck.

**разлить(ся)** *сов. см.* разливать(ся).

**различ||ать,** различить (*вн.*) **1.** (*проводить различие*) distinguish (*d.*), discérn (*d.*); **2.** (*распознавать*) make* out (*d.*). **~аться 1.** differ; ~аться длиной, шириной *и т. п.* differ in length, in width, *etc.*; **2.** *страд. к* различать. **~ение** *с.* distinguishing, discérning.

**различи||е** *с.* distinction; (*несходство, разница*) difference; делать ~ (между) discrímináte (betwéen), make* distinctions (betwéen); без ~я without distinction; ~ во взглядах difference of opinion; ◇ знаки ~я bádges of rank.

**различительный** distinctive.

**различить** *сов. см.* различать.

**различн||ый 1.** (*неодинаковый*) different; ~ по существу esséntially different; **2.** (*разнообразный*) divérse [daɪ-], várious; по ~ым соображениям for divérse réasons [...'riːz-]; ~ые люди all mánner of people [...piː-].

**разлож||ение** *с.* **1.** (*на составные части*) dè:còmposition [-'zɪ-]; **2.** *мат.* expánsion; **3.** (*гниение*) dè:còmposition; (*перен.*: *упадок*) decáy; **4.** (*деморализация*) demòralizátion [-laɪ-], corrúption; моральное ~ móral dègradátion ['mɔ-...]. **~ившийся** *прич. и прил.* **1.** (*загнивший*) dè:compósed; decáyed, rótten (*тж. перен.*); **2.** (*деморализованный*) demóralized, corrúpted.

**разложить** *сов.* **1.** *см.* раскладывать; **2.** *см.* разлагать. **~ся** *сов.* **1.** *см.* раскладываться; **2.** *см.* разлагаться.

**разлом** *м.* bréaking [-eɪk-]; bréak-úp [-eɪk-]; место ~а break [-eɪk].

**разломать** *сов. см.* разламывать 1. **~ся** *сов. см.* разламываться.

**разлом||ить** *сов.* **1.** *см.* разламывать 2; **2.** *безл. разг.*: его всего ~ило every bone in his bódy aches [...'bɔdɪ eɪks]. **~иться** *сов. см.* разламываться.

**разлук||а** *ж.* **1.** sèparátion; жить в ~е (с *тв.*) live apárt [lɪv...] (from); **2.** (*расставание*) párting; час, день ~и hour, day of párting [auə...].

**разлуч||ать,** разлучить (*вн.* с *тв.*) séparàte (*d.* from), part (*d.* from), séver ['se-] (*d.* from). **~аться,** разлучиться **1.** séparàte, part; **2.** *страд. к* разлучать. **~ить(ся)** *сов. см.* разлучать(ся).

**разлюбить** *сов.* (кого-л.) love no lónger [lʌv...] (smb.), stop lóving [...'lʌv-] (smb.), cease to love [-s...] (smb.); (что-л.) like no lónger (smth.), cease to like (smth.).

**размагни||тить(ся)** *сов. см.* размагничивать(ся). **~чивать,** размагнитить (*вн.*) demágnetize (*d.*). **~чиваться,** размагнититься **1.** get* / become* demágnetized; (*перен.*) lose* one's fire / zest [luːz...]; **2.** *страд. к* размагничивать.

**размазать(ся)** *сов. см.* размазывать(ся).

**размазня** *ж.* **1.** (*каша*) gruel [gru-], thin pórridge / pap; **2.** *разг.* (*о человеке*) nincompoop.

**размаз||ывать,** размазать (*вн.*) **1.** spread* [-ed] (*d.*); ~ грязь по всему лицу spread* the dirt all óver *one's* face; **2.** *разг.* (*о манере говорить*) pad out (*d.*), spin* out (*d.*); он ~ал свой доклад he pádded out his repórt. **~ываться,** размазаться **1.** spread* [-ed], blur, smear; **2.** *страд. к* размазывать.

**размалевать** *сов. см.* размалёвывать.

**размалёвывать,** размалевать (*вн.*) *разг.* daub (*d.*).

**размалывать,** размолоть (*вн.*) grind* (*d.*). **~ся,** размолоться **1.** get* ground; **2.** *страд. к* размалывать.

**разматывать,** размотать (*вн.*; *о верёвке и т. п.*) únwínd* (*d.*), ún:cóil (*d.*); (*о катушке тж.*) ún:réel. **~ся,** размотаться **1.** (*о верёвке и т. п.*) únwínd*, ún:cóil; (*о катушке тж.*) ún:réel; **2.** *страд. к* разматывать.

**размах** *м.* **1.** (*величина колебания, качания*) swing; **2.** (*сила взмаха*) sweep; со всего ~у with all one's might; ударить с ~у (*вн.*) strike* with all one's might (*d.*); **3.** (*крыльев*) wing-spread [-ed]; wing-spàn (*тж. ав.*); **4.** (*о деятельности и т. п.*) scope, range [reɪ-]; человек широкого ~а a man* of wide-rànging énterprise [...-reɪ-...]; ~ революционного движения scope / range of the rèvolútionary móve:ment [...'muː-]; приобретать всё больший ~ continually gain in scope; широкий ~ строительства wide scope of constrúction.

**размах||ивать** (*тв.*) swing* (*d.*); (*мечом, палкой и т. п.*) brándish (*d.*); ~ивая руками swing:ing one's arms; ~ руками (*жестикулировать*) gèsticulàte; saw* the air *идиом.* **~иваться,** размахнуться swing* one's arm / hand: он ~нулся и ударил его he swung his arm and struck him. **~нуться** *сов. см.* размахиваться.

**размачивать,** размочить (*вн.*) soak (*d.*), steep (*d.*). **~ся,** размочиться **1.** get* soaked / steeped; **2.** *страд. к* размачивать.

**размашист||о** *нареч.*: писать ~ write* a bold hand; ~ грести row with ènergétic strokes [rou...]. **~ый:** ~ый почерк spráwling hándwriting, bold hand; ~ые движения swing:ing / swéeping mótions.

**размежевание** *с.* dèmàrcátion [diː-], delimitátion.

**размежевать(ся)** *сов. см.* размежёвывать(ся).

**размежёвывать,** размежевать (*вн.*) dèlímit [diː-] (*d.*). **~ся,** размежеваться fix the bóundaries (betwéen us, you, them); (*перен.*; *о функциях*) dèlímit *the* fúnctions / àctívities, *или the* spheres of áction.

**размельч||ать,** размельчить (*вн.*) make* small (*d.*); (*в порошок*) púlverize (*d.*). **~ение** *с.* máking small; (*в порошок*) pùlverizátion [-raɪ-]. **~ить** *сов. см.* размельчать.

**размен** *м.* exchánge [-'ʧeɪ-]; ~ денег chánging of móney ['ʧeɪ-... 'mʌ-].

**разменивать,** разменять (*вн.*) change [ʧeɪ-] (*d.*). **~ся,** разменяться (*тв.*) exchánge [-'ʧeɪ-] (*d.*); ~ся на мелочи, по мелочам *разг.* squánder one's gifts / tálents on trifles [...g- 'tæ-...], díssipàte one's tálent(s).

**разменн||ый:** ~ая монета change [ʧeɪ-].

**разменя́ть(ся)** *сов. см.* разме́нивать(ся).

**разме́р** I *м.* 1. (*величина, масштаб*) diménsions *pl.*; стол ~ом в два квадра́тных ме́тра table méasuring two square metres [...'meʒ-...]; 2. (*об одежде, обуви*) size; э́то не мой ~ it is not my size; 3. (*о проценте, налогах, зарплате*) rate; ~ финанси́рования vólume of fináncing; 4. (*степень*) degrée, extént; scale; в небольшо́м ~е on a small scale; в широ́ких ~ах on a large scale; увели́читься до огро́мных ~ов in:créase to, *или* assúme, enórmous propórtions [-s...].

**разме́р** II *м.* 1. (*стиха*) metre; 2. *муз.* méasure ['me-].

**разме́ренн||ый** 1. *прич. см.* размеря́ть; 2. *прил.* méasured ['me-]; ~ая похо́дка méasured tread [...tred], méasured steps *pl.*

**разме́рить** *сов. см.* размеря́ть.

**размеря́ть,** разме́рить (*вн.*) méasure off ['me-...] (*d.*).

**размеси́ть** *сов. см.* разме́шивать I.

**размести́** *сов. см.* размета́ть I.

**размести́ть(ся)** *сов. см.* размеща́ть(ся).

**размета́ть** I, размести́ (*вн.*) sweep* (abóut) (*d.*).

**размета́ть** II *сов.* (*вн.*) dispérse (*d.*); (*о сене и т. п.*) scátter / spread* abóut [...-ed...] (*d.*).

**размета́ться** *сов.* (*в постели*) toss (abóut).

**разме́т||ить** *сов. см.* размеча́ть. **~ка** *ж.* márking-óut.

**разме́тчик** *м.* (*квалификация*) pláter; márker-óff *амер.*

**размеча́ть,** разме́тить (*вн.*) mark (*d.*).

**размеша́ть** *сов. см.* разме́шивать II.

**разме́шивать** I, размеси́ть (*вн.*; *о тесте, глине и т. п.*) knead (*d.*).

**разме́шивать** II, размеша́ть (*вн.*) stir (*d.*).

**размеща́ть,** размести́ть (*вн.*) 1. place (*d.*), put* (*d.*), accómmodàte (*d.*); (*о грузе*) stow [stou] (*d.*); (*о войсках — по квартирам*) quárter (*d.*), bíllet (*d.*); 2. (*о капитале*) invést (*d.*), place (*d.*); ~ заём distríbute / float *a* loan. **~ся,** размести́ться 1. take* seats; 2. *страд. к* размеща́ть.

**размеще́ние** *с.* 1. plácing, accòmmodátion; ~ гру́за stówage ['stou-]; ~ промы́шленности в стране́ tèrritórial / geográphical distribútion of industry in the cóuntry [...'kʌn-]; ~ предприя́тий síting of plants [...-ɑ:nts]; ~ по кварти́рам (*войск*) quártering, bílleting; ~ вооружённых сил disposítion / státioning of armed fórces [-'zɪ-...]; 2. (*о капитале*) invéstment; ~ за́йма distríbuting / flóating *a* loan.

**размина́ть,** размя́ть (*вн.*) 1. (*о тесте, глине и т. п.*) knead (*d.*); (*о картофеле и т. п.*) mash (*d.*); 2.: ~ но́ги *разг.* stretch one's legs. **~ся,** размя́ться 1. grow* soft by knéading [-ou...]; (*о картофеле и т. п.*) get* mashed; 2. *разг.* stretch one's legs; 3. *спорт.* límber up; 4. *страд. к* размина́ть.

**размини́рова||ние** *с. воен.* mine cléaring. **~ть** (*вн.*) *воен.* clear of mines (*d.*).

**разми́нка** *ж. спорт.* límbering-ùp, wárming-ùp.

**размину́ться** *сов. разг.* (*не встретиться*) miss each other; (*о письмах*) cross each other.

**размнож||а́ть,** размно́жить (*вн.*) múltiplỳ (*d.*); (*документ в копиях тж.*) mánifòld (*d.*), dúplicàte (*d.*); (*на ротаторе тж.*) mímeogràph (*d.*). **~а́ться,** размно́житься 1. *биол.* própagàte it:sélf; (*о животных тж.*) breed*; (*о рыбах, лягушках*) spawn; ~а́ться деле́нием, почкова́нием própagàte it:sélf by gèmmátion; 2. *страд. к* размножа́ть. **~е́ние** *с.* 1. rè:prodúction in quántity; 2. *биол.* rè:prodúction; pròpagátion; полово́е ~е́ние séxual rè:prodúction; бесполо́е ~е́ние aséxual rè:prodúction; ~е́ние деле́нием, почкова́нием rè:prodúction by gèmmátion; о́рганы ~е́ния rè:prodúctive órgans.

**размно́жить** *сов. см.* размножа́ть. **~ся** *сов. см.* размножа́ться.

**размозжи́ть** *сов.*: ~ кому́-л. го́лову smash smb.'s skull; ~ себе́ го́лову smash one's skull.

**размока́ть,** размо́кнуть get* soaked; (*си́льно*) get* sódden; сухари́ размо́кли *the* rusks are sódden.

**размо́кнуть** *сов. см.* размока́ть.

**размо́л** *м.* 1. (*процесс*) grínding; 2.: мука́ кру́пного ~а coarse flour, cóarse-ground flour; мука́ ме́лкого ~а fine flour, fíne:ly ground flour.

**размо́лвка** *ж.* tiff, disagréement; ме́жду ни́ми ~ they have fáll:en out.

**размоло́ть(ся)** *сов. см.* разма́лывать(ся).

**размори́||ть** *сов.* (*вн.*) *разг.*: жара́ его́ совсе́м ~ла, его́ ~ло от жары́ he was worn out by the heat [...wɔ:n...]. **~ться** *разг.* be worn out by the heat [...wɔ:n...].

**размота́ть(ся)** *сов. см.* разма́тывать(ся).

**размо́тка** *ж.* únwínding, ún:cóiling; (*с катушки*) ún:réeling.

**размочи́ть(ся)** *сов. см.* разма́чивать(ся).

**размы́в** *м.* wásh-óut, erósion.

**размыва́ть,** размы́ть (*вн.*) wash a:wáy (*d.*); *геол.* eróde (*d.*); река́ размы́ла берега́ the ríver has washed a:wáy its banks [...'rɪ-...].

**размыка́ние** *с.* 1. bréaking [-eɪk-]; 2. *воен.* ópen:ing.

**размы́кать** *сов.* (*вн.*) *разг.* shake* off (*d.*): ~ го́ре shake* off one's grief [...-i:f].

**размыка́ть,** разомкну́ть (*вн.*) 1. break* [-eɪk] (*d.*); ~ ток *эл.* break* the eléctric cúrrent, disconnéct the cúrrent; 2. *воен.* ópen (*d.*).

**размы́слить** *сов. см.* размышля́ть.

**размы́ть** *сов. см.* размыва́ть.

**размышле́ни||е** *с.* refléction, mèditátion; э́то наво́дит на ~я it makes *one* think / wónder [...'wʌ-]; по зре́лом ~и on refléction, on sécond thoughts [...'se-...]; пять мину́т на ~ five mínutes for refléction [...'mɪnɪts...]; (*об этом*) five mínutes to think it óver; быть погружённым в ~я be lost in thought / mèditátion.

**размышля́ть,** размы́слить (о *пр.*) refléct (on, up:ón), méditàte (on, up:ón), pónder (óver, on), muse (on, up:ón); turn óver in one's mind (*d.*).

**размягч||а́ть,** размягчи́ть (*вн.*) sóften [-f°n] (*d.*), make* soft (*d.*). **~а́ться,** размягчи́ться 1. sóften [-f°n], grow* soft [-ou...]; 2. *страд. к* размягча́ть. **~е́ние** *с.* sóftening [-f°n-]; ~е́ние мо́зга *мед.* sóftening of the brain; ~е́ние косте́й òsteomalácia. **~и́ть(ся)** *сов. см.* размягча́ть(ся).

**размяка́ть,** размя́кнуть sóften [-f°n], grow* soft [-ou...].

**размя́кнуть** *сов.* **1.** *см.* размякать; **2.** *как сов. к* мякнуть.

**размя́ть(ся)** *сов. см.* разминать(ся).

**разна́шивать,** разносить (*вн.*; *об обуви*) wear* in [wɛə...] (*d.*). **~ся,** разноситься get* cómfortable [...'kʌ-].

**разне́живаться,** разнежиться *разг.* (*расчувствоваться, смягчаться*) grow* soft [-ou...].

**разне́житься** *сов. см.* разнеживаться.

**разнести́(сь)** *сов. см.* разносить(ся) II.

**разнима́ть,** разнять (*вн.*) **1.** (*разъединять*) disjóint (*d.*); (*на части тж.*) take* to pieces [...'piː-] (*d.*); **2.** *разг.* (*дерущихся*) part (*d.*).

**ра́зниться** differ.

**ра́зниц||а** *ж.* difference; (*неравенство*) dispárity; с той ~ей, что with the difference that; ~ в том, что the difference is that; ~ в цене́ difference in price; огро́мная ~ a great difference [...-eɪt...]; ~ в года́х dispárity in age.

**разнобо́й** *м. разг.* lack of cò-òrdinátion.

**разнове́с** *м. тк. ед. собир.* set of weights.

**разнови́дность** *ж.* variety.

**разновреме́нн||ый** táking place, *или* háppening, at different times; ~ые собы́тия evénts háppening at different times.

**разногла́си||е** *с.* (в *пр.*) **1.** difference (of), disagréement (in), díscòrd (in); ме́жду ни́ми ~я they are at váriance, they are in disagréement; ~ во взгля́дах difference of opinion; устрани́ть ~я settle / resólve the differences [...-'zɔlv...]; smooth / iron out the differences [-ð 'aɪən...]; **2.** (*в показаниях, данных и т. п.*) discrépancy (betwéen).

**разноголо́сица** *ж. разг.* discórdance, dissonance; ~ во мне́ниях discórdance of opinion, dissént.

**разноголо́сый** discórdant.

**ра́зное** *с. скл. как прил.* (*на повестке дня и т. п.*) miscellánea [-nɪə] *pl.*

**разнокали́берный** *тех., воен.* of different cálibres; (*перен.*) *разг.* mixed, héterogéneous.

**разнома́стный 1.** of different cólour [...'kʌ-]; (*о лошадях тж.*) of different coats; **2.** *карт.* of different suit [...sjuːt].

**разномы́сл||ие** *с.* difference of opinion(s) / mind. **~ящий** dissident.

**разнообра́з||ие** *с.* variety, divérsity [daɪ-]; вноси́ть ~ в жизнь relieve the monótony of life [-'liːv...]; для ~ия just for a change [...ʧeɪ-].

**разнообра́з||ить** (*вн.*) divérsifỳ [daɪ-] (*d.*), váry (*d.*). **~ность** *ж.* variety, divérsity [daɪ-]. **~ный** várious, divérse [daɪ-].

**разноплеме́нный** of different ráces / tribes.

**разнопо́лый** *биол.* of different séxes.

**разноречи́в||ость** *ж.* còntradíction. **~ый** còntradíctory.

**разноро́дн||ость** *ж.* hèterogenéity [-'niːɪ-]. **~ый** héterogéneous.

**разно́с** *м. разг.* **1.** cárrying; (*писем и т. п.*) delívery; **2.** (*выговор*) ráting, dréssing (down).

**разноси́ть** I *сов. см.* разнашивать.

**разноси́ть** II, разнести́ (*вн.*) **1.** (*доставлять*) cárry (*d.*), convéy (*d.*); (*о письмах*) delíver [-'lɪ-] (*d.*); **2.** *разг.* (*распространять — о новостях и т. п.*) spread* [-ed] (*d.*); **3.** (*по книгам, на карточки*) énter (*d.*); (*по книгам тж.*) book (*d.*); **4.** *безл. разг.*: щёку разнесло́ his cheek is swóllen [...-ou-]; его́ разнесло́ he has got very fat; **5.** (*разрушать*) smash (*d.*); destróy (*d.*); **6.** *разг.* (*рассеивать*) scátter (*d.*), dispérse (*d.*); што́рмом разнесло́ рыба́чьи ло́дки the storm has scáttered / dispérsed the fishermen's boats; **7.** *разг.* (*бранить*) give* a ráting (*i.*), give* a good dréssing down, *или* a good wigging (*i.*).

**разноси́ться** I *сов. см.* разнашиваться.

**разноси́ться** II, разнести́сь **1.** (*распространяться*) spread* [-ed]; **2.** (*раздаваться — о звуке*) resóund [-'zaund]; **3.** *страд. к* разносить II.

**разно́с||ка** *ж. разг.* (*писем и т. п.*) delívery. **~ный:** ~ная кни́га delívery régister; ~ная торго́вля stréet-hawking.

**разносторо́нн||ий** *мат.* scálène ['skeɪ-]; (*перен.*) mány-sided, vérsatile; ~ треуго́льник scálène tríàngle; ~ писа́тель vérsatile writer; ~ее образова́ние áll-róund èducátion; удовлетворя́ть ~ие потре́бности give* áll-róund sàtisfáction to the requirèments of the people [...piː-]. **~ость** *ж.* vèrsatílity.

**ра́зность** *ж.* (*в разн. знач.*) difference; ~ у́ровней *тех.* head [hed].

**разно́счик** *м.* pédlar ['pe-], háwker; ◊ ~ новосте́й néwsmònger [-zmʌ-].

**разнохара́ктерный** divérse [daɪ-], várious, divérsified [daɪ-].

**разноцве́тный** mány-còlourèd [-kʌ-], mótley ['mɔ-], váriegàted.

**разночи́нец** *м. ист.* raznochinetz (*intellectual not belonging to the gentry in 19th century Russia*).

**разночте́ние** *с. лингв.* réading.

**разношёрст(н)ый** (*о животных*) of different coats; (*перен.*) *разг.* mixed, íll-mátched, íll-assórted.

**разноязы́чн||ый 1.** pólyglòt, of many lánguages / tongues [...tʌŋz]; ~ая толпа́ crowd spéaking divérse lánguages [...daɪ-...]; pólyglòt crowd; **2.:** ~ слова́рь fóreign díctionary ['fɔrɪn...]; díctionary of séveral lánguages.

**разну́зданн||ость** *ж.* **1.** (*распутство*) licéntiousnèss [laɪ-]; **2.** (*произвол*) ùnrúliness. **~ый 1.** *прич. см.* разнуздывать; **2.** *прил.* ùnbrídled, ùnrúly; (*распутный*) licéntious [laɪ-].

**разнузда́ть(ся)** *сов. см.* разнуздывать(ся).

**разну́здывать,** разнузда́ть (*вн.*) ùnbrídle (*d.*). **~ся,** разнузда́ться **1.** get* ùnbrídled / ùnrúly; **2.** *страд. к* разнуздывать.

**ра́зн||ый** different, divérse [daɪ-], várious; ~ого ро́да of different kinds; в ~ое вре́мя at different times; под ~ыми предло́гами únder different / divérse prétèxts.

**разню́хать** *сов. см.* разнюхивать.

**разню́хивать,** разню́хать (*вн.*) *разг.* smell* abóut (*d.*), sniff (abóut) (*d.*); (*перен.: разузнавать*) smell* out (*d.*), nose out (*d.*).

**разня́ть** *сов. см.* разнимать.

**разоби́деть** *сов.* (*вн.*) *разг.* offénd gréatly [...-eɪt-] (*d.*), give* great offénce [...-eɪt...] (*i.*); put* smb.'s back up próperly *идиом.* **~ся** *сов. разг.* be gréatly offénded [...-eɪt-...], take* offénce.

**разоблач||а́ть,** разоблачи́ть (*вн.*) **1.** *уст., шутл.* (*раздевать*) disróbe (*d.*), divést [daɪ-] (*d.*), únclóthe [-ouð] (*d.*), úndréss (*d.*); **2.** (*от-

*крывать*) disclóse (*d.*); (*об обмане и т. п.*) expóse (*d.*), únmásk (*d.*), lay* bare (*d.*); ~ поджигáтелей войны́ expóse / únmásk the wármòngers [...-mʌ-]; он был ~ён he was únmásked. **~áться,** разоблачи́ться **1.** *уст.*, *шутл.* disróbe, divést òne¦sélf [daɪ-...], úndréss (òne¦sélf); **2.** *страд.* *к* разоблачáть. **~éние** *с.* disclósure [-'klou-]; (*обмана и т. п.*) expósure [-'pou-], únmásking.

**разоблачи́ть(ся)** *сов.* *см.* разоблачáть(ся).

**разобрáть** *сов.* *см.* разбирáть 1, 2, 3, 4, 5, 6, 7. **~ся** *сов.* *см.* разбирáться.

**разобщáть,** разобщи́ть (*вн.*) **1.** séparàte (*d.*), dìsùníte (*d.*); (*перен.*: *делать чуждыми*) álienàte (*d.*), estránge [-eɪndʒ] (*d.*); **2.** *тех.* dísconnéct (*d.*), ún¦cóuple [-'kʌpl] (*d.*), ún¦géar [-'gɪə] (*d.*). **~ся,** разобщи́ться **1.** *тех.* become* dísconnécted; **2.** *страд.* *к* разобщáть.

**разобщ||éние** *с.* disconnéction; dissòciátion. **~ённо** *нареч.* apárt; дéйствовать ~ённо act apárt. **~ённость** *ж.* = разобщéние.

**разобщи́тель** *м.* *тех.* disconnéctor.

**разобщи́ть(ся)** *сов.* *см.* разобщáть(ся).

**рáзовый:** ~ билéт single tícket.

**разогнáть(ся)** *сов.* *см.* разгоня́ть(ся).

**разогнýть(ся)** *сов.* *см.* разгибáть(ся).

**разогрéв** *м.*, **~áние** *с.* wárming-ùp.

**разогревáть,** разогрéть (*вн.*) warm up (*d.*). **~ся,** разогрéться **1.** warm up, grow* warm [-ou...]; **2.** *страд.* *к* разогревáть.

**разогрéтый** *прич.* *и* *прил.* wármed-úp; (*о кушанье тж.*) réchauffé (*фр.*) [reɪ'ʃoufeɪ].

**разогрéть(ся)** *сов.* *см.* разогревáть(ся).

**разодéтый** *прич.* *и* *прил.* dressed up.

**разодéть** *сов.* (*вн.*) dress up (*d.*). **~ся** *сов.* dress up; ◇ ~ся в пух и прах *разг.* ≅ be dressed to kill.

**разодрáть** *сов.* *см.* раздирáть 1. **~ся** *сов.* *см.* дрáться II *и* раздирáться.

**разозли́ть** *сов.* (*вн.*) make* ángry (*d.*), infúriàte (*d.*); get* smb.'s dánder up *идиом.* **~ся** *сов.* (на когó-л.) get* ángry (with smb.); (на что-л.) get* ángry (at smth.).

**разойти́сь** I, II *сов.* *см.* расходи́ться I, II.

**разóк** *м.* *разг.*: ещё ~ once more [wʌns...]; ~, другóй once or twice.

**рáзом** *нареч.* *разг.* at once [...wʌns]; все ~ all togéther [...'ge-].

**разóмкнут||ый** **1.** *прич.* *см.* размыкáть; **2.** *прил.*: ~ строй *воен.* ópen órder; ~ым стрóем in ópen órder.

**разомкнýть** *сов.* *см.* размыкáть.

**разомлéть** *сов.* *разг.* (*от жары*) lánguish, grow* lánguid [-ou...].

**разопрéть** *сов.* *разг.* (*о кушанье*) get* soft.

**разорáться** *сов.* *разг.* become* ùp¦róarious, raise a hùllabalóo.

**разорвáть** *сов.* *см.* разрывáть I. **~ся** *сов.* *см.* разрывáться.

**разор||éние** *с.* **1.** (*города и т. п.*) destrúction, rávage; **2.** (*потеря состояния*) rúin. **~ённый** **1.** *прич.* *см.* разоря́ть; **2.** *прил.* rúined. **~и́тельность** *ж.* rúinous¦ness. **~и́тельный** rúinous, wáste¦ful ['weɪ-].

**разори́ть(ся)** *сов.* *см.* разоря́ть(ся).

**разоруж||áть,** разоружи́ть (*вн.*) disárm (*d.*); *мор.* ún¦ríg (*d.*), dismántle (*d.*). **~áться,** разоружи́ться **1.** disárm; *мор.* get* / become* ún¦rígged / dismántled; **2.** *страд.* *к* разоружáть. **~éние** *с.* disármament; конферéнция по ~éнию disármament cónference; всеóбщее ~éние ùnivérsal disármament; части́чное ~éние pártial disármament.

**разоружи́ть(ся)** *сов.* *см.* разоружáть(ся).

**разоря́ть,** разори́ть (*вн.*) **1.** (*разрушать*) destróy (*d.*); (*опустошать*) rávage (*d.*); **2.** (*доводить до нищеты*) rúin (*d.*), bring* to rúin (*d.*). **~ся,** разори́ться **1.** rúin òne¦sélf; **2.** *страд.* *к* разоря́ть.

**разослáть** *сов.* *см.* рассылáть.

**разоспáться** *сов.* *разг.* be fast asléep; (*спать слишком долго*) óver¦sléep.

**разостлáть(ся)** *сов.* *см.* расстилáть(ся).

**разохóтиться** *сов.* (+ *инф.*) *разг.* take* a líking (to *ger.*), acquíre a taste [...teɪ-] (for *ger.*); take* a líking to it.

**разочаровáние** *с.* disappóintment.

**разочарóванн||о** *нареч.* with dìsappóintment, disappóintedly. **~ый** *прич.* *и* *прил.* disappóinted, disillúsioned.

**разочаровáть(ся)** *сов.* *см.* разочарóвывать(ся).

**разочарóвывать,** разочаровáть (*вн.* в *пр.*) disappóint (*d.* abóut, óver). **~ся,** разочаровáться (в ком-л.) be disappóinted (in smb.); (в чём-л.) be disappóinted (with smth.).

**разрабáтывать,** разрабóтать (*вн.*) **1.** (*о земле*) cúltivàte (*d.*); **2.** *горн.* work (*d.*), explóit (*d.*); ~ рудни́к work *a* mine; **3.** (*о вопросе, проекте*) work out / up (*d.*); (*детально*) elábòràte (*d.*); ~ мéтоды devíse, *или* work out, méthods; ~ плáны work out, *или* devélop, plans [...-'ve-...].

**разрабóтать** *сов.* *см.* разрабáтывать.

**разрабóтка** *ж.* **1.** (*участка земли*) cùltivátion; **2.** *горн.* wórking, èxploitátion; **3.** (*место добычи ископаемого*) field [fi:-]; (*карьер и т. п.*) pit; ~ грáвия grável pit ['græ-...]; **4.** (*вопроса, проекта*) wórking out / up; (*детальная*) elàborátion.

**разрáвнивать,** разровня́ть (*вн.*) make* éven (*d.*), lével ['le-] (*d.*).

**разражáться,** разрази́ться **1.** (*о грозе, войне и т. п.*) break* out [-eɪk...], burst* out; **2.** (*тв.*) burst* (into), burst* (out) (+ *ger.*); ~ слезáми burst* into tears; разрази́ться брáнью break* into abúse [...-s]; разрази́ться смéхом burst* out láughing [...'lɑ:f-].

**разрази́ться** *сов.* *см.* разражáться.

**разрастáться,** разрасти́сь grow* [-ou]; (*о растениях тж.*) spread* (out) [-ed...]; grow* thick, bush out [buʃ...]; гóрод разрóсся the town has grown [...-oun]; дéрево разрослóсь the tree has spread; рóща разрослáсь the grove has grown thick; дéло разрослóсь the búsiness has grown / expánded [...'bɪzn-...].

**разрасти́сь** *сов.* *см.* разрастáться.

**разревéться** *сов.* *разг.* raise / start a howl.

**разреди́ть(ся)** *сов.* *см.* разрежáть(ся).

**разреж||áть,** разреди́ть (*вн.*) **1.** (*о лесе, рассаде и т. п.*) thin out (*d.*), weed out (*d.*); **2.** (*о воздухе*) rárefỳ ['rɛə-] (*d.*). **~áться,** разреди́ться **1.** thin; **2.** (*о воздухе*) rárefỳ ['rɛə-]; **3.** *страд.* *к* разрежáть. **~ённость** *ж.* *физ.* (*воздуха*) ràrefáction [rɛə-], rárity ['rɛə-]. **~ённый** **1.** *прич.* *см.* разрежáть; **2.** *прил.* *физ.* rárefied ['rɛə-], rare.

**разре́з** *м.* **1.** cut; **2.** (*сечение*) séction; попере́чный ~ cróss-sèction; продо́льный ~ lòngitúdinal séction [lɔndʒ-...]; вертика́льный ~ vértical séction; ◇ ~ глаз shape of one's eyes [...aɪz]; в э́том ~е in this connéction.

**разре́зать** *сов. см.* разреза́ть.

**разрез||а́ть,** разре́зать (*вн.*) cut* (*d.*); (*вдоль*) slit* (*d.*); (*на доли*) séction (*d.*); разре́зать до ко́сти lay* ópen to the bone (*d.*). **~но́й:** ~но́й нож páper-knife*.

**разре́зывать** = разреза́ть.

**разреш||а́ть,** разреши́ть **1.** (*вн. дт.*; *дт.*+*инф.*) allów (*d.* + to *inf.*); permít (*i.* + to *inf.*): он ему́ ~и́л э́то де́лать he allówed him to do it; он ~и́л ему́ гуля́ть he allówed / permítted him to go for a walk; врач ~и́л ему́ (есть) мя́со the dóctor allówed him (to eat) meat; **2.** (*вн.*; *к печати, представлению и т. п.*) áuthorize (*d.*); разреши́ть кни́гу к печа́ти áuthorize the printing of *the* book; **3.** (*вн.*; *о задаче, проблеме и т. п.*) solve (*d.*); **4.** (*вн.*; *о вопросе, споре, сомнении*) settle (*d.*); **5.** *тк. сов. пов. накл.* (*как вежливая форма обращения*): ~и́(те) (мне) (+ *инф.*) allów me (+ to *inf.*); do you mind if I (+ *pres.*), *или* my (+ *ger.*): ~и́те объяви́ть заседа́ние откры́тым allów me to decláre the méeting ópen; ~и́те пройти́ allów me to pass; ~и́те закури́ть do you mind if I smoke?, do you mind my smóking? **~а́ться,** разреши́ться **1.** (*о вопросе, деле и т. п.*) be solved; **2.** (*о споре, конфликте*) be séttled; **3.** *тк. несов.* (*быть позволенным*) be allówed; здесь кури́ть не ~а́ется no smóking (is allówed) here; здесь кури́ть ~а́ется smóking (is) allówed here; **4.** *страд. к* разреша́ть; ◇ ~и́ться от бре́мени *уст.* be delívered of a child. **~е́ние** *с.* **1.** (*позволение*) permíssion, pérmit; с ва́шего ~е́ния with your permíssion; *об. ирон.* by your leave; дава́ть ~е́ние (*дт.*) give* permíssion (*i.*); **2.** (*письменное*) pérmit, authorizátion [-raɪ-]; ~е́ние на въезд (*в страну*) éntry vísa / pérmit [...'vi:zə...]; ~е́ние на вы́езд (*из страны*) éxit vísa / pérmit; **3.** (*задачи, проблемы*) solútion; **4.** (*спора, конфликта*) séttle|ment; ◇ ~е́ние от бре́мени *уст.* delívery. **~и́мый** sólvable.

**разреши́ть** *сов. см.* разреша́ть. **~ся** *сов. см.* разреша́ться 1, 2.

**разрисова́ть** *сов. см.* разрисо́вывать.

**разрисо́вка** *ж.* páinting.

**разрисо́вывать,** разрисова́ть (*вн.*) cóver with dráwings ['kʌ-...] (*d.*), órnamènt with desígns [...-'zaɪnz] (*d.*); (*перен.*) paint (*d.*).

**разровня́ть** *сов. см.* разра́внивать.

**разро́зненн||ый 1.** *прич. см.* разро́знивать; **2.** *прил.* (*о комплекте, собрании сочинений*) odd; **3.** *прил.* (*несогласованный*) séparate, ún|cò-órdinàted; ~ые уси́лия séparate ún|cò-órdinàted éfforts.

**разро́знивать,** разро́знить (*вн.*) break* a set [-eɪk...] (of).

**разро́знить** *сов. см.* разро́знивать.

**разруб||а́ть,** разруби́ть (*вн.*) cut* (*d.*), cleave* (*d.*); ~ на ча́сти cut* into pieces [...'pi:s-] (*d.*); ◇ ~и́ть го́рдиев у́зел cut* the Górdian knot.

**разруби́ть** *сов. см.* разруба́ть.

**разруга́ть** *сов.* (*вн.*) *разг.* scold (*d.*), give* a dréssing down (*i.*). **~ся** *сов.* (с *тв.*) *разг.* have a stórmy quárrel (with), quárrel (with).

**разрумя́нить** *сов.* (*вн.*) **1.** (*покрыть румянами*) paint (*d.*), rouge [ru:ʒ] (*d.*); **2.** (*вызвать румянец*) rédden (*d.*). **~ся** *сов.* **1.** (*от волнения, радости и т. п.*) blush; (*от быстрого движения и т. п.*) be flushed; (*от мороза, ветра и т. п.*) rédden; **2.** *разг.* (*натереть себе лицо румянами*) paint, rouge [ru:ʒ].

**разру́ха** *ж.* rúin, dèvastátion; экономи́ческая ~ èconómic dislocátion [i:k-...].

**разруш||а́ть,** разру́шить (*вн.*) **1.** destróy (*d.*), demólish (*d.*), wreck (*d.*); ~ до основа́ния rase / raze (to the ground) (*d.*); разру́шить наро́дное хозя́йство wreck the nátional èconomy [...'næ- i:-]; города́, разру́шенные войно́й wár-rávaged cíties, towns [...'sɪ-...]; **2.** (*расстраивать планы, надежды и т. п.*) frùstráte (*d.*), blast (*d.*), blight (*d.*); ~ здоро́вье rúin *one's* health [...he-]. **~а́ться,** разру́шиться **1.** go* to rúin; (*о планах и т. п.*) fail, fall* to the ground; **2.** *страд. к* разруша́ть. **~е́ние** *с.* destrúction, dèmolítion; по́лное ~е́ние compléte / útter destrúction; ~е́ния, причинённые войно́й the rávages of war. **~и́тельный** destrúctive, destróying; ◇ ~и́тельная си́ла вре́мени wear and tear of time [wɛə... tɛə...].

**разру́шить** I *сов. см.* разруша́ть.

**разру́шить** II *сов. см.* ру́шить I.

**разру́шиться** *сов. см.* разруша́ться.

**разры́в** *м.* **1.** break [-eɪk], gap (*тж. перен.*); rúpture; séverance; ~ кровено́сного сосу́да rúpture of *a* blóod-vèssel [...-ʌd-]; ме́жду ни́ми произошёл ~ they have bróken off their relátions, they have bróken things off; ~ дипломати́ческих отноше́ний rúpture / bréaking-off of diplomátic relátions [...'breɪ-...]; ~ в облака́х rent in the clouds; ~ ли́нии фро́нта gap / breach in the front line [...-ʌ-...]; **2.** (*снаряда*) burst, shell burst; explósion.

**разрыва́ть** I, разорва́ть **1.** (*вн.*) tear* [tɛə] (*d.*), tear* asúnder (*d.*); ~ на куски́ tear* to píeces [...'pi:-] (*d.*); **2.** *безл.*: пу́шку разорва́ло *the* gun / cánnon has blown up [...bloun...]; **3.** (с *тв.*; *порывать*) break* [-eɪk] (with); ~ с про́шлым break* with the past; разорва́ть дипломати́ческие отноше́ния break* off, *или* séver, diplomátic relátions [...'se-...] (with).

**разрыва́ть** II, разры́ть (*вн.*) **1.** dig* up (*d.*); **2.** *разг.* (*приводить в беспорядок*) make* a lítter (of), turn úpside-dówn (*d.*).

**разрыва́||ться,** разорва́ться **1.** (*о верёвке и т. п.*) break* [-eɪk]; (*о платье и т. п.*) tear* [tɛə]; (*о сапогах и т. п.*) burst*; **2.** (*взрываться*) burst*, go* off, explóde; **3.** *разг.* *чаще с отриц.*: он не мо́жет разорва́ться he can't be évery|whère at once [...kɑ:nt... wʌns]; ◇ у него́ се́рдце ~ется his heart is bréaking [...hɑ:t...].

**разрывн||о́й:** ~ заря́д búrsting charge; ~ creна́ряд explósive shell; ~а́я пу́ля explósive búllet [...'bu-].

**разрыда́ться** *сов.* burst* into tears / sobs.

**разры́ть** *сов. см.* разрыва́ть II.

**разрыхле́ние** *с.* lóosening [-s-].

**разрыхли́ть** *сов. см.* разрыхля́ть.

**разрыхля́ть,** разрыхли́ть (*вн.*) lóosen [-s°n] (*d.*), make* light (*d.*); (*мотыгой*) hoe (*d.*).

**разря́д** I *м.* (*разряжение*) dis¦chárge.

**разря́д** II *м.* (*класс, группа*) cátegory, rank; sort; *спорт.* class, ráting; пе́рвого ~а fírst-cláss; второ́го ~а sécond-cláss [ˈse-].

**разряди́ть(ся)** I, II *сов. см.* разряжа́ть(ся) I, II.

**разря́дка** *ж.* **1.** dis¦chárging; ún¦lóading; (*ср.* разряжа́ть II); ~ междунаро́дной напряжённости léssening / redúction / rè¦làxátion / détente (*фр.*) of internátional ténsion [...dɪˈtɑːŋt...-ˈnæ-...]; **2.** *полигр.* spácing (out).

**разря́дник** I *м. эл.* dis¦chárger; spárk-gàp.

**разря́дник** II *м. спорт.* spórts¦man* with an official ráting.

**разря́дный** *прил. к* разря́д I.

**разряжа́ть** I, разряди́ть (*вн.*) *разг.* (*наряжать*) dress up / out (*d.*).

**разряжа́ть** II, разряди́ть (*вн.*) **1.** *эл.* dis¦chárge (*d.*); **2.** (*оружие*) ún¦lóad (*d.*); **3.** *полигр.* space out (*d.*); **4.** (*ослаблять напряжённость*): разряди́ть атмосфе́ру relieve (the) ténsion [-iːv...], take* the strain off, clear the átmosphère.

**разряжа́ться** I, разряди́ться *разг.* (*наряжаться*) dress up, deck òne¦sélf out, doll òne¦sélf up.

**разряжа́ться** II, разряди́ться **1.** *эл.* run* down; (*перен.*; *о гневе и т. п.*) blow* óver [-ou...], vent / clear it¦sélf; **2.** *страд. к* разряжа́ть II.

**разубеди́ть(ся)** *сов. см.* разубежда́ть(ся).

**разубежда́ть,** разубеди́ть (*вн.* в *пр.*; *вн.*+ *инф.*) dissuáde [-ˈsweɪd] (*d.* from; *d.* from *ger.*). **~ся,** разубеди́ться (в *пр.*) change one's opinion [tʃeɪ-...] (abóut).

**разува́ть,** разу́ть (кого́-л.) take* off smb.'s shoes [...ʃuːz]. **~ся,** разу́ться **1.** take* off one's shoes [...ʃuːz]; **2.** *страд. к* разува́ть.

**разувере́ние** *с.* dissuásion [-ˈsweɪʒn].

**разуве́рить(ся)** *сов. см.* разуверя́ть(ся).

**разувер||я́ть,** разуве́рить (*вн.* в *пр.*) dissuáde [-ˈsweɪd] (*d.* from); úndecéive [-iːv] (*d.* in). **~я́ться,** разуве́риться (в *пр.*) lose* one's faith [luːz...] (in); он разуве́рился в свои́х друзья́х, в э́той тео́рии he lost faith in his friends, in this théory [... fre-... ˈθɪə-].

**разузнава́ть,** разузна́ть (*вн.*) find* out (*d.*); *несов. тж.* make* in¦quíries (abóut).

**разузна́ть** *сов. см.* разузнава́ть.

**разукра́сить(ся)** *сов. см.* разукра́шивать (-ся).

**разукра́шивать,** разукра́сить (*вн.*) décoràte (*d.*), adórn (*d.*), embéllish (*d.*). **~ся,** разукра́ситься **1.** décoràte òne¦sélf, adórn òne¦sélf; **2.** *страд. к* разукра́шивать.

**разукрупн||е́ние** *с.* bréaking up into smáller únits [-eɪk-...]. **~и́ть(ся)** *сов. см.* разукрупня́ть(ся).

**разукрупня́ть,** разукрупни́ть (*вн.*) divíde, *или* break* up, into smáller únits [...breɪk...] (*d.*). **~ся,** разукрупни́ться break* up into smáller únits [breɪk...].

**ра́зум** *м.* **1.** réason [-z°n]; **2.** (*ум, интеллект*) mind, intélligence; ◇ у него́ ум за ~ захо́дит *разг.* he is at his wit's end.

**разуме́н||ие** *с.* ùnderstánding; по моему́ ~ию to my mind / ùnderstánding.

**разуме́ть** (*вн.*) ùnderstánd* (*d.*); (*подразумевать*) mean* (*d.*). **~ся 1.** be ùnderstóod [...-ˈstud]; само́ собо́й разуме́ется it goes without sáying, it stands to réason [...-z°n]; **2.:** разуме́ется *как вводн. сл.* of course [...kɔːs].

**разу́мно** I *прил. кратк. см.* разу́мный; э́то (вполне́) ~ it is (quite) réasonable [...-z-], that makes sense.

**разу́мн||о** II *нареч.* **1.** réasonably [-z-], judícious¦ly, wise¦ly; **2.** (*умно*) cléverly, sénsibly. **~ый 1.** réasonable [-z-], judícious, wise; **2.** (*умный*) cléver [ˈkle-].

**разу́ть(ся)** *сов. см.* разува́ть(ся).

**разуха́бистый** *разг.* róllicking.

**разу́чивать,** разучи́ть (*вн.*) learn* (*d.*); (*к выступлению*) prepáre to perfórm (*d.*); ~ роль stúdy one's part [ˈstʌ-...].

**разу́чиваться,** разучи́ться **1.** (+ *инф.*) forgét* [-ˈget] (how + to *inf.*): он разучи́лся говори́ть по-францу́зски he has forgótten how to speak French; **2.** *страд. к* разу́чивать.

**разучи́ть(ся)** *сов. см.* разу́чивать(ся).

**разъеда́ть,** разъе́сть (*вн.*) *разг.* (*о ржавчине*) eat* a¦wáy (*d.*); (*о кислоте*; *тж. перен.*) corróde (*d.*).

**разъедин||е́ние** *с.* **1.** sèparátion; **2.** *эл.* disconnéction, bréaking [-eɪk-]. **~и́ть(ся)** *сов. см.* разъединя́ть(ся).

**разъедин||я́ть,** разъедини́ть (*вн.*) **1.** séparàte (*d.*), part (*d.*), disjóin (*d.*); **2.** *эл.* disconnéct (*d.*), break* [-eɪk] (*d.*); нас ~и́ли (*по телефону*) we were cut off. **~я́ться,** разъедини́ться **1.** séparàte, part; **2.** *эл.* get* disconnécted; **3.** *страд. к* разъединя́ть.

**разъе́зд** I *м.* (*отъезд*) depárture.

**разъе́зд** II *м. ж.-д.* státion and double track (on a single-tràck ráilway) [...dʌ-...].

**разъе́зд** III *м. воен.* móunted patról [...-oul].

**разъездно́й** I *прил. к* разъе́зд II; ~ путь síding, síde-tràck.

**разъездно́й** II (*связанный с разъездами*) trávelling; ~ аге́нт trávelling ágent.

**разъе́зд||ы** *мн.* (*путешествия*) jóurneyings [ˈdʒəː-]; он всё вре́мя в ~ах he is álways trávelling abóut [...ˈɔːlwəz...].

**разъезжа́||ть** drive* (abóut, aróund), ride* (abóut, aróund); он постоя́нно ~ет he is álways on the move [...ˈɔːlwəz... muːv]. **~ться,** разъе́хаться **1.** (*уезжать*) depárt; го́сти разъе́хались the guests have depárted; **2.** *тк. сов.* (*об экипажах и т. п.*) pass (one another); у́лица так узка́, что два автомоби́ля с трудо́м мо́гут разъе́хаться the street is so nárrow, that two cars can hárdly pass each other; они́ с трудо́м разъе́хались they passed each other with difficulty; **3.** *тк. сов.* (*разминуться*) miss each other; **4.** (*переставать жить вместе*) séparàte; **5.** *разг.* (*расползаться от ветхости*) fall* to pieces [...ˈpiːs-].

**разъе́сть** *сов. см.* разъеда́ть.

**разъе́хаться** *сов. см.* разъезжа́ться.

**разъярённый 1.** *прич. см.* разъяря́ть; **2.** *прил.* infúriàted, in a white rage.

**разъяри́ть(ся)** *сов. см.* разъяря́ть(ся).

**разъяря́ть,** разъяри́ть (*вн.*) infúriàte (*d.*), stir to fúry (*d.*). **~ся,** разъяри́ться **1.** become* / get* fúrious; **2.** *страд. к* разъяря́ть.

**разъясн||е́ние** *с.* èxplanátion, elùcidátion; (*о законе, постановлении*) intèrpretátion; ~

пра́вила, зада́чи elùcidátion of *the* rule, *the* próblem [...'prɔ-]; дава́ть ~е́ния (*дт.*) expláin (to). **~и́тельный** explánatory, elúcidàtive, elúcidàtory [-deɪ-]; ~и́тельная рабо́та expláṇatory work.

**разъя́сниться** *сов. разг.* (*о погоде*) become* clear, clear up.

**разъясни́ть(ся)** *сов. см.* разъясня́ть(ся).

**разъясня́ть,** разъясни́ть (*вн. дт.*) expláin (*d.* to), elúcidàte (*d.* to); (*о законе, постановлении*) intérpret (*d.* to); ~ кому́-л. зада́чу, значе́ние сло́ва elúcidàte *the* próblem, the méaning of the word to smb. [...'prɔ-...]. **~ся,** разъясни́ться 1. get* clear, be cleared up; де́ло разъясни́лось the mátter was cleared up; 2. *страд. к* разъясня́ть.

**разыгра́ть(ся)** *сов. см.* разы́грывать(ся).

**разы́грывать,** разыгра́ть (*вн.*) 1. (*о пьесе, роли и т. п.*) play (*d.*), perfórm (*d.*); 2. (*в лотерею*) raffle (*d.*); (*по жребию*) draw* (*d.*); 3. *разг.* (*подшучивать*) play a trick (on), play a práctical joke (on), pull smb.'s leg [pul...]. **~ся,** разыгра́ться 1. (*о детях*) become* frólic:some; 2. (*о пианисте, актёре и т. п.*) warm up; 3. (*о ветре, море*) rise*; (*о буре*) break* [-eɪk]; (*о чувствах, событиях и т. п.*) run* high; разыгра́лись собы́тия evénts ran high; у него́ разыгра́лась пода́гра his gout broke out, *или* made it:sélf felt, he had an attáck of gout.

**разыска́ть(ся)** *сов. см.* разы́скивать(ся).

**разы́скива||ть,** разыска́ть (*вн.*) look (for); search [sə:tʃ] (for); *сов. тж.* find* (*d.*). **~ться,** разыска́ться 1. turn up, be found; 2. *страд. к* разы́скивать; он ~ется властя́ми he is wánted by the authórities.

**рай** *м.* páradise [-s], (Gárden of) Éden; Elýsium [-z-] *поэт.*

**рай-** *сокр.* райо́нный.

**райиспо́лко́м** *м.* (райо́нный исполни́тельный комите́т) district exécutive committee [...-'mɪtɪ].

**райко́м** *м.* (райо́нный комите́т) district committee [...-'mɪtɪ].

**райо́н** *м.* 1. région; (*административный*) district; 2. (*местность, округа*) área ['ɛərɪə], vicínity: в ~е N. in the N área, in the vicínity of N; — оборони́тельный ~ defénded locálity; defénse / defénsive área *амер.*; укреплённый ~ *воен.* fórtified séctor.

**райони́рование** *с.* division into districts.

**райони́ровать** *несов. и сов.* (*вн.*) district (*d.*), divide into districts (*d.*).

**райо́нный** district (*attr.*), área ['ɛərɪə] (*attr.*).

**ра́йск||ий** pàradisíacal, héavenly ['he-]; ◇ ~ое я́блочко páradise apple [-s...]; ~ая пти́ца bird of páradise.

**райсове́т** *м.* (райо́нный сове́т) District Sóvièt (of Wórking People's Députies) [...pi:-...].

**Рак** *м. астр.* Crab, Cáncer; тро́пик ~а trópic of Cáncer.

**рак** I *м. зоол.* cráwfish, cráyfish; кра́сный как ~ red as a lóbster; ◇ показа́ть кому́-л., где ~и зиму́ют give* it hot to smb.

**рак** II *м. мед.* cáncer; *бот.* (*у растений*) cánker.

**ра́ка** *церк.* shrine.

**раке́т||а** I *ж.* (ský-)ròcket; пуска́ть ~у let* off *a* rócket.

**раке́т||а** II *ж.*, **~ка** *ж. спорт.* rácket.

**раке́тный** rócket(-powered), jet; ~ дви́гатель rócket / jet propúlsion.

**раки́т||а** *ж.* broom. **~ник** *м.* 1. (*кустарник*) broom; 2. (*заросль*) broom grove.

**ра́ковина** *ж.* 1. shell; ушна́я ~ hélix ['hi:-]; 2. (*в металле*) blíster, bleb; уса́дочная ~ blówhòle ['blou-]; 3. (*водопроводная*) sink; (*умывальная*) wásh-bowl [-oul]; 4. (*для оркестра в парках и т. п.*) bándstand.

**ра́ковый** I cráwfish (*attr.*), cráyfish (*attr.*); ~ суп cráwfish / cráyfish soup [...su:p].

**ра́ков||ый** II *мед.* cáncerous; cáncer (*attr.*); *бот.* cánkerous; ~ая о́пухоль cáncerous túmour.

**ракообра́зные** *мн. скл. как прил. зоол.* crùstácea [-'teɪʃɪə].

**ракообра́зный** *мед.* cáncroid.

**раку́рс** *м. жив.* fòre:shórtening; в ~е fòre:shórtened.

**раку́шка** *ж.* cóckle-shèll; (*двустворчатая*) mússel.

**ра́м||а** *ж.* frame; око́нная ~ wíndow-fràme, sash; вставля́ть в ~у (*вн.*) frame (*d.*); вынима́ть из ~ы (*вн.*) take* out of *its* frame (*d.*); карти́на в золочёной ~е gilt-fràmed picture ['gɪ-...]. **~ка** *ж.* frame; в ~ке framed; (*о тексте*) boxed; без ~ки únfrámed; в серебряной ~ке sílver-fràmed.

**ра́м||ки** *мн.* (*границы*) límits; держа́ться в ~ках (*рд.*) keep* within the bounds / límits (of); выходи́ть за ~ (*рд.*) excéed the límits (of); выходи́ть из ~ок те́мы déviàte from *the* theme, wánder off from *the* theme. **~очный** *прил. к* ра́мка; ~очная анте́нна *рад.* loop áerial [...'ɛə-].

**ра́мпа** *ж. театр.* fóotlights ['fut-] *pl.*

**ра́на** *ж.* wound [wu:-].

**ранг** *м.* class, rank; капита́н пе́рвого ~а *мор.* cáptain.

**ранго́ут** *м. мор.* (masts and) spars *pl.* **~ный:** ~ное де́рево *мор.* spar.

**ра́нее** = ра́ньше.

**ране́ние** *с.* 1. ínjury; 2. (*рана*) wound [wu:-].

**ра́неный** 1. *прил.* ínjured; (*оружием*) wóunded ['wu:-]; 2. *м. как сущ.* ínjured man*; cásualty ['kæʒ-]; (*оружием тж.*) wóunded man*; *мн.* (the) ínjured; cásualties; (*оружием тж.*) (the) wóunded.

**ране́т** *м.* (*сорт яблок*) rénnet.

**ра́нец** *м.* (*солдатский*) háversàck, knápsàck; (*школьный*) sátchel.

**ра́нить** *несов. и сов.* (*вн.*) ínjure (*d.*); (*оружием*) wound [wu:-] (*d.*); ~ в но́гу, ру́ку *и т. п.* wound in the leg, the arm, *etc.*

**ра́нн||ий** (*в разн. знач.*) éarly ['ə:-]; ~им у́тром éarly in the mórning; ~ие о́вощи, фру́кты éarly végetables, fruits [...fru:ts]; наступи́ла ~яя зима́ winter came éarly; ~ее де́тство éarly child:hood [...-hud]; с ~его де́тства since / from éarly child:hood; с ~их лет from (one's) éarliest years [...'ə:-...]; ◇ из молоды́х да ~ beginning early!

**ра́но** I *предик. безл.* it is éarly [...'ə:-]; (ещё, сли́шком) ~ it is too éarly; ещё ~ обе́дать it is too éarly for dínner, it is not yet time for dínner.

**ра́но** II *нареч.* éarly ['ə:-]; ~ у́тром éarly in the mórning; ◇ ~ и́ли по́здно some time or other, sóoner or láter, éarly or late; ~ пта́шечка запе́ла, как бы ко́шечка не съе́ла *посл.* ≅ laugh befóre bréakfast, you'll cry befóre súpper [lɑːf... 'brek-...].

**рант** *м.* welt; сапоги́ на ~у́ wélted boots.

**рантье́** *м. нескл.* réntier ['rɔntɪeɪ], invéstor.

**рань** *ж. разг.* éarly / ùn¦gód¦ly hour ['əː-...auə]; в таку́ю ~! at such an éarly / ùn¦gód¦ly time / hour!

**ра́ньше** *нареч.* **1.** éarlier ['əː-]; как мо́жно ~ as éarly as póssible; (*скорее*) as soon as póssible; **2.** (*до какого-то момента*) befóre; ~ нас befóre us; **3.** (*прежде*) befóre, fórmerly, prévious¦ly, in the past; ~ здесь помеща́лась шко́ла there was a school here fórmerly; this used to be a school [...juːst...]; **4.** (*сперва*) first, first¦ly.

**рапа́** *ж. мин., мед.* sált-wàter [-wɔː-].

**рапи́ра** *ж.* foil.

**ра́порт** *м.* repórt; отдава́ть ~ repórt; принима́ть ~ recéive / hear* a repórt [-'siːv...].

**рапортова́ть** *несов. и сов.* (*дт.* о *пр.*) repórt (to *d.*).

**рапс** *м. бот.* rape.

**рапсо́дия** *ж. муз.* rhápsody.

**рарите́т** *м.* rárity ['rɛə-], cùriósity.

**ра́са** *ж.* race.

**рас||и́зм** *м.* rácialism. **~и́ст** *м.* rácialist. **~и́стский** rácialist (*attr.*).

**раска́иваться,** раска́яться (в *пр.*) repént (*d.*, of), be remórse¦ful (of); (*сожалеть*) regrét (*d.*).

**раскал||ённый 1.** *прич. см.* раскаля́ть; **2.** *прил.* (*очень горячий*) scórching, búrning hot; ~ песо́к scórching sand; ~ ка́мень búrning hot stone; ~ до́красна́ réd-hót. **~и́ть(ся)** *сов. см.* раскаля́ть(ся).

**раска́лывание** *с.* cléavage, cléaving; (*вдоль*) splítting.

**раска́лывать,** расколо́ть (*вн.*) cleave* (*d.*), split* (*d.*); (*о единстве тж.*) disrúpt (*d.*); (*о дровах*) chop (*d.*); (*об орехах и т. п.*) crack (*d.*); (*о сахаре*) break* [-eɪk] (*d.*). **~ся,** расколо́ться **1.** cleave*, split*; (*об орехах*) crack; **2.** *страд. к* раска́лывать.

**раскаля́ть,** раскали́ть (*вн.*) make* búrning hot (*d.*), bring* to a great heat [...-eɪt...] (*d.*); ~ до́красна́ make* réd-hót (*d.*); ~ добела́ make* white-hót (*d.*). **~ся,** раскали́ться **1.** glow [-ou]; becóme* / get* hot; ~ся до́красна́ becóme* réd-hót; ~ся добела́ becóme* white-hót; **2.** *страд. к* раскаля́ть.

**раска́пывать,** раскопа́ть (*вн.*) **1.** dig* out (*d.*); (*перен.*) ún¦éarth [-'əːθ] (*d.*); (*находить*) grub up / out (*d.*); **2.** *геол.* éxcavàte (*d.*).

**раска́рмливать,** раскорми́ть (*вн.*) fat (*d.*), fátten (*d.*).

**раскасси́ровать** *сов.* (*вн.*) líquidàte (*d.*); *воен.* disbánd (*d.*).

**раска́т** *м.* roll, peal; ~ гро́ма peal of thúnder; ~ сме́ха peal of láughter [...'lɑːf-].

**раската́ть** *сов. см.* раска́тывать. **~ся** *сов. см.* раска́тываться 1.

**раска́тистый** rólling; ~ уда́р гро́ма rólling peal of thúnder; ~ смех rólling / bóoming láughter [...'lɑːf-].

**раскати́ться** *сов.* **1.** *см.* раска́тываться 2; **2.** (*набрать скорость*) gáther moméntum.

**раска́тывать,** раската́ть (*вн.*) roll (out) (*d.*); ~ те́сто roll the dough / paste [...dou peɪ-]. **~ся,** раската́ться, раскати́ться **1.** *при сов.* раската́ться roll (out); **2.** *при сов.* раскати́ться roll asúnder; (*заноситься в сторону*) swerve, side¦slip.

**раскача́ть(ся)** *сов. см.* раска́чивать(ся).

**раска́чивать,** раскача́ть (*вн.*; *о качелях и т. п.*) swing* (*d.*); *тк. сов.* (*перен.*) *разг.* move [muːv] (*d.*), stir (*d.*). **~ся,** раскача́ться (*на качелях*) swing*; rock òne¦sélf to and fro, sway; (*перен.*: *приниматься за что-л.*) *разг.* bestír / move òne¦sélf [...muːv...].

**раска́шляться** *сов.* have a fit of cóughing [...'kɔf-].

**раска́яние** *с.* repéntance.

**раска́яться** *сов. см.* ка́яться 1 *и* раска́иваться.

**расквартирова́ние** *с.* quártering, bílleting.

**расквартирова́ть** *сов. см.* расквартиро́вывать.

**расквартиро́вывать,** расквартирова́ть (*вн.*) quárter (*d.*), bíllet (*d.*).

**раскв́асить** *сов. см.* раскв́ашивать.

**раскв́ашивать,** раскв́асить *разг.*: ~ себе́ нос get* one's nose smashed; ~ нос кому́-л. draw* blood from smb.'s nose [...blʌd...].

**расквита́ться** *сов.* (с *тв.*) *разг.* square, *или* settle up, accóunts (with); (*перен.*) get* éven (with).

**раскида́ть** *сов. см.* раски́дывать I.

**раски́дистый** *разг.* (*о дереве*) bránchy [-ɑːn-].

**раскидно́й** fólding.

**раски́дывать** I, раскида́ть (*вн.*) scátter (*d.*).

**раски́дывать** II, раски́нуть (*вн.*) **1.** (*распростирать*) stretch (*d.*); (*ветви*) spread* [-ed] (*d.*); ~ ру́ки, но́ги spread* (out) one's arms, legs; **2.** (*палатку, лагерь*) pitch (*d.*), set* up (*d.*); ◇ раски́нуть умо́м consíder [-'sɪ-], think* óver. **~ся,** раски́нуться **1.** *об. сов.* (*простираться*) spread* out [-ed...], stretch out, stretch far a¦wáy; по скло́ну горы́ раски́нулась дере́вня a víllage spread óver the hill; **2.** (*на диване, постели*) sprawl; **3.** *страд. к* раски́дывать II.

**раски́нуть** *сов. см.* раски́дывать II. **~ся** *сов. см.* раски́дываться.

**раскиса́ть,** раски́снуть *разг.* becóme* limp; ~ от жары́ becóme* limp with the heat.

**раскисл||е́ние** *с. хим.* dè¦òxidizátion [-daɪ-]. **~и́тель** *м. хим.* dè¦óxidizer.

**раскисля́ть** (*вн.*) *хим.* dè¦óxidize (*d.*).

**раски́снуть** *сов. см.* раскиса́ть.

**раскла́д||ка** *ж.* appórtionment; де́лать ~ку (*рд.*) appórtion (*d.*).

**раскладно́й** fólding.

**раскла́дывать,** разложи́ть (*вн.*) **1.** lay* out (*d.*); (*расстилать*) spread* [-ed] (*d.*); **2.** (*распределять*) distríbute (*d.*), appórtion (*d.*); ◇ ~ ого́нь make* a fire; ~ костёр make* / build* a fire [...bɪ-...]. **~ся,** разложи́ться **1.** *разг.* (*распаковываться*) únpáck; **2.** *страд. к* раскла́дывать.

**раскла́ниваться,** раскла́няться **1.** make* one's bow; (с *тв.*) exchánge gréetings [-'ʧeɪ-...] (with); **2.** (*распрощаться*) take* leave (of).

**раскла́няться** *сов. см.* раскла́ниваться.

**расклéивать,** расклéить (*вн.*) **1.** (*об афишах и т. п.*) stick* (*d.*), paste [peɪ-] (*d.*); **2.** (*отклеивать*) únpáste [-'peɪ-] (*d.*), ún:glúe (*d.*). **~ся,** расклéиться **1.** get* / become* ún:glúed; **2.** *разг.* (*расхварываться*) be out of sorts, feel* séedy; он совсéм расклéился he has gone to píeces [...gɔn...'pi:-]; **3.** *страд.* *к* расклéивать.

**расклéить(ся)** *сов. см.* расклéивать(ся).

**расклéйка** *ж.* (*афиш и т. п.*) sticking, pásting ['peɪ-].

**расклепáть** *сов. см.* расклёпывать.

**расклёпывать,** расклепáть (*вн.*) ún:rívet [-'rɪ-] (*d.*), ún:clénch (*d.*); (*о скобе, цепи*) únsháckle (*d.*).

**расковáть(ся)** *сов. см.* раскóвывать(ся).

**раскóвывать,** расковáть (*вн.*) **1.** (*о лошади*) únshóe [-'ʃu:] (*d.*); **2.** (*освобождать от оков*) únchái n (*d.*), únfétter (*d.*); **3.** *тех.* ùpsét* (*d.*). **~ся,** расковáться **1.** (*о лошади*) cast* *a* shoe [...ʃu:]; **2.** *страд. к* раскóвывать.

**расковырять** *сов.* (*вн.*) pick ópen (*d.*); (*о прыще и т. п.*) scratch raw (*d.*).

**раскóл** *м.* **1.** split, díssidence; полúтика ~а dissénti ent pólicy; углубúть ~ widen the division / split; ~ стал бóлее я́вным the cléavage has become more shárply defíned; **2.** *рел.* schism [sɪ-], díssidence.

**раскалáчивать,** расколотúть (*вн.*) **1.** ún-náil (*d.*); **2.** *разг.* (*бить — о посуде*) break* [-eɪk] (*d.*); **3.** *тк. сов. разг.* (*о противнике*) beat* up (*d.*), deféat (*d.*).

**расколотúть** *сов. см.* раскалáчивать.

**расколóть(ся)** *сов. см.* раскáлывать(ся).

**раскóльни||к** *м.* **1.** dissénter; **2.** *рел.* Raskólnik (*pl.* Raskólniki, Raskólniks), schismátic [sɪz-], dissénter. **~ческий 1.** disséntient; ~ческая тáктика splítting táctics *pl.*; **2.** *рел.* schismátic [sɪz-], díssident.

**раскопáть** *сов. см.* раскáпывать.

**раскóпки** *мн.* èxcavátions.

**раскормúть** *сов. см.* раскáрмливать.

**раскоря́к||а** *м. и ж. разг.*: ходúть ~ой walk bów-lègged [...'bou-].

**раскóс||ый** slánting [-ɑ:n-]; ~ые глазá slánting eyes [...aɪz].

**раскошéл||иваться,** раскошéлиться *разг.* come* down with móney [...'mʌ-], loosen one's púrse-strings [-s-...]. **~иться** *сов. см.* раскошéливаться.

**раскрáдывать,** раскрáсть (*вн.*) steal* (*d.*).

**раскрáивать,** раскроúть (*вн.*; *о материи*) cut* out (*d.*); ◇ раскроúть комý-л., себé чéреп split* smb.'s, one's skull.

**раскрáсить** *сов. см.* раскрáшивать.

**раскрáска** *ж.* **1.** (*действие*) cólour:ing ['kʌ-], páinting; **2.** (*расцветка*) còlo(u)rátion [kʌ-].

**раскраснéться** *сов.* grow* / get* red in the face [-ou...]; (*от мороза тж.*) rédden; (*от волнения, быстрого движения*) flush; (*от стыда, смущения*) blush.

**раскрáсть** *сов. см.* раскрáдывать.

**раскрáшивание** *с.* páinting, cólour:ing ['kʌ-].

**раскрáшивать,** раскрáсить (*вн.*) paint (*d.*), cólour ['kʌ-] (*d.*).

**раскрепостúть(ся)** *сов. см.* раскрепощáть(ся).

**раскрепощ||áть,** раскрепостúть (*вн.*) set* free (*d.*), emáncipàte (*d.*), líberàte (*d.*). **~áться,** раскрепостúться **1.** get* free / líberàted; **2.** *страд. к* раскрепощáть. **~éние** *с.* emàncipátion, liberátion; ~éние жéнщины emàncipátion of wómen [...'wɪmɪn].

**раскрепощённый** *прич. и прил.* emáncipàted, líberàted; ~ труд únsháckled lábour.

**раскритиковáть** *сов.* (*вн.*) críticize sevére:ly (*d.*).

**раскричáться** *сов.* **1.** start shóuting, raise a cry; **2.** (на *вн.*) shout (at), béllow (at).

**раскроúть** *сов. см.* раскрáивать.

**раскрошúть** *сов.* (*вн.*) crumb (*d.*), crumble (*d.*). **~ся** *сов.* crumble.

**раскрутúть(ся)** *сов. см.* раскрýчивать(ся).

**раскрýчивать,** раскрутúть (*вн.*) úntwíst (*d.*), úntwíne (*d.*), ún:dó (*d.*). **~ся,** раскрутúться **1.** come* úntwísted, úntwíst; **2.** *страд. к* раскрýчивать.

**раскрывáть,** раскры́ть (*вн.*) **1.** ópen (*d.*); ~ окнó ópen *the* window; ~ зóнтик ópen, *или* put* up, *an* ùmbrélla; **2.** (*обнажать*) expóse (*d.*); **3.** (*разоблачать, обнаруживать*) revéal (*d.*), disclóse (*d.*), lay* bare (*d.*); (*об обмане*) discóver [-'kʌ-] (*d.*); ~ зáговор revéal / discóver *a* plot; раскры́ть все обстоя́тельства дéла throw* light on all the partículars of *a* case, *или* of *an* affáir [θrou...keɪs...]; раскры́ть и́стину lay* bare the truth; ◇~ скóбки ópen the bráckets; ~ свой кáрты throw* up, *или* show*, one's cards / hand [...ʃou...]. **~ся,** раскры́ться **1.** ópen; *бот.* (*о семенных коробках*) dehísce; **2.** (*обнажаться*) ùn:cóver òne:sélf [-'kʌ-...]; **3.** (*обнаруживаться — о преступлении, обмане*) come* out, come* to light; **4.** *страд. к* раскрывáть.

**раскры́тие** *с.* **1.** ópen:ing; ~ скóбок ópen:ing of the bráckets; **2.** (*преступления и т. п.*) disclósing, expósure [-'pouʒə].

**раскры́ть(ся)** *сов. см.* раскрывáть(ся).

**раскудáхтаться** *сов. разг.* set* up a cáckling.

**раскулáчивание** *с.* dispossésion of (the) kúlaks [-'ze-...].

**раскулáчивать,** раскулáчить (*вн.*) dispossess the kúlaks [-'zes...].

**раскулáчить** *сов. см.* раскулáчивать.

**раскуп||áть,** раскупúть (*вн.*) buy* up [baɪ...] (*d.*). **~úть** *сов. см.* раскупáть.

**раскýпоривание** *с.* (*бутылок*) ún:córking; (*ящика*) ópen:ing.

**раскýпоривать,** раскýпорить (*вн.*; *о бутылке*) ún:córk (*d.*); (*о ящике и т. п.*) ópen (*d.*). **~ся,** раскýпориться **1.** ópen; (*о бутылке*) get* ún:córked; **2.** *страд. к* раскýпоривать.

**раскýпор||ить(ся)** *сов. см.* раскýпоривать(ся). **~ка** *ж.* = раскýпоривание.

**раскýривать,** раскурúть (*вн.*) light* up (*d.*); ~ папирóсу, трýбку make* *a* cigarétte, *a* pipe draw, puff at *a* cigarétte, *a* pipe to make it draw. **~ся,** раскурúться (*о папиросе и т. п.*) puff.

**раскурúть(ся)** *сов. см.* раскýривать(ся).

**раскусúть** *сов. см.* раскýсывать.

**раскýсывать,** раскусúть **1.** (*вн.*) bite* (*d.*); **2.** *тк. сов.* (что-л.; *хорошо понять*) get* to the core / heart [...hɑ:t] (of smth.); (когó-л.; *хорошо* *узнать*) see* smb. through; get* smb.'s méasure [...'me-] *идиом.*; раскусить, в чём дéло get*to the core / heart of the mátter; тепéрь я вас раскусил I've got to the bóttom of you now; он раскусил её he saw through her.

**раскýтать(ся)** *сов. см.* раскýтывать(ся).

**раскýтывать,** раскýтать (*вн.*) ún:wráp (*d.*). **~ся,** раскýтаться **1.** ún:wráp òne:sélf; **2.** *страд. к* раскýтывать.

**рáсов||ый** rácial; ~ая дискриминáция rácial / race discriminátion.

**распáд** *м.* **1.** disintegrátion, bréak-úp [-eɪk-]; (*перен.*) collápse; **2.** *хим.* decáy, dissòciátion.

**распадáться,** распáсться **1.** disíntegràte, fall* to píeces [...'piː-], come* apárt / asúnder; (на *вн.*) break* down [-eɪk...] (into); (*перен.*) break* up; (*приходить в расстройство, упадок*) collápse; **2.** *хим.* dissóciàte.

**распáивать,** распаять (*вн.*) únsólder [-'sɔ-] (*d.*). **~ся,** распаяться get* / come* únsóldered [...-'sɔ-].

**распак||овáть(ся)** *сов. см.* распакóвывать(ся). **~óвка** *ж.*, **~óвывание** *с.* únpácking.

**распакóвывать,** распаковáть (*вн.*) únpáck (*d.*), ún:dó (*d.*); (*из ящиков*) únbóx (*d.*). **~ся,** распаковáться **1.** (*о свёртке и т. п.*) come* / get* ún:dóne; **2.** *разг.* (*распаковывать свои вещи*) únpáck; **3.** *страд. к* распакóвывать.

**распалить(ся)** *сов. см.* распалять(ся).

**распалять,** распалить (*вн.*) make* búrning hot (*d.*); (*перен.*: *возбуждать*) infláme (*d.*), excíte (*d.*); ~ гнéвом incénse (*d.*), infúriàte (*d.*). **~ся,** распалиться **1.** be búrning hot; (*тв.*; *перен.*; *гневом и т. п.*) burn* (with), be incénsed (by); **2.** *страд. к* распалять.

**распáривать,** распáрить (*вн.*; *о коже и т. п.*) steam out (*d.*); (*об овощах*) stew well (*d.*). **~ся,** распáриться **1.** (*о коже и т. п.*) steam out; (*об овощах*) be stewed well; **2.** *разг.* be stéaming; **3.** *страд. к* распáривать.

**распáрить(ся)** *сов. см.* распáривать(ся).

**распáрывание** *с.* ripping (off, ópen), ún:rìpping.

**распáрывать,** распорóть (*вн.*) ún:rip (*d.*), rip up (*d.*); rip ópen (*d.*) **~ся,** распорóться **1.** rip; **2.** *страд. к* распáрывать.

**распáсться** *сов. см.* распадáться.

**распахáть** *сов. см.* распáхивать I.

**распáхивание** *с.* (*земли*) plóughing up.

**распáхивать** I, распахáть (*вн.*) plough up (*d.*), till (*d.*).

**распáхивать** II, распахнýть (*вн.*) throw* / fling* / thrust* ópen [θrou...] (*d.*); ~ пальтó throw* ópen one's coat; ~ окнó throw* / fling* *the* window ópen; вéтер распахнýл дверь the wind blew *the* door ópen [...wɪ-...dɔː...]; широкó распахнýть двéри (*дт.*; *прям. и перен.*) ópen the doors wide (to). **~ся,** распахнýться **1.** (*широко растворяться*) fly* / swing* / sweep* ópen; **2.** (*распахивать полы своей одежды*) throw* ópen one's coat [-ou...]; **3.** *страд. к* распáхивать II.

**распахнýть** *сов. см.* распáхивать II. **~ся** *сов. см.* распáхиваться.

**распáшка** *ж.* = распáхивание.

**распашóнка** *ж.* báby's vest.

**распаять(ся)** *сов. см.* распáивать(ся).

**распевáть** (*вн.*) sing* (*d.*). **~ся,** распéться **1.** (*входить в голос*) warm up (to sing:ing); он ещё не распéлся he has not warmed up yet; когдá он распоётся, егó не остановишь once he gets warmed up there is no stópping him [wʌns...]; **2.** *страд. к* распевáть.

**распекáть,** распéчь (*вн.*) *разг.* give* a good scólding (*i.*).

**распеленáть** *сов.* (*вн.*) ún:wráp (*d.*), únswáddle (*d.*). **~ся** *сов.* get* ún:wrápped, get* out of one's swáddling-clòthes / báby-wràps [...-klou-...].

**расперéть** *сов. см.* распирáть.

**распетушиться** *сов. разг.* get* into a huff / páddy.

**распéться** *сов. см.* распевáться.

**распечáт||ать(ся)** *сов. см.* распечáтывать(ся). **~ывание** *с.* **1.** (*снятие печатей*) únséaling; **2.** (*письма*) ópen:ing.

**распечáтывать,** распечáтать (*вн.*) **1.** (*снимать печати*) únséal (*d.*), break* the seal [-eɪk...] (on), take* *the* seal (off); **2.** (*о письме*) ópen (*d.*). **~ся,** распечáтаться **1.** (*о запечатанном*) come* / get* únséaled; **2.** (*о письме*) come* / get* ópen; **3.** *страд. к* распечáтывать.

**распéчь** *сов. см.* распекáть.

**распивáть,** распить (*вн.*) *разг.* drink* (*d.*); распить бутылку винá (с кем-л.) split* *a* bottle (with smb.).

**распивочн||ый:** ~ая продáжа винá, пива *и т. п.* wine, beer, *etc.*, sold for consúmption on the prémises [...-sɪz].

**распил||ивать,** распилить (*вн.*) saw* up (*d.*), cut* up (*d.*); (*на доски*) flitch (*d.*). **~ить** *сов. см.* распиливать. **~ка** *ж.*, **~óвка** *ж.* sáwing, cútting.

**распинáть,** распять (*вн.*) crúcifỳ (*d.*).

**распинáться** **1.** (за когó-л.) *разг.* lay* òne:sélf out (for smb.'s sake), take* great pains [...-eɪt...] (for smb.'s sake); **2.** *страд. к* распинáть.

**распирáть,** распереть (*вн.*) burst* ópen (*d.*).

**расписáн||ие** *с.* tíme-tàble, schédùle ['ʃe-]; ~ поездóв train schédùle; по ~ию accórding to the time-tàble, *или* to schédùle; боевóе ~ *воен.* órder of battle; *мор.* battle státions *pl.*; quárter bill *амер.*

**расписáть(ся)** *сов. см.* распи́сывать(ся).

**распи́ска** I *ж.* (*стен и т. п.*) páinting.

**распи́ск||а** II *ж.* (*документ*) recéipt [-'siːt]; ~ в получéнии recéipt; обрáтная ~ recéipt, vóucher; давáть, брать ~у в получéнии дéнег give*, take* a recéipt for the móney recéived [...'mʌ- -'siːvd]; сдать письмó под ~у make* smb. sign for *a* létter [...saɪn...]; сдáйте емý пакéт под ~у have him sign for the párcel.

**расписнóй** páinted, décoràted with designs [...-'zaɪnz].

**распи́сывать,** расписáть (*вн.*) **1.** (*разрисовывать*) paint (*d.*); **2.** (*распределять*) assign [-aɪn] (*d.*); ~ счетá по книгам énter bills in *a* régister, énter bills in *an* accóunt-book; **3.** *разг.* (*красочно изображать*) paint / draw* a pícture (of); он так расписáл свой успе́х, что все удиви́лись he páinted / drew such a picture of his succéss that everybody was surprised. **~ся,** расписа́ться **1.** (*подписываться*) sign (one's name) [saın...]; прочти́те э́ту бума́гу и распиши́тесь read this páper and sign (your name); **2.** (в *пр.*; *в получении чего-л.*) sign (for): распиши́тесь в получе́нии зарпла́ты sign for your sálary; **3.** *разг.* (*регистрировать брак*) régister one's márriage [...-rıdʒ]; **4.** *разг.* (*писать много*) get* into a writing vein; **5.** *страд. к* распи́сывать; ◇ расписа́ться в со́бственном неве́жестве, в со́бственной глу́пости téstify to one's own ígnorance, one's own stupídity [...oun...].

**распи́ть** *сов. см.* распива́ть.

**распиха́ть** *сов. см.* распи́хивать.

**распи́хивать,** распиха́ть (*вн.*) *разг.* **1.** (*расталкивать*) push asíde / apárt / a:wáy [puʃ...] (*d.*); **2.** (*рассовывать*) shove [ʃʌv] (*d.*); ~ по карма́нам stuff into one's póckets (*d.*).

**распла́вить(ся)** *сов. см.* расплавля́ть(ся).

**расплавле́ние** *с.*, **распла́вливание** *с.* mélting, fóunding, fúsion.

**расплавля́ть,** распла́вить (*вн.*) melt (down) (*d.*), found (*d.*), fuse (*d.*). **~ся,** распла́виться **1.** melt; **2.** *страд. к* расплавля́ть.

**распла́каться** *сов.* burst* into tears.

**распланирова́ть** *сов. см.* плани́ровать I 2.

**распласта́ть(ся)** *сов. см.* распла́стывать (-ся).

**распла́стывать,** распласта́ть (*вн.*) **1.** (*делить на пласты*) split* (*d.*); **2.** *разг.* (*растягивать плашмя*) spread* [-ed] (*d.*). **~ся,** распласта́ться sprawl; (*без движений*) lie* prone / flat.

**распла́т||а** *ж.* páyment; (*перен.*) atóne:-ment; час ~ы ≅ day of réckoning. **~и́ться** *сов. см.* распла́чиваться.

**распла́чиваться,** расплати́ться **1.** (с *тв.*) pay* off (*d.*); (*перен.*: *отплачивать, мстить*) be quits, *или* get* éven (with); réckon (with); ~ с долга́ми *разг.* pay* off one's debts [...dets]; ~ по ста́рым счета́м, долга́м pay* off old scores, debts; **2.** (за *вн.*; *нести наказание*) pay* (for); ~ за оши́бку pay* for one's fault.

**расплеска́ть(ся)** *сов. см.* расплёскивать(ся).

**расплёскивать,** расплеска́ть (*вн.*) spill* (*d.*). **~ся,** расплеска́ться **1.** spill*; **2.** *страд. к* расплёскивать.

**расплести́(сь)** *сов. см.* расплета́ть(ся).

**расплета́ть,** расплести́ (*вн.*) úntwine (*d.*), úntwist (*d.*), únwéave* (*d.*), ún:dó (*d.*); (*о волосах*) únpláit [-æt] (*d.*). **~ся,** расплести́сь **1.** úntwíne, úntwíst; (*о волосах*) get* / come* únpláited [...-æt-]; **2.** *страд. к* расплета́ть.

**расплоди́ть** *сов.* (*вн.*; *прям. и перен.*) breed* (*d.*). **~ся** *сов.* breed*.

**расплыва́||ться,** расплы́ться **1.** (*растекаться*) run*; черни́ла ~ются на э́той бума́ге the ink runs on this páper; **2.** *разг.* (*полнеть*) run* to fat, grow* obése [-ou -s]; ◇ расплы́ться в улы́бку break* into a smile / grin [-eık...].

**расплы́вчат||ость** *ж.* diffúsion, diffúsive:-ness, dímness. **~ый** diffúse [-s], diffúsed, dim.

**расплы́ться** *сов. см.* расплыва́ться.

**расплю́щивание** *с.* fláttening.

**расплю́щи||вать,** расплю́щить (*вн.*) flátten (out) (*d.*), crush flat (*d.*). **~ваться,** расплю́щиться **1.** become* / get* flat; **2.** *страд. к* расплю́щивать. **~ть(ся)** *сов. см.* расплю́щивать(ся).

**распознава́||емый** récognizable, discérnible. **~ние** *с.* rècognítion, discérning, discérnment.

**распознава́ть,** распозна́ть (*вн.*) récognize (*d.*), discérn (*d.*); распозна́ть боле́знь diagnòse *the* illness.

**распозна́ть** *сов. см.* распознава́ть.

**располаг||а́ть** I **1.** (*тв.*; *иметь в своём распоряжении*) dispóse (of), have aváilable (*d.*); ~ вре́менем have time at one's dispósal [...-z°l], have time aváilable; ~а́йте мной, мое́й жи́знью dispóse of me, of my life; **2.** (+ *инф.*) *уст.* (*намереваться*) inténd (+ to *inf.*, + *ger.*), propóse (+ to *inf.*, + *ger.*); он ~а́ет за́втра вы́ехать he inténds / propóses to go, *или* gó:ing, a:wáy to:mórrow.

**располага́ть** II, расположи́ть **1.** (*вн.*; *размещать*) dispóse (*d.*), arránge [-eındʒ] (*d.*), place (*d.*), put* (*d.*), set* (*d.*); ~ в алфави́тном поря́дке arránge in àlphabétical órder (*d.*); он расположи́л свои́ войска́ he dispósed / státioned his troops; дом был располо́жен у реки́ the house* was situàted near *the* river [...haus... 'rı-]; **2.** (*вн.* к; *в чью-л. пользу*) gain (*d.*), win* óver (*d.*); расположи́ть кого́-л. к себе́ gain smb., win* smb.'s fávour; ~ кого́-л. в свою́ по́льзу win* smb.'s fávour, prè:posséss smb. [-'zes...]; он расположи́л её в свою́ по́льзу he has interested her in his fávour; **3.** *тк. несов.* (к; *настраивать*) dispóse (to); ~ к размышле́нию dispóse to mèditátion; обстано́вка располага́ет к рабо́те the átmosphère is fávour:able to work. **~ся,** расположи́ться **1.** (*устраиваться*) settle, make* òne:sélf cómfortable [...'kʌm-]; он расположи́лся на дива́не he made him:sélf cómfortable on *the* sófa; он расположи́лся писа́ть he sat / settled down to write; он реши́л здесь расположи́ться he decided to stay here; (*на продолжительное время*) he decided to settle down here; **2.** *страд. к* располага́ть II.

**располага́ющий** I *прич. см.* располага́ть I.

**располага́ющ||ий** II **1.** *прич. см.* располага́ть II; **2.** *прил.* prè:posséssing [-'zes-]; ~ая вне́шность prè:posséssing appéarance.

**расползáться,** расползти́сь **1.** (*о насекомых и т. п.*) crawl (a:wáy); **2.** *разг.* (*разрываться по швам*) rável out ['ræ-...].

**расползти́сь** *сов. см.* расползáться.

**располне́ть** *сов. разг.* grow* stout [grou...]; (*о женщине, ребёнке тж.*) grow* plump.

**расположе́н||ие** *с.* **1.** (*размещение*) disposítion [-'zı-], arránge:ment [-eın-]; кварти́рное ~ *воен.* billets *pl.*; ~ войск по кварти́рам billeting of *the* troops; **2.** (*местоположение*) situátion, locátion; *воен.* *тж.* position [-'zı-]; ~ уча́стка, са́да *и т. п.* situátion of *a* plot, gárden, *etc.*; ~ на ме́стности *воен.* locátion on the ground; **3.**: ~ не́рвов nèrvátion; ~ слов *грам.* wórd-órder; **4.** (*симпатия*) fávour, líking, in:clinátion; по́льзоваться чьим-л. ~ием enjóy smb.'s fávour, be liked by smb.; be in smb.'s good books *идиом.*; заслужи́ть чьё-л. ~ win* smb.'s fávour, gain smb.; иска́ть чьего́-л. ~ия court smb. [kɔ:t...], cúrry fávour with smb.; снискать чьё-л. ~ win* smb.'s fávour; **5.** (к; *наклонность*) in¦clinátion (to, for); disposítion (to), propénsity (to), bías (towards); (*к музыке, искусству и т. п. тж.*) disposítion (for), taste [teɪ-] (for); ~ к болéзни, полноте téndency to illness, stóutness; **6.** (*настроение*) mood; ~ дýха mood, húmour; быть в хорóшем ~ии дýха be in a good* / chéerful mood, be chéerful, be in (good) spirits; быть в плохóм ~ии дýха be in a bad* húmour; у негó нет ~ия дéлать что-л. he is¦n't in the mood to do smth.; he is in no mood for doing smth.; у негó нет ~ия éхать тудá he is in no mood to go there.

**располóж||енный 1.** *прич. см.* располагáть II; **2.** *прил.* (к; *питающий чувство симпатии*) dispósed (towards, to); он ~ен ко мне, в мою пóльзу he is well dispósed towards me, he is dispósed in my fávour; **3.** *прил.* (к; + *инф.*; *склонный*) dispósed (to; + to *inf.*); in¦clined (+ to *inf.*); он не ~ен к серьёзному разговóру he is not dispósed to a sérious talk; он не ~ен сегóдня рабóтать he is not dispósed to work to¦dáy.

**располож́ить** *сов. см.* располагáть II 1, 2. **~ся** *сов. см.* располагáться.

**распóр** *м. тех.* thrust. **~ка** *ж. тех.* distance bar / block / piece / rod [...pi:s...]; spréader [-edə].

**распорóть** *сов.* **1.** *см.* распáрывать; **2.** *как сов. к* порóть II. **~ся** *сов.* **1.** *см.* распáрываться; **2.** *как сов. к* порóться.

**распоряд́итель** *м.*, **~ница** *ж.* mánager; (*на торжестве*) máster of céremonies. **~ность** *ж.* good mánage¦ment; отсýтствие ~ности mismánage¦ment. **~ный 1.** (*о человеке*) áctive, cápable; быть ~ным be a good / cápable, *или* an áctive, mánager; **2.**: ~ный óрган administrative órgan.

**распоряд́иться** *сов. см.* распоряжáться 1, 3.

**распоря́д||ок** *м.* órder; (*обычный*) routíne [ru:'ti:n]; прáвила внýтреннего ~ка в учреждéнии, на фáбрике *и т. п.* óffice, fáctory, *etc.*, règulátions; ~ дня the dáily routíne; какóй у вас ~ дня? how is your day divíded?, what is your dáily routíne?

**распоря||жáться,** распоряд́иться **1.** (о *пр.*, + *инф.*; *давать приказание*) órder (*d.*, *d.* + to *inf.*); *сов. тж.* see* (that); ~д́иться сдéлать, принестú, убрáть что-л. have / see* smth. done, brought, táken a¦wáy; ~д́иться приготóвить кóмнату have *a* room prepáred; он ~д́ился ввестú плéнных he órdered that the prísoners should be brought in [...'prɪz-...]; он ~д́ится об уплáте вам э́той сýммы he will see that this sum is paid to you; разрешúте ~д́иться по своемý усмотрéнию let me have a free hand; **2.** *тк. несов.* (*управлять, хозяйничать*) give* órders, be in commánd / charge [...-ɑ:nd...], commánd; кто здесь ~жáется? who gives órders, *или* who is in commánd / charge, here?; он лю́бит ~ he likes to commánd / boss; ~ как у себя́ дóма beháve as though the place belóngs to one [...ðou...]; **3.** (*тв.*; *располагать*) dispóse (of), deal* (with), do (with); он не знáет, как ~д́иться э́тими деньгáми he does not know how to use this móney [...nou... 'mʌ-]; ~ своéй сóбственной судьбóй be one's own máster [...oun...], be the árbiter / máster of one's own déstiny.

**распоряжéн||ие** *с.* (*приказ*) órder; instrúction, diréction; (*указ, постановление*) decrée; завещáтельное ~ bequést; до осóбого ~ия until fúrther nótice [...-ðə 'nou-]; ◇ быть в ~ии когó-л. be at smb.'s dispósal / commánd [...-z°l -'mɑ:-]; имéть в своём ~ии have at one's dispósal / commánd.

**распоя́саться** *сов. см.* распоя́сываться.

**распоя́сываться,** распоя́саться ún¦gírdle [-'g-]; (*перен.*) throw* aside all restráint [-ou...], let* òne¦sélf go.

**распрáв||а** *ж.* víolence, reprísal [-z°l]; кулáчная ~ fistlaw; кровáвая ~ mássacre, cárnage; жестóкая ~ sávage reprísal; ◇ творúть суд и ~у adminíster jústice and mete out púnishment; корóткая ~ short shrift; у меня́ с ним ~ коротκá I'll deal súmmarily with him, I'll make short work of him.

**распрáвить** *сов. см.* расправля́ть.

**распрáвиться** I, II *сов. см.* расправля́ться I, II.

**расправля́ть,** распрáвить (*вн.*) **1.** (*выпрямлять*) stráighten (*d.*); (*делать гладким*) smooth out [-ð...] (*d.*); ~ склáдки smooth out créases [...-sɪz]; ~ крылья (*прям. и перен.*) spread* one's wings [-ed...]; **2.** (*вытягивать*) stretch (*d.*); ~ плéчи stráighten / square one's shóulders [...'ʃou-].

**расправля́ться** I, распрáвиться **1.** (*о складках и т. п.*) get* smoothed out [...-ðd...], fall* out; **2.** *страд. к* расправля́ть.

**расправля́ться** II, распрáвиться (с *тв.*; *учинять расправу*) deal* (with); make* short work (of) *разг.*; ~ без судá take* the law into one's own hands [...oun...].

**распредел||éние** *с.* (*в разн. знач.*) distribútion; (*налогов*) asséssment; боевóе ~ *воен.* battle òrganizátion [...-naɪ-]. **~úтель** *м.* distributor. **~úтельный** distributive; ~úтельная доскá, ~úтельный щит *тех.* switchboard; ~úтельная корóбка *эл.* pánel box ['pæ-...]. **~úть** *сов. см.* распределя́ть.

**распределя́ть,** распредел́ить (*вн.* мéжду) distríbute (*d.* to, amóng), allót (*d.* to); (*о налогах*) asséss (*d.* up¦ón); ~ врéмя régulàte / órder *one's* time; ~ частóты *рад.* assígn rádiò fréquencies [ə'saɪn... 'fri:-].

**распродавáть,** распродáть (*вн.*) sell* off / out (*d.*).

**распродá||жа** *ж. тк. ед.* sale; (*о товарах*) cléarance sale. **~ть** *сов. см.* распродавáть.

**распростерéть(ся)** *сов. см.* распростирáть(ся).

**распростёрт||ый** *прич. и прил.* (out-) strétched; *прил. тж.* próstràte, prone; с ~ыми кры́льями with exténded wings; ◇ (встречáть) с ~ыми объя́тиями (recéive) with ópen arms [-'si:v...].

**распростирáть,** распростерéть (*вн.*) stretch out (*d.*); exténd (*d.*). **~ся,** распростерéться **1.** stretch, exténd, pròstráte òne¦sélf; (*перен.*; *о влиянии и т. п.*) spread* [-ed], wíden; **2.** *страд. к* распростирáть.

**распростúться** *сов.* (с *тв.*) take* fínal leave (of); (*перен.*: *расстаться*) take* leave (of); ~ со всéми надéждами say* good-býe to all hopes, bid* fáre¦wéll to all hopes.

**распространéние** *с.* spréading [-ed-], diffúsion; (*об идеях, учении и т. п.*) dissèminátion; ~ слýхов spréading of rúmours; имéть, получáть большóе ~ be práctised on a large scale [...-st...]; (*о мнении, идее и т. п.*) be wídely used / spread [...-ed]; Всесоюзное óбщество по распространéнию политúческих и наýчных знáний Áll-Únion Society for the Dissèminátion of Polítical and Scientífic knówledge [...'nɔ-].

**распространённ||ость** *ж.* prévalence; extént to which *smth.* has spread [...spred], extént to which *smth.* has been disséminàted. **~ый** 1. *прич. см.* распространя́ть; 2. *прил.* wíde¦spread [-ed]; широкó ~ые вúды растéний, живóтных *и т. п.* wíde¦ly-distributed spécièś of plants, ánimals, *etc.* [...-ʃi:z... plɑ:-...]; 3. *прил.*: ~ое предложéние *грам.* exténded séntence.

**распространи́тель** *м.*, **~ница** *ж.* spréader [-edə]. **~ный** exténded.

**распространи́ть** *сов. см.* распространя́ть. **~ся** *сов. см.* распространя́ться 1.

**распростран||я́ть,** распространúть (*вн.*) spread* [-ed] (*d.*), diffúse (*d.*); (*об аромате, запахе*) give* out / off (*d.*); (*об идеях, учении и т. п.*) dissémináte (*d.*), própagàte (*d.*);(*о методах работы, опыте и т. п.*) pópularize (*d.*); ~ дéйствие закóна (на *вн.*) spread* the àpplicátion of *the* law (to); ~ свéдения spread* informátion; ~úть меморáндум (средú) círculàte *a* mèmorándum (among); ~ кнúги, листóвки distríbute books, léaflets; ~ на всех exténd to everybody (*d.*).

**распространя́||ться,** распространúться 1. spread* [-ed]; это ~ется на всех this applies to all; закóн не ~ется (на *вн.*) the law does not affect (*d.*); 2. *тк. несов.* (о *пр.*) *разг.* (*подробно говорить*) enlárge (on), èxpátiàte (on), dilàte [daɪ-] (on); 3. *страд. к* распространя́ть.

**распрощáться** *разг.* = распростúться.

**распры́скать** *сов.* (*вн.*) *разг.* spray abóut (*d.*); (*истратить*) use up by spráying (*d.*).

**рáспря** *ж.* díscòrd, strife.

**распрягáть,** распря́чь (*вн.*) únhárness (*d.*). **~ся,** распря́чься 1. become* / get* únhárnessed; 2. *страд. к* распрягáть.

**распрями́ть(ся)** *сов. см.* распрямля́ть(ся).

**распрямля́ть,** распрямúть (*вн.*) stráighten (*d.*), únbénd* (*d.*). **~ся,** распрямúться 1. stráighten òne¦sélf; 2. *страд. к* распрямля́ть.

**распря́чь(ся)** *сов. см.* распрягáть(ся).

**распугáть** *сов. см.* распýгивать.

**распýгивать,** распугáть (*вн.*) scare / fríghten a¦wáy (*d.*).

**распускáние** *с.* 1. (*о растениях*) blóoming, blóssoming; 2. (*растворение*) solútion; (*растапливание*) mélting; 3. (*вязаных изделий*) ùn¦rávelling.

**распускáть,** распустúть (*вн.*) 1. (*отпускать*) dismíss (*d.*); (*об организациях, войсках*) disbánd (*d.*); ~ собрáние dismíss *a* méeting; ~ парлáмент dissólve párliament [-'zɔlv -ləm-]; ~ комáнду *мор.* pay* off the crew; ~ на канúкулы break* up [-eɪk...] (*d.*); 2. (*ослаблять дисциплину*) lóosen the bonds of díscipline [-s°n...] (of); (*деморализовать*) demóralize (*d.*); он распустúл своегó сы́на he has spoiled his son [...sʌn]; 3. (*развёртывать; расправлять*) let* out (*d.*); ~ знамёна spread* / ùnfúrl the cólours / bánners [-ed... 'kʌ-...]; ~ вóлосы let* one's hair down; ~ хвост (*о павлине*) spread* its tail; 4. (*растворять в жидкости*) dissólve (*d.*); (*растапливать*) melt (*d.*); 5. (*о вязаных изделиях*) ùn¦rável [-'ræ-] (*d.*); (*о складках*) úntúck (*d.*), let* out (*d.*); 6. *разг.* (*распространять*) set* aflóat (*d.*): ~ слух set* *a* rúmour aflóat; ◇ ~ ню́ни *разг.* snível ['snɪ-], slóbber, whímper. **~ся,** распустúться 1. (*о растениях*) ópen, blóssom out; берёза ещё не распустúлась the bírch-tree has not come out yet, *или* has not yet bróken into leaf; the birch is not yet in leaf; 2. (*в отношении дисциплины*) become* ùndísciplined, let* òne¦sélf slide; 3. (*растворяться в жидкости*) dissólve [-'zɔlv]; (*растапливаться*) melt; 4. (*о вязаных изделиях*) get* / become* ùn¦rávelled; 5. *страд. к* распускáть.

**распусти́ть(ся)** *сов. см.* распускáть(ся).

**распýтать(ся)** *сов. см.* распýтывать(ся).

**распýтица** *ж.* 1. séason of bad roads [-z°n...]; 2. (*плохое состояние дорог*) slush.

**распýтн||ик** *м.*, **~ица** *ж.* prófligate, líbertine.

**распýт||ничать** lead* a díssolùte life. **~ный** díssolùte, licéntious [laɪ-], réprobàte. **~ство** *с.* líbertinism, debáuchery, díssolùte¦ness, dissipátion.

**распýтывать,** распýтать (*вн.*; *о верёвке, нитках и т. п.*) úntángle (*d.*), úntwíne (*d.*); dísentángle (*d.*), ùn¦rável [-'ræ-] (*d.*) (*тж. перен.*); (*перен.*) puzzle out (*d.*). **~ся,** распýтаться 1. (*о верёвке, нитках и т. п.*) become* / get* dísentángled / ún¦dóne / úntwíned; (*перен.*) become* / get* dísentángled / clear; 2. (с *тв.*) *разг.* rid* òne¦sélf (of); 3. *страд. к* распýтывать.

**распýтье** *с.* cróss-róads *pl.*, crósswày, párting of the ways; на ~ at the cróss-róads.

**распухáние** *с.* swélling (up / out); intuméscence *научн.*

**распухáть,** распýхнуть (от) swell* (up / out) (with), bloat (with).

**распýхнуть** *сов. см.* распухáть.

**распуши́ть** *сов.* (*вн.*) *разг.* give* a good scólding (*i.*); (*подвергнуть суровой критике*) bátter (*d.*).

**распýщенн||ость** *ж.* 1. (*недисциплинированность*) lack of díscipline; 2. (*безнравственность*) díssolùte¦ness, licéntious¦ness [laɪ-]. **~ый** 1. *прич. см.* распускáть; ~ые вóлосы loose flówing hair [-s 'flou-...] *sg.*; 2. *прил.* (*недисциплинированный*) ùndísciplined; ~ый ребёнок spoiled child*; 3. *прил.* (*развратный*) díssolùte; fast *разг.*

**распыл||éние** *с.* dispérsion, àtomizátion [-maɪ-]; (*сил и т. п.*) scáttering; ~ средств dissipátion of resóurces [...-'sɔ:s-]. **~úтель** *м. тех.* spráyer, átomizer, púlverizer.

**распыли́ть(ся)** *сов. см.* распыля́ть(ся).

**распыля́ть,** распылúть (*вн.*) púlverize (*d.*), dispérse (*d.*); (*о жидкости*) spray (*d.*), átomize (*d.*); (*перен.*; *о силах и т. п.*) scátter (*d.*). **~ся,** распылúться 1. dispérse; (*перен.*; *о силах* *и т. п.*) get* scáttered; **2.** *страд. к* распылять.

**распя́л||ивать,** распя́лить (*вн.*) stretch (on *a* frame) (*d.*). **~ить** *сов. см.* распя́ливать.

**распя́тие** *с.* crúcifix, crùcifixion; (*изображение тж.*) cross.

**распя́ть** *сов. см.* распинáть.

**рассáд||а** *ж. тк. ед.* séedlings *pl.*; капу́стная ~ cábbage-sprouts *pl.*; сажáть ~у plant out séedlings [-ɑ:nt...].

**рассади́ть** I, II *сов. см.* рассáживать I, II.

**рассáдка** *ж. с.-х.* plánting [-ɑ:nt-], plàntátion.

**рассáдник** *м.* séed-plòt; hótbèd, bréeding--ground (*тж. перен.*); ~ зарáзы diséase--breeder [-'zi:z-].

**рассадопосáдочн||ый:** ~ая маши́на *с.-х.* séedling plánter [...-ɑ:n-].

**рассáживать** I, рассади́ть (*вн.*) **1.** (*по местам*) seat (*d.*), óffer seats (*i.*); **2.** (*отдельно*) séparàte (*d.*).

**рассáживать** II, рассади́ть (*о растениях*) trànsplánt [-ɑ:n-] (*d.*), plant out [-ɑ:-...] (*d.*).

**рассáживаться** I, рассéсться **1.** take* seats; **2.** *разг.* (*садиться развалясь*) sprawl; **3.** *страд. к* рассáживать I.

**рассáживаться** II *страд. к* рассáживать II.

**рассáсывание** *с.* (*опухоли и т. п.*) rèsolútion [-z-], resórption.

**рассáсыва||ться,** рассосáться *мед.* resólve [-'zɔlv]; óпухоль ~ется the túmour is resólving.

**рассвести́** *сов. см.* рассветáть.

**рассвéт** *м.* dawn, dáybreak [-eɪk]; на ~е at dawn, at dáybreak; пéред ~ом, до ~а befóre dawn, befóre dáybreak.

**рассве||тáть,** рассвести́ *безл.*: ~тáет dawn is cóming, day is bréaking [...-eɪk-]; ~ло́ it is (dáy)light; совершéнно ~ло́ it is broad dáylight [...-ɔ:d...].

**рассвирепéть** *сов.* become* fúrious, get* into a rage.

**расседлáть** *сов. см.* рассёдлывать.

**рассёдлывать,** расседлáть (*вн.*) únsáddle (*d.*).

**рассéивание** *с.* dispérsion; (*перен. тж.*) dissipátion.

**рассéивать,** рассéять (*вн.*) **1.** dispérse (*d.*); (*о мраке, страхе, сомнениях и т. п.*) dispél (*d.*), díssipàte (*d.*); ~ свет dispérse / diffráct the light; ~ опасéния alláy àpprehénsions; **2.** (*о неприятеле, толпе и т. п.*) dispérse (*d.*), scátter (*d.*). **~ся,** рассéяться **1.** dispérse; (*о мраке, страхе, облаках*) díssipàte; (*о дыме, тумане тж.*) clear a¦wáy; тумáн рассéялся the mist / fog has lifted, *или* has cleared; ~ся как дым vánish into smoke, *или* thin air, end in smoke; **2.** (*о толпе и т. п.*) dispérse, scátter; **3.** (*развлекаться*) divért / distráct òne¦sélf [daɪ-...]; **4.** *страд. к* рассéивать.

**рассекáть,** рассéчь (*вн.*) **1.** cut* (*d.*), cleave* (*d.*); ~ вóду cleave* the wáter [...'wɔ:-]; **2.** (*ранить*) cut* (*d.*).

**расселéние** *с.* **1.** séttling (in *a* new place); **2.** (*порознь*) sèparátion; séttling apárt.

**рассéлина** *ж.* cleft, fissure.

**расселить(ся)** *сов. см.* расселять(ся).

**расселя́ть,** расселить (*вн.*) **1.** settle (in *a* new place) (*d.*); **2.** (*порознь*) séparàte (*d.*). **~ся,** расселиться **1.** settle (in *a* new place); **2.** (*порознь*) séparàte, settle séparate¦ly; **3.** *страд. к* расселя́ть.

**рассерди́ть** *сов.* (*вн.*) ánger (*d.*), make* ángry (*d.*). **~ся** *сов.* (на *вн.*) become* / get* / wax ángry [...wæks...] (with).

**рассéсться** *сов. см.* рассáживаться I.

**рассéчь** *сов. см.* рассекáть.

**рассéяние** *с.* dispérsion; ~ свéта *физ.* diffúsion of light, light diffúsion.

**рассéянн||о** *нареч.* ábsently, ábsent-mínded¦ly; посмотрéть ~ (на *вн.*) look ábsently (at). **~ость** *ж.* **1.** (*разбросанность*) dispérsion; **2.** (*невнимательность*) ábsent-mínded¦ness, distráction. **~ый 1.** *прич. см.* рассéивать; **2.** *прил.* scáttered, díssipàted; ~ое населéние scáttered pòpulátion; ~ый свет *физ.* diffúsed light; **3.** *прил.* (*невнимательный*) ábsent--mínded; ~ый взгляд vácant / wándering glance; **4.** *прил.* (*праздный*) díssipàted; **~ый** óбраз жи́зни díssipàted life.

**рассéять(ся)** *сов. см.* рассéивать(ся).

**расскáз** *м.* **1.** stóry, tale; **2.** (*изложение событий*) accóunt. **~áть** *сов. см.* расскáзывать. **~чик** *м.*, **~чица** *ж.* (stóry-)tèller, nàrrátor. **~ывание** *с.* télling, nàrrátion.

**расскáзыв||ать,** рассказáть (*вн. дт.*) tell* (*d. i.*), nàrráte (*d. i.*), recóunt (*d. i.*); ~ своё гóре (*дт.*) confíde one's sórrow (to); ~ дáльше go* on with one's stóry; ~ают, что the stóry goes that; ◇ ~ай комý-нибудь другóму *разг.* ≅ tell that to the (hórse-)marínes [...-ri:-]; ~ай скáзки! tell me anóther one!; ты мне не ~ай! don't tell me tales!; ты мне не ~ай, я сам знáю you are télling me!

**расслáб||ить** *сов. см.* расслабля́ть. **~лéние** *с.* wéakening, enféeble¦ment. **~ленность** *ж.* slàckness, límpness. **~ленный 1.** *прич. см.* расслабля́ть; **2.** *прил.* slack; чýвствовать себя́ ~ленным feel* slack / limp.

**расслабля́ть,** расслáбить (*вн.*) wéaken (*d.*), enféeble (*d.*); únnérve (*d.*).

**расслáвить** *сов. см.* расславля́ть.

**расславля́ть,** расслáвить (*вн.*) *разг.* **1.** (*превозносить*) praise to the skies (*d.*); **2.** (*разглашать*) cry from the hóuse¦tòps [...'haus-] (*d.*).

**расслáивать,** расслои́ть (*вн.*) divíde into láyers (*d.*), strátifỳ (*d.*); (*перен.*) differéntiàte (*d.*). **~ся,** расслои́ться **1.** èxfóliàte; (*перен.*) become* differéntiàted; **2.** *страд. к* расслáивать.

**расслéдование** *с.* invèstigátion, exàminátion; *юр.* in¦quèst, in¦quíry; назначáть ~ (*рд.*) órder *the* in¦quèst (of); произвести́ ~ (*рд.*) hold* an in¦quíry (into).

**расслéдовать** *несов. и сов.* (*вн.*) invéstigàte (*d.*), look (into), hold* an in¦quíry (into); э́то нáдо ~ this must be invéstigàted, this must be looked into.

**расслоéние** *с.* èxfòliátion; (*перен.*) stràtificátion; ~ крестья́нства stràtificátion of the péasantry [...'pez-].

**расслои́ть(ся)** *сов. см.* расслáивать(ся).

**рассл́ыш||ать** *сов.* (*вн.*) catch* (*d.*); он ~ал тóлько два слóва he caught ónly two words; он не ~ал меня́, он не ~ал, что я сказáл he didn't catch what I said [...sed].

**рассма́трива||ть,** рассмотре́ть (*вн.*) 1. (*о деле, вопросе и т. п.*) consider [-'sɪ-] (*d.*), exámine (*d.*); ~ заявле́ние consider / exámine *an* àpplicátion; ~емый пери́од the périod únder review [...-'vjuː]; 2. *тк. несов.* (*считать*) regárd (as), consíder (*d.*); он ~ет э́то как оскорбле́ние he regárds it as an insùlt; 3. *тк. несов.* (*внимательно смотреть*) look (at), exámine (*d.*), scrútinize (*d.*); 4. *тк. сов.* (*различить*) descrý (*d.*), discérn (*d.*), make* out (*d.*); он с трудо́м рассмотре́л па́рус вдали́ he could scárce|ly make out, *или* discérn, the sail in the dístance [...-ɛəs-...]; в темноте́ тру́дно бы́ло рассмотре́ть его́ лицо́ it was dífficult to see his face in the dárkness.

**рассмеши́ть** *сов.* (*вн.*) make* (*d.*) laugh [...lɑːf], set* láughing [...'lɑːf-] (*d.*).

**рассмея́ться** *сов.* begin* to laugh [...lɑːf], burst* out láughing [...'lɑːf-], give* a laugh.

**рассмотре́н||ие** *с.* exàminátion; (*проекта, предложения*) considerátion, scrútiny; (*договора*) discússion; представля́ть на ~ (*вн.*) submit for considerátion (*d.*); выноси́ть на ~ (*вн.*) place for considerátion (*d.*); быть на ~ии be únder discússion; оставля́ть жа́лобу без ~ия dismíss *an* appéal, brush *an* appéal aside; назнача́ть де́ло на ~ appóint / set* / fix *a* time for the considerátion of *a* case [...keɪs]; передава́ть де́ло на но́вое ~ submít *a* case for ré-considerátion.

**рассмотре́ть** *сов. см.* рассма́тривать 1, 4.

**рассова́ть** *сов. см.* рассо́вывать.

**рассо́вывать,** рассова́ть (*вн.*) *разг.* shove abóut [ʃʌv...] (*d.*); ~ по карма́нам stuff into one's (different) póckets (*d.*).

**рассо́л** *м.* 1. brine; сла́бый ~ weak brine; 2. *кул.* pickle.

**рассо́льник** *м.* rassólnik (*soup with pickled cucumbers*).

**рассо́рить** *сов.* (*вн.*) set* at váriance [...'vɛə-] (*d.*); set* by the ears (*d.*), set* at lóggerheads [...-hedz] (*d.*) *идиом.* **~ся** *сов.* (*с тв.*) quárrel (with), fall* out (with), fall* foul (of); be at váriance [...'vɛə-] (with).

**рассортирова́ть** *сов. см.* рассортиро́вывать.

**рассортиро́вка** *ж.* sórting out; ~ у́гля scréening of coal.

**рассортиро́вывать,** рассортирова́ть (*вн.*) sort out (*d.*).

**рассоса́ться** *сов. см.* расса́сываться.

**рассо́хнуться** *сов. см.* рассыха́ться.

**расспра́шивать,** расспроси́ть (*вн.*) quéstion [-stʃ-] (*d.*); (*о пр.*) make* in|quíries (abóut).

**расспроси́ть** *сов. см.* расспра́шивать.

**расспро́с||ы** *мн.* quéstions [-stʃ-]; надоеда́ть с ~ами péster with quéstions.

**рассредото́чение** *с. воен.* dispérsion.

**рассредото́ч||ивать,** рассредото́чить (*вн.*) *воен.* dispérse (*d.*). **~ить** *сов. см.* рассредото́чивать.

**рассро́ч||ивать,** рассро́чить (*вн.*) spread* (out) [-ed...] (*d.*); (*о платеже и т. п.*) arránge on the instálment sýstem [-eɪndʒ... -tɔːl-...] (*d.*); ~ить рабо́ту на неде́лю spread* the work óver a week; ~ить погаше́ние до́лга allów *smb.* to pay *the* debt by / in instálments [...det...]. **~ить** *сов. см.* рассро́чивать.

**рассро́чк||а** *ж. тк. ед.*: в ~у by / in instálments [...-tɔːl-]; приобрета́ть что-л. (с опла́той) в ~у buy* smth. on an instálment plan [baɪ...], buy* smth. on a deférred páyment plan; с ~ой на год on a year's instálment plan; предоста́вить ~у grant the right to buy by instálments [grɑːnt...].

**расстава́ни||е** *с.* párting; при ~и at párting.

**расстава́ться,** расста́ться (*с тв.*) part (with); (*с родиной, домом*) leave* (*d.*); расста́немся друзья́ми let us part friends [...frendz]; ~ с мы́слью put* the thought out of one's head [...hed], give* up the thought; ~ с привы́чкой break* *a* hábit [-eɪk...], give* up *a* hábit.

**расста́вить** *сов. см.* расставля́ть.

**расставля́ть,** расста́вить (*вн.*) 1. (*размещать*) place (*d.*), arránge [-eɪndʒ] (*d.*); ~ часовы́х post séntries [poust...]; ~ се́ти set* / lay* / spread* nets [...spred...]; 2. (*раздвигать*) move apárt [muːv...] (*d.*); ~ но́ги stand* with one's legs apárt; расста́вив но́ги feet plánted apárt [...-ɑːn-...]; 3. (*о платье и т. п.*) let* out (*d.*).

**расстана́вливать** *разг.* = расставля́ть 1.

**расстано́вк||а** *ж.* arránge|ment [-eɪn-]; ~ слов arránge|ment of words; ~ ка́дров plácing of pèrsonnél; ◇ говори́ть с ~ой ≅ speak* without haste [...heɪ-], speak* in méasured tones [...'meʒ-...].

**расста́ться** *сов. см.* расстава́ться.

**расстега́й** *м. кул.* rasstegái [-ɑːɪ] (*small tart-shaped pie, without top crust*).

**расстёгивать,** расстегну́ть (*вн.*) ún|dó (*d.*), únfásten [-s°n] (*d.*); (*застёгнутое на пуговицы тж.*) únbútton (*d.*); (*застёгнутое на крючки тж.*) únhóok (*d.*); (*застёгнутое на застёжки тж.*) ún|clásp (*d.*); (*застёгнутое на пряжки тж.*) únbúckle (*d.*). **~ся,** расстегну́ться 1. (*о чём-л. застёгнутом*) become* / get* ún|dóne / únfástened [...-s°nd]; become* / get* únbúttoned, únbúckled, ún|clásped, únhóoked, *etc.* (*ср.* расстёгивать); 2. (*расстёгивать на себе*) ún|dó / únfásten one's *coat*; únbútton, únhóok, ún|clásp, únbúckle one's *coat* (*ср.* расстёгивать); 3. *страд. к* расстёгивать.

**расстегну́ть(ся)** *сов. см.* расстёгивать(ся).

**расстели́ть(ся)** *разг.* = разостла́ть(ся) *см.* расстила́ть(ся).

**рассти́л** *м.*: ~ льна spréading, *или* láying out, flax [-ed-...].

**расстила́ть,** разостла́ть (*вн.*) spread* (out) [-ed...] (*d.*), lay* (*d.*). **~ся,** разостла́ться *разг.* 1. spread* [-ed]; 2. *страд. к* расстила́ть.

**расстоя́ни||е** *с.* dístance; space; на не́котором ~и (от) at some dístance (from), at a dístance (from); на далёком ~и (от) a great way off [...-eɪt...] (from), a great dístance a|wáy (from); на бли́зком ~и (от) at a short dístance (from); на одина́ковом ~и at the same dístance; (*о ряде предметов*) at régular íntervals; на ~и пяти́, десяти́ киломе́тров (от) at five, ten kílomètres' dístance (from); он ви́дит на далёком ~и he can see at quite a dístance; ◇ на ~и пу́шечного вы́стрела, челове́ческого го́лоса within gúnshòt, within hail; держа́ть кого́-л. на ~и keep* smb. at arm's length; держа́ться на ~и keep* one's dístance; держа́ться на почти́тельном ~и keep* at a respéctable dístance, keep* alóof.

**расстра́ивать,** расстро́ить (*вн.*) **1.** (*приводить в беспорядок*) disórder (*d.*), distúrb (*d.*); throw* into confúsion [-ou...] (*d.*), únsettle (*d.*); ~ ряды́ break* the ranks [-eɪk...]; **2.** (*причинять вред*) shátter (*d.*); ~ своё здоро́вье rúin one's health [...he-]; ~ желу́док cause indigéstion [...-sʧ-]; у него́ расстро́ены не́рвы his nerves are sháttered; **3.** (*мешать осуществлению*) deránge [-eɪn-] (*d.*), frùstráte (*d.*), thwart (*d.*); ~ пла́ны ùpsét* *the* plans; ~ сва́дьбу break* *the* en¦gáge¦ment; **4.** (*огорчать*) ùpsét* (*d.*), put* out (*d.*); **5.** (*о музыкальном инструменте*) put* out of tune (*d.*), úntúne (*d.*). **~ся,** расстро́иться **1.** (*становиться нестройным, беспорядочным*) fall* apárt; ряды́ расстро́ились the ranks broke up; **2.** (*о планах и т. п.*) fall* to the ground; **3.** (*о музыкальном инструменте*) become* / get* out of tune; **4.** (от; *огорчаться*) feel* / be ùpsét (óver), be put out (óver); be disappóinted (at); **5.** *страд. к* расстра́ивать.

**расстре́л** *м.* **1.** (*казнь*) (military) èxecútion; пригова́ривать к ~у (*вн.*) séntence to be shot (*d.*); **2.** (*сильный обстрел на коротком расстоянии*) shóoting down, fùsilláde [-zɪ-].

**расстре́л||ивать,** расстреля́ть (*вн.*) **1.** (*казнить*) shoot* (*d.*); **2.** (*подвергать сильному обстрелу на коротком расстоянии*) shoot* down (*d.*), fùsilláde [-zɪ-] (*d.*); (*из пулемёта*) machíne-gùn [-'ʃiːn-] (*d.*); **3.** (*расходовать патроны при стрельбе*) use up (*d.*); *несов. тж.* use (*d.*). **~я́ть** *сов. см.* расстре́ливать.

**расстри́г||а** *м. церк.* únfrócked monk [...mʌ-]; únfrócked priest [...priː-]. **~а́ть,** расстри́чь (*вн.*) *церк.* únfróck (*d.*).

**расстри́чь** *сов. см.* расстрига́ть.

**расстро́енный** **1.** *прич. см.* расстра́ивать; **2.** *прил.* sad, dównсàst.

**расстро́ить(ся)** *сов. см.* расстра́ивать(ся).

**расстро́йств||о** *с.* **1.** disórder; (*планов и т. п.*) deránge¦ment [-eɪn-]; ~ желу́дка stómach disórder ['stʌmək...], indigéstion [-sʧ-], diarrhóea [-'riːə]; не́рвное ~ nérvous disórder; приводи́ть в ~ (*вн.*) throw* into confúsion / disórder [-ou...] (*d.*), disórder (*d.*); (*о планах и т. п.*) deránge [-eɪn-] (*d.*); приходи́ть в ~ (*о делах и т. п.*) be in a sad condítion; **2.** (*огорчение*): приводи́ть в ~ (*вн.*) ùpsét* (*d.*), put* out (*d.*); быть в ~е *разг.* feel* / be ùpsét, be put out.

**расступ||а́ться,** расступи́ться part; толпа́ ~и́лась, что́бы пропусти́ть нас the crowd párted to let us pass. **~и́ться** *сов. см.* расступа́ться.

**рассуди́тельн||ость** *ж.* réasonable¦ness ['riːz-]; (*осторожность, благоразумие*) discrétion; (*расчётливость*) cálculàting náture [...'neɪ-]. **~ый** réasonable [-z-], sóber-mìnded; (*расчётливый*) cálculàting.

**рассуд||и́ть** *сов.* **1.** (*вн.*) judge (*d.*); ~и́те нас be an árbiter betwéen us, settle our dispúte / quárrel; **2.** (*без доп.*) think*, consíder [-'sɪ-]; он ~и́л, что ему́ лу́чше уе́хать he decíded that he had bétter go.

**рассу́д||ок** *м.* **1.** réason [-zᵒn]; íntellèct; го́лос ~ка the voice of réason; в по́лном ~ке in full posséssion of one's fáculties [...-'ze-...]; теря́ть ~ *разг.* lose* one's réason [luːz...]; лиши́ться ~ка go* out of one's mind; **2.** (*здравый смысл*) cómmon sense; вопреки́ ~ку cóntrary to cómmon sense.

**рассу́дочный** rátional ['ræ-].

**рассужд||а́ть** **1.** réason [-zᵒn]; **2.** (о *пр.*; *обсуждать*) discúss (*d.*); (*в споре*) árgue (abóut). **~е́ние** *с.* **1.** réasoning [-z-]; **2.** (*высказывание*) discóurse [-'kɔːs]; без ~е́ний without árguing / árgument; **3.** *уст.* (*сочинение*) dissertátion.

**рассу́ч||ивать,** рассучи́ть (*вн.*) úntwist (*d.*). **~и́ть** *сов. см.* рассу́чивать.

**рассчи́танн||ый** **1.** *прич. см.* рассчи́тывать; **2.** *прил.* (*умышленный*) delíberate; **3.** *прил.* (на *вн.*; *предназначенный*) inténded (for), desígned [-'zaɪ-] (for), meant [ment] (for); кни́га, ~ая на широ́кого чита́теля book inténded / meant for the géneral públic [...'pʌ-].

**рассчита́ть** *сов. см.* рассчи́тывать 1, 2. **~ся** *сов. см.* рассчи́тываться.

**рассчи́т||ывать,** рассчита́ть, расче́сть **1.** (*вн.*) (*производить подсчёт, расчёт*) cálculàte (*d.*); *тех.* (*на определённую мощность, скорость и т. п.*) rate (at); не ~а́ть свои́х сил ≅ óver¦ráte one's strength; bite* off more than one can chew *идиом.*; **2.** (*вн.*; *увольнять*) dismíss (*d.*); **3.** *тк. несов.* (на *вн.*; *предполагать*) cálculàte (on, up¦ón), count (on, up¦ón), réckon (on, up¦ón); (+ *инф.*) expéct (+ to *inf.*); (*намереваться*) mean* (+ to *inf.*), expéct (+ to *inf.*); он ~ывал сде́лать э́то ве́чером he meant to do it in the évening [...ment...'iːv-]; он ~ывал получи́ть (*вн.*) he expécted to recéive [...-'siːv] (*d.*); **4.** *тк. несов.* (на *вн.*; *полагаться*) depénd (up¦ón), relý (on, up¦ón), count (on).

**рассчи́тываться,** рассчита́ться, расче́сться **1.** (с *тв.*) settle accóunts (with), réckon (with); (*без доп.*) settle up; (*перен. тж.*) get* éven (with); **2.** *при сов.* рассчита́ться (*без доп.*) *воен.* tell* off; **3.** *страд. к* рассчи́тывать 1, 2.

**рассыла́ть,** разосла́ть (*вн.*) send* (abóut, round) (*d.*); (*о повестках, извещениях и т. п.*) distríbute (*d.*); (*о листовках, рекламе и т. п.*) círculàte (*d.*).

**рассы́лка** *ж.* distribútion.

**рассы́льный** *м. скл. как прил.* érrand-boy, érrand-màn*.

**рассы́пать** *сов. см.* рассыпа́ть.

**рассыпа́ть,** рассы́пать (*вн.*) spill* (*d.*); (*разбрасывать*) strew* (*d.*), scátter (*d.*).

**рассы́паться,** *сов. см.* рассыпа́ться.

**рассыпа́ться,** рассы́паться **1.** spill*, scátter; **2.** (*разбегаться*) scátter, scámper off; **3.** (*разваливаться*) go* to píeces [...'piː-]; (*о хлебе и т. п.*) crumble; ~ в пыль crumble to dust; ◇ ~ в похвала́х, комплиме́нтах (*дт.*) shówer práises, cómpliments (on); ~ в извине́ниях be profúse in one's apólogies [...-'fjuːs...]; ~ ме́лким бе́сом пе́ред кем-л. *разг.* ≅ fawn up¦ón smb., suck up to smb.

**рассыпн||о́й** **1.** (*о товаре*) loose [-s]; ~ы́е папиро́сы loose cigaréttes; **2.**: ~ строй *воен. уст.* loose órder.

**рассы́пчат||ый** fríable; (*о тесте*) short, crúmbly; ~ое пече́нье shórtbread [-ed].

**рассыха́ться,** рассо́хнуться (*от жары*) crack (with heat).

**раста́лкивать,** растолка́ть (*вн.*) *разг.* **1.** push asúnder / a¦wáy [puʃ...] (*d.*); **2.** (*спящего*) shake* (in órder to a¦wáken) (*d.*), shake* out of slúmber (*d.*).

**растáпливать** I, растопи́ть (*вн.*; *о печи и т. п.*) light* (*d.*), kindle (*d.*).

**растáпливать** II, растопи́ть (*расплавлять — о масле, воске и т. п.*) melt (*d.*); (*о снеге*) thaw (*d.*).

**растáпливаться** I, растопи́ться **1.** (*о печи и т. п.*) burn*; **2.** *страд. к* растáпливать I.

**растáпливаться** II, растопи́ться **1.** (*расплавляться*) melt; **2.** *страд. к* растáпливать II.

**растáптывать,** растоптáть (*вн.*) trample (*d.*), stamp (on), crush (*d.*).

**растаскáть** *сов. см.* растáскивать 1.

**растáскивать,** растаскáть, растащи́ть (*вн.*) *разг.* **1.** pílfer (*d.*); **2.** *при сов.* растащи́ть (*в разные стороны*) drag / pull asúnder [...pul...] (*d.*).

**растáчивать,** расточи́ть (*вн.*) *тех.* cut* / chísel (out) [...-ız-...] (*d.*); ~ отвéрстие cut* / chísel (out) *a* slot.

**растащи́ть** *сов. см.* растáскивать.

**растáять** *сов. см.* тáять 1, 2, 4.

**раствóр** I *м.* (*проём*) ópen¦ing; ~ двéри dóorway ['dɔ:-]; ~ ци́ркуля spread of *a* pair of cómpasses [-ed... 'kʌ-].

**раствóр** II *м. хим.* solútion; крéпкий, слáбый ~ strong, weak solútion; известкóвый ~ mórtar, white-lime; цемéнтный ~ cemént solútion / mórtar; гли́няный ~ clay mórtar; строи́тельный ~ gróut(ing). **~éние** *с.* (dis-) solútion. **~и́мость** *ж. хим.* (dis)sòlubílity. **~и́мый** *хим.* (dis)sóluble. **~и́тель** *м. хим.* (dis)sólvent [-'zɔl-], véhicle ['vi:ıkl].

**раствори́ть(ся)** I, II *сов. см.* растворя́ть(ся) I, II.

**растворя́ть** I, раствори́ть (*вн.*; *раскрывать*) ópen (*d.*).

**растворя́ть** II, раствори́ть (*вн.*) dissólve [-'zɔlv] (*d.*).

**растворя́ться** I, раствори́ться **1.** (*раскрываться*) ópen; **2.** *страд. к* растворя́ть I.

**растворя́ться** II, раствори́ться **1.** *хим.* dissólve [-'zɔlv]; **2.** *страд. к* растворя́ть II.

**растекáться,** растéчься spread* (abóut) [-ed...]; (*о чернилах*) run*.

**растéние** *с.* plant [-ɑ:nt]; однолéтнее ~ ánnual; многолéтнее ~ perénnial; двухлéтнее ~ biénnial; водянóе ~ wáter plant ['wɔ:-...]; aquátic plant *научн.*; вью́щееся ~ clímber ['klaımə]; ползу́чее ~ créeper; стéлющееся ~ tráiler.

**растениевóд** *м.* plánt-grower [-ɑ:nt- -ou-], plánt-breeder [-ɑ:nt-]. **~ство** *с.* plánt-growing [-ɑ:nt- -ou-].

**растерéть(ся)** *сов. см.* растирáть(ся).

**растерзá||ть** *сов.* (*вн.*) tear* to píeces [tɛə...'pi:-] (*d.*); вóлки ~ли овцу́ the wolves tore *the* sheep* to píeces [...wu-...].

**растéрянн||ость** *ж.* confúsion, embárrassment, perpléxity. **~ый 1.** *прич. см.* растеря́ть; **2.** *прил.* confúsed, embárrassed, perpléxed.

**растеря́ть** *сов.* (*вн.*) lose* [lu:z] (*d.*). **~ся** *сов.* **1.** (*пропасть*) get* lost; **2.** (*утратить спокойствие*) lose* one's head [...hed]; ~ся от неожи́данности be táken abáck.

**растéчься** *сов. см.* растекáться.

**расти́ 1.** grow* [-ou]; (*о детях*) grow* up; **2.** (*увеличиваться*) in¦créase [-s]; растёт и крéпнет лáгерь демокрáтии и социали́зма the camp of demócracy and sócialism is gáining in strength and scope; расту́щее недовóльство móunting reséntment [...-'ze-]; **3.** (*совершенствоваться*) advánce; писáтель растёт с кáждым свои́м произведéнием *the* writer matúres / grows with every work he prodúces.

**растирáние** *с.* **1.** grínding; **2.** *мед.* mássàge [-ɑ:ʒ].

**растирáть,** растерéть (*вн.*) **1.** (*превращать в порошок, пыль*) grind* (*d.*); ~ в порошóк grind* to pówder (*d.*); tríturàte (*d.*) *научн.*; **2.** (*размазывать*) spread* [-ed] (*d.*); он растёр грязь по лицу́ he spread the dirt all óver his face; **3.** (*делать массаж*) rub (*d.*), mássàge [-ɑ:ʒ] (*d.*). **~ся,** растерéться **1.** (*превращаться в порошок, пыль*) become* pówdered; become* tríturàted *научн.*; **2.** (*делать обтирание*) rub òne¦sélf brískly; **3.** *страд. к* растирáть.

**расти́тельн||ость** *ж.* **1.** vègetátion, vérdure [-dʒə]; лишённый ~ости bleak, bárren; **2.** (*на лице*) hair. **~ый** végetable; ~ое мáсло végetable oil; ~ый мир, ~ое цáрство the végetable kíng¦dom; ~ый органи́зм végetable órganism; ~ая пи́ща végetable diet; ◇ ~ая жизнь végetable life.

**расти́ть 1.** (когó-л.) raise (smb.), bring* up (smb.); забóтливо ~ кáдры train / rear pèrsonnél with much care; **2.** (что-л.) grow* [-ou] (smth.), cúltivàte (smth.); ~ бóроду, вóлосы grow* a beard, one's hair.

**растл||евáть,** растли́ть (*вн.*) sedúce (*d.*), dis¦hónour [-'ɔnə] (*d.*); (*перен.*) corrúpt (*d.*), depráve (*d.*). **~éние** *с.* sedúction; ~éние нрáвов corrúption. **~éнный** corrúpt. **~и́ть** *сов. см.* растлевáть.

**растолкáть** *сов. см.* растáлкивать.

**растолковáть** *сов. см.* растолкóвывать.

**растолкóвывать,** растолковáть (что-л. комý-л.) expláin (smth. to smb.), make* smb. see smth., make* smb. ùnderstánd smth.

**растолóчь** *сов. см.* толóчь.

**растолстéть** *сов.* grow* stout [-ou...], put* on flesh / weight.

**растопи́ть(ся)** I, II *сов. см.* растáпливать(ся) I, II.

**растóпк||а** *ж.* **1.** (*действие*) líghting, kíndling; на ~у for kíndling; **2.** *собир. разг.* (*материал для разжигания*) kíndling (wood) [...wud].

**растоптáть** *сов. см.* растáптывать.

**растопы́р||ивать,** растопы́рить (*вн.*) *разг.* spread* wide [-ed...] (*d.*). **~ить** *сов. см.* растопы́ривать.

**расторгáть,** растóргнуть (*вн.*) cáncel (*d.*), dissólve [-'zɔ-] (*d.*), annúl (*d.*), ábrogàte (*d.*); ~ брак dissólve *a* márriage [...-rıdʒ]; ~ соглашéние, контрáкт annúl / cáncel *an* agréement, *a* cóntràct; ~ договóр ábrogàte / dissólve *a* tréaty / convéntion.

**растóргнуть** *сов. см.* расторгáть.

**расторжéние** *с.* dissolútion, càncèllátion, annúlment, àbrogátion; ~ брáка dissolútion of márriage [...-rıdʒ].

**расторóпн||ость** *ж.* quíckness, prómptness, effíciency. **~ый** quick, prompt, effícient; ~ый мáлый prompt / effícient féllow.

**расточ||áть,** расточи́ть (*вн.*) **1.** (*безрассудно тратить*) dissipàte (*d.*), squánder (*d.*), waste [weɪ-] (*d.*); ~ де́ньги squánder móney [...'mʌnɪ]; ~ наро́дное достоя́ние squánder the nátional próperty [...'næ-...]; ~ вре́мя waste / squánder time; **2.** *тк. несов.* (*щедро давать*) lávish (*d.*), shówer (*d.*); ~ похвалы́, улы́бки (*дт.*) lávish / shówer práises, smíles (on, up¦ón). **~е́ние** *с.* (*безрассудная трата*) dissipátion, squándering.

**расточи́тель** *м.*, **~ница** *ж.* squánderer, spéndthrift, wáster ['weɪ-]. **~ность** *ж.* extrávagance, wáste¦fulness ['weɪ-], dissipátion. **~ный** extrávagant, wáste¦ful ['weɪ-]; spéndthrift (*attr.*).

**расточи́ть** I *сов. см.* расточа́ть 1.

**расточи́ть** II *сов. см.* раста́чивать.

**расто́чка** *ж. тех.* cútting / chiselling out.

**растрави́ть** *сов. см.* растравля́ть.

**растравля́ть,** растрави́ть (*вн.*; *о ране и т. п.*) írritàte (*d.*); (*перен.*) embítter (*d.*), ággravàte (*d.*); ~ ра́ну (*перен.*) rub salt on the wound [...wu:-]; ~ го́ре èxácerbàte *one's* grief [...gri:f].

**растранжи́рить** *сов. см.* транжи́рить.

**растра́т||а** *ж.* **1.** spénding; (*потеря*) waste [weɪ-]; **2.** (*чужих денег и т. п.*) embézzle¦ment, pèculátion. **~ить** *сов. см.* растра́чивать. **~чик** *м.*, **~чица** *ж.* embézzler, péculàtor.

**растра́чивать,** растра́тить (*вн.*) **1.** (*расходовать*) spend* (*d.*); (*безрассудно*) díssipàte (*d.*), waste [weɪ-] (*d.*); squánder (*d.*); (*перен.*) rúin (*d.*); растра́тить своё состоя́ние run* through, *или* squánder, one's fórtune [...-tʃən]; растра́тить здоро́вье rúin one's health [...he-]; ~ своё вре́мя frítter a¦wáy one's time; **2.** (*незаконно расходовать*) embézzle (*d.*), péculàte (*d.*).

**растрево́жить** *сов.* (*вн.*) alárm (*d.*); ~ мураве́йник stir up *an* ánt-hill. **~ся** *сов.* take* alárm, get* ánxious.

**растрезво́нить** *сов. см.* трезво́нить 2.

**растрёпа** *м. и ж. разг.* shóck-head [-hed]; slóven ['slʌ-].

**растрёпанн||ый** *прич. и прил.* (*о волосах*) dishévelled, tousled [-z-]; (*о книге, одежде*) táttered; ◇ быть в ~ых чу́вствах *разг.* be confúsed, be troubled [...trʌ-].

**растрепа́ть** *сов.* (*вн.*) **1.** tousle [-zl] (*d.*); ~ во́лосы кому́-л. tousle / disarránge smb.'s hair [...-eɪndʒ...]; **2.** (*о книге и т. п.*) tátter (*d.*). **~ся** *сов.* **1.** (*о волосах*) get* / be dishévelled; **2.** (*о книге и т. п.*) get* / be táttered.

**растре́скаться** *сов.* crack; (*о коже*) chap; ~ от жары́ crack with heat.

**растро́ганный** *прич. и прил.* moved [mu:vd], touched [tʌtʃt].

**растро́гать** *сов.* (*вн.*) move [mu:v] (*d.*), touch [tʌtʃ] (*d.*); ~ кого́-л. до слёз move smb. to tears. **~ся** *сов.* be (déeply) moved / touched [...mu:- tʌ-].

**растру́б** *м.* (*трубы*) sócket, bell, bell mouth*; (*духового инструмента*) bell; с ~ом béll-shàped, belled; труба́ с ~ом sócket-pipe; соедине́ние ~ом béll-and-spigot joint [-'spɪ-...].

**раструби́ть** *сов.* (*о пр.*) *разг.* trúmpet (*d.*).

**растряс||ти́** *сов.* **1.** (*вн.*; *о сене и т. п.*) strew* (*d.*); **2.** *безл.* (*в экипаже*) jolt abóut; его́, их *и т. д.* ~ло́ he was, they were, *etc.*, jólted abóut; **3.** (*вн.*) *разг.* (*растратить*) squánder (*d.*).

**растуш||ева́ть** *сов. см.* растушёвывать. **~ёвка** *ж. жив.* **1.** (*действие*) sháding; **2.** (*палочка для тушёвки*) stump.

**растушёвывать,** растушева́ть (*вн.*) shade (*d.*).

**растя́гивать,** растяну́ть (*вн.*) **1.** (*вытягивать*) stretch (*d.*); **2.** (*повреждать*) strain (*d.*), sprain (*d.*); растяну́ть себе́ му́скул, свя́зку strain / pull *a* muscle, *a* téndon [...pul...mʌsl...]; **3.** (*о докладе, повести и т. п.*) drag out (*d.*); **4.**: ~ слова́ drawl; ◇ ~ удово́льствие prolóng *a* pléasure [...'ple-]. **~ся,** растяну́ться **1.** stretch, léngthen out; **2.** *разг.* (*ложиться*) stretch òne¦sélf, sprawl; **3.** *тк. сов.* (*упасть*) go* spráwling; méasure one's length ['me-...] *идиом.*; **4.** *страд. к* растя́гивать.

**растяж||е́ние** *с.* ténsion; ~ сухожи́лий strained muscles [...mʌslz] *pl.* **~и́мость** *ж.* tènsílity, ténsile strength; (*в длину*) extènsibílity; (*в ширину*) expànsibílity. **~и́мый** ténsile; exténsible; expánsible; ◇ ~и́мое поня́тие loose concépt [lu:s...].

**растя́жка** *ж.* **1.** strétching, exténsion, léngthening out; **2.** *тех.*: про́волочная ~ ténsion wire.

**растя́н||утость** *ж.* **1.** (*рассказа и т. п.*) prolíxity, lóng-windedness [-'wɪ-]; **2.** *воен.*: ~ коммуника́ций exténsion / léngthening, *или* strétching out, of the lines of com¦mùnicátions; ~ ли́нии фро́нта wide fróntage [...'frʌ-]. **~утый** **1.** *прич. и прил.* stretched; **2.** *прил.* (*о рассказе и т. п.*) lóng-winded [-'wɪ-], prólix [-ou-]. **~у́ть(ся)** *сов. см.* растя́гивать(ся).

**растя́па** *м. и ж. разг.* múddler, blúnderhead [-hed], dúnderhead [-hed].

**расфасова́ть** *сов. см.* расфасо́вывать.

**расфасо́вка** *ж.* pácking; ~ пищевы́х това́ров pácking of food commódities.

**расфасо́вывать,** расфасова́ть (*вн.*) do up, *или* pack, in párcels (*d.*).

**расформиров||а́ние** *с. воен.* disbándment. **~а́ть** *сов. см.* расформиро́вывать.

**расформиро́вывать,** расформирова́ть (*вн.*) *воен.* disbánd (*d.*), break* up [-eɪk...] (*d.*), dìsembódy [-'bɔ-] (*d.*).

**расфран||ти́ться** *сов. разг.* dress up. **~чённый** *прич. и прил. разг.* óver¦dréssed; dressed up to the nines *идиом.*

**расха́живать** walk / strut abóut; ~ по ко́мнате pace the floor [...flɔ:]; ~ взад и вперёд walk up and down, walk to and fro.

**расхва́л||ивать,** расхвали́ть (*вн.*) lávish / shówer praise (on, up¦ón). **~и́ть** *сов. см.* расхва́ливать.

**расхва́рываться,** расхвора́ться *разг.* fall* ill; он не на шу́тку расхвора́лся he has fáll¦en sérious¦ly ill.

**расхва́статься** *сов. разг.* brag a¦wáy, brag / boast wild¦ly, give* free course to bóasting / brágging [... kɔ:s...].

**расхвата́ть** *сов. см.* расхва́тывать.

**расхва́тывать,** расхвата́ть (*вн.*) *разг.* **1.** (*быстро разбирать*) snatch a¦wáy (*d.*); **2.** (*раскупать*) buy* up [baɪ...] (*d.*).

**расхвора́ться** *сов. см.* расхва́рываться.

**расхити́тель** *м.* plúnderer.

**расхи́тить** *сов. см.* расхища́ть.

**расхищ||áть,** расхи́тить (*вн.*) plúnder (*d.*). **~éние** *с.* plúnder.

**расхлебáть** *сов. см.* расхлёбывать.

**расхлёбыв||ать,** расхлебáть (*вн.*) *разг.* disentángle (*d.*); ◇ завари́л кáшу, тепéрь сам и ~ай ≅ you have got into a mess, now get out of it your¦sélf; you have made your bed, now lie on it; э́той кáши не расхлебáть ≅ there is no disentángling this tangle.

**расхля́банн||ость** *ж.* slâckness; (*недисциплинированность*) lack of discipline, láxity. **~ый** lax, loose [-s]; ~ая похóдка slack way of wálking, slóuching (walk).

**расхóд** *м.* **1.** expénse, expénditure; *мн.* (*издержки*) expénses, expénditure *sg.*, óutlay *sg.*; ~ электри́чества expénditure of (eléctric) cúrrent; ~ы производства wórking expénses; дéньги на кармáнные ~ы pócket-mòney [-mʌnɪ] *sg.*; покры́тие ~ов cléaring / béaring of chárges [...'bɛə-...]; канцеля́рские ~ы óffice óutlay / expénditure *sg.*; накладны́е ~ы óver¦héad expénses [-'hed...]; дорóжные ~ы trávelling expénses; брать на себя́ ~ы bear* the expénses [bɛə...]; нести́ все ~ы bear* the whole of the cost / expénses [...houl...]; учáствовать в ~ах share the expénses / cost; вводи́ть в ~ (*вн.*) put* to expénse (*d.*); **2.** *бух.* expénditure, óutlay; прихóд и ~ in¦come and expénditure; запи́сывать в ~ (*вн.*) énter as expénditure (*d.*); списáть в ~ (*вн.*) write* off (*d.*).

**расход||и́ться** I, разойти́сь **1.** go* a¦wáy; (*в разные стороны*) dispérse; (*о толпе, собрании и т. п.*) break* up [-eɪk...]; (*о двух-трёх людях*) part, séparàte; (*перен.*) drift apárt; *мор.* pass (clear of each other); тýчи разошли́сь the clouds have dispérsed, *или* have drifted apárt; **2.** (*о линиях и т. п.*) divérge [daɪ-], branch off [-ɑːntʃ...]; (*о дорогах тж.*) fork; (*о лучах*) rádiàte; **3.** (*разъединяться*): у пальтó пóлы расхóдятся the coat does not lap óver; половицы разошли́сь the flóor-boards becáme disjóinted [...'flɔː-...]; нáши пути́ разошли́сь our ways have párted; **4.** (с *тв.*; *расставаться*) part (from); (*разводиться*) get* divórced (from); они́ разошли́сь друзья́ми they párted friends [...fre-]; он разошёлся со своéй женóй he got divórced from his wife*; **5.** (с *тв.* в *пр.*) differ (from in); ~ во мнéнии differ in opínion (from), disagrée (with); мнéния расхóдятся opínions váry / differ; егó словá никогдá не расхóдятся с дéлом his words and deeds are never at váriance; ~ в кóрне (с *тв.*) differ fùndaméntally (from); **6.** (*растворяться*) dissólve [-'zɔlv]; (*растапливаться — о масле и т. п.*) melt; **7.** (*распродаваться*) be sold out; (*о книге тж.*) be out of print; (*растрачиваться*) be spent: книга разошлáсь the book is sold out, *или* is out of print; все дéньги разошли́сь all the móney is spent [...'mʌ-...].

**расходи́ться** II, разойти́сь *разг.* (*разбушеваться*) fly* into a témper, lose* one's sélf-contról [luːz ...-oul], let* òne¦sélf go.

**расхóд||ный** *прил. к* расхóд; ~ная книга hóuse¦keeping book [-s-...]. **~ование** *с.* expénse, expénditure. **~овать,** израсхóдовать (*вн.*) spend* (*d.*). **~оваться 1.** *разг.* spend*; **2.** *страд. к* расхóдовать.

**расхождéние** *с.* divérgence [daɪ-], discrépancy; ~ во мнéниях difference / cléavage / divérgence of opínion; ~ во взгля́дах divérgence in views [...vjuːz].

**расхолáживать,** расхолоди́ть (когó-л.) damp smb.'s árdour.

**расхолоди́ть** *сов. см.* расхолáживать.

**расхотé||ть** *сов.* (+ *инф.*) *разг.* not want any more (+ to *inf.*); он ~л спать he does¦n't want to sleep any more. **~ться** *безл. разг.*: емý, им *и т. д.* ~лось he does not, they do not, *etc.*, want any more: емý ~лось спать he does¦n't want to sleep any more.

**расхохотáться** *сов. разг.* burst* out láughing [...'lɑːf-]; (*громко*) roar with láughter [...'lɑːf-].

**расхрабри́ться** *сов.* (+ *инф.*) *разг.* take* heart [...hɑːt] (+ to *inf.*); screw up enóugh cóurage [...ɪ'nʌf 'kʌ-] (+ to *inf.*).

**расцарáпать(ся)** *сов. см.* расцарáпывать(ся).

**расцарáпывать,** расцарáпать (*вн.*) scratch all óver (*d.*). **~ся,** расцарáпаться scratch òne¦sélf.

**расцвести́** *сов. см.* расцветáть.

**расцвéт** *м.* bloom, blóssoming; (*перен.*) flóurishing [-ʌr-], flówering, héyday; бýрный ~ víolent / stórmy growth [...-ouθ], astóunding growth; ~ промы́шленности flóurishing / pròspérity of industry; ~ литератýры, культýры *и т. п.* gólden age of líterature, cúlture, *etc.*; ~ искýсства the flówering of art; в ~е сил in the prime of (one's) life, in one's prime / héyday.

**расцветáть,** расцвести́ bloom, blóssom (out); (*перен.*) flóurish [-ʌr-], prósper; не дать чемý-л. расцвести́ (*перен.*) nip smth. in the bud.

**расцвети́ть** *сов. см.* расцвéчивать.

**расцвéтка** *ж. разг.* cólours ['kʌ-] *pl.*, còlourátion [kʌ-], cólour¦ing ['kʌ-]; прия́тная, я́ркая ~ матéрии pléasant, bright cólours of the matérial ['plez-...] *pl.*

**расцвéчивать,** расцвети́ть (*вн.*) *разг.* paint in gay cólours [...'kʌ-] (*d.*); ~ флáгами *мор.* dress (*d.*).

**расцеловá||ть** *сов.* (*вн.*) kiss (*d.*), cóver with kisses ['kʌ-...] (*d.*). **~ться** *сов.* kiss each other; они́ крéпко ~лись they kissed each other héartily [...'hɑː-].

**расцéнива||ть,** расцени́ть (*вн.*) **1.** éstimàte (*d.*), válue (*d.*), asséss (*d.*); **2.** (*квалифицировать, считать*) quálifỳ (*d.*), consíder [-'sɪ-] (*d.*), regárd (*d.*); как вы ~ете егó выступлéние? what do you make / think of his speech?

**расцени́ть** *сов. см.* расцéнивать.

**расцéн||ка** *ж.* **1.** (*действие*) vàluátion; **2.** (*цена*) price; (*ставка*) rate. **~очный** price (*attr.*); rate (*attr.*); ~очно-конфли́ктная комиссия rates and dispútes commission.

**расцеп||и́ть(ся)** *сов. см.* расцепля́ть(ся). **~лéние** *с.* únhóoking, ún¦línking; (*автоматическое*) trípping.

**расцепля́ть,** расцепи́ть (*вн.*) únhóok (*d.*), ún¦línk (*d.*); (*о вагонах*) ún¦cóuple [-'kʌ-] (*d.*); (*автоматически*) trip (*d.*). **~ся,** расцепи́ться **1.** get* / come* únhóoked / ún¦línked; (*о вагонах*) get* / come* ún¦cóupled [...-'kʌ-]; **2.** *страд. к* расцепля́ть.

**расчáлка** *ж. тех.* brace, wire-bràce, brácing wire.

**расчесáть(ся)** *сов. см.* расчёсывать(ся).

**расчёска** *ж. разг.* (*гребёнка*) comb [koum].

**расчéсть** *сов. см.* рассчи́тывать 1, 2. ~**ся** *сов. см.* рассчи́тываться 1.

**расчёсыв||ание** *с.* **1.** (*волос*) cómbing ['kou-]; (*льна, шерсти*) cárding; **2.** (*расцарапывание*) scrátching. ~**ать,** расчесáть (*вн.*) **1.** (*о волосах*) comb [koum] (*d.*); (*о льне, шерсти*) card (*d.*); ~ать вóлосы на пробóр part one's hair; **2.** (*расцарапывать*) scratch raw (*d.*). ~**аться,** расчесáться **1.** *разг.* (*расчёсывать волосы*) comb one's hair [koum...]; **2.** *разг.* (*расцарапываться*) scratch òne¦sélf; **3.** *страд. к* расчёсывать.

**расчёт** I *м.* **1.** càlculátion, còmputátion; (*приблизительный*) éstimate; ~ врéмени tíming; из ~а 2% годовы́х at two per cent per ánnum; из ~а по пять рублéй на человéка at a rate of five roubles per head [...ru:-... hed]; пéнсия исчисля́ется из ~а (*рд.*) the pénsion is réckoned on the básis [...'beɪ-] (of); принимáть в ~ (*вн.*) take* into considerátion / accóunt (*d.*); не принимáть в ~ (*вн., рд.*) leave* out of accóunt (*d.*); не принимáемый в ~ négligible; нет ~а дéлать э́то it is not worth while; по егó ~у accórding to him; э́то не входи́ло в егó ~ы he had not réckoned with that; it was more than hè had bárgained for; в ~е на (*вн.*) cálculàting (on); обману́ться в свои́х ~ах míscálculàte, be out in one's réckoning; **2.** *тех.* càlculátion; ~ паровóго котлá càlculátion of *a* bóiler; **3.** (*с тв.*; *уплата*) séttling (with); производи́ть ~ settle (with); ~ы не закóнчены the accóunt is not closed; быть в ~е (*с тв.*) be quits / éven (with); за нали́чный ~ for cash (páyment); по безнали́чному ~у by written órder; **4.** (*увольнение*): давáть ~ (*дт.*) dis¦chárge (*d.*), dismíss (*d.*); fire (*d.*) *разг.*; брать ~ leave* one's work / job.

**расчёт** II *м. воен.* team, crew, detáchment; оруди́йный ~ gun detáchment / crew; gun squad *амер.*; пулемётный ~ machíne-gùn team [-'ʃi:-...].

**расчётлив||о** *нареч.* **1.** (*осмотрительно*) prúdently; **2.** (*экономно*) èconómically [i:-], spáring¦ly; жить ~ live èconómically / spáring¦ly [lɪv...]. ~**ость** *ж.* (*бережливость*) èccónomy [i:-]. ~**ый** **1.** (*осмотрительный, осторожный*) prúdent, cálculàting; **2.** (*бережливый*) èconómical [i:-].

**расчётн||ый** **1.**: ~ая табли́ца càlculátion table; ~ая вéдомость páy-ròll, páy-sheet; ~ая кни́жка páy-book; ~ балáнс bálance of páyments; **2.** *тех.* ráted, cálculàted, desígned [-'zaɪnd]; desígn [-'zaɪn] (*attr.*); ~ая мóщность ráted pówer.

**расчи́ст||ить(ся)** *сов. см.* расчищáть(ся). ~**ка** *ж.* cléaring.

**расчихáться** *сов.* sneeze repéatedly.

**расчищáть,** расчи́стить (*вн.*) clear (*d.*). ~**ся,** расчи́ститься **1.** (*о небе и т. п.*) clear; **2.** *страд. к* расчищáть.

**расчленéние** *с.* **1.** dismémberment; **2.** *воен.* bréaking up [-eɪk-...]; bréakdown [-eɪk-] *амер.*

**расчленённый** **1.** *прич. см.* расчленя́ть; **2.** *прил.*: ~ строй *воен.* ópen fòrmátion.

**расчлени́ть(ся)** *сов. см.* расчленя́ть(ся).

**расчленя́ть,** расчлени́ть (*вн.*) **1.** dismémber (*d.*); **2.** *воен.* break* up [-eɪk...] (*d.*), ópen out (*d.*); break* down (*d.*) *амер.*; ~ в глубину́ distríbute in depth (*d.*). ~**ся,** расчлени́ться **1.** become* / get* dismémbered; **2.** *воен.* break* up [-eɪk...], ópen out; **3.** *страд. к* расчленя́ть.

**расчу́вствоваться** *сов. разг.* be déeply moved / touched [...mu:- tʌ-].

**расшали́ться** *сов.* get* náughty, start pláying pranks.

**расшáркаться** *сов. см.* расшáркиваться.

**расшáркиваться,** расшáркаться shuffle, scrape one's feet; (*пéред*; *перен.*) bow and scrape (befóre).

**расшáт||анность** *ж.* shákiness ['ʃeɪ-]; ~ нéрвов shàttered nerves *pl.* ~**анный** **1.** *прич. см.* расшáтывать; **2.** (*о здоровье, нервах*) shàttered. ~**áть(ся)** *сов. см.* расшáтывать(ся).

**расшáтывать,** расшатáть (*вн.*) shake* loose [...-s] (*d.*); (*о мебели*) make* rickety (*d.*); (*перен.*; *о дисциплине*) lóosen [-s-] (*d.*); (*перен.*; *о здоровье, нервах*) shátter (*d.*), impáir (*d.*). ~**ся,** расшатáться **1.** get* loose [...-s]; (*о мебели*) get* / become* rickety; (*перен.*; *о дисциплине*) become* loose; (*перен.*; *о здоровье, нервах*) get* / become* shàttered / impáired; **2.** *страд. к* расшáтывать.

**расшвы́р||ивать,** расшвыря́ть (*вн.*) *разг.* throw* right and left [-ou...] (*d.*), throw* abóut (*d.*). ~**я́ть** *сов. см.* расшвы́ривать.

**расшевели́ть** *сов.* (*вн.*) *разг.* move [mu:v] (*d.*), stir (*d.*); (*перен.*) shake* up (*d.*), stir up (*d.*), rouse (*d.*).

**расшибáть,** расшиби́ть (*вн.*) **1.** (*ушибать*) hurt* (*d.*); **2.** *разг.* (*разбивать*) break* to píeces [-eɪk...'pi:-] (*d.*), smash to bits (*d.*). ~**ся,** расшиби́ться hurt* òne¦sélf; ◇ расшиби́ться в лепёшку *разг.* lay* òne¦sélf out.

**расшиби́ть(ся)** *сов. см.* расшибáть(ся).

**расшивáть,** расши́ть (*вн.*) **1.** (*украшать вышивкой*) embróider (*d.*); **2.** (*распарывать, делить на части*) ún¦dó (*d.*), únpick (*d.*).

**расширéние** *с.* **1.** bróadening [-ɔ:d-]; (*о торговле, промышленности и т. п.*) expánsion; ~ посевны́х площадéй expánsion of the área / ácreage únder crop [...'ɛərɪə 'eɪkərɪdʒ...]; ~ междунарóдных контáктов expánsion of internátional cóntàcts [...-'næ-...]; **2.** *физ.* expánsion; **3.** *мед.* dilátion [daɪ-], disténsion; ~ сéрдца dìlátion / dìlàtátion of the heart [...daɪleɪ-... hɑ:t]; ~ вен váricòse veins [-kous...] *pl.*

**расши́ренн||ый** **1.** *прич. см.* расширя́ть; глазá, ~ые от у́жаса eyes diláted with térror [aɪz daɪ-...]; **2.** *прил.* (*более полный по составу, содержанию*) bróadened [-ɔ:d-]; ~ плéнум bróadened assémbly; ~ое заседáние enlárged séssion; ~ая прогрáмма bróadened / còmprehénsive prógràm(me) [...'prou-]; ~ое воспроизвóдство *эк.* rè¦prodúction on a large scale; ~ое толковáние broad intèrpretátion [-ɔ:d...].

**расшири́тель** *м.* dilátor [daɪ-].

**расши́р||ить(ся)** *сов. см.* расширя́ть(ся). ~**я́емость** *ж.* expànsibílity; dilàtabílity [daɪleɪ-].

**расширя́ть,** расши́рить (*вн.*) enlárge (*d.*), wíden (*d.*); expánd (*d.*); ~ кругозóр ópen *the* mind, bróaden *the* óutlook [-ɔ:d-...]; ~ чей-л. кругозóр expánd smb.'s horízon; ~ сфéру влияния extend the sphere of influence. **~ся,** расшириться **1.** widen, broaden ['brɔ:-], gain in breadth [...-edθ]; **2.** *физ.* dilate [daı-]; **3.** *страд. к* расширять.

**расшитый 1.** *прич. см.* расшивать; **2.** *прил.* (*украшенный вышивкой*) embroidered.

**расшить** *сов. см.* расшивать.

**расшифровать** *сов. см.* расшифровывать.

**расшифровка** *ж.* deciphering [-'saı-].

**расшифровывать,** расшифровать (*вн.*) decipher [-'saı-] (*d.*); (*перен.*) interpret (*d.*).

**расшнуровать** *сов. см.* расшнуровывать.

**расшнуровывать,** расшнуровать (*вн.*) unlace (*d.*).

**расшуметься** *сов. разг.* get* noisy [...-zı].

**расщедриться** *сов.* have a bit of generosity.

**расщелина** *ж.* cleft, crevice.

**расщеп||ить(ся)** *сов. см.* расщеплять(ся). **~ление** *с.* **1.** splitting, splintering; **2.** *физ., хим.* breaking up [-eık-...]; ~ление ядра nuclear fission; ~ление атома splitting (of) the atom [...'æ-], atomic fission.

**расщеплять,** расщепить (*вн.*) **1.** split* (*d.*), splinter (*d.*), rive* (*d.*); **2.** *физ., хим.* break* up [-eık...] (*d.*). **~ся,** расщепиться **1.** split*, splinter; **2.** *страд. к* расщеплять.

**расщепляющийся 1.** *прич. см.* расщепляться; **2.** *прил. физ.* fissionable.

**ратификационн||ый:** ~ые грамоты *дип.* instruments of ratification.

**ратифи||кация** *ж. дип.* ratification. **~цировать** *несов. и сов.* (*вн.*) *дип.* ratify (*d.*).

**ратн||ик** *м. уст.* warrior, soldier [-dʒə]. **~ый** *уст.* military; war (*attr.*); ~ый подвиг feat of arms.

**ратовать** *уст.* (за *вн.*) fight* (for); (против) declaim (against).

**ратуша** *ж.* town hall.

**рать** *ж. уст., поэт.* host [hou-], array.

**раунд** *м. спорт.* round.

**раут** *м. уст.* rout; large evening party [...'i:v-...], reception.

**рафинад** *м.* lump sugar [...'ʃu-]. **~ный** *прил. к* рафинад; ~ный завод refinery [-'faı-].

**рафинированный 1.** *прич. см.* рафинировать; **2.** *прил.* (*утончённый*) fine, refined; ~ вкус refined taste [...teı-].

**рафинировать** *несов. и сов.* (*вн.*) refine (*d.*).

**рахат-лукум** *м.* rahat lakoum ['rɑ:h--'ku:m], Turkish delight.

**рахит** *м. мед.* rachitis [-'kaı-], rickets. **~ик** *м.* sufferer from rickets / rachitis [...-'kaı-]. **~ичный** *мед.* rachitic [-'kı-], rickety.

**рацион** *м.* (*паёк*) ration ['ræ-], allowance.

**рационализатор** *м.* rationalizer [ræ-]. **~ский** rationalization [ræ--laı-] (*attr.*), for rationalizing the process of work; ~ское предложение rationalization proposal [...-z-].

**рационал||изация** *ж.* rationalization [ræ--laı-]. **~изировать** *несов. и сов.* (*вн.*) rationalize (*d.*); streamline (*d.*) *амер. неол.*

**рационал||изм** *м. филос.* rationalism ['ræ-]. **~ист** *м.* rationalist ['ræ-]. **~истический** rationalistic ['ræ-].

**рациональн||о** *нареч.* rationally ['ræ-]; наиболее ~ использовать (*вн.*) make* the most efficient use[...ju:s] (of). **~ость** *ж.* rationality [ræ-]. **~ый** rational ['ræ-]; ~ая организация труда rational organization of labour [...-naı-...].

**рация** *ж.* portable wireless / radio set.

**рачий** crayfish (*attr.*), crawfish (*attr.*); ◇ рачьи глаза goggle eyes [...aız].

**рачительн||ость** *ж. уст.* zealousness ['ze-]. **~ый** *уст.* zealous ['ze-].

**рашкуль** *м. жив.* charcoal-pencil.

**рашпер** *м.* gridiron [-daıən].

**рашпиль** *м. тех.* rasp.

**рвануть** *сов. разг.* **1.** (*вн.*) jerk (*d.*); **2.** (*без доп.; стараясь вырваться*) give* a jerk (to get free); лошади рванули с места the horses started with a jerk. **~ся** *сов. разг.* rush, dash, dart.

**рван||ый** torn; lacerated; ~ые башмаки torn / broken shoes [...ʃu:z]; ~ые паруса torn sails; ~ая рана *мед.* lacerated wound [...wu:-], laceration.

**рвань** *ж. тк. ед.* **1.** rags *pl.*; **2.** *бран.* (*негодный человек, мерзавец*) scoundrel, scamp; *собир.* rabble, riff-raff.

**рвать** I (*вн.*) **1.** (*на части*) tear* [tɛə] (*d.*), rend* (*d.*); ~ письма в клочки tear* letters to pieces [...'pi:-]; ~ на себе одежду rend* one's garments; **2.** (*собирать*) pick (*d.*); ~ цветы pick / pluck flowers; **3.** (*выдёргивать*) pull out [pul...] (*d.*); ~ зубы extract teeth, pull out teeth; ~ из рук у кого-л. snatch out of smb.'s hands (*d.*); ~ с корнем uproot (*d.*), unroot (*d.*); **4.** (*прекращать, ликвидировать*) break* [breık] (*d.*); ~ отношения с кем-л. break* off, *или* sever, relations with smb. [...'sevə...]; ◇ ~ и метать ≅ be in a rage; ~ на себе волосы tear* one's hair; его рвут на части he is being torn to pieces.

**рвать** II, вырвать *безл.* vomit, throw* up [-ou...].

**рваться** I **1.** (*разрываться*) break* [-eık], burst*; (*о платье и т. п.*) tear* [tɛə]; ~ от одного прикосновения tear* at a touch [...tʌtʃ]; **2.** (*взрываться*) burst*; снаряды рвутся shells are bursting; ◇ где тонко, там и рвётся *посл.* ≅ the chain is no stronger than its weakest link.

**рваться** II (+*инф.*; *стремиться*) long (+to *inf.*), be dying (+to *inf.*); (с *рд.*; *с привязи и т. п.*) strain (at); ~ на свободу long, *или* be dying, to be free; ~ в драку be spoiling for a fight; ~ в бой strain to be in action.

**рвач** *м. разг.* self-seeker, grabber.

**рваче||ский** *разг.* self-seeking, grabbing. **~ство** *с. разг.* self-seeking, grabbing.

**рвение** *с.* zeal, fervour, ardour.

**рвот||а** *ж.* vomiting, retching. **~ное** *с. скл. как прил.* emetic. **~ный** vomitive, emetic; ~ный корень ipecacuanha [-'ænə]; ~ное средство emetic.

**рдеть** glow [-ou].

**ре** *с. нескл. муз.* D [di:]; re; ре-диез D sharp.

**реабилит||ация** *ж.* rehabilitation ['ri:-]. **~ировать** *несов. и сов.* (*вн.*) rehabilitate [ri:-] (*d.*); быть полностью ~ированным be fully exonerated [...'fu-...]. **~ироваться 1.** *несов. и сов.* prove oneself in the right [pru:v...]; **2.** *страд. к* реабилитировать.

**реагент** *м. хим.* reagent.

**реаги́ровать** (на *вн.*) rè¦áct (up¦ón); (*перен.*) respónd (to).

**реакти́в** *м. хим.* rè¦ágent.

**реакти́вн||ый** rè¦áctive; ~ дви́гатель ímpùlse duct éngine [...ˈendʒ-], jet éngine; ~ые дви́гатели (*как система*) jet / rè¦áction propúlsion *sg.*; ~ая ми́на mórtar rócket; ~ая турби́на rè¦áction túrbine; ~ самолёт jet plane; jét-propélled áircràft.

**реа́ктор** *м.* reáctor; я́дерный ~ núclear reáctor.

**реакционе́р** *м.* rè¦áctionary.

**реакцио́нн||ость** *ж.* rè¦áctionary cháracter [...ˈkæ-]; ~ взгля́дов rè¦áctionary cháracter of *the* views [...vjuːz]. **~ый** rè¦áctionary.

**реа́кция** I *ж.* rè¦áction.

**реа́кция** II *ж. полит.* rè¦áction.

**реа́л** I *м.* (*испанская монета*) réal [ˈriːəl].

**реа́л** II *м. полигр.* compósing frame.

**реализа́ция** *ж.* **1.** realizátion [rɪəlaɪ-]; **2.** (*продажа*) sale.

**реали́зм** *м. иск.* réalism [ˈrɪə-]; социалисти́ческий ~ sócialist réalism.

**реализова́ть** *несов. и сов.* (*вн.*) **1.** réalize [ˈrɪə-] (*d.*); **2.** (*продавать*) sell* (*d.*); ~ це́нные бума́ги réalize secúrities.

**реали́ст** *м.* réalist [ˈrɪə-]. **~и́ческий** realístic(al) [rɪə-]; ~и́ческое направле́ние в иску́сстве realístic trend in art.

**реа́льн||ость** *ж.* reálity [rɪˈæ-]. **~ый 1.** (*действительный*) real [rɪəl]; **2.** (*осуществимый*) prácticable, wórkable; ~ый план prácticable / wórkable plan; **3.** (*соответствующий действительному положению дел*) práctical; ~ая поли́тика práctical pólitics *pl.*; ~ая за́работная пла́та real wáges *pl.*

**ребёнок** *м.* child*; infant *книжн.*; грудно́й ~ báby, child* in arms; беспризо́рный ~ neglécted child*; он уже́ не ~ he is no lónger a child*.

**рёберный** cóstal.

**ребо́рд||а** *ж. ж.-д.* flange; колесо́ с ~ой flanged wheel.

**ребро́** *с.* **1.** *анат., тех.* rib; ни́жние рёбра short ribs; охлажда́ющее ~ *тех.* cóoling rib; **2.** (*край*) edge, verge; ~ ата́ки *ав.* léading edge; ~ обтека́ния *ав.* tráiling edge; ста́вить ~м (*вн.*) set* / place édge¦wise (*d.*); ◇ ста́вить вопро́с ~м put* *a* quéstion póint-blánk [...-stʃ-...].

**ре́бус** *м.* rébus.

**ребя́та** *мн.* **1.** children; **2.** (*о взрослых*) lads, boys.

**ребяти́шки** *мн. разг.* children; (*в семье тж.*) the chicks.

**ребя́че||ский** child¦ish, infantile. **~ство** *с.* child¦ishness; э́то ~ство this is infantile.

**ребя́читься** beháve like a child*.

**рёв** *м.* **1.** (*тж. перен. о ветре, море и т. п.*) roar; (*зверей тж.*) béllow, howl; **2.** *разг.* (*громкий плач*) howl; подня́ть стра́шный ~ raise / start a dismal howl [...ˈdɪz-...].

**рева́нш** *м.* revénge; *спорт.* retúrn match.

**реванши́ст** *м.* revánchist, revénge-seeker. **~ский** revánchist; ~ские настрое́ния revánchist séntiments.

**реввоенсове́т** *м.* (Революцио́нный вое́нный сове́т) *ист.* Rèvolútionary War Cóuncil.

**реве́нный** rhúbàrb (*attr.*); ~ порошо́к grégory-powder.

**реве́нь** *м. бот.* rhúbàrb.

**ревера́нс** *м.* cúrts(e)y; де́лать ~ make* / drop a cúrts(e)y, cúrts(e)y.

**ревербера́ция** *ж. тех.* revèrberátion.

**реверси́вный** *тех.* (*о машине*) revérsible; (*о приводе*) revérsing.

**реве́||ть 1.** (*тж. перен. о ветре, море и т. п.*) roar; (*о зверях тж.*) béllow, howl; бу́ря ~ла the storm was ráging; **2.** *разг.* (*плакать*) howl; ◇ ревмя́ ~ howl.

**ревизион||и́зм** *м. полит.* revísionism. **~и́ст** *м.* revísionist.

**ревизио́нн||ый** revísory [-ˈvaɪz-]; ~ая коми́ссия inspéction commíttee [...-tɪ]; áuditing commíssion.

**реви́зия** *ж.* **1.** (*обследование*) inspéction; **2.** (*пересмотр*) revísion.

**ревизова́ть** *несов. и сов.* **1.** (*сов. тж.* обревизова́ть) (*вн.*) inspéct (*d.*); **2.** (*пересматривать*) revíse (*d.*).

**ревизо́р** *м.* inspéctor.

**ревм||ати́зм** *м. мед.* rhéumatism; rheumátics *pl. разг.*; суставно́й ~ rheumátic féver. **~а́тик** *м.* rheumátic. **~ати́ческий** rheumátic.

**ревни́в||ец** *м. разг.* jéalous man* [ˈdʒe-...]. **~ица** *ж. разг.* jéalous wóman* [ˈdʒe- ˈwu-]. **~ый** jéalous [ˈdʒe-].

**ревни́тель** *м.*, **~ница** *ж. уст.* adhérent, zéalot [ˈze-].

**ревнова́ть** (*вн.*) be jéalous [...ˈdʒe-] (of).

**ре́вностный** zéalous [ˈze-], árdent, éarnest [ˈəː-], férvent.

**ре́вность** *ж.* **1.** jéalousy [ˈdʒe-]; **2.** *уст.* (*усердие*) zeal, férvency.

**револьве́р** *м.* revólver, (revólver) pístol; шестизаря́дный ~síx-shóoter. **~ный 1.** revólver (*attr.*); **2.** *тех.* cápstan (*attr.*); ~ный стано́к cápstan / túrret lathe [...leɪð]; ~ная голо́вка *тех.* cápstan head [...hed].

**революционе́р** *м.*, **~ка** *ж.* rèvolútionary; ~ в иску́сстве, литерату́ре *и т. п.* rèvolútionary in art, líterature, *etc.*

**революционизи́ровать** *несов. и сов.* (*вн.*) rèvolútionize (*d.*). **~ся 1.** *несов. и сов.* get* rèvolútionized; **2.** *страд. к* революционизи́ровать.

**революцио́нно** *нареч.* in a rèvolútionary way; ~ настро́енный rèvolútionary-minded, rèvolútionary-dispósed; ~ настро́енные ма́ссы rèvolútionary másses.

**революцио́нно-демократи́ческий** rèvolútionary-dèmocrátic.

**революцио́нн||ость** *ж.* rèvolútionary cháracter [...ˈkæ-]. **~ый** rèvolútionary; ~ое движе́ние rèvolútionary móve¦ment [...ˈmuː-]; ~ый подъём rise of the rèvolútionary móve¦ment, the rèvolútionary rise.

**револю́ция** *ж.* rèvolútion; Вели́кая Октя́брьская социалисти́ческая ~ the Great Octóber Sócialist Rèvolútion [...-eɪt...]; пролета́рская ~ pròlètárian rèvolútion [prou-...]; ~ в те́хнике rèvolútion in tèchníque [...-ˈniːk]; культу́рная ~ cúltural rèvolútion.

**ревтрибуна́л** *м.* (революцио́нный трибуна́л) Rèvolútionary Tribúnal.

**реву́н** *м. зоол.* hówler.

**рега́лии** *мн.* (*ед.* рега́лия *ж.*) regália.

**регенерати́вн||ый** *тех.* regénerative; ~ая печь regénerative fúrnace.

**регенера́||тор** *м. тех.* regénerator. **~ция** *ж. тех.* regèneration.

**ре́гент** *м.* 1. régent; 2. (*дирижёр церковного хора*) precéntor. **~ство** *с.* régency ['ri:-].

**региона́льный** régional; ~ пакт régional pact.

**реги́стр** *м.* (*в разн. знач.*) régister.

**регистр||а́тор** *м.*, **~а́торша** *ж.* règistrár, régistering clerk [...klɑ:k].

**регистр||ату́ра** *ж.* régistry. **~ацио́нный** règistrátion (*attr.*). **~а́ция** *ж.* règistrátion.

**регистри́ровать** *несов. и сов.* (*сов. тж.* зарегистри́ровать) (*вн.*) régister (*d.*), recórd (*d.*); регистри́рующий прибо́р recórding instrument / device, recórder. **~ся** *несов. и сов.* 1. (*сов. тж.* зарегистри́роваться) régister (òne¦sélf); 2. *страд. к* регистри́ровать.

**регла́мент** *м.* 1. règulátions *pl.*; 2. (*на заседании*) time-limit; устана́вливать ~ fix a time-limit; приде́рживаться ~а stick* to the time-limit, keep* within the time-limit. **~а́ция** *ж.* règulátion.

**регламенти́ровать** *несов. и сов.* (*вн.*) régulate (*d.*).

**регла́н** *м.* ráglan ['ræ-].

**регре́сс** *м.* régrèss, rètrogradátion. **~и́вный** regréssive. **~и́ровать** regréss, rétrogrèss.

**регули́рование** *с.* règulátion, adjústment [ə'dʒʌ-], adjústing [ə'dʒʌ-]; ~ у́личного движе́ния tráffic contról [...-oul].

**регули́ровать** *несов. и сов.* régulàte (*d.*), adjúst [ə'dʒʌ-] (*d.*).

**регулир||о́вка** *ж. разг.* = регули́рование. **~о́вочный** règulátion (*attr.*). **~о́вщик** *м.*, **~о́вщица** *ж.* tráffic-contròller [-oulə].

**ре́гулы** *мн. мед. уст.* ménsès [-i:z]; mènstruátion *sg.*

**регуля́рн||ость** *ж.* règulárity. **~ый** régular; вести́ ~ый о́браз жи́зни keep* régular hours [...auəz]; ~ые войска́ régular troops; the régulars *разг.*

**регуля́тор** *м. тех.* régulàtor; (*паровой машины*) góvernor ['gʌ-]; ~ то́ка cúrrent régulàtor.

**редакти́рование** *с.* éditing.

**редакти́ровать**, отредакти́ровать (*вн.*) 1. (*подвергать редакции*) édit (*d.*); 2. *тк. несов.* (*формулировать*) word (*d.*); 3. *тк. несов.* (*руководить изданием*) édit (*d.*).

**реда́ктор** *м.* éditor; гла́вный ~, отве́тственный ~ éditor-in-chief [-i:f]; ~ отде́ла (*газеты и т. п.*) súb-éditor. **~ский** èditórial.

**редакцио́нн||ый** èditórial; ~ая колле́гия èditórial board.

**реда́кци||я** *ж.* 1. (*коллектив редакторов*) èditórial staff; (*помещение*) èditórial óffice; 2. (*редактирование*) éditorship; под ~ей (*рд.*) édited (by); 3. (*обработанный текст*) wórding; первонача́льная ~ first / original wórding.

**реда́н** *м.* 1. *ав.* step; 2. *воен. уст.* redán.

**реде́||ть**, поре́де́ть (*тж. о лесе*) thin; thin out, get* thin; ~ющие во́лосы thinning hair *sg.*; ◇ поре́де́вшие си́лы depléted fórces.

**реди́с** *м. тк. ед.* rádish. **~ка** *ж.* rádish.

**ре́дк||ий** 1. (*негустой*) thin, sparse; ~ие зу́бы wide¦ly spaced teeth; ~ие дере́вья thin¦ly grówing trees [...-ou-...]; 2. (*о ткани — неплотный*) flímsy [-zɪ]; 3. (*редко встречающийся*) rare; (*необычайный*) ùn¦cómmon; ~ая кни́га rare book; ~ой красоты́ of ùn¦cómmon béauty [...'bju:-]; 4. (*случайный*) occásional.

**ре́дко** I *прил. кратк. см.* ре́дкий.

**ре́дко** II *нареч.* 1. (*не густо*) fár-betwéen; дома́ стоя́ли о́чень ~ the hóuses stood fár-betwéen [...stud...]; 2. (*не часто*) séldom, ráre¦ly; о́чень ~ very séldom; once in a blue moon [wʌns...] *идиом.*; ◇ ~, да ме́тко *погов.* séldom but to the point.

**ре́дколе́сье** *с.* sparse growth of trees [...grouθ...].

**редколле́гия** *ж.* (редакцио́нная колле́гия) èditórial board.

**редконаселённый** thin¦ly / spárse¦ly pópulàted.

**ре́дкостный** = ре́дкий 3.

**ре́дкост||ь** *ж.* 1. rárity ['rɛə-]; 2. (*редкостная вещь*) rárity, cùriósity, cúriò; худо́жественные ~и árticles of virtú [...-'tu:]; ◇ на ~ до́брый, жа́дный *и т. п.* of rare kind¦ness, gréediness, *etc.*

**реду́ктор** *м. тех.* redúction gear [...gɪə].

**редукцио́нный** *тех.* redúcing; ~ кла́пан redúcing valve, redúcer.

**реду́кция** *ж.* (*в разн. знач.*) redúction.

**реду́т** *м. воен. ист.* redóubt [-aut].

**редуци́рованный** 1. *прич. см.* редуци́ровать; 2. *прил. лингв.* redúced.

**редуци́ровать** *несов. и сов.* (*вн.*; *в разн. знач.*) redúce (*d.*). **~ся** *несов. и сов.* redúce.

**ре́дьк||а** *ж.* hórse-ràdish; ◇ надое́ло э́то ему́ ху́же го́рькой ~и ≅ he is sick and tired of it, he is bored to death with it [...deθ...].

**рее́стр** *м.* list, roll, régister.

**режи́м** *м.* 1. règime [reɪ'ʒi:m]; ~ эконо́мии pólicy of èconomy [...i:-]; санато́рный, шко́льный ~ sànatórium, school règime / routine [...ru:'ti:n]; 2. *полит.* règime; 3. *мед.* régimèn; ~ пита́ния diet; 4. *тех.* conditions *pl.*, rate; температу́рный ~ conditions of témperature, témperature rate.

**режиссёр** *м.* prodúcer; помо́щник ~а assístant prodúcer, stage mánager. **~ский** *прил. к* режиссёр.

**режисси́ровать** (*вн.*) prodúce (*d.*), stage (*d.*).

**ре́жущий** 1. *прич. см.* ре́зать; 2. *прил.* (*острый, резкий*) cútting, sharp.

**реза́к** *м.* (*нож*) chópping-knife*, cútter; (*мясника*) póle-àxe.

**ре́зальн||ый:** ~ая маши́на cútting-machine [-ʃi:n].

**ре́зать**, заре́зать, сре́зать 1. *тк. несов.* (*вн.*) cut* (*d.*); (*ломтями*) slice (*d.*); 2. *тк. несов.* (*вн.*) *разг.* (*оперировать*) óperàte (*d.*); 3. *тк. несов.* (*об острых предметах*) cut*; нож не ре́жет the knife* does not cut; 4. *при сов.* заре́зать (*вн.*) kill (*d.*); (*ножом*) sláughter (*d.*), knife (*d.*); ~ кур kill hens; волк заре́зал овцу́ *the* wolf* killed *a* sheep* [...wulf...]; 5. *тк. несов.* (по *дт.*; *по дереву, металлу и т. п.*) carve (on), en¦gráve (on); 6. *тк. несов.* (*вн.*; *причинять боль*): верёвка ре́жет па́льцы *the* string cuts *the* fingers; ~ под мы́шками bind*, *или* be tight, únder the arms; у него́ ре́жет в желу́дке he has griping pains in the stómach [...-ʌmək]; 7. *тк. несов.* (*вн.*;

*вызывать неприятное ощущение*): ~ глазá irritàte *the* eyes [...aɪz]; ~ слух grate on / up¦ón *the* ears; **8.** *при сов.* срéзать (*вн.*) *разг.* (*на экзамене и т. п.*) pluck (*d.*); **9.** *тк. несов. мор.*: ~ кормý pass close astérn [...klous...]; ~ нос pass close ahéad [...ə'hed]; ◇ ~ прáвду в глазá *разг.* speak* the truth bóld¦ly [...-uːθ...]. **~ся,** прорéзаться **1.** (*о зубах*): у негó рéжутся зýбы he is cútting his teeth, he is téething; **2.** *тк. несов. разг.* (*играть с азартом*) play; **3.** *страд. к* рéзать 1, 4, 5.

**резви́ться** sport, gámbol, frisk.

**рéзв||ость** *ж.* **1.** spórtive¦ness, pláyfulness; **2.** *спорт.* (*о лошади*) speed; показáть хорóшую ~ show* a good* time [ʃou...]. **~ый** **1.** spórtive, frísky; **2.** *спорт.* (*о лошади*) fast.

**резедá** *ж.* mignonétte [mɪnjə-].

**резéкция** *ж. мед.* ré¦séction.

**резéрв** *м.* resérve(s) [-'zəːv(z)] (*pl.*); трудовы́е ~ы lábour resérves; имéть в ~е (*вн.*) have in resérve (*d.*); ~ глáвного комáндования *воен.* Géneral Héadquárters resérve [...'hed-...]; перевести́ в ~ (*вн.*; *о военно-морских судах и т. п.*) place in resérve (*d.*).

**резервáция** *ж.* rèservátion [-zə-].

**резерви́ровать** *несов. и сов.* (*вн.*) resérve [-'zəːv] (*d.*).

**резéрвный** resérve [-'zəːv] (*attr.*).

**резервуáр** *м.* réservoir [-zəvwɑː], véssel.

**резéц** *м.* **1.** *тех.* cútter; (*гравёра, скульптора*) chisel ['tʃɪz°l]; **2.** (*зуб*) incísor [-zə], cútting tooth*.

**резидéнт** *ж.* résident [-zɪ-].

**резидéнция** *ж.* résidence [-zɪ-].

**рези́н||а** *ж.* (índia-)rúbber. **~ка** *ж.* **1.** (*тесьма*) elástic; **2.** (*для стирания*) eráser, índia-rúbber. **~овый** rúbber (*attr.*); ~овые галóши rúbber galóshes / óver¦shòes [...-ʃuːz], rúbbers; ~овый сапóг rúbber boot; gum boot *разг.*; ~овая промы́шленность rúbber índustry.

**рéзка** *ж.* cútting.

**рéзк||ий** sharp, harsh; (*о письме, дипломатической ноте и т. п.*) stróngly-wórded; ~ вéтер sharp / bíting / cútting wind [...wɪ-]; ~ие словá sharp words; ~ харáктер sharp / short témper; ~ие черты́ лицá sharp féatures; ~ человéк harsh pérson; ~ое изменéние погóды sharp change in the wéather [...tʃeɪ-... 'we-]; ~ перехóд от жары́ к хóлоду sharp change from heat to cold; ~ое изменéние полúтики switch in pólicy; ~ое повышéние цен sharp rise in príces; ~ие манéры abrúpt / short mánners; ~ гóлос shrill voice; ~ свет gláring light; ~ зáпах strong smell; ~ отвéт sharp ánswer [...'ɑːnsə]; ~ие тонá (*красок*) vívid / gárish cólours [...'gɛə-'kʌ-]; ~ тон sharp / rough tone [...rʌf...]; ~ая кри́тика sevére críticism.

**рéзк||о** *нареч.* shárply; (*внезапно; отрывисто*) abrúptly; ~ отражáться (на *пр.*) bear* hárdly [bɛə...] (on); ~ отрицáтельный distínctly négative; ~ повы́сить вы́работку achíeve a steep rise in óutpùt [-iːv... -put]. **~ость** *ж.* **1.** shárpness; (*отрывистость*) abrúptness; **2.** (*резкое слово, выражение*) sharp words *pl.*; наговори́ть ~остей use sharp words; они́ наговори́ли друг дрýгу ~остей they used sharp words to each other.

**резн||óй** carved, frétted; ~áя рабóта *арх.* frétwòrk.

**резня́** *ж.* sláughter, bútchery ['bu-], cárnage.

**резолю́ц||ия** *ж.* rèsolútion [-zə-]; предлагáть ~ию move *a* rèsolútion [muːv...]; выноси́ть, принимáть ~ию pass / adópt / appróve / cárry *a* rèsolútion [...-uːv...]; наклáдывать ~ию write* brief instrúctions (on *an* àpplicátion, repórt, *etc.*) [...-iːf...].

**резóн** *м. разг.* réason [-z°n].

**резонá||нс** *м.* résonance ['rez-]; (*перен.*) échò ['ekou], respónse; давáть ~ (*перен.*) have rè¦pèrcússions. **~тор** *м. физ.* résonàtor ['rez-].

**резонёр** *м.* árguer, réasoner [-z-], philósophìzer. **~ствовать** árgue, réason [-z°n], philósophìze.

**резони́р||овать** resóund [-'zaund]. **~ующий** **1.** *прич. см.* резони́ровать; **2.** *прил.* résonant [-z-].

**резóнный** réasonable [-z-].

**резорци́н** *м. хим.* rèsórcin [-'zɔː-].

**результáт** *м.* resúlt [-'zʌ-], óut¦còme; ~ы обслéдования fíndings; являться ~ом (*рд.*) aríse* (from), grow* [-ou] (out of); давáть ~ы yield resúlts [jiː-...]; добиться хорóших ~ов get* good* resúlts; (*в учёбе*) make* good* prógrèss; ◇ в ~е as a resúlt; в ~е протéста со стороны́ когó-л. fóllowing a prótèst on the part of smb.

**рéзчик** *м.* (*по металлу, дереву*) en¦gráver; ~ чекáнов díe-sinker.

**резь** *ж.* cólic; gripes *pl.*

**резьбá** *ж.* **1.** cárving, frétwòrk; **2.** *тех.* (*нарезка*) thréad(ing) [-ed-].

**резюм||é** *с. нескл.* súmmary, résumé (*фр.*) ['rezjumeɪ]. **~и́ровать** *несов. и сов.* (*вн.*) sum up (*d.*), súmmarìze (*d.*), rè¦capítulàte (*d.*).

**рей** *м. мор.* yard.

**рейд** I *м. мор.* road, róadstead [-ed]; roads *pl.*

**рейд** II *м. воен.* raid.

**рéйдер** *м. воен.* ráider.

**рéйка** *ж.* **1.** lath*; зубчáтая ~ rack; **2.** *геод.*: землемéрная ~ survéyor's pole / rod.

**рейнвéйн** *м.* (*вино*) Rhíne-wìne, hock.

**рейс** *м.* trip, run; *мор. тж.* vóyage, pássage; пéрвый ~ (*нового поезда, судна, самолёта*) máiden trip; *мор. тж.* máiden vóyage; очереднóй ~ régular cruise [...kruːz].

**рейсфéдер** *м.* **1.** (*чертёжный инструмент*) dráwing-pèn, rúling-pèn; **2.** (*для карандаша*) péncil-hòlder.

**рейши́на** *ж.* T-square ['tiː-], dráwing rule.

**рейтýзы** *мн.* bréeches ['brɪ-]; ríding-breeches [-brɪ-]; pàntalóons.

**рейхс||кáнцлер** *м.* Reichschánсellor [raɪks-'tʃɑːn-]. **~тáг** *м.* Réichstàg ['raɪkstɑːg].

**рек||á** *ж.* ríver ['rɪ-], stream; вверх по ~é úp-stréam, up the ríver; вниз по ~é dówn-stréam, down the ríver; ~ стáла the ríver is íce-bound; ◇ ли́ться ~óй flow in rívers [-ou...].

**рекапитуля́ция** *ж.* ré¦capitulátion.

**рéквием** *м.* réquièm ['re-].

**реквизи́ровать** *несов. и сов.* (*вн.*) rèquisítion [-'zɪ-] (*d.*); (*для военных надобностей*) còmmandéer (*d.*).

**реквизи́т** *м. театр.* própertíes *pl.*; props *pl. разг.*

**реквизи́ция** *ж.* rèquisítion [-'zɪ-].

**рекла́м||а** *ж.* **1.** advértise¦ment [-s-]; **2.** (*как мероприятие*) pùblícity [pʌ-]. **~и́ровать** *несов. и сов.* (*вн.*) ádvertise (*d.*); boost (*d.*) *разг.*; públicize ['pʌ-] (*d.*) *амер.*; ~и́ровать свой това́р push one's wares [puʃ...]. **~ный** pùblícity [pʌ-] (*attr.*).

**рекогносци́р||овать** *несов. и сов.* (*вн.*) *воен.* rèconnóitre (*d.*). **~о́вка** *ж. воен.* recónnaissance (of the ground) [-nɪs-...], rèconnóitring; производи́ть ~о́вку rèconnóitre, scout. **~о́вочный** rèconnóitring; recónnaissance [-nɪs-] (*attr.*). **~о́вщик** *м.* rèconnóitrer.

**рекоменд||а́тельный** *прил. к* рекоменда́ция; ~а́тельное письмо́ létter of rècommèndátion; credéntials *pl.*; ~ о́тзыв rècommèndátion; ~ спи́сок книг list of rècomménded books. **~а́ция** *ж.* rècommèndátion. **~ова́ть** *несов. и сов.* (*сов. тж.* порекомендова́ть) **1.** (*вн.*) rècomménd (*d.*); э́то его́ пло́хо ~у́ет that speaks bád¦ly for him; **2.** (+ *инф.*) advíse (+ to *inf.*), rècomménd (+ to *inf.*); он ~у́ет мне сде́лать э́то he advíses / rècomménds me to do it. **~ова́ться 1.** *несов. и сов.* (*при знакомстве*) introdúce òne¦sélf; **2.** *страд. к* рекомендова́ть; тако́й спо́соб не ~у́ется this méthod is not advísable / rècomménded; в тако́м слу́чае ~у́ется сле́дующее in this case the fóllowing is rècomménded [...keɪs...].

**реконве́рсия** *ж. эк.* ré¦convérsion.

**реконструи́ровать** *несов. и сов.* (*вн.*) ré¦constrúct (*d.*).

**реконструкти́вный** ré¦constrúctive, ré¦constrúcting; ré¦constrúction (*attr.*); ~ пери́од périod of ré¦constrúction.

**реконстру́кция** *ж.* ré¦constrúction.

**реко́рд** *м.* récòrd ['re-]; поби́ть ~ break* / cut* / beat* a récòrd [-eɪk...]; устана́вливать ~ estáblish, *или* set* up, a récòrd; поби́ть свой со́бственный ~ beat* one's own récòrd [...oun...].

**рекорди́ст** *м.*, **~ка** *ж.* chámpion.

**реко́рдн||ый** récòrd ['re-] (*attr.*); ~ая ско́рость récòrd speed; дости́гнуть ~ой ци́фры reach a récòrd fígure.

**рекордсме́н** *м.*, **~ка** *ж.* récòrd-hólder ['re-].

**ре́крут** *м. ист.* recrúit [-ru:t]. **~и́ровать** *несов. и сов.* (*вн.*) *ист.* recrúit [-ru:t] (*d.*). **~ский** *прил. к* ре́крут; ~ский набо́р recrúiting [-ru:t-]; recrúitment [-ru:t-].

**ректифи||ка́ция** *ж. тех.* rèctificátion. **~ци́ровать** *несов. и сов.* (*вн.*) *тех.* réctifỳ (*d.*).

**ре́ктор** *м.* réctor, head of a ùnivérsity [hed...]; (*английского университета*) chancellor.

**реле́** [рэ-] *с. нескл. тех.* reláy.

**религио́зн||ость** *ж.* relígious¦ness, relìgiósity; (*набожность*) píety. **~ый** relígious; (*набожный*) píous; ~ые во́йны *ист.* relígious wars; ~ый обря́д relígious rite / céremony.

**рели́гия** *ж.* relígion.

**рели́квия** *ж.* rélic.

**рели́кт** *м.* rélic. **~овый** rélic (*attr.*).

**релье́ф** *м.* relíef [-i:f] (*shape*). **~но** *нареч.* in relíef [...-i:f], bóld¦ly. **~ность** *ж.* relíef [-i:f]. **~ный** relíef [-i:f] (*attr.*), ráised, bold; ~ная рабо́та embóssed work.

**рельс** *м.* rail; *мн.* rails, métals ['me-]; сходи́ть с ~ов be deráiled, run* off the rails. **~овый** rail (*attr.*); ~овый путь ráil-tràck, ráilway; ~овая сеть ráilway net.

**рельсопрока́тный** ráil-ròlling; ~ заво́д rail mill.

**релятиви́зм** *м. филос.* rèlatívity.

**рема́рка** *ж. театр.* stage diréction.

**ремённ||ый** belt (*attr.*); ~ая переда́ча *тех.* bélt-drìve; с ~ым приво́дом bélt-drìven [-rɪ-].

**рем||е́нь** *м.* strap, thong; (*пояс*) belt; поясно́й ~ *воен.* (wáist-)bèlt; руже́йный ~ rifle sling; доро́жные ~ни́ straps.

**реме́сленн||ик** *м.* àrtisán [-'zæn], hándicràfts¦man*. **~ичество** *с.* wórkmanship; *пренебр.* háck-wòrk. **~ый** hándicràft (*attr.*); indústrial; (*перен.*: *не творческий*) mèdiòcre; ~ое учи́лище indústrial / trade / vocátional school.

**ремесл||о́** *с.* **1.** trade, hándicràft; вы́учиться ~у́ learn* a trade [lə:n...]; **2.** (*профессия*) proféssion.

**ремешо́к** *м.* small strap; thong; (*для часов*) wrist¦let.

**реми́з** *м. карт.* fine; поста́вить ~ pay* a fine.

**ремилитариза́ция** *ж.* ré¦militàrìzátion [-raɪ-].

**реминисце́нция** *ж.* rèminíscence.

**ремо́нт I** *м.* repáir(s) (*pl.*); máintenance *амер.*; капита́льный ~ thórough / cápital repáirs ['θʌrə...] *pl.*; теку́щий ~ órdinary / routíne / cúrrent repáirs [...ru:'ti:n...] *pl.*; профилакти́ческий ~ prevéntive máintenance; быть в ~е be únder repáir; нужда́ться в ~е be in need / want of repáir.

**ремо́нт II** *м. воен.* (*пополнение лошадьми*) rè¦móunt sérvice.

**ремонтёр** *м. воен.* rè¦móunt ófficer.

**ремонти́ровать I** *несов. и сов.* (*сов. тж.* отремонти́ровать) (*вн.*) repáir (*d.*), ré¦fít (*d.*); ré¦condítion (*d.*).

**ремонти́ровать II** *несов. и сов.* (*вн.*) *воен.* (*пополнять лошадьми*) rè¦móunt (*d.*).

**ремо́нтн||ый I** repáir (*attr.*); ~ая мастерска́я repáir shop; ~ рабо́чий repáirer, repáir¦man*.

**ремо́нтн||ый II** *воен.* rè¦móunt (*attr.*); ~ая ло́шадь rè¦móunt.

**ренега́т** *м.*, **~ка** *ж.* rénegàde. **~ство** *с.* desértion [-'zə:-]; (*отступничество*) apóstasy.

**Ренесса́нс** *м.* the Renáissance.

**ренкло́д** *м.* (*сорт слив*) gréengáge.

**реноме́** [-мэ] *с. нескл.* rèputátion.

**рено́нс** *м. карт.* revóke.

**ре́нта** *ж. эк.* rent; rente [rɑ:ŋt]; ежего́дная ~ annúity; земе́льная ~ gróund-rènt; натура́льная ~ rent in kind; госуда́рственная ~ góvernment secúrities ['gʌ-...] *pl.*

**рента́бельн||ость** *ж. эк.* prófitable¦ness. **~ый** *эк.* nón-defícient, páying; ~ое предприя́тие páying concérn.

**рентге́н** *м.* Róentgen, Röntgen ['rɔntjən].

**рентгениз||а́ция** *ж.* X-ráying ['eks-]. **~и́ровать** *несов. и сов.* (*вн.*) X-ráy ['eks-] (*d.*).

**рентге́новск||ий:** ~ кабине́т X-ráy room ['eks-...]; ~ институ́т X-ráy / Róentgen / Röntgen Ínstitùte [...'rɔntjən...]; **~ие** лучи́ X-ráys, Röntgen / Róentgen rays.

**рентгено||гра́мма** *ж.* X-ráy phóto¦gràph ['eks-...], rádio¦gràph, röntgénogràm [rɔnt'ge-], röntgénogràph [rɔnt'ge-]. ~**графи́ческий** ràdiо¦gráphic(al). ~**гра́фия** *ж.* ràdiógraphy, röntgenógraphy [rɔntgə-].

**рентгено́||лог** *м.* ràdiólogist, röntgenólogist [rɔntgə-]. ~**ло́гия** *ж.* röntgenólogy [rɔntgə-]; институ́т ~ло́гии Ínstitùte of röntgenólogy.

**рентгеноскопи́я** *ж.* röntgenóscopy [rɔntgə-].

**рентгенотерапи́я** *ж.* X-ráy thérapy ['eks-...], röntgenothérapy [rɔntgə-].

**Реомю́р** *м.* Réaumùr ['reɪə-]; 30° по ~у 30 degrées Réaumùr.

**реорганиз||ацио́нный** *прил. к* реорганиза́ция; ~ пери́од périod of réòrganìzátion [-naɪ-], réòrganìzátion périod. ~**а́ция** *ж.* réòrganìzátion [-naɪ-]. ~**ова́ть** *несов. и сов.* (*вн.*) réórganìze (*d.*).

**реоста́т** *м. эл.* rhéostàt.

**ре́п||а** *ж.* túrnip; ◇ дешёвле па́реной ~ы *погов.* ≅ dírt-chéap.

**репар||ацио́нный** rèparátion (*attr.*). ~**а́ция** *ж.* rèparátion.

**репатриа́нт** *м.*, ~**ка** *ж.* rè¦pátriate [-'pæ-].

**репатриа́ция** *ж.* rè¦pàtriátion [-pæ-].

**репатрии́ров||анный** 1. *прич. см.* репатрии́ровать; 2. *м. как сущ.* rè¦pátriate [-'pæ-]. ~**ать** *несов. и сов.* (*вн.*) rè¦pátriàte [-'pæ-] (*d.*).

**репе́йник** *м.* búrdòck.

**репе́р** *м.* 1. *геод.* bénch-màrk; 2. (*для стрельбы*) règistrátion mark; règistrátion point *амер.*

**репертуа́р** *м. театр.* répertoire [-twɑː], répertory. ~**ный** répertoire [-twɑː] (*attr.*).

**репети́ровать,** прорепети́ровать (*вн.*) 1. *театр.* rehéarse [-'həːs] (*d.*); 2. *тк. несов.* (*ученика*) coach (*d.*).

**репети́тор** *м.* coach.

**репетицио́нный** rehéarsal [-'həː-] (*attr.*).

**репети́ци||я** *ж.* 1. rehéarsal [-'həː-]; генера́льная ~ dress rehéarsal [...-'həːs-]; 2.: часы́ с ~ей repéater *sg.*

**ре́плик||а** *ж.* 1. *театр.* cue; подава́ть ~и give* the cue; 2. (*замечание*) remárk; (*возражение*) retórt, rejóinder.

**репо́лов** *м. зоол.* línnet.

**репорта́ж** *м.* repórting.

**репортёр** *м.* repórter.

**репресса́лии** *мн.* (*ед.* репресса́лия *ж.*) *полит.* reprísal [-z-] *sg.*

**репресси́вный** représsive.

**репресси́ровать** *несов. и сов.* (*вн.*) subjéct to représsion (*d.*).

**репре́ссия** *ж.* représsion.

**репроду́ктор** *м. рад.* lóud-spéaker.

**репроду́кция** *ж.* rè¦prodúction.

**репс** *м. текст.* rep(p), reps, córded matérial.

**репти́лия** *ж. зоол.* réptile.

**репута́ци||я** *ж.* rèputátion; по́льзоваться хоро́шей, дурно́й ~ей have a good*, bad* rèputátion / name; спасти́ свою́ ~ю save one's face; дорожи́ть свое́й ~ей hold* dear, *или* válue, one's rèputátion.

**ре́пчатый:** ~ лук ónions ['ʌ-] *pl.*

**рескри́пт** *м. уст.* réscript ['riː-].

**ресни́||ца** *ж.* éye¦làsh ['aɪ-]. ~**чки** *мн. биол.* cília. ~**чный** *биол.* cíliary.

**респекта́бельн||ость** *ж.* respèctabílity. ~**ый** respéctable.

**респира́тор** *м.* réspiràtor.

**респу́блика** *ж.* repúblic [-'pʌ-]; Сове́тская Социалисти́ческая ~ Sóvièt Sócialist Repúblic; сою́зная ~ únion repúblic; автоно́мная ~ autónomous repúblic; Наро́дная ~ People's Repúblic [piː-...].

**республика́н||ец** *м.*, ~**ка** *ж.* repúblican [-'pʌ-]. ~**ский** repúblican [-'pʌ-]. ~**ство** *с.* repúblicanism [-'pʌ-].

**рессо́р||а** *ж.* spring; на ~ах on springs. ~**ный** spring (*attr.*).

**реставр||а́тор** *м.* restórer. ~**а́ция** *ж.* rèstorátion. ~**и́ровать** *несов. и сов.* (*вн.*) restóre (*d.*).

**рестора́||н** *м.* réstaurant [-tərɔːŋ]. ~**тор** *м. уст.* rèstauratéur [restorɑː'təː], réstaurant-kéeper [-tərɔːŋ-].

**ресу́рс** *м.* resóurce [-ɔːs]; людски́е ~ы mánpower resóurces.

**рети́в||о** *нареч.* zéalous¦ly ['ze-], with zeal / árdour. ~**ость** *ж.* zeal, árdour. ~**ый** zéalous ['ze-], árdent.

**рети́на** *ж. анат.* rétina (*pl.* -nas, -nae).

**ретирова́ться** *несов. и сов.* retréat, retíre, with¦dráw*.

**рето́рта** *ж. хим.*, *тех.* retórt.

**ретрогра́д** *м.*, ~**ка** *ж. уст.* rè¦áctionary, rétrogràde pérson. ~**ный** *уст.* rétrogràde.

**ретроспекти́вный** rètrospéctive; ~ взгляд на что-л. rètrospéctive / báckward look at / on smth.

**ретуш||ёр** *м.* ré¦tóucher [-'tʌ-]. ~**и́рование** *с.* ré¦tóuching [-'tʌ-]. ~**и́ровать** *несов. и сов.* (*вн.*) ré¦tóuch [-'tʌʧ] (*d.*).

**ре́тушь** *ж.* ré¦tóuch [-'tʌʧ].

**рефера́т** *м.* páper, éssay.

**рефере́ндум** *м. полит.* rèferéndum.

**рефер||е́нт** *м.* réader, reviéwer [-'vjuːə]. ~**и́ровать** *несов. и сов.* (*вн.*) read* (*d.*), reviéw [-'vjuː] (*d.*).

**рефле́кс** *м.* réflèx; усло́вный ~ condítioned réflèx, безусло́вный ~ ún¦condítioned réflèx.

**рефле́ксия** *ж.* refléxion.

**рефлексо́||лог** *м.* rèflèxólogist [riː-]. ~**логи́ческий** rèflèxológical [riː-]. ~**ло́гия** *ж.* rèflèxólogy [riː-].

**рефлекти́вный** = рефлекто́рный.

**рефле́ктор** *м.* refléctor.

**рефлекто́рный** *физиол.* réflèx (*attr.*).

**рефо́рм||а** *ж.* refórm; де́нежная ~ cúrrency refórm; агра́рная ~ land refórm; производи́ть ~у (*рд.*) refórm (*d.*). ~**а́тор** *м.* refórmer. ~**а́торский** refórmatory, refórmative.

**реформа́ция** *ж. ист.* Rèformátion.

**реформи́зм** *м. полит.* refórmism.

**реформи́ровать** *несов. и сов.* (*вн.*) refórm (*d.*).

**реформи́ст** *м. полит.* refórmist. ~**ский** *полит.* refórmist (*attr.*).

**рефракто́метр** *м. физ.* rèfràctómeter [riː-].

**рефра́к||тор** *м. физ.*, *астр.* refráctor. ~**ция** *ж. физ.*, *астр.* refráction.

**рефре́н** *м. лит.* refráin, búrden.

**рефрижера́тор** *м. тех.* refrígeràtor.

**рехну́ться** *сов. разг.* go* / be off one's head [...hed], go* / be mad.

**реценз||е́нт** *м.* reviéwer [-'vjuːə]. ~**и́ровать,** прорецензи́ровать (*вн.*) críticìze (*d.*), reviéw [-'vjuː] (*d.*); ~и́ровать кни́гу reviéw *a* book; ~и́руемая кни́га the book únder review.

**реце́нзия** *ж.* review [-'vju:]; *театр.* nótice ['nou-].

**реце́пт** *м.* récipe [-pɪ]; (*докторский тж.*) prescríption.

**рецепти́вный** recéptive; ~ слова́рь recéptive vocábulary.

**рециди́в** *м.* relápse. **~и́зм** *м. юр.* recídivism. **~и́ст** *м.*, **~и́стка** *ж. юр.* recídivist.

**речев||о́й** vócal; speech (*attr.*); ~ аппара́т vócal órgans *pl.*, órgans of speech *pl.*; ~ы́е на́выки speech hábits.

**речи́стый** vóluble, tálkative.

**речитати́в** *м. муз.* rècitatíve [-i:v].

**ре́чка** *ж.* river ['rɪ-], rívulet.

**речни́к** *м.* river tránspòrt wórker ['rɪ-...].

**речн||о́й** river ['rɪ-] (*attr.*), flúvial, riverine; ~о́е судохо́дство river nàvigátion, riverine tráffic; ~ песо́к river sand; ~о́е сообще́ние flúvial commùnicátion; ◇ ~ трамва́й river bus.

**реч||ь** *ж.* **1.** (*способность*) speech; дар ~и gift / fáculty of speech [g-...], pówer of spéaking; **2.** (*характер произношения*) enùnciátion; отчётливая ~ distinct / clear enùnciátion; **3.** (*рассуждение, беседа*) dis¦cóurse [-'kɔ:s]; о чём ~? what are you tálking abóut?; what is the quéstion? [...-stʃən]; об э́том не́ было и ~и it was not éven méntioned, there was no quéstion of that; ~ идёт о том the quéstion is; об э́том не мо́жет быть и ~и it is out of the quéstion; заводи́ть ~ (о *пр.*) lead* the cònversátion (towards); ~ зашла́ (о *пр.*) the talk / cònversátion turned (to); **4.** (*выступление*) speech, orátion; (*обращение*) addréss; торже́ственная ~ orátion; засто́льная ~ dinner speech, áfter-dinner speech; приве́тственная ~ salútatory addréss, speech of wélcome; вступи́тельная ~ ópen¦ing addréss / speech; обличи́тельная ~ diatríbe; защити́тельная ~ speech for the defénce; **5.** *грам.* speech; пряма́я ~ diréct speech; ко́свенная ~ indiréct speech; oblíque orátion / nàrrátion / speech [-i:k...]; ча́сти ~и parts of speech.

**реш||а́ть,** реши́ть **1.** (+ *инф.*; *принимать решение*) decide (+ to *inf.*, on, for *ger.*), detérmine (+ to *inf.*, on *ger.*), resólve [-'zɔlv] (+ to *inf.*), make* up one's mind (+ to *inf.*); *сов. тж.* be detérmined (+ to *inf.*); он ~и́л е́хать he decided / detérmined, *или* made up his mind, to go; судья́ ~и́л де́ло в его́ по́льзу the judge decided the case in his fávour [...-s...]; зна́чит, ~ено́ that's settled then; **2.** (*вн.*; *о задаче, вопросе и т. п.*) solve (*d.*); э́то ~а́ет де́ло, вопро́с that settles the mátter, quéstion [...-stʃən]; ~ зада́чу work out *a* próblem [...'prɔ-]; *сов. тж.* solve *a* próblem; (*перен.*) work on *a* task; *сов. тж.* achieve / accómplish *a* task [-i:v...]; cope with *a* task; э́то не ~а́ет вопро́са it does not decide / settle the quéstion; ~ у́часть бо́я decide the óut¦come of the battle; ~и́ть судьбу́ (*рд.*) decide / seal the fate (of). **~а́ться,** реши́ться **1.** (на *вн.*, + *инф.*) make* up one's mind (+ to *inf.*), decide (+ to *inf.*, on, for *ger.*), detérmine (+ to *inf.*, on *ger.*), resólve [-'zɔlv] (+ to *inf.*), bring* òne¦sélf (+ to *inf.*); *тк. сов.* be detérmined (+ to *inf.*, that); (*осмелиться*) vénture (*d.*, + to *inf.*); не ~а́ться на что-л. not dare* (to) do smth.; **2.** *страд. к* реша́ть; ◇ ~а́лась судьба́ наро́да the fate of the cóuntry was at stake [...'kʌ-...].

**реша́ющ||ий 1.** *прич. см.* реша́ть; **2.** *прил.* decisive; ~ го́лос deciding / cásting vote; он име́ет, ему́ принадлежи́т ~ го́лос he has the deciding vote, the decision rests with him; ~ фа́ктор detérminant; ~ая побе́да decisive víctory; ~ уча́сток (*рд.*) key séctor [ki:...] (of); яви́ться ~им фа́ктором be a decisive fáctor; tip the bálance scale, turn the scale *идиом.*

**реше́ние** *с.* **1.** decision, detèrminátion; (*суда*) júdg(e¦)ment, decrée; (*присяжных*) vérdict; заочное ~ júdg(e¦)ment by defáult; принима́ть ~ decide, make* up one's mind, make* / take* *a* decision; выноси́ть ~ (*о суде*) delíver *a* júdg(e¦)ment [-'lɪ-...]; (*о собрании*) pass *a* rèsolútion [...-zə-]; отмени́ть ~ revóke *a* decision; (*о судебном решении*) revóke / quash *a* séntence; **2.** (*разрешение задачи, вопроса и т. п.*) solútion; (*ответ*) ánswer ['ɑ:nsə]; **3.** (*заключение*) con¦clúsion.

**решётк||а** *ж.* gráting, láttice; (*у камина*) fénder, fíre¦guàrd; (*ограды*) ráiling, grille; (*лёгкая деревянная*) tréllis; колоснико́вая ~ fíre-gràte; с желе́зной ~ой iron-bàrred ['aɪən-]; ◇ за ~у *разг.* (*в тюрьму*) into prison [...'prɪz-]; за ~ой *разг.* (*в тюрьме*) in prison, behínd bars.

**решето́** *с.* sieve [sɪv]; просе́ивать, протира́ть сквозь ~ (*вн.*) sift (*d.*); ◇ че́рпать во́ду ~м *погов.* ≅ draw* wáter in a sieve [...'wɔ:-...].

**решётчат||ый, реше́тчатый** láttice (*attr.*), lútticed; (*о лёгком деревянном сооружении*) tréllised; ~ая констру́кция láttice-wòrk; ~ая фе́рма *тех.* láttice truss; ~ая кость *анат.* éthmoid bone.

**реши́мост||ь** *ж.* rèsolútion [-zə-], résolùte¦ness [-zə-]; по́лный ~и firm, detérmined, (fúlly) resólved ['fulɪ -'zɔlvd].

**реши́тельн||о** *нареч.* **1.** (*смело, твёрдо*) résolùte¦ly [-zə-]; **2.** (*категорически*) decíded¦ly, pósitive¦ly [-z-]; он ~ отрица́л э́то he denied it pósitive¦ly / flát¦ly / emphátically; он ~ про́тив э́того he is vígorous¦ly oppósed to it; **3.** (*абсолютно*) ábsolùte¦ly; он ~ ничего́ не де́лает he does ábsolùte¦ly nothing; э́то ему́ ~ всё равно́ it is all / quite the same to him. **~ость** *ж.* rèsolútion [-zə-], résolùte¦ness [-zə-]. **~ый 1.** (*решающий*) decisive; ~ая борьба́ decisive struggle; ~ая побе́да swéeping víctory; предприня́ть ~ое наступле́ние launch an áll-out attáck / offénsive; **2.** (*категорический, резкий*) résolùte [-zə-], firm; áll-óut *разг.*; ~ые ме́ры drástic méasures [...'me-]; ~ый отпо́р résolùte rebúff; **3.** (*твёрдый*) firm; ~ая похо́дка firm step; ~ый тон decisive tone; ~ым о́бразом decisive¦ly; ~ый вид decided air; **4.** (*о характере человека*) résolùte, decided, detérmined; ~ый челове́к man* of decision.

**реши́ть(ся)** *сов. см.* реша́ть(ся).

**ре́шка** *ж. разг.* tail; орёл и́ли ~? heads or tails? [hedz...].

**реэваку||а́ция** *ж.* ré-evàcuátion. **~и́ровать** *несов. и сов.* (*вн.*) ré-evácuàte (*d.*).

**ре́ять 1.** (*парить*) soar, hóver ['hɔ-, 'hʌ-], sail; облака́ ре́ют в вышине́ clouds hóver high above; **2.** (*развеваться*) flútter.

**ржа** *ж. разг.* = ржáвчина.

**ржáв||еть,** поржáветь rust. **~ость** *ж.* rústiness. **~чина** *ж.* rust; изъéденный ~чиной éaten a:wáy with rust. **~ый** rústy.

**ржáние** *с.* neigh.

**ржáнка** *ж. зоол.* plóver ['plʌ-]; ~ глýпая dótterel.

**ржан||óй** rye (*attr.*); ~áя мукá rýe-flour; ~ хлеб rýe-bread [-ed].

**ржать 1.** neigh; **2.** *груб.* (*смеяться*) give* a néighing / coarse laugh [...lɑ:f].

**ри́га** *ж.* thréshing barn.

**ригор||и́зм** *м.* rígorism. **~исти́ческий** rìgoríst(ic).

**ридикю́ль** *м.* réticùle.

**ри́з||а** *ж. церк.* **1.** (*облачение священника*) chásuble [-z-]; **2.** (*на иконах*) riza ['ri:zə] (*metal mounting of an icon*). **~ница** *ж. церк.* sácristy, véstry.

**рикошéт** *м.* rícochèt [-ʃet], rebóund; ~ом (*прям. и перен.*) on / at the rebóund. **~и́ровать** rícochèt [-ʃet].

**ри́кша** *м.* ríckshа(w), jinrícksha.

**ри́м||лянин** *м.*, **~лянка** *ж.* Róman. **~ский** Róman; ~ский пáпа the Pope; ◇ ~ские ци́фры Róman númerals; ~ское прáво Róman law; ~ская свечá Róman candle.

**ринг** *м. спорт.* ring.

**ри́нуться** *сов.* rush, dash, dart, make* a run / rush.

**рис** *м.* rice; (*на корню, в шелухе*) páddy.

**риск** *м.* risk; с ~ом для жи́зни at the risk of one's life*; никакóго ~а quite safe; пойти́ на ~ run* risks, take* chánces; ◇ ~ — благорóдное дéло *погов.* ≅ nothing vénture, nothing have; на свой страх и ~ at one's own péril [...oun...], on one's own respònsibílity. **~нýть** *сов. см.* рисковáть.

**рискóванность** *ж.* rískiness.

**рискóванн||ый** rísky, vénture:some, spéculative; ~ое предприя́тие vénture; rísky búsiness [...'bɪzn-]; ~ая игрá rísky game, gamble.

**рисковáть,** рискнýть **1.** (*тв.*, + *инф.*) risk (*d.*); run* / take* the risk (of); ~ дéньгáми risk / stake *one's* móney [...'mʌ-]; ~ головóй risk one's neck; ~ жи́знью risk / impéril / stake one's life*; ничéм не ~ run* no risk; не хотéть ничéм ~ take* no risks / chánces; **2.** *тк. сов.* (+ *инф.*; *осмелиться, отважиться*) vénture (+ to *inf.*); **3.** (*без доп.*) run* risks, take* chânces; мы не мóжем ~ we can't take any chánces [...kɑ:nt...].

**рисовáль||ный** dráwing; ~ная бумáга dráwing-pàper. **~щик** *м.*, **~щица** *ж.* gráphic ártist.

**рисовáн||ие** *с.* dráwing; учи́ться ~ию stúdy dráwing ['stʌ-...].

**рисовáть,** нарисовáть (*вн.*) **1.** draw* (*d.*); (*перен.*: *представлять себе*) pícture (*d.*); ~ с натýры draw* / paint from náture / life [...'neɪ-...]; ~ карандашóм, перóм draw* with *a* péncil, *a* pen; ~ акварéлью paint in wáter-còlours [...'wɔ:təkʌ-]; **2.** (*описывать*) depíct (*d.*); ~ что-л. в я́рких, мрáчных крáсках paint smth. in bright, dark cólours [...'kʌ-]. **~ся 1.** (*виднеться*) be sìlhouétted [...-lu-]; (*перен.*: *представляться*): жизнь рисýется емý he píctures his life; **2.** *разг.* (*красоваться*) pose, show* off [ʃou...]; **3.** *страд. к* рисовáть.

**рисóвка** *ж. разг.* pósing, shówing off ['ʃou-...].

**ри́сов||ый** rice (*attr.*); ~ суп ríce-soup [-su:p]; ~ая кáша thin rice púdding [...'pu-].

**рисýн||ок** *м.* dráwing; (*в книге*) pícture; (*узор*) design [-'zaɪn], trácery ['treɪ-]; как покáзано на ~ке 1, 2 *и т. п.* as shown in fígure 1, 2, *etc.* [...ʃoun...]; ~ тáнца páttern of *a* dance.

**ритм** *м.* rhythm; чýвство ~а sense of rhythm.

**ри́тм||ика** *ж.* rhýthmic(s). **~и́ческий** rhýthmic(al). **~и́чность** *ж.* rhythm; доби́ться ~и́чности в рабóте achíeve a rhýthmical pace of work [-i:v...]. **~и́чный** rhýthmic(al); ~и́чная рабóта smooth fúnctioning [-ð...], rhýthmical work.

**ри́тор** *м. ист.* rhètorícian.

**ритóр||ика** *ж.* rhétoric. **~и́ческий** rhetórical; ~и́ческий вопрóс rhetórical quéstion [...-stʃən].

**риту||áл** *м.* rítual. **~áльный** rítual.

**риф** I *м.* (*подводная скала*) reef; корáлловый ~ córal reef ['kɔ-...].

**риф** II *м. мор.* reef; брать ~ы reef; отдавáть ~ы let* / shake* out the reefs.

**рифлён||ый** *тех.* chéquered, córrugàted; ~ое желéзо chéquered íron [...'aɪən], córrugàted íron.

**ри́фм||а** *ж.* rhyme; мужскáя ~ single / male / másculine rhyme; жéнская ~ double / fémàle / féminine rhyme [dʌbl 'fi:-...]; богáтая, бéдная ~ stróng, weak rhyme. **~óванный** *прич. и прил.* rhymed. **~овáть 1.** (*вн.*) rhyme (*d.*); **2.** (*вн.* с *тв.*) rhyme (*d.* to, with). **~овáться 1.** rhyme; **2.** *страд. к* рифмовáть.

**рифмоплёт** *м. разг.* rhýmer, rhýmester ['raɪmstə].

**рици́нов||ый:** ~ое мáсло *фарм.* cástor oil.

**РККА** *ж.* (Рабóче-Крестья́нская Крáсная Áрмия) *ист.* Wórkers' and Péasants' Red Ármy [...'pez-...].

**РКП(б)** *ж.* [Росси́йская Коммунисти́ческая пáртия (большевикóв)] *ист.* Rússian Cómmunist Párty (Bólsheviks) [-ʃən...].

**рóббер** *м. карт.* rúbber.

**робé||ть** be tímid; funk *разг.*; (пéред) quail (befóre, at); не ~й!, не ~йте! cóurage! ['kʌ-], don't be scared!

**рóбк||ий** shy, tímid; он не ~ого деся́тка he is no cóward / cráven.

**рóбость** *ж.* shýness, timídity.

**ров** *м.* ditch; крепостнóй ~ moat, fosse; противотáнковый ~ (ánti-)tànk ditch.

**ровéсни||к** *м.*, **~ца** *ж.*: они́ ~ки, ~цы they are of the same age; быть чьим-л. ~ком be of the same age.

**рóвн||о** *нареч.* **1.** (*одинаково*) équal:ly; **2.** (*точно*) sharp, exáctly; ~ дéсять рублéй ten roubles exáctly [...ru:-...]; ~ (в) два, три *и т. д.* часá sharp at two, three, *etc.*, o'clóck; (at) two, three, *etc.*, o'clóck sharp; on the stroke of two, three, *etc.*; **3.** *разг.* (*совершенно, совсем*) ábsolùte:ly; ~ ничегó не понимáть, не знать *и т. п.* ùnderstánd*, know*, *etc.*, ábsolùte:ly nothing [...nou...]; **4.** (*равномерно*) régularly, éven:ly; сéрдце би́лось ~ the heart beat régularly [...hɑ:t...]. **~ый 1.** (*гладкий*) flat, éven; ~ая дорóга éven / lével road

[...'le-...]; ~ая поверхность plane súrface; **2.** (*равномерный, уравновешенный*) éven, équal, équable; ~ый характер éven / équable / équal témper; ~ый климат équable climate [...'klaɪ-]; ~ый шаг éven step; ~ый голос smooth voice [-ð...]; ◇ ~ый счёт éven accóunt; для ~ого счёта to make it éven; ~ым счётом ничего just nothing; ~ый вес éven weight.

**ро́вн||я** *м. и ж.* équal; он тебе не ~ he is not your équal, he is no match for you.

**ровня́ть,** сровнять (*вн.*) éven (*d.*); **~ся** (по *дт.*) **1.** *воен.* dress, align [ə'laɪn]; ровняйсь! dress!; **2.:** ~ся по лучшим make* the híghest one's stándard; ~ся по передовикам производства try to come up to the lével of the fóre:mòst wórkers [...'le-...].

**рог** *м.* **1.** horn; (*олений*) ántler; **2.** (*музыкальный инструмент*) bugle, horn; (*охотничий*) húnting-hòrn, húnts:man's bugle; трубить в ~ blow* the horn [blou...]; ◇ наставить ~á (*дт.*) *разг.* cúckold (*d.*); ~ изобилия horn of plénty, còrnucópia; согнуть в бараний ~ (*вн.*) ≅ make* (*d.*) knuckle únder / down; брать быка за ~á go* straight to the heart of the mátter [...hɑːt...]; take* the bull by the horns [...bul...]. **~áстый** lárge-hórned.

**рогáт||ина** *ж.* bóar-spear. **~ка** *ж.* **1.** (*на дороге*) túrnpìke; *воен.* knife-rèst; chevál-de-frise [ʃə'vældə'friːz] (*pl.* chevaux-de-fríse [ʃə'vou-]); (*перен.: препятствие*) óbstacle; **2.** (*для стрельбы*) (boy's) cátapùlt; стрелять из ~ки cátapùlt.

**рогáтый** hórned; ~ скот (hórned) cattle; крупный ~ скот cattle, neat cattle; мелкий ~ скот small cattle; sheep and goats *pl.*

**рогáч** *ж.* **1.** (*олень*) stag; **2.** (*жук*) stág-beetle.

**рогови́ца** *ж. анат.* córnea [-nɪə].

**рогов||óй** hórny; córneous *научн.*; ~áя гребёнка horn comb [...koum]; ~ые очки hórn-rìmmed spéctacles; ◇ ~áя оболочка глаза córnea [-nɪə].

**рогóжа** *ж.* bast mat / mátting.

**рогонóсец** *м. разг.* cúckold.

**род** *м.* **1.** fámily, kin; это у них в ~ý this runs in their fámily; **2.** (*происхождение*) birth, órigin, stock; (*поколение*) gènerátion; он хорошего ~а he comes of good* stock; из ~а в ~ from gènerátion to gènerátion; **3.** *биол.* génus (*pl.* génera); **4.** (*сорт, вид*) sort, kind; всякого ~а of all kinds; all kind of: всякого ~а товары all kind of goods [...gudz]; ~ войск (fighting) arm, arm of the sérvice; **5.** *грам.* génder; ◇ в некотором ~е to some degrée / extént; в своём ~е in his, its, *etc.*, way; продолжать в том же ~е contínue in the same vein; что-то в этом ~е sóme:thing of this sort, sóme:thing to that efféct; ему восемь, девять *и т. д.* лет от ~у he is eight, nine, *etc.*, years old, *или* of age; ему на ~ý написано (+ *инф.*) it was preòrdáined that he should (+ *inf.*); he was preòrdáined (+ to *inf.*); без ~у, без племени without kith or kin; человеческий ~ mànkínd, húman kind / race.

**родáнист||ый** *хим.*: ~ая кислотá thìocỳánic / sùlphocỳánic ácid; ~ калий potássium sùlphocýanàte.

**рóдий** *м. хим.* rhódium.

**роди́льн||ица** *ж.* = роженица. **~ый:** ~ый дом matérnity home / hóspital, lýing-in home / hóspital; ~ая горячка pùérperal féver; ~ое отделение (*в больнице, родильном доме*) delívery room.

**роди́мчик** *м. разг.* convúlsions *pl.*

**роди́м||ый** *разг.* = родной 2, 3; ◇ ~ое пятно bírth-màrk, mole.

**рóдин||а** *ж.* nátive land, móther cóuntry ['mʌ- 'kʌ-]; home, hóme:lànd, móther:lànd ['mʌ-]; Социалистическая Рóдина Sócialist Móther:lànd; защита ~ы defénce of one's móther:lànd; тоска по ~е hóme-sìckness; nòstálgia *книжн.*; любовь к ~е love for one's nátive land, *или* móther cóuntry [lʌv...], love of cóuntry.

**рóдинка** *ж.* bírth-màrk, mole.

**роди́ны** *мн.* birth *sg.*, delívery *sg.*

**роди́те||ли** *мн.* párents. **~ль** *м.* fáther ['fɑː-]. **~льница** *ж.* móther ['mʌ-].

**роди́тельный:** ~ падéж *грам.* génitive / posséssive case [...-'zes- keɪs].

**роди́тельский** patérnal, paréntal, párents'; ~ комитет (*в школе*) párents' committee [...-tɪ].

**роди́ть** *несов. и сов.* (*вн.*) **1.** give* birth (to); (*перен.*) give* rise (to); **2.** (*о земле*) bear* [bɛə] (*d.*); (*ср. тж.* рождáть). **~ся** *несов. и сов.* **1.** be born; (*перен.*) come* into bé:ing, aríse*; **2.** (*произрастать*) thrive*; пшеница родилась хорошо there is a good* whéat-cròp this year; (*ср. тж.* рождáться); ◇ ~ся учёным, художником *и т. п.* be a born scíentist, ártist, *etc.*

**рóдич** *м.* = рóдственник.

**родни́к** *м.* spring (*water welling up from the earth*). **~óвый** spring (*attr.*); ~óвая вода spring wáter [...'wɔː-].

**родни́ть,** породнить, сроднить (*вн.*) **1.** *при сов.* сроднить bring* near / togéther [...-'ge-] (*d.*); **2.** *при сов.* породнить make* reláted (*d.*); **3.** *тк. несов.* (*сближать, делать сходным*) make* reláted / símilar (*d.*). **~ся,** породниться (с *тв.*) becóme* reláted (with).

**родничóк** I *м. уменьш. от* родни́к.

**родничóк** II *м. анат.* fòntanél(le).

**родн||óй** **1.** own [oun]; они ~ые братья, сёстры they are bróthers, sísters [...'brʌ-...]; это его ~ дядя, брат *и т. п.* it is his own uncle, bróther, *etc.*; **2.** (*отечественный*) nátive; ~áя страна, земля nátive land; ~ город nátive town; ~ дом nátive home; **3.** (*в обращении*) (my) dear, (my) dárling; **4.** *мн. как сущ.* (*родственники*) rélatives, relátions, kínsfòlk[-z-]; мои ~ые my people [...piː-]; ◇ ~ язык móther tongue ['mʌ- tʌŋ]; vernácular *научн.*

**родня́** *ж. тк. ед.* **1.** *собир.* rélatives *pl.*, relátions *pl.*, kínsfòlk [-z-] *pl.*; близкая ~ near relátions; дальняя ~ dístant rélatives / relátions, remóte kínsfòlk; **2.** (*родственник*) rélative, relátion; он мне ~ he is my rélative / relátion, he is a rélative of mine.

**родови́т||ость** *ж.* blood [blʌd]; high / good birth. **~ый** wéll-bórn, hígh-bòrn, of blood [...blʌd].

**родов||óй** I **1.** (*наследственный*) àncéstral, pàtrimónial; ~óе имение, имущество *и т. п.* pátrimony; ~áя месть fámily feud; **2.** *этн.* tríbal; ~ строй tríbal sýstem; **3.** *биол.* genéric; ~ые и видовые названия растений genéric and specific names of plants [...-ɑːnts]; **4.** *грам.* génder (*attr.*); ~ы́е оконча́ния génder infléxions.

**родов||о́й** II *мед.*: ~ы́е поту́ги lábour of child‧birth *sg.*, birth throes.

**рододе́ндрон** *м.* [-дэ́-] *бот.* rhòdodéndron [rou-].

**ро́дом** *нареч.* by órigin, by birth; он ~ францу́з, не́мец *и т. п.* he is a Frénch‧man*, a Gérman, *etc.*, by órigin / birth; он ~ из Москвы́, Ленингра́да *и т. п.* he was born in Móscow, Léningràd, *etc.*

**родонача́льник** *м.* áncestor, fóre‧fàther [-fɑː-]; (*перен.*) fáther ['fɑː-].

**родосло́вн||ая** *ж. скл. как прил.* gèneálogy [-nɪ'æ-], pédigree. **~ый** gèneológical [-nɪə-]; ~ое де́рево gèneológical tree, fámily tree; ~ая кни́га fámily régister; (*лошадей, породистого скота*) stúd-book.

**ро́дственн||ик** *м.*,**~ица** *ж.* relátion, rélative; *м. тж.* kins‧man* [-z-]; *ж. тж.* kins‧wòman* [-zwu-]; *мн.* kindred *sg.*, kinsfòlk [-z-]; бли́зкий ~ near relátion; да́льний ~ dístant relátion; ближа́йшие ~ики the next of kin.

**ро́дственн||ость** *ж.* **1.** (*сходство*) líke‧ness; **2.** (*об отношениях*) héartiness ['hɑː-]. **~ый** **1.** (*основанный на родстве*) kíndred, relàted; cóngener [-ndʒ-], còngenéric [-ndʒ-] *книжн.*; ~ые свя́зи ties of relátionship / blood [...-ʌd]; **2.** (*близкий по происхождению или содержанию*) kíndred, allíed; ~ые наро́ды kíndred nátions; ~ые языки́ cógnàte lánguages; ~ые нау́ки allíed / kíndred / reláted scíences; **3.** (*свойственный родственникам*) famíliar, íntimate.

**родств||о́** *с.* relátionship, kíndred, kínship; (*перен.*) allíance; propínquity; кро́вное ~ blood relátionship [-ʌd...], cònsànguínity; быть в ~е́ (с *тв.*) be reláted (to); свя́занный у́зами ~а́ (с *тв.*) reláted in kínship (with).

**ро́ды** *мн.* child‧birth *sg.*, lýing-in *sg.*, child‧bèd *sg.*, delívery *sg.*, accóuchement [ə'kuːʃmɑːŋ] *sg.*; лёгкие ~ éasy birth / delívery ['iːzɪ...] *sg.*; преждевре́менные ~ prèmatúre birth *sg.*; у неё бы́ли тру́дные ~ it was a dífficult birth / delívery; she had a very bad time *разг.*

**рое́ние** *с.* (*о пчёлах*) swárming.

**ро́ж||а** I *ж. разг.* úgly mug ['ʌ-...]; стро́ить ~и (*дт.*) make* fáces (at).

**ро́жа** II *ж. мед.* èrysípelas.

**рожа́ть** (*вн.*) *разг.* give* birth (to), bear* [bɛə] (*d.*).

**рожд||а́емость** *ж.* bírth-ràte. **~а́ть,** роди́ть (*вн.*) give* birth (to); (*перен.*) give* rise (to); она́ родила́ сы́на, дочь she gave birth to a son, a dáughter [...sʌn...]; роди́ть кому́-л. сы́на, дочь bear* smb. a son, a dáughter [bɛə...], presént smb. with a son, a dáughter [-'zent...]; ◇ жела́ние роди́т мысль the wish is fáther to the thought [...'fɑː-...]; в чём мать родила́ *разг.* as náked as his, her móther bore him, her [...'mʌ-...]. **~а́ться,** роди́ться **1.** be born; роди́ться слепы́м, глухи́м *и т. п.* be born blind, deaf, *etc.* [...def]; у него́ роди́лся сын, родила́сь дочь a son, a dáughter has been born to him [...sʌn...], his wife has presénted him with a son, a dáughter [...-'ze-...]; **2.** (*появляться, возникать — о мысли*) occúr, come*; (*о подозрении, сомнении и т. п.*) aríse*; spring* up; **3.** (*вырастать, произрастать*) thrive*, flóurish ['flʌ-]; овёс и пшени́ца родили́сь хорошо́ в э́том году́ oats and wheat are thríving this year. **~е́ние** *с.* **1.** (*прям. и перен.*) birth; (*роды*) delívery; день ~е́ния bírthday; ме́сто ~е́ния bírth-plàce; слепо́й, глухо́й *и т. п.* от ~е́ния born blind, deaf, *etc.* [...def]; стати́стика ~е́ний birth statístics; **2.** (*день рождения*) bírthday.

**рожде́ственск||ий** *рел.* Chrístmas [-sm-] (*attr.*); ~ сочéльник Chrístmas Eve; ~ая ёлка Chrístmas-tree [-sm-]; ~ие кани́кулы Chrístmas hólidays [...-dɪz]; ◇ ~ дед Sánta Claus [...-z], Fáther Chrístmas ['fɑː-...].

**рождество́** *с. рел.* Chrístmas [-sm-], *сокр.* Xmas ['krɪsməs].

**роже́ни́ца** *ж.* (*рожающая*) wóman* in child‧bìrth ['wu-...]; (*родившая*) wóman* récent‧ly confíned.

**ро́жист||ый** *мед.* èrysipélatous; ~ое воспале́ние èrysípelas.

**рож||о́к** *м.* **1.** small horn, hórnlet; **2.** (*музыкальный инструмент*) horn, clárion ['klæ-]; *воен.* bugle; францу́зский ~ French horn; **3.** (*для кормления*) féeding-bòttle; корми́ть с ~ка́ (*вн.*) bring* up on the bóttle (*d.*), bring* up by hand (*d.*); **4.** (*для надевания обуви*) shóe-hòrn ['ʃuː-]; **5.:** га́зовый ~ gás-bùrner, gás-bràcket; **6.:** слухово́й ~ éar-trùmpet.

**рожо́н** *м.*: лезть на ~ *разг.* ≅ ask for trouble [...trʌbl], kick agáinst the pricks.

**рожь** *ж.* rye; ози́мая, ярова́я ~ winter, spring rye.

**ро́з||а** *ж.* **1.** (*цветок*) rose; ча́йная ~ téa-ròse; нет ~ы без шипо́в *погов.* no rose without a thorn; **2.** (*куст*) róse(-tree), róse-bùsh [-buʃ]; **3.** *арх.* rósàce ['rouzeɪs], rose wíndow. **~а́н** *м. разг.* = ро́за 1, 2.

**роза́рий** *м.* ròsárium [rou'z-], rósary ['rouz-].

**ро́звальни** *мн.* rózvalni (*low wide sledge*).

**ро́зг||а** *ж.* birch (rod); нака́зывать ~ами (*вн.*) birch (*d.*).

**розе́тка** *ж.* rosétte [-'zet].

**розмари́н** *м.* róse‧mary.

**ро́зни||ца** *ж.* ré‧tail; в ~цу by ré‧tail; о́птом и в ~цу whóle‧sàle and ré‧tail ['houl-...]. **~чный** ré‧tail (*attr.*); ~чный магази́н ré‧tail shop; ré‧tail store *амер.*; ~чная торго́вля ré‧tail trade; ~чный торго́вец rè‧táiler, ré‧tail-dealer; ~чные това́ры ré‧tail goods [...gudz]; ~чная цена́ ré‧tail price.

**ро́зно** *нареч.* (*врозь*) apárt, séparate‧ly.

**рознь** *ж.* dífference; ◇ се́ять ~ (ме́жду) sow* (seeds of) díscòrd / disséntion [sou...] (betwéen, amóng); челове́к челове́ку ~ ≅ there are no two péople alíke [...piː-...], péople díffer.

**розова́то-бе́лый** pínky-whíte.

**розова́тый** pínkish, whíty-pìnk.

**розове́ть,** порозове́ть **1.** (*становиться розовым*) turn pink; **2.** *тк. несов.* (*виднеться*) show* pink [ʃou...].

**розовощёкий** pínk-chéeked, rósy-chéeked [-zɪ-].

**ро́зов||ый** **1.** (*о цвете*) pink, róse-còlour‧ed [-kʌ-]; rósy [-zɪ]; ви́деть всё в ~ом цве́те see* through róse-còlour‧ed spéctacles; **2.** *прил. к* ро́за; ~ куст róse-bùsh [-buʃ]; ~ое ма́сло áttar (of róses); ◇ ~ое дéрево róse¦wood [-wud].

**розоцвéтные** *мн. скл. как прил. бот.* Rosáceae [-'zeɪsɪi:].

**рóзыгрыш** *м.* **1.** (*лотереи, займа*) dráwing; **2.** *спорт.* (*ничья*) draw, drawn game; **3.** *спорт.*: ~ кýбка cup tóurnament [...'tuən-].

**рóзыск** *м.* search [sə:tʃ]; Уголóвный ~ Críminal Invèstigátion Depártment.

**роúться** swarm; (*перен.*; *о мыслях*) crowd.

**рой** *м.* swarm.

**рок** *м.* fate; злой ~ ill fate.

**рокир||овáть(ся)** *несов. и сов. шахм.* castle. **~óвка** *ж. шахм.* cástling.

**роковóй** fátal.

**рококó** *с. нескл. арх., иск.* rocócò.

**рóкот** *м.* roar, low rumble [lou...], múrmur; ~ волн roar of the waves. **~áть** roar; múrmur.

**рóлик** *м. тех.* **1.** (*колёсико*) róller; **2.** (*для проводов*) (pórcelain) cleat [-slɪn...]; **3.** *мн.*: конькú на ~ах róller skates.

**рол||ь** *ж.* role; *театр. тж.* part; (*текст роли*) lines *pl.*; ~ без слов wálking-ón part; игрáть ~ Гáмлета play / act Hámlet [...'hæ-], take* the part of Hámlet; игрáть ~ хозяйки, совéтчика *и т. п.* play hóstess, advíser, *etc.* [...'hou-...]; игрáть глáвную ~ play the léading part; (*перен.*) play first fiddle; распределять ~и cast* roles / parts; ◇ это сыгрáло своюˊ ~ it has played its part; игрáть глýпую ~ act a silly part; это не игрáет ~и it is of no impórtance, it does not sígnifỳ.

**ром** *м.* rum.

**ромáн** *м.* **1.** nóvel ['nɔ-]; (*героический*) románce; бытовóй ~ nóvel of évery¦dáy life; **2.** *разг.* (*любовные отношения*) love affáir [lʌv...]; (*любовная история*) románce.

**романиз||áция** *ж. ист.* Ròmanizátion [roumənaɪ-]. **~úровать** *несов. и сов.* (*вн.*) Rómanize ['rou-] (*d.*). **~úроваться** *несов. и сов.* become* / get* Rómanized [...'rou-].

**романúст** I *м.* (*автор*) nóvelist.

**романúст** II *м.* (*филолог*) Rómanist, spécialist in Románce philólogy ['spe-...], Románce philólog¦ist.

**романúстика** *ж.* Románce philólogy.

**романúческ||ий** romántic; ~ое приключéние romántic advénture.

**ромáнс** *м.* song, románce.

**ромáнск||ий** Románce, Románic; ~ие языкú Románce / Románic lánguages; ~ая филолóгия Románce philólogy; ~ стиль *арх.* Ròmanésque [rou-].

**романтúзм** *м.* románticism.

**ромáн||тик** *м.* romántic, románticist. **~тика** *ж.* románce. **~тúческий** romántic. **~тúчность** *ж.* románticism, romántic quálity. **~тúчный** = романтúческий.

**ромáшк||а** *ж.* cámomile; (*крупная полевая*) óx-eye dáisy [-aɪ -zɪ]. **~овый** cámomile (*attr.*).

**ромб** *м.* rhómb(us) (*pl.* -bes), díamond; в вúде ~а díamond-shàped. **~úческий** rhómbic.

**ромбовúдный** díamond-shàped.

**ромбóид** *м. мат.* rhómboid. **~áльный** *мат.* rhòmbóidal.

**рóмозый** *прил. к* ром.

**рóндо** *с. нескл. муз.* róndò.

**рондó** *с. нескл.* **1.** *лит.* róndeau ['rɔndou] róndel; **2.**: перó ~ J-pèn ['dʒeɪ-], soft nib.

**роня||ть,** уронúть (*вн.*) **1.** drop (*d.*), let* fall (*d.*); **2.** *тк. несов.* (*о листьях*) shed* (*d.*); (*об оперении*) moult [mou-] (*d.*); **3.** (*дискредитировать*) ínjure (*d.*); это ~ет егó в общéственном мнéнии it ínjures him in the eyes of the públic [...aɪz... 'pʌ-].

**рóпот** *м.* (*в разн. знач.*) múrmur, grumble.

**роптáть** múrmur, grumble; (на *вн.*) grumble (at, abóut).

**рос||á** *ж.* dew; ýтренняя ~ éarly-dew ['ə:-]; вечéрняя ~ níght-dew; появляется ~ the dew is fálling; тóчка ~ы́ *метеор.* déw-point. **~úнка** *ж.* déw-dròp; ◇ у негó мáковой ~úнки во рту нé было *разг.* ≅ he has not had a mórsel of food. **~úстый** déw¦y.

**роскóш||ествовать, ~ничать** lùxúriàte; live on the fat of the land [lɪv...] *идиом.* **~но** *нареч.* lùxúrious¦ly, súmptuous¦ly; жить ~но live lùxúrious¦ly / súmptuous¦ly [lɪv...]; live like a lord *идиом.* **~ный** lùxúrious, súmptuous; (*о растительности*) lùxúriant; (*великолепный*) spléndid.

**рóскошь** *ж.* lúxury [-kʃə-]; (*великолепие*) spléndour.

**рóслый** tall, stálwart ['stɔ:-], strápping.

**рóсный:** ~ лáдан bénzòin [-zou-], bénjamin.

**росомáха** *ж. зоол.* glútton; (*американская*) wólverène ['wul-].

**рóспись** *ж.* páinting; ~ стен wáll-painting(s) (*pl.*); múral(s) (*pl.*).

**рóспуск** *м.* (*учащихся*) bréaking up [-eɪk-...]; (*слушателей, собрания и т. п.*) dismíssal; (*общества, парламента*) dissolútion; *воен.* (*расформирование*) dìsbándment.

**россúйский** Rússian [-ʃən].

**рóссказни** *мн. разг.* old wives' tale *sg.*, cóck-and-búll stóry [-'bul...] *sg.*, yarn *sg.*; это всё ~ it is an old wives' tale.

**россомáха** *ж.* = росомáха.

**рóссыпь** *ж. горн.* depósit [-zɪt], mine, field [fi:-]; золотáя ~ góld-mine, góld-field [-fi:-]; алмáзная ~ díamond-field [-fi:-].

**рост** I *м.* growth [-ouθ]; (*перен. тж.*) ín¦crease [-s], rise, devélopment, úpgrowth [-ouθ]; культýрный ~ cúltural advánce; ~ посевнóй плóщади expánsion of área únder crops [...'ɛərɪə...]; ~ благосостояния нарóда в СССР rise in the líving-stándards of the Sóvièt people [...'lɪv-... pi:-]; ~ поголóвья скотá ín¦crease of líve-stòck; ~ тяжёлой индýстрии growth / devélopment of héavy índustry [...'he-...]; ~ произвóдства expánsion of prodúction, rise in prodúction; ◇ болéзнь ~а grówing pains ['grou-...] *pl.*; давáть дéньги в ~ *уст.* lend* móney on ínterest [...'mʌ-...]; на ~ (*о платье и т. п.*) to allów for growth.

**рост** II *м.* (*вышина*) height [haɪt], státure; быть ~ом с когó-л. be of smb.'s height; высóкого ~а tall, of large státure; мáлого, нúзкого ~а short, of small státure; по ~у accórding to height; в ~ человéка as tall as a man, of man's height; встать во весь ~ stand* úp¦right; растянýться во весь ~ (*упасть*) go* spráwling; méasure one's length ['me-...] *идиом.*; портрéт во весь ~ fúll-léngth pórtrait [...-rɪt]; перéд нúми во весь ~ встáла проблéма the próblem faced them in all its mágnitùde [...'prɔ-...]; ~ом 175 сантимéтров 175 céntimètres in height; он

~ом не вышел *разг.* he is ány¦thing but tall, he is no giant.

**ро́стбиф** *м. кул.* roast beef.

**ростовщи́||к** *м.* úsurer ['ju:ʒ-]; móney-lènder ['mʌ-]. **~ческий** ùsúrious [ju:'z-]. **~чество** *с.* úsury ['ju:ʒ-].

**рост||о́к** *м.* sprout, shoot (*тж. перен.*); пуска́ть ~ки́ sprout, shoot*.

**ростра́льн||ый** róstral; ~ая коло́нна róstral cólumn.

**ро́стры** *мн. мор.* booms.

**ро́счерк** *м.* flóurish ['flʌ-]; ◊ одни́м ~ом пера́ with a stroke of the pen.

**росянка** *ж. бот.* súndew.

**рот** *м.* (*тж. перен.*: *едок*) mouth*; по́лость рта óral cávity; дыша́ть ртом breathe through the mouth; говори́ть с наби́тым ртом talk with one's mouth full; у него́ шесть ртов в семье́ *разг.* he has six mouths to feed in his fámily; ◊ рази́нув ~ *разг.* agápe, ópen-móuthed; оста́ться с рази́нутым ртом (*от удивления*) stand* agápe; зажа́ть кому́-л. ~ *разг.* stop smb.'s mouth; не брать в ~ (*рд.*) not touch [...tʌʧ] (*d.*): он вина́ в ~ не берёт he never tóuches wine; — не открыва́ть рта never ópen one's lips / mouth; хлопо́т по́лон ~ *разг.* ≅ have one's hands full; зева́ть во весь ~ give* long yawns, yawn one's head off [...hed...].

**ро́та** *ж. воен.* cómpany ['kʌ-]; ~ свя́зи sígnal cómpany; commùnicátions cómpany *амер.*; миномётная ~ mórtar cómpany; сапёрная ~ field (ènginéer) cómpany [fi:- endʒ-...]; стрелко́вая ~ rifle cómpany; штабна́я ~ héadquárter(s) cómpany ['hed-...].

**рота́тор** *м. тех.* rotátor; *полигр.* rótary press ['rou-...].

**ротацио́нн||ый:** ~ая маши́на *полигр.* rótary press ['rou-...].

**рота́ция** *ж. полигр.* rótary press ['rou-...].

**ро́тмистр** *м. воен. ист.* cáptain (of cávalry).

**ро́тный** *воен.* **1.** *прил.* cómpany ['kʌ-] (*attr.*); **2.** *м. как сущ.* cómpany commánder [...-ɑ:n-].

**ротозе́й** *м. разг.* gawk, gúllible pérson. **~ничать** *разг.* gape (abóut), loaf. **~ство** *с.* thóughtlessness, gùllibílity.

**рото́нда** *ж.* **1.** *арх.* rotúnda; **2.** (*одежда*) (lády's) cloak.

**ротоно́гие** *мн. скл. как прил. зоол.* stòmatópoda [stou-].

**ро́тор** *м. тех.* rótor.

**ро́хля** *м. и ж. разг.* dawdle, dáwdler.

**ро́ща** *ж.* grove.

**роял||и́зм** *м. полит.* róyalism. **~и́ст** *м. полит.* róyalist. **~и́стский** *полит.* róyalist, royalístic.

**роя́л||ь** *м.* piánò ['pjæ-], grand piánò; (*концертный*) cóncert grand; игра́ть на ~е play the piánò; у ~я at the piánò.

**рту́тн||ый** mèrcúrial; ~ое лече́ние *мед.* mèrcùrializátion, tréatment with mércury; ~ое отравле́ние *мед.* mèrcúrialism, mércury póisoning [...-z-]; ~ая мазь *фарм.* mèrcúrial óintment; ~ баро́метр cómmon / mèrcúrial barómeter; ~ столб mércury (cólumn).

**ртуть** *ж.* mércury, quícksilver.

**руба́ка** *м. разг.* fine swórds¦man* [...'sɔ:-].

**руба́нок** *м. тех* plane.

**руба́ха** *ж.* shirt.

**руба́ха-па́рень** *м. разг.* plain / straightfórward féllow.

**руба́шк||а** *ж.* **1.** (*мужская*) shirt; (*женская*) chemíse [ʃɪ'mi:z]; ночна́я ~ (*мужская*) night-shirt; (*женская, детская*) night-gown, night-drèss; ни́жняя ~ úndershirt; в бе́лой ~е in *a* white shirt; **2.** *тех.* jácket; **3.** *карт.* back; ◊ своя́ ~ бли́же к те́лу *посл.* ≅ self comes first, chárity begins at home; роди́ться в ~е ≅ be born with a sílver spoon in one's mouth.

**рубе́ж** *м.* **1.** bóundary, bórder(-line); за ~о́м (*за границей*) abróad [-ɔ:d]; **2.** *воен.* line; ~ ата́ки assáult position [...-'zɪ-]; оборони́тельный ~ defénsive line.

**рубе́ц** I *м.* **1.** (*шов*) hem, seam; **2.** (*шрам*) scar, cícatrice; (*от удара кнутом*) weal, wale.

**рубе́ц** II *м.* **1.** *анат.* paunch; **2.** *кул.* tripe; chítterlings *pl.*

**руби́дий** *м. хим.* rubídium.

**Рубико́н** *м.*: перейти́ ~ cross / pass the Rúbicon.

**руби́льник** *м. эл.* knífe-switch.

**руби́н** *м. мин.* rúby. **~овый 1.** rúby (*attr.*); **2.** (*о цвете*) rúby(-còlour¦ed) [-kʌ-].

**руби́ть** (*вн.*) **1.** (*о деревьях*) fell (*d.*); **2.** (*о дровах*) hew (*d.*), hack (*d.*), chop (*d.*); **3.** (*о капусте, мясе и т. п.*) mince (*d.*), chop (up) (*d.*); **4.** (*саблей*) cut* (*d.*), sabre (*d.*), slash (*d.*); ◊ лес ру́бят — ще́пки летя́т *посл.* ≅ you cánnòt make an ómelette without bréaking eggs [...'ɔmlɪt...-eɪk-...]. **~ся** fight* with swords / sabres [...sɔ:dz...].

**ру́бище** *с. тк. ед.* rags *pl.*, tátters *pl.*; в ~ in (rags and) tátters.

**ру́бка** I *ж.* **1.** (*деревьев*) félling; **2.** (*дров*) héwing, chópping; **3.** (*мяса, капусты и т. п.*) míncing, chópping.

**ру́бка** II *ж. мор.* déck¦house* [-s], déck-cábin; рулева́я ~ whéel-house* [-s]; боева́я ~ cónning-tower; шту́рманская ~ chart house* [...-s].

**рублёв||ка** *ж. разг.* óne-rouble note [-ru:-...]. **~ый** óne-rouble [-ru:-] (*attr.*).

**-рублёвый** (*в сложн. словах, не приведённых особо*) of... roubles [...ru:-]; -rouble [-ru:-] (*attr.*); *напр.* двадцатирублёвый of twénty roubles, twénty-rouble (*attr.*).

**ру́блен||ый** **1.** minced, chopped; ~ое мя́со hash / minced meat; ~ые котле́ты ríssòles ['ri:-]; **2.** (*бревенчатый*) log (*attr.*).

**рубл||ь** *м.* rouble [ru:-]; цена́ пять ~е́й the price is five roubles; золото́й ~ gold rouble; ◊ копе́йка ~ бережёт *посл.* ≅ take care of the pence and the pounds will take care of thèm¦sélves.

**ру́брик||а** *ж.* **1.** (*заголовок*) rúbric, héading ['he-]; под ~ой únder the héading; **2.** (*графа*) cólumn.

**рубцева́ться** (*о ране*) cícatrize.

**ру́бчатый** (*о материи*) ribbed.

**ру́бчик** *м.* **1.** *уменьш. от* рубе́ц I; **2.** (*на материи*) rib.

**ру́гань** *ж.* abúse [-s], bad lánguage, swéaring ['swɛə-].

**руга́тель||ный** abúsive. **~ски** *нареч.*: ~ски руга́ть (*вн.*) *разг.* scold víolently (*d.*). **~ство** *с.* curse, oath*, swéar-wòrd ['swɛə-].

**руга́ть,** вы́ругать (*вн.*) scold (*d.*), rail (at), abúse (*d.*); (*порицать, критиковать*) críticize (*d.*). **~ся,** вы́ругаться **1.** swear* [swɛə], curse, use bad lánguage, call names; ~ся как извóзчик ≅ swear* like a tróoper; 2. *тк. несов.* (*между собой*) abúse each other, *или* one another, swear* at each other; они́ постоя́нно ругáются they are álways abúsing each other [...'ɔːlwəz...].

**ругнýться** *сов.* swear* [swɛə].

**руд||á** *ж.* ore; серéбряная, золотáя, магни́тная, мáрганцевая, мéдная ~ sílver, gold, màgnétic, mànganése, cópper ore; желéзная ~ íron-ore ['aɪən-], íron-stòne ['aɪən-]; обогащáть ~ý dress ore; промывáть ~ý jig ore.

**рудимéнт** *м.* rúdiment. **~áрный** rùdiméntary.

**рудни́||к** *м.* mine, pit. **~кóвый, ~чный** mine (*attr.*); ~чный газ fíre-dàmp; ~чная стóйка pit prop.

**рýдн||ый** ore (*attr.*); ~ое месторождéние ore depósit [...-zɪt]; ~ая жи́ла lode; ~ бассéйн míning básin [...'beɪsᵒn].

**рудокóп** *м.* míner.

**рудонóсный** óre-bearing [-bɛə-].

**рудоподъёмник** *м.* ore lift.

**ружéйн||ый** gun (*attr.*), rifle (*attr.*); ~ мáстер gúnsmith, ármour¦er; ~ вы́стрел rífle-shòt; ~ая гранáта rífle-grenáde.

**ружь||ё** *с.* gun, hánd-gùn; дробовóе ~ shót-gùn; охóтничье ~ fówling-piece [-piːs]; spórting gun; двуствóльное ~ dóuble-bàrrelled gun / piece ['dʌbl-...piːs]; противотáнковое ~ ánti-tànk rifle; стрелять из ~я́ fire *a* gun; ◇ под ~ём únder arms; в ~! to arms!

**руи́на** *ж. чаще мн.* rúin.

**рук||á** *ж.* 1. (*кисть*) hand; (*от кисти до плеча*) arm; умéлые рýки skilful hands; брать нá руки (*вн.*) take* in one's arms (*d.*); держáть на ~áх (*вн.*) hold* in one's arms (*d.*); носи́ть на ~áх (*вн.*) cárry in one's arms (*d.*); (*перен.*) make* much (of), make* a fuss (óver); брать когó-л. пóд руку take* smb.'s arm; идти́ пóд руку с кем-л. walk árm-in-árm with smb., walk with smb. on one's arm; брáться зá руки join hands, take* each other's hand, link (hands); вести́ зá руку (*вн.*) lead* by the hand (*d.*); из рук в рýки from hand to hand; махáть ~óй wave one's hand; переписывать от ~и́ (*вн.*) cópy by hand ['kɔ-...] (*d.*); подавáть рýку (*дт.*) hold* out one's hand (to); (*тж. даме*) óffer one's hand (to); пожимáть рýку (*дт.*), здорóваться зá руку (с *тв.*) shake* hands (with); протя́гивать рýку (*дт.*) stretch out, *или* extend, one's hand (to); ~ óб руку hand in hand (*тж. перен.*); рýки вверх! hands up!; трóгать ~áми (*вн.*) touch [tʌʧ] (*d.*); ~áми не трóгать! please do not touch!; 2. (*почерк*) hand; э́то не егó ~ it is not his wríting; ◇ взять в свои́ рýки (что-л.) take* in hand (*d.*), take* into one's own hands [...oun...] (*d.*); (когó-л.) keep* a thóroughly strict hand óver smb. [...'θʌrə-...]; брать себя́ в рýки pull òne¦sélf together [pul...-'ge-], contról òne¦sélf [-oul...]; попáсться в рýки комý-л. fall* into smb.'s hands; прибрáть к ~áм (когó-л.) take* smb. in hand; (что-л.) appròpriàte smth.; быть без чегó-л. как без рук feel* hélpless without smth.; держáть в свои́х ~áх (*вн.*) have in one's hands (*d.*), have únder one's thumb (*d.*); быть в чьи́х-л. ~áх be in smb.'s hands; быть в хорóших ~áх be in good hands; быть прáвой ~óй когó-л. be smb.'s right hand; быть свя́занным по ~áм и ногáм be bound hand and foot [...fut]; в сóбственные рýки (*надпись на конверте и т. п.*) pérsonal; вали́ться из рук: у негó всё из рук вáлится (*от неловкости*) he is very áwkward / clúmsy [...-zɪ]; his fíngers are all thumbs *идиом.*; (*от бессилия, нежелания что-л. сделать*) he has not the heart to do ány¦thing [...hɑːt...]; греть, нагрéть рýки ≅ line one's coat; выдавáть нá руки (*вн.*) hand out (*d.*); давáть вóлю ~áм *разг.* bring* one's fists into play; давáть рýку на отсечéние swear* [swɛə]; из пéрвых, вторы́х рук at first, sécond hand [...'se-...]; знать что-л. из вéрных рук know* smth. from good* authórity [nou...]; игрáть в четы́ре ~и́ (с *тв.*) play duéts (with); из рук вон плóхо *разг.* thóroughly bad; имéть на ~áх (*вн.*; *на попечении*) have on one's hands (*d.*); имéть золоты́е рýки be máster of one's craft, have a cléver pair of hands [...'kle-...]; как ~óй сня́ло it vánished as if by mágic; емý и кни́ги в рýки *разг.* ≅ he knows best [...nouz...]; ломáть рýки wring* one's hands; мáстер на все рýки Jack of all trades; махнýть ~óй (на *вн.*) give* up as lost / hópe¦less (*d.*); give* up as a bad job (*d.*) *разг.*; наби́ть рýку (на *пр.*) become* a práctised hand [...-st...] (at); наложи́ть на себя́ рýки lay* hands on òne¦sélf, kill òne¦sélf; э́то емý нá руку that is pláying into his hands; that serves his púrpose [...-s]; он нá руку нечи́ст he is a pílferer; на скóрую рýку óff-hánd; у негó ~ не дрóгнет сдéлать э́то he will not hésitàte / scrúple to do it [...-zɪ-...]; не поднимáется ~ (+ *инф.*) one can't bring òne¦sélf [...kɑːnt...] (+ to *inf.*); у негó рýки опускáются he is lósing heart [...'luːzɪŋ...]; передавáть дéло *и т. п.* в чьи-л. рýки put* *the* mátter, *etc.*, into smb.'s hands; переходи́ть в другúe рýки change hands [ʧeɪ-...]; подáть рýку пóмощи (*дт.*) lend* / give* a hélping hand (*i.*); подня́ть рýку (на *вн.*) raise one's hand (agáinst); по прáвую, лéвую рýку at the right, left hand; по ~áм! *разг.* a bárgain!, 'tis a bárgain!, done!; удáрить по ~áм (*прийти к соглашению*) strike* hands, strike* a bárgain; под ~óй (near) at hand, within éasy reach of one's hand [...'iːzɪ...]; под ~áми réady to hand ['re-...]; под пья́ную рýку únder the ínfluence of drink; приложи́ть рýку (к) (*принять участие*) bear* / take* a hand [bɛə...] (in); (*подписаться*) sign [saɪn] (*d.*); положá рýку нá сердце with one's hand up¦ón one's heart; потирáть рýки (от) rub one's hands (with); предлагáть рýку комý-л. óffer smb. one's hand; проси́ть, домогáться ~и́ (*рд.*) be a súitor for the hand [...'sjuː-...] (of); разводи́ть ~áми lift one's hands (in dismáy); развязáть рýки комý-л. úntie smb.'s hands, give* smb. full scope; ~ рýку мóет (you) roll my log and I'll roll yours; рýки прочь! hands off!; (отсю́да) ~óй подáть it is but a step from here, *или* a stone's throw from here [...θrou...]; сидéть сложá рýки sit* / be ídle, sit* / be in ídle¦ness; сон в рýку the dream has come true; с рук долóй off *one's* hands; сбыть с рук (*вн.*) get* off one's hands (*d.*); сойти́ с рук: э́то емý не сойдёт с рук he won't get a¦wáy with it [...wount...]; умы́ть рýки wash one's hands; у негó рýки чéшутся (+ *инф.*) his fíngers itch (+ to *inf.*); что пóд руку попадётся ány¦thing *one* can lay hands on / up¦ón; шить на ~áх sew* by hand [sou...].

**рукáв** *м.* 1. (*одежды*) sleeve; 2. (*реки*) branch [-ɑː-], arm; 3. *тех.* hose; пожáрный ~ fíre-hòse;

◇ дéлать что-л. спустя́ ~á *разг.* do smth. négligently, *или* in a slipshòd mánner.

**рукави́ца** *ж.* mitten; (*шофёрская, для фехтования и т. п.*) gáuntlet; ◇ держа́ть в ежо́вых ~х (*вн.*) ≅ rule with an íron rod [...'aɪən...] (*d.*).

**рука́вчик** *м.* **1.** short sleeve; **2.** (*манжета*) cuff.

**руководи́тель** *м.* léader; (*инструктор*) instrúctor; кла́ссный ~ class mánager.

**руководи́ть** (*тв.*) **1.** lead* (*d.*), guide (*d.*); **2.** (*управлять*) diréct (*d.*). **~ся** (*тв.*) fóllow (*d.*).

**руково́дство** *с.* **1.** guidance ['gaɪ-], léadership; операти́вное ~ óperative mánage:ment; под (непосре́дственным) ~м (*рд.*) únder the (diréct) léadership / guidance (of); квалифици́рованное ~ cómpetent diréction; осуществля́ть повседнéвное ~ (*тв.*) give* dáy-by-dáy advice and léadership (to); **2.** *собир.* léaders *pl.*; góverning bódy ['gʌ- 'bɔ-]; парти́йное ~ párty léaders; **3.** (*то, чем следует руководствоваться*) guiding príncìple; ~ к дéйствию guide to áction; **4.** (*книга*) hándbook, guide, mánual.

**руково́дствоваться** (*тв.*) fóllow (*d.*); ~ указа́ниями fóllow diréctions; ~ о́пытом be guided by expérience; ~ соображéниями be influenced / ruled by considerátions.

**руководя́щ||ий** *прич. и прил.* léading; ~ая роль па́ртии the léading role of the Párty; ~ая идéя léading idéa [...aɪ'dɪə]; ~ая си́ла guiding force; ~ая нить dóminàting idéa; ~ая статья́ (*в газете*) léading árticle, léader, èditórial; ~ие óрганы authórities.

**рукодéлие** *с.* néedle:wòrk, fáncy-wòrk.

**рукодéльни||ца** *ж.* néedle:wòman* [-wu-]; она́ иску́сная ~ she is cléver with her needle [...'kle-...]. **~чать** do néedle:wòrk, do fáncy-wòrk.

**рукокры́лые** *мн. скл. как прил. зоол.* cheiróptera [kaɪə-].

**рукомо́йник** *м.* wásh-hànd-stànd, wásh-stànd.

**рукопа́шн||ая** *ж. скл. как прил.* hánd-to-hànd fíght(ing), mán-to-màn fíght(ing). **~ый**: ~ый бой hánd-to-hànd fíght(ing) / cómbat.

**рукопи́сный** mánuscript; ~ шрифт cúrsive, itálics.

**ру́копись** *ж.* mánuscript.

**рукоплеск||áние** *с. чаще мн.* appláuse, cláp(-ping). **~áть** (*дт.*) appláud (to), clap (to).

**рукопожáт||ие** *с.* hándshàke, hándclàsp; обмéниваться ~иями (*с тв.*) shake* hands (with).

**рукоя́||тка** *ж.* handle, grip; (*ножа тж.*) haft; (*топора*) helve; (*молотка*) shaft; (*оружия*) hilt; (*рычаг*) léver; ~ затво́ра óperàting léver; по ~тку up to the hilt.

**рула́да** *ж. муз.* rouláde [ru:'lɑ:d], run.

**рулев||о́й 1.** *прил.* rúdder (*attr.*); stéering; ~áя маши́на stéering éngine [...'endʒ-]; ~óе устрóйство stéering gear [...gɪə]; ~óе колесó stéering wheel; **2.** *м. как сущ.* hélms:man*, man* at the wheel; quárter-màster *амер.*

**рулéт** *м. кул.*: мясно́й ~ cóllared beef, béef-ròll, meat loaf*.

**рулéтк||а** *ж.* **1.** *тех.* tápe-measure [-me-], tápe-line; **2.** (*игра*) roulétte [ru-]; игра́ть в ~у play roulétte.

**рули́ть** *ав.* táxi.

**руло́н** *м.* rouléau [ru:'lou] (*pl.* -eaus, -eaux [-ouz]).

**рул||ь** *м.* (*у судна*) rúdder; helm (*тж. перен.*); (*у автомашины*) (stéering-)wheel; (*велосипеда*) hándle-bàrs *pl.*; слу́шаться ~я́ ánswer the helm ['ɑ:nsə...]; ~ поворо́та *ав.* rúdder-bàr; горизонта́льный ~ (*подводной лодки*) hòrizóntal rúdder, hýdrò:plàne; ~ высоты́ *ав.* élevàtor; пра́вить ~ём, сидéть за ~ём, быть на ~é, стоя́ть на ~é steer; стать за ~ take* the helm; ◇ без ~я́ и без ветри́л ≅ without any sense of diréction.

**румб** *м. мор.* (cómpass) point ['kʌ-...].

**ру́мпель** *м. мор.* tiller, helm.

**румы́н** *м.*, **~ка** *ж.*, **~ский** Rumánian; ~ский язы́к Rumánian, the Rumánian lánguage.

**румя́на** *мн.* rouge [ru:ʒ] *sg.*, paint *sg.*

**румя́н||ец** *м.* (high) cólour [...'kʌ-]; (*от волнения, стыда и т. п.*) blush, glow [-ou]; залива́ться ~цем blush all óver.

**румя́н||ить,** нарумя́нить (*вн.*) rouge [ru:ʒ] (*d.*), paint red (*d.*). **~иться,** нарумя́ниться rouge [ru:ʒ], use rouge, paint one's face. **~ый** rósy [-zɪ], rúbicund, rúddy.

**руни́ческий** *лингв.* rúnic.

**руно́** *с. уст., поэт.* fleece, wool [wul]; золото́е ~ *миф.* the gólden fleece.

**ру́ны** *мн. лингв.* runes.

**ру́пия** *ж.* (*денежная единица*) rùpée [ru:-].

**ру́пор** *м.* spéaking-trùmpet, mégaphòne; (*перен.*) móuthpiece [-pi:s].

**руса́к** *м.* (*заяц*) hare.

**руса́л||ка** *ж.* mérmaid, wáter-nýmph ['wɔ:-]. **~очий** mérmaid's.

**руси́зм** *м. лингв.* Rússism.

**руси́ст** *м.* spécialist in Rússian philólogy ['spe- ...-ʃən...].

**русифи||ка́тор** *м. ист.* Rússifier. **~ка́ция** *ж. ист.* Rùssificátion. **~ци́ровать** *несов. и сов.* (*вн.*) *ист.* Rússifỳ (*d.*), Rússianize [-ʃə-] (*d.*).

**ру́сло** *с.* ríver-bèd ['rɪ-]; chánnel (*тж. перен.*); измени́ть ~ реки́ change the course of the river [tʃeɪ-...kɔ:s...].

**русово́лосый** líght-háired.

**ру́сская I** *ж. скл. как прил.* Rússian wóman* [-ʃən 'wu-].

**ру́сская II** *ж. скл. как прил.* (*пляска*) Rússkàyà ['ru:skɑ:jɑ:] (*a Russian folk dance*).

**ру́сск||ий 1.** *прил.* Rússian [-ʃən]; ~ язы́к Rússian, the Rússian lánguage; говори́ть по-~и *см.* по-ру́сски; **2.** *м. как сущ.* Rússian.

**ру́сско-** Rússian- [-ʃən]: ~-англи́йский Rússian-Énglish [-ɪŋ-].

**ру́сый** light brown.

**руте́ний** [-тэ́-] *м. хим.* ruthénium.

**рути́л** *м. мин.* rútile [-ti:l].

**рути́на** *ж.* routíne [ru:'ti:n].

**рутинёр** *м.*, **~ка** *ж.* consérvative / rígid pérson. **~ский** *прил. к* рутинёр. **~ство** *с.* routínism [ru:'ti:-].

**рути́нный** routíne [ru:'ti:n] (*attr.*).

**ру́хлядь** *ж. собир.* lúmber, junk; (*о негодной мебели*) rámshàckle fúrniture.

**ру́хну||ть** *сов.* crash down, tumble down, collápse; (*перен.*) be destróyed, fall* to the ground; все его́ пла́ны ~ли all his plans were destróyed, *или* have fáll:en to the ground.

**руча́тельство** *с.* guáranty, wárrant(y); с ~м guàrantéed, wárranted; часы́ с ~м на два го́да watch guàrantéed for two years, *или* with a twó-year guàrantée.

**руча́||ться,** поручи́ться (за что-л.) wárrant (smth.), guàrantée (smth.); cértifỳ (smth.); (за кого́-л.) ánswer ['ɑːnsə] (for smb.), (a)vóuch (for smb.); я ~юсь за э́то голово́й I'll ánswer / vouch for it with my life, I'll stake my life on it; ~юсь за то, что I guàrantée that; ~юсь, что сде́лаю э́то I assúre you, *или* I prómise, I will do it [...ə'ʃuə... -s...]; ~юсь, что вам э́того не сде́лать I defý you to do it; ~юсь тебе́, что I'll wárrant you that.

**ручеёк** *м.* tiny brook, stréamlet.

**руче́й** *м.* brook, stream; ◇ лить слёзы ручьём, в три ручья́ shed* floods of tears [...flʌdz...].

**ру́чка** *ж.* **1.** *уменьш. от* рука́; **2.** (*рукоятка*) handle; (*круглая*) knob; (*кресла, дивана*) arm; (*корзины*) grip; ~ двéри dóor-hàndle ['dɔː-]; (*круглая*) dóor-knòb ['dɔː-]; **3.** (*для пера*) pénhòlder; автомати́ческая ~ fóuntain-pèn.

**ручни́к** *м. тех.* bench hámmer.

**ручн||о́й** I **1.** hand (*attr.*), arm (*attr.*); ~ы́е часы́ wrist-wàtch *sg.*; ~ бага́ж hand / pérsonal / small lúggage; ~ чемода́н hánd-bàg; ~ы́е кандалы́ hándcùffs; mánacles; **2.** (*производимый руками*) mánual; ~а́я рабо́та hánd-wòrk; ~ труд mánual lábour; уро́к ~о́го труда́ mánual tráining class; **3.** (*для приведения в действие руками*) hánd-; ~ы́е тиски́ hánd-vice *sg.*; ~а́я пила́ hánd-saw.

**ручно́й** II (*приручённый*) tame.

**ру́шить** I, разру́шить (*вн.*) pull down [pul...] (*d.*).

**ру́шить** II (*вн.*; *о зерне*) husk (*d.*).

**ру́шиться** *несов. и сов.* fall* in; (*перен.*) fall* to the ground.

**ры́б||а** *ж.* fish; уди́ть ~у fish, angle; ◇ ни ~ ни мя́со néither one thing nor the other ['naɪ-...]; néither fish, flesh, nor good red hérring *идиом.*; би́ться как ~ об лёд ≅ struggle désperate¦ly.

**рыба́||к** *м.* fisher¦man*; ◇ ~ ~ка́ ви́дит издалека́ *посл.* ≅ birds of a féather flock togéther [...'fe-... -'ge-]. **~цкий, ~чий** físhing, físher¦man's; píscatory *книжн.*; ~чья ло́дка físhing-boat. **~чить** fish. **~чка** *ж.* **1.** físher¦-wòman* [-wu-]; **2.** (*жена рыбака*) físher¦man's wife*.

**рыбёшка** *ж. разг.* small fry.

**ры́бий** fish (*attr.*); píscine [-siːn] *зоол.*; ~ клей ísinglàss ['aɪzɪŋg-], físh-glue; ~ жир cód-liver oil [-lɪ-...].

**ры́бн||ый** fish (*attr.*); ~ садо́к físh-pònd; ~ суп fish soup [...suːp]; ~ ры́нок físh-màrket; ~ая торго́вля fish trade; ~ая промы́шленность físhing índustry; ~ая ло́вля físhing; ~ про́мысел físhery; ~ые консе́рвы tinned / canned fish *sg.*

**рыбово́д** *м.* físh-breeder; píscicùlturist *научн.* **~ство** *с.* físh-breeding; píscicùlture *научн.* **~ческий** físh-breeding; piscicúltural *научн.*

**рыбозаво́д** *м.* físh-fàctory; плаву́чий ~ físh-fàctory ship.

**рыбоконсе́рвный:** ~ заво́д fish cánnery.

**рыболо́в** *м.* físher, físher¦man*; (*с удочкой*) ángler.

**рыболове́цк||ий** físhing; ~ колхо́з colléctive físhery; ~ая арте́ль físhing àrtél.

**рыболо́в||ный** físhing; píscatory, piscatórial *книжн.*; ~ные принадле́жности físhing-tàckle *sg.*; ~ная снасть físhing-tàckle; ~ное су́дно físhing-boat. **~ство** *с.* físhing; соглаше́ние о ~стве (*в чужих водах*) físhery agréement.

**рыбопромы́шленность** *ж.* físhing índustry.

**рыбопромы́шленный:** ~ райо́н físhing / físhery dístrict.

**рыботорго́в||ец** *м. уст.* físhmònger [-mʌ-]. **~ка** *ж. уст.* fish¦wife*.

**Ры́бы** *мн. астр.* the Físh(es), Píscès [-siːz].

**рыв||о́к** *м.* **1.** jerk; ~ка́ми by jerks, jérkily; **2.** *спорт.* dash.

**рыга́ть,** рыгну́ть belch.

**рыгну́ть** *сов. см.* рыга́ть.

**рыда́ни||е** *с.* sóbbing; разрази́ться ~ями burst* out sóbbing.

**рыда́ть** sob.

**рыдва́н** *м.* large coach.

**рыжеборо́дый** réd-béarded.

**рыжева́тый** réddish, rúst-còlour¦ed [-kʌ-], fáwn-còlour¦ed [-kʌ-].

**рыжеволо́сый** réd-háired.

**рыже́ть,** порыже́ть turn réddish.

**ры́жий 1.** *прил.* red, réd-háired, gínger (*attr.*); (*о лошади*) chéstnùt [-sn-]; (*о белке*) red; **2.** *м. как сущ.* (*в цирке*) círcus clown.

**ры́жик** *м.* (*гриб*) sáffron milk cap.

**рыка́ть** roar.

**ры́ло** *с.* **1.** (*у свиньи*) snout; **2.** *груб.* (*лицо*) mug.

**ры́льце** *с.* **1.** *уменьш. от* ры́ло; **2.** *бот.* stígma.

**рым** *м. мор.* ring.

**ры́нда** I *м. ист.* rýnda (*bodyguard of the tzars of Russia in 14th — 17th centuries*).

**ры́нда** II *ж. мор.* ship's bell.

**ры́н||ок** *м.* **1.** márket(-plàce); **2.** *эк.* márket; ~ сбы́та commódity márket; борьба́ империалисти́ческих стран за ~ки struggle of the impérialist cóuntries for márkets [...'kʌ-...]. **~очный** márket (*attr.*); ~очная торго́вля márketing; по ~очной цене́ at the márket price; по цене́ вы́ше ~очной above márket price.

**рыса́к** *м.* trótter.

**ры́сий** lynx (*attr.*).

**рыси́ст||ый:** ~ая ло́шадь trótter; ~ые испыта́ния trótting ráces.

**ры́скать 1.** rove, roam; scour abóut; ~ по бе́регу, ле́су *и т. п.* scour the coast, woods, *etc.* [...wudz]; **2.** *мор.* gripe, yaw.

**рысц||а́** *ж.* jóg-trót. **~о́й** *нареч.*: е́хать ~о́й go* at a jóg-trót.

**рысь** I *ж.* (*животное*) lynx; америка́нская ~ bóbcàt.

**рыс||ь** II *ж.* (*аллюр*) trot; бы́страя ~ fast trot; на ~я́х at a trot; кру́пная ~ round trot.

**ры́сью** *нареч.* at a trot; пусти́ть ло́шадь ~ trot *a* horse; бежа́ть, идти́ ~ trot.

**ры́твина** *ж.* rut, groove.

**рыть** (*вн.*) dig* (*d.*); (*под землёй*) mine (*d.*); (*норку*) búrrow (*d.*); (*копытом — о лошади*) paw (*d.*); (*рылом — о свинье*) nuzzle (*d.*), root up (*d.*); ◇ самому́ себе́ я́му ~ ≅ build* a fire únder òne¦sélf [bɪld...].

**рытьё** *с.* dígging; (*под землёй тж.*) míning; ~ коло́дцев wéll-sinking.

**ры́ться,** поры́ться (в *пр.*) dig* (in); (*в архивах и т. п.*) búrrow (*d.*); (*в вещах*) rúmmage (*d.*), ránsàck (*d.*).

**рыхли́ть** (*вн.*) lóosen [-s-] (*d.*), make* light / friable (*d.*).

**ры́хл||ость** *ж.* friability. **~ый** friable; crúmb(l)y; (*о земле*) loose [-s], light, méllow.

**ры́цар||ский** knightly, chivalrous ['ʃɪ-]; ~ турни́р tóurnament ['tuə-]; ~ поеди́нок joust, just; ◇ ~ рома́н tale of chivalry [...'ʃɪ-]. **~ство** *с.* knighthood [-hud], chivalry ['ʃɪ-].

**ры́царь** *м.* knight; стра́нствующий ~ knight érrant; ◇ ~ печа́льного о́браза knight of the rúe:ful cóuntenance.

**рыча́г** *м.* léver; (*перен.*) key fáctor [ki:...]; ~ управле́ния contról léver [-oul...]; спусково́й ~ sear; ~ поворо́та stéering léver; переводно́й ~ (стре́лки) *ж.-д.* switch-lèver.

**рыча́||ние** *с.* growl, snarl. **~ть,** прорыча́ть growl, snarl.

**рья́н||о** *нареч.* with zeal, zéalous:ly ['ze-]. **~ость** *ж.* zeal. **~ый** zéalous ['ze-].

**рюкза́к** *м.* rúcksàck ['ruk-], knápsàck.

**рю́м||ка** *ж.* wine-glàss. **~очка** *ж.* liquéur-glàss [-'kjuə-].

**рюш** *м.* ruche [ru:ʃ].

**ряби́на** I *ж.* **1.** (*дерево*) móuntain ash, rówan-tree; **2.** (*ягода*) áshberry, rówan.

**ряби́на** II *ж. разг.* (*от оспы*) pit, pock; лицо́ с ~ми póck-màrked face.

**ряби́н||овка** *ж.* áshberry brándy. **~овый** *прил. к* ряби́на I.

**ряб||и́ть,** заряби́ть **1.** *тк. несов.* (*вн.*; *воду и т. п.*) ripple (*d.*); **2.** *безл.*: у него́ ~и́т в глаза́х he is dazzled.

**ряб||ова́тый** speckled. **~о́й 1.** (*от оспы*) pitted, pocked, póck-màrked; **2.** (*с пятнами*) speckled.

**ря́бчик** *м.* házel-grouse [-s], házel-hèn.

**рябь** *ж. тк. ед.* **1.** (*на воде*) ripple(s) (*pl.*); **2.** (*в глазах*) dázzling.

**ря́вкать,** ря́вкнуть (на *вн.*) *разг.* béllow (at), roar (at).

**ря́вкнуть** *сов. см.* ря́вкать.

**ряд** *м.* **1.** row [rou]; line; ~ за ~ом, за **~ом** ~ row up:ón row; ~ автомаши́н line of véhicles [...'vi:ɪ-]; **2.** *театр.* row; пе́рвый ~ front row [-ʌ-...]; после́дний ~ back row; **3.** *воен.* (*в строю*) file, rank; непо́лный ~ blind file; ~ы́ вздвой! form fours! [...fɔ:z]; **4.** (*серия*) sériès [-i:z] *sg. и pl.*; a númber; це́лый ~ a sériès, a númber; мы мо́жем привести́ це́лый ~ приме́ров we can give a númber of exámples [...-ɑ:-]; **5.** (*лавки, магазины*) row of stalls; ры́бный ~ row of fish stalls; ◇ в ~а́х а́рмии in the ranks of the ármy; в пе́рвых ~а́х in the first ranks; из ~а вон выходя́щий óutstànding, extraórdinary [ɪks'trɔ:dnrɪ], ùn:úsual [-ʒu-], out of the cómmon (run); стоя́ть в ~у́ (*рд.*), стоя́ть в одно́м ~у́ (с *тв.*) rank (with).

**ряди́ться** I, поряди́ться (с *тв.*) *разг.* (*уславливаться о цене*) bárgain (with).

**ряди́ться** II, наряди́ться **1.** dress òne:sélf up; **2.** *тк. несов.* (*маскироваться*) dis:guíse òne:sélf.

**рядко́м** *разг.* = ря́дом.

**рядово́й** I **1.** *прил.* órdinary, cómmon; **2.** *прил. воен.*: ~ соста́в rank and file; **3.** *м. как сущ. воен.* prívate (sóldier) ['praɪ- 'souldʒə], man*.

**рядов||о́й** II *с.-х.*: ~а́я се́ялка drill (séeder); ~ посе́в sówing in drills ['sou-...], drill sówing.

**ря́дом** *нареч.* **1.** (*один после другого*) near, next to; (*с кем-л. тж.*) side by side, besíde; by (*smb.'s side*); сиде́ть ~ sit* side by side; сиде́ть ~ с кем-л. sit* next to smb.; сесть ~ с кем-л. sit* down by smb., *или* by smb.'s side; **2.** (*поблизости*) next (to), next door [...dɔ:]; э́то совсе́м ~ it is quite near, it is close by [...klous...]; он живёт ~ he lives next door [...lɪ-...], he lives close by; ◇ сплошь да ~ quite óften [...'ɔ:f(t)°n].

**ря́женый** *м. скл. как прил.* múmmer, másker.

**ря́са** *ж.* cássock.

**ря́ска** I *ж. уменьш. от* ря́са.

**ря́ска** II *ж. бот.* dúckweed.

# С

**с** I, со *предл.* (*тв.*) with; (*и*) and: он прие́хал с детьми́ he came with *the* children; с перо́м в руке́ with *a* pen in one's hand; чай с молоко́м tea with milk; с улы́бкой with *a* smile; с интере́сом with interest; с удово́льствием with pléasure [...'ple-]; со сме́хом with *a* laugh [...lɑ:f], with láughter [...'lɑ:f-]; с пе́снями и сме́хом with song and láughter; кни́га с карти́нками pícture-book; повида́ть отца́ с ма́терью see* one's fáther and móther [...'fɑ:-... 'mʌ-]; брат с сестро́й ушли́ bróther and sister went a:wáy ['brʌ-...]; мы с тобо́й, мы с ва́ми you and I; ◇ с рабо́той всё хорошо́ the work's gó:ing on all right; что с тобо́й? what is the mátter with you?; у него́ нехорошо́ с лёгкими he has got lung trouble [...trʌbl]; с года́ми, с во́зрастом э́то пройдёт it will pass with the years, with age; просну́ться с заре́й a:wáke* with the dawn; с ка́ждым днём every day; с после́дним по́ездом by the last train; с курье́ром by cóurier / méssenger [...'kurɪə -ndʒə]; спеши́ть с отъе́здом be in a húrry to leave; *другие особые случаи по возможности приведены под теми словами, с которыми предл. с образует тесные сочетания.*

**с** II, со *предл.* (*рд.*) **1.** (*в разн. знач.*) from; (*прочь тж.*) off: упа́сть с кры́ши fall* from *a* roof; сбро́сить со стола́ throw* off / from *the* table [θrou...]; сойти́ с балко́на come* down from *a* bálcony; снять кольцо́ с па́льца take* *a* ring off / from one's finger; прие́хать с Кавка́за come* from the Cáucasus; ры́ба с Во́лги fish from the Vólga; верну́ться с рабо́ты retúrn from work; съе́хать с да́чи, с кварти́ры move from *a* cóuntry-house*, from *a* flat [mu:v... 'kʌ- -haus...]; — уйти́ с поста́ leave* one's post [...poust]; писа́ть портре́т с кого́-л. paint smb.'s pícture; брать приме́р с кого́-л. fóllow smb.'s exámple [...-ɑ:mpl]; с ра́дости, с го́ря with / for joy, grief [...-i:f]; с досáды, со злóсти with vèxátion, with ánger; со стыдá for / with shame; 2. (*о времени: от*) from; (*начиная с такого-то времени — о прошлом*) since; (*о будущем*) beginning with; (*о годах, месяцах*) in; (*о днях*) on; (*о часах*) at: с сентября́ по декáбрь from Septémber to Decémber; с трёх до пяти́ from three to five; он не ви́дел её с прóшлого гóда he has not seen her since last year; он бýдет рабóтать там с января́, пя́тницы, трёх часóв he will work there beginning with Jánuary, Fríday, three o'clóck [...'fraɪdɪ...]; он начнёт рабóтать там с января́, с пя́тницы, с трёх часóв he will begin to work there in Jánuary, on Fríday, at three o'clóck; ◇ с пéрвого взгля́да at first sight; с головы́ до ног from head to foot [...hed... fut]; с начáла до концá from beginning to end; со сна half a¦wáke [hɑːf...]; взять с бóю take* by storm; писáть с большóй бýквы write* with *a* cápital létter; с минýты на минýту every minute [...'mɪnɪt]; с чьегó-л. разрешéния, с чьегó-л. позволéния with smb.'s permíssion; с вáшего соглáсия with your consént; с ви́ду in appéarance; устáть с дорóги be tired áfter *a* jóurney [...'dʒəː-]; с меня́ довóльно I have had enóugh [...ɪ'nʌf]; *другие особые случаи по возможности приведены под теми словами, с которыми предл.* с *образует тесные сочетания.*

**с** III, со *предл.* (*вн.*) the size of; (*с оттенком приблизительности*) abóut: с булáвочную голóвку the size of a pin's head [...hed]; с вас рóстом abóut your size; с лóшадь величинóй the size of a horse; тудá бýдет с киломéтр it is abóut a kilomètre from here.

**сáбельный** sabre (*attr.*).

**сáбля** *ж.* sabre; sáber *амер.*

**саботáж** *м.* sábotàge [-tɑːʒ]. **~ник** *м.*, **~ница** *ж.* sàbotéur [-'təː], wrécker. **~ничать** práctise sábotàge [-s -tɑːʒ].

**саботи́ровать** *несов. и сов.* (*вн.*) sábotàge [-tɑːʒ] (*d.*).

**сабýр** *м. бот.* álòe.

**сáван** *м.* shroud, cérement ['sɪə-].

**савáнна** *ж.* savánna(h).

**саврáсый** (*о лошади*) gréyish.

**сáга** *ж.* sága ['sɑː-].

**сагити́ровать** *сов. см.* агити́ровать 2.

**сáго** *с. нескл. бот.* ságò. **~вый** ságò (*attr.*); **~вая** пáльма ságò palm [...pɑːm].

**сад** *м.* gárden; фруктóвый ~ órchàrd; ботани́ческий ~ botánical gárdens *pl.*; зоологи́ческий ~ zò¦ológical gárdens *pl.*; zoo *разг.*; городскóй ~ the gárdens *pl.*; ◇ дéтский ~ kíndergàrten ['kɪ-].

**сад||и́зм** *м.* sádism. **~и́ст** *м.* sádist. **~и́стский** sadístic.

**сади́ть,** посади́ть (*вн.*) *разг.* (*о растениях*) plant [-ɑːnt] (*d.*).

**сади́ться** I, сесть **1.** sit* down; (*переходя из лежачего положения*) sit* up: ~ зáвтракать, обéдать *и т. п.* sit* down to bréakfast, dínner, *etc.* [...'brek-...]; он сел на стул, в крéсло he sat down on *a* chair, in *an* ármchair; он сел в постéли he sat up in bed; — он сел в вáнну he got into *the* bath; сади́(те)сь! won't you sit down [wount...], take a seat; ся́дь(те)! sit down!; **2.** (*на поезд, пароход и т. п.*) take* (*d.*), board (*d.*); (*попадать, делать посадку*) get* in(to); он сел на пóезд в Москвé he took the train in Móscow; емý нáдо сесть на э́тот трамвáй he must take this tram; порá ~ time to get in / abóard; он не мог сесть в пóезд, в трамвáй he could not get into the train, into the tram; ~ на лóшадь mount *a* horse; сади́(те)сь! (*в автомобиль, экипаж*) get in!; **3.** (*о самолёте, дирижабле и т. п.*) land, alight; (*опускаться — о птице*) alight, perch; (*о мухе, комаре и т. п.*) alight, settle; **4.** (*о пыли*) settle; (*о тумане*) fall*; **5.** (*заходить — о солнце, луне*) set*; ◇ сесть в лýжу, в калóшу get* into a mess / fix.

**сади́ться** II, сесть **1.** (*о ткани*) shrink*; **2.** (*о строении*) settle.

**сáдни||ть** *безл. разг.* burn*, smart; у негó **~т** в гóрле his throat smarts.

**садóвн||ик** *м.*, **~ица** *ж.* gárdener.

**садовóд** *м.* gárdener; hòrticúlturist *научн.* **~ство** *с.* **1.** gárdening; hòrticúlture *научн.*; **2.** (*хозяйство, заведение*) gárdening estáblishment. **~ческий** gárdening (*attr.*); hòrticúltural *научн.*

**садóво-пáрков||ый:** ~ая архитектýра lándscàpe árchitècture.

**садóв||ый 1.** gárden (*attr.*); **2.** (*противоп. дикорастущий*) cúltivàted; ~ые цветы́ cúltivàted flówers; ~ая мали́на cúltivàted ráspberry [...'rɑːzb-].

**садóк** *м.* (*живорыбный*) stew, físh-pònd; (*для разведения рыбы*) núrse-pònd; крóличий ~ (rábbit-)wàrren.

**сáж||а** *ж.* soot [sut]; smóke-blàck; **в ~е** sóoty ['su-].

**сажáть,** посади́ть (*вн.*) **1.** seat (*d.*); (*предлагать сесть*) give* / óffer a seat (*i.*); ~ на судá embárk (*d.*); ~ в тюрьмý put* into príson [...'prɪz-] (*d.*), impríson [-'prɪz-] (*d.*); jail (*d.*) *амер.*; ~ под арéст put* únder arrést (*d.*); ~ кýрицу на я́йца set* *a* hen on eggs; ~ пти́цу в клéтку cage *a* bird; ~ собáку на цепь chain *a* dog; **2.:** ~ хлеб в печь put* *the* bread into *the* óven [...bred... 'ʌ-]; **3.** (*о растениях*) plant [-ɑːnt] (*d.*); (*в горшки*) pot (*d.*); ◇ ~ на хлеб и нá воду put* up¦ón bread and wáter [...'wɔː-] (*d.*).

**сáженец** *м. с.-х.* séedling; (*молодое растение*) sápling, young plant [jʌŋ -ɑːnt].

**сажéнн||ый:** ~ого рóста of tówering státure.

**сáжень** *ж.* (*2,13 м*) ságène ['sɑːʒen]; морскáя ~ (*1,83 м*) fáthom [-ð-]; ◇ косáя ~ в плечáх *разг.* ≅ broad as a bárrel [brɔːd...].

**сазáн** *м.* sazán (*a fresh-water fish belonging to the carp family*).

**сáйка** *ж.* roll (of bread) [...-ed].

**сак** *м.* **1.** bag; **2.** (*женское пальто*) sácque (-coat).

**саквоя́ж** *м.* trávelling-bàg, hándbàg.

**сáкля** *ж.* sáklia (*dwelling of Caucasian peoples*).

**сакраментáльный** sàcraméntal.

**саксóн||ец** *м.*, **~ка** *ж.*, **~ский** Sáxon; **~ский** язы́к *ист.* Sáxon, the Sáxon lánguage; **~ский** фарфóр Saxe / Drésden chína [...-zd-...].

**саксофóн** *м.* sáxophòne.

**салáзк||и** *мн.* **1.** hand sled(ge) *sg.*, tobóggan *sg.*; катáться на ~ах tobóggan; **2.** *тех.* slide *sg.*, slide / slíding block *sg.*

**сала́ка** *ж.* (*рыба*) sprat.

**салама́ндра** *ж. зоол.* sálamànder.

**сала́т** *м.* 1. (*растение*) léttuce [-tɪs]; 2. (*кушанье*) sálad ['sæ-]. **~ник** *м.* sálad-dish ['sæ-], sálad bowl ['sæ- boul]. **~ный** (*о цвете*) ápple-green.

**са́линг** *м. мор.* cróss-trees *pl.*

**салици́л** *м. хим.* sàlicylàte.

**салициловоки́слый** *хим.*: ~натр = салици́л.

**салици́лов||ый** *хим.*: ~ая кислота́ sàlicýlic ácid.

**сали́ческий** Sálic; ~ зако́н the Sálic law.

**са́ло** *с.* 1. fat; (*нутряное*) súet ['sjuɪt]; (*топлёное свиное*) lard; (*топлёное для свечей*) tállow; 2. (*тонкий лёд*) sludge.

**сало́л** *м. фарм.* sálol [-æ-].

**сало́н** *м.* (*гостиная*) sálòn ['sælɔ̃:ŋ]; (*в гостинице, на пароходе*) salóon.

**сало́н-ваго́н** *м.* salóon(-càr), salóon-càrriage [-rɪdʒ], lóunge-càr.

**сало́нн||ый:** ~ые бесе́ды small talk *sg.*; ~ые мане́ры society mánners.

**сало́п** *м. уст.* wómen's coat ['wɪ-...].

**салото́пенный** tállow-mèlting.

**салфе́т||ка** *ж.* (táble-)nàpkin, sèrviétte. **~очный** nápkin (*attr.*); ~очное полотно́ díaper-clòth, dámask ['dæ-].

**сальварса́н** *м. фарм.* sálvarsan.

**са́льдо** *с. нескл. бух.* bálance.

**са́льник** *м.* 1. *анат.* epíploòn; 2. *тех.* stúffing-bòx, gland.

**са́льность** *ж.* (*непристойность*) òbscéne¦ness, òbscénity [-'si:-], báwdiness.

**са́льн||ый** 1. (*сделанный из сала*) tállow (*attr.*); ~ая свеча́ tállow candle; 2. *анат.* sebáceous [-ʃəs]; ~ая железа́ sebáceous gland; 3. (*запачканный салом*) gréasy [-zɪ]; ~ое пятно́ gréasy spot; 4. (*непристойный*) òbscéne, báwdy.

**са́льто-морта́ле** *с. нескл.* sómersault ['sʌ-], sómerset ['sʌ-], súmmersault.

**салю́т** *м.* salúte; произвести́ ~ двадцатью́ артиллери́йскими за́лпами fire a salúte of twénty sálvòes. **~ова́ть** *несов. и сов.* (*дт.*) salúte (*d.*).

**сам,** *ж.* сама́, *с.* само́, *мн.* са́ми, *мест. переводится соответственно лицу, числу и роду*: 1. *sg.* mỳ¦sélf; *pl.* our¦sélves; 2. *sg.* your¦sélf; thỳ¦sélf [ð-] *поэт. уст.*; *pl.* your¦sélves; 3. *sg. m.* hìm¦sélf, *f.* hèr¦sélf, *n.* ìt¦sélf; *pl.* thèm¦sélves; ◇ я ~ себе́ хозя́ин I am my own máster [...oun...]; э́то говори́т ~о́ за себя́ it tells its own tale, it speaks for ìt¦sélf; ~о́ по себе́ э́то не име́ет значе́ния in ìt¦sélf it is of no impórtance; ~ по себе́ by hìm¦sélf; (она́) ~а́ винова́та she has ónly hèr¦sélf to blame, it's her (own) fault.

**сама́** *ж. см.* сам.

**сама́н** *м.* adóbe [-bɪ]. **~ный:** ~ная постро́йка adóbe [-bɪ]; ~ный кирпи́ч adóbe.

**самбу́к** *м. бот.* élder, sàmbúcus.

**сам-дру́г** 1. (*вдвоём*) with one other; two (togéther) [...-'ge-]; not alóne but accómpanied by another pérson [...ə'kʌ-...]; 2. (*об урожае*) double [dʌ-], twice as much.

**саме́ц** *м.* male; (*при названии животного тж.*) he-; (*оленя, антилопы, зайца, кролика*) buck; (*лисы, волка*) dog; (*птиц*) cock.

**са́мка** *ж.* fémàle ['fi:-]; (*при названии животного тж.*) she-; (*слона, носорога, кита тюленя*) cow; (*оленя, зайца, кролика*) doe; (*птиц*) hen; ~ леопа́рда shé-léopard [-'lep-], léopardess ['lep-].

**само́** *с. см.* сам.

**самоана́лиз** *м.* sélf-exàminátion, ìntrospéction.

**самобичева́ние** *с.* sélf-flàgèllátion, sélf--tórture.

**самобы́тн||ость** *ж.* originálity. **~ый** original, distinctive.

**самова́р** *м.* sámovàr; ста́вить, разжига́ть ~ heat / set* *the* sámovàr.

**самовла́ст||ие** *с. уст.* ábsolùte rule, autócracy. **~ный** *уст.* (*облечённый единоличной, неограниченной властью*) ábsolùte; (*деспотический*) dèspótic; ~ный прави́тель ábsolùte / dèspótic rúler.

**самовнуше́ние** *с.* áuto-suggéstion [-'dʒestʃ-].

**самовозгора́||ние** *с.* spòntáneous ignítion / combústion [...-stʃən]. **~ющийся** spòntáneous¦ly igníting.

**самово́лие** *с.* lícence ['laɪ-].

**самово́льн||ичать** *разг.* act wílfully. **~ый** 1. (*своенравный*) sélf-wílled, wílful; 2. (*без разрешения*) ùnwárranted; ~ая отлу́чка ùnwárranted ábsence; *воен.* ábsence without leave.

**самовоспита́ние** *с.* sélf-èducátion.

**самовосхвале́ние** *с.* sélf-glòrificátion, sélf--práise.

**самого́н** *м.* hóme-brew.

**самодви́жущийся** sélf-propélled.

**самоде́йствующий** sélf-ácting.

**самоде́льный** hóme-máde.

**самодержа́в||ие** *с.* autócracy; ца́рское ~ the tsárist autócracy [...'zɑ:-, 'tsɑ:-...]. **~ный** autocrátic.

**самоде́ржец** *м.* áutocràt.

**самоде́ятельн||ость** *ж.* 1. ìndepéndent áction, spòntáneous àctívity; 2. (*художественная*) ámateur tálent àctívities [-tə: 'tæ-...] *pl.*, ámateur perfórmances *pl.*; ве́чер ~ости ámateur (évening) cóncert [...'i:v-...], ámateurs' évening. **~ый** 1. ámateur [-tə:] (*attr.*); ~ая тру́ппа ámateur troupe [...tru:p]; 2. *эк.* (*имеющий самостоятельный заработок*) gáinfully emplóyed; ~ое населе́ние gáinfully emplóyed pòpulátion.

**самодисципли́на** *ж.* sélf-díscipline.

**самодовле́ющий** sélf-sufficing, sélf-contáined.

**самодово́ль||но** *нареч.* complácent¦ly; smúg¦ly *разг.* **~ный** sélf-sátisfied, complácent; smug *разг.*; ~ная улы́бка complácent / sélf-sátisfied smile. **~ство** *с.* sélf-sàtisfáction, complácency [-eɪs-]; smúgness *разг.*

**самоду́р** *м.* pétty týrant, wílful and stúpid pérson. **~ство** *с.* pétty týranny, stúpid wílfulness.

**самозабве́н||ие** *с.* sélf-oblívion, forgétfulness of self [-'ge-...]. **~ный** sélfless.

**самозаготóвка** *ж.* láying-in one's own stores [...oun...].

**самозажига́||ние** *с.* sélf-ignítion. **~ющийся** sélf-igníting.

**самозака́лка** *ж. тех.* sélf-hárdening.

**самозарожде́ние** *с. биол.* sélf-gènerátion, spòntáneous gènerátion.

**самозаря́дн||ый** sélf-lóading; áutoloading *амер.*; ~ая винто́вка sélf-lóading rifle.

**самозащи́т||а** *ж.* sélf-defénce; в положе́нии ~ы *юр.* in sélf-defénce.

**самозва́н||ец** *м.*, **~ка** *ж.* impóstor, preténder; Дми́трий Самозва́нец the False Demétrius [...fɔːls...]. **~ный** false [fɔːls], sélf-stýled. **~ство** *с.* impósture.

**самоинду́кция** *ж. физ.* sélf-indúction.

**самоистяза́ние** *с.* sélf-tórture.

**самока́т** *м.* **1.** *воен.* bicycle ['baɪ-], pédal cycle ['pe-...], púsh-cўcle ['puʃ-]; cycle *разг.*; **2.** (*игрушка*) scóoter. **~чик** *м. воен.* bicyclist ['baɪ-], cýclist ['saɪ-].

**самоконтро́ль** *м.* sélf-contról [-oul].

**самокри́тика** *ж.* sélf-críticism; кри́тика и ~ — де́йственное ору́жие в борьбе́ за коммуни́зм críticism and sélf-críticism are a pówerful wéapon in the struggle for Cómmunism [...'we-...].

**самокрити́чный** sélf-crítical.

**самолёт** *м.* áircràft, áeroplàne ['ɛə-]; áirplàne, plane; ~ свя́зи liáison plane [liː'eɪzɔ̃ːŋ...]; бомбардиро́вочный ~ bómb:ing áircràft, bómb:er; bòmbárdment (áir)plàne *амер.*; разве́дывательный ~ recónnaissance áircràft [-nɪsəns...], scout plane; санита́рный ~ áerial ámbulance ['ɛə-...], ámbulance plane; тра́нспортный ~ tránspòrt áircràft / plane; уче́бный ~ tráining plane; ~-торпедоно́сец tòrpédò bómber / plane.

**самолётовы́лет** *м.* sórtie (of áircràft).

**самолётострое́ние** *с.* áircràft constrúction.

**самолёт-снаря́д** *м.* flýing bomb, míssile plane; róbòt bomb, buzz bomb *разг.*

**самоли́чн||о** *нареч. разг.* òne:sélf; (*сделать что-л.*) by òne:sélf; он ~ ви́дел э́то he saw it hìm:sélf. **~ый** *разг.* pérsonal.

**само||люби́вый** proud; (*обидчивый*) tóuchy ['tʌtʃɪ]. **~лю́бие** *с.* sélf-respéct, sélf-estéem, pride; ло́жное ~лю́бие false pride [fɔːls...]; щади́ть чьё-л. ~лю́бие spare smb.'s sélf-respéct / sélf-estéem / vánity.

**самомне́ние** *с.* (sélf-)concéit [-'siːt], sélf-impórtance; с больши́м ~м sélf-concéited [-'siːt-].

**самонаблюде́ние** *с. психол.* introspéction.

**самонаде́янн||ость** *ж.* sélf-sufficiency, presúmption [-'zʌ-]. **~ый** sélf-sufficient, presúmptuous [-'zʌ-], presúming [-'z-].

**самообвине́ние** *с.* sélf-còndèmnátion.

**самооблада́ние** *с.* sélf-contról [-oul], sélf-posséssion [-'ze-], sélf-commánd [-ɑːnd], sélf-mástery; (*спокойствие*) compósure [-'pou-]; теря́ть ~ lose* one's sélf-contról [luːz...].

**самообличе́ние** *с.* sélf-àccusátion [-'zeɪ-].

**самообложе́ние** *с.* sélf-tàxátion.

**самообма́н** *м.* sélf-decéption, sélf-delúsion.

**самообожа́ние** *с.* sélf-àdorátion.

**самообольще́ние** *с.* delúsions abóut òne:sélf *pl.*, sélf-delúsion.

**самооборо́на** *ж.* sélf-defénce.

**самообразова́ние** *с.* sélf-èducátion.

**самообслу́живание** *с.* sélf-sérvice.

**самоограниче́ние** *с.* sélf-restríction, sélf-restráint.

**самоокупа́||емость** *ж.* sélf-rè:páyment. **~ющийся** rè:páying, páying back, páying its way.

**самооплодотворе́ние** *с. биол.* sélf-fèrtilizátion [-laɪ-], autógamy.

**самоопредел||е́ние** *с. полит.* sélf-detèrminátion; пра́во на́ций на ~ the right of nátions to sélf-detèrminátion. **~и́ться** *сов. см.* самоопределя́ться.

**самоопределя́ться,** самоопредели́ться cónstitùte òne:sélf.

**самоопроки́дывающийся** sélf-típping.

**самоопыле́ние** *с. бот.* sélf-fèrtilizátion [-laɪ-].

**самоотверже́ние** *с.* = самоотве́рженность.

**самоотве́рженн||ость** *ж.* sélflessness. **~ый** sélfless; ~ый труд sélfless lábour.

**самоотво́д** *м.* refúsal to accépt (*an* óffice, one's nòminátion) [-z°l...], rejéction (of *an* óffice, of one's nòminátion).

**самоотравле́ние** *с. мед.* áuto-intòxicátion.

**самоотрече́ние** *с.* renùnciátion, sélf-denial; (sélf-)àbnegátion.

**самоохра́на** *ж.* sélf-protéction.

**самооце́нка** *ж.* sélf-appráisal [-z°l].

**самоочеви́дный** sélf-évident.

**самопи́шущ||ий** régistering, (sélf-)recórding; ◇ ~ее перо́ fóuntain-pèn.

**самопоже́ртвование** *с.* sélf-sácrifice.

**самопозна́ние** *с. филос.* sélf-knówledge [-'nɔ-].

**самопо́мощь** *ж.* sélf-hélp, mútual help.

**самопроизво́льн||ость** *ж.* spòntanéity [-'niːɪ-]. **~ый** spòntáneous.

**самопря́лка** *ж.* spinning-wheel.

**самопу́ск** *м. тех.* sélf-stárter.

**саморазгружа́ющ||ийся** sélf-ún:lóading; ~ автомоби́ль dúmp-trùck; ~ ваго́н hópper (-càr); ~аяся ба́ржа hópper(-bàrge).

**саморазоблаче́ние** *с.* sélf-expósure [-'pou-].

**саморегули́рующий** sélf-régulàting.

**самореклáма** *ж.* sélf-advértise:ment [-s-].

**саморо́д||ный** (*о металлах*) virgin, nátive. **~ок** *м. горн.* nátive / virgin métal [...'me-], nátive ore; (*перен.*) a pérson of nátural gifts [...gɪ-]; ~ок зо́лота núgget (of gold).

**самоса́дочн||ый:** ~ая соль láke-sàlt.

**самосва́л** *м.* dump truck, típ-ùp lórry.

**самосоверше́нствование** *с.* sélf-perféction.

**самосозна́ние** *с.* (sélf-)cónscious:ness [-nʃəs-]; кла́ссовое ~ пролетариа́та clàss-cónscious:ness of the pròlètáriat [...-nʃəs-...prou-].

**самосохране́н||ие** *с.* sélf-prèservátion [-zə-]; инсти́нкт, чу́вство ~ия instinct of sélf-prèservátion.

**самостоя́тельн||о** *нареч.* (*независимо*) ìndepéndently; (*без посторонней помощи*) withóut assístance, on one's own [...oun]; рабо́тать ~ work withóut assístance, work on one's own. **~ость** *ж.* ìndepéndence, sélf-depéndence, sélf-depéndency. **~ый** ìndepéndent, sélf-depéndent; ~ое иссле́дование ìndepéndent / oríginal reséarch [...-'səːtʃ].

**самостре́л** I *м. ист.* árbalèst, cróss-bow [-bou].

**самостре́л** II *м.* (*человек, умышленно ранивший себя*) man* with a sélf-inflícted wound [...wuː-].

**самостре́льный** sélf-firing.

**самосу́д** *м.* mob law.

**самотёк** *м.* drift; *тех.* grávity feed; ◇ поли́тика ~а pólicy of láissez-fáire [...'leɪseɪ'fɛə].

**самотёком** *нареч.* **1.** *тех.* by grávity; **2.** (*стихийно, неорганизованно*) in a háp-házard / únórganized mánner; предоставлять дéлу идти́ ~ let* things drift, leave* things to thèmsélves.

**самотормо||жéние** *с.* sélf-bráking. **~зя́щийся** sélf-bráking, sélf-cátching, sélf-stópping.

**самоуби́й||ство** *с.* súicide, sélf-múrder; félò-dè-sé (*pl.* félònès-dè-sé [-ni:z-]) *юр.*; кончáть ~ством commít súicide. **~ца** *м. и ж.* súicide, sélf-múrderer; félò-dè-sé (*pl.* félònès-dè-sé [-ni:z-]) *юр.*

**самоуважéние** *с.* sélf-estéem.

**самоувéречн||о** *нареч.* with sélf-cónfidence, with sélf-assúrance [...-'ʃuə-]. **~ость** *ж.* sélf-cónfidence, sélf-assúrance [-'ʃuə-]. **~ый** sélf-cónfident, sélf-opínionàted.

**самоуни||жéние** *с.*, **~чижéние** *с.* sélf-abásement [-s-], sélf-humiliátion, sélf-dispárage-ment.

**самоуничтожéние** *с.* sélf-destrúction, sélf-annihilátion [-naɪə-].

**самоуплотн||éние** *с.* **1.** *тех.* sélf-pácking; **2.** (*жилищное*) vóluntary gíving up of a part of one's dwélling space. **~и́ться** *сов. см.* самоуплотня́ться.

**самоуплотня́ться,** самоуплотни́ться give* up vóluntarily a part of one's dwélling space.

**самоуправлéни||е** *с.* sélf-góvernment [-'gʌ-]; óрганы ~я sélf-góvernment ìnstitútions; óрганы мéстного ~я ìnstitútions of lócal góvernment [...'gʌ-].

**самоуправля́ющийся** sélf-góverning [-'gʌ-].

**самоупрáв||ный** árbitrary. **~ство** *с.* árbitrariness.

**самоусовершéнствование** *с.* = самосовершéнствование.

**самоуспокóенность** *ж.* complácency [-eɪs-].

**самоустрани́ться** *сов. см.* самоустраня́ться.

**самоустраня́ться,** самоустрани́ться keep* alóof; *несов. тж.* try to keep alóof; (от; *удаляться*) withdráw* (from).

**самоучи́тель** *м.* sélf-instrúctor.

**самоу́чк||а** *м. и ж.* sélf-táught / sélf-éducàted pérson. **~ой** *нареч.*: вы́учиться чему́-л. ~ой learn* smth. without a téacher [lə:n...], teach* òneʹsélf smth.

**самохвáльство** *с.* sélf-advértisement [-s-], bóasting.

**самохóдн||ый** sélf-propélled; ~ комбáйн sélf-propélled cómbine; ~ая артиллéрия *воен.* sélf-propélled àrtíllery; ~ая установка *воен.* sélf-propélled móunting.

**самоцвéт** *м.* sémi-précious stone [-'pre-...]. **~ный:** ~ный кáмень = самоцвéт.

**самоцéль** *ж.* end in itsélf.

**самочи́нный** árbitrary.

**самочу́вствие** *с.*: у негó хорóшее, плохóе ~ he feels well*, bad* / ill*; ~ больнóго улу́чшилось, уху́дшилось the pátient feels / is bétter, worse; как вáше ~? how do you feel?

**сам-пя́т** *разг.* **1.** (*о людях*) with four others [...fɔ:...]; **2.** (*об урожае*) five fold.

**сам-сём** *разг.* **1.** (*о людях*) with six others; **2.** (*об урожае*) séven fold ['se-...].

**сам-третéй** *разг.* **1.** (*о людях*) with two others; **2.** (*об урожае*) three times as much.

**саму́м** *м.* simóom.

**самурáй** *м.* Sámurai [-muraɪ].

**самши́т** *м. бот.* bóx(-tree).

**сáм||ый** *мест.* **1.** (*в точности, как раз*) the very; *во многих случаях не переводится*: в ~ом цéнтре in the very centre; в ~ом начáле, концé at the very beginning, end; с ~ого ни́за from the very bóttom; ~ая су́щность the very éssence; в ~ом процéссе рабóты in the prócèss of the work itsélf; — до ~ого вéчера until night; до ~ой стáнции right up to the státion; all the way to the státion; óколо ~ой аптéки just next to the chémist's [...'ke-]; до ~ого дóма all the way home; **2.** (*с указат. местоимениями*): тот же ~ (что, котóрый), такóй же ~ (как) the same (as); тот ~ (котóрый) (just) the (who, which), (exáctly) the (who, which); э́тот же ~ the same; в, на том же ~ом мéсте, где in the same place where; в то же ~ое врéмя, когдá just when; э́то тот ~ человéк, котóрый э́то сдéлал it is the very man* who did it; э́то тот ~ человéк, котóрый нам ну́жен that / he is the very man* we want; **3.** *как частица* (*наиболее*) most *или передаётся простой формой superl.*: ~ интерéсный the most ínteresting; ~ тру́дный, длинный, стáрый the most dífficult, the lóngest, the óldest; ◇ в ~ом дéле indéed; в ~ом дéле? indéed?, réally? ['rɪə-]; на ~ом дéле áctually; сейчáс ~ое врéмя now is as good a time as any.

**сан** *м.* dígnity; (*духовный*) órder, cloth; быть посвящённым в духóвный ~ take* (hóly) órders; лишáть духóвного ~а (*вн.*) disfróck (*d.*), únfróck (*d.*); из уважéния к егó ~у out of respéct for his cloth.

**санатóрий** *м.* sànatórium (*pl.* -ria).

**санатóрно-курóртн||ый:** обеспéчить ~ым лечéнием (*вн.*) províde facílities in sànatória and health resórts [...helθ -'zɔ:ts] (for).

**санатóрный** sànatórium (*attr.*); ~ режи́м sànatórium regíme / routíne [...reɪ'ʒi:m ru:'ti:n].

**сангви́на** *ж. жив.* sánguine.

**сангви́н||ик** *м.* sánguine pérson. **~и́ческий** sánguine.

**сандáл** *м. бот.* sándal-wood tree [-wud...].

**сандáлии** *мн.* (*ед.* сандáлия *ж.*) sándals.

**сандáлов||ый** sándal (*attr.*); ~ое дéрево sándal-wood tree [-wud...].

**сáн||и** *мн.* sledge *sg.*, sleigh *sg.*; éхать на, в ~ях drive* in a sledge / sleigh.

**санитáр** *м.* hóspital atténdant; *воен.* médical órderly; corps man* [kɔ:...] *амер.*; (*носильщик*) strétcher-bearer [-bɛə-], lítter-bearer [-bɛə-]. **~и́я** *ж.* sànitátion. **~ка** *ж.* nurse. **~ный** sánitary; médical; ~ный врач sánitary inspéctor; ~ный пóезд hóspital train; ~ный самолёт áerial ámbulance ['ɛə-...], ámbulance plane; ~ный надзóр médical inspéction / sérvice, sánitary inspéction.

**сáнки** *мн. разг.* **1.** = сáни; **2.** = салáзки 1.

**санкциони́ровать** *несов. и сов.* (*вн.*) sánction (*d.*).

**сáнкци||я** *ж.* **1.** (*утверждение*) appróval [-ru:-]; (*правительства*) sánction; давáть ~ю (на *вн.*) give* one's sánction (to), appróve [-ru:v] (*d.*); **2.** *об. мн.* (*мероприятие против стороны, нарушившей соглашение и т. п.*)

(púnitive) sánctions; применя́ть ~и applý / use sánctions.

**санкюло́т** *м. ист.* sànsculótte [sɑːŋk-].

**са́нный** sledge (*attr.*), sleigh (*attr.*); ~ путь sléighing, sléigh-road.

**сано́вник** *м. уст.* dígnitary, high offícial.

**са́ночки** *мн. уменьш. от* са́нки; ◇ лю́бишь ката́ться, люби́ и ~ вози́ть *посл.* ≅ áfter the feast comes the réckoning.

**санскри́т** *м.* Sánscrit, the Sánscrit lánguage. **~о́лог** *м.* Sánscritist. **~ский** Sánscrit; ~ский язы́к Sánscrit, the Sánscrit lánguage.

**сантигра́мм** *м.* céntigràmme [-græm].

**санти́м** *м.* céntime [ˈsɑːntiːm].

**сантимента́льничать, сантимента́льный** = сентимента́льничать, сентимента́льный.

**сантиме́тр** *м.* **1.** céntimètre; **2.** (*лента с делениями*) tápe-measure [-me-]; (*линейка*) tápe-line.

**сантони́н** *м. фарм.* sántonin.

**сап** *м. вет., мед.* glánders *pl.*

**са́п||а** *ж. воен.* sap; ◇ ти́хой ~ой on the sly.

**сапёр** *м. воен.* field ènginéer [fiː- endʒ-], sápper, pionéer; cómbat ènginéer *амер.* **~ный** fíeld-ènginéer [ˈfiːldendʒ-] (*attr.*), cómbat-ènginéer [-endʒ-] (*attr.*); ~ная ро́та fíeld(-ènginéer) cómpany [...ˈkʌ-].

**сапно́й** *вет.* glánderous.

**сапо́г** *м.* (high) boot; (*с отворотами*) tóp-boot; (*выше колена*) jáckboot; в ~а́х bóoted; ко́жа для сапо́г shóe-leather [ˈʃuːle-]; ◇ под ~о́м (*рд.*) únder the heel (of); два ~а́ па́ра *разг.* ≅ they make a pair.

**сапо́жн||ик** *м.* shóe¦màker [ˈʃuː-], bóot-màker; ◇ ~ без сапо́г *погов.* the shóe¦màker's wife is the worst shod. **~ичать** be a shóe¦-màker [...ˈʃuː-]. **~ый** shoe [ʃuː] (*attr.*); ~ая щётка shóe-brùsh [ˈʃuː-]; ~ый крем, ~ая ва́кса bláсking, shóe-pòlish [ˈʃuː-]; ~ое ремесло́ shóe¦màking [ˈʃuː-].

**сапфи́р** *м.* sápphire [ˈsæf-].

**сапфи́ческ||ий** *лит.* Sápphic [ˈsæf-]; ~ая строфа́ Sápphic stánza.

**сараба́нда** *ж. муз.* sárabànd.

**сара́й** *м.* shed; (*перен.: неуютное помещение*) barn; ~ для дров wóod-shèd [ˈwud-]; ~ для се́на háy-lòft; каре́тный ~ cóach-house* [-s].

**саранча́** *ж.* lócust.

**сарафа́н** *м.* sàrafán.

**сараци́н** *м. ист.* Sáracen.

**сарде́лька** *ж.* small sáusage, Páris sáusage.

**сарди́н||а** *ж.*, **~ка** *ж.* pílchard, sàrdíne [-ˈdiːn]; ~ы в ма́сле (tinned) sàrdínes.

**сардони́кс** *м. мин.* sárdonyx.

**сардони́ческий** sàrdónic.

**са́ржа** *ж. текст.* serge.

**сарк||а́зм** *м.* sárcàsm. **~асти́ческий** sàrcástic.

**сарко́ма** *ж. мед.* sàrcóma (*pl.* -ata).

**саркофа́г** *м.* sàrcóphagus (*pl.* -agi).

**сарпи́нка** *ж. текст.* printed cálicò.

**сары́ч** *м. зоол.* búzzard.

**сатан||а́** *м. тк. ед.* Sátan. **~и́нский** satánic.

**сателли́т** *м. астр.* (*тж. перен.*) sátellite.

**сати́н** *м.* sàtéen [sæ-]. **~е́т** *м.* sàtinét(te).

**сатини́ровать** *несов. и сов.* (*вн.*) sátin (*d.*).

**сати́новый** sàtéen [sæ-] (*attr.*).

**сати́р** *м. миф.* sátyr [ˈsæ-].

**сати́р||а** *ж.* sátire. **~ик** *м.* sátirist. **~и́ческий** satíric(al).

**сатра́п** *м. ист.* sátrap [ˈsæ-].

**Сату́рн** *м. миф., астр.* Sáturn [ˈsæ-].

**сатурна́лии** *мн. ист.* Sàtùrnália.

**сафья́н** *м.* Morócсò. **~овый** Morócсò (*attr.*).

**са́хар** *м.* súgar [ˈʃu-]; тростнико́вый ~ cáne-súgar [-ʃu-]; свеклови́чный ~ beet súgar; моло́чный ~ *хим.* milk súgar, láctòse [-s].

**сахари́н** *м. хим.* sáccharin [-kə-].

**са́хар||истый** sáccharìne [-kə-]. **~ить,** поса́харить (*вн.*) súgar [ˈʃu-] (*d.*). **~ница** *ж.* súgar-bàsin [ˈʃugəbeɪs-].

**са́харн||ый** *прил. к* са́хар; sáccharìne [-kə-] *научн.*; ~ песо́к gránulàted súgar [...ˈʃu-]; ~ая пу́дра cástor súgar; ~ая голова́ súgar-loaf* [ˈʃu-]; ~ тростни́к súgar-càne [ˈʃu-]; ~ая свёкла súgar-beet, white beet; ~ая глазу́рь ícing; ~ая промы́шленность súgar índustry; ~ая кислота́ *хим.* sacchárіc ácid [-ˈkɑː-...]; ~ заво́д súgar-refínery [ˈʃugərɪfaɪ-]; ~ая боле́знь *мед.* dìabétès [-iːz].

**сахароваре́ние** *с.* súgar refíning [ˈʃu-...].

**сахаро́за** *ж. хим.* sáccharòse [-kərous].

**сахарозаво́дчик** *м.* ówner of *a* súgar-refínery [ˈounə... ˈʃugərɪfaɪ-], súgar mànufácturer [ˈʃu-...].

**сачо́к** *м.* net; ~ для ры́бы lánding-nèt; ~ для ба́бочек bútterflỳ-nèt.

**сба́в||ить** *сов. см.* сбавля́ть. **~ка** *ж. разг.* = ски́дка.

**сбавля́ть,** сба́вить (*вн.* с *рд.*) take* off (*d.* from); ~ с цены́ redúce / abáte *the* price; ~ в ве́се (*о человеке*) lose* flesh [luːz...]; ◇ сба́вить спе́си кому́-л. *разг.* ≅ take* smb. down a peg or two; ~ тон change one's note [tʃeɪ-...]; sing* small *идиом.*

**сбаланси́ровать** *сов. см.* баланси́ровать 2.

**сбе́га||ть** *сов.* run*; (за *тв.*) run* (for); ~й за до́ктором run for *a* dóctor; ~й в магази́н run to *the* shop.

**сбега́ть,** сбежа́ть **1.** (с *рд.*; *спускаться сверху*) run* down (from above); ~ с горы́ run* down *a* hill; он бы́стро сбежа́л с ле́стницы he ran quickly dównstáirs; **2.** (от; *убегать*) run* a¦wáy (from); соба́ка сбежа́ла от хозя́ина the dog ran a¦wáy from its máster; ◇ кра́ска сбежа́ла с его́ лица́ the cólour vánished / fled from his cheeks [...ˈkʌ-...]. **~ся,** сбежа́ться come* rúnning; gáther, colléct; сбежа́лся наро́д people gáthered aróund [piː-...], people colléctеd.

**сбежа́ть(ся)** *сов. см.* сбега́ть(ся).

**сберега́тельн||ый:** ~ая ка́сса sávings-bànk; ~ая кни́жка sávings-bànk book.

**сберега́ть,** сбере́чь (*вн.*) **1.** (*сохранять*) save (*d.*), presérve [-ˈzəːv] (*d.*); (*предохранять*) protéct (*d.*); сбере́чь вре́мя save time; сбере́чь пальто́ от мо́ли protéct *the* coat from moth; **2.** (*копить*) save (*d.*), lay* up (*d.*), put* asíde (*d.*).

**сбереже́н||ие** *с.* **1.** èсónomy [iː-]; ~ сил *воен.* èсónomy of fórces; ~ ору́жия *воен.* care / úpkeep of wéapons [...ˈwe-]; **2.** *мн.* sávings, èсónomies; ме́лкие ~ия pétty èсónomies.

**сбере́чь** *сов. см.* сберега́ть *и* бере́чь.

**сбер||ка́сса** *ж.* = сберега́тельная ка́сса *см.* сберега́тельный. **~кни́жка** *ж.* = сберега́тельная кни́жка *см.* сберега́тельный.

**сбива́ть,** сбить (*вн.*) **1.** (*ударом*) bring* / knock down (*d.*); (*яблоки с дерева и т. п.*) cause (*d.*) to fall, shake* down (*d.*); ~ кого́-л. с ног knock smb. down, knock smb. off *his* feet; ~ самолёт bring* / shoot* down *a* plane; down *a* plane *разг.*; сбить пти́цу (*ударом, выстрелом*) drop *a* bird; **2.** (*путать*) put* out (*d.*); он счита́л, а вы его́ сби́ли he was cóunting and you put him out; ~ с та́кта put* / throw* out of time [...θrou...] (*d.*); **3.** (*сколачивать*) knock togéther [...-'ge-] (*d.*); сбить я́щик из доско́к knock togéther *a* box out of planks; **4.** (*о масле*) churn (*d.*); (*о сливках, яйцах*) whisk (*d.*), beat* up (*d.*), whip (*d.*); **5.** (*стаптывать*): ~ каблуки́ tread* / wear* shoes down at the heels [tred wɛə ʃu:z...]; ◇ ~ це́ну beat* down the price; ~ кого́-л. с то́лку bewílder / confúse smb. [-'wɪ-...]; muddle smb.; ~ спесь с кого́-л. ≅ take* smb. down a peg or two; сбить с пути́ и́стины lead* astráy (*d.*). **~ся,** сби́ться **1.:** ~ с пути́, с доро́ги lose* one's way [lu:z...]; go* astráy (*тж. перен.*); ~ся с та́кта get* out of time; ~ся с то́на go* off the key [...ki:]; ~ся с ноги́ lose* the step, fall* out of step; ~ся в показа́ниях be in꞉consístent in one's téstimony, còntradíct òne꞉sélf in one's évidence / státe꞉ment; **2.** (*на сторону*): шля́па сби́лась на́бок the hat is a꞉wrý, *или* all on one side; га́лстук сби́лся на́ сторону the nécktie / tie is all on one side; **3.** (*об обуви*) wear* down at the heels [wɛə...]; **4.** *разг.*: ~ся в ку́чу, ~ся толпо́й bunch; **5.** *страд. к* сбива́ть; ◇ сби́ться с ног *разг.* be run off one's legs.

**сби́вчив||ость** *ж.* in꞉consístency. **~ый** confúsing, confúsed, in꞉consístent.

**сби́ть(ся)** *сов. см.* сбива́ть(ся).

**сближ||а́ть,** сбли́зить (*вн.*) draw* / bring* togéther [...-'ge-] (*d.*). **~а́ться,** сбли́зиться **1.** (*приближаться*) draw* togéther [...-'ge-]; *воен.* appróach; на́ши то́чки зре́ния сбли́зились our points of view have drawn néarer [...vju:...]; we are beginning to ùnderstánd each other's point of view; **2.** (*с тв.; становиться друзьями*) become* good* / close friends [...klous fre-] (with). **~е́ние** *с.* **1.** ràpprócheˑment [-ʃmɑ:ŋ]; *воен.* appróach; **2.** (*дружба*) íntimacy.

**сбли́зить(ся)** *сов. см.* сближа́ть(ся).

**сбо́ку** *нареч.* (*со стороны*) from one side; (*на одной стороне*) on one side; (*рядом*) at the side; смотре́ть ~ look from one side, take* a side view [...vju:]; вид ~ síde-view; смотре́ть на кого́-л. ~ look at smb. side꞉ways, look askánce at smb.; look at smb. from the córner of one's eye [...aɪ]; класть кни́гу ~ put* *the* book at the side; ~ есть пятно́ there is a spot on one side; коло́нна освещена́ ~ the cólumn is lighted from one side; обойти́ что-л. ~ pass round smth.

**сболта́ть** *сов. см.* болта́ть I 1.

**сболтну́ть** *сов.* (что-л.) *разг.* just háppen to say smth., say smth. silly.

**сбор** *м.* **1.** colléction; ~ урожа́я hárvest; ~ виногра́да víntage; ~ ча́я tea picking; ~ нало́гов colléction / ráising of táxes; ~ све́дений colléction of ìnformátion, gáining ìnformátion; ~ по́дписей colléction of sígnatúres; **2.** (*собранные деньги*) tákings *pl.*; по́лный ~ *театр.* full house* [...-s]; хоро́шие ~ы *театр.* good* box óffice *sg.*; де́лать хоро́шие ~ы *театр.* play to full hóuses; get* good* bóx-óffice retúrns; **3.** (*налог*) tax, dúty; dues *pl.*; тамо́женный ~ cústom-house dúty [-s...]; порто́вый ~ hárbour dues; ге́рбовый ~ stámp-dùty; **4.** (*встреча*) assémblage, gáther꞉ing; быть в ~е be assémbled, be in séssion; все в ~е all are assémbled; **5.** *воен.* assémbly, múster; ла́герный ~ ánnual camp; пункт ~а assémbly place / point / post [...poust]; **6.** *мн.* (*приготовления*) prèparátions.

**сбо́рище** *с. разг.* assémblage, médley ['me-]; mob.

**сбо́рка** *ж. тех.* assémbling, assémblage; секцио́нная ~ prè꞉fàbricátion.

**сбо́рк||и** *мн.* (*на платье и т. п.*) gáthers; в ~ах, со ~ами with gáthers.

**сбо́рник** *м.* colléction; ~ расска́зов, стате́й colléctеd stóries, árticles *pl.*

**сбо́рн||ый 1.** (*из отдельных частей*) collápsible [-sə-]; ~ые дома́ prè꞉fábricàted hóuses; **2.** (*из разнородных частей*) combíned; ~ая кома́нда *спорт.* combíned team; **3.** *воен.* assémbly (*attr.*), rállying; ~ пункт assémbly point / place.

**сбо́рочный** assémbly (*attr.*); ~ конве́йер assémbly belt / line; ~ цех assémbly shop, assémbling depártment.

**сбо́рщик** *м.* **1.** colléctor; ~ нало́гов táx-collèctor, táx-gàther꞉er; **2.** *тех.* fitter, assémbler, éngine fitter ['endʒ-...].

**сбра́сывать,** сбро́сить (*вн.*) **1.** (*бросать вниз*) throw* down [-ou...] (*d.*), drop (*d.*); конь сбро́сил седока́ the horse threw its ríder; ~ снег с кры́ши throw* the snow off the roof [...snou...]; ~ бо́мбы drop bombs; ~ в ку́чу pile (*d.*), heap (*d.*); ~ на парашю́те párachùte [-ʃu:t] (*d.*), drop by párachùte (*d.*); **2.** (*свергать*) throw* off (*d.*); **3.** (*о коже; листьях*) shed* (*d.*); **4.** *разг.* (*снимать одежду, обувь и т. п.*) throw* off (*d.*); он сбро́сил (с себя́) боти́нки he kicked off his shoes [...ʃu:z]; ~ ма́ску (*прям. и перен.*) throw* off the dis꞉guíse, discárd the mask; ◇ ~ со счето́в leave* out of one's réckoning (*d.*).

**сбрива́ть,** сбрить (*вн.*) shave off (*d.*).

**сбрить** *сов. см.* сбрива́ть.

**сброд** *м. тк. ед. собир. разг.* the rabble, ríff-ràff, rágtàg and bób-tail.

**сброс** *м. геол.* fault, break [-eɪk].

**сбро́сить** *сов. см.* сбра́сывать.

**сброшюрова́ть** *сов. см.* брошюрова́ть.

**сбру́я** *ж.* hárness.

**сбыва́ть,** сбыть (*вн.*) **1.** (*продавать*) márket (*d.*), sell* (off) (*d.*); **2.** (*отделываться*) dispóse (of), get* rid (of), rid* òne꞉sélf (of); (*о товаре*) dump (*d.*), push off [puʃ...] (*d.*); ~ с рук get* off one's hands (*d.*); **3.** (*навязывать*) palm off [pɑ:m...] (*d.*).

**сбыва́ться** I, сбы́ться come* true, be réalìzed [...'rɪə-].

**сбыва́ться** II *страд. к* сбыва́ть.

**сбыт** *м. тк. ед. эк.* sale, márket; име́ть хоро́ший ~ meet* a réady sale [...'re-...];

иметь ~ (для) have a márket (for); легко находить себе ~ commánd a réady márket [-ɑːnd...]; sell* well*; рынок ~а márket.

**сбыть** *сов. см.* сбывать.

**сбыться** *сов. см.* сбываться I.

**свадебный** wédding (*attr.*); núptial *книжн.*; ~ подарок wédding présent [...'prez-].

**свадьб||а** *ж.* wédding; день ~ы wédding-day; быть на ~е be présent at *a* wédding [...-ez-...]; справлять ~у célebràte one's wédding.

**свайн||ый** pile (*attr.*); ~ые постройки pile-dwèllings, láke-dwèllings; ~ мост pile-bridge.

**сваливать,** свалить (*вн.*) **1.** knock down / óver (*d.*), dump (*d.*); ~ дрова в кучу heap *the* fire:wood [...-wud]; болезнь свалила его the illness forced him to take to his bed; he is ill in bed; **2.** *разг.* (*свергать*) òver:thrów* [-ou] (*d.*); ◇ свалить вину (на *вн.*) shift the blame (on). **~ся,** свалиться fall* down; (*перен.: заболевать*) be ill in bed; (*от слабости*) collápse; ◇ свалиться как снег на голову ≅ come* like a bolt from the blue.

**свалить** *сов. см.* сваливать *и* валить II, III. **~ся** *сов. см.* сваливаться.

**свалк||а** *ж.* **1.** dump; выбрасывать на ~у (*вн.*) dump (*d.*); **2.** *разг.* (*драка*) scuffle, scramble; общая ~ mêlée (*фр.*) ['meleɪ].

**свалять** *сов. см.* валять II.

**сваривать,** сварить (*вн.*) *тех.* weld (*d.*). **~ся,** свариться *тех.* **1.** weld; **2.** *страд. к* сваривать.

**сварить(ся)** *сов.* **1.** *см.* варить(ся); **2.** *см.* сваривать(ся).

**сварка** *ж. тех.* wéld(ing); автогенная ~ autógenous wélding.

**сварлив||ость** *ж.* quárrelsome:ness, péevishness, shréwishness. **~ый** quárrelsome, péevish, shréwish, cantánkerous; ~ая женщина shrew.

**сварной** *тех.* wélded; ~ шов wélded joint, weld.

**сварочн||ый** *тех.* wélding; ~ое железо wrought iron [...'aɪən].

**сварщик** *м.* wélder.

**свастика** *ж.* swástika, fýlfòt.

**сват** *м.* **1.** mátch-màker; **2.** *разг.* (*отец зятя*) fáther of the són-in-law ['fɑː-... 'sʌn-]; (*отец невестки*) fáther of the dáughter-in-law.

**сват||ать,** посватать, сосватать **1.** (кого-л. кому-л., за кого-л.) propóse smb. to smb. as a wife*, húsband [...-z-]; **2.** *при сов.* посватать (*вн.*; *просить согласия на брак*) ask in márriage [...-rɪdʒ] (*d.*). **~аться,** посвататься (к; за *вн.*) woo (*d.*), ask / seek* in márriage [...-rɪdʒ] (*d.*). **~овство** *с.* mátch-màking.

**сватья** *ж. разг.* (*мать зятя*) móther of the són-in-law ['mʌ-... 'sʌn-]; (*мать невестки*) móther of the dáughter-in-law.

**сваха** *ж.* mátch-màker.

**свая** *ж.* pile; на ~х on piles.

**сведени||е** *с.* **1.** *об. мн.* (*известие*) informátion *sg.*, intélligence *sg.*; (*данные*) informátion; по полученным ~ям accórding to informátion recéived [...-'siː-]; по моим ~ям to my knówledge [...'nɔ-]; отчётные ~я retúrns; **2.** *мн.* (*знания*) knówledge *sg.*; ◇ принимать что-л. к ~ю take* smth. into considerátion; доводить что-л. до ~я кого-л. bring* smth. to smb.'s nótice [...'nou-], infórm smb. of smth.

**сведение** *с.* **1.** redúction; ~ (личных) счётов с кем-л. squáring of accóunts with smb.; **2.** *мед.* contráction, cramp.

**сведущий** (в *пр.*) versed (in), expérienced (in).

**свежевать,** освежевать (*вн.*) skin (*d.*), dress (*d.*).

**свежевыбеленный** néwly white:wàshed.

**свежезамороженный** chilled.

**свеже||испечённый** néwly-bàked; (*перен.*) *разг.* raw. **~просольный** frésh-sàlted, néwly pickled; ~просольное мясо frésh-sàlted meat; ~просольные огурцы frésh-sàlted cúcumbers.

**свежесть** *ж.* (*в разн. знач.*) fréshness; (*прохлада тж.*) cóolness, crispness.

**свежé||ть,** посвежеть **1.** become* cóol(er); (*о ветре*) fréshen (up); *мор.* come* (on) to blow [...blou]; на улице ~ет it is becoming cóol(er) outside; ветер ~ет the wind is becoming cóoler [...wɪ-...]; **2.** (*о человеке*) fréshen up.

**свеж||ий** **1.** (*в разн. знач.*) fresh; ~ая рыба, ~ие яйца *и т. п.* fresh fish, eggs, *etc.*; ~ цвет лица fresh compléxion; со ~ими силами with renéwed strength; ~ ветер fresh wind [...wɪ-]; *мор.* fresh breeze; ~ воздух fresh / cool / crisp air; **2.** (*недавний*) látest; ~ие новости látest news [...-z] *sg.*; ~ая рана fresh wound [...wuː-]; ◇ ~о в памяти fresh in *one's* mind / mémory.

**свезти** I, II *сов. см.* свозить I, II.

**свёкла** *ж. тк. ед.* beet, béetroot; кормовая ~ mángel(-wúrzel); столовая ~ red beet; сахарная ~ súgar-beet ['ʃu-], white beet.

**свеклови||ца** *ж.* súgar-beet ['ʃu-]. **~чный** béet(root) (*attr.*).

**свекловод||ство** *с.* (súgar-)beet ráising ['ʃu-...]. **~ческий** (súgar-)béet-raising ['ʃu-] (*attr.*).

**свеклосахарный** súgar-beet ['ʃu-] (*attr.*), béet-sùgar [-ʃu-] (*attr.*): ~ завод béet-sùgar fáctory.

**свеклосовхоз** *м.* State béetroot farm.

**свеклоуборочн||ый** béet-hàrvesting; ~ая машина beet hárvester, béetroot púller [...'pu-]; ~ комбайн béet-hàrvesting cómbine.

**свекольн||ик** *м.* béetroot soup [...suːp]. **~ый** béet(root) (*attr.*).

**свёкор** *м.* fáther-in-law ['fɑː-] (*pl.* fáthers-) (*husband's father*).

**свекровь** *ж.* móther-in-law ['mʌ-] (*pl.* móthers-) (*husband's mother*).

**свеликодушничать** *сов. см.* великодушничать.

**свергать,** свергнуть (*вн.*) throw* down [-ou...] (*d.*), òver:thrów* [-ou] (*d.*); свергнуть царское правительство òver:thrów* the tsárist góvernment [...'zɑː-, 'tsɑː- 'gʌ-]; ~ с престола dethróne (*d.*). **~ся,** свергнуться **1.** *уст.* precípitàte òne:sélf; **2.** *страд. к* свергать.

**свергнуть(ся)** *сов. см.* свергать(ся).

**свержение** *с.* óver:throw [-ou]; ~ царского правительства óver:throw of the tsárist góvernment [...'zɑː-, 'tsɑː- 'gʌ-]; ~ с престола dethróne:ment.

**свер||ить** *сов. см.* сверять. **~ка** *ж.* (*копии с подлинником*) còllátion.

**сверк||ание** *с.* spárkling, twínkling, lámbency; (*яркое*) glítter; (*ослепительное*) glare. **~ать** sparkle, twinkle; (*ярко*) glítter; (*ослепительно*)

*пительно*) glare; мо́лния ~а́ет lightning is fláshing. **~ну́ть** *сов.* flash; ~ну́ла мо́лния there was a flash of lightning; он ~ну́л глаза́ми his eyes flashed (fire) [...aız...].

**сверли́льный** *тех.* bóring, drílling; ~ стано́к bóring / drilling machíne [...-'ʃi:n], bóring mill.

**сверли́ть** (*вн.*) *тех.* bore (*d.*), drill (*d.*), pérforàte (*d.*).

**сверл||о́** *с. тех.* bórer, drill, pérforàtor, áuger ['ɔ:gə]. **~о́вщик** *м.* dríller, bórer. **~я́щий** 1. *прич. см.* сверли́ть; 2. *прил.* (*о боли и т. п.*) gnáwing.

**сверну́ть(ся)** *сов. см.* свёртывать(ся).

**сверста́ть** *сов. см.* свёрстывать *и* верста́ть.

**све́рстн||ик** *м.*, **~ица** *ж.*: мы с ним ~ики we are the same age; он мой ~, она́ моя́ ~ица he, she is my age.

**свёрстывать,** сверста́ть (*вн.*) *полигр.* impóse (*d.*).

**свёрток** *м.* páckage, párcel, bundle; ~ бума́г bundle of pápers.

**свёртывание** *с.* 1. (*трубкой*) rólling up; 2. (*сокращение*) cùrtáilment; ~ произво́дства cùrtáilment of prodúction; 3. (*о сливках, молоке*) túrning, sétting; (*о крови*) cò¦àgulátion.

**свёртывать,** сверну́ть 1. (*вн.*) roll up (*d.*); ~ ковёр roll up *the* cárpet; ~ папиро́су roll *a* cìgarétte; ~ паруса́ furl sails; 2. (*вн.*; *сокращать*) cùrtáil (*d.*); ~ произво́дство cùrtáil prodúction; 3. (*без доп.*; *поворачивать*) turn; ~ в сто́рону turn asíde; ~ напра́во, нале́во turn to the right, left; ~ с доро́ги turn off *the* road; ◇ сверну́ть ше́ю кому́-л. wring* smb.'s neck; сверну́ть кому́-л. го́лову *разг.* screw smb.'s head off [...hed...]. **~ся,** сверну́ться 1. curl up, roll up; (*о змее*) coil up; ~ся клубко́м, клубо́чком roll òne¦sélf up into a ball; ~ся в коло́нну *воен.* break* into cólumn [-eık...]; 2. (*о молоке, сливках*) curdle; (*о крови*) cò¦águlàte; 3. *страд. к* свёртывать 1, 2.

**сверх** *предл.* (*рд.*) 1. (*на чём-л., на что-л.*) óver; ~ ска́терти лежи́т клеёнка there is a piece of óil-clòth óver the táble-clòth [...pi:s...]; 2. (*помимо*) besídes; (*превосходя*) above; (*вне*) be¦yónd; ~ (вся́кого) ожида́ния be¦yónd (all) èxpèctátion; ~ програ́ммы in addition to the prógràmme [...'prou-]; ~ сил be¦yónd one's strength; ~ пла́на in excéss of the plan, óver and above the plan; ~ зарпла́ты on top of wáges; ~ того́ mòre¦óver; ~ всего́ to crown all.

**сверхдальнобо́йный** *воен.* sùper-ránge [-'reı-] (*attr.*).

**сверхзвуков||о́й** *физ.* sùpersónic; ~а́я ско́рость sùpersónic speed.

**сверхкомпле́ктный** sùpernúmerary.

**сверхмо́щн||ый** sùper-pówer (*attr.*); ~ая гидроста́нция hígh-pówer hýdrò-eléctric státion; ~ экскава́тор hígh-pówer éxcavàtor.

**сверхпла́нов||ый** óver and above the plan; ~ая проду́кция prodúction above the plan, abóve-plàn prodúction.

**сверхпри́быль** *ж. эк.* súperprófit.

**сверхскоростно́й** súper-fást.

**сверхсме́тный** éxtra-búdget (*attr.*).

**сверхсрочнослу́жащий** *м. скл. как прил. воен.* ré-en¦gáged man*.

**сверхсро́чн||ый** *воен.* ré-en¦gáged, ré-enlísted; ~ая слу́жба sérvice on ré-en¦gáge¦ment.

**све́рху** *нареч. и предл.* (*с верхней стороны, с высоты*) from above; (*считая сверху*) from (the) top; (*наверху*) on top: вид ~ view from above [vju:...]; свет па́дает ~ the light falls from above; пя́тая строка́ ~ the fifth line from the top; тре́тий эта́ж ~ the third stórey from the top; ~ до́низу from top to bóttom; положи́те кни́гу ~ place / put* the book on top; — смотре́ть на кого́-л. ~ вниз look down on smb.; ~ всего́ on top of éve-ry¦thing.

**сверхуро́чн||ый** 1. *прил.* óver¦tìme (*attr.*); ~ая рабо́та óver¦tìme work; 2. *мн. как сущ.* óver¦tìme móney [...'mʌ-] *sg.*

**сверхчелове́||к** *м.* súper¦màn*, óver¦màn*. **~ческий** sùperhúman.

**сверхчу́вственный** prèter¦sénsual.

**сверхчувстви́тельный** sùpersénsitive.

**сверхшта́тный** sùpernúmerary.

**сверхъесте́ственный** sùpernátural, prèter¦nátural.

**сверчо́к** *м.* cricket; ◇ всяк ~ знай свой шесто́к *посл.* ≅ the cóbbler should stick to his last.

**сверша́ть,** сверши́ть = соверша́ть, соверши́ть.

**сверш||а́ться,** сверши́ться be done, be in prógrèss; (*о надеждах, мечтах и т. п.*) come* true; ~и́лось! the inévitable (has) occúrred! **~и́ть(ся)** *сов. см.* сверша́ть(ся).

**сверя́ть,** све́рить (*вн.* с *тв.*; *копию с подлинником*) còlláte (*d.* with).

**свес** *м.* óver¦hàng; ~ кормы́ *мор.* cóunter.

**све́сить(ся)** *сов. см.* све́шивать(ся).

**свести́** *сов. см.* сводить I. **~сь** *сов. см.* сводиться.

**свет** I *м.* light; дневно́й ~ dáylight; со́лнечный ~ sún¦light, súnshìne; при ~е (*рд.*) by the light (of); при ~е свечи́ by the light of *a* candle, by cándle¦light; при электри́ческом ~е by eléctric light; при ~е луны́ by móonlight; ~ и те́ни *жив.* lights and darks; ◇ в ~е (*рд.*) in the light (of): в ~е маркси́стской тео́рии in the light of Márxist théory [...'θıə-]; в ~е но́вых откры́тий in the light of new discóveries [...-'kʌ-]; в и́стинном ~е in its true light; — броса́ть ~ (на *вн.*) throw* light [-ou...] (up¦ón); пролива́ть ~ (на *вн.*) shed* light (on); загора́живать ~ кому́-л. stand* in smb.'s light; представля́ть что-л. в вы́годном ~е show* smth. to the best advántage [ʃou... -'vɑ:-], place smth. in a good light; чуть ~ at dáybreak [...-eık], at first light; ни ~, ни заря́ before dawn; что ты встал ни ~, ни заря́? why did you get up, *или* what got you up, at this ùn¦éarthly hour? [...-'ə:θ- auə]; он ~а не взви́дел *разг.* évery¦thing went dark before him, évery¦thing swam before his eyes [...aız]; ~ оче́й *поэт.* light of one's eyes.

**свет** II *м.* 1. (*земля, мир*) world; Ста́рый, Но́вый ~ the Old, the New World; ча́сти ~а *геогр.* parts of the world; весь ~ the whole world [...houl...]; по всему ~у all óver the world; объе́хать вокру́г ~а go* round the world; путеше́ствие вокру́г ~а trip round the world; стра́ны ~а the cárdinal points; 2. (*общество*) world, society; вы́сший ~ society, high life; знать ~ know* the world [nou...]; выезжа́ть в ~ go* out; ◇ появля́ться на ~ (*рождаться*) be born; производи́ть на ~ (*вн.*) bring* into the world (*d.*); выпуска́ть в ~ (*вн.*; *издавать*) públish ['pʌ-] (*d.*); покида́ть ~ quit the world; тот ~ the next / other world; он на том ~е, его́ нет на ~е he has left / depárted this life; тако́в ~ such is the world; that is the way of the world; so the world goes; ни за что на ~е not for the world; ничто́ на ~е no pówer on earth [...ə:θ]; бо́льше всего́ на ~е above all / évery:thing; ~ не кли́ном сошёлся *погов.* ≅ the world is large enóugh [...ɪ'nʌf]; руга́ться на чём ~ сто́ит ≅ swear* like a bàrgée [swɛə...]; коне́ц ~а dóomsday [-z-]; the end of the world; край ~а world's end.

**свет||а́ть** *безл.*: ~а́ет, начина́ет ~ it is dáwning, day is bréaking [...-eɪk-].

**свети́л||о** *с.* (*прям. и перен.*) lúminary; небе́сные ~а héavenly bódies ['he- 'bɔ-].

**свети́льник** *м. уст.* lamp.

**свети́льный**: ~ газ lighting-gàs.

**свети́||ть 1.** (*излучать свет*) shine*: луна́, со́лнце све́тит the moon, the sun shines, *или* is shining; на не́бе ~ли звёзды in the sky the stars were shining; **2.** (*дт.*) give* some light (*i.*). **~ться** shine*: на не́бе ~лись звёзды the stars were shining in the sky; его́ глаза́ ~лись от ра́дости his eyes shone with joy [...aɪz ʃɔn...]; — в окне́ ~лся огонёк there was a light in *the* window.

**светле́ть,** посветле́ть brighten; (*о небе*) clear up.

**све́тло** *прил. кратк. см.* све́тлый.

**светло́** I *предик. безл.* it is light; на дворе́ ~ it is dáylight; на дворе́ совсе́м ~ it is broad dáylight [...-ɔ:d...]; мне ~ there's light enóugh for me [...ɪ'nʌf...]; когда́ ста́ло ~ (*рассвело*) when it becáme light.

**светло́** II *нареч.* brightly.

**све́тло-** (*в сложн.*) light: ~-голубо́й, ~-се́рый light blue, light grey.

**све́тл||ый** light: ~ая ко́мната light room; ~ое пла́тье light-còlour:ed dress [-kʌləd...]; ~ день bright day; ~ шрифт lightfàce; ◇ ~ая голова́, ~ ум lúcid mind, lúcid / clear intellèct, bright spírit; ~ая па́мять ему́ (*об умершем*) may his mémory live long [...lɪv...]; ~ой па́мяти in fond / respéctful mémory; ~ая ли́чность ≅ pure soul [...soul]; ~ое бу́дущее bright / rádiant fúture.

**светля́||к** *м.*, **~чо́к** *м. зоол.* glów-wòrm [-ou-]; (*летающий*) fíre-flỳ.

**светобоя́знь** *ж. мед.* phòto:phóbia.

**светов||о́й** light (*attr.*); ~ сигна́л light sígnal; ~а́я волна́ light wave; ~а́я рекла́ма illúminàted signs [...saɪnz] *pl.*; ~ эффе́кт lúminous efféct.

**светогра́мма** *ж. воен.* flash(ed) / vísual méssage [...'vɪz-...].

**светолечéбница** *ж.* hélio:thérapy institùte; phòto:therápic / phòto:thèrapéutic institùte.

**светолече́ние** *с. мед.* hélio:thérapy; phòto:thérapy.

**светомаскиро́вка** *ж.* bláck-out.

**светонепроница́емый** light-proof.

**све́топись** *ж. уст.* photógraphy.

**светопреставле́ние** *с. церк.* the end of the world, dóomsday [-z-].

**светосигнализа́ция** *ж. воен.* vísual telégraphy ['vɪz-...].

**светоси́ла** *ж. опт.* illùminátion.

**светоте́нь** *ж.* (*в живописи*) chiàroscúrò [kɪ-]; tréatment of light and shade (*in páinting*).

**светоте́хника** *ж.* lighting èngineéring [...endʒ-]; lighting téchnics *pl.*

**светофи́льтр** *м. физ.* hélio:fílter, light fílter.

**светофо́р** *м.* (*на шоссейной дороге*) light sígnal; tráffic lights *pl.*; (*на железной дороге*) sígnal lights *pl.*

**свéточ** *м. уст.* lamp; (*перен.*) light, lúminary.

**светочувстви́тельн||ость** *ж.* phòto:sènsitívity; (*плёнки тж.*) speed. **~ый** sénsitive to light; ~ая бума́га, пласти́нка sénsitìzed páper, plate.

**све́тск||ий 1.** (*не церковный*) sécular, témporal, wórldly; ~ая власть témporal pówer; ~ое образова́ние sécular èducátion; **2.**: ~ая же́нщина wóman* of the world ['wu-...], wóman* of fáshion; ~ челове́к man* abóut town, man* of fáshion, man* of the world; ~ое о́бщество society. **~ость** *ж. уст.* good mánners *pl.*; good bréeding.

**светя́щ||ийся 1.** *прич. см.* свети́ться; **2.** *прил.* lúminous, lùminéscent [lu-], fluoréscent; (*фосфоресцирующий*) phòsphoréscent; ~аяся кра́ска lúminous paint.

**свеч||а́** *ж.* **1.** candle; (*зажжённая тж.*) light; (*тонкая*) táper; зажига́ть, туши́ть ~у́ light*, put* out, *a* candle; **2.** (*единица измерения силы света*) cándle-power; ла́мпочка в три́дцать ~е́й bulb of thirty cándle-power; **3.** *мед.* suppósitory [-zɪ-]; **4.** *авт.*: зажига́тельная ~ spárk-plùg; ◇ игра́ не сто́ит свеч the game is not worth the candle; жечь ~у́ с двух концо́в burn* the candle at both ends [...bouθ...].

**свече́ние** *с.* lùminéscence [lu-], fluoréscence; phòsphoréscence.

**све́чка** *ж.* = свеча́ 1, 3.

**свечно́й** candle (*attr.*); ~ заво́д cándle-wòrks; ~ ога́рок cándle-ènd.

**свéшать** *сов. см.* ве́шать II.

**свéшивать,** све́сить (*вн.*) let* down (*d.*), lówer ['louə] (*d.*); све́сить верёвку let* *the* rope down, lówer *the* rope; сиде́ть, све́сив но́ги sit* with one's legs dángling. **~ся,** све́ситься (*перегибаться*) lean* óver; (*склоняться*; *о ветвях и т. п.*) hang* óver, óver:háng*.

**свива́льник** *м.* swáddling-bànds *pl.*, swáddling-clòthes [-kloudz] *pl.*

**свива́ть,** свить (*вн.*) **1.** wind* (*d.*), twist (*d.*), twine (*d.*); ~ верёвку twist / twine *a* rope; свить вено́к make* *a* wreath*; weave* *a* gárland; свить гнездо́ build* *a* nest [bɪld...]; **2.** *тк. несов.* (*о ребёнке*) swaddle (*d.*). **~ся,** сви́ться **1.** coil, roll up; **2.** *страд. к* свива́ть.

**свида́ни||е** *с.* méeting; (*заранее условленное*) appóintment, réndezvous ['rɔndɪvu:]; date *разг.*; назнача́ть ~ (на *вн.*) make* an appóintment (for); приходи́ть, не приходи́ть на ~ keep*, break* *an* appóintment / date [...-eɪk ...]; ◇ до ~я góod-býe!; до ско́рого ~я! see you soon!

**свиде́те||ль** *м.*, **~льница** *ж.* wítness (*тж юр.*); (*очевидец*) éye-witness ['aɪ-]; ~ обвине́-

ния wítness for the pròsecútion; ~ защи́ты wítness for the defénce; безмо́лвный ~ mute wítness; призыва́ть, брать кого́-л. в ~ли call smb. to wítness; быть ~лем (*рд.*) be a wítness (of), wítness (*d.*); вызыва́ть в ка́честве ~ля (*вн.*) *юр.* subpóena as a wítness [-'pi:-...] (*d.*).

**свиде́тельский** wítness (*attr.*).

**свиде́тельство** *с.* **1.** (*показание*) évidence; я́ркое ~ (*рд.*) stríking illustrátion (of); **2.** (*удостоверение*) certíficate; ~ о рожде́нии, метри́ческое ~ bírth-certificate; медици́нское ~ certíficate of health [...he-]; ~ о бра́ке certíficate of márriage [...-rɪdʒ]; márriage lines *pl.*

**свиде́тельств||овать** (о *пр.*; *служить уликой, доказательством*) wítness (*d.*); téstifỳ (to); (про́тив) téstifỳ (agáinst); ~ующий о чём-л. índicative of smth.

**сви́деться** *сов.* (с *тв.*) *разг.* meet* (*d.*).

**свилева́тый** (*о дереве*) knótty, knággy.

**свина́рка** *ж.* píg-tènder.

**свина́рник** *м.* pígstỳ.

**свине́ц** *м.* lead [led].

**свини́на** *ж.* pork.

**сви́нка** I *ж. уменьш. от* свинья́; ◇ морска́я ~ gúinea-pig ['gɪnɪ-].

**сви́нка** II *ж. мед.* mumps *pl.*

**свиново́дство** *с.* píg-breeding, swíne-breeding; hóg-breeding.

**свиново́дческий** píg-breeding (*attr.*), swíne-breeding (*attr.*); hóg-breeding (*attr.*).

**свин||о́й** *прил. к* свинья́; ~о́е мя́со pork; ~о́е са́ло lard; ~а́я котле́та pork chop; ~а́я ко́жа píg-skìn; ~о́е ры́ло snout.

**свинома́тка** *ж. с.-х.* sow.

**свинопа́с** *м.* swíne-hèrd.

**сви́н||ский** *разг.* swínish ['swaɪ-]. **~ство** *с. разг.* swínishness ['swaɪ-], swínish trick ['swaɪ-...].

**свинти́ть** I, II *сов. см.* сви́нчивать I, II.

**свинцовоплави́льный:** ~ заво́д léad-wòrks ['led-].

**свинцо́в||ый** léaden ['le-]; lead [led] (*attr.*); (*свинцового цвета*) léaden-còlour|ed ['led°nkʌ-], plúmbeous; ~ые облака́ léaden clouds; ~ая руда́ léad-òre ['led-]; ~ая труба́ léaden pipe; ~ое отравле́ние léad-poisoning ['ledpɔɪz-], sáturnism, plúmbism; ~ блеск *мин.* galéna; ~ые бели́ла white lead [...led] *sg.*, cérùse ['sɪəru:s] *sg.*; ~ая примо́чка Gouláрd (wáter) [gu'lɑ:d 'wɔ:-].

**сви́нчивать** I, свинти́ть (*вн.*) screw togéther [...-'ge-] (*d.*).

**сви́нчивать** II, свинти́ть **1.** (*вн.*; *отвинчивать*) únscréw (*d.*); **2.:** ~ резьбу́ strip the thread [...θred].

**свинь||я́** *ж.* pig, swine*; hog; (*самка*) sow; (*боров*) boar; ◇ подложи́ть ~ю́ кому́-л. ≅ play a dírty / mean trick on / up|ón smb.

**свире́ль** *ж.* pipe, réed(-pìpe).

**свирепе́ть** grow* fúrious [-ou...].

**свире́п||ость** *ж.* fierce|ness ['fɪəs-], ferócity. **~ствовать** rage. **~ый** fierce [fɪəs], ferócious; trúculent ['trʌ-]; (*об эпидемии и т. п.*) víolent.

**свиса́ть,** сви́снуть hang* down, droop, dangle; (*о растениях, волосах тж.*) trail; (*о полях шляпы*) slouch.

**сви́снуть** *сов. см.* свиса́ть.

**свист** *м.* whistle, síngi|ng; (*птиц тж.*) píping; (*пуль*) whine.

**свиста́ть, свисте́ть** whistle, sing; (*о птицах тж.*) pipe; (*о пулях*) whine; свисте́ть в свисто́к blow* *a* whistle [blou...]; ~ на обе́д *мор.* pipe (to) dínner; ◇ ищи́ свищи́ *разг.* you can whistle for it.

**сви́стнуть** [-сн-] *сов.* **1.** whistle, give* a whistle; **2.** (*вн.*) *разг.* (*украсть*) sneak (*d.*), snoop (*d.*).

**свисто́к** *м.* whistle.

**свистопля́ска** *ж. разг.* dévil's sábbath.

**свист||у́лька** *ж. разг.* pénny / tin whistle. **~у́н** *м.*, **~у́нья** *ж.* whistler. **~я́щий 1.** *прич. см.* свисте́ть; **2.** *прил. лингв.* síbilant.

**сви́та** *ж.* **1.** suite [swi:t], rétinue; **2.** *геол.* suite.

**сви́тер** [-тэр] *м.* swéater ['swe-].

**сви́ток** *м.* roll, scroll.

**свить** *сов. см.* вить *и* свива́ть 1. **~ся** *сов. см.* свива́ться.

**свихну́ться** *сов. разг.* **1.** (*помешаться*) go* off one's head [...hed]; **2.** (*сбиться с правильного пути*) go* wrong, go* astráy.

**свищ** *м.* **1.** *мед.* fístula; **2.** (*в металле*) hóneycòmb ['hʌnɪkoum]; **3.** (*в дереве*) knot hole.

**свобо́д||а** *ж.* fréedom, líberty; демократи́ческие ~ы dèmocrátic líberties; ~ сло́ва fréedom of speech; ~ печа́ти fréedom of the press; ~ собра́ний fréedom of assémbly; ~ со́вести líberty of cónscience [...-nʃəns], relígious líberty; ~ во́ли free will; ~ торго́вли free trade; выпуска́ть на ~у (*вн.*) set* free (*d.*), set* at líberty (*d.*); предоставля́ть по́лную ~у (*дт.*) give* free rein (to); предоставля́ть кому́-л. по́лную свобо́ду де́йствий give* smb. a free hand, *или* carte blanche [...'kɑ:t'blɑ:nʃ]; на ~е at large; (*на досуге*) at léisure [...'le-]; престу́пник ещё на ~е the críminal is still at large.

**свобо́дно** I *прил. кратк. см.* свобо́дный.

**свобо́дн||о** II *нареч.* **1.** (*без принуждения*) fréely; (*с лёгкостью*) éasily ['i:z-]; (*непринуждённо*) with ease; он ~ мо́жет доста́ть э́ту кни́гу в любо́м магази́не he can éasily get this book in any shop; говори́ть, чита́ть ~ speak*, read* flúently; **2.** (*просторно, широко — о платье*) loose [-s], lóose|ly [-s-]. **~ый 1.** free; ~ая торго́вля free trade; ~ый до́ступ free áccèss; ~ые мане́ры éasy mánners ['i:zɪ...]; ~ый от недоста́тков free from defécts; **2.** (*не занятый*) vácant; (*о человеке*) free; **3.** (*об одежде*) loose [-s]; lóose-fitting [-s-]; **4.** (*лишний, которым можно располагать*) spare; ~ые полчаса́ spare half hour [...hɑ:f auə] *sg.*; ~ое вре́мя free time, léisure ['leʒə]; ~ые часы́ off / free / léisure hours; в ~ые мину́ты, в ~ое вре́мя in one's spare time; at odd móments; ~ые де́ньги spare cash *sg.*; **5.** *хим.* free, ún|combíned; ◇ ~ая профе́ссия free proféssion; челове́к ~ой профе́ссии proféssional man*.

**свободо||люби́вый** fréedom-lòving [-lʌ-]; ~люби́вые наро́ды fréedom-lòving nátions; ~люби́вые ре́чи líberal spéeches. **~лю́бие** *с.* love of fréedom [lʌv...].

**свободомы́сл||ие** *с.* frée-thínking. **~ящий 1.** *прил.* frée-thínking; **2.** *м. как сущ.* frée-thinker.

**свод** I *м.* arch, vault; небе́сный ~ fírmament; the vault / cánopy / dome of héaven [...'he-] *поэт.*

**свод** II *м.* (*собрание документов, материалов и т. п.*) code; ~ зако́нов code of laws.

**своди́ть** I, свести́ **1.** (*вн.* с *рд.*) take* (*d.* down); ~ с горы́ take* / condúct down the hill (*d.*); ~ с ле́стницы take* dównstáirs (*d.*); **2.** (*вн.*; *соединять*) bring* / throw* togéther [...-ou -'ge-] (*d.*); судьба́ свела́ нас fate brought / threw us togéther; **3.** (*вн.* к, на) redúce (*d.* to), bring* (*d.* to); ~ на нет, ~ к нулю́ bring* to naught / nothing (*d.*), redúce to zérò (*d.*); свести́ к шу́тке turn into a joke (*d.*); свести́ разгово́р на что-л. lead* the cònversátion to smth.; **4.** (*вн.*; *удалять*) remóve [-uːv] (*d.*); **5.** (*вн.*; *о судороге*): у него́ свело́ но́гу he has (a) cramp in the leg; ◇ ~ концы́ с конца́ми *разг.* make* both ends meet [...bouθ...]; ~ с ума́ (*вн.*) drive* mad (*d.*); ~ счёты с кем-л. settle a score with smb.; square accóunts with smb.; ~ дру́жбу, знако́мство (с *тв.*) make* friends [...fre-] (with); глаз не ~ с кого́-л. not take* / tear* one's eyes off smb. [...tɛə... aɪz...]; свести́ в моги́лу (*вн.*) send* to the grave (*d.*); го́ре свело́ его́ в моги́лу he died of grief [...griːf]; ты меня́ в моги́лу сведёшь you'll be the death of me [...deθ...].

**своди́ть** II *сов.* (*вн.*; *куда-л.*) take* (*d.*): он своди́л дете́й в кино́ he took the children to the cínema.

**своди́ться**, свести́сь **1.** (к) come* (to); э́то сво́дится к тому́ же са́мому it comes to the same (thing); ~ к нулю́, ~ на нет come* to naught / nothing; **2.** (*о переводной картинке*) come* off: карти́нка хорошо́, неуда́чно свела́сь the tránsfer pícture came off well, bád¦ly; **3.** *страд.* к своди́ть I.

**сво́дка** *ж.* **1.** súmmary; compéndium; операти́вная ~ war communiqué (*фр.*) [...kəm'juːnɪkeɪ], súmmary of òperátions; ~ пого́ды wéather fóre¦càst ['we-...]; (*за определённый период*) wéather repórt; **2.** *полигр.* revíse.

**сво́дни||к** *м.* procúrer, pánder, pimp. **~ца** *ж.* к сво́дник; *тж.* procúress. **~чать** pánder, pimp. **~чество** *с.* pròcurátion, pándering, pímping.

**сво́дн||ый** **1.** súmmary; ~ая табли́ца súmmary table; ~ая афи́ша combíned pláy-bìll; ~ батальо́н cómposite battálion [-zɪt -'tæ-]; **2.**: ~ые бра́тья stép-bròthers [-brʌ-]; ~ые сёстры stép-sìsters.

**сво́дня** *ж.* *разг.* = сво́дница.

**сво́дчатый** arched, váulted.

**своё** *мест. с.* **1.** *см.* свой; **2.** (*в знач. сущ.*) one's own [...oun]; стоя́ть на ~м hold* one's own, hold* / stand* one's ground; настоя́ть на ~м insíst on, *или* get*, one's own way; получи́ть ~ *разг.* (*о чём-л. неприятном*) get* one's desérts [...-'zəː-]; (*о выгоде*) get* one's own back.

**своевла́стный** dèspótic.

**своево́лие** *с.* sélf-wíll, wílfulness.

**своево́льн||ичать** *разг.* be sélf-wílled, be wílful. **~ый** sélf-wílled, wílful.

**своевре́менно** I *прил. кратк. см.* своевре́менный.

**своевре́менн||о** II *нареч.* in (good) time, in próper time [...'prɔ-...], ópportùne¦ly. **~ость** *ж.* time¦liness, ópportùne¦ness. **~ый** time¦ly, ópportùne; (*приуроченный*) wéll-tímed; э́то о́чень ~о it is very time¦ly; приня́ть ~ые ме́ры take* time¦ly méasures [...'me-].

**своекоры́ст||ие** *с.* sélf-ínterest. **~ный** sélf-ínterested, sélf-séeking.

**своеко́штный** *уст.* páying.

**своенра́в||ие** *с.*, **~ность** *ж.* wílfulness, wáywardness; (*своеволие*) sélf-wíll; (*капризность*) caprícious¦ness. **~ный** wílful, wáyward; (*своевольный*) sélf-wílled; (*капризный*) caprícious.

**своеобра́з||ие** *с.*, **~ность** *ж.* originálity; pecùliárity. **~ный** oríginal, distínctive; (*особенный*) pecúliar.

**свози́ть** I, свезти́ (*вн.*) **1.** (*в одно место*) bring* togéther [...-'ge-] (*d.*); **2.** (*вниз*) take* / bring* down (*d.*); ~ с горы́ take* / bring* down *the* hill (*d.*).

**свози́ть** II, свезти́ (*вн.*; *куда-л.*) take* (*d.*); свози́ ребя́т в Москву́ take the children to Móscow; его́ свезли́ в больни́цу he was táken to (a) hóspital.

**свой** **1.** *мест. переводится соответственно лицу, числу и роду обладающего, как* мой my, наш our, твой thy [ðaɪ] *поэт. уст.*, *об.* your, ваш your; его́ (*о человеке*) his, её (*о человеке*) her; его́, её (*о животных, неодушевл. предметах*) its, *тж.* his, her (*ср.* он, она́, оно́); их their; *неопред. лица* one's; (*собственный*) my own [...oun], our own *и т. д.*: я потеря́л (свою́) шля́пу I have lost my hat; он признаёт свои́ недоста́тки he acknówledges his faults [...-'nɔ-...]; сле́дует признава́ть свои́ недоста́тки one should acknówledge one's faults; объясне́ние э́то по са́мой свое́й су́щности непра́вильно this èxplanátion is wrong in its very éssence; моя́ рабо́та в са́мом своём нача́ле прекрати́лась my work had to be stopped at its very óutsèt; он зна́ет своё де́ло he knows his búsiness [...nouz... 'bɪzn-]; он живёт в своём до́ме he lives in his own house [...lɪvz...-s]; — своего́ произво́дства hóme-máde; **2.** *мн.* (*в знач. сущ.*): пойти́ к свои́м go* to see one's people [...piː-]; ◇ здесь все свои́ no strángers here [...-eɪn-...]; свои́ войска́ friendly troops ['fre-...]; они́ бы́ли отре́заны от свои́х *воен.* they were cut off from their own fórces; он сам не ~ he is not him¦sélf; в своё вре́мя in its, my, his, *etc.*, time; (*когда-то*) at one time; (*своевременно*) in due course [...kɔːs]; умере́ть свое́й сме́ртью die a nátural death [...deθ]; он не в своём уме́ he is not right in the head [...hed]; на свои́х на двои́х ≅ on Shanks' mare / póny; ~ своему́ поневоле брат ≅ blood is thícker than wáter [-ʌd...'wɔː-]; он там ~ челове́к he is quite at home there; кри́кнуть не свои́м го́лосом give* / útter a frénzied scream / shriek [...-iːk].

**сво́йственник** *м.* relátion / rélative by márriage [...-rɪdʒ]; он мне, мой ~ he is my relátion / rélative by márriage.

**сво́йственн||ый** (*дт.*) pecúliar (to); э́то ему́ ~о that's his way / náture [...'neɪ-]; ◇ челове́ку ~о ошиба́ться to err is húman.

**сво́йство** *с.* **1.** (*предметов*) próperty; (*человека*) vírtue; **2.** *мн.* chàracterístics [kæ-].

**свойств||ó** *с.* relátion¦ship by márriage [...-rɪdʒ]; affínity; в ~é (с *тв.*) reláted by márriage (to).

**сволáкивать,** сволóчь (*вн.*) *разг.* drag (*d.*).

**свóлочь** *ж. бран.* **1.** *тк. ед. собир.* (*сброд*) ríff-ràff; **2.** (*ругательство*) (dirty) scum, swine.

**сволóчь** *сов. см.* сволáкивать.

**свóра** *ж.* **1.** (*ремень для собак*) leash; slip(s) (*pl.*); **2.** *собир.* (*о собаках*) pack; (*перен.*) gang.

**сворáчивать,** своротить **1.** (*вн.*) *разг.* displáce (*d.*), remóve [-uːv] (*d.*); он с трудóм своротил кáмень he displáced / remóved the stone with difficulty; **2.** (*без доп.*; *поворачивать*) turn; swing*; ~ напрáво, налéво turn to the right, to the left; ~ с дорóги swing* off the road; **3.** *тк. несов. разг.* = свёртывать.

**своровáть** *сов.* (*вн.*) *разг.* steal* (*d.*), pílfer (*d.*).

**своротить** *сов. см.* сворáчивать 1, 2.

**своя** *ж. см.* свой.

**своя́||к** *м.* bróther-in-law ['brʌ-] (*pl.* bróthers-) (*husband of wife's sister*). **~ченица** *ж.* sister-in-law (*pl.* sisters-) (*wife's sister*).

**свыкáться,** свы́кнуться (с *тв.*) get* used [...juːst] (to), accústom / habítuàte òne¦sélf (to).

**свы́кнуться** *сов. см.* свыкáться.

**свысокá** *нареч.* in a háughty mánner; смотрéть на когó-л. ~ look down on / up¦ón smb.; обращáться с кем-л. ~ look down on / up¦ón smb.; còndescénd to smb.

**свы́ше** I *нареч.* (*сверху*) from above; (*с небес*) from héaven [...'he-].

**свы́ше** II *предл.* (*рд.*; *более*) óver; (*вне, сверх*) be¦yónd: ~ тридцати человéк óver thirty men; ~ 60% úpwards of 60% [-dz...]; э́то ~ егó сил it is be¦yónd his strength / pówer.

**свя́занный** **1.** *прич. см.* свя́зывать; **2.** *прил.* (*не свободный — о движении*) constráined; (*о речи*) hálting; **3.** *хим.* combíned.

**связáть** I *сов. см.* свя́зывать *и* вязáть 1, 2.

**связáться** *сов. см.* свя́зываться.

**связи́ст** *м. воен.* sígnaller, sígnal man*.

**свя́зк||а** *ж.* **1.** sheaf*; bunch: ~ бумáг sheaf* of pápers; ~ ключéй bunch of keys [...kiːz]; **2.** *анат.* chord [k-], cópula, lígament; голосовы́е ~и vócal chords; **3.** *лингв.* cópula; глагóл-~ línk-vèrb.

**связнóй** *м. скл. как прил. воен.* méssenger [-ndʒə], órderly, rúnner.

**свя́зн||ость** *ж.* connéctedness, còhérency [kou'hɪə-], còhérence [kou'hɪə-]. **~ый** connécted, còhérent [kou-]; ~ый расскáз connécted nárrative.

**свя́зочный** *анат.* ligaméntous.

**связу́ющий** *прич. см.* свя́зывать.

**свя́зывание** *с.* týing / binding togéther [...-'ge-].

**свя́з||ывать,** связáть (*вн.*) tie togéther [...-'ge-] (*d.*); bind* (*d.*; *тж. перен.*); (*вн.* с *тв.*; *по ассоциации идей*) connéct (*d.* with); ~ концы́ верёвки tie togéther the ends of *the* rope; ~ в у́зел bundle (up) (*d.*); make* a bundle (of); связáть комý-л. ру́ки (*прям. и перен.*) tie smb.'s hands; ~ по рукáм и ногáм (*прям. и перен.*) tie / bind* hand and foot [...fut] (*d.*); ~ обещáнием bind* by prómise [...-s] (*d.*); ~ свою́ судьбу́ (с *тв.*) throw* / cast* in one's lot [-ou...] (with); (*о народе, стране*) link one's déstiny (with); быть ~анным с кем-л. be connécted with smb.; быть ~анным с чем-л. be bound up with smth.; (*влечь за собой*) entáil smth., invólve smth.; тéсно ~анный (с *тв.*) clóse¦ly assóciàted [-slɪ...] (with); ~ теóрию с прáктикой link théory with práctice [...'θɪə-...]; э́тот вопрóс тéсно ~ан с другими this próblem is bound up with others [...'prɔ-...]; э́то ~ано с большими расхóдами this will entáil great expénse [...greɪt...]. **~ываться,** связáться (с *тв.*) **1.** (*устанавливать общение*) commúnicàte (with); ~ываться по телефóну, по рáдио get* in touch (by télephòne, rádiò) [...tʌtʃ...] (with); теснéе связáться с мáссами get* into clóser cóntàct with the másses [...'klousə...]; **2.** (*входить в какие-л. отношения*) have to do (with); не ~ывайся с ним *разг.* don't have ány¦thing to do with him.

**связ||ь** *ж.* **1.** tie, bond; (*по ассоциации идей*) connéction; стоя́ть в тéсной ~и (с *тв.*) be clóse¦ly connécted [...-s-...] (with); в ~и́ с чем-л. in connéction with smth.; in view of smth. [...vjuː...]; in the light of smth.; в ~и́ с э́тим, в э́той ~и́ in this connéction; логи́ческая ~ lógical connéction; причи́нная ~ cáusal relátion¦ship [-zəl...]; *филос.* causátion [-'zeɪ-]; **2.** (*общение*) connéction, relátion; устанáвливать дру́жеские ~и (с *тв.*) estáblish fríendly relátions [...'fre-...] (with); установи́ть тéсную ~ (с *тв.*) estáblish close links [...-s...] (with); теря́ть ~ (с *тв.*) lose* touch [luːz tʌtʃ] (with); крóвная ~ пáртии с нарóдом ìndissóluble connéction of the Párty with the people [...piː-]; **3.** *тк. ед.* (*железнодорожная, телеграфная и т. п.*) commùnicátion; слу́жба ~и commùnicátion sérvice; **4.** *тех.* tie; cóupling ['kʌ-]; **5.** *воен.* intercommùnicátion; sígnals *pl.*; (*взаимодействия*) liáison [liː'eɪzɔ̃ːŋ]; слу́жба ~и sígnal sérvice; commùnicátion sérvice *амер.*; **6.** (*любовная*) liáison; вступи́ть в ~ form a connéction; **7.** *мн.* connéctions; с хорóшими ~ями wéll-connécted.

**святи́лище** *с.* sánctuary.

**свя́тки** *мн.* Chrístmas-tide [-ɪsm-] *sg.*, yúle-tide *sg.*

**свя́то** I *прил. кратк. см.* святóй 1.

**свя́то** II *нареч.* píous¦ly; ~ чтить (*вн.*) hold* sácred (*d.*); ~ чтить чью-л. пáмять píous¦ly revére smb.'s mémory.

**свят||óй** **1.** *прил.* hóly; (*перед именем*) saint [sənt]; (*священный*) sácred; ~ долг sácred dúty; ~ дух *церк.* the Hóly Spírit / Ghost [...goust]; для негó нет ничегó ~óго nothing is sácred to / with him; **2.** *м. как сущ.* saint; ◇ ~áя святы́х hóly of hólies, sánctum; ~áя (недéля) Éaster-wéek; на ~óй (недéле) at Éaster.

**свя́тость** *ж.* hóliness ['hou-], sánctity.

**святотáтство** *с.* sácrilege. **~вать** commít sácrilege.

**свя́точный** Chrístmas [-sm-] (*attr.*); ~ расскáз Chrístmas stóry / tale.

**святóша** *м. и ж.* hýpocrite, sànctimónious pérson.

**свя́тцы** *мн. церк.* (church) cálendar *sg.*

**святы́ня** *ж.* sácred / hóly thing.

**свящéнн||ик** *м.* priest [priː-]; clérgy¦man*. **~ический** príest¦ly ['priː-], sàcerdótal, ecclèsiástical [-liːz-].

**священнодéйств||ие** *с.* religious rite; (*перен.*) sólemn cérеmony. **~овать** do smth. with solémnity / pomp.

**свящéн||ный** sácred; ~ное писáние *рел.* Hóly Writ, Scrípture; Священный союз *ист.* The Hóly Alliance; ~ долг sácred dúty. **~ство** *с. собир.* príesthood ['pri:sthud].

**сгиб** *м.* **1.** bend; **2.** *анат.* fléxion. **~áтель** *м. анат.* fléxor.

**сгибáть,** согнýть (*вн.*) bend* (*d.*); crook (*d.*), curve (*d.*); (*складывать*) fold (*d.*); ~ колéни bend* one's knees. **~ся,** согнýться bend* (down); bow (down); (*склоняться*) stoop; ~ся под тя́жестью чегó-л. bend* / sag únder the weight of smth.

**сги́нуть** *сов. разг.* disappéar, vánish; сгинь! begóne! [-'gɔn], get thee gone! [...gɔn].

**сглáдить(ся)** *сов. см.* сглáживать(ся).

**сглáживать,** сглáдить (*вн.*) smooth out [-ð...] (*d.*); (*перен.*; *о противоречиях и т. п.*) smooth óver / a:wáy (*d.*). **~ся,** сглáдиться **1.** smooth down [-ð...]; get* / become* smooth; **2.** *страд. к* сглáживать.

**сглáзить** *сов.* (*вн.*) *разг.* òver:lóok (*d.*), bewitch (with the évil eye) [...'i:v°l aɪ] (*d.*), put* off (by too much praise) (*d.*); чтóбы не ~! ≅ touch wood! [tʌʧ wud].

**сглупи́ть** *сов.* do a fóolish thing.

**сгнивáть** = гнить.

**сгнить** *сов. см.* гнить.

**сгнои́ть** *сов. см.* гнои́ть.

**сговáриваться,** сговори́ться (с *тв.*) arránge things [-eɪnʤ...] (with), come* to an arrángement / agréement [...-eɪnʤ-...] (with); (с *тв.* + *инф.*) make* an appóintment (with + to *inf.*); с ним трýдно сговори́ться it is difficult to arránge things with him; он сговори́лся с ней встрéтиться на стáнции he arránged to meet her at the station.

**сгóвор** *м.* **1.** agréement; cómpàct; deal *разг.*; (*тайный*) collúsion, collúsive:ness; по ~у in agréement; **2.** *уст. разг.* (*помолвка*) betróthal [-ouð-].

**сговори́ться** *сов. см.* сговáриваться.

**сговóрчив||ость** *ж.* compliancy, tràctabílity. **~ый** compliant, tráctable, compláisant [-zənt].

**сгоня́ть,** согнáть (*вн.*) **1.** (*с места*) drive* a:wáy (*d.*); **2.** (*в одно место*) drive* together [...-'ge-] (*d.*); ◇ ~ со дворá *разг.* turn out of the house [...-s] (*d.*).

**сгорáни||е** *с.* combústion [-sʧən]; двигатель внýтреннего ~я *тех.* intérnal combústion éngine [...'enʤ-].

**сгорáть,** сгорéть **1.** be burnt down; burn* down / out; дом сгорéл the house* was burnt down [...-s...]; свечá сгорéла the candle burned out / down; ~ дотлá be burnt / redúced to áshes; **2.** (*расходоваться при горении*) be consúmed, be used up; зá зиму (у нас) сгорéло пять кубомéтров дров we burned, *или* used up, five cúbic metres of wood this winter [...wud...]; **3.** (от) burn* (with); ~ от стыдá, желáния burn* with shame, desire [...-'zaɪə].

**сгóрб||ить(ся)** *сов. см.* гóрбить(ся). **~ленный** cróoked, bent, hunched.

**сгорéть** *сов. см.* сгорáть.

**сгорячá** *нареч. разг.* (*вспылив*) in a fit of témper, in the heat of the móment; (*необдуманно*) ráshly.

**сгребáть,** сгрести́ (*вн.*; *граблями*) rake up / together [...-'ge-] (*d.*); (*лопатой*) shóvel up / in ['ʃʌ-...] (*d.*).

**сгрести́** *сов. см.* сгребáть.

**сгруди́ться** *сов. разг.* crowd, bunch.

**сгружáть,** сгрузи́ть (*вн.*) ún:lóad (*d.*).

**сгрузи́ть** *сов. см.* сгружáть.

**сгруппировáть(ся)** *сов. см.* группировáть(ся).

**сгрызáть,** сгрызть (*вн.*) chew (up) (*d.*).

**сгрызть** *сов. см.* сгрызáть.

**сгуби́ть** *сов.* (*вн.*) *разг.* rúin (*d.*): ~ себя́ rúin òne:sélf; ~ свою́ мóлодость waste one's youth [weɪ- ...ju:θ].

**сгусти́ть(ся)** *сов. см.* сгущáть(ся).

**сгýсток** *м.* clot; ~ крóви clot of blood [...blʌd].

**сгущáемость** *ж.* condènsabílity.

**сгущ||áть,** сгусти́ть (*вн.*) thicken (*d.*); (*конденсировать*) condénse (*d.*); ~ крáски (*перен.*) exággeràte [-ʤə-]; lay* it on thick *разг. идиом.* **~áться,** сгусти́ться (*в разн. знач.*) thicken; (*о крови*) clot; (*конденсироваться*) condénse; ~áющиеся сýмерки clósing dusk *sg.*

**сгущ||éние** *с.* thickening; (*крови*) clótting; (*конденсация*) còndènsátion. **~ённый** *прич.* (*тж. как прил.*) *см.* сгущáть; ~ённое молокó condénsed milk, evápоràted milk.

**сдáбривать,** сдóбрить (*вн.*) flávour (*d.*); (*о тесте*) make* rich (*d.*); (*пряностями*) spice (*d.*); сдóбренный (*тв.*; *перен.*) lárded (with).

**сдавáть** I, сдать (*вн.*) **1.** (*передавать*) pass (*d.*); (*о телеграммах, письмах и т. п.*) hand in (*d.*); (*возвращать*) retúrn (*d.*), turn in (*d.*); ~ делá turn óver one's dúties; ~ вéщи в багáж régister one's lúggage, have one's lúggage régistered; ~ багáж на хранéние leave* one's lúggage in the clóak-room, depósit / leave* one's lúggage [-zɪt...]; ~ внаём let* (*d.*), let* out (*d.*), hire out (*d.*); (*о квартире и т. п.*) let* (*d.*), rent (*d.*); ~ в арéнду lease [-s] (*d.*), grant on lease [-ɑ:nt...] (*d.*), rent (*d.*); **2.** (*о крепости, городе и т. п.*) surrénder (*d.*), yield [ji:-] (*d.*); **3.** *карт.* deal* (round) (*d.*): комý ~? whose deal is it?; **4.**: он сдал ей три рубля́ he gave her three roubles change [...ru:- ʧeɪ-]; ◇ ~ экзáмен take* *an* exàminátion; (*успешно*) pass *an* exàminátion; он всегдá сдаёт экзáмены на отли́чно he álways recéives éxcellent marks at the exàminátions [...'ɔ:lwəz -i:vz...]; ~ нóрмы pass the (stándard) tests.

**сдавáть** II, сдать (*без доп.*; *ослабевать*) be wéakened, be in a redúced state; он óчень сдал пóсле болéзни he looks much worse áfter his íllness; (*постарел*) he looks years ólder áfter his íllness; сéрдце сдáло the heart gave out [...hɑ:t...].

**сдавáться** I, сдáться (*дт.*) **1.** surrénder (to), yield [ji:-] (to); ~ в плен yield òne:sélf prísoner [...-ɪz-]; ~ на ми́лость победи́теля surrénder at discrétion [...-re-]; **2.** *страд. к* сдавáть I.

**сдавáться** II, сдáться *безл. разг.*: мне, емý *и т. д.* сдаётся it seems to me, to him, *etc.*

**сдави́ть** *сов. см.* сдáвливать.

**сдáвленный** **1.** *прич. см.* сдáвливать; **2.** *прил.* constráined; ~ гóлос constráined voice.

**сдáвливать,** сдави́ть (*вн.*) squeeze (*d.*): он сдави́л мне рýку he squeezed my hand.

**сдать** I, II *сов. см.* сдавáть I, II.

**сда́ться** I, II *сов. см.* сдава́ться I, II.

**сда́ч||а** *ж.* **1.** (*о крепости, городе и т. п.*) surrénder; **2.**: ~ в бага́ж régistering of lúggage; ~ багажа́ на хране́ние depósiting / léaving one's lúggage [-zɪ-...]; ~ внаём létting (out), híring out; (*о квартире и т. п.*) létting, rénting; ~ в аре́нду lease [-s]; **3.** *карт.* deal; ва́ша ~ your deal, it is for you to deal; **4.** (*излишек денег при оплате*) change [ʧeɪ-]; пять рубле́й ~и five roubles change [...ruː-...]; дава́ть ~и де́сять рубле́й (*дт.*) give* ten roubles change (*i.*); получи́ть ~и де́сять рубле́й get* ten roubles change; ◇ дава́ть ~и (*дт.*) *разг.* hit* back (*d.*).

**сдва́ивание** *с.* dóubling ['dʌb-].

**сдва́ивать**, сдвои́ть (*вн.*) double [dʌ-] (*d.*).

**сдвиг** *м.* **1.** displáce⁝ment; (*перен.*) change for the bétter [ʧeɪ-...], prógrèss; (*в работе, учёбе и т. п.*) impróve⁝ment [-ruː-]; **2.** *геол.* displáce⁝ment, fault; **3.** *тех.* shear.

**сдвига́ть,** сдви́нуть (*вн.*) **1.** (*с места*) move [muːv] (*d.*): он не мог сдви́нуть стол (с ме́ста) he could not move the table; — его́ с ме́ста не сдви́нешь he won't budge [...wount...], you can't get him to budge [...kɑːnt...]; сдви́нуть с ме́ста (*о вопросе, деле и т. п.*) *разг.* set* afóot [...ə'fut] (*d.*); сдви́нуть де́ло с мёртвой то́чки get* things móving [...'muːv-]; ~ шля́пу на заты́лок push one's hat back [puʃ...]; **2.** (*соединять*) push togéther [...-'ge-] (*d.*); он сдви́нул два стола́ he pushed two tables togéther; ◇ сдви́нуть бро́ви knit* one's brows. **~ся,** сдви́нуться **1.** move [muːv], budge; он не сдви́нулся с ме́ста he never budged; вопро́с не сдви́нулся с ме́ста no héadway was made in the mátter [...'hed-...]; де́ло сдви́нулось с ме́ста things begán to move; **2.** (*вместе*) come* / draw* togéther [...-'ge-]; **3.** *страд.* к сдвига́ть.

**сдви́нуть(ся)** *сов. см.* сдвига́ть(ся).

**сдвои́ть** *сов. см.* сдва́ивать.

**сде́лать(ся)** *сов. см.* де́лать(ся).

**сде́лк||а** *ж.* (*при купле-продаже*) trànsáction [-'z-], deal, bárgain; (*соглашение*) agréement; гря́зная ~ shády trànsáction / deal; входи́ть в ~у с кем-л. strike* a bárgain with smb.; заключа́ть (торго́вую) ~у con⁝clúde a bárgain; arránge a deal [-eɪndʒ...]; ◇ ~ с со́вестью a bárgain with one's cónscience [...-nʃəns].

**сде́ль||но** *нареч.* by the job. **~ный** by the job; job (*attr.*); ~ная опла́та piece wage [piːs...], páyment by the piece; ~ная рабо́та piece-wòrk ['piːs-]; ~ная опла́та труда́ píece-ràte sýstem ['piːs-...]. **~щик** *м.* píece-wòrker ['piːs-]. **~щина** *ж.* píece-wòrk ['piːs-].

**сдёргивать,** сдёрнуть (*вн.*) pull off [pul...] (*d.*): сдёрнуть ска́терть со стола́ pull the cloth off *the* table; они́ сдёрнули с него́ ша́пку they pulled off his hat.

**сде́ржанн||о** *нареч.* with restráint, with discrétion [...-re-]; with resérve [...-'zəːv]. **~ость** *ж.* restráint, resérve [-'zəːv]; (*в речах*) discrétion [-re-], resérve; проявля́ть ~ость show* restráint [ʃou...]. **~ый 1.** *прич. см.* сде́рживать; **2.** *прил.* restráined, resérved [-'zəː-]; (*в речах*) discréet, resérved; вне́шне ~ый óutwardly restráined; ~ый отве́т, тон, смех restráined ánswer, tone, laugh [...'ɑːnsə... lɑːf].

**сдержа́ть(ся)** *сов. см.* сде́рживать(ся).

**сде́рживать,** сдержа́ть (*вн.*) **1.** hold* in (*d.*), keep* back (*d.*), restráin (*d.*); (*о неприятеле и т. п.*) hold* in check (*d.*), contáin (*d.*); (*об агрессии*) detér (*d.*); (*о лошадях и т. п.*) hold* (back) (*d.*); (*перен.*; *о чувствах*) keep* in (*d.*); (*о слезах, рыданиях и т. п.*) représs (*d.*), restráin (*d.*), check (*d.*); сдержа́ть смех suppréss a laugh [...lɑːf]; сде́рживающий фа́ктор detérrent; **2.** *тк. сов.*: сдержа́ть своё сло́во, обеща́ние keep* one's word, prómise [...-s]; be as good as one's word *идиом.* **~ся,** сдержа́ться contról òne⁝sélf [-oul...]; *сов. тж.* check òne⁝sélf; он едва́ сдержа́лся, он не мог сдержа́ться he could not contról hìm⁝sélf, he could hárdly contáin hìm⁝sélf.

**сдёрнуть** *сов. см.* сдёргивать.

**сдира́ть,** содра́ть (*вн.*) **1.** strip (*d.*), strip off (*d.*); scratch off (*d.*); ~ ко́жу (с *рд.*) skin (*d.*), strip the skin off (*d.*); ~ кору́ с берёзы bark *a* birch; ~ ко́жу с живо́тного flay / skin *an* ánimal; **2.** *тк. сов. разг.*: содра́ть втри́дорога с кого́-л. make* smb. pay through the nose; он содра́л с меня́ сто рубле́й he rushed me a húndred roubles [...ruː-].

**сдо́ба** *ж. собир.* fáncy bread [...-ed].

**сдо́бн||ый** rich; ~ая бу́лка bun.

**сдо́брить** *сов. см.* сда́бривать.

**сдоброва́ть** *разг.*: ему́ не ~ it will turn out bád⁝ly for him, he will have to pay for it.

**сдо́хнуть** (*о скоте*) die; *груб.* croak.

**сдружи́ться** *сов.* (с *тв.*) become* friends [...fre-] (with).

**сдува́ть,** сдуть (*вн.*) **1.** blow* a⁝wáy / off [-ou...] (*d.*); **2.** *разг.* (*списывать*) crib (*d.*).

**сду́ру** *нареч. разг.* out of fóolishness, fóolishly.

**сдуть** *сов. см.* сдува́ть.

**сё** *мест.*: то да сё, ни то ни сё, ни с того́ ни с сего́, о том о сём *см.* тот.

**сеа́нс** *м.* séance (*фр.*) ['seɪɑːns]; (*представление*) perfórmance; (*портретиста*) sítting; пе́рвый, второ́й ~ (*в кино*) first, sécond house* [...'se- -s]; first, sécond show / perfórmance [...ʃou...].

**СЕАТО** SEATO [sɪ'eɪtou, 'siːtou] South East Ásia Tréaty Òrganizátion [...'eɪʃə... -naɪ-].

**себе́** *дт.*, *пр. см.* себя́.

**себе** (*без удар.*) *частица разг. не переводится*: а он ~ спит and he just goes on sléeping; а он ~ молчи́т and he just keeps silent (as if nothing had háppened); and he says / útters never / not a word [...sez...]; ◇ ничего́ ~ not so bad.

**себесто́имост||ь** *ж. эк.* (prime) cost, cost price; продава́ть по ~и sell* at par, sell* at cost price.

**себя́** *рд.*, *вн.* (*дт.*, *пр.* себе́, *тв.* собо́й, собо́ю) *мест. переводится соответственно лицу, числу и роду*: *1. sg.* mỳ⁝sélf; *pl.* our⁝sélves; *2. sg.* your⁝sélf; thỳ⁝sélf [ð-] *поэт.*, *уст.*; *pl.* your⁝sélves; *3. sg. m.* hìm⁝sélf, *f.* hèr⁝sélf, *n.* it⁝sélf; *pl.* thèm⁝sélves; ◇ мне ка́к-то не по себе́ I don't feel quite mỳ⁝sélf.

**себялю́б||ец** *м.* égoìst, sélf-lóver [-'lʌ-]. **~и́вый** sélfish, ègoístical, sélf-lóving [-'lʌ-]. **~ие** *с.* sélf-lóve [-'lʌv].

**сев** *м.* sówing ['sou-].

**сéвер** *м.* north; на ~, к ~у (от) to the north (of), nórth(wards) [-dz] (of); *мор. тж.* to the nórthward (of); на ~е in the north; идти́, éхать на ~ go* north. **~нее** *нареч.* (*рд.*) to the north (of), nórthward (of); fúrther north [-ðə...] (than). **~ный** north, northern* [-ðən]; ~ный вéтер north; nórthern / nórtherly wind [...-ðəlı wı-]; ~ный жи́тель nórtherner [-ðə-]; Сéверный пóлюс North Pole; ~ный олéнь réindeer*; ~ное сия́ние nórthern lights *pl.*; Auróra Bòreális [...-rı'eı-] *научн.*

**сéверо-востó||к** *м.* nórth-éast. **~чный** nórth-éast, nórth-éastern; (*о ветре тж.*) nórth-éasterly.

**сéверо-зáпад** *м.* nórth-wést. **~ный** nórth-wést, nórth-wéstern; (*о ветре тж.*) nórth-wésterly.

**северя́нин** *м.* nórtherner [-ðə-].

**севооборóт** *м. с.-х.* rotátion / àlternátion of crops; crop rotátion / àlternátion; shift of crops.

**сéврский** [сэ́-]: ~ фарфóр Sèvres (*фр.*) [seıvr].

**севрю́га** *ж.* sevrúga (*kind of sturgeon*).

**сегмéнт** *м. мат., биол.* ségment. **~áция** *ж. биол.* sègmentátion.

**сегóдня** [-вó-] *нареч.* to¦dáy; ~ у́тром this mórning; ~ вéчером this évening [...'i:v-], to¦níght; ◇ ~ гу́сто, а зáвтра пу́сто ≅ feast to¦dáy and fast to¦mórrow; не ~-зáвтра any day now; на ~ (*в настоящее время*) to date; на ~ довóльно that'll do for to¦dáy. **~шний** [-вó-] to¦dáy's; на ~шний день to¦dáy, at présent [...'prez-].

**седáлищ||е** *с. анат.* seat. **~ный** *анат.* sciátic; ~ная кость sciátic bone; ~ный нерв sciátic nerve; воспалéние ~ного нéрва *мед.* sciática.

**седéльный** *прил. к* седлó; ~ мáстер sáddler.

**седé||ть,** поседéть go* / grow* / turn grey [...grou...]; (*о волосах тж.*) be touched with grey [...tʌ-...]. **~ющий 1.** *прич. см.* седéть; **2.** *прил.* grizzled.

**сединá** *ж.* grey hair.

**седлáть,** оседлáть (*вн.*) saddle (*d.*).

**седлó** *с.* saddle.

**седоборóдый** gréy-béarded.

**седовáтый** gréyish, grizzly.

**седовлáсый** gréy-héaded [-'he-], gréy-háired.

**седóй** grey.

**седóк** *м.* (*всадник*) hórse¦man*, rider; (*в экипаже*) fare.

**седьм||óй** séventh ['se-]; ~óе мáя, ию́ня *и т. п.* the séventh of May, June, *etc.*; May, June, *etc.*, the séventh; страни́ца, главá ~áя page, chápter séven [...'se-]; ~ нóмер númber séven; емý пошёл ~ год he is in his séventh year; емý ~ деся́ток пошёл he is past sixty; ужé ~ час (it is) past six; в ~óм часý past / áfter six; полови́на ~óго half past six [hɑ:f...]; три чéтверти ~óго a quárter to séven; однá ~áя one séventh; ◇ на ~óм нéбе *разг.* in the séventh héaven [...'he-].

**сезáм** I *м. бот.* sésame [-mı].

**сезáм** II *м.*: ~, открóйся! ópen sésame! [...-mı].

**сéзень** *м. мор.* gásket, fúrling line.

**сезóн** *м.* séason [-z°n]; мёртвый ~ the dead / off / dull séason [...ded...]. **~ник** *м. разг.* séason-wòrker [-z°n-]. **~ность** *ж.* séasonal prévalence [-zə-...]. **~ный** séasonal [-zə-]; ~ный рабóчий séason-wòrker [-z°n-]; ~ный билéт séason-tìcket [-z°n-].

**сей,** *ж.* сия́, *с.* сиé, *мн.* сии́, *мест.* this, *pl.* these: на ~ раз for this once [...wʌns]; this time; — до сих пор (*о месте*) up to here, up to this point; (*о времени*) up to now, till now, hither¦tó; (*ещё, всё ещё*) still; по ~ день, по сию́ пóру up till now; сегó гóда of this, *или* the présent, year [...'prez-...]; сегó мéсяца inst. *сокр.*: 5-го сегó мéсяца on the 5th inst.; что сиé знáчит what is the méaning of this; данó сиé this, *или* the présent, is given; сим удостоверя́ется this is to cértify; при сём прилагáется hère¦with please find; за сим слéдует here fóllows; под сим кáмнем покóится here lies; сию́ минýту (*только что*) this very mínute [...'mınıt]; (*сейчас*) ínstantly, at once; (*подождите*) just a móment!; ◇ от сих и до сих ≅ within a límited range [...reı-], never be¦yónd a définite scope.

**сейм** *м.* Seim (*representative assembly in Poland*).

**сéйн||а** *ж.* (*рыболовная сеть*) seine. **~ер** *м.* (*рыболовное судно*) séiner.

**сейсми́ческий** séismic ['saız-].

**сейсмогрáмма** *ж.* séismogràm ['saız-].

**сейсмóграф** *м.* séismogràph ['saız-]. **~и́ческий** seismográphic [saız-].

**сейсмогрáфия** *ж.* seismógraphy [saız-].

**сейсмологи́ческий** seismológical [saız-].

**сейсмолóгия** *ж.* seismólogy [saız-].

**сейсмóметр** *м.* seismómeter [saız-].

**сейф** [сэ-] *м.* safe.

**сейчáс** *нареч.* **1.** (*теперь*) now; (*в данный момент*) just / right now; где он ~ живёт? where is he living now? [...'lı-...]; сдéлайте э́то ~ do it immédiate¦ly / now; тóлько ~ just, just now; он тóлько ~ ушёл he has just gone a¦wáy [...gɔn...], he has ónly just left; **2.** (*очень скоро*) présently [-z-], soon; (*немедленно*) at once [...wʌns]; он ~ придёт he'll be here présently / soon; ~ же пóсле immédiate¦ly áfter; ~! in a mínute! [...'mınıt].

**сéканс** [сэ́-] *м. мат.* sécant.

**секвéстр** *м.* **1.** *юр.* sèquèstrátion [si:-]; наклáдывать ~ (на *вн.*) sequéstràte (*d.*), sequéster (*d.*); **2.** *мед.* sequéstrum. **~овáть** *несов. и сов.* (*вн.*) sequéstràte (*d.*), sequéster (*d.*).

**секи́ра** *ж.* póle-àxe.

**секрéт** I *м.* **1.** sécret; по ~у sécret¦ly, còнfidéntially, in cónfidence; под бóльшим ~ом in strict cónfidence, as a great sécret [...-eıt...]; держáть что-л. в ~е keep* smth. a sécret; вы́дать, разболтáть ~ betráy *a* sécret; let* the cat out of the bag *идиом.*; не составля́ть ~а be géneral knówledge [...'nɔ-]; ни для когó не ~, что it is no sécret that, it is an ópen sécret that; ~ успéха sécret of succéss; **2.** *воен.* lístening post ['lıs°n- pou-]; ◇ ~ полишинéля ópen sécret.

**секрéт** II *м. физиол.* secrétion.

**секретариáт** *м.* sècretáriate.

**секретáр||ский** sècretárial, sécretary's. **~ство** *с.* sécretaryship, sècretáriate. **~ствовать** be a sécretary.

**секрет||а́рша** *ж.*, **~а́рь** *м.* (*рд.*) sécretary (of, to); ли́чный ~а́рь pérsonal / prívate sécretary [...'praɪ-...]; учёный ~а́рь sciеntífic sécretary; непреме́нный ~а́рь pérmanent sécretary; генера́льный ~а́рь sécretary géneral.

**секре́тничать** *разг.* be secrétive, keep* *things* sécret.

**секре́тн||о** *нареч.* sécretly, cóvertly ['kʌ-], in sécret; весьма́ ~ with great sécrecy [...-eɪt 'siː-]; (*надпись на документах и т. п.*) strictly cònfidéntial, top sécret. **~ость** *ж.* sécrecy ['siː-]. **~ый** sécret; (*о документах и т. п. тж.*) cònfidéntial; ~ый прика́з sécret órder; ~ый замо́к còmbinátion lock.

**секрето́рный** *физиол.* secrétory [-riː-].

**секре́ция** *ж. физиол.* secrétion; вну́тренняя ~ intérnal secrétion.

**се́кста** [сэ-] *ж. муз.* sixth.

**секста́н(т)** *м. тех.*, *мат.* séxtant.

**сексте́т** [сэкстэ́т] *м. муз.* sèxtét(te), sèstét.

**сексуа́льн||ость** *ж.* sèxuálity. **~ый** séxual.

**се́кт||а** *ж.* sect. **~а́нт** *м.* sèctárian, séctary. **~а́нтский** sèctárian. **~а́нтство** *с.* sèctárianism.

**се́ктор** *м.* séctor; социалисти́ческий ~ хозя́йства sócialist séctor of the èсónomy[...iː-]; госуда́рственный ~ наро́дного хозя́йства státe-owned séctor of nátional èсónomy [-ound...'næ-...]; ~ оборо́ны *воен.* séctor of defénce.

**секуляриз||а́ция** *ж.* sécularizátion [-raɪ'z-]. **~и́ровать** *несов. и сов.* (*вн.*) sécularize (*d.*).

**секу́нд||а** *ж.* sécond (*sixtieth part of a minute*) ['se-]; подожди́ ~у wait a móment; сию́ ~у just a móment / mínute [...-nɪt].

**секунда́нт** *м.* sécond (*in a duel*) ['se-]; быть чьим-л. ~ом be smb.'s sécond.

**секу́ндн||ый** *прил. к* секу́нда; ~ая стре́лка sécond hand ['se-...].

**секундоме́р** *м.* stóp-wàtch.

**секу́щая** *ж. скл. как прил.* *мат.* sécant.

**секцио́нный** séctional.

**се́кция** *ж.* séction.

**селёд||ка** *ж.* = сельдь. **~очница** *ж.* hérring-dish. **~очный** hérring (*attr.*).

**селезён||ка** *ж. анат.* spleen; воспале́ние ~ки *мед.* splenítis. **~очный** *анат.* splénic [-iːn-], splenétic.

**се́лезень** *м.* drake.

**селекционе́р** *м.* seléctionist.

**селекцио́нный** *с.-х.* seléction (*attr.*), seléctive.

**селе́кция** *ж. с.-х.* seléction.

**селе́н** *м. хим.* selénium.

**селе́ние** *с.* víllage.

**селе́нистый** *хим.* sèlenític(al).

**селени́т** *м. мин.* sélenite.

**селе́новый** *хим.* selénic, selénian.

**селеногра́фия** *ж. астр.* sèlenógraphy.

**сели́тр||а** *ж. хим.* sáltpètre, nitre; ка́лиева ~ potássium nítràte [...'naɪ-]; на́триева ~ sódium nítràte. **~яный** sáltpètrious; nitre (*attr.*); ~яный заво́д sáltpètre-wòrks, nitre works.

**сели́ться** settle, take* up one's résidence [...'rez-].

**сел||о́** *с.* víllage; ◇ ни к ~у́ ни к го́роду ≅ for no réason at all [...-z°n...]; quite / just out of the blue.

**сельдере́й** *м.* célery.

**сельд||ь** *ж.* hérring; копчёная ~ red hérring, blóater; ◇ как ~и в бо́чке ≅ like sàrdínes [...-'diːnz]. **~яно́й** hérring (*attr.*).

**сельпо́** *с. нескл.* víllage géneral stores *pl.*

**се́льск||ий** rúral; ~ая ме́стность cóuntry-síde ['kʌ-]; ~ая жизнь cóuntry life ['kʌ-...]; ~ое хозя́йство ágricùlture, fárming, rúralècónomy [...iː-]; ~ учи́тель víllage téacher; ~ жи́тель cóuntry|man* ['kʌ-], víllager; *мн. собир.* cóuntryfòlk ['kʌ-], cóuntrypèople ['kʌ- -piː-]; ~ое населе́ние rúral pòpulátion; ~ая молодёжь víllage youth [...juːθ]; young cóuntryfòlk [jʌŋ...].

**сельскохозя́йственный** àgricúltural; ~ рабо́чий àgricúltural wórker; (*батрак*) fárm-hànd.

**сельсове́т** *м.* (се́льский сове́т) víllage Sóvièt.

**се́льтерск||ий:** ~ая вода́ séltzer (wáter) [-tsə 'wɔː-].

**селяни́н** *м. уст.*, *поэт.* péasant ['pez-], víllager.

**сема́нт||ика** *ж.* **1.** semántics; **2.** *лингв.* (*значение слова и т. п.*) méanings (of *a* word) *pl.*, sénse-devélopment. **~и́ческий** *лингв.* semántic.

**семасио||логи́ческий** *лингв.* semàsiológical. **~ло́гия** *ж.* semàsiólogy.

**семафо́р** *м.* *ж.-д.*, *мор.* sémaphòre.

**сёмга** *ж.* sálmon ['sæm-].

**семе́йн||ый** **1.** doméstic; fámily (*attr.*): ~ая жизнь doméstic / fámily life; ~ое сча́стье fámily háppiness; ~ круг fámily círcle; ~ые отноше́ния fámily relátions; ~ сове́т doméstic / fámily cóuncil; ~ ве́чер fámily párty; ~ые свя́зи fámily ties; ~ая вражда́ fámily feud; ~ое положе́ние fámily státus; márital state; по ~ым обстоя́тельствам for doméstic réasons [...-z°nz]; в ~ой обстано́вке in doméstic surróundings; **2.** (*имеющий семью*) fámily (*attr.*); ~ челове́к fámily man*; быть ~ым have a fámily.

**семе́йственн||ость** *ж.* (*в ведении дел, в работе*) népotism. **~ый** doméstic; fámily (*attr.*); ~ый челове́к doméstícàted man*.

**семе́йство** *с.* fámily.

**семена́** *мн. см.* се́мя.

**семени́ть** mince.

**семенни́к** *м.* **1.** *биол.* tésticle; **2.** *бот.* péricàrp; ~и́ трав grass seeds; ~и́ овощны́х культу́р végetable seeds.

**семенн||о́й** **1.** seed (*attr.*); ~а́я ссу́да seed loan; ~ фонд séed-fùnd; ~о́е хозя́йство séed-fàrm; засыпа́ть ~ы́е фо́нды lay* in seed stocks; **2.** *биол.* séminal ['siː-], spèrmátic; ~а́я нить spèrmatozóòn [-'zouɔn] (*pl.* -zoa [-'zouə]).

**семеново́д||ство** *с.* *с.-х.* séed-gròwing [-ou-], séed-fàrming. **~ческий** *с.-х.* séed-gròwing [-ou-] (*attr.*).

**семено́сный** *бот.* sèminíferous.

**семери́чный** sèpténary [-'tiː-].

**семёрка** *ж.* **1.** *разг.* (*цифра*) séven ['se-]; **2.** *карт.* séven; козырна́я ~ the séven of trumps; ~ черве́й, пик *и т. п.* the séven of hearts, spades, *etc.* [...hɑːts...].

**семерно́й** sévenfòld, séptuple.

**се́меро** *числит.* séven ['se-]; для всех семеры́х for all séven; нас ~ there are séven of us; ◇ ~ одногó не ждут *посл.* ≅ for one that is missing there's no spóiling a wédding.

**семéстр** *м.* term, seméster. **~óвый** términal; seméster (*attr.*).

**сéмечк||о** *с. уменьш. от* сéмя; ~и (подсóлнуха) sún-flower seeds.

**семи-** (*в сложн. словах, не приведённых особо*) of séven [...'se-], *или* séven- — *соотв. тому, как даётся перевод второй части слова; напр.* семиднéвный of séven days, séven-day (*attr.*) (*ср.* -днéвный: of... days, -day *attr.*); семимéстный with berths, seats for 7; (*об автобусе и т. п.*) séven-seater ['se-] (*attr.*) (*ср.* -мéстный).

**семидесяти-** (*в сложн. словах, не приведённых особо*) of séventy, *или* séventy- — *соотв. тому, как даётся перевод второй части слова; напр.* семидесятиднéвный of séventy days, séventy-day (*attr.*) (*ср.* -днéвный: of... days, -day *attr.*); семидесятимéстный with berths, seats for 70; (*об автобусе и т. п.*) séventy-seater (*attr.*) (*ср.* -мéстный).

**семидесятилéт||ие** *с.* **1.** (*годовщина*) séventieth ànnivérsary; (*день рождения*) séventieth bírthday; **2.** (*срок в 70 лет*) séventy years *pl.* **~ний 1.** (*о сроке*) of séventy years; séventy-year (*attr.*); **2.** (*о возрасте*) of séventy; séventy-year-óld; ~ний человéк man* of séventy; séventy-year-óld man*.

**семидесят||ый** séventieth; страница ~ая page séventy; ~ нóмер númber séventy; емý (пошёл) ~ год he is in his séventieth year; ~ые гóды (*столетия*) the séventies; в начáле ~ых годóв in the éarly séventies [...'ə:-...]; в концé ~ых годóв in the late séventies.

**семикрáтн||ый** sévenfòld, séptuple; в ~ом размéре sévenfòld.

**семилéтие** *с.* **1.** (*годовщина*) séventh ànnivérsary ['se-...]; **2.** (*срок в 7 лет*) séven years ['se-...] *pl.*

**семилéт||ка** *ж.* **1.** séven-year school ['se-...]; **2.** *разг.* (*о ребёнке*) séven-year-óld child* ['se-...], child* of séven [...'se-]. **~ний 1.** (*о сроке*) of séven years [...'se-...], séven-year ['se-] (*attr.*); sèpténnial *книжн.*; **2.** (*о возрасте*) of séven; séven-year-óld ['se-]; ~ний ребёнок child* of séven; séven-year-óld child*.

**семими́льн||ый:** двигаться ~ыми шагáми advánce with séven-league / gìgántic / rápid strides [...'se- -li:g...].

**семинáр** *м.*, **~ий** *м.* sèminár.

**семинари́ст** *м.* sèminárian, séminarist.

**семинáр||ия** *ж.* séminary; духóвная ~ theológical séminary. **~ский 1.** *прил. к* семинáр; **2.** *прил. к* семинáрия.

**семисóт||ый** séven-húndredth ['se-]; страница ~ая page séven húndred [...'se-...]; ~ нóмер númber séven húndred; ~ая годовщина séven-húndredth ànnivérsary; ~ год. the year séven húndred.

**семистóпный:** ~ ямб *лит.* iámbic hèptámeter.

**семи́т** *м.* sémìte ['si:-]. **~и́ческий** semític. **~ский** = семити́ческий.

**семиты́сячный** séven-thóusandth ['se- -zə-].

**семиугóльн||ик** *м. мат.* héptagon, séptàngle. **~ый** hèptágonal, sèptángular.

**семичасовóй 1.** (*о продолжительности*) of séven hours [...'se- auəz]; séven-hour ['se-auə] (*attr.*); **2.:** ~ пóезд the séven o'clóck train; the séven o'clóck *разг.*

**семнадцати-** (*в сложн. словах, не приведённых особо*) of séventéen, *или* séventéen- — *соотв. тому, как даётся перевод второй части слова; напр.* семнадцатиднéвный of séventéen days, séventéen-day (*attr.*) (*ср.* -днéвный: of... days, -day *attr.*); семнадцатимéстный with berths, seats for 17; (*об автобусе и т. п.*) séventéen-seater (*attr.*) (*ср.* -мéстный).

**семнадцатилéтний 1.** (*о сроке*) of séventéen years; séventéen-year (*attr.*); **2.** (*о возрасте*) of séventéen; séventéen-year-óld; ~ юноша boy of séventéen; séventéen-year-óld boy.

**семнáдцат||ый** séventéenth; ~ое января́, февраля́ *и т. п.* the séventéenth of Jánuary, Fébruary, *etc.*; Jánuary, Fébruary, *etc.*, the séventéenth; страница, главá ~ая page, chápter séventéen; ~ нóмер númber séventéen; емý пошёл ~ год he is in his séventéenth year; однá ~ая one séventéenth.

**семнáдцать** *числит.* séventéen; ~ раз ~ séventéen times séventéen; séventéen séventéens.

**сем||ь** *числит.* séven ['se-]; ◇ ~ бед — оди́н ответ *посл.* ≅ as well be hanged for a sheep as for a lamb; in for a pénny, in for a pound; óver shoes, óver boots [...ʃu:z...]; у ~и́ ня́нек дитя без глáзу *посл.* ≅ too many cooks spoil the broth; ~ раз отмéрь, оди́н раз отрéжь *погов.* ≅ look befóre you leap.

**сéмь||десят** *числит.* séventy; ~ оди́н *и т. д.* séventy-òne, *etc.*; ~ пéрвый *и т. д.* séventy-first, *etc.*; лет ~ (*о времени*) abóut séventy years; (*о возрасте*) abóut séventy; лет ~ томý назáд abóut séventy years agó; емý лет ~ he is / looks abóut séventy; емý óколо семи́десяти he is abóut séventy; емý под ~ he is néarly séventy; емý (перевали́ло) за ~ he is óver séventy; человéк лет семи́десяти a man* of abóut séventy; в семи́десяти киломéтрах (от) séventy kilomètres (from). **~сóт** *числит.* séven húndred ['se-...].

**сéмью** *нареч.* séven times ['se-...]; ~ семь séven times séven; séven sévens.

**семь||я́** *ж.* fámily; ~ нарóдов commúnity of nátions; брáтская ~ совéтских нарóдов fratérnal fámily of Sóvièt nátions; из хорóшей ~и́ of good* stock; ◇ в ~é не без урóда *посл.* ≅ it is a small flock that has not a black sheep.

**семьяни́н** *м.* fámily man*.

**сéмя** *с.* **1.** *бот.* (*тж. перен.*) seed; пойти́ в семенá go* / run* to seed; семенá раздóра seeds of díscòrd; **2.** *биол.* sémèn, sperm.

**семя||дóля** *ж. бот.* séed-lóbe, còtylédon. **~излия́ние** *с. физиол.* ejàculátion. **~пóчка** *ж. бот.* séed-bùd.

**сенáт** *м.* sénate. **~ор** *м.* sénator. **~орский** sènatórial. **~ский** *прил. к* сенáт.

**сенбернáр** [сэ-] *м.* (*собака*) St. Bérnard (dog).

**сéни** *мн.* pássage *sg.*

**сенн||и́к** *м.* háy-máttress. **~óй** hay (*attr.*); ~óй ры́нок háy-màrket; ~áя лихорáдка *мед.* hay féver.

**се́н||о** *с.* hay; ворошить ~ ted the hay; скла́дывать ~ в стога́ cock hay; оха́пка ~а bottle of hay; стог ~а háyrìck, háystàck.

**сенова́л** *м.* mow [mou], háylòft.

**сеноворошилка** *ж. с.-х.* hay spréader [...-re-], hay tédder.

**сеноко́с** *м.* háy-mowing [-mou-], háymàking, háying. **~и́лка** *ж. с.-х.* mówing-machíne ['mou- -'ʃi:n]. **~ный** háying.

**сеноубо́р||ка** *ж.* hay hárvesting, háymàking. **~очный:** ~очная маши́на háymàking machíne [...-'ʃi:n].

**сенсацио́нн||ый** sènsátional; ~ое собы́тие sènsátion, sènsátional / stártling evént.

**сенса́ци||я** *ж.* sènsátion; вызыва́ть ~ю cause *a* sènsátion, cause / make* a big stir.

**сенсимон||и́зм** [сэ-] *м.* Sáint-Sìmonism [-saɪ-]. **~и́ст** [сэ-] *м.* Sáint-Sìmonist [-saɪ-].

**сенсуал||и́зм** [сэ-] *м. филос.* sènsátionalism, sénsualism. **~и́ст** [сэ-] *м.* sènsátionalist, sénsualist.

**сенсуа́льный** [сэ-] *филос.* sènsátional, sénsual.

**сентенцио́зный** [сэнтэ-] sènténtious.

**сенте́нция** [сэнтэ́-] *ж.* máxim.

**сентиментали́зм** [сэ-] *м.* sèntiméntalism.

**сентимента́льн||ичать** [сэ-] *разг.* be sèntiméntal, sèntiméntalize. **~ость** [сэ-] *ж.* sèntimèntálity; без ~остей without sèntimèntálity. **~ый** [сэ-] sèntiméntal.

**сентя́бр||ь** *м.* Septémber; в ~е́ э́того го́да in Septémber; в ~е́ про́шлого го́да last Septémber; в ~е́ бу́дущего го́да next Septémber.

**сентя́брьский** *прил. к* сентя́брь; ~ день Septémber day, day in Septémber.

**сень** *ж. поэт.* cánopy; под ~ю (*рд.*) únder the cánopy (of); (*перен.*) únder the protéction (of).

**сеньо́р** *м.* séignior ['si:njə], seignéur [seɪn'jə:].

**сепарат||и́зм** *м. полит.* séparatism. **~и́ст** *м.*, **~и́стка** *ж. полит.* séparatist. **~и́стский** *полит.* séparative.

**сепара́тный** séparate; ~ мир séparate peace; ~ ми́рный догово́р séparate peace tréaty.

**сепара́тор** *м. с.-х., тех.* séparàtor.

**се́пия** [сэ́-] *ж.* (*краска*) sépia.

**се́псис** [сэ́-] *м. мед.* sèpticáemia, sépsis.

**септе́т** [сэптэ́т] *м. муз.* sèptét(te).

**се́птима** [сэ́-] *ж. муз.* séventh ['se-].

**септи́ческий** [сэ-] *мед.* séptic.

**се́ра** *ж. хим.* súlphur; brímstòne; (*ушная*) éar-wàx [-wæks], cerúmèn.

**сера́ль** *м.* sèráglìò [-'rɑ:l-].

**серафи́м** *м. рел.* séraph ['se-] (*pl.* -phim, -phs).

**серб** *м.* Serb, Sérbian.

**сербохорва́тский** Sérbo-Cròátian; ~ язы́к Sérbo-Cròátian, the Sérbo-Cròátian lánguage.

**се́рбский** Sérbian.

**серви́з** *м.* sérvice, set; столо́вый ~ dínner sérvice / set; ча́йный ~ tea sérvice / set.

**сервир||ова́ть** *несов. и сов.* (*вн.*) serve (*d.*); ~ стол lay* the table. **~о́вка** *ж.* láy-out, sét-óut.

**серде́чник** I *м. тех.* core.

**серде́чник** II *м. разг.* (*о враче*) heart spécialist [hɑ:t 'spe-].

**серде́чник** III *м. бот.:* ~ лугово́й cúckoo-flower ['ku-], méadow cress ['me-...].

**серде́чн||ость** *ж.* warmth / ténderness of féeling, còrdiálity. **~ый 1.** (*относящийся к сердцу*) heart [hɑ:t] (*attr.*); of the heart; *анат.* cárdiàc; ~ое сре́дство, лека́рство cárdiàc; ~ый припа́док heart attáck; ~ая боле́знь heart diséase [...-'zi:z]; специали́ст по ~ым боле́зням, heart spécialist [...'spe-]; ~ая мы́шца heart muscle [...mʌsl]; **2.** (*искренний*) ténder, lóving ['lʌv-]; córdial; ~ый челове́к wárm-héarted pérson [-'hɑ:t-...]; ~ая благода́рность sincére / héartfèlt grátitùde [...'hɑ:t-...]; córdial / héarty thanks [...'hɑ:tɪ...] *pl.*; (*ср.* благода́рность 1 *и* 2); оказа́ть ~ый приём (*дт.*) extе́nd a córdial / warm recéption (to).

**серди́т||ый 1.** (на кого́-л.) ángry (with smb.), cross (with smb.); (на что-л.) ángry (at / abóut smth.); **2.** *разг.* (*о горчице, хрене*) strong; ◇ дёшево и ~о cheap but good; a good bárgain.

**серди́ть** (*вн.*) make* ángry (*d.*), ánger (*d.*). **~ся** (на кого́-л.) be ángry (with smb.), be cross (with smb.); (на что-л.) be ángry (at / abóut smth.); не серди́тесь на меня́ don't be ángry / cross with me.

**сердобо́лие** *с.* ténder-héartedness [-'hɑ:-], compássion.

**сердобо́льный** ténder-héarted [-'hɑ:-], compássionate.

**сердоли́к** *м. мин.* còrnélian, sard. **~овый** *прил. к* сердоли́к.

**се́рдц||е** [-рц-] *с.* (*в разн. знач.*) heart [hɑ:t]; до́брое, мя́гкое ~ kind heart, ténder heart; золото́е ~ heart of gold; у него́ ~а нет he has no heart; прижима́ть кого́-л. к ~у press / hold* smb. to one's heart / bósom [...'buz-]; у него́ ~ упа́ло, за́мерло his heart sank; с замира́нием ~а with a sínking / pálpitàting heart; у него́ ~ за́мерло от ра́дости his heart mélted with joy; у него́ ~ разрыва́ется his heart is bréaking [...'breɪ-]; у него́ тяжело́ на ~ his heart is héavy [...'he-], he is sick at heart; у него́ ~ кро́вью облива́ется his heart is bléeding; принима́ть что-л. (бли́зко) к ~у take* / lay* smth. to heart; предлага́ть кому́-л. ру́ку и ~ óffer smb. one's hand and heart; с тяжёлым ~ем with a héavy heart; с лёгким ~ем with a light heart; от всего́ ~а from the bóttom of one's heart, whóle-héartedly ['houl'hɑ:t-]; иду́щий от ~а héartfèlt ['hɑ:t-]; всем ~ем with all one's heart, with one's whole heart [...houl...]; скрепя́ ~ relúctantly, grúdgingly; чу́ет его́ ~ беду́ his mind misgíves him [...-'g-...]; с ~ем véxedly, téstily; в ~а́х *разг.* in a témper, in a fit of témper; у него́ не лежи́т ~ (к) he has no líking (for); по́ ~у *разг.* to one's líking; от чи́стого ~а in all sincérity; у него́ отлегло́ от ~а he felt relieved [...-'li:vd]; с глаз доло́й, из ~а вон *погов.* out of sight, out of mind.

**сердцебие́ние** [-рц-] *с.* pàlpitátion; *мед.* tàchycárdia [-kɪ-].

**сердцеве́д** [-рц-] *м.* réader / intérpreter of the húman heart, *или* of húman náture [...hɑ:t...'neɪ-].

**сердцеви́дный** [-рц-] héart-shàped ['hɑ:t-]; *бот.* córdàte.

**сердцеви́на** [-рц-] *ж.* (*прям. и перен.*) core, pith, heart [hɑːt].

**сердцее́д** [-рц-] *м. разг.* lády-killer.

**серебре́ние** *с.* sílvering.

**сере́бреник** *м.* (*монета*) = сре́бреник.

**серебри́ст||ость** *ж.* sílveriness. **~ый** sílvery; sílver (*attr.*); ~ый звук sílver(y) sound; ~ый то́поль *бот.* sílver póplar [...'pɔ-].

**серебри́ть,** посеребри́ть (*вн.*) sílver (*d.*). **~ся** **1.** sílver, become* sílvery; **2.** *страд. к* серебри́ть.

**серебро́** *с.* **1.** sílver; суса́льное ~ sílver-leaf; **2.** *собир.* (*серебряные вещи, деньги*) sílver; столо́вое ~ sílver (plate). **~но́сный** *горн.* àrgentíferous.

**сере́бряник** *м.* (*серебряных дел мастер*) sílversmith.

**сере́брян||ый** sílver; ~ая посу́да *собир.* sílver (plate); ~ые изде́лия sílver goods [...gudz]; sílverwàre *sg.*; в ~ой опра́ве sílver-móunted; ~ блеск *мин.* sílver glance.

**середи́н||а** *ж.* (*в разн. знач.*) míddle, midst; золота́я ~ the gólden mean; в (са́мой) ~е in the (véry) míddle; **в ~е ле́та** in the míddle / height of súmmer [...haɪt...]; ~ы не мо́жет быть there is no míddle / intermédiate cóurse [...kɔːs]. **~ный** míddle, mean, céntral.

**серёдка** *ж. разг.* = середи́на.

**середня́||к** *м.* míddle péasant [...'pez-]. **~цкий** *прил. к* середня́к.

**серёжка** *ж.* **1.** *бот.* cátkin; améntum; **2.** *разг.* = серьга́.

**сере́нада** *ж.* sèrenáde.

**се́реньк||ий** *уменьш., ласк.* grey; (*перен. тж.*) dull; ~ денёк múrky day; ~ая жизнь dull life.

**сере́||ть,** посере́ть **1.** (*становиться серым*) grow* / turn grey [-ou...], grey; **2.** *тк. несов.* (*виднеться*) show* grey [ʃou...]; что́-то ~ет вдали́ smth. shows grey in the dístance, smth. grey can be seen in the dístance.

**сержа́нт** *м. воен.* sérgeant ['sɑːdʒənt]; ста́рший ~ sénior sérgeant; мла́дший ~ júnior sérgeant.

**сери́йн||ый** sérial; ~ое произво́дство sérial prodúction.

**се́ристый** *хим.* sùlphúreous.

**се́рия** *ж.* sériès [-riːz] *sg. и pl.*; кинофи́льм в не́скольких ~х sérial (film); ~ вы́стрелов *воен.* sérial.

**сермя́га** *ж.* **1.** (*сукно*) coarse héavy cloth [...'he-...]; **2.** (*кафтан*) coarse héavy cáftan.

**се́рна** *ж. зоол.* chámois ['ʃæmwɑː].

**серни́ст||ый** *хим.* sùlphúreous, súlphury; ~ на́трий sùlphúreous sódium; ~ мета́лл súlphide; ~ая ртуть súlphide of mércury.

**сернова́тистый** *хим.* thiosùlphúric.

**сернокис́л||ый** *хим.*: ~ая соль súlphàte.

**се́рн||ый** sùlphúric, súlphurous, súlphury; ~ая кислота́ sùlphúric ácid; ~ цвет *хим.* flówers of súlphur *pl.*

**серова́тый** gréyish.

**сероводоро́д** *м. хим.* súlphurètted hýdrogen [...'haɪ-], hýdrogen súlphide.

**серогла́зый** grey-eyed [-aɪd].

**серо́зный** *физиол.* sérous.

**серотерапи́я** [сэ-] *ж. мед.* sèrothérapy.

**сероуглеро́д** *м. хим.* bìsúlphide of cárbon.

**серп** *м.* sickle, réaping-hook; ~ и мо́лот hámmer and síckle; ~ луны́ créscent [-eznt]; *поэт.* síckle moon.

**серпанти́н** *м.* páper stréamer.

**серпенти́н** *м. мин.* sérpentìne.

**серпови́дный** créscent(-shàped) [-eznt-]; fálcàte.

**серсо́** [сэ-] *с. нескл.* **1.** (*игра*) hóoplà [-lɑː]; **2.** (*кольцо*) ring.

**сертифика́т** *м.* certíficate.

**се́рум** [сэ́-] *м. мед.* sérum (*pl.* -ms, séra).

**се́р||ый** grey; (*перен.*: *бесцветный, неинтере́сный*) dull; (*перен.*: *необразованный*) *уст.* ígnorant; ~ в я́блоках (*о лошади*) dápple-gréy; ~ое веществó (мóзга) grey mátter; ~ая жизнь dull life, drab / húmdrùm exístence.

**серьга́** *ж.* **1.** éar-rìng; **2.** *тех.* link; **3.** *мор.* slip rope.

**серьёзно** I *прил. кратк. см.* серьёзный.

**серьёзн||о** II *нареч.* sérious¦ly, éarnest¦ly ['əːn-], in éarnest [...'əːn-]; ~? réally? ['rɪə-]; я говорю́ ~ I am in éarnest, I mean it; относи́ться ~ к чему́-л. be in éarnest abóut smth. **~ость** *ж.* sérious¦ness, éarnestness ['əːn-]; (*важность*) grávity; со всей ~остью in all sérious¦ness. **~ый** sérious, éarnest ['əːn-]; (*важный*) grave; счита́ть положе́ние, вопро́с о́чень ~ым take* a grave view of the mátter [...vjuː...].

**сессио́нный** séssional.

**се́ссия** *ж.* séssion; sítting; (*судебная*) term; выездна́я ~ суда́ assízes *pl.*; ~ Верхо́вного Сове́та СССР séssion of the Sùpréme Sóvièt of the USSR.

**сесте́рция** [сэстэ́-] *ж. ист.* séstèrce.

**сестра́** *ж.* sister; двою́родная ~ (first) cóusin [...'kʌz-]; медици́нская ~ (sick-)nurse; (*с квалификацией фельдшерицы*) trained (hóspital) nurse.

**се́стр||ин** *прил.* sister's. **~и́ца** *ж.*, **~и́чка** *ж. уменьш., ласк. от* сестра́.

**сесть** I, II *сов. см.* сади́ться I, II.

**се́тка** *ж.* **1.** net, nétting; (*очень мелкая*) gauze; (*для вещей в вагоне*) rack; (*для ловли бабочек*) bútterflỳ-nèt, swéep-nèt; про́волочная ~ wíre-nèt; **2.** (*географическая*) gráticùle; (*квадратная на карте*) grid; **3.** (*радио*) grid; **4.** (*тарифная и т. п.*) scale.

**се́тование** *с.* làmèntátion, compláint.

**се́товать,** посе́товать (на *вн.*) lamént (*d.*), compláin (of); (о *пр.*) lamént (for, óver), compláin (of).

**се́точный** **1.** net (*attr.*); **2.** *рад.* grid (*attr.*).

**се́ттер** [сэ́тэр] *м.* sétter.

**сетча́тка** *ж. анат.* rétina.

**сетчатокры́лые** *мн. скл. как прил. зоол.* neuróptera.

**се́тчат||ый:** ~ая оболо́чка глаза *анат.* rétina.

**сет||ь** *ж.* **1.** net; *мн.* (*перен.*) net *sg.*, méshes, toils; рыболо́вная ~ físh-nèt; пла́вная ~ dríft-nèt; попа́сть в ~и fall* into *a* net; расставля́ть ~и set* / lay* / spread* nets [...-ed...]; **2.** (*железных дорог и т. п.*) nétwòrk; торго́вая ~ tráding nétwòrk.

**се́ча** *ж. уст.* báttle.

**сече́ние** *с.* séction; золото́е ~ *иск.* gólden séction; ◇ ке́сарево ~ Caesárean birth / òperátion [-'zɛərɪən...].

**се́чка** I *ж.* (*нож*) chópping-knife*, cléaver.

**се́чка** II *ж.* (*рубленая солома*) chopped straw, chaff.

**Сечь** *ж.*: Запоро́жская ~ *ист.* Zaporózhskaya Sech.

**сечь,** вы́сечь (*вн.*) **1.** (*розгами*) flog (*d.*); (*кнутом*) whip (*d.*); **2.** *тк. несов.* (*рубить*) cut* / slash to pieces [...'pi:s-] (*d.*). **~ся** (*о волосах*) split*; (*о шёлке*) cut*.

**се́ялка** *ж. с.-х.* séeding-machíne [-'ʃi:n]; рядова́я ~ seed drill, séeder.

**се́янец** *м. с.-х.* séedling; лук ~ séedling-ònion [-ʌn-].

**се́ятель** *м.* sówer ['souə]; (*перен.*) dissémi-nàtor.

**се́ять,** посе́ять (*вн.*) sow* [sou] (*d.*); (*рядами*) drill (*d.*); (*перен.*: *терять*) *разг.* lose* [lu:z] (*d.*); ◇ ~ вражду́ (ме́жду) crèáte hòstílity (betwéen, amóng); ~ па́нику (среди́) sow* pánic (amóng); ~ раздо́р sow* (the seeds of) dissénsion; что посе́ешь, то и пожнёшь *посл.* ≅ you must reap what you have sown [...soun]; as you sow, you shall mow [...mou].

**сжа́литься** *сов.* (над) take* píty / compássion [...'pɪ-...] (on, up¦ón).

**сжа́рить** *сов.* (*вн.*) roast (*d.*), fry (*d.*).

**сжа́т||ие** *с.* **1.** préssing, préssure; (*рукой*) grasp, grip; **2.** (*жидкости, газа*) compréssion. **~ость** *ж.* **1.** (*жидкости, газа*) compréssion; **2.** (*краткость*) concíse¦ness [-'saɪs-].

**сжа́т||ый** I **1.** *прич. см.* сжима́ть; **2.** *прил.* condénsed, compréssed; (*краткий*) concíse [-s]; ~ во́здух compréssed air; ~ стиль compréssed style; в ~ой фо́рме in a condénsed form.

**сжа́тый** II *прич. см.* жать II.

**сжать** I *сов. см.* сжима́ть.

**сжать** II *сов. см.* жать II.

**сжа́ться** *сов. см.* сжима́ться.

**сжечь** *сов. см.* жечь 1 *и* сжига́ть.

**сжива́ть,** сжить (*вн.*) *разг.*: ~ со све́та be the death [...deθ] (of), wórry to death ['wʌ-...] (*d.*).

**сжива́ться,** сжи́ться (с *тв.*) *разг.* get* used / accústomed [...ju:st...] (to).

**сжига́ть,** сжечь (*вн.*) burn* (down, out) (*d.*); (*в крематории*) cremáte (*d.*); ~ дотла́ incíneràte (*d.*), burn* to áshes (*d.*); ◇ сжечь свои́ корабли́ burn* one's boats.

**сжиж||а́ть** (*вн.*) *хим.* líquefỳ (*d.*). **~е́ние** *с. хим.* liquátion [laɪ-], lìquefáction.

**сжима́емость** *ж.* condènsabílity, comprèssibílity.

**сжима́ть,** сжать (*вн.*) squeeze (*d.*); (*жидкость, газ тж.*) compréss (*d.*); ~ гу́бы compréss one's lips, press one's lips togéther [...'ge-]; ~ зу́бы, ру́ки, кулаки́ clench one's teeth, hands, fists; ~ ру́ку в кула́к make* a fist; ball / double one's hand into a fist [...dʌbl...]; ~ ру́ку кому́-л. wring* / squeeze smb.'s hand; ~ в объя́тиях hug (*d.*); сжать стальны́м кольцо́м grip in a steel vice (*d.*); ~ кольцо́ окруже́ния (вокру́г) *воен.* tighten the ring (round). **~ся,** сжа́ться **1.** shrink*, contráct; (*о жидкости, газе*) compréss; (*о губах*) contráct; (*о зубах, руках и т. п.*) clench; его́ се́рдце сжа́лось (от) his heart was wrung [...hɑ:t...] (with); **2.** *страд. к* сжима́ть.

**сжить** *сов. см.* сжива́ть.

**сжи́ться** *сов. см.* сжива́ться.

**сза́ди** I *нареч.* (*с задней стороны*) from behínd; (*позади*) behínd; (*считая с конца*) from the end / tail; вид ~ view from behind [vju:...], back view; он шёл ~ he was wálking behínd; 5-й ваго́н ~ the fifth cárriage from the end / tail [...-rɪdʒ...]; толка́ть, напира́ть ~ push, press from behínd [puʃ...].

**сза́ди** II *предл.* (*рд.*) behínd: ~ до́ма behind *the* house* [...-s].

**сзыва́ть,** созва́ть (*вн.*) call (*d.*); (*гостей*) gáther (*d.*).

**си** *с. нескл. муз.* B [bi:]; si [si:]; си-бемо́ль B flat.

**сиа́мский** Siamése; ~ язы́к Siamése, the Siamése lánguage.

**сибари́т** *м.*, **~ка** *ж.* Sýbarite. **~ский** sỳbarític. **~ство** *с.* sỳbaritism, sỳbarític life. **~ствовать** lead* the life of a Sýbarite.

**сибиля́нт** *м. лингв.* síbilant.

**сиби́рск||ий** Sibérian [saɪ-]; ~ая я́зва *мед.* ánthràx; ~ая ко́шка Pérsian cat.

**сибир||я́к** *м.*, **~я́чка** *ж.* Sibérian [saɪ-].

**Сиви́лла** *ж. миф.* Síbyl.

**си́вка** *м. и ж. разг.* grey (horse).

**сиву́||ха** *ж. разг.* raw brándy. **~шный** fúsel [-z-] (*attr.*); ~шное ма́сло fúsel oil.

**си́вый** grey.

**сиг** *м.* (*рыба*) sig (*fish of the salmon species*).

**сига́р||а** *ж.* cigár. **~е́та** *ж.*, **~е́тка** *ж.* (áll-tobáccò) cigarétte. **~ный** cigár (*attr.*).

**сигна́л** *м.* sígnal; (*голосом, звуками*) call; светово́й ~ light sígnal; передава́ть ~ами sígnal; дымово́й ~ smoke sígnal; ~ бе́дствия sígnal of distréss; distréss sígnal; SOS call / sígnal; пожа́рный ~ fíre-alàrm; дава́ть ~ give* the sígnal; ~ к возвраще́нию *воен.* recáll; ~ к отступле́нию *воен.* retréat; ~ возду́шной трево́ги áir-raid alárm / sígnal; ~ на трубе́ *воен.* trúmpet-càll; ~ на рожке́, го́рне *воен.* búgle-càll.

**сигнализ||а́тор** *м. тех.* sígnalling àpparátus. **~а́ция** *ж.* sígnalling. **~и́ровать** *несов. и сов.* (*дт.* о *пр.*; *давать сигналы*) sígnal (to *d.*); *несов. тж.* give* sígnals (to of); *сов. тж.* give* a sígnal (to of); (*перен. тж.*) warn (*d.* agáinst).

**сигнали́ст** *м. воен.* búgler.

**сигна́ль||ный** sígnal; ~ная ла́мпа *воен.* sígnal lamp; ~ флаг, флажо́к sígnal flag; ~ фона́рь sígnal lántern; ~ная бу́дка sígnal-bòx, sígnal cábin; ~ ого́нь sígnal light. **~щик** *м.* sígnal-man*, sígnaller.

**сигнату́р||а** *ж.*, **~ка** *ж.* **1.** *фарм.* lábel, tícket; **2.** *полигр.* sígnature.

**сиде́лка** *ж.* (síck-)núrse.

**сиде́ни||е** *с.* sítting; он уста́л от до́лгого ~я he is tired from sítting so long.

**сиде́нье** *с.* seat; ~ сту́ла cháir-bóttom.

**сидери́т** *м. мин.* síderite ['saɪ-].

**сиде́ть 1.** sit*; (*о птицах*) be perched; ~ в кре́сле sit* in *an* árm-chair; ~ за столо́м sit* at the table; ~ поджа́в но́ги sit* cróss-lègged; оста́ться ~ stay / remáin séated; ~ верхо́м на ло́шади be on hórse¦bàck; ~ верхо́м (на сту́ле и т. п.) sit* astríde (on); ~ на ко́рточках squat; ~ на насе́сте roost, perch; ~ и разгова́ривать be sítting (there) tálking; де́лать что-л. си́дя be doing smth. in a sítting position [...-'zɪ-]; **2.** (*находиться, пребывать в каком-л. состоянии*) be; ~ в тюрьме́ be imprisoned [...-ɪz-], serve a term of imprisonment [...-ɪz-], do time *разг.*; ~ под аре́стом be únder arrést

~ по ночам sit* up; ~ без денег be without money [...'mʌ-]; ~ без дела have nothing to do; (*ничего не делая*) do nothing; **3.** (*о судне*): ~ глубоко be deep in the water [...'wɔː-]; draw* much water; ~ неглубоко draw* little water; **4.** (на *пр.*; *о платье*) fit (*d.*), sit* (on); хорошо ~ fit well* (*d.*), sit* well* (on); плохо ~ not fit (*d.*), sit* bad¦ly* (on); ◇ ~ на яйцах brood, sit* (on eggs); сиднем ~ not stir from *a place*. **~ся** *безл.*: ему, им *и т. д.* не сидится дома *разг.* he hates, they hate, *etc.*, staying at home; ему не сидится на месте *разг.* he can't stay long in one place [...kɑːnt...]; he can't keep still.

**сидр** *м.* cider.

**сидяч||ий 1.** sitting; sedentary [-dn-]; в ~ем положении, в ~ей позе in sitting / sedentary posture; ~ образ жизни sedentary life; **2.** *бот.*, *зоол.* sessile.

**сиена** *ж.* (*краска*) sienna; жжёная ~ burnt sienna.

**сиенит** *м. мин.* syenite.

**сизигийн||ый** *астр.*: ~ая амплитуда spring range [...reɪ-]; ~ прилив spring tide.

**сизигия** *м. астр.* syzygy.

**сизифов:** ~ труд Sisyphean toil [-'fiːən...].

**сизый** dove-colour¦ed ['dʌvkʌ-], warm grey, bluish.

**сиккатив** *м. тех.* siccative.

**сикомор** *м. бот.* sycamore.

**сил||а** *ж.* **1.** strength, force; полный сил full of strength / energy; изо всех сил with all one's strength / might; бежать изо всех сил run* as fast / quickly as one can; кричать изо всех сил cry at the top of one's voice; ~ой by force; ~ой оружия by force of arms, at the point of the bayonet / sword [...sɔːd]; брать ~ой take* by force; ходить через ~у be hardly able to walk; есть через ~у force one¦self to eat; это сверх сил, свыше сил, не по ~ам it is be¦yond *one's* power(s); (*вне чьей-л. компетенции*) it is outside *one's* competence; (*непереносимо*) *one* can endure it no longer; приложить все ~ы do every¦thing in one's power; испытывать чьи-л. ~ы test smb.'s strength; выбиться из сил strain one¦self to the ut¦most, become* exhausted; набираться сил gather strength; быть ещё в ~ах be still vigorous enough [...-ʌf]; общими ~ами with combined forces / effort; без применения ~ы without the use of force [...juːs...]; с помощью грубой ~ы by brute force; ~ воли will-power; ~ духа, характера strength of mind, fortitude; ~ привычки force of habit; в ~у привычки by force of habit, from sheer force of habit; собираться с ~ами collect one's strength, gather one¦self up; **2.** *тех.*, *физ.* power, force; ударная ~ striking power; лошадиная ~ horse-power (*сокр.* HP, h. p.); ~ тяги tractive force; ~ сцепления cohesive force [kou-...], cohesion [kou-]; ~ тяжести gravity; ~ тяготения attraction, gravity; ~ сопротивления resistance [-'zɪ-]; подъёмная ~ carrying capacity / power; *ав.* lift; ~ звука sound intensity; ~ ветра strength of wind [...wɪ-]; ~ тока strength of the current; **3.** *мн. воен.* force *sg.*; вооружённые ~ы armed forces; военно-воздушные ~ы air force(s); морские ~ы naval forces; сухопутные ~ы land forces; главные ~ы main body [...'bɔ-] *sg.*; накопление сил *воен.* build-up ['bɪld-] *неол.*; **4.** *юр.*: ~ закона validity / strength of the law; входить, вступать в ~у come* into force / effect; обратная ~ закона retroactive effect of the law; имеющий ~у valid; оставаться в ~е remain valid, hold* good / true; (*о судебном решении, приговоре*) remain in force; оставлять в ~е (*вн.*; *о решении, приговоре*) confirm (*d.*); утратить ~у lose* validity [luːz...], become* invalid; **5.:** в ~у (*рд.*) because of [bɪ'kɔz...], on account of, owing to ['ou-...], by virtue (of); в ~у этого on that ground, according¦ly; в ~у обстоятельств owing to the force of circumstances ['ou-...]; в ~у закона, декрета *и т. п.* on the strength of the law, decree, *etc.*; in virtue of the law, decree, *etc.*; ◇ он в большой ~е he has great credit [...-eɪt...], he is very powerful; живая ~ manpower; рабочая ~ labour, manpower; hands *pl.*

**силач** *м.* athlete.

**силикат** *м. мин.* silicate.

**силиться** *разг.* try, make* efforts.

**силиций** *м. хим.* silicium.

**силком** *нареч. разг.* by (main) force.

**силлабический** *лит.* syllabic.

**силлогизм** *м. филос.* syllogism.

**силов||ой:** ~ая установка power-plant [-ɑːnt]; ~ая станция power-station, power-house* [-s]; ~ое поле *физ.* field of force [fiː-...]; ~ая линия *физ.* line of force.

**силой** *нареч.* by (main) force.

**силок** *м.* noose [-s], snare.

**силомер** *м.* dynamometer [daɪ-].

**силос** *м. с.-х.* silo; (*корм*) silage ['saɪ-]. **~ный** silo (*attr.*); ~ная яма, башня silo; ~ная траншея silo trench. **~ование** *с.* silo¦ing. **~овать** *несов. и сов.* (*вн.*) silo (*d.*), ensile (*d.*).

**силосо||резка** *ж. с.-х.* silo-cutter. **~уборочный** *с.-х.*: ~уборочный комбайн ensilage harvester.

**силурийск||ий** *геол.* Silurian [saɪ-]; ~ая формация Silurian formation.

**силуэт** *м.* silhouette [-lu-].

**сильно** I *прил. кратк. см.* сильный.

**сильно** II *нареч.* strong¦ly; violently, heavily ['hev-], greatly [-eɪt-]; (*очень*) bad¦ly, vast¦ly; быть ~ привязанным (к) be strong¦ly attached (to); ~ действовать (*о яде*) act violently; ~ ударить strike* with force; ~ биться (*о сердце*) beat* high, pound; ~ занемочь be dangerous¦ly ill [...'deɪndʒ-...]; ~ нуждаться (в чём-л.) be in great / extreme need / want [...greɪt...] (of smth.), need / want smth. bad¦ly; ~ пострадать suffer heavily; ~ чувствовать feel* keenly / deeply; ~ пить drink* hard / heavily; ~ потеть perspire freely; ~ прозябнуть be chilled to the marrow; ◇ ~ сказано that's go¦ing too far.

**сильнодействующий** (*о яде*) virulent; (*о средстве, лекарстве*) drastic.

**сильн||ый 1.** (*в разн. знач.*) strong; (*о моторе и т. п.*) powerful; (*о жаре*) fierce [fɪəs]; (*о зрении и т. п.*) keen; (*о желании, чувстве*) intense; (*о гневе*) violent, towering; (*о влиянии, аргументе*) potent; (*о речи, пьесе и т. п.*) powerful, impressive; (*об ударе, морозе*) hard; (*о дожде, буре, ударв, огне, атаке*) heavy ['he-]; ~ запах strong smell;

~ая страсть violent pássion; ~ая вóля strong will; 2. (в *пр.*; *сведущий*) good (at): силён в матемáтике good at màthemátics.

**сильф** *м.*, **~ида** *ж. миф.* sylph.

**симбиóз** *м. биол.* sỳmbiósis.

**сúмвол** *м.* sýmbol. **~изáция** *ж.* sỳmbolìzátion [-laɪ-]. **~изúровать** *несов. и сов.* (*вн.*) sýmbolìze (*d.*). **~úзм** *м.* sýmbolism.

**симвóл||ика** *ж.* symbólics. **~úст** *м.* sýmbolist. **~úстский** sýmbolist. **~úческий** symbólic(al); (*относящийся к символизму*) sỳmbolístic(al). **~úчность** *ж.* symbólicalness. **~úчный** symbólic(al).

**симметрúч||еский** symmétric(al). **~ность** *ж.* sýmmetry. **~ный** symmétric(al).

**симметрúя** *ж.* sýmmetry.

**симонúя** *ж. ист.* símony.

**симпатизúровать** (*дт.*) be in sýmpathy (with), sýmpathize (with); не ~ be out of sýmpathy (with).

**симпатúческ||ий** sỳmpathétic; ~ая нéрвная систéма sýmpathétic sýstem; ~ие чернúла invísible ink [-ˈvɪz-...] *sg.*

**симпатúчн||ость** *ж.* lík(e)able¦ness. **~ый** lík(e)able, táking, attráctive.

**симпáти||я** *ж.* (к) líking (for), sýmpathy (with, for); чýвствовать ~ю к комý-л. feel* drawn to smb.; питáть ~и (к) chérish kínd¦ly féelings (for); завоевáть чьи-л. ~и win* the sýmpathy of smb.

**симптóм** *м.* sýmptom. **~áтика** *ж. мед.* sýmptoms *pl.* **~атúческий** sỳmptomátic. **~атúчность** *ж.* sỳmptomátic cháracter [...ˈkæ-]. **~атúчный** *книжн.* = симптоматúческий.

**симул||úровать** *несов. и сов.* (*вн.*) símulàte (*d.*), feign [feɪn] (*d.*), sham (*d.*); ~ негодовáние símulàte indignátion; ~ безýмие feign mádness; ~ болéзнь feign síckness; malínger; ~ равнодýшие feign / sham indífference. **~ЯНТ** *м.*, **~ЯНТКА** *ж.* símulàtor; (*болезни*) malíngerer. **~яция** *ж.* sìmulátion.

**симфонúческ||ий** symphónic; ~ оркéстр sýmphony órchestra [...ˈɔːk-]; ~ая мýзыка symphónic músic [...-zɪk]; ~ концéрт sýmphony cóncert.

**симфóния** *ж.* sýmphony.

**синагóга** *ж.* sýnagògue.

**синдетикóн** *м.* séccotìne [-iːn].

**синдикал||úзм** *м.* sýndicalism. **~úст** *м.* sýndicalist. **~úстский** sýndical, sýndicalist, sỳndicalístic.

**синдикáт** *м.* sýndicate.

**синдицúров||анный** *прич. и прил.* sýndicàted. **~ать** *несов. и сов.* (*вн.*) sýndicàte (*d.*).

**синевá** *ж.* (dark) blue cólour [...ˈkʌ-]; the blue; ~ небéс the blue of the sky.

**синевáтый** blúish.

**синеглáзый** blúe-eyed [-aɪd].

**синедриóн** *м. ист.* (*тж. перен.*) sánhedrim [-nɪ-].

**синéкдоха** *ж. лит.* sunécdoche [-kɪ].

**синекýра** *ж.* sínecure [ˈsaɪ-].

**синерóд** *м. хим.* cỳánogen. **~истый, ~ный** cỳánic; ~ная кислотá cỳánic ácid.

**синé||ть,** посинéть **1.** (*становиться синим*) turn / grow* / become* blue [...-ou...]; **2.** *тк. несов.* (*виднеться*) show* blue [ʃou...]; вдалú ~ет мóре the sea shows deep blue in the distance, the deep blue sea is seen in the distance.

**сúний** dark blue; ◇ ~ чулóк blúe-stòcking.

**синúльн||ый:** ~ая кислотá *хим.* hýdrò¦cỳánic / prússic ácid.

**синúть** (*вн.*) blue (*d.*).

**синúца** *ж.* tómtit, blue tít¦mouse* [-s].

**синклúт** *м. шутл.* sénate, cóuncil.

**синкóпа** *ж. муз.* sýncope [-pɪ].

**синкрет||úзм** *м. филос.* sýncretism. **~úческий** syncrétic.

**синóд** *м.* sýnod [ˈsɪ-]. **~áльный** sýnodal. **~ский** synódic.

**синó||лог** *м.* sinólogist. **~лóгия** *ж.* sinólogy.

**синóним** *м. лингв.* sýnonym; блúзкие ~ы close sýnonyms [-ous...].

**синонúм||ика** *ж. лингв.* synónymy, synonýmics. **~úческий, ~úчный** *лингв.* synónymous, sỳnonýmic; ~úчный чемý-л. synónymous to / with smth. **~úя** *ж. лингв.* synónymy, sỳnonýmity.

**синóпт||ик** *м.* wéather fòre¦cáster [ˈwe-...]. **~úческий** synóptical.

**сúнтакс||ис** *м.* sýntàx. **~úческий** syntáctic(al).

**сúнтез** [-тэз] *м.* sýnthesis (*pl.*-thesès [-iːz]). **~úровать** [-тэ-] *несов. и сов.* (*вн.*) sýnthesìze (*d.*).

**синтетúч||еский** [-тэ-] synthétic(al). **~ность** [-тэ-] *ж.* synthétical cháracter [...ˈkæ-].

**сúнус** *м.* **1.** *мат.* sine; **2.** *анат.* sínus.

**синусóид||а** *ж. мат.* sínusoid [ˈsaɪ-]. **~áльный** *мат.* sinusóidal [saɪ-].

**синхрониз||áтор** *м. тех.* sýnchronìzer. **~áция** *ж.* sỳnchronìzátion [-naɪ-]. **~úровать** *несов. и сов.* (*вн.*) sýnchronìze (*d.*).

**синхрон||úзм** *м.* sýnchronism. **~истúческий, ~úческий** sỳnchronístic(al). **~úя** *ж.* sýnchronism.

**синхрóнный** sýnchronous.

**синь** *ж.* = синевá.

**сúнька** *ж.* **1.** (*для подсинивания*) blue; blúe¦ing *амер.*; **2.** (*светописная копия*) blue print.

**синьóр** *м.* sígnor [ˈsiːnjɔː] (*pl.* -rì [-riː]).

**синьóра** *ж.* sìgnóra [siːˈnjɔː-] (*pl.* -re [-reɪ]).

**синюха** *ж. мед.* cỳanósis.

**синяк** *м.* bruise [-uːz]; ~ под глáзом bláck-eye [-ˈaɪ]; избивáть до ~óв (*вн.*) beat* black and blue (*d.*); ~ú под глазáми shádows únder the eyes [ˈʃæ-...aɪz]; black círcles round the eyes.

**сион||úзм** *м.* Zíonism. **~úст** *м.*, **~úстка** *ж.* Zíonist. **~úстский** Zíonist (*attr.*), Zìonístic.

**сипáй** *м. ист.* sépoy.

**сúплый** húsky, hoarse.

**сúпнуть** become* húsky / hoarse.

**сирéна** *ж.* (*в разн. знач.*) síren.

**сирéневый** lílac.

**сирéнь** *ж.* lílac.

**сир||úец** *м.*, **~úйка** *ж.*, **~úйский** Sýrian.

**Сúриус** *м. астр.* Sírius, Dog Star.

**сирóкко** *м. нескл.* siróccò.

**сирóп** *м.* sýrup [ˈsɪ-], sírup [ˈsɪ-]; водá с ~ом sýrup and wáter [...ˈwɔː-].

**сирот||á** *м. и ж.* órphan; остáться ~óй become* an órphan.

**сиротлúв||о** *нареч.* lóne¦ly; чýвствовать себя ~ feel* lóne¦ly. **~ый** lóne¦ly; lone *поэт.*

**сиро́т||ский** *прил. к* сирота́; ~ дом *уст.* órphanage; ◇ ~ская зима́ *разг.* ópen wínter. **~ство** *с.* órphanhood [-hud], órphanage.

**систе́м||а** *ж.* (*в разн. знач.*) sýstem; избира́тельная ~ eléctoral sýstem; не́рвная ~ nérvous sýstem; ~ счисле́ния scale of notátion; со́лнечная ~ sólar sýstem; стать ~ой, войти́ в ~у *разг.* become* the rule.

**систематиз||а́ция** *ж.* sýstematìzátion [-taɪ-]. **~и́ровать** *несов. и сов.* (*вн.*) sýstematize (*d.*).

**система́т||ика** *ж.* **1.** sýstematìzátion [-taɪ-]; занима́ться ~икой чего́-л. sýstematìze smth.; **2.** (*растений, животных*) taxónomy. **~и́чески** *нареч.* sỳstemátically, methódically. **~и́ческий** sỳstemátic, methódical. **~и́чность** *ж.* sỳstemátic cháracter [...'kæ-]. **~и́чный** sỳstemátic.

**систе́рна** *ж. мор.* = цисте́рна.

**си́стола** *ж. мед.* sýstole [-lɪ].

**си́т||ец** *м.* cótton (print); cálicò (print); chintz [-ts] (*преим. мебельный*); оби́тый ~цем ùp¦hólstered in chintz [-'hou-...].

**си́течко** *с. уменьш. от* си́то; ча́йное ~ téa-strainer; ~ в кофе́йнике pércolàtor.

**си́тник** I *м. разг.* sítnik (*white bread made of sifted flour*).

**си́тник** II *м. бот.* rush.

**си́тный:** ~ хлеб = си́тник I.

**си́то** *м.* sieve [sɪv]; bólter (*преим. для муки*).

**ситуа́ция** *ж.* situátion.

**си́тцевый** *прил. к* си́тец.

**ситце||набивно́й, ~печа́тный** *текст.*: ~набивна́я, ~печа́тная фа́брика print works.

**сифилидо́||лог** *м. мед.* sỳphilólogist. **~ло́гия** *ж. мед.* sỳphilólogy.

**си́фил||ис** *м. мед.* sýphilis. **~и́тик** *м.* sỳphilític. **~ити́ческий** sỳphilític.

**сифо́н** *м.* síphon ['saɪ-].

**сия́ние** *с.* rádiance; (*ореол*) áureòle, auréola [-'rɪə-]; се́верное ~ nórthern lights [-ðən...] *pl.*; Auróra Bòreális [...-rɪ'eɪ-] *научн.*

**сия́||ть** shine*, beam; со́лнце ~ет the sun shines; ~ от восто́рга beam with delight; его́ лицо́ ~ет ра́достью his face is rádiant with joy. **~ющий** *прич. и прил.* shíning, béaming.

**скабио́за** *ж. бот.* scábious.

**скабрёзн||ость** *ж.* scábrous¦ness. **~ый** scábrous.

**сказ** *м.* tale; ◇ вот тебе́ и весь ~ *разг.* that's the long and the short of it.

**сказа́ние** *с.* stóry, légend ['le-].

**сказа́ть** *сов. см.* говори́ть 1; ◇ так ~ so to say / speak; ле́гче ~, чем сде́лать éasier said than done ['i:z- sed...]; легко́ ~ it is éasy to say [...'i:zɪ...]; тру́дно ~ there is no sáying / télling; и на́до ~ and it must be said; как вам ~ how shall I put it?; ска́зано — сде́лано *разг.* no sóoner said than done; пра́вду ~ to tell / say the truth [...-u:θ], truth to tell / say; не́чего ~! well, to be sure [...ʃuə].

**сказа́ться** *сов. см.* ска́зываться.

**сказа́тель** *м.*, **~ница** *ж.* nàrrátor (of folk tales).

**ска́з||ка** *ж.* tale, story; волше́бная ~ fáirytàle; наро́дные ~ки pópular tales; расска́зывать ~ки tell* stóries / tales; э́то ~ки! *разг.* don't tell me tales! **~очник** *м.* tále-tèller, stóry-tèller. **~очный** fáirytàle (*attr.*); (*перен.*) fàntástic, impróbable; со ~очной быстрото́й with / at an in¦crédible speed; ~очная страна́ fáiryland.

**сказу́емое** *с. скл. как прил. грам.* prédicate.

**ска́з||ываться,** сказа́ться **1.** (на, в *пр.*) tell* (on, up¦ón); отрица́тельно ~а́ться на чём-л. advérse¦ly afféct smth.; боле́знь си́льно ~а́лась на нём his illness told on him gréatly [...-eɪt-]; в э́том ~а́лась его́ хоро́шая подгото́вка that is the resúlt of his good* tráining [...-'zʌ-...]; о́ба э́ти фа́ктора ~а́лись both these fáctors cóunted [bouθ...]; **2.** (*тв.*; *сообщать о себе*) repórt òne¦sélf; ~а́ться больны́м repórt òne¦sélf sick.

**скака́лка** *ж.* (*игрушка*) skípping-ròpe.

**скак||а́ть,** поскака́ть **1.** skip, jump, cáper; (*на одной ноге*) hop; (*о зайце*) lope; **2.** (*на коне*) gállop; *сов. тж.* set* off at a gállop; ~ во весь дух gállop at full speed. **~ово́й** race (*attr.*), rácing; ~ова́я ло́шадь ráce¦hòrse, rácer; ~ова́я доро́жка ráce¦course [-kɔ:s]; ~ово́й круг rácing track. **~у́н** *м.* **1.** skípper, júmper; **2.** (*конь*) fast horse; rúnner.

**скал||а́** *ж.* rock; отве́сная ~ cliff. **~и́стый** rócky.

**ска́лить,** оска́лить: ~ зу́бы grin; show* one's teeth [ʃou...]; *тк. несов.* (*перен.*) *разг.* laugh [lɑ:f], grin.

**ска́лка** *ж.* (*для теста*) rólling-pìn; (*для белья*) béater.

**ска́лывать** I, сколо́ть (*вн.*; *сбивать*) split* off (*d.*), chop off (*d.*).

**ска́лывать** II, сколо́ть (*вн.*; *прикалывать*) pin together [...-'ge-] (*d.*).

**скальд** *м. ист.* skald.

**скальки́ровать** *сов. см.* кальки́ровать.

**скалькули́ровать** *сов. см.* калькули́ровать.

**скальп** *м.* scalp.

**ска́льпель** *м. хир.* scálpel.

**скальпи́ровать** *несов. и сов.* (*сов. тж.* оскальпи́ровать) (*вн.*) scalp (*d.*).

**скам||е́ечка** *ж.* small bench; ~ для ног fóotstool ['fut-]. **~е́йка** *ж.* bench; садо́вая ~е́йка gárden bench.

**скамь||я́** *ж.* bench; ~ подсуди́мых dock; на ~е́ подсуди́мых in the dock; сиде́ть на ~е́ подсуди́мых be in the dock; посади́ть на ~ю́ подсуди́мых (*вн.*) put* in the dock (*d.*); ◇ со шко́льной ~и́ ≅ since one's school-days.

**сканда́л** *м.* scándal; како́й ~! what a disgráce! **~изи́ровать** *несов. и сов.* (*вн.*) scándalize (*d.*). **~и́ст** *м.*, **~и́стка** *ж.* quárreler; (*драчун*) bráwler.

**сканда́лить,** насканда́лить brawl, make* a row.

**сканда́льн||ость** *ж.* scándalous¦ness. **~ый** scándalous.

**ска́ндий** *м. хим.* scándium.

**скандина́в** *м.*, **~ец** *м.*, **~ка** *ж.*, **~ский** Scàndinávian.

**сканд||и́ровать** *несов. и сов.* (*вн.*) scan (*d.*). **~ова́ть** = сканди́ровать.

**ска́пливать,** скопи́ть (*вн.*; *о товарах*) store (up) (*d.*); (*о деньгах*) save (*d.*); скопи́ть состоя́ние amáss a fórtune [...-tʃən]. **~ся,** скопи́ться **1.** (*о товарах*) accúmulàte, pile up; (*о людях*) gáther, crowd; **2.** *страд. к* ска́пливать.

**скарабе́й** *м.* scárab ['skæ-].

**скарб** *м. тк. ед. разг.* goods and chättels [gudz...] *pl.*; со всем ~ом (with) bag and bággage.

**ска́ред** *м. разг.* stingy pérson [-n-...], níggard. **~ничать** *разг.* be stingy / níggardly [...-n-...]; skin a flea / flint *идиом.* **~ность** *ж.* stínginess [-n-], níggardliness. **~ный** stíngy [-n-], níggardly.

**скарлати́н||а** *ж. мед.* scárlet féver, scàrlatína [-'ti:-]. **~ный** *мед.* scàrlatínal [-'ti:-], scàrlatínous [-'ti:-]; ~ный больно́й scárlet-fèver pátient; ~ное отделе́ние scàrlatína ward, séction for scárlet-fèver pátients. **~о́зный** = скарлати́нный.

**ска́рмливать,** скорми́ть (*вн. дт.*) feed* (*d.* to).

**скат** I *м.* (*склон*) slope, descént; ~ кры́ши pitch / slope of *a* roof.

**скат** II *м. зоол.* ray, skate; электри́ческий ~ eléctric ray; игли́стый ~ thórn-bàck.

**ската́ть** *сов. см.* ска́тывать I. **~ся** *сов. см.* ска́тываться I.

**ска́терть** *ж.* táble-clòth; ◇ ~ю доро́га *разг.* ≅ good riddance; nó¦body is kéeping you.

**скати́ть** *сов. см.* ска́тывать II. **~ся** *сов. см.* ска́тываться II.

**ска́тка** *ж. воен.* rolled gréatcoat [...-eit-], roll.

**ска́тывать** I, ската́ть (*вн.*) **1.** (*сворачивать*) roll (up) (*d.*); ~ па́рус furl *a* sail; **2.** *школ. разг.* (*тайком списывать*) crib (*d.*).

**ска́тывать** II, скати́ть (*вн.*) roll down (*d.*); ~ с горы́ slide* / roll dównhíll (*d.*).

**ска́тываться** I, ската́ться **1.** get* / be rolled up; **2.** *страд. к* ска́тывать I.

**ска́тываться** II, скати́ться **1.** roll down; (*перен.*) slide; slip; **2.** *страд. к* ска́тывать II.

**скафа́ндр** *м.* díving-drèss, díving-sùit [-sju:t].

**ска́чка** *ж. тк. ед.* gállop(ing); бе́шеная ~ fúrious / víolent gállop(ing).

**ска́чки** *мн.* hórse-ràce *sg.*; ráce-meeting *sg.*, the ráces; (*без препятствий*) flat ráce(s); ~ с препя́тствиями óbstacle-ràce *sg.*; (*по пересечённой местности*) stéeple¦chàse [-s] *sg.*

**скачкообра́зный** spasmódic [-z-]; (*неравномерный*) ún¦éven.

**скач||о́к** *м.* jump, bound, leap; ка́чественный ~ *филос.* quálitàtive leap; сде́лать бы́стрый ~ make* a rápid leap; ~ка́ми by leaps; (*неравномерно*) by fits and starts.

**ска́шивать** I, скоси́ть (*вн.*; *срезать траву*) mow* (down) [mou...] (*d.*).

**ска́шивать** II, скоси́ть (*вн.*; *глаза*) squint (*d.*).

**ска́шивать** III, скоси́ть (*вн.*; *ребро, край*) bével ['be-] (*d.*); (*при земляных работах*) slope (*d.*).

**сква́ж||ина** *ж.* chink, slit; бурова́я ~ bóre¦-hòle, bóring well; замо́чная ~ kéyhòle ['ki:-]. **~истость** *ж.* pòrósity, pórous¦ness. **~истый** pórous.

**сквер** *м.* públic gárden ['pʌ-...].

**скве́рно** *нареч.* bád¦ly; ~ па́хнуть smell* bad*; ~ чу́вствовать себя́ feel* bad* / póorly; пальто́ ~ сиди́т на нём *разг.* the coat does not fit him, the coat sits bád¦ly on him; его́ дела́ иду́т ~ his affáirs are gó¦ing bád¦ly; поступа́ть ~ по отноше́нию к кому́-л. treat smb. bád¦ly.

**скверносло́в** *м.* ríbald ['ri-], fóul-móuthed man*. **~ие** *с.* ríbaldry, foul lánguage. **~ить** use foul / bad lánguage.

**скве́рный** bad*, násty.

**сквита́ться** *сов.* (с *тв.*) *разг.* be quits / éven (with).

**сквоз||и́ть** **1.** *безл.* (*о сквозном ветре*): здесь ~и́т there is a draught here [...drɑ:ft...]; **2.** (*проникать, просвечивать*; *тж. перен.*) be seen through; свет ~и́т че́рез занаве́ску light shines, *или* is seen, through the blind; в его́ мане́рах ~и́т не́которая самонаде́янность there is a hint of presúmption in his mánner [...-'zʌ-...]; **3.** *разг.* (*о материи*) be trànspárent; (*об изношенной*) be thréadbàre [...-ed-]. **~но́й** through; ~но́й прохо́д through pássage; ~но́й ве́тер = сквозня́к. **~ня́к** *м.* draught [drɑ:ft].

**сквозь** *предл.* (*вн.*) through: ~ тума́н through the fog; ~ дыру́ through *a* hole; говори́ть ~ зу́бы speak* through clenched teeth; ◇ как ~ зе́млю провали́лся ≅ disappéared without léaving a trace; vánished into thin air *идиом.*; он был гото́в ~ зе́млю провали́ться (от стыда́) ≅ he was réady to sink through the earth (for shame) [...'re- ...ə:θ...].

**скворе||е́ц** *м.* stárling. **~е́чник** [-шн-] *м.*, **~е́чница** [-шн-] *ж.*, **~е́чня** [-шн-] *ж.* small wóoden box for stárlings [...'wud-...].

**скеле́т** *м.* skéleton.

**скеп||сис** *м.* scépsis ['ske-]. **~тик** *м.* scéptic ['ske-]. **~тици́зм** *м.* scépticism ['ske-]. **~ти́ческий** scéptic(al) ['ske-].

**ске́рцо** *с. нескл. муз.* schérzò ['skɛətsou].

**скетч** *м.* sketch.

**ски́дк||а** *ж.* rébàte ['ri:-], dedúction, redúction, abáte¦ment; allówance (*тж. перен.*); де́лать ~у (*дт.*) give* a redúction (*i.*); (на *вн.*; *перен.*) make* allówance(s) (for); со ~ой with a rébàte / redúction / abáte¦ment; at cut rates; со ~ой в 10% at a díscount of 10%.

**ски́дывать,** ски́нуть (*вн.*) **1.** throw* down / off [-ou...] (*d.*); **2.** *разг.* (*об одежде и т. п.*) take* off (*d.*); **3.** *разг.* (*уступать в цене*) knock off (*d.*).

**ски́нуть** *сов. см.* ски́дывать.

**ски́петр** *м.* scéptre.

**скипида́р** *м.* túrpentine; очи́щенный ~ oil / spírit of túrpentine. **~ный** túrpentine (*attr.*).

**скирд** *м.*, **~а́** *ж.* stack, rick. **~ова́ть,** заскирдова́ть (*вн.*) rick (*d.*), stack (*d.*).

**скиса́ть,** ски́снуть turn / go* sour, sour.

**ски́снуть** *сов. см.* скиса́ть.

**скит** *м. уст.* small and seclúded mónastery.

**скит||а́лец** *м.* wánderer. **~а́льческий** wándering. **~а́ние** *с.* wándering. **~а́ться** wánder; stray; ~а́ться по бе́лу све́ту *разг.* knock about the world.

**скиф** *м.*, **~ский** *ист.* Scýthian [-ð-].

**склад** I *м.* stóre¦house* [-s]; *воен.* dépòt ['depou]; това́рный ~ wáre¦house* [-s]; тамо́женный ~ bónded wáre¦house*; ~ боеприпа́сов àmmunítion dépòt / dump.

**склад** II *м.* (*характер*) cònstitútion; ~ ума́ cast / turn of mind; лю́ди осо́бого ~а people of a partícular stamp / quálity / mèntálity [pi:-...], people of a spécial mould [...'spe- mou-];

◇ ни ~у, ни ла́ду *разг.* néither rhyme nor réason ['naɪ-... -z°n].

**скла́дк||а** *ж.* fold; plait [plæt], crease [-s]; (*на платье тж.*) pleat, tuck; (*морщина*) wrinkle; попере́чная ~ cross tuck; де́лать ~и на пла́тье make* pleats in *a* dress; в ~у pléated; пла́тье в ~ах pléated skirt; ~ на брю́ках tróuser crease; ~ земно́й коры́ fold; ~ ме́стности áccident of the ground.

**скла́дно** *нареч. разг.* well*; говори́ть ~ speak* well*.

**складно́й** fólding; collápsible; ~ стул fólding chair; ~ бино́кль collápsible ópera-glàss(es) (*pl.*).

**скла́дн||ость** *ж.* hármony, còhérence [kou'hɪə-]. **~ый** 1. well órdered; 2. *разг.* (*о фигуре*) wéll-knit, wéll-máde, well set up; 3. (*о речи, рассказе*) wéll-róunded.

**скла́дочн||ый:** ~ое помеще́ние = склад I; ~ое ме́сто *разг.* lúmber-room.

**складск||о́й** wáre¦house [-s] (*attr.*); ~и́е помеще́ния stórage facílities.

**скла́дчат||ый** *геол.* plicáte [plaɪ-], plicáted; ~ые го́ры fólded móuntains / hills.

**скла́дчин||а** *ж.* clúbbing, póoling; устра́ивать ~у club; pool one's móney / resóurces [...'mʌ- -'sɔːs-]; де́лать что-л. в ~у club togéther to do smth. [...-'ge-...]; купи́ть что-л. в ~у club togéther to buy smth. [...baɪ...].

**склад||ы́** *мн. уст.* sýllables; чита́ть по ~а́м spell* out.

**скла́дывать** I, сложи́ть (*вн.*) 1. put* / lay* (togéther) [...-'ge-] (*d.*); (*в кучу*) pile (*d.*), heap (*d.*); ~ ве́щи пе́ред отъе́здом pack up; 2. *мат.* add (up) (*d.*), sum up (*d.*); ~ два и четы́ре add two to four [...fɔː]; 3. (*составлять что-л.*) make* (*d.*); (*о песне, былине и т. п.*) make* up (*d.*), compóse (*d.*); 4. (*сгибать*) fold (up) (*d.*); ~ вдво́е fold in two (*d.*); ~ газе́ту fold up *a* néwspàper; ◇ сложа́ ру́ки with fólded arms; сиде́ть сложа́ ру́ки *разг.* sit* / be idle, sit* by; не сиде́ть сложа́ ру́ки be up and doing; ~ ору́жие lay* down one's arms; сложи́ть го́лову (за *вн.*) give* up / a¦wáy, *или* lay* down, one's life* (for).

**скла́дывать** II, сложи́ть (*снимать*) take* off (*d.*), put* up (*d.*).

**скла́дываться** I, сложи́ться 1. (с *тв.*; *устраивать складчину*) club (togéther, with) [...-'ge-...], pool (with); pool one's móney / resóurces [...'mʌ- -'sɔːs-]; 2. (*образовываться*) form, turn out; take* shape; (*об обстановке*) aríse*; обстоя́тельства сложи́лись благоприя́тно the círcumstances are fávour¦able; у него́ сложи́лось твёрдое убежде́ние a strong convíction grew up in him; у него́ сложи́лось мне́ние he formed the opínion; хара́ктер его́ ещё не сложи́лся his cháracter has not yet formed [...'kæ-...]; истори́чески сложи́вшиеся свя́зи históricallу estáblished ties; 3. *страд. к* скла́дывать I.

**скла́дываться** II *страд. к* скла́дывать II.

**скле́ивать,** скле́ить (*вн.*) glue togéther [...-'ge-] (*d.*); paste togéther [peɪ-...] (*d.*); stick* togéther (*d.*). **~ся,** скле́иться 1. stick* togéther [...-'ge-]; 2. *страд. к* скле́ивать.

**скле́ить(ся)** *сов. см.* скле́ивать(ся).

**скле́йка** *ж.* glúing / pásting togéther [...'peɪ- -'ge-].

**склеп** *м.* (búrial) vault ['be-...], crypt.

**склепа́ть** *сов. см.* склёпывать.

**склёпка** *ж.* ríveting ['rɪ-].

**склёпывать,** склепа́ть (*вн.*) rívet ['rɪ-] (*d.*).

**склеро́з** *м. мед.* sclèrósis [-lɪə-].

**склеро́ма** *ж. мед.* scleróma.

**склеро́тика** *ж. анат.* sclèrótic [-lɪə-].

**склероти́ческий** *мед.* sclérous.

**скли́кать** *сов. см.* склика́ть.

**склика́ть,** скли́кать (*вн.*) *разг.* call togéther [...-'ge-] (*d.*).

**скло́ка** *ж.* squabble.

**склон** *м.* slope; отло́гий ~ gentle slope; ◇ на ~е лет, дней in one's declíning years, in the évening of life [...'iːv-...].

**склоне́ни||е** *с.* 1. *астр.* dèclinátion; ~ ко́мпаса vàriátion of the cómpass [...'kʌ-]; круг ~я свети́ла hour círcle of *a* celéstial bódy [auə... 'bɔ-]; 2. *грам.* decléension, dèclinátion; 3. *мат.* in¦clinátion.

**склони́ть** *сов. см.* склоня́ть I. **~ся** *сов. см.* склоня́ться I.

**скло́нн||ость** *ж.* (к) in¦clinátion (to, for); dìsposítion [-'zɪ-] (to); (*способность*) bent (for), turn (for); ~ к полноте́ in¦clinátion / téndency to córpulence; ~ к языка́м gift for lánguages [gɪft...]; ~ к заболева́нию suscèptibílity to íllness; прирождённая ~ (к) cònstitútional bias (towards); пита́ть ~ к кому́-л. be well / kind¦ly dispósed towards smb. **~ый** (к) in¦clíned (to), dispósed (to), given (to); ~ый к полноте́ in¦clíned to córpulence; ~ый к заболева́нию suscéptible to íllness; он скло́нен ду́мать he is prone to think.

**склоня́емость** *ж. лингв.* declinabílity [-laɪ-].

**склоня́емый** I *прич. см.* склоня́ть I.

**склоня́емый** II 1. *прич. см.* склоня́ть II; 2. *прил. грам.* declínable.

**склоня́ть** I, склони́ть (*вн.*) 1. (*наклонять*) in¦clíne (*d.*), bend* (*d.*), bow (*d.*); склони́ть го́лову на грудь droop / bend* one's head on one's breast [...hed... bre-]; ~ боевы́е знамёна dip one's báttle stándards; 2. (*уговаривать*) in¦clíne (*d.*); *несов. тж.* try to persuáde, *или* to win óver [...-'sweɪd...] (*d.*); *сов. тж.* persuáde (*d.*), win* óver (*d.*); ◇ склони́ть ча́шу весо́в в чью-л. по́льзу tilt the bálance to smb.'s advántage, *или* in smb.'s fávour [...-'vɑː-...].

**склоня́ть** II, просклоня́ть (*вн.*) *грам.* declíne (*d.*).

**склоня́ться** I, склони́ться 1. (*наклоняться*) in¦clíne, bend*; ~ над колыбе́лью bend* óver *the* crádle; де́рево склони́лось под тя́жестью плодо́в the tree is bent down by the weight of the fruit [...fruːt]; 2. (к; *решаться*) in¦clíne (to), be in¦clíned (to); (*поддаваться уговорам*) yield [jiːld] (to); 3. *страд. к* склоня́ть I.

**склоня́ться** II *грам.* be declíned.

**скло́чни||к** *м.*, **~ца** *ж. разг.* squàbbler, tróuble-màker ['trʌbl-].

**скля́н||ка** *ж.* 1. phíal; bóttle; 2. *об. мн. мор.* bells; *ист.* wátch-glàss; про́било шесть ~ок six bells went.

**скоба́** *ж. тех.* crámp(-ìron) [-aɪən], crámpon, staple; *мор.* shackle; ~ я́коря ánchor ring ['æŋkə...]; я́корная ~ (це́пи) ánchor shackle.

**ско́бель** *м.* sháving-knìfe*, dráwing-knìfe*; spóke-shàve.

**ско́бк||а** *ж.* 1. *уменьш. от* скоба́; 2. (*знак препинания, тж. мат.*) brácket; квадра́тные ~и square bráckets; кру́глые ~и (round) bráckets, parénthesès [-si:z]; фигу́рные ~и bráces; в ~и, в ~ах in bráckets.

**скобли́ть** (*вн.*) 1. scrape (*d.*); 2. *тех.* plane (*d.*); 3. (*в хирургии*) scárifỳ [ˈskɛə-] (*d.*).

**скобян||о́й**: ~ това́р, ~ы́е изде́лия hárdwàre *sg.*

**ско́ванн||ость** *ж.* constráint. ~**ый** 1. *прич. см.* ско́вывать; ~ый льда́ми íce-bound; ~ый моро́зом fróst-bound; 2. *прил.* (*о движениях*) constráined.

**скова́ть** *сов. см.* ско́вывать.

**сковорода́** *ж.* 1. frýing-pàn; 2. *тех.* pan.

**ско́вородень** *м. тех.* dóve|tail [-ʌv-]; соедине́ние в ~ dóve|tail joint.

**сковоро́дка** *ж. разг.* = сковорода́ 1.

**ско́выва||ть,** скова́ть (*вн.*) 1. (*выковывать*) forge (*d.*), hámmer out (*d.*); 2. (*соединять путём ковки; тж. перен.*) forge / weld togéther [...-ˈge-] (*d.*); 3. (*заковывать*) chain (*d.*); (*перен.: лишать свободы*) fétter (*d.*), bind* (*d.*); её молча́ние ~ет меня́ her sílence binds me [...ˈsaɪ-...]; 4. *воен.* hold* (*d.*), fix (*d.*); ~ проти́вника páralỳse the énemy; скова́ть огнём pin (down) by fire (*d.*); 5. (*покрывать льдом*) lock (*d.*); моро́з, лёд скова́л ре́ку the ríver is frózen óver [...ˈrɪ-...], the ríver is íce-bound.

**скола́чивать,** сколоти́ть (*вн.*) *разг.* knock togéther [...-ˈge-] (*d.*); (*перен.: организовывать*) knock togéther (*d.*), knit* togéther (*d.*); ~ я́щик из досо́к knock up *a* box; ~ гру́ппу knock togéther *a* group [...-u:p]; ◇ сколоти́ть состоя́ние lay* up a purse, scrape togéther / up a fórtune [...-tʃən].

**ско́лок** *м. разг.* (*подобие*) cópy [ˈkɔ-].

**сколопе́ндра** *ж. зоол.* scòlopéndra.

**сколоти́ть** *сов. см.* скола́чивать.

**сколо́ть** I, II *сов. см.* ска́лывать I, II.

**скольже́ние** *с.* slíding, slip; ~ зву́ка *муз., лингв.* glide; ~ винта́ propéller slip; ~ на крыло́ *ав.* síde-slip; ~ на хвост *ав.* tail slide.

**скользи́ть** slip, slide*; (*пробегать*) float, glide.

**ско́льз||кий** slíppery; ◇ говори́ть на ~кую те́му be on slíppery ground. ~**ну́ть** *сов.* slip, slide*. ~**я́щий** 1. *прич. см.* скользи́ть; 2. *прил.* (*не фиксированный*) slíding; ~я́щая шкала́ slíding-scàle; ~я́щий у́зел slíp-knòt.

**ско́лько** 1. (*о количестве и числе*) (*с сущ. в ед. ч.*) how much; (*с сущ. во мн. ч.*) how mány: ~ э́то сто́ит? how much does it cost?; ~ у вас книг? how mány books have you?; — сто́лько (же) ~ (*с сущ. в ед. ч.*) as much as; (*с сущ. во мн. ч.*) as mány as; 2. *как нареч.*: не сто́лько... ~ not so much... as: он не сто́лько уста́л, ~ го́лоден he is not so much tired, as húngry; ◇ ~ душе́ уго́дно to one's heart's contént [...hɑ:ts...]; ~ лет, ~ зим *разг.* it's áges since we met.

**ско́лько-нибудь** *нареч. разг.* ány (amóunt); есть у вас ~ вре́мени? have you ány time?

**скома́ндовать** *сов.* give* out an órder, órder, commánd [-ɑ:nd].

**скомбини́ровать** *сов. см.* комбини́ровать.

**ско́мкать** *сов. см.* ко́мкать.

**скоморо́х** *м.* bùffóon, mérry ándrew, móuntebànk.

**скоморо́ш||ество** *с.* bùffóonery. ~**ничать** play the bùffóon.

**скомпили́ровать** *сов. см.* компили́ровать.

**скомпонова́ть** *сов. см.* компонова́ть.

**скомпромети́ровать** *сов. см.* компромети́ровать.

**сконструи́ровать** *сов.* (*вн.*) constrúct (*d.*); (*спроектировать*) design [-ˈzaɪn] (*d.*).

**сконфу́||женный** *прич. и прил.* abáshed, confóunded, disconcérted. ~**зить(ся)** *сов. см.* конфу́зить(ся).

**сконцентри́ровать** *сов. см.* концентри́ровать.

**сконча́ться** *сов.* pass a|wáy, decéase [-s].

**скопе́ц** *м.* 1. éunuch [-k]; 2. (*сектант*) skópets; *мн.* skóptsi (*sect practising castration*).

**скопидо́м** *м. разг.* hóarder, míser. ~**ство** *с. разг.* thrift, thríftiness; míser|liness.

**скопи́ровать** *сов. см.* копи́ровать.

**скопи́ть** I *сов. см.* ска́пливать.

**скопи́ть** II = оскопля́ть.

**скопи́ться** *сов. см.* ска́пливаться.

**ско́пище** *с.* gáther|ing, crowd.

**скопл||е́ние** *с.* accùmulátion; (*народа*) gáther|ing, crowd; звёздные ~е́ния *астр.* stár-clùsters. ~**я́ть(ся)** = ска́пливать(ся).

**ско́пом** *нареч. разг.* in a heap / crowd.

**скорбе́ть** (*о пр.*) grieve [-i:v] (abóut, óver), mourn [mɔ:n] (*d.*, for, óver).

**ско́рбный** sórrowful, móurnful [ˈmɔ:n-], dóle|ful.

**скорбу́т** *м. мед.* scúrvy.

**скорбь** *ж.* sórrow, grief [-i:f]; мирова́я ~ *ист. лит.* Wéltschmèrz [ˈveltʃmerts].

**скоре́||е, ~й** 1. *сравн. ст. см. прил.* ско́рый *и нареч.* ско́ро; 2. *нареч.* (*лучше, предпочтительнее*) ráther [ˈrɑ:-], sóoner; (*вернее*) ráther; он ~ умрёт, чем сда́стся he will sóoner die than surrénder; ◇ ~ всего́ most líke|ly / próbably.

**скорлуп||а́** *ж.* shell; ~ оре́ха nútshèll; ~ яйца́ égg-shèll; очища́ть от ~ы́ (*вн.*) shell (*d.*); ◇ замыка́ться в свою́ ~у́ draw* / retréat into one's shell.

**скорми́ть** *сов. см.* ска́рмливать.

**скорня́жный**: ~ това́р fúrriery; furs *pl.*; ~ про́мысел fúrriery, the fur trade.

**скорня́к** *м.* fúrrier, fúr-drèsser.

**ско́ро** *нареч.* 1. (*быстро*) quíckly, fast: он шёл ~ he walked quíckly / fast; — как мо́жно скоре́е as soon as póssible; (*быстрее*) as quíckly / spéedily as póssible; 2. (*вскоре*) soon: он ~ придёт he will come soon; ~ весна́ spring will soon be here; — прийти́ не ~ be a long time (in) cóming.

**скороговор́к||а** *ж.* 1. pátter; говори́ть ~ой pátter; 2. (*труднопроизносимое сочетание слов*) tóngue-twìster [ˈtʌŋ-].

**скоро́мн||ый** fat; meat (*attr.*); ~ые дни meat days.

**скоропали́тельный** *разг.* hásty [ˈheɪ-], rash.

**скоропеча́тный**: ~ стано́к éngine-prèss [ˈendʒ-].

**ско́ропись** *ж.* cúrsive (wríting).

**скороподъёмность** *ж. ав.* rate of climb [...klaım].

**скоропо́ртящи||йся:** ~еся това́ры, проду́кты périshables, périshable goods [...gudz].

**скоропости́жн||ый:** ~ая смерть súdden death [...deθ].

**скоропреходя́щий** tránsitory, fùgácious.

**скороспе́л||ый** (*прям. и перен.*) precócious; (*о плодах тж.*) éarly ['ə:-], fást-rìpen¦ing; ~ое реше́ние prèmatúre decision.

**скоростно́й** velócity (*attr.*), high-spéed; rápid; ~ самолёт high-spéed áircràft / (áir-)plàne; ~ ме́тод строи́тельства high-spéed méthod of constrúction; ~ бег на конька́х spéed-skàting.

**скоростре́льн||ость** *ж.* rate of fire. ~ый rápid-fìring, quick-fìring.

**ско́рость** *ж.* speed; rate; *физ., мех.* velócity; максима́льная ~ top speed; переме́нная ~ váriable speed; развива́ть, набира́ть ~ gáther, *или* pick up, speed; дозво́ленная ~ (езды́) spéed-lìmit; со ~ю сто киломе́тров в час at a speed of one húndred kílomètres per hour [...auə]; ~ све́та velócity of light; ~ движе́ния rate of móve¦ment ·[...'mu:v-]; ~ враще́ния speed of rotátion; нача́льная ~ inítial velócity; ~ подъёма *ав.* rate of climb [...klaım]; крити́ческая ~ *ав.* stálling speed; возду́шная ~ *ав.* air speed; путева́я ~ *ав.* ábsolùte / ground speed; перейти́ на другу́ю ~ change gear [tʃeı- gıə]; большо́й, ма́лой ~ю *ж.-д.* by fast, slow train [...slou...].

**скоросшива́тель** *м.* fólder.

**скорота́ть** *сов. см.* корота́ть.

**скороте́чн||ый** **1.** tránsient [-zı-]; **2.** *мед.* fúlminant; ~ая чахо́тка *разг.* gálloping consúmption.

**скорохо́д** *м. ист.* fóot¦man* ['fut-].

**скорпио́н** *м.* scórpion.

**ско́рчить** *сов. см.* ко́рчить 1, 2. **~ся** *сов. см.* ко́рчиться.

**ско́р||ый** **1.** (*быстрый*) quick, fast; (*о человеке*) quick; ~ шаг quick step; ~ полёт fast flýing; ~ое выздоровле́ние rápid / spéedy recóvery [...-'kʌ-]; **2.** (*близкий по времени*) near, fòrth¦cóming; в ~ом бу́дущем in the near fúture; ~ прие́зд impénding arrival; в ~ом вре́мени befóre long; ◇ ~ по́езд fast train; ~ая по́мощь first aid; на ~ую ру́ку óff-hánd; до ~ого свида́ния! see you soon!

**скос** *м.* slant [-ɑ:nt]; chámfer.

**скоси́ть** I *сов. см.* коси́ть I *и* ска́шивать I.

**скоси́ть** II *сов. см.* коси́ть II *и* ска́шивать II.

**скоси́ть** III *сов. см.* ска́шивать III.

**скости́ть** *сов.* (*вн.*) *разг.* (*о долге*) strike* off (*d.*); (*о цене*) knock off (*d.*).

**скот** *м.* **1.** *собир.* cattle; líve-stòck; моло́чный ~ dáiry-càttle; мясно́й ~ beef cattle; племенно́й ~ blóodstòck [-ʌd-], pédigree cattle; **2.** *бран.* brute, beast. **~и́на** *ж.* **1.** *собир. разг.* = скот 1; **2.** *бран.* brute, beast. **~ник** *м.*, **~ница** *ж.* cáttle-fàrm wórker; cáttle-yàrd wórker. **~ный:** ~ный двор cáttle-yàrd.

**скотобо́йня** *ж.* sláughter-house* [-s].

**скотово́д** *м.* cáttle-breeder. **~ство** *с.* cáttle-breeding, cáttle-raising, cáttle-rearing. **~ческий** cáttle-breeding (*attr.*).

**скотоло́жство** *с.* bèstiálity.

**скотоприго́нный:** ~ двор stóck-yàrd.

**скотопромы́шленн||ик** *м. уст.* dróver, cáttle-dealer. **~ость** *ж. уст.* dróving, cáttle-tràde. **~ый** *уст.* cáttle-tràding (*attr.*).

**ско́т||ский** brútal, brútish, béstial. **~ство́** *с.* bèstiálity.

**скра́дывать** (*вн.*) concéal (*d.*).

**скра́сить** *сов. см.* скра́шивать.

**скра́шивать,** скра́сить (*вн.*): ~ жизнь bríghten up *one's* life, add charm to life; ~ недоста́тки smooth *the* defécts [-ð...].

**скребко́вый:** ~ конве́йер scráper convéyor.

**скребни́ца** *ж.* (*для лошадей*) cúrry-còmb [-koum], hórse-còmb [-koum].

**скребо́к** *м.* scráper; (*для дорог*) róad-scràper; (*для красок*) páint-scràper.

**скре́жет** *м.* gnáshing / grítting of teeth. **~а́ть** grit the teeth; ~а́ть зуба́ми grind* / gnash / grit one's teeth.

**скре́п||а** *ж.* **1.** *тех.* tie, clamp; **2.** (*вторая подпись*) cóunter-signature, authèntication; за ~ой секретаря́ cóuntersigned / authénticàted by the sécretary [-saınd...].

**скре́пер** *м. тех.* scráper; ~-волоку́ша drag / slip scráper.

**скрепи́ть** *сов. см.* скрепля́ть.

**скре́п||ка** *ж.* clip, (páper-)fàstener [-fɑ:sᵒnə]. **~ле́ние** *с.* **1.** fástening [-sᵒn-], stréngthening; **2.** *тех.* = скре́па 1; **3.** (*подписи*) cóunter-sìgnature, authèntication.

**скрепля́ть,** скрепи́ть (*вн.*) **1.** fásten (togéther) {'fɑ:sᵒn -'ge-] (*d.*), stréngthen (*d.*); ~ була́вкой pin (togéther) (*d.*), fásten with a pin (*d.*); **2.** *тех.* tie (*d.*), clamp (*d.*); (*болтами*) bolt (*d.*); (*извёсткой*) mórtar (*d.*); **3.** (*подписью*) cóuntersign [-saın] (*d.*); rátifỳ (*d.*), authénticàte (*d.*); ◇ скрепя́ се́рдце relúctantly, grúdging¦ly; скреплённый кро́вью (*о дружбе и т. п.*) sealed with blood [...blʌd].

**скрести́** (*вн.*) scrape (*d.*); (*когтями, ногтями*) scratch (*d.*), claw (*d.*). **~сь** scratch.

**скрести́ть(ся)** *сов. см.* скре́щивать(ся).

**скреще́ни||е** *с.* (*в разн. знач.*) cróssing; тео́рия ~я *лингв.* the cróssing théory [...'θıə-].

**скре́щивание** *с.* **1.** cróssing; **2.** *биол.* cross, cróssing, interbréeding.

**скре́щивать,** скрести́ть (*вн.*) **1.** cross (*d.*); скрести́ть мечи́, шпа́ги (*с тв.*) cross / méasure swords [...'me- sɔ:dz] (with); скрести́ть но́ги cross one's legs; **2.** *биол.* cross (*d.*), interbréed* (*d.*). **~ся,** скрести́ться **1.** cross; **2.** *биол.* cross, interbréed*; **3.** *страд. к* скре́щивать.

**скриви́ть** *сов.* (*вн.*) bend* (*d.*); distórt (*d.*). **~ся** *сов.* **1.** (*становиться кривым*) become* / get* cróoked / bent; **2.** *разг.* (*сделать гримасу*) make* a wry face.

**скрижа́ль** *ж.* table.

**скрип** *м.* (*двери, телеги*) squeak, creak; (*пера*) squeak; (*сапог*) creak; (*песка, снега и т. п. под ногами*) crunch.

**скрипа́ч** *м.*, **~ка** *ж.* violinist; (*уличный*) fíddler.

**скрипе́ние** *с.* = скрип.

**скрипе́ть,** проскрипе́ть (*о двери, колёсах, экипаже*) squeak, creak; (*о пере*) squeak; (*о сапогах*) creak; (*о песке, снеге и т. п. под ногами*) crunch; ~ зуба́ми grit one's teeth.

**скрипи́чный** violin (*attr.*); ~ ма́стер violin-maker; ~ ключ *муз.* treble clef, G clef [dʒi:...].

**скри́пк||а** *ж.* violin; fiddle *разг.*; игра́ть на ~е play the violin.

**скри́п||нуть** *сов.* (*о двери*) squeak, creak. **~у́чий** *разг.* (*о двери, телеге*) squéaking, squéaky, créaking; (*о пере*) scrátchy; (*о сапогах*) créaky; (*о песке, снеге и т. п.*) crúnching; (*о голосе*) rásping.

**скрои́ть** *сов. см.* крои́ть.

**скро́мни||к** *м. разг.* módest man* ['mɔ-...]. **~ца** *ж. разг.* módest wóman* ['mɔ- 'wu-].

**скро́мнич||ать** *разг.* put* on a módest air [...'mɔ-...]; belittle òne¦sélf; не ~айте! come, come!, now, now!, don't be so módest!

**скро́мн||ость** *ж.* módesty; ло́жная ~ false módesty [fɔ:ls...]. **~ый** módest ['mɔ-]; (*о питании*) frúgal; (*без претензий*) ún¦assúming, únpreténtious; сли́шком ~ый òver-módest [-'mɔ-]; ~ый наря́д simple attíre; ~ый обе́д frúgal dinner; по моему́ ~ому мне́нию in my humble opinion; ~ый за́работок módest éarnings [...'ə:n-] *pl.*

**скрупулёзн||ость** *ж.* scrúpulous¦ness, scrùpulósity. **~ый** scrúpulous.

**скрути́ть** *сов. см.* скру́чивать.

**скру́чивать,** скрути́ть (*вн.*) **1.** (*о верёвке, нитке и т. п.*) twist (*d.*); (*о папиросе*) roll (*d.*); **2.** (*связывать*) bind* (*d.*), tie up (*d.*); ~ ру́ки кому́-л. pinion smb.'s arms, pinion smb.

**скрыва́ть,** скрыть (*вн.*) **1.** (*прятать*) hide* (*d.*), concéal (*d.*); ~ престу́пника hide* / concéal a críminal; **2.** (*утаивать, не обнаруживать*) hide* (*d.*), dissémble (*d.*), keep* back (*d.*); (*о чувствах тж.*) keep* to òne¦sélf (*d.*), cóver ['kʌ-] (*d.*); ~ что-л. от кого́-л. keep* smth. from smb.; ~ свой гнев hide* / dissémble one's ánger; он засмея́лся, что́бы скрыть своё беспоко́йство he laughed to cóver his ànxiety [...lɑ:ft... -ŋ'z-]; не ~ того́, что make* no sécret of the fact that; он не скрыва́ет от себя́ he fúlly appréciàtes / réalìzes [...'fu-... 'rɪə-]; ~ смерть сы́на от ма́тери concéal the son's death from his móther [...sʌnz deθ... 'mʌ-]; ~ своё и́мя concéal one's name; скры́тый от взо́ра hidden from view [...vju:]. **~ся,** скры́ться (от) **1.** (*пря́таться*) hide* (òne¦sélf) (from); *несов. тж.* skulk, lie* in híding; партиза́ны скрыва́ются в гора́х the guerríllas hide in the móuntains; ему́ удало́сь скры́ться в толпе́ he mánaged to lose hìm¦sélf in the crowd [...lu:z...]; ~ся от кого́-л. (*перен.*) concéal one's féelings from smb.; со́лнце скры́лось за ту́чами the sun was hídden behínd the clouds; здесь что́-то скрыва́ется there is smth. behínd that; **2.** (*удаляться, избегать*) escápe (*d.*), steal* a¦wáy (from), hide* (from), avóid (*d.*); ~ся от кредито́ров avóid one's créditors; скры́ться от кредито́ров escápe from one's créditors, give* one's créditors the slip; ~ся от любопы́тства elúde cùriósity; скры́ться незаме́тно slip a¦wáy / off; ~ся из ви́да pass out of sight, disappéar.

**скры́тн||ичать** *разг.* be resérved / réticent [...-'zə:-...]. **~ость** *ж.* resérved character [-'zə:- 'kæ-], réticence; sécrecy ['si:-]. **~ый** resérved [-'zə:-], réticent, secrétive; быть ~ым be resérved / réticent / secrétive.

**скры́т||ый** **1.** *прич. см.* скрыва́ть; **2.** *прил.* sécret; *физ.* látent; ~ая ра́дость sécret joy; ~ моти́в ùltérior mótive; ~ая теплота́ *физ.* látent heat; ~ое состоя́ние látency ['leɪ-].

**скры́ть(ся)** *сов. см.* скрыва́ть(ся).

**скрю́ч||ивать,** скрю́чить (*вн.*) *разг.* crook (*d.*); double up [dʌ-...] (*d.*); его́ ~ило от бо́ли he is doubled up with pain. **~иваться,** скрю́читься *разг.* huddle òne¦sélf up. **~ить** *сов. см.* скрю́чивать *и* крю́чить. **~иться** *сов. см.* скрю́чиваться.

**скря́га** *м. и ж. разг.* níggard, míser; skínflìnt, fláy-flìnt.

**скря́жнич||ать** *разг.* be níggardly. **~ество** *с. разг.* míser¦liness.

**скуде́ть,** оскуде́ть grow* scánty [-ou...].

**ску́д||ный** scánty, poor, slénder; (*об урожае, обеде тж.*) meagre; (*о знаниях, освещении тж.*) small, scant; (*о почве*) bare, bárren, meagre; ~ные све́дения, сообще́ния scant ìnformátion *sg.*, scánty repórts. **~ость** *ж.* scárcity ['skɛə-]; (*бедность*) póverty.

**скудоу́м||ие** *с.* feeble mind, póverty of intellèct. **~ный** féeble-mínded, dull.

**ску́к||а** *ж.* bóre¦dom, tédium; от ~и of bóre¦dom; наводи́ть, нагоня́ть ~у (на *вн.*) bore (*d.*); кака́я ~! what a bore!

**скула́** *ж.* chéek-bòne. **~стый** with high / próminent chéek-bònes.

**скули́ть** *разг.* whine; (*хныкать тж.*) whimper.

**скулов||о́й** *анат.* málar; ~а́я кость málar (bone).

**ску́льптор** *м.* scúlptor.

**скульпту́р||а** *ж.* scúlpture. **~ный** scúlptural; (*перен. тж.*) stàtuésque.

**ску́мбрия** *ж.* máckerel [-kr-], scómber.

**скунс** *м.* (*животное и мех*) skunk.

**скупа́ть,** скупи́ть (*вн.*) buy* up [baɪ...] (*d.*); (*с целью повысить цену*) córner (*d.*).

**скупердя́й** *м. разг.* míser, skínflint.

**скупе́ц** *м.* míser, níggard, skínflint.

**скупи́ть** *сов. см.* скупа́ть.

**скуп||и́ться,** поскупи́ться be stíngy [...-n-], be spáring; (на *вн.*) scant (*d.*), stint (*d.*); skimp (in); grudge (*d.*); он не ~и́тся на похвалы́ he does not stint his praise; ~ на слова́ be spáring of words.

**ску́пка** *ж.* (*рд.*) búying up ['baɪ-...] (of); (*с целью повышения цены*) córner (in).

**ску́по** *нареч.* stíngily [-n-], spáring¦ly; ~ отме́ривать, отпуска́ть (*вн.*) dole out (*d.*).

**скуп||ова́тый** close with one's móney [-s...'mʌ-]. **~о́й** **1.** *прил.* stíngy [-n-], níggardly, míser¦ly; ~о́й на слова́, похвалы́ cháry of words, praise; **2.** *м. как сущ.* míser, níggard.

**ску́пость** *ж.* stínginess [-n-], níggardliness, míser¦liness.

**ску́пщик** *м.* búyer-úp ['baɪə-]; ~ кра́деного fence.

**скуф||е́йка** *ж.*, **~ья́** *ж.* calótte, skúll-càp.

**скуча́||ть** **1.** be bored, have a tédious time; **2.** (по *пр.*, *дт.*) miss (*d.*). **~ющий** *прич. и прил.* bored; ~ющий взгляд vácant look.

**ску́ченн||о** *нареч.* dénse¦ly; in dénsity, in congéstion [...-n'dʒestʃ-]. **~ость** *ж.* (*населения*) dénsity, congéstion [-n'dʒestʃ-]. **~ый** (*о населении*) dense, congésted [-n'dʒe-].

**ску́ч||иваться,** ску́читься *разг.* huddle togéther [...'ge-], flock, clúster. **~иться** *сов. см.* скýчиваться.

**скýчно** I **1.** *прил. кратк. см.* скýчный; **2.** *предик. безл.* it is dull / tédious / bóring; мне ~ I am bored; емý ~ дó смерти he is bored to death [...deθ].

**скýчно** II *нареч.* bóring¦ly, tédious¦ly.

**скучновáтый** dúllish; sóme¦whàt bóring / tédious, ráther tédious ['rɑ:-...].

**скýчный 1.** (*наводящий скуку*) dull, bóring, tédious, tíre¦some; **2.** (*испытывающий скуку*) bored; (*грустный*) sad.

**скýшать** *сов.* (*вн.*) eat* up (*d.*), have (*d.*), take* (*d.*).

**слабéть,** ослабéть wéaken, grow* wéak(er) / feeble [-ou...]; (*о ветре, буре и т. п.*) slack off, slácken.

**слабúтельное** *с. скл. как прил. мед.* purge, púrgative, láxative.

**слáб||ить,** прослáбить *безл.*: егó ~ит he has dìarrhóea [...-'rɪə].

**слáбо** *нареч.* **1.** fáintly, féebly; wéakly; он чýвствует себя ~ he feels weak; **2.** (*плохо*) bád(¦ly)*, póorly.

**слабовáт||о** *нареч. разг.* (*плоховато*) ráther bád¦ly ['rɑ:-...]. **~ый** *разг.* (*плоховатый*) ráther bad ['rɑ:-...].

**слабовóл||ие** *с.* weak will. **~ьный** weak of will; ~ьный человéк wéakling.

**слабогрýдый** wéak-chèsted.

**слабонéрвный** nérvous, nérve¦less.

**слаборáзвит||ый:** ~ые стрáны únder-devél-oped cóuntries [...'kʌ-].

**слабосúл||ие** *с.* wéakness, féeble¦ness, debílity. **~ьный** weak, feeble.

**слáбост||ь** *ж.* **1.** wéakness, féeble¦ness, debílity; *мед.* àsthénia; в минýту ~и in a weak móment; прúступ ~и fit of wéakness; чýвствовать ~ feel* low / póorly [...lou...]; по ~и здорóвья on accóunt of poor health [...he-]; **2.** (к; *склонность*) wéakness (for); питáть ~ к комý-л. have a soft córner / spot in one's heart for smb. [...hɑ:t...]; **3.** (*недостаток*) weak point / side; (*характера*) foible.

**слабоýм||ие** *с.* ìmbecílity, wéak-mínded¦-ness, wéak-héadedness [-he-]; стáрческое ~ dótage ['dou-]. **~ный** ímbecile, wéak-mínded, wéak-héaded [-he-].

**слабохарáктерн||ость** *ж.* lack of cháracter [...'kæ-], flábbiness. **~ый** flábby, wéak--wílled, cháracterless ['kæ-].

**слáб||ый 1.** (*в разн. знач.*) weak; (*о звуке, свете*) faint; (*хилый*) feeble; (*не тугой, не плотный*) loose [-s], slack; ~ ребёнок weak / feeble child*; ~ гóлос weak / small voice; ~ые глазá weak eyes [...aɪz]; ~ое здорóвье weak / délicate / poor health [...he-]; ~ое пúво weak / thin / small beer; ~ая надéжда faint / slénder hope; ~ое развúтие poor devélopment; ~ая попы́тка feeble attémpt; ~ ýзел loose knot; ~ глагóл *грам.* weak verb; **2.** *разг.* (*плохой*) poor; ~ орáтор poor spéaker; ~ ученúк bad* / báckward púpil; ~ контáкт poor cóntàct; ~ое оправдáние, ~ая отговóрка lame excúse [...-s]; ~ аргумéнт weak / lame árgùment; ◇ ~ пол wéaker sex; ~ое мéсто, ~ая сторонá weak point / place / side; находúть ~ое мéсто *разг.* ≅ find* the joint in the ármour.

**слáв||а** *ж. тк. ед.* **1.** glóry; (*известность*) fame; всемúрная ~ wórld-wide fame; во ~у (*рд.*) to the glóry (of); достúгнуть ~ы achíeve / win* fame [-i:v...]; егó ~ гремúт по всемý свéту the world rings with his fame; ~ герóям! glóry to *the* héròes!; **2.** (*репутация*) fame, name; дóбрая ~ good fame; дурнáя ~ ill fame; dísrepúte; приобрестú дурнýю ~у fall* into dísrepúte, become* notórious; ◇ на ~у *разг.* wónderfully well ['wʌ-...], éxcellent.

**славúст** *м.* spécialist in the hístory, philólogy, *etc.*, of the Slavs ['spe-... -ɑ:vz], Slavónic históriàn, philólogist, *etc.* **~ика** *ж.* Slav philólogy, hístory, *etc.* [-ɑ:v...].

**слáвить** (*вн.*) glórifỳ [glɔ:-] (*d.*), célebràte (*d.*); (*восхвалять*) sing* the práises (of); (когó-л. *тж.*) sing* smb.'s práises. **~ся** (*тв.*) be fámous (for), be famed (for); (*пользоваться репутацией*) have a rèputátion (for).

**слáвно** I **1.** *прил. кратк. см.* слáвный; **2.** *предик. безл.* it is nice.

**слáвн||о** II *нареч. разг.* (*хорошо*) fámous¦-ly, well. **~ый 1.** glórious, fámous, renówned; **2.** *разг.* (*хороший*) nice; ~ый мáлый nice féllow / chap.

**славослóв||ие** *с.* glòrificátion [glɔ:-]. **~ить** (*вн.*) glórifỳ ['glɔ:-] (*d.*), éulogìze (*d.*), hymn (*d.*).

**славянúзм** *м. лингв.* Slávism [-ɑ:-].

**славянúн** *м.*, **славя́нка** *ж.* Slav [-ɑ:v].

**славяновéд** *м.* = славúст. **~ение** *с.* = славúстика.

**славянофúл** *м.* Slávophìl(e) ['slɑ:-].

**славянофúль||ский** Slávophìl(e) ['slɑ:-] (*attr.*). **~ство** *с.* Slávophilism ['slɑ:-].

**славянофóб** *м.* Slávophòbe ['slɑ:-].

**славя́н||ский** Slav [slɑ:v]. **~ство** *с.* Slávdom ['slɑ:-].

**слагáемое** *с. скл. как прил. мат.* (*тж. перен.*) ítèm.

**слагáть** I, сложúть (*вн.*; *сочинять*) compóse (*d.*); ~ стихú make* vérses; про негó сложúли пéсню a song was made abóut him.

**слагáть** II, сложúть (*вн.* с *рд.*) put* / lay* down (*d.* from); (*перен.*) lay* down (*d.*); ~ с себя́ обя́занности resígn [-'zaɪn]; ~ с себя́ вся́кую ответственность lay* down, *или* declíne, all the respònsibílity; ~ наказáние, взыскáние remít *a* púnishment [...'pʌ-].

**слагáться** I, сложúться **1.** (из; *составляться*) be made up (of); **2.** *страд. к* слагáть I.

**слагáться** II *страд. к* слагáть II.

**слад** *м.*: с ним ~у нет *разг.* he is ùnmánage¦able, he is out of hand.

**слáденьк||ий** swéetish; (*перен.*) súgared ['ʃu-], hóneyed ['hʌnɪd]; ~ая улы́бка súgary / máwkish smile.

**слáдить** *сов. разг.* **1.** *см.* слáживать; **2.** (с *тв.*) cope (with), mánage (*d.*), bring* round (*d.*); он не мóжет ~ с э́тим дéлом he can't mánage, *или* cope with, this affáir [...kɑ:nt...].

**слáдк||ий** sweet; (*перен. тж.*) hóneyed ['hʌnɪd], hónied ['hʌ-]; ~ое винó sweet wine; ~ гóлос sweet voice; ~ сон sweet sleep; спать ~им сном be fast asléep, be in a sweet sleep; ~ое мя́со *кул.* swéetbread [-ed]. **~овáтый** swéetish. **~ое** *с. скл. как прил.* **1.** (*десерт*) dessért [-'zə:t]; **2.** = слáсти.

**сладкоéжка** *м. и ж.* = сластёна.

**сладкозву́чный** sweet, mèllífluent, mèllífluous.

**сладкоречи́вый** smóoth-tòngued [-ðtʌŋd], smóoth-spòken [-ð-]; (*льстивый, лицемерный*) méaly-móuthed.

**сла́достный** sweet, delíghtful.

**сладостра́ст||ие** *с.* volúptuous:ness. **~ник** *м.* [-сн-] volúptuary. **~ный** [-сн-] volúptuous.

**сла́дость** *ж.* swéetness; (*наслаждение*) delíghts *pl.*

**сла́ж||енный** 1. *прич. см.* сла́живать; 2. *прил.* harmónious, (well) cò-órdinàted, (well) órganized; ~енная рабо́та well cò-órdinàted work. **~ивать,** сла́дить (*вн.*) *разг.* arránge [-eɪndʒ] (*d.*).

**сла́зить** *сов. разг.* go*; ~ за чем-л. go* and fetch smth.

**сла́лом** *м. спорт.* slálom ['slɑ:-].

**сла́н||ец** *м. мин.* shale, schist [ʃ-], slate; гли́нистые ~цы àrgilláceous schists [-ʃəs...]; нефтено́сные ~цы óil-shàles. **~цевый** schistòse ['ʃɪstous], schistous ['ʃɪ-], sláty; ~цевый пласт schist [ʃ-].

**сластёна** *м. и ж. разг.* sweet tooth.

**сла́сти** *мн.* sweet stuff *sg.*, sweets, swéetmeats; cándy *sg. амер.*

**сластолю́б||ец** *м.* volúptuary. **~и́вый** volúptuous. **~ие** *с.* volúptuous:ness.

**слать** (*вн.*) send* (*d.*).

**слаща́в||о** *нареч.* all súgar and hóney [...'ʃu-... 'hʌ-]; ~ улыба́ться give* a súgary smile [...'ʃu-...]. **~ость** *ж.* súgariness ['ʃu-]. **~ый** súgary ['ʃu-], síckly-swéet.

**сла́ще** *сравн. ст. см. прил.* сла́дкий.

**сле́ва** *нареч.* (от) to / at / from / on the left (of); ве́тер ду́ет ~ the wind is blówing from the left [...wɪ-... 'blou-...]; ~ был лес there was a fórest on the left (side) [...'fɔ-...]; ~ от него́ to / at / on the left of him; ~ напра́во from left to right.

**слегка́** *нареч.* (*немного*) sóme:whàt; (*незначительно*) slíghtly, géntly; он ~ уста́л he is sóme:whàt tired; ~ удиви́ться be sóme:whàt surprísed; ~ тро́нуть (*вн.*) touch géntly [tʌtʃ...] (*d.*).

**след** *м.* track; (*человека тж.*) fóotprìnt ['fut-], fóotstèp ['fut-]; (*перен.*) trace, sign [saɪn], véstige; све́жие ~ы́ fresh tracks / fóotprints; навести́ кого́-л. на ~ (*рд.*) put* smb. on the trail (of); напа́сть на ~ (*рд.*) find*, *или* come* up:ón, the tracks (of); (*перен.*) get* on the tracks / trail (of); идти́ по ~а́м (*рд.*) fóllow / tread* in the tracks [...-ed...] (of); идти́ по горя́чим ~а́м (*прям. и перен.*) be hot on the scent; возвраща́ться по свои́м ~а́м retráce one's path / tracks; (*о человеке тж.*) retráce one's steps; сбива́ть со ~а (*вн.*) put* off the tracks (*d.*); (*о животном тж.*) put* off the scent (*d.*); замета́ть свои́ ~ы́ cóver up one's tracks ['kʌ-...]; запу́тывать ~ы́ foul the trail; не оста́лось и ~а́ not a trace remáins; со ~а́ми слёз на глаза́х with tráces of tears in one's eyes [...aɪz]; ~ы́ труда́ signs of lábour; со ~а́ми о́спы на лице́ póck-màrked.

**следи́ть** I (за *тв.*) 1. watch (*d.*); (*исподтишка*) spy (on, up:ón), shádow ['ʃæ-] (*d.*); (*перен.*) fóllow (*d.*); (*быть в курсе дела*) have / keep* an eye [...aɪ] (to); ~ за чьи́ми-л. мы́слями fóllow the thread of smb.'s thoughts [...θred...]; внима́тельно ~ watch clóse:ly [...-s] (*d.*); бди́тельно ~ keep* vígilant watch (on, óver); он сли́шком бы́стро говори́т, о́чень тру́дно ~ за ним he speaks too fast, it is very dífficult to fóllow him; ~ за це́лью *воен.* fóllow the tárget [...-gɪt]; ~ глаза́ми за кем-л. fóllow smb. with one's eyes; ~ за поли́тикой keep* up with pólitics; 2. (*присматривать*) look (áfter); ~ за детьми́ look áfter children; ~ за чьим-л. здоро́вьем watch óver smb.'s health [...he-]; ~ за выполне́нием чего́-л. see* to smth.; ~ за тем, что́бы see* to it that; зо́рко ~ за кем-л. keep* one's eye on smb.

**следи́ть** II, наследи́ть (*оставлять следы*) leave* tráces / fóot-màrks / fóotprìnts [...'fut-'fut-]; (*на полу*) leave* fóotprints all óver the floor [...flɔ:], mark the floor.

**сле́довани||е** *с.* móve:ment ['mu:-]; по́езд да́льнего ~я long dístance train; на всём пути́ ~я through:óut the entíre jóurney [...'dʒə:-]; по пути́ ~я войск alóng / on the line of march.

**сле́дователь** *м.* inspéctor, invéstigàtor; (*производящий допрос*) intérrogàtor.

**сле́довательно** *союз* cónsequently, thére:fòre, hence.

**сле́д||овать** I, после́довать 1. (за *тв.*; *идти следом*) fóllow (*d.*), go* (áfter); ~ за кем-л. по пята́м fóllow smb. clóse(:ly) [...-s-], fóllow hard on smb.'s heels; за ним ~овал he was fóllowed by; 2. (за *тв.*; *быть следующим*) fóllow (*d.*), come* next (to); ле́то ~ует за весно́й súmmer fóllows spring; 3. (*дт.*; *поступать подобно кому-л.*) fóllow (*d.*), take* (áfter); во всём ~ отцу́ take* áfter one's fáther in évery:thing [...'fɑ:-...]; fóllow in one's fáther's fóotstèps [...'fut-]; 4. (*дт.*; *поступать согласно чему-л.*) fóllow (*d.*); ~ мо́де, обы́чаям *и т. п.* fóllow the fáshion, cústoms, *etc.*; ~ чьему́-л. приме́ру fóllow smb.'s exámple [...-ɑ:m-]; ~ пра́вилам confórm to the rules; 5. *тк. несов.* (в *вн.*, до; *отправляться куда-л.*; *о поезде, пароходе и т. п.*) be bound (for); по́езд ~ует до Москвы́ the train is bound for Móscow; 6. *тк. несов.* (*быть следствием*) fóllow; из э́того ~ует, что it fóllows / resúlts from this that [...-'zʌlts...]; как ~ует из ска́занного as appéars from the above.

**сле́д||овать** II *безл.* 1.: ему́ ~ует сде́лать э́то неме́дленно he ought to do it at once [...wʌns]; ~ует по́мнить it should be remémbered; не ~ует ду́мать it should not be suppósed; ~ует обрати́ть внима́ние note shall / should be táken; э́того ~овало ожида́ть it was to be expécted; кому́ ~ует to the próper pérson [...'prɔ-...]; куда́ ~ует in / to the próper quárter / place; обраща́ться куда́ ~ует applý to / in the próper quárter; 2. (*дт.* с *рд.*; *причитаться*): ему́ ~ует с вас сто рубле́й you must pay, *или* you owe, him one húndred roubles [...ou...ru:-]; ско́лько с него́ ~ует? what must he pay?; ◇ как ~ует *разг.* well, próperly; ему́ заплати́ли как ~ует he got his desérts [...dɪ'z-]; отдохни́те как ~ует have a good rest; отколоти́ть кого́-л. как ~ует give* smb. a sound béating.

**сле́дом** *нареч.* (за *тв.*) immédiate:ly (áfter); идти́ ~ за кем-л. fóllow smb. clóse(:ly) [...-s-], fóllow hard on smb.'s heels; ходи́ть ~ за кем-л. dog smb.'s steps.

**следопы́т** *м.* páthfìnder.
**сле́дственно** *уст.* = сле́довательно.
**сле́дственн||ый** *юр.* invèstigátion (*attr.*), invéstigàtory [-geɪ-]; ~ материа́л évidence; ~ая коми́ссия commíttee of in¦quíry [-tɪ...]; ~ые о́рганы invèstigátion ágencies [...'eɪdʒ-].
**сле́дствие** I *с.* cónsequence; (*логическое*) coróllary; причи́на и ~ cause and efféct.
**сле́дствие** II *с. тк. ед. юр.* invèstigátion; ín¦quèst; предвари́тельное ~ prelíminary invèstigátion; суде́бное ~ judícial invèstigátion, ín¦quèst; находи́ться под ~м be únder exàminátion; производи́ть ~ hold* an invèstigátion / ín¦quèst; зако́нчить ~ по де́лу (*рд.*) compléte the invèstigátion of *a* case [...-s] (of), fínish invéstigàting *the* case (of).
**сле́дуем||ый** 1. *прил.* (*дт.*) due (to); ~ые ему́ де́ньги móney due to him ['mʌ-...]; 2. *с. как сущ. one's* due; отдава́ть ка́ждому ~ое give* each his due.
**сле́дующ||ее** *с. скл. как прил.* the fóllowing. ~ий 1. *прич. см.* сле́довать; ~ие оди́н за други́м succéssive; 2. *прил.* next, fóllowing; на ~ий день the next day; в ~ий раз next time; ~им о́бразом in the fóllowing way; ~ий по ка́честву, поря́дку, разме́ру next in quálity, órder, size; ~ий! (*при вызове*) next, please!
**слежа́ться** *сов. см.* слёживаться.
**слёживаться,** слежа́ться be / become* caked / compréssed; (*портиться*) detérioràte in store.
**сле́жк||а** *ж.* shádowing; устана́вливать ~у за кем-л. have smb. shádowed.
**слеза́** *ж.* tear; в ~х in tears; доводи́ть кого́-л. до слёз make* smb. cry; разрази́ться, зали́ться ~ми burst* into tears; пла́кать го́рькими ~ми cry bítterly; смея́ться сквозь слёзы smile through tears; laugh with one eye and weep* with the other [lɑːf...aɪ...] *идиом.*; смея́ться до слёз laugh until one cries; красне́ть до слёз blush till the tears come into one's eyes; до слёз бо́льно, оби́дно *и т. п.* enóugh to make anybody cry [ɪ'nʌf...]; ~ми го́рю не помо́жешь tears are no help in sórrow; ◇ крокоди́ловы слёзы *ирон.* crócodile tears.
**слеза́ть,** слезть (с *рд.*) 1. come* / get* down (from); (*с лошади*) dismóunt (*d.*), alíght (from); 2. *разг.* (*выходить из трамвая, поезда и т. п.*) get* out (of), get* off (*d.*), alíght (from); 3. *разг.* (*о краске, коже*) peel / come* off (*d.*).
**слез||и́ться** wáter ['wɔː-]; глаза́ ~я́тся the eyes are wátering [...aɪz...]. ~**ли́вость** *ж.* téarfulness. ~**ли́вый** (*плаксивый*) téarful, láchrymòse [-s].
**слёзн||о** *нареч. разг.* téarfully, with tears in one's eyes [...aɪz]. ~**ый** 1. *анат.* láchrymal; ~ый прото́к láchrymal duct; ~ая железа́ láchrymal gland; 2. *разг.* (*жалобный*) húmble; ~ая про́сьба húmble requést; ~ое письмо́ húmble létter.
**слезо||тече́ние** *с. мед.* epíphora. ~**точи́вый** 1. (*слезящийся*) rúnning; ~точи́вые глаза́ rúnning eyes [...aɪz]; 2. (*вызывающий слёзы*) tear-, láchrymatory: ~точи́вый газ téar-gás.
**слезть** *сов. см.* слеза́ть.
**слезя́щийся** *прич. и прил.* (*о глазах*) rúnning.
**слепе́нь** *м.* gád-flỳ, hórse-flỳ, breeze.
**слепе́ц** *м.* blind man*; (*о мальчике*) blind boy.
**слеп||и́ть** I (*вн.*; *мешать видеть*) blind (*d.*); (*блеском*) dazzle (*d.*); снег ~и́т глаза́ the snow is dázzling / blínding [...snou...].
**слепи́ть** II *сов. см.* лепи́ть 2.
**слепи́ть** III *сов. см.* слепля́ть.
**слепи́ться** *сов. см.* слепля́ться.
**слепля́ть,** слепи́ть (*вн.*) stick* togéther [...-'ge-] (*d.*). ~**ся,** слепи́ться stick*.
**сле́пнуть** become* blind.
**сле́по** I *прил. кратк. см.* слепо́й.
**сле́по** II *нареч.* 1. (*не рассуждая*) blínd¦ly, blínd¦fòld; ~ сле́довать (*дт.*) fóllow blínd¦fòld (*d.*); 2. (*неясно*) blínd¦ly.
**слеп||о́й** 1. *прил.* (*в разн. знач.*) blind; почти́ ~ púrblìnd; соверше́нно ~ stóne-blind; ~ на оди́н глаз blind in one eye [...aɪ]; 2. *как сущ. м.* blind man*; (*о мальчике*) blind boy; *ж.* blind wóman* [...'wu-]; (*о девочке*) blind girl [...g-]; *мн. собир.* the blind; ◇ ~а́я кишка́ blind gut, cáecum; ~ полёт blind flýing; ~ ме́тод (*машинописи*) touch sýstem [tʌtʃ...]; ~а́я ку́рица ≅ blind mole, blind as a mole; ~о́е подража́ние blind imitátion.
**сле́пок** *м.* mould [mou-], cópy ['kɔ-].
**слепорождённый** 1. *прил.* born blind; 2. *м. как сущ.* man* born blind.
**слепота́** *ж.* blínd¦ness.
**слепы́ш** *м. зоол.* móle-ràt.
**слеса́рн||ичать** *разг.* (*о профессионале*) work in métal [...'me-], be a métal wórker; (*о любителе*) do métal work. ~**ый** métal wórker's ['me-...]; ~ое де́ло métal work; ~ый молото́к fítter's hámmer.
**слеса́рня** *ж. разг.* métal wórkshòp ['me-...].
**сле́сарь** *м.* métal cráfts¦man* / wórker ['me-...]; (*специалист по замкам*) lócksmith; ~-монта́жник fítter.
**слёт** *м.* (*о птицах*) flight; (*перен.*) gáther¦ing, méeting; ~ демократи́ческой молодёжи rálly of dèmocrátic youth [...juːθ].
**слета́ть** I *сов. разг.* fly* there and back; (*перен.*: *сбегать и т. п.*) be there and back (agáin) in no time.
**слет||а́ть** II, слете́ть 1. (*вниз*) fly* down; *разг.* (*падать*) fall* down; воробе́й ~е́л с кры́ши the spárrow flew down from *the* roof; бума́ги ~е́ли со стола́ the pápers fell off *the* table; ма́льчик ~е́л с ло́шади the boy fell off *the* horse; 2. (*улетать*) fly* a¦wáy; ба́бочка ~е́ла с цветка́ the bútterflỳ flew a¦wáy from *the* flówer.
**слета́ться,** слете́ться fly* togéther [...-'ge-].
**слете́ть** *сов. см.* слета́ть II. ~**ся** *сов. см.* слета́ться.
**слечь** *сов.* (*в постель*) take* to one's bed.
**сли́ва** *ж.* 1. (*плод*) plum; 2. (*дерево*) plúm-tree.
**слива́ть,** слить (*вн.*; *выливать*) pour out [pɔː...] (*d.*); (*отливать*) pour off (*d.*); (*вместе*) pour togéther [...-'ge-] (*d.*); (*перен.*: *объединять*) fuse (*d.*); (*о словах, буквах*) slur (*d.*); слить две шко́лы в одну́ fuse two schools (into one). ~**ся,** сли́ться (*о реках и т. п.*) flow togéther [-ou -'ge-], interflów [-'flou]; (*перен.*; *об орга-*

*низациях*) merge, amálgamàte; (*о красках, звуках; тж. перен.*) blend, merge; ~ся воедино become* one; ~ся с туманом fade into mist; ~ся с фоном melt into the báckground.

**сливк||и** *мн.* cream *sg.*; кофе со ~ами cóffee with cream [-fı...]; снимать ~ с молока cream / skim *the* milk, take* the cream off; снимать ~ (с *рд.*; *перен.*) skim the cream (off); пастеризованные ~ Pásteurized cream [-tə-...]; сбитые ~ whipped cream; ◇ ~ общества cream of society.

**сливов||ый** plum (*attr.*); ~ое дерево plúm-tree.

**сливочн||ик** *м.* (*посуда*) créam-pòt, créam-jùg. **~ый** cream (*attr.*); créamy; ~ое масло bútter; ~ый сыр cream cheese; ~ое мороженое íce-créam.

**сливянка** *ж.* slivyánka, plum brándy.

**слизать** *сов. см.* слизывать.

**слизист||ый** múcous, mùciláginous, slímy; ~ая оболочка *анат.* múcous mémbràne.

**слизнуть** *сов. см.* слизывать.

**слизняк** *м. зоол.* slug.

**слизывать,** слизать, слизнуть (*вн.*) lick off / a¦wáy (*d.*).

**слизь** *ж.* múcus, múcilage; slime.

**слинять** *сов. разг.* (*о красках*) fade.

**слип||аться,** слипнуться stick* togéther [...-'ge-]; листы книги слиплись the páges of the book stuck togéther; у него глаза ~аются he can hárdly keep his eyes ópen [...aız...].

**слипнуться** *сов. см.* слипаться.

**слитн||о** *нареч.* (*вместе*) togéther [-'ge-]. **~ый:** ~ое написание этих слов часто встречается these words are óften written in one [...'ɔ:f(t)°n...].

**слит||ок** *м.* íngot; (*золота, серебра тж.*) bar; золото, серебро в ~ках gold, sílver in búllion [...'bu-].

**слить(ся)** *сов. см.* сливать(ся).

**слич||ать,** сличить (*вн.* с *тв.*) còlláte (*d.* with); ~ что-л. с оригиналом còlláte smth. with the oríginal; ~ почерк compáre the hándwriting. **~ение** *с.* còllátion. **~ить** *сов. см.* сличать.

**слишком** *нареч.* too; это уж ~ it is too much; это ~ дорого it is too expénsive; ~ мало, много (*с сущ. в ед. ч.*) too líttle, much; (*с сущ. во мн. ч.*) too few, many; ~ мало, ~ много воды too líttle, too much wáter [...'wɔ:-]; ~ мало, ~ много людей too few, too many people [...pi:-]; это ~ много that's too much, that's more than enóugh [...ı'nʌf]; он ~ это любит he is óver¦fónd of this; ~ большая доза óver¦dòse [-s]; он не ~ умён *ирон.* he is no génius.

**слияние** *с.* **1.** (*рек и т. п.*) cónfluence, júnction; (*красок; тж. перен.*) blénding, mérging; (*организаций*) amàlgamátion; mérger; **2.** (*место слияния*) cónfluence.

**слоб||ода** *ж.*, **~одка** *ж.* séttle¦ment; *ист.* a large víllage or séttle¦ment, óften of free (nón-sérf) péasants ['ɔ:f(t)° n ...'pez-].

**слобожан||ин** *м.*, **~ка** *ж.* inhábitant / dwéller of *a* séttle¦ment (*ср.* слобода).

**словак** *м.* Slóvàk, Slovákian [-'væ-].

**словарн||ый** **1.** *прил. к* словарь 2; léxical *научн.*; ~ состав языка vocábulary; основной ~ фонд básic stock of words ['beı-...], básic word stock; ~ минимум mínimum vocábulary; **2.** *прил. к* словарь 1; *тж.* lèxicográphic; ~ая работа lèxicográphic work.

**словар||ь** *м.* **1.** (*общий или специальный*) díctionary; (*глоссарий*) glóssary; (*к определённому тексту*) vocábulary; составитель ~ей lèxicógrapher; **2.** *тк. ед.* (*запас слов*) vocábulary.

**словa||цкий** Slóvàk, Slovákian [-'væ-]; ~ язык Slóvàk, the Slóvàk lánguage. **~чка** *ж.* Slóvàk, Slovákian [-'væ-].

**словен||ец** *м.*, **~ка** *ж.* Slóvène ['slou-]. **~ский** Slòvénian [slou-]; ~ский язык Slòvénian, the Slòvénian lánguage.

**словесн||ик** *м.* (*филолог*) philólogist; (*студент*) stúdent of philólogy; (*преподаватель*) téacher of líterature. **~ость** *ж.* **1.** líterature; устная ~ость fólk-lòre; **2.** *уст.* philólogy. **~ый** **1.** (*устный*) vérbal, óral, wórdy; ~ая война war of words; **2.** *уст.* philológical; ~ые науки philólogy *sg.*; ~ый факультет, ~ое отделение philológical fáculty / depártment.

**словечко** *с. уменьш. от* слово; ◇ замолвить ~ за кого-л. put* in a word for smb., say* / drop a good / kind word for smb.

**словник** *м.* glóssary.

**словно** *союз* **1.** (*будто*) as if; ~ он знал as if he knew; **2.** *разг.* (*как, подобно*) like; он поёт ~ соловей he sings like a níghtingàle.

**слов||о** *с.* **1.** (*в разн. знач.*) word; ласковое ~, ласковые ~а endéaring words; оскорбительное ~ insúlting word; ~ утешения word of cònsolátion; сдержать ~ keep* one's word; be as good as one's word; человек ~а a man* of his word; нарушать ~ break* one's word [-eık...], go* back up¦ón / from one's word; брать своё ~а назад retráct, *или* take* back one's words; eat* one's words *идиом.*; я заставлю его взять свои ~а назад I shall make him take back his words; I shall force him to eat his words *идиом.*; верить на ~ кому-л. в чём-л. take* smb.'s word for smth.; честное ~ word of hónour [...'ɔ-]; честное ~! hónest¦ly! ['ɔn-]; hónour bright! (*в детской речи*); давать (честное) ~ (*дт.*) give* / pledge one's word (of hónour) (*i.*); взвешивать ~а weigh one's words; дар ~а gift of words [g-...]; tálent for spéaking ['tæ-...]; ни ~а not a word, not a sýllable; он не произнёс ни ~а he didn't say / útter a word, he never said / úttered a word [...sed...]; мне нужно сказать вам два ~а I want a word with you; помяните моё ~ mark my words; в полном смысле ~а in the true sense of the word; одни, пустые ~а mere words; он не находил слов (*от возмущения и т. п.*) words failed him; ~ в ~ word for word; одним ~ом in a / one word; in short; другими ~ами in other words; своими ~ами in one's own words [...oun...]; на ~ах by word of mouth, in words; и ~ом и делом by word and deed; игра слов play on words; pun; к ~у by the way, by the by(e); решающее ~ принадлежит ему it is for him to decide; he has the fínal say *разг.*; сказать своё веское ~ útter one's wéighty word / opínion; неосторожно брошенное ~ cáre¦lessly spóken word; последнее ~ остаётся (за *тв.*) the fínal word rests (with); по его ~ам accórding to him; слов нет *разг.* it goes without sáying; нет слов, чтóбы описáть one can't find the lánguage to descríbe [...kɑːnt...]; ~ зá слово *разг.* little by little; one word led to another; ромáнс на ~á Пýшкина póem by Púshkin set to músic [...'pu-...-z-]; **2.** (*речь на собрании*) speech, addréss; просить ~а ask for the floor [...flɔː]; давáть ~ (*дт.*) give* the floor (*i.*); ask (*d.*) to speak; брать ~ take* the floor; ~ принадлежит емý he takes the floor; пéрвое ~ принадлежит емý I call upón him to open the debáte / discússion; заключи́тельное ~ concluding remárks *pl.*; надгрóбное ~ fúneral orátion; ◇ «Слóво о полкý Игореве» "The Lay of Ígor's Host".

**словоизвержéние** *с.* tórrent / flow of words [...flou...].

**словоизменéние** *с. грам.* wórd-chànging [-tʃeɪn-].

**словолитня** *ж.* létter fóundry.

**слóвом** *вводн. сл.* in short.

**словообразовá||ние** *с. лингв.* wórd-bùilding [-bɪl-]. **~тельный** *лингв.* wórd-bùilding [-bɪl-] (*attr.*); ~тельный сýффикс wórd-bùilding / dèrivátional súffix.

**словоохóтлив||ость** *ж.* tálkativeness, loquácity, loquáciousness. **~ый** tálkative, loquácious.

**словопрéние** *с. разг.* lògómachy [-kɪ].

**слово||производный** = словообразовáтельный. **~произвóдство** *с. лингв.* dèrivátion. **~сочетáние** *с. лингв.* còmbinátion of words; устóйчивое ~сочетáние set expréssion; свобóдное ~сочетáние free còmbinátion of words. **~твóрчество** *с.* crèátion of words. **~толковáние** *с.* intèrpretátion of *a* word. **~употреблéние** *с.* use of words [juːs...]; (*о данном слове*) use of the word.

**словц||ó** *с.*: для крáсного ~á for the sake of rhetóric, *или* of a witty remárk; for efféct.

**слог** I *м. лингв.* sýllable; послéдний ~ the last sýllable; предпослéдний ~ the last sýllable but one, the penúltimate sýllable.

**слог** II *м. тк. ед.* (*стиль*) style.

**слогов||óй** *лингв.* **1.** syllábic; ~áя áзбука sýllabary; **2.** (*образующий слог*) sýllable-búilding [-'bɪ-].

**слогообразýющий** = слоговóй 2.

**слоён||ый** puff (*attr.*); ~ пирóг púff-pàstry [-peɪ-]; ~ое тéсто puff paste [...peɪ-].

**сложéни||е** *с.* **1.** (*действие*) ádding; compósing; ~ сил *физ.* còmposítion of fórces [-'zɪ-...]; **2.** *тк. ед. мат.* addítion; **3.** (*тела*) constitútion, build [bɪld]; крéпкого ~я of strong / square / stúrdy build, stúrdily-búilt [-'bɪlt].

**сложённый** formed, built [bɪlt]; хорошó ~ of fine physíque [...-'ziːk], well formed / built.

**сложи́ть** I, II *сов. см.* склáдывать I, II, слагáть I, II *и* класть II.

**сложи́ться** *сов. см.* склáдываться I *и* слагáться I.

**слóжно** I **1.** *прил. кратк. см.* слóжный 1; **2.** *предик. безл.* it is cómplicàted, it is a cómplicàted thing.

**слóжно** II *нареч.* in a cómplicàted mánner.

**сложно||подчинённый** *грам.*: ~подчинённое предложéние cómplèx séntence. **~сочинённый** *грам.*: ~сочинённое предложéние cómpound / cò-órdinàted séntence.

**слóжност||ь** *ж.* còmplicátion, cómplicacy, compléxity; ◇ в óбщей ~и in sum, in all.

**сложноцвéтные** *мн. скл. как прил. бот.* còmpósitae [-zɪ-].

**слóжн||ый** **1.** (*трудный*) cómplicàted, cómplèx; (*запутанный*) íntricate; (*о сюжете и т. п.*) invólved; ~ вопрóс cómplicàted quéstion [...-stʃən]; knótty próblem [...'prɔ-]; **2.** (*составной*) cómpound; ~ое слóво *лингв.* cómpound word; ~ое предложéние *грам.* (*сложноподчинённое*) cómplèx séntence; (*сложносочинённое*) cómpound séntence; ~ое числó *мат.* cómplèx númber; ~ые процéнты *мат.* cómpound ínterest *sg.*

**слои́ст||ый** fláky, fóliàted; laméllar; *мин.* schistóse ['ʃɪstous], schístous ['ʃɪ-]; ~ые облакá stráti ['streɪ-].

**слой** *м.* láyer; *геол.* (*тж. перен.*) strátum (*pl.* -ta); (*краски*) cóat(ing); нанести́ тóнкий ~ (*рд.* на *вн.*) applý a thin film / láyer (of to); ◇ ширóкие слои́ населéния várious stráta of society, wide séctions of the pòpulátion; все слои́ населéния all séctions of the pòpulátion / people [...piː-].

**слóйка** *ж.* puff.

**слом** *м.* púlling down ['pul-...]; на ~ for púlling down, for scrap; пойти́ на ~ be scrapped. **~áть(ся)** *сов. см.* ломáть(ся) **1.** **~и́ть** *сов.* (*вн.*) break* [-eɪk] (*d.*); ~и́ть чьё-л. упóрство subdúe smb.'s óbstinacy; ◇ ~я гóлову *разг.* like mad, at bréaknèck speed [...-eɪk-...]. **~и́ться** *сов.* break* [-eɪk].

**слон** *м.* **1.** élephant; **2.** *шахм.* bíshop; ◇ дéлать из мýхи ~á *разг.* make* móuntains out of móle-hills. **~ёнок** *м.* élephant calf* [...kɑːf]. **~и́ха** *ж.* ców-élephant, élephant cow, shé-élephant. **~óвость** *ж. мед.* èlephàntíasis. **~óвый** èlephántine; ~óвая кость ívory ['aɪ-]; (*краска*) ívory black; ~óвая болéзнь *см.* слонóвость.

**слоня́та** *мн. см.* слонёнок.

**слоня́ться** *разг.* loaf, lóiter abóut; ~ без дéла loaf / lóiter one's time awáy.

**слóпать** *сов. см.* лóпать.

**слугá** *м.* **1.** sérvant; депутáт — ~ нарóда the députy is a sérvant of the people / públic [...piː- 'pʌ-]; вéрные слýги (*в отрицат. смысле*) fáithful sérvitors; **2.** *уст.* man*, (mán)sèrvant.

**служáка** *м. разг.* càmpáigner [-'peɪnə]; стáрый ~ old càmpáigner.

**служáнка** *ж. уст.* sérvant, máidsèrvant, hóusemaid [-s-].

**слýжащий** I *прич. см.* служи́ть; (для; для тогó, чтóбы + *инф.*) used (for; for *ger.*, + to *inf.*).

**слýжащ||ий** II *м. скл. как прил.* èmployée; óffice *or* proféssional wórker; sálaried pérson; госудáрственный ~ óffice èmployée; (*в Англии*) cívil sérvant; вольнонаёмный, граждáнский ~ (*в военном учреждении*) civílian èmployée; рабóчие и ~ие indústrial, óffice and proféssional wórkers.

**слýжб||а** *ж.* **1.** sérvice, work; действи́тельная ~ *воен.* sérvice with the cólours [...'kʌ-], áctive sérvice; состоя́ть на действи́тельной ~е be on the áctive list; быть на воéнной ~е serve in the (armed) fórces; искáть ~у look for work, *или* for a job; быть без ~ы be out of work; идти́ на ~у go* to work; принима́ть кого́-л. на ~у take* smb. into sérvice; быть на ~е у кого́-л. be in smb.'s sérvice; поста́вить что-л. на ~у (*дт.*) place smth. in / at the sérvice (of); по дела́м ~ы on official dúty; карау́льная ~ guard dúty; строева́я ~ *воен.* sérvice with the troops; **2.** (*специальная область работы, учреждение*): ~ пути́ *ж.-д.* track máintenance; ~ движе́ния *ж.-д.* tráffic mánage¦ment; ~ свя́зи *воен.* signal sérvice; communicátion sérvice *амер.*; **3.** *церк.* sérvice; ◇ сослужи́ть кому́-л. ~у stand* smb. in good stead [...sted]; не в ~у, а в дру́жбу *разг.* ≅ for friendship's sake [...'frend-...], as a fávour.

**слу́жбы** *мн. уст.* (*подсобные помещения*) óut-buildings [-bɪl-].

**служе́бн||ый 1.** *прил. к* слу́жба; *тж.* official; ~ые обя́занности official dúties / fúnctions; ~ые часы́, ~ое вре́мя óffice hours [...auəz] *pl.*; **2.** (*вспомогательный*) auxíliary; ~ое сло́во *лингв.* fórm-wòrd, línk-wòrd.

**служ||е́ние** *с.* sérvice; ~ наро́ду sérvice of/to the people [...pi:-]; ~ де́лу социали́зма devótion to the cause of sócialism. **~и́вый** *м. скл. как прил. уст.* sóldier [-dʒə]. **~и́лый** *ист.*: ~и́лые лю́ди, ~и́лое сосло́вие military class (*in ancient Russia*). **~и́тель** *м.* **1.** *уст.* sérvant, atténdant; больни́чный ~и́тель hóspital atténdant; **2.** vótary ['vou-]; ~и́тель нау́ки, иску́сства vótary of science, of art; ◇ ~и́тель ку́льта minister of religion.

**служи́ть,** послужи́ть **1.** (*дт.*) serve (*d.*); ~ кому́-л. ве́рой и пра́вдой serve smb. fáithfully; ~ це́ли serve a purpose [...-s]; ~ де́лу револю́ции serve the cause of the rèvolútion; ~ иску́сству, нау́ке devóte òne¦sélf, *или* be devóted, to the sérvice of art, science; **2.** (кем-л. *и без доп.*; *состоять на службе*) serve (as smb.), work (as smb.); act (as smb.); ~ во фло́те serve in the Návy; ~ в а́рмии serve in the Ármy; ~ секретарём be, *или* work as, a sécretary; **3.** (чем-л.; *быть, являться*) be (smth.), serve (as smth.); ~ приме́ром (*дт.*, для) be an exámple [...-ɑ:m-] (for); (*рд.*) exémplify̆ (*d.*); ~ при́знаком (*рд.*) serve as a sign, *или* an indicátion [...saɪn...] (of), be a sign (of); ~ доказа́тельством (*рд.*) serve as proof / évidence (of); э́то послужи́ло причи́ной неуда́чи that is what caused the fáilure; that was the réason for the fáilure [...-z°n...]; **4.** *тк. несов.* (для *или* чем-л.; *иметь своим назначением*) be used (for); serve / do (for); э́та ко́мната слу́жит ему́ для заня́тий, э́та ко́мната слу́жит ему́ кабине́том this room serves him for a stúdy [...'stʌ-]; **5.** (*без доп.*; *быть полезным*) be in use [...ju:s], do one's dúty; э́то пальто́ слу́жит ему́ два го́да he has had this coat for two years; this coat has done dúty for two years; э́ти сапоги́ хорошо́ послужи́ли these boots have stood a good deal of wear [...stud ...wɛə]; э́та маши́на ещё послу́жит this machine is still fit for use [...'ʃi:n...]; **6.** *тк. несов.* (*вн.*) *церк.* serve (*d.*); officiàte (*d.*); ~ обе́дню serve / célebràte the mass; **7.** *тк. несов.* (*без доп.*; *о собаке*) sit* up and beg; stand* on hind legs; ◇ ~ и на́шим и ва́шим ≅ run* with the hare and hunt with the hounds; чем могу́ ~? what can I do for you?

**слу́жка** *м. церк.* láy-bróther [-'brʌ-].

**слука́вить** *сов.* play a cúnning trick.

**слупи́ть** *сов. см.* лупи́ть III.

**слух** *м.* **1.** ear, héaring; о́рган ~а ear; то́нкий, о́стрый ~ keen ear; плохо́й ~ dull héaring; хоро́ший ~ good* ear; име́ть хоро́ший музыка́льный ~ have a good* ear for músic [...-zɪk]; абсолю́тный ~ pérfect / ábsolùte pitch; игра́ть, петь по ~у, на ~ play, sing* by ear; лишённый (музыка́льного) ~а tóne-deaf [-def]; **2.** (*молва*) rúmour, héarsay; по ~ам it is said / rúmour¦ed [...sed...], they / people say [...pi:-...], from héarsay; пусти́ть ~ set* a rúmour abróad / aflóat [...-ɔ:d...]; есть ~, что there is some talk that; хо́дят ~и it is rúmour¦ed, rúmours are aflóat / abróad; до него́ дошли́ ~и rúmours reached him; ◇ он весь обрати́лся в ~ he is all ears; ни ~у ни ду́ху (о *пр.*) nothing has been heard [...hə:d] (of), there is no news [...-z] (of); ~ом земля́ по́лнится *посл.* news flies quickly; не вся́кому ~у верь ≅ believe ónly half of what you hear [-'li:v... hɑ:f...].

**слуха́ч** *м. воен.* listener [-s°nə].

**слухов||о́й** áuditory, acóustic [-u:s-]; ~ нерв *анат.* acóustic / áuditory nerve; ~ прохо́д *анат.* acóustic duct; ~а́я тру́бка éar-trùmpet; ◇ ~о́е окно́ dórmer(-window).

**слу́ча||й** *м.* **1.** case [-s]; в подо́бном ~е in such a case, in a case like that; возмо́жный ~ póssible case; в (тако́м) ~е in (that) case; в ~е чего́-л. in case of smth., in the evént of smth.; на ~ (*рд.*) in case (of); в ~е, е́сли if by chance; на ~ сме́рти in case of death [...deθ]; во вся́ком ~е in any case, ány¦how, ány¦way, at any rate; на вся́кий ~ *см.* вся́кий; в не́которых ~ях in cértain cáses; в отде́льных ~ях sóme¦times; для да́нного ~я for the présent instance [...'prez-...]; на сей ~ in this case; по ~ю чего́-л. on the occásion of smth.; on accóunt of smth.; ни в ко́ем ~е on no accóunt, by no means; в проти́вном ~е óther¦wise; в лу́чшем, ху́дшем ~е at the best, worst; в ~е необходи́мости in case of need; в ~е кра́йней необходи́мости in a spécial emérgency [...'spe-...]; **2.** (*возможность*) occásion, chance; òpportúnity; воспо́льзоваться удо́бным ~ем seize *an* òpportúnity [si:z...], prófit by *the* occásion; упусти́ть удо́бный ~ miss *the* òpportúnity, lose* *the* chance [lu:z...]; э́то предста́вит удо́бный ~ (для) it will provide an éxcellent occásion (for); при ~е on occásion, when òpportúnity óffers; при вся́ком удо́бном ~е whèn¦éver an òpportúnity presénts it¦sélf [...'ze-...]; ждать удо́бного ~я bide* one's time; **3.** (*происшествие*) evént, íncident; occúrrence; обы́чный ~ évery¦dáy occúrrence; стра́нный ~ strange occúrrence [-eɪndʒ...]; несча́стный ~ áccident; с ним произошёл несча́стный ~ he met with an áccident; **4.** (*случайность*) chance; по счастли́вому ~ю by a lúcky chance; ◇ купи́ть по ~ю (*вн.*) buy* by chance [baɪ...] (*d.*), buy* sécond-hánd [...'se-] (*d.*).

**случа́йн||о 1.** *нареч.* by chance, by áccident; àccidéntally; ~ встре́титься (с *тв.*) háppen (up¦ón); он ~ встре́тился с ней he háppened upon her, he háppened to meet her; он ~ был там he háppened to be there; **2.** *как* *вводн. сл.* by any chance; вы, ~, не ви́дели това́рища Х? do you háppen to have seen cómrade X?; вы, ~, не зна́ете его́? do you háppen to know him? [...nou...]; ◇ не ~ it is no mere chance, it is no cò¦incidence. **~ость** *ж.* **1.** chance; по счастли́вой ~ости by a lúcky chance, by a háppy áccident, by sheer luck; по несча́стной ~ости as ill luck would have it; зави́сеть от ~остей be góverned by the rule of chance [...'gʌ-...]; огражда́ть себя́ от ~остей put* òne¦sélf be¦yónd the reach of chance; **2.** (*случайный характер*) fòrtúity [-'tjuɪ-], fòrtúitous¦ness [-'tjuɪ-]; ~ость встре́чи fòrtúity of *a* méeting, cásual / àccidéntal / chance náture of *a* méeting ['kæʒ-... 'neɪ-...]; ~ость оши́бки àccidéntal náture of *a* mistáke, *или* an érror. **~ый 1.** (*непредвиденный*) àccidéntal, cásual ['kæʒ-], fòrtúitous [-'tjuɪ-]; ~ая встре́ча chance méeting; ~ое обстоя́тельство àccidéntal / cásual círcumstance; ~ый престу́пник *юр.* chance offénder; ~ое уби́йство *юр.* hómicide by mìsadvénture; **2.** (*непостоянный, от случая к случаю*) chance (*attr.*); (*побочный*) incidéntal; ~ый за́работок odd jobs *pl.*; ~ые расхо́ды incidéntal expénses.

**случа́ть,** случи́ть (*вн.* с *тв.*; *о животных*) couple [kʌ-] (*d.* with), pair (*d.* with).

**случ||а́ться** I, случи́ться **1.** (*без доп.*) háppen, come* to pass, come* abóut; (с *тв.*) háppen (to); (*встречаться*) occúr (to); (*о несчастном случае и т. п.*) befáll* (*d.*); ~и́лось, что it háppened that, it came to pass that; что ~и́лось? what has háppened?; what's up?; что́-нибудь ~и́лось? is ány¦thing the mátter?; как бу́дто ничего́ не ~и́лось as if nothing had háppened; что́ бы ни ~и́лось whàt¦éver háppens, come what may; э́то ~а́ется с ним ре́дко he's not óften like this [...'ɔːf(t)°n...]; не дать чему́-л. случи́ться сно́ва prevént smth. háppening agáin; с ним ~и́лось несча́стье he has had a misfórtune [...-ʧən]; **2.** *безл.* (*дт.*) *переводится личными формами глаг.* háppen; ему́ ~а́лось встреча́ться с ней he used to meet her sóme¦times [...juːst...].

**случ||а́ться** II, случи́ться **1.** (с *тв.*; *о животных*) cóver ['kʌ-] (*d.*), couple [kʌ-] (with), pair (with); **2.** *страд. к* случа́ть. **~и́ть** *сов. см.* случа́ть.

**случи́ться** I *сов. см.* случа́ться I.

**случи́ться** II *сов. см.* случа́ться II.

**слу́ч||ка** *ж.* cóupling ['kʌ-], páiring. **~но́й** for cóvering [...'kʌ-], for páiring.

**слу́шани||е** *с.* **1.** audítion; (*певца, пианиста и т. п.*) héaring; (*лекции, курса наук*) atténding; **2.** *юр.*: ~ де́ла héaring of *the* case [...-s]; де́ло назна́чено к ~ю на 10-е ма́я the case will be brought befóre the court, *или* will come on, *или* will come up for trial, on the 10th of May [...kɔːt...].

**слу́шатель** *м.*, **~ница** *ж.* **1.** héarer, lístener [-s°nə]; **2.** (*студент*) stúdent; **3.** *мн. собир.* áudience *sg.*, áuditory *sg.*

**слу́ш||ать,** послу́шать (*вн.*) **1.** lísten [-s°n] (to); (*певца, пианиста и т. п.*) hear* (*d.*); ~ с напряжённым внима́нием lísten inténtly (to); ~ ра́дио lísten in; ~айте после́дние изве́стия! stand by for the news! [...-z]; **2.** (*лекции и т. п.*) atténd (*d.*); **3.** (*слушаться*) lísten (to), obéy (*d.*); **4.** *тк. несов. юр.* hear* (*d.*); ◇ ~аю! (*по телефону*) húllό!; (*ответ на просьбу*) at your sérvice; very well, very good; вы ~аете? (*по телефону*) are you there?; ~а́й(те)!, послу́шай(те)! look here! **~аться,** послу́шаться (*вн.*) **1.** (*повиноваться*) obéy (*d.*); (*поступать согласно чьим-л. советам*) lísten [-s°n] (to); ~аться чьего́-л. сове́та fóllow / take* smb.'s advíce; ребёнок никого́ не ~ается the child* heeds nó¦body; ~аться руля́ *мор.* ánswer the helm ['ɑːnsə...]; **2.** *страд. к* слу́шать 1, 2, 4; де́ло ~ается за́втра the case will be brought befóre the court, *или* will come on, *или* will come up for trial, to¦mórrow [...keɪs... kɔːt...].

**слыть** (*тв.*, за *вн.*) have a rèputátion (for); be said / repúted [...sed...] (+ to *inf.*), pass (for); он слывёт учёным челове́ком, за учёного челове́ка he is said / repúted to be very léarned [...'lɜː-], he has a rèputátion for léarning [...'lɜː-].

**слы́ханный:** слы́хано ли (э́то) де́ло? have you ever heard of such a thing? [...hɜːd...], was such a thing ever heard?

**слыха́||ть** (*тк. прошедшее*; *вн.*, о *пр.*, про) hear* (*d.*, abóut, of); ~ли вы об э́том? have you heard abóut it? [...hɜːd...]; о нём давно́ ничего́ не ~ *разг.* nothing has been heard of him, *или* he has not been heard of, for a long time.

**слы́ш||ать,** услы́шать **1.** (*вн.*) hear* (*d.*); он ~ал плач ребёнка he heard *a* child* crýing [...hɜːd...]; здесь нас никто́ не (у)слы́шит there is nó¦body here to hear us; **2.** (о *тв.*) hear* (of); бо́льше о нём не ~али he was no more heard of; **3.** *тк. несов.* (*без доп.*; *обладать слухом*) hear*; не ~ (*быть глуховатым*) be hard of héaring. **~аться,** послы́шаться be heard [...hɜːd]: за стено́й ~алось пе́ние sing¦ing was heard in the next room; — ему́ послы́шалось (*показалось*) he thought he heard.

**слы́шим||ость** *ж.* audibílity; хоро́шая, плоха́я ~ good*, poor audibílity. **~ый** áudible.

**слы́шно** I **1.** *прил. кратк. см.* слы́шный; **2.** *предик. безл.* (*можно слышать*) one can hear: ~, как он чита́ет one can hear him read; бы́ло ~, как она́ пе́ла one could hear her sing; бы́ло ~, как па́дали ка́пли дождя́ one could hear the ráindrὸps fálling; ему́, им *и т. д.* ~ he, they, *etc.*, can hear; **3.** *предик. безл. разг.* (*говорят*) they say, it is said [...sed], it is rúmour¦ed; ~ он прие́хал he has arríved, they say; ◇ что ~? what's the news? [...-z]; any news?; ~ как му́ха пролети́т ≅ you might have heard a pin drop [...hɜːd...].

**слы́шн||о** II *нареч.* áudibly. **~ый** áudible.

**слюд||а́** *ж.* míca. **~яно́й** *прил. к* слюда́.

**слюн||а́** *ж. тк. ед.* salíva; отделе́ние ~ы́ sàlivátion.

**слю́ни** *мн.* slóbber *sg.*; пуска́ть ~ slóbber, dríbble; у него́ ~ теку́т his mouth* is wátering [...'wɔː-].

**слюни́ть,** послюни́ть (*вн.*) wet with salíva (*d.*).

**слю́н||ки** *мн.*: у него́ ~ теку́т his mouth* is wátering [...'wɔː-]; от э́того ~ теку́т it makes one's mouth* wáter [...'wɔː-]. **~ный** *анат.* sálivary; ~ная железа́ sálivary gland.

**слюноотделе́ние** *с. физиол.* sàlivátion.

**слюнотече́ние** *с.* sialorrhéa [-ˈriːə].

**слюня́вый** *разг.* slóbbery, dribbling, drível(l)ing.

**сля́котный** *разг.* (*о дороге*) slúshy; (*о погоде*) ráiny (and snówy) [...-oui].

**сля́коть** *ж.* slush, mire.

**сма́з||ать** *сов. см.* сма́зывать. **~ка** *ж.* **1.** (*действие*) (*жиром*) gréasing; (*маслом*) óiling; (*машины*) lùbricátion; ~ка лыж ski wáxing [ʃiː ˈwæ-]; **2.** (*вещество*) grease [-s], lúbricant, lúbricàtor.

**смазли́в||ый** *разг.* cóme¦ly [ˈkʌ-]; ~ое ли́чико, ~ая ро́жица prétty (little) face [ˈprɪ-...].

**смазн||о́й:** ~ы́е сапоги́ blacked boots.

**сма́зочн||ый** lúbricàting; ~ое ма́сло lúbricàting oil; ~ материа́л lúbricant; ~ая кана́вка *тех.* lúbricàting groove; ~ое приспособле́ние lúbricàting arránge¦ment [...-eɪn-], lúbricàtor.

**сма́зч||ик** *м.*, **~ица** *ж.* gréaser, lúbricàtor.

**сма́зывание** *с.* **1.** paint; **2.** (*смягчение*) slúrring; ~ вопро́са slúrring óver of *a* quéstion [...-stʃən]; ~ противоре́чий slúrring óver of còntradíctions.

**сма́зывать,** сма́зать (*вн.*) **1.** (*жиром*) grease (*d.*); (*маслом*) oil (*d.*); (*о машине*) lúbricàte (*d.*); (*о коже*) dub (*d.*); ~ йо́дом paint with íodìne [...-diːn] (*d.*); **2.** *разг.* (*давать взятку*) lúbricàte (*d.*), grease smb.'s palm [...pɑːm], grease the wheels (of); **3.** (*смягчать, делать неопределённым*) slur (óver); сма́зать вопро́с slur óver *a* quéstion [...-stʃən].

**смак** *м. тк. ед. разг.* rélish, sávour; со ~ом with rélish, with gústò. **~ова́ть** (*вн.*; *прям. и перен.*) *разг.* sávour (*d.*), rélish (*d.*).

**сма́лец** *м.* lard.

**сма́льта** *ж.* smalt.

**сма́н||ивать,** смани́ть (*вн.*) entíce (*d.*), lure (*d.*). **~и́ть** *сов. см.* сма́нивать.

**смара́гд** *м. мин.* smáràgd [ˈsmæ-], émerald. **~овый** *прил. к* смара́гд.

**смастери́ть** *сов. см.* мастери́ть.

**сма́тывать,** смота́ть (*вн.*) wind* (*d.*), reel (*d.*); ~ в клубо́к wind* into a ball (*d.*); ◇ ~ у́дочки *разг.* ≅ make* off, take* to one's heels.

**сма́хивать** I, смахну́ть **1.** (*вн.*) whisk (a¦wáy, off) (*d.*), flap (a¦wáy, off) (*d.*), brush (off) (*d.*), flick a¦wáy (*d.*); ~ пыль (с *рд.*) dust (*d.*), brush the dust off (*d.*); смахну́ть слезу́ brush a¦wáy a tear.

**сма́хивать** II (на *вн.*) *разг.* (*быть похожим*) look like (*d.*), resémble [-ˈze-] (*d.*), smack (of).

**смахну́ть** *сов. см.* сма́хивать I.

**сма́чива||ние** *с.* móistening [-s°n-], wétting. **~ть,** смочи́ть (*вн.*) móisten [-s°n] (*d.*), wet (*d.*).

**сма́чн||о** *нареч. разг.* with rélish. **~ый** *разг.* sávoury [ˈseɪvə-].

**смежа́ть,** смежи́ть: ~ глаза́ shut*/ close one's eyes [...aɪz].

**смежи́ть** *сов. см.* смежа́ть.

**сме́жн||ость** *ж.* còntigúity [-ˈgjuɪ-]; ассоциа́ция по ~ости *психол.* assòciátion by còntigúity. **~ый** adjácent [əˈdʒeɪ-]; (с *тв.*) contíguous (to); ~ый у́гол *мат.* adjácent angle; ~ые госуда́рства adjóining states; ~ое предприя́тие *эк.* cò-óperàting plant / énterprise [...-ɑː-...].

**смека́л||истый** *разг.* sharp, kéen-wìtted. **~ка** *ж.* móther wit [ˈmʌ-...], shárpness, kéenness of wit.

**смек||а́ть,** смекну́ть see*, réalize [ˈrɪə-]; (*вн.*) *разг.* grasp the méaning (of); ~ну́ть, в чём де́ло get* it, see* the point of it. **~ну́ть** *сов. см.* смека́ть.

**смеле́ть,** осмеле́ть grow* bólder [-ou...].

**сме́ло** I *прил. кратк. см.* сме́лый.

**сме́ло** II *нареч.* bóldly; (*храбро*) bráve¦ly, féarlessly; говори́ть ~ speak* bóldly / fréely; я могу́ ~ сказа́ть I may say with cónfidence, I can sáfe¦ly say; ~! (pluck up your) cóurage! [...ˈkʌ-].

**сме́лость** *ж.* bóldness, cóurage [ˈkʌ-]; audácity; брать на себя́ ~ (+ *инф.*) make* bold (+ to *inf.*), take* the líberty (of *ger.*); ◇ ~ города́ берёт *посл.* ≅ cóurage òver¦cómes all óbstacles.

**сме́лый** bold, courágeous, dáring, audácious.

**смельча́к** *м. разг.* bold spírit; dáre-dèvil.

**сме́н||а** *ж.* **1.** (*действие*) chánging [ˈtʃeɪn-], change [tʃeɪ-]; (*замена*) replácе¦ment; (*лошадей*) reláy; *воен.* (*о людях*) relíef [-ˈliːf]; ~ впечатле́ний change of impréssions; на ~у кому́-л. to replace smb.; ~ дня и но́чи àlternátion of day and night; ~ карау́ла relíef of the guard; ~ руково́дства change of léadership; **2.** (*на заводе и т. п.*) shift; (*в школе и т. п.*) séssion; у́тренняя, дневна́я, вече́рняя ~ mórning, day, night shift; рабо́тать в две, три ~ы work in two, three shifts; **3.** (*молодое поколение*) young / rísing gènerátion [jʌŋ...]; succéssors *pl.*; молодёжь—на́ша ~ the young are our succéssors; **4.:** ~ белья́ change of línen [...ˈlɪ-]; ◇ идти́ на ~у кому́-л. come* up to take smb.'s place.

**смени́ть** *сов. см.* сменя́ть I. **~ся** *сов. см.* сменя́ться.

**сме́нн||ый** **1.** *тех.* change [tʃeɪ-] (*attr.*); ~ое колесо́ spare wheel; **2.** (*связанный со сменной работой*) shift (*attr.*); ~ деся́тник shift fóre¦man*; ~ инжене́р shift èngineer [...endʒ-]; ~ая рабо́та shift lábour; ~ая вы́работка per-shift perfórmance; ~ая систе́ма reláy sýstem.

**сменяе́м||ость** *ж.* remòvabílity [-muː-]. **~ый** **1.** *прич. см.* сменя́ть I; **2.** *прил.* remóvable [-ˈmuː-]; ~ые ча́сти *тех.* remóvable parts.

**сменя́ть** I, смени́ть (*вн.*) **1.** (*заменив другим*) change [tʃeɪ-] (*d.*), sùpersédе (*d.*); (*работника*) replácе (*d.*); *воен.* relíeve [-ˈliːv] (*d.*); смени́ть лошаде́й change hórses; смени́ть карау́л relíeve *the* guard; ~ мото́р(ы) change *the* éngine(s) [...ˈendʒ-]; смени́ть ши́ны на автомоби́ле change *the* tyres of *a* car; ~ котлы́ на су́дне ré-bóiler *a* ship; **2.** (*замещать*) replácе (*d.*), take* *smb.'s* place; вы сме́ните его́ на вре́мя you will replace him for a time, you will take his place for a time; ◇ смени́ть гнев на ми́лость ≅ let* mércy séason jústice [...-z°n...].

**сменя́ть** II *сов.* (*вн.*) *разг.* (*променять*) exchánge [-ˈtʃeɪ-] (*d.*).

**сменя́ться,** смени́ться **1.** (*по очереди*) take* turns; **2.** (*тв.*) change [tʃeɪ-] (into), give* place (to); испу́г смени́лся ра́достью fright changed into, *или* gave place to, joy; дневно́й зной смени́лся прохла́дой the day's heat gave way, *или* yielded, to cóolness [...'ji:l-...]; 3. *страд.* к сменя́ть I.

**смерза́ться,** смёрзнуться freeze* togéther [...-'ge-]; régelàte *книжн.*

**смёрзнуться** *сов. см.* смерза́ться.

**сме́рить** *сов.* (*вн.*) méasure ['meʒə] (*d.*); ◇ ~ взгля́дом méasure with one's eye [...aɪ] (*d.*), look up and down (*d.*), eye from head to foot [...hed... fut] (*d.*), eye all óver (*d.*).

**смерка́||ться,** сме́ркнуться *безл.*: ~ется it is getting dark, night is dráwing on, twílight has fállen ['twaɪ-...].

**сме́ркнуться** *сов. см.* смерка́ться.

**смерте́льно** I *прил. кратк. см.* смерте́льный.

**смерте́льн||о** II *нареч.* mórtally; ~ ра́ненный mórtally wóunded [...'wu:-]; ~ ненави́деть кого́-л. hate smb. mórtally, have a déadly hátred for smb. [...'ded-...]; ~ скуча́ть be bored to death [...deθ]; ~ уста́ть be dead tired [...ded...], be tired to death; ~ уста́лый *разг.* dóg-tired, déad-béat ['ded-]. ~**ость** *ж.* fátal náture [...'neɪ-]. ~**ый** mórtal, déadly ['ded-]; (*о ране*) fátal; ~ый враг déadly énemy; ~ый яд déadly póison [...-z-]; ~ая вражда́ déath-feud ['deθ-]; ~ый бой ìnternécine battle [-'ni:-...].

**сме́ртн||ик** *м.* prísoner séntenced to death ['prɪz-... deθ], condémned man*. ~**ость** *ж.* mòrtálity, déath-ràte ['deθ-]; де́тская ~ость child mòrtálity; табли́ца ~ости mòrtálity table. ~**ый** 1. *прил.* mórtal; челове́к сме́ртен man* is mórtal; 2. *прил.* (*относящийся к смерти*) death [deθ] (*attr.*); ~ый час déath-hour ['deθauə]; ~ое ло́же déathbèd; ~ый пригово́р séntence of death; (*перен.*) déath-wàrrant ['deθ-]; ~ая казнь cápital púnishment [...'pʌ-], death pénalty; 3. *м. как сущ.* mórtal.

**смертоно́сн||ый** mórtal, fátal, déath-dealing ['deθ-]; (*о яде, газе и т. п.*) léthal ['li:-]; ~ое ору́жие léthal wéapon [...'we-]; ~ уда́р mórtal blow [...-ou].

**смерт||ь** I *ж.* death [deθ]; decéase [-s] (*особ. юр.*); есте́ственная, наси́льственная ~ nátural, víolent death; гражда́нская ~ cívil death; голо́дная ~ death from stàrvátion; умере́ть голо́дной ~ью starve to death, die of stàrvátion / húnger; он у́мер ~ью геро́я he died the death of a héro; свиде́тельство о ~и death certíficate; спаса́ть от ~и save from death; ◇ ла́герь ~и death / èxtèrminátion camp; в когтя́х ~и ≅ in the jaws of death; быть ме́жду жи́знью и ~ью be betwéen life and death; быть при́ ~и be dýing, be on the verge of death; на воло́сок от ~и within a hair's breadth of death [...bre-...]; до́ ~и *разг.* to death; надоеда́ть до́ ~и (*дт.*) péster to death (*d.*); напуга́ть кого́-л. до́ ~и frighten smb. to death; до са́мой ~и till one's dýing day; двум ~я́м не быва́ть, одно́й не минова́ть ≅ a man can die but once [...wʌns].

**смерть** II *нареч. разг.* (*очень*): (ему́) ~ как хо́чется (+ *инф.*) he is dýing (for); ему́ ~ как хо́чется кури́ть he is dýing for a smoke.

**смерч** *м.* (*на море*) wáter-spout ['wɔ:-]; (*в пустыне*) sánd-stòrm.

**смеси́ть** *сов. см.* меси́ть.

**смести́** *сов. см.* смета́ть I.

**смести́ть(ся)** *сов. см.* смеща́ть(ся).

**смесь** *ж.* míxture; (*мешанина*) médley ['me-].

**сме́т||а** *ж.* éstimate; составля́ть ~у éstimàte; draw* / make* up *an* éstimate; превыша́ть ~у excéed *the* éstimate.

**смета́на** *ж.* sour cream.

**смета́ть** I, смести́ (*вн.*) sweep* off / a:wáy (*d.*); ~ в ку́чу sweep* into a heap (*d.*); ~ пыль с чего́-л. dust smth.; ◇ смести́ с лица́ земли́ sweep* out of exístence (*d.*).

**смета́ть** II *сов. см.* мета́ть II *и* смётывать.

**смётка** *ж. разг.* shárpness, gúmption.

**сме́тлив||ость** *ж.* shárpness, kéen-wìttedness, gúmption. ~**ый** sharp, kéen-wìtted.

**сме́тн||ый** éstimate (*attr.*); ~ые ассигнова́ния búdget allówances; ~ые предположе́ния éstimàted expénditure *sg.*

**смётывать,** смета́ть (*вн.*) baste [beɪst] (*d.*), tack (togéther) [...-'ge-] (*d.*).

**сметь,** посме́ть dare*, make* bold / free; сме́ю сказа́ть I make bold to say, I dare say; не сме́йте де́лать э́того don't dare to do it.

**смех** *м.* láughter ['lɑ:f-], laugh [lɑ:f]; взрыв ~а óutbùrst / roar of láughter; зарази́тельный ~ cátching / inféctious láughter; подави́ть ~ suppréss one's láughter; разрази́ться ~ом burst* out láughing [...'lɑ:f-]; ~ души́л его́ his láughter was chóking him; его́ разбира́ет ~ he can't help láughing [...kɑ:nt...]; ◇ ему́ не до ~а he is past láughter, he is in no mood for láughter; поднима́ть кого́-л. на́ ~ make* fun of smb.; отде́латься от чего́-л. ~ом laugh / jest smth. a:wáy; ~а ра́ди in jest, for sheer fun; ~ да и то́лько *разг.* ≅ it's enóugh to make a cat laugh [...ɪ'nʌf...]; it just makes you laugh.

**смехотво́рн||ость** *ж.* láughable:ness ['lɑ:f-], ridículous:ness; (*нелепость*) absúrdity. ~**ый** láughable ['lɑ:f-], ridículous.

**сме́шанн||ый** 1. *прич. см.* сме́шивать; 2. *прил.* (*в разн. знач.*) mixed; (*разнородный*) cómpound; (*о породе*) hýbrid ['haɪ-]; ~ лес mixed fórest / wood [...'fɔ- wud] (*ср.* лес); ~ое число́ *мат.* mixed númber; ~ая коми́ссия mixed / joint commíssion; ~ая компа́ния *эк.* joint cómpany [...'kʌ-]; ~ое чу́вство гру́сти и ра́дости féelings of mixed sórrow and joy *pl.*

**смеш||а́ть** *сов.* 1. *см.* сме́шивать; 2. *как сов. к* меша́ть II 2; ◇ ~ кого́-л. с гря́зью besmírch / súlly smb.'s name. ~**а́ться** *сов. см.* сме́шиваться. ~**е́ние** *с.* confúsion; (*оттенков, красок*) blénd(ing), mérging; ~е́ние поня́тий confúsion of idéas [...aɪ'dɪəz]; ~е́ние языко́в confúsion of tongues / lánguages [...tʌŋz...], bábel; ~е́ние поро́д cross betwéen breeds.

**сме́шивание** *с.* míxing.

**сме́шивать,** смеша́ть (*вн.*) 1. mix (*d.*), mix up (*d.*); ~ кра́ски blend / merge cólours [...'kʌləz]; 2. (*приводить в беспорядок*) lump togéther [...-'ge-] (*d.*); 3. (*перепутывать*) confúse (*d.*). ~**ся,** смеша́ться 1. mix; (*о красках*) (ìnter)blénd; смеша́ться с толпо́й mix up in the crowd, merge with the crowd; 2. *тк. сов.* (*смутиться*) become* / be confúsed; 3. *страд. к* сме́шивать.

**смеш||и́ть** (*вн.*) make* (*d.*) laugh [...lɑ:f]. ~**ли́вость** *ж.* rìsibílity [-zɪ-]. ~**ли́вый** rísible

[-z-], much given to láughter [...'lɑːf-], éasily amúsed ['iːz-...].

**смешно́** I **1.** *прил. кратк. см.* смешно́й; **2.** *предик. безл.* it is ridículous, it makes one laugh [...lɑːf]; ~ смотре́ть на них it makes one laugh to look at them; ему́ ~ it makes him laugh; ~ сказа́ть it is ridículous; вам ~? you find / think it fúnny?; как ~! how fúnny!; э́то про́сто ~! it's símply ridículous / absúrd!

**смешно́** II *нареч.* in a fúnny mánner / way, cómically.

**смешн||о́й** (*смехотворный*) ridículous, lúdicrous; (*забавный*) fúnny, droll; я нахожу́ э́то ~ы́м с ва́шей стороны́ I find it very lúdicrous of you; в э́том нет ничего́ ~о́го there is nóthing to laugh at [...lɑːf...]; как он смешо́н! how absúrd he is!; выставля́ть кого́-л. в ~о́м ви́де make* a láughing-stòck of smb. [...'lɑːf-...], expóse smb. to rídicùle; ◇ до ~о́го to the point of absúrdity.

**смешо́к** *м. разг.* chuckle, short laugh [...lɑːf], gíggle [g-].

**смещ||а́ть,** смести́ть (*вн.*) **1.** displáce (*d.*), remóve [-'muːv] (*d.*); **2.** (*с должности*) remóve (*d.*). **~а́ться,** смести́ться **1.** displáce, heave*; **2.** *страд. к* смеща́ть. **~е́ние** *с.* **1.** displáce¦ment, remóval [-'muː-]; *опт.* párallàx; **2.** *геол.* heave, ùp¦héaval, dislocátion; **3.** *рад.* bías.

**смея́ться 1.** laugh [lɑːf]; (*тихо*) chuckle; гро́мко ~ laugh lóudly; принуждённо ~ give* a forced laugh; ~ исподтишка́, ~ в кула́к laugh to òne¦sélf; laugh in one's sleeve *идиом.*; ~ шу́тке laugh at *a* joke; ~ до слёз laugh until one cries; **2.** (над) laugh (at), mock (at), make* fun (of); ◇ хорошо́ смеётся тот, кто смеётся после́дним he laughs best who laughs last.

**сми́ловаться** *сов.* (над) *уст.* have / take* píty / compássion / mércy [...'pɪ-...] (on).

**смире́н||ие** *с.* húmble¦ness, humílity, méekness. **~ник** *м.*, **~ница** *ж.* húmble / meek pérson. **~но** *нареч.* húmbly, with humílity, méekly. **~ность** *ж.* humílity. **~ный** húmble, meek; submíssive.

**смири́тельн||ый:** ~ая руба́шка strait wáistcoat / jácket.

**смири́ть(ся)** *сов. см.* смиря́ть(ся).

**сми́рн||о 1.** *нареч.* quíetly; вести́ себя́ ~ be very quíet; сиде́ть ~ sit* still; **2.:** ~! atténtion! **~ый** quíet; (*кроткий*) mild.

**смиря́ть,** смири́ть (*вн.*) subdúe (*d.*); (*страсти и т. п.*) restráin (*d.*), subdúe (*d.*); (*гордость и т. п.*) húmble (*d.*), abáse [-s] (*d.*). **~ся,** смири́ться submít; resígn òne¦sélf [-'zaɪn...].

**смо́ква** *ж.* **1.** (*плод*) fig; **2.** (*дерево*) = смоко́вница.

**смо́кинг** *м.* dínner-jàcket.

**смоко́вница** *ж. бот.* fíg-tree.

**смол||а́** *ж.* résin [-z-]; (*жидкая*) pitch, tar; (*твёрдая*) rósin [-z-]; го́рная ~ míneral pitch. **~ёный** résined [-z-]; tarred, pitched; (*ср.* смола́); ~ёный трос tarred rope. **~и́стый** résinous [-zɪ-], rèsináceous [-zɪ'neɪʃəs]. **~и́ть** (*вн.*) résin [-z-] (*d.*); tar (*d.*), pitch (*d.*); (*ср.* смола́).

**смолка́ть,** смо́лкнуть (*о человеке*) grow* sílent [-ou...], fall* into sílence [...'saɪ-], fall* sílent; (*о звуке, шуме*) cease [-s].

**смо́лкнуть** *сов. см.* смолка́ть.

**смолова́рня** *ж.* = смолоку́рня.

**смо́лоду** *нареч. разг.* in one's youth [...juːθ], éver since youth.

**смолоку́р** *м.* tár-sprayer. **~е́ние** *с.* extráction of tar. **~енный:** ~енный заво́д tár-wòrks. **~ня** *ж.* tár-wòrks.

**смолоти́ть** *сов. см.* молоти́ть.

**смоло́ть** *сов. см.* моло́ть.

**смолча́ть** *сов. разг.* hold* one's tongue / peace [...tʌŋ...].

**смоль** *ж.*: чёрный как ~ jét-bláck.

**смолян||о́й** *прил. к* смола́; ~о́е ма́сло résin oil [-z-...]; ~ ка́мень pítchstòne; ~а́я обма́нка *мин.* pítchblènde.

**смонти́ровать** *сов. см.* монти́ровать.

**сморгну́||ть** *сов. разг.*: гла́зом не ~ ≅ not bat an éye¦làsh [...'aɪ-], not turn a hair; не ~в гла́зом ≅ without bátting an éye¦làsh.

**сморка́ть,** вы́сморкать: ~ нос blow* one's nose [-ou...]. **~ся,** вы́сморкаться blow* one's nose [-ou...].

**сморо́дин||а** *ж.* **1.** *тк. ед. собир.* cúrrants *pl.*; кра́сная, бе́лая, чёрная ~ red, white, black cúrrants; **2.** (*об отдельной ягоде*) cúrrant; **3.** (*куст*) cúrrant (shrub); кусты́ ~ы cúrrants, cúrrant shrubs.

**сморо́динный** *прил. к* сморо́дина.

**сморо́зить** *сов.* (*вн.*) *разг.* blurt out (*d.*).

**сморчо́к** *м.* (*гриб*) mòrél [mɔ-]; (*перен.*) *разг.* (*о человеке*) shrimp.

**смо́рщ||енный 1.** *прич. см.* смо́рщить; **2.** *прил.* wrínkled. **~ить** *сов. см.* мо́рщить 2. **~иться** *сов. см.* мо́рщиться 2, 3.

**смота́ть** *сов. см.* сма́тывать.

**смотр** *м.* revíew [-'vjuː]; производи́ть ~ (*дт.*) revíew (*d.*), hold* a revíew (of).

**смотр||е́ть,** посмотре́ть **1.** (*без доп.*) look; (на *вн.*) look (at); ~ при́стально (на *вн.*) look fíxedly / inténtly (at), stare (at), gaze (at); ~ в окно́ look out of *the* wíndow; ~ вперёд (*перен.*) look ahéad [...ə'hed]; ~ вслед (*дт.*) fóllow with one's eyes [...aɪz] (*d.*); сиде́ть и ~ sit* lóoking / gázing; **2.** (*вн.*; *о книге, журнале и т. п.*) look through (*d.*); **3.** (*вн.*; *о кинофильме, пьесе и т. п.*) see* (*d.*); (*о скачках, состязании*; *тж. о телевизионной передаче*) watch (*d.*); **4.** (*вн.*; *производить осмотр, смотр*) (*о больном*) exámine (*d.*); (*о войсках*) revíew [-'vjuː] (*d.*); **5.** (за *тв.*) *разг.* (*присматривать*) look (áfter); ~ за поря́дком keep* órder; ~ за рабо́тами sùperinténd work; **6.** *тк. несов.* (на кого́-л.) *разг.* (*брать с кого-л. пример*) fóllow smb.'s exámple [...-ɑːm-], ímitàte (smb.); ~ на кого́-л., что-л. как на образе́ц look up¦ón smb., smth., *или* regárd smb., smth., as an exámple; **7.** *тк. несов.* (*видеться*) peep out: из-за туч ~е́ло со́лнце the sun peeped out from behínd the clouds; **8.** *тк. несов.* (на, в *вн.*; *быть обращённым*) look (into, on, óver): о́кна смо́трят в сад the wíndows look into *the* gárden; **9.** *тк. несов.* (*тв.*; *иметь вид*) look like (*d.*): он смо́трит победи́телем he looks triúmphant; ◇ ~и́(те)! (*берегись*) look out!, take care!; ~и́(те), не де́лай(те) э́того take care not to do that; (ты) ~и́ (у меня́)! you dare!; ~и́, он тебя́ обма́нет take care, he will decéive you [...-'si:v...]; ~й как бы хýже нé было mind smth. worse does꞉n't háppen; bewáre lest worse befáll *книжн.*; ~я по обстоя́тельствам, ~я как, ~я когдá it depénds; как вы на э́то смóтрите? what do you think of it?; он смóтрит на э́то бóлее мрáчно he takes a glóomier view of it [...vju:...]; ~ с тревóгой, беспокóйством на что-л. view smth. with great concérn [...greɪt...]; ~ сквозь пáльцы на что-л. *разг.* look through one's fingers at smth., wink at smth.; ~ в глазá, в лицó опáсности, смéрти look dánger, death in the face [...'deɪn- deθ...]; ~ в óба *разг.* keep* one's eyes ópen, be on one's guard.

**смотрéться,** посмотрéться **1.** look at òne꞉sélf; ~ в зéркало look at òne꞉sélf in the mirror; **2.** *страд. к* смотрéть; *переводится действит. оборотом*: пьéса смóтрится с удовóльствием the play is very interesting / amúsing.

**смотри́ны** *мн. уст.* ≅ bride-show [-ʃou] *sg.*

**смотри́тель** *м.*, **~ница** *ж. уст.* súpervìsor [-zə], inspéctor; станциóнный ~ póstmàster ['pou-]; тюрéмный ~ wárder, kéeper.

**смотров||óй** **1.** *воен.* review [-'vju:] (*attr.*); **2.:** ~áя щель òbservátion slot / slit [-zə-...], vision slot / slit; ~óе окнó inspéction window.

**смочи́ть** *сов. см.* смáчивать.

**смочь** *сов. см.* мочь I.

**смошéнничать** *сов. см.* мошéнничать.

**смрад** *м.* stink, stench. **~ный** stinking.

**смуглéть** become* / grow* dárk-compléxioned [...-ou...].

**смуговáтый** sóme꞉whàt dark.

**смуглоли́цый** dark.

**смýгл||ость** *ж.* dárkness. **~ый** dárk-compléxioned. **~я́нка** *ж. разг.* dark girl [...gə:l], dark wóman* [...'wu-].

**смýт||а** *ж. уст.* distúrbance, sedítion; сéять ~у sow* / spread* discòrd [sou spred...].

**смути́ть(ся)** *сов. см.* смущáть(ся).

**смýтн||о** *нареч.* vágue꞉ly ['veɪg-], dím꞉ly. **~ый** (*неопределённый*) vague [veɪg]; (*неясный*) dim: ~ое представлéние dim / vague idéa [...aɪ'dɪə]; ~ые воспоминáния dim mémories; ~ое врéмя *ист.* troubled times [trʌ-...] *pl.*

**смутья́н** *м.*, **~ка** *ж. разг.* tróuble-màker ['trʌ-], sedítionary.

**смýшк||а** *ж.* àstrakhán. **~овый** àstrakhán (*attr.*).

**смущ||áть,** смути́ть (*вн.*) **1.** (*приводить в замешательство, смущение*) confúse (*d.*), put* out of cóuntenance (*d.*), embárrass (*d.*); **2.** (*вызывать волнение, смятение*) distúrb (*d.*), trouble [trʌbl] (*d.*); ~ (душéвный) покóй distúrb the peace (of mind). **~áться,** смути́ться be confúsed, be embárrassed, be put out of cóuntenance. **~éние** *с.* confúsion, embárrassment; к вели́кому моемý ~éнию to my great confúsion [...greɪt...]; краснéть от ~éния blush. **~ённый** *прич. и прил.* confúsed; (*растерявшийся*) embárrassed.

**смывáть,** смыть (*вн.*) **1.** wash off (*d.*); (*перен.: искупать что-л. тж.*) white꞉wàsh (*d.*); **2.** (*сносить водой, течением*) wash a꞉wáy / down (*d.*); ~ волнóй с сýдна wash óver꞉board (*d.*). **~ся,** смы́ться **1.** (*при мытье*) wash / come* off; **2.** *разг.* (*убегать*) disappéar, vánish, slip a꞉wáy; **3.** *страд. к* смывáть.

**смыкáть,** сомкнýть (*вн.*; *в разн. знач.*) close (*d.*); сомкнýть глазá close one's eyes [...aɪz]; не ~ глаз not sleep* a wink, not get* a wink of sleep; сомкнýть ряды́ *воен.* close the / one's ranks. **~ся,** сомкнýться (*в разн. знач.*) close (up); (*вокруг*) close down (up꞉ón); close in (on); у негó глазá смыкáются от устáлости he is so tired he cánnòt keep his eyes ópen [...aɪz...].

**смысл** *м.*(*в разн. знач.*) sense; (*значение тж.*) méaning; (*цель тж.*) púrport; прямóй, переносный ~ líteral, mètaphórical / figurative sense; здрáвый ~ cómmon sense; имéть ~ make* sense; не имéть (никакóго) ~а make* no sense (at all); (*быть бесполезным*) be of no use / avàil [...ju:s...]; нет никакóго ~а (+ *инф.*) there is no point (in *ger.*), it is no good (+ *ger.*); в э́том нет ~а there's no sense / méaning / point in it; ~ жи́зни méaning / púrport of life; ~ закóна méaning of the law; в извéстном ~е in a sense; в том ~е, что in the sense, that; понимáть в дурнóм ~е (*вн.*) take* in the wrong spirit (*d.*); нет ~а тудá идти́ there is no point in gó꞉ing there; (*не стоит*) it is not worth gó꞉ing there; ◇ в ширóком ~е in the broad sense [...brɔ:d...]; в пóлном ~е э́того слóва *разг.* in the true / full sense of the word; в лýчшем ~е э́того слóва in the finest sense of the word; весь ~ в том, что the whole point is, that [...houl...]; весь ~ э́тих собы́тий the full implicátion of these evénts; в ~е (*рд.*; *в отношении*) as regárds (to).

**смы́слить** (в *пр.*) *разг.* ùnderstánd* (*d.*).

**смыслов||óй** *прил. к* смысл; semántic *научн.*; ~ы́е оттéнки shades of méaning.

**смы́ть(ся)** *сов. см.* смывáть(ся).

**смы́чка** *ж.* (*союз*) únion; ~ мéжду гóродом и дерéвней únion between town and cóuntry [...'kʌ-], línking of town and cóuntry.

**смычкóв||ый** bow [bou] (*attr.*); ~ые инструмéнты *муз.* bow instruments.

**смы́чный** *м. скл. как прил. лингв.* òcclúsive; stop (*attr.*).

**смычóк** *м.* bow [bou], fiddle꞉stick.

**смышлёный** cléver ['kle-], bright.

**смягч||áть** [-хч-], смягчи́ть (*вн.*) **1.** sóften [-f°n] (*d.*); (*успокаивать*) móllifỳ (*d.*); (*ослаблять*) alláy (*d.*), alléviàte (*d.*), assuáge [ə'sweɪdʒ] (*d.*), mitigàte (*d.*); (*свет, краски*) tone down (*d.*); (*строгость*) reláx (*d.*); ~ гнев móllifỳ *one's* ánger; ~ когó-л. móllifỳ smb.; ~ винý èxténuàte smb.'s guilt; ~ наказáние, приговóр mitigàte *a* púnishment, *a* séntence [...'pʌ-...]; ~ боль alléviàte pain; ~ удáр cúshion the blow ['ku-...-ou]; ~ впечатлéние play down the impréssion; ~ душéвную скорбь mitigàte / assuáge grief [...-i:f]; ~ напряжéние (*международное*) ease ténsion; ничéм не ~ённый without any mitigátion; **2.** *лингв.* (*о звуке*) pálatalize (*d.*). **~áться** [-хч-], смягчи́ться **1.** sóften [-f°n], become* soft, grow* sófter [-ou...], reláx; (*о человеке*) relént, móllifỳ; (*о боли*) ease off; (*о погоде*) grow* mild; **2.** *страд. к* смягчáть. **~áющий** [-хч-] **1.** *прич. см.* смягчáть; ~áющие винý обстоя́тельства èxténuàting círcumstances; **2.** *прил.* emóllient. **~éние** [-хч-] *с.* **1.** sóftening [-f°n-]; (*гнева, боли*) mòllificátion; (*вины*) èxtènuátion; (*приговора*) mitigátion; **2.** *лингв.* (*звука*) pàlatalizátion [-laɪ-]. ~и́ть(ся) [-хч-] *сов. см.* смягча́ть(ся).

**смяте́ние** *с.* **1.** (*состояние смущения, замешательства*) confúsion, dísarráy; **2.** (*паника, растерянность*) commótion, pèrturbátion; приводи́ть в ~ (*вн.*) pertúrb (*d.*).

**смять** *сов.* (*вн.*) **1.** (*о бумаге, материи и т. п.*) rumple (*d.*), crumple (*d.*); (*о платье*) crush (*d.*); (*о траве*) trample (up¦ón); **2.** *воен.* crush (*d.*); òver¦rún* (*d.*); (*ср.* мять). **~ся** *сов.* get* / become* creased, crumple.

**снабди́ть** *сов. см.* снабжа́ть.

**снабж||а́ть,** снабди́ть (*вн. тв.*) supplý (*d.* with), fúrnish (*d.* with), províde (*d.* with); ~ продово́льствием víctual ['vɪt°l] (*d.*); ~ кни́гу предисло́вием supplý *a* book with *a* préface. **~е́нец** *м.* províder. **~е́ние** *с.* supplý, provísion; вое́нное ~е́ние war supplies *pl.*

**сна́добье** *с. разг.* drug.

**сна́йпер** *м.* sníper; (*звание*) shárp-shooter.

**снару́жи** *нареч.* on the óutside; (*с наружной стороны*) from the óutside.

**снаря́д** *м.* **1.** projéctile; (*артиллерийский тж.*) shell; оско́лочно-фуга́сный ~ high-explósive shell; ~ со слезоточи́вым га́зом téar-gás shell; управля́емый ~ guided míssile; **2.** (*механическое приспособление*) contrívance [-'traɪ-], gear [gɪə]; дноуглуби́тельный ~ drédging machíne [...-'ʃiːn]; **3.** *спорт.* (*гимнастический*) àpparátus.

**снаряди́ть(ся)** *сов. см.* снаряжа́ть(ся).

**снаря́дн||ый** **1.** shell (*attr.*), projéctile; ~ по́греб *мор.* shéll-room; **2.** *спорт.*: ~ая гимна́стика gymnástics on àpparátus.

**снаряж||а́ть,** снаряди́ть (*вн.*) equíp (*d.*), fit out / up (*d.*). **~а́ться,** снаряди́ться **1.** (для чего́-л.) equíp òne¦sélf (for smth.), get* réady [...'re-] (for smth.); **2.** *страд. к* снаряжа́ть. **~е́ние** *с.* equípment, óutfit; ли́чное ~е́ние accóutrement [ə'kuːtə-]; ко́нское ~е́ние hárness.

**снасть** *ж.* **1.** *собир.* (*приборы, инструменты*) tackle; рыболо́вная ~ físhing-tàckle; **2.** *чаще мн. мор.* rope; rígging.

**снача́ла** *нареч.* **1.** (*сперва*) first¦ly, at first; from / at the begínning; **2.** (*снова*) all óver agáin.

**сна́шиваться,** сноси́ться *разг.* wear* out [wεə...].

**снег** *м.* snow [-ou]; та́лый ~ slush, mélting snow; ~ идёт it is snówing [...'snou-], it snows; ~ па́дает snow is fálling; покры́тый ~ом cóvered with snow ['kʌ-...], snów-còvered ['snou-kʌ-], snów-clàd ['snou-]; (*о горах*) snów-càpped ['snou-], snów-tòpped ['snou-]; ◇ как ~ на́ голову ≅ like a bolt from the blue.

**снеги́рь** *м.* búllfinch ['bul-].

**снегов||о́й** snow [snou] (*attr.*); ~ покро́в cóver of snow ['kʌ-...], snow cóver; ~а́я ли́ния snów-lìne; ~а́я вода́ snów-wàter ['snouwɔː-].

**снего||задержа́ние** *с.* snow reténtion [snou...]. **~защи́тный:** ~защи́тный щит snów-fènce ['snou-], snów-screen ['snou-]. **~очисти́тель** *м.* snów-plóugh ['snou-].

**снегопа́д** *м.* snów-fàll ['snou-].

**снегосту́пы** *мн. спорт.* snów-shòes ['snou-ʃuːz].

**снего||та́ялка** *ж.* snow mélter [snou...]. **~убо́рочный** snów-remóval ['snourɪ'muːv-] (*attr.*).

**снегу́р||ка** *ж.*, **~очка** *ж. фольк.* Snów-Máiden ['snou-].

**снеда́||ть** (*вн.*) consúme (*d.*), gnaw (*d.*); его́ ~ет раска́яние remórse gnaws his heart [...hɑːt]; ~емый раска́янием consúmed by remórse.

**снедь** *ж. тк. ед. уст.* food; éatables *pl.*

**снежи́нка** *ж.* snów-flàke ['snou-].

**сне́жн||ый** snówy [-ouɪ]; snow [snou] (*attr.*); ~ покро́в cóver of snow ['kʌ-...], snow cóver; ~ сугро́б snów-drift [-ou-]; ~ обва́л snów-slìp [-ou-]; ávalànche [-lɑːnʃ]; на доро́гах ~ые зано́сы the roads are snów-blòcked [...'snou-]; ~ая зима́ snówy winter; ~ая ба́ба ≅ snow man*.

**снеж||о́к** *м.* **1.** *тк. ед.* light snow [...snou]; **2.** (*комочек*) snówbàll ['snou-]; игра́ть в ~ки́ play snówbàlls, pelt each other with snówbàlls, snówbàll.

**снести́** I *сов.* (*вн. дт.*, к; *отнести*) take* (*d.* to), cárry (*d.* to).

**снести́** II *сов. см.* нести́ II.

**снести́** III, IV, V *сов. см.* сноси́ть I, II, III.

**снести́сь** I *сов. см.* нести́сь II.

**снести́сь** II *сов. см.* сноси́ться I.

**снето́к** *м.* (*рыба*) Européan smelt [-'pɪən...], spárling.

**снижа́ть,** сни́зить (*вн.*) **1.** bring* down (*d.*), lówer ['louə] (*d.*); **2.** (*уменьшать*) redúce (*d.*); (*о ценах тж.*) bring* down (*d.*), lówer (*d.*), cut* (*d.*), abáte (*d.*); ~ себесто́имость проду́кции cut* *the* prodúction costs; ~ тре́бования redúce one's demánds [...-'mɑː-]; **3.** (*по службе*) degráde (*d.*), redúce in appóintment (*d.*); ◇ ~ тон lówer one's tone, sing* small; ~ стиль use an inférior style. **~ся,** сни́зиться **1.** descénd, go* / come* down; (*о самолёте тж.*) lose* height [luːz haɪt]; **2.** (*уменьшаться*) be redúced; (*о ценах, уровне воды тж.*) sink*, fall*, abáte.

**сниже́ни||е** *с.* **1.** lówering ['lou-]; (*о качестве*) detèriorátion; ~ себесто́имости проду́кции cútting of prodúction costs; ~ у́ровня произво́дства drop in prodúction; ~ за́работной пла́ты wage cut; ~ цен redúction of prices, price cut; после́довательное ~ цен sỳstemátic redúction of prices; поли́тика ~я цен pólicy of price redúction; **2.** (*по службе*) redúction; ~ в чи́не *воен.* redúction in rank; **3.** *ав.*: идти́ на ~ (*о самолёте*) redúce height / áltitùde [...haɪt 'æl-], fly* lówer [...'lou-].

**сни́зить(ся)** *сов. см.* снижа́ть(ся).

**снизойти́** *сов. см.* снисходи́ть.

**сни́зу** *нареч. и предл.* **1.** (*с нижней стороны*) from belów [...-'lou]; (*считая снизу*) from (the) bóttom; (*внизу*) belów; посмотре́ть ~ look from belów; вид ~ view from belów [vjuː...]; коло́нна освещена́ ~ the cólumn is lighted from belów; пя́тая строка́ ~ (страни́цы) the fifth line from (the) bóttom (of the page); ~ вверх úpwards [-dz]; посмотре́ть на кого́-л. ~ look up at smb.; **2.** (*по почину масс*) on the inítiative of the másses; кри́тика ~ críticism from belów; ◇ ~ до́верху from top to bóttom.

**снима́ть,** снять (*вн.*) **1.** (*в разн. знач.*) take* (a¦wáy) (*d.*); (*об одежде, обуви и т. п.*) take* off (*d.*); (*об одежде тж.*) lay* off (*d.*); (*сверху*) take* down (*d.*); ~ шля́пу take* off / remóve one's hat [...-'mu:v...]; (*для приветствия тж.*) lift one's hat; не ~ шляпу keep* / leave* one's hat on; ~ сливки с молока cream / skim *the* milk, take* off the cream; ~ сливки (*перен.*) skim off the cream; ~ нагар со свечи snuff *a* candle; ~ урожай gáther in, *или* reap, the hárvest; ~ богатый урожай gáther in, *или* reap, an abúndant hárvest; ~ маску (с *рд.*) únmásk (*d.*); (*с себя*) take* off one's mask; ~ с крючка take* off *a* hook (*d.*); ~ дверь с петель take* *a* door from its hinges [...dɔ:...]; ~ с работы dismíss (*d.*); ~ пьесу (*с репертуара*) take* off *a* play; ~ корабль с мели get* *a* ship off, ré¦flóat *a* ship; set* *a* ship aflóat; ~ осаду raise the siege [...si:dʒ]; ~ войска с фронта with¦dráw* troops from the front [...frʌ-]; ~ запрещение remóve *a* ban, lift *a* ban; ~ с учёта strike* / cross off the régister (*d.*); ~ с себя (*вн.*; *отводить*) divért òne¦sélf (of); ~ с себя ответственность declíne all respònsibílity; ~ с кого-л. ответственность relíeve smb. of respònsibílity [-'li:v...]; ~ взыскание remít *a* púnishment [...'pʌ-]; ~ с повестки дня remóve from the agénda (*d.*); ~ своё предложение with¦dráw* one's mótion; ~ с кого-л. показания take* smb.'s évidence; ~ показания (*рд.*; *счётчика, прибора*) read* (*d.*); ~ копию с чего-л. make* a cópy of smth. [...'kɔ-...], cópy smth.; ~ мерку с кого-л. take* smb.'s méasure [...'me-]; **2.** *фот.* phóto¦gràph (*d.*), take* a phóto¦gràph (of); ~ фильм shoot* *a* film; ~ план make* / take* *a* plan; **3.** (*нанимать — о квартире и т. п.*) rent (*d.*), take* (*d.*); ~ в аренду lease [-s] (*d.*), take* on lease (*d.*); **4.** *карт.*: ~ колоду cut* the cards; ◇ как рукой сняло *разг.* it vánished as if by mágic. **~ся,** сняться **1.:** ~ся с учёта be struck / crossed off the régister; ~ся с якоря weigh ánchor [...'æŋkə]; (*перен.*) get* únder way; ~ся с мели get* aflóat agáin; **2.** *фот.* have one's phóto¦gràph táken; **3.** *страд. к* снимать.

**снимок** *м.* phóto(¦gràph); рентгеновский ~ rádio¦gràph, röntgénogràph [rə:n-], röntgénogràm [rə:n-].

**снискать** *сов.* (*вн.*) gain (*d.*), get* (*d.*); ~ славу win* fame; ~ уважение win* respéct.

**снисходительн||ость** *ж.* **1.** còndescénsion, còndescéndence; **2.** (*терпимость*) indúlgence, lénience; проявлять ~ (к) be indúlgent (to). **~ый 1.** còndescénding; **2.** (*терпимый*) indúlgent, lénient.

**снисхо||дить,** снизойти (к) còndescénd (to); ~ к чьей-л. просьбе deign to concéde smb.'s requést [deɪn...]. **~ждение** *с.* còndescénsion, indúlgence; проявлять, иметь ~ждение (к) make* allówance (for); заслуживает ~ждения *юр. уст.* rècomménded for mércy.

**сни||ться,** присниться dream*; ему ~лось, что he dreamt that [...dremt...]; ему ~лся сон he had a dream; ему ~лся родной дом he dreamt abóut home; ему это даже и не ~лось he had never éven dreamt of that.

**сноб** *м.* snob. **~изм** *м.* snóbbery.

**снова** *нареч.* anéw, afrésh, (óver) agáin; (*с глаг. тж.*) ré-, rè-; начинать ~ begin* óver agáin; он ~ с нами he is agáin with us; ~ рассказывать (*вн.*) ré-téll* (*d.*); ~ набить трубку ré¦fill *one's* pipe; ~ заговорить speak* agáin; ~ сесть resúme one's seat [-'zju:m...].

**сноваль||ный** *текст.* wárping; ~ная машина wárping machíne [...-'ʃi:n]. **~щик** *м.*, **~щица** *ж.* wárper.

**сновать** I (*двигаться взад и вперёд*) scúrry.

**сновать** II (*вн.*) *текст.* warp (*d.*).

**сновидение** *с.* dream.

**сногсшибательный** *разг.* stúnning.

**сноп** *м.* **1.** sheaf*; **2.:** ~ лучей shaft of light; ~ пуль *воен.* cone of búllets [...'bu-].

**сноповязалка** *ж. с.-х.* (sélf-)bínder, shéafer.

**сноровистый** *разг.* déxt(e)rous, nímble, quick-fíngered.

**сноровк||а** *ж. разг.* skill, knack; иметь ~у в чём-л. be skilled in smth., have a knack for smth.

**снос** I *м.* **1.** púlling-down ['pul-]; на ~ to be pulled down [...puld...]; **2.** drift; ~ ветром wind drift / defléction [wɪ-...]; ~ течением drift.

**снос** II *м. разг.* (*изнашивание*) wear [wɛə]; этому ~у нет you can't wear it out [...kɑ:nt...].

**сносить** I, снести (*вн.*) **1.** (*сверху вниз*) fetch down (*d.*); (*по лестнице тж.*) take* dównstáirs (*d.*); **2.** (*срывать*) (*о ветре, буре и т. п.*) blow* off [-ou...] (*d.*); (*о воде*) cárry a¦wáy (*d.*); буря снесла крышу the storm blew off the roof; мост был снесён наводнением the bridge was swept a¦wáy by the flood [...-ʌd]; **3.** (*разрушать*) demólish (*d.*), take* down (*d.*), pull down [pul...] (*d.*); ~ здание tear* down *a* búilding [tɛə... 'bɪl-]; **4.** (*в картах*) discárd (*d.*); ◇ снести голову кому-л. cut* / slice off smb.'s head [...hed], strike* smb.'s head off.

**сносить** II, снести (*вн.*; *в одно место*) bring* togéther [...-'ge-] (*d.*), pile up (*d.*).

**сносить** III, снести (*вн.*; *терпеть, выдерживать*) endúre (*d.*), bear* [bɛə] (*d.*), súffer (*d.*); (*мириться*) put* up (with).

**сносить** IV: ему не ~ головы it will cost him his head [...hed], he will pay déarly for that.

**сноситься** I, снестись (с *тв.*; *входить в сношения*) commúnicàte (with); ~ друг с другом, между собой (ìnter)commúnicàte.

**сноситься** II, III *страд. к* сносить I, II.

**сноситься** IV *сов. см.* снашиваться.

**сноска** *ж.* (*внизу страницы*) fóot-nòte ['fut-], note.

**сносн||о** *нареч.* tólerably; só-sò, prétty well ['prɪ-...] *разг.* **~ый** suppórtable, tólerable; (*неплохой*) fáirly good.

**снотворн||ый** (*усыпляющий*) sòporífic [sou-]; sómnolent; (*перен.: скучный*) tédious; ~ое средство sòporífic.

**сноха** *ж.* dáughter-in-law (*pl.* dáughters-).

**сношени||е** *с. чаще мн.* íntercourse [-kɔ:s] *sg.*; déalings; дружеские ~я friendly íntercourse ['fre-...]; дипломатические ~я dìplomátic relátions; прерывать ~я с кем-л. break* off with smb. [-eɪk...], séver relátions with smb. ['se-...].

**снятие** *с.* táking down; ~ урожая (*злаков*) gáther¦ing in, réaping; (*фруктов*) gáther¦ing; ~ с работы dismíssal; ~ осады ráising of *a* siege [...si:dʒ]; ~ запрещения remóval / lífting of *a* ban [-'mu:v-...]; ~ взыскания remíssion of púnishment [...'pʌ-]; ~ с учёта remóval from the régister; ~ с себя ответственности **declíning all respònsibílity.**

**снят||óй:** ~óе молокó skim milk.
**сня́ть(ся)** *сов. см.* снимáть(ся).
**со** = с.
**соáвтор** *м.* cò-áuthor; *мн. тж.* joint áuthors; (*технического проекта*) cò-desígner [-'zaɪnə]. **~ство** *с.* cò-áuthorship; (*в техническом проекте*) cò-desígnership [-'zaɪnə-].
**собá||ка** *ж.* dog; дворóвая ~ wátchdòg; охóтничья ~ gun dog; (*гончая*) hound; ~-ищéйка sléuth-hound, blóod-hound ['blʌd-], políce-dòg [-'li:s-]; морскáя ~ *зоол.* séa-dòg, dóg-fish; ◇ ~ на сéне a dog in the mánger [...'meɪndʒə]; устáть как ~ be dóg-tíred; он на э́том ~ку съел *разг.* ≅ he has it at his fíngertips; he knows it ínside out [...nouz...]; вот где ~ зары́та there the dog lies búried [...'be-]; ~ке собáчья смерть *погов.* ≅ a cur's death for a cur [...deθ...]. **~чий** *прил. к* собáка; cánìne ['keɪ-] *книжн.*; ~чья конурá kénnel; dóg-hòle (*тж. перен.*); ◇ ~чья жизнь dog's life; ~чий хóлод béast:ly cold.
**собáчка** I *ж.* little dog, dóggie, láp-dòg.
**собáчка** II *ж. тех.* trígger.
**собезья́нничать** *сов. см.* обезья́нничать.
**собесéд||ник** *м.* cóllocùtor, ìnterlócutor; он интерéсный, скýчный ~ he is good*, bad* cómpany [...'kʌ-]. **~ница** *ж.* ìnterlócutress, ìnterlócutrix. **~ование** *с.* ínterview [-vju:].
**собирáтель** *м.*, **~ница** *ж.* gáther:er, colléctor; ~ книг bóok-collèctor; ~ нарóдных пéсен colléctor of fólk-sòngs.
**собирáтельн||ый** *грам.* colléctive; ~ое существи́тельное colléctive noun.
**собирáть,** собрáть (*вн.*) **1.** gáther (togéther) [...-'ge-] (*д.*), colléct (*д.*); ~ я́годы, цветы́ gáther / pick bérries, flówers; ~ кáмешки pick up pebbles; ~ грибы́ gáther múshrooms; ~ свои́ вéщи colléct one's belóng:ings; ~ трáвы gáther herbs; (*ботанизировать*) bótanize; ~ дéньги colléct móney [...'mʌ-]; ~ войскá assémble troops; ~ хорóший урожáй gáther in, *или* reap, a good* hárvest; ~ свéдения colléct ìnformátion; **2.** (*созывать совет, парламент и т. п.*) convóke (*д.*); **3.** (*прибор, машину и т. п.*) assémble (*д.*); **4.** (*снаряжать в путь и т. п.*) equíp (*д.*), fit out / up (*д.*); **5.** *разг.*: ~ на стол lay* the table; ~ со столá clear the table; **6.** (*делать сборки*) gáther (*д.*), make* gáthers (in); ◇ ~ послéдние си́лы gáther one's last strength; ~ мнéния, голосá colléct opínions, votes; собрáть большинствó голосóв colléct a majórity; ~квóрум múster a quórum; собрáть мы́сли colléct one's thoughts; ~ всё своё мýжество pluck up one's heart / cóurage / spírit [...hɑ:t 'kʌ-...], múster up one's cóurage. **~ся,** собрáться **1.** gáther (togéther) [...-'ge-], assémble; собрáться всем вмéсте (*после долгой разлуки*) hold* a ré:únion; мы соберёмся зáвтра we shall meet to:mórrow; собралóсь мнóго нарóду many people gáther:ed [...pi:-...]; собралáсь хорóшая коллéкция a good* colléction has been amássed; **2.** (+ *инф.*; *намереваться*) inténd (+ to *inf.*), make* up one's mind (+ to *inf.*); он собирáется éхать в Москвý he inténds to go to Móscow; ~ся в путь prepáre, *или* make* all réady, for a jóurney [...'re-... 'dʒə:-]; наконéц-то он собрáлся сдéлать э́то at last he made up his mind to do it; тóлько собрáться (+ *инф.*) be just in the act (of *ger.*); я не собирáлся (+ *инф.*) I was:n't gó:ing (+ to *inf.*); **3.** *страд. к* собирáть; ◇ собрáться с дýхом take* heart [...hɑ:t], pluck up one's cóurage / heart / spírit [...'kʌ-...], brace òne:sélf, screw up enóugh cóurage [...ɪ'nʌf...]; ~ся с си́лами súmmon one's strength, brace òne:sélf, nerve òne:sélf; ~ся с мы́слями colléct one's thoughts.
**соблаговоли́ть** *сов.* (+ *инф.*) *уст.*, *ирон.* deign [deɪn] (+ to *inf.*); ~ дать отвéт deign to give an ánswer [...'ɑ:nsə].
**соблáзн** *м.* tèmptátion; вводи́ть в ~ (*вн.*) tempt (*д.*).
**соблазни́тель** *м.* **1.** témpter; **2.** (*обольститель*) sedúcer. **~ница** *ж.* témptress. **~ность** *ж.* sedúctive:ness; sedúce:ment. **~ный** **1.** sedúctive, sedúcing; **2.** (*заманчивый*) témpting, allúring, suggéstive [-'dʒe-].
**соблазни́ть(ся)** *сов. см.* соблазня́ть(ся).
**соблазня́ть,** соблазни́ть **1.** (*вн.*+*инф.*) entíce (*д.* + to *inf.*), allúre (*д.* + to *inf.*), tempt (*д.*+ to *inf.*); **2.** (*вн.*; *обольщать*) sedúce (*д.*). **~ся,** соблазни́ться be témpted / allúred / entíced.
**соблюд||áть,** соблюсти́ (*вн.*; *о законе, обычае и т. п.*) obsérve [-'zə:v] (*д.*); (*о правилах тж.*) keep* (*д.*); стрóго ~ установлéнный поря́док keep* stríctly to the estáblished órder; ~ диéту keep* to *a* diet; ~ срóки keep* to the schédùle [...'ʃe-]. **~éние** *с.* (*закона, обычая*) obsérvance [-'zə:v-]; (*порядка*) máintenance.
**соблюсти́** *сов. см.* соблюдáть *и* блюсти́.
**соболéзнов||ание** *с.* condólence [-'dou-]; выражáть комý-л. своё ~ condóle with smb., presént one's condólences to smb. [-'zent...]. **~ать** (*дт.*) condóle (with).
**собóлий** sable (*attr.*); ~ мех sable(s) (*pl.*).
**соболи́н||ый:** ~ые брóви sable brows.
**сóболь** *м.* sable.
**собóр** *м.* **1.** (*церковь*) cathédral; **2.** *ист.* cóuncil, sýnod ['sɪ-]; вселéнский ~ òecuménical cóuncil [i:k-...]. **~ный** *прил. к* собóр.
**собóю** *тв. см.* себя́; ◇ самó ~ (разумéется) it goes without sáying, it stands to réason [...-z°n]; сам, самá, самó ~ by hìm:sélf, hèr:sélf, ìt:sélf (*ср.* он, онá, онó); онó дви́жется самó ~ it moves by ìt:sélf [...mu:vz...]; он хорóш ~ he is góod-lóoking / hándsome [...-ns-].
**собрáние** *с.* **1.** méeting, gáther:ing; óбщее ~ géneral méeting; вы́борное ~ eléction méeting; ~ правлéния Board méeting, méeting of the Board of diréctors; многолю́дное ~ crówded gáther:ing; **2.** (*государственный орган*) assémbly; законодáтельное ~ Législàtive Assémbly; Учреди́тельное ~ Constítuent Assémbly; Национáльное ~ Фрáнции French Nátional Assémbly [...'næ-...]; Всекитáйское ~ нарóдных представи́телей Chínése Nátional People's Cóngrèss [...pi:-...]; **3.** (*коллекция*) colléction; **4.** (*произведений*): ~ сочинéний colléctеd works *pl.*; пóлное ~ сочинéний compléte works *pl.*; ~ закóнов *юр.* colléction of laws / státùtes.
**собрáт** *м.* féllow; (*по профессии*) bróther [-ʌðə]; ~ по ремеслý féllow-wórker; ~ по орýжию bróther-in-àrms ['brʌ-] (*pl.* bróthers-).
**собрáть(ся)** *сов. см.* собирáть(ся).

**со́бственн||ик** *м.* о́wner ['ou-], proprіе́tor; земе́льный ~ lа́ndowner [-ounə]. **~ический** proprietary, possе́ssive [-'ze-].

**со́бственно 1.** *частица* (*в собственном смысле*) próper ['prɔ-]: ~ геоме́трия geómetry próper; ~ го́род the city próper [...'sɪ-...]; **2.** *как вводн. сл., тж.* ~ говоря́ as a mа́tter of fact, strictly / próperly spе́aking; э́то, ~, не совсе́м так strictly / próperly spе́aking it is not quite like that; э́тим, ~, и объясня́ется this, in fact, explаíns.

**собственнору́чн||о** *нареч.* with one's own hand [...oun...]. **~ый** autográphic; ~ая по́дпись sign mа́nual [saɪn...], а́utogràph; ~ое письмо́ hо́lográph (lе́tter).

**со́бственн||ость** *ж.* próperty; обще́ственная ~ sо́cial próperty; социалисти́ческая ~ sócialist próperty; госуда́рственная ~ State próperty; ли́чная ~ pе́rsonal próperty; ча́стная ~ private próperty ['praɪ-...]; земе́льная ~ (próperty in) land; о́бщая ~ cо́mmon / joint próperty; стать ~остью наро́да pass into the possе́ssion of the people [...'ze- ...pi:-]. **~ый** own [oun]; в ~ые ру́ки in smb.'s own hands; (*надпись на конверте и т. п.*) pе́rsonal; чу́вство ~ого досто́инства próper pride ['prɔ-...], sе́lf-respе́ct, dígnity; ~ая вы́года sе́lf-advа́ntage [-'vɑ:-]; ~ой персо́ной *как нареч.* in pе́rson; и́мя ~ое *грам.* próper name / noun; в ~ом смы́сле in the true sense.

**собуты́льник** *м. разг.* boon compа́nion [...-'pæ-].

**собы́ти||е** *с.* evе́nt; теку́щие ~я cúrrent evе́nts; после́дние ~я lа́test devе́lopments; ~я развива́ются evе́nts are móving [...'mu:-]; э́то бы́ло больши́м ~ем it was a great evе́nt [...-eɪt...].

**сова́** *ж.* owl; бе́лая ~ snówy owl ['snouɪ...]; уша́стая ~ lо́ng-е́ared owl, hо́rned owl.

**сова́ть,** су́нуть (*вн.*) poke (*d.*), thrust* (*d.*), shove [ʃʌv] (*d.*), slip (*d.*); ~ что-л. в карма́н thrust* / slip / tuck smth. into one's pо́cket; ~ ру́ки в карма́ны thrust* one's hands into one's pо́ckets; ◇ ~ свой нос poke one's nose, pry. **~ся,** су́нуться (в *вн.*) *разг.* butt (in), poke one's nose (into); ~ся с сове́тами butt in, *или* be о́ver-rе́ady with advice [...-'re-...].

**соверша́ть,** соверши́ть (*вн.*) **1.** accо́mplish (*d.*), perfо́rm (*d.*); (*о преступлении и т. п.*) commit (*d.*), pе́rpetràte (*d.*); ~ по́двиг accо́mplish a feat, perfо́rm a feat of vа́lour; ~ кругосве́тное путеше́ствие go* round the world; ~ пое́здку go* for a trip; ~ пое́здку по стране́ go* on a tour of the cо́untry [...tuə... 'kʌ-]; ~ оши́бку make* a mistа́ke; (*грубую*) commit / pе́rpetràte a blúnder; **2.** (*заключать*): ~ сде́лку make* / strike* a bа́rgain. **~ся,** соверши́ться **1.** *уст.* (*происходить*) hа́ppen; **2.** *поэт.* (*кончаться*) be perfо́rmed / accо́mplished; **3.** *страд. к* соверша́ть.

**соверше́ние** *с.* accо́mplishment, fulfílment [ful-]; (*о преступлении и т. п.*) pèrpetrа́tion.

**соверше́нно** *нареч.* а́bsolùte¦ly, quite, tо́tal¦ly, útterly; (*в совершенстве*) pе́rfectly; ~ незнако́мый челове́к tо́tal / pе́rfect strа́nger [...'streɪ-]; ~ го́лый quite / stark nа́ked; ~ недоста́точный àltogе́ther / útterly inа́dequate [-'ge-...]; ~ ве́рно quite so, quite right, quite true; вы ~ пра́вы you are pе́rfectly / quite right.

**совершенноле́т||ие** *с.* majо́rity, full age достига́ть ~ия come* of age, attаín one's majо́rity. **~ний** а́dùlt ['æ-], of the full lе́gal age; быть ~ним be of age.

**соверше́нн||ый** I **1.** (*превосходный*) pе́rfect; **2.** (*несомненный, полный*) а́bsolùte; ~ая пра́вда а́bsolùte / exа́ct / precise truth [...-'saɪs -u:θ]; ~ дура́к pе́rfect ídiot, dо́wnright fool; ~ое разоре́ние tо́tal rúin.

**соверше́нный** II: ~ вид *грам.* perfе́ctive а́spèct.

**соверше́нств||о** *с.* perfе́ction; верх ~а the peak / pink of perfе́ction; достига́ть ~а attаín / achieve perfе́ction [...-i:v...]; доводи́ть до ~а (*вн.*) bring* to perfе́ction (*d.*); в ~е pе́rfectly, to perfе́ction. **~ование** *с.* perfе́ction.

**соверше́нствовать,** усоверше́нствовать (*вн.*) perfе́ct (*d.*), imprо́ve [-u:v] (*d.*); ~ свой тала́нт cúltivàte one's tа́lent [...'tæ-]. **~ся,** усоверше́нствоваться **1.** (в *пр.*) perfе́ct òne¦sе́lf (in); **2.** *страд. к* соверше́нствовать.

**соверши́ть(ся)** *сов. см.* соверша́ть(ся).

**со́веститься,** посо́веститься (*рд.*, + *инф.*) be ashа́med (of, of *ger.*).

**со́вестлив||ость** *ж.* cònsciе́ntious¦ness [-ʃɪ'en-]. **~ый** cònsciе́ntious [-ʃɪ'en-].

**со́вестно** *предик. безл.*: ему́ ~ за неё he is ashа́med of her; ему́ ~ сде́лать э́то he would be ashа́med to do it; как вам не ~! have you no shame?, you ought to be ashа́med of your¦sе́lf!

**со́вест||ь** *ж.* cо́nscience [-ʃəns]; чи́стая ~ good / clear cо́nscience; нечи́стая ~ guilty cо́nscience; име́ть что-л. на (свое́й) ~и have smth. on one's cо́nscience; по чи́стой ~и with a clear cо́nscience; для очи́стки, успокое́ния ~и for cо́nscience' sake; to clear one's cо́nscience; поступа́ть про́тив ~и act agаínst one's cо́nscience; поступа́ть по ~и act accо́rding to one's cо́nscience, fо́llow the dictа́tes of one's cо́nscience; усыпля́ть ~ lull the cо́nscience; без зазре́ния ~и remо́rse¦lessly, without a twinge of cо́nscience; чу́вствовать угрызе́ния ~и be cо́nscience-stricken [...-ʃəns-]; по ~и говоря́ hо́nest¦ly (spе́aking) ['ɔnɪst-...].

**сове́т** I *м.* (*орган государственного управления в СССР*) Sо́vièt; Верхо́вный Сове́т СССР Sùpréme Sо́vièt of the USSR; Сове́т Сою́за Sо́vièt of the Únion; Сове́т Национа́льностей Sо́vièt of Nàtionа́lities [...næ-]; Сове́т депута́тов трудя́щихся Sо́vièt of Wо́rking People's Dе́puties [...pi:-...]; областно́й ~ rе́gional Sо́vièt; краево́й ~ Sо́vièt of *a* tе́rritory; райо́нный ~ district Sо́vièt; городско́й ~ town Sо́vièt; се́льский ~ village Sо́vièt; Съезд Сове́тов Cо́ngrèss of Sо́vièts; Сове́т рабо́чих, крестья́нских и красноарме́йских депута́тов *ист.* Sо́vièt of Wо́rkers', Pе́asants' and Red А́rmymen's Dе́puties [...'pez-...].

**сове́т** II *м.* (*административный или общественный орган*) cо́uncil; Сове́т Мини́стров Cо́uncil of Ministers; Сове́т Безопа́сности Secúrity Cо́uncil.

**сове́т** III *м.* (*наставление*) advíce, cо́unsel; (*юриста*) opinion; по его́ ~у accо́rding to his advice, on his advice; он дал мне хоро́ший ~ he gave me a piece of good advice [...pi:s...]; он дал мне мно́го ~ов he gave me many pieces of advice; сле́довать чьему́-л.

~у fóllow / take* smb.'s advíce; послу́шайтесь моего́ ~а take my advíce.

**сове́т** IV *м.* (*совещание*) cóuncil; вое́нный ~ cóuncil of war; семе́йный ~ doméstic / fámily cóuncil; держа́ть ~ (с *тв.*) take* cóunsel (with).

**сове́тник** *м.* 1. advíser, cóunsellor; техни́ческий ~ téchnical advíser; 2. (*чин, должность*) cóuncillor; ~ посо́льства cóunsellor of *the* Émbassy.

**сове́товать,** посове́товать (*дт. вн.*; *дт.*+*инф.*) advíse (*d. d.*; *d.*+to *inf.*); cóunsel (*i. d.*). **~ся,** посове́товаться 1. (с *тв.*; *спрашивать совета*) consúlt (*d.*); seek* advíce / cóunsel (from), ask advíce (of); talk things óver (with) *разг.*; 2. (*между собой*) take* cóunsel.

**сове́тск||ий** Sóvièt (*attr.*); Сове́тский Сою́з the Sóvièt Únion; ~ая власть Sóvièt pówer, Sóvièt góvernment [...'gʌ-], Sóvièt regíme [...reɪ'ʒi:m]; ~ строй Sóvièt sýstem; ~ое госуда́рство Sóvièt State.

**сове́тч||ик** *м.*, **~ица** *ж.* advíser, cóunsellor.

**совеща́||ние** *с.* (*заседание*) cónference, méeting; (*обсуждение*) deliberátion, cònsultátion, debáte; произво́дственное ~ prodúction méeting; cónference on prodúction. **~тельный** consúltative, delíberàtive; ~тельный го́лос delíberàtive vote; ~тельный о́рган delíberàtive / consúltative bódy [...'bɔ-].

**совеща́ться** 1. (о *пр.*) delíberàte (on), consúlt (on, abóut), hold* a cònsultátion (on); 2. (с *тв.*) confér (with), take* cóunsel (with).

**Совинформбюро́** *с.* (Сове́тское информацио́нное бюро́) Sóvièt Ìnformátion Buréau [...-'rou].

**сови́ный** owl's, ówlish.

**совлада́ть** *сов.* (с *тв.*) *разг.* contról [-oul] (*d.*); get* the bétter (of); ~ с собо́й contról òne:sélf.

**совладе́||лец** *м.* joint ówner / propríetor [...'ounə...]. **~ние** *с.* joint ównership / próperty [...'oun-...].

**совмести́м||ость** *ж.* compàtibílity. **~ый** (с *тв.*) compátible (with).

**совмести́тель** *м.* plúralist; hólder of more than one óffice. **~ство** *с.* plúralism; hólding of more than one óffice; по ~ству plùralístically; рабо́тать по ~ству = совмести́тельствовать.

**совмести́тельствовать** plúralìze; hold* more than one óffice.

**совмести́ть(ся)** *сов. см.* совмеща́ть(ся).

**совме́стн||о** *нареч.* in cómmon, jóintly; (*решать, обсуждать*) in cónference; владе́ть ~ (*тв.*) share (*d.*), posséss jóintly [-'zes...] (*d.*). **~ый** joint, combíned: ~ое владе́ние joint ównership [...'ou-]; ~ое заявле́ние joint státe:ment / dèclarátion; ~ое заседа́ние joint sítting; — ~ые де́йствия joint / concérted áction *sg.*; *воен.* combíned òperátions; в тече́ние их ~ой жи́зни dúring their life togéther [...-'ge-]; ~ая рабо́та téam-wòrk; ~ое обуче́ние có-èducátion.

**совмещ||а́ть,** совмести́ть 1. (*вн.* с *тв.*) combíne (*d.* with); ~ рабо́ту с учёбой combíne work with stúdy [...'stʌdɪ]; ~ поле́зное с прия́тным combíne búsiness with pléasure [...'bɪzn-... 'pleʒə]; 2. (*вн.*) *тех.* bring* in line (*d.*); 3. = совмести́тельствовать; ~ рабо́ту маши́нистки и секретаря́ work as týpist and sécretary [...'taɪ-...]. **~а́ться,** совмести́ться 1. combíne, be combíned; 2. *мат.*, *тех.* (*совпадать при наложении*) be mátched, match. **~е́ние** *с.* 1. còmbinátion; 2.: ~е́ние не́скольких должносте́й hólding of more than one óffice / appóintment; 3. *мат.*, *тех.* (*совпадение при наложении*) mátching; ~е́ние стре́лок mátching the póinters; систе́ма ~е́ния стре́лок fóllow-the-póinter sýstem.

**Совнарко́м** *м.* (Сове́т Наро́дных Комисса́ров) *ист.* Cóuncil of People's Còmmissárs [...pi:-...].

**Совнархо́з** *м.* (Сове́т наро́дного хозя́йства) Cóuncil of nátional èconomy [...'næ- i:-].

**сово́к** *м.* scoop; (*для сора*) dúst-pàn.

**совокуп||и́ться** *сов. см.* совокупля́ться. **~ле́ние** *с.* còpulátion.

**совокупля́ться,** совокупи́ться cópulàte.

**совоку́пн||о** *нареч.* jóintly, in cómmon. **~ость** *ж.* tòtálity [tou-], the ággregate; the sum tótal; ~ость пробле́м the whole cómplèx of próblems [...houl... 'prɔ-]; в ~ости in tótal, in the ággregate; по ~ости ули́к on the strength of all the évidence; по ~ости дохо́дов on the básis of *one's* tótal ín:come. **~ый** joint, combíned, ággregate; ~ые уси́лия combíned éfforts.

**совпад||а́ть,** совпа́сть (с *тв.*) cò:incíde (with); concúr [-n-] (with); не ~ disagrée (with); свиде́тельские показа́ния не ~а́ют the évidence is conflícting. **~е́ние** *с.* cò:íncidence.

**совпа́сть** *сов. см.* совпада́ть.

**соврати́тель** *м.*, **~ница** *ж.* sedúcer.

**соврати́ть(ся)** *сов. см.* совраща́ть(ся).

**совра́ть** *сов. см.* врать.

**совращ||а́ть,** соврати́ть (*вн.*) sedúce (*d.*), pervért (*d.*); ~ с пути́ (и́стинного) lead* astráy (*d.*). **~а́ться,** соврати́ться go* astráy. **~е́ние** *с.* sedúcing, sedúction.

**совреме́нн||ик** *м.*, **~ица** *ж.* contémporary. **~ость** *ж.* 1. (*одновременность*) contèmporanéity [-'ni:ɪtɪ]; 2. (*современная эпоха*) the présent [...'prez-]. **~ый** contémporary; (*соответствующий эпохе*) módern ['mɔ-]; úp-to-dáte; ~ая литерату́ра contémporary / módern líterature; ~ое положе́ние présent sìtuátion ['prez-...]; быть ~ым be on módern lines.

**совсе́м** *нареч.* quite, entíre:ly, tótal:ly; он ~ молодо́й he is quite a young man* [...jʌŋ...]; ~ не то nóthing of the kind; он ~ разорён he is entíre:ly rúined; ~ не not in the least; мне э́то ~ не нра́вится I don't like it a bit; он меня́ ~ не зна́ет he does:n't know me at all [...nou...]; он э́того ~ не ожида́л he néver expécted that; ~ нет not at all; ~ слепо́й stóne-blínd; ~ глухо́й stóne-déaf [-'def]; ~ сумасше́дший stark mad; он ~ не горд he is by no means proud; уйти́, уе́хать ~ (*навсегда*) leave* for good.

**совхо́з** *м.* State farm, sóvkhòz. **~ный** State farm (*attr.*), sóvkhòz (*attr.*).

**согбе́нный** *уст.* bent, stóoping.

**согла́с||ие** *с.* 1. consént, assént; дава́ть своё ~ give* one's consént; с о́бщего ~ия by cómmon consént; взаи́мное ~ mútual consént; по обою́дному ~ию, с обою́дного ~ия in consént; by mútual consént / agréement; молча́ние — знак ~ия silence gives consént ['saɪ-...]; 2. (*взаимопонимание, дружба*) accórd; cóncòrd; hármony; жить в ~ии live in hármony / cóncòrd [lɪv...]; ◇ в (по́лном) ~ии (с *тв.*) in (full) accórd (with), in (compléte) agréement (with). **~и́тельный** concíliatory. **~и́ться** *сов. см.* соглаша́ться.

**согла́сно 1.** *нареч.* in accórd, in hármony; жить ~ live in hármony / cóncòrd [lɪv...]; петь ~ sing* in pérfect hármony; **2.** *как предл.* (*дт.*) accórding to; ~ конститу́ции únder the cònstitútion; cònstitútionally; ~ междунаро́дному пра́ву únder ìnternátional law [...-'næ-...]; ~ мо́де accórding to fáshion, áfter the fáshion; **3.** *как предл.*: ~ с (*тв.*) in accórdance with; ~ с реше́нием комите́та in accórdance with the decision of the committee [...-tɪ].

**согла́сность** *ж.* **1.** (*мнений, показаний и т. п.*) con¦córdance; **2.** (*пения и т. п.*) hármony.

**согла́сн||ый** I **1.** (на *вн.*) agréeable [ə'grɪə-] (to); быть ~ым agrée (to), consént (to); (*быть готовым*) be réady [...'re-] (for); **2.** (с *тв.*) con¦córdant (with); быть ~ым agrée (with smb., to smth.); он с ва́ми не согла́сен he does¦n't agrée with you, he is not of your opinion, he does¦n't hold with your view [...vju:]; все ~ы с э́тим évery¦òne agrées to this; **3.** (*гармоничный*) hàrmónious, con¦córdant.

**согла́сный** II *лингв.* **1.** *прил.* cònsonánt(al); cónsonant; **2.** *м. как сущ.* cónsonant.

**согласова́ние** *с.* **1.** con¦córdance, agréement; **2.** *грам.* cóncòrd, agréement; граммати́ческое ~ grammátical agréement; ~ времён séquence of ténses ['si:-...].

**согласо́ванн||о** *нареч.* in cóncòrd. **~ость** *ж.* cò-òrdinátion. **~ый 1.** *прич. см.* согласо́вывать; **2.** *прил.* cò-órdinàted, (pré¦)concérted; ~ый текст (*договора и т. п.*) agréed text.

**согласова́ть(ся)** *сов. см.* согласо́вывать (-ся).

**согласо́вывать,** согласова́ть (*вн.* с *тв.*) **1.** cò-órdinàte (*d.* with); ~ что-л. с кем-л. submit smth. to smb.'s appróval [...-ru:-]; come* to an agréement with smb. about smth.; **2.** *грам.* make* (*d.*) agrée (with). **~ся,** согласова́ться **1.** (с *тв.*; *сообразоваться, соответствовать*) confórm (to); **2.** *грам.* agrée (with); **3.** *страд. к* согласо́вывать.

**соглаша́тель** *м. полит.* concíliàtor. **~ский** *полит.* concíliàting; ~ский подхо́д (к) cómpromìsing áttitùde / appróach (to). **~ство** *с. полит.* conciliátion.

**соглаша́ться,** согласи́ться **1.** (на что-л.) consént (to smth.), agrée (to smth.), assént (to smth.); **2.** (с чем-л.; *с мнением*) agrée (with smth.), concúr [-n-] (with smth.); (с кем-л.) agrée (with smb.); (*уступать*) concéde (to smb.); (*без доп.*; *между собой*) agrée; согласи́тесь, что you must admit that; все согласи́лись с ора́тором évery¦òne agréed / concúrred with the spéaker; не ~ dìsagrée, dissént.

**соглаше́н||ие** *с.* **1.** agréement, ùnderstánding; приходи́ть к ~ию, достига́ть ~ия come* to an agréement / ùnderstánding, reach an agréement; come* to terms; по взаи́мному ~ию by mútual agréement / consént; по ~ию с кем-л. in agréement with smb.; **2.** (*договор*) agréement, cóvenant ['kʌ-]; заключа́ть ~ (с *тв.*) énter into an agréement (with); cóvenant (with).

**согляда́тай** *м. уст.* spy.

**согна́ть** *сов. см.* сгоня́ть.

**согну́ть** *сов. см.* гнуть 1 *и* сгиба́ть. **~ся** *сов. см.* гну́ться *и* сгиба́ться.

**сограждани́н** *м.* féllow cítizen.

**согрева́ние** *с.* wárming.

**согрева́ть,** согре́ть (*вн.*) warm (*d.*), heat (*d.*): согре́ть ру́ки warm *one's* hands; согре́ть во́ду heat the wáter [...'wɔ:-]. **~ся,** согре́ться **1.** warm (òne¦sélf), grow* / get* warm [-ou...]; **2.** *страд. к* согрева́ть.

**согрева́ющий:** ~ компре́сс cómprèss.

**согре́ть(ся)** *сов. см.* согрева́ть(ся).

**согреш||а́ть,** согреши́ть (про́тив) *уст.* sin (agáinst), tréspass (agáinst), trànsgréss (*d.*). **~е́ние** *с. уст.* sin, tréspass, trànsgréssion. **~и́ть** *сов. см.* согреша́ть.

**со́да** *ж. хим.* sóda; (*питьевая*) báking / cóoking sóda; (*стиральная*) wásh¦ng sóda.

**соде́йстви||е** *с.* assístance, help; good óffices *pl.*; при ~и кого́-л. with smb.'s assístance / help; ока́зывать ~ кому́-л. rénder smb. assístance.

**соде́йствовать** *несов. и сов.* (*сов. тж.* посоде́йствовать) (кому́-л.) assíst (smb.), help (smb.); (чему́-л.) fúrther [-ðə] (smth.), promóte (smth.), contríbùte (to smth.); make* (for smth.); (*чему-л. дурному*) abét (smth.); ~ разви́тию промы́шленности fúrther the devélopment of índustry; ~ успе́ху кого́-л. contríbùte to smb.'s succéss; ~ осуществле́нию чего́-л. facílitàte the èxecútion of smth.

**содержа́н||ие** *с.* **1.** máintenance, kéeping, úpkeep; расхо́ды по ~ию máintenance costs, rúnning costs; ~ под аре́стом cústody; **2.** (*иждивение*): быть на ~ии у кого́-л. be kept / suppórted by smb.; **3.** (*заработная плата*) pay, sálary; (*рабочих*) wáges *pl.*; окла́д ~ия rate of pay / sálary; без сохране́ния ~ия (*об отпуске*) without pay; **4.** (*содержимое*) contént; ~ кислоро́да в во́здухе contént of óxygen in the air; **5.** (*сущность*) mátter, súbstance; фо́рма и ~ form and contént; культу́ра национа́льная по фо́рме, социалисти́ческая по ~ию cúlture nátional in form, and sócialist in contént [...'næ-...]; ~ письма́ *и т. п.* conténts of *a* létter, *etc.*, *pl.*; ~ книги conténts *pl.*; (*тема*) súbject-màtter of *a* book; кра́ткое ~ súmmary, ábstràct; ~ всей его́ жи́зни the bé-àll and énd-àll of his life; **6.** (*оглавление*) conténts *pl.*

**содержа́нка** *ж. уст.* kept wóman* [...'wu-].

**содержа́тель** *м. уст.* (*гостиницы и т. п.*) lándlòrd. **~ница** *ж.* (*гостиницы и т. п.*) lándlàdy.

**содержа́тельн||ость** *ж.* píthiness. **~ый** píthy; (*о книге, речи и т. п.*) ínteresting.

**содержа́ть** (*вн.*) **1.** keep* (*d.*), maintáin (*d.*), suppórt (*d.*); ~ семью́ suppórt / keep* a fámily; ~ а́рмию maintáin *an* ármy; **2.** (*вмещать, заключать в себе*) contáin (*d.*); руда́ соде́ржит мно́го желе́за the ore contáins much íron [...'aɪən], the ore is rich in íron;

бутылка содéржит литр the bottle holds a litre [...'li:tə]; статья содéржит мнóго полéзных свéдений the árticle contáins much úse:ful informátion [...'ju:s-...]; 3. (*держать*) keep* (*d.*); ~ в порядке keep* in órder (*d.*); ~ в чистотé keep* clean (*d.*); ~ в исправности keep* in (wórking) órder (*d.*); ~ под арéстом keep* únder arrést (*d.*); ~ в тюрьмé keep* in prison [...-ız-] (*d.*). ~ся 1. (в *пр.*; *находиться*) contáin (+ *subject*), *причём подлежащее при русск. глаг. передаётся через прямое доп.* (*d.*): в э́той рудé содéржится мнóго желéза this ore contáins much íron [...'aıən]; в э́той кни́ге содéржится мнóго полéзных свéдений this book contáins much úse:ful informátion [...'ju:s-...]; — в бутылке содéржится два ли́тра the bottle holds two litres [...'li:-]; (*ср.* быть, находи́ться, имéться); 2. *страд. к* содержáть.

**содержи́мое** *с. скл. как прил.* conténts *pl.*

**сóдов||ый** sóda (*attr.*): ~ая водá sóda (wáter) [...'wɔ:-].

**содоклáд** *м.* (*о лекции*) có-lécture; (*об отчёте*) có-repórt. ~**чик** *м.* có-lécturer; có-repórter; (*ср.* содоклáд).

**содóм** *м.* úp:roar, row.

**содрáть** *сов.* 1. *см.* сдирáть; 2. *как сов. к* драть 3.

**содрогáние** *с.* shúdder; приводи́ть когó-л. в ~ make* smb.'s flesh creep.

**содрог||áться,** содрогнýться shúdder. ~**нýться** *сов. см.* содрогáться.

**содрýжеств||о** *с.* cóncòrd; рабóтать в тéсном ~е с кем-л. work in close cò-òperátion / collàborátion with smb. [...-s...]; ~ социалисти́ческих нáций friendship of sócialist nátions ['fre-...]; ~ наýки и произвóдства cò-òperátion / collàborátion of science and indústrial prodúction; ◇ Бритáнское ~ нáций British Cómmonwealth of Nátions [...-we-...].

**сóевый** sóy-bean (*attr.*).

**соединéн||ие** *с.* 1. (*действие*) jóining, júnction; (*сочетание*) còmbinátion; мéсто ~ия júnction, joint; 2. *хим., мат.* còmbinátion; 3. *воен.* fòrmátion; общевойсковóе ~ fòrmátion; large únit *амер.*

**соединённ||ый** *прич. и прил.* ùnited; *прил. тж.* joint; ~ыми усилиями by joint éfforts.

**соедини́тельн||ый** connécting; ~ая ткань *анат.* connéctive / conjúnctive tissue; ~ союз *грам.* cópulative; ~ая части́ца *грам.* connéctive.

**соедини́ть(ся)** *сов. см.* соединя́ть(ся).

**соединя́ть,** соедини́ть (*вн.*) 1. join (*d.*), ùnite (*d.*); 2. (*о средствах связи или путях сообщения*) connéct (*d.*); (*по телефону*) put* through (*d.*); 3. *хим.* combíne (*d.*). ~**ся,** соедини́ться 1. ùnite; пролетáрии всех стран, соединя́йтесь! wórkers of the world, ùnite!; 2. *хим.* combíne; 3. *страд. к* соединя́ть.

**сожалéн||ие** *с.* 1. (о *пр.*) regrét (of); к егó ~ию to his regrét; вы́разить ~ по пóводу чегó-л. expréss regrét at smth.; 2. (к; *жалость*) píty ['pı-] (for); из ~ия (к) out of píty (for); возбуждáть ~ в ком-л. inspíre smb.'s píty; ◇ к ~ию ùnfórtunate:ly [-ʧnıt-]; к ~ию, у меня́ нет книг ùnfórtunate:ly I have no books.

**сожалé||ть** 1. (о чём-л.) regrét (smth.); deplóre (smth.); он ~ет, что не подýмал об э́том рáньше he wishes he had thought of it befóre; 2. (о ком-л.) píty ['pı-] (smb.), be sórry (for smb.).

**сожжéн||ие** *с.* búrning, consúming; (*кремация*) cremátion; предавáть ~ию (*вн.*) commít to the flames (*d.*).

**сожи́тель** *м.* 1. (*по комнате*) róom-màte; 2. (*любовник*) lóver ['lʌ-]. ~**ница** *ж.* 1. (*по комнате*) róom-màte *f.*; 2. (*любовница*) místress. ~**ство** *с.* 1. (*совместная жизнь*) life / líving togéther [...'lıv-·-'ge-]; 2. (*связь*) cò:hàbitátion. ~**ствовать** 1. (*жить совместно*) keep* house togéther [...-s -'ge-]; 2. (*находиться в связи*) cò:hábit.

**сожрáть** *сов. см.* жрать.

**созвáниваться,** созвони́ться (с *тв.*) *разг.* talk óver the télephòne (with), call up (*d.*).

**созвáть** *сов. см.* созывáть *и* сзывáть.

**созвéздие** *с.* cònstellátion.

**созвони́ться** *сов. см.* созвáниваться.

**созвýч||ие** *с.* accórd, cónsonance. ~**ный** (*дт.*) cónsonant (with, to), in kéeping / hármony (with); ~ный эпóхе in kéeping / tune with the times.

**создавáть,** создáть (*вн.*; *в разн. знач.*) crèáte (*d.*); (*об учении, теории*) found (*d.*), oríginàte (*d.*); (*об организации и т. п.*) set* up (*d.*), estáblish (*d.*); ~ роль *театр.* crèáte *a* part; ~ иллю́зию crèáte / fóster *an* illúsion; ~ настроéние crèáte *the* mood; ~ услóвия для рабóты crèáte conditions for work; ~ мóщную промы́шленность crèáte a pówerful / vígorous índustry; ~ впечатлéние make* an impréssion; он не сóздан для э́того he is not made for it. ~**ся,** создáться 1. be crèáted; (*возникать*) aríse*, spring* up; создалóсь óстрое положéние a crítical situátion aróse; у негó создалóсь впечатлéние, что he gained / gáthered the impréssion that; 2. *страд. к* создавáть.

**создáние** *с.* 1. (*действие*) crèátion, máking; 2. (*произведение*) crèátion, work; 3. (*существо*) créature.

**создáтель** *м.,* ~**ница** *ж.* crèátor; (*учения, теории*) fóunder, oríginàtor.

**создáть(ся)** *сов. см.* создавáть(ся) *и* созидáть(ся).

**созерцáние** *с.* còntèmplátion.

**созерцáтель** *м.,* ~**ница** *ж.* cóntèmplàtor. ~**ный** cóntèmplàtive, méditàtive.

**созерцáть** (*вн.*) cóntèmplàte (*d.*).

**созидáние** *с.* crèátion.

**созидáтель** *м.* crèátor. ~**ный** crèátive, constrúctive; ми́рный ~ный труд péace:ful constrúctive lábour.

**созидáть,** создáть (*вн.*) crèáte (*d.*). ~**ся,** создáться be crèáted.

**сознавáть,** сознáть (*вн.*) 1. (*понимать*) be cónscious [...-nʃəs] (of), réalìze ['rıə-] (*d.*); я́сно ~ (*опасность и т. п.*) be alíve (to), be fúlly a:wáre [...'fu-...] (of); он не сознаёт, что дéлает he does not réalìze what he is doing; 2. (*признавать*) récognìze (*d.*), acknówledge [-'nɔ-] (*d.*); ~ свою́ вину́ acknówledge one's guilt; ~ свой долг récognìze one's dúty. ~**ся,** сознáться 1. (в *пр.*) conféss (*d.*); нельзя́ не сознáться, нáдо сознáться it must be conféssed; подсуди́мый сознáлся the accúsed pléaded guílty; 2. *страд. к* сознавáть.

**созна́ни||е** *с.* **1.** cónscious¦ness [-nʃəs-]; кла́ссовое ~ cláss-cónscious¦ness [-nʃəs-]; развива́ть кла́ссовое ~ масс devélop cláss-cónscious¦ness of the másses [-'ve-...]; ~ до́лга sense of dúty; с ~ем своего́ превосхо́дства with cónscious supèriórity [...-ʃəs...]; **2.** (*призна́ние*) conféssion; ◇ теря́ть ~ lose* cónscious¦ness [lu:z...]; faint; swoon; приходи́ть в ~ recóver / regáin cónscious¦ness [-'kʌ-...]; быть, лежа́ть без ~я be, lie* ún¦cónscious [...-nʃəs]; быть в ~и be cónscious.

**созна́тельн||о** *нареч.* **1.** cónscious¦ly [-nʃəs-]; cònsciéntious¦ly [kɔnʃɪ-]; ~ относи́ться к свои́м обя́занностям be mínd¦ful of one's dúties; **2.** (*с у́мыслом*) deliberate¦ly; он сде́лал э́то ~ he did it deliberate¦ly. **~ость** *ж.* **1.** cónscious¦ness [-nʃəs-], cònsciéntious¦ness [kɔnʃɪ-]; кла́ссовая ~ость cláss-cónscious¦ness [-nʃəs-]; высо́кая полити́ческая ~ость high polítical cónscious¦ness / intélligence; **2.** (*наме́ренность, обду́манность*) deliberate¦ness. **~ый 1.** cónscious [-nʃəs], cònsciéntious [kɔnʃɪ-]; ~ый рабо́чий cláss-cónscious wórker [-nʃəs...]; челове́к — существо́ ~ое man* is a cónscious bé¦ing; ~ое отноше́ние к труду́ cònsciéntious áttitùde towards / to lábour / work; **2.** (*наме́ренный, обду́манный*) deliberate; ~ый посту́пок deliberate act.

**созна́ть(ся)** *сов. см.* сознава́ть(ся).

**созрева́ние** *с.* rípen¦ing; полово́е ~ pubéscence.

**созрева́ть,** созре́ть rípen, matúre; план созре́л the plan has matúred.

**созре́вший 1.** *прич. см.* созрева́ть; **2.** *прил.* ripe, matúre.

**созре́ть** *сов. см.* созрева́ть *и* зреть I.

**созы́в** *м.* cònvocátion; ~ заседа́ния cálling of *a* méeting; пе́рвая се́ссия четвёртого ~а first séssion of the fourth cònvocátion [...fɔ:θ...].

**созыва́ть,** созва́ть (*вн.*) call (togéther) [...-'ge-] (*d.*), súmmon (*d.*); (*о Верхо́вном Сове́те и т. п.*) convóke (*d.*), convéne (*d.*); (*о ми́тинге*) call (*d.*); (*о гостя́х*) invíte (*d.*); ~ Сове́т Безопа́сности súmmon the Secúrity Cóuncil.

**соизволе́ние** *с. уст.* assént, àpprobátion.

**соизво́лить** *сов. см.* соизволя́ть.

**соизволя́ть,** соизво́лить (+ *инф.*) *уст., ирон.* deign [deɪn] (+ to *inf.*), be pleased (+ to *inf.*).

**соизда́тель** *м.* cò-públisher [-'pʌ-].

**соизмери́м||ость** *ж.* commènsurabílity. **~ый** (с *тв.*) comménsurable (with).

**соиска́||ние** *с.* còmpetítion. **~тель** *м.* (*рд.*) compétitor (for).

**со́йка** *ж. зоол.* jay.

**сойти́** *сов. см.* сходи́ть I. **~сь** *сов. см.* сходи́ться.

**сок** *м.* juice [dʒu:s]; (*расте́ний тж.*) sap; берёзовый ~ birch sap / wine; фрукто́вые ~и fruit júices [-u:t...]; желу́дочный ~ *физиол.* gástric juice; ◇ в по́лном ~у́ in the prime of life; вари́ться в со́бственном ~у́ *разг.* stew in one's own juice [...oun...].

**со́кол** *м.* fálcon ['fɔ:-]; го́рдые ~ы (*перен.; о лётчиках*) dáring hawks / eagles; ◇ гол как соко́л *разг.* ≅ as poor as Job, as poor as a church mouse* [...-s].

**соко́лик** *м.* ≅ my dear, my dárling.

**соколи́н||ый** *прил. к* со́кол; ~ая охо́та fálconry ['fɔ:-].

**соко́льничий** *м. скл. как прил. ист.* fálconer ['fɔ:-].

**сократи́м||ость** *ж.* **1.** *мат.* redùctibílity; **2.** *физиол.* còntràctílity. **~ый 1.** *мат.* redúctible; **2.** *физиол.* contráctive, contráctile.

**сократи́ть(ся)** *сов. см.* сокраща́ть(ся).

**сокращ||а́ть,** сократи́ть (*вн.*) **1.** (*де́лать коро́че*) shórten (*d.*), cùrtáil (*d.*); (*о сло́ве*) abbréviàte (*d.*); (*о кни́ге и т. п.*) abrídge (*d.*); **2.** (*уменьша́ть*) redúce (*d.*), cut* (down) (*d.*), cùrtáil (*d.*), retrénch (*d.*); сократи́ть вдво́е, наполови́ну cut* by half [...hɑ:f] (*d.*); ~ расхо́ды cut* down expénses, cùrtáil / retrénch expénses; ~ штат redúce the estáblishment, cut* down the staff; ~ произво́дство чего́-л. cùrtáil (the) prodúction of smth.; **3.** *разг.* (*увольня́ть*) dismíss (*d.*), dis¦chárge (*d.*); lay* off (*d.*), give* the sack (*i.*) *разг.*; **4.** *мат.* cáncel (*d.*), abbréviàte by càncèllátion (*d.*). **~а́ться,** сократи́ться **1.** (*станови́ться коро́че*) shórten, grow* short [-ou...]; дни сократи́лись the days have grown shórter; **2.** (*уменьша́ться в объёме, величине́*) redúce, declíne; **3.** *мат.* (на *вн.*) be cáncelled (by); дробь $^4/_8$ ~а́ется на 2 the fráction $^4/_8$ can be cáncelled by 2; **4.** *физиол.* contráct; мы́шца ~а́ется the muscle contrácts [...mʌsl...]; **5.** *тк. сов. разг.* (*ограни́чить себя́*) cut* down (on expénses), tíghten the púrse-strings; придётся сократи́ться we'll have to cut down, we'll have to tíghten the púrse-strings; **6.** *страд. к* сокраща́ть.

**сокраще́ни||е** *с.* **1.** (*укороче́ние*) shórtening; ~ рабо́чего дня shórtening of the wórking day; с ~ями (*о печа́тном труде́*) abrídged; **2.** (*уменьше́ние*) cútting down; cùrtáilment, redúction, cút-bàck; ~ вооружённых сил и вооруже́ний redúction in / of armed fórces and ármaments; ~ шта́тов staff redúction, cútting down (of) the staff; уво́лить по ~ю шта́тов dismíss on grounds of redúndancy; ~ расхо́дов *a* cut in expénditure; ~ вре́мени èconomy / redúction of time [i:-...]; **3.** (*сло́ва*) abbrèviátion; **4.** *мат.* càncèllátion; **5.** *физиол.* contráction; ~ се́рдца sýstole [-lɪ].

**сокращённ||о** *нареч.* (*сумма́рно*) bríefly [-i:f-]; (*употребля́я сокраще́ния*) in abbréviàted form. **~ый 1.** *прич. см.* сокраща́ть; **2.** *прил.* (*кра́ткий*) brief [-i:f]; ~ый курс (*како́й-л. нау́ки*) short course [...kɔ:s]; **3.** *лингв.* (*о сло́ве*) contrácted; (*в ви́де аббревиату́ры*) abbréviàted; ~ое предложе́ние contrácted séntence.

**сокрове́нн||ость** *ж.* sécrecy ['si:-]. **~ый** sécret; concéaled; (*о чу́вствах, мы́слях и т. п. тж.*) ínner¦mòst, ín¦mòst.

**сокро́вищ||е** *с.* tréasure ['tre-]; ◇ ни за каки́е ~а not for the world. **~ница** *ж.* tréasure-house* ['tre- -s], depósitory [-zɪ-]; (*перен. тж.*) tréasury ['tre-], stóre¦house* [-s]; ~ница зна́ний depósitory of léarning [...'lə:n-]; ~ница иску́сства, литерату́ры tréasure-house* of art, líterature.

**сокруш||а́ть,** сокруши́ть (*вн.*) **1.** smash (*d.*), shátter (*d.*); ~ наде́жды shátter / rúin hopes; ~ неприя́теля òver¦whélm / rout the énemy; **2.** (*печа́лить*) distréss (*d.*). **~а́ться 1.** be distréssed; (о *пр.*) grieve [-i:v] (for, óver); **2.** *страд.* к сокрушáть. **~éние** *с.* **1.** smáshing, destrúction; **2.** (*печаль, раскаяние*) contrítion, grief [-i:f]; с ~éнием with contrítion.

**сокруш||ительный** sháttering; ~ удáр sháttering / crúshing / knóck-óut blow [...-ou]; наносить ~ удáр (*дт.*) deal* / strike* a crúshing blow (to). **~и́ть** *сов. см.* сокрушáть.

**сокры́т||ие** *с.* concéalment; (*о краденом*) recéiving [-'si:-]. **~ый** concéaled, sécret.

**сокры́ть** *сов.* (*вн.*) *уст.* hide* (*d.*), concéal (*d.*). **~ся** *сов. уст.* hide* (òne¦sélf), concéal òne¦sélf.

**солгáть** *сов. см.* лгать.

**солдáт** *м.* sóldier ['souldʒə]; служи́ть в ~ах *уст.* be a sóldier, sóldier; ~ы и офицéры men and ófficers; ófficers and men, ófficers and other ranks; вéрный ~ революции fáithful sóldier of the Rèvolútion. **~ик** *м.* **1.** *уменьш. от* солдáт; **2.** (*игрушка*) tin / toy sóldier [...'souldʒə]. **~ка** *ж.* sóldier's wife* ['souldʒəz...]. **~ский** sóldier's ['souldʒəz]. **~чина** *ж. ист.* **1.** (*рекрутский набор*) conscríption; **2.** (*солдатская служба*) sóldiering ['souldʒərɪŋ].

**солдафóн** *м. разг.* màrtinét.

**солевáр** *м.* sált-wòrker. **~енный, ~ный:** ~енный завóд sált-wòrks. **~ня** *ж.* sáltèrn, sált-wòrks.

**солéние** *с.* sálting; (*заготовление впрок*) píckling.

**соленóид** *м. эл.* sólenoid ['sou-].

**солён||ость** *ж.* salínity, sáltness. **~ый** salt; sálty, sálted; ~ая водá salt wáter [...'wɔ:-]; ~ая ры́ба salt fish; ~ый огурéц pickled cúcumber; ~ое мя́со corned beef.

**солéнье** *с. об. мн.* salt / pickled provísions *pl.*, píckles *pl.*

**солепромы́шленность** *ж.* salt índustry.

**солеци́зм** *м. лингв.* sólecism.

**солидариз||áция** *ж.* máking cómmon cause. **~и́роваться** *несов. и сов.* (с *тв.*) hold* (with), idéntifỳ òne¦sélf [aɪ-...] (with), make* cómmon cause (with); ~и́роваться с чьим-л. мнéнием share smb.'s opínion, expréss one's sòlidárity with smb.

**солидáрн||о** *нареч.* jóintly. **~ость** *ж.* sòlidárity; клáссовая ~ость class sòlidárity; междунарóдная ~ость трудя́щихся internátional sòlidárity of the wórking people [-'næ-... pi:-]; из ~ости (с *тв.*) in sýmpathy (with). **~ый** (с *тв.*) sólidary (with); ~ое обязáтельство *юр.* sólidary òbligátion.

**соли́дн||ость** *ж.* **1.** solídity; **2.** (*степенность, серьёзность*) relìabílity. **~ый 1.** sólid, strong; ~ая пострóйка stúrdy búilding [...'bɪ-]; ~ые знáния profóund knówledge [...'nɔ-] *sg.*; **2.** (*надёжный, серьёзный*) relíable, sedáte; ~ый человéк relíable man*; ~ый журнáл réputable màgazíne [...-'zi:n]; **3.** (*значительный, большой*) consíderable; ~ая сýмма consíderable / sízable sum.

**солипси́зм** *м. филос.* sólipsism.

**соли́ст** *м.*, **~ка** *ж.* sólò¦ist.

**солитéр** [-тэ́р] *м. мин.* sòlitáire.

**солитёр** *м. зоол.* tápe-wòrm.

**соли́ть**, посоли́ть (*вн.*) **1.** salt (*d.*); **2.** (*заготовлять впрок*) píckle (*d.*); (*о мясе тж.*) corn (*d.*).

**сóлка** *ж.* **1.** sálting; **2.** (*заготовление впрок*) píckling; (*о мясе тж.*) córning.

**сóлнечн||ый** sun (*attr.*); (*с ярким солнечным светом*) súnny; sólar *научн.*; ~ свет sún¦light, súnshìne; ~ луч súnbeam; ~ день súnny day; ~ое затмéние sólar eclípse; ~ая систéма sólar sýstem; ~ые пя́тна *астр.* sún-spòts; окнó выхóдит на ~ую стóрону the wíndow is on the súnny side; ◇ ~ая вáнна sún-bàth*; ~ удáр *мед.* súnstròke; ~ые часы́ sún-dìal *sg.*; ~ое сплетéние *анат.* sólar pléxus.

**сóлнц||е** [сóн-] *с.* sun; лóжное ~ *астр.* mock sun, pàrhélion; на (я́рком) ~ (*под его лучами*) in the (bright) sun; грéться на ~ bask in the sun, sun òne¦sélf; по ~у (*при помощи солнца*) by the sun; (*о направлении*) with the sun, clóckwìse; прóтив ~а agáinst the sun; (*о направлении тж.*) cóunter-clóckwìse; ~ взошлó, зашлó the sun has rísen, has set [...'rɪz-...]; ◇ гóрное ~ àrtifícial sún¦light.

**солнце||пёк** [сон-] *м.*: на ~пёке in the blázing sun, right in the sun. **~стоя́ние** [сон-] *с. астр.* sólstice.

**сóло** *с. нескл. муз.* sólò.

**солов||éй** *м.* níghtingàle; ◇ ~ья́ бáснями не кóрмят *погов.* ≅ fine words bútter no pársnips.

**солóвый** (*о масти лошадей*) light bay.

**соловьи́ный** *прил. к* соловéй.

**сóлод** *м.* malt.

**солодкóвый:** ~ кóрень *фарм.* líquorice [-kərɪs].

**солодóвенный:** ~ завóд mált-house* [-s].

**соложéние** *с. тех.* máltage.

**солóм||а** *ж.* straw; (*для крыши*) thatch, haulm; цвéта ~ы stráw-còlour¦ed [-kʌləd]. **~енный** straw (*attr.*); ~енная шля́па stráw-hàt; ~енная кры́ша thatch; ◇ ~енная вдовá *разг.* grass wídow [...'wɪ-]. **~инка** *ж.* straw; ◇ хватáться за ~инку catch* / clutch at a straw.

**соломорéзка** *ж. с.-х.* cháff-cùtter.

**солони́на** *ж.* salt / corned beef; (salt) junk *мор.*

**солóнка** *ж.* sált-cèllar.

**сóлоно** *предик. безл.*: емý ~ пришлóсь *разг.* ≅ he got it hot. **~вáтый** sáltish.

**солончáк** *м.* salíne, sált-màrsh. **~óвый** *прил. к* солончáк.

**соль I** *ж.* salt; (*перен.*) point; повáренная ~ (cómmon) salt, sódium chlóride; столóвая ~ táble-sàlt; кáменная ~ róck-sàlt; морскáя ~ séa-sàlt; ню́хательная ~ smélling salts *pl.*; вот в чём ~ that's the point; ◇ ~ земли́ the salt of the earth [...ə:θ].

**соль II** *с. нескл. муз.* G [dʒi:], sol; ~-диéз G sharp; ~-бемóль G flat; ключ ~ treble clef, G clef.

**сóльн||ый** *муз.* sólò (*attr.*); ~ нóмер, ~ая пáртия sólò.

**сольфéджио** *с. нескл. муз.* sòlféggiò [-dʒɪou], sòl-fá [-'fɑ:]; петь ~ sòl-fá.

**солян||óй** salt (*attr.*); ~ы́е кóпи sált-mìnes; ~óе óзеро sált-làke.

**соля́н||ый:** ~ая кислотá hýdro¦chlóric ácid.

**соля́рий** *м.* solárium (*pl.* -ria).

**сом** *м.* (*рыба*) shéat-fish.

**соматический** somátic(al).

**сомкнут||ый 1.** *прич. см.* смыкать; **2.** *прил.*: ~ строй *воен.* close órder [-s...]; ~ым строем in close órder.

**сомкнуть(ся)** *сов. см.* смыкать(ся).

**сомнамбул||а** *ж.* sléep-wàlker; sòmnámbulist. **~изм** *м.* sléep-wàlking, sòmnámbulism. **~ический** sòmnàmbulístic.

**сомнева||ться** (в *пр.*) doubt [daut] (*d.*), have doubts (of, as to); не ~ в чём-л. have no doubts of smth.; можете не ~ (в *пр.*) you may trust (*d.*), you may relý (up:ón), you need not wórry [...'wʌ-] (abóut); можно не ~, что there need be no doubt that; ~юсь в его искренности I doubt his sincérity.

**сомнен||ие** *с.* doubt [daut]; ~ в чём-л. doubt as to smth.; в этом нет ~ия there is no doubt abóut that; нет ~ия в том, что there can be no doubt that; разрешать ~ия put* an end to doubt; без ~ия, вне ~ия without / be:yónd doubt, ùndóubtedly [-'daut-]; подвергать что-л. ~ию call smth. in quéstion [...-stʃən], cast* doubt on smth.; устранить ~ия remóve all doubts [-'mu:v...]; не подлежать ~ию be be:yónd (any) doubt; его взяло ~ he begán to doubt / hésitàte [...-zɪ-]; чтобы не оставалось ~ий lest there be any doubt.

**сомнительн||о 1.** *прил. кратк. см.* сомнительный; **2.** *предик. безл.* it is dóubtful [...'daut-]. **~ость** *ж.* dóubtfulness ['daut-]. **~ый 1.** dóubtful ['daut-], quéstionable [-stʃən-]; ~ый комплимент equívocal cómpliment; ~ое преимущество quéstionable advántage[...-'vɑ:-]; ещё более ~ым является то, что it is still more árguable that; **2.** (*не внушающий доверия, подозрительный*) dúbious; (*о репутации тж.*) shády; ~ой честности of dúbious hónesty [...'ɔn-]; ~ые дела sharp práctice *sg.*

**сомножитель** *м. мат.* fáctor.

**сон** *м.* **1.** (*состояние*) sleep; slúmber (*тж. перен.*); во сне in one's sleep; сквозь ~ in one's sleep; со сна half a:wáke [hɑ:f...]; послеобеденный ~ áfternóon nap; крепкий ~ sound sleep; неспокойный ~ troubled slúmber [trʌ-...]; вечный ~, непробудный ~ the etérnal sleep; спать сном праведника sleep* the sleep of the just; на ~ грядущий befóre (gó:ing to) bed, befóre bédtime; его клонит ко сну he is sléepy; не одну ночь провёл он без сна he has not slept for many a night; **2.** (*сновидение*) dream; видеть ~ dream*, have a dream; видеть во сне (*вн.*, что) dream* (abóut, that) (*ср. тж.* видеть); как во сне as if dréaming; ему это и во сне не снилось he never dreamt of it [...dre-...].

**сонаследни||к** *м.* có:héir [-'ɛə]; *юр.* có:párcener. **~ца** *ж.* có:héiress [-'ɛə-]; *юр.* có:párcener.

**сонат||а** *ж. муз.* sonáta [-'nɑ:-]. **~ина** *ж. муз.* sònatína [-i:nə].

**сонет** *м. лит.* sónnet.

**сонлив||ость** *ж.* sléepiness, drówsiness [-zɪ-]; sómnolence, sómnolency *научн.* **~ый** sléepy, drówsy [-zɪ], slúmberous; sómnolent *научн.*

**сонм** *м. уст.* assémbly, crowd.

**сонмище** *с.* = сонм.

**сонник** *м.* dréam-book.

**сонн||ый 1.** sléepy, drówsy [-zɪ], slúmberous; ~ое состояние sléepy / drówsy state; ~ая болезнь *мед.* sléeping-sickness; ~ая артерия *анат.* carótid (ártery); **2.** (*снотворный*) sléeping, sòmníferous; ~ые капли sléeping-dráught [-'drɑ:ft] *sg.*, ópiate *sg.*; ◇ ~ое царство the king:dom of sleep.

**сонорный** *лингв.* sonórous.

**соня** *м. и ж. зоол.* dór:mouse* [-s]; (*перен.*; *о человеке*) sléepyhead [-hed], drówsy-head [-zɪhed].

**соображ||ать,** сообразить **1.** (*вн.*; *размышлять*) consíder [-'sɪ-] (*d.*), pónder (*d.*, óver), think* out (*d.*); (*взвешивать*) weigh (*d.*), weigh the pros and cons (of); **2.** (*понимать*) ùnderstánd*; хорошо ~ grasp quíckly; плохо ~ be slow to grasp [...slou...]. **~ение** *с.* **1.** consìderátion; принимать в ~ение take* into consìderátion; **2.** (*понимание*) ùnderstánding; **3.** (*причина, мысль*) consìderátion, réason [-z°n]; по финансовым ~ениям for fináncial réasons; по семейным ~ениям for fámily réasons; высказать свои ~ения make* one's òbservátions [...-z-], expréss one's view [...vju:]; у него свои ~ения he has réasons of his own [...oun].

**сообразительн||ость** *ж.* quick wits *pl.*, quíckness of wit. **~ый** quíck-wítted, sharp, bright.

**сообразить** *сов. см.* соображать.

**сообразно** I *прил. кратк. см.* сообразный.

**сообразно** II *нареч.*: ~ с (*тв.*) in confórmity / compliance (with).

**сообразн||ость** *ж.* confórmity. **~ый** (с *тв.*) confórmable (to); ни с чем не ~ый quite out of place; это ни с чем не ~о this is no good at all, it makes no sense at all.

**сообразовать** *несов. и сов.* (*вн.* с *тв.*) confórm (*d.* to): ~ расходы с доходами confórm expénditure to ín:come. **~ся** *несов. и сов.* (с *тв.*) confórm (to); ~ся с обстоятельствами confórm to círcumstances.

**сообща** *нареч.* togéther [-'ge-], (con)jóintly; действовать ~ (с *тв.*) make* cómmon cause (with).

**сообщ||ать,** сообщить **1.** (*дт.* о *пр.*, *вн.*) repórt (to *d.*); let* (*d.*) know [...nou] (of), commúnicàte (to *d.*), impárt (to *d.*); *офиц.* infórm (*d.* of); ~ известие convéy / impárt / break* news [...-eɪk -z] (to); как ~ают as it is repórted; он отказался сообщить подробности he refúsed to give any détails [...'di:-]; **2.** (*вн. дт.*; *придавать*) impárt (*d.* to). **~аться 1.** (*иметь связь, соединение*) be commúnicàted, commúnicàte; ~ающиеся сосуды commúnicàting véssels; **2.** (с *тв.*; *находиться в общении*) be in commùnicátion (with), commúnicàte (with); **3.** *страд. к* сообщать; как ~алось as it was repórted / annóunced. **~ение** *с.* **1.** (*известие*) repórt, ìnformátion, commùnicátion; официальное ~ение official commùnicátion / ìnformátion; по ~ениям печати accórding to press repórts, accórding to the press; сделать ~ение (*на научной конференции и т. п.*) read* a commùnicátion, make* a repórt; **2.** (*связь*) commùnicátion; пути ~ения means of commùnicátion; телеграфное ~ение tèlegráphic commùnicátion; железнодорожное ~ение ráilway commùnicátion / sérvice; воздушное ~ение áerial commùnicátion ['ɛə-...];

установи́ть регуля́рное возду́шное ~е́ние estáblish a régular air sérvice; прямо́е ~е́ние through sérvice.

**соо́бществ||о** *с.* assòciátion; ◇ в ~е (с *тв.*) togéther [-'ge-] (with), in cò-òperátion (with).

**сообщи́ть** *сов. см.* сообща́ть.

**соо́бщн||ик** *м.*, **~ица** *ж.* accómplice, pártner; conféderate; *юр.* accéssory. **~ичество** *с.* complícity.

**соорудить** *сов. см.* сооружа́ть.

**сооруж||а́ть,** соорудить (*вн.*) build* [bɪld] (*d.*), eréct (*d.*); ~а́емый únder constrúction. **~е́ние** *с.* **1.** (*действие*) búilding ['bɪld-], eréction; **2.** (*здание*) strúcture, constrúction, eréction; вое́нные ~е́ния mílitary installátions; оборони́тельные ~е́ния *воен.* defénsive works, defénces; долговре́менное ~е́ние *воен.* pérmanent work; головно́е ~е́ние héadwòrk ['hed-].

**соотве́тственн||о 1.** *нареч.* accórding¦ly, còrrespónding¦ly, confórmably; **2.** *предл.* (*дт.*) accórding to, in accórdance / confórmity / compliance with; ~ указа́ниям in confórmity with instrúctions. **~ый** (*дт.*) còrrespónding (to), confórmable (to).

**соотве́тств||ие** *с.* accórdance, confórmity, compliance, còrrespóndence; в ~ии с чем-л. in accórdance / confórmity / compliance with smth.; приводи́ть в ~ (*вн.* с *тв.*) bring* to confórmity (*d.* with), bring* in còrrespóndence (*d.* with), bring* into line (*d.* with). **~овать** (*дт.*) còrrespónd (to, with), confórm (to); be in kéeping / line (with); ~овать действи́тельности còrrespónd to the facts, be true; ~овать обстано́вке meet* / fit the sìtuátion; ~овать це́ли ánswer the púrpose ['ɑːnsə...-s]; ~овать тре́бованиям meet* / sátisfy the requíre¦ments; не ~овать (*требованиям и т. п.*) fall* short (of). **~ующий 1.** *прич. см.* соотве́тствовать; **2.** *прил.* (*дт.*) còrrespónding (to); confórmable (to); не ~ующий образцу́ úntrúe to type; **3.** *прил.* (*пригодный для данного случая*) próper ['prɔ-], apprópriate, súitable ['sjuːt-]; поступа́ть ~ующим о́бразом act accórding¦ly.

**соотéчественн||ик** *м.* compátriot [-'pæ-], cóuntry¦man* ['kʌntrɪ-]. **~ица** *ж.* compátriot [-'pæ-], cóuntry¦wòman* ['kʌntrɪwu-].

**соотноси́тельный** còrrélative.

**соотноше́ние** *с.* còrrelátion; (*количественное отношение, пропорция*) rátiò; ~ сил còrrelátion of fórces; (*перен. тж.*) the álignment of fórces; устана́вливать пра́вильное ~ (ме́жду) bring* into próper còrrelátion [...'prɔ-...] (*d.*).

**сопе́ние** *с.* (quiet) púffing.

**сопе́рни||к** *м.*, **~ца** *ж.* ríval; не име́ть ~ков be ùn¦rival¦led, have / find* no match, be without a ríval.

**сопе́рни||чать** (с *тв.* в *пр.*) compéte (with in), ríval (*d.* in), vie (with in). **~чество** *с.* rívalry ['raɪ-].

**сопе́ть** puff (quietly).

**со́пка** *ж.* **1.** (*холм, возвышенность*) knoll, hill, mound; **2.** (*вулкан*) vòlcánò.

**соплеме́нн||ик** *м. уст.* tríbes¦man*. **~ый** *уст.* tríbal.

**со́пли** *мн. груб.* snível ['snɪ-] *sg.*

**сопли́вый** *груб.* snótty.

**сопло́** *с. тех.* nozzle.

**сопло́дие** *с. бот.* colléctive fruit [...fruːt].

**соподчин||е́ние** *с. грам.* cò-òrdinátion. **~ённый** *грам.* cò-órdinàtive, cò-órdinàting.

**сопостави́мый** cómparable.

**сопоста́в||ить** *сов. см.* сопоставля́ть. **~ле́ние** *с.* compárison, cònfròntátion [-frʌ-].

**сопоставля́ть,** сопоста́вить (*вн.* с *тв.*) compáre (*d.* to, with), confrónt [-ʌnt] (*d.* with).

**сопра́но** *с. нескл. муз.* sopránò [-rɑː-]; (*о певице тж.*) sopránist [-rɑː-].

**сопреде́льный** (с *тв.*) contíguous (to).

**сопре́ть** *сов. см.* преть 1.

**соприкаса́ться,** соприкосну́ться (с *тв.*) be contíguous (to); (*прилегать*) adjóin [ə'dʒ-] (*d.*); (*перен.*) come* into cóntàct (with).

**соприкоснове́н||ие** *с.* còntigúity [-'gju-]; *воен.* (*тж. перен.*) cóntàct; име́ть ~ с кем-л. come* into cóntàct with smb. **~ность** *ж.* còntigúity [-'gju-]. **~ный** (с *тв.*) contíguous (to).

**соприкосну́ться** *сов. см.* соприкаса́ться.

**соприча́стн||ость** *ж.* complícity, pàrticipátion. **~ый** (cò-)pàrtícipant, ímplicàted.

**сопроводи́тельн||ый** accómpanying [ə'kʌ-]; ~ое письмо́ cóvering létter ['kʌ-...].

**сопровожд||а́ть** (*вн.*) accómpany [ə'kʌ-] (*d.*); (*провожать тж.*) atténd (*d.*); (*для безопасности, почёта*) escórt (*d.*), convóy (*d.*); ~а́ющее су́дно éscòrt. **~а́ться** (*тв.*) be accómpanied [...ə'kʌ-] (by). **~е́ние** *с.* accómpaniment [ə'kʌ-]; éscòrt, cónvoy; (*ср.* сопровожда́ть); в ~е́нии (*рд.*) accómpanied [ə'kʌ-] (by; *тж. муз.*); escórted (by).

**сопротивл||е́ние** *с. тк. ед.* resístance [-'zɪ-]; *тех. тж.* strength; ~ во́здуха air resístance; ~ материа́лов *тех.* strength / resístance of matérials; ~ среды́ *физ.* resístance of médium; уде́льное ~ *тех., эл.* specífic resístance; ~ вла́сти *юр.* resístance to authórity; ~ проти́вника *воен.* énemy òpposítion [...-'zɪ-]; ока́зывать ~ (*дт.*) show* / óffer, *или* put* up, resístance [ʃou...] (*i.*); не ока́зывать ~е́ния (*дт.*) óffer / make* no resístance (to); встреча́ть ~ meet* with resístance / òpposítion; сломи́ть чьё-л. ~ break* / crush smb.'s resístance, break* down smb.'s òpposítion; ◇ идти́ по ли́нии наиме́ньшего ~е́ния take* / fóllow the line of least resístance; движе́ние ~е́ния resístance móve¦ment [...'muː-].

**сопротивля́емость** *ж.* resìstibílity [-zɪ-]; *эл.* rèsistívity [riːz-].

**сопротивля́ться** (*дт.*) resíst [-'zɪ-] (*d.*), oppóse (*d.*); не ~ (*дт.*) óffer / make* no resístance [...-'zɪ-] (to); ~ боле́зни resíst diséase [...-'ziːz]; ~ проти́внику *воен.* stand* up to the énemy.

**сопряжённ||ый 1.** (с *тв.*) atténded (by); э́то сопряжено́ с больши́ми затрудне́ниями that will entáil great dífficulties [...-eɪt...]; **2.** *мат., физ., тех.* cónjugate; ~ые углы́ cónjugate angles.

**сопу́тств||овать** (*дт.*) accómpany [ə'kʌ-] (*d.*), atténd (*d.*). **~ующий** *прич. и прил.* accómpanying[ ə'kʌ-]; *прил. тж.* atténdant, con¦cómitant; ~ующее обстоя́тельство atténdant / con¦cómitant círcumstance, con¦cómitant.

**сор** *м.* lítter; swéepings *pl.*; ◇ выноси́ть ~ из избы́ *погов.* ≅ foul one's nest; не выноси́ть ~а из избы *погов.* ≅ not wash one's dírty línen in públic [...'lɪ-...'pʌb-].

**соразме́р||ить** *сов. см.* соразмеря́ть. **~но** *нареч.:* ~ с (*тв.*) in propórtion (to, with). **~ность** *ж.* propòrtionálity. **~ный** propórtionate, comménsurate; (*пропорциональный*) bálanced.

**соразмеря́ть,** соразме́рить (*вн.*) propórtion (*d.*), hármonìze (*d.*).

**сора́тник** *м.* compánion-in-àrms [-'pæ-] (*pl.* compánions-); bróther-in-àrms ['brʌ-] (*pl.* bróthers-); (*товарищ по борьбе*) cómrade (-in-àrms) (*pl.* cómrades-).

**сорване́ц** *м.* mádcàp, romp; (*о девочке*) tómboy, hóyden.

**сорва́ть** *сов. см.* срыва́ть I. **~ся** *сов. см.* срыва́ться I.

**сорвиголова́** *м. разг.* **1.** mádcàp, romp; (*о девочке*) tómboy, hóyden; **2.** (*смельчак*) dáre-dèvil.

**сорганизова́ть** *сов.* (*вн.*) órganìze (*d.*). **~ся** *сов.* be / become* órganized.

**со́рго** *с. нескл. бот.* sórghum [-gəm], sórg(h)ò [-gou].

**соревнова́||ние** *с.* còmpetítion, èmulátion; (*спортивное*) cóntèst; (*по отдельному виду спорта*) evént; социалисти́ческое ~ sócialist còmpetítion / èmulátion; вызыва́ть на ~ (*вн.*) chállenge to còmpetítion / èmulátion (*d.*); отбо́рочные ~ния eliminátion mátches; предвари́тельные ~ния preliminary rounds; ~ по атле́тике, борьбе́ cóntèst in àthlétics, wréstling; ~ на ку́бок cup còmpetítion. **~ться** (с *тв.* в *пр.*) compéte (with in), émulàte (*d.* in).

**соревну́ющийся 1.** *прич. см.* соревнова́ться; **2.** *м. как сущ.* conténder.

**сори́нка** *ж.* mote.

**сори́ть,** насори́ть (*вн.*, *тв.*) lítter (*d.*); ◇ ~ деньга́ми squánder móney [...'mʌ-].

**со́рн||ый 1.** *прил. к* сор; **2.:** ~ая трава́, ~ое расте́ние weed; ~ая трава́ *собир.* weeds *pl.*

**сорня́к** *м.* weed.

**соро́дич** *м.* kins¦man* [-nz-].

**со́рок** *числит.* fórty; ~ оди́н *и т. д.* fórty-òne, *etc.*; ~ пе́рвый *и т. д.* fórty-fírst, *etc.*; лет ~ (*о времени*) abóut fórty years; (*о возрасте*) abóut fórty; лет ~ тому́ наза́д abóut fórty years agó; ему́ лет ~ he is / looks abóut fórty; ему́ о́коло ~а́ he is abóut fórty; ему́ под ~ he is néarly fórty; ему́ (перевали́ло) за́ ~ he is óver fórty, he is in his fórties; челове́к лет ~а́ a man* of / abóut fórty; в ~а́ киломе́трах (от) fórty kilomètres (from).

**соро́ка** *ж.* mágpie; треща́ть как ~ *разг.* chátter like a mágpie.

**сорока-** (*в сложн. словах, не приведённых особо*) of fórty, *или* fórty- — *соотв. тому, как даётся перевод второй части слова; напр.* сорокадне́вный of fórty days, fórty-day (*attr.*) (*ср.* -дне́вный: of ... days, -day *attr.*); сорокаме́стный of berths, seats for 40; (*об автобусе и т. п.*) fórty-seater (*attr.*) (*ср.* -ме́стный).

**сорокале́т||ие** *с.* **1.** (*годовщина*) fórtieth ànnivérsary; (*день рождения*) fórtieth bírthday; **2.** (*срок в 40 лет*) fórty years *pl.* **~ний 1.** (*о сроке*) of fórty years; fórty-year (*attr.*); **2.** (*о возрасте*) of fórty; fórty-year-óld; ~ний челове́к man* of fórty; fórty-year-óld man*.

**сороков||о́й** fórtieth; страни́ца, глава́ ~а́я page, chápter fórty; ~ но́мер númber fórty; ему́ (пошёл) ~ год he is in his fórtieth year; ~ы́е го́ды (*столетия*) the fórties; в нача́ле ~ы́х годо́в in the éarly fórties [...'ə:-...]; в конце́ ~ы́х годо́в in the late fórties.

**сороконо́жка** *ж. зоол.* céntipède.

**сорокопу́т** *м. зоол.* shrike.

**соро́чк||а** *ж.* **1.** (*мужская*) shirt; (*женская*) chemíse [ʃə'mi:z]; ночна́я ~ (*мужская*) níght-shìrt; (*женская*) níght-gown, níght-drèss; **2.** *анат.* caul; ◇ роди́ться в ~е ≅ be born with a sílver spoon in one's mouth.

**сорт** *м.* sort; (*разновидность*) kind, variety; (*качество*) quálity, grade; (*о табаке*) brand; (*о хлопке*) growth [-ouθ]; вы́сший ~ híghest / best quálity / grade; пе́рвый, второ́й ~, пе́рвого, второ́го ~а fírst-ráte, sécond-ráte [...'se-]; тако́го ~а лю́ди *разг.* that kind of people [...pi:-].

**сорта́мент** *м. тех.* assórtment.

**сортиме́нт** *м.* = сорта́мент.

**сортир||ова́ть** (*вн.*) assórt (*d.*), sort (*d.*), grade (*d.*); (*по величине*) size (*d.*); (*по цвету, величине тж.*) match (*d.*). **~о́вка** *ж.* **1.** (*действие*) assórtment, sórting, gráding; sízing; mátching; (*ср.* сортирова́ть); **2.** *тех.*, *с.-х.* (*машина*) séparàtor, sórter. **~о́вочная** *ж. скл. как прил. ж.-д.* (*станция*) márshalling / sórting yard. **~о́вочный** sórting; ~о́вочная ста́нция márshalling / sórting yard. **~о́вщик** *м.*, **~о́вщица** *ж.* sórter.

**со́ртный** of high quálity; ~ това́р goods of high quálity [gudz...] *pl.*, quálity goods *pl.*

**сортов||о́й:** ~о́е желе́зо prófiled / séction / shaped íron [-oufi:ld... 'aıən]; ~о́е зерно́ grain of good* / high quálity.

**coca||ние** *с.* súcking, súction. **~тельный** súcking.

**соса́ть** (*вн.*) suck (*d.*); ~ грудь suck; be a súckling.

**сосва́тать** *сов. см.* сва́тать 1.

**сосе́д** *м.*, **~ка** *ж.* néighbour; ~ сле́ва, спра́ва left, right néighbour. **~ний** néighbour¦ing; néighbour (*attr.*); (*ближайший, смежный*) next, adjácent [ə'dʒeı-], near by; ~няя ко́мната next / adjácent room; ~ние стра́ны néighbour cóuntries [...'kʌ-]. **~ский** *прил. к* сосе́д; (*добрососедский тж.*) néighbour¦ly; néighbour¦ship (*attr.*); ~ские отноше́ния néighbour¦ly relátions. **~ство** *с.* néighbour¦hood [-hud], vicínity; по ~ству in the néighbour¦hood; по ~ству с чем-л. in the vicínity of smth.

**соси́ска** *ж.* sáusage ['sɔs-].

**со́ска** *ж.* sóother, báby's dúmmy.

**соска́бливать,** соскобли́ть (*вн.*) scrape off (*d.*).

**соска́кивать,** соскочи́ть **1.** (*спрыгивать*) jump off / down, spring* down; ~ с крова́ти jump out of bed; ~ на́ пол jump (down) to the floor [...flɔ:]; ~ с ло́шади jump off one's horse; **2.** (*отделяться*) come* off; соскочи́ть с пе́тель (*о двери и т. п.*) come* off its hínges.

**соска́льзывание** *с.* slide.

**соска́льзывать,** соскользну́ть slide* down / off; glide down; (*падать*) slip (off); ~ с чего́-л. slide* off smth.

**соскобли́ть** *сов. см.* соска́бливать.

**соскользну́ть** *сов. см.* соска́льзывать.

**соскочи́ть** *сов. см.* соска́кивать.

**соскреба́ть,** соскрести́ (*вн.*) scrape off (*d.*), rasp off / a:wáy (*d.*).

**соскрести́** *сов. см.* соскреба́ть.

**соску́читься** *сов.* (о *пр.*, по *дт.*) miss (*d.*); ~ по де́тям miss *one's* children; ~ в ожида́нии кого́-л. wéary for smb. to come.

**сослага́тельн||ый** *грам.*: ~ое наклоне́ние subjúnctive mood.

**сосла́ть** *сов. см.* ссыла́ть.

**сосла́ться** *сов. см.* ссыла́ться I.

**со́слепа, со́слепу** *нареч. разг.* ówing to poor sight ['ou-...].

**сосло́в||ие** *с.* estáte; тре́тье ~ third estáte; дворя́нское ~ the nobílity; (*о среднем дворянстве*) the géntry; духо́вное ~ the clérgy; купе́ческое ~ the mérchants *pl.*; меща́нское ~ the pétty bourgeoisíe [...buəʒwɑ:'zi:]; крестья́нское ~ the péasantry [...'pez-]. **~ный** class (*attr.*); ~ный предрассу́док class préjudice; ~ное представи́тельство class rèpresèntátion [...-ze-]; ~ная мона́рхия límited mónarchy [...-kı].

**сослужи́в||ец** *м.*, **~ица** *ж.* cólleague [-li:g]; (*об учителе тж.*) féllow-téacher; (*о служащем тж.*) féllow-clérk [-'klɑ:k].

**сослужи́ть** *сов.*: ~ слу́жбу кому́-л. stand* smb. in good stead [...sted].

**сосн||а́** *ж.* píne(-tree). **~о́вый** pine (*attr.*); (*из сосны*) píne:wood [-wud] (*attr.*); ~о́вая ро́ща pine grove; ~о́вая смола́ pine tar; ~о́вый бор pine fórest [...'fɔ-], pínery ['paı-]; ~о́вые дрова́ píne:wood *sg.*; ~о́вая доска́ deal.

**сосну́ть** *сов. разг.* take* / have a nap; ~ немно́го take* / have a short nap.

**сосня́к** *м. разг.* pine fórest [...'fɔ-], pínery ['paı-].

**сосо́к** *м. анат.* nípple, teat.

**сосредото́ч||ение** *с.* cònçèntrátion. **~енно** *нареч.* with cònçèntrátion. **~енность** *ж.* cònçèntrátion. **~енный** cónçèntràted; ~енное внима́ние rapt atténtion; ~енный взгляд fixed look; ~енная нагру́зка *тех.* point load; ~енный ого́нь *воен.* cónçèntràted fire.

**сосредото́ч||ивать,** сосредото́чить (*вн.*) cónçèntràte (*d.*); (*о внимании, взгляде тж.*) fix (*d.*), fócus (*d.*). **~иваться,** сосредото́читься **1.** (на *пр.*) cónçèntràte (on, up:ón); **2.** (*о силах, войсках и т. п.*) be cónçèntràted; **3.** *страд. к* сосредото́чивать. **~ить(ся)** *сов. см.* сосредото́чивать(ся).

**соста́в** *м.* **1.** còmposítion [-'zı-]; (*структура*) strúcture; социа́льный ~ sócial strúcture; хими́ческий ~ (*совокупность частей*) chémical còmposítion ['ke-...]; (*само соединение*) chémical cómpound; входи́ть в ~ (*рд.*) form / be (a) part (of); be an òrgánic part (of); **2.** (*о коллективе людей*) staff; (*конференции, делегации*) còmposítion, mémbership; профе́ссорский ~ the pròfèssórial staff; ли́чный ~ pèrsonnél; ~ исполни́телей *театр.* cast; нали́чный ~ aváilable pèrsonnél / staff; *воен.* efféctives *pl.*; офице́рский ~ ófficers *pl.*; (*штатный*) cómplement of ófficers; рядово́й и сержа́нтский ~ cómplement of men, other ranks *pl.*; в по́лном ~е with its full cómplement; in/at full strength; заседа́ние в по́лном ~е full séssion; делега́ция в по́лном ~е full dèlegátion; чи́сленный ~ numérical strength; коми́ссия в ~е пяти́ челове́к commíttee (consísting) of five (men, people) [-tı...pi:-]; входи́ть в ~ (*рд.*) be a mémber (of); *воен.* be allótted (to); входи́ть в ~ делега́ции become* a mémber of *the* dèlegátion; **3.** *ж.-д.* (*о поезде*) train; подвижно́й ~ rólling-stòck; ◇ ~ преступле́ния córpus delícti.

**состави́тель** *м.*, **~ница** *ж.* compíler; (*автор*) wríter, áuthor; (*о женщине тж.*) áuthoress.

**соста́вить(ся)** *сов. см.* составля́ть(ся).

**составле́ние** *с.* còmposítion [-'zı-]; (*словаря, учебника тж.*) compíling; (*плана и т. п.*) wórking out, dráwing up; ~ табли́цы tàbulátion; ~ по́езда máking up *a* train.

**состав||ля́ть,** соста́вить (*вн.*) **1.** (*собирать, ставить*) put* togéther [...-'ge-] (*d.*), make* up (*d.*); соста́вить два стола́ put* two tables togéther; соста́вить кни́ги вме́сте put* *the* books togéther; ~ винто́вки в ко́злы *воен.* stack / pile arms; ~ по́езд make* up *a* train; **2.** (*быть автором*) compóse (*d.*), compíle (*d.*); ~ слова́рь compíle *a* díctionary; **3.** (*о деловом письме, документе и т. п.*) draw* up (*d.*); ~ план make*, *или* work out, *или* draw* up, *a* plan, fórmulàte *a* plan; ~ прое́кт draw* up *a* draft; ~ протоко́л draw* *the* récòrd [...'re-], draw* up *the* státe:ment of *the* case [...-s]; ~ спи́сок make* *a* list; хорошо́ соста́вленный well* dráfted; **4.** (*образовывать*) cónstitùte (*d.*), form (*d.*), make* (*d.*), make* up (*d.*); ~ предложе́ние form / constrúct *a* séntence; ~ уравне́ние work out *an* equátion; ~ табли́цу make* / draw* up *a* table; ~ себе́ мне́ние form an opínion; ~ себе́ мне́ние о ком-л. size smb. up; **5.** (*представлять, являться*) be; ~ затрудне́ние presént a dífficulty [-'zent...]; сде́лать э́то не ~ля́ет большо́го труда́ it won't be very dífficult to do it [...wount...]; э́то ~ля́ет исключе́ние из о́бщего пра́вила this is an excéption to the géneral rule; **6.** (*равняться, давать в результате*) form (*d.*), make* (*d.*), make* up (*d.*); ~ в сре́днем áverage (*d.*); капиталовложе́ния ~ля́ют миллио́н рубле́й the invéstments tótal a míllion roubles [...ru:-]; расхо́ды ~ля́ют 80% бюдже́та expénditure accóunts for, *или* makes up, 80% of the búdget; ◇ соста́вить кому́-л. компа́нию keep* smb. cómpany [...'kʌ-]. **~ля́ться,** соста́виться **1.** (*образовываться*) form; соста́вилось о́бщество a cómpany was formed [...'kʌ-...]; соста́вилась компа́ния a párty was got togéther [...-'ge-]; соста́вился капита́л a cápital was formed; **2.** *страд. к* составля́ть. **~но́й 1.** (*составляющий*) compónent, constitútive; ~на́я часть compónent, constítuent; compónent / constítuent part; **2.** (*составленный*) cómpound, cómposite [-zıt]; ~но́е колесо́ cómpound wheel.

**соста́рить(ся)** *сов. см.* ста́рить(ся).

**состоя́ни||е** I *с.* state; (*положение тж.*) státus, condítion; газообра́зное ~ gáseous condítion [-zı-...]; в хоро́шем ~и in a good* state, in good* condítion; в плохо́м ~и in a bad* state, in bad* condítion; прийти́ в него́дное ~ be out of condítion; в безнадёжном ~и (*о больном*) in a hópe:less condítion, past cure; мора́льное ~ mòrále [-ɑ:l]; норма́льное ~ nórmal state, nórmalcy; ~ здоро́вья state of health [...helθ]; в ~и войны́ in a state of war; быть, находи́ться в ~и войны́ (с *тв.*) be at war (with); ◇ быть в ~и (+ *инф.*)

be able (+to *inf.*); be in a position [...-'zɪ-] (+to *inf.*); он в ~и купи́ть э́то he can affórd it; быть не в ~и (+ *инф.*) be ún:áble (+to *inf.*).

**состоя́ние** II *с.* (*капитал, имущество*) fórtune [-tʃən]; получи́ть ~ come* into a fórtune; соста́вить ~ make* a fórtune.

**состоя́тельность** I *ж.* **1.** (*платёжеспособность*) sólvency; **2.** (*денежное благосостояние*) wéalthiness ['we-]; (*достаток*) cómpetence, cómpetency.

**состоя́тельность** II *ж.* (*обоснованность*) jùstifiabílity; (*аргумента, претензии*) strength.

**состоя́тельный** I **1.** (*платёжеспособный*) sólvent; **2.** (*с достатком*) wéll-to-dó, wéll-óff; ~ челове́к wéll-to-dó man*, man* of súbstance.

**состоя́тельный** II (*обоснованный*) wéll-gróunded; не вполне́ ~ аргуме́нт (ráther) lame árgument ['rɑ:-...].

**состо||я́ть 1.** (*находиться, быть*) be; ~ подпи́счиком be a subscríber; ~ чле́ном нау́чного о́бщества be a mémber of *a* scientífic society; ~ при ком-л. be attáched to smb.; ~ на слу́жбе be in the sérvice; ~ в до́лжности (*рд.*) óccupỳ the post [...poust] (of); ~ на вооруже́нии (*рд.*) have been adópted (by, in); **2.** (в чём-л.; *заключаться*) consíst (in smth.), be (smth.); ра́зница ~и́т в том the dífference is; его́ обя́занности ~я́т в сле́дующем his dúties in:clúde the fóllowing, his dúties are as fóllows; пра́вило ~и́т в том, что the rule is to the effect that; значе́ние э́того собы́тия ~и́т в том, что the signíficance of this evént lies in the fact that; **3.** (из; *быть составленным, иметь в своём составе*) consíst (of); be made (of), in:clúde (*d.*); вода́ ~и́т из водоро́да и кислоро́да wáter consísts of hýdrogen and óxygen ['wɔ:-...'haɪ-...]; кварти́ра ~и́т из трёх ко́мнат the flat consísts of three rooms.

**состоя́||ться** *сов.* take* place; спекта́кль не ~лся the perfórmance did not take place; изда́ние не ~лось the edítion was néver prínted; сде́лка ~лась the deal went through.

**сostra**

**сострáгивать,** сострога́ть (*вн.*) plane off / a:wáy (*d.*).

**сострада́||ние** *с.* compássion; относи́ться с ~нием (к) have / take* compássion (on, up:ón), compássionàte (*d.*); испы́тывать ~ (к) feel* (for). **~тельный** compássionate.

**сострада́ть** (*дт.*) compássionàte (*d.*).

**стригáть,**

**сострига́ть,** остри́чь (*вн.*) shear* / clip off (*d.*).

**состри́ть** *сов.* make* a pun.

**состри́чь** *сов. см.* сострига́ть.

**сострога́ть** *сов. см.* состра́гивать.

**состро́ить** *сов.* (*вн.*): ~ грима́су, ро́жу *разг.* make* a face.

**состря́пать** *сов. см.* стря́пать.

**состяза́||ние** *с.* cóntèst, còmpetítion; (*между командами тж.*) match; *юр.* cóntrovèrsy; ~ в бе́ге fóot-ràce ['fut-]; ~ в пла́вании swímming cóntèst / còmpetítion; ~ по атле́тике àthlétics match; ~ по баскетбо́лу básket-bàll match. **~тельный** *юр.* (*о процессе*) còntrovérsial.

**состяза́ться** (с *тв.* в *пр.*) compéte (with in), conténd (with for); ~ в пла́вании, бе́ге take* part in a swímming cóntèst, in a race; ~ в остроу́мии compéte in wit.

**сосу́д** *м.* (*в разн. знач.*) véssel. **~истый** *биол., анат.* váscular.

**сосу́лька** *ж.* ícicle ['aɪ-].

**сосу́н** *м.*, **~о́к** *м.* súckling, súcker.

**сосуществов||а́ние** *с.* có-exístence; ми́рное ~ госуда́рств незави́симо от их социа́льного стро́я péace:ful có-exístence of States irrespéctive / regárdless of their sócial sýstems. **~а́ть** có-exíst.

**сосу́щий 1.** *прич. см.* соса́ть; **2.** *прил. зоол.* sùctórial.

**сосцеви́дный** mámmifòrm, màmmíllifòrm.

**сосчита́ть** *сов.* **1.** *см.* сосчи́тывать; **2.** *как сов. к* счита́ть 1. **~ся** *сов. см.* сосчи́тываться.

**сосчи́тывать,** сосчита́ть (*вн.*) count (*d.*), cálculàte (*d.*). **~ся,** сосчита́ться **1.** *тк. сов.* (с *тв.*; *прям. и перен.*) *разг.* square accóunts (with); (*перен. тж.*) get* éven (with); **2.** *страд. к* сосчи́тывать.

**со́тая** *ж. скл. как прил.* húndredth.

**сотвор||е́ние** *с.* crèátion, máking; от ~е́ния ми́ра since the crèátion of the world. **~и́ть** *сов. см.* твори́ть I.

**со́тенн||ая** *ж. скл. как прил. разг.* húndred-rouble note [-ru:-...]. **~ый** (*сторублёвый*) worth a húndred roubles [...ru:-].

**сотка́ть** *сов. см.* ткать.

**со́т||ник** *м. ист.* sótnik (*lieutenant of cossacks*). **~ня** *ж.* **1.** a húndred; **2.** *разг.* (*сто рублей*) a húndred roubles [...ru:-] *pl.*; **3.** *ист.* sótnia (*cossack squadron*).

**сотова́рищ** *м.* assóciate, pártner.

**сотови́дный** hóneycòmb ['hʌnɪkoum] (*attr.*).

**со́тов||ый 1.** (*в сотах*): ~ мёд cómb-hòney ['koumhʌ-]; **2.** *рад.*: ~ая кату́шка hóneycòmb coil ['hʌnɪkoum...].

**сотрапе́зник** *м. уст.* táble-compànion [-pæ-].

**сотру́дни||к** *м.*, **~ца** *ж.* **1.** (*помощник в работе*) collábòràtor; **2.** (*учреждения и т. п.*) èmployée, wórker; нау́чный ~ scientífic wórker; ~ газе́ты, журна́ла contríbutor; ~ посо́льства émbassy offícial.

**сотру́дни||чать 1.** (с *тв.*) collábòràte (with), cò-óperàte (with); **2.** (*писать для газеты и т. п.*) contríbute (to *a* néwspàper, *etc.*); (*быть сотрудником редакции*) work on *a* néwspàper, *etc.* **~чество** *с.* **1.** collàborátion; в те́сном ~честве (с *тв.*) in close collàborátion / cò-òperátion [...-s...] (with); отка́з от ~чества refúsal to cò-óperàte [-zᵊl...], nón-cò-òperátion; **2.** (*в газете и т. п.*) còntribútion.

**сотряс||а́ть,** сотрясти́ (*вн.*) shake* (*d.*); ~ во́здух rend* the air. **~а́ться,** сотрясти́сь **1.** shake*, trémble; ~а́ться от рыда́ний be sháken with sobs; **2.** *страд. к* сотряса́ть. **~е́ние** *с.* sháking, con:cússion; ~е́ние мо́зга con:cússion of the brain. **~ти́(сь)** *сов. см.* сотряса́ть(ся).

**со́т||ы** *мн.* hóneycòmbs ['hʌnɪkoumz]; мёд в ~ах hóney in combs ['hʌ-... kou-].

**со́т||ый** húndredth; ~ая страни́ца page one húndred; ~ но́мер númber one húndred; ~ая годовщи́на húndredth ànnivérsary; ~ год the year one húndred; (одна́) ~ая óne-húndredth.

**соумы́шленн||ик** *м.*, **~ица** *ж.* accómplice.

**со́ус** *м.* sauce; (*мясной*) grávy; (*к салату и т. п.*) dréssing. **~ник** *м.* sáuce-boat, grávy-boat.

**соуча́ст||вовать** (в *пр.*) pàrticipàte (in), take* part (in). ~**ие** *с.* pàrticipátion; (*в преступлении и т. п.*) complícity. ~**ник** *м.*, ~**ница** *ж.* pàrticipàtor; (*в преступлении и т. п.*) accómplice; *юр.* accéssary (to).

**соучен||и́к** *м.*, ~**и́ца** *ж.* schóolmàte; schóolfèllow.

**софа́** *ж.* sófa.

**соф||и́зм** *м.* sóphism. ~**и́ст** *м.* sóphist. ~**и́стика** *ж.* sóphistry. ~**исти́ческий** sophístic(al).

**соха́** *ж.* wóoden plough ['wu-...].

**со́хнуть** dry, get* / grow* dry [...grou...]; (*о языке, губах и т. п.*) be parched; (*перен.*) *разг.* pine (a:wáy), waste a:wáy [weɪ-...].

**сохран||е́ние** *с.* prèservátion [-zə-], cònservátion; (*права*) rèservátion [-zə-]; зако́н ~е́ния эне́ргии the law / príncìple of cònservátion of énergy; брать на ~ (*вн.*) take* into one's charge (*d.*); дава́ть на ~ кому́-л. (*вн.*) give* into smb.'s charge (*d.*). ~**и́ть(ся)** *сов. см.* сохраня́ть(ся).

**сохра́нн||ость** *ж.* sáfe:ty, safe kéeping; быть в ~ости be intáct; посы́лка пришла́ в ~ости the párcel arrived sáfe:ly / intáct. ~**ый** safe; ~ое ме́сто safe place.

**сохран||я́ть,** сохрани́ть (*вн.*) **1.** (*беречь*) keep* (*d.*), presérve [-'zə:v] (*d.*), retáin (*d.*); (*о мире, порядке*) maintáin (*d.*); ~ секре́т keep* a sécret; ~ проду́кты presérve fóod-stùffs; ~и́ть на па́мять keep* as a sóuvenir [...'su:vənɪə] (*d.*); **2.** (*удерживать, не терять*) keep* (*d.*); ~ за собо́й resérve / keep* for òne:sélf [-'zə:v...] (*d.*); ~и́ть здоро́вье до ста́рости presérve one's health to old age [...he-...]; enjóy a green old age *идиом.*; ~ хладнокро́вие keep* cool, keep* one's head [...hed]; ~ прису́тствие ду́ха keep* one's présence of mind [...-ez-...]. ~**я́ться,** сохрани́ться **1.** remáin; (*о человеке*) be well presérved [...-'zə:vd]; он хорошо́ ~и́лся he is well presérved; э́то ~и́лось я́сно в моей па́мяти it has remáined cléarly in my mémory; **2.** *страд. к* сохраня́ть.

**соц-** *сокр.* социа́льный, социалисти́ческий.

**соцве́тие** *с. бот.* flóscùle, racéme.

**соцдогово́р** *м.* (догово́р на социалисти́ческое соревнова́ние) sócialist èmulátion agréement.

**социа́л-демокра́т** *м.* Sócial Démocràt. ~**и́ческий** sócial-dèmocrátic. ~**ия** *ж.* Sócial-Demócracy.

**социал||иза́ция** *ж.* sòcializátion [-laɪ-]. ~**изи́ровать** *несов. и сов.* (*вн.*) sócialize (*d.*).

**социал||и́зм** *м.* sócialism; нау́чный ~ sciéntific sócialism; построе́ние ~и́зма búilding up of sócialism ['bɪ-...]. ~**и́ст** *м.* sócialist.

**социалисти́ческ||ий** sócialist; ~ое госуда́рство sócialist State; ~ое стро́ительство sócialist constrúction; ~ая систе́ма хозя́йства sócialist sýstem of èconomy [...i:-]; культу́ра, национа́льная по фо́рме, ~ая по содержа́нию cúlture nátional in form, and sócialist in cóntènt [...'næ-...]; ~ая дере́вня sócialist cóuntry-side [...'kʌ-]; ~ое соревнова́ние sócialist còmpetítion / èmulátion.

**социали́ст-революционе́р** *м. ист.* Sócialist-Rèvolútionary.

**социа́льно-бытов||о́й:** ~ы́е усло́вия sócial condítions, life condítions.

**социа́льн||ый** (*в разн. знач.*) sócial; ~ое страхова́ние sócial insúrance [...-'ʃuə-]; ~ое обеспе́чение sócial máintenance; ~ая гигие́на sócial hýgiene [...-dʒi:n]; ~ая опа́сность sócial dánger [...'deɪ-]; ~ое положе́ние sócial státus; ~ое происхожде́ние sócial órigin.

**социо́||лог** *м.* sòciólogist. ~**логи́ческий** sòciológical. ~**ло́гия** *ж.* sòciólogy.

**соцсоревнова́ние** *с.* (социалисти́ческое соревнова́ние) sócialist còmpetítion / èmulátion; вызыва́ть на ~ (*вн.*) chállenge to sócialist còmpetítion / èmulátion (*d.*).

**соцстра́х** *м.* (социа́льное страхова́ние) sócial insúrance [...-'ʃuə-].

**соче́льник** *м. церк.* (*рождественский*) Christmas Eve [-sməs...]; (*крещенский*) eve of the Epíphany, Twélfth-nìght.

**сочета́||ние** *с.* (*в разн. знач.*) còmbinátion; в ~нии (с *тв.*) in còmbinátion (with), in conjúnction (with), coupled [kʌ-] (with); ~ тео́рии с пра́ктикой còmbinátion of théory and práctice [...'θɪə-...]. ~**тельный** cómbinàtive; ~тельный рефле́кс cómbinàtive réflèx.

**сочета́||ть** *несов. и сов.* (*вн.* с *тв.*) **1.** combíne (*d.* with); ~ тео́рию с пра́ктикой combíne théory with práctice [...'θɪə-...]; ~ в себе́ combíne; **2.:** ~ бра́ком *уст.* márry / wed (*d.* to). ~**ться** *несов. и сов.* **1.** (с *тв. и без доп.*) combíne, go* (with); в нём ~ются два ва́жных ка́чества he combínes two impórtant quálities; **2.** *тк. несов.* (с *тв.*; *гармонировать*) hármonize (with), go* (with); (*о красках тж.*) match (*d.*); одно́ не ~ется с други́м one does not go with the other; **3.** (с *тв.*): ~ться бра́ком *уст.* contráct mátrimony (with); **4.** *страд. к* сочета́ть.

**сочине́н||ие** *с.* **1.** (*действие*) compósing, máking; **2.** (*литературное произведение*) work, wríting; (*музыкальное*) còmposítion [-'zɪ-]; и́збранные ~ия selécted works, seléctions; по́лное собра́ние ~ий Пу́шкина the compléte works of Púshkin [...'pu-] *pl.*; **3.** (*школьное*) còmposítion, páper; **4.** *грам.* cò-òrdinátion.

**сочини́тель** *м.* **1.** *уст.* wríter, áuthor; **2.** *разг.* (*выдумщик*) stóry-tèller, invéntor.

**сочини́тельный** *грам.* cò-órdinàtive, cò-órdinàting.

**сочини́тельство** *с.* **1.** *уст.* wríting; **2.** *разг.* (*выдумывание*) invénting.

**сочини́ть** *сов. см.* сочиня́ть.

**сочиня́ть,** сочини́ть **1.** (*вн.*) *уст.* (*о писателе*) write* (*d.*); (*о композиторе*) compóse (*d.*); ~ стихи́ write* vérses; **2.** (*вн.*) *разг.* (*выдумывать*) invént (*d.*), make* up (*d.*); (*без доп.*) tell* stóries.

**сочи́ться** ooze (out), exúde, trickle; ~ кро́вью bleed*, run* blood [...-ʌd].

**сочле́н** *м.* féllow mémber.

**сочлене́ние** *с. анат.*, *тех.* àrticulátion, joint.

**сочлени́ть** *сов. см.* сочленя́ть.

**сочленя́ть,** сочлени́ть (*вн.*) join (*d.*).

**со́чн||ость** *ж.* júiciness ['dʒu:s-], sáppiness, súcculence. ~**ый** **1.** júicy ['dʒu:sɪ], sáppy, súcculent; ~ое я́блоко júicy apple; **2.** (*о растительности; о красках и т. п.*) rich; ~ая трава́ rich / lush / súcculent grass; ~ый стиль rich style.

**сочу́вственн||о** *нареч.* with sýmpathy, sỳmpathétically. **~ость** *ж.* sýmpathy. **~ый** sỳmpathétic.

**сочу́встви||е** *с.* (к) sýmpathy (with); выража́ть своё ~ (к) expréss sýmpathy (with); из ~я out of sýmpathy; иска́ть ~я seek* *smb.'s* sýmpathy; не встреча́ть ~я meet* with no sýmpathy.

**сочу́вств||овать** (*дт.*) sýmpathize (with), feel* (for); он ~ует ва́шему го́рю he sýmpathizes with you in your sórrow; он ~ует ва́шим иде́ям he is in sýmpathy with your idéas [...aɪ'dɪəz].

**сочу́вствующий** 1. *прич. см.* сочу́вствовать; 2. *прил.* sỳmpathétic; 3. *м. как сущ.* sýmpathìzer.

**со́шка** *ж.*: ме́лкая ~ *разг.* small fry.

**сошни́к** *м.* 1. *с.-х.* plóughshàre; 2. (*лафета*) trail spade.

**сощу́ривать,** сощу́рить: ~ глаза́ screw up one's eyes [...aɪz]. **~ся,** сощу́риться screw up one's eyes [...aɪz].

**сощу́рить(ся)** *сов. см.* сощу́ривать(ся).

**сою́з** I *м.* 1. (*единение*) únion, allíance; ~ рабо́чего кла́сса и трудя́щихся масс крестья́нства the allíance / únion betwéen the wórking class and the wórking péasant másses [...'pez-...]; в ~е (с *тв.*) in allíance / únion (with); вступи́ть в ~ (с *тв.*) énter into allíance (with); 2. (*объединение нескольких государств в одно целое*) Únion; Сове́тский Сою́з the Sóvièt Únion; 3. (*организация*) únion, league [li:g]; Всесою́зный Ле́нинский Коммунисти́ческий Сою́з Молодёжи Léninist Young Cómmunist League of the Sóvièt Únion [...jʌŋ...]; профессиона́льный ~ trade únion; lábour únion; «Сою́з борьбы́ за освобожде́ние рабо́чего кла́сса» *ист.* "League of Struggle for the Emàncipátion of the Wórking Class"; 4. (*соглашение*) allíance, agréement; заключа́ть ~ (с *тв.*) con¦clúde an allíance (with); вое́нный ~ mílitary allíance; торго́вый ~ trade agréement; Свяще́нный ~ *ист.* the Hóly Allíance.

**сою́з** II *м. грам.* conjúnction.

**сою́зка** *ж.* (*в обуви*) vamp.

**сою́зн||ик** *м.*, **~ица** *ж.* allý. **~ический** allíed, inter-allíed.

**сою́зно-республика́нский** Únion-Repúblic [-'pʌ-] (*attr.*).

**сою́зн||ый** 1. allíed; únion (*attr.*); ~ые держа́вы allied pówers; 2. (*относящийся к СССР*) Únion (*attr.*), of the Únion; ~ая респу́блика Únion repúblic [...-'pʌ-]; ~ое гражда́нство cítizenship of the (Sóvièt) Únion.

**Сою́з Сове́тских Социалисти́ческих Респу́блик** The Únion of Sóvièt Sócialist Repúblics [...-'pʌ-].

**со́я** *ж. тк. ед.* sóy-bean.

**спад** *м.* slump; (*жары, воды*) abáte¦ment; ~ делово́й акти́вности recéssion in trade.

**спада́ть,** спасть 1. (с *рд.*) fall* down (from); 2. (*без доп.; о воде, жаре и т. п.*) abáte.

**спазм** *м.*, **~а** *ж.* spasm. **~ати́ческий** spàsmódic [-z-].

**спа́ивать** I, споить (*вн.; вином*) accústom to (hard) drínking (*d.*); *сов. тж.* make* a drúnkard (of).

**спа́ивать** II, спая́ть (*вн.*) sólder ['sɔ-] (*d.*); (*твёрдым припоем*) braze (*d.*); (*перен.*) ùníte (*d.*), knit* togéther [...-'ge-] (*d.*), weld (*d.*).

**спай** *м. тех.* joint. **~ка** *ж.* 1. *тех.* sólder ['sɔ-], sóldering ['sɔ-]; (*твёрдым припоем*) brázing; (*перен.*) cohésion; те́сная ~ка close cohésion [-s...], únion and fríendship [...'fre-]; 2. *мед.* cómmissure.

**спали́ть** *сов.* (*вн.*) burn* (*d.*), scorch (*d.*).

**спа́льн||ый** sléeping; ~ ваго́н sléeping-càr; ~ое ме́сто berth; ~ мешо́к sléeping-bàg; ~ые принадле́жности bédding *sg.*

**спа́льня** *ж.* béd-room.

**спаньё** *с. разг.* sleep(ing).

**спарде́к** [-дэ́к] *м. мор.* spár-dèck, shélter deck; súperstrùcture deck *амер.*

**спа́ренн||ый** coupled [kʌ-], twin; ~ая езда́ *ж.-д.* dóuble-mànning ['dʌ-]; ~ая устано́вка *воен.* twin mount.

**спа́ржа** *ж.* aspáragus.

**спа́ривание** *с.* cóupling ['kʌ-], páiring.

**спа́ривать,** спа́рить (*вн.*) couple [kʌ-] (*d.*), pair (*d.*). **~ся,** спа́риться 1. couple [kʌ-]; (*о животных*) mate, cópulàte; 2. *страд. к* спа́ривать.

**спа́рить(ся)** *сов. см.* спа́ривать(ся).

**спартакиа́да** *ж. спорт.* Spàrtakiáda.

**спарта́н||ец** *м.*, **~ка** *ж.*, **~ский** Spártan; ~ское воспита́ние Spártan èducátion.

**спа́рхивать,** спорхну́ть fly* / flútter a¦wáy.

**спа́рывать,** споро́ть (*вн.*) rip off (*d.*).

**спаса́||ние** *с.* réscuing, lífe-sàving. **~тельный** réscue (*attr.*), lífe-sàving; ~тельная экспеди́ция réscue èxpedítion / párty; ~тельный по́яс lífe-bèlt; ~тельный круг ríng-buoy [-bɔɪ]; ~тельная ло́дка lífe-boat.

**спас||а́ть,** спасти́ (*вн.*) save (*d.*); (*от опасности*) réscue (*d.*); ~ утопа́ющего réscue *a* drówning man*; ~ жизнь (*дт.*) save the life* (of); ◇ ~ти́ положе́ние save the sìtuátion, redéem the posítion [...-'zɪ-]. **~а́ться,** спасти́сь 1. save òne¦sélf, escápe; он едва́ спа́сся he had a nárrow escápe; ~а́ться бе́гством flee*, escápe, run* a¦wáy; 2. *страд. к* спаса́ть. **~е́ние** *с.* 1. (*действие*) réscuing, sáving; 2. (*результат*) réscue; escápe; (*перен.*) sàlvátion, repríeve [-ri:v]; э́то на́ше еди́нственное ~е́ние that is our ónly sàlvátion.

**спаси́бо** 1. *частица* thanks; (*благодарю вас*) thank you; 2. *как сущ. с.* thanks *pl.*; a thank you *разг.*; большо́е ~ many thanks; (*очень вам благодарен*) thank you very much (indéed); 3. *предик. безл.*: ~ ему́, что помо́г, сказа́л *и т. п.* we must thank him for hélping, sáying, *etc.*; ◇ и на том ~ ≅ it's sóme¦thing at least.

**спаси́тель** *м.* 1. réscuer, sáviour; 2. *церк.* Sáviour. **~ный** sálutary [-lju-]; ~ное сре́дство sáving rémedy.

**спасова́ть** *сов. см.* пасова́ть I.

**спасти́(сь)** *сов. см.* спаса́ть(ся).

**спасть** *сов. см.* спада́ть.

**спать** sleep*, be asléep; slúmber; ложи́ться ~ go* to bed; turn in *разг.*; пора́ (идти́) ~ it is time to go to bed; укла́дывать ~ (*вн.*) put* to bed (*d.*); не ложи́ться ~ sit* up; хоте́ть ~ want to sleep, feel* sléepy; ~ по́сле обе́да have a nap áfter dínner; кре́пко ~ sleep* sóundly, be fast asléep; ~ чу́тко be a light sléeper; ~ под откры́тым не́бом sleep* in the óрen; ◇ он спит как убитый ≅ he is dead asléep [...ded...]; ~ сном праведника sleep* the sleep of the just; ~ и видеть (вн.) dream* (of). ~ся безл.: ему не спится he cánnòt sleep; хорошо спится под утро sleep is sound toward the mórning.

**спаянн||ость** ж. cohésion, únity. **~ый** 1. прич. см. спаивать II; 2. прил. ùnited; крепко ~ый коллектив wéll-knit colléctive.

**спаять** сов. см. спаивать II.

**спеваться,** спеться 1. rehéarse (a chórus, a part, a song, etc.) [-'hə:s ...'kɔ:-...]; 2. тк. сов. (перен.) разг. come* to terms.

**спевка** ж. chórus práctice / rehéarsal ['kɔ:-... -'hə:s-].

**спекаться,** спечься 1. (о крови) cò:águlàte, curdle; 2. (об угле) cake.

**спекающийся:** ~ каменный уголь cáking coal.

**спектакль** м. play, perfórmance; дневной ~ matinée (фр.) ['mætɪneɪ].

**спектр** м. физ. spéctrum (pl. -ra).

**спектральный** физ. spéctral; ~ анализ spéctral / spéctrum análysis.

**спектрограф** м. физ. spéctrogràph.

**спектрометр** м. spèctrómeter.

**спектрометрия** ж. spèctrómetry.

**спектроскоп** м. spéctroscòpe. **~ия** ж. spèctróscopy.

**спекулирование** с. spéculàting, spèculátion.

**спекулировать** 1. (тв.; заниматься спекуляцией) spéculàte (in); 2. (на пр.; использовать) pròfitéer (by); ~ на разнице в ценах gamble on the rise and fall of prices.

**спекул||янт** м., **~янтка** ж. spéculàtor, pròfitéer. **~ятивный** (в разн. знач.) spéculative. **~яция** ж. spèculátion, pròfitéering, jóbbery.

**спеленать** сов. см. пеленать.

**спел||ость** ж. ripe:ness. **~ый** ripe.

**сперва** нареч. at first, first:ly.

**спереди** нареч. и предл. (с передней стороны) at / from the front [...-ʌnt]; (впереди) in front; вид ~ front view [...vju:]; смотреть ~ look at the front, take* a front view; он стоял ~ he stood in front [...stud...].

**спереть** I сов. см. спирать.

**спереть** II сов. (вн.) разг. filch (d.), pilfer (d.).

**сперма** ж. биол. sperm. **~тозоид** м. биол. spèrmatozó:òn (pl. -zóa [-'zouə]).

**спермацет** м. фарм. spèrmacéti.

**спёртый** close [-s], stúffy, stifling; ~ воздух close air.

**спесив||ец** м. árrogant / concéited / háughty / lófty pérson [...-'si:t-...]. **~ость** ж. árrogance, concéit [-'si:t], háughtiness, lóftiness. **~ый** árrogant, concéited [-'si:t-], háughty, lófty.

**спесь** ж. árrogance, háughtiness, lóftiness; ◇ сбивать ~ с кого-л. take* smb. down a peg or two.

**спеть** I (созревать) ripen.

**спеть** II сов. см. петь 1, 2, 3.

**спеться** сов. см. спеваться.

**спех** м. разг.: это не к ~у there's no húrry.

**спец** м. разг. = специалист.

**специализ||ация** ж. spècializátion [speʃəlaɪ-]. **~ированный** прич. и прил. spécialized ['spe-].

**специализироваться** несов. и сов. (в пр., по дт.) spécialize ['spe-] (in).

**специалист** м. (по дт., в пр.) spécialist ['spe-] (in), éxpèrt (in); в этой области он крупный ~ he is a great authórity in this field [...-eɪt... fi:-].

**специально** I прил. кратк. см. специальный.

**специально** II нареч. spécially ['spe-], espécially [-'pe-]; это ~ для вас сделано it is done spécially for you.

**специальн||ость** ж. spèciálity [spe-]; (профессия) proféssion; приобрести ~ acquire a proféssion; learn* a trade [lə:n...] разг. **~ый** spécial ['spe-], espécial [-'pe-]; со ~ой целью with the expréss púrpose [...-s].

**специфика** ж. specífic cháracter [...'kæ-], spècificity.

**спецификация** ж. spècificátion.

**специфицировать** несов. и сов. (вн.) spécifỳ (d.).

**специфический** specífic.

**специя** ж. чаще мн. spice.

**спецодежда** ж. óver:àlls pl., protéctive óuter gárments pl.

**спецподготовка** ж. (специальная подготовка) spécial tráining ['spe-...].

**спечь** сов. (вн.) bake (d.).

**спечься** I сов. см. печься I 1.

**спечься** II сов. см. спекаться.

**спеш||ивать,** спешить (вн.) dismóunt (d.). **~иваться,** спешиться dismóunt. **~ить** сов. см. спешивать.

**спеш||ить,** поспешить 1. húrry, make* haste [...heɪst], hásten ['heɪsᵊn]; ~ вперёд húrry on, push on [puʃ...]; ~ к кому-л. на помощь hásten to smb.'s help; ~ на поезд be in a húrry to catch the train; не ~а léisure:ly ['leʒ-]; делать не ~а not be in a húrry; take* one's time; он вечно ~ит he is álways in a húrry [...'ɔ:lwəz...]; не ~ите уходить don't be in a húrry to leave; 2. тк. несов. (о часах) be fast; его часы ~ат на десять минут his watch is ten mínutes fast [...'mɪnɪts...].

**спешиться** сов. см. спешиваться.

**спешк||а** ж. húrry, haste [heɪst]; в ~е in a húrry.

**спешно** I прил. кратк. см. спешный.

**спешн||о** II нареч. in haste [...heɪst], hástily ['heɪ-]. **~ость** ж. húrry, haste [heɪst]. **~ый** úrgent, préssing; ~ое дело úrgent mátter; ~ый заказ préssing / rush órder; ~ое письмо spécial / expréss létter ['spe-...]; ~ая почта spécial / expréss delívery; в ~ом порядке quíckly.

**спиваться,** спиться become* an invéterate drúnkard.

**спидометр** м. speed cóunter, speedómeter.

**спикировать** сов. ав. dive, swoop; go* into a pówer dive.

**спиливать,** спилить (вн.) saw* down / off / a:wáy (d.).

**спилить** сов. см. спиливать.

**спин||а** ж. back; ~ к ~е back to back; падать на ~у fall* on one's back; плавать на ~е swim* on one's back; за чьей-л. ~ой (прям. и перен.) behind smb.'s back; согнуть спи́ну stoop; гнуть спи́ну (пе́ред; *перен.*) cringe (to), ko̗wtów (to); выгиба́ть спи́ну (*о кошке*) arch its back; ве́тер нам в спи́ну the wind is at our back [...wɪ-...].

**спи́нк||а** *ж.* **1.** *уменьш. от* спина́; **2.** (*у мебели*) back; с прямо́й ~ой stráight-bàcked.

**спи́ннинг** *м. спорт.* spínning.

**спинно́й** spinal; ~ хребе́т spinal cólumn, báck-bòne spine; ~ мозг spinal cord / márrow.

**спинномозгов||о́й** *анат.*: ~а́я жи́дкость spinal flúid.

**спира́ль** *ж.* spiral; ~ю, по спира́ли in a spiral. **~ный** spiral; ~ная пружи́на volúte spring.

**спира́нт** *м. лингв.* spirant.

**спира́ть,** спере́ть *безл.*: у него́ дыха́нье спёрло it took his breath a¦wáy [...breθ...].

**спири́т** *м.* spiritist, spiritualist. **~и́зм** *м.* spiritism, spiritualism. **~и́ческий** spiritístic, spìritualístic; ~и́ческий сеа́нс (spiritualístic) séance (*фр.*) [...'seɪɑːns].

**спиритуал||и́зм** *м.* spiritualism. **~и́ст** *м.* spiritualist. **~исти́ческий** spìritualístic.

**спиро́метр** *м.* spìrómeter [spaɪə-].

**спирохе́та** *ж. бакт.* spìrocháete [spaɪərə-'kiː-].

**спирт** *м.* álcohòl, spírit(s) (*pl.*); древе́сный ~ wood álcohòl [wud...], methýl(ic) álcohòl; нашаты́рный ~ liquid ammónia; денатури́рованный ~ dè¦nátured álcohòl [-'neɪ-...]. **~но́й** **1.** àlcohólic; ~ны́е напи́тки (àlcohólic) líquor [...-kə] *sg.*, àlcohólic drinks; **2.** *с. как сущ.* àlcohólic drinks *pl.*, spírits *pl.* **~о́вка** *ж.* spírit-làmp. **~ово́й** spírit (*attr.*).

**спиртоме́р** *м. тех.* àlcohòlómeter.

**списа́ть(ся)** *сов. см.* спи́сывать(ся).

**спи́сок** *м.* **1.** list; соста́вить ~ make* *a* list; ~ избира́телей vóters list; ~ опеча́ток errа́ta *pl.*; именно́й ~ nóminal list, roll; ~ ли́чного соста́ва *воен.* múster-ròll; ~ уби́тых и ра́неных cásualty list [-ʒju-...]; ~ поги́бших déath-ròll ['deθ-], list of deaths; ~ уби́тых на войне́ roll of hónour [...'ɔnə]; **2.** *офиц.*: трудово́й ~ sérvice récòrd [...'re-].

**спи́сывать,** списа́ть **1.** (*вн.* с *рд.*; *копировать*) cópy ['kɔ-] (*d.* from); **2.** (*вн.* у *рд.*) cópy off (*d.* from); crib (*d.* from) *разг.*; **3.** (*вн.*; *со счёта*) write* off (*d.*); **4.**: ~ с корабля́ (*вн.*) draft out of the ship (*d.*). **~ся,** списа́ться **1.** (с *тв.*) exchánge létters [-'tʃeɪ-...] (with); (*условливаться*) settle by létter (with); **2.** *страд. к* спи́сывать.

**спито́й** *разг.*: ~ чай weak tea; ~ ко́фе weak cóffee [...-fɪ].

**спи́ться** *сов. см.* спива́ться.

**спи́хивать,** спихну́ть (*вн.*) *разг.* (*в сторону*) push / shove aside [puʃ ʃʌv...] (*d.*); (*вниз*) push down (*d.*).

**спихну́ть** *сов. см.* спи́хивать.

**спи́ца** *ж.* **1.** (*для вязания*) knitting needle; **2.** (*колеса*) spoke; ◇ после́дняя ~ в колесни́це ≅ a tiny cog in the machine [...-'ʃiːn]; пя́тая ~ в колесни́це fifth wheel of a coach.

**спич** *м.* speech, públic addréss ['pʌ-...]; произноси́ть ~ make* / delíver a speech [...-'lɪ-...].

**спи́ч||ечница** *ж.* mátch-bòx. **~ечный** match (*attr.*); ~ечная коро́бка mátch-bòx. **~ка** *ж.* match; худо́й как ~ка *разг.* ≅ as lean as a rake.

**сплав** I *м.* (*о лесе*) float.

**сплав** II *м. тех.* álloy; (*сплавленная масса*) fúsion.

**спла́вить** I, II *сов. см.* сплавля́ть I, II.

**спла́вка** *ж. тех.* mélting, fúsion.

**сплавля́ть** I, спла́вить (*вн.*; *о лесе*) float (*d.*), raft (*d.*); (*перен.*) *разг.* (*отделываться*) get* rid (of); ~ лес плота́ми raft timber.

**сплавля́ть** II, спла́вить (*вн.*; *о металлах*) allóy (*d.*), melt (*d.*), fuse (*d.*).

**сплавно́й** flóatable.

**спла́вщик** I *м.* (*леса*) ráfts¦man*, ráfter, wóod-floater ['wud-].

**спла́вщик** II *м.* (*металлов*) mélter.

**сплани́ровать** I *сов. см.* плани́ровать I 1.

**сплани́ровать** II *сов. см.* плани́ровать II.

**спла́чивать,** сплоти́ть (*вн.*) join (*d.*), raft (*d.*); (*перен.*) ùníte (*d.*), rálly (*d.*); ~ ряды́ close ranks. **~ся,** сплоти́ться **1.** ùníte, rálly; ещё тесне́е сплоти́ться (вокру́г) rálly / ùníte éven more clósely [...-s-] (round); **2.** *страд. к* спла́чивать.

**сплёвывать,** сплю́нуть (*вн.*) spit* out (*d.*); (*без доп.*) spit*.

**сплести́** *сов. см.* сплета́ть *и* плести́. **~сь** *сов. см.* сплета́ться.

**сплета́ть,** сплести́ (*вн.*) ìnterláce (*d.*), weave* (*d.*), plait [-æt] (*d.*); сплести́ корзи́ну weave* *a* básket; сплести́ вено́к make* *a* wreath*. **~ся,** сплести́сь **1.** ìnterláce; **2.** *страд. к* сплета́ть.

**сплете́ние** *с.* **1.** ìnterláce¦ment; ~ обстоя́тельств còmbinátion of círcumstances; còmplicátions *pl.*; ~ лжи tíssue of lies; **2.** *анат.* pléxus (*pl.* -xes); со́лнечное ~ sólar pléxus.

**спле́тни||к** *м.*, **~ца** *ж.* gо́ssip, tále¦tèller, tále-bearer [-bɛə-]; (*злостный*) scándal-mònger [-mʌ-].

**спле́тничать,** насплє́тничать gо́ssip, títtle-tàttle, tell* tales; (*злостно*) talk scándal.

**спле́тня** *ж.* gо́ssip, títtle-tàttle; (*злостная*) piece of scándal [piːs...]; *мн.* scándal *sg.*

**сплеча́** *нареч.* straight from shóulder [...'ʃou-]; (*перен. тж.*) blúntly.

**сплоти́ть(ся)** *сов. см.* спла́чивать(ся).

**сплохова́ть** *сов. разг.* blúnder, make* a slip / mistáke.

**сплоче́ние** *с.* rállying, únity.

**сплочённ||ость** *ж.* sòlidárity, únity, cohésion; ~ наро́дных масс вокру́г своего́ прави́тельства the sòlidárity of the másses in their suppórt of the Góvernment [...'gʌ-]. **~ый** **1.** *прич. см.* спла́чивать; **2.** *прил.* sérried, sо́lidary, sо́lid; ~ая па́ртия sо́lid párty; ~ые ряды́ sérried ranks.

**сплоша́ть** *сов. см.* плоша́ть.

**сплошн||о́й** contínuous, entíre; (*о породе, массе*) sо́lid, compáct; ~а́я коллективиза́ция áll-róund / compléte / 100% collèctivizátion [...-vaɪ-]; ~а́я ма́сса sо́lid mass; ~ лёд sо́lid ice; íce-field [-fiː-]; ~ лес dense fо́rest [...'fɔ-]; страна́ ~ гра́мотности a cóuntry of ùnivérsal líteracy [...'kʌ-...]; ◇ ~ вздор *разг.* sheer nо́nsense; ~о́е удово́льствие *разг.* sheer joy.

**сплошь** *нареч.* (*целиком, всецело*) compléte¦ly, entíre¦ly; (*всюду*) évery¦whère; ~ одни́ цветы́, ка́мни *и т. п.* flówers, stones, *etc.*, évery¦whère; a mass of flówers, stones, *etc.*; его́ лицо́ бы́ло ~ покры́то морщи́нами his face was cóvered (all óver) with wrinkles [...'kʌ-...]; ◇ ~ да ря́дом quite óften [...'ɔ:f(t)°n].

**сплутова́ть** *сов. см.* плутова́ть.

**сплыть** *сов.*: бы́ло да сплы́ло *разг.* ≅ it was a shórt-lived joy [...-'lɪ-...], it just came and went, it's all gone [...gɔn].

**сплю́нуть** *сов. см.* сплёвывать.

**сплю́снутый** *разг.* = сплю́щенный.

**сплю́щ||енный** *прич. и прил.* fláttened out. **~ивание** *с.* fláttening.

**сплю́щивать,** сплю́щить (*вн.*) flátten (*d.*). **~ся,** сплю́щиться **1.** become* flat; **2.** *страд. к* сплю́щивать.

**сплю́щить** *сов. см.* сплю́щивать *и* плю́щить. **~ся** *сов. см.* сплю́щиваться.

**спляса́ть** *сов.* (*вн.*) dance (*d.*).

**сподви́жн||ик** *м.*, **~ица** *ж.* assóciate; (*в борьбе за что-л.*) féllow-fighter, féllow-chámpion.

**сподо́биться** *сов.* (*рд.*, + *инф.*) *уст.*, *разг.* be considered wórthy [...-'sɪ- -ðɪ] (of, of *ger.*), be hónoured [...'ɔnəd] (with).

**сподру́чный** *разг.* hándy.

**спозара́нку** *нареч. разг.* in good time, very éarly [...'ə:-].

**спои́ть** *сов. см.* спа́ивать I.

**споко́йно** I *прил. кратк. см.* споко́йный.

**споко́йно** II *нареч.* quíetly, cálmly ['kɑ:m-]; чу́вствовать себя́ ~ be éasy in one's mind [...'i:zɪ...]; день для него́ прошёл ~ (*о больном*) he had a cómfortable day [...'kʌm-...].

**споко́й||ный 1.** quíet, calm [kɑ:m], tránquil; (*мирный, безмятежный*) plácid, seréne; ~ное мо́ре calm / tránquil sea; со ~ной со́вестью with a clear cónscience [...-ʃəns]; ~ го́лос calm voice; ~ное настрое́ние calm / éasy mood [...'i:zɪ...]; ~ная уве́ренность calm cónfidence; ~ больно́й quíet pátient; ~ное рассужде́ние calm réasoning [...-zə-]; ~ной но́чи! good night!; бу́дьте ~ны! don't wórry! [...'wʌ-]; **2.** (*уравновешенный*) éasy-tèmpered ['i:zɪ-]; (*сдержанный*) compósed; **3.** (*удобный*) éasy; ~ное кре́сло éasy chair. **~ствие** *с.* **1.** calm [kɑ:m], cálmness ['kɑ:m-]; quíet, trànquíllity; обще́ственное ~ствие públic trànquíllity / quíet ['pʌ-...]; охраня́ть обще́ственное ~ствие presérve law and órder [-'zə:v...]; сохраня́ть ~ствие и поря́док remáin calm and órderly; **2.** (*самообладание*) compósure [-'pou-]; душе́вное ~ствие peace of mind; невозмути́мое ~ствие ún¦rúffled calm.

**споко́н:** ~ ве́ку, ~ веко́в *разг.* from time immemórial.

**спола́скивать,** сполосну́ть (*вн.*) rinse (out) (*d.*).

**сполза́ние** *с.* slípping down.

**сполза́ть,** сползти́ slip / work down.

**сползти́** *сов. см.* сполза́ть.

**сполна́** *нареч.* compléte¦ly, in full; де́ньги полу́чены ~ (*надпись на счёте*) recéived in full [-'si:-...]; выпла́чивать ~ (*вн.*) pay* in full (*d.*).

**сполосну́ть** *сов. см.* спола́скивать.

**спонд||еи́ческий** [-дэ-] *лит.* spòndá¦ic. **~е́й** [-дэ́й] *м. лит.* spóndee.

**спонта́нный** spòntáneous.

**спор** *м.* árgument, àrgumèntátion, cóntrovèrsy; горя́чий ~ héated árgument, héated / hot discússion; учёный ~ (scientífic) debáte, àrgumèntátion; бесполе́зный ~ úse¦less árgument ['ju:s-...], mere árguing; затева́ть ~ start *an* árgument; вступа́ть в ~ get* into árgument; ◇ ~у нет it goes without sáying, it stands to réason [...-z°n].

**спо́ра** *ж. биол.* spore.

**споради́ческий** sporádic(al).

**спора́нгий** *м. бот.* sporángium.

**спо́рить,** поспо́рить **1.** (о *пр.*, про́тив *рд.*) árgue (abóut, agáinst), dispúte (abóut, agáinst), have an árgument (abóut, agáinst); (с *тв.*) árgue (with), dispúte (with); ~ о слова́х quíbble óver words; **2.** (*без доп.*; *дискутировать*) debáte, discúss; **3.** (с *тв.* о *пр.*) *разг.* (*держать пари*) bet (on), wáger (*d.*); ◇ о вку́сах не спо́рят tastes díffer [teɪ-...].

**спо́рит||ься** (*удаваться*) succéed; (*о работе*) go* on swímming¦ly; де́ло не ~ся there is a hitch sóme¦whère; у него́ всё ~ся éve-ry¦thing he does turns out well.

**спо́рн||ость** *ж.* debátable¦ness. **~ый** quéstionable [-stʃən-], dispútable, debátable, moot; íssue (*attr.*); at íssue; ~ый вопро́с íssue, moot point; vexed quéstion [...-stʃən]; ~ый пункт cóntrovérsial / árguable point.

**спо́ровый** *бот.* cryptógamous, crỳptogámic.

**споро́листик** *м.* = спорофи́лл.

**споро́ть** *сов. см.* спа́рывать.

**спорофи́лл** *м. бот.* spórophyl ['spou-].

**спорт** *м.* sport; гребно́й ~ rówing ['rou-]; ло́дочный ~ bóating; во́дный ~ aquátics *pl.*, aquátic sports *pl.*; лы́жный ~ skíing ['ski:-, 'ʃi:-]; па́русный ~ sáiling (sport); занима́ться ~ом go* in for sport, indúlge in sport.

**спорти́вн||ый** spórting, àthlétic; ~ые и́гры sports (and games); ~ая площа́дка sports ground, pláying-field [-fi:-]; ~ инвента́рь sports equípment; sports goods [...gudz] *pl.*; ~ые состяза́ния sports, spórting còmpetítions; ~ зал gymnásium [-z-] (*pl.* -siums, -sia); gým-hàll *разг.*; ~ стадио́н sports stádium (*pl.* -dia); ~ое о́бщество sports socíety; ~ая ба́за sports centre.

**спортсме́н** *м.* spórts¦man*. **~ка** *ж.* spórts¦wòman* [-wu-]. **~ский** spórtsmanlike.

**спорхну́ть** *сов. см.* спа́рхивать.

**спо́рщ||ик** *м.*, **~ица** *ж. разг.* debáter, squábbler; (*крикливый*) wrángler; ло́вкий ~ skílful debáter.

**спо́рый** prófitable.

**спорынья́** *ж. бот.* érgot, spur.

**спо́соб** *м.* way, mode; (*метод*) méthod; таки́м ~ом in this way; други́м ~ом in a dífferent way; ~ выраже́ния mánner of expréssing òne¦sélf; «~ употребле́ния» (*надпись*) "diréctions for use" [...ju:s] *pl.*; механи́ческим ~ом mechánically [-'kæ-]; каки́м бы то ни́ было ~ом by hook or by crook; испро́бовать все ~ы try / test every póssible means.

**спосо́бн||ость** *ж. чаще мн.* (к) ability (for), áptitùde (for), fáculty (of, for); capácity (for); ~ к му́зыке áptitùde / tálent for músic [...'tæ-... -zɪk]; челове́к с больши́ми ~остями pérson of great abílities [...-eɪt...]; у́мственные ~ости méntal / ìntelléctual fáculties; ◇ покупа́тельная ~ (*денег*) púrchasing pówer [-tʃəs-...]; (*населения*) púrchasing capácity. **~ый 1.** (*одарённый*) áble; cléver ['kle-]; (к) gífted ['gɪ-] (for), cléver (at); ~ый к му́зыке gífted for músic [...-zɪk]; **2.** (на *вн.*) cápable (of);

он спосóбен на всё he is cápable of ány¦thing; **3.:** водá ~а превращáться в пар wáter can be convérted into steam ['wɔ:-...].

**спосóбствовать 1.** (чемý-л.) promóte (smth.); fúrther [-ðə] (smth.), fávour (smth.); be condúcive (to); ~ развúтию промы́шленности fávour the devélopment of industry; ~ чьемý-л. счáстью contribute to, *или* make* for, smb.'s háppiness; **2.** (комý-л. в чём-л.) assist (smb. in smth.).

**споткнýться** *сов. см.* спотыкáться.

**спотыкáние** *с.* stúmbling.

**спотыкá||ться,** споткнýться (о *вн.*) stumble (óver): идтú ~ясь stumble / stágger alóng.

**спохватúться** *сов. см.* спохвáтываться.

**спохвáтываться,** спохватúться *разг.* rècolléct / think* súddenly.

**спрáва** *нареч.* (от) to the right (of); ~ от негó to his right, on his right; ~ от трибýны to the right of the tribúne.

**справедлúв||ость** *ж.* **1.** jústice; (*беспристрастие*) équity, fáirness; добивáться ~ости struggle / fight* for jústice; добúться ~ости obtáin jústice; по ~ости (говоря́) in jústice, in (all) fáirness, by rights; jústifiably; ~ трéбует, чтóбы э́то бы́ло сдéлано jústice demánds that it be done [...-ɑ:ndz...]; ~ трéбует признáть, что it should be said in all fáirness that [...sed...]; ~ судьú fáirness / impàrtiálity of *a* judge; **2.** (*правильность*) truth [-u:θ]; corréctness; ◇ отдавáть ~ (*дт.*) rénder / do* jústice (to). **~ый 1.** (*в разн. знач.*) just; ~ый приговóр just séntence; ~ый судья́ impártial / fair judge; ~ая войнá just war; ~ые трéбования just demánds [...-ɑ:n-]; быть ~ым (к) be just / fair (to); **2.** (*правильный*) true, corréct; э́то осóбенно ~о (для) this is espécially true [...-'pe-...] (of).

**спрáвить** *сов. см.* справля́ть.

**спрáвиться** I, II *сов. см.* справля́ться I, II.

**спрáвк||а** *ж.* **1.** informátion, réference; наводúть ~и in¦quíre; (о *пр.*) make* in¦quíries (abóut); обращáться за ~ой (к; в *вн.*) applý for informátion (to); **2.** (*документ*) certificate; ~ о состоя́нии здорóвья health certificate [he-...]; ~ с мéста рабóты réference.

**справля́ть,** спрáвить (*вн.*) *разг.* (*праздновать*) célebràte (*d.*); ~ день рождéния célebràte one's birthday; ~ свáдьбу célebràte one's wédding.

**справля́ться** I, спрáвиться (о *пр.*; *осведомляться*) ask (abóut); ~ в словарé look up (*a* word) in *a* díctionary, consúlt *a* díctionary.

**справля́ться** II, спрáвиться (с *тв.*) **1.** (*быть в состоянии выполнить*) cope (with); ~ с рабóтой mánage / handle one's job well; hold* down a job *разг.*; спрáвиться со своéй задáчей cope with one's task; он не спрáвится с э́тим дéлом he won't be able to cope with it [...wount...]; он не спрáвился со своéй задáчей he was not équal to the task at hand; **2.** (*побороть*) mánage (*d.*); *сов. тж.* get* the bétter (of); с ним нелегкó спрáвиться he is difficult to mánage.

**справля́ться** III *страд. к* справля́ть.

**спрáвочн||ик** *м.* réference book; кармáнный ~ póсket réference book, vádemécum ['veidɪ-]; железнодорóжный ~ ráilway guide. **~ый 1.** in¦quíry (*attr.*); ~ое бюрó in¦quíry óffice; **2.:** ~ое издáние, ~ая кнúга réference book.

**спрáшивать,** спросúть **1.** (когó-л. о чём-л.; что-л. у когó-л.) ask (smb. abóut smth.); (*узнавать тж.*) in¦quíre (of smb. abóut, áfter, for smth.); (*требовать*) demánd [-ɑ:nd] (smth. of, from smb.); ~ о чьём-л. здорóвье ask / in¦quíre áfter smb.'s health [...he-]; **2.** (*вн.*; *желать видеть*) ask (for), want (to see) (*d.*); desíre to speak [-'zaɪə...] (to); **3.** (с *рд.*) *разг.* (*требовать ответственности*) make* respónsible (*d.*); с вас бýдут ~ за э́то you will be respónsible for that; ◇ ~ слúшком высóкую цéну ask an exórbitant price.

**спрáшива||ться,** спросúться **1.** (у, *рд.*) ask (smb.'s) permíssion; **2.** *тк. несов. безл.:* ~ется the quéstion is / aríses [...-stʃən...].

**спрессовáть** *сов. см.* прессовáть.

**спринт** *м. спорт.* sprint. **~ер** *м. спорт.* sprínter.

**спринцев||áние** *с.* sýringing [-ndʒ-]. **~áть** (*вн.*) sýringe (*d.*).

**спринцóвка** *ж.* sýringe.

**спровáдить** *сов. см.* спровáживать.

**спровáживать,** спровáдить (*вн.*) *разг.* show* out [ʃou...] (*d.*), send* on *his* way (*d.*); (*отделываться*) get* rid (of).

**спровоцúровать** *сов.* (*вн.*) provóke (*d.*).

**спроектúровать** *сов. см.* проектúровать 1.

**спрос** *м. тк. ед.* **1.** *эк.* demánd [-ɑ:nd]; (на *вн.*) demánd (for), run (on); внýтренний ~ home demánd; ~ и предложéние demánd and supplý; пóльзоваться большúм ~ом be in pópular demánd, be much in demánd; на товáр есть ~ there is a great demánd for the goods [...-eɪt...gudz]; в большóм ~е in great requést, sought áfter; **2.:** без ~а, без ~у *разг.* without permíssion; уходúть без ~а go* out without permíssion / leave.

**спросúть** *сов. см.* спрáшивать. **~ся** *сов. см.* спрáшиваться 1.

**спросóнок** *нареч. разг.* hálf-a¦wáke ['hɑ:f-].

**спростá** *нареч.* without refléction.

**спрут** *м. зоол.* óctopus.

**спры́г||ивать,** спры́гнуть (с *рд.*) jump / spring* off / down (from). **~нуть** *сов. см.* спры́гивать.

**спры́скивание** *с.* sprínkling.

**спры́с||кивать,** спры́снуть (*вн.*) **1.** sprinkle (*d.*); **2.** *разг.* (*выпивать по случаю чего-л.*) wet (*d.*), célebràte (*d.*); wet the bárgain. **~нуть** *сов. см.* спры́скивать.

**спрягáть,** проспрягáть (*вн.*) *грам.* cónjugàte (*d.*). **~ся** *грам.* be cónjugàted.

**спряжéние** *с. грам.* cònjugátion.

**спрясть** *сов. см.* прясть I.

**спря́тать(ся)** *сов. см.* пря́тать(ся).

**спýг||ивать,** спугнýть (*вн.*) frighten off / a¦wáy (*d.*), scare off / a¦wáy (*d.*). **~нýть** *сов. см.* спýгивать.

**спуд** *м.:* держáть что-л. под ~ом *разг.* ≅ hide* smth.; (*не использовать*) keep* smth. back; вы́тащить из-под ~а (*вн.*) *разг.* bring* into the light of day (*d.*).

**спуск** *м.* **1.** (*действие*) lówering ['lou-], háuling down; (*с высоты*) descént; (*корабля на воду*) láunch(ing); (*шлюпки*) lówering; **2.** (*откос*) slope; крутóй ~ steep slope; отлóгий ~ éasy slope ['i:zɪ...]; **3.** (*в оружии*) sear; detént *амер.*; **4.** *полигр.* (*формы*) impositíon [-'zɪ-]; ◇ не давáть комý-л. ~у *разг.* ≅ give* smb. no quárter.

**спускáть,** спустúть (*вн.*) **1.** (*опускать*) let* / get* down (*d.*), lówer ['louə] (*d.*), down (*d.*); (*о занавеске и т. п.*) pull / draw* down [pul...] (*d.*); ~ флаг lówer *a* flag; *мор.* haul down the énsign [...-saɪn]; (*как знак капитуляции*) strike* (the cólours) [...'kʌləz]; **2.** (*на воду — о корабле*) launch (*d.*); (*о шлюпке*) lówer (*d.*); **3.:** ~ с прúвязи ún¦léash (*d.*); ~ с цéпи ún¦cháin (*d.*), let* loose [...-s] (*d.*); **4.** (*выпускать — о воде, воздухе*) let* out (*d.*); (*о воде тж.*) drain (*d.*); ~ вóду из прудá drain *a* pond; ~ вóду в убóрной flush the bowl [...boul]; **5.** (*дт.*) *разг.* (*прощать*) párdon (*d.*); онá емý этого не спýстит she will make him pay for that; **6.** *разг.* (*растрачивать*) squánder (*d.*), díssipàte (*d.*); ~ в кáрты gamble a¦wáy (*d.*); **7.** *полигр.* (*о печатной форме*) impóse (*d.*); ◇ ~ курóк pull the trígger; спустúть пéтлю drop *a* stitch; ~ с лéстницы *разг.* kick dównstáirs (*d.*); спустя́ рукавá *разг.* in a slípshòd mánner, líst¦lessly; не ~ глаз (с *рд.*) not take* one's eyes off [...aɪz...] (*d.*); (*любоваться*) not tear* one's eyes off [...tɛə...] (*d.*), keep* one's eyes glued (on); (*не выпускать из виду*) not lose* sight [...lu:z...] (of). **~ся,** спустúться **1.** go* / come* down; (*более торжественно*) descénd; (*перен.*; *о ночи*) fall*; ~ся по ступéнькам go* / come* down the steps; (*более торжественно*) descénd the steps; ~ся по лéстнице go* / come* dównstáirs; **2.** (*вниз по реке*) go* with the stream, go* down stream; **3.** *страд. к* спускáть.

**спускн||óй** *тех.* drain (*attr.*); ~ кран dráin-còck; ~áя трубá dráin-pipe.

**спусковóй** trigger (*attr.*), sear (*attr.*); ~ крючóк (*в оружии*) trígger; ~ механúзм trígger méchanism [...-kə-]; ~ рычáг sear.

**спустúть(ся)** *сов. см.* спускáть(ся).

**спустя́** *предл.* (*вн.*) áfter; láter (*после сущ.*): ~ недéлю, нéсколько дней áfter a week, a few days; a week, a few days láter; немнóго ~ not long áfter.

**спýт||анно** *нареч.* confúsing¦ly, in a confúsed way. **~ать** *сов.* **1.** *см.* спýтывать; **2.** *как сов. к* пýтать 1, 2, 3, 4. **~аться** *сов.* **1.** *см.* спýтываться; **2.** *как сов. к* пýтаться.

**спýтник** *м.* **1.** compánion [-'pæ-]; (*по путешествию тж.*) féllow-trável(l)er; (*в названиях справочных изданий*) Guide; (*перен.: сопутствующее обстоятельство*) con¦cómitant; **2.** *астр.* sátellite; ~ землú earth sátellite [ə:θ...]; искýсственный ~ землú àrtifícial sátellite; Spútnik ['spu-].

**спýтывать,** спýтать (*вн.*) **1.** (*о нитках, волосах и т. п.*) entángle (*d.*), mat (*d.*); **2.** (*сбивать с толку*) confúse (*d.*); ~ чьи-л. кáрты (*перен.*) ≅ spoil* / rúin smb.'s game; спýтать чьи-л. расчёты ùpsét* smb.'s càlculátions; **3.** (*надевать путы*): ~ лóшадь hobble *a* horse. **~ся,** спýтаться **1.** (*о нитках, волосах и т. п.*) become* entángled; **2.** *страд. к* спýтывать.

**спья́на, спья́ну** *нареч. разг.* in a state of drúnken¦ness.

**спя́тить** *сов. разг.* go* bálmy [...'bɑ:-].

**спя́чка** *ж.* (*у животных*) hibernátion [haɪ-]; (*перен.*) sómnolency, sómnolence.

**спя́щ||ий** *прич. см.* спать; притворя́ться ~им feign sleep [feɪn...]; ◇ ~ая красáвица sléeping béauty [...'bju:-].

**срабáтываться** I, сработаться (с *тв.*; *о совместной работе*) achíeve hármony in work [ə'tʃi:v...] (with).

**срабáтываться** II, срабóтаться (*изнашиваться*) wear* [wɛə].

**сработанность** I *ж.* (*согласованность в работе*) hármony in work.

**сработанность** II *ж.* (*изношенность*) wear [wɛə].

**сработаться** I, II *сов. см.* срабáтываться I, II.

**сравнéни||е** *с.* **1.** compárison; по ~ю (с *тв.*) in compárison (with); вне ~я be¦yónd compárison; не поддавáться ~ю be be¦yónd compárison; увелúчиться на 200% по ~ю с прóшлым гóдом in¦créase 200 per cent agáinst last year [-s...]; **2.** (*фигура речи*) símile [-lɪ]; **3.:** стéпени ~я *грам.* degrées of compárison.

**срáвнивать** I, сравнúть (*вн.* с *тв.*; *сопоставлять*) compáre (*d.* to, with).

**срáвнивать** II, сравня́ть (*делать одинаковым*) équal (*d.* with); сравня́ть счёт *спорт.* équalize, *или* éven up, the score ['i:-...].

**срáвнивать** III, сровня́ть (*вн.*; *делать ровным*) lével ['le-] (*d.*); ◇ сровня́ть с землёй raze to the ground (*d.*).

**сравнúтельно** *нареч.* compárative¦ly, in / by compárison.

**сравнúтельно-историчéский:** ~ мéтод в языкознáнии the compárative-históríical méthod in linguístics.

**сравнúтельн||ый** compárative; ~ая граммáтика compárative grámmar; ~ая стéпень *грам.* compárative (degrée).

**сравнúть** *сов. см.* срáвнивать I.

**сравнúться** *сов.* (с *тв.* в *пр.*) touch [tʌtʃ] (*d.* in), come* up (with in); никтó не мóжет с ним ~ he has no équal; there is no one to touch him.

**сравня́ть** *сов. см.* равня́ть *и* срáвнивать II.

**сравня́ться** *сов. см.* равня́ться 1.

**сражáть,** сразúть (*вн.*) **1.** *уст.* slay* (*d.*), strike* down (*d.*); (*о болезни*) smite* (*d.*); **2.** (*поражать*) strike* (*d.*), òver¦whélm (*d.*). **~ся,** сразúться **1.** (с *тв.*; *вести бой*) fight* (*d.*); *сов. тж.* join battle (with); **2.** (в *вн.*) *шутл.* (*играть с азартом*) play (*d.*); *несов. тж.* have a game (of); ~ся в шáхматы play chess.

**сражéни||е** *с.* battle; выúгрывать ~ win* *a* battle; проúгрывать ~ lose* *a* battle [lu:z...]; давáть ~ give* battle; пóле ~я báttle-field [-fi:-], field of áction [fi:-...]; генерáльное ~ decísive battle; ~ при Бородинé the battle of Borodinó.

**сразúть** *сов. см.* сражáть *и* разúть I. **~ся** *сов. см.* сражáться.

**срáзу** *нареч.* **1.** (*одновременно*) at once [...wʌns]; **2.** (*в тот же момент*) right a¦wáy; straight a¦wáy *разг.*; (*не подумав*) straight off, out of hand.

**срам** *м.* shame; ~! for shame!

**срами́ть,** осрами́ть (*вн.*) shame (*d.*), put* to shame (*d.*). **~ся,** осрами́ться cóver òneˈsélf with shame [ˈkʌ-...], bring* shame upˈón òneˈ-sélf.

**срамн||и́к** *м.*, **~и́ца** *ж. разг.* shámeˈless pérson. **~о́й** *разг.* shámeˈless.

**сраст||а́ние** *с.* àccrétion; (*костей*) knitting; (*кровеносных сосудов, волокон*) inòsculátion. **~а́ться,** срасти́сь accréte; (*о костях*) knit*; (*о волокнах, кровеносных сосудах*) inóscu-làte; сло́манная кость хорошо́ сросла́сь the bróken bone (has) knitted well*.

**сраст||и́сь** *сов. см.* сраста́ться. **~и́ть** *сов. см.* сра́щивать.

**сраще́ние** *с.* únion; непра́вильное ~ ко́сти vícious únion of *a* bone.

**сра́щивание** *с.* (*деревянных частей*) jóint-making, jóinting; (*тросов, проводов*) splícing; (*перен.*) interlócking, fúsing; (*организаций и т. п. тж.*) còaléscence.

**сра́щивать,** срасти́ть (*вн.*) **1.** join (*d.*), joint (*d.*); **2.** (*о костях*) knit* (*d.*); (*о волокнах, кровеносных сосудах*) inósculàte (*d.*); **3.** *тех.* (*о проводах, тросах*) splice (*d.*).

**сре́бреник** *м. библ.* sílver coin, piece of sílver [pi:s...].

**сребро||люби́вый** *уст.* móney-lóving [ˈmʌ- -ˈlʌv-], gréedy of / for móney [...ˈmʌ-]. **~лю́бие** *с. уст.* greed of / for móney [...ˈmʌ-].

**сребonóсный** (*о песке, руде*) àrgentíferous.

**сред||а́** I *ж.* **1.** (*окружение*) surróundings *pl.*; окружа́ющая ~ surróundings; социа́льная ~ sócial envíronˈment; в на́шей ~е́ in our midst, amídst us; подня́ться вы́ше свое́й ~ы́ rise* above one's envíronˈment; **2.** *физ.* médium (*pl.* -ia, -ums); преломля́ющая ~ refrácting médium.

**среда́** II *ж.* (*день недели*) Wédnesday [ˈwenzdɪ]; по ~м on Wédnesdays, every Wédnesday.

**среди́** *предл.* (*рд.*) **1.** (*в числе*) among, amongst; amídst (*чаще о чужой, враждебной среде*); ~ его́ книг among his books; ~ друзе́й among friends [...frendz]; ~ враго́в amídst énemies; ~ нас, вас, них among us, you, them; in our, your, their midst; **2.** (*посредине, внутри*) in the míddle: ~ у́лицы in the míddle of the street; ~ ко́мнаты in the míddle of the room; — ~ но́чи in the míddle of the night; (*поздней ночью*) in the dead of night [...ded...]; ◇ ~ бе́ла дня in broad dáylight [...brɔ:d...].

**средиземномо́рский** Mèditerránean.

**среди́н||а** *ж.* = середи́на. **~ный** míddle; Сре́динная Импе́рия (Кита́й) *ист.* Míddle Kíngˈdom.

**сре́дне** *нареч. разг.* (*так себе*) míddling, só-sò.

**среднеазиа́тский** Céntral Àsiátic [...-ʃɪˈæ-], Céntral Ásian [...ˈeɪʃən].

**среднеангли́йский** *лингв.* Míddle Énglish [...ˈɪŋg-].

**средневек||о́вый** mèdiéval. **~о́вье** *с.* the Míddle Áges *pl.*

**среднегодов||о́й** áverage ánnual; ~а́я температу́ра áverage ánnual témperature.

**среднекали́берный** *воен.* médium(-cálibre).

**среднеме́сячн||ый** áverage mónthly [...ˈmʌ-]; ~ая вы́работка áverage mónthly óutpùt [...-put].

**среднесу́точн||ый** áverage dáily; ~ая добы́ча *горн.* stock.

**среднеязы́чный** *лингв.* front [-ʌnt], médiò-língual.

**сре́дн||ий** **1.** *прил.* míddle; ~ эта́ж míddle stórey; ~ее у́хо *анат.* míddle ear; ~ рост médium height [...haɪt]; ~ техни́ческий персона́л médium-lèvel téchnical pèrsonnél [-le-...]; ~их лет míddle-áged; ~ член *мат.* mean (*of a ratio*); держа́ться ~его ку́рса fóllow a míddle course [...kɔ:s], fóllow a míddle-of-the-road pólicy; **2.** *прил.* (*в среднем*) áverage, mean; ~яя вы́работка áverage óutpùt [...-put]; ~яя величина́, ци́фра *и т. п.* mean quántity, númber, *etc.*; ~ее арифмети́ческое *мат.* àrithmétical mean; ~ее пропорциона́льное *мат.* the mean propórtional; **3.** *с. как сущ.* áverage: ни́же ~его belów the áverage [-ˈlou...]; вы́ше ~его above the áverage; в ~ем on / upˈón the áverage, at an áverage; составля́ть в ~ем 10% áverage 10 per cent; **4.** *прил. разг.* (*посредственный*) míddling, áverage; ~ие спосо́бности áverage abílities; удово́льствие из ~их ≅ nóthing to write home abóut; **5.** *прил. грам.*: ~ род néuter (génder); ~ зало́г míddle voice; ◇ ~ па́лец míddle fínger, third fínger; ~ие века́ the Míddle Áges; ~яя исто́рия Hístory of the Míddle Áges; ~яя шко́ла sécondary school; high school *амер.*; ~ее образова́ние sécondary èducátion; ~ америка́нец *и т. п.* áverage Américan, *etc.*

**средосте́ние** *с. анат.* mèdiàstínum; (*перен.*) pàrtítion.

**средото́чие** *с. тк. ед.* fócus.

**сре́дств||о** *с.* **1.** (*в разн. знач.*) means *sg.* *и pl.*: ~а произво́дства means of prodúction; ~а передвиже́ния, перево́зочные ~а means of convéyance; ~а сообще́ния means of commùnicátion; ~а к существова́нию means of subsístence; líveˈlihood [-hud] *sg.*; язы́к — ~ обще́ния люде́й lánguage is a means of commùnicátion betwéen people [...pi:-]; ~а обраще́ния *эк.* means of circulátion; — пуска́ть в ход все ~а ≅ leave* no stone únˈtúrned, move héaven and earth [mu:v ˈhe-...ə:θ]; ме́стные ~а lócal resóurces [...-ˈsɔ:s-]; огнево́е ~ *воен.* fire wéapon [...ˈwe-]; **2.** (*лекарство*) rémedy; лече́бное ~ rémedy; предохрани́тельное ~ presérvative [-ˈzə:-]; радика́льное ~ drástic rémedy; **3.** *мн.* (*материальный достаток*) means: жить по ~ам live within one's means [lɪv...]; жить не по ~ам live beˈyónd one's means; челове́к со ~ами man* of means;— мне э́то не по ~ам I can't affórd it [...kɑ:nt...].

**средь** = среди́.

**срез** *м.* cut (in / off); (*для микроскопического анализа*) microscópic séction [maɪ-...].

**сре́зать** *сов. см.* среза́ть *и* ре́зать 8.

**среза́ть,** сре́зать (*вн.*) **1.** cut* off (*d.*); **2.:** сре́зать на экза́мене *разг.* pluck (at *an* exàminátion) (*d.*).

**сре́заться** *сов. см.* среза́ться.

**среза́ться,** сре́заться **1.** *разг.* (*на экзамене и т. п.*) fail; be plúcked; **2.** *страд. к* сре́зать.

**сре́зывать(ся)** = среза́ть(ся).

**срис||ова́ть** *сов. см.* срисо́вывать. **~о́вка** *ж.* cо́pying.

**срисо́вывать,** срисова́ть (*вн.*) cо́py ['kɔ-] (*d.*).

**сробе́ть** *сов. разг.* get* fríghtened, funk.

**сровня́ть** *сов. см.* сра́внивать III *и* ровня́ть.

**сродни́** *нареч.* akín; in relátionship; быть ~ кому́-л. be reláted to smb.

**сродни́ть** *сов. см.* родни́ть 1. **~ся** *сов.* (с *тв.*) become* íntimate (with); (*с коллективом и т. п.*) become* íntimate¦ly linked (with); (*свыкнуться*) get* accústomed (to).

**сро́д||ный** (*дт.*, с *тв.*) akín (to), reláted (to). **~ство́** *с.* (с *тв.*) affínity (with, betwéen).

**сро́ду** *нареч. разг.*: ~ не never in one's life.

**срок** *м.* **1.** (*определённый момент времени*) date; (*о векселе, платеже и т. п.*) term: кра́йний ~ the last term / date; к усло́вленному ~у, в ука́занный ~ by the time fíxed, by a spécified date; to time; выполня́ть план до ~а fulfíl the plan ahéad of time [ful-...ə'hed...]; ~ аре́нды term of lease [...-s]; ~ платежа́ date / term of páyment;— ~ да́вности prescríption, term of limitátion; к ~у, в ~ in time; **2.** (*промежуток времени*) péríod: на ~ for a péríod; — в кратча́йший ~ in the shórtest time, with the shórtest póssible deláy; ~ обуче́ния term of stúdy [...'stʌ-]; ~ вое́нной слу́жбы cáll-úp péríod; ~ де́йствия догово́ра péríod of valídity of *a* tréaty; ~ полномо́чий term of óffice; избира́ть ~ом на три го́да elе́ct for a term of three years; ~ом до двух, трёх *и т. п.* ме́сяцев within two, three, *etc.*, months [...mʌ-]; э́тот ве́ксель ~ом на три́дцать дней this bill runs thírty days; по истече́нии ~а when the time expíres, at the èxpirátion of the péríod [...-paɪə-...]; за коро́ткий ~ in a short / brief space of time [...bri:f...]; ◇ да́й(те) ~ *разг.* wait a bit, have pátience.

**сро́сшийся** **1.** *прич. см.* сраста́ться; **2.** *прил. бот.* accréte.

**сро́чно** I *прил. кратк. см.* сро́чный.

**сро́чн||о** II *нареч.* (*быстро*) quíckly; (*спешно*) úrgently. **~ость** *ж.* úrgency; *разг.* (*спешка*) húrry. **~ый** **1.** (*спешный*) préssing, úrgent; ~ый зака́з préssing / rush órder; ~ое де́ло úrgent mátter; в ~ом поря́дке quíckly; ~ая телегра́мма úrgent / expréss télegràm; **2.** (*производимый в определённый срок*) at a fíxed date; ~ый платёж páyment delívered at a fíxed date [...-'lɪ-...]; ~ое донесе́ние *воен.* pèriódic / routíne repórt [...ru:'ti:n...].

**сруб** *м.* **1.** félling; продава́ть лес на ~ sell* wood for félling / tímber [...wud...]; **2.** (*избы, колодца и т. п.*) fráme(¦wòrk).

**сруб||а́ть,** сруби́ть (*вн.*) fell (*d.*). **~и́ть** *сов. см.* сруба́ть.

**срыв** *м.* deránge¦ment [-'reɪ-], frùstrátion; ~ рабо́ты deránge¦ment of work, stóppage; ~ пла́на wrécking / frùstrátion of *the* plan; ~ перегово́ров bréak-down in / of the talks [-eɪk-...].

**срыва́ть** I, сорва́ть **1.** (*вн.*) tear* a¦wáy [tɛə...] (*d.*), tear* down (*d.*), tear* off (*d.*); (*о цветке*) pick (*d.*), pluck (*d.*); ~ ма́ску с кого́-л. (*перен.*) únmásk smb., tear* the mask off smb.; **2.** (*вн.* на *пр.*; *гнев, злобу и т. п.*) vent (*d.* up¦ón): ~ раздраже́ние на ком-л. vent one's spleen up¦ón smb.; ~ своё (дурно́е) настрое́ние на ком-л. work off one's bad témper on smb.; **3.** (*вн.*) *разг.* (*портить, губить*) wreck (*d.*), spoil* (*d.*), frùstráte (*d.*), bring* to nought (*d.*); ~ рабо́ту derа́nge / hámper the work [-'reɪ-...]; ~ план rúin / frùstráte *a* plan; ~ пла́ны (*враждебные и т. п.*) deféat / foil the plans; ~ перегово́ры wreck the talks; сорва́ть забасто́вку break* / wreck *a* strike [-eɪk...]; ◇ сорва́ть банк break* the bank.

**срыва́ть** II, срыть (*вн.*) lével to the ground ['le-...] (*d.*), raze (to the ground) (*d.*).

**срыва́ться** I, сорва́ться **1.** (*с цепи*) break* loose [-eɪk -s], break* a¦wáy; (*с петель*) get* ùnhínged; **2.** (*падать откуда-нибудь*) fall*; рабо́чий сорва́лся с лесо́в *the* wórk¦man* fell from the scáffolding; **3.** (*заканчиваться неудачей*) fall* to the ground, fall* through, fail, miscárry; **4.** *страд. к* срыва́ть I; ◇ сорва́ться с языка́ escápe *one's* lips; сорва́ться с ме́ста dart off / a¦wáy.

**срыва́ться** II *страд. к* срыва́ть II.

**сры́тие** *с.* lévelling to the ground, rázing (to the ground).

**срыть** *сов. см.* срыва́ть II.

**сря́ду** *нареч. разг.* rúnning: три дня ~ three days rúnning.

**сса́дина** *ж.* scratch; abrásion.

**ссади́ть** I, II *сов. см.* сса́живать I, II.

**сса́живать** I, ссади́ть (*вн.*; *содрать кожу, расцарапать*) scratch (*d.*); abráde (*d.*), èxcóriàte (*d.*)

**сса́живать** II, ссади́ть (*вн.*) **1.** (*помогать сойти*) assíst in alíghting (*d.*); ссади́ть ребёнка (*со стола и т. п.*) help *a* child* down, **2.** (*с поезда и т. п.*): ~ пассажи́ра drop *a* pássenger [...-n-].

**сседа́ться,** ссе́сться *разг.* **1.** (*о ткани*) shrink*; **2.** (*о молоке*) turn.

**ссек** *м.* hind shank.

**ссе́сться** *сов. см.* сседа́ться.

**ссо́р||а** *ж.* quárrel; начина́ть ~у start a quárrel; быть в ~е с кем-л. be at odds with smb., be on bad terms with smb.; иска́ть ~ы с кем-л. be spóiling for a fight with smb.

**ссо́рить,** поссо́рить (*вн.* с *тв.*) embróil (*d.* with). **~ся,** поссо́риться (с *тв.*) quárrel (with), fall* out (with).

**ссо́хнуться** *сов. см.* ссыха́ться.

**ссу́д||а** *ж.* loan, advánce-mòney [-mʌ-]; ~ с проце́нтами, проце́нтная ~ (*о выданной*) ínterest-béaring loan [-'bɛə-...]; (*о полученной*) loan on ínterest; беспроце́нтная ~ (*о выданной*) loan béaring no ínterest [...'bɛə-...]; (*о полученной*) ínterest-free loan; дава́ть ~у кому́-л. accómmodàte smb. with a loan, grant a loan to smb. [-ɑ:nt...]; брать ~у take* a loan (from), bórrow (from). **~и́ть** *сов. см.* ссужа́ть. **~ный** loan (*attr.*); ~ный банк lóan-bànk.

**ссудосберега́тельн||ый:** ~ая ка́сса sávings-bànk.

**ссужа́ть,** ссуди́ть (*вн. тв.*; *дт. вн.*) lend* (*i. d.*); loan (*i. d.*).

**ссуту́лить(ся)** *сов. см.* суту́лить(ся).

**ссу́чивать,** ссучи́ть (*вн.*; *о нитке*) spin* (*d.*); (*о шёлке*) throw* [-ou] (*d.*).

**ссучи́ть** *сов. см.* ссу́чивать.

**ссыла́ть,** сосла́ть (*вн.*) éxile (*d.*), bánish (*d.*); trànspórt (*d.*), depórt (*d.*).

**ссыла́ться** I, сосла́ться (на *вн.*) **1.** refér (to), allúde (to); (*цитируя*) cite (*d.*), quote (*d.*); (*призывая в свидетели*) call to witness (*d.*); **2.** (*оправдываться*) plead (*d.*), allége [ə'ledʒ] (*d.*); ~ наболéзнь allége / plead illness; ~ на головну́ю боль plead a héadàche [...'hedeɪk].

**ссыла́ться** II *страд. к* ссыла́ть.

**ссы́лк||а** I *ж.* éxile, bánishment; trànspòrtátion, dèpòrtátion [di:-]; в ~е in éxile.

**ссы́лка** II *ж.* (*указание*) réference.

**ссы́лочный** réference (*attr.*).

**ссыльнопоселе́нец** *м. ист.* dèpòrtée [di:-] (*convict allowed to live at liberty in a restricted area*).

**ссы́льный** *м. скл. как прил.* éxile, cónvict.

**ссыпа́ние** *с.* póuring ['pɔ:-].

**ссы́пать** *сов. см.* ссыпа́ть.

**ссыпа́ть,** ссы́пать (*вн.*) pour [pɔ:] (*d.*).

**ссы́п||ка** *ж.* póuring ['pɔ:-]. **~но́й:** ~но́й пункт gráin-colléсting státion.

**ссыха́ться,** ссо́хнуться shrink*; (*коробиться*) shrivel ['ʃrɪ-].

**стабилиз||а́тор** *м. тех.* stábilìzer ['steɪ-]; вертика́льный ~ *ав.* fin; горизонта́льный ~ *ав.* hòrizóntal stábilìzer, táil-plàne. **~а́ция** *ж.* stàbilìzátion [steɪbɪlaɪ-]. **~и́ровать** *несов. и сов.* (*вн.*) stábilize ['steɪ-] (*d.*). **~и́роваться** *несов. и сов.* **1.** become* stable; **2.** *страд. к* стабилизи́ровать.

**стабилизова́ть(ся)** = стабилизи́ровать(ся).

**стаби́льн||ость** *ж.* stabílity. **~ый** stable; ~ый уче́бник stándard téxt-book.

**ста́вень** *м.* = ста́вня.

**ста́вить,** поста́вить (*вн.*) **1.** put* (*d.*), place (*d.*), set* (*d.*); ~ в ряд put* in a row (*d.*); ~ цветы́ в во́ду set* *the* flówers in wáter [...'wɔ:-]; ~ кувши́н на стол stand* *the* jug on the table; ~ но́гу на зе́млю plant one's foot* on the earth [-ɑ:nt... fut...ə:θ]; ~ па́мятник (*дт.*) eréct, *или* put* up, a mónument (to); ~ телефо́н have *a* télephòne instálled; **2.** (*о компрессе, горчичнике и т. п.*) applý (*d.*), put* on (*d.*); ~ ба́нки applý cúpping-glàsses; ~ кому́-л. термо́метр take* smb.'s témperature; **3.** (*о пьесе и т. п.*) stage (*d.*), prodúce (*d.*); **4.** (*вн.* на *вн.*; *в игре*) stake (*d.* on); (*вн.* про́тив) bet (*d.* to); он ста́вит два́дцать рубле́й he stakes twénty roubles [...ru:-]; он ста́вит два́дцать рубле́й про́тив пяти́ he'll bet, *или* is willing to bet, twénty roubles to five; ~ всё на ка́рту (*перен.*) stake one's all; ~ на ло́шадь back *a* horse; **5.** (*выдвигать*) raise (*d.*), put* (*d.*); ~ пробле́му raise *a* próblem [...'prɔ-]; ~ вопро́с raise *a* quéstion [...-stʃ-]; ~ пе́ред кем-л. вопро́с (о *пр.*) bring* smb.'s atténtion to the quéstion (of); ~ вопро́с ребро́м put* *a* quéstion póint-blánk; ~ на голосова́ние put* to the vote (*d.*); ~ вопро́с на обсужде́ние bring* up *a* quéstion for discússion; ~ усло́вия make* terms, lay* down conditions / terms; **6.** (*считать, полагать*): ~ за пра́вило make* it a rule; ~ це́лью make* it one's aim, set* òne:sélf *smth.* as an óbject; высоко́ ~ кого́-л. think* highly of smb.; ни в грош, ни во что не ~ кого́-л. *разг.* not care / give* a pin for smb., not care a brass fárthing for smb., make* no accóunt for smb.; **7.** (*дело, работу; устраивать*) órganìze (*d.*); ◇ ~ го́лос кому́-л. train smb.'s voice; ~ часы́ set* *the* clock; ~ кому́-л. препя́тствия place / put* óbstacles in smb.'s way; ~ кого́-л. в безвы́ходное положе́ние drive* smb. into a córner; ~ в тупи́к nónplús (*d.*); ~ кого́-л. в нело́вкое положе́ние put* smb. in an áwkward position [...-'zɪ-]; ~ в необходи́мость compél (*d.*); ~ в изве́стность let* (*d.*) know [...nou], infórm (*d.*); ~ что-л. в вину́ кому́-л. blame smb. for smth., accúse smb. of smth.; ~ кого́-л. в приме́р hold* smb. up as an exámple [...-ɑ:m-]; ~ что-л. кому́-л. в упрёк repróach smb. with smth.; ~ часово́го *воен.* post a séntry [poust...]; ~ на посто́й billet (*d.*); ~ кого́-л. на коле́ни force smb. to his knees; ~ в у́гол (*в виде наказания*) stand* in the córner (*d.*); ~ те́сто make* dough [...dou]; ~ диа́гноз (*дт.*) díagnòse (*d.*); ~ реко́рд set* up, *или* estáblish, *a* récòrd [...'re-]; ~ то́чки над «и» dot one's "i's" and cross one's "t's"; ~ на ме́сто кого́-л. put* smb. in his place.

**ста́вк||а** I *ж.* **1.** (*тарифа, налога и т. п.*) rate; ~ за́работной пла́ты rate of wáges; тари́фная ~ rate of táriff; ~ проце́нта rate of interest; **2.** (*в игре*) stake; ◇ э́то после́дняя ~ ≅ it is the last throw of the die [...θrou...]; де́лать ~у на что-л., на кого́-л. count on smth., on smb.; (на что-л. *тж.*) stake on smth.

**ста́вка** II *ж. воен.*: ~ главнокома́ндующего Géneral Héadquárters [...'hed-].

**ста́вленник** *м.* hénch:man*, protégé (*фр.*) ['proutəʒeɪ].

**ста́вня** *ж.* shútter.

**стадиа́льн||ый** phásic ['feɪzɪk]; by stáges; ~ое разви́тие phásic devélopment; devélopment by stáges.

**стади́йный** = стадиа́льный.

**стадио́н** *м. спорт.* stádium (*pl.* -dia).

**ста́дия** *ж.* stage; первонача́льная ~ initial stage; по ~м by / in stáges.

**ста́дн||ость** *ж.* herd / grègárious instinct. **~ый** grègárious; ~ый инсти́нкт = ста́дность.

**ста́до** *с.* herd; (*овец, коз*) flock.

**стаж** *м.* **1.** length of sérvice; парти́йный ~ length of Párty mémbership; с боевы́м ~ем with a récòrd of áctive sérvice [...'re-...]; **2.:** испыта́тельный ~ probátion, probátionary périod; проходи́ть ~ work on probátion.

**стажёр** *м.*, **~ка** *ж.* probátioner.

**стажи́ровать** work on probátion.

**ста́ивать,** стая́ть melt (a:wáy).

**стака́н** *м.* glass.

**стакка́то** *нареч. муз.* staccátò [-'kɑ:-].

**сталагми́т** *м. мин.* stálagmìte.

**сталакти́т** *м. мин.* stálactìte.

**стальева́р** *м.* steel fóunder.

**сталелите́й||ный:** ~ заво́д steel mill / fóundry / works. **~щик** *м.* steel fóunder.

**сталеплави́льн||ый:** ~ая печь steel fúrnace.

**сталепрока́тный:** ~ стан, ~ заво́д stéel-rólling mill.

**ста́лкивать,** столкну́ть (*вн.*) **1.** push off / a:wáy [puʃ...] (*d.*); ~ ло́дку в во́ду push *the* boat into the wáter [...'wɔ:-]; столкну́ть с ме́ста push off (*d.*); **2.** *разг.* (*вместе*) bring* togéther [...-'ge-] (*d.*); обстоя́тельства сно́ва столкну́ли их círcumstances brought them togéther.

**ста́лкиваться,** столкну́ться (с *тв.*) **1.** collíde (with), come* into collísion (with); (*перен.: неожиданно встречаться*) run* (into); (*перен.: вступать в противоречие, конфликт*) *разг.* clash (with), conflict (with); автомоби́ли столкну́лись the cars collíded; мы вчера́ случа́йно столкну́лись we ran into each other yésterday [...-dɪ]; вам не раз придётся ~ с э́тим явле́нием you will come acróss this phenómenon more than once [...wʌns], you will quite óften en¦cóunter this kind of thing [...'ɔːf(t)°n...]; интере́сы их столкну́лись their ínterests clashed; **2.** *страд. к* ста́лкивать.

**сталь** *ж.* steel; нержаве́ющая ~ stáinless steel; закаля́ть ~ témper / hárden steel. **~но́й** steel (*attr.*); (*перен.*) íron ['aɪən]: ~но́й цвет stéel-blue; ~на́я во́ля íron will; ~ны́е не́рвы nerves of steel, íron nerves.

**стаме́ска** *ж. тех.* chísel ['ʧɪz-].

**стан** I *м.* (*фигура*) fígure, státure; то́нкий ~ slénder waist.

**стан** II *м.* (*лагерь*) camp; полево́й ~ fíeld-cámp ['fiː-]; переходи́ть в ~ врага́ go* óver to the énemy.

**стан** III *м. тех.* mill; прока́тный ~ rólling-mill; трубопрока́тный ~ tube mill; листопрока́тный ~ plate mill.

**станда́рт** *м.* stándard. **~иза́ция** *ж.* stándardizátion [-daɪ-]. **~изи́ровать, ~изова́ть** *несов. и сов.* (*вн.*) stándardìze (*d.*). **~ный** stándard; ~ные дома́ prè¦fábricàted hóuses.

**стани́на** *ж. тех.* bed (plate); бокова́я ~ side (plate), cheek; ~ лафе́та cheek, *или* side plate, of gún-càrriage [...-rɪʤ].

**стanио́ль** *м. тех.* tin foil.

**стани́||ца** *ж.* **1.** stanítsa (*large Cossack village*); **2.** *уст.* (*стая птиц*) flock. **~чный** stanítsa (*attr.*).

**станко́в||ый** **1.** *иск.*: ~ая жи́вопись éasel páinting ['iːz-...]; **2.** *воен.*: ~ пулемёт (médium) machíne-gùn [...-'ʃiːn-]; héavy machíne-gùn ['he-...] *амер.*

**станкострое́ние** *с.* machíne-tool constrúction [-'ʃiːn-...].

**станкострои́тельн||ый** machíne-tool [-'ʃiːn-] (*attr.*); ~ая промы́шленность machíne-tool índustry.

**станови́ться** I, стать **1.** (*вставать, занимать место*) stand*, take* one's stand; ~ на коле́ни kneel*; ~ на цы́почки stand* on típ-tòe; ~ на стул get* up¦ón *a* chair; ~ в о́чередь stand* in a queue / line [...kjuː...], queue (up); ~ на учёт get* régistered; ~ в по́зу strike* an áttitùde; ~ на чью-л. сто́рону take* smb.'s side, side with smb., stand* up for smb.; **2.** (*располагаться*): ~ ла́герем camp, en¦cámp; ~ на я́корь ánchor ['æŋkə], come* to ánchor; **3.** *тк. сов.* (*остановиться*) stop; часы́ ста́ли the watch has stopped; река́ ста́ла the ríver is frózen óver [...'rɪ-...], the ríver is íce-bound; ◇ за чем де́ло ста́ло? what's hólding mátters, *или* the affáir, up?; what's the hitch?; за ним де́ло не ста́нет he has no objéction.

**станови́ться** II, стать **1.** (*тв.; делаться*) become*, get*, grow* [-ou]; стать учи́телем become* a téacher; стано́вится хо́лодно it is getting cold; стано́вится темно́ it is grówing dark [...-ou-...]; всем ста́ло ску́чно éverybody was / felt bored; ~ подозри́тельным become* suspícious; больно́му стано́вится всё ху́же the pátient is getting worse and worse; ~ же́ртвой кого́-л., чего́-л. fall* a víctim / prey to smb., to smth.; **2.** *тк. сов. безл.*: его́ не ста́ло he has passed a¦wáy, he is no more; ◇ во что бы то ни ста́ло at any price, at all costs; ста́ло быть *вводн. сл. разг.* (*итак*) so, thus [ð-]; (*следовательно*) thére¦fòre, cónsequently; it fóllows that.

**становле́ни||е** *с. филос.* fòrmátion; в проце́ссе ~я in the máking.

**станово́й** I: ~ при́став *ист.* dístrict políce-ófficer [...-'liːs-].

**станово́й** II: ~ хребе́т (*перен.*) báckbòne, main suppórt.

**стано́к** *м.* **1.** *тех.* machíne-tool [-'ʃiːn-], machíne [-'ʃiːn]; тка́цкий ~ (wéaving-)loom; столя́рный ~ jóiner's bench; печа́тный ~ príntíng-prèss; тока́рный ~ lathe [leɪð]; револьве́рный ~ túrret lathe; фре́зерный ~ mílling machíne; строга́льный ~ pláning machíne; **2.** *воен.* (*оружия*) móunt(ing); прице́льный ~ áiming rest; ~ лафе́та bódy of gún-càrriage ['bɔ-... -rɪʤ].

**стано́чни||к** *м.*, **~ца** *ж.* machíne-óperàtor [-'ʃiːn-].

**ста́нсы** *мн. лит.* stánzas.

**станцио́нный** státion (*attr.*); ~ зал wáiting-room.

**ста́нци||я** *ж.* (*в разн. знач.*) státion; узлова́я ~ *ж.-д.* (ráilway) júnction; коне́чная ~ términal (státion); términus (*pl.* -nuses, -nì); това́рная ~ *ж.-д.* góods-stàtion ['gudz-]; сортиро́вочная ~ *см.* сортиро́вочный; промежу́точная ~ *ж.-д.* way státion; ~ снабже́ния *воен.* ráilhead [-hed]; нача́льник ~и státion-màster; электри́ческая ~ eléctric státion; pówer plant [...-ɑːnt]; гидроэлектри́ческая ~ hýdrò-eléctric pówer státion; о́пытная ~ *с.-х.* expériment státion; телефо́нная ~ télephòne exchánge [...-'ʧeɪ-].

**ста́пел||ь** *м. мор.* búilding slip / berth ['bɪ-...]; stocks *pl.*; на ~е on the ways.

**ста́пливать,** стопи́ть (*вн.*) fuse (*d.*); melt (*d.*).

**ста́птывать,** стопта́ть (*вн.*) wear* down at the heels [wɛə...]. **~ся,** стопта́ться **1.** (*об обуви*) be down at heel; **2.** *страд. к* ста́птывать.

**стара́ни||е** *с.* endéavour [-'de-], éffort; (*усердие*) díligence; прилага́ть все ~я (+ *инф.*) make* / exért / strain every éffort (+ to *inf.*), do one's út¦mòst (+ to *inf.*); do one's best (+ to *inf.*) *разг.*

**стара́тель** *м.* (*на золотых приисках*) (gold) prospéctor, góld-dìgger.

**стара́тельн||о** *нареч. разг.* with àpplicátion, with àssidúity, stúdious¦ly, assíduous¦ly; (*с усердием*) with díligence, díligently, zéalous¦ly ['ze-]. **~ость** *ж.* àpplicátion; àssidúity; (*усердие*) díligence, páinstàking¦ness [-nz-]. **~ый** assíduous; (*усердный*) díligent, páinstàking [-nz-].

**стара́ться,** постара́ться endéavour [-'de-]; (*пытаться*) try; seek*; ~ изо всех сил *разг.* ≅ do one's útmòst [...-mou-]; try / do one's best; ~ впусту́ю waste one's éfforts [weɪst...]; ≅ mill the wind [...wɪ-] *идиом.*, beat* the air *идиом.*; постара́йтесь (+ *инф.*) see if you can

+ *inf.*); ~ вы́играть вре́мя try to gain time, *или* témporize; play for time *идиом. разг.*

**старе́йшина** *м.* élder.

**старе́ние** *с.* áging.

**старе́ть,** постаре́ть grow* old [-ou...], age; advánce in age / years; постаре́ть на де́сять лет put* on ten years.

**ста́рец** *м.* old man*, áged man*; élder.

**стари́к** *м.* old man*. **~а́шка** *м.* (little) old féllow. **~о́вский** sénile ['si:-].

**старин||а́** I *ж. тк. ед.* **1.** (*о времени*) ólden times *pl.*; àntíquity; (*о стиле*) áncientry ['eɪn-]; в ~у́ in ólden times, fórmerly; in the ólden days; **2.** (*старинные вещи*) àntíquities *pl.*, àntíque(s) [-i:k(s)] (*pl.*); люби́тель ~ы́ lóver of the àntíque ['lʌ-...].

**старина́** II *м. разг.* (*обращение*) old man / boy / chap / féllow.

**стари́нк||а** *ж.*: по ~е in / áfter the old way / fáshion / mánner.

**стари́нн||ый** (*древний*) áncient ['eɪn-], àntíque [-i:k], old; (*давнишний*) old; (*старомодный*) óld-fáshioned; ~ за́мок áncient castle; ~ая ме́бель àntíque fúrniture; ~ друг old friend [...frend]; ~ обы́чай tíme-hònoured cústom [-ɔnəd...]; ~ ме́тод old méthod.

**ста́ри||ть,** соста́рить (*вн.*) make* old (*d.*), make* (*d.*) look old, age (*d.*); э́та шля́па ~т её this hat makes her look ólder (than she is); го́ре соста́рило его́ преждевре́менно sórrow has aged him prèmatúre¦ly. **~ться,** соста́риться get* / grow* old [...-ou...], age.

**стар||ичо́к** *м.* little old man*. **~ова́тый** óldish.

**старове́р** *м.* (*старообрядец*) óld-believer [-li:-].

**старода́вний** áncient ['eɪn-].

**старожи́л** *м.* old résident [...-zɪ-]; óld-timer *амер.*

**старомо́дн||ость** *ж.* óutmóded¦ness, óld-fáshionedness. **~ый** óutmóded, óld-fáshioned, out of fáshion; ~ый челове́к óld-fáshioned pérson.

**старообра́зный** óld-lóoking.

**старообря́дец** *м.* óld-believer [-li:-].

**старопеча́тн||ый** *ист.*: ~ые кни́ги books públished in Rússia before the 18th céntury [...'pʌ-... -ʃə-...].

**старосве́тский** *уст.* óld-fáshioned, óut-of-dáte; óld-tìme (*attr.*), óld-wòrld (*attr.*).

**старославя́нский** *лингв.* Old Slav [...slɑ:v], Old Slávic; ~ язы́к The Old Slav / Slávic lánguage.

**ста́роста** *м.* **1.** *ист.* (*сельский*) stárosta, víllage élder / héad¦man* [...'hed-]; **2.** (*группы, курса и т. п.*) mónitor.

**ста́рост||ь** *ж.* old age; на ~и лет, под ~ in one's old age; умере́ть в глубо́кой ~и die at a great / ripe age [...greɪt...]; дожи́ть до глубо́кой ~и live to a vénerable age [lɪv...], live to be very old.

**старт** *м.* start; дава́ть ~ start; на ~! *спорт.* on your marks!

**ста́ртер** I *м. тех.* stárter.

**ста́ртер** II *м. спорт.* stárter.

**стартова́ть** *несов. и сов.* start.

**ста́ртовый** stárting.

**стару́||ха** *ж.* old wóman* [...'wu-]. **~шечий** óld-wómanish [-'wu-]; of an old wóman [...'wu-]; ánile ['eɪn-] *книжн.* **~шка** *ж.* (little) old lády, old wóman* [...'wu-], old dame.

**ста́рческий** sénile ['si:-].

**старшекла́ссник** *м.* sénior púpil.

**старшеку́рсник** *м.* sénior stúdent.

**ста́рш||ий** **1.** *прил.* (*по годам*) élder; (*из всех*) óldest, éldest, sénior; ~ брат élder bróther [...'brʌ-]; ~ сын éldest son [...sʌn]; в ~их кла́ссах (*школы*) in the sénior clásses, in the úpper grades; **2.** *прил.* (*по положению*) sénior; ~ врач head physícian [hed -'zɪ-]; **3.** *м. как сущ.* chief [tʃi:f]; *воен.* (*начальник*) man* in charge; кто здесь ~? who is in charge here?; **4.** *мн. как сущ.* (*взрослые*) élders; уважа́ть ~их respéct one's élders.

**старшина́** *м.* **1.** fóre¦man*; **2.** *воен.* sérgeant-májor ['sɑ:dʒənt-]; máster sérgeant [...'sɑ:dʒənt] *амер.*; *мор.* pétty ófficer; ◇ ~ дипломати́ческого ко́рпуса dean / dóyen of the diplomátic corps [...'dwaɪɛ̃:ŋ... kɔ:].

**старшинств||о́** *с.* sèniórity; по ~у́ by sèniórity, by right of sèniórity.

**ста́р||ый** **1.** *прил.* (*в разн. знач.*) old; Ста́рый свет the Old World; ~ стиль old style (*Julian calendar*); по ~ой па́мяти ≅ for old times' sake; (*по привычке*) by force of hábit; ~ друг лу́чше но́вых двух *посл.* an old friend is worth two new ones [...frend...]; **2.** *прил.* (*древний*) áncient ['eɪn-]; **3.** *с. как сущ.* past; принима́ться за ~ое fall* back into one's old ways; кто ~ое помя́нет, тому́ глаз вон *посл.* ≅ let bý¦gònes be bý¦gònes [...-gɔ-...]; **4.** *мн. как сущ.* (*старики*) the old; ~ые и ма́лые the young and the old [...jʌŋ...]; ◇ ~ая де́ва old maid, spínster.

**старьё** *с. тк. ед. собир. разг.* old things / clothes [...klou-] *pl.*, old stuff; old junk *амер.*

**старьёвщ||ик** *м.* óld-clòthes man* [-klou-...]; júnk¦man* *амер.* **~ица** *ж.* óld-clòthes wóman* [-klou- 'wu-].

**ста́скивать,** стащи́ть (*вн.*) drag / pull off / down [...pul...] (*d.*).

**стасова́ть** *сов. см.* тасова́ть.

**ста́тика** *ж.* státics.

**стати́ст** *м. театр.* súper, éxtra.

**стати́ст||ик** *м.* stàtistícian. **~ика** *ж.* statístics *pl.*; ~ика рожда́емости и сме́ртности vítal statístics. **~и́ческий** statístic(al); ~и́ческие да́нные statístic dáta; Центра́льное ~и́ческое управле́ние Céntral Statístical Board.

**стати́стка** *ж. театр.* súper, éxtra.

**стати́ч||еский** státic(al). **~ность** *ж.* státical cháracter [...'kæ-].

**ста́тн||ость** *ж.* státe¦liness. **~ый** státe¦ly.

**ста́тор** *м. эл.* státor.

**статс-да́ма** *ж. ист.* lády-in-wáiting.

**ста́тский:** ~ сове́тник *ист.* cóuncillor of State (*rank in civil service in tsarist Russia*).

**статс-секрета́рь** *м. ист.* Sécretary of State.

**ста́тус-кво́** *м. нескл.* státus quo.

**стату́т** *м. юр.* státùte.

**статуэ́тка** *ж.* stàtuétte, fígurìne [-ri:n].

**ста́туя** *ж.* státue.

**ста||ть** I *сов.* (+ *инф.*; *начать*) begín* (+ to *inf.*); come* (+ to *pass. inf.*); он ~л чита́ть, писа́ть he begán to read, to write; вопро́с ~л рассма́триваться the quéstion came to be considered [...-stʃən...-'sɪ-]; он ~л задумываться he fell to bróoding / móping; он ~л пить he took to drink; ◇ я бы не ~л тебя беспокоить, если бы не I wouldn't have distúrbed you but for.

**стать** II, III *сов. см.* становиться I, II.

**стат||ь** IV *ж. разг.*: с какой ~и why should I, he, we, *etc.*: с какой ~и он будет это делать? why should he do it?; быть под ~ (*дт.*) be a match (for); она ему под ~ she is a match for him, they are well matched; ему не под ~ так себя вести it does not become him to beháve like this.

**статься** *чаще безл.* become*; (*приключиться*) háppen: что с ним сталось? what has become of him?; может ~, что it may háppen that; (вполне) может ~ it is (quite) póssible / próbable.

**статья** *ж.* **1.** árticle; передовая ~ léading árticle, léader, èditórial; **2.** (*счёта*) ítem; (*документа*) clause; приходная ~ crédit ítem; **3.** (*особенность фигуры, тела*; *чаще о животных*) point; ◇ это особая ~ that is another mátter.

**стафилококк** *м. бакт.* stàphylocóccus (*pl.* -cócci).

**стационар** *м.* hóspital. **~ный** **1.** (*не изменяющийся*) státionary; **2.**: ~ный больной ín-pàtient, hóspital pátient.

**стационер** *м. мор.* státion ship.

**стачать** *сов. см.* тачать.

**стачечн||ик** *м.* striker. **~ый** strike (*attr.*); ~ый комитет strike commíttee [...-tɪ].

**стачивать,** сточить (*вн.*) grind* off (*d.*). **~ся,** сточиться **1.** grind* off; **2.** *страд. к* стачивать.

**стачк||а** I *ж.* (*забастовка*) strike; всеобщая ~ géneral strike; политическая ~ polítical strike; экономическая ~ èconómic strike [i:k-...]; устраивать ~у strike*, go* on strike, come* out; руководить ~ой condúct *a* strike; свобода стачек fréedom to strike; разгонять ~у disrúpt *a* strike; ~ распространилась (на *вн.*), ~ охватила (*вн.*) the strike móve:ment has spread [...mu:-... spred] (to/óver).

**стачк||а** II *ж. разг.* (*сговор*): войти в ~у (с *тв.*) come* to terms (with).

**стащить** *сов.* **1.** *см.* стаскивать; **2.** (*вн.*) *разг.* (*украсть*) filch (*d.*); swipe (*d.*) *амер.*

**стая** *ж.* (*о птицах*) flock, flight; (*о рыбах*) run, school, shoal; (*о собаках, волках*) pack.

**стаять** *сов. см.* стаивать.

**ствол** *м.* **1.** (*дерева*) trunk, stem, bole; **2.** (*оружия*) bárrel; (*орудийный тж.*) gun tube. **~овой** *м. скл. как прил. горн.* háng:er-ón (*pl.* háng:ers-) (*miner*).

**створ** *м.* range [reɪ-], alignment [ə'laɪn-]; приводить в ~ bring* in range.

**створка** *ж.* leaf*, fold.

**створожить** *сов.* (*вн.*) curdle (*d.*). **~ся** *сов.* curdle.

**створчатый** fólding.

**стеарин** *м.* stéarin ['stɪə-]; steáric ácid [stɪ'æ-...]. **~овый** stéarin ['stɪə-] (*attr.*): ~овый завод stéarin works; ~овая свеча stéarin candle.

**стебель** *м.* stem, stalk. **~ный** *бот.* cauléscent.

**стебельчатый:** ~ шов féather stitch ['fe-...].

**стёган||ый** quilted; ~ое одеяло quilt.

**стегать** I, выстегать (*вн.*; *об одеяле и т. п.*) quilt (*d.*).

**стегать** II, отстегать, стегнуть (*вн.*; *хлестать*) whip (*d.*), lash (*d.*).

**стегнуть** *сов. см.* стегать II.

**стежок** *м.* stitch.

**стезя** *ж.* path*, way.

**стек** [стэк] *м.* ríding-cròp.

**стекать,** стечь flow (down) [-ou...], stream down; (*каплями, струйками*) trickle down. **~ся,** стечься (*о потоках*) flow togéther [-ou -'ge-]; (*о людях*) gáther, throng.

**стекленеть,** остекленеть (*о глазах*) become* glássy / dull.

**стекло** *с.* glass; *собир.* the glass; оконное ~ wíndow-pàne; (*стекло для окон*) window-glàss; зеркальное ~ pláte-glàss; зелёное ~ gréen-glàss; ламповое ~ lámp-chìmney; увеличительное ~ mágnifỳing glass / lens [...-nz], mágnifier; часовое ~ wátch-glàss, wátch-crýstal; стёкла (*очков*) lénses, glásses; переднее ~ (*автомобиля*) wínd-screen ['wɪ-]. **~видный** **1.** glássy; **2.** *анат.* hýaline, hýaloid; ~видное тело hýaloid (mémbràne).

**стеклодув** *м.* gláss-blower [-ouə].

**стеклоплавильный:** ~ завод gláss-foundry, gláss-wòrks.

**стеклянн||ый** glass (*attr.*); ~ая дверь glass door [...dɔ:]; ~ые изделия, ~ товар gláss-wàre, gláss-wòrk; ~ая бумага gláss-pàper.

**стеклярус** *м. собир.* bugles *pl.*

**стекольн||ый** glass (*attr.*); vítreous; ~ завод gláss-wòrks, gláss-fáctory; ~ная промышленность glass índustry. **~щик** *м.* glázier, gláss-cùtter.

**стелить(ся)** = стлать(ся).

**стеллаж** *м.* shelves *pl.*

**стелька** *ж.* ínsòle, ínner sole, sock; ◇ пьян как ~ *разг.* ≅ drunk as a cóbbler.

**стельная:** ~ корова cow with calf.

**стемнеть** *сов. см.* темнеть II.

**стен||а** *ж.* wall; капитальная ~ main wall; голые стены bare walls; обносить ~ой (*вн.*) wall in (*d.*); жить ~ в стену с кем-л. be close néighbours with smb. [...klous...]; ◇ припереть кого-л. к ~е ≅ drive* smb. into a córner, bring* smb. to bay; быть припёртым к ~е be dríven into a córner [...'drɪ-...], be at bay; в четырёх ~ах within four walls [...fɔ:...]; в ~ах университета within the précincts of the ùnivérsity [... 'pri:-...]; у стен Москвы at the walls of Móscow; лезть на ~у ≅ be beside one's self; у стен есть уши walls have ears.

**стена||ние** *с. уст.* gróan(ing), móan(ing). **~ть** *уст.* groan, moan.

**стенгазета** *ж.* (стенная газета) wall néwspàper.

**стенд** [стэ-] *м.* stand.

**стенка** *ж.* **1.** wall; гимнастическая ~ wáll-bàrs *pl.*, ríb-stàlls *pl.*; **2.** (*сосуда и т. п.*) side, wall; **3.** *мор.* séa-wáll.

**стенн||ой** wall (*attr.*), múral; ~ая живопись múral páinting; ~ая газета wall néwspàper; ~ые часы clock *sg.*; ~ шкаф wáll-cùpboard [-kʌbəd].

**стенобитный** *ист.* báttering; ~ таран báttering-ràm.

**стенограмма** *ж.* shórt:hànd récòrd / repórt [...'re-...], vèrbátim repórt [-'beɪ-...].

**стенóграф** *м.* stènógrapher. **~úровать** *несов. и сов.* (*вн.*) take* down in shórt¦hànd (*d.*). **~úст** *м.*, **~úстка** *ж.* stènógrapher, stènógraphist. **~úческий** stènográphic(al); shórt¦hànd (*attr.*).

**стеногрáфия** *ж.* stènógraphy, shórt¦hànd.

**стенóз** *м. мед.* stenósis.

**стенокардúя** *ж. мед.* stènocárdia.

**стéнопись** *ж. тк. ед.* múral páinting.

**стéньга** *ж. мор.* tópmàst.

**степéнн||о** *нареч.* gráve¦ly; выступáть ~ advánce with méasured steps [...'me-...]. **~ость** *ж.* stáidness, sedáte¦ness. **~ый** staid, sedáte.

**стéпен||ь** *ж.* **1.** degrée, extént; в дóлжной ~и to the right degrée, sufficiently; не в мáлой ~и to (a) no(t) in¦considerable degrée; to no small degrée; в ещё бóльшей ~и to an éven gréater degrée [...-eɪtə ...]; до послéдней ~и to the last degrée / extént; до нéкоторой, до извéстной ~и to some extént, to a cértain extént / degrée; до какóй ~и? to what extént?; до такóй ~и to such an extént, to such a degrée; до такóй ~и совершéнства to such a degrée of perféction; **2.** *грам.*: ~и сравнéния degrées of compárison; положúтельная, сравнúтельная, превосхóдная ~ pósitive, compárative, supérlative degrée [-zɪ-...]; **3.** *мат.* pówer; возводúть во вторýю, трéтью ~ raise to the sécond, third pówer [...'se-...]; **4.** (*учёная*) degrée; ~ дóктора dóctorate, dóctor's degrée; ~ кандидáта наýк cándidate's degrée; присуждáть учёную ~ (*дт.*) confér a degrée (on); awárd / grant a degrée [...-ɑːnt...] (*d.*); ◇ пéрвой, вторóй ~и (*об ордене*) First, Sécond Class.

**степнóй** *прил. к* степь.

**степь** *ж.* steppe [step].

**стервя́тник** *м. зоол.* cárrion vúlture / búzzard; cárrion-éagle.

**стерео||грáфия** *ж.* stèreógraphy. **~дальномéр** *м. воен.* stèreoscópic ránge-finder [...'reɪ-].

**стереокинó** *с. нескл.* **1.** stèreoscópic cínema; **2.** (*кинотеатр*) stèreoscópic cínema théatre [...'θɪə-].

**стерео||метрúческий** stèreométric(al). **~мéтрия** *ж.* stèreómetry, sólid geómetry.

**стереоскóп** *м.* stéreoscòpe. **~úческий** stèreoscópic; ~úческий фильм stèreoscópic / thrée-dimension film.

**стереотúп** *м. полигр.* stéreotỳpe. **~úровать** *несов. и сов.* (*вн.*) *полигр.* stéreotỳpe (*d.*). **~ия** *ж. полигр.* stéreotỳpe. **~ный** *полигр.* (*тж. перен.*) stéreotỳpe (*attr.*); (*тк. перен.*) stéreotỳped; ~ное издáние stéreotỳpe edítion; ~ная фрáза stock phrase.

**стереотрубá** *ж. воен.* stèreoscópic téleѕcòpe; báttery commánder's télescòpe [...-ɑːn-...] *амер.*

**стереофонúческий** stèreophónic.

**стереохúмия** *ж.* stèreochémistry [-'ke-].

**стерéть** *сов. см.* стирáть I. **~ся** *сов. см.* стирáться I.

**стерéчь** (*вн.*) **1.** (*охранять, караулить*) guard (*d.*), watch (óver); **2.** (*подстерегать*) watch (for).

**стéрж||ень** *м.* **1.** *тех.* (*тж. перен.*) pívot ['pɪ-]; **2.** *мед.* (*нарыва*) core. **~невóй** (*прям. и перен.*) pívotal; ~невáя антéнна áerial rod ['ɛə-...].

**стерилиз||áтор** *м.* stérilizer, stérilizing machíne [...-'ʃiːn]. **~áция** *ж.* stèrilizátion [-laɪ-]. **~овáть** *несов. и сов.* (*вн.*) stérilize (*d.*).

**стерúльн||ость** *ж.* stèrílity. **~ый** stérile.

**стéрлинг** *м.* stérling; фунт ~ов pound stérling. **~овый** stérling (*attr.*); ~овая зóна *эк.* stérling área [...'ɛərɪə].

**стéрлядь** *ж.* stérlet.

**стерля́жий** stérlet (*attr.*).

**стерпéть** *сов.* (*вн.*) bear* [bɛə] (*d.*), endúre (*d.*).

**стёртый** *прич. и прил.* effáced, oblíterated.

**стеснéни||е** *с.* **1.** constráint; ~ в срéдствах stráitened círcumstances *pl.*; причиня́ть ~я cause constráint; ~ в грудú dífficulty in bréathing; **2.** (*неловкость*) ùn¦éasiness [-zɪ-]; без ~я without céremony; пожáлуйста без ~й! don't stand on céremony!

**стеснённ||ый** **1.** *прич. см.* стесня́ть; **2.** *прил.* stráitened; быть в ~ых обстоя́тельствах, быть ~ым в деньгáх be in stráitened / redúced / strained círcumstances; be hard up *разг.*

**стеснúтельн||ость** *ж.* **1.** (*застенчивость*) shýness, díffidence; излúшняя ~ néedless, *или* ùn¦cálled for, shýness / délicacy; **2.** (*неудобство*) in¦convénience. **~ый** **1.** (*застенчивый*) shy, díffident; **2.** (*неудобный*) in¦convénient.

**стеснúть** *сов. см.* стесня́ть 1 *и* теснúть II. **~ся** *сов. см.* стесня́ться II.

**стесня́ть,** стеснúть (*вн.*) **1.** (*затруднять, ограничивать*) put* / lay* restráint (on), hínder ['hɪ-] (*d.*), hámper (*d.*); ~ движéния hínder móve¦ments [...'muː-]; ваш приéзд не стеснúт нас your cóming will not hámper us in any way; **2.** *тк. несов.* (*смущать*) embárrass (*d.*).

**стесня́ться** I, постесня́ться **1.** *тк. несов.* (*смущаться*) feel* shy; (когó-л.) feel* shy (befóre smb.); (чегó-л.) be ashámed (of smth.); не стесня́йтесь! don't stand on céremony!; **2.** (+ *инф.*) be ashámed (+ to *inf.*); он стесня́ется сказáть вам he is ashámed to tell you; ◇ не ~ в срéдствах not scrúple, not be fàstídious in one's choice of means, not have many scrúples, be fáirly ùnscrúpulous.

**стесня́ться** II, стеснúться **1.** (*сдвигаться*) crowd (togéther) [...-'ge-]; (*ограничивать себя*) restríct òne¦sélf; все стеснúлись у двéри all crówded at the door [...dɔː]; нáдо стеснúться на нéкоторое врéмя we'll have to put up with bé¦ing crówded for a time; **2.** *страд. к* стесня́ть.

**стетоскóп** [стэ-] *м. мед.* stéthoscòpe.

**стечéни||е** *с.* cónfluence; ~ нарóда cóncourse [-kɔːs]; ◇ ~ обстоя́тельств còincidence; con¦cúrrence of círcumstances; при такóм ~и обстоя́тельств in such a contíngency.

**стéчь(ся)** *сов. см.* стекáть(ся).

**стúбрить** *сов.* (*вн.*) *разг.* pinch (*d.*).

**стилéт** *м.* stiléttò, stýlet.

**стилизá||тор** *м.* stýlist ['staɪ-]. **~ция** *ж.* stỳlizátion [staɪ-].

**стилизóванный** *прич. и прил.* stýlized ['staɪ-].

**стил||изовáть** *несов. и сов.* (*вн.*) stýlize ['staɪ-] (*d.*). **~úст** *м.* stýlist ['staɪ-]. **~úстика** *ж.* **1.** the scíence of style; **2.** (*писателя, произведения*) style.

**стилисти́ческий** stȳlístic [staɪ-]; ~ приём stȳlístic devíce.

**стиль** *м.* **1.** style; возвы́шенный ~ élevàt-ed style, grand style; **2.** (*о календаре*): но́вый ~ new style (*Gregorian calendar*); ста́рый ~ old style (*Julian calendar*). **~ный** stȳlish ['staɪ-]; быть ~ным be stȳlish; ~ная ме́бель périod fúrniture.

**сти́мул** *м.* stímulus (*pl.* -li), incéntive. **~и́рование** *с.* stìmulátion. **~и́ровать** *несов. и сов.* (*вн.*) stímulàte (*d.*).

**стипендиа́т** *м.* gránt-aided stúdent / ùnder-gráduate [-ɑːnt-...].

**стипе́ндия** *ж.* (stúdent) allówance, grant [-ɑːnt], schólarship.

**стира́льн||ый** wáshing; ~ая маши́на wáshing machíne [...-'ʃiːn]; ~ порошо́к wáshing sóda.

**стира́ть** I, стере́ть (*вн.*) **1.** wipe (off) (*d.*); clean (*d.*); (*о написанном*) erásе (*d.*), blot out (*d.*), rub out (*d.*); ~ пыль dust; ~ пот с лица́ mop the sweat from one's brow [...swet...], mop one's face; **2.** (*о ссадине*) rub sore (*d.*); ◇ стере́ть с лица́ земли́ raze (to the ground) (*d.*), wipe out (*d.*), effáce (*d.*); (кого́-л.) wipe off the earth [...əːθ] (smb.); стере́ть в порошо́к grind* to dust (*d.*).

**стира́ть** II, вы́стирать (*вн.*) wash (*d.*), láunder (*d.*).

**стира́ться** I, стере́ться **1.** (*исчезать*) be oblíteràted / effáced; (*о ворсе и т. п.*) rub a¦wáy; на́дпись стёрлась от вре́мени the inscríption has become oblíteràted by age; стере́ться в па́мяти drop out of mémory; **2.** *страд. к* стира́ть I.

**стира́||ться** II **1.** wash; э́та мате́рия хорошо́ ~ется this matérial wáshes well*; **2.** *страд. к* стира́ть II.

**сти́рк||а** *ж.* wásh(ing), láundering; отдава́ть в ~у (*вн.*) send* to be láundered / washed (*d.*); (*в прачечную*) send* to the láundry (*d.*).

**сти́с||кивать,** сти́снуть (*вн.*) squeeze (*d.*); ~ в объя́тиях hug (*d.*); ~ зу́бы clench one's teeth. **~нуть** *сов. см.* сти́скивать.

**стих** I *м. лит.* **1.** verse; (*строчка стихотворения тж.*) line; бе́лый ~ blank verse; во́льный ~ free verse; разме́р ~а́ metre; владе́ть ~о́м write* good verse; **2.** *мн.* vérses; póetry *sg.*; писа́ть ~и́ write* póetry.

**стих** II *м. нескл. разг.* (*настроение*) mood; на него́ ~ нашёл ≅ he is, he was in a queer mood.

**стиха́ть,** сти́хнуть calm down [kɑːm...], subside, quiet down; (*о раскатах грома и т. п.*) die down; (*о стихии тж.*) abáte; (*о ветре тж.*) fall*.

**стихи́йн||о** *нареч.* (*самопроизвольно*) spòntáneous¦ly. **~ость** *ж.* spòntanéity [-'niːɪ-]. **~ый** èleméntal; (*самопроизвольный*) spòntáneous; ~ое бе́дствие nátural calámity; ~ая си́ла èleméntal / primórdial force [...praɪ-...]; ~ое движе́ние spòntáneous móve¦ment [...'muːv-].

**стихи́||я** *ж.* élement; покори́ть ~ю subdúe the élements; ◇ быть в свое́й ~и be in one's élement.

**сти́хнуть** *сов. см.* стиха́ть.

**стихоплёт** *м. разг.* rhȳmer, rhȳmester ['raɪmstə]; vérsifier.

**стихосложе́ние** *с.* vèrsificátion; (*как наука*) prósody.

**стихо||творе́ние** *с.* póem; (*короткое*) rhyme. **~тво́рец** *м. уст.* póet. **~тво́рный** wrítten / expréssed in verse; ~тво́рный разме́р metre; ~тво́рная речь póetry.

**стишо́к** *м. разг.* rhyme, rime, verse.

**стлать** [сл-] (*вн.*) spread* [-ed] (*d.*); ~ ска́терть lay* the cloth; ~ посте́ль make* *the* bed. **~ся** [сл-] **1.** spread* [-ed]; (*о тумане и т. п.*) float, drift; ~ся по земле́ (*о растениях*) creep*; дым сте́лется по́низу the smoke hangs low [...lou]; **2.** *страд. к* стлать.

**сто** *числит.* húndred.

**сто-** (*в сложн. словах, не приведённых особо*) of a húndred *или* húndred- — *соотв. тому, как даётся перевод второй части слова; напр.* стодне́вный of a húndred days, húndred-day (*attr.*) (*ср.* -дне́вный; of... days, -day *attr.*); стоме́стный with berths, seats for 100; (*об автобусе и т. п.*) húndred-séater (*attr.*) (*ср.* -ме́стный).

**стог** *м.* stack; ~ се́на háystàck, háyrick.

**стогова́ние** *с.*: ~ се́на háy-stàcking.

**стогомета́тель** *м. с.-х.* háy-stàcker.

**стогра́дусный** céntigràde; ~ термо́метр céntigràde thermómeter.

**сто́ик** *м.* stóic ['stouɪk].

**сто́имость** *ж.* cost; *эк.* válue; менова́я ~ *эк.* exchánge válue [-'tʃeɪ-...]; приба́вочная ~ *эк.* súrplus válue; потреби́тельная ~ *эк.* use válue [-s...]; ~ произво́дства cost of prodúction; ~ рабо́чей си́лы cost of lábour; номина́льная ~ fáce-vàlue; ~ электроэне́ргии elèctrícity chárges *pl.*; ~ перево́зки cárriage [-rɪdʒ]; о́бщей ~ю в сто рубле́й to a tótal válue of a húndred roubles [...ruː-].

**сто́и||ть** **1.** (*о денежной стоимости; тж. перен.*) cost*; ничего́ не ~ cost* nóthing; (*перен.*) be wórthless, be no good; э́то ~ло ему́ большо́го труда́, больши́х уси́лий this cost him much tróuble, much éffort [...trʌ-...]; он ~т семеры́х *разг.* ≅ he is worth a dózen / húndred such [...'dʌ-...]; **2.** (*заслуживать*) desérve [-'zəːv]; он ~т э́той же́ртвы he is worth this sácrifice; **3.** *безл.* be worth; ~т прочесть э́то it is (well) worth réading; ◇ не ~т (благода́рности) don't méntion it; не ~т того́ it is not worth while; ему́ ~т то́лько (+ *инф.*) he has ónly (+ to *inf.*); ему́ ничего́ не ~т оби́деть челове́ка he thinks nóthing of húrting a man's / pérson's féelings; ~т то́лько заколеба́ться, и вы пропа́ли once you hésitàte you are lost [wʌns...-zɪ-...].

**стоици́зм** *м.* stóicism ['stouɪ-].

**стои́ческий** stóic ['stouɪk]; (*перен.*) stóic(al) ['stouɪ-].

**сто́йбище** *с. этн.* camp of nómads [...'nɔmədz].

**сто́йк||а** *ж.* **1.** (*в буфете и т. п.*) bar, cóunter; **2.** *тех.* post [pou-], pole; (*подпорка*) úp¦right, stánchion [-ɑːn-]; **3.** *охот.* set; де́лать ~у point, come* to a point; **4.** *спорт.* hánd-stànd.

**сто́йк||ий** **1.** stéadfast [-ed-], stéady ['ste-], staunch, stanch [-ɑːntʃ], stable; ~ боре́ц за де́ло ми́ра staunch chámpion of, *или* fíghter for, peace; **2.** *хим., физ.* stable; (*об отравляющих веществах*) persístent; ~ газ stable gas; ~ое равнове́сие stable èquilíbrium [...iː-]. **~ость** *ж.* **1.** stéadfastness [-ed-], stáunchness, stáble¦ness; проявить ~ость displáy fórtitùde / detèrminátion; 2. *хим.* stabílity.

**стóйло** *с.* stall. **~вый:** ~вое содержáние скотá índoor máintenance of cattle [-dɔː...]; ~во-лáгерное содержáние скотá stáll-càmp sýstem of maintáining cattle.

**стоймя́** *нареч.* úp¦right.

**сток** *м.* 1. (*действие*) flow [-ou], flówing [-ou-], dráinage; 2. (*место или устройство*) drain, chánnel, gútter; (*сточная труба*) séwer.

**стóкер** *м. тех.* stóker.

**стокрáт** *нареч. уст.* a húndred times, húndredfòld. **~ный** húndredfòld, céntuple.

**стол** *м.* 1. table; пи́сьменный ~ wríting--tàble, desk; (*с выдвижными ящиками тж.*) buréau [-'rou]; за ~óм at table; сади́ться за ~ sit* down to table; накрывáть (на) ~ lay* the table; убирáть со ~á clear the table; 2. (*о питании*) board; (*кухня*) cóoking, cuisine [kwɪ'ziːn]; ~ и квартира board and lódging; домáшний ~ plain cóoking; диети́ческий ~ ínvalid dietary / cóokery [-liːd...]; 3. (*отдел в учреждении*) depártment, séction; ~ закá-зов órder depártment; áдресный ~ addréss buréau; ли́чный ~ pèrsonnél óffice.

**столб** *м.* post [poust], pole, píllar; (*воды, воздуха и т. п.*) cólumn; верстовóй ~ ≅ míle¦stòne; километрóвый ~ (*на ж.-д. и т. п.*) kilomètre post; телеграфный ~ télegràph--pòle; télegràph-pòst [-poust]; пограни́чный ~ frόntier post ['frʌ-...]; позвонóчный ~ *анат.* spine, báckbòne, spínal / vértebral cólumn; ◇ позóрный ~ píllory; стáвить к позóрному ~ý (*вн.*) put* in the píllory (*d.*), píllory (*d.*).

**столбéц** *м.* cólumn; газéтный ~ néwspà-per cólumn.

**стóлбик** *м.* 1. *уменьш. от* столб; **~ ртýти** mércury (cólumn); 2. *бот.* style.

**столбня́к** *м. мед.* tétanus; (*перен.*) stúpor; на негó ~ нашёл he is stunned.

**столбов||óй:** ~áя дорóга high road.

**столéт||ие** *с.* 1. céntury; 2. (*годовщина*) cènténary [-'tiː-], cènténnial. **~ний** cènténary [-'tiː-], cènténnial, cèntenárian.

**столéтник** *м. бот.* agáve [-vɪ].

**столи́||ца** *ж.* cápital, metrópolis. **~чный** cápital (*attr.*), mètropólitan; ~чный гóрод cáp-ital (cíty) [...'sɪ-]; ~чный жи́тель mètropóli-tan.

**столк||новéние** *с.* collísion; (*перен. тж.*) clash: ~ поездóв collísion of trains; ~ интерéсов clash of ínterests; collísion; приходи́ть в ~ come* into collísion; — вооружённое ~ armed cónflict; (*стычка*) skírmish, pássage of arms. **~нýть(ся)** *сов. см.* стáлкивать(ся).

**столковáться** *сов.* (*с тв.* о *пр.*) *разг.* come* to an agréement (with abóut).

**столовáться** board; mess; ~ у когó-л. board with smb.

**столóв||ая** *ж. скл. как прил.* 1. (*о комнате*) díning-room; (*в учебном заведении и т. п.*) díning-hàll; (*в армии, флоте*) mess (-room); 2. (*заведение*) díning-room(s) (*pl.*). **~ый** table (*attr.*); ~ая лóжка táble-spoon; ~ое винó table wine; ~ая соль táble-sàlt; ~ый прибóр cóver ['kʌ-]; ~ое серебрó *собир.* sílver (plate); ~ое бельё táble-linen [-lɪ-]; ◇ ~ая горá *геогр.* mésa ['meɪsə].

**столóчь** *сов.* (*вн.*) pound (*d.*), grind* (*d.*); ~ сáхар с кори́цей pound súgar togéther with cínnamon [...'ʃu- -'ge-...].

**столп** *м.* píllar; ~ы́ óбщества píllars of socíety; ~ы́ наýки píllars of scíence.

**столпи́ться** *сов.* crowd.

**столпотворéние** *с.*: вавилóнское ~ bábel.

**столь** *нареч.* so: ~ мáло (*с сущ. в ед. ч.*) so líttle; (*с сущ. во мн. ч.*) so few; ~ мнóго (*с сущ. в ед. ч.*) so much; (*с сущ. во мн. ч.*) so many; ~ вáжный вопрóс so impórtant a quéstion [...-stʃən]; — э́то не ~ вáжно this is of no partícular impórtance.

**стóлько** 1. (*о количестве и числе*) (*с сущ. в ед. ч.*) so much; (*с сущ. во мн. ч.*) so many: ~ врéмени so much time; ~ книг so many books; — ~ (же) скóлько as much as; as many as; ещё ~ же as much agáin; as many agáin; ~-то so much; so many; 2. *как нареч.*: не ~ ... скóлько not so much... as; ráther than ['rɑː-...] (*с обратной последовательностью*); он не ~ устáл, скóлько гóлоден he is hún-gry ráther than tired.

**столя́р** *м.* jóiner. **~ничать** (*о профессионале*) be a jóiner; (*о любителе*) do a jóiner's work. **~ный** jóiner's; ~ная мастерскáя jóiner's shop; ~ное ремеслó, ~ное дéло jóinery, jóiner's work; ~ный станóк jóiner's bench; ~ный клей jóiner's glue.

**стомати́т** *м. мед.* stòmatítis.

**стомато||лóгия** *ж.* stòmatólogy. **~скóп** *м.* stomátoscòpe.

**стон** *м.* moan, groan.

**стонáть** moan, groan; (*перен.: страдать*) súffer, lánguish.

**стоп** stop.

**стоп||á** I *ж.* 1. (*нога*) foot* [fut]; направ-ля́ть свой ~ы́ diréct / bend* one's steps; идти́ по чьим-л. ~áм fóllow in smb.'s fóot-stèps [...'fut-]; идти́ по ~áм отцá fóllow in one's fáther's fóotstèps [...'fɑː-...]; 2. *лит.* foot*; метри́ческая ~ métric foot*; тони́ческая ~ tónic foot*.

**стопá** II *ж.* (*бумаги*) ream.

**стопи́ть** *сов. см.* стáпливать.

**стóпка** *ж.* 1. (*кучка*) pile; (*монет*) rouléau [ruː'lou] (*pl.* -leaus, -leaux [-louz]); 2. (*стаканчик*) cup, small glass.

**стóпор** *м.* 1. *тех.* stop; 2. *мор.* stópper. **~ить** (*вн.*) stop (*d.*). **~ный** *тех.* stop (*attr.*); (*запирающий*) lócking; *мор.* stópper (*attr.*); ~ный клáпан stop valve; ~ный ýзел *мор.* stópper knot.

**стопроцéнтный** húndred per cent (*attr.*).

**стоптáть(ся)** *сов. см.* стáптывать(ся).

**сторговáться** *сов. см.* торговáться 1.

**стори́цей** *нареч.*: воздáть ~ (*дт.*) retúrn a húndredfòld (to); окупи́ться ~ be repáid a húndredfòld, be repáid with ínterest, be génerous¦ly repáid.

**стóрож** *м.* wátch(¦man*), guard; ночнóй ~ níght-wàtch¦man*; леснóй ~ fórest wárden ['fɔ-...]; церкóвный ~ séxton; тюрéмный ~ wárder.

**сторожев||óй** watch (*attr.*); ~áя бýдка wátch-bòx, séntry-bòx; ~ пёс wátchdòg; ~áя вы́шка wátch-tower; ~óе охранéние *воен.* óutpòsts [-pous-] *pl.*; ~ пост séntry post [...pou-]; ~ корáбль patról-ship [-oul-], patról-vèssel [-oul-].

**сторож||и́ть** (*вн.*) guard (*d.*), keep* watch (óver), watch (*d.*), be on the watch; ~ дом guard / watch *the* house* [...-s]; он ~и́т ка́ждое её движе́ние he fóllows every móve¦ment she makes, *или* her every móve¦ment [...'mu:-...]. **~и́ха** *ж. разг.* **1.** (*жена сторожа*) wátch¦man's wife*; **2.** (*женщина-сторож*) wátch¦wòman* [-wu-].

**сторо́жка** *ж.* lodge.

**сторон||а́** *ж.* **1.** (*в разн. знач.*) side: с пра́вой, ле́вой ~ы́ on the right, left side; по ту сто́рону, на той ~е́ реки́, у́лицы acróss the river, the street [...'rı-...]; пра́вая, лицева́я ~ мате́рии the right side of the matérial; ле́вая ~ мате́рии the wrong side of the matérial; лицева́я ~ до́ма façáde [-'sa:d], front [-ʌnt]; обра́тная ~ меда́ли the revérse of the médal [...'me-]; с вну́тренней ~ы́ on the ínsíde; ни с той, ни с друго́й ~ы́ on néither side [...'naı-...]; с како́й ~ы́ ве́тер? from what quárter is the wind blówing? [...wı- 'blou-]; ве́тер ду́ет с восто́чной ~ы́ the wind blows from the East [...-ouz...]; откла́дывать в сто́рону (*вн.*) put* asíde (*d.*); в сто́рону *театр.* asíde; в ~е́ asíde; оста́вив в ~е́ láying asíde; отводи́ть кого́-л. в сто́рону take* smb. asíde, *или* on one side; отскочи́ть в сто́рону jump asíde; идти́ в ра́зные сто́роны go* in dífferent diréctions, go* dífferent ways; свора́чивать в сто́рону turn asíde; уклоня́ться в сто́рону déviàte; проходи́ть ~о́й (*о туче и т. п.*) pass by; он мой ро́дственник со ~ы́ (моего́) отца́ he is my rélative on my fáther's side [...'fa:-...]; **2.** (*в споре, процессе и т. п.*) párty; *юр.* side; брать чью-л. сто́рону, станови́ться на чью-л. сто́рону take* smb.'s part / side, side with smb.; перейти́ на чью-л. сто́рону come* óver to smb.'s side; он на на́шей ~е́ he is on our side, he sides with us; Высо́кие Догова́ривающиеся Сто́роны *дип.* the High Contrácting Párties; заинтересо́ванная ~ ínterested párty; **3.** (*страна*) land, place; родна́я ~ nátive land, bírth-plàce; чужа́я ~ fóreign cóuntry ['fɔrın 'kʌ-]; **4.** (*точка зрения*) áspèct; рассма́тривать вопро́с со всех сторо́н consíder *a* quéstion in all its áspècts [-'sı-... -stʃən...]; подойти́ к вопро́су с друго́й ~ы́ look at the mátter the other way round; ◇ с чьей-л. ~ы́ on the part of smb.; с мое́й ~ы́ for my part; я со свое́й ~ы́ подде́рживаю предложе́ние for my part I suppórt the mótion; с э́той ~ы́ он споко́ен he is at ease on that score, he fears nothing from that quárter; с одно́й ~ы́... с друго́й ~ы́ on the one hand... on the other hand; э́то хорошо́, ду́рно с его́ ~ы́ it is good, wrong of him; смотре́ть со ~ы́ take* a detáched view [...vju:]; истолко́вывать что-л. в хоро́шую, дурну́ю сто́рону take* smth. in a good, bad sense; разли́чные сто́роны жи́зни várious áspècts of life; име́ть свои́ хоро́шие сто́роны have one's points; шу́тки в сто́рону jóking asíde; держа́ться в ~е́ keep* / stand* alóof; его́ де́ло ~ it does¦n't concérn him; узнава́ть что-л. ~о́й know* smth. by héarsay [nou...]; иска́ть на ~е́ (*вн.*) seek* élse¦whére (*d.*).

**сторони́ться,** посторони́ться **1.** stand* / step asíde; **2.** *тк. несов.* (*рд.*; *чуждаться*) avóid (*d.*), shun (*d.*).

**сторо́нний** *уст.* strange [-eın-], fóreign ['fɔrın]; ~ наблюда́тель detáched ón-looker.

**сторо́нни||к** *м.*, **~ца** *ж.* suppórter, adhérent, ádvocate; (*приверженец*) pàrtisán [-'zæn], hénch¦man*; ~ки ми́ра defénders / suppórters of peace.

**сто́ртинг** *м.* (*парламент в Норвегии*) stórt(h)ing.

**сторублёвка** *ж. разг.* húndred-rouble note [-ru:-...].

**стоскова́ться** *сов.* (о, по *пр.*) *разг.* pine (for).

**стоу́ст||ый:** ~ая молва́ ≅ the húndred-mouthed góddess.

**сточи́ть(ся)** *сов. см.* ста́чивать(ся).

**сто́чн||ый:** ~ая труба́ séwer; ~ые во́ды séwage *sg.*

**стошни́||ть** *сов. безл.*: его́ ~ло he vómited, he was sick.

**сто́я 1.** *дееприч. см.* стоя́ть 1; **2.** *нареч.* (*стоймя*) úp¦right: укрепи́ть столб, ба́лку ~ set* / fix *a* pole, *a* beam úp¦right.

**стоя́к** *м.* post [pou-], stánchion [-a:nʃ-]; дымово́й ~ stack, chímney; га́зовый ~ gás-pipe.

**стоя́н||ие** *с.* stánding. **~ка** *ж.* **1.** (*остановка*) stand, stop; (*судов*) móoring; (*автомобилей*) párking; ~ка запрещена́! no párking!; **2.** (*место*) stand; (*судов*) móorage [-rıdʒ]; *воен.* (*войсковой части*) státion, post [poust], stópping place; (*автомобилей*) párking área [...'ɛərıə]; ~ка такси́ táxi-stànd; я́корная ~ка ánchorage ['æŋk-].

**сто||я́ть 1.** stand*; ~ на нога́х (*прям. и перен.*) stand* on one's feet; про́чно, твёрдо ~ на нога́х (*перен.*) be fírmly estáblished; ~ на коле́нях kneel*; ~ на цы́почках stand* on típ-tóe; ~ на четвере́ньках be on all fours [...fɔ:z]; ~ и разгова́ривать, кури́ть stand* tálking, smóking; стой! (*остановись*) stop!; **2.** (*находиться*) be; (*о войсках и судах*) lie*; (*быть расположенным*) be sítuàted: таре́лка ~и́т в шкафу́ the plate is in the cúpboard [...'kʌbəd]; дом ~и́т на берегу́ реки́ the house* is sítuàted on the bank of *the* river [...haus... 'rı-]; ~ на посту́ be at one's post [...poust]; — ~ на часа́х stand* guard; ~ на стра́же be on guard; ~ на стра́же ми́ра stand* on guard of peace; ~ на ва́хте keep* watch, be on watch; ~ у руля́ be at the helm; ~ на я́коре be ánchored [...'æŋk-], lie* / ride* at ánchor [...'æŋkə]; ~ у прича́ла *мор.* lie* alóng¦síde; be docked *амер.*; ~ в о́череди stand* in a queue / line [...kju:...]; ~ на чьём-л. пути́ be in smb.'s way; (*перен. тж.*) stand* in smb.'s light; его́ и́мя ~и́т ря́дом с имена́ми... his name ranks side by side with the names of..., his name ranks with those of...; **3.** (*быть*) be: ~ на пове́стке дня be on the agénda; це́ны ~я́т высо́кие prices are high; со́лнце ~и́т высоко́ на не́бе the sun is high in the sky; ~и́т моро́з there is a frost; — ~и́т хоро́шая пого́да the wéather keeps fine [...'we-...]; ~ на у́ровне тре́бований дня come* up to the requíre¦ments of the day; **4.** (*быть неподвижным*) stop; (*о непроточной воде*) be stágnant; по́езд ~и́т де́сять мину́т the train stops ten mínutes [...-nıts]; **5.** (*находиться в бездействии*; *о* *машине, заводе и т. п.*) be at, *или* come* to, a stándstill; часы́ ~я́т the watch, the clock has stopped; рабо́та ~и́т the work has come to a stop; **6.** *уст.* (*жить*) stay, live [lɪv]; ~ в гости́нице stay / live at / in *a* hòtél; ~ (на кварти́ре) *воен.* be billeted; ~ ла́герем be en¦cámped; **7.** (за кого́-л.; *защищать*) stand* up (for smb.); (за что-л.) be (for smth.); он ~и́т за то, что́бы попыта́ться ещё раз he is for trýing once agáin [...wʌns...]; ~ горо́й за кого́-л. ≅ defénd smb. with might and main, stand* by smb. through thick and thin; ~ за де́ло ми́ра stand* for the cause of peace; **8.** (на *пр.*; *настаивать*) stand* on / up¦ón; ~ на своём (мне́нии) hold* one's own [...oun], hold* / stand* one's ground; ◇ ~ на́смерть stand* to the last man; die in the last ditch; ~ над душо́й у кого́-л. *разг.* péster / hárass / plague smb., wórry the life out of smb. ['wʌ-...]; он ~и́т пе́ред вы́бором, пе́ред ним ~и́т вы́бор he is faced with the choice; зада́чи, ~я́щие пе́ред на́ми tasks còn-frónting us [...-ʌnt-...]; ~ у вла́сти hold* pówer, be in pówer, be in óffice; ~ во главе́ (*рд.*) be at the head [...hed] (of), head (*d.*).

**стоя́ч||ий 1.** stánding, stánd-ùp; ~ее положе́ние stánding pósture; ~ая ла́мпа stándard lamp; ~ воротни́к, воротничо́к high / stánd-ùp cóllar; **2.** (*неподвижный*) stágnant; ~ая вода́ stágnant wáter [...'wɔ:-]; ~ие во́лны *физ.* státionary waves.

**сто́ящ||ий 1.** *прич. см.* сто́ить; **2.** *прил. разг.* worth doing (*predic.*); э́то де́ло ~ее it is worth (*one's*) while; ~ая вещь it's a thing worth doing.

**страви́ть** *сов. см.* стра́вливать.

**стра́вливать,** страви́ть (*вн.*) **1.** set* on to fight (*d.*); страви́ть одного́ с други́м play off one agáinst another; **2.** (*делать потраву*) rúin / spoil* (by allówing cattle to graze) (*d.*).

**страда́** *ж.* hard work dúring hárvest-time; (*перен.*) toil, drúdgery.

**страда́л||ец** *м.*, **~ица** *ж.* súfferer.

**страда́льческий:** ~ вид the air of a már-tyr, an air of long súffering.

**страда́ние** *с.* súffering.

**страда́тельный:** ~ зало́г *грам.* pássive voice.

**страда́||ть,** пострада́ть **1.** *тк. несов.* (от; *тв.*; *мучиться, болеть*) súffer (from); ~ от разлу́ки с кем-л. pine / long for smb., miss smb.; ~ невралги́ей súffer from neurálgia; **2.** (от; *терпеть ущерб, урон*) súffer (from); урожа́й пострада́л от за́сухи the crops súf-fered from drought [...draut]; они́ пострада́ли от наводне́ния they were víctims of *the* flood [...-ʌd]; дом пострада́л от пожа́ра the house* was dámaged by fire [...-s...]; **3.** (за *вн.*) súffer (for); ~ за пра́вду súffer in the cause of jústice; пострада́ть за де́ло, иде́и *и т. п.* súffer for *a* cause; **4.** *тк. несов.* (*быть плохим*) be poor: у него́ ~ет орфогра́фия his spélling is poor.

**стра́дн||ый:** ~ая пора́, ~ое вре́мя búsy séason ['bɪzɪ -z°n].

**страж** *м.* guard, guárds¦man*.

**стра́ж||а** *ж.* guard, watch; пограни́чная ~ *уст.* fróntier guard(s) ['frʌ-...] (*pl.*); стоя́ть **на ~е** be on the watch; ◇ быть, стоя́ть на ~е ми́ра stand* on guard of peace; быть на ~е чьих-л. интере́сов watch óver smb.'s interests; брать под ~у (*вн.*) take* into cústody (*d.*); содержа́ться под ~ей be únder arrést; освободи́ть из-под ~и (*вн.*) reléase from cústody [-s...] (*d.*).

**стран||а́** *ж.* (*в разн. знач.*) cóuntry ['kʌ-]; (*государство тж.*) land; по всей ~е́ all óver the cóuntry; Страна́ Сове́тов the Land of the Sóvièts; стра́ны наро́дной демокра́тии cóuntries of People's Demócracy [...pi:-...], People's Demócracies; ◇ четы́ре ~ы́ све́та the four cárdinal points [...fɔ:...].

**стран||и́ца** *ж.* page; нумера́ция ~и́ц pàg-inátion; на ~и́цах газе́т in the news páges [...-z...], in the cólumns of the press; вписа́ть я́ркую ~и́цу (в *вн.*) write* a vívid page (in), contríbute a vívid page (to).

**стра́нн||ик** *м.*, **~ица** *ж.* wánderer. **~иче-ский** wándering, wánderer's.

**стра́нно** I **1.** *прил. кратк. см.* стра́нный; **2.** *предик. безл.* it is strange [...-eɪndʒ]; как ~, что what a fúnny thing that, how fúnny / strange it is that; как ни ~ strange as it may seem.

**стра́нн||о** II *нареч.* in a strange way [...-eɪn-...], stránge¦ly [-eɪn-]. **~ость** *ж.* **1.** *тк. ед.* stránge¦ness [-eɪn-]; **2.** (*странная манера*) singuláritу, óddity; челове́к* со ~остями queer man*, odd man*, óddity. **~ый** strange [-eɪndʒ], queer, odd, fúnny; rum *разг.*; э́то ка́жется ~ым it seems strange; ~ая мане́ра strange mánner; ~ый челове́к strange / queer man*, odd man*, óddity; ~ое де́ло queer thing / búsiness [...'bɪzn-]; (*как вводн. сл.*) strange to say, stránge¦ly enóugh [-eɪn- ɪ'nʌf].

**стра́нств||ие** *с.*, **~ование** *с.* wándering; trávelling.

**стра́нствовать** wánder, trável ['træ-].

**стра́нствующий 1.** *прич. см.* стра́нствовать; **2.** *прил.*: ~ актёр strólling pláyer; ~ музыка́нт wándering musícian [...-'zɪ-]; ~ ры́царь knight-érrant.

**стра́стно** [-сн-] *нареч.* pássionate¦ly, with pássion.

**страстн||о́й** [-сн-] *церк.* **1.** *прил.*: ~ четве́рг Hóly Thúrsday [...'θə:zdɪ]; ~а́я пя́тница Good Fríday [...'fraɪdɪ]; ~а́я неде́ля Hóly Week; **2.** *ж. как сущ.* = страстна́я неде́ля *см.* 1.

**стра́стн||ость** [-сн-] *ж.* pássion; ~ нату́ры, хара́ктера pássionate témperament. **~ый** [-сн-] pássionate, impássioned; (*о желании тж.*) árdent, férvent.

**страсть** I *ж.* (к; *сильное чувство*) pássion (for); быть охва́ченным ~ю seethe with pás-sion; проника́ться ~ю к кому́-л. love smb. pássionate¦ly [lʌv...].

**страсть** II *ж. разг.* (*страх, ужас*) hórror.

**страсть** III *нареч. разг.* (*очень*) áwfully, fríghtfully; ему́ ~ как хо́чется пойти́ туда́ he is símply dýing / lóng¦ing to go there.

**стратаге́ма** *ж.* strátagem.

**страте́г** *м.* strátegist. **~и́ческий** straté-gic(al) [-'ti:-]. **~ия** *ж.* (grand) strátegy; (*наука тж.*) stratégics [-'ti:-].

**стратифика́ция** *ж. физ.* stràtificátion.

**страто||ста́т** *м. ав.* stràtosphéric bàllóon [streɪ-...]. **~сфе́ра** *ж. метеор.* strátosphère ['streɪ-]. **~сфе́рный** stràtosphéric [streɪ-].

**стра́ус** *м.* óstrich. **~овый** *прил. к* стра́ус; ~овые пе́рья óstrich féathers [...'fe-].

**страх** I *м.* **1.** fear, fright; ~ пе́ред неизве́стностью fear of the ún¦knówn [...-'noun]; ~ сме́рти fear / dread of death [...-ed... deθ]; смерте́льный ~ mórtal fear; быть в ~е be afráid; охва́ченный ~ом gripped / seized by fear [...siː-...]; из ~а for fear, out of fear; дрожа́ть от ~а quake with fear; **2.** (*ответственность*) risk, respònsibílity; на свой ~ at one's risk, on one's own respònsibílity [...oun...]; ◇ под ~ом сме́рти on pain of death; держа́ть в ~е (*вн.*) keep* in awe / fear (*d.*); у ~а глаза́ велики́ *погов.* ≅ fear takes móle¦hills for móuntains.

**страх** II *нареч. разг.* (*очень*) térribly; ему́ ~ как хо́чется пойти́ туда́ he is símply dýing / lóng¦ing to go there.

**страхка́сса** *ж.* (страхова́я ка́сса) insúrance óffice [-'ʃuə-...].

**страхова́**||**ние** *с.* insúrance [-'ʃuə-]; социа́льное ~ sócial insúrance; ~ от несча́стных слу́чаев insúrance agáinst áccidents; ~ от огня́ fíre-insùrance [-ʃuə-]; ~ жи́зни life insúrance; ~ дома́шнего иму́щества doméstic próperty insúrance; госуда́рственное ~ State insúrance. **~тель** *м.* insúrant [-'ʃuə-].

**страхова́ть** (*вн.* от) insúre [-'ʃuə] (*d.* agáinst); ~ жизнь insúre life. **~ся 1.** insúre òne¦sélf [-'ʃuə...]; **2.** *страд. к* страхова́ть.

**страх**||**о́вка** *ж.* insúrance [-'ʃuə-]. **~ово́й** insúrance [-'ʃuə-] (*attr.*); ~ова́я ка́сса insúrance óffice; ~ово́й по́лис insúrance-pòlicy; (*от огня*) fíre-pòlicy. **~о́вщик** *м.* insúrer [-'ʃuə-].

**страши́лище** *с. разг.* fright, scáre¦crow [-ou].

**страши́ть** (*вн.*) fríght(en) (*d.*), awe (*d.*); э́та мысль страши́т его́ the thought / ìdéa fríghtens him [...aɪ'dɪə...]. **~ся** (*рд.*) be afráid (of).

**стра́шно** I **1.** *прил. кратк. см.* стра́шный; **2.** *предик. безл.* it is térrible; ~ поду́мать, что... it is térrible to think that...; здесь ~ остава́ться одному́ it is térrifỳing to remáin alóne here; ему́ ~ he is térrified / afráid.

**стра́шн**||**о** II *нареч.* **1.** térribly, áwfully; **2.** *разг.* (*сильно*) fríghtfully, térribly; он ~ испуга́лся he got a térrible fright. **~ый** térrible, fríghtful, féarful, dréadful [-ed-]; ~ая боле́знь dréadful diséase [...-'ziːz]; ~ый расска́з dréadful stóry; ~ый моро́з térrible frost; ~ая жара́ tórrid heat; ~ый на́сморк fríghtful cold; ◇ Стра́шный суд Dóomsday [-z-], Day of Júdg(e¦)ment.

**страща́ть,** постраща́ть (*вн.*) *разг.* fríghten (*d.*), scare (*d.*).

**стре́жень** *м.* deep stream.

**стрекоза́** *ж.* drágon-flỳ ['dræ-].

**стрекот**||**а́ние** *с.* chírring. **~а́ть** chirr.

**стрел**||**а́** *ж.* **1.** árrow; (*перен. тж.*) shaft; пуска́ть ~у́ shoot* an árrow; стре́лы сати́ры shafts of sátire; он промча́лся ~о́й he flew like an árrow from the bow [...bou]; **2.** *бот.* shaft; **3.** *тех.*: подъёмная ~, грузова́я ~ dérrick; ~ проги́ба sag; ~ грузоподъёмного кра́на jib; ~ экскава́тора boom.

**Стреле́ц** *м. астр.*: созве́здие Стрельца́ Sàgittárius, the Árcher.

**стреле́ц** *м. ист.* strélitz.

**стре́лка** *ж.* **1.** póinter; (*часов тж.*) hand; (*на чертеже и т. п.*) árrow, магни́тная ~ ко́мпаса cómpass needle ['kʌm-...]; **2.** *ж.-д.* ráilway point; switch; ◇ рогова́я ~ (копы́та) (hórny) frog.

**стрелко́в**||**ый** rifle (*attr.*), ínfantry (*attr.*); shóoting (*attr.*); ~ая диви́зия ínfantry divísion; ~ полк ínfantry / rifle régiment; ~ кружо́к shóoting círcle / club.

**стрелови́дный** árrow-shàped, ságittàte; ~ шов *анат.* ságittàte súture.

**стрело́к** *м.* shot; (*солдат*) rífle¦man*; *ав.* gúnner; отли́чный ~ éxpèrt shot / rífle¦man*; иску́сный ~ márks¦man*.

**стре́лочник** *м. ж.-д.* swítch¦man*, póints¦-man*.

**стрельба́** *ж.* shóot(ing); fíring; (*из орудий*) gún-fìre; руже́йная ~ smáll-àrms fire; ~ из пулемёта machíne-gùn fire [-'ʃiːn-...]; уче́бная ~ (fíring) práctice; ~ на пораже́ние fire for efféct.

**стре́льбище** *с.* shóoting-ground, shóoting--rànge [-reɪ-].

**стрельну́ть** *сов.* fire a shot.

**стре́льчатый** *арх.* láncet (*attr.*).

**стре́лян**||**ый:** ~ая ги́льза fired cártridge, émpty case [...-s]; ◇ ~ воробе́й *разг.* ≅ old bird, dówny bird, old stáger.

**стреля́**||**ть,** вы́стрелить **1.** (в *вн.*; по *дт.*) shoot* (at), fire (at); ~ из винто́вки, пистоле́та *и т. п.* fire a rífle, pístol, *etc.*; **2.** *тк. несов.* (*вн.*; *убивать охотясь*) shoot* (*d.*); **3.** *тк. несов. безл.* (*о боли*) shoot*; у него́ ~ет в у́хе he has a shóoting pain in his ear; ◇ ~ глаза́ми make* eyes [...aɪz] (at), give* the glad eye (*i.*); ~ из пу́шек по воробья́м ≅ break* a bútterflỳ on the wheel [-eɪk...], crush a fly with a stéam-ròller. **~ться 1.** (с *тв.*; *драться на дуэли*) fight* a dúel (with); **2.** (*кончать жизнь самоубийством*) commit súicide; **3.** *страд. к* стреля́ть 2.

**стремгла́в** *нареч.* héadlòng ['hed-].

**стреми́тельн**||**ость** *ж.* swíftness, impètuósity, dash. **~ый** swift, héadlòng ['hed-]; impétuous; ~ым на́тиском *воен.* with a swift thrust; ~ое (про)движе́ние swift móve¦ment [...'muːv-].

**стрем**||**и́ться 1.** *уст.* (*быстро двигаться*) speed, rush; **2.** (к; *добиваться*) seek* (*d.*, + to *inf.*), aim (at), aspíre (to), strive* (for); (*страстно желать*) long (for), crave (for); ~ к побе́де strive* for víctory. **~ле́ние** *с.* (к) àspirátion (for); stríving (for); (*страстное желание*) yéarning ['jəːn-] (for), urge (towards).

**стремни́на** *ж. поэт.* (*реки*) rápid, chute [ʃuːt].

**стре́мя** *с.* stírrup.

**стремя́нка** *ж.* stép-làdder; steps *pl.*; pair of steps.

**стремя́нный** *м. скл. как прил. ист.* groom.

**стрено́жить** *сов. см.* трено́жить.

**стрептоко́кк** *м. бакт.* strèptòcóccus [-tou-] (*pl.* -ci). **~овый:** ~овая анги́на strèptòcóccic ángina [-tou- æn-].

**стреха́** *ж.* eaves *pl.*

**стрига́льн**||**ый** *текст.*: ~ая маши́на clóth--shearing machíne [...-'ʃiːn].

**стригу́н** *м.*, **стригуно́к** *м.* yéarling (foal).

**стригу́щий** *прич. см.* стричь; ◇ ~ лиша́й *мед.* ring-wòrm.

**стриж** *м.* (*птица*) mártlet; берегово́й ~ sánd-màrtin; ка́менный ~ stóne-màrtin, swift.

**стри́ж||еный** (*о человеке*) shórt-haired; (*об овце*) shorn; (*о дереве*) clipped; (*о волосах*) short; ~еная гри́ва hog mane. **~ка** *ж.* (*волос*) háir-cùtting; (*овец*) shéaring; (*деревьев, шерсти*) clípping; маши́нка для ~ки clípper.

**стрихни́н** *м. мед.* strýchnìn(e) [-kni:n], strýchnia.

**стричь,** остри́чь (*вн.*; *волосы*) cut* (*d.*), clip (*d.*); (*ногти*) cut* (*d.*); (*овец*) shear* (*d.*), clip (*d.*); ~ кого́-л. cut* smb.'s hair; ◇ ~ всех под одну́ гребёнку ≅ impóse a dead lével on évery:òne [...ded 'le-...]; (try to) make* évery:òne fit into the same páttern, make* évery:òne alíke. **~ся,** остри́чься cut* one's hair; (*у парикмахера*) have one's hair cut.

**стробоско́п** *м. физ.* stróbo:scòpe.

**строга́льный:** ~ стано́к pláning machíne [...-'ʃi:n]; ~ резе́ц pláning cútter.

**строга́льщик** *м.* pláner.

**строга́ть** (*вн.*) plane (*d.*), shave* (*d.*).

**стро́г||ий 1.** strict; (*суровый*) sevére; ~ учи́тель strict téacher; ~ взгляд sevére look; ~ тон sevére tone of voice; ~ кри́тик sevére crític; ~ая дисципли́на strict díscipline; **2.** (*определённый, точный*) strict; ~ поря́док strict órder; ~ прика́з strict órders *pl.*; ~ое пра́вило strict rule; ~ая эконо́мия rígid ècónomy [...i:-]; ~ая дие́та strict díet; в ~ом смы́сле сло́ва in the strict sense of the word; **3.** (*суровый, не допускающий возражений*) sevére; ~ вы́говор sevére réprimànd [...-ɑ:nd]; ~ пригово́р sevére séntence; ~ие ме́ры strong méasures [...'me-]; принима́ть ~ие ме́ры take* strong méasures; ~ зако́н stríngent law [-ɪndʒ-...]; **4.** (*о поведении, жизни*) strict, austére; ~ие нра́вы strict mórals [...'mɔ-]; в ~ом уедине́нии in strict seclúsion; ◇ ~ие черты́ лица́ régular féatures; ~ стиль sevére style; под ~им секре́том in strict cónfidence.

**стро́го** *нареч.* stríctly; (*сурово*) sevére:ly; ~ говоря́ stríctly spéaking; ~ запреща́ется it is stríctly forbídden.

**стро́го-на́строго** *нареч. разг.* very stríctly.

**стро́гость** *ж.* **1.** stríctness; sevérity; stríngency [-ndʒ-]; austérity; (*ср.* стро́гий); **2.** *мн.* (*строгие меры*) strong méasures [...'meʒ-].

**строев||о́й** I: ~ офице́р cómbatant ófficer; ófficer with troops; ~ уста́в drill règulátions *pl.*, drill mánual; ~а́я подгото́вка drill, paráde drill; ~а́я ло́шадь troop horse, tróoper; (*офицерская*) chárger; ~ шаг cèremónial step.

**строево́й** II: ~ лес tímber.

**строе́ние** *с.* **1.** (*структура*) strúcture; *биол.* téxture; (*камня*) grit; **2.** (*постройка*) búilding ['bɪl-], constrúction.

**стро́ител||ь** *м.* búilder ['bɪ-]; ~и но́вой жи́зни búilders of a new life.

**стро́ительн||ый** búilding ['bɪl-] (*attr.*); constrúction (*attr.*); ~ые материа́лы búilding matérials; ~ му́сор búilding-rèfùse ['bɪl- -s]; ~ рабо́чий búilder ['bɪl-]; ~ сезо́н búilding séason [...-z°n]; ~ая конто́ра búilding óffice; ~ая площа́дка búilding / constrúction site; ~ая брига́да constrúction gang; ~ая те́хника constrúction(al) èngineéring [...endʒ-].

**стро́ительство** *с.* (*процесс*) búilding ['bɪl-], constrúction; (*объект*) (constrúction) prójèct [...'prɔ-]; доро́жное ~ road búilding; ~ социали́зма búilding of sócialism; культу́рное, хозя́йственное ~ cúltural, èconómic constrúction [...i:k-...].

**стро́ить,** постро́ить (*вн.*) **1.** build* [bɪld] (*d.*); constrúct (*d.*); ~ социали́зм build* (up) sócialism; ~ пла́ны plan, make* plans; **2.:** ~ фра́зу, предложе́ние constrúct *a* séntence; ~ треуго́льник constrúct *a* tríangle; ~ у́гол plot *an* angle; **3.** *воен.* form (up) (*d.*), draw* up (*d.*); ~ в коло́нну form in cólumn (*d.*); ◇ ~ возду́шные за́мки build* castles in the air; ~ ко́зни máchinàte [-k-]. **~ся,** постро́иться **1.** (*строить себе*) build* *a house, etc.*, for òne:sélf [bɪld... -s...]; **2.** *воен.* draw* up; form, assúme fòrmátion; стро́йся! form!; **3.** *страд. к* стро́ить.

**строй** I *м.* **1.** *тк. ед.* (*система*) sýstem, órder; госуда́рственный ~ State sýstem; règíme [reɪ'ʒi:m]; сове́тский социалисти́ческий ~ Sóvièt sócialist sýstem; республика́нский ~ repúblican órder [-'pʌ-...]; обще́ственный ~ sócial sýstem; колхо́зный ~ colléctive-fàrm sýstem; **2.:** граммати́ческий ~ языка́ grammátical sýstem of *the* lánguage; **3.** *муз.* pitch; (*перен.*: *слаженность, гармония*) hármony.

**стро||й** II *м. воен.* fòrmátion; ко́нный ~ móunted fòrmátion; в ко́нном ~ю́ móunted; пе́ший ~ dismóunted fòrmátion; в пе́шем ~ю́ dismóunted; развёрнутый ~ line; со́мкнутый ~ close órder [-s...]; разо́мкнутый ~ ópen órder; ~ фро́нта *мор.* line abréast [...-est]; ~ пе́ленга *мор.* line of béaring [...'bɛə-]; ~ кильва́тера *мор.* line ahéad [...ə'hed]; cólumn *амер.*; полётный ~ flýing fòrmátion; ◇ вводи́ть в ~ (*вн.*) put* into sérvice (*d.*), put* into òperátion (*d.*), place into sérvice / commíssion (*d.*); выводи́ть из ~я (*вн.*) put* out of áction / òperátion (*d.*); остава́ться в ~ю́ remáin at dúty; вступа́ть в ~ (*о предприятии*) be put in òperátion, come* into sérvice, be commíssioned.

**стро́йк||а** *ж.* búilding ['bɪl-], constrúction; рабо́тать на ~е work on a búilding / constrúction job.

**стро́йн||ость** *ж.* **1.** (*о человеческой фигуре, здании*) shápe:liness, just propórtion; **2.** (*о звуках*) hármony. **~ый 1.** (*о человеке, фигуре*) slénder; (*о здании*) wéll-propórtioned; (*о докладе, речи и т. п.*) wéll-compósed; (*о системе и т. п.*) hàrmónious; в ~ом поря́дке in an órderly mánner; **2.** (*о звуках*) hàrmónious.

**строк||а́** *ж.* line; начина́ть с но́вой ~и́ make* a new páragràph; кра́сная ~ new páragràph; ◇ чита́ть ме́жду строк read* betwéen the lines.

**стро́нций** *м. хим.* strόntium.

**строп** *м. тех., мор.* sling; (*у парашюта*) shroud (line).

**стропи́ло** *с.* ráfter, truss.

**стропти́в||ость** *ж.* óbstinacy, refráctoriness. **~ый** óbstinate, refráctory.

**строфа́** *ж.* stánza; stróphe [-oufɪ].

**строфа́нт** *м. фарм.* strophánthus.

**строчи́ть,** настрочи́ть (*вн.*) **1.** (*шить*) stitch (*d.*); **2.** *разг.* (*писать*) scribble (*d.*), write* (*d.*).

**стро́чка** I *ж.* (*шов*) stitch.

**стро́чка** II *ж.* = строка́.

**строчн||о́й:** ~а́я бу́ква small létter.

**струбци́н||а** *ж.*, **~ка** *ж.* *тех.* scréw-clàmp; crámp(-iron) [-aɪən].

**струг** *м.* **1.** *тех.* plane; **2.** (*ладья*) boat.

**стру́жка** *ж.* sháving; *собир.* shávings *pl.*

**струи́ться** run*, stream.

**структу́р||а** *ж.* strúcture; ~ наро́дного хозя́йства nátional ècónomy páttern ['næ- iː-...]; организацио́нная ~ fráme¦wòrk of òrganizátion [...-naɪ-]. **~ный** strúctural.

**струна́** *ж.* string; натя́гивать стру́ны string*; перебира́ть стру́ны а́рфы *и т. п.* run* one's fíngers óver the strings of *a* harp, *etc.*; touch the strings of *a* harp, *etc.* [tʌtʃ...]; ◇ сла́бая ~ weak point / side, the sénsitive chord [...k-]; (*ср.* стру́нка).

**стру́нк||а** *ж.* *уменьш. от* струна́; ◇ вытя́гиваться в ~у stand* at atténtion; заставля́ть кого́-л. ходи́ть по ~е redúce smb. to sérvile obédience; чувстви́тельная ~ the right chord [...k-]; задева́ть сла́бую ~у *разг.* ≅ touch the right chord [tʌtʃ...].

**стру́нн||ый:** ~ инструме́нт stringed ínstrument; ~ые инструме́нты the strings; ~ орке́стр string órchestra [...-kɪ-].

**струп** *м.* scab.

**стру́сить** *сов. см.* тру́сить.

**стручко́в||ый** lègúminous; ~ые расте́ния lègúminous plants [...-ɑːn-]; ~ пе́рец cápsicum; (*красный*) cayénne.

**стручо́к** *м.* pod.

**стру||я́** *ж.* jet, spurt, spirt; stream; бить ~ёй spurt; ~ све́жего во́здуха cúrrent of fresh air; ~ све́та stream / ray of light; ~ па́ра steam jet; ~ от возду́шного винта́ (propéller) slip-stream; ◇ внести́ живу́ю ~ю (в *вн.*) infúse a new / fresh spírit (into).

**стря́п||ать,** состря́пать (*вн.*) cook (*d.*); (*перен.*) con¦cóct (*d.*), cook up; состря́пать обвине́ние про́тив кого́-л. frame smb. **~ня́** *ж.* *разг.* cóoking, con¦cóction.

**стря́пчий** *м.* *скл. как прил.* *ист.* scrívener; attórney [-'tɜː-].

**стряс||ти́сь** *сов.* *разг.* (над, с *тв.*) befáll* (*d.*); с ним ~ла́сь беда́ a misfórtune beféll him [...-tʃən...].

**стря́хивать,** стряхну́ть (*вн.*) shake* off (*d.*).

**стряхну́ть** *сов. см.* стря́хивать.

**студени́стый** jélly-like.

**студе́нт** *м.*, **~ка** *ж.* stúdent; ~-ме́дик médical stúdent; ~-юри́ст law stúdent; ~ истори́ческого факульте́та hístory stúdent.

**студе́нче||ский** *прил. к* студе́нт; ~ коллекти́в stúdent bódy [...'bɔ-]. **~ство** *с.* **1.** *собир.* the stúdents *pl.*; **2.** (*пребывание в высшем учебном заведении*) stúdent days; в го́ды моего́ ~ства in my time as a stúdent, in my cóllege / stúdent days.

**студёный** *разг.* véry cold.

**сту́день** *м.* *кул.* gálantine [-tiːn]; (*мясной тж.*) méat-jélly.

**студи́ть,** остуди́ть (*вн.*) cool (*d.*).

**сту́дия** *ж.* stúdiò; wórkshòp *разг.*; театра́льная ~ dramátic stúdiò; о́перная ~ òperátic stúdiò.

**сту́жа** *ж.* *тк. ед.* cold, hard frost.

**стук** *м.* **1.** knock; (*тихий*) tap; (*шум*) noise; ~ в дверь knock / tap at the door [...dɔː]; ~ копы́т tramp of hórses, *или* of *a* hórse's feet; ~ колёс rumble of wheels; **2.:** ~, ~! tap, tap!

**сту́к||ать,** сту́кнуть **1.** knock; *сов. тж.* give* a knock / tap / rap; ~нуть кулако́м по́ столу bang one's fist on the table, pound the table; ~нуть в дверь knock / tap at the door [...dɔː]; **2.** (*вн.*) *разг.* (*ударять*) strike* (*d.*), hit* (*d.*); **3.** *тк. сов.* *разг.* (*о годах — исполниться*): ему́ ~нуло 40 лет he is past 40. **~аться,** сту́кнуться (о, обо *вн.*) knock (agáinst), bump (agáinst); ~нуться голово́й (обо что-л.) bang / bump one's head (agáinst smth.) [...hed...]. **~нуть(ся)** *сов. см.* сту́кать(ся).

**стул** *м.* **1.** chair; мя́гкий ~ pádded chair; складно́й ~ fólding chair; предлага́ть ~ óffer a chair; **2.** *мед.* stool; ◇ сиде́ть, оста́ться ме́жду двух сту́льев fall* betwéen two stools.

**стульча́к** *м.* stool.

**сту́п||а** *ж.* mórtar; ◇ толо́чь во́ду в ~е ≅ beat* the air.

**ступ||а́ть,** ступи́ть **1.** step; *сов. тж.* take* / make* a step; ступи́ть шаг, два шага́ take* / make* one step, two steps; ступи́ть че́рез поро́г cross the thréshòld; ступи́ть на зе́млю, бе́рег set* foot on land, *или* the shore [...fut...]; где никогда́ не ~а́ла нога́ челове́ка where the foot of man néver stepped / trod; **2.** *пов.*: ~а́й(те) сюда́ come here; ~а́й(те) туда́ go there; ~а́й(те) за ним fóllow him; ~а́й(те) (отсю́да)! get (awáy)!, be off!; on your way now!

**ступе́нчатый** stepped.

**ступе́нь** *ж.* **1.** (*лестницы*) step, fóotstèp ['fut-]; **2.** (*степень*) stage; на высо́кой ступе́ни at a high stage. **~ка** *ж.* step; (*стремянки*) rung (of *a* ládder); поднима́ться по ~кам go* up the steps; спуска́ться по ~кам go* down the steps.

**ступи́ть** *сов. см.* ступа́ть.

**ступи́ца** *ж.* nave, hub.

**сту́пка** *ж.* = сту́па.

**ступня́** *ж.* foot* [fut].

**стуч||а́ть** knock; (*шуметь*) make* a noise; (*о зубах*) chátter; ~ в дверь knock at the door [...dɔː]; ~ кулако́м по́ столу bang one's fist on the table; дождь ~и́т в окно́ the rain is béating agáinst the wíndow; ~и́т в виска́х blood hámmers in the témples [blʌd...]. **~а́ться** knock; ~а́ться в дверь knock at the door [...dɔː].

**стушева́ться** *сов. см.* стушёвываться.

**стушёвываться,** стушева́ться retíre to the báckground, keep* in the báckground, effáce òne¦sélf.

**стыд** *м.* shame; к его́ ~у́ to his shame; не име́ть ни ~а́, ни со́вести be dead to shame and have no cónscience [...ded... -nʃəns]; потеря́ть ~ lose* all sense of shame [luːz...], be lost to shame; отбро́сить ~ throw* off all shame [-ou...]; сгора́ть от ~а́ burn* with shame; ~ и позо́р ≅ a sin and a shame; ~ и срам! (for) shame!

**стыди́ть** (*вн.*) shame (*d.*), put* to shame (*d.*). **~ся** (*рд.*) be ashámed (of); стыди́(те)сь! you ought to be ashámed (of your¦sélf)!, for shame!

**стыдли́в||о** *нареч.* díffidently; (*застенчиво*) báshfully, shýly. **~ость** *ж.* díffidence, módesty; (*застенчивость*) báshfulness, shýness. **~ый** díffident, módest; (*застенчивый*) báshful, shy.

**сты́дн||о** *предик. безл.* it is a shame; ~ отстава́ть it makes one (feel) ashámed to lag behínd; ему́ ~ he is ashámed; ему́ ~ за неё he is ashámed of her; как ~!, как вам не ~! you ought to be ashámed (of your¦sélf)!; for shame! **~ый** sháme¦ful.

**стык** *м.* joint; júnction (*тж. воен.*); ~ доро́г road júnction.

**сты́н||уть** get* cool; (*холодеть*) get* cold; ◇ кровь ~ет (в жи́лах) it chills one's blood [...blʌd], one's blood fréezes (in one's veins).

**стыть** = сты́нуть.

**сты́чка** *ж.* skírmish; *воен. тж.* affáir, en¦cóunter; (*перен.*) bíckering, quárrel.

**стюарде́сса** *ж.* stéwardess.

**стяг** *м.* bánner.

**стя́гивать,** стяну́ть (*вн.*) **1.** tíghten (*d.*); (*верёвкой*) tie up (*d.*); **2.** (*о войсках*) gáther (*d.*); draw* up (*d.*); ~ си́лы draw* up fórces; **3.** (*стаскивать*) pull off / a¦wáy [pul...] (*d.*). **~ся,** стяну́ться **1.** tíghten; **2.** (*о войсках*) gáther; draw*; **3.** *страд. к* стя́гивать.

**стяж||а́тель** *м.* grábber; (*в отношении денег*) móney-grùbber ['mʌ-]. **~а́ть** *несов. и сов.* (*вн.*) obtáin (*d.*), get* (*d.*); ~а́ть сла́ву, изве́стность win* fame; catch* the líme¦light *идиом.*

**стяну́ть** *сов.* **1.** *см.* стя́гивать; **2.** (*вн.*) *разг.* (*украсть*) filch (*d.*). **~ся** *сов. см.* стя́гиваться.

**су** *с. нескл.* (*франц. монета в пять сантимов*) sou [suː].

**субаре́нд||а** *ж. эк.* súbléase [-s]. **~а́тор** *м.* súblèssée.

**субаркти́ческий** sùbárctic.

**суббо́т||а** *ж.* Sáturday ['sætədɪ]; по ~ам on Sáturdays, every Sáturday; вели́кая ~ *церк.* Hóly Sáturday. **~ник** *м.* subbótnik (*labour freely given to the State on days off or overtime*).

**субдомина́нта** *ж. муз.* súbdóminant.

**сублим||а́т** *м. хим.* súblimate. **~а́ция** *ж. хим.* sùblimátion. **~и́ровать** *несов. и сов.* (*вн.*) *хим.* súblimàte (*d.*), sublíme (*d.*).

**субнорма́ль** *ж. мат.* súbnórmal.

**субордина́ция** *ж.* subòrdinátion.

**субре́тка** *ж. театр.* soubrétte [suː-].

**субсиди́ровать** *несов. и сов.* (*вн.*) súbsidìze (*d.*).

**субси́дия** *ж.* súbsidy, gránt-in-áid ['grɑː-], bóunty.

**субстантиви́ровать** (*вн.*) substántivise (*d.*).

**субста́нция** *ж. филос.* súbstance.

**субстра́т** *м. филос., биол.* súbstrátum (*pl.* -ta).

**субстратосфе́ра** *ж.* sùbstrátosphère [-reɪ-].

**субти́льн||ость** *ж.* sléndernesss, fráilty. **~ый** slénder, frail.

**субтро́п||ики** *мн.* súbtrópics. **~и́ческий** súbtrópical.

**субъе́кт** *м.* **1.** *филос., грам.* súbject; 2. *разг.* (*о человеке*) féllow. **~иви́зм** *м. филос.* sùbjéctivism. **~иви́ст** *м.* sùbjéctivist. **~и́вность** *ж.* sùbjèctívity. **~и́вный** sùbjéctive; ~и́вный идеали́зм *филос.* sùbjéctive idéalism [...aɪ'dɪə-], sùbjéctivism.

**сувени́р** *м.* sóuvenir ['suːvənɪə].

**сувере́н** *м. ист.* sóvereign ['sɔvrɪn]. **~ите́т** *м.* sóvereignty ['sɔvrɪn-]; отказа́ться от ~ите́та surrénder one's sóvereignty. **~ный** sóvereign ['sɔvrɪn].

**суво́ровец** *м.* Suvórovets (*pupil of a military college*).

**сугли́нистый** lóamy.

**сугли́нок** *м.* loam, lóamy soil.

**сугро́б** *м.* snów-drift [-ou-].

**сугу́б||о** *нареч.* espécially [-'pe-], partícularly; э́то моё ~ ли́чное мне́ние this is my púre¦ly pérsonal opínion. **~ый** espécial [-'pe-], partícular.

**суд** *м.* **1.** (*учреждение*) láw-court [-kɔːt], court [kɔːt], Court of Law / Jústice; Верхо́вный Суд СССР Sùpréme Court of the USSR; наро́дный ~ People's Court [piː-...]; вое́нный ~ court mártial [kɔːt...]; вое́нно-полево́й ~ drúm-head court mártial [-hed...]; на ~е́ in court; опра́вдан по ~у́ found not guílty; вызыва́ть в ~ (*вн.*) súmmons (*d.*), cite (*d.*), subpóena [-'piːnə] (*d.*); подава́ть в ~ take* it into court; подава́ть в ~ на кого́-л. bring* an áction agáinst smb.; се́ссия ~а́ Court séssion; заседа́ние ~а́ sítting of the Court; зал ~а́ cóurt-room ['kɔːt-]; быть под ~о́м be únder tríal; отдава́ть под ~, предава́ть ~у́ (*вн.*) prósecùte (*d.*); добива́ться чего́-л. ~о́м take* smth. to court; трете́йский ~ court of àrbitrátion; **2.** (*правосудие*) jústice; иска́ть ~а́ seek* jústice; **3.** (*суждение*) júdg(e¦)ment; ~ пото́мства the vérdict of pòstérity; **4.** (*разбор дела*) tríal; в день ~а́ on the day of the tríal; ◇ ~ че́сти court of hónour [...'ɔnə].

**суда́к** *м.* (*рыба*) pike perch, zánder.

**суда́рыня** *ж. уст.* mádam ['mæ-], ma'am.

**су́дарь** *м. уст.* sir.

**суда́чить** (о *пр.*) *разг.* góssip (abóut), títtle-tàttle (abóut).

**суде́бник** *м. ист.* code of law.

**суде́бн||ый** judícial; légal, forénsic; ~ое сле́дствие exàminátion, invèstigátion, in¦quíry; ~ое разбира́тельство láw-suit [-sjuːt]; ~ые изде́ржки costs; ~ым поря́дком in légal form; ~ая медици́на forénsic médicine; ~ое красноре́чие láwyer's éloquence; ~ое заседа́ние sítting of the court [...kɔːt], court sítting; ~ сле́дователь invéstigàtor; ~ исполни́тель ófficer of the court; ~ при́став *уст.* báiliff; ~ая оши́бка miscárriage of jústice [-rɪdʒ...].

**суде́йский** **1.** *прил.* judícal; **2.** *м. как сущ. уст. разг.* mágistrate.

**суде́йство** *с. спорт.* júdging; (*в футболе, боксе*) rèferée¦ing; (*в теннисе*) úmpiring.

**судёнышко** *с. разг.* líttle ship / craft.

**суд||и́лище** *с. уст.* = суд 1,4. **~и́мость** *ж.* convíctions *pl.*; не име́ть ~и́мости have no prévious convíctions.

**суди́||ть** **1.** (*вн.*) try (*d.*); 2. (*вн.*) *спорт.* rèferée (*d.*), úmpire (*d.*); **3.** (о *пр.*; *делать заключение*) judge (*d.*); ~ по чему́-л. judge by smth.; ~ по вне́шнему ви́ду judge by appéarances; ~ по дела́м, а не по слова́м judge by deeds and not by words; су́дя по всему́ to all appéarances, júdging from appéarances; е́сли ~ по его́ слова́м to judge from his words; е́сли мо́жно ~ по э́тому if it is ány¦thing to go by; наско́лько он мо́жет ~ to the best of his júdg(e¦)ment; ~те о мое́й ра́дости judge of my delíght; **4.** *уст., поэт.* (*предназначать, предопределять*) predéstine (*d.*), pré¦detérmine (*d.*); ему́ суждено́ бы́ло стать (кем-л.) he was fáted to be / become (smb.); it was fáted that he becáme (smb.). **~ться 1.** (с *тв.*) be at law (with); **2.** *страд. к* суди́ть 1,2.

**су́дно** I *с. мор.* véssel, craft; гребно́е ~ rо́wing boat ['rou-...]; па́русное ~ sáiling véssel; парово́е ~ steam véssel; вое́нное ~ *уст.* mán-of-wár (*pl.* men-), wárship; грузово́е ~ freight ship / boat; госпита́льное ~ hóspital ship; китобо́йное ~ whále-boat, whále-ship, whále r; рыболо́вное ~ físhing-boat; каботáжное ~ cóasting véssel; наливно́е ~ tánker; нефтеналивно́е ~ óil-tànker; уче́бное ~ tráining ship; ~ водоизмеще́нием в 2 000 тонн ship with a displácement of 2,000 tons [...tʌnz]; 2000-tónner [-'tʌ-]; речны́е суда́ ríver boats ['rɪ-...]; морски́е, океа́нские суда́ séa-gòing / ócean-gòing ships [...'ouʃ°n-...]; взойти́ на ~ go* on board a ship.

**су́дно** II *с.* (*для больного*) béd-pàn.

**судове́рфь** *ж.* shipyàrd.

**судовладе́лец** *м.* ship-owner [-ou-].

**судоводи́тель** *м.* návigàtor, shíp-hándler.

**судов||о́й** ship's; ship (*attr.*); ~áя кома́нда ship's crew; ~óе свиде́тельство ship's certificate of régistry.

**судоговоре́ние** *с. юр.* pléadings *pl.*

**судо́к** *м.* **1.** (*столовый прибор*) crúet-stànd ['kru-]; cástors *pl.*; **2.** *мн.* (*для переноски пищи*) dínner-pàn *sg.*, lúnch-pail *sg.*

**судомо́йка** I *ж.* kítchen-maid, scúllery maid, scúllion.

**судомо́йка** II *ж.* (*помещение*) scúllery.

**судоподъём** *м. тех.* ship-ráising. **~ник** *м. тех.* ship élevàtor.

**судопроизво́дство** *с. юр.* légal procédure [...-'si:dʒə]; légal procéedings *pl.*

**судоремо́нт** *м.* ship-repair. **~ный** ship-repair (*attr.*), ship-repairing; ~ная верфь ship-repair(ing) yard; ~ные рабо́ты ship-repair work *sg.*

**су́дорог||а** *ж.* cramp, convúlsion; вызыва́ть ~у cramp, convúlse.

**су́дорожный** convúlsive.

**судостро||е́ние** *с.* ship-bùilding [-bɪl-]. **~и́тель** *м.* ship-bùilder [-bɪl-], shipwright. **~и́тельный** ship-bùilding [-bɪl-] (*attr.*); ~и́тельный заво́д ship-bùilding yard; ~и́тельная верфь shipyàrd.

**судоустро́йство** *с.* judícial sýstem.

**судохо́д||ность** *ж.* návigableness, nàvigabílity. **~ный** návigable; ~ная река́ návigable ríver [...'rɪ-]; ~ный кана́л shípping canál. **~ство** *с.* nàvigátion.

**судьб||а́** *ж.* fate; fórtune [-tʃən]; (*удел*) déstiny; су́дьбы наро́дов the fórtunes of nátions; реша́ть ~у́ ми́ра decide the fate of peace; ◇ каки́ми ~а́ми? *разг.* well, I never!; fáncy méeting you!; благодари́ть ~у́ thank one's lúcky stars; соедини́ть свою́ ~у́ (с *тв.*) link one's déstiny / life (with); распоряжа́ться со́бственной ~о́й be the árbiter of one's own déstiny [...oun...], take* one's déstiny into one's own hands; во́лею ~ы́, су́деб as fate (has) willed it; игру́шка ~ы́ pláything of déstiny; искуша́ть ~у́ tempt fate; не ~ ему́ (+ *инф.*) he has no luck (+ to *inf.*), he is not fáted (+ to *inf.*).

**судья́** *м.* **1.** judge; мирово́й ~ Jústice of the Peace; трете́йский ~ árbitràtor; наро́дный ~ People's Judge [pi:-...]; он вам не ~ who is he to judge you?; он плохо́й ~ в э́том де́ле he cánnòt judge of the case [...keɪs], he is no authórity on this quéstion [...-stʃən]; **2.** *спорт.* rèferée, úmpire.

**суеве́р** *м.* sùperstítious pérson. **~ие** *с.* sùperstítion. **~ный** sùperstítious.

**сует||а́** *ж.* **1.** fuss, bustle; **2.** (*тщетность*) vánity; ◇ ~ сует vánity of vánities. **~и́ться** fuss, bustle. **~ли́вость** *ж.* fússiness. **~ли́вый** fússy, fídgety, bústling; ~ли́вый челове́к fússy pérson.

**су́етн||ость** *ж.* vánity. **~ый** vain.

**суетня́** *ж. разг.* = суета́ 1.

**сужде́ние** *с.* júdg(e)ment; (*мнение*) opínion.

**суждённый** *прич. см.* суди́ть 4.

**су́женая** *ж. скл. как прил.* (*невеста*) prómised bride / wife* [-st...].

**суже́ние** *с.* nárrowing, contráction.

**су́женый** *м. скл. как прил.* (*жених*) prómised húsband [-st 'hʌz-].

**су́живать, су́зить** (*вн.*) nárrow (*d.*). **~ся, су́зиться 1.** nárrow, get* / grow* nárrow [...grou...]; (*к концу*) táper; **2.** *страд. к* су́живать.

**су́зить(ся)** *сов. см.* су́живать(ся).

**сук** *м.* bough.

**су́ка** *ж.* bitch.

**сукно́** *с.* cloth, bróadclòth [-ɔ:d-]; ◇ класть под ~ (*вн.*) shelve (*d.*), pígeon-hòle [-dʒɪn-] (*d.*). **~ва́л** *м.* fúller ['fu-]. **~ва́льня** *ж.* fúllery ['fu-], fúlling mill ['ful-...].

**сукова́тый** bránchy ['brɑ:-], with many boughs.

**суко́н||ка** *ж.* piece of cloth [pi:s...]. **~ный** cloth (*attr.*); ◇ ~ный язы́к clúmsy / áwkward style [-zɪ...].

**су́кровица** *ж.* íchòr ['aɪkɔ:].

**сулем||а́** *ж. хим.* (corrósive) súblimate. **~о́вый** *хим.* súblimate (*attr.*).

**сули́ть,** посули́ть (*вн.*) prómise [-s] (*d.*); ◇ ~ золоты́е го́ры ≅ prómise wónders [-s 'wʌ-].

**султа́н** I *м.* súltan.

**султа́н** II *м.* (*на шляпе*) plume.

**султана́т** *м.* súltanate.

**султа́нша** *ж.* sùltána [-'tɑ:-], súltaness.

**сульф||а́т** *м. хим.* súlphàte; ~ аммо́ния ammónium súlphàte. **~и́д** *м. хим.* súlphide. **~и́т** *м. хим.* súlphite.

**сульфокислота́** *ж. хим.* súlpho-àcid.

**сум||а́** *ж.* bag, pouch; перемётная ~ sáddle-bàg; ◇ ходи́ть с ~о́й *разг.* beg one's bread [...bred]; пусти́ть с ~о́й (*вн.*) rúin (*d.*); ~ перемётная wéathercòck ['we-].

**сумасбро́д** *м.,* **~ка** *ж.* mádcàp.

**сумасбро́д||ничать** beháve wíldly / extrávagantly / whímsically [...-zɪ-]. **~ный** extrávagant; (*о плане и т. п.*) wild. **~ство** *с.* wild / extrávagant beháviour.

**сумасше́дш||ий 1.** *прил.* mad; ~ая ско́рость mad speed; ~ие це́ны exórbitant prices; э́то бу́дет сто́ить ~их де́нег it will cost an enórmous sum; **2.** *как сущ. м.* mádman*, lúnatic; *ж.* mádwòman* [-wu-], lúnatic; бу́йный ~ víolent / ráving lúnatic.

**сумасше́стви||е** *с.* mádness; бу́йное ~ ráving mádness; доводи́ть до ~я (*вн.*) drive* / send* mad (*d.*).

**сумато́ха** *ж.* bustle, túrmoil.

**суматóш||ливый, ~ный** bústling.
**сумбýр** *м.* confúsion. **~ность** *ж.* confúsion. **~ный** confúsed.
**сýмеречный** twílight ['twaɪ-] (*attr.*), dusk; crepúscular (*тж. зоол.*).
**сýмерк||и** *мн.* twílight ['twaɪ-] *sg.*, dusk *sg.*; в ~ах in the twílight; спускáются ~ dusk falls.
**сýмерничать** *разг.* take* one's rest, *или* sit*, in twílight [...'twaɪ-].
**сумé||ть** *сов.* (+ *инф.*) be able (+ to *inf.*); succéed (in *ger.*); он не ~ет э́того сдéлать he will not be able to do it; он ~л егó убеди́ть he succéeded in persuáding him [...-'sweɪ-...]; не ~ю сказáть I can't say / tell [...kɑːnt...].
**сýмка** *ж.* **1.** bag; ~ для покýпок shópping bag; патрóнная ~ *воен.* cártridge-pouch; полевáя ~ *воен.* map case [...-s]; **2.** *биол.* pouch.
**сýмм||а** *ж.* sum; óбщая ~ sum tótal; в ~е (*рд.*) amóunting (to). **~áрный** súmmary. **~и́рование** *с.* súmming up, sùmmátion.
**сумми́ровать** (*вн.*) sum up (*d.*), súmmarize (*d.*).
**сýмочка** *ж.* **1.** small bag; **2.** (*дамская*) hándbàg; би́серная ~ béaded bag.
**сýмрак** *м.* dusk, twílight ['twaɪ-].
**сýмрачн||ость** *ж.* gloom, dúskiness. **~ый** glóomy.
**сýмчат||ые** *мн. скл. как прил. зоол.* màrsúpials. **~ый** **1.** *зоол.* màrsúpial; **2.** *бот.*: ~ые грибы́ àscomỳcétès [-maɪ'siːtiːz].
**сумя́тица** *ж.* = суматóха.
**сундýк** *м.* trunk, box, chest.
**сýнн||а** *ж.* Súnna(h) ['su-]. **~и́т** *м.* súnnite ['su-].
**сýнуть(ся)** *сов. см.* совáть(ся).
**суп** *м.* soup [suːp].
**суперарби́тр** *м.* chief úmpire [tʃiːf...].
**супергетероди́н** *м. рад.* súperhéterodỳne.
**супероблóжка** *ж.* jácket, wrápper, dúst-còver [-kʌ-].
**суперфосфáт** *м. хим.* sùperphósphàte.
**сýпесок** *м.* sándy soil; sándy loam.
**супесчáный** sándy.
**супинáтор** *м.* ínstèp / arch suppórter.
**супов||óй** soup [suːp] (*attr.*); ~áя лóжка (soup) ladle; ~áя ми́ска turéen.
**супóнь** *ж.* háme-stràp.
**супорóсая:** ~ свинья́ sow with young [...jʌŋ], sow in fárrow.
**суппóрт** *м. тех.* suppórt.
**супрý||г** *м.* húsband [-z-]. **~га** *ж.* wife*. **~жеский** màtrimónial, cónjugal. **~жество** *с.* mátrimony, cònjugálity.
**сургýч** *м.* séaling-wàx [-wæ-]. **~ный** séaling-wàx [-wæ-] (*attr.*).
**сурди́нк||а** *ж. муз.* mute, sòrdíne [-'diːn]; ◇ под ~у *разг.* on the sly.
**сурéп||ица** *ж.*, **~ка** *ж. бот.* cólza.
**сýрик** *м. хим.* (*свинцовый*) mínium, red lead [...led].
**сурóво** I *прил. кратк. см.* сурóвый I.
**сурóв||о** II *нареч.* sevére|ly, stérnly; обращáться с кем-л. ~ be sevére with smb., treat smb. in a strict / sevére way. **~ость** *ж.* sevérity, stérnness; rígour.
**сурóв||ый** I sevére, stern; (*о зиме, погоде и т. п.*) sevére, in|clément [-'kle-]; (*о климате*) rígorous, in|clément; ~ая дисципли́на sevére / stern díscipline; ~ взгляд sevére / stern look; ~ое обращéние sevére tréatment; ~ приговóр sevére séntence; ~ое наказáние sevére púnishment [...'pʌ-]; ~ закóн, ~ые мéры drástic law, méasures [...'me-]; ~ое испытáние stern test, sevére tríal; ~ые гóды войны́ stern / grim years of war; пройти́ ~ую жи́зненную шкóлу go* through a hard school of expérience.
**сурóв||ый** II (*небелёный*) ún|bléached, brown; ~ое полотнó brown Hólland.
**сурóк** *м.* mármot; ◇ спать как ~ ≅ sleep* like a top / log.
**суррогáт** *м.* súbstitùte.
**сурьмá** *ж. хим.* ántimony, stíbium.
**сусáльн||ый** **1.:** ~ое зóлото tínsel, gold leaf; ~ое серебрó tínsel, sílver leaf; **2.** (*слащавый*) súgary ['ʃu-].
**сýслик** *м.* súslik, góḥer ['gou-], spénnophìle.
**сýсло** *с.*: виногрáдное ~ must.
**сустáв** *м.* joint, àrticulátion; неподви́жность ~ов *мед.* ánchỳlósis [-kaɪ'lou-]. **~нóй** àrtículate; ~нóй ревмати́зм *мед.* rhéumatism; (*острый*) rheumátic féver.
**сутáна** *ж.* soutáne [suː'tɑːn].
**сутенёр** *м.* souteneur [suːtə'nəː].
**сýтки** *мн.* twénty-four hours [-fɔːr auəz]; рабóта шла крýглые ~ work went on round the clock.
**сýтолока** *ж.* commótion, húrly-bùrly.
**сýточн||ые** *мн. скл. как прил.* dáily allówance *sg.* **~ый** twénty-four-hóurs' [-fɔːr 'auəz]; dáily.
**сутýл||ить,** ссутýлить (*вн.*) stoop (*d.*). **~иться,** ссутýлиться stoop. **~овáтость** *ж.* stoop. **~овáтый, ~ый** róund-shouldered [-ʃou-], stóoping.
**сут||ь** *ж. тк. ед.* éssence; ~ дéла the éssence of the mátter, the main point; ~ вопрóса, проблéмы the crux / kérnel / heart of the próblem [...hɑːt... 'prɔ-]; вся ~ в том, что the whole point is that [...houl...]; по ~и дéла as a mátter of fact, in point of fact; дойти́ до ~и come* to the point, touch the ground [tʌtʃ...].
**сутя́||га** *м. и ж.* litígious pérson/féllow. **~жнический** litígious. **~жничество** *с.* litígious|ness, malícious lìtigátion.
**суфлé** *с. нескл. кул.* soufflé (*фр.*) ['suːfleɪ].
**суфлёр** *м. театр.* prómpter. **~ский** *прил.* к суфлёр; ~ская бýдка prómpt-bòx.
**суфли́ровать** (*дт.*) prompt (*d.*).
**суфражи́стка** *ж.* sùffragétte.
**сýффикс** *м. грам.* súffix.
**сухáрница** *ж.* bíscuit dish [-kɪt...]; bíscuit jar / bárrel (*об. закрытая*).
**сухáр||ь** *м.* dried crust; (*сладкий*) rusk; (*перен.*; *о человеке*) dried-úp man*; a dry old stick *разг.*; панирóвочные ~и́ dried bréad-crùmbs [...'bred-].
**сýхо** I **1.** *прил. кратк. см.* сухóй; **2.** *предик. безл.* it is dry; на ýлице ~ it is dry out of doors [...dɔːz].
**сýхо** II *нареч.* drí|ly; (*холодно, безучастно*) cóld|ly; при́няли егó ~ he was recéived ráther cóld|ly [...-'siː- 'rɑː-...]; ~ возрази́ть retórt stíffly.
**суховáтый** drýish.
**суховéй** *м.* árid / dry wind [...wɪ-].

**суходо́л** *м.* dry / wáterless válley [...'wɔ:-...].

**сухожи́лие** *с. анат.* téndon, sínew.

**сух||о́й** (*в разн. знач.*) dry; (*засушливый тж.*) árid; ~ кли́мат dry clímate [...'klaɪ-]; ~о́е де́рево dry wood [...wud]; (*не растущее*) dead tree [ded...]; ~ ка́шель dry cough [...kɔf]; ~ приём cold recéption; ~ челове́к dried-úp man*; ~ пе́речень фа́ктов bare lísting of facts; ~а́я игла́ *иск.* drý-point; ~ пар dry steam; ~ элеме́нт *эл.* dry pile; ~а́я перего́нка dry / destrúctive distillátion; ~ док drý-dòck; ~и́е су́чья déad-wood ['dedwud] *sg.*; ~и́е фру́кты dried fruit [...fru:t] *sg.*; ~о́е молоко́ dried milk; ◇ ~и́м путём (*по суше*) by / óver land; вы́йти ~и́м из воды́ *разг.* ≅ come* off scáthe-less [...'skeɪ-], fall* on one's feet; на нём ~ни́тки не́ было he had not a dry stitch on.

**сухопа́рник** *м. тех.* steam dome.

**сухопа́рый** *разг.* lean.

**сухопу́тн||ый** land (*attr.*); (*о путешествии*) by land; ~ые войска́ land fórces; ~ая война́ land wárfàre.

**сухору́кий** óne-ármed, óne-hánded.

**сухосто́й** *м. тк. ед. собир.* déad-wood ['ded-wud], dead stánding trees [ded...] *pl.*

**су́хость** *ж.* (*в разн. знач.*) drýness; (*засушливость тж.*) àrídity.

**сухо́тка** *ж.*: ~ спинно́го мо́зга *мед.* (dór-sal) tábès [...-bi:z], lócal atáxy.

**сухоща́в||ость** *ж.* léanness, méagreness. ~ый lean, meagre.

**сучён||ый** twísted; ~ая нить twísted thread [...-ed].

**сучи́ть** (*вн.*) spin* (*d.*); twist (*d.*); (*о шёлке тж.*) throw* [-ou] (*d.*).

**сучкова́тый** (*о доске, палке*) knótty; (*о дереве*) snággy, gnarled, gnárly.

**суч||о́к** *м.* twig; (*в древесине*) knot; ◇ без ~ка́, без задо́ринки *разг.* ≅ without a hitch.

**су́ш||а** *ж. тк. ед.* (dry) land; на ~е и на мо́ре by / on land and sea.

**су́ше** *сравн. ст. см. прил.* сухо́й *и нареч.* су́хо II.

**суше́ние** *с.* **1.** (*действие*) drýing; **2.** *разг.* (*сушёные фрукты*) dried fruit [...fru:t].

**сушени́ца** *ж. бот.* cúdweed.

**суш||ёный** dry, dried; ~ёные фру́кты dried fruit [...fru:t] *sg.* **~и́лка** *ж. с.-х.* drýing àppa-rátus, drýer; drýing-room. **~и́льный** *тех.* drýing. **~и́льня** *ж.* drýing room. **~и́льщик** *м.* drýer.

**суши́ть,** вы́сушить (*вн.*) dry (*d.*); ~ бельё air / dry *the* línen [...'lɪ-]; ~ се́но dry *the* hay. **~ся,** вы́сушиться **1.** dry, get* dried; **2.** *страд. к* суши́ть.

**су́шка** *ж.* **1.** (*действие*) drýing; **2.** (*печенье*) sóoshka, small ríng-shàped crácker.

**сушь** *ж.* drýness.

**суще́ственн||ость** *ж.* impórtance. **~ый** es-séntial, matérial; (*значительный*) consíderable; (*важный*) impórtant, substántial; (*жизненный*) vítal; ~ое замеча́ние remárk very much to the point; ~ая попра́вка impórtant aménd-ment; ~ое значе́ние vítal impórtance; ~ых измене́ний не произошло́ no matérial change (in the situátion) [...tʃeɪ-...].

**существи́тельное** *с. скл. как прил. грам.*, и́мя ~ noun, súbstantive.

**существ||о́** *с.* **1.** béing; (*создание*) créature; **2.** *тк. ед.* (*сущность*) éssence; по ~у́ in és-sence, esséntially; по ~у́ (*рд.; резолюции и т. п.*) on the súbstance (of); не по ~у́ beside the point; рассмотре́ть предложе́ние по ~у́ exámine the propósal on its mérits [...-z-...]; говори́ть, отвеча́ть по ~у́ speak*, ánswer to the point [...'ɑ:nsə...].

**существова́н||ие** *с.* exístence; зараба́ты-вать сре́дства к ~ию earn one's líving [ə:n... 'lɪ-]; подде́рживать ~ keep* bódy and soul togéther [...'bɔ-... soul -'ge-].

**существ||ова́ть** exíst, be; э́тот зако́н ~у́ет давно́ it is an old law; ~у́ет мне́ние, что there is / exísts an opínion that; ~у́ют лю́ди, кото́рые there are people who [...pi:-...].

**су́щ||ий** real [rɪəl]; (*явный*) dównright; ~ая пра́вда real / exáct truth [...-u:θ]; ~ вздор dównright nónsense; ~ее наказа́ние a véri-table pest.

**су́щност||ь** *ж.* éssence, main point; кла́с-совая ~ class náture [...'neɪ-]; ~ де́ла the point of the mátter; в ~и, по свое́й ~и vírtual-ly; at the bóttom, in the main; в ~и (говоря́) as a mátter of fact, práctically spéaking.

**сфабрикова́ть** *сов. см.* фабрикова́ть 2.

**сфа́гнум** *м. бот.* sphágnum (*pl.*-na), bóg--mòss.

**сфальши́вить** *сов. см.* фальши́вить 2.

**сфантази́ровать** *сов. см.* фантази́ровать 2.

**сфе́р||а** *ж.* (*в разн. знач.*) sphere; (*область тж.*) realm [relm]: небе́сная ~ *астр.* celés-tial sphere; ~ влия́ния *полит.* sphere of ín-fluence; вы́сшие ~ы the hígher / úpper spheres;— в вы́сших ~ах in the léading so-cíety; быть в свое́й ~е be on one's own ground [...oun...]; э́то вне его́ ~ы it is out of his sphere / line.

**сфери́ческ||ий** sphérical; ~ая геоме́трия sphérics *pl.*, sphérical geómetry.

**сфери́чность** *ж.* sphericity.

**сферо́ид** *м. мат.* sphéroid. **~а́льный** *мат.* sphèróidal.

**сферо́метр** *м. физ.* sphèrómeter [sfɪə-].

**сфинкс** *м.* sphinx.

**сфи́нктер** [-тэ-] *м. анат.* sphíncter.

**сформирова́ть(ся)** *сов. см.* формирова́ть (-ся).

**сформова́ть** *сов. см.* формова́ть.

**сформули́ровать** *сов.* (*вн.*) fórmulàte (*d.*).

**сфотографи́ровать(ся)** *сов. см.* фотогра-фи́ровать(ся).

**сфугова́ть** *сов. см.* фугова́ть.

**сха́пать** *сов. см.* ха́пать 1.

**схвати́ть** *сов.* **1.** *см.* хвата́ть I; **2.** *см.* схва́тывать.

**схвати́ться** *сов.* **1.** *см.* хвата́ться; **2.** *см.* схва́тываться.

**схва́тк||а** *ж.* (*стычка*) skírmish; mêlée (*фр.*) ['meleɪ]; close fight [-s...], close engáge-ment; рукопа́шная ~ hánd-to-hànd fight, mán--to-màn fight; возду́шная ~ dógfight (in the air); в смерте́льной ~е (с *тв.*) locked in mór-tal cómbat (with).

**схва́тки** *мн.* (*о приступе боли*) fit *sg.*

**схва́тывать,** схвати́ть (*вн.*; *в разн. знач.*) grip (*d.*), grab (*d.*), catch* (*d.*); схвати́ть бег-леца́ catch* *the* fúgitive; схвати́ть на́сморк *разг.* catch* cold (in the head) [...hed]; ~ смысл catch* the méaning.

**схва́т||ываться,** схвати́ться **1.** (за *вн.*) seize [si:z] (*d.*); ~и́ться за́ руки join hands; **2.** (с *тв.*; *вступать в борьбу*) grapple (with); (*драться*) come* to blows [...-ouz] (with), skírmish (with); ~и́ться с неприя́телем close with the énemy.

**схе́ма** *ж.* díagràm, sketch, sét-úp; scheme; ~ прово́дки wire díagràm; ~ радиоаппара́та hóok-ùp.

**схематизи́ровать** *несов. и сов.* (*вн.*) schématize ['ski:-] (*d.*).

**схемат||и́зм** *м.* skétchiness. **~и́ческий** diagrammátic(al), schemátic. **~и́чность** *ж.* skétchy cháracter [...'kæ-], skétchiness. **~и́чный** schemátic, óutlined.

**схи́зм||а** *ж. церк.* schism [sɪ-]. **~а́тик** *м. церк.* schismátic [sɪz-]. **~ати́ческий** *церк.* schismátic [sɪz-].

**схи́ма** *ж. церк.* schéma (*monastic habit*).

**схитри́ть** *сов. см.* хитри́ть.

**схлы́нуть** *сов.* (*о воде*) rush back; (*перен.*; *о толпе*) break* up [-eɪk...]; (*о чувстве*) subside.

**сход** *м. уст.* (*собрание*) gáther¦ing.

**сходи́ть** I, сойти́ **1.** (*спускаться*) go* / come* down; (*более торжественно*) descénd; (*слезать*) get* off; (*с трамвая и т. п.*) alight; ~ с ле́стницы go* dównstáirs, come* down; ~ с корабля́ land; **2.:** ~ с доро́ги leave* the road; (*сторониться*) get* out of the way, stand* / step aside; ~ с ре́льсов be deráiled, run* off the rails; **3.** (*о коже, краске, грязи и т. п.*) come* off; кра́ска сошла́ со стены́ the paint came off the wall; **4.** (*миновать*) pass (by); всё сошло́ благополу́чно évery¦thing went off all right; сойдёт! that will do!; **5.** (за *вн.*) be táken (for); ◇ ~ со сце́ны leave* the stage, go* off; (*перен.*) quit the stage; retíre from the stage; снег сошёл the snow has disappéared / mélted [...snou...]; не сходя́ с ме́ста on the spot; э́то сошло́ ему́ с рук he got a¦wáy with it; ~ в моги́лу sink* into the grave; ~ на нет come* to naught; ~ с ума́ go* mad, go* off one's head [...hed]; ~ с ума́ (от) go* crázy (with); вы с ума́ сошли́! are you out of your sénses?

**сходи́ть** II *сов.* go*; (за *тв.*) (go* and) fetch (*d.*); ~ посмотре́ть go* and see; ~ за кем-л. go* and fetch smb.

**сходи́ться,** сойти́сь **1.** (с *тв.*) meet* (*d.*); мы сошли́сь у двери́ we met at the door [...dɔ:]; доро́ги здесь схо́дятся the roads meet here; по́яс не схо́дится the belt won't buckle [... wount...]; 2. (*собираться*) gáther, come* togéther [...-'ge-]; **3.** (с *тв.*; *сближаться*) become* intimate (with); (*вступать в связь*) take* up (with); **4.** (с *тв.* в, на *пр.*; *соглашаться*) agrée (with in, abóut); мы сошли́сь с ни́ми на том, что we have agréed with them that; они́ не сошли́сь хара́ктерами they did not suit one another [...sju:t...]; не сойти́сь в цене́ not agrée abóut the price; **5.** (*совпадать*) còíncide, tálly (with); все показа́ния схо́дятся all the évidence fits / tállies; счёт не схо́дится the fígures don't tálly / bálance, the accóunts won't come right.

**схо́дка** *ж. уст.* méeting, gáther¦ing.

**схо́дни** *мн.* (*ед.* схо́дня *ж.*) *мор.* gáng¦way *sg.*, gáng-board *sg.*, gáng-plànk *sg.*

**схо́д||ный** **1.** (*похожий*) símilar; ~ная черта́ sìmilárity; **2.** *разг.* (*подходящий*; *о цене и т. п.*) súitable ['sju:t-]; по ~ной цене́ at a súitable price. **~ство** *с.* líke¦ness, resémblance [-'ze-]; фами́льное ~ство fámily líke¦ness; улови́ть ~ство catch* a líke¦ness.

**схо́ж||есть** *ж.* similárity, líke¦ness. **~ий** símilar, like.

**схола́ст** *м.*, **схола́стик** *м.* scholástic.

**схола́ст||ика** *ж.* scholásticism. **~и́ческий** scholástic.

**схорони́ть(ся)** *сов. см.* хорони́ть(ся).

**сца́пать** *сов.* (*вн.*) *разг.* catch* hold (of), lay* hold (of).

**сцара́пать** *сов.* (*вн.*) scratch off / a¦wáy(*d.*).

**сцеди́ть** *сов. см.* сце́живать.

**сце́живать,** сцеди́ть (*вн.*) decánt (*d.*).

**сце́н||а** *ж.* **1.** (*в театре*; *тж. перен.*) stage; boards *pl.*; ста́вить на ~е (*вн.*) stage (*d.*); put* on the stage (*d.*); prodúce (*d.*); всю жизнь он провёл на ~е he has been on the stage all his life; **2.** (*часть действия*; *эпизод в литературном произведении*; *происшествие*) scene; **3.** *разг.* (*крупный разговор, ссора*) scene; устра́ивать ~у make* a scene.

**сцена́рий** *м.* scenárìo [-'nɑ:-]; (*для кино тж.*) (screen) script; (по *дт.*; *по литературному произведению*) screen vérsion / àdaptátion (of).

**сценари́ст** *м.* scenárìo / script writer [-'nɑ:-...].

**сцени́ческ||ий** **1.** stage (*attr.*), scénic ['si:-]; ~ шёпот stage whísper; ~ая рема́рка stage diréction; ~ое воплоще́ние stage impèrsonátion; **2.** = сцени́чный.

**сцени́чн||ость** *ж.* theátrical efféctive¦ness [θɪ'æ-...]. **~ый** théatre ['θɪə-] (*attr.*); э́та пье́са не ~а this play does not stage well, *или* is not good théatre.

**сцепи́ть(ся)** *сов. см.* сцепля́ть(ся).

**сце́п||ка** *ж. ж.-д.* cóupling ['kʌ-]; автомати́ческая ~ automátic cóupling. **~ле́ние** *с.* **1.** *физ.* cohésion; adhésion; 2. *ж.-д.* cóupling ['kʌ-]; (*механизм*) clutch; ◇ ~ле́ние обстоя́тельств *разг.* séries of evénts [-ri:z...].

**сцепля́ть,** сцепи́ть (*вн.*) couple [kʌ-] (*d.*). **~ся,** сцепи́ться **1.** *ж.-д.* be coupled [...kʌ-]; 2. (с *тв.*) *разг.* (*ссориться*) grapple (with); **3.** *страд. к* сцепля́ть.

**счастли́вец** [-сл-] *м.* lúcky man*; како́й он ~! how lúcky he is!

**счастли́в||чик** [-сл-] *м.* = счастли́вец. **~ый** [-сл-] **1.** háppy; **2.** (*удачный*) fórtunate [-ʧnɪt], lúcky; ~ый слу́чай lúcky chance; ◇ ~ого пути́ háppy jóurney [...'ʤə:-]; bon voyáge [bɔ:ŋ vɑ:'jɑ:ʒ]; ~ого пла́вания háppy sáiling; ~о отде́латься ≅ have a nárrow escápe, be none the worse for it [...nʌn...]; ~о остава́ться! good luck!

**сча́сть||е** *с.* **1.** háppiness; **2.** (*удача*) luck, good fórtune [...-ʧən], a piece of good fórtune / luck [...pi:s...]; к ~ю fórtunate¦ly [-ʧnɪt-], lúckily; по ~ю as luck would have it; пожела́ть ~я wish good luck; вое́нное ~ fórtunes of war *pl.*; име́ть ~ (+ *инф.*) be lúcky / fórtunate enóugh [...-ʧnɪt ɪ'nʌf] (+ to *inf.*), have the good fórtune (+ to *inf.*); на на́ше ~ lúckily for us, to our good fórtune, fórtunate¦ly, lúckily; дать ру́ку на ~ give* one's hand for luck; ва́ше ~, что вы не опозда́ли you are lúcky not to be late.

**счесть** *сов. см.* счита́ть. **~ся** *сов.* (с *тв.*) square accóunts (with); (*перен. тж.*) get* éven (with).

**счёт** *м.* **1.** càlculátion; вести́ стро́гий ~ keep* strict accóunt; по его́ ~у accórding to his réckoning; **2.** *бух.* accóunt; теку́щий ~ accóunt cúrrent (*сокр.* a / c); лицево́й ~ pérsonal accóunt; на ~ кого́-л. on smb.'s accóunt; в ~ чего́-л. on accóunt of smth.; открыва́ть ~ ópen an accóunt; **3.** (*за товар, за работу*) bill, accóunt; плати́ть по ~у settle *the* accóunt; **4.** *спорт.* score; ~ очко́в score; со ~ом 3:0 with a score of 3 goals to nil; **5.** *муз.* tact, time; ~ на́ два, на́ три two, three time; bínary, térnary méasure ['baɪ-... 'me-]; ◇ на ~ on accóunt; за ~ (*рд.*) at the expénse (of); (*благодаря чему-л.*) by, ówing to ['ou-...]; на э́тот ~ мо́жете быть споко́йны you may be éasy on that score [...'i:zɪ...]; в коне́чном ~е in the end; на свой ~ at one's own expénse [...oun...]; приня́ть что-л. на свой ~ take* smth. as reférring to òne¦sélf; быть у кого́-л. на хоро́шем счету́ stand* well with smb.; быть на хоро́шем, дурно́м счету́ be in good, bad repúte; ли́чные ~ы prívate réckonings ['praɪ-...]; ста́рые ~ы old scores; своди́ть ~ы с кем-л. settle a score with smb., square accóunts with smb.; своди́ть ста́рые ~ы pay* off old scores; в два ~а *разг.* at one stroke, in a trice / jiffy; кру́глым ~ом in round númbers; без ~у cóuntless; ~у нет (*с сущ. в ед. ч.*) very much; (*с сущ. во мн. ч.*) very many; не в ~ not cóunted; он не в ~ he does¦n't count; пя́тый, шесто́й по ~у the fifth, the sixth in succéssion; не знать ~а деньга́м have more móney than one can count [...'mʌ-...]; име́ть на своё́м боево́м счету́ *воен.* have to one's crédit, have accóunted for; потеря́ть ~ (*дт.*) lose* count [lu:z...] (of). **~ный** accóunt (*attr.*); ~ная кни́га accóunt-book; ~ная лине́йка slíde-rùle; ~ная маши́на cálculàtor; cálculàting machíne [...-'ʃi:n]; ~ный рабо́тник accóuntant.

**счетово́д** *м.* accóuntant, lédger clerk [...klɑ:k]. **~ный** bóok-keeping (*attr.*). **~ство** *с.* bóok-keeping.

**счётчик** I *м. тех.* cóunter; (*электрический, газовый*) méter; ~ оборо́тов rèvolútion cóunter, speedómeter, speed cóunter.

**счётчик** II *м.* (*лицо, производящее подсчёт голосов*) téller.

**счёты** *мн.* ábacus *sg.* (*pl.* -cì), cálculàting / cóunting frame *sg.*

**счисле́ни||е** *с.* **1.** nùmerátion; систе́ма ~я scale of notátion; **2.** *мор.*: ~ пути́ dead réckoning [ded...].

**счи́стить(ся)** *сов. см.* счища́ть(ся).

**счита́||ть,** счесть **1.** (*вн.*) count (*d.*); (*вычислять*) compúte (*d.*); ~ в уме́ (*без доп.*) do méntal arithmetic; (*о школьнике*) do sums in one's head [...hed]; ~ по па́льцам count on one's fíngers (*d.*); не ~я not cóunting (*d.*); ~я в том числе́ in¦clúding; **2.** (*вн. тв.*; *вн.* за *вн.*) consíder [-'sɪ-] (*d. d.*), think* (*d. d.*): он ~ет его́ че́стным челове́ком, за че́стного челове́ка he consíders / thinks him an hónest man* [...'ɔn-...]; — его́ ~ют у́мным челове́ком he is repúted to be a man* of sense; он ~ет, что he holds that; ~ свои́м до́лгом (+ *инф.*) consíder it to be one's dúty (+ to *inf.*), consíder òne¦sélf in dúty bound (+ to *inf.*); он ~ет свои́м до́лгом сказа́ть he consíders / deems it his dúty to tell; он ~ет необходи́мым сде́лать э́то he consíders it nécessary to do this; ~ себя́ consíder / belíeve òne¦sélf (to be) [...-'li:v...].

**счита́||ться,** посчита́ться **1.** (с *тв.*) consíder [-'sɪ-] (*d.*), take* into considerátion (*d.*), réckon (with); не ~ ни с чем act regárdless of évery¦thing; не хоте́ть ~ с действи́тельностью refúse to face reálities [...rɪ'æ-]; с ним не́чего ~ he may sáfe¦ly be ignóred; с ним ~ются his opínion is táken into considerátion; с э́тим на́до ~ one must take it into considerátion / accóunt; **2.** *тк. несов.* (кем-л.; *слыть*) be consídered / repúted (smb.); он ~ется хоро́шим специали́стом he is consídered / repúted a good* spécialist [...'spe-]; ~ется, что it is consídered that; **3.** *страд. к* счита́ть; ◇ э́то не ~ется *разг.* that does not count.

**счища́||ть,** счи́стить (*вн.*) clear a¦wáy (*d.*); (*щёткой*) brush off (*d.*); ~ снег clear the snow a¦wáy [...snou...]; ~ шелуху́ с чего́-л. peel smth. **~ться,** счи́ститься **1.** come* off; грязь не ~ется the dirt won't come off [...wount...]; **2.** *страд. к* счища́ть.

**сшиба́ть,** сшиби́ть (*вн.*) knock down (*d.*); ~ с ног knock down (*d.*). **~ся,** сшиби́ться **1.** collíde; **2.** *страд. к* сшиба́ть.

**сшиби́ть(ся)** *сов. см.* сшиба́ть(ся).

**сшива́||ние** *с.* séwing together ['sou- -'ge-]. **~ть,** сшить (*вн.*) sew* togéther [sou -'ge-] (*d.*); *мед.* súture (*d.*).

**сшить** *сов. см.* шить 1 *и* сшива́ть.

**съеда́ть,** съесть (*вн.*) eat* (*d.*), eat* up (*d.*).

**съедо́бн||ый** **1.** (*достаточно вкусный*) éatable; **2.** (*годный в пищу*) édible; ~ые грибы́ édible múshrooms.

**съёживаться,** съёжиться shrível ['ʃrɪ-], shrink*.

**съёжиться** *сов. см.* съёживаться.

**съезд** *м.* **1.** (*собрание*) cóngrèss; cónference, convéntion; Съезд Сове́тов Cóngrèss of Sóvièts; ~ па́ртии Párty Cóngrèss; делега́т ~а délegate to *a* cóngrèss / cónference; **2.** (*прибытие*) arríval.

**съе́здить** *сов.* go*; ~ за́ город go* to the cóuntry [...'kʌ-], go* out of town; ~ ненадо́лго (в *вн.*; к *дт.*; *в другой город и т. п.*) go* for a short time (to), make* a short trip (to); ему́ на́до ~ по де́лу he has to go on búsiness [...'bɪzn-].

**съе́здовский** cóngrèss (*attr.*).

**съезжа́ть,** съе́хать **1.** (*сверху*) go* down, come* down; (*соскальзывать*) slide* / slíther down; съе́хать на́бок be on one side; **2.** (*с квартиры*) move [mu:v]. **~ся,** съе́хаться **1.** (с *тв.*; *встречаться*) meet* (*d.*); **2.** (*собираться вместе*) assémble, come* togéther [...-'ge-].

**съём** *м.*: ~ ста́ли steel óutpùt [...-put].

**съёмк||а** *ж.* **1.** súrvey; топографи́ческая ~ tòpográphical súrvey; глазоме́рная ~ field skétching [fi:-...]; производи́ть ~у (*рд.*) make* a súrvey (of); **2.**: ~ фи́льма shóoting *a* film; **3.** *мор.*: ~ с я́коря wéighing ánchor [...'æŋkə].

**съёмный** demóuntable, remóvable [-'mu:v-]; ~ обод *тех.* demóuntable / remóvable rim.

**съёмщик** *м.* **1.** (*плана*) sùrvéyor; **2.** (*наниматель*) ténant ['te-].

**съестн||ое** *с. скл. как прил.* édibles *pl.* **~ой:** ~ые припасы éatables, édibles, víctuals ['vɪt°lz].

**съесть** *сов. см.* съедать *и* есть I 1; ◇ собаку ~ (на *пр.*) *разг.* be past máster (of, in); have at one's fínger-ènds (*d.*).

**съехать(ся)** *сов. см.* съезжать(ся).

**съехидничать** *сов. см.* ехидничать.

**съязвить** *сов. см.* язвить.

**сыворотка** *ж.* **1.** (*молочная*) whey; (*пахтанье*) búttermilk; **2.** *мед.* sérum.

**сыграть** *сов. см.* играть 1; ~ вничью draw*; ◇ ~ шутку с кем-л. play a trick on smb., play a práctical joke up¦ón smb.

**сыграться** *сов.* (*об актёрах и т. п.*) achíeve a good ensémble [ə'ʧi:v... ɑ:n-'sɑ:mbl].

**сызмала** *нареч. разг.* from, *или* ever since, one's child¦hood [...-hud], from a child, since one was a child*.

**сызмалу** = сызмала.

**сызнова** *нареч. разг.* anéw, afrésh; начинать ~ make* a fresh start.

**сын** *м.* son [sʌn]; ~ своего народа son of the people [...pi:-]; ~ своего времени child of his time; он ~ своего времени he is as the times have made him.

**сынишка** *м.* (little) son [...sʌn]; (*в обращении*) sónny ['sʌ-].

**сыновн||ий** fílial; ~ долг fílial dúty; ~яя любовь fílial love [...lʌv].

**сынок** *м.* son [sʌn]; (*в обращении к маленьким*) sónny ['sʌ-].

**сыпать** (*вн.*) pour [pɔ:] (*d.*), strew* (*d.*); ◇ ~ словами, остротами *и т. п.* spout words, jokes, *etc.*; ~ деньгами squánder móney [...'mʌ-]. **~ся 1.** fall*; (*о сыпучем*) pour [pɔ:], run* out; штукатурка сыплется the plàster flakes off; **2.** (*о звуках, словах и т. п.*) rain, pour; ~ся градом rain down; удары сыпались градом blows fell thick and fast [blouz...]; **3.** (*о ткани — разрушаться*) fray out.

**сыпной:** ~ тиф *мед.* týphus ['taɪ-], spótted féver.

**сыпняк** *м. разг.* týphus ['taɪ-], spótted féver.

**сыпуч||ий:** ~ песок quícksànd; ~ие тела dry súbstances; меры ~их тел dry méasures [...'me-].

**сыпь** *ж.* rash, erúption; показалась ~ the rash broke out.

**сыр** *м.* cheese; зелёный ~ sápsagò cheese; швейцарский ~ Swiss cheese; gruyère (*фр.*) ['gru:jɛə]; ◇ как ~ в масле кататься *разг.* live on the fat of the land [lɪv...], live in clóver.

**сыр-бор** *м. разг.*: вот откуда ~ загорелся ≅ that was the beginning of the strife, that was the spark that set the fórest on fire [...'fɔ-...].

**сыреть,** отсыреть grow* / become* damp [-ou...].

**сырец** *м.*: шёлк-~ raw silk; кирпич-~ raw brick; adóbe [-bɪ].

**сырн||ик** *м.* cheese pán¦càke. **~ый** cáseous, chéesy [-zɪ].

**сыро 1.** *прил. кратк. см.* сырой; **2.** *предик. безл.* it is damp.

**сывар** *м.* chéese-màker. **~ение** *с.* chéese-màking. **~ня** *ж.* cheese dáiry.

**сыроватый 1.** (*влажный*) dámpish; **2.** (*недоваренный, недожаренный и т. п.*) hálf-cóoked ['hɑ:f-], hálf-dóne ['hɑ:f-]; (*о хлебе и т. п.*) hálf-báked ['hɑ:f-].

**сыроежка** *ж.* (*гриб*) rússùla.

**сыр||ой 1.** (*влажный*) damp; (*о хлебе и т. п.*) sódden; ~ое дерево, ~ые дрова damp wood [...wud] *sg.*; ~ая погода damp wéather [...'we-]; **2.** (*неварёный и т. п.*) raw, ún¦cóoked; ~ое мясо raw meat; ~ое молоко fresh / ún¦bóiled milk; **3.** (*необработанный*) raw; ~ материал raw matérial; **4.** (*незрелый*) green.

**сыромятн||ый** raw; ~ая кожа raw hide / léather [...'le-].

**сырость** *ж.* dámpness.

**сырьё** *с. тк. ед. тех.* raw matérial / stuff; *собир.* raw matérials *pl.*

**сырьев||ой** *эк.*: ~ая база, ~ые ресурсы source of raw matérials [sɔ:s...] *sg.*

**сыскать** *сов.* (*вн.*) *разг.* find* (*d.*). **~ся** *сов. разг.* be found.

**сыскн||ой:** ~ая полиция *ист.* críminal invèstigátion depártment.

**сытно** I *прил. кратк. см.* сытный.

**сытн||о** II *нареч.* well*; ~ пообедать have a substántial / good* dínner. **~ый** (*об обеде и т. п.*) substántial, cópious; (*о пище*) nóurishing ['nʌ-].

**сытость** *ж.* satíety, sàtiátion, replétion.

**сытый** sátisfied, replète; он сыт he has had his fill; he is full up *разг.*

**сыч** *м. зоол.* brown owl, bárn-owl, scréech-owl; little owl.

**сычу||г** *м. анат.* àbomásum, rénnet bag. **~жный:** ~жный фермент rénnet.

**сыщик** *м.* detéctive, pláin-clòthes man* [-oudz...].

**сэкономить** *сов. см.* экономить 1,2.

**сюда** *нареч.* here; идите ~ come here; (*указание дороги*) come this way; пожалуйста ~ (step) this way, please.

**сюжет** *м.* súbject; (*тема*) tópic; (*фабула*) plot.

**сюжетный** *прил. к* сюжет; (*о литературном произведении*) with a plot.

**сюзерен** [-зэрэн] *м. ист.* súzerain ['su:-]. **~ный** [-зэрэ-] *прил. к* сюзерен.

**сюита** *ж. муз.* suite [swi:t].

**сюрприз** *м.* surpríse.

**сюрпризом** *нареч.* by surpríse.

**сюрреал||изм** *м. иск.* surréalism [-'rɪə-]. **~ист** *м.* surréalist [-'rɪə-].

**сюртук** *м.* fróck-coat.

**сюсюканье** *с.* lísping.

**сюсюкать** lisp.

**сяк** *нареч. разг.*: и так и ~ this way, that way and every way; то так, то ~ sóme¦times one way, sóme¦times the other; now like this, now like that.

**сям** *нареч.*: и там и ~ here and there; here, there and évery¦whère; ни там ни ~ néither here nor there ['naɪ-...], nó¦whère at all.

# Т

**та** *ж. см.* тот.

**таба́к** *м.* tobáccò; (*растение тж.*) tobáccò-plànt [-ɑ:nt]; ню́хать ~ take* snuff.

**табаке́рка** *ж.* snúff-bòx.

**табаково́д** *м.* tobáccò-grówer [-'grouə], tobáccò-plánter [-ɑ:n-]. **~ство** *с.* tobáccò-cùltivátion, tobáccò-grówing [-'grou-]. **~ческий** *прил. к* табаково́дство.

**таба́нить** *спорт., мор.* back wáter [...'wɔ:-].

**таба́чн||ик** *м.*, **~ица** *ж.* tobáccò-wórker. **~ый 1.** tobáccò (*attr.*); ~ый лист tobáccò leaf*; ~ый кисе́т tobáccò-pouch; ~ая фа́брика tobáccò fáctory; **2.:** ~ый цвет snúff-còlour [-kʌ-]: шерсть ~ого цве́та snúff-còlour¦ed wool [...wul].

**та́бель** *м.* **1.** (*список*) table; ~ о ра́нгах *ист.* table of ranks; **2.** (*для контроля явки на работу; доска*) tíme-board; (*номер*) númber; **3.** (*школьный*) school jóurnal [...'dʒə:-]. **~ный:** ~ная доска́ tíme-board; ~ная систе́ма tíme-board sýstem. **~щик** *м.*, **~щица** *ж.* time¦keeper.

**та́бес** *м. мед.* (dórsal) tábès [...-i:z].

**табле́тка** *ж.* táblet ['tæ-].

**табли́||ца** *ж.* table; (*рисунков, чертежей*) plate; ~ умноже́ния mùltiplicátion table; ~цы логари́фмов tables of lógarithms; ~ вы́игрышей príze-list; ~ ро́зыгрыша *спорт.* (scóre-) tàble; возглавля́ть ~цу ро́зыгрыша be at the top of the table; пе́рвый в ~це at the top of the table, tóp-scòrer; после́дний в ~це at the bóttom of the table, bóttom team; после́дние места́ в ~це the bóttom of the table *sg.* **~чный** tábular.

**табльдо́т** *м.* table d'hôte (*фр.*) ['tɑ:bl'dout].

**та́бор** *м.* camp; цыга́нский ~ Gípsy camp; расположи́ться ~ом en¦cámp. **~ный 1.** *прил. к* та́бор; **2.** (*цыганский*) Gípsy (*attr.*); ~ные пе́сни Gípsy songs.

**табу́** *с. нескл.* tabóo; накла́дывать ~ (на *вн.*) tabóo (*d.*).

**табу́н** *м.* herd of hórses. **~ный** herd (*attr.*). **~щик** *м.* hórse-hèrd.

**табуре́т** *м.*, **~ка** *ж.* stool.

**таве́рна** *ж.* távern ['tæ-].

**та́волга** *ж. бот.* méadow-sweet ['med-].

**тавpёный** bránded; ~ скот bránded cattle.

**тавро́** *с.* brand; накла́дывать ~ (на *вн.*) brand (*d.*).

**тавро́в||ый** *тех.* T- [ti:-]; ~ая ба́лка T-beam ['ti:-], tée-beam.

**тавто¦логи́ческий** tautológical. **~ло́гия** *ж.* tautólogy.

**тага́н** *м.* trívet ['trɪ-].

**таджи́к** *м.*, **~ский** Tàjík [tɑ:'dʒɪk]; ~ский язы́к Tàjík, the Tàjík lánguage.

**таджи́чка** *ж.* Tàjík wóman* [tɑ:'dʒɪk 'wu-].

**таёжн||ик** *м.* táiga dwéller ['taɪ-...]. **~ый** táiga ['taɪ-] (*attr.*).

**таз** I *м.* (*посуда*) básin ['beɪ-]; (*для умывания*) wásh-bàsin [-beɪ-], wásh-hànd-básin [-'beɪ-]; (*для варенья*) pan.

**таз** II *м. анат.* pélvis.

**тазобе́дренн||ый** *анат.* hip (*attr.*); cóxal *научн.*; ~ая кость híp-bòne.

**та́зов||ый** *анат.* pélvic; ~ые ко́сти pélvic bones.

**таи́нственн||ость** *ж.* mýstery; к чему́ така́я ~? why such mýstery? **~ый 1.** mystérious; (*загадочный*) ènigmátic; **2.** (*секретный*) sécret.

**та́инство** *с.* sácrament.

**таи́ть** (*вн.*) hide* (*d.*), concéal (*d.*); ~ зло́бу про́тив кого́-л. bear* smb. málice [bɛə...], bear* smb. a grudge; hárbour / have a grudge agáinst smb.; ◇ ~ в себе́ (*вн.*; *заключать*) hárbour (*d.*), be fraught (w¦th); ~ в себе́ угро́зу войны́ be fraught with the threat of war [...θret...]; не́чего греха́ ~ it must be conféssed / owned [...ound]; I, you must conféss / own [...oun]; (*нам надо признаться тж.*) let us conféss, we may as well conféss. **~ся 1.** be hídden / concéaled; **2.** (*прятаться*) hide* / concéal òne¦sélf; **3.** (*скрывать что-л. от кого-л.*) concéal smth. from smb., keep* smth. back from smb.; не таи́сь от меня́ don't concéal ány¦thing from me, don't keep ány¦thing back from me.

**тайга́** *ж.* táiga ['taɪ-] (*dense forests between tundra and steppe*).

**тайко́м** *нареч.* sécret¦ly, in sécret, sùrreptítious¦ly, by stealth [...-elθ]; on the quíet, on the sly *разг.*; уйти́ ~ steal* a¦wáy / out; ~ от кого́-л. without smb.'s knówledge [...'nɔ-], ún¦knówn to smb. [-'noun...]; (*в плохом смысле*) behínd smb.'s back.

**та́йн||а** *ж.* (*то, что непонятно*) mýstery; (*то, что скрывается*) sécret; (*секретность*) sécrecy ['si:-]; выдава́ть ~у betráy / revéal, *или* let* out, *a* sécret; быть посвящённым в ~у be in the sécret; сохраня́ть ~у keep* *a* sécret; держа́ть что-л. в ~е keep* smth. sécret, *или* in sécrecy; в ~е от кого́-л. without smb.'s knówledge [...'nɔ-], ún¦knówn to smb. [-'noun...]; доверя́ть свои́ ~ы кому́-л. take* smb. into one's cónfidence, let* smb. into one's sécrets; посвяща́ть кого́-л. в ~у let* smb. into *a* sécret; госуда́рственная ~ State sécret; служе́бная ~ offícial sécrecy / sécret; де́лать из чего́-л. ~у make* a mýstery of smth.; под покро́вом ~ы únder a veil of sécrecy; узна́ть ~у learn* *a* sécret [lə:n...]; (*неожиданно*) light* up¦ón *a* sécret; не ~, что it is no sécret that.

**тайни́к** *м.* híding-plàce; (*тайный склад*) cache [kæʃ]; ◇ в ~а́х се́рдца, душ́и in the in¦mòst recésses of *one's* heart [...hɑ:t], in *one's* heart of hearts.

**та́йно** *нареч.* sécret¦ly, in sécret; (*за чьей-л. спиной*) ùnderhándedly, in an únderhànd way.

**тайнобра́чн||ые** *мн. скл. как прил. бот.* crỳptogámia [-'gæ-]. **~ый** *бот.* crỳptogámic [-tou-], cryptógamous; ~ое расте́ние crýptogàm.

**та́йнопись** *ж.* cryptógraphy.

**та́йн||ый** sécret; (*скрытый*) cóvert ['kʌ-], veiled; (*конспиративный*) clàndéstine; ~ое свида́ние sécret méeting; ~ брак sécret / clàndéstine márriage [...-rɪdʒ]; ~ое жела́ние sécret wish; ~ая мечта́ ún¦avówed / sécret dream; ~ая надéжда lúrking / sécret hope; ~ая типогрáфия clàndéstine / úndergound / sécret press; ~ое голосовáние (sécret) bállot; ◇ ~ совéт Prívy Cóuncil ['prɪ-...].

**тайфу́н** *м.* tỳphóon [taɪ-].

**так** *нареч.* **1.** (*в разн. знач.*) so; (*таким образом тж.*) thus [ð-], like this, this way: ~ стрáшно so térrible; ~ необходи́мо so nécessary; ~ вáжно so impórtant; сдéлайте ~, чтóбы do it so that: вся недéля ~ прошлá the whole week passed so / thus [...houl...]; сдéлайте ~! do it like this!; — дéло обстои́т ~ this is how mátters stand; он говори́л ~, как бу́дто he spoke as though [...ðou]; он ~ говори́л, что he spoke in such a way that; я ~ и сказáл емý, что I told him in so many words that; пусть ~ остáнется let it remáin as it is; ~ вы́йти нельзя́ you cánnòt go out like that; он отвечáл ~ he ánswered thus, *или* as fóllows [...'ɑːnsəd...], this is the ánswer he gave [...'ɑːnsə...]; здесь чтó-то не ~ there is smth. wrong here; ~ ли я говорю́, дéлаю *и т. п.*? am I right?, am I doing right?, *etc.*; тóчно ~ in exáctly the same way; и́менно ~ just so; вот ~! that's the way!, that's right!; ~, как э́то бы́ло how it was, the way it was; ~ же (как) just as; the same way as; бу́дьте ~ добры́ (+ *повелит.*) please (+ *imperat.*); (+ *инф.*) would you be so kind (as + to *inf.*); ~ ли? is that so?; ~ ли э́то? is that (réally) the case? [...'rɪə-... -s], is that so?; не ~ ли? isn't that so?; ~ и есть so it is; ~ чтóбы (+ *инф.*) so as (+ to *inf.*); ~ чтóбы не (+ *инф.*) so as not (+ to *inf.*); ~ что so that; ~ и не never: он ~ и не пришёл, не сдéлал, не сказáл *и т. п.* he never came, did it, said, *etc.* [...sed], he did not (didn't) come, do it, say, *etc.*, áfter all; я ~ и не узнáл I never found out, *или* learnt [...ləːnt]; **2.** (*в таком случае, тогда*) then; (*итак*) so: ты не пойдёшь, ~ я пойду́ if you don't go, then I shall; не тут, ~ там if (it is) not here, then (it is) there; ~ (*итак*) он приéхал! so he has come!; ~ вы егó знáете! so you know him! [...nou...]; ~ вот где so that is where; ~ тáк и скажи́те then say so; **3.:** ~ как *союз* as, since: он не мóжет передáть ей кни́гу, ~ как онá ужé уéхала he can't give her the book as / since she has àlréady left [...kɑːnt ...ɔːl'redɪ...]; ◇ ~ и́ли инáче in any evént, in any case; (*в том и другом случае*) in éither evént [...'aɪ-...], one way or another; ~ и ~ this way and that; а ~ as it is; ~ емý и нáдо (it) serves him right; ~ назывáемый só-cálled; ~ сказáть so to speak / say; как ~? how is that?, how do you mean?; ~ напримéр thus, for exámple [...-ɑːm-]; и ~ и сяк, и ~ и э́так this way and that, this way, that way and every way; и ~ дáлее and so on / forth; и т. д. etc.; ~ и быть all right, very well; so be it; right you are, right oh [...ou] *разг.*; ~ себé só-sò, middling; кни́жка э́та ~ себé this book is not up to much; и ~ (*и без того уже*) as it is; как бы не ~! oh yes, indéed!, oh, of course! [...kɔːs]; éсли ~ if that's the case; ~-то тáк, но that's true, but; он э́то ~ (тóлько) сказáл, сдéлал he said it, did it, for no spécial réason, *или* for no réason in particular [...'spe-ʒ°n...]; ~ бы...! (*взять бы да и...*) wouldn't I just...!; ~ он э́то и сдéлает! (*не сделает*) he'll do it, forsóoth!, you áctually think he'll do it!; ~ и знáй(те) now ùnderstánd me (*в начале предложения*).

**такелáж** *м. мор.* rigging; бегу́чий ~ rúnning rigging; стоя́чий ~ stánding rigging. **~ник** *м. мор.*, *ав.* rigger; *стр.* scáffolder, scáffold wórker.

**тáкже** *нареч.* álsò ['ɔːl-]; as well, too (*в конце предложения*); (*в отриц. предложениях*) éither ['aɪ-] (*ставится в конце*): он ~ поéдет he will álsò go, he will go as well, he will go too; he, too, will go; он ~ не поéдет he will not go éither; — а ~ и as well as.

**-таки** *частица разг.* áfter all; он-~ пришёл he has come áfter all; опя́ть-~ agáin; тáк-~ réally ['rɪə-].

**такóв,** *ж.* таковá, *с.* таковó, *мн.* таковы́, *мест.* such; все они́ ~ы́ they are all like that, they are all the same; он не ~, как вы ду́мали he is not what you thought (he was); кто он ~? who is he?; ~ы́ фáкты such are the facts; (*вот всё, что известно*) so much for the facts; ◇ и был ~ *разг.* and off he went; and that was the last we, *etc.*, saw of him.

**таков||óй** *мест. книжн.* such; *канц.* (*вышеозначенный*) the same; éсли ~ы́е имéются if any; ~óе бы́ло полу́чено 20-го э́того мéсяца the same was recéived on the 20th inst. [...-'siːvd...]; ◇ как ~ as such.

**такóвский** *разг.:* не ~ он человéк he is not that sort (of pérson).

**так||óй** *мест.* **1.** such; (*перед прил.*) so *книжн.*; such *разг.*; ~ человéк such a man*, a man* such as that, a man* like that / him; ~и́е кни́ги such books (as these), books such as these, books of this kind; ~áя интерéсная кни́га so ínteresting a book; such an ínteresting book *разг.*; ~и́е интерéсные кни́ги such ínteresting books; books so ínteresting; ~и́е глубóкие мы́сли thoughts so profóund; ~и́е хорóшенькие котя́та such prétty kittens [...'prɪ-...]; ~ же the same; ~ же как the same as; э́то совершéнно ~áя же кни́га it is the very, *или* exáctly the, same book; вы всё ~ же you are álways the same [...'ɔːlwəz...], you haven't changed [...tʃeɪ-]; э́то ~óе удовóльствие! it is such a pléasure! [...-ʒə]; ~, какóй есть such as *he* is; он ~ у́мный! he is so cléver! [...'kle-]; he is such a cléver man*! *разг.*; он не ~ уж великоду́шный he is not so very génerous; ~ же большóй, как as big as; ~óго же размéра, как of the same size as; тóчно ~ just like this; **2.** *разг.* (*известного рода*) a sort of, that sort of, like this / that: э́то ~áя огрáда it is a sort of guard; ~и́е цветы́ that sort of flówers, flówers like these; — он не ~ (человéк) he is not the sort (of man*); я никогдá не ожидáл э́того от ~óго человéка, как он I never expécted it of a man* like him; ◇ в ~óм слу́чае in that case [...-s], if that is so: ~и́м óбразом thus, in that way; до ~ стéпени so, to such an extént, to such a degrée; кто ~? who is it?; кто ~и́е? who are they?; кто вы ~? who are you?; что ~óе? (*что случилось?*) what's the mátter?; (*при переспрашивании*) what's that?

what did *you* say?; что ж э́то ~óe? what is this?; что ж тут ~óго? what is there so wónderful abóut it? [...'wʌ-...]; и всё ~óe *разг.* and so on.

**такóй-то** *мест.* **1.** (*вместо имени и т. п.*) só-and-sò; (*в документе*) such pérson; **2.** (*перед сущ.*) súch-and-sùch; в ~ час at súch-and-sùch an hour [...auə].

**та́кс||а** I *ж.* (*на цены*) státutory price; táriff; продава́ть по ~е (*вн.*) sell* at the státutory price (*d.*); ~ пла́ты за проéзд táriff of fares.

**та́кса** II *ж.* (*собака*) dáchshùnd ['dækshund].

**такса́||тор** *м.* **1.** assessor of státutory prices; (*оценщик*) váluer; **2.** (*лесной*) fórest váluer ['fɔ-...]. **~ция** *ж.* **1.** assessment of státutory prices; (*оценка*) vàluátion; **2.** (*лесная*) fórest vàluátion ['fɔ-...], vàluátion súrvey.

**такси́** *с. нескл.* táxi; грузовóе ~ táxi-lòrry; шофёр ~ táxi-driver, táxi¦man*.

**такси́ровать** *несов. и сов.* (*вн.*) fix / assess the státutory price (of).

**таксирóв||ка** *ж.* assessment of státutory prices. **~щик** *м.* = такса́тор 1.

**таксомотóр** *м.* táxi. **~ный** táxi (*attr.*).

**такт** I *м.* (*в разн. знач.*) time; *муз. тж.* méasure ['me-]; (*в нотах*) bar; двудóльный ~ cómmon time; трёхдóльный ~ triple / three time [trɪ-...]; раздели́ть нóты на ~ы divíde músic into bars [...-zɪk...]; в ~ (*петь и т. п.*) in time; отбива́ть ~ beat* time; сби́ться с ~а get* out of time.

**такт** II *м.* (*о поведении*) tact; человéк с ~ом a man* of tact, táctful man*; соблюда́ть ~, держа́ть себя́ с ~ом be táctful; отсу́тствие ~а táctlessness.

**та́к-таки** *частица* réally ['rɪə-].

**та́ктик** *м.* tàctícian.

**та́ктика** *ж. воен.* táctics *sg. или pl.*; (*перен.*) táctics *pl.*

**такти́ческ||ий** táctical; ~ая зада́ча táctical scheme; ~ое заня́тие táctical éxercise.

**такти́чн||о** *нареч.* táctfully, with tact. **~ость** *ж.* tact; ~ость егó слов, поведéния his táctful words, behávіour. **~ый** táctful; ~ый человéк táctful man*, man* of tact; трéбующий ~ого подхóда (*о вопросе и т. п.*) délicate, tícklish; быть ~ым be táctful, have tact.

**та́ктов||ый** *прил. к* такт I; ~ая чертá bar.

**тала́нт** *м.* **1.** (к) tálent ['tæ-] (for), gift [gɪ-] (for); у негó большóй ~ he is very gifted [...'gɪ-]; у негó мнóго ~ов *разг.* he has many abílities, he can do all sorts of things; показы́вать свои́ ~ы *разг.* displáy one's tálents; **2.** (*талантливый человек*) man* of tálent, gifted pérson, great tálent [-eɪt...].

**тала́нтлив||о** *нареч.* ábly; (*прекрасно*) fine¦ly. **~ость** *ж.* tálent ['tæ-]; (*чего-л. тж.*) giftedness ['gɪ-], gifted náture ['gɪ- 'neɪ-]; прирóдная ~ость nátural tálent, nátural endówments / gifts [...gɪ-] *pl.* **~ый** gifted ['gɪ-], tálented; (*искусный тж.*) cléver ['kle-]; ~ое произведéние a work of great tálent [...-eɪt 'tæ-]; ~ая натýра gifted, *или* richly endówed, náture [...'neɪ-]; э́то ~ая натýра he, she is a pérson of mánifòld gifts [...gɪ-].

**та́лер** *м.* (*монета*) tháler ['tɑːlə].

**та́ли** *мн. мор., тех.* tackle (gear) [...gɪə] *sg.*

**талисма́н** *м.* tálisman [-z-], charm.

**та́ли||я** *ж.* waist; тóнкая ~ slénder waist; оси́ная ~ *разг.* wasp waist; в ~ю (*о платье*) fitting at / in the waist; обня́ть когó-л. за ~ю put* one's arm round smb.'s waist.

**та́ллий** *м. хим.* thállium.

**талмýд** *м. рел.* Tálmud. **~и́ст** *м.* Tálmudist; (*перен.: схоласт*) pédant ['pe-], dòctrináire. **~и́стский** Tàlmudístic; (*перен.: начётнический*) pedántic; dòctrináire (*attr.*). **~и́ческий** Tàlmúdic(al) [-'mu-]; (*перен.: начётнический*) pedántic; dòctrináire (*attr.*).

**талóн** *м.* cóupòn ['kuː-]; (*отдельный тж.*) check.

**та́лреп** *м. мор.* (*тросовый*) lán¦yàrd; (*винтовой*) túrn-bùckle, tíghtening screw.

**та́л||ый** thawed; (*о снеге, льде тж.*) mélted; ~ снег mélted snow [...snou]; (*на улице тж.*) slush; ~ая водá thawed / mélted snow; ~ая земля́ thawed ground / soil.

**та́львег** *м. геогр.* thálweg ['tɑːlveɪk].

**тальк** *м. мин.* talc; *фарм. тж.* talc / tálcum pówder. **~овый** *мин.* tálcòse [-s], tálcous; talc (*attr.*); ~овый сла́нец stéatite ['stɪə-], sóap-stòne.

**та́льма** *ж. уст.* tálma.

**тальни́к** *м. бот.* purple / rose willow.

**там** **1.** *нареч.* there: он нашёл их ~ he found them there; ~ бы́ло мнóго нарóду there were many people there [...piː-...]; пóсле шести́ часóв ~ никогó не бывáет there is nó¦body there áfter six o'clóck; то ~ то сям now here, now there; — ~ и сям here, there, and évery¦whère, here and there; ни ~ ни сям nó¦whère at all, néither here nor there ['naɪ-...]; ~ же in the same place; (*при ссылках в печати*) ibid ['aɪ-]; ~, где where; **2.** *как частица разг. с оттенком сомнения, пренебрежения; не переводится:* вся́кие ~ глýпости говори́т he is tálking all sorts of nónsense; что бы ~ ни́ бы́ло ≅ ány¦way, at any rate; ◇ какóе ~ (*ничего подобного*) nothing of the sort; чегó ~! (*не стесняйтесь*) go on!, go ahéad! [...ə'hed]; ~ ви́дно бýдет ≅ we'll see when the time comes.

**тамадá** *м.* tóast-máster.

**тамари́нд** *м. бот.* támarind.

**тамари́ск** *м. бот.* támarisk.

**та́мбур** I *м.* **1.** *арх.* tàmbour [-buə]; **2.** (*пристройка у входных дверей*) lóbby; **3.** *ж.-д.* plátfòrm (*of a railway carriage*).

**та́мбур** II *м.* (*вышивание*) cháin-stìtch; вышива́ть ~ом (*вн.*) embróider in cháin-stitch (*d.*).

**та́мбур** III *м.* **1.** *уст.* (*барабан*) támbour [-buə]; **2.** (*музыкальный инструмент*) tàmbóura [tʌm'buːərə].

**тамбури́н** *м.* **1.** tàmbourine [-iːn]; **2.** (*барабан с удлинённым корпусом*) támbourin [-burɪn].

**тамбурмажóр** *м. воен. уст.* drúm-májor.

**та́мбурный:** ~ шов cháin-stìtch.

**тамóженник** *м. разг.* cústoms official.

**тамóженн||ый** cústom(s) (*attr.*); ~ тари́ф cústoms-tàriff; ~ осмóтр cústoms exàminátion; ~ надсмóтрщик cústom-house ófficer [-haus...]; ~ые пóшлины cústoms, cústoms dúties; cústoms dúty *sg.*

**тамо́жня** *ж.* cústom-house* [-s].

**та́мошн||ий** *разг.* of that place, of those pláces; (*местный*) lócal; ~ие жи́тели the inhábitants there, the inhábitants of that place; the lócal inhábitants.

**тамплие́р** [-э́р] *м. ист.* (Knight) Témplar; *мн.* (*орден*) Knights Témplars.

**тампо́н** *м. мед.* támpon; wad (of cótton wool, of gauze) [...wul...] *разг.*; вста́вить ~ в ра́ну támpon *a* wound [...wu:nd], plug *a* wound with *a* támpon, *или* wad (of cótton, of gauze).

**тампона́ж** *м. горн.* támping.

**тампон||а́ция** *ж. мед.* tàmponáde. **~и́ровать** *несов. и сов.* (*вн.*) *мед.* támpon (*d.*); plug with a támpon, *или* wad (of cótton, of gauze).

**тамта́м** *м. муз.* tómtòm.

**та́нген||с** *м. мат.* tángent [-n-]. **~циа́льный** *мат.* tàngéntial [-n'dʒe-].

**та́нго** *с. нескл.* tángò.

**та́н||ец** *м.* dance; *мн.* (*танцевальный вечер*) dance *sg.*; учи́тель ~цев dáncing-màster; уро́ки ~цев dáncing léssons; ве́чер с ~цами dance, dáncing-pàrty; сего́дня бу́дут ~цы there will be dáncing to:night; пойти́ на ~цы go* to a dance.

**тани́н** *м.* tánnin.

**танк** *м.* tank.

**та́нкер** *м. мор.* tánker.

**танке́тка** *ж.* tànkétte.

**танке́тки** I *мн. см.* танке́тка.

**танке́тки** II *мн.* (*ед.* танке́тка *ж.*) (*дамские туфли*) wédge-héeled shoes [...ʃu:z].

**танки́ст** *м.* tánk:man*; tánker *амер.*; офице́р-~ tánk-òfficer.

**та́нков||ый** tank (*attr.*); ármour:ed; ~ая часть tank únit; ~ая диви́зия ármour:ed divísion; ~ батальо́н tank battálion [...-'tæ-]; ~ая ата́ка tank attáck.

**танкострое́ние** *с.* tánk-bùilding índustry [-bɪld-...].

**Танта́л** *м. миф.* Tántalus; му́ки ~а the tórmènts of Tántalus.

**танта́л** *м. хим.* tántalum.

**тантали́т** *м. мин.* tántalite.

**тантье́ма** *ж. эк.* bónus.

**танцева́льн||ый** dáncing, dance (*attr.*); ~ое иску́сство art of dáncing; ~ ве́чер (a) dance, dáncing-pàrty; ~ая му́зыка dance músic [...-zɪk]; ~ая площа́дка dance pavílion.

**танцева́ть** (*вн.*) dance (*d.*).

**танц||кла́сс** *м. уст.* school of dáncing; dáncing-clàsses *pl.* **~ме́йстер** *м. уст.* dáncing-màster.

**танц||о́вщик** *м.*, **~о́вщица** *ж.* dáncer. **~о́р** *м.* dáncer. **~у́лька** *ж. разг.* dance, hop.

**тапёр** *м.*, **~ша** *ж.* piánist ['pjæ-] (*at a dance*).

**тапио́ка** *ж.* tàpióca.

**тапи́р** *м. зоол.* tápir ['teɪ-].

**та́почки** *мн.* (*ед.* та́почка *ж.*) slíppers; (*спортивные*) sports shoes [...ʃu:z]; (*на резине*) plímsolls.

**та́ра** *ж. тк. ед.* **1.** (*упаковка*) páckage, pácking; **2.** *торг.* (*вес упаковки*) tare.

**тараба́нить** *разг.* clátter.

**тараба́р||ский:** ~ язы́к = тараба́рщина. **~щина** *ж.* gíbberish ['gɪ-]; э́то ~щина для меня́ it is Greek to me.

**тарака́н** *м.* cóckroach; (*чёрный тж.*) bláck-béetle. **~ий** cóckroach (*attr.*).

**тара́н** *м.* **1.** *воен.* ram; **2.** *ист.* báttering-ràm; **3.** *тех.*: гидравли́ческий ~ hу̀dráulic ram [haɪ-...]. **~ить** (*вн.*) ram (*d.*).

**таранта́с** *м.* tàràntáss [tɑ:rɑ:n'tɑ:s] (*springless carriage*).

**таранте́лла** [-тэ́-] *ж.* tàrantélla.

**тара́нтул** *м. зоол.* tarántula.

**тара́нь** *ж.* (*рыба*) séa-roach.

**тарара́м** *м. тк. ед. разг.* hùllabalóo, row; устра́ивать ~ make* a hùllabalóo / row; kick up a hùllabalóo / row.

**тарара́х||ать,** тарара́хнуть (*вн.*) *разг.* bang (*d.*); (*без доп.*; *о пушке и т. п.*) crash, thúnder. **~нуть** *сов. см.* тарара́хать.

**тарата́йка** *ж. разг.* càbriolét [kæbrɪə'leɪ], gig [gɪg]; (*тележка*) twó-wheeled cart.

**тарато́р||ить** *разг.* chátter, jábber; (*вн.*) gabble (*d.*). **~ка** *м. и ж. разг.* cháttterbòx, bábbler.

**тарахте́ть** *разг.* rattle, rumble.

**тара́щить,** вы́таращить *разг.*: ~ глаза́ (на *вн.*) stare (at); goggle (at).

**таре́лк||а** *ж.* **1.** plate; глубо́кая ~ sóup-plàte ['su:p-]; ме́лкая ~ (*большая*) dínner-plàte; (*небольшая*) bréad-plàte ['bred-]; по́лная ~ чего́-л. a pláte:ful of smth.; **2.** *мн. муз.* cу́mbals; **3.** *ж.-д.*: ~ бу́фера búffer disk; ◇ быть не в свое́й ~е *разг.* be ùpsét, be not quite òne:sélf.

**тари́ф** *м.* táriff; запрети́тельный ~ *эк.* prohíbitive táriff. **~ика́ция** *ж.* táriffing. **~ици́ровать** *несов. и сов.* (*вн.*) táriff (*d.*). **~ный** táriff (*attr.*); ~ная се́тка táriff scale.

**тарта́ние** *с. горн.* (*нефти*) báiling.

**та́ртар** *м. миф.* Tártarus.

**тартарары́** *мн. нескл.*: провали́ться ему́, им *и т. д.* в ~ *разг.* confóund / damn him, them, *etc.*; провали́ться в ~ (*о себе*) I'll be damned.

**тарти́нка** *ж.* slice of bread and bútter [...ed...].

**та́ры-ба́ры** *мн. разг.* títtle-tàttle *sg.*; и пошли́ ~ and all the tóngues begán to wag [...tʌŋz...wæg].

**таска́ть,** *опред.* тащи́ть, *сов.* потащи́ть (*вн.*) **1.** (*носить*) cárry (*d.*); (*волочить*) drag (*d.*); (*тянуть*) pull [pul] (*d.*); (*что-л. тяжёлое*) lug (*d.*); (*за собой*) pull / drag alóng (*d.*); куда́ он та́щит э́ти кни́ги? where is he cárrying / táking these books?; две ло́шади тащи́ли са́ни two hórses were púlling / drágging the sledge; ~ во́ду fetch wáter [...'wɔ:-]; ~ всю́ду с собо́й drag all óver the place (*d.*); он е́ле но́ги таска́ет *разг.* he can hárdly drag him:sélf alóng; **2.** *тк. неопред. разг.* (*об одежде*) wear* [wɛə] (*d.*); **3.** *тк. несов. разг.* (*воровать*) steal* (*d.*), pílfer (*d.*), filch (*d.*); **4.** *тк. неопред. разг.*: ~ кого́-л. за́ во́лосы *разг.* pull smb.'s hair, pull smb. by the hair. **~ся,** *опред.* тащи́ться, *сов.* потащи́ться **1.** (*в разн. знач.*) drag / trail alóng; подо́л пла́тья тащи́лся по́ полу the skirt trailed on the floor [...flɔ:]; е́ле тащи́ться drag òne:sélf alóng with dífficulty; он е́ле та́щится he can hárdly walk, *или* drag hìm:sélf alóng; ~ся за кем-л. *разг.* trail áfter smb.; **2.** *тк. неопред.* (*бродить*) gad abóut; (*слоняться*) hang* abóut.

**тасова́ть,** стасова́ть (*вн.*) shuffle (*d.*); ~ ка́рты shuffle the cards.

**taсо́вка** *ж.* shuffle, shúffling.

**ТАСС** *м.* (Телегра́фное аге́нтство Сове́тского Сою́за) TASS (Télegràph Ágency of the Sóvièt Únion) [...'eɪdʒ-...].

**тата́р||ин** *м.*, ~**ка** *ж.* Tátar ['tɑː-].

**тата́рник** *м.*: ~ полево́й *бот.* thistle.

**тата́рский** Tátar ['tɑː-]; ~ язы́к Tátar, the Tátar lánguage.

**татуи́ровать** (*вн.*) tattóo (*d.*). ~**ся 1.** have òne¦sélf tattóoed; (*самому*) tattóo òne¦sélf; **2.** *страд. к* татуи́ровать.

**татуиро́вка** *ж.* **1.** (*действие*) tattóo¦ing; **2.** (*узоры*) tattóo.

**тафта́** *ж. текст.* táffeta.

**тахео́метр** *м. геод.* tàcheómeter [-kɪ-].

**тахикарди́я** *ж. мед.* tàchycárdia [-kɪ-].

**тахи́метр** *м.* tàchýmeter [-'kɪ-].

**тахо́метр** *м.* tàchómeter [-'kɔ-].

**тахта́** *ж.* óttoman.

**тача́нка** *ж.*: пулемётная ~ machíne-gùn cart [-'ʃiːn-...].

**тача́ть,** стача́ть (*вн.*) stitch (*d.*).

**та́чк||а** *ж.* whéel¦bàrrow; везти́ на ~е (*вн.*) wheel in *a* bárrow (*d.*).

**тащи́ть** *см.* таска́ть 1, 3. ~**ся** *см.* таска́ться 1.

**та́яние** *с.* tháw(ing).

**та́ять,** растая́ть **1.** melt; (*о снеге, льде тж.*) thaw; та́ет *безл.* it is tháwing, a thaw has set in; **2.** (*исчезать*) melt a¦wáy, wane, dwindle; его́ си́лы та́ют his strength is dwíndling, *или* is on the wane; зву́ки та́ют sounds fade a¦wáy; **3.** *тк. несов.* (*чахнуть*) waste a¦wáy [weɪ-...]; (от *горя, тоски*) pìne / lánguish (with); **4.** (от; *умиляться*) melt (with).

**тварь** *ж.* créature; *собир.* créatures *pl.*

**твере́ть** hárden, become* hard.

**тверд||и́ть** (*вн.*) **1.** say* / repéat óver and óver agáin (*d.*), rè¦iteràte (*d.*); ~ кому́-л. tell* smb. óver and óver agáin (*d.*); об э́том ~я́т все everybody repéats it, everybody says (it is) so [...sez...], it is cómmon talk; **2.:** ~ наизу́сть learn* by heart [lɜːn... hɑːt] (*d.*), mémorize (*d.*).

**твёрдо** I *прил. кратк. см.* твёрдый.

**твёрдо** II *нареч.* fírmly, firm; ~ вы́учить (*вн.*) learn* thóroughly [lɜːn 'θʌ-] (*d.*); ~ держа́ться stand* fìrm / fast; ~ запо́мнить (*вн.*) remémber well (*d.*); он ~ запо́мнил её слова́ he remémbered her words well, her words remáined fixed in his mémory; ~ реши́ть (+ *инф.*) detérmine (+ to *inf.*, on *ger.*), resólve [-'zɔ-] (up¦ón *ger.*); он ~ реши́л уе́хать he is detérmined to go, *или* on gó¦ing, he is resólved up¦ón gó¦ing; ~ стоя́ть на нога́х be stéady on one's legs [...'ste-...]; ~ стоя́ть на своём stand* one's ground (fírmly), hold* one's own [...oun], be firm.

**твердова́тый** hárdish; sóme¦whàt / ráther hard [...'rɑː-...].

**твердока́менный** stéadfast ['sted-], staunch, ùnflínching, ùn¦wáver¦ing.

**твердоло́бый 1.** thick-héaded [-'hed-], chúckle-héaded [-'hed-], thick-skúlled, dúll-witted; **2.** (*упорно консервативный*) die-hàrd (*attr.*).

**твёрд||ость** *ж.* hárdness; solídity; (*перен.*) fírmness, stéadfastness ['sted-]; (*ср.* твёрдый); ~ ду́ха strength of mind. ~**ый** (*не мягкий*) hard; (*не жидкий*) sólid; (*крепкий*) firm, strong; (*перен.: непоколебимый*) firm; (*стойкий*) stéadfast ['sted-]; (*установленный*) stable; ~ая пшени́ца hard wheat; ~ый грунт firm soil; *с.-х.* stiff soil; ~ый переплёт stiff binding; ~ый согла́сный *лингв.* hard cónsonant; ~ое те́ло *физ.* sólid; он оста́лся твёрд he remáined únsháken / firm / stéadfast; ~ый ду́хом челове́к a stéadfast / ùnflínching man*; ~ое наме́рение ùn¦wáver¦ing / stéady / fixed púrpose [...'ste-...-s]; ~ое реше́ние firm decísion; ~ое убежде́ние strong / firm convíction; ~ая уве́ренность firm belíef [...-iːf]; ~ые зна́ния sound knówledge [...'nɔ-] *sg.*; стать ~ой ного́й где-л. secúre a firm fóoting sóme¦whère [...'fut-...]; ~ые це́ны fixed / stable príces; ~ое зада́ние spécified / définite task; он не твёрд в хи́мии *разг.* he is not strong in chémistry [...'ke-]; ◇ ~ый знак hard sign [...saɪn], the Rússian létter "ъ" [...-ʃən...]; в здра́вом уме́ и ~ой па́мяти of sound mind and mémory.

**тверды́ня** *ж.* stróng¦hòld.

**твоё** *с. см.* твой.

**твой 1.** *мест.* (*при сущ.*) your; (*без сущ.*) yours; (*при сущ.*) thy [ð-], (*без сущ. и перед сущ., начинающимся с гласной или с* h *немого*) thine [ð-] *поэт., уст.* (*тж. при обращении к природе, мифологическим существам и т. п.*); э́то ~ каранда́ш this is your péncil; э́то твоё this is yours; **2.** *мн.* (*в знач. сущ.*) your people [...piː-]; как пожива́ют твои́? how are your people?; how is everybody at home?; ◇ мне твоего́ не ну́жно I don't want ány¦thing of yours; он зна́ет бо́льше твоего́ *разг.* he knows more than you do [...nouz...]; что ~ (*словно, как настоящий*) *разг.* just like.

**творе́ние** *с.* **1.** (*действие*) crèátion; **2.** (*существо*) créature, bé¦ing; **3.** (*художественное произведение*) work.

**творе́ц** *м.* crèátor; (*автор*) áuthor; ~ исто́рии máker of history.

**твори́ло** *с. тех.* líme-pit.

**твори́тельный:** ~ паде́ж *грам.* instruméntal (case) [...keɪs].

**твори́ть** I, сотвори́ть (*вн.*; *создавать*) crèáte (*d.*); (*делать*) do (*d.*), make* (*d.*); ~ чудеса́ work wónders [...'wʌ-]; ~ суд *уст.* admínister jústice.

**твори́ть** II (*вн.*) knead (*d.*); ~ и́звесть *тех.* slake lime.

**твори́ться** I **1.** háppen, go* on; что здесь твори́тся? what is háppening, *или* what is gó¦ing on, here?; **2.** *страд. к* твори́ть I.

**твори́ться** II *страд. к* твори́ть II.

**тво́ро́г** *м.* curds *pl.*, cóttage cheese.

**творо́ж||истый** cò¦águlàted, curdled. ~**ник** *м.* curd pán¦càke, cóttage-cheese pán¦càke. ~**ный** curd (*attr.*); ~ная ма́сса curds *pl.*; ~ный сыро́к cóttage cheese.

**тво́рческ||ий** crèátive; ~ая си́ла crèátive pówer; crèátive¦ness; ~ие си́лы constrúctive énergies; ~ая инициати́ва масс the crèátive inítiative of the másses; ~ маркси́зм crèátive Márxism.

**тво́рчеств||о** *с. тк. ед.* **1.** (*действие*) crèátion; (*деятельность*) crèátive work; ра́дость

~a the joy of crèátion; нау́чное ~ scientífic work; наро́дное ~ people's art [pi:-...], the crèátive work of the people; 2. (*совоку́пность со́зданного*) work; (*литерату́рные произведе́ния*) works *pl.*

**твоя́** *ж. см.* твой.

**те** *мн. см.* тот.

**т. е.** *сокр.* (= то́ есть) i. e. (= that is *от латинск.* id est).

**теа́тр** *м.* (*в разн. знач.*) théatre ['θɪə-]; (*зда́ние тж.*) pláy-house* [-s]; (*драмати́ческие произведе́ния тж.*) dramátic works *pl.*; пойти́ в ~ go* to the théatre; быть в ~е be at the théatre; ~ был по́лон the house* was full [...haus...]; о́перный ~ ópera-house* [-s]; ~ и кино́ stage and screen; ◇ ~ вое́нных де́йствий the théatre of war / òperátions; анатоми́ческий ~ disséсting-room.

**театра́л** *м.*, **~ка** *ж.* théatre-gòer ['θɪə-], pláygòer; théatre fan ['θɪə-...] *разг.*

**театра́льн||ость** *ж.* theàtricálity [θɪæ-]. **~ый** théatre ['θɪə-] (*attr.*); theátrical [θɪ'æ-]; (*перен.: неесте́ственный*) theátrical, stágy, mèlodramátic; ~ое представле́ние theátrical perfórmance; ~ое иску́сство theátrical art; ~ый зал auditórium; ~ый биле́т théatre-ticket ['θɪə-]; ~ая ка́сса bóx-òffice; ~ая шко́ла theátrical school; ~ый жест theátrical / mèlodramátic / histriónic gésture.

**театрове́дение** *с.* théatre science ['θɪə-...], science of the théatre.

**тебе́** *дт. см.* ты.

**тебя́** *рд., вн. см.* ты.

**тевто́нский** *ист.* Teutónic.

**тевто́ны** *мн. ист.* the Téutons.

**те́зис** [тэ́-] *м.* thésis (*pl.* théses [-si:z]).

**тёзка** *м. и ж.* náme:sàke; он мне ~ he is my náme:sàke.

**теи́зм** [тэ-] *м. филос.* théism ['θi:ɪ-].

**теи́ст** [тэ-] *м.* théist ['θi:ɪ-].

**тейлори́зм** [тэй-] *м. эк.* Táylor sýstem.

**теки́нский** Túrkomàn; ~ ковёр Túrkomàn cárpet.

**текст** *м.* text; (*к му́зыке*) words *pl.*

**тексти́ль** *м. тк. ед. собир.* téxtile fábrics *pl.* **~ный** téxtile (*attr.*). **~щик** *м.*, **~щица** *ж.* téxtile-wòrker.

**тексту́альный** téxtual.

**текто́н||ика** *ж. геол.* tèctónics. **~и́ческий** tèctónic.

**теку́ч||есть** *ж.* 1. *физ.* fluídity; 2. (*непостоя́нство*) flùctuátion, instabílity; ~ рабо́чей си́лы flùctuátion of lábour / mánpower. **~ий** 1. *физ.* flúid; 2. (*непостоя́нный*) flúctuàting, ùnstáble.

**теку́щ||ий** 1. *прич. см.* течь 1; 2. *прил.* (*настоя́щий*) cúrrent; (*сего́дняшний*) présent-dáy ['prez-]; в ~ем году́, ме́сяце in the cúrrent year, month [...mʌ-]; 12-го числа́ ~его ме́сяца the twelfth instant, the 12th inst.; ~ моме́нт the présent situátion [...'prez-...]; ~ие дела́ cúrrent affáirs; (*на пове́стке дня*) cúrrent búsiness [...'bɪzn-] *sg.*; ~ие зада́чи présent-dáy próblems [...'prɔ-]; ~ая поли́тика cúrrent pólitics *pl.*; ~ие собы́тия cúrrent evénts; ~ ремо́нт órdinary / routíne / cúrrent repáirs [...-'ti:n...] *pl.*; ◇ ~ счёт accóunt cúrrent.

**телеавтома́тика** *ж.* tèleautomátics.

**телеви́||дение** *с.* télevìsion; TV ['ti:'vi:] *разг.*; цветно́е ~ cólour télevìsion ['kʌ-...]; передава́ть, пока́зывать по ~дению (*вн.*) show* on télevìsion [ʃou...] (*d.*); show* on TV (*d.*), télevìse (*d.*). **~зио́нный** télevìsion (*attr.*); ~зио́нная переда́ча télecást, télevìsion bróadcàst [...-ɔ:d-]. **~зор** *м.* télevìsion set; TV set ['ti:'vi:...] *разг.*; по ~зору on télevìsion. **~зорный** *прил. к* телеви́зор.

**теле́га** *ж.* cart, wággon ['wæ-].

**телегра́мм||а** *ж.* télegràm; wire *разг.*; (*каблогра́мма*) cable; вызыва́ть кого́-л. ~ой wire / télegràph for smb.

**телегра́мма-мо́лния** *ж.* líghtning-càble, expréss-tèlegràm.

**телегра́ф** *м.* 1. télegràph; беспро́волочный ~ wire:less telégraphy, wire:less; по ~у by télegràph; by wire *разг.*; (*по ка́белю*) by cable; вызыва́ть кого́-л. по ~у wire / télegràph for smb.; cable for smb. *амер.*; 2. (*учрежде́ние*) télegràph óffice. **~и́ровать** *несов. и сов.* télegràph, wire; (*по ка́белю*) cable; ~и́руйте мне wire me, send me a wire / cable. **~и́ст** *м.*, **~и́стка** *ж.* telégraphist; telégrapher *амер.* **~и́я** *ж.* telégraphy. **~ный** tèlegráphic; télegràph (*attr.*); ~ный столб télegràph-pòle, télegràph-pòst [-poust]; ~ный а́дрес tèlegráphic addréss; ~ная ле́нта télegràph tape; ~ный стиль tèlegráphic style; ~ное сообще́ние tèlegráphic méssage.

**теле́жка** *ж.* 1. small cart; (*ручна́я*) hánd-càrt; 2. *тех.* truck, bógie [-gɪ].

**телезри́тель** *м.* (téle)viéwer [-'vju:ə], TV viéwer ['ti:'vi: 'vju:ə].

**телеизмере́ние** *с.* telémetry.

**телемеханиза́ция** *ж.* introdúction of remóte contról [...-oul].

**телемеха́ника** *ж.* tèlemechánics [-'kæ-] *pl.*, remóte contról [...-oul].

**телёнок** *м.* calf* [kɑ:f]; (*бычо́к*) bull calf* [bul...].

**телеобъекти́в** *м. фот.* tèlescópic lens [...-nz], tèlephótò:léns [-nz].

**телео||логи́ческий** *филос.* tèleològic. **~ло́гия** *ж.* tèleólogy.

**телепереда́ча** *ж.* trànsmíssion by télevísion; програ́мма телепереда́ч télevìsion / TV prógràm(me) [...'ti:'vi: 'prou-].

**телеприёмник** *м.* télevìsion set.

**телеско́п** *м.* 1. télescòpe; 2. *зоол.* télescòpe-fish. **~и́ческий** tèlescópic. **~и́я** *ж.* teléscopy. **~ный** télescòpe (*attr.*).

**теле́сн||ый** córporal; (*материа́льный*) còrpóreal [-rɪəl]; ~ые поврежде́ния phýsical / bódily ínjuries [-zɪ-...]; ~ое наказа́ние córporal púnishment [...'pʌ-]; ~ого цве́та flésh-còlour:ed [-kʌ-].

**телета́йп** *м.* téletỳpe.

**телеуправле́ние** *с.* (телемехани́ческое управле́ние) tèlemechánical contról [-'kæ-oul], remóte contról; ~ электроста́нциями tèlemechánical / remóte contról of eléctric pówer státions.

**телеуправля́емый** óperàted by remóte contról [...-oul].

**телефо́н** *м.* télephòne; phone *разг.*; междугоро́дный ~ trúnk-line; полево́й ~ *воен.* pórtable télephòne set; говори́ть по ~у speak* on the télephòne / phone; позвони́ть кому́-л. по ~у télephòne / phone to smb., ring* smb. up; вызвать к ~у (*вн.*) call to the télephòne / phone (*d.*); вызов по ~у télephòne call; вызов по междугородному ~у trúnk-càll; сообщить что-л. по ~у télephòne smth.; подойти к ~у ánswer the télephòne / phone ['ɑːnsə...]; я у ~а (*ответ на вызов*) ≅ húlló; у вас есть домашний ~? are you on the, *или* have you a, télephòne at home?

**телефо́н-автома́т** *м.* automátic télephòne; (*общественный*) públic télephòne ['pʌ-...]; (*будка*) télephòne box, públic cáll-bòx; télephòne booth [...-ð] *амер.*

**телефониза́ция** *ж.* instálling of télephònes; ~ сёл instálling of télephònes in víllages.

**телефон||и́ровать** (*дт.*) télephòne (*d.*); phone (*d.*) *разг.* **~и́ст** *м.* télephòne óperàtor, teléphonist. **~и́стка** *ж.* teléphonist, télephòne girl [...g-]. **~и́я** *ж.* teléphony.

**телефо́нн||ый** télephòne (*attr.*), tèlephónic; ~ая ста́нция télephòne exchánge [...-'ʧeɪ-]; ~ая тру́бка (télephòne) recéiver [...-'siː-]; ~ая бу́дка télephòne box, públic cáll-bòx ['pʌ-...]; télephòne booth [...-ð] *амер.*; ~ая кни́га télephòne diréctory; ~ разгово́р télephòne cònversátion.

**телефоногра́мма** *ж.* télephòne méssage, télephòned / phoned télegràm.

**телефотоаппара́т** *м.* lóng-rànge cámera [-reɪ-...].

**телефотогра́фия** *ж.* télephotógraphy.

**Теле́ц** *м. астр.* Táurus, Bull [bul].

**теле́ц** *м. уст.* calf* [kɑːf]; ◇ золото́й ~ gólden calf.

**телеце́нтр** *м.* télevísion státion.

**тели́ться,** отели́ться calve [kɑːv]; (*об оленях*) fawn.

**тёлка** *ж.* héifer ['hefə].

**теллу́р** *м. хим.* tèllúrium.

**теллу́рий** *м. астр.* tèllúrion.

**те́л||о** *с.* (*в разн. знач.*) bódy ['bɔ-]; твёрдое ~ *физ.* sólid; жи́дкое ~ *физ.* líquid; геометри́ческое ~ sólid; небе́сное ~ héavenly bódy ['hev-...]; дрожа́ть всем ~ом tremble all óver; ◇ в ~е stout, plump; спасть с ~а grow* thin / lean [grou...]; быть пре́данным душо́й и ~ом be devóted bódy and soul [...soul]; держа́ть в чёрном ~е (*вн.*) ill-tréat (*d.*), màltréat (*d.*); иноро́дное, посторо́ннее ~ fóreign bódy / súbstance ['fɔrɪn...].

**телогре́йка** *ж.* pádded jácket.

**телодвиже́ни||е** *с.* móve¦ment / mótion (of the bódy) ['muːv-... 'bɔ-]; (*жест*) gésture; гимнасти́ческие ~я gymnástic éxercises.

**телосложе́ние** *с. тк. ед.* build [bɪld], frame; (*фигура*) figure.

**телохрани́тель** *м. уст.* bódy-guàrd ['bɔ-].

**телу́шка** *ж.* héifer ['hefə].

**те́льн||ый** *разг.*: ~ цвет flesh cólour [...'kʌ-]; ~ого цве́та flésh-còlour¦ed [-kʌ-].

**тельня́шка** *ж. разг.* (sáilor's) striped vest.

**те́льце** *с.* **1.** little bódy [...'bɔ-]; **2.** *биол.* córpùscle [-sl].

**теля́та** *мн. см.* телёнок.

**теля́тин||а** *ж.* veal; жарко́е из ~ы roast veal.

**теля́тник** I *м.* (*хлев*) cálf-house* ['kɑːfhaus], cálf-shèd ['kɑːf-].

**теля́тн||ик** II *м.*, **~ица** *ж.* cálf-hèrd ['kɑːf-].

**теля́||чий 1.** *прил. к* телёнок; **2.** *прил. к* теля́тина; ~чьи котле́ты veal cútlets [...'kʌ-]; ~чьи но́жки calves' feet [kɑːvz...]; из ~чьих но́жек *кул.* cálves-foot ['kɑːvzfut] (*attr.*); ◇ ~ восто́рг *разг.* fóolish enthúsiàsm [...-zɪ-], fóolish ráptures *pl.*; прийти́ в ~ восто́рг get* fóolishly enthùsiástic [...-zɪ-]; ~чьи не́жности *разг.* slóppy sèntimèntálity *sg.*, máudlin endéarments.

**тем** I *тв. ед.*, *дт. мн. см.* тот.

**тем** II **1.** *союз* the: чем бо́льше, ~ лу́чше the more, the bétter; **2.** *нареч.* so much the: ~ лу́чше so much the bétter; ~ ху́же so much the worse; — ~ бо́лее, что the more so, as; espécially as [-'pe-...]; ◇ ~ не ме́нее nèver¦the¦léss, none the less [nʌn...].

**те́м||а** I *ж.* súbject, theme; (*разговора, статьи тж.*) tópic; *муз.* theme; отклоня́ться от ~ы wánder / déviàte from the súbject; digréss; ~ с вариа́циями *муз.* theme and vàriátions.

**те́ма** II *ж. лингв.* theme.

**тема́тика** *ж. тк. ед.* súbjects *pl.*, themes *pl.*

**темати́ческий** I **1.** súbject (*attr.*); ~ план (lóng-tèrm) plan of súbjects / themes; **2.** *муз.* themátic.

**темати́ческий** II *лингв.* themátic.

**тембр** [тэ-] *м.* timbre [tɛ̃ːmbr]; мя́гкий ~ méllow timbre; ре́зкий ~ harsh timbre.

**теменн||о́й** *анат.* sincípital; ~а́я кость paríetal bone.

**те́мень** *ж. разг.* dárkness; кака́я там ~! how dark it is there!; там така́я ~! it's so dark there!

**те́ми** *тв. мн. см.* тот.

**темля́к** *м. воен.* swórd-knòt ['sɔːd-].

**темне́||ть** I, потемне́ть **1.** grow* / get* / become* dark [-ou...]; (*о цвете*) dárken; кра́ски потемне́ли the cólours have dárkened [...'kʌ-...]; не́бо ~ет the skies are dárkening; у него́ потемне́ло в глаза́х évery¦thing went dark befóre his eyes [...aɪz]; **2.** *тк. несов.* (*виднеться*) *переводится глаголом* appéar, *или оборотом* be vísible [...-zɪ-] *с прил.* dark *после сущ.*; (*о больших предметах*) loom; вдали́ что́-то ~ет smth. dark can be seen, *или* is vísible, in the dístance.

**темне́||ть** II, стемне́ть *безл.*: ~ет it is gétting dark.

**темне́ться** = темне́ть I 2.

**темни́ца** *ж. уст.* dúngeon [-nʤən].

**темно́ 1.** *прил. кратк. см.* тёмный; **2.** *предик. безл.* it is dark; ~ в глаза́х évery¦thing seems dark befóre *one's* eyes [...aɪz]; ◇ ~, хоть глаз вы́коли *разг.* ≅ it is pítch-dárk.

**темно-** (*в сложн.*) dark(-).

**темнова́тый** dárkish, ráther dark ['rɑː-...].

**темно||воло́сый** dárk-haired. **~ко́жий** dárk-skínned, swárthy [-ðɪ].

**тёмно-кра́сный** dárk-rèd.

**тёмно-си́ний** dárk-blue, déep-blue; (*о материи, ленте и т. п.*) návy-blue; ~ костю́м návy-blue suit [...sjuːt].

**темнот||а́** *ж.* **1.** (*мрак*) dark, dárkness; в ~е́ in the dark; прийти́ домо́й до ~ы́ come* home befóre dark; кака́я здесь ~! how dark it is here!; здесь така́я ~! it's so dark here!; **2.** (*невежество*) ígnorance, intelléctual dárkness; **3.** (*неясность*) obscúrity.

**тёмн||ый 1.** dark; (*о цвете тж.*) deep; (*о коже тж.*) swárthy [-ðɪ]; ~ая ночь dark night; ~ая вода́ *мед.* àmaurósis; **2.** (*неясный*) obscúre, dark; (*смутный*) vague [veɪg]; ~ое ме́сто в те́ксте obscúre pássage in the text; **3.** (*мрачный*) glóomy, sombre; **4.** (*вызывающий подозрение, сомнительный*) suspícious, shády; físhy *разг.*; (*нечестный*) wícked; ~ое де́ло suspícious / físhy / shády búsiness [...'bɪzn-]; ~ая ли́чность suspícious / equívocal cháracter [...'kæ-]; ~ые слу́хи dark rúmours; ~ое про́шлое shádowy past; **5.** (*невежественный*) ígnorant, benighted; ◇ ~ое пятно́ (*что-л. невыясненное*) obscúre place; (*что-л. позорящее*) dark stain, blémish; темна́ вода́ во о́блацех ≅ the mátter is wrapped in mýstery, *или* is ùnfáthomable [...-ð-].

**темны́м-темно́** *нареч. разг.* pitch-dárk.

**темп** [тэ-] *м.* rate, speed, pace; *муз.* time; témpò (*тж. перен.*); ~ ро́ста rate of growth [...-ouθ]; в уско́ренном ~е briskly, rápidly; at a brisk / rápid pace, with héightened speed [...'haɪ-...]; ме́дленным ~ом in slow time [...-ou...], slówly ['slou-]; бе́шеный ~ fúrious / bréaknèck speed / pace [...'breɪk-...]; ускоря́ть ~ àccéleràte; замедля́ть ~ slácken (speed, *или* *one's* pace); не снижа́ть ~ов keep* up, *или* maintáin one's / the pace; ~ наступле́ния, ~ продвиже́ния *воен.* pace of the advánce, rate of prógrèss.

**те́мпер||а** [тэ́-] *ж.* **1.** (*краска*) distémper; карти́на, пи́санная ~ой picture páinted in distémper; **2.** *нескл.* (*картина*) témpera.

**темпера́мент** *м.* témperament. ~**ный** spírited; (*легко возбудимый*) excítable; э́то бы́ло ~ное исполне́ние the perfórmance was full of témperament / life / spírit; it was a spírited / vígorous perfórmance.

**температу́р||а** *ж.* témperature; ~ кипе́ния bóiling-point; ~ замерза́ния fréezing-point; высо́кая ~ high témperature; ни́зкая ~ low témperature [lou...]; паде́ние ~ы fall of témperature; повыше́ние ~ы rise of témperature; повы́шенная ~ raised témperature; у него́ повы́шенная ~ he has a raised témperature; he has got a témperature *разг.*; норма́льная ~ nórmal témperature; у него́ нет ~ы *разг.* he hasn't a témperature; ко́мнатная ~ room témperature; ме́рить ~у take* *the* témperature. ~**ить** *разг.* have a (raised) témperature; он по вечера́м ~ит his témperature goes up in the évening [...'iːv-]. ~**ный** *прил. к* температу́ра.

**темпер||а́ция** [тэ-] *ж. муз.* témperament. ~**и́рованный** [тэ-] *прич. и прил. муз.* témpered. ~**и́ровать** [тэ-] *несов. и сов.* (*вн.*) *муз.* témper (*d.*).

**темь** *ж. разг.* dark.

**те́мя** *с. анат.* sínciрùt; (*макушка*) crown, top of the head [...hed].

**тена́кль** *м. полигр.* tenáculum (*pl.* -la).

**тенденцио́зность** [тэндэ-] *ж.* tendéntiousness; (*предвзятость*) bías(s)ed náture [...'neɪ-].

**тенденцио́зный** [тэндэ-] tendéntious; (*предвзятый*) bías(s)ed; ~ рома́н tendéntious nóvel [...'nɔ-].

**тенде́нци||я** [тэндэ́-] *ж.* **1.** téndency; (*в неодобрит. смысле*) obtrúsive púrpose [...-s]; основна́я ~ básic téndency ['beɪ-...]; **2.** (*к; склонность*) téndency (towards, to); проявля́ть ~ю (к) exhíbit a téndency (to), tend (to); у а́втора ~ к преувеличе́нию the wríter has a téndency to exággeràte, *или* towards exàggerátion [...-dʒə-...-dʒə-].

**те́ндер** [тэ́ндэр] *м.* **1.** *ж.-д.* ténder; **2.** *мор.* (*парусное судно*) cútter.

**тенев||о́й** shády; ~ы́е места́ на карти́не darks / shádows of *a* picture [...'ʃæ-...]; ~а́я сторона́ shády side; (*перен.*) séamy / dark side.

**тенелюби́вый** *бот.* shade-requíring, shade-demánding [-ɑːnd-].

**тенёта** *мн.* snare *sg.*; попа́сть в ~ be caught in a snare.

**тени́ст||ость** *ж.* shádiness ['ʃeɪ-]. ~**ый** shády.

**те́ннис** [тэ́нис] *м.* (lawn) ténnis; насто́льный ~ table ténnis; игра́ть в ~ play ténnis. ~**и́ст** *м.*, ~**и́стка** [тэни-] *ж.* ténnis-player. ~**ка** [тэ́ни-] *ж.* ténnis shirt. ~**ный** [тэ́ни-] ténnis (*attr.*); ~ный корт, ~ная площа́дка ténnis-court [-kɔːt]; ~ная раке́тка (ténnis-)ràcket; ~ный мяч ténnis-bàll.

**те́нор** *м.* ténor ['te-]; петь ~ом have a ténor (voice). ~**о́вый** ténor ['te-] (*attr.*). ~**о́к** *м. разг.* gentle ténor voice [...'te-...].

**тент** [тэ-] *м. мор.* áwning.

**тен||ь** *ж.* **1.** shade; *жив. тж.* shádow ['ʃæ-]; свет и ~ light and shade; the lights and darks *pl.*; сиде́ть в ~и́ sit* in the shade; сиде́ть в ~и́ (*рд.*), под ~ью (*рд.*) sit* únder the shade (of); иска́ть ~и look for a shády place, look for the shade; ночны́е ~и shádows / shades of night; держа́ться в ~и́ remáin in the shádow, keep* in the báckground, effáce / òblíteràte òneˈsélf; **2.** (*человека, предмета*) shádow; кита́йские ~и *театр.* galánty show [...ʃou] *sg.*; ~и ложа́тся shádows fall; дава́ть дли́нную ~ cast* a long shádow; **3.** (*призрак*) shádow, àppárition, phántom; (*дух умершего*) ghost [goust]; ца́рство ~е́й realm of shádows [relm...]; бле́ден как ~ pale as a ghost; **4.** (*малейшая доля*) véstige, párticle, átom ['æ-]; ни ~и пра́вды not a párticle / véstige of truth [...-uːθ]; ни ~и сомне́ния not a shádow, *или* not an átom, of doubt [...daut]; ◇ броса́ть ~ на кого́-л. cast* aspérsions on smb.; от него́ оста́лась одна́ ~ he is the shádow of his fórmer self; боя́ться со́бственной ~и be afráid of one's own shádow [...oun...]; ~и про́шлого shades of the past.

**теого́ния** [тэ-] *ж.* theógony.

**теодице́я** [тэ-] *ж. филос.* theódicy.

**теодоли́т** *м. геод.* theódolite; универса́льный ~ tránsit [-z-].

**теократи́ческий** [тэ-] *ист.* theocrátic.

**теокра́тия** [тэ-] *ж. ист.* theócracy.

**теологи́ческий** [тэ-] theológical.

**теоло́гия** [тэ-] *ж.* theólogy.

**теоре́м||а** *ж. мат.* théorem ['θɪə-]; доказа́ть ~у prove *a* théorem [-uːv...].

**теоретизи́ровать** théorize ['θɪə-].

**теоре́тик** *м.* théorist ['θɪə-].

**теорети́че||ски** *нареч.* in théory [...'θɪə-], theorétically. ~**ский** theorétical.

**теорети́чн||ость** *ж.* theorétical / spéculative náture [...'neɪ-]. ~**ый** ábstràct, àbstrúse [-s].

**тео́рия** *ж.* théory ['θɪə-]; ~ и пра́ктика théory and práctice; маркси́стско-ле́нинская ~ Márxist-Léninist théory; ~ социалисти́ческой револю́ции théory of the sócialist rèvolútion; ~ кла́ссовой борьбы́ théory of class struggle; ~ относи́тельности (théory of) rèlatívity; ~ вероя́тности théory of cháncеs; *мат.* cálculus of pròbabílity.

**теосо́фия** *ж.* theósophy.

**тепе́решн||ий** *разг.* présent ['prez-]; в ~ее вре́мя at the présent time, nów:a:days; ~ие лю́ди présent-dáy people ['prez- pi:-], people of to:dáy.

**тепе́рь** *нареч.* now; (*в настоящее время*) at présent [...'prez-]; (*в наше время*) nów:a:days, to:dáy; ~, когда́ now that; э́то на́до сде́лать ~ же it must be done at once [...wʌns].

**тёпленьк||ий** tépid, lúke:wàrm; *ласк. разг.* nice (and) warm; чуть ~ with the chill off; вы́дался ~ денёк *разг.* the day was mild; ◇ ~ое месте́чко = тёплое месте́чко *см.* тёплый.

**тепле́ть,** потепле́ть grow* / get* warm [-ou...].

**те́пли||ться** (*прям. и перен.*) glimmer, gleam; в нём ещё ~тся наде́жда he still has a glimmer / gleam of hope; he still has a faint hope.

**тепли́||ца** *ж.* hót:house* [-s], gréen:house* [-s], consérvatory. **~чный** hót:house [-s] (*attr.*); ~чное расте́ние hót:house plant [...-ɑ:nt]; ~чное огоро́дничество hót:house márket-gàrdening.

**тепл||о́** I *с.* **1.** (*тепловая энергия*) heat; **2.** (*тёплое состояние чего-л.*) warmth; 16 гра́дусов ~á sixtéen degrées above zérò (C.), 16° C; пе́чка не даёт никако́го ~á the stove gives out no warmth; держа́ть в ~é (*вн.*) keep* warm (*d.*).

**тепло́** II **1.** *прил. кратк. см.* тёплый; **2.** *предик. безл.*: сего́дня ~ it is warm / mild to:dáy; ему́, им *и т. д.* ~ he is, they are, *etc.*, warm; ~ на со́лнышке it is warm in the sun; в ко́мнате ~ the room is warm, it is warm in the room.

**тепло́** III *нареч.* wármly; (*перен. тж.*) córdially; одева́ться ~ dress wármly; ~ встре́тить кого́-л. give* smb. a córdial / héarty wélcome [...'hɑ:tɪ...], wélcome smb.; ~ встре́тить сообще́ние *и т. п.* wélcome the news, *etc.* [...-z].

**теплова́тый** wármish, tépid, lúke:wàrm.

**теплово́з** *м.* Diesel / díesel lócomòtive ['di:z- 'lou-]. **~ный** *прил. к* теплово́з; ~ная тя́га díesel-eléctric tráction ['di:z-...].

**тепловозострое́ние** *с.* Diesel / díesel lócomòtive búilding ['di:z- 'lou- 'bɪld-].

**теплов||о́й** thérmal; heat (*attr.*); ~ дви́гатель héat-èngine [-endʒ-], thérmò-mòtor; ~ эффе́кт *физ.* càlorífic efféct, heat effíciency; ~а́я эне́ргия thérmal énergy; ~ бала́нс *физ.* thérmal / heat bálance; ~ луч heat ray; ~а́я изоля́ция *тех.* thérmal insulátion; ~о́е расшире́ние *физ.* thérmal expánsion; ~ уда́р *мед.* heat stroke; thèrmò:plégia *научн.*; ~а́я электроста́нция thérmò:eléctric pówer státion.

**теплоёмкость** *ж. физ.* thérmal heat capácity; уде́льная ~ specífic heat.

**теплокро́вн||ые** *мн. скл. как прил. зоол.* wárm-blooded ánimals [-blʌ-...]. **~ый** *зоол.* wárm-blooded [-blʌ-].

**теплолюби́в||ый** héat-lòving [-lʌv-]; ~ые расте́ния héat-lòving plants [...-ɑ:nts].

**тепломе́р** *м. физ.* càlorímeter.

**теплонепроница́емый** héat-proof.

**теплоотда́ча** *ж. физ.* heat irràdiátion.

**теплопереда́ча** *ж. физ.* heat tránsfer / trànsmíssion [...-nz-].

**теплопрово́д** *м.* héating main.

**теплопрово́дн||ость** *ж. физ.* heat condùctibílity / condùctívity. **~ый** *физ.* héat-condùcting.

**теплопрозра́чн||ость** *ж. физ.* diathérmancy. **~ый** *физ.* diathérmic.

**теплосе́ть** *ж.* (теплофикацио́нная сеть) héating sýstem.

**теплосилово́й:** ~ агрега́т díesel géneràtor ['di:z-...].

**теплоснабже́ние** *с.* heat supplý.

**теплот||а́** *ж.* **1.** (*тёплое состояние чего-л.*) warmth; (*перен.*: *сердечность*) warmth, còrdiálity; (*нежность*) afféction; ~ во́здуха warmth of the air; душе́вная ~ wárm-héartedness [-'hɑ:t-]; говори́ть о ком-л. с ~о́й speak* wármly / córdially of smb.; (*с нежностью*) speak* afféctionate:ly of smb.; **2.** *физ.* (*тепловая энергия*) heat; едини́ца ~ы́ cálorie; thérmal únit.

**теплотво́рный** *физ.* càloríf ic.

**теплоте́хник** *м.* heat èngineér [...endʒ-].

**теплоте́хника** *ж.* heat èngineéring [...endʒ-].

**теплофика́ция** *ж. тех.* introdúction of dístrict héating plants, *или* of a dístrict héating sýstem [...plɑ:nts...].

**теплохо́д** *м.* mótor ship / véssel.

**теплоцентра́ль** *ж.* dístrict héating plant [...-ɑ:nt].

**теплоэлектроста́нция** *ж.* = теплова́я электроста́нция *см.* теплово́й.

**теплоэлектроцентра́ль** *ж.* heat and pówer plant [...-ɑ:nt].

**теплоэнерге́тика** *ж.* héat-power èngineéring [...endʒ-].

**теплу́шка** *ж.* **1.** (*тёплое помещение*) (héated) shélter; **2.** *ж.-д.* (héated) goods van [...gudz...].

**тёпл||ый** warm; (*о погоде тж.*) mild; (*перен.*: *сердечный*) warm, córdial, kínd:ly; (*нежный, ласковый*) afféctionate; ~ые кра́ски warm cólours [...'kʌ-]; ~ приём héarty / córdial wélcome ['hɑ:tɪ...]; ~ые слова́ kínd:ly / warm words; (*сочувственные*) sỳmpathétic words; ◇ ~ое месте́чко *разг.* soft / éasy / cúshy job [...'i:zɪ 'ku-...]; ~ая компа́ния jólly cómpany [...'kʌ-]; (*о жуликах и т. п.*) ráscally crew.

**теплы́нь** *ж. разг.* mild wéather [...'we-]; сего́дня ~ it is mild to:dáy.

**тепля́к** *м. стр.* óver:àll hóusing.

**терапе́вт** *м.* thèrapéutist. **~и́ческий** thèrapéutic.

**терапи́я** *ж.* thèrapéutics *pl.*

**терато||логи́ческий** [тэ-] *биол.* tèratológical. **~ло́гия** [тэ-] *ж. биол.* tèratólogy.

**те́рбий** *м. хим.* térbium.

**тереби́ть** (*вн.*) **1.** (*дёргать*) pull [pul] (at, abóut), pluck (at), pick (at); (*трогать*) fínger (*d.*); (*перен.*) *разг.* wórry ['wʌ-] (*d.*), bóther (*d.*), péster (*d.*); ~ вóлосы tousle the hair [-zl...]; **2.** *с.-х.*: ~ лён pull flax.

**теребле́ние** *с. с.-х.*: ~ льна fláx-pùlling [-pul-].

**те́рем** *м. ист.* (*комната*) (tówer-)room, (tówer-)chàmber [-ʧeɪ-]; (*дом*) tówer.

**тере́ть** (*вн.*) **1.** rub (*d.*); ~ глазá, ~ себé лицó rub one's eyes, one's face [...aɪz...]; **2.** (*очищая, делать блестящим*) pólish (*d.*); **3.** (*причинять боль — об обуви и т. п.*) rub sore (*d.*), chafe (*d.*), abráde (*d.*); **4.** (*измельчать*) grate (*d.*); (*растирать*) grind* (*d.*). **~ся 1.** rub òne:sélf; ~ся обо что-л. rub agáinst smth.; ~ся óколо когó-л. (*перен.*) *разг.* hang* abóut smb.; ~ся среди́ когó-л., мéжду кем-л. *разг.* mix with smb., hóbnòb with smb.; **2.** *страд. к* терéть.

**терза́н||ие** *с.* tórmènt, ágony; ◇ миллиóн ~ий a thóusand tórmènts [...-zə-...].

**терза́ть** (*вн.*) **1.** tear* to pieces [tɛə...'piː-] (*d.*); (*теребить*) pull abóut [pul...] (*d.*); **2.** (*мучить*) tòrmént (*d.*), tórture (*d.*); (*гнести*) prey (up:ón). **~ся 1.** tòrmént òne:sélf, súffer tórmènts, be in tórmènt / tórture; ~ся угрызéниями сóвести súffer (the) pangs of remórse; **2.** *страд. к* терзáть.

**тёрк||а** *ж.* gráter; натерéть на ~е (*вн.*) grate (*d.*).

**термидо́р** *м. ист.* Thérmidòr. **~иа́нец** *м.*, **~иа́нский** *ист.* Thèrmidórian.

**те́рмин** *м.* term.

**термино||логи́ческий** tèrminológical. **~ло́гия** *ж.* tèrminólogy.

**терми́т** I *м. хим.* thérmìte, thérmit.

**терми́т** II *м. зоол.* tèrmìte, white ant.

**терми́ческ||ий** *физ., тех.* thérmal, thérmic; ~ая обрабóтка thérmal / heat tréatment.

**термобатаре́я** *ж. эл.* thérmò:eléctric pile, thérmò:bàttery, thérmò:pile.

**термо́граф** [тэ-] *м. физ., тех.* thérmogràph.

**термодина́м||ика** *ж. физ.* thérmò:dynámics [-daɪ-]. **~и́ческий** *физ.* thérmò:dynámic [-daɪ-].

**термоизоляцио́нн||ый** thérmò-ínsulàting; ~ строи́тельный материáл thérmò-ínsulàting búilding matérials [...'bɪ-...] *pl.*; ~ые пли́ты thérmò-ínsulàting slabs.

**термоизоля́ция** *ж. физ., тех.* thérmò-ìnsulátion.

**термола́мпа** *ж. тех.* thérmal lamp.

**термо́метр** *м.* thermómeter; ~ Цéльсия, Реомю́ра, Фаренгéйта céntigràde, Réaumur, Fáhrenheit thermómeter [...'reɪəmjuə 'færənhaɪt...]; медици́нский ~ clínical thermómeter; постáвить ~ больнóму ≅ take* a pátient's témperature.

**термометри́ческий** *физ.* thèrmométric(al).

**термообрабо́тка** *ж.* = терми́ческая обрабóтка *см.* терми́ческий.

**термопа́ра** *ж. физ.* thérmocouple [-kʌ-], thérmò:pair.

**терморегуля́тор** *м. физ.* thèrmorégulàtor.

**терморегуля́ция** *ж. физиол.* heat règulátion.

**те́рмос** [тэ́-] *м.* thérmòs, vácuum flask.

**термоско́п** [тэ-] *м. физ.* thérmoscòpe.

**термоста́т** [тэ-] *м. физ., тех.* thérmostàt.

**термотерапи́я** [тэ-] *ж. мед.* thèrmo-thérapy.

**термохи́мия** *ж.* thèrmochémistry [-'ke-].

**термоэлектри́че||ский** thérmo-eléctric(al). **~ство** *с.* thérmo-elèctrícity.

**термоэлеме́нт** *м. физ.* thèrmoélement, thérmò:couple [-kʌ-].

**термоя́дерн||ый** [тэ-] thérmò-núclear; ~ая фи́зика thérmò-núclear phýsics [...-zɪ-] *pl.*; ~ая энéргия thérmò-núclear énergy; ~ое орýжие thérmò-núclear wéapon [...'wep-].

**те́рмы** [тэ́-] *мн. ист.* thérmae.

**тёрн** *м.* (*дерево и ягода*) sloe; (*кустарник тж.*) bláckthòrn.

**те́рнии** *мн.* thorns, prickles.

**терни́стый** thórny, príckly; ◇ ~ путь thórny path.

**терно́в||ник** *м. бот.* bláckthòrn, sloe. **~ый** bláckthòrn (*attr.*), sloe (*attr.*); (*колючий*) thórny, príckly; ~ая я́года sloe; ◇ ~ый венéц crown of thorns.

**терпели́во** I *прил. кратк. см.* терпели́вый.

**терпели́в||о** II *нареч.* pátiently, with pátience. **~ость** *ж.* pátience; (*выносливость*) endúrance; (*снисходительность*) fòrbéarance [-'bɛə-]. **~ый** pátient.

**терпе́н||ие** *с.* **1.** pátience; (*выносливость*) endúrance; (*снисходительность*) fòrbéarance [-'bɛə-]; выводи́ть когó-л. из ~ия try smb.'s pátience, exásperàte smb.; он меня́ вывóдит из ~ия I have no pátience with him; вы́йти из ~ия lose* pátience [luːz...]; егó ~ лóпнуло he lost all pátience, his pátience gave way; у меня́ не хвати́ло ~ия I hadn't the pátience; my pátience gave out; запасти́сь, вооружи́ться ~ием be pátient, have pátience, arm òne:sélf with pátience; проявля́ть ~ show* pátience [ʃou...]; **2.** (*упорство*) pátience, pèrsevérance [-'vɪərəns]; ◇ перепóлнить чáшу чьегó-л. ~ия exásperàte smb.; ~ и труд всё перетрýт *посл.* ≅ pèrsevérance wins; it's dógged does it *разг.*; if you don't succéed at first, try, try, try agáin *разг.*

**терпенти́н** *м. хим.* túrpentine. **~ный, ~овый** *прил. к* терпенти́н; ~овое мáсло oil of túrpentine.

**терпе́ть 1.** (*вн.*; *испытывать*) súffer (*d.*), endúre (*d.*), ùndergó* (*d.*); ~ боль súffer pain; ~ хóлод endúre cold; ~ нуждý súffer privátions [...praɪ-], ùndergó* hárdships; ~ крушéние (*прям. и перен.*) be wrecked; **2.** (*вн.*; *безропотно переносить*) stand* (*d.*), bear* [bɛə] (*d.*), súffer (*d.*), endúre (*d.*); (*без доп.*) bear* it, put* up with it; он не мóжет бóльше ~ такóй бóли he cánnòt bear / stand such pain any lónger; бы́ло óчень хóлодно, но им пришлóсь ~ it was very cold, but they had to put up with it; **3.** (*без доп.*; *запастись терпением*) have pátience; **4.** (*вн.*; *допускать, мириться*) tóleràte (*d.*), endúre (*d.*), suppórt (*d.*); как мóжно ~ такýю нáглость? how can such ínsolence be tóleràted / borne?; он не тéрпит шýток he cánnòt take a joke; э́то не тéрпит отлагáтельства the mátter is úrgent / préssing, the mátter brooks no deláy, *или* permíts of no deláy; ◇ не ~ (*рд.*) not bear* / stand* / endúre (*d.*); он их ~ не мóжет he can't bear them [...kɑːnt...]; ~ э́того не могý I can't stand it, I hate it; ~ не могý, когдá меня́ прерывáют I hate bé:ing interrúpted;

время терпит there is no húrry, there's plénty of time; время не терпит time présses, there's no time to be lost, time is getting short; дело не терпит the mátter is préssing, it is an úrgent mátter. ~ся *безл.*: ему, им *и т. д.* не терпится (+ *инф.*) he is, they are, *etc.*, impátient / éager [...'i:gə] (+ to *inf.*).

**терпимо** I *прил. кратк. см.* терпимый; это ещё ~ it is béarable / endúrable [...'bɛə-...].

**терпим||о** II *нареч.* **1.** (*относиться к людям и т. п.*) tólerantly; **2.** (*сносно*) tólerably. **~ость** *ж.* tólerance; (*снисходительность*) indúlgence; ~ость к чужим мнениям tólerance of other people's views [...pi:- vju:z]; ◇ дом ~ости *уст.* bróthel. **~ый** **1.** (*о человеке*) tólerant; (*снисходительный*) indúlgent, fòrbéaring [-'bɛə-];**2.** (*о явлениях и т. п.*) tólerable, béarable ['bɛə-], endúrable.

**терпк||ий** astríngent [-ndʒ-]; ~ое вино harsh / astríngent wine. **~ость** *ж.* astríngency [-ndʒ-], acérbity.

**Терпсихора** *ж. миф.* Tèrpsíchore [-kərɪ].

**терпуг** *м. тех.* rasp.

**терракот||а** [тэ-] *ж.* térracótta. **~овый** [тэ-] térracótta (*attr.*); ~ового цвета térra-cótta (cólour) [...'kʌ-].

**террарий** [тэ-] *м.*, **террариум** [тэ-] *м.* terrárium.

**терраса** *ж.* (*в разн. знач.*) térrace; сад расположен ~ми the gárden is térraced.

**террикон** *м.* waste heap [weɪ-...].

**территориальн||ый** tèrritórial; ~ая армия tèrritórial ármy; ~ые воды tèrritórial wáters [...'wɔ:-].

**территория** *ж.* térritory.

**террор** [тэ-] *м.* térror. **~изировать** [тэ-] *несов. и сов.* (*вн.*) térrorize (*d.*). **~изм** [тэ-] *м.* térrorism. **~изовать** [тэ-] = терроризировать.

**террорист** [тэ-] *м.* térrorist. **~ический** [тэ-] térrorist (*attr.*); ~ический акт act of térrorism. **~ка** [тэ-] *ж. к* террорист.

**тёртый** **1.** *прич. см.* тереть; **2.** *прил.* (*о красках*) ground; **3.** *прил.* (*об овощах, фруктах*) gráted; ◇ ~ калач ≅ old stáger / hand.

**терцет** [тэ-] *м.* **1.** *муз.* tèrzéttò [tə:'tsetou]; **2.** *лит.* tércet.

**терцина** [тэ-] *ж. лит.* térzà rímà ['tertsɑ: 'ri:mɑ:].

**терция** [тэ-] *ж.* **1.** *муз.* (*третья ступень*) médiant; (*интервал*) third; большая ~ májor third; малая ~ mínor third; **2.** *мат.*, *астр.* third; **3.** *полигр.* great prímer [-eɪt...].

**терьер** [тэ-] *м.* (*порода собак*) térrier.

**теря||ть,** потерять (*вн.*, в *пр. и без доп.*; *в разн. знач.*) lose* [lu:z] (*d.*); (*о листьях, рогах*) shed* (*d.*); ~ кого-л. из виду lose* sight of smb.; не ~ из виду (*вн.*) keep* in sight (*d.*); (*помнить*) bear* in mind [bɛə...] (*d.*); не ~ из виду, что not lose* sight of the fact that; ~ в ясности lose* clárity; ~ в чьём-л. мнении, в чьих-л. глазах sink* in smb.'s èstimátion; не ~ мужества not lose* heart [...hɑ:t], pluck up heart; ~ авторитет lose* prèstíge [...-'ti:ʒ]; ~ время на что-л. waste time on smth. [weɪ-...]; нельзя было ~ ни минуты there was not (wasn't) a móment to be lost; ~ на чём-л. (*терпеть ущерб*) lose* on / by smth.; я не ~ю надежды I don't lose hope, I am not únhópeful; ~ терпение lose* pátience; он от этого ничего не ~ет he lóses nothing by it; вы ничего не потеряли you have missed nothing; ~ почву под ногами have / feel* the ground slipping awáy from únder one's feet; ~ сознание lose* cónsciousness [...-nʃəs-], become* ùncónscious [...-nʃəs]; ~ силу become* inválid, lose* its force; ~ силу за давностью *юр.* be lost by limitátion; ~ подкову (*о лошади*) throw* / cast* *a* shoe [-ou...ʃu:]; ◇ ~ голову lose* one's head [...hed]; не ~ головы keep* one's head. **~ться**, потеряться **1.** be lost; (*особ. о вещах*) get* lost; (*исчезать*) disappéar; **2.** (*терять самообладание*) lose* one's présence of mind [lu:z...-z-...]; (*смущаться*) become* flústered; ~юсь, ума не приложу I am at my wit's end, I am útterly at a loss; **3.** *страд. к* терять; ◇ ~ться в догадках be lost in conjéctures.

**тёс** *м. собир.* boards *pl.* (*for roofing, etc.*).

**тесак** *м. воен.* ≅ bróadswòrd [-ɔ:dsɔ:d]; *мор.* cútlass ['kʌ-].

**тесать** (*вн.*) cut* (*d.*), hew (*d.*); (*обтёсывать*) trim (*d.*); ◇ ему хоть кол на голове теши ≅ he is pig-héaded [...'hed-], he's as stúbborn as a mule.

**тесём||ка** *ж.* (*плетёная*) braid; (*тканая; для связывания*) tape; (*шнур*) lace. **~очный** braid (*attr.*); tape (*attr.*); (*ср.* тесёмка).

**тесина** *ж.* board.

**тесло** *с.* (*плотника*) adze.

**теснина** *ж.* gorge, pass, ravine [-'vi:n]; *воен.* défile ['di:-].

**теснить** I, потеснить (*вн.*) press (*d.*), crowd (*d.*); ~ противника press the énemy.

**теснить** II, стеснить (*сжимать*) squeeze (*d.*); (*об одежде тж.*) be too tight; мне теснит грудь I feel / have a tíghtness in my chest.

**тесниться** **1.** (*толпиться*) crowd; (*небольшими группами*) clúster; (*толкать друг друга*) jostle each other; **2.** (*ютиться, жаться*) be squeezed; (*сидеть тесно*) sit* close [...-s].

**тесно** I **1.** *прил. кратк. см.* тесный; **2.** *предик. безл.*: здесь ~ it is crówded here; в вагоне было очень ~ the cárriage was packed, *или* very crówded [...-rɪdʒ...]; нам ~ в нашей квартире we are cramped in our flat, our flat is too small for us; нам ~ так сидеть we are sitting too close / tight [...klous...], there is no room for us all to sit here; мне ~ под мышками the árm-hòles are too tight.

**тесно** II *нареч.* nárrowly; tight (*реже* tíghtly); clósely [-slɪ]; (*перен.: близко*) clósely, íntimately; (*ср.* тесный); идти ~ в ряд march shóulder to shóulder [...'ʃou-...]; ~ сидеть sit* packed tight; sit* squashed up *разг.*

**тесноватый** ráther small ['rɑ:-...]; ráther nárrow; ráther tight; (*ср.* тесный).

**теснот||а** *ж.* **1.** smállness; nárrowness; tíghtness; clóseness [-s-]; (*ср.* тесный); **2.** (*недостаток места, толкотня*) cram, crush; какая ~! what a cram!, how crówded it is here!; жить в ~е live cooped / penned up togéther [lɪv...-'ge-], be òvercrówded; в ~е, да не в обиде *погов.* ≅ the more the mérrier.

**тесн||ый** **1.** (*о пространстве*) cramped; (*об улице, проходе и т. п.*) nárrow; (*о помещении*) small; (*о платье, обуви*) tight;

быть ~ым be too tight; **2.** (*сплочённый*) close [-s], compáct; (*крепко соединённый*) tight; (*перен.*) close, íntimate; идти́ ~ым стро́ем march shóulder to shóulder [...'ʃou-...], go* in close órder; ~ ряд книг clóse¦ly packed, *или* clóse-pàcked, row of books [-s-...'klous- rou...]; ~ые объя́тия tight embráce *sg.*; ~ая дру́жба close / íntimate fríendship [...'fre-]; в ~ом кругу́ in an íntimate círcle; находи́ться в ~ой зави́симости от чего́-л. stand* in close relátion to smth.; ~ая связь close connéction.

**тесо́вый** board (*attr.*), plank (*attr.*).

**те́сто** *с.* **1.** (*для хлеба*) dough [dou]; (*для пирогов и т. п.*) pástry ['peɪ-]; сдо́бное ~ fáncy pástry; слоёное ~ fláky / puff pástry, puff paste [...peɪ-]; ~ для блино́в bátter; замеси́ть ~ make* dough / pástry; меси́ть ~ knead dough; **2.** (*тестообразная масса*) paste. **~меси́лка** *ж.* knéader.

**тестообра́зн||ый** dóughy ['douɪ], pásty ['peɪ-]; ~ая ма́сса paste [peɪst]; ~ое состоя́ние pástiness ['peɪ-], paste.

**тесть** *м.* fáther-in-law ['fɑ:-] (*pl.* fáthers-) (*wife's father*).

**тесьма́** *ж. тк. ед.* braid *и т. д.* (*см.* тесёмка).

**тетани́я** [тэ-] *ж. мед.* tétany.

**тётенька** *ж. разг.* áunty ['ɑ:ntɪ].

**те́терев** *м.* héath-còck, bláck-còck, black grouse / game [...-s...].

**тетёрка** *ж.* gréy-hèn.

**тетёря** *ж. разг.*: глуха́я ~ ≅ deaf féllow [def...]; со́нная ~ sléepyhead [-hed].

**тетива́** *ж.* **1.** (*лука*) bów-string ['bou-]; **2.** *стр.* (*у лестницы*) stríng-board, stríng¦er.

**тётка** *ж.* **1.** aunt [ɑ:nt]; **2.** *разг.* (*в обращении*) móther ['mʌ-], ma [mɑ:], lády (*as term of address to elderly woman*).

**тетраго́н** [тэ-] *м. мат.* tétragon. **~а́льный** [тэ-] *мат.* tètrágonal.

**тетра́дка** *ж.*, **тетра́дь** *ж.* **1.** wríting-book; (*школьная*) éxercise book; (*школьная, для переписывания*) cópy-book ['kɔ-]; черново́я тетра́дь rough nóte-book [rʌf...]; тетра́дь для рисова́ния dráwing-book, skétch-book; но́тная тетра́дь músic book [-zɪk...]; тетра́дь пи́счей бума́ги pácket of nóte-pàper; **2.** (*отдельный выпуск произведения*) part.

**тетрало́гия** [тэ-] *ж. лит.* tètrálogy.

**тетра́эдр** [тэ-] *м. мат.* tétrahédron [-'he-].

**тётушка** *ж.* aunt [ɑ:nt]; *ласк.* áunty ['ɑ:ntɪ].

**тётя** *ж.* **1.** aunt [ɑ:nt] (*в соединении с именем пишется с прописной буквы*); **2.** (*в обращении*) áunty ['ɑ:ntɪ]; **3.** *шутл.* wóman* ['wu-], dame; **4.** (*о незнакомой женщине — в детском употреблении*) lády.

**те́фтели** *мн. кул.* méat-bàlls.

**тех** *рд., вн., пр. мн. см.* тот.

**тех-** *сокр.* техни́ческий.

**техми́нимум** *м.* (техни́ческий ми́нимум) (required) mínimum of téchnical knówledge [...'nɔ-]; сдать ~ take* one's exàminátion in the requíred mínimum of téchnical knówledge.

**те́хник** *м.* tèchnícian; зубно́й ~ déntal mechánic [...-'kæ-].

**те́хник||а** *ж.* **1.** tèchníques [-'ni:k] *pl.*; téchnics *pl.*, tèchníque; ~ безопа́сности sáfe¦ty èngineéring [...endʒ-], sáfe¦ty arránge¦ments [...-eɪndʒ-] *pl.*; на ба́зе вы́сшей ~и on the básis of hígher tèchníques [...'beɪ-...]; нау́ка и ~ science and èngineéring; **2.** (*приёмы исполнения*) tèchníque; овладе́ть ~ой máster the tèchníque; **3.** (*оборудование, вооружение*) (téchnical) equípment; (*машины*) machínery [-'ʃi:-]; боева́я ~ mílitary equípment; wéapons and equípment ['wep-...] *pl.*

**те́хникум** *м.* téchnical school.

**техници́зм** *м.* téchnicism.

**техни́ческ||ий** téchnical; ~ те́рмин téchnical term; ~ое образова́ние téchnical èducátion; ~ прогре́сс tèchnológical prógrèss; ~ие культу́ры *с.-х.* téchnical / indústrial crops; ~ие нау́ки téchnical sciences.

**техно́||лог** *м.* tèchnólogist. **~логи́ческий** tèchnológical. **~ло́гия** *ж.* tèchnólogy.

**техре́д** *м.* (техни́ческий реда́ктор) téchnical éditor.

**тече́ни||е** *с.* **1.** flow [-ou]; (*о времени, событиях и т. п.*) course [kɔ:s]; пла́вное ~ ре́чи éven flow of speech; ~ дел course of affáirs; **2.** (*ток, струя*) cúrrent, stream; морско́е ~ (sea) cúrrent; бы́строе ~ rápid / swift cúrrent; си́льное ~ strong cúrrent; тёплое ~ warm cúrrent; возду́шное ~ air cúrrent; постоя́нное ~ *мор.* cúrrent; вниз по ~ю dówn-stréam; плыть по ~ю go* with the stream; плыть, идти́ про́тив ~я go* agáinst the stream; **3.** (*направление в науке, искусстве, политике*) cúrrent, trend, téndency; ◇ в ~ *предл.* (*рд.*) dúring; в ~ дня dúring the day; в ~ всего́ дня the whole day long [...houl...]; в ~ неде́ли in the course of a week, withín a week; с ~ем вре́мени in time, in due course, evéntually.

**те́чка** *ж. тк. ед. биол.* heat (*of animals*).

**теч||ь** I *гл.* **1.** flow [-ou], run*; (*двигаться плавно*) glide; (*о звуках, мыслях*) flow; (*о толпе*) pour forth / down [pɔ:...]; (*о времени*) pass; река́ ~ёт the ríver flows [...'rɪ-...]; у него́ кровь ~ёт и́з носу his nose is bléeding; у него́ слю́нки теку́т his mouth wáters [...'wɔ:-]; у него́ и́з носу ~ёт his nose is rúnning, he has a rúnning nose; с него́ ~ёт пот he is bathed in pèrspirátion / sweat [...beɪ-...swet], he is perspíring / swéating at every pore [...'swet-...]; у него́ слёзы текли́ the tears streamed / ran down his cheeks; вре́мя ~ёт бы́стро time flies, time slips by; дни ме́дленно теку́т the days pass slówly by [...'slou-...]; (*томительно*) the days drag on, *или* crawl by; **2.** (*иметь течь*) leak, be léaky.

**течь** II *ж.* leak; дать ~ spring* a leak.

**те́шить,** поте́шить (*вн.*; *развлекать*) amúse (*d.*), èntertáin (*d.*); (*угождать*) please (*d.*), grátifỳ (*d.*); ~ взор be¦guíle the eye [...aɪ]. **~ся,** поте́шиться **1.** (*тв.*; *развлекаться*) amúse / enjóy òne¦sélf (with); **2.** (над) make* fun (of); ◇ чем бы дитя́ не те́шилось, лишь бы не пла́кало ≅ ány¦thing for a quiet life; ми́лые браня́тся — то́лько те́шатся ≅ lóvers' tiffs are hármless ['lʌ-...], love's not compléte without a quárrel [lʌv-...].

**тёшка** *ж.* téshka (*dried and salted fish*).

**тёща** *ж.* móther-in-law ['mʌ-] (*pl.* móthers-) (*wife's mother*).

**тиа́ра** *ж.* tiára [-'ɑ:-].

**тибе́т||ец** *м.*, **~ский** Tibétan [-'be-].

**ти́гель** *м. тех.* crúcible. **~ный** crúcible (*attr.*); ~ная сталь crúcible steel.

**тигр** *м.* tíger [-gə]. **~ёнок** *м.* tíger cub [-gə...]. **~и́ца** *ж.* tígress. **~о́вый** tíger [-gə] (*attr.*); (*полосатый*) stríped; ~о́вая шку́ра tíger-skin [-gə-].

**тик** I *м. мед.* tic.

**тик** II *м.* (*ткань*) tick, tícking (*material*).

**тик** III *м. бот.* teak.

**ти́кание** *с. разг.* tick, tícking (*of clock*).

**ти́кать** *разг.* tick.

**ти́ккер** *м. рад.* tícker.

**ти́ковый** I *прил. к* тик II.

**ти́ков||ый** II *прил. к* тик III; ~ое де́рево teak (tree).

**ти́льда** *ж. полигр.* tílde, swung dash.

**тимиа́н** *м. бот.* thyme [t-].

**тимо́л** *м. хим.* thýmòl.

**тимофе́евка** *ж. бот.* tímothy(-gràss).

**тимпа́н** *м.* **1.** *муз.* tímbrel; **2.** *арх.* týmpanum (*pl.* -nums, -na).

**тимья́н** *м.* = тимиа́н.

**ти́н||а** *ж. тк. ед.* slime, mud, ooze; mire (*тж. перен.*). **~истый** slímy, múddy, óozy, míry.

**тинкту́ра** *ж. фарм.* tíncture; ~ йо́да tíncture of íodìne [...-di:n]; ~ о́пия láudanum ['lɔ:dnəm].

**тиоко́л** *м. фарм.* tiocol.

**тип** *м.* **1.** (*в разн. знач.*) type; (*модель*) módel ['mɔ-], páttern; (*разновидность*) spécies [-ʃi:z]; ~ корабля́ class of ship; **2.** *разг.* féllow; (*странный человек*) cháracter ['kæ-], strange / queer féllow [-eɪndʒ...], queer bird.

**типиз||а́ция** *ж.* týpificátion. **~и́ровать** *несов. и сов.* (*вн.*) týpifỳ (*d.*).

**типи́ческий** týpical, chàracterístic [kæ-].

**типи́чн||ость** *ж.* týpicalness, týpical náture [...'neɪ-]. **~ый** týpical, chàracterístic [kæ-]; ~ая фигу́ра type.

**типов||о́й** type (*attr.*); módel ['mɔ-] (*attr.*), stándard (*attr.*); ~ догово́р módel agréement; ~а́я моде́ль stándard módel.

**типо́граф** *м.* **1.** (*работник*) prínter; **2.** (*машина*) tỳpógraph [taɪ-].

**типогра́ф||ия** *ж.* prínting-house* [-s], prínting-wòrks, press; посла́ть ру́копись в ~ию send* *an* MS (*a* mánuscript) to the press; 1-я Образцо́вая типогра́фия (*название*) The First Módel Press [...'mɔ-...]. **~ский** tỳpográphical [taɪ-]; ~ское иску́сство tỳpógraphy [taɪ-]. **~щик** *м. уст.* prínter.

**типолитогра́фия** *ж.* tỳpolithógraphy [taɪ-].

**типо||логи́ческий** tỳpológical [taɪ-]. **~ло́гия** *ж.* tỳpólogy [taɪ-].

**типу́н** *м.* (*болезнь птиц*) pip (*bird disease*); ◇ ~ тебе́ на язы́к! ≅ a plague on you for sáying such things! [...pleɪg...].

**тир** *м.* (*открытый*) shóoting-rànge [-eɪndʒ]; (*закрытый*) shóoting-gàllery.

**тира́да** *ж.* tiráde [taɪ-].

**тира́ж** *м.* **1.** (*займа и т. п.*) dráwing; вы́йти в ~ be drawn; (*перен.*: *отслужить*) have served one's time; (*становиться устарелым*) becóme* sùperánnuàted; э́та облига́ция вы́шла в ~ this bond has been drawn; **2.** *полигр.* (*о периодическом издании*) circulátion; (*о книге*) edítion (*of so many copies*).

**тира́н** *м.* týrant. **~ить** (*вн.*) týrannize (óver); (*мучить*) tòrmént (*d.*). **~и́ческий** tyránnical; (*жестокий*) cruel [kruəl]. **~и́я** *ж.* týranny. **~ство** *с.* týranny; (*жестокий поступок*) crúelty ['kruə-]. **~ствовать** (над) *разг.* týrannize (óver), be a týrant (to).

**тире́** [-рэ́] *с. нескл.* dash.

**тиро́лец** *м.*, **тиро́льский** Tỳrolése.

**тирс** *м. ист.* thýrsus (*pl.* -si).

**тис** *м. бот.* yéw(-tree).

**ти́скальщик** *м. полигр.* préss:man*.

**ти́скать**, ти́снуть (*вн.*) **1.** *тк. несов. разг.* squeeze (*d.*), press (*d.*); **2.** *полигр.* pull [pul] (*d.*).

**тиск||и́** *мн. тех.* vice *sg.*; зажа́ть в ~ (*вн.*) grip in a vice (*d.*); в ~а́х чего́-л. (*перен.*) in the grip / clútches of smth.

**тисн||е́ние** *с.* stámping. **~ёный** stamped.

**ти́снуть** *сов. см.* ти́скать 2.

**тита́н** I *м. миф.* (*тж. перен.*) Títan.

**тита́н** II *м. хим.* titánium [taɪ-].

**тита́н** III *м.* (*кипятильник*) bóiler.

**тита́нистый** *хим.* titaníferous [taɪ-].

**титани́ческий** tìtánic [taɪ-].

**тита́новый** *хим.* tìtánic [taɪ-].

**ти́тло** *с. лингв.* títle of abbrèviátion (*in Old Slavic*).

**титр** *м.* **1.** *хим.* títre; **2.** *кин.* cáption.

**титрова́ние** *с.* tìtrátion [taɪ-].

**титрова́ть** *несов. и сов.* (*вн.*) títràte ['taɪ-] (*d.*).

**ти́тул** *м.* (*в разн. знач.*) títle.

**титуло́ванный** *прич. и прил.* títled.

**титулова́ть** *несов. и сов.* (*вн.*) style (*d.*), entítle (*d.*).

**ти́тульный** *полигр.* títle (*attr.*); ~ лист títle-pàge.

**титуля́рный**: ~ сове́тник *ист.* títular cóunsellor (*lowest civil rank in tsarist Russia*).

**тиф** *м.* týphus ['taɪ-]; брюшно́й ~ týphoid / èntéric féver ['taɪ-...], týphoid; сыпно́й ~ týphus, spótted féver; возвра́тный ~ relápsing féver.

**ти́фдрук** *м. полигр.* mézzòtint ['medzou-].

**тифо́зн||ый** **1.** *прил.* týphus ['taɪ-] (*attr.*); týphoid ['taɪ-]; ~ая лихора́дка týphoid féver; ~ больно́й týphus pátient; **2.** *м. как сущ.* týphus pátient.

**ти́х||ий** **1.** (*не громкий*) quíet; low [lou] (*особ. о голосе*); (*бесшумный*) sílent; (*безмолвный*) still; (*мягкий, нежный*) soft, géntle; (*слабый*) faint; ~ое журча́ние ручья́ géntle múrmur of *a* brook; ~ие шаги́ nóise:less steps; light fóotfàll [...'fut-] *sg.*; ~ лес, бе́рег sílent fórest, shore [...'fɔ-...]; ~ая ночь still / seréne night; ~ стон low / faint moan; говори́ть ~им го́лосом speak* in a low voice, speak* in hushed / low tones; **2.** (*спокойный*) calm [kɑ:m], quíet; (*мирный*) péace:ful; ~ая грусть géntle mélancholy [...-kə-]; ~ая пого́да calm wéather [...'we-]; ~ ребёнок quíet child*; ~ нрав géntle / plácid disposítion [...-'zɪ-]; ~ая жизнь péace:ful / quíet life; ~ая вода́ still wáter [...'wɔ:-]; **3.** (*медленный*) slow [-ou]; (*неторопливый*) únhúrried; ~им ша́гом slówly ['slou-], with a slow step; ~ ход slow speed; ~ая торго́вля slack trade; ◇ в ~ом о́муте че́рти во́дятся *посл.* ≅ still wáters run deep.

**ти́хо** I **1.** *прил. кратк. см.* ти́хий; **2.** *предик. безл.* (*о погоде*) it is calm [...kɑ:m], there is not a breath of air [...-eθ...]; (*нет шума*) it is quíet, there is not a sound to be heard [...hə:d];

ста́ло ~ it becáme quiet, the noise died a:wáy; на душе́ у него́, у них *и т. д.* ста́ло ~ he, they, *etc.*, regáined his, their, *etc.*, peace of mind; his, their, *etc.*, mind / heart has been set at rest [...hɑ:t...]; в до́ме бы́ло ~ the house* was quiet [...haus...].

**ти́хо** II *нареч.* **1.** (*негромко*) quíetly, sóftly, géntly; fáintly; sílent:ly; (*ср.* ти́хий 1); ~ говори́ть speak* in a low voice [...lou...], speak* in low / hushed tones; ~ стуча́ть в дверь knock géntly, tap at the door [...dɔ:]; **2.** (*спокойно*) quíetly; cálmly ['kɑ:m-]; péace:fully; (*ср.* ти́хий 2); де́ти веду́т себя́ ~ the children are not máking a/any noise, the children are beháving quíetly; сиде́ть ~ sit* still; жить ~ live quíetly / péace:fully [lɪv...]; **3.** (*медленно*) slówly [-ou-]; дела́ иду́т ~ things are slack; **4.** *разг.*: ~! (*осторожно!*) géntly!, cáre:ful!

**тихомо́лком** *нареч. разг.* quíetly, without a word.

**тихо́нько** *нареч. разг.* **1.** (*негромко*) quíetly, sóftly, géntly; **2.** (*медленно*) slówly [-ou-].

**тихо́н||я** *м. и ж. разг.* demúre pérson; прики́дываться, смотре́ть ~ей ≅ look as if bútter would not melt in one's mouth *идиом.*

**тихоокеа́нский** Pacífic.

**тихохо́д** *м. зоол.* sloth [-ouθ].

**тихохо́дный** slow [-ou]; lów-speed ['lou-] (*attr.*).

**тихо́хонько** *нареч. разг.* very quíetly.

**ти́ше** **1.** *сравн. ст. см. прил.* ти́хий *и нареч.* ти́хо II; **2.**: ~! hush!, (be) quíet!; (*молчать!*) sílence! ['saɪ-]; (*осторожнее!*) cáre:ful!, géntly!; ◇ ~ воды́, ни́же травы́ *погов.* ≅ meek and mild.

**тишин||а́** *ж.* quíet, sílence ['saɪ-]; (*спокойствие*) calm [kɑ:m], peace; соблюда́ть ~у́ make* no noise, keep* quíet; водвори́ть ~у́ impóse / estáblish sílence; наруша́ть ~у́ distúrb / break* the sílence [...-eɪk...]; в ~е́ in (the) sílence; ~ и споко́йствие peace and quíet.

**тиш||ь** *ж.* = тишина́; в ~и́ in (the) sílence [...'saɪ-]; quíetly; в ночно́й ~и́ in the sílence of the night; ◇ ~ да гладь *разг.* peace and hármony.

**тка́нев||ый** tíssue (*attr.*); ~ая терапи́я tíssue thérapy.

**тка́ный** wóven.

**ткан||ь** *ж.* **1.** *текст.* cloth, fábric, matérial, téxtile; шёлковая ~ silk (cloth); шёлковые ~и silks; шерстяна́я ~ wóollen cloth ['wul-...]; вя́заная ~ knítted fábric; **2.** *биол.* tíssue; **3.** *тк. ед.* (*существо, основа*) súbstance; ~ собы́тий tíssue of evénts.

**тканьё** *с.* **1.** (*действие*) wéaving; **2.** *собир.* (*ткани*) cloth; wóven fábrics *pl.*

**ткать,** сотка́ть (*вн.*) weave* (*d.*); ~ паути́ну spin* a web.

**тка́цк||ий** wéaving, wéaver's; ~ стано́к loom; ~ челно́к shuttle; ~ое де́ло wéaving.

**тка́цко-пряди́льный** téxtile (*attr.*).

**ткач** *м.* wéaver. **~ество** *с.* wéaving. **~и́ха** *ж. к* ткач.

**ткнуть** *сов. см.* ты́кать I. **~ся** *сов. см.* ты́каться.

**тле́н||ие** *с.* **1.** (*гниение*) decáy, pùtrefáction, dè:còmposítion [-'zɪ-]; **2.** (*горение без пламени*) smóuldering ['smou-]. **~ность** *ж.* pèrishabílity, périshable:ness. **~ный** périshable.

**тлетво́рн||ость** *ж.* nóxious:ness, pèrnícious:ness. **~ый** nóxious, pèrnícious; (*порождённый тлением*) pútrid; ◇ ~ая пропага́нда войны́ pèrnícious war pròpagánda.

**тлеть** **1.** (*гнить*) rot, decáy, pútrefỳ; (*разрушаться и рассыпаться*) móulder ['moul-]; **2.** (*гореть без пламени; тж. перен.; о чувстве*) smóulder ['smoul-]; в его́ се́рдце ещё тле́ет наде́жда he still has a glímmer of hope. **~ся** *разг.* smóulder ['smoul-].

**тля** *ж. зоол.* plánt-louse* [-ɑ:ntlaus]; áphis ['eɪ-] (*pl.* -idès [-di:z]) *научн.*

**тмин** *м.* **1.** (*растение*) cáraway; **2.** *собир.* (*семена*) cáraway-seeds *pl.* **~ный** cáraway (*attr.*).

**то** I *с.* **1.** *мест. см.* тот; то, что what, the fact that, that which; он узна́л то, что ему́ на́до he learned what he wánted to know [...lə:nd ...nou]; **2.** *как сущ.*: то был, была́, бы́ло that was; то бы́ли those were; то бы́ли тру́дные го́ды those were dífficult years; ◇ то́ есть (*сокр.* т. е.) that is (*сокр.* i. e.), that is to say; то бишь that is to say; (да) и то and éven (then): у меня́ оста́лся оди́н каранда́ш, да и то плохо́й I have one péncil left, and éven then it is a bad* one; — (а) не то or else, óther:wise: приезжа́й во́время, (а) не то уе́ду без тебя́ come in time, or else, *или* óther:wise, I shall go without you; — то́-то же now you ùnderstánd; то́-то и оно́ ≅ that's what it is; то ли (ещё) бу́дет! what will it / things be like then?; то и де́ло perpétually, incéssantly; *часто переводится глаг.* keep* on (+ *ger.*): то и де́ло раздаю́тся звонки́ the bell keeps on ríng:ing.

**то** II *союз* (*в таком случае*) then; *часто не переводится*: е́сли вы не пойдёте, то я пойду́ if you don't go, (then) I shall; раз так, то я не пойду́ if so, then I shall not go.

**то** III *союз*: то..., то now..., now; sóme:tìmes..., sóme:tìmes; at one móment..., at anóther; то тут, то там now here, now there; не то... не то (éither)... or ['aɪ-...]; half... half [hɑ:f...]: не то по нео́пытности, не то по небре́жности (éither) through ìnexpérience or through cáre:lessness; не то снег, не то дождь half snow, half rain [...snou...]; — то ли... то ли whéther... or.

**-то** *частица* just, precíse:ly [-s-], exáctly: в то́м-то и де́ло that is just it; э́того-то я и хоте́л that is precíse:ly what I wánted.

**тобо́ю** *тв. см.* ты.

**това́р** *м.* goods [gudz] *pl.*, wares *pl.*; (*предмет торговли*) árticle; *эк.* commódity; хо́дкий ~ márketable / sálable goods *pl.*; pópular árticles *pl.*; па́ртия ~а a consígnment (of goods) [...-'sain-...]; продово́льственные ~ы fóodstùffs; промы́шленные ~ы mànufáctured goods; ◇ показа́ть ~ лицо́м *разг.* ≅ show* smth. to good efféct, *или* to advántage [ʃou...-'vɑ:-].

**това́рищ** *м.* **1.** cómrade; (*друг*) friend [fre-]; (*спутник*) compánion [-'pæ-]; (*коллега*) cólleague [-li:g]; ~ по рабо́те féllow wórker; (*в устах рабочего*) mate; ~ по несча́стью féllow-sùfferer, compánion in distréss, féllow víctim (*pl.* féllow víctims); шко́льный ~ schóolfrìend [-fre-], schóolfèllow; ~ де́тства friend of *one's* chíld:hood [...-hud]; ~ по кла́ссу cláss-

-màte; ~ по оружию compánion-in-àrms [-'pæ-] (*pl.* compánions-); ~ по плаванию (*на корабле*) shipmàte; 2. (*обращение*; *тж. перед фамилией*) Cómrade; 3. (*помощник, заместитель*) assistant, únder-; ~ министра députy / assistant minister; (*в Англии*) únder-sécretary; ~ председателя více-cháir¦man*, vice-président [-z-].

**товарищеск||ий** cómrade¦ly; (*дружеский*) friendly ['frend-]; ~ое состязание, ~ая встреча *и т. п.* friendly match, *etc.*; с ~им приветом (*в конце письма*) ≅ yours fratérnally; ~ поступок friendly act; ~ие отношения cómrade¦ly relátions; ◇ ~ суд cómrades' court [...kɔ:t].

**товариществ||о** I *с.* (*товарищеские отношения*) cómrade¦ship; чувство ~а féeling of sòlidárity / féllowship.

**товарищество** II *с.* (*объединение*) assòciátion; (*компания*) cómpany ['kʌ-]; ~ на паях jóint-stòck cómpany; ~ по совместной обработке земли àgricúltural assòciátion.

**товарка** *ж. уст. разг.* friend [fre-].

**товарн||ость** *ж. эк.* rátiò of commódity óut¦pùt to the tótal óut¦pùt [...-put...], màrketability, márketable válue; высокая ~ high màrketability, high márketable súrplus(es) (*pl.*); высокая ~ колхозного производства the prodúction of a high márketable súrplus by the colléctive farms. **~ый** 1. goods [gudz] (*attr.*), commódity (*attr.*); ~ый знак trade mark; ~ый склад wáre¦house* [-s]; ~ая биржа commódity exchánge [...-'tʃeɪ-]; ~ый голод goods fámine; 2. *эк.* commódity (*attr.*); goods (*attr.*); ~ая продукция commódity óut¦pùt [...-put]; ~ое производство commódity prodúction; при ~ом производстве únder the commódity prodúction sýstem; ~ое хозяйство commódity èconomy [...i:-]; ~ое обращение commódity circulátion; ~ые излишки márketable súrpluses; ~ая сельскохозяйственная продукция márketable àgricúltural próduce; 3. *ж.-д.*: ~ый поезд goods train; freight train *амер.*; ~ый вагон goods wágon [...'wæ-]; freight car *амер.*; ~ая станция goods státion / yard; freight yard *амер.*

**товаровед** *м.* 1. (*специалист по товароведению*) éxpèrt in the science of commódities; 2. (*работник*) goods mánager [gudz...].

**товароведение** *с.* science of commódities.

**товаро||обмен** *м. эк.* bárter. **~оборот** *м. эк.* commódity circulátion. **~отправитель** *м.* fórwarder of goods [...gudz], consignor [-'saɪnə].

**товаро-пассажирский:** ~ поезд mixed góods-and-pássenger train [...'gudz- -ndʒə...].

**товаро||получатель** *м.* recipient of goods [...gudz], cònsignée [-saɪ'ni:]. **~производитель** *м. эк.* commódity prodúcer.

**тога** *ж. ист.* tóga.

**тогда** *нареч.* 1. (*в разн. знач.*) then; (*в то время тж.*) at that time; ~-то и нужно было это сделать it was then that it should have been done; ~-то и нужно будет это сделать it is then that it must be done, that will be the time to do it; ~ же at the same time; когда..., ~ when... (тогда *не переводится*): когда он отказался, ~ я решил действовать when he refúsed I decided to act, it was when he refúsed that I decided to act; 2.: ~ как *союз* whère¦ás, while.

**тогдашн||ий** *разг.* of that time, of those times / days; ~ее время those times / days *pl.*

**того** *рд. см.* тот.

**тождественн||ость** *ж.* identity [aɪ-], sáme¦ness; ~ точек зрения idéntity of óutlook. ~ый idéntical [aɪ-], (one and) the same; ~ый чему-л. idéntical with smth.

**тождество** *с.* idéntity [aɪ-] (*sameness*); представлять собой ~ be idéntical [...aɪ-].

**тоже** *нареч.* álsò ['ɔ:l-], as well, too: он ~ пойдёт he is álsò gó¦ing, he is gó¦ing as well, *или* too; вы его знаете? Я ~ do you know him? So do I, *или* I do, too [...nou...]; я там был, мой брат ~ I was there, and my bróther was there álsò, *или* so was my bróther [...'brʌ-...]; я буду там, мой брат ~ I shall be there, and my bróther will álsò be there, *или* so will my bróther; вы видели это? Они ~ did you see it? They did too, *или* so did they;— ~ не not... éither [...'aɪ-]: он ~ не знает he does not know éither; его там ~ не было he was not there éither; — я не шучу.— Я ~ не шучу I am not jóking.— Néither / nor am I [...'naɪ-...]; у меня ~ нет néither have I; я ~ не буду néither shall I; ◇ ~ хорош! *you're* a nice one, to be sure [...ʃuə].

**тожественный** = тождественный.

**тожество** *с.* = тождество.

**ток** I *м.* (*течение*; *тж. эл.*) cúrrent; ~ воздуха air cúrrent; ~ высокого напряжения high-ténsion cúrrent; ~ высокой частоты high-fréquency cúrrent [-'fri:-...]; включить, выключить ~ switch on, switch off the cúrrent.

**ток** II *м.* (*головной убор*) toque [touk].

**ток** III *м. охот.* (birds') máting-plàce.

**ток** IV *м.* (*площадка для молотьбы*) thréshing-floor [-flɔ:].

**токай** *м.*, **~ское вино** Tòkáy [tou-].

**токарн||ый** túrning; ~ая мастерская túrnery (*workshop*); ~ станок lathe [leɪð]; ~ цех túrning shop, túrnery; ~ая стружка *собир.* túrnings *pl.*

**токарь** *м.* túrner, lathe óperàtor [leɪð...]; ~ по дереву wood túrner [wud...].

**токката** *ж. муз.* toccáta [-'kɑ:-].

**токов||ание** *с.* (birds') máting-càll. **~ать** útter its máting-càll.

**токоприёмник** *м. эл.* (*складной*) pántogràph; дуговой ~ bow [bou].

**токсикология** *ж.* tòxicólogy.

**токсин** *м. мед.* tóxin.

**токсический** *мед.* tóxic.

**тол** *м. хим.* (*тринитротолуол*) tólite.

**толевый** *стр.* of róofing / tarred felt.

**толика** *ж.*: малая ~ (*с сущ. в ед. ч.*) a little; (*с сущ. во мн. ч.*) a few.

**толк** *м.* 1. (*смысл*) sense; (*польза*) use [ju:s]; с ~ом (*со смыслом*) intélligently, sénsibly, with sense; (*с результатом*) succéssfully; без ~у (*бестолково*) sénse¦lessly, irrátionally; (*напрасно*) to no púrpose [...-s], for nothing; что ~у? what is the use?; говорить без ~у talk nónsense; сбить с ~у (*вн.*) confúse (*d.*), muddle (*d.*), bewílder [-'wɪ-] (*d.*); добиться ~у attáin one's óbject; от него ~у не добьёшься you can't get any sense out of him [...kɑ:nt...]; не выйдет ~у (из) nothing will come (of); 2. *уст.* (*направление*) trend; (*религиозный*) dóctrine; ◇ взять в ~ (*вн.*) ùnderstánd* (*d.*), see* (*d.*); понимáть, знать ~ в чём-л. be a good judge of smth.

**толк||áть,** толкнýть **1.** (*вн.*) push [puʃ] (*d.*); shove [ʃʌv] (*d.*) *разг.*; (*нечаянно*) jog (*d.*); *сов. тж.* give* a push / shove (*i.*); ~ лóктем когó-л. nudge smb.; (*нечаянно*) jog smb.'s élbow; **2.** (*вн.*; *двигать вперёд*) push on (*d.*); ~ ядрó *спорт.* put* the shot; **3.** (когó-л. на что-л.; *побуждать*) incíte (*d.* to), ínstigàte (*d.* to); ~ когó-л. на преступлéние ínstigàte / drive* smb. to crime. **~áться,** толкнýться **1.** *тк. несов.* (*толкать друг друга*) push one anóther, *или* each other [puʃ...]; не ~áйтесь don't push; ~áться локтя́ми élbow (one anóther); **2.** (кудá-л., к комý-л.) *разг.* knock at smb.'s door [...dɔː]; (*пытаться увидеть кого-л.*) try to get at smb.; **3.** *тк. несов. разг.* (*слоняться*) loaf / gad / lounge abóut.

**толкáч** *м.* **1.** *тех.* stamp; **2.** *ж.-д.* púsher ['pu-]; **3.** *разг.* (*о человеке*) púsher, gó-gétter [-'ge-].

**тóлк||и** *мн.* (*слухи*) talk *sg.*, rúmours; (*сплетни*) góssip *sg.*; идýт ~ о том, что people say that [piː-...], it is said that [...sed...], there is a rúmour, *или* are rúmours, that, it is rúmour¦ed that; вы́звать мнóго ~ов give* rise to a lot of talk; станови́ться предмéтом ~ов becóme* food for góssip; положи́ть конéц ~ам put* a stop to idle talk.

**толкнýть** *сов. см.* толкáть. **~ся** *сов. см.* толкáться 2.

**толковá||ние** *с.* **1.** intèrpretátion; (*действие тж.*) intérpreting; (*тк. о поступке, о чьих-л. словах*) constrúction; дать неправильное ~ чегó-л., чемý-л. give* a wrong intèrpretátion of smth.; put* a wrong constrúction on smth.; **2.** (*объяснительный текст*) cómmentary. **~тель** *м.* intérpreter; (*комментатор*) cómmèntàtor. **~тельница** *ж.* intérpretress; (*комментатор*) cómmèntàtor.

**толковáть 1.** (*вн.*) intérpret (*d.*); ~ закóн intérpret the law; ~ неясные местá intérpret àbstrúse pássages [...-s...]; ~ всё в дурнýю стóрону put* an ill constrúction on évery¦thing, see* évery¦thing in the worst light; э́тот постýпок мóжно ~ и так и инáче this áction may be intérpreted in many ways; лóжно ~ mísintérpret (*d.*), mísconstrúe (*d.*); **2.** *разг.* (*вн. дт.*; *объяснять*) expláin (*d.* to); скóлько емý ни толкýй, он ничегó не понимáет you can go on expláining till to¦mórrow without máking him ùnderstánd; it's a waste of time to try to expláin things to him [...weist...]; **3.** (с *тв.* о *пр.*; *разговаривать*) talk (with abóut); (*обсуждать*) discúss (with *d.*); что тут мнóго ~ it's no use tálking abóut it, *или* discússing it [...juːs...]; ◇ он всё своё толкýет he keeps on hárping on the same string; толкýют, бýдто people / they say that [piː-...].

**толкóвый 1.** (*понятный*) intélligible, clear; **2.** (*о человеке*) sénsible, intélligent; он ~ человéк he has a head on his shóulders [...hed ...'ʃou-]; **3.:** ~ словáрь explánatory díctionary.

**тóлком** *нареч. разг.* (*ясно*) pláinly, cléarly; (*серьёзно*) sérious¦ly, éarnest¦ly ['əːn-]; скажи ~ say pláinly, tell me pláinly.

**толкотня́** *ж. разг.* crush, squash; там такáя ~ it is so dénse¦ly crówded there, there is such a dense crowd there.

**толкýч||ий:** ~ ры́нок *разг.* sécond-hánd márket ['se-...]. **~ка** *ж. разг.* **1.** = толкотня́; **2.** = толкýчий ры́нок *см.* толкýчий.

**толмáч** *м. уст.* intérpreter.

**толокнó** *с.* oat flour.

**толокня́нка** *ж. бот.* béarberry ['bɛə-].

**толокóнный** *прил. к* толокнó; ◇ ~ лоб blóckhead [-hed], dúnderhead [-hed].

**толóчь,** растолóчь (*вн.*) pound (*d.*); ◇ ~ вóду в стýпе ≅ beat* the air, mill the wind [...wind]. **~ся 1.** *разг.* (*слоняться*) hang* abóut; (*шляться*) gad abóut; **2.** *страд. к* толóчь.

**толпá** *ж.* crowd; (*большая тж.*) throng; (*перен.*: *множество*) múltitùde, crowd.

**толпи́ться** crowd; (*о большой толпе*) throng; (*собираться группами*) clúster.

**толпóй** *нареч.* in a bódy [...'bɔ-]; двигаться ~ flock.

**тóлстенький** *разг.* plump, stóutish; ~ ребёнок chúbby báby.

**толст||éть,** потолстéть grow* fat / stout [-ou...], put* on flesh. **~и́ть** (*вн.*) *разг.* make* (*d.*) look fát(ter).

**толстовáтый** stóutish, plúmpish, ráther stout / plump ['rɑː-...].

**толстóвец** *м.* Tólstoyan.

**толстóвка** I *ж. к* толстóвец.

**толстóвка** II *ж.* (*блуза*) tòlstóvka (*man's long belted blouse*).

**толстóвство** *с.* Tólstoyism, the téachings of Tólstoy *pl.*

**толстогýбый** thíck-lípped.

**толстокóж||ие** *мн. скл. как прил. зоол.* pàchydérmata [-kɪ-] *научн.*; páchydèrms [-kɪ-] *разг.* **~ий 1.** *зоол.* pàchydérmatous [-kɪ-]; ~ее живóтное páchydèrm [-kɪ-]; **2.** (*о фруктах и т. п.*) thíck-skínned; (*перен.*; *о человеке*) thíck-skínned; (*неотзывчивый*) ùnféeling, cáse-hárdened ['keɪs-].

**толсто||мóрдый** *груб.* búll-fáced ['bul-], fát-fáced. **~нóгий** thíck-légged. **~пýзый** *груб.* pót-béllied.

**толстосýм** *м. уст. разг.* móney-bàgs ['mʌ-] *pl.*

**толстý||ха** *ж. разг.* stout / fat wóman* [...'wu-]; (*о девочке*) stout / fat girl [...gəːl]. **~шка** *ж. разг.* fátty; plump wóman* [...'wu-]; (*о девочке*) fátty; plump girl [...gəːl].

**тóлст||ый 1.** thick; (*о материи тж.*) héavy ['he-]; ~ слой чегó-л. thick láyer of smth.; ~ая пáлка thick / stout stick; ~ая кишкá *анат.* large intéstine; ~ое сукнó héavy / stout cloth; ~ ковёр héavy / thick cárpet; **2.** (*о человеке*) stout, fat, córpulent; (*о губах, пальцах и т. п.*) thick; ~ые щёки fat cheeks; ◇ ~ журнáл (*ежемесячник*) líterary mónthly [...'mʌ-].

**толстя́к** *м.* stout / fat / córpulent man*; (*о юноше, мальчике*) fat boy.

**толуóл** *м. хим.* tóluène, tóluòl.

**толч||éние** *с.* póunding, crúshing. **~ёный** póunded, crushed; (*дроблёный*) ground; ~ёный минда́ль ground álmonds [...'ɑːm-] *pl.*

**толчея́** *ж. разг.* crowd, crush.

**толч||óк** *м.* push [puʃ]; (*при езде*) jolt, bump, jerk; (*при землетрясении*) shock, (earth) trémor [ɔ:θ 'tre-]; (*перен.: побуждение*) incíte¦ment, stímulus (*pl.* -li); давáть ~ чемý-л. stímulàte smth., give* ímpetus to smth., start smth. off; дать мóщный ~ чемý-л. give* / be a pówerful incéntive to smth., be a pówerful spur to smth.; э́то послужи́ло для негó ~кóм (к) this was an incíte¦ment to him (to), this spurred /stímulàted him (to).

**тóлща** *ж.* thíckness; (*перен.*) the thick.

**тóлще** *сравн. ст. прил. см.* тóлстый.

**толщинá** *ж.* 1. thíckness; 2. (*человека*) stóutness, córpulence.

**толь** *м. стр.* róofing / tarred felt.

**тóлько** 1. *нареч.* (*в разн. знач.*) ónly, mére¦ly; (*единственно*) sóle¦ly; он ~ хотéл узнáть he ónly / mére¦ly wánted to know [...nou]; ~ вчерá я с ним ви́делся I saw him ónly yésterday [...-dɪ]; вы ви́дите ~ ...all you can see is...; ~ случáйно ónly by chance, not... excépt by chance; э́то моглó произойти́ ~ случáйно it could not háppen, *или* have háppened, excépt by chance; ~ потомý, что just / ónly becáuse [...-'kɔz]; ~ в послéднюю минýту not till the last móment; ~ пóздно вéчером it was not until late in the évening [...'i:v-]; сейчáс ~ два часá it is ónly two o'clóck now; ~ попрóбуй э́то сдéлать you just try to do it; каки́х ~ книг он не читáл! what books has he not read! [...red]; где ~ он не бывáл! where has he not been!; ~ за 1956-й год in 1956 alóne; подýмай(те) ~, ты ~ подýмай just think; 2. *как союз* ónly, but: он соглáсен, ~ имéйте в видý, что he agrées, ónly / but bear in mind that [...bɛə...]; ◇ éсли ~ if ónly; ~ что just, just now; ~? is that all?; ~ бы if ónly; ~ бы не заболéть if ónly I do not fall ill, I hope I don't fall ill; лишь ~, как ~ as soon as; лишь ~ он вошёл as soon as he came in, no sóoner had he come in that; ~ он вошёл just as he came in; откýда ~, кто ~, зачéм ~ where, who, why on earth [...ə:θ]; ~ егó и ви́дели! and that was the last *they* saw of him!; ~-~ ónly just, báre¦ly; мы ~-~ поспевáли за ним it was as much as we could do to keep pace with him; не ~..., но и not ónly... but álsò [...'ɔ:l-]: он не ~ прилéжен, но и спосóбен he is not ónly páinstàking but álsò cléver [...-nz-...'kle-];—пьéса не ~ не серьёзна, но и не интерéсна the play is not ónly not sérious, it is not éven interesting; far from bé¦ing sérious, the play is not éven interesting.

**том** *м.* vólume.

**томагáвк** *м.* tómahawk.

**томаси́рование** *с. тех.* Thómas prócèss ['tɔ-...].

**томáт** *м.* (*помидор*) tomátò [-'mɑ:-]; (*паста*) tomátò paste [...peɪst]; сóус ~ tomátò sauce. ~ный tomátò [-'mɑ:-] (*attr.*); ~ный сок tomátò juice [...dʒu:s].

**тóмик** *м.* small vólume.

**томи́тельн||о** 1. *прил. кратк. см.* томи́тельный; 2. *предик. безл.* it is wéari¦some. ~ость *ж.* ánguish, páinfulness; ~ость ожидáния wéari¦ness of wáiting; (*неизвестность*) ágony of suspénse. ~ый (*об ожидании и т. п.*) wéari¦some, tédious; (*тяжкий*) trýing; (*мучительный*) ágonizing, páinful; ~ая жарá trýing / oppréssive heat; ~ая жáжда ùnbéarable thirst [-'bɛə-...]; ~ое ожидáние wéari¦some wait; (*неизвестность*) ágonizing suspénse; ~ая тоскá mórtal ánguish; ~ая скýка déadly bóre¦dom ['ded-...].

**том||и́ть** (*вн.*) 1. wéary (*d.*), tire (*d.*), wear* out [wɛə...] (*d.*); (*мучить*) tòrmént (*d.*), tórture (*d.*); ~ когó-л. в тюрьмé let smb. lánguish in príson [...-ɪz-]; ~ когó-л. гóлодом и жáждой make* smb. súffer húnger and thirst, tòrmént smb. with húnger and thirst; ~ когó-л. неизвéстностью keep* smb. in suspénse; ~ когó-л. расспрóсами wéary smb., *или* tire smb. out, with quéstions [...-stʃənz]; егó ~и́т жарá he is exháusted / oppréssed by the heat; егó ~и́т жáжда he is parched with thirst; 2. *тех.* cemént (*d.*); 3. *кул.* stew (*d.*). **~и́ться** 1. (*тв.*) pine (for); (*без доп.*) lánguish; ~и́ться ожидáнием be in an ágony of suspénse; ~и́ться жáждой be parched with thirst, pant / pine for a drink; ~и́ться жáждой чегó-л. (*перен.*) thirst for smth.; ~и́ться в пленý, в тюрьмé *и т. п.* lánguish in càptívity, in príson, *etc.* [...'prɪz-]; ~и́ться тоскóй pine a¦wáy; ~и́ться по чемý-л. pine for smth.; 2. *страд. к* томи́ть. **~лéние** *с.* 1. lánguor [-gə]; испы́тывать ~лéние lánguish; 2. *тех.* cèmèntátion [si:-]. **~лёный** 1. *кул.* stewed; 2. *тех.*: ~лёная сталь cemént(ed) steel.

**тóмн||ость** *ж.* lánguor [-gə]. **~ый** lánguid, lánguorous [-gə-].

**томпáк** *м. тех.* tómbàc; (*поддельное золото*) pínchbèck. **~овый** *тех.* tómbàc (*attr.*); pínchbèck (*attr.*).

**томý** *дт. см.* тот.

**тон** *м.* (*в разн. знач.*) tone (*о голосе часто pl.*); ~ом вы́ше *муз.* one tone hígher; (*перен.*) in more excíted tones; ~ом ни́же *муз.* one tone lówer [...'louə]; (*перен.*) in cálmer tones [...'kɑ:mə...], in a cálmer tone of voice; попáсть в ~ hit* (on) the right tone; повели́тельным ~ом in a high / perémptory / impérious tone; не говори́те таки́м ~ом don't use, *или* talk in, that tone of voice; перемени́ть ~ change one's tone [tʃeɪ-...]; сбáвить ~ change one's note, sing* another song / tune, sing* small; повы́сить ~ raise one's voice; свéтлые ~á light cólours [...'kʌ-]; ◇ хорóший, дурнóй ~ good, bad form; задавáть ~ set* the fáshion.

**тонáльность** *ж. муз.* key [ki:]; ~ до мажóр key of C májor [...si:...].

**тóненький** thin; (*о фигуре и т. п.*) slénder, slim; ~ гóлос thin little voice; ~ стебелёк slénder little stalk.

**тонзýра** *ж.* tónsure [-ʃə].

**тонизи́ровать** *несов. и сов.* (*вн.*) *физиол.* tone up (*d.*).

**тóника** *ж. муз.* tónic, kéy-nòte ['ki:-].

**тонинá** *ж.* thínness.

**тони́ческий** I *лит., муз.* tónic.

**тони́ческий** II *физиол., мед.* tónic.

**тóнк||ий** 1. thin; (*не грубый*) fine, délicate; (*изящный — о фигуре и т. п.*) slénder, slim; ~ слой thin láyer; ~ лист бумáги thin sheet of páper; ~ая пыль fine dust; ~ шёлк fine / délicate silk; ~ие ни́тки thin / fine thread [...-ed] *sg.*; ~ое бельё fine línen [...'lɪ-]; ~ие ткáни délicate / fine-spùn fábrics; ~ие пáльцы slénder / délicate fíngers; ~ая фигýра slim /

slight / slénder fígure; ~ие нóги (*изящные*) slim / slénder legs; (*худые*) thin / skinny legs; ~ие черты́ лицá délicate / refíned féatures; ~ гóлос thin voice; ~ие кишки́ *анат.* small intéstines; 2. (*утончённый*) délicate, subtle [sʌtl]; (*изящный*) dáinty; ~ зáпах délicate / subtle pérfùme; ~ ум subtle intellèct; ~ вкус délicate taste [...teɪ-]; ~ая лесть subtle flát-tery; ~ намёк délicate / gentle hint; óчень ~ вопрóс a point of great níсety [...-eɪt 'naɪ-], a nice quéstion [...-stʃ-]; ~ оттéнок subtle shade; ~ое различие subtle / délicate / fine / nice distínction / dífference; ~ ýжин délicate / dáinty / élegant súpper; ~ая рабóта délicate work; (*о рукоделии и т. п.*) dáinty work; 3. (*о слухе, зрении и т. п.*) keen; ~ слух keen ear; 4. (*хорошо разбирающийся в чём-л.*) subtle; ~ знатóк cònnoisséur [kɔnɪ'sə:]; ~ крити́к subtle / discríminàting crític; ~ худóжник subtle ártist; ~ наблюдáтель keen obsérver [...-'zə:-]; 5. (*хитрый*) subtle, shrewd, astúte; ~ полити́к astúte pòlitícian; ◇ э́то сли́шком ~о that is too subtle; где ~о, там и рвётся *посл.* ≅ the chain is no strónger than its wéakest link.

**тóнко** I *прил. кратк. см.* тóнкий.

**тóнко** II *нареч.* 1. thin¦ly; ~ очи́ненный карандáш fine péncil-point; ~ нарéзанные лóмтики хлéба thin¦ly sliced bread [...-ed] *sg.*, thin slices of bread; 2. (*утончённо*) súbtly ['sʌtlɪ]; ~ разбирáться в чём-л. have a subtle / délicate percéption of smth. [...sʌtl...].

**тонко||волокни́стый** fíne-fibre (*attr.*). **~зерни́стый** *геол.* fíne-gráined. **~кóжий** thín-skinned. **~рýнный** fíne-fléeced. **~стéнный** thín-wálled.

**тóнкост||ь** *ж.* 1. thínness; (*ткани, ниток и т. п.*) fine¦ness; (*вкуса, запаха и т. п.*) délicacy; (*фигуры*) slénderness, slímness; (*перен.*) súbtlety ['sʌtltɪ]; ~ умá súbtlety of mind; 2. (*мелкая подробность*) fine point, nícety ['naɪ-], piece of súbtlety [pi:s...]; до ~ей to a nícety; знать какóе-л. дéло до ~ей know* smth. in all its mìnútest détails [nou...maɪ- 'di:-]; вдавáться в ~и súbtilize ['sʌtɪ-]; split* hairs *ирон.*

**тонкосукóнн||ый:** ~ые ткáни fine cloths; ~ая фáбрика fíne-clòths fáctory; ~ комбинáт large fíne-clòths mill.

**тонкотрýбный** smáll-tùbe (*attr.*).

**тонкошéрстн||ый, тонкошёрстый** fíne-wóol(l)ed [-'wuld]; ~ое сукнó fine wóollen cloth [...'wul-...].

**тóнна** *ж.* ton [tʌn]; метри́ческая ~ métric ton; англи́йская ~ ton; региструвая ~ régister ton.

**тоннáж** *м.* tónnage ['tʌn-]; ~ морски́х и речны́х судóв maríne and in¦land-wàterway tónnage [-i:n...-wɔ:-...].

**тоннéль** [-нэ́-] *м.* = туннéль.

**тóнный** *разг., ирон.* grand, fine.

**-тóнный** (*в сложн. словах, не приведённых особо*) -ton [-tʌn]; *напр.* двадцатитóнный twénty-tòn.

**тóнус** *м. физиол., мед.* tone.

**тонýть** I, потонýть (*идти ко дну*) sink*; (*о судне тж.*) go* down.

**тонýть** II, утонýть (*гибнуть; о человеке, животном*) drown; (*перен.*) be lost; ~ в снегý, в подýшках sink* in the snow, píllows [...snou...]; ~ в делáх *разг.* be lost in one's work, be óver head and ears in work [...hed...]; мысль тóнет в ненýжных подрóбностях the idéa is lost, *или* disappéars, in a mass of ùnnécessary détails [...aɪ'dɪə...'di:-].

**тонфи́льм** *м.* sound film; *рад.* recórding; запи́санный на ~ recórded.

**тóньше** *сравн. ст. см. прил.* тóнкий *и нареч.* тóнко II.

**тóня** *ж. рыб.* 1. (*место, предприятие*) físhery; 2. (*закидка сетей*) haul.

**топáз** *м. мин.* tópàz; ды́мчатый ~ smóky quartz / tópàz [...-ts...].

**топáзовый** *прил. к* топáз.

**тóпа||ть**, тóпнуть 1. (*тв.*) stamp (*d.*); ~ ногáми stamp one's foot / feet [...fut...]; он шёл по ýлице, тяжелó ~я ногáми he went trámping down the street; 2. *тк. несов.* (*без доп.*) *разг.* (*ходить*) tramp, go*, walk.

**топи́ть** I (*вн.*) heat (*d.*).

**топи́ть** II (*вн.; плавить*) melt (*d.*); (*о сале и т. п.*) melt down (*d.*); rénder (*d.*); ◇ ~ молокó bake milk.

**топи́ть** III, потопи́ть (*вн.*) sink* (*d.*); потопи́ть сýдно sink* a ship.

**топи́ть** IV, утопи́ть (*вн.*) (*о человеке, животном*) drown (*d.*); (*перен.: губить*) rúin (*d.*); ◇ ~ гóре в винé drown one's sórrows in drink.

**топи́ться** I 1. (*о печи*) burn*; 2. *страд. к* топи́ть I.

**топи́ться** II 1. (*плавиться*) melt; 2. *страд. к* топи́ть II.

**топи́ться** III, утопи́ться (*в реке и т. п.*) drown òne¦sélf.

**тóпка** I *ж.* 1. (*действие*) héating; 2. (*часть печи, котла*) fíre-chàmber [-tʃeɪ-], fúrnace; *ж.-д.* fíre-bòx.

**тóпка** II *ж.* (*жиров и т. п.*) mélting.

**тóпк||ий** bóggy, swámpy, márshy. **~ость** *ж.* swámpiness, márshiness.

**топлён||ый:** ~ое молокó baked milk; ~ое мáсло boiled bútter; ~ое сáло mélted / réndered fat.

**тóпливн||ый** *прил. к* тóпливо; ~ая промы́шленность fúel índustry ['fju-...]; ~ые ресýрсы fúel resóurces [...-'sɔ:s-].

**тóпливо** *с. тк. ед.* fúel ['fju-]; (*дрова и т. п.*) fíring; жи́дкое ~ (fúel) oil; ди́зельное ~ Diesel / diesel oil ['di:z-...].

**тóпнуть** *сов. см.* тóпать 1.

**топóграф** *м.* topógrapher. **~и́ческий** tòpográphic; ~и́ческая анатóмия tòpográphical anátomy; ~и́ческая съёмка tòpográphical súrvey.

**топогрáфия** *ж.* topógraphy.

**тóполевый** póplar ['pɔ-] (*attr.*).

**тополóгия** *ж. мат.* topólogy.

**тóполь** *м.* póplar ['pɔ-]; бéлый ~ white / sílver póplar, abéle.

**топóр** *м.* axe; плóтничий ~ bench axe. **~и́к** *м.* hátchet. **~и́ще** *с.* áxe-hàndle, axe helve.

**топóрн||ый** clúmsy [-zɪ], coarse; (*тк. о человеке*) ùn¦cóuth [-'ku:θ]; ~ая рабóта clúmsy work.

**топóрщить** (*вн.*) *разг.* bristle (*d.*). **~ся** *разг.* (*щетиниться*) bristle; (*надуваться, расширяться*) puff up / out; (*о материи*) púcker.

**то́пот** *м.* fóotfàll ['fut-], tread [tred]; (*тяжёлый*) tramp; ~ шаго́в trámping; торопли́вый ~ шаго́в hásty fóotfàll ['heɪ-...]; (*лёгкий*) pátter of feet; ко́нский ~ thud / clátter of hórses' hoofs.

**топота́ть** *разг.* stamp; (*о торопливых лёгких шагах*) pátter; ко́ни топо́чут по мостово́й hórses clátter down the street.

**то́почн||ый** fúrnace (*attr.*); ~ свод fúrnace arch; ~ые га́зы fúrnace gáses.

**то́псель** *м. мор.* (fóre-and-àft) tópsail [...'tɔps°l].

**топта́ть** (*вн.*) **1.** trample down (*d.*); **2.** (*грязнить*) make* dírty (with one's feet) (*d.*); ~ пол гря́зными башмака́ми dírty the floor with one's múddy boots [...flɔ:...]; **3.:** ~ гли́ну knead clay. **~ся** stamp; ~ся на ме́сте (*прям. и перен.*) mark time; (*перен. тж.*) make* no héadway [...'hed-]; ~ся без де́ла hang* abóut, dawdle, lounge abóut.

**Топты́гин** *м. шутл.* (*медведь*) Brúin.

**топча́н** *м.* (*койка*) tréstle-bèd.

**топь** *ж.* swamp, marsh.

**то́рб||а** *ж.* bag; ◇ носи́ться с чем-л. как (дура́к) с пи́саной ~ой *разг.* ≅ fuss óver smth. like a child óver a new toy, be like a child with a new toy.

**торг** *м.* **1.** (*действие*) haggle, hággling, bárgaining; (*перен. тж.*) wrangle; ~ дли́лся о́чень до́лго this hággling / wrangle went on for a long time; **2.** *уст.* (*базар*) márket; **3.** *мн.* áuction *sg.*; продава́ть с ~о́в (*вн.*) sell* by áuction (*d.*).

**торга́ш** *м.* (pétty) trádes¦man* / shópkeeper; (*перен.: мелочный человек*) mércenary-mínded féllow / créature, húckster.

**торга́ше||ский** shópkeeper's, mércenary, húckstering. **~ство** *с.* pétty tráding / shópkeeping; (*перен.*) mércenariness, mércantilism [-taɪ-].

**торг||ова́ть 1.** (*тв.*) deal* (in); (чем-л.) trade (in smth.); (с кем-л.) trade (with smb.); (*продавать*) sell* (*d.*); (*без доп.*; *быть купцом*) be en¦gáged in cómmerce; ~ о́птом be a whóle¦sàle déaler [...'houl-...], sell* by whóle¦sàle; ~ в ро́зницу be a rétail déaler [...'ri:-...], sell* by rétail; **2.:** магази́н ~у́ет до восьми́ часо́в ве́чера the shop is ópen till eight p. m. [...'pi:'em]; магази́н сего́дня не ~у́ет the shop is closed to¦dáy; **3.** (*вн.*) *разг.* (*прицениваться*) bárgain for smth.

**торгова́ться,** сторгова́ться **1.** (с *тв.*; *прям. и перен.*) bárgain (with), haggle (with); (*перен. тж.*) wrangle (with); **2.** *тк. несов.* (*без доп.*) *разг.* (*спорить*) árgue; ~ из-за чего́-л. árgue abóut smth., wrangle óver / abóut smth.

**торго́в||ец** *м.* mérchant, déaler; (*купец*) tráder; (*лавочник*) trádes¦man*; кру́пный ~ mérchant, whóle¦sàle mérchant ['houl-...]; ме́лкий ~ pétty tráder; у́личный ~ bárrow-boy, háwker. **~ка** *ж.* (*рыночная*) márket-wòman* [-wu-]; ~ка я́блоками ápple-wòman* [-wu-].

**торго́вл||я** *ж.* trade, cómmerce; госуда́рственная ~ State trade; менова́я ~ bárter; опто́вая ~ whóle¦sàle trade ['houl-...]; ро́зничная ~ rétail trade ['ri:-...]; ча́стная ~ prívate trade ['praɪ-...]; кооперати́вная ~ cò-óperative trade; вести́ ~ю trade.

**торго́во-промы́шленный** commércial and indústrial.

**торго́в||ый** *прил. к* торго́вля; *тж.* commércial; ~ капита́л trade cápital; ~ бала́нс bálance of trade; ~ая поли́тика commércial pólicy; ~ые перегово́ры trade negòtiátions / talks; ~ые отноше́ния tráding relátions; ~ догово́р trade / commércial agréement; ~ порт commércial port; ~ флот mérchant návy; (*совокупность торговых судов*) mércantile maríne [...-i:n]; ~ое су́дно mérchant ship / véssel; ~ представи́тель trade / commércial rèpreséntative [...-'ze-]; ~ая то́чка shop; ~ая сеть shops *pl.*; ~ая монопо́лия trade monópoly; ~ое пра́во commércial law; ~ го́род márket town; ~ дом firm.

**торгпре́д** *м.* (торго́вый представи́тель) trade rèpreséntative of the USSR [...-'ze-...]. **~ство** *с.* (торго́вое представи́тельство) Trade Dèlegátion of the USSR.

**торгу́ющ||ий** *прич. и прил.* tráding; *прил. тж.* trade (*attr.*); ~ие организа́ции trade / tráding òrganizátions [...-naɪ-].

**тореадо́р** *м.* tóreadòr.

**торе́ц** *м.* **1.** (*бревна и т. п.*) bútt-ènd; **2.** (*для мощения*) wóoden páving-blòck ['wu-...]; **3.** *тк. ед. разг.* (*мостовая*) wood páve¦ment [wud...].

**торже́ственн||о** *нареч.* sólemnly; ~ отпра́здновать (*вн.*) célebràte (*d.*), hold* a rálly / méeting in cèlebrátion (of). **~ость** *ж.* solémnity. **~ый** sólemn; pòrténtous *шутл.*; (*праздничный*) féstive; gála ['gɑ:-] (*attr.*); ~ый день féstival, réd-létter day; ~ый день (*рд.*) great day [-eɪt...] (of); ~ое откры́тие (*рд.*) inaugurátion (of); ~ое откры́тие па́мятника ùnvéiling of a memórial; ~ое собра́ние grand / great rálly / méeting; ~ый тон sólemn tones *pl.*; ~ая кля́тва sólemn vow; ~ый слу́чай state occásion; ~ая встре́ча cèremónial recéption, grand wélcome; ~ый въезд cèremónial éntry.

**торжеств||о́** *с.* **1.** (*празднество*) féstival, fête [feɪt]; ~а́ cèlebrátions, fèstívities; Октя́брьские ~а́ Octóber cèlebrátions; **2.** *тк. ед.* (*победа*) tríumph; ~ сове́тского стро́я tríumph of the Sóvièt sýstem; ~ справедли́вости tríumph of jústice; **3.** *тк. ед.* (*радость успеха*) èxùltátion, tríumph; сказа́ть что-л. с ~о́м say* smth. triúmphantly.

**торжеств||ова́ть 1.** (*вн.*; *праздновать*) célebràte (*d.*); ~ побе́ду célebràte víctory; **2.** (над; *быть победителем*) tríumph (óver), be triúmphant (óver); (*в личных отношениях*) exúlt (óver); crow [-ou] (óver) *разг.* **~у́ющий 1.** *прич. см.* торжествова́ть; **2.** *прил.* (*победный*) triúmphant, exúltant; ~у́ющий взгляд exúltant air; ~у́ющий тон exúltant tones *pl.*

**то́ри** *м. нескл. полит.* (*о члене консервативной партии*) tóry; (*о консервативной партии*) the tóries *pl.*; па́ртия ~ the Tóry párty.

**то́рий** *м. хим.* thórium.

**торкре́т** *м. тех.*: ~-бето́н gúnite ['gʌ-]. **~и́ровать** *несов. и сов. тех.* gúnite ['gʌ-].

**торма́шк||и** *мн.*: вверх ~, вверх ~ами head óver heels [hed...]; (*перен.: в полном беспорядке*) úpside-dówn, tópsy-túrvy; всё пошло́ вверх ~ами évery¦thing was turned úpside-dówn, évery¦thing went tópsy-túrvy.

**торможе́ние** *с.* **1.** *тех.* bráking; **2.** *физиол.*: ~ рефле́ксов inhibítion of réflèx¦es.

**то́рмоз** *м.* brake; (в *пр.*; *перен.*) óbstacle (in), híndrance (to), drag (on); возду́шный ~ áir-bràke; автомати́ческий ~ (*поездной*) contínuous brake; ~ отка́та *воен.* búffer, recóil brake; стать ~ом (в *пр.*; *в развитии и т. п.*) become* a drag (on), become* a híndrance, *или* an óbstacle, *или* an impédiment (to). **~и́ть** (*вн.*) *тех.* applý the brake (to), brake (*d.*); (*перен.*) hámper (*d.*), hínder ['hɪ-] (*d.*), impéde (*d.*), be a drag (on), be an óbstacle (to), be an óbstacle in the way (of); ~и́ть рефле́ксы inhíbit réflèx¦es. **~но́й** *тех.* brake (*attr.*); ~но́й башма́к bráke-shòe [-ʃuː]; ~но́й конду́ктор brákes¦man*; ~на́я площа́дка bráke-plátfòrm.

**тормоши́ть** (*вн.*) *разг.* **1.** pull [pul] (at, abóut); ~ ребёнка wórry *a* báby ['wʌ-...], pull *a* báby abóut, give* *a* báby no peace; **2.** (*беспокоить*) bóther (*d.*), péster (*d.*).

**то́рн||ый** éven, smooth [-ð]; пойти́ по ~ой доро́ге (*перен.*) fóllow the béaten track.

**торова́т||ость** *ж.* *разг.* liberálity, gènerósity. **~ый** *разг.* líberal, génerous.

**тороп||и́ть,** поторопи́ть (*вн.*) húrry (*d.*), hásten ['heɪs°n] (*d.*); (*приближать наступление чего-л.*) precípitàte (*d.*); ~ кого́-л. (с *тв.*) húrry smb. (for, + to *inf.*): он торо́пит меня́ с оконча́нием рабо́ты he is húrrying me to fínish my work; он торо́пит меня́ с отве́том he is húrrying / préssing me for an ánswer [...'ɑːnsə]. **~и́ться,** поторопи́ться húrry, be in a húrry, hásten ['heɪs°n]; ~и́ться на рабо́ту, в теа́тр húrry to work, to the théatre [...'θɪə-]; ~и́ться к по́езду húrry to catch *a* train; он (о́чень) торо́пится he is in a (great) húrry [...greɪt...]; он торо́пится ко́нчить рабо́ту he is in a húrry to fínish the / his work; вам на́до ~и́ться you must make haste [...heɪst], you must húrry up; ~и́тесь! make haste!, húrry (up)!, (be) quick!; потороппи́тесь! get a move on! [...muːv...], look alíve!; buck up! *школ.*; не ~и́тесь! don't húrry!, take your time!; куда́ вы торо́питесь? where are you gó¦ing in such a húrry?, where are you húrrying?; не ~я́сь léisure¦ly ['leʒ-], delíberate¦ly, withóut haste.

**торопли́в||о** *нареч.* húrriedly, hástily ['heɪ-]; (*двигаться и т. п.*) in haste [...heɪ-]. **~ость** *ж.* haste [heɪ-], húrry. **~ый** hásty ['heɪ-], húrried; ~ый челове́к man* (who is álways) in a húrry [...'ɔːlwəz...]; ~ые шаги́ hásty steps.

**торо́с** *м.* (íce-)húmmock. **~истый** húmmocked, húmmocky; ~истый лёд húmmock ice; ~истые ледяны́е поля́ húmmocked / húmmocky íce¦fields [...-fiːl-]. **~и́ться** (*о льде*) form into húmmocks.

**тороше́ние** *с.* húmmocking.

**торпе́да** *ж.* tòrpédò.

**торпеди́ров||ание** *с.* *воен.* *мор.* tòrpédò¦ing. **~ать** *несов.* *и* *сов.* (*вн.*) *воен.* *мор.* tòrpédò (*d.*).

**торпе́дн||ый** *воен.* *мор.* tòrpédò (*attr.*); ~ аппара́т tòrpédò-túbe; ~ая ата́ка tòrpédò attáck; ~ ка́тер mótor tòrpédò boat.

**торпедоно́сец** *м.* *мор.* *ав.* tòrpédò bómb¦er / plane.

**торс** *м.* trunk; *иск.* tórsò.

**торт** *м.* cake.

**торф** *м.* peat.

**торфо||добыва́ние** *с.*, **~добы́ча** *ж.* peat extráction / èxploitátion.

**торфокомпо́ст** *м.* *с.-х.* peat cómpòst.

**торфоперегно́йн||ый:** ~ые горшо́чки péat-cómpòst pots.

**торфоразрабо́тки** *мн.* péatery *sg.*, péat-bòg *sg.*

**торфян||и́к** *м.* **1.** (*болото*) péat-bòg; **2.** (*работник торфяной промышленности*) peat wórker. **~и́стый** péaty. **~о́й** peat (*attr.*); ~о́е боло́то péat-bòg; ~а́я промы́шленность peat índustry; ~ы́е разрабо́тки péatery *sg.*, péat-bòg *sg.*; ~о́й брике́т péat-blòck; ~о́й мох *бот.* péat-móss; ~а́я подсти́лка *с.-х.* peat lítter.

**торцо́в||ый:** ~ая мостова́я wood páve¦ment [wud...].

**торча́ть** *разг.* **1.** (*высовываться*) jut out, protrúde; (*вверх*) stick* up; (*наружу*) stick* out; (*стоять*) stand*; (*видеться*) be seen; (*о волосах*) stand* on end, brístle; **2.** (*постоянно находиться*) stick*; ~ пе́ред глаза́ми álways be befóre one's eyes ['ɔːlwəz... aɪz]; ~ где-л. це́лый день stick*, *или* hang* abóut, sóme¦where for a whole day [...houl...]; ~ до́ма це́лыми дня́ми stick* at home for days on end.

**торчко́м, торчмя́** *нареч.* *разг.* on end, eréct, úp¦right.

**тоск||а́** *ж.* **1.** mélancholy [-kə-], depréssion; (*томление*) yéarning ['jəːn-]; (*мучительная*) ánguish; у него́ ~ на се́рдце he is sick at heart [...hɑːt], he feels depréssed, his heart is héavy [...'hevɪ]; предсме́ртная ~ ágony; невыноси́мая ~ тесни́т грудь ùnbéarable ánguish opprésses *the* heart [-'bɛə-...]; ~ любви́ pangs of love [...lʌv] *pl.*; **2.** (*скука*) ennuí [ɑ̃ː'nwiː], wéari¦ness, tédium; ~ берёт *разг.* it makes *one* sick, it is síckening; наводи́ть (стра́шную) ~у́ на кого́-л. bore smb. (to death, to tears) [...deθ...]; там така́я ~ it is so dréary / dull there; э́та кни́га — одна́ ~ *разг.* this book bores you to death, this book is a fríghtful bore; **3.** (по *дт.*, *пр.*; *стремление*) lóng¦ing (for), yéarning (for); (*печаль*) grief [-iːf] (for); испы́тывать ~у́ по ком-л. miss smb., long / pine for smb.; ~ по ро́дине hóme-sickness, nòstálgia.

**тоскли́во** I **1.** *прил.* *кратк.* *см.* тоскли́вый; **2.** *предик.* *безл.*: ему́ ~ he feels míserable / depréssed [...-zə-...]; (*скучно*) he is bored.

**тоскли́в||о** II *нареч.* dréarily; (*грустно*) sád¦ly; (*скучно*) dúlly; гляде́ть ~ look wístfully. **~ость** *ж.* dréariness; (*грусть*) sádness, mélancholy [-kə-]; (*о взгляде, глазах*) wístfulness. **~ый** dréary; (*грустный*) sad, mélancholy [-kə-]; (*скучный*) dull; ~ое настрое́ние depréssed mood, low spírits [lou...] *pl.*; ~ая жизнь dréary life; ~ые глаза́ sad / wístful eyes [...aɪz]; ~ая пого́да dréary / dull wéather [...'we-].

**тоск||ова́ть** **1.** (*грустить*) be sad / mélancholy [...-kə-]; он там ~у́ет he is / feels míserable there [...-zə-...], he is frétting there; **2.** (*скучать*) be bored; **3.** (по *дт.*, *пр.*) long (for), pine (for), miss (*d.*); (*горевать*) grieve [-iːv] (for); он о́чень ~у́ет по дру́гу he misses his friend very much [...fre-...]; ~ по ро́дине be hóme¦-sick.

**тост** *м.* toast; (*за чьё-л. здоровье*) health [he-]; провозглашáть, предлагáть ~ (за *вн.*) toast (*d.*), drink* (to); предлагáть ~ за чьё-л. здорóвье drink* to the health of smb., drink* smb.'s health.

**тот,** *ж.* та, *с.* то, *мн.* те, *мест.* **1.** that, *pl.* those: дáйте мне ~ карандáш give me that péncil; где те книги? where are those books?;— ~ или другóй éither ['aı-]; и ~ и другóй both [bouθ]; ни ~ ни другóй néither ['naı-]; ~ же the same; не ~, так другóй if not one, then the other; он тепéрь не ~ he is a different man* now, he is not the same man*; в ту же минýту at that very móment; с тогó врéмени, с тех пор since that time, since then; **2.** (*другой, не этот*) the other: на той сторонé, на том берегý on the other side; он остáвил э́то на той квартúре he left it at the other flat; **3.** (*такой, какой нужен*) the right: э́то ~ карандáш? is that the right péncil?; — то сáмое *как сущ.* the very thing; не то *как сущ.* the wrong thing / one, not that one; не совсéм то not quite the right / same thing; не ~ the wrong: он взял не ту кнúгу he took the wrong book; э́то не ~ пóезд it is the wrong train; (*ср. тж.* сáмый 2); **4.** (*в сочетании с относит. местоимением*) the: э́то употребля́ется в том слýчае, котóрый был опúсан вы́ше it is used in the case described above [...keıs...]; примéр дан в тех предложéниях, котóрые мы вúдели на предыдýщей странúце the exámple is given in the séntences which we saw on the precéding page [...-ɑːm-...]; ◇ до тогó..., что (*до такой степени*) so that; (*так долго, что*) till; дéло в том, что the fact is that; по мéре тогó, как as; in propórtion to; пóсле тогó, как áfter; пéред тем, как befóre; мéжду тем, как whère¦ás; с тем, чтóбы (+*инф.*) in órder (+to *inf.*); with a view [...vjuː] (to *ger.*); несмотря́ на тó, что in spite of the fact that; вмéсте с тем at the same time; крóме тогó besídes; тем сáмым thère¦bý; тем врéменем, мéжду тем méan¦while; со всем тем nòt¦with¦stánding all this; тем не мéнее nèver¦the¦léss; как бы то нú было be that as it may, how¦éver that may be; и томý подóбное and so on; and so forth; к томý же mòre¦óver, besídes; in addítion; томý назáд agó; мнóго лет томý назáд many years agó; томý (бýдет) три гóда, как it is three years since, it is three years agó that; и без тогó as it is; (да) и то сказáть and indéed; не то, чтóбы not exáctly; it is not that: он не то, чтóбы был глуп, но ленúв he was not exáctly stúpid, but lázy; it was not that he was stúpid, but he was lázy; не то, чтóбы мне нé было интерéсно, но я прóсто устáл it is not that I am not interested, but I am simply tired;—ни с тогó ни с сегó all of a súdden; without rhyme or réason [...-z°n]; for no réason at all; ни то ни сё néither fish, flesh, nor good red hérring; (*так себе*) só-sò; то да сё one thing and another; поговорúть о том, о сём talk abóut one thing and another.

**тотализáтор** *м.* tòtalizàtor ['toutəlaı-].

**тоталитáрный** tòtàlitárian [tou-].

**тотáльный** tótal.

**тотéм** [-тэ́м] *м.* tótem.

**тотемúзм** [-тэ-] *м.* tótem¦ism.

**тó-то** *частица разг.* **1.** (*как*) how: ~ он удивúтся how surprísed he will be!, won't he be surprísed? [wount...]; **2.** (*вот видите*) àhá! [-ɑː], there you are!, what did I tell you!

**тóтчас** *нареч.* immédiate¦ly, at once [...wʌns], ínstantly.

**точёный** **1.** (*острый*) shárpened; **2.** (*резцом*) chíselled [-z-]; (*на токарном станке*) turned; (*перен.*; *о чертах лица*) chíselled; (*о пальцах*) táper¦ing; (*о фигуре, ногах и т. п.*) fíne¦ly-móulded [-'moul-].

**точ||úлка** *ж. разг.* steel, knífe-shàrpener. **~úло** *с.* (*камень*) whétstòne; (*станок*) grínd¦stòne.

**точúльн||ый:** ~ брусóк, кáмень óilstòne, whétstòne; ~ ремéнь strop; ~ станóк grínd¦stòne; ~ая мастерскáя grindery ['graı-].

**точúльщик** *м.* grinder; (*ножей*) knífe-grinder.

**точúть** I, наточúть (*вн.*) **1.** (*делать острым*) shárpen (*d.*); (*о ноже, топоре и т. п. тж.*) grind* (*d.*); (*на точильном камне*) whet (*d.*); (*о бритве*) strop (*d.*); ~ карандáш shárpen a péncil; **2.** *тк. несов.* (*на токарном станке*) turn (*d.*); ◇ ~ зýбы на когó-л. ≅ have a grudge agáinst smb.; ~ меч whet one's sword [...sɔːd].

**точúть** II (*вн.*; *прогрызать*) eat* a¦wáy (*d.*), gnaw (a¦wáy) (*d.*); (*о ржавчине и т. п.*) corróde (*d.*); (*перен.*: *терзать*) gnaw (*d.*), prey (up¦ón), wear* out [wɛə...] (*d.*); водá тóчит кáмень contínual drípping wears a¦wáy a stone.

**точúть** III (*вн.*) *уст.* (*источать*) secréte (*d.*); ~ смолý secréte résin [...-zın]; ~ слёзы shed* tears.

**точúться** I, II *страд. к* точúть I, II.

**точúться** III *уст.* ooze.

**тóчк||а** I *ж.* **1.** (*в разн. знач.*) point; (*пятнышко*) dot, spot; ~ пересечéния point of ìntersécton; ~ кипéния bóiling-point; ~ замерзáния fréezing-point; исхóдная ~ stárting-point; ~ опóры *физ.* fúlcrum (*pl.* -ra); *тех. тж.* béaring ['bɛə-]; (*перен.*) fóoting ['fut-]; мёртвая ~ *тех.* dead point [ded...], dead centre; (*перен.*) dead stop; на мёртвой ~е at a stop / stándstill; дойтú до мёртвой ~и come* to a stop / stándstill, come* to a full stop; сдвúнуть с мёртвой ~и (*вн.*) set* gó¦ing (*d.*), put* in mótion (*d.*); ~ навóдки *воен.* áiming point; ~ прицéливания *воен.* áiming mark, point of aim; огневáя ~ *воен.* wéapon emplácе¦ment ['we-...]; торгóвая ~ shop; кáждая ~ земнóго шáра every spot on the globe; **2.** *грам.* full stop; ~ с запятóй sémicólon; **3.** *муз.* dot; четвертнáя пáуза с ~ой a dótted crótchet rest; ◇ ~ зрéния point of view [...vjuː], stándpoint; попáсть в ~у hit* the nail, strike* home, hit* the mark; дойтú до ~и be at the end of one's téther / resóurces [...-'sɔː-]; ~ соприкосновéния point of cóntàct; (*перен.*) cómmon méeting-ground; постáвить ~у (*кончить*) fínish; в (сáмую) ~у *разг.* to a T [...tiː]; exáctly, precíse¦ly [-'saıs-]; стáвить ~и над «и» dot one's "i's" and cross one's "t's"; ~! (*конец*) (that's) enóugh! [...ı'nʌf], that'll do!

**тóчка** II *ж. тех.* **1.** (*острение*) shárpening; (*на точильном камне*) whétting; (*бритвы*) strópping, hóning; 2. (*на токарном станке*) túrning.

**то́чно** I *прил. кратк. см.* то́чный.

**то́чно** II *нареч.* exáctly, precíse¦ly [-'saɪs-]; (*пунктуально*) púnctually; (*действительно*) indéed; ~ в пять часо́в at five (o'clóck) precíse¦ly / sharp; он пришёл ~ в пять часо́в he came púnctually at five; ~ определи́ть что-л. defíne smth. exáctly; ~ переводи́ть trànsláte áccurate¦ly / corréctly [trɑːns-...]; ~ так just so, exáctly, precíse¦ly; ~ так же (как) just as; ~ тако́й just / exáctly / precíse¦ly the same; так ~! yes!

**то́чно** III *союз* (*как будто*) as though [...ðou], as if; (*как*) like *prep.*: ~ он чита́ть не уме́ет as though / if he cánnòt read; он ~ поме́шанный he is like a mád¦man*; зелёные глаза́, ~ у ко́шки green eyes like a cat's [...aɪz...].

**то́чн||ость** *ж.* exáctness, precísion; (*верность*) áccuracy; (*пунктуальность*) pùnctuálity; ~ перево́да fáithfulness / fidélity / áccuracy of *a* trànslátion [...trɑːns-]; в ~ости exáctly, precíse¦ly [-'saɪs-]; (*пунктуально*) púnctually; (*верно*) áccurate¦ly; (*буквально*) to the létter; с ~остью часово́го механи́зма like clóckwòrk; с ~остью до 0,1 to within .1 (*читается* point one). **~ый** exáct, precíse [-s]; (*верный*) áccurate; (*пунктуальный*) púnctual; ~ый перево́д exáct / áccurate / fáithful trànslátion [...trɑːns-]; ~ое вре́мя exáct time; ~ый челове́к púnctual man*; ~ые нау́ки exáct sciences; ~ые прибо́ры precísion instruments; ~ый расчёт nice càlculátion; ~ый расчёт вре́мени áccurate tíming; что́бы быть ~ым to be precíse.

**то́чь-в-то́чь** *разг.* exáctly; (*точная копия*) the exáct cópy of [...'kɔ-...]; (*слово в слово*) word for word.

**тошн||и́ть** *безл.*: его́, их *и т. д.* ~и́т he feels, they feel, *etc.*, sick; его́ ~и́т от э́того it makes him sick, it síckens / disgústs / náuseàtes him [...-sɪeɪts...]; от э́того ~и́т it is síckening / disgústing; it is enóugh to make one sick [...ɪ'nʌf...].

**то́шно** *предик. безл.*: ему́, им *и т. д.* ~ he feels, they feel, *etc.*, sick; (*перен.*) he feels, they feel, *etc.*, míserable / wrétched [...'mɪz-...]; ~ смотре́ть (на *вн.*) it is síckening to see (*d.*), it makes one sick to see (*d.*); *тж. переводится* is síckening / disgústing to see: на его́ безде́лье ~ смотре́ть his ídle¦ness is síckening / disgústing to see.

**тошно||та́** *ж.* síckness, náusea [-sɪə]; испы́тывать ~ту́ feel* sick; вызыва́ть ~ту́ у кого́-л. make* smb. sick, náuseàte smb. [-sɪeɪt...], turn smb.'s stómach [...'stʌmək]; ему́ э́то надое́ло до ~ты́ *разг.* he is sick to death of it [...deθ...]. **~тво́рный** (*прям. и перен.*) síckening, náuseàting [-sɪeɪt-]; (*перен. тж.*) lóath¦some.

**то́шный** 1. (*докучный*) tíre¦some, tédious; 2. (*отвратительный*) náuseous.

**тоща́ть**, отоща́ть *разг.* get* / grow* / becóme* emáciàted / thin [...grou...]; (*чахнуть*) waste a¦wáy [weɪst...].

**то́щ||ий** 1. emáciàted; scrággy, skínny *разг.*; ~ая фигу́ра emáciàted / meagre / gaunt frame; ~ее лицо́ gaunt face; 2. *разг.* (*пустой*) émpty; на ~ желу́док on an émpty stómach [...'stʌmək]; 3. (*скудный*) poor; ~ее мя́со lean meat; ~ая по́чва meagre / poor soil; ~ у́голь hard coal; ~ сыр dry cheese, skím-milk cheese.

**тпру** *межд.* wo!; ◇ ни ~ ни ну! *разг.* ≅ he won't budge [...wount...].

**трав||а́** *ж.* grass; со́рная ~ weed; морска́я ~ séa-weed, gráss-wràck; лека́рственные, целе́бные тра́вы (mèdícinal) herbs; паху́чие тра́вы herbs; лежа́ть на ~е́ lie* on the grass; ◇ хоть ~ не расти́ *разг.* ≅ he does¦n't, I don't, *etc.*, care a straw / rap / hang abóut ány¦thing else; he snaps his, I snap my, *etc.*, fíngers at évery¦thing else; ~ ~о́й, как ~ it's ábsolùte¦ly táste¦less [...'teɪ-], it tastes like grass [...teɪ-...].

**тра́верз** *м. мор.* beam; на ~е on the beam, bróadsìde on ['brɔːd-...], abéam.

**тра́верс** *м.* 1. *воен.* trávèrse; ты́льный ~ párados; 2. *стр.* trávèrse, cróss-beam, cróss-arm.

**трави́нк||а** *ж.* blade (*of grass*); ни ~и not a blade of grass.

**трави́ть** I (*вн.*; *на охоте*) hunt (*d.*); (*перен.*: *преследовать*) pérsecùte (*d.*), bádger (*d.*), bait (*d.*); (*мучить*) tòrmént (*d.*); ~ соба́ками set* dogs (on).

**трави́ть** II (*вн.*) 1. (*истреблять*) póison [-z°n] (*d.*); ~ крыс, тарака́нов *и т. п.* kill / extérminàte / destróy rats, black beetles, *etc.*; 2. *тех.* (*о металлах*) etch (*d.*).

**трави́ть** III, потрави́ть (*вн.*; *делать потраву*) trample down (*d.*), spoil* (*d.*), dámage (*d.*) (*grass, crops, etc.*).

**трави́ть** IV (*вн.*) *мор.* pay* out (*d.*), slácken out (*d.*), slack a¦wáy (*d.*), ease out (*d.*); (*о якорной цепи*) veer (*d.*); бы́стро ~ slack a¦wáy róundly.

**трави́ться** I *страд. к* трави́ть I.

**трави́ться** II 1. *разг.* (*о человеке*) póison òne¦sélf [-z°n...]; 2. *страд. к* трави́ть II.

**трави́ться** III, IV *страд. к* трави́ть III, IV.

**травле́ние** *с.* (*о металлах*) étching.

**тра́вля** *ж. охот.* húnting; (*перен.*: *преследование*) pèrsecútion, báiting, bádgering.

**тра́вма** *ж. мед.* tráuma; психи́ческая ~ shock. **~ти́зм** *м. мед.* tráumatism. **~ти́ческий** *мед.* traumátic.

**траво||по́лье** *с.* grássland ágricùlture. **~по́льный**: ~по́льная систе́ма земледе́лия grássland ágricùlture; ~по́льный севооборо́т grássland crop rotátion. **~се́яние** *с.* fódder-gràss cùltivátion. **~сто́й** *м. с.-х.* hérbage.

**травоя́дн||ый** *зоол.* hèrbívorous; ~ое живо́тное hèrbívorous ánimal; hèrbívore (*pl.* -ra).

**травян||и́стый** 1. grássy; hèrbáceous [-ʃəs] *научн.*; 2. *разг.* (*о вкусе*) táste¦less ['teɪ-], insípid. **~о́й** grássy, hèrbáceous [-ʃəs]; grass (*attr.*); ~о́й за́пах grássy smell; ~о́й цвет grass green; ~ы́е уго́дья grásslànds; ~ы́е расте́ния grásses, herbs; ~о́й покро́в grass, hérbage; ~ы́е дере́вья *бот.* gráss-trees; xánthorrhóea [-'riːə] *научн.*

**трагака́нт** *м.*, **трага́нт** *м. хим.* trágacànth.

**траг||е́дия** *ж.* trágedy. **~и́зм** *м.* trágedy; ~и́зм положе́ния the trágedy of the situátion.

**тра́гик** *м.* 1. (*об актёре*) tragédian, trágic áctor; 2. (*об авторе*) tragédian.

**траги||коме́дия** *ж.* trágicómedy. **~коми́ческий** trágicómic.

**трагическ||и** *нареч.* trágically; ~ относиться к чему-л. see* smth. in a trágic light; окóнчиться ~ end in (a) trágedy, have a trágic end. **~ий** (*в разн. знач.*) trágic; (*тк. в смысле ужасный*) trágical; ~ий стиль trágic style; ~ий актёр trágic áctor, tragédian; ~ая актрйса trágic áctress, tragèdiénne [trəʒedɪ'en]; ~ое зрéлище trágic / trágical sight; принять ~ий оборóт take* a trágic turn, become* trágic.

**трагично** I *прил. кратк. см.* трагичный.

**трагичн||о** II *нареч.* = трагически. **~ость** *ж.* trágedy, trágic náture / cháracter [...'neɪ- 'kæ-], trágicalness. **~ый** trágic(al).

**традиционн||ость** *ж.* traditional náture / cháracter [...'neɪ- 'kæ-]. **~ый** traditional; ~ый обряд traditional céremony; ~ый обычай tradition; ~ый велопробéг traditional cycle race.

**традици||я** *ж.* tradition; по ~и by tradition.

**траектóрия** *ж.* trájectory; крутáя ~ high trájectory; curved trájectory *амер.*; отлóгая ~ flat trájectory.

**трак** *м. тех.* track link / shoe [...ʃu:].

**тракт** *м.* high road, highway; (*маршрут*) route [ru:t]; почтóвый ~ *уст.* post road [poust...]; желýдочно-кишéчный ~ *анат.* àliméntary canál.

**трактáт** *м.* **1.** (*научное сочинение*) tréatise; **2.** (*международный договор*) tréaty.

**трактúр** *м.* távern ['tæ-]; (*постоялый двор*) inn; (*ресторан*) éating-house* [-s]. **~щик** *м.*, **~щица** *ж.* távern-keeper ['tæ-]; innkeeper; éating-house kéeper [-s...].

**трактовáть** **1.** (о *пр.*; *обсуждать*) treat (of), discúss (*d.*); **2.** (*вн.*; *давать толкование чему-л.*) intérpret (*d.*). **~ся** **1.** *безл.* be tréated, be discússed; о чём трактýется в этой кни́ге? what is the súbject of this book?; **2.** *страд. к* трактовáть 2.

**трактóвка** *ж.* **1.** tréatment; **2.** (*толкование*) intèrpretátion.

**трáктор** *м.* tráctor; ~ на колёсном ходý, колёсный ~ wheeled tráctor; ~ на гýсеничном ходý, гýсеничный ~ cáterpillar tráctor; ~ óбщего назначéния ùnivérsal tráctor, géneral púrpose tráctor [...-s...].

**тракторизáция** *ж.* the supplý of ágricùlture with tráctors, introdúction of tráctors (into ágricùlture).

**трактори́ст** *м.*, **~ка** *ж.* tráctor óperàtor / dríver.

**трáкторн||ый** tráctor (*attr.*); ~ая тяга tráctor tráction; на ~ой тяге tráctor-drawn.

**тракторо||ремóнтный** tráctor-repáiring. **~сбóрочный** tráctor-assémbly (*attr.*).

**тракторостро||éние** *с.* tráctor constrúction. **~и́тельный:** ~и́тельный завóд tráctor works.

**трал** *м.* **1.** (*рыболовный*) trawl; **2.** *воен.* (mine-)sweep. **~ение** *с.* **1.** (*рыболовное*) tráwling; **2.** *воен.* mine-sweeping. **~ер** *м.* tráwler. **~ить** **1.** *рыб.* trawl; **2.** (*вн.*) *воен.* sweep* (*d.*). **~овый** **1.** *рыб.* tráwling; **2.** *воен.* mine-sweeping (*attr.*); ~овое вооружéние mine-sweeping equipment; ~овый флот mine-sweeping fleet.

**трáльщик** *м.* **1.** *мор.* tráwler; **2.** *воен.* mine-sweeper.

**трамб||овáть** (*вн.*) ram (*d.*). **~óвка** *ж.* **1.** (*действие*) rámming; **2.** (*орудие*) rámmer, beetle.

**трам||вáй** *м.* **1.** (*линия*) tram, trámway; street ráilway *амер.*; **2.** (*вагон*) tram, trám-càr; stréet-càr *амер.*; éхать в ~вáе go* by tram; сесть на ~ get* on *the* tram, take* *the* tram; выйти из ~вáя get* out of *the* tram, alíght from *the* tram; попáсть под ~ be run óver by *a* tram; речнóй ~ ríver ·tram ['rɪ-...].

**трамвáйн||ый** tram (*attr.*); ~ билéт trám-ticket; ~ парк tram dépòt [...'depou]; stréet-càr yard *амер.*; ~ вагóн trám-càr; stréet-càr *амер.*; ~ кондýктор tram condúctor; ~ая остановка tram stop; ~ая сеть trám(way); ~ые рéльсы trám-lines.

**трамвáйщик** *м.* tram wórker.

**трампли́н** *м. спорт.* spríng-board; (*перен.*) júmping-òff place / ground.

**транжи́р||а** *м. и ж. разг.* spéndthrift, pródigal. **~ить**, растранжи́рить (*вн.*) *разг.* squánder (*d.*), waste [weɪ-] (*d.*).

**транзи́т** *м.* tránsit; перевози́ть ~ом (*вн.*) convéy as tránsit goods [...gudz] (*d.*); проходи́ть ~ом, перевози́ться ~ом pass as tránsit goods. **~ный** *прил. к* транзи́т; ~ный товáр tránsit goods [...gudz] *pl.*; ~ная торгóвля tránsit trade; ~ная тáкса tránsit dues *pl.*; ~ная ви́за tránsit visa [...'vi:zə]; ~ный пассажи́р tránsit pássenger [...-ndʒə].

**транс** *м.* trance; впадáть в ~ fall* into a trance.

**транс||альпи́йский** tránsálpine [-nz-]. **~аркти́ческий** tránsárctic [-nz-]. **~атланти́ческий** tránsatlántic [-nz-].

**трансгрéссия** *ж. геол.* trànsgréssion.

**транскриби́ровать** *несов. и сов.* (*вн.*) trànscribe (*d.*).

**транскри́пция** *ж.* trànscríption.

**трансли́ровать** *несов. и сов.* (*вн.*) *рад.* trànsmít [-nz-] (*d.*), bróadcàst ['brɔ:d-] (*d.*); (*через усилительную установку*) reláy (*d.*).

**транслитерáция** *ж. лингв.* trànsliterátion [-nz-].

**трансляциóнн||ый** *рад.* trànsmíssion [-nz-] (*attr.*), bróadcàsting ['brɔ:d-]; reláying; (*ср.* трансли́ровать); ~ая сеть reláying sýstem; ~ ýзел reláying státion.

**трансля́ция** *ж.* trànsmíssion [-nz-], bróadcàst ['brɔ:d-]; (*через усилительную установку*) reláy.

**трансмиссиóнный** *тех.* trànsmíssion [-nz-] (*attr.*).

**трансми́ссия** *ж. тех.* trànsmíssion [-nz-].

**трансокеáнский** tránsòceánic [-zouʃɪ'æ-].

**транспарáнт** *м.* **1.** (*ткань с изображениями в раме*) trànspárency [-'pɛə-] (*picture*); **2.** (*для письма*) bláck-líned páper.

**транспирáция** *ж. бот., мед.* trànspirátion.

**транспози́ция** *ж.* trànsposítion [-'zɪ-].

**транспони́р||овать** *несов. и сов.* (*вн.*) *муз.* trànspóse (*d.*). **~óвка** *ж. муз.* trànsposítion [-'zɪ-].

**трáнспорт** *м.* **1.** tránspòrt; (*перевозка тж.*) trànspòrtátion; вóдный ~ wáter tránspòrt ['wɔ:-...]; железнодорóжный ~ ráil(way) tránspòrt; воздýшный ~ air tránspòrt; морскóй ~ sea tránspòrt; гужевóй ~ cártage, cárting; автогужевóй ~ road tránspòrt; автомобильный ~ mótor tránspòrt; городскóй ~ úrban tránspòrt; ~ грýзов goods tráffic [gudz...]; 2. (*партия грузов и т. п.*) consígnment [-'saɪn-]; 3. *воен.* (*обоз*) tránspòrt, train; артиллерийский ~ train of àrtíllery; 4. *мор.* (*судно*) tránspòrt, supplý ship; (*войсковой*) troop tránspòrt, tróopshìp, tróop-càrrier.

**транспóрт** *м. бух.* (*перенос на другую страницу*) cárrying fórward.

**транспортáбельный** trànspórtable.

**транспортёр** *м.* convéyer; *воен.* cárrier.

**транспортúр** *м. тех.* protráctor.

**транспортúровать** I *несов. и сов.* (*вн.*; *перевозить*) trànspórt (*d.*), convéy (*d.*).

**транспортúровать** II (*вн.*) *бух.* (*переносить на другую страницу*) cárry fórward (*d.*).

**транспортирóвка** *ж.* tránspòrt, trànspòrtátion.

**трáнспортн||ик** *м.*, **~ица** *ж.* tránspòrt wórker. **~ый** *прил. к* трáнспорт; ~ое сýдно tránspòrt (ship), supplý ship; (*войсковое*) tróop tránspòrt, tróopship, tróop-càrrier; ~ый самолёт tránspòrt plane; *воен. тж.* tróop-càrrier; ~ые срéдства means of tránspòrt.

**транссибúрск||ий** Tràns-Sibérian [-nzsaɪ-'bɪə-]; ~ая магистрáль the Tràns-Sibérian Ráilway.

**трансфéрт** *м. фин.* tránsfer. **~ный** *фин.* tránsfer (*attr.*).

**трансформáтор** *м. эл.* trànsfórmer.

**трансформáция** *ж.* trànsformátion.

**трансформúзм** *м. биол.* trànsfórmism.

**трансформúровать** *несов. и сов.* (*вн.*) trànsfórm (*d.*), convért (*d.*). **~ся** *несов. и сов.* 1. be / become* trànsfórmed / áltered; 2. *страд. к* трансформúровать.

**трансфýзия** *ж. мед.* trànsfúsion.

**трансцендентáльный** *филос.* trànscèndéntal.

**трансцендéнтны||й** 1. *филос.* trànscéndent; 2. *мат.* trànscèndéntal; ~е чúсла trànscéndents.

**траншéйн||ый** *воен.*, *с.-х.* trench (*attr.*); ~ое земледéлие trench ágricùlture; ~ сúлос trench sílò.

**траншéя** *ж. воен.* trench.

**трап** *м.* 1. *мор.* ládder, ship's ládder; забóртный ~ accòmmodátion ládder; сходнóй ~ compánion ládder [-'pæ-...]; 2. *тех.* trap.

**трáпез||а** *ж.* meal; сидéть за ~ой sit* at table; делúть ~у (с *тв.*) share a meal (with). **~ная** *ж. скл. как прил.* refectory.

**трапециевúдный** trapézifòrm [-'piː-].

**трапéция** *ж.* 1. *мат.* trapézium; 2. *спорт.* trapéze.

**трáсс||а** *ж.* 1. (*направление*) line, diréction; воздýшная ~ air route [...ruːt], áirway; ~ канáла canál track; 2. *разг.* (*дорога*) route; éхать по нóвой ~е take*, *или* go* by, *a* new route; 3. (*план местности*) plan, draught [drɑːft]; (*чертёж*) sketch.

**трасс||áнт** *м. фин.* dráwer. **~áт** *м. фин.* drawée.

**трассúр||овать** *несов. и сов.* mark out, trace. **~ующий** *воен.* trácer (*attr.*); ~ующая пýля trácer búllet [...'bul-]; ~ующий снарáд trácer shell.

**трáта** *ж.* expénditure; дéнежная ~ expénse; пустáя ~ чегó-л. waste of smth. [weɪ-...].

**трáтить, истрáтить** (*вн.*) spend* (*d.*), expénd (*d.*); (*понапрасну*) waste [weɪ-] (*d.*); не ~ мнóго слов not waste words. **~ся, истрáтиться** 1. spend* móney [...'mʌnɪ]; 2. *страд. к* трáтить.

**трáтта** *ж. фин.* bill of exchánge [...-'tʃeɪ-].

**трáулер** *м.* = трáлер.

**трáур** *м.* móurning ['mɔː-]; глубóкий ~ deep móurning; облéчься в ~ go* into móurning; носúть ~ по ком-л. be in móurning for smb.

**трáурница** *ж.* (*бабочка*) móurning-cloak ['mɔː-] (*butterfly*).

**трáурн||ый** 1. móurning ['mɔː-] (*attr.*); (*погребальный*) fúneral; ~ое шéствие fúneral procéssion; ~ марш fúneral / dead march [...ded...]; ~ая повязка crape band; 2. (*скорбный*) móurnful ['mɔː-], sórrowful; ~ вид funéreal appéarance [-'nɪərɪəl...].

**трафарéт** *м.* (*модель, шаблон*) sténcil; (*перен.*) convéntional / stéreotỳped / cómmonplàce páttern; (*литературный*) cliché (*фр.*) ['kliːʃeɪ], stéreotỳped / háckneyed phrase [...-nɪd...]; раскрáшивать, распúсывать по ~у (*вн.*) sténcil (*d.*); по ~у (*перен.*) convéntionally, accórding to a convéntional / stéreotỳped / cómmonplàce páttern.

**трафарéтн||ость** *ж.* convèntionálity, banálity, convéntional / stéreotỳped / cómmonplàce náture / cháracter [...'neɪ- 'kæ-]; (*лит. выражения и т. п.*) tríteness. **~ый** *тех.* sténcilled; (*перен.*) convéntional, stéreotỳped, cómmonplàce, banál [-ɑːl]; (*обычный, типичный*) of the convéntional type; (*о лит. выражении и т. п.*) trite, stéreotỳped, háckneyed [-nɪd]; ~ая улыбка stéreotỳped / convéntional smile.

**трах** 1. *межд.* bang!; 2. *предик.*: он ~ кулакóм пó столу he banged his fist on the table.

**трахеúт** *м. мед.* tràcheítis [treɪkɪ'aɪ-].

**трахéйный** *анат.* trachéal [-'kiːəl].

**трахеотомúя** *ж. мед.* tràcheótomy [-kɪ-].

**трахéя** *ж. анат.* trachéa [-'kiːə], wíndpìpe ['wɪ-].

**трахúт** *м. геол.* tráchỳte ['treɪk-].

**трáхнуть** *сов. разг.* crash, bang; ~ когó-л. по головé bang smb. on the head [...hed]; ~ кулакóм пó столу bang one's fist on the table, bring* one's fist down on the table; ~ из ружья let* fly with *a* gun.

**трахóма** *ж. мед.* trachóma [-'kou-].

**трéб||а** *ж. церк.* religious rite / céremony. **~ник** *м. церк.* práyer-book ['prɛə-].

**трéбован||ие** *с.* 1. demánd [-ɑːnd]; (*просьба*) requést; (*претензия*) claim; (*потребность*) requírement; по ~ию когó-л. at smb.'s requést, at the ínstance of smb., by smb.'s órder; настоятельное ~ úrgent requést; по ~ию судá by órder of the court [...kɔːt]; удовлетворúть чьи-л. ~ия complý with, *или* sátisfỳ, smb.'s demánds; выдвигáть ~ия make* demánds, put* in claims; отказáться от своегó ~ия give* up one's claim, abándon / surrénder / relínquish one's claim; соглашáться на чьи-л. ~ия agrée to smb.'s demánds; отвечáть ~иям meet* the requirements; вы́полнить ~ия чего́-л. fulfil the requirements of smth. [ful-...]; предъявля́ть к кому́-л. больши́е ~ия make* great / high demánds of smb. [...greɪt...], demánd much of smb.; остано́вка по ~ию stop by request; ~ вре́мени demánds of the tímes *pl.*; 2. *мн.* (*запросы*) àspirátions, wants, desíres [-'zaɪəz]; 3. (*документ*) órder, rèquisítion [-'zɪ-]; ~ на дрова́ órder for wood [...wud]; ~ на перево́зку *воен.* trànsportátion requést.

**тре́бовательн||ость** *ж.* exácting:ness; изли́шняя ~ ún:réasonable demánds / preténtions [-zə- -ɑ:ndz...] *pl.* **~ый** exácting, éxigent; (*разборчивый*) partícular, fàstídious.

**тре́б||овать,** потре́бовать 1. (*рд.* от) demánd [-ɑ:nd] (*d.* of, from); ~ то́чности от рабо́тников expéct / demánd áccuracy of / from the staff; ~ объясне́ния у кого́-л. demánd an èxplanátion of / from smb., insíst on an èxplanátion from smb.; 2. (*рд.*; *нуждаться*) need (*d.*), requíre (*d.*), call (for); э́то ~ует специа́льных зна́ний it requíres / demánds, *или* calls for, spécial knówledge [...'spe- 'nɔ-]; больно́й ~ует поко́я the pátient needs / requíres repóse; э́то ~ует мно́го вре́мени it takes a long time; 3. *тк. несов.* (*рд.* от; *ожидать*) expéct (*d.* from); 4. (*вн.*; *вызывать*) súmmons (*d.*); (*звать*) call (*d.*); ~ кого́-л. домо́й call smb. home; ~ кого́-л. в суд súmmons smb. **~оваться,** потре́боваться 1. need, requíre; (*о количестве чего-л.*) take*; на э́то ~уется мно́го вре́мени it requíres / takes much time, much time is requíred / néeded for it; заво́ду ~уются рабо́чие wórkers are wánted / requíred for the fáctory, the fáctory requíres wórkers; от слу́жащих ~уется аккура́тная рабо́та cáre:ful work is requíred / demánded of èmployées [...-'mɑ:-...], èmployées are requíred to be cáre:ful in their work; ~уется ко́мната (*объявление*) room wánted; что и ~овалось доказа́ть which was to be proved / shown [...pru:vd ʃoun]; *мат.* Q. E. D. (quod érat dèmònstrándum) [...'eræt...]; 2. *страд. к* тре́бовать.

**требуха́** *ж. тк. ед.* éntrails *pl.*; (*как пища*) óffal; (*перен.*: *хлам*) *разг.* tripe, rúbbish.

**трево́г||а** *ж.* 1. (*беспокойство*) alárm, ànxíety, ùn:éasiness [-zɪ-]; быть в ~е be alármed / ánxious / ùn:éasy / pertúrbed [...-'i:zɪ...]; вызыва́ть ~у aróuse / cause alárm / ànxíety; выража́ть ~у expréss / mánifèst one's alárm / ànxíety; 2. (*сигнал*) alárm, alért; подня́ть ~у give* the alárm, raise an alárm; бить ~у give* / sound the alárm; пожа́рная ~ fíre-alàrm; боева́я ~ báttle alárm; возду́шная ~ alért, áir-raid wárning; áircràft wárning *амер.*; хими́ческая ~ gas alért; gás-alàrm *амер.*; ло́жная ~ false alárm [fɔ:ls...].

**трево́жить** I, потрево́жить (*вн.*; *беспокоить, нарушать покой*) distúrb (*d.*); ~ проти́вника hárass the énemy ['hæ-...].

**трево́ж||ить** II, встрево́жить (*вн.*; *волновать*) wórry ['wʌ-] (*d.*), tróuble [trʌ-] (*d.*), hárass ['hæ-] (*d.*); (*не сильно*) make* ùn:éasy [...-zɪ] (*d.*); его́ ~ат вся́кие слу́хи he is wórried / tróubled / hárassed by all sorts of rúmours; его́ молча́ние ~ит их his sílence alárms them [...'saɪ-...].

**трево́ж||иться** I, потрево́житься 1. wórry òne:sélf ['wʌ-...]; (*затруднять себя*) tróuble òne:sélf [trʌ-...]; bóther òne:sélf *разг.*; напра́сно вы ~ились you should not have tróubled / bóther:ed; 2. *страд. к* трево́жить I.

**трево́житься** II, встрево́житься (о *пр.*; *беспокоиться*) be ánxious / ùn:éasy / wórried [...-zɪ 'wʌ-] (abóut); *сов. тж.* become* ánxious (abóut); (*без доп.*) take* alárm.

**трево́жн||ость** *ж.* ànxíety, ùn:éasiness [-zɪ-]. **~ый** 1. (*полный тревоги, волнения*) ánxious, ùn:éasy [-zɪ], tróubled [trʌ-], pertúrbed, wórried ['wʌ-]; ~ый го́лос ánxious voice; ~ый взгляд ánxious / wórried look; 2. (*сопровождающийся тревогой*) distúrbed, ùn:éasy, tróubled; ~ая ночь distúrbed night; 3. (*вызывающий тревогу*) distúrbing, disquíeting; (*о сильной тревоге*) alárming; ~ое изве́стие alárming news [...-z]; 4. (*предупреждающий*) alárm (*attr.*); ~ый сигна́л alárm sígnal.

**треволне́ние** *с. разг.* tróuble [trʌ-], àgitátion.

**тред-юнио́н** [трэ-] *м.* trade únion. **~и́зм** [трэ-] *м.* tràde-únionism. **~и́ст** [трэ-] *м.* tràde-únionist. **~и́стский** tràde-únionist (*attr.*).

**тре́звенник** *м. разг.* teetótaller [-'tou-], (tótal) abstáiner.

**трезве́ть,** отрезве́ть sóber; *сов. тж.* become* / grow* sóber [...grou...].

**тре́зво** *нареч.* sóber:ly; (*перен.*: *разумно*) sénsibly; ~ смотре́ть на ве́щи take* a sóber view of things [...vju:...], view / regárd things in a sóber / sénsible light.

**трезво́н** *м.* 1. sound / ríng:ing of bells; bells *pl.*; peal; (*звонки*) ríng:ing; 2. *разг.* (*толки*) góssip, talk.

**трезво́нить,** растрезво́нить 1. *тк. несов.* (*о колоколах*) peal, ring*; 2. (о *пр.*) *разг.* (*разносить слухи*) spread* (abróad) [-ed -ɔ:d] (*d.*), noise abróad (*d.*); ~ по всему́ го́роду spread* all óver the town (*d.*).

**тре́звость** *ж.* sóber:ness; (*воздержанность*) témperance; (*состояние непьяного человека*) sobríety; ~ ума́ sóber:ness of mind.

**трезву́чие** *с. муз.* tríad.

**тре́зв||ый** (*в разн. знач.*) sóber; (*непьющий тж.*) ábstinent; челове́к ~ого ума́ sóber-mínded man*; име́ть ~ взгляд на ве́щи take* a sóber / sénsible view of things [...vju:...]; ~ челове́к sóber man*; (*разумный*) sénsible man*; ◇ что у ~ого на уме́, то у пья́ного на языке́ *погов.* what the sóber man* thinks, the drúnkard revéals; drink lóosens the tongue [...-s°nz... tʌŋ].

**трезу́бец** *м.* trídent.

**трек** [-рэ-] *м. спорт.* track.

**трел||ь** *ж. муз.* shake; (*в пении*) trill; (*птицы*) wárble; ~и соловья́ wárble/wárbling of the níghtingàle *sg.*; пуска́ть ~и trill; wárble.

**трелья́ж** *м.* 1. (*решётка*) tréllis; 2. (*зеркало*) thrée-léaved mírror.

**тре́моло** [-рэ́-] *с. нескл. муз.* trémolò.

**трен** [-рэ-] *м. уст.* (*шлейф*) train (*of dress*).

**тре́нер** *м. спорт.* tráiner, coach. **~ский** *прил. к* тре́нер.

**тре́нзель** *м.* snáffle.

**тре́ние** *с.* 1. fríction, rúbbing; 2. *мн.* (*споры, столкновения*) fríction *sg.*; cláshes, cónflicts.

**трениро́ванный** *прич. и прил.* trained.

**тренирова́ть,** натренирова́ть (*вн.*) train (*d.*). **~ся,** натренирова́ться train (òne¦sélf), be in tráining.

**трениро́вк||а** *ж.* tráining; *спорт. тж.* cóaching; проходя́щий ~у trainée.

**трениро́вочный** tráining (*attr.*), práctice (*attr.*).

**трено́га** *ж.* trípòd; пулемётная ~ machíne-gùn trípòd [-'ʃi:n-...].

**трено́жить,** стрено́жить (*вн.*) hobble (*d.*).

**трено́жник** *м.* trípòd.

**тре́нькать** *разг.* strum.

**трепа́к** *м.* (*танец*) trepák [-ɑ:k] (*lively dance*).

**трепа́ло** *с.* swingle, scútcher (*implement*).

**трепа́ль||ный:** ~ная маши́на scútching-machine [-ʃi:n]. **~щик** *м.*, **~щица** *ж.* scútcher.

**трепа́н** *м. мед.* trepán. **~а́ция** *ж. мед.* trèpanátion; ~а́ция че́репа trèpanátion of the skull.

**трепа́нг** *м. зоол.* trepáng.

**трепа́ние** *с.* (*льна и т. п.*) scútching.

**трепани́ровать** *несов. и сов.* (*вн.*) *мед.* trepán (*d.*).

**трёпаный** *разг.* **1.** (*о книге и т. п.*) torn, táttered; **2.** (*непричёсанный*) dishévelled.

**трепа́ть,** потрепа́ть (*вн.*) **1.** *тк. несов.* (*о льне и т. п.*) scutch (*d.*), swingle (*d.*); **2.** (*тормошить, приводить в беспорядок*) pull abóut [pul...] (*d.*); (*о ветре*) blow* abóut [-ou...] (*d.*), flútter (*d.*); (*волосы*) tousle [-zl] (*d.*); ~ кого́-л. за во́лосы pull smb.'s hair; **3.** *разг.* (*об одежде, обуви и т. п.*) wear* out [wɛə...] (*d.*); (*о книге и т. п.*) fray (*d.*), tear* [tɛə] (*d.*); **4.** (*похлопывать*) pat (*d.*); ~ кого́-л. по плечу́ pat smb.'s shóulder [...'ʃou-]; ◇ его́ тре́плет лихора́дка he is féver¦ish, he is shívering with féver; ~ не́рвы wear* out smb.'s nerves, get* on smb.'s nerves; ~ языко́м *разг.* twaddle, prattle. **~ся,** потрепа́ться *разг.* **1.** (*изнашиваться*) get* worn out [...wɔ:n...]; **2.** *тк. несов. разг.* (*болтать*) twaddle, prattle; (*говорить глупости*) talk nónsense / rúbbish; **3.** *страд. к* трепа́ть.

**трепа́ч** *м. разг.* twáddler, práttler.

**тре́пет** *м.* trémbling, quívering; (*от страха, волнения*) trèpidátion; с ~ом with trèpidátion; страх и ~ fear and trémbling / trèpidátion; привести́ кого́-л. в ~ make* smb. tremble; (*взволновать*) ágitàte smb.; привести́ кого́-л. в ра́достный ~ make* smb. tremble with joy; ~ сча́стья thrill of joy; ~ у́жаса thrill of fear. **~а́ние** *с.* **1.** trémbling, quívering; (*от страха, волнения*) trèpidátion; **2.** (*пламени*) flícker(ing).

**трепета́ть 1.** (*дрожать*) tremble; (*колыхаться*) quíver ['kwɪ-]; (*о пламени*) flícker; (*испытывать волнение*) thrill, tremble; ~ за кого́-л. tremble for smb.; ~ при мы́сли (о *пр.*) tremble at the thought (of); ~ от ра́дости thrill / pálpitàte with joy; ~ от у́жаса tremble / thrill with hórror; кры́лья ба́бочки трепе́щут the bútterflỳ's wings quíver; **2.** (*биться*) flútter, pálpitàte.

**тре́петн||о** *нареч.:* се́рдце ~ бьётся the heart pálpitàtes [...hɑ:t...]; the heart goes pít-a-pát *разг.* **~ый 1.** (*робкий*) tímid, fríghtened; **2.** (*дрожащий*) trémbling, pálpitàting; (*колеблющийся*) quívering; ~ое ожида́ние ánxious èxpèctátion; **3.** (*о свете*) flíckering.

**трёпк||а** *ж.* **1.** (*о льне и т. п.*) scútching; **2.** *разг.* (*нагоняй*) dréssing-dówn; (*гл. обр. ребёнку*) scólding; (*побои*) thráshing; зада́ть ~у кому́-л. give* smb. a dréssing-dówn, give* it (hot) to smb., scold smb.; give* smb. a (sound) thráshing; ◇ ~ не́рвов nérvous strain, strain on the nerves.

**трепыха́ться** *разг.* flútter, quíver ['kwɪ-].

**треск** *м.* crash, crack, noise; (*хруст*) crackle; (*перен.: шумиха*) *разг.* fuss; ~ руже́йных вы́стрелов crackle of gún-fìre; ~ лома́ющихся су́чьев snápping of twigs; ~ огня́ cráckling of a fire; ◇ с ~ом (*выгнать и т. п.*) ≅ ignomínious¦ly.

**треска́** *ж. тк. ед.* cod; вя́леная ~ dried cod, stóckfìsh.

**тре́скать** (*вн.*) *груб.* guzzle (*d.*).

**тре́скаться,** потре́скаться crack; (*о коже, руках и т. п.*) chap.

**тресково́й** cod (*attr.*); ~ жир cód-liver oil [-lɪ-...].

**трескотня́** *ж.* cráckling; (*кузнечиков и т. п.*) chírping; (*перен.: болтовня*) *разг.* jábber, twaddle, gabble, bléther; ~ руже́йных вы́стрелов crackle / cráckling of gún-fìre; ~ пулемётов rattle of machíne-gùns [...-'ʃi:n-].

**треску́ч||ий 1.:** ~ моро́з ríng¦ing frost, hard frost; на дворе́ ~ моро́з it is fréezing hard; it is fréezing cold *разг.*; **2.** (*высокопарный*): ~ие фра́зы pómpous / high-flown / bòmbástic words [...-floun...].

**тре́снуть** *сов.* **1.** crack; (*лопнуть*) burst*; **2.** *разг.* (*тв.* по *дт.*; *вн.* по *дт.*; *ударить*) hit* (*d.* on); ~ кого́-л. по голове́ hit* smb. on the head [...hed]; **3.** *см.* треща́ть 4; ◇ хоть тре́сни *груб.* ≅ for the life of me; не могу́ доби́ться от него́ отве́та, хоть тре́сни I can't for the life of me get him to ánswer [...kɑ:nt... 'ɑ:nsə]; не могу́ найти́, хоть тре́сни I can't for the life of me find it. **~ся** (*тв.* об *вн.*) *разг.* knock (*d.* agáinst), bang (*d.* agáinst); ~ся лбом об стол bang / knock one's head agáinst the table [...hed...].

**трест** *м. эк.* trust. **~и́рование** *с. эк.* (*развитие трестов*) devélopment / formátion of trusts; (*образование треста*) òrganizátion of a trust [-naɪ-...]; ~и́рование промы́шленности òrganizátion of índustry into trusts. **~и́ровать** *несов. и сов.* (*вн.*) *эк.* combíne / órganize into a trust, *или* into trusts (*d.*).

**трете́йск||ий:** ~ суд court of àrbitrátion [kɔ:t...]; ~ое реше́ние àrbitrátion; ~ судья́ árbitràtor.

**тре́т||ий** third; ~ье ма́я, ию́ня *и т. п.* the third of May, June, *etc.*; May, June, *etc.*, the third; страни́ца, глава́ ~ья page, chápter three; ~ но́мер númber three; ему́ (пошёл) ~ год he is in his third year; уже́ ~ час it is past two; в ~ьем часу́ past / áfter two; полови́на ~ьего half past two [hɑ:f...]; три че́тверти ~ьего a quárter to three; ~ье лицо́ third pérson; говори́ть в ~ьем лице́ speak* in the third pérson; ~ье сосло́вие *ист.* third estáte; ~ьего дня the day befóre yésterday [...-dɪ]; ~ья часть, одна́ ~ь(я) one third; ◇ из ~ьих рук indiréctly.

**трети́ровать** (*вн.*) slight (*d.*).

**трети́чный** *геол., мед.* tértiary.

**трет||ь** *ж.* a / one third; две ~и two thirds.

**тре́тье** *с. скл. как прил.* (*третье блюдо, десерт*) third course [...kɔːs]; sweets *pl.*; (*фрукты и т. п.*) dessért [-'zəːt].

**третьекла́ссн||ик** *м.* class III boy, third-clàss boy. **~ица** *ж.* class III girl [...g-], third-clàss girl.

**третье||очередно́й** of thírd-ráte impórtance. **~со́ртный** thírd-ráte, inférior, médiòcre. **~степе́нный** 1. (*несущественный*) insignificant; 2. (*посредственный*) médiòcre, thírd-ráte.

**треуго́лка** *ж.* cocked hat.

**треуго́льн||ик** *м.* tríangle. **~ый** thrée-córnered; *мат.* triangular.

**тре́фовый** *карт.* of clubs; ~ коро́ль the king of clubs.

**тре́фы** *мн.* (*ед.* тре́фа *ж.*) *карт.* clubs; ходи́ть с треф lead* clubs.

**трёх-** (*в сложн. словах, не приведённых особо*) of three *или* thrée- — *соотв. тому, как даётся перевод второй части слова; напр.* трёхдне́вный of three days, thrée-day (*attr.*) (*ср.* -дне́вный: of... days, -day *attr.*); трёхме́стный with berths, seats for 3; (*о машине и т. п.*) thrée-séater (*attr.*) (*ср.* -ме́стный).

**трёха́ктный** thrée-àct (*attr.*).

**трёхвале́нтный** *хим.* trìválent [traɪ-].

**трёхвёрстка** *ж.* (*карта*) map on the scale of three versts to an inch.

**трёхгоди́чный** thrée-year (*attr.*); triénnial *книжн.*

**трёхгодова́лый** thrée-year (*attr.*); thrée-year-óld; ~ ребёнок thrée-year-óld child*, child* of three (years).

**трёхголо́с(н)ый** *муз.* thrée-pàrt (*attr.*).

**трёхгра́нный** 1. thrée-édged; *мат.* trihédral [traɪ-]; ~ клино́к thrée-édged blade; 2. *бот.* (*о стебле*) triquétrous.

**трёхдне́вн||ый** thrée-day (*attr.*); of three days; в ~ срок in / within three days; ~ая лихора́дка tértian águe.

**трёхдюймо́вый** thrée-inch (*attr.*).

**трёхзна́чный** thrée-dígit (*attr.*), thrée-fígure (*attr.*).

**трёхколёсный** thrée-whéeled; ~ велосипе́д trícycle ['traɪ-]; ~ мотоци́кл mótor trícycle.

**трёхко́мнатный** thrée-róomed.

**трёхлеме́шный:** ~ плуг thrée-shàre plough.

**трёхле́тие** *с.* 1. (*годовщина*) third ànnivérsary; 2. (*срок в 3 года*) (périod of) three years; trìénnial périod *книжн.*

**трёхле́тн||ий** 1. (*о сроке*) of three years; thrée-year (*attr.*); trìénnial *книжн.*; 2. (*о возрасте*) of three; thrée-year-óld; ~ ребёнок child* of three (years); thrée-year-óld child*; 3. *бот.* triénnial; ~ее расте́ние trìénnial.

**трёхли́стный** 1. thrée-léaved; 2. *бот.* trìfóliate [traɪ-].

**трёхма́чтов||ый** thrée-másted; ~ое су́дно thrée-máster.

**трёхме́рный** thrée-diménsional.

**трёхме́стный** thrée-séater (*attr.*).

**трёхме́сячный** 1. (*о сроке*) of three months [...mʌ-]; thrée-mònth [-mʌ-] (*attr.*); 2. (*о возрасте*) thrée-mònths-óld [-mʌ-]; ~ ребёнок thrée-mònths-óld báby, báby of three months.

**трёхмото́рный** (*о самолёте*) thrée-éngined [-'endʒ-].

**трёхнеде́льный** 1. (*о сроке*) of three weeks; thrée-wéek (*attr.*); 2. (*о возрасте*) thrée-weeks-óld; ~ ребёнок thrée-weeks-óld báby, báby of three weeks.

**трёхоруди́йн||ый** thrée-gún (*attr.*); ~ая ба́шня triple túrret [trɪ-...].

**трёхосно́вный** *хим.* trìbásic [traɪ'beɪ-].

**трёхо́сн||ый** triáxial; ~ая автомаши́на síx-whéel mótor véhicle [...'viːɪ-], síx-whéeler.

**трёхпа́лубн||ый** thrée-décker (*attr.*); ~ое су́дно thrée-décker.

**трёхпа́лый** *зоол.* trìdáctylous [traɪ-].

**трёхпо́ль||е** *с. с.-х.* thrée-field sýstem [-fiː-...]. **~ный** thrée-field [-fiː-] (*attr.*); ~ная систе́ма thrée-field sýstem; ~ное хозя́йство thrée-field sýstem of ágricùlture.

**трёхпроце́нтный** thrée-per-cént (*attr.*).

**трёхра́зов||ый:** ~ое пита́ние three meals a day *pl.*

**трёхрублёвка** *ж. разг.* thrée-rouble note [-ruː-...].

**трёхсло́жн||ый** *грам.* trísyllábic ['traɪ-]; ~ое сло́во trisýllable ['traɪ-].

**трёхсло́йн||ый** thrée-láyered; (*о фанере*) thrée-plỳ; ~ая фане́ра thrée-plỳ.

**трёхсме́нн||ый** thrée-shift (*attr.*); ~ая рабо́та thrée-shift work.

**трёхсотле́т||ие** *с.* three húndred years *pl.*; (*годовщина*) tèrcèntenary [-'tiː-]; пра́здновать ~ чего́-л. célebràte the tèrcèntenary of smth. **~ний** 1. (*о сроке в триста лет*) of three húndred years; 2. (*о годовщине*) tèrcènténnial; ~ний юбиле́й tèrcèntenary [-'tiː-].

**трёхсо́т||ый** thrée-húndredth; страни́ца ~ая page three húndred; ~ но́мер númber three húndred; ~ая годовщи́на thrée-húndredth ànnivérsary; ~ год the year three húndred.

**трёхство́лка** *ж. разг.* thrée-bárrel(led gun).

**трёхство́льный** 1. (*об оружии*) thrée-bárrelled; 2. *бот.* thrée-stémmed.

**трёхство́рчатый** thrée-léaved; ~ шкаф thrée-léaved wárdròbe.

**трёхсто́пный** *лит.* of three feet; ~ стих verse of three feet; ~ ямб iámbic trímeter.

**трёхсторо́нний** 1. thrée-síded; *мат.* trilàteral ['traɪ-]; 2. (*с участием трёх сторон*) trilàteral; (*о договоре и т. п.*) trípártite ['traɪ-].

**трёхстру́нный** *муз.* thrée-stringed.

**трёхто́мник** *м.* edítion in three vólumes, thrée-vòlume edítion.

**трёхто́нка** *ж. разг.* thrée-tón lórry [-'tʌn...].

**трёхфа́зный** *эл.* thrée-phàse (*attr.*); ~ ток thrée-phàse cúrrent.

**трёхходов||о́й** 1. *тех.* thrée-way (*attr.*), thrée-pàss (*attr.*); ~ кран thrée-way stópcòck; ~ кла́пан thrée-way valve; 2. *шахм.*: ~а́я зада́ча thrée-móve próblem [-'muːv 'prɔ-].

**трёхцве́тный** thrée-còlour(ed [-kʌ-], of three cólours [...'kʌ-]; (*о флаге и т. п.*) trícòlour(ed) ['traɪkʌ-]; (*о фотографии, печати*) trichromátic [traɪ-].

**трёхчасово́й** 1. (*о продолжительности*) of three hours [...auəz]; thrée-hour [-auə] (*attr.*); 2.: ~ по́езд the thrée-o'clóck train; the three o'clóck *разг.*

**трёхчле́н** *м. мат.* trìnómial [traɪ-]. **~ный** *мат.* trìnómial [traɪ-]; ~ное уравне́ние trìnómial equátion.

**трёхъязы́чный** trilíngual ['traɪ-]; (*о словаре и т. п.*) tríglòt.

**трёхэта́жный** thrée-stóreyed [-rɪd].

**трёшка** *ж.*, **трёшница** *ж. разг.* three roubles [...ruː-] *pl.*; (*бумажка*) thrée-rouble note [-ruː-...].

**трещ||а́ть,** тре́снуть, протреща́ть **1.** *тк. несов.* crack; (*о дровах при сгорании*) crackle; (*о мебели*) creak; **2.** *при сов.* протреща́ть (*о кузнечиках и т. п.*) chirp; **3.** *при сов.* протреща́ть *разг.* (*болтать*) chátter, jábber; **4.** *при сов.* тре́снуть *разг.* (*находиться накануне краха*) be on the point of collápse; ◇ у меня́ голова́ ~и́т (*от боли*) I have a splitting héadàche [...'hedeɪk], my head is réady to burst [...hed... 're-...]; ~ по всем швам ≅ go* to pieces [...'piːs-], crumble up; ~а́т моро́зы there is a hard / ringing frost.

**тре́щин||а** *ж.* crack, split; (*на земле*) cleft, físsure; (*на коже*) chap; (*перен.*; *в отношениях*) breach; (*начало разлада*) a little rift within the lute; покры́тый ~ами cracked; (*о коже и т. п.*) chapped; дать ~у crack, split*; дру́жба дала́ ~у the friendship is shówing signs of discòrd [...'fren-... 'ʃou- saɪnz...], there are signs of a breach in the friendship.

**трещо́тка** *ж.* **1.** (*у сторожа*; *детская*) rattle; (*перен.*; *о человеке*) *разг.* chátterbòx, rattle; **2.** *тех.* rátchet(-drill).

**три** *числит.* three.

**триа́да** *ж.* triad.

**триангуля́ция** *ж. мат.*, *геод.* trìangulátion.

**триа́с** *м. геол.* trías. **~овый** *геол.* triássic.

**трибра́хий** *м. лит.* tríbràch ['trɪbræk].

**трибу́н** *м.* tríbùne.

**трибу́н||а** *ж.* **1.** plátfòrm, róstrum (*pl.* -ra); (*перен.*) tribùne; подня́ться на ~у mount the plátfòrm / róstrum; **2.** (*на стадионе и т. п.*) stand (*for spectators*).

**трибуна́л** *м.* tribúnal.

**тривиа́льн||ость** *ж.* trìviálity, bànálity; tríteness; (*ср.* тривиа́льный). **~ый** trívial, banál [-ɑːl], cómmonplàce; (*о выражении и т. п.*) trite, háckneyed [-nɪd].

**тригли́ф** *м. арх.* tríglyph.

**тригонометри́ческ||ий** trigonométric(al); ~ие фу́нкции trigonométrical fúnctions.

**тригономе́трия** *ж.* trìgonómetry; прямолине́йная ~ plane trìgonómetry; сфери́ческая ~ sphérical trìgonómetry.

**три́девять:** за ~ земе́ль *разг.* (at) the other end of the world, miles and miles awáy.

**тридцати-** (*в сложн. словах, не приведённых особо*) of thirty, *или* thirty- — *соотв. тому, как даётся перевод второй части слова*; *напр.* тридцатидне́вный of thirty days, thirty-day (*attr.*) (*ср.* -дне́вный: of... days, -day *attr.*); тридцатиме́стный with berths, seats for 30; (*о самолёте и т. п.*) thirty-séater (*attr.*) (*ср.* -ме́стный).

**тридцатиле́тие** *с.* **1.** (*годовщина*) thírtieth ànnivérsary; (*день рождения*) thírtieth bírthday; **2.** (*срок в 30 лет*) thirty years *pl.*

**тридцатиле́тний** **1.** (*о сроке*) of thirty years; thirty-year (*attr.*); ~ юбиле́й thírtieth ànnivérsary; **2.** (*о возрасте*) of thirty; thirty-year-óld; ~ челове́к man* of thirty; thirty-year-óld man*.

**тридца́тка** *ж. разг.* thirty roubles [...ruː-] *pl.*

**тридца́т||ый** thírtieth; ~ое января́, ма́рта *и т. п.* the thírtieth of Jánuary, March, *etc.*; Jánuary, March, *etc.*, the thírtieth; страни́ца, глава́ ~ая page, chápter thirty; ~ но́мер númber thirty; ему́ (пошёл) ~ год he is in his thírtieth year; ~ые го́ды (*столетия*) the thírties; в нача́ле ~ых годо́в in the éarly thírties [...'əːlɪ...]; в конце́ ~ых годо́в in the late thírties; одна́ ~ая one thírtieth.

**три́дцат||ь** *числит.* thirty; ~ оди́н *и т. д.* thirty-òne, *etc.*; ~ пе́рвый *и т. д.* thirty-first, *etc.*; лет ~ (*о времени*) abóut thirty years; (*о возрасте*) abóut thirty; лет ~ тому́ наза́д abóut thirty years agó; ему́ лет ~ he is / looks abóut thirty; ему́ о́коло ~и́ he is abóut thirty; ему́ под ~ he is néarly thirty; ему́ (перевали́ло) за ~ he is óver thirty, he is in his thírties; челове́к лет ~и́ a man* of / abóut thirty; в ~и́ киломе́трах (от) thirty kilomètres (from).

**три́дцатью** *нареч.* thirty times; ~ три́дцать thirty times thirty, thirty thírties.

**триеди́ный** triúne.

**три́ер** *м. с.-х.* scréening machíne [...-'ʃiːn], séparàtor, sifter.

**три́жды** *нареч.* three times; thrice *уст.*, *поэт.*; ~ четы́ре three times four [...fɔː], three fours; ◇ ~ про́клятый thríce-cùrsed.

**три́зн||а** *ж. ист.* fúneral feast; соверша́ть ~у (по *дт.*; *перен.*: *скорбеть о чём-л.*) mourn [mɔːn] (for).

**трико́** *с. нескл.* **1.** (*ткань*) tricòt ['trɪkou] (*woollen cloth*); **2.** (*одежда*) tights *pl.*; (*телесного цвета*) fléshings *pl.*, flésh-tights *pl.*; (*бельё*) stóckinèt únderclòthing [...-klou-]; (*дамские панталоны*) (stóckinèt) knickers *pl.*

**трикота́ж** *м.* **1.** (*ткань*) stóckinèt, knitted fábric; **2.** *собир.* (*изделия*) knitted wear [...wɛə]; knitted gárments *pl.* **~ный** stóckinèt (*attr.*), knitted; ~ные изде́лия knitted wear [...wɛə] *sg.*, knitted gárments; ~ная фа́брика knitted-goods fáctory [-gudz...].

**трикта́к** *м.* (*игра*) bàckgámmon.

**трили́стник** *м. бот.* tréfoil, shámròck.

**триллио́н** *м.* billion; trillion *амер.*

**трило́гия** *ж. лит.* trílogy.

**триме́стр** *м.* (*в вузах и т. п.*) term.

**триме́тр** *м. лит.* trímeter.

**три́ммер** *м. ав.* trimming tab.

**тринадцати-** (*в сложн. словах, не приведённых особо*) of thirtéen, *или* thirtéen- — *соотв. тому, как даётся перевод второй части слова*; *напр.* тринадцатидне́вный of thirtéen days, thirtéen-day (*attr.*) (*ср.* -дне́вный: of... days, -day *attr.*); тринадцатиме́стный with berths, seats for 13; (*об автобусе и т. п.*) thirtéen-séater (*attr.*) (*ср.* -ме́стный).

**тринадцатиле́тний** **1.** (*о сроке*) of thirtéen years, thirtéen-year (*attr.*); **2.** (*о возрасте*) of thirtéen; thirtéen-year-óld; ~ ма́льчик boy of thirtéen; thirtéen-year-óld boy.

**трина́дцат||ый** thirtéenth; ~ое ма́я, ию́ня *и т. п.* the thirtéenth of May, June, *etc.*; May, June, *etc.*, the thirtéenth; страни́ца, глава́ ~ая page, chápter thirtéen; ~ но́мер númber thirtéen; ему́ (пошёл) ~ год he is in his thirtéenth year; одна́ ~ая one thirtéenth.

**трина́дцать** *числит.* thírtéen; ~ раз ~ thírtéen times thirtéen, thirtéen thírtéens.

**тринитротолуо́л** *м. воен. хим.* trìnítrò-tóluène [traɪ-] (*сокр.* TNT); tríton *амер.*

**трино́м** *м. мат.* trinómial [traɪ-].

**три́о** *с. нескл. муз.* trìò [-i:ou]; фортепья́нное ~ piánofòrte trìò ['pjæ- -tɪ...]; стру́нное ~ string tríò.

**триоле́т** *м. лит.* tríolèt.

**трио́ль** *ж. муз.* triplet ['trɪ-].

**трипла́н** *м. ав.* tríplàne ['traɪ-].

**три́ппер** *м. мед.* gònorrhóea [-'ri:ə].

**трире́ма** *ж. ист.* trirème ['traɪ-].

**три́сель** *м. мор.* trýsail ['traɪsəl].

**три́ста** *числит.* three húndred.

**Трито́н** *м. миф.* Tríton.

**трито́н** *м. зоол.* tríton.

**триумви́р** *м. ист.* triúmvir, (*pl.* -s, -viri [-vɪri:]). **~а́т** *м. ист.* triúmvirate.

**триу́мф** *м.* tríumph; с ~ом in tríumph, triúmphantly; (*с блестящим успехом*) with sígnal succéss. **~а́льный** triúmphal; ~а́льный въезд trìúmphal éntry; ~а́льная а́рка triúmphal arch. **~а́тор** *м.* tríumpher; (*победитель*) víctor.

**трифто́нг** *м. лингв.* tríphthòng.

**трихи́на** *ж. зоол.* trichína [-'k-].

**трихино́з** *м. мед.* trichinósis [-k-].

**трихотоми́я** *ж.* trichótomy [-'k-].

**троака́р** *м. хир.* trócàr.

**тро́гательно** I **1.** *прил. кратк. см.* тро́гательный; **2.** *предик. безл.* it is tóuching [...'tʌ-]; ~ смотре́ть it is tóuching / affécting to see.

**тро́гательн||о** II *нареч.* tóuchingly ['tʌ-], móvingly ['mu:v-]; in a tóuching way / mánner [...'tʌ-...]; pathétically; (*ср. тж.* тро́гательный). **~ость** *ж.* tóuching / móving / affécting náture ['tʌ- 'mu:v-... 'neɪ-]; páthòs ['peɪ-]. **~ый** tóuching ['tʌ-]; (*волнующий*) móving ['mu:v-], affécting; (*жалкий*) pathétic.

**тро́гать,** тро́нуть (*вн.*) **1.** (*прикасаться*) touch [tʌtʃ] (*d.*); **2.** (*беспокоить*) distúrb (*d.*), trouble [trʌ-] (*d.*); не тронь его́ leave him alóne; **3.** (*волновать, умилять*) touch (*d.*), move [mu:v] (*d.*), affect (*d.*); э́то его́ не тро́гает it does not touch / move him, it leaves him cold; ~ до слёз move to tears (*d.*); ◇ тро́гай! go ahéad! [...ə'hed]. **~ся,** тро́нуться **1.** (в *вн.*; *направляться*) start (for), be off (for); (*без доп.*; *сдвигаться с места*) make* a move [...mu:v]; ~ся в путь set* out, start on a jóurney [...'dʒə:-]; по́езд тро́нулся the train stárted off, the train was off; автомоби́ль тро́нулся the car stárted, the car was off; он не тро́нулся с ме́ста he did not budge; лёд тро́нулся the ice (on the ríver) has bróken [...'rɪ-...]; **2.** (*умиляться*) be moved / touched / afféćted [...tʌ-...]; **3.** *страд. к* тро́гать 1, 3.

**троглоди́т** *м.* tróglodỳte.

**трое** *числит.* three; для всех трои́х for all three; нас ~ there are three of us.

**троекра́тн||о** *нареч.* three times. **~ый** thrice-repéated; ~ое тре́бование thrice-repéated súmmons.

**тро́ица** *ж.* **1.** *рел.* Trínity; (*праздник*) Whitsun, Whitsúnday [-dɪ]; **2.** *разг.* (*трое*) trìò ['tri:ou] (*group of three persons*).

**тро́йк||а** *ж.* **1.** *разг.* (*цифра*) three; **2.** (*отметка*) three (*out of five*); учени́к получи́л ~у по исто́рии the púpil got / recéived three for hístory [...-'si:vd...]; **3.** *карт.* three; козырна́я ~ three of trumps; ~ черве́й, пик *и т. п.* the three of hearts, spades, *etc.* [...hɑ:ts...]; **4.** (*лошадей*) tróika (*three horses harnessed abreast*), cárriage-and-three [-rɪdʒ-]; **5.** *разг.* (*полный мужской костюм*) man's suit (*with a waistcoat*) [...sju:t].

**тройни́к** *м. тех.* tee, Siamése connéction.

**тройни́чный** *анат.* trigéminal [traɪ-], trifácial [traɪ-]; ~ нерв trigéminus [traɪ-], trìfácial.

**тройн||о́й** thréefòld, tríple [trɪ-]; ~о́е пра́вило *мат.* the rule of three; в ~о́м разме́ре thréefòld, tréble; ~ толщины́ of tríple thíckness; ~ ряд tríple row [...rou]; ~ кана́т thrée-plỳ rope.

**тро́йня** *ж.* tríplets ['trɪ-] *pl.*

**тро́йственн||ость** *ж.* triplícity. **~ый** tríple [trɪ-]; Тро́йственный сою́з *ист.* Tríple Allíance; Тро́йственное согла́сие *ист.* Tríple Enténte [...ɑ:n'tɑ:nt].

**трок** *м.* (*подпруга*) súrcingle.

**тролле́йбус** *м.* trólley bus. **~ный** trólley-bùs (*attr.*); ~ная ли́ния trólley-bùs route [...ru:t]; ~ный парк trólley-bùs dépòt [...'depou].

**тромб** *м. мед.* clot of blood [...-ʌd]. **~о́з** *м. мед.* thròmbósis.

**тромбо́н** *м. муз.* tròmbóne. **~и́ст** *м.* tròmbónist [-'bou-].

**тромбофлеби́т** *м. мед.* thròmbophlebítis.

**трон** *м.* throne. **~ный** throne (*attr.*); ~ный зал thróne-room; ~ная речь King's speech.

**тро́ну||ть** *сов.* **1.** *см.* тро́гать; **2.** (*вн.*; *о морозе, сырости и т. п.— портить*) touch [tʌtʃ] (*d.*); моро́з ~л ли́стья, моро́зом ~ло ли́стья the frost has touched / nipped the leaves; ли́стья ~ты моро́зом the leaves are touched with frost; the leaves have been nipped by the frost *разг.* **~ться** *сов.* **1.** *см.* тро́гаться; **2.** *разг.* (*помешаться*) be touched [...tʌ-]; он немно́го ~лся he is a little touched; he has a screw loose [...lu:s], he is not all there *разг.*; **3.** *разг.* (*испортиться*) go* bad.

**троп** *м. лит.* trope.

**тропа́** *ж.* (*прям. и перен.*) path*.

**тро́пик** *м. геогр.* **1.** trópic; ~ Ра́ка trópic of Cáncer; ~ Козеро́га trópic of Cápricòrn; **2.** *мн.* (*страны*) the trópics.

**тропи́нк||а** *ж.* path*, track; идти́ ~ой, по ~е fóllow *the* path*.

**тропи́ческ||ий** trópical; ~ кли́мат trópical clímate [...'klaɪ-]; ~ по́яс tórrid zone; ~ая расти́тельность trópical vègetátion; ~ая лихора́дка jungle féver.

**тропосфе́ра** *ж. метеор.* tróposphère.

**трос** *м.* rope, line; про́волочный ~ wire rope / háwser [...-zə]; стально́й ~ wire háwser / rope, steel rope / cable.

**трости́нка** *ж.* thin reed.

**тростни́к** *м.* reed; (*с губчатым стволом*) rush; са́харный ~ súgar-càne ['ʃu-]. **~о́вый** reed (*attr.*), rush (*attr.*); ~о́вый са́хар cáne-súgar [-'ʃu-]; ~о́вые за́росли reeds.

**тро́сточка** *ж.*, **трость** *ж.* cane, wálking-stick.

**троти́л** *м. воен. хим.* trótyl, trinítrotóluòl [traɪ- -oul] (*сокр.* TNT).

**тротуа́р** *м.* pávement; síde-wàlk *амер.*

**трофе́й** *м.* **1.** tróphy ['trou-]; **2.** *мн. воен.* cáptured matérial *sg.*; spoils of war. **~ный** tróphy ['trou-] (*attr.*), cáptured; ~ная вы́ставка èxhibítion of war tróphies, *или* of cáptured equípment [eksɪ-...]; ~ная пу́шка cáptured gun.

**трофи́ческ||ий** *анат.* tróphic; ~ие не́рвы tróphic nerves.

**трох||еи́ческий** *лит.* trocháic [-'keɪɪk]. **~е́й** *м. лит.* tróchee [-ouk-].

**троцк||и́зм** *м.* Trótskyism. **~и́ст** *м.* Trótskyite. **~и́стский** Trótskyist.

**трою́родн||ый:** ~ брат, ~ая сестра́ sécond cóusin ['se- 'kʌz-].

**троя́||кий** thréefòld, tríple [trɪ-]; ~ смысл thréefòld méaning; ~ким о́бразом in three ways. **~ко** *нареч.* in three (dífferent) ways, in a thréefòld mánner.

**троя́нский** *ист.* Trójan.

**труб||а́** *ж.* **1.** pipe; (*печная*) chímney; (*паровозная, пароходная*) fúnnel, smóke-stàck; подзо́рная ~ télescòpe; аэродинами́ческая ~ wind túnnel [wɪ-...]; фабри́чная ~ fáctory chímney; ~ парово́го отопле́ния stéam-heat pipe; **2.** *муз.* trúmpet; (*рожок*) horn; игра́ть на ~е́ blow* the trúmpet, the horn [blou...]; (*в оркестре*) play the trúmpet; ~ орга́на órgan-pipe; ◇ вы́лететь в ~у́ *разг.* go* smash; пройти́ ого́нь, во́ду и ме́дные тру́бы ≅ go* through many tríals and tribulátions, go* through all the troubles únder the sun [...trʌ ...].

**трубаду́р** *м. ист. лит.* tróubadour ['truː-bəduə].

**труба́ч** *м.* trúmpeter; (*в оркестре*) trúmpet-player.

**труб||и́ть,** протруби́ть **1.** (в *вн.*) blow* [blou] (*d.*); ~ в трубу́ trúmpet; blow* / sound the trúmpet; ~ в рог blow* the horn; **2.** (*звучать*) blare; тру́бы ~я́т trúmpets sound / blare; **3.** (о *пр.*) *разг.* (*разглашать*) trúmpet (*d.*), procláim (*d.*), cry from the hóuse-tòps [...'haus-] (*d.*); протруби́ть все у́ши кому́-л. чем-л. din smth. into smb.'s ears; ◇ ~ сбор sound the róll-càll.

**тру́бк||а** *ж.* **1.** tube; дрена́жная ~ dráin-pipe; *мед.* drain; сифо́нная ~ sýphon ['saɪ-]; пая́льная ~ blów-pipe ['blou-], blówtòrch ['blou-]; электро́нно-лучева́я ~ (*в телевизоре*) cáthòde-ray tube; TV tube ['tiː 'viː...] *разг.*; ~ снаря́да *воен.* fuse; уда́рная ~ *воен.* pèrcússion tube; pèrcússion prímer *амер.*; вытяжна́я ~ *воен.* fríction tube; fríction prímer *амер.*; **2.** (*свёрток*) roll, scroll; сверну́ть бума́гу ~ой roll up (the) páper, **3.** (*телефонная*) (télephòne) recéiver [...-'siː-]; пове́сить ~у hang* up the recéiver; **4.** (*курительная*) (tobáccò-)pipe; ◇ вы́курить ~у ми́ра smoke the pipe of peace.

**тру́бный** trúmpet (*attr.*); ~ звук blare, bláring sound; ~ сигна́л trúmpet-càll.

**-тру́бный** (*в сложн. словах, не приведённых особо*) -tube (*attr.*); -fúnnelled; -stack (*attr.*); *напр.* двухтру́бный (*о судне*) twó-fúnnelled; twó-stàck (*attr.*).

**труболите́йный** túbe-càsting; ~ заво́д túbe-càsting plant [...-ɑːnt].

**трубонарезно́й** *тех.* pípe-threading [-ed-].

**трубопрово́д** *м.* cónduit, píping, túbing; (*для передачи нефти на расстояние*) pípe¦line.

**трубопрока́тный** túbe-ròlling; ~ стан tube mill; ~ заво́д túbe ròlling mill, tube works.

**трубочи́ст** *м.* chímney-sweep; чёрный как ~ black as a sweep.

**тру́бочн||ый** pipe (*attr.*); ~ таба́к smóking-tobáccò, pipe tobáccò; ~ая гли́на pípe¦clay.

**тру́бчатый** túbular; ~ котёл túbular bóiler; ~ вал túbular shaft.

**труве́р** *м. ист. лит.* trouvère (*фр.*) [truː'vɛə].

**труд** *м.* **1.** *тк. ед.* lábour, work; жить свои́м ~о́м live by one's own lábour [lɪv... oun...]; у́мственный ~ ménial / brain work; физи́ческий ~ mánual lábour; тво́рческий, созида́тельный ~ crèátive, constrúctive lábour; произво́ди́тельный ~ prodúctive work / lábour; производи́тельность ~а́ pròdùctívity of lábour, lábour pròdùctívity; разделе́ние ~а́ divísion of lábour; охра́на ~а́ lábour protéction; конкре́тный ~ cón¦crète lábour / work; абстра́ктный ~ ábstràct lábour / work; овеществлённый ~ matérialized lábour; предме́т ~а́ óbject of *one's* lábour / work; сре́дства ~а́ means of lábour / work; **2.** (*заботы, хлопоты, усилия*) trouble [trʌ-]; (*трудность*) dífficulty; положи́ть на что-л. мно́го ~а́ spend* / expénd much trouble on smth.; взять на себя́ ~, дать себе́ ~ (+ *инф.*) take* the trouble (of *ger.*, + to *inf.*); напра́сный ~ wásted / lost lábour ['weɪ-...]; не сто́ит ~а́ it is not worth the trouble, it is not worth tróubling / bóther¦ing abóut; ему́ сто́ило большо́го ~а́ it cost him much lábour, it took him much trouble; вы не зна́ете, каки́х ~о́в мне э́то сто́ит you don't know what úp¦híll work it is, *или* what a job I have [...nou...]; сли́шком мно́го ~а́ (it is) too much trouble; с ~о́м with dífficulty, hárdly; он с ~о́м её понима́ет he ùnderstánds her with dífficulty, he has dífficulty / trouble in ùnderstánding her, he hárdly ùnderstánds her; с ~о́м подня́ться struggle up; с ~о́м подня́ться на́ ноги struggle to one's feet; идти́ с ~о́м drag òne¦sélf alóng, go* alóng with dífficulty; без ~а́ without (any) dífficulty, without any trouble, without éffort; без большо́го ~а́ without much trouble, with hárdly any trouble; без ~а́ сде́лать что-л. have no trouble in doing smth.; **3.** (*научное сочинение*) (scientífic) work; ~ы нау́чного о́бщества trànsáctions of *a* scientífic society [-n'zæk-...]; ◇ отдыха́ть по́сле ~о́в пра́ведных ≅ rest áfter one's lábours; без ~а́ не вы́тащишь и ры́бки из пруда́ *посл.* ≅ no pains, no gains.

**труд||и́ться** work; (*тяжело*) toil, lábour; fag *разг.*; ~ над чем-л. work / toil / lábour at smth.; ◇ не ~и́тесь! (please) don't trouble / bóther [...trʌ-...].

**тру́дно** I **1.** *прил. кратк. см.* тру́дный; **2.** *предик. безл.* it is dífficult / hard; ~ пове́рить э́тому it is dífficult / hard to believe it [...-'liːv...]; ему́ ~ поня́ть it is dífficult / hard for him to ùnderstánd, he finds it dífficult / hard to ùnderstánd.

**тру́дно** II *нареч.* with dífficulty; ему́ ~ прихо́дится he has a hard life, he is háving a hard time of it. **~ва́то 1.** *прил. кратк. см.* трудова́тый; **2.** *предик. безл.* it is not éasy [...'iːzɪ], it is fáirly / ráther / sóme¦whàt dífficult / hard [...'rɑː-...]. **~ва́тый** fáirly / ráther difficult [...'rɑː-...].

**трудновоспиту́емый** dífficult (to bring up); ~ ребёнок dífficult child*.

**труднодосту́пный** álmòst inàccéssible ['ɔ:lmoust...]; ~ райо́н álmòst inàccéssible région, région (which is) difficult of áccèss.

**труднопреодоли́мый** álmòst insúperable / insurmóuntable ['ɔ:lmoust...].

**труднопроизноси́мый** difficult to pronóunce.

**труднопроходи́м||ый** difficult; álmòst impássable / impénetrable ['ɔ:lmoust...]; ~ая ме́стность difficult, *или* álmòst impássable, région; région (which is) difficult to tràvèrse.

**тру́дн||ость** *ж.* difficulty; (*препятствие*) óbstacle; представля́ть не́которые ~ости be a mátter of some difficulty; не представля́ть ~ости óffer no difficulty. **~ый** difficult, hard; (*требующий большого напряжения*) árduous; ~ый вопро́с difficult próblem [...'prɔ-]; ~ая зада́ча difficult / árduous task; ~ый ребёнок difficult / ùnmánage¦able child*; ~ое вре́мя hard time(s) (*pl.*); в ~ую мину́ту in *one's* (hour of) need [...auə...]; ~ое положе́ние difficult / páinful sìtuátion, predícament; tícklish sìtuátion *разг.*

**трудов||о́й** (*в разн. знач.*) wórking; lábour (*attr.*); ~ ко́декс Lábour Code; ~ наро́д wórking-pèople [-pi:-]; ~о́е населе́ние wórking / lábour¦ing pòpulátion; ~о́е крестья́нство wórking / tóiling péasantry [...'pez-]; ~а́я интеллиге́нция wórking intèlligéntsia; ~а́я жизнь life of work, áctive / indústrious life; ~ день day's work; по́сле ~о́го дня áfter one's day's work; ~а́я дисципли́на lábour díscipline; ~а́я кни́жка wórk-book (*service record*); ~а́я пови́нность lábour conscríption; ~а́я коло́ния lábour séttle¦ment; ~ догово́р lábour cóntràct; ~ы́е де́ньги hárd-éarned móney [-'ə:nd 'mʌ-] *sg.*; ~ дохо́д earned in¦come [ə:nd...]; ~ы́е резе́рвы lábour resérves [...-'zə:-]; ~ы́е по́двиги сове́тского наро́да the feats of lábour of the Sóvièt people [...pi:-]; ~а́я тео́рия сто́имости *эк.* lábour théory of válue [...'θɪə-...].

**трудоде́нь** *м.* wórk-day (*unit of work on collective farms*).

**трудоёмк||ий** lábour-consúming. **~ость** *ж.* lábour-consúming cháracter / náture [...'kæ-'neɪ-].

**трудо||люби́вый** indústrious, díligent; (*много работающий*) hárd-wòrking; (*старательный*) assíduous. **~лю́бие** *с.* índustry, díligence.

**трудоспосо́бн||ость** *ж.* ability to work, capácity for work; порази́тельная ~ márvellous capácity for work. **~ый** áble-bódied [-'bɔ-], cápable of wórking, able to work.

**трудя́щ||ийся** I *прич. и прил.* wórking; ~иеся ма́ссы wórking másses.

**трудя́щийся** II *м. скл. как прил.* wórker; *мн.* wórkers, work people [...pi:-], wórking-pèople [-pi:-].

**тру́жен||ик** *м.*, **~ица** *ж.* tóiler. **~ический** *прил. к* тру́женик.

**труи́зм** *м.* = трюи́зм.

**труни́ть** (над) *разг.* make* fun (of), chaff (*d.*), quiz (*d.*).

**труп** *м.* dead bódy [ded 'bɔ-]; (*гл. обр. человека*) corpse; (*крупного животного*) cárcass; как у ~а, похо́жий на ~ cadáverous; ◇ то́лько че́рез мой ~! *разг.* ónly óver my dead bódy. **~ный:** ~ный за́пах pútrid smell, smell of pùtrefáction; ~ное разложе́ние pùtrefáction (of *a* corpse); ~ный яд ptómaine ['toumeɪn]; отравле́ние ~ным я́дом ptómaine póisoning [...-zə-].

**тру́ппа** *ж.* cómpany ['kʌm-] (*of actors*).

**трус** *м.* cóward; жа́лкий ~ míserable / ábjèct cóward [-zə-...]; cráven *книжн.*; по́длый ~ dástard, dástardly cóward; ◇ ~а пра́здновать *разг.* ≅ show* the white féather [ʃou... 'fe-], get* / have cold feet.

**тру́сики** *мн.* (*для спорта*) shorts; (*купальные*) trunks, slips, báthing dráwers.

**тру́сить,** стру́сить (пе́ред, *рд.*) be afráid (of), fear (*d.*), dread [-ed] (*d.*); (*без доп.*; *испытывать страх*) be fríghtened; funk *разг.*; *сов. тж.* get* cold feet; ~ пе́ред опа́сностью shrink* in the face of dánger [...'deɪn-].

**труси́ть** I (*вн.*) *разг.* shake* (*d.*); (*разбрасывать*) scátter (*d.*).

**труси́ть** II *разг.* (*бежать рысцой*) trot; ~ ме́лкой рысцо́й go* trótting alóng.

**труси́||ха** *ж. разг.* cóward, cówardly wóman*, girl [...'wu- gə:l]. **~шка** *м. разг.* líttle cóward.

**трусли́в||о** *нареч.* in a cówardly mánner / fáshion; (*робко*) àpprehénsive¦ly. **~ый** cówardly; (*робкий*) fáint-héarted [-'hɑ:t-], tímid; (*боязливый*) àpprehénsive.

**трусова́тый** fáint-héarted [-'hɑ:t-], tímorous, pùsillánimous; он трусова́т he is a bit of a cóward.

**тру́сость** *ж.* cówardice; (*поступка*) cówardliness; вы́казать ~ betráy cówardice; show* the white féather [ʃou... 'fe-] *идиом.*

**трусц||а́** *ж.*: бежа́ть ~о́й *разг.* go* at a jóg-tròt.

**трусы́** *мн.* = тру́сики.

**трут** *м.* tínder; (*высушенный трутник*) ámadou [-du:].

**тру́тень** *м.* (*прям. и перен.*) drone.

**тру́тник** *м. бот.* tínder-fùngus [-ng-] (*pl.* -ses, fúngi).

**трутови́к** *м. бот.* pólypòre, polýporus (*pl.* -ri); trée-fùngus [-ng-] (*pl.* -ses, -gi) *разг.*

**трух||а́** *ж. тк. ед.* dust (of rótten wood) [...wud]; (*измельчившееся сено*) háy-dùst; (*перен.*) trash; преврати́ться в ~у́ móulder a¦wáy ['mou-...].

**трухля́вый** *разг.* móuldering ['mou-]; (*гнилой*) rótten.

**трущо́ба** *ж.* **1.** *об. мн.* slum; **2.** (*захолустье*): провинциа́льная ~ províncial hole, gódforsàken / óut-of-the-wáy place; **3.** (*заросли*) thícket; **4.** *разг.* (*притон*) thieves' den [θi:-...].

**трын-трава́** *ж. разг.*: ему́ всё ~ it is all one, *или* all the same, to him, he does¦n't care two straws abóut ány¦thing.

**трюи́зм** *м.* trúism, plátitùde, bànálity.

**трюк** *м.* (*в разн. знач.*) trick; stunt *разг.*; (*неожиданный*) feat; акробати́ческий ~ àcrobátic feat. **~а́ческий:** ~а́ческий приём stunt. **~а́чество** *с. разг.* stúnting.

**трюм** *м. мор.* hold.

**трюмо́** *с. нескл.* **1.** (*зеркало*) chevál-glàss [ʃə'væl-], píer-glàss ['pɪə-]; **2.** *арх.* pier [pɪə].

**трю́фель** *м.* **1.** (*гриб*) truffle; **2.** (*конфета*) chócolate truffle.

**тряпи́чн||ик** *м.* rág¦man*, rág-pícker. **~ица** *ж.* rág¦wòman* [-wu-], rág-pícker. **~ый** rag (*attr.*); ~ая бума́га rágpàper; ~ая ку́кла rág-dòll [-dɔl].

**тря́пк||а** *ж.* **1.** rag; (*пыльная*) dúster; (*по-*

*ловая*) hóuse-flànnel [-s-]; 2. *мн. разг.* (*о нарядах*) clothes [klou-]; fínery ['faɪ-] *sg.*; 3. (*о человеке*) mílksòp, báckbòne¦less / spíne¦less créature; быть ~ой have no báckbòne / grit, be feeble / spíne¦less / báckbòne¦less.

**тряпьё** *с. собир.* (*тряпки, лохмотья*) rags *pl.*

**трясина** *ж.* quag, quágmìre.

**тряск||а** *ж.* sháking, jólting; дорóжная ~ утомила его the jólty jóurney tired / fatígued him [...'dʒə:-... -'ti:gd...]. **~ий 1.** (*об экипаже*) jólty; 2. (*о дороге*) búmpy.

**трясогузка** *ж. зоол.* wágtail ['wæg-].

**тряс||ти** (*вн.*, *тв.*) 1. shake* (*d.*); ~ яблоню shake* *an* ápple-tree; ~ головóй shake* one's head [...hed]; (*о лошади*) toss its head; ~ гривой toss its mane; ~ комý-л. рýку shake* smb.'s hand; 2. *безл.*: его́ ~ёт от хóлода he is shívering with cold; его́ ~ёт от стрáха he is trémbling with fear; в экипáже *и т. п.* ~ёт the cárriage, *etc.*, jolts [...-rɪdʒ...]; 3. (*без доп.*) *разг.* (*быть тряским*) jolt. **~тись 1.** shake*; ~тись от смéха shake* with láughter [...'lɑ:f-]; 2. (*дрожать*) trémble, shíver ['ʃɪ-]; ~тись от хóлода shíver with cold; ~тись от стрáха quake / trémble with fear; ~тись в лихорáдке shíver with féver; он весь ~ётся he is trémbling all óver; he is all of a trémble *разг.*; 3. *разг.* (*ехать на чём-л. тряском*) be jólted, jog; 4. (над) trémble (óver); ~тись над кáждой копéйкой grudge every pénny.

**тряхнýть** *сов.* shake*; ~ головóй shake* one's head [...hed]; ◇ ~ старинóй *разг.* ≅ recáll the old days, recáll one's youth [...ju:θ]; ~ мошнóй *разг.* scátter móney bróadcàst [...'mʌ- 'brɔ:d-].

**тсс** *межд.* hush!, sh!

**туалéт** *м.* 1. (*одежда*) dress; (*роскошный тж.*) tóilet; (*наряд*) attíre; 2. (*одевание*) tóilet, dréssing; занимáться ~ом dress; совершáть ~ *уст.* make* one's tóilet; 3. (*стол*) dréssing-tàble, tóilet-tàble; 4. (*уборная*) lávatory, w. c.; públic convénience ['pʌ-...] *офиц.*; дáмский ~ Ládies *sg.*; мужскóй ~ Géntle¦men *sg.* **~ный** *прил. к* туалéт; ~ное мы́ло tóilet soap; ~ная бумáга tó¦let páper; ~ные принадлéжности tóilet-sèt *sg.*, tóilet árticles / réquisites [...-zɪts].

**тýба** *ж. муз.* túba.

**туберкулёз** *м. мед.* tubèrculósis; ~ лёгких púlmonary tubèrculósis, (púlmonary) consúmption. **~ный 1.** *прил.* tubércular; ~ный процéсс tubércular prócèss; ~ный больнóй tubércular pátient; (*лёгочный*) consúmptive (pátient); ~ный санатóрий sànatórium for consúmptives; 2. *м. как сущ.* tubércular pátient; (*лёгочный*) consúmptive.

**туберкулин** *м. фарм.* tùbérculine.

**туберóза** *ж. бот.* túberòse.

**тувин||ец** *м.*, **~ка** *ж.*, **~ский** Touvínian; ~ский язы́к Touvínian, the Touvínian lánguage.

**тýго** I 1. *прил. кратк. см.* тугóй; 2. *предик. безл. разг.* (*трудно, плохо*): емý прихóдится ~ he is in straits / dífficulties; нам пришлóсь ~ we had a bad time of it; с деньгáми у негó ~ he is in straits for móney [...'mʌ-].

**тýго** II *нареч.* 1. (*плотно, крепко*) tight(ly); ~ набить мешóк pack *a* sack tight, cram *a* sack; ~ натянýть stretch tight; *мор.* stretch taut; 2. (*с трудом*) with dífficulty; (*медленно*) slówly [-ou-]; ~ подвигáться вперёд make* slow prógrèss [...slou...].

**тугодýм** *м.* slówcoach ['slou-], slów-witted pérson ['slou-...].

**туг||óй** (*в разн. знач.*) tight; *мор.* taut; ~ ýзел tight knot; ~ воротничóк tight cóllar; ~áя пружина tight spring; ◇ ~ на ухо *разг.* hard of héaring; ~ на расплáту *разг.* clóse-fisted [-ous-], stíngy [-n-].

**тугоплáвкий** *тех.* refráctory.

**тугоуздый** hárd-móuthed.

**тýгрик** *м.* (*денежная единица Монгольской Народной Республики*) túgrik.

**тудá** *нареч.* there; (*указание дороги*) that way; ~ и обрáтно there and back; билéт ~ и обрáтно retúrn tícket; постоянная ходьбá ~ и обрáтно cónstant cóming and gó¦ing; ~ и сюдá here and there, híther and thíther; не ~ (*не куда нужно*) in the wrong diréction, to the wrong place; (*как восклицание*) not there, not that way; ◇ ~ емý и дорóга ≅ (it) serves him right; ни ~ ни сюдá *разг.* néither one way nor the other ['naɪ-...]; и он ~ же! and he fóllows su¦t [...sju:t].

**тудá-сюдá** *нареч. разг.* 1. (*в разные стороны*) híther and thíther; 2. (*сносно, годится*) it will do, it is pássable, it will pass múster.

**тýер** *м. мор.* cháin-tùg, tug.

**тужить** (о, по *пр.*) *разг.* grieve [-i:v] (for).

**тýжиться** *разг.* exért òne¦sélf.

**тужýрка** *ж.*(man's) dóuble-bréasted jácket [...'dʌbl 'brestɪd...].

**туз** I *м.* 1. *карт.* ace; червóнный, пиковый *и т. п.* ~ the ace of hearts, spades, *etc.* [...hɑ:ts...]; пойти с ~á lead* *an* ace; 2. *разг.* (*влиятельный человек*) bígwìg, big pot; big shot *амер.*

**туз** II *м. мор.* (twó-oar) dínghy [...-gɪ].

**тузéм||ец** *м.*, **~ка** *ж.* nátive, índigène. **~ный** nátive, indígenous; ~ный обычай nátive cústom; ~ное населéние nátive pòpulátion; àborígines [-ni:z] *pl.*

**тузить**, оттузить (*вн.*) *разг.* pómmel (*d.*), thrash (*d.*); (*кулаками*) punch (*d.*).

**тýки** *мн. с.-х.* míneral fértilizers.

**тукосмéси** *мн.* (тýковые смéси) *с.-х.* fértilizer míxtures.

**тук-тýк** *разг.* rát-tát.

**тýлий** *м. хим.* thúlium.

**тýловище** *с.* trunk, bódy ['bɔ-]; (*статуи*) tórsò.

**тулýп** *м.* shéepskìn (coat).

**тулья́** *ж.* (*шляпы*) crown (of *a* hat).

**туляремия** *ж. мед.* rábbit-fèver.

**тумáк** *м. разг.* cuff, punch; дать комý-л. ~á cuff / punch smb.

**тумáн** *м.* (*прям. и перен.*) mist; (*густой*) fog; (*дымка*) haze; на дворé, на ýлице ~ it is místy / fóggy, there is a fog; сегóдня густóй ~ there is a thick mist / fog to¦dáy; ~ рассéялся the mist / fog has lífted, *или* has cleared a¦wáy; поднимáется ~ a mist is rísing; быть как в ~е be in a fog, be befógged; ~ в глазáх a mist befóre one's eyes [...aɪz]; видеть что-л. слóвно в ~е see* smth. through a mist; напустить ~у *разг.* obscúre *smth.*, (be)fog *smth.*; у негó ~ в головé his mind is in a haze, he is in a fog; бу́дущее в ~е the fúture is shróuded / wrapped in mýstery.

**тума́нить** (*вн.*; *о взоре, рассудке*) dim (*d.*), obscúre (*d.*). **~ся 1.** become* / grow* místy / házy [...grou...], become* envéloped in mist; (*затемняться*) dárken; **2.** (*омрачаться*) grow* glóomy, dárken; **3.** (*о глазах*) dim; (*о голове, сознании*) be in a fog, be befógged.

**тума́нно** I **1.** *прил. кратк. см.* тума́нный; **2.** *предик. безл.* (*о погоде*): сего́дня ~ it is místy / fóggy to¦dáy (*ср.* тума́н).

**тума́нн||о** II *нареч.* (*неясно*) házily ['heı-], obscúre¦ly, vágue¦ly ['veı-]. **~ость** *ж.* **1.** *тк. ед.* (*скопление тумана*) mist; (*сильная*) fog; **2.** *астр.* nébula (*pl.* -lae); **3.** (*неясность*) háziness ['heı-], obscúrity, vágue¦ness ['veı-]. **~ый 1.** místy; fóggy; fog (*attr.*); házy; (*ср.* тума́н); ~ая пого́да fóggy wéather [...'we-]; ~ая даль házy dístance; **2.** (*неясный*) házy, obscúre, vague [veıg]; ~ые объясне́ния vague / confúsed èxplanátions; ~ая речь obscúre speech; ~ый смысл házy méaning; в ~ых выраже́ниях in nébulous / vague terms; **3.** (*тусклый — о взоре*) lácklùstre, lústre¦less; ◇ ~ые карти́ны dissólving views [-'zɔːl-vjuːz].

**ту́мба** *ж.* **1.** (*уличная*) stone; (*деревянная*) post [poust]; **2.** (*подножие*) pédestal; **3.** = ту́мбочка; **4.** *разг.*, *шутл.* (*о человеке*) lump, lúmpish / unwíeldy féllow [...-'wiːl-...].

**ту́мбочка** *ж.* (*шкафчик*) níght-tàble.

**тунг** *м. бот.* túng-tree.

**ту́нгов||ый** tung (*attr.*); ~ое ма́сло túng-oil.

**тунгу́с** *м.*, **~ка** *ж.*, **~ский** Tùngús [tʌn'guz].

**ту́ндра** *ж.* túndra.

**ту́ндровый** *прил. к* ту́ндра.

**туне́ц** *м. зоол.* túnny.

**тунея́д||ец** *м.* spónger [-ʌn-], párasìte; (*бездельник*) ídler. **~ство** *с.* spónging [-ʌn-], párasitism [-saı-]. **~ствовать** sponge [-ʌ-], live as a párasìte [lıv...]; (*бездельничать*) ídle.

**туни́ка** *ж.* túnic.

**тунне́ль** [-нэ́-] *м.* túnnel; (*для пешеходов*) súbway.

**тупе́й** *м. уст.* toupée [tuː-].

**тупе́ть** (*о ноже и т. п.*) grow* / become* blunt [grou...]; (*перен.*: *глупеть*) get* / grow* stúpid / dull; (*об уме, памяти*; *тж. о боли*) grow* dull.

**тупи́к** *м.* blind álley; *ж.-д.* (déad-énd) síding ['ded-...]; (*перен.*: *безвыходное положение*) blind álley, impásse [æm'pɑːs], cúl-de-sác ['kuldə-], déadlòck ['ded-]; в ~е́ in a blind álley, at a déadlòck; зайти́ в ~ (*о переговорах и т. п.*) reach *a* déadlòck, be at *a* déadlòck; найти́ вы́ход из ~а́ (try to) end *the* déadlòck, find* a way out of the impásse; вы́йти из ~а́ end / òver¦cóme *the* déadlòck; ◇ поста́вить кого́-л. в ~ nónplús smb.; стать в ~ be nónplùssed.

**тупи́ть** (*вн.*) blunt (*d.*). **~ся** grow* blunt [-ou...].

**тупи́ца** *м. и ж.* dúllard, blóckhead [-hed], dolt; dunce (*особ. о школьнике*).

**ту́по** *нареч.* dúlly, stúpidly; (*с тупым видом*) with a stúpid air. **~ва́тый** (*о человеке*) dúllish, ráther stúpid ['rɑː-...].

**тупоголо́вый:** ~ челове́к númskùll, blóckhead [-hed], dúnderhead [-hed].

**тупо́й 1.** (*о ноже, карандаше и т. п.*) blunt; (*о форме*) obtúse [-s]; ~ у́гол *мат.* obtúse angle; **2.** (*о боли, чувстве*) dull; **3.** (*бессмысленный*) vácant, stúpid, méaning¦less; ~ взгляд méaning¦less look; **4.** (*о человеке*) dull, obtúse, stúpid, slów-wítted ['slou-]; (*ограниченный*) nárrow(-mínded); ~ челове́к dúllard; ~ учени́к dunce; ~ ум dull / slow brain [...slou...], dull / slow wits *pl.*

**тупо||коне́чный** obtúse [-s]. **~но́сый** blúnt-nòsed.

**ту́пость** *ж.* **1.** (*ножа и т. п.*) blúntness; **2.** (*непонятливость, несообразительность*) dúllness, stupídity; **3.** (*бессмысленность*) vácancy ['veı-]; **4.** *мед.*: ~ зву́ка (*при выслушивании*) dúllness.

**тупоуго́льный** *мат.* obtúse-àngled [-s-].

**тупоу́м||ие** *с.* stupídity, dúllness, obtúse¦ness [-s-]. **~ный** stúpid, dull, obtúse [-s]; (*ограниченный*) nárrow(-mínded); ~ный челове́к dúllard.

**тур** I *м.* **1.** (*танца*) turn; **2.** (*часть состязания*; *тж. перен.*) round.

**тур** II *м. воен. уст.* gábion.

**тур** III *м. зоол.* áuròchs.

**тура́** *ж. шахм.* rook, castle.

**турба́за** *ж.* (тури́стская ба́за) tóurist céntre / base ['tuə-... -s]; молодёжная ~ youth hóstel [juːθ...].

**турби́н||а** *ж. тех.* túrbine. **~ный** túrbine (*attr.*); ~ная устано́вка túrbine-plànt [-ɑːnt].

**турбогенера́тор** *м. тех.* túrbò¦géneràtor. **~ный** túrbò¦géneràtor (*attr.*); ~ный заво́д túrbò¦géneràtor works.

**турбонасо́с** *м.* túrbine pump.

**турбореакти́вный** *тех.* túrbò-jèt (*attr.*).

**турбострое́ние** *с.* túrbine constrúction.

**туре́ль** [-рэ́-] *ж. ав.* ring mount, (machíne-)gùn ring [-'ʃiːn-...].

**туре́цкий** Túrkish; ~ язы́к Túrkish, the Túrkish lánguage; ◇ ~ бараба́н bass / big / double drum [...dʌ-...].

**тури́зм** *м.* tóurism ['tuə-]; (*пешеходный*) híking; го́рный ~ mountainéering; во́дный ~ bóating; (*морской*) crúising ['kruːz-].

**ту́рий** *прил. к* тур III; ~ рог áuròchs horn.

**тури́ст** *м.* tóurist ['tuə-]; (*пешеходный*) híker. **~и́ческий** = тури́стский. **~ка** *ж. к* тури́ст. **~ский** tóurist's ['tuə-], tráveller's; trávelling (*особ. о костюме и т. п.*); ~ская ба́за tóurist centre / base [...-s]; ~ский похо́д hike, wálking-tour [-tuə]; ~ский ла́герь tóurist camp.

**туркме́н** *м.*, **~ка** *ж.*, **~ский** Túrkmen; ~ский язы́к Túrkmen, the Túrkmen lánguage.

**ту́рман** *м. зоол.* túmbler(-pígeon) [-dʒən].

**турне́** [-нэ́] *с. нескл.* tour [tuə]; отпра́виться в ~ go* on a tour; соверши́ть ~ (по *дт.*) tour (*d.*).

**турне́пс** [-нэ́-] *м. с.-х.* swede.

**турни́к** *м. спорт.* = перекла́дина 2.

**турнике́т** *м.* **1.** túrnstìle; **2.** *мед.* tóurniquèt ['tuənıkeı].

**турни́р** *м.* tóurnament ['tuən-]; ша́хматный ~ chess tóurnament.

**турну́ть** *сов.* (*вн.*) *разг.* chuck out (*d.*).

**турню́р** *м.* tóurnure ['tuə-], bustle.

**ту́рок** *м.* Turk.

**туру́сы:** ~ на колёсах *разг.* nónsense, twaddle.

**турухта́н** *м. зоол.* ruff.

**турча́нка** *ж. к* ту́рок.

**ту́скл||о** *нареч.* (*без блеска*) dimly ['dɪ-]; (*очень бледно*) wánly ['wɔ-]; глаза́ глядя́т ~ eyes are lústre¦less [aɪz...]. **~ость** *ж.* (*света, блеска*) dúllness, dímness, wánness ['wɔ-]; (*стиля и т. п.*) cólour¦lessness ['kʌ-], dréariness. **~ый** dim, dull; (*о лучах — очень бледный*) wan [wɔn]; (*о глазах*) lácklùstre, lústre¦less; (*о металле и т. п.*) tárnished; (*перен.*) dull, dréary; ~ый свет dim / wan light; ~ые о́кна dim / dull window-pànes; ~ый стиль cólour¦less / insípid / tame / lífe¦less style ['kʌ-...]; ~ая жизнь dull / dréary / cólour¦less life.

**тускн||е́ть,** потускне́ть grow* dim [-ou...], dull, lose* its lustre [lu:z...]; (*бледнеть*) pale; взгляд ~е́ет eyes grow dim [aɪz...]; сла́ва его́ ~е́ет his glóry is wáning, *или* on the wane; всё э́то ~е́ет пе́ред all this pales befóre, *или* by the side of; серебро́ ~е́ет sílver tárnishes.

**тут** *нареч.* **1.** (*о месте*) here; ~ же on the spot; кто ~? who's there?; **2.** (*о времени*) here, now; ~ же there and then; ◇ не ~-то бы́ло far from it, nothing of the sort; (он, они́) ~ как ~ *разг.* there he is, there they are.

**ту́товник** *м.* **1.** (*дерево*) múlberry (tree); **2.** (*участок*) múlberry grove.

**ту́тов||ый** múlberry (*attr.*); ~ое де́рево múlberry (tree); ~ая я́года múlberry; ~ шелкопря́д sílkwòrm.

**туф** *м. геол.* túfa.

**ту́фель** *м.* = ту́фля.

**ту́фл||я** *ж.* shoe [ʃu:]; дома́шние ~и slíppers; закры́тые ~и láce-úp shoes; лакиро́ванные ~и pátent-léather shoes [-'leðə...]; ба́льные ~и dáncing-slìppers; (*мужские*) pumps.

**ту́хл||ость** *ж.* róttenness. **~ый** rótten, bad*; ~ое яйцо́ bad* / rótten egg; ~ая ры́ба bad* / rótten fish; ~ое мя́со táinted meat; ~ый за́пах músty smell. **~я́тина** *ж. разг.* móuldy / rótten stuff ['mou-...].

**ту́хнуть** I, поту́хнуть (*гаснуть*) go* out, die out; *сов. тж.* be out.

**ту́хнуть** II (*портиться*) go* bad, become* rótten.

**ту́ч||а** *ж.* **1.** (black) cloud; (*грозовая; тж. перен.: что-л. угрожающее*) stórm-cloud; дождевы́е ~и ráinclouds; снеговы́е ~и snówclouds ['snou-]; покры́ться ~ами be óver¦cást / cóvered with clouds [...'kʌ-...], be clóuded; ~и собрали́сь, нави́сли над кем-л. the clouds are gáther¦ing above smb.; **2.** (*масса, множество*) swarm, host [houst], cloud; ~ пы́ли cloud of dust; ~ мух swarm of flies; ◇ смотре́ть ~ей lour, lówer; ходи́ть как ~ go* abóut with black looks, *или* with a lóuring / lówering face.

**ту́чка** *ж.* clóudlet.

**тучне́ть,** потучне́ть **1.** grow* stout / fat [grou...], put* on flesh; **2.** (*о земле*) become* fértile.

**ту́чн||ость** *ж.* **1.** fátness; (*о человеке тж.*) obésity [-'bi:-], córpulence, stóutness; **2.** (*о почве*) ríchness, fèrtílity. **~ый 1.** fat; (*о человеке тж.*) obése [-s], stout, córpulent; **2.** (*о земле*) rich, fértile; **3.** (*о лугах*) súcculent.

**туш** *м. муз.* flóurish ['flʌ-]; сыгра́ть ~ play a flóurish; разда́лся ~ a flóurish was sóunded.

**ту́ша** *ж.* cárcass; (*перен.; о тучном человеке*) hulk, bulk.

**туше́** *с. нескл. муз.* touch [tʌtʃ].

**тушева́ть** (*вн.*) shade (*d.*).

**тушёвка** *ж.* sháding.

**туше́ние** I *с.* (*огня*) extínguishing, putting out.

**туше́ние** II *с. кул.* stéwing.

**тушён||ый** stewed; ~ое мя́со (*блюдо*) stew; ~ые о́вощи stewed végetables.

**туши́ть** I, потуши́ть (*вн.*) **1.** (*гасить*) put* out (*d.*); ~ свечу́ blow* out *a* candle [blou...]; ~ газ turn off the gas; ~ электри́чество switch / turn off, *или* put* out, the light; ~ пожа́р extínguish, *или* put* out, *a* fire; ~ свет put* out the light; **2.** (*возбуждение и т. п.*) quell (*d.*), suppréss (*d.*), put* down (*d.*), stifle (*d.*).

**туши́ть** II (*вн.*) *кул.* stew (*d.*), braise (*d.*).

**тушка́нчик** *м. зоол.* jèrbóa [-'bouə].

**тушь** *ж.* Índian ink.

**ту́я** *ж. бот.* thúja ['θju:jə].

**тща́тельн||ость** *ж.* cáre¦fulness, thóroughness ['θʌrə-]; (*внимание*) care; де́лать что-л. с большо́й ~остью do smth. with great care [...greɪt...], do smth. very cáre¦fully / thóroughly [...'θʌrə-]; ~ рабо́ты thóroughness of the work. **~ый** cáre¦ful, thórough ['θʌrə]; (*старательный*) páinstàking [-nz-]; ~ая рабо́та cáre¦ful / áccurate work.

**тщеду́ш||ие** *с.* féeble¦ness, fráilty, debílity. **~ный** feeble, frail, weak; púny (*особ. о ребёнке*); ~ный стари́к frail old man*; ~ный челове́к wéakling.

**тщесла́в||ие** *с.* vánity, vainglóry. **~ный** vain, vainglórious.

**тщета́** *ж. уст.* vánity.

**тще́тн||о** *нареч.* váinly, in vain. **~ость** *ж.* futílity, váin¦ness, úse¦lessness ['ju:s-]. **~ый** vain, fútile; (*безрезультатный тж.*) ún¦aváiling; ~ые уси́лия fútile / ún¦aváiling éfforts; ~ые наде́жды vain hopes; ~ая попы́тка fútile / vain endéavour / attémpt [...-'de-...].

**тщи́ться** (+ *инф.*) *уст.* endéavour [-'devə] (+ to *inf.*).

**ты,** *рд., вн.* тебя́, *дт., пр.* тебе́, *тв.* тобо́й, тобо́ю, *мест.* you; thou [ðau], *obj.* thee [ði:] *поэт. уст.* (*тж. при обращении к природе, мифологическим существам и т. п.*): э́то ты it is you; мы с тобо́й (*я и ты*) you and I; быть «на ты» с кем-л., говори́ть «ты» кому́-л. thée-and-thóu smb. ['ði:- -'ðau...]; be on famíliar / infórmal terms with smb.

**ты́кать** I, ткнуть *разг.* **1.** (*тв.* в *вн.*, *вн.* в *вн.*) poke (*d.* into); (*сильно*) jab (*d.* at, into); (*вонзать*) stick* (*d.* into); (*чем-л. острым*) prod (with *d.*); ~ па́лкой во что-л. prod smth. with *a* stick; ~ па́льцем во что-л. poke / stick* / shove one's finger into smth. [...ʃʌv...]; ~ була́вки во что-л. stick* pins into smth.; **2.** (*вн.* в *вн.*; *ударять*) hit* (*d.* on); ◇ ~ па́льцем в кого́-л., на кого́-л. poke one's finger at smb.; ткнуть кого́-л. но́сом (в *вн.*) *груб.* poke smb.'s nose (into).

**ты́кать** II (*вн.*) *разг.* (*называть «на ты»*) thée-and-thóu ['ði:- -'ðau] (*d.*); be famíliar (with).

**ты́каться,** ткну́ться *разг.* **1.** (в *вн.*; *в двери и т. п.*) knock (agáinst); **2.** (*суетливо метаться*) bustle / fuss abóut; он всю́ду ты́чется he is bústling / fússing abóut all óver the place.

**ты́ква** *ж.* púmpkin.

**ты́квенн||ые** *мн. скл. как прил. бот.* cucùrbitáceae [-sii:]. **~ый** púmpkin (*attr.*); ~ое се́мя púmpkin seed.

**тыквообра́зный** púmpkin-shàped, góurd-shàped ['guəd-].

**тыл** *м. воен.* rear; (*вся страна в противоположность фронту*) home front [...frʌnt]; служи́ть в ~у́ serve on the home front; ~ы́ rear òrganizátions [...-naɪ-]; по ~а́м проти́вника in the énemy('s) rear; напа́сть с ~а take* in the rear; вы́йти в ~ проти́вника gain the rear of the énemy; обеспе́чить свой ~ secúre one's rear; в ~у́ у кого́-л. at the rear of, *или* in rear of, smb. **~ово́й** *воен.* rear (*attr.*); (*находящийся в тылу*) in the rear; ~овы́е учрежде́ния administrative installátions.

**ты́льн||ый:** ~ая пове́рхность руки́ back of the hand.

**тын** *м.* páling; *воен.* stòckáde.

**ты́сяч||а 1.** *числит.* a thóusand [...-z-]; пять ты́сяч five thóusand; в ~у раз бо́льший a thóusand times gréater [...'greɪ-]; он ~у раз прав he is ábsolùtely right; ~ семьсо́т, восемьсо́т *и т. д.* со́рок шесто́й год séventéen, éightéen, *etc.*, húndred and fórty-six; séventéen, éightéen, *etc.*, fórty-six; ~ семьсо́т рубле́й one thóusand séven húndred roubles [...'se-...ru:-]; **2.** *ж. как сущ.* a thóusand; ~и люде́й thóusands of people [...pi:-]; ~у извине́ний a thóusand apólogies; оди́н на ~у one in a thóusand.

**тысячекра́тный** thóusandfòld [-zənd-].

**тысячеле́т||ие** *с.* **1.** a thóusand years [...-zənd...] *pl.*; milléonnium; **2.** (*годовщина*) thóusandth ànnivérsary [-zə-...]. **~ний** millénnial; thóusand-year [-zə-] (*attr.*); ~няя годовщи́на thóusandth ànnivérsary [-zə-...].

**тысячели́стник** *м. бот.* mílfoil.

**ты́сячн||ый 1.** thóusandth [-zə-], millésimal; ~ая до́ля one thóusandth; **2.** (*из нескольких тысяч*) of many thóusands [...-zə-]; ~ая толпа́ a crowd of many thóusands, a crowd rúnning into thóusands.

**тычи́нка** *ж. бот.* stámèn.

**тычо́к** *м. стр.* héader ['he-].

**тьма** I *ж. тк. ед.* (*мрак*; *тж. перен.*) dark, dárkness; кроме́шная ~ pitch dárkness; ночна́я ~ the dárkness / gloom / obscúrity of night; ◇ сквозь тьму веко́в from remóte àntíquity.

**тьма** II *ж.* (*рд.*) *разг.* (*множество*) thóusands [-zə-] (of) *pl.*, a múltitùde (of), a host [...houst] (of); ~ наро́ду thóusands of people [...pi:-]; ◇ ~-тьму́щая cóuntless múltitùdes *pl.*, an enórmous númber.

**тьфу** *межд. разг.* pah!; ~, про́пасть! bòtherátion!, confóund it!

**тюбете́йка** *ж.* (embróidered) skúll-càp.

**тю́бик** *м.* tube; ~ зубно́й па́сты tube of tóoth-pàste [...-peɪst].

**тю́бинг** *м. тех.* tube, túbing.

**тюк** *м.* páckage; (*товара*) bale.

**тю́лев||ый** tulle [tju:l] (*attr.*), of tulle; ~ое пла́тье tulle dress; ~ая ткань (*для занавесок*) cúrtain lace; ~ые занаве́ски lace cúrtains.

**тюле́нев||ые** *мн. скл. как прил. зоол.* seals; phócidae ['fou-] *научн.* **~ый** séalskin (*attr.*).

**тюле́ний** seal (*attr.*); ~ про́мысел séal-fishery, séaling; ~ жир séal-oil.

**тюле́нь** *м.* **1.** seal; **2.** *разг.* (*неуклюжий человек*) lout.

**тюль** *м.* tulle [tju:l]; (*для занавесок*) cúrtain lace.

**тю́лька** *ж.* (*рыба*) sárdèlle.

**тюльпа́н** *м.* túlip. **~ный** túlip (*attr.*); ~ное де́рево túlip-tree.

**тюрба́н** *м.* túrban.

**тюре́м||ный** *прил. к* тюрьма́; ~ная ка́мера príson cell [-ɪz-...]; ~ное заключе́ние imprísonment [-ɪz-]; два го́да ~ного заключе́ния two years' imprísonment. **~щик** *м.* wárder; jáiler, gáoler ['dʒeɪ-] (*тж. перен.*). **~щица** *ж.* wárdress.

**тю́рки** *мн.* Tíurks.

**тю́рко-тата́рский** Tíurk-Tàtar [-tɑ:-], Túrkic-Tàtar [-tɑ:-].

**тю́ркск||ий** Tíurk, Túrkic; ~ие языки́ Tíurk / Túrkic lánguages.

**тюрьм||а́** *ж.* príson [-ɪz-]; jail, gaol [dʒeɪl]; заключа́ть в ~у́ (*вн.*) put* into príson (*d.*), imprísson [-ɪz-] (*d.*), jail (*d.*), incárceràte (*d.*); бро́сить в ~у́ (*вн.*) fling* into príson (*d.*); вы́пустить из ~ы́ (*вн.*) reléase (from príson) [-s...] (*d.*); убежа́ть из ~ы́ break* out of príson [-eɪk...], escápe from príson; сиде́ть в ~е́ be in príson.

**тю́ря** *ж.* túria (*soup of bread and water*).

**тю́телльк||а** *ж.*: ~ в ~у *разг.* to a T [...ti:], to a tittle / hair.

**тюф||я́к** *м.* **1.** máttress; соло́менный ~ stráw-bèd, straw máttress; волосяно́й ~ hórsehair máttress; **2.** *разг.* (*о человеке*) lump. **~я́чный** máttress (*attr.*).

**тя́вк||анье** *с. разг.* yélping, yápping. **~ать** yelp, yap. **~нуть** *сов.* give* a yelp.

**тя́г||а** *ж.* **1.** *тк. ед.* (*в трубе и т. п.*) draught [-ɑ:ft]; иску́сственная ~ indúced draught; в трубе́ нет ~и the chímney does not draw; **2.** *тк. ед. тех.* (*тянущая сила*) tráction; си́ла ~и tráctive force; ко́нная ~ horse tráction; на ко́нной ~е hórse-drawn. парова́я ~ steam tráction; механи́ческая ~ mechánical tráction [-'kæ-...]; электри́ческая ~ eléctric tráction; **3.** *тех.* (*приспособление*) (contról-)ròd [-oul-]; **4.** *тк. ед.* (к; *влечение*) thirst (for), cráving (for); (*склонность*) propénsity (to, for), bent (for), ìnclinátion (to, for); (*вкус*) taste [teɪ-] (for); ~ к зна́ниям thirst / cráving for knówledge [...'nɔ-], hánkering áfter knówledge; ~ к учёбе éagerness / ànxíety to stúdy ['i:gə-... 'stʌ-]; ~ к чте́нию bent / taste for réading; ~ в колхо́зы flow to, *или* gràvitátion towards, the colléctive farms [flou...]; ~ на ро́дину yéarning for home ['jə:n-...]; ◇ дать ~у *разг.* take* to one's heels.

**тяга́ться** (с *тв.*) **1.** *уст.* (*судиться*) bring* a suit [...sju:t] (agáinst), lítigàte (with); **2.** *разг.* (*меряться силами*) méasure swords ['meso:dz] (with), méasure one's strength (with), vie (with), émulàte (*d.*), méasure onesélf (agáinst); трýдно с ним ~ it is hard to vie with him, there's no compéting with him.

**тягáч** *м.* tráctor; prime móver [...'mu:-] *амер.*

**тя́гло** *с.* **1.** *ист.* tax; (*пóдать*) impòst [-poust]; **2.** *тк. ед. собир.*: живóе ~ draught ánimals [-ɑ:ft...] *pl.*

**тя́гловый 1.** *ист.* taxed; **2.** (*о скоте*) draught [-ɑ:ft] (*attr.*).

**тя́гов||ый** *тех.* tráctive; tráction (*attr.*); ~ое усúлие tráctive éffort.

**тя́гостн||ый** páinful, distréssing; (*обременительный*) búrden:some, ónerous; ~ое впечатлéние páinful impréssion; ~ое зрéлище distréssing / páinful sight; емý ~о he is grieved / pained [...-i:vd...].

**тя́гость** *ж.*: быть комý-л. в ~ be a búrden on smb., be búrdensome / irksome to smb., weigh (héavy) up:ón smb. [...'hevɪ...].

**тяготá** *ж. чаще мн.* búrden, weight.

**тяготéн||ие** *с.* **1.** *физ.* grávity, gràvitátion; закóн всемúрного ~ия the law of gràvitátion; земнóе ~ grávity; **2.** (к; *влечение*) in:clinátion (to, for), bent (for); (*вкус*) taste [teɪ-] (for).

**тяготé||ть 1.** (к) *физ.* grávitàte (towards); **2.** (к; *иметь влечение*) have a propénsity / bent (for), be drawn (towards), be stróng:ly attrácted (by); (*стремиться*) grávitàte (towards); **3.** (над; на *пр.*; *о проклятии, роке и т. п.*) hang* (óver), weigh (up:ón); над ним ~ет стрáшное обвинéние he lies únder a térrible àccusátion [...-'zeɪ-], a térrible àccusátion hangs óver him, *или* his head [...hed].

**тяготи́||ть** (*вн.*; *обременять*) be a búrden (on); (*удручать*) oppress (*d.*); меня́ ~и́т егó дрýжба his friendship irks me [...'fren-...], his friendship is búrdensome / irksome to me; э́то ~и́т егó сóвесть it lies héavy on his cónscience [...'he-... -nʃəns]; одинóчество егó ~и́т his lóne:liness opprésses / deprésses him. **~и́ться** (*тв.*) feel* sóme:thing as a búrden; он э́тим не ~и́тся he does:n't find it hard / difficult; он ~и́лся присýтствием э́того человéка the présence of that man* was a búrden, *или* was búrden:some / trýing, to him [...'prez-...].

**тягýч||есть** *ж.* (*о жидкости*) viscósity; (*о металлах*) màlleabílity [-lɪə-], dùctílity. **~ий 1.** (*о жидкости*) víscid, víscous; sýrupy *разг.*; (*о металлах*) málleable [-lɪə-], dúctile; **2.** (*о песне и т. п.*) slow [-ou], léisured ['leʒ-], léisure:ly ['leʒ-].

**тягчáйш||ий** *превосх. ст. прил. см.* тя́жкий; ~ее преступлéние very grave crime.

**тя́жб||а** *ж.* **1.** *уст.* (*судебное дело*) suit [sju:t], láwsùit [-sju:t]; вести́ ~у bring* a suit, lítigàte; **2.** *разг.* (*состязание, спор*) còmpetítion.

**тя́жебн||ый:** ~ое дéло = тя́жба 1.

**тяжелéть 1.** grow* héavy [-ou 'he-]; (*прибавлять в весе*) put* on weight; (*толстеть*) grow* stout; **2.** (*о глазах, веках*) become* héavy with sleep.

**тяжелó** I **1.** *прил. кратк. см.* тяжёлый; **2.** *предик. безл.*: емý, им *и. т. д.* ~ he feels, they feel, *etc.*, míserable / wrétched / ùnháppy [...'mɪz-...]; емý ~ (+ *инф.*) it is páinful / hard for him (+ to *inf.*); емý ~ идти́ в гóру it is hard for him to go úp:hill; емý ~ дýмать об э́том it is páinful for him to think abóut it; емý ~ расстáться с вáми it is hard for him to part with you; ~ э́то переноси́ть it is hard to bear it [...bɛə...]; ~ ви́деть, слы́шать *и т. п.* it is páinful to see, hear, *etc.*; ~ э́то ви́деть it is a páinful / distréssing sight; у негó ~ на душé his heart is héavy [...hɑ:t... 'he-].

**тяжелó** II *нареч.* **1.** (*о весе*) héavily ['he-]; **2.** (*серьёзно*) sérious:ly, gráve:ly; (*опасно*) dángerous:ly ['deɪndʒ-]; ~ бóлен sérious:ly ill; ~ рáнен sérious:ly / dángerous:ly wóunded [...'wu:-]; sérious:ly injured; (*ср.* рáненый); **3.** (*трудно*) with difficulty; ~ писáть (*о стиле*) have a héavy style [...'he-...], write* in a héavy style; ~ вздыхáть sigh héavily; ~ вздохнýть heave* a deep sigh.

**тяжёлоатлéт** *м. спорт.* héavy áthlète ['he-...] (*weight lifter or wrestler*).

**тяжеловáтый** héavyish ['he-], ráther héavy ['rɑ:- 'he-]; (*перен.*) hárdish, ráther hard.

**тяжеловéс** *м. спорт.* héavy-weight ['he-].

**тяжеловéсн||ость** *ж.* héaviness ['he-]; (*перен. тж.*) pónderous:ness, ùnwíeldiness [-'wi:-]; (*об остроте и т. п.*) clúmsiness [-zɪ-]. **~ый** héavy ['he-]; (*с тяжёлым грузом*) héavily-lóaded ['he-]; (*перен.*) héavy, pónderous, ùnwíeldy [-'wi:-]; (*об остроте и т. п.*) clúmsy [-zɪ]; ~ый состáв héavy freight train; ~ый стиль pedéstrian style.

**тяжело||вóз** *м.* **1.** héavy dráught-hòrse ['he-'drɑ:ft-]; **2.** (*грузовик*) héavy lórry. **~дýм** *м. разг.* slów-witted pérson ['slou-...], slów-coach ['slou-].

**тяжелорáненый 1.** *прил.* sérious:ly wóunded [...'wu:-]; **2.** *м. как сущ.* sérious:ly wóunded man*.

**тяжёл||ый 1.** héavy ['he-]; ~ груз héavy load; борéц ~ого вéса *спорт.* héavy-weight ['he-]; **2.** (*суровый*) héavy, sevére; ~ое наказáние sevére púnishment [...'pʌ-]; ~ая кáра héavy / sevére pénalty; ~ые испытáния войны́ the òrdéal(s) of war; ~ удáр héavy blow [...-ou]; **3.** (*трудный, утомительный*) hard, dífficult; ~ая рабóта hard work / toil; ~ые рабóты labórious work *sg.*, labórious tasks; ~ая задáча dífficult próblem [...'prɔ-]; ~ые рóды dífficult confíne:ment *sg.*; ~ое усúлие strénuous éffort; ~ое дыхáние héavy bréathing; в ~ых услóвиях únder trýing condítions; **4.** (*серьёзный*) sérious, grave; ~ая болéзнь sérious / páinful íllness; ~ое состоя́ние grave condítion; больнóй в ~ом состоя́нии the pátient's condítion is very sérious; the pátient is very bad *разг.*; ~ое преступлéние grave crime; ~ая отвéтственность héavy respònsibílity; **5.** (*мучительный*) páinful; (*горестный*) hard; ~ые мы́сли páinful / glóomy thoughts; ~ая обя́занность páinful dúty; ~ое впечатлéние páinful / grim impréssion; ~ые временá hard times; a time of stress *sg.*; ~ое зрéлище páinful / distressing sight; ~ое чýвство héartàche ['hɑ:teɪk]; misgívings [-'gɪ-] *pl.*; с ~ым чýвством with a héavy heart [...hɑ:t]; **6.** (*о человеке, характере*) dífficult; у негó ~ харáктер he is a dífficult man*; he is hard to get on with; **7.** (*о стиле и т. п.*) pónderous, héavy; (*затруднительный для понимания*) túrbid; ◇

\~ая промы́шленность héavy índustry; \~ое машинострое́ние héavy èngineéring [...endʒ-], héavy èngineéring índustry; \~ая артилле́рия héavy àrtíllery; \~ за́пах oppréssive / héavy smell; \~ во́здух close air [-s...]; в ко́мнате \~ во́здух the room is stúffy / close; \~ая пи́ща héavy / ìndigéstible food; \~ день ùn:lúcky day; быть \~ым на подъём *разг.* ≅ be hard to move [...mu:v], be slúggish.

**тя́жест||ь** *ж.* **1.** (*вес*) weight; (*тяжёлый вес*) héaviness ['he-]; поднятие \~ей *спорт.* wéight-lifting; **2.** *физ.* grávity; центр \~и centre of grávity; **3.** (*груз*) load, weight; **4.** (*серьёзность, значительность*) héaviness, weight; (*трудность*) difficulty; (*бремя*) búrden; \~ забо́т weight of cares; \~ ули́к weight of évidence; выноси́ть на свои́х плеча́х всю \~ чего́-л. bear* the brunt of smth. [bɛə...]; вся \~ лежи́т на the whole weight / búrden falls on [...houl...]; ◇ ложи́ться \~ью lie* héavy [...'he-], weigh héavily [...'he-], weigh up:ón.

**тя́жк||ий** **1.** héavy ['he-]; **2.** (*серьёзный*) grave, térrible; \~ая боле́знь dángerous illness ['deɪndʒ-...]; \~ уда́р térrible blow [...-ou]; \~ое преступле́ние grave / héinous crime; **3.** (*мучительный*) distréssing, páinful; (*о страданиях*) excrúciàting; ◇ пусти́ться во все \~ие *разг.* ≅ cast* prúdence to the winds [...wɪn-].

**тя́жущийся** *м. скл. как прил.* lítigant.

**тян||у́ть,** потяну́ть **1.** (*вн.*) pull [pul] (*d.*), draw* (*d.*); (*о паровозе и т. п.*) haul (*d.*); (*волочить*) drag (*d.*); (*о чём-л. тяжёлом*) haul (*d.*); (*о кабеле и т. п.*) lay* (*d.*); \~ на букси́ре tow [tou] (*d.*); have in tow (*d.*; *тж. перен.*); \~ кого́-л. за рука́в pull smb.'s sleeve, pull smb. by the sleeve, tug at smb.'s sleeve; \~ кого́-л. за во́лосы pull smb. by the hair, pull smb.'s hair; \~ жре́бий draw* lots; \~ в ра́зные сто́роны tug várious ways; **2.** *тк. несов.* (*вн.*; *о проволоке*) draw* (*d.*); **3.** *тк. несов.* (*вн.*; *медленно произносить*) drawl (*d.*), drag out (*d.*); \~ слова́ drawl; \~ но́ту sustáin *a* note; \~ пе́сню, мело́дию sing* a slow song, mélody [...slou...]; \~ всё ту же пе́сню (*перен.*) harp on the same string; **4.** *тк. несов.* (*вн.*; с *тв.*; *медлить*) drag out (*d.*), deláy (*d.*), protráct (*d.*), procrástinàte (*d.*); \~ с отве́том deláy one's ánswer [...'ɑ:nsə]; не \~и́! quick!; húrry up!; **5.** *тк. несов.* (*вн.*) *разг.* (*звать, приглашать*) make* (*d.*) go, force / compél (*d.*) to go; никто́ его́ си́лой не \~у́л no one made him go, no one forced him to go; **6.** (*без доп.*; *весить*) weigh; **7.** (*без доп.*; *обладать тягой — о трубе и т. п.*) draw*; **8.** *безл.* (*тв.*; *о струе воздуха, о запахе и т. п.*): тя́нет хо́лодом от о́кон the cold (air) is coming from the windows, there is a cold draught from the windows [...drɑ:ft...]; **9.** (*вн.*; *вбирать, всасывать*) draw* up (*d.*); \~ в себя́ во́здух inhále, *или* draw* in, the air; \~ че́рез соло́минку suck through a straw (*d.*); \~ во́дку *разг.* swill vódka; **10.** *тк. несов.* (*вн.* из, с *рд.*; *вымогать*) squeeze (*d.* out of); (*о деньгах и т. п.*) extórt (*d.* from); **11.** *безл.* (*влечь*): его́ тя́нет (к, + *инф.*) he longs (for, + to *inf.*), he has a lóng:ing (for), he wishes ( + to *inf.*); его́ тя́нет в теа́тр he is lóng:ing to go to the théatre [...'θɪətə], he has a lóng:ing for the théatre; его́ тя́нет отсю́да he longs / wants to get a:wáy from here; его́ тя́нет ко сну he is sléepy; его́ тя́нет к рабо́те he is lóng:ing to work; его́ тя́нет домо́й he longs to go home, he yearns / longs for home [...jə:nz...].

**\~у́ться,** потяну́ться **1.** *тк. несов.* (*о резине, проволоке и т. п.*) stretch; **2.** *тк. несов.* (*простираться*) stretch, exténd; равни́на тя́нется на сто киломе́тров the plain strétches for a húndred kílomètres; вдали́ тя́нутся го́ры there is a móuntain range in the distance [...reɪndʒ...], a range of móuntains is seen in the distance; \~у́ться вдоль чего́-л. skirt smth.; **3.** *тк. несов.* (*длиться*) drag on; (*о времени*) crawl, wear* on [wɛə...], hang* héavy [...'he-]; боле́знь тя́нется уже́ два ме́сяца the illness has been drágging on for two months [...mʌ-]; бесе́да до́лго \~у́лась the cònversátion lásted a long time; дни тя́нутся однообра́зно the days wear / drag on monótonous:ly; **4.** (*потягиваться*) stretch òne:sélf; **5.** (к; за *тв.*) reach (for), reach out (for), stretch one's hand (for); ребёнок \~у́лся к ма́тери the báby reached out for its móther [...'mʌ-]; цвето́к тя́нется к со́лнцу the flówer turns towards the sun; **6.** *тк. несов.* (к; *стремиться*) reach (for); (*к славе и т. п.*) strive* (áfter); **7.** *тк. несов.* (за *тв.*; *стремиться сравняться*) try to équal (*d.*), try to keep step (with); (*подражать*) ímitàte (*d.*); **8.** (*без доп.*; *двигаться*) move one áfter the other [mu:v...], fóllow each other; (*медленно*) move slówly [...'slou-]; (*о тучах, дыме и т. п.*) drift.

**тяну́чка** *ж.* (soft) tóffee [...-fɪ].

**тя́пка** *ж.* chópper.

**тяп-ля́п** *разг.* ány:how, in a slipshòd way.

**тя́пнуть** *сов.* (*вн.*) *разг.* **1.** (*ударить*) hit* (*d.*); (*топором*) chop (at); (*укусить*) bite* (*d.*); \~ кого́-л. по руке́ hit* smb.'s hand, hit* smb. on the hand; **2.** (*схватить*) grab (*d.*), snatch (*d.*).

**тя́тя** *м. разг.* dad; (*в детской речи тж.*) dáddy.

**у** *предл.* (*рд.*) **1.** (*возле*) by: сиде́ть у окна́ sit* by *the* window; поста́вить у две́ри stand* by *the* door [...dɔ:]; — у изголо́вья by/at *one's* béd-side; у подно́жья горы́ at the foot of *the* móuntain [...fut...]; он стоя́л у са́мой две́ри he stood close to the door [...stud -s...]; **2.** (*при, вместе и т. п.*) with: жить у свои́х роди́телей live with one's párents [lɪv...]; останови́ться у свои́х прия́телей stay with one's friends [...frendz]; — у себя́ at one's (own) place [...oun...]; (*дома*) at home; у нас with us; (*в доме*) at our place; (*в стране*) in our cóuntry [...'kʌ-]; **3.** (*при обозначении принадлежности*) of: но́жка у сту́ла the leg of *the* chair; **4.:** у меня́, у тебя́ *и т. д.* (*я имею и т. п.*) I, you, *etc.*, have; у него́ краси́вые глаза́ he has béautiful eyes [...'bjuː- aız]; (*ср.* быть); у меня́ нет *см.* нет II; ◇ у вла́сти in pówer, in óffice; не у дел *разг.* out of it; *тж. и др. особые случаи, не приведённые здесь, см. под теми словами, с которыми предл.* у *образует тесные сочетания.*

**уба́в||ить(ся)** *сов. см.* убавля́ть(ся). **~ле́ние** *с.* diminishing, décrease [-s]; (*укорачивание*) shórtening; ~ле́ние в ве́се lósing weight ['luːz-...].

**убав||ля́ть,** уба́вить (*вн., рд.*) diminish (*d.*); léssen (*d.*); (*о скорости, темпе*) redúce (*d.*); (*укорачивать*) shórten (*d.*); (*суживать*) nárrow (*d.*); ~ це́ну lówer / redúce the price ['louə...]; он ~ля́ет себе́ го́ды he makes him¦sélf (out) yóunger than he is [...'jʌŋgə...]; ~ в ве́се lose* weight [luːz...]; уба́вить ша́гу slow down [slou...]; нельзя́ ни уба́вить, ни приба́вить ни сло́ва one cánnòt change a single word [...ʧeı-...]. **~ля́ться,** уба́виться **1.** diminish; décrease [-s]; дни уба́вились the days have become shórter; воды́ в реке́ уба́вилось the wáter / wáter-lèvel has fáll¦en in the river [...'wɔː- 'wɔːtəle-... 'rı-]; **2.** *страд. к* убавля́ть.

**убаю́кать** *сов.* **1.** *см.* убаю́кивать; **2.** *как сов. к* баю́кать.

**убаю́кив||ание** *с.* lúll(ing). **~ать,** убаю́кать (*вн.; прям. и перен.*) lull (*d.*).

**убега́||ть,** убежа́ть **1.** run* a¦wáy, make* off; **2.** (*спасаясь бегством*) escápe; **3.** *разг.* (*о кипящей жидкости*) boil óver; молоко́ ~ет the milk is bóiling óver.

**убеди́тельн||ость** *ж.* convíncing¦ness, persuásive¦ness [-'sweıs-], cógency. **~ый 1.** convíncing, persuásive [-'sweıs-]; ~ый приме́р convíncing exámple [...ıg'zɑːm-]; ~ый до́вод cógent árgùment, con¦clúsìve proof; э́то ~о it is convíncing; быть ~ым cárry convíction; **2.** (*настоятельный*) éarnest ['əː-]: ~ая про́сьба éarnest requést.

**убеди́ть(ся)** *сов. см.* убежда́ть(ся).

**убежа́ть** *сов. см.* убега́ть.

**убежда́ть,** убеди́ть **1.** (*вн.* в *пр.; доказывать*) convínce (*d.* of); *несов. тж.* try to convínce (*d.* of); убеди́ть кого́-л. в правоте́ свои́х слов convínce smb. of the truth of one's words / státe¦ment [...-uːθ...]; **2.** (*вн.* + *инф.; уговаривать*) persuáde [-'sweıd] (*d.* + to *inf.*); *несов. тж.* try to persuáde (*d.* + to *inf.*); *сов. тж.* preváil (on, up¦ón + to *inf.*); убеди́ть кого́-л. приня́ть уча́стие в чём-л. persuáde smb. to take part in smth. **~ся,** убеди́ться **1.** (в *пр.*; что) make* sure / cértain [...ʃuə...] (of; that), be convínced (of), sátisfỳ òne¦sélf (that); **2.** *страд. к* убежда́ть.

**убежде́ни||е** *с.* **1.** (*действие*) persuásion [-'sweı-]; все ~я бы́ли напра́сны all persuásion was ún¦aváiling; путём ~я by means of persuásion; **2.** (*мнение*) belief [-'liːf], persuásion, convíction; полити́ческие ~я political convíctions; де́йствовать по ~ю act accórding to one's convíctions; ну́жно де́йствовать по ~ю one must have the cóurage of one's convíctions [...'kʌ-...]; меня́ть свои́ ~я take* a different view of things [...vjuː...].

**убеждённ||о** *нареч.* with convíction. **~ость** *ж.* convíction, persuásion [-'sweı-]. **~ый** *прич. и прил.* convínced, confírmed, persuáded [-'sweı-]; (в *пр.*) convínced (of), persuáded (of), sure [ʃuə] (of); ~ый сторо́нник staunch suppórter.

**убе́жищ||е** *с.* **1.** réfùge, asýlum; (*место, обеспечивающее неприкосновенность*) sánctuary; иска́ть ~а seek* réfùge / asýlum; предоста́вить ~ grant asýlum [-ɑːnt...]; найти́ ~ (в *пр.*) take* réfùge (in); пра́во ~а rights of sánctuary *pl.*; наруша́ть пра́во ~а víolàte / break* the sánctuary [...-eık...]; та́йное ~ place of concéalment; híde-out *разг.*; **2.** *воен.* (*укрытие*) shélter; (*подземное*) dúg-out.

**убелённый:** ~ седи́нами, седино́й grey with age.

**уберега́ть,** убере́чь (*вн.* от) sáfe¦guàrd (*d.* agáinst), guard (*d.* agáinst); (*предостерегать*) keep* (*d.* from), presérve [-'zəːv] (*d.* from); убере́чь ребёнка от просту́ды keep* *the* child* from, *или* guard *the* child* agáinst, cátching cold. **~ся,** убере́чься (от) guard òne¦sélf (agáinst), protéct òne¦sélf (from, agáinst).

**убере́чь** *сов.* **1.** *см.* уберега́ть; **2.** *как сов. к* бере́чь 2. **~ся** *сов. см.* уберега́ться.

**убива́ть,** уби́ть (*вн.*) kill (*d.*); (*предумышленно*) múrder (*d.*); (*при помощи наёмных убийц*) assássinàte (*d.*); slay* (*гл. обр. поэт.*); ◇ ~ вре́мя kill (the) time; ~ мо́лодость waste one's youth [weı-... juːθ]; хоть убе́й, не зна́ю *разг.* I couldn't tell you to save my life; не могу́ сде́лать э́то, хоть убе́й! *разг.* I can't do it for the life of me! [...kɑːnt...]. **~ся,** уби́ться **1.** *разг.* (*ушибаться*) hurt* òne¦sélf; **2.** *тк. несов.* (о *пр.*; *горевать*) waste a¦wáy with grief [weı-...-iːf] (óver); **3.** *страд. к* убива́ть.

**уби́йственн||ый** kílling; (*ужасный*) múrderous; ~ взгляд dévastàting / múrderous glance; ~ кли́мат múrderous / pèstiléntial climate [...'klaı-]; ~ая жара́ térrible / appálling heat.

**уби́й||ство** *с.* múrder; (*при помощи наёмных убийц*) assàssinátion; непредумы́шленное ~ *юр.* mánslaughter. **~ца** *м. и ж.* kíller; (*совершивший предумышленное убийство*) múrderer; *ж.* múrderess; наёмный ~ца hired assássin.

**убира́ть,** убра́ть (*вн.*) **1.** take* a¦wáy (*d.*); remóve [-'muːv] (*d.*); ~ с доро́ги (*прям. и перен.*) put* out of the way (*d.*); ~ со стола́ clear the table; ~ декора́ции *театр.* strike* the set; ~ паруса́ furl the sails, take* in the sails, strike* sail; ~ я́корь stow the ánchor [stou...'æŋkə]; **2.** (*прятать куда-л.*) put* (a¦wáy) (*d.*); (*в склад*) store (*d.*); **3.** (*об урожае*) hárvest (*d.*), gáther in (*d.*); **4.** (*приводить в порядок*) tídy (*d.*); ~ ко́мнату do, *или* tídy up, *a* room; ~ посте́ль make* *the* bed; **5.** (*украшать*) décoràte (*d.*), adórn (*d.*). **~ся,** убра́ться *разг.* **1.** (*приводить в порядок*) tídy up, clean* up; **2.** (*удаляться*) clear off; beat* it; убира́йся! a¦wáy with you!, be off!, get a¦wáy!; убира́йся подобру́-поздоро́ву go while the gó¦ing is good; **3.** *страд. к* убира́ть.

**уби́т||ый 1.** *прич. см.* убива́ть; **2.** *прил.* depréssed, crushed; ~ го́рем bróken-héarted [-'hɑːt-]; с ~ым ви́дом lóoking crushed; **3.** *м. как сущ.* dead man* [ded...]; *мн.* the dead; неприя́тель потеря́л 100 000 ~ыми the énemy lost 100 000 killed; ◇ спать как ~ *разг.* sleep* like a log / top.

**уби́ть** *сов. см.* убива́ть. **~ся** *сов. см.* убива́ться 1.

**ублажа́ть,** ублажи́ть (*вн.*) *разг. ирон.* húmour (*d.*); (*баловать*) indúlge (*d.*); (*доставлять удовольствие*) grátifỳ (*d.*).

**ублажи́ть** *сов. см.* ублажа́ть.

**ублю́док** *м. разг.* cur.

**убо́г||ий 1.** *прил.* wrétched; (*о жилище и т. п.*) squálid, míserable [-zə-]; **2.** *м. как сущ.* (*бедняк*) béggar; (*калека*) cripple. **~ость** *ж.* wrétchedness; (*о жилище и т. п.*) squálor.

**убо́жество** *с.* **1.** wrétchedness; squálor; ~ идей póverty of ìdéas [...aɪ'dɪəz]; **2.** *уст.* (*увечье*) infírmity.

**убо́й** *м. тк. ед.* sláughter; отка́рмливать, корми́ть на ~ (*вн.*; *о скоте*) fátten (*d.*); корми́ть как на ~ (*вн.*) *разг.* stuff with food (*d.*), stuff to búrsting, *или* to the búrsting point (*d.*).

**убо́йн||ость** *ж. воен.* destrúctive / killing pówer. **~ый 1.** *с-х.* (inténded) for sláughter; ~ый скот cattle to be sláughtered, cattle for sláughter; **2.** *воен.*: ~ая си́ла destrúctive / kílling pówer.

**убо́р** *м. уст.* attíre, dress; ◇ головно́й ~ héad-drèss ['hed-], hat; héadgear ['hedgɪə] *разг.*

**убо́рист||о** *нареч.* clóse:ly [-s-]; писа́ть ~ write* in a small hand. **~ый** close [-s].

**убо́рк||а** *ж.* **1.** *с.-х.* hárvesting, gáther:ing in; ~ хло́пка cótton-pìcking; **2.** (*помещения и т. п.*) tídy:ing up, putting in órder, doing up; сде́лать ~у в ко́мнате do, *или* tídy up, *a* room.

**убо́рная** *ж. скл. как прил.* **1.** *театр.* (áctor's) dréssing-room; **2.** (*клозет*) lávatory, w. c.; públic convénience ['pʌ-...] *офиц.*; да́мская ~ Ládies *sg.*; мужска́я ~ Géntle:men *sg.*

**убо́рочн||ый** *с.-х.* hárvesting; ~ая маши́на hárvester; ~ая кампа́ния hárvesting càmpáign [...-'peɪn].

**убо́рщица** *ж.* (*в учреждении*) óffice-cleaner; (*в гостинице*) maid.

**убра́нство** *с.* dècorátion; attíre *поэт.*; (*меблировка*) fúrniture; (*обстановка*) appóintments *pl.*

**убра́ть(ся)** *сов. см.* убира́ть(ся).

**убыва́ние** *с.* (*уменьшение*) dìminútion, décrease [-s]; (*о воде*) súbsidence, sinking, fálling; (*о луне*) wane.

**убыва́ть,** убы́ть **1.** dimínish, dècréase [-s]; (*о луне*) wane, be on the wane; (*о воде*) become* lówer [...'louə], subsíde, sink*; **2.** *офиц.* (*уезжать*) leave*; ~ в о́тпуск go* on leave; ~ в командиро́вку go* a:wáy on búsiness [...'bɪzn-].

**у́быль** *ж. тк. ед.* **1.** dìminútion, décrease [-s]; (*о воде*) súbsidence; **2.** *воен.* (*потери*) lósses *pl.*; ◇ идти́ на ~ subsíde, fall*, recéde; go* down.

**убы́т||ок** *м.* loss; чи́стый ~ dead loss [ded...]; прямо́й ~ sheer loss; взы́скивать ~ки claim dámages; возмеща́ть ~ки recóver lósses [-'kʌ-...]; нести́, терпе́ть ~ки in:cúr lósses; определя́ть ~ки asséss dámages; компенси́ровать ~ки pay* dámages; с ~ком, в ~ at a loss; быть в ~ке lose* [lu:z]; be out of pócket *разг.*

**убы́точно** I *прил. кратк. см.* убы́точный.

**убы́точн||о** II *нареч.* at a loss. **~ость** *ж.* ùnprófitable:ness. **~ый** (*приносящий убыток*) ùnprófitable; (*невыгодный*) dìsàdvàntágeous [-vɑ:-].

**убы́ть** *сов. см.* убыва́ть.

**уважа́емый 1.** *прич. см.* уважа́ть; **2.** *прил.* respécted; (*в обращении, в письме*) dear.

**уваж||а́ть** (*вн.*) respéct (*d.*), estéem (*d.*), have respéct (for), hold* in respéct (*d.*); глубоко́ ~ hold* in high respéct (*d.*); ~ себя́ have sélf-respéct. **~е́ние** *с.* respéct, estéem; по́льзоваться (глубо́ким) ~е́нием be held in (high) respéct; по́льзоваться о́бщим ~е́нием enjóy ùnivérsal estéem; пита́ть ~е́ние к кому́-л. respéct / estéem smb.; пита́ть глубо́кое ~е́ние к кому́-л. have a profóund respéct for smb.; внуша́ть ~е́ние commánd respéct [-ɑ:nd...]; из ~е́ния (к) out of respéct / regárd (to), in déference (to); при всём его́ ~е́нии к ней in spite of all his respéct for her, despíte his great respéct for her [...greɪt...]; относи́ться с ~е́нием (к) treat with respéct (*d.*), be respéctful (to); относи́ться без ~е́ния (к) have no respéct (for); be dìsrespéctful (to); досто́йный ~е́ния wórthy of respéct [-ðɪ...]; он досто́ин ~е́ния he is wórthy of respéct, he desérves respéct [...-'zə:vz...].

**уважи́тельн||ость** *ж.* **1.** (*основательность причины и т. п.*) valídity; **2.** (*почтительность*) respéctfulness. **~ый 1.** (*о причине и т. п.*) válid, good*; он отсу́тствовал по ~ым причи́нам he was ábsent for válid / good* réasons [...'ri:z-]; **2.** (*почтительный*) respéctful, dèferéntial.

**ува́жить** *сов.* **1.** (кого́-л.) *разг.* húmour (smb.), stúdy ['stʌ-] (smb.); **2.** (что-л.) complý (with smth.); ~ про́сьбу complý with *a* requést.

**у́валень** *м. разг.* lout, búmpkin.

**ува́ливаться** *мор.*: ~ под ве́тер fall* off to léeward, cárry lee helm.

**ува́риваться,** увари́ться **1.** *разг.* (*доходить до готовности*) be thóroughly cooked [...'θʌrəlɪ...], be quite réady [...'redɪ]; **2.** (*уменьшаться в объёме*) boil a:wáy.

**увари́ться** *сов. см.* ува́риваться.

**уведоми́тельн||ый:** ~ое письмо́, сообще́ние létter of advíce; nótice ['nou-].

**уве́домить** *сов. см.* уведомля́ть.

**уведомле́ние** *с.* information; nòtificátion [nou-] *офиц.*

**уведомля́ть,** уве́домить (*вн.*) infórm (*d.*); nótifỳ ['nou-] (*d.*) *офиц.*

**увезти́** *сов. см.* увози́ть.

**увекове́чен||ие** *с.* immòrtalìzátion [-laɪ-]; (*системы, порядка и т. п.*) perpètuátion; для ~ия па́мяти (*рд.*) to perpétuàte the mémory (of).

**увекове́ч||ивать,** увекове́чить (*вн.*) immórtalize (*d.*); (*о системе, порядке и т. п.*) perpétuàte (*d.*). **~ить** *сов. см.* увекове́чивать.

**увеличе́ние** *с.* **1.** in:crease [-s]; (*прирост*) augmèntátion; (*расширение*) exténsion, expánsion; ~ посевно́й пло́щади exténsion of land únder crops; ~ оборо́та ín:crease in túrnòver; ~ чи́сленного соста́ва ín:crease in mánpower; **2.** (*при помощи оптического прибора*) màgnificátion; *фот.* enlárge:ment.

**увели́чивать,** увели́чить (*вн.*) **1.** in¦créase [-s] (*d.*); (*расширять*) enlárge (*d.*), extend (*d.*); (*повышать*) augmént (*d.*); ~ дохо́ды in¦créase prófits; ~ произво́дство (*рд.*) in¦créase / ex-ténd (the) óutpùt [...-put] (of), in¦créase pro-dúction (of); **2.** (*оптическим стеклом*) mág-nifỳ (*d.*); *фот.* enlárge (*d.*); ~ портре́т en-lárge *a* pórtrait [...-rɪt]. **~ся,** увели́читься **1.** in¦créase [-s]; (*возрастать*) rise*; **2.** *страд.* *к* увели́чивать.

**увеличи́тельн||ый 1.** mágnifỳing; ~ое стекло́ mágnifỳing lens / glass [...-nz...], mág-nifìer; ~ аппара́т *фот.* enlárger; **2.** *лингв.*: ~ су́ффикс augméntative súffix.

**увели́чить(ся)** *сов. см.* увели́чивать(ся).

**увенч||а́ние** *с.* crówning. **~а́ть(ся)** *сов. см.* уве́нчивать(ся).

**уве́нч||ивать,** увенча́ть (*вн. тв.*) crown (*d.* with); ~а́ть лавро́вым венко́м crown / wreathe with láurels [...'lɔ-] (*d.*). **~иваться,** увенча́ть-ся **1.** be / get* crowned; ~а́ться успе́хом be crowned with succéss; **2.** *страд. к* уве́нчи-вать.

**увере́ние** *с.* assúrance [ə'ʃuə-]; (*торжест-венное заверение*) pròtèstátion [prou-].

**уве́ренн||о** *нареч.* cónfidently, with cónfi-dence; ~ смотре́ть вперёд look ahéad with cónfidence [...ə'hed...]; face the fúture with cónfidence; говори́ть, отвеча́ть ~ speak*, án-swer with cónfidence [...'ɑːnsə...]. **~ость** *ж.* (в *пр.*) cónfidence (in); cértitùde (in); с ~остью with cónfidence; with cértainty; мо́жно с ~остью сказа́ть one can say with cértainty; it is safe to say; в по́лной ~ости, что in the firm belief that [...-'liːf...]; ~ость в себе́ sélf--reliance; ~ость в за́втрашнем дне cónfidence in the fúture; ~ость в успе́хе assúrance of succéss [ə'ʃuə-...], cónfidence of succéss. **~ый 1.** (*о человеке*) assúred [ə'ʃuəd], sure [ʃuə], cónfident, pósitive [-z-], cértain; быть ~ым be sure / pósitive; быть твёрдо ~ым be fúlly cónfident [...'fu-...], be fírmly convínced; ~ый в себе́ sure of òne¦sélf, sélf-reliant; **2.** (*о дви-жениях, голосе, тоне*) cónfident, sure; ~ый го́лос cónfident / stéady voice [...'ste-...]; ~ый шаг cónfident step; ~ая рука́ sure hand; ◇ бу́дьте уве́рены! *разг.* you may be sure!, you may relý on it!

**уве́рить(ся)** *сов. см.* уверя́ть(ся).

**уверну́ться** *сов. см.* увёртываться.

**уве́ровать** *сов.* (в *вн.*) come* to believe [...-'liːv] (in).

**увёртка** *ж.* súbterfùge, dodge, evásion, shift.

**увёртлив||ость** *ж.* evásive¦ness, shíftiness. **~ый** evásive, shifty, dódgy.

**увёртываться,** уверну́ться (от) dodge (*d.*); eváde (*d.*); уверну́ться от уда́ра eváde / dodge *a* blow [...blou]; уверну́ться от прямо́го от-ве́та avóid máking / gíving a diréct ánswer [...'ɑːnsə].

**увертю́ра** *ж. муз.* óver¦tùre.

**уверя́ть,** уве́рить (*вн.* в *пр.*) assúre [ə'ʃuə] (*d.* of); make* (*d.*) believe [...-'liːv] (that); (*убеждать*) convínce (*d.* of), persuáde [-'sweɪd] (*d.* of); *несов. тж.* try to convínce (*d.* of), try to persuáde (*d.* of); уверя́ю вас, что I assúre you that; он хо́чет нас уве́рить he would have us believe. **~ся,** уве́риться (в *пр.*) be convínced (of); уве́риться в невино́вности ко-го́-л. become* convínced of smb.'s ínnocence.

**увеселе́ние** *с.* amúse¦ment, èntertáinment, divérsion [daɪ-].

**увесели́тельн||ый** pléasure ['ple-] (*attr.*); èntertáinment (*attr.*); ~ая пое́здка pléasure--trìp ['ple-]; (*на автомобиле и т. п.*) pléasure--ride ['ple-], jaunt.

**увесели́ть** *сов. см.* увеселя́ть.

**увеселя́ть,** увесели́ть (*вн.*) amúse (*d.*), èn-tertáin (*d.*), divért (*d.*).

**уве́систый** wéighty; (*об ударе и т. п.*) héavy ['he-].

**увести́** *сов. см.* уводи́ть.

**уве́ч||ить** (*вн.*) maim (*d.*), mútilàte (*d.*). **~ный** *уст.* **1.** *прил.* maimed, mútilàted; **2.** *м. как сущ.* cripple.

**уве́чье** *с.* mùtilátion.

**уве́шать** *сов. см.* уве́шивать.

**уве́шивать,** уве́шать (*вн. тв.*) hang* (*d.* with).

**увещ||а́ние** *с.* èxhòrtátion, àdmonítion, ad-mónishment. **~а́ть, ~ева́ть** (*вн.*) exhórt (*d.*), admónish (*d.*), remónstràte (with).

**увива́ться** (за *тв.*) *разг.* dangle (áfter).

**увида́ть** *сов.* (*вн.*) *разг.* see* (*d.*). **~ся** *сов. разг.* see* each other.

**уви́деть** *сов. см.* ви́деть. **~ся** *сов. см.* ви́-деться 1.

**уви́ливать,** увильну́ть (от) *разг.* shirk (*d.*), elúde (*d.*), eváde (*d.*); *несов. тж.* try to get out (*of doing smth.*).

**увильну́ть** *сов. см.* уви́ливать.

**увлажн||е́ние** *с.* móistening [-s°n-], dámping, wétting. **~и́ть(ся)** *сов. см.* увлажня́ть(ся).

**увлажня́ть,** увлажни́ть (*вн.*) móisten [-s°n] (*d.*), damp (*d.*), wet (*d.*). **~ся,** увлажни́ться **1.** become* moist / damp / wet; **2.** *страд. к* увлажня́ть.

**увлека́тельн||ость** *ж.* fàscinátion. **~ый** fáscinàting, absórbing, cáptivàting.

**увлека́ть,** увле́чь (*вн.*) **1.** cárry alóng (*d.*); (*перен.*) cárry a¦wáy (*d.*); ~ чита́теля cárry one's réader with one; **2.** (*восхищать*) fásci-nàte (*d.*), cáptivàte (*d.*); enthrâll (*d.*); **3.** (*пле-нять, соблазнять*) allúre (*d.*), entíce a¦wáy (*d.*). **~ся,** увле́чься **1.** be cárried a¦wáy; (че́м--либо) take* a great interest [...greɪt...] (in smth.); be keen (on smth.), go* mad (on smth.) *разг.*; (кем-л.) take* a fáncy (to smb.); легко́ ~ся be éasily cárried a¦wáy [...'iːz-...]; ~ся те́нни-сом, ша́хматами *и т. п.* be keen on ténnis, chess, *etc.*; **2.** (кем-л.; *влюбляться*) be enám-our¦ed (of smb.); **3.** *страд. к* увлека́ть.

**увлека́ющийся 1.** *прич. см.* увлека́ться; **2.** *прил.* éasily cárried a¦wáy ['iːz-...]; **3.** *прил.* (*влюбчивый*) of an ámorous dìsposítion [...-'zɪ-].

**увлече́ние** *с.* **1.** (*пыл, воодушевление*) enthúsiàsm [-zɪ-], ànimátion; говори́ть с ~м speak* with enthúsiàsm / ànimátion; **2.** (чем-л.) pássion (for smth.); ~ теа́тром pássion for the théatre [...'θɪətə]; ~ футбо́лом enthúsiàsm for, *или* kéenness on, fóotbàll [-zɪ-...'fut-]; **3.** (кем-л.; *любовь*) love [lʌv] (for smb.); **4.** (*предмет любви*) flame; его́ ста́рое ~ an old flame of his.

**увле́чь(ся)** *сов. см.* увлека́ть(ся).

**уво́д** *м.* **1.** with¦dráwal; ~ войск with¦dráw-al of troops; **2.** (*похищение*) theft.

**уводи́ть,** увести́ (*вн.*) **1.** take* a¦wáy (*d.*), lead* a¦wáy (*d.*); walk off (*d.*); (*о войсках*) with¦dráw* (*d.*); **2.** (*похищать*) steal* (*d.*).

**уво́з** *м. разг.* (*похищение*) àbdúction; (*кража*) stéaling.

**увози́ть,** увезти́ (*вн.*) **1.** drive* / take* a¦wáy (*d.*); **2.** (*похищать*) kídnàp (*d.*), àbdúct (*d.*); (*кра́сть*) steal* (*d.*).

**увола́кивать,** уволо́чь (*вн.*) *разг.* **1.** drag a¦wáy (*d.*); волк уволо́к овцу́ *a* wolf* cárried off *a* sheep* [...wulf...]; **2.** (*красть*) steal* (*d.*); ◇ е́ле но́ги уволо́чь have a nárrow escápe, have a háirbreadth escápe [...-bredθ...].

**уво́лить(ся)** *сов. см.* увольня́ть(ся).

**уволо́чь** *сов. см.* увола́кивать.

**увольне́н||ие** *с.* reléase [-s], dis¦chárge, dismíssal; (*по старости*) sùperànnuátion; ~ от до́лжности *уст.* dis¦chárge / dismíssal from óffice; ~ в отста́вку retíring; *воен.* dis¦chárge; (*с пенсией*) pénsioning off; ~ в запа́с *воен.* tránsfer to the resérve [...-'zə:v]; ~ в о́тпуск gíving a hóliday [...-lədɪ]; *воен.* gránting leave of ábsence [-ɑ:nt-...]; представля́ть к ~ию state for dismíssal; предупрежде́ние об ~ии nótice ['nou-]; он получи́л предупрежде́ние об ~ии he got, *или* was gíven, nótice.

**увольни́тельн||ый:** ~ое свиде́тельство dis¦chárge-tìcket; ~ая запи́ска *воен.* pass.

**увольня́ть,** уво́лить **1.** (*вн.*) dis¦chárge (*d.*), dismíss (*d.*); fire (*d.*), give* the sack (*i.*) *разг.*; (*по старости*) sùperánnuàte (*d.*); ~ с рабо́ты dis¦chárge / dismíss from óffice (*d.*); ~ по сокраще́нию шта́тов dis¦chárge on grounds of redúndancy; ~ в запа́с *воен.* trànsfér to the resérve [...-'zə:v] (*d.*); ~ в отста́вку retíre (*d.*); *воен.* place on the retíred list (*d.*); (*с пенсией, по возрасту*) pénsion off (*d.*); ~ в о́тпуск give* a hóliday [...-lədɪ] (*i.*); *воен.* grant leave of ábsence, *или* a fúrlough [-ɑ:nt...-lou] (*i.*); **2.** *тк. сов.* (*вн.* от; *освободить*) spare (*i. d.*); уво́льте меня́ от необходи́мости (+ *инф.*) spare me the necéssity (of *ger.*). **~ся,** уво́литься **1.** leave* the sérvice; *воен.* get* one's dis¦chárge; (*в отставку*) retíre; **2.** *страд. к* увольня́ть.

**увуля́рный** *лингв.* **1.** *прил.* úvular; ~ согла́сный úvular cónsonant; **2.** *м. как сущ.* úvular.

**увы́** *межд.* alás!

**увяд||а́ние** *с.* (*о цветах*) fáding, wíther¦ing; (*о человеке*) wásting a¦wáy ['weɪ-...]. **~а́ть,** увя́нуть (*о цветах*) fade, wíther, droop; (*о человеке*) waste a¦wáy [weɪ-...].

**увя́дший** *прич. и прил.* wíthered.

**увяза́ть** I *сов. см.* увя́зывать.

**увяза́ть** II, увя́знуть (в *пр.*) stick* (in); (*перен.*) get* tied up (in); маши́на увя́зла в грязи́ the car (got) stuck in the mud; по́ уши увя́знуть в долга́х *разг.* be up to the neck in debt [...det].

**увяза́ться** *сов. см.* увя́зываться.

**увя́зка** *ж.* **1.** (*багажа и т. п.*) róping, báling; **2.** (*согласованность*) cò-òrdinátion.

**увя́знуть** *сов. см.* увяза́ть II.

**увя́зывать,** увяза́ть (*вн.*) **1.** tie up (*d.*), pack up (*d.*); (*ремнями*) strap (*d.*); **2.** (*вн.* с *тв.*; *согласовывать*) cò-órdinàte (*d.* with), link (*d.* with). **~ся,** увяза́ться *разг.* **1.** pack; **2.** (за кем-л.; *пойти*) insíst on accómpanying [...ə'kʌ-] (smb.); (*следовать по пятам*) dog smb.'s fóotstèps [...'fut-]; **3.** *страд. к* увя́зывать.

**увя́нуть** *сов. см.* увяда́ть.

**угада́ть** *сов. см.* уга́дывать.

**уга́дывать,** угада́ть (*вн.*) guess (*d.*); (*разгадывать*) divíne (*d.*); вы угада́ли! you have guessed right!

**уга́р** I *м. тк. ед.* **1.** cárbon mònóxìde; па́хнет ~ом there is a smell of chárcoal fumes; the air is full of fumes; **2.** (*о состоянии человека*) cárbon mònóxìde póisoning [..-z°n-]; (*перен.*: *опьянение, упоение*) intòxicátion; у него́ ~ he has been póisoned by (chárcoal) fumes [...'pɔɪz-...]; he is súffering from cárbon mònóxìde póisoning; в ~е страсте́й in the heat of pássion.

**уга́р** II *м. тех.* waste [weɪ-]; ~ мета́лла waste of métal [...'me-]; маши́на для ~ов *текст.* waste cárding machíne [...-'ʃi:n].

**уга́рно** *предик. безл.*: здесь ~ there is a smell of (chárcoal) fumes here.

**уга́рный:** ~ газ *хим.* cárbon mònóxìde.

**угас||а́ние** *с.* extínction; (*перен.*) dýing (a¦wáy). **~а́ть,** уга́снуть go* out, becóme* extínct; (*перен.*: *слабеть*; *умирать*) die a¦wáy; костёр угаса́ет the fire is dýing down; си́лы угаса́ют *one's* strength is fáiling.

**уга́снуть** *сов. см.* угаса́ть.

**углево́д** *м. хим.* càrbò¦hýdràte [-'haɪ-].

**углеводоро́д** *м. хим.* hýdro¦cárbon.

**угледобы́ча** *ж. эк.* coal extráction; coal óutpùt [...-put].

**угледроби́лка** *ж. тех.* coal bréaker [...'breɪ-], coal crúsher.

**углекислота́** *ж. хим.* càrbónic ácid (gas), cárbon dìóxìde.

**углеки́слый** *хим.*: ~ газ càrbónic ácid (gas); ~ на́трий sódium cárbonate; ~ минера́льный исто́чник càrbonáceous míneral spring [-ʃəs...].

**углеко́п** *м.* (cóal-)miner, cóllier.

**углепромы́шленн||ость** *ж.* cóal-mìning, coal índustry. **~ый** cóal-mìning (*attr.*).

**углеро́д** *м. хим.* cárbon. **~истый** *хим.* càrbonáceous [-ʃəs]; ~истый ка́льций *и т. п.* càrbonáceous cálcium, *etc.*; cálcium, *etc.*, cárbìde; ~истое соедине́ние cárbide.

**углесо́с** *м. горн.* coal pump.

**углова́т||ость** *ж.* àngulárity. **~ый** ángular; (*неловкий, неуклюжий тж.*) áwkward.

**углово́й** **1.** (*о доме, комнате и т. п.*) córner (*attr.*); **2.** *мат., физ.* ángular.

**угломе́р** *м.* **1.** *тех.* gòniómeter, ázimuth disk; **2.** *воен.* defléction. **~ный** *тех.* gòniométrical.

**углуби́ть(ся)** *сов. см.* углубля́ть(ся).

**углубл||е́ние** *с.* **1.** déepening; для ~е́ния свои́х зна́ний in órder to exténd one's knówledge [...'nɔ-]; **2.** (*впадина*) hóllow; depréssion; **3.** *мор.* (*осадка судна*) draught [-ɑ:ft]. **~ённый** **1.** *прич. см.* углубля́ть; **2.** *прил.* (*основательный*) deep, profóund; ~ённое изуче́ние литерату́ры deep / thórough stúdy of líterature [...'θʌrə 'stʌ-...]; **3.** *прил.* (в *вн.*) deep (in), absórbed (in); ~ённый в воспомина́ния deep / absórbed in one's mémories.

**углубля́ть,** углуби́ть (*вн.*) déepen (*d.*), make* déeper (*d.*); (*перен.*) extênd (*d.*): углуби́ть кана́ву déepen *the* ditch, make* *the* ditch déeper; ~ свой знáния exténd one's knówl-edge [...'nɔ-]; — ~ противорéчия inténsify̆ còntradíctions. **~ся,** углубиться **1.** déepen, become* déeper; (*перен.*) become* more pro-fóund; противорéчия углубились the còntra-díctions were / becáme inténsified; **2.** (в *вн.*) go* deep (into); (*в породу и т. п.*) cut* (into); (*перен. тж.*) delve déeply (into); углубиться в лес go* deep into the fórest [...'fɔ-]; ~ся в кни́гу, в предмéт be deep / absórbed in *a* book, in *a* súbject; **3.** *страд. к* углублять.

**угляд||éть** *сов.* (за *тв.*) *разг.* look áfter (*d.*); take* próper care [...'prɔ-...] (of); не ~ fail to take próper care (of), за всем не ~и́шь ≅ one can't see to, *или* think of, évery:thing [...kɑːnt...], one can't atténd to évery:thing.

**угнáть** *сов. см.* угонять.

**угнáться** *сов.* (за *тв.*) keep* pace (with); (*перен.*) *разг.* keep* up (with); за ним не ~ you can't keep up with him [...kɑːnt...], there is no kéeping up with him.

**угнетáтель** *м.*, **~ница** *ж.* oppréssor. **~ский** oppréssive.

**угнет||áть** (*вн.*) (*в разн. знач.*) oppréss (*d.*); (*удручать*) depréss (*d.*), dispírit (*d.*); помéщики ~áли крестья́н the lándlòrds oppréssed the péasants [...'pez-]; чу́вство неизвéстности ~áло его́ *a* sense of ùncértainty oppréssed him; he was oppréssed by *a* sense of ùncértainty. **~éние** *с.* oppréssion; (*удручённость*) depréssion. **~ённость** *ж.* depréssion. **~ённый** *прич. и прил.* oppréssed; (*удручённый*) depréssed; ~ённое состоя́ние depréssion; быть в ~ённом состоя́нии be in low spírits [...lou...]; be in, *или* have a fit of, the blues *разг.*

**уговáрив||ать,** уговори́ть (*вн.* + *инф.*) persuáde [-'sweɪd] (*d.* + to *inf.*); talk (*d.* into *ger.*); (*склонять, побуждать*) indúce (*d.* + to *inf.*); *несов. тж.* try to persuáde (*d.* + to *inf.*); не ~айте меня́ don't try to persuáde me. **~аться,** уговори́ться (с *тв.* + *инф.*) arránge [-eɪndʒ] (with + to *inf.*), agrée (with + to *inf.*); он уговори́лся с ней о встрéче he arránged to meet her; они́ уговори́лись встрéтиться в библиотéке they arránged / agréed to meet at the líbrary [...'laɪ-]; уговори́ться о ценé agrée abóut the price.

**уговóр** *м.* **1.** persuásion [-'sweɪ-]; не поддавáться никаки́м ~ам yield to no persuásion [jiːld...], stand* one's ground; **2.** (*соглашение*) agréement, cómpàct; с ~ом on condítion; по предвари́тельному ~у accórding to a pré:ar-ránged plan [...-eɪndʒd...]; ◇ ~ дорóже дéнег *посл.* ≅ a prómise is a prómise [...-mɪs...].

**уговори́ть(ся)** *сов. см.* уговáривать(ся).

**угóд||а** *ж.*: в ~у (*дт.*) to please (*d.*).

**угоди́ть** I *сов. см.* угождáть.

**угоди́ть** II *сов. разг.* **1.** (в *вн.*) (*очутиться*) fall* (into), get* (into); (*удариться*) bang (agáinst); ~ в я́му fall* / get* into *a* hole; ~ головóй в дверь bang one's head agáinst *the* door [...hed... dɔː]; **2.** (*дт.* в *вн.*) hit* (*d.* in): ~ комý-л. пря́мо в глаз hit* smb. slap in the eye [...aɪ].

**угóдлив||ость** *ж.* obséquious:ness [-'siː-]. **~ый** obséquious [-'siː-].

**угóдничать** (пéред) *разг.* be obséquious [...'siː-] (towards); fawn (up:ón), cringe (to).

**угóдничество** *с.* sèrvílity.

**угóдно** I *предик.*: как вам ~ as you choose, as you please; please your:sélf; что вам ~? what can I do for you?; ~ ли вам (+ *инф.*) would you like (+ to *inf.*); не ~ ли вам вы́пить молокá? would you like to have some milk?; не ~ ли вам молокá? will you have some milk?; ◇ скóлько душé ~ *разг.* to one's heart's contént [...hɑːts...]; пить скóлько душé ~ drink* one's fill.

**угóдно** II *частица* (*с мест. или нареч. в знач.* «*любой*»): кто ~ anybody; что ~ ány:thing; дéлайте всё, что (вам) ~ (you may) do whàt(:éver) you like; как ~ ány:how; какóй ~ any; задавáйте каки́е ~ вопрóсы ask any quéstions you like [...-stʃ-...]; кудá ~, где ~ ány:whère; скóлько ~ *разг.* as much as one wants, any amóunt.

**угóдный** (*дт.*) wélcome (to).

**угóдь||е** *с.*: лесны́е ~я fórests ['fɔ-]; полевы́е ~я árable land ['æ-...] *sg.*

**угождáть,** угоди́ть (*дт. или* на *вн.*) please (*d.*); oblíge (*d.*); (*с оттенком лести*) play up (to); емý, *или* на негó, не угоди́шь, емý трýдно угоди́ть he is hard to please, there is no pléasing him; ~ и нáшим и вáшим ≅ run* with the hare and hunt with the hounds.

**ýгол** *м.* **1.** córner; на углý at the córner; в углý in the córner; за углóм, из-за углá round the córner; постáвить ребёнка в ~ put* *the* child* in(to) the córner, make* *the* child* stand in the córner; **2.** *мат.*, *физ.* angle; под углóм в 60° at an angle of 60°; под прямы́м углóм at right angles; поворóт под прямы́м углóм right-àngle turn; ~ зрéния *физ.* vísual angle [-zjuəl...]; (*перен.*) point of view [...vjuː]; под э́тим углóм зрéния from this point of view, from this stándpoint; **3.** (*приют, пристанище*) home; имéть свой ~ have a home of one's own [...oun]; **4.** (*часть комнаты*) part of *a* room, córner; ◇ из-за углá ùnder-hándedly; on the sly; behínd *smb.'s* back; загнáть в ~ (*вн.*) drive* into *a* córner (*d.*); срезáть ~ cut* off *a* córner; зáгнутые углы́ (*в книге*) dóg-eared páges.

**уголёк** *м.* **1.** *уменьш. от* ýголь; **2.** small piece of coal [...piːs...].

**уголóв||ный** **1.** *прил.* críminal; pénal; ~ процéсс críminal áction; ~ное дéло críminal case [...-s]; ~ кóдекс críminal code; ~ное преступлéние críminal offénce; ~ суд críminal / pénal court [...kɔːt]; ~ное прáво críminal law; ~ное преслéдование pròsecútion; ~ные закóны pénal laws; ~ рóзыск Críminal Invèsti-gátion Depártment; ~ престýпник críminal; **2.** *м. как сущ.* críminal. **~щина** *ж. тк. ед. разг.* críminal act.

**уголóк** *м. уменьш. от* ýгол; ую́тный ~ cósy nook [-zɪ...]; ◇ крáсный ~ rècreátion and réading room.

**ýголь** *м.* coal; кáменный ~ coal; древéсный ~ chárcoal; бýрый ~ brown coal; превращáть в ~ (*вн.*) cárbonize (*d.*); пылáющие ýгли live coals; погрýзка ýгля cóaling; ◇ бéлый ~ white coal; голубóй ~ wínd-power ['wɪ-]; как на ýгольях *разг.* on hot coals.

**угóльник** *м. тех.* **1.** set square; **2.** (*стальной профиль*) angle bar.

**ýгольн||ый** coal (*attr.*); ~ая промы́шленность coal índustry; ~ пласт cóal-bèd, cóal-seam;

~ая я́ма cóal-bùnker; ~ бассе́йн coal básin [...ʹbeɪs-]; cóal-field(s) [-fiː-] (*pl.*); ~ая кислота́ *хим.* càrbónic ácid.

**уго́льный** *разг.* (*о комнате и т. п.*) córner (*attr.*).

**у́гольщик** I *м.* **1.** (*рабочий*) cóal-mìner; (*грузчик*) coal pácker, coal héaver; **2.** (*торговец древесным углем*) chárcoal-dealer.

**у́гольщик** II *м.* (*судно*) cóalshìp, cóllier.

**угомон||и́ть** *сов.* (*вн.*) *разг.* calm [kɑːm] (*d.*). **~и́ться** *сов. разг.* calm down [kɑːm...], become* / get* quiet; де́ти наконе́ц ~и́лись at last *the* children settled down, *или* becáme quiet.

**уго́н** *м.* **1.** driving a¦wáy; **2.** (*похищение*) stéaling.

**угоня́ть,** угна́ть (*вн.*) *разг.* **1.** drive* a¦wáy (*d.*); ~ скот в по́ле drive* the cattle out to graze / pásture; **2.** (*похищать*) steal* (*d.*); угна́ть ло́шадь со двора́ steal* *a* horse out of the stable; угна́ть автомоби́ль steal* *a* car.

**угора́зди||ть** *сов. разг. чаще безл. переводится личн. оборотами*: его́ ~ло попа́сть под автомоби́ль he sóme¦how mánaged to get run óver by *a* car; как э́то вас ~ло прийти́ сюда́? what on earth made you come here? [...əːθ...].

**угор||а́ть,** угоре́ть be póisoned by chárcoal fumes [...ʹpɔɪz-...], get* cárbon mònóxide póisoning [...ʹpɔɪz-]; ◇ ~е́л ты, он *и т. д.* что ли? *разг.* are you, he, *etc.*, out of your, his, *etc.*, mind / wits?

**угоре́лый** *разг.*: он ме́чется как ~ he is rúnning abóut like a mád¦man*, *или* like one posséssed [...ʹzest].

**угоре́ть** *сов. см.* угора́ть.

**у́горь** I *м.* (*на коже*) bláckhead [-hed].

**у́горь** II *м.* (*рыба*) eel, grig; морско́й ~ cónger (eel), séa-éel; ◇ живо́й как ~ as líve¦ly as a grig; ≅ as líve¦ly as a cricket.

**угости́ть(ся)** *сов. см.* угоща́ть(ся).

**уго̀то́ванный** *уст.* prepáred, made réady [...ʹre-].

**угото́вить** *сов.* (*вн.*) *уст.* prepáre (*d.*).

**угоща́ть,** угости́ть (*вн.*) èntertáin (to; at *офиц.*); treat (to); («*ставить угощение*») stand* a treat (*i.*) *разг.* **~ся,** угости́ться *разг.* **1.** (*тв.*) treat òne¦sélf (to); regále (òne¦sélf) (on) *уст., шутл.*; **2.** *страд. к* угоща́ть.

**угоще́ние** *с.* **1.** (чем-л.; *действие*) èntertáinment (with smth.), tréating (to smth.); regáling (with smth.); (кого́-л.) èntertáinment (of smb.); **2.** (*то, чем угощают*) food; (*лёгкое*) refréshments *pl.*

**угрева́тый** pimpled, pimply.

**угро́бить** *сов.* (*вн.*) *груб.* kill (*d.*); (*перен.*) rúin (*d.*), wreck (*d.*).

**угрожа́емый** thréatened [ʹθret-], ménaced; ~ райо́н *воен.* thréatened área [...ʹɛərɪə].

**угрож||а́ть** (*дт. тв.*) thréaten [ʹθret-] (*d.* with), ménace (*d.* with); ему́ ~а́ет смерте́льная опа́сность mórtal dánger thréatens him [...ʹdeɪn-...], he is thréatened by mórtal dánger.

**угрожа́ющ||е** *нареч.* thréatening¦ly [ʹθret-], ménacing¦ly. **~ий** *прич. и прил.* thréatening [ʹθret-], ménacing; ~ее положе́ние precárious sìtuátion; ~ая катастро́фа imminent disáster [...-ʹzɑː-].

**угро́з||а** *ж.* threat [θret], ménace; ~ войны́ (*заявление, предупреждение*) threat of war; (*грозящая опасность*) ménace of war; под ~ой чего́-л. únder the threat of smth.; ста́вить под ~у (*вн.*) thréaten [ʹθret-] (*d.*), impéril (*d.*), jéopardìze [ʹdʒepə-] (*d.*).

**угро́зыск** *м.* (уголо́вный ро́зыск) Críminal Invèstigátion Depártment.

**у́гро-фи́нск||ий** *лингв.* Úgro-Fínnish; ~ие языки́ Úgro-Fínnish lánguages.

**угрызе́ни||е** *с.*: ~я со́вести remórse *sg.*; чу́вствовать ~я со́вести be cónscience-stricken [...-ʃəns-], súffer the pangs of remórse.

**угрю́м||ость** *ж.* súllen¦ness, glóominess, moróse¦ness [-s-]. **~ый** súllen, glóomy, moróse [-s].

**уда́в** *м. зоол.* bóa [ʹbouə], bóa constrictor.

**уда||ва́ться,** уда́ться **1.** (*завершаться успешно*) turn out well, work well, be a succéss; о́пыт сра́зу уда́лся the expériment was an immédiate succéss; э́то не всегда́ ~ётся it does not álways work [...ʹɔːlwəz...]; **2.** *безл.* (*дт.* + *инф.*) succéed (+ *subject* in *ger.*), mánage (+ *subject* + to *inf.*): ему́ ~ло́сь найти́ э́то he succéeded in finding it, he mánaged to find it; — ему́ не ~ло́сь найти́ э́того he failed to find it.

**удави́ть** *сов.* (*вн.*) strangle (*d.*). **~ся** (*повеситься*) hang òne¦sélf.

**уда́в||ка** *ж.* (*узел*) rúnning knot, slip-knòt, tímber-hitch. **~ле́ние** *с.* strángling; смерть от ~ле́ния death from stràngulátion [deθ...].

**удале́ние** *с.* **1.** móving off / a¦wáy [ʹmuː-...]; **2.** (*кого-л.*) sénding a¦wáy; **3.** (*устранение*) remóval [-ʹmuː-]; (*в хирургии*) àblátion; ~ зу́ба extráction of *a* tooth*.

**удалённ||ость** *ж.* remóte¦ness. **~ый 1.** *прич. см.* удаля́ть; **2.** *прил.* remóte.

**удале́ц** *м. разг.* dáring / bold féllow; dáre-dèvil.

**удали́ть(ся)** *сов. см.* удаля́ть(ся).

**удало́й** dáring, bold.

**у́даль** *ж.*, **~ство́** *с.* dáring, bóld¦ness.

**удаля́ть,** удали́ть (*вн.*) **1.** move off / a¦wáy [muːv...] (*d.*); **2.** (*заставлять уйти*) make* (*d.*) leave, send* a¦wáy (*d.*); ~ из за́ла заседа́ния remóve from the hall [-ʹmuːv...] (*d.*); **3.** (*устранять*) remóve (*d.*); (*в хирургии*) abláte (*d.*); ~ во́лосы remóve hair; ~ зуб extráct *a* tooth*; **4.** (*увольнять*) dismíss (*d.*). **~ся,** удали́ться **1.** (от) move off / a¦wáy [muːv...] (from); ~ся от бе́рега move off / a¦wáy from the shore; ~ся от те́мы wánder from the súbject; ~ся от дел, ~ся на поко́й retíre from affáirs; ~ся от о́бщества wìth¦dráw* / retíre from, *или* shun, society; **2.** (*уходить*) take* òne¦sélf off, retíre, wìth¦dráw*; поспе́шно удали́ться retréat hástily [...ʹheɪ-], beat* a hásty retréat [...ʹheɪ-...]; **3.** *страд. к* удаля́ть.

**уда́р** *м.* **1.** (*в разн. знач.*) blow [-ou]; stroke; *воен. тж.* thrust; (*острым оружием*) stab; (*плетью*) lash, slash; (*ногой, копытом*) kick; (*кулаком*) punch, cuff; свобо́дный ~ (*в футболе*) free kick; одни́м ~ом at one blow / stroke; смерте́льный, рокова́й ~ déath-blow [ʹdeθblou]; бо́мбовый ~ *воен.* bómb¦ing attáck; ~ с во́здуха *воен.* air stroke; ~ в штыки́ *воен.* báyonet assáult; гла́вный ~ *воен.* main blow / attáck; наноси́ть ~ (*дт.*) strike* / deal* / delíver a blow [...ʹlɪvə...] (*i.*); отби́ть

~ párry *a* blow; возврати́ть ~, нанести́ отве́тный ~ (*дт.*) strike* back (*d.*); 2. (*звук*) stroke; ~ гро́ма thúnder-clàp, crash of thúnder; 3. (*кровоизлияние в мозг*) stroke, àpopléctic stroke / séizure [...'si:ʒə]; со́лнечный ~ súnstròke; ◇ ста́вить под ~ (*вн.*) jéopardize (*d.*); ~ в спи́ну stab in the back; ~ попа́л в цель the blow went home; э́то для него́ тяжёлый ~ it is a hard / sad blow to him, he's hard hit; ~ы пу́льса béat(ing) / stroke of the pulse *sg.*; быть в ~е *разг.* be at one's best, be in good form; одни́м ~ом двух за́йцев уби́ть *погов.* ≅ kill two birds with one stone.

**ударе́ние** *с.* 1. áccent, stress; (*перен. тж.*) émphasis; экспирато́рное ~ expíratory áccent [-'paɪə-...]; музыка́льное, тони́ческое ~ músical stress [-zɪ-...]; логи́ческое ~ lógical stress; о́строе ~ acúte áccent / stress; тупо́е ~ grave áccent / stress; облечённое ~ slurred áccent; де́лать ~ (на *пр.*) àccént (*d.*); stress (*d.*), lay* stress (on; *тж. перен.*); (*перен. тж.*) émphasize (*d.*), àccéntuàte (*d.*); 2. (*знак*) stress.

**уда́ренный** 1. *прич. см.* ударя́ть; 2. *прил. лингв.* accénted; (*о силовом ударении об.*) stressed.

**уда́рить(ся)** *сов. см.* ударя́ть(ся).

**уда́рник** I *м.* shock wórker, udárnik.

**уда́рник** II *м.* (*в оружии*) stríker; firing pin; (*во взрывателе снаряда*) péllet, plúnger [-n-]; дистанцио́нный ~ time plúnger, lighting péllet.

**уда́рни||ца** *ж. к* уда́рник I. ~**чество** *с.* shock work; shóck-wòrker móve|ment [...'mu:-].

**уда́рно** *нареч.*: рабо́тать ~ perfórm shock work, work fast and well.

**уда́рн||ый** I 1. (*передовой по работе*) shock (*attr.*); ~ая брига́да shock brigáde; ~ые те́мпы àccéleràted témpò *sg.*; 2. (*срочный, важный*): ~ое зада́ние úrgent task; в ~ом поря́дке with the gréatest póssible speed [...'greɪ-...].

**уда́рн||ый** II 1. (*в технике*) pèrcússive; pèrcússion (*attr.*): ~ бур pèrcússion bórer; ~ая тру́бка pèrcússion tube; pèrcússion primer *амер.*; ~ое де́йствие (*снаряда*) pèrcússion áction; ~ взрыва́тель ímpàct détonàting fuse [...'di:-...]; ~ ка́псюль pèrcússion cap; 2. *муз.*: ~ые инструме́нты púlsatile / pèrcússion instruments; 3. *воен.* (*о войсках*) shock (*attr.*); ~ые ча́сти shock troops.

**ударя́ть,** уда́рить (*вн.*; *в разн. знач.*) strike* (*d.*), hit* (*d.*); (*холодным оружием*) stab (*d.*); (*плетью*) lash (*d.*), slash (*d.*); (*ногой, копытом*) kick (*d.*); (*кулаком*) punch (*d.*); ~ па́лкой strike* with *a* stick (*d.*); уда́рить себя́ по́ лбу strike* one's fórehead [...'fɔrɪd]; уда́рить по физионо́мии give* a slap in the face (*i.*); ~ по́ столу *и т. п.* strike* one's hand on the table, *etc.*, bring* one's fist down on the table, *etc.*, bang on the table, *etc.*; гром уда́рил the thúnder struck; мо́лния уда́рила (в *вн.*) the lightning struck (*d.*); уда́рить в ко́локол strike* the bell; уда́рить в наба́т sound / give* the alárm; (*перен.*) raise an alárm; уда́рить в бараба́н beat* / play the drum; уда́рить во фланг *воен.* strike* at / into the flank; уда́рить в штыки́ *воен.* assáult with the báyonet; ◇ уда́рить кого́-л. по карма́ну *разг.* cost* smb. a prétty pénny [...'prɪ-...]; уда́рить по интере́сам (*рд.*) hit* at the interests (of); уда́рить по недоста́ткам strike* at the weak points; ~ по рука́м (*прийти к соглашению*) strike* hands, strike* a bárgain; ~ в го́лову rush to the head [...hed]; (*о вине и т. п.*) go* to, *или* get* into, the head; па́лец о па́лец не уда́рить *разг.* not stir / raise a finger. ~**ся,** уда́риться 1. (о *вн.*) hit* (*d.*), strike* (agáinst); уда́риться голово́й о дверь strike* one's head agáinst *the* door [...hed...dɔ:]; ло́дка уда́рилась о скалу́ the boat struck (agáinst) *a* rock; 2. (в *вн.*) *разг.* (*пристраститься*) addíct òne|sélf (to); ◇ ~ся в кра́йность run* to an extréme; ~ся из одно́й кра́йности в другу́ю run* from one extréme to another.

**уда́ться** *сов. см.* удава́ться.

**уда́ч||а** *ж.* good luck; (*успех*) succéss; stroke / piece of luck [...pi:s...], good fórtune [...-ʧən]; жела́ть ~и (*дт.*) wish good luck (*i.*); ему́ всегда́ ~ he is álways lúcky [...'ɔ:lwəz...], he álways has luck; ~и и неуда́чи ups and downs. ~**ливость** *ж.* luck. ~**ливый** lúcky; succéssful. ~**ник** *м. разг.* lúcky man*. ~**но** *нареч.* 1. (*успешно*) succéssfully; ~но вы́ступить (*в состязании и т. п.*) make* a good shówing [...'ʃou-]; 2. (*хорошо*) well*; вы́шло ~но, что it was fórtunate that [...-ʧə-...]. ~**ный** 1. (*успешный*) succéssful; ~ная попы́тка succéssful attémpt; 2. (*хороший*) good*; (*о цитате, обороте и т. п.*) apt; felícitous; (*о фразе, стихе и т. п.*) well turned; ~ный перево́д good* / felícitous trànslátion [...trɑ:ns-]; ~ное выраже́ние apt / felícitous expréssion; ~ный вы́бор háppy choice; э́то бы́ло ~но that was fórtunate [...-ʧnɪt].

**удва́ивать,** удво́ить (*вн.*) double [dʌbl] (*d.*), redóuble [-'dʌbl] (*d.*); *лингв.* (*о слоге и т. п.*) redúplicàte (*d.*); удво́ить свои́ уси́лия redóuble one's éfforts. ~**ся,** удво́иться 1. double [dʌbl], redóuble [-'dʌbl]; *лингв.* (*о слоге и т. п.*) redúplicàte; 2. *страд. к* удва́ивать.

**удвое́ние** *с.* dóubling ['dʌ-], redóubling [-'dʌ-]; *лингв.* (*слога и т. п.*) redùplicátion.

**удво́енн||ый** 1. *прич. и прил.* doubled [dʌ-], redóubled [-'dʌ-]; 2. *прил. лингв.* (*о слоге и т. п.*) redúplicàted; (*о буквах*) double [dʌ-]; ~ое «с» double "s".

**удво́ить(ся)** *сов. см.* удва́ивать(ся).

**уде́л** *м.* 1. (*участь*) lot, déstiny; 2. *ист.* áp(p)anage; independent principálity (*in mediaeval Russia*).

**удели́ть** *сов. см.* уделя́ть.

**уде́льн||ый** 1. *физ.* specífic; ~ вес specífic weight / grávity; (*перен.*) share, propórtion; ~ая теплота́ specífic heat; ~ое сопротивле́ние specífic resistance [...-'zɪ-]; ~ объём specífic vólume; 2. *ист.*: ~ пери́од périod of indepéndent principálities (*in mediaeval Russia*); ~ князь indepéndent prince (*in mediaeval Russia*).

**удел||я́ть,** удели́ть (*вн.*) spare (*d.*), give* (*d.*); ~и́те мне пять мину́т spare me five minutes [...'mɪnɪts]; ~ чему́-л. вре́мя find* time for smth.; на́до ~и́ть э́тому внима́ние it should be given considerátion; ~и́ть из бюдже́та часть на что-л. appròpriàte búdget funds for smth.

**у́держ** *м.*: без ~у *разг.* ùn|contróllably [-oul-], ún|restráinedly, without restráint; смея́ться без ~у laugh without bé|ing able to stop [lɑːf...], laugh ùn¦contróllably; не знать ~у know* no restráint [nou...].

**удержáние** *с.* **1.** (*сохранение*) kéeping; reténtion; **2.** (*вычет из чего-л.*) dedúction.

**удержáть(ся)** *сов. см.* удéрживать(ся).

**удéрживать,** удержáть **1.** (*вн.*; *не выпускать, сохранять*) retáin (*d.*); hold* (*d.*); not let* (*d.*) go; удержáть в рукáх hold* (*d.*), keep* fast (*d.*); ~ в пáмяти bear* / keep* in mind [bɛə...] (*d.*), retáin in one's mémory (*d.*); удержáть свои позиции hold* one's positions [...-'zɪ-], hold* one's own [...oun]; плотина не удержáла воды the dam could not with¦stánd the préssure of the wáter [...'wɔː-], the dam gave way; **2.** (*вн.* от; *не давать сделать*) hold* back (*d.* from), keep* (*d.* from); ~ когó-л. от рискóванного шáга keep* smb. from táking a risk; **3.** (*вн.*; *подавлять*) suppréss (*d.*); ~ рыдáния suppréss sobs; он не мог удержáть слёзы he could¦n't help crýing; **4.** (*вн.*; *вычитать*) dedúct (*d.*); keep* back (*d.*); удержáть стóимость чегó-л. из чьей-л. зарплáты stop the válue of smth. out of smb.'s wáges. **~ся,** удержáться **1.** (*устоять*) hold* one's ground, hold* out; неприятель старáлся удержáться на рекé the énemy tried to hold out on the ríver [...'rɪ-]; удержáться на ногáх keep* one's feet; удержáться в седлé keep* in the saddle; **2.** (*оставаться*) keep*; **3.** (от) keep* (from), refráin (from); удержáться от соблáзна resist the tèmptátion [-'zɪ-...]; ~ся от курéния keep* / refráin from smóking; он не мог удержáться от смéха he could¦n't help láughing [...'lɑːf-], he could¦n't refráin from láughing; нельзя удержáться (от) one cánnòt help (+ *ger.*).

**удесятер¦¦ённый** ténfòld; décuple [-kju-] *книжн.* **~ить(ся)** *сов. см.* удесятерять(ся).

**удесятерять,** удесятерить (*вн.*) in¦créase ténfòld [-s...] (*d.*); décuple [-kju-] (*d.*) *книжн.* **~ся,** удесятериться **1.** in¦créase ténfòld [-s...], be / become* in¦créased ténfòld; décuple [-kju-] *книжн.*; **2.** *страд. к* удесятерять.

**удешев¦¦ить(ся)** *сов. см.* удешевлять(ся). **~лéние** *с.* redúction of prices.

**удешевлять,** удешевить (*вн.*) redúce the price (of). **~ся,** удешевиться **1.** become* chéaper, chéapen; **2.** *страд. к* удешевлять.

**удивительно** I **1.** *прил. кратк. см.* удивительный; **2.** *предик. безл.* it is astón¦shing; (*странно*) it is fúnny / strange [...-eɪndʒ]; не ~, что no wónder that [...'wʌ-...]; и не ~! no wónder!, and small wónder!

**удивительно** II *нареч.* **1.** wónderfully ['wʌ-]; astón¦shing¦ly; **2.** (*очень*) very, extréme¦ly; **3.** (*чудесно*) ádmirably, márvellous¦ly.

**удивительн¦¦ый 1.** astónishing, surprísing, striking, amázing; ничегó ~ого no wónder [...'wʌ-]; (it is) small wónder; что ~ого? what is there (so) strange in that? [...-eɪndʒ...]; **2.** (*чудесный, замечательный*) wónderful ['wʌ-], wóndrous ['wʌ-], márvellous.

**удивить(ся)** *сов. см.* удивлять(ся).

**удивлéни¦¦е** *с.* astónishment, surpríse, wónder ['wʌ-], amáze¦ment; к моемý велúкому ~ю to my great surpríse [...-eɪt...]; разинуть рот от ~я *разг.* be ópen-móuthed with astónishment / surpríse; ◇ на ~ (всемý свéту) *разг.* to évery¦òne's surpríse.

**удивлённ¦¦ый** *прич. и прил.* astónished, surprísed, amázed; смотрéть ~ыми глазáми look in wíde-eyed astónishment [...-aɪd...].

**удивлять,** удивить (*вн.*) astónish (*d.*), surpríse (*d.*), amáze (*d.*). **~ся,** удивиться (*дт.*) wónder ['wʌ-] (at), be astónished / surprísed / amázed (at); мóжно ли ~ся пóсле этого can it be wóndered then.

**удилá** *мн.* bit *sg.*; мундштýчные ~ cúrb-bit *sg.*; трéнзельные ~ snáffle-bit *sg.*; закусить ~ (*прям. и перен.*) take* the bit betwéen one's teeth.

**удилище** *с.* físhing-ròd, rod.

**удильщ¦¦ик** *м.*, **~ица** *ж.* ángler.

**удирáть,** удрáть *разг.* make* off, run* a¦wáy, take* to one's heels, bolt.

**удить:** ~ рыбу fish, angle.

**удлинéние** *с.* léngthening, máking lónger; ~ срóка prò¦lòngátion; ~ рабóчего дня in¦crease of wórking hours [-s...auəz].

**удлинённый 1.** *прич. см.* удлинять; **2.** *прил.* (*продолговатый*) óblòng; (*вытянутый в длину*) élongàted ['iː-].

**удлинить(ся)** *сов. см.* удлинять(ся).

**удлинять,** удлинить (*вн.*) léngthen (*d.*), make* lónger (*d.*); (*о сроке*) prolóng (*d.*); (*вытягивать*) élongàte ['iː-] (*d.*); ~ чертý prolóng *a* line. **~ся,** удлиниться **1.** léngthen, become* lónger; (*о сроке*) become* prolóng¦ed; (*вытягиваться*) become* élongàted [...'iː-]; **2.** *страд. к* удлинять.

**удмýрт** *м.*, **~ка** *ж.*, **~ский** Udmúrt; ~ский язык Udmúrt, the Udmúrt lánguage.

**удóбно** I **1.** *прил. кратк. см.* удóбный; **2.** *предик. безл.* (*дт.*) *переводится личными формами глаг.* feel* / be cómfortable [...'kʌ-], be at one's ease: емý удóбно he feels / is cómfortable, he is at his ease; **3.** *предик. безл.* (*дт.* + *инф.*; *подходит*) it is convénient (for + to *inf.*); it suits [...sjuːts] (me, him, *etc.* + to *inf.*); емý ~ начáть рабóту сегóдня it is convénient for him to begin the work to¦dáy; éсли емý это ~ if (it is) convénient for him; **4.** *предик. безл.* (*прилично*) it is próper [...'prɔ-]; ~ ли прийти так пóздно? is it próper to come so late?

**удóбн¦¦о** II *нареч.* cómfortably ['kʌ-]. **~ый 1.** cómfortable ['kʌ-]; (*для пользования*) hándy; (*уютный*) cósy [-zɪ]; ~ое крéсло cómfortable / cósy chair; **2.** (*подходящий*) convén¦ent; ópportùne; ~ое сообщéние convén¦ent means of tránspòrt *pl.*; ~ый момéнт convén¦ent / ópportùne móment; ~ый слýчай òpportúnity.

**удобоварим¦¦ость** *ж.* digèstibíl¦ty. **~ый** digéstible.

**удобо¦¦исполнимый** éasy to cárry out ['iːzɪ...]; féasible [-z-]. **~понятный** còmprehénsible, intélligíble. **~произносимый** pronóunce¦able. **~читáемый** (*о почерке, шрифте*) lég¦ble; (*о книге и т. п.*) réadable.

**удобрéние** *с. с.-х.* **1.** (*действие*) fèrtilizátion [-laɪ-]; (*унавоживание*) manúring; (*известью*) líming; (*гипсом*) gýpsuming; **2.** (*вещество*) fértilizer; естéственное, искýсственное ~ nátural, àrtifícial fértilizer.

**удóбрить** *сов. см.* удобрять.

**удобрять,** удóбрить (*вн.*) fértilize (*d.*); (*унавоживать*) manúre (*d.*), dung (*d.*); (*известью*) lime (*d.*); (*гипсом*) gýpsum (*d.*).

**удóбств¦¦о** *с.* **1.** *тк. ед.* cómfort ['kʌ-]; с

~ом with cómfort; 2. (*устрóйство*) convénience; квартúра со всéми ~ами flat with every convénience.

**удовлетворéни||е** *с.* sàtisfáction, gràtificátion; с большúм ~ем with great sàtisfáction [...-eɪt...]; давáть комý-л. ~ give* sàtisfáction to smb.; трéбовать ~я у когó-л. demánd sàtisfáction from smb. [-ɑːnd...]; получúть пóлное ~ be fúlly / compléte¦ly sátisfied [...'fu-...], obtáin compléte sàtisfáction; находúть ~ (в *пр.*) find* sàtisfáction (in).

**удовлетворённ||о** *нареч.* with sàtisfáction. **~ость** *ж.* sàtisfáction, conténtment. **~ый** 1. *прич. см.* удовлетворя́ть; 2. *прил.* contént (*predic.*), conténted.

**удовлетворúтельн||о** 1. *нареч.* sàtisfáctorily; 2. *как сущ. с. нескл.* (*отмéтка*) sàtisfáctory, fair. **~ость** *ж.* sàtisfáctoriness. **~ый** sàtisfáctory.

**удовлетворúть(ся)** *сов. см.* удовлетворя́ть(ся).

**удовлетворя́ть,** удовлетворúть 1. (*вн.*) sátisfỳ (*d.*), contént (*d.*); complý (with); ~ потрéбности sátisfỳ the requíre¦ments; ~ прóсьбу complý with *a* requést; ~ чьи-л. желáния meet* smb's. wíshes; ~ аппетúт sátisfỳ / appéase / assuáge one's áppetite [...ə'sweɪdʒ...]; 2. (*вн. тв.*) *офиц.* (*снабжáть*) supplý (*d.* with); (*о провúзии*) víctual ['vɪt°l] (*d.* with); (*об инвентарé*) stock (*d.* with); 3. (*дт.*; *соотвéтствовать*) ánswer ['ɑːnsə] (*d.*), meet* (*d.*); ~ трéбованиям ánswer / meet* the demánds / requíre¦ments [...-ɑːndz...]. **~ся,** удовлетворúться 1. (*тв.*) contént òne¦sélf (with); 2. *страд.* *к* удовлетворя́ть.

**удовóльств||ие** *с.* 1. *тк. ед.* (*чýвство*) pléasure ['ple-]: испы́тывать ~ от чегó-л. feel* / expérience pléasure in smth.; находúть ~ в чём-л. find* / take* (a) pléasure in smth.; доставля́ть ~ (*дт.*) give* pléasure (*i.*); просия́ть от ~ия brighten with pléasure; с (величáйшим) ~ием with (the gréatest) pléasure [...'greɪ-...]; — к óбщему ~ию to everybody's delíght; 2. (*развлечéние*) amúse¦ment; ◇ жить в своё ~ enjóy one's life.

**удовóльствоваться** *сов. см.* довóльствоваться 1.

**удóд** *м.* (*птúца*) hóopoe [-puː].

**удó||й** *м.* 1. yield of milk [jiːld...]; 2. (*доéние*) mílking; молокó ýтреннего ~я mórning milk.

**удóйлив||ый** *с.-х.* yíelding / gíving much milk ['jiːl-..]; ~ скот cattle gíving much milk; ~ая корóва good* mílker, good* milch cow.

**удóйн||ость** *ж.* mílking capácity; mílking quálities *pl.* **~ый** = удóйливый.

**удорож||áние** *с.* rise in príce(s); ~ строúтельства rise in the cost of constrúction / búilding [...'bɪ-]. **~áть,** удорожúть (*вн.*) raise the price (of). **~áться,** удорожúться 1. rise* in price; 2. *страд. к* удорожáть.

**удорожúть(ся)** *сов. см.* удорожáть(ся).

**удостáивать,** удостóить 1. (*вн. тв.*) fávour (*d.* with), hónour ['ɔ-] (*d.* with); vouchsáfe (*i. d.*); deign [deɪn] (+ to *inf.*); он не удостóил её отвéтом he vouchsáfed her no ánswer [...'ɑːnsə], he did not deign to ánswer her; 2. (*вн. рд.*; *стéпени*) confér (on *d.*); (*нагрáды и т. п.*) awárd (to *d.*). **~ся,** удостóиться 1. (*рд.*) be hónoured [...'ɔnəd] (with); (*нагрáды*) be awárded (*d.*); 2. *страд. к* удостáивать.

**удостоверéние** *с.* 1. (*дéйствие*) cèrtificátion; àttèstátion; в ~ (*рд.*) in wítness (of); 2. (*докумéнт*) certíficate; выдавáть ~ (*дт.*) give* *a* certíficate (*i.*); ~ лúчности idéntity / idèntificátion card [aɪ- aɪ-...].

**удостовéрить(ся)** *сов. см.* удостоверя́ть(ся).

**удостоверя́ть,** удостовéрить (*вн.*) cértifỳ (*d.*); attést (*d.*); ~ пóдпись wítness *a* sígnature; ~ лúчность когó-л. idéntifỳ smb. [aɪ-...], prove smb.'s idéntity [pruːv...aɪ-]. **~ся,** удостовéриться 1. (в *пр.*) àscertáin (*d.*), make* sure [...ʃuə] (of); make* cértain (that); удостовéриться в úстинности, прáвильности показáния be convínced of the corréctness of *the* téstimony; 2. *страд. к* удостоверя́ть.

**удостóивать(ся)** = удостáивать(ся).

**удостóить(ся)** *сов. см.* удостáивать(ся).

**удосýж||иваться,** удосýжиться (+ *инф.*) *разг.* find* time (for *ger.*). **~иться** *сов. см.* удосýживаться.

**удочер||úть** *сов. см.* удочеря́ть. **~я́ть,** удочерúть (*вн.*) adópt (*d.*).

**ýдочк||а** *ж.* físhing-ròd, rod; закúнуть ~у cast* *the* line; (*перен.*) drop a hint; попáсться на ~у swállow / take* the bait; (*перен. тж.*) fall* for the bait; поймáть на ~у (*вн.*) catch* out (*d.*).

**удрáть** *сов. см.* удирáть.

**удружúть** *сов.* (*дт.*) *разг.* do a good turn (*i.*); *ирон.* do an ill turn (*i.*).

**удруч||áть,** удручúть (*вн.*) depréss (*d.*), dispírit (*d.*), aggríeve [-iːv] (*d.*); make* despóndent (*d.*); э́то меня́ ~áет it is a weight on my mind.

**удручённ||ость** *ж.* depréssion, despóndency. **~ый** *прич. и прил.* depréssed; *прил. тж.* despóndent; ~ое состоя́ние depréssion· ~ый человéк depréssed / despóndent pérson.

**удручúть** *сов. см.* удручáть.

**удуш||áть,** удушúть (*вн.*) súffocàte (*d.*), smóther ['smʌ-] (*d.*), stífle (*d.*); (*гáзом*) àsphýxiàte (*d.*). **~áющий** 1. *прич. см.* удушáть; 2. *прил.* = удýшливый; ~áющее отравля́ющее веществó àsphýxiàtor, àsphýxiant, súffocant. **~éние** *с.* sùffocátion, smóther¦ing ['smʌ-]; (*гáзом*) àsphỳxiátion. **~úть** *сов. см.* удушáть.

**удýшлив||ость** *ж.*: ~ атмосфéры stúffiness of the air. **~ый** súffocàting, chóking; stífling; ~ая атмосфéра stífling átmosphère; ~ый газ àsphýxiàting gas.

**удýшь||е** *с.* ásthma [-sm-], àsphýxia; припáдок ~я àsthmátic fit [-sm-...].

**уединéн||ие** *с.* sólitùde; seclúsion, retíre¦ment; жить в ~ии live in sólitùde / retíre¦ment / seclúsion [lɪv...].

**уединённ||о** *нареч.* sólitarily, in sólitùde; жить ~ live in sólitùde [lɪv...]. **~ость** *ж.* seclúsion, sólitariness. **~ый** 1. *прич. см.* уединя́ть; 2. *прил.* seclúded, sólitary; (*одинóкий*) lóne¦ly, retíred; ~ое мéсто lóne¦ly / retíred / seclúded place.

**уединúть(ся)** *сов. см.* уединя́ть(ся).

**уединя́ть,** уединúть (*вн.*) seclúde (*d.*). **~ся,** уединúться (от) seclúde òne¦sélf (from), retíre (from).

**уе́зд** *м. ист.* district. **~ный** *ист.* district (*attr.*); ~ный го́род chief town of *a* district [tʃiːf...].

**уезжа́ть,** уе́хать (из в *вн.*) leave* (*d.* for), go* (a¦wáy) (from to), depárt (from to); *сов. тж.* have left (*d.* for); (*без доп.*) be a¦wáy; ~ отсю́да, отту́да leave* here, there.

**уе́хать** *сов. см.* уезжа́ть.

**уж** I *м. зоол.* gráss-snàke.

**уж** II **1.** *нареч.* = уже́; **2.** *частица* (*ведь, наверное*) *переводится личными формами* be sure [...ʃuə]; (*в самом деле*; *об.* уж и) réally ['rɪə-]; уж он всё узна́ет he is sure to find out évery¦thing; уж он всё э́то сде́лает he is sure to do it all; уж я не зна́ю I réally don't know [...nou].

**ужа́лить** *сов. см.* жа́лить.

**ужа́риваться,** ужа́риться **1.** (*о мясе и т. п.*) be thóroughly róasted [...'θʌ-...], be quite réady [...'re-]; **2.** (*уменьшаться в весе, объёме*) roast a¦wáy; be róasted up.

**ужа́риться** *сов. см.* ужа́риваться.

**у́жас** *м.* **1.** *тк. ед.* (*чувство страха*) térror, hórror; приводи́ть, поверга́ть в ~ (*вн.*) fríghten (*d.*), térrifỳ (*d.*); внуша́ть ~ (*дт.*) hórrifỳ (*d.*), inspíre with awe (*d.*); объя́тый ~ом térror-strùck, térror-strìcken, hórror-strùck, hórror-strìcken; содрога́ться от ~а shúdder with hórror; приходи́ть в ~ (от), быть в ~е (от) be hórrified (by); како́й ~! how térrible / hórrible!; к его́ ~у to his hórror; **2.** *чаще мн.* (*предмет страха*) hórror; ~ы войны́ the hórrors of war; **3.** (*трагичность, безвыходность*): почу́вствовать весь ~ своего́ положе́ния feel* how térrible / hópe¦less one's posítion is [...'zɪ-...], réalize what a térrible / hópe¦less posítion one is in ['rɪə-...]; **4.** *как нареч. разг.* térribly, hórribly; áwfully; ~ как térribly, hórribly; ~ как хо́лодно it is térribly cold.

**ужас||а́ть,** ужасну́ть (*вн.*) térrifỳ (*d.*), hórrifỳ (*d.*), awe (*d.*). **~а́ться,** ужасну́ться be térrified / hórrified. **~а́ющий 1.** *прич. см.* ужаса́ть; **2.** *прил.* (*вызывающий ужас*) horríﬁc; **3.** *прил. разг.* (*отвратительный*) térrible, hórrible; ~а́ющая пого́да áwful / béast¦ly / ghást¦ly wéather [...'we-].

**ужа́сно** I **1.** *прил. кратк. см.* ужа́сный; **2.** *предик. безл.* it is térrible / hórrible.

**ужа́сно** II *нареч.* **1.** térribly, hórribly; **2.** *разг.* (*очень, чрезвычайно*) áwfully, fríghtfully; я ~ рад вас ви́деть (I am) áwfully glad to see you.

**ужасну́ть(ся)** *сов. см.* ужаса́ть(ся).

**ужа́сн||ый** (*в разн. знач.*) térrible, hórrible; ~ вид áwful / ghást¦ly sight; ~ое несча́стье térrible misfórtune [...-tʃən]; ~ые муче́ния térrible tórtures; он у́мер в ~ых муче́ниях he died in térrible pain; ~ ве́тер térrible wind [...wɪ-]; ~ая пого́да térrible / násty wéather [...'we-].

**у́же** *сравн. ст. см. прил.* у́зкий *и нареч.* у́зко II.

**уже́** *нареч.* àlréady [ɔːl're-]; (*в настоящее время*) by this time, by now; (*теперь*) now; (*в отрицании*) no lónger; ~ двена́дцать часо́в it is àlréady twelve o'clóck; он ~ ко́нчил рабо́ту he has àlréady fínished his work; ~ давно́ (*с глаголом в сов. виде*) long since, long agó; э́то давно́ ~ забы́то it has long since been forgótten, it was forgótten long agó; (*с глаголом в несов. виде*) for a long time; он давно́ ~ хо́дит в шко́лу he has been gó¦ing to school for a long time now; его́ ~ нет там he is no lónger there; он ~ не ребёнок he is no lónger a child*; он ~ взро́слый he is grówn-úp now; ~ не раз more than once; его́ ~ нет (в живы́х) he is no more; ◇ э́то ~ хорошо́, э́то ~ что-то ány¦way that's sóme¦thing.

**уже́ли, уже́ль** *нареч. уст.* = неуже́ли.

**уже́ние** *с.* físhing, ángling.

**ужива́ться,** ужи́ться (с *тв.*) get* on (with); get* alóng togéther [...-'ge-] (with); они́ не ужили́сь they could¦n't get on.

**ужи́вчив||ость** *ж.* éasy dispositíon ['iːzɪ -'zɪ-]. **~ый** éasy to live with ['iːzɪ... lɪv...], éasy to get on with.

**ужи́мка** *ж. чаще мн.* grimáce.

**у́жин** *м.* súpper; за ~ом at súpper; по́сле ~а áfter súpper. **~ать,** поу́жинать take* / have súpper.

**ужи́ться** *сов. см.* ужива́ться.

**узаконе́н||ие** *с.* **1.** (*действие*) lègalizátion [liːgəlaɪ-], legitimátion, legitimizátion [-maɪ-]; **2.** *уст.* (*закон*) státùte, law; сбо́рник ~ий colléction of státùtes.

**узако́н||ивать,** узако́нить (*вн.*) légalize ['liː-] (*d.*), legítimàte (*d.*), legítimatize (*d.*). **~ить** *сов. см.* узако́нивать. **~я́ть** = узако́нивать.

**узбе́к** *м.,* **~ский** Úzbèk ['uː-]; ~ский язы́к Úzbèk, the Úzbèk lánguage.

**узбе́чка** *ж. к* узбе́к.

**узд||а́** *ж.* (*прям. и перен.*) brídle; curb (*об. перен.*); держа́ть в ~е́ (*вн.*) keep* in check (*d.*), hold* in leash (*d.*).

**узде́чка** *ж.* **1.** brídle; мундшту́чная ~ curb; тре́нзельная ~ snáffle, bridóon; **2.** *анат.* fráenum (*pl.* -na).

**уздцы́:** держа́ть ло́шадь под ~ hold* *the* horse by the brídle.

**у́зел** I *м.* **1.** (*на верёвке*; *тж. перен.*) knot; *мор. тж.* bend, hitch; завя́зывать ~ tie / make* a knot; завя́зывать что-л. узло́м knot smth.; развя́зывать ~ ún¦dó *a* knot; ~ противоре́чий knot of còntradíctions; **2.:** ~ доро́г road júnction; железнодоро́жный ~ (ráilway) júnction; ~ свя́зи *воен.* sígnal óffice / centre; ~ оборо́ны, ~ сопротивле́ния *воен.* centre of resístance [...-'zɪ-]; ~ коммуника́ций *воен.* commùnicátions hub; **3.** (*свёрток*) búndle, pack; **4.** *анат.*: не́рвный ~ nérve-knòt, gánglion; **5.** *бот.* node; **6.** *тех.* group [-uːp], assémbly.

**у́зел** II *м. мор.* (*мера скорости*) knot.

**узело́к** *м.* **1.** small knot; nódùle *научн.*; **2.** (*свёрток*) small párcel / búndle.

**у́зк||ий** (*прям. и перен.*) nárrow; (*об одежде, обуви*) tight; ~ая колея́ *ж.-д.* nárrow gauge [...geɪdʒ]; ~ие взгля́ды nárrow views [...vjuːz]; ~ челове́к nárrow(-mínded) man*; ~ гла́сный *лингв.* nárrow vówel; ~ая специа́льность partícular spèciálity [...spe-]; ◇ в ~ом смы́сле сло́ва in the nárrow sense of the word; ~ое ме́сто weak point, bóttle¦nèck.

**у́зко** I *прил. кратк. см.* у́зкий.

**у́зко** II *нареч.* nárrowly; tíghtly; (*ср.* у́зкий).

**узкова́тый** ráther / sóme¦whàt nárrow ['rɑː-...], nárrowish; (*о платье, обуви*) ráther / sóme¦whàt tight.

**узкого́рлый** nárrow-nécked.

**узкоколе́й||ка** *ж. ж.-д. разг.* nárrow-gauge ráilway [-geɪdʒ...]. **~ный** *ж.-д.* nárrow-gauge [-geɪdʒ] (*attr.*); ~ная желе́зная доро́га nárrow-gauge line.

**узколи́стный** *бот.* nárrow-leaved, with nárrow leaves; àngùstifóliate *научн.*

**узколо́бый** nárrow-minded.

**узкоря́дный:** ~ посе́в close sówing [-s 'sou-].

**узкоспециа́льный** híghly spécialized [...'spe-].

**узлова́тый** knótty; nódòse ['noudous], nódulòse [-s], nódulous *научн.*

**узлов||о́й 1.** (*главный*) main ~ы́е пу́нкты the main points; ~ вопро́с the main quéstion [...-stʃən]; **2.:** ~а́я ста́нция *ж.-д.* (ráilway) júnction; **3.** *бот.* nódal.

**узнава́ть,** узна́ть (*вн.*) **1.** (*признавать*) know* (agáin) [nou...] (*d.*), récognize (*d.*); он узна́л её по го́лосу he knew her by her voice; **2.** (*о новостях и т. п.*) learn* [lə:n] (*d.*), get* to know (*d.*); он узна́л мно́го но́вого he learned much that was new (to him); **3.** (*справляться*) find* out (*d.*); узна́йте по телефо́ну, когда́ нача́ло спекта́кля find out by télephòne when the play begins, télephòne and find out when the play begins; **4.** (*знакомиться*) know* (*d.*); тепе́рь он её лу́чше узна́л he knows her bétter now.

**узна́ть** *сов. см.* узнава́ть.

**у́зн||ик** *м.*, **~ица** *ж.* prisoner [-z-].

**узо́р** *м.* páttern, design [-'zaɪn], fígure, trácery ['treɪ-]. **~ный, ~чатый** fígured, pátterned.

**у́зость** *ж.* (*прям. и перен.*) nárrowness; (*об одежде, обуви*) tíghtness; (*ограниченность*) nárrow-mindedness.

**узре́ть** *сов. см.* зреть II.

**узурп||а́тор** *м.* ùsúrper [ju:'z-]. **~а́ция** *ж.* ùsùrpátion [ju:z-]. **~и́ровать** *несов. и сов.* (*вн.*) ùsúrp [ju:'z-] (*d.*).

**у́зус** *м. юр.* úsage ['ju:z-].

**у́зы** *мн.* (*прям. и перен.*) bonds, ties; ~ дру́жбы bonds / ties of friendship [...'fre-].

**уйгу́р** *м.*, **~ка** *ж.* Uigur ['wi:guə]. **~ский** Uigur ['wi:guə], Uigúrian [wɪ'guərɪən], Uigúric [wɪ'guərɪk]; ~ский язы́к Uigur, the Uigur lánguage.

**у́йма** *ж. тк. ед.* (*рд.*) *разг.* lots (of) *pl.*, heaps (of) *pl.*; a treméndous lot (of).

**уйти́** *сов. см.* уходи́ть 1, 2, 4, 5.

**ука́з** *м.* **1.** decrée, édict ['i:-]; ùkáse; **2.** *предик.* (*дт.*) *разг.*: ты ему́ не ~ you can't lay down the law for him [...kɑ:nt...], you are no authórity for him.

**указа́ни||е** *с.* **1.** (*действие*) indicátion; **2.** (*инструкция*) instrúctions *pl.*; дава́ть ~я give* instrúctions.

**ука́занный** *прич. и прил.* státed, méntioned.

**указа́тель** *м.* **1.** (*в книге; цен*) índèx (*pl.* -xes, índicès [-si:z]); алфави́тный ~ àlphabétical índèx; библиографи́ческий ~ bibliógraphy; **2.** (*справочная книга*): железнодоро́жный ~ ráilway-guide; ~ абоне́нтов телефо́нной се́ти télephòne diréctory; **3.** (*прибор, стрелка*) índicàtor, póinter; índèx; ~ (возду́шной) ско́рости *ав.* air speed índicàtor. **~ный** índicàting, índicàtory [-keɪ-]; ~ная стре́лка póinter, índèx (*pl.* -xes, índicès [-si:z]); ~ное местоиме́ние *грам.* demónstrative pró¦noun; ◇ ~ный па́лец fóre¦-finger, índèx (finger).

**указа́ть** *сов. см.* ука́зывать.

**ука́зк||а** *ж.* **1.** póinter; **2.** *разг.* (*указание, распоряжение*) órders *pl.*; по чьей-л. ~е on smb.'s órders.

**ука́зч||ик** *м.*, **~ица** *ж. разг.*: он ей не ~ he can't give her órders [...kɑ:nt...], she won't take órders from him [...wount...].

**ука́зывать,** указа́ть **1.** (*вн.*) show* [ʃou] (*d.*); índicàte (*d.*); ~ доро́гу show* the way; указа́ть литерату́ру по э́тому вопро́су point out *the* books déaling with this quéstion [...-stʃən]; ~ то́чную да́ту name the exáct date, указа́ть свою́ профе́ссию (*в анкете и т. п.*) índicàte one's proféssion; ~ путь к чему́-л. point the way to smth.; **2.** (на *вн.*) point (to, at); (*перен.*) point out (*d.*); стре́лка ука́зывает на юг the needle points to the south; ~ на недоста́тки point out *the* deféсts; **3.** (*без доп.; инструктировать*) point out, expláin; указа́ть, как вы́полнить рабо́ту point out, *или* expláin, how to do the work; ◇ указа́ть кому́-л. на дверь show* smb. the door [...dɔ:].

**укарау́лить** *сов.* (*вн.*) *разг.* watch (*d.*), guard (*d.*), mánage to watch / guard (*d.*); не ~ fail to watch (*d.*); let* (*d.*) go / escápe.

**score ската́ть**

**уката́ть** *сов. см.* ука́тывать I. **~ся** *сов. см.* ука́тываться I.

**укати́ть** *сов. см.* ука́тывать II.

**укати́ться** *сов. см.* ука́тываться II.

**ука́тка** *ж.* rólling.

**ука́тывать** I, уката́ть (*вн.*) roll (*d.*); ~ доро́гу drive* *a* road smooth / hard [...-ð...]; (*катком*) roll *a* road.

**ука́тывать** II, укати́ть **1.** (*вн.; о шаре, мяче*) roll a¦wáy (*d.*); **2.** (*без доп.*) *разг.* (*уезжать*) leave*, drive* off.

**ука́тываться** I, уката́ться **1.** (*о дороге и т. п.*) get* / become* smooth [...-ð]; **2.** *страд. к* ука́тывать I.

**ука́тываться** II, укати́ться **1.** roll a¦wáy; **2.** *страд. к* ука́тывать II 1.

**укача́ть** *сов. см.* ука́чивать.

**ука́чивать,** укача́ть (*вн.*) **1.** (*усыплять*) rock to sleep (*d.*); **2.** *безл.* (*на море*) cause séa-sickness; (*при езде в автомобиле, поезде*) make* sick (*d.*); его́ укача́ло (*на море*) he is (séa-)sick; (*в машине и т. п.*) the mótion (of the bus, of the car, *etc.*) made him sick.

**укипа́ть,** укипе́ть *разг.* boil down / a¦wáy.

**укипе́ть** *сов. см.* укипа́ть.

**укла́д** *м.*: ~ жи́зни ténor of life ['te-...]; обще́ственно-экономи́ческий ~ the sócial and èconómic strúcture [...i:k-...].

**укла́д||ка** *ж.* **1.** (*в груду*) píling; (*в штабеля*) stácking; (*вещей*) pácking; (*груза*) stówage ['stou-]; **2.** (*рельс, шпал*) láying. **~чик** *м.*, **~чица** *ж.* **1.** pácker; **2.** (*рельсов, шпал и т. п.*) láyer.

**укла́дывать,** уложи́ть (*вн.*) **1.** lay* (*d.*); уложи́ть в посте́ль put* to bed (*d.*); **2.** (*упаковывать*) pack up (*d.*); **3.** (*о грузе, дровах и т. п.*) stow [stou] (*d.*); (*в груду*) pile (*d.*); (*штабелями*) stack (*d.*); **4.** (*о рельсах, шпалах и т. п.*) lay* (*d.*); ◇ уложи́ть на ме́сте kill on the spot (*d.*).

**укла́дыв||аться** I, уложи́ться **1.** pack (up), be pácking (up), be pácking one's things;

2. (в *вн.*, в *пр.*; *умещаться*) go* (in, into); не всё ~ается в этот сундук not évery-thing will go into the trunk; 3.: это не ~ается в голове it is hard to belíeve / grasp it [...-'li:v...], this is hard to take in; 4. (в *вн.*; *в определённые пределы*) keep* (within), confíne òne-sélf (to); может ли он уложиться в десять минут? can he mánage in ten mínutes? [...'mınıts]; 5. *страд. к* укладывать.

**укладываться** II, улечься lie* down; ~ в постель go* to bed.

**уклейка** *ж. зоол.* bleak.

**уклон** *м.* 1. in-clinátion; (*от отвесной линии*) rake; (*дороги*) slope, declívity; *ж.-д.* grádient; идти под ~ go* dównhill; 2. (*тенденция*) bías; школа с техническим ~ом school with a téchnical bías; 3. *полит.* dèviátion; левый, правый ~ léft-wing, ríght-wing dèviátion. **~ение** *с.* dèviátion; (*перен.*; *от обязанностей, долга и т. п.*) evásion; (*от темы и т. п.*) digréssion [daı-]. **~иться** *сов. см.* уклоняться.

**уклончив||о** *нареч.* evásive-ly. **~ость** *ж.* evásive-ness. **~ый** evásive.

**уклоняться,** уклониться (от) déviàte (from); (*избегать*) avóid (*d.*); shun (*d.*); (*от удара и т. п.*; *тж. перен.*; *от обязанностей, долга и т. п.*) eváde (*d.*), elúde (*d.*); (*от темы*) digréss (from), wánder a-wáy (from); ~ от встречи с кем-л. avóid méeting smb.; ~ от ответа eváde *a* quéstion [...-stʃən], párry *a* quéstion; ~ от удара dodge *a* blow [...blou]; ~ от боя *воен.* avóid áction; ~ от ответственности dodge the respònsibílity.

**уключина** *ж.* rówlock ['rɔlək].

**укокошить** *сов.* (*вн.*) *разг.* kill (*d.*).

**укол** *м.* 1. prick; 2. (*подкожное впрыскивание*) injéction.

**уколоть** *сов.* (*вн.*) prick (*d.*); (*перен.*) pique [pi:k] (*d.*), sting* (*d.*); ~ руку иголкой prick one's hand with *a* needle; ~ кого-л. замечанием touch smb.'s pride with one's words [tʌtʃ...]. **~ся** *сов.* prick òne-sélf.

**укомплектование** *с.* máking up of the staff.

**укомплектованн||ость** *ж.* full strength. **~ый** *прич. и прил.* recrúited [-ru:t-], manned, staffed; *прил. тж.* compléte; (*о личном составе тж.*) with a compléte staff; быть ~ым be at full strength.

**укомплектовать** *сов. см.* комплектовать *и* укомплектовывать. **~ся** *сов. см.* укомплектовываться.

**укомплектовывать,** укомплектовать (*вн.*) compléte (*d.*); (*личным составом*) make* up the staff (of), recrúit [-ru:t] (*d.*), man (*d.*). **~ся,** укомплектоваться 1. become* compléte; (*личным составом*) get* / have all the vácancies filled [...'veı-...]; 2. *страд. к* укомплектовывать.

**укор** *м.* repróach; ~ы совести pangs / pricks / twinges of cónscience [...-nʃəns]; remórse *sg.*

**укорачивать,** укоротить (*вн.*) shórten (*d.*). **~ся,** укоротиться 1. shórten; 2. *страд. к* укорачивать.

**укорен||ение** *с.* táking / stríking root. **~ившийся** 1. *прич. см.* укореняться; 2. *прил.* déep-róoted, in-gráined. **~ить(ся)** *сов. см.* укоренять(ся).

**укоренять,** укоренить (*вн.*) implánt [-ɑ:nt] (*d.*). **~ся,** укорениться 1. (*прям. и перен.*) take* / strike* root; 2. *страд. к* укоренять.

**укоризн||а** *ж.* repróach. **~енный** repróachful.

**укорить** *сов. см.* укорять.

**укоротить(ся)** *сов. см.* укорачивать(ся).

**укорять,** укорить (*вн.* в *пр.*) repróach (*d.* with).

**укос** *м. с.-х.* hay hárvest.

**укосина** *ж. тех.* strut, brace; (*крона*) crone beam.

**украдкой** *нареч.* by stealth [...ste-], stéalthily ['ste-], fúrtive-ly.

**украин||ец** *м.*, **~ка** *ж.*, **~ский** Ùkráinian; ~ский язык Ùkráinian, the Ùkráinian lánguage.

**украсить(ся)** *сов. см.* украшать(ся).

**украсть** *сов. см.* красть.

**украш||ать,** украсить (*вн.*) adórn (*d.*), béautifỳ ['bju:-] (*d.*), décoràte (*d.*), órnamènt (*d.*); ~ флагами décoràte with flags (*d.*); ~ цветами décoràte with flówers (*d.*); beflówer (*d.*). **~аться,** украситься 1. adórn òne-sélf; 2. *страд. к* украшать. **~ение** *с.* 1. (*действие*) adórning, dècorátion, òrnamèntátion; 2. (*предмет*) adórnment, dècorátion, órnament; лепное ~ение stúcco móulding [...'mou-].

**укреп||ить(ся)** *сов. см.* укреплять(ся). **~ление** *с.* 1. (*действие*) stréngthening; (*власти, положения*) consòlidátion; *воен.* fórtifỳing; ~ление советского рубля stréngthening of the Sóvièt rouble [...ru:-]; 2. *воен.* fòrtificátion work; береговое ~ление cóastal fòrtificátion; долговременное ~ление pérmanent work; ложное ~ление dúmmy work; полевое ~ление field work [fi:-...]; предмостное ~ление brídge-head [-hed].

**укреп||лять,** укрепить (*вн.*) 1. (*в разн. знач.*) stréngthen (*d.*); (*о власти, положении и т. п.*) consólidàte (*d.*); *воен.* fórtifỳ (*d.*); укрепить квалифицированными кадрами rè-infórce / replénish with skilled pèrsonnél (*d.*); укрепить экономическую мощь enhánce the èconómic might [...i:k-...]; укрепить единство (*рд.*) consólidàte the únity (of); 2. (*прикреплять*) fix (*d.*). **~ляться,** укрепиться 1. become* strónger; (*о власти и т. п.*) consólidàte; *воен.* fórtifỳ one's position [...-'zı-]; нервы у него ~ились his nerves becáme stróng-er; 2. *страд. к* укреплять. **~ляющее** *с. скл. как прил. мед.* tónic; róborant ['rou-].

**укромн||ый** seclúded; (*уютный*) cómfortable ['kʌ-], cósy [-zı]; ~ое местечко, ~ уголок nook.

**укроп** *м.* fénnel, dill; морской ~ sámphire.

**укротитель** *м.*, **~ница** *ж.* támer; ~ змей snáke-chármer.

**укротить(ся)** *сов. см.* укрощать(ся).

**укрощ||ать,** укротить (*вн.*; *прям. и перен.*) tame (*d.*), (*подчинять*) subdúe (*d.*); (*заставлять повиноваться*) curb (*d.*). **~аться,** укротиться 1. become* tame; (*о гневе, ярости и т. п.*) calm (down) [kɑ:m...]; 2. *страд. к* укрощать. **~ение** *с.* (*прям. и перен.*) táming; (*перен. тж.*) cúrbing.

**укрупн||ение** *с.* enlárge-ment, exténsion; (*объединение*) consòlidátion; ~ колхозов amàlgamát:on of colléctive farms (:into bígger únits). **~йть(ся)** *сов. см.* укрупнять(ся).

**укрупнять,** укрупнить (*вн.*) enlárge (*d.*), extend (*d.*); (*предприятие и т. п.*) consólidàte (*d.*); (*объединять*) amálgamàte (*d.*). **~ся,** укрупниться **1.** become* / get* consólidàted; **2.** *страд. к* укрупнять.

**укрывание** *с.* concéalment, hárbour:ing; (*о краденом*) receíving (of stólen goods) [-'si:v-... gudz].

**укрыватель** *м.*, **~ница** *ж. юр.* concéaler; ~ краденого receíver [-'si:və]; fence *разг.* **~ство** *с.* concéalment, hárbour:ing; (*краденого*) receíving [-'si:v-].

**укрывать,** укрыть (*вн.*) **1.** (*укутывать*) cóver ['kʌ-] (*d.*); ~ одеялом cóver with *a* blánket (*d.*); **2.** (*прятать, защищать*) shélter (*d.*); (*преступника*) concéal (*d.*), hárbour (*d.*); (*о краденом*) receíve [-'si:v] (*d.*). **~ся,** укрыться **1.** (*укутываться*) cóver / wrap òne:sélf ['kʌ-...]; **2.** (*прятаться*) seek* shélter; *сов. тж.* find* / take* shélter / cóver; (*от неприятеля*) take* cóver; **3.** (*оставаться незамеченным*) escápe; от него ничто не укроется nothing escápes him; **4.** *страд. к* укрывать.

**укрыти||е** *с. воен.* cóver ['kʌ-], shélter; ~ от огня cóver (from fire); ~ от наблюдения cóver / concéalment from view [...vju:]; в ~и únder cóver.

**укрытый 1.** *прич. см.* укрывать; **2.** *прил. воен.* shéltered, cóvered ['kʌ-]; ~ ход сообщения cóvered commùnicátion; ~ подступ cóvered appróach.

**укрыть(ся)** *сов. см.* укрывать(ся).

**уксус** *м.* vínegar; древесный ~ wood vínegar [wud...]; туалетный ~ tóilet vínegar. **~ница** *ж.* vínegar-crùet [-kru-].

**уксуснокисл||ый** *хим.* ácetous; ~ая соль ácetate.

**уксусн||ый** ácetous, acétic [ə'si:-]; ~ая эссенция éssence of vínegar, vínegar éssence; ~ая кислота acétic ácid.

**укупор||ивать,** укупорить (*вн.*) **1.** cork up (*d.*); герметически ~ seal (*d.*); **2.** (*упаковывать*) pack (up) (*d.*). **~ить** *сов. см.* укупоривать.

**укупорка** *ж.* **1.** (*закупоривание*) córking; герметическая ~ séaling; **2.** (*упаковка*) pácking.

**укус** *м.* bite; (*насекомого*) sting. **~ить** *сов.* (*вн.*) bite* (*d.*); (*о насекомом*) sting* (*d.*); ◇ какая муха его ~ила? ≅ what posséssed him? [...-'ze-...], what took hold of him?

**укутать(ся)** *сов. см.* укутывать(ся).

**укутывание** *с.* wrápping.

**укутывать,** укутать (*вн.*) wrap up (*d.*), múffle (up) (*d.*). **~ся,** укутаться **1.** wrap òne:sélf up; **2.** *страд. к* укутывать.

**улавливать,** уловить (*вн.*; *в разн. знач.*) catch* (*d.*); уловить взгляд catch* the eye [...aɪ]; ~ сходство catch* *a* líke:ness; ~ смысл catch* the méaning; уловить момент *разг.* catch* *a* móment.

**уладить(ся)** *сов. см.* улаживать(ся).

**улаживать,** уладить (*вн.*) séttle (*d.*), arránge [-eɪndʒ] (*d.*); fix up (*d.*) *разг.*; (*примирять*) réconcile (*d.*); (*о ссоре тж.*) make* up (*d.*); ~ дело séttle *an* affáir; ~ спорный вопрос séttle *a* còntrovérsial / moot quéstion [...-stʃən]. **~ся,** уладиться **1.** get* séttled, be in a fair way; **2.** *страд. к* улаживать.

**уламывать,** уломать (*вн.* + *инф.*) *разг.* talk (*d.* into *ger.*); *сов. тж.* preváil (up:ón + to *inf.*).

**улан** *м. воен. уст.* úhlàn ['u:lɑ:n]. **~ский** *воен. уст.* úhlàn ['u:lɑ:n] (*attr.*).

**улей** *м.* (bée)hive; сажать пчёл в ~ hive *the* bees.

**улепетнуть** *сов. см.* улепётывать.

**улепётывать,** улепетнуть *разг.* bolt; take* to one's heels; show* a clean pair of heels [ʃou...] *идиом.*

**улет||ать,** улететь fly* (a:wáy); (*перен.: миновать*) pass; самолёт ~ел на север the plane flew a:wáy to the North; бумажка ~ела со стола the páper flúttered off the table.

**улететь** *сов. см.* улетать.

**улетучиваться,** улетучиться eváporàte, vólatilize; (*перен.: исчезать*) *разг.* vánish (:into thin air).

**улетучиться** *сов. см.* улетучиваться.

**улечься** *сов.* **1.** *см.* укладываться II; 2. (*о пыли и т. п.*) séttle; (*перен.: успокоиться*) calm down [kɑ:m...], subsíde; волнение улеглось the exíte:ment abáted; страсти со временем улягутся the pássions will calm / die down in time.

**улизнуть** *сов. разг.* slip a:wáy.

**улик||а** *ж.* évidence; прямые, косвенные ~и diréct, circumstántial év:dence *sg.*

**улитка** *ж.* **1.** *зоол.* snail, hélix ['hi:-] (*pl.* -icès [-si:z]); **2.** *анат.* cóchlea [-lɪə] (*pl.* -leae [-lɪi:]).

**улиц||а** *ж.* street; на ~е in the street; (*вне дома*) out of doors [...dɔ:z]; óutside; он живёт на ~е Горького в доме номер 10 he lives at númber 10 Górky Street [...lɪ-...]; ◇ будет и на нашей ~е праздник *погов.* ≅ our day will come; очутиться на ~е find* òne:sélf in the street; get* / have the key of the street [...ki:...] *идиом.*

**улич||ать,** уличить (*вн.*) convíct (*d.*); (*изобличать*) expóse (*d.*); ~ кого-л. во лжи catch* smb. in a lie, catch* smb. lýing, expóse smb. as a líar. **~ение** *с.* convíction. **~ить** *сов. см.* уличать.

**уличн||ый** street (*attr.*); ~ое движение street tráffic; ~ бой street fíghting; ~ мальчишка street árab [...'æ-], gúttersnipe, múd:làrk; ~ торговец street vénder; háwker.

**улов** *м.* catch, take.

**улов||имый 1.** *прич. см.* улавливать; **2.** *прил.* percéptible; (*слухом*) áudible; едва ~ шёпот álmòst ináudible whísper ['ɔ:lmoust...], very soft whísper. **~ить** *сов. см.* улавливать.

**уловка** *ж.* ruse, trick, súbterfùge; прибегать к разным ~м resórt to dífferent devíces / tricks [-'zɔ:t...].

**уложение** *с. юр.* code.

**уложить** *сов. см.* укладывать. **~ся** *сов. см.* укладываться I 1, 2, 4.

**уломать** *сов. см.* уламывать.

**улочка** *ж. разг.* bý-street.

**улуч||ать,** улучить (*вн.*) find* (*d.*), seize [si:z] (*d.*), catch* (*d.*); ~й минутку try to find a mínute [...'mɪnɪt], spare a mínute; ~ить момент catch* *a* móment. **~ить** *сов. см.* улучать.

**улучш||áть,** улу́чшить (*вн.*) impróve [-ruːv] (*d.*), make* bétter (*d.*), améliorate (*d.*); (*поправлять*) aménd (*d.*); (*о породе скота*) grade up (*d.*); *спорт.* (*о рекорде, времени*) bètter (*d.*). **~áться,** улу́чшиться **1.** impróve [-ruːv], amélioràte; его́ здоро́вье улу́чшилось his health has impróved [...he-...]; пого́да улу́чшилась the wéather has impróved [...'we-...]; **2.** *страд. к* улучша́ть. **~éние** *с.* impróve|ment [-ruːv-], amèliorátion.

**улу́чшить(ся)** *сов. см.* улучша́ть(ся).

**улыб||áться,** улыбну́ться **1.** smile; ~ счастли́вой, гру́стной улы́бкой smile a háppy, a sad smile; не ~а́ясь únsmiling|ly, without a smile; **2.** (*дт.*) smile (at, on); жизнь, судьба́ ему́ ~а́лась life, fórtune smiled up|ón him [...-ʧən...]; **3.** *тк. несов.* (*дт.*) *разг.* (*нравиться*): ему́ э́то не ~а́ется he does not like the idéa [...aɪ'dɪə]; ему́ не ~а́лась перспекти́ва (*рд.*) he didn't rélish the próspèct (of).

**улы́б||ка** *ж.* smile; с дово́льной ~кой на лице́ (with) a pleased smile up|ón one's face; с хи́трой ~кой with a cúnning smile; чуть заме́тная ~ a scárce|ly percéptible smile [...'skɛəs-...]; a ghost of a smile [...goust...] *идиом.* **~ну́ться** *сов. см.* улыба́ться 1, 2.

**ультим||ати́вный** ùltimátum (*attr.*). **~áтум** *м.* ùltimátum.

**ультракоро́тк||ий** *физ.*, *рад.* últra-shórt; very high fréquency [...'friː-] (*attr.*); ~ие во́лны últra-shórt waves.

**ультрамари́н** *м.* ùltramaríne [-'riːn]. **~овый** ùltramaríne [-'riːn] (*attr.*).

**ультрамикроско́п** *м. физ.* ùltramícroscòpe [-'maɪ-].

**ультрафиоле́тов||ый** *физ.* últra-víolet; ~ые лучи́ últra-víolet rays.

**улюлю́к||анье** *с. охот.* hallóo|ing; (*перен.*) *разг.* hóot|ing. **~ать** *охот.* hallóo; (*перен.*) *разг.* hoot.

**ум** *м.* mind; (*разум*) wit, íntellèct; челове́к большо́го ума́ man* of great íntellèct [...greɪt...]; very cléver man* [...'kle-...]; ◇ в своём, в здра́вом уме́ in one's sénses, in one's right mind; не в своём уме́ not right in the head [...hed], out of one's sénses; сходи́ть с ума́ go* mad, go* off one's head; вы с ума́ сошли́! are you out of your sénses?; своди́ть с ума́ (*вн.*) drive* mad (*d.*); ума́ не приложу́, ум за ра́зум захо́дит *разг.* I am at my wit's end; ско́лько голо́в — сто́лько умо́в *погов.* many men, many minds; ум хорошо́, а два лу́чше *посл.* two heads are bétter than one; ≅ four eyes see more than two [fɔːraɪz...]; у него́ друго́е на уме́ *разг.* he has sóme|thing at / in the back of his mind, he's thinking of smth. else; у него́ то́лько развлече́ния на уме́ he thinks of nothing but pléasure [...'ple-]; бра́ться за ум *разг.* come* to one's sénses, become* / grow* réasonable [...-ou 'riːz-]; ему́ пришло́ на ум it occúrred to him; э́то не его́ ума́ де́ло *разг.* it is be|yónd his ùnderstánding; э́то у него́ из ума́ нейдёт *разг.* he cánnòt get it out of his head / mind; счёт в уме́ méntal aríthmetic; счита́ть в уме́ do méntal aríthmetic; 1, 2 *и т. д.* в уме́ (*при сложении и умножении*) cárry one, two, *etc.*; себе́ на уме́ *разг.* cráfty; за́дним умо́м кре́пок *разг.* wise áfter the evént; быть без ума́ от кого́-л. *разг.* dote up|ón smb.; без ума́ от чего́-л. out of one's mind abóut smth.; у него́ что на уме́, то и на языке́ *разг.* ≅ he wears his heart on his sleeve [...wɛəz... hɑːt...]; научи́ться уму́-ра́зуму learn* sense [ləːn...].

**умал||éние** *с.* belíttling, dèrogátion, deprèciátion. **~и́ть(ся)** *сов. см.* умаля́ть(ся).

**умалишённ||ый** **1.** *прил.* mad, lúnatic; **2.** *м. как сущ.* mád|man*, lúnatic; дом ~ых lúnatic asýlum; mád|house* [-s] *разг.*

**ума́лчив||ание** *с.* pássing óver in sílence [...'saɪ-]. **~ать,** умолча́ть (о *пр.*) pass óver in sílence [...'saɪ-] (*d.*); hold* back (*d.*); hush up (*d.*).

**умаля́ть,** умали́ть (*вн.*) belíttle (*d.*), detráct (from), depréciàte (*d.*); ~ чьи-л. заслу́ги belíttle smb.'s sérvices; detráct from smb.'s mérit. **~ся,** умали́ться **1.** dimínish; **2.** *страд. к* умаля́ть.

**ума́сливать,** ума́слить (*вн.*) *разг.* coax (*d.*); cojóle (*d.*).

**ума́слить** *сов. см.* ума́сливать.

**ума́ять** *сов.* (*вн.*) *разг.* tire out (*d.*). **~ся** *сов. разг.* get* tired.

**у́мбра** *ж.* (*краска*) úmber.

**уме́л||о** *нареч.* skílfully; ~ испо́льзовать возмо́жности make* the best use of the òpportúnities [...-s...]. **~ый** able, skílful; ~ое руково́дство cápable guídance, effícient / cápable mánage|ment.

**уме́ние** *с.* abílity, skill; ~ де́лать что-л. knack of smth.

**уменьша́емое** *с. скл. как прил. мат.* mínuènd.

**уменьш||áть,** уме́ньши́ть (*вн.*) dimínish (*d.*), dècréase [diː'kriːs] (*d.*), léssen (*d.*); (*о цене и т. п.*) redúce (*d.*); (*о боли и т. п.*) abáte (*d.*); (*о расходах*) cut* down (*d.*); (*о вине*) èxténuàte (*d.*); ~ ско́рость redúce the speed, slow down [slou...]. **~áться,** уме́ньши́ться **1.** dimínish, dècréase [diː'kriːs]; (*о ценах*) léssen, be redúced; (*о боли*) abáte; (*о расходах*) be cut down; (*о скорости*) slow down [slou...]; **2.** *страд. к* уменьша́ть. **~éние** *с.* dìminútion, décrease ['diːkriːs], léssening; (*цен и т. п.*) redúction; (*боли и т. п.*) abáte|ment; (*вины*) èxtènuátion; ~éние ско́рости dècèlerátion [diː-].

**уменьши́тельн||ый** **1.** dimínishing; **2.** *грам.* dimínutive; ~ое и́мя dimínutive; **3.:** ~ое и́мя (*об имени собственном*) pet name.

**уме́ньши́ть(ся)** *сов. см.* уменьша́ть(ся).

**уме́ренн||ость** *ж.* mòderátion, móderate|ness; témperance; (*скромность*) frùgálity; ~ кли́мата the témperate|ness of the clímate [...'klaɪ-], the témperate clímate; ~ взгля́дов móderate|ness of views [...vjuːz]. **~ый** móderate; témperate; (*скромный*) frúgal; ~ый кли́мат témperate clímate [...'klaɪ-]; ~ые взгля́ды móderate views [...vjuːz].

**умере́ть** *сов. см.* умира́ть.

**уме́рить(ся)** *сов. см.* умеря́ть(ся).

**умертви́ть** *сов. см.* умерщвля́ть.

**уме́рший** **1.** *прич. см.* умира́ть; **2.** *м. как сущ.* the dead [...ded]; the depárted, the decéased [...-'siːst], the defúnct.

**умерщвле́ние** *с.* kílling; ~ не́рва *мед.* destrúction of *the* nerve; ◇ ~ пло́ти mòrtificátion of the flesh.

**умерщвля́ть,** умертви́ть (*вн.*) kill (*d.*); (*о

*нерве и т. п.*) destróy (*d.*); ◇ ~ плоть mórtifỳ one's flesh.

**умеря́ть,** уме́рить (*вн.*) móderàte (*d.*); (*смягчать*) abáte (*d.*); ~ пыл restráin *one's* árdour; ~ аппети́т móderàte, *или* keep* down, one's áppetite; tighten one's belt *идиом.*; уме́рить тре́бования lówer one's demánds ['louə...-ɑːndz]. **~ся,** уме́риться **1.** become* móderate / témperate; **2.** *страд. к* умеря́ть.

**уместúть(ся)** *сов. см.* умеща́ть(ся).

**уме́стно** I **1.** *прил. кратк. см.* уме́стный; **2.** *предик. безл.* it is appróprіate, it is not out of place; ~ заме́тить, что it is appróprіate, *или* not out of place, to méntion here that; бы́ло бы ~ сде́лать э́то сейча́с it would be a good thing to do it now.

**уме́стн||о** II *нареч.* appróprіate¦ly, áptly, in place; ópportùne¦ly. **~ость** *ж.* appróprіate¦ness, áptness; ópportùne¦ness; (*своевременность*) time¦liness. **~ый** appróprіate, in its place; ópportùne; (*своевременный*) time¦ly, wéll-tímed: э́тот расска́з здесь вполне́ уме́стен this stóry is quite appróprіate / súitable here [...'sjuːt-...]; э́то ~ое замеча́ние this remárk is to the point, this is quite a time¦ly / apt remárk; э́то ~ый вопро́с this quéstion is to the point [...-stʃən...]; он за́дал вполне́ ~ый вопро́с his quéstion is quite appróprіate, he has asked a very apt quéstion.

**уме́||ть** (+ *инф.*) be able (+ to *inf.*), know* [nou] (how + to *inf.*); can (+ *inf.*); be good (at *ger.*), be a good hand (at *ger.*); не ~ not know* (how + to *inf.*); он ~ет чита́ть, писа́ть *и т. п.* he can read, write, *etc.*; он сде́лает э́то как ~ет he'll do it as best he can, *или* to the best of his abílity; он не ~ет притворя́ться he is ún¦áble to dissémble; он не ~ет де́лать э́того he does¦n't know how to do it.

**умеща́ть,** уместúть (*вн.*) find* room (for); make* (*d.*) go in, put* in (*d.*); он не мо́жет уместúть все ве́щи в э́тот чемода́н he can't find room for all the things in the súitcàse / trunk [...kɑːnt... 'sjuːtkeɪs...]. **~ся,** уместúться **1.** find* / have room / place; все ве́щи уместúлись в чемода́не there was room for all the things in the súitcàse / trunk [...'sjuːtkeɪs...]; все го́сти уместúлись за столо́м there was room for all the guests aróund the table; **2.** *страд. к* умеща́ть.

**уме́ючи** *нареч.* *разг.* skilfully, with skill.

**умил||е́ние** *с.* ténder emótion. **~ённый** *прич. и прил.* touched [tʌ-], moved [muːvd].

**умил||úтельный** tóuching ['tʌ-], móving ['muːv-], afécting; pathétic; ~úтельное зре́лище tóuching sight. **~úть(ся)** *сов. см.* умиля́ть(ся).

**умúлостивить** *сов.* (*вн.*) propítiàte (*d.*).

**умúльн||ость** *ж.* swéetness; (*трогательность*) tóuching¦ness ['tʌ-]. **~ый 1.** sweet; (*трогательный*) tóuching ['tʌ-]; ~ый го́лос sweet voice; **2.** *разг.* (*угодливый*) compláisant [-zənt], offícious.

**умиля́ть,** умилúть (*вн.*) touch [tʌtʃ] (*d.*), move [muːv] (*d.*). **~ся,** умилúться be touched / moved [...tʌ- muː-].

**умина́ть,** умя́ть (*вн.*) **1.** (*разминать*) knead (*d.*), work up well (*d.*); **2.** *разг.* (*приминать ногами*) tread* down / in [-ed...] (*d.*); **3.** *разг.* (*есть*) eat* héartily [...'hɑːt-] (*d.*). **~ся,** умя́ться **1.** be well knéaded, be well worked up; **2.** *страд. к* умина́ть.

**умира́ние** *с.* dýing.

**умира́ть,** умере́ть die; pass a¦wáy; depárt *офиц.*; *сов. тж.* be dead [...ded]; (*о чувствах и т. п.*) die (a¦wáy / down / off); (от; *от болезни, старости и т. п.*) die (of); (за *вн.*) die (for); он у́мер he is dead; he is gone [...gɔn]; ~ есте́ственной, наси́льственной сме́ртью die a nátural, a víolent death [...deθ]; не умере́ть (*уцелеть*) come* through; умере́ть сме́ртью геро́я die the death of a hérò; умере́ть скоропостúжно die súddenly; умере́ть на своём посту́ die at one's post [...poust]; ~ с го́лоду die of starvátion / húnger, starve to death; ◇ ~ со́ смеху die of láughing [...'lɑːf-]; ~ от ску́ки be bored to death.

**умира́ющий 1.** *прич. и прил.* dýing; *прил. тж.* móribùnd; **2.** *м. как сущ.* dýing man*.

**умиротвор||е́ние** *с.* pàcificátion; полúтика ~е́ния pólicy of appéase¦ment. **~úтель** *м.*, **~úтельница** *ж.* péace¦màker; pácifier. **~úть (-ся)** *сов. см.* умиротворя́ть(ся).

**умиротворя́ть,** умиротворúть (*вн.*) pácifỳ (*d.*); (*успокаивать*) appéase (*d.*). **~ся,** умиротворúться **1.** become* appéased; **2.** *страд. к* умиротворя́ть.

**у́млаут** *м. лингв.* úmlaut ['umlaut], mutátion.

**умне́е** *сравн. ст. см. прил.* у́мный *и нареч.* у́мно II; *тж.* wíser; быть ~ have more sense; я ду́мал, (что) он ~ I thought he had more sense.

**умне́ть,** поумне́ть grow* wíser [-ou...].

**у́мник** *м.* cléver man* ['kle-...]; (*о ребёнке*) cléver / good boy.

**у́мница 1.** *ж.* cléver / good girl ['kle-...gəːl]; **2.** *м. и ж.* very cléver man*, wóman*, child* [...'wu-...]; man*, wóman* of sense; clear head [...hed].

**у́мничать** *разг.* philósophize; show* off one's intélligence [ʃou...]; (*мудрить*) súbtilize ['sʌtɪ-], be óver-sùbtle [...-sʌtl].

**у́мно** I **1.** *прил. кратк. см.* у́мный; **2.** *предик. безл.* it is wise.

**у́мно** II *нареч.* cléverly, wise¦ly; (*разумно*) sénsibly; говорúть ~ talk sénsibly / cléverly; поступа́ть ~ act wise¦ly.

**умнож||а́ть,** умно́жить (*вн.*) **1.** (*увеличивать*) in¦créase [-s] (*d.*), múltiplỳ (*d.*); (*повышать*) augmént (*d.*); ~ дохо́ды in¦créase / múltiplỳ *the* in¦come; умно́жить сúлы in¦créase / múltiplỳ *the* strength; ~ зна́ния in¦créase / enrích one's knówledge [...'nɔ-]; ~ сла́ву enhánce the glóry; **2.** *мат.* múltiplỳ (*d.*); ~ на 2, 3 *и т. д.* múltiplỳ by 2, 3, *etc.* (*d.*). **~а́ться,** умно́житься **1.** in¦créase [-s]; **2.** *страд. к* умножа́ть. **~е́ние** *с.* **1.** ín¦crease [-s], augmèntátion; **2.** *мат.* mùltiplicátion; табли́ца ~е́ния mùltiplicátion table.

**умно́жить** *сов. см.* умножа́ть *и* мно́жить. **~ся** *сов. см.* умножа́ться.

**у́мный** cléver ['kle-], intélligent; (*разумный*) sénsible; ~ челове́к cléver man*, man* of sense.

**умозаключ||а́ть,** умозаключúть (*вн.*) con¦clúde (*d.*), dedúce (*d.*). **~е́ние** *с.* con¦clúsion, dedúction; де́лать ~е́ние draw* *the* con¦clúsion, con¦clúde. **~úть** *сов. см.* умозаключа́ть.

**умозре́ние** *с. филос.* spèculátion.

**умозри́тельн||ость** *ж. филос.* spéculativeness. **~ый** *филос.* spéculative.

**умоисступле́н||ие** *с.* delírium; в ~ии in delírium, beside ònesélf.

**умоли́ть** *сов.* (*вн.*+ *инф.*) move [mu:v] (*d.*+ to *inf.*) (*ср.* умоля́ть).

**у́молк** *м.*: без ~у ùncéasingly [-'si:s-], incéssantly; говори́ть без ~у talk without a stop.

**умолка́ть,** умо́лкнуть (*о человеке*) fall* / become* silent, lapse into sílence [...'saɪ-]; (*о звуке, шуме*) stop; он умо́лк he fell sílent; го́лос внеза́пно умо́лк the voice súddenly stopped; гром умо́лк the thúnder stopped.

**умо́лкнуть** *сов. см.* умолка́ть.

**умоло́т** *м. тк. ед. с.-х.* yield (of grain) [ji:ld...].

**умолч||а́ние** *с.* **1.** pássing óver in sílence [...'saɪ-]; omíssion, fáilure to méntion; **2.** *лит.* prèterítion. **~а́ть** *сов. см.* ума́лчивать.

**умоля́ть** (*вн.*+ *инф.*) entréat (*d.*+ to *inf.*), implóre (*d.*+ to *inf.*); (о *пр.*) súpplicàte (for); (*ср.* умоли́ть).

**умоля́ющий** **1.** *прич. см.* умоля́ть; **2.** *прил.* pléading, súppliant, súpplicatory; ~ взгляд, го́лос pléading look, voice.

**умонастрое́ние** *с.* frame of mind.

**умопомеша́тельство** *с.* méntal derángement [...-'reɪ-], insánity.

**умопомрач||е́ние** *с. уст.* (témporary) insánity; ◇ до ~е́ния to a state of mádness. **~и́тельный** *разг.* prodígious; э́то ~и́тельно it is astóunding / magníficent.

**умо́ра** *ж. нескл. предик. разг.* it's enóugh to make one split one's sides (with láughter) [...ɪ'nʌf... 'lɑ:f-]; it's kílling.

**умори́тельно** I **1.** *прил. кратк. см.* умори́тельный; **2.** *предик. безл. разг.* it is extrémely fúnny, it makes one rock with láughter [...'lɑ:f-]; it's símply kílling.

**умори́тельн||о** II *нареч. разг.* in an extrémely fúnny way / mánner; вы́глядеть ~ look extrémely fúnny. **~ый** *разг.* láughable ['lɑ:f-], extrémely fúnny; kílling.

**умори́ть** *сов.* (*вн.*) *разг.* **1.** kill (*d.*); (*голодом*) starve to death [...deθ] (*d.*); (*перен.*) be the death (of); **2.** (*утомить*) exháust (*d.*), tire out (*d.*); ◇ ~ кого́-л. со́ смеху *разг.* make* smb. die of láughing [...'lɑ:f-]. **~ся** *сов. разг.* be quite exháusted, be dead tired [...ded...].

**у́мственн||ый** méntal, intelléctual; ~ые спосо́бности méntal / intelléctual fáculties; ~ труд, ~ая рабо́та méntal work, bráinwòrk; рабо́тник ~ого труда́ méntal wórker; за́нятые ~ым трудо́м engáged in intelléctual pursúits [...-'sju:ts]; ~о отста́лый méntally defícient, báckward; ~о отста́лый ребёнок méntally retárded / hándicàpped child*; ◇ ~ бага́ж méntal óutfit; store of knówledge [...'nɔ-]; èrudítion.

**у́мствов||ание** *с. разг.* réasoning [-z-], philósophizing; sophisticátion. **~ать** *разг.* réason [-z°n], philósophize.

**умудрённый** *прич. см.* умудря́ть; ~ о́пытом grown wise with expérience [-oun...].

**умудр||и́ть(ся)** *сов. см.* умудря́ть(ся). **~я́ть,** умудри́ть (*вн.*) make* wise(r) (*d.*); teach* (*d.*). **~я́ться,** умудри́ться (+ *инф.*) *разг.* **1.** contríve (+ to *inf.*), mánage (+ to *inf.*); да́же здесь он ~и́лся сде́лать оши́бку he contríved to make a mistáke éven here; **2.** *страд. к* умудря́ть.

**умфо́рмер** *м. эл.* cómmutàtor.

**умча́ть** *сов.* (*вн.*) whirl awáy (*d.*). **~ся** *сов.* dash / whirl awáy; (*перен.*; *о времени*) fly* past.

**умыва́льн||ая** *ж. скл. как прил.* wásh-room. **~ик** *м.* wásh-stànd, wáshing-stànd, wásh-hànd-stànd. **~ый** wash (*attr.*); ~ый прибо́р wáshing-sèt; ~ый таз wásh-bàsin [-beɪs-], wásh-hànd-bàsin [-beɪs-].

**умыва́н||ие** *с.* wáshing, wash; для ~ия for wáshing.

**умыва́ть,** умы́ть (*вн.*) wash (*d.*); ◇ ~ ру́ки wash one's hands of *it*. **~ся,** умы́ться wash (ònesélf).

**умык||а́ние** *с.* àbdúction. **~а́ть** (*вн.*) àbdúct (*d.*).

**у́мыс||ел** *м.* design [-'zaɪn], inténtion; с ~лом designedly [-'zaɪn-], inténtionally, delíberately; of set púrpose [...-s]; без ~ла úndesígnedly [-'zaɪn-], úninténtionally; злой ~ évil /malícious intént ['i:-...]; со злым ~лом with malícious intént; *юр.* of málice prepénse.

**умы́слить** *сов. см.* умышля́ть.

**умы́ть(ся)** *сов. см.* умыва́ть(ся).

**умы́шленн||ость** *ж.* designedness [-'zaɪn-], premèditátion. **~ый** **1.** *прич. см.* умышля́ть; **2.** *прил.* designed [-'zaɪnd], inténtional, delíberate; ~ое уби́йство múrder (in the first degrée).

**умышля́ть,** умы́слить *уст.* **1.** (+ *инф.*) design [-'zaɪn] (+ to *inf.*), inténd (+ to *inf.*); **2.** (*вн.* на *вн.*) plot (*d.* agáinst).

**умягч||а́ть** [-хч-], умягчи́ть (*вн.*) sóften [-f°n] (*d.*), make* sóft(er) (*d.*); móllifỳ (*d.*). **~и́ть** [-хч-] *сов. см.* умягча́ть.

**умя́ть(ся)** *сов. см.* умина́ть(ся).

**унава́жив||ание** = унаво́живание. **~ать** = унаво́живать.

**унаво́жив||ание** *с. с.-х.* manúring, dúnging. **~ать,** унаво́зить (*вн.*) manúre (*d.*), dung (*d.*).

**унаво́зить** *сов. см.* унаво́живать.

**унасле́довать** *сов.* (*вн.*) inhérit (*d.*).

**унди́на** *ж.* úndìne [-di:n], wáter nymph ['wɔ:-...].

**унести́(сь)** *сов. см.* уноси́ть(ся).

**униа́т** *м.*, **~ка** *ж. ист.* Úniàt(e).

**универма́г** *м.* (универса́льный магази́н) depártment / géneral store(s) (*pl.*).

**универсали́зм** *м. филос.* ùnivérsalism.

**универса́льн||ость** *ж.* ùnivèrsálity. **~ый** ùnivérsal; (*о приспособлении, станке тж.*) géneral-púrpose [-s] (*attr.*); ~ое образова́ние mány-síded / líberal èducátion; ~ое сре́дство ùnivérsal rémedy, pànacéa [-'sɪə]; ~ый магази́н = универма́г.

**университе́т** *м.* ùnivérsity; око́нчивший ~ ùnivérsity gráduate. **~ский** ùnivérsity (*attr.*); ~ское образова́ние ùnivérsity èducátion; получи́вший ~ское образова́ние ùnivérsity gráduate.

**униж||а́ть,** уни́зить (*вн.*) húmble (*d.*), humíliàte (*d.*), abáse [-s] (*d.*); belíttle (*d.*); ~ себя́ abáse ònesélf. **~а́ться,** уни́зиться **1.** abáse ònesélf [-s...]; gróvel [-ɔv-]; (до) stoop (to); уни́зиться до лжи stoop to a lie; уни́зиться до про́сьбы о чём-л. (stoop to) beg for smth.; **2.** *страд. к* унижа́ть. **~е́ние** *с.* humìliátion, abásement [-s-]; cóme-dówn *разг.*; дойти́ до тако́го ~е́ния humiliàte òne|sélf to such an extént; терпéть ~éния stand* / bear* humiliátion [...bɛə...]; подвергáться ~éниям súffer indígnity.

**унижённость** *ж.* humílity, húmble|ness.

**уни́женн||ый** 1. *прич. см.* унижáть; 2. *прил.* humble; ~ая прóсьба humble requést.

**унижённый** humble, opprèssed.

**унизáть** *сов. см.* уни́зывать.

**унизи́тельн||ость** *ж.* humiliátion. **~ый** humíliàting, degráding; э́то ~о it is humíliàting.

**уни́зить(ся)** *сов. см.* унижáть(ся).

**уни́зывать,** унизáть (*вн. тв.*) cóver ['kʌ-] (*d.* with); (*усеивать*) stud (*d.* with); ~ плáтье жéмчугом stud *the* dress with pearls [...pəː-].

**уникáльный** ùníque [-'niːk].

**ýникум** *м.* ùníque [-'niːk].

**унимá||ть,** уня́ть (*вн.*) 1. quíet (*d.*), calm [kɑːm] (*d.*), soothe (*d.*); (*подавлять чувство и т. п.*) represś (*d.*); уня́ть ребёнка calm / quíet / soothe *the* child*; 2. *разг.* (*прекращать*) stop (*d.*); ~ кровотечéние (из рáны) stop *a* wound [...wuː-]. **~ться,** уня́ться 1. grow* quíet [-ou...], quíet down; он не ~ется there's no stópping / cálming / quíetening him [...'kɑːm-...]; 2. *разг.* (*прекращаться*) abáte; (*о кровотечении*) stop; 3. *страд. к* унимáть.

**униполя́рный** *физ.* ùnipólar.

**унисóн** *м. муз., физ.* únison; в ~ (*прям. и перен.*) in únison.

**унитáз** *м.* lávatory pan, w. c. pan ['wɔːtə 'klɔzɪt...].

**унитáрный** únitary.

**унификáция** *ж.* ùnificátion.

**унифици́ровать** *несов. и сов.* (*вн.*) únifỳ (*d.*).

**уничижи́тельный** *лингв.* péjorative ['piː-].

**уничтож||áть,** уничтóжить (*вн.*) 1. (*разрушать*) destróy (*d.*); (*избавляться*) do a|wáy (with); (*полностью*) annìhilàte [ə'naɪə-] (*d.*), oblíteràte (*d.*); wipe / blot out (*d.*); (*перен.*) crush (*d.*); огóнь всё уничтóжил the fire has destróyed évery|thing; ~ проти́вника annìhilàte the énemy; ~ зло èxtérminàte the évil [...'iː-]; 2. (*упразднять*) abólish (*d.*), do a|wáy (with); ~ рáбство abólish slávery [...'sleɪ-]. **~áющий** 1. *прич. см.* уничтожáть; 2. *прил.* destrúctive; ~áющий взгляд killing glance, scáthing look ['skeɪ-...]; ~áющая кри́тика destrúctive / annìhilàting críticism [...ə'naɪə-...]; ~áющий аргумéнт crúshing árgument. **~éние** *с.* 1. destrúction; annihilátion [ənaɪə-]; 2. (*упразднение*) abólishment, àbolítion.

**уничтóжить** *сов. см.* уничтожáть.

**ýния** *ж.* únion.

**уноси́ть,** унести́ (*вн.*) take* a|wáy (*d.*), cárry (a|wáy) (*d.*); (*похищать*) *разг.* cárry off (*d.*); ~ с собóй take* (a|wáy) with one (*d.*); воображéние унеслó егó далекó his fáncy cárried him a|wáy, he was cárried a|wáy by his fáncy. **~ся,** унести́сь 1. speed* a|wáy; pass a|wáy; егó мы́сли унесли́сь в прóшлое his thoughts trávelled / went back to the past, his thoughts cárried / took him back to the past; 2. *страд. к* уноси́ть.

**ýнтер** *м. уст. разг.* = ýнтер-офицéр.

**ýнтер-офицéр** *м. воен. уст.* nón-commíssioned ófficer.

**ýнты** *мн.* (*ед.* унт *м. и* ýнта *ж.*) flýing boots.

**ýнция** *ж.* ounce (*сокр.* oz).

**унывáть** lose* heart [luːz hɑːt], be cast down, be dejécted.

**уны́л||о** *нареч.* despóndently, dóle|fully, dejéctedly. **~ость** *ж.* despóndency, dejéction. **~ый** sad, chéerless, dóle|ful, dísmal [-z-]; (*павший духом*) despóndent, créstfàll|en, dówncàst; ~ая пéсня sad / chéerless song; ~ый гóлос sad voice; ~ые мы́сли sad / chéerless thoughts; ~ый вид dówncàst appéarance / air.

**уны́ние** *с.* despóndency, dejéction; low spírits [lou...] *pl.*; наводи́ть ~ (на *вн.*) depréss (*d.*); впасть в ~ lose* heart [luːz hɑːt], be cast down, be dejécted.

**уня́ть(ся)** *сов. см.* унимáть(ся).

**упáвш||ий** 1. *прич. см.* пáдать; 2. *прил.* (*о голосе, тоне*) chéerless, disappóinted; ~им гóлосом in a chéerless / disappóinted voice / tone.

**упáд** *м.*: до ~у till one falls / drops, till one is quite exháusted; смея́ться до ~у split* one's sides with láughter [...'lɑːf-], rock with láughter; танцевáть до ~у dance till one drops.

**упáд||ок** *м. тк. ед.* 1. declíne, decáy; (*в литературе, искусстве и т. п. тж.*) décadence; приходи́ть в ~ fall* into decáy; в состоя́нии ~ка on the declíne; 2.: ~ сил collápse, bréak-down ['breɪk-]; ~ дýха despóndency; low spírits [lou...] *pl.*

**упáдочниче||ский** décadent. **~ство** *с.* décadence.

**упáдочн||ый** depréssive; (*о литературе, искусстве*) décadent; ~ое настроéние low spírits [lou...] *pl.*; ~ое состоя́ние depréssion.

**упаковáть(ся)** *сов. см.* упакóвывать(ся).

**упакóвк||а** *ж.* 1. (*действие*) pácking; (*завёртывание*) wrápping; 2. (*материал*) wrápping, wrápper, pácking, páckage; ценá без ~и pácking not in|clúded.

**упакóвочный** (for) pácking; ~ материáл pácking matérial.

**упакóвщ||ик** *м.*, **~ица** *ж.* pácker.

**упакóвывать,** упаковáть (*вн.*) pack (up) (*d.*); ~ товáр pack up *the* goods [...gudz]; упаковáть вéщи в чемодáн pack (up) things in *a* trunk / súitcàse [...'sjuːtkeɪs]. **~ся,** упаковáться 1. pack (up), do one's pácking; 2. (*о вещах — вмещаться*) go* in; 3. *страд. к* упакóвывать.

**упáривать,** упáрить (*вн.*) *тех.* steam (*d.*); sóften by steam [-fᵊn...] (*d.*). **~ся,** упáриться 1. *разг.* be in, *или* get* into, a sweat [...swet]; 2. *страд. к* упáривать.

**упáрить(ся)** *сов. см.* упáривать(ся).

**упáсть** *сов. см.* пáдать 1.

**упекáть,** упéчь (*вн.*) *разг.*: ~ под суд bring* to tríal (*d.*), put* on tríal (*d.*); ~ в тюрьмý put* into príson [...-ɪz-] (*d.*).

**уперéть** *сов. см.* упирáть 1, 2. **~ся** *сов. см.* упирáться 1, 2.

**упéчь** *сов. см.* упекáть.

**упивáться,** упи́ться 1. get* drunk; 2. (*тв.; наслаждаться*) rével ['re-] (in); be drunk (with); (*созерцанием тж.*) feast one's eyes [...aɪz] (up|ón).

**упирáть,** уперéть 1. (*вн.* в *вн.*) rest (*d.* agáinst), set* (*d.* agáinst); ~ шест в стéну rest *a* pole agáinst *the* wall; ~ рýку в бок place / put* one's hand on one's hip; 2. (*вн.*) *разг.* (*красть*) pílfer (*d.*), filch (*d.*); 3. *тк. несов.* (на *вн.*) *разг.* (*настоятельно указывать, подчёркивать*) lay* stress (on). **~ся,** уперéться

1. (*тв.* в *вн.*) rest (*d.* agáinst), set* (*d.* agáinst); ~ся лóктем в стéну set* one's élbow agáinst *the* wall; ~ся ногáми в зéмлю take* a firm stand; уперéться глазáми в когó-л. *разг.* stare at smb.; 2. (*упрямиться*) jib; 3. *тк. несов.* (в *вн.*; *встречать препятствие*) rest (on), turn (on); весь вопрóс упирáется в недостáток врéмени the whole quéstion rests / turns on time shórtage [...houl -sʧən...].

**уписáть** I, II *сов. см.* упи́сывать I, II.

**уписáться** *сов. см.* упи́сываться.

**упи́сывать** I, уписáть (*вн.*) write* in (*d.*).

**упи́сывать** II, уписáть (*вн.*) *разг.* (*есть*) eat* with gústò (*d.*).

**упи́сываться,** уписáться 1. (*умещаться на странице и т. п.*) get* in; 2. *страд. к* упи́сывать I.

**упи́танн||ость** *ж.* fátness; скот срéдней ~ости cattle of áverage fátness. **~ый** wéll-fed, fáttened; (*о человеке*) wéll-nóurished [-'nʌ-]; (*полный*) plump.

**упи́ться** *сов. см.* упивáться.

**уплáт||а** *ж. тк. ед.* páyment, páying; ~ по вéкселю dis¦chárge of *a* bill; ~ дóлга dis¦chárge of *a* debt [...det]; произвести́ ~у pay*; в счёт ~ы, в ~у on accóunt; остаётся к ~е is due. **~и́ть** *сов. см.* уплáчивать.

**уплáчивать,** уплати́ть (*вн.*) pay* (*d.*); ~ долг pay* / dis¦chárge *a* debt [...det]; ~ по счёту pay* *a* bill, settle one's accóunt; ~ по вéкселю pay* / meet* *a* bill.

**уплести́** *сов. см.* уплетáть.

**уплетáть,** уплести́ *разг.* = упи́сывать II.

**уплотнéние** *с.* 1. còndènsátion; 2.: ~ рабóчего дня efficient plánning of the wórking day; 3. *мед.* infiltrátion.

**уплотни́ть(ся)** *сов. см.* уплотня́ть(ся).

**уплотня́ть,** уплотни́ть (*вн.*) 1. condénse (*d.*), thicken (*d.*); *тех.* pack (*d.*); 2.: ~ рабóчий день plan the wórking day efficiently; 3. (*о квартире*) redúce the per pérson líving space [...'lı-...] (of). **~ся,** уплотни́ться 1. give* up a part of one's accòmmodátion to smb. else; 2. *страд. к* уплотня́ть.

**уплывáть,** уплы́ть (*о пловце*) swim* a¦wáy; (*о корабле*) steam / sail a¦wáy; (*о вещах*) float a¦wáy; (*перен.*) *разг.* (*о деньгах*) be spent quíckly; (*проходить незаметно*) pass / slip a¦wáy, elápse.

**уплы́ть** *сов. см.* уплывáть.

**упов||áние** *с. уст.* hope; возлагáть ~áния (на *вн.*) set* great hopes [...-eıt...] (on). **~áть** (на *вн.*) *уст.* set* hopes (on).

**уподóбить(ся)** *сов. см.* уподобля́ть(ся).

**уподоблéние** *с.* 1. líken¦ing; 2. *лингв.* assìmilátion.

**уподобля́ть,** уподóбить (*вн. дт.*) 1. liken (*d.* to); 2. *лингв.* assímilàte (*d.* to, with). **~ся,** уподóбиться (*дт.*) 1. become* like (*d.*), become* símilar (to); 2. *лингв.* assímilàte (to, with); 3. *страд. к* уподобля́ть.

**упоéни||е** *с.* rápture, écstasy; быть в ~и be in ráptures / écstasies; ~ успéха flush of succéss.

**упоённый** intóxicàted; ~ успéхом intóxicàted with succéss.

**упои́тельный** rávishing, entráncing.

**уползáть,** уползти́ creep* / crawl a¦wáy.

**уползти́** *сов. см.* уползáть.

**уполномáчивать** = уполномóчивать.

**уполномóченный** 1. *прич. см.* уполномóчивать; 2. *м. как сущ.* commíssioner; áuthorized ágent; (*представитель*) rèpreséntative [-'ze-].

**уполномóчивать,** уполномóчить (*вн.*+*инф.*) áuthorize (*d.*+ to *inf.*), empówer (*d.*+ to *inf.*); depúte (*d.*+ to *inf.*).

**уполномóчи||е** *с.*: по ~ю up¦ón authorizátion [...-raı-].

**уполномóчить** *сов. см.* уполномóчивать.

**упоминáни||е** *с.* méntion, mént oning; пи́сьменное ~ о чём-л. récòrd of smth. ['re-...]; при ~и (*рд.*) at the méntion (of).

**упоминáть,** упомяну́ть (*вн.*, о *пр.*) méntion (*d.*); refér (to); ~ вскользь, случáйно méntion in pássing (*d.*), make* cásual méntion [...-ʒjuəl...] (of).

**упóмнить** *сов.* (*вн.*) *разг.* remémber (*d.*).

**упомяну́ть** *сов. см.* упоминáть.

**упóр** *м.* rest; *тех.* stop, lug; боевóй ~ (*в оружии*) lócking lug; ◇ дéлать (основнóй) ~ на чтó-л., на чём-л. lay* (spécial) stress / émphasis on smth. [...'spe-...], émphasize smth.; стреля́ть в ~ fire póint-blánk; смотрéть в ~ на когó-л. look stéadily at smb. [...'sted-...], stare at smb.

**упóр||ный** 1. (*настойчивый, стойкий*) persístent; (*упрямый*) stúbborn, pèrtinácious; ~ человéк persístent pérson; ~ная борьбá, ~ное сопротивлéние stúbborn struggle, resístance [...-'zı-]; ~ные уси́лия tenácious éfforts; ~ные бои́ stúbborn fíghting *sg.*; 2. *тех.*: ~ подши́пник thrust béaring [...'bɛə-]; *мор.* thrust block. **~ство** *с.* (*настойчивость*) persístence, ùn¦yíelding¦ness [-'ji:l-]; (*упрямство*) óbstinacy, stúbbornness, pèrtinácity.

**упóрствовать** (в *пр.*) persíst (in); (*без доп.*) be stúbborn / óbstinate.

**упорхну́ть** *сов.* fly* / flit a¦wáy.

**упоря́дочение** *с.* régulàting; pútting in (good) órder.

**упоря́дочить** *сов.* (*вн.*) régulàte (*d.*); put* in (good) órder (*d.*). **~ся** *сов.* come* right.

**употреби́тельн||ость** *ж.* use [ju:s]; úsualness [-ʒu-]; (*частота*) fréquency ['fri:-]. **~ый** cómmon, génerally used; ~ые выражéния expréssions in cómmon use [...ju:s].

**употреб||и́ть** *сов. см.* употребля́ть. **~лéние** *с.* use [ju:s], úsage ['ju:z-]; (*применение*) àpplicátion; выходи́ть из ~лéния get* / go* out of use, be no lónger in use, fall* into disúse [...-'ju:s]; (*о слове, выражении и т. п.*) become* óbsolète; вы́шедший из ~лéния out of use; вводи́ть в ~лéние (*вн.*) bring* into use (*d.*), put* in use (*d.*); в большóм ~лéнии wíde¦ly used, in wíde¦spread use [...-spred...]; бы́вший в ~лéнии used; непрáвильное ~лéние (*рд.*) misúse [-'ju:s] (of); пéред ~лéнием взбáлтывать to be well sháken befóre úsing; (*этикетка*) shake the bottle!; спóсоб ~лéния (*надпись*) diréctions for use *pl.*; для вну́треннего ~лéния (*о лекарстве*) for intérnal use.

**употреб||ля́ть,** употреби́ть (*вн.*) use (*d.*), make* use [...-s] (of); (*о лекарствах и т. п.*) take* (*d.*), applý (*d.*); ~ спиртны́е напи́тки take* àlcohólic / strong drinks; он не ~ля́ет спиртны́х напи́тков he does¦n't drink; he is a teetótaller [...-'tou-]; ~и́ть два, три часá на что-л. spend* two, three hours on smth. [...auəz...]; ~и́ть во зло abúse (*d.*); ~и́ть все уси́лия exért / make* every éffort; do one's best *разг.*; leave* no stone úntúrned *идиом.*; ~и́ть в де́ло make* use (of); ~и́ть наси́лие use violence; ~и́ть власть éxercise / emplóy one's authórity; ~ с по́льзой bénefit (from, by), prófit (from, by). **~ля́ться 1.** be used, be in use [...-s]; широко́ ~ля́ться be in wide / cómmon úsage [...'ju:z-], be in wide use, be wide|ly used; не ~ля́ться be out of use; **2.** *страд. к* употребля́ть.

**упра́в||а** *ж.* **1.** *тк. ед. разг.* jústice; иска́ть ~ы seek* jústice; найти́ ~у find* jústice; на него́ нет ~ы there is no kéeping him in check; **2.** *ист.* board; городска́я ~ town cóuncil.

**управдо́м** *м.* (управля́ющий до́мом) hóuse-mànager [-s-].

**управи́тель** *м. уст.* stéward; (*имения тж.*) estáte mánager.

**упра́виться** *сов. см.* управля́ться.

**управле́ние** *с.* **1.** mánage|ment; (*государством*) góvernment ['gʌ-]; **2.** *тех.*, *воен.* contról [-oul], diréction; ~ на расстоя́нии remóte contról; двойно́е ~ *ав.* dúal contról; ~ бо́ем contról of òperátions; ~ огнём *воен.* fire contról; ~ рулём stéering; **3.** (*учреждение*) óffice, administrátion; diréctorate; board; (*отдел*) depártment; ~ дела́ми mánaging depártment; **4.** *грам.* góvernment; **5.** (*дирижирование*) condúcting.

**управле́нческ||ий** administrative; mánage|ment (*attr.*); ~ие расхо́ды mánage|ment expénses; ~ персона́л (*на предприятии и т. п.*) mànagérial staff.

**управля́емый 1.** *прич. см.* управля́ть; **2.** *прил. ав.* dirigible; ~ аэроста́т dirigible; ~ снаря́д guided missile.

**управля́ть** (*тв.*) **1.** (*руководить*) góvern ['gʌ-] (*d.*); (*страной тж.*) rule (*d.*, óver); (*предприятием, производством и т. п.*) contról [-oul] (*d.*); (*делами*) mánage (*d.*); **2.** (*машиной*) óperàte (*d.*), run* (*d.*); (*автомобилем*) drive* (*d.*); (*рулём*) steer (*d.*); **3.** *грам.* góvern (*d.*); **4.** (*оркестром*) condúct (*d.*). **~ся,** упра́виться **1.** (с *тв.*) *разг.* mánage (*d.*); **2.** *страд. к* управля́ть.

**управля́ющий 1.** *прич. см.* управля́ть; **2.** *м. как сущ.* mánager; (*имением и т. п.*) stéward; ~ дела́ми búsiness-mànager ['bızn-].

**упражне́ние** *с.* (*в разн. знач.*) éxercise.

**упражня́ть** (*вн.*) éxercise (*d.*). **~ся** (в *пр.*) práctise [-s] (*d.*); ~ся в пе́нии práctise sing|ing; ~ся в англи́йском, неме́цком *и т. п.* языке́ práctise one's Énglish, Gérman, *etc.* [...:'ıŋ-...]; ~ся на роя́ле práctise the piáno [...'pjæ-].

**упраздн||е́ние** *с.* àbolítion; abólishment. **~и́ть** *сов. см.* упраздня́ть.

**упраздня́ть,** упраздни́ть (*вн.*) abólish (*d.*), do a|wáy (with).

**упра́шивать,** упроси́ть (*вн.*) entréat (*d.*), beg (*d.*); beséech* (*d.*); *сов. тж.* preváil (up|ón).

**упрева́ть,** упре́ть be well stewed.

**упреди́ть** *сов. см.* упрежда́ть.

**упрежд||а́ть,** упреди́ть (*вн.*) *уст.*, *воен.* fòre|stáll (*d.*); ~ проти́вника fòre|stáll the énemy. **~е́ние** *с. уст.* fòre|stálling.

**упрёк** *м.* repróach, repróof; rebúke; с ~ом repróachfully, repróving|ly [-u:v-]; осыпа́ть кого́-л. ~ами hurl repróaches at smb.

**упрек||а́ть,** упрекну́ть (*вн.* в *пр.*) repróach (*d.* with), ùpbráid (*d.* with, for); ~ себя́ repróach òne|sélf. **~ну́ть** *сов. см.* упрека́ть.

**упре́ть** *сов.* **1.** *см.* упрева́ть; **2.** *как сов. к* преть 2.

**упроси́ть** *сов. см.* упра́шивать.

**упрости́ть(ся)** *сов. см.* упроща́ть(ся).

**упро́чение** *с.* stréngthen|ing, consòlidátion; ~ еди́нства ceménting of ún|ity.

**упро́чи||вать,** упро́чить (*вн.*) stréngthen (*d.*), consólidàte (*d.*); он ~л своё положе́ние he has consólidàted / impróved his position [...-u:vd... -'zı-]. **~ваться,** упро́читься **1.** stréngthen, gain strength, become* consólidàted; **2.** *страд. к* упро́чивать. **~ть(ся)** *сов. см.* упро́чивать(ся).

**упроща́ть,** упрости́ть (*вн.*) **1.** símplifỳ (*d.*); ~ зада́чу símplifỳ *a* próblem [...'prɔ-]; ~ орфогра́фию símplifỳ spélling; **2.** (*обеднять*) òver|símplifỳ (*d.*); ~ смысл собы́тий òver|símplifỳ the significance of evénts; ~ иде́ю произведе́ния òver|símplifỳ the idéa of *the* book [...aı'dıə...]. **~ся,** упрости́ться **1.** get* simplified; **2.** *страд. к* упроща́ть.

**упроще́нец** *м.* vúlgarizer.

**упроще́н||ие** *с.* simplificátion. **~ство** *с.*, **~чество** *с.* vùlgarizátion [-raı-], vúlgar sìmplificátion, óver|simplificátion.

**упру́г||ий** elástic, resilient [-'zı-]. **~ость** *ж.* èlastícity, resíliency [-'zı-].

**упря́жка** *ж.* **1.** team; **2.** (*упряжь*) hárness, gear [gıə].

**упряжн||о́й** draught [-ɑ:ft] (*attr.*); ~а́я ло́шадь dráught-hòrse [-ɑ:ft-], cárriage-hòrse [-rıdʒ-].

**у́пряжь** *ж. тк. ед.* hárness, gear [gıə].

**упря́мец** *м. разг.* óbstinate / stúbborn pérson.

**упря́миться,** заупря́миться be óbstinate; (*настаивать на своём*) persíst.

**упря́мица** *ж. к* упря́мец.

**упря́мство** *с.* óbstinacy, stúbbornness. **~вать** (в *пр.*) persíst (in).

**упря́м||ый** óbstinate, stúbborn; refráctory; фа́кты — ~ая вещь facts are stúbborn things, you can't get a|wáy from facts [...kɑ:nt...], you can't fight facts.

**упря́тать(ся)** *сов. см.* упря́тывать(ся).

**упря́тывать,** упря́тать (*вн.*) *разг.* hide* (*d.*); (*убирать*) take* / put* a|wáy (*d.*); упря́тать в тюрьму́ put* into prison [...'prız-] (*d.*). **~ся,** упря́таться **1.** *разг.* hide*; **2.** *страд. к* упря́тывать.

**упуска́ть,** упусти́ть (*вн.*) **1.** let* (*d.*) escápe; let* (*d.*) go / slip; упусти́ть коне́ц верёвки let* the end of *the* rope slip; **2.** (*прозёвывать, терять*) miss (*d.*); (*не замечать*) òver|lóok (*d.*); ~ слу́чай miss *the* òpportúnity; lose* *the* chance [lu:z...]; ◇ ~ что-л. из ви́ду lose* sight of smth.; not bear* smth. in mind [...bɛə...], forgét* smth. [-'get...]; not take* smth. into accóunt / considerátion.

**упусти́ть** *сов. см.* упуска́ть.

**упуще́ни||е** *с.* omíssion; (*халатность*) neglect, dèreliction; ~я по слу́жбе neglect of one's dúties *sg.*, dèreliction of dúty *sg.*; непростительное ~ ùnpárdonable / inexcúsable omission [...-zəbl...].

**упырь** *м.* vámpire.

**ура́** 1. *межд.* hurráh!, hurráy!; 2. *как сущ. с. нескл.* hurráh; громовóе ~ thúnderous hurráh.

**уравне́ние** *с.* 1. (*действие*) èqualizátion [iːkwəlaɪ-]; ~ в правáх èqualizátion of rights; 2. *мат.* equátion; ~ с двумя́ неизвéстными equátion with two ùnknówn quántities [...-'noun...]; ~ пéрвой стéпени simple equátion; квадрáтное ~ quadrátic (equátion).

**ура́внивать** I, уравня́ть (*вн.*) équalize ['iː-] (*d.*); lével ['le-] (*d.*); ~ в правáх équalize in rights (*d.*), give* équal rights (*i.*).

**ура́внивать** II, уровня́ть (*вн.*) éven (*d.*), smooth [-ð] (*d.*); ~ дорóгу éven / smooth *the* road; make* *the* road smooth / éven.

**ура́вниваться** I, уравня́ться 1. get* / becóme* équal; ~ в правáх recéive équal rights [-'siːv...]; 2. *страд. к* урáвнивать I.

**ура́вниваться** II *страд. к* урáвнивать II.

**уравни́ловка** *ж. разг.* wáge-lévelling [-'lev-].

**уравни́тельный** équalizing ['iː-], lévelling ['lev-].

**уравнове́сить(ся)** *сов. см.* уравновéшивать(ся).

**уравнове́шенн||ость** *ж.* (*о характере*) stéadiness ['ste-], éven témper. **~ый** 1. *прич. см.* уравновéшивать; 2. *прил.* (*о характере, человеке*) stéady ['ste-], éven-témpered.

**уравнове́шивание** *с.* bálancing, èquilibrátion [iːkwɪlaɪ-], cóunterpoising.

**уравнове́шивать,** уравновéсить (*вн.*) bálance (*d.*), cóunterpoise (*d.*); (*перен.*) counterbálance (*d.*), cóuntervail (*d.*); ~ чáшки весóв bálance the scale(s); ~ си́лы прoти́вников équalize the strength of the oppónents, *или* oppósing sides ['iː-...]. **~ся,** уравновéситься 1. becóme* / get* bálanced; (*перен.*) becóme* / get* équal; 2. *страд. к* уравновéшивать.

**уравня́ть** *сов. см.* урáвнивать I. **~ся** *сов. см.* урáвниваться I.

**урага́н** *м.* húrricane, tòrnádò; ~ войны́ the túrmoil of war. **~ный** húrricane (*attr.*); **~ный** огóнь *воен.* a húrricane of fire.

**уразуме́ть** *сов.* (*вн.*) còmprehénd (*d.*), make* out (*d.*).

**Ура́н** *м. астр.* Úranus.

**ура́н** *м. хим.* ùránium.

**урани́т** *м. мин.* úranite; pitch-blènde.

**ура́нов||ый** ùránic; úranous; **~ая** рудá ùránic ore.

**ураногра́фия** *ж. астр.* ùranógraphy.

**ураноплáстика** *ж. мед.* úranoplàstics.

**ураноскóп** *м. астр.* úranoscòpe.

**урбан||иза́ция** *ж.* ùrbanizátion [-naɪ-]. **~и́зм** *м.* úrbanism. **~и́ст** *м.*, **~и́стка** *ж.* úrbanist.

**урва́ть** *сов. см.* урывáть.

**урду́** *м. нескл.* (*язык*) Ùrdú [əː'duː].

**урегули́ров||ание** *с.* régulàting, règulátion, règularizátion [-raɪ-]; (*о вопросе и т. п.*) séttlement, séttling; ми́рное ~ междунарóдных проблéм péaceful séttlement / adjústment of world próblems [...ə'dʒʌ-... 'prɔ-]; ~ дипломати́ческим путём diplomátic adjústment. **~ать** *сов.* (*вн.*) régulàte (*d.*); (*о вопросе и т. п.*) settle (*d.*); (*об отношениях и т. п.*) adjúst [ə'dʒʌ-] (*d.*).

**уре́зать** *сов. см.* урéзывать.

**урезá́ть** = урéзывать.

**урезóнивать,** урезóнить (*вн.*) bring* to réason [...-z°n] (*d.*); make* (*d.*) see réason; *несов. тж.* réason (with).

**урезóнить** *сов. см.* урезóнивать.

**уре́зывать,** урéзать (*вн.*) 1. cut* off (*d.*); 2. (*уменьшать, сокращать*) cut* down (*d.*), redúce (*d.*); (*о программе и т. п.*) cùrtáil (*d.*); (*скупиться*) skimp (in); ~ расхóды redúce *one's* expénditure; ~ чьи-л. прáвá cùrtáil smb.'s rights.

**урем||и́ческий** *мед.* ùráemic. **~и́я** *ж. мед.* ùráemia.

**уре́тр||а** *ж. анат.* ùréthra [-iːθ-]. **~и́т** *м. мед.* ùrethrítis.

**уретроскóп** *м. мед.* ùréthroscòpe [-iːθ-].

**уретротóмия** *ж. мед.* ùrethrótomy.

**ури́на** *ж. мед.* úrine.

**у́рна** *ж.* urn.

**уробили́н** *м. биол.* ùrobílin [-'baɪ-].

**у́ров||ень** *м.* 1. lével ['le-]; ~ воды́ wáter-lèvel ['wɔːtəle-]; над ~нем мóря above séa-lèvel [...-le-]; ни́же ~ня мóря belów séa-lèvel [-'lou...]; 2. (*экономики, культуры и т. п.*) stándard; жи́зненный ~ líving stándard ['lɪv-...]; stándard of life / líving; высóкий ~ знáний high stándard of knówledge [...'nɔ-]; ~ дохóда íncome-lèvel [-le-]; в ~ с вéком kéeping pace with the age; abréast (with) the times [-est...]; на высóком идéйном ~не at a high ideológical lével [...aɪdɪə-...]; наивы́сший довоéнный ~ the pré-wár peak; 3. (*прибор*) lével (gauge) [...geɪdʒ]; боковóй ~ *воен.* èlevátion lével; поперéчный ~ *воен.* cross lével; ◇ совещáние на высóком ~не high-lével cónference [-'le-...], cónference at a high lével.

**уровня́ть** *сов. см.* урáвнивать II.

**урóд** *м.* 1. freak (of náture) [...'neɪ-]; (*чудовище*) mónster; mònstrósity; нрáвственный ~ mórally deprávéd pérson; 2. (*некрасивый человек*) úgly pérson ['ʌ-...], fright; ◇ в семьé не без ~а *посл.* ≅ it is a small flock that has not a black sheep.

**урóдина** *м. и ж. разг.* = урóд 2.

**уроди́||ть** *сов.* (*вн.*) bear* [bɛə] (*d.*). **~ться** *сов.* 1. (*о злаках, плодах*): пшени́ца ~лась в э́том годý there is a good wheat crop this year, the wheat crop is good this year; 2. (в *вн.*) *разг.* (*о человеке*) take* (áfter); в когó он ~лся? who(m) does he take áfter?

**урóдлив||ость** *ж.* 1. defórmity; 2. (*некрасивость*) úgliness ['ʌ-]. **~ый** 1. defórmed, mìsshápen; (*ненормальный*) àbnórmal; **~ое** воспитáние wrong / ìncorréct úpbringing; 2. (*некрасивый*) úgly ['ʌ-].

**урóд||овать,** изурóдовать (*вн.*) 1. (*делать некрасивым*) disfígure (*d.*); make* (*d.*) look úgly [...'ʌ-]; make* (*d.*) look a fright *разг.*; ~ себя́ (*тв.*) spoil* one's appéarance (by); э́та причёска ~ует её this way of doing her hair makes her look úgly, *или* makes her look a fright; 2. (*калечить*) disfígure (*d.*); mútilàte (*d.*); maim (*d.*), cripple (*d.*; *тж. перен.*); óспа ~ует лицó smállpòx disfígures the face; у негó изурóдовано всё тéло he is maimed / mútilàted / crippled; рáбский труд

~ует людей slave lábour is útterly demóralizing. ~ский úgly ['ʌ-]. ~ство с. 1. defórmity; (*ненормальность*) àbnòrmálity; ~ство воспитания ìncorréctness of úpbringing; 2. (*некрасивость*) úgliness ['ʌ-].

**урожай** м. 1. hárvest, yield [jiː-], crop; ~ этого года this year's hárvest / yield; ~ на корню crop on the root; òn-the-róot hárvest / yield; богатый, хороший ~ rich / héavy hárvest / crop [...'he-...]; собирать ~ gáther in, *или* reap, the hárvest; убрать ~ (*в амбары, склады и т. п.*) gárner the crop; добиваться рекордных урожаев achíeve récòrd hárvests [-iːv 're-...]; обеспечить высокие и устойчивые урожаи secúre high and consístent hárvests; 2. (*изобилие*) good / abúndant crop; búmper crop. ~ность ж. frúitfulness ['fruːt-], pròdùctívity, crop capácity; высокая ~ность good* crop capácity; поднятие ~ности полей incréasing the crop capácity of the fields [-s-...fiː-]; повышение ~ности сельскохозяйственных культур ráising of crop yields [...jiːl-]. ~ный *прил. к* урожай; ~ный год good year for the crops, prodúctive year, búmper-cròp year; ~ные сорта high-yielding / fécund varíeties [-'jiː- 'fe-...].

**урождённая** (*перед девичьей фамилией*) née (*фр.*) [neɪ], born.

**урожен||ец** м., ~ка ж. (*рд.*) nátive (of); он ~ Москвы he is Móscow born.

**урок** м. 1. (*прям. и перен.*) lésson; давать, проводить ~ give* / condúct a lésson; брать ~и английского языка take* Énglish léssons [...'ɪŋ-...], take* léssons in Énglish; это будет тебе ~ом let that be a lésson to you; 2. (*задание*) home work; task; lésson; делать ~и do one's léssons; отвечать ~ say* / repéat one's lésson.

**уролог** м. ùr(in)ólogist. ~ический *мед.* ùr(in)ológical.

**урология** ж. *мед.* ùr(in)ólogy.

**урон** м. *тк. ед.* lósses *pl.*; нести большой ~ súffer great lósses [...-eɪt...].

**уронить** *сов. см.* ронять 1, 3.

**уротропин** м. *фарм.* urótropin(e).

**урочн||ый** 1. *уст.* (*определённый*) fixed; в ~ час at a fixed time; at the úsual hour [...'juːʒ- auə]; 2. (*полагающийся, установленный*) task (*attr.*); ~ая работа sét-tàsk.

**урчание** с. grúmbling, rúmbling; ~ в желудке *разг.* cóllywòbbles *pl.*

**урчать** grumble, rumble.

**урывать**, урвать (*вн.*) snatch (*d.*); урвать полчаса для отдыха snatch hálf-an-hóur's rest [...'hɑːfən'auəz...].

**урывками** *нареч. разг.* in / by snátches, by fits and starts; работать ~ work in snátches, *или* by fits and starts.

**урюк** м. *тк. ед. собир.* dried ápricòt(s) [...'eɪ-] (*pl.*).

**урядник** м. *ист.* 1. víllage políceman* [...-'liːs-]; 2. (*в казачьих войсках*) Cóssàck sérgeant [...'sɑːdʒənt].

**ус** м. 1. (*человека*) moustáche [məs'tɑːʃ]; 2. (*животного*) whisker; 3. (*насекомого*) féeler, ànténna (*pl.* -ae); 4. (*растения*) téndril; (*злака*) awn; ◇ китовый ус whálebòne, baléen; мотать что-л. себе на ус *разг.* obsérve smth. siléntly [-'zəːv...]; take* good note of smth.; и в ус (себе) не дуть *разг.* not care a straw, *или* a rap; по усам текло, а в рот не попало *погов.* ≅ there's many a slip 'twixt cup and lip.

**усадебный** *прил. к* усадьба.

**усадить** I, II *сов. см.* усаживать I, II.

**усадка** ж. *тех.* shrinkage; ~ бетона slump.

**усадьба** ж. 1. fármstead [-sted]; 2. *ист.* (*помещика*) cóuntry-séat ['kʌ-], cóuntry estáte ['kʌ-...].

**усаживать** I, усадить 1. (*вн.*) seat (*d.*); (*заставлять сесть*) make* (*d.*) sit down; (*просить сесть*) ask (*d.*) to sit down; 2. (*вн.* за *вн.*) set* (*d.* to); усадить кого-л. за работу set* smb. down to work; усадить кого-л. за шитьё, рисование *и т. п.* set* smb. to séwing, dráwing, *etc.* [...'sou-...]; усадить кого-л. за книгу set* smb. to read / stúdy [...'stʌ-], make* smb. sit down and read / stúdy.

**усаживать** II, усадить (*вн. тв.*; *растениями, цветами*) plant [-ɑːnt] (*d.* with).

**усаживаться**, усесться 1. (*садиться*) take* a seat, take* seats, seat òneséլf; (*находить место*) find* a seat, find* seats, find* room; ~ снова take* one's seat agáin, sit* down agáin; 2. (за *вн.*; *приниматься, начинать*) set* (to); ~ за работу set* / settle to work; ~ за книгу settle down to réading, applý òneséլf to stúdy [...'stʌ-].

**усатый** 1. (*о человеке*) with a long moustáche [...məs'tɑːʃ]; moustáched [məs'tɑːʃt]; 2. (*о животном*) whiskered.

**усач** м. 1. *разг.* man* with a long moustáche [...məs'tɑːʃ]; 2. (*рыба*) bárbel; 3. (*жук*) cápricòrn beetle.

**усваивать**, усвоить (*вн.*) 1. (*запоминать, заучивать*) máster (*d.*); learn* [ləːn] (*d.*); (*об обычае, манере*) adópt (*d.*); ~ привычку get* into *the* hábit; хорошо усвоить урок learn* *a* lésson well*; (*перен.*) learn* a good lésson; 2. *мед., физ., хим.* assímilàte (*d.*).

**усвоени||е** с. 1. (*овладение*) mástering, léarning ['ləː-]; (*обычая и т. п.*) adóption; предмет трудный для ~я súbject dífficult to learn / máster [...ləːn...]; 2. (*пищи и т. п.*) assìmilátion.

**усвоить** *сов. см.* усваивать.

**усвояемость** ж. 1. cómprehènsibílity; 2. *мед., физ., хим.* assìmilabílity.

**усеивать**, усеять (*вн. тв.*) dot (*d.* with), strew* (*d.* with); (*разбрасывать*) litter (*d.* with); (*усыпать*) pépper (*d.* with); небо усеяно звёздами the sky is stúdded with stars.

**усердие** с. zeal; (*прилежание*) díligence; àssidúity; работать с ~м work with zeal / díligence; ◇ ~ не по разуму ≅ more zeal than sense.

**усердный** zéalous ['ze-]; (*прилежный, старательный*) díligent; assíduous.

**усердствовать** be zéalous [...'ze-].

**усесться** *сов. см.* усаживаться.

**усечённ||ый** 1. *мат.* trúncàted; ~ конус trúncàted cone; ~ая пирамида trúncàted pýramid; 2.: ~ая рифма *лит.* impérfect rhyme.

**усеять** *сов. см.* усеивать.

**усид||еть** *сов.* keep* one's place / seat; (*остаться сидеть*) remáin sítting; трудно было ~ на месте it was hard to keep one's place / seat; он не ~ит минутки he can't keep still [...kα:nt...]; едва́ ~ёл от бо́ли could hárdly bear / stand the pain [...bɛə...].

**уси́дчив||ость** *ж.* àssidúity; pèrsevérance [-'vɪə-]. ~ый assíduous.

**у́сик** *м.* 1. *мн.* little / short moustáche(s) [...məs'tα:ʃ-]; 2. (*рыбы*) bárbel; 3. (*насекомого*) féeler, ànténna (*pl.* -ae); 4. (*растения*) téndril; (*злака*) awn; (*клубники, земляники*) rúnner.

**усиле́ние** *с.* rè¦infórce¦ment; (*о боли и т. п.*) àggravátion; (*о звуке, ветре*) intènsificátion; *эл., рад.* àmplificátion.

**уси́ленн||ый** 1. *прич. см.* уси́ливать; 2. *прил.*: ~ое пита́ние high-calóric diet, nóurishing diet ['nʌ-...]; ~ые заня́тия strénuous work *sg.*; ~ое наблюде́ние doubled watch [dʌ-...]; ~ые про́сьбы éarnest / úrgent re-quésts ['ə:n-...].

**уси́ливать,** уси́лить (*вн.*) stréngthen (*d.*), rè¦infórce (*d.*); (*делать более интенсивным*) inténsifỳ (*d.*); (*о звуке, токе*) ámplifỳ (*d.*); ~ наблюде́ние (за *тв.*) double *the* watch [dʌ-...] (for, óver); ~ пита́ние in¦créase nóurishment [-s 'nʌ-]; ~ го́лод, жа́жду in¦créase smb.'s húnger, thirst; ~ междунаро́дную напряжённость héighten / inténsifỳ internátional ténsion ['haɪ-...-'næ-...]. ~ся, уси́литься 1. become* strónger, inténsifỳ; gain strength; (*о шуме, звуках и т. п.*) swell*; grow* lóuder [-ou...]; (*о чувстве*) déepen; (*об общественном движении и т. п.*) gáther mòméntum; ве́тер уси́лился the wind becáme strónger [...wɪ-...]; эпиде́мия уси́ливается the èpidémic is gáining ground; 2. *страд. к* уси́ливать.

**уси́ли||е** *с.* éffort; о́бщими ~ями by cómmon éffort(s); прилага́ть ~я make* éfforts; прилага́ть все ~я make* exért every éffort, spare no éffort; напра́вить все ~я (на *вн.*) bend* every éffort (to); все их ~я оказа́лись тще́тными all their éfforts were ún¦aváiling; велича́йшие ~я sùpréme éffort *sg.*; сде́лать ~ над собо́й force òne¦sélf.

**усили́тель** *м.* 1. *фот.* inténsifier; 2. *рад.* ámplifier.

**уси́лить(ся)** *сов. см.* уси́ливать(ся).

**ускака́||ть** *сов.* 1. skip a¦wáy / off; за́яц ~л the hare bóunded a¦wáy / off; 2. (*на коне*) gállop off / a¦wáy.

**ускольз||а́ть,** ускользну́ть slip off / a¦wáy; (*уходить тайком*) steal* (a¦wáy); ~ от кого́-л., от чего́-л. escápe smb., smth.; give* smb. the slip; ~ от чьего́-л. внима́ния escápe smb.'s atténtion / nótice [...'nou-]; э́то ~ну́ло от моего́ внима́ния it escáped my nótice / atténtion, I òver¦lóoked it. ~ну́ть *сов. см.* ускольза́ть.

**ускоре́ние** *с.* àccèlerátion; (*строительства и т. п.*) spéeding-úp; ~ си́лы тя́жести àccèlerátion of grávity.

**уско́ренн||ый** 1. *прич. см.* ускоря́ть; 2. *прил.* spéeded up; ~ вы́пуск враче́й àccéleràted tráining of dóctors; план был вы́полнен ~ыми те́мпами fulfílment of the plan was spéeded up [ful-...].

**ускори́тель** *м. тех.* àccéleràtor; *хим.* àccélerant. ~ный àccéleràting, àccéleràtive.

**уско́рить(ся)** *сов. см.* ускоря́ть(ся).

**ускоря́ть,** уско́рить (*вн.*) hásten ['heɪsᵊn] (*d.*), quícken (*d.*); (*о переговорах и т. п.*) éxpedite (*d.*); *тех. тж.* àccéleràte (*d.*); (*о выполнении*) speed up (*d.*); (*о событиях*) precípitàte (*d.*); ~ шаг mend* / speed one's pace, quícken one's steps; ~ ход gáther speed, pick up speed, in¦créase the speed [-s...]; ~ выполне́ние пла́на speed up the fulfílment of *the* plan [...ful-...]; ~ чью-л. смерть hásten smb.'s death [...deθ], serve to precípitàte smb.'s death. ~ся, уско́риться 1. quícken; *тех. тж.* accéleràte; ход по́езда уско́рился the speed of the train in¦créased [...-st], the train pícked up speed; де́ло от э́того не уско́рилось mátters were not brought to a point / fínish any quícker; 2. *страд. к* ускоря́ть.

**усла́вливаться** = усло́вливаться.

**усла́д||а** *ж. поэт.* delíght, pléasure ['ple-]. ~и́ть(ся) *сов. см.* услажда́ть(ся).

**услажда́ть,** услади́ть (*вн.*) *поэт.* delíght (*d.*); ~ зре́ние charm / rejóice the sight; ~ свой взор (*тв.*) feast one's eyes [...aɪz] (on, up¦ón); ~ чей-л. слух пе́нием charm smb.'s ear by síng¦ing. ~ся, услади́ться *поэт.* 1. (*тв.*) delíght (in), rejóice (in); 2. *страд. к* услажда́ть.

**усла́ть** *сов. см.* усыла́ть.

**уследи́ть** *сов.* (за *тв.*) keep* an eye [...aɪ] (on); (*за мыслью, за аргументацией*) fóllow (*d.*); не ~ за ребёнком fail to keep an eye on *the* child*.

**усло́ви||е** *с.* 1. condítion; (*соглашения и т. п.*) term; (*как пункт договора*) clause; непреме́нное, обяза́тельное ~ indispénsable condítion; (condítion) sine qua non [...'saɪnɪkweɪ'nɔn]; необходи́мые ~я the réquisite / nécessary condítions [...-zɪt...]; ~я догово́ра terms of *the* tréaty; ста́вить ~ем (*вн.*, что́бы) stípulàte (for, that); ста́вить ~я make* terms, lay* down condítions / terms; каки́е ва́ши ~я? what are your terms?; с ~ем, что, при ~и, что on condítion that, províded, províding; я э́то сде́лаю при ~и, что мне помо́гут I will do it províded I get help; 2. *мн.* (*обстоятельства, обстановка*) condítions; при да́нных, благоприя́тных ~ях únder exísting, fávour¦able condítions; ни при каки́х ~ях únder no círcumstances; при про́чих ра́вных ~ях other things bé¦ing équal; ~я труда́ condítions of work; бытовы́е ~я, ~я жи́зни condítions of life, líving condítions ['lɪv-...]; жили́щные ~я hóusing condítions; предоста́вить все необходи́мые ~я (для) óffer all nécessary facílities (for); 3. (*договор*) cóntràct, agréement; заключи́ть ~ énter into *a* cóntràct; ◊ ~я зада́чи condítions of *a* próblem [...'prɔ-].

**усло́виться** *сов. см.* усло́вливаться.

**усло́вленн||ый** 1. *прич. см.* усло́вливаться; 2. *прил.* agréed, fixed; ~ая встре́ча appóintment.

**усло́вливаться,** усло́виться (с *тв.* о *пр.*, с *тв.* + *инф.*) arránge [-eɪndʒ] (with *d.*, with + to *inf.*); agrée (with on, with + to *inf.*); (*договариваться*) settle (with *d.*, with + to *inf.*) ~ встре́титься arránge to meet; ~ о встре́че; arránge a méeting; они́ усло́вились бо́льше об э́том не говори́ть they agréed not to speak abóut it any more; ~ о дне settle the day, fix the date, agrée on the day; ну́жно оконча́тельно усло́виться we must get it settled.

**усло́вно** I *прил. кратк. см.* усло́вный.

**усло́вн||о** II *нареч.* on / únder condítion,

conditionally; ~ осудить кого-л. *юр.* put* smb. on probátion. **~ость** *ж.* **1.** conditionálity; **2.** (*общепринятый порядок*) convéntion, convèntionálity. **~ый 1.** (*с условием*) conditional; ~ое соглáсие conditional consént; ~ый пригово́р *юр.* suspénded séntence; **2.** (*принятый*) convéntional; ~ый знак convéntional sign [...sain]; ~ый áдрес agréed addréss; ~ый сигнáл pré-arránged signal [-ə'reim-...]; **3.** (*относительный*) rélative всё э́то о́чень ~о all this is very rélative; **4.** *грам.* conditional; ~ое наклонéние conditional mood; ~ое предложéние conditional clause; ~ый сою́з conditional conjúnction; ◇ ~ый рефлéкс conditioned réflèx.

**усложнéние** *с.* còmplicátion.

**усложнённ||ость** *ж.* cómplicàted-ness. **~ый** *прич. и прил.* cómplicàted.

**усложни́ть(ся)** *сов. см.* усложня́ть(ся).

**усложня́ть,** усложни́ть (*вн.*) cómplicàte (*d.*). **~ся,** усложни́ться **1.** (*тв.*) get* / become* cómplicàted (by); **2.** *страд. к* усложня́ть.

**услу́г||а** *ж.* **1.** sérvice; good turn *разг.*; до́брые ~и *дип.* good óffices; плохáя ~ ill turn; injury; окáзывать кому́-л. ~у do / rénder smb. a sérvice; do smb. a good turn *разг.*; окáзывать кому́-л. плоху́ю ~у do smb. an ill turn; ~ за ~у one good turn desérves another [...-'zə:vz...]; roll my log and I will roll yours *идиом.*; плати́ть ~ой за ~у pay* back; предлагáть свои ~и come* fórward, óffer one's assistance; к вáшим ~ам at your sérvice; моя́ ко́мната к вáшим ~ам my room is at your dispósal [...-z°l]; **2.** *мн.* (*обслуживание*) atténdance *sg.*; ко́мната с ~ами room with atténdance; коммунáльные ~и públic utilities ['pʌ-...].

**услужéни||е** *с. уст.* sérvice; в ~и у кого́-л. in smb.'s sérvice; поступи́ть в ~ к кому́-л. take* sérvice with smb.

**услу́ж||ивать,** услужи́ть (*дт.*) do / rénder a sérvice (*i.*); do a good turn (*i.*) *разг.*; (*угождать*) oblige (*d.*). **~и́ть** *сов. см.* услу́живать.

**услу́жлив||о** *нареч.* hélpfully, obliging-ly. **~ость** *ж.* hélpfulness, obliging-ness. compláisance [-zəns]. **~ый** obliging, compláisant [-zənt]; ◇ ~ый дурáк опáснее врагá *погов.* ≅ God deliver me from fools [...-'lı-...].

**услыхáть** *сов.* = услы́шать.

**услы́шать** *сов. см.* слы́шать 1, 2.

**усмáтривать,** усмотрéть **1.** (*вн.* в *пр.*) percéive [-'si:v] (*d.* in); (*об обмане, ошибке и т. п.*) discóver [-'kʌ-] (*d.* in); усмотрéть оби́ду в предложéнии feel* slighted / offénded by *the* suggéstion [...-'dʒestʃn]; **2.** *тк. сов.* (за *тв.*) look (áfter); atténd (to); за всем не усмо́тришь ≅ one can't be in two pláces at once [...kɑ:nt...wʌns].

**усмехáться,** усмехну́ться smile (irónically) [...aiə-], grin; ирони́чески, го́рько ~ smile irónically, bitterly; кри́во ~ smile wrýly / cróokedly.

**усмехну́ться** *сов. см.* усмехáться.

**усмéшка** *ж.* (irónical) smile [aiə-...], grin.

**усмир||éние** *с.* (*о мятеже и т. п.*) suppréssion, putting down. **~и́тель** *м.* (*мятежа и т. п.*) suppréssor. **~и́ть** *сов. см.* усмиря́ть.

**усмиря́ть,** усмири́ть (*вн.*) pácifỳ (*d.*), quiet (*d.*); (*о мятеже и т. п.*) suppréss (*d.*), put* down (*d.*).

**усмотрéн||ие** *с.* discrétion [-re-], júdg(e)-ment; представля́ть, передавáть на чьё-л. ~ (*вн.*) leave* to smb.'s discrétion / júdg(e)ment (*d.*), leave* to smb. (*d.*); на ~ кого́-л. at smb.'s discrétion; дéйствовать, поступáть по со́бственному ~ию use one's own discrétion / júdg(e)ment [...oun...].

**усмотрéть** *сов. см.* усмáтривать.

**уснасти́ть** *сов. см.* уснащáть.

**уснащáть,** уснасти́ть (*вн. тв.*) gárnish (*d.* with); (*о речи, стиле тж.*) lard (*d.* with); ~ цитáтами lard with quotátions (*d.*).

**усну́ть** *сов.* **1.** fall* asléep, go* to sleep; **2.** (*о рыбе*) die; ◇ ~ навéки, *или* вéчным сном sleep* the sleep that knows no bréaking [...nouz... 'breı-].

**усо́бица** *ж. ист.* intéstine war.

**усовершéнствова||ние** *с.* impróve-ment [-ru:v-]; ку́рсы ~ния advánced cóurses [...'kɔ:-]; институ́т ~ния (учителéй, врачéй) advánced tráining institùte (for téachers, dóctors). **~нный** *прич. и прил.* impróved [-ru:vd], perfécted. **~ть(ся)** *сов. см.* совершéнствовать(ся).

**усо́вестить** *сов. см.* усо́вещивать.

**усо́вещивать,** усо́вестить (*вн.*) exhórt (*d.*), appéal to the cónscience [...-nʃəns] (of).

**усомни́ться** *сов.* (в *пр.*) doubt [daut] (*d.*), feel* a doubt (abóut); ~ в прáвильности показáний doubt *the* évidence; ~ в дру́ге doubt *a* friend [...fre-].

**усо́пший 1.** *прил.* decéased [-'si:st]; **2.** *м. как сущ.* the decéased.

**усо́хнуть** *сов. см.* усыхáть.

**успевáемость** *ж.* (*об учащихся*) prógrèss, advánce-ment; хоро́шая ~ good* prógrèss, good* resúlts [...-'zʌ-] *pl.*; ни́зкая ~ poor prógrèss, poor resúlts *pl.*; повы́сить ~ в шко́ле impróve school resúlts [-u:v...].

**успевá||ть,** успéть **1.** have time; он успéл ко́нчить he had time to finish; не успéл он отвéтить befóre he had time to ánswer [...'ɑ:nsə]; успéть к обéду *разг.* be in time for dinner; емý ужé не успéть на по́езд he cánnòt be in time for the train; не успéешь огляну́ться, как я э́то ко́нчу I shall finish it in no time; **2.** (в *пр.*; *достигать успеха*) be succéssful (in); **3.** *тк. несов.* (в *пр.*; *в науках*) get* on (in), make* prógrèss (in), advánce (in); не ~ *школ.* lag behínd; ~ по математике get* on in màthemátics. **~ющий 1.** *прич. см.* успевáть; **2.** *м. как сущ.* púpil máking nórmal prógrèss.

**успéется** *безл. разг.* there is still time.

**успéние** *с. церк.* Assúmption.

**успéть** *сов. см.* успевáть 1, 2.

**успéх** *м.* succéss; (good) luck *разг.*; *мн. школ.* prógrèss *sg.*; желáю вам ~а! I wish you every succéss!; good luck to you! *разг.*; как вáши ~и? how are you getting on?; дéлать ~и (в *пр.*) make* prógrèss (in), advánce (in); он дéлает больши́е ~и he is máking great / good* prógrèss [...greıt...]; доби́ться кру́пных ~ов score big succésses; имéть ~ make* a succéss; э́та пьéса имéла большо́й ~ the play was a great succéss; the play was a great hit *идиом.*; по́льзоваться ~ом be a succéss, be succéssful, succéed; не имéть ~а be / prove a fáilure [...pru:v...], fail; ◇ с ~ом with succéss; very well; пластмácca с ~ом заменя́ет други́е материáлы plástics are a good súbstitùte for many other matérials; с тем же ~ом équal¦ly well; с тем же ~ом мóжно бы́ло сдéлать быстрée it could have been done quicker and just as well; он с тем же ~ом мог бы и не дéлать э́того he might just as well not have done it.

**успéшно** I *прил. кратк. см.* успéшный.

**успéшн||о** II *нареч.* succéssfully; идти́ ~ (*о делах*) be gó¦ing on well; get* on well; *школ.* make* great / good* prógrèss [...-eɪt...]. **~ость** *ж.* succéss, succéssfulness. **~ый** succéssful.

**успокáив||ать,** успокóить (*вн.*) calm [kɑːm] (*d.*), quiet (*d.*); soothe (*d.*); (*смягчать — о горе, боли*) assuáge [ə'sweɪdʒ] (*d.*); (*о гневе и т. п.*) appéase (*d.*); (*убеждать не тревожиться*) rè¦assúre [-ə'ʃuə] (*d.*); set* at rest / ease (*d.*), set* *smb.'s* mind at rest; ~ ребёнка quieten / soothe *the* child*; ~ своѝ сóвесть soothe / salve one's cónscience [...-nʃəns]. **~аться,** успокóиться **1.** calm / quiet / settle down [kɑːm...]; успокóйтесь! compóse your¦sélf!, make your mind éasy! [...'iːzɪ]; не ~аться на дости́гнутом never rest contént with what has been achieved [...-iːvd], álways strive* fórward ['ɔːlwəz...]; never rest on one's láurels [...'lɔ-] *идиом.*; он не успокóится, покá не he will never know rest until [...nou...]; **2.** *страд. к* успокáивать. **~ающий 1.** *прич. см.* успокáивать; **2.** *прил.*: ~ающее срéдство sédative, cálmative ['kɑːm-]; **3.** *с. как сущ.* sédative, cálmative.

**успоко||éние** *с.* **1.** (*действие*) cálming ['kɑːm-], quieting, sóothing; для ~éния сóвести to soothe / salve one's cónscience [...-nʃəns]; for cónscience' sake; **2.** (*состояние*) calm [kɑːm], quiet. **~и́тельный** cálming ['kɑːm-], quieting, sóothing; ~и́тельные извéстия rè¦assúring news [-ə'ʃuə- -z] *sg.*

**успокóить(ся)** *сов. см.* успокáивать(ся).

**устá** *мн. поэт.* mouth* *sg.*, lips; ◇ из уст в ~ by word of mouth; на ~х у всех on everybody's lips; твои́ми бы ~ми да мёд пить *погов.* ≅ it is too good to be true; if ónly you were right!

**устáв** *м.* règulátions *pl.*, státùtes *pl.*; *воен.* règulátions *pl.*; mánual; ~ пáртии Párty Rules *pl.*; ~ сельскохозя́йственной артéли règulátions of *a* colléctive farm; ~ ООН UNO Chárter; Chárter of the Ùnited Nátions; боевóй ~ tráining règulátions; field mánual [fiː-...] *амер.*; полевóй ~ *воен.* Field Sérvice Règulátions; строевóй ~ *воен.* drill règulátions / mánual.

**уставáть,** устáть (от) get* tired (with); *сов. тж.* be tired (of).

**устáвить(ся)** *сов. см.* уставля́ть(ся).

**уставля́ть,** устáвить **1.** (*вн. тв.*) set* (*d.* with), cóver ['kʌ-] (*d.* with): ~ стол буты́лками set* *the* table with bottles; **2.** (*вн.*; *размещать*) place(*d.*), put*(*d.*); устáвить все кни́ги на пóлку put* all the books on *the* shelf*; **3.** *тк. сов.*: устáвить глазá (на *вн.*) *разг.* stare (at), fix one's eyes [...aɪz] (on). **~ся,** устáвиться **1.** (*размещаться*) find* / have room / place; **2.** *тк. сов.* (на *вн.*) *разг.* stare (at), fix one's eyes [...aɪz] (on); **3.** *страд. к* уставля́ть 1.

**устáл||ость** *ж.* tired¦ness, wéariness; fatígue [-'tiːg] *поэт.*; ~ метáлла *тех.* métal fatígue ['me-...]. **~ый** tired, wéary; fatígued [-'tiːgd] *поэт.*; ~ый вид tired appéarance; он вы́глядит ~ым he looks tired, *или* worn out [...wɔːn...]; ~ым гóлосом in a tired voice; ~ой похóдкой with wéary steps.

**ýстал||ь** *ж.* = устáлость; не знать ~и *разг.* be never tired; без ~и *разг.* tire¦lessly, ùnwéarying¦ly, ùntiring¦ly; (*беспрерывно*) ùncéasing¦ly [-sɪŋ-].

**устанáвливать,** установи́ть (*вн.*) **1.** (*помещать*) place (*d.*); *тех.* mount (*d.*), instáll (*d.*); (*о приборе*) set* (*d.*); ~ в ряд range [reɪ-] (*d.*); ~ радиоприёмник, телефóн *и т. п.* instáll *a* rádiò set, *a* télephòne, *etc.*; **2.** (*налаживать*) estáblish (*d.*); ~ дипломати́ческие отношéния estáblish diplomátic relátions; ~ связь (с *тв.*) *воен.* estáblish commùnicátion (with), estáblish a connéction (with), get* in touch [...tʌtʃ] (with); ~ контрóль (над) ínstitùte contról [...-oul] (óver); ~ поря́док estáblish, *или* set* up, órder; ~ соприкосновéние (с *тв.*) *воен.* estáblish cóntàct (with), obtáin touch (with); **3.** (*определять*) detérmine (*d.*), fix (*d.*); (*выяснять*) àscertáin (*d.*); ~ врéмя, цéну fix the time, the price; установи́ть чью-л. винóвность estáblish smb.'s guilt; ~ фáкты estáblish facts; он установи́л, что здесь имéются месторождéния нéфти he àscertáined that there were oil depósits here [...-'pɔz-...]; экспеди́ция установи́ла вóзраст гóрных порóд the èxpedítion estáblished the age of the rocks. **~ся,** установи́ться **1.** (*о взглядах и т. п.*) be settled; (*наступать, водворяться*) set* in; егó взгля́ды не установи́лись his ìdéas are ùnséttled [...aɪ'dɪəz...]; установи́лась зимá winter has set in; установи́лась тёплая погóда warm wéather has set in [...'we-...]; погóда установи́лась the wéather has become settled; **2.** *страд. к* устанáвливать.

**установи́ть(ся)** *сов. см.* устанáвливать(ся).

**установк||а** *ж.* **1.** (*действие*) putting, plácing, arránge¦ment [-eɪn-]; *тех.* mоunting, installátion; (*о приборе*) sétting; **2.** *тех.* (*устройство*) plant [-ɑːnt]; силовáя ~ pówer-plànt [-ɑːnt]; холоди́льная ~ refrígeràting / cóoling plant; котéльная ~ bóiler installátion; **3.** (*цель, ориентация*) aim, púrpose [-s]; имéть ~у (на *вн.*) aim (at); **4.** (*директива*) diréctions *pl.*; líne(s) (*pl.*).

**установлéние** *с.* **1.** estáblishment; **2.** (*констатирование*) àscertáinment; ~ фáкта estáblishment / àscertáinment of *the* fact; ~ отцóвства affiliátion.

**установленн||ый** *прич. и прил.* estáblished, fixed; (*правилами, уставом и т. п.*) prescríbed; ~ поря́док, факт estáblished órder, fact; ~ час fixed hour [...auə]; в ~ом поря́дке in accórdance with estáblished órder / procédure(s) [...-'siːdʒə(z)]; по ~ой фóрме in accórdance with, *или* accórding to, *a* set form; ~ая скóрость règulátion speed; ~ого размéра of stándard / règulátion size.

**установочный** *тех.* adjústing [ə'dʒʌ-].

**установщик** *м.* fitter.

**устаревáть,** устарéть become* / grow* ántiquàted, *или* out of date [...grou...]; (*о слове, выражении; о машинах, оборудовании*) become* / grow* óbsolète; (*о взглядах, идеологии*) become* / grow* óld(-fáshioned) / ántiquàted.

**устаре́л||ость** *ж.* óbsolète:ness, òbsoléscence. **~ый** ántiquàted, out of date, outdáted; (*о слове, выражении; о машинах, оборудовании*) óbsolète; (*о взглядах, идеологии*) óld(-fáshioned), ántiquàted; ~ая мо́да ántiquàted / óbsolète fáshion.

**устаре́ть** *сов. см.* устарева́ть.

**уста́ть** *сов. см.* устава́ть.

**устерега́ть,** устере́чь (*вн.* от) *разг.* preserve [-'zə:v] (*d.* from), guard (*d.* from).

**устере́чь** *сов. см.* устерега́ть.

**устила́ть,** устла́ть (*вн. тв.*) cóver ['kʌ-] (*d.* with); (*о дороге и т. п.*) pave (*d.* with); ~ камня́ми stone (*d.*); ~ ковро́м cárpet (*d.*).

**устла́ть** *сов. см.* устила́ть.

**у́стн||о** *нареч.* órally, vérbally, by word of mouth. **~ый** óral, vérbal; ~ая речь speech; spóken lánguage; ~ое сообще́ние vérbal commùnicátion; ~ое соглаше́ние vérbal agréement / cóntràct; ◇ ~ая слове́сность fólk-lòre.

**усто́и** *мн.* foundátions; básis ['beɪ-] *sg.* (*pl.* básès ['beɪsi:z]); нра́вственные ~ móral principles ['mɔ-...].

**усто́й** I *м. тех.* (*моста*) abútment, bánkseat.

**усто́й** II *м. разг.* (*сливки*) cream.

**усто́йчив||ость** *ж.* stéadiness ['sted-], fírmness, stabílity. **~ый** stéady ['stedɪ], firm, stable; (*о порядке, погоде*) settled; (*о судне*) stéadfast ['sted-], stéady; ~ые це́ны firm / stable prices; ~ое равнове́сие stable èquilíbrium [...i:-]; ~ая пого́да settled wéather [...'we-]; ~ые урожа́и stable crops; ~ая валю́та stable cúrrency.

**устоя́ть** *сов.* **1.** (*на ногах*) keep* one's bálance; (*перен.*) stand* one's ground; не ~ lose* (one's) ground [lu:z...]; **2.** (про́тив; *о соблазне, искушении и т. п.*) resist [-'zɪ-] (*d.*), with:stánd* (*d.*), stand* up (agáinst); ~ пе́ред искуше́нием resist *the* tèmptátion.

**устоя́ться** *сов.* (*о вине, воде и т. п.; тж. перен.*) settle; (*о молоке*) cream.

**устра́ив||ать,** устро́ить (*вн.*) **1.** (*организовывать*) arránge [-eɪndʒ] (*d.*), órganìze (*d.*); (*создавать*) estáblish (*d.*); устро́ить шко́лу estáblish *a* school; ~ так, что́бы do so as to, arránge so that; ~ пикни́к make* up *a* pícnic; устро́ить приём в честь кого́-л. give* / hold* a recéption in hónour of smb. [...'ɔnə...]; ~ бал give* *a* ball; **2.:** ~ кому́-л. сце́ну make* a scene; ~ сканда́л make* a row; **3.** (*приводить в порядок*) settle (*d.*), put* in órder (*d.*); ~ свои́ дела́ put* one's affáirs in órder, settle one's affáirs; ~ свою́ жизнь régulàte one's life; **4.** (*помещать, определять*) place (*d.*), fix up (*d.*), set* up (*d.*); устро́ить больно́го в больни́цу get* *a* sick man*, *или a* pátient, in(to) hóspital; устро́ить ребёнка в шко́лу place *the* child* in school, get* *the* child* into school; **5.** *безл.* (*подходить*) suit [sju:t] (*d.*); (*о времени тж.*) be convénient (to, for); ~ает ли э́то вас? does it suit you?; (*о времени тж.*) is it convénient to you? **~аться,** устро́иться **1.** settle; ~аться на рабо́ту find* a situátion; get* a job *разг.*; он хо́чет устро́иться в Москве́ he wants to settle in Móscow; (*на работу*) he wants to find a situátion in Móscow; he wants to get a job in Móscow *разг.*; ~аться в но́вой кварти́ре settle, *или* estáblish òne:sélf, in *a* new flat; ~аться поудо́бнее make* òne:sélf cómfortable [...'kʌm-]; **2.** (*налаживаться*) come* right; всё устро́илось things have come right, évery:thing has turned out all right; **3.** *страд. к* устра́ивать.

**устран||е́ние** *с.* (*в разн. знач.*) remóval [-'mu:v-]; (*уничтожение*) elimination; ~ от до́лжности remóval from óffice; ~ недоста́тков elimination of defécts. **~и́ть(ся)** *сов. см.* устраня́ть(ся).

**устраня́ть,** устрани́ть (*вн.*; *в разн. знач.*) remóve [-'mu:v] (*d.*); (*уничтожать*) elíminàte (*d.*); ~ от до́лжности remóve from óffice (*d.*); ~ препя́тствия remóve / óbviàte óbstacles; ~ прегра́ды remóve, *или* break* down, bárriers [...breɪk...]; ~ оши́бки, недоста́тки elíminàte érrors, defécts; ~ тру́дности, затрудне́ния óbviàte difficulties; устрани́ть разногла́сия compóse / elíminàte differences; устрани́ть угро́зу войны́ lift / elíminàte / remóve the threat of war [...θret...]. **~ся,** устрани́ться **1.** (от) keep* (from); ~ся от дел retíre; **2.** *страд. к* устраня́ть.

**устраш||а́ть,** устраши́ть (*вн.*) fríghten (*d.*), scare (*d.*). **~а́ться,** устраши́ться **1.** (*рд.*) be fríghtened (at), fear (*d.*); ~и́ться опа́сности, затрудне́ний take* fright at, *или* be detérred by, dánger, difficulties [...'deɪn-...]; **2.** *страд. к* устраша́ть. **~е́ние** *с.* fríghtening, fríghtfulness; для ~е́ния (*рд.*) to frighten (*d.*), to scare (*d.*). **~и́ть(ся)** *сов. см.* устраша́ть(ся).

**устрем||и́ть(ся)** *сов. см.* устремля́ть(ся). **~ле́ние** *с.* **1.** (*желание, намерение*) àspirátion; **2.** (*порыв*) rush.

**устремля́ть,** устреми́ть (*вн.*) rush (*d.*); (*внимание, взгляд*) turn (*d.*), diréct (*d.*), fix (*d.*). **~ся,** устреми́ться rush; (на *вн.*; *сверху*) swoop down (on, up:ón); (*о взгляде*) be turned (to).

**у́стри||ца** *ж.* óyster. **~чный** óyster (*attr.*).

**устро́итель** *м.*, **~ница** *ж.* órganizer.

**устро́ить(ся)** *сов. см.* устра́ивать(ся).

**устро́йств||о** *с.* **1.** (*действие*) arránge:ment [-eɪn-]; òrganizátion [-naɪ-]; для ~а свои́х дел to settle one's affáirs; он за́нят ~ом кварти́ры he is búsy putting his apártment in órder [...'bɪzɪ...]; **2.** (*оборудование*) equípment; (*механизм*) méchanism [-kə-]; (*приспособление*) arránge:ment; **3.** (*строй*) strúcture; (*система*) sýstem; госуда́рственное ~ State sýstem; обще́ственное ~ sócial órder; **4.** (*расположение*) arránge:ment, láy-óut; удо́бное ~ кварти́ры good* láy-óut of *the* flat.

**усту́п** *м.* **1.** (*в стене, скале*) ledge; *арх.* projéction; **2.** *воен.* échelòn ['eʃ-].

**уступ||а́ть,** уступи́ть **1.** (*дт. вн.*) let* (*d.*) have (*d.*); (*о территории*) cede (to *d.*); ~и́те э́то ему́ let him have it; ~ кому́-л. доро́гу make* way for smb.; **2.** (*дт.*; *силе и т. п.*) yield [ji:ld] (to); (*без доп.*; *соглашаться*) give* in, give* way; concéde; ~ наси́лию, давле́нию *и т. п.* yield to force, préssure, *etc.*; give* way befóre préssure; ~ тре́бованиям вре́мени yield to the times; **3.** (*дт.* в *пр.*) be inférior (to in), yield (to in): он никому́ не усту́пит в э́том отноше́нии he is inférior / sécond to none in this respéct [...'se-...nʌn...], he yields to none in this respéct; **4.** (*вн.*; *снижать цену*) bate (*d.*), abáte (*d.*), take* off (*d.*); (*без доп.*) come* down; он не усту́пит ни копе́йки he won't take a fárthing less [...wount...-ð-...]; **5.** (*дт. вн.* за *вн.*; *продавать*) let* (*d.*) have (*d.* for): он уступи́л мне кни́гу за пять рубле́й he let me have the book for five roubles [...ru:-].

**уступи́тельный** *грам.* concéssive.

**уступи́ть** *сов. см.* уступа́ть.

**усту́пк||а** *ж.* **1.** concéssion; идти́ на ~и cómpromise; (*дт.*) make* concéssions (to); взаи́мные ~и mútual concéssions; **2.** *тк. ед.* (*в цене*) abáte¦ment.

**уступообра́зный** ledged.

**усту́пчатый** ledged, stepped.

**усту́пчив||ость** *ж.* pliability, plíancy, compliance; (*сговорчивость*) tràctability. **~ый** yielding ['ji:l-], pliable, pliant, compliant; (*сговорчивый*) tráctable.

**устыди́ть** *сов.* (*вн.*) shame (*d.*), put* to shame (*d.*). **~ся** *сов.* (*рд.*) be ashámed (of).

**у́стье** *с.* **1.** (*реки́*) mouth*, óutfàll, íssue; (*покрываемое приливом*) éstuary; **2.** (*отверстие*) órifice, mouth*.

**у́стьице** *с. бот.* stóma (*pl.* -ata).

**усугу́б||и́ть(ся)** *сов. см.* усугубля́ть(ся). **~ле́ние** *с.* redóubling [-'dʌ-]; (*ухудшение*) àggravátion.

**усугубля́ть,** усугу́бить (*вн.*) redóuble [-'dʌ-] (*d.*); (*ухудшать*) ággravàte (*d.*); ~ вину́ ággravàte *a* fault. **~ся,** усугу́биться be redóubled [...-'dʌ-]; (*ухудшаться*) be ággravàted.

**усу́шка** *ж.*, *тк. ед. торг.* loss (through / in drýing); shrinkage.

**усы́** *мн. см.* ус 1.

**усыла́ть,** усла́ть (*вн.*) send* a¦wáy (*d.*).

**усынов||и́ть** *сов. см.* усыновля́ть. **~ле́ние** *с.* adóption. **~лённый** *прич. и прил.* adópted.

**усыновля́ть,** усынови́ть (*вн.*) adópt (*d.*).

**усыпа́льница** *ж.* tomb [tu:m], búrial-vault ['be-].

**усы́пать** *сов. см.* усыпа́ть.

**усыпа́ть,** усы́пать (*вн. тв.*) strew* (*d.* with), bestréw* (*d.* with); не́бо усы́пано звёздами the sky is stúdded with stars.

**усыпи́тельн||ый** drówsy [-zɪ] (*тж. перен.*); sòporífic [sou-]; ~ое сре́дство sléeping-draught [-drɑ:ft], sòporífic [sou-].

**усып||и́ть** *сов. см.* усыпля́ть. **~ле́ние** *с.* lúlling to sleep; (*гипнотизирование*) hýpnotism.

**усыпля́||ть,** усыпи́ть (*вн.*) lull to sleep (*d.*); (*пением, чтением и т. п.*) sing*, read*, *etc.*, to sleep (*d.*); (*гипнозом*) hýpnotize (*d.*), put* into hypnótic sleep / trance (*d.*); (*перен.*; *о подозрении и т. п.*) lull (*d.*); ~ бди́тельность lull / blunt *smb.'s* vígilance. **~ющий 1.** *прич. см.* усыпля́ть; **2.** *прил.* = усыпи́тельный.

**усыха́ть,** усо́хнуть dry in.

**ута́ивать,** утаи́ть (*вн.*) **1.** (*скрывать*) concéal (*d.*); (*умалчивать*) keep* to òne¦sélf (*d.*), keep* a sécret (*d.*); **2.** (*присваивать*) steal* (*d.*).

**утаи́ть** *сов. см.* ута́ивать.

**ута́йк||а** *ж.* concéalment; без ~и (*откровенно*) ùn¦resérvedly [-'zə:-], fránkly.

**ута́пливать,** утопи́ть (*вн.*) *тех.* cóuntersink* (*d.*).

**ута́птывать,** утопта́ть (*вн.*) trample down (*d.*), pound (*d.*): ~ траву́ trample down grass; — ~ снег stamp on snow [...-ou].

**ута́скивать,** утащи́ть (*вн.*) *разг.* **1.** cárry off (*d.*), make* a¦wáy (with); (*перен.*: *уводить с собой*) lead* a¦wáy (*d.*); он утащи́л его́ на конце́рт he dragged him off to *a* cóncert; **2.** (*красть*) steal* (*d.*).

**утащи́ть** *сов. см.* ута́скивать.

**у́тварь** *ж. собир.* uténsils *pl.*; церко́вная ~ chúrch-plàte.

**утверд||и́тельно** *нареч.* affírmative¦ly, in the affírmative; ~ кивну́ть голово́й nod asséut; отвеча́ть ~ ánswer in the affírmative ['ɑ:nsə...]. **~и́тельный** affírmative; ~и́тельный отве́т affírmative ánswer / replý [...'ɑ:nsə...]. **~и́ть** *сов. см.* утвержда́ть 2, 3. **~и́ться** *сов. см.* утвержда́ться.

**утвержда́||ть,** утверди́ть **1.** *тк. несов.* (*вн.*) affírm (*d.*), maintáin (*d.*), assért (*d.*); (*в споре*) contend (that); (*без оснований*) allége [-edʒ] (*d.*); (*торжественно объявлять*) asséveràte (*d.*); ~, что assért that, insist that; он ~ет, что он невино́вен he asserts / insists that he is ínnocent; **2.** (*вн.*; *санкционировать*) appróve [-ru:v] (*d.*), confírm (*d.*), sánction (*d.*); (*о договоре, пакте*) rátifỳ (*d.*), confírm (*d.*); (*о завещании*) prove [-u:v](*d.*); **3.** (*вн.*; *укреплять*) stréngthen (*d.*), consólidàte (*d.*); (*вн.* в *пр.*; *в намерении, во мнении*) confírm (*d.* in). **~ться,** утверди́ться **1.** stréngthen òne¦sélf, become* consólidàted; (*укрепиться, обосноваться*) gain a fóothòld [...'fut-]; (*о системе, строе и т. п.*) become* fírmly estáblished; **2.** (в *пр.*; *убеждаться*) become* fírmly convínced (of); **3.** *страд. к* утвержда́ть.

**утвержде́ние** *с.* **1.** (*мысль, положение*) assértion, státe¦ment, àffirmátion; (*торжественное*) assèverátion; (*голословное*) àllegátion; противополо́жное, обра́тное ~ cóntrary assértion; **2.** (*санкционирование*) appróval [-u:v-]; (*договора, пакта*) ràtificátion, cònfirmátion; (*завещания*) próbate [-oub-]; **3.** (*укрепление*) stréngthening, consòlidátion.

**утек||а́ть,** уте́чь flow a¦wáy [-ou...], run* a¦wáy; (*о газе*) escápe; (*перен.*) pass, go* by; ◇ мно́го воды́ ~ло́ с тех пор much wáter has flowed únder the bridge(s) since that time [...'wɔ:-...].

**утёнок** *м.* dúckling.

**утеп||ле́ние** *с.* wárming; (*рд.*; *о жилом помещении*) máking hábitable in wínter (*d.*). **~лённый 1.** *прич. см.* утепля́ть; **2.** *прил.* warm; (*о жилом помещении*) made hábitable in wínter; ~лённый гара́ж héated garáge [...-ɑ:ʒ], garàge with héating. **~ли́ть** *сов. см.* утепля́ть.

**утепля́ть,** утепли́ть (*вн.*) warm (*d.*); (*о жилом помещении*) make* hábitable in wínter (*d.*).

**утере́ть(ся)** *сов. см.* утира́ть(ся).

**утерпе́||ть** *сов.* restráin òne¦sélf; (*с отрицанием об.*) keep* (from *ger.*), help (+ *ger.*): тру́дно ~ it is hard to restráin òne¦sélf; он не ~л, что́бы не сказа́ть he could¦n't keep from sáying, he could¦n't help sáying.

**утеря** *ж.* loss.

**утеря́ть** *сов.* (*вн.*) lose* [lu:z] (*d.*); (*о праве, уважении и т. п.*) fórfeit [-fɪt] (*d.*).

**утёс** *м.* rock; (*береговой*) cliff. **~истый** rócky; (*о береге*) steep, precípitous.

**уте́ха** *ж.* **1.** (*радость*) joy, delight; (*удовольствие*) pléasure ['ple-]; **2.** (*утешение*) cómfort ['kʌ-], cònsolátion.

**уте́чка** *ж. тк. ед.* **1.** (*жидкости*) léakage; (*газа*) escápe; *тех.* loss; *торг.* úllage; **2.** *эк.* loss; ~ капита́ла flówing off of cápital ['flou-...].

**уте́чь** *сов. см.* утека́ть.

**утеш||а́ть,** уте́шить (*вн.*) cómfort ['kʌ-] (*d.*), consóle (*d.*); ~ себя́ consóle òne¦sélf. **~а́ться,** уте́шиться **1.** consóle òne¦sélf; **2.** *тк. несов.* (*тв.*) take* cómfort [...'kʌ-] (in), seek* cònsolátion (in), be cómforted / consóled [...'kʌmt-...] (by). **~е́ние** *с.* cómfort ['kʌ-], cònsolátion; иска́ть ~е́ния в чём-л. seek* cònsolátion in smth.; находи́ть ~е́ние в чём-л. find* cómfort / cònsolátion in smth.; ◇ сла́бое ~е́ние poor cònsolátion.

**утеши́тель** *м.*, **~ница** *ж.* cómforter ['kʌ-], consóler. **~ный** consólatory, consóling, cómforting ['kʌ-]; э́то ~но that's a cómfort [...'kʌ-].

**уте́шить** *сов. см.* утеша́ть. **~ся** *сов. см.* утеша́ться 1.

**утилиз||а́ция** *ж.* ùtilizátion [-laɪ-]. **~и́ровать** *несов. и сов.* (*вн.*) útilize (*d.*).

**утилит||ари́зм** *м. филос.* ùtilitárianism. **~а́рность** *ж.* utílity. **~а́рный** ùtilitárian.

**ути́ль** *м.*, **~сырьё** *с. тк. ед. собир.* ùtílity réfuse [...-s], scrap.

**ути́ный** *прил. к* у́тка I.

**утира́ть,** утере́ть (*вн.*) wipe (*d.*); (*осушать*) dry (*d.*); ~ пот с лица́ wipe sweat from one's face [...swet...]; ~ себе́ нос wipe one's nose; ◇ утере́ть кому́-л. нос *разг.* ≅ get* the bétter of smb. **~ся,** утере́ться **1.** wipe òne¦sélf, dry òne¦sélf; **2.** *страд. к* утира́ть.

**утиха́ть,** ути́хнуть (*о шуме*) cease [-s], fade, die a¦wáy; (*успокаиваться*) become* calm [...kɑːm], calm, quíet(en) down; (*о буре, возбуждении, боли*) abáte, subsíde; (*о ветре*) fall*.

**ути́хнуть** *сов. см.* утиха́ть.

**утихоми́ривать,** утихоми́рить (*вн.*) *разг.* calm [kɑːm] (*d.*), pácifȳ (*d.*), placáte (*d.*). **~ся,** утихоми́риться *разг.* become* quíet; (*остепеняться*) stéady up / down ['ste-...], settle down; *сов. тж.* have sown one's wild oats [...soun...] *идиом.*

**утихоми́рить(ся)** *сов. см.* утихоми́ривать(ся).

**у́тка** I *ж.* duck; ди́кая ~ wild duck; mállard (*гл. обр. о селезне*).

**у́тк||а** II *ж.* (*ложный слух*) cànárd; газе́тная ~ cànárd; (*рассчитанная на то, чтобы испугать*) néwspàper scare; пусти́ть ~у start / spread* a false repórt, *или* false rúmours [...spred... fɔːls...].

**у́тка** III *ж. мор.* cleat.

**уткну́ть** *сов.* (*вн.*) *разг.* búry ['be-] (*d.*), hide* (*d.*); ~ нос в кни́гу búry òne¦sélf in *a* book; ~ лицо́ в воротни́к búry one's face in one's cóllar. **~ся** *сов.* (*в вн.*) *разг.* **1.** búry òne¦sélf ['be-...] (in), hide* (one's face) (in); ~ся в у́гол hide* (one's face) in *a* córner; ~ся голово́й в поду́шку búry one's head in one's píllow [...hed...]; ~ся но́сом в кни́гу búry òne¦sélf in *a* book; **2.** (*наткнуться*) come* to rest (up¦ón, agáinst), be stopped (by).

**утконо́с** *м. зоол.* dúck-bìll, plátypus.

**утле́гарь** *м. мор.* jib-bóom.

**у́тлый** frágile, frail.

**уто́к** *м. тк. ед. собир. текст.* weft, woof.

**утол||е́ние** *с.* (*жажды*) sláking, quénching; (*голода*) sátisfȳing; (*боли*) lúlling, sóothing, allèviàting; для ~е́ния го́лода to sátisfȳ one's húnger. **~и́ть** *сов. см.* утоля́ть.

**утол||сти́ть(ся)** *сов. см.* утолща́ть(ся). **~ща́ть,** утолсти́ть (*вн.*) thícken (*d.*), make* thícker (*d.*). **~ща́ться,** утолсти́ться **1.** thícken, become* thícker; **2.** *страд. к* утолща́ть. **~ще́ние** *с.* **1.** (*действие*) thíckening; **2.** (*выпуклость*) bulge.

**утоля́ть,** утоли́ть (*вн.*; *о жажде*) slake (*d.*), quench (*d.*); (*о голоде*) sátisfȳ (*d.*), appéase (*d.*); (*о боли*) lull (*d.*), soothe (*d.*), allévіàte (*d.*).

**утоми́тельно** I **1.** *прил. кратк. см.* утоми́тельный; **2.** *предик. безл.* it is (very) tíre¦some / wéari¦some.

**утоми́тельн||о** II *нареч.* tíre¦some¦ly, wéari¦some¦ly. **~ость** *ж.* tíre¦some¦ness, wéari¦some¦ness. **~ый** tíre¦some, tíring, wéaring, wéari¦some; fatíguing [-'tiːg-]; ~ая рабо́та hard / exháusting work.

**утом||и́ть(ся)** *сов. см.* утомля́ть(ся). **~ле́ние** *с.* tíred¦ness, wéariness, lássitùde; fatígue [-'tiːg]; кра́йнее ~ле́ние exháustion [-stʃən]. **~лённый** *прич. и прил.* tired.

**утомля́емость** *ж.* fàtiguabílity; у него́ бы́страя ~ he gets éasily tired [...'iːz-...].

**утомля́ть,** утоми́ть (*вн.*) tire (*d.*), wéary (*d.*); fatígue [-'tiːg] (*d.*); ~ себе́ глаза́ tire one's eyes [...aɪz]. **~ся,** утоми́ться **1.** get* tired / fatígued [...-'tiːgd], tire /wéary òne¦sélf, fatígue òne¦sélf; **2.** *страд. к* утомля́ть.

**утону́ть** *сов. см.* утопа́ть 1 *и* тону́ть II.

**утонч||а́ть,** утончи́ть (*вн.*) thin (*d.*), make* thínner (*d.*); (*перен.*) refíne (*d.*). **~а́ться,** утончи́ться **1.** become* / get* thin; (*перен.*) become* refíned; **2.** *страд. к* утонча́ть.

**утончённ||ость** *ж.* refíne¦ment. **~ый** **1.** *прич. см.* утонча́ть; **2.** *прил.* refíned, subtle [sʌtl], éxquisite [-zɪt]; ~ый вкус refíned taste [...teɪst]; ~ая жесто́кость refíne¦ment of crúelty [...-uəl-]; ~ое удово́льствие éxquisite pléasure [...'ple-].

**утончи́ть(ся)** *сов. см.* утонча́ть(ся).

**утопа́||ть,** утону́ть **1.** = тону́ть II; **2.** *тк. несов.* (в *пр.*) roll (in): ~ в ро́скоши roll in lúxury [...'lʌkʃ-]; ~ в бога́тстве roll / wállow in móney [...'mʌ-]; — ~ в зе́лени be búried in vérdure [...'be-... 'vəːdʒə]. **~ющий** **1.** *прич. см.* утопа́ть; **2.** *м. как сущ.* drówning man*.

**утоп||и́зм** *м.* Útopism. **~и́ст** *м.* Ùtópian, Útopist.

**утопи́ть** *сов.* **1.** *см.* топи́ть IV; **2.** *см.* утапливать.

**утопи́ться** *сов. см.* топи́ться III.

**утопи́ческий** Ùtópian.

**уто́пия** *ж.* Ùtópia.

**уто́пленн||ик** *м.* drowned man*. **~ица** *ж.* drowned wóman* [...'wu-].

**утопта́ть** *сов. см.* ута́птывать.

**уто́р** *м. тех.* notch; нареза́ть ~ы notch.

**уточн||е́ние** *с.* more precíse / áccurate dèfinítion [...-'saɪs...]; spècificátion; внести́ ~е́ния (в *вн.*) give* a more precíse dèfinítion (to), introdúce clárity (into). **~и́ть(ся)** *сов. см.* уточня́ть(ся).

**уто́чный** *текст.* woof (*attr.*), weft (*attr.*).

**уточня́ть,** уточни́ть (*вн.*) spécifỳ (*d.*), make* more exáct / precíse / áccurate [...-'sɪs...] (*d.*), defíne more exáctly / precíse¦ly / áccurate¦ly [...-'sɪs-...] (*d.*); уточни́ть пу́нкты догово́ра detérmine / spécifỳ each point of *the* cóntràct; уточни́ть све́дения get* / obtáin more specífic informátion, make* the ìnformátion more exáct / precíse / áccurate. **~ся,** уточни́ться **1.** become* / be defíned more exáctly / precíse¦ly / áccurate¦ly [...-'sɪs-...]; **2.** *страд. к* уточня́ть.

**утра́ивать,** утро́ить (*вн.*) treble [tre-] (*d.*). **~ся,** утро́иться **1.** treble [tre-]; **2.** *страд. к* утра́ивать.

**утрамб||ова́ть** *сов.* **1.** *см.* утрамбо́вывать; **2.** *как сов. к* трамбова́ть. **~ова́ться** *сов. см.* утрамбо́вываться. **~о́вка** *ж.* rámming.

**утрамбо́вывать,** утрамбова́ть (*вн.*) ram (*d.*). **~ся,** утрамбова́ться **1.** become* éven; **2.** *страд. к* утрамбо́вывать.

**утра́т||а** *ж.* loss; понести́ ~у súffer a loss; понести́ тяжёлую ~у súffer a sevére / térrible beréave¦ment; ~ трудоспосо́бности disabílity. **~ить(ся)** *сов. см.* утра́чивать(ся).

**утра́чивать,** утра́тить (*вн.*) lose* [lu:z] (*d.*); ~ права́ fórfeit one's rights [-fɪt...]. **~ся,** утра́титься **1.** be lost, be gone [...gɔn]; **2.** *страд. к* утра́чивать.

**у́тренн||ий** mórning (*attr.*); ~ее вре́мя mórning; ~ за́втрак bréakfast [-ek-]; ~яя заря́ dawn, dáybreak [-eɪk].

**у́тренник I** *м.* (*спекта́кль*) mórning perfórmance; matinée (*фр.*) ['mætɪneɪ].

**у́тренник II** *м.* (*моро́з*) mórning frost.

**утри́р||овать** *несов. и сов.* (*вн.*) exággeràte [-dʒə-] (*d.*). **~о́вка** *ж.* exàggerátion [-dʒə-].

**у́тр||о** *с.* mórning; morn *поэт.*; в де́вять часо́в ~а́ at nine o'clóck in the mórning; под ~ towards mórning; (*на рассве́те*) at dawn, at dáybreak [...-eɪk]; по ~а́м in the mórning(s); спать до́лго по ~а́м sleep* late in the mórnings; на (сле́дующее) ~ next mórning; ◇ в одно́ прекра́сное ~ one fine mórning; ~ ве́чера мудрене́е *посл.* ≅ fresh for the mórrow; take counsel with your píllow; sleep on it; с до́брым ~ом!, до́брое ~! good mórning!; ~ жи́зни the mórning of life.

**утро́б||а** *ж.* womb [wu:m]; (*о животе́*) bélly. **~ный** úterine; ~ный плод fóetus ['fi:-].

**утрое́ние** *с.* trébling ['tre-].

**утро́ить(ся)** *сов. см.* утра́ивать(ся).

**у́тром** *нареч.* in the mórning; сего́дня ~ this mórning; за́втра ~ to¦mórrow mórning; вчера́ ~ yésterday mórning [-dɪ...]; ра́нним ~ éarly in the mórning ['ə:lɪ...]; одна́жды ~ one mórning.

**утру||ди́ть** *сов. см.* утружда́ть. **~жда́ть,** утруди́ть (*вн.*) trouble [trʌ-] (*d.*). **~жда́ться** trouble òne¦sélf [trʌ-...], take* trouble, give* òne¦sélf trouble.

**утру́ска** *ж. тк. ед. торг.* spíllage.

**утряса́ть,** утрясти́ (*вн.*) **1.** shake* down (*d.*); **2.** *разг.* (*ула́живать*) settle (*d.*). **~ся,** утрясти́сь **1.** get* in (by sháking); **2.** *разг.* (*ула́живаться*) settle; **3.** *страд. к* утряса́ть.

**утрясти́(сь)** *сов. см.* утряса́ть(ся).

**утучн||и́ть(ся)** *сов. см.* утучня́ть(ся). **~я́ть,** утучни́ть (*вн.*) *уст.* fátten (*d.*). **~я́ться,** утучни́ться *уст.* **1.** fátten; **2.** *страд. к* утучня́ть.

**уты́кать** *сов. см.* утыка́ть.

**утыка́ть,** уты́кать (*вн. тв.*) set* (*d.* with).

**утю́г** *м.* (flat) iron [...'aɪən], smóothing-iron [-aɪən]; портно́вский ~ góose [-s] (*pl.* góoses); электри́ческий ~ eléctric iron.

**утю́||жить,** вы́утюжить (*вн.*) press (*d.*), iron ['aɪən] (*d.*); *сов. тж.* iron out (*d.*). **~жка** *ж.* préssing, ironing ['aɪən-].

**утяжели́ть** *сов.* (*вн.*) in¦créase the weight [-s...] (of); ~ констру́кцию in¦créase the dead load of *a* constrúction [...ded...].

**уф** *межд.* ugh! [u:h].

**ух** *межд.* bang!, ugh! [u:h], ouch! [autʃ].

**уха́** *ж. тк. ед.* físh-soup [-su:p].

**уха́б** *м.*: ~ы pits and bumps (*on an uneven road*). **~истый** búmpy.

**ухажёр** *м. разг.* bóy-friend [-frend].

**уха́живание** *с.* **1.** (*за больны́м, за ребёнком*) núrsing; (*за больны́м тж.*) ténding; **2.** (*за же́нщиной*) cóurting ['kɔ:t-], lóve-màking ['lʌv-]; addrésses *pl.*, atténtions *pl.*

**уха́живать** (за *тв.*) **1.** (*за больны́м, за ребёнком*) nurse (*d.*); (*за больны́м тж.*) tend (*d.*); (*за живо́тными, расте́ниями*) look (áfter); (*прислу́живать*) wait (on); ~ за цвета́ми look áfter *the* flówers; **2.** (*за же́нщиной*) court [kɔ:t] (*d.*), make* love [...lʌv] (to), pay* one's addrésses (to), pay* / make* court (to).

**у́хар||ский** *разг.* dáshing. **~ство** *с. разг.* dáshing beháviour.

**у́харь** *м. разг.* dáshing féllow.

**у́хать,** у́хнуть *разг.* **1.** (*издава́ть гро́мкий звук*) échò [-k-]; где́-то у́хнул снаря́д sóme¦whère a shell explóded with a crash; **2.** *тк. сов.* (*вн.*) *разг.* (*израсхо́довать*) lose* at one stroke [lu:z...] (*d.*); **3.** *тк. сов. разг.* (*пропа́сть*) go* down, be lost.

**ухва́т** *м.* óven prongs ['ʌvᵊn...] *pl.*

**ухват||и́ть** *сов.* (*вн.*; *прям. и перен.*) catch* (*d.*), lay* hold (of), grasp (*d.*). **~и́ться** *сов.* (за *вн.*) catch* / lay* hold (of), grasp (*d.*); (*перен.*) catch* (at), snatch (at), grasp (at); ~и́ться за пери́ла grip / grasp / seize the (hánd-)rail [...si:z...]; ~и́ться за слу́чай seize *an* òpportúnity; ~и́ться за предложе́ние, за мысль jump at *an* óffer, at *the* idéa [...aɪ'dɪə]; он ~и́лся за мою́ мысль he snatched / grasped / caught at my idéa.

**ухва́тка** *ж. разг.* way, mánner.

**ухитр||и́ться** *сов. см.* ухитря́ться. **~я́ться,** ухитри́ться (+ *инф.*) *разг.* contríve (+ to *inf.*).

**ухищре́ни||е** *с.* contrívance [-'traɪ-], shift, device; прибега́ть к ра́зным ~ям resórt, *или* have recóurse, to várious tricks [-'zɔ:t... -'kɔ:s...].

**ухищря́ться** contríve, shift.

**ухло́пать** *сов. см.* ухло́пывать.

**ухло́п||ывать,** ухло́пать (*вн.*) *разг.* **1.** (*убива́ть*) kill (*d.*), múrder (*d.*); **2.** (*тра́тить*) squánder (*d.*), waste [weɪ-] (*d.*); он ~ал на э́то це́лый день he wásted *a* whole day on it [...houl...].

**ухмыльну́ться** *сов. см.* ухмыля́ться.

**ухмыля́ться,** ухмыльну́ться *разг.* smirk, grin.

**у́хнуть** *сов. см.* у́хать.

**у́хо** *с.* ear; нару́жное ~ áuricle; сре́днее ~ middle ear; воспале́ние у́ха inflammátion of the ear; otítis *научн.*; говори́ть кому́-л. на́ ~ speak* in smb.'s ear; ◇ быть туги́м на́ ~ be hard of héaring; держа́ть ~ востро́ *погов.* ≅ be on one's guard; навостри́ть у́ши prick up one's ears; дать в ~, по́ уху кому́-л. *груб.* give* smb. a box on the ear; в одно́ ~ вошло́, в друго́е вы́шло in at one ear and out at the other; слу́шать кра́ем у́ха listen with half an ear ['lɪsºn... hɑːf...]; он и у́хом не ведёт he doesn't care a rap; затыка́ть у́ши close / stop one's ears; у́ши вя́нут (от) it makes one sick to hear (*d.*); прокрича́ть, прожужжа́ть у́ши кому́-л. din into smb.'s ears; влюби́ться по́ уши (в *вн.*) be óver head and ears in love [...hed... lʌv] (with); пропуска́ть ми́мо уше́й (*вн.*) *разг.* give* no ear (to), take* no heed (of); он уша́м свои́м не ве́рил he could not believe his ears [...-iːv...].

**уховёртка** *м. зоол.* éarwig.

**ухо́д** I *м.* gó¦ing a¦wáy / out / off; léaving, depárture; (*с должности*) rèsignátion [rez-], retiring; (*с конференции и т. п.*) with¦dráwal (from); пе́ред са́мым ~ом just befóre léaving.

**ухо́д** II *м.* (за *тв.*; *ухаживание, заботы*) care (of); в э́том санато́рии хоро́ший ~ за больны́ми the pátients are táken good* care of in this sànatórium; техни́ческий ~ за маши́нами máintenance of machínes, éngines [...-'ʃiːnz 'endʒ-]; э́то расте́ние нужда́ется в ~е this plant needs care [...-ɑːnt...]; ~ за маши́ной (*автомобилем*) sérvicing / máintenance / care of *a* car.

**уходи́ть,** уйти́ **1.** leave*; go* a¦wáy / off; depárt; ~ с рабо́ты leave* work; ~ в отста́вку resign [-'zaɪn], retíre; ~ с поста́ leave* one's post [...poust]; resign one's posítion [...-'zɪ-]; ~ со сце́ны leave* / quit the stage, retíre from the stage; ухо́дит, ухо́дят (*театральная ремарка*) éxit, éxeùnt; часы́ ушли́ вперёд the watch is fast; кора́бль ухо́дит в мо́ре the ship is putting out to sea; ~ в во́здух *ав.* take* the air; **2.** (*проходить, миновать*) pass, elápse; мо́лодость ухо́дит youth is soon óver [juːθ...], youth is slipping a¦wáy; вре́мя ещё не ушло́ there is still time; **3.** *тк. несов.* (*простираться*) stretch; доро́га ухо́дит вдаль the road recédes into the dístance; **4.** (от *наказания, расплаты и т. п.*) escápe (*d.*); от э́того не уйдёшь you can't get a¦wáy from it [...kɑːnt...]; уйти́ от пресле́дования *воен.* outstrip one's pursúer; **5.** (*расходоваться*) be spent; все си́лы ухо́дят на э́то *one's* whole énergy is spent on it [...houl...], it takes all *one's* énergy; на подгото́вку ухо́дит мно́го вре́мени the prèparátions take much time; ◇ с ним далеко́ не уйдёшь you won't go very far with him [...wount...]; уйти́ ни с чем go* a¦wáy émpty-hánded, *или* having achieved nothing [...ə'tʃiːvd...]; ~ в себя́ draw* / retíre / shrink* into òne¦sélf; уйти́ в про́шлое become* a thing of the past.

**уходи́ться** *сов. разг.* (*устать*) be tired out.

**ухудш||а́ть,** уху́дшить (*вн.*) make* worse (*d.*), wórsen (*d.*), detérioràte (*d.*). **~а́ться,** уху́дшиться **1.** become* / grow* worse [...grou...], detérioràte, take* a turn for the worse; его́ здоро́вье уху́дшилось his health has become worse [...helθ...]; отноше́ния уху́дшились the relátions have become worse; ка́чество уху́дшилось the quálity has detérioràted; **2.** *страд. к* ухудша́ть. **~е́ние** *с.* (*болезни, состояния*) wórsening, change for the worse [tʃeɪ-...], detèriorátion; ~е́ние отноше́ний detèriorátion of relátions; fálling off in relátions; ~е́ние ка́чества detèriorátion.

**уху́дшенный** **1.** *прич. см.* ухудша́ть; **2.** *прил.* inférior, detérioràted.

**уху́дшить(ся)** *сов. см.* ухудша́ть(ся).

**уцеле́||ть** *сов.* (*остаться нетронутым*) be left whole [...houl], remáin whole; (*остаться неповреждённым*) come* off únhúrt; (*остаться в живых*) survíve; (при; *сохраниться тж.*) be spared (by); дом ~л при пожа́ре the house* was spared by the fire [...haus...], the house* survíved the fire.

**уцепи́ться** *сов.* (за *вн.*) catch* / lay* hold (of), seize [siːz] (on); grasp (at; *тж. перен.*); ~ за предложе́ние *разг.* catch* / jump at *a* propósal, *или* at *an* óffer [...-zº]...].

**уча́ст||вовать** (в *пр.*) **1.** (*принимать участие*) take* part (in), pàrticipàte (in), be (in); (*сотрудничать*) collábоràte (in); ~ в голосова́нии, в вы́борах take* part in vóting, in the eléction; ~ в спекта́кле take* part in *a* play; ~ в за́говоре be in *the* plot; **2.** (*иметь долю*) have a share / hand (in); ~ на ра́вных права́х share alíke; ~ в расхо́дах share in expénses / expénditure. **~вующий** **1.** *прич. см.* уча́ствовать; **2.** *м. как сущ.* pàrticipant, pàrticipàtor.

**уча́ст||ие** *с. тк. ед.* **1.** (*совместная деятельность*) pàrticipátion; (*сотрудничество*) collàborátion; привлека́ть кого́-л. к ~ию в чём-л. get* smb. to take part in smth., enlíst smb., *или* smb.'s help; (*заинтересовывать*) ínterest smb. in smth.; не допуска́ть кого́-л. к ~ию в чём-л. debár smb. from pàrticipátion in smth.; принима́ть ~ в чём-л. take* part in smth., pàrticipàte in smth.; take* a hand in smth. *разг.*; принима́ть ~ в рабо́те contríbute one's share to the work; де́ятельное ~ áctive pàrticipátion; при ~ии кого́-л. with the pàrticipátion of smb., with the assístance of smb.; **2.** (*обладание долей, паем в чём-л.*) share, sháring; **3.** (*сочувствие*) sýmpathy, ínterest, concérn; с живе́йшим ~ием with the gréatest sýmpathy / ínterest [...-eɪt-...]; принима́ть (большо́е) ~ в ком-л. take* great ínterest in smb. [...-eɪt...].

**участи́ть(ся)** *сов. см.* учаща́ть(ся).

**участко́вый** district (*attr.*); ~ надзира́тель *ист.* divísional inspéctor (of police) [...-'liːs].

**уча́стлив||ый** sỳmpathétic, compássionate; прояви́ть ~ое отноше́ние (к) be compássionate (towards), have sýmpathy (for).

**уча́стник** *м.* pàrticipant, pàrticipàtor; (*в пае*) sharer; (*преступления*) accómplice; (*состязания*) compétitor; (*в игре*) pártner; (*съезда*) mémber; он ~ гражда́нской войны́ he took part in the cívil war; ~ экспеди́ции mémber of *an* èxpedítion; он ~ за́говора he is, *или* was, a párty to *the* plot, he takes, *или* took, part in *the* plot.

**уча́ст||ок** *м.* **1.** (*земли*) lot, plot; (*небольшой*) strip, párcel; дроби́ть, дели́ть на ~ки (*вн.*) párcel out (*d.*); **2.** (*часть поверхности*) part, séction; (*дороги, реки́*) séction, length; (*перен.: сфера деятельности*) séction; поражённые ~ки ко́жи affécted parts of the skin; ~ зараже́ния *воен.* contáminàted área /

ground [...'ɛərɪə...]; ~ фрóнта séctor of the front [...-ʌnt]; ~ рабóты allótted work; **3.** (*администрати́вный*) dístrict; избира́тельный ~ eléctoral / eléction dístrict / área, constítuency; (*помещение*) pólling place / státion, eléction centre; **4.** *ист.* (*полицейский*) políce-óffice [-i:s-], políce-státion [-i:s-].

**у́част||ь** *ж.* lot, fate; раздели́ть ~ когó-л. share smb.'s fate; (*добровольно*) throw* in one's lot with smb. [-ou...]; подчиня́ться своéй ~и submít to one's fate; избежа́ть óбщей ~и escápe the cómmon lot; их постúгнет та же ~ they will súffer the same fate.

**учаща́ть,** участи́ть (*вн.*) make* more fréquent (*d.*), in:créase the fréquency [-s... 'fri:-] (of). **~ся,** участи́ться become* more fréquent.

**учащённый** **1.** *прич. см.* учаща́ть; **2.** *прил.* quick, quíckened; ~ пульс quick / quíckened pulse.

**уча́щ||ийся** **1.** *прич.* (*тж. как прил.*) *см.* учи́ться; ~аяся молодёжь stúdents *pl.*; **2.** *как сущ. м.* stúdent; (*школьник*) schóolboy, púpil; *ж.* stúdent; (*школьница*) schóolgirl [-gə:l], púpil; *мн. собир.* the stúdents; (*школьники*) the púpils.

**учёб||а** *ж.* stúdies ['stʌ-] *pl.*; (*подготовка*) tráining; за ~ой at one's stúdies; закóнчить ~у compléte one's stúdies.

**учéбник** *м.* téxt-book; (*руководство*) mánual; (*начальный*) prímer; ~ хи́мии, фи́зики *и т. п.* course / mánual of chémistry, phýsics, *etc.* [kɔ:s...'ke- -zɪ-].

**учéбно-воспита́тельный** téaching and èducátional.

**учéбн||ый** èducátional; (*школьный*) school (*attr.*); ~ год àcadémic year; (*в школе*) schóol-year; ~ое врéмя schóol-hours [-auəz] *pl.*; ~ые заня́тия stúdies ['stʌ-]; ~ план currículum (*pl.* -la); ~ предмéт súbject; ~ое заведéние èducátional institútion; ~ые посóбия tráining appliances; school supplíes; ~ батальóн *воен.* tráining battálion [...-'tæ-]; ~ое сýдно tráining ship; ~ое пла́вание tráining vóyage; ~ое пóле *воен.* éxercise ground; ~ая стрельба́ (fíring) práctice.

**учéн||ие** *с.* **1.** stúdies ['stʌ-] *pl.*, léarning ['lə:-]; (*ремеслу*) appréntice:ship; гóды ~ия schóol-years; врéмя ~ия clásses *pl.*; быть в ~ии be an appréntice; кóнчить ~ fínish one's stúdies; (*ремеслу*) fínish one's appréntice:ship; **2.** (*преподавание*) téaching; **3.** *воен.* éxercise; строевóе ~ drill; такти́ческое ~ táctical éxercise; **4.** (*философское, политическое и т. п.*) téaching, dóctrine; ~ Лéнина the téaching of Lénin.

**учен||и́к** *м.*, **~и́ца** *ж.* **1.** (*в школе*) púpil; (*в ремесле*) appréntice; léarner ['lə:-]; **2.** (*последователь*) discíple. **~и́ческий** *прил. к* учени́к; (*перен.: незрелый, несамостоятельный*) raw, crude, únskilled. **~и́чество** *с. тк. ед.* púpil(l)age; (*ремеслу*) appréntice:ship.

**учён||ость** *ж.* léarning ['lə:-], èrudítion; мни́мая ~ sciolism. **~ый** **1.** *прил.* (*о человеке*) léarned ['lə:-], érudite; **2.** *прил.* (*относящийся к науке*) scientífic; ~ый совéт àcadémic cóuncil; ~ое óбщество scientífic socíety; ~ая стéпень àcadémic degrée; **3.** *прил.* (*дрессированный*) trained, perfórming; **4.** *м. как сущ.* scíentist; léarned pérson; schólar ['skɔ-].

**учéсть** *сов. см.* учи́тывать.

**учёт** *м. тк. ед.* **1.** càlculátion; (*товаров*) stóck-tàking; вести́ ~ (*рд.*) take* stock (of); не поддава́ться ~у be be:yónd all càlculátion; с дóлжным ~ом (*рд.*; *фактов, условий и т. п.*) with due regárd (for); закры́то на ~ closed for stóck-tàking; **2.** (*регистрация*) règistrátion; брать на ~ (*вн.*) régister (*d.*); станови́ться на ~ be régistered; снима́ть с ~а (*вн.*) strike* / cross off the régister (*d.*); снима́ться с ~а be struck / crossed off the régister; **3.** *фин.* (*векселей*) díscount, discóunting.

**учетвер||ённый** **1.** *прич. см.* учетверя́ть; **2.** *прил.* quádruple, quàdrúplicate. **~и́ть(ся)** *сов. см.* учетверя́ть(ся).

**учетверя́ть,** учетвери́ть (*вн.*) quádruple (*d.*), quàdrúplicàte (*d.*). **~ся,** учетвери́ться **1.** become* / be quádrupled; **2.** *страд. к* учетверя́ть.

**учётн||ый** **1.** *прил. к* учёт 1, 2; ~ стол règistrátion board / depártment; ~ бланк, лист(óк), ~ая ка́рточка règistrátion form; ~ая вéдомость tálly sheet; **2.** *фин.* díscount (*attr.*); ~ процéнт díscount; ~ банк díscount bank.

**учётч||ик** *м.*, **~ица** *ж.* accóunting clerk [...klɑ:k].

**учи́лище** *с.* school, cóllege; воéнное ~ mílitary school / acádemy; Нахи́мовское ~ Nakhímov Nával Cóllege; Сувóровское ~ Suvórov Mílitary Cóllege.

**учини́ть** *сов. см.* учиня́ть.

**учиня́ть,** учини́ть (*вн.*) *разг.* make* (*d.*), commít (*d.*); ~ сканда́л kick up a row; ~ па́кость комý-л. play a dírty / mean trick on smb.; ~ распра́ву commít óutràges.

**учи́тель** *м.* (*в разн. знач.*) téacher; *tútor* (*особ. домашний*); шкóльный ~ schóol-teacher, schóolmàster; schóol:man* *амер.*; ~ англи́йского языка́ Énglish téacher ['ɪŋ-...]; ~ матема́тики màthemátics téacher; ~ пéния síng:ing-màster; ~ тáнцев dáncing-màster. **~ница** *ж.* téacher; шкóльная ~ница schóolmistress. **~ская** *ж. скл. как прил.* téachers' room, stáff-room. **~ский** *прил. к* учи́тель; ~ский институ́т téachers' cóllege; ~ский съезд téachers' cónference. **~ство** *с. тк. ед.* **1.** *собир.* téachers *pl.*; **2.** (*деятельность*) dúties of a téacher *pl.*

**учи́тельствовать** be a téacher.

**учи́тывать,** учéсть (*вн.*) **1.** (*принимать во внимание*) take* into accóunt / considerátion (*d.*); take* accóunt (of), allów (for); учи́тывая táking into accóunt / considerátion (*d.*); учи́тывая пожела́ния (*рд.*) táking into accóunt, *или* in respónse to, *или* héeding, the wíshes (of); не ~ leave* out of accóunt (*d.*); не учéсть fail to take into accóunt (*d.*); **2.** (*вести учёт, брать на учёт*) take* stock (of); **3.** *фин.* (*о векселе*) discóunt (*d.*).

**учи́ть** **1.** (*вн.*) teach* (*d.*), instrúct (*d.*); ~ когó-л. чемý-л. teach* smb. smth.; **2.** (*с союзом* что; *развивать теорию*) teach* (that); **3.** (*вн.*; *изучать, усваивать*) learn* [lə:n] (*d.*), stúdy ['stʌ-] (*d.*); ~ наизу́сть learn* by heart / rote [...hɑ:t...] (*d.*); ~ роль learn* *the* role / part; **4.** *воен.* drill (*d.*). **~ся** **1.** (*дт.*) learn* [lə:n] (*d.*), stúdy ['stʌ-] (*d.*); ~ся чита́ть learn* to read; ~ся англи́йскому языкý learn* / stúdy

Énglish [...'ɪŋ-]; ~ся портнóвскому дéлу learn* táiloring; (*быть учеником у портного*) be apprénticed to *a* táilor; хорошó ~ся stúdy well*, do well* at school, at the Ùnivérsity, *etc.*; **2.** (в *пр.*) stúdy (at); (у когó-л.) learn* (from smb.); (*ремеслу*) be an appréntice (to smb.); ~ся в университéте stúdy at *the* Ùnivérsity, atténd *the* Ùnivérsity; ~ся в шкóле go* to school; ◇ ~ся на сóбственных ошúбках prófit / learn* by one's own mistákes [...oun...]; век живú — век учúсь *погов.* ≅ live and learn [lɪv...].

**учредúтель** *м.* fóunder, cónstitùtor. **~ница** *ж.* fóundress. **~ный** constítutive, constítuent; ~ное собрáние Constítuent Assémbly.

**учредúть** *сов. см.* учреждáть.

**учрежд||áть,** учредúть (*вн.*) found (*d.*), estáblish (*d.*), set* up (*d.*); (*об ордене, медали*) ínstitùte (*d.*); ~ комúссию estáblish *a* commíssion. **~éние** *с.* **1.** (*действие*) fóunding, estáblishment, sétting up; **2.** (*заведение*) institútion, estáblishment; государственные ~éния State institútions; культýрные и общéственные ~éния cúltural and públic-sérvice institútions [...'pʌ-...].

**учтúв||ость** *ж.* civílity, cóurtesy ['kəːt-]. **~ый** cívil, cóurteous ['kəːt-].

**учýять** *сов.* (*вн.*) smell* (*d.*).

**ушáстый** *разг.* bíg-éared.

**ушáт** *м.* tub; ◇ вы́лить ~ холóдной воды́ (на *вн.*) throw* a cold douche [-ou...duːʃ] (up:ón).

**ýши** *мн. см.* ýхо.

**ушúб** *м.* ínjury; (*место ушиба*) bruise [-uːz]; *мед.* contúsion. **~áть,** ушибúть (*вн.*) hurt* (*d.*); (*до синяка*) bruise [-uːz] (*d.*); *мед.* contúse (*d.*). **~áться,** ушибúться hurt* òne:sélf. **~úть(ся)** *сов. см.* ушибáть(ся).

**ушивáть,** ушúть (*вн.*) take* in (*d.*).

**ушúть** *сов. см.* ушивáть.

**ýшко** I *с. уменьш. от* ýхо; ◇ у негó ýшки на макýшке ≅ he is on his guard.

**ушкó** II *с.* **1.** (*у иглы и т. п.*) eye [aɪ]; **2.** (*сапога*) tab, tag.

**ушн||úк** *м. разг.* (*о враче*) éar-spècialist [-spe-]. **~óй** *прил. к* ýхо; áural *научн.*; ~áя железá áural gland; ~áя рáковина cóchlea (*pl.*-leae); ~áя сéра éar-wàx [-wæks]; ~óе зéркало ótoscòpe ['ou-]; ~óй врач = ушнúк; ~áя боль éar-àche [-eɪk].

**ущéлье** *с.* gorge, ravíne [-iːn]; cányon.

**ущем||úть** *сов. см.* ущемлять. **~лéние** *с.* pínch(ing), jámming; (*перен.: оскорбление*) wóunding ['wuː-]; (*перен.: ограничение*) infrínge:ment; ~лéние грыжи *мед.* strànguˈlátion /in:càrcerátion of hérnia; ~лéние чьегó-л. самолюбия wóunding smb.'s pride / sélf-estéem; ~лéние чьих-л. интерéсов, прав infrínge:ment of smb.'s ínterests, rights.

**ущемля́ть,** ущемúть (*вн.*) pinch (*d.*), jam (*d.*); (*перен.: оскорблять*) wound the pride [wuːnd ...] (of); (*перен.: уменьшать, ограничивать*) infrínge (up:ón); ~ чьи-л. интерéсы, чьи-л. правá infrínge up:ón smb.'s ínterests, rights.

**ущéрб** *м. тк. ед.* **1.** (*убыток*) dámage; loss; détriment; (*вред*) préjudice; наносúть ~ (*дт.*) cause / do dámage (to), dámage (*d.*); понестú ~ súffer dámage; в ~ комý-л. to the préjudice of smb., in préjudice of smb.; to smb.'s détriment; в ~ чемý-л. to the détriment of smth.; в ~ здрáвому смы́слу to the détriment of cómmon sense; без ~а (для) without préjudice (to); ~ был невелúк the dámage was not great [...-eɪt]; **2.:** на ~е (*о луне*) on the wane; (*о славе и т. п.*) on the declíne.

**ущипнýть** *сов.* (*вн.*) pinch (*d.*), tweak (*d.*).

**ую́т** *м.* cósiness ['kouz-]; (*комфорт*) cómfort ['kʌ-]. **~но** *нареч.* cósily ['kouz-], cómfortably ['kʌ-]; чýвствовать себя́ ~но feel* cósy [...-zɪ]. **~ность** *ж.* cómfortable:ness ['kʌ-], cósiness ['kouz-]. **~ный** (*о месте*) cómfortable ['kʌ-], cósy [-zɪ]; *разг.* (*приятный*) agréeable [-rɪə-]; ~ная кóмната cómfortable / cósy room.

**уязвúм||ость** *ж.* vùlnerabílity. **~ый** vúlnerable; легкó ~ый ópen to ínjury or críticism; ~ый с вóздуха *воен.* vúlnerable to air attáck.

**уязв||úть** *сов. см.* уязвлять. **~лéние** *с.* stíng:ing, wóunding ['wuː-].

**уязв||ля́ть,** уязвúть (*вн.*) sting* (*d.*), wound [wuː-] (*d.*); ~úть чьё-л. самолюбие hurt* smb.'s pride; ~úть сáмое больнóе мéсто touch / cut* to the quick [tʌtʃ...].

**уяснúть** *сов. см.* уяснять.

**уясня́ть,** уяснúть (*вн.*) (*тж.* ~ себé) size up (*d.*), make* out (*d.*), ùnderstánd* (*d.*); ~ себé положéние size up *the* situátion.

**фа** *с. нескл. муз.* F [ef]; fa [fɑː]; ключ фа bass clef [beɪs...]; F clef.

**фабзавкóм** *м.* (фабрúчно-заводскóй комитéт) fáctory commíttee [...-tɪ].

**фабкóм** *м.* (фабрúчный комитéт) = фабзавкóм.

**фаблиó, фабльó** *с. нескл. лит.* fábliau ['fæblɪou].

**фáбрика** *ж.* fáctory, mill; сукóнная ~ cloth fáctory; бумáжная ~ páper-mill; красúльная ~ dýe-house* [-s], dýe-wòrks; прядúльная ~ spínning-mill, spínning-fàctory; ткáцкая ~ wéaving-mill.

**фáбрика-кýхня** *ж.* (lárge-scàle) méchanized cantéen [...-kə-...].

**фабрикáнт** *м.* mànufácturer, míll-owner [-ou-], fáctory ówner [...'ou-].

**фабрикáт** *м.* fínished / mànufáctured próduct [...'prɔ-].

**фабрикáция** *ж.* (*прям. и перен.*) fàbricátion.

**фабрикова́ть,** сфабриковáть (*вн.*) **1.** *тк. несов.* (*изготовлять*) mànufácture (*d.*); (*производить*) prodúce (*d.*); **2.** (*измышлять, подделывать*) fábricàte (*d.*); forge (*d.*); сфабрикóванные обвинéния trúmped-ùp charges.

**фáбрить,** нафáбрить (*вн.*) *уст.* dye (*d.*); ~ усы́ use moustáche-dýe [...-ɑːʃ-].

**фабрúчно-заводск||óй** fáctory-and-wórks (*attr.*); ~óе обучéние fáctory-and-wórkshòp tráining; шко́ла ~о́го обуче́ния fáctory-and--wórkshòp school; fáctory appréntice¦ship school.

**фабри́чн||ый** I **1.** *прил. к* фа́брика; (*промы́шленный*) indústrial, mànufácturing; ~ рабо́чий fáctory wórker; ~ые цеха́ fáctory depártments; ~ая труба́ fáctory chímney; ~ое произво́дство mànufácturing; ~ое законода́тельство fáctory lègislátion; ~ го́род mànufácturing town; ~ая ма́рка trade mark; **2.** (*не куста́рный*) fáctory-máde.

**фабри́чный** II *м. скл. как прил. уст.* fáctory wórker.

**фа́була** *ж. лит.* plot, stóry.

**фавн** *м. миф.* faun.

**фаво́р** *м. тк. ед.*: быть в ~е у кого́-л. *разг.* be in smb.'s good gráces. **~и́т** *м.* fávour¦ite; mínion. **~ити́зм** *м.* fávour¦itism. **~и́тка** *ж. к* фавори́т.

**фаго́т** *м. муз.* bassóon. **~и́ст** *м.* bassóonist.

**фагоци́т** *м. физиол.* phágocỳte.

**фа́з||а** *ж.* (*в разн. знач.*) phase; (*пери́од*) péríod; ~ы луны́ *астр.* pháses of the moon; у́гол сдви́га фаз *тех.* phase angle.

**фаза́н** *м.* phéasant ['fez-]. **~ий** *прил. к* фаза́н.

**фа́зис** *м.* phase.

**фа́зн||ый** *физ., тех.* phase (*attr.*); ~ компенса́тор phase módifier; ~ая ско́рость phase velócity; ~ая обмо́тка phase wínding.

**фа́зов||ый:** ~ое напряже́ние *эл.* phase vólt-age.

**фазо́метр** *м. физ., тех.* phase méter, phàsómeter [feɪ'zɔ-].

**фазотро́н** *м. физ.* sýnchro-cýclo¦tròn.

**фай** *м. текст.* poult-de-sóie [puːdə'swɑː].

**файдеши́н** [-дэ-] *м. текст.* faille de Chine ['faɪdɪ'ʃɪn].

**фа́кел** *м.* torch.

**фа́кель||ный** *прил. к* фа́кел; ~ное ше́ствие tórch-light procéssion. **~щик** *м.* tórch--bearer [-bɛə-].

**факи́р** *м.* fákir [-kɪə].

**факси́миле** *с. нескл.* fàcsímile [-lɪ].

**факт** *м.* fact; (*слу́чай*) case [-s]; общеизве́стный ~ notórious fact; достове́рный ~ estáblished fact; cértainty; соверши́вшийся ~ fait accomplí [fetɑːkɔːŋ'pliː]; accómplished fact; поста́вить пе́ред соверши́вшимся ~ом (*вн.*) confrónt with a fait accomplí [-'frʌ-...] (*d.*); стоя́ть пе́ред ~ом be faced with the fact; име́ют ме́сто ~ы facts / cáses are on récòrd [...'re-]; приводи́ть ~ы méntion facts; привести́ ~ point to a fact; показа́ть на ~ах show* proofs [ʃou...]; оби́льный ~ами rich in facts; счита́ться с ~ом face the fact; ~ы говоря́т о том, что the facts show that; ◇ э́то ~! it's a fact!; ~, что (*ве́рно, действи́тельно*) it is a fact that; ~ тот, что (*де́ло в том, что*) the fact is that; го́лые ~ы bare / náked facts; ~ы — упря́мая вещь facts are stúbborn things; you can't fight facts [...kɑːnt...]; you can't get a¦wáy from facts; ~ остаётся ~ом the fact remáins.

**факти́ческ||и** *нареч.* práctically; áctually; (*в су́щности*) in fact, vírtually, to all inténts and púrposes [...-sɪz]. **~ий** áctual; real [rɪəl]; (*осно́ванный на фа́ктах*) fáctual; (*действи́тельный*) vírtual; ~ое доказа́тельство áctual proof; ~ое положе́ние де́ла the áctual state of affáirs; ~ая сторона́ the facts *pl.*; ~ий материа́л, ~ие да́нные the facts; ~ие хозя́ева vírtual másters; ~ий руководи́тель the vírtual mánager.

**фа́ктор** *м.* fáctor; вре́менные, преходя́щие ~ы tránsitory / tránsient fáctors [...-z-...]; постоя́нно де́йствующие ~ы pérmanent fáctors.

**факто́рия** *ж.* tráding státion.

**факто́тум** *м.* fàctótum.

**факту́ра** *ж.* **1.** *торг.* invoice, bill; **2.** *муз., жив.* téxture, mánner of èxecútion.

**факультати́вный** fácultàtive, óptional; ~ уче́бный предме́т óptional súbject, eléctive course [...kɔːs].

**факульте́т** *м.* fáculty, depártment; медици́нский ~ médical fáculty / depártment; юриди́ческий ~ fáculty / depártment of law; исто́рико-филологи́ческий ~ históríical and phìlológical fáculty / depártment; быть на юриди́ческом ~е be a stúdent of the fáculty of law. **~ский** *прил. к* факульте́т.

**фал** *м. мор.* hályard, hálliard.

**фала́нга** *ж.* (*в разн. знач.*) phálànx; (*анат. тж.*) phálànge.

**фаланстéр** [-тэ́р] *м.* phálanstery.

**фа́лда** *ж.* tail, skirt (*of coat*).

**фа́линь** *м. мор.* páinter (*rope attached to the bow of boat*).

**фалли́ческий** phállic.

**фалло́пиев:** ~а труба́ *анат.* Fallópian tube.

**фа́ллос** *м.*, **фа́ллус** *м.* phállus (*pl.* -lli).

**фалре́п** *м. мор.* mán-ròpe, síde-ròpe.

**фальсифик||а́т** *м.* fálsificátion ['fɔːl-], cóunterfeit [-fɪt]. **~а́тор** *м.* fálsifier ['fɔːl-], adúlteràtor. **~а́ция** *ж.* **1.** (*де́йствие*) fálsificátion ['fɔːl-], adùlterátion; fórgery; **2.** (*подде́ланная вещь, фальсифици́рованный проду́кт*) fálsificátion, cóunterfeit [-fɪt].

**фальсифици́рованн||ый** *прич. и прил.* cóunterfeited [-fɪtɪd], forged; adúlteràted; ~ое ма́сло adúlteràted bútter.

**фальсифици́ровать** *несов. и сов.* (*вн.*) fálsifỳ ['fɔːl-] (*d.*), adúlteràte (*d.*).

**фальц** *м. тех.* **1.** (*вы́емка*) rábbet, rébàte ['riː-], groove; **2.** (*сгиб*) fold.

**фальцева́льн||ый:** ~ая маши́на *полигр.* fólder, fólding machíne [...-'ʃiːn].

**фальцева́ть** (*вн.*) *тех.* **1.** (*де́лать вы́емки*) rábbet (*d.*), rebáte (*d.*), groove (*d.*); **2.** (*сгиба́ть*) fold (*d.*).

**фальце́т** *м. муз.* fàlséttò [fɔːl-].

**фальцо́вка** *ж.* fólding.

**фальцо́в||очный** *прил. к* фальцо́вка. **~щик** *м.*, **~щица** *ж.* fólder.

**фальшбо́рт** *м. мор.* búlwark ['bul-].

**фальши́в||ить,** сфальши́вить **1.** *тк. несов.* (*быть нейскренним*) dissémble, be a hýpocrite; be false [...fɔːls]; **2.** (*в пе́нии*) sing* out of tune; (*в игре́ на муз. инструме́нте*) play out of tune. **~ка** *ж. разг.* forged / fake dócument, fraud.

**фальшивомоне́тчик** *м.* cóunterfeiter [-fɪtə]; cóiner (of false móney) [...fɔːls 'mʌ-].

**фальши́в||ый** false [fɔːls]; (*подде́льный*) spúrious; (*о докуме́нтах*) forged; (*иску́сственный, ненастоя́щий*) àrtifícial; imitátion (*attr.*); (*нейскренний*) insincére; ~ые во́лосы false hair *sg.*; ~ые зу́бы false teeth; ~ая монéта false / spúrious coin; ~ая нóта *муз.* false note; ~ые драгоцéнности pínchbèck *sg.*, paste jéwelry [peɪ-...] *sg.*; ~ человéк insincére man*; ~ая улы́бка insincére / affécted smile.

**фальшки́ль** *м. мор.* false keel [fɔːls...].

**фальшь** *ж. тк. ед.* fálsity [ˈfɔːl-]; (*лицемéрие*) hypócrisy, fálse¦ness [ˈfɔːl-]; (*неискренность*) insincérity.

**фами́лия** *ж.* (súr)nàme, fámily name; как егó ~? what is his (súr)nàme?; дéвичья ~ máiden name.

**фами́льн||ый** fámily (*attr.*); ~ое схóдство fámily líke¦ness; ~ые драгоцéнности fámily jéwels.

**фамилья́рничать** (с *тв.*) *разг.* take* líberties (with).

**фамилья́рно** *нареч.* úncèremónious¦ly, without céremony.

**фамилья́рн||ость** *ж.* líberties *pl.*, úncèremónious¦ness; не допускáть ~остей с кем-л. ≅ keep* smb. at arms' length, *или* at a distance. **~ый** úncèremónious, famíliar; ~ый тон famíliar / úncèremónious mánner; ~ое обращéние úncèremónious behávìour / tréatment.

**фанабéрия** *ж. разг.* árrogance, snóbbishness.

**фанати́зм** *м.* fanáticism.

**фанáтик** *м.* fanátic.

**фанати́ч||еский** fanátical. **~ка** *ж. к* фанáтик. **~ность** *ж.* fanáticism. **~ный** fanátic(al).

**фандáнго** *с. нескл.* (*танец*) fàndángò.

**фанéр||а** *ж.* (*полированная однослойная*) venéer; (*клеёная*) plý¦wood [-wud]; покрывáть ~ой (*вн.*) venéer (*d.*). **~ный** *прил. к* фанéра; ~ная перегорóдка plý¦wood pàrtítion [-wud...]; ~ный лист sheet of plý¦wood.

**фанзá** I *ж.* (*ткань*) fóulard [ˈfuːlɑːd].

**фанзá** II *ж.* (*китайский крестьянский дом*) fànzá.

**фант** *м.* fórfeit [-fɪt]; игрáть в ~ы play fórfeits.

**фантазёр** *м.*, **~ка** *ж.* dréamer, vísionary.

**фантази́ровать,** сфантази́ровать **1.** *тк. несов.* dream*; let* one's imàginátion run a¦wáy with one *разг.*; **2.** *разг.* (*выдумывать*) fib.

**фантáзия** *ж.* **1.** fántasy, fáncy; (*воображéние тж.*) imàginátion; богáтая ~ rich imàginátion; у негó богáтая ~ he is very imáginative; **2.** (*мечта*) fáncy; пустáя ~ idle fáncy; **3.** *разг.* (*причуда, прихоть*) fáncy, whim; емý пришлá в гóлову ~ (+*инф.*) he took it into his head [...hed] (+to *inf.*); **4.** *муз.* fàntásia [-ˈtɑːzɪə]; **5.** (*выдумка, ложь*) fib.

**фантасмагори́ческий** phàntàsmagóric [-zm-].

**фантасмагóрия** *ж.* phàntàsmagória [-zm-].

**фантáст** *м.* vísionary. **~ика** *ж.* fábulous¦ness. **~и́ческий** fàntástic(al); (*невероятный тж.*) fábulous. **~и́чность** *ж.* irreálity [-rɪˈæ-]; fàntástic náture [...ˈneɪ-]. **~и́чный** fábulous.

**фантóм** *м.* phántom.

**фанфáра** *ж. муз.* **1.** fánfàre; **2.** (*труба*) trúmpet, bugle.

**фанфарóн** *м.* brággart. **~áда** *ж.* fànfàronáde [-ˈnɑːd], brággery. **~ить** *разг.* brag, boast. **~ство** *с.* brágging.

**фáра** *ж.* (*на автомобиле, паровозе*) héad-light [ˈhed-].

**фарáда** *ж. эл.* fárad [ˈfæ-].

**фарадизáция** *ж. мед.* fàradizátion.

**фараóн** I *м. ист.* Pháraoh [-rou].

**фараóн** II *м. карт.* fárò.

**фарвáтер** [-тэр] *м. мор.* fáirway; (nàvigáting) chánnel; плыть, быть в ~е (*рд.*) (*перен.*) grávitàte (towards).

**Фаренгéйт** *м.*: термóметр ~а Fáhrenheit thermómeter [-haɪt...]; 50°, 60° *и т. д.* по ~у 50, 60, *etc.*, degrées Fáhrenheit.

**фаринги́т** *м. мед.* phàryngítis [-n-].

**фарисéй** *м. ист.* (*тж. перен.*) Phárisee. **~ский** Phàrisáical [-ˈseɪɪk-], hỳpocrítical. **~ство** *с.* Phárisàism [-seɪɪ-].

**фармакóлог** *м.* phàrmacólogist. **~и́ческий** phàrmacológical.

**фармаколóгия** *ж.* phàrmacólogy.

**фармакопéя** *ж.* phàrmacopóeia [-ˈpiːə].

**фармацéвт** *м.* phàrmacéutist, apóthecary. **~ика** *ж.* phàrmacéutics. **~и́ческий** phàrmacéutical.

**фармаци́я** *ж.* phármacy.

**фарс** *м.* (*прям. и перен.*) farce.

**фáртук** *м.* ápron.

**фарфóр** *м. тк. ед.* **1.** (*материал*) chína, pórcelain [-slɪn]; **2.** *собир.* (*изделия*) chína (-wàre).

**фарфóров||ый** chína; pórcelain [-slɪn] (*attr.*); ~ая гли́на chína / pórcelain clay, káolin; ~ серви́з chína set; ~ завóд pórcelain / cerámic works.

**фарш** *м.* stúffing; (*мясной*) fórce-meat; (*для колбас*) sáusage-meat [ˈsɔ-].

**фарширóванный** *прич. и прил.* stuffed.

**фаршировáть** (*вн.*) stuff (*d.*).

**фас** *м.*: прямóй ~ (*окопа, хода сообщения*) leg.

**фасáд** *м.* façáde [-ˈsɑːd], front [-ʌ-]; ~ы магази́нов shop fronts.

**фасéт** *м.* fácet [ˈfæ-]. **~очный** *прил. к* фасéт.

**фáска** *ж. тех.* flat.

**фасовáть** (*вн.*; *о товарах*) pack up (*d.*).

**фасóв||ка** *ж.* pácking. **~очный** pácking; ~очный цех pácking depártment.

**фасóлевый** *прил. к* фасóль.

**фасóль** *ж. тк. ед.* **1.** (*растение*) háricòt [-kou]; háricòt / French / kídney bean; **2.** *собир.* háricòt / French / kídney beans *pl.*

**фасóн** *м.* fáshion, style; (*платья тж.*) cut; на другóй ~ in a dífferent fáshion; снять ~ take* *a* páttern, cópy *a* dress [ˈkɔ-...].

**фасóнистый** *разг.* módish [ˈmou-], stýlish [ˈstaɪ-].

**фасóнн||ый** *тех.* shaped; form (*attr.*); ~ резéц form cútter; ~ое литьё shaped cástings *pl.*; ~ая сталь shaped steel, steel shape; ~ кирпи́ч shaped brick.

**фат** *м.* fop.

**фатá** *ж.* brídal veil.

**фатали́зм** *м.* fátalism [ˈfeɪ-].

**фатали́ст** *м.* fátalist [ˈfeɪ-]. **~и́ческий** fàtalístic [feɪ-].

**фатáльн||ость** *ж.* fatálity. **~ый** fátal.

**фáта-моргáна** *ж.* fáta mòrgána [ˈfɑː- -ˈgɑː-].

**фатовáт||ость** *ж.* fóppishness. **~ый** fóppish.

**фатовскóй** dándified; ~ вид dándified air.

**фатовствó** *с.* fóppery.

**фáтум** *м. тк. ед.* fate.

**фáуна** *ж.* fáuna.

**фацéт** *м.* = фасéт.

**фацéции** *мн. лит.* facétiae.

**фашиз||áция** *ж.* fascistizátion [fəʃɪs-]; imposítion of fáscist méthods [-'z-...] (on). **~úровать** *несов. и сов.* (*вн.*) impóse fáscist méthods (on); fascistize [fə'ʃɪs-] (*d.*).

**фашúзм** *м.* fáscism ['fæʃɪzm].

**фашúн||а** *ж.* fàscine [-'si:n]. **~ный** *прил. к* фашúна; ~ная дáмба fàscine dam [-'si:n...].

**фашúст** *м.*, **~ка** *ж.* fáscist. **~ский** fáscist (*attr.*).

**фаэтóн** *м.* (*экипаж*) pháeton ['feɪt°n].

**фаянс** *м. тк. ед.* **1.** (*материал*) faience [faɪ'ɑ:ns], póttery; **2.** *собир.* (*изделия*) glazed éarthenwàre [...'ə:θ-]; faiénce, délft-wàre.

**фаянсов||ый** *прил. к* фаянс; ~ая тарéлка éarthenwàre plate ['ə:θ-...]; ~ завóд faiénce fáctory [faɪ'ɑ:ns...].

**феврáл||ь** *м.* Fébruary; в ~é этого гóда in Fébruary; в ~é прóшлого гóда last Fébruary; в ~é бýдущего гóда next Fébruary.

**феврáльский** *прил. к* феврáль; ~ день Fébruary day, day in Fébruary; ◇ Феврáльская революция Fébruary Rèvolútion.

**федерал||úзм** *м.* féderalism. **~úст** *м.* féderalist. **~úстский** fèderalístic.

**федерáльн||ый** féderal; на ~ых начáлах on féderal príncìple.

**федератúвн||ый** féderàtive; féderal; ~ое госудáрство féderal State.

**федерáция** *ж.* fèderátion; Россúйская Федерáция the Rússian Fèderátion [...-ʃən...]; Всемúрная ~ демократúческой молодёжи the World Fèderátion of Dèmocrátic Youth [...ju:θ]; Междунарóдная демократúческая ~ жéнщин the Wómen's Ìnternátional Dèmocrátic Fèderátion [...'wɪmɪnz -'næ-...]; Всемúрная ~ профсоюзов World Fèderátion of Trade Únions.

**феерúческ||ий, феерúчн||ый** mágical, enchánting [-ɑ:n-], bewítching; ~ое зрéлище enchánting sight.

**феéрия** *ж.* fáiry-scène, fáiry-play.

**фейервéрк** *м.* fíre-wòrk(s) (*pl.*).

**фекáльный** *физиол.* fáecal.

**феллáх** *м.* féllah (*pl.* fèllahéen, féllahs).

**фелýка** *ж.* = фелюга.

**фельдмáршал** *м.* Field-Márshal ['fi:ld-].

**фельдмáршальский** *прил. к* фельдмáршал; ~ жезл Field-Márshal's báton ['fi:ld- 'bæ-].

**фельдфéбель** *м. ист.* sérgeant májor ['sɑ:dʒ-...]. **~ский** *прил. к* фельдфéбель.

**фéльдшер** *м.*, **~úца** *ж.* súrgeon's / dóctor's assístant. **~ский** *прил. к* фéльдшер.

**фельдъéгерск||ий** *прил. к* фельдъéгерь; ~ая связь commùnicátion by State méssenger [...-n-].

**фельдъéгерь** *м.* cóurier ['kurɪə]; State méssenger [...-n-].

**фельетóн** *м.* néwspàper / tópical sátìre. **~úст** *м.*, **~úстка** *ж.* néwspàper / tópical sátirist. **~ный** *прил. к* фельетóн; ~ный стиль light líterary style.

**фелюга** *ж. мор.* fèlúcca.

**Фемúда** *ж. миф.* Thémis.

**фемин||úзм** *м.* féminism. **~úст** *м.*, **~úстка** *ж.* féminist. **~úстский** fèminístic.

**фён** *м. метеор.* foehn [fə:n].

**фенацетúн** *м. фарм.* phenácetin.

**фéникс** *м. миф.* Phóenix ['fi:-].

**фенúл** *м. хим.* phényl.

**фенóл** *м. хим.* phénòl. **~овый** *прил. к* фенóл.

**фенолóгия** *ж. биол.* phenólogy.

**фенóмен** *м.* phenómenon (*pl.* -ena). **~алúзм** *м.* phenómenalism. **~áльный** phenómenal.

**феноменолóгия** *ж. филос.* phenòmenólogy.

**феóд** *м. ист.* feud, fief [fi:f].

**феодáл** *м. ист.* féudal lord. **~изáция** *ж.* feudalizátion [-laɪ-]. **~úзм** *м.* féudalism.

**феодáльно-крепостнúческий:** ~ гнёт the yoke of sérfdom and féudal oppréssion.

**феодáльн||ый** féudal; ~ая раздрóбленность féudal divísion.

**ферзь** *м. шахм.* queen.

**фéрма** I *ж. с.-х.* farm; молóчная ~ dáiry (-fàrm); ~ крýпного рогáтого скотá cáttle-breeding farm.

**фéрма** II *ж. стр.* gírder ['gə:-]; truss; хвостовáя ~ *ав.* tail boom; строúтельная ~ truss.

**фермáта** *ж. муз.* fèrmátà [fe'mɑ:tɑ:].

**ферméнт** *м. биол., хим.* férmènt. **~áция** *ж. биол., хим.* fèrmèntátion. **~úровать** *биол., хим.* fèrmént.

**фéрмер** *м.* fármer. **~ский** *прил. к* фéрмер; ~ский дом fárm-house* [-s]. **~ство** *с.* **1.** (*занятие*) fárming; **2.** *собир.* the fármers *pl.* **~ша** *ж.* fármer's wife*.

**фермуáр** *м. уст.* **1.** (*застёжка*) clasp; **2.** (*ожерелье*) nécklace.

**ферромáрганец** *м.* fèrrománganèse.

**ферросилúций** *м.* fèrrosílicon.

**ферросплáв** *м.* férroálloy.

**феррохрóм** *м.* fèrrochrómium.

**ферт** *м. разг.* fop; ◇ смотрéть ~ом be fóppish-looking.

**фéска** *ж.* fez.

**фестивáль** *м.* féstival; fête [feɪt]; Междунарóдный ~ молодёжи The World Youth Féstival [...ju:θ...].

**фестóн** *м.* **1.** (*зубчик*) scállops ['skɔ-] *pl.*; **2.** *стр.* (*гирлянда*) fèstóon. **~чатый** scálloped ['skɔ-].

**фетúш** *м.* fétish.

**фетиш||изúровать** (*вн.*) make* a fétish (of). **~úзм** *м.* fétishism. **~úст** *м.* fétishist.

**фетр** *м.* felt. **~овый** *прил. к* фетр; ~овая шляпа felt hat.

**фефёла** *ж. разг.* gawk.

**фехтовáльн||ый** féncing; ~ое искýсство the art of féncing; ~ая мáска féncing mask.

**фехтовáльщик** *м.* féncer, máster of féncing.

**фехтовáни||е** *с.* féncing; учúтель ~я féncing máster.

**фехтовáть** fence.

**фешенéбельн||ость** [-нэ-] *ж.* fáshionableness. **~ый** [-нэ-] fáshionable.

**фéя** *ж. миф.* fáiry.

**фи** *межд.* fie!

**фиáл** *м. поэт.* phíalè; víal.

**фиáлка** *ж.* víolet; альпúйская ~ cýclamen.

**фиáлков||ые** *мн. скл. как прил. бот.* víola. **~ый** vìoláceous [-ʃəs]; ◇ ~ый кóрень órris-root.

**фиáско** *с. нескл.* fiáscò; потерпéть ~ come* to grief [...-i:f].

**фúбра** I *ж. анат., бот.* fibre; ◇ всéми ~ми душú heart and soul [hɑ:t...soul].

**фи́бра** II *ж.* (*прессованная гибкая и прочная бумажная масса*) fibre.

**фибри́н** *м. физиол.* fíbrin ['faɪ-].

**фи́бровый** fibre (*attr.*); ~ чемода́н fibre súit-case [...'sjuːtkeɪs].

**фибро́зный** *анат.*, *бот.* fíbrous.

**фибро́ма** *ж. мед.* fibróma [faɪ-] (*pl.* -mata).

**фи́га** *ж.* **1.** (*плод*) fig; **2.** (*дерево*) fig-tree; **3.** *разг.* = ку́киш.

**фигаро́** *с. нескл.* bóleró (*woman's jacket*).

**фигля́р** *м.* móuntebànk. **~ить, ~ничать** *разг.* bùffóon. **~ство** *с. разг.* móuntebànkery, bùffóonery.

**фи́гов||ый** fig (*attr.*); ~ое де́рево fíg-tree; ◇ ~ листо́к fíg-leaf*.

**фигу́р||а** *ж.* **1.** (*в разн. знач.*) fígure; у него́ хоро́шая ~ he has a fine / wéll-devéloped fígure; геометри́ческая ~ geométrical fígure; восковая ~ wax fígure [wæks...]; ритори́ческая ~ fígure of speech; ~ в та́нцах step; ~ вы́сшего пилота́жа *ав.* flight manóeuvre [...-'nuːvə]; áerial stunt ['ɛə-...] *разг.*; **2.** *карт.* pícture-càrd, fáce-càrd; cóurt-càrd ['kɔːt-]; *шахм.* chéss-màn*, piece [piːs]; ◇ кру́пная ~ outstánding fígure; типи́чная ~ týpical fígure; представля́ть собо́ю жа́лкую ~у cut* a poor / sórry fígure.

**фигура́льн||о** *нареч.* fígurative|ly, trópically. **~ость** *ж.* fígurative sense. **~ый** fígurative, mètaphórical, trópical; ~ое выраже́ние fígurative expréssion; trope.

**фигура́нт** *м. театр.* súper, éxtra; (*в балете*) fígurant. **~ка** *ж. театр.* figuránte [-ɑːnt].

**фигури́ровать** fígure (as).

**фигури́ст** *м.*, **~ка** *ж. спорт.* fígure skáter.

**фигу́рка** *ж.* **1.** *уменьш. от* фигу́ра; **2.** (*статуэтка*) stàtuétte, fìgurine [-iːn]; (*фарфоровая*) pórcelain-fígure [-slɪn-].

**фигу́рн||ый** fígured; ~ая ско́бка brace; ~ая резьба́ fígured cárving; ~ое ката́ние (на конька́х) fígure skáting; ~ые коньки́ fígure skates; ~ полёт *ав.* àcrobátic flight; *мн.* áerobátics ['ɛərə-].

**фи́дер** *м. тех.* féeder.

**фи́жмы** *мн.* fárthingàle [-ðɪŋ-] *sg.*

**физиатри́я** *ж. мед.* phỳsiátrics [-zɪ-].

**фи́зик** *м.* phýsicist [-zɪ-].

**фи́зика** *ж.* phýsics [-zɪ-].

**фи́зико-математи́ческий** phýsical and màthemátical [-zɪk-...], phýsico-màthemátical [-zɪk-].

**физиогно́мика** *ж.* phỳsiógnomy [-zɪ'ɔn-].

**физиокра́т** *м. эк.* phýsiocràt [-zɪ-]. **~и́ческий** *эк.* phỳsiocrátic [-zɪ-].

**физио́лог** *м.* phỳsiólogist [-zɪ-]. **~и́ческий** phỳsiológical [-zɪ-]; ~и́ческий раство́р phỳsiológical / salt solútion.

**физиоло́гия** *ж.* phỳsiólogy [-zɪ-].

**физиономи́ст** *м.* phỳsiógnomist [-zɪ'ɔn-].

**физионо́мия** *ж.* phỳsiógnomy [-zɪ'ɔn-].

**физиотерапевти́ческий** phýsical-thèrapy [-zɪ-] (*attr.*); ~ кабине́т phýsical-thèrapy room.

**физиотерапи́я** *ж. мед.* phỳsiothèrapéutics [-zɪ-], phýsical thérapy [-zɪ-...].

**физи́ческ||ий** **1.** phýsical [-zɪ-]; ~ая си́ла phýsical strength; ~ая культу́ра phýsical cúlture; ~ие упражне́ния phýsical éxercises; ~ труд mánual lábour, phýsical lábour; рабо́тник ~ого труда́ mánual wórker; ~ое лицо́ *юр.* phýsical pérson; **2.** *прил. к* фи́зика; *тж.* phýsical; ~ кабине́т phýsics láboratory [-zɪ-...]; ~ая хи́мия phýsical chémistry [...'ke-].

**физкульту́р||а** *ж.* (физи́ческая культу́ра) phýsical cúlture [-zɪ-...]. **~ник** *м.*, **~ница** *ж.* áthlète, gýmnàst. **~ный** *прил. к* физкульту́ра; *тж.* sports (*attr.*); ~ный пара́д sports paráde.

**фикса́ж** *м.* **1.** *фот.* fíxing ágent; **2.** = фиксати́в.

**фиксати́в** *м. жив.* fíxative.

**фикса́тор** *м. тех.* pawl; stop; latch, hólder.

**фиксатуа́р** *м.* físature.

**фикса́ция** *ж.* **1.** (*закрепление*; *установление*) fixátion; **2.** *фот.* fíxing.

**фикси́ровать,** зафикси́ровать (*вн.*) fix (*d.*); (*устанавливать тж.*) settle (*d.*), state (*d.*); ~ дни заседа́ний fix / state the days of the méetings, fix cónference dates; ◇ ~ внима́ние (на *пр.*) fix *the* atténtion (on, upón).

**фикти́вн||ость** *ж.* fictítious náture [...'neɪ-]. **~ый** fictítious; fake, sham; ~ый капита́л *эк.* fictítious cápital.

**фи́кус** *м. бот.* fícus.

**фи́кция** *ж.* fíction.

**филантро́п** *м.* philánthropist. **~и́ческий** phìlanthrópic(al). **~ия** *ж.* philánthropy. **~ка** *ж. к* филантро́п.

**филармони́ческий** *муз.* philhàrmónic [-lɑː-].

**филармо́ния** *ж.* Philhàrmónic Society [-lɑː-...].

**филатели́ст** [-тэ-] *м.* philátelist, stamp colléctor. **~и́ческий** [-тэ-] philatélic; ~и́ческое о́бщество Philatélic Society.

**филатели́я** [-тэ-] *ж.* philátely.

**филе́** I *с. нескл. кул.* sírloin, fíllet; ры́бное ~ fílleted / boned fish.

**филе́** II *с. нескл.* (*вышивка*) dráwn-thread work [-θred...].

**филе́й** = филе́ I.

**филе́йн||ый** I *прил. к* филе́ I; ~ая часть loin.

**филе́йн||ый** II *прил. к* филе́ II; ~ая игла́ needle for dráwn-thread work [...-θred...].

**филёнка** *ж.* pánel ['pæ-].

**филёр** *м.* (*сыщик*) police spy [-'liːs...]; detéctive.

**филиа́л** *м.* branch (óffice) [-ɑːntʃ...]; subsídiary; ~ институ́та branch of *the* ínstitùte.

**филиа́льн||ый:** ~ое отделе́ние branch (óffice) [-ɑːntʃ...].

**филигра́нн||ый** (*прям. и перен.*) fíligree (*attr.*); ~ая рабо́та fíligree work.

**филигра́нь** *ж.* **1.** (*ювелирное изделие*) fíligree; **2.** (*водяной знак*) wáter-màrk ['wɔː-].

**фи́лин** *м.* éagle-ówl.

**фили́ппика** *ж.* (*речь*) philíppic.

**фили́стер** *м.* Phílistine. **~ский** Phílistine. **~ство** *с.* phílistinism.

**филлоксе́ра** *ж. зоол.* phỳllòxéra.

**филогене́з** *м. биол.* phỳlogénesis [faɪ-].

**филогенети́ческий** *биол.* phỳlogenétic [faɪ-].

**филоге́ния** *ж.* phỳlógeny [faɪ-].

**филоде́ндрон** [-дэ́-] *м. бот.* philodéndron.

**фило́лог** *м.* philólogist. **~и́ческий** philológical; ~и́ческий факульте́т philológical fáculty / depártment.

**филоло́гия** *ж.* philólogy.

**фило́соф** *м.* philósopher.

**филосо́ф||ия** *ж.* philósophy. **~ски** *нареч.* phìlosóphically. **~ский** philosóphical; маркси́стский ~ский материали́зм Márxist philosóphical matérialism; ◇ ~ский ка́мень philósophers' stone.

**филосо́фствование** *с.* philósophizing.

**филосо́фствовать** philósophize; be philosóphical.

**фильдеко́с** [-дэ-] *м. текст.* Lisle thread [laɪl θred]. **~овый** [-дэ-] *текст.* Lísle-thread ['laɪlθred] (*attr.*).

**фильдепе́рс** [-дэ-] *м. текст.* Pérsian thread [-ʃən θred]. **~овый** [-дэ-] *текст.* Pérsian-thread [-ʃənθred] (*attr.*).

**филье́ра** *ж. тех.* draw plate.

**фи́лькин:** ~а гра́мота *разг.* ≅ úse¦less scrap of páper [-s-...].

**фильм** *м.* (*в разн. знач.*) film; немо́й ~ sílent film; звуково́й ~ sóund-film; tálkie *разг.*; цветно́й ~ cólour film ['kʌ-...], tèchnicólour film [-'kʌ-...]; полнометра́жный ~ fúll-léngth film; короткометра́жный ~ a short; документа́льный ~ a dòcuméntary; хроника́льный ~ néws-reel [-z-]; снима́ть ~ film, make* *a* film; выпуска́ть ~ (на экра́н) reléase *a* film [-s...].

**фильтр** *м.* filter; *рад.* sifter; светово́й ~ light filter.

**фильтр||а́т** *м.* filtrate. **~а́ция** *ж.* filtrátion.

**фильтров||а́льный** filter (*attr.*); ~а́льная бума́га filter páper. **~а́ние** *с.* filtering.

**фильтрова́ть** (*вн.*) filter (*d.*).

**фимиа́м** *м.* incènse; ◇ кури́ть ~ (*дт.*) *разг.* burn* incènse (to), praise to the skies (*d.*).

**фина́л** *м.* **1.** finále [-'nɑːlɪ]; (*развязка пьесы*) dénoument (*фр.*) [deɪ'nuːmɑːŋ]; **2.** *спорт.* (*последняя встреча*) final.

**фина́льн||ый** final; ~ акко́рд final chord [...kɔːd]; ~ расчёт *эк.* final séttle¦ment; ~ая встре́ча *спорт.* final; ~ые спорти́вные соревнова́ния sports finals.

**финанс||и́рование** *с.* fináncing. **~и́ровать** *несов. и сов.* (*вн.*) fináncе (*d.*). **~и́ст** *м.* finàncier.

**фина́нсов||ый** fináncial; ~ год fiscal year; ~ отде́л finánce depártment; ~ инспе́ктор révenue inspéctor; ~ая систе́ма fináncial sýstem, sýstem of finánce; ~ капита́л fináncial cápital; ~ая олига́рхия fináncial óligàrchy [...-kɪ]; ~ая дисципли́на fináncial díscipline.

**фина́нсы** *мн.* **1.** finánces; **2.** *разг.* (*деньги*) móney ['mʌnɪ] *sg.*; (*денежные обстоятельства*) fináncial position [...-'zɪ-] *sg.*

**фи́ник** *м.* date.

**финики́||ец** *м.*, **~йский** *ист.* Phoenícian [fiː-].

**фи́ников||ый** *прил. к* фи́ник; ~ая па́льма date, dáte-pàlm [-pɑːm].

**фининспе́ктор** *м.* (фина́нсовый инспе́ктор) révenue inspéctor.

**фини́фть** *ж.* enámel [ɪ'næ-].

**фи́ниш** *м. спорт.* finish; (*в скачках*) wínning post [...poust]; прийти́ к ~у finish; прийти́ к ~у пе́рвым finish first.

**финиши́ровать** finish.

**фи́нишн||ый** finishing; рвать ~ую ле́нточку break*/ breast *a* finishing tape [breɪk brest...].

**фи́нка** I *ж. к* финн.

**фи́нка** II *ж. разг.* (*нож*) Finnish dágger.

**финн** *м.* Finn.

**финно́з** *м. вет.* measles [-zlz] *pl.* **~ный** *вет.* méasly [-zlɪ]; ~ное мя́со méasly flesh / meat (únfit for food).

**фи́нский** Finnish; ~ язы́к Finnish, the Finnish lánguage; ◇ ~ нож Finnish dágger.

**финти́ть** *разг.* shuffle.

**финтифлю́шка** *ж. разг.* bàgatélle.

**фиоле́товый** víolet; ~ цвет víolet (cólour) [...'kʌlə].

**фио́рд** *м. геогр.* fiord [fjɔːd], fjord.

**фиориту́ра** *ж. муз.* grace.

**фи́рм||а** *ж.* firm; ◇ под ~ой (*рд.*) *разг.* únder the sign [...saɪn] (of); únder / in the guise (of). **~енный** *прил. к* фи́рма.

**фирн** *м. геол.* névé (*фр.*) ['neveɪ].

**фисгармо́ния** *ж. муз.* harmónium.

**фиск** *м. уст.* fisc, fisk.

**фиска́л** *м. разг.* sneak, tále-bearer [-bɛə-]. **~ить** *разг.* sneak, tell* / bear* tales [...bɛə...].

**фиска́льн||ый** *уст.* fiscal; ~ое пра́во fiscal law.

**фиста́шка** *ж.* **1.** (*плод*) pistáchiò [-'tɑːʃɪou]; **2.** (*дерево*) pistáchiò-tree [-'tɑːʃɪou-].

**фиста́шков||ый** pistáchiò [-'tɑːʃɪou] (*attr.*); ~ое де́рево pistáchiò-tree [-'tɑːʃɪou-]; ~ого цве́та pistáchiò-còlour¦ed [-'tɑːʃɪoukʌləd].

**фи́стул||а́** *ж.* **1.** *мед.* fístula; **2.** *муз.* fàlséttò [fɔːl-]; петь ~о́й sing* in fàlséttò.

**фити́ль** *м.* **1.** (*свечи, лампы*) wick; **2.** (*для воспламенения зарядов*) slów-màtch ['slou-].

**фити́н** *м. фарм.* phýtin ['faɪ-].

**фито||биоло́гия** *ж.* phỳtobiólogy [faɪ-]. **~геогра́фия** *ж.* phỳtogeógraphy [faɪ-]. **~патоло́гия** *ж.* phỳtopathólogy [faɪ-]. **~хи́мия** *ж.* phỳtochémistry [faɪtə'ke-].

**фитю́лька** *ж. разг.* átomy; (*о человеке тж.*) whipper-snàpper.

**фи́шка** *ж.* (*в игре*) cóunter, fish, chip.

**флаг** *м.* flag; кормово́й (госуда́рственный) ~ *мор.* énsign [-saɪn]; cólor ['kʌ-] *амер.*; подня́ть ~ hoist *a* flag; *мор.* make* the cólours [...'kʌ-]; спусти́ть ~ lówer *a* flag ['louə...]; приспусти́ть ~ (*в знак траура*) lówer the flags / cólours; *мор.* hálf-mást the cólours ['hɑːf-...]; парламентёрский ~ flag of truce; укра́сить ~ами (*вн.*) adórn with flags (*d.*); ◇ под ~ом (*рд.*) únder the flag (of); (*перен.*) in the name (of); únder the slógan (of); (*прикрываясь*) únder the guise (of).

**фла́гдук** *м. мор.* búnting.

**флаг-капита́н** *м.* flág-cáptain.

**фла́гман** *м. мор.* **1.** flág-òfficer; **2.** (*корабль*) flágshìp. **~ский:** ~ский кора́бль flágshìp.

**флаг-офице́р** *м.* flág-òfficer.

**флагшто́к** *м.* flágstàff.

**фла́жный** flag (*attr.*); ~ сигна́л flag hoist.

**флажо́к** *м.* flag; сигна́льный ~ signal flag.

**флажоле́т** *м. муз.* flàgeolét [-dʒo-].

**флако́н** *м.* bottle; ~ духо́в bottle of pérfùme / scent; ~ для духо́в scent bottle.

**флама́нд||ец** *м.*, **~ка** *ж.* Fléming [-em-]. **~ский** Flémish; ~ский язы́к Flémish, the Flémish lánguage.

**флами́нго** *м. нескл. зоол.* flamingò.

**фланг** *м. воен.* flank, wing; атакова́ть кого́-л. во ~, с ~а take* smb. on the flank;

охва́т ~а outflánking; прикры́тие ~а flank cóver [...'kʌ-].

**фланго́в||ый** *прил. к* фланг; ~ая ата́ка flánk(ing) attáck; ~ое движе́ние flánking march / móve¦ment [...'muːv-]; ~ ого́нь flánking fire.

**флане́лев||ый** *прил. к* флане́ль; ~ая шерсть flánnel-wool [-wul]; wool for flánnels [wul...].

**флане́ль** *ж.* flánnel.

**фланёр** *м. уст. разг.* flâneur (*фр.*) [flɑː'nəː]; ídler, stróller.

**фла́нец** *м. тех.* flange.

**флани́ровать** *уст. разг.* sáunter, stroll.

**фланк** *м. воен.* flank.

**фланки́ров||ание** *с. воен.* flánking. **~ать** *несов. и сов.* (*вн.*) flank (*d.*).

**фла́тов||ый:** ~ая бума́га flat páper.

**флеби́т** *м. мед.* phlebítis.

**фле́гма** *ж.* **1.** *мед. уст.* phlegm [-em]; **2.** (*невозмутимость*) phlegm, cóolness, ápathy; **3.** *разг.* (*о человеке*) phlègmátic pérson.

**флегма́тик** *м.* phlègmátic pérson.

**флегмати́чный** phlègmátic.

**флегмо́на** *ж. мед.* phlégmòn.

**фле́йт||а** *ж.* flute; игра́ть на ~е play the flute. **~и́ст** *м.*, **~и́стка** *ж.* flútist.

**фле́ксия** *ж. лингв.* infléxion; ~ осно́вы, вну́тренняя ~ intérnal infléxion.

**фле́ксор** *м. анат.* fléxor (muscle) [...mʌsl].

**флексу́ра** *ж. геол.* fléxure.

**флекти́вн||ый** *лингв.* infléctеd; ~ое оконча́ние infléction; ~ые языки́ infléctеd lánguages.

**флёр** *м.* crape; crêpe (*фр.*) [kreɪp]; (*перен.*) veil.

**флёрдора́нж** *м.* órange blóssoms *pl.*

**флибустье́р** *м. ист.* filibùster.

**фли́гель** *м.* wing; (*отдельно стоящий*) óutbùilding [-bɪl-].

**фли́гель-адъюта́нт** *м. воен.* áide-de-cámp to the King / Émperor ['eɪddə'kɑːŋ...].

**флинтгла́с** *м. тех.* flínt-gláss.

**флирт** *м.* flìrtátion; неви́нный ~ mild flìrtátion.

**флиртова́ть** (*с тв.*) flirt (with).

**флокс** *м. бот.* phlox.

**фло́ра** *ж.* flóra.

**флоренти́ец** *м.* Flórentine.

**флоренти́йский** Flórentine.

**флори́н** *м.* (*монета*) flórin.

**флот** *м.* fleet; вое́нно-морско́й ~ návy; а́рмия и ~ ármy and návy; морско́й ~ maríne [-iːn]; речно́й ~ in¦land wáter tránspòrt [...'wɔː-...]; возду́шный ~ air force, air fleet; вое́нно-возду́шный ~ air force; гражда́нский ~, торго́вый ~ mércantile maríne; mérchant fleet; служи́ть во ~е serve in the Návy.

**флота́ция** *ж. горн.* flotátion.

**флоти́лия** *ж.* flotílla, small fleet; речна́я ~ ríver flotílla ['rɪ-...].

**флотово́дец** *м.* Nával Commánder [...-ɑːn-].

**фло́тский** **1.** *прил.* nával; **2.** *м. как сущ. разг.* sáilor.

**флуктуа́ция** *ж. физ.* flùctuátion.

**флуоресце́нция** *ж. физ.* fluoréscence.

**флуоресци́р||овать** fluorésce. **~ующий** fluoréscent.

**флюга́рка** *ж. мор.* arms *pl.*

**флю́гер** *м.* wéathercòck ['weðə-], wéather-vàne ['weðə-].

**флюи́д** *м.* flúid.

**флюктуа́ция** *ж.* = флуктуа́ция.

**флюс** I *м. мед.* swóllen cheek [-ou-...].

**флюс** II *м. тех.* flux.

**фля́га** *ж.*, **фля́жка** *ж.* flask; *воен.* wáter bottle ['wɔː-...].

**фля́нец** *м.* = фла́нец.

**фо́бия** *ж. мед.* phóbia.

**фойе́** *с. нескл.* fóyer ['fɔɪeɪ]; crúsh-room *разг.*

**фок** *м. мор.* fóre¦sail.

**фока́льн||ый** *физ.* fócal; ~ое расстоя́ние fócal dístance / length; ~ая пове́рхность fócal súrface.

**фок-ма́чта** *ж. мор.* fóre¦màst.

**фок-ре́й** *м. мор.* fóre-yàrd.

**фокстерье́р** [-тэ-] *м.* fóx-tèrrier.

**фокстро́т** *м.* fóxtròt. **~ный** *прил. к* фокстро́т.

**фо́кус** I *м. физ., мед.* (*тж. перен.: средоточие*) fócus; не в ~е out of fócus; ~ землетрясе́ния fócus of *an* éarthquàke [...'əːθ-].

**фо́кус** II *м.* **1.** (*трюк*) (cónjuring) trick ['kʌn-...]; ка́рточный ~ júggling with cards, card trick; пока́зывать ~ы juggle; cónjure ['kʌn-], do cónjuring tricks; **2.** *разг.* (*каприз*) whim, freak; trick; без ~ов! none of your tricks! [nʌn...]; ◇ в э́том весь ~ that's the whole point [...houl...]. **~ник** *м.* cónjurer ['kʌn-]; júggler. **~ничанье** *с. разг.* **1.** júgglery; légerdemáin; **2.** (*кривляние*) caprices [-'riːsɪz] *pl.*, fínical ways *pl.* **~ничать** *разг.* **1.** juggle; **2.** (*капризничать*) be caprícious / fínical.

**фо́кусн||ый** *физ.* fócal; ~ое расстоя́ние fócal dístance / length.

**фолиа́нт** *м.* vólume.

**фолли́кул** *м. анат.* fóllicle. **~я́рный** follícular.

**фо́льга** *ж.* foil; золота́я ~ gold foil.

**фолькло́р** *м.* fólk-lòre. **~и́ст** *м.* spécialist in fólk-lòre ['spe-...]. **~ный** *прил. к* фолькло́р.

**фон** *м.* báckground; на ~е agáinst *a* báckground; выделя́ться на ~е stand* out agáinst *a* báckground; служи́ть ~ом чему́-л., для чего́-л. serve as a báckground for smth.; по све́тлому ~у on a light gróundwòrk; agáinst a light báckground.

**фона́рик** *м. уменьш. от* фона́рь; кита́йский ~ Chinése lántern ['tʃaɪ-...]; электри́ческий карма́нный ~ eléctric torch, (pócket) flásh-light; (pócket) flash *разг.*

**фона́рный** lántern (*attr.*), lamp (*attr.*); ~ столб lámppòst [-poust].

**фона́рщик** *м.* lámplìghter.

**фона́рь** *м.* **1.** lántern; lamp; (*на паровозе, на судне, на берегу*) light, lamp; у́личный ~ street lamp; потайно́й ~ dark lántern; проекцио́нный, волше́бный ~ mágic lántern; электри́ческий ~ (*карманный, ручной*) eléctric torch,( pócket) flásh-light; (pócket) flash *разг.*; **2.** *арх.* (*в крыше*) lántern (light); clérestory ['klɪəs-]; (*остеклённый выступ в здании*) bay (wíndow); **3.** *разг.* (*синяк*) black eye [...aɪ]; подста́вить ~ кому́-л. give* smb. a black eye.

**фонд** *м.* **1.** (*денежный; тж. перен.*) fund; (*запас*) stock; запасно́й ~ (*денег*) resérve fund [-'zəːv...]; ~ за́работной пла́ты wage fund; основны́е ~ы промы́шленности básic funds of índustry ['beɪs-...]; дире́кторский ~ the diréctor's fund; земе́льный ~ страны́ the lands of *a* cóuntry [...'kʌ-] *pl.*, the stock of land of *a* cóuntry; жили́щный ~ hóusing resóurces [...-'sɔːs-] *pl.*; золото́й ~ gold fund, fund / stock of gold; (*перен.*) cápital, most váluable posséssion [...-'ze-]; ~ по́мощи relief fund [-'liːf...]; вноси́ть, передава́ть в ~ (*вн.*) contríbute to *the* fund (*d.*); основно́й слова́рный ~ *лингв.* básic stock of words, básic word stock; **2.** *мн.* (*ценные бумаги*) funds, stocks.

**фо́ндов||ый** *прил. к* фонд; ~ая би́ржа stock exchánge [...-'ʧeɪ-].

**фоне́ма** [-нэ́-] *ж. лингв.* phóneme ['fou-]. **~ти́ческий** [-нэ-] *лингв.* phonémic [-'niː-].

**фоне́т||ика** [-нэ́-] *ж.* phonétics. **~и́ст** [-нэ-] *м.*, **~и́стка** [-нэ-] *ж.* phònetícian [fou-]. **~и́ческий** [-нэ-] phonétic; ~и́ческая транскри́пция phonétic trànscríption.

**фони́ческий** phónic ['fou-].

**фонограмма** *ж.* phóno̦gràm.

**фоно́граф** *м.* phóno̦gràph. **~и́ческий** *прил. к* фоно́граф.

**фоноло́гия** *ж. лингв.* phonólogy.

**фонта́н** *м.* fóuntain; нефтяно́й ~ óil-gùsher; ◇ ~ красноре́чия fount of éloquence. **~и́ровать** *тех.* gush, spring* forth.

**фо́р||а** *ж. тк. ед.* (*в игре*) odds (given); дать ~у кому́-л. give* smb. odds; give* smb. a start.

**фордеви́нд** [-дэ-] *м. мор.* stern wind [...wɪ-]; идти́ на ~ run* (straight) befóre the wind; поворо́т че́рез ~ wéaring ['wɛə-].

**форе́йтор** *м. уст.* postílion, póst-boy ['poust-].

**форе́ль** *ж.* trout (*pl. без изменения*).

**фо́рзац** *м. полигр.* flý-leaf*.

**фо́рм||а** *ж.* **1.** form; (*внешнее очертание*) shape; в ~е ша́ра in the form of a globe; báll-shàped; в пи́сьменной ~е in wrítten form; in wríting; в оконча́тельной ~е in the / its fínal shape; ~ правле́ния form of góvernment [...'gʌ-]; **2.** *филос., грам.* form; ~ и содержа́ние form and contént; глаго́льная ~ vérbal form; граммати́ческие ~ы grammátical forms; **3.** *тех.* (*для отливки*) mould [mou-]; **4.** (*одежда*) únifòrm; *воен. тж.* règiméntals *pl.*; похо́дная ~ márching órder, field dress [fiː-...]; пара́дная ~ full dress (únifòrm); в ~е úni-fòrmed, in únifòrm; надева́ть ~у wear*, *или* put* on, únifòrm [wɛə...]; по́лная ~ *разг.* full dress; оде́тый не по ~е impróperly dressed; **5.** *канц.* form; по ~е in due form; **6.** *полигр.* form(e); ◇ быть в ~е *разг.* be in good form, be / feel* fit; быть не в ~е be out of form.

**формали́зм** *м.* fórmalism.

**формали́н** *м. фарм.* fórmalin. **~овый** *прил. к* формали́н.

**формали́ст** *м.* fórmalist.

**формали́стика** *ж. разг.* = формали́зм.

**формалисти́ческ||ий** fòrmalístic; ~ие извраще́ния в иску́сстве fòrmalístic distórtions in art.

**формали́стка** *ж. к* формали́ст.

**формальдеги́д** *м. хим.* fòrmáldehỳde.

**форма́льн||о** *нареч.* nóminally, fórmally. **~ость** *ж.* fòrmálity; пуста́я ~ость mere fòrmálity. **~ый** (*в разн. знач.*) fórmal; ~ая ло́гика fórmal lógic; ~ое отноше́ние (к де́лу) fórmal áttitùde, lack of interest; ~ый отка́з fórmal deníal; ~ое согла́сие fórmal agréement; ~ый ме́тод fòrmalístic méthod.

**форма́т** *м.* size. **~ный** *прил. к* форма́т.

**форма́ция** *ж. полит., геол.* fòrmátion; обще́ственно-экономи́ческая ~ sócial and èconómic strúcture [...iːk-...]; дево́нская, мелова́я, пе́рмская, трети́чная ~ Dèvónian, Cretácious, Pérmian, Tértiary fòrmátion.

**фо́рменка** *ж. мор. разг.* duck júmper.

**фо́рменн||ый** **1.** *прил. к* фо́рма 4; ~ая оде́жда únifòrm; ~ая фура́жка únifòrm cap; **2.** *разг.* (*сущий*) régular, dównright; ~ плут régular scamp / cheat / knave; ~ дура́к dównright fool.

**формирова́ние** *с.* **1.** (*действие*) fórming; ~ кабине́та fórming of *a* cábinet; **2.** *воен.* fòrmátion, ráising.

**формирова́ть,** сформирова́ть (*вн.*; *в разн. знач.*) form (*d.*); (*придавать форму тж.*) mould [mould] (*d.*); (*о войсках тж.*) raise (*d.*); ~ прави́тельство form *a* góvernment [...'gʌ-]; ~ по́езд, соста́в márshal *a* train; ~ хара́ктер mould, *или* build* up, the cháracter [...bɪld... 'kæ-]. **~ся,** сформирова́ться **1.** shape; devélop into [-'ve-...]; **2.** *страд. к* формирова́ть.

**формова́ть,** сформова́ть (*вн.*) *тех.* mould [mould] (*d.*), cast* (*d.*).

**формо́в||ка** *ж. тех.* móulding ['mould-], cásting. **~очный** móulding ['mould-], cásting. **~щик** *м.* móulder ['mou-].

**формообразова́тельный** fórmative.

**фо́рмул||а** *ж.* fórmula (*pl.* -las, -lae); вы́разить в ~е (*вн.*) expréss by a fórmula (*d.*), fórmulàte (*d.*).

**формули́р||овать** *несов. и сов.* (*сов. тж.* сформули́ровать; *вн.*) fórmulàte (*d.*); ~ свои́ тре́бования fórmulàte one's demánds [...-ɑːndz], settle one's requíre̦ments in définite terms; предложе́ния сформули́рованы в то́чных выраже́ниях the propósals are couched / phrased in precíse terms [...-z-...-'saɪs...]. **~о́вка** *ж.* **1.** (*действие*) fórmulàting, fòrmulátion; **2.** (*формула*) fórmula (*pl.* -las, -lae), wórding; дать ~о́вку fórmulàte; то́чная ~о́вка exáct wórding; но́вая ~о́вка fresh wórding.

**формуля́р** *м.* **1.** *уст.* (*послужной список*) sérvice list; **2.** (*библиотечная карточка*) tícket, card; **3.** (*машины и т. п.*) book. **~ный** *прил. к* формуля́р; ~ный спи́сок official list.

**форпо́ст** *м.* advánced post [-'vɑːnst poust], óutpòst [-poust]. **~ный** *прил. к* форпо́ст.

**форс** *м. разг.* swágger ['swæ-].

**форси́рование** *с.* **1.** fórcing; (*ускорение*) spéeding up; **2.** *воен.*: ~ реки́ forced cróssing.

**форси́рованный** *прич. и прил.* forced; ~ марш *воен.* forced march.

**форси́ровать** *несов. и сов.* (*вн.*) **1.** force (*d.*); (*ускорять*) speed up (*d.*); 2. *воен.*: ~ ре́ку́ force a cróssing (óver *a* ríver) [...'rɪ-].

**форси́ть** *разг.* swágger ['swæ-].

**форс-мажо́р** *м.* force majéur [...mæ'ʒəːr].

**фор-сте́ньга** *ж. мор.* fóre-tòp-màst.

**форсу́нка** *ж. тех.* spráyer; oil (fúel) búrner [...'fjuəl...].

**форт** *м. воен.* fort.

**фо́рте** [-тэ] *нареч. муз.* fórte [-tɪ].

**фóртель** *м. разг.* trick, stunt; вы́кинуть ~ spring* a surprise.

**фортепья́нн||ый** [-тэ-] piánò ['pjæ-] (*attr.*); ~ аккомпанемéнт accómpaniment on the piánò [-'kʌm-...], piánò accómpaniment; исполня́ть ~ую пáртию play the piánò part.

**фортепья́но** [-тэ-] *с. нескл. муз.* piánò ['pjæ-]; (*пианино*) úpright piánò; игрáть на ~ play the piánò.

**фортúссимо** *нареч. муз.* fòrtíssimò.

**фортификá||тор** *м. воен.* fórtifier. **~циóнный** *прил. к* фортификáция; ~циóнное искýсство (art of) fòrtificátion; ~циóнное сооружéние fòrtificátion (work). **~ция** *ж. воен.* fòrtificátion; долговремéнная ~ция pérmanent fòrtificátion; полевáя ~ция field fòrtificátion [fi:-...].

**фóрточка** *ж.* fórtochka (*small hinged window-pane used for ventilation*), cáse-ment(-window) ['keɪs-].

**фортýна** *ж. тк. ед. уст.* fórtune [-ʧən].

**фóрум** *м. ист.* fórum.

**форшлáг** *м. муз.* gráce-nòte.

**форшмáк** *м. кул.* fórshmak (*dish made of mashed potatoes and hashed meat or herring*).

**форштéвень** *м. мор.* stem.

**фосгéн** *м. хим.* phósgène [-z-].

**фосфáт** *м. хим.* phósphàte.

**фóсфор** *м. хим.* phósphorus.

**фосфоресц||éнция** *ж. физ.* phòsphoréscence. **~úровать** *физ.* phòsphoréscе. **~úрующий** *физ.* phòsphoréscent.

**фóсфорист||ый** *хим.* phósphorous; ~ ангидрúд phósphorous ànhýdride [...-'haɪ-]; ~ая брóнза phósphorus bronze.

**фосфорúт** *м. мин.* phósphorite.

**фосфорúческий** phòsphóric.

**фосфорнокúслый:** ~ кáльций *хим.* cálcium phósphàte.

**фóсфорн||ый** *хим.* phòsphóric; phósphorus (*attr.*); ~ые спúчки phòsphóric mátches; ~ая бóмба phósphorus bomb.

**фóто** *с. нескл. разг.* (*снимок*) phótò.

**фотоаппарáт** *м.* cámera.

**фотоательé** [-тэ-] *с. нескл.* stúdiò; photógrapher's (stúdiò).

**фотобумáга** *ж.* phòto-gráphic páper.

**фотовы́ставка** *ж.* phóto-èxhibítion [-eksɪ-].

**фотогенúчный** phòto-génic.

**фотогравю́ра** *ж. полигр.* phòto-gravúre, phótoglyph ['fou-].

**фотограммéтрия** *ж.* phòto-grámmetry; phòto-gráphic súrvey.

**фотóграф** *м.* photógrapher.

**фотографúрование** *с.* phóto-gràphing.

**фотографúровать,** сфотографúровать (*вн.*) phóto-graph (*d.*); take* a phóto-gràph (of). **~ся,** сфотографúроваться **1.** be phóto-gràphed; have one's phótò táken *разг.*; **2.** *страд. к* фотографúровать.

**фотографúческ||и** *нареч.* phòto-gráphically; ~ тóчный phòto-gráphically exáct. **~ий** phòto-gráphic; ~ая пластúнка (phòto-gráphic) plate; ~ий аппарáт cámera; ~ий снúмок phóto-gràph.

**фотогрáфи||я** *ж.* **1.** (*получение изображения*) photógraphy; занимáться ~ей take* up photógraphy; go* in for photógraphy; он занимáется тепéрь ~ей he has táken up photógraphy; он хóчет заня́ться ~ей he wants to take up, *или* to go in for, photógraphy; цветнáя ~ cólour photógraphy ['kʌ-...]; **2.** (*снимок*) phóto-gràph; **3.** (*учреждение*) photógrapher's (stúdiò).

**фотодонесéние** *с. воен.* recónnaissance / intélligence phóto-gràph [-nɪs-...].

**фотозáпись** *ж.* phòto-gráphic récòrd [...'re-].

**фотокáрточка** *ж.* phóto-gràph.

**фотолитогрáфия** *ж. полигр.* phòto-lithógraphy.

**фотолюбúтель** *м.* ámatèur photógrapher [-tə:...].

**фотóметр** *м. физ.* photómeter; líght-mèter. **~úческий** phòto-métric(al); ~úческий аппарáт phòto-métrical àpparátus.

**фотомéтрия** *ж. физ.* photómetry.

**фотомехáн||ика** *ж.* phòto-mechánics [-'kæ-]. **~úческий** phòto-mechánical [-'kæ-].

**фотообъектúв** *м.* lens [-nz].

**фотоплáн** *м.* phóto-màp.

**фотоплёнка** *ж.* (phòto-gráphic) film.

**фоторазвéдка** *ж. воен.* phòto-gráphic recónnaissance [...-nɪs-].

**фоторепортáж** *м.* pícture stóry; phótò-repórt.

**фоторепортёр** *м.* (néwspàper *или* màgazíne) photógrapher [...-'zi:n...]. **~ский** *прил. к* фоторепортёр.

**фотосúнтез** [-тэз] *м. бот., биол.* phòto-sýnthesis.

**фотоснúмок** *м.* phóto-gràph.

**фотосфéра** *ж. астр.* phóto-sphère.

**фотосъёмка** *ж.* photógraphy.

**фототелегрáмма** *ж.* phòtotélegram.

**фототелегрáф** *м.* phòto-télegràph.

**фототерапúя** *ж. мед.* phòto-thérapy.

**фототипúческ||ий** *полигр.* phòto-týpe (*attr.*); ~ое издáние phòto-týpe edítion.

**фототúпия** *ж. полигр.* phòto-týpe.

**фото||химúческий** phòto-chémical [-'ke-]. **~хúмия** *ж.* phòto-chémistry [-'ke-].

**фотохрóника** *ж.* pictórial review [...-'vju:].

**фотоцинкогрáфия** *ж. полигр.* phòto-zincógraphy.

**фотоэлектрúче||ский** *тех.* phòto-eléctric. **~ство** *с.* phòto-elèctrícity.

**фотоэлемéнт** *м. эл.* phòto-eléctric cell, phóto-céll; phóto-pile.

**фрагмéнт** *м.* frágment. **~áрность** *ж.* frágmentariness. **~áрный** frágmentary.

**фрáз||а** *ж.* phrase; *грам. тж.* séntence; ходя́чая ~ stock phrase; пусты́е ~ы mere words / phráses; красúвые ~ы flúid phráses; óбщие ~ы géneral phráses.

**фразеол||огúческий** *лингв.* phràseológical [-eɪz-]; ~ словáрь phràseológical díctionary. **~óгия** *ж.* **1.** *лингв.* phràseólogy [-eɪz-]; **2.** (*пустословие*) mere vérbiage.

**фразёр** *м.*, **~ка** *ж.* phráse-mònger [-mʌ-], phráser. **~ство** *с.* mere vérbiage; phráse-mòngering [-mʌ-].

**фразúр||овать** (*вн.*) *муз.* obsérve phrásing [-'zə:v...] (of), phrase (*d.*). **~óвка** *ж. муз.* òbservátion of phrásing [-zə-...].

**фрак** *м.* dréss-coat, táil-coat; swállow-tail(s) (*pl.*), évening dress ['i:v-...].

**фракúйский** Thrácian.

**фракту́ра** I *ж. мед.* frácture.
**фракту́ра** II *ж. тк. ед.* (*шрифт*) Gérman type.
**фракционе́р** *м. полит.* fáctionary, fáctionist.
**фракциони́ров||ание** *с. хим.* fráctionàting. **~ать** (*вн.*) *хим.* fráctionàte (*d.*).
**фракцио́нность** *ж. полит.* fáctionalism, fáctious¦ness.
**фракцио́нн||ый** I *полит.* fáctional, fáctious; ~ая борьба́ struggle betwéen fáctions, fáctional cónflict.
**фракцио́нн||ый** II *хим.* fráctionàting, fráctional, fráctionary; ~ая ко́лба fráctionàting flask; ~ая перего́нка fráctional distillátion.
**фра́кция** I *ж. полит.* fáction.
**фра́кция** II *ж. хим.* fráction.
**фраму́га** *ж. стр.* tránsom; fixed frame.
**франк** *м.* (*монета*) franc.
**фра́нки** *мн. ист.* Franks.
**франки́р||овать** *несов. и сов.* (*вн.*; *о письме и т. п.*) pré¦páy* (*d.*), pay* the póstage [...'pou-] (of). **~о́вка** *ж.* pré¦páyment.
**франкмасо́н** *м.* = масо́н. **~ский** = масо́нский. **~ство** *с.* = масо́нство.
**фра́нко-** *торг.* free; ~-су́дно free on board (*сокр.* F.O.B.).
**франт** *м.* dándy. **~и́ть** *разг.* play the dándy. **~и́ха** *ж. разг.* fáshionable / smart wóman* [...'wu-].
**франтов||а́тый** *разг.* dándyish. **~ско́й** smart. **~ство́** *с.* smártness, dándyism.
**францу́женка** *ж.* Frénch¦wòman* [-wu-].
**францу́з** *м.* Frénch¦man*; *мн. собир.* the French. **~ский** French; ~ский язы́к French, the French lánguage.
**фрахт** *м. торг.* freight.
**фрахтова́ть** (*вн.*) *торг.* freight (*d.*); (*о судне*) chárter (*d.*).
**фра́чный** *прил. к* фрак.
**фрега́т** *м.* **1.** *мор.* frígate; **2.** *зоол.* frígate (-bìrd).
**фре́з||а** *ж.*, **~ер** *м. тех.* cútter, mill, mílling cútter.
**фре́зер||ный** *тех.* mílling; ~ стано́к mílling machíne [...-'ʃiːn]. **~ова́ние** *с. тех.* mílling. **~ова́ть** (*вн.*) *тех.* cut* (*d.*), mill (*d.*). **~о́вка** *ж. тех.* mílling. **~о́вщик** *м.*, **~о́вщица** *ж.* mílling-machíne óperàtor [-'ʃiːn...].
**фре́йлина** [фрэ́-] *ж.* maid of hónour [...'ɔnə].
**френези́я** *ж. мед.* phrénesis.
**френологи́ческий** phrènológical.
**френоло́гия** *ж.* phrenólogy.
**френч** *м.* sérvice jácket, field jácket [fiː-...].
**фре́ск||а** *ж. иск.* fréscò. **~овый** fréscò (*attr.*); ~овая жи́вопись fréscò.
**фриво́льн||ость** *ж.* frivólity. **~ый** frívolous.
**фриги́йский** Phrýgian; ◇ ~ колпа́к Phrýgian cap.
**фриз** *м. стр.* frieze [friːz].
**фрикаде́ль(ка)** [-дэ́-] *ж. кул.* quenélle [kə-].
**фрикассе́** [-сэ́] *с. нескл. кул.* frìcassée.
**фрикати́вный** *лингв.* frícative; ~ звук frícative (sound).
**фрикцио́н** *м. тех.* fríction clutch; бортово́й ~ (*у танка*) side clutch. **~ный** *тех.* fríction (*attr.*), fríctional; ~ная му́фта fríction cóupling / clutch / cone [...'kʌp-...].
**фритре́дер** [-рэ́дэр] *м. эк.* frée-tráder. **~ство** [-рэ́дэр-] *с. эк.* frée-tráde sýstem.
**фро́нда** *ж. ист.* Fronde; (*перен.*) (sélfish) òpposítion [...-'zɪ-].
**фронде́р** *м.* fròndéur [frɔːŋ'dəː], málcontènt. **~ский** cáptious. **~ство** *с.* (sélfish) òpposítion [...-'zɪ-].
**фронди́ровать** *уст.* find* fault.
**фронт** *м.* (*в разн. знач.*) front [frʌnt]; (*передовые позиции*) báttle-frònt [-frʌnt]; широ́кий ~ wide / exténded front; находи́ться на ~е be at the front; отпра́виться на ~ go* to the front; идеологи́ческий ~ ideológical front [aɪ-...]; еди́ный ~ ùnited front; культу́рный ~ cúltural front; наро́дный ~ Pópular Front; ~ ми́ра the Peace Front; ~ ми́ра и демокра́тии the Front of Peace and Demócracy; хозя́йственный ~ èconómic front [iːk-...]; борьба́ на два ~а fight on two fronts; переме́на ~а change of front [tʃeɪ-...]; перемени́ть ~ change front; протяже́ние по ~у *воен.* fróntage ['frʌn-]; ◇ стать во ~ stand* at atténtion.
**фронта́льн||ый** fróntal ['frʌ-]; ~ое наступле́ние fróntal / diréct attáck; ~ уда́р fróntal attáck.
**фронтиспи́с** *м. полигр.*, *стр.* fróntispiece ['frʌntɪspiːs].
**фронтови́к** *м.* frónt-line sóldier ['frʌnt-'souldʒə].
**фронтов||о́й** front [frʌnt] (*attr.*); ~а́я часть frónt(-line) únit ['frʌnt-...]; ~ това́рищ frónt-line cómrade / pal; (*о солдате тж.*) bróther-sóldier ['brʌðə'souldʒə]; (*об офицере тж.*) bróther-ófficer ['brʌ-].
**фронто́н** *м. стр.* pédiment. **~ный** *прил. к* фронто́н.
**фрукт** *м.* **1.** fruit [-uːt]; **2.** *разг.* (*о человеке*): что э́то за ~? what kind of a féllow is this?, who is this?; ну и ~! a nice féllow indéed! **~о́вый** *прил. к* фрукт 1; ~о́вый нож fruit knife* [-uːt...]; ~о́вое де́рево fruit tree; ~о́вый сок fruit juice [...dʒuːs]; ~о́вая вода́ fruit drink; ~о́вый сад órchard. **~о́за** *ж. хим.* frùctóse [-s].
**фта́лев||ый** *хим.* phthálic ['θæ-]; ~ая кислота́ phthálic ácid.
**фтизиатри́я** *ж. мед.* phthisiólogy [θɪz-].
**фтор** *м. хим.* flúorine [-iːn].
**фтористоводоро́дн||ый** *хим.* flùorhýdric [-'haɪ-]; ~ая кислота́ flùorhýdric ácid.
**фто́ристый** *хим.* fluóric; ~ ка́лий potássium flúoride; ~ ма́гний màgnésium flúoride [-zɪəm...].
**фу** *межд.* (*выражение отвращения*) fie!, faugh!, ugh!
**фу́га** *ж. муз.* fugue [fjuːg].
**фуга́нок** *м. тех.* jóinter plane; bench plane, jóining plane.
**фуга́с** *м. воен.* fougásse [fuː'gæs], field charge [fiː-...], lándmìne. **~ка** *ж. разг.* dèmolítion bomb. **~ный** *прил. к* фуга́с; ~ный снаря́д mine shell; ~ное де́йствие mine efféct; ~ная бо́мба hígh-explósive / dèmolítion bomb.
**фугова́ть**, сфугова́ть (*вн.*) *тех.* joint (*d.*).
**фуже́р** *м.* tall wine glass.
**фузилёр** *м. воен. уст.* fùsilíer [-zɪ'lɪə].
**фу́к||ать**, фу́кнуть (*вн.*; *в шашках*) huff (*d.*). **~нуть** *сов. см.* фу́кать.

**фукси́н** *м.* (*краска*) fúchsine ['fuksɪn].
**фу́ксия** *ж. бот.* fúchsia ['fjuːʃə].
**фу́кус** *м. бот.* fúcus (*pl.* -ci).
**фульгури́т** *м. геол.* fúlgurite.
**фуля́р** *м. текст.* fóulàrd ['fuːlɑːd]. **~овый** *прил. к* фуля́р; ~овый плато́к fóulàrd (kérchief) ['fuːlɑːd...].
**фунда́мент** *м.* (*прям. и перен.*) foundátion, gróundwòrk; постро́ить ~ build* the foundátion [bɪld...]; заложи́ть ~ lay* the foundátion; маши́нный ~ éngine séating ['endʒ-...]; коте́льный ~ bóiler séat(ing).
**фундамента́льн||ость** *ж.* fùndaméntal náture / cháracter [...'neɪ- 'kæ-], solídity. **~ый** fùndaméntal; sólid, substántial; ~ое зда́ние sólid búilding [...'bɪl-]; ~ая библиоте́ка main líbrary [...'laɪ-]; ~ые зна́ния thórough knówledge ['θʌrə 'nɔl-] *sg.*; ~ый труд básic work ['beɪ-...]; ~ое иссле́дование fùndaméntal invèstigátion.
**фунда́ментн||ый:** ~ая плита́ bed plate.
**фунди́рованн||ый** *эк.* fúnded, consólidàted; ~ые за́ймы fúnded loans; ~ дохо́д fúnded in:come.
**фуникулёр** *м.* funícular (ráilway).
**функциона́льн||ый** fúnctional; *мед. тж.* dỳnámic [daɪ-]; ~ая зави́симость *мат.* fúnctional depéndence; ~ое заболева́ние *мед.* dỳnámic diséase [...-'ziːz].
**функциони́ров||ание** *с.* fúnctioning. **~ать** fúnction, fúnctionàte.
**фу́нкци||я** *ж.* (*в разн. знач.*) fúnction; я́вная ~ *мат.* explícit fúnction; нея́вная ~ *мат.* implícit fúnction; обра́тная ~ *мат.* invérse fúnction; произво́дная ~ *мат.* derived fúnction; выполня́ть чьи-л. ~и perfórm the dúties of smb.
**фунт** *м.* **1.** *уст.* (*мера веса*) pound; **2.:** ~ (сте́рлингов) pound (stérling); биле́т, ассигна́ция в пять фу́нтов fíve-pound note; ◇ не ~ изю́му *разг.* ≅ it's not a trifle; it's not to be sneezed at.
**фу́нтик** *м.* (*мешочек*) páper-còne, páckеt.
**фу́ра** *ж.* wággon ['wæ-].
**фура́ж** *м. тк. ед.* fórage, fódder; зернов́ой ~ grain / hard fórage.
**фуражи́р** *м.* fórager. **~овать** fórage. **~о́вка** *ж.* fóraging.
**фура́жка** *ж.* (péak-)càp; *воен.* sérvice cap.
**фура́жн||ый** fórage (*attr.*), fódder (*attr.*); ~ое зерно́ fódder grain.
**фурго́н** *м.* van.
**фу́рия** *ж. миф.* fúry; (*перен.: злая женщина*) fúry, virágò.
**фурниту́ра** *ж.* accéssories *pl.*
**фуро́р** *м.* furóre [-rɪ]; произвести́ ~ *разг.* crèáte a furóre.
**фуру́нкул** *м. мед.* fúrùncle.
**фурункулёз** *м. мед.* furùnculósis.
**фурьери́зм** *м. ист.* Fóurierism ['fu-].
**фут** *м.* foot* [fut]; длино́ю в два ~а two feet long.
**футбо́л** *м.* fóotbàll ['fut-], sóccer. **~и́ст** *м.* fóotbàll-pláyer ['fut-], sóccer-pláyer, fóotbàller.
**футбо́лка** *ж. разг.* sports shirt, fóotbàll-jérsey ['fut- -zɪ].
**футбо́льн||ый** *прил. к* футбо́л; ~ мяч fóotbàll ['fut-]; ~ая кома́нда fóotbàll team.
**футерова́ть** [-тэ-] (*вн.*) *тех.* line (with refráctory bricks) (*d.*).
**футеро́вка** [-тэ-] *ж. тех.* (bríck-)lining, líning (with refráctory bricks).
**футля́р** *м.* case [-s]; (*маленький тж.*) ètuí [e'twiː]; ~ для инструме́нтов ínstrument-càse [-s]; ◇ челове́к в ~е pérson who keeps him:sélf in cótton-wool [...-wul].
**фу́товый** óne-fóot [-'fut] (*attr.*).
**футури́зм** *м. иск.* fúturism.
**футури́ст** *м. иск.* fúturist. **~и́ческий** fùturístic.
**футшто́к** *м. мор.* tíde-gauge [-geɪdʒ].
**фуфа́йка** *ж.* jérsey [-zɪ], swéater ['swe-].
**фы́рканье** *с.* snórting, sniffing.
**фы́рк||ать, фы́ркнуть** **1.** snort, sniff; презри́тельно ~нуть sniff scórnfully; **2.** *разг.* (*смеяться*) chuckle. **~нуть** *сов. см.* фы́ркать.
**фюзеля́ж** *м. ав.* fúselage [-zɪ-], hull. **~ный** *прил. к* фюзеля́ж.

# Х

**хавро́нья** *ж. разг.* sow.
**хаджи́** *м. нескл.* (*мусульманин, побывавший в Мекке*) Hádji, Hájji.
**ха́жива||ть:** он, они́ *и т. д.* ча́сто туда́ ~ли he, they, *etc.*, used to go there óften [...juːst... 'ɔːf(t)°n]; he, they, *etc.*, would go there óften.
**хака́с** *м.*, **~ка** *ж.*, **~ский** Khàkáss [kɑː-'kɑːs]; ~ский язы́к Khàkáss, the Khàkáss lánguage.
**ха́ки** *прил. неизм. и с. нескл.* kháki ['kɑː-].
**хала́т** *м.* **1.** (*домашний*) dréssing-gown; купа́льный ~ báth-ròbe; **2.** (*восточный*) òriéntal robe; **3.** (*рабочий*) óver:àlls *pl.*; до́кторский ~ dóctor's smock; (*хирурга*) óperàting / súrgical coat; маскиро́вочный ~ *воен.* cámouflàge cloak [-muflɑːʒ...].
**хала́тн||ость** *ж.* cáre:lessness, négligence; престу́пная ~ críminal négligence. **~ый** cáre:less; ~ое отноше́ние к свои́м обя́занностям, рабо́те neglect of one's dúties, work.
**халва́** *ж.* khàlvá [kɑːl'vɑː] (*paste of nuts, sugar and oil*).
**хали́ф** *м. ист.* cáliph. **~а́т** *м. ист.* cálipháte.
**халту́р||а** *ж. тк. ед. разг.* (*плохая, небрежная работа*) háck-wòrk, pót-boiler. **~ить** *разг.* be a pót-boiler, make* the pot boil. **~ный:** ~ная рабо́та *разг.* háck-wòrk, pót-boiler. **~щик** *м. разг.* pót-boiler.
**халцедо́н** *м. мин.* chàlcédony [kæl-].
**хам** *м. разг.* cad, boor.
**хамелео́н** *м. зоол.* (*тж. перен.*) chaméleon [kə-], túrncoat.
**хамса́** *ж.* khamsá [-'sɑː] (*small fish, common in the Black Sea*).

**ха́м||ский** *разг.* cáddish. **~ство** *с. разг.* cáddishness.

**хан** *м.* khan [kɑ:n]; ~ Баты́й Batý-khàn [-kɑ:n].

**хандра́** *ж.* spleen; the blues *pl.*; на него́ напа́ла ~ *разг.* he has a fit of spleen, he is in the blues.

**хандри́ть,** захандри́ть have a fit of spleen, be in the blues.

**ханжа́** *м. и ж.* bigot ['bɪ-], cánting hýpocrite.

**ха́нже||ский** bigoted, sànctimónious. **~ство́** *с.* bigotry, sánctimony, hypócrisy.

**ханжи́ть** play the hýpocrite.

**ха́н||ский** *прил. к* хан. **~ство** *с.* khánàte ['kɑ:-].

**ха́ос** *м.* cháòs ['keɪ-].

**хао́с** *м. разг.* mess.

**хаоти́ч||еский** chàótic [keɪ-]. **~ность** *ж.* chàótic state [keɪ-...], state of cháòs [...'keɪ-]. **~ный** = хаоти́ческий.

**ха́пать,** сха́пать, ха́пнуть (*вн.*) *груб.* **1.** *при сов.* сха́пать (*хватать*) grab (*d.*), seize [si:z] (*d.*); **2.** *при сов.* ха́пнуть (*о деньгах*) grab (*d.*).

**ха́пнуть** *сов. см.* ха́пать 2.

**хараки́ри** *с. нескл.* hára-kíri ['hæ-].

**хара́ктер** *м.* **1.** disposition [-'zɪ-], témper, cháracter ['kæ-]; дурно́й ~ bad* témper; угрю́мый ~ súllen disposition; тяжёлый ~ dífficult náture [...'neɪ-]; си́льный ~ strong cháracter; прямота́ ~а straightfórwardness; име́ть твёрдый, си́льный ~ have a strong cháracter; челове́к с ~ом, си́льный ~ stróng-wílled pérson; **2.** (*свойство*) náture; ~ по́чвы náture of the soil; ~ ме́стности náture / chàracterístics of the locálity [...kæ-...]; *воен.* náture of the ground; cháracter of *the* términ *амер.*; ◇ вы́держать ~ be / stand* firm; э́то не в ва́шем ~е that isn't your way / náture.

**характериз||ова́ть** *несов. и сов.* (*сов. тж.* охарактеризова́ть) (*вн.*) **1.** define (*d.*); (*описывать*) describe (*d.*); докла́дчик пра́вильно ~ова́л положе́ние the spéaker defíned the sìtuátion corréctly; **2.** (*быть характерным*) cháracterize ['kæ-] (*d.*); э́тот посту́пок ~у́ет его́ this áction cháracterizes him.

**характеризова́ться** (*тв.*) be cháracterized (by).

**характери́стик||а** *ж.* **1.** chàracterístic ['kæ-]; (*отзыв*) cháracter ['kæ-]; (*отзыв о человеке*) tèstimónial, réference; для его́ ~и to show what he is like [...ʃou...], to give an idéa of his pèrsonálity [...aɪ'dɪə...]; дать кому́-л. ~у give* smb. a tèstimónial; **2.** *мат.* chàracterístic [kæ-], índèx of lógarithm.

**характе́рно** I **1.** *прил. кратк. см.* характе́рный; **2.** *предик. безл.*: ~, что it is chàracterístic that [...kæ-...]; для него́ ~ it is chàracterístic of him.

**характе́рн||о** II *нареч.* chàracterístically [kæ-]. **~ый 1.** (*типичный*) týpical: ~ое лицо́ týpical face; вот ~ый приме́р there is an illustrátion in point; **2.** (*отличительный*) chàracterístic [kæ-]; (*своеобразный*) distínctive; ~ая черта́ chàracterístic féature; **3.** *театр.* (*о роли, танце*) cháracter ['kæ-] (*attr.*); ~ый та́нец cháracter dance; ~ый актёр cháracter áctor.

**ха́риус** *м.* (*рыба*) gráyling, úmber.

**ха́рканье** *с.* èxpèctorátion; ~ кро́вью èxpèctorátion of blood [...blʌd], blóod-spìtting ['blʌd-].

**ха́рк||ать,** ха́ркнуть spit*; (*тв.*) èxpéctoràte (*d.*), spit* (*d.*); ~ кро́вью spit* blood [...blʌd]. **~нуть** *сов. см.* ха́ркать.

**ха́ртия** *ж.* chárter; конституцио́нная ~ cònstitútional chárter; Вели́кая ~ во́льностей *ист.* the Great Chárter [...greɪt...], the Mágna C(h)árta; Наро́дная ~ (*чартистов*) *ист.* the People's Chárter [...pi:-...].

**харч** *м.* = харчи́.

**харче́вня** *ж. уст.* éating-house* [-s], cóok-shòp.

**харчи́** *мн. разг.* grub *sg.*

**харчи́ться** *разг.* get* one's grub, be grubbed.

**ха́ря** *ж. груб.* muzzle; (úgly) mug ['ʌ-...].

**ха́та** *ж.* hut; ◇ моя́ ~ с кра́ю (,ничего́ не зна́ю) *погов.* ≅ it is no búsiness / concérn of mine [...'bɪzn-...].

**ха́ять** (*вн.*) *разг.* find* fault (with).

**хвал||а́** *ж.* praise; воздава́ть ~у́ (*дт.*) praise (*d.*).

**хвале́бн||о** *нареч.* in praise; ~ отзыва́ться (о *пр.*) praise (*d.*). **~ый** láudatory, eulogístic; ~ая песнь song of praise; ~ая речь pànegýric, èncómium.

**хвалёный** much praised; váunted *ирон.*

**хвали́ть,** похвали́ть (*вн.* за *вн.*) comménd (*d.* for); (*вн.*; *восхвалять*) praise (*d.*); ◇ хоро́ший това́р сам себя́ хва́лит ≅ good wine needs no bush [...buʃ]; вся́кий купе́ц свой това́р хва́лит ≅ every cook praises his own broth [...oun...]. **~ся,** похвали́ться (*тв.*) boast (of), swágger ['swæ-] (abóut).

**хва́ст||ать(ся),** похва́стать(ся) (*тв.*) brag (of, abóut), boast (of); не ~аясь without bóasting.

**хвастли́в||ость** *ж.* bóastfulness, vaingló-riousness. **~ый** bóastful, vainglórious.

**хвастовство́** *с.* bóasting, brágging, vainglóry.

**хваст||у́н** *м.*, **~у́нья** *ж.* bóaster, brággart.

**хват** *м. разг.* dáshing féllow.

**хвата́ть** I, схвати́ть (*вн.*) snatch (*d.*), seize [si:z] (*d.*), catch* hold (of), grasp (*d.*); grab (*d.*); (*зубами*) snap (at); ~ кого́-л. за́ руку seize / grasp smb. by the hand; ◇ ~ что-л. на лету́ be very quick at smth.; ~ за́ душу tug at *one's* héart-strings [...'hɑ:t-].

**хват||а́ть** II, хвати́ть *безл.* suffíce, be suffícient / enóugh [...ɪ'nʌf]; last out; э́того хва́тит this will suffíce, this will be suffícient / enóugh; у него́ ~и́ло му́жества (+ *инф.*) he had the cóurage [...'kʌ-] (+ to *inf.*); ему́ ~и́ло вре́мени (+ *инф.*) he had time enóugh (+ to *inf.*), he had the time (+ to *inf.*); э́того должно́ ~и́ть на́ зиму this must last the winter; э́того ему́ хва́тит на ме́сяц it will last him a month [...mʌnθ]; де́ла хва́тит на це́лый день enóugh work to last the whole day [...houl...]; и до́ма де́ла хва́тит there is plénty to do at home, too; мне хва́тит that's enóugh for me, that will do for me; не ~ not be enóugh; не ~а́ет вре́мени (для, + *инф.*) there isn't enóugh time (for, + to *inf.*); у него́ не ~а́ет вре́мени he is hard pressed for time; (для, + *инф.*) he has not time enóugh (for, + to *inf.*); ему́, им *и т. д.* не ~а́ет (*рд.*) he is, they are, *etc.*, short (of); у него́, у них *и т. д.* не ~а́ет де́нег he is, they are, *etc.*, short of móney [...'mʌ-]; he is, they are, *etc.*, pressed for móney; ◇ хва́тит! (*довольно!*) that will do!; (*перестаньте!*) enóugh of that!, enóugh!; с меня́ хва́тит! (*мне надоело*) I have had enóugh!; на сего́дня хва́тит! that'll do for to¦dáy!; э́того ещё не ~а́ло *разг.* that's a bit too thick, that's the límit, that would be the last straw.

**хвата́ться,** схвати́ться (за *вн.*) snatch (at), grip (*d.*), pluck (at), catch* (at); (*перен.*: *браться за какое-л. дело*) take* up (*d.*); ◇ ~ за соло́минку catch* at a straw.

**хвати́ть** I *сов. см.* хвата́ть II.

**хвати́||ть** II *сов.* (*вн.*) *разг.* (*ударить*) whack (*d.*), whang (*d.*); ◇ ~ че́рез край ≅ go* too far; его́ ~л уда́р he had an àpopléctic stroke; ~ ли́шнего take* / have a drop too much.

**хвати́||ться** *сов.* (*рд.*) *разг.* miss (*d.*); nótice the ábsence ['nou-...] (of): ~ кого́-л. miss smb., nótice the ábsence of smb.; его́ ~лись he was missed; — я сли́шком по́здно ~лся but I thought of it too late.

**хва́тка** *ж.* **1.** grasp, grip, clutch; **2.** (*у животных*) bite; ◇ мёртвая ~ mórtal / death grip [...deθ...].

**хво́йные** *мн. скл. как прил. бот.* cónifers ['kou-].

**хво́йн||ый** cònіferous [kou-]; ~ лес còniferous fórest / wood [...'fɔ- wud] (*ср.* лес); ~ое де́рево cónifer ['kou-]; ~ая древеси́на sóftwood [-wud].

**хвора́ть** *разг.* be ill / áiling.

**хво́рост** *м. собир.* **1.** brúshwood [-wud]; **2.** (*печенье*) (pástry) straws ['peɪ-...] *pl.*

**хворости́на** *ж.* (long) switch, (long) dry branch [...brɑː-].

**хво́рость** *ж.* = хворь.

**хво́рый** *разг.* áiling, sick.

**хворь** *ж. разг.* áilment, íllness.

**хвост** *м.* **1.** tail; (*павлина тж.*) train; (*лисицы*) brush; (*кролика, оленя*) scut; ~ коме́ты tail / train of *a* cómet [...'kɔ-]; обре́занный ~ docked tail, bóbtail; бить ~о́м lash / swish / whisk the tail; поджа́ть ~ (*прям. и перен.*) have one's tail betwéen one's legs; поджа́в ~ (*прям. и перен.*) with the tail betwéen the legs; виля́ть ~о́м (*о собаке*) wag *the* tail [wæg...]; (*перен.*) cringe; **2.** (*концевая часть*) end, tail; (*о процессии*) táil-ènd; **3.** *разг.* (*очередь*) line, queue [kjuː]; стоя́ть в ~е́ за чем-л. stand* in *a* queue for smth., queue up for smth.; **4.** *разг.* (*несданный экзамен*) arréars *pl.*; ◇ плести́сь в ~е́ lag / drag behínd, be at the táil-ènd.

**хвоста́тый** tailed; cáudàte *научн.*

**хвости́зм** *м. полит.* khvostísm (*following in the tail of events*).

**хво́стик** *м. уменьш. от* хвост 1; ◇ с ~ом *разг.* and (a little) more; ему́ пятьдеся́т лет с ~ом he is on the shády side of fífty.

**хвости́ст** *м. полит.* khvostist (*one who follows in the tail of events*).

**хвостов||о́й:** ~ мо́лот *тех.* tilt hámmer; ~о́е колесо́ *ав.* tail wheel; ~о́е опере́ние *ав.* tail únit; èmpènnáge [ɑːŋpe'nɑːʒ] *амер.*; ~а́я ве́на *анат.* cáudal vein.

**хвощ** *м. бот.* hórse-tail, máre's tail.

**хво́я** *ж. тк. ед. бот.* needle(s) (*pl.*) (*of a conifer*).

**хемотропи́зм** *м. бот.* chemótropism [kə-].

**хе́рес** *м.* (*вино*) shérry.

**херуви́м** *м. церк.* (*тж. перен.*) chérub ['tʃe-].

**хиа́зм** *м. лингв.* chiásmus [kaɪ'æz-].

**хиба́рка** *ж.* shánty, hóvel ['hɔ-].

**хи́жина** *ж.* cábin, hut, shack.

**хи́лость** *ж.* síckliness; púniness.

**хи́лус** *м. физиол.* chyle [k-].

**хи́лый** síckly; púny; (*о растениях*) úndergrówn [-oun].

**химе́р||а** *ж. миф.* (*тж. перен.*) chiméra [k-]. **~и́ческий** chimérical [k-], fánciful. **~и́чность** *ж.* fáncifulness. **~и́чный** = химери́ческий.

**хими́зм** *м. научн.* chémism ['ke-].

**хи́мик** *м.* chémist ['ke-].

**химика́лии, химика́ты** *мн.* chémicals ['ke-].

**хими́ческ||ий** chémical ['ke-]; *воен. тж.* gas (*attr.*); ~ ана́лиз chémical análysis; ~ элеме́нт (chémical) élement; ~ое соедине́ние chémical cómpound; ~ каранда́ш indélible / ink péncil; ~ая лаборато́рия chémical láboratory; ~ая промы́шленность chémical índustry; ~ая чи́стка (*одежды*) chémical cléaning, drý-cléaning; ~ая война́ chémical / gas wárfàre; ~ая трево́га *воен.* gás-alért; gás-alárm *амер.*; ~ снаря́д gás-shéll; ~ое нападе́ние gas attáck.

**хи́мия** *ж.* chémistry ['ke-]; органи́ческая ~ òrgánic chémistry; неоргани́ческая ~ ìnorgánic chémistry; физи́ческая ~ phýsical chémistry [-zɪ-...].

**хи́мус** *м. физиол.* chyme [k-].

**хи́н||а** *ж.* cinchóna [-'kounə], quiníne [-'niːn]. **~и́н** *м.* quiníne [-'niːn]. **~ный** cinchóna [-'kounə] (*attr.*); ~ное де́рево cinchóna (tree); ~ная ко́рка cinchóna (bark), Perúvian bark; ~ная насто́йка cinchóna decóction.

**хире́ть,** захире́ть grow* síckly [-ou...]; (*перен.*: *приходить в упадок*) fall* into decáy.

**хирома́нт** *м.* chiromántist [kaɪəro-], chiromàncer ['kaɪəro-], pálmist ['pɑːm-]. **~ия** *ж.* chíromàncy ['kaɪəro-], pálmistry ['pɑːm-].

**хиру́рг** *м.* súrgeon. **~и́ческий** súrgical. **~и́я** *ж.* súrgery.

**хити́н** *м. биол.* chítin ['kaɪ-].

**хито́н** *м.* túnic.

**хитре́ц** *м.* a sly / cúnning one; slý¦boots *шутл.*

**хитрец||а́** *ж. разг.* finésse [-'nes], cúnning; с ~о́й, не без ~ы́ not without cúnning / finésse; он с ~о́й he is not without cúnning, he is a deep one.

**хитри́ть,** схитри́ть **1.** (*лукавить*) use cúnning, be cúnning / crâfty; **2.** (с кем-л.) dodge (smb.).

**хи́тро** *прил. кратк. см.* хи́трый.

**хитро́** *нареч.* **1.** (*лукаво*) slý¦ly, cúnning¦ly; **2.** (*не просто*) íntricate¦ly, with cúnning; **3.** (*ловко*) adróitly.

**хитросплете́ние** *с.* ártful design [...-'zaɪn], strátagem.

**хи́трост||ь** *ж.* **1.** cúnning, slý¦ness; (*коварство*) guile, craft; **2.** (*уловка, хитрый приём*) ruse; вое́нная ~ war ruse, strátagem; взять ~ью mánage by ruse, effect by strátagem;

пусти́ться на ~и resórt to cúnning [-'zɔ:t...]; 3. (*трудность, сложность*) íntricacy; àbstrúse¦ness [-ru:s-].

**хитроу́м||ие** *с.* finésse [-'nes], ártfulness. **~ный** 1. cúnning; (*коварный*) cráfty, ártful; wíly; 2. (*трудный, сложный*) = хи́трый 2.

**хи́тр||ый** 1. (*лукавый*) sly, cúnning; (*коварный*) ártful; 2. (*не простой, трудный*) íntricate, invólved; э́то не ~о that's simple; э́то де́ло не ~ое ≅ it is very simple; a child could do it.

**хихи́к||анье** *с. разг.* giggling ['gɪ-], títtering, snígger. **~ать,** хихи́кнуть *разг.* giggle [gɪ-], títter, chuckle, snígger. **~нуть** *сов. см.* хихи́кать.

**хище́ние** *с.* rápine, plúnder; (*растрата*) embézzle¦ment; misappròpriátion, dèfàlcátion [di:-].

**хи́щн||ик** *м.* (*о звере*) beast of prey; (*о птице*) bird of prey; (*перен.*; *о человеке*) plúnderer, spóiler. **~ица** *ж.* (*о женщине*) vamp.

**хи́щническ||и** *нареч.* prédatorily, rapácious¦ly. **~ий** rapácious, prédatory; ~ие инсти́нкты prédatory instincts.

**хи́щничество** *с.* rapácious¦ness, prédatoriness.

**хи́щн||ость** *ж.* rapácity. **~ый** 1. prédatory, ràptórial; ~ые живо́тные prédatory ánimals, beasts of prey; ~ые пти́цы birds of prey; 2. (*о человеке*) rapácious, grásping.

**хладаге́нт** *м. тех.* refrígerant; crýogèn.

**хладнокро́в||ие** *с.* cóolness, èquanímity [i:-], compósure [-'pou-], présence of mind [-z-...]; сохрани́ть ~ keep* cool, keep* one's head [...hed]. **~но** *нареч.* cóolly; in cold blood [...blʌd]. **~ный** cool, compósed.

**хладноло́мк||ий** *тех.* cóld-shórt, cóld-bríttle. **~ость** *ж. тех.* cold bríttle¦ness / shórtness.

**хладобо́йня** *ж.* sláughter-house* (with refrígeràtors) [-haus...].

**хлам** *м. тк. ед. собир.* rúbbish, trash; (*рухлядь*) lúmber.

**хлами́да** *ж.* 1. *ист.* chlámys [-æ-]; 2. *разг.* long loose gárment [...lu:s...].

**хлеб** *м.* 1. *тк. ед.* bread [-ed]; чёрный ~ brown bread, rýe-bread [-ed]; бе́лый ~ white bread, wheat bread; дома́шний ~ hóme-máde bread; пеклева́нный ~ whóle¦meal bread ['houl-...]; чёрствый ~ stale bread; сажа́ть ~ (в пе́чку) put* *the* bread into the óven [...'ʌvᵊn]; све́жий ~ frésh-baked / néwly-bàked bread; ~ с ма́слом bread and bútter; 2. (*мн.* ~ы) (*каравай*) loaf*; 3. (*мн.* ~а́) (*в поле*) corn; (*зерно*) grain; ссы́пка ~а delívery of grain to gránaries; э́кспорт ~а grain éxpòrt; ~ на корню́ stánding corn; яровы́е ~а́ spring crops; ози́мые ~а́ winter crops; 4. *разг.* (*средства к существованию*) líving ['lɪv-]; means of subsístence *pl.*, dáily bread; зараба́тывать себе́ на ~ make* one's bread, earn one's líving [ə:n...]; ◇ быть у кого́-л. на ~а́х eat* smb.'s salt; жить на чужи́х ~а́х ≅ be *a* depéndant, live at smb. élse's expénse [lɪv...]; лиши́ть кого́-л. куска́ ~а depríve smb. of *a* líve¦lihood [...-hud]; да́ром ~ есть take* smth. for nóthing; отби́ть у кого́-л. ~ take* the bread out of smb.'s mouth; перебива́ться с ~а на квас ≅ live from hand to mouth; ~ да соль! good áppetite!

**хлеба́ть** (*вн.*) *разг.* gúlp (*d.*), eat* (*d.*); (*чай и т. д.*) drink* (nóisily) [...-zɪ-] (*d.*); ◇ уйти́ несо́лоно хлеба́вши ≅ get* nothing for one's pains.

**хле́бец** *м.* small loaf* (of bread) [...bred].

**хле́бница** *ж.* (*корзинка*) bréad-bàsket ['bred-]; (*блюдо*) bréad-plàte ['bred-].

**хлебну́ть** *сов. разг.* take* / swállow a móuthful; ◇ ~ ли́шнего take* / have a drop too much; ~ го́ря have seen / known much sórrow [...noun...].

**хле́бн||ый** 1. *прил. к* хлеб 1; ~ магази́н báker's (shop); ~ая ка́рточка bréad-tícket [-ed-]; 2. *прил. к* хлеб 3; ~ые зла́ки céreals [-rɪəlz], bread grains [bred...]; ~ая страна́ gráin-raising cóuntry [...'kʌ-], gráin-prodùcing cóuntry; (*житница*) gránary; ~ ры́нок grain márket; ~ая торго́вля grain trade, córn-tràde; ~ э́кспорт grain éxpòrt; ~ая би́ржа córn-exchànge [-ʧeɪ-]; ~ торго́вец grain / corn mérchant; 3. (*доходный, прибыльный*) lúcrative; ~ое ме́сто lúcrative job; ◇ ~ое де́рево bréad-tree [-ed-]; ~ое вино́ *уст.* vódka; ~ые расте́ния, зла́ки céreals.

**хлебозаво́д** *м.* mechánical bákery [-'kæ-'beɪ-], bréad-bàking plant ['bred- plɑ:-].

**хлебозагото́вка** *ж.* gráin-colléction, córn-stòring; (*ср.* загото́вка 1).

**хлебопа́шество** *с.* ágricùlture, tíllage; занима́ться ~м till the soil; be a fármer; fóllow the plough *поэт.*

**хлебопа́шец** *м.* plóugh¦man*.

**хлебо||пёк** *м. уст.* báker. **~пека́рня** *ж.* bákery ['beɪ-], báke-house* [-s], báker's shop. **~пече́ние** *с.* báking of bread [...-ed]. **~поста́вка** *ж.* grain delívery.

**хлеборо́б** *м.* córn-grower [-grouə].

**хлеборо́дный** prodúcing grain / corn, fértile in grain / corn.

**хлебосо́л** *м.*, **~ка** *ж.* hóspitable pérson; он был большо́й ~ he kept an ópen house [...-s].

**хлебосо́ль||ный** hóspitable. **~ство** *с.* hòspitálity.

**хлеботорго́в||ец** *м.* córn-mèrchant. **~ля** *ж.* córn-tràde.

**хлебоубо́рка** *ж.* hárvest(ing).

**хле́б-со́ль** *ж. разг.* bread and salt [-ed...]; (*гостеприимство*) hòspitálity; встреча́ть кого́-л. хле́бом-со́лью presént smb. with an óffering of bread and salt [-'z-...].

**хлев** *м.* (*для крупного скота*) cáttle-shèd,ców-house* [-s]; (*для овец*) shéep-còt(e); свино́й ~ (*прям. и перен.*) pigstỳ.

**хлеста́ть** 1. (*вн.*) lash (*d.*); (*прутом*) switch (*d.*); (*хлыстом*) whip (*d.*); 2. (*в вн.*; *ударять*) beat* (agáinst), lash (agáinst); дождь хле́щет в окно́ the rain is béating agáinst *the* window-pànes; дождь хле́щет нам в лицо́ the rain is béating in our fáces; 3. (*без доп.*) *разг.* (*литься*) gush: кровь хле́щет из ра́ны blood is gúshing from *the* wound [blʌd... wu:nd]; дождь так и хле́щет it is ráining very héavily [...'he-], it is póuring [...'pɔ:-]; 4. (*вн.*) *разг.* (*пить*) swill (*d.*).

**хлёстк||ий** bíting, trénchant, scáthing ['skeɪ-]; ~ое замеча́ние bíting remárk; ~ие слова́ scáthing terms.

**хлестну́ть** *сов.* (*вн.*) lash (*d.*), give* a lash (*i.*); (*прутом*) switch (*d.*).

**хлоп** *межд.* bang!

**хло́пать,** хло́пнуть **1.** flap; ~ в ладо́ши clap one's hands; ~ кры́льями flap the wings; ~ кого́-л. по спине́ slap / clap smb. on the back; ~ по плечу́ tap on the shoulder [...'ʃou-]; **2.:** ~ две́рью bang / slam *the* door [...dɔ:]; ~ бичо́м, кнуто́м crack / smack *a* whip; хло́пнуть кни́гой по́ столу slam *the* book on *the* table; ◇ ~ глаза́ми, ~ уша́ми look blank, ùnderstánd* nothing. **~ся,** хло́пнуться flop down.

**хло́пец** *м. разг.* boy.

**хлопково́д** *м.* cótton-grower [-grouə]. **~ство** *с.* cótton-growing [-grou-].

**хлопково́дческий** *прил. к* хлопково́дство; ~ совхо́з cótton-growing State farm [-grou-...].

**хло́пков||ый** cótton (*attr.*); ~ая промы́шленность cótton índustry; ~ое ма́сло cótton-seed oil; ~ое се́мя cótton-seed; ~ые планта́ции cótton-plàntátions.

**хлопкозагот||ови́тельный** cótton-colléсting; ~ заво́д cótton-colléсting dépòt [...'depou]. **~о́вка** *ж.* cótton-colléction, cótton-stòring.

**хлопкоочисти́тельн||ый** cótton-cleaning; ~ заво́д cótton-cleaning plant [...-ɑ:nt]; ~ая маши́на cótton-gin.

**хлопкопряд||е́ние** *с.* cótton-spinning. **~и́льный** cótton-spinning; ~и́льная фа́брика cótton-spìnning fáctory.

**хлопкоро́б** *м.* cótton-grower [-grouə].

**хлопкосе́ющий** cótton-growing [-grou-]; ~ райо́н cótton-growing région / district.

**хлопкоубо́р||ка** *ж.* cótton-hàrvesting. **~очный:** ~очная маши́на cótton-pìcking machíne [...-'ʃi:n].

**хло́пнуть(ся)** *сов. см.* хло́пать(ся).

**хло́пок** *м.* cótton; ~-сыре́ц raw cótton, cótton-wool [-wul].

**хлопо́к** *м.* clap.

**хлопот||а́ть,** похлопота́ть **1.** *тк. несов.* (*быть в хлопотах*) bustle abóut; (*беспокоиться*) (take*) trouble [...trʌbl]; не хлопочи́те don't trouble; **2.** (о *пр.*) solícit (*d.*), petítion (for); ~ о ме́сте try for a place / job; solícit a place, *или* an óffice; petítion for a place; **3.** (за *вн.*) intercéde (for), plead (for); ~ за кого́-л. take* up smb.'s case [...-s]. **~ли́вость** *ж.* **1.** (*дела и т. п.*) tróuble¦some¦ness ['trʌbl-]; **2.** (*свойство характера*) fússiness. **~ли́вый 1.** (*о деле*) tróuble¦some ['trʌbl-]; **2.** (*о человеке*) bústling, fússy.

**хло́потный** = хлопотли́вый 1.

**хлопот||у́н** *м. разг.* bústler. **~у́нья** *ж. к* хлопоту́н; *шутл. тж.* a hen with one chicken *идиом.*

**хло́поты** *мн.* **1.** (*беспокойство*) trouble [trʌbl] *sg.*; (*заботы*) cares; несмотря́ на все его́ ~ in spite of all the trouble he has táken; наде́лать кому́-л. хлопо́т give* smb. (a lot of) trouble; не сто́ит хлопо́т it is not worth the trouble; **2.** (*суетня*) bustle *sg.*, fuss *sg.*; ◇ у него́ хлопо́т по́лон рот ≅ his hands are full.

**хлопу́шка** *ж.* **1.** (*для мух*) flápper; **2.** (*детская игрушка*) póp-gùn; **3.** (*праздничная, с сюрпризом*) Christmas crácker [-sməs...].

**хлопча́тник** *м. бот.* cótton(-plànt) [-ɑ:nt].

**хлопчатобума́жн||ый** cótton (*attr.*); ~ая ткань cótton fábric; ~ая промы́шленность cótton índustry.

**хлопча́т||ый** *уст.* cótton (*attr.*); ~ая бума́га cótton(-thread) [-ed].

**хло́пья** *мн.* **1.** (*снега и т. п.*) flakes; (*шерсти*) flocks; ~ми in flakes; in flocks; **2.:** кукуру́зные ~ corn flakes.

**хлор** *м. хим.* chlórine [-ɔ:ri:n].

**хлора́л** *м. фарм.* chlóral. **~гидра́т** *м. мед.* chlóral hýdràte [...'haɪ-].

**хлори́ров||ание** *с.* chlòrinátion [klɔ:-]. **~ать** *несов. и сов.* (*вн.*) chlórinàte ['klɔ:-] (*d.*).

**хлористоводоро́дн||ый** *хим.* hýdro¦chlóric; ~ая кислота́ hýdro¦chlóric ácid.

**хло́рист||ый** *хим.* chlóride ['klɔ:-], chlórous; ~ на́трий sódium chlóride; ~ ка́льций cálcium chlóride; ~ ма́рганец mànganése chlóride; ~ая кислота́ chlórous ácid.

**хлори́т** *м. мин.* peach.

**хло́рн||ый** *хим.* chlóric ['klɔ:-]; ~ая кислота́ chlóric ácid; ~ая и́звесть chlóride of lime ['klɔ:-...], bléaching pówder.

**хлоро́з** *м.* **1.** *мед.* chlorósis, green síckness; **2.** *бот.* chlorósis.

**хлорофи́лл** *м. бот.* chlórophyll.

**хлорофо́рм** *м. хим.* chlórofòrm; опера́ция под ~ом òperátion únder chlórofòrm. **~и́ровать** *несов. и сов.* (*вн.*) *мед.* chlórofòrm (*d.*), treat with chlórofòrm (*d.*).

**хлорпикри́н** *м. хим.* chlóropicrin.

**хлы́ну||ть** *сов.* (*о жидкости*) gush out, spout; кровь ~ла из ра́ны blood gushed from the wound [blʌd... wu:nd]; слёзы ~ли у неё из глаз tears gushed from her eyes [...aɪz]; ~л дождь the rain came down in tórrents.

**хлыст** I *м.* (*прут*) whip.

**хлыст** II *м.* (*сектант*) Khlyst (*member of a sect*).

**хлысто́вство** *с.* Khlystóvstvo (*a sect*).

**хлыщ** *м. разг. презр.* fop, cóxcòmb [-koum].

**хлю́пать** squelch; ~ по грязи́ squelch through *the* mud.

**хлю́пик** *м. разг.* nínny, mílksòp.

**хля́б||ь** *ж.* abýss; ◇ ~и морски́е troughs of the sea [trɔfs...]; ~и небе́сные разве́рзлись it is póuring [...'pɔ:-], it is ráining in tórrents.

**хля́стик** *м.* (*у одежды*) strap.

**хм** *межд.* hem!, h'm!, hum!

**хмелево́д** *м.* hóp-grower [-grouə]. **~ство** *с.* hóp-growing [-grou-].

**хмелёк** *м. разг.:* быть под хмелько́м be típsy, be lit up; он немно́го под хмелько́м he is a bit tight, he is a bit lit up.

**хмеле́ть** grow* / become* típsy [-ou...].

**хмель** *м. тк. ед.* **1.** (*растение*) hop; **2.** (*семена*) hops *pl.*; **3.** *разг.* (*опьянение*) drúnkenness, intòxicátion; во хмелю́ in a state of intòxicátion / drúnkenness.

**хмельн||о́е** *с. скл. как прил.* intóxicàting líquor [...-kə]; он ~о́го в рот не берёт he néver tóuches spírits [...'tʌ-...]. **~о́й 1.** (*опьяняющий*) intóxicàting, héady ['he-]; **2.** (*опьяневший*) intóxicàted, líght-héaded [-'hed-].

**хму́рить,** нахму́рить: ~ лицо́ frown; ~ бро́ви knit* one's brows. **~ся,** нахму́риться **1.** (*о человеке*) frown; **2.** (*о погоде, небе*) gloom, lówer, lour, be óver¦cást.

**хму́рый 1.** glóomy, súllen; **2.** (*о погоде, небе*) glóomy, lówering, lóuring.

**хна** *ж.* (*краска*) hénna.

**хны́канье** *с. разг.* whímpering, snívelling; (*перен.*) compláining.

**хны́кать** *разг.* whimper, snivel ['snɪ-]; (*перен.*) compláin.

**хо́бот** *м.* **1.** *зоол.* trunk, probóscis; **2.** *воен.*: ~ лафе́та trail of *a* gún-càrriage [...-rɪdʒ].

**хобото́к** *м.* (*у насекомого*) probóscis.

**ход** *м.* **1.** *тк. ед.* (*движение*) mótion, run; (*скорость*) speed; (*перен.*: *развитие, течение*) course [kɔːs]; ~ по́ршня píston stroke; ~ кла́пана valve stroke; ти́хий ~ slow speed [-ou...]; за́дний ~ bácking, revérse; báckward mótion; дать за́дний ~ back the éngine [...'endʒ-]; по́лный ~ full speed; ма́лый ~ slow speed; сре́дний ~ hálf-speed ['hɑːf-]; свобо́дный ~ free whéeling; (*об автомашине*) cóasting; холосто́й ~ ídling; замедля́ть ~ slow down, redúce speed; пусти́ть в ~ (*вн.*) start (*d.*), set* gó-ing (*d.*), give* a start (*i.*), set* in train (*d.*); (*о деле, предприятии тж.*) get* únder way (*d.*), get* stárted (*d.*); пусти́ть в ~ маши́ну start *an* éngine; пусти́ть в ~ фа́брику start *a* fáctory, put* *a* fáctory in òperátion; на ~у́ (*в движении*) in mótion; (*о предприятии*) in wórking / rúnning órder; есть на ~у́ eat* on the run; засну́ть на ~у́ fall* asléep on one's feet, *или* on one's stánding up; по ~у часово́й стре́лки clóckwise; ~ собы́тий course / march of evénts; trend of devélopments; при тако́м ~е собы́тий with the présent course of evénts [...'prez-...]; в ~е перегово́ров in the course of negòtiátions; ~ мы́слей train of thought; ~ боле́зни prógrèss of the íllness / diséase [...-'ziːz]; ~ бо́я course of áction; ~ социалисти́ческого соревнова́ния, строи́тельства *и т. п.* prógrèss of sócialist èmulátion, constrúction, *etc.*; **2.** (*мн.* ~ы́; *вход*) éntrance, éntry; (*проход*) pássage; ~ со двора́ éntry by the yard; потайно́й ~ sécret pássage; ~ сообще́ния *воен.* commùnicátion trench; **3.** (*мн.* хо́ды; *в игре*) *шахм.* move [muːv]; *карт.* lead, turn; ваш ~ (*в шахматах*) it is your move; (*в картах*) it is your lead; чей ~? (*в шахматах*) whose move is it?; (*в картах*) who leads?; ~ конём *шахм.* move of the knight; ◇ знать все ~ы́ и вы́ходы *разг.* know* all the ins and outs [nou...], be pérfectly at home; ло́вкий ~ cléver move ['kle-...]; быть в ~у́ be in vogue [...voug], be cúrrent, be in great requést [...greɪt...]; э́тот това́р в большо́м ~у́ this árticle is in great demánd [...-ɑːnd], these goods are in great requést [...gudz...]; пусти́ть в ~ все сре́дства use all póssible means; leave* no stone úntúrned *идиом.*; move héaven and earth [...'he-...əːθ] *идиом.*; пусти́ть в ~ аргуме́нт put* fórward *an* árgument; дать ~ де́лу set* an affáir gó-ing; дела́ иду́т по́лным ~ом affáirs / things are in full swing; ему́ не даю́т ~а they won't give him a chance [...wount...]; не дава́ть ~а (чему́-л.) nónsúit [-'sjuːt] (smth.); с ~у *разг.* with a rush.

**хода́тай** *м.* **1.** *юр. уст.* (*тж.* ~ по дела́м) ágent, solícitor; **2.** (*заступник*) intercéssor. **~ство** *с.* **1.** (*просьба*) àpplicátion, solicitátion, petítion; **2.** (*заступничество*) intercéssion.

**хода́тайствовать,** походa'тайствовать (*о пр.*, за *вн.*) solícit (for), petítion (for), send* in an àpplicátion (for), applý (for); ~ пе́ред су́дьями solícit the júdges; ~ за кого́-л. intercéde for smb.

**ходи́ть,** *опред.* идти́, *сов.* пойти́ **1.** (*в разн. знач.*) go*; (*пешком тж.*) walk; он хо́дит на рабо́ту по э́той у́лице he goes to his work alóng this street; он шёл по э́той у́лице he was gó-ing alóng this street; ~ взад и вперёд walk to and fro, *или* úp and down; ~ по́д руку walk árm-in-árm; ~ по траве́ walk on the grass; ~ больши́ми шага́ми (по *дт.*) pace (*d.*); ~ тяжело́ ступа́я (по *дт.*) tramp (on); ~ на лы́жах ski [ʃiː]; ~ в разве́дку *воен.* go* on recónnaissance [...-nɪs-]; ~ на охо́ту go* shóoting; ту́чи хо́дят по́ небу stórm-clouds are drífting óver the sky; **2.** *тк. неопред.* (в *пр.*; *носить*) wear* [wɛə] (*d.*): ~ в шу́бе wear* *a* wínter coat; ~ в очка́х wear* glásses; **3.** (в, на *вн.*; *посещать*) go* (to), atténd (*d.*); (к *кому-л.*) vísit [-z-] (*d.*), go* to see (*d.*): ~ в теа́тр go* to the théatre [...'θɪə-]; ~ в шко́лу go* to school; (*учиться в школе*) atténd school; ~ на ле́кции atténd léctures; он хо́дит к ним ка́ждый день he vísits them every day, he goes to see them every day; — ~ по магази́нам go* shóp-ping; **4.** (*о поездах, пароходах и т. п.*) run*: поезда́ хо́дят во всех направле́ниях trains run in all diréctions; — ~ под паруса́ми sail; поезда́ сего́дня не хо́дят there are no trains to-dáy, there is no train sérvice to-dáy; (*ср.* идти́); **5.** (*о часах*) go*: часы́ не хо́дят the watch does not go; **6.** (*в игре*) lead*, play; *шахм.* move [muːv]; ~ с да́мы (*в картах*) play *a* queen; ~ с ко́зыря lead* *a* trump; вам ~ (it is) your lead; ~ королём (*в картах*) play *a* king; (*в шахматах*) move the king; **7.** *тк. неопред.* (за *тв.*; *ухаживать*) tend (*d.*), take* care (of); (*за больным и т. п. тж.*) nurse (*d.*); ~ за ло́шадью groom *a* horse; **8.** *тк. неопред.* (*о деньгах*) go*, pass; э́ти де́ньги хо́дят всю́ду this cúrrency pásses ány-whère; ◇ хо́дит слух it is rúmour-ed; слу́хи хо́дят rúmours are aflóat, there are rúmours; ~ го́голем *разг.* strut; ~ вокру́г да о́коло *разг.* ≅ beat* abóut the bush [...buʃ]; ~ по́ миру (*просить милостыню*) beg, be a béggar, live by bégging [lɪv...].

**хо́дк||ий** **1.** (*о товаре*) sálable, márketable; ~ая кни́га bést-sèller; **2.** (*о судне*) light, fast.

**ходов||о́й** **1.** *прил. к* ход 1; ~ винт áctu-àting screw; ~ коне́ц (*снасти*) rúnning end; ~ы́е ча́сти (*машины, мотора и т. п.*) the wórking parts; ~ы́е ка́чества (*автомашины*) road perfórmance *sg.*; **2.** (*обычный*) of the cúrrent / úsual type [...'juːʒ-...]; ~ы́е това́ры pópular goods [...gudz].

**ходо́к** *м.* **1.** wálker; быть хоро́шим ~о́м be a good* walker, walk fast; **2.** *уст.* (*ходатай от крестьян*) (fóot-)mèssenger ['fut- -ndʒə].

**ходу́л||и** *мн.* stilts; ходи́ть на ~ях walk on stilts.

**ходу́льный** (*о стиле, выражении*) stílted.

**ходу́н** *м.*: ~о́м ходи́ть *разг.* (*шататься*) shake*, trémble, rock.

**ходьб||а́** *ж.* wálking, pácing; полчаса́ ~ы́ half an hour's walk [hɑːf... auəz...].

**ходя́ч||ий** **1.** wálking; ~ больно́й wálking pátient; ámbulant case [...-s]; **2.** (*распространённый*) cúrrent; ~ая и́стина trúism; ~ее мне́ние cúrrent / cómmon opínion; ~ая фра́за cátch-phrase; ◇ ~ая энциклопе́дия *разг.* wálk-ing èncỳclopáedia [...-saɪ-].

**хожде́ни||е** *с.* **1.** (*ходьба*) wálking, pácing; **2.** (*о деньгах*) circulátion; имéть ~ pass; be in use [...-s]; ◇ по óбразу пéшего ~я on Shanks's mare.

**хоза́ры** *ист.* Khazár(s), Chazár(s) [k-].

**хозрасчёт** *м.* (хозя́йственный расчёт) nón-financing by the State; на ~е not fináncеd by the State, sélf-suppórting; быть на ~е run* on a sélf-suppórting básis [...'beɪ-]; перевести́ на ~ (*вн.*) put* on a sélf-suppórting básis (*d.*); осуществля́ть ~ práctise cost accóunting [-tɪs...].

**хозя́||ин** *м.* **1.** máster; boss *разг.*; (*владелец*) ówner ['ou-], propríetor; (*по отношению к гостю*) host [houst]; (*по отношению к жильцу*) lándlòrd; ~ до́ма máster of the house* [...-s]; ~ гости́ницы ínnkeeper, lándlòrd, host; он хоро́ший ~ he is thrífty and indústrious, he is a good* mánager; ~ева по́ля *спорт.* the home pláyers; **2.** *разг.* (*муж*) man*; ◇ ~ положе́ния máster of the situátion; како́в ~, тако́в и слуга́ like máster like man; я сам себе́ ~ I am my own máster [...oun...]; ~ева свое́й страны́ másters of their own cóuntry [...'kʌn-]; ~ева свое́й судьбы́ másters of their own lives.

**хозя́йка** *ж.* **1.** místress; (*владелица*) ówner ['ou-], propríetress; (*по отношению к гостю*) hóstess ['hou-]; (*по отношению к жильцу*) lándlàdy; ~ до́ма místress of the house* [...-s]; дома́шняя ~ hóuse¦wife* [-s-]; хоро́шая ~ good* hóuse¦wife*; **2.** *разг.* (*жена*) wife*, míssis, míssus.

**хозя́йничать** **1.** (*вести хозяйство*) keep* house [...-s], mánage a hóuse¦hòld [...-s-]; **2.** (*распоряжаться*) boss it, play the máster, lord it; ~ в чужо́й стране́ éxercise one's sway óver a fóreign cóuntry [...'fɔrɪn 'kʌ-]; throw* one's weight abóut in sóme¦body élse's cóuntry [-ou...].

**хозя́йск||ий** *прил. к* хозя́ин 1; ~им гла́зом with a thrífty máster's eye [...aɪ]; прояви́ть ~ую забо́ту (о *пр.*) take* a propríetary ínterest (in); ◇ э́то де́ло ~ое *разг.* it is for the máster to decíde.

**хозя́йственник** *м.* búsiness / indústrial / èconómic exécutive ['bɪzn-...iːk-...].

**хозя́йственн||ость** *ж.* thrift, èconomy [iː-]. **~ый** **1.** èconómic [iː-]; ~ый о́рган èconómic òrganizátion [...-naɪ-]; ~ый год èconómic year; ~ый расчёт = хозрасчёт; ~ые ка́дры exécutive pèrsonnél *sg.*; **2.** (*о человеке*) thrífty, èconómical [iː-].

**хозя́йств||о** *с.* **1.** *тк. ед.* èconomy [iː-]; пла́новое ~ planned èconomy; мирово́е ~ world èconomy; наро́дное ~ nátional èconomy; се́льское ~ ágricùlture, fárming; rúral èconomy; лесно́е ~ fórestry; ры́бное ~ fish índustry; зерново́е ~ grain grówing [...'grou-]; тра́нспортное ~ tránspòrt; городско́е ~ mùnícipal / cíty èconomy [...'sɪ-...]; дома́шнее ~ hóuse¦-keeping [-s-]; занима́ться (дома́шним) ~ом keep* house [...-s], look áfter the house, be óccupied with one's hóuse¦hòld [...-s-]; обзавести́сь (дома́шним) ~ом acquíre hóuse¦hòld éffects; быть за́нятым по ~у be búsy abóut the house [...'bɪzɪ...]; **2.** *с.-х.* farm; кру́пное ~ lárge-scàle farm; коллекти́вное ~ colléctive farm; единоли́чное ~ indivídual farm; ли́чное ~ колхо́зника colléctive fármer's húsbandry [...'hʌz-].

**хозя́йчик** *м.* pétty propríetor, small ówner [...'ounə].

**хозя́юшка** *ж. разг.* (kind) hóstess [...'hou-].

**хоккеи́ст** *м.* hóckey pláyer.

**хокке́й** *м. спорт.* hóckey; ру́сский ~ Rússian hóckey [-ʃən...]; ~ с ша́йбой ice hóckey. **~ный** *спорт.* hóckey (*attr.*); ~ный мяч hóckey-bàll; ~ная кома́нда hóckey team; ~ная клю́шка hóckey stick.

**хо́леный** (*о руках, о человеке*) well cáred-fór; wéll-gróomed, sleek; (*о животном*) sleek.

**холе́ра** *ж. мед.* (Àsiátic, èpidémic, malígnant) chólera [eɪʃɪ'æ-... 'kɔ-].

**холе́рик** *м.* chóleric ['kɔ-].

**холери́на** *ж. мед.* chólerine ['kɔ-].

**холери́ческий** chóleric ['kɔ-].

**холе́рн||ый** *прил. к* холе́ра; *тж.* chòleráic [kɔlə'reɪɪk]; ~ая эпиде́мия èpidémic of chólera [...'kɔ-].

**холецисти́т** *м. мед.* chòlecystítis [kɔ-].

**хо́лить** (*вн.*) tend (*d.*), chérish (*d.*).

**хо́лка** *ж.* withers *pl.*

**холм** *м.* hill; (*небольшой*) knoll, híllock; моги́льный ~ (grave) mound; túmulus (*pl.* -li). **~ик** *м.* híllock, knoll. **~и́стый** hílly.

**хо́лод** *м.* cold; (*холодность*) cóld¦ness; пять гра́дусов ~а five degrées belów zérò [...-'lou...]; ~а́ cold wéather [...'we-] *sg.*

**холоде́ть,** похолоде́ть grow* cold [-ou...]; ~ от у́жаса grow* cold with térror.

**холоде́ц** *м. кул.* (*из мяса*) jéllied meat; (*из рыбы*) jéllied fish.

**холоди́льн||ик** *м.* **1.** refrígeràtor; (*шкаф тж.*) íce-sàfe; (*для вина*) wíne-cooler; (*склад*) cold store; ваго́н-~ íce-càr; су́дно-~ refrígeràtor ship; **2.** *тех.* (*конденсатор паровой машины*) condénser. **~ый** refrígeràtory [-reɪ-]; ~ая устано́вка refrígeràting plant [...-ɑːnt]; ~ое де́ло refrìgerátion; ~ое обору́дование refrígeràting equípment.

**холоди́ть** (*вн.*) cool (*d.*).

**хо́лодно** I **1.** *прил. кратк. см.* холо́дный; **2.** *предик. безл.* it is cold; сего́дня ~ it is cold to¦dáy; ему́ ~ he is cold.

**хо́лодно** II *нареч.* (*прям. и перен.*) cóld¦ly; ~ встре́тить кого́-л. recéive smb. cóld¦ly [-'siːv...], give* smb. a cold recéption; give* smb. the cold shóulder [...'ʃou-] *идиом.*; ~ отнести́сь к кому́-л. treat smb. cóld¦ly.

**холодноза́тый** chílly.

**холо́дное** *с. скл. как прил. кул.* (*из мяса*) jéllied meat; (*из рыбы*) jéllied fish.

**холоднока́таный** *тех.* cóld-ròlled; ~ лист cóld-ròlled sheet.

**холоднокро́вные** *мн. скл. как прил. зоол.* cóld-blóoded [-'blʌ-].

**хо́лодность** *ж.* cóld¦ness.

**холодноня́нутый** *тех.* cóld-drawn.

**холо́дн||ый** **1.** (*прям. и перен.*) cold, cool; ~ое блю́до cold dish / plate; ~ая вода́ cold wáter [...'wɔː-]; обли́ть ~ой водо́й (*вн.*; *прям. и перен.*) throw* cold wáter [-ou...] (on); поста́вить в ~ое ме́сто (*вн.*) put* in a cool / cold place (*d.*); ~ по́яс *геогр.* cold zone; ~ая пого́да cold wéather [...'we-]; ~ая клёпка *тех.* cold ríveting; ~ая прока́тка *тех.* cold rólling; ~ приём cold recéption; оказа́ть кому́-л. ~

приём recéive smb. cóld¦ly [-iːv...], give* smb. a cold recéption; give* smb. the cold shóulder [...'ʃou-] *идиом.*; ~ взгляд cold glance; **2.** *разг.* (*об одежде и т. п.*) light, thin; ◇ ~ое орýжие síde-àrms *pl.*; ~ая войнá cold war.

**холод||óк** *м.* (*прям. и перен.*) chill; ýтренний ~ chilly mórning air; относи́ться с ~кóм к чемý-л. lack enthúsiàsm for smth. [...-zɪ-...].

**холодостóйк||ий** cóld-resístant [-'zɪ-]; ~ие сортá зерновы́х культýр cóld-resístant varíeties of céreals [...-rɪəlz].

**холóп** *м. ист.* serf, bónd¦man*; (*перен.*) gróveller. **~ка** *ж. ист.* bóndmaid, bónd¦wòman* [-wu-]. **~ский** *прил. к* холóп; (*перен.*) sérvile, slávish ['sleɪ-]. **~ство** *с.* slávishness ['sleɪ-]; (*перен. тж.*) sèrvílity. **~ствовать** (пéред) cringe (to).

**холостéцкий** = холостя́цкий.

**холости́ть,** охолости́ть (*вн.*) *с.-х.* càstráte (*d.*), emásculàte (*d.*); (*жеребца*) geld [g-] (*d.*).

**холост||óй 1.** únmárried, single; ~ человéк únmárried / single man*; ~áя жизнь únmárried / single life; **2.** *тех.* idle, dúmmy; ~ ход ídling; **3.** *воен.* blank; blánk-fire (*attr.*); ~ патрóн blank cártridge; ~ вы́стрел blank shot; ~ заря́д blánk-fire charge.

**холостя́||к** *м.* báchelor; стáрый ~ old báchelor. **~цкий** *прил. к* холостя́к.

**холощéние** *с. с.-х.* càstrátion, emàsculátion; (*жеребцов*) gélding ['ge-].

**холощёный** *с.-х.* càstráted, emásculàted; (*о жеребце*) gélded ['ge-].

**холст** *м.* **1.** cánvas, línen ['lɪ-], flax, cloth; (*грубый тж.*) sáckcloth, sácking; небелёный ~ únbléached línen; **2.** *жив.* cánvas.

**холсти́на** *ж. тк. ед.* (piece of) únbléached línen [piːs... 'lɪ-].

**холýй** *м. презр.* tóady, gróveller.

**холщёвый** *прил. к* холст 1.

**хóл||я:** жить в ~е live in clóver [lɪv...]; держáть в ~е (*вн.*) tend cáre¦fully (*d.*).

**хомýт** *м.* **1.** (horse's) cóllar; (*перен.*) yoke; надéть ~ (на *вн.*) put* a cóllar (on); (*перен.*) put* a yoke (on), yoke (*d.*); **2.** *тех.* yoke, férrùle.

**хомя́к** *м. зоол.* hámster.

**хор** *м.* chórus ['k-]; (*церковный*) chóir ['kwaɪə]; ~ом in chórus; всем ~ом, все ~ом (*перен.*) all togéther [...-'ge-].

**хорáл** *м. муз.* chòrál(e) [kɔ'rɑːl(ɪ)].

**хорвáт** *м.*, **~ка** *ж.* Cróàt. **~ский** Cròátian.

**хóрда** *ж. мат.* chord [k-]; ~ дуги́ span.

**хорейческ||ий** *лит.* trocháic [-'keɪɪk]; ~ие стихи́ trocháic vérses.

**хорéй** *м. лит.* tróchee ['troukiː].

**хорёк** *м.* póle¦càt.

**хорео||графи́ческий** chòreográphic [kɔ-]. **~грáфия** *ж.* chòreógraphy [kɔ-].

**хорéя** *ж. мед.* chòréa [kɔ'rɪə].

**хори́ст** *м.* chórister ['k-], mémber of *a* chórus [...'kɔː-]. **~ка** *ж.* chórister ['k-], chórus-girl ['k- -gəːl].

**хориáмб** *м. лит.* chóriàmb ['kɔ-], chòriámbus [kɔ-].

**хормéйстер** *м. театр.* léader of *a* chórus [...'kɔː-].

**хоровóд** *м.* round dance; води́ть ~ sing* and dance in a ring. **~иться** (с *тв.*) *разг.* fuss (abóut), waste (one's) time [weɪ-...] (óver); нéчего с э́тим ~иться no use fússing abóut it [...juːs...].

**хоровóдн||ый:** ~ые пéсни síng¦ing and dáncing in a ring *sg.*; ~ые пля́ски round dánces.

**хоров||óй** *прил. к* хор; *тж.* chóral ['k-]; ~ кружóк síng¦ing circle, chórus ['k-]; ~ы́е пáртии chóral parts; ~áя декламáция rècitátion in chórus.

**хорóмы** *мн. уст.* mánsion *sg.*

**хорони́ть,** схорони́ть, похорони́ть (*вн.*) **1.** búry ['berɪ] (*d.*); intér (*d.*); **2.** *при сов.* схорони́ть *уст. разг.* (*прятать*) hide* (*d.*), concéal (*d.*), lay* a¦wáy (*d.*); ◇ ~ концы́ remóve the tráces [-'muːv...], cóver up one's tracks ['kʌ-...]. **~ся,** схорони́ться **1.** *уст.* (*прятаться*) hide* / concéal òne¦sélf; **2.** *страд. к* хорони́ть.

**хорохóриться** *разг.* swágger ['swæ-], ruffle.

**хорóш** I *прил. кратк. см.* хорóший.

**хорóш** II *предик.* (*впору*): боти́нки емý ~и́ the shoes fit him [...ʃuːz...].

**хорóшеньк||ий** prétty ['prɪ-], nice; ◇ ~ая истóрия! *разг.* a nice hów-d'ye-dó!, a prétty kettle of fish.

**хорошéнько** *нареч. разг.* (*как следует*) thóroughly ['θʌrəlɪ], próperly; ◇ ~ егó! *разг.* give it to him!, let him have it!

**хорошéть,** похорошéть grow* préttier [-ou 'prɪ-], grow* bétter-lóoking.

**хорóш||ий 1.** good*; ~ая погóда good* / fine wéather [...'we-]; ~его кáчества high-quálity (*attr.*), góod-quálity (*attr.*); э́то дéло ~ее that's a good thing; **2.** (*красивый*) béautiful ['bjuː-]; (*о мужчине чаще*) hándsome [-ns-]; онá ~á (собóй) she is góod-lóoking / béautiful; **3.** *с. как сущ.*: что ~его? what news? [...-z]; всегó ~его góod-býe; ничегó ~его из э́того не полýчится no good will come of it; ◇ мы с ним óчень хорóши we are on very good terms with him; ты тóже хорóш! *ирон.* you are a nice one, to be sure! [...ʃuə]; ~á истóрия!, ~ее дéло! *ирон.* a nice hów-d'ye-dó!, a prétty kettle of fish [...'prɪ-...]; покá всё ~ó so far so good; ~ó то, что ~ó кончáется all's well that ends well.

**хорошó** I **1.** *прил. кратк. см.* хорóший; **2.** *предик. безл.* it is nice, it is pléasant [...'plez-]; здесь ~ гуля́ть it is nice to walk here, it is a nice place for wálking; ~, ~! all right, all right!; óчень ~! very well!; вот ~! that's fine / good!; бы́ло бы ~ it would be a good thing; емý ~ he feels nice, he is cómfortable here [...'kʌm-...]; с вáшей стороны́ ~, что вы пришли́ it is nice of you to come; ~ вам говори́ть it is all very well for you to say.

**хорошó** II **1.** *нареч.* well*; ~ пáхнуть smell* nice / good*; вы ~ сдéлаете, éсли придёте you would do well to come; ~ отзывáться о ком-л., о чём-л. speak* well* / highly of smb., of smth.; ~ учи́ться do well in one's stúdies [...'stʌ-]; всё пойдёт ~ évery¦thing will turn out well; évery¦thing will go well; ~ скáзано well said [...sed]; **2.** *как сущ. с. нескл.* (*отметка*) good; **3.** *в знач. утвердит. частицы* (*согласен*) very well!, all right!, agréed!

**хорýгвь** *ж. церк.* gónfalon.

**хорýнжий** *м. ист.* córnet (*junior officer in the Cossack cavalry*).

**хо́ры** *мн. арх.* gállery *sg.*

**хорь** *м.* = хорёк. **~ко́вый** *прил. к* хорёк.

**хоте́ние** *с.* desíre [-'zaɪə].

**хоте́ть,** захоте́ть (*вн.*, *рд.*, + *инф.*) want (*d.*, + to *inf.*); like (*d.*, + to *inf.*); ~ ча́ю want tea; он о́чень хо́чет её ви́деть he wants to see her very much; он хо́чет, что́бы она́ пришла́ he wants her to come; ~ спать want to sleep, feel* sléepy; как хоти́те! just as you like!; он де́лает, что хо́чет he does what he likes; что вы э́тим хоти́те сказа́ть? what do you mean by that?; хоте́л бы я знать, кто э́то был I wónder who it was [...'wʌ-...]; он то́лько хоте́л идти́ к вам he was just abóut to go and see you; хоте́л бы я посмотре́ть I should like to see; он не хо́чет мне зла he means no harm to me; он не хоте́л оби́деть её he didn't mean to hurt her; ◇ хо́чешь не хо́чешь *разг.* willy-nilly, like it or not.

**хоте́ться,** захоте́ться *безл. переводится личными формами* want, like; ему́ хо́чется поговори́ть с ва́ми he wants to speak to you; ему́ совсе́м не хо́чется говори́ть об э́том he has not the slightest wish to speak abóut it; ему́ хоте́лось бы he would like; ему́ хо́чется пить, есть he is thírsty, húngry; мне бо́льше ничего́ не хо́чется (*в ответ на угощение*) no more for me (thank you); не так, как хоте́лось бы not as one would like it to be.

**хоть** *союз* **1.** (*даже*; *если хотите*): ~ сейча́с at once if you like [...wʌns...]; **2.** (*по крайней мере*): е́сли не для него́, то ~ для его́ това́рища if not for him, at least for his friend [...fre-]; для э́той рабо́ты ему́ ну́жно ~ два дня he ought to have at least two days for that work; **3.** = хотя́ 1; ~ и по́здно, он всё же придёт late as it is he is sure to come [...ʃuə...]; **4.:** ~ бы I wish; ~ бы он поскоре́й пришёл! if ónly he would come!; ◇ ~ убе́й, не зна́ю *разг.* I couldn't tell you to save my life; не могу́ сде́лать э́то, ~ убе́й! *разг.* I can't do it for the life of me! [...kɑːnt...]; ~ куда́ good all round; он па́рень ~ куда́ he is a cápital féllow; мо́крый, ~ вы́жми wrínging wet; ему́ ~ бы что he does not care, he is none the worse for it [...nʌn...]; it's like wáter off a duck's back with him [...'wɔː-...] *идиом.*

**хотя́** *союз* **1.** though [ðou], àlthóugh [ɔːl'ðou]; он придёт, ~ ему́ и не́когда búsy as he is, he's sure to come ['bɪzɪ...ʃuə...]; **2.:** ~ бы éven if: он ко́нчит рабо́ту, ~ бы ему́ пришло́сь просиде́ть ночь he will fínish the work, éven if he has to sit up all night;— ~ бы на день if ónly for a day; ◇ ~ бы и так éven if it were so.

**хохла́тый** crésted, túfted.

**хохо́л** *м.* (*у птиц*) crest; (*у людей*) tópknòt, tuft of hair.

**хохоло́к** *м. уменьш. от* хохо́л; (*у птиц тж.*) cop.

**хо́хот** *м.* (loud) láughter [...'lɑːf-]; гомери́ческий ~ Hòméric láughter [hou-...]; взрыв ~а burst of láughter.

**хохота́ть** laugh (loud / bóisterously) [lɑːf...]; shout with láughter [...'lɑːf-]; ◇ ~ до упа́ду split* one's sides with láughter; ~ во всё го́рло roar with láughter.

**хохоту́н** *м. разг.* mérry féllow.

**хохоту́нья** *ж. разг.* mérry wóman* [...'wu-], mérry girl [...gəːl].

**хохоту́шка** *ж.* = хохоту́нья.

**храбре́ц** *м.* brave / courágeous man*, brave spírit.

**храбри́ться** (*притворяться храбрым*) pretе́nd to be brave, pretе́nd not to be afráid; (*подбадривать себя*) súmmon up cóurage [...'kʌ-].

**хра́брост||ь** *ж.* brávery ['breɪ-]; (*отвага*) cóurage ['kʌ-], válour; набра́ться ~и múster, *или* pluck up, one's cóurage.

**хра́брый** brave; (*отважный*) váliant ['væ-], gállant; ◇ ~ во хмелю́ *шутл.* pót-vàliant [-væ-].

**храм** *м.* temple; ◇ ~ нау́ки temple of science.

**храмо́вник** *м. ист.* Knight Témplar (*pl.* Knights Témplars).

**хране́н||ие** *с.* kéeping, cústody; (*о товарах*) stóring, stórage ['stɔː-]; отда́ть, сдать на ~ (*вн.*) depósit [-zɪt] (*d.*); пла́та за ~ stórage fee; сдать бага́ж на ~ leave* one's lúggage in the clóak-room / chéck-room; ка́мера ~ия (багажа́) clóak-room, chéck-room.

**храни́лище** *с.* depósitory [-zɪ-], dépòt ['depou], stórehouse* [-s], repósitory [-zɪ-].

**храни́тель** *м.*, **~ница** *ж.* kéeper, cùstódian; (*музея, библиотеки*) curátor.

**храни́ть** (*вн.*) **1.** (*в разн. знач.*) keep* (*d.*); ~ де́ньги в сберега́тельной ка́ссе keep* one's móney in *a* sávings-bànk [...'mʌ-...]; ~ в па́мяти keep* / retáin in one's mémory (*d.*); ~ в чистоте́ presérve in púrity [-'zəːv...] (*d.*); ~ что-л. в та́йне keep* smth. in sécret, keep* smth. a sécret; ~ та́йну keep* *a* sécret; ~ молча́ние keep* sílence [...'saɪ-]; ~ (архи́вные) дела́ have cústody of récòrds [...'re-]; ~ боевы́е тради́ции keep* up battle traditions; **2.** (*оберегать*) save (*d.*), guard (*d.*). **~ся 1.** be kept; де́ньги храня́тся в сберега́тельной ка́ссе móney is kept in the sávings-bànk ['mʌ-...]; **2.** *страд. к* храни́ть.

**храп** *м.* **1.** snore, snóring; **2.** (*лошади*) snórt(ing).

**храпе́ть 1.** snore; **2.** (*о лошади*) snort.

**храпови́к** *м. тех.* rátchet.

**храпов||о́й** rátchet (*attr.*); ~о́е колесо́ rátchet-wheel; ~ механи́зм rátchet-gear [-gɪə].

**хребе́т** *м.* **1.** *анат.* spine, spínal cólumn; (*перен.*) báckbòne **2.** (*горная цепь*) móuntain ridge / range [...reɪ-].

**хрен** *м.* hórse-ràdish; ◇ ста́рый ~ *груб.* old grúmbler; ~ ре́дьки не сла́ще *погов.* ≅ betwéen two évils 'tis not worth chóosing [...'iːv-...].

**хрестома́тия** *ж.* réader, réading-book.

**хризанте́ма** [-тэ́-] *ж.* chrysánthemum.

**хризоли́т** *м. мин.* chrýsolite.

**хрип** *м.* **1.** wheeze; предсме́ртный ~ déath-ràttle ['deθ-]; **2.** *мн. мед.* (*в лёгких*) crèpitátion *sg.*

**хрипе́ть,** прохрипе́ть **1.** wheeze; **2.** (*говорить хрипло*) speak* hóarsely.

**хри́п||лый** hoarse, ráucous; говори́ть ~лым го́лосом speak* hóarsely, speak* in a hoarse voice. **~нуть** become* / get* hoarse.

**хрипот||а́** *ж.* hóarseness; крича́ть до ~ы́ shout ònesélf hoarse; (*о ребёнке*) cry ònesélf hoarse.

**христи||ани́н** *м.*, **~а́нка** *ж.*, **~а́нский** Christian. **~а́нство** *с.* Christiánity; обраща́ть в ~а́нство (*вн.*) convért to Christiánity (*d.*).

**Христо́с** *м.* Christ [kraɪst].

**хром** I *м. хим.* chrómium, chrome.

**хром** II *м.* (*кожа*) bóx-càlf [-kɑ:f].

**хромати́зм** *м.* **1.** *муз.* chromátic scale; **2.** *физ.* chrómatism.

**хромати́ческ||ий** *физ.*, *муз.* chromátic: ~ая аберра́ция chromátic àberrátion; ~ая га́мма chromátic scale.

**хрома́||ть** limp; (*перен.*) be poor, leave* much to be desíred [...-'zaɪəd], be far from pérfect, not be up to stándard; ~ на пра́вую но́гу be lame in the right leg; ~ на о́бе ноги́ (*перен.*) be lame in both legs [...bouθ...]; у него́ ~ет орфогра́фия his spélling is poor, his spélling leaves much to be desíred.

**хроми́ров||ание** *с.* *тех.* chrómium-plàting. **~ать** *несов. и сов.* (*вн.*) *тех.* plate / coat with chrómium (*d.*), chróme-plàte (*d.*).

**хро́мист||ый** *хим.* chrómic ['krou-]; chrome (*attr.*); ~ железня́к chrome íron ore [...'aɪən...].

**хромовоки́слый** *хим.*: ~ ка́лий potássium chrómate [...'krou-].

**хро́мов||ый** I *хим.* chrome (*attr.*), chrómic ['krou-]; ~ая кислота́ chrómic ácid; ~ая сталь chrome steel; ~ые квасцы́ chrome álum [...'æ-].

**хро́мовый** II (*о коже*) bóx-càlf [-kɑ:f] (*attr.*).

**хром||о́й** **1.** *прил.* lame, límping; он хром на пра́вую, ле́вую но́гу he is lame in his right, left leg; ~а́я нога́ *разг.* lame leg; **2.** *как сущ. м.* lame man*; (*о мальчике*) lame boy; *ж.* lame wóman* [...'wu-]; (*о девочке*) lame girl [...gə:l]; *мн. собир.* the lame.

**хромолитогра́фия** *ж. полигр.* **1.** (*процесс*) chrómo¦lithógraphy; **2.** (*оттиск*) chrómo¦lítho-gràph, chrómò.

**хромоно́гий** lame, límping.

**хромоно́жка** *ж. разг.* (*о девочке*) lame girl [...gə:l]; (*о женщине*) lame wóman* [...'wu-].

**хромосо́ма** *ж. биол.* chrómosòme ['krou-].

**хромосфе́ра** *ж. астр.* chrómo¦sphère.

**хромота́** *ж.* láme¦ness, límping.

**хромоти́пия** *ж. полигр.* chrómo¦tỳpe.

**хромофотогра́фия** *ж.* **1.** (*процесс*) chrò-mo¦photógraphy; **2.** (*изображение*) chrò-mo¦phóto¦gràph.

**хро́ник** *м. мед.* chrónic inválid [...-li:d].

**хро́ника** *ж.* **1.** (*летопись*) chrónicle; **2.** (*сведения из текущей жизни*) chrónicle; (*газетная, радио*) news ítèms [-z...] *pl.*; (*в кино*) néwsreel [-z-]; ~ происше́ствий chrónicle of evénts.

**хроника́льный** *прил. к* хро́ника; ~ фильм néwsreel [-z-], tópical film.

**хроникёр** *м.* chrónicler, repórter.

**хрони́ческ||ий** chrónic; ~ое заболева́ние chrónic diséase [...-'zi:z].

**хроно́граф** *м. тех.* chrónogràph.

**хроно́лог** *м.* chronólogist. **~и́ческий** chròn-ológical.

**хроноло́гия** *ж.* chronólogy.

**хроно́метр** *м.* chronómeter. **~а́ж** *м.* tíme¦-keeping, tíming; tíme-stùdy [-stʌ-]. **~ажи́ст** *м.* tíme¦keeper. **~и́ческий** chrònométric.

**хроноско́п** *м. тех.* chrónoscòpe.

**хру́пк||ий** frágile, frail; (*ломкий*) brittle; (*перен.*) délicate; ~ое здоро́вье délicate health [...helθ]. **~ость** *ж.* fragílity, fráilness, fráilty; (*ломкость*) bríttle¦ness; (*о металлах*) shórt-ness, bríttle¦ness; (*перен.*: *нежность*) délicacy; (*болезненность*) délicate health [...helθ].

**хруст** *м.* crunch; (*потрескивание*) crackle.

**хруста́лик** *м. анат.* crýstalline lens [...-nz].

**хруста́ль** *м. тк. ед.* **1.** (*сорт стекла*) cut glass, crýstal; **2.** *собир.* (*посуда*) cút-glàss ware; **3.** (*горный*) (rock) crýstal. **~ный** crýstal; cút-glàss (*attr.*); ~ная посу́да cút-glàss ware.

**хрусте́ть,** хру́стнуть crunch; (*потрескивать*) crackle; ~ на зуба́х crunch on the teeth.

**хру́стнуть** *сов. см.* хрусте́ть.

**хрущ** *м. зоол.* cóckchàfer.

**хрыч** *м. бран.*: ста́рый ~ old grúmbler. **~о́вка** *ж. бран.*: ста́рая ~о́вка old hag, hár-ridan.

**хрю́канье** *с.* grúnt(ing).

**хрю́кать,** хрю́кнуть grunt.

**хрю́кнуть** *сов. см.* хрю́кать.

**хрящ** I *м. анат.* cártilage, grístle.

**хрящ** II *м. тк. ед. геол.* grável ['græ-].

**хрящев||а́тый, ~о́й** càrtiláginous, grístly.

**хрящепёрый** *зоол.* seláchian [-'leɪk-].

**ху́денький** *разг.* slénder, slim.

**худе́ть,** похуде́ть lose* flesh [lu:z...], grow* thin [-ou...].

**ху́д||о** I *с. тк. ед.* harm, évil ['i:v°l]; он никому́ ~а не де́лает he does no harm to ánybody; ◇ нет ~а без добра́ ≅ every cloud has a sílver líning.

**ху́до** II *прил. кратк. см.* худо́й I.

**ху́до** III **1.** *прил. кратк. см.* худо́й II; **2.** *предик. безл.*: ему́ ~ he does not feel well, he feels queer, he is únwéll; ему́ сде́-лалось ~ he felt únwéll.

**ху́до** IV *нареч.* ill*, bád¦ly*; ~ отзыва́ться (о *пр.*) speak* ill* (of); он не ~ пи́шет he does not write bád¦ly; ему́ ~ пришло́сь he had a bad / hard time.

**худоба́** *ж.* léanness, thínness.

**худо́жественн||о** *нареч.* àrtístically. **~ость** *ж.* high àrtístic válue; ~ость отде́лки àrtístic fínish. **~ый** àrtístic; ~ое воспита́ние àrtístic èducátion; ~ое исполне́ние àrtístic perfórm-ance; ~ое чте́ние rècitátion; ~ое произведе́ние work of art; ~ая литерату́ра bélles-léttres ['bel'letr], fíction; ~ый фильм féature film; ~ая самоде́ятельность àmatéur art àctívities [-'tə:...] *pl.*; *театр.* àmatéur theátricals [...θɪ'æ-] *pl.*; ~ая вы́шивка fáncy / décorative néedle¦-wòrk; ◇ Худо́жественный теа́тр Art Théatre [...'θɪətə].

**худо́жеств||о** *с.* **1.** Art; Акаде́мия Худо́-жеств Acádemy of Arts; **2.** *разг.* (*проделка*) trick; э́то всё его́ ~а this is some of his work, this is his doing.

**худо́жн||ик** *м.*, **~ица** *ж.* ártist; (*живописец тж.*) páinter; ~ сло́ва líterary ártist; ~-копи́ист cópyist páinter.

**худо́й** I (*худощавый*) lean, thin; (*исхудавший*) emáciàted.

**худ||о́й** II **1.** (*плохой*) bad*; в ~о́м смы́сле in a bad sense; ~а́я сла́ва ill fame; **2.** (*изношенный*) worn out [wɔ:n...]; (*рваный*) torn; (*дырявый*) hóley; сапоги́ ~ы́е the boots are torn, there are holes in the boots; ◇ на ~ коне́ц *разг.* if the worst comes to the worst;

at (the) worst; не говоря́ ~о́го сло́ва *разг.* without any wárning; ~ мир лу́чше до́брой ссо́ры bétter a bad peace than a good quárrel.

**худосо́ч||ие** *с.* càchéxy [-'ke-]. **~ный** cachéctic [-'ke-].

**худоща́в||ость** *ж.* léanness, thínness. **~ый** lean, spare.

**ху́дш||ий** **1.** (*сравн. и превосх. ст. от* плохо́й *и* худо́й) worse; the worst; ещё ~ still worse; в ~ем слу́чае at worst, if the worst comes to the worst; **2.** *с. как сущ.*: переме́на к ~ему change for the worse [tʃeɪ-...]; са́мое ~ее the worst thing; измени́ться к ~ему (*о состоянии, положении*) take* a turn for the worse.

**ху́же** I **1.** (*сравн. ст. от прил.* плохо́й *и* худо́й) worse; пого́да сего́дня ~, чем вчера́ the wéather to¦dáy is worse than yésterday [...'we-...-dɪ]; **2.** *предик. безл.* it is worse; больно́му сего́дня ~ the pátient is worse to¦dáy; ему́ от э́того не ~ he is none the worse for it [...плп...]; тем ~ so much the worse; ~ всего́ worst of all; ~ всего́, что the worst of it is that; да́льше бы́ло ещё ~ worse was to come.

**ху́же** II (*сравн. ст. от нареч.* пло́хо *и* ху́до) worse; станови́ться всё ~ go* from bad to worse.

**хула́** *ж.* detráction.

**хулига́н** *м.* **1.** hóoligan, rúffian; **2.** *разг.* (*шалун*) rówdy(-dówdy). **~ить** beháve like a hóoligan; make* a row. **~ский** *прил. к* хулига́н. **~ство** *с.* hóoliganism, rúffianly behávìour.

**хули́тель** *м.* detráctor.

**хули́ть** (*вн.*) cénsure (*d.*), detráct (*d.*).

**хурма́** *ж.* pèrsímmon.

**ху́тор** *м.* khútor (*separated farm*); fárm (-stead) [-ed]. **~ско́й** *прил. к* ху́тор.

**хуторя́нин** *м.* fármer.

# Ц

**ца́пать,** ца́пнуть (*вн.*) *разг.* **1.** (*хватать*) snatch (*d.*), seize [si:z] (*d.*); **2.** (*царапать*) scratch (*d.*). **~ся** *разг.* scratch; (*перен.: ссориться*) bícker.

**ца́пля** *ж.* héron ['he-].

**ца́пнуть** *сов. см.* ца́пать.

**ца́пфа** *ж.* **1.** *тех.* pin, jóurnal ['dʒə:-]; ~ о́си axle jóurnal; **2.** *воен.* (*в орудии*) trúnnion.

**цара́пать,** цара́пнуть (*вн.*) **1.** scratch (*d.*); **2.** *тк. несов. разг.* (*плохо писать*) scratch (*d.*), scribble (*d.*). **~ся** scratch.

**цара́п||ина** *ж.* scratch; (*ссадина*) abrásion. **~нуть** *сов. см.* цара́пать 1.

**царе́в||ич** *м.* tsárevitch ['tsɑ:-, 'zɑ:-], czárevitch ['zɑ:-] (*son of a tsar*); Ива́н-~ Tsárevitch Iván (*in Russian fairy-tales*). **~на** *ж.* tsàrévna [tsɑ:-, zɑ:-], czàrévna [zɑ:-] (*daughter of a tsar*).

**царедво́рец** *м. уст.* cóurtier ['kɔ:t-].

**царёк** *м.* prince¦ling; kíng¦let, kíng¦ling.

**цареуби́й||ственный** règicídal. **~ство** *с.*, **~ца** *м. и ж.* régicide.

**цари́зм** *м.* tsárism ['tsɑ:-, 'zɑ:-], czárism ['zɑ:-].

**цари́||ть** (*прям. и перен.*) reign [reɪn]; **~л** мрак dárkness reigned.

**цари́ца** *ж.* tsarína [tsɑ:'ri:-, zɑ:'ri:-], czàrína [zɑ:'ri:-] (*wife of a tsar; empress of Russia*).

**ца́рск||ий** **1.** tsar's [tsɑ:z, zɑ:z], czar's [zɑ:z]; (*перен.*) róyal; ~ ти́тул the title of a tsar; ~ие по́чести régal / róyal hónours [...'ɔn-]; **2.** (*относящийся к монархии*) tsárist ['tsɑ:-, 'zɑ:-], czárist ['zɑ:-]; ~ое прави́тельство tsárist góvernment [...'gʌ-]; ~ая Росси́я tsárist Rússia [...-ʃə]; ◇ ~ая во́дка áqua régia ['æ-...]; ~ие врата́ hóly gates.

**ца́рственн||ый** kíng¦ly, régal; ~ взгляд régal look; ~ая оса́нка régal / kíng¦ly cárriage / béaring [...-rɪdʒ 'bɛə-].

**ца́рство** *с.* **1.** (*царствование*) reign [reɪn]; **2.** (*государство; тж. перен.: область, сфера*) kíng¦dom, realm [relm]; расти́тельное ~ the végetable kíng¦dom; живо́тное ~ the ánimal kíng¦dom; ◇ ~ грёз dréam-wòrld, dréam-lànd; же́нское ~, ба́бье ~ pétticoat góvernment / rule [...'gʌ-...]; тёмное ~ land of dárkness.

**ца́рствование** *с.* reign [reɪn]; в ~ Петра́ Пе́рвого in / dúring the reign of Péter the First.

**ца́рствовать** (*прям. и перен.*) reign [reɪn].

**цар||ь** *м.* tsar [tsɑ:, zɑ:], czar [zɑ:], tzar [zɑ:, tsɑ:]; ~ звере́й king of beasts; ~ небе́сный Héavenly Fáther ['he- 'fɑ:-]; ~ царе́й King of kings; ◇ при ~е́ Горо́хе ≅ in the year dot; ~ и бог God Àlmíghty [...ɔ:l-], the Àlmíghty; с ~ём в голове́ *разг.* with gúmption; без ~я́ в голове́ *разг.* with no gúmption.

**ца́ца** *ж. разг.* swell; ишь ~ кака́я! he, she thinks him¦sélf, hèr¦sélf a swell; he, she has a swelled head [...hed].

**цвести́** **1.** (*прям. и перен.*) flówer, bloom, blóssom, be in blóssom / flówer; blow* [-ou] *поэт.*; ро́зы цвету́т the róses are flówering / blóssoming / blóoming, the róses are in flówer / blóssom / bloom; ли́пы, я́блони цвету́т the limes, ápple-trees are in blóssom; она́ цветёт (*о девушке*) she is blóoming, she is in the full bloom of youth [...ju:θ]; **2.** (*покрываться плесенью*) grow* móuldy [-ou 'mou-]; **3.** (*о воде*) become* óver¦grówn [...-oun].

**цвет** *м.* **1.** (*окраска*) cólour ['kʌ-]; кра́сный ~ red (cólour); основны́е ~а́ *физ.* prímary cólours ['praɪ-...]; дополни́тельные ~а́ *физ.* còmpleméntary cólours; ~ лица́ compléxion; **2.** *тк. ед.* (*расцвет*) flówer, prime; в по́лном ~у́ in blóssom; in full bloom; **3.** *тк. ед.* (*лучшая часть*) flówer, pick; ~ а́рмии the flówer / pick of the ármy; **4.** *тк. ед.*: ~ я́блони apple blóssom; ли́повый ~ líme-blòssom; (*лекарство*) dried líme-blòssoms *pl.* (*used as febrifuge*); ◇ во ~е лет in the prime of life.

**цвете́ние** *с. бот.* flówering, flòréscence.

**цве́тик** *м. поэт.* flówer, flóweret.

**цвети́стый** (*прям. и перен.*) flówery, flórid; ~ слог flórid style.

**цветко́в||ый** *бот.* flówering; ~ые расте́ния flówering plants [...-ɑːnts].

**цветни́к** *м.* flówer gárden; pàrtérre [-'tɛə]; (*клу́мба*) flówerbèd.

**цветн||о́й** cólour:ed ['kʌ-]; cólour ['kʌ-] (*attr.*); ~а́я мате́рия cólour:ed stuff; ~о́е стекло́ cólour:ed / stained glass; ~а́я фотогра́фия (*сни́мок*) cólour phóto:gràph; ~ фильм cólour film ['kʌ-...]; ◇ ~ы́е мета́ллы nòn-férrous métals [...'me-]; ~а́я металлу́ргия nòn-férrous métallùrgy; ~а́я капу́ста cáuliflower ['kɔ-].

**цветово́д** *м.* flòricúlturist. **~ство** *с.* flóricùlture. **~ческий** flòricúltural.

**цветов||о́й** *прил. к* цвет 1; ~а́я слепота́ *мед.* cólour-blindness ['kʌ-].

**цвет||о́к** *м.* (*мн. об.* цветы́) flówer; (*цвет на де́реве*) blóssom; живы́е ~ы́ fresh / nátural flówers; (*сре́занные*) cut flówers; полевы́е ~ы́ field flówers [fiːld...]; ко́мнатные ~ы́ wíndow-plànts [-ɑːnts], índoor-plànts [-dɔːplɑː-]; иску́сственные ~ы́ àrtifícial flówers; ~ в петли́це búttonhòle.

**цвето||ло́же** *с. бот.* recéptacle. **~но́жка** *ж. бот.* pedúncle, pédicle. **~но́сный** *бот.* flòriferous. **~расположе́ние** *с. бот.* inflòréscence.

**цвето́ч||ек** *м.* (little) flówer; ◇ э́то (всё) ~ки, а я́годки впереди́ *погов.* ≅ the worst is still to come; this is nothing compáred with what is to come. **~ник** *м.* flórist. **~ница** *ж.* flówer-girl [-g-], flówer-wòman* [-wu-]. **~ный** *прил. к* цвето́к; ~ный горшо́к flówerpòt; ~ный покро́в *бот.* périànth; ~ный щито́к *бот.* córymb; ~ная вы́ставка flówer-show [-ʃou]; ~ный магази́н flórist's, flówer-shòp; ~ный чай flówer / rose tea.

**цвету́щ||ий** 1. *прич. и прил.* (*о расте́ниях*) blóoming, blóssoming; flówering; 2. *прил.* (*о челове́ке*) very héalthy [...'hel-], blóoming, in one's prime; у него́ ~ вид he looks fine / blóoming; he is a pícture of health [...helθ]; ~ая де́вушка girl in the full bloom of youth [gəːl ...juːθ].

**цветы́** *мн. см.* цвето́к.

**це́вка** *ж.* 1. *текст.* bóbbin; 2. *тех.* teat.

**цевни́ца** *ж. поэт.* pipe, reed, flute.

**цевьё** *с.*: ~ ло́жи *воен.* fóre-ènd of rifle stock; fóre:stòck.

**цеди́лка** *ж. разг.* stráiner, fílter.

**цеди́ть** (*вн.*) strain (*d.*); (*фильтрова́ть тж.*) fílter (*d.*); ◇ ~ слова́, ~ сквозь зу́бы speak* through / with set teeth.

**це́дра** *ж. тк. ед.* dried fruit peel [...fruːt...]; лимо́нная ~ dried lémon peel [...'le-...].

**це́зий** *м. хим.* cáesium [-zɪəm].

**цезу́р||а** *ж. лит.* caesúra [-'zjuə-]. **~ный** *лит.* caesúral [-'zjuə-].

**цейло́нский** Ceylón [sɪ'lɔn] (*attr.*), of Ceylón; ~ чай, ко́фе Ceylón tea, cóffee [...-fɪ].

**цейтно́т** *м. шахм.* time trouble [...trʌ-]; попа́сть в ~ excéed one's time.

**цейхга́уз** [-ейха́-] *м. воен.* stóre-room.

**целе́бн||ость** *ж.* cúrative / héaling própertíes *pl.*; (*трав тж.*) mèdicinal náture [...'neɪ-]; (*во́здуха, кли́мата*) salúbrity. **~ый** mèdicinal; (*о кли́мате, во́здухе*) salúbrious; héalthy ['hel-]; ~ое сре́дство mèdicinal / héalth-gíving rémedy [...'helθ-...]; ~ая трава́ mèdicinal herb, símple.

**целев||о́й** for spécial púrpose [...'spe- -s]; ~а́я устано́вка aim, púrpose.

**целенапра́вленн||ость** *ж.* síngle:ness of púrpose [...-s], single-míndedness. **~ый** single-mínded, púrpose:ful [-s-].

**целесообра́зн||ость** *ж.* expédiency [-'piː-], advìsabílity [-z-]. **~ый** expédient, advísable [-z-]; ~ый посту́пок expédient áction.

**целеуказа́ние** *с. воен.* tárget dèsignátion [-gɪt dez-].

**целеустремлённ||ость** *ж.* púrpose:fulness [-s-], cléarness of púrpose [...-s]. **~ый** púrpose:ful [-s-], clear of púrpose [...-s].

**целиба́т** *м.* célibacy.

**цели́к** I *м. горн.* píllar.

**цели́к** II *м. воен.* sight.

**целико́м** *нареч.* (*в це́лом ви́де*) (as a) whole [...houl]; (*по́лностью*) whólly ['hou-]; он ~ отда́лся нау́ке he entíre:ly devóted him:sélf to scíence; весь дом ~ the whole house* [...-s]; взять что-л. ~ из lift / take* smth. bódily from; ◇ ~ и по́лностью compléte:ly, entíre:ly.

**цели́н||а́** *ж.* new / vírgin soil; по́днятая ~ néwly-plóughed vírgin soil, vírgin soil ùptúrned; по ~е́ acróss cóuntry [...'kʌ-].

**цели́нн||ый:** ~ые зе́мли vírgin land *sg.*, land that was never befóre put to plough *sg.*; ~ые и за́лежные зе́мли vírgin and lóng-fàllow lands.

**цели́тельн||ость** *ж.* héaling náture [...'neɪ-], cúrative:ness; cúrative / héaling própertíes *pl.* **~ый** héaling, cúrative.

**це́лить(ся)** (в *вн.*; *прям. и перен.*) aim (at); (*перен. тж.*) drive* (at); ~ из винто́вки, ружья́, пистоле́та *и т. п.* aim / lével *a* rifle, *a* gun, *a* pístol, *etc.* [...'le-...] (at).

**целко́вый** *м. скл. как прил. разг.* one rouble [...ruː-].

**целлофа́н** *м.* céllophàne.

**целлуло́за** *ж.* = целлюло́за.

**целлуло́ид** *м.* célluloid. **~ный** *прил. к* целлуло́ид.

**целлюло́за** *ж.* céllulòse [-s].

**целлюло́зно-бума́жн||ый** pulp and páper (*attr.*); ~ая промы́шленность pulp and páper índustry; ~ комбина́т pulp and páper mill.

**целлюло́зн||ый** céllulòse [-s] (*attr.*); ~ая промы́шленность céllulòse índustry.

**целова́ть,** поцелова́ть (*вн.*) kiss (*d.*); *сов. тж.* give* a kiss (*i.*); ~ кого́-л. в гу́бы kiss smb.'s lips, kiss smb. on the mouth; ~ кого́-л. в щёку kiss smb.'s cheek; поцелова́ть в о́бе щеки́ kiss on both cheeks [...bouθ...] (*d.*). **~ся,** поцелова́ться kiss.

**це́лое** *с. скл. как прил.* 1. the whole [...houl]; ~ и ча́сти the whole and the parts; архитекту́рное ~ àrchitéctural ensémble [...ɑːŋ-'sɑːmbl]; 2. *мат.* íntegeг.

**целому́дренн||ость** *ж.* chástity. **~ый** chaste [tʃeɪst].

**целому́дрие** *с.* chástity.

**це́лостн||ость** [-сн-] *ж.* intégrity; территориа́льная ~ tèrritórial intégrity. **~ый** [-сн-] íntegral.

**це́лост||ь** *ж.* sáfe:ty; в ~и intáct, safe; сохрани́ть в ~и (*вн.*) keep* intáct (*d.*), presérve [-'zəːv] (*d.*); сохрани́ться в ~и remáin /

survíve intáct; в ~и и сохра́нности safe and intáct.

**це́л||ый 1.** (*неповреждённый, сохранный*) intáct, safe; ча́шка ~а́ the cup is ún¦bróken; цел и невреди́м safe and sound; все ли ~ы? is everybody safe?; уходи́, пока́ цел! *разг.* get a¦wáy while you are safe!; **2.** (*полный, весь целиком*) whole [houl], entíre; ~ го́род a whole city [...'sɪ-]; ~ая дю́жина a round dózen [...'dʌ-]; ~ день all day long; ~ час a whole hour [...auə]; ~ыми дня́ми for days togéther, *или* on end [...-'ge-...]; по ~ым неде́лям for weeks on end; прошло́ ~ых де́сять дней (с *рд.*) it is a full ten days (since); ~ых пятна́дцать лет for fíftéen long years; ~ые чи́сла *мат.* whole númbers; ◇ в ~ом as a whole; (*в общем*) on the whole; интере́сы госуда́рства в ~ом the ínterests of the State at large; в о́бщем и ~ом (up¦)ón the whole, táken / viewed as a whole [...vjuːd...]; ~ ряд вопро́сов quite a númber of quéstions [...-stʃ-]; э́то вы́звало ~ую бу́рю it caused / aróused a pérfect témpest, *или* a real storm [...rɪəl...].

**цель** *ж.* **1.** aim, goal, óbject, end, púrpose [-s]; *воен.* òbjéctive; я́сная ~ clear aim; я́сность це́ли cléarness of púrpose; с ~ю (*рд.*, + *инф.*), with / for the púrpose (of *ger.*), with the óbject (of *ger.*); (*умышленно*) púrpose¦ly [-s-], on púrpose; в це́лях (*рд.*) with a view [...vjuː] (+ to *inf.*); с еди́нственной ~ю (*рд.*, + *инф.*) with / for the sole / single púrpose (of *ger.*); с како́й ~ю? for what púrpose?; с э́той ~ю with that end in view; име́ть ~ю (*вн.*, + *инф.*) have for an óbject (*d.*, + to *inf.*); пресле́довать ~ pursúe one's óbject / aim, have for an óbject; ста́вить себе́ ~ю (*вн.*, + *инф.*) set* òne¦sélf as an óbject (*d.*); служи́ть це́ли serve the púrpose; дости́чь це́ли achíeve / gain / attáin one's óbject / end [ə'tʃiːv...]; secúre one's óbject; не име́ющий це́ли púrpose¦less [-s-]; не достига́ющий це́ли ineffféctual; отвеча́ть це́ли ánswer the púrpose ['ɑːnsə...]; задава́ться ~ю (+ *инф.*) aim (at *ger.*); в свои́х ли́чных це́лях to suit one's own ends [...sjuːt... oun...]; **2.** (*мишень*) tárget [-gɪt], mark; попа́сть в ~ (*прям. и перен.*) hit* the mark; hit* the bull's eye [...bulz aɪ]; не попа́сть в ~ (*прям. и перен.*) miss the mark; ми́мо це́ли wide of the mark; уда́р попа́л в ~ (*прям. и перен.*) the blow went home [...-ou...]; ~ бомбомета́ния *воен.* bómb¦ing tárget; назе́мная ~ *воен.* ground tárget; подвижна́я ~ *воен.* móving tárget [muːv-...]; самолёты вы́шли на ~ the áircràft arríved óver the tárget.

**цельнометалли́ческий** *тех.* áll-métal [-'me-]; ~ дирижа́бль áll-métal áirship; ~ ваго́н áll-métal car.

**цельносва́рный** áll-métal [-'me-], áll-wéld-ed.

**цельнотя́нут||ый** *тех.* sólid-drawn, wéld-less; ~ая труба́ wéldless pipe.

**це́льн||ый 1.** whole [houl]; (*из одного куска*) únbróken; of a / one piece [...piːs]; (*перен.*) íntegral; **2.** (*неразбавленный*) whole, úndilúted [-daɪ-]; ~ое молоко́ whole / únskimmed milk; ~ое вино́ pure / úndilúted wine; **3.** (*о человеке, натуре и т. п.*) whóle-héarted ['houl-hɑːt-].

**Це́льси||й** *м.* Célsius; термо́метр ~я céntigràde thermómeter; де́сять гра́дусов ~я ten degrées céntigràde.

**цеме́нт** *м.* cemént. **~а́ция** *ж. тех.* cèmèntátion [siː-].

**цементи́р||овать** *несов. и сов.* (*вн.*) cemént (*d.*); (*о стали тж.*) cáse-hàrden [-s-] (*d.*); ~ованная сталь cáse-hàrdened / ceménted steel.

**цеме́нтн||ый** cemént (*attr.*); ~ раство́р cemént solútion / mórtar; ~ая промы́шленность cemént índustry; ~ заво́д cemént works.

**цен||а́** *ж.* price; (*перен. тж.*) worth; (*стоимость*) cost; ры́ночная ~ márket price; твёрдые це́ны fixed / stable príces; кра́йняя (*низшая*) ~ the lówest price [...'lou-...]; фабри́чная ~ prime cost; ~о́й (в *вн.*) at the price (of); cósting (*d.*); по высо́кой ~е́ at a high price; па́дать в ~е́ go* down (in price); поднима́ться в ~е́ go* up (in price); повыше́ние цен, рост цен rise in príces; пониже́ние цен fall in príces; сниже́ние цен príce-cùtting; после́довательное сниже́ние цен sỳstemátic redúction of príces; колеба́ние цен instabílity of príces; взви́нчивать це́ны infláte príces; rig the márket *идиом.*; ◇ знать себе́ це́ну know* one's own válue [nou... oun...]; have a high opínion of òne¦sélf; мы зна́ем им це́ну we know their worth; ~о́ю чего́-л. at the cost / price of smth.; любо́й ~о́й at any price / cost; ~о́й жи́зни at the cost / expénse of one's life*; кака́я э́тому ~? what is it worth?; э́тому ~ы́ нет it is be¦yónd / above price; э́то в ~е́ *разг.* one has to pay a good price for it.

**ценз** *м.* quàlificátion, right; избира́тельный ~ eléctoral quàlificátion; образова́тельный ~ èducátional quàlificátion; иму́щественный ~ próperty quàlificátion. **~овый** *прил. к* ценз.

**це́нзор** *м.* cénsor.

**цензу́р||а** *ж.* cénsorship; дозво́лено ~ой passed by the cénsor; lícensed ['laɪ-]. **~ный** cènsórial.

**цени́тель** *м.*, **~ница** *ж.* judge, cònnoisséur [kɔnɪ'səː]; ~ иску́сств cònnoisséur of art.

**цени́ть,** оцени́ть (*вн.*; *прям. и перен.*) válue (*d.*), éstimàte (*d.*); (*придавать цену*) appréciàte (*d.*); ~ в сто рубле́й válue / éstimàte at a húndred roubles [...ruː-] (*d.*); ни́зко ~ set* little (store) (by); высоко́ ~ set* much (store) (by); (*о человеке*) think* much / highly (of); высоко́ ~ чьи-л. заслу́ги пе́ред ро́диной pay* high tríbùte to the sérvices smb. réndered to *his* cóuntry [...'kʌ-]; высоко́ ~ себя́ think* much of òne¦sélf, have a high opínion of òne¦sélf; think* no small beer of òne¦sélf *идиом.*; ~ сли́шком высоко́ óver¦ráte (*d.*), óver¦éstimàte (*d.*); ~ кого́-л. по заслу́гам válue smb. accórding to *his* mérits; его́ не це́нят he is not appréciàted; он це́нит то, что для него́ де́лают he appréciàtes what is done for him. **~ся 1.** (*иметь цену*) be válued / éstimàted; ~ся в сто рубле́й be válued / éstimàted at one húndred roubles [...ruː-]; **2.** *страд. к* цени́ть; ◇ э́то це́нится на вес зо́лота it is worth its weight in gold.

**це́нн||ость** *ж.* **1.** *тк. ед.* (*в разн. знач.*) válue; э́то представля́ет большу́ю ~ it is of great válue [...greɪt...]; материа́льные и духо́вные ~ости matérial and spíritual válues; **2.** *мн.* váluables. **~ый** (*в разн. знач.*) váluable, ~ый пода́рок váluable présent [...'prez-]; ~ое предложе́ние a váluable suggéstion [...-'dʒesʧən]; ◇ ~ая посы́лка régistered párcel (with státe¦ment of válue); ~ые бума́ги secúrities.

**цент** *м.* (*монета*) cent.

**цента́вр** *м.* = кента́вр.

**центигра́мм** *м.* = сантигра́мм.

**центиме́тр** *м.* = сантиме́тр.

**центифо́лия** *ж. бот.* cábbage rose.

**це́нтнер** *м.* (*100 кг*) métric / double céntner [...dʌbl...].

**центр** *м.* (*в разн. знач.*) centre; ~ тя́жести centre of grávity; ~ враще́ния centre of rotátion; ~ величины́ *мор.* centre of buóyancy [...'bɔɪ-]; ~ торго́вли centre of trade; культу́рный ~ cúltural centre; в ~е́ страны́, го́рода in the centre / heart of cóuntry, town [...hɑːt ...'kʌ-...]; ~ притяже́ния для кого́-л. centre of attráction for smb.; в ~е внима́ния in the centre of atténtion; быть в ~е внима́ния be the fócus of atténtion; be in the spót¦light *идиом.*; поста́вить что-л. в ~ внима́ния make* smth. a centre of atténtion, fócus atténtion on smth.; не́рвные ~ы *анат.* nérve-cèntres.

**центра́л** *м. ист.* céntral prison [...-ɪz-] (*for transported convicts*).

**централиза́ция** *ж.* cèntralizátion [-laɪ-].

**централи́зм** *м. полит.* céntralism; демократи́ческий ~ dèmocrátic céntralism.

**централизова́ть** *несов. и сов.* (*вн.*) céntralize (*d.*). **~ся** *несов. и сов.* **1.** céntralize, get* céntralized; **2.** *страд. к* централизова́ть.

**центра́льн||ый** (*в разн. знач.*) céntral; ~ комите́т céntral committée [...-tɪ]; ~ые газе́ты néwspàpers públished in the cápital [...'pʌ-...]; (*в СССР тж.*) Móscow néwspàpers; ~ая не́рвная систе́ма céntral nérvous sýstem; ~ое отопле́ние céntral héating; с ~ым отопле́нием céntral-héated; ~ у́гол *мат.* céntral angle; ~ая телефо́нная ста́нция (céntral) télephòne exchánge [...-'ʧeɪ-]; ~ напада́ющий *спорт.* céntre-fòrward.

**центр||и́зм** *м. полит.* céntrism. **~и́ст** *м. полит.* céntrist.

**центрифу́га** *ж. тех.* céntrifùge.

**центробе́жн||ый** *тех.* cèntrífugal; ~ая си́ла cèntrífugal force.

**центрова́ть** *несов. и сов.* (*вн.*) *тех.* centre (*d.*); cénter (*d.*) *амер.*

**центро́вка** *ж. тех.* céntering.

**центростреми́тельн||ый** *тех.* cèntrípetal; ~ая си́ла cèntrípetal force.

**центурио́н** *м. ист.* cèntúrion.

**цеоли́т** *м. мин.* zéolite.

**цеп** *м. с.-х.* flail.

**цепене́ть,** оцепене́ть grow* tórpid [-ou...]; become* rígid, freeze*; ~ от стра́ха freeze* with fear.

**це́пк||ий** (*прям. и перен.*) tenácious; prehénsile *научн.*; ~ие ко́гти strong claws; ~ ум tenácious mind; ~ая па́мять tenácious mémory. **~ость** *ж.* (*прям. и перен.*) tenácity; prè¦hènsílity *научн.*

**цепля́ться** (за *вн.*) catch* (on); (*хвататься*) clutch (at); cling* (to; *тж. перен.*).

**цепн||о́й** (*в разн. знач.*) chain (*attr.*); ~ пёс wátchdòg, hóuse-dòg [-s-]; ~ мост chain bridge; ~а́я реа́кция *физ.* chain rè¦áction; ~а́я переда́ча *тех.* cháin-drive; ~о́е пра́вило *мат.* chain rule.

**цепо́чка** *ж.* **1.** chain; ~ для часо́в wátch-chain; **2.** (*ряд, шеренга*) file; ~ бойцо́в file of sóldiers [...-dʒəz].

**цеппели́н** *м. уст. ав.* Zéppelin.

**цеп||ь** *ж.* **1.** (*прям. и перен.*) chain; *мн.* (*перен.*) chains, bonds, fétters; зако́ванный в ~и shackled; посади́ть на ~ (*вн.*) chain (up) (*d.*); спусти́ть с ~и (*вн.*) únchain (*d.*), let* loose [...-s] (*d.*); сорва́ться с ~и break* loose [breɪk...]; он как с ~и сорва́лся *разг.* ≅ he is ráving; **2.:** го́рная ~ chain / range of móuntains [...reɪ-...], móuntain chain, móuntain range [... reɪ-]; **3.** *эл.* eléctric círcuit [...-kɪt]; **4.** *воен.* line; стрелко́вая ~ line of skírmishers, skírmish line, exténded line; ~ сторожевы́х посто́в line of óutpòsts [...-pou-]; огнева́я ~ igníter train, pówder train.

**це́рбер** *м. миф.* (*тж. перен.*) Cérberus.

**церебра́льный** **1.** *анат.* cérebral; **2.** *лингв.*: ~ согла́сный cérebral cónsonant.

**церемони||а́л** *м.* cèremónial. **~а́льный** cèremónial; ~а́льный марш paráde march; ~а́льное ше́ствие paráde.

**церемонийме́йстер** *м. уст.* Máster of Céremonies.

**церемо́ниться** stand* up¦ón céremony; не ~ с кем-л. not stand* up¦ón céremony with smb.; не церемо́нься! make your¦sélf at home!

**церемо́н||ия** *ж.* céremony; без ~ий without céremony, infórmally; без дальне́йших ~ий without any fúrther fòrmálities [...-ðə...].

**церемо́нн||ость** *ж.* cèremónious¦ness. **~ый** **1.** cèremónious; **2.** (*жеманный*) óver-níce, fínicking.

**Цере́ра** *ж. миф.* Cérès [-riːz].

**це́рий** *м. хим.* cérium.

**церко́вник** *м.* **1.** chúrch-gòer; **2.** (*служитель культа*) chúrch¦man*, clérgy¦man*.

**церковноприхо́дск||ий** párish (*attr.*); ~ая шко́ла párish school.

**церковнославя́нский** church Slavónic; ~ язы́к church Slavónic lánguage.

**церковнослужи́тель** *м.* clérgy¦man*, priest [-iːst].

**церко́вн||ый** *прил. к* це́рковь; ~ прихо́д párish; ~ ста́роста chúrchwárden; ~ сто́рож séxton; ~ая слу́жба chúrch-sèrvice; ~ые суды́ *ист.* spíritual courts [...kɔːts]; ~ое пра́во *юр.* church law; ◇ бе́ден как ~ая кры́са *погов.* poor as a church mouse [...-s].

**це́рковь** *ж.* church.

**цертепа́ртия** *ж. мор.* chárter-pàrty.

**цесаре́вич** *м. ист.* Cèsarévitch (*Crown Prince in tsarist Russia*).

**цеса́рка** *ж. зоол.* guínea-fowl ['gɪnɪ-].

**цех** *м.* **1.** (*на заводе*) shop; depártment; нача́льник ~а shop sùperinténdent; прока́тный ~ rólling shop; лите́йный ~ cásting / fóunding shop; сбо́рочный ~ assémbly shop / depártment; **2.** *ист.* guild [gɪld], còrporátion. **~ово́й** *прил. к* цех.

**цеце́** *ж. нескл. зоол.* tsétse [-sɪ].

**циа́н** *м. хим.* cýanogen. **~иза́ция** *ж. хим.* cỳanizátion.

**цианистоводоро́дный** *хим.* hýdrò¦cỳánic.

**циа́нист||ый** *хим.* cyánic; ~ ка́лий cýanide of potássium, potássium cýanide; ~ая кислота́ cyánic ácid; ~ая ртуть cýanide of mércury.

**циа́новый** *хим.* cyánic.

**циано́з** *м. мед.* cyanósis.

**ци́бик** *м. уст.* tzibik, téa-chèst (*weighing from 40 to 80 Russian pounds*).

**цивилиза́тор** *м.* cívilizer. **~ский** cívilizing.

**цивилиза́ция** *ж.* civilizátion [-laɪ-].

**цивилизо́ванный** cívilized.

**цивилизова́ть** *несов. и сов.* (*вн.*) cívilize (*d.*). **~ся** *несов. и сов.* **1.** become* / get* cívilized; **2.** *страд. к* цивилизова́ть.

**циви́льный** *уст.* civil; ◇ ~ лист cívil list.

**цигейк||а** *ж.* (*мех*) béaver lamb. **~овый** béaver lamb (*attr.*).

**цика́да** *ж.* cicáda, cicála [-'kɑː-], cigála [-'gɑː-].

**цикл** *м.* (*в разн. знач.*) cycle; произво́дственный ~ prodúction cycle; ~ ле́кций, конце́ртов a séries of léctures, cóncerts [...-riːz...].

**цикламе́н** *м. бот.* cýclamen.

**цикли́ч||еский** cýclic, cýclical; ~ кри́зис recúrring crísis (*pl.* -sès [-siːz]). **~ность** *ж.* (cýclic) recúrrence. **~ный** cýclic, cýclical; ~ная организа́ция произво́дства sỳnchronizátion of prodúction [-naɪ-...].

**циклово́й** **1.** *прил. к* цикл; **2.** = цикли́чный.

**цикло́ид||а** *ж. мат.* cýcloid ['saɪ-]. **~а́льный** *мат.* cỳclóidal [saɪ-].

**цикло́н** *м. метеор.* cýclòne ['saɪ-]. **~и́ческий** *метеор.* cỳclónic [saɪ-].

**цикло́п** *м. миф.* Cýclòp(s). **~и́ческий** *миф.* Cỳclopéan [saɪklo'piːən], Cỳclópian [saɪ-].

**циклотро́н** *м. физ.* cýclo:trón.

**цико́рий** *м. тк. ед.* chícory, súccory.

**цили́ндр** *м.* **1.** *мат., тех.* cýlinder; *тех. тж.* drum; **2.** (*шляпа*) tóp-hàt; (high) silk hat. **~и́ческий** cylíndrical; ~и́ческая шестерня́ spur gear [...gɪə]. **~овый** cýlinder (*attr.*), drum (*attr.*).

**цимбали́ст** *м.* cýmbalist.

**цимба́лы** *мн. муз.* cýmbals.

**цинг||а́** *ж. мед.* scúrvy; боле́ть ~о́й have the scúrvy.

**цинго́тн||ый** scòrbútic; ~ больно́й scòrbútic; ~ая трава́ scúrvy-gràss.

**цинера́рия** *ж. бот.* cìneréria.

**цини́зм** *м.* cýnicism.

**ци́ник** *м.* cýnic.

**цини́ч||еский** cýnical. **~ность** *ж.* cýnicism. **~ный** cýnical.

**цинк** *м.* zinc. **~ова́ние** *с.* zincificátion [-ŋk-]. **~ова́ть** (*вн.*) zíncifỳ [-ŋk-] (*d.*).

**ци́нков||ый** zinc (*attr.*); ~ые кра́ски zinc paints / cólours [...'kʌ-]; ~ая руда́ zinc ore; ~ая обма́нка *мин.* zínc-blènde; ~ые бели́ла zinc white *sg.*; ~ купоро́с zinc vítriol, white vítriol.

**цинкогра́фия** *ж. полигр.* **1.** *тк. ед.* (*способ*) zincógraphy; **2.** (*предприятие*) zincógrapher's shop.

**ци́нния** *ж. бот.* zínnia.

**цино́вка** *ж.* mat.

**цирк** *м.* círcus. **~а́ч** *м. разг.* círcus áctor; ácrobàt. **~а́ческий** *прил. к* цирка́ч.

**циркови||о́й** *прил. к* цирк; ~ нае́здник círcus ríder; equéstrian; ~а́я нае́здница hórsewòman* [-wu-]; círcus ríder; ~о́е представле́ние círcus perfórmance.

**цирко́н** *м. мин.* zírcòn.

**цирко́ний** *м. хим.* zircónium.

**циркули́ровать** círculàte.

**ци́ркуль** *м.* (pair of) cómpasses [...'kʌ-]; дели́тельный ~ divíders *pl.*; рыча́жный ~ beam cómpasses *pl.*; но́жка ци́ркуля cómpass leg ['kʌ-...]. **~ный** *прил. к* ци́ркуль.

**циркуля́р** *м.* círcular.

**циркуля́рн||ый** I círcular; ~ое письмо́ círcular létter.

**циркуля́рн||ый** II (*имеющий форму окружности*) círcular; ~ая пила́ círcular saw.

**циркуляцио́нный** círculàting.

**циркуля́ция** *ж.* circulátion; *мор.* gỳrátion [dʒaɪə-]; ~ кро́ви circulátion of blood [...blʌd]; ~ де́нег circulátion of móney [...'mʌ-].

**цирю́ль||ник** *м. уст.* bárber. **~ня** *ж. уст.* bárber's shop.

**цисте́рна** *ж.* cístern; tank; (*для поливки*) wáter-càrt ['wɔː-]; ваго́н-~ tánk-càr.

**цисти́т** *м. мед.* cystítis.

**цитаде́ль** [-дэ́-] *ж.* cítadel; (*перен. тж.*) stróng:hòld; ~ ми́ра и социали́зма stróng:hòld of peace and sócialism.

**цита́т||а** *ж.* quotátion, citátion. **~ный** quóted.

**цитва́рн||ый** wórmwood [-wud] (*attr.*); ~ое се́мя wórmseed, sàntónica.

**цити́ров||ание** *с.* quóting, cíting. **~ать,** процити́ровать (*вн.*) quote (*d.*), cite (*d.*).

**цитоло́гия** *ж. биол.* cỳtólogy [saɪ-].

**ци́тра** *ж. муз.* zíther ['zɪθə], zíttern, zíthern, cíther, cíttern, cíthern.

**ци́трус** *м.* cítrus.

**ци́трусовые** *мн. скл. как прил. бот.* cítric plants [...-ɑːnts].

**цифербла́т** *м.* díal(-plàte); (*часов тж.*) face; часово́й ~ clock díal, clóck-fàce.

**ци́фр||а** *ж.* fígure; (*арабская тж.*) cípher ['saɪ-]; контро́льные ~ы plánned / schédùled fígures [...'ʃe-...]. **~ово́й** *прил. к* ци́фра; ~овы́е да́нные fígures.

**ци́церо** *с. нескл. полигр.* píca.

**ЦК** *м.* (Центра́льный Комите́т) the Céntral Commíttee [...-tɪ].

**цо́канье** *с.* clátter.

**цо́ка||ть** I, цо́кнуть click; подко́вы ~ют по мостово́й there is a clátter of hoofs in the street.

**цо́к||ать** II *лингв.* have the "ts" pronùnciátion (*pronounce "ts" in place of "tʃ" in dialects of Northern Russia*); ~ающий го́вор, диале́кт ts-díalèct.

**цо́кнуть** *сов. см.* цо́кать I.

**цо́коль** *м. стр.* socle [sɔ-]. **~ный** *прил. к* цо́коль; ~ный эта́ж ground floor [...flɔː].

**цу́гом** *нареч.* tándem; е́хать ~ drive* tándem; запряга́ть ~ hárness tándem, hárness one behínd the óther.

**цука́т** *м.* cándied fruit [...fruːt], cándied peel. **~ный** *прил. к* цука́т.

**цыга́н** *м.*, **~ка** *ж.*, **~ский** Gípsy; ~ский язы́к Gípsy, the Gípsy lánguage; Rómany.

**цы́кать,** цы́кнуть (на *вн.*) *разг.* hush (*d.*), sílence ['saɪ-] (*d.*); (*без доп.*) tùt-tút.

**цы́кнуть** *сов. см.* цы́кать.

**цыплёнок** *м.* chícken; chick, poult [poult]; ◇ цыпля́т по о́сени счита́ют *погов.* ≅ don't count your chíckens befóre they are hatched.

**цыпля́||та** *мн. см.* цыплёнок. **~чий** chícken (*attr.*).

**цы́почк||и:** на ~ах (on) típtóe; ходи́ть на ~ах típtóe.

**цып-цы́п** *межд.* chúck-chúck.

# Ч

**чаба́н** *м.* shépherd ['ʃepəd]. **~ский** *прил. к* чаба́н.

**чабёр** *м.*, **чабре́ц** *м. бот.* sávory ['seɪ-].

**ча́вка||нье** *с.* chámping. **~ть** champ.

**чад** *м. тк. ед.* (*угар*) fumes *pl.*; (*дым*) smoke; ◇ он как в ~у́ he is dazed / bemúsed, he looks as if he has been drugged.

**чад||и́ть,** начади́ть smoke. **~ный:** здесь о́чень ~но the place is full of fumes / smoke.

**ча́д||о** *с. уст.* child*, óffspring; ◇ со всéми ~ами и домоча́дцами ≅ with all one's goods and cháttels [...gudz...], with the whole hóuse-hòld [...houl -s-].

**чадо||люби́вый** *уст.* philoprògénitive [-prou-]. **~лю́бие** *с. уст.* philoprògénitiveness [-prou-].

**чадр||а́** *ж.* yáshmàk; сбро́сить ~у́ take* off the yáshmàk; (*перен.*) become* emáncipàted.

**чаёвничать** *разг.* sit* long óver one's tea, have a cósy tea [...-zɪ...].

**чаево́д** *м.* téa-grower [-grouə]. **~ческий** téa-growing [-grou-].

**чаевы́е** *мн. скл. как прил. уст.* tip *sg.*, gratúity *sg.*

**чаёк** *м. уменьш. от* чай I 1.

**чаепи́тие** *с. разг.* téa-drinking.

**чаеубо́рочн||ый** *с.-х.* téa-hàrvesting; ~ая маши́на téa-hàrvester.

**чаи́нка** *ж.* téa-leaf*.

**чай** I *м.* **1.** (*растение и напиток*) tea; кита́йский ~ China tea; цвето́чный ~ flówer / rose tea; кирпи́чный ~ brick-tea; tile tea; цейло́нский ~ Ceylón tea [sɪ'lɔn...]; кре́пкий, сла́бый ~ strong, weak tea; ча́шка ча́я cup of tea; **2.** (*чаепитие*) tea; послеобе́денный ~ fíve-o'clóck tea; **3.** (*угощение*) téa-pàrty; устро́ить ~ arránge / give* a téa-pàrty [-eɪndʒ...]; пригласи́ть на ча́шку ча́я (*вн.*) ask to tea (*d.*); ◇ дать на ~ (*дт.*) *уст.* tip (*d.*), give* a tip (*i.*).

**чай** II *вводн. сл. уст. разг.* (*вероятно*) methínks; máybè; он, ~, проголода́лся, уста́л he must be húngry, tired.

**ча́йка** *ж.* (séa-)gùll, méw(-gùll); крыло́ ти́па «ча́йка» *ав.* gúllwing, cranked wing.

**ча́й||ная** *ж. скл. как прил.* téa-room(s) (*pl.*). **~ник** *м.* (*для заварки чая*) téa-pòt; (*для кипятка*) téa-kèttle. **~ница** *ж.* (téa-)càddy; (*небольшая металлическая*) cánister.

**ча́йн||ый** (*в разн. знач.*) tea (*attr.*); ~ая ло́жка téa-spoon; ~ серви́з téa-sèt, téa-sèrvice; ~ подно́с téa-tray; ~ стол téa-tàble; ~ая ска́терть téa-clòth; ~ая планта́ция téa-plàntátion; ◇ ~ая ро́за téa-ròse; че́рез час по ~ой ло́жке *погов.* ≅ in dríblets [...'drɪ-], in minúte dóses [...maɪ- -sɪz]; very slówly [...'slou-].

**чак** *м. мор.* chock; fúrring.

**чако́на** *ж. муз.* chacónne [ʃ-].

**ча́лить** (*вн.*) *мор.* moor (*d.*).

**ча́лка** *ж. мор.*, *ав.* tíe-ròpe.

**чалма́** *ж.* túrban.

**ча́лый** (*о масти*) roan; ~ конь roan.

**чан** *м.* vat, tub; (*пивоваренный*) tun; броди́льный ~ ferménting vat; дуби́льный ~ tán-vàt.

**ча́ра** *ж. уст.* cup, góblet ['gɔ-].

**чарда́ш** *м.* czárdàs ['tʃɑːdɑːʃ] (*Hungarian dance*).

**ча́рка** *ж.* cup; ~ во́дки glass of vódka.

**чарльсто́н** *м.* (*танец*) Chárleston.

**чарова́ть** (*вн.*) charm (*d.*); (*обольщать*) bewítch (*d.*).

**чаровни́ца** *ж.* chármer.

**чароде́й** *м.* magícian, sórcerer. **~ка** *ж.* sórceress; (*обольстительница*) enchántress [-ɑːnt-], chármer. **~ство** *с.* mágic, sórcery.

**ча́рочка** *ж. уменьш. от* ча́рка.

**ча́ртер** *м. мор.* chárter.

**чарт||и́зм** *м. ист.* chártism. **~и́ст** *м. ист.* chártist. **~и́стский** *ист.* chártist; ~и́стское движе́ние chártist móvement [...'muːv-].

**чару́ющий** *прич. и прил.* bewítching, enchánting [-ɑːnt-], fáscinàting.

**ча́ры** *мн.* sórcery *sg.*, wítchcràft *sg.*; (*перен.: очарование*) charms; fàscinátion *sg.*; злы́е ~ évil spell ['iːv°l...] *sg.*, dévilment *sg.*

**час** *м.* **1.** (*отрезок времени*) hour [auə]; полтора́ ~а́ an hour and a half [...hɑːf]; че́рез ~ in an hour; э́то потре́бует ~а вре́мени it will take an hour; с ~ about an hour; е́хать со ско́ростью сто киломе́тров в ~ trável at a speed of one húndred kilomètres an hour ['træ-...]; ~а́ми for hours; **2.** (*время по часам*): двена́дцать ~о́в twelve o'clóck; в двена́дцать ~о́в at twelve o'clóck; двена́дцать ~о́в дня noon; двена́дцать ~о́в но́чи mídnight; ~ дня one (o'clóck) in the áfternóon; 1 p. m. [...'piː'em] *офиц.*; ~ но́чи one (o'clóck) in the mórning; 1 a. m. [...'eɪ'em] *офиц.*; в ~ но́чи at one (o'clóck) in the mórning; at 1 a. m. *офиц.*; в три ~а́ утра́ at three (o'clóck) in the mórning; at 3 a. m. *офиц.*; (в) шесть ~о́в ве́чера (at) six (o'clóck) in the áfternóon; (at) 6 p. m. *офиц.*; кото́рый ~? what is the time?, what time is it?, what o'clóck is it? **3.** (*время, посвящённое чему-л.*) time; *мн. тж.* hours; ~ обе́да dínner-tìme; ~ о́тдыха rést-tìme, time of rest; приёмные ~ы́ recéption hours; (*у врача*) cònsultátion hours; свобо́дные ~ы́ léisure hours ['leʒə...]; служе́бные ~ы́ óffice hours; ◇ академи́ческий ~ téaching / school périod (*45 minutes in the Soviet Union*); стоя́ть на ~а́х stand* séntry, keep* watch; ~ о́т ~у не ле́гче! *разг.* ≅ things are gett'ng worse and worse; one thing on top of another;

в до́брый ~! good luck!; не в до́брый ~ in an évil hour [...'i:v°l...], at an ùn¦lúcky móment; не ровён ~ who knows what may háppen [...nouz...]; one can never be too sure [...ʃuə]; би́тый ~ a whole hour [...houl...], a good hour; ~-друго́й for an hour or two; мёртвый ~ rést-hour [-auə]; расти́ не по дням, а по ~а́м *разг.* grow* befóre *one's* eyes [-ou... aɪz]; с ~у на ~ every móment; ввести́ коменда́нтский ~ impóse a cúrfew; отмени́ть коменда́нтский ~ lift the cúrfew.

**ча́сик** *м.* = часо́к.

**часо́вня** *ж.* chápel ['tʃæ-].

**часов||о́й** I *прил.* clock (*attr.*), watch (*attr.*); ~ механи́зм clóck-wòrk; ~а́я пружи́на máinspring; ~а́я стре́лка hóur-hànd ['auə-]; дви́гаться по ~ стре́лке move clóckwìse [mu:v...]; дви́гаться про́тив ~ стре́лки move cóunter clóckwìse; ~ магази́н wátch-màker's (shop); ~ы́х дел ма́стер *уст.* wátch-màker.

**часов||о́й** II *прил. к* час 1; (*продолжительностью в 1 час тж.*) hóur-lòng ['auə-]; ~а́я бесе́да an hour's talk [...auəz...]; ~а́я опла́та páyment by the hour.

**часов||о́й** III *м. скл. как прил.* séntry; séntinel (*тж. перен.*); поста́вить ~о́го post a séntry [poust...]; сменя́ть ~о́го relíeve *a* séntry [-'li:v...].

**-часово́й** (*в сложн. словах, не приведённых особо*) **1.** (*о продолжительности*) of... hours [...auəz]; -hour (*attr.*); *напр.* двухчасово́й of two hours; twó-hour [-auə] (*attr.*); **2.** (*о поезде и т. п.*) the... o'clóck (*attr.*): семичасово́й по́езд the séven o'clóck train [...'se-...]; the séven o'clóck *разг.*

**часовщи́к** *м.* wátch-màker.

**часо́к** *м. разг.* an hour or so [...auə...]; уйти́ на ~ leave* for an hour or so.

**часосло́в** *м. церк.* práyer-book ['prɛə-], bréviary.

**часте́нько** *нареч. разг.* quite fréquent¦ly; fáirly óften [...'ɔ:f(t)°n].

**части́||ца** *ж.* **1.** fráction, (little) part; заряжённые ~цы *физ.* hígh-ènergy párticles; **2.** *грам.* párticle. **~чка** *ж. уменьш. от* части́ца 1.

**части́чн||ый** pártial; ~ое затме́ние *астр.* pártial eclípse.

**ча́стник** *м. разг.* pétty prívate tráder [...'praɪ-...]; (*о кустарях*) prívate cráfts¦man*.

**частновладе́льческий** *эк.* prívate¦ly owned ['praɪ- ou-]; ~ капита́л prívate¦ly owned cápital.

**ча́стное** *с. скл. как прил. мат.* quótient.

**частнокапиталисти́ческий** prívate cápitalist ['praɪ-...].

**частнособственническ||ий** prívate-ównership ['praɪ- -ounə-] (*attr.*); ~ие пережи́тки survívals of prívate-ównership ideólogy / mèntálity [...aɪdɪ'ɔ-...].

**ча́стност||ь** *ж.* détail ['di:-]; ◇ в ~и specífically, in partícular.

**ча́стн||ый** *прил.* **1.** prívate ['praɪ-]; ~ капита́л prívate / nón-státe cápital; ~ая со́бственность prívate própеrty; ~ое предприя́тие prívate¦ly owned énterprise ['praɪ- ou-...]; ~ое лицо́ prívate pérson; ~ые уро́ки prívate léssons; э́то его́ ~ое де́ло it is his prívate affáir; it's his own búsiness [...oun 'bɪzn-] *разг.*; ~ым о́бразом prívate¦ly ['praɪ-], ún¦offícially; **2.** (*отде́льный, особый*) partícular; ~ слу́чай partícular case [...-s]; **3.** *с. как сущ.* the partícular; заключе́ние от о́бщего к ~ому con¦clúding from the géneral to the partícular.

**ча́сто** *нареч.* **1.** óften ['ɔ:f(t)°n], fréquent¦ly; ~ ви́деться, встреча́ться с кем-л. meet* smb. fréquent¦ly; see* a lot of smb. *разг.*; **2.** (*густо, плотно*) close [-s], thick(ly); дере́вья поса́жены ~ the trees are plánted close to one another [...'plɑ:-...].

**частоко́л** *м.* páling, pàlisáde; обнести́ ~ом (*вн.*) pale (*d.*).

**частота́** *ж.* fréquency ['fri:-].

**часто́тн||ость** *ж.* fréquency (of occúrrence) ['fri:-...]. **~ый** fréquency ['fri:-] (*attr.*).

**часту́шечный** *прил. к* часту́шка.

**часту́шка** *ж.* chastóoshka (*two-line or four-line fólk verse, usually humorous and topical, sung in a lively manner*).

**ча́ст||ый** **1.** fréquent; ~ые посеще́ния fréquent vísits [...-z-]; **2.** (*густой*) close [-s], thick; ~ лес thick wood [...wud]; ~ гре́бень (fine) tóoth-còmb [...-koum]; **3.** (*быстро следующий один за другим*) quick, fast; ~ пульс quick pulse; ~ ого́нь *воен.* quick / rápid fire.

**част||ь** *ж.* **1.** part; (*доля*) share, pórtion; бо́льшая ~ the gréater / most part [...'greɪ-...]; (*с сущ. рд. мн. тж.*) most (of); bulk (of); ме́ньшая ~ the lésser part; тре́тья ~ a third (part); ~и те́ла parts of the bódy [...'bɔ-]; ~и све́та *геогр.* parts of the world; ~и ре́чи *грам.* parts of speech; составна́я ~ constítuent / compónent part; compónent, constítuent; рома́н в трёх ~я́х nóvel in three parts ['nɔ-...]; по ~я́м in parts; плати́ть по ~я́м pay* by instálments [...-'stɔ:l-]; разобра́ть на ~и (*вн.*) take* to píeces [...'pi:-] (*d.*); запасны́е ~и spare parts; spares; ~и маши́н parts / píeces of a machíne [...-'ʃi:n]; неотъе́млемая ~ чего́-л. íntegral part of smth., part and párcel of smth.; **2.** (*отдел*) depártment; уче́бная ~ téaching depártment; **3.** *воен.* únit; во́инская ~ mílitary únit; ка́дровая ~ régular únit; запа́сная ~ dépòt (únit) ['depou...]; tráining únit; **4.** *ист.* (*отделение полиции*) políce-stàtion [-'li:s-]; ◇ бо́льшей ~ью, по бо́льшей ~и for the most part, móst¦ly; э́то не по мое́й ~и *разг.* it is not in my line; он знато́к по э́той ~и he knows all there is to know about it [...nouz...]; he is an éxpèrt at / in this; материа́льная ~ matèriel (*фр.*) [mətɪərɪ'el], equípment.

**ча́стью** *нареч.* pártly; part; э́то сде́лано ~ из де́рева, ~ из желе́за this is made part of wood, part of íron [...wud... 'aɪən].

**час||ы́** I *мн.* (*настольные, стенные*) clock *sg.*; (*карманные, ручные*) watch *sg.*; (*ручные тж.*) wríst-wàtch *sg.*; ~ с буди́льником alárm-clòck *sg.*; песо́чные ~ sánd-glàss *sg.*; со́лнечные ~ sún-dial *sg.*; поста́вить ~ set* *a* watch, *a* clock; завести́ ~ wind* *a* watch, *a* clock; ~ спеша́т the watch, clock is fast; ~ отстаю́т the watch, clock is slow [...-ou]; по мои́м ~а́м двена́дцать it is twelve (o'clóck) by my watch; ~ бьют де́сять the clock is stríking ten; прове́рить ~ (по *дт.*) see* if *one's* watch, clock is right (by).

**часы́** II *мн. см.* час.

**ча́хлый 1.** (*о растительности*) stúnted; **2.** (*о человеке*) weak, sickly, púny, ùnhéalthy-looking [-'hel-].

**ча́хнуть,** зача́хнуть **1.** (*о растениях*) wither; **2.** (*о людях*) pine.

**чахо́т||ка** *ж. разг.* consúmption; скоротéчная ~ gálloping consúmption. **~очный** *разг.* **1.** *прил.* consúmptive; ~очный румя́нец héctic flush / cólour [...'kʌlə]; **2.** *м. как сущ.* consúmptive (pátient).

**ча́ш||а** *ж.* cup, bowl [boul]; (*церковная*) chálice; ◇ ~ весóв scale; у них дом — пóлная ~ they live in plénty [...lıv...]; испи́ть ~у до дна drink* / drain the cup to the dregs; ~ егó терпéния перепóлнилась his pátience is exháusted.

**чашели́стик** *м. бот.* sépal.

**ча́шечка** *ж.* **1.** small cup; **2.** *бот.* cálуx (*pl.* -ès [-ksi:z], cálycès ['keılısi:z]); **3.**= ча́шка 3.

**ча́шк||а** *ж.* **1.** cup; (*как мера*) cúpful; вы́пить ~у ча́ю drink* / take* a cup of tea; **2.** (*весов*) scale, pan; **3.** *анат.*: колéнная ~ knée-càp, knée-pàn; patélla, scútum *научн.*

**ча́ща** *ж.* thícket; ~ лéса thícket; heart / thick of the fórest [hɑ:t... 'fɔ-]; depths of the fórest *pl.*

**ча́ще** I (*сравн. ст. от прил.* ча́стый) more óften [...'ɔ:f(t)°n].

**ча́ще** II (*сравн. ст. от нареч.* ча́сто) more óften / fréquent¦ly [...'ɔ:f(t)°n...]; (*более густо*) clóser [-sə], more thíckly.

**чащóба** *ж.*= ча́ща.

**ча́яни||е** *с.* èxpèctátion, hope; *мн. тж.* àspirátions; ◇ сверх ~я, пáче ~я be¦yónd èxpèctátion, ún¦expéctedly.

**ча́ять** (*рд.*,+ *инф.*) *уст.* expéct (*d.*,+ to *inf.*), hope (for); ◇ души́ не ~ в кóм-л. *разг.* dote up¦ón smb.

**чва́н||иться** *разг.* swágger ['swæ-], boast. **~ли́вость** *ж.* swággering ['swæ-], presúmption [-'z-]. **~ли́вый** swággering ['swæ-], sélf-concéited [-'si:t-], presúmtuous [-'z-]. **~ный** presúmptuous [-'z-], sélf-concéited [-'si:t-]. **~ство** *с.* swágger ['swæ-], sélf-concéit [-'si:t].

**чегó** [-вó] *рд. см.* что I.

**чей** *мест.* whose: ~ э́то нож? whose knife* is it?; чья э́то кни́га? whose book is it?; человéк, чью кни́гу вы взя́ли,— студéнт нáшего институ́та the man* whose book you have táken is a stúdent of our Institùte.

**чек** *м.* **1.** cheque, check; плати́ть по ~у meet* *a* cheque; вы́писать ~ draw* *a* cheque; получи́ть дéньги по ~у cash *a* check; погаси́ть ~ cash *a* cheque; ~ на предъяви́теля béarer-chéque ['bɛə-]; просрóченный ~ óver¦-dúe cheque; **2.** (*из кассы*) check.

**чека́** *ж.* (*у колеса*) línchpin.

**чека́н||ить** (*вн.*) **1.** mint (*d.*), coin (*d.*); ~ монéту mint coins, coin móney [...'mʌ-]; ~ медáли strike* médals [...'me-]; **2.** *тех.* chase [-s] (*d.*); (*швы*) caulk (*d.*); ◇ ~ словá rap out the words. **~ка** *ж.* **1.** cóinage; ~ка монéты cóinage; прáво ~ки монéты míntage; **2.** *тех.* chásing [-s-]; (*о швах*) cáulking. **~ный** chased [-st]; cáulking. **~очный:** ~очный пресс díe-prèss. **~щик** *м.* cháser [-sə]; cáulker.

**чéков||ый** *прил. к* чек 1; ~ая кни́жка chéque-book.

**чёлка** *ж.* fringe; bang (of hair); fóre¦lòck.

**чёлн** *м.* dúg-out, canóe [-'nu:]; bark *поэт.*

**челнóк** I *м.* (*лодка*) dúg-out, canóe [-'nu:]; плыть в ~é canóe.

**челнóк** II *м.* (*ткацкий, швейной машины*) shuttle.

**челнóчный** shuttle (*attr.*); ~ перелёт *ав.* shuttle raid.

**челó** *с. тк. ед. уст., поэт.* brow; ◇ бить ~м комý-л. ask smb. húmbly.

**челоби́т||ная** *ж. скл. как прил. ист.* petítion. **~чик** *м. ист.* petítioner.

**человéк** *м.* man*; pérson; обыкновéнный ~ órdinary / áverage man*; выдаю́щийся ~ éminent pérson; óпытный ~ man* of expérience; учёный ~ érudite pérson; госудáрственный ~ státes¦man*; деловóй ~ búsiness¦man* ['bızn-]; (*дельный, практичный*) búsiness-like / práctical pérson ['bızn-...]; молодóй ~ young man* [jʌŋ...]; нас бы́ло дéсять ~ we were ten; пять ~ детéй five children; по пять рублéй на ~а five roubles per head [...ru:-... hed]; все до одногó ~а to a man; ~ устáл, бóлен, зáнят *и т. п.*, а егó беспокóят, спрáшивают *и т. п.* can't you, he, they, *etc.*, see the man* is tired, ill, búsy, *etc.*, and leave him alóne! [kɑ:nt... 'bızı...].

**человéко-дéнь** *м. эк.* mán-day.

**человеко||люби́вый** philanthrópic. **~лю́бие** *с.* philánthropy, love of mànkínd [lʌv...].

**человеконенави́стни||к** *м.* mán-hàter, háter of mànkínd, mísanthrópe [-z-]. **~ческий** mìsanthrópic [-z-], inhúman. **~чество** *с.* hátred of mànkínd, misánthropy [-'zæ-].

**человекообрáзн||ый** ànthropomórphous; ánthropoid; ~ая обезья́на ánthropoid ape.

**человéчек** *м.* little féllow.

**человéческ||ий 1.** húman; ~ рáзум the húman mind; ~ая прирóда húman náture [...'neı-]; ~ род the húman race; **2.** (*человечный, гуманный*) humáne; ~ое обращéние humáne / kind tréatment.

**человéч||ество** *с.* humánity, mànkínd. **~ий** húman. **~ность** *ж.* humáne¦ness, humánity. **~ный** humáne.

**челюстн||óй** màxíllary; ~áя кость jáw-bòne; màxílla (*pl.* -ae) *научн.*

**чéлюст||ь** *ж.* jaw; màxílla (*pl.* -ae) *научн.*; вéрхняя ~ úpper jaw; ни́жняя ~ lówer jaw ['louə...]; (*млекопитающих и рыб*) mándible; выступáющая (вперёд) ~ prógnathous jaw; вставны́е ~и déntures.

**чéлядь** *ж. тк. ед. собир. уст.* sérvants *pl.*, ménials *pl.*

**чем** I *тв.*, **чём** *пр. см.* что I; ◇ уйти́ ни с чем get* nothing for one's pains.

**чем** II *союз* **1.** (*после сравн. ст.*) than: э́та кни́га лу́чше, ~ та this book is bétter than that one; в э́том годý посевнáя плóщадь бóльше, ~ в прóшлом this year the área únder crops is lárger than it was last year [...'ɛərıə...]; **2.** (*перед сравн. ст.*): чем..., тем the... the; ~ бóльше, тем лу́чше the more the bétter; ~ дáльше (*о времени*) as time goes on; (*о расстоянии*) as you move on, *или* go* fúrther [...mu:v... -ðə]; **3.** (+ *инф.*; *вместо того, чтобы*) instéad of [-'sted...] (+ *ger.*) *причём глаг. в личн. форме переводится через* had bétter + *inf.*; ~ говори́ть, ты пойди́ тудá сам you'd bétter go there your¦sélf instéad of tálking abóut it; ~ писáть, вы бы рáньше спросúли you'd bétter ask first and write áfterwards [...-dz].

**чем** III *частица*: чем свет at dáybreak [...-eɪk].

**чемерúца** *ж. бот.* héllebòre.

**чемодáн** *м.* trunk; (*небольшой*) súitcàse ['sjuːtkeɪs]; уложúть ~ pack a súitcàse / pòrtmánteau [...-tou].

**чемпиóн** *м.* chámpion; títle-hòlder; ~ мúра chámpion of the world; ~ по шáхматам, бóксу *и т. п.* chess, bóxing, *etc.*, chámpion. **~áт** *м.* chámpionship (tóurnament) [...'tuə-]. **~ский** *прил. к* чемпиóн. **~ство** *с.* (*звание чемпиона*) chámpionship.

**чемý** *дт. см.* что I.

**чепéц** *м.* cap.

**чепрáк** *м.* shábràck ['ʃæ-].

**чепух||á** *ж. тк. ед. разг.* nónsense, rot, rúbbish; болтáть, городúть ~ý talk nónsense / rúbbish; talk rot; э́то ~ this is nónsense / rúbbish. **~óвый** *разг.* trífling; э́то ~óвое дéло it is a trífling búsiness [...'bɪzn-].

**чéпчик** *м.* cap.

**червеобрáзный** vèrmícular; ~ отрóсток *анат.* vèrmícular appéndix (*pl.* -icès [-iːz]).

**чéрви** I *мн. см.* червь.

**чéрви** II *мн.* = чéрвы.

**червúв||еть**, очервúветь become* wórmy. **~ый** wórm-eaten, wórmy.

**червóнец** *м.* **1.** ten roubles [...ruː-] *pl.*, tchervónetz; **2.** *уст.* (*золотая монета*) gold piece / coin [...piːs...].

**червóнн||ый** I *карт.* of hearts [...hɑːts]; ~ валéт, ~ая дáма, ~ая десятка *и т. п.* knave of hearts, queen of hearts, ten of hearts, *etc.*

**червóнн||ый** II: ~ое зóлото pure gold.

**червотóчина** *ж.* wórm-hòle.

**чéрв||ы** *мн.* (*ед.* чéрва *ж.*) (*в картах*) hearts [hɑːts]; ходúть с ~éй lead* a heart.

**червь** *м.* worm; шелковúчный ~ sílkwòrm.

**червя́к** *м.* worm.

**червя́чн||ый** *тех.* worm (*attr.*); ~ая передáча wórm-gear [-gɪə]; ~ое колесó wórm-wheel.

**червяч||óк** *м. уменьш. от* червя́к; ◇ заморúть ~кá have a snack, take* a bite, pick a móuthful.

**чердáк** *м.* gárret.

**чердáчн||ый** *прил. к* чердáк; ~ое помещéние gárret.

**черёд** *м. разг.* turn; тепéрь твой ~ it is your turn now; ◇ идтú своúм чередóм take* its nórmal course [...kɔːs].

**черед||á** I *ж. уст., поэт.* train, séquence ['siː-]; длúнной ~óй in a long train.

**чередá** II *ж. бот.* márigòld.

**чередовáние** *с.* àltèrnátion, ínterchánge [-eɪndʒ]; ~ звýков *лингв.* sound ínterchánge; ~ глáсных *лингв.* vówel gradátion; ~ соглáсных *лингв.* ínterchánge of cónsonants.

**чередовáть** (*вн.* с *тв.*) áltèrnàte (*d.* with). **~ся** áltèrnàte; (*делать что-л. по очереди*) take* turns.

**чéрез** *предл.* (*вн.*) **1.** (*поверх препятствия*) óver; (*поперёк*) acróss: прыгнуть ~ барьéр jump óver *the* húrdle; перейтú ~ дорóгу walk acróss *the* road; ступúть ~ порóг step acróss the thréshòld; **2.** (*сквозь*) through: пройтú ~ лес walk through *the* fórest [...'fɔ-]; ~ окнó through *the* window; пройтú ~ испытáния go* through many tríals; **3.** (*о пунктах следования*) via; éхать в Кúев ~ Москвý go* to Kíèv via Móscow [...'kiːev...]; **4.** (*по прошествии*) in; ~ два часá in two hours [...auəz]; ~ нéсколько часóв in a few hours' time; ~ год in a year; (*в прошлом*) a year láter; ~ нéкоторое врéмя áfter a while; приходúть ~ день come* every other / sécond day [...'se-...]; ~ час по лóжке a spóonful an hour; **5.** (*посредством*) through; by way of; ~ когó-л. through smb.; ◇ ~ пень колóду *разг.* ány¦how; *другие особые случаи, не приведённые здесь, см. под теми словами, с которыми предл.* чéрез *образует тесные сочетания.*

**черёмуха** *ж.* **1.** (*дерево*) bírd-chèrry tree; **2.** (*ягода*) bírd-chèrry.

**черенóк** *м.* **1.** *бот.* cútting, graft; **2.** (*ручка*) handle, haft, heft.

**чéреп** *м.* skull; cránium (*pl.* -nia) *научн.*; (*эмблема смерти*) death's head [deθs hed]; ~ и кóсти skull and cróss-bònes.

**черепáх||а** *ж.* **1.** tórtoise [-təs]; (*морская*) turtle; **2.** *тк. ед.* (*материал*) tórtoise-shèll [-təs-]. **~овый** *прил. к* черепáха; ~овый грéбень tórtoise-shèll comb [...koum].

**черепá||ший** *прил. к* черепáха 1; ◇ ~шьим шáгом ≅ at a snail's pace.

**черепúц||а** *ж. собир.* tile, tíling; крытый ~ей tiled.

**черепúчн||ый** tiled; tile (*attr.*); ~ая крыша tiled roof, tíling; ~ завóд tile fáctory.

**черепн||óй** *анат.* cránial; ~áя корóбка cránium (*pl.* -nia).

**черепóк** *м.* crock.

**чересполóсица** *ж.* strip fárming.

**чересседéльник** *м.* saddle girth [...g-].

**чересчýр** *нареч.* too; ~ холóдный too cold; ~ мнóго much too much; ~ мáло too little; ◇ э́то ужé ~! that's too much!, that's gó¦ing too far!, that's a bit / little too thick.

**черéшневый** *прил. к* черéшня.

**черéшня** *ж.* **1.** *тк. ед. собир.* (sweet) chérries *pl.*; **2.** (*об отдельной ягоде*) (sweet) chérry; **3.** (*дерево*) chérry-tree.

**черешóк** *м. разг.* = черенóк.

**чёркать** (*вн.*) *разг.* (*вычёркивать*) cross out (*d.*), cross off (*d.*).

**черкéс** *м.* Circássian.

**черкéска** *ж.* (*одежда*) Circássian coat (*long-waisted outer garment*).

**черкéсский** Circássian; ~ язык Circássian, the Circássian lánguage.

**черкéшенка** *ж.* Circássian wóman* [...'wu-]; (*о девочке*) Circássian girl [...gəːl].

**черкнýть** *сов.* (*вн.*) *разг.* (*написать*) write* (*d.*), scríbble (*d.*); ~ нéсколько слов (*дт.*) drop a line (*i.*).

**чернёный** niéllòed.

**чернé||ть**, почернéть **1.** (*становиться чёрным*) turn / become* / grow* black [...-ou...]; bláckén; **2.** *тк. несов.* (*виднеться*) show* black [ʃou...]; вдалú ~л лес the fórest showed black in the dístance [...'fɔ-...]; чтó-то ~ло вдалú smth. black loomed in the dístance, there was a black spot in the dístance. **~ться** = чернéть 2.

**черни́ка** *ж. тк. ед.* **1.** *собир.* bílberries *pl.*; **2.** (*об отдельной ягоде*) bílberry; **3.** (*куст*) bílberry-bùsh [-buʃ].

**черни́ла** *мн.* ink *sg.*; копирова́льные ~ cópying ink; несмыва́емые ~ indélible ink; ◇ не успе́ли ещё вы́сохнуть ~, как the ink had hárdly dried when.

**черни́льн||ица** *ж.* ínk-pòt, ínk-wèll; (*прибор*) ínkstànd. **~ый** ink (*attr.*); ~ое пятно́ ínk-stain; ~ый каранда́ш cópying / indélible péncil; ~ый оре́шек óak-gàll, nút-gàll; ◇ ~ая душа́ péttifògger, búreaucràt ['bjuəro-].

**черни́ть** I, начерни́ть (*вн.*) blácken (*d.*).

**черни́ть** II, очерни́ть (*вн.*; *клеветать*) slánder ['slɑ:-] (*d.*); cast* slurs (up:ón); *сов. тж.* cast* a slur (up:ón); ~ чью-л. репута́цию soil smb.'s rèputátion.

**черни́чный** bílberry (*attr.*).

**черно||боро́дый** bláck-bearded. **~бро́вый** dárk-browed.

**черно-бу́р||ый** dárk-brown; ~ая лиса́ sílver fox.

**черновáт||ый** bláckish; с ~ым отли́вом shot with black.

**чернови́к** *м.* **1.** (*черновой набросок*) rough cópy [rʌf 'kɔ-]; **2.** (*черновая тетрадь*) rough nóte:book.

**чернов́ой** rough [rʌf]; (*предварительный*) draft (*attr.*).

**черно||воло́сый** bláck-haired. **~гла́зый** bláck-eyed [-aɪd].

**черноголо́вка** *ж. зоол.* bláckcàp.

**черного́р||ец** *м.*, ~ский Mòntenégrin [-'ni:-].

**черногри́вый** bláck-màned.

**чернозём** *м.* chérnozèm, black earth [...ə:θ]. ~ный chérnozèm (*attr.*), black earth [...ə:θ] (*attr.*); ~ная полоса́ chérnozèm zone, black earth zone / belt.

**чернокни́жник** *м. уст.* magícian.

**черно||ко́жий** **1.** *прил.* black; **2.** *м. как сущ.* black; cólour:ed man* ['kʌ-...] *амер.* **~ку́дрый** with black curls.

**чернолéсье** *с.* decíduous woods [...wu-] *pl.*

**черномáзый** *разг.* swárthy [-ðɪ].

**черномо́рец** *м.* sáilor of the Black Sea Fleet.

**черномо́рск||ий** Black Sea (*attr.*); ~ое побере́жье Black Sea coast; Черномо́рский флот Black Sea Fleet.

**черноо́кий** *поэт.* bláck-eyed [-aɪd], dárk-eyed [-aɪd].

**чернорабо́чий** *м. скл. как прил.* únskilled wórk:man* / wórker.

**чернослúв** *м. тк. ед. собир.* prunes *pl.*

**черносо́тен||ец** *м. ист.* one of the Black Húndreds, Bláck-Húndreder. **~ный** *ист.* Bláck-Húndred (*attr.*).

**чернота́** *ж.* bláckness.

**чернотáл** *м. бот.* báy-leaf wíllow.

**черно||у́сый** with a black moustáche [...məs'tɑ:ʃ], bláck-moustáched [-məs'tɑ:ʃt]. **~шёрстый** bláck-fùrred.

**чёрн||ый** **1.** (*прям. и перен.*) black; ~ хлеб brown / black bread [...bred], rýe-bread [-ed]; ~ как смоль jét-bláck; ~ как у́голь cóal-bláck; ~ метáлл *тех.* férrous métal [...'me-]; ~ая металлу́ргия férrous métal índustry; ~ые пары́ *с.-х.* fállow land *sg.*; ~ая неблагодáрность black in:grátitùde; ~ая зáвисть black énvy; ~ая меланхо́лия deep mélancholy [...-kə-]; ~ые мы́сли dark / gloómy thoughts; ~ое дéло críme, black deed; **2.** (*не главный, подсобный*) back (*attr.*); ~ двор báck:yàrd; ~ая лéстница báckstairs *pl.*; ~ ход back éntrance; **3.** *с. как сущ.* black; ходи́ть в ~ом wear* black [wɛə...]; ◇ ~ым по бéлому in black and white; ~ая рабо́та únskilled lábour; ~ое дéрево ébony; ~ то́поль black póplar [...'pɔ-]; ~ая би́ржа illégal exchánge [...-'tʃeɪ-]; ~ ры́нок black márket; держáть кого́-л. в ~ом тéле íll-tréat / màltréat smb. [...mæl-...]; ви́деть всё в ~ом свéте see* évery:thing in the worst light; на ~ день for a ráiny day; берéчь, откла́дывать на ~ день províde agáinst, *или* lay* up for, a ráiny day; ~ая со́тня the Black Húndred; ~ое духовéнство the régular clérgy; мéжду ни́ми пробежáла ~ая ко́шка ≅ there is a cóolness betwéen them, they have fáll:en out óver sóme:thing.

**черны́м-черно́** *нареч.* pítch-dárk.

**чернь** I *ж. уст.* rábble, mob.

**чернь** II *ж.* (*черне́ное серебро*) niéllò.

**черпáк** *м.* scoop; (*землечерпалки*) búcket.

**черпáлка** *ж. разг.* scoop.

**чéрп||ать** (*вн.*) draw* (*d.*); (*ковшом*) ladle (out) (*d.*); (*ложкой*) spoon (up / out) (*d.*); (*перен.*) draw* (*d.*); ~ во́ду draw* wáter [...'wɔ:-]; ~ свéдения draw* informátion; ~ знáния get* knówledge [...'nɔ-]; ~ си́лы (из) deríve (one's) stréngth (from). **~ну́ть** *сов.* (*вн.*) scoop up (*d.*).

**черствéть** I, зачерствéть get* stale.

**черствéть** II, очерствéть (*о человеке*) become* hárdened / cállous.

**чёрств||ость** *ж.* **1.** stále:ness; **2.** (*о характере*) hárd-héartedness [-'hɑ:tɪd-], cállous:ness. **~ый** **1.** stale; ~ый хлеб dry / stale bread [...bred]; **2.** (*о человеке*) hárd-héarted [-'hɑ:t-], cállous.

**чёрт** *м.* dévil, deuce; ◇ иди́ к ~у! go to the dévil!; ~ возьми́!, ~ побери́! deuce take it!; ~ знáет что! what the díckens / dévil!; какóго ~а! what the deuce / blázes!: какóго ~а он там дéлает! what the deuce / blázes is he doing there!; — на кой ~ why the hell?; не поня́ть ни чертá not ùnderstánd a thing; сам ~ не разберёт, сам ~ но́гу сло́мит ≅ there is no máking head or tail of it [...hed...]; ~а с два! like hell!; чем ~ не шу́тит ≅ don't be too sure [...ʃuə]; you never can tell; у ~а на кули́чках at the world's end; не так стрáшен ~, как егó малю́ют *посл.* the dévil is not so térrible as he is páinted; (*не так плох*) the dévil is not so black as he is páinted.

**черт||á** *ж.* **1.** (*линия*) line; провести́ ~у́ draw* a line; проводи́ть ~у́ (мéжду) (*перен.*) draw* a distínction (betwéen); **2.** (*граница, предел*) bóundary, précinct ['pri:-]; ~ го́рода cíty / town bóundaries ['sɪ-...] *pl.*; в ~é го́рода within the précincts of *a* town; погранúчная ~ bóundary; ~ осéдлости *ист.* the Jéwish pale; **3.** (*свойство, особенность*) trait [treɪ]; (*характера тж.*) streak; отличи́тельная ~ distínguishing féature; э́то фами́льная, семéйная ~ it is a fámily trait; it runs in the fámily *идиом.*; ◇ ~ы́ лицá féatures; в óбщих ~áх róughly ['rʌf-], in (géneral) óutline, in a géneral way.

**чертёж** *м.* draught [drɑːft]; draft *амер.*; (*набросок*) sketch; рабочие чертежи wórking dráwings. **~ная** *ж. скл. как прил.* dráwing óffice; dráughting room ['drɑːft-...]; dráfting room *амер.* **~ник** *м.* dráughts¦man* ['drɑːft-]; dráfts¦man* *амер.* **~ница** *ж.* dráughts¦wòman* ['drɑːftswu-]; dráfts¦wòman* [-wu-] *амер.* **~ный** dráwing (*attr.*); ~ное перó dráwing-pèn; ~ная иглá dráwing-point; ~ная доскá dráwing-board; ~ная линéйка rúler; ~ные кýрсы cóurses of dráughtsmanship ['kɔːs-... 'drɑːft-].

**чертёнок** *м.* imp.

**чёртик** *м.*: до ~ов *разг.* till one is sick.

**чертúть,** начертúть (*вн.*) draw* (*d.*); ~ план draw* a plan; ~ кáрту make* a map.

**чёртов** *прил.* the dévil's own [...oun]; ~ пáлец *мин.* thúnderstòne, thúnderbòlt; bélemnite *научн.*; ◇ ~а дю́жина báker's dózen [...'dʌ-].

**чертóвка** *ж. бран.* shé-dévil; (*ведьма*) hag, witch.

**чертóвск||и** *нареч. разг.* dévilishly, déucedly; он ~ спешит he is in a dévilish / deuced / inférnal húrry; он ~ гóлоден he is áwfully húngry, he is simply stárving; ~ далекó a hell of a way, a confóunded long way. **~ий** *разг.* dévilish, deuced; ~ая рабóта deuced hard work; ~ая хúтрость dévilish cúnning.

**чертовщúна** *ж. разг.* dévilry; что за ~? what sort of dévilry is this?

**чертóг** *м. поэт.* (*помещение*) hall, chámber ['tʃeɪ-]; (*дворец*) pálace.

**чертополóх** *м. бот.* thistle.

**чёрточка** *ж. разг.* **1.** *уменьш. от* чертá 1, 3; **2.** (*дефис*) dash.

**чертыхáться,** чертыхнýться *разг.* swear* [swɛə].

**чертыхнýться** *сов. см.* чертыхáться.

**черчéние** *с.* dráwing; техни́ческое ~ mechánical dráwing [-'kæ-...].

**чесáлка** *ж. текст.* cómbing-machine ['kou- -ʃiːn]; (*для льна*) flax comb [...koum], hackle.

**чесáльн||ый** *текст.* cárding; cómbing ['koum-]; háckling; ~ая машúна = чесáлка.

**чесáльщ||ик** *м.*, **~ица** *ж. текст.* cómber ['koumə], cárder.

**чесáние** *с. текст.* cómbing ['koum-], cárding; háckling.

**чёсаный** *текст.* combed [koumd], cárded.

**чесáть,** почесáть (*вн.*) **1.** *тк. несов.* (*о волосах*) comb [koum] (*d.*); **2.** *тк. несов. текст.* comb (*d.*), card (*d.*); **3.** (*о руке, носе и т. п.*) scratch (*d.*): он почесáл себé рýку he scratched his hand; ◇ язы́к ~ wag one's tongue [wæg...tʌŋ].

**чесáться,** почесáться **1.** scratch òne¦sélf; **2.** *тк. несов.* (*об ощущении*) itch; у негó чéшется нос his nose ítches; ◇ у негó рýки чéшутся э́то сдéлать he is ítching to do it; у негó рýки чéшутся взять э́ту кни́гу his fingers are ítching to take that book, *или* for that book; у негó язы́к чéшется сказáть э́то his tongue ítches to say it [...tʌŋ...].

**чеснóк** *м.* gárlic.

**чеснóчн||ый** *прил. к* чеснóк; ~ая головка a gárlic.

**чесóт||ка** *ж.* itch, scab; (*у животных*) mange [meɪndʒ]. **~очный** scábby; mángy ['meɪndʒɪ]; ~очный клещ ítch-mite.

**чéствование** *с.* (*рд.*) feast / cèlebrátion in hónour [...'ɔnə] (of) (*ср.* чéствовать).

**чéствовать** (*вн.*) make* a feast in hónour [...'ɔnə] (of); ~ когó-л. по слýчаю возвращéния célebràte the retúrn of smb.; ~ когó-л. по слýчаю годовщúны célebràte smb.'s ànnivérsary.

**чéстер** [-тэр] *м.* (*сыр*) Chéshire cheese.

**честúть** (*вн.*) *разг.* abúse (*d.*).

**чéстно** I *прил. кратк. см.* чéстный.

**чéстно** II *нареч.* hónest¦ly ['ɔn-]; (*справедливо*) fair, fáirly; (*прямо, откровенно*) fránkly; он ~ отвéтил, что he ánswered hónest¦ly / fránkly that [...'ɑːnsəd 'ɔn-...]; дéйствовать, поступáть ~ по отношéнию к комý-л. act fáirly by smb.; play fair by smb. *идиом.*

**честн||óй:** вся ~áя компáния *разг.* the whole lot of them [...houl...].

**чéстн||ость** *ж.* hónesty ['ɔn-], intégrity, úp¦rightness; ~ в делáх straight déaling. **~ый** hónest ['ɔn-], hónest-minded ['ɔn-], úp¦right; (*справедливый*) fair; ~ый человéк hónest pérson / man*; ~ые лю́ди people of intégrity [piː-...], hónest-minded people; э́то не ~о that is not hónest; (*несправедливо*) that is not fair; ◇ дать ~ое слóво give* / pledge one's word of hónour [...'ɔnə]; ~ое слóво! up¦ón my word!, up¦ón my hónour!; hónest¦ly! ['ɔn-], hónour bright! *разг.*

**честолю́б||ец** *м.* àmbítious man*, man* of great àmbítion [...greɪt...]. **~úвый** àmbítious. **~ие** *с.* àmbítion; неудовлетворённое ~ие, обмáнутое ~ие thwárted àmbítion.

**чест||ь** *ж.* hónour ['ɔnə]; дéло ~и mátter of hónour; человéк ~и man* of hónour; егó ~ задéта his hónour is at stake; считáю за ~ I consíder it an hónour [...-'sɪ-...]; он у них в ~й *разг.* they make much of him; на егó дóлю вы́пала ~ (+ *инф.*) the hónour fell on / to him (+ to *inf.*); he had the hónour (+ to *inf.*); оказáть комý-л. ~ do smb. the hónour (of); он дéлает ~ своéй шкóле he is an hónour to his school; поддержáть ~ (*рд.*) ùp¦hóld* the hónour (of); э́то дéлает емý ~ that does him crédit; к егó ~и нáдо сказáть to his crédit be it said [...sed]; отдавáть ~ (*дт.*) *воен.* salúte (*d.*); отдáние ~и *воен.* salúting, salúte; имéю ~ I have the hónour; не имéю ~и знать вас I have not the hónour of knówing you [...'nou-...]; ◇ с ~ью вы́йти из положéния come* out of *a* situátion with crédit; come* off with flýing cólours [...'kʌ-] *идиом.*; с ~ью вы́полнить что-л. accómplish smth. with crédit; с ~ью вы́полнить свой долг (пéред) hónour¦ably dis¦chárge one's dúty ['ɔnə-...] (to); в ~ когó-л., чегó-л. in hónour of smb., of smth.; ~ и мéсто *разг.* you are very wélcome; порá и ~ знать *разг.* one ought not to abúse (*smb.'s* hòspitálity, kínd¦ness, *etc.*); ~ ~ью in a próper fáshion [...'prɔ-...].

**чесучá** *ж. текст.* tússòre (silk).

**чесучóвый** tússòre(-silk) (*attr.*).

**чёт** *м.* éven númber; ~ и нéчет odd and éven.

**четá** *ж.* couple [kʌ-], pair; супрýжеская ~ márried couple; ◇ он тебé не ~ (*не пара*) he is no match for you; (*не идёт в сравнение*) there is no compáring you two.

**четве́рг** *м.* Thúrsday ['θə:zdɪ]; по ~áм on Thúrsdays, every Thúrsday.

**четвере́ньк||и** *мн.*: на ~ах on all fours [...fɔ:z]; стать на ~ go* down on one's hands and knees.

**четвери́к** *м. уст.* (*мера*) tchètverík.

**четвёрка** *ж.* **1.** (*цифра*) four [fɔ:]; **2.** *карт.* four; ~ черве́й, пик *и т. п.* the four of hearts, spades, *etc.* [...hɑ:ts...]; **3.** (*лошадей*) fóur-in-hánd ['fɔ:-]; team of four hórses; **4.** (*отметка*) four (*out of five*); **5.** *спорт.* (*лодка*) a four; **6.** *воен. ав.* flight of four áircràft.

**четверно́й** fóurfòld ['fɔ:-].

**четверня́** *ж.* = четвёрка 3.

**че́тверо** *числит.* four [fɔ:]; для всех четверы́х for all four; их ~ there are four of them.

**четвероно́г||ие** *мн. скл. как прил. зоол.* quádrupèd. ~**ий** *зоол.* fóur-fóoted ['fɔ:'fut-], fóur-légged ['fɔ:-]; quàdrúpedal *научн.*

**четверору́кие** *мн. скл. как прил. зоол.* fóur-hánded ['fɔ:-]; quàdrúmana *научн.*

**четверости́шие** *с. лит.* quátrain.

**четвертáк** *м. уст. разг.* twénty five cópècks *pl.*

**четверти́нка** *ж. разг.* small bottle (*holding 0.25 litre of vodka, etc.*).

**четверти́чн||ый** *геол.* Quatérnary; ~ая систе́ма Quatérnary sýstem.

**четвертн||о́й**: ~ биле́т *уст. разг.* twénty-five rouble note [...ru:bl...]; ~áя но́та *муз.* one / a fourth [...fɔ:θ].

**четвертов||áние** *с. ист.* quártering. ~**áть** *несов. и сов.* (*вн.*) *ист.* quárter (*d.*).

**четверту́шка** *ж. разг.* a quárter.

**четвёрт||ый** fourth [fɔ:θ]; ~ое января́, февраля́ *и т. п.* the fourth of Jánuary, Fébruary, *etc.*; Jánuary, Fébruary, *etc.*, the fourth; страни́ца, главá ~ая page, chápter four [...fɔ:]; ~ но́мер númber four; ему́ (пошёл) ~ год he is in his fourth year; ему́ ~ деся́ток пошёл he is past thírty; ужё ~ час it is past three; в ~ом часу́ past / áfter three; полови́на ~ого half past three [hɑ:f...]; три че́тверти ~ого a quárter to four; однá ~ая one fourth.

**че́тверт||ь** *ж.* **1.** a quárter, a fourth [...fɔ:θ]; *муз.* (one) fourth; ~ го́да three months [...mʌ-] *pl.*; ~ ве́ка a quárter of a céntury; ~ чáса a quárter of an hour [...auə]; ~ второ́го a quárter past one; без ~и час a quárter to one; купи́ть за ~ цены́ (*вн.*) get* for quárter the price (*d.*), get* for a quárter of the price (*d.*); ~ листá *полигр.* quártò; **2.** (*часть учебного года*) term.

**чётки** *мн. церк.* rósary ['rouz-] *sg.*; beads.

**чётк||ий** clear; cléar-cût; (*о почерке тж.*) légible; (*точный*) áccurate; (*об исполнении*) efficient; ~ по́черк clear / légible hánd¦wríting; ~ие директи́вы clear / precíse diréctions [...-s...]; ~ое исполне́ние задáния efficient perfórmance of *a* task. ~**ость** *ж.* cléarness; (*почерка тж.*) lègibílity; (*точность*) áccuracy.

**чётн||ый** éven; ~ое число́ éven númber.

**четы́ре** *числит.* four [fɔ:]; ◇ на все ~ сто́роны whèr¦éver one chóoses ['wɛər-...].

**четы́режды** *нареч.* four times [fɔ:...]; ~ четы́ре four times four, four fours.

**четы́реста** *числит.* four húndred [fɔ:...].

**четырёх-** (*в сложн. словах, не приведённых особо*) of four [...fɔ:], *или* fóur- — *соотв. тому, как даётся перевод второй части слова, напр.* четырёхдне́вный of four days, fóur-day ['fɔ:-] (*attr.*); (*ср.* -дне́вный: of... days, -day *attr.*); четырёхме́стный with berths, seats for 4; (*о самолёте и т. п.*) fóur-séater ['fɔ:-] (*attr.*); (*ср.* -ме́стный).

**четырёхгоди́чный** fóur-year ['fɔ:-] (*attr.*).

**четырёхголо́сный** *муз.* fóur-pàrt ['fɔ:-] (*attr.*).

**четырёх||грáнник** *м. мат.* tétrahédron. ~**грáнный** *мат.* tétrahédral.

**четырёх||клáссный** fóur-year ['fɔ:-] (*attr.*). ~**колёсный** fóur-wheel(ed).

**четырёхкрáтный** fóurfòld ['fɔ:-].

**четырёхле́т||ие** *с.* **1.** (*годовщина*) fourth ànnivérsary [fɔ:θ...]; **2.** (*срок в 4 года*) four years [fɔ:...] *pl.* ~**ний** **1.** (*о сроке*) of four years [...fɔ:...]; fóur-year ['fɔ:-] (*attr.*); **2.** (*о возрасте*) of four; fóur-year-óld ['fɔ:-]; ~ний ребёнок child* of four (years); fóur-year-óld child*.

**четырёхме́сячный** **1.** (*о сроке*) of four months [...fɔ: mʌ-]; fóur-mònth ['fɔ:mʌ-] (*attr.*); **2.** (*о возрасте*) fóur-mònths óld ['fɔ:mʌ-]; ~ ребёнок fóur-mònths-óld báby.

**четырёхмото́рный** fóur-éngined ['fɔ:'endʒ-].

**четырёхнеде́льный** **1.** (*о сроке*) of four weeks [...fɔ:...]; fóur-wéek ['fɔ:-] (*attr.*); **2.** (*о возрасте*) fóur-week-óld ['fɔ:-].

**четырёхпроце́нтный** four percént [fɔ:...] (*attr.*).

**четырёхря́дный** *с.-х.* fóur-row ['fɔ:rou] (*attr.*); ~ культивáтор fóur-row cúltivàtor.

**четырёхсло́жный** *лингв.* fóur-sỳllable ['fɔ:-] (*attr.*); tétrasyllábic *научн.*

**четырёхсотле́тний** of four húndred years [...fɔ:...]; ~ юбиле́й quáter-cènténary [-'ti:-].

**четырёхсо́т||ый** fóur-húndredth ['fɔ:-]; страни́ца ~ая page four húndred [...fɔ:...]; ~ но́мер númber four húndred; ~ая годовщи́на fóur-húndredth ànnivérsary; ~ год the year four húndred.

**четырёх||сто́пный** *лит.* tètrámeter (*attr.*); ~ ямб iámbic tètrámeter. ~**сторо́нний** **1.** *мат.* quàdrilátera1; **2.** (*о договоре и т. п.*) quàdripártite. ~**стру́нный** fóur-string¦ed ['fɔ:-].

**четырёхуго́льн||ик** *м.* quàdrángle; (*квадрат*) square. ~**ый** quàdrángular.

**четырёхчасово́й** **1.** (*о продолжительности*) of four hours [...fɔ:rauəz]; fóur-hour ['fɔ:rauə] (*attr.*); **2.**: ~ по́езд the four o'clóck train; the four o'clóck *разг.*

**четырёхэтáжный** fóur-stóreyed ['fɔ:'stɔ:rɪd].

**четы́рнадцати-** (*в сложн. словах, не приведённых особо*) of fóurtéen [...'fɔ:-], *или* fóurtéen- — *соотв. тому, как даётся перевод второй части слова, напр.* четырнадцатидне́вный of fóurtéen days, fóurtéen-day ['fɔ:-] (*attr.*); (*ср.* -дне́вный: of... days, -day *attr.*); четырнадцатиме́стный with berths, seats for 14; (*о самолёте и т. п.*) fóurtéen-séater (*attr.*); (*ср.* -ме́стный).

**четырнадцатиле́тний** **1.** (*о сроке*) of fóurtéen years [...'fɔ:-...]; fóurtéen-year ['fɔ:-]

(*attr.*); **2.** (*о возрасте*) of fóurtéen; fóurtéen-year-óld ['fɔː-]; ~ мáльчик boy of fóurtéen; fóurtéen-year-óld boy.

**четы́рнадцат||ый** fóurtéenth ['fɔː-]; ~ое мáя, ию́ня *и т. п.* the fóurtéenth of May, June, *etc.*; May, June, *etc.*, the fóurtéenth; страни́ца, главá ~ая page, chápter fóurtéen [...'fɔː-]; ~ нóмер número fóurtéen; емý (пошёл) ~ год he is in his fóurtéenth year; однá ~ая one fóurtéenth.

**четы́рнадцать** *числит.* fóurtéen ['fɔː-]; ~ раз ~ fóurtéen times fóurtéen; fóurtéen fóurtéens.

**чех** *м.* Czech [ʧek].

**чехардá** *ж.* (*игра*) léap-fròg; (*перен.*) ráp-id change [...ʧeɪ-].

**чехóл** *м.* (*футляр*) case [-s]; (*для мебели и т. п.*) cóver ['kʌ-]; бéлый холщóвый ~ slip-còver of white Hólland [-kʌ-...].

**чехословáцкий** Czéchò-Slóvàk ['ʧek-].

**чечеви́ца** *ж.* **1.** *бот.* léntil; **2.** *физ.* lens [-nz].

**чечеви́чн||ый** *прил. к* чечеви́ца 1; ◇ ~ая похлёбка mess of póttage; продáться за ~ую похлёбку sell* one's birthright for a mess of póttage.

**чечётк||а** *ж.* **1.** (*птица*) línnet; **2.** (*танец*) tchetchótka (*a tap-dance*); танцевáть ~у táp-dànce.

**чéш||ка** *ж.* Czech wóman* [ʧek 'wu-]. **~ский** Czech [ʧek]; ~ский язы́к Czech, the Czech lánguage.

**чешý||ка** *ж.* (físh-)scàle. **~чатый** scály.

**чешу||я́** *ж. тк. ед.* scales *pl.*; сбрóсить ~ю shed* the / its scales, scale; снимáть ~ю (с *рд.*) scale (*d.*).

**чи́бис** *м.* lápwing, pé(e)wit.

**чиж** *м.* sískin. **~ик** *м.* **1.** = чиж; **2.** (*игра*) típ-càt.

**чил||и́ец** *м.*, **~и́йка** *ж.* Chílian. **~и́йский** Chílian, Chíle ['ʧɪlɪ] (*attr.*); ~и́йская сели́тра Chíle sáltpètre.

**чили́кать,** чили́кнуть = чири́кать, чири́кнуть.

**чин** *м.* rank, grade; имéть высóкий ~ have a high rank; повышéние в ~е promótion; быть в ~áх have rísen to the hígher ranks [... 'rɪz°n...], have attáined the hígher ranks; ◇ ~ ~ом *разг.* in good órder, próperly; без ~óв without céremony.

**чинáр** *м.*, **~а** *ж. бот.* plane (tree).

**чини́ть** I, почини́ть (*вн.*; *исправлять*) repáir (*d.*); (*о белье, платье и т. п.*) mend (*d.*); ~ кóе-кáк tínker (*d.*).

**чини́ть** II, очини́ть (*вн.*; *заострять*) point (*d.*), shárpen (*d.*).

**чини́ть** III (*вн.*; *создавать*) cause (*d.*), put* in the way (*d.*); ~ препя́тствия комý-л. put* óbstacles in smb.'s way; ~ суд и расправý admíníster jústice and inflíct púnishment [...'pʌ-].

**чи́нн||ость** *ж.* sedáte¦ness; (*приличие*) decórum. **~ый** sedáte; (*приличный*) décorous; (*церемонный*) cèremónious.

**чинóвни||к** *м.* offícial; fúnctionary; (*бюрократ*) búreaucràt [-rok-]. **~ческий** *прил. к* чинóвник; (*бюрократический*) bùreaucrátic [-ro'k-]; réd-tàpe (*attr.*). **~чество** *с. собир.* offícialdom; the offícials *pl.* **~чий** *прил. к* чинóвник.

**чинóвный** *уст.* of high rank / grade.

**чино||почитáние** *с. уст.* respéct for rank; (*подобострастие*) sèrvílity. **~произвóдство** *с. уст.* promótion in rank.

**чинýша** *м. презр.* réd-tàpist.

**чи́рей** *м. разг.* boil, fúrùncle.

**чири́к||анье** *с.* chírp(ing), twíttering. **~ать** chirp, twítter. **~нуть** *сов.* give* a chirp; грóмко ~нуть give* a loud chirp.

**чи́рк||ать,** чи́ркнуть (*тв.*): ~ спи́чкой strike* a match. **~нуть** *сов. см.* чи́ркать.

**чирóк** *м. зоол.* teal.

**чи́сленн||ость** *ж.* númber(s) (*pl.*); quántity; (*о войсках*) strength; ~остью в сто человéк one húndred in númber; one húndred strong; увеличéние ~ости (*рд.*) ín¦crease in the númber [-s...] (of); óбщая ~ áрмии óver-áll strength of *the* ármy. **~ый** númeral, numérical; ~ое превосхóдство numérical supèriórity; ~ый состáв (numérical) strength.

**числи́тель** *м. мат.* númeràtor.

**числи́тельное** *с. скл. как прил. грам.*, и́мя ~ númeral; колúчественное ~ cárdinal (númber); поря́дковое ~ órdinal (númber).

**чи́слить** (*вн.*) count (*d.*), réckon (*d.*); ~ когó-л. больны́м put* smb. on the síck-list. **~ся** be réckoned; ~ся в спи́ске be on the list; ~ся больны́м be on the síck-list; ~ся в óтпуске be on leave; э́та кни́га чи́слится за ним this book is down in his name; перестáть ~ся take* one's name off the books; ~ся среди́ be among, be one of; (*о нескольких, многих*) be some of.

**числ||ó** *с.* **1.** (*в разн. знач.*) númber; *мат. тж.* quántity; цéлое ~ whole númber [houl...]; дрóбное ~ fráctional númber; именóванное ~ cón¦crète númber; отвлечённое ~ ábstràct númber; простóе ~ prime númber; чётное ~ éven númber; нечётное ~ odd númber; мни́мое ~ imáginary quántity; крáтное ~ múltiple quántity; передáточное ~ *тех.* gear rátiò [gɪə...]; неизвéстное ~ ún¦knówn quántity [-'noun...]; еди́нственное ~ *грам.* síngular (númber); мнóжественное ~ *грам.* plúral (númber); **2.** (*дата*) date; какóе сегóдня ~? what is the date (to¦dáy)?, what date is it to¦dáy?; сегóдня 5-е ~ to¦dáy is the fifth; помечáть ~óм (*вн.*) date (*d.*); помéтить зáдним ~óм (*вн.*) ántedáte (*d.*); без ~á without date, úndáted; dáte¦less; в пéрвых чи́слах ию́ня éarly in June ['əː-...], in the first days of June; ◇ без ~á without númber, in (great) númbers [...-eɪt...]; оди́н из их ~á one of their númber, one of them; в том ~é in¦clúding; срéдним ~óм on an áverage; в большóм, небольшóм ~é in great, small númbers; по ~ý члéнов by the númber of mémbers; ~óм in númber; ~óм в двáдцать человéк twénty in númber; превосходи́ть ~óм (*вн.*) excéed in númber (*d.*); outnúmber (*d.*).

**числовóй** numérical.

**чисти́лище** *с. рел.* púrgatory.

**чи́стильщик** *м.*: ~ сапóг shóe¦blàck ['ʃuː-], bóotblàck.

**чи́стить,** почи́стить (*вн.*) **1.** clean (*d.*); (*отчищать, промывать тж.*) scour (*d.*); (*щёткой*) brush (*d.*); (*скрести*) scrub (*d.*); (*драгой*) dredge (*d.*); (*полировать*) fúrbish (*d.*); ~ (себé) сапоги́, башмаки́ clean (one's) boots, shoes

[...ʃuːz]; (*ваксой*) black (one's) boots, shoes; ~ (себе́) зу́бы clean / brush one's teeth; ~ пла́тье (*щёткой*) brush clothes [...klou-]; (*химически*) drý-cléan clothes; ~ металли́ческие изде́лия scour métal [...'me-]; ~ посу́ду scrub / scour díshes; ~ кана́л dredge *a* canál; ~ ло́шадь rub down *a* horse; ~ тру́бы sweep* chímneys; 2. (*о фруктах, овощах*) peel (*d.*); (*об орехах*) shell (*d.*); (*о рыбе*) scale (*d.*). **~ся**, почи́ститься **1.** clean òne¦sélf, brush òne¦sélf; (*ср.* чи́стить); **2.** *страд. к* чи́стить.

**чи́стк||а** *ж.* **1.** cléaning; (*уборка*) cléan-úp; отда́ть что-л. в ~у have smth. cleaned, send* smth. to the cléaner's; **2.** *полит.* purge; cómbing-out ['koum-].

**чи́сто** I **1.** *прил. кратк. см.* чи́стый; **2.** *предик. безл.* it is clean; здесь ~ it is clean here.

**чи́сто** II *нареч.* **1.** cléanly; (*аккуратно, точно*) néatly; **2.** (*исключительно*) púre¦ly.

**чистови́к** *м. разг.* fair / clean cópy [...'kɔ-].

**чистов||о́й** clean, fair; ~а́я тетра́дь éxercise book for fair cópies [...'kɔ-]; ~ экземпля́р clean / fair cópy; ~а́я обрабо́тка (чего́-л.) fínishing (of smth.).

**чистога́н** *м. разг.* cash, réady móney ['redɪ 'mʌ-]; заплати́ть ~ом pay* cash down.

**чистокро́вн||ый** púre-blooded [-blʌd-], thóroughbrèd ['θʌrə-]; ~ая ло́шадь thóroughbrèd horse.

**чистописа́ние** *с.* calligraphy.

**чистопло́тн||ость** *ж.* cléanliness ['klen-]. **~ый** clean; cléanly ['klen-].

**чистоплю́йство** *с. разг.* òver¦fastídious¦-ness.

**чистопоро́дный** of pure breed; thóroughbrèd ['θʌrə-]; ~ скот thóroughbrèd cattle.

**чистосерде́чие** *с.* = чистосерде́чность.

**чистосерде́чн||ость** *ж.* cándour, fránkness. **~ый** cándid, frank, ópen-héarted [-'hɑːt-]; ~ое призна́ние frank / ópen-héarted conféssion.

**чистосо́ртн||ый:** ~ые семена́ selécted seeds.

**чистот||а́** *ж.* **1.** (*отсутствие грязи*) cléanness; ~ ко́мнаты cléanness of *the* room; **2.** (*опрятность*) néatness; (*чистоплотность*) cléanliness ['klen-]; **3.** (*отсутствие примеси*) púrity; ~ воды́ púrity of wáter [...'wɔː-]; ~ во́здуха cléarness / clárity / púrity of the air; **4.** (*намерений, побуждений и т. п.*) púrity; ◇ говори́ на ~у́ speak out.

**чистоте́л** *м. бот.* gréater célandine ['greɪ-...].

**чи́ст||ый** **1.** clean; ~ воротни́к clean cóllar; ~ые ру́ки clean hands; ~ая страни́ца clean / blank page; **2.** (*опрятный*) neat, tidy; **3.** (*без примеси*) pure; (*неразбавленный тж.*) straight, neat; ~ое зо́лото pure gold; ~ое серебро́ pure sílver; бриллиа́нт ~ой воды́ díamond of the first wáter [...'wɔː-]; ~ая вода́ pure wáter; ~ во́здух clear / pure air; ~ спирт pure álcohòl; neat spírits *pl. разг.*; **4.** (*о голосе, произношении*) clear; **5.** (*о доходе, прибыли, весе*) net, clear; ~ вес net weight; ~ дохо́д, ~ая при́быль net prófit; ~ бары́ш *разг.* clear prófit; име́ть сто рубле́й ~ого бары́ша make* a clear húndred roubles [...ruː-]; **6.** (*честный, безупречный, беспорочный*) pure; **7.** (*сущий*) mere, pure; (*о невежестве, озорстве и т. п.*) sheer; ~ слу́чай mere / pure chance; ~ое совпаде́ние mere / pure coíncidence; из ~ого сострада́ния from pure compássion; ~ое недоразуме́ние pure mísùnderstánding; ~ вздор sheer / dównright nónsense; ~ая пра́вда simple truth [...truːθ]; ~ое безу́мие sheer mádness; ◇ принима́ть что-л. за ~ую моне́ту ≅ take* smth. at its face válue, take* smth. in all good faith; ~ое по́ле ópen cóuntry [...'kʌ-]; вы́йти ~ым clear òne¦sélf; ~ая рабо́та neat job.

**чита́льный:** ~ зал = чита́льня.

**чита́льня** *ж.* réading-hàll, réading-room.

**чита́тель** *м.*, **~ница** *ж.* réader; благоскло́нный ~ *уст.* gentle réader; любе́зный ~ cóurteous réader ['kəːt-...]. **~ский** *прил. к* чита́тель; ~ская конфере́нция réaders' cónference.

**чита́ть,** прочéсть, прочита́ть (*вн.*) **1.** read* (*d.*); ~ вслух read* alóud; ~ про себя́ read* sílent¦ly, read* to òne¦sélf; ~ по склада́м spell* (*d.*); бы́стро ~ кни́ги be a quick réader; **2.:** ~ ле́кции give* / delíver léctures [...-'lɪ-...]; lécture; ~ докла́д read* a páper; ◇ ~ чьи-л. мы́сли read* smb.'s thoughts; ~ стихи́ recíte póetry; ~ ка́рту read* *a* map; máp-read* *неол.*

**чита́ться** **1.** read*; кни́га легко́ чита́ется this book reads éasily [...'iːz-]; **2.** *страд. к* чита́ть; ◇ ему́ что́-то не чита́ется he does not feel like réading.

**чи́тка** **1.** réading; **2.** *театр.* (first) réading.

**чиха́||нье** *с.* snéezing; stèrnutátion *научн.*; ◇ на вся́кое ~ не наздра́вствуешься ≅ you can't please évery¦òne [...kɑːnt...]. **~тельный** snéezing; sternútative, sternútatory *научн.*; ~тельный газ *воен. хим.* snéezing gas.

**чих||а́ть,** чихну́ть sneeze. **~ну́ть** *сов. см.* чиха́ть.

**чичеро́не** [-нэ] *м. нескл.* ciceróne [tʃɪtʃə'rounɪ], guide.

**чи́ще** *сравн. ст. от прил.* чи́стый 1, 2, 4 *и нареч.* чи́сто II 1.

**член** *м.* **1.** (*в разн. знач.*) mémber; (*конечность тж.*) limb; (*учёного общества, учреждения тж.*) féllow; *мат. тж.* term; ~ коммунисти́ческой па́ртии mémber of the Cómmunist Párty; ~ профсою́за mémber of *a* trade únion; ~ парла́мента mémber of párliament [...-ləm-] (*сокр.* M. P.); ~-корреспонде́нт còrrespónding mémber; почётный ~ hónorary mémber ['ɔ-...]; быть ~ом комите́та *и т. п.* be on the commíttee, *etc.* [...-tɪ]; ~ уравне́ния *мат.* mémber / term of *an* equátion; ~ пропо́рции *мат.* term of *a* propórtion; propórtional; кра́йний ~ (пропо́рции) extréme; сре́дний ~ (пропо́рции) mean; ~ предложе́ния *грам.* part of the séntence; **2.** *грам.* árticle; определённый ~ définite árticle; неопределённый ~ indéfinite árticle.

**члене́ние** *с.* àrticulátion.

**чле́ник** *м. анат.* ségment.

**членистоно́гие** *мн. скл. как прил. зоол.* àrthrópoda.

**член||и́ть** (*вн.*) àrticulàte (*d.*), divíde into parts (*d.*). **~и́ться** be àrticulàted, be divíded into parts.

**членовреди́тельство** *с.* mùtilátion, máiming.

**членораздéльн||ость** *ж.* àrticulate¦ness. **~ый** àrticulate; ~ая речь àrticulate speech.

**члéн||ский** mémbership (*attr.*); ~ билéт mémbership card; ~ взнос mémbership dues *pl.* **~ство** *с.* mémbership.

**чмóк||ать,** чмóкнуть *разг.* **1.** (*губами*) smack one's lips; **2.** (*вн.*; *целовать*) give* smácking kisses (*i.*); *сов. тж.* give* a smácking kiss (*i.*). **~нуть** *сов. см.* чмóкать.

**чóглок** *м.* (*птица*) hóbby.

**чóк||аться,** чóкнуться (с *тв.*) touch / clink glásses [tʌʧ...] (with). **~нуться** *сов. см.* чóкаться.

**чóпорн||о** *нареч.* stiffly, primly ['prɪm-]; stánd-óffishly [-'ɔː-]; ~ держáться be prim / stánd-óffish [...-'ɔː-]. **~ость** *ж.* stiffness, prímness. **~ый** stiff, prim, stánd-óffish [-'ɔː-].

**чревáтый** (*тв.*) fraught (with); ~ серьёзными послéдствиями fraught with sérious cónsequences; ~ событиями fraught with evénts.

**чрéво** *с. уст.* maw; (*матери*) womb [wuːm]. **~вещáние** *с.* vèntríloquy. **~вещáтель** *м.*, **~вещáтельница** *ж.* vèntríloquist. **~угóдие** *с.* glúttony. **~угóдник** *м.*, **~угóдница** *ж.* glútton. **~угóдничать** glúttonize.

**чредá** *ж. уст.* succéssion.

**чрез** = чéрез.

**чрезвычáйно** *нареч.* extraórdinarily [ɪks'trɔːdnrɪlɪ]; (*крайне*) extréme¦ly, útterly; ~ интерéсно extréme¦ly ínteresting.

**чрезвычáйн||ый** extraórdinary [ɪks'trɔːdnrɪ]; (*крайний*) extréme; ~ посóл àmbássador extraórdinary; ~ и полномóчный представи́тель (в *пр.*) Àmbássador Extraórdinary and Plènipoténtiary (to); ~ые полномóчия extraórdinary pówers; (*в особых случаях*) emérgency pówers; ~ое собрáние extraórdinary méeting; ~ые мéры extraórdinary méasures [...'meʒ-]; ~ое положéние state of emérgency; ~ декрéт decrée extraórdinary.

**чрезмéрн||ость** *ж.* excéssive¦ness. **~ый** excéssive.

**чтéни||е** *с.* **1.** réading; бéглое ~ cúrsory réading; провести́ пéрвое, вторóе *и т. д.* ~ законопроéкта (*в парламенте*) give* *the* bill its first, sécond, *etc.*, réading [...'se-...]; **2.:** ~ лéкций lécturing; во врéмя ~я лéкций dúring the léctures; ◇ ~ мы́слей thóught-reading; ~ стихóв rècitátion; ~ кáрт(ы) máp-reading.

**чтец** *м.* èlocútionist [-'kjuːʃn-], recíter.

**чтить** (*вн.*) hónour ['ɔnə] (*d.*), revére (*d.*); ~ чью-л. пáмять revére smb.'s mémory; ~ пáмять поги́бших герóев hónour / revére the mémory of fáll¦en héròes, *или* of the fáll¦en.

**что** I, *рд.* чегó, *дт.* чемý, *вн.* что, *тв.* чем, *пр.* чём, *мест.* **1.** (*в разн. знач.*) what: ~ э́то (такóе)? what is this?; ~ знáчит э́то слóво? what does this word mean?; он не знáет, ~ э́то знáчит he does not know what this means [...nou...]; ~ (вы сказáли)? what did you say?; ~ стóит э́та кни́га? what does this book cost?; ~ éсли он не придёт? and if he does not come?; ~ дéлать? what is to be done?; для чегó э́то употребляéтся, слýжит? what is that used for?; ~ он, онá *и т. д.* из себя́ представляéт? what is he, she, *etc.*, like?; **2.** (*и это, а это*) which: он пришёл пóздно, чтó не бы́ло обы́чно he came late, which was not úsual [...'juːʒuəl]; **3.** (*который, -ая и т. д.*) that; *как дополнение часто опускается* (*об. разг.*): (та) кни́га, ~ на столé the book that is on the table; (та) кни́га, ~ он дал ей the book that he gave her; the book he gave her; э́то всё, ~ там напи́сано that is all that is written there; всё, ~ он знал all he knew; тот сáмый..., ~ the same... that; э́то та сáмая кни́га, ~ он дал ей this is the very book that he gave her; — тот, ~, та, ~ *и т. п.* that which: дáйте емý не э́то письмó, а то, ~ онá принеслá вчерá do not give him this létter, but the one she brought yésterday [...-dɪ]; — то, ~ what: он пóмнит то, ~ онá сказáла he remémbers what she said [...sed]; э́то не тó, ~ он дýмал it is not what he thought; э́то не тó, чегó он ожидáл it is not what he expécted; **4.** (*что-нибудь*) ány¦thing: éсли чтó(-нибудь) случи́тся if ány¦thing háppens; **5.:** ~... ~ (*одно... другое*) this... that: ~ остáвил, ~ взял с собóй this he left, that he took with him; **6.:** ~ за, ~... за *разг.* (*при вопросе: какой*) what; (*какого рода и т. п.*) what kind / sort of; (*при восклицании*) what (+ a, an, *если данное слово может употребляться с неопред. артиклем*): ~ за кни́ги там?, ~ там за кни́ги? what are those books óver there?; ~ э́то за дéрево? what kind of tree is it?; ~ за шум! what a noise!; ~ за мысль! what an idéa [...aɪ'dɪə]; ◇ ~ до: ~ до негó, он соглáсен as to / for him, he agrées; ~ емý *и т. д.* до э́того what does he, *etc.*, care for / abóut it; what does it mátter to him, *etc.*; — ~ ж(е) *разг.* (*ладно*) why (not): ~ ж, он сдéлает э́то сам why, he will do it him¦sélf; — ну и ~ ж(е)? well, what of that?; ~ ж(е) из э́того? what of it?; ~ ли *разг.* perháps: остáвить э́то здесь ~ ли? perháps leave it here; leave* it here, eh?; — ~ ни (*при сущ.*) every: ~ ни день погóда меня́ется the wéather chánges every day [...'we- 'ʧeɪn-...]; — ~... ни (*при глаголе*) whàt¦éver: ~ он ни скáжет, интерéсно whàt¦éver he says is interesting [...sez...]; ~ бы ни случи́лось whàt¦éver háppens; — ~ пóльзы, ~ тóлку *разг.* what is the use [...juːs]; не ~ инóе как nothing other than, nothing less than, nothing short of; хоть бы ~ (*дт.*; *безразлично*) nothing (to); (*ничего не стоит*) make* nothing of (+ *subject*); (*дт.*; + *инф.*) think* nothing (+ *subject*; of *ger.*): э́то емý хоть бы ~ that is nothing to him; he makes nothing of that; емý хоть бы ~ пройти́ двáдцать киломéтров he thinks nothing of wálking twénty kílomètres; — чегó бы не what: чегó бы он не дал за э́то! what wouldn't he give for that!; — чегó тóлько не what... not: чегó тóлько он не ви́дел! what has¦n't he seen!, the things he has seen!, there's précious little he has¦n't seen! [...'pre-...]; — чегó там (+ *инф.*) *разг.* what's the use (of *ger.*): чегó там разговáривать what is the use of tálking; — в чём дéло?, ~ случи́лось? what is the mátter?; ~ с вáми? what is the mátter with you?; чегó дóброго *разг.* may... for all I know: он чегó дóброго опоздáет he may be late for all I know; ~ вы! you don't say so!; — с чегó бы э́то вдруг what's the cause?, now, why?; ~ и говори́ть it goes without sáying; не понимáть, ~ к чемý not know* what is what; знать, ~ к чемý know* the how and why of things; уйти́ ни с чем go* a:wáy émpty-hánded; при чём я тут? what have I to do with it?; он оста́лся не при чём he has got nothing for his pains; чего́ сто́ит! *разг.* counts for a lot: одно́ назва́ние чего́ сто́ит! the name alóne counts for a lot!

**что** II *союз* that; *часто не переводится* (*об. разг.*): он сказа́л, ~ она́ придёт he said (that) she would come [...sed...]; э́то так про́сто, ~ ка́ждый поймёт it is so simple that anybody can ùnderstánd it; э́то тако́е тру́дное сло́во, ~ он не мо́жет его́ запо́мнить it is such a difficult word that he cánnòt remémber it; — то, ~ (the fact) that: то, ~ он э́то сде́лал, их удиви́ло (the fact) that he did it surprísed them; он узна́л о том, ~ она́ уе́хала he learnt that she had left [...lə:nt...]; они́ узна́ли, ду́мали, вообража́ли, предполага́ли *и т. п.*, ~ он у́мный челове́к they knew, thought, imágined, suppósed, *etc.*, him to be a cléver man* [...'kle-...]; они́ ожида́ли, ~ он придёт they expécted him to come; потому́... ~ *см.* потому́ I.

**что** III *нареч.* (*почему*) why: ~ он молчи́т? why is he silent?

**что́бы,** чтоб **1.** *союз* (+ *личн. формы глагола; в разн. знач.*) that (+ should + *inf.* + *subjunctive* I *уст., амер.*); (*при обозначении цели — с оттенком возможности*) (so) that (+ may + *inf.*); in órder that (+ may + *inf.*; *ср. ниже*): необходи́мо, ~ они́ име́ли э́то it is nécessary that they should have it; they must have it; невозмо́жно, ~ он сказа́л э́то it is impóssible that he should have said that [...sed...]; he could not póssibly have said that; они́ предложи́ли, ~ он прочёл письмо́ they suggésted that he should read, *или* that he read, the létter [...sə'dʒe-...]; он говори́л гро́мко, ~ все они́ слы́шали его́ слова́ he spoke loud (so) that all of them might hear his words; — он хоте́л, сказа́л (им), приказа́л (им), попроси́л (их) *и т. п.*, ~ они́ сде́лали э́то he wánted, told, órdered, asked, *etc.*, them to do it; — ~... не that... not (+ may + *inf.*); lest (+ should + *inf.*) *книжн.*: ~ он не забы́л that he may not forgét [...-'get]; lest he should forgét; — на том, о том *и т. п.*, ~ = что́бы: он наста́ивает на том, ~ они́ бы́ли приглашены́ he insists that they should be invited; he insists on their bé:ing invited; — так, ~ so that (+ may + *inf.*); — для того́, ~ in órder that (+ may + *inf.*); **2.** *как частица* (+ *инф.*) in órder (+ to *inf.*) *или не переводится*; (so) that (+ may + *inf.* — *с повторением подлежащего главного предложения*); in órder that (+ may + *inf.* — *с таким же повторением; ср. выше*): он встал в шесть (часо́в), ~ быть там во́время he got up at six (o'clóck) (in órder) to be there in time, *или* (so) that he might be, *или* in órder that he might be, there in time; — ~ не (in órder) not (+ to *inf.*); (so) that... not (+ may + *inf.*; *ср. выше*); in órder that... not (+ may + *inf.*; *ср. выше*); lest (+ should + *inf.*; *ср. выше*) *книжн.*: он встал в шесть, ~ не опозда́ть he got up at six (in órder) not to be late, *или* (so) that, *или* in órder that, he might not be late, *или* lest he should be late; — на том, о том *и т. п.*, ~ on, of, *etc.* (+ *ger.*): он наста́ивает на том, ~ (им) пойти́ туда́ he insists on (their) gó:ing there; — без того́, ~ не without (+ *ger.*): он не мо́жет написа́ть ни стро́чки без того́, ~ не сде́лать оши́бки he can't write a line without máking a mistáke [...kɑ:nt...].

**что́-либо, что́-нибудь** *мест.* (*в вопросе*) ány:thing; (*в утверждении*) sóme:thing: зна́ет ли он что́-либо, что́-нибудь об э́том? does he know ány:thing abóut it? [...nou...]; он вам что́-нибудь ска́жет he will tell you sóme:thing; что́-либо подо́бное ány:thing of this kind; ждать два часа́ с че́м-нибудь wait (for) two hours and more [...auəz...], wait (for) óver two hours.

**что́-то 1.** *мест.* sóme:thing; тут ~ не так sóme:thing is wrong here; **2.** *как нареч.* (*как-то*) sóme:how: мне ~ нездоро́вится I don't feel very well, sóme:how; **3.** *как нареч.* (*с оттенком сомнения*) it looks as if; ты ~ врёшь it looks as if you are lýing; ~ не по́мню I don't think I remémber, I can't remémber / recáll [...kɑ:nt...].

**чу** *межд.* hark!

**чуб** *м.* fóre:lòck.

**чуба́рый** (*о масти*) dapp!ed, mottled.

**чубу́к** *м.* chibóuk [ʃɪ'bu:k], chibóuque [ʃɪ'bu:k].

**чува́ш** *м.* Chùvásh [tʃu:'vɑ:ʃ]. **~ка** *ж.* Chùvásh wóman* [tʃu:'vɑ:ʃ 'wu-]. **~ский** Chùvásh [tʃu:'vɑ:ʃ]; ~ский язы́к Chùvásh, the Chùvásh lánguage.

**чу́вственн||ость** *ж.* sènsuálity. **~ый** sénsual.

**чувстви́тельн||ость** *ж.* **1.** (*ощутимость*) sénsible:ness, percèptibílity; **2.** (*восприимчивость*) sénsitive:ness; (*тж. о радиоприёмнике*) sènsitívity; (*о плёнке*) speed; **3.** (*сентиментальность*) sèntimèntálity. **~ый 1.** (*ощутимый, заметный*) sénsible, percéptible, felt; (*болезненный*) páinful; ~ая ра́зница sénsible dífference; ~ая утра́та páinful / déeply-félt loss; ~ый уда́р télling blow [...-ou]; **2.** (*восприимчивый*) sénsitive (*тж. о радиоприёмнике*); ténder; (к чему́-л.) suscéptible (to smth.); ~ый челове́к sénsitive man*; ~ое ме́сто ténder spot; **3.** (*сентиментальный*) sèntiméntal.

**чу́вство** *с.* (*в разн. знач.*) sense; (*ощущение, эмоция тж.*) féeling; пять чувств the five sénses; о́рганы чувств órgans of sense; ~ отве́тственности sense of respònsibílity; ~ ме́ры sense of propórtion; ~ ю́мора sense of húmour; ~ до́лга sense of dúty; ~ че́сти sense of hónour [...'ɔnə]; ~ удово́льствия sense / féeling of sàtisfáction; ~ бо́ли sense / féeling of pain; ~ безопа́сности féeling of sáfe:ty; ~ жа́лости féeling of píty [...'pɪ-]; ~ го́рдости féeling of pride; ~ прекра́сного féeling for the béautiful [...'bju:-], sense of béauty [...'bju:-]; ~ но́вого sense of the new; ~ раздраже́ния féeling of irritátion; ~ хо́лода sènsátion of cold; ◇ прийти́ в ~ come* to one's sénses, come* to òne:sélf; come* to *разг.*; привести́ кого́-л. в ~ bring* smb. to *his* sénses; bring* smb. round *разг.*; без чувств insénsible, ùn:cónscious [-nʃəs]; лиши́ться чувств, упа́сть без чувств fall* insénsibie, faint (a:wáy); swoon *поэт.*; обма́н чувств illúsion, delúsion.

**чу́вствование** *с.* sènsátion.

**чу́вствова||ть,** почу́вствовать (*вн.*) feel* (*d.*); have a sènsátion (of); ~ го́лод, жа́жду, уста́лость feel* / be húngry, thírsty, tired; ~ себя́ больны́м feel* / be únwéll / ill; ~ себя́ лу́чше, ху́же feel* bétter, worse; ~ себя́ оби́женным feel* hurt; ~ жа́лость, ра́дость feel* píty, joy [...'pɪ-...]; ~ свою́ вину́ feel* one's guilt; он ~л, как красне́ет he felt him¦sélf rédden; ◇ дава́ть себя́ ~ make* it¦sélf felt; ра́на даёт себя́ ~ the wound is máking it¦sélf felt [...wuːnd...]; дава́ть кому́-л. почу́вствовать make* smb. feel. **~ться** be felt; чу́вствуется све́жесть there is a chill in the air.

**чугу́н** *м.* **1.** *тк. ед.* cast íron[...'aɪən]; ~ в чу́шках, ~ в болва́нках píg-iron [-aɪən]; ко́вкий ~ málleable cast iron [-lɪəbl...]; се́рый ~ grey íron; лите́йный ~ fóundry íron; зерка́льный ~ spécular cast íron, spíegeleisen ['spiːgəlaɪzən]; **2.** (*горшок*) cást-iron kettle / pot [-aɪən...]. **~ный** cást-iron [-aɪən] (*attr.*).

**чугунолите́йный:** ~ заво́д (cást-)iron fóundry [-aɪən...].

**чуда́к** *м.* crank, eccéntric (man*); óddity; queer fish *разг.*; како́й он ~! what a fúnny man* he is! **~ова́тый** *разг.* sóme¦whàt eccéntric.

**чуда́ч||ество** *с.* cránkiness, extrávagance, èccèntrícity. **~ка** *ж.* óddity, eccéntric wóman* [...'wu-]; кака́я она́ ~ка! what a fúnny wóman* she is!

**чуде́сн||ый** **1.** wónderful ['wʌ-], miráculous; ~ое избавле́ние miráculous escápe; **2.** (*прекрасный*) lóve¦ly ['lʌ-], béautiful ['bjuː-], márvellous; у него́ ~ вид he looks spléndid.

**чуди́ть** *разг.* beháve in a queer way; (*оригинальничать*) try to be oríginal.

**чу́диться,** почу́диться (*дт.*) *разг.*: ему́ чу́дится he seems to see, hear, *etc.*; it seems to him that; ему́ чу́дится стук he seems to hear, *или* it seems to him that he hears, a knock; вам э́то то́лько почу́дилось it was only your imàginátion.

**чу́дище** *с.* mónster.

**чу́дно** I **1.** *прил. кратк. см.* чу́дный; **2.** *предик. безл.* it is béautiful [...'bjuː-].

**чу́дно** II *нареч.* wónderfully ['wʌ-]; béautifully ['bjuː-].

**чудно́** I **1.** *прил. кратк. см.* чудно́й; **2.** *предик. безл.* it is odd / strange [...streɪ-].

**чудн||о́** II *нареч. разг.* óddly, stránge¦ly ['streɪ-]. **~о́й** *разг.* (*странный*) odd, strange [streɪ-], queer; (*смешной*) fúnny.

**чу́дный** **1.** wónderful ['wʌ-], márvellous; **2.** (*прекрасный*) béautiful ['bjuː-], lóve¦ly ['lʌ-].

**чу́д||о** *с.* míracle; (*перен. тж.*) wónder ['wʌ-], márvel; ~, что он спа́сся it is a wónder (that) he escáped; ~ иску́сства míracle of art; ~ ума́ pródigy of íntellèct; ~ красоты́, доброде́тели páragon of béauty, vírtue [...'bjuː-...]; страна́ ~е́с wónder¦lànd ['wʌ-]; каки́м-то ~ом by some míracle, miráculous¦ly.

**чудо́вищ||е** *с.* mónster. **~ность** *ж.* mònstrósity, enórmity. **~ный** mónstrous; ~ные разме́ры mónstrous size *sg.*; ~ное преступле́ние enórmity, mónstrous / appálling / shócking críme.

**чудоде́й** *м. разг.* míracle wórker. **~ственный** wónder-wòrking ['wʌ-], miráculous.

**чу́дом** *нареч.* miráculous¦ly; он ~ спа́сся he was saved by a míracle.

**чудотво́р||ец** *м.* tháumatùrge, wónder-wòrker ['wʌ-]. **~ный** wónder-wòrking ['wʌ-].

**чужа́к** *м. разг.* stránger ['streɪn-], álien.

**чужби́на** *ж.* fóreign / strange land ['fɔrɪn streɪ-...].

**чужда́ться** (*рд.*) avóid (*d.*), shun (*d.*), keep* a¦wáy (from).

**чу́жд||ый** **1.** (*дт.*, для) álien (to); э́то мне ~о it is álien to me; ~ элеме́нт álien élement; ~ая идеоло́гия álien ideólogy [...aɪ-]; **2.** (чего́-л.) stránger ['streɪn-] (to smth.); он чужд интри́г he is a stránger to schéming.

**чужезе́м||ец** *м.*, **~ка** *ж.* stránger ['streɪn-], álien. **~ный** strange [streɪ-], álien, outlándish; ~ное и́го fóreign yoke ['fɔrɪn...], álien ensláve¦ment.

**чужестра́н||ец** *м.*, **~ка** *ж.* = чужезе́мец, чужезе́мка.

**чуж||о́й** I *прил.* **1.** (*принадлежащий другим*) smb. élse's, another's; на ~ счёт at smb. élse's expénse, at the expénse of another; э́то ~а́я кни́га it is smb. élse's book, that book is not mine; назва́ться ~и́м и́менем bórrow a name; под ~и́м и́менем únder an assúmed name; **2.** (*посторонний*) strange [streɪ-], fóreign ['fɔrɪn]; álien; в ~и́е ру́ки into strange hands; ~и́е края́ fóreign lands; ◇ ~и́ми рука́ми жар загреба́ть. ≅ make* a cát's-paw of other people [...piːpl]; в ~ монасты́рь со свои́м уста́вом не хо́дят *посл.* ≅ do in Rome as Rome does, *или* as the Rómans do.

**чужо́й** II *м. скл. как прил.* stránger ['streɪn-], fóreigner ['fɔrɪnə].

**чуко́тский** Chukót.

**чу́кча** *м.* Chúkchi man*; *ж.* Chúkchi wóman* [...'wu-]; *мн.* Chúkchi.

**чукча́нка** *ж.* Chúkchi wóman* [...'wu-].

**чула́н** *м.* (*для вещей*) stóre-room, bóx-room, lúmber-room; (*для провизии*) lárder, pántry.

**чул||о́к** *м.* stócking; ажу́рные ~ки́ ópen-wòrk stóckings; шерстяны́е ~ки́ wóollen stóckings ['wul-...]; шёлковые ~ки́ silk stóckings; в чёрных ~ка́х bláck-stòcking¦ed; ◇ си́ний ~ blúe¦stòcking.

**чуло́чн||ик** *м.*, **~ица** *ж.* stócking-màker.

**чуло́чно-носо́чн||ый:** ~ые изде́лия hósiery ['houʒ-] *sg.*

**чуло́чный** *прил. к* чуло́к.

**чум** *м.* tent (of skins *or* bark).

**чума́** *ж. тк. ед.* plague [pleɪg], black death [...deθ]; ~ рога́того скота́ rínderpèst, cáttle-plàgue [-pleɪg]; бубо́нная ~ bubónic plague; лёгочная ~ pneumónic plague [njuː-...].

**чума́зый** *разг.* dírty-fàced, smúdgy.

**чума́к** *м. уст.* tchoomák (*Ukrainian ox-cart driver*).

**чуми́чка** *ж. разг.* (*замарашка*) slut.

**чумно́й** **1.** pèstiléntial; **2.** (*заражённый чумой*) plágue-stricken ['pleɪg-].

**чур** *межд. разг.* mind you; (*в игре*) fain(s), fen(s); ~ молча́ть! keep mum about it!; mum's the word!

**чура́ться** (*рд.*) *разг.* shun (*d.*), avóid (*d.*), stand* apárt (from).

**чурба́н** *м.* block; (*перен.*) blóckhead [-hed].

**чу́рка** *ж.* chock.

**чу́тк||ий** sénsitive; (*о слухе*) keen; (*перен.*)

délicate, táctful; ~ сон light sleep; ~ая собáка quick-éared / shárp-éared dog; ~ое отношéние к людям sénsitive / táctful áttitùde towards people [...pi:-]; ~ подхóд táctful / délicate appróach. **~о** *нареч.* kéenly; (*перен.*) táctfully; ~о прислýшиваться lísten kéenly ['lɪs°n...]; ~о спать sleep* light. **~ость** *ж.* sénsitive¦ness; (*слуха*) kéenness; (*перен.*) délicacy, táctfulness.

**чýточ||ка** *ж. разг.*: ни ~ки not a bit, not in the least. **~ку** *нареч. разг.* a little, a wee bit, just a bit.

**чуть** *нареч.* **1.** (*едва*) hárdly; (*немного*) slightly; (*с трудом*) just; он ~ дышит he can hárdly breathe; отсюда ~ вúдно it can be hárdly seen from here; ~-~ a little; slightly; ~ не néarly, álmòst ['ɔ:lmoust]: он ~ не упáл he néarly fell; он ~ не разбúл чáшку he very néarly broke the cup; — ~ ли не néarly, álmòst; ~ замéтная улыбка a faint smile; a ghost of a smile [...goust...] *идиом.*; **2.**: ~ тóлько as soon as: ~ тóлько он вошёл as soon as he came in; ◇ ~ свет at dáybreak [...-eɪk], at first light; ~ что at every trifle.

**чутьё** *с.* (*у животных*) scent; (*перен.*) flair; худóжественное ~ àrtistic flair; языковóе ~ linguístic féeling, féeling for lánguage.

**чýчело** *с.* **1.** (*животного*) stuffed ánimal; (*птицы*) stuffed bird; **2.** (*пугало*) scáre¦crow [-krou]; солóменное ~ man* of straw; ◇ ~ горóховое scáre¦crow.

**чýшка** *ж.* (*в разн. знач.*) pig.

**чушь** *ж. тк. ед. разг.* nónsense; fíddle¦sticks *pl.*; говорúть ~, нестú ~ talk rot, talk through one's hat.

**чýять,** почýять (*вн.*) smell* (*d.*), scent (*d.*); (*перен.*) feel* (*d.*), ùnderstánd* (*d.*); чýет егó сéрдце, что he has a féeling / presèntiment that [...-'ze-...].

**чьё** *с. см.* чей.

**чьи** *мн. см.* чей.

**чья** *ж. см.* чей.

# Ш

**шáбаш** *м. рел.* sábbath (day); ◇ ~ ведьм witches' sábbath.

**шабáш** *предик. разг.* no more of it, that'll do; ~! *мор.* ship oars!, way enóugh! [...ɪ'nʌf]. **~ить,** пошабáшить *разг.* leave* off (work), knock off (work).

**шáбер** *м. тех.* scráper.

**шаблóн** *м.* témplet, páttern; (*для рисунка*) sténcil; (*форма*) mould [mould]; (*литейный, шишечный*) strickle; (*перен.*) cliché (*фр.*) ['kli:ʃeɪ]; (*избитая мысль и т. п.*) cómmonplàce; рабóтать по ~у work ún¦imáginative¦ly. **~ность** *ж.* bànálity, tríte¦ness, cómmonplàce¦ness. **~ный** *тех.* páttern (*attr.*), témplet (*attr.*); (*перен.*) banál [-ɑ:l], ún¦oríginal, trite; ~ное произведéние stéreotỳped / banál work; ~ный отвéт stéreotỳped ánswer [...'ɑ:nsə]; ~ная фрáза trite expréssion; это ~но this is banál / ún¦oríginal; ~ный подхóд (к *делу и т. п.*) a routíne appróach [...ru:'ti:n...] (to).

**шáвка** *ж. разг.* háiry móngrel [...'mʌ-].

**шаг** *м.* (*прям. и перен.*) step; (*большой*) stride; (*походка*) pace; *мн.* (*звук шагов*) tread [tred] *sg.*, fóotstèps ['fut-]; рóвный ~ éven stride; твёрдым ~ом with résolùte step [...-zə-...]; прибáвить ~у, ускóрить ~ mend / quícken one's pace; идтú тúхим ~ом walk slówly [...'slou-]; walk with a slow step [...slou...]; идтú быстрым ~ом walk quíckly, walk with a rápid step; ~ за ~ом step by step; ни ~у дáльше not a step fúrther [...-ðə]; напрáвить свой ~ú diréct / bend* one's steps; большúми ~áми with long strides; гигáнтские ~ú *спорт.* giant('s) stride *sg.*; ~ винтá *тех.* screw pitch; бéглый ~ dóuble-quick time ['dʌbl-...]; бéглым ~ом at the double [...dʌbl]; ◇ не отступáть ни на ~ not go* back, *или* not retréat, a step; в двух ~áх a few steps a¦wáy; near by; он живёт в двух ~áх it is but a step to his house [...-s]; не отходúть ни на ~ от когó-л. not move/stir a step from smb.'s side [...mu:v...]; не отпускáть когó-л. ни на ~ (от) not let* smb. stray one step (from); not let* smb. stir a step from one's side; на кáждом ~ý at every step / turn; сдéлать пéрвый ~ (*к примирению и т. п.*) take* the first step; сдéлать решúтельный ~ take* a decísive step; дипломатúческий ~ dìplomátic step / move; démarche (*фр.*) [deɪ'mɑ:ʃ]; лóжный ~ false step [fɔ:ls...]; лóвкий ~ cléver move ['kle-...]; пéрвые ~ú the first steps; это явúлось нóвым ~ом it has marked a new step; это ~ вперёд по сравнéнию (с *тв.*) it is an advánce (óver).

**шагáть** (*ступать*) step; (*ходить*) walk; (*большими шагами*) stride; (*мерными шагами*) pace; ~ чéрез что-л. step óver smth.; step acróss smth.; бóдро ~ walk with vígorous strides; ~ по дорóге take* / fóllow the road; ~ в нóгу (с *тв.*) march in step (with).

**шагúстика** *ж.* paráding.

**шагнýть** *сов.* (*сделать шаг*) take* / make* a step; быстро ~ (вперёд) take* a quick / swift step / stride (fórward); ◇ далекó ~ make* great prógrèss [...greɪt...].

**шáгом** *нареч.* at a walk, at a wálking pace; (*медленно*) slówly ['slou-], at a slow pace [...slou...]; éхать ~ go* slówly, go* at a slow pace; ~ марш! quick march!

**шагомéр** *м.* pedómeter, passómeter.

**шагрéнев||ый** shàgréen (*attr.*); ~ая кóжа shàgréen léather [...'leðə].

**шагрéнь** *ж.* shàgréen.

**шажкóм** *нареч.* slówly ['slou-], at a slow pace [...slou...].

**шаж||óк** *м.* small / short step; мéлкими ~кáми with small steps.

**шáйба** *ж.* **1.** *тех.* wásher; **2.** *спорт.* (*в хоккее*) puck.

**шáйка** I *ж.* (*банда*) gang; ~ ворóв, разбóйников band / gang of thieves, róbbers [...θi:vz...].

**шáйка** II *ж.* (*для воды*) small wásh-tùb.

**шайтáн** *м.* shaitán [ʃaɪ'tɑ:n].

**шака́л** *м. зоол.* jáckàl [-kɔːl].

**шала́нда** *ж.* scow; саморазгружа́ющаяся ~ hópper (barge).

**шала́ш** *м.* hut.

**шале́ть,** ошале́ть lose* one's head [luːz... hed], go* crázy / mad.

**шал||и́ть** play pranks; (*баловаться; о детях*) be náughty; (*резвиться*) romp; не ~и́! don't be náughty!; ◇ здесь ~я́т (*грабят*) *разг.* the place is not safe; ~и́шь! (*как бы не так*) *разг.* none of your tricks! [nʌn...], you won't catch me! [...wount...].

**шаловли́в||ость** *ж.* pláyfulness. **~ый** pláyful, frólic¦some.

**шалопа́й** *м. разг.* góod-for-nòthing, lóafer, scápe¦gràce. **~ничать** *разг.* loaf / lóiter abóut.

**ша́лость** *ж.* prank.

**шалу́н** *м.* pláyful / frólic¦some féllow; (*о ребёнке*) náughty / mís¦chievous boy. **~и́шка** *м. ласк. разг.* little imp.

**шалу́нья** *ж.* pláyful / frólic¦some girl [...gəːl]; (*о ребёнке*) náughty / mís¦chievous girl.

**шалфе́й** *м. бот.* sage.

**ша́лый** *разг.* mad, crázy.

**шаль** *ж.* shawl.

**шальн||о́й** crázy, mad; ◇ ~а́я пу́ля stray búllet [...'bulɪt].

**шама́н** *м.* sháman ['ʃɑː-]. **~ский** *прил. к* шама́н *и* шама́нство. **~ство** *с.* shámanism ['ʃɑː-].

**ша́мканье** *с.* múmbling.

**ша́мкать** mumble.

**шамо́т** *м. тех.* chamótte [ʃ-]; fire clay.

**шампа́нское** *с. скл. как прил.* chàmpágne [ʃæm'peɪn]; fizz *разг.*

**шампиньо́н** *м.* (*гриб*) ágaric ['æg-], field múshroom [fiːld...].

**шампу́н||ь** *м.* shàmpóo; мыть (себе́) го́лову ~ем shàmpóo one's head [...hed].

**шанкр** *м. мед.* chancre ['ʃæŋkə].

**шанс** *м.* chance; име́ть мно́го ~ов have a good / fair chance; име́ть бо́льше ~ов stand* a bétter chance; име́ть все ~ы на успе́х have every próspèct of succéss, stand* to win; име́ть ма́ло ~ов на успе́х have / stand* little chance of succéss; у него́ нет никаки́х ~ов на вы́игрыш ≅ he is quite out of the rúnning; ни мале́йшего ~а not the ghost of a chance [...goust...].

**шансоне́тка** *ж.* **1.** (*песня*) (músic-hàll) song [-zɪk-...]; **2.** *уст.* (*певица*) músic-hàll síng¦er.

**шанта́ж** *м.* bláckmail. **~и́ровать** (*вн.*) bláckmail (*d.*). **~и́ст** *м.*, **~и́стка** *ж.* bláckmailer.

**шантрапа́** *ж. тк. ед. собир. груб.* ríff-ràff.

**ша́нцевый** *воен.*: ~ инструме́нт entrénching tool.

**ша́пк||а 1.** cap; мехова́я ~ fúr-càp; без ~и cáp¦less; **2.** (*заголовок крупным шрифтом, общий для нескольких статей в газете*) bánner héadline(s) [...'hed-] (*pl.*); ◇ ~ воло́с shock, head of hair [hed...]; ~-невиди́мка (*в сказке*) Fòrtunátus's cap; получи́ть по ~е *разг.* get* it hot; дать по ~е *разг.* deal* a blow [...-ou]; на во́ре ~ гори́т *погов.* ≅ an ùn¦éasy cónsciencebetráysit¦sélf[...-'iːzɪ -ʃəns...]; the cap fits; ~ами закида́ть ≅ win* an éasy víctory [...'iːzɪ...].

**шапокля́к** *м. разг.* ópera-hàt.

**ша́почка** *ж.* little cap; ◇ Кра́сная ~ (*в сказке*) Little Red Ríding Hood [...hud].

**ша́почн||ик** *м.* hátter. **~ый** *прил. к* ша́пка; ◇ прийти́ к ~ому разбо́ру ≅ come* when the show is óver [...ʃou...], come* áfter the feast; ~ое знако́мство bówing / nódding acquáintance.

**шар** *м.* ball; sphere *научн.*; земно́й ~ the (terréstrial) globe; возду́шный ~ ballóon; выпуска́ть ~ reléase *a* ballóon [-s...]; избира́тельный ~ bállot; билья́рдный ~ bílliard-bàll; ◇ про́бный ~ bàllón d'èssái [bɑː'lɔːŋde'se]; хоть ~о́м покати́ ≅ (quite) émpty.

**шараба́н** *м.* char-à-banc (*фр.*) ['ʃærəbæŋ], cháriot ['ʧæ-].

**шара́да** *ж.* charáde [ʃə'rɑːd].

**шара́хаться,** шара́хнуться *разг.* dash aside; (*о лошади*) shy.

**шара́хнуться** *сов. см.* шара́хаться.

**шарж** *м.* càrtóon, grotésque, cáricatúre; дру́жеский ~ friendly jest ['fren-...].

**шаржи́ровать 1.** (*вн.*) cáricatúre (*d.*); **2.** (*без доп.; впадать в шарж*) òver¦áct, òver¦dó.

**ша́рик** *м.* small ball, bead; glóbùle *научн.*; ~ для подши́пников ball for béarings [...'bɛə-]; кра́сные, бе́лые кровяны́е ~и *физиол.* red, white blood córpùscles [...blʌd -pʌslz]; ◇ у него́ ~ов не хвата́ет *разг.* he is not all there.

**ша́риковый:** ~ подши́пник = шарикоподши́пник.

**шарикоподши́пник** *м. тех.* báll-bearing [-bɛə-].

**ша́рить,** поша́рить (в *пр.*) fumble (in, abóut), rúmmage (in, abóut); поша́рить в карма́не feel* in one's pócket.

**ша́рканье** *с.* shúffling, shuffle.

**ша́рка||ть,** ша́ркнуть (*тв.*) shuffle (*d.*); ~ нога́ми scrape / shuffle one's feet; ~ ту́флями shuffle (abóut) in one's slippers; уйти́, ~я нога́ми shuffle a¦wáy; ◇ ша́ркнуть но́жкой *уст.* scrape (one's feet).

**ша́ркнуть** *сов. см.* ша́ркать.

**шарлата́н** *м.* chárlatan ['ʃ-], móuntebànk, quack [-æk]. **~ить** *разг.* beháve like a chárlatan, *или* like a quack [...'ʃ-...-æk]. **~ский** *прил. к* шарлата́н; *тж.* fráudulent. **~ство** *с.* chárlatanism ['ʃ-], chárlatanry ['ʃ-], quáckery [-æk-].

**шарло́тка** *ж. кул.* Chárlotte ['ʃɑːlət].

**шарма́н||ка** *ж.* stréet-òrgan, bárrel-òrgan; игра́ть на ~ке grind* *a* stréet-òrgan / bárrel-òrgan. **~щик** *м.* órgan-grinder.

**шарни́р** *м. тех.* hinge, jóint(-pìn); на ~ах on hínges; hinged; универса́льный ~ gímbal joint ['gɪm-...]; ◇ быть как на ~ах ≅ fídget.

**шарова́ры** *мн.* sharováry (*wide trousers*).

**шарови́дн||ость** *ж.* sphericity. **~ый** glóbe-shàped, sphéric(al).

**шарово́й** ball (*attr.*), globe (*attr.*), glóbular; ~ сегме́нт *мат.* sphérical ségment; ~ кла́пан *тех.* ball cock; ~ шарни́р *тех.* ball and sócket joint.

**шарообра́зн||ость** *ж.* sphericity. **~ый** báll-shàped, sphéric(al).

**шарф** *м.* scarf; вя́заный ~ cómforter ['kʌm-], múffler.

**шасси́** *с. нескл.* (*автомобиля*) chássis ['ʃæsɪ] (*pl.* chássis ['ʃæsɪz]); (*самолёта*) úndercárriage [-rɪdʒ].

**шата́ние** *с.* **1.** (*качание*) swáying, réeling; (*перен.: колебание*) hèsitátion [-zɪ-]; vàccilátion; **2.** *разг.* (*ходьба без цели*) róaming, lóafing.

**шата́ть** (*вн.*) sway (*d.*), rock (*d.*); (*трясти*) shake* (*d.*). **~ся 1.** (*о гвозде, гайке, зубе*) be / get* loose [...lu:s]; (*о столе, стуле и т. п.*) be únstéady [...-'stedɪ]; (*нетвёрдо держаться на ногах*) reel, stágger; вы́йти, шата́ясь stágger out; **2.** *разг.* (*слоняться*) lounge abóut, roam, loaf; ~ся без де́ла idle abóut; ~ся по све́ту knock abóut the world.

**шате́н** [-тэ́н] *м.*, **~ка** [-тэ́-] *ж.* brówn-haired pérson.

**шатёр** *м.* màrquée; (*навес*) tent.

**ша́гия** *ж. груб.* gang; вся ~ the whole gang [...houl...].

**ша́тк||ий 1.** únstéady [-'stedɪ]; sháky; (*о мебели*) rickety; **2.** (*переменчивый, ненадёжный*) precárious, wáver;ing; (*слабый*) weak; (*неустойчивый*) únstéady; ~ое положе́ние precárious / sháky position [...-'zɪ-]; ◇ ни ~о ни ва́лко *погов.* ≅ middling, só-sò. **~ость** *ж.* **1.** (*неустойчивость*) únstéadiness [-'stedɪ-]; **2.** (*переменчивость, ненадёжность*) precárious;ness.

**шату́н** *м. тех.* connécting-ròd; гла́вный ~ máster rod.

**ша́фер** *м.* best man*.

**шафра́н** *м. бот.* sáffron. **~ный, ~овый** *прил. к* шафра́н.

**шах** I *м.* (*титул*) shah.

**шах** II *м. шахм.* check; ~ королю́ check to the king; ~ и мат chéckmáte; под ~ом in check.

**шахи́ня** *ж.* wife* of a shah.

**шахмати́ст** *м.*, **~ка** *ж.* chéss-player.

**ша́хматн||ый** chess (*attr.*); ~ая игра́ (game of) chess; ~ турни́р chess tóurnament [...'tuən-]; ~ая доска́ chéss-board; ~ая па́ртия game of chess; в ~ом поря́дке in chéss-board órder; in stággered rows [...rouz]; ~ые фигу́ры chéss-mèn; ~ дебю́т chess ópen;ing.

**ша́хматы** *мн.* **1.** chess *sg.*; игра́ть в ~ play chess; **2.** (*фигуры*) chéss-mèn.

**шахова́ть** (*вн.*) *шахм.* check (*d.*), give* check (*i.*), put* in check (*d.*).

**ша́хта** *ж.* mine, pit; каменноуго́льная ~ coal pit; вентиляцио́нная ~ véntilàting shaft, trúnk(way).

**шахтёр** *м.* miner; день ~а Miner's Day. **~ский** miner's.

**ша́хтный** *прил. к* ша́хта.

**ша́шечн||ица** *ж.* dráught-board ['drɑ:ft-], chécker-board. **~ый:** ~ая доска́ dráught-board ['drɑ:ft-], chécker-board.

**ша́шка** I *ж.* (*сабля*) sabre, sword [sɔ:d].

**ша́шк||а** II *ж.* **1.** (*в игре*) draught [drɑ:ft]; **2.** *мн.* (*игра*) draughts, chéckers; игра́ть в ~и play draughts, play chéckers.

**ша́шка** III *ж.*: дымова́я ~ smóke-bòx, smóke-pòt; подрывна́я ~ blásting cártridge; пироксили́новая ~ slab of gún-còtton.

**шашлы́к** *м. кул.* shashlík (*pieces of mutton roasted on a spit*).

**шашлы́чная** *ж. скл. как прил.* Caucásian réstaurant [-'keɪzɪən -tərɔ:ŋ].

**ша́шни** *мн. разг.* **1.** tricks, pranks; **2.** (*любовные*) intrigues [-'tri:gz], sécret amóurs [...ə'muəz].

**шва́бр||а** *ж.* mop, swab; чи́стить ~ой (*вн.*) mop (*d.*), swab (*d.*).

**шваль** *ж. тк. ед. собир.* riff-ràff.

**шва́льня** *ж. уст.* táilor's shop.

**швarто́в** *м. мор.* móoring line / rope; (*для тяги*) warp; (*стальной*) móoring wire; отда́ть ~ы! cast off!

**швартова́ть** (*вн.*) *мор.* moor (*d.*). **~ся** *мор.* **1.** make* fast; berth; **2.** *страд. к* швартова́ть.

**швед** *м.*, **~ка** *ж.* Swede. **~ский** Swédish ['swi:-]; ~ский язы́к Swédish, the Swédish lánguage.

**шве́йн||ик** *м.* wórker of the séwing índustry [...'sou-...]. **~ый** séwing ['sou-]; ~ая маши́на séwing-machine [-'ʃi:n]; ~ая игла́ séwing needle; ~ая мастерска́я séwing wórkshòp; ~ая фа́брика clothes fáctory [klouðz...]; ~ая промы́шленность séwing índustry.

**швейца́р** *м.* hall pórter, dóor-keeper ['dɔ:-].

**швейца́р||ец** *м.*, **~ка** *ж.* Swiss.

**швейца́рская** *ж. скл. как прил.* (*комната*) pórter's lodge.

**швейца́рский** I (*относящийся к Швейцарии*) Swiss.

**швейца́рский** II *прил. к* швейца́р.

**шве́ллер** *м. тех.* chánnel.

**швея́** *ж.* séamstress ['sem-].

**шво́рень** *м.*= шкво́рень.

**швырко́в||ый:** ~ые дрова́ fíre-wood cut into 10—12-inch logs [-wud...].

**швырну́ть** *сов. см.* швыря́ть.

**швыро́к** *м. разг.*= швырко́вые дрова́ *см.* швырко́вый.

**швыря́ние** *с.* húrling, tóssing.

**швыря́||ть,** швырну́ть (*вн., тв.*) *разг.* fling* (*d.*), hurl (*d.*), toss (*d.*); ~ ка́мни throw* / hurl stones [-ou...]; шлю́пку ~ло (волна́ми) the boat was tossed abóut (by the seas); ◇ ~ де́ньги, ~ деньга́ми squánder móney [...'mʌ-]. **~ться** (*тв.*) *разг.* fling* (*d.*), throw* [-ou] (*d.*), hurl (*d.*); ~ться друг в дру́га fling* / throw* / hurl at one another (*d.*).

**шевели́ть,** шевельну́ть (*вн., тв.*) stir (*d.*), move [mu:v] (*d.*); ~ губа́ми move one's lips; ~ руко́й, ного́й stir a hand, a foot* [...fut]; ◇ ~ се́но turn / ted hay; он па́льцем не шевельнёт he won't stir a finger [...wount...]; ~ мозга́ми *разг.* use one's brains / wits. **~ся,** шевельну́ться stir, move [mu:v]; сиде́ть не шевеля́сь sit* without stirring; ◇ он не шевельну́лся he never stirred, he did not éven budge; шевели́сь! look líve;ly!

**шевельну́ть(ся)** *сов. см.* шевели́ть(ся).

**шевелю́ра** *ж.* háir-stỳle, chèvelúre [ʃev-'lu:ə], head of hair [hed...].

**шевио́т** *м.* chéviot. **~овый** chéviot (*attr.*).

**шевро́** *с. нескл.* kid. **~вый** kid (*attr.*); ~вые боти́нки kid shoes [...ʃu:z].

**шевро́н** *м. воен.* chévron ['ʃe-].

**шеде́вр** [-дэ́-] *м.* másterpiece [-pi:s], chéf-d'óeuvre ['ʃeɪ'də:vr].

**ше́йка** *ж.* **1.** *уменьш. от* ше́я; **2.** (*узкая часть чего-л.*) neck; ~ ва́ла *тех.* shaft jóurnal [...'dʒə:n°l]; ~ ре́льса web; ~ ма́тки *анат.*

cérvix of the úterus; **3.** (*у раков*) cráwfish tail.

**ше́йн||ый** neck (*attr.*); júgular ['dʒʌ-] *научн.*; ~ плато́к néckerchief; ~ая цепо́чка néck-chain; ~ позвоно́к *анат.* júgular / cérvical vértebra (*pl.* -rae).

**шейх** *м.* sheikh.

**шекспирове́дение** *с.* Shákespeare schólarship.

**шёл** *ед. м. прош. вр. см.* идти́.

**ше́лест** *м.* rustle, rústling.

**шелесте́ть** rustle.

**шёлк** *м. тк. ед.* (*ткань*) silk (stuff); (*нитки*) silk (thread) [...-ed]; ~-сыре́ц ráw-silk, floss; иску́сственный ~ àrtifícial silk, ráyòn; кручёный ~ twisted silk; на шелку́ sílk-lìned, lined with silk; вы́шивка ~ом embróidery in silk; ◇ в долгу́ как в шелку́ ≅ óver head and ears in debt [...hed... det].

**шелкови́нка** *ж.* silk thread [...-ed].

**шелкови́ст||ый** silky; ~ые во́лосы sílky hair *sg.*

**шелкови́ца** *ж. бот.* múlberry(-tree).

**шелкови́чный:** ~ червь sílkwòrm; ~ ко́кон silk còcóon [...kɔ-].

**шелково́д** *м.* silkwòrm bréeder. **~ство** *с.* silkwòrm bréeding; séri(ci)cùlture *научн.* **~ческий** *прил. к* шелково́дство.

**шёлков||ый** silk (*attr.*); ~ая ткань silk fábric; ~ое пла́тье silk dress; ~ая мате́рия silk stuff; ~ые чулки́ silk stóckings; ◇ он стал как ~ *разг.* ≅ he has become as meek / mild as a lamb, he has grown as supple as a glove [...-oun... -ʌv].

**шелкопря́д** *м. зоол.* bómbyx.

**шёлкопряд||е́ние** *с.* sílk-spìnning. **~и́льный** sílk-spìnning; ~и́льная фа́брика silk-mill.

**шёлкотка́цк||ий** sílk-wèaving; ~ая фа́брика sílk-weaving mill; ~ стано́к sílk-weaving loom.

**шелла́к** *м.* (*смола*) shèllác.

**шелопа́й** *м.* = шалопа́й.

**шелох||ну́ть** *сов.* (*вн.*) stir (*d.*). **~ну́ться** *сов.* stir, move [mu:v]; стоя́ть — не ~ну́ться stand* stóck-stíll; листо́к не ~нётся not a leaf is stirring.

**шелуди́вый** *разг.* mángy ['meɪn-], scábby.

**шелуха́** *ж. тк. ед.* (*зерна*) husk; husks *pl.*; (*фруктов и овощей*) peel; (*бобовых растений*) pod; карто́фельная ~ potátò péelings *pl.*

**шелуше́ние** *с. мед.* péeling.

**шелуши́ть** (*вн.*) shell (*d.*); (*о горохе, бобах*) hull (*d.*). **~ся 1.** peel / come* / scale off; **2.** *страд. к* шелуши́ть.

**ше́льма** *м. и ж. разг.* rogue [roug], ráscal.

**шельмова́ние** *с. ист.* públic dishónour ['pʌ- dɪs'ɔ-]; (*перен.*) dèfamátion.

**шельмова́ть,** ошельмова́ть (*вн.*) *ист.* expóse to públic dishónour [...'pʌ- dɪs'ɔ-] (*d.*); (*перен.*) defáme (*d.*).

**шемя́кин:** ~ суд *разг.* ≅ únjúst trial.

**ше́нкель** *м.* leg.

**шепеля́в||ить** lisp. **~ость** *ж.* lísping. **~ый** lísping; ~ое произноше́ние lisp.

**ше́пинг** *м. тех.* sháping machíne [...-'ʃi:n].

**шепну́ть** *сов. см.* шепта́ть.

**шёпот** *м.* whisper.

**шёпотом** *нареч.* in a whisper, únder one's breath [...-eθ].

**шептала́** *ж. тк. ед.* dried péaches and ápricòts [...'eɪ-] *pl.*

**шепта́ть,** шепну́ть, прошепта́ть (*вн.*) whisper (*d.*); ~ кому́-л. на́ ухо whisper in smb.'s ear. **~ся** whisper.

**шепту́н** *м. разг.* **1.** whísperer, sneak; **2.** (*сплетник*) téll-tàle, infórmer.

**шербе́т** *м.* shérbet.

**шере́нг||а** *ж.* rank; ~ами in ranks; в две ~и in two ranks.

**шери́ф** *м.* shériff.

**шероховат||ость** *ж.* (*прям. и перен.*) róughness ['rʌf-]. **~ый** (*прям. и перен.*) rough [rʌf]; rúgged; (*неровный*) ún¦éven; ~ый стиль ún¦éven style.

**шерсти́нка** *ж.* strand of wool [...wul].

**шерсти́||стый** wóolly ['wu-], fléecy. **~ть** (*о шерстяной одежде*) irritàte (the skin).

**шерстопряд||е́ние** *с.* wóol-spinning ['wul-]. **~и́льный** wóol-spinning ['wul-]; ~и́льная фа́брика wóol-spìnning mill.

**шерстоткáчество** *с.* wóol-weaving ['wul-].

**шерсточеса́льн||ый** wóol-càrding ['wul-]; ~ая маши́на cárding machíne [...-'ʃi:n].

**шерст||ь** *ж.* **1.** (*на животных*) hair; **2.** (*волос, состриженный с животных*) wool [wul]; чёсаная ка́рдная ~ cárded wool; cárdings *pl.*; **3.** (*пряжа*) wórsted ['wus-]; **4.** (*шерстяная материя*) wóollen stuff ['wul-...]; ◇ гла́дить кого́-л. по ~и flátter smb., grátify smb.; гла́дить кого́-л. про́тив ~и stroke smb. the wrong way, rub smb. up the wrong way.

**шерстян||о́й** wóollen ['wul-]; ~а́я мате́рия wóollen stuff; ~ы́е ве́щи (*носильные*) wóollens; ~а́я промы́шленность wool industry [wul...].

**шерхе́бель** *м.* jáck-plàne.

**шерша́веть** become* rough [...rʌf], róughen ['rʌf-].

**шерша́вый** rough [rʌf].

**ше́ршень** *м. зоол.* hórnet.

**шест** *м.* pole; (*барочный*) bárge-pòle; (*лодочный*) púnt-pòle.

**ше́ствие** *с.* procéssion, train; погреба́льное ~ fúneral procéssion / train.

**ше́ствовать** march; ва́жно ~ stalk (alóng).

**шестерёнка** *ж. тех.* géar-wheel ['gɪə-].

**шестёрк||а** *ж.* **1.** (*цифра*) six; **2.** *карт.* six; ~ черве́й, пик *и т. п.* the six of hearts, spades, *etc.* [...hɑ:ts...]; **3.** (*лодка*) síx-oar; **4.** (*лошадей*) síx-in-hánd; е́хать на ~е лошаде́й drive* in a cóach-and-sìx; пра́вить ~ой лошаде́й drive* síx-in-hánd; **5.** *воен. ав.* flight of six áircràft.

**шестерно́й** sixfòld, séxtuple.

**шестерня́** *ж. тех.* gear [gɪə], pínion; веду́щая ~ drive gear; кони́ческая ~ bével gear / pínion ['be-...]; mitre gear; цилиндри́ческая ~ spur gear.

**ше́стеро** *числит.* six; для всех шестеры́х for all six; их ~ they are six, there are six of them.

**шести-** (*в сложн. словах, не приведённых особо*) of six, *или* six- — *соотв. тому, как даётся перевод второй части слова, напр.* шестидне́вный of six days, síx-day (*attr.*) (*ср.* -дне́вный: of... days, -day *attr.*); шестиме́стный with berths, seats for 6; (*о самолёте, автомашине и т. п.*) síx-séater (*attr.*) (*ср.* -ме́стный).

**шестигра́нн||ик** *м. мат.* héxahédron [-'he-]. **~ый** *мат.* héxahédral [-'he-].

**шестидесяти-** (*в сложн. словах, не приведённых особо*) of síxty, *или* síxty- — *соотв. тому, как даётся перевод второй части слова, напр.* шестидесятидне́вный of síxty days, síxty-day (*attr.*) (*ср.* -дне́вный: of... days, -day *attr.*); шестидесятиме́стный with berths, seats for 60; (*об автобусе и т. п.*) síxty--séater (*attr.*) (*ср.* -ме́стный).

**шестидесятиле́тний 1.** (*о сроке*) of síxty years; síxty-year (*attr.*); ~ юбиле́й síxtieth ànnivérsary; **2.** (*о возрасте*) of síxty; síxty--year-óld; ~ челове́к man* of síxty; síxty-year--óld man*.

**шестидеся́т||ый** síxtieth; страни́ца ~ая page síxty; ~ но́мер númber síxty; ему́ (пошёл) ~ год he is in his síxtieth year; ~ые го́ды (*столетия*) the síxties; в нача́ле ~ых годо́в in the éarly síxties [...'ə:lɪ...]; в конце́ ~ых годо́в in the late síxties.

**шестидне́вка** *ж.* six days *pl.*, six-day week.

**шестиле́тие** *с.* **1.** (*годовщина*) sixth ànnivérsary; **2.** (*срок в 6 лет*) six years *pl.*, périod of six years.

**шестиле́тний 1.** (*о сроке*) of six years; six-year (*attr.*); sèxénnial *научн.*; **2.** (*о возрасте*) of six; six-year-óld; ~ ребёнок a child* of six; six-year-óld child*.

**шестиме́сячный 1.** (*о сроке*) of six months [...mʌ-]; six-mònth [-mʌ-] (*attr.*); **2.** (*о возрасте*) six-mònth-óld [-mʌ-]; ~ ребёнок six--mònth-óld báby.

**шестинеде́льный 1.** (*о сроке*) of six weeks; six-wéek (*attr.*); **2.** (*о возрасте*) six-week-óld.

**шестипа́лый** six-fíngered.

**шестипо́ль||е** *с. с.-х.* six-field crop rotátion [-fi:ld...]. **~ный** *с.-х.*: ~ный севооборо́т = шестипо́лье.

**шестисотле́тие** *с.* six-húndredth ànnivérsary, sèxcènténary [-'ti:-].

**шестисо́т||ый** six-húndredth; страни́ца ~ая page six húndred; ~ но́мер númber six húndred; ~ая годовщи́на six-húndredth ànnivérsary; ~ год the year six húndred.

**шестисто́пный** *лит.* six-foot [-fut] (*attr.*); ~ ямб iámbic hèxámeter.

**шестиуго́льн||ик** *м. мат.* **héxagon,** séxàngle. **~ый** hèxágonal.

**шестичасово́й 1.** (*о продолжительности*) of six hours [...auəz]; six-hour [-auə] (*attr.*); **2.**: ~ по́езд the six o'clóck train; the six o'clóck *разг.*

**шестнадцати-** (*в сложн. словах, не приведённых особо*) of síxtéen, *или* síxtéen- — *соотв. тому, как даётся перевод второй части слова, напр.* шестнадцатидне́вный of síxtéen days, síxtéen-day (*attr.*) (*ср.* -дне́вный: of... days, -day *attr.*); шестнадцатиме́стный with berths, seats for 16; (*об автобусе и т. п.*) síxtéen-séater (*attr.*) (*ср.* -ме́стный).

**шестнадцатиле́тний 1.** (*о сроке*) of síxtéen years; síxtéen-year (*attr.*); **2.** (*о возрасте*) of síxtéen; síxtéen-year-óld; ~ ма́льчик boy of síxtéen; síxtéen-year-óld boy.

**шестна́дцат||ый** síxtéenth; ~ое января́, февраля́ *и т. п.* the síxtéenth of Jánuary, Fébruary, *etc.*; Jánuary, Fébruary, *etc.*, the síxtéenth; страни́ца, глава́ ~ая page, chápter síxtéen; ~ но́мер númber síxtéen; ему́ (пошёл) ~ год he is in his síxtéenth year; одна́ ~ая óne-síxtéenth.

**шестна́дцать** *числит.* síxtéen; ~ раз ~ síxtéen times síxtéen; síxtéen síxtéens.

**шест||о́й** sixth; ~о́е января́, февраля́ *и т. п.* the sixth of Jánuary, Fébruary, *etc.*; Jánuary, Fébruary, *etc.*, the sixth; страни́ца, глава́ ~а́я page, chápter six; ~ но́мер númber six; ему́ (пошёл) ~ год he is in his sixth year; ему́ ~ деся́ток пошёл he is past fífty; уже́ ~ час it is past five; в ~о́м часу́ past / áfter five; полови́на ~о́го half past five [hɑ:f...]; три че́тверти ~о́го a quárter to six; одна́ ~а́я one sixth.

**шесто́к** *м.* (*в печи*) hearth [hɑ:θ].

**шесть** *числит.* six.

**шестьдеся́т** *числит.* síxty; ~ оди́н *и т. д.* síxty-òne, *etc.*; ~ пе́рвый *и т. д.* síxty-first, *etc.*; лет ~ (*о времени*) abóut síxty years; (*о возрасте*) abóut síxty; лет ~ тому́ наза́д abóut síxty years agó; ему́ лет ~ he is / looks abóut síxty; ему́ о́коло шести́десяти he is abóut síxty; ему́ под ~ he is néarly síxty; ему́ (перевали́ло) за ~ he is óver síxty, he is in his síxties; челове́к лет шести́десяти a man* of / abóut síxty; в шести́десяти киломе́трах (от) síxty kílomètres (from).

**шестьсо́т** *числит.* six húndred.

**ше́стью** *нареч.* six times; ~ шесть six times six.

**шеф** *м.* **1.** (*руководитель*) chief [-i:f]; **2.** (*учреждение, принявшее шефство*) pátron; **3.** (*главный повар*) chef [ʃef]. **~ство** *с.* pátronage; ~ство над чем-л. pátronage of smth.; взять ~ство (над) look áfter (*d.*), ùndertáke* to help (*d.*); take* únder one's pátronage (*d.*).

**ше́фствовать** (над) be pátron (of), have the pátronage (of), look áfter (*d.*).

**ше́я** *ж.* neck; ◇ броса́ться на ше́ю кому́-л. fall*, *или* throw* òne¦sélf, on smb.'s neck [...θrou...], throw* one's arms round smb.'s neck; получи́ть по ше́е get* it in the neck; вы́гнать, вы́толкать кого́-л. в ше́ю throw* / chuck smb. out; слома́ть, сверну́ть себе́ ше́ю break* one's neck [breɪk...]; сиде́ть у кого́-л. на ше́е be a búrden to smb., be on smb.'s hands; по ше́ю up to the neck.

**ши́бко** *нареч. разг.* **1.** smártly, quíckly; **2.** (*очень*) hard, much; ~ уда́рить кого́-л. give* smb. a hard knock; ~ люби́ть что-л. be míghty fond of smth.; он ~ скуча́ет he is very lóne¦ly.

**ши́ворот** *м. разг.* cóllar; взять кого́-л. за ~ seize smb. by the scruff of the neck [si:z...]; take* smb. by the cóllar.

**ши́ворот-навы́ворот** *нареч. разг.* tópsy-túrvy; де́лать ~ ≅ do things tópsytúrvy; put* the cart befóre the horse *идиом.*

**шизофре́н||ик** *м. мед.* schìzophrénic. **~и́я** *ж. мед.* schìzophrénia.

**шии́т** *м.* Shíah ['ʃi:ə], Shíite ['ʃi:-].

**шик** *м.* stýlishness ['staɪ-], smártness; с ~ом stýlishly ['staɪ-], in style, smart; ра́ди ~а for swank.

**ши́канье** *с.* híssing, cátcàlling.

**шика́рн||о** *нареч.* smártly. **~ый 1.** chic [ʃi:k], smart; име́ть ~ый вид look very chic / smart / stýlish; **2.** *разг.* (*отличный*) fine splèndid, grand.

**ши́кать,** ши́кнуть (на *вн.*) hiss (at).
**ши́кнуть** *сов. см.* ши́кать.
**ши́ллинг** *м.* shilling.
**ши́л||о** *с.* awl; ◇ ~а в мешке́ не утаи́шь *погов.* ≅ múrder will out.
**шимпанзе́** [-зэ́] *м. нескл. зоол.* chìmpanzée.
**ши́на** *ж.* **1.** (*колеса*) tyre, tire; пневмати́ческая ~ pneumátic tyre; **2.** *мед.* splint; **3.** *эл.* bus bar.
**шине́ль** *ж.* gréatcóat [-eɪt-]; óver¦coat *амер.*
**шинка́рка** *ж. уст.* mistress of a távern / pót-house* [...'tæ- -s].
**шинка́рь** *м. уст.* távern / pót-house kéeper ['tæ- -s...].
**шинко́ванн||ый** *прич. и прил. кул.* shrédded; ~ая капу́ста shrédded cábbage.
**шинкова́ть** (*вн.*) chop (*d.*), shred* (*d.*).
**шино́к** *м. уст.* távern ['tæ-], pót-house* [-s].
**шинши́лла** *ж.* (*животное и мех*) chinchílla.
**шип** *м.* **1.** *бот.* thorn; без ~о́в without thorns; **2.** *тех.* ténon ['te-], pin; *стр.* coak; **3.** (*подковы, каблука*) calk.
**шипе́ние** *с.* hissing; spitting; sizzling; fízzing; spúttering; (*ср.* шипе́ть).
**шипе́ть,** прошипе́ть **1.** hiss; **2.** *тк. несов.* (*о кошке*) spit*; (*о змее, гусе*) hiss; **3.** *тк. несов.* (*о масле на сковороде*) sizzle; (*о напитках*) fizz; (*о сырых дровах*) spútter.
**шипо́вник** *м. бот.* swéetbrier, églantine.
**шипу́чий** spárkling, fízzing.
**шипу́чка** *ж. разг.* pop (*effervescent drink*).
**шипя́щий** **1.** *прич. и прил.* híssing; **2.** *м. как сущ. лингв.* hissing sound, síbilant.
**ши́ре** (*сравн. ст. от прил.* широ́кий *и нареч.* широко́) bróader ['brɔ:-], wíder; ~ разверну́ть самокри́тику únfóld / devélop sélf-críticism on a bróader scale [...-'ve-...].
**ширин||а́** *ж.* width, breadth [-edθ]; ~ доро́ги width of the road; ~о́й в де́сять ме́тров ten metres wide; де́сять ме́тров в ~у́ ten metres wide / broad [...-ɔ:d]; в па́лец ~о́й the breadth of a finger; в ~у́ in breadth / width; ~ хо́да (*колёс*) tread [-ed].
**ши́риться** (*распространяться*) wíden; spread* [-ed].
**ши́рм||а** *ж.* screen; ство́рчатая, складна́я ~ fólding screen; служи́ть ~ой serve as a screen; (*перен.*) serve as a cloak / cóver [...'kʌ-].
**широ́к||ий** wide; (*обширный, тж. перен.*) broad [-ɔ:d]; ~ая дверь wide door [...dɔ:]; ~ая доро́га wide road; ~ая река́ wide ríver [...'rɪ-]; ~ое сукно́ wide cloth; ~ая ю́бка wide skirt; ~ие поля́ (*у шляпы*) wide brim *sg.*; ~ просто́р broad lands *pl.*; ~ая колея́ *ж.-д.* broad gauge [...geɪdʒ]; ~ экра́н broad screen; ~ое обобще́ние swéeping gèneralizátion [...-laɪ-]; ~ кругозо́р broad óutlook; в ~ом смы́сле in the broad sense; ~ая пу́блика the géneral públic [...'pʌ-]; ~ие ма́ссы the broad / vast másses; ~ие обще́ственные круги́ broad séctions of the públic; по́льзоваться ~ой подде́ржкой (*рд.*) enjóy wide¦spread suppórt [...-spred...] (of); ~ие пла́ны exténsive plans; ~ое строи́тельство wide-scàle constrúction / devélopment; в ~ом масшта́бе, в ~их разме́рах on a large scale; ~ое внедре́ние достиже́ний нау́ки *и т. п.* wide¦spread adóption of scientífic advánces, *etc.*; това́ры ~ого потребле́ния consúmers' goods [...gudz]; ~ое наступле́ние fúll-scàle offénsive; ◇ жить на ~ую но́гу live in (grand) style [lɪv...], live in ópulence; ~ая нату́ра génerous náture [...'neɪ-].
**широко́** I *прил. кратк. см.* широ́кий.
**широко́** II *нареч.* wide, wide¦ly; (*перен. тж.*) bróadly [-ɔ:d-]; две́ри бы́ли ~ откры́ты the doors stood wide ópen [...dɔ:z stud...]; ~ раскры́ть глаза́ ópen one's eyes wide [...aɪz...]; с ~ раскры́тыми глаза́ми with wide-òpen eyes; ~ улыба́ться smile bróadly; ◇ жить ~ live in grand style [lɪv...], live grándly; live in ópulence; смотре́ть ~ на ве́щи take* a broad view of things [...-ɔ:d vju:...], be bróad-mínded [...-ɔ:d-]; ~ толкова́ть (*вн.*) intérpret lóose¦ly [...'lu:s-] (*d.*), stretch the méaning (of); ~ разверну́ть рабо́ту place the work on a wide fóoting [...'fut-]; ~ разверну́лось строи́тельство constrúction has been devéloped on a large scale [...-'ve-...].
**широковеща́||ние** *с. рад.* bróadcàsting [-ɔ:d-]. **~тельный** **1.** *рад.* bróadcàsting [-ɔ:d-]; ~тельная ста́нция bróadcàsting státion; **2.** (*о рекламе и т. п.*) allúring, wide.
**широкогру́дый** bróad-chèsted [-ɔ:d-].
**ширококоле́йн||ый** *ж.-д.* bróad-gauge [-ɔ:dgeɪdʒ] (*attr.*); ~ая желе́зная доро́га bróad-gauge line.
**ширококо́стный** big-bòned.
**ширококры́лый** lárge-wing¦ed.
**широко||ли́ственный, ~ли́стый** bróad-léaved [-ɔ:d-].
**широкопле́чий** bróad-shóuldered [-ɔ:d'ʃou-].
**широкопо́лый** (*о шляпе*) wide-brimmed; (*об одежде*) fúll-skírted.
**широт||а́** *ж.* **1.** width; breadth [-edθ] (*тж. перен.*); ~ взгля́дов breadth of views [...vju:z]; ~ ума́ breadth of mind; **2.** *геогр.* látitùde; на тридца́том гра́дусе се́верной ~ы́ in látitùde 30° (thírty degrées) North; ни́зкие, высо́кие широ́ты low, high látitùdes [lou...].
**ширпотре́б** *м. разг.* consúmers' goods [...gudz] *pl.*
**ширь** *ж.* wide ópen space; (wide) expánse; во всю ~ to its full extént; разверну́ться во всю ~ únfóld to the full.
**ши́то-кры́то** *нареч. разг.* quíetly, on the sly; всё ~ it was all done on the sly.
**ши́тый** *прич. и прил.* embróidered; ~ шёлком *и т. п.* embróidered in silk, *etc.*
**шить,** сшить **1.** (*вн.*) sew* [sou] (*d.*); ~ на маши́не sew* on *a* machíne [...-'ʃi:n]; ~ себе́ что-л. (*у портного, портнихи*) have / get* smth. made; **2.** *тк. несов.* (*тв.*; *вышивать*) embróider (with, in); ~ шёлком embróider in silk; ~ серебро́м, зо́лотом embróider in sílver, gold.
**шитьё** *с.* **1.** séwing ['sou-]; néedle¦wòrk; **2.** (*вышивание*) embróidering; **3.** (*вышивка*) embróidery.
**ши́фер** *м. мин.* slate; (*для кровли*) róofing slate; крыть ~ом (*вн.*) slate (*d.*). **~ный** slate (*attr.*).
**шифо́н** *м. текст.* chiffòn ['ʃɪfɔn]. **~овый** chiffòn ['ʃɪfɔn] (*attr.*).
**шифонье́рка** *ж.* chiffoníer [ʃɪ-].
**шифр** *м.* **1.** (*условное письмо*) cípher ['saɪ-]; ~ом in cípher; ключ ~а key to *a* cípher [ki:...]; **2.** (*библиотечный*) préss-màrk.

**шифрова́льщик** *м.* cípher clerk ['saɪ-klɑːk].

**шифро́ванн||ый** *прич. и прил.* cíphered ['saɪ-], written in cípher [...'saɪ-]; *прил. тж.* cípher (*attr.*); ~ая телегра́мма cípher télegràm / méssage.

**шифр||ова́ть** (*вн.*) cípher ['saɪ-] (*d.*). **~о́вка** *ж.* cíphering ['saɪ-].

**ши́хта** *ж. тех.* charge.

**шиш** *м. груб.* fig; fíco; показа́ть ~ (*дт.*) ≅ pull a long nose [pul...] (at); ◇ у него́ ни ~а́ нет he hasn't got a thing.

**шиша́к** *м. ист.* (*шлем*) spiked hélmet.

**ши́шк||а** *ж.* **1.** *бот.* cone; **2.** (*от ушиба*) bump; (*опухоль, нарост*) lump; knob; он весь в ~ах he is all bumps; **3.** *тех.* (*линейная*) (mould) core [mou-...], kérnel; **4.** *разг.* (*важная персона*) big wig / bug; ◇ на бе́дного Мака́ра все ~и ва́лятся *погов.* ≅ an únlúcky man would be drowned in a téa-cùp.

**шишко||ва́тый** knóbby. **~ви́дный** cóne-shàped. **~но́сный** *бот.* cònìferous [kou-]; ~но́сные расте́ния cónifers ['kou-].

**шкала́** *ж.* scale; ~ термо́метра scale of *a* thermómeter; ~ зарпла́ты scale of wáges.

**шка́лик** *м. уст. разг.* small glass, nóggin.

**шка́нцы** *мн. мор. уст.* quárter-dèck *sg.*

**шкап** *м.* = шкаф.

**шкато́рина** *ж. мор.*: ве́рхняя ~ head (of sail) [hed...]; ни́жняя ~ foot* (of sail) [fut...]; пере́дняя ~ luff (of sail); за́дняя ~ leach (of sail).

**шкату́лка** *ж.* box, case [-s]; cásket.

**шкаф** *м.* cúpboard ['kʌbəd]; (*посудный*) drésser; платяно́й ~ wárdròbe; кни́жный ~ bóokcàse [-s]; несгора́емый ~ safe; stróng-bòx; стенно́й ~ búilt-in clóset ['bɪl- -ɔz-].

**шквал** *м.* squall; (*вихревой; тж. перен.*) tòrnádò.

**шква́листый** squálly.

**шква́рки** *мн. кул.* crácklings.

**шкво́рень** *м. тех.* pintle, cóupling-bòlt ['kʌ-].

**шкив** *м. тех.* púlley ['pu-]; (*блока*) sheave; веду́щий ~ dríving púlley; ремённый ~ belt púlley.

**шки́пер** *м. мор.* skípper, (shíp-)màster.

**шко́л||а** *ж.* (*в разн. знач.*) school; (*о здании тж.*) schóol-house* [-s]; нача́льная ~ èleméntary / prímary school [...'praɪ-...]; сре́дняя ~, ~-десятиле́тка sécondary school; high school, tén-year school (*from the age of 7—17*); непо́лная сре́дняя ~ shórtened sécondary school, séven-year school (*from the age of 7—14*); вы́сшая ~ hígher school, ùnivérsity; беспла́тная ~ free school; ~ рабо́чей молодёжи school for wórking youth [...juːθ]; ~ взро́слых school for ádùlts [...'æ-]; вече́рняя ~ évening-school ['iːv-], níght-school; ~ рисова́ния dráwing school; ~ верхово́й езды́ ríding school; ходи́ть в ~у go* to, или atténd, school; отда́ть в ~у (*вн.*) put* / send* to school (*d.*); око́нчить ~у fínish school; романти́ческая, класси́ческая *и т. п.* ~ (*в литературе*) the romántic, clássical, *etc.*, school; венециа́нская, англи́йская *и т. п.* ~ (*в искусстве*) the Venétian, the Brítish, *etc.*, school; суро́вая ~ жи́зни the hard / stern school of life; пройти́ суро́вую жи́зненную ~у pass through the hard / stern school of life; челове́к ста́рой ~ы a man* of the old school; пройти́ хоро́шую ~у get* sỳstemátic tráining, be well trained; (*перен.*) gain wísdom by expérience [...'wɪzdəm...].

**шко́лить** (*вн.*) *разг.* school (*d.*); (*держать строго, муштровать*) díscipline (*d.*).

**шко́льн||ик** *м.* schóolboy. **~ица** *ж.* schóolgirl [-gəːl].

**шко́льническ||ий** schóolboy (*attr.*); ~ие проде́лки schóolboy pranks.

**шко́льничество** *с.* (*ребячество*) schóolboy's tricks *pl.*

**шко́льн||ый** school (*attr.*); scholástic *книжн.*; ~ учи́тель schóol-teacher, schóolmàster; schóolman* *амер.*; ~ рабо́тник school wórker, téacher; ~ое образова́ние school èducátion; ~ сове́т schóol-board; ~ые го́ды school years, schóol-days; ~ое зда́ние schóol-house* [-s]; ~ уче́бно-о́пытный уча́сток school expèriméntal plot; ~ това́рищ schóolfèllow, schóol-friend [-frend]; ребёнок ~ого во́зраста child* of school age; ~ жарго́н schóolboy slang.

**шкот** *м. мор.* sheet; ма́рса-~ tópsail sheet ['tɔps°l...]; выбира́ть ~ haul a sheet; sheet.

**шку́р||а** *ж.* skin, hide; (*с шерстью*) fell; сдира́ть ~у (*с рд.*) flay (*d.*), skin (*d.*); ◇ драть ~у с кого́-л. *разг.* drive* smb. hard, explóit smb.; дрожа́ть за свою́ ~у be afráid of getting òneséIf into trouble [...trʌ-]; спаса́ть свою́ ~у save one's own skin [...oun...], save one's bácon / skin; испыта́ть что-л. на со́бственной ~е have felt smth. on one's own back; know* what smth. feels like [nou...]; дели́ть ~у неуби́того медве́дя *погов.* ≅ sell* the béarskin befóre one has caught the bear [...'bɛə- ...bɛə]; быть в чьей-л. ~е be in smb.'s skin; я не хоте́л бы быть в его́ ~е I would not like to be in his skin / shoes [...ʃuːz]; волк в ове́чьей ~е wolf* in sheep's clóthing [wulf ...'klou-]; с одного́ вола́ двух шкур не деру́т *погов.* you can't flay the same ox twice [...kɑːnt...].

**шку́рка** *ж.* **1.** (*о мехе*) skin, fell; **2.** (*наждачная бумага*) glás-pàper; **3.** *разг.* (*кожица*) rind.

**шку́рн||ик** *м.*, **~ица** *ж. презр.* sélf-séeker. **~ический** *презр.* sélf-céntred. **~ичество** *с. презр.* sélf-séeking, sélf-ínterest. **~ый** *презр.* sélfish; ~ый вопро́с quéstion of sélf-ínterest [-stʃən...].

**шла** *ед. ж. прош. вр. см.* идти́.

**шлагба́ум** *м.* túrnpike, bárrier.

**шлак** *м.* slag; dross. **~овый** *прил. к* шлак.

**шлакоснима́тель** *м. тех.* dámping bar.

**шланг** *м.* hose; пожа́рный ~ fíre-hòse.

**шле́йка** *ж.* **1.** *уменьш. от* шлея́; **2.** (*широкая лямка*) bréast-bànd ['brest-].

**шлейф** *м.* train.

**шлем** *м.* **1.** hélmet, héad-piece ['hedpiːs]; стально́й ~ steel hélmet; тропи́ческий ~ trópical hélmet, tópee; водола́зный ~ díving-hélmet, díver's hélmet; **2.** *карт.* slam; большо́й, ма́лый ~ grand, líttle slam.

**шле́мник** *м. бот.* skúll-càp.

**шлёпанцы** *мн. разг.* béd-room-slippers.

**шлёпать, шлёпнуть** **1.** (*вн.*) slap (*d.*), spank (*d.*); smack (*d.*); *сов. тж.* give* a smack (*i.*); **2.** *тк. несов.*: ~ ту́флями drag one's slíppers;

~ по водé, грязи splash through the wáter, the mud [...'wɔ:-...]. ~**ся,** шлёпнуться *разг.* tumble, fall* down.

**шлёпнуть** *сов. см.* шлёпать 1. ~**ся** *сов. см.* шлёпаться.

**шлеп||óк** *м. разг.* slap, smack; надавáть ~кóв (*дт.*) slap (*d.*), smack (*d.*).

**шлея** *ж.* bréeching, bréech-bànd.

**шли** *мн. прош. вр. см.* идти́.

**шлиф** *м. тех.* ground end / edge.

**шлифовáльный** grinding; (*полирующий*) pólishing; ~ станóк grinding machíne [...-'ʃi:n], grinder; ~ диск, круг grinding wheel.

**шлифовáние** *с.* grinding; (*полировка*) pólishing; (*напильником*) filing.

**шлифовáть** (*вн.*) grind* (*d.*); (*полировать*; *тж. перен.*) pólish (*d.*); (*напильником*) file (*d.*).

**шлифóв||ка** *ж.* grinding; (*полировка*; *тж. перен.*) pólishing. ~**щик** *м.* grinder; (*полировщик*) pólisher.

**шли́хта** *ж. тех.* size.

**шлихтовáть** (*вн.*) *тех.* size (*d.*).

**шли́ца** *ж. тех.* spline.

**шло** *ед. с. прош. вр. см.* идти́.

**шлюз** *м.* sluice [slu:s]; lock; откры́ть, закры́ть ~ы ópen, shut* / close the locks; пропусти́ть чéрез ~ (*вн.*) lock through (*d.*); ворóта ~а lóck-gáte *sg.*, slúice-gáte ['slu:s-] *sg.*; кáмера ~а lock chámber [...'tʃeɪ-]; судохóдный ~ shipping lock.

**шлюзовáние** *с.* **1.** (*реки*) lócking; **2.** (*судов*) lócking through.

**шлюзовáть** *несов. и сов.* (*вн.*) **1.** (*о реке*) lock (*d.*); **2.** (*о судах*) lock through (*d.*).

**шлюзовóй** *прил. к* шлюз.

**шлюп** *м. мор.* sloop.

**шлюпбáлка** *ж. мор.* (boat) dávit.

**шлю́пка** *ж.* (ship's) boat; гребнáя ~ púlling boat ['pul-...]; пáрусная ~ sáiling boat; спасáтельная ~ life-boat.

**шлю́почн||ый** *прил. к* шлю́пка; ~ые гóнки rówing ráces ['rou-...].

**шляп||а** *ж.* **1.** hat; (*дамская тж.*) bónnet; надéть ~у put* on one's hat; снять ~у take* off one's hat; надви́нуть ~у на глазá pull one's hat óver one's eyes [pul... aɪz]; ходи́ть в ~е wear* a hat [wɛə...]; он был в ~е he wore a hat, he had a hat on; без ~ы hát¦less; **2.** *разг.* (*о человеке*) hélpless / únpráctical pérson; ◇ дéло в ~е it's in the bag, it's a sure thing [...ʃuə...]. ~**ка** *ж.* **1.** *уменьш. от* шля́па 1; дáмская ~ка lády's hat, bónnet; **2.** (*гвоздя*) head [hed]; (*гриба*) cap. ~**ница** *ж.* (*модистка*) mílliner. ~**ный** *прил. к* шля́па 1; ~ный магази́н (*мужских шляп*) hátter's; (*дамских шляп*) mílliner's, míllinery estáblishment.

**шля́ться** *разг.* gad (abóut); ~ без дéла loaf abóut.

**шлях** *м.* road.

**шляхéтский** *прил. к* шля́хта.

**шля́хт||а** *ж. ист.* (Pólish) géntry ['pou-...]. ~**ич** *м. ист.* (Pólish) géntle¦man* ['pou-...].

**шмель** *м.* búmble-bee.

**шмуцти́тул** *м. полигр.* hálf-title ['hɑ:f-], bástard-title.

**шмыг** *предик. разг.*: а он ~ в дверь and off he went / slipped through the door [...dɔ:].

**шмы́гать,** шмыгну́ть *разг.* slip, dart; *несов. тж.* run* abóut, run* to and fro; ◇ ~ **нóсом** sniff.

**шмыгну́ть** *сов. см.* шмы́гать.

**шни́цель** *м. кул.* schnítzel (*fillet of pork or veal*).

**шнур** *м.* **1.** cord; запáльный ~ fuse; бикфóрдов ~ Bíckford's fuse, sáfe¦ty fuse; **2.** (*провод*) flex.

**шнуровáть** (*вн.*) lace up (*d.*). ~**ся 1.** lace òne¦sélf up; **2.** *страд. к* шнуровáть.

**шнурóвка** *ж.* lácing.

**шнур||óк** *м.* lace; ~кú для боти́нок shóe-làces ['ʃu:-].

**шнырять** *разг.* poke abóut; ~ повсю́ду poke one's nose into évery¦thing.

**шов** *м.* **1.** seam; (*в вышивании*) stitch; (*хирургический*) stitch; súture; без шва séamless; кóстный ~ *анат.* cómmissure; наклáдывать швы *мед.* put* in (the) stitches; снимáть швы *мед.* take* out (the) stitches; **2.** *стр., тех.* joint, júnction; сварнóй ~ weld; wélded joint; ◇ рýки по швам! atténtion! hands in line with the seam of the tróusers!; трещáть по всем швам fall to pieces [...'pi:-], burst* at the seams, be gó¦ing to píeces.

**шовин||и́зм** *м.* cháuvinism ['ʃou-], jíngo¦ism. ~**и́ст** *м.* cháuvinist ['ʃou-], jíngò, jíngo¦ist. ~**исти́ческий** chauvinístic [ʃou-], jíngo¦ist.

**шок** *м. мед.* shock.

**шоки́ровать** (*вн.*) shock (*d.*), scándalize (*d.*).

**шоколáд** *м.* chócolate; ~ в пли́тках chócolate in bars. ~**ный** chócolate (*attr.*); ~**ная** фáбрика chócolate fáctory.

**шóмпол** *м. воен.* rám¦ròd, cléaning rod.

**шóрн||ик** *м.* hárness-màker; sáddler, sáddle-màker. ~**ый:** ~ый магази́н, ~ая мастерскáя sáddler's, sáddle-màker's; hárness-màker's.

**шóрох** *м.* rustle.

**шóры** *мн.* blínkers; blínders *амер.*

**шоссé** [-сэ́] *с. нескл.* híghway; macádam road [-'kæ-...]; гудрони́рованное ~ tár-bound road, tármàc road; автомоби́льное ~ mótor road.

**шоссéйн||ый** [-сэ́-] *прил. к* шоссé; ~**ая** дорóга macádam road [-'kæ-...].

**шосси́ровать** *несов. и сов.* (*вн.*) métal ['me-] (*d.*).

**шотлáндец** *м.* Scótch¦man*, Scot; Scóts¦man* *шотл.*

**шотлáндка** I [-нк-] *ж.* Scótch¦wòman* [-wu-]; Scóts¦wòman* [-wu-] *шотл.*

**шотлáндка** II [-нк-] *ж.* (*клетчатая ткань*) tártan, plaid [plæd].

**шотлáндский** [-нск-] Scóttish, Scotch.

**шофёр** *м.* chaufféur [ʃou'fə:], (mótor-càr) dríver; ~ такси́ táxi-càb dríver, táxi-driver, táxi-man*. ~**ский** *прил. к* шофёр; ~ское свидéтельство dríver's pérmit / lícence [...'laɪ-].

**шпаг||а** *ж.* sword [sɔ:d], rápier; обнажи́ть ~у draw* the sword; скрести́ть ~и (с кем-л.) cross / méasure swords [...'meʒə...] (with smb.).

**шпагáт** *м.* string, cord, (bínder-)twine.

**шпáжник** *м. бот.* flag, swórd-lily ['sɔ:dlɪ-].

**шпаклевáть** (*вн.*) pútty (*d.*); *мор.* caulk (*d.*).

**шпаклёвка** *ж.* **1.** (*действие*) púttying; **2.** (*вещество*) pútty; **3.** *мор.* (*инструмент*) spaddle.

**шпáла** *ж. ж.-д.* sléeper; tie *амер.*

**шпалéр||а** *ж.* **1.** (*для растений*) tréllis,

espálier [-'pæ-]; **2.** *мн. уст.* (*обои*) wáll-pàper *sg.*; **3.** *воен.*: выстра́ивать ~ами (*вн.*) line up (*d.*); стоя́ть ~ами be / stand* lined up.

**шпана́** *ж. тк. ед. чаще собир.* ríff-ràff, rabble.

**шпанго́ут** *м. мор.* frame.

**шпа́ндырь** *м.* shóe:màker's stírrup ['ʃuː-...].

**шпа́нка** *ж.* **1.** (*вишня*) black chérry; **2.** (*овца*) merínò sheep* [-'riː-...]; **3.** = шпа́нская му́шка *см.* шпа́нский.

**шпа́нск||ий:** ~ая му́шка (*насекомое*) Spánish fly; (*пластырь*) càntháridès [kæn'θærɪdiːz] *pl.*; ~ая ви́шня black chérry.

**шпарга́лка** *ж. разг.* crib.

**шпа́рить,** ошпа́рить *разг.* **1.** (*вн.*; *кипятком*) scald (*d.*); **2.** *тк. несов.* (*без доп.*; *делать, говорить и т. п. без остановки*) fire a:wáy.

**шпат** I *м. мин.* spar; полево́й ~ féldspàr; плавико́вый ~ flúòr-spàr; алма́зный ~ corúndum; бу́рый ~ bóracite ['bou-], brown spar.

**шпат** II *м. вет.* spávin.

**шпа́тель** *м. тех.* pálette-knife*.

**шпа́ци||я** *ж.* **1.** *полигр.* space; разби́ть на ~и (*вн.*) space (*d.*); **2.** *мор.* fráme-spàcing.

**шпенёк** *м. тех.* pin, peg; (*пряжки*) prong.

**шпига́т** *м. мор.* scúpper; dráin-hòle.

**шпигова́ть,** нашпигова́ть (*вн.*) lard (*d.*).

**шпик** I *м.* (*сало*) lard.

**шпик** II *м. разг.* (*сыщик*) sleuth.

**шпиль** *м.* **1.** (*остриё*) spire, steeple; **2.** *мор.* cápstan.

**шпи́льк||а** *ж.* **1.** (*для волос*) háir-pìn; **2.** (*гвоздь*) tack; **3.** *тех.* stud, brad; ◇ подпуска́ть ~и (*дт.*) have a dig (at).

**шпина́т** *м. бот.* spínach ['spɪnɪdʒ]. **~ный** *прил. к* шпина́т.

**шпингале́т** *м.* (*задвижка*) úp:ríght bolt.

**шпи́ндель** [-дэ-] *м. тех.* spindle.

**шпине́ль** [-нэ́-] *м. мин.* spinel ['spɪ-].

**шпио́н** *м.* spy. **~а́ж** *м.* èspionáge [-'nɑːʒ].

**шпио́н||ить** spy; (за *тв.*) spy (on). **~ка** *ж. к* шпио́н. **~ский** èspionáge [-'nɑːʒ] (*attr.*); ~ская организа́ция èspionáge òrganìzátion / ring [...-naɪ-...].

**шпиц** I *м.* (*остриё*) spire, steeple.

**шпиц** II *м.* (*порода собак*) spítz(-dòg), Pòmeránian.

**шпицру́тен** *м. ист.* rod.

**шпон** *м.*, **~а** *ж. полигр.* lead [led]; на ~ах léaded ['led-].

**шпо́нка** *ж. тех.* key [kiː], dówel.

**шпор** *м. мор.* heel (of a mast).

**шпо́р||а** *ж.* spur; дать ~ы (*дт.*) spur (*d.*). **~ить** (*вн.*) spur (*d.*).

**шприц** *м.* sýringe.

**шпро́ты** *мн.* sprats.

**шпу́льк||а** *ж. тех.* spool, bóbbin; нама́тывать на ~у (*вн.*) spool (*d.*).

**шпунт** *м. тех.* groove, rábbet.

**шпунтова́н||ие** *с. тех.* gróoving; стано́к для ~ия gróoving lathe [...leɪð].

**шпунтова́ть** (*вн.*) groove (*d.*).

**шпур** *м.* bóre-hòle.

**шпыня́ть** *разг.* (*вн.*) nag (*d.*).

**шрам** *м.* scar.

**шрапне́ль** *ж. воен.* shrápnel (shell). **~ный** *прил. к* шрапне́ль; ~ный ого́нь shrápnel fire; ~ная пу́ля shrápnel ball.

**шрифт** *м.* print, type; ме́лкий, кру́пный ~ small, large print; жи́рный ~ thick / bold type; bold face *амер.*; курси́вный ~ itál.c type, itálics; готи́ческий ~ Góthic type; прямо́й ~ Róman type; ме́лким, кру́пным, жи́рным *и т. п.* ~ом in small, large, thick, *etc.*, print.

**шрифтово́й** *прил. к* шрифт.

**штаб** *м. воен.* staff, héadquárters (staff) ['hed-...]; в ~ to héadquárters; в ~е at héadquárters; генера́льный ~ (*вооружённых сил*) Armed Fórces Staff; (*сухопутных войск*) Géneral Staff; войсково́й ~ héadquárter(s) staff; морско́й ~ nával staff; офице́р ~а staff ófficer.

**шта́бель** *м.* stack, pile.

**штаб-кварти́ра** *ж. воен.* héadquárters ['hed-] *pl.*

**штабно́й** *воен.* **1.** *прил.* staff (*attr.*); ~ офице́р staff ófficer; **2.** *м. как сущ.* staff ófficer.

**штаб-офице́р** *м. воен. ист.* fíeld-òfficer ['fiːld-].

**штабс-капита́н** *м. воен. ист.* ≅ júnior cáptain, cáptain 2nd grade.

**штаг** *м. мор.* stay; ~-блок stáy-blòck.

**шталме́йстер** *м. ист.* équerry, Máster of the Horse.

**штамп** *м.* **1.** *тех.* punch; **2.** *канц.* stamp; **3.** (*шаблон*) cliché (*фр.*) ['kliːʃeɪ]; (*о выражении тж.*) stock phrase.

**штампова́льный** *тех.* púnching; ~ пресс púnching-prèss.

**штампова́ние** *с. тех.* púnching.

**штампо́ванный** **1.** *прич. и прил.* stamped; **2.** *прил.* (*трафаретный*) trite, háckneyed [-nɪd], cut and dried.

**штампова́ть** (*вн.*) **1.** stamp (*d.*); (*перен.*) turn out mechánically [...-'kæ-] (*d.*); **2.** *тех.* punch (*d.*).

**штампо́вка** *ж.* **1.** stámping; **2.** *тех.* púnching.

**штампо́вщ||ик** *м.*, **~ица** *ж.* púncher; stámper.

**шта́нга** *ж.* bar; *спорт.* weight; (*ворот*) cróss-bàr.

**штангенци́ркуль** *м.* sliding / vérnier cállipers *pl.*

**штанги́ст** *м.* wéight-lifter.

**штанда́рт** *м. уст.* stándard.

**штаны́** *мн. разг.* tróusers, bréeches ['brɪ-].

**шта́пель** *м.* staple. **~ный** staple (*attr.*); ~ное волокно́ staple fibre; ~ное полотно́ staple fábric.

**штат** I *м.* **1.** (*административно-территориальная единица*) state; **2.** *мн. ист.*: Генера́льные ~ы States Géneral.

**штат** II *м.* (*постоянный состав сотрудников*) staff, estáblishment; быть в ~е be on the staff / estáblishment; сокраще́ние ~ов redúction of the staff; зачисля́ть, включа́ть кого́-л. в ~ take* smb. on the staff.

**штати́в** *м.* suppórt, foot* [fut], trípòd.

**шта́тн||ый** régular; on the staff / estáblishment; ~ая до́лжность régular appóintment; ~ рабо́тник mémber of the staff, pérmanent èmployée; ~ преподава́тель téacher on the staff; ~ соста́в régular / áuthorized estáblishment; cómplement; ~ые изли́шества sùpérfluous pèrsonnél *sg.*, excéss staff *sg.*

**шта́тск||ий 1.** *прил.* cívil; ~ое пла́тье cívilian clothes [...klou-] *pl.*, múfti; (a suit of) cívvies [...sjuːt...] *разг.*; **2.** *с. как сущ.* = ~ое пла́тье; генера́л, офице́р *и т. п.* в ~ом a géneral, an ófficer, *etc.*, in múfti / cívvies; **3.** *м. как сущ.* cìvílian.

**шта́ты** I *мн. см.* штат I.

**шта́ты** II *мн. см.* штат II; (*личного состава*) estáblishment *sg.*; tables of òrganizátion [...-naɪ-] *амер.*; ~ вое́нного вре́мени war estáblishment; ~ ми́рного вре́мени peace estáblishment.

**ште́вень** [штэ́-] *м. мор.* (*форштевень*) stem; (*ахтерштевень*) stérn-pòst [-poust]; *мн.* stem and stérn-pòst.

**ште́йгер** [штэ́-] *м.* head miner [hed...].

**штемпелева́ть,** заштемпелева́ть (*вн.*) stamp (*d.*).

**ште́мпел||ь** [штэ́-] *м.* stamp; почто́вый ~ póstmàrk ['poust-]; письмо́ со ~ем «Москва́» létter with a Móscow póstmàrk.

**ште́мпельн||ый** *прил. к* ште́мпель; ~ая поду́шка pad.

**ште́псель** [штэ́-] *м. эл.* plug. **~ный** [штэ́-] *прил. к* ште́псель; ~ная ви́лка eléctric plug.

**штибле́ты** *мн.* boots.

**штива́ть** (*вн.*) *мор.* stow [stou] (*d.*).

**шти́вка** *ж. мор.* stówing [-ou-].

**штилев||о́й** *прил. к* штиль; экваториа́льные ~ы́е по́лосы *мор.* the dóldrums [...'dɔː-].

**штиль** *м. мор.* calm [kɑːm]; мёртвый ~ dead calm [ded...].

**штифт** *м. тех.* (jóint-)pìn, sprig.

**шток** *м.* **1.** *тех.* rod; ~ по́ршня píston-ròd; **2.** *мор.* (*якоря*) stock (*of an anchor*).

**штокро́за** *ж. бот.* hóllyhòck.

**што́льня** *ж. горн.* gállery, drift, ádit.

**што́п||альный** dárning; ~альная игла́ dárning needle. **~ание** *с.* dárning. **~аный** darned.

**што́п||ать,** зашто́пать (*вн.*) darn (*d.*). **~ка** *ж. тк. ед.* **1.** (*действие*) dárning; **2.** (*нитки*) dárning thread [...θred].

**што́пор** *м.* **1.** córkscrew; **2.** *ав.* spin; входи́ть в ~ go* / get* into a spin.

**што́пор||ить** *ав.* spin. **~ом** *нареч. ав.* in a spin.

**што́р||а** *ж.* blind; спусти́ть ~ы draw* the blinds.

**шторм** *м. мор.* (strong) gale; жесто́кий ~ storm; си́льный ~ héavy gale ['hevɪ...], whole gale [houl...]; попа́сть в си́льный ~ run* into héavy wéather [...'weðə].

**штормова́ть** *мор.* ride* / wéather a storm [...'weðə...].

**штормово́й** *прил. к* шторм; ~ сигна́л cóast-warning, stórm-còne; ~ си́лы (*о ветре*) of gale force.

**штормтра́п** *м. мор.* Jácob's ládder.

**штоф** I *м. уст.* (*мера жидкости*) shtoff (*about 1.2 litres*).

**штоф** II *м.* (*материя*) dámask ['dæ-].

**што́фн||ый** dámask ['dæ-] (*attr.*); ~ые обо́и dámask wáll-pàper *sg.*; ~ая ме́бель dámask-ùphólstered fúrniture [-'houl-...], fúrniture ùphólstered in dámask [...-'houl-...].

**штраф** *м.* fine, pénalty; заплати́ть ~ pay* a fine. **~но́й** pénal; ~но́й журна́л *уст.* pénal book; ~на́я площа́дка *спорт.* pénalty área [...'ɛərɪə]; ~но́й уда́р *спорт.* pénalty kick.

**штрафова́ть,** оштрафова́ть (*вн.*) fine (*d.*).

**штрейкбре́хер** *м.* strike-breaker [-breɪ-], bláckleg; scab *разг.* **~ский** *прил. к* штрейкбре́хер. **~ство** *с.* bláckléggìng.

**штрек** *м. горн.* drift.

**штри́пка** *ж.* fóotstràp ['fut-].

**штрих** *м.* stroke, touch [tʌtʃ]; (*мн.*; *на карте*) hàchúres [ɑː'ʃuːəz]; (*перен.*) trait [treɪ], féature; характе́рный ~ chàracterístic trait [kæ-...].

**штрихова́ть,** заштрихова́ть (*вн.*) shade (*d.*), hatch (*d.*).

**штрихо́вка** *ж.* sháding, hátching.

**штрихово́й** *прил. к* штрих; ~ рису́нок line dráwing.

**штуди́ровать,** проштуди́ровать (*вн.*) stúdy ['stʌ-] (*d.*).

**шту́к||а** *ж.* **1.** piece [piːs]; штук де́сять abóut ten píeces; не́сколько штук я́блок séveral apples; ~ полотна́ piece of línen [...'lɪ-]; **2.** *разг.* (*вещь*) thing; что э́то за ~? what sort of thing is this?; **3.** *разг.* (*выходка*) trick; сыгра́ть ~у с кем-л. play smb. a trick; э́то его́ ~и that is his doing; ◇ вот так ~! that's a nice thing!; в то́м-то и ~! that is just the point!

**штукату́р** *м.* plásterer.

**штукату́р||ить,** оштукату́рить (*вн.*) pláster (*d.*), párget (*d.*). **~ка** *ж. тк. ед.* **1.** pláster; **2.** (*действие*) plástering. **~ный** *прил. к* штукату́рка; ~ная рабо́та pláster work, plástering.

**штукова́ть** (*вн.*) mend (*d.*).

**штуко́вка** *ж.* ménding.

**штурва́л** *м. мор.* stéering contról [...-oul]; stéering-wheel; *ав.* contról cólumn; стоя́ть у ~а be / stand* at the wheel / helm, be at the contróls.

**штурва́льн||ый:** ~ое колесо́ stéering-wheel.

**штурм** *м.* assáult, storm; брать ~ом (*вн.*) take* / cápture by storm (*d.*).

**шту́рман** *м. мор., ав.* návigàtor, nàvigátion ófficer. **~ский** návigàtor's, návigàting; nàvigátion (*attr.*); ~ское де́ло nàvigátion.

**штурмова́ть** (*вн.*) storm (*d.*), assáult (*d.*).

**штурмови́к** *м. ав.* lów-flýing attáck áircràft ['lou-...], "stormovík"; attáck plane *амер.*

**штурмо́в||ка** *ж. воен. ав.* lów-flỳing attáck ['lou-...]. **~о́й** *воен.* assáult (*attr.*); ~а́я ата́ка *ав.* lów-flỳing attáck ['lou-...]; ~а́я гру́ппа assáult group [...gruːp]; ~о́й отря́д assáult detáchment; ~а́я ле́стница *уст.* scáling-làdder.

**штурмовщи́на** *ж. разг.* rush work.

**штуртро́с** *м. мор.* stéering rope; (*цепной*) stéering chain, rúdder chain.

**штуф** *м. мин.* ore.

**шту́цер** *м.* (*ружьё*) cárbine.

**шту́ч||ка** *ж. уменьш. от* шту́ка. **~ный** piece [piːs] (*attr.*); ~ная рабо́та píece-wòrk ['piːs-]; ~ный това́р píece-goods ['piːsgudz] *pl.*; ~ная прода́жа sale by the piece.

**штык** *м.* **1.** *воен.* báyonet; клинко́вый ~ swórd-bayonet ['sɔːd-]; броса́ться в ~и́ charge with the báyonet; встре́тить в ~и́ (*вн.*; *перен.*) give* a hóstìle recéption (to); **2.** *мор.* (*узел*) bend.

**штыков||о́й** *прил. к* штык; ~а́я ата́ка báyonet attáck / charge, assáult with the báyonet; ~ бой báyonet fight.

**штырь** *м. тех.* pintle.

**шу́ба** *ж.* fúr-coat.

**шубе́йка** *ж.* winter jácket.

**шубёнка** *ж. разг.* shábby fúr-coat.

**шуга́** *ж. тк. ед. собир.* sludge.

**шу́лер** *м.* cheat, shárper, cárd-shàrper. **~ский** *прил. к* шу́лер. **~ство** *с.* foul play; sharp práctice.

**шум** *м.* noise; húbbùb, úp:roar; подня́ть ~ make* a noise; (*перен.*) raise, *или* set* up, a clámour [...'klæ-]; прекрати́те ~! stop this noise!; ~ ве́тра, волн noise / sound of the wind, the waves [...wɪnd...]; ~ бо́я roar of battle; ~ ли́стьев rustle of leaves; ~ в уша́х búzzing in the ears; под ~ дождя́ to the accómpaniment of the rain [...ə'kʌ-...]; with the sound of rain in the báckground; ◇ наде́лать ~у, подня́ть большо́й ~ make* a rácket, kick up a row; cause a sènsátion; без ~а without a fuss, without any fánfàres; мно́го ~а из ничего́ much adó abóut nothing [...ə'du:...]; а́дский ~ hell of a noise; ~ и гам húe-and-crý; húbbùb.

**шум||е́ть 1.** make* a noise; be nóisy [...-zɪ]; де́ти ~я́т the children are máking a lot of noise; the children are nóisy; ве́тер ~и́т the wind is hówling / móaning [...wɪ-...]; *one* can hear the noise of the wind; мо́ре ~и́т *one* can hear the noise of the sea; **2.** *разг.* (*скандалить, браниться*) kick up a row; **3.** (*суетиться, делать шум по поводу чего-л.*) make* a fuss. **~и́ха** *ж. разг.* sènsátion, rácket, bállyhóo.

**шумли́в||ость** *ж.* nóisiness [-zɪ-], bóisterous:ness. **~ый** nóisy [-zɪ], bóisterous.

**шу́мн||ый** nóisy [-zɪ]; loud; tùmúltuous; ~ые города́ nóisy / bústling towns; ~ успе́х sènsátional succéss; ~ое приве́тствие accláim.

**шумо́вка** *ж.* skimmer.

**шумов||о́й:** ~ орке́стр jazz band; ~ы́е эффе́кты *театр.* sound efféct s.

**шумо́к** *м. разг.:* под ~ on the sly; únder cóver [...'kʌ-].

**шумопеленга́тор** *м. мор.* hýdro:phòne.

**шунт** *м. эл.* shunt.

**шу́рин** *м.* bróther-in-law ['brʌ-] (*pl.* bróthers-) (*brother of the wife*).

**шурова́ть** *тех.* poke, stoke.

**шуру́п** *м. тех.* screw.

**шурф** *м. горн.* èxcavátion, dígging.

**шурфова́ние** *с.* èxcavátion, dígging.

**шурфова́ть** (*вн.*) éxcavàte (*d.*), dig (*d.*).

**шурша́ние** *с.* rústling.

**шурша́ть,** зашурша́ть rustle.

**шу́стрый** *разг.* bright, smart.

**шут** *м.* fool; jéster; *ист. тж.* man* of mótley [...'mɔ-]; быть ~о́м wear* the mótley [wɛə...]; ◇ ~ горо́ховый *разг.* clown, bùffóon, tómfóol; ~ его́ зна́ет! *разг.* deuce knows! [...nouz].

**шут||и́ть,** пошути́ть **1.** joke; jest; ~ над кем-л. make* fun of smb.; люби́ть ~ be fond of *a* joke; **2.** (*говорить не всерьёз*) be in jest; be fúnny *разг.*; он не шу́тит he is sérious, he is in no jóking mood; **3.** (с *тв.*; *несерьёзно относиться*) trifle (with), play (with); э́тим не ~и́ don't trifle with this. **~и́ха** *ж.* **1.** *уст.* (fíre:)cràcker; **2.** *ист.* fémàle jéster ['fi:-...].

**шу́тк||а** *ж.* **1.** joke; jest; зла́я ~ spite:ful / malícious joke; в ~у in jest; не обижа́ться на ~у not take* offénce at *a* joke, not take* it sérious:ly; э́то не ~и it is no joke, it is not a láughing mátter [...'lɑ:f-...]; ему́ не до шу́ток he is in no láughing mood; отде́лываться ~ами от чего́-л. laugh / jest smth. a:wáy [lɑ:f...]; **2.** (*шалость*) trick; (*проказа*) prank; сыгра́ть ~у с кем-л. play a trick on smb.; га́дкие ~и dírty / shábby tricks; **3.** *театр.* jest farce; ◇ ~и в сто́рону, кро́ме шу́ток jóking apárt; ~ сказа́ть it's not so éasy [...'i:zɪ], it's no joke; ~ ли э́то сде́лать that is not so éasily done [...'i:z-...]; ~ ли потеря́ть сто́лько вре́мени it is no láughing mátter to lose all that time [...lu:z...]; с ним ~и пло́хи he is not one to be trifled with; he is a dángerous / násty cústomer [...'deɪndʒ-...] *идиом.*; он не на ~у рассерди́лся he is dównright ángry; не ~ no trifle.

**шут||ли́вый** wítty, húmorous, pláyful. **~ни́к** *м.*, **~ни́ца** *ж.* wag [wæg]; jóker, jéster.

**шутовск||о́й** *прил. к* шут; ~ колпа́к fool's cap; ~ наря́д mótley ['mɔ-]; ~а́я вы́ходка bùffóonery.

**шутовство́** *с.* bùffóonery.

**шу́точн||ый 1.** (*комический*) cómic, facétious; ~ая поэ́ма cómic vérses *pl.*; **2.** (*пустяковый*) trífling; э́то де́ло не ~ое it is no joke, it is not a láughing mátter [...'lɑ:f-...], that is no trífling mátter.

**шутя́ 1.** *деепрNew. см.* шути́ть; **2.** *нареч.* in jest, for fun; не ~ sérious:ly, in éarnest [...'ə:-]; **3.** *нареч.* (*очень легко*) éasily ['i:z-]; э́то мо́жно сде́лать ~ you could do it in your sleep.

**шушу́ка||нье** *с.* whíspering. **~ться** whísper.

**шхе́ры** *мн. геогр.* skérries; ínsulàted rocks reefs.

**шху́на** *ж. мор.* schóoner; ~-бриг schóoner-brìg; ма́рсельная ~ tópsail schóon er.

**ш-ш** *межд.* hush!

# Щ

**щаве́лев||ый 1.** *прил. к* щаве́ль; **2.** *хим.* òxálic; ~ая кислота́ òxálic ácid; соль ~ой кислоты́ óxalàte.

**щаве́ль** *м.* sórrel.

**щади́ть,** пощади́ть (*вн.*) spare (*d.*); не щадя́ себя́ regárdless of one's own féelings, health, *etc.* [...oun... helθ], whóle-héartedly ['houl'hɑ:t-]; ~ чью-л. жизнь spare smb.'s life; ~ чьи-л. чу́вства spare smb.'s féelings; ~ чьё-л. самолю́бие spare smb.'s sélf-estéem / sélf-respéct / vánity.

**щебёнка** *ж.*, **щё́бень** *м.* road métal [...'me-]; кирпи́чный щё́бень, кли́нкерный щё́бень bróken brick; мости́ть щё́бнем (*вн.*) métal (*d.*).

**щё́бет** *м.*, **~а́ние** *с.* twitter, chirp.

**щебета́ть** twítter, chirp; (*перен.: говорить быстро, без умолку*) chátter.

**щеглёнок** *м.* **1.** (*птенец*) young góldfinch [jʌŋ...]; **2.** *уменьш. от* щегол.

**щегол** *м.* góldfinch.

**щеголеват||ость** *ж.* dándyism, fóppery. **~ый** dándyish, fóppish, dándified, óver-dréssed; ~ый молодой человек dándified young man* [...jʌŋ...].

**щеголиха** *ж.* wóman* of fáshion ['wu-...].

**щёголь** *м.* dándy, fop.

**щегольнуть** *сов. см.* щеголять 2.

**щеголь||ской** fóppish, dándified; dándy (*attr.*); ~ вид air of dándy. **~ство** *с.* fóppery, dándyism.

**щеголять,** щегольнуть **1.** *тк. несов.* be a fop, be a dándy; cut* a dash; (в *пр.*) sport (*d.*): ~ в новом костюме sport *a* new suit [...sjuːt]; **2.** (*тв.*) *разг.* flaunt (*d.*), paráde (*d.*), show* off [ʃou...] (*d.*); make* a show / paráde (of).

**щедр||ость** *ж.* gènerósity, liberálity. **~оты** *мн.* bóunties. **~ый** génerous, liberal; ~ой рукой with an ópen hand, ópen-hándedly, lávishly, únstinting-ly; ~ые дары génerous / lávish gifts [...g-]; ~ый на обещания lávish with prómises [...-sɪz].

**щек||а** *ж.* cheek; впалые щёки súnken cheeks; ударить кого-л. по ~е give* smb. a slap in the face; подставить щёку turn the cheek; поцеловать в обе ~и kiss on both cheeks [...bouθ...]; ◇ уписывать за обе ~и (*вн.*) *разг.* ≅ eat* héartily [...'hɑːt-] (*d.*).

**щеколда** *ж.* (*дверная*) latch.

**щекотание** *с.* tíckling.

**щекотать,** пощекотать **1.** (*вн.*; *прям. и перен.*) tickle (*d.*); ~ чьё-л. самолюбие tickle smb.'s vánity; **2.** *безл.*: у меня в горле, в носу щекочет I have a tíckling sènsátion in my throat, nose; my throat, nose tickles.

**щекотк||а** *ж.* tíckling; бояться ~и be tícklish.

**щекотлив||ость** *ж. разг.* (*прям. и перен.*) tícklishness; (*перен. тж.*) délicacy; ~ положения délicacy of the situátion. **~ый** (*прям. и перен.*) tícklish; (*перен. тж.*) délicate; ~ый вопрос tícklish point.

**щекотно** *предик. безл.* (*дт.*) it tickles; ему ~ it tickles him.

**щелинный** *лингв.* frícative; ~ звук frícative sound.

**щелистый** *разг.* chínky, full of chinks.

**щёлк** *м. разг.* crack; (*пальцами*) fíllip, snap of the fíngers.

**щёлк||а** *ж.* chink (*a narrow opening*); смотреть в ~у look through a chink.

**щёлканье** *с.* **1.** (*языком, замком, щеколдой*) clícking; (*пробки*) pópping; ~ пальцами snápping one's fíngers; ~ зубами cháttering of teeth; **2.** (*щелчок*) fílliping; **3.** (*орехов и т. п.*) crácking; **4.** (*пение птиц*) tríllíng; (*о соловье*) jug.

**щёлк||ать,** щёлкнуть **1.** (*тв.*; *языком, замком, щеколдой*) click (*d.*); (*кнутом*) crack (*d.*), smack (*d.*); (*пробкой*) pop (*d.*); ~ бичом crack *the* whip; ~ пальцами snap one's fíngers; у него ~ают зубы his teeth are cháttering; **2.** (*вн.*; *давать щелчок*) flick (*d.*), fíllip (*d.*); ~нуть кого-л. по носу give* smb. a flick / fíllip on the nose; **3.** *тк. несов.* (*вн.*; *об орехах и т. п.*) crack (*d.*); **4.** *тк. несов.* (*без доп.*; *о птицах*) trill; (*о соловье*) jug.

**щёлкнуть** *сов. см.* щёлкать 1, 2.

**щелкопёр** *м.* scríbbler, pén-pùsher [-pu-].

**щелкунчик** *м.* (*в сказках*) nút-cràcker.

**щёлок** *м.* álkaline solútion.

**щелочной** *хим.* álkaline; ~ раствор álkaline solútion.

**щёлочность** *ж. хим.* àlkalínity.

**щёлочь** *ж. хим.* álkali.

**щелчок** *м.* flick, fíllip; (*звук*) click; (*перен.*) slight; дать ~ (*дт.*) give* a fíllip (*i.*); дать ~ по носу (*дт.*) give* a flick / fíllip on the nose (*i.*).

**щель** *ж.* **1.** chink; (*трещина*) crack; (*на земле тж.*) chap; (*разрез*) slit, slot; голосовая ~ *анат.* glóttis; **2.** *воен.* (*узкая траншея*) slit trench; смотровая ~ òbservátion / vísion slit / slot [-zə-...].

**щем||ить** *безл.*: у меня сердце, грудь ~ит my heart aches [...hɑːt eɪks]; ~ящий душу напев pláintive / mélancholy tune [...-k-...].

**щениться,** ощениться whelp, cub; (*тк. о собаках*) pup.

**щенок** *м.* (*мн. тж.* щенята; *прям. и перен.*) púppy; (*у диких животных*) cub, whelp.

**щепа** *ж. тк. ед. собир.* chips *pl.*; (*для растопки*) kíndling(s) (*pl.*).

**щепать** (*вн.*) chip (*d.*), splínter (*d.*).

**щепетильн||ость** *ж.* pùnctílious-ness; (*добросовестность*) (óver-)scrùpulósity; не проявлять особой ~ости в отношении чего-л. not to be óver-scrúpulous abóut / in smth., not to make* too many scruples abóut smth. **~ый** pùnctílious; (*добросовестный*) (óver-)scrúpulous.

**щепк||а** *ж.* chip, slíver ['slɪ-]; ◇ худой как ~ thin as a lath; лес рубят — ~и летят *погов.* ≅ you cánnòt make an ómelet(te) without bréaking eggs [...'ɔmlɪt... 'breɪ-...].

**щепотка** *ж.*, **щепоть** *ж.* pinch; ~ соли pinch of salt; ~ табаку pinch of snuff.

**щербатый** **1.** (*о лице*) póck-màrked; (*о посуде*) chipped; **2.** *разг.* (*беззубый*) gáp-toothed [-θt].

**щербина** *ж.* cut, chipped place / spot.

**щетин||а** *ж. тк. ед.* bristle. **~истый** brístly, brístling; setáceous [-ʃəs].

**щетиниться,** ощетиниться (*прям. и перен.*) bristle (up).

**щетинообразный** setáceous [-ʃəs], sétifòrm.

**щётк||а** *ж.* **1.** brush; зубная ~ tóoth-brùsh; ~ для волос háirbrùsh; ~ для ногтей náil-brùsh; платяная ~ clóthes-brùsh ['klou-]; половая ~ broom; почистить ~ой (*вн.*) brush (*d.*); **2.** (*над копытом лошади*) fét-lòck.

**щёточн||ик** *м.* brúsh-màker; (*продавец*) brúsh-sèller. **~ый** *прил. к* щётка 1; ~ое производство brush fáctory.

**щёчный** *анат.* cheek (*attr.*).

**щи** *мн.* shchi (*cabbage soup*) *sg.*; свежие, ленивые щи cábbage soup [...suːp] *sg.*; щи из кислой капусты sáuerkraut soup ['sauəkraut...] *sg.*; зелёные щи sórrel soup *sg.*

**щиколка** *ж.*, **щиколотка** *ж.* ankle.

**щипать,** щипнуть (*вн.*) **1.** pinch (*d.*), nip (*d.*), tweak (*d.*); **2.** *тк. несов.* (*о морозе, горчице и т. п.*) bite* (*d.*); **3.** *тк. несов.* (*о пеньке, льне и т. п.*) shred* (*d.*); **4.** *тк. несов.* (*о траве*) níbble (*d.*); (*о листьях, побегах*) browse [-z] (on). **~ся** *разг.* pinch; (*щипать друг друга*) pinch each other.

**щипко́в||ый** *муз.* pìzzicátò [pɪtsɪ'kɑ:tou] (*attr.*); ~ые инструме́нты pizzicátò músical instruments [...-zɪ-...].

**щипко́м** *нареч. муз.* pìzzicátò [pɪtsɪ'kɑ:tou].

**щипну́ть** *сов. см.* щипа́ть 1.

**щипо́к** *м.* nip, pinch, tweak.

**щипцы́** *мн.* (pair of) tongs; (*клещи*) píncers; ~ для оре́хов nútcràckers; ~ для зави́вки cúrling-irons [-aɪənz]; ками́нные ~ fíre-ìrons [-aɪənz], fíre-tòngs; ~ для са́хара súgar-tòngs ['ʃugə-]; хирурги́ческие ~ fórcèps.

**щи́пчики** *мн.* (pair of) twéezers.

**щит** *м.* **1.** shield [ʃi:ld]; (*круглый*) búckler; **2.** *тех.* (*шлюза*) slúice-gáte ['slu:s-]; (*от снежных заносов*) snów-screen ['snou-], snów-fènce ['snou-]; ~ управле́ния contról pánel [-roul 'pæ-]; распредели́тельный ~ switch-board; оруди́йный ~ gun shield; **3.** *зоол.* (*у черепахи и т. п.*) tórtoise-shèll [-təs-]; scútum; ◇ поднима́ть на ~ (*вн.*) laud to the skies (*d.*), make* a héro (of), make* much (of).

**щитови́дн||ый** *анат.* thýroid ['θaɪ-]; ~ая железа́ thýroid gland; ~ хрящ thýroid cártilage.

**щито́к** *м.* **1.** *уменьш. от* щит; **2.** (*у насекомых*) córselet, thóràx; **3.** *бот.* (*соцветие*) cyme, córymb.

**щитоно́сец** *м. ист.* ármour-bearer [-bɛə-].

**щитообра́зный** shield-shàped ['ʃi:ld-]; scútifòrm.

**щу́ка** *ж.* pike; (*морская*) ling.

**щуп** *м. тех.* probe.

**щу́пальце** *с. зоол.* téntacle, pálpus (*pl.* -pi); (*членистое*) ànténna (*pl.* -ae).

**щу́пать,** пощу́пать (*вн.*) feel* (*d.*), touch [tʌtʃ] (*d.*); ~ пульс feel* the pulse.

**щу́плый** púny, úndersized.

**щур** *м.* (*птица*) píne-finch.

**щу́рить:** ~ глаза́ screw up one's eyes [...aɪz]. **~ся** (*о человеке*) screw up one's eyes [...aɪz]; (*о глазах*) nárrow.

**щу́чий** *прил. к* щу́ка; ◇ по щу́чьему веле́нию ≅ by a wave of the wand.

# Э

**эбе́нов||ый** ébony (*attr.*); ~ое де́рево ébony; ~ого цве́та ébony.

**эбони́т** *м.* ébonìte. **~овый** ébonite (*attr.*).

**эбуллиоско́п** *м. хим.* ebúllioscòpe. **~ия** *ж. хим.* ebùllióscopy.

**эвакуацио́нный** *прил. к* эвакуа́ция; ~ пункт evàcuátion centre, cásualty-cléaring státion ['kæʒ-...].

**эвакуа́ция** *ж.* evàcuátion.

**эвакуи́рованный 1.** *прич. см.* эвакуи́ровать; **2.** *м. как сущ.* evàcuée.

**эвакуи́ровать** *несов. и сов.* (*вн.*) evácuàte (*d.*). **~ся** *несов. и сов.* **1.** evácuàte; **2.** *страд. к* эвакуи́ровать.

**эвдио́метр** *м. физ.* eudiómeter.

**эве́н** *м.*, **~ка** *ж.* Evén.

**эве́нк** *м.*, **~и́йка** *ж.*, **~и́йский** Evénk; ~и́йский язы́к Evénk, the Evénk lánguage.

**эве́нский** Evén; ~ язы́к the Evén lánguage.

**эвентуа́льный** evéntual.

**эвкали́пт** *м. бот.* eucalýptus. **~овый** *прил. к* эвкали́пт; ~овое ма́сло eucalýptus oil.

**эвольве́нта** *ж. мат.* evólvent.

**эволю́та** *ж. мат.* évolùte ['i:v-].

**эволюцион||и́зм** *м.* èvolútionism [i:v-]. **~и́ровать** *несов. и сов.* evólve. **~и́ст** *м.* èvolútionist [i:v-].

**эволюцио́нн||ый** èvolútional [i:v-], èvolútionary [i:v-]; ~ая тео́рия théory of èvolútion ['θɪə-...i:v-], dóctrine of devélopment.

**эволю́ция** *ж.* èvolútion [i:v-].

**эвристи́ческий** heurístic; ~ ме́тод heurístic méthod.

**эвфеми́||зм** *м. лингв.* éuphemism. **~сти́ческий** *лингв.* euphemístic.

**эвфони́ческий** *лит.* euphónic.

**эвфони́я** *ж. лит.* éuphony.

**эвфу||и́зм** *м. лит.* éuphuism. **~исти́ческий** *лит.* euphuístic.

**эги́д||а** *ж.* áegis; под ~ой únder the áegis.

**эго||и́зм** *м.* sélfishness, égòism. **~и́ст** *м.* égòist.

**эгоисти́ч||еский** sélfish, ègòístic(al). **~ность** *ж.* sélfishness, égòism. **~ный** sélfish, ègòístical.

**эгои́стка** *ж. к* эгои́ст.

**эготи́зм** *м.* égotism.

**эгоцентр||и́зм** *м.* ègocéntrism. **~и́ческий** ègocéntric(al).

**эгре́т** [-рэ́т] *м.*, **~ка** [-рэ́-] *ж.* égrèt-plùme, áigrètte.

**э́дак** = э́так.

**Э́дда** *ж. лит.* Édda; Ста́ршая ~ Ólder / Pòétic Édda; Мла́дшая ~ Yóunger / Prose Édda ['jʌŋə...].

**эдельве́йс** [-дэ-] *м. бот.* édelweiss ['eɪdlwaɪs].

**эде́м** [эдэ́м] *м. библ.* (*тж. перен.*) Éden.

**эди́кт** *м. ист.* édict ['i:-].

**эже́ктор** *м. тех.* ejéctor.

**эзо́пов(ский)** Aesópian; ~ язы́к the lánguage of Áesòp.

**эзотери́ческий** [-тэ-] èsotéric.

**эй** *межд.* hallóo!, I say!, look here!; *мор.* ahóy!

**эква́тор** *м. геогр.* equátor [ɪ'kweɪtə].

**экваториа́л** *м. астр.* èquatórial.

**экваториа́льный** *геогр.* èquatórial.

**эквивале́нт** *м.* equívalent. **~ность** *ж.* equívalence. **~ный** equívalent; ~ная сто́имость equívalent válue.

**эквилибри́ст** *м.* rópe-wàlker, èquílibrist [i:-]. **~ика** *ж.* rópe-wàlking.

**эквипотенциа́льн||ый** [-тэ-] *физ.* èquipoténtial [i:k-]; ~ая пове́рхность èquipoténtial súrface.

**экзальт||а́ция** *ж.* èxàltátion. **~иро́ванный** in a state of èxàltátion; ècstátic.

**экза́мен** *м.* exàminátion; exám *разг.*; (*перен.: испытание*) test; держа́ть ~ go* in for *an* exàminátion, take* *an* exàminátion;

вы́держать ~ pass *an* exàminátion; провали́ться на ~е fail at *an* exàminátion; be plucked *разг.*; вступи́тельный ~, приёмный ~ éntrance exàminátion; выпускно́й ~ final(s) (*pl.*); (*школьный тж.*) schóol-léaving exàminátion; переводны́е ~ы énd-of-yéar exàminátions; ~ на аттеста́т зре́лости exàminátion for the schóol-léaving certificate. **~а́тор** *м.* exáminer.

**экзаменацио́нн||ый** *прил. к* экза́мен; ~ая се́ссия exàminátion périod; ~ая коми́ссия exámining board.

**экзаменова́ть,** проэкзаменова́ть (*вн.*) exámine (*d.*). **~ся,** проэкзаменова́ться **1.** go* in for *an* exàminátion, take* *an* exàminátion; **2.** *страд. к* экзаменова́ть.

**экзамену́ющийся 1.** *прич. см.* экзаменова́ться; **2.** *м. как сущ.* exàminée.

**экзеку́ция** *ж. уст.* **1.** (*телесное наказание*) flógging; **2.** (*карательная экспедиция*) púnitive èxpedítion.

**экзе́ма** [-зэ́-] *ж. мед.* éczema. **~то́зный** [-зэ-] *мед.* èczématous.

**экземпля́р** [-зэ-] *м.* **1.** cópy ['kɔ-]; в двух ~ах in dúplicate; в трёх ~ах in tríplicate; **2.** (*образец*) spécimen; ре́дкий ~ расте́ния *и т. п.* rare spécimen of *a* plant, *etc.* [...-ɑːnt].

**экзоге́нный** *геол.* èxógenous.

**экзотери́ческий** [-тэ-] èxotéric.

**экзотерми́ческ||ий** *физ.* èxothérmal; ~ие реа́кции èxothérmal rèáctions.

**экзо́т||ика** *ж. тк. ед.* èxótic cháracter [...'kæ-]. **~и́ческий** èxótic.

**экиво́к** *м.* équivòque, quibble.

**э́кий** *разг.* what (a); э́кое сча́стье! what luck!

**экипа́ж** I *м.* (*коляска*) cárriage [-rɪdʒ].

**экипа́ж** II *м.* (*личный состав*) crew; *мор.* ófficers and crew *pl.*; ~ самолёта crew of *an* áircràft; фло́тский ~ nával dépòt [...'depou].

**экипирова́ть** *несов. и сов.* (*вн.*) equip (*d.*).

**экипиро́вка** *ж.* **1.** (*действие*) equipping; **2.** (*снаряжение, обмундирование*) equipment.

**э́ккер** *м. тех.* cróss-stàff.

**эклампси́я** *ж. мед.* éclampsy.

**эклекти́зм** *м.* èclécticism.

**экле́кт||ик** *м.* èclèctic. **~ика** *ж.* èclécticism. **~и́ческий, ~и́чный** ècléctic.

**эклипт||ика** *ж. астр.* ecliptic; накло́н ~ики obliquity of the ecliptic. **~и́ческий** *астр.* ecliptic.

**эклога** *ж. лит.* éclògue.

**экологи́ческий** *биол.* òecológical [iːk-].

**эколо́гия** *ж.* òecólogy [iː'kɔ-].

**эконо́м** *м. уст.* hóuse¦keeper [-s-], stéward.

**экономайзер** [-зэр] *м. тех.* èconomizer [iː-].

**экономи́зм** *м.* èconomism [iː-].

**эконо́мика** *ж.* **1.** èconómics [iːk-]; **2.** (*хозяйственный строй*) èconómic strúcture [iːk-...].

**экономи́ст** *м.,* **~ка** *ж.* èconomist [iː-]. **~-планови́к** *м.* èconómic plánner [iːk-...]. **~-стати́стик** *м.* stàtistícian.

**эконо́мить,** сэконо́мить **1.** (*вн.*) èconomize [iː-] (*d.*); (*расходовать бережно*) use spáring¦ly (*d.*); húsband [-z-] (*d.*); ~ де́ньги save móney [...'mʌ-]; ~ то́пливо save fúel [...'fju-]; ~ свои́ си́лы spare one's strength; **2.** (на *пр.*) save (on), èconomize (on); ~ на материа́лах save on matérials; **3.** *тк. несов.* (*без доп.*) cut* down expénses.

**экономи́ческ||ий** èconómic [iːk-]; ~ая поли́тика èconómic pólicy; ~ая геогра́фия èconómic geógraphy; ~ райо́н èconómic région.

**экономи́чн||ость** *ж.* èconomy [iː-]. **~ый** èconómic [iːk-]; ~ый спо́соб изготовле́ния чего́-л. èconómic méthod of mànufácturing smth.

**эконо́ми||я** *ж.* **1.** (*в разн. знач.*) èconomy [iː-]; для ~и вре́мени, де́нег *и т. п.* to save time, móney, *etc.* [...'mʌ-]; соблюда́ть ~ю èconomize [iː-], save; борьба́ за ~ю èconomy drive; э́то даст ~ю (в *пр.*) this will effect a sáving (of); полити́ческая ~ political èconomy; **2.** *уст.* (*имение*) estáte.

**эконо́мка** *ж.* hóuse¦keeper [-s-].

**эконо́мн||ичать** *разг.* èconomize [iː-], be èconómical [...iːk-]. **~ость** *ж.* èconomy [iː-]; (*хозяйственность*) thrift. **~ый** èconómical [iː-]; (*хозяйственный*) thrifty.

**экра́н** *м.* (*в разн. знач.*) screen; вы́пустить на ~ (*о фильме*) rè¦léase *a* film [-s...]. **~иза́ция** *ж.* filming, scréening.

**экранизи́ровать** *несов. и сов.* (*вн.*) film (*d.*); ~ рома́н film *a* nóvel [...'nɔ-], make* *a* screen vérsion of *a* nóvel.

**экрани́рование** *с.* scréening; *эл., рад.* shielding ['ʃiː-].

**экрани́ровать** *несов. и сов.* (*вн.*) screen (*d.*); *эл., рад.* shield [ʃiː-] (*d.*).

**экс-** (*бывший*) ex-; экс-чемпио́н èx-chámpion; экс-мини́стр èx-minister.

**экскава́тор** *м. тех.* éxcavàtor, pówer shóvel [...'ʃʌ-]; шага́ющий ~ wálking éxcavàtor. **~ный** *прил. к* экскава́тор.

**экскава́ция** *ж. тех.* èxcavátion.

**экскреме́нты** *мн.* éxcrement *sg.*, fáecès [-siːz].

**экскре́||ты** *мн. физиол.* èxcréta. **~ция** *ж. физиол.* èxcrétion.

**экску́рс** *м.* èxcúrsus, digréssion [daɪ-].

**экскурса́нт** *м.,* **~ка** *ж.* excúrsionist.

**экскурсио́нн||ый** excúrsion (*attr.*); ~ая ба́за excúrsion centre; ~ое бюро́ excúrsion óffice.

**экску́рс||ия** *ж.* **1.** (*коллективная поездка и т. п.*) excúrsion, trip; (*прогулка*) óuting; соверши́ть ~ию по го́роду make* a tour of the city [...tuə...'sɪ-]; **2.** (*группа людей*) excúrsion párty, párty of excúrsionists.

**экскурсово́д** *м.* excúrsion guide.

**экслибрис** *м.* èx-libris [-'laɪ-], bóok-plàte.

**экспанси́вн||ость** *ж.* effúsive¦ness. **~ый** effúsive; ~ая нату́ра expánsive náture [...'neɪ-].

**экспансион||и́зм** *м.* expánsionism. **~и́ст** *м.* expánsionist.

**экспансиони́стск||ий** expánsion (*attr.*); of expánsion; ~ая поли́тика pólicy of expánsion.

**экспа́нсия** *ж.* expánsion.

**экспатриа́ция** *ж.* èxpàtriátion [-pæ-].

**экспатрии́ровать** *несов. и сов.* (*вн.*) èxpátriàte [-'pæ-] (*d.*). **~ся** *несов. и сов.* **1.** èxpátriàte [-'pæ-]; **2.** *страд. к* экспатрии́ровать.

**экспеди́||ровать** *несов. и сов.* (*вн.*) dispátch (*d.*), éxpedite (*d.*). **~тор** *м.* filing clerk [...klɑːk]; (*грузов*) fórwarding ágent, fórwarder.

**экспедицио́нн||ый** èxpedítionary; ~ ко́рпус *воен.* èxpedítionary corps [...kɔ:]; ~ые войска́ èxpedítionary force *sg.*, èxpedítionary fórces.

**экспеди́ция** *ж.* **1.** èxpedítion; нау́чная ~ scièntífic èxpedítion, reséarch èxpedítion [-'sə:tʃ...]; спаса́тельная ~ réscue párty; **2.** (*учреждение для рассылки*) dispátch óffice.

**экспериме́нт** *м.* expériment; результа́ты ~а èxperiméntal resúlts [...-'zʌ-]. **~а́льный** èxperiméntal. **~а́тор** *м.* expérimènter, èxperiméntalist.

**эксперименти́ров||ание** *с.* èxperimèntátion. **~ать** (над, с *тв.*) expérimènt (on, with).

**экспе́рт** *м.* éxpèrt. **~и́за** *ж.* **1.** exàminátion; производи́ть ~и́зу make* an exàminátion; проходи́ть ~и́зу ùndergó* an exàminátion (by éxpèrts); результа́т ~и́зы resúlts of exàminátion [-'zʌ-...] *pl.*; **2.** (*комиссия экспертов*) commíssion of éxpèrts; заключе́ние ~и́зы opínion / decísion of *a* commíssion of éxpèrts. **~ный** *прил. к* экспе́рт; ~ная коми́ссия commíssion of éxpèrts.

**экспирато́рн||ый** *лингв.* expíratory [-'paɪə-]; breath [-eθ] (*attr.*), force (*attr.*); ~ое ударе́ние breath / force stress.

**экспира́ция** *ж. лингв.* èxpirátion.

**эксплanта́ция** *ж. биол.* èxplantátion.

**эксплика́ция** *ж.* èxplicátion.

**эксплози́вный** *лингв.* plósive; stop (*attr.*); ~ звук plósive (sound).

**эксплуата́тор** *м.* explóiter. **~ский** *прил. к* эксплуата́тор; ~ские кла́ссы the explóiter clásses.

**эксплуатацио́нн||ый** òperátion (*attr.*); òperátional; ~ые расхо́ды òperátion expénses.

**эксплуата́ц||ия** *ж.* **1.** èxploitátion; **2.** (*предприятия, железной дороги, механизмов и т. п.*) èxploitátion, explóiting; òperátion, rúnning; (*здания и т. п.*) máintenance; сдать, ввести́ в ~ию (*вн.*) put* into òperátion (*d.*), turn óver for òperátion (*d.*); ввод в ~ию putting into òperátion, commíssioning.

**эксплуати́ровать** I (*вн.*) **1.** explóit (*d.*); ~ труд explóit lábour; **2.** (*о предприятии и т. п.*) explóit (*d.*); óperàte (*d.*), run* (*d.*); (*разрабатывать*) work (*d.*); ~ ша́хту explóit a mine.

**экспозе́** [-зэ́] *с. нескл. уст.* exposé (*фр.*) [eks'pouzeɪ].

**экспози́ция** *ж.* (*в разн. знач.*) èxposítion [-'zɪ-]; *фот. тж.* expósure [-'pouʒə].

**экспона́т** *м.* exhíbit; ~ы the displáys; the exhíbit *sg.*

**экспоне́нт** *м.* **1.** (*на выставке*) exhíbitor; **2.** *мат.* èxpónent; (*показатель*) índèx (*pl.* -es [-ksɪz] *и* índicès ['ɪndɪsi:z]).

**экспони́ровать** *несов. и сов.* (*вн.*) **1.** (*на выставке*) exhíbit (*d.*); **2.** *фот.* expóse (*d.*).

**э́кспорт** *м. тк. ед.* éxpòrt.

**экспортёр** *м.* èxpórter.

**экспорти́ров||ание** *с.* èxpòrtátion. **~ать** *несов. и сов.* (*вн.*) èxpórt (*d.*).

**э́кспортн||ый** éxpòrt (*attr.*); ~ая торго́вля éxpòrt trade.

**экспре́сс** *м.* expréss.

**экспресси́вный** expréssive.

**экспрессион||и́зм** *м. иск.* expréssionism. **~и́ст** *м. иск.* expréssionist.

**экспрессионисти́ческий** *иск.* exprèssionístic.

**экспре́ссия** *ж.* expréssion.

**экспре́ссн||ый** expréss (*attr.*); ~ая пассажи́рская ли́ния expréss pássenger line [...-ndʒə...].

**экспро́мт** *м.* imprómptù. **~ом** *нареч.* imprómptù, èxtémpore [-rɪ]; óff-hánd; спеть что-л. ~ом sing* smth. èxtémpore; сказа́ть ~ом èxtémporize.

**экспропри||а́тор** *м.* èxprópriàtor. **~а́ция** *ж.* èxpròpriátion.

**экспроприи́ровать** *несов. и сов.* (*вн.*) èxprópriàte (*d.*), disposséss [-'zes] (*d.*).

**экста́з** *м.* écstasy; приводи́ть в ~ (*вн.*) throw* / drive* into écstasies [θrou...] (*d.*); впасть в ~ go* into écstasies.

**экстенси́вн||ость** [-тэ-] *ж.* exténsiveness. **~ый** [-тэ-] exténsive; ~ое хозя́йство exténsive ágricùlture.

**эксте́рн** [-тэ́-] *м.* (*в высшем учебном заведении*) èxtérnal stúdent (*student allowed to take examinations without regularly attending lectures*); сдава́ть экза́мены ~ом pass exàminátions without atténding léctures. **~а́т** [-тэ-] *м.* (*в высшем учебном заведении*) èxtérnal-stúdies depártment [-'stʌ-...] (*department for students taking examinations without attending lectures*).

**экстерриториа́льн||ость** *ж. дип.* éxtèrritòriálity; пра́во ~ости éxterritórial right. **~ый** *дип.* éxtèrritórial.

**экстерье́р** [-тэ-] *м.* èxtérior.

**экстрава́гантн||ость** *ж.* èccèntrícity, extrávagance. **~ый** eccéntric, extrávagant.

**экстраги́рование** *с. хим., тех., мед.* extrácting.

**экстраги́ровать** *несов. и сов.* (*вн.*) *хим., тех., мед.* extráct (*d.*).

**экстра́кт** *м.* (*в разн. знач.*) éxtràct.

**экстракти́вн||ый** *хим.* extráctive; ~ые вещества́ extráctive súbstances.

**экстра́к||тор** *м. тех.* extráctor. **~ция** *ж. хим., тех., мед.* extráction.

**экстраордина́рный** extraórdinary [ɪks'trɔ:dnrɪ].

**экстраполи́рование** *с.*, **экстраполя́ция** *ж. мат.* èxtrapolátion.

**экстрем||и́зм** *м.* extrémism [-'tri:-]. **~и́ст** *м.* extrémist [-'tri:-].

**э́кстренн||о** *нареч.* úrgently. **~ость** *ж.* úrgency; spécial cháracter ['spe- 'kæ-]. **~ый** **1.** (*чрезвычайный*) spécial ['spe-], extraórdinary [ɪks'trɔ:dnrɪ]; ~ый по́езд spécial train; ~ый вы́пуск spécial edítion; ~ое заседа́ние spécial méeting; **2.** (*срочный*) úrgent.

**эксуда́т** *м. мед.* èxùdátion.

**эксце́нтрик** *м.* **1.** *тех.* cam; (*в паровой машине*) eccéntric; **2.** (*клоун*) clown. **~овый** *тех.* eccéntric; ~овый диск eccéntric disk.

**эксцентрисите́т** *м. тех.* èccèntrícity.

**эксцентри́ческий** eccéntric.

**эксцентри́чн||ость** *ж.* èccèntrícity. **~ый** eccéntric.

**эксце́сс** *м.* excéss.

**эласти́чн||ость** *ж.* èlastícity. **~ый** elástic.

**элева́тор** *м. с.-х., тех.* élevàtor.

**элега́нтн||ость** *ж.* élegance. **~ый** élegant, smart.

**элеги́ческий** *лит.* èlegíac; (*перен.*) sèntiméntal.
**эле́гия** *ж. лит., муз.* élegy.
**электриза́ция** *ж. физ., мед.* elèctrìzátion [-raɪ-].
**электризова́ть** *несов. и сов.* (*вн.*) **1.** *физ.* eléctrifỳ (*d.*); **2.** *мед.* eléctrìze (*d.*). **~ся** *несов. и сов.* **1.** *физ.* eléctrifỳ, become* eléctric; **2.** *страд. к* электризова́ть.
**эле́ктрик** *м. разг.* elèctrícian; инжене́р-~ eléctrical ènginéer [...endʒ-]; те́хник-~ elèctrícian.
**электри́к** *прил. неизм.* (*цвет*) eléctric blue.
**электрифи||ка́ция** *ж.* elèctrìfìcátion. **~ци́ровать** *несов. и сов.* (*вн.*) eléctrifỳ (*d.*).
**электри́ческ||ий** eléctric(al); ~ ток eléctric cúrrent; ~ая батаре́я (eléctric) báttery; ~ая ла́мпочка eléctric bulb; ~ звоно́к eléctric bell; ~ое освеще́ние eléctric lighting; ~ свет eléctric light; ~ая желе́зная доро́га eléctric ráilway; ~ая ста́нция (eléctric) pówer státion; ~ая маши́на eléctrical machíne [...-'ʃi:n]; ~ у́горь *зоол.* eléctric eel.
**электри́честв||о** *с.* elèctrícity; (*освещение тж.*) eléctric light; положи́тельное ~ pósitive elèctrícity ['pɔz-...]; отрица́тельное ~ négative elèctrícity; заже́чь, потуши́ть ~ *разг.* turn on, turn off the light; посре́дством ~а eléctrically, by means of elèctrícity.
**электри́чка** *ж. разг.* eléctric ráilway; (*о поезде*) (eléctric) train.
**электро-** (*в сложн.*) eléctrò-.
**электроаку́ст||ика** *ж.* eléctrò-acóustics [-ə'ku:s-]. **~и́ческий** eléctrò-acóustic [-ə'ku:s-]; ~и́ческие прибо́ры eléctrò-acóustic àpparátus *sg.*
**электроаппарату́ра** *ж.* eléctrical equípment.
**электрово́з** *м.* eléctric lócomòtive [...'lou-].
**электро́д** *м. физ.* eléctròde.
**электродви́||гатель** *м. тех.* eléctric mótor. **~жущий** *физ.* eléctrò¦mòtive; ~жущая си́ла eléctrò¦mòtive force.
**электродина́м||ика** *ж. физ.* eléctrò¦dỳnámics [-daɪ-]. **~и́ческий** *физ.* eléctrò¦dỳnámic [-daɪ-].
**электродинамо́метр** *м. физ.* eléctrò¦dỳnamómeter [-daɪ-].
**электро́дный** *прил. к* электро́д; ~ потенциа́л eléctròde poténtial.
**электродое́ние** *с.* eléctric mílking.
**электродо́йльн||ый:** ~ая маши́на eléctric mílking machíne [...-'ʃi:n].
**электроёмкость** *ж. физ.* eléctrò-capácity.
**электрозапа́л** *м. тех.* eléctric fuse / prímer.
**электрока́р** *м. тех.* eléctric (trólley-)càr.
**электрокардио||гра́мма** *ж. мед.* eléctrò¦-cárdiogràm. **~гра́фия** *ж. мед.* eléctrò¦càrdiógraphy.
**электролече́бница** *ж. мед.* elèctropáthic estáblishment.
**электролече́ние** *с. мед.* elèctrópathy.
**электро́лиз** *м. физ.* elèctrólysis.
**электроли́т** *м. физ.* eléctrolỳte. **~и́ческий** *физ.* elèctrolýtic.
**электро||магнети́зм** *м. физ.* eléctrò¦mágnetism. **~магни́т** *м. физ.* eléctrò¦mágnet. **~магни́тный** *физ.* eléctrò¦màgnétic; ~магни́тное по́ле eléctrò¦màgnétic field [...fi:ld]; ~магни́тные во́лны eléctrò¦màgnétic waves.
**электромаши́на** *ж.* eléctric machíne [...-'ʃi:n].
**электрометаллу́ргия** *ж.* eléctric métallùrgy.
**электро́метр** *м. физ.* elèctrómeter.
**электро||меха́ник** *м.* elèctrícian. **~меха́ника** *ж.* eléctrò¦mechánics [-'kæ-].
**электромолотьба́** *ж.* eléctric thréshing.
**электромонтёр** *м.* elèctrícian.
**электромото́р** *м. тех.* eléctrò¦mótor. **~ный** *тех.* eléctrò¦mòtive.
**электро́н** *м. физ.* eléctròn.
**электронагрева́тельн||ый:** ~ые прибо́ры eléctrical héating appliances.
**электро́нн||ый** *физ.* elèctrónic; ~ая тео́рия elèctrónic théory [...'θɪə-]; ~ая фи́зика elèctrónic phýsics [...-zɪ-]; ~ая ла́мпа elèctrónic lamp; ~ые вычисли́тельные маши́ны elèctrónic compúters.
**электрооборудо́вание** *с.* eléctrical equípment.
**электроотрица́тельный** *физ.* eléctrò¦négative.
**электропа́хота** *ж.* eléctric plóughing.
**электропереда́ча** *ж. тех.* eléctrò-trànsmíssion [-nz-].
**электроплу́г** *м.* eléctric plough.
**электропо́езд** *м.* eléctric train.
**электроположи́тельный** *физ.* eléctrò¦pósitive [-zə-].
**электроприбо́р** *м.* eléctric appliance.
**электропрово́д||ка** *ж.* wíring. **~ность** *ж. физ.* eléctrò¦còndùctívity. **~ный** *физ.* eléctrò¦-condúctive.
**электропромы́шленность** *ж.* eléctric(al) índustry.
**электросва́р||ка** *ж. тех.* eléctric wélding. **~щик** *м.* eléctric wélder.
**электросе́ть** *ж.* wíring / eléctric sýstem.
**электросилов||о́й:** ~а́я ста́нция eléctric pówer státion.
**электроско́п** *м. физ.* eléctroscòpe.
**электроста́ль** *ж. тех.* eléctric steel.
**электроста́нция** *ж.* eléctric pówer státion.
**электроста́т||ика** *ж. физ.* eléctrò¦státics. **~и́ческий** *физ.* eléctrò¦státic.
**электротерапи́я** *ж. мед.* eléctrò¦thérapy, eléctrò¦thèrapéutics.
**электроте́хн||ик** *м.* elèctrícian. **~ика** *ж.* eléctrical ènginéering [...endʒ-]. **~и́ческий** elèctrotéchnical.
**электротя́га** *ж. тех.* eléctric tráction.
**электрофизиоло́гия** *ж.* eléctrò¦phỳsiólogy [-zɪ-].
**электрофо́р** *м. тех.* eléctrophòre, elèctróphorus.
**электро||хими́ческий** eléctrò¦chémical [-'ke-]. **~хи́мия** *ж.* eléctrò¦chémistry [-'ke-]. **~эне́ргия** *ж.* eléctrical énergy.
**элеме́нт** *м.* (*в разн. знач.*) élement; *эл.* cell; ~ы матема́тики the élements of màthemátics; периоди́ческая систе́ма ~ов the pèriódic sýstem of élements; гальвани́ческий ~ *эл.* gàlvánic pile; прогресси́вные ~ы о́бщества progréssive mémbers of society; престу́пный ~ críminal élement.

**элементáрн||ость** *ж.* èleméntariness. **~ый** èleméntary; ~ые знáния élements, rúdiments; ~ая чéстность cómmon hónesty [...'ɔn-].

**элерóн** *м. ав.* áileròn [-rɔːŋ].

**элефантиáз(ис)** *м. мед.* èlephàntíasis.

**эли́зия** *ж. лингв.* elísion.

**элекси́р** *м.* elíxir; ◇ жи́зненный ~ elíxir of life.

**элимин||áция** *ж.*, **~и́рование** *с.* eliminátion. **~и́ровать** *несов. и сов.* (*вн.*) elíminàte (*d.*).

**э́ллин** *м. ист.* Héllène.

**э́ллинг** *м.* **1.** *мор.* cóvered slip ['kʌ-...], cóvered-in berth ['kʌ-...]; **2.** *ав.*: ~ дирижáбля áirship shed.

**эллин||и́зм** *м.* Héllenism. **~исти́ческий** Hèllenístic.

**э́ллинский** Hèllénic [-'liː-].

**э́ллипс(ис)** *м. мат.*, *лингв.* ellípsis.

**эллипсóид** *м. мат.* ellípsoid.

**эллипти́ческий** ellíptic(al).

**эль** *м.* (*пиво*) ale.

**эльзáс||ец** *м.*, **~ка** *ж.*, **~ский** Àlsátian.

**эльф** *м. миф.* elf*.

**элю́вий** *м. геол.* elúvium.

**эмáлев||ый** enámel [ɪ'næ-] (*attr.*), enámelled; ~ые крáски enámel *sg.*

**эмалировáние** *с. тех.* enámelling.

**эмали́рóванн||ый** *прич. и прил.* enámelled; бéлый ~, си́ний ~ *и. т. п.* white-enámelled, blúe-enámelled, *etc.*; ~ая кастрю́ля enámel sáucepàn [ɪ'næ-...].

**эмалировáть** (*вн.*) enámel [ɪ'næ-] (*d.*).

**эмали́рóвка** *ж.* enámel [ɪ'næ-], enámelling.

**эмали́рóвочный** enámelling.

**эмáль** *ж.* enámel [ɪ'næ-]; покрывáть ~ю (*вн.*) enámel (*d.*); зубнáя ~ *анат.* enámel.

**эманáция** *ж. физ., хим.* èmanátion; ~ рáдия rádium èmanátion.

**эмансипáция** *ж.* emàncipátion.

**эмансипи́ровать** *несов. и сов.* (*вн.*) emáncipate (*d.*). **~ся** *несов. и сов.* **1.** become* / get* emáncipàted; **2.** *страд. к* эмансипи́ровать.

**эмбáрго** *с. нескл. эк.* embárgò; наложи́ть ~ (на *вн.*) put* / place an embárgò (on).

**эмблéма** *ж.* émblem. **~ти́ческий** èmblemátic(al).

**эмболи́я** *ж. мед.* émbolism.

**эмбриогенéз** [-э́з] *м. биол.* èmbryogénesis.

**эмбриóлог** *м.* èmbryólogist. **~и́ческий** èmbryológical.

**эмбриолóгия** *ж.* èmbryólogy.

**эмбриóн** *м. биол.* émbryò. **~áльный** *биол.* èmbryónic; в ~áльном состоя́нии in émbryò.

**эмбриотоми́я** *ж. мед.* èmbryótomy.

**эмигрáнт** *м.* émigrant; émigré (*фр.*) ['emɪgreɪ]; éxile. **~ка** *ж.* émigrant; émigrée (*фр.*) ['emɪgreɪ]; éxile. **~ский** *прил. к* эмигрáнт.

**эмигр||ациóнный** émigràtory [-greɪ-]. **~áция** *ж.* **1.** èmigrátion; **2.** *собир.* émigrants *pl.*; émigrés (*фр.*) ['emɪgreɪz] *pl.*; **3.** (*пребывание в другой стране*): жить в ~áции live as an émigrant [lɪv...].

**эмигри́ровать** *несов. и сов.* émigràte.

**эми́р** *м.* èmír [e'mɪə].

**эмиссáр** *м.* émissary.

**эмиссиóнный** *эк.* emíssive; ~ банк bank of issue.

**эми́ссия** *ж. эк.* emíssion.

**эмоционáльный** emótional.

**эмóция** *ж.* emótion.

**эмпирé||и** *мн.* èmpyréan [-'rɪən]; ◇ витáть в ~ях have one's head in the clouds [...hed...].

**эмпири́зм** *м. филос.* èmpíricism.

**эмпи́рик** *м.* èmpíric, èmpíricist.

**эмпириокритици́зм** *м. филос.* èmpíriòcríticism.

**эмпири́ческий** èmpíric(al).

**э́му** *м. нескл. зоол.* émù.

**эму́льсия** *ж. хим.* emúlsion.

**эмфáза** *ж. лингв.* émphasis.

**эмфати́ческий** *лингв.* emphátic.

**эмфизéма** [-зэ́-] *ж. мед.* èmphyséma.

**энгармони́ческий** *муз.* ènhàrmónic.

**эндеми́ческий** *мед., биол.* èndémic.

**эндогáмия** *ж. этн.* èndógamy.

**эндогéнный** èndógenous.

**эндодéрма** [-дэ́-] *ж. биол.* éndodèrm.

**эндокарди́т** *м. мед.* èndòcàrdítis [-dou-].

**эндокри́нн||ый** *биол.*: ~ые жéлезы éndocrine glands.

**эндокринолóгия** *ж. физиол.* èndòcrinólogy [-dou-].

**эндотéлий** [-тэ́-] *м. биол.* èndothélium.

**эндотерми́ческ||ий** *хим.* èndothérmic; **~ие** реáкции èndothérmic rèáctions.

**э́ндшпиль** *м. шахм.* énd-gàme.

**энергéтик** *м.* spécialist in ènergétics ['spe-...], pówer spécialist.

**энергéтика** *ж.* ènergétics.

**энергети́ческ||ий** pówer (*attr.*); ~ое хозя́йство pówer èconomy [...iː-]; ~ая бáза (eléctric) pówer base [...-s].

**энерги́чн||ый** ènergétic; ~ человéк ènergétic pérson; ~ые мéры drástic méasures [...'meʒ-].

**энéрги||я** *ж.* (*в разн. знач.*) énergy; потенциáльная ~ poténtial énergy; кинети́ческая ~ kinétic énergy [kaɪ-...]; тепловáя ~ thérmal énergy; закóн сохранéния и превращéния ~и cònservátion of énergy; жи́зненная ~ vítal énergy; затрáта ~и *тех.* énergy loss.

**энкли́т||ика** *ж. лингв.* enclític. **~и́ческий** *лингв.* enclític.

**э́нн||ый** únspécified; n ['en] (*attr.*); **~ое** числó any númber, n númber; в ~ой стéпени to the nth degrée / pówer [...'enθ...].

**э́нский** N ['en], a cértain; ~ полк a cértain régiment; ~ завóд a cértain fáctory.

**энтелéхия** [-тэ-] *ж. филос.* entélechy [-kɪ].

**энтери́т** [-тэ-] *м. мед.* ènterítis.

**энтомóлог** *м.* èntomólogist. **~и́ческий** èntomológical.

**энтомолóгия** *ж.* èntomólogy.

**энтропи́я** *ж. физ., мед.* éntropy.

**энтузи||áзм** *м.* enthúsiasm [-zɪ-]; проявля́ть ~ show* enthúsiasm [ʃou...], be enthùsiástic [...-zɪ-]; рабóтать с ~áзмом work with gústò. **~áст** *м.*, **~áстка** *ж.* enthúsiast [-zɪ-].

**энцефали́т** *м. мед.* èncèphalítis.

**энциклопеди́зм** *м.* èncỳclopáedic léarning [-saɪ- 'lәːn-].

**энциклопеди́ст** *м.* **1.** *ист.* èncỳclopáedist [-saɪ-]; **2.** (*широко образованный человек*) érudite.

**энциклопеди́ческ||ий** èncỳclopáedic [-saɪ-]; ~ слова́рь èncỳclopáedia [-saɪ-]; ~ие зна́ния èncỳclopáedic knówledge [...'nɔ-] *sg*.

**энциклопе́дия** *ж.* èncỳclopáedia [-saɪ-].

**Эо́л** *м. миф.* Áeolus.

**эоли́т** *м. археол.* éolith. **~и́ческий** *археол.* èolithic.

**эо́лов:** ~а а́рфа *миф.* Aeólian harp.

**эоце́н** *м. геол.* éocène.

**эпенте́за** [-тэ́-] *ж. лингв.* èpénthesis.

**эпиго́н** *м.* Epígonus (*pl.* -ni), ímitàtor. **~ский** ímitàtive. **~ство** *с.* feeble imitátion.

**эпигра́мм||а** *ж. лит.* épigràm; сочиня́ть ~ы на кого́-л. èpigrámmatize abóut smb. **~ати́ческий** *лит.* èpigrammátic.

**эпи́граф** *м.* épigràph.

**эпидемио́лог** *м.* èpidèmiólogist.

**эпидемио||логи́ческий** *мед.* èpidèmiològical. **~ло́гия** *ж.* èpidèmiólogy.

**эпидеми́ческ||ий** èpidémic; ~ая боле́знь èpidémic.

**эпиде́мия** *ж.* èpidémic.

**эпиде́рма** [-дэ́-] *ж.*, **эпиде́рмис** [-дэ́-] *м. биол.* èpidérmis.

**эпизо́д** *м.* épisòde. **~и́ческий** èpisódic(al); ~и́ческий персона́ж *лит.* incidéntal cháracter [...'kæ-].

**эпизооти́ческий** *вет.* èpizòótic.

**эпизоо́тия** *ж. вет.* èpizòótic.

**э́пика** *ж. лит.* épics.

**эпикур||е́ец** *м.*, **~е́йский** èpicuréan [-'ri:ən]. **~е́йство** *с.* èpicuréanism [-'ri:ən-].

**эпиле́п||сия** *ж. мед.* épilèpsy. **~тик** *м. мед.* èpiléptic. **~ти́ческий** *мед.* èpiléptic.

**эпило́г** *м. лит.* èpilógue.

**эпистоля́рный** *лит.* epistolary.

**эпита́фия** *ж.* épitàph.

**эпителиа́льный** [-тэ́-] *анат.* èpithélial.

**эпите́лий** [-тэ́-] *м. анат.* èpithélium.

**эпи́тет** *м. лит.* épithèt.

**эпифи́т** *м. бот.* épiphỳte.

**эпице́нтр** *м. геол.* èpicéntre.

**эпици́кл** *м. мат.* épicỳcle. **~и́ческий** *мат., тех.* èpicýclic [-'saɪ-]; ~и́ческая переда́ча èpicýclic.

**эпи́ческий** *лит.* épic.

**эполе́т** *м. воен.* épaulèt(te).

**эпопе́я** *ж. лит.* épopee.

**э́пос** *м. лит.* épòs ['e-].

**эпо́ха** *ж.* épòch [-k]; age; éra; геологи́ческая ~ geológical épòch; ~ феодали́зма age of féudalism; герои́ческая ~ heróic éra.

**эпоха́льный** épòchal ['i:pɔk-], épòch-màking ['i:pɔk-].

**э́ра** *ж.* éra; в 575 году́ на́шей э́ры A. D. 575 ['eɪ'di:...]; в 575 году́ до на́шей э́ры 575 B. C. [...'bi:'si:].

**э́рбий** *м. хим.* érbium.

**эрг** *м. физ.* erg, érgòn.

**эрготи́зм** *м. мед.* érgotism.

**эре́кция** *ж. физиол.* eréction.

**Эри́ннии** *мн. миф.* Erínyès [-i:z].

**эри́стика** *ж.* èristic.

**эрите́ма** [-тэ́-] *ж. мед.* èrythéma.

**эритроци́ты** *мн.* (*ед.* эритроци́т *м.*) *физиол.* red córpùscles [...'kɔ:pʌslz]; erýthrocỳtes.

**эрмита́ж** *м.* Hérmitage.

**эроди́ровать** *геол.* eróde.

**эрози́вный** erósive.

**эро́зия** *ж.* (*в разн. знач.*) erósion; ~ почв soil erósion.

**Э́рос** *м.*, **Э́рот** *м. миф.* Éròs ['e-].

**эроти́зм** *м.* eróticism.

**эро́т||ика** *ж.* erótic. **~и́ческий, ~и́чный** erótic.

**эротома́н** *м.* eròtomániàc [ɪrou-]. **~ия** *ж. мед.* eròtománia [ɪrou-].

**эруди́рованный** érudite.

**эруди́т** *м.* érudite.

**эруди́ци||я** *ж.* èrudítion; э́то напи́сано с большо́й ~ей this shows much èrudítion / léarning [...ʃouz...'lə:-]; он челове́к с большо́й ~ей he is a man* of great èrudítion / léarning [...greɪt...].

**эрцге́рцог** *м. ист.* árchdúke.

**эсе́р** [эсэ́р] *м. ист.* sócialist-rèvolútionary. **~овский** [эсэ́-] *ист.* sócialist-rèvolútionary.

**эска́др||а** *ж. мор.* squádron ['skwɔ-]. **~енный** *прил. к* эска́дра; ~енный миноно́сец (tòrpédo-boat) destróyer.

**эскадри́лья** *ж. ав.* (air) squádron [...'skwɔ-]; бомбардиро́вочная ~ bómber squádron; ~ истреби́телей fighter squádron.

**эскадро́н** *м. воен.* (cávalry) squádron [...'skwɔ-]; (cávalry) troop *амер.*; разве́дывательный ~ recónnaissance squádron [-nɪs-...]. **~ный** *воен.* squádron ['skwɔ-] (*attr.*).

**эскала́тор** *м.* éscalàtor, móving stáircàse / stáirway ['mu:v- -s...].

**эска́рп** *м. воен.* scarp.

**эски́з** *м.* **1.** *жив.* sketch; stúdy ['stʌ-]; càrtóon; **2.** (*чертёж*) draft, óutline. **~ный** *прил. к* эски́з; ~ный прое́кт draft.

**эскимо́** *с. нескл.* chóc-ice.

**эскимо́с** *м.* Éskimò. **~ка** *ж.* Éskimò wóman* [...'wu-]. **~ский** Éskimò.

**эско́рт** *м.* éscòrt. **~и́ровать** (*вн.*) escórt (*d.*). **~ный** éscòrt (*attr.*).

**эскула́п** *м.* Aesculápius.

**эсми́нец** *м.* (эска́дренный миноно́сец) *мор.* (tòrpédo-boat) destróyer (*сокр.* T. B. D.).

**эспадро́н** *м.* cútting-swòrd [-sɔ:d], báck-swòrd [-sɔ:d], spadróon.

**эспаньо́лка** *ж.* impérial.

**эсперанти́ст** *м.* Èsperántist.

**эспера́нто** *с. нескл.* Èsperántò.

**эспланада** *ж.* èsplanáde.

**эссе́нция** *ж.* éssence.

**эстака́да** *ж.* (*для причала*) pier [pɪə]; (*временный мост*) tréstle(wòrk) bridge.

**эста́мп** *м. иск.* print, plate.

**эстафе́т||а** *ж. спорт.* reláy-ràce; переда́ть ~у (*дт.*) hand / pass on the báton [...'bæ-] (to). **~ный** *прил. к* эстафе́та; ~ный бег reláy-ràce.

**эсте́т** [-тэ́т] *м.* áesthète. **~и́зм** [-тэ-] *м.* aesthéticism. **~ика** [-тэ́-] *ж.* aesthétics. **~и́ческий** [-тэ-], **~и́чный** [-тэ-] aesthétic(al). **~ство** [-тэ́-] *с.* aesthéticism.

**эсто́н||ец** *м.*, **~ка** *ж.*, **~ский** Èstónian; ~ский язы́к Èstónian, the Èstónian lánguage.

**эстраго́н** *м. бот.* tárragon; у́ксус-~ tárragon vinegar.

**эстра́д||а** *ж.* **1.** (*площадка*) stage, plátfòrm; **2.** (*вид искусства*) variety art; арти́ст, арти́стка ~ы variety áctor, áctress. **~ный** variety (*attr.*), váudeville ['voudəvɪl] (*attr.*);

~ный артист variety áctor; ~ная артистка variety áctress.

**эстуа́рий** *м. геогр.* éstuary.

**э́та** *ж. см.* э́тот.

**эта́ж** *м.* floor [flɔː], stórey; пе́рвый ~ ground floor; второ́й ~ first floor; тре́тий ~ sécond floor ['se-...]; дом в пять ~е́й five-stòrey house* [...-s], house* of five stóreys; он живёт на тре́тьем ~е́ he lives on the sécond floor [...lɪvz...]; ко́мнаты в ве́рхнем ~е́ the tóp-floor rooms [...-flɔː...].

**этаже́рка** *ж.* (*для книг*) bóok-stand; (*для безделушек*) whát-nòt.

**-эта́жный** (*в сложн. словах, не приведённых особо*) -stórey(ed) [-rɪd]; *напр.* двадцатиэта́жный twénty-stòrey(ed).

**э́так** *разг.* **1.** *нареч.* so, in this mánner, thus [ðʌs]; и так и ~ this way and that; **2.** *как вводн. сл.*: киломе́тров ~ 20 some 20 kílomètres.

**э́так||ий** *разг.* such, like this; (*такой*) what (a); по́сле ~ой неуда́чи áfter such a fáilure; ~ дура́к! what a fool!; ~ая неуда́ча! what bad luck!

**этало́н** *м.* stándard; ~ ме́тра *физ.* stándard metre.

**эта́н** *м. хим.* ethane.

**эта́п** *м.* **1.** (*стадия*) stage; **2.** *ист.* hálting place (for trànspórted cónvicts); **3.** *воен.* hálting place; ◇ отпра́вить по ~у (*вн.*) trànspórt (*d.*), depórt (*d.*). **~ный 1.** *воен.* line-of-commùnicátion (*attr.*); ~ная слу́жба line-of-commùnicátion sérvice; **2.** *ист.*: посла́ть ~ным поря́дком (*вн.*) trànspórt (*d.*).

**э́ти** *мн. см.* э́тот.

**э́тика** *ж.* éthics.

**этике́т** *м.* ètiquétte; соблюда́ть ~ obsérve ètiquétte [-'zəːv...].

**этике́тк||а** *ж.* lábel; накле́ивать ~у (на *вн.*) attách *a* lábel (to).

**эти́л** *м. хим.* éthyl.

**этиле́н** *м. хим.* éthylène.

**эти́ловый** *прил. к* эти́л; ~ алкого́ль, ~ спирт éthyl álcohòl; ~ эфи́р ethýlic éther [...'iːθə].

**этимо́лог** *м.* ètymólogist, ètymóloger.

**этимологизи́ровать** ètymólogìze.

**этимологи́ческий** *лингв.* ètymológical; ~ слова́рь ètymológical díctionary.

**этимоло́гия** *ж.* ètymólogy.

**этиологи́ческий** *мед.* aetiológical.

**этиоло́гия** *ж. мед.* aetiólogy.

**эти́ческий, эти́чный** éthic(al).

**этни́ческий** éthnic.

**этно́граф** *м.* èthnógrapher. **~и́ческий** èthnográphic(al).

**этногра́фия** *ж.* èthnógraphy.

**э́то** *мест.* **1.** *им., вн. см.* э́тот; **2.** (*этот предмет, вещь, явление и т. п.*) that; (*о предмете и т. п., находящемся в непосредственной близости*) this; (*при ответе на вопрос тж.*) it; (*без определённого указания*) it; (*как повторение подлежащего*) *не переводится*: ~ моя́ кни́га that / this is my book; ~ това́рищ Петро́в that / this is cómrade Petróv; ~ не он that is not he; ~ хорошо́ that is good*; я ~ ви́жу I can see that; об ~м about that; по́сле ~го áfter that; с э́тим with that; для ~го for that; от ~го becáuse of that [-'kɔz...]; что ~? what is that?; реши́ть э́ту зада́чу — ~ са́мое гла́вное the most impórtant thing is to solve this próblem [...'prɔ-]; кто ~? — Э́то его́ сестра́ who is that? — That / it is his sister; ~ был он it was he; рабо́та — ~ для него́ са́мое гла́вное work is the most impórtant thing for him; work comes first with him; де́ти — ~ больша́я ра́дость children are a great joy [...greɪt...]; при всём ~м in spite of all this, for all this; ◇ что ~ он не идёт? why doesn't he come?; что ~ с ва́ми? what is the mátter with you?; как ~ мо́жно? how can *you*?

**э́тот,** *ж.* э́та, *с.* э́то, *мн.* э́ти, *мест.* this, *pl.* these; возьми́те э́ту кни́гу, а я возьму́ ту take this book and I shall take the other one (*ср.* э́то 2).

**этру́с||ки** *мн. ист.* Etrúscans. **~ский** *ист.* Etrúscan; ~ский язы́к Etrúscan, the Etrúscan lánguage.

**этю́д** *м.* **1.** *лит., иск.* stúdy ['stʌ-], sketch; **2.** *муз., шахм.* etúde [eɪ'tjuːd], éxercise. **~ный** *прил. к* этю́д.

**эфемери́да** *ж.* **1.** *мн. астр.* ephémeris *sg.*; **2.** *зоол.* ephémera.

**эфеме́рн||ость** ephèmerálity. **~ый** ephémeral.

**эфе́с** *м.* swórd-hilt ['sɔːd-].

**эфио́п** *м.*, **~ка** *ж.*, **~ский** Èthiópian [iːθ-].

**эфи́р** *м.* **1.** éther ['iːθə]; передава́ть в ~ (*вн.*) bróadcàst ['brɔːd-] (*d.*); **2.** *хим.* éther; превраща́ть в ~ (*вн.*) ethérifỳ (*d.*); образова́ние ~а ethèrificátion. **~ность** *ж.* ethèreálity [-rɪ'æ-]. **~ный 1.** *хим.* éther ['iːθə] (*attr.*), ethéric; ~ные масла́ esséntial / vólatile oils; **2.** (*лёгкий, воздушный*) ethéreal [-rɪəl].

**эфироно́с** *м.* éther-bearing plant ['iːθəbɛə-ɑːnt]. **~ный** éther-bearing ['iːθəbɛə-]; ~ные расте́ния éther-bearing plants [...-ɑːnts].

**эффе́кт** *м.* **1.** *тк. ед.* efféct; рассчи́танный на ~ done for efféct; cálculàted to prodúce an efféct; **2.** *мн. театр.* efféćts; светово́е ~ы líghting efféćts.

**эффекти́вн||ость** *ж.* efféctiveness, efficiency; éfficacy, èfficáciousness; повы́сить ~ (*рд.*) incréase the efféctiveness [-s...] (of). **~ый** efféctive, èfficácious; ~ый ме́тод efféctive méthod; ~ая мо́щность *тех.* efféctive pówer.

**эффе́ктный** spèctácular, efféctive.

**эффузи́вн||ый** *геол.* effúsive; ~ые поро́ды effúsive rocks.

**эффу́зия** *ж. физ.* effúsion.

**эх** *межд.* eh, ekh; oh, what a...; эх, ты well, you are a...

**эхиноко́кк** *м. биол.* echinocóccus [ɪkaɪ-].

**э́хо** *с. тк. ед.* échò ['ekou].

**эхоло́т** *м. мор.* échò sóunding àppárátus ['ekou...], échò sóunder; sónic depth fínder *амер.*

**эшафо́т** *м.* scáffold.

**эшело́н** *м.* **1.** *воен.* line, wave, échelòn ['eʃəlɔn]; боево́й ~ attáck échelòn; **2.** *ж.-д.* train; (*воинский поезд*) troop train; ~ у́гля́ *и т. п.* tráinload of coal, *etc.*

**эшелони́рование** *с. воен.* distribútion in depth; échelònment ['eʃə-] *амер.*

**эшелони́ровать** *несов. и сов.* (*вн.*) *воен.* distribùte in depth (*d.*); ~ по высоте́ (*снизу*) step up; (*сверху*) step down.

# Ю

**юáнь** *м.* (*китайская денежная единица*) yùán [juː'ɑːn].

**юбилéй** *м.* ànnivérsary; júbilee; двадцатилéтний ~ twéntieth ànnivérsary; двадцатипятилéтний ~ twénty-fifth ànnivérsary, sílver júbilee; столéтний ~ cènténnial; прáздновать, справля́ть ~ célebràte *an* ànnivérsary. **~ный** *прил.* к юбилéй; ~ные торжествá ànnivérsary / júbilee cèlebrátions.

**юбиля́р** *м.*, **~ша** *ж.* hérò of *an* ànnivérsary, hérò of the day, hérò of the évening [...'iːv-].

**ю́бка** *ж.* skirt; ни́жняя ~ pétticoat.

**ю́бочка** *уменьш. от* ю́бка.

**ю́бочный** *прил. к* ю́бка.

**ювели́р** *м.* jéweller. **~ный** jéwelry (*attr.*); (*перен.*) fine, minúte [maɪ-], íntricate; ~ный магази́н jéweller's; ~ное искýсство, дéло jéweller's art; ~ные издéлия jéwelry.

**юг** *м.* south; на юг south; éхать на юг go* south; (*на Кавказ, в Крым на отдых*) go* to the South; на ю́ге in the South; (обращённый) на юг, к ю́гу (turned) sóuthward(s) [...-d(z)]; держáть курс на юг head for the south [hed...].

**юго-востó||к** *м.* sóuth-éast. **~чный** sóuth-éast (*attr.*); ~чный вéтер sóuthéaster.

**юго-зáпад** *м.* sóuth wést. **~ный** sóuth-wést (*attr.*); ~ный вéтер sóuthwéster ['sau-'we-].

**югослáв** *м.* Yúgò-Sláv ['juːgou'slɑːv]. **~ский** *с.* Yúgò-Slávian ['juː- -ɑːv-].

**юдóль** *ж. поэт. уст.* vale; земнáя ~ the vale of life.

**юдофóб** *м.* ànti-Sémìte [-'siː-]. **~ство** *с.* ànti-Sémitism [-'siː-].

**южáн||ин** *м.*, **~ка** *ж.* sóutherner ['sʌð-].

**южнée** *нареч.* (*рд.*) to the south (of), sóuthward (of); fúrther south [-ðə...] (than).

**ю́жн||ый** south (*attr.*), sóuthern* ['sʌð-]; ~ бéрег south coast; ~ вéтер south (wind) [...wɪ-], sóuther; на 40° ~ой широты́ *геогр.* in látitùde 40° (fórty degrées) South; Ю́жный пóлюс *геогр.* South Pole; ~ое полушáрие the Sóuthern Hémisphère; сáмый ~ the sóuthern¦mòst [...'sʌð-].

**ю́кка** *ж. бот.* yúcca.

**юлá** *ж.* **1.** (*игрушка*) whírligig [-gɪg], top, húmming-tòp; **2.** *тк. ед. разг.* (*непоседа*) fídget.

**юлиáнский:** ~ календáрь Júlian cálendar.

**юли́ть** *разг.* **1.** (*суетиться*) bustle, fuss (abóut); **2.** (пéред; *лебезить*) fawn (on, up¦ón), cringe (to).

**ю́мор** *м.* húmour; чýвство ~а sense of húmour.

**юморéска** *ж. муз.* hùmorésque.

**юмори́ст** *м.* húmo(u)r¦ist. **~ика** *ж.* hùmour¦ístics.

**юмористи́ческий** húmorous, cómic; ~ журнáл cómic páper / magazíne [...-'ziːn].

**ю́нга** *м. мор.* (ship's) boy.

**Юнéско** *с.* (Организáция Объединённых Нáций по вопрóсам просвещéния, наýки и культýры) Ùnésko, UNESKO (Ùnited Nátions Èducátional, Scientífic and Cúltural Òrganizátion) [...-naɪ-].

**юнéц** *м.* youth* [juːθ].

**ю́нкер** *м.* **1.** *воен. ист.* cadét; **2.** (*помещик в Пруссии*) júnker ['juŋkə]; прýсский ~ Prússian júnker [-ʃən...].

**ю́нкерск||ий** *прил. к* ю́нкер; ~ое учи́лище mílitary school.

**юннáт** *м.* (ю́ный натурали́ст) young náturalist [jʌŋ...].

**Юнóна** *ж. миф.* Júnò.

**ю́ность** *ж.* youth [juːθ].

**ю́ноша** *м.* youth* [juːθ].

**ю́ноше||ский** yóuthful ['juːθ-]; ~ пыл yóuthful árdour / enthúsiàsm [...-zɪ-]. **~ство** *с.* **1.** *собир.* young péople [jʌŋ piːpl] *pl.*; **2.** (*пора, время*) youth [juːθ].

**ю́ны||й** yóuthful ['juːθ-]; с ~х лет from youth [...juːθ]; ~ натурали́ст young náturalist [jʌŋ...]; ~ мичýринец young Michúrinite.

**Юпи́тер** *м. астр., миф.* Júpiter.

**юр** *м.*: на юрý (*на проходе*) in the way; (*на открытом месте*) in an expósed / ópen place.

**Юрá** *ж.* **1.** *геогр.* the Júra Móuntains *pl.*; **2.** *геол.* Jurássic périod; the Júra; вéрхняя (бéлая) ~ White Júra.

**юриди́чески** *нареч.* légal¦ly.

**юриди́ческ||ий** jùrídical; légal; jùrístic(al); ~ факультéт fáculty / depártment of law; ~ие наýки = юриспрудéнция; ~ое лицó jurídical pérson; ~ая консультáция légal advíce / cònsultátion óffice.

**юрисди́кци||я** *ж.* jùrisdíction; обладáть ~ей have jùrisdíction óver; подлежáть чьей-л. ~и be únder the jùrisdíction of smb.

**юрискóнсульт** *м.* júrisconsùlt, légal advíser, júrist.

**юриспрудéнция** *ж.* júrisprùdence, (scíence of) law.

**юри́ст** *м.* láwyer; (*о студенте*) stúdent of law; профéссия ~а légal proféssion.

**ю́ркий** brisk, nímble.

**юркнýть** *сов.* whisk; ~ в толпý plunge into the crowd.

**ю́ркость** *ж.* brískness, nímble¦ness; líve¦liness, quíckness.

**юрóд||ивый** **1.** *прил.* fóolish, cracked; **2.** *м. как сущ.* yuródivy, God's fool. **~ство** *с.* beháving like a yuródivy.

**юрóдствовать** **1.** (*быть юродивым*) lead* the life of a yuródivy (*см.* юрóдивый 2); **2.** (*валять дурака*) play the fool.

**ю́рск||ий** *геол.* Jurássic; ~ая формáция Jurássic fòrmátion.

**ю́рта** *ж.* yóurta ['juətə] (*nomad's tent*).

**Ю́рьев:** ~ день St George's day; ◇ вот тебé, бáбушка, и ~ день! *погов.* ≅ here's a fine how d'ye do.

**юсти́ция** *ж.* jústice.

**ют** *м мор.* quárter-dèck.

**юти́ться** huddle; (*о людях*) huddle togéther [...-'ge ], take* shélter.

**юфть** *ж.* yuft; Rússia léather [-ʃə 'le-].

# Я

**я 1.** *рд., вн.* меня́, *дт., пр.* мне, *тв.* мной, мно́ю, *мест.* I, *obj.* me: я ви́дел его́ I saw him; э́то я it is I; it's me *разг.*; отпусти́те меня́ let me go; да́йте мне э́то give that to me; идёмте со мной come with me; он говори́л обо мне he spoke abóut me; мне хо́лодно I am cold, I feel cold; мне э́то изве́стно I am a⁝wáre of it; у меня́ э́то есть I have (got) it; у меня́ э́того нет I have not got it; я сам э́то сде́лаю I will do it my⁝sélf; я, нижеподписа́вшийся, свиде́тельствую, что I, the ùndersígned, téstify that [...-'saınd...]; для меня́ for me; — э́то меня́ не каса́ется it is no búsiness of mine [...'bızn-...], it is none of my búsiness [...nʌn...]; ни мой това́рищ, ни я néither my cómrade nor I ['naı-...]; **2.** *с. как сущ. нескл.* the I, the égò [...'e-]; моё друго́е я my álter égò, my other self; ◇ я не я бу́ду, е́сли... if I don't... my name's not...

**я́бед||а 1.** *ж. уст.* (*клевета, донос*) slánder [-ɑːn-]; snéaking *школ.*; **2.** *м. и ж. разг.* = я́бедник, я́бедница. **~ник** *м.*, **~ница** *ж. разг.* télltàle; sneak *школ.*

**я́бедничать,** ная́бедничать (на *вн.*) *разг.* tell* tales (abóut), peach (agáinst, on, up⁝ón).

**я́блок||о** *с.* apple; глазно́е ~ *анат.* éye⁝bàll ['aı-]; ◇ Ада́мово ~ Ádam's apple ['æd-...]; ло́шадь се́рая в ~ах dápple-grèy (horse); ~ раздо́ра apple of díscòrd, bone of conténtion; ~у не́где упа́сть it's símply crammed; ~ от я́блони недалеко́ па́дает *погов.* ≅ like fáther like son [...'fɑː-... sʌn].

**я́блон||евый** *прил. к* я́блоня; ~евая ве́тка ápple-tree branch [...-ɑː-]. **~ный** apple (*attr.*); ~ный цвет apple blóssom.

**я́блоня** *ж.* ápple-tree.

**я́блоч||ко** *с. уменьш. от* я́блоко. **~ный** *прил. к* я́блоко; ~ный пиро́г ápple-pie.

**яви́ть** *сов. см.* явля́ть.

**яви́ться** *сов. см.* явля́ться.

**я́вк||а** *ж.* **1.** (*в суд и т. п.*) appéarance, présence [-z-], atténdance; ~ обяза́тельна (*на собрание и т. п.*) atténdance compúlsory; ва́ша ~ обяза́тельна your présence is òbligatory; **2.** (*явочная квартира*) sécret addréss; знать ~у know* *the* sécret addréss [nou...]; дать кому́-л. ~у give* smb. the sécret addréss.

**явле́н||ие** *с.* **1.** appéarance; phenómenon (*pl.* -na); (*событие, случай*) occúrrence; ~ приро́ды nátural phenómenon; стра́нное ~ strange fact / thing [-eındʒ...]; обы́чное ~ évery⁝dáy occúrrence; ~ия обще́ственной жи́зни sócial phenómena; боле́зненные ~ия в жи́зни mórbid féatures in life; **2.** *театр.* scene.

**явля́ть,** яви́ть show* [ʃou]; be; лицо́ его́ явля́ло следы́ замеча́тельной красоты́ his face showed tráces of surpássing béauty [...'bjuː-]; яви́ть собо́й приме́р (*рд.*) be an exámple [...-ɑːm-] (of).

**явля́ться,** яви́ться **1.** appéar, presént òne⁝sélf [-'z-...], *офиц.* repórt; (*на место тж.*) régister (at *a* place); (*прибывать*) arríve; ~ на рабо́ту repórt for work; ~ в суд appéar befóre *the* court [...kɔːt]; ~ в ука́занное вре́мя presént òne⁝sélf at the appóinted / fixed time; repórt at the appóinted / fixed time; ~ кста́ти arríve at the right móment; presént òne⁝sélf very ópportùne⁝ly; ~ с пови́нной (*в суд*) give* òne⁝sélf up; (*перен.*) acknówledge one's fault / guilt [ək'nɔ-...]; как то́лько я́вится подходя́щий слу́чай as soon as òpportúnity óffers; у него́ яви́лась мысль an idéa occúrred to him [... aı'dıə...], it occúrred to him; **2.** (*быть, представлять собой*) be; ~ авторите́том в чём-л. be an authórity on smth.; э́то яви́лось причи́ной его́ сме́рти that was the cause of his death [...deθ]; э́то яви́лось серьёзным препя́тствием it rèpresénted a sérious óbstacle [...-'ze-...]; он явля́ется дире́ктором he is the diréctor.

**я́вно I 1.** *прил. кратк. см.* я́вный; **2.** *предик. безл.* it is évident / mánifèst.

**я́вно II** *нареч.* évidently, óbvious⁝ly, mánifèst⁝ly, pátent⁝ly.

**явнобра́чн||ые** *мн. скл. как прил. бот.* phánerogàms. **~ый** *бот.* phànerógamous.

**я́вн||ый 1.** évident, óbvious; ~ое неудово́льствие évident / óbvious displéasure [...-eʒə]; **2.** (*совершенно очевидный*) mánifèst, pátent; ~ вздор dównright / sheer nónsense; ~ая ложь dównright / báre⁝fàced lie.

**я́вор** *м. бот.* sýcamòre (maple).

**я́вочн||ый:** ~ая кварти́ра sécret addréss; ~ым поря́дком without prelíminary permíssion.

**я́вственный** clear; (*о звуке, голосе*) distínct.

**я́вств||овать** appéar, fóllow; be clear / óbvious; из э́того ~ует, что hence it appéars that, hence it is clear / óbvious that.

**явь** *ж. тк. ед.* reálity [rı'æ-].

**ягдта́ш** *м. охот.* gáme-bàg, fówling bag.

**я́гель** *м. бот.* Íce⁝land moss.

**ягнёнок** *м.* lamb; кро́ткий как ~ lámb⁝like; as meek as a lamb.

**ягни́ться,** оягни́ться lamb, yean.

**ягня́та** *мн. см.* ягнёнок.

**ягня́тник** *м. зоол.* lámmergeyer [-gaıə].

**я́год||а** *ж.* bérry; собира́ть ~ы gáther bérries; дава́ть ~ы (*о растении*) come* into bérry, bérry; ◇ ви́нная ~ fig; на́шего, одного́ по́ля ~ *разг.* ≅ one of our kind.

**я́годица** *ж. анат.* búttock.

**я́годник** *м.* bérry-field [-fiːld]; bérry plàntátion.

**я́годный** *прил. к* я́года; ~ сок frúit-jùice ['fruːtdʒuːs].

**ягуа́р** *м. зоол.* jáguàr ['dʒægwɑː].

**яд** *м.* póison [-z°n]; (*ядовитое вещество*) tóxic; (*змеиный и т. п.; тж. перен.*) vénom ['ve-]; приня́ть яд take* póison; медленноде́йствующий яд slow póison [slou...]; яд его́ рече́й the vénom of his spéeches / words.

**я́дерн||ый** núclear; ~ая фи́зика núclear phýsics [...-zı-]; ~ые проце́ссы núclear prócèsses; ~ая радиа́ция núclear ràdiátion; ~ реа́ктор núclear reáctor; ~ое ору́жие núclear wéapons [...'wep-] *pl.*; ~ое горючее núclear fúel [...'fju-].

**ядовито** I *прил. кратк. см.* ядовитый.

**ядовит||о** II *нареч.* (*язвительно*) vénomous¦ly, malicious¦ly. **~ость** *ж.* póisonous¦ness [-zə-]; tòxícity; (*змеи и т. п.*; *тж. перен.*) vénomous¦ness. **~ый** póisonous [-zə-]; tóxic; (*о змее и т. п.*; *тж. перен.*) vénomous; ~ое вещество póisonous súbstance; ~ый газ póison / tóxic gas [-z°n...]; ~ая змея vénomous snake; ~ый язык *разг.* vénomous / bíting tongue [...tʌŋ].

**ядохимикаты** *мн.* chémical wéed-killers and pést-killers ['ke-...].

**ядрёный** *разг.* (*о человеке*) vígorous, héalthy ['hel-]; (*о воздухе*) brácing; (*о яблоке*) súcculent.

**ядрица** *ж.* ún¦gróund búckwheat.

**ядро** *с.* **1.** (*прям. и перен.*) kérnel; (*клетки и т. п.*) núcleus [-lɪəs] (*pl.* -leì); (*основная группа*) main bódy [...'bɔ-]; ~ орéха kérnel of *a* nut; áтомное ~ *физ.* atómic núcleus; **2.** *спорт.* shot; толкáть ~ put* *the* shot; **3.** *воен. ист.* (round) shot, ball; пýшечное ~ cánnon-bàll.

**язва** *ж.* últcer, sore; (*перен.*) sore, évil ['iː-], pest; моровáя ~ plague [pleɪg]; ~ желýдка stómach últcer ['stʌmək...].

**язвенный** últcerous.

**язвительн||ость** *ж.* caustícity, mórdancy. **~ый** cáustic, bíting, mórdant; ~ое замечáние cáustic remárk.

**язвить,** съязвить bite*, sting*; (*тв.*) taunt (with).

**язык** I *м.* **1.** *анат.* (*тж. перен.*) tongue [tʌŋ]; облóженный ~ *мед.* cóated / furred tongue; воспалéние ~á *мед.* glòssítis; покáзáть ~ (*дт.*; *врачу и т. п.*) show* one's tongue (to *a doctor, etc.*) [ʃou...]; (комý-л.; *из озорства*) put* out one's tongue (at smb.); óстрый ~ sharp tongue; злой ~ wícked / bítter / vénomous tongue; **2.** (*кушанье*) tongue; копчёный ~ smoked tongue; **3.** (*колокола*) clápper, tongue of *a* bell; **4.** *воен. разг.* (*пленный*) idèntificátion prísoner [aɪ-'prɪz-]; добыть ~á cápture, *или* bring* in, *an* idèntificátion prísoner; ◇ высунувши ~ with one's tongue háng¦ing out; у негó отнялся ~ his tongue failed him; ~ до Киева доведёт *погов.* ≅ you can get ány¦whère if you know how to use your tongue [...nou...]; a cléver tongue will take you ány¦whère [...'kle-...]; у негó хорошó ~ подвéшен *разг.* he has a réady tongue [...'re-...]; держáть ~ за зубáми, прикусить ~ keep* a still tongue in one's head [...hed], hold* one's tongue; придержáть ~ hold* one's tongue; развязáть ~ lóosen the tongue [-s-...]; тянýть, дёргать когó-л. за ~ make* smb. say smth.; у негó ~ не повернётся сказáть это he won't have the heart to say it [...wount... hɑːt...]; у негó ~ чéшется сказáть это he is ítching to say it; это слóво вéртится у меня на ~é *разг.* the word is on the tip of my tongue; у негó длинный ~ he has a long tongue; чесáть ~ wag one's tongue [wæg...]; у негó что на умé, то и на ~é ≅ he wears his heart on his sleeve [...wɛəz...]; ~и плáмени tongues of flame.

**язык** II *м.* (*речь*) lánguage, tongue [tʌŋ]; рýсский ~ the Rússian lánguage [...-ʃən...]; национáльный ~ nátional lánguage ['næ-...]; родовые ~и clan lánguages; племенные ~и tríbal lánguages; óбщий ~ cómmon lánguage; роднóй ~ móther tongue ['mʌ-...]; vernácular *научн.*; живóй ~ líving lánguage ['lɪv-...]; мёртвый ~ dead lánguage [ded...]; обихóдный ~ évery¦dáy lánguage; разговóрный ~ collóquial / famíliar speech; spóken lánguage; литератýрный ~ líterary lánguage; инострáнный ~ fóreign lánguage ['fɔrɪn...]; нóвые ~и módern lánguages ['mɔ-...]; владéть каким-л. ~óм know* *a* lánguage [nou...]; говорить ~óм (*рд.*) use the lánguage (of); ◇ найти óбщий ~ (с *тв.*) find* cómmon lánguage (with); get* a wórking agréement.

**языковéд** *м.* línguist. **~ение** *с.* = языкознáние. **~ческий** linguístical.

**языков||óй** *лингв.* linguístic; ~áя структýра linguístic strúcture; ~óе родствó linguístic affínity; ~áя самостоятельность linguístic ìndepéndence; материáльная ~áя оболóчка matérial linguístic intégument.

**языкóвый** **1.** *анат.* língual; tongue [tʌŋ] (*attr.*); **2.** (*сделанный из языка — о колбасе и т. п.*) tongue (*attr.*).

**языкознáние** *с.* linguístics; scíence of lánguage; сравнительное ~ compárative philólogy.

**язычес||кий** héathen [-ð-], págan. **~тво** *с.* héathenism [-ð-], págan¦ism.

**язычкóвый** **1.** *анат.* úvular; **2.** *муз.* réeded; ~ инструмéнт reed ínstrument.

**язычник** *м.* héathen [-ð-], págan.

**язычн||ый** *прил. к* язык I 1; ~ые мышцы the múscles of the tongue [...mʌslz... tʌŋ].

**язычóк** *м.* **1.** *уменьш. от* язык I 1; ~ плáмени tongue of flame [tʌŋ...]; **2.** *анат.* úvula (*pl.* -ae); **3.** *муз.* reed.

**язь** *м.* (*рыба*) ide.

**яичко** *с.* **1.** (small) egg; **2.** *анат.* téstícle.

**яичник** *м. анат.* óvary ['ouv-]; воспалéние ~а òvarítis [ouv-].

**яичница** *ж.* ómelet(te) ['ɔmlɪt]; ~-глазýнья fried eggs *pl.*; ~-болтýнья scrambled eggs *pl.*

**яичн||ый** egg (*attr.*); ~ желтóк yolk (of egg); ~ белóк white (of egg), égg-white; ~ая скорлупá égg-shèll; ~ порошóк dry / dried eggs *pl.*; egg pówder; pówdered eggs *pl.*

**яйлá** *ж. тк. ед.* móuntain pásture (in the Criméa) [...kraɪ'mɪə].

**яйце||видный** égg-shàped, óvifòrm ['ouv-], óvoid ['ouv-] *научн.*; ~ лист *бот.* óvate leaf* ['ou-...]. **~вóд** *м. анат.* óvidùct ['ou-]. **~клáд** *м. зоол.* óvipòsitor ['ouvɪpɔz-]. **~кладýщий** *зоол.* óvipòsitor ['ouvɪpɔz-] (*attr.*). **~клéтка** *ж. биол.* óvùle ['ou-]. **~рóдный** *зоол.* òvíparous [ou-].

**яйц||ó** *с.* egg; *биол.* óvum (*pl.* óva); ~ всмятку sóft-bóiled / líghtly-bóiled egg; сварить ~ всмятку boil *an* egg líghtly; ~ в мешóчек wéll-bóiled egg; ~ вкрутýю, крутóе ~ hárd-bóiled egg; сварить ~ вкрутýю boil *an* egg hard; яйца из-под кýрицы néw-laid eggs; ◇ это выеденного ~á не стóит it is not worth a fárthing [...-ðɪŋ]; яйца кýрицу не ýчат ≅ don't teach your grándmòther to suck eggs [...-mʌðə...].

**як** *м. зоол.* yak.

**якоби́н||ец** *м. ист.* Jácobin. **~ский** *ист.* Jàcobínic.

**я́кобы** *частица* as if, as though [...ðou]; suppósed¦ly; он ~ всё по́нял he says he has ùnderstóod évery¦thing [...sez...-'stud...]; он прие́хал к нам ~ для того́, что́бы рабо́тать he came to us with the alléged púrpose of wórking [...-pəs...], he came to us suppósed¦ly to work.

**я́корн||ый** ánchor ['æŋkə] (*attr.*); ~ая стоя́нка ánchorage ['æŋk-]; ~ая цепь ánchor chain, (chain) cable.

**я́кор||ь** *м. мор., тех.* ánchor ['æŋkə]; *эл.* ármature; мёртвый ~ móoring ánchor; станови́ться на ~ ánchor; come* to ánchor; бро́сить ~ cast* / drop ánchor; стоя́ть на ~е be ánchored, lie* / ride* at ánchor; снима́ться с ~я weigh ánchor; (*перен.*) get* únder way; ◇ ~ спасе́ния ánchorage ['æŋkə-], sheet ánchor.

**яку́т** *м.*, **~ка** *ж.*, **~ский** Yàkút [jɑː'kuːt]; ~ский язы́к Yàkút, the Yàkút lánguage.

**якша́ться** (с *тв.*) *разг.* hób-nòb (with), keep* cómpany [...'kʌm-] (with), rub élbows (with).

**я́лик** *м. мор.* skiff, whérry.

**я́личник** *м.* whérry-màn*.

**я́лов||ость** *ж. с.-х.* bárrenness, drýness. **~ый** *с.-х.* bárren, dry; ~ая коро́ва dry cow.

**я́ма** *ж.* pit, hole; вы́рыть я́му dig* *a* hole; му́сорная ~, помо́йная ~ dúst-heap; réfuse pit [-s...]; выгребна́я ~ césspool; у́гольная ~ coal búnker; ◇ возду́шная ~ áir-pòcket; рыть кому́-л. я́му ≅ make* / prepáre a pít-fàll for smb.; не рой друго́му я́мы, сам в неё попадёшь *посл.* ≅ he that mís¦chief hátches, mís¦chief cátches; mind you don't fall into your own trap [...oun...].

**яма́йский** Jamáica (*attr.*); ~ ром Jamáica rum.

**ямб** *м. лит.* iàmbus; двусто́пный ~ iàmbic dímeter; четырёхсто́пный ~ iàmbic tètrámeter; шестисто́пный ~ iàmbic hèxámeter; восьмисто́пный ~ iàmbic òctámeter. **~и́ческий** *лит.* iàmbic.

**я́мка** *ж. уменьш. от* я́ма.

**я́мочка** *ж.* (*на щеке*) dimple.

**ямщи́к** *м. уст.* cóach¦man*.

**янва́рский** *прил. к* янва́рь; ~ день Jánuary day, day in Jánuary.

**янва́р||ь** *м.* Jánuary; в ~е́ э́того го́да in Jánuary; в ~е́ про́шлого го́да last Jánuary; в ~е́ бу́дущего го́да next Jánuary.

**я́нки** *м. нескл.* Jánkee [-kɪ].

**янта́рный** 1. ámber (*attr.*); 2. (*о цвете*) ámber-còlour¦ed [-kʌ-].

**янта́рь** *м.* ámber; чёрный ~ black ámber.

**Я́нус** *м. миф.* Jánus.

**янычáр** *м. ист.* jánizary.

**япо́нец** *м.* Jàpanése; *мн. собир.* the Jàpanése.

**япо́нка** I *ж.* Jàpanése (wóman*) [...'wu-].

**япо́нка** II *ж.* (*о крое*) cap sleeve.

**япо́нск||ий** Jàpanése; ~ язы́к Jàpanése, the Jàpanése lánguage; ~ лак black japán; ~ая борьба́ jiù-jítsù [dʒjuː'dʒɪtsuː].

**яр** *м.* (*крутой берег*) steep bank.

**яра́нга** *ж.* yaránga [-ɑːŋgə] (*skin tent*).

**ярд** *м.* (*мера длины*) yard.

**яре́мн||ый:** ~ая ве́на *анат.* júgular vein.

**я́рк||ий** bright; (*о пламени тж.*) blázing; (*кричащий — о цвете и т. п.*) gáudy; (*перен.*) stríking; (*блестящий*) brílliant; (*живой*) vívid, líve¦ly; ~ свет bright light; ~ цвет bright cólour [...'kʌ-]; ~ приме́р stríking exámple / ínstance [...-ɑːmpl...]; (*в отрицат. смысле*) gláring exámple; ~ тала́нт brílliant tálent [...'tæ-]; ~ое описа́ние vívid descríption; ~ое свиде́тельство (*рд.*) gráphic évidence (of); нарисова́ть ~ую карти́ну paint a gráphic / vívid pícture.

**я́рко** I *прил. кратк. см.* я́ркий.

**я́рк||о** II *нареч.* bríghtly; (*перен.*) stríking¦ly; (*блестяще*) brílliantly; (*живо*) vívidly; ~ освещённый brílliantly / bríghtly lit; ~ вы́раженный pronóunced; ~ раскра́шенный gáily cólour¦ed [...'kʌ-]. **~ость** *ж.* bríghtness; (*перен.: блеск*) brílliance; (*живость*) vívidness.

**я́рко-бе́лый** dázzling white.

**я́рко-зелёный** bright green.

**ярлы́к** *м.*, **ярлычо́к** *м.* lábel; tag.

**я́рмар||ка** *ж.* fair. **~очный** *прил. к* я́рмарка.

**ярмо́** *с.* (*прям. и перен.*) yoke; сбро́сить с себя́ ~ shake* / throw* off the yoke [...θrou...].

**я́ро** *нареч.* with férvour.

**яровиза́ция** *ж. с.-х.* yàrovizátion; ~ семя́н yàrovizátion of seed.

**яровизи́ровать** *несов. и сов.* (*вн.*) yárovize (*d.*).

**яров||о́й** *с.-х.* 1. *прил.* spring (*attr.*); ~ы́е хлеба́ spring crop *sg.*; ~ клин spring crop área [...'ɛərɪə]; 2. *мн. как сущ.* spring crops.

**я́ростн||ый** fúrious, víolent, fierce [fɪəs]; ~ая ата́ка fierce assáult / attáck.

**я́рост||ь** *ж.* fúry, rage; бе́шеная ~ frénzy, scárlet fúry; привести́ в ~ (*вн.*) infúriàte (*d.*); прийти́ в ~ become* fúrious; fly* into a rage; вне себя́ от ~и trànspórted with rage, besíde òne¦sélf with rage.

**я́рус** *м.* 1. *театр.* círcle; tier [tiə]; пе́рвый ~ first círcle; 2. *геол.* (*слой*) láyer.

**я́рый** (*рьяный*) árdent; (*неистовый*) víolent.

**я́рь-медя́нка** *ж. хим.* vérdigris.

**я́сельный** *прил. к* я́сли II.

**я́сеневый** *бот.* áshen.

**я́сень** *м. бот.* ásh-tree.

**я́сли** I *мн.* (*для скота*) crib *sg.*; mánger ['meɪndʒə] *sg.*, trough [trɔf] *sg.*

**я́сли** II *мн.* (*детские*) crèche (*фр.*) [kreɪʃ] *sg.*, day núrsery *sg.*

**я́сно** I 1. *прил. кратк. см.* я́сный; 2. *предик. безл.* (*о погоде*) it is fine; (*понятно*) it is clear; ◇ ~ как (бо́жий) день it is as clear as day / nóonday.

**я́сно** II *нареч.* cléarly, clear; (*отчётливо*) distínctly; ~ вы́раженный cléarly expréssed; ко́ротко и ~ terse and clear; ~ говори́ть speak* cléarly / distínctly; ~ выража́ться expréss òne¦sélf cléarly; make* òne¦sélf clear; ~ представля́ть себе́ обстано́вку take* a clear view of the situátion [...vjuː...].

**ясновид||е́ние** *с.* clairvóyance. **~ец** *м.* clairvóyant. **~щий** clairvóyant.

**я́сность** *ж.* cléarness; (*о стиле, языке тж.*) lùcídity; ~ мы́сли lùcídity of mind; ~ це́ли clárity of aim; внести́ ~ make* things clear, put* things right.

**я́сн||ый** clear; (*о стиле, языке тж.*) lúcid; (*отчётливый тж.*) distínct; (*светлый, безоблачный*) seréne; ~ое не́бо clear / seréne sky; име́ть ~ое представле́ние о чём-л. have a clear idéa of smth. [...aɪ'dɪə...]; сде́лать соверше́нно ~ым для кого́-л. make* it pérfectly clear to smb.; ~ая улы́бка seréne smile; ~ая поли́тика cohérent pólicy; ◇ гром средь ~ого не́ба a bolt from the blue.

**я́ства** *мн. уст.* viands.

**я́стреб** *м.* hawk; ~-перепеля́тник spárrow-hawk; ~-тетеревя́тник góshawk ['gɔːshɔːk]; ◇ променя́ть куку́шку на ~а *погов.* ≅ give* a lark to catch a kite.

**ястреби́н||ый** *прил. к* я́стреб; accípitral *научн.*; ~ая охо́та fálconry; с ~ым взгля́дом háwk-eyed [-aɪd].

**ястребо́к** *м. воен. разг.* fíghter; pursúit plane [-'sjuːt...].

**ятага́н** *м.* yátaghan.

**ять:** знать что-л. на ять *разг.* know* smth. ta a T [nou...'tiː].

**я́хонт** *м. уст.* rúby; sápphire. **~овый** *уст.* rúby (*attr.*); sápphire (*attr.*).

**я́хта** *ж.* yacht [jɔt].

**я́хтенный** *прил. к* я́хта.

**яхт-клу́б** *м. спорт.* yácht-clùb ['jɔt-].

**яхтсме́н** *м.* yáchtsman* ['jɔt-].

**яче́йка** *ж.* (*в разн. знач.*) cell; *воен.* rífle-pit; fóxhòle *амер.* •

**ячме́нн||ый** bárley (*attr.*); ~ отва́р bárley-wàter [-wɔː-]; ~ са́хар bárley súgar [...'ʃu-]; ~ое зерно́ bárleycòrn.

**ячме́нь** I *м.* (*растение*) bárley.

**ячме́нь** II *м.* (*на глазу*) sty.

**я́чнев||ый:** ~ая крупа́ fíne-ground bárley.

**я́шма** *ж. мин.* jásper.

**я́шмовый** jásper (*attr.*).

**я́щер** *м. зоол.* pàngólin [-'gou-].

**я́щерица** *ж.* lizard ['lɪ-].

**я́щик** *м.* **1.** box; (*ларь*) chest; му́сорный ~ dústbin; почто́вый ~ létter-bòx; (*на цоколе*) píllar-bòx; заря́дный ~ *воен.* àmmunítion-wágon [-'wæ-]; cáisson *амер.*; **2.** (*выдвижной*) drawer [drɔː]; ◇ откла́дывать в до́лгий ~ (*вн.*) shelve (*d.*); put* off (*d.*).

**я́щур** *м. вет.* fóot-and-mouth diséase ['fut-'ziːz]; barbs *pl.*

## СПИСОК ГЕОГРАФИЧЕСКИХ НАЗВАНИЙ

**Абака́н** *г.* Abakán [-'kɑːn].
**Абисси́ния** Àbyssínia; *см.* Эфио́пия.
**Абха́зская АССР** the Àbkházian Autónomous Sóvièt Sócialist Repúblic [...ɑːb'kɑː-... -'pʌ-].
**Австрали́йский Сою́з** the Cómmonwealth of Austrália [-welθ...].
**Австра́лия** Austrália.
**А́встрия** Áustria.
**Адди́с-Абе́ба** *г.* Áddis Ábaba [...'ɑːb-].
**А́ден** Áden.
**Аджа́рская АССР** the Adjár Autónomous Sóvièt Sócialist Repúblic [...-'pʌ-].
**Адмиралте́йства о-ва́** the Ádmiralty Íslands [...'aɪl-].
**Адриати́ческое мо́ре** the Àdriátic Sea.
**Адыге́йская автоно́мная о́бласть** the Ádigei Autónomous Région [...'ɑː-...].
**Азербайджа́нская Сове́тская Социалисти́ческая Респу́блика** the Àzèrbaiján Sóvièt Sócialist Repúblic [...ɑːzəːbaɪ'dʒɑːn... -'pʌ-]; **Азербайджа́н** Azèrbaiján [ɑːzəːbaɪ'dʒɑːn].
**А́зия** Ásia ['eɪʃə].
**Азо́вское мо́ре** the Sea of Ázòv, the Sea of Ázòf [...'ɑːzɔv].
**Азо́рские о-ва́** the Azóres.
**А́ккра** *г.* Áccra ['ækrə].
**Ала́ндские о-ва́** the ÁlandÍslands [...'oulɑːnd 'aɪl-].
**Алба́ния** Àlbánia; **Наро́дная Респу́блика Алба́ния** the People's Repúblic of Àlbánia [...piː- -'pʌ-...].
**Александри́я** *г.* Àlexándria [-g'zɑːn-].
**Але́ппо** *г.* Aléppò.
**Алеу́тские о-ва́** the Aléutian Íslands [...'aɪl-].
**Алжи́р 1.** (*страна*) Àlgéria; **2.** (*город*) Àlgiers [-'dʒɪəz].
**Аллега́нские го́ры** the Álleghèny Móuntains.
**Алма-Ата́** *г.* Álmà-Áta ['ɑːlmɑː'ɑːtə].
**Алта́й** the Àltái [...æl'taɪ].
**Алта́йский край** Àltái Térritory [æl'taɪ...].
**А́льпы** the Alps.
**Аля́ска** Aláska.
**Амазо́нка** *р.* the Ámazon.
**Аме́рика** América.
**Амма́н** *г.* Ámmàn ['ɑːmɑːn].
**Амстерда́м** *г.* Ámsterdám.
**Аму́-Дарья́** *р.* the Àmú Dàryá [...ɑː'muː dɑːr'jɑː].
**Аму́р** *р.* the Amúr [...ə'muːə].
**Ангара́** *р.* the Àngàrá [...ɑːŋgɑː'rɑː].
**А́нглия** Éngland ['ɪŋg-].
**Анго́ла** Àngóla.
**Андама́нские о-ва́** the Ándamàn Íslands [...'aɪl-].
**Андо́рра** Àndórra [-'dɔ-].
**А́нды** the Ándès [...-diːz].
**Анкара́** *г.* Ánkara.
**Антаркти́да** the Àntárctic Cóntinent, Àntárctica.
**Анта́рктика** the Àntárctic.
**Антве́рпен** *г.* Ántwèrp.
**Анти́льские о-ва́** the Àntíllès [...-liːz].
**Апенни́нские го́ры, Апенни́ны** the Ápennines.
**Аппала́чские го́ры** the Àppaláchian Móuntains [...-'leɪtʃ-...].
**Арави́йское мо́ре** the Arábian Sea.
**Ара́вия** Arábia.
**Ара́льское мо́ре** the Áral Sea [...'ɑː-...].
**Арара́т** Áraràt.
**Аргенти́на** Àrgentína [-'tiːnə].
**Арде́нны** the Àrdénnes [...-'den].
**А́рктика** the Árctic.
**Армя́нская Сове́тская Социалисти́ческая Респу́блика** the Àrménian Sóvièt Sócialist Repúblic [...-'pʌ-]; **Арме́ния** Àrménia.
**Арха́нгельск** *г.* Àrkhángèlsk [ɑː'kɑːngelsk].
**Асма́ра** *г.* Àsmárà [ɑːs'mɑːrɑː].
**А́страхань** *г.* Àstràkhán [-rɑː'kæn].
**Асунсьо́н** *г.* Àsúnción [ɑːsuːn'sjoun].
**Атланти́ческий океа́н** the Atlántic Ócean [...'ouʃ°n].
**Атла́сские го́ры** the Átlas Móuntains [...'æt-...].
**Афганиста́н** Àfghánistàn.
**Афи́ны** *г.* Áthens [-nz].
**А́фрика** África.
**Ашхаба́д** *г.* Àshkhábád [ɑːʃkɑː'bɑːd].

**Баб-эль-Манде́бский проли́в** Báb-èl-Mándèb.
**Бава́рия** Bavária.
**Бага́мские о-ва́** the Baháma Íslands [...-'hɑː- 'aɪl-], the Bahámas [...-'hɑː-].
**Багда́д** *г.* Bág(h)dàd.
**Ба́зель** *г.* Básel ['bɑːz-], Basle [bɑːl].
**Байка́л** *оз.* Lake Baikál [...baɪ'kɑːl].
**Баку́** *г.* Bàkú [bɑː'kuː].
**Балеа́рские о-ва́** the Bàleáric Íslands [...bælɪ'æ- 'aɪl-].

**Балка́нские го́ры** the Bálkan Máuntains, the Bálkans.
**Балка́нский п-ов** the Bálkan Península.
**Балка́ны** *см.* Балка́нские го́ры.
**Балти́йское мо́ре** the Báltic Sea.
**Балтимо́р** *г.* Báltimòre.
**Балха́ш** *оз.* Bàlkhásh [bɑːl'kɑːʃ].
**Бангко́к** *г.* Bángkòk.
**Банду́нг** *г.* Bándung ['bɑːnduŋ].
**Ба́ренцово мо́ре** the Bárènts Sea [...'bɑː-...].
**Барнау́л** *г.* Bàrnàúl [-nɑː-].
**Барсело́на** *г.* Bàrselóna.
**Бату́ми** *г.* Bàtúmi [bɑː'tuːmɪ].
**Баффи́нов зали́в** Báffin Bay.
**Башки́рская АССР** the Bàshkír Autónomous Sóvièt Sócialist Repúblic [...bɑːʃ'kɪə... -'pʌ-].
**Бейру́т** *г.* Béirùt [-ruːt], Béyrouth [-ruːt].
**Белгра́д** *г.* Bèlgráde.
**Бели́з** *г.* Bèlíze [be'liːz].
**Бе́лое мо́ре** the White Sea.
**Белору́сская Сове́тская Социалисти́ческая Респу́блика** the Byèlorússian Sóvièt Sócialist Repúblic [...-ʃən... -'pʌ-]; **Белору́ссия** Byèlorússia [-ʃə].
**Белуджиста́н** Balúchistàn.
**Бе́льгия** Bélgium.
**Бенаре́с** *г.* Benáres [-'nɑːrɪz].
**Бенга́лия** Bèngál [-'gɔːl].
**Бенга́льский зали́в** the Bay of Bèngál [...-'gɔːl].
**Бе́рингово мо́ре** the Béring Sea [...'be-...].
**Бе́рингов проли́в** the Béring Straits[...'be-...].
**Берли́н** *г.* Bèrlín.
**Берму́дские о-ва́** the Bèrmúda Íslands [...'aɪl-], the Bèrmúdas.
**Берн** *г.* Berne.
**Би́рма** Búrma(h).
**Бирминге́м** *г.* Bírmingham [-mɪŋəm].
**Биска́йский зали́в** the Bay of Bíscay.
**Бого́та** *г.* Bògotá [bougo'tɑː].
**Болга́рия** Bùlgária; **Наро́дная Респу́блика Болга́рия** the People's Repúblic of Bùlgária [...piː- -'pʌ-...].
**Боли́вия** Bolívia.
**Бомбе́й** *г.* Bòmbáy.
**Бонн** *г.* Bonn [bɔn].
**Борне́о** *о-в* Bórneò.
**Бородино́** Bòròdinó [-'nɔː].
**Бо́сния** Bósnia [-zn-].
**Босто́н** *г.* Bóston.
**Босфо́р** the Bósporus.
**Ботни́ческий зали́в** the Gulf of Bóthnia.
**Брази́лия** Brazíl.
**Брайтон** *г.* Brighton.
**Братисла́ва** *г.* Brátislàvà ['brɑːtɪslɑːvɑː].
**Брахмапутра** *р.* the Bràhmapútra [...-'puːtrə].
**Бре́мен** *г.* Brémen ['breɪ-].
**Брета́нь** Brittany.
**Бристо́ль** *г.* Brístol.
**Брита́нские о-ва́** the Brítish Ísles [...aɪlz].
**Брно** *г.* Brno.
**Брюгге** *г.* Bruges [bruːʒ].
**Брюссе́ль** *г.* Brússels ['brʌsᵊlz].
**Буг** *р.* the Bug [...buːg].
**Будапе́шт** *г.* Búdapést ['bjuːdə'pest].
**Було́нь** *г.* Boulógne [bu'loun].
**Буря́т-Монго́льская АССР** the Buryát-Mòngólian Autónomous Sóvièt Sócialist Repúblic [...bu'rjɑːt...-'pʌ-].
**Бухаре́ст** *г.* Búcharèst ['bjuːkə-].
**Буэ́нос-А́йрес** *г.* Búenos Áires ['bwenəs-'aɪərɪz].

**Ваду́ц** *г.* Váduz ['vɑːduts].
**Вальпара́йсо** *г.* Vàlparáisò [-zou].
**Ванкуве́р** *г.* Vàncóuver [-n'kuː-].
**Варша́ва** *г.* Wársaw.
**Вашингто́н** *г.* Wáshing¦ton.
**Везу́вий** Vesúvius [-'suː-].
**Великобрита́ния** Great Brítain [greɪt...].
**Ве́ллингтон** *г.* Wélling¦ton.
**Ве́на** *г.* Viénna.
**Ве́нгрия** Húngary; **Венге́рская Наро́дная Респу́блика** the Hùngárian People's Repúblic [...-'gɛə- piː- -'pʌ-].
**Венесуэ́ла** Vènèzuéla [-'zweɪlə].
**Вене́ция** *г.* Vénice.
**Верде́н** *г.* Vérdun ['vɛə-].
**Верса́ль** *г.* Vèrsáilles [vɛə'saɪ].
**Ве́рхнее о́зеро** Lake Sùpérior.
**Вест-И́ндия** the West Índies.
**Викто́рия** *г.* Victória [-ou-].
**Ви́льнюс** *г.* Vílniùs [-nɪjuːs].
**Ви́ннипег** *г.* Wínnipèg.
**Ви́сла** *р.* the Vístula.
**Виши́** *г.* Víshỳ ['viːʃiː].
**Владивосто́к** *г.* Vlàdivòstók [vlɑːdɪvɔs'tɔːk].
**Воге́зы** the Vosges [...vouʒ].
**Во́лга** *р.* the Vólga.
**Во́лго-Донско́й судохо́дный кана́л и́мени В. И. Ле́нина** the V. I. Lénin Vólga-Dón Nàvigátion Canál.
**Во́лхов** *р.* the Vólkhov [...-kof].
**Вы́борг** *г.* Víbòrg ['viːbɔrk].
**Вьентья́н** *г.* Vièntiáne [vjæŋ'tjɑːn].
**Вьетна́м** Vièt-Nám [vjet'nɑːm]; **Демократи́ческая Респу́блика Вьетна́м** the Dèmocrátic Repúblic of Vièt-Nám [...-'pʌ-...].

**Гаа́га** *г.* the Hague [...heɪg].
**Гава́йи** *о-в* Hawáii [hɑː'waɪiː].
**Гава́йские о-ва́** the Hàwáiian Íslands [...hɑː'waɪən 'aɪl-].
**Гава́на** *г.* Havána [-'væ-].
**Гавр** *г.* Havre [hɑːvr].
**Гайти** *о-в* Háiti.
**Галапа́гские о-ва́** the Gàlápàgos Íslands [...gɑː'lɑpɑːgəs 'aɪl-].
**Галлиполи** *г.* Gallípoli.
**Га́мбург** *г.* Hámbùrg.
**Га́на** Ghánà ['gɑːnɑː].
**Ганг** *р.* the Gánges [...-ndʒiːz].
**Гваделу́па** Guàdelóupe [gwɑːdɪ'luːp].
**Гватема́ла** Guàtemála [gwætɪ'mɑː-].
**Гвиа́на** Guiána [gɪ'ɑː-].
**Гданьск** *г.* Gdansk.
**Гебри́дские о-ва́** the Hébridès [...-diːz].
**Геджас** Hè(d)jáz [he'dʒɑːz].
**Гент** *г.* Ghent.
**Ге́нуя** *г.* Génoa ['dʒe-].
**Герма́ния** Gérmany.
**Герма́нская Демократи́ческая Респу́блика** the Gérman Dèmocrátic Repúblic [...-'pʌ-].
**Герцегови́на** Hèrzegòvína [hɛətsəgou'viːnə].
**Гибралта́р** Gibráltar.

**Гибралта́рский проли́в** the Straits of Gibráltar.
**Гимала́и, Гимала́йские го́ры** the Hìmaláya(s).
**Гиндуку́ш** the Híndù-Kúsh [...-du:'ku:ʃ].
**Гла́зго** *г.* Glásgow ['glɑ:s-].
**Го́а** Góa.
**Го́би** the Góbi [...'goubı].
**Голла́ндия** Hólland; *см.* Нидерла́нды.
**Голубы́е го́ры** the Blue Móuntains.
**Гольфстри́м** the Gulf Stream.
**Гондура́с** Hòndúras.
**Гонко́нг** Hong Kong.
**Гонолу́лу** Hònolúlù.
**Горн (Мыс)** Cape Horn.
**Го́рно-Алта́йская автоно́мная о́бласть** the Górno-Àltái Autónomous Région [...æl'taı...].
**Го́рно-Бадахша́нская автоно́мная о́бласть** the Górno-Badakhshán Autónomous Région [...bɑ:dɑ:k'ʃɑ:n...].
**Го́рький** *г.* Górkỳ [-kı].
**Гренла́ндия** *о-в* Gréenland.
**Гре́ция** Greece.
**Гри́нвич** *г.* Gréenwich ['grınıdʒ].
**Гро́зный** *г.* Grózny.
**Грузи́нская Сове́тская Социалисти́ческая Респу́блика** the Geórgian Sóvièt Sócialist Repúblic [...'dʒɔ:-...-'pʌ-]; **Гру́зия** Geórgia ['dʒɔ:-].
**Гудзо́н** *р.* the Húdson.
**Гудзо́нов зали́в** Húdson Bay.
**Гулль** *г.* Hull.
**Гуро́н** *оз.* (Lake) Húron.

**Дагеста́нская АССР** the Dàghèstán Autónomous Sóvièt Sócialist Repúblic [...dɑ:ges'tɑ:n...-'pʌ-].
**Дама́ск** *г.* Damáscus.
**Да́ния** Dénmàrk.
**Да́нциг** *г.* Dánzig [-nts-]; *см.* Гданьск.
**Дардане́ллы, Дардане́льский проли́в** the Dàrdanélles [...-'nelz].
**Да́р-эс-Сала́м** *г.* Dar es Saláam, Dáres-salám ['dɑ:rəs sə'lɑ:m].
**Де́ли** *г.* Délhi [-lı].
**Детро́йт** *г.* Detróit.
**Джака́рта** *г.* Jakártà [-'kɑ:tɑ:].
**Джокьяка́рта** Djòkjàkártà [dʒoukjɑ:'kɑ:tɑ:].
**Днепр** *р* the Dníeper [...'dni:pə].
**Днепропетро́вск** *г.* Dnièpropètróvsk.
**Днестр** *р.* the Dníester [...'dni:stə].
**Доминика́нская Респу́блика** the Domínican Repúblic [...-'pʌ-].
**Дон** *р.* the Don.
**Донба́сс** (Доне́цкий у́гольный бассе́йн) the Dònbás (Dónèts Coal Fields [...fi:-], the Dónèts Básin [...'beı-]).
**Доне́ц** *р.* the Dónèts.
**Дре́зден** *г.* Drésdèn [-z-].
**Ду́блин** *г.* Dúblin ['dʌ-].
**Дувр** *г.* Dóver.
**Дуна́й** *р.* the Dánùbe.
**Дьепп** *г.* Diéppe [di:'ep].
**Дюнке́рк** *г.* Dùnkírk.

**Евре́йская автоно́мная о́бласть** the Jéwish Autónomous Région.
**Евро́па** Éurope.
**Евфра́т** *р.* the Euphrátès [...-ti:z].
**Еги́пет** Égypt.
**Е́лгава** *г.* Jélgàvà [-gɑ:vɑ:].
**Енисе́й** *р.* the Yènisèi [...jenı'seı].
**Ерева́н** *г.* Yèrèván [jere'vɑ:n].

**Жёлтое мо́ре** the Yéllow Sea.
**Жене́ва** *г.* Genéva.
**Жито́мир** *г.* Zhitómir.

**Замбе́зи** *р.* the Zàmbézi [...-'bi:zı].
**За́падная Двина́** *р.* the Západnaya Dvinà [...'zɑ:- ɑ:].
**Зела́ндия** *о-в* Zéaland.
**Земля́ Фра́нца Ио́сифа** Franz Jósèf Land [-ɑ:nts -zef...].

**Иерусали́м** *г.* Jerúsalem.
**И́жевск** *г.* Ízhevsk.
**Изми́р** *г.* Izmír [-'mi:r].
**Изра́иль** Ísràèl ['ızreıel].
**Инд** *р.* the Índus.
**Инди́йский океа́н** the Índian Ócean [...'ouʃ°n].
**И́ндия** Índia.
**Индокита́й** *п-ов* Índò-Chína.
**Индоне́зия** Ìndònésia [-dou'neıʃə].
**Индоста́н** *п-ов* Hìndustán.
**Иога́ннесбург** *г.* Jòhánnesbùrg [dʒou-].
**Иони́ческое мо́ре** the Ìónian Sea.
**Иорда́н** *р.* the Jórdan.
**Иорда́ния** Jórdan.
**Ипр** *р.* Ypres [i:pr].
**Ира́к** Iráq [-ɑ:k].
**Ира́н** Irán [-ɑ:n].
**Ирла́ндия** Íreland ['aıə-].
**Иртыш** *р.* the Irtísh.
**Исла́ндия** Íceland.
**Испа́ния** Spain.
**Исфаха́н** *г.* Ìsfàhán [-ɑ:n], Ìspàhán [-ɑ:n].
**Ита́лия** Ítaly.

**Йеме́н** (the) Yémen [...'jeı-].
**Йокога́ма** *г.* Yòkoháma [jouko'hɑ:mə].
**Йошка́р-Ола́** *г.* Yoshkár-Olá [-ɑ:].

**Кабарди́но-Балка́рская АССР** the Kàbàrdíno-Bàlkársk Autónomous Sóvièt Sócialist Repúblic [...-'di:nobɑ:l-...-'pʌ-].
**Кабу́л** *г.* Kabúl [-bu:l].
**Кавка́з** the Cáucasus.
**Ка́дикс** *г.* Cádiz ['keı-].
**Каза́нь** *г.* Kàzán [kɑ:'zɑ:n].
**Каза́хская Сове́тская Социалисти́ческая Респу́блика** the Kàzákh Sóvièt Sócialist Repúblic [...kɑ:-...-'pʌ-]; **Казахста́н** Kàzàkhstán [kɑ:zɑ:k'stɑ:n].
**Казбе́к** Kàzbék [kɑ:-].
**Каир** *г.* Cáirò ['kaıə-].
**Кале́** *г.* Cálais [-leı].
**Калмы́цкая автоно́мная о́бласть** the Kálmyk Autónomous Région.
**Калькутта** *г.* Càlcútta.
**Ка́ма** *р.* the Káma [...'kɑ:mə].
**Камбо́джа** Càmbódia.
**Камеру́н** the Cámeroons [-nz].
**Камча́тка** *п-ов* Kàmchátka.
**Кана́да** Cánada.
**Кана́рские о-ва́** the Canáry Íslands [...'aıl-].

**Канбе́рра** *г.* Cánberra.
**Канто́н** *г.* Cántón.
**Каракалпа́кская АССР** the Kàràkàlpák Autónomous Sóvièt Sócialist Repúblic [...kɑːrɑːkɑːlˈpɑːk...-ˈpʌ-].
**Карака́с** *г.* Carácas [-ˈrɑːkəs].
**Каракýмы** the Kàrá-Kúm [...kɑːˈrɑːˈkuːm].
**Карача́ево-Черке́сская автоно́мная о́бласть** the Kàràchái-Chèrkéss Autónomous Région [...kɑːrɑːˈtʃaɪ-...].
**Кара́чи** *г.* Karáchi [kəˈrɑːtʃɪ].
**Ка́рдифф** *г.* Cárdiff.
**Каре́льская АССР** the Karélian Autónomous Sóvièt Sócialist Repúblic [...-ˈpʌ-].
**Кари́бское мо́ре** the Càribbé:an Sea.
**Кароли́нские о-ва́** the Cároline Íslands [...ˈaɪl-].
**Карпа́тские го́ры, Карпа́ты** the Càrpáthian Móuntains [...-ˈpeɪ-...], the Càrpáthians [...-ˈpeɪ-].
**Ка́рское мо́ре** the Kárà Sea [...ˈkɑːrɑː...].
**Каспи́йское мо́ре** the Cáspian Sea.
**Катманду́** *г.* Kàtmàndú [kɑːtmɑːnˈduː].
**Каттега́т** *пролив* the Kàttegát.
**Ка́унас** *г.* Káunàs [ˈkounɑːs].
**Кашми́р** Kàshmír [-ˈmɪə].
**Кве́бек** *г.* Quebéc.
**Кви́нсленд** Quéens:land [-nz-].
**Ке́йптаун** *г.* Cape Town, Cápe:tówn.
**Кёльн** *г.* Cológne [-ˈloun].
**Ке́мбридж** *г.* Cámbridge [ˈkeɪm-].
**Ке́ния** Kénya.
**Ки́ев** *г.* Kíev [ˈkiːev].
**Килиманджа́ро** Kìlimanjárò.
**Киль** *г.* Kiel [kiːl].
**Ки́нгстон** *г.* Kingston [-ŋz-].
**Kио́то** *г.* Kìótò.
**Кипр** *о-в* Cýprus.
**Кирги́зская Сове́тская Социалисти́ческая Респу́блика** the Kirghíz Sóvièt Sócialist Repúblic [...kɪrˈgiːz...-ˈpʌ-]; **Кирги́зия** Kirghízia [kɪrˈgiː-].
**Кирена́ика** Cỳrenáica [saɪərəˈneɪɪkə].
**Кита́й** China; **Кита́йская Наро́дная Респу́блика** Chinése People's Repúblic [ˈtʃaɪpiː- -ˈpʌ-].
**Ки́то** *г.* Quitò [ˈkiːtou].
**Кишинёв** *г.* Kishinév [-ˈnjɔːf].
**Кла́йпеда** *г.* Kláipèdà [ˈklaɪpedɑː].
**Клонда́йк** *р.* the Klóndike.
**Ко́вентри** *г.* Cóventry.
**Коло́мбо** *г.* Colómbò.
**Колу́мбия** Colómbia.
**Ко́льский п-ов** the Kólà Península [...ˈkɔːlɑː...].
**Ко́ми АССР** the Kómi Autónomous Sóvièt Sócialist Repúblic [...-ˈpʌ-].
**Комсомо́льск** *г.* Kòmsòmólsk.
**Ко́нго 1.** (*государство*) Cóngò; **2.** (*река*) the Cóngò.
**Копенга́ген** *г.* Còpenhágen [koupnˈheɪgən].
**Кордилье́ры** the Còrdilléras [...-ˈljɛərəz].
**Коре́я** Koréa [-ˈrɪə]; **Коре́йская Наро́дно-Демократи́ческая Респу́блика** the Koréan People's Dèmocrátic Repúblic [...-ˈrɪən piː-... -ˈpʌ-].
**Ко́рсика** *о-в* Córsica.
**Ко́рфу** *о-в* Còrfú [-uː].
**Ко́ста-Ри́ка** Cósta Ríca [...ˈriː-].
**Краснода́р** *г.* Kràsnodár [krɑː-].
**Краснода́рский край** Kràsnodár Térritory [krɑː-...].
**Кра́сное мо́ре** the Red Sea.
**Красноя́рск** *г.* Kràsno:yársk [krɑːsno-].
**Красноя́рский край** Kràsno:yársk Térritory [krɑː-...].
**Крит** *о-в* Créte.
**Кроншта́дт** *г.* Kronstádt [-ˈʃtɑːt].
**Крым** the Crìméa [...kraɪˈmɪə].
**Куа́ла-Лумпу́р** *г.* Kuála Lúmpur [ˈkwɑːlə ˈlumpur].
**Ку́ба** Cúba.
**Куба́нь** *р.* the Kubán [...kuˈbɑːn].
**Кузба́сс** (Кузне́цкий у́гольный бассе́йн) the Kuzbás [...kuz-] (Kuznétsk cóal-fields [kuz- fiː-], the Kuznétsk Básin [...ˈbeɪ-]).
**Ку́йбышев** *г.* Kúibyshev [ˈkuɪbɪ-].
**Кури́льские о-ва́** the Kúril Islands [...kuːˈriːl ˈaɪl-].
**Кызылку́м** the Kízil-Kúm [...ˈkɪzɪlˈkuːm].

**Лабрадо́р** *п-ов* Lábradòr.
**Лаго́р** *г.* Lahóre.
**Лаго́с** *г.* Lágòs.
**Ла́дожское о́зеро** Lake Ládòga [...ˈlɑː-].
**Ла-Ма́нш** the Énglish Chánnel [...ˈɪŋg-...].
**Ланкаши́р** Láncashire [-ʃɪə], Láncaster.
**Лао́с** Láòs [ˈlɑːouz].
**Ла-Па́с** *г.* La Paz [lɑːˈpɑːs].
**Ла-Пла́та** *р.* La Pláta [lɑːˈplɑːtə], the Plate.
**Ла́птевых мо́ре** the Láptèv Sea.
**Латви́йская Сове́тская Социалисти́ческая Респу́блика** the Látvian Sóvièt Sócialist Repúblic [...-ˈpʌ-]; **Ла́твия** Látvia.
**Ле́йпциг** *г.* Léipzig [ˈlaɪ-].
**Ле́на** *р.* the Léna [...ˈleɪ-].
**Ленингра́д** *г.* Léningràd.
**Леопо́льдвиль** *г.* Léopòldville [ˈliːəpouldvɪl].
**Либе́рия** Libéria [laɪ-].
**Лива́н** the Lébanon.
**Ливерпу́ль** *г.* Liverpool.
**Ли́вия** Líbia, Líbya.
**Ливо́рно** *г.* Léghòrn.
**Ли́ма** *г.* Líma [ˈliːmə].
**Лио́н** *г.* Lýons [-nz].
**Лиссабо́н** *г.* Lísbon [ˈlɪz-].
**Лито́вская Сове́тская Социалисти́ческая Респу́блика** the Lithuánian Sóvièt Sócialist Repúblic [...-ˈpʌ-]; **Литва́** Lithuánia.
**Лихтенште́йн** Liechtenstein [ˈlɪktənʃtaɪn].
**Ло́ндон** *г.* Lóndon [ˈlʌn-].
**Лос-А́нжелес** *г.* Los Ángelès [...ˈændʒɪliːz].
**Лотари́нгия** Lorráine [loˈreɪn].
**Лофоте́нские о-ва́** the Lòfóten Íslands [...ˈaɪl-].
**Луа́ра** *р.* the Loire [...lwɑː].
**Львов** *г.* Lvov.
**Лье́ж** *г.* Liége [lɪˈeɪʒ].
**Люксембу́рг** Lúxembùrg.

**Магелла́нов проли́в** the Straits of Magéllan [...-ˈge-].
**Магнитого́рск** *г.* Màgnitogórsk [mɑːgnɪː-].
**Мадагаска́р** Màdagáscar.
**Маде́йра** *о-в* Madéira [-ˈdɪərə].
**Мадра́с** *г.* Madrás.
**Мадри́д** *г.* Madríd.

**Майо́рка** *о-в* Majórca.
**Макасса́рский проли́в** the Straits of Macássar.
**Македо́ния** Màcedónia.
**Мала́йя** Maláya.
**Мала́кка** *г.* Malácca.
**Мала́ккский проли́в** the Straits of Malácca.
**Ма́лая А́зия** Ásia Mínor ['eɪʃə...].
**Ма́льта** *о-в* Málta.
**Мана́гуа** *г.* Mànáguà [mɑː'nɑːgwɑː].
**Мани́ла** *г.* Maníla [-'nɪ-].
**Ма́нчестер** *г.* Mánchester.
**Мариа́нские о-ва́** the Màriánàs Íslands [...mɑːrɪ'ɑːnɑːs 'aɪl-].
**Мари́йская АССР** the Mári Autónomous Sóvièt Sócialist Repúblic [...'mɑːrɪ... -'pʌ-].
**Марки́зские о-ва́** the Màrquésàs Íslands [...-'keɪsæs 'aɪl-].
**Ма́рна** *р.* the Marne [...mɑːn].
**Маро́кко** Moróccò.
**Марсе́ль** *г.* Màrséilles [-'seɪlz].
**Мартини́ка** Màrtiníque [-'niːk].
**Марша́лловы о-ва́** the Márshall Íslands [...'aɪl-].
**Маска́т** *г.* Mùscát.
**Махачкала́** *г.* Màkhách-Kàlá [mɑː'kɑːtʃkɑː-'lɑː].
**Меди́на** *г.* Mèdína [-'diː-].
**Ме́кка** *г.* Mécca.
**Ме́ксика** Méxicò.
**Мексика́нский зали́в** the Gulf of Méxicò.
**Мелане́зия** Mèlanésia [-zɪə].
**Ме́льбурн** *г.* Mélbourne.
**Мёртвое мо́ре** the Dead Sea [...ded...].
**Месопота́мия** Mèsopotámia.
**Ме́хико** *г.* Méxicò City [...'sɪ-].
**Мила́н** *г.* Milán.
**Мино́рка** *о-в* Minórca.
**Минск** *г.* Minsk.
**Миссиси́пи** *р.* the Mississíppi.
**Миссу́ри** *р.* the Missóuri [...-'suə-].
**Мичига́н** *оз.* Lake Míchigan [...-ʃ-].
**Мозамби́к** Mòzambíque [mouzəm'biːk].
**Молда́вская Сове́тская Социалисти́ческая Респу́блика** the Mòldávian Sóvièt Sócialist Repúblic [...-'pʌ-]; **Молда́вия** Mòldávia.
**Молу́кские о-ва́** the Molúcca Íslands [...'aɪl-], the Molúccas.
**Мона́ко** Mónacò.
**Монбла́н** Mont Blanc [mɔːm'blɑːŋ].
**Монго́лия** Mòngólia; **Монго́льская Наро́дная Респу́блика** the Mòngólian People's Repúblic [...piː -'pʌ-].
**Монреа́ль** *г.* Mòntreál [-rɪ'ɔːl].
**Монро́вия** *г.* Monróvia.
**Монтевиде́о** *г.* Mòntevidéò [-'deɪou].
**Мо́нте Ка́рло** Mónte Cárlo [-tɪ...].
**Мордо́вская АССР** the Mòrdóvian Autónomous Sóvièt Sócialist Repúblic [...-'pʌ-].
**Москва́** *г.* Móscow.
**Москва́** *р.* the Moskvá [...-ɑː].
**Мра́морное мо́ре** the Sea of Mármora.
**Мукде́н** *г.* Múkden.
**Му́рманск** *г.* Múrmànsk ['muːrmɑːnsk].
**Мыс До́брой Наде́жды** the Cape of Good Hope.
**Мю́нхен** *г.* Múnich ['mjuːnɪk].

**Нагаса́ки** *г.* Nágàsáki ['nɑːgɑː'sɑː-].
**Наго́рно-Караба́хская автоно́мная о́бласть** the Nagórno-Kàràbákh Autónomous Région [...-kɑːrɑː'bɑːk...].
**Найро́би** *г.* Nairóbi [naɪ'roubɪ].
**На́льчик** *г.* Nálchik ['nɑː-].
**Нанки́н** *г.* Nánkín(g).
**На́рвик** *г.* Nárvik.
**Нахичева́нская АССР** the Nàkhichèván Autónomous Sóvièt Sócialist Repúblic [...-ɑːn... -'pʌ-].
**Нахичева́нь** *г.* Nàkhichèván [-ɑːn].
**Неа́поль** *г.* Naples.
**Нева́** *р.* the Néva [...'neɪ-].
**Не́ман** *р.* the Niemen [...'niː-].
**Непа́л** Nepál [nɪ'pɔːl].
**Ниага́ра** *р.* the Niágara.
**Ни́гер** *р.* the Niger.
**Ниге́рия** Nigéria [naɪ-].
**Нидерла́нды** (Голла́ндия) the Nétherlands (Hólland).
**Никара́гуа** Nicarágua [-'rɑː-].
**Нико́зия** *г.* Nicósia.
**Нил** *р.* the Nile.
**Ни́цца** *г.* Nice [niːs].
**Но́вая Гвине́я** New Guínea [...'gɪnɪ].
**Но́вая Зела́ндия** New Zéaland.
**Но́вая Земля́** Nóvàyà Zèmlyá ['nɔːvɑːjɑː zem'ljɑː].
**Новоросси́йск** *г.* Nòvoròssíisk.
**Новосиби́рск** *г.* Nòvosibírsk [-'biːrsk].
**Но́вые Гебри́ды** *о-ва* the New Hébridès [...-diːz].
**Но́вый Орлеа́н** New Órleans [...-lɪənz].
**Но́вый Ю́жный Уэ́льс** New South Wales [...-z].
**Ном** *г.* Nome.
**Норве́гия** Nórway.
**Норма́ндия** Nórmandy.
**Ну́бия** Núbia.
**Нуку́с** *г.* Nukús [-'kus].
**Нью-Йо́рк** *г.* New York.
**Ньюфаундле́нд** *о-в* Newfoundlánd.
**Ню́рнберг** *г.* Núrembèrg ['njuːrəmbəːg].

**Обь** *р.* the Ob.
**О́гненная Земля́** *о-в* Térra del Fùégò [...-'eɪgou].
**О́дер** *р.* the Óder.
**Оде́сса** *г.* Òdéssa [ou-].
**Ока́** *р.* the Oká [...o'kɑː].
**Океа́ния** Òceánia [ouʃɪ-].
**О́ксфорд** *г.* Óxford.
**О́льстер** Úlster.
**Ома́н** Omán [o'mɑːn].
**Оне́жское о́зеро** Lake Ònéga [...ou-].
**Онта́рио** *оз.* Lake Òntário.
**Ора́нжевая река́** the Órange Ríver [...'rɪ-].
**Ора́нжевое Свобо́дное Госуда́рство** the Órange Free State.
**Ориноко** *р.* the Òrinócò.
**Оркне́йские о-ва́** the Órkney Íslands [...'aɪl-].
**Оса́ка** *г.* Òsáka [ou'sɑː-].
**О́сло** *г.* Óslò.
**Отта́ва** *г.* Óttawa.
**Охо́тское мо́ре** the Sea of Òkhótsk [...ou-].

**Па-де-Кале́** the Straits of Dóver.
**Пакиста́н** Pàkistán.

**Палести́на** Pálestine.
**Пами́р** the Pàmírs [...pɑː'mɪəz].
**Пана́ма** Pànamá [-'mɑː].
**Пана́мский кана́л** the Pànamá Canál [...'mɑː...].
**Парагва́й** Páraguay [-gwaɪ].
**Пари́ж** *г.* Páris.
**Пеки́н** *г.* Pèkín(g) [piː'kɪn].
**Пенджа́б** Pùnjáb [-'dʒɑːb].
**Пе́нза** *г.* Pénza.
**Перси́дский зали́в** the Pérsian Gulf [...-ʃən...].
**Пе́ру** Perú [-'ruː].
**Пескадо́рские о-ва́** Pèscadóres [-'dɔːrɪz].
**Петрозаво́дск** *г.* Pètrozàvódsk [-zɑː'vou-].
**Печо́ра** *р.* the Pechóra.
**Пире́й** *г.* Pìráeus [paɪ'riːəs].
**Пирене́и** the Pỳrenées [...-'niːz].
**Пли́мут** *г.* Plýmouth ['plɪməθ].
**Пно́м-Пе́нь** *г.* Pnómpénh, Pnóm-Pénh ['pnɔm'penj].
**Полине́зия** Pòlynésia [-zɪə].
**По́льша** Póland; **По́льская Наро́дная Респу́блика** the Pólish People's Repúblic [...'pou- piː- -'pʌ-].
**Порт-Арту́р** *г.* Port Árthur.
**По́рт-о-Пре́нс** *г.* Pòrt-au-Prínce [pɔːrtou-'præŋs].
**Порт-Са́йд** *г.* Port Said.
**По́ртсмут** *г.* Pórtsmouth [-məθ].
**Португа́лия** Pórtugal.
**Потсда́м** Pótsdàm [-ɑːm].
**Пра́га** *г.* Prague [prɑːg, preɪg].
**Прето́рия** *г.* Pretória [-'tou-].
**Примо́рский край** Primórye Térritory.
**Пуэ́рто-Ри́ко** Puértò Ríco [pu'etou'riːkou].
**Пхенья́н** *г.* Pyóngyáng ['pjɔːŋ'jɑːŋ].

**Рангу́н** *г.* Ràngóon.
**Рейкья́вик** *г.* Réykjavik ['rekjə-].
**Реймс** *г.* Reims [riːmz].
**Рейн** *р.* the Rhine.
**Ри́га** *г.* Ríga ['riː-].
**Ри́жский зали́в** the Gulf of Ríga [...'riː-].
**Рим** *г.* Rome.
**Ри́о-де-Жане́йро** *г.* Río (de) Janéirò ['riːou-dədʒə'nɪərou].
**Ро́дос** *о-в* Rhodes [roudz].
**Ро́на** *р.* the Rhone.
**Росси́йская Сове́тская Федерати́вная Социалисти́ческая Респу́блика** the Rússian Sóvièt Féderàtive Sócialist Repúblic [...-ʃən... -'pʌ-].
**Росси́я** Rússia [-ʃə].
**Роттерда́м** *г.* Rótterdàm.
**РСФСР** (Росси́йская Сове́тская Федерати́вная Социалисти́ческая Респу́блика) the RSFSR (the Rússian Sóvièt Féderàtive Sócialist Repúblic [...-ʃən... -'pʌ-]).
**Румы́ния** R(o)umánia [ruː-]; **Румы́нская Наро́дная Респу́блика** the R(o)umánian People's Repúblic [...ruː- piː- -'pʌ-].
**Рур** *р.* the Ruhr [...ruə].

**Саа́р** *р.* the Saar [...zɑː].
**Саксо́ния** Sáxony.
**Сало́ники** *г.* Salónika.
**Сальвадо́р** Sàlvadór.
**Само́а** *о-ва* Samóa.
**Сана́** *г.* Sàná [sɑː'nɑː].
**Сан-Мари́но** San Màríno [sɑːn mɑː'riːno]
**Сан-Сальвадо́р** *г.* San Sálvadòr.
**Сант-Я́го** *г.* Sàntiágò [-'ɑːg-].
**Сан-Франци́ско** *г.* San Francíscò.
**Сан-Хосе́** *г.* San José [sɑːn ho'zeɪ].
**Сан-Хуа́н** *г.* San Juan [sæn hwɑːn].
**Сара́нск** *г.* Sàránsk [sɑː'rɑː-].
**Сарди́ния** *о-в* Sàrdínia.
**Сау́довская Ара́вия** Saùdi Arábia [sɑː'uː-...].
**Са́утгемптон** *г.* Southhámpton.
**Сахали́н** *о-в* Sàkhàlín [sɑːkɑː'liːn].
**Саха́ра** the Sahára [...-'hɑː-].
**Свердло́вск** *г.* Svèrdlóvsk.
**Свято́го Лавре́нтия (река́)** the Saint Láwrence.
**Свято́й Еле́ны (о́стров)** Saint Heléna [...ɪ'liː-].
**Сева́н** *оз.* Sèváng [sje'vɑːŋ].
**Севасто́поль** *г.* Sèvàstópol [-vɑːs-].
**Се́верная Аме́рика** North América.
**Се́верная Двина́** *р.* the Sévernaya Dviná [...-ɑː].
**Се́верная Земля́** Sévernaya Zèmlyá [...zem'ljɑː].
**Се́верное мо́ре** the North Sea.
**Се́верный Ледови́тый океа́н** the Árctic Ócean [...'ouʃ°n].
**Се́веро-Осети́нская АССР** the North Ossétian Autónomous Sóvièt Sócialist Repúblic [...-'pʌ-].
**Седа́н** *г.* Sedán.
**Се́на** *р.* the Seine [...seɪn].
**Сенега́л 1.** (*государство*) Sènegál [-'gɔːl]; **2.** (*река*) the Sènegál.
**Сеу́л** *г.* Seóul [seɪ'oul].
**Сиби́рь** Sìbéria [saɪ'bɪərɪə].
**Сидне́й** *г.* Sýdney.
**Сингапу́р** Singapóre.
**Синцзя́н** Sínkiáng [-'kjɑːŋ].
**Си́рия** Sýria ['sɪ-].
**Сици́лия** *о-в* Sícily.
**Сиэ́тл** *г.* Seáttle [sɪ'ætl].
**Скагерра́к** *пролив* the Skágerràck [...'skɑːgərɑːk].
**Скали́стые го́ры** the Rócky Móuntains, the Róckies.
**Скандина́вский п-ов** Scàndinávia.
**Слова́кия** Slovákia [slo'vɑːkɪə].
**Слове́ния** Slavónia.
**Сми́рна** *г.* Smýrna ['smɔː-]; *см.* Изми́р.
**Соединённое Короле́вство Великобрита́нии и Се́верной Ирла́ндии** Ùnited Kíngdom of Great Británn and Nórthern Íreland [...greɪt...-ð-'aɪə-].
**Соединённые Шта́ты Аме́рики** the Ùnited States of América.
**Соломо́новы о-ва́** the Sólomon Íslands [...'aɪl-], the Sólomons.
**Сомали́** Somáli(lànd) [so'mɑː-].
**Софи́я** *г.* Sófia.
**Со́чи** *г.* Sóchi ['sɔː-].
**Сою́з Сове́тских Социалисти́ческих Респу́блик** the Únion of Sóvièt Sócialist Repúblics [...-'pʌ-].
**Средизе́мное мо́ре** the Mèditerránean (Sea).
**СССР** (Сою́з Сове́тских Социалисти́ческих Респу́блик) the USSR (the Únion of Sóvièt Sócialist Repúblics [...-'pʌ-]).

**Ста́врополь** *г.* Stávropol ['stɑ:-].
**Ставропо́льский край** Stávropol Térritory ['stɑ:-...].
**Сталинаба́д** *г.* Stàlinabád [stɑ:lɪnə'bɑ:d].
**Сталингра́д** *г.* Stàlingrád [stɑ:lɪn'grɑ:d].
**Стамбу́л** *г.* Istànbúl [-'bu:l].
**Стокго́льм** *г.* Stóckhòlm [-houm].
**Стра́сбург** *г.* Strásb(o)urg [-z-].
**Стре́тфорд-на-Э́воне** *г.* Strátford-on-Ávon.
**Суда́н** the Sùdán [...su:-].
**Су́кре** *г.* Súcre ['su:krə].
**Сума́тра** *о-в* Sùmátra [su:'mɑ:-].
**Сунд** *пролив* the Sound.
**Суху́ми** *г.* Sùkhúmi [su'ku:-].
**Суэ́цкий кана́л** the Súez Canál [...'su:ɪz...].
**США** (Соединённые Шта́ты Аме́рики) the USA (the Ùnited States of América).
**Сыктывка́р** *г.* Siktivkár [sɪktɪf'kɑ:].
**Сыр-Дарья́** *р.* the Syr Dàriá [...dɑ:r'jɑ:].
**Сьюда́д-Трухи́льо** *г.* Ciudád Trujillo [sju:'ðɑ:ð tru:'hi:ljou].

**Таджи́кская Сове́тская Социалисти́ческая Респу́блика** the Tàjík Sóvièt Sócialist Repúblic [...tɑ:-... -'pʌ-]; **Таджикиста́н** Tàjikistán [tɑ:--'stɑ:n].
**Таила́нд** Tháilànd ['tɑ:ɪ-].
**Таи́ти** *о-в* Tàhíti [tɑ:'hi:-].
**Тайва́нь** *о-в* Táiwán ['taɪ'wɑ:n].
**Таймы́р** *п-ов* Taimír [taɪ'mɪə].
**Та́ллин** *г.* Tállinn ['tɑ:-].
**Тананари́ве** *г.* Tànànàríve [tɑ:nɑ:nɑ:'ri:v].
**Танганьи́ка** Tànganyíka [-'nji:-].
**Танже́р** *г.* Tàngíer [-'dʒɪə].
**Тасма́ния** *о-в* Tàsmánia [-z-].
**Тата́рская АССР** the Tatár Autónomous Sóvièt Sócialist Repúblic [...-'pʌ-].
**Ташке́нт** *г.* Tàshként, Tàshkénd.
**Тбили́си** *г.* Tbilísi.
**Тебри́з** *г.* Tàbríz [tɑ:'bri:z].
**Тегера́н** *г.* Teh(e)rán [tɪə'rɑ:n].
**Тегусига́льпа** *г.* Tegùcigálpà [təgusɪ-'gɑ:lpɑ:].
**Тель-Ави́в** *г.* Tél-Àvív ['telɑ:'vi:v].
**Те́мза** *р.* the Thames [...temz].
**Тибе́т** Tibét, Thibét.
**Тибр** *р.* the Tíber.
**Тигр** *р.* the Tígris [...'taɪ-].
**Тира́на** *г.* Tiránà [-'rɑ:nɑ:].
**Тиро́ль** Tyról [-'roul].
**Тирре́нское мо́ре** Tyrrhénian Sea.
**Ти́хий океа́н** the Pacific Ócean [...'ouʃ°n].
**То́кио** *г.* Tókyò.
**То́нкин** *г.* Tónkin(g).
**Торо́нто** *г.* Torónto.
**Торре́сов проли́в** the Tórres Straits.
**Трансваа́ль** Tránsvàal [-zvɑ:l].
**Трансильва́ния** Trànsylvánia.
**Трансиорда́ния** Tràns-Jórdan [-nz-].
**Трие́ст** Trièste [tri:'est].
**Три́поли** *г.* Trípoli.
**Триполита́ния** Trìpòlitánià [tri:pouli'tɑ:njɑ:].
**Тромсё** *г.* Trómsö ['troumsə:].
**Тро́нхейм** *г.* Tróndheim [-djəm].
**Туло́н** *г.* Toulón [tu:'lɔ:ŋ].
**Туви́нская автоно́мная о́бласть** the Túva Autónomous Région.
**Туни́с 1.** (*страна*) Túnisia ['tju:-]; **2.** (*город*) Túnis ['tju:-].

**Туркме́нская Сове́тская Социалисти́ческая Респу́блика** the Tùrkmén Sóvièt Sócialist Repúblic [...-'pʌ-]; **Туркмениста́н** Tùrkmènistán [-'stɑ:n].
**Ту́рция** Túrkey.
**Тяньцзи́нь** *г.* Tiéntsín.
**Тянь-Ша́нь** Tien Shan [...ʃɑ:n].

**Уа́йт** *о-в* the Isle of Wight [...aɪl...].
**Уга́нда** Ugánda.
**Удму́ртская АССР** the Udmúrt Autónomous Sóvièt Sócialist Repúblic [...-'pʌ-].
**Узбе́кская Сове́тская Социалисти́ческая Респу́блика** the Uzbék Sóvièt Sócialist Repúblic [...-'pʌ-]; **Узбекиста́н** Uzbèkistán [-'stɑ:n].
**Украи́нская Сове́тская Социалисти́ческая Респу́блика** the Ùkráinian Sóvièt Sócialist Repúblic [...ju:-... -'pʌ-]; **Украи́на** the Úkraine [...'ju:kreɪn].
**Ула́н-Ба́тор** *г.* Ulhán-Bátor [-ɑ:n'bɑ:-].
**Ула́н-Удэ́** *г.* Ulhán-Udé [-ɑ:n-].
**Улья́новск** *г.* Uliánovsk.
**Ура́л** the Úrals.
**Уругва́й** Úruguay ['urugwaɪ].
**Уфа́** *г.* Úfa.
**Уэ́льс** Wales.

**Фальккле́ндские о-ва́** the Fálkland Íslands [...'aɪl-].
**Фаре́рские о-ва́** the Fáeròes Íslands [...'feə-rouz 'aɪl-].
**Федерати́вная Респу́блика Герма́нии** the Gérman Féderal Repúblic [...-'pʌ-].
**Фи́джи** *о-ва* Fìjí Íslands [fi:'dʒi: 'aɪl-].
**Филаде́льфия** *г.* Philadélphia.
**Филиппи́нские о-ва́, Филиппи́ны** the Phílippine Íslands [...-pi:n 'aɪl-], the Phílippines [...-pi:nz].
**Финля́ндия** Fínland ['fɪn-].
**Фи́нский зали́в** the Gulf of Fínland [...'fɪn-].
**Формо́за** Fòrmósa; *см.* Тайва́нь.
**Фра́нция** France.
**Фру́нзе** *г.* Frúnzè ['frunze].
**Фудзия́ма** Fújiyámà ['fu:dʒɪ'jɑ:mɑ:].

**Хаба́ровск** *г.* Khàbárovsk [kɑ:-].
**Хаба́ровский край** Khàbárovsk Térritory [kɑ:-...].
**Хайдараба́д** *г.* Hýderabàd ['haɪ-].
**Хайла́р** *г.* Hailár [haɪ-].
**Хайна́нь** *о-в* Háinán ['haɪ-].
**Ха́йфа** *г.* Háifà ['haɪfɑ:].
**Хака́сская автоно́мная о́бласть** the Khàkáss Autónomous Région [...kɑ:'kɑ:s...].
**Хано́й** *г.* Hanói.
**Ханько́у** *г.* Hánków ['hɑ:n'kou].
**Харби́н** *г.* Hárbín.
**Харту́м** *г.* Khàrt(ó)um [-'tu:m].
**Ха́рьков** *г.* Khárkov.
**Хе́льсинки** *г.* Hélsinkì.
**Хиби́ны** the Khibíni Móuntains.
**Хироси́ма** *г.* Híroshímà ['hi:ro'ʃi:mɑ:].
**Хорва́тия** Cròátia.
**Хуанхэ́** *р.* the Hwang Ho [...'hwæŋ'hou].

**Цейло́н** Ceylón [sɪ-].
**Це́лебес** *о-в* the Celébès [...-bi:z].

**Центра́льная Аме́рика** Céntral América.
**Цикла́дские о-ва́** the Cýcladès [...-diːz].
**Цуси́ма** *о-в* Tsúshima ['tsuʃɪ-].
**Цю́рих** *г.* Zúrich ['zjuərɪk].

**Чад** *оз.* Chad.
**Чебокса́ры** *г.* Chèboksári.
**Челя́бинск** *г.* Chèliábinsk.
**Чёрное мо́ре** the Black Sea.
**Чехослова́кия** Czéchòslòvákia ['ʧekouslou-'vækɪə]; **Чехослова́цкая Респу́блика** the Repúblic of Czéchòslòvákia [...-'pʌ-...].
**Чече́но-Ингу́шская АССР** the Chèchéno--Ingúsh Autónomous Sóvièt Sócialist Repúblic [...ʧe'ʧenɪŋ'guʃ... -'pʌ-].
**Чика́го** *г.* Chicágò [ʃɪ'kɑː-].
**Чи́ли** Chíle ['ʧɪlɪ].
**Чува́шская АССР** the Chùvásh Autónomous Sóvièt Sócialist Repúblic [...ʧuː'vɑːʃ... -'pʌ-].
**Чудско́е о́зеро** Lake Chúdskoye [...'ʧuːd-].
**Чуко́тский п-ов** Chukótsk.
**Чуко́тское мо́ре** the Chukótsk Sea.
**Чунци́н** *г.* Chúngkíng ['ʧuŋ-].

**Шанха́й** *г.* Shànghái [ʃæŋ'haɪ].
**Швейца́рия** Swítzerland.
**Шве́ция** Swéden.
**Шербу́р** *г.* Chérbourg ['ʃəːbuəg].
**Шетла́ндские о-ва́** the Shétland Íslands [...'ʃe- 'aɪl-], the Shétlands.
**Ше́ффилд** *г.* Shéffield [-fiːld].
**Шотла́ндия** Scótland.
**Шпи́цберген** *о-в* Spítsbèrgen.

**Эвере́ст** Éverèst.
**Эге́йское мо́ре** the Aegéan (Sea) [...iː'ʤiːən...].
**Э́динбург** *г.* Édinburgh [-bərə].
**Эквадо́р** Ècuadór [ekwə-].
**Э́льба** *о-в* Élba.
**Э́льба** *р.* the Elbe [...elb].
**Эльбру́с** Élbrùs [-ruːs].
**Эльза́с** Álsàce ['ælsæs].
**Энте́ббе** *г.* Èntébbè [-be].
**Э́ри** *оз.* Lake Érie [...'ɪərɪ].
**Эритре́я** Èritréa [-'trɪə].
**Эр-Рия́д** *г.* Riyádh [rɪ'jɑːd].
**Эсто́нская Сове́тская Социалисти́ческая Респу́блика** the Èstónian Sóvièt Sócialist Repúblic [...-'pʌ-]; **Эсто́ния** Èstónia.
**Э́тна** Étna.
**Эфио́пия** (Абисси́ния) Èthiópia [iː-] (Àbyssínia).

**Ю́го-Осети́нская автоно́мная о́бласть** the South Ossétian Autónomous Région.
**Югосла́вия** Yùgòslávia [juːgou'slɑː-]; **Федерати́вная Наро́дная Респу́блика Югосла́вия** the Féderal People's Repúblic of Yùgòslávia [...piː- -'pʌ-...].
**Ю́жная Аме́рика** South América.
**Ю́жно-Африка́нский Сою́з** the Únion of South África.
**Юко́н** *р.* the Yúkòn [...'juː-].
**Юра́** the Júra Móuntains.
**Ютла́ндский п-ов** Jútland ['ʤʌ-].

**Я́ва** *о-в* Jáva ['ʤɑː-].
**Яку́тск** *г.* Yàkútsk [jɑː'kutsk].
**Яку́тская АССР** the Yàkút Autónomous Sóvièt Sócialist Repúblic [...jɑː'kut... -'pʌ-].
**Я́лта** *г.* Yáltà ['jɑːltɑː].
**Яма́йка** Jamáica.
**Янцзы́** Yángtze ['jæŋtsɪ].
**Янцзыцзя́н** *р.* the Yángtzè (Kiáng) [...'jæŋtsiː ('kjæŋ)].
**Япо́ния** Japán.
**Япо́нское мо́ре** the Sea of Japán.
**Я́ффа** *г.* Jáffa.

## О ЧТЕНИИ (ПРОИЗНОШЕНИИ) АНГЛИЙСКИХ СЛОВ

Несмотря на то, что для английского языка в общем характерно очень значительное расхождение между произношением и правописанием, большинство английских слов читается все же в соответствии с определенными (хотя и довольно сложными) *правилами* чтения букв и буквенных сочетаний. Ряд таких правил приводится ниже (стр. 913 и след.).

Важнейшим условием для правильного чтения английских слов является знание места *ударения*. Поэтому многие английские слова даются в словаре со знаками ударения, хотя в английской орфографии (как и в русской) ударение обычно не отмечается (см. стр. 912).

В известных случаях для правильного чтения английских слов необходимо знать их *деление на составные части*. В таких случаях составные части слова, если они не отделяются друг от друга дефисом (черточкой) в английской орфографии, разделяются в словаре пунктирной чертой (см. стр. 912).

Произношение тех английских слов, которые читаются полностью по приводимым здесь правилам, в словаре особо не обозначается (если не считать применения знаков ударения и пунктирной разделительной черты).

Кроме того, в словаре вообще не указывается произношение наиболее употребительных слов (местоимений, наречий, предлогов, вспомогательных глаголов и т. п.), которые предполагаются хорошо известными каждому, хотя бы немного знающему английский язык. Список этих слов дан в приложении к правилам чтения (стр. 921).

Произношение слов, не входящих в упомянутый список, если оно не соответствует приводимым правилам чтения, обозначается в словаре посредством знаков *Международной фонетической транскрипции* (см. ниже). При этом нужно заметить следующее:

1) фонетическая транскрипция (там, где она необходима) дается в квадратных скобках [ ] после тех слов, к которым она относится: choir [ˈkwaɪə]; love [lʌv];

2) нередко обозначается произношение только части слова, что отмечается соответствующим употреблением дефиса (черточки): house [-s], **wh**ole [h-]. При таком частичном транскрибировании всегда подразумевается, что в остальном данное слово читается по правилам (так, house = [haus] — потому что по общим правилам начальное h = [h], ou = [au], а конечное e является немым; whole = [houl], так как o в ударном слоге перед одной согласной + немое e читается [ou], a l обычно = [l]);

3) если транскрибируемое слово приводится в сочетании с другим или другими, то его транскрипция обычно дается после всего словосочетания: **live** out [lɪv...]. При этом, посредством многоточия (...) указывается, к какой части словосочетания относится данная транскрипция: **live** be¦yónd one's means [lɪv...]; máde to **méa**sure [...ˈme-]; **méa**sure a pérson with one's **eye** [ˈme-... aɪ].

## ЗНАКИ МЕЖДУНАРОДНОЙ ФОНЕТИЧЕСКОЙ ТРАНСКРИПЦИИ, ПРИМЕНЯЕМЫЕ В СЛОВАРЕ

### 1) Знаки для гласных

*а) Простые*

| Совпадающие с латинскими буквами | Особые |
|---|---|
| | [æ] = a *в* man, cat |
| | [ə] = e *в* finger, a *в* about |
| [e] = e *в* pen, get | [ɪ] = i *в* pin, bit |
| [o] = o *в* November | [ɔ] = o *в* dog, box |
| [u] = oo *в* book, u *в* put | [ʌ] = u *в* run, cut |

*б) Составные*

С [ɪ, u, ə]

[aɪ] = i в time, bite; = I
[eɪ] = ai в rain, ay в day
[ɔɪ] = oi в boil, oy в boy
[au] = ow в now, ou в loud
[ou] = oa в boat, o в go
[ɛə] = ai в chair, a в care
[ɪə] = ee в beer, ea в hear
[uə] = oo в poor

Со знаком [:], обозначающим долготу

[ɑ:] = a в park, farm
[ə:] = e в verb, i в girl
[i:] = ee в see, ea в meat
[ɔ:] = aw в law, o в port
[u:] = oo в moon, food

О знаке [°] см. ниже.

### 2) Знаки для согласных (включая полугласные)

*а) Простые*

Совпадающие с латинскими буквами

[b] = b в but, be
[d] = d в do, did
[f] = f в full, fish
[g] = g в go, give
[h] = h в how, hear
[j] = y в you, yes
[k] = k в kind, keep
[l] = l в look, tale, old
[m] = m в most, me
[n] = n в now, new
[p] = p в put, pit
[r] = r в run, read
[s] = s в so, see
[t] = t в top, tea
[v] = v в voice, very
[w] = w в was, we
[z] = z в zone, lazy

Особые

[ŋ] = ng в long, sing, n в thank, think
[θ] = th в thank, both
[ð] = th в that, then
[ʃ] = sh в show, she
[ʒ] = s в pleasure, vision, g в bourgeoisie (приблиз. = русск. ж)

*б) Составные*

Особые

[ʧ] = ch в chair, teach
[ʤ] = j в just, joy, dg в bridge

### 3) Знак ударения [ˈ]

Знак ударения [ˈ] помещается в транскрипции *перед* ударным слогом: fever [ˈfi:və], enough [ɪˈnʌf], November [noˈvembə].

### 4) Знак [°]

Помимо знаков Международной фонетической транскрипции, приведенных выше, в определенных случаях применяется *знак* [°].

[°] обозначает особо слабый вариант звука [ə], имеющий тенденцию исчезать в беглой речи; так ocean [ˈouʃ°n] в беглой речи обыкновенно = [ˈouʃn], но при более тщательном произношении может быть [ˈouʃən]. Если безударный слог изображается в орфографии с гласной буквой i, то знак [°] обозначает соответствующий исчезающий вариант звука [ɪ]: evil [ˈi:v°l] = [ˈi:vl] или, при тщательном произношении, [ˈi:vɪl], с безударным гласным типа [ɪ].

# ЧТЕНИЕ БЕЗ ТРАНСКРИПЦИИ

## УДАРЕНИЕ

В словаре употребляются *два знака* ударения [ˊ и ˋ], которые ставятся *над* гласными буквами выделяемых слогов; так, напр., слово constitution (имеющее главное ударение на -tu- и второстепенное на con-) дается в словаре как cònstitútion (без транскрипции, так как оно читается по правилам: [kɔnstɪ'tjuːʃ°n]).

Знак ˊ обозначает *главное* ударение: cíty ['sɪtɪ], efféct [ɪ'fekt]; ср. также приведенный выше пример cònstitútion [kɔnstɪ'tjuːʃ°n].

Если слог, имеющий главное ударение, содержит одно из постоянных (устойчивых) сочетаний гласных букв — ae, ai, au, ay, ea, ee, ei, eu, ey, oa, oi, oo, ou, oy,— то знак главного ударения (ˊ) ставится над *первой* буквой данного сочетания: dáily ['deɪlɪ], méeting ['miːtɪŋ], pronóunce [prə'nauns].

Знак ˋ обозначает *второстепенное*, подчиненное ударение различной силы, но, во всяком случае, заметно менее сильное, чем главное ударение. Этим знаком в словаре отмечаются те гласные, которые, не имея главного ударения, все же произносятся почти так же *ясно*, как в слогах с главным ударением: cóncàve ['kɔnkeɪv] (или ['kɔn,keɪv]), órganìze ['ɔːgənaɪz], cònstitútion [kɔnstɪ'tjuːʃ°n]. Во многих случаях (напр. в órganìze) второстепенное ударение близко к безударности, но при изложении правил чтения слоги даже с таким *слабым* второстепенным ударением следует считать, хотя бы более или менее условно, ударными слогами.

Ударение (главное) *не* обозначается:

а) в *односложных* словах: pen, day; в том числе — в односложных словах, которые в написании представляются двухсложными ввиду наличия в них *немого* e: make [meɪk], times [taɪmz], named [neɪmd] (о немом e см. стр. 915);

б) в тех *двухсложных* словах, в которых безударный конечный слог изображается в орфографии посредством -le (-led, -les), -re (-red, -res) — с немым e — или посредством -r, -rs: cable ['keɪbl] (cabled ['keɪbld], -bles [-blz] — со слоговым [l]), acre ['eɪkə] (acres ['eɪkəz]), fire ['faɪə] (fired ['faɪəd], fires ['faɪəz]), flour ['flauə], ours ['auəz];

в) во всех словах, произношение которых предполагается *известным*: above [ə'bʌv], having ['hævɪŋ], many ['menɪ].

*Второстепенное* ударение не отмечается в тех случаях, когда соответствующий гласный звук изображается в орфографии через какое-либо *постоянное сочетание* гласных (ae, ai, au, ay, ea, ee, ei, eu, ey, oa, oi, oo, ou, oy) или через одно из *постоянных сочетаний* гласных с w (aw, ew, ow): Européan [juərə'piːən] (с второстепенным ударением на Eu-), prónoun ['prounaun] (с второстепенным ударением на -noun), sómehow ['sʌmhau] (с второстепенным ударением на -how). В известных случаях, однако, гласные, обозначенные такими сочетаниями, являются *безударными*. Важнейшие из таких случаев отмечены в «правилах чтения» соответствующих сочетаний.

В словах, сопровождаемых пометой (*фр.*), ударение не ставится. Знаки ударения в таких словах являются французскими орфографическими знаками, принятыми и в английском написании соответствующих слов, напр.: **ве́чер... 2.** (*собрание*) soirée (*фр.*) ['swɑːreɪ]; **неве́ста** *ж.* fiancée (*фр.*) [fɪ'ɑːnseɪ].

## ДЕЛЕНИЕ СЛОВА НА СОСТАВНЫЕ ЧАСТИ

*Пунктирная черта* (⁝) помещается в словаре между различными составными частями слова (между частями сложного слова, пишущегося слитно; между основной частью и суффиксом и т. п.) в тех случаях, когда такое деление слова дает возможность подвести его чтение под общие правила.

Буква, стоящая непосредственно *перед* чертой (⁝) должна рассматриваться, с точки зрения правил чтения, как *конечная*, а та буква, которая стоит непосредственно *после* черты, как *начальная*: lóne⁝ly ['lounlɪ] (lóne — основная часть, -ly — суффикс; e в lóne- *немое*, как вообще *конечное* e, не обозначающее ударного звука: ср. alóne [ə'loun]; следовательно o в lóne- читается [ou], т. к. по общему правилу *ударное* o = [ou] перед одной согласной + немое e; ср. alóne); a⁝wáke [ə'weɪk] (a- — приставка, -wáke — основная часть слова; w в -wáke читается как *начальное* w перед гласной: ср. wake [weɪk]; оно *не* должно рассматриваться в слове a⁝wáke как элемент постоянного сочетания aw, так как a и w в этом слове принадлежат разным его составным частям; ср. áwful ['ɔːf°l], где aw [ɔː] — постоянное сочетание).

*Дефис* (-), который в английской орфографии применяется довольно часто, играет для чтения ту же роль, что и пунктирная черта: stóne-mason ['stounmeɪs°n] (ср. отдельное слово stone [stoun]).

Как те слова, которые в словаре разделяются на части *пунктирной чертой*, так и те, которые пишутся с *дефисом*, по отношению к *ударению* должны рассматриваться как *цельные*. Так, напр., -y в lóne⁝ly обозначает такой же *безударный* звук, как y в shórtly ['ʃɔːtlı], в котором суффикс -ly не отделяется в словаре пунктирной чертой (т. е. отделение суффикса -ly в lóne¦ly *не* должно давать повода читать букву y в нем так же, как в sky [skaı] и т. п.); ср. также ský-scràper ['skaıskreıpə]: y читается здесь, как в отдельном слове sky, не только потому, что за ним следует дефис,— чем его положение приравнивается к *конечному*,— но и потому, что оно обозначает *ударный* гласный звук, как это указано знаком ударения на нем.

## ПРАВИЛА ЧТЕНИЯ БУКВ И БУКВЕННЫХ СОЧЕТАНИЙ

### Гласные, их сочетания друг с другом и с w

Отдельные гласные и их постоянные сочетания, а также их постоянные сочетания с w приводятся в алфавитном порядке.

Следующие *сочетания* гласных друг с другом и с w считаются *постоянными*, т. е. рассматриваются как особые *единицы*:

| | | | | | | |
|---|---|---|---|---|---|---|
| — | ae | ai | — | au | aw | ay |
| ea | ee | ei | — | eu | ew | ey |
| oa | — | oi | oo | ou | ow | oy |

Прочие сочетания гласных букв (напр. ao, oe, ie) следует рассматривать как свободные соединения, в которых каждая буква читается сама по себе — по правилам чтения отдельных букв.

### a

*Под ударением*

(главным или второстепенным)

**a** = [eı] 1) в *конечном* положении или *перед гласной*: a [eı]; báobàb ['beıəbæb]; также Ptòlemá¦ic [tɔlı'meıık]; (об ae, ai, au, ay см. ниже);

2) *перед одной согласной* (*не* r, w, x) или *одной согласной* [*не* l, r, w, x) + l, r *если* далее непосредственно *следует* —

e *немое* (см. ниже): make [meık]; able ['eıbl], acre ['eıkə];

a, e, o, u, y *конечного* слога, *не* имеющего немого e после согласной: fátal ['feıt°l], páper ['peıpə], lábour ['leıbə], àpparátus [æpə'reıtəs], návy ['neıvı]; ápron ['eıprən], ábly ['eıblı]; также áqua-fórtis ['eıkwə'fɔːtıs] (но pálace ['pælıs], т. к. после c есть немое e);

e, i + *гласная*: mìscelláneous [mısə'leınıəs]; rádiàte ['reıdıeıt], státion ['steıʃ°n];

*окончание* -able(s), -ing(s), -is или -ive(s): cápable ['keıpəbl], máking ['meıkıŋ], básis ['beısıs], nátive ['neıtıv];

**a** = [ɛə] *перед одним* r *при тех же условиях*, при которых перед другими согласными a = [eı] (т. е., если далее следует немое e и т. п., см. выше, 2): care [kɛə]; párents ['pɛərənts], váry ['vɛərı]; várious ['vɛərıəs]; dáring ['dɛərıŋ];

**a** = [ɑː] 1) *перед конечным* -r, *перед* r + другая *согласная*, а также *перед конечными* -rr(s), -rrh(s) и *перед* rr + *окончание* -ed, -er(s), -est или -ing(s): car [kɑː]; part [pɑːt], ármour ['ɑːmə]; barred [bɑːd], catárrh [kə'tɑː]; также stárr¦y ['stɑːrı] (*но* márry ['mærı] и т. п.); *см. также* a = [ɔː], 1;

2) *перед конечным* -h или h + *согласная*: bah [bɑː]; Fáhren¦heit ['fɑːrənhaıt];

3) см. Примечание, стр. 914.

**a** = [ɔː] 1) в сочетаниях qua, wa, wha *при тех же условиях*, при которых вне этих сочетаний a = [ɑː] (см. выше): quárter ['kwɔːtə], war [wɔː], wharf [wɔːf];

2) *перед* ld, lk, lt, а также *перед конечным* -ll(s) и *перед* ll + *окончание* -ed, -er(s), -est или -ing(s): bald [bɔːld], tálkative ['tɔːkətıv], álternàte ['ɔːltəneıt]; fall [fɔːl], cálling ['kɔːlıŋ], tállest ['tɔːlıst];

**a** = [æ] *перед согласными в прочих случаях* (не указанных выше; см. также Примечание ниже): cat [kæt], battle ['bætl], axle ['æksl], stándard ['stændəd], pálace ['pælıs]; cátalògue ['kætəlɔg], fábulous ['fæbjuləs], tácit ['tæsıt] (ср. a = [eı], 2); — páradòx ['pærədɔks] (ср. a = [ɛə]); — márry ['mærı], árrow ['ærou] (ср. a = [ɑː], 1); — gálvanism ['gælvənızm], gállop ['gæləp] (ср. a = [ɔː]; 2); *но* —

**a** = [ɔ] в сочетаниях qua, wa, wha в тех же положениях, в которых вне этих сочетаний a = [æ] (см. выше): quálity ['kwɔlıtı], watch [wɔtʃ], what [wɔt]; wárrior ['wɔrıə]; — (об aw см. ниже).

*Без ударения*

(как главного, так и второстепенного)

a = [ə] *в большинстве безударных слогов*: fórmula ['fɔːmjulə], cómparable ['kɔmpərəbl], agó [ə'gou]; *но* обычно —

a = [ı] *перед одной согласной + конечное* -e(s), напр. в -ace(s), -age(s), -ate(s): pálace ['pælıs], lánguages ['læŋgwıdʒız], pálate ['pælıt] (однако в тех же словах возможно и [ə]: pálaces ['pæləsız] и т. п.); *кроме того* обычно —

a = [°] в *конечных* -al(s), -am(s), -an(s) *после согласной* (*не* r, w) или *после* ci [ʃ], ti [ʃ] (см.): fátal ['feıt°l], sócial ['souʃ°l], pártial ['pɑːʃ°l], mádam ['mæd°m], physícian [fı'zıʃ°n];— *но* -man(s) = [-mən(z)]: Nórman ['nɔːmən]; *после* r или w обычно [ə]: óral ['ɔːrəl], nárwal ['nɑːwəl] (также после гласной: médial ['miːdıəl]).

*Сочетания*: a + *гласная* или w

ae = [iː]: áegis ['iːdʒıs], fórmulae ['fɔːmjuliː]; *но* —

ae = [ıə] *перед* r: hètáera [he'tıərə];

ai, ay = [eı]: main [meın], pláyer ['pleıə]; *но* —

ai, ay = [ɛə] *перед* r: fair [fɛə], fáiry ['fɛərı]; *кроме того* —

ai = [ı] в *безударном конечном* -ain(s): móuntain ['mauntın];

au, aw = [ɔː]: áuthor ['ɔːθə], austére [ɔːs'tıə], law [lɔː];

ay *см.* ai.

Примечание. Во многих словах a = [ɑː] перед nce (ncing), sk, sp, st, а в ряде слов также перед ff, ft, ph, ss, th: dance [dɑːns], ask [ɑːsk], grasp [grɑːsp], past [pɑːst]; staff [stɑːf], áfter ['ɑːftə], télegràph ['telıgrɑːf], pass [pɑːs], path [pɑːθ]. Но поскольку в таких словах, наряду с [ɑː], значительное распространение имеет [æ] (особенно в Америке), указание на произношение [ɑː] в словаре не делается; напр., при ask не дается транскрипции [ɑː], т. к. произношение [æsk] не исключается.

## e

*Под ударением*

(главным или второстепенным)

e = [iː] при тех же условиях, при которых a = [eı], т. е.—

1) *в конечном* положении или *перед гласной* (o): he [hiː]; péony ['piːənı], néòn ['niːɔn]; также ré-láy ['riː'leı]; — (об ea, ee, ei, eu, ey см. ниже);

2) *перед одной согласной* (*не* r, w, x) или *одной согласной* (*не* l, r, w, x) + l, r, *если* далее непосредственно следует —

e *немое* (см. ниже): theme [θiːm]; metre ['miːtə];

a, e, o, u, y *конечного* слога, *не* имеющего немого e после согласной: légal ['liːg°l], féver ['fiːvə], démon ['diːm°n], génus ['dʒiːnəs];

e, i + *гласная*; hòmogéneous [hɔmə'dʒiːnıəs]; médial ['miːdıəl], héliogràph ['hiːlıəgrɑːf, -æf];

*окончание* -able(s), -ing(s), -is или -ive(s): compléting [kəm'pliːtıŋ], thésis ['θiːsıs], complétive [kəm'pliːtıv];

e = [ıə] *перед одним* r *при тех же условиях*, при которых перед другими согласными e = [iː] (т. е., если далее следует немое e и т. п., см. выше, 2): here [hıə]; zérò ['zıərou], matérial [mə'tıərıəl]; interféring [ıntə'fıərıŋ];

e = [əː] *перед конечным* -r, *перед* r + другая *согласная*, а также *перед конечным* -rr(s), -rrh(s) и *перед* rr + *окончание* -ed, -er(s), -est или -ing(s): prefér [prı'fəː], verb [vəːb], nérvous ['nəːvəs]; err [əː], reférred [rı'fəːd], reférring [rı'fəːrıŋ] (*но* mérry ['merı] и т. п.);

e = [e] *перед согласными в прочих случаях* (не указанных выше): let [let], settle ['setl], néxus ['neksəs], bétter ['betə], sénate ['senıt], mémory ['memərı], dévil ['dev°l] (ср. e = [iː], 2); — genéric [dʒı'nerık], mèritórious [merı'tɔːrıəs] (ср. e = [ıə]); — mérry ['merı], érrant ['erənt] (ср. e = [əː]); — (об ew см. ниже).

*Без ударения*

(как главного, так и второстепенного)

e = [ı] *в большинстве безударных слогов*: geómetry [dʒı'ɔmıtrı], prefér [prı'fəː], respéct [rı'spekt], expéct [ıks'pekt]; *но* обычно —

e = [ə] 1) *перед* r: ferócious [fə'rouʃəs], génerally ['dʒenərəlɪ]; bétter ['betə]; fíngers ['fɪŋgəz];

2) *внутри* слова (т. е. *не* в начальном положении) *перед* l, m, n + *согласная* (также перед ll и т. д.): cònstellátion [kɔnstə'leɪʃ°n], nóvelty ['nɔvəltɪ], ábsence ['æbsəns], stúdent ['stjuːdənt]; также в *конечных* -el(s), -em(s), -en(s) *после гласной*, w или r: vówel ['vauəl]; máckerel ['mækərəl];

e = [°] в *конечных* -el(s), -em(s), -en(s) *после согласной* (*не* r, w) или *после* ci [ʃ], ti [ʃ] (см.): wéasel ['wiːz°l], whíten ['waɪt°n];

### *Немое* e

e является *немым* 1) в *конечном* положении, *если* в слове есть еще какая-либо *гласная*: make [meɪk], toe [tou], lie [laɪ]; также stóne-màson ['stounmeɪs°n], lóne|ly ['lounlɪ];

2) перед *конечным* -d при том же условии: baked [beɪkt], played [pleɪd], tied [taɪd], cared [kɛəd]; *но* в -ded, -ted e читается: ádded ['ædɪd], wánted ['wɔntɪd];

3) перед *конечным* -s при том же условии: stones [stounz], cakes [keɪks], lies [laɪz], cíties ['sɪtɪz]; также *перед* 's: wife's [waɪfs]; *но* в -ces, -ches, -ges, -jes, -ses, -shes, -xes, -zes, а также в -ce's и т. п., e читается: fáces ['feɪsɪz], wátches ['wɔ tʃɪz], cáges ['keɪdʒɪz], hórses ['hɔːsɪz], díshes ['dɪʃɪz], bóxes ['bɔksɪz], fréezes ['friːzɪz]; также prínce's ['prɪnsɪz] и т. п. (перед -ss e всегда читается: góodness ['gudnɪs]).

### *Сочетания*: e + *гласная* или w

ea, ee = [iː]: eat [iːt], meet [miːt], payée [peɪ'iː]; *но* —

ea, ee = [ɪə] *перед* r: ear [ɪə], deer [dɪə], snéering ['snɪərɪŋ];

ei, ey = [eɪ]: eight [eɪt], héinous ['heɪnəs], convéy [kən'veɪ];

eu, ew = [juː]: néuter ['njuːtə], new [njuː], sínew ['sɪnjuː]; *но* —

eu, ew = [juə] *перед* r: néural ['njuərəl]; *кроме того* —

eu, ew = [uː] *после* ch, j, l, r, rh, y: chew [tʃuː], jéwel ['dʒuːəl], flew [fluː], screw [skruː], rhéumatism ['ruːmətɪzm], yew [juː]; *и* —

eu, ew = [uə] между теми же согласными и r: pléurisy ['pluərɪsɪ];

ey см. ei; *но кроме того* —

ey = [ɪ] в *безударном конце* слова: dónkey(s) ['dɔŋkɪ(z)].

## i

### *Под ударением*

(главным или второстепенным)

i = [aɪ] 1) в *конечном* положении или *перед гласной*: pi [paɪ], I [aɪ]; lie [laɪ], díamond ['daɪəmənd];

2) *перед одной согласной* (*не* r и *не* x) или *одной согласной* (*не* l, r, x) + l, r, *если* далее непосредственно следует —

e *немое* (см. выше): life [laɪf], idle ['aɪdl], fíbre ['faɪbə]; также lífe-boat ['laɪfbout], life|less ['laɪflɪs];

a, e, o, u, y *конечного* слога, *не* имеющего немого e после согласной: fínal ['faɪn°l], ítèm ['aɪtem], wríter ['raɪtə], ídol ['aɪd°l], Títus ['taɪtəs], ívy ['aɪvɪ]; fíbrous ['faɪbrəs], tígress ['taɪgrɪs] (*но* tríbùne ['trɪbjuːn], т. к. после n есть немое e);

*окончание* -able(s), -ing(s), -is или -ive(s): advísable [əd'vaɪzəbl], wríting ['raɪtɪŋ], crísis ['kraɪsɪs], decísive [dɪ'saɪsɪv];

3) *перед* gh: high [haɪ], fíghter ['faɪtə];

4) *перед конечными* -ld(s), -nd(s) и перед ld, nd + *окончание* -ed, -er(s), -est или -ing(s): mild [maɪld], find [faɪnd], mínded ['maɪndɪd], míldest ['maɪldɪst], wínding ['waɪndɪŋ];

i = [aɪə] *перед одним* r *при тех же условиях*, при которых перед другими согласными i = [aɪ] (т. е., если далее следует немое e и т. п.): fire ['faɪə]; míry ['maɪərɪ]; aspíring [əs'paɪərɪŋ];

i = [əː] в тех же положениях, в которых e = [əː], т. е. *перед конечным* -r, перед r + другая *согласная*, а также *перед конечными* -rr(s), -rrh(s) и *перед* rr + *окончание* -ed -er(s), -est или -ing(s): stir [stəː], dírty ['dəːtɪ]; whirr [wəː], chírred [tʃəːd], stírring ['stəːrɪŋ]; *также* fír-néedle ['fəː'niːdl], fírr|y ['fəːrɪ] (*но* mírror ['mɪrə] и т. п., см. ниже);

i = [ɪ] *перед согласными в прочих случаях* (не указанных выше): sit [sɪt], bítter ['bɪtə], míddle ['mɪdl], tímorous ['tɪmərəs], tríbùne ['trɪbjuːn], límit ['lɪmɪt], merídian [mə'rɪdɪən], vísion ['vɪʒ°n] (ср. i = [aɪ]); — míracle ['mɪrəkl] (ср. i = [aɪə]); — mírror ['mɪrə], stírrup ['stɪrəp] (ср. i = [əː]).

*Без ударения*

(как главного, так и второстепенного)

i = [ɪ] *в большинстве безударных слогов*: divíde [dɪ'vaɪd], mílitary ['mɪlɪtərɪ], itálics [ɪ'tælɪks]; *но* —

i = [ə] *перед* r *не* в начальном слоге: ádmiral ['ædmərəl] (*но* virídity [vɪ'rɪdɪtɪ], т. к. i, стоящее перед r, находится в начальном слоге); *кроме того* обычно —

i = [°] в *конечном* -il(s): péncil ['pens°l], púpil ['pjuːp°l]; *однако после* r гласный звук регулярно *сохраняется*: péril ['perɪl], nóstrils ['nɔstrɪlz] (или [-əlz]).

Об i в сочетаниях ci, gi, si, ti, xi *перед гласными в безударных* слогах см. также под соответствующими согласными.

## O

*Под ударением*

(главным или второстепенным)

o = [ou] при тех же условиях, при которых a = [eɪ], e = [iː], т. е.—

1) в *конечном* положении или *перед гласной* (е): go [gou]; toe [tou], póetry ['pouɪtrɪ], pòétical [pou'etɪk°l]; также só-cálled ['sou'kɔːld], nó¦body ['noubədɪ] (об oa, oi, oo, ou, oy см. ниже);

2) *перед одной согласной* (*не* r, w, x) или *одной согласной* (*не* l, r, w, x) + l, r, *если* далее непосредственно следует —

e *немое* (см. стр. 915): home [houm]; noble ['noubl], ogre ['ougə];

a, e, o, u, y *конечного* слога, *не* имеющего немого е после согласной: óval ['ouv°l], ópen ['oup°n], mótor ['moutə], ópus ['oupəs], póny ['pounɪ]; nóbly ['noublɪ], cóbra ['koubrə]; также óver-éstimàte ['ouvər'estɪmeɪt], óver¦séa ['ouvə'siː] (*но* nódùle ['nɔdjuːl], т. к. после l есть немое е);

e, i + *гласная*: erróneous [ɪ'rounjəs], Napòleónic [nəpoulɪ'ɔnɪk]; sódium ['soudɪəm], mótion ['mouʃ°n];

*окончание* -able(s), -ing(s), -is или -ive(s): nótable ['noutəbl], gróping ['groupɪŋ], diagnósis [daɪəg'nousɪs], mótive ['moutɪv];

3) *перед* ld, lk, lt, а также *перед конечным* -ll(s) и *перед* ll + *окончание* -ed,-er(s), -est или -ing(s): bold [bould], yolk [jouk], cóltish ['koultɪʃ]; roll [roul], stróller ['stroulə];

o = [ɔː] 1) *перед одним* r *при тех же условиях*, при которых перед большинством других согласных o = [ou] (т. е., если далее следует е немое и т. п., *см.* выше, 2): more [mɔː]; glóry ['glɔːrɪ]; glórious ['glɔːrɪəs], èditórial [edɪ'tɔːrɪəl]; bóring ['bɔːrɪŋ];

2) *перед конечным* -r, *перед* r + *другая согласная*, а также *перед конечным* -rr(s), -rrh(s) и *перед* rr + *окончание* -ed, -er(s), -est или -ing(s): nor [nɔː], port [pɔːt], stórmy ['stɔːmɪ]; abhórred [əb'hɔːd], abhórring [əb'hɔːrɪŋ]; *но* —

o = [əː] *в сочетании* wor + *согласная*: work [wəːk], wórship ['wəːʃɪp];

o = [ɔ] *перед согласными в прочих случаях* (не указанных выше): stop [stɔp], bond [bɔnd], bottle ['bɔtl], dóctor ['dɔktə], ópera ['ɔpərə], óxen ['ɔks°n], nódùle ['nɔdjuːl], àstronómic [æstrə'nɔmɪk] (ср. o = [ou], 2); — fóllow ['fɔlou] (ср. o = [ou], 3); — óracle ['ɔrəkl], majórity [mə'dʒɔrɪtɪ] (ср. o = [ɔː], 1); — sórry ['sɔrɪ], bórrow ['bɔrou] (ср. o = [ɔː], 2); — (об ow см. ниже).

*Без ударения*

(как главного, так и второстепенного)

o = [ə] *в большинстве безударных слогов*: contáin [kən'teɪn], oppréss [ə'pres], oríginal [ə'rɪdʒɪn°l], cólony ['kɔlənɪ], fáctor ['fæktə], ídiom ['ɪdɪəm]; *но* обычно —

o = [°] в *конечных* -ol(s), -om(s), -on(s) *после согласной* (*не* r, w), а также в *безударных* конечных -geon(s), -gion(s), -sion(s), -tion(s), -xion(s) (см.): ídol ['aɪd°l], séldom ['seld°m], párdon ['pɑːd°n]; súrgeon ['səːdʒ°n], région ['riːdʒ°n], vísion ['vɪʒ°n], mótion ['mouʃ°n], compléxion [kəm'plekʃ°n] (*но* ídiom ['ɪdɪəm], ápron ['eɪprən] и т. п.).

П р и м е ч а н и е. Во многих словах при более отчетливом произношении безударное o = [o] в положении *перед одной согласной* + *гласная* ударного слога: Novémber [no'vembə]. Однако, так как различие между [o] и [ə] не очень значительно и (более небрежное) произношение с [ə] большею частью не будет искажать слова, в словаре это различие обычно не принимается во внимание, если нет надобности по каким-либо другим причинам дать транскрипцию.

*Сочетания*: o + *гласная* или w

oa = [ou]: boat [bout], cócoa ['koukou]; *но* —
oa = [ɔː] *перед* r: oar [ɔː], hóary ['hɔːrɪ];
oi, oy = [ɔɪ]: boil [bɔɪl]; boy [bɔɪ], jóyous ['ʤɔɪəs];
oo = [uː]: moon [muːn], salóon [sə'luːn]; *но* —
oo = [uə] *перед* r: poor [puə]; *кроме того* —
oo = [u] *перед* k: book [buk];
ou, ow = [au]: round [raund], town [taun], pówer ['pauə]; *но* —
ou, ow = [auə] *перед* r: our [auə], dówry ['dauərɪ]; *кроме того* —
ou = [ɔː] *перед* ght: thought [θɔːt];
ou = [ə] в *безударных конечных* -our(s), -ous: lábour ['leɪbə], várious ['vɛərɪəs], nérvous ['nəːvəs];
ow = [ou] в *конечном* положении, *если главное* ударение падает на *другой* слог, а также перед *окончаниями* -ed, -er(s), -est, -ing(s), -s при *том же* условии: wíndow ['wɪndou], fóllower ['fɔlouə], bórrowing ['bɔrouɪŋ], fúrrows ['fʌrouz] (*но* allów [ə'lau], bówer ['bauə] и т. п. — с ow под главным ударением);
oy см. oi.

## u

*Под ударением*

(главным или второстепенным)

u = [juː] 1) в *конечном* положении или *перед гласной*: gnu [njuː]; dúalism ['djuːəlɪzm], due [djuː]; также cúeist ['kjuːɪst];
2) *перед одной согласной* (*не* r, w, x) или *одной согласной* (*не* l, r, w, x) + l, r, *если* далее непосредственно следует *гласная*: mute [mjuːt], stúdent ['stjuːdənt], dúty ['djuːtɪ], fúture ['fjuːʧə], músic ['mjuːzɪk], púpil ['pjuːp°l], mútiny ['mjuːtɪnɪ], redúplicàte [rɪ'djuːplɪkeɪt]; *но* —

u = [uː] *после* ch, j, l, r, rh, sh, y *при тех же условиях* (см. выше, 1, 2): júnior ['ʤuːnɪə] lunar ['luːnə], rúin ['ruːɪn], yule [juːl];

u = [juə] *перед одним* r + *гласная*: pure [pjuə], fúrious ['fjuərɪəs]; *но* —

u = [uə] *между* ch, j, l, r, rh, sh, y и *одним* r + *гласная* (ср. выше u = [uː]): júry ['ʤuərɪ], plúral ['pluərəl], rúral ['ruərəl];

u = [əː] в тех же положениях, в которых e = [əː], i = [əː], т. е. *перед конечным* r, *перед* r + другая *согласная*, а также *перед конечными* -rr(s), -rrh(s) и *перед* rr + *окончание* -ed, -er(s), -est или -ing(s): fur [fəː], occúr [ə'kəː], cúrling ['kəːlɪŋ], búrden ['bəːd°n]; burr [bəː], occúrred [ə'kəːd], occúrring [ə'kəːrɪŋ] (*но* fúrrow ['fʌrou] и т. п.);

u = [ʌ] *перед согласными в прочих случаях* (не указанных выше): cut [kʌt], bútter ['bʌtə], búcket ['bʌkɪt], bubble ['bʌbl], cúnning ['kʌnɪŋ] (ср. u = [juː]); — rúbber ['rʌbə] (ср. u = [uː]); — cúrrent ['kʌrənt], fúrrow ['fʌrou] (ср. u = [juə] и u = [əː]).

*Без ударения*

(как главного, так и второстепенного)

u = [ju] *перед гласной* или *перед одной согласной* + *гласная*: contínuous [kən'tɪnjuəs], mútual ['mjuːtjuəl]; régular ['regjulə], òccupátion [ɔkju'peɪʃ°n]; *но* в *конечном* слоге *перед немым* e (т. е. в сочетании ue) u при отчетливом произношении изображает звукосочетание, более близкое к ударному [juː]: contínue [kən'tɪnjuː]; в словаре знак второстепенного ударения для указания на чтение [juː] в таких случаях, обычно, не применяется (поскольку наряду с этим произношением большею частью вполне допустимо и [ju]);

u = [u] 1) *после* ch, j, l, r, rh, sh, y *при тех же условиях*, при которых u = [ju] (см. выше): préjudice ['preʤudɪs], Fébruary ['februərɪ]; в *конечном* слоге *перед немым* e буква u в данном случае может обозначать звук, более близкий к [uː] (ср. выше относительно u = [ju] и [juː]);
2) в *окончании* -ful(s): hándful ['hændful]; но как суффикс *прилагательных* это окончание может произноситься и менее ясно, как [-fəl, -f°l]: áwful ['ɔːful, 'ɔːfəl, 'ɔːf°l];

u = [ə] 1) *перед группой согласных* или *перед конечной согласной*: íllustràte ['ɪləstreɪt], fáculty ['fækəltɪ], sódium ['soudɪəm], òctópus [ɔk'toupəs];
2) в ur обычно *также и перед гласной*: fígure ['fɪgə], cénsure ['senʃə], úsurer ['juʒərə], préssure ['preʃə], féatures ['fiːʧəz] (ср. о сочетаниях sur, ssur, tur под соответствующими согласными); См. также gu, ngu, qu.

### y

*Под ударением и без ударения*

y = [aɪ, aɪə, əː, ɪ, ə] соответственно *при тех же условиях*, при которых i = [aɪ, aɪə, əː, ɪ, ə] (см. выше): sky [skaɪ]; cýánic [saɪ'ænɪk];—type [taɪp], cycle ['saɪkl]; phýlum ['faɪləm], hýdra ['haɪdrə], cýpress ['saɪprɪs]; rhýming ['raɪmɪŋ], lýsis ['laɪsɪs]; Wyld [waɪld]; — týrant ['taɪərənt]; — myrtle ['məːtl], myrrh [məː]; — nymph [nɪmf], sýnonym ['sɪnənɪm], sýringe ['sɪrɪndʒ]; — synthétic [sɪn'θetɪk], análysis [ə'nælɪsɪs], bóldly ['bouldlɪ]; — sátyr ['sætə]; *но*—

y = [j] в *начальном* положении *перед гласной*: yard [jɑːd], yes [jes], yolk [jouk], yule [juːl]; также cóurt¦yárd ['kɔːt'jɑːd], be¦yónd [bɪ'jɔnd].

### Согласные, их сочетания друг с другом и с гласными

*Двойные* согласные (напр. ss) даются *вместе с простыми* (напр. s), а затем в алфавитном порядке приводятся определенные *сочетания* данных согласных с другими и с гласными.

**b,** bb = [b]: báobàb ['beɪəbæb], rúbber ['rʌbə]; *но* —
b *немое* в *конечном* -mb(s) и в mb + *окончание* -ed: lamb [læm], bombed [bɔmd]; также bómb¦er ['bɔmə] (*но* lúmber ['lʌmbə], так как здесь разделения на части нет).

**c,** cc = [k]: cat [kæt], crócus ['kroukəs], cúbic ['kjuːbɪk], accóunt [ə'kaunt]; *но* —
c = [s] *перед* ae, e, i, y: Cáesar ['siːzə], centre ['sentə], ice [aɪs], circle ['səːkl], ícy ['aɪsɪ]; и *соответственно этому* —
cc = [ks] *перед* ae, e, i, y: áccent ['æksənt], áccident ['æksɪdənt] и т. п. (ср. также sc);
ch = [tʃ]: church [tʃəːtʃ], béechen ['biːtʃ°n]; *но* —
ch = [k] 1) *перед согласной*: chrónicle ['krɔnɪkl], ìchthyólogy [ɪkθɪ'ɔlədʒɪ];
2) *после* s: school [skuːl]; —
см. также tch;
ci = [ʃ] внутри слова *перед безударной гласной* (но *не* перед немым e): sócial ['souʃ°l], áncient ['eɪnʃənt], grácious ['greɪʃəs] (*но* pólicies ['pɔlɪsɪz], т. к. e немое);
ck = [k]: back [bæk], dócker ['dɔkə];
cqu = [kw]: acquíre [ə'kwaɪə].

**d,** dd = [d]: deed [diːd], rúdder ['rʌdə]; *но* —
d = [t] в *окончании* -ed (с немым e) *после* c, ch, f, k, p, ph, *после* s = [s] (см.) и *после* sh, ss, x: faced [feɪst], sniffed [snɪft], looked [lukt], hoped [houpt], stopped [stɔpt], elápsed [ɪ'læpst], wished [wɪʃt], pressed [prest], vexed [vekst];
dg = [dʒ] *перед* e, i, y: edge [edʒ], bridging ['brɪdʒɪŋ].

**f,** ff = [f]: fifty ['fɪftɪ], roof [ruːf], efféct [ɪ'fekt].

**g,** gg = [g]: grog [grɔg], agó [ə'gou], bigger ['bɪgə]; *но* —
g = [dʒ] *перед* e, i, y: gem [dʒem], giant ['dʒaɪənt], gýps(um) ['dʒɪps(əm)], philólogy [fɪ'lɔlədʒɪ] (тогда как gg = [g] также и перед этими гласными: bigger ['bɪgə], píggish ['pɪgɪʃ], fóggy ['fɔgɪ]); *кроме того* —
g *немое* в *начальном* gn-: gnat [næt], gnu [njuː]; ср. также ng, ngu, ngue(s);
geon, gion = [dʒ°n] или [dʒən] в *безударном* положении: súrgeon ['səːdʒ°n]; région ['riːdʒ°n], régional ['riːdʒən°l];
geous, gious = [dʒəs] в *безударном конечном* положении: outrágeous [aut'reɪdʒəs], contágious [kən'teɪdʒəs];
gh = [g] в *начальном* положении: ghérkin ['gəːkɪn]; *но* —
gh *немое внутри* слова и в *конечном* положении: eight [eɪt], thought [θɔːt], higher ['haɪə], high [haɪ];
gion см. geon;
gious см. geous;
gu = [g] в *начальном* положении *перед гласной*: guard [gɑːd], guest [gest]; см. также ngu, ngue(s).

**h** = [h] *перед гласной*: how [hau], beháve [bɪ'heɪv];
h *немое* в *конечном* положении, *перед согласной*, а также *после* x: bah [bɑː], Fáhrenheit ['fɑːrənhaɪt]; exháust [ɪg'zɔːst]; см. также ch, gh, kh, ph, rh (rrh), sh, tch, th, wh.

**j** = [dʒ]: joy [dʒɔɪ], préjudice ['predʒudɪs].

**k,** kk = [k]: kind [kaɪnd], make [meɪk], Fókker ['fɔkə]; *но* —
k *немое* в *начальном* kn-: knee [niː], knight [naɪt];
kh = [k]: khan [kæn, kɑːn]; — см. также ck.

**l,** ll = [l]: like [laɪk], meal [miːl], róller ['roulə]; *но* —
l *немое* в alk, olk: talk [tɔːk], yolk [jouk].

**m,** mm = [m]: may [meɪ], home [houm], hámmer ['hæmə].

**n,** nn = [n]: noon [nuːn], dínner ['dɪnə]; *но* —
n *немое* в *конечном* -mn(s) и в mn + *окончание* -ed: áutumn ['ɔːtəm], condémned [kən'demd]; также condémn¦ing [kən'demɪŋ]; *кроме того* —
n = [ŋ] *перед* k, q, x, а также перед c = [k] (но обычно *не* в приставках con-, en-, in-, un-): ink [ɪŋk], bánquet ['bæŋkwɪt], lynx [lɪŋks]; uncle ['ʌŋkl] (*но* con¦clúde [kən'kluːd], en¦clóse [ɪn'klouz], in¦quíre [ɪn'kwaɪə], ún¦kínd ['ʌn'kaɪnd]; произношение [n] в таких случаях указывается в словаре пунктирной чертой после приставки);
ng = [ŋg]: single ['sɪŋgl], ángry ['æŋgrɪ], fínger ['fɪŋgə], lóngest ['lɔŋgɪst]; *но* —
ng = [ŋ] в *конечном* положении, в *конечных* -ngs, -ngth и *перед окончанием* -ed: long [lɔŋ], songs [sɔŋz], strength [streŋθ], belónged [bɪ'lɔŋd]; также síng¦er ['sɪŋə], lóng¦ing ['lɔŋɪŋ], lóng-síghted ['lɔŋ'saɪtɪd];
nge(s) = [ndʒ(ɪz)] в *конечном* положении: singe [sɪndʒ], hinges ['hɪndʒɪz];
ngu = [ŋgw] *перед гласной*: lánguage ['læŋgwɪdʒ]; *но* —
ngue(s) = [ŋ(z)] в *конечном* положении: tongue -ngues [tʌŋ, -ŋz].

**p,** pp = [p]: pipe [paɪp], pépper ['pepə];
ph = [f]: phósphorus ['fɔsfərəs].

**q** употребляется обычно только в сочетании —
qu = [kw]: quick [kwɪk], requíre [rɪ'kwaɪə]; *но* —
qu = [k] *перед немым* e: mosque [mɔsk]; —
см. также cqu.

**r,** rr = [r] только *перед звучащей* (т. е. *не* немой) *гласной*: red [red], cry [kraɪ], héaring ['hɪərɪŋ], cárry ['kærɪ], árrow ['ærou]; также *перед* (звучащей) *гласной следующего слова*, если перед ним не делается паузы: far a¦wáy [fɑːr ə'weɪ]; а следовательно и в таких случаях, как: stárr¦y ['stɑːrɪ];
r, rr *немые* в *конечном* положении и *перед согласной*, а также *перед немым* e (т. е. перед конечными -e, -ed, -es): car [kɑː], port [pɔːt], err [əː], errs [əːz]; more [mɔː], inférred [ɪn'fəːd], cares [kɛəz]; также cáre¦less ['kɛəlɪs]; *но* —
r = [ə] *между согласной* и *немым* e: acre ['eɪkə], centre ['sentə], fibred ['faɪbəd];
rh, rrh = [r] в *том же* положении, в котором r, rr = [r]: rhyme [raɪm], Pýrrhic ['pɪrɪk];
rrh *немое* в *тех же* условиях, в которых r и rr также являются *немыми*: catárrh [kə'tɑː] (rh в таких условиях не встречается).

**s,** ss = [s]: sense [sens], speak [spiːk], básis ['beɪsɪs], áctress ['æktrɪs], dréssing ['dresɪŋ]; *но* —
s = [z] 1) *между гласной и конечным* -e, -ed, -er(s), -es или -ing(s): rise [raɪz], used [juːzd], gréaser ['griːzə], tróusers ['trauzəz], hóuses ['hauzɪz], chóosing ['tʃuːzɪŋ];
2) в *конечном* -sm(s): sóphism ['sɔfɪzm], prisms [prɪzmz];
3) в большинстве случаев в *окончаниях множ. числа* сущ. (*pl.* -s, -es), *притяжат. падежа* (*poss.* 's) и *3-го лица единств. числа* настоящ. врем. (*pres. 3. sg.* -s, -es): cabs [kæbz], switches ['swɪtʃɪz], deeds [diːdz], áges ['eɪdʒɪz], sighs [saɪz], mills [mɪlz], bars [bɑːz], cares [kɛəz], hórses ['hɔːsɪz], dishes ['dɪʃɪz], leaves [liːvz], cows [kauz], bees [biːz], days [deɪz]; — hórse's ['hɔːsɪz], cow's [kauz], dog's [dɔgz]; — téaches ['tiːtʃɪz], hears [hɪəz], sees [siːz] и т. п.; — *в указанных формах* s = [s] *обычно только после* c, ch = [k], f(e), k(e), kh(e), p(e), ph(e), que, t(e), th (т. е. после букв и сочетаний, обозначающих *глухие* согласные звуки, но *не* свистящие и *не* шипящие): cýnics, -ic's ['sɪnɪks], roofs [ruːfs], wife's [waɪfs], docks [dɔks], cakes [keɪks], lips [lɪps], pipes [paɪps], tríumphs ['traɪəmfs], mosques [mɔsks], cats [kæts], dates [deɪts], myths [mɪθs]; *кроме того* —
s = [ɪz] в *окончании притяжат. падежа* (*poss.* 's) после ch = [tʃ], s, sh, x, z: wench's ['wentʃɪz], fish's ['fɪʃɪz] и т. п.; —
sc = [s] *перед* e, i, y: scene [siːn], science ['saɪəns], Scýlla ['sɪlə] (ср. screen [skriːn] и т. п.);—
sch см. ch = [k], 2.
sh = [ʃ]: short [ʃɔːt], dish [dɪʃ], rúshing ['rʌʃɪŋ];
sion = [ʒ°n, ʒən] в *безударном* положении *после гласной*: vísion ['vɪʒ°n], provísional [prə'vɪʒən°l];
sion = [ʃ°n, ʃən] в *безударном* положении *после согласной*: ténsion ['tenʃ°n];
ssion = [ʃ°n, ʃən] в *безударном* положении: pássion ['pæʃ°n], pássionate ['pæʃənɪt];
stl = [sl]: whistle ['wɪsl];
sur = [ʒə(r)] в *безударном* положении *между гласными*: méasure ['meʒə], úsurer ['juːʒərə];
sur = [ʃə(r)] в *безударном* положении *между согласной и гласной*: cénsure ['senʃə], cénsurable ['senʃərəbl];
ssur = [ʃə(r)] в *безударном* положении *перед гласной*: préssure ['preʃə].

**t,** tt = [t]: treat [triːt], turn [təːn], bétter [ˈbetə]; *но* —
t *немое* в stl: whistle [ˈwɪsl] (ср. béast⁞ly [ˈbiːstlɪ]);
tch = [tʃ]: catch [kætʃ], wátching [ˈwɔtʃɪŋ];
th = [θ]: thin [θɪn], three [θriː], length [leŋθ], áuthor [ˈɔːθə], pathétic [pəˈθetɪk]; *но* —
th = [ð] *между гласной и конечным* -e, -ed, -er(s), -es или -ing(s): seethe [siːð], breathed [briːðd], híther [ˈhɪðə], breathes [briːðz], smóothing [ˈsmuːðɪŋ];
ti = [ʃ] внутри слова *перед безударной гласной*, но *не* после s (и *не* перед немым e): pártial [ˈpɑːʃ°l], pátient [ˈpeɪʃənt], státion [ˈsteɪʃ°n], séction [ˈsekʃ°n]; *но* celéstial [sɪˈlestɪəl] (или [-stjəl]), т. к. ti находится после s (ср. также cóunties [ˈkauntɪz], где e немое);
tur = [tʃə(r)] (или [tjuə(r)]) в *безударном* положении *перед гласной*: féature [ˈfiːtʃə], nátural [ˈnætʃər°l], vénturing [ˈventʃərɪŋ], céntury [ˈsentʃərɪ].

**v,** vv = [v]: vívid [ˈvɪvɪd], drive [draɪv], flívver [ˈflɪvə].

**w** = [w]: want [wɔnt], wish [wɪʃ], a⁞wáke [əˈweɪk], súbway [ˈsʌbweɪ]; *но* —
w *немое* в начальном сочетании wr: write [raɪt]; также a⁞wrý [əˈraɪ]; *кроме того* —
w с предшествующими *гласными* a, e, o образует постоянные сочетания (aw, ew, ow), о которых см. под соответствующими гласными;
wh = [w]: which [wɪtʃ], when [wen].

**x** = [ks]: box [bɔks]: expréss [ɪksˈpres], táxi [ˈtæksɪ], éxercise [ˈeksəsaɪz]; *но* —
x = [gz] *перед ударной гласной*, а также *перед* (немым) h + *ударная* гласная: exért [ɪgˈzəːt], exèmplificátion [ɪgzemplɪfɪˈkeɪʃ°n]; exháust [ɪgˈzɔːst] (*но* èx⁞húme [eksˈhjuːm]);
x = [z] в *начальном* положении: xýlo⁞phòne [ˈzaɪləfoun];
xc = [ks] перед e, i, y: excépt [ɪkˈsept], excíte [ɪkˈsaɪt];
xion = [kʃ°n, kʃən] в *безударном* положении: compléxion [kəmˈplekʃ°n], compléxioned [kəmˈplekʃənd];
xious = [kʃəs] в *безударном* положении: ánxious [ˈæŋkʃəs] (ср. о чтении ou в безударном -ous).

**z,** zz = [z]: zone [zoun], zígzàg [ˈzɪgzæg], búzzing [ˈbʌzɪŋ].

---

## СПИСОК СЛОВ, ЧИТАЮЩИХСЯ С ОТСТУПЛЕНИЯМИ ОТ ИЗЛОЖЕННЫХ ПРАВИЛ, НО ПРИВОДИМЫХ В СЛОВАРЕ БЕЗ ТРАНСКРИПЦИИ

Слова, входящие в этот список, даются в словаре *без* знаков ударения — независимо от числа слогов. *Но* когда то или иное из этих слов входит в состав *сложного*, на нем может быть знак ударения — *по общим правилам*: ср. any, *но* ány¦òne, ány¦thing.

Многие из слов этого списка встречаются в виде составных частей различных сложных слов. *Если* при этом такое слово *отделено* от другой части сложного (пунктирной чертой или дефисом), то данное слово *в составе сложного читается так же, как и отдельно*; так, any- в ány¦òne, ány¦thing и т. п. имеет то же произношение, что и отдельное слово any (т. е. [ˈenɪ]).

**above** [əˈbʌv]; **also** [ˈɔːlsou]; **among** [əˈmʌŋ]; **amongst** [əˈmʌŋst]; **another** [əˈnʌ-]; **any** [ˈe-]; **anybody** [ˈenɪbɔdɪ]; **are** [ɑː], *без удар.* [ə]; **as** [æz], *без удар.* [əz];

**become(s),** becoming [-ˈkʌ-]; **begin(s),** beginning [-ˈg-];

**come(s),** coming [ˈkʌ-]; **could** [kud], *без удар.* [kəd];

**do** [duː], *без удар.* [du, də]; doing [ˈduː-]; **does** [dʌz], *без удар.* [dəz]; **done** [dʌn]; **don't** [dou-];

**ever** [ˈe-]; **every** [ˈevrɪ]; **everybody** [ˈevrɪbɔdɪ];

**full** [ful];

**get(s),** getting [ˈg-]; **give(s),** giving, given [ˈgɪ-]; **good** [gud];

**have** [hæv], *без удар.* [(h)əv]; having [ˈhæ-]; **hers** [-z]; **his** [-z];

**into** [ˈɪntu, -tə] (ср. to); **is** [ɪz];

**many** [ˈme-]; **most** [mou-];

**never** [ˈne-]; **nothing** [ˈnʌ-];

**of** [ɔv], *без удар.* [əv]; **off** [ɔːf]; **one** [wʌn]; one's, ones [wʌnz]; **other('s),** others(') [ˈʌ-]; **ours** [-z];

**put(s),** putting [ˈpu-];

**shall** [ʃæl], *без удар.* [ʃ°l]; **should** [ʃud], *без удар.* [ʃəd]; **some** [sʌm], *без удар.* [səm];

**than** [ðæn], *без удар.* [ðən]; **that** [ðæt], *без удар.* [ðət] (*относит. местоим., союз*); **the** [ðiː], *без удар.* [ðɪ] *перед гласной,* [ðə] *перед согласной*; **their(s)** [ðɛə(z)]; **them** [ðem], *без удар.* [ðəm]; **then** [ðen]; **there** [ðɛə(r)], *без удар.* [ðə(r)] *в* there is / are / was / were / came *и т. п.*; **these** [ð-]; **they** [ð-]; **this** [ð-]; **those** [ð-]; **through** [-uː]; **to** [tuː], *без удар.* [tu] *перед гласной,* [tə] *перед согласной*; **toward(s)** [təˈwɔːd(z), tɔːd(z)]; **two** [tuː];

**very** [ˈve-];

**was** [wɔz], *без удар.* [wəz]; **were** [wɛə(r), wəː(r)], *без удар.* [wə(r)]; **where** [wɛə(r)]; **who(m)** [huː(m)]; **whose** [huːz]; **with** [-ð]; **within** [-ˈð-]; **without** [-ð-];

**would** [wud], *без удар.* [wəd];

**you** [juː], *без удар.* [ju, jə]; **your** [jɔː(r), juə(r)], *без удар.* [jə(r)]; **yours** [jɔːz, juəz].

Примечание. Неопределенный артикль читается по правилам: **a** [eɪ], **an** [æn]; *обычно без ударения* — [ə], [ən].

---

*проф.* ***А. И. СМИРНИЦКИЙ***

# КРАТКИЕ СВЕДЕНИЯ ПО АНГЛИЙСКОЙ ГРАММАТИКЕ

## I. СУЩЕСТВИТЕЛЬНЫЕ (NOUNS)

*Sg.* = *Singular*, единственное число
*Pl.* = *Plural*, множественное число

*C.* = *Common case*, общий падеж
*P.* = *Possessive case*, притяжательный падеж

*Таблица 1*

| | Образцы | | |
|---|---|---|---|
| | основные: | с орфографическими особенностями: | |
| | boy «мальчик»<br>cat «кошка»<br>horse «лошадь» | На **-s, -x, -z, -ch** [tʃ], **-sh** или на **-o:**<br>fox «лиса» | На **-y** после согласной:<br>báby «ребёнок» |
| *Sg.* *C.* | boy cat horse | fox | báby |
| *Sg.* *P.* | boy's cat's hórse's | fox's | báby's |
| *Pl.* *C.* | boys cats hórses | fóxes | bábies |
| *Pl.* *P.* | boys' cats' hórses' | fóxes' | bábies' |

Примечания: 1. О произношении конечных -'s и -s см. стр. 919; о произношении конечных -e's и -es см. стр. 915 и 919. Конечный апостроф (' в boys', cats' и т. п.) никакого звукового значения не имеет.

2. Притяжательный падеж (*possessive case*) у всех существительных образуется по общему правилу. Этот падеж, однако, употребителен преимущественно у существительных, обозначающих *одушевленные* существа (людей, животных), у названий *времен года, месяцев и дней*, у слов sun «солнце», moon «луна», earth [ə:θ] «земля» (планета), world «мир», life «жизнь», náture ['neɪ-] «природа», ócean ['ouʃ°n] «океан», cóuntry ['kʌ-] «страна», town «город», sh p «корабль» и т. п., а также вообще при *персонификации* (Dúty's call «призыв долга»); кроме того — у слов, обозначающих *длительность* и *расстояние* (a day's work «работа (одного) дня»). В прочих случаях вместо притяжательного падежа обычно употребляется сочетание «of + *общий падеж* (*common case*)». Этим сочетанием притяжательный падеж нередко может заменяться и у существительных, указанных выше: the boy's hand «рука мальчика» — the hand of the boy. Ставится *притяжательный падеж перед* определяемым существительным, тогда как сочетание «of + *общий падеж*» — *после* определяемого существительного (ср. приведенные примеры).

3. Множественное число (*plural*) у некоторых существительных образуется не по общим правилам; см. список слов на стр. 936. Латинские, греческие и т. п. формы множественного числа, употребляемые в английском языке, указаны при соответствующих словах в самом словаре.

4. У слов, оканчивающихся в общем падеже ед. числа на -ch, читаемое как [k], множественное число образуется прибавлением -s: patriarch ['peɪtrɪɑ:k] — *pl.* patriarchs(').

## II. АРТИКЛИ (ЧЛЕНЫ, ARTICLES)

Определенный артикль (*definite article*): **the**; грамматически не изменяется the boy, the boy's; the boys, the boys' (ср. табл. 1; о произношении см. стр. 921).

Неопределенный артикль (*indefinite article*): **a** или **an**; по падежам не изменяется; обе формы имеют значение *единственного* числа; при этом:

**a** употребляется перед *согласными* (за исключ. немого h-), перед y- с последующей гласной, перед eu-, ew-, перед u-, когда эта буква читается как [juː, ju] или [juə], и перед словом one; например: a boy, a horse; a year; a eucalýptus, a ewe; a únit; such a one;

**an** — перед *гласными* (за исключ. указанных выше случаев), перед *немым* h- и нередко вообще перед h- в начале *безударного слога*; например: an act, an umbrélla; an hour [auə]; a(n) histórian.

Артикли *предшествуют* другим определениям данного существительного: the most impórtant quéstion [...stʃ-] «самый важный вопрос»; a very cold day «очень холодный день». *Но* **the** ставится *после* all «весь», both «оба», half «половина, пол-», а *неопределенный* артикль — *после* what «какой», such «такой», many «многий, не один» и *после* прилагательных, которым предшествует as, so «так, такой», too «слишком» или how «как, насколько» а также *после* half «половина, пол-» и обычно *после* quite «совсем» и ráther «довольно» например: all the boys «все (те) мальчики», half the mórning «пол-утра»; what a day! «какой день!», too impórtant a quéstion «слишком важный вопрос».

## III. ПРИЛАГАТЕЛЬНЫЕ (ADJECTIVES)

*Posit.* = *Positive degree*, положительная степень
*Comp.* = *Comparative degree*, сравнительная степень
*Superl.* = *Superlative degree*, превосходная степень

По числам и падежам прилагательные в английском языке не изменяются.

*Таблица 2*

Прилагательные в положительной степени односложные, а также те двухсложные, которые имеют ударение на конце или оканчиваются на -y, -ow, -some, -er, на -re или -le после согласной.

Образцы

| основные: | с орфографическими особенностями: | | |
|---|---|---|---|
| short «короткий»<br>nárrow «узкий» | На одну согласную (не -w, -x) после одной ударной гласной:<br>big «большой»<br>hot «горячий» | На **-e** или **-ee:**<br>able «способный» | На **-y** после согласной:<br>háppy «счастливый» |

| | | | | | | |
|---|---|---|---|---|---|---|
| *Posit.* | short | nárrow | big | hot | able | háppy |
| *Comp.* | shórter | nárrower | bigger | hótter | ábler | háppier |
| *Superl.* | shórtest | nárrowest | biggest | hóttest | áblest | háppiest |

Прочие прилагательные.
Образец: impórtant «важный»

*Posit.* impórtant; *Comp.* more impórtant; *Superl.* most impórtant

Примечания: 1. Прилагательные shy «застенчивый» и sly «хитрый» пишутся с y во всех степенях сравнения: shýer, shýest; slýer, slýest (но в Америке обычно по общему правилу: shíer, shíest; slíer, slíest).

2. Сравнительная и превосходная степени (*comparative*, *superlative*) у некоторых прилагательных образуются не по общим правилам; см. список слов на стр. 936.

## IV. ОБРАЗОВАНИЕ НАРЕЧИЙ (ADVERBS) ОТ ПРИЛАГАТЕЛЬНЫХ (ADJECTIVES)

*Таблица 3*

| | Различные прилагательные. Образцы: основные: | | с орфографическими особенностями: На **-y** после согласной в безударном слоге или на **-ay**: | | На **-ue**: | Прил. на -le после согласной. Образец: |
|---|---|---|---|---|---|---|
| | jóyful «радостный» | dry «сухой» | háppy «счастливый» | gay «весёлый» | due «должный» | able «способный» |
| *Adjective* | jóyful | dry | háppy | gay | due | able |
| *Adverb* | jóyfully | drýly | háppily | gáily | dúly | ábly |

Примечания: 1. Сравнительная и превосходная степени наречий, образованных от прилагательных по общим правилам, обычно образуются посредством more и most, соответственно: *posit.* jóyfully; *comp.* more jóyfully; *superl.* most jóyfully.

2. От многих, в особенности от наиболее употребительных, прилагательных наречия образуются не по общим правилам. В частности, многие наречия *совпадают* по форме с соответствующими *прилагательными*; например: прил. long «длинный, долгий» (*comp.* lónger; *superl.* lóngest) — наречие long «долго» (*comp.* lónger; *superl.* lóngest). У таких наречий сравнительная и превосходная степени обычно образуются так же, как у соответствующих *прилагательных* (ср. приведенный пример). Отклонения от общих правил образования наречий по возможности учтены в самом словаре. Случаи неправильного образования степеней сравнения наречий приведены в списке слов на стр. 936.

## V. ОБРАЗОВАНИЕ СУЩЕСТВИТЕЛЬНЫХ (NOUNS) ОТ ПРИЛАГАТЕЛЬНЫХ (ADJECTIVES) ПОСРЕДСТВОМ СУФФИКСА -ness «-ость»

*Таблица 4*

| | Образцы: основные: | | с орфографическими особенностями: На **-y** после согласной в безударном слоге: |
|---|---|---|---|
| | jóyful «радостный» | dry «сухой» | stícky «липкий» |
| *Adjective* | jóyful | dry | stícky |
| *Noun* | jóyfulness | drýness | stíckiness |

## VI. МЕСТОИМЕНИЯ (PRONOUNS)

*Sg.* = *Singular*, единственное число
*Pl.* = *Plural*, множественное число
*Nom.* = *Nominative case*, именительный падеж
*Obj.* = *Objective case*, объектный падеж
*Attr.* = *Attributive form*, атрибутивная форма (т. наз. *conjoint form*)
*Abs.* = *Absolute form*, самостоятельная форма (употребляемая без существительного)

О произношении форм, читающихся не по общим правилам, см. стр. 921.

*Таблица 5*

**I** «я»; **thou** *уст., поэт.* «ты»; **he** «он»; **she** «она»; **it** «оно (он, она)»; **we** «мы»; **you** «вы (ты)»; **they** «они»; **who** «кто»

| | *Sg.* | | | | | *Pl.* | (*Pl. Sg.*) | *Pl.* | |
|---|---|---|---|---|---|---|---|---|---|
| *Nom.* | I | thou | he | she | it | we | you | they | who |
| *Obj.* | me | thee | him | her | it | us | you | them | whom |

*Таблица 6*

**my** «мой»; **thy** *уст., поэт.* «твой»; **his** «его»; **her** «её»; **its** «его (её)»; **our** «наш»; **your** «ваш (твой)» **their** «их»; **whose** «чей, которого»

| | | | | | | | | | |
|---|---|---|---|---|---|---|---|---|---|
| *Attr.* | my | thy | his | her | its | our | your | their | whose |
| *Abs.* | mine | thine | his | hers | its | ours | yours | theirs | whose |

Примечание. По числам и падежам эти местоимения не изменяются.

*Таблица 7*

| | | | |
|---|---|---|---|
| Местоимения со значениями «себя (-ся)» и «сам (сама *и т. д.*)» | òne¦sélf | one | Соответствующие личные местоимения |
| | mỳ¦sélf<br>thỳ¦sélf *уст., поэт.*<br>your¦sélf<br>hìm¦sélf<br>hèr¦sélf<br>it¦sélf | I<br>thou<br>you *sg.*<br>he<br>she<br>it | |
| | our¦sélves<br>your¦sélves<br>thèm¦sélves | we<br>you *pl.*<br>they | |

Примечание. Местоимение òne¦sélf (как и соответствующее ему one, ср. ниже) является *неопределенноличным*; ср.: (one can) see òne¦sélf in a mirror «(можно) видеть себя в зеркале». При подлежащем, выраженном другим местоимением (*не* one) или существительным, употребляется то местоимение на -self (-selves), которое соответствует лицу, роду и числу данного подлежащего; например: she saw hèr¦sélf in the mirror «она увидела себя в зеркале»; the boys made this thèm¦sélves «мальчики сделали это сами».

*Таблица 8*

| | | | |
|---|---|---|---|
| **this** «этот»; **that** «тот» | *Sg.* | this | that |
| | *Pl.* | these | those |

Примечание. По падежам эти местоимения не изменяются.

### Прочие местоимения

| | |
|---|---|
| **one** — неопределенноличное местоимение<br>**sóme¦body** «кто-либо, кто-то»<br>**anybody** «кто-либо, всякий»<br>**everybody** «всякий»<br>**nó¦body** «никто»<br>**sóme¦one** «кто-либо, кто-то» и др. на -one | образуют *притяжательный падеж как существительные*: one's; sóme¦body's; nó¦body's; и т. п. |

**one** как заменитель существительного имеет *множественное число* ones: *sg.* the big one «большой» — *pl.* the big ones «большие».

**other** «другой» с неопределенным артиклем пишется слитно: another; если относится к человеку и при этом употребляется само как существительное, может иметь *притяжательный падеж*, образуемый как у существительных: other's (another's); например: the other's face «лицо другого (человека)»; но: the other man's face «лицо другого человека». При употреблении в качестве существительного имеет *множественное число* others; например: and others «и другие»; но: and other things «и другие вещи».

Остальные местоимения, за исключением указанных здесь и в табл. 5 и 8, ни по числам, ни по падежам не изменяются.

## VII. ГЛАГОЛЫ (VERBS)

### А. Простые формы (*положительные — affirmative*)

| | |
|---|---|
| *Inf.* = *Infinitive*, инфинитив<br>*Imp.* = *Imperative*, повелительное наклонение (2-е лицо)<br>*Pr.* = *Present*, настоящее время (изъявительное наклонение)<br>*Past*, прошедшее время (изъявительное наклонение)<br>(*1.*, *3.*) *Sg.* = (*first*, *third*, *person*) *singular* (первое, третье лицо) единственного числа<br>*Pl.* = *Plural*, множественное число (все лица) | неперфектные формы общего вида действительного залога |

*Pc. I* = *Participle I* (*one*), причастие первое (т. наз. причастие настоящего времени, *present participle*; неперфектная форма действительного залога)

*Pc. II* = *Participle II* (*two*), причастие второе (или причастие прошедшего времени, *past participle*; страдательный залог)

*Ger.* = *Gerund*, герундий (неперфектная форма действительного залога).

*Таблица 9*

**Правильные глаголы**

| | Образцы | | | | | | | | |
|---|---|---|---|---|---|---|---|---|---|
| | основные: | | | с орфографическими особенностями: | | | | | |
| | | | | | | | На **-e** | | |
| | play «играть»<br>look «смотреть»<br>end «кончать(ся)» | | | На **-s, -z -x, -ch** [tʃ], **-sh** или на **-o:**<br>mix «смешивать» | На **-y** после согласной:<br>try «пробовать» | На 1 согласную (*не* w, x) после 1 ударной гласной:<br>dip «окунать» | после согласной или **u:**<br>use «употреблять» | на **-ie:**<br>tie «завязывать» | на **-ee, -oe, -ye:**<br>dye «красить» |
| *Inf.*<br>*Imp.*<br>*Pr. 1. sg.*<br>» *pl.* | play | look | end | mix | try | dip | use | tie | dye |
| *Pr. 3. sg.* | plays | looks | ends | míxes | tries | dips | úses | ties | dyes |
| *Past sg.*<br>» *pl.*<br>*Pc. II* | played | looked | énded | mixed | tried | dipped | used | tied | dyed |
| *Pc. I*<br>*Ger.* | pláying | lóoking | énding | míxing | trýing | dípping | úsing | týing | dýeing |

Примечания: 1. По правилам орфографии, принятой в Англии, согласная l удваивается в конце основы перед -ed и -ing не только после *ударной* гласной, но также и после *безударной*; например: trável [-æv-] «путешествовать» — trávelled, trávelling (так же, как compél «принуждать» — compélled, compélling, т. е. по типу dip — dipped, dípping). По правилам американской орфографии l после безударной гласной *не* удваивается: tráveled, tráveling (в отличие от compélled, compélling).

2. В глаголах на -c, как picnic «участвовать в пикнике», перед -ed и -ing вставляется k: picnicked, picnicking.

3. О произношении конечного -s см. стр. 919, конечного -es — стр. 915 и стр. 919. О произношении конечного -ed см. стр. 915 и 918.

4. Список неправильных глаголов приведен на стр. 936 и сл. Глаголы в этом списке даются в формах *инфинитива* (*inf.*), *прошедшего времени* (*past sg., pl.*) и *причастия второго* (*pc. II*). Формы повелительного наклонения (*imp.*) и формы на -ing (*pc. I, ger.*) вообще не приводятся, так как эти формы у всех глаголов образуются по общим правилам; прочие же простые формы даются лишь в тех исключительных случаях, когда они образуются не по общим правилам. Таким образом отсутствие этих форм в списке является указанием на правильность их образования.

5. Вопросительные, отрицательные и усилительные личные формы являются *составными* (см. Б стр. 929 и табл. 11). Отрицательные формы инфинитива, причастий и герундия образуются с частицей **not** «не», которая ставится *перед* глаголом: not to play, not played, not pláying (об инфинитивной частице to см. примечание 2 к табл. 11).

*Таблица 10*

**Вспомогательные и недостаточные модальные глаголы**

**be** «быть» (для образования форм длительного вида — *continuous* — и страдательного залога — *passive*; также как глагол-связка);

**have** «иметь» (для образования перфектных форм — *perfect*);

**do** «делать» (для образования вопросительных, отрицательных и усилительных неперфектных форм изъявительного наклонения общего вида действительного залога— *interrogative, negative, emphatic, indicative indefinite active* — и отрицательных и усилительных форм повелительного наклонения — *imperative*);

**shall** «должен», **will** «хочет» (для образования форм будущего времени — *future*; should, would— для образования форм условного наклонения — *conditional*; should— также предположительного наклонения — *suppositional*; ср. примеч. 1 к табл. 11);

**may** «могу»; **can** «могу»; **must** «должен»; **ought** «должен (бы)»

| | | | | | | | | | |
|---|---|---|---|---|---|---|---|---|---|
| *Inf.* / *Imp.* | be | have | do | — | — | — | — | | — |
| *Pr. 1. sg.* | am | have | do | — | — | — | — | | — |
| » *pl.* | are | have | do | — | — | — | — | | — |
| *Pr. 3. sg.* | is | has | does | shall | will | may | can | must | ought |
| *Past sg.* | was | had | did | should | would | might | could | | |
| » *pl.* | were | had | did | should | would | might | could | | |
| *Pc. II* | been | had | done | | | | | | |
| *Pc. I* / *Ger.* | bé¦ing | having | doing | — | — | — | — | | — |

Примечания: 1. Многие из этих форм читаются не по общим правилам, см. стр. 921.

2. Вопросительные формы (*interrogative*): глагол ставится перед подлежащим; например: am I?; are you?; were they?; have you?; do you?; shall I? и т. п. (I «я»; you «вы, ты»; they «они»); ср. примечание 5.

3. Отрицательные формы (*negative*) образуются с частицей **not** «не», которая ставится *после* глагола в *личной* форме; например: I am not; they were not; you have not; you do not; I shall not; с формой can пишется слитно: I cánnòt (но I could not и т. д.). Та же частица ставится *перед инфинитивом, причастиями* и *герундием*: not to be, not bé¦ing; not to have, not having (т. е. так же, как у полнозначных глаголов; ср. примечание 5 к табл. 9; об инфинитивной частице to см. примечание 2 к таблице 11). — Отрицательная форма повелительного наклонения образуется (так же, как у полнозначных глаголов, см. табл. 11) с глаголом **do** + not: do not be.

4. Усилительные формы (*emphatic*) отличаются от обычных *ударением* на глаголе в личной форме (на письме обозначается *курсивом*): I *was*; I *shall* be. Усилительная форма повелительного наклонения (так же, как у полнозначных глаголов, см. табл. 11) образуется с глаголом do: do be! «*будь(те)*!».

5. Вопросительные, отрицательные и усилительные формы глагола **do** в качестве полнозначного, со значением «делать, совершать», образуются так же, как и у других полнозначных глаголов. У глагола **have** в качестве полнозначного эти же формы образуются,— в зависимости от его значения и от стиля речи,— либо так же, как и у других полнозначных глаголов, либо так же, как при его употреблении в качестве вспомогательного глагола.

6. Сокращенные личные формы (*разг.*):

**am:** I'm (not) = I am (not); are¦n't I? [ɑːnt...], ain't I? = am I not?;
**are:** 're; are¦n't = are not;
**is:** 's; is¦n't = is not;
**was:** was¦n't = was not;
**were:** were¦n't = were not;
**have:** 've; have¦n't = have not;
**has:** 's; has¦n't = has not;
**had:** 'd; hadn't = had not;
**do:** don't [dount] = do not;
**does:** does¦n't = does not;
**did:** didn't = did not;
**shall:** shan't [ʃɑːnt] = shall not;
**should:** shouldn't = should not;
**will:** 'll; won't [wount] = will not;
**would:** 'd; wouldn't = would not;
**may:** mayn't = may not;
**might:** mightn't = might not;
**can:** can't [kɑːnt] = cánnòt;
**could:** couldn't = could not;
**must:** mustn't = must not;
**ought:** oughtn't = ought not.

### *Старые формы*

### *2-го лица единственного числа*

С местоимением 2-го лица ед. числа **thou** *уст.*, *поэт.* «ты» употребляются особые формы — с окончанием -(e)st: *pr.* (thou) pláyest, tiest; *past* (thou) pláyedst, tiedst (от play, tie) и т. п.; *pr.* hast, dost [dʌst] или dóest ['du:ist], máyest, canst; *past* hadst, didst, mightst, couldst (от have, do, may, can); shouldst, wouldst (от shall, will); — с окончанием -t: *pr.* art, shalt, wilt (от be, shall, will); — от глагола be в прошедшем времени (*past*): wast (или wert).

## Б. Составные формы

В составных формах главный глагол употребляется:

1) в *инфинитиве* (*infinitive*) в неперфектной форме общего вида действительного залога (*indefinite active*):

а) после **do** (does, did; вопросительные, отрицательные и усилительные формы — *interrogative*, *negative*, *emphatic* — настоящего и прошедшего неперфектных времен общего вида изъявительного наклонения действительного залога — *present*, *past*, *indefinite indicative active*; отрицательные и усилительные формы повелительного наклонения — *imperative* — того же вида и того же залога; также соответствующие формы сослагательного наклонения — *subjunctive*; (см. табл. 11); например: **do** they play? «играют ли они?»; **did** they do? «(с)делали ли они?»; **do** not do it! «не делай(те) этого!»;

б) после **shall, will** (будущее время — *future* — в неперфектной форме общего вида изъявительного наклонения действительного залога — *indefinite indicative active*; после should, would — условное наклонение — *conditional* — в неперфектной форме того же вида и того же залога; после should — предположительное наклонение — *suppositional* — того же вида и залога); например: I **shall** play «я буду играть»; he **will** do it «он сделает это»; they **would** do it «они (с)делали бы это»;

2) в *причастии первом* (т. наз. прич. настоящего времени — *participle I, present participle*) — в неперфектной форме действительного залога (*indefinite active*):

после **be** (am, is, are, was, were, been; все формы длительного вида действительного залога — *continuous active*); например: I **am** pláy**ing** «я играю»; he **was** do**ing** it «он делал это»;

3) в *причастии втором* (прич. прошедшего времени — *participle II*, *past participle*):

а) после **have** (has, had, having; все перфектные формы общего вида действительного залога — (*common perfect active*); например: I **have** play**ed** «я играл, сыграл»; he **has** do**ne** it «он сделал это»;

б) после **be** (am, is, are, was, were, bé¦ing, been; все формы страдательного залога— *passive*); например: it **is** play**ed** «это играется»; it is do**ne** «это сделано»; it **was** do**ne** «это было сделано, делалось»; it is **bé¦ing** do**ne** «это делается».

Составные формы у всех глаголов образуются по общим правилам. При этом, однако, нужно заметить следующее:

1. Глагол **be** не имеет форм с do (does, did) — за исключением форм повелительного наклонения (*neg.* do not be, *emph.* do be!); ср. примеч. 2—4 к табл. 10.

2. Глагол **have** в качестве полнозначного глагола может иметь формы с do, но он нередко употребляется в соответствующих случаях также без do; как глагол вспомогательный, он форм с do не имеет; ср. примеч. 2—5 к табл. 10.

3. Глаголы **dare** и **need** (см. список неправильных глаголов, стр. 936) наряду с формами с do имеют и соответствующие формы без do, причем употребление тех или других определяется значением этих глаголов в данных словосочетаниях.

4. Все недостаточные глаголы (shall, will, may и др.) составных форм не имеют (поскольку у них нет инфинитива и причастий).

### Примеры составных форм глаголов **be** и **have**:

| | |
|---|---|
| *Future indef. indic. active*: | shall be, shall have; will be, will have; |
| *Present perfect* » »: | have been, have had; has been, has had; |
| *Past perfect* » »: | had been, had had; |
| *Future perfect* » »: | shall have been, shall have had; will have been, will have had; |
| *Present continuous* » »: | am bé¦ing, am having; is bé¦ing, is having; are bé¦ing, are having; |
| *Present indef. indic. passive*: | —, is had, are had; |
| *Future* » » » : | —, will be had. |

*Таблица 11*

**Сводная таблица спряжения правильного глагола**

| Образец: call «звать, называть и т. п.» | | | Подлежащее | Active: (Common) Indefinite | Active: Perfect | Active: Continuous | Active: Perfect Continuous |
|---|---|---|---|---|---|---|---|
| *Infinitive* | | | | (to) call | (to) have called | (to) be cálling | (to) have been cálling |
| *Indicative* | *Present* | *Affirm.* (*unemph.*) *Sg.* 1. | I | call | have called | am cálling | have been cálling |
| | | *Sg.* 3. | he, *etc.* | calls | has called | is cálling | has been cálling |
| | | *Pl.* 1. 2. | we, you | call | have called | are cálling | have been cálling |
| | | *Pl.* 3. | they | | | | |
| | | *Interrog. 1. sg.* | | do I call? | have I called? | am I cálling? | have I been cálling? |
| | | *Neg. 1. sg.* | I | do not call | have not called | am not cálling | have not been cálling |
| | | *Emph. 1. sg.* (*affirm.*) | I | do call *см. табл. 12.* | *have* called | *am* cálling | *have* been cálling |
| | | | | | *см. примечания 2—4 к табл. 10.* | | |
| | *Past* | *Affirm.* (*unemph.*) *sg.* | I, he, *etc.* | called | had called | was cálling | had been cálling |
| | | *Pl.* 1. 2. | we, you | | | were cálling | |
| | | *Pl.* 3. | they | | | | |
| | | *Interrog. 1. sg.* | | did I call? | had I called? | was I cálling? | had I been cálling? |
| | | *Neg. 1. sg.* | I | did not call | had not called | was not cálling | had not been cálling |
| | | *Emph. 1. sg.* (*affirm.*) | I | did call | *had* called | *was* cálling | *had* been cálling |
| | *Future* | *Sg.* 1. | I | shall call | shall have called | shall be cálling | shall have been cálling |
| | | *Sg.* 3. | he, *etc.* | will call | will have called | will be cálling | will have been cálling |
| | | *Pl.* 1. | we | shall call | shall have called | shall be cálling | shall have been cálling |
| | | *Pl.* 2. | you | will call | will have called | will be cálling | will have been cálling |
| | | *Pl.* 3. | they | will call | will have called | will be cálling | will have been cálling |

| | | | | | | |
|---|---|---|---|---|---|---|
| *Imperative* | *Affirm.* (*unemph.*) | | call | | | |
| | *Negative* | | do not call | | | |
| | *Emphatic* (*affirm.*) | | do call | | | |
| *Subjunctive I* (т. наз. *Pr.*) | *Affirm.* | I, he, *etc.*<br>we, you<br>they | call | | be cálling | |
| | *Negative* | I, he, *etc.*<br>we, you<br>they | do not call | | be not cálling | |
| *Subjunctive II* (т. наз. *Past*) | *Affirm.* | I, he, *etc.*<br>we, you<br>they | c a l l e d | had called | were cálling | had been cálling |
| | *Negative* | I, he, *etc.*<br>we, you<br>they | did not call | had not called | were not cálling | had not been cálling |
| *Conditional* | *Sg.* *1.* | I | should call | should have called | should be cálling | should have been cálling |
| | *Sg.* *3.* | he, *etc.* | would call | would have called | would be cálling | would have been cálling |
| | *Pl.* *1.* | we | should call | should have called | should be cálling | should have been cálling |
| | *Pl.* *2.* | you | would call | would have called | would be cálling | would have been cálling |
| | *Pl.* *3.* | they | would call | would have called | would be cálling | would have been cálling |
| *Suppositional* | | I, he, *etc.*<br>we, you<br>they | should call | | should be cálling | |
| *Participle I* | | | cálling | having called | | having been cálling |
| *Gerund* | | | cálling | having called | | having been cálling |

*Продолжение табл. 11*

| Образец: call «звать, называть *и т. п.*» | | | *Подлежащее* | Passive: (*Common*) *Indefinite* | Passive: *Perfect* | Passive: *Continuous* | Passive: (*Perf. Cont.* не употр.) |
|---|---|---|---|---|---|---|---|
| *Infinitive* | | | | (to) be called | (to) have been called | | |
| *Indicative* | *Present* | *Sg.* 1. | I | am called | have been called | am bé⁝ing called | |
| | | *Sg.* 3. | he, *etc.* | is called | has been called | is bé⁝ing called | |
| | | *Pl.* 1. 2. | we, you | | | | |
| | | *Pl.* 3. | they | are called | have been called | are bé⁝ing called | |
| | *Past* | *Sg.* 1. 3. | I, he, *etc.* | was called | | was bé⁝ing called | |
| | | *Pl.* 1. 2. | we, you | | had been called | | |
| | | *Pl.* 3. | they | were called | | were bé⁝ing called | |
| | *Future* | *Sg.* 1. | I | shall be called | shall have been called | | |
| | | *Sg.* 3. | he, *etc.* | will be called | will have been called | | |
| | | *Pl.* 1. | we | shall be called | shall have been called | | |
| | | *Pl.* 2. | you | will be called | will have been called | | |
| | | *Pl.* 3. | they | will be called | will have been called | | |
| *Imperative* | *Affirm.* (*unemph.*) | | | be called | | | |
| | *Negative* | | | do not be called | | | |
| | *Emphatic* (*affirm.*) | | | do be called | | | |

| | | | | |
|---|---|---|---|---|
| *Subjunctive I* (т. наз. *Present*) | I, he, *etc.*<br>we, you<br>they | be called | | |
| *Subjunctive II* (т. наз. *Past*) | I, he, *etc.*<br>we, you<br>they | were called | had been called | |
| *Conditional* *Sg.* *1.*<br>*3.*<br>*Pl.* *1.*<br>*2.*<br>*3.* | I<br>he, *etc.*<br>we<br>you<br>they | should be called<br>would be called<br>should be called<br>would be called<br>would be called | should have been called<br>would have been called<br>should have been called<br>would have been called<br>would have been called | |
| *Suppositional* | I, he, *etc.*<br>we, you<br>they | should be called | | |
| *Participle I* (т. наз. *Present*) | | bé:ing called | having been called | |
| *Participle II,* *или Past Part.* | | | called | |
| ***Gerund*** | | **bé:ing called** | **having been called** | |

Примечания: 1. Неправильные глаголы спрягаются в общем но той же схеме, что и правильные, но отличаются от последних образованием отдельных *простых* форм (ср. примеч. 4 к табл. 9). В частности, у многих неправильных глаголов *причастие II* (прич. прошедшего времени — *participle II*, или *past participle*) отличается по форме от простого *прошедшего времени* общего вида действительного залога (*past indefinite active*), тогда как у правильных глаголов обе эти формы одинаковы (оканчиваются на -ed); ср.: правильные глаголы call, play — *past indef.* и *participle II* (*past pc.*) call**ed**, play**ed**; — неправильные глаголы take («брать»), see («видеть») — *past indef.* **took, saw,** но *participle II* (*past pc.*) **táken, seen.** В таблице форма простого *прошедшего времени* общего вида действ. залога — *past indefinite active* — выделена разрядкой (called); так же выделена и совпадающая с ней форма *сослагательного наклонения II* — *subjunctive II*; во всех остальных случаях форма на -ed (called) является *причастием II* — *participle II* (*past pc.*). Таким образом, например, форме (I, he, *etc.*, we, you, they) called от глагола call, данного в таблице, будут соответствовать: у *неправильных* глаголов take и see — формы (I, he, *etc....*) **took, saw,** тогда как формам (I, he, *etc....*) had called, having called, were called и т. п. от глагола call — формы (I, he, *etc....*) had **táken,** had **seen;** having **táken,** having **seen;** were **táken;** were **seen** и т. п.

2. Инфинитив (*infinitive*), когда он не является частью составной формы глагола, в большинстве случаев употребляется с частицей **to** перед ним; например: he wants to call, «он хочет (по)звать, назвать *и т. п.*»; it is nécessary to call «необходимо (по)звать, назвать *и т. п.*»; to be or not to be «быть или не быть». В известных случаях, однако, инфинитив *употребляется без* to также и тогда, когда он не является частью составной формы. Важнейшие из этих случаев следующие:

а) сочетания с *недостаточными* глаголами **may, can, must; shall, will** (но *не* ought!); например: you may call «вы можете (по)звать *и т. п.*», he must call «он должен (по)звать *и т. п.*» (но: he ought **to** call);

б) сочетания с глаголами **let*** «пускать *и т. п.*», **make*** в знач. «заставлять», **bid*** «велеть» в формах *действительного* залога и **dare** (not) в знач. «сметь»; например: he made them call «он заставил их (по)звать *и т. п.*»;

в) сочетания с глаголами **see*** «видеть», **hear*** «слышать», **nótice** ['nou-] «замечать» и некоторыми другими, обозначающими восприятие (по-русски инфинитив в этих случаях передается обычно через «как + *личная* форма соответствующего глагола»); например: he heard them call [...hə:d...] «он слышал, как они звали *и т. п.*», — как и в предыдущем случае, инфинитив употребляется *без* to лишь при формах *действительного* залога указанных глаголов;

г) сочетания с **had bétter** «лучше бы, следовало бы»: he had bétter call «ему лучше бы, *или* следовало бы, позвать *и т. п.*»;

д) сочетания с **why not** «почему не»: why not call..? «почему не (по)звать, не назвать..? *и т. п.*».

В самом словаре употребление инфинитива с to указывается сокращением (+ to *inf.*), а употребление инфинитива *без* to — сокращением (+ *inf.*); ср. стр. 11.

3. Формы 2-го лица единственного числа совпадают с формами того же лица *множественного* числа, поскольку подлежащим при тех и других является местоимение **you** «вы, (ты)», имеющее значение как множественного, так и единственного числа. Относительно старых особых форм 2-го лица ед. числа, употребляемых с местоимением **thou,** см. стр. 929.

4. Обычная вопросительная форма 2-го лица (*ед., мн.*) будущего времени образуется с **shall:** shall you call? «позовёте ли вы, будете ли вы звать? *и т. п.* (позовёшь ли ты? *и т. п.*)». Вопросительная форма 2-го лица будущего времени с **will** имеет оттенок вопроса о *желании, согласии* и т. п.: will you call? «не позовёте ли вы? (не позовёшь ли ты? *и т. п.*)», т. е. «не хотите ли вы (не хочешь ли ты) позвать? *и т. п.*». В прочих случаях употребление **shall** вместо **will** придает оттенок долженствования, необходимости принуждения (shall — «должен»); **will** в 1-м лице выражает волю, желание, намерение (will — «хочу»).

5. Предположительное наклонение (*suppositional*) обычно рассматривается либо как вариант условного (*conditional*), либо как свободное сочетание **should** с инфинитивом. Однако имеются достаточные основания выделять его в качестве особого наклонения, отличного и от условного наклонения и от тех свободных сочетаний should с инфинитивом, в которых should имеет свое самостоятельное значение «должен (бы)». Глагол в предположительном наклонении обозначает предполагаемое, предлагаемое или требуемое действие, цель другого действия и т. п. и обычно употребляется после союзов **if** «если», **unléss** «если не», **that** «что (бы)», **lest** «чтобы не»; например: if he should call «если (случится, что) он позовёт (назовёт) *и т. п.*»; it is nécessary that he should call «необходимо, чтобы он позвал *и т. п.*». Союз **if** может опускаться; тогда should ставится перед подлежащим: should he call = if he should call.

*Таблица 12*

**Вопросительные, отрицательные и усилительные формы (interrogative, negative, emphatic)** настоящего и прошедшего времени (*present, past*), образуемые с глаголом **do**

| Образец: call «звать, называть» | | | *Interrogative* | | | *Negative* | | *Emphatic* |
|---|---|---|---|---|---|---|---|---|
| *Indicative* | *Present Indefinite* | *Sg.* *1.* | do | I | call? | **I** | do not call | do call |
| | | *Sg.* *3.* | does | he, *etc.* | call? | **he, *etc.*** | does not call | does call |
| | | *Pl.* *1. 2.* *3.* | do | we, you<br>they | call? | **we, you<br>they** | do not call | do call |
| | *Past Indef.* | *Sg.* *1. 3.*<br>*Pl.* *1. 2.* *3.* | did | I, he, *etc.*<br>we, you<br>they | call? | **I, he, *etc.*<br>we, you<br>they** | did not call | did call |

# СПИСОК ВАЖНЕЙШИХ СЛОВ, ИЗМЕНЯЮЩИХСЯ НЕ ПО ОБЩИМ ПРАВИЛАМ

(в словаре даны со звездочкой:*)

## I. СУЩЕСТВИТЕЛЬНЫЕ:

образование *множественного* числа (формы *мн.* числа приведены *после двоеточия*; ср. примечание к табл. 1).

**bath** «ва́нна»: baths [-ðz].
**bróther** [ˈbrʌ-] «брат (*член братства*)»: bréthren [ˈbreðrɪn] *уст.*; — *в прочих случаях* («брат — *родственник, товарищ и т. п.*») — *по общим правилам*: bróthers.
**calf** [kɑːf] «телёнок»: calves [kɑːvz].
**child** «дитя́»: children.
**corps** [kɔː] «ко́рпус» *воен.*: corps [kɔːz].
**deer** «оле́нь»: deer.
**elf** «эльф»: elves.
**foot** [fut] «нога́; фут»: feet.
**goose** [guːs] «гусь»: geese.
**half** [hɑːf] «полови́на»: halves [hɑːvz].
**house** [-s] «дом»: hóuses [-zɪz].
**knife** «нож»: knives.
**lath** «дра́нка»: laths [-ðz].
**leaf** «лист»: leaves.
**life** «жизнь»: lives.
**loaf** «бу́лка, карава́й»: loaves.
**louse** [-s] «вошь»: lice.
**man** «мужчи́на, челове́к»: men.
**mouse** [-s] «мышь»: mice.
**mouth** «рот»: mouths [-ðz].
**oath** «кля́тва»: oaths [-ðz].
**ox** «вол, бык»: óxen.
**path** «тропа́»: paths [-ðz].
**scarf** «шарф»: scarves / scarfs.
**sheaf** «сноп»: sheaves.
**sheath** «футля́р»: sheaths [-ðz].
**sheep** «овца́»: sheep.
**shelf** «по́лка»: shelves.
**staff** «жезл *и т. п.*»: staffs; staves *уст.*; «но́тная лине́йка»: staves.
**swine** «свинья́»: swine.
**thief** [θiːf] «вор»: thieves [θiːvz].
**tooth** «зуб»: teeth.
**wharf** «прича́л»: wharves / wharfs.
**wife** «жена́»: wives.
**wolf** [wu-] «волк»: wolves [wu-].
**wóman** [ˈwu-] «же́нщина»: wómen [ˈwɪmɪn].
**wreath** «вено́к»: wreaths [-ðz].
**youth** [juːθ] «ю́ноша»: youths [juːðz].

## II. ПРИЛАГАТЕЛЬНЫЕ И НАРЕЧИЯ:

образование *сравнительной* и *превосходной* степеней (формы этих степеней приведены в данном порядке *после двоеточия*).

**bad** «плохо́й»: worse; worst.
**éastern** «восто́чный»: more éastern; éastern¦mòst.
**élder** «ста́рший»: *superl.* éldest.
**évil** [ˈiː-] «дурно́й»: worse; worst.
**far** «далёкий» *и* **far** «далеко́»: fárther / fúrther [-ðə -ðə]; fárthest / fúrthest [-ð- -ð-] (*в перен. знач. тк.* fúrther).
**good** «хоро́ший»: bétter; best.
**hind, hinder** «за́дний»: *superl.* hind¦mòst.
**ill** «дурно́й; больно́й» и **ill** «пло́хо»: worse; worst.
**ínner** «вну́тренний»: *superl.* in¦mòst / ínner¦mòst.
**little** «ма́лый»: less (*об. при отвлеч. сущ.*), lésser (*об. при конкретн. сущ.*); least; — *при значении* ма́ленький *в качестве сравнит. и превосх. степ. к* little *употребляются соотв. степени от* **small:** smáller; smállest.
**little** «ма́ло» *sg.*: less; least.
**lówer** [ˈlouə] «ни́жний»: *superl.* lówer¦mòst.
**many** «мно́го» *pl.*: more; most.
**much** «мно́го» *sg.*: more; most.
**nórthern** [-ð-] «се́верный»: more nórthern; nórthern¦mòst [-ð-].
**óuter** «вне́шний»: *superl.* óut¦mòst / óuter¦mòst.
**rear** «за́дний»: *superl.* réar¦mòst.
**sóuthern** [ˈsʌð-] «ю́жный»: more sóuthern; sóuthern¦mòst [-ð-].
**top** «ве́рхний»: *superl.* tóp¦mòst.
**úpper** «ве́рхний»: *superl.* úpper¦mòst / úp¦mòst.
**útter** «кра́йний»: *superl.* út¦mòst / útter¦mòst.
**well** «хорошо́»: bétter; best.
**wéstern** «за́падный»: more wéstern; wéstern¦mòst.

## III. ГЛАГОЛЫ:

образование *прошедшего* времени (изъявит. накл. общего вида действит. залога) и *причастия II* (причастия прош. вр.; — эти формы приведены в данном порядке *после двоеточия*; отклонения от общих правил в образовании прочих форм отмечены особо; ср. примечание 4 к табл. 9).

**abíde** «пребыва́ть; твёрдо держа́ться (*чего-л.*) *и т. п.*»: abóde / abíded; abóde / abíded; — *при значении* «пребыва́ть, жить» *об. употребляются формы* abóde.
**aríse** «возника́ть; *поэт.* восстава́ть»: arόse; arísen [-ɪz-].

**awáke** «будить; просыпаться»: awóke; awáked *и, реже*, awóke.
**be** «быть»: *см. табл. 10.*
**bear** [bɛə] «носить; родить»: bore; borne *и* born; *последняя форма* (born) *употребляется в* be born «родиться» (was born «родился», were born «родились» *и т. д.*) *и самостоятельно в значении* «рождён(ный), родившийся», *если с этим причастием не связывается сочетание* by+ *существительное или местоимение*: born 1900 «рождён(ный), родившийся в 1900 г.» (*но*: borne by her «рождённый ею»).
**beat** «бить»: beat; béaten.
**become** «становиться, делаться»: becáme; become.
**befáll** «случаться»: beféll; befáll|en.
**begét** [-'g-] «порождать»: begót; begótten.
**begin** «начинать»: begán; begún.
**begird** [-'g-] *уст.* «опоясывать»: begirt [-'g-]; begirt [-'g-].
**behóld** «зреть (*видеть*)»: behéld; behéld.
**bend** «сгибаться»: bent; bent.
**beréave** «лишать»: beréft / beréaved; beréft / beréaved.
**beséech** «упрашивать»: besóught; besóught.
**besét** «осаждать»: besét; besét.
**bespít** «заплёвывать»: bespát; bespát.
**bestríde** «садиться *или* сидеть верхом *и т. п.*»: bestróde; bestrídden.
**betáke** (òne|sélf) «приниматься; отправляться»: betóok; betáken.
**bid** «велеть»: bad(e) / bid; bíd(den); — «предлагать (*цену*)»: bid; bid.
**bind** «связывать»: bound; bound.
**bite** «кусать»: bit; bít(ten).
**bleed** «кровоточить»: bled; bled.
**blow** [-ou] «дуть» и **blow** [-ou] «цвести»: blew; blown [-oun].
**break** [-eɪk] «ломать»: broke; bróken.
**breed** «выращивать»: bred; bred.
**bring** «приносить»: brought; brought.
**build** [bɪld] «строить»: built [bɪlt]; built [bɪlt].
**burn** «жечь; гореть»: burnt; burnt.
**burst** «разражаться, взрывать(ся)»: burst; burst.
**buy** [baɪ] «покупать»: bought; bought.
**can** *pr.* «могу»: *см. табл. 10.*
**cast** «кидать; лить (*металл*)»: cast; cast.
**catch** «ловить»: caught; caught.
**chide** «бранить»: chid; chíd(den).
**choose** «выбирать»: chose; chóse|n.
**cleave** I «рассекать(ся)»: clove / cleft; clóven / cleft.
**cleave** II «оставаться верным»: clave / cleaved; cleaved.
**cling** «(с)цепляться; льнуть»: clung; clung.
**clothe** [-ouð] «одевать»: clothed [-ou-]; clothed [-ou-]; — clad; clad *уст. книжн.*
**come** «приходить»: came; come.
**cost** «стоить»: cost; cost.
**creep** «ползти»: crept; crept.
**crow** [-ou] «петь (*о петухе*)»: crowed [-oud] *и* crew; crowed [-oud].
**cut** «резать»: cut; cut.
**dare** «сметь» (*pr. 3 sg.* dares *и* dare; *вопросит. и отрицат. формы* dare I?, dare he?, dare not *и т. д.*; *но также и по общим правилам*): *past* durst / dared; — *в значении* «бросать вызов» *глагол* dare *является правильным.*
**deal** «иметь дело, обходиться *и т. п.*»: dealt [de-]; dealt [de-].
**dig** «копать»: dug; dug.
**do** «делать» (*pr. 3. sg.* does): did; done; *ср. табл. 10 и примечания 5 и 6 к этой таблице.*
**draw** «тащить, тянуть; рисовать»: drew; drawn.
**dream** «грезить»: dreamt [-e-] *и* dreamed; dreamt [-e-] *и* dreamed.
**drink** «пить»: drank; drunk.
**drive** «гнать; ехать»: drove; dríven [-ɪv-].
**dwell** «обитать; задерживаться (*на чём-л.*)»: dwelt; dwelt.
**eat** «есть»: ate [et, eɪt]; éaten.
**fall** «падать»: fell; fáll|en.
**feed** «кормить»: fed; fed.
**feel** «чувствовать»: felt; felt.
**fight** «сражаться»: fought; fought.
**find** «находить»: found; found.
**flee** «бежать (*прочь*), избегать»: fled; fled.
**fling** «бросать»: flung; flung.
**fly** «летать»: flew; flown [-oun].
**forbéar** [-ɛə] «воздерживаться»; forbóre; forbórne.
**forbíd** «запрещать»: forbád(e) [-æd]; forbídden.
**forgét** [-'g-] «забывать»: forgót; forgótten.
**forgíve** [-'gɪv] «прощать»: forgáve; forgíven [-'gɪv°n].
**forsáke** «покидать»: forsóok; forsáken.
**freeze** «замерзать, замораживать»: froze; frózen.
**get** «получать, достигать; делаться *и т. п.*»: got; got (gótten *амер.*).
**gild** [gɪ-] «золотить»: gílded / gilt ['gɪ- gɪ-]; gílded / gilt ['gɪ- gɪ-].
**gird** [g-] *поэт.* «опоясывать»: gírded / girt ['g- g-]; girded / girt ['g- g-].
**give** «давать»: gave; gíven.
**go** «идти, уходить»: went; gone [gɔn].
**grave** «гравировать»: graved; graved / gráven.
**grind** «молоть; точить»: ground; ground.
**grow** [-ou] «расти»: grew; grown [-oun].
**hang** «висеть; вешать»: hung; hung; — *при значении* «вешать (*казнить*)»: hanged; hanged.
**have** «иметь» (*pr. 3. sg.* has): had; had; *ср. табл. 10 и примечания 5 и 6 к этой таблице.*
**hear** «слышать»: heard [hə:d]; heard [hə:d].
**heave** «подымать(ся)»: heaved / hove; heaved / hove.
**hide** «прятать»: hid; híd(den).
**hit** «ударять; попадать»: hit; hit.
**hold** «держать»: held; held.
**hurt** «причинять вред, боль»: hurt; hurt.
**ìnterwéave** «воткать»: ìnterwóve; ìnterwóven.
**keep** «хранить»: kept; kept.
**kneel** «становиться на колени, стоять на коленях»: knelt; knelt.
**knit** «вязать»: knít(ted); knít(ted).
**know** [nou] «знать»: knew; known [noun].
**lade** «грузить»: láded; láded / láden.
**lay** «класть»: laid; laid.
**lead** «вести»: led; led.
**lean** «опираться, прислоняться»: leant [le-] *и* leaned; leant [le-] *и* leaned.

**leap** «пры́гать»: leapt [le-] *и* leaped; leapt [le-] *и* leaped.
**learn** [lə:n] «учи́ть (*что-л.*)»: learnt / learned [lə:- lə:-]; learnt / learned [lə:- lə:-].
**leave** «оставля́ть»: left; left.
**lend** «одолжа́ть»: lent; lent.
**let** «пуска́ть»: let; let.
**lie** «лежа́ть»: lay; lain.
**light** «освеща́ть»: lit; lit.
**lose** [lu:z] «теря́ть»: lost; lost.
**make** «де́лать»: made; made.
**may** *pr.* «могу́»: *см. табл. 10.*
**mean** «зна́чить; подразумева́ть»: meant [me-]; meant [me-].
**meet** «встреча́ть»: met; met.
**mis¦give** «внуша́ть опасе́ния»: mis¦gáve; mis¦gíven.
**mis¦héar** «ослы́шаться»: mis¦héard [-ə:d]; mis¦héard [-ə:d].
**misláy** «класть не на ме́сто»: misláid; misláid.
**misléad** «вводи́ть в заблужде́ние»: misléd; misléd.
**mís-spéll** «писа́ть с орфографи́ческими оши́бками»: mís-spélt; mís-spélt.
**mistáke** «непра́вильно понима́ть»: mistóok; mistáken.
**mow** [mou] «коси́ть (*траву и т. п.*)»: mowed [moud]; mown [moun].
**must** *pr.* «до́лжен»: *см. табл. 10.*
**need** «име́ть на́добность (*что-л. сделать*), быть обя́занным» (*вопросит. и отрицат. формы* need I?, need he?, need not *и т. п.*): *формы прошедшего времени и причастия II* (néeded) *неупотребительны*; вме́сто did not need to go «не ну́жно бы́ло идти́» *и т. п. об.* need not have gone *и т. п.*;— *в значении* «нужда́ться, име́ть на́добность (*в чём-л.*)» *глагол* need *является правильным.*
**ought** *pr.* «до́лжен (бы)»: *см. табл. 10.*
**pàrtáke** «принима́ть уча́стие»: pàrtóok; pàrtáken.
**pay** «плати́ть»: paid; paid.
**put** «класть, ста́вить»: put; put.
**read** «чита́ть»: read [red]; read [red].
**ré¦búild** [-'bɪld] «перестра́ивать»: ré¦búilt [-'bɪlt]; ré¦búilt [-'bɪlt] — *так же, как* build [bɪld] «стро́ить»; *подобным же образом и другие глаголы с приставкой* **ré-** *изменяются так же, как соответствующие глаголы без приставки.*
**rend** *уст., поэт.* «раздира́ть»: rent; rent.
**rid** «избавля́ть»: ríd(ded); ríd(ded).
**ride** «е́хать (*верхом и т. п.*)»: rode; rídden.
**ring** «звони́ть»: rang; rung.
**rise** «поднима́ться»: rose; rísen ['rɪz-].
**rive** «расщепля́ть»: rived; ríven ['rɪv-].
**run** «бе́гать»: ran; run.
**saw** «пили́ть»: sawed; sawn / sawed.
**say** «говори́ть, сказа́ть» (*pr. 3. sg.* says [sez]): said [sed]; said [sed].
**see** «ви́деть»: saw; seen.
**seek** «иска́ть»: sought; sought.
**sell** «продава́ть»: sold; sold.
**send** «посыла́ть» sent; sent.
**set** «устана́вливать *и т. п.*»: set; set.
**sew** [sou] «шить»; sewed [soud]; sewn /sewed [soun soud].
**shake** «трясти́»: shook; sháken.
**shall** *pr.* «до́лжен»: *см. табл. 10.*
**shave** «бри́ть(ся)»: shaved; shaved *и, об. как прил.*, sháven.
**shear** «стричь, среза́ть»: sheared *и уст.* shore; shorn.
**shed** «пролива́ть; сбра́сывать»: shed; shed.
**shine** «свети́ть(ся), сия́ть»: shone [ʃɔn]; shone [ʃɔn].
**shoe** [ʃu:] «обува́ть; подко́вывать»: shod; shod.
**shoot** «стреля́ть; дава́ть побе́ги»: shot; shot.
**show** [ʃou] «пока́зывать»: showed [ʃoud]; shown [ʃoun].
**shred** «кромса́ть; располза́ться (*на части*)»: shréd(ded); shréd(ded); — *краткие формы уст.*
**shrink** «сокраща́ть(ся); отступа́ть»: shrank; shrunk.
**shrive** *уст.* «испове́довать»: shrove / shrived; shríven [-ɪv-] *и* shrived.
**shut** «закрыва́ть»: shut; shut.
**sing** «петь»: sang; sung.
**sink** «опуска́ться»: sank; sunk.
**sit** «сиде́ть»: sat; sat.
**slay** «убива́ть»: slew; slain.
**sleep** «спать»: slept; slept.
**slide** «скользи́ть»: slid; slid.
**sling** «швыря́ть; подве́шивать»: slung; slung.
**slink** «идти́ кра́дучись»: slunk; slunk.
**slit** «раздира́ть(ся), разреза́ть (*вдоль*)»: slit; slit.
**smell** «па́хнуть, ню́хать»: smelt; smelt.
**smite** «ударя́ть»: smote; smitten.
**sow** [sou] «се́ять»: sowed [soud]; sowed / sown [soud soun].
**speak** «говори́ть»: spoke; spóken.
**speed** «ускоря́ть»: sped; sped.
**spell** «составля́ть (*слово*) из букв»: spelt / spelled; spelt / spelled.
**spend** «тра́тить»: spent; spent.
**spill** «разлива́ть(ся), рассыпа́ть(ся)»: spilt / spilled; spilt / spilled.
**spin** «крути́ть(ся); прясть»: spun; spun.
**spit** «плева́ть»: spat; spat.
**split** «расщепля́ть(ся)»: split; split.
**spoil** «по́ртить»: spoilt / spoiled; spoilt / spoiled.
**spread** [-ed] «распространя́ть(ся)»: spread [-ed]; spread [-ed].
**spring** «вска́кивать; возника́ть *и т. п.*»: sprang; sprung.
**stand** «стоя́ть»: stood [-ud]; stood [-ud].
**steal** «кра́сть(ся)»: stole; stólen.
**stick** «коло́ть, втыка́ть» *и* **stick** «прикле́ивать(ся) *и т. п.*»: stuck; stuck.
**sting** «жа́лить»: stung; stung.
**stink** «воня́ть»: stank / stunk; stunk.
**strew** «разбра́сывать; устила́ть *и т. п.*»: strewed; strewn / strewed.
**stride** «шага́ть (*большими шагами*), переша́гивать»: strode; stríd(den).
**strike** «ударя́ть(ся)»: struck; struck.
**string** «натя́гивать; нани́зывать»: strung; strung.
**strive** «стара́ться; боро́ться»: strove; stríven [-ɪv-].
**swear** [-ɛə] «кля́сться»: swore; sworn [-ɔ:n].
**sweep** «мести́; мча́ться»: swept; swept.
**swell** «вздува́ться»: swelled; swóllen [-ou-].
**swim** «пла́вать»: swam [-æm]; swum.
**swing** «кача́ть(ся), разма́хивать»: swung; swung.

**take** «брать»: took; táken.
**teach** «учи́ть»: taught; taught.
**tear** [tɛə] «рвать»: tore; torn.
**tell** «расска́зывать, сказа́ть»: told; told.
**think** «ду́мать»: thought; thought.
**thrive** «процвета́ть»: throve; thríven [-ɪv-].
**throw** [-ou] «броса́ть»: threw; thrown [-oun].
**thrust** «сова́ть, толка́ть»: thrust; thrust.
**tread** [-ed] «ступа́ть»: trod; trо́dden.
**ún¦bénd** «разгиба́ть(ся) *и т. п.*»: ún¦bént; ún¦bént — *так же, как* bend «сгиба́ть(ся) *и т. п.*»; *подобным же образом и другие глаголы с приставкой* **un-** *изменяются так же, как соответствующие глаголы без приставки.*
**ùnderstánd** «понима́ть»: ùnderstóod [-ud]; ùnderstóod [-ud].
**ùndertáke** «предпринима́ть»: ùndertóok; ùndertáken.
**ùpsét** «опроки́дывать(ся), расстра́ивать»: ùpsét; ùpsét.
**wake** «просыпа́ться; буди́ть»: **woke** / waked; waked / wóken.
**wear** [wɛə] «носи́ть(ся) (*об одежде и т. п.*)»: wore; worn [wɔːn].
**weave** «ткать»: wove; wóven.
**weep** «пла́кать»: wept; wept.
**will** *pr.* «хочу́»: *см. табл. 10.*
**win** «вы́игрывать, добива́ться»: won [wʌn]; won [wʌn].
**wind** «крути́ть(ся), обвива́ть(ся) *и т. п.*»: wound; wound.
**with¦dráw** «брать наза́д; удаля́ться»: with¦dréw; with¦dráwn.
**with¦hóld** «не дава́ть, уде́рживать»: with¦héld; with¦héld.
**with¦stánd** «проти́виться»: with¦stóod [-ud]; with¦stóod [-ud].
**work** «обраба́тывать»: wrought; wrought (*редко*: worked; worked); — *при значении* «рабо́тать *и т. п.*»: worked; worked (*уст.* wrought; wrought; *при переносных значениях употребляются и те и другие формы*).
**wring** «скру́чивать, жать»: wrung; wrung.
**write** «писа́ть»: wrote; wrítten.

A. I. SMIRNITSKY, Professor

# THE RUSSIAN SOUND-SYSTEM AND THE RUSSIAN ALPHABET

## THE VOWELS

In Russian phonetics the Russian vowel-sounds are denoted by phonetic signs based on the letters of the Russian alphabet.

Square brackets are employed throughout this article to show that the letters in question do not appear as letters in the alphabet or as part of a written word, but are used simply to symbolize the s o u n d s of the language. Thus:

**[и, и̯, э, ы, ы̯, ɐ, а, о, у]**

The vowels [и, ы, а, у] occur in both stressed and unstressed syllables; the vowels [э, о] (except in studied elocution) appear in standard Russian only as stressed vowels, while [и̯, ы̯, ɐ] are always unstressed.

The vowels [ы, ы̯] occur only **after** hard **consonants**.

The Russian vowel-sounds are denoted in spelling by the letters а, е, ё, и, о, у, ы, э, ю, я.

All these letters are therefore usually called vowel-letters or simply vowels, though the letters **е, ё, ю, я** often represent their respective vowel-sounds in combination with the sound [й], which properly belongs to the consonant-system.

The letters **е, ё, ю, я** and **и,** which, when they occur immediately after consonants, indicate the softness of the latter, are often called **soft vowels** and so distinguished from the **hard vowels э, о, у, а** and **ы.**

## THE CONSONANTS

The Russian consonant-system comprises the following sounds:

Hard — [б, п; в, ф; д, т; з, с; ц; — ж, ш; — г, к; — х; — м; н; л; р]

Soft — [бь, пь; вь, фь; дь, ть; зь, сь; — жжь, щ; ч; — гь, кь; й; хь; — мь; нь; ль; рь]

These consonant-sounds (both hard and soft) are further divided into several classes according to the organs of speech used to form the separate consonants and the mode of using these organs. The consonants [б, бь, п, пь, м, мь], for instance, are classed together as **bilabial** consonants (or **lip-**consonants proper), as all of them are made by the action of both lips; but [м, мь] at the same time belong, together with [н, нь], to the class of **nasals,** which are pronounced with the **nose passage open,** though otherwise the separate nasal consonants may be quite different, as [м, мь] and [н, нь], the former being bilabial, while the latter are **dental,** that is, produced by bringing the **point of the tongue against the upper teeth.**

The various classes of the Russian consonants are shown in the table given below, page 941.

The Russian consonants are represented by the letters б, в, г, д, ж, з, й, к, л, м, н, п, р, с, т, ф, х, ц, ч, ш, щ.

These letters are called consonant-letters, or simply consonants, with the exception of **й,** which is known as a semi-vowel. It should also be remembered that the sound [й] is often denoted by means of the letters **е, ё, ю, я.**

Apart from **й, ч, щ,** which always represent **soft** sounds, the **soft** consonant-sounds are denoted by the same letters as are used for the corresponding **hard** sounds. The softness of a consonant is usually indicated either by the following vowel-letter (**е, ё, ю, я** or **и**) or by the **soft sign ь.**

The letters **б, в, г, д, ж, з** usually denoting **voiced** consonants, under certain conditions represent the corresponding **voiceless** consonants. And, on the other hand, the letters that are generally used as symbols for **voiceless** consonants, as **к, п, с, т,** may, though less often, denote the corresponding **voiced** sounds.

| The Russian Consonant System | | | Lip Consonants | | | | Tongue Consonants | | | | | |
|---|---|---|---|---|---|---|---|---|---|---|---|---|
| | | | **Bilabial** (the lower lip against the upper lip) | | **Labio-dent.** (the lower lip against the upper teeth) | | **Dental** (the point or blade against the upper teeth) | | **Post-dent.** (the point and blade against the gums) | | **Palatal** (the middle or back against the palate) | |
| | | | hard | soft | hard | soft | hard | soft | hard | soft | hard | soft |
| Oral Consonants (the nose passage closed) | **Stop Consonants** (the mouth passage completely closed) | voiced | [б] | [бь] | | | [д] | [дь] | | | [г] | [гь] |
| | | voiceless | [п] | [пь] | | | [т] | [ть] | | | [к] | [кь] |
| | **Compound Consonants** (stop + open) | voiceless | | | | | [ц] | | [ч] | | | |
| | **Open consonants** (the mouth passage narrowed) | voiced | | | [в] | [вь] | [з] | [зь] | [ж] | [жжь] | | [й] |
| | | voiceless | | | [ф] | [фь] | [с] | [сь] | [ш] | [щ] | [х] | [хь] |
| | **Side Consonants** (air passes along the sides of tongue) | voiced | | | | | [л] | [ль] | | | | |
| | **Trill Consonants** (the tongue vibrates) | voiced | | | | | | | [р] | [рь] | | |
| | **Nasal Consonants** (the nose passage open) | voiced | [м] | [мь] | | | [н] | [нь] | | | | |

N o t e t h e f o l l o w i n g: 1. [ц] and [ч] are **compound** consonants: in beginning to pronounce these consonants the tongue stops the air-stream completely, but then moves slightly back leaving a narrow passage. The consonant [ц] is therefore similar to [тс] and [ч] to [тшь].

2. [жжь] differs from [ж] not only in softness but also in **length** thus, for ex., уезжа́ть [-жжь-]; so also [щ] from [ш] (unless [щ] is pronounced as [шьч]): as in щука [ш:]; счастье [щ:], etc.

3. [й] is known as a semi-vowel. At the end of a word and before a consonant or unstressed vowel it is often pronounced like the vowel [и], but it never forms a separate syllable. Before a stressed vowel, and after a consonant in general, [й] is a voiced **consonant** corresponding to the voiceless [хь], and on the whole the function of [й] in Russian is that of a consonant.

4. [гь, кь, хь] only occur before [э, и] (both spelled **е**), and before [и]. In all the other positions only the **hard** [г, к, х] are found (except for ткёт [ткьот] weaves); but there are no such combinations as [гы, кы, хы] in Russian words (except in some borrowings), the combinations [ги, ки, хи] occurring instead.

## THE SPECIAL SIGNS

### ь and ъ

The signs **ь** and **ъ** are used only after consonants, but not after all of them; neither of these signs is used, in native Russian words, after **г, к, х, й** and **ц**; in addition, the sign **ъ** is never used after **ж, л, м, п, р, ф, ш, щ,** while after **н** it mainly occurs in words of Latin origin.

The sign **ь** is called **the soft sign,** as it is generally used to indicate the softness of consonants; but it is also used as a **separation sign** — to show that the following vowel-letter denotes a combination of the sound [й] with the corresponding vowel-sound, for ex., дьяк [д'йак], пьянство [п'йанство]. In some cases the use of **ь** is merely traditional.

The sign **ъ** is used in modern Russian spelling **only as a separation sign.**

## THE ALPHABET

| | Letters | | Names of Letters | | Letters | | Names of Letters |
|---|---|---|---|---|---|---|---|
| | Printed | Written | | | Printed | Written | |
| 1 | А а | *А а* | [а] | 17 | Р р | *Р р* | [эр] |
| 2 | Б б | *Б б* | [бэ] | 18 | С с | *С с* | [эс] |
| 3 | В в | *В в* | [вэ] | 19 | Т т | *Т т* | [тэ] |
| 4 | Г г | *Г г* | [гэ] | 20 | У у | *У у* | [у] |
| 5 | Д д | *Д д* | [дэ] | 21 | Ф ф | *Ф ф* | [эф] |
| 6 | Е е | *Е е* | [йэ] | 22 | Х х | *Х х* | [ха] |
| | Ё ё | *Ё ё* | [йо] | 23 | Ц ц | *Ц ц* | [цэ] |
| 7 | Ж ж | *Ж ж* | [жэ] | 24 | Ч ч | *Ч ч* | [чэ] |
| 8 | З з | *З з* | [зэ] | 25 | Ш ш | *Ш ш* | [ша] |
| 9 | И и | *И и* | [и] | 26 | Щ щ | *Щ щ* | [ща] |
| 10 | Й й | *Й й* | "и" краткое | 27 | ъ | *Ъ ъ* | отделительный знак |
| 11 | К к | *К к* | [ка] | 28 | ы | *Ы ы* | [ы] |
| 12 | Л л | *Л л* | [эл] | 29 | ь | *Ь ь* | мягкий знак |
| 13 | М м | *М м* | [эм] | 30 | Э э | *Э э* | [э] |
| 14 | Н н | *Н н* | [эн] | 31 | Ю ю | *Ю ю* | [йу] |
| 15 | О о | *О о* | [о] | 32 | Я я | *Я я* | [йа] |
| 16 | П п | *П п* | [пэ] | | | | |

Note: 1. The letter **Ё, ё,** as regards its alphabetical place, is usually considered equal to Е, е.

2. The letters **ъ, ы, ь** never occur at the beginning of a word, and no capital forms of these letters are therefore given. Compare the remarks on the Vowels and on the Special Signs in this chapter.

3. The letter **Э, э** is also called **"э"** оборотное, that is, "the inverted **э**".

# NOTES ON RUSSIAN GRAMMAR

## Summary Tables

*Nom.* = *Nominative case*, именительный падеж
*Gen.* = *Genitive case*, родительный падеж
*Dat.* = *Dative case*, дательный падеж
*Acc.* = *Accusative case*, винительный падеж
*Inst.* = *Instrumental case*, творительный падеж
*Prep.* = *Prepositional case*, предложный падеж

## NOUNS

### *Masculine Gender*

Type I. **-ов, -ев** in the genitive plural

a) **Nouns Ending in a Hard Consonant** (*except* **the Open Ones**)

**1**

| | Singular | Plural | |
|---|---|---|---|
| *Nom.* | заво́д | заво́д**ы** | -и[1] |
| *Gen.* | заво́д**а** | заво́д**ов** | -ев[2] |
| *Dat.* | заво́д**у** | заво́д**ам** | |
| *Acc.* | заво́д<br>(*anim.* **-а**) | заво́д**ы**<br>(*anim.* **-ов**) | -и[1]<br>(-ев[2]) |
| *Inst.* | заво́д**ом** -ем[2] | заво́д**ами** | |
| *Prep.* | заво́д**е** | заво́д**ах** | |

[1]**-и** (*instead of* -ы) — *after* **г, к, х:** ло́зунги.
[2]**-ев, -ем** (*instead of* -ов, -ом *respectively*) — *after* **ц** *when the stress is on the stem*: ме́сяц**ев, -ем.**

b) **Nouns Ending in -й**

**2**

| | Singular | Plural |
|---|---|---|
| *Nom.* | трамва́й | трамва́**и** |
| *Gen.* | трамва́**я** | трамва́**ев**[1] |
| *Dat.* | трамва́**ю** | трамва́**ям** |
| *Acc.* | трамва́й<br>(*anim.* **-я**) | трамва́**и**<br>(*anim.* **-ев**) |
| *Inst.* | трамва́**ем** | трамва́**ями** |
| *Prep.* | трамва́**е** -и[2] | трамва́**ях** |

[1]*Stressed* -ев = **-ёв:** боёв.
[2]**-и** (*instead of* -е *in the prep. sg.*) — *after an* **и:** (о) пролета́рии.

Note:

**бе́рег, год, лес, мост, пол, сад, у́гол, шкаф** — *Prep. sg.* (*after the prepositions* **в, на**) *ends in* **-у́:** на берегу́, *etc.*

**бе́рег, ве́чер, глаз, го́лос, го́род, дом, по́езд, цвет** — *Nom., Acc. pl. ends in* **-а́:** берег**а́,** вечер**а́,** глаз**а́,** голос**а́,** *etc.*

**глаз, раз, солда́т, челове́к** — *Gen. pl. has no ending*: из глаз, пять раз, *etc.*

**брат, стул** — *plural*: *Nom.* бра́т**ья,** сту́л**ья;** *Gen.* **-ьев;** *Dat.* **-ьям;** *Acc.* бра́т**ьев,** сту́л**ья;** *Inst.* **-ьями;** *Prep.* **-ьях.**

**сын** — *plural*: *Nom.* сын**овья́;** *Gen., Acc.* сын**ове́й;** *Dat.* **-овья́м;** *Inst.* **-овья́ми;** *Prep.* **-овья́х.**

**англича́нин, крестья́нин** (*and similarly most nouns ending in* **-а́нин, -я́нин**) — *plural*: *Nom.* англича́н**е,** крестья́н**е;** *Gen.* англича́н, крестья́н; *Dat.* англича́н**ам,** крестья́н**ам,** *etc., without* -ин.

*Masculine nouns ending in* **-а, -я,** *as* мужчи́н**а,** судь**я́,** *change like feminine nouns with the same endings* (*see Table 4*):

Type II. **-ей** in the genitive plural

a) **Nouns Ending in -ь**

**3**

| | Singular | Plural |
|---|---|---|
| *Nom.* | **автомоби́ль** | **автомоби́ли** |
| *Gen.* | **автомоби́ля** | **автомоби́лей** |
| *Dat.* | **автомоби́лю** | **автомоби́лям** |
| *Acc.* | **автомоби́ль** (*anim.* **-я**) | **автомоби́ли** (*anim.* **-ей**) |
| *Inst.* | **автомоби́лем**[1] | **автомоби́лями** |
| *Prep.* | **автомоби́ле** | **автомоби́лях** |

[1]*Stressed* **-ем** = **-ём: вождём.**

b) **Nouns Ending in -ж, -ш, -ч, -щ**

| | Singular | Plural |
|---|---|---|
| *Nom.* | **эта́ж** | **этажи́** |
| *Gen.* | **этажа́** | **этаже́й** |
| *Dat.* | **этажу́** | **этажа́м** |
| *Acc.* | **эта́ж** (*anim.* **-а́**) | **этажи́** (*anim.* **-е́й**) |
| *Inst.* | **этажо́м** **-ем**[1] | **этажа́ми** |
| *Prep.* | **этаже́** | **этажа́х** |

[1]**-ем** (*instead of* **-ом**) — *when the stress is on the stem*: **това́рищем.**

Note:

**день** (*Nom., Acc.*) — *the* **-е-** *is dropped in other forms*: *Gen.* **дня**, *etc.*
**учи́тель** — *Nom. pl. ordinarily* **учителя́.**

### *Feminine Gender*

Type I. **No ending** in the genitive plural; **-у, -ю** in the accusative singular; **-ой, -ей** in the instrumental singular

a) **Nouns Ending in -а**

**4**

| | Singular | Plural |
|---|---|---|
| *Nom.* | **страна́** | **стра́ны** **-и**[1] |
| *Gen.* | **страны́** **-и**[1] | **стран** |
| *Dat.* | **стране́** | **стра́нам** |
| *Acc.* | **страну́** (*anim. the same ending*) | **стра́ны** **-и**[1] (*anim. no ending*) |
| *Inst.* | **страно́й** **-ей**[2] | **стра́нами** |
| *Prep.* | **стране́** | **стра́нах** |

[1]**-и** (*instead of* **-ы**) — *after* **г, к, х; ж, ш, ч, щ: фа́брики; зада́чи.**

[2]**-ей** (*instead of* **-ой**) — *after* **ж, ш, ч, щ** *and* **ц**, *when the stress is on the stem*: **зада́чей, рабо́тницей.**

b) **Nouns Ending in -я Preceded by a Consonant**

| | Singular | Plural |
|---|---|---|
| *Nom.* | **земля́** | **зе́мли** |
| *Gen.* | **земли́** | **земе́ль** —[1] |
| *Dat.* | **земле́** | **зе́млям** |
| *Acc.* | **зе́млю** (*anim. the same ending*) | **зе́мли** —[2] (*anim.* **-ь**) |
| *Inst.* | **землёй** | **зе́млями** |
| *Prep.* | **земле́** | **зе́млях** |

[1]*No* **-ь** *after* **-ен** *with an unstressed inserted* **е: чита́лен** (*nom. sg.* **чита́льня**).

c) **Nouns Ending in -ия**

**5**

| | Singular | Plural |
|---|---|---|
| *Nom.* | **ста́нция** | **ста́нции** |
| *Gen.* | **ста́нции** | **ста́нций** |
| *Dat.* | **ста́нции** | **ста́нциям** |
| *Acc.* | **ста́нцию** | **ста́нции** (*anim.* **-й**) |
| *Inst.* | **ста́нцией** | **ста́нциями** |
| *Prep.* | **ста́нции** | **ста́нциях** |

*The* **-й** *of the gen. pl. is not an ending, but the last sound of the* **stem,** *as* **-ия** = **ийа**: *when the ending* (*the vowel*) *is dropped in the gen. pl. the* **й** *is restored in spelling.*

Note:

**семья́, статья́** — *Gen. pl.* **семе́й, стате́й** (*other forms according to Table 4, b*).

Type II. **-ей** in the genitive plural; accusative singular similar to nominative; **-ью** in the instrumental singular

**Nouns Ending in -ь**

**6**

| | Singular | Plural |
|---|---|---|
| *Nom.* | часть | ча́сти |
| *Gen.* | ча́сти | часте́й |
| *Dat.* | ча́сти | частя́м -ам* |
| *Acc.* | часть (*anim. the same ending*) | ча́сти (*anim.* **-ей**) |
| *Inst.* | ча́стью | частя́ми -ами* |
| *Prep.* | ча́сти | частя́х -ах* |

***-ам, -ами, -ах** (*instead of* -ям, -ями, -ях) — *after* **ж, ш, ч, щ: веща́м, веща́ми, веща́х.**

Note:
**дочь, мать** (*Nom., Acc.*) — *all other forms with* **-ер-** *added to the stem*: *Gen.* **до́чери, ма́тери**, *etc.*

### *Neuter Gender*

Type I. **No ending** in the genitive plural

a) **Nouns Ending in -о or -е Preceded by ж, ш, ч, щ, ц**

**7**

| | Singular | Plural |
|---|---|---|
| *Nom.* | ме́сто -е* | места́ |
| *Gen.* | ме́ста | мест |
| *Dat.* | ме́сту | места́м |
| *Acc.* | ме́сто -е* | места́ |
| *Inst.* | ме́стом -ем* | места́ми |
| *Prep.* | ме́сте | места́х |

***-е, -ем** (*instead of* -о, -ом) — *after* **ж, ш, ч, щ,** *and* **ц**, *when the stress is on the stem*: **жили́ще, жили́щем; полоте́нце, полоте́нцем.**

b) **Nouns Ending in -ие**

**8**

| | Singular | Plural |
|---|---|---|
| *Nom.* | собра́ние | собра́ния |
| *Gen.* | собра́ния | собра́ний |
| *Dat.* | собра́нию | собра́ниям |
| *Acc.* | собра́ние | собра́ния |
| *Inst.* | собра́нием | собра́ниями |
| *Prep.* | собра́нии | собра́ниях |

*The* -й *of the genitive plural is not an ending, but the last sound of the stem: compare Note to Table 5.*

Note:
**плечо́** — *plural*: *Nom., Acc.* **плё́чи.**
**коле́но** — *plural*: *Nom., Acc.* **коле́ни**; *Dat.* **-ям**; *Inst.* **-ями**; *Prep.* **-ях.**
**ухо** — *plural*: *Nom., Acc.* **у́ши**; *Gen.* **уше́й**; *Dat.* **уша́м**, *etc.*
**перо́** — *plural*: *Nom., Acc.* **пе́рья**; *Gen.* **пе́рьев**; *Dat.* **пе́рьям**, *etc.*

Type II. **-ей** in the genitive plural

**Nouns Ending in -ле, -ре**

**9**

| | Singular | Plural |
|---|---|---|
| *Nom.* | мо́ре | моря́ |
| *Gen.* | мо́ря | море́й |
| *Dat.* | мо́рю | моря́м |
| *Acc.* | мо́ре | моря́ |
| *Inst.* | мо́рем | моря́ми |
| *Prep.* | мо́ре | моря́х |

Type III. **-ен-** added to the stem, except in the nominative and accusative singular

**Nouns Ending in -мя**

**10**

| | Singular | Plural |
|---|---|---|
| *Nom.* | и́мя | имена́ |
| *Gen.* | и́мени | имён |
| *Dat.* | и́мени | имена́м |
| *Acc.* | и́мя | имена́ |
| *Inst.* | и́менем | имена́ми |
| *Prep.* | и́мени | имена́х |

**Surnames (фамилии) Ending in -ов, -ев, -ин**

11

| | Singular | | Plural |
|---|---|---|---|
| | *Masculine* | *Feminine* | *Both genders* |
| *Nom.* | Ивано́в | Ивано́ва | Ивано́вы |
| *Gen.* | Ивано́ва | Ивано́вой | Ивано́вых |
| *Dat.* | Ивано́ву | Ивано́вой | Ивано́вым |
| *Acc.* | Ивано́ва | Ивано́ву | Ивано́вых |
| *Inst.* | Ивано́вым | Ивано́вой | Ивано́выми |
| *Prep.* | Ивано́ве | Ивано́вой | Ивано́вых |

## ADJECTIVES

a) **Adjectives Ending in -ой, -ый, or -ий (the latter preceded by г, к, х; ж, ш, ч, щ)**

12

| | Singular | | | | | | Plural | |
|---|---|---|---|---|---|---|---|---|
| | *Masculine* | | *Feminine* | | *Neuter* | | *All genders* | |
| *Nom.* | но́вый | -о́й[1] / -ий[2] | но́вая | | но́вое | -ее[4] | но́вые | -ие[3] |
| *Gen.* | но́вого | -его[4] | но́вой | -ей[4] | но́вого | -его[4] | но́вых | -их[3] |
| *Dat.* | но́вому | -ему[4] | но́вой | -ей[4] | но́вому | -ему[4] | но́вым | -им[3] |
| *Acc.* | = *Nom. or Gen.* | | но́вую | | но́вое | -ее[4] | = *Nom. or Gen.* | |
| *Inst.* | но́вым | -им[3] | но́вой | -ей[4] | но́вым | -им[3] | но́выми | -ими[3] |
| *Prep.* | но́вом | -ем[4] | но́вой | -ей[4] | но́вом | -ем[4] | но́вых | -их[3] |

Note:

1. **-о́й** — *when the* **stress** *is on the* **ending**: молодо́й, друго́й, большо́й.
2. **-ий** (*instead of* -ый) — *after* **г, к, х; ж, ш, ч, щ,** *when the* **stress** *is on the* **stem**: сове́тский; хоро́ший.
3. **-ие, -их, -им, -ими** (*instead of* -ые, -ых, -ым, -ыми, *respectively*) — *after* **г, к, х; ж, ш, ч, щ;** други́е, -и́х, -и́м, -и́ми; сове́тские, -их, -им, -ими; больши́е, -и́х, -и́м, -и́ми; хоро́шие, -их, -им, -ими, *etc.*
4. **-ее, -его, -ему, -ем, -ей** (*instead of* -ое, -ого, -ому, -ом, -ой, *respectively*) — *after* **ж, ш, ч, щ,** *when the* **stress** *is on the* **stem**: хоро́шее, -его, -ему, -ем, *etc.*

b) **Adjectives Ending in -ний**

13

| | Singular | | | Plural |
|---|---|---|---|---|
| | *Masculine* | *Feminine* | *Neuter* | *All genders* |
| *Nom.* | си́ний | си́няя | си́нее | си́ние |
| *Gen.* | си́него | си́ней | си́него | си́них |
| *Dat.* | си́нему | си́ней | си́нему | си́ним |
| *Acc.* | = *Nom. or Gen.* | си́нюю | си́нее | = *Nom. or Gen.* |
| *Inst.* | си́ним | си́ней | си́ним | си́ними |
| *Prep.* | си́нем | си́ней | си́нем | си́них |

## PRONOUNS

### Interrogative

14

| | *Animate* | *Inanimate* |
|---|---|---|
| *Nom.* | кто | что |
| *Gen.* | кого́ | чего́ |
| *Dat.* | кому́ | чему́ |
| *Acc.* | кого́ | что |
| *Inst.* | кем | чем |
| *Prep.* | ком | чём |

### Interrogative-Possessive

15

| | Singular | | | Plural |
|---|---|---|---|---|
| | *Masculine* | *Feminine* | *Neuter* | *All genders* |
| *Nom.* | **чей** | **чья** | **чьё** | **чьи** |
| *Gen.* | **чьего́** | **чьей** | **чьего́** | **чьих** |
| *Dat.* | **чьему́** | **чьей** | **чьему́** | **чьим** |
| *Acc.* | = *Nom. or Gen.* | **чью** | **чьё** | = *Nom. or Gen.* |
| *Inst.* | **чьим** | **чьей** | **чьим** | **чьи́ми** |
| *Prep.* | **чьём** | **чьей** | **чьём** | **чьих** |

**како́й, кото́рый** *are declined as adjectives* (*see Table 12*).

### Personal: 1st and 2nd Person

16

| | Singular | | Plural | |
|---|---|---|---|---|
| | *1st p.* | *2nd p.* | *1st p.* | *2nd p.* |
| *Nom.* | **я** | **ты** | **мы** | **вы** |
| *Gen.* | **меня́** | **тебя́** | **нас** | **вас** |
| *Dat.* | **мне** | **тебе́** | **нам** | **вам** |
| *Acc.* | **меня́** | **тебя́** | **нас** | **вас** |
| *Inst.* | **мной** | **тобо́й** | **на́ми** | **ва́ми** |
| *Prep.* | **мне** | **тебе́** | **нас** | **вас** |

### Possessive

17

| | Singular | | | Plural |
|---|---|---|---|---|
| | *Masculine* | *Feminine* | *Neuter* | *All genders* |
| *Nom.* | **мой** | **моя́** | **моё** | **мои́** |
| *Gen.* | **моего́** | **мое́й** | **моего́** | **мои́х** |
| *Dat.* | **моему́** | **мое́й** | **моему́** | **мои́м** |
| *Acc.* | = *Nom. or Gen.* | **мою́** | **моё** | = *Nom. or Gen.* |
| *Inst.* | **мои́м** | **мое́й** | **мои́м** | **мои́ми** |
| *Prep.* | **моём** | **мое́й** | **моём** | **мои́х** |

| | Singular | | | Plural |
|---|---|---|---|---|
| | *Masculine* | *Feminine* | *Neuter* | *All genders* |
| *Nom.* | **наш** | **на́ша** | **на́ше** | **на́ши** |
| *Gen.* | **на́шего** | **на́шей** | **на́шего** | **на́ших** |
| *Dat.* | **на́шему** | **на́шей** | **на́шему** | **на́шим** |
| *Acc.* | = *Nom. or Gen.* | **на́шу** | **на́ше** | = *Nom. or Gen.* |
| *Inst.* | **на́шим** | **на́шей** | **на́шим** | **на́шими** |
| *Prep.* | **на́шем** | **на́шей** | **на́шем** | **на́ших** |

**твой, свой** *change like* **мой; ваш** *like* **наш.**

### Personal: 3rd Person

18

| | Singular | | | | | | Plural | |
|---|---|---|---|---|---|---|---|---|
| | *Masculine* | | *Feminine* | | *Neuter* | | *All genders* | |
| | | *After prep.* | | *After prep.* | | *After prep.* | | *After prep.* |
| *Nom.* | **он** | | **она́** | | **оно́** | | **они́** | |
| *Gen.* | **его́** | **него́** | **её** | **неё** | **его́** | **него́** | **их** | **них** |
| *Dat.* | **ему́** | **нему́** | **ей** | **ней** | **ему́** | **нему́** | **им** | **ним** |
| *Acc.* | **его́** | **него́** | **её** | **неё** | **его́** | **него́** | **их** | **них** |
| *Inst.* | **им** | **ним** | **е́ю** | **не́ю, ней** | **им** | **ним** | **и́ми** | **ни́ми** |
| *Prep.* | | **нём** | | **ней** | | **нём** | | **них** |

### Demonstrative

19

| | Singular | | | Plural |
|---|---|---|---|---|
| | *Masculine* | *Feminine* | *Neuter* | *All genders* |
| *Nom.* | э́тот | э́та | э́то | э́ти |
| *Gen.* | э́того | э́той | э́того | э́тих |
| *Dat.* | э́тому | э́той | э́тому | э́тим |
| *Acc.* | = *Nom. or Gen.* | э́ту | э́то | = *Nom. or Gen.* |
| *Inst.* | э́тим | э́той | э́тим | э́тими |
| *Prep.* | э́том | э́той | э́том | э́тих |

| | Singular | | | Plural |
|---|---|---|---|---|
| | *Masculine* | *Feminine* | *Neuter* | *All genders* |
| *Nom.* | тот | та | то | те |
| *Gen.* | того́ | той | того́ | тех |
| *Dat.* | тому́ | той | тому́ | тем |
| *Acc.* | = *Nom. or Gen.* | ту | то | = *Nom. or Gen.* |
| *Inst.* | тем | той | тем | те́ми |
| *Prep.* | том | той | том | тех |

### Generalizing

20

| | Singular | | | Plural |
|---|---|---|---|---|
| | *Masculine* | *Feminine* | *Neuter* | *All genders* |
| *Nom.* | весь | вся | всё | все |
| *Gen.* | всего́ | всей | всего́ | всех |
| *Dat.* | всему́ | всей | всему́ | всем |
| *Acc.* | = *Nom. or Gen.* | всю | всё | = *Nom. or Gen.* |
| *Inst.* | всем | всей | всем | все́ми |
| *Prep.* | всём | всей | всём | всех |

### NUMBERS

a) **один**

21

| | Singular | | | Plural* |
|---|---|---|---|---|
| | *Masculine* | *Feminine* | *Neuter* | *All genders* |
| *Nom.* | оди́н | одна́ | одно́ | одни́ |
| *Gen.* | одного́ | одно́й | одного́ | одни́х |
| *Dat.* | одному́ | одно́й | одному́ | одни́м |
| *Acc.* | = *Nom. or Gen.* | одну́ | одно́ | = *Nom. or Gen.* |
| *Inst.* | одни́м | одно́й | одни́м | одни́ми |
| *Prep.* | одно́м | одно́й | одно́м | одни́х |

b) **два, три and четы́ре**

22

| | *Masculine Neuter* | *Feminine* | *All genders* | |
|---|---|---|---|---|
| *Nom.* | два | две | три | четы́ре |
| *Gen.* | двух | | трёх | четырёх |
| *Dat.* | двум | | трём | четырём |
| *Acc.* | = *Nom. or Gen.* | | = *Nom. or Gen.* | = *Nom. or Gen.* |
| *Inst.* | двумя́ | | тремя́ | четырьмя́ |
| *Prep.* | двух | | трёх | четырёх |

c) **From пять to три́дцать**

23

| | *All genders* | |
|---|---|---|
| *Nom.* | пять | во́семь |
| *Gen.* | пяти́ | восьми́ |
| *Dat.* | пяти́ | восьми́ |
| *Acc.* | пять | во́семь |
| *Inst.* | пятью́ | восемью́ |
| *Prep.* | пяти́ | восьми́ |

* *The plural* **одни́** *is used*:
1) *with nouns that have no singular*: **одни́ я́сли.**
2) *when* оди́н *means alone*: Он был оди́н. Они́ бы́ли одни́.
3) *when* оди́н *is opposed to* друго́й: Оди́н ушёл, друго́й — нет. Одни́ ушли́, други́е — нет.

d) **со́рок, девяно́сто, сто**

24

| | *All genders* | | |
|---|---|---|---|
| *Nom. and Acc.* | со́рок | девяно́сто | сто |
| *Other cases* | сорока́ | девяно́ста | ста |

e) **From пятьдеся́т to во́семьдесят**

25

| | *All genders* | |
|---|---|---|
| *Nom. and Acc.* | пятьдеся́т | во́семьдесят |
| *Instrumental* | пятью́десятью | восемью́десятью |
| *Other cases* | пяти́десяти | восьми́десяти |

f) **From две́сти to девятьсо́т***

26

| | *All genders* | | | |
|---|---|---|---|---|
| *Nom.* | две́сти | три́ста | четы́реста | пятьсо́т |
| *Gen.* | двухсо́т | трёхсо́т | четырёхсо́т | пятисо́т |
| *Dat.* | двумста́м | трёмста́м | четырёмста́м | пятиста́м |
| *Acc.* | две́сти | три́ста | четы́реста | пятьсо́т |
| *Inst.* | двумя́стами | тремя́стами | четырьмя́стами | пятью́стами |
| *Prep.* | двухста́х | трёхста́х | четырёхста́х | пятиста́х |

## PREPOSITIONS

27

| *Genitive* | | *Dative* | *Accusative* | *Instrumental* | *Prepositional* |
|---|---|---|---|---|---|
| без | напро́тив | к (ко) | в (во) | за | в (во) |
| вме́сто | о́коло | по *according to, along* | за | ме́жду | на |
| вокру́г | от | | на | над | о (об, обо) |
| для | по́сле | | по | пе́ред | при |
| до | посреди́ | | под | под | |
| из | про́тив | | сквозь | с (со) | |
| из-за | с (со) | | че́рез | | |
| из-под | среди́ | | | | |
| кро́ме | у | | | | |

## VERBS

a) **Verbs Ending in -ить (*Perfective*) Preceded by a Consonant**

28

| | | *Perfective* | | *Imperfective* | |
|---|---|---|---|---|---|
| *Inf.* | | испра́вить | | исправля́ть[1] | -а́ть[4] |
| *Present* | | | | я исправля́ю | -а́ю[4] |
| | | | | ты исправля́ешь | -а́ешь[4] |
| | | | | он исправля́ет (*See note 1.*) | -а́ет[4] |
| | | | | мы исправля́ем | -а́ем[4] |
| | | | | вы исправля́ете | -а́ете[4] |
| | | | | они́ исправля́ют | -а́ют[4] |
| *Past* | | я испра́вил, -а | | я исправля́л, -а | -а́л[4] |
| | | ты испра́вил, -а | | ты исправля́л, -а | " |
| | | он испра́вил | | он исправля́л | " |
| | | она́ испра́вила | | она́ исправля́ла | -а́ла[4] |
| | | оно́ испра́вило | | оно́ исправля́ло (*See note 1.*) | -а́ло[3] |
| | | мы испра́вили | | мы исправля́ли | -а́ли[4] |
| | | вы испра́вили | | вы исправля́ли | " |
| | | они́ испра́вили | | они́ исправля́ли | " |
| *Future* | | я испра́влю[1] | -у[2] | я бу́ду исправля́ть | -а́ть[4] |
| | | ты испра́вишь | | ты бу́дешь исправля́ть | |
| | | он испра́вит | | он бу́дет исправля́ть | |
| | | мы испра́вим | | мы бу́дем исправля́ть | |
| | | вы испра́вите | | вы бу́дете исправля́ть | |
| | | они́ испра́вят | -ат[3] | они́ бу́дут исправля́ть | |
| *Imperative* | *Sg.* | испра́вь | -й[5] | *Sg.* исправля́й[1] | -а́й[4] |
| | *Pl.* | испра́вьте | -йте | *Pl.* исправля́йте[1] | -а́йте[4] |

**The -е- in* **восемьсо́т** *is replaced by* ь *in the same cases (Gen., Dat., Prep.) as in the simple number* во́семь (*see Table 23*).

Notes: 1. *Consonant changes*: I. **б — бл, п — пл, в — вл, ф — фл, м — мл;**
II. **д — жд** (*imperf.*) — *ж* (*1st pers. sg. perf. future*), **з — ж, т — щ, ст — щ, с — щ**
2. **-у** (*instead of* -ю) — *after* **ж, ш, ч, щ:** я изучу́; посещу́.
3. **-ат** (*instead of* -ят) — *after* **ж, ч, ш, щ:** они́ изу́чат.
4. **-а́ть, -а́ю, -а́ешь,** *etc.*, **-а́л, -а́ла,** *etc.*, **-а́й, -а́йте** (*instead of* -ять, -я́ю, *etc.*, *respectively*)— *after* **жд, ж, ш, ч, щ:** побежда́ть, я побежда́ю, *etc.*; изуча́ть, я изуча́ю, *etc.*
5. **-и́, -и́те** (*instead of* -ь, -ьте) — *when the **stress** in the **1st** pers. sg. of the perf. future is on the **ending***: изучу́, изучи́, изучи́те.

b) **Verbs Ending in -ить (*Perfective*) Preceded by a Vowel**

**29**

| | *Perfective* | *Imperfective* |
|---|---|---|
| *Infinitive* | удво́ить | удва́ивать |
| *Present* | | я удва́иваю<br>ты удва́иваешь<br>. . . . . . . . .<br>они́ удва́ивают |
| *Past* | я удво́ил, -а, *etc.* | я удва́ивал, -а, *etc.* |
| *Future* | я удво́ю<br>ты удво́ишь<br>. . . . . . . .<br>они́ удво́ят | я бу́ду<br>ты бу́дешь<br>. . . . . . . .<br>они́ бу́дут } удва́ивать |
| *Imperative* | *Sg.* удво́й<br>*Pl.* удво́йте | удва́ивай<br>удва́ивайте |

c) **Verbs Ending in -ать (*Perfective*)**

**30**

| | *Perfective* | *Imperfective* |
|---|---|---|
| *Infinitive* | зарабо́тать | зараба́тывать |
| *Present* | | я зараба́тываю<br>ты зараба́тываешь<br>. . . . . . . . . .<br>они́ зараба́тывают |
| *Past* | я зарабо́тал, -а, *etc.* | я зараба́тывал, -а, *etc.* |
| *Future* | я зарабо́таю<br>ты зарабо́таешь<br>. . . . . . . . . .<br>они́ зарабо́тают | я бу́ду<br>ты бу́дешь<br>. . . . . . . .<br>они́ бу́дут } зараба́тывать |
| *Imperative* | *Sg.* зарабо́тай<br>*Pl.* зарабо́тайте | зараба́тывай<br>зараба́тывайте |

d) **(1) Verbs Ending in -еть (*Perfective*)**

**31**

| | *Perfective* | *Imperfective* |
|---|---|---|
| *Infinitive* | овладе́ть | овладева́ть |
| *Present* | | я овладева́ю<br>ты овладева́ешь<br>. . . . . . . . . .<br>они́ овладева́ют |
| *Past* | я овладе́л, -а, *etc.* | я овладева́л, -а, *etc.* |
| *Future* | я овладе́ю<br>ты овладе́ешь<br>. . . . . . . . . .<br>они́ овладе́ют | я бу́ду<br>ты бу́дешь<br>. . . . . . . .<br>они́ бу́дут } овладева́ть |
| *Imperative* | *Sg.* овладе́й<br>*Pl.* овладе́йте | овладева́й<br>овладева́йте |

**(2) Verbs Ending in -ыть (*Perfective*)**

32

| | *Perfective* | *Imperfective* |
|---|---|---|
| *Infinitive* | откры́ть | открыва́ть |
| *Present* | | я открыва́ю<br>ты открыва́ешь<br>. . . . . . . . . .<br>они́ открыва́ют |
| *Past* | я откры́л, -а, *etc.* | я открыва́л, -а, *etc.* |
| *Future* | я откро́ю<br>ты откро́ешь<br>. . . . . . . .<br>они́ откро́ют | я бу́ду<br>ты бу́дешь<br>. . . . . . .<br>они́ бу́дут } открыва́ть |
| *Imperative* | *Sg.* откро́й<br>*Pl.* откро́йте | открыва́й<br>открыва́йте |

e) **Verbs with the Perfective Aspect Formed by Prefixation**

33

| | *1st Conjugation* | | *2nd Conjugation* | |
|---|---|---|---|---|
| | *Imperfective* | *Perfective* | *Imperfective* | *Perfective* |
| *Infinitive* | де́лать | сде́лать | стро́ить | постро́ить |
| *Present* | я де́лаю<br>ты де́лаешь<br>. . . . . . .<br>они́ де́лают | | я стро́ю<br>ты стро́ишь<br>. . . . . . .<br>они́ стро́ят | |
| *Past* | я де́лал, *etc.* | я сде́лал, *etc.* | я стро́ил, *etc.* | я постро́ил, *etc.* |
| *Future* | я бу́ду<br>ты бу́дешь<br>. . . . . .<br>они́ бу́дут } де́лать | я сде́лаю<br>ты сде́лаешь<br>. . . . . . . .<br>они́ сде́лают | я бу́ду<br>ты бу́дешь<br>. . . . . . .<br>они́ бу́дут } стро́ить | я постро́ю<br>ты постро́ишь<br>. . . . . . . .<br>они́ постро́ят |
| *Imperative* | *Sg.* де́лай<br>*Pl.* де́лайте | сде́лай<br>сде́лайте | строй<br>стро́йте | постро́й<br>постро́йте |

f) **Conjugation of Verbs Ending in -ся**

34

*Infinitive* (*Imperfective*): учи́ться

| | *Present* | *Past* | *Future* |
|---|---|---|---|
| *Imperfective* | я учу́сь<br>ты у́чишься<br>он у́чится<br><br><br>мы у́чимся<br>вы у́читесь<br>они́ у́чатся | я учи́лся, -ась<br>ты учи́лся, -ась<br>он учи́лся<br>она́ учи́лась<br>оно́ учи́лось<br>мы учи́лись<br>вы учи́лись<br>они́ учи́лись | я бу́ду<br>ты бу́дешь<br>он бу́дет<br><br><br>мы бу́дем<br>вы бу́дете<br>они́ бу́дут } учи́ться. |
| *Imperative* | *Sg.* учи́сь<br>*Pl.* учи́тесь | | |